ŒUVRES COMPLÈTES

DE MADAME LA BARONNE

DE STAËL-HOLSTEIN

TOME PREMIER

PARIS

CHEZ FIRMIN DIDOT FRÈRES, FILS ET Cⁱᵉ, LIBRAIRES

IMPRIMEURS DE L'INSTITUT DE FRANCE

RUE JACOB, 56

M DCCC LXXI

ŒUVRES COMPLÈTES

DE MADAME LA BARONNE

DE STAËL-HOLSTEIN

—

TOME I

PARIS. — TYPOGRAPHIE DE FIRMIN DIDOT FRÈRES, FILS ET Cⁱᵉ, RUE JACOB, 56

Mme LA BARONNE DE STAEL.

OEUVRES

COMPLÈTES

DE MADAME DE STAËL.

LETTRES

SUR

LES ÉCRITS ET LE CARACTÈRE

DE J. J. ROUSSEAU.

PRÉFACE

A LA PREMIÈRE ÉDITION, EN 1788.

Il n'existe point encore d'éloge de Rousseau : j'ai senti le besoin de voir mon admiration exprimée. J'aurais souhaité sans doute qu'un autre eût peint ce que j'éprouve; mais j'ai goûté quelque plaisir en me retraçant à moi-même le souvenir et l'impression de mon enthousiasme. J'ai pensé que si les hommes de génie ne pouvaient être jugés que par un petit nombre d'esprits supérieurs, ils devaient accepter du moins tous les tributs de reconnaissance. Les ouvrages dont le bonheur du genre humain est le but, placent leurs auteurs au rang de ceux que leurs actions immortalisent; et quand on n'a pas vécu de leur temps, on peut être impatient de s'acquitter envers leur ombre, et de déposer sur leur tombe l'hommage que le sentiment de sa faiblesse même ne doit pas empêcher d'offrir.

Peut-être ceux dont l'indulgence daignera présager quelque talent en moi, me reprocheront-ils de m'être hâtée de traiter un sujet au-dessus même des forces que je pouvais espérer un jour. Mais qui sait si le temps ne nous ôte pas plus qu'il ne nous donne? Qui peut oser prévoir les progrès de son esprit? Comment consentir à s'attendre, et renvoyer à l'époque d'un avenir incertain l'expression d'un sentiment qui nous presse? Le temps, sans doute, détrompe des illusions, mais il porte quelquefois atteinte à la vérité même, et sa main destructrice ne s'arrête pas toujours à l'erreur. D'ailleurs, n'est-ce pas dans la jeunesse qu'on doit à Rousseau le plus de reconnaissance? Celui qui a su faire une passion de la vertu, et qui a voulu persuader par l'enthousiasme, s'est servi des qualités et des défauts mêmes de cet âge pour s'en rendre le maître.

SECONDE PRÉFACE,

EN 1814.

Ces lettres sur les écrits et le caractère de J. J. Rousseau ont été composées dans la première année de mon entrée dans le monde; elles furent publiées sans mon aveu, et ce hasard m'entraîna dans la carrière littéraire. Je ne dirai point que j'y ai du regret, car la culture des lettres m'a valu plus de jouissances que de chagrins. Il faut avoir une grande véhémence d'amour-propre pour que les critiques fassent plus de peine que les éloges ne donnent de plaisir; et d'ailleurs il y a dans le développement et le perfectionnement de son esprit une activité continuelle, un espoir toujours renaissant, que ne saurait offrir le cours ordinaire de la vie. Tout marche vers le déclin dans la destinée des femmes, excepté la pensée, dont la nature immortelle est de s'élever toujours.

On n'a presque jamais nié que les goûts et les études littéraires ne fussent un grand avantage pour les hommes, mais on n'est pas d'accord sur l'influence que ces mêmes études peuvent avoir sur la destinée des femmes. S'il s'agissait de leur imposer un esclavage domestique, il faudrait craindre d'accroître leur intelligence, de peur qu'elles ne fussent tentées de se révolter contre un tel sort; mais la société chrétienne n'exigeant rien que de juste dans les relations de famille, plus la raison est éclairée, plus elle porte à se soumettre aux lois de la morale. On aperçoit clairement, en réfléchissant sur ces lois, qu'elles gouvernent le monde tôt ou tard avec non moins d'infaillibilité que les forces physiques.

Des sentiments, il est vrai, peuvent entraîner malgré les lumières, mais ce n'est pas à cause d'elles. Il arrive souvent que les femmes d'un esprit supérieur sont en même temps des personnes d'un caractère très-passionné; toutefois la culture des lettres diminue les dangers de ce caractère, au lieu de les augmenter; les jouissances de l'esprit sont faites pour calmer les orages du cœur.

La société, telle qu'elle est organisée de nos jours, nous menace bien plus des défauts négatifs, la froideur et l'égoïsme, que de l'exaltation en quelque genre que ce puisse être. Les hommes et les femmes du peuple peuvent avoir de très-belles et de très-grandes qualités, sans que leur esprit ait été cultivé; mais dans la classe élégante et oisive, les habitudes qu'on prend dessèchent le cœur, si l'on n'y supplée point par des études vivifiantes; l'usage du monde, quand il n'est pas réuni à une instruction littéraire très-étendue, n'enseigne qu'à répéter facilement des choses communes, à mettre ses opinions en formules et son caractère en révérences. Si vous n'avez pas dans une éducation distinguée une compensation à tous ces sacrifices; si vous ne trouvez pas le naturel dans l'élévation de l'âme, et la candeur dans la connaissance de la vérité; si vous ne respirez pas enfin l'air dans une région plus vaste, vous n'êtes qu'une poupée bien apprise, qui chante toujours sur le même ton, lors même qu'elle change de paroles; et quand il serait vrai, ce qui ne l'est pas, qu'une femme ainsi disciplinée se soumit plus facilement à l'autorité conjugale, que devient la communication des âmes, si les esprits n'ont pas une sorte d'analogie? et que devrait-on penser d'un époux assez orgueilleusement modeste pour aimer mieux rencontrer dans sa femme une obéissance aveugle qu'une sympathie éclairée? Les plus touchants exemples d'amour conjugal ont été donnés par des femmes dignes de comprendre leurs maris et de partager leur sort, et le mariage n'est dans toute sa beauté que lorsqu'il peut être fondé sur une admiration réciproque.

Néanmoins beaucoup d'hommes préfèrent les femmes uniquement consacrées aux soins de leur ménage; et pour plus de sûreté à cet égard, ils ne seraient pas fâchés qu'elles fussent incapables de comprendre autre chose : cela dépend des goûts; d'ailleurs, comme le nombre des personnes distinguées est très-petit, ceux qui n'en veulent pas auront toujours assez d'autres choix à faire.

Nous n'excluons point, dira-t-on, la culture d'esprit dans les femmes, mais nous voulons que cet esprit ne leur inspire pas le désir d'être auteurs, de se distraire ainsi de leurs devoirs naturels, et d'entrer en rivalité avec les hommes, tandis qu'elles sont faites seulement pour les encourager et les consoler. Je me sentirais, je l'avoue, une considération plus respectueuse encore pour une femme d'un génie élevé qui n'aurait point ambitionné le succès de l'amour-propre, que pour celle qui les recherherait avec ardeur; mais il ne faut dédaigner que ce qu'on pourrait obtenir. Un homme à Paris se haissait toujours en passant sous la porte Saint-Denis, bien qu'elle fût haute de cent pieds; il en est de même des femmes qui se vantent de craindre la célébrité, sans avoir jamais eu les talents nécessaires pour l'acquérir. Ces talents ont sans doute leurs inconvénients, comme toutes les plus belles choses du monde; mais ces inconvénients mêmes me semblent préférables aux langueurs d'un esprit borné, qui tantôt dénigre ce qu'il ne peut atteindre, ou bien affecte ce qu'il ne saurait sentir. Enfin, en ne considérant que nos rapports avec nous-mêmes, une plus grande intensité de vie est toujours une augmentation de bonheur : la douleur, il est vrai, entre plus avant dans les âmes d'une certaine énergie; mais, à tout prendre, il n'est personne qui ne doive remercier Dieu de lui avoir donné une faculté de plus.

••••••••••••••

LETTRE PREMIÈRE.

Du style de Rousseau, et de ses premiers discours sur les sciences, l'inégalité des conditions, et le danger des spectacles.

C'est à l'âge de quarante ans que Rousseau composa son premier ouvrage; il fallait que son cœur et son esprit fussent calmés pour qu'il pût se consacrer au travail; et tandis que la plupart des hommes ont besoin de saisir cette première flamme de la jeunesse, pour suppléer à la véritable chaleur, l'âme de Rousseau était consumée par un feu qui le dévora longtemps avant de l'éclairer : des idées sans nombre le dominaient tour à tour; il n'en pouvait suivre aucune, parce qu'elles l'entraînaient toutes également. Il appartenait trop aux objets extérieurs pour rentrer en lui-même; il sentait trop pour penser; il ne savait pas vivre et réfléchir à la fois. Rousseau s'est donc voué à la méditation, quand les événements de la vie ont eu moins d'empire sur lui, et lorsque son âme, sans objet de passion, a pu s'enflammer tout entière pour des idées et des sentiments abstraits. Il ne travaillait ni avec rapidité, ni avec facilité; mais c'était parce qu'il lui fallait, pour choisir entre toutes ses pensées, le temps et les efforts que les hommes médiocres emploient à tâcher d'en avoir : d'ailleurs ses sentiments sont si profonds, ses idées si vastes, qu'on souhaite à son génie cette marche auguste et lente. Le débrouillement du chaos, la création du monde, se peint à la pensée comme l'ouvrage d'une longue suite d'années, et la puissance de son auteur n'en paraît que plus imposante.

Le premier sujet que Rousseau a traité, c'est la question sur l'utilité des sciences et des arts. L'opinion qu'il a soutenue est certainement paradoxale, mais elle est d'accord avec ses idées habituelles; et tous les ouvrages qu'il a donnés depuis, sont comme le développement du système dont ce discours est le premier germe. On a trouvé dans tous ses écrits la passion de la nature, et la haine pour ce que les hommes y ont ajouté : il semble que, pour s'expliquer le mélange du bien et du mal, il l'avait ainsi distribué. Il voulait ramener les hommes à une sorte d'état dont l'âge d'or de la Fable donne seul l'idée, également éloigné des inconvénients de la barbarie et de ceux de la civilisation. Ce projet sans doute est une chimère; mais les alchimistes, en cherchant la pierre philosophale, ont découvert des secrets vraiment utiles. Rousseau de même, en s'efforçant d'atteindre à la connaissance de la félicité parfaite, a trouvé sur sa route plusieurs vérités importantes. Peut-être, en s'occupant de la question sur l'utilité des sciences et des arts, n'a-t-il pas assez observé tous les côtés de l'objet qu'il traitait; peut-être a-t-il trop souvent lié les arts aux sciences, tandis que les effets des uns et des autres diffèrent entièrement. Peut-être, en parlant de la décadence des empires, suite naturelle des révolutions politiques, a-t-il eu tort de regarder le progrès des sciences comme une cause, tandis que ce n'était qu'un événement contemporain ; peut-être n'a-t-il pas assez distingué dans ce discours la félicité des hommes de la prospérité des empires ; car quand il serait vrai que l'amour des connaissances eût distrait les peuples guerriers de la passion des armes, le bonheur du genre humain n'y aurait pas perdu. Peut-être enfin, avant de décider cette question, fallait-il mieux balancer les inconvénients et les avantages des deux partis. C'est la seule manière de parvenir à la vérité. Les idées morales ne sont jamais assez précises pour ne pas offrir des ressources à la controverse : le bien et le mal se trouvent partout, et celui qui ne se servirait pas de la faculté de comparer et d'additionner, pour ainsi dire, l'un et l'autre, se tromperait, ou resterait sans cesse dans l'incertitude. C'est à la raison plutôt qu'à l'éloquence qu'il appartient de concilier des opinions contraires. L'esprit montre une puissance plus grande, lorsqu'il sait se retenir, se transporter d'une idée à l'autre ; mais il me semble que l'âme n'a toute sa force qu'en s'abandonnant ; et je ne connais qu'un homme qui ait su joindre la chaleur à la modération, soutenir avec éloquence des opinions également éloignées de tous les extrêmes, et faire éprouver pour la raison la passion qu'on n'avait jusqu'alors inspirée que pour les systèmes.

Le second discours de Rousseau traite de l'origine de l'inégalité des conditions : c'est peut-être de tous ses ouvrages celui où il a mis le plus d'idées. C'est un grand effort du génie, que de se reporter aux simples combinaisons de l'instinct naturel. Les hommes ordinaires ne conçoivent pas ce qui est au-dessus ni au-dessous d'eux ; ils restent fixés à leur horizon. On voit à chaque page combien Rousseau regrette la vie sauvage : il avait son genre de misanthropie ; ce n'étaient pas les hommes, mais leurs institutions qu'il haïssait : il voulait prouver que tout était bien en sortant des mains du Créateur ; mais peut-être devait-il avouer que cette ardeur de connaître et de savoir était aussi un sentiment naturel, don du ciel, comme toutes les autres facultés des hommes ; moyens de bonheur, lorsqu'elles sont exercées ; tourment, quand elles sont condamnées au repos. C'est en vain qu'après avoir tout connu, tout senti, tout éprouvé, il s'écrie : « N'allez pas plus avant ; je « reviens, et je n'ai rien vu qui valût la peine du « voyage. » Chaque homme veut être à son tour détrompé, et jamais les désirs ne furent calmés par l'expérience des autres. Il est remarquable qu'un des hommes les plus sensibles et les plus distingués par ses connaissances et son génie ait voulu réduire l'esprit et le cœur humain à un état presque semblable à l'abrutissement ; mais c'est qu'il avait senti plus qu'un autre toutes les peines que ces avantages, portés à l'excès, peuvent faire éprouver. C'est peut-être aux dépens du bonheur qu'on obtient ces succès extraordinaires, dus à des talents sublimes. La nature, épuisée par ces superbes dons, refuse souvent aux grands hommes les qualités qui peuvent rendre heureux. Qu'il est cruel de leur accorder avec tant de peine, de leur envier avec tant de fureur cette gloire, seule jouissance qu'il soit peut-être en leur pouvoir de goûter !

Mais avec quelle finesse Rousseau suit les progrès des idées des hommes ! Comme il inspire de l'admiration pour les premiers pas de l'esprit humain, et de l'étonnement pour le concours de circonstances qui put les lui faire faire ! Comme il trace la route de la pensée, compose son histoire, et fait un effort d'imagination intellectuelle, de création abstraite au-dessus de toutes les inventions d'événements et d'images dont les poëtes nous ont donné l'idée ! Comme il sait, au milieu de ces systèmes, exagérés peut-être, inspirer de justes sentiments de haine pour le vice, et d'amour pour la vertu ! Il est vrai, ses idées positives, comme celles de Montesquieu, ne montrent pas à la fois le mal et le remède, le but et les moyens ; il ne se charge pas d'apprendre à exécuter sa pensée, mais il agit sur l'âme, et remonte ainsi plus haut à la première source. On a souvent vanté la perfection du style de Rousseau ; je ne sais pas si c'est là précisément l'éloge qu'il faut lui donner : la perfection semble consister plus encore dans l'absence de défauts, que dans l'existence de grandes beautés ; dans la mesure, que dans l'abandon ; dans ce qu'on est toujours, que dans ce qu'on se montre quelquefois ; enfin la perfection donne l'idée de la proportion plutôt que de la grandeur. Mais Rousseau s'élève et s'abaisse tour à tour ; il est tantôt au-dessous, tantôt au-dessus de la perfection même ; il rassemble toute sa chaleur dans un centre, et réunit, pour brûler, tous les rayons qui n'eussent fait qu'éclairer s'ils étaient restés épars. Cependant Rousseau joignant à la chaleur et au génie ce qu'on appelle précisément de l'esprit, cette faculté de saisir des rapports fins et éloignés, qui, sans reculer les bornes de la pensée, trace de nouvelles routes dans les pays qu'elle a déjà parcourus, il remplit souvent par des pensées ingénieuses les intervalles de son éloquence, et retient ainsi toujours l'attention et l'intérêt des lecteurs. Une grande propriété de termes, une simplicité remarquable dans la construction grammaticale de sa phrase, donnent à son style une clarté parfaite : son expression rend fidèlement sa pensée ; mais le charme de son expression, c'est à son âme qu'il le doit. M. de Buffon colore son style par son imagination ; Rousseau l'anime par son caractère : l'un choisit les expressions, elles échappent à l'autre. L'éloquence de M. de Buffon ne peut appartenir qu'à un homme de génie ; la passion pourrait élever à celle de Rousseau. Mais quel plus bel éloge peut-on lui donner, que de lui trouver, presque toujours et sur tant de sujets, la chaleur que le transport de l'amour, de la haine, ou d'autres passions, peuvent inspirer une fois dans la vie à celui qui les ressent ? Son style n'est pas continuellement harmonieux ; mais lorsque son âme est émue, on trouve dans ses écrits, non cette harmonie imitative dont les poëtes ont fait usage, non cette suite de mots sonores, qui plairait à ceux même qui n'en comprendraient pas le sens, mais, s'il est permis de le dire, une sorte d'harmonie naturelle, accent de la passion, et s'accordant avec elle, comme un air parfait avec les paroles qu'il exprime. Il a le tort de se servir souvent d'expressions de mauvais goût ; mais on voit au moins, par l'affectation avec laquelle il les emploie, qu'il connaît bien les critiques qu'on peut en faire : il se pique de forcer ses lecteurs à les approuver ; et peut-être aussi que, par une sorte d'esprit républicain, il ne veut point reconnaître qu'il existe des termes bas ou relevés, des rangs même entre les mots. Mais s'il hasarde des expressions que le goût rejetterait, comme il a su se le concilier par des morceaux entiers, parfaits sous tous les rapports, celui qui s'affranchit des règles, après avoir su si bien s'y soumettre, prouve au moins qu'il ne les blâme pas par impuissance de les suivre.

Un des discours de Rousseau qui m'a le plus frappée, c'est sa lettre contre l'établissement des spectacles à Genève. Il y a une réunion étonnante de moyens de persuasion, la logique et l'éloquence, la passion et la raison. Jamais Rousseau ne s'est montré avec autant de dignité : l'amour de la patrie, l'enthousiasme de la liberté, l'attachement à la morale, guident et animent sa pensée. La cause qu'il soutient, surtout appliquée à Genève, est parfaitement juste ; tout l'esprit qu'il met quelquefois à soutenir un paradoxe est consacré dans cet ouvrage à appuyer la vérité ; aucun de ses efforts n'est perdu, aucun de ses mouvements ne porte à faux ; il a toutes les idées que son sujet peut faire

naître, toute l'élévation, la chaleur qu'il doit exciter. C'est dans cet ouvrage qu'il établit son opinion sur les avantages qui doivent résulter pour les hommes et les femmes de ne pas se voir souvent en société. Sans doute, dans une république, cet usage est préférable : l'amour de la patrie est un mobile si puissant, qu'il rend les hommes indifférents même à ce que nous appelons la gloire ; mais dans les pays où le pouvoir de l'opinion affranchit seul de la puissance du maître, les applaudissements et les suffrages des femmes deviennent un motif de plus d'émulation dont il est important de conserver l'influence. Dans les républiques, il faut que les hommes gardent jusqu'à leurs défauts mêmes ; leur âpreté, leur rudesse fortifient en eux la passion de la liberté. Mais ces mêmes défauts dans un royaume absolu rendraient seulement tyrans tous ceux qui pourraient exercer quelque pouvoir. D'ailleurs, dans une monarchie, les femmes conservent peut-être plus de sentiments d'indépendance et de fierté que les hommes ; la forme des gouvernements ne les atteint point ; leur esclavage, toujours domestique, est égal dans tous les pays : leur nature n'est donc pas dégradée, même dans les états despotiques ; mais les hommes, faits pour la liberté, se sentent avilis quand ils s'en sont ravi l'usage, et tombent souvent alors au-dessous d'eux-mêmes. Quoique Rousseau ait tâché d'empêcher les femmes de se mêler des affaires publiques, de jouer un rôle éclatant, qu'il a su leur plaire en parlant d'elles ! Ah ! s'il a voulu les priver de quelques droits étrangers à leur sort, comme il leur a rendu tous ceux qui leur appartiennent à jamais ! S'il a voulu diminuer leur influence sur les délibérations des hommes, comme il a consacré l'empire qu'elles ont sur leur bonheur ! S'il les a fait descendre d'un trône usurpé, comme il les a replacées sur celui que la nature leur a destiné ! S'il s'indigne contre elles, lorsqu'elles veulent ressembler aux hommes, combien il les adore quand elles se présentent à lui avec les charmes, les faiblesses, les vertus et les torts de leur sexe ! Enfin il croit à l'amour ; sa grâce est obtenue : qu'importe aux femmes que sa raison leur dispute l'empire, quand son cœur leur est soumis ? qu'importe même à celles que la nature a douées d'une âme tendre, qu'on leur ravisse le faux honneur de gouverner celui qu'elles aiment ? Non, il leur est plus doux de sentir sa supériorité, de l'admirer, de le croire mille fois au-dessus d'elles, de dépendre de lui, parce qu'elles l'adorent ; de se soumettre volontairement, d'abaisser tout à ses pieds, d'en donner elles-mêmes l'exemple, et de ne pas demander d'autre retour que celui du cœur dont en aimant elles se sont rendues dignes. Cependant le seul tort qu'au nom des femmes je reprocherais à Rousseau, c'est d'avoir avancé, dans une note de sa lettre sur les spectacles, qu'elles ne sont jamais capables de peindre la passion avec chaleur et vérité. Qu'il leur refuse, s'il veut, ces vains talents littéraires, qui, loin de les faire aimer des hommes, les mettent en lutte avec eux; qu'il leur refuse cette puissante force de tête, cette profonde faculté d'attention dont les grands génies sont doués : leurs faibles organes s'y opposent, et leur cœur, trop souvent occupé, s'empare sans cesse de leur pensée, et ne la laisse pas se fixer sur des méditations étrangères à leur idée dominante; mais qu'il ne les accuse pas de ne pouvoir écrire que froidement, de ne savoir pas même peindre l'amour. C'est par l'âme, l'âme seule qu'elles sont distinguées : c'est elle qui donne du mouvement à leur esprit; c'est elle qui leur fait trouver quelque charme dans une destinée dont les sentiments sont les seuls événements, et les affections les seuls intérêts; c'est elle qui les identifie au sort de ce qu'elles aiment, et leur compose un bonheur dont l'unique source est la félicité des objets de leur tendresse; c'est elle enfin qui leur tient lieu d'instruction et d'expérience, et les rend dignes de sentir ce qu'elles sont incapables de juger. Sapho, seule entre toutes les femmes, dit Rousseau, a su faire parler l'amour. Ah! quand elles rougiraient d'employer ce langage brûlant, signe d'un délire insensé plutôt que d'une passion profonde, elles sauraient du moins exprimer ce qu'elles éprouvent; et cet abandon sublime, cette mélancolique douleur, ces sentiments tout-puissants, qui les font vivre et mourir, porteraient peut-être plus avant l'émotion dans le cœur des lecteurs, que tous les transports nés de l'imagination exaltée des poëtes.

LETTRE II.

D'Héloïse.

La profondeur des pensées, l'énergie du style, font surtout le mérite et l'éclat des divers discours dont j'ai parlé dans ma Lettre précédente; mais on y trouve aussi des mouvements de sensibilité qui caractérisent d'avance l'auteur d'Héloïse. C'est avec plaisir que je me livre à me retracer l'effet que cet ouvrage a produit sur moi; je tâcherai surtout de me défendre d'un enthousiasme qu'on pourrait attribuer à la disposition de mon âme plus qu'au talent de l'auteur. L'admiration véritable inspire le désir de faire partager ce qu'on éprouve; on se modère pour persuader, on ralentit ses pas afin d'être suivi. Je me transporterai donc à quelque distance des impressions que j'ai reçues, et j'écrirai sur Héloïse, comme je le ferais, je crois, si le temps avait vieilli mon cœur.

Un roman peut être une peinture des mœurs et des ridicules du moment, ou un jeu de l'imagination, qui rassemble des événements extraordinaires pour captiver l'intérêt de la curiosité, ou une grande idée morale mise en action et rendue dramatique : c'est dans cette dernière classe qu'il faut mettre Héloïse. Il paraît que le but de l'auteur était d'encourager au repentir, par l'exemple de la vertu de Julie, les femmes coupables de la même faute qu'elle. Je commence par admettre toutes les critiques que l'on peut faire sur ce plan. On dira qu'il est dangereux d'intéresser à Julie; que c'est répandre des charme sur le crime, et que le mal que ce roman peut faire aux jeunes filles encore innocentes est plus certain que l'utilité dont il pourrait être à celles qui ne le sont plus. Cette critique est vraie. Je voudrais que Rousseau n'eût peint Julie coupable que de la passion de son cœur. Je vais plus loin; je pense que c'est pour les cœurs purs seuls qu'il faut écrire la morale ; d'abord, peut-être perfectionne-t-elle plutôt qu'elle ne change, guide-t-elle plutôt qu'elle ne ramène ; mais d'ailleurs quand elle est destinée aux âmes honnêtes, elle peut servir encore à celles qui ont cessé de l'être. Combien on fait rougir d'une grande faute en peignant les remords et les malheurs que de plus légères doivent causer ! Il me semble aussi que l'indulgence est la seule vertu qu'il est dangereux de prêcher, quoiqu'il soit si utile de la pratiquer. Le crime, abstraitement considéré, doit exciter l'indignation. La pitié ne peut naître que de l'intérêt qu'inspire le coupable; l'austérité doit être dans la morale, et la bonté dans son application. J'avoue donc, avec les censeurs de Rousseau, que le sujet de Clarisse et de Grandisson est plus moral; mais la véritable utilité d'un roman est dans son effet bien plus que dans son plan, dans les sentiments qu'il inspire bien plus que dans les événements qu'il raconte. Pardonnons à Rousseau si, à la fin de cette lecture, on se sent plus animé d'amour pour la vertu, si l'on tient plus à ses devoirs, si les mœurs simples, la bienfaisance, la retraite, ont plus d'attraits pour nous. Cessons de condamner ce roman, si telle est l'impression qu'il laisse dans l'âme. Rousseau lui-même a paru penser que cet ouvrage était dangereux; il a cru qu'il n'avait

écrit en lettres de feu que les amours de Julie, et
que l'image de la vertu, du bonheur tranquille de
madame de Wolmar, paraîtrait sans couleur auprès de ces tableaux brûlants. Il s'est trompé; son
talent de peindre se retrouve partout; et dans ses
fictions comme dans la vérité, les orages des passions et la paix de l'innocence agitent et calment
successivement.

C'est un ouvrage de morale que Rousseau a eu
l'intention d'écrire; il a pris, pour le faire, la
forme d'un roman; il a peint le sentiment qui
domine dans ce genre d'ouvrage : mais s'il est
vrai qu'on ne peut émouvoir les hommes sans le
ressort d'une passion; s'il est vrai qu'il en est peu
qui s'enflamment par la pensée, s'élèvent par sa
puissance à l'enthousiasme de la vertu, sans qu'aucun sentiment étranger à elle ait donné du charme
et de la vie à cet amour abstrait de la perfection;
si le langage des anges ne fait plus effet sur les
hommes, un ange même ne devrait-il pas y renoncer! S'il faut, pour ainsi dire, entraîner les
hommes à la vertu; si leur imperfection force à
recourir, pour les intéresser, à l'éloquence d'une
passion, faut-il blâmer Rousseau d'avoir choisi
l'amour? Quelle autre eût été plus près de la vertu
même? Serait-ce l'ambition? toujours la haine et
l'envie l'accompagnent : l'ardeur de la gloire? ce
sentiment n'est pas fait pour les hommes, il
n'est pas même entendu par ceux qui ne l'ont jamais éprouvé. Quel théâtre et quel talent ne faut-
il pas à cette passion! à qui l'inspirer, si ce n'est
à ceux que rien ne peut empêcher de la ressentir?
Que font les livres au petit nombre d'hommes qui
devancent l'esprit humain? Non, l'amour seul
pouvait intéresser universellement, remplir tous
les cœurs, et se proportionner à leur énergie; l'a-
mour seul enfin pouvait devenir un mobile aussi
puissant qu'utile lorsque Rousseau le dirigeait.

Peut-être que dans les premiers temps les hommes ne connaissaient d'autres vertus que celles
qui naissent de l'amour. L'amour peut quelquefois
donner toutes celles que la religion et la morale
prescrivent. L'origine est moins céleste; mais il
serait possible de s'y méprendre : quand l'objet de
son culte est vertueux, bientôt on le devient soi-
même; un suffit pour qu'il y en ait deux. On est
vertueux quand on aime ce qu'on doit aimer; involontairement on fait ce que le devoir ordonne :
enfin cet abandon de soi-même, ce mépris pour
tout ce que la vanité fait rechercher, prépare l'âme
à la vertu; lorsque l'amour sera éteint, elle y régnera seule : quand on s'est accoutumé à ne mettre de valeur à soi qu'à cause d'un autre, quand

on s'est une fois entièrement détaché de soi, on
ne peut plus s'y méprendre, et la piété succède à
l'amour. C'est là l'histoire la plus vraisemblable
du cœur.

La bienfaisance et l'humanité, la douceur et la
bonté, semblent aussi appartenir à l'amour. On
s'intéresse aux malheureux; le cœur est toujours
disposé à s'attendrir : il est comme ces cordes ten-
dues qu'un souffle fait résonner. L'amant aimé est
à la fois étranger à l'envie et indifférent aux injustices des hommes; leurs défauts ne l'irritent
point, parce qu'ils ne le blessent pas; il les supporte, parce qu'il ne les sent pas : sa pensée est
à sa maîtresse, sa vie est dans son cœur : le mal
qu'on lui fait ailleurs, il le pardonne, parce qu'il
l'oublie; il est généreux sans effort. Loin de moi
cependant de comparer cette vertu du moment avec
la véritable; loin de moi surtout de lui accorder la
même estime. Mais, je le répète encore, puisqu'il
faut intéresser l'âme par les sentiments pour fixer
l'esprit sur les pensées; puisqu'il faut mêler la passion à la vertu pour forcer à les écouter toutes
deux, est-ce Rousseau que l'on doit blâmer, et
l'imperfection des hommes ne lui faisait-elle pas
une loi des torts dont on l'accuse?

Je sais qu'on lui reproche d'avoir peint un précepteur qui séduit la pupille qui lui était confiée;
mais j'avouerai que j'ai fait à peine cette réflexion
en lisant *la Nouvelle Héloïse*. D'abord il me semble
qu'on voit clairement que cette circonstance n'a pas
frappé Rousseau lui-même; qu'il l'a prise de l'ancienne *Héloïse;* que toute la moralité de son roman
est dans l'histoire de Julie, et qu'il n'a songé à
peindre Saint-Preux que comme le plus passionné
des hommes. Son ouvrage est pour les femmes;
c'est pour elles qu'il est fait; c'est à elles qu'il peut
nuire ou servir. N'est-ce pas d'elles que dépend tout
le sort de l'amour? Je conviens que ce roman pourrait égarer un homme dans la position de Saint-
Preux : mais le danger d'un livre est dans l'expression des sentiments qui conviennent à tous les hommes, bien plus que dans le récit d'un concours
d'événements qui, ne se trouvant peut-être jamais,
n'autorisera jamais personne. Saint-Preux n'a point
le langage ni les principes d'un corrupteur; Saint-
Preux était rempli de ces idées d'égalité que l'on
retrouve encore en Suisse; Saint-Preux était du
même âge que Julie. Entraînés l'un et l'autre, ils
se rencontraient malgré eux : Saint-Preux n'employait d'autres armes que la vérité et l'amour;
il n'attaquait pas, il se montrait involontairement.
Saint-Preux avait aimé avant de vouloir l'être;
Saint-Preux avait voulu mourir avant de risquer

de troubler la vie de ce qu'il aimait; Saint-Preux combattait sa passion : c'est là la vertu des hommes; celle des femmes est d'en triompher. Non, l'exemple de Saint-Preux n'est point immoral; mais celui de Julie pouvait l'être. La situation de Julie se rapproche de toutes celles que le cœur fait naître; et le tableau de ses torts pourrait être dangereux, si ses remords et la suite de sa vie n'en détruisaient pas l'effet, si dans ce roman la vertu n'était pas peinte en traits aussi ineffaçables que l'amour.

Le tableau d'une passion violente est sans doute dangereux, mais l'indifférence et la légèreté avec laquelle d'autres auteurs ont traité les principes supposent bien plus de corruption de mœurs, et y contribuent davantage. Julie coupable insulte moins à la vertu, que celle même qui la conserve sans y mettre de prix, qui n'y manque pas par calcul, et l'observe sans l'aimer. Si l'indulgence était réservée à l'excès de la passion, l'exercerait-on souvent? faudrait-il désespérer du cœur qui l'aurait éprouvée? Non, son âme égarée pourrait encore retrouver toute son énergie; mais n'attendez rien de celle qui s'est dégoûtée de la vertu, qui s'est corrompue lentement : tout ce qui arrive par degrés est irrémédiable.

Peut-être Rousseau s'est-il laissé aller à l'impulsion de son âme et de son talent; il avait le besoin d'exprimer ce qu'il y a de plus violent au monde, la passion et la vertu en constraste et réunies. Mais voyez comme il a respecté l'amour conjugal? Peut-être que, suivant le cours habituel de ses pensées, il a voulu attaquer, par l'exemple des malheurs de Julie et de l'inflexible orgueil de son père, les préjugés et les institutions sociales. Mais comme il révère le lien auquel la nature nous destine! comme il a voulu prouver qu'il est fait pour rendre heureux, qu'il peut suffire au cœur même qui a connu d'autres délices! Qui oserait se refuser à sa morale? Est-il étranger aux passions? méconnaît-il leur empire? n'a-t-il pas acquis le droit de parler aux âmes tendres, et de leur apprendre quels sont les sacrifices qui sont en leur puissance? Qui oserait répondre qu'ils sont impossibles, lorsque Rousseau nous apprend que la plus passionnée des femmes, que Julie en a été capable, qu'elle a pu trouver le bonheur dans l'accomplissement de ses devoirs, et ne s'en est plus écartée jusqu'au dernier moment de sa vie? On se croit dispensé de ressembler aux héroïnes parfaites; on aurait honte de n'avoir pas même les vertus d'une femme coupable.

Nos usages retiennent les jeunes filles dans les couvents. Il n'est pas même à craindre que ce roman les éloigne des mariages de convenance. Elles ne dépendent jamais d'elles; tout ce qui les environne s'occupe à défendre leur cœur d'impressions sensibles; la vertu, et souvent aussi l'ambition de leurs parents, veillent sur elles. Les hommes mêmes, bizarres dans leurs principes, attendent qu'elles soient mariées pour leur parler d'amour. Tout change autour d'elles à cette époque; on ne cherche pas à leur exalter la tête par des sentiments romanesques, mais à leur flétrir le cœur par de froides plaisanteries sur tout ce qu'elles avaient appris à respecter : c'est alors qu'elles doivent lire *Héloïse*. Elles sentiront d'abord, en lisant les lettres de Saint-Preux, combien ceux qui les environnent sont loin du crime même de les aimer; elles verront ensuite combien le nœud du mariage est sacré; elles apprendront à connaître l'importance de ses devoirs, le bonheur qu'ils peuvent donner, lors même que le sentiment ne leur prête point ses charmes. Qui jamais l'a senti plus profondément que Rousseau? Quelle preuve plus frappante pouvait-il en offrir?

S'il eût peint deux amants que la destinée aurait réunis, dont toute la vie serait composée de jours dont un seul suffirait pour embellir un long espace de l'année; qui, faisant ensemble la route de la vie, seraient indifférents sur les pays qu'ils parcourraient; qui adoreraient dans leur enfant une image chérie, un être dans lequel leurs âmes se sont réunies, leurs vies se sont confondues; qui accompliraient tous leurs devoirs comme s'ils cédaient à tous leurs mouvements; pour qui le charme de la vertu se serait joint à l'attrait de l'amour, la volupté du cœur aux charmes de l'innocence : la piété attacherait encore ces deux époux l'un à l'autre; ensemble ils remercieraient l'Être suprême. Le bonheur permet-il d'être athée? Il est des bienfaits si grands, qu'ils donnent le besoin de la reconnaissance; il est des bienfaits dont il serait si cruel de ne pas jouir toujours, que le cœur cherche à se reposer sur des espérances sensibles. Ce ne serait plus comme autrefois, par un lien secret, inconnu, qu'ils tiendraient l'un à l'autre; c'est à la face des hommes, c'est devant Dieu qu'ils auraient formé ce nœud que rien ne pourrait plus rompre; leur nom, leurs enfants, leur demeure, tout leur rappellerait leur bonheur; tout leur annoncerait sa durée; chaque instant ferait naître une nouvelle jouissance. Que de détails de bonheur dans une union intime! Ah! si, pour nous faire adorer ce lien respectable, Rousseau nous eût peint une telle union, sa tâche eût été facile; mais est-ce la vertu qu'il eût prêchée? est-ce une leçon qu'il eût donnée?

aurait-il été utile aux hommes, en excitant l'envie des malheureux, en n'apprenant aux heureux que ce qu'ils savent? Non; c'est un plan plus moral qu'il a suivi.

Il a peint une femme mariée malgré elle, ne tenant à son époux que par l'estime, portant au fond du cœur et le souvenir d'un autre bonheur, et l'amour d'un autre objet; passant sa vie entière, non dans ce tourbillon du monde, qui peut faire oublier et son époux et son amant, qui ne permet à aucune pensée, à aucun sentiment de dominer en nous, éteint toutes les passions, et rétablit le calme par la confusion, et le repos par le tumulte, mais dans une retraite absolue, seule avec M. de Wolmar, à la campagne, près de la nature, et disposée par elle à tous les sentiments du cœur qu'elle inspire ou retrace. C'est dans cette situation que Rousseau nous peint Julie, se faisant par la vertu une félicité à elle; heureuse par le bonheur qu'elle donne à son époux, heureuse par l'éducation qu'elle donne à ses enfants, heureuse par l'effet de son exemple sur ce qui l'entoure, heureuse par les consolations qu'elle trouve dans sa confiance en son Dieu. C'est un autre bonheur sans doute que celui que je viens de peindre; il est plus mélancolique; on peut le goûter et verser encore quelquefois des larmes : mais c'est un bonheur plus fait pour des êtres passagers sur la terre qu'ils habitent; on en jouit, sans le regretter quand on le perd; c'est un bonheur habituel, qu'on possède tout entier, sans que la réflexion ni la crainte lui ôtent rien; un bonheur enfin dans lequel les âmes pieuses trouvent toutes les délices que l'amour promet aux autres : c'est ce sentiment si pur, peint avec tant de charmes, qui rend ce roman moral; c'est ce sentiment qui en eût fait le plus moral de tous, si Julie nous eût offert en tout temps, non, comme disent les anciens, le spectacle de la vertu aux prises avec le malheur, mais avec la passion, bien plus terrible encore, et si cette vertu pure et sans tache n'eût pas perdu de son charme en ressemblant au repentir.

Je sais aussi que l'impression du tableau de la vie domestique de madame de Wolmar pourrait être détruite par le reproche qu'on lui fait d'avoir consenti à se marier : mais malheur à celle qui se croirait le courage de résister à son père! Ses droits, ses volontés peuvent être oubliés loin de lui : la passion présente efface tous les souvenirs : mais un père à genoux, plaidant lui-même sa cause; sa puissance, augmentée par sa dépendance volontaire; son malheur, en opposition avec le

nôtre; la prière, lorsqu'on attendait la force : quel spectacle! il suspend l'amour même. Un père qui parle comme un ami, qui émeut à la fois le cœur et la nature, est souverain de l'âme, et peut tout obtenir. Il reste encore à justifier Julie de ne pas avoir avoué sa faute à M. de Wolmar. La révéler avant son mariage, c'était tenter un moyen sûr de la rendre impossible, c'était tromper son père. Après qu'un lien indissoluble l'eut attachée à M. de Wolmar, c'était risquer le bonheur de son époux que de lui faire perdre l'estime qu'il avait pour elle. Je ne sais pas si le sacrifice de sa délicatesse même au repos d'un autre n'est pas digne d'une grande admiration; les vertus qui ne diffèrent pas des vices aux yeux des hommes sont les plus difficiles à exercer. Se confier dans la pureté de ses intentions, s'élever au-dessus de l'opinion, n'est-ce pas là le caractère d'un amour désintéressé pour ce qui est bien? Cependant, comme j'aimerais le mouvement qui porterait à tout avouer! Je le retrouve avec plaisir dans Julie, et j'applaudis à Rousseau, qui a pensé que ce n'était pas assez d'opposer dans la même personne la réflexion au penchant, mais qu'il fallait encore que ce fût une autre, que ce fût Claire qui se chargeât de détourner Julie de découvrir sa faute à M. de Wolmar, afin que Julie conservât tout le charme de l'abandon, et parût plutôt arrêtée que capable de se retenir. Quelle que soit sur ce point l'opinion générale, au moins il est vrai que quand Rousseau se trompe, c'est presque toujours en s'attachant à une idée morale plutôt qu'à une autre : c'est entre les vertus qu'il choisit; et la préférence qu'il donne peut seule être attaquée ou défendue.

Mais comment admirer assez l'éloquence et le talent de Rousseau? Quel ouvrage que ce roman! quelles idées sur tous les sujets sont éparses dans ce livre! Il paraît que Rousseau n'avait pas l'imagination qui sait inventer une succession d'événements nouveaux; mais combien les sentiments et les pensées suppléent à la variété des situations! Ce n'est plus un roman, ce sont des lettres sur des sujets différents; on y découvre celui qui doit faire Émile et le Contrat social : c'est ainsi que les Lettres persanes annoncent l'Esprit des Lois. Plusieurs écrivains célèbres ont mis de même dans leur premier ouvrage le germe de tous les autres. On commence par penser sur tout, on parcourt tous les objets, avant de s'assujettir à un plan, avant de suivre une route : dans la jeunesse les idées viennent en foule : on a peut-être dès lors toutes celles qu'on aura; mais elles sont encore confuses : on les met en ordre ensuite, et leur nombre augmente aux yeux des autres; on les domine, on les soumet à la raison, et leur puissance devient en effet plus grande.

Quelle belle lettre pour et contre le suicide! quel puissant argument de métaphysique et de pensée! Celle qui condamne le suicide est inférieure à celle qui le justifie, soit que l'horreur naturelle et l'instinct de la conscience parlent plus éloquemment contre le suicide que le raisonnement même, soit que Rousseau se sentît né pour être malheureux, et craignît de s'ôter sa dernière ressource en se persuadant lui-même.

Quelle lettre sur le duel! comme il a combattu ce préjugé en homme d'honneur! comme il a respecté le courage! comme il a senti qu'il fallait en être enthousiaste pour avoir le droit de le blâmer, et lui parler à genoux pour pouvoir l'arrêter! C'est Julie, je le sais, qui écrit cette lettre; mais si c'est le tort de Rousseau, comme auteur de roman, c'est son mérite comme écrivain penseur, de faire parler toujours Julie comme il eût parlé lui-même.

Je l'avouerai cependant, souvent je n'aime pas à reconnaître Rousseau dans Julie; je voudrais y trouver les idées, mais non le caractère d'un homme. La convenance, la modestie d'une femme, d'une femme coupable, y manquent dans plusieurs lettres : la pudeur survit encore au crime, quand la passion l'a fait commettre. Il me semble aussi que ses sermons continuels à Saint-Preux sont déplacés : une femme coupable peut aimer la vertu, mais il ne lui est pas permis de la prêcher : c'est avec un sentiment de tristesse et de regret que ce mot doit sortir de sa bouche. Je ne retrancherais rien à la morale de Julie, mais je voudrais qu'elle se l'adressât à elle-même, et que le spectacle de son repentir fût le seul moyen qu'elle crût avoir le droit d'employer pour ramener son amant à la vertu. Je ne puis supporter le ton de supériorité qu'elle conserve avec Saint-Preux : une femme est au-dessous de son amant quand il l'a rendue coupable : les charmes de son sexe lui restent, mais ses droits sont perdus; elle peut entraîner, mais elle ne doit plus commander.

On a souvent agité s'il était dans la nature que Julie sacrifiât le seul rendez-vous qu'elle croyait pouvoir donner à Saint-Preux, au désir d'obtenir le congé de Claude Anet. Je crois possible qu'un acte de bienfaisance l'emporte dans son cœur sur le bonheur de voir son amant; il peut être dans la nature de ne pas être arrêté par le premier des devoirs, et de céder à la pitié; c'est un mouvement qui tient de la passion, qui agit comme elle à l'ins-

tant et directement sur le cœur, qui lutte avec plus de succès contre elle que les plus importantes réflexions sur l'honneur et la vertu. Mais je trouve quelquefois dans cet ouvrage des idées bizarres en sensibilité, et je crois qu'elles viennent toutes de la tête, car le cœur ne peut plus rien inventer : il peut se servir d'expressions nouvelles; mais tous ses mouvements, pour être vrais, doivent être connus; car c'est par là que tous les hommes se ressemblent. Je ne puis supporter, par exemple, la méthode que Julie met quelquefois dans sa passion; enfin tout ce qui, dans ses lettres, semble prouver qu'elle est encore maîtresse d'elle-même, et qu'elle prend d'avance la résolution d'être coupable. Quand on renonce aux charmes de la vertu, il faut au moins avoir tous ceux que l'abandon du cœur peut donner. Rousseau s'est trompé, s'il a cru, suivant les règles ordinaires, que Julie paraîtrait plus modeste en se montrant moins passionnée; non : il fallait que l'excès même de cette passion fût son excuse, et ce n'est qu'en peignant la violence de son amour qu'il diminuait l'immoralité de la faute que l'amour lui faisait commettre.

Il me reste encore une critique à faire : je me hâte; elles m'importent. Les plaisanteries de Claire manquent à mes yeux, presque toujours, de goût comme de grâce : il faut, pour atteindre à la perfection de ce genre, avoir acquis à Paris cette espèce d'instinct qui rejette, sans s'en rendre même raison, tout ce que l'examen le plus fin condamnerait. C'est à son propre tribunal qu'on peut juger si un sentiment est vrai, si une pensée est juste; mais il faut avoir une grande habitude de la société pour prévoir sûrement l'effet d'une plaisanterie. D'ailleurs Rousseau était l'homme du monde le moins propre à écrire gaiement : tout le frappait profondément. Il attachait les plus grandes pensées aux plus petits événements, les sentiments les plus profonds aux aventures les plus indifférentes; et la gaieté fait le contraire. Habituellement malheureux, celle du caractère lui manquait, et son esprit n'était pas propre à y suppléer : enfin il est tellement fait pour la passion et pour la douleur, que sa gaieté même conserve toujours un caractère de contrainte; on s'aperçoit que c'est avec effort qu'il y est parvenu : il n'en a pas la mesure, parce qu'il n'en a pas le sentiment; et les nuages de la tristesse obscurcissent malgré lui ce qu'il croit des rayons de joie. Ah! qu'il pouvait aisément renoncer à ce genre si peu digne d'admiration! Quelle éloquence! quel talent que le sien pour transmettre et communiquer les plus violents mouvements de l'âme!

Des idées de destin, de sort inévitable, de courroux des dieux, diminuent l'intérêt de Phèdre et de tous les amours peints par les anciens : l'héroïsme et la galanterie chevaleresque font le charme de nos romans modernes; mais le sentiment qui naît du libre penchant du cœur, le sentiment à la fois ardent et tendre, délicat et passionné, c'est Rousseau qui, le premier, a cru qu'on pouvait exprimer ses brûlantes agitations; c'est Rousseau qui, le premier, l'a prouvé.

Que le lieu de la scène est heureusement choisi! La nature en Suisse est si bien d'accord avec les grandes passions! Comme elle ajoute à l'effet de la touchante scène de la Meillerie! comme les tableaux que Rousseau en fait sont nouveaux! qu'il laisse loin derrière lui ces idylles de Gessner, ces prairies émaillées de fleurs, ces berceaux entrelacés de roses! Comme l'on sent vivement que le cœur serait plus ému, s'ouvrirait plus à l'amour près de ces rochers qui menacent les cieux, à l'aspect de ce lac immense, au fond de ces forêts, sur le bord de ces torrents rapides, dans ce séjour qui semble sur les confins du chaos, que dans ces lieux enchantés, fades comme les bergers qui les habitent!

Enfin il est une lettre moins vantée que les autres, mais que je n'ai pu lire jamais sans un attendrissement inexprimable : c'est celle que Julie écrit à Saint-Preux au moment de mourir : peut-être n'est-elle pas aussi touchante que je le pense; souvent un mot qui répond juste à notre cœur, une situation qui nous retrace ou des souvenirs ou des chimères, nous fait illusion, et nous croyons que l'auteur est la cause de cet effet de son ouvrage : mais Julie apprenant à Saint-Preux qu'elle n'a pu cesser de l'aimer; Julie, que je croyais guérie, me montrant un cœur blessé plus profondément que jamais; ce sentiment de bonheur que la cessation d'un long combat lui donne; cet abandon que la mort autorise et que la mort va terminer; ces mots si sombres et si mélancoliques, *adieu pour jamais*, *adieu*, se mêlant aux expressions d'un sentiment créé pour le bonheur de la vie; cette certitude de mourir, qui donne à toutes ses paroles un caractère si solennel et si vrai; cette idée dominante, cet objet qui l'occupe seul au moment où la plupart des hommes concentrent sur eux-mêmes ce qu'il leur reste de pensée; ce calme qu'à l'instant de la mort le malheur donne encore plus sûrement que le courage; chaque mot de cette lettre enfin a rempli mon âme de la plus vive émotion. Ah! qu'on voit avec peine la fin d'une lecture qui nous intéressait comme un événement de notre vie, et qui, sans troubler notre cœur, mettait en mouvement tous nos sentiments et toutes nos pensées!

LETTRE III.

D'Émile.

Je vais maintenant parler de l'ouvrage qui a consacré la gloire de Rousseau, de celui que son nom d'abord nous rappelle, et qui confond l'envie après l'avoir excitée. L'auteur d'*Émile* s'était fait connaître dans ses premiers écrits : avant même d'avoir élevé ce grand édifice, il en avait montré la puissance; mais l'admiration, sentiment auquel on se plaît à résister, n'aurait peut-être pas été généralement accordée aux autres ouvrages de Rousseau, si, forcé de couronner *Émile*, il n'avait pas fallu respecter jusqu'aux essais du talent qui sut ainsi se développer à nos yeux.

C'est un beau système que celui qui, recevant l'homme des mains de la nature, réunit toutes ses forces pour conserver en lui l'empreinte qu'il a reçue d'elle, et l'exposer au monde sans l'effacer. On répète souvent que dans la vie sociale ce système est impossible; mais je ne sais pas pourquoi l'on n'a voulu trouver cette auguste empreinte que dans l'homme sauvage; ce n'est pas le progrès des lumières, ni l'ordre civil, c'est l'erreur et l'injustice qui nous éloignent de la nature. L'homme seul ne peut atteindre à toutes les connaissances des hommes réunis pendant plusieurs siècles; mais le fil d'Ariane conduit depuis les premiers pas jusqu'aux derniers : l'esprit juste et le cœur droit peuvent concevoir toutes les combinaisons nécessaires aux devoirs de cette vie. On croit avoir jugé les idées de Rousseau, quand on a appelé son livre un ouvrage systématique; peut-être les bornes de l'esprit humain ont-elles été assez reculées depuis un siècle, pour qu'on ait l'habitude de respecter les pensées nouvelles; mais ne serait-il pas possible même qu'il vînt un temps où l'on se fût tellement éloigné des sentiments naturels, qu'ils parussent une découverte, et où l'on eût besoin d'un homme de génie pour revenir sur ses pas, et retrouver la route dont les préjugés du monde auraient effacé la trace? C'est ce sublime effort dont Rousseau s'est montré capable.

L'homme reçoit trois éducations, celle de la nature, de son précepteur et du monde. Rousseau a voulu confondre les deux premières; il développe les facultés de son élève, comme ses forces physiques, avec le temps, sans ralentir ni hâter sa marche; il sait qu'il doit vivre parmi des hommes qui se sont condamnés à une existence contraire aux idées naturelles; mais comme la loi de la nécessité est la première qu'il lui apprit à respecter, il supportera les institutions sociales comme les accidents de la nature; et le jugement droit, les sentiments simples qu'on lui a inspirés guideront seulement sa conduite et soutiendront son âme. Qu'importe si, sur le théâtre du monde, il est acteur ou témoin? on ne le verra point troubler le spectacle; et si les illusions lui manquent, les plaisirs vrais lui resteront. On se plaint des soins infinis que cette éducation exigerait; sans doute, dans un séjour pestiféré, l'on se défend avec peine de la contagion; mais Émile, enfant, s'élèverait de lui-même dans une ville habitée par des Émiles. D'ailleurs, quand la moitié de la vie serait consacrée à assurer le bonheur de celle d'un autre, y a-t-il beaucoup d'hommes qui dussent regretter cet emploi de leur temps? Enfin, si les femmes, s'élevant au-dessus de leur sort, osaient prétendre à l'éducation des hommes; si elles savaient dire ce qu'ils doivent faire, si elles avaient le sentiment de leurs actions, quelle noble destinée leur serait réservée!

Rousseau veut qu'on développe les facultés avant d'apprendre les sciences : en effet, l'enfant dont l'esprit n'est pas au niveau de sa mémoire retiendra ce qu'il n'entend pas, et cette habitude dispose à l'erreur. J'ignore si Rousseau ne retarde pas trop le moment où l'étude doit être permise : il ne peut être fixé; les enfants diffèrent entre eux comme les hommes. Quel bon esprit on prépare à celui qui n'adopta jamais que ce qu'il avait compris! Je le sais, la jeunesse efface les erreurs de l'enfance, et perd les siennes à son tour; mais celui qui, suivant son âge, n'aurait jamais cru que la vérité, arriverait à la principale époque de la vie avec un jugement inaltérable; et les idées morales, devenues pour lui comme des propositions de géométrie, s'enchaîneraient dans sa pensée depuis sa naissance jusqu'à sa mort. On ne le préserverait pas des mouvements des passions, mais on le garantirait des excuses qu'elles cherchent : il pourrait être entraîné, mais jamais égaré; et s'il tombait dans le précipice, il s'y verrait au moins, et ses yeux restés ouverts l'aideraient bientôt à s'en retirer lui-même. Que j'aime cette éducation sans ruse et sans despotisme, qui traite l'enfant comme un homme faible, et non comme un être dépendant; qui le force à l'obéissance, non en le faisant plier sous la volonté d'un gouverneur ou d'un père dont il ne connaîtrait pas les droits, et dont il haïrait l'empire, mais sous la nécessité muette mais inflexible; sous la nécessité, éternelle puissance qui le commandera quand ses maîtres ne pourront plus rien sur lui; pouvoir qui n'avilit pas celui qui s'y soumet, et ne donne point à un homme l'habitude d'obéir aux autres hommes! L'enfance précède la vie; qu'elle en soit le tableau en raccourci : le soir du jour souillé par nos fautes, un maître sévère ne vient pas nous imposer des punitions qui ne naissent point d'elles; mais nos amis s'éloignent, si nous les avons blessés; mais on cesse de nous croire, si nous avons trompé. La seule ruse permise avec les enfants, c'est de les traiter comme des hommes, de faire naître autour d'eux l'expérience, en leur cachant le peu d'importance qu'on attache à leurs premiers torts et le charme de leurs petites grâces, présage de l'empire que d'autres séductions peuvent avoir un jour. Il est un genre d'expérience toutefois qu'on doit retarder le plus possible, c'est la connaissance des vices des hommes; il faut être bien fort pour braver l'exemple et supporter l'injustice. Les enfants ne doivent jamais éprouver les défauts de ceux qui les environnent. Que cette grande et dernière leçon soit réservée pour l'âge où l'on a déjà choisi sa route. La vertu n'est pas, comme la gloire, un but d'émulation; ceux qui prétendent à l'une ne veulent point d'égaux; ceux qui cherchent l'autre ralentissent quelquefois leurs efforts lorsqu'ils trouvent des compagnons de paresse. Il faut être homme pour apprendre sans danger à connaître les hommes. Il paraissait difficile d'exciter les enfants à l'étude, sans employer les moyens ordinaires de l'éducation, sans manquer au principe qui conserve dans l'enfant la dignité de l'homme, en ne lui apprenant ni à commander ni à obéir. Rousseau s'assure de sa docilité par la dépendance de sa nature; elle l'oblige à un échange de services, premier fondement de toute société. Les connaissances sont nées du besoin des hommes; et depuis que tous les ont acquises, elles sont encore plus utiles à chacun d'eux. On peut amener une circonstance qui en fasse sentir à l'enfant la nécessité, et lui inspire aujourd'hui le désir de cette même science dont hier il eût fallu lui commander l'étude. Mais, dira-t-on, pourquoi ne pas le conduire par la reconnaissance et par la tendresse? Le premier de ces sentiments n'est pas conçu par un enfant; il n'unit point ensemble le présent et le passé : le second doit naître de lui-même; mais son action ne développe ni le jugement ni la pensée : elle n'a pas le même empire sur tous ces jeunes cœurs, et ne leur donne point l'idée de la vie, où des relations de tous genres tirent leurs forces de la raison et de la nécessité.

Rousseau se sert, pour l'enfance, des ressorts qui doivent mouvoir tous les âges. Avec quel soin n'interdit-il pas ces motifs d'émulation et de rivalité qui préparent d'avance les passions de la jeunesse!

Émile n'est point un guerrier, un poëte, un administrateur; c'est un homme, l'homme de la nature instruit de toutes les découvertes de la société : il voit plus loin que le sauvage, mais dans la même direction; il a ajouté des idées justes à des idées justes, mais une erreur ne peut entrer dans sa tête. Tout le monde a adopté le système d'éducation physique de Rousseau. Un succès certain n'a point trouvé de contradicteurs. Ses idées morales sont sur le même modèle; aucun lien importun ne gêne les mouvements des enfants; la contrainte ne borne point leur liberté : Rousseau les exerce par degrés; il veut qu'ils fassent eux-mêmes tout ce que leurs petites forces leur permettent; il ne hâte point leur esprit; il ne les fait pas arriver au résultat sans passer par la route : enfin, si la même pensée avait créé le monde physique et le monde moral; si l'un était, pour ainsi dire, le relief de l'autre, pourquoi se refuserait-on à trouver dans l'ensemble du système de Rousseau la preuve de la vérité? Je ne sais pas si je suivrais entièrement pour mon fils la méthode de Rousseau; peut-être ma vanité voudrait-elle le former pour un état déterminé, afin qu'il fût de bonne heure avancé dans une carrière; au moins je me dirais : C'est ainsi qu'on doit élever l'homme; c'est l'éducation de l'espèce plutôt que celle de l'individu. Mais il faut l'étudier comme ces modèles de proportion que les sculpteurs ont toujours devant les yeux, quelles que soient les statues qu'ils veulent faire.

C'est l'éloquence de Rousseau qui ranima le sentiment maternel dans une certaine classe de la société; il fit connaître aux mères ce devoir et ce bonheur; il leur inspira le désir de ne céder à personne les premières caresses de leurs enfants; il interdit autour d'eux les serviles respects des valets, qui leur font sentir leur rang, en leur montrant le contraste de leur faiblesse et de leur puissance; mais il permit les tendres soins d'une mère : ils ne gâteront point l'enfant qui les reçoit; être servi, rend tyran; mais être aimé, rend sensible. Qui des mères ou des enfants doit le plus de reconnaissance à Rousseau? Ah! ce sont les mères sans doute : ne leur a-t-il pas appris (comme l'écrivait une femme dont l'âme et l'esprit font le charme de ceux qu'elle admet à la connaître) « à « retrouver dans leur enfant une seconde jeu-

« nesse, dont l'espérance recommence pour elles, « quand la première s'évanouit? » Tout n'est pas encore perdu pour la mère malheureuse dont les fautes ou la destinée ont empoisonné la vie! ces jours de douleur lui ont peut-être valu l'expérience qui préservera des mêmes peines le jeune objet de ses soins et de sa tendresse. Dans tous les portraits de Rousseau, on l'a peint couronné par des enfants. En effet, il a su rendre cet âge à son bonheur naturel; et peut-être n'est-il que celui-là d'assuré dans la vie. Bientôt la jeunesse arrive, ce temps faussement vanté, ce temps des passions et des larmes : il faut assurer des jours de bonheur à l'enfance, dans cet âge où l'imagination ne craint rien de l'avenir, où le moment présent compose toute la vie, où le cœur aime sans inquiétude, où le plaisir se fait sentir, tandis que la peine est encore inconnue. Le bonheur de l'enfant dépend de sa mère : hélas! un jour peut-être elle le pressera vainement contre son sein; ses caresses ne feront plus renaître le calme dans son âme.

Rousseau n'a point voulu qu'Émile fût un homme extraordinaire. Le génie et l'héroïsme sont des exceptions de la nature dont elle fait seule l'éducation. Il l'a peint tel que tous les pères peuvent espérer de rendre leur fils, en suivant le même plan. Je me demanderais, pour juger de ce système, s'il est vrai que tous les effets naissent des moyens, et si ces effets sont désirables. Or, il me semble que l'enfant élevé suivant les principes de Rousseau serait Émile, et qu'on serait heureux d'avoir Émile pour fils. Je suis loin d'adopter le système d'Helvétius, et d'attribuer à l'éducation seule la distance qui peut exister entre l'esprit de Voltaire et celui des autres hommes. Les talents de l'esprit sont sans doute inégaux par la nature, mais les sentiments innés dans tous les cœurs peuvent être développés par l'éducation; et je crois qu'elle a presque toujours une manière de rendre, ou plutôt de laisser à l'âme sa bonté primitive. Pour un aveugle-né, combien en perdu la vue! Je sais qu'il paraîtra peut-être extraordinaire d'adopter le système de Rousseau : on s'accorde pour admirer son éloquence; mais on a trouvé simple de croire que cette imagination si vive et si féconde, cette âme si passionnée, avaient acquitté la nature envers lui, et qu'un tel talent de peindre ne pouvait être uni à la justesse d'esprit nécessaire pour tracer un plan utile. On a dit que ses opinions étaient impraticables ou fausses, afin de le ranger dans cette classe que les hommes médiocres même traitent avec dédain, ravis d'opposer le court enchaînement de leurs incontestables idées communes aux erreurs qui peuvent se rencontrer dans la suite des pensées nouvelles d'un grand génie. Moi, je ne crois pas qu'un ouvrage sur l'éducation, dont le système est parfaitement suivi depuis la première ligne jusqu'à la dernière, et qui doit réveiller sans cesse tous nos sentiments et toutes nos idées habituelles, pût intéresser, s'il fatiguait l'esprit par sa fausseté. Enfin je vois adopter en détail ce plan dont on rejette l'ensemble, et je ne puis m'accoutumer à entendre juger le style sans les pensées, comme si l'effet de l'un était séparé de l'impression des autres, et comme s'il ne fallait pas au moins, quand tout le système ne serait pas juste, que les idées et les sentiments dont l'éloquence se compose le fussent toujours. J'avouerai que pour me conformer à l'avis de la multitude, qui ne veut pas croire vraies tant de pensées neuves, vainement à chaque page j'étais de l'avis de Rousseau : à la fin du livre, je me disais : C'est sûrement faux ; et j'attribuais à son talent seul la persuasion dont je ne pouvais me défendre ; mais j'ai fini cependant par m'en fier assez à la réflexion, pour ne pas craindre les opinions même que l'éloquence développe ; sans doute quand elle s'aide du geste et de l'accent, elle peut, à la tête des armées, dans une émeute populaire, entraîner les hommes par tout ce qu'ils ont de sensible, et suspendre leurs autres facultés ; mais dans la retraite, lorsque aucune passion ne nous aveugle, l'impression du talent reste, mais son illusion disparaît.

Rousseau voulait élever la femme comme l'homme, d'après la nature, et suivant les différences qu'elle a mises entre eux ; mais je ne sais pas s'il faut tant la seconder, en confirmant, pour ainsi dire, les femmes dans leur faiblesse. Je vois la nécessité de leur inspirer des vertus que les hommes n'ont pas, bien plus que celle de les encourager dans leur infériorité sous d'autres rapports ; elles contribueraient peut-être autant au bonheur de leur époux, si elles se bornaient à leur destinée par choix plutôt que par incapacité, et si elles se soumettaient à l'objet de leur tendresse par amour plutôt que par besoin d'appui. Une grande force d'âme leur est nécessaire ; leurs passions et leur destinée sont en contraste dans un pays où le sort impose souvent aux femmes la loi de n'aimer jamais, où, plus à plaindre que ces pieuses filles qui se consacrent à leur Dieu, elles doivent accorder tous les droits de l'amour, et s'interdire tous les plaisirs du cœur. Ne faut-il pas un sentiment énergique de ses devoirs pour marcher isolée dans le monde, et mourir sans avoir été la première

pensée d'un autre, sans avoir surtout attaché la sienne sur un objet qu'on pût aimer sans remords ?

Rousseau, dira-t-on, ne s'occupait pas des bizarres institutions de la vanité ; il n'appuyait pas un édifice qu'il eût voulu renverser ; mais pourquoi donc a-t-il fait de sa Sophie une femme incapable de conserver même la plus heureuse situation du monde ? Comment, dans un morceau sublime, supplément de son ouvrage, a-t-il peint cette Sophie trahissant son époux ? Il a condamné lui-même l'éducation qu'elle avait reçue ; il l'a sacrifiée au désir de faire valoir celle d'Émile, en donnant le spectacle de son courage dans la plus violente situation du cœur. Comment a-t-il pu se résoudre à nous offrir Sophie au-dessous de tout, infidèle à ce qu'elle aime ? C'est plus que faible qu'il l'a montrée. Avait-elle besoin de force ? elle avait épousé son amant. Ah ! pourquoi flétrir le cœur par la triste fin de l'histoire d'Émile et de Sophie ? pourquoi seconder ceux qui, ne croyant pas à la durée des sentiments, pensent qu'il est égal de commencer ou de finir par ne pas s'aimer ? Pourquoi dégrader les femmes, en faisant tomber celle qui semblait devoir être leur modèle ? Ah ! Rousseau, c'est mal les connaître ; leur cœur peut les égarer, mais leur cœur sait les défendre : aucune de celles même que la vertu seule n'arrêterait pas, unie à ton Émile, aimée par lui, n'aurait changé la paix et le bonheur contre le désespoir et la honte ; aucune, faible même, comme tu veux qu'elles le soient, ne se fût bannie du paradis terrestre, en rompant les liens d'un hymen formé par l'amour. Je ne sais pas s'il fallait montrer Émile en proie aux plus cruelles infortunes. L'influence de la vertu sur le bonheur était un spectacle plus utile ; il est sans doute des peines dont elle ne préserve pas, mais il en est tant qu'elle épargne, qu'il est permis d'employer cet appât pour attirer vers elle. Mais quel charme dans tous les tableaux de cet ouvrage ! quelle finesse et quelle étendue dans les idées ! Tantôt l'auteur ajoute une idée nouvelle à un sujet qui semblait épuisé, ou sait, par une seule pensée, ouvrir une carrière immense à la réflexion. En voulant former un homme, il s'est nécessairement occupé de toutes les idées qui peuvent entrer dans la tête. Quelle méditation cela suppose, ou plutôt quelle originalité dans l'écrivain à qui tous les objets connus se présentent sous une forme neuve et vraie, et qui trouve presque toujours son esprit dans la nature ! C'est une pensée bien heureuse d'avoir donné à un traité d'éducation la forme de l'histoire de son élève. Rien n'est étranger au but ; rien ne détourne de l'idée abstraite ; mais la pensée se repose, et l'attention est entraînée. Rousseau veut que des événements de sa vie gravent dans la tête de l'enfant les vérités qu'il doit apprendre. S'il faut lui donner l'idée des droits de la propriété, son travail est détruit par Robert, possesseur du champ dont il s'est emparé, le chagrin et la colère d'Émile impriment dans son esprit le souvenir de l'explication qu'il a reçue. C'est par les sentiments de son âme que Rousseau captive son intérêt; il traite de même le lecteur; et son ingénieuse adresse emploie le même moyen pour élever l'enfant et retenir l'attention des hommes. Les circonstances les plus légères frappent l'imagination, et ajoutent à la vérité des tableaux. Les détails font peu d'impression quand ils rappellent des circonstances ou des personnes indifférentes; mais lorsqu'ils tiennent à de grands sentiments, lorsqu'on a longtemps d'avance intéressé le lecteur pour Émile et pour Sophie, le cœur bat en les voyant lutter à la course ensemble, s'amuser encore, dans l'âge des passions, de ces jeunes plaisirs, et savoir unir la simplicité de l'enfance au charme de la jeunesse. Heureux par ce sentiment qui fait une époque des événements les plus ordinaires de la vie, Émile ne peut lutter dans ce combat inégal; il sent sa force; il aime la faiblesse de Sophie; et, la portant au but dans ses bras, tombe à ses pieds, et se reconnaît vaincu. Cette image ravissante s'est souvent offerte à ma pensée. Rousseau, dans Héloïse, avait peint la passion exaltée par le combat du remords, par l'ivresse de la faute : le tableau de deux amants ignorant le repentir et la crainte, s'aimant sans que l'obstacle, ce besoin des cœurs usés, soit nécessaire pour les ranimer, est peut-être un aussi grand effort du talent; la vérité, la justesse y étaient encore plus nécessaires; et des sons si doux, pour émouvoir le cœur, doivent bien y répondre. Je sais qu'on peut avec raison être frappé du mauvais goût que Rousseau se permet quelquefois; il se plaît dans les contrastes, et les produit par les mots autant que par les idées. On pourrait blâmer un tel système; la pensée doit voir les extrêmes, mais non l'imagination; l'impression du dégoût qu'elle en reçoit ne rend pas la vérité plus sensible, et déplaît inutilement. On a quelquefois accusé Rousseau d'exagération et de fausse chaleur; j'avouerai qu'en ne trouvant pas toujours toutes ses idées justes, en n'étant pas toujours émue par tous ses mouvements, il m'a paru constamment naturel; il diffère des autres, mais c'est pour lui, non pour eux qu'il parle. On a pu le juger fou dans quelques pages, mais rien n'est plus loin de l'affectation ; sa folie, si l'on doit employer ce

mot, est l'exaltation de tout ce qui est bien; ce sont des idées qui n'ont pas été, pour ainsi dire, raccordées avec les hommes, mais qui seraient vraies abstraitement. Comment ne pas adorer son amour pour la vertu, sa passion pour la nature ! il ne l'a pas peinte comme Virgile, mais il l'a gravée dans le cœur, et l'on se rappelle ses sentiments et ses pensées en revoyant les lieux qu'il a parcourus, les sites qu'il préférait.

Quel écrivain que Rousseau ! On a souvent parlé du danger de l'éloquence; mais je le crois bien nécessaire quand il faut opposer la vertu à la passion; elle fait naître dans l'âme ces mouvements qui décident instantanément du parti que l'on prend; il semble que la raison s'offre longtemps à l'esprit avant que le cœur en soit convaincu; mais lorsqu'il l'est, on n'a plus besoin de réflexions : on va de soi-même, on est entraîné; c'est l'éloquence seule qui peut ajouter cette force d'impulsion à la raison, et lui donner assez de vie pour lutter à force égale contre les passions. Mais, heureux Émile, si celui qui veille sur sa destinée le préserve des combats avec lui-même, et ne le place pas dans ces cruelles situations qui naissent de la société, et s'opposent à la nature ! Puisse-t-il suivre l'intention de la Providence, qui n'a rien ordonné à l'homme que pour sa félicité, même sur cette terre, et ne lui fît une loi de la vertu que pour assurer son bonheur ! En ne le laissant pas dépendre des bornes de sa propre intelligence, l'obéissance supplée aux lumières de sa raison. On reproche à Rousseau de donner trop tard à son élève la connaissance d'un Dieu; cette vérité de sentiment pourrait être connue avant le développement des facultés de l'esprit. Je ne sais pas cependant si ce superbe mot de l'énigme du monde ne frapperait pas davantage celui qui ne l'apprendrait qu'en le concevant. On a souvent remarqué que les merveilles de tous les jours n'excitaient plus notre étonnement. Une grande idée qu'un enfant met à son niveau, qu'il rapproche de ce qu'il connaît, qu'il confond avec toutes les petites pensées de son âge, est moins auguste à ses yeux que si, pour la première fois, elle répandait des torrents de lumière sur les ténèbres de l'univers. Rousseau croyait à l'existence de Dieu, par son esprit et par son cœur. Qu'elle est belle sa lettre à l'archevêque de Paris ! Quel avantage la vraie philosophie n'a-t-elle pas sur la plupart des sectes religieuses, quand elle ne tente pas d'ébranler les éternelles bases de toute croyance ! Quel chef-d'œuvre d'éloquence dans le sentiment, de métaphysique dans les preuves, que la profession de foi du Vicaire savoyard ! Rousseau était le seul homme de génie de son temps qui respectât les pieuses pensées dont nous avons tant de besoin ; il consulte l'instinct naturel, et consacre ensuite toute la force de la réflexion à prouver à sa raison la vérité de cet instinct. La philosophie rejette ces persuasions intimes, involontaires, qui ne sont point nées du calcul et de la méditation abstraite. Mais que j'aime mieux celui qui leur prête l'appui de son génie, tâche de les fortifier en moi, et, loin d'opposer ma raison à mon cœur, cherche à les réunir pour faire pencher la balance et cesser le combat ! La profession de foi du Vicaire savoyard était justement admirée comme une suite de raisonnements forts et profonds, qui formaient un ensemble d'opinions que l'on adoptait avec transport au milieu des égarements des fanatiques et des athées. Mais cet ouvrage n'était que le précurseur de ce livre (1), époque dans l'histoire des pensées, puisqu'il en a reculé l'empire ; de ce livre qui semble anticiper sur la vie à venir, en devinant les secrets qui doivent un jour nous être dévoilés ; de ce livre que les hommes réunis pourraient présenter à l'Être suprême comme le plus grand pas qu'ils aient fait vers lui ; de ce livre que le nom de son auteur consacre en le mettant à l'abri du dédain de la médiocrité, puisque c'est le plus grand administrateur de son siècle, le génie le plus clair et le plus juste, qui a demandé d'être écouté sur ce qu'on voulait rejeter comme obscur et comme vague ; de ce livre dont la sensibilité majestueuse et sublime peint l'auteur aimant les hommes comme l'ange gardien de la terre doit les chérir. Pardonne-moi, Rousseau : mon ouvrage t'est consacré, et cependant un autre est devenu un moment l'objet de mon culte ! Toi-même, toi surtout, ton cœur passionné pour l'humanité eût adoré celui qui, longtemps occupé de l'existence de l'homme sur la terre, après avoir indiqué tous les biens qu'un bon gouvernement peut lui assurer, a voulu le rendre indépendant par son âme de toutes les circonstances extérieures. Oui, Rousseau savait admirer : et n'écrivant jamais que pour céder à l'impulsion de son âme, les vaines jalousies n'entraient point dans son cœur. Il aurait eu besoin de louer celui que je n'ose nommer, celui dont je m'approche sans crainte, quand je ne vois en lui que l'objet de ma tendresse, mais qui me pénètre plus que personne de respect quand je le contemple à quelque distance ; enfin celui que la postérité, comme son siècle, désignera par tous les titres du génie, mais que mon destin et mon amour me permettent d'appeler mon père.

¹ *De l'Importance des opinions religieuses*, par M. Necker.

LETTRE IV.

Sur les ouvrages politiques de Rousseau.

De tous les objets offerts à la méditation, la constitution des gouvernements est sans doute le plus important comme le plus difficile à connaître. Le législateur qui saurait former un corps politique, lier ses membres par un intérêt commun et immuable, rassembler dans sa pensée tout ce que le choc des passions des hommes, la réunion de leurs facultés, l'influence des climats, la puissance des empires voisins, pourraient jamais produire d'inconvénients ou d'avantages ; celui qui saurait contenir et diriger par des lois faites pour durer toujours le peuple soumis à son génie, se serait associé, pour ainsi dire, à la gloire de la création du monde, en donnant à ses habitants des lois universelles et nécessaires, comme celles de la nature ; mais l'esprit humain n'a point fait en un moment le pas immense de l'état sauvage à l'état civilisé ; les idées se sont lentement développées ; les circonstances ont quelquefois fait naître des institutions si heureuses, que la pensée doit en envier la gloire au hasard. La plupart des gouvernements se sont formés par la suite des temps et des événements, et souvent la connaissance de leur nature et de leur principe a plutôt suivi que précédé leur établissement. L'ouvrage donc qui nous fait bien connaître les premières bases du contrat social, qui fixe les vrais fondements de toute puissance légitime, est aussi utile que digne d'admiration : tel est le plan et le but du livre de Rousseau. Il démontre qu'aucune convention ne peut subsister, qui soumette l'intérêt général à l'intérêt particulier ; qu'il est insensé de croire qu'une nation doive obéir à des lois qui sont contraires à son bonheur, et que, sans son consentement, aucun gouvernement puisse être établi ni maintenu ; que la dépendance du plus fort à l'égard du plus faible est contraire à la raison comme à la nature, et qu'enfin l'idée d'un état despotique est encore plus absurde que révoltante. Mais, ce gouvernement excepté (les monstres ne sont pas comptés parmi les hommes), il n'en est point que Rousseau ne justifie ; il remonte à l'origine de toute autorité sur la terre, et prouve même que la monarchie établie par la volonté générale, fondée sur des lois que la nation seule a le droit de changer, est un gouvernement aussi légitime, et peut-être meilleur que les autres. J'oserai blâmer Rousseau cependant de ne pas regarder comme libre la nation qui a ses représentants pour législateurs, et d'exiger l'assemblée générale de tous les individus. L'enthousiasme est permis dans les sentiments, mais jamais dans les projets ; les défenseurs de la liberté doivent se préserver de l'exagération. Ses ennemis seraient si heureux de la croire impossible ! Le plan de l'ouvrage de Montesquieu est sans doute plus étendu que celui du *Contrat social ;* toutes les lois qui ont été faites y sont examinées, et mille biens de détail peuvent résulter encore de ce livre si remarquable par les idées générales ; mais Rousseau ne s'est occupé que de la constitution politique des états, de celui qui a le pouvoir de donner des lois, non des lois elles-mêmes. Montesquieu est plus utile aux sociétés formées ; Rousseau le serait davantage à celles qui voudraient se rassembler pour la première fois : la plupart des vérités qu'il développe sont spéculatives. On doit, j'en conviens, accorder plus d'admiration à celui qui crée un système, même imparfait, mais possible, qu'au philosophe qui, luttant contre la nature seule des choses, offre un plan sans défaut à l'imagination ; mais peut-être faut-il avoir administré soi-même, pour renoncer au bien idéal, pour se résoudre à placer le mieux qu'on peut obtenir à côté du mal qu'on doit supporter, pour se borner à faire lentement quelques pas vers le but qu'on atteint si rapidement par la pensée. Enfin, peut-être faut-il avoir observé de près le malheur des peuples, pour regarder encore comme une gloire suffisante le léger adoucissement que l'on apporte à leurs maux. Qu'on place donc au-dessus de l'ouvrage de Rousseau celui de l'homme d'État dont les observations auraient précédé les théories, qui serait arrivé aux idées générales par la connaissance des faits particuliers, et qui se livrerait moins en artiste à tracer le plan d'un édifice régulier, qu'en homme habile à réparer celui qu'il trouverait construit. Mais qu'on accorde cependant un grand tribut de louanges à celui qui nous a fait connaître tout ce qu'on peut obtenir par la méditation, et qui, s'étant saisi d'une grande idée, l'a suivie dans toutes ses conséquences, jusqu'à sa source la plus reculée. Rousseau emprunte la méthode des géomètres, pour l'enchaînement des idées ; il soumet au calcul les problèmes politiques ; il me semble qu'il fait admirer également la force de sa tête, soit par ses raisonnements, soit par la forme de ces raisonnements mêmes. La conception de la haute métaphysique ne demande pas une puissance d'attention surnaturelle : comme les bornes n'en sont pas connues, la précision n'y est pas nécessaire ; mais quand on veut traiter d'une manière abstraite des sujets dont la base est réelle, c'est alors que toutes les facultés humaines peuvent à peine suffire pour s'élever sans perdre son objet de vue, et décrire dans le ciel le cercle qui doit être répété sur la terre. Mais ce n'était point assez d'avoir démontré les droits des hommes, il fallait, et c'était surtout là le talent de Rousseau, il fallait, dans tous ses ouvrages, leur faire sentir le prix qu'ils doivent y attacher. Peut-être est-il quelquefois impossible au génie de transmettre toutes ses idées à tous les esprits ; mais il faut qu'il entraîne par son éloquence : c'est elle qui doit émouvoir et persuader également tous les hommes. Les vérités auxquelles la pensée seule peut atteindre ne se répandent que lentement, et le temps est nécessaire pour achever la persuasion universelle ; mais les vérités de sentiment, ces vérités que l'âme doit saisir, malheur au talent qui n'enflamme pas pour elles à l'instant qu'il les présente !

Je l'aime aussi, de toute la force et de toute la vivacité de mes premiers sentiments, cette liberté qui ne met entre les hommes d'autre distinction que celles marquées par la nature ; et, m'exaltant avec l'auteur des *Lettres de la Montagne,* je la voudrais telle qu'on la conçoit sur le sommet des Alpes, ou dans leurs vallées inaccessibles. Maintenant un sentiment plus fort, sans être contraire, suspend toutes mes idées : je crois, au lieu de penser ; j'adopte, au lieu de réfléchir ; mais cependant je n'ai sacrifié mon jugement qu'après en avoir fait un noble usage : j'ai vu que le génie le plus étonnant était uni au cœur le plus pur et à l'âme la plus forte ; j'ai vu que les passions ni le caractère n'égareraient jamais les facultés les plus sublimes dont un homme ait été doué ; et, après avoir osé faire cet examen, je me suis livrée à la foi, pour m'épargner la peine d'un raisonnement qui la justifierait toujours. Vous, grande nation, bientôt rassemblée pour consulter sur vos droits, étonnée de vous retrouver après deux siècles, et peu faite encore peut-être à l'exercice du pouvoir que vous avez obtenu de nouveau, je ne vous demande pas ce sentiment aveugle dont j'ai fait ma lumière ; mais ne vous défiez pas de la raison ; et puisque la succession d'événements qui ont agité ce royaume depuis deux années, vous a enfin amenée à devoir au progrès seul des lumières les avantages que les nations n'ont jamais acquis que par des flots de sang, n'effacez point le sceau de raison et de paix que le destin veut apposer sur votre constitution ; et quand l'accord unanime vous permet de compter sur le but que vous voulez atteindre, prétendez à la gloire de l'obtenir sans l'avoir passé [1]. Et toi, Rousseau, grand homme si malheureux, qu'on ose à peine te regretter sur cette terre que tes larmes ont tant de fois arrosée! que n'es-tu le témoin du spectacle imposant que va donner la France, d'un grand événement préparé d'avance, et dont, pour la première fois, le hasard ne se mêlera point! C'est là peut-être, c'est là que les hommes te paraîtraient plus dignes d'estime! Ou je me trompe, ou nulle passion personnelle ne doit maintenant les animer. Ils ne mettront en commun que ce qu'ils ont de céleste. Ah! Rousseau, quel bonheur pour toi, si ton éloquence se faisait entendre dans cette auguste assemblée! Quelle inspiration pour le talent, que l'espoir d'être utile! Quelle émotion différente, quand la pensée, cessant de tomber sur elle-même, peut voir au-devant d'elle un but qu'elle peut atteindre, une action qu'elle produira! Les peines du cœur seraient suspendues dans de si grandes circonstances; l'homme occupé des idées générales disparaît à ses propres yeux. Renais donc, ô Rousseau! renais donc de ta cendre! Parais, et que tes vœux efficaces encouragent dans sa carrière celui qui part de l'extrémité des maux, en ayant pour but la perfection des biens; celui que la France a nommé son ange tutélaire, et qui n'a vu dans ses transports pour lui que ses devoirs envers elle; celui que tous doivent seconder, comme s'ils secouraient la chose publique; enfin celui qui devait avoir un juge, un admirateur, un citoyen comme toi [2].

LETTRE V.

Sur le goût de Rousseau pour la musique et la botanique.

Rousseau a écrit plusieurs ouvrages sur la musique; il aima toute sa vie cet art avec passion. Le _Devin du village_ annonce même du talent pour la composition. Il voulait faire adopter en France les mélodrames : il donna Pygmalion pour exemple; peut-être ce genre ne devrait-il pas être rejeté. Quand les paroles succèdent à la musique, et la musique aux paroles, l'effet des unes et de l'autre est plus grand; elles se servent quelquefois mieux quand elles ne sont pas forcées d'aller ensemble. La musique exprime les situations, et les paroles les développent. La musique pourrait se charger de peindre les mouvements au-dessus des paroles;

et les paroles, des sentiments trop nuancés pour la musique. Mais quelle éloquence dans le monologue de Pygmalion! Comme l'on trouve vraisemblable que la statue s'anime à sa voix! comme l'on serait tenté de croire que les dieux ne sont pour rien dans ce miracle!

Rousseau a fait pour plusieurs romances des airs simples et sensibles, de ces airs qui s'allient si bien avec la situation de l'âme, et que l'on peut chanter encore quand on est malheureux. Il en est quelques-uns qui me semblaient nationaux; je me croyais, en les entendant, transportée sur le sommet de nos montagnes, lorsque le son de la flûte du berger se prolonge lentement au loin par les échos qui successivement le répètent. Ils me rappelaient cette musique plutôt calme que sombre, qui se prête aux sentiments de celui qui l'écoute, et devient pour lui l'expression de ce qu'il éprouve. Quel est l'homme sensible que la musique n'a jamais ému? L'infortuné, lorsqu'il peut l'écouter, obtient par elle la douceur de répandre des larmes, et la mélancolie succède à son désespoir; pendant qu'on l'entend, ses sensations suffisent à l'esprit comme au cœur, et n'y laissent pas de vide. Il est des airs qui mettent un moment dans l'extase; les ravissements au ciel sont toujours précédés du chœur des anges. Que la musique retrace puissamment les souvenirs! comme elle en devient inséparable! Quel homme, au milieu des passions de la vie, pourrait entendre sans émotion l'air qui, dans sa paisible enfance, animait ses danses et ses jeux! Quelle femme, lorsque le temps a flétri sa beauté, peut écouter sans verser des larmes la romance que son amant chantait jadis pour elle! l'air de cette romance, plus encore que ses paroles, renouvelle dans son cœur les mouvements de sa jeunesse; l'aspect des lieux, des objets qui nous entouraient, aucune circonstance accessoire ne se lie aux événements de la vie comme la musique; les souvenirs qui nous viennent par elle ne sont point accompagnés de regrets; elle rend un moment les plaisirs qu'elle retrace; c'est plutôt ressentir que se rappeler. Rousseau n'aimait que les airs mélancoliques; à la campagne, c'est ce genre de musique que l'on souhaite. La nature entière semble accompagner les sons plaintifs d'une voix touchante. Il faut avoir une âme douce et pure pour sentir ces jouissances. Un homme agité par le souvenir de ses fautes ne pourrait supporter la rêverie dans laquelle une musique sensible nous plonge. Un homme tourmenté par des remords déchirants craindrait de se rapprocher ainsi de lui-même, de ranimer tous ses sentiments, de les

---

[1] Cette prière (hélas! inutile) a été publiée six mois avant l'ouverture des états généraux, en 1789.
[2] M. Necker, alors premier ministre.

éprouver tous lentement et successivement. Je suis portée à me confier à celui que la musique, les fleurs et la campagne ravissent. Ah! le penchant au vice naît sans doute dans le cœur de l'homme; car toutes les sensations qu'il reçoit par les objets qui l'environnent l'en éloignent. Je ne sais, mais souvent à la fin d'un beau jour, dans des retraites champêtres, à l'aspect d'un ciel étoilé, il me semblait que le spectacle de la nature parlait à l'âme de vertu, d'espérance et de bonté.

Rousseau s'est longtemps occupé de la botanique: c'est une manière de s'intéresser en détail à la campagne. Il avait adopté un système qui prouve encore peut-être combien il trouvait que le souvenir même des hommes gâtait le plaisir que la contemplation de la nature fait éprouver. Il distinguait les plantes par leurs formes, et jamais par leurs propriétés; il lui semblait que c'était les dégrader, de ne les considérer que sous le rapport de l'utilité dont elles peuvent être aux hommes. Il ne me paraît pas, je l'avoue, que cette opinion doive être adoptée; ce n'est pas avilir les ouvrages du Créateur que de les croire destinés à une cause finale, et le monde paraît plus imposant et plus majestueux à celui qui n'y voit qu'une seule pensée; mais l'imagination poétique et sauvage de Rousseau ne pouvait supporter de lier à l'image d'un arbuste ou d'une fleur, ornement de la nature, le souvenir des maux et des infirmités des hommes. Avec quel charme il peint, dans ses *Confessions*, ses transports en revoyant la pervenche; comme elle lui retraçait tout ce qu'il avait éprouvé jadis! elle produisait sur lui l'effet de cet air que l'on défend de jouer aux Suisses hors de leur pays, dans la crainte qu'ils ne désertent. Cette pervenche pouvait lui inspirer la passion de retourner dans le pays de Vaud; une seule circonstance semblable lui rendait présents tous ses souvenirs. Sa maîtresse, sa patrie, sa jeunesse, ses amours, il retrouvait, il ressentait tout à la fois.

LETTRE VI.

Sur le caractère de Rousseau.

Je n'ai point commencé par peindre le caractère de Rousseau. Il n'a écrit ses *Confessions* qu'après ses autres ouvrages; il n'a sollicité l'attention des hommes pour lui-même qu'après avoir mérité leur reconnaissance, en leur consacrant pendant vingt ans son génie. J'ai suivi la marche qu'il m'a tracée, et c'est par l'admiration que ses écrits doivent inspirer que je me suis préparée à juger son caractère, souvent calomnié, souvent peut-

être trop justement blâmé. Je cherche à ne pas le trouver en contraste avec ses ouvrages; je ne puis réunir le mépris et l'admiration; je ne veux pas croire surtout que dans les écrits le sceau de la vérité puisse être imité par l'esprit, et qu'il ne reste pas aux cœurs purs et sensibles des signes certains pour se reconnaître. Je vais donc essayer de peindre Rousseau; mais j'en croirai souvent ses *Confessions*. Cet ouvrage n'a pas sans doute ce caractère d'élévation qu'on souhaiterait à l'homme qui parle de lui-même, ce caractère qui fait pardonner la personnalité, parce qu'on trouve simple que celui qui le possède soit important à ses yeux comme aux nôtres; mais il me semble qu'il est difficile de douter de sa sincérité; on cache plutôt qu'on n'invente les aveux que les *Confessions* contiennent. Les événements qui y sont racontés paraissent vrais dans tous les détails. Il y a des circonstances que l'imagination ne saurait créer. D'ailleurs Rousseau avait un sentiment d'orgueil qui répond de la véracité de ses mémoires. Il se croyait le meilleur des hommes; il eût rougi de penser qu'il avait besoin, pour se montrer à eux, de dissimuler une seule de ses fautes. Enfin je trouve qu'il a écrit ses mémoires plutôt pour briller comme historien que comme héros de l'histoire, il s'est plus occupé du portrait que de la figure; il s'est observé; il s'est peint comme s'il se fût servi de modèle à lui-même: je suis sûre que son premier désir était de se faire ressemblant. Je pense donc qu'on peut peindre Rousseau d'après ses *Confessions*, comme si l'on avait vécu longtemps avec lui; car, en étudiant ce qu'il dit, on peut se permettre de ne pas penser comme lui. Le jugement d'un homme sur son propre caractère le fait connaître, même alors qu'on ne l'adopte pas.

Rousseau devait avoir une figure qu'on ne remarquait point, quand on le voyait passer, mais qu'on ne pouvait jamais oublier quand on l'avait regardé parler; de petits yeux qui n'avaient pas un caractère à eux, mais recevaient successivement celui des divers mouvements de son âme; ses sourcils étaient fort avancés: ils semblaient faits pour servir sa sauvagerie, pour le garantir de la vue des hommes. Il portait presque toujours la tête baissée; mais ce n'étaient ni la flatterie ni la crainte qui l'avaient courbée; la méditation et la mélancolie l'avaient fait pencher comme une fleur que son propre poids ou les orages ont inclinée. Lorsqu'il se taisait, sa physionomie n'avait point d'expression; ses affections et ses pensées ne se peignaient sur son visage que quand il se mêlait à la conversation; lorsqu'il gardait le silence, elles se retiraient dans la profondeur de son âme : ses traits étaient communs; mais quand il parlait, ils étincelaient tous; il ressemblait à ces dieux qu'Ovide nous peint quelquefois quittant par degrés leur déguisement terrestre, et se faisant reconnaître enfin aux rayons éclatants que lançaient leurs regards.

Son esprit était lent, et son âme ardente : à force de penser, il se passionnait; il n'avait pas de mouvements subits, du moins en apparence; mais tous ses sentiments s'accroissaient par la réflexion. Il lui est peut-être arrivé de devenir amoureux d'une femme, à la longue, en s'occupant d'elle pendant son absence; elle l'avait laissé de sang-froid, elle le retrouvait tout de flamme. Quelquefois aussi il vous quittait vous aimant encore; mais si vous aviez dit une seule parole qui pût lui déplaire, il se la rappelait, l'examinait, l'exagérait, y pensait pendant huit jours, et finissait par se brouiller avec vous : c'est ce qui rendait presque impossible de le détromper. La lumière qui lui venait tout à coup ne détruisait pas des erreurs si lentement et si profondément gravées dans son cœur. Il était aussi bien difficile de rester pendant longtemps très-lié avec lui; un mot, un geste faisait le sujet de ses plus profondes méditations; il enchaînait les plus petites circonstances comme des propositions de géométrie, et il arrivait à ce qu'il appelait une démonstration. Je crois que l'imagination était la première de ses facultés, et qu'elle absorbait même toutes les autres. Il rêvait plutôt qu'il n'existait, et les événements de sa vie se passaient dans sa tête plutôt qu'au dehors de lui. Cette manière d'être semblait devoir éloigner de la défiance, puisqu'elle ne permettait pas même l'observation; mais elle ne l'empêchait pas de regarder, et faisait seulement qu'il le voyait mal. Il avait une âme tendre : comment en douter, lorsqu'on a lu ses ouvrages? Mais son imagination se plaçait quelquefois entre ses affections et sa raison, et détruisait leur puissance; s'il paraissait quelquefois insensible, c'est qu'il n'apercevait pas les objets tels qu'ils étaient; et son cœur eût été plus ému que le nôtre, s'il avait eu les mêmes yeux que nous. Le plus grand reproche qu'on puisse faire à sa mémoire, celui qui ne trouvera point de défenseur, c'est d'avoir abandonné ses enfants. Eh bien, ce même homme eût été cependant capable de donner les plus grands exemples d'amour paternel, d'exposer sa vie vingt fois pour conserver la leur, s'il n'eût pas été convaincu qu'il leur épargnait les plus grands crimes en leur laissant ignorer le nom de leur père; s'il n'eût pas cru qu'on voulait en faire de nouveaux

Séides. L'indigne femme qui passait sa vie avec lui avait appris assez à le connaître pour savoir le rendre malheureux; et le récit qu'on m'a fait des ruses dont elle se servait pour accroître ses craintes, pour le rendre certain de ses doutes, pour seconder ses défauts, est à peine croyable[1].

Rousseau n'était pas fou; mais une faculté de lui-même, l'imagination, était en démence : il avait une grande puissance de raison sur les matières abstraites, sur les objets qui n'ont de réalité que dans la pensée, et une extravagance absolue sur tout ce qui tient à la connaissance du monde; il avait de tout une trop grande dose; à force d'être supérieur, il était près d'être fou. C'était un homme fait pour vivre dans la retraite avec un petit nombre de personnes d'un esprit borné, afin que rien n'ajoutât à son agitation intérieure, et qu'il fût environné de calme. Il était bon; les inférieurs l'adoraient; ce sont eux qui jouissent surtout de cette qualité; mais Paris l'avait troublé. Il était né pour la société de la nature, et non pour celle d'institution. Tous ses ouvrages expriment l'horreur qu'elle lui inspirait; il ne lui fut possible ni de la comprendre, ni de la supporter; c'était un sauvage des bords de l'Orénoque, qui se fût trouvé heureux de passer sa vie à regarder couler l'eau. Il était né contemplatif, et la rêverie faisait son bonheur suprême; son esprit et son cœur tour à tour s'emparaient de lui. Il vivait dans son imagination; le monde passait doucement sous ses yeux; la religion, les hommes, l'amour, la politique l'occupaient successivement. Après s'être promené seul tout le jour, il revenait calme et doux : les méchants gagnent-ils à rester avec eux-mêmes! On ne peut pas dire cependant que Rousseau fût vertueux, parce qu'il faut des actions et de la suite dans ces actions pour mériter cet éloge; mais c'était un homme qu'il fallait laisser penser sans en rien exiger de plus; qu'il fallait conduire comme un enfant, et écouter comme un oracle; dont le cœur était profondément sensible, et qu'on devait ménager, non avec les précautions ordinaires, mais avec celles qu'un tel caractère exigeait; il ne fallait pas s'en fier à sa propre innocence. Rousseau avait moins que personne le divin pouvoir de lire

[1] Un Genevois qui a vécu avec Rousseau, pendant les vingt dernières années de sa vie, dans la plus grande intimité, m'a peint souvent l'abominable caractère de sa femme, les sollicitations atroces que cette mère dénaturée lui fit pour mettre ses enfants à l'hôpital, ne cessant de lui répéter que tous ceux qu'il croyait ses amis s'efforceraient d'inspirer à ses enfants une haine mortelle contre lui; tâchant enfin de le remplir, par ses calomnies et ses feintes frayeurs, de douleur et de défiance. C'est une grande folie sans doute d'écouter et d'aimer une telle femme; mais cette folie supposée, toutes les autres sont vraisemblables.

dans les cœurs; il fallait s'occuper de se montrer ce qu'on était, de mettre en dehors ce qu'on sentait pour lui. Je sais qu'on dira que ce n'est pas là la plus noble manière d'aimer; mais je trouve qu'en sentiment il n'y a qu'une règle : c'est de rendre heureux l'objet de nos affections; toutes les autres sont plutôt inventées par la vanité que par la délicatesse.

Rousseau a été accusé d'hypocrisie, d'abord parce que dans ses ouvrages on a trouvé qu'il soutenait des opinions exaltées : tout ce qui est exagéré est faux, disent souvent ceux qui veulent faire croire qu'on est plus loin du but en le passant qu'en n'y arrivant pas. Il y a des personnes exagérées à froid, si je puis le dire, qui, sans être entraînées par degrés, sans y être amenées par la suite de leurs pensées, avancent tout à coup une opinion extrême et se décident à la défendre : celles-là, c'est un parti qu'elles prennent et non un mouvement qui les emporte; d'autres, dans diverses circonstances de leur vie, ou dans les différentes situations qu'elles peignent dans leurs ouvrages, ne se sentant pas l'accent du cœur, le prennent trop haut, dans la crainte de le manquer : celles-là peuvent être soupçonnées d'hypocrisie; mais celui que le transport de son imagination et de son âme élève au-dessus de lui-même, et surtout peut-être au-dessus de ceux qui le lisent, celui que son élan emporte et qui sent un moment ce qu'il n'aura peut-être pas la force de sentir toujours, est-ce cet homme-là que l'on peut croire hypocrite? Ah! cette exaltation est le délire du génie; mais écoutez-le encore; il se pourrait que quand on l'accuse d'avoir passé le but, il n'eût fait que franchir les bornes. Cependant il faut blâmer Rousseau, s'il manque à cette modération sans laquelle on ne persuade pas ceux qui croient que la chaleur de l'âme nuit à la justesse de l'esprit; il faut le blâmer, s'il n'a pas senti que le mouvement moral n'est pas soumis aux lois du mouvement physique, et qu'il n'est pas besoin de le donner plus fort qu'il ne faut, pour le communiquer au degré nécessaire. On accuse encore Rousseau d'hypocrisie, en comparant sa conduite avec ses principes : les actions naissent du caractère et peuvent le faire connaître; mais les pensées viennent souvent par inspiration, et l'homme enivré par l'esprit divin qui l'anime n'est plus lui-même, quoiqu'il soit plus vrai que jamais, et qu'en écrivant il s'abandonne entièrement au sentiment qu'il éprouve. Il existe un petit nombre de morceaux d'éloquence dont le caractère auguste et mesuré, calme et ferme, simple et noble, prouve,

sans en pouvoir douter, que leur auteur a toutes les vertus dont il parle; mais quand on ne trouverait pas à Rousseau ce genre d'éloquence, quand il serait vrai qu'il défend les plus grandes, les plus belles, les plus touchantes des vérités avec un enthousiasme trop poétique, pourrait-on le soupçonner d'hypocrisie? Rousseau hypocrite! Ah! je ne vois dans toute sa vie qu'un homme parlant, écrivant, agissant involontairement : ses actions ne ressemblaient pas à ses principes; mais il se rendait coupable en les appliquant faussement, et non en les désavouant. Il semblait aussi quelquefois que son âme était épuisée par ses pensées, et qu'elle n'avait plus le ressort nécessaire pour agir. Un homme qui l'a beaucoup vu m'a peint souvent avec quelles délices il se livrait au repos le plus absolu. Un jour ils se promenaient ensemble sur les montagnes de la Suisse; ils arrivèrent enfin dans un séjour enchanteur; un espace immense se découvrait à leurs yeux; ils respiraient, à cette hauteur, cet air pur de la nature auquel le souffle des hommes ne s'est pas encore mêlé. Le compagnon de Rousseau espérait alors que l'influence de ce lieu animerait son génie; d'avance il l'écoutait parler : mais Rousseau se mit tout à coup à jouer sur l'herbe, comme dans sa première enfance; heureux d'être libre de ses sentiments et de ses pensées, il n'était tourmenté par aucune de ses facultés, et ce fut peut-être un des plus doux moments de sa vie. Ne le voit-on pas, dès son enfance, dans une sorte d'égarement de méditation? ne paraît-il pas marcher comme un aveugle dans la vie, et juger de tout par ses pensées plus que par ses observations?

Il y a des traits dans ses *Confessions* qui révoltent les âmes nobles; il en est dont il inspire l'horreur lui-même, par les couleurs odieuses dont son repentir les charge : sans doute quelques personnes, en finissant cette lecture, ont le droit de s'indigner de ce que Rousseau se croyait le meilleur de tous les hommes; mais, moi, ce mouvement orgueilleux de Rousseau ne m'a point éloignée de lui; j'en ai conclu qu'il se sentait bon. Les hommes se jugent eux-mêmes par leurs intentions plutôt que par leurs actions, et il n'y a que ce moyen de connaître un cœur susceptible d'erreurs et de folies. Il est extraordinaire que Rousseau raconte les fautes de tout genre qu'il a commises : mais si ce n'est pas toujours seulement par franchise, c'est quelquefois, je pense, un tour de force qu'il entreprend; il ressemble à ces bons écrivains qui essayent de faire passer un mot ignoble dans la langue. J'avoue que je vois avec peine, dans ses *Confessions*, des torts qui tiennent aux habitudes de sa première destinée : mais l'élévation de l'âme est peut-être une qualité qu'une seule faute fait perdre ; elle naît de la conscience de soi, et cette conscience se fonde sur la suite de toute la vie : un seul souvenir qui fait rougir trouble la noble assurance qu'elle inspire, et diminue même le prix qu'on y attache. De tous les vices, il est vrai, la bassesse est celui qui inspire le moins d'indulgence ; l'excès d'une qualité peut être l'origine de tous les autres : celui-là seul naît de la privation de toutes ; mais quoiqu'il y ait dans les mémoires de Rousseau quelques traits qui manquent sûrement de noblesse, ils ne me paraissent d'accord ni avec son caractère, ni avec le reste de sa vie. On serait tenté de les prendre pour des actes de folie, pour des absences de tête ; ces traits semblent en lui des bizarreries ; il n'est pas, si l'on peut le dire, l'arbre des fruits qu'il porte : c'est peut-être le seul homme qui ait été bas par moments ; car c'est de tous les défauts le plus habituel. Ces distinctions paraîtront peut-être trop subtiles pour le justifier : je ne sais pas cependant si dans les contrastes étonnants dont les hommes donnent sans cesse l'exemple, il ne faut pas apprendre à les distinguer par des nuances fines. Je crois aussi que quand on trouve dans la vie d'un homme des mouvements et des actions d'une bonté parfaite, lorsque ses écrits respirent les sentiments les plus nobles et les plus vertueux, lorsqu'il possède un langage dont chaque mot porte l'empreinte de la vérité, on lui doit de chercher le secret de ses torts, de tenir à l'admiration qu'il avait inspirée, de la retirer lentement. Enfin les caractères vertueux, comme les caractères vicieux, se reconnaissent mieux par des traits de détail que par des actions d'éclat. La plupart des hommes, en bien comme en mal, peuvent être une fois différents d'eux-mêmes.

Soit qu'on entende parler de Rousseau ceux qui l'ont aimé, soit qu'on lise ses ouvrages, on trouve dans sa vie, comme dans ses écrits, des mouvements, des sentiments, qui ne peuvent appartenir qu'aux âmes pures et bonnes. Quand on le voit aux prises avec les hommes, on l'aime moins ; mais dès qu'on le retrouve avec la nature, tous ses mouvements répondent à notre cœur, et son éloquence développe tous les sentiments de notre âme. Comme son séjour aux Charmettes est peint délicieusement ! comme il était heureux dans la paix de la campagne ! Les jeunes gens désirent ordinairement le mouvement ; ils appellent vivacité le besoin qu'ils en ont : mais les âmes vraiment ardentes le redoutent, elles prévoient ce qu'il en coûte pour quitter le repos ; elles sentent que le

feu qu'on allume peut dévorer : mais Rousseau, paisible dans sa retraite, n'éprouvait point le désir d'exercer son génie ; rêver, suffisait à ses facultés. Aimer, quel que fût l'objet de sa tendresse ; c'était sur cet objet qu'il plaçait ses chimères : ce n'était pas à madame de Warens, c'était à l'amour qu'il songeait : ses sentiments ne le tourmentaient pas ; il n'étudiait pas dans les regards de sa maîtresse le degré de passion qu'il lui inspirait ; c'était une personne à aimer qu'il lui fallait. Madame de Warens, sans s'en mêler, faisait son bonheur. Peut-être est-il vrai qu'un grand homme, dominé par le génie de la pensée, que Rousseau surtout, n'a jamais éprouvé une passion qui vînt uniquement du cœur : elle l'aurait distrait, elle n'aurait pas servi son imagination. Il fallait que les facultés de son esprit fussent pour quelque chose dans ses sentiments, il fallait qu'il eût besoin de douer sa maîtresse : une femme parfaite aurait été sa meilleure amie, mais non l'objet de son amour. Je suis certaine qu'il n'a jamais fait que des choix bizarres ; je suis certaine aussi que Julie est la personne du monde dont il a été le plus épris ; c'était un homme qui ne pouvait se passionner que pour des illusions ; heureux si elles n'eussent pas troublé son cœur avec plus de violence que la réalité même ! Il était né bon, sensible et confiant : mais lorsque cette cruelle folie de l'injustice et de l'ingratitude des hommes l'eut saisi, il devint le plus malheureux de tous les êtres : ces moments si doux de sa jeunesse, qu'il peignait avec tant de charmes, ne se renouvelèrent plus ; ses rêveries étaient des espérances ; ses rêveries devinrent des regrets. A Turin autrefois, un signe de sa jeune maîtresse ravissait son cœur, et maintenant le salut d'un vieux invalide, qui semble ne pas le haïr, est le seul bien qu'il envie [1]. Mais rappelez-vous combien, dans sa jeunesse, il estimait les hommes ! S'il a plus changé qu'un autre, c'est qu'il s'attendait moins aux tristes lumières qu'il fut forcé d'acquérir. Eh ! qui donc perd sans douleur l'aveugle bonté de sa jeunesse ? Qui donc perd sans douleur les riantes espérances, la douce confiance du premier âge de la vie ? Rousseau n'a pu supporter cette épreuve : mais quelle est l'âme sensible dont le cœur se resserre sans peine, et dont l'imagination ne se décolore pas avec regret ?

L'on a souvent accusé Rousseau d'être né in-

[1] On se souvient du tableau charmant que Rousseau fait, dans ses *Confessions*, de madame Basile, marchande à Turin, qui lui fit signe avec le doigt, dans une glace, de se mettre à genoux devant elle ; et dans son dialogue insensé de *Jean-Jacques avec Rousseau*, il peint le transport qu'il éprouva lorsqu'un vieux invalide le salua, *n'étant pas encore entré*, dit-il, *dans la conjuration générale contre moi*.

grat; mais je ne sais pas s'il est vrai que son éloignement pour les bienfaits en soit une preuve.
Peut-être est-il des cœurs qui sentent trop ce
qu'exige la reconnaissance, pour se soumettre à
la devoir à ceux qu'ils n'aiment pas; peut-être en
est-il aussi qui trouvent plus de charme dans le
sentiment, lorsqu'il naît d'un attrait invincible,
d'un choix volontaire, qu'aucun devoir ne commande. On peut craindre que la reconnaissance
n'inspire pas assez d'attachement pour ceux qui
nous étaient indifférents; on peut craindre qu'elle
ne se mêle trop aux sentiments que nous éprouvons pour nos amis; enfin ce fier amour de l'indépendance me paraît noble, s'il s'applique aux étrangers, et délicat, s'il regarde les objets de nos
affections. Heureux celui qui n'a jamais eu besoin
des autres que par le cœur, qui ne s'est soumis
que parce qu'il aimait, et sur qui personne, excepté les auteurs de ses jours, n'eut jamais d'autres droits que ceux qu'ils reçurent de sa tendresse!
Rousseau, il est vrai, en se faisant un système
de ses principes, avait le ridicule de toutes ses
qualités, et souvent même le tort dont elles approchent alors qu'on les exagère : mais l'ostentation même de cette haine pour les bienfaits a de
tels avantages, les preuves qu'il faut en donner
sont si claires et si rares, qu'on pourrait sans
danger se permettre aujourd'hui d'exciter en ce
genre la vanité des hommes [1].

On a reproché à Rousseau, car celui que toutes
les âmes sensibles devaient défendre comme leur
propre cause a trouvé bien des accusateurs; on a
reproché à Rousseau d'avoir le désir de se singula-
riser : celui qui obtenait à son gré la palme de la
gloire devait-il souhaiter de se signaler par des bizarreries? et quand la supériorité de son génie le
rendait si extraordinaire, peut-on croire qu'il cherchât à l'être par une originalité puérile? Il voulait,
dit-on, se faire remarquer de toutes les manières
possibles; et jamais homme n'a tant aimé la solitude. Voyez comme il était heureux pendant le
temps qu'il passa dans l'île Saint-Pierre! Séjour
charmant! asile délicieux! c'est là que l'âme de
Rousseau erre encore; c'est dans ces lieux qui excitèrent ses pensées qu'il faut aller rendre hommage à sa mémoire : les âmes sensibles conçoivent
aisément le bonheur qu'on goûtait dans cette retraite. Rousseau s'y livrait à ses profondes méditations; mais d'autres auraient pu s'y abandonner à
de plus douces pensées; et tandis qu'il réfléchissait

sur le temps, le monde et la vie, une femme malheureuse aurait senti le calme de la nature pénétrer
doucement jusqu'à son cœur.

Les hommes sont peut-être plus faits pour la
solitude qu'ils ne pensent. Vers le milieu de la vie,
on pourrait s'y trouver heureux; on ne serait plus
attiré dans le monde par l'espérance; on porterait
dans la retraite des souvenirs qui rempliraient
l'imagination, et la mort serait encore trop éloignée
pour sentir le besoin de s'entourer des vivants.

Rousseau fuyait ce qu'on appelle la société, mais
il aimait les paysans, et le mouvement que la vue
des hommes répand dans la campagne lui plaisait.
Les habitants de l'île Saint-Pierre l'adoraient; ils
étaient frappés de sa bonté; les malheureux sont si
doux dans un moment de repos! Rousseau, ravi
des simples mœurs de ces paysans, s'abandonnait
de nouveau à sa première estime pour les hommes;
il les retrouvait semblables à l'idée qu'il s'en était
faite : il montrait pour les enfants une prédilection
extrême; il avait tant besoin d'aimer, que son cœur
s'y livrait quand l'objet seulement ne s'y opposait
pas. Pourquoi donc, dans les jardins d'Ermenon-
ville, ne fut-il pas heureux comme dans l'île Saint-
Pierre? pourquoi donc, hélas! est-ce dans ce séjour
qu'il a terminé sa vie? Ah! vous qui l'accusiez de
jouer un rôle, de feindre le malheur, qu'avez-vous
dit quand vous avez appris qu'il s'est donné la
mort [1]? C'est à ce prix que les hommes lents à
plaindre les autres croient à l'infortune. Mais qui
put inspirer à Rousseau un dessein si funeste?
C'est, m'a-t-on dit, la certitude d'avoir été trompé
par la femme qui avait seule conservé sa confiance,
et s'était rendue nécessaire en le détachant de tous
ses autres liens. Peut-être aussi que les longues
rêveries finissent par plonger dans le désespoir; les
premiers jours sont ravissants, l'on se trouve, l'on
jouit de ses sentiments et de ses pensées : mais peut-

[1] On sera peut-être étonné de ce que je regarde comme
certain que Rousseau s'est donné la mort. Mais le même Genevois dont j'ai déjà parlé, reçut une lettre de lui quelque
temps avant sa mort, qui semblait annoncer ce dessein. Depuis, s'étant informé avec un soin extrême de ses derniers
moments, il a su que le matin du jour où Rousseau mourut,
il se leva en parfaite santé, mais dit cependant qu'il allait
voir le soleil pour la dernière fois, et prit, avant de sortir,
du café qu'il fit lui-même. Il rentra quelques heures après,
et, commençant alors à souffrir horriblement, il défendit
constamment qu'on appelât du secours et qu'on avertit personne. Peu de temps avant ce triste jour, il s'était aperçu des
viles inclinations de sa femme pour un homme de l'état le
plus bas : il parut accablé de cette découverte, et resta huit
heures de suite sur le bord de l'eau dans une méditation profonde. Il me semble que si l'on réunit ces détails à sa tristesse habituelle, à l'accroissement extraordinaire de ses terreurs et de ses défiances, il n'est plus possible de douter que
ce grand et malheureux homme n'ait terminé volontairement
sa vie.

[1] Est-il possible de ne pas admirer la noble fierté avec laquelle le pauvre Rousseau de Genève refusa constamment la
pension que le roi d'Angleterre lui offrait?

on fixer longtemps ses regards sur la destinée de l'homme, sans tomber dans la mélancolie? mais surtout, y a-t-il des têtes assez fortes pour supporter la vie inactive et la contemplation habituelle? Rousseau accroissait par la réflexion toutes les idées qui l'affligeaient; bientôt un regard, un geste d'un homme qu'il rencontrait, un enfant qui s'éloignait de lui, lui parurent de nouvelles preuves de cette haine universelle dont il se croyait l'objet; mais, malgré cette cruelle défiance, il est toujours resté le meilleur des hommes. Il croyait que tout ce qui l'environnait conspirait à lui faire du mal, et jamais la pensée de le rendre ou de le prévenir n'est entrée dans son âme. Il se croyait destiné à souffrir, et n'agissait pas contre sa destinée. J'ai vu des hommes qu'il avait aimés, dont il s'était séparé, s'attendrir au souvenir de leur liaison, s'accuser de négligences qui avaient pu faire naître les soupçons de Rousseau, l'aimer dans son injustice, regarder enfin le genre de folie qui le tourmentait comme étranger à lui, comme une barrière qui empêchait de se rapprocher, mais non de souhaiter de le rejoindre. Les défiants, tels qu'on les voit dans le monde, apprennent à juger les hommes d'après ce qu'ils sont eux-mêmes; ils se craignent dans les autres : mais Rousseau n'était défiant que parce qu'il ne croyait plus au bonheur, parce qu'il avait été tellement convaincu de la parfaite bonté des hommes, que, forcé de n'y plus croire, rien ne lui paraissait plus certain sur la terre : il l'était aussi, parce que sa sublime raison sur les plus grands sujets ne l'empêchait pas d'être dominé par une idée insensée, de croire qu'il était détesté par tous les hommes. Ah! que je trouve durs ceux qui disent qu'il fallait bien de l'orgueil pour se croire ainsi l'objet de l'attention universelle! Quel triste orgueil que celui qui le portait à penser qu'il n'existait pas sur la terre un être qui ne ressentît de la haine pour lui! Pourquoi n'a-t-il pas rencontré une âme tendre qui eût mis tous ses soins à le rassurer, à relever son courage abattu, qui l'eût profondément aimé; il eût fini par s'y confier : le sentiment auquel l'amour-propre ni l'intérêt ne se mêlent est si pur, si tendre et si vrai, que chaque mot le prouve, que chaque regard ne permet plus d'en douter. Ah! Rousseau, qu'il eût été doux de te rattacher à la vie, d'accompagner tes pas dans tes promenades solitaires, de suivre tes pensées, et de les ramener par degrés sur des espérances plus riantes! Que rarement on sait consoler les malheureux! qu'on se met rarement au ton de leur âme! On oppose sa raison à leur égarement, son sang-froid à leur agitation, et leur confiance s'arrête, et leur douleur se retire plus

avant encore dans leur cœur. Ne cherchez pas à leur prouver qu'ils n'ont pas de vrais sujets de peines; offrez - leur plutôt quelques nouveaux moyens de bonheur : laissez-les croire à l'infortune qu'ils sentent : les consolerez-vous, en leur apprenant que le malheur qui les accable n'est pas digne de pitié! Ah! si la perte d'un objet passionnément aimé eût causé la tristesse de Rousseau, je ne m'affligerais pas de ce qu'il a péri sans consolations, de ce qu'un être sensible ne lui a pas consacré sa vie. Quelles paroles d'espérance peut-on faire entendre à celui qu'un semblable malheur a frappé? que fait-il sur la terre, qu'attendre la mort? Quelles expressions de tendresse peut-on lui adresser? un autre les a prononcées : elles le font tressaillir de douleur. Quelle société vaut pour lui le souvenir qui ne quitte pas son cœur? quelles jouissances pourrait-il avoir, sans sentir le regret de les éprouver seul? Non, à ce malheur, quand le cœur en connaît l'étendue, la Providence ou la mort peuvent seules servir de consolation. Mais le désespoir de Rousseau fut causé par cette sombre mélancolie, par ce découragement de vivre, qui peut saisir tous les hommes isolés, quelle que soit leur destinée. Son âme était flétrie par l'injustice; il était effrayé d'être seul, de n'avoir pas un cœur près du sien, de retomber sans cesse sur lui-même, de n'inspirer ni de ressentir aucun intérêt, d'être indifférent à sa gloire, lassé de son génie, tourmenté par le besoin d'aimer, et le malheur de ne pas l'être. Dans la jeunesse, c'est du mouvement qu'on cherche, c'est de l'amour qu'il faut; mais vers le déclin de la vie, que ce besoin d'aimer est touchant! il n'est ressenti que par une âme douce et bonne, qui veut s'ouvrir et s'épancher, que la personnalité fatigue, et qui demande à se quitter pour vivre dans un autre. Rousseau était aussi tourmenté par quelques remords; il avait besoin de se sentir aimé pour ne pas se croire haïssable. Être deux dans le monde calme tant de frayeurs! les jugements des hommes et de Dieu même semblent moins à craindre alors. Rousseau s'est peut-être permis le suicide sans remords, parce qu'il se trouvait trop seul dans l'immensité de l'univers. On fait si peu de vide à ses propres yeux, quand on n'occupe pas de place dans un cœur qui nous survit, qu'il est possible de compter pour rien sa vie. Quoi! l'auteur de Julie est mort pour n'avoir pas été aimé! Un jour, dans ces sombres forêts, il s'est dit : *Je suis isolé sur la terre, je souffre, je suis malheureux, sans que mon existence serve à personne : je puis mourir.* Vous qui l'accusiez d'orgueil, sont-ce des succès qui lui manquaient? n'en pouvait-il pas acquérir chaque jour de nouveaux? Mais avec qui les eût-il partagés? qui en aurait joui pour l'en faire jouir? Il avait des admirateurs, mais il n'eut pas d'amis. Ah! maintenant un inutile attendrissement se mêle à l'enthousiasme qu'il inspire! ses ouvrages, si remplis de vertu, d'amour de l'humanité, le font aimer quand il n'est plus; et quand il vivait, la calomnie retenait éloigné de lui; elle triomphe jusqu'à la mort, et c'est tout ce qu'elle demande. Que le séjour enchanteur où sa cendre repose s'accorde avec les sentiments que son souvenir inspire! cet aspect mélancolique prépare doucement au recueillement du cœur que demande l'hommage qu'on va lui rendre. On ne lui a pas élevé en marbre un fastueux mausolée; mais la nature sombre, majestueuse et belle, qui environne son tombeau, semble un nouveau genre de monument qui rappelle et le caractère et le génie de Rousseau : c'est dans une île que son urne funéraire est placée : on n'en approche pas sans dessein; et le sentiment religieux qui fait traverser le lac qui l'entoure prouve que l'on est digne d'y porter son offrande. Je n'ai point jeté de fleurs sur cette triste tombe; je l'ai longtemps considérée, les yeux baignés de pleurs; je l'ai quittée en silence, mais sans pouvoir m'arracher au souvenir qu'elle rappelait. Vous qui êtes heureux, ne venez pas insulter à son ombre! laissez au malheur un asile où le spectacle de la félicité ne le poursuive pas. On s'empresse de montrer aux étrangers qui se promènent dans ces bois les sites que Rousseau préférait, les lieux où il se reposait longtemps, les inscriptions de ses ouvrages, d'Héloïse surtout, qu'il avait gravées sur les arbres ou sur les rochers. Les paysans du village se joignent à l'enthousiasme des voyageurs, par des louanges sur la douceur, sur la bienfaisance de ce pauvre Rousseau. *Il était bien triste*, disent-ils, *mais il était bien bon.* Dans ce séjour qu'il a habité, dans ce séjour qui lui est consacré, on dérobe à la mort tout ce que la mémoire peut lui arracher; mais l'impression de la perte d'un tel homme n'est que plus terrible : on le voit presque, on l'appelle, et les abîmes répondent. Ah! Rousseau! défenseur des faibles, ami des malheureux, amant passionné de la vertu, toi qui peignis tous les mouvements de l'âme, et t'attendris sur tous les genres d'infortune, tu es bien digne à ton tour de ce sentiment de compassion que ton cœur sut si bien exprimer et ressentir; puisse une voix, digne de toi, s'élever pour te défendre! et puisque tes ouvrages ne te garantissent pas des traits de la calomnie, puisqu'ils ne suffisent pas à ta justification, puisqu'on trouve des âmes qui résistent encore aux sentiments qu'ils

inspirent pour leur auteur, que l'ardeur de te louer enflamme du moins ceux qui t'admirent!

Les larmes des malheureux effacent chaque jour les simples inscriptions que l'amitié fit graver sur la tombe de Rousseau. Je demande que la reconnaissance des hommes qu'il éclaira, des hommes dont le bonheur l'occupa toute sa vie, trouve enfin un interprète; que l'éloquence s'arme pour lui, qu'à son tour elle le serve. Quel est le grand homme qui pourrait dédaigner d'assurer la gloire d'un grand homme? Qu'il serait beau de voir dans tous les siècles cette ligue du génie contre l'envie! que les hommes supérieurs, qui prendraient la défense des hommes supérieurs qui les auraient précédés, donneraient un sublime exemple à leurs successeurs! le monument qu'ils auraient élevé servirait un jour de piédestal à leur statue. Si la calomnie osait aussi les attaquer, ils auraient d'avance mis en défiance contre elle, émoussé ses traits odieux; et la justice que leur rendrait la postérité acquitterait la reconnaissance de l'ombre abandonnée dont ils auraient protégé la gloire.

••••••••••••

RÉFLEXIONS

SUR

LE PROCÈS DE LA REINE,

PUBLIÉES DANS LE MOIS D'AOUT 1793.

————

AVERTISSEMENT.

Mon nom ne pouvant être utile, doit rester inconnu; mais, pour affirmer l'impartialité de cet écrit, j'ai besoin de dire que, parmi les femmes appelées à voir la reine, je suis une de celles qui ont eu avec cette princesse le moins de relations personnelles; ces réflexions méritent donc la confiance de tous les cœurs sensibles, puisqu'elles ne sont inspirées que par les mouvements dont ils sont tous animés [1].

————

Mon projet n'est point de défendre la reine comme un jurisconsulte; j'ignore de quelle loi l'on peut se servir pour l'atteindre, et ses juges eux-mêmes ne s'essayeront pas à nous l'apprendre; ce qu'ils appellent l'opinion, ce qu'ils croient la politique, sera leur motif et leur but. Les mots de *plaidoyer*, de *preuve*, de *jugement*, sont une langue convenue entre le peuple et ses chefs; et c'est à d'autres signes qu'on peut présager le sort

[1] A l'époque où cet écrit fut publié, au mois d'août 1793, tout le monde sut que madame de Staël en était l'auteur.

de cette illustre infortunée. Je vais donc seulement parler à l'opinion, analyser la politique, raconter ce que j'ai vu, ce que je sais de la reine, et représenter les suites affreuses qu'aurait sa condamnation. O vous, femmes de tous les pays, de toutes les classes de la société, écoutez-moi avec l'émotion que j'éprouve! la destinée de Marie-Antoinette renferme tout ce qui peut toucher votre cœur : si vous êtes heureuses, elle l'a été; si vous souffrez, depuis un an, depuis plus longtemps encore, toutes les peines de la vie ont déchiré son cœur : si vous êtes sensibles, si vous êtes mères, elle a aimé de toutes les puissances de l'âme, et l'existence a pour elle encore le prix qu'elle conserve, tant qu'il peut nous rester des objets qui nous sont chers. Je ne veux attaquer ni justifier aucun parti politique; je craindrais de distraire ou d'éloigner un seul intérêt de l'auguste personne que je vais défendre : républicains, constitutionnels, aristocrates, si vous avez connu le malheur, si vous avez eu le besoin de la pitié, si l'avenir offre à votre pensée une crainte quelconque, réunissez-vous tous pour la sauver. Quoi! la mort terminerait une si longue agonie! quoi! le sort d'une créature humaine pourrait aller si loin en infortune! Ah! repoussons tous le don de la vie, n'existons plus dans un monde où de telles chances errent sur la destinée! Mais je dois contenir la profonde tristesse qui m'accable; je ne voudrais que pleurer, et cependant il faut raisonner, discuter un sujet qui bouleverse l'âme à chaque instant.

La calomnie s'est attachée à poursuivre la reine, même avant cette époque où l'esprit de parti a fait disparaître la vérité de la terre. Une triste et simple raison en est la cause, c'est qu'elle était la plus heureuse des femmes. Marie-Antoinette la plus heureuse! hélas! tel fut son sort, et le destin de l'homme est maintenant si déplorable, que le spectacle d'une éclatante prospérité n'est plus guère qu'un présage funeste. Combien de fois n'ai-je pas entendu raconter l'arrivée en France de la fille de Marie-Thérèse, jeune, belle, réunissant à la fois la grâce et la dignité, telle que dans ce temps on se serait imaginé la reine des Français! imposante et douce, elle pouvait se permettre tout ce que sa bonté lui inspirait, sans jamais rien faire perdre à la majesté du rang qu'on exigeait d'elle alors de respecter. L'ivresse des Français en la voyant fut inexprimable; le peuple la reçut, non-seulement comme une reine adorée, mais il semblait aussi qu'il lui savait gré d'être charmante et que ses attraits enchanteurs agissaient sur la multitude comme sur la cour qui l'environnait. Il n'y

a pas cinq ans encore, et alors toute sa vie politique, tout ce qui lui a mérité l'amour ou la haine avait eu lieu; il n'y a pas cinq ans, et j'ai vu tout Paris se précipiter sur ses pas avec transport : ces mêmes routes qu'on lui fait parcourir de supplice en supplice étaient jonchées de fleurs sur son passage; elle doit reconnaître les mêmes traits qui l'ont accueillie, les mêmes voix qui s'élevaient au ciel en l'implorant pour elle. Et depuis ce temps qu'est-il arrivé? Son courage et son malheur. Cet enthousiasme dont le souvenir ajoute à l'amertume de sa destinée, cet enthousiasme dont le souvenir aussi doit inquiéter les Français et les rendre douteux de leurs nouveaux jugements, on le récuse aujourd'hui comme une erreur; mais il est pourtant vrai que personne ne diffère autant qu'elle de la réputation que ses ennemis ont tenté de lui donner; on n'a pas même cherché la vraisemblance dans le mensonge, tant on a compté sur l'envie qui sait si bien répondre à l'affreuse attente des calomniateurs.

La reine ne s'est d'abord occupée des affaires que pour accomplir quelques actes de bienfaisance ou de générosité; on a quelquefois trouvé qu'elle était trop facile pour les uns et pour les autres; et cette femme, si courageuse en présence de la mort, a pu être accusée de faiblesse quand le malheur ou l'amitié désiraient de se servir d'elle; mais en parcourant les registres des finances, l'on peut voir que ses dons mêmes ne se sont élevés qu'à la somme la plus modérée, et il faut bien égarer le peuple pour parvenir à lui persuader que les impôts dont il était surchargé avaient pour cause des dépenses qui ne s'élevaient pas cependant au quart de la liste civile décrétée par l'assemblée constituante.

La guerre d'Amérique, les déprédations des ministres, des abus de tous genres inconnus à une jeune reine, comme à la plupart des hommes d'état d'alors, causèrent ce déficit dans les finances, dont les effets ont été si terribles; mais est-il possible d'oser l'attribuer à deux ou trois millions distribués chaque année en bienfaits, dont la plupart retournaient entre les mains du pauvre et de l'infortuné? Vous qu'elle a secourus, vous qui êtes parmi ce peuple aujourd'hui tout-puissant, dites si vous souffrirez qu'au nom de votre intérêt on punisse la reine des généreux effets de sa pitié pour vous! Et vous, mères de famille, qu'une prédilection si touchante l'engageait à préférer, dites si c'est vous qui demandez qu'on l'accuse pour les dons qu'elle vous a prodigués! Le roi aimait la reine avec tendresse; et son dévouement pour lui et ses vertus maternelles ont bien justifié ce sentiment; mais cependant il ne la consulta presque jamais sur le choix de ses ministres. M. de Maurepas, dès les premiers jours du règne de Louis XVI, se montra contraire à la reine; il fut jaloux de sa jeune influence sur un jeune roi, et parvint à l'écarter absolument des affaires dont les goûts de son âge l'éloignaient déjà naturellement. M. de Maurepas fit renvoyer deux ministres citoyens, M. Turgot et M. Necker, et la reine marqua publiquement qu'elle les estimait et les regrettait tous les deux. M. de Vergennes continua gravement les frivoles systèmes de M. de Maurepas, et craignant de même l'ascendant de la reine, de même il sut détourner le roi de s'y livrer. M. de Calonne lui succéda, et rien n'est plus connu que l'aversion énergique de la reine pour ce ministre, dont l'esprit aimable cependant semblait devoir séduire ceux dont le jugement ne serait pas uniquement guidé par la réflexion. La reine, qui eût trouvé dans la facilité du caractère de M. de Calonne tant de moyens pour satisfaire les goûts les plus prodigues, la reine, sortant tout à coup du cercle habituel de ses devoirs et de ses amis, attaqua ce ministre élégant avec l'austérité de la morale et de la raison, décida le roi à le renvoyer, et signala par cet acte, et par la nomination de l'archevêque de Sens, sa première influence sur les affaires publiques. J'en appelle à tous ceux qui, placés près de la cour, ont pu connaître avec certitude l'histoire intime de la France : est-il une autre époque du règne du roi dans laquelle la reine lui ait fait adopter ses conseils? et n'est-il pas certain que jusqu'à ce temps elle jouit de l'éclat du trône sans rechercher l'autorité?

Ce ministère de l'archevêque de Sens, cause immédiate de la révolution, peut être blâmé par les partisans du système aristocratique; mais assurément les démocrates doivent l'approuver, c'est par cette administration que le germe de tous leurs principes a été développé. Le ministre opposa lui-même les communes au parlement, à la noblesse, au clergé; le roi déclara que le droit d'imposer ne lui appartenait pas; les états généraux furent promis, tous les Français invités à publier leur avis sur le mode de convocation; enfin les observateurs de ce temps crurent deviner que l'archevêque de Sens voulait une révolution en France, et depuis, il y a donné son assentiment le plus authentique. J'ignore jusqu'à quel point la reine savait son secret; mais quand le seul ministre qu'elle ait fait nommer s'est montré démocrate, quand la seule époque dans laquelle elle ait pris quelque part aux affaires, est celle où les principes de la révolution

ont commencé à être admis, comment peut-on l'accuser d'être ennemie de la liberté? Comment peut-on lui trouver des crimes? Des crimes? Ah! quelle expression en parlant d'elle! Dans sa jeunesse elle était peut-être brillante et légère, peut-être se confiait-elle trop alors dans le bonheur; mais son caractère ne s'est prononcé, dans l'âge mûr, que par des traits de courage et de sensibilité qui supposent toutes les vertus. Qu'a-t-on fait pour détacher les Français de cet aimable objet si fait pour leur plaire? On leur a dit que Marie-Antoinette détestait la France, qu'elle était *Autrichienne*; et c'est par ce nom que dans leur fureur ses ennemis l'ont toujours appelée, certains de frapper ainsi l'esprit du peuple, qu'un mot égare, qu'un mot rallie, et qui ne se passionne jamais que pour les idées exprimées par un seul mot. Tous les cœurs étaient prêts à chérir Marie-Antoinette; le plus sûr moyen de l'envie pour les éloigner était de leur persuader qu'ils n'obtiendraient que haine pour prix de leur amour; bientôt on y réussit. Était-il cependant assez insensé de croire que la reine, partie de Vienne à treize ans, ne pouvant obtenir dans sa patrie qu'un rang secondaire, préférerait cette patrie à la France, dont elle était reine; à la France, séjour si délicieux; aux Français, avec lesquels sa grâce et sa gaieté lui donnaient alors tant d'analogie! Ah! lorsqu'en la nommant je viens à parler d'éclat et de joie, mon cœur se serre douloureusement; je me rappelle ce tombeau placé près des lieux où l'on donnait des fêtes, avec cette inscription : *Et moi aussi, je vivais en Arcadie :* elle existe encore l'infortunée qui me retrace ce souvenir; mais hélas! cette triste allusion n'en est que plus déchirante : les fêtes, c'était un trône; la tombe, c'est un cachot. Toutes les vraisemblances confirment l'attachement de la reine pour la France; et quels faits peut-on alléguer pour détruire de si fortes conjectures? L'alliance de l'Autriche avec la France? C'est en 1756, avant la naissance de Marie-Antoinette, qu'elle a été conclue; depuis, aucune raison de la rompre ne s'était présentée, aucun ministre n'avait proposé d'y renoncer. Il est vrai que la reine ne s'est pas mêlée de la politique de France uniquement pour brouiller sa mère ou son frère avec son mari; il est vrai que toute sa vie est une preuve de son respect pour les liens de la nature; mais une vertu, loin d'effrayer, doit rassurer sur toutes les autres; elles se garantissent réciproquement : et si la reine se fût montrée l'adversaire de sa propre famille, c'est alors que sa patrie adoptive, que la France aurait dû se défier d'elle. La lumière a été portée dans tout ce qu'on croyait le plus secret; des milliers d'observateurs ont été chargés d'examiner les traces de l'ancien gouvernement : on a honoré la dénonciation, épouvanté la fidélité, offert à la terreur la sécurité dégagée de la honte; au fanatisme, le succès à l'abri du danger; toutes les passions humaines ont été mises en liberté pour se diriger toutes contre la puissance passée, contre des objets qu'on se souvient d'avoir enviés, mais qu'on est certain de ne plus craindre. Voilà les moyens d'attaque, et voyez quels sont les preuves, les faits qu'on a conquis! Existe-t-il un seul indice de la connivence de la reine avec les Autrichiens, d'un secours particulier donné par la France à cette cour, d'une seule démarche étrangère au traité public conclu entre les deux puissances? Ah! la plus belle justification de cette malheureuse victime, ce sont les accusations dont on l'accable! Quel vague, quelle fureur, que d'insultes, que d'adresse, que de moyens étrangers à la vérité, mais plus efficaces qu'elle sur un peuple passionné! de tels moyens ne peuvent faire illusion aux hommes éclairés, et rien ne saurait diminuer l'amertume de leur pitié.

Cependant, pour exciter la multitude, on n'a cessé de répéter que la reine était l'ennemie des Français, et l'on a donné à cette inculpation les formes les plus féroces. Je ne sais rien de plus coupable que de s'adresser au peuple avec des mouvements passionnés; on peut les pardonner à l'accusé, mais dans l'accusateur l'éloquence est un assassinat. Cette classe de la société, qui n'a pas le temps d'opposer l'analyse à l'assertion, l'examen à l'émotion, gouvernera comme elle est entraînée, si en lui accordant un grand pouvoir, on ne fait pas un crime national de tous les genres d'altération de la vérité. La vraisemblance n'est rien pour l'homme qui n'a pas réfléchi d'avance; au contraire même, plus il est étonné, plus il se plaît à croire. La reine aurait voulu le malheur de l'empire où elle régnait, de la nation sur laquelle reposaient sa gloire, son bonheur et sa couronne! Mais c'est assez la juger par son intérêt : elle mérite davantage, elle est bonne par sa nature, elle est bonne à ses propres périls.

Dites, vous qui l'accusez, dites quel est le sang, quels sont les pleurs qu'elle a jamais fait couler. Dans ces anciennes prisons que vous avez ouvertes, avez-vous trouvé une seule victime qui accusât Marie-Antoinette de son sort? Aucune reine, pendant le temps de sa toute-puissance, ne s'est vue calomniée aussi publiquement; et plus on était certain qu'elle ne voulait point punir, plus on multipliait les offenses. L'on sait qu'elle fut l'objet de

traits sans nombre d'ingratitude, de milliers de libelles, de procès révoltants, et l'on cherche en vain la trace d'une action vengeresse. Il est donc vrai qu'elle n'a causé le malheur de personne, celle qui souffre ces tourments inouïs! Il n'entre pas même de ressentiment dans les supplices qu'on lui fait éprouver! Qu'est-il donc arrivé à l'homme pour abjurer ainsi tout sentiment d'humanité? Comment peut-on parvenir à renouveler sans cesse dans le même peuple cette inépuisable fureur? Quelle force ou quelle faiblesse donne à des passions factices cet ascendant terrible?

La conduite de la reine, tandis qu'elle régnait, tandis que ses véritables sentiments pouvaient se satisfaire sans crainte, a été d'une bonté parfaite; comment aurait-elle développé un caractère si différent de celui qu'elle avait prouvé jusqu'alors, à l'époque même où elle s'est trouvée aux prises avec le malheur? Elle a réuni toutes ses forces pour une résolution que le ciel peut seul récompenser, celle de s'attacher au sort de son époux et de ses enfants. Malgré tous les périls dont elle était à chaque instant menacée, Français, une seconde fois elle s'est confiée à vous.

La vénération de l'Europe ne peut jamais se détacher de la mémoire de Louis XVI, et la plus grande gloire de la reine c'est son dévouement à son époux; cependant les variations de système qu'on peut reprocher aux derniers temps de l'administration sont une preuve manifeste que ses principaux agents n'étaient pas soumis à l'autorité de la reine; c'est un fait positif que la plupart d'entre eux peuvent à peine se vanter de l'avoir vue, et dans leurs délibérations personne n'a dû reconnaître l'intrépide fermeté de la fille de Marie-Thérèse. On sait seulement que le 6 octobre, le 20 juin, le 10 août, lorsqu'il fut proposé de se défendre en exposant le sang des Français, la reine n'écouta plus que les sentiments d'une femme, la sollicitude d'une mère, et ne redevint un héros qu'au moment où l'on menaçait sa propre vie. Vous qui l'avez vue regarder ses enfants, vous qui savez que nul péril ne put la résoudre à se séparer de son époux, alors que tant de fois les chemins lui furent ouverts pour retourner dans sa patrie, croyez-vous que son cœur était barbare ou tyrannique? Ah! qui sait aimer n'a jamais fait souffrir; qui peut être puni dans l'objet qu'il chérit redoute la vengeance céleste. Oui, si parmi les juges de Marie-Antoinette, il en est un qui soit père, qui ressente une affection douce, il sera son défenseur. L'instinct de l'âme lui fera découvrir la vérité, malgré les pièges de la calomnie, et des souvenirs et des rapprochements sensibles le rendront incapable d'achever un tel malheur.

Mais de quelle ruse ne se sert pas la haine! elle sait, comme l'amour, tout ce qui peut émouvoir, et d'avance elle a soin d'endurcir les cœurs.

On cherche bassement à déjouer le respect que doit inspirer la reine, par ce genre de calomnie dont il est si facile de flétrir toutes les femmes, par ce genre de calomnie dont l'injustice même peut avilir presque autant que la vérité; mais cependant la reine est, par sa destinée, au-dessus de ce sort commun des femmes; trop d'éclat environne son existence pour ne pas dissiper tous les mensonges. Ceux qui l'ont entourée, les seuls vrais juges de sa vie privée, savent qu'elle a toujours pratiqué les vertus qui depuis quatre ans la font admirer de l'Europe entière. L'âme s'affaiblirait en se dégradant; et celle qui par sa seule fierté s'est agrandie dans l'infortune, s'est relevée en présence de l'outrage, ne s'était jamais abaissée à ses propres yeux. Vous essayerez en vain de l'humilier, vous l'appellerez de noms méprisants, vous la jetterez dans une prison infamante, vous la traînerez à la barre de votre tribunal; mais partout elle vous apparaîtra comme la fille de Marie-Thérèse. Tantôt vous croirez la voir, lorsque le 6 octobre elle s'avança sur le balcon en présence du peuple, entre ses deux enfants, le charme de son cœur et la gloire de sa vie : la multitude irritée lui cria : *Point d'enfants*. La reine, à ces mots terribles, craignant de leur faire partager ses périls, se hâta de les éloigner; mais elle revint aussitôt pour se livrer seule, ou pour ne pas déshonorer la nation française en paraissant la soupçonner. Le soir de ce même jour, aussi calme que dans une entrée triomphale, elle s'adressa au maire de Paris, pour l'assurer qu'elle et le roi se remettaient *avec confiance* à la garde du peuple de Paris. Vous vous rappellerez le 20 juin, lorsque sa seule présence désarma les projets qui depuis ont éclaté : restée belle à force de courage, ses ennemis ne furent plus écoutés du peuple qui la regardait; mais à la fin de ce jour mémorable, son fils fut séparé d'elle par la multitude qui l'environnait. A cet instant, tout son calme l'abandonna : un grenadier de la garde nationale le rapporta dans ses bras; et, l'élevant au-dessus de la foule pour le montrer, il avança d'un moment le bonheur de sa mère : la reine, alors tombant à genoux, se prosterna devant son libérateur : auguste reconnaissance, spectacle plus imposant que le trône dont elle descendait! Mais si devant le tribunal où la reine doit être traduite, elle conserve encore toute sa fierté, que le

peuple du moins ne s'irrite pas à cet aspect! Si vous voulez affaiblir ce grand caractère, amenez-lui ses enfants; mais n'espérez rien de vos supplices : ils ne l'empêcheront pas de se conserver tout entière pour le jugement de l'histoire et la dignité de son nom. Ah! loin de l'en haïr, intéressez-vous à ce sublime exemple; si vous êtes républicains, respectez les vertus que vous devez imiter : cette âme qui ne sait point se courber, cette âme aurait aimé la liberté romaine; et vous avez besoin de son estime, alors même que vous la persécutez.

L'on a tant de peine à concevoir la possibilité d'une atrocité, qu'il en coûte extrêmement pour s'attacher à l'examen des motifs qui peuvent y décider; il le faut cependant pour mieux les combattre, et je m'essaye à ce travail aussi pénible que nouveau.

Les hommes principaux d'un parti populaire cherchent tous les moyens de lier le peuple indissolublement à leur propre cause; ils savent que dans toutes les révolutions la gloire ou les revers n'appartiennent qu'aux chefs; et, craignant que le peuple ne se fie à cette certitude, ils veulent s'identifier avec lui de toutes les manières; ils tâchent de lui persuader qu'il est le véritable auteur des actes qui ne laissent après eux aucun espoir de retour. Mais d'abord, l'exécution du roi réunit ces cruels avantages. La convention, pour multiplier les juges de Louis XVI, s'est fait applaudir par des spectateurs nombreux; elle s'est assurée de plusieurs adresses de divers départements du royaume, elle a commandé que cent mille hommes en armes, le jour de la mort du roi, consentissent, par leur silence, à cette terrible catastrophe. Si la subdivision infinie de cette énorme action ne suffisait pas pour attacher la nation au destin de ceux qui l'ont ordonnée; si elle pensait qu'on ne peut détruire un peuple, et que les vengeances individuelles ne sauraient atteindre l'obscure multitude; si la nation, dis-je, était rassurée par cette opinion, et qu'elle ne redoutât rien pour elle-même de la mort du roi, est-ce celle de la reine qui pourrait l'effrayer? Il me semble, il est vrai, qu'il y aurait dans le supplice de cette malheureuse princesse quelque chose de plus révoltant encore pour les âmes généreuses : étrangère, femme, on violerait en elle et les lois de l'hospitalité, et celles de la nature. Les circonstances actuelles aussi donneraient peut-être à cet attentat une plus haute importance politique; mais ces considérations sont faites pour ne frapper que le petit nombre, et rien ne saurait égaler le terrible spectacle de l'exécution du roi. La condamnation de la reine serait donc un crime inutile, et par cela même plus avilissant; on y verrait ou le besoin de la férocité, ou la terreur panique du remords. Imaginerait-on de redoubler le courage du peuple en l'enivrant du sang d'une nouvelle victime? Mais cette affreuse ressource est maintenant épuisée : on est tellement accoutumé à l'idée de la mort, les oppresseurs comme les opprimés sont tellement familiarisés avec elle, que la prodiguer encore n'exciterait plus aucun genre d'émotion. Voudrait-on enfin donner au peuple une plus grande confiance dans la situation des affaires, en prenant à ses yeux une résolution plus dangereuse que toutes les autres? Mais combien ce calcul serait faux! Ce qui suppose le calme, c'est la sagesse des délibérations; mais tous les excès sont également une preuve du trouble de l'âme. La raison seule préserve des périls, ou témoigne qu'on a cessé de les craindre. Ces motifs, pourrait-on dire, ces motifs ne sont point la véritable cause du danger qui menace la reine; mais son nom, mais son fils inspirent plus d'intérêt que le reste de la famille des Bourbons; plus de vœux se réuniraient autour d'elle : il faut donc se hâter de l'immoler. Et savez-vous pourquoi cette auguste infortunée captive encore les cœurs français? C'est parce qu'on est certain que ses sentiments ont été favorables à la vraie liberté; c'est parce qu'on a la preuve qu'elle s'est constamment opposée aux projets hostiles contre la France, et qu'elle n'a point voulu s'y prêter; c'est parce que sa mort aiderait de plusieurs manières ceux qui conçoivent l'espoir de vous asservir; c'est enfin parce qu'elle a plus de modération et moins de ressentiment, parce qu'elle a reçu la leçon du malheur comme un ange et comme un philosophe; c'est parce qu'elle a toutes ces vertus qu'elle a plus de partisans : est-ce aussi sur ces accusations que vous la condamnerez! Vous n'oseriez avouer ce terrible secret; mais pourriez-vous espérer de le cacher? Et ne savez-vous pas que tout ce qui est écrit en lettres de sang sera lu par l'univers! Mais votre intérêt même combat encore ce nouvel argument; le sentiment que de certaines âmes ne peuvent jamais détacher d'un grand malheur, se reporte successivement sur les individus de cette famille qui survivent à ceux qu'on immole. Les Français qui versèrent des pleurs sur le destin du roi ont consacré à la reine l'affection déchirante qu'ils ressentaient pour son époux; si la reine périssait à son tour, si le jeune enfant, héritier de tant d'infortunes, mourait privé des soins de sa touchante mère, on s'attacherait aux restes de cette race royale persécutée, et les princes qu'on repousse au-

jourd'hui intéresseraient en leur faveur, quand il n'existerait plus qu'eux.

Ah! si vous craignez la reine parce qu'on l'aime davantage, c'est elle cependant dont la liberté, dont le séjour hors de France vous serait le moins redoutable; il est des obstacles qui peuvent irriter l'ambition, mais les malheurs que Marie-Antoinette a éprouvés détrompent des hommes et de la vie; au sortir du tombeau l'on n'aspire pas au trône, et de si longues infortunes ôtent presque jusqu'au besoin du bonheur. Sa piété religieuse, sa tendresse dévouée; tout vous est garant qu'elle a détaché son cœur d'elle-même, et que le retour à l'existence, à la nature, suffirait pour occuper le peu d'années dont il lui reste encore la force. Peut-être réserve-t-on sa délivrance comme un moyen de négocier avec les Autrichiens? Sans doute en remettant entre les mains de l'empereur la reine et ses enfants, on obtiendrait beaucoup du petit-fils de Marie-Thérèse, et l'Europe entière est tellement émue par l'étonnante histoire de ces victimes illustres, qu'en faisant cesser leurs malheurs, on soulagerait tout ce qui pense; mais quand des considérations politiques détourneraient les puissances de céder à la voix du sentiment, quelle honte pour les Français de condamner la reine parce qu'elle serait sans défense! Ils auraient accordé sa vie à la terreur, ils la refuseraient à la justice, et leur dépit atroce et pusillanime s'exercerait sur une femme, quand ils se seraient assurés qu'elle est sans appui. Non, je ne puis le croire; non, le passé, quel qu'il soit, ne donne point encore l'idée d'une telle action. Mais ceux qui conseillent cet attentat, ignorent-ils combien ils ajouteraient à l'énergie de l'armée des Autrichiens par la nouvelle du supplice de Marie-Antoinette? Ce qui a doublé la force des troupes françaises depuis un an, ce qui rend les guerres civiles plus sanglantes que toutes les autres, c'est que chaque soldat fait plus qu'obéir, il combat par sa propre impulsion, pour le succès de son sentiment individuel. Eh bien, vous auriez créé parmi les Allemands un mouvement national en sacrifiant la fille de Marie-Thérèse! Il n'est pas un Hongrois qui ne vît en vous un ennemi personnel. Ah! quand ils jurèrent à l'illustre mère d'Antoinette de mourir pour la défense de son fils; quand un vœu libre, universel, revêtu de tous les caractères de souveraineté que vous reconnaissez, lia le peuple à sa cause, pensez-vous que si le génie de l'histoire leur eût présenté sa fille captive, outragée, immolée, cette nation n'eût pas répété mille fois le serment de la venger? Vous n'aurez point à combattre les satellites d'un despote, mais les courageux amis d'une malheureuse victime, des soldats enthousiastes à leur tour, invincibles comme les vrais défenseurs d'une liberté généreuse. Peut-être une sombre fureur persuaderait-elle à quelques-uns de vous que rien ne pourrait diminuer l'horreur qu'inspirent les jours sanglants dont nous venons d'être témoins; j'ignore s'il existe un terme au-delà duquel de nouveaux événements ne produisent plus de nouvelles sensations, mais il est certain du moins que la France, gouvernée, dominée successivement par tant d'individus divers, ne charge aucun homme du poids de l'histoire de tous, et permet à chacun de s'absoudre par une action généreuse. Ah! que la défense de la reine, que sa liberté, soient l'objet d'une telle émulation! Ces juges qui vont prononcer sur son sort sont désignés à l'attention de l'Europe; aucun emploi, aucune fonction étrangère à leur mission solennelle ne peut effacer en eux le caractère d'assassins ou de libérateurs de la reine. Comme ils ne sont point les représentants de la nation, ce sont les cris des tribunes de Paris, ou la voix de leur conscience, qu'ils peuvent appeler le vœu de la France. Est-ce à la terreur qu'ils veulent céder? est-ce à la vertu qu'ils croient obéir? Ah! s'ils donnaient l'exemple de résister aux passions du moment, comme ils enchaîneraient l'avenir! Les chances du hasard seraient fixées en leur faveur; l'estime des hommes, ce bien dont les jouissances se multiplient sous tant de formes dans tous les temps, dans tous les pays, se placerait entre eux et le malheur. On ne leur demande que de mépriser un péril plus éclatant que réel. Le peuple français peut être ému par le courage de la vertu, quoique le fanatisme des opinions politiques l'ait dénaturé; lorsque des républicains le rappelleraient à ses sentiments naturels, le menaceraient de leur résignation, défieraient sa fureur en s'y livrant sans résistance, non, ils n'auraient rien à craindre! On pourrait envier leur mort, s'ils la subissaient pour sauver une reine innocente; mais non, je le répète, ils n'auraient rien à redouter. Peuple français, n'abjurez pas le dernier reste de vos antiques souvenirs. Vous avez déjà triomphé des armées étrangères; déjà vous les avez repoussées du territoire de France; voulez-vous déshonorer la valeur même, en la séparant de toute autre vertu? Si vous persistez dans votre cruauté, si vous immolez la reine, vos lauriers mêmes se flétriront au milieu de vous. Ne vous y trompez pas, c'est peut-être

la destruction de la royauté et des ordres privilégiés qui irrite contre vous la plupart des gouvernements de l'Europe; mais ce qui soulève les nations, c'est la barbarie de vos proscriptions. Vous gouvernez par la mort; la force qui manque à la nature de votre gouvernement, vous la retrouvez dans la terreur, et là où il existait un trône vous avez élevé un échafaud! Ce qui fit la force des premiers principes de la révolution, c'est qu'ils semblaient le retour aux idées naturelles. Quel plus terrible renversement des sentiments innés dans le cœur de l'homme que l'ostentation de la cruauté, que cette éloquence qui ne s'aide que de la menace, que ces serments qui ne promettent que la mort! Dans la sorte d'ivresse où plonge une révolution, on croit le reste du monde changé comme soi-même; mais quand l'homme se réveille et qu'il se voit détesté par ses semblables, quel est son sort!

Arbitres de la vie de la reine, je veux parler selon vos désirs; je veux vous implorer : soyez justes, soyez généreux envers Marie-Antoinette; mais soyez aussi jaloux de sa gloire : en l'immolant vous la consacrez à jamais. Vos ennemis vous ont fait plus de mal par leur mort que par leur vie. Vous étiez tout-puissants quand vous avez commencé à punir, et si vous aviez été cléments envers vos adversaires, c'est alors qu'on aurait pu les croire coupables. Si les chances de la prospérité vous reviennent une seconde fois; si la Providence, protectrice de la liberté, veut une seconde fois donner à la France et les moyens de l'acquérir et ceux de la faire aimer des hommes, les esprits, fatigués par tant de cruelles secousses, quelles que soient leurs opinions, quels que soient leurs souvenirs, embrasseront facilement la plus légère espérance de bonheur : le repos et la paix, voilà peut-être aujourd'hui toute l'ambition des plus habiles! Vous disposez de la France, de ce pays si nécessaire à ceux qui l'ont habité. Ah! si vous parliez d'union et de sécurité à tous les Français, si vous rassuriez l'Europe par des principes d'ordre et de justice, vous ne prévoyez pas vous-mêmes combien de sacrifices vous obtiendriez. Si vous êtes destinés à terminer heureusement cette guerre, essayez sur vos concitoyens la puissance de la générosité; elle s'étend, elle pénètre où vos commandements sont forcés de s'arrêter; et cette génération qui s'avance est tellement accablée d'infortune, que depuis la vie jusqu'au bonheur tout lui semblerait de nouveaux dons; mais surtout sauvez la reine, on ne pourrait supporter cette nouvelle catastrophe; redoutez les forces du désespoir, et que les pleurs du monde obtiennent ou de votre orgueil ou de votre pitié le salut de cette touchante victime.

Mais pourquoi, me diront les philosophes de ce temps, pourquoi votre cœur est-il plus ému pour la reine que pour tant d'autres infortunées que le cours de la révolution a fait périr? Seriez-vous du nombre de ceux *qui plaignent un roi plus qu'un autre homme?* Oui, je suis de ce nombre; mais ce n'est point par la superstition de la royauté, c'est par le culte sacré du malheur. Je sais que la douleur est une sensation relative, qu'elle se compose des habitudes, des souvenirs, des contrastes, du caractère enfin, résultat de ces diverses circonstances; et quand la plus heureuse des femmes tombe dans l'infortune, quand une princesse illustre est livrée à l'outrage, je mesure la chute, et je souffre de chaque degré. Enfin la reine serait coupable, l'univers entier ne s'intéresserait pas à sa destinée, qu'après l'année qu'elle vient de souffrir, nul homme, nulle association d'hommes n'a le droit de lui donner la mort. Cette longue suite de souffrances pénètre d'un sombre respect; la reine devait périr mille fois sous tant de coups redoublés : la nature, le ciel, en la sauvant, l'ont déclarée sacrée.

Depuis un an que le secret le plus impénétrable entoure sa prison, on a dérobé tous les détails de ses douleurs; mille précautions ont été prises pour en étouffer le bruit : un tel mystère honore le peuple français. On a craint son indignation, on peut donc encore espérer sa justice. Il aurait su, ce peuple, qu'on apporta devant la fenêtre de Marie-Antoinette la tête de son amie. Ignorant les fatales nouvelles de ce jour épouvantable, on la força, par un barbare silence, à contempler longtemps des traits ensanglantés qu'elle reconnaissait à peine à travers l'horreur et l'effroi. Elle se convainquit enfin qu'on lui présentait les restes défigurés de celle qui mourut victime de son attachement pour elle. Cruels ordonnateurs de cette scène! vous qui vîtes devant vous votre malheureuse reine prête à mourir de désespoir, saviez-vous alors tout ce qu'elle devait souffrir? Et les mouvements d'un cœur sensible, ces mouvements qui devaient vous être inconnus, les aviez-vous appris pour être plus certains de vos coups?

Pendant le procès du roi, chaque jour abreuvait sa famille d'une nouvelle amertume; il est sorti deux fois avant la dernière, et la reine, retenue captive, ne pouvant parvenir à savoir ni la disposition des esprits ni celle de l'assemblée, lui dit trois fois adieu dans les angoisses de la mort; en-

fin le jour sans espérance arriva. Celui que les liens du malheur lui rendaient encore plus cher, le protecteur, le garant de son sort et celui de ses enfants, cet homme, dont le courage et la bonté semblaient avoir doublé de force et de charmes à l'approche de la mort, dit à son épouse, à sa céleste sœur, à ses enfants, un éternel adieu; cette malheureuse famille voulut s'attacher à ses pas, leurs cris furent entendus des voisins de leur demeure, et ce fut le père, l'époux infortuné qui se contraignit à les repousser. C'est après ce dernier effort qu'il marcha tranquillement au supplice, dont sa constance a fait la gloire de la religion et l'exemple de l'univers. Le soir, les portes de la prison ne s'ouvrirent plus, et cet événement, dont le bruit remplissait alors le monde, retomba tout entier sur deux femmes solitaires et malheureuses, et qui n'étaient soutenues que par l'attente du même sort que leur frère et leur époux. Nul respect, nulle pitié ne consola leur misère; mais rassemblant tous leurs sentiments au fond de leur cœur, elles surent y nourrir la douleur et la fierté. Cependant, douces et calmes au milieu des outrages, leurs gardiens se virent obligés de changer sans cesse les soldats apostés pour les garder; on choisissait avec soin, pour cette fonction, les caractères les plus endurcis, de peur qu'individuellement la reine et sa famille ne reconquissent la nation qu'on voulait aliéner d'elles. Depuis l'affreuse époque de la mort du roi, la reine a donné, s'il était possible, de nouvelles preuves d'amour à ses enfants : pendant la maladie de sa fille, il n'est aucun genre de services que sa tendresse inquiète n'ait voulu lui prodiguer; il semblait qu'elle eût besoin de contempler sans cesse les objets qui lui restaient encore pour retrouver la force de vivre, et cependant un jour on est venu lui ôter son fils; l'enfant, pendant deux fois vingt-quatre heures, a refusé de prendre aucune nourriture; jugez quelle est sa mère par le sentiment énergique et profond qu'à cet âge déjà elle a su lui inspirer! Malgré ses pleurs, au péril de sa jeune vie, on a persisté à les séparer. Ah! comment avez-vous osé, dans la fête du 10 août, mettre sur les pierres de la Bastille des inscriptions qui consacraient la juste horreur des tourments qu'on y avait soufferts? Les unes peignaient les douleurs d'une longue captivité, les autres l'isolement, la privation barbare des dernières ressources; et ne craigniez-vous pas que ces mots, *ils ont enlevé le fils à la mère,* ne dévorassent tous les souvenirs dont vous retraciez la mémoire!

Voilà le tableau de l'année que cette femme infortunée vient de parcourir, et cependant elle existe encore; elle existe parce qu'elle aime, parce qu'elle est mère : ah! sans ce lien sacré, pardonnerait-elle à ceux qui voudraient prolonger sa vie! Mais lorsque malgré ce maux il vous reste encore du bien à faire, traînerez-vous du cachot au supplice cette intéressante victime? Regardez-la, cruels! non pour être désarmés par sa beauté; mais, si les pleurs l'ont flétrie, regardez-la pour contempler les traces d'une année de désespoir! Que vous faudrait-il de plus si elle était coupable? et que doivent donc éprouver les cœurs certains de son innocence?

Je reviens à vous, femmes immolées toutes dans une mère si tendre, immolées toutes par l'attentat qui serait commis sur la faiblesse, par l'anéantissement de la pitié; c'en est fait de votre empire si la férocité règne, c'en est fait de votre destinée si vos pleurs coulent en vain. Défendez la reine par toutes les armes de la nature; allez chercher cet enfant qui périra s'il faut qu'il perde celle qui l'a tant aimé; il sera bientôt aussi lui-même un objet importun, par l'inexprimable intérêt que tant de malheurs feront retomber sur sa tête : mais qu'il demande à genoux la grâce de sa mère; l'enfance peut prier, l'enfance s'ignore encore.

Mais malheur au peuple qui aurait entendu ses cris en vain! malheur au peuple qui ne serait ni juste ni généreux! ce n'est pas à lui que la liberté serait réservée. L'espérance des nations, si longtemps attachée au destin de la France, ne pourrait plus entrevoir dans l'avenir aucun événement réparateur de cette génération désolée.

•••••••••••

RÉFLEXIONS

SUR LA PAIX,

ADRESSÉES

A M. PITT ET AUX FRANÇAIS.

1794.

•••••••

Les deux écrits que l'on va lire n'ont jamais paru sous le nom de ma mère. Le premier, intitulé : *Réflexions sur la paix, adressées à M. Pitt et aux Français*, a été publié à la fin de 1794. M. Fox fut frappé des vues politiques qu'il renfermait, et les cita avec éloge dans un de ses discours au parlement. Le second, intitulé : *Réflexions sur la paix intérieure*, imprimé en 1795, ne fut point mis en vente. Ces deux bro-chures, également remarquables par une grande maturité de jugement, et par une courageuse indignation contre tous les genres de crimes politiques, sont écrites dans la persuasion qu'une liberté raisonnable pouvait s'établir en France sous une forme de république directoriale, et qu'à une époque où toutes les haines de la révolution étaient encore dans leur plus grande violence, le retour à la royauté présentait des dangers qu'aucun esprit sage ne devait méconnaître. On a vu dans les *Considérations sur la Révolution française*, avec quelle sincérité ma mère a rendu hommage à cette haute sagesse de Louis XVIII, qui, mûrie par vingt années d'expérience, a préservé la France de plusieurs des maux que l'histoire nous présente d'ordinaire comme inséparables d'une restauration.

(*Note de M. de Staël fils.*)

✓ —

PRÉFACE.

C'est à M. Pitt qu'il faut demander compte du destin de l'Europe; l'Angleterre devait être le génie tutélaire des puissances, alors qu'elle s'unissait à elles pour faire la guerre à la France; sa constitution, chef-d'œuvre de la raison et de la liberté, lui donnait le droit de prononcer dans ce grand débat du monde. Il était beau à une nation sagement indépendante, de repousser de son alliance un peuple qui souillait sa cause par le crime, et de populariser la coalition en la soumettant à l'ascendant d'un gouvernement libre. Ce n'était pas comme rivale de la France qu'elle devait se présenter à cette lutte, c'était comme protectrice de l'ordre social, qui, menacé tout entier, ne peut se sauver partiellement; et ses alliés devaient tirer leur principal secours de l'éclat de ses vertus et de ses lumières. A-t-elle eu ce motif? a-t-elle atteint ce but? Toutefois, les débris de sa gloire sont encore si imposants qu'elle peut toujours décider du sort de l'Europe.

M. Pitt et la France, une nation et un homme, voilà ce qu'il importe de persuader; l'intérêt de l'une, la conscience de l'autre peuvent les faire marcher au même but; mais la vérité qu'il faut dire prend le caractère des personnalités, quand elle s'adresse à un gouvernement dirigé par un ministre; et ce ministre a besoin d'une sorte d'élévation, pour admettre même une idée générale dans un temps où elles s'appliquent toutes à ses actions politiques. Il faut, pour juger cette grande cause, s'isoler de soi comme ambitieux, comme ministre, comme Anglais même; toutefois l'oubli de ces intérêts personnels n'est qu'un sacrifice apparent : il s'agit en effet de les préserver tous de la ruine universelle, qui entraînerait et l'homme et le gouvernement et la nation sous le poids de la destinée du monde. Je ne vais rien dire qui n'ait été senti par tous les hommes impartiaux; mais dans les temps où l'esprit de parti domine, voir et suivre le vrai, est un effort de raison qui n'est presque jamais donné ni à une nation dont toutes les passions s'emparent, ni à un homme que sa place expose aux chocs de tous les intérêts individuels. C'est dans la solitude qu'un ministre trouverait mieux la solution de ces difficultés qu'il faut comparer seulement à la nature des choses. Les nouvelles de chaque jour, les conseils de chaque parti ont l'inconvénient terrible de faire prendre un côté de l'objet pour son ensemble, de fausser la perspective en faisant ressortir un seul objet, une seule idée comme l'unique point de vue de la combinaison. Je vais écrire quelques-unes des réflexions qui se présentent à moi; et pour me tracer une route à travers les pensées qui se confondent, je les diviserai par une méthode arbitraire qui doit reposer l'esprit sans le borner.

Cet ouvrage sera composé de deux parties: l'une adressée à M. Pitt, l'autre aux Français. Le premier chapitre de la première partie traitera de la force actuelle de la France; le second, de la conduite qu'ont suivie les puissances coalisées; le troisième, des avantages de la paix pour l'Europe. La seconde partie n'aura qu'un chapitre consacré à considérer si la France doit désirer la paix. J'ai été tour à tour entraînée vers ce sujet et repoussée loin de lui. Quelquefois l'indignation qu'on ressent contre les fautes qu'on voit commettre, la foule d'idées simples qui semblent en démontrer l'absurde inconséquence, vous commandent d'écrire. Dans ces moments d'inspiration raisonnée on a presque l'orgueil de croire que c'est un devoir de contribuer de tous ses moyens à repousser le fléau qui nous menace, et dans l'instant qui suit ce mouvement d'exaltation, on se demande ce que peut valoir un livre au milieu de toutes les fureurs de la vengeance et de la haine. Qui lira tout ce qui n'est pas le décret qui vous ruine, l'arrêt qui vous condamne, ou l'issue de la bataille donnée par vos concitoyens? Moi-même, pendant le règne sanglant de Robespierre, lorsque chaque jour apportait l'effroyable liste des victimes dévouées, je ne savais que désirer la mort, qu'aspirer à la fin du monde et de cette race humaine, témoin ou complice de tant d'horreurs; je me serais reproché jusques à la pensée, comme trop indépendante de la douleur. Une sorte de trève nous est accordée, les massacres ont cessé, la campagne va finir: consacrons ces instants à quelques idées générales, dont l'excès du malheur ôtait la force d'approcher.

PREMIÈRE PARTIE.

CHAPITRE PREMIER.

De la force actuelle de la France.

Toute la puissance de la révolution de France consiste dans l'art de fanatiser l'opinion pour des intérêts politiques. Si un homme quelconque avait de l'influence sur les Français, la connaissance de son caractère, l'examen de son ambition rendraient sans doute faciles les moyens de traiter avec lui; mais ce sont des idées qui règnent en France à la place des individus. Les Français ont trop de vanité pour se soumettre à un chef; le roi se confondait avec la royauté: c'était le rang et non le talent qui le plaçait au-dessus de tous; mais celui qu'on choisirait, qu'on suivrait, qu'on croirait volontairement, serait par là même reconnu comme devant à ses talents sa supériorité sur les autres; et cet aveu n'est pas français. La découverte de l'imprimerie, en disséminant les lumières, a rendu beaucoup plus rare l'espèce de confiance aveugle qui soumet les soldats à leurs chefs politiques ou militaires; et quand vous ajoutez à la découverte de l'imprimerie celle plus moderne des pamphlets

I.

de tous les jours et de toutes les heures, qui s'attachent aux moindres actions d'un homme, relèvent chaque ridicule, fortifient chaque soupçon, décident toutes les nuances, on verra que la magie inséparable de la gloire est impossible à conserver. C'est une sorte de prostitution pour elle que cette continuelle observation de tout ce qui la compose, et son prestige en est détruit.

On a beaucoup répété qu'il n'y avait point eu de grands hommes dans cette révolution, et moi je crois qu'on peut observer à diverses époques des efforts de vertu, des preuves de courage, une étendue d'esprit, une audace de crime qui, dans des temps plus reculés, à l'époque même de la révolution d'Angleterre, auraient suffi pour acquérir une véritable influence; et cependant en France aucune réputation n'est restée debout. Jamais les hommes n'ont été que les instruments de l'idée dominante; le peuple les a regardés comme des moyens et non comme des chefs. M. Necker avait marché dans le sens de l'opinion du peuple, tant qu'il le croyait opprimé; il le combattit dès qu'il voulut devenir usurpateur: à cet instant même, M. Necker se vit abandonné par tous ceux qui s'attachaient à son char. Mirabeau est mort à temps pour ne pas apprendre l'inutilité des talents employés à remonter le torrent dominateur. M. de la Fayette, fidèle à son serment à la constitution, et voulant le défendre contre l'impulsion de la journée du 10 août, n'a pu conserver, de toutes les gardes nationales de France, que vingt compagnons d'infortune. Dumouriez, dont les talents militaires ne peuvent être contestés, porté par le flot d'une de ses intrigues à vouloir relever le trône qu'une autre intrigue lui avait fait renverser, a fui les poignards de ses propres soldats qui, nullement instruits de l'opinion que peut mériter son caractère moral, ne devaient voir en lui qu'un brave et victorieux général. Il n'est que Robespierre dont l'affreuse puissance a besoin d'être expliquée; mais, s'il est possible de le dire, il s'était identifié avec la terreur, et s'emparant de toutes les passions haineuses des jacobins, il parvenait, à leur insu, à se faire un trône de l'échafaud, où l'on ne lui destinait que la place d'exécuteur; mais dès que cette intention a été manifestée, dès qu'il a voulu prétendre à quelques distinctions dans l'empire de la scélératesse, on s'est révolté contre lui. La convention a sans doute été soulevée par le sentiment d'horreur et d'effroi que lui inspiraient ses crimes; mais dans les premiers moments, le peuple incertain ne s'est rallié à la convention contre Robespierre, que par la préférence qu'il accorde toujours à une assemblée sur

3

un homme. Le peuple ne veut et ne croit s'armer que pour lui-même; c'est la réunion de ses représentants qu'il défend dans la convention, et la puissance d'un individu, quel qu'il soit, n'a rien de démocratique.

On pourrait trouver des idées de liberté dans cet invincible éloignement pour le gouvernement d'un seul, ou l'ascendant du petit nombre; mais comme ce principe est incompatible avec la stabilité de l'état social, il est lui-même destructif de cette liberté dont on le croit la base. Néanmoins, ce qui importe à la circonstance actuelle, ce n'est pas d'analyser les malheurs incontestables de la révolution de France, mais d'en juger les effets. Les Français, réunis contre les étrangers, sont à eux seuls plus forts que toute l'Europe, et les Français sont ralliés par la force de l'opinion publique. Les moyens de l'influencer devaient donc être le premier objet des puissances. On assassinerait, on gagnerait successivement les meneurs de la faction populaire, qu'il s'en représenterait de tout à fait semblables à ceux qu'on aurait écartés. Dès qu'il y a un mouvement public, il crée toujours des hommes pour en profiter. Ce n'est pas, j'en conviens, la majorité numérique de la France qui est enthousiaste des idées démocratiques, mais ce sont tous les caractères actifs, impétueux, qui multiplient leur existence par leurs passions, entraînent les autres par leur volonté, et se recrutent de tous les faibles par l'effroi même qu'ils leur inspirent. Les intérêts qu'on oppose à cette impulsion sont d'une nature combinée; l'amour de l'ordre et du repos en est le mobile, et les moyens se ressentent presque toujours de la modération du but. Les crimes des jacobins, en les plaçant dans une situation désespérée, ont rassemblé et doublé leur force; la conscience même d'un honnête homme l'isole par ses jouissances; il y a peut-être dans la vertu quelque chose de solitaire et de complet qui s'oppose à l'échange, à la réunion d'intérêts qu'il faut pour former un parti dans les troubles politiques. Enfin les puissances, par l'incertitude de leurs systèmes, par les fautes qu'elles ont commises, ont empêché le parti contraire à la république de pouvoir offrir aucun objet fixe de réunion dans l'intérieur. La haine contre l'invasion des étrangers est donc en France une sorte de sentiment général; c'est la seule idée qui mette de l'ensemble dans une nation prête à se disjoindre.

Plusieurs mouvements généreux ont excité les ennemis mêmes des jacobins à ne pas consentir à recevoir la loi des puissances. Les uns la redoutent par la crainte de nouveaux massacres, que les succès des étrangers pourraient produire dans l'intérieur de la France; d'autres sont encore fiers de la gloire des armes françaises, alors même qu'elles appuient une opinion contraire à la leur. Les parents, les amis des soldats qui ont péri dans cette fatale guerre, se sont aigris par leurs pertes; un grand nombre est effrayé par les menaces insensées du parti des émigrés, et croit de bonne foi l'indépendance et l'honneur de la nation attachés à repousser les étrangers. Enfin, par le concours de tous ces motifs, il est certain qu'il est bien peu de Français restés en France qui ne soient convaincus de la nécessité de s'opposer au triomphe de la coalition. Quelle force un tel accord ne doit-il pas donner à la nation! que de moyens pour faire la guerre, quand tout sert à ce but, même le crime! Le système d'injustice et de terreur, qui vient de retomber sur ses abominables auteurs, multipliait alors les féroces victoires des Français. Leurs tyrans, à l'aide des idées démocratiques, commandaient l'enthousiasme au nom de la crainte, obtenaient à la fois les avantages de ce qui est volontaire et de ce qui est forcé.

Aujourd'hui qu'un sentiment plus naturel réunit à la cause commune, la France entière est encore à la disposition de la convention; ses trésors, c'est la fortune de tous les particuliers; ses soldats, tous les Français en état de porter les armes; ses approvisionnements, les productions du sol de la France. Sans doute l'empire se ruine, les individus périssent, tous les fléaux tombent à la fois sur cette terre désolée; mais la France ne peut s'écrouler qu'avec l'Europe. Cet empire entraînerait dans sa chute celle de l'ancien monde, et l'Amérique elle-même s'étonnerait de la secousse dont les mers et l'espace n'auraient pu la garantir.

A-t-on jamais pensé qu'on détruisît une religion par le martyre? Eh bien, ce chimérique système d'égalité est une religion politique dont le temps et le repos peuvent seuls affaiblir le redoutable fanatisme. Il réunit l'enthousiasme exalté qu'inspirent les abstractions métaphysiques, aux fureurs trop réelles que les intérêts de fortune et d'ambition font naître chez tous les hommes; c'est du dogme et du pillage, du principe et de l'orgueil. Enfin ces sociétés populaires, ce gouvernement tout en délibérations, ont mis dans la plupart des têtes une passion de raisonnement, un besoin de faire effet qui les rend beaucoup plus susceptibles d'enthousiasme; et les succès et les revers de la guerre, et son but et son danger, sont des moyens toujours renaissants d'enflammer les têtes ardentes.

Sans doute il y a tant de victimes de la révolution, tant de malheurs causés par elle, qu'elle doit avoir beaucoup d'ennemis ; mais s'ils ne sont pas contenus à la paix par un bon gouvernement, c'est dans une guerre civile qu'ils éclateront ; c'est entre les Français que le destin de la France se décidera : mais tant que l'on voudra leur opposer des étrangers, ils se battront, ils triompheront, leur gouvernement marchera par l'impulsion même des obstacles extérieurs qu'on lui opposera, et personne ne peut répondre du terme de leurs succès.

Toutes les nations du monde ont dans leur sein des hommes mécontents du gouvernement établi, soit qu'il n'en existe aucun qui n'ait commis quelques fautes, aucun qui puisse également satisfaire l'ambition de tous, soit parce que l'homme est si malheureux sur cette terre, qu'il ne peut s'attacher qu'à ce qu'il ne connaît pas ; ces mécontents sont dans tous les pays les alliés de la révolution de France. L'intérêt des propriétaires devrait les animer contre les Français ; mais tous les hommes heureux font des calculs individuels ; ils songent à ce qu'ils peuvent sauver de la ruine de leur pays : et ce soin les distrait de celui de le défendre. D'ailleurs la terreur qu'inspirent les armes françaises s'accroît chaque jour ; d'abord on les méprisait trop : maintenant on les redoute au delà même de leurs forces ; leur impétuosité, leurs opinions, leurs crimes mêmes en ont fait une espèce d'hommes à part. Leur guerre est un danger nouveau, auquel on ne se sent pas préparé. Elle se transforme dans la pensée en fléau de la nature ; on s'y soumet comme à la nécessité.

Il faudrait donc, dira-t-on, adopter le gouvernement de Robespierre, si les Français voulaient encore l'établir ! Non, ce système épouvantable est un phénomène que la nature ne peut pas deux fois reproduire ; non, je ne crois point encore l'ordre social renversé, la pitié bannie de la terre, l'homme consacré à la destruction de l'homme, l'athéisme devenu la superstition du peuple, la propriété attaquée par toutes les lois, la société seulement instituée pour qu'en rassemblant les individus dispersés, elle rapproche plus sûrement la victime du sacrificateur. Il faut ramener les Français et le monde avec eux à l'ordre et à la vertu ; mais pour y parvenir, on doit penser que ces biens sont unis à la véritable liberté ; marcher avec son siècle, et ne pas s'épuiser dans une lutte rétrograde contre l'irrésistible progrès des lumières et de la raison.

CHAPITRE II.

De la conduite qu'ont suivie les puissances coalisées.

Je ne remonterai pas à l'origine de la guerre, pour démêler avec certitude qui de l'Europe ou de la France doit se la reprocher davantage. Cette guerre une fois déclarée, le triomphe en était le but ; les puissances ont-elles adopté, continuent-elles à suivre les moyens de l'obtenir ? Le chapitre précédent résout presque cette question. On ne pouvait vaincre la France que par l'appui des mécontents, qui auraient appelé les puissances à leur secours ; ont-elles eu l'art de rallier à elles l'estime et la confiance des Français ? Si les gouvernements ont pris pour conseils les opinions des émigrés de Coblentz, s'ils se sont attachés à l'esprit de parti qui borne les idées en exaltant les espérances, ils se sont absolument éloignés de ce point de sagesse qui, placé à une distance égale des exagérations contraires, devient le centre où toutes les opinions se rallient.

Les pensées de Rousseau, les plaisanteries de Voltaire, le ministère de M. de Calonne, les vacillations de l'archevêque de Sens, les discussions de l'assemblée constituante, trois ans de révolution enfin avaient avancé toutes les opinions fort au delà même du terme des principes raisonnables ; et les émigrés, pour s'en préserver, reculaient aux préjugés du quatorzième siècle ; ils voulaient qu'il ne restât rien d'une révolution qui avait remué toutes les passions des hommes ; ils ne voyaient qu'une émeute dans une ère de l'esprit humain ; enfin, traitant des questions politiques comme des principes de foi, ils rejetaient, comme de véritables hérésies, les considérations tirées de ce qui est sage, de ce qui est possible même, et transportaient dans les opinions politiques ce despotisme religieux qui commande de croire et dispense d'expliquer.

Des hommes si infortunés doivent obtenir tous les genres d'indulgence pour leurs erreurs, excepté celle de les adopter ; et c'était perdre leur propre cause, que suivre un seul jour leurs conseils. Il entrait dans leur système, ou plutôt dans leurs passions, d'effrayer la France par leurs menaces, avant de pouvoir inspirer la moindre confiance dans leurs forces. Au lieu de se hâter de personnaliser leur haine, de nommer avec précision la liste des assassins contre lesquels ils voulaient sévir, ils professaient une intolérance politique qui enveloppait de la même proscription presque tous les habitants de la France, et faisait redouter les émigrés du plus obscur paysan qui s'était affranchi des dîmes, comme du général qui avait gagné des batailles ; du sage ami de la liberté, comme de l'assassin forcené de Louis XVI. Enfin, on a repoussé jusqu'à ceux qui voulaient revenir aux opinions mêmes de Coblentz ; ce parti, plus pur en aristocratie que les congrégations les plus austères ne le sont en religion, a rejeté toutes les conversions.

Des chefs habiles parmi les républicains se sont offerts et ont été refusés ; les hommes fidèles à la constitution qui consacrait le trône et la maison de Bourbon, s'ils s'étaient présentés, auraient été trouvés trop coupables pour qu'on pût se rallier à leur courage et à leurs lumières. On eût dit qu'on faisait un choix pour la table ronde du roi Arthur, quand il s'agissait d'obtenir la majorité dans une nation de vingt-quatre millions d'hommes, qui savent lire et vivent sous le dix-huitième siècle.

Par un contraste bizarre, les puissances n'ont pas toutes montré aux émigrés l'humanité qu'ils méritaient ; elles ne se sont point partagé, comme elles l'auraient dû, le soin de leur existence et de leurs asiles ; mais elles se sont distribué leurs opinions. On les croit et on les chasse. C'est l'opposé de ces deux partis qui eût été spirituel et bon.

Dumouriez a émigré : sa défection a valu aux puissances la Belgique, les places frontières de France ; et, comme si le but était de détourner tous les généraux de la république de suivre jamais un pareil exemple, on le poursuit d'asile en asile, on épouvante de son sort quiconque voudrait l'imiter ; enfin, et cette pensée inspire une indignation d'un caractère plus relevé, l'affreuse captivité de M. de la Fayette soulève l'âme, avant qu'il soit besoin de la condamner par d'autres motifs, et l'on s'efforce en vain de comprendre comment l'humanité, qui commande aux caractères généreux le sacrifice des plus grands avantages politiques, ne peut pas même éclairer les puissances sur le plus évident de leurs intérêts personnels.

M. de la Fayette refuse d'être nommé général de l'armée républicaine, et rallie son armée au serment qu'il avait fait à la constitution et au roi ; il est abandonné, proscrit par les jacobins, forcé de traverser l'armée des alliés pour se rendre en Amérique : les ennemis de ses ennemis l'arrêtent au mépris de toutes les lois comme de tous les calculs, et depuis deux ans M. de la Fayette languit, avec ses estimables compagnons, dans un cachot horrible. Tout périt en lui, hors son courage, hors sa réputation, que cette atroce persécution a préservée des reproches qu'on aurait pu faire à son repos.

Les puissances ont-elles voulu, par cet acte, rivaliser avec les jacobins ? Les gouvernements ne devaient les combattre que par l'ascendant de la justice. Il n'y avait que des vertus à opposer à toutes les séductions du crime ; mais l'on s'est demandé souvent si des missionnaires de chaque parti n'étaient pas dans l'armée contraire, et si la plupart des arguments de chaque cause n'étaient pas tirés des fautes de ses adversaires.

Il existe encore entre les opinions extrêmes d'autres points de ressemblance. Un jour peut-être on essayera de révéler le traité secret des jacobins et des aristocrates pour anéantir ensemble tout l'intervalle de raison qui les sépare ; on dirait qu'ils creusent sous la France deux mines en sens contraire, qui se rapprochent à mesure qu'elles avancent, et doivent se réunir par l'écroulement universel. Les monarchistes, les constitutionnels, les modérés, tous ceux qui dans les temps d'esprit de parti échappent à la fureur et à la stupidité des idées absolues, donneraient certainement des conseils plus sages et plus éclairés.

La constitution de 1789, malgré ses défauts, a mille fois plus de partisans en France que l'ancien régime ; ce n'est point un étendard qui puisse épouvanter le nombre infini de Français qui depuis cinq ans ont pris part à la révolution, et qui voient dans la captivité de M. de la Fayette l'éclatant augure de leurs destinées particulières ; ce n'est point un étendard qui puisse faire craindre au peuple le rétablissement des droits féodaux, des dîmes, des gabelles, la perte de tous les avantages réels qu'il croit devoir à la première révolution : c'est un parti plus analogue à la masse des opinions de l'Europe et de la France. Mais il valait encore mieux parler à la nation de son indépendance dans le choix d'une forme quelconque de gouvernement, lui déclarer unanimement qu'on ne voulait que la délivrer du joug des brigands, et préserver ainsi l'Europe d'une désorganisation générale. N'était-il pas trop heureux pour les rois d'avoir à défendre leurs couronnes au nom de la sûreté de tous les honnêtes gens, de tous les propriétaires, de l'ordre social, attaqué par des principes destructeurs? Les jacobins voulaient sans cesse présenter ce grand débat comme la cause particulière des rois et des nobles ; leurs ennemis, par un soin contraire, devaient populariser leurs intérêts en les confondant avec le danger universel. Il fallait admettre tous les partis, hors celui du crime ; tous les systèmes, hors celui de l'anarchie ; tous les gouvernements, hors celui de la mort.

Le grand tort des cabinets de l'Europe a été de

ne jamais se décider par la prévoyance. Toutes les résolutions ont suivi les événements au lieu de les précéder; personne n'a voulu céder ce qu'il allait perdre, et cette résistance mal calculée a ébranlé successivement tous les droits qu'on appuyait l'un sur l'autre; il fallait que la royauté se séparât de la féodalité, et s'unît seulement à l'intérêt de la propriété, sans laquelle il ne peut exister ni rois, ni nobles, ni nations civilisées.

On a voulu penser à s'indemniser des frais d'une guerre dont le salut de l'Europe devait certes être considéré comme une suffisante récompense; on a appliqué toutes les idées communes de l'expérience à un événement qui la recommençait tout entière. L'heure des temps n'a point été entendue, et les jours se sont écoulés sans qu'on rapportât leurs résultats à un point de vue général. Les différents systèmes adoptés par les puissances, la constitution de 1789 proclamée à Toulon, l'empereur à Valenciennes, l'ancien régime à la Vendée, loin de rallier aux étrangers des opinions contraires, les ont toutes aliénées. Il y a dans cette incertitude une apparence de faiblesse ou de mauvaise foi, destructive des avantages de chaque parti. D'ailleurs, c'est presque toujours le caractère des hommes dont on s'entoure qui donne une couleur marquante à l'étendard que l'on adopte. Il suffisait que les puissances employassent des émigrés célèbres dans l'aristocratie, pour persuader à la France qu'elles se battaient pour leur cause, et faisaient une querelle de parti de la question la plus générale qui ait jamais existé.

La plupart des fautes que les puissances ont commises peuvent être attribuées à leur confiance dans les cris et les espérances des émigrés aristocrates. Mais si, trop irritées des conseils que ce parti leur a donnés, les puissances ne s'occupaient pas à la paix des malheureux individus qui le composent, si elles oubliaient qu'il est de leur dignité de soulager la destinée qu'elles ont protégée, que de reproches ne mériteraient-elles pas! Et néanmoins, comme toutes les vertus sont en harmonie avec les idées raisonnables, on verra peut-être les gouvernements qui ont su conserver la neutralité, plus occupés d'adoucir le sort des émigrés que les pays qui ont à se repentir d'avoir adopté leurs systèmes. Maintenant, sans doute, il n'est plus temps pour les puissances alliées de captiver l'opinion publique en France; l'incohérence des systèmes adoptés par la coalition lui a fait perdre la considération qu'elle devait obtenir. L'emprisonnement de la Fayette, l'exil, les persécutions de tout genre qu'on a fait éprouver à tous

ceux dont l'opinion était différenciée même par des nuances de celle que les gouvernements exigeaient, ne permettent plus de se confier à la tolérance politique des cabinets de l'Europe.

Lorsqu'on voit les agents de l'Espagne surpasser à Saint-Domingue les massacres du 2 septembre; quand la Pologne n'a pu se donner en paix une constitution qui maintenait la noblesse et l'hérédité du trône, dont le seul but était d'affranchir ce malheureux pays de la domination extérieure, et des excès de la servitude féodale, on croira difficilement que les gouvernements étrangers adoptent sincèrement le système qui aurait pu soumettre l'opinion des Français à l'ascendant des puissances; d'ailleurs, il est dans la nature des hommes de ne se rallier qu'aux heureux, d'être convaincus par les succès, et de mépriser tous les partis commandés par la nécessité. La prévoir avant qu'elle soit généralement reconnue, est le premier talent d'un homme d'état; mais les dangers de la continuation de la guerre sont d'une telle évidence dans l'état actuel, qu'il reste à peine le temps de devancer à cet égard la force des choses; et je me reprocherais cet examen du passé comme une discussion frivole, comparée à l'importance du présent, s'il n'y avait pas une connexion intime entre la conduite tenue pendant la guerre et les avantages de la paix.

C'est assez parler néanmoins de ces fautes désastreuses, dont la violence des événements et des passions qui ont agité toutes les têtes est peut-être une suffisante excuse. Jetons les regards en avant : les individus se consument dans le regret du passé, mais les gouvernements stipulent au nom des générations, pour lesquelles l'avenir ne peut cesser de se renouveler.

CHAPITRE III.

Des avantages de la paix pour l'Europe.

La paix! voilà le cri de la terre fatiguée de carnage; la paix! voilà le vœu de la raison et de l'humanité. Toutes les âmes honnêtes doivent le souhaiter en France, tous les esprits éclairés en Europe. Lorsque la Pologne, avec un pays tout ouvert, une population de six millions d'hommes, a pu balancer longtemps les forces des deux plus formidables puissances militaires, et n'a dû ses revers qu'à la perte de son victorieux général[1];

[1] On vient d'apprendre la prise de Kosciusko : peu d'événements ont dû produire une impression aussi douloureuse. Cet homme, qui a repoussé de son pays l'exemple des jacobins, qui attachait à la cause de la liberté toutes les ancien-

quel espoir de succès peut-on conserver contre un empire de vingt-quatre millions d'habitants, entouré de places fortes, et dont les armées sont déjà placées par leurs conquêtes à trente lieues en avant de leurs propres remparts?

La Prusse, occupée à se maintenir, ne peut plus aider la coalition; l'Autriche est épuisée, la Hollande presque envahie; toutes les puissances, hors l'Angleterre, tendent à la paix : soutiendra-t-elle seule le poids de cette énorme guerre? A-t-elle des hommes, des Anglais à sacrifier contre cet essaim de Français, dont on ne ménage point la vie, dont la mort même peut sembler utile à l'établissement d'un ordre quelconque en France? Les gouvernements n'ont que les ressources de l'état social; en France, on se sert à la fois des passions naturelles et des ressorts politiques. Ce sont des esprits sauvages qui ont hérité de tous les secrets de plusieurs siècles de civilisation. Est-il besoin de démontrer la supériorité qu'ont acquise les armes françaises sur celles des puissances coalisées? faudrait-il détailler douloureusement chaque revers? Le Rhin couvert des fugitifs de toutes les nations, la Hollande ou conquise, ou prête à s'ensevelir sous les eaux, sont des tableaux dont l'âme veut se détourner, après en avoir tiré les résultats nécessaires.

Les gouvernements ne peuvent les nier; mais quelques-uns se sont persuadé qu'ils sont menacés plus éminemment encore par la paix que par la guerre, et que c'est à l'époque où l'on reconnaîtra la république française que l'insurrection doit éclater dans l'intérieur de leurs pays. On ne peut penser à combattre un tel argument qu'après avoir appris son influence. Qu'est-ce d'abord que cette reconnaissance de la république française, à laquelle les souverains attachent tant de prix? ce message diplomatique qui dans l'état actuel ne changera rien à la stabilité du gouvernement de France? Il est bien certain que les Français aujourd'hui conserveront et maintiendront leur indépendance dans le choix de la constitution qu'ils se donneront; il s'agit donc de reconnaître ce qu'ils sont, et non ce qu'ils doivent être.

Les puissances par cet acte ne sanctionneront point telle forme de gouvernement; elles diront qu'il existe, et les peuples comme les rois n'en peuvent douter; mais ce ne sera pas l'ambassa-

nes idées que les Français en ont violemment séparées, se perd par l'imprudence de son courage. Il souffre plus que la mort, puisque les dernières paroles qu'on a recueillies de lui en expriment le désir, et personne ne peut désormais rien pour lui. Quelle amère pensée pour la nation qu'il a si bien servie, pour les amis qu'il a mérités!

deur que les rois enverront à la république française, qui décidera les peuples à se révolter contre eux; ont-ils besoin, pour ainsi dire, de la sanction même du trône, pour se décider à le renverser?

En restant toujours étrangers aux troubles de l'empire voisin; en apaisant les discussions politiques par la cessation de tous les genres de lutte contre la république française; en ne rivalisant avec elle que par le bonheur et la justice, on peut isoler les peuples de cette révolution, dont il faut circonscrire l'expérience dans le sein de la France. Sans doute, une guerre heureuse n'était point soumise à ces considérations; des succès sont une idée simple, dont l'effet est presque général; mais ces revers multipliés, dont les esprits les plus exagérés ne peuvent espérer le terme que dans une longue persistance, useront l'Europe et l'Angleterre avant une année. Il est clair que la France maintenant veut poser elle-même une borne à ses conquêtes; mais si la paix n'est pas conclue cet hiver, il est impossible de prévoir au centre de quel empire les Français la refuseront l'année prochaine. Il y a trop d'opinion mêlée à cette guerre, pour que ses succès ou ses revers ne soient pas contagieux; ils sont tous entraînés l'un par l'autre, et dès que le découragement s'est emparé d'une cause, personne ne peut prévoir à quels maux il s'arrêtera. D'ailleurs les gouvernements perdent par la guerre tout ce qui serait à leur avantage dans la comparaison habituelle de l'état d'une nation organisée, avec une nation travaillée par les mouvements révolutionnaires : le numéraire opposé aux assignats, l'abondance à la disette, la liberté et la sécurité de toutes les actions de la vie aux lois arbitraires et tyranniques que la crise de la France a fait naître, les ménagements de tout genre auxquels sont nécessairement astreints les gouvernements dirigés par un seul ou par le petit nombre, en contraste avec la violence d'un état de choses qui ne se soutient que par le fanatisme, et pèse sur les individus du poids de toute la masse. Mais le recrutement, les impôts, les mesures enfin qu'exige la guerre, ne permettent pas aux peuples de juger tranquillement les bienheureuses différences; ils souffrent, et, sans balancer les malheurs contraires, leur pensée se tourne alors vers les Français, vers une situation opposée à la leur, quoique mille fois plus terrible encore. Les pays neutres sont tous éloignés d'imiter l'exemple de la France[1]; le Danemark,

[1] M. de Bernstorff a acquis la plus grande et la plus désirable considération en Europe. La Suède doit sa tranquillité au système de neutralité adopté par la sagesse du régent; et

la Suède et la Suisse sont les plus heureux états de l'Europe ; à la paix, tous les gouvernements rentreraient dans la situation de ces trois puissances, et pourraient s'attacher leurs peuples par les mêmes moyens. Les insurrections contre les gouvernements établis commencent toujours par la résistance aux demandes d'hommes ou d'argent, dont la guerre impose la nécessité. Si le roi de France n'avait point eu dans ses finances un désordre qui le forçât de solliciter des secours de sa nation, la révolution eût peut-être été retardée d'un siècle. La force d'inertie est le plus puissant moyen des sujets contre les gouvernements.

Mais quand la paix aurait permis d'alléger les impôts, au lieu d'en exiger de nouveaux ; quand il n'existerait aucun motif populaire de mécontentement ; quand l'insurrection serait, pour ainsi dire, tout entière de la création des conjurés, rien ne serait plus facile que d'étouffer un mouvement sans cause et sans moyens réels. Le gouvernement qui peut le prévoir est presque toujours à temps de l'empêcher ; mais qui oserait répondre des événements de la guerre et de leur effet ? Comme tout est inattendu dans une situation si violente, rien ne peut se calculer dans les ressources qu'il faut lui opposer. On a peur de la contagion des principes français, insinuée par les journaux, par les voyageurs, et l'on n'est pas effrayé de l'impétueuse doctrine des triomphes ! La classe du peuple n'est presque jamais remuée que par des circonstances éclatantes ; la plupart des nouvelles étrangères ne lui parviennent point dans un temps de calme, et rien n'est plus aisé que de l'en distraire : mais les villes prises, les batailles gagnées troublent les paysans jusque dans leurs chaumières ; ils se mêlent avec les armées françaises, et dix ans de cet esprit propagandiste, dont l'arme métaphysique a tant épouvanté les puissances, ne sont pas redoutables comme un jour d'assaut et des cris de victoire.

La valeur et l'énergie que les Français ont montrées dans cette guerre relèvent leur caractère aux yeux de toutes les nations : s'ils n'avaient offert en spectacle que leurs débats intérieurs, s'ils n'avaient fait que répandre sur les échafauds le sang des innocents, des femmes, des vieillards et des enfants, ils seraient tombés dans le dernier degré de l'avilissement du crime ; mais de si grands efforts de courage ont changé le mépris en terreur ; et chaque jour, en renouvelant les triomphes des Français,

donne parmi les esprits faibles, parmi la plupart des hommes, un nouvel ascendant à leurs opinions. Enfin, si à la paix les Français ne peuvent pas, ne savent pas fonder leur république sur de véritables bases sociales, les convulsions dont ils seront déchirés inspireront de l'horreur pour leur situation ; et comme tout tend au repos dans la nature, après une guerre civile, après de longs malheurs qui détourneront toujours plus les peuples voisins d'un si funeste exemple, l'impossibilité de la république ramènera les Français à leur premier vœu, à la monarchie limitée. Si au contraire le parti des modérés triomphe, s'il est possible qu'on trouve dans la constitution de l'Amérique une forme de république véritablement applicable, les principes de justice universelle, les vertus plus austères d'une république s'établiront en France ; et les gouvernements resteront en paix auprès d'un voisin qui n'aura plus ni royauté, ni féodalité, mais qui sera délivré de ce système anarchique, seul fatal à la véritable tranquillité de l'Europe.

Toutes les passions qui nuisent à l'établissement d'un gouvernement quelconque, servent aux Français de moyens pendant la guerre : la raison et la vertu doivent plier les voiles pendant cet orage. Attendez et laissez passer ; maintenez-vous dans vos foyers, respectez l'humanité, conservez la religion ; que tout soit chez vous en contraste avec les Français, vous ne pouvez jamais les vaincre avec des armes semblables aux leurs ; celles dont ils se servent sont forgées dans l'enfer d'une révolution, et les malheurs et les crimes même en ont acéré la trempe.

Mais qui nous répondra, dira-t-on, que la France ne recommencera pas la guerre le lendemain de la paix ? Le licenciement de l'armée, les objets d'ambition ou d'agitation intérieure qui vont occuper tous les individus qui la composent, l'épuisement de toutes les ressources naturelles, et l'impossibilité de faire renaître, alors qu'aucune crainte ne l'excite, le fanatisme qui porte à braver tous les genres de fléaux et de misères ; enfin l'inquiétude même qui se porte sur la durée de la paix, est une nouvelle preuve de sa nécessité, et le danger de l'Europe est tel qu'il ne lui reste plus que la probabilité pour ressource.

La dernière, la plus importante de toutes les questions, c'est de savoir si les Français voudraient la paix, s'il existe un moyen de les y décider. Il me semble qu'on peut croire que le parti modéré, qui depuis quelque temps domine dans la convention, est fort approché des idées de paix, et il n'est pas difficile de démontrer qu'il ne peut se main-

la Suisse, environnée de toutes parts par les désastres de la révolution et de la guerre, jouit d'une paix profonde à travers tant de dangers.

tenir que par elle. Il faut, si cela est nécessaire, donner de mille manières différentes à la France la certitude que les puissances désirent la paix, qu'elles sont disposées à reconnaître la république, et ne veulent plus attenter en aucune manière à l'intégrité de son territoire; on affaiblirait entièrement par là l'enthousiasme des Français pour une guerre dont, en ne voyant plus le but, ils ne sentiraient que les maux. Le ressort de l'indignation et de la crainte serait détruit, et l'armée sentirait bientôt que la convention ne voudrait la guerre que pour faire périr un plus grand nombre d'hommes, et reculer le terme des promesses de bonheur, de repos et de liberté, tant de fois répétées aux malheureux Français qui s'immolent pour leur patrie.

Enfin, et M. Pitt le sait peut-être mieux que personne, il existe depuis deux mois beaucoup de moyens de terminer la guerre; non, si l'on parle d'indemnisation de ses frais, si l'on veut obtenir des revers les mêmes résultats que des triomphes, si les rivalités avec la France, les vieux calculs d'une ancienne politique servent encore de guide dans le nouveau monde où nous avons été transportés depuis cinq ans : mais elle est possible, elle se conclura cette paix tant désirée, si l'on cesse de disputer le terrain que le volcan menace d'engloutir, si l'Angleterre considère le danger de l'Europe comme sa propre cause, et perd l'espoir insensé de rester debout sur les ruines de l'ordre social.

La coalition fatiguée n'est soutenue que par les subsides de l'Angleterre; les impôts sont portés à l'excès; les fonds baissent; l'Amérique s'enrichit déjà des pertes de l'ancien monde; la prospérité de l'Angleterre, chef-d'œuvre de son gouvernement et de son commerce, ne pourrait résister à des troubles intérieurs : les revers de la guerre usent l'enthousiasme national. La guerre excite les Français à vouloir ébranler la base de tous les gouvernements par cet esprit sectaire, par cette fureur politique qui a pour but l'espoir présent de toutes les jouissances de ce monde ; les préjugés sont renversés, les principes sont isolés de tous ces sentiments d'habitude et de religion qui se plaçaient en avant d'eux pour leur servir de remparts.

La paix n'est-elle donc pas nécessaire pour arrêter tant de fermentations? Loin de prolonger les troubles de la France, est-il un pays plus intéressé que l'Angleterre à les calmer? et son gouvernement n'a-t-il pas aussi besoin de la paix pour faire ressortir tous les biens qui sont dus au maintien de

l'ordre et de la justice? M. Pitt ignorerait-il seul les dangers qu'il fait courir à l'Angleterre? ne voit-il pas combien tous les ressorts du gouvernement sont tendus? n'est-il pas effrayé de ses richesses mêmes qui ne sont accrues que par la ruine de ses alliés? ne sent-il pas trembler sous ses pas cette terre si cultivée? L'opinion publique, formée par tous les propriétaires qui se sont ralliés autour de M. Pitt, ne doit pas servir à l'égarer ; il sait bien qu'il éprouve la réaction du mouvement qu'il a donné, que c'est en persuadant aux propriétaires, que la guerre seule pouvait défendre la nation de la contagion des principes français, qu'il s'est entouré de partisans de la guerre ; mais ces mêmes hommes, uniquement attachés au succès, approuveront ou blâmeront selon l'issue des efforts. Ce n'est pas M. Pitt qui croit avec le conseil de Coblentz que la dangereuse et vaine bravade de la reconnaissance du régent aurait un autre effet en France que de fournir un sujet de comédie, ou le refrain d'une chanson. Ce n'est pas M. Pitt qui peut voir dans un emprunt, dans une nouvelle levée d'hommes, une ressource suffisante : loin d'opposer une digue au torrent, ce serait placer plus près de son cours les richesses de tout genre qu'il doit encore dévaster. Quel motif donc éloigne M. Pitt de consentir à la paix? Est-ce parce qu'il est peut-être difficile qu'il soit chargé de la conclure, et que, honorablement proscrit par les Français, il doit remettre à d'autres mains le soin de cette bienfaisante négociation? Faut-il que son caractère permette un tel soupçon? n'est-il plus d'Angleterre, si M. Pitt n'en est pas le ministre? prétend-il à la gloire de celui qui s'ensevelit sous les ruines du temple qu'il avait renversé de sa propre main?

C'est M. Pitt que les Français accusent de la guerre, c'est pour lui seul à présent que les Anglais la soutiennent : on pourrait s'arrêter à reprocher les fautes sans nombre que M. Pitt a commises dans la direction de cette même guerre; mais c'est la paix qu'il faut lui demander, ou plutôt c'est à la nation à juger s'il lui convient mieux de supporter tous les malheurs qui la menacent, que de se confier à l'homme qui, dans ces temps de crise, a contenu l'opposition dans les bornes de la constitution, à celui qui est resté fidèle à son opinion alors qu'elle éloignait de lui la popularité comme le pouvoir. La guerre maintient M. Pitt dans le ministère; la paix y rappellerait M. Fox : voilà la véritable alternative qu'il faut présenter aux Anglais; il n'en est point d'autre à craindre : elle seule épouvante M. Pitt; est-ce à la nation à penser comme lui? Ce n'est plus une guerre où l'erreur d'un ministre peut être payée par la génération qui l'a vue naître; il y va de l'existence même de cette Angleterre, la gloire du monde et de la liberté. — Ombre de milord Chatham, apparaissez à votre fils, éclairez-le par votre génie, ou du fond de la tombe redemandez-lui votre nom !

••••••••••••

SECONDE PARTIE.

RÉFLEXIONS ADRESSÉES AUX FRANÇAIS.

Si la France doit désirer la paix.

Pendant le règne de Robespierre, pendant le culte de la terreur et l'empire de l'échafaud, on détournait ses regards de la France; tous ces esclaves de la mort, repoussant les ennemis pour obéir à leur tyran, bravant les étrangers pour échapper aux bourreaux, intrépides par désespoir, calmes par abattement, n'inspiraient que de l'horreur pour la nation et pour la liberté, dont l'étendard, souillé de sang, ne pouvait plus se reconnaître. L'énergie que la convention a montrée dans l'accusation de Robespierre, les idées de justice qui succèdent à ces exécrables massacres, le besoin que le peuple a témoigné de rejeter tous les crimes commis sur l'infâme nom de Robespierre, raniment au moins les vœux des amis de la France et de la liberté. Toutes les deux seraient perdues, tant de biens et tant de vertus attachés à leurs noms ne retraceraient plus désormais que des fléaux et des crimes? Non, l'on ne peut encore se résoudre à le penser.

Pardonnez, victimes innocentes; pardonnez, vous qui pleurez la perte de tout ce qui vous fut cher, vous pour qui le temps n'a plus d'avenir, et qui ne pouvez plus contempler dans la France que le vaste tombeau de vos amis; pardonnez à ceux qui vivent, à ceux qui ont sauvé de la fureur révolutionnaire les premiers objets de leur affection, d'essayer de se rattacher à leur malheureuse patrie, et de former encore des vœux, quand pour vous il n'est plus que des regrets. Il y a dans la révolution de France des principes de vie et de destruction, des pensées régénératrices et des systèmes désorganisateurs. Le siècle est grand, les hommes sont corrompus, et les spectateurs qui veulent se livrer à un sentiment décidé, sont nécessairement injustes. Les uns excusent des crimes qui font frémir l'humanité, les autres repoussent des idées dont l'équité est évidente. Qu'ils seront dignes de gloire ceux qui prononceront l'époque actuelle en faveur de l'ordre et de la vertu, et nous sauveront de tous les extrêmes renaissants les uns des autres !

Serait-il difficile de prouver à la fois que la paix est l'intérêt de la France comme celui des puissances? Il y a assez d'espace dans un tel bien, pour que les adversaires puissent également y trouver leur avantage. Je ne considère dans la France que le parti modéré; l'autre, n'ayant pour but que la destruction de la France, doit être compté parmi ses ennemis. La continuation de la guerre sert les projets des anarchistes; les motions impétueuses, les conseils atroces, les mesures violentes, tout ce qui désorganise un état, est confondu par le peuple avec l'esprit militaire; ce qu'il y a de dangereux, d'inattendu dans les vicissitudes de la guerre, semble affranchir du joug réglé des lois; et ces factieux, qui ne repoussent, qui ne partagent aucun des dangers de la patrie, semblent, par leur agitation stationnaire, s'associer aux succès mêmes des armées. Le peuple ne peut être parfaitement rassuré sur son indépendance qu'à la paix.

Tant que des inquiétudes pourront lui rester à cet égard, les conspirations, les rassemblements d'aristocrates, toutes ces terreurs qu'on devrait réserver pour les contes destinés à frapper l'imagination des enfants, pourront être renouvelées. Les revers possibles, les fléaux certains d'une longue guerre, ne ramènent point la multitude aux amis de la paix : c'est une observation à faire sur l'esprit du peuple, que les factieux s'emparent beaucoup plus aisément de lui quand il souffre. Le raisonnement devrait le conduire à revenir aux idées sages, dont l'oubli l'a rendu malheureux; et par un effet contraire, la douleur même, causée par les mesures violentes qu'il a prises, le porte à en désirer de plus violentes encore. C'est dans un moment de trève qu'on peut lui faire aimer la paix; c'est dans un instant de relâche qu'il apprend à souhaiter le repos; enfin, pour que le parti des modérés, des amis d'un gouvernement libre, conserve son influence, il faut qu'il signale l'époque de son pouvoir par des droits particuliers à la reconnaissance publique.

On est blasé sur les succès de la guerre; Robespierre lui-même peut en réclamer quelque honneur. On n'ira pas plus loin dans la carrière de la popularité; que dis-je? le crime même est épuisé, et la puissance de la mort s'est presque anéantie devant le courage de ses victimes; ce n'est donc que par la justice et la paix, que par des biens réels, substitués à tous les prestiges de la fureur et de l'enthousiasme, qu'on peut espérer d'acquérir et de conserver une nouvelle influence sur les Français. Il y a trop d'évidence dans ces réflexions, pour qu'il fût même besoin de les énoncer, si deux objections fortes ne restaient pas à résoudre, l'effet du retour et du licenciement des armées françaises, l'inquiétude des révolutionnaires de la convention sur leur existence après la paix. Il faut approcher ouvertement de ces deux grandes questions.

On peut, par des paix partielles, parvenir à licencier successivement les armées. Celles qui resteront serviront d'abord à contenir celles que l'on renverra; et comme les individus qui les composent, appartiennent à tous les départements de la France, en se répandant sur sa surface, ils ne formeront point de rassemblements redoutables. Si la paix générale et le renvoi de toutes les troupes s'exécutaient en un jour, peut-être serait-ce une commotion dangereuse; mais quelques gradations observées, quelques mois écoulés, atténueront cet événement, et fondront nécessairement les soldats parmi les citoyens. D'ailleurs, le parti modéré doit s'emparer de l'ascendant sur l'armée, en lui faisant sentir une vérité bien frappante : c'est qu'on ne peut continuer la guerre à présent que dans l'intention de faire tuer les soldats, dont le retour dans leurs foyers inquiète les diverses factions qui se combattent à Paris.

Les armées doivent être nécessairement opposées aux jacobins; la bravoure exclut la férocité; le sincère amour d'un gouvernement libre appartient à ceux qui ont fait de vrais efforts pour l'obtenir; et les guerriers victorieux, après de si pénibles campagnes, sont les amis éclairés d'une paix honorable. Il est certain qu'avec la simple adresse que permet la vérité, les soldats, redevenus citoyens, doivent soutenir le parti modéré; il est le seul qui veuille une constitution; il est donc le seul qui leur propose une garantie pour les récompenses qui leur sont promises, et les jouissances qu'ils en espèrent.

En se hâtant d'encourager l'agriculture, de rendre la liberté au commerce, d'établir de grands et utiles travaux publics, on peut offrir dès à présent des occupations de tout genre à l'armée licenciée; et comme, par une suite de l'esprit révolutionnaire déjà observé, aucun homme n'a pris sur les soldats un ascendant personnel, la force armée est un pouvoir plus facile à disséminer en France que dans un pays où les troupes se rallieraient aux noms de leurs chefs.

Il faut aussi opposer à l'inquiétude que peut donner le licenciement des armées, la certitude des malheurs qu'entraînerait la durée de la guerre; l'Europe entière bouleversée prolongera le désordre intérieur de la France; les factions de l'Allemagne, de la Hollande démocratisées, se feront sentir jusqu'à Paris, et jamais aucun gouvernement ne pourra s'y établir; il faudra des siècles pour que les empires de l'Europe cessent de se bouleverser l'un par l'autre, et peut-être cette partie du monde dévastée ne présentera-t-elle un jour que les déserts de l'Afrique, ou l'avilissement de l'Asie.

Il est d'ailleurs une observation plus immédiate : la France n'a point d'intérêt à aguerrir les nations voisines, à les rendre belliqueuses comme elle, en y portant le même esprit. Ce qui fait son grand avantage dans cette guerre, c'est qu'elle oppose toute sa milice aux troupes réglées des autres pays; si elle y introduit une révolution semblable à la sienne, loin d'être assurée d'un grand avantage dans toutes les guerres, elle se trouvera avec ses voisins dans les mêmes relations de forces, dont ses nouveaux moyens de recrutement l'avaient absolument fait sortir. Enfin les chances innombrables de la guerre peuvent convenir à ceux qui n'espèrent leur salut que de l'un des jeux du hasard; mais lorsqu'on veut fonder son existence et le gouvernement de son pays sur une base stable, tous les événements extraordinaires sont contre soi.

La pensée personnelle dont on peut redouter l'effet sur les députés de la convention qui ont embrassé le parti de l'humanité en France, c'est la crainte de ne pouvoir exister comme particuliers après les actions de tout genre auxquelles ils se sont condamnés, et cependant la nécessité reconnue de renouveler à la paix la représentation nationale. D'abord il est impossible que ces députés, en perpétuant la guerre, et par elle la révolution, résistent à tous les chocs qu'elle fera naître; et quand les plus marquants devraient chercher à la paix une existence paisible et sûre en Amérique, ce serait bien peu comparable au danger, au tourment de craindre sans cesse pour sa propre vie dans un pays où le gouvernement qu'on dirige momentanément, menace par sa nature même la sûreté individuelle de ceux qui commandent, comme de ceux qui obéissent. Mais les députés actuels n'auront pas même besoin d'adopter ce calcul, qu'ils élèveraient au rang du sacrifice.

Le nom de Robespierre a concentré la haine que l'on doit aux crimes qui se sont commis en France, ceux qui l'ont renversé et qui depuis sa mort ont proclamé des idées de justice et d'humanité, pourraient effacer dans le souvenir des victimes qu'ils ont sauvées, même des crimes antérieurs et plus obscurs que leurs services. Le poids des malheurs actuels est si grand, la terreur qu'ils inspirent est si universelle, qu'un champ immense est ouvert aux bienfaits réparateurs.

Chaque jour qui se passe sans qu'on immole ce que vous avez de plus cher, sans qu'on vous arrache votre fortune, votre liberté, votre vie, vous émeut comme un bonheur inattendu. Depuis le règne de Robespierre il semble qu'on vous donne tout ce qu'on vous laisse, et la reconnaissance se proportionne à l'effroi. Le malheur a dépassé jusqu'à la vengeance, et les âmes sont trop affaissées pour en sentir le besoin. Une réflexion d'ailleurs arrêterait la plupart des Français qui pourraient en retrouver la force; c'est qu'il n'est personne qui ne doive considérer les chefs du parti modéré comme ses libérateurs. La postérité aura de la peine à concevoir ce que c'est qu'une nation tout entière menacée de l'échafaud; eh bien, c'est le spectacle qu'a présenté la France; il n'en est pas un individu qui ne pût se croire exposé au supplice, et le ressort du gouvernement de Robespierre et de ses adhérents était ce sentiment de terreur, qui pesait sur les assassins comme sur les assassinés. O temps effroyable, dont les siècles pourront à peine affaiblir la trace, temps qui n'appartiendra jamais assez au passé!

Pour qui a vécu contemporain de Robespierre, il n'est plus de sujets de haine; les crimes mêmes disparaissent devant ce colosse de l'enfer, et les députés qui peuvent se glorifier d'avoir hâté sa chute et celle de son système, doivent compter sur la grandeur de la circonstance pour absorber les souvenirs qu'ils redoutent. Les victimes sont indulgentes pour tous les repentirs; la puissance permet de tout réparer, et dans les troubles civils il n'est pour les heureux de juge inflexible que leur conscience.

Enfin, dans ces nouveaux bienfaits, il ne s'agit encore que de la cessation des assassinats; cette révolution semble avoir appris à regarder comme le chef-d'œuvre du gouvernement l'art de préserver les hommes de la hache de l'assassin; et c'est pour d'autres biens cependant que l'ordre social a existé, c'est pour un autre but qu'on a tant parlé de la nécessité de le perfectionner. Ceux qui donneront une constitution juste, libre et durable à la France, la rappelleront avec tant d'éclat du tombeau de l'anarchie, que pour eux il n'existera plus que l'avenir.

Il faut encore diriger contre une faction criminelle ces armes révolutionnaires, cette puissance de terreur qu'elle seule a créée, qu'elle seule rend nécessaire, et qui doit s'anéantir en la terrassant. Que ces hommes autrefois conjurés conspirent contre le crime, et se rappellent encore un jour leurs talents funestes, pour exalter les esprits contre ces jacobins, l'effroi de la nature morale dont ils étouffent la voix. La France alors sera plus disposée qu'aucun pays de l'univers à recevoir une constitution où l'on n'aura pour problème à résoudre que la conciliation de ce qui est possible avec ce qui est désirable. La grande leçon du malheur a usé toutes les résistances des préjugés; les peines factices sont détruites; qui oserait prostituer le nom de la douleur, après ce que nous avons souffert?

Dans le comble de l'infortune il n'y a place que pour le vrai; toute erreur est possible après avoir senti tout le poids de tant de certitudes. On ne demande plus au gouvernement que l'objet de tous les gouvernements, la sûreté des propriétés et des personnes; et les partisans de la monarchie limitée, les seuls qui hors de France puissent être écoutés en France, ne font point de la royauté une religion, mais un principe, ne la soutiennent qu'au nom de l'intérêt général, et ne combattent la république qu'en cherchant à démontrer l'impossibilité de la fonder, et de la maintenir par la justice et la liberté. Il succède aux orages de toutes les passions un moment où l'âme fatiguée, où l'existence brisée ne peuvent se rattacher qu'à des idées purement raisonnables. La révolution de France a parcouru tant de périodes en peu de temps, elle a si promptement atteint les extrêmes, qu'il n'y a déjà plus pour ce peuple rien de nouveau sous le soleil que la justice et la vertu. Gloire à celui qui saisira l'instant où à leur tour elles auront leur enthousiasme, pour fonder un véritable gouvernement, et en resserrer tous les liens! Plus de sang innocent, plus de maximes de barbarie, plus d'indifférence pour les malheurs particuliers, multipliés à un tel excès, qu'on pourrait se demander si ce qu'ils appelaient le bonheur général ne se composait pas de l'infortune de tous les individus.

Vous, Français, vous qui repoussez l'Europe entière, vous qui êtes triomphants! n'est-ce pas à vous qu'il doit moins en coûter pour calmer vos fureurs vengeresses? Donnez, demandez, s'il le faut, la paix à l'Europe; elle vous est plus nécessaire qu'à vos ennemis; car c'est à elle qu'est attachée cette liberté, qui peut seule plaider efficacement pour vous au tribunal des siècles. Si vous n'atteigniez pas le but; s'il ne vous restait que l'horreur des moyens, aucune nation ne serait plus déshonorée, et vos victoires se confondant avec vos carnages, ne laisseraient plus dans votre histoire que les annales de la mort. Seriez-vous avides de nouveaux succès? quel obstacle vous oppose-t-on? Vous avancez, au lieu de vaincre; tout vous cède, hors l'immuable nature des choses qui ne vous permet pas de fonder un gouvernement sur des principes désorganisateurs. Vous conquérez tout, hors l'estime indépendante des esprits justes et des âmes courageuses; mais ce sont les seuls suffrages dignes par leur impartialité d'être considérés comme la postérité contemporaine des événements que l'esprit de parti, ou l'ascendant des succès pourrait altérer.

Cette France si étendue, si puissante, si favorisée de tous les dons de la nature, semble tenir dans les empires le même rang que les rois parmi les hommes; comme eux elle peut réparer le passé par l'active séduction du présent; comme eux elle rattache à sa destinée par tous les genres de biens qu'elle peut offrir; comme eux enfin elle trouve dans tous les cœurs le besoin de rejeter ses crimes sur ceux qui l'ont dirigée, et de lui attribuer avidement ses premiers efforts, ses premiers pas vers la justice et l'humanité. Combien les étrangers n'ont-ils pas éprouvé promptement le besoin de s'y confier! Vous, hommes honnêtes de la France, hommes devenus tels, soyez encouragés dans votre lutte par cet assentiment universel. Les événements se pressent, le temps se resserre; c'est demain, c'est aujourd'hui que vous recueillerez le prix de vos efforts. Vous n'avez pas besoin de cet élan de la pensée qui fait chercher la gloire au delà du trépas; celle qui vous est offerte est présente, actuelle; c'est d'elle-même que dépendent la sûreté, le repos, tous les genres de biens qu'il fallait autrefois sacrifier pour obtenir les palmes de l'immortalité; mais si vous les méritez en donnant à votre pays une constitution heureuse et libre, alors ne souffrez pas que l'Europe soit couverte de cette foule de compatriotes errants, ruinés, proscrits, réduits au dernier degré de l'infortune.

Les puissances, on l'a vu, ne sont pas redoutables; le lien politique qui les unit se dénoue, se contrarie, et ne peut résister à l'étroite fédération du fanatisme; mais les ressources du désespoir sont incalculables, et doivent être redoutées par tous les gouvernements, par tous les individus qui les composent. Ce spectacle de malheur au dehors de la France entretiendra de la fermentation dans son sein.

Le règne de Louis XIV a supporté l'émigration causée par la révocation de l'édit de Nantes, parce que les hommes qui s'y sont soumis avaient une manière d'exister hors de France qui les rendait moins ardents à la recherche des moyens d'y rentrer, parce que le gouvernement était tellement stable, et l'esprit d'insurrection si étranger au siècle, que les malheureux n'avaient point d'alliés parmi les mécontents; mais il est impossible que la république de France, quand elle s'établirait, eût de longtemps cette sorte de calme. Il est tant de classes parmi les émigrés! Le petit nombre, coupable envers leur patrie, la foule, absurde dans le sens même de ses propres intérêts[1], les femmes, qui ont toujours le droit de céder à la terreur, ceux enfin qui, d'abord amis de la liberté, n'ont fui que l'empire du crime et se sont dérobés à une mort certaine, sous un gouvernement que vous reconnaissez vous-mêmes pour tyrannique.

Quand il n'y a plus de lois, peut-il exister des devoirs? Et qu'on n'objecte pas la difficulté des exceptions, le peu d'inconvénients qui existe pour un grand état dans le sacrifice de quelques milliers de ses anciens habitants : ce mépris de la morale et de l'humanité serait également impolitique. Il n'y a point de base certaine pour un gouvernement qui consacre une injustice; elles s'appuient toutes l'une sur l'autre; toutes les exceptions, toutes les violations de la loi peuvent dater d'un seul exemple; et la nature même du gouvernement qu'on veut établir en France est celle qui souffre le moins ce genre de modification des principes.

Le pouvoir d'un homme, entièrement dépendant des circonstances, peut comme lui se prêter aux événements de tous les jours; mais si l'on parvient à gouverner seulement par la loi, il faudra que son application soit évidente : comment ferait-on entendre que l'équité des jugements criminels, la sûreté des propriétés légitimes, la liberté de faire tout ce qui n'est pas contraire aux lois, sont les principes fondamentaux d'une république, quand on proscrira, quand on bannira de son sein les Français qui ne l'ont quittée que pour se soustraire à la violation la plus barbare de ces droits sacrés de l'homme? Ceux qui reconnaissent pour guide la vertu, le sentiment, qui n'en est qu'un instinct plus rapide, ne seront point convaincus par ces raisons d'état que les révolutionnaires, peuples ou rois, n'ont cessé de donner

[1] Voyez entre autres les ouvrages de M. d'Entraigue et de M. Ferrand.

pour excuse des injustices. Sans doute le spectacle du malheur trouble et déchire les cœurs capables de compassion; mais si l'on croit élever son
esprit en le séparant de son âme, s'il faut, pour
ainsi dire, extraire le raisonnement de la conviction intime de tout son être, il est aisé de rattacher les grands principes de justice à l'intérêt public, que dans la gradation actuelle on place au
plus haut rang des motifs de décision des hommes.

France, terre souillée de sang et de crimes, que
l'Europe pensante tarde depuis longtemps à maudire, si ce dernier délai ne servait enfin qu'au
triomphe de l'injustice, la honte de ta destinée retomberait sur nous tous, qui pouvons espérer encore d'un pays où le crime a régné, où l'innocence
a péri, et dont le peuple a prodigué le mépris au
malheur, et l'insulte au courage.

••••••••••••

RÉFLEXIONS

SUR

LA PAIX INTÉRIEURE.

1795.

———••••———

C'est un projet presque puéril, aux yeux des
politiques profonds, qu'une réunion quelconque
entre les partis différents. Tous les livres, tous
les discours se terminent par une invitation à la
concorde, que l'on est à peu près convenu de considérer comme une formule d'usage; et le seul effet de cet avant-coureur de la péroraison, est le
plaisir qu'éprouvent les lecteurs en prévoyant à
ce signal la fin prochaine de l'ouvrage. Je crois cependant découvrir un nouvel intérêt dans des
idées trop délaissées : il n'en est point qui ne réveillent des sentiments profondément gravés par
notre fatale expérience : les Français rapprennent
toutes les pensées, elles ont reçu le sceau du malheur; et c'est avec une sorte d'enthousiasme qu'on
dit ce qui a toujours été vrai, tant on se trouve
heureux de revenir à le croire et de pouvoir
l'exprimer.

Dans une réfutation, venue d'Angleterre, des
Réflexions sur la paix adressées à M. Pitt, il a été
prononcé que l'Europe ferait la paix si la France
renonçait à ses conquêtes : heureuse déclaration,
si elle offre sincèrement un terme à l'horrible fléau
de la guerre! Mais quelle barrière sépare les partis

opposés qui déchirent la France? Quelle conquête
doivent-ils se céder pour se réunir? La liberté ne
saurait être sacrifiée : ce n'est pas même à son espoir que les Français peuvent renoncer : les armées victorieuses ont dû leur gloire à ce sentiment; et si l'on veut trouver quelque grandeur
parmi les troubles qui ont déchiré la France, si
l'on veut chercher une idée constante au milieu
des orages, découvrir à travers le sang et les ruines un but qui nous relève et ressorte du moins à
la distance des siècles, c'est cette volonté d'être
libres, sans doute honteusement défigurée, mais
dont la tyrannie la plus atroce eut encore besoin
de s'appuyer.

Quoi! me dira-t-on, ne reconnaissez-vous pas au
contraire le penchant à l'esclavage dans cet asservissement muet aux factions les plus barbares?
Je reconnais une classe du peuple, agissant toujours par impulsion, dont les mouvements ne peuvent être dirigés et qui n'avance qu'en se précipitant : cette classe s'était emparée d'une idée
propagée par les hommes éclairés; elle conduisit
ce qu'elle devait suivre, et sut se créer un chef
dont la bassesse faisait la force, que l'exercice d'une
qualité généreuse aurait renversé, qu'un avantage,
même extérieur, aurait rendu suspect, et qui, ne
possédant rien de ce qui peut présager l'ascendant
sur les autres hommes, puisait dans le système
d'une grossière égalité tous ses moyens de tyrannie; mais cette inconséquence même est une preuve
de la puissance que de certains mots ont acquise
sur le peuple [1].

[1] C'est un phénomène curieux pour l'Europe que l'ascendant de Robespierre; ou veut expliquer son caractère par des
talents distingués, au moins dans le genre de la scélératesse,
et l'une de ses victimes, l'auteur des Mémoires d'un détenu,
est le premier qui l'ait peint, même après sa mort, sans que
la terreur se mêlât encore à la haine pour le grandir à nos
yeux.
Il faut qu'un jour l'histoire détaillée de cet homme soit
soumise à l'examen des moralistes; on y verra que, régnant
de par la dernière classe de la société, c'étaient les passions
viles et les opinions absurdes qui valaient à lui et à ses complices cette sorte de popularité qui naît de la ressemblance
que la populace se trouvait avec eux, et non de leur supériorité sur elle. On y verra que la secte démagogique existait
très-indépendamment de Robespierre; que plusieurs de ses
collègues auraient joué son rôle; que de certains signes, de
certains tics qu'on a examinés en lui, lui sont communs avec
tous les hommes de ces temps-là : ce tressaillement de nerfs,
ces convulsions dans les mains, ces mouvements de tigre
dans la manière de s'agiter à la tribune, de se porter à droite
et à gauche comme les animaux dans leur cage, tous ces détails curieux qui montrent le passage de la nature humaine
à celle des bêtes féroces, sont absolument pareils dans la
plupart des hommes cités pour leur cruauté. Quand Robespierre a voulu se séparer de ses semblables, se faire un sort
à lui, il a été perdu; il n'avait point de force personnelle,
il ne dominait qu'en se mettant en avant de tous les crimes,
résultats de l'impulsion atroce donnée depuis le 2 septembre.

Les hommes ignorants veulent être libres ; les esprits éclairés savent seuls comment on peut l'être.

Des sentiments divers concourent, par des motifs différents, à la volonté générale d'établir la liberté en France. La haine du despotisme, l'enthousiasme de la république, la crainte des vengeances et l'ambition des talents font prononcer les mêmes vœux. C'est donc au nom de cette liberté qu'il est possible de réunir le plus grand nombre de Français. Quelques-uns y restent encore opposés, et rattachant dans leur esprit tous les malheurs de la révolution à l'oubli des préjugés, ils tracent à la pensée une route superstitieuse tout à fait indigne d'elle. Cette doctrine de la royauté illimitée est tellement absurde, que ceux même dont elle est le but ne la développent jamais qu'avec des restrictions illusoires dans le fait, mais qui rendent hommage à la vérité par l'effroi même des sophismes.

La faction qui soutient le pouvoir absolu est totalement en dehors de la nation française. Ce sont des étrangers, en effet, que ceux qui s'unissent aux Anglais pour porter les armes contre leur patrie. Ce sont des étrangers que ces Vendéens qui se séparent de toutes les opinions, de tous les intérêts de la France : ils sont étrangers, qu'ils soient combattus, et traités comme tels [1].

A l'autre extrême, on voit les partisans de la tyrannie démagogique, sectaires féroces ou brigands hypocrites, destructeurs de l'ordre social, ennemis personnels de la majorité des êtres; ils conçoivent dans leur plan la dépopulation du monde, la dégradation de ce qui resterait de l'espèce humaine, et n'admettent que le crime pour se racheter de la mort.

[1] La loi qui condamne à mort les prisonniers émigrés me semble tout à la fois ce qu'il y a de plus inhumain et de plus impolitique : je demande pardon d'expliquer l'un et l'autre. Certainement il est criminel de combattre avec les étrangers contre son pays : les émigrés armés contre la France ont fait à leur patrie, à leurs parents, à eux-mêmes un mal incalculable, et leur bannissement en dut être la peine; mais il est impossible de condamner à la mort, sans exception, une foule d'individus, quels qu'ils soient, entraînés par l'esprit de parti, par la seule passion dont un honnête homme même ne puisse pas se répondre.

Jamais il ne faut croire à quinze cents hommes coupables; il n'y a aucun motif pour lequel on puisse envoyer quinze cents hommes à l'échafaud; et si l'on rassemblait dans le même lieu quinze cents terroristes, quoique les crimes moraux fassent beaucoup plus d'horreur que les délits politiques, il faudrait encore frémir à l'idée de voir fusiller quinze cents terroristes. Rien n'est si impolitique que de placer ses ennemis dans une situation qui double leurs forces. Un homme sans aucune ressource est nécessairement intrépide, et les émigrés de Quiberon auraient fait périr, avant de succomber, un grand nombre de républicains, s'ils ne s'étaient pas flattés, d'une manière quelconque, qu'en mettant bas les armes ils obtiendraient la vie. On dépraye la moralité des soldats,

Quelle réunion ne serait pas commandée, quel système de gouvernement, quelles opinions politiques ne doivent pas céder à ce danger universel ?

C'est autour de l'amour sacré de la liberté, de ce sentiment qui exige toutes les vertus, qui électrise toutes les âmes, quoiqu'il ne reste plus dans notre langue aucun mot sans tache pour l'exprimer; c'est autour de cette idée, sublime encore, parce qu'il n'est pas vrai qu'on en ait même approché, c'est à son véritable sens qu'il faut se rallier.

Voyons si les deux systèmes le plus généralement répandus en France, si les petits qui reconnaissent un même culte dans des rites différents, si les partisans d'une monarchie limitée, et ceux d'une république propriétaire, ne doivent pas se toucher par tous les points qui réunissent les hommes, leurs intérêts, leurs sentiments et leurs principes.

PREMIÈRE PARTIE.

DES ROYALISTES AMIS DE LA LIBERTÉ.

La plupart des esprits éclairés dont ce siècle s'honore avaient pensé qu'une monarchie limitée était le gouvernement qui convenait le mieux à la France : cette opinion avait pour elle l'autorité des Montesquieu, des Mirabeau, et d'une foule d'écrivains politiques, dont les réflexions étaient généralement adoptées. Il semblait donc naturel alors de suivre un système consacré par de si respectables méditations : il était commandé de considérer, quelle que fût son opinion, les circonstances dans lesquelles on se trouvait, et de ne vouloir que le gouvernement possible, de ne vouloir surtout que le gouvernement qui pouvait s'établir sans ef-

cette moralité qui se compose du courage et de l'humanité, lorsqu'on exige d'eux de tuer ailleurs que sur le champ de bataille, lorsqu'on leur fait braver le sentiment qu'inspirent à tous les guerriers courageux les ennemis désarmés. Enfin, l'on s'expose aux représailles; et si l'on me répond que jusqu'à ce jour aucun émigré n'a fait périr un prisonnier français, je demanderai quel sentiment éprouve celui qui par cette idée se rassure sans s'adoucir. La tyrannie de Robespierre avait fait périr et le père et le frère de ce jeune Sombreuil qu'on vient de fusiller à Quiberon. Ah! quoiqu'il fût rebelle, la patrie en deuil ne lui devait-elle pas la vie, pour racheter le sang des victimes innocentes qu'elle n'avait pu sauver! La vraie politique apprend aussi que la mort ne sert jamais qu'à détruire et non à consolider. On sait en France tout ce que peut la terreur; mais le pouvoir n'a point encore essayé des effets de la clémence. Ces nobles, qui se croient armés pour l'honneur, sont, comme tous les fanatiques, avides de persécutions, et la honte du pardon anéantirait bien mieux ce parti dans les véritables sources de l'opinion qu'il soutient, que l'éclat d'une mort qu'il considère comme un martyre.

fusion de sang. La nation n'aurait point adopté la république en 1789 ; le peuple a besoin de s'accoutumer aux idées nouvelles ; il faut qu'on fasse leur réputation auprès de lui, et c'est d'une habitude quelconque, et non de la réflexion, que naît l'empire d'une opinion sur la foule. La république était impossible en 1789, et lorsque le trône fut ébranlé, c'est à travers des massacres que les Montagnards précipitèrent sa chute ; et qui prévoyait le 2 septembre a dû s'opposer au 10 août. L'établissement d'une monarchie limitée était donc un système que la raison pouvait indiquer, et dont l'humanité faisait une loi à l'époque de la première révolution.

Examinons maintenant si l'abstraction du raisonnement permet d'adopter le gouvernement républicain, et si la position actuelle des affaires de la France ne l'exige pas impérieusement. Je renverserai l'ordre, et l'on en verra la raison : commençons par les motifs tirés des circonstances.

<hr/>

CHAPITRE PREMIER.

De l'influence des circonstances présentes sur l'idée d'un roi.

C'est beaucoup aujourd'hui pour la nature de la royauté que l'intérêt personnel et l'opinion du roi. Dans des temps ordinaires, il se peut que le gouvernement marche indépendamment de son chef apparent ; l'Angleterre, sous un ministère énergique, ne s'est pas ressentie de l'interrègne de pensée que la maladie du roi avait causé. Mais lorsqu'une révolution a renversé le trône, lorsque des partis acharnés déchirent un pays, l'autorité royale prend absolument le caractère de celui qui s'en saisit.

Hériter du trône, ou le reconquérir, sont deux actes extrêmement différents ; l'un est passif comme la loi, l'autre appartient à toutes les passions des hommes : Guillaume III était aussi nécessaire à la révolution de 1688 que ses successeurs le furent peu au maintien de la constitution établie par cette révolution.

Or, en France, vers quel roi, depuis la mort déplorable de l'infortuné Louis XVI, vers quel roi, dans l'ordre légal, peut-on tourner les yeux, qui ne se soit montré l'ennemi de la liberté ?

On fera, dit-on, des conditions avec lui. Est-il possible qu'il les tienne ? est-il possible surtout qu'on croie qu'il les tiendra ? On n'a pu se fier à la parole d'un roi religieux : est-il personne dans sa famille plus digne que lui d'une confiance repoussée maintenant par la nature des choses ? Est-il vraisemblable qu'un homme s'intéresse à la durée d'une constitution qui le fait descendre de ce qu'il pensait être son droit ? Et quand il le voudrait, comment croire que ses amis ne ranimassent pas en lui des regrets mal éteints ? Pourrait-on obtenir de ce roi de se séparer de son parti ; de laisser sur la frontière de France tous ceux qui l'ont défendu ; d'être ingrat envers le passé pour répondre de l'avenir ? et si ses amis le suivaient, imagine-t-on qu'ils modifiassent leur système ? Les opinions extrêmes ne capitulent jamais de bonne foi : un tel parti, comme parti, reste toujours le même. Il y a des transfuges vers la raison, qu'elle doit accueillir ; mais la masse ne perd jamais sa direction accoutumée ; et qui a connu les émigrés hors de France, sait qu'il en est beaucoup dont les opinions, prises séparément, sont très-sensées ; mais que ces mêmes hommes, lorsqu'ils sont réunis, forment un parti, c'est-à-dire un corps, c'est-à-dire une seule opinion, souverainement intolérante, et tout à fait impliable : enfin, quand ils deviendraient modérés, la défiance qu'ils inspireraient rendrait tout à fait impossible qu'ils restassent tels. A l'époque des factions, les hommes finissent presque toujours par prendre l'opinion dont on les accuse généralement ; et c'est un des plus fâcheux effets de la défiance. Le soupçon de démocratie rend démocrate hors de France : le soupçon attire des persécutions qui vous irritent. Les hommes qui vous attribuent une opinion différente de la leur, cessent de vous voir : il ne vous reste bientôt plus d'amis que dans le parti qu'on croit le vôtre ; et votre intérêt, se trouvant lié d'avance à l'opinion qu'on vous a supposée, finit toujours par vous entraîner à la soutenir.

Il en serait de même du soupçon qu'inspirerait en France l'aristocratie ; la défiance appellerait l'orgueil ; l'orgueil la défiance ; et les meilleures résolutions ne pourraient pas l'emporter sur la force naturelle des circonstances, la seule qu'il faille calculer, dans ce temps où les hommes sont engloutis par les choses.

Eh bien, dira-t-on, changez de dynastie ; prenez un roi qui n'ait aucun rapport avec le parti des émigrés, qui doive tout à votre révolution, et ne puisse rester roi que par elle.

Ce raisonnement était juste à l'époque de l'assemblée constituante, lorsqu'il n'y avait en France que deux partis, et qu'une énorme majorité appartenait à l'assemblée. L'on répète ce même raisonnement aujourd'hui ; parce que, dans la disette des pensées, les hommes se servent d'une idée longtemps encore après que son application est passée : mais pour arriver à ce changement doublement difficile, le retour à la royauté et le choix d'une autre dynastie, il faut, dans un pays tel que la France, une faction bien puissante. Or, comment peut-on se flatter que les républicains et les jacobins soient renversés par une section de royalistes? Les hommes ardents de ce parti, les Montagnards de la royauté, ne peuvent reconnaître que le successeur légal. Lisez M. Burke, lisez tous ceux qui veulent appuyer la monarchie de droit, ils sont inviolablement attachés à l'hérédité; parce qu'un pouvoir qui ne peut jamais dépendre des hommes doit descendre du ciel; parce que si vous admettiez le choix, le raisonnement arriverait, et que toutes les bases de la royauté, considérées comme un principe de foi, seraient absolument renversées.

Les partisans d'une nouvelle dynastie auraient donc contre eux, indépendamment des républicains, tous les royalistes non constitutionnels; et, dans cette dispute, ces derniers mêmes auraient l'avantage; car il serait difficile d'inspirer un intérêt généralement senti pour la simple question de tel ou tel roi. Sans doute les motifs qui détermineraient au changement de dynastie, pourraient être appréciés par de véritables penseurs, mais ils ne frapperaient pas la foule; et, dans ce siècle déshérité, aucun homme n'étant appelé au trône par l'admiration publique, celui que sa naissance y destinait aurait encore le plus de moyens pour rallier la multitude.

Les républicains, en se maintenant comme troisième parti à la tête des affaires de France, en repoussant également les jacobins et les contre-révolutionnaires, auront de véritables droits à l'estime publique. En général, il n'y a dans les passions des hommes que de quoi faire deux partis : l'impulsion, le choc d'une révolution fait aller les opinions aux deux extrêmes opposés; non-seulement un troisième parti est difficile à faire triompher, mais il faudrait que les constitutionnels en soutinssent un quatrième; et un tel équilibre, à travers tant d'écueils, paraît tout à fait impossible. Ajoutons aussi que c'est toujours en raison de l'obstacle qu'il faut proportionner l'élan; dans un temps calme (et il n'en existe jamais quand il faut, pour agir d'une manière quelconque, avoir recours au soulèvement du peuple), dans un temps calme, on peut calculer précisément quel est le degré de pouvoir qu'il faut accorder à un roi pour garantir l'ordre, sans compromettre la liberté; mais la force qu'il faudrait pour renverser les républicains, mènerait nécessairement au pouvoir absolu.

Il n'y a pas, dans un gouvernement modéré, l'action nécessaire pour vaincre la résistance que les républicains opposeraient à présent en France à l'établissement de la royauté. Dans la lutte, le gouvernement effrayé appellerait à lui tous les athlètes, se servirait de toutes les ressources; l'assemblée, pour détruire même les jacobins, a été obligée d'employer des moyens arbitraires : que serait-ce, lorsque ces jacobins seraient conduits et fortifiés par les républicains! Les défenseurs du trône, dans un moment de crainte, recevraient à son secours toutes les opinions royalistes. Le mot de liberté, invoqué par les républicains, forcerait à prendre un autre étendard, à échauffer le peuple par d'autres idées; et certes, à la fin du combat, le plus vaincu des deux partis serait le vainqueur imprévoyant, qui se retrouverait sous le joug de ses alliés, et portant les fers forgés par ses mains. Lorsque les Girondins voulurent établir la république, les jacobins se saisirent de leur révolution, l'entraînèrent loin de son but, et la firent retomber sur ses propres auteurs. Ce serait là l'histoire des constitutionnels, s'ils faisaient une révolution pour rétablir la royauté; ils en donneraient le signal, mais les émigrés s'en rendraient les maîtres; la nature de ce temps le veut ainsi : les révolutions ont, comme les maladies dévorantes du corps humain, des périodes inévitables. La France peut s'arrêter dans la république; mais pour arriver à la monarchie mixte, il faut passer par le gouvernement militaire. Tel est le changement qui s'est fait dans la révolution depuis trois ans, qu'aujourd'hui la proclamation de la constitution de 1791 réjouirait les rois et attristerait hors de France tous les amis de la liberté. Ceux qui jadis étaient les ennemis de cette constitution, consentiraient à la prendre momentanément pour étendard, en repoussant loin d'eux tous les hommes qui l'ont établie. L'instinct des partisans du despotisme n'est point trompeur; ils savent que cette constitution ne pourrait se maintenir; ils la regarderaient comme une route, alors même qu'ils voudraient la donner pour un but. Cette constitution, lorsqu'elle fut faite, était un pas immense, un pas trop grand peut-être vers ce qu'on appelait la liberté; un changement moins fort eût été plus durable et marchait de même dans le sens de la conquête : l'opinion publique avançait, l'enthousiasme s'élevait, personne n'était fatigué des malheurs qu'a causés la révolution, personne n'avait à frémir du sang que cette affreuse lutte a coûté. Si la royauté revenait maintenant, le sentiment qui pourrait la limiter n'aurait plus assez de force.

Ce nom de république anime encore les esprits, force à tenir à quelques idées ; il lie ceux même qui sont mécontents du gouvernement actuel au parti de la liberté ; ce sont ses maximes qu'ils opposent à tout acte arbitraire d'un pouvoir qu'ils n'aiment pas ; et cette sorte d'accord qui s'établit entre la pudeur des républicains qui n'osent renier les principes, et la haine des mécontents qui s'attachent à les leur objecter, est encore favorable à la liberté.

Mais si une fois la royauté était rétablie, il n'y aurait pas de bornes aux raisonnements qu'on ferait pour la maintenir. Il faudrait en effet une puissante force pour éviter, dans la fermentation actuelle, ce qui est horrible avant tout, une révolution.

Bientôt les royalistes consentiraient aux mesures les plus arbitraires, et c'est par un sentiment honnête que beaucoup d'hommes paisibles s'y résigneraient.

Quel avantage n'aurait pas aujourd'hui celui qui voudrait rendre la royauté absolue ! un tel gouvernement rallierait à lui les passions d'un grand nombre d'hommes, tandis qu'autrefois il les étouffait toutes. Plusieurs des écrivains, des savants, des philosophes, qui jadis combattaient le despotisme, seraient portés à le défendre, ne pensant plus maintenant qu'à craindre la démocratie. Il restait autrefois au parti de l'opposition les honneurs du courage, la récompense de l'estime publique : dans la circonstance actuelle, les souvenirs seraient si récents, les crimes si confondus avec les principes, les intentions avec les effets, que l'homme redevenu roi aurait un pouvoir inouï depuis des siècles, la réunion de la force de l'opinion publique et de celle de la puissance royale, de l'autorité positive et de l'ascendant des volontés libres. Ce roi pourrait à la fois promettre la considération et le crédit, menacer à la fois de la disgrâce et du déshonneur. Enfin, en se replaçant à l'époque où la révolution a commencé, on se rappelle que tous les sentiments généreux excitaient à combattre le pouvoir arbitraire : l'antiquité offrant à notre esprit des exemples illustres, laissait dans l'ombre les malheurs particuliers des temps les plus célèbres, et l'enthousiasme exaltant tous les esprits, plus on était élevé dans les rangs de la société, plus on se plaisait dans les sacrifices ; ceux même qui gagnaient au nouvel ordre introduit par la révolution, pouvaient encore s'honorer d'une opinion qui semblait si juste, qu'on ne pouvait l'attribuer qu'à sa vérité même.

Mais qui de nous, en conservant les mêmes sentiments dans le cœur, ne se sent pas maintenant embarrassé dans leur expression ? On veut être libre, on espère une constitution, on se fait un devoir de la défendre : mais tous ces mots ont été prononcés par des scélérats ; mais ils ont servi à dévouer des milliers de victimes. Le plus absurde ennemi de la liberté, lorsqu'il parle de ce qu'il a souffert, ôte la force de lui répondre ; la conscience ne préserve pas du trouble, ni la pureté du remords ; ces sentiments, plus ou moins développés, affaibliraient nécessairement les moyens d'opposition ; l'énergie de la vertu se perd par un rapport même apparent avec le crime, et les attaques que les hommes honnêtes voudraient recommencer contre le pouvoir absolu, seraient paralysées par tous les genres de souvenirs et de craintes. L'autorité royale s'augmenterait chaque jour de toute la force qu'il faudrait pour réprimer les factions. Et ce mot. *Voulez-vous encore une révolution ?* serait une arme avec laquelle on repousserait tous les arguments sans les combattre.

Dans l'état où nous sommes, nous pouvons, par le cours naturel des choses, arriver à la liberté. La fatigue même du peuple sert à ce but ; il faudrait qu'il se révoltât pour ne pas l'obtenir ; et, ce qui est triste à remarquer, c'est qu'en lui faisant supporter le plus horrible joug, on l'a disposé à recevoir une constitution libre, c'est-à-dire à ne s'en pas mêler.

Mais si par un événement quelconque la royauté se rétablissait en France, il n'existerait ni pouvoir ni impulsion pour s'opposer à ses progrès : la réaction est proportionnée à la violence du mouvement contraire ; le sang qu'on a versé dans la malheureuse famille des Bourbons ; ce qu'il faudrait réparer envers eux, envers la royauté même, dût-elle passer en des mains étrangères ; tout ce qu'il faudrait dire pour la relever, défendre pour la maintenir, venger pour rassurer, exigerait une espèce d'enthousiasme, de surveillance, d'autorité, tout à fait incompatibles avec la liberté. Les crimes que nous détestons ont creusé autour de nous une sorte de précipice que l'on ne peut tenter de franchir sans s'abîmer dans l'esclavage.

Enfin les révolutions à présent ne peuvent encore se faire qu'avec le secours du peuple. L'Angleterre, avant de retourner à la royauté, avait été gouvernée dix ans par un protecteur despotique : l'armée de Monk était à lui. Des hommes avaient l'habitude d'obéir à un homme. Mais ici le secret de toutes les conjurations, c'est de soulever les faubourgs, et c'est ce qui rend impossible le triomphe d'un parti mitoyen.

Comment faire entendre la balance des pouvoirs ?

I.   4 comment écrire un chapitre de Montesquieu sur l'étendard de la révolte?

Ce sera le plan des chefs, dira-t-on.

Eh! veut-on oublier qu'il n'y a point de chefs en France; que le principe même de l'insurrection les dévore tous, et que c'est là ce qui condamne à ne trouver d'appui que dans les idées extrêmes, parce que celles-là seulement sont assez simples pour être comprises de la multitude, assez éclatantes pour frapper de loin? Dans une révolution, il faut renoncer à l'espoir de faire naître un mouvement qui ait une direction différente des grands courants formés par la force des circonstances; il faut se jeter dans celui qui nous rapproche le plus de notre but; mais en s'isolant on sert l'ennemi commun, sans faire triompher son système particulier. Les hommes de génie paraissent créer la nature des choses, mais ils ont seulement l'art de s'en emparer les premiers.

Les constitutionnels, dira-t-on, en adoptant la république, changent d'opinion et de parti.

Non, ils ne font que suivre les conséquences de leurs principes. Ils ont reconnu que la nation a le droit imprescriptible de changer son gouvernement. Lors donc que la nation accepte la république, elle impose à tout bon citoyen le devoir de la reconnaître; et si la liberté ne peut plus s'obtenir que par cette forme de gouvernement, les fondateurs de la constitution de 1791 doivent être les défenseurs de la constitution de 1795.

Sur les débris échappés aux révolutions sanglantes, l'édifice qui s'élève se rejoint aux premières pensées des amis de la liberté, et non aux crimes détestables qui séparent ces deux époques.

Beaucoup de gens se font honneur de tenir constamment à la même idée : ceux-là sont presque toujours des esprits bornés. C'est un jeu de hasard que la pensée, auquel ils n'ont tiré qu'une fois; celui dont c'est le domaine habituel, a bien plus de routes à parcourir. Il en est de même de ceux qui ont tout prévu. Un homme de génie par siècle a pu pressentir l'avenir; mais quand plusieurs esprits s'en vantent, il faut qu'ils aient tiré leurs prédictions, comme les augures des anciens, des préjugés et non des calculs.

Il est reconnu qu'il n'est aucun système absolu de gouvernement, qui ne doive être modifié par les circonstances locales. Et quelle circonstance est plus influente qu'une révolution? Quelle population, quelle étendue de pays, quelle diversité de climats peut rendre les états plus différents entre eux que ces temps orageux où toutes les passions sont agitées? Cette fermentation brûlante produit un monde nouveau; un jour peut rendre impossible le plan de la veille; et c'est pour qui tend toujours au même but, la liberté, que les moyens changent sans cesse. *Quel marin*, disait un homme d'un esprit parfait (M. de Panges) *s'imposerait la loi de faire toujours les mêmes manœuvres, quel que fût le vent?* Ces hommes si fixes, dans ce qu'ils appellent leurs principes, arriveraient à des résultats bien différents de leurs vœux, et seraient à la fin bien étonnés d'être conduits par leur marche invariable à l'opposé de leur première destination !

CHAPITRE II.

Des principes qui peuvent attacher au gouvernement républicain en France.

En vain aurait-on prouvé que, dans les circonstances actuelles, il faut accepter la république si l'on veut conserver la liberté; il faut encore essayer de montrer d'abord qu'une république, modifiée sur les principes du gouvernement américain, pourra s'établir en France, et que, quelle que soit l'opinion à cet égard, ce n'est qu'en se ralliant aujourd'hui sincèrement à cette république, qu'on peut, ou l'établir, ou en démontrer l'impossibilité.

Il est bien différent de s'être opposé à une expérience aussi nouvelle que l'était celle de la république en France, alors qu'il y avait tant de chances contre son succès, tant de malheurs à supporter pour l'obtenir; ou de vouloir, par une présomption d'un autre genre, faire couler autant de sang qu'on en a déjà versé, pour revenir au seul gouvernement qu'on juge possible, la monarchie.

Aucun homme ne peut être assez sûr de son opinion, pour y marcher par une révolution; ce qui, dans l'incertitude des calculs de l'esprit humain, donne à la morale un si grand avantage sur toutes les autres combinaisons, c'est que les règles qu'elle adopte n'ont le second pas n'est point nécessaire pour que le premier ne soit pas nuisible, et que si l'on périssait au milieu de la route, on n'aurait pas la douleur de n'avoir fait que du mal, mais seulement la moitié du bien que l'on s'était promis.

Néanmoins, sans parler au nom de ces sentiments, comment peut-il être prouvé que la république est impossible?

Si l'on avait dit aux anciens législateurs : « Vous « pouvez constituer une nation à votre gré, tout « vous est permis dans le vaste champ des idées; « mais il vous est seulement interdit de vous aider « d'un pouvoir héréditaire, de choisir, par le hasard de la naissance, un homme pour l'élever au-dessus de tous; » auraient-ils regardé cette interdiction comme une difficulté insupportable ?

La monarchie, telle qu'elle est en Europe, réunit à ce nom de roi tant d'abus, qu'il ne faut pas moins que toutes les circonstances qui se rencontrent en Angleterre ou en Suède, pour y rattacher des idées de liberté; et telle est la nature de l'institution de la royauté, qu'il faut nécessairement l'environner d'un corps héréditaire comme elle, pour la défendre des attaques auxquelles son élévation l'expose.

L'égalité, surmontée de la royauté, est un système chimérique; et pour faire de l'inégalité dans un pays où il en a existé longtemps, il faut reprendre les anciens éléments dont on avait l'habitude de la composer : un duc et pair de la classe du peuple est une idée que le contraste rend impraticable : le pouvoir héréditaire entraîne toujours avec lui une partie des préjugés de la noblesse; ils entrent pour quelque chose dans l'éclat de la pairie anglaise, quoiqu'elle soit spécialement une magistrature; et s'il y avait en France, à côté d'une pareille institution, une noblesse qui n'y prît aucune part, il existerait entre ces anciens souvenirs, et la nouvelle puissance, une lutte de considération héréditaire tout à fait impossible à terminer.

Il faut donc, en France, ou renoncer à la royauté, ou rappeler avec elle une grande partie de l'institution politique de la noblesse. Sous d'autres rapports encore il serait très-difficile d'appliquer maintenant à la France le gouvernement d'Angleterre. Il faut une puissante force militaire pour le repos intérieur et la défense externe de la France, et c'est la difficulté de déposer entre les mains d'un roi une si énorme puissance, qui égara l'assemblée constituante. On lui présentait, avec raison, le modèle du gouvernement d'Angleterre; mais, avec raison aussi, elle sentait que les mêmes balances de pouvoir qui subsistent dans un pays où le roi n'a point à ses ordres une armée de deux cent mille hommes, ne sont pas calculées pour un empire où ces deux cent mille hommes sont nécessaires. Cette crainte engagea l'assemblée constituante à restreindre l'autorité royale à un tel point, qu'il n'existait plus de gouvernement.

Mais ne serait-il pas possible que, dans un état comme la France, le pouvoir exécutif eût besoin d'une telle force, qu'on ne dût le confier qu'à un gouvernement républicain ? et ne serait-il pas à craindre qu'en réunissant à cette puissance légale dont l'énergie est si nécessaire, le prestige et l'ascendant de la couronne, on ne détruisît infailliblement la liberté ?

Je propose des doutes qui, je le répète, ne suffiraient pas pour autoriser une révolution dans quelque pays que ce fût, afin d'y établir la république, mais qu'on peut, qu'on doit écouter en France, où l'on ne pourrait empêcher l'établissement de ce gouvernement que par une révolution terrible.

Dans une nation où toutes les illusions dont se compose la différence des rangs sont détruites, la seule autorité qu'on puisse établir n'est-elle pas celle qui soutient l'analyse de la raison ? et la propriété et les lumières ne doivent-elles pas former une aristocratie naturelle, très-favorable à la prospérité du pays et à l'augmentation de ces mêmes lumières ?

En Angleterre, le roi ne fait presque jamais usage de son *veto;* c'est la chambre des pairs qui se place entre le peuple et lui pour le dispenser du combat. Si les deux chambres en France étaient parfaitement distinctes; si le pouvoir de l'une était prolongé par delà celui de l'autre; si la condition d'âge, de propriété, était beaucoup plus forte, il s'établirait naturellement la balance des deux pouvoirs qui sont dans la nature des choses, de l'action qui renouvelle, et de la réflexion qui conserve. Enfin, si le pouvoir exécutif avait part à la confection des lois, l'union qu'on a distinguée de la confusion s'établirait nécessairement.

Le *veto* absolu ne peut être accordé à un pouvoir exécutif républicain; cette prérogative royale est une pompe de la couronne plutôt qu'un droit dont elle puisse user; et, dans une constitution où tout est réel, la situation d'un homme arrêtant la volonté de tous, est aussi invraisemblable qu'impossible : mais il est bien différent d'arrêter ou d'éclairer la volonté; les connaissances que le pouvoir exécutif seul peut réunir, sont nécessaires à la confection de la loi; et s'il n'a pas le droit d'obtenir, par ses observations, la révision du décret qu'il croirait dangereux, s'il n'a pas ce droit, dont le président est revêtu en Amérique, les lois seraient souvent inexécutables [1].

Ces réflexions, et beaucoup d'autres, sur l'organisation d'une constitution républicaine, n'attaquent point son essence : la question est de savoir si l'hérédité est nécessaire à la chambre de révi-

[1] On pourra m'objecter que la constitution a consacré des principes différents de ceux que j'énonce ici; mais en admettant la principale idée de cette constitution, le gouvernement républicain, il ne peut pas être interdit de s'occuper des moyens de la perfectionner un jour selon les formes prescrites. Le *veto* réviseur a produit, dans la convention, le même effet que la proposition de deux chambres, par M. de Lally, causa dans l'assemblée constituante. Six ans de malheurs ont fait adopter cette dernière idée. Est-ce au même prix que le pouvoir exécutif acquerra la force nécessaire au maintien du gouvernement, et par conséquent de la république? (*Voyez* Adrien de Lezay, Journal de Paris, du 5 fructidor.)

4.

sion ; si le choix à cet égard ne peut pas remplacer le hasard ; et si les ministres (nommés de fait
par la chambre des communes en Angleterre, puisqu'il n'y a presque point d'exemple que le roi conserve un ministère qui a perdu la majorité dans
cette chambre), si ces ministres sans un roi auraient un pouvoir suffisant pour l'intérêt général.

En Angleterre, le roi pourrait rester toute sa
vie dans un nuage sans que la marche du gouvernement s'en ressentît. Il faut connaître seulement
jusqu'à quel point le mystérieux de ce nuage est
nécessaire pour étouffer toutes les ambitions particulières.

S'il existait une place de roi élective, je crois
bien en effet que chaque renouvellement pourrait
amener la guerre civile ; mais lorsque le pouvoir
est divisé, lorsqu'il change souvent de mains, lorsqu'il n'y a véritablement aucune place toute-puissante, et que chaque membre de l'État est intéressé
à conserver pour lui la portion de pouvoir dont il
pourrait revêtir un seul homme, je m'inquiète
plutôt du peu d'empressement des hommes distingués à posséder les places, que de leur ardeur
pour les conquérir, du peu d'intérêt qu'on pourra
mettre aux élections, que des orages qui les troubleraient.

Le gouvernement affreux, le gouvernement du
crime, c'est la puissance des hommes sans propriétés ; le règne de Robespierre en est la conséquence immédiate ; et le seul ressort d'une démagogie, c'est la mort. Mais toutes les constitutions
sociales sont des républiques aristocratiques : c'est
le gouvernement du petit nombre désigné par le
hasard de la naissance ou l'ascendant du choix.

En comparant l'Amérique à la France, on objecte d'abord que les États-Unis sont une république fédérative. Mais par la division des quatre-
vingt-cinq départements, l'administration du moins
sera fédérative en France ; les forces de terre et de
mer, les finances, la diplomatie doivent être
réunies dans un seul centre ; et quant à la législation, si l'on cesse de croire à la nécessité de décréter des lois tous les jours ; si un pouvoir législatif
conçoit la possibilité de s'ajourner, il est heureux
que le petit nombre de lois nécessaires à la France
soit uniforme dans tous les départements. L'Amérique trouve plus d'inconvénients que d'avantages
dans la diversité des lois qui la régissent.

Il n'y a, dira-t-on enfin, que des propriétaires
en Amérique, et la France est accablée d'un nombre infini d'hommes qui, ne possédant rien, sont
par conséquent avides de nouvelles chances de
troubles.

Il faut observer qu'un gouvernement républicain
composé de propriétaires, a autant d'intérêt qu'aucun gouvernement monarchique à contenir les
non-propriétaires ; il y a même des pays, à Naples,
en Turquie, etc., où cette classe d'hommes appuie
le despotisme royal ; mais il n'en est point où ils
soutiennent l'aristocratie propriétaire ; elle doit
convenir à ceux qui possèdent, à ceux qui veulent
acquérir ; elle développe l'émulation de la jeunesse,
rassure l'âge avancé sur le prix de ses travaux ;
elle est donc nécessairement plus contraire que
toute autre forme de gouvernement à la multitude
des hommes ennemis du travail et du repos.

Les arguments qu'on oppose le plus souvent à
la possibilité d'une république, ce sont les fléaux
de tout genre dont nous sommes accablés depuis
trois ans.

On doit tout à fait distinguer ce qui appartient
à la démocratie de ce qu'on peut attribuer à la république ; ce qui dérive du gouvernement appelé
révolutionnaire, de ce qu'on peut craindre d'une
constitution républicaine. Il est remarquable même
que la marche légale du gouvernement n'a point
été réellement entravée ; que la force armée a
constamment obéi à l'assemblée nationale ; que le
gouvernement a conspiré, mais qu'on n'a pas conspiré contre le gouvernement. Si la secte démocratique n'avait pas rejeté les conditions de propriété,
n'avait pas appelé dans toutes les places les hommes de son parti, ce n'est pas l'organisation même
de la machine politique qui l'eût arrêté : le commandement et l'obéissance ont existé ; l'ordre social pouvait donc se maintenir.

On peut objecter que les factions sont nées de
la république et subsisteront autant qu'elle : mais
on ne peut en donner aucune preuve ; car, à quelque sorte de gouvernement qu'on voulût arriver
par une révolution, il y aurait des factions pendant la durée d'un mouvement qui excite toutes
les espérances et toutes les craintes ; et si l'on
créait même la constitution anglaise au milieu
des haines qui déchirent notre malheureuse patrie, on verrait à l'instant la chambre des pairs
lutter contre la chambre des communes ; le roi
se ferait un parti entre elles deux, et l'on avan-
cerait sur l'impossibilité de faire marcher ensemble trois pouvoirs, des raisonnements généraux
qui ne seraient vrais que dans cette circonstance.

Combien d'arguments, tirés de la nature des
choses, ne vous reste-t-il pas à réfuter ! va-t-on se
hâter de me dire.

Sans doute il en existe encore qu'on peut opposer à l'établissement d'une république : mais

ceux même qui la croient impossible, comme ceux qui comptent sur ses succès, doivent adopter la même conduite, s'y rallier de bonne foi : ce ne serait pas en mettant d'astucieuses entraves à l'établissement de cette république, que l'on pourrait convaincre ceux qui l'aiment véritablement, des inconvénients de ce système. Cette chimère, si c'en est une, leur resterait toujours, lorsque ce serait par de la mauvaise foi, de l'injustice, ou des conspirations, qu'elle aurait été renversée. Il ne convient pas d'ailleurs aux amis de la liberté de suivre une marche étrangère à la propagation des lumières; c'est altérer l'essence et la force de leurs moyens.

La masse n'est convaincue que par la nature des choses; tout ce qui se rallie à l'étendard de la liberté, fait plus ou moins usage de la faculté de raisonner; c'est donc uniquement en formant l'opinion publique qu'on peut conduire de tels hommes, et l'opinion publique n'est jamais influencée que par le temps ou par les événements qui rassemblent en un jour l'expérience des siècles : il n'a pas fallu moins que dix-huit mois d'échafauds pour oser prononcer le mot de propriété en France.

L'établissement de la république est nécessaire pour amener, d'une manière positive, une décision favorable ou contraire à cette forme de constitution; et ce n'est pas en abandonnant ce gouvernement au hasard, mais en le servant avec zèle, qu'on peut avoir un résultat certain sur la nature même de ce gouvernement.

En acceptant la constitution de 1791, on imagina d'en laisser flotter les rênes pour en dégoûter la nation : elle tomba, cette constitution; mais sa chute fut inverse de celle qu'attendaient les ennemis de la liberté. Si aujourd'hui les hommes honnêtes se mettaient absolument à l'écart de tous les intérêts de la république, c'est encore la terreur plutôt que la royauté qu'ils appelleraient.

Enfin les républicains et les royalistes, amis de la liberté, quelle que soit leur opinion sur l'avenir, doivent suivre la même route. Êtes-vous républicain : fortifiez le pouvoir exécutif, afin que l'anarchie ne ramène pas la royauté. Êtes-vous royaliste : fortifiez le pouvoir exécutif, afin que la nation reprenne l'habitude d'un gouvernement, et que l'esprit d'insurrection soit contenu. Êtes-vous républicain : désirez que les places soient occupées par des hommes honnêtes qui fassent aimer les institutions nouvelles. Êtes-vous royaliste : n'abandonnez point les élections, cherchez à faire tomber le choix sur la vertu; car le pouvoir dans les mains du crime, loin d'être plus fa-

cile à renverser, se maintient par la tyrannie.

Enfin quand un roi serait nécessaire (ce qui est loin d'être prouvé), qui pourrait le vouloir dans cet instant? Il faudrait que le temps amenât cette institution comme une magistrature de plus, et non comme une conquête; qu'on s'y décidât au lieu de s'y abandonner; que toute possibilité de contre-révolution fût bannie avant d'adopter même les mots qui sont communs avec elle. Il faudrait au moins que les barrières fussent posées, la balance des pouvoirs établie, la liberté déjà assurée par des institutions républicaines, et qu'enfin ce roi n'arrivât pas, comme aujourd'hui, à travers le chaos des lois et des mœurs, c'est-à-dire, avec toutes les chances pour le despotisme. La royauté, quelle qu'elle fût, et de quelque manière qu'elle fût demandée, ne pourrait maintenant se proclamer sans une révolution sanglante. Ainsi le meilleur des sentiments qui faisait soutenir la constitution de 1791, commande aujourd'hui de s'opposer aux efforts qu'on tenterait pour la rétablir. Qui, sur la foi de raisonnements politiques, toujours combattus et jamais démontrés, voudrait exposer son pays aux malheurs certains d'une insurrection quelconque? Qui voudrait produire un mouvement dont les effets sont tous hors du pouvoir de la main qui donne l'impulsion? Les passions des hommes, mises en fermentation, sont comme l'or fulminant, qu'aucun chimiste n'a trouvé l'art de diriger.

Enfin il est une dernière observation qui ne peut, lorsqu'on l'adopte, laisser subsister une objection dans les circonstances actuelles : tous les efforts qu'on tenterait pour ramener la royauté n'obtiendraient qu'un résultat, ne causeraient qu'une réaction, le rétablissement de la terreur.

Il ne faut pas se le dissimuler, la convention et son parti sont naturellement révolutionnaires. Créée dans les orages, elle se ressent de son origine; et c'est un triomphe difficile, amené par la tyrannie de Robespierre et le courage de quelques députés, que d'avoir séparé cette convention de ses alliés naturels, la classe ardente et tumultueuse. Il faut s'étonner qu'au milieu d'une assemblée choisie parmi les têtes les plus insurgentes, la commission des onze ait pu présenter ait pu faire applaudir des idées plus saines en gouvernement que celles qu'on avait adoptées dans la première assemblée de l'univers, pour les lumières et les propriétés, l'assemblée constituante. Comme un tel miracle est absolument l'effet des circonstances, il dépend absolument d'elles; un pas vers la royauté précipiterait la convention dans le jacobinisme. Très-peu d'hommes consentent, comme les constitutionnels, à se voir immolés par les poignards des deux partis; et il n'est pas du tout dans le caractère des conventionnels de se résigner au sort de victimes.

L'opinion publique, se hâtera-t-on de dire, s'opposerait au retour de la terreur.

Je crois cette opinion publique assez forte pour nous en garantir dans les circonstances actuelles. Mais si un véritable parti de royalistes se montrait dans l'intérieur, s'il paraissait ailleurs que dans les déclamations de la Montagne, le gouvernement lui-même aurait recours à la terreur; et le gouvernement a d'énormes avantages dans un empire tel que la France : c'est là qu'est le centre; c'est là qu'existent les véritables moyens : toute conspiration qui ne partira pas de là ne produira aucun effet; et comme il n'y a point d'hommes en France existants par leur propre gloire, il n'y a que les hommes revêtus d'un caractère légal qui rallient la force autour d'eux.

Il faut le dire aussi; les penseurs, les propriétaires, les honnêtes gens, sont malhabiles dans les dissensions politiques; ils ont pour eux la raison, mais ils ne savent pas la faire triompher. Il faut donc conserver à la cause de la justice et de l'ordre ces hommes actifs que leur situation et leur opinion forcent à se battre contre la royauté. S'ils voyaient l'intention de la rétablir, ils repousseraient toutes les idées raisonnables que soutiendraient d'ailleurs les hommes livrés à ce projet. Si vous les rassurez en y renonçant de bonne foi, ils se rapprocheraient nécessairement d'un système de gouvernement énergique et propriétaire; au lieu qu'il n'est point de sorte de bien que leurs défiances, leurs erreurs, leurs soupçons, ne pussent entraver, si le danger de la royauté leur était toujours présent.

Dans une telle crise, les esprits ardents auraient encore de quoi courber la nation sous une année de terreur. Sans doute, après ce terme, les chefs périraient victimes de leurs propres moyens. Mais la France a-t-elle du sang encore à verser ? Quels hommes resterait-il après un nouveau règne de crime? A peine en est-il échappé à la sanglante proscription de Robespierre. Faut-il exposer encore les derniers amis que nous avons conservés ?

Quand on voit des hommes se livrer, comme autrefois, à des plaisanteries frivoles, à des jugements absurdes, à l'intolérance des opinions, à l'esprit de parti enfin comme à la première des passions de l'âme, on frémit des abîmes à travers lesquels ces victimes, naguère désignées, marchent

sans réflexion; et l'on se demande souvent, qu'est-ce que le passé pour l'homme, si ce que l'on a souffert, justement gravé par le souvenir du ressentiment, ne se mêle jamais aux calculs de la prévoyance?

Mais vous, à qui il est ordonné de penser, puisque vous professez l'amour de la liberté; vous qui avez fait les premiers pas dans cette carrière, devenue trop fatale, s'il ne restait de vos efforts que des ruines et des massacres, en vain auriez-vous travaillé vous-mêmes à rétablir l'autorité royale. Ce sang versé seulement pour honorer le retour du despotisme, retomberait sur vos innocentes têtes. Pardonnez, si l'on vous le rappelle, vous dont les intentions étaient si différentes des horribles effets dont vous avez été les premières victimes. Pardonnez, si l'on vous le rappelle, sans vous il n'aurait pas existé de révolution; il faut que la liberté survive à cette terrible époque, pour que vous soyez, non pas heureux, trop de douleurs sont jetées dans votre vie, mais présentés à l'estime des nations, comme les premiers défenseurs humains et justes des principes qui seront alors observés.

La république n'était pas votre opinion; mais les circonstances ont entraîné la liberté dans cette enceinte, il faut l'y suivre. Tout dans la ligne des idées qui ne compromettent pas la moralité, tout vous est commandé pour établir la liberté; c'est votre sort, quand ce ne serait pas votre vœu.

Mais qui de vous ne se ranimerait pas encore à l'enthousiasme qu'il conçut dans les premiers jours de la révolution, s'il voyait la vertu se replacer à côté des espérances qui l'avaient entraîné? Cette passion d'être libre renaît de ses cendres au fond des cœurs qu'elle a consumés.

Les pertes que vous pleurez ne vous interdisent pas d'aimer encore votre patrie; ils l'auraient bien servie, ces hommes vertueux, éclairés, patriotes, qu'on a précipités dans le tombeau : achevez leur carrière interrompue; soyez ce qu'ils auraient été. Les vertus de leurs amis sont le plus beau culte de leurs mânes.

Il est une dernière observation enfin, propre à frapper les esprits qui ne se décident que par l'espoir du succès. Dans un temps de révolution, il faut du fanatisme pour triompher, et jamais un parti mixte n'inspira du fanatisme. Les Vendéens et les républicains peuvent se battre, et la chance du combat rester incertaine. Mais toutes les opinions placées entre les deux partis exigent une sorte de raisonnement dont un esprit enthousiaste est incapable.

Ces opinions mitigées resserrent les passions dans un si petit espace, que le moindre écart ferait manquer le but, et cette juste crainte exclut toute espèce d'impétuosité. Le fanatisme est une passion très-singulière dans ses effets; elle réunit à la fois la puissance du crime, et l'exaltation de la vertu. Plusieurs des hommes qui, à différentes époques de l'histoire, ont commis des forfaits horribles par fanatisme, n'auraient point été des scélérats dans le cours ordinaire des événements. Ce qui distingue surtout le fanatique du caractère naturellement vicieux, c'est qu'il ne se croit pas coupable, et publie ses actions au lieu de les cacher; il se sent déterminé à se dévouer lui-même, et cette idée l'aveugle sur l'atrocité de sacrifier les autres. Il sait que l'immoralité consiste à tout immoler à son intérêt personnel; et, voulant se livrer lui-même pour la cause qu'il soutient, il pourrait encore conserver le sentiment de la vertu, en commettant de véritables crimes. C'est ce contraste, c'est cette double énergie qui rend le fanatisme la plus redoutable de toutes les forces humaines; et il n'est pas de période plus heureuse dans une révolution politique, que celle où le fanatisme s'applique à vouloir l'établissement d'un gouvernement dont on n'est plus séparé, si les esprits sages y consentent, par aucun nouveau malheur. Je ne sais si je blesse, par cette opinion, les êtres infortunés dont on ne pourrait pas supporter d'avoir irrité la douleur, ceux qui savent pleurer et mourir pour la perte de leurs amis. Néanmoins, en consultant en moi-même un cœur qui depuis longtemps n'a pas cessé de souffrir, il me semble que la vengeance (si même elle est nécessaire aux regrets irréparables) ne peut s'attacher à telle ou telle forme de gouvernement, ne peut faire désirer des secousses politiques, qui portent sur les innocents comme sur les coupables, et donnent, pour unique soulagement, quelques compagnons de plus dans une carrière d'infortune.

SECONDE PARTIE.

DES RÉPUBLICAINS AMIS DE L'ORDRE.

Ai-je besoin de dire qu'en conseillant de se rallier à la république, je n'ai point entendu parler de tout ce qu'en France nous avons revêtu de ce titre?

Certes, s'il fallait adopter même l'ordre de choses qui nous gouverne depuis le 9 thermidor, s'il fallait dépendre entièrement de la moralité personnelle des membres des comités et du hasard qui les renouvelle, il n'est rien qui ne fût préférable à un état si arbitraire. Mais les gouvernants comme les gouvernés ne donnent pas le nom de république à la situation actuelle de la France, et c'est seulement de la constitution modifiée qu'on nous prépare que j'ai pu vouloir parler.

Il y a certainement de la grandeur dans l'idée d'une nation se gouvernant par ses représentants, sous l'empire de lois justes dans leur principe et dans leur objet; d'une nation réalisant dans un vieil empire, avec vingt-quatre millions d'hommes, le beau idéal de l'ordre social, tous les pouvoirs émanés du choix renouvelé par lui, et se maintenant par l'ascendant de ce choix même, et non par le prestige d'aucun préjugé surnaturel.

Mais quelle douleur pour l'esprit, pour l'âme qui a conçu de bonne foi ce désir et cette espérance, de n'avoir pu compter en France, pendant près de trois années, que des coupables ou des opprimés, des tyrans ou des victimes! Quelle situation plus pénible que de voir presque confondu ce qu'il y a de plus différent dans le monde moral, le crime et la vertu! de prononcer le nom de république par l'exaltation même des sentiments honnêtes, et de faire naître dans le souvenir de ceux qui nous écoutent la pensée de toutes les atrocités qui peuvent déshonorer la nature humaine! Que je plains profondément le républicain sincère, l'homme qui doit rendre à la justice, à l'humanité, à toutes les vertus, un culte antique par son enthousiasme et par sa pureté! Les hommes qu'il méprise le plus ont emprunté les couleurs de son parti; ce qu'on a fait au nom de son idole est ce qu'il y a de plus contraire à son opinion et son but. Enfin, plus séparé de ses alliés que de ses ennemis mêmes, il erre au milieu de son armée, redoutant également et ses succès et ses revers.

Combien donc, ces hommes estimables qui, dès l'origine, ont adopté sincèrement le système de la république, ou s'y sont ralliés depuis par l'amour pur de la liberté, combien n'ont-ils pas besoin qu'on la relève, cette république, des infâmes partisans qui l'ont dirigée! des atroces maximes dont ils ont fait le code de ses lois! Les hommes qui se sont montrés en 1789 et se sont écartés des affaires depuis le 2 septembre, ceux qui n'y ont point encore pris part, ceux qu'on appelait autrefois les royalistes constitutionnels; toute cette classe inconnue, proscrite ou cachée, les républicains ont le plus grand intérêt à l'attacher à leurs institutions, parce que la plupart des principes de ces ci-devant royalistes peuvent faire marcher la république, parce que la moralité des hommes qui sont restés étrangers à ces trois années de révolution, peut servir efficacement au maintien de la constitution nouvelle. Développons ces deux idées.

CHAPITRE PREMIER.

Que les principes des républicains amis de l'ordre sont absolument les mêmes que les principes des royalistes amis de la liberté.

Les royalistes constitutionnels n'ont professé qu'une idée que les républicains doivent rejeter, la royauté héréditaire.

Je crois avoir montré que cette institution devant être nécessairement appuyée par un corps aussi héréditaire, il y a, sous ce rapport, contradiction dans le système des constitutionnels; et, forcés de renoncer au principe de la royauté ou de l'égalité, il est aisé de voir quel choix les circonstances et leur opinion leur font adopter.

Mais tout le reste du système des constitutionnels est le seul moyen de faire marcher la république.

Il y a trois questions principales dans toutes les constitutions du monde; car les vérités politiques sont heureusement en très-petit nombre, et dans cette science l'invention est puérile, et la pratique sublime. La division du corps législatif, l'indépendance du pouvoir exécutif, et avant tout, la condition de propriété: telles sont les idées simples qui composent tous les plans de constitution possibles. De quelque manière qu'on change les noms des trois pouvoirs, comme ils sont dans la nature des choses, on doit toujours en retrouver les éléments.

Les constitutionnels, qui valent beaucoup mieux que la constitution, soutiennent ces principes, sans lesquels il ne peut subsister de république.

Ils croient à la nécessité de deux chambres, et la commission des onze a reconnu ce principe: plus on soutient les divers moyens d'augmenter la durée, la force et la considération de la chambre des anciens, plus on veut donner de consistance au pouvoir conservateur qui doit exister dans toutes les constitutions pour répondre de leur durée, plus on se montre les partisans utiles du maintien de la constitution de 1795. Les constitutionnels (et avec eux les trois quarts de la nation) pensent que le pouvoir exécutif a besoin d'indépendance pour oser montrer de la force; et qu'il lui faut une part quelconque dans la rédac-

tion ou l'initiative de la loi, pour que l'exécution soit d'accord avec la pensée.

L'on oppose des défiances à tous les arguments dont le pouvoir exécutif est l'objet; et il me semble qu'il n'est rien au contraire qui prouve mieux le désir sincère de l'établissement de la république que les efforts qu'on fait pour donner à son pouvoir exécutif une attribution suffisante.

Quand les aristocrates de l'assemblée constituante voulurent empêcher que la révolution de 1789 ne se maintînt, plusieurs d'entre eux votèrent pour une seule chambre, voulant ainsi s'opposer à tout ce qui pouvait consolider le nouveau gouvernement. Il n'y a rien de mieux imaginé pour faire désirer la royauté que de mal constituer le pouvoir exécutif. Il n'y a de chance pour un roi que dans la prolongation de l'anarchie; les intérêts personnels qui font désirer un roi, sont en très-grande minorité dans la France; la masse veut seulement que le gouvernement ne se sente ni par son action, ni par sa faiblesse, et c'est cette masse qui n'est de rien dans le commencement des révolutions, mais qui pèse toujours à leur fin, alors qu'il s'agit de les fixer.

On oppose à ces raisonnements la crainte de l'usurpation du pouvoir exécutif.

D'abord il n'est pas de pouvoir plus directement opposé au retour de la royauté héréditaire désirée par les royalistes, puisque c'est lui précisément qui en tient la place. Quant à l'usurpation pour lui-même, elle rencontre de tels obstacles dans tous les partis, dans toutes les institutions, qu'il est difficile de concevoir comment la crainte se tourne de ce côté-là. D'ailleurs l'usurpation n'a jamais recours au pouvoir légal pour s'établir; c'est le besoin des choses et non la force des institutions qui la cause, et moins vous donnez au pouvoir exécutif les moyens nécessaires pour gouverner, plus il peut, dans un moment de crise, dépasser toutes les barrières des lois qui, dans l'opinion générale, ne lui laissaient pas une autorité suffisante.

Enfin, et il faut s'arrêter un moment quand on approche de l'idée à laquelle tout l'ordre social est attaché, le droit politique, la fonction de citoyen, accordée seulement à la propriété, cette opinion qu'on dispute encore après deux années de tyrannie, est aussi soutenue par les constitutionnels, et sans elle il n'existe pas plus de république que de société.

Comme les non-propriétaires, dans ce moment, semblent les plus acharnés contre la royauté, les républicains sont fort tentés de s'en appuyer; mais ils ne réfléchissent pas que ce n'est pas pour telle ou telle forme de gouvernement qu'ils s'agitent, mais contre un ordre quelconque, protecteur de la propriété.

Les idées politiques ne passionnent point des hommes tout à fait hors d'état de les comprendre, et c'est toujours à l'aide d'un intérêt qu'on leur a donné une opinion. La destruction de l'aristocratie, c'est, pour le peuple, ne plus payer de droits féodaux : une république, c'est la cessation des impôts; et dans la dernière insurrection l'on mettait sur les chapeaux des habitants des faubourgs : *du pain et la constitution de* 1793, le mobile de la multitude et le but des chefs. C'est avec ces moyens qu'on fait toutes les révolutions populaires.

Mais comment placer dans une constitution des hommes qui veulent une proie, et dont les représentants ne peuvent servir les intérêts qu'en leur assurant avant tout la première des jouissances, la propriété qui leur manque?

Thomas Payne vient de faire un ouvrage pour réduire en dogmes la démagogie, en la fondant sur ce qu'il appelle les principes. D'abord aucune science (excepté la géométrie) n'est susceptible de cette métaphysique mathématicienne qui ne peut s'appliquer qu'à des choses inanimées et immuables. Les géomètres sont obligés de supposer abstraitement un triangle, un carré, parce que les formes données par la nature sont encore trop irrégulières pour être l'objet du calcul. Et l'on voudrait appliquer une géométrie politique à la grande association des hommes dont les portions se diversifient par tant de circonstances différentes! Certes, la législation cesserait d'être la première des sciences, si elle se composait uniquement de quelques idées qui, en leur qualité d'abstractions, sont inférieures à la métaphysique de toutes les autres connaissances humaines.

Il existe, d'ailleurs, un principe beaucoup plus vrai que tous ceux qu'on nous présente, et qui a presque également le vague honneur de la généralisation universelle; c'est que les jouissances de l'ordre social naissent toutes du maintien de la propriété, et que pour maintenir cette propriété, il faut que les citoyens sacrifient, avec l'impôt, une partie de la liberté naturelle.

L'égalité de droits politiques est beaucoup plus redoutable que l'état de nature : dans cette bizarre société, l'on ne tolérerait la propriété que pour exciter la haine contre elle; on ne laisserait des possesseurs que pour préparer des victimes; on ne continuerait une législation que pour organiser la persécution. En effet, presque toutes les lois qui composent le code social sont relatives à la propriété. Ne serait-il donc pas singulier d'appeler les non-propriétaires à la garde de la propriété? d'établir un gouvernement en donnant à ses membres des intérêts opposés à ceux qu'ils doivent défendre? de les charger de garder un bien auquel la majorité même de leurs commettants n'a aucune part, et de compter ainsi sur plus de mille personnes dans les divers emplois de la république, destinés à accomplir tous les jours un acte continuel de dévouement?

Mais, dira-t-on, les non-propriétaires sont la majorité de la nation, et c'est pour cette majorité que le gouvernement doit être constitué.

D'abord, il me semble que l'on confond toujours la majorité du moment avec la majorité durable. Il n'y a pas d'instants où, en arrêtant tout à coup les rangs de la société, et demandant à tous les hommes s'ils sont contents de la place qu'ils y occupent, le plus grand nombre ne voulût la changer. Mais l'intérêt de la majorité des hommes, pris dans l'espace de deux ou trois générations, se trouve dans le maintien de la propriété. Les individus l'acquièrent, la conservent, la perdent ou la retrouvent; mais la société en masse est fondée sur elle. Au premier bouleversement, les non-propriétaires sont plus heureux; mais au second, ils sont culbutés à leur tour, et le malheur pèse successivement sur toutes les têtes, quand on ne veut pas souffrir que le hasard se fasse sa part dans chaque époque.

Beaucoup de vertus peuvent se rencontrer parmi les non-propriétaires, mais c'est quand on les laisse dans une situation passive; en les mettant en action, tous leurs intérêts les portent au crime; ils ont beaucoup contribué à la révolution, mais c'est eux aussi qui en recueilleront les premiers bienfaits. N'est-ce donc rien que la liberté civile, le droit et l'avantage de tous? Les véritables biens sont renfermés dans cette liberté,

Point d'impôts qui ne soient proportionnels.

Point d'arrestation, de jugement, que dans les formes légales et universelles.

Point de privilége dans aucun genre; car on ne doit pas considérer ainsi le droit politique, puisqu'on peut y parvenir en acquérant une propriété modique, mais indépendante : tout ce qui sert de motif d'émulation, et non de barrière, au mérite personnel; tout ce qui est un but, et non pas une exclusion, ne saurait être considéré comme un privilége.

La liberté politique est à la liberté civile, comme

la garantie à l'objet qu'elle cautionne; c'est le moyen et non l'objet; et ce qui a contribué surtout à rendre la révolution française si désordonnée, c'est le déplacement d'idées qui s'est fait à cet égard. On voulait la liberté politique aux dépens de la liberté civile : il en résultait qu'il n'y avait d'apparence de liberté que pour les gouvernants, et d'espoir de sûreté que dans le pouvoir; tandis que dans un état vraiment libre, c'est le contraire qui doit arriver. Le droit politique doit être considéré comme un tribut qu'on paie à la patrie; c'est monter la garde, c'est exercer les devoirs de citoyen; mais le fruit de ces sacrifices, c'est la liberté civile. Le droit politique importe aux ambitieux qui souhaitent du pouvoir. La liberté civile intéresse les hommes paisibles qui ne veulent pas être dominés; et toute liberté politique qui excède la force d'une garantie, compromet le but dont elle répond. Et qu'on ne dise pas qu'il est dangereux, qu'il est impossible d'ôter ou de refuser le droit abstrait d'une fraction de puissance politique à cette classe d'hommes qu'on a pu réduire à deux onces de pain par jour. Ceux que le sort condamne à travailler pour vivre ne sortent jamais, par leur propre mouvement, du cercle des idées que ce travail leur impose. C'est leur existence physique qu'il faut soigner; ce sont les moyens d'acquérir de la propriété qu'il faut multiplier autour d'eux. Dans les discussions politiques, contenez les chefs qui veulent régner par le peuple, et ce peuple sera tranquille.

Pour soutenir la lutte en faveur de ces principes, dont le triomphe peut seul affermir la république, c'est en dehors de ce qu'ils appellent leur parti que les républicains peuvent recruter d'utiles alliés.

Constituez une bonne république, comme le seul moyen d'anéantir la royauté. Élevez-vous, au lieu de frapper; faites-vous aimer, au lieu de punir.

Il faut, pour terminer une révolution, trouver un centre et un lien commun; les non-propriétaires peuvent agiter, renverser et combattre; mais à quel terme les arrêter, mais par quels nœuds les fixer en société, s'ils étaient à la fois gouvernants et non-propriétaires? Ce centre, dont on a besoin, c'est la propriété; ce lien, c'est l'intérêt personnel.

Les républiques anciennes se fondaient par la vertu et se maintenaient par les sacrifices; les citoyens se réunissaient par le dévouement mutuel à la patrie. Mais avec nos mœurs, avec notre siècle, il faut réformer les hommes en société par la

crainte de perdre ce qui reste à chacun d'eux; il faut parler repos, sûreté, propriété, à cette classe d'hommes que le pouvoir révolutionnaire peut écraser, mais sans laquelle une constitution ne peut s'établir.

Il est donc certain que tous les principes des constitutionnels (hors un seul, qu'ils ne peuvent plus soutenir à présent) sont absolument d'accord avec les intérêts des véritables républicains. C'est un même parti dans ses bases et dans son but : il faut que l'un sacrifie la royauté à la certitude de la liberté; l'autre, la démocratie à la garantie de l'ordre public; et c'est au terme positif de toutes les idées raisonnables que ce traité sera conclu.

CHAPITRE II.

Que la république a besoin d'hommes distingués par leurs talents et leurs vertus.

Mais ce n'est point assez de s'occuper des principes; il faut parler du caractère des personnes.

Dans tous les temps, mais surtout en révolution, les haines individuelles sont le ressort secret de la plupart des idées qu'on honore du nom de générales. Les républicains, amis de la vertu, les hommes qui, dans l'assemblée, terrassent à coups redoublés l'hydre renaissante de la terreur, les guerriers vainqueurs dont l'Europe est forcée de respecter le courage, doivent être accablés de la bassesse de ceux qui se disent de leur parti. Quels amis pour une telle cause!

Depuis que la république est proclamée, tant de juges, d'assassins, de témoins et de bourreaux, ont crié *vive la république!* que ses vrais défenseurs doivent sentir le besoin d'acquérir de nouveaux partisans.

Les hommes que les forfaits n'ont point souillés, qui, pour arriver à ce qu'ils croyaient le suprême bien, n'auraient jamais passé par aucune route ensanglantée; les hommes qui n'ont sacrifié qu'eux-mêmes à leur opinion; qui se sont décidés lorsque la victoire était incertaine; qui ont combattu et détruit les priviléges, lorsqu'il dépendait d'eux de conserver les abus pour leur propre avantage; les hommes qui ont fait plus encore, qui, malgré les liens les plus chers de famille et d'amitié, soutenaient leur opinion au milieu de ceux qui la détestaient, et savaient unir à la lutte publique le combat plus douloureux de tous les jours et de tous les instants; les hommes d'une autre classe qui se sont ressaisis de leurs droits, sans se permettre, sans éprouver un seul désir de vengeance; les hommes qui ont anéanti la noblesse, sans persécuter, sans craindre les nobles, et, profondément pénétrés des saints droits de l'égalité, ne se sont jamais permis d'y porter atteinte par une haine puérile, qui, d'une manière quelconque, consacre une différence : ces hommes sont bons à recruter pour la république.

En s'y ralliant, ils la rattacheraient aux beaux jours de 1789; et les vieux amis de la liberté, reconnaissant ses premières traces, effaceraient de ses fastes trois épouvantables années.

Vous, les amis fidèles de ces malheureux fondateurs de la république, dont la mort nous a révélé beaucoup de vertus; vous qui avez renversé les échafauds, républicains sincères et courageux, de quelque parti que vous soyez, appelez autour de la chose publique tous les défenseurs de la liberté, inconnus ou proscrits, éloignés ou timides! Écartez loin de nous les coupables de ces trois années, ils sont trop criminels pour n'être pas pervertis par les terreurs qu'ils ressentent; et, semblables à la femme de Macbeth, qui ne pouvait effacer sur sa main les traces de sang qu'elle seule croyait y voir, ils sont plus tourmentés par leurs propres souvenirs que par les nôtres.

Des voix courageuses se font entendre dans l'assemblée; des écrivains éloquents s'élèvent hors de son sein; mais qu'on a besoin de repeupler ce pays d'hommes distingués par leurs talents et par leurs vertus! Quel désert pour la gloire que notre malheureuse patrie! Les hommes manquent aux places; la machine publique est chancelante, faute de bras pour la soulever, et cette génération est décimée par un choix barbare de la plupart de ceux qui s'élevaient au-dessus d'elle. Le manque de lumières fait soutenir des maximes féroces à qui ne peut concevoir des ressources généreuses. Des hommes libres redoutent, comme à l'ancienne cour, tout ce qui écrit, tout ce qui pense; et c'est avec une dénomination vide de sens, avec un cri de guerre qu'ils combattent tous les arguments! La pitié fait peur, le raisonnement est suspect, l'opinion publique s'appelle des intrigues particulières, et tous les effets de ces craintes ridicules font douter si la petitesse de l'esprit n'est pas encore plus redoutable que l'immoralité du cœur.

D'autres, plus coupables que les puissants eux-mêmes, se traînent à la justification des fautes qui vont être réparées : au milieu de leurs plats sophismes, le décret qu'ils soutiennent n'est déjà plus, et, stupides dans leur bassesse, ils perdent jusqu'à la seule faveur qu'ils espéraient gagner à tout prix.

Depuis que le pouvoir s'intitule *la liberté*, une foule de gens se croient des Romains en le flattant.

La terreur, la confusion des mots, les lois atroces qu'il fallait reconnaître en les éludant, ont dénaturé la France, et l'on ne peut s'empêcher de frémir de l'ascendant que la législation, que le gouvernement peut avoir sur tous les individus d'un empire : leur sort, leur vie sont dans sa main; mais, ce qui est plus encore, leur moralité même. Dans tous ces combats où l'on oppose les sentiments à la crainte, la justice à l'ambition, et où l'on place la vertu dans une situation inverse de l'ordre naturel, le caractère de la plupart des hommes ne résiste pas à de telles épreuves : nous avons tous besoin qu'on nous fasse entendre le parfait langage de la vertu, tel qu'il s'est conservé dans la solitude du malheur ou le silence de l'ambition. Nous avons tous transigé pour le bien avec le mal : ce joug des circonstances a pesé sur les cœurs les plus purs, et l'on est effrayé des concessions qu'il obtient : rien aujourd'hui n'est vrai, rien n'est équitable, que d'une manière relative; c'est dans le moindre degré de l'injuste que se réfugie tout ce que l'on peut placer d'estime; et, témoin d'une si grande latitude de crimes, on peut se croire honnête aux plus déplorables conditions.

Les hommes qui se sont trouvés éloignés de la tyrannie de Robespierre, nous rendaient un grand service en nous ôtant cet affreux terme de comparaison. Ce n'est pas à l'immuable vérité, mais à ce qui a existé en France pendant dix-huit mois, que l'on compare ce qui se passe, et l'on est sans cesse tenté d'appeler un bienfait de tous les jours la cessation d'une sorte d'atrocité, dont la possibilité, par delà le crime, par delà la crainte, ne devait jamais entrer dans la balance des raisonnements.

Qu'on est las d'entendre parler de justice modifiée par les circonstances, de déprédations iniques qu'il n'est pas encore temps de réparer! Ah! le malheur est-il relatif, et peut-on suspendre aussi les irréparables effets de la douleur? Il est si peu de souffrances particulières utiles au bonheur public, que les ressources du génie suppléeraient heureusement à tous les moyens tirés du mal; et l'on se plaît à penser que les grandes facultés de l'esprit pourraient accomplir tous les vœux du cœur.

Découvrez, rendez-nous le plaisir de l'admiration! Il y a trop longtemps que, dans la carrière du beau, l'homme n'a étonné l'homme; il y a trop longtemps que l'âme froissée n'éprouve plus la seule jouissance céleste restée sur cette triste terre, cet abandon complet d'enthousiasme, cette émotion intellectuelle qui vous fait connaître, par la gloire d'un autre, tout ce que vous avez vous-même de facultés pour juger et pour sentir.

Mais la défiance, ce germe de mort des états populaires; la défiance, qui met à l'aise l'envie, veut écarter toutes les classes d'hommes, anciens ou nouveaux, qu'elle se plaît à soupçonner; veut écarter tous les constitutionnels, surtout en révoquant en doute leur amour pour la liberté.

Eh! qui donc la chérira plus qu'eux? Qui donc est plus en avant aux yeux du despotisme? Qui présenta cette liberté sous des formes plus attrayantes, et par conséquent plus redoutables à ses ennemis? Qui serait plus malheureux, plus profondément blessé dans toute son existence, s'il ne restait de cette révolution que les traces du sang qu'elle a fait verser?

Écoutez les profonds adversaires des principes libéraux : ils ne s'attachent pas à poursuivre ceux qu'ils croient insensibles à l'opinion; ils excusent le peuple, ils abandonnent le crime à lui-même, mais ils se réservent toutes leurs forces contre les hommes par lesquels toutes les révolutions commencent, parce que leur exemple seul peut être généralement suivi. Une nation soulevée appartient à tous ceux qui savent s'en emparer; mais le premier effort vers la liberté ne peut partir que de la classe la plus distinguée de la nation par ses vertus, ses talents, sa consistance même dans l'opinion.

Le premier pas qu'a fait la constitution de 1791 était immense, il avait franchi tout ce qui pouvait l'être sans braver le sang et la mort; et ce sont les auteurs de cette puissante révolution de 1789, ce sont eux qu'on peut soupçonner de ne pas aimer la liberté! Si quelques nouvelles de France pouvaient pénétrer dans les cachots de l'empereur, la Fayette y verrait que, dans les fers étrangers, on le soupçonne encore d'avoir trahi sa patrie; que ceux qui veulent établir en France la liberté d'Amérique, traitent d'adversaire son premier soutien; que les admirateurs de Washington proscrivent son émule; et que si ce célèbre infortuné échappait aux ennemis de la France, il périrait sous le glaive de ses défenseurs. Mais, je l'espère pour lui, la connaissance de cette situation cruelle ne pourrait l'abattre : qui, dans les révolutions, s'est vu l'objet de la double haine des extrêmes opposés, a mérité deux fois l'estime de la postérité.

Mais est-ce la peur qui produit cette défiance insensée, ces haines pour des nuances, ces proscriptions pour des dissentiments politiques ralliés à la base par le même sentiment, l'amour de la liberté? Comment craindre les vengeances des constitutionnels, quand eux-mêmes sont désignés pour expier le même jour un seul et même crime aux yeux des vrais aristocrates, la révolution de France? Comment craindre la vengeance de ces hommes aussi purs dans leurs moyens que dans leur but? Se sont-ils unis aux étrangers pour combattre la patrie qui les proscrivait? Se sont-ils mêlés à ces implacables terroristes pour attaquer la convention? C'est, au contraire, un grand nombre de leurs amis, des patriotes de 1789, qui, le 1er prairial, ont défendu la convention. Ralliés à la république, depuis que les républicains se rattachent aux véritables principes de la liberté, aucun d'eux n'a pris part à ces assassinats commis pour se venger des jacobins, à ces réactions funestes de l'esprit sanguinaire qui ravage encore la France. Il faut être resté parmi ces hommes cruels pour concevoir des crimes semblables aux leurs; et ceux qui s'en sont rendus coupables n'étaient ni les amis ni les parents des victimes immolées. Cette excuse trop légitime, le malheur causé par la perte de ce qu'on aime, ils n'ont point été forcés d'y recourir, ils ne se sont point vengés.

Ce pays malheureux, persécuté par tant de factions diverses, a moins besoin de punir tous les crimes qui l'ont déchiré, que d'éloigner la mort de ces funestes rives; de désaccoutumer ce peuple du sang même des coupables, alors qu'il est encore si près de verser celui des innocents. Déportez, rejetez loin de nous cette écume révolutionnaire; mais renversez ces échafauds trop honorables pour les criminels, ces échafauds où la leçon de l'exemple ne peut plus être donnée, ces échafauds qui font autant de coupables qu'ils attirent de spectateurs.

Quel fatal sentiment que celui de la défiance! et que les craintes qu'il inspire, les jugements qu'il fait porter sont à la fois misérables et funestes! combien il écarte d'hommes distingués, combien il donne d'amis perfides! Un esprit défiant est si naturellement borné, il suppose si peu de grandeur dans l'âme, qu'il ne s'attache jamais aux véritables dangers qui menacent la patrie. Un homme honnête, de quelque opinion qu'il soit, ne peut être l'objet du soupçon; ses moyens sont purs, sa force est calculée; il existe des principes dont il ne peut s'écarter; il a un caractère qu'il doit conserver; ce qu'il dit, il faut qu'il le soutienne : s'il manquait à sa parole, il serait plus nul, plus avili le lendemain que l'homme méprisé, qui, n'ayant pris aucun engagement, conserve toujours la seule espèce de puissance qu'il puisse avoir, les ressources de l'intrigue.

Comment se défier de l'esprit qui raisonne? il trace sa route, il montre son but. Un gouvernement fondé sur les principes peut-il craindre les armes de la pensée?

Enfin, un caractère distingué, une âme élevée, voilà ce qui met le comble aux inquiétudes des défiants, et voilà cependant les véritables républicains. Quel gouvernement est plus favorable à l'ascendant du talent qu'une république? Que faire du mérite personnel dans les routines de la monarchie? et quelle serait donc enfin la république qui n'appellerait pas à son secours, à son établissement, l'exaltation des plus hautes vertus?

Mais ce n'est pas contre les inquiétudes, contre toutes les défiances, que je parle dans ce moment. Il y a des craintes d'un ordre plus relevé, des craintes qui peuvent honorer celui qui les éprouve : craignez ce terrorisme, toujours prêt à renaître, parce qu'il a son point d'appui naturel et constant dans la dernière classe de la société : opposez des armées victorieuses aux royalistes contre-révolutionnaires : pensez aux mécontents, pour les apaiser par la réparation de toutes les injustices.

Qu'est-ce que ces précautions individuelles auprès d'une loi d'un intérêt général? Tel décret qui relève une classe d'hommes de la proscription, un autre du séquestre; tel décret favorable à la baisse du prix du pain, qui assure la subsistance de tous par le respect de la propriété de chacun, est plus influent pour la république que ce détail de soupçons qui dégrade celui qui s'y livre : en persécutant un seul homme, on se crée tous ceux qui l'aiment pour ennemis.

Un gouvernement n'a qu'un examen à faire, c'est de chercher de quelle manière il peut se concilier le plus grand nombre d'intérêts particuliers ; tout ce qui est au delà de ce moyen est de la violence qui comprime, mais ne garantit point.

Il y a des gens qui voudraient gouverner ce pays un à un, connaître toutes les nuances des sentiments particuliers de chaque individu, pour lui permettre ou non d'exister ou de revenir en France; ils ne peuvent embrasser la conception d'un empire de vingt-quatre millions d'hommes; ils ne savent pas qu'il n'y a que les idées générales qui peuvent réunir une grande nation; qu'une seule exception à la justice ébranle la force d'un gouvernement qui, n'étant point guidé par la superstition des préjugés, s'offre de toutes parts au raisonnement, et ne peut se maintenir que par l'évidence de ce raisonnement même.

Il est en effet des objets de crainte, mais c'est le crime, la bassesse, la médiocrité même qui doivent faire trembler. Là où l'on peut découvrir un talent, une vertu, qu'on se rassure. La défiance enfin est un sentiment si stupide, qu'elle se place mal, même en qualité de défiance, et l'on pourrait donner, à celui qui soupçonne, bien des tourments nouveaux dont il ne se doute pas encore. Ce n'est pas l'homme qui dit ouvertement son opinion, qu'il faut craindre, il s'est désigné; mais ce sont tous ceux qui gardent le silence sur les affaires publiques. Ce n'est pas l'homme marquant, quel qu'il soit, car toutes ses relations sont connues, et son intérêt est signalé; ce sont tous les hommes obscurs qui, n'ayant pris aucun engagement public, peuvent se donner au parti qu'ils choisiront. Ce ne sont pas seulement ceux qui s'opposent à la république, c'est le grand nombre des ses amis apparents.... Mais c'est assez de fantômes; jamais il n'exista de moment qui commandât plus impérieusement d'éloigner tous les principes de division; le pouvoir, l'attrait de la destruction est fini; il ne reste à se saisir que d'un sentiment universel, le besoin du repos.

La constitution républicaine étant ce qui est le plus près d'être, a les plus grands avantages pour s'établir : elle peut arriver sans efforts; elle n'a pas besoin de secousses; elle sera, si personne ne s'y oppose : la force d'inertie est pour elle : il faut seulement que le gouvernement tende vers le calme avec autant de soin qu'il en fallait pour créer une insurrection. Si l'on veut de la lutte, le sort de la liberté est encore incertain. Si l'on ne rouvre aucune blessure, si l'on est dévot au génie réparateur, si l'on avance sans renverser, la république se consolidera, presque à l'insu même de ceux qui ne la veulent pas; on ne peut trouver d'obstacles qu'en irritant les affections personnelles. Hors de la Vendée, il n'y a pas en France de fanatisme pour la royauté; les hommes ardents sont pour la république, et ce qu'elle a d'ennemis est dans la classe des hommes paisibles, qu'on ne pourrait animer que par le désespoir.

Il faut donc calmer et consoler; cette idée simple est tout le secret de ce moment. Dans les partis même les plus exagérés, la fatigue du malheur a compté bien des âmes. La constitution doit hériter de tous les hommes las des révolutions; on doit les accueillir, et terminer tous les malheurs qu'il appartient encore aux hommes de réparer. Mais qui laisserait dans l'état le mieux organisé un grand nombre d'infortunés, refermerait le volcan sans avoir su l'éteindre, bâtirait sans pouvoir fonder.

Quand la défiance même finirait par avoir raison, c'est encore elle qui aurait amené le sujet de ses inquiétudes ; la défiance excite une sorte de révolte dans ceux qui s'en voient l'objet ; elle divise, aigrit, exalte et crée un parti dont le mot de ralliement a été donné par les soupçons de l'adversaire, dont les troupes se sont réunies à l'idée d'un danger commun, et dont les premiers essais sur l'opinion publique ont été faits par l'ennemi même qui supposait l'existence d'un tel parti, et encourageait par là ses alliés secrets à se montrer. S'il existe des anciens amis de la liberté qui se croient encore liés à soutenir la royauté, alors même que sa cause est détachée et des vertus personnelles de Louis XVI, et de la paix intérieure de la France ; s'il en est qui repoussent le nom de république par une superstition tout à fait incompatible avec leurs premiers efforts ; s'il en est qui recherchent un traité avec des ennemis plus éclairés qu'eux sur la nature et les effets de leurs opinions, avec des ennemis professant un système où l'on ne peut offrir à ses adversaires que le pardon, avec des ennemis dont les principes intolérants sur ce qu'ils appellent l'honneur ne permettent aux amis de la liberté d'autre transaction que la victoire, d'autre accord que la générosité : s'il en est de ces premiers défenseurs de la liberté assez dégradés pour servir de quelque manière la cause du despotisme, il faut les séparer de leur parti, il faut être certain, avant tout, que le mépris de ce même parti les en isolera. On doit se garder, pour l'honneur de la république, d'appeler du nom de royalistes une foule d'hommes estimables qui se trompent peut-être dans quelques-uns des moyens qu'ils admettent, des amis qu'ils accueillent, mais qui ne peuvent pas vouloir renverser la constitution qu'ils doivent accepter, préparer dans un autre sens une révolution aussi sanglante, bouleverser la France au signal de toutes les opinions nouvelles, et n'y laisser que des tombeaux pour monument de chaque époque.

Ici ma tâche est finie, et je puis me rendre le témoignage qu'un amour sincère pour la France, pour cette véritable patrie des âmes passionnées, a seul inspiré cet écrit. Je m'attends aux nouvelles haines qu'une nouvelle action fait naître : on appellera démagogie, les raisons données pour maintenir la république ; aristocratie, les principes qui combattent l'injustice. On doit supporter, on doit comprendre tous les égarements de ceux qui sont accablés sous le poids de tous les malheurs ; il faudrait s'honorer des attaques des hommes qui se croiraient insultés par la haine du crime et de l'oppression. Enfin, il y a peu de courage à s'exposer

maintenant, même à des sentiments pénibles : quelle souffrance nouvelle peut-on éprouver ? quelle place du cœur est encore sans blessure ? quel ennemi pourrait faire autant de mal que l'amitié ? L'exil, la proscription, la mort, ont tout menacé, tout ravi : s'il fallait cesser d'espérer, que nous resterait-il à craindre ?

ESSAI

SUR

LES FICTIONS.

Il n'est point de faculté plus précieuse à l'homme que son imagination ; la vie humaine semble si peu calculée pour le bonheur, que ce n'est qu'à l'aide de quelques créations, de quelques images, du choix heureux de nos souvenirs, qu'on peut rassembler des plaisirs épars sur la terre, et lutter, non par la force philosophique, mais par la puissance plus efficace des distractions, contre les peines de toutes les destinées. On a beaucoup parlé des dangers de l'imagination, et il est inutile de rechercher ce que l'impuissance de la médiocrité, ou la sévérité de la raison, ont répété à cet égard : les hommes ne renonceront point à être intéressés, et ceux qui possèdent le talent d'émouvoir, renonceront encore moins au succès qu'il peut leur promettre. Le petit nombre des vérités nécessaires et évidentes ne suffira jamais à l'esprit ni au cœur de l'homme. La première gloire appartient, sans doute, à ceux qui découvrent de telles vérités : mais ils ont aussi travaillé utilement pour le genre humain, les auteurs de ces ouvrages qui produisent des émotions ou des illusions douces. La précision métaphysique, appliquée aux affections morales de l'homme, est tout à fait incompatible avec sa nature. Il n'y a sur cette terre que des commencements ; aucune limite n'est marquée : la vertu est positive ; mais le bonheur est dans le vague, et vouloir y porter un examen dont il n'est pas susceptible, c'est l'anéantir comme ces images brillantes formées par des vapeurs légères qu'on fait disparaître en les traversant. Cependant, le seul avantage des fictions n'est pas le plaisir qu'elles procurent. Quand elles ne parlent qu'aux yeux, elles ne peuvent qu'amuser : mais elles ont une grande influence sur toutes les idées morales, lorsqu'elles émeuvent le cœur ; et ce talent est peut-être le moyen le plus puissant de diriger ou d'éclairer. Il n'y a dans l'homme que deux facultés distinctes, la raison et l'imagination ; toutes les autres, le sentiment même, n'en sont que des dépendances ou des composés. L'empire des fictions, comme celui de l'imagination, est donc très-étendu ; elles s'aident des passions, loin de les avoir pour obstacles ; la philosophie doit être la puissance invisible qui dirige leurs effets : mais si elle se montrait la première, elle en détruirait le prestige.

Je vais donc, en parlant des fictions, les considérer, tout à la fois, sous le rapport de leur objet et de leur charme, parce que dans ce genre d'ouvrages, l'agrément peut exister dans l'utilité, mais jamais l'utilité sans l'agrément. Les fictions sont envoyées pour séduire ; et plus le résultat auquel on voudrait qu'elles tendissent serait moral ou philosophique, plus il faudrait les parer de tout ce qui peut émouvoir, et conduire au but sans l'indiquer d'avance. Dans les fictions mythologiques, je ne considérerai que le talent du poëte ; sans doute elles devraient aussi être examinées sous le rapport de leur influence religieuse [1], mais ce point de vue est absolument étranger à mon sujet. Je vais parler des ouvrages des anciens selon l'impression qu'ils produisent de nos jours, et c'est de leur talent littéraire, et non de leurs dogmes religieux, que je dois m'occuper.

Les fictions peuvent être divisées en trois classes : 1° les fictions merveilleuses et allégoriques ; 2° les fictions historiques ; 3° les fictions où tout est à la fois inventé et imité ; où rien n'est vrai, mais où tout est vraisemblable.

Ce sujet exigerait un traité fort étendu ; il comprendrait la plupart des ouvrages littéraires : il attirerait à lui presque toutes les pensées, parce que le développement complet d'une idée appartient à l'enchaînement de toutes : mais j'ai voulu seulement prouver que les romans qui prendraient la vie telle qu'elle est, avec finesse, éloquence, profondeur et moralité, seraient les plus utiles de tous les genres de fictions, et j'ai éloigné de cet essai tout ce qui n'avait point de rapport à ce but.

§ I.

La fiction merveilleuse cause un plaisir très-promptement épuisé ; il faut que les hommes se fassent enfants pour aimer ces tableaux hors de la nature, pour se laisser émouvoir par les sentiments

de terreur ou de curiosité dont le vrai n'est pas l'origine ; il faut que les philosophes se fassent peuple, pour vouloir saisir des pensées utiles, à travers le voile de l'allégorie. La mythologie des anciens ne contient quelquefois que de simples fables ; telles que la crédulité, le temps et les prêtres en ont transmises à toutes les religions idolâtres ; mais on peut le plus souvent la considérer comme une suite d'allégories ; ce sont des passions, des talents ou des vertus personnifiées. Il y a sans doute un premier bonheur dans le choix de ces fictions, un éclat d'imagination qui doit assurer une véritable gloire à leurs inventeurs ; ils ont figuré le style, et créé une langue, qui, rappelant toujours des idées uniquement consacrées à la poésie, préserve de la vulgarité qu'entraînerait l'emploi continuel des expressions usées par l'habitude : mais des ouvrages qui ajouteraient à ces fictions reçues, n'auraient aucun genre d'utilité. Il faut un talent bien supérieur pour tirer de grands effets de la nature seule ; il y a des phénomènes, des métamorphoses, des miracles dans les passions des hommes ; et cette mythologie inépuisable ouvre les cieux, creuse aussi des enfers sous les pas de ceux qui savent l'animer ; les fictions merveilleuses ont toujours refroidi les sentiments auxquels on les a associées. Quand on ne veut que des images qui puissent plaire, il est permis d'éblouir de mille manières différentes. On a dit que les yeux étaient toujours enfants ; c'est à l'imagination que ce mot s'applique ; s'amuser est tout ce qu'elle exige ; son objet est dans son moyen ; elle sert à tromper la vie ; à dérober le temps ; elle peut donner au jour les rêves de la nuit ; son activité légère tient lieu du repos, en suspendant de même tout ce qui émeut et tout ce qui occupe : mais lorsque l'on veut faire servir les plaisirs de cette même imagination à un but moral et suivi, il faut à la fois plus de conséquence et plus de simplicité dans le plan. Cette alliance des héros et des dieux, des passions des hommes et des décrets du destin, nuit même à l'impression des poëmes de Virgile et d'Homère. A peine l'inventeur peut-il obtenir grâce pour un genre dont l'invention est la première gloire. Lorsque Didon aime Énée, parce qu'elle a serré dans ses bras l'Amour que Vénus avait caché sous les traits d'Ascagne, on regrette le talent qui aurait expliqué la naissance de cette passion par la seule peinture des mouvements du cœur. Quand les dieux commandent et la colère, et la douleur, et les victoires d'Achille, l'admiration ne s'arrête ni sur Jupiter, ni sur le héros ; l'un est un être abstrait, l'autre un homme asservi par le destin ; la toute-

---

[1] J'ai lu quelques chapitres d'un livre intitulé : *De l'Esprit des Religions*, par M. Benjamin Constant, où tout ce qui peut être découvert de plus ingénieux dans l'aperçu de cette question est développé ; les lettres et la philosophie doivent exiger de son auteur de finir un si grand travail, et de le publier.

puissance du caractère échappe à travers le merveilleux qui l'environne. Il y a aussi dans ce merveilleux, tour à tour, quelque chose de certain et quelque chose d'inattendu, qui ôte tous les plaisirs attachés à craindre ou à prévoir d'après ses propres sentiments. Lorsque Priam va demander à Achille le corps d'Hector, je voudrais redouter les dangers que son amour paternel lui fait braver; trembler en le voyant entrer dans la tente du terrible Achille; rester ainsi suspendue à toutes les paroles de ce père infortuné, et recevoir à la fois, par son éloquence, l'impression des sentiments qu'elle exprime, et le présage des événements qu'elle va décider : mais je sais que Mercure conduit Priam à travers le camp des Grecs; que Thétis, par l'ordre de Jupiter, a commandé à son fils de rendre le corps d'Hector; je n'ai plus de doute sur l'issue de la démarche de Priam; mon âme n'est plus attentive, et sans le nom du divin Homère, je ne lirais pas un discours qui succède à la situation, au lieu de l'amener. J'ai dit qu'il y avait aussi quelque chose d'inattendu dans le merveilleux, qui, par un effet absolument contraire à celui de la trop grande certitude de l'avenir, ôtait de même le plaisir de prévoir; c'est lorsque les dieux déjouent les mesures les mieux combinées, prêtent à leurs protégés un irrésistible appui contre les forces les plus puissantes, et ne permettent point que les événements soient en rapport avec ce qu'on doit attendre des hommes. Sans doute les dieux ne prennent là que la place du sort; c'est le hasard personnifié : mais dans les fictions, il vaut mieux écarter son influence; tout ce qui est inventé doit être vraisemblable : il faut qu'on puisse expliquer tout ce qui étonne par un enchaînement de causes morales; c'est donner d'abord à ces sortes d'ouvrages un résultat plus philosophique; c'est présenter ensuite au talent une plus grande tâche, car les situations imaginées ou réelles, dont on ne se tire que par un coup du destin, sont toujours mal calculées. J'aime enfin qu'en s'adressant à l'homme, on tire tous les grands effets du caractère de l'homme; c'est là qu'est la source inépuisable dont le talent doit faire sortir les émotions profondes ou terribles; et les enfers du Dante ont été moins avant que les crimes sanguinaires dont nous venons d'être les témoins. Ce qu'il y a de vraiment sublime dans les poëmes épiques les plus remarquables par le merveilleux de leurs fictions, ce sont les beautés tout à fait indépendantes de ce merveilleux. Ce qu'on admire dans le Satan de Milton, c'est un homme; ce qui reste d'Achille, c'est son caractère; ce qu'on veut oublier dans la passion de Renaud pour Ar-

mide, c'est la magie qui se mêle aux attraits qui l'ont fait naître; ce qui frappe dans l'Énéide, ce sont les sentiments qui appartiennent, dans tous les temps, à tous les cœurs; et nos poëtes tragiques, en prenant des sujets dans les auteurs anciens, les ont presque entièrement séparés de la machine merveilleuse que l'on trouve à côté de toutes les beautés qui distinguent l'antiquité.

Les romans de chevalerie font encore plus sentir les inconvénients du merveilleux; non-seulement il influe sur l'intérêt de leurs événements, comme je viens de le montrer, mais il se mêle au développement même des caractères et des sentiments. Les héros sont gigantesques, les passions hors de la vérité; et cette nature morale imaginaire a beaucoup plus d'inconvénients encore que les prodiges de la mythologie et de la féerie : le faux y est plus intimement uni au vrai, et l'imagination s'y exerce beaucoup moins; car il ne s'agit pas alors d'inventer, mais d'exagérer ce qui existe, et d'ajouter à ce qui est beau dans la réalité une sorte de charge qui ridiculiserait la valeur et la vertu, si les historiens et les moralistes ne rétablissaient pas la vérité. Cependant il faut dans le jugement des choses humaines exclure toutes les idées absolues : je suis donc bien loin de ne pas admirer le génie créateur de ces fictions poétiques sur lesquelles l'esprit vit depuis si longtemps, et qui ont servi à tant de comparaisons heureuses et brillantes. Mais on peut désirer que le talent à naître suive une autre route, et je voudrais restreindre, ou plutôt élever à la seule imitation du vrai, les imaginations fortes auxquelles des fantômes peuvent malheureusement s'offrir aussi souvent que des tableaux. C'est pour les ouvrages où la gaieté domine, qu'on pourrait regretter ces fictions ingénieuses dont l'Arioste a su faire un si charmant usage : mais d'abord, dans cet heureux hasard qui produit le charme de la plaisanterie, il n'y a point de règle, il n'y a point d'objet; l'impression n'en peut être analysée; la réflexion n'a rien à en recueillir. Il y a, dans ce qui est vrai, si peu de raisons de gaieté, qu'en effet dans les ouvrages qui veulent la faire naître, le merveilleux est quelquefois nécessaire. La nature et la pensée sont inépuisables pour le sentiment et la méditation; mais la plaisanterie est un bonheur d'expression ou d'aperçus, dont il est impossible de calculer le retour; chaque idée qui fait rire pourrait être la dernière que l'on découvrira jamais : il n'y a pas de route qui mène à ce genre; il n'y a point de source où l'on soit certain d'en puiser les succès : on sait que l'effet existe, puisqu'il se renouvelle sans cesse ; mais on n'en connaît ni la cause, ni les moyens : le don de plaisanter appartient beaucoup plus réellement à l'inspiration, que l'enthousiasme même le plus exalté : cette gaieté dans les compositions littéraires, qui ne naît point d'un sentiment de bonheur ; cette gaieté dont le lecteur jouit bien plus que l'écrivain, est un talent auquel on parvient tout à coup, que l'on perd sans degrés, et qui peut être dirigé, mais jamais suppléé par aucune autre faculté de l'esprit le plus supérieur. Si j'ai reconnu que le merveilleux est souvent analogue aux ouvrages qui ne sont que gais, c'est parce qu'ils ne peignent jamais complétement la nature. Jamais une passion, une destinée, une vérité, ne peuvent être gaies, et c'est seulement de quelques nuances passagères de toutes ces idées positives que peuvent sortir des contrastes risibles.

Il existe un genre fort au-dessus de celui que je viens de décrire, quoiqu'il doive aussi produire des situations plaisantes : c'est le talent comique ; et celui-là, tirant sa force des caractères et des passions qui sont dans la nature, serait, de même que tous les ouvrages sérieux, entièrement altéré et affaibli par l'emploi du merveilleux. S'il se mêlait aux caractères de Gil Blas, du Tartufe, du Misanthrope, notre esprit serait bien moins séduit et moins frappé par ces chefs-d'œuvre.

L'imitation du vrai produit toujours de plus grands effets que les moyens surnaturels. Sans doute, la haute métaphysique permet de supposer qu'il y a dans les objets au-dessus de notre intelligence des pensées, des vérités, des êtres bien supérieurs aux connaissances humaines ; mais, comme nous n'avons aucune idée de ces régions abstraites, notre merveilleux ne peut s'en rapprocher, et reste même au-dessous de la réalité que nous connaissons. D'ailleurs, nous ne pouvons rien concevoir que d'après la nature des choses et des hommes ; ce que nous appelons nos créations, n'est donc jamais qu'un assemblage incohérent des idées que nous tirons de cette même nature dont nous voulons nous écarter. C'est dans le vrai qu'est l'empreinte divine : l'on attache le mot d'invention au génie, et ce n'est cependant qu'en retraçant, en réunissant, en découvrant ce qui est, qu'il a mérité la gloire de créateur.

Il est une autre sorte de fictions dont l'effet me paraît encore inférieur à celui du merveilleux ; ce sont les allégories. Il me semble qu'elles affaiblissent la pensée, comme le merveilleux altère le tableau de la passion. Sous la forme de l'apologue, les allégories ont pu quelquefois servir à rendre populaires les vérités utiles : mais cet exemple

même est une preuve qu'en donnant cette forme à la pensée, on croit la faire descendre pour la mettre à portée du commun des hommes ; c'est une faiblesse d'esprit dans le lecteur, que le besoin des images pour comprendre les idées ; la pensée qui pourrait être rendue parfaitement sensible de cette manière, manquerait toujours, à un certain degré, d'abstraction ou de finesse. L'abstraction est par delà toutes les images ; elle a une sorte de précision géométrique qui ne permet pas de l'exprimer autrement que dans ses termes positifs. La parfaite finesse de l'esprit échappe à toutes les allégories ; les nuances des tableaux ne sont jamais aussi délicates que les aperçus métaphysiques ; et ce qu'on peut mettre en relief ne sera jamais ce qu'il y a de plus ingénieusement subtil dans la pensée. Mais indépendamment du tort que font les allégories aux idées qu'elles veulent exprimer, c'est presque toujours un genre d'ouvrage sans aucune espèce d'agrément. Il a un double but, celui de faire ressortir une vérité morale, et d'attacher par le récit de la fable qui en est l'emblème ; presque toujours l'un est manqué par le besoin d'atteindre l'autre ; l'idée abstraite est vaguement représentée, et le tableau n'a point d'effet dramatique. C'est une fiction dans la fiction, dont les événements ne peuvent point intéresser, puisqu'ils ne sont là que pour figurer des résultats philosophiques, et dont l'intelligence fatigue bien plus que ne le ferait l'expression purement métaphysique. Il faut distraire dans l'allégorie ce qui est abstrait de ce qui appartient à l'image, découvrir les idées sous le nom des personnages qui les représentent, et commencer par deviner l'énigme avant de comprendre la pensée. Quand on veut expliquer ce qui donne de la monotonie au charmant poëme de Télémaque, on trouve que c'est le personnage de Mentor, qui, tout à la fois merveilleux et allégorique, a les inconvénients des deux genres. Comme merveilleux, il ôte toute inquiétude sur le sort de Télémaque, par la certitude que l'on acquiert qu'il triomphera de tous les périls par le secours de la déesse ; comme allégorique, il détruit tout l'effet des passions qui dépend de leurs combats intérieurs. Les deux pouvoirs que les moralistes distinguent dans le cœur de l'homme, sont deux personnages dans le poëme de Fénelon ; le caractère de Mentor est sans passion, celui de Télémaque sans empire sur lui-même. L'homme est entre deux, et l'intérêt ne sait à quel objet s'attacher. Ces allégories piquantes, où, comme dans Thélème et Macare, la Volonté voyage pour rencontrer le Bonheur ; ces allégories prolongées, où, comme dans la Reine des Fées de

Spencer, chaque chant est le récit du combat d'un chevalier qui représente une vertu contre un vice son adversaire, ne peuvent être intéressantes, quel que soit le talent qui les embellisse. On arrive à la fin tellement fatigué de la partie romanesque de l'allégorie, qu'on n'a plus la force d'en comprendre le sens philosophique.

Les fables, où l'on fait parler les animaux, ont servi d'abord comme un apologue dont le peuple saisissait plus facilement le sens; on en a fait ensuite un genre d'ouvrage littéraire dans lequel beaucoup d'écrivains se sont exercés. Il a existé un homme qui devait être unique dans cette carrière, parce que son naturel était si parfait qu'il ne pouvait ni se rencontrer deux fois, ni s'imiter une seule; un homme qui fait parler les animaux comme s'ils étaient une espèce d'êtres pensants, avant le règne de tous les préjugés et de toutes les affectations. Le talent même de la Fontaine écarte de ses écrits l'idée d'allégorie, en personnifiant le caractère de l'espèce qu'il peint selon les convenances qui lui sont propres; le comique de ses fables ressort, non de leurs allusions, mais du tableau réel des mœurs des animaux qu'il met en scène. Ce succès avait nécessairement ses bornes, et toutes les autres fables qu'on a composées dans diverses langues, rentrant dans l'allégorie, partagent aussi ses inconvénients.

Les allégories ont été fort en usage parmi les Orientaux. Le despotisme de leurs gouvernements en est sans doute la première cause. On a eu besoin de dire la vérité sous un voile qui permît aux sujets d'entendre ce qui échapperait à la pénétration du maître; lorsqu'on a même osé vouloir que cette vérité parvînt jusqu'au trône, on a pensé qu'en l'alliant à des emblèmes tirés des lois de la nature physique, on la séparait de l'influence et de l'opinion des hommes, qui devait être toujours censée dépendre de la volonté du sultan; et quand cette même vérité a été présentée sous la forme d'un conte, le résultat moral n'étant point prononcé par l'auteur, il s'est flatté que si le sultan apercevait ce résultat, il lui ferait grâce, comme à une découverte de sa propre intelligence. Mais toutes ces ressources, auxquelles le despotisme condamne, doivent être bannies avec son empire; et dès qu'il est prouvé qu'elles ne sont plus nécessaires, elles perdent tout leur intérêt.

Les ouvrages d'allusions sont aussi une sorte de fiction, dont le mérite n'est bien senti que par les contemporains. La postérité juge ces écrits à part du mérite d'action qu'ils pouvaient avoir à une autre époque, et de la connaissance des difficultés que les auteurs avaient à vaincre. Dès que le talent s'est exercé d'une manière relative, il perd son éclat avec les circonstances qui le faisaient ressortir. Le poëme d'Hudibras, par exemple, est peut-être un de ceux dans lesquels on trouve le plus de ce qu'on appelle de l'esprit : mais comme il faut rechercher ce que l'auteur a voulu dire dans ce qu'il dit, que des notes sans nombre sont nécessaires pour comprendre ses plaisanteries, et qu'avant de rire ou d'être intéressé, il faut une instruction préalable, le mérite de ce poëme n'est plus généralement senti. Un ouvrage philosophique peut exiger des recherches pour être entendu : mais une fiction, quelle qu'elle soit, ne produit un effet absolu que quand elle contient en elle seule ce qui importe pour que tous les lecteurs, dans tous les moments, en reçoivent une impression complète. Plus les actions sont adaptées aux circonstances présentes, plus elles sont utiles, et plus par conséquent leur gloire est immortelle; mais les écrits au contraire ne s'agrandissent qu'en se détachant des événements présents, pour s'élever à l'immuable nature des choses; et tout ce que les écrivains font pour le jour, est, selon l'expression de Massillon, *temps perdu pour l'éternité.*

Les comparaisons, qui, jusqu'à un certain point, dérivent de l'allégorie, étant moins prolongées, distraient moins l'attention; et presque toujours précédées par la pensée même, elles n'en sont qu'un nouveau développement : mais il est rare encore qu'un sentiment ou une idée soient dans toute leur force, quand on peut les exprimer par une image. Le *qu'il mourût!* d'Horace n'en eût pas été susceptible; et en lisant le chapitre de Montesquieu où, pour donner l'idée du despotisme, il le compare à l'action des sauvages de la Louisiane, on oserait souhaiter à la place de cette image une pensée de Tacite ou de l'auteur lui-même, qui tant de fois a surpassé les meilleurs écrivains de l'antiquité. Il serait trop austère, sans doute, de repousser toutes ces parures, dont l'esprit a souvent besoin pour se reposer de la conception des idées nouvelles, ou pour varier celles qui sont déjà connues; les images, les tableaux, sont le charme de la poésie et de tout ce qui lui ressemble; mais ce qui appartient à la réflexion acquiert une plus grande puissance, une intensité plus concentrée, lorsque l'expression de la pensée ne tire sa force que d'elle-même.

Il faut maintenant, comme dans les fictions merveilleuses, parler des allégories qui n'ont pour but que de mêler la plaisanterie aux idées philosophiques, telles que le conte du Tonneau par Swift,

Gulliver, Micromégas, etc. Je pourrais répéter, de ce genre, ce que j'ai dit de l'autre : si l'on a fait rire, le but est rempli. Mais il en est un plus relevé cependant dans ces sortes d'ouvrages : c'est de faire ressortir l'objet philosophique, et l'on n'y parvient que très-imparfaitement. Quand l'allégorie est amusante en elle-même, la plupart des hommes retiennent plutôt sa fable que son résultat; et Gulliver a plus attaché comme conte, qu'il n'instruit comme morale. L'allégorie marche toujours entre deux écueils : si son but est trop marqué, il fatigue; si on le cache, il s'oublie; et si l'on essaie de partager l'attention, l'on n'excite plus d'intérêt.

§ II.

J'ai dit que je parlerais, dans cette seconde partie, des fictions historiques, c'est-à-dire, des inventions unies à un fond de vérité. Les poëmes dont le sujet est tiré de l'histoire, les tragédies, ne peuvent se passer de ce secours. Quand il faut faire naître et resserrer tous les sentiments dans l'espace de vingt-quatre heures et de cinq actes, ou bien soutenir son héros à la hauteur de la poésie épique, aucun homme, aucune histoire n'offre un modèle complet pour ce genre; mais l'invention qu'il rend nécessaire ne ressemble en rien au merveilleux : ce n'est point une autre nature, c'est un choix dans celle qui existe; c'est le travail d'Apelles qui rassemblait les charmes épars pour en composer la beauté. En accordant au langage de la poésie ce qui la caractérise, tous les mouvements du cœur servent à juger les belles situations, les grands caractères épiques ou dramatiques; ils sont empruntés à l'histoire, non pour les défigurer, mais pour les séparer de ce qu'ils avaient de mortel, et consacrer ainsi leur apothéose. Rien n'est hors de la nature dans cette fiction; la même marche, les mêmes proportions y sont observées; et si un homme créé pour la gloire écoutait des chefs-d'œuvre tels que la Henriade, Gengiskan, Mithridate, ou Tancrède, il admirerait sans s'étonner, il jouirait sans penser à l'auteur, sans se douter de la création qu'on doit au talent dans les tableaux de l'héroïsme.

Mais il est une autre sorte de fictions historiques, dont je souhaiterais que le genre fût banni; ce sont les romans entés sur l'histoire, tels que les Anecdotes de la cour de Philippe-Auguste, et plusieurs autres encore. L'on pourrait trouver ces romans jolis, en les séparant des noms propres; mais ces récits se placent entre l'histoire et vous, pour vous présenter des détails dont l'invention, par cela même qu'elle imite le cours ordinaire de la vie, se confond tellement avec le vrai, qu'il devient très-difficile de l'en séparer.

Ce genre détruit la moralité de l'histoire, en surchargeant les actions d'une quantité de motifs qui n'ont jamais existé; et n'atteint point à la moralité du roman, parce que, obligé de se conformer à un canevas vrai, le plan n'est point concerté avec la liberté et la suite dont un ouvrage de pure invention est susceptible. L'intérêt que doivent ajouter aux romans les noms déjà célèbres dans l'histoire, appartient aux avantages de l'allusion, et j'ai déjà essayé de prouver qu'une fiction qui s'aide de souvenirs au lieu de développements, n'est jamais parfaite en elle-même : mais d'ailleurs, il est dangereux d'altérer ainsi la vérité. On ne peint dans ces sortes de romans que les intrigues galantes; car les autres événements de l'époque qu'on choisit ont tous été racontés par l'historien : on veut alors les expliquer par l'influence de l'amour, afin d'agrandir le sujet de son roman, et l'on présente ainsi le tableau le plus faux de la vie humaine. On affaiblit, par cette fiction, l'effet que doit produire l'histoire même, dont on a emprunté la première idée, comme une mauvaise copie d'un tableau peut nuire à l'impression de l'original, qu'elle rappelle imparfaitement par quelques traits.

§ III.

La troisième et dernière partie de cet essai doit traiter de l'utilité des fictions que j'ai appelées naturelles, où tout est à la fois inventé et imité, où rien n'est vrai, mais où tout est vraisemblable. Les tragédies dont le sujet est tout entier d'imagination, ne seront point cependant comprises dans cette division; elles peignent une nature relevée, un rang, une situation extraordinaire. La vraisemblance de ces pièces dépend d'événements très-rares, et dont la morale ne peut s'appliquer qu'à un très-petit nombre d'hommes. Les drames, les comédies, tiennent au théâtre le même rang que les romans parmi les autres ouvrages de fiction; c'est aussi de la vie privée et des circonstances naturelles que les sujets en sont tirés; mais les convenances théâtrales nous privent des développements qui particularisent les exemples et les réflexions. On a permis dans les drames de choisir ses personnages ailleurs que parmi les rois et les héros : mais on ne peut peindre que des situations fortes, parce que l'on n'a pas le temps de les nuancer; et la vie n'est pas resserrée, n'est pas en contrastes, n'est pas théâtrale enfin comme il le faut pour composer une pièce. L'art dramatique a d'autres effets, d'autres avantages, d'autres moyens qui pourraient être aussi l'objet d'un traité particulier : mais cette utilité constante et détaillée qu'on peut retirer de la peinture de nos sentiments habituels, le genre seul des romans modernes me paraît y pouvoir atteindre. On a fait une classe à part de ce qu'on appelle les romans philosophiques ; tous doivent l'être, car tous doivent avoir un but moral : mais peut-être y amène-t-on moins sûrement, lorsque dirigeant tous les récits vers une idée principale, l'on se dispense même de la vraisemblance dans l'enchaînement des situations ; chaque chapitre alors est une sorte d'allégorie, dont les événements ne sont jamais que l'image de la maxime qui va suivre. Les romans de Candide, de Zadig, de Memnon, si charmants à d'autres titres, seraient d'une utilité plus générale, si d'abord ils n'étaient point merveilleux, s'ils offraient un exemple plutôt qu'un emblème, et si, comme je l'ai déjà dit, toute l'histoire ne se rapportait pas forcément au même but. Ces romans ont alors un peu l'inconvénient des instituteurs que les enfants ne croient point, parce qu'ils ramènent tout ce qui arrive à la leçon qu'ils veulent donner ; et que les enfants, sans pouvoir s'en rendre compte, savent déjà qu'il y a moins de régularité dans la véritable marche des événements. Mais dans les romans tels que ceux de Richardson et de Fielding, où l'on s'est proposé de côtoyer la vie en suivant exactement les gradations, les développements, les inconséquences de l'histoire des hommes, et le retour constant néanmoins du résultat de l'expérience à la moralité des actions et aux avantages de la vertu, les événements sont inventés ; mais les sentiments sont tellement dans la nature, que le lecteur croit souvent qu'on s'adresse à lui avec le simple égard de changer les noms propres.

L'art d'écrire des romans n'a point la réputation qu'il mérite, parce qu'une foule de mauvais auteurs nous ont accablés de leurs fades productions dans ce genre, où la perfection exige le génie le plus relevé, mais où la médiocrité est à la portée de tout le monde. Cette innombrable quantité de fades romans a presque usé la passion même qu'ils ont peinte ; et l'on a peur de retrouver dans sa propre histoire le moindre rapport avec les situations qu'ils décrivent. Il ne fallait pas moins que l'autorité des grands maîtres pour relever le genre, malgré les écrivains qui l'ont dégradé. D'autres auteurs l'ont encore plus avili, en y mêlant les tableaux dégoûtants du vice ; et tandis que le premier avantage des fictions est de rassembler autour de l'homme tout ce qui, dans la nature, peut lui servir de leçon ou de modèle, on a imaginé qu'on

tirerait une utilité quelconque des peintures odieuses des mauvaises mœurs : comme si elles pouvaient jamais laisser le cœur qui les repousse dans une situation aussi pure que le cœur qui les aurait toujours ignorées. Mais un roman tel qu'on peut le concevoir, tel que nous en avons quelques modèles, est une des plus belles productions de l'esprit humain, une des plus influentes sur la morale des individus, qui doit former ensuite les mœurs publiques. Une raison motivée diminue cependant dans l'opinion générale l'estime qu'on devrait accorder au talent nécessaire pour écrire de bons romans, c'est qu'on les regarde comme uniquement consacrés à peindre l'amour, la plus violente, la plus universelle, la plus vraie de toutes les passions, mais celle qui, n'exerçant son influence que sur la jeunesse, n'inspire plus d'intérêt dans les autres époques de la vie. Sans doute, on peut penser que tous les sentiments profonds et tendres sont de la nature de l'amour, qu'il n'y a point d'enthousiasme dans l'amitié, de dévouement au malheur, de culte envers ses parents, de passion pour ses enfants dans les cœurs qui n'ont pas connu ou pardonné l'amour. Il peut exister du respect pour ses devoirs, mais jamais de charme, jamais d'abandon dans leur accomplissement, quand on n'a pas aimé de toutes les puissances de l'âme, quand une fois l'on n'a pas cessé d'être soi pour vivre tout entier dans un autre. La destinée des femmes, le bonheur des hommes qui ne sont pas appelés à gouverner les empires, dépend souvent, pour le reste de leur vie, de la part qu'ils ont donnée dans leur jeunesse à l'ascendant de l'amour : mais ils oublient complètement à un certain âge l'impression qu'ils en ont reçue ; ils prennent un autre caractère ; ils sont entièrement livrés à d'autres objets, à d'autres passions ; et c'est à ces nouveaux intérêts qu'il faudrait étendre les sujets des romans. Une carrière nouvelle s'ouvrirait alors, ce me semble, aux auteurs qui possèdent le talent de peindre, et savent attacher par la connaissance intime de tous les mouvements du cœur humain. L'ambition, l'orgueil, l'avarice, la vanité, pourraient être l'objet principal de romans dont les incidents seraient plus neufs et les situations aussi variées que celles qui naissent de l'amour. Dira-t-on que ce tableau des passions des hommes existe dans l'histoire, et que c'est là qu'il vaut bien mieux l'aller chercher ? Mais l'histoire n'atteint point à la vie des hommes privés, aux sentiments, aux caractères dont il n'est point résulté d'événements publics ; l'histoire n'agit point sur vous par un intérêt moral et soutenu ; le vrai est souvent incomplet dans ces effets : d'ailleurs, les développements, qui seuls laissent des impressions profondes, arrêteraient la marche rapide et nécessaire de la narration, et donneraient une forme dramatique à un ouvrage qui doit avoir un tout autre genre de mérite. La morale de l'histoire enfin ne saurait être parfaitement évidente, soit que l'on ne puisse pas constamment montrer avec certitude les sentiments intérieurs qui ont puni les méchants au milieu de leurs prospérités, et récompensé les âmes vertueuses au sein de leur infortune, soit que le destin de l'homme ne s'achève point dans cette vie. La morale pratique, fondée sur les avantages de la vertu, ne ressort pas toujours de la lecture de l'histoire.

Les grands historiens, et surtout Tacite, essayent certainement d'attacher de la moralité à tous les événements qu'ils racontent; de faire envier Germanicus mourant, et détester Tibère au faîte de la grandeur : mais cependant ils ne peuvent peindre que les sentiments attestés par des faits; et ce qui reste de la lecture de l'histoire, c'est plutôt l'ascendant du talent, l'éclat de la gloire, les avantages de la puissance, que la morale tranquille, délicate et douce dont dépendent le bonheur des individus et leurs relations entre eux. On me convaincrait d'absurdité, si l'on disait que je ne fais aucun cas de l'histoire, et que je lui préfère les fictions, comme si ce n'était pas dans l'expérience que se puisent les inventions mêmes, et comme si les nuances fines que peuvent faire ressortir les romans, ne dérivaient pas toutes des résultats philosophiques, des idées mères que présente le grand tableau des événements publics. Cette moralité toutefois ne peut exister qu'en masse; c'est par le retour d'un certain nombre de chances que l'histoire donne les mêmes résultats; ce n'est point aux individus, mais aux peuples, que ces leçons sont constamment applicables. Les exemples qu'elle offre conviennent toujours aux nations, parce qu'ils sont invariables, considérés sous des rapports généraux : mais les exceptions n'y sont point motivées. Ces exceptions peuvent séduire chaque homme en particulier, et les circonstances marquantes que l'histoire consacre laisse d'immenses intervalles où peuvent se placer les malheurs et les torts dont se composent cependant la plupart des destinées privées. Les romans, au contraire, peuvent peindre les caractères et les sentiments avec tant de force et de détails, qu'il n'est point de lecture qui doive produire une impression aussi profonde de haine pour le vice, et d'amour pour la vertu. La moralité des romans

tient plus au développement des mouvements intérieurs de l'âme qu'aux événements qu'on y raconte : ce n'est pas la circonstance arbitraire que l'auteur invente pour punir le crime, dont on peut tirer une utile leçon; mais c'est de la vérité des tableaux, de la gradation ou de l'enchaînement des fautes, de l'enthousiasme pour les sacrifices, de l'intérêt pour le malheur, qu'il reste des traces ineffaçables. Tout est si vraisemblable dans de tels romans, qu'on se persuade aisément que tout peut arriver ainsi; ce n'est pas l'histoire du passé, mais on dirait souvent que c'est celle de l'avenir. L'on a prétendu que les romans donnaient une fausse idée de l'homme; cela est vrai de tous ceux qui sont mauvais, comme des tableaux qui imitent mal la nature : mais lorsqu'ils sont bons, rien ne donne une connaissance aussi intime du cœur humain que ces peintures de toutes les circonstances de la vie privée, et des impressions qu'elles font naître; rien n'exerce autant la réflexion, qui trouve bien plus à découvrir dans les détails que dans les idées générales. Les mémoires attendraient à ce but, si, de même que dans l'histoire, les hommes célèbres, les événements publics, n'en étaient pas seuls le sujet. Les romans seraient inutiles, si la plupart des hommes avaient assez d'esprit et de bonne foi pour rendre un compte fidèle et caractérisé de ce qu'ils ont éprouvé dans le cours de la vie : néanmoins, ces récits sincères ne réuniraient pas tous les avantages des romans; il faudrait ajouter à la vérité une sorte d'effet dramatique qui ne la dénature point, mais la fait ressortir en la resserrant : c'est un art du peintre qui, loin d'altérer les objets, les représente d'une manière plus sensible. La nature peut souvent les montrer sur le même plan, les séparer de leurs constrastes; mais c'est en la copiant trop servilement qu'on ne parviendrait point à la rendre. Le récit le plus exact est toujours une vérité d'imitation; comme tableau, il exige une harmonie qui lui soit propre. Une histoire vraie, mais remarquable par les nuances, les sentiments et les caractères, ne pourrait intéresser sans le secours du talent nécessaire pour composer une fiction; mais en admirant ainsi le génie qui fait pénétrer dans les replis du cœur humain, il est impossible de supporter ces détails minutieux dont sont accablés les romans, même les plus célèbres. L'auteur croit qu'ils ajoutent à la vraisemblance du tableau, et ne voit pas que tout ce qui ralentit l'intérêt détruit la seule vérité d'une fiction, l'impression qu'elle produit. Si l'on représentait sur la scène tout ce qui se passe dans une chambre, l'illusion théâtrale serait absolument détruite. Les romans ont aussi les convenances dramatiques; il n'y a de nécessaire dans l'invention que ce qui peut ajouter à l'effet de ce qu'on invente. Si un regard, un mouvement, une circonstance inaperçue sert à peindre un caractère, à développer un sentiment, plus le moyen est simple, plus il y a de mérite à le saisir : mais le détail scrupuleux d'un événement ordinaire, loin d'accroître la vraisemblance, la diminue. Ramené à l'idée positive du vrai par des détails qui n'appartiennent qu'à lui, vous sortez de l'illusion, et vous êtes bientôt fatigué de ne trouver ni l'instruction de l'histoire, ni l'intérêt du roman.

Le don d'émouvoir est la grande puissance des fictions; on peut rendre sensibles presque toutes les vérités morales, en les mettant en action. La vertu a une telle influence sur le bonheur ou le malheur de l'homme, qu'on peut faire dépendre d'elle la plupart des situations de la vie. Il y a des philosophes austères qui condamnent toutes les émotions, et veulent que l'empire de la morale s'exerce par le seul énoncé de ses devoirs : mais rien n'est moins adapté à la nature de l'homme en général qu'une telle opinion; il faut animer la vertu pour qu'elle combatte avec avantage contre les passions; il faut faire naître une sorte d'exaltation pour trouver du charme dans les sacrifices; il faut enfin parer le malheur pour qu'on le préfère à tous les prestiges des séductions coupables; et les fictions touchantes qui exercent l'âme à toutes les passions généreuses, lui en donnent l'habitude, et lui font prendre à son insu un engagement avec elle-même, qu'elle aurait honte de rétracter, si une situation semblable lui devenait personnelle. Mais plus le don d'émouvoir a de puissance réelle, plus il importe d'en étendre l'influence aux passions de tous les âges, aux devoirs de toutes les situations. L'amour est l'objet principal des romans, et les caractères qui lui sont étrangers n'y sont placés que comme des accessoires. En suivant un autre plan, on découvrirait une multitude de sujets nouveaux. Tom Jones est de tous les ouvrages de ce genre celui dont la morale est la plus générale; l'amour n'est présenté dans ce roman que comme l'un des moyens de faire ressortir le résultat philosophique. Démontrer l'incertitude des jugements fondés sur les apparences, prouver la supériorité des qualités naturelles et, pour ainsi dire, involontaires, sur ces réputations qui n'ont pour base que le respect des convenances extérieures, tel est le véritable objet de Tom Jones, et c'est un des romans les plus utiles et le plus justement célèbres. Il vient

d'en paraître un, qui, à travers des longueurs et des négligences, me semble donner précisément l'idée de l'inépuisable genre que je viens d'indiquer; c'est Caleb Williams, par M. Godwin. L'amour n'entre pour rien dans le plan de cette fiction; une passion effrénée pour la considération dans le héros du roman, et dans Caleb une curiosité dévorante qui s'attache à découvrir si Falkland mérite l'estime dont il jouit, sont les seuls ressorts de l'action. Ce récit se fait lire avec l'entraînement qu'inspire un intérêt romanesque, et la réflexion que commande le tableau le plus philosophique.

Plusieurs Contes moraux de Marmontel, quelques chapitres du Voyage sentimental, des anecdotes détachées dans le Spectateur et d'autres livres de morale, quelques morceaux tirés de la littérature allemande, dont la supériorité s'accroît chaque jour, offrent un petit nombre de fictions heureuses où les peintures de la vie sont présentées sous des rapports étrangers à l'amour. Mais un nouveau Richardson ne s'est point encore consacré à peindre les autres passions de l'homme dans un roman qui développât en entier leurs progrès et leurs conséquences; le succès d'un tel ouvrage ne pourrait naître que de la vérité des caractères, de la force des contrastes, de l'énergie des situations, et non de ce sentiment si facile à peindre, si aisément intéressant, et qui plaît aux femmes par ce qu'il rappelle, quand même il n'attacherait pas par la grandeur ou la nouveauté de ses tableaux. Que de beautés ne pourrait-on pas trouver dans le Lovelace des ambitieux! Quels développements philosophiques, si l'on s'attachait à approfondir, à analyser toutes les passions, comme l'amour l'a été dans les romans! Et qu'on ne dise point que les livres de morale suffisent parfaitement à la connaissance de nos devoirs; ils ne sauraient entrer dans toutes les nuances de la délicatesse, détailler toutes les ressources des passions. On peut extraire des bons romans une morale plus pure, plus relevée, que d'aucun ouvrage didactique sur la vertu; ce dernier genre ayant plus de sécheresse, est obligé à plus d'indulgence; et les maximes devant être d'une application générale, n'atteignent jamais à cet héroïsme de délicatesse dont on peut offrir le modèle, mais dont il serait *raisonnablement impossible* de faire un devoir. Quel est le moraliste qui aurait dit : Si votre famille entière veut vous contraindre à épouser un homme détestable, et que vous soyez entraînée par cette persécution à donner quelques marques de l'intérêt le plus pur à l'homme qui vous plaît, vous attirerez sur vous le déshonneur et la mort? Et voilà cependant le plan de Clarisse; voilà ce qu'on lit avec admiration, sans rien contester à son auteur qui vous émeut et vous captive. Quel moraliste aurait prétendu qu'il vaut mieux se livrer au plus profond désespoir, à celui qui menace la vie et trouble la raison, que d'épouser le plus vertueux des hommes, si sa religion diffère de la vôtre? Eh bien, sans approuver les opinions superstitieuses de Clémentine, l'amour luttant contre un scrupule de conscience, l'idée du devoir l'emportant sur la passion, sont un spectacle qui attendrit et touche ceux même dont les principes sont les plus relâchés, ceux qui auraient rejeté avec dédain un tel résultat, s'il avait précédé le tableau comme maxime, au lieu de le suivre comme effet. Combien encore, dans les romans d'un genre moins sublime, n'existe-t-il pas de principes délicats sur la conduite des femmes! Les chefs-d'œuvre de la Princesse de Clèves, du Comte de Comminge, de Paul et Virginie, de Cécilia, la plupart des écrits de madame Riccoboni, Caroline, dont le charme est si généralement senti, la touchante épisode de Caliste, les Lettres de Camille, où les fautes d'une femme, ou les malheurs qu'elles entraînent, sont un tableau plus moral, plus sévère que le spectacle même de la vertu; beaucoup d'autres ouvrages français, anglais, allemands, pourraient encore être cités à l'appui de cette opinion. Les romans ont le droit d'offrir la morale la plus austère sans que le cœur en soit révolté; ils ont captivé ce qui seul plaide avec succès pour l'indulgence, le sentiment; et tandis que les livres de morale, dans leurs maximes rigoureuses, sont souvent combattus victorieusement par la pitié pour le malheur, ou l'intérêt pour la passion, les bons romans ont l'art de mettre cette émotion même de leur parti, et de la faire servir à leur but.

Il reste toujours une grande objection contre les romans d'amour; c'est que cette passion y est peinte de manière à la faire naître, et qu'il est des moments de la vie dans lesquels ce danger l'emporte sur toute espèce d'avantages : mais cet inconvénient n'existerait jamais dans les romans qui auraient pour objet toute autre passion des hommes. En caractérisant dès l'origine les symptômes les plus fugitifs d'un penchant dangereux, on pourrait en détourner et les autres et soi-même. L'ambition, l'orgueil, l'avarice, existent souvent à l'insu même de ceux qui s'y livrent. L'amour s'accroît par le tableau de ses propres sentiments : mais la meilleure ressource pour combattre les autres passions, c'est de les faire reconnaître; si leurs traits, leurs ressorts, leurs moyens, leurs effets, étaient

découverts et popularisés, pour ainsi dire, par des romans, comme l'histoire de l'amour, il y aurait dans la société, sur toutes les transactions de la vie, des règles plus sûres et des principes plus délicats. Quand même les écrits purement philosophiques pourraient, comme les romans, prévoir et détailler toutes les nuances des actions; il resterait toujours à la morale dramatique, un grand avantage; c'est de pouvoir faire naître des mouvements d'indignation, une exaltation d'âme, une douce mélancolie, effets divers des situations romanesques, et sorte de supplément à l'expérience : cette impression ressemble à celle des faits réels dont on aurait été le témoin; mais dirigée toujours vers le même but, elle égare moins la pensée que l'inconséquent tableau des événements qui nous entourent. Enfin il est des hommes sur lesquels le devoir n'a point d'empire; et qu'on pourrait encore garantir du crime en développant en eux la faculté d'être attendris. Les caractères qui ne pourraient adopter l'humanité qu'à l'aide de cette faculté d'émotion, qui est, pour ainsi dire, le plaisir physique de l'âme, seraient sans doute peu dignes d'estime; mais on devrait peut-être à l'effet des fictions touchantes, s'il devenait populaire, la certitude de ne plus rencontrer dans une nation ces êtres dont le caractère est le problème moral le plus inconcevable qui ait existé. La gradation du connu à l'inconnu s'interrompt bien avant d'arriver à concevoir les mouvements qui ont guidé les bourreaux de la France; il fallait que nulle trace d'homme, nul souvenir d'une seule impression de pitié, nulle mobilité dans l'esprit même, n'eussent été développés en eux par aucune circonstance, par aucun écrit, pour qu'ils restassent capables de cette cruauté si constante, si étrangère à tous les mouvements de la nature, et qui a donné à l'homme sa première pensée sans bornes, l'idée complète du crime.

Il y a des écrits tels que l'Épître d'Abeilard, par Pope, Werther, les Lettres Portugaises, etc.; il y a un ouvrage au monde, c'est la Nouvelle Héloïse, dont le principal mérite est l'éloquence de la passion; et quoique l'objet en soit souvent moral, ce qui en reste surtout c'est la toute-puissance du cœur. On ne peut classer une telle sorte de romans : il y a dans un siècle une âme, un génie qui sait y atteindre; ce ne peut être un genre, ce ne peut être un but : mais voudrait-on interdire ces miracles de la parole, ces impressions profondes qui satisfont à tous les mouvements des caractères passionnés? Les lecteurs enthousiastes d'un semblable talent sont en très-petit nombre, et ces ouvrages font toujours du bien à ceux qui les admirent. Laissez-en jouir les âmes ardentes et sensibles, elles ne peuvent faire entendre leur langue. Les sentiments dont elles sont agitées sont à peine compris; et sans cesse condamnées, elles se croiraient seules au monde, elles détesteraient bientôt leur propre nature qui les isole, si quelques ouvrages passionnés et mélancoliques ne leur faisaient pas entendre une voix dans le désert de la vie, ne leur faisaient pas trouver, dans la solitude, quelques rayons du bonheur qui leur échappe au milieu du monde. Ce plaisir de la retraite les repose des vains efforts de l'espérance trompée; et quand tout l'univers s'agite loin de l'être infortuné, un écrit éloquent et tendre reste auprès de lui comme l'ami le plus fidèle, et celui qui le connaît le mieux. Oui, il a raison le livre qui donne seulement un jour de distraction à la douleur; il sert aux meilleurs des hommes. Sans doute on peut trouver des peines qui appartiennent aux défauts du caractère, mais il en est tant qui naissent ou de la supériorité de l'esprit ou de la sensibilité du cœur, tant qu'on supporterait mieux si l'on avait des qualités de moins! Avant de le connaître, je respecte le cœur qui souffre; je me plais aux fictions mêmes dont le seul résultat serait de le soulager en captivant son intérêt. Dans cette vie, qu'il faut passer plutôt que sentir, celui qui distrait l'homme de lui-même et des autres, qui suspend l'action des passions pour y substituer des jouissances indépendantes, serait dispensateur du seul véritable bonheur dont la nature humaine soit susceptible, si l'influence de son talent pouvait se perpétuer.

* * * * * * * * *

TROIS NOUVELLES.

MIRZA

ou

LETTRE D'UN VOYAGEUR.

PRÉFACE.

On comprendra bien, je pense, que l'Essai sur les Fictions, qu'on vient de lire, a été composé après les trois Nouvelles que je publie ici; aucune ne mérite le nom de roman; les situations y sont indiquées plutôt que développées, et c'est dans la peinture de quelques sentiments du cœur qu'est leur seul mérite. Je n'avais pas vingt ans quand je les ai écrites, et la révolution de France n'existait point encore. Je veux croire que, depuis, mon esprit a acquis assez de force pour se livrer à des ouvrages plus utiles. On dit que le malheur hâte le développement de toutes les facultés morales; quelquefois je crains qu'il ne produise un effet contraire, qu'il ne jette dans un abattement qui détache et de soi-même et des autres. La grandeur des événements qui nous entourent fait si bien sentir le néant des pensées générales, l'impuissance des sentiments individuels, que, perdu dans la vie, on ne sait plus quelle route doit suivre l'espérance, quel mobile doit exciter les efforts, quel principe guidera désormais l'opinion publique à travers les erreurs de l'esprit de parti, et marquera de nouveau, dans toutes les carrières, le but éclatant de la véritable gloire.

———

Permettez que je vous rende compte, madame, d'une anecdote de mon voyage [1], qui peut-être aura le droit de vous intéresser. J'appris à Gorée, il y a un mois, que monsieur le gouverneur avait déterminé une famille nègre à venir demeurer à quelques lieues de là, pour y établir une habitation pareille à celle de Saint-Domingue; se flattant, sans doute, qu'un tel exemple exciterait les Africains à la culture du sucre, et qu'attirant chez eux le commerce libre de cette denrée, les Européens ne les enlèveraient plus à leur patrie, pour leur faire souffrir le joug affreux de l'esclavage. Vainement les écrivains les plus éloquents ont tenté d'obtenir cette révolution de la vertu des hommes; l'administrateur éclairé, désespérant de triompher de l'intérêt personnel, voudrait le mettre du parti de l'humanité, en ne lui faisant plus trouver son avantage à la braver; mais les nègres, imprévoyants de l'avenir pour eux-mêmes, sont plus incapables encore de porter leurs pensées sur les générations futures, et se refusent au mal présent, sans le comparer au sort qu'il pourrait leur éviter. Un seul Africain, délivré de l'esclavage par la générosité du gouverneur, s'était prêté à ses projets; prince dans son pays, quelques nègres d'un état subalterne l'avaient suivi, et cultivaient son habitation sous ses ordres. Je demandai qu'on m'y conduisît. Je marchai une partie du jour, et j'arrivai le soir près d'une maison que des Français, m'a-t-on dit, avaient aidé à bâtir, mais qui conservait encore cependant quelque chose de sauvage. Quand j'approchai, les nègres jouissaient de leur moment de délassement; ils s'amusaient à tirer de l'arc, regrettant peut-être le temps où ce plaisir était leur seule occupation. Ourika, femme de Ximéo (c'est le nom du nègre chef de l'habitation), était assise à quel-

———

[1] Cette anecdote est fondée sur des circonstances de la traite des nègres, rapportées par les voyageurs au Sénégal.

que distance des jeux, et regardait avec distraction sa fille âgée de deux ans, qui s'amusait à ses pieds. Mon guide avança vers elle, et lui dit que je lui demandais asile de la part du gouverneur. « C'est le gouverneur qui l'envoie! s'écria-t-elle. Ah! qu'il entre, qu'il soit le bienvenu; tout ce que nous avons est à lui.» Elle vint à moi avec précipitation : sa beauté m'enchanta; elle possédait le vrai charme de son sexe, tout ce qui peint la faiblesse et la grâce. « Où donc est Ximéo? lui dit mon guide.— Il n'est pas revenu, répondit-elle, il fait sa promenade du soir; quand le soleil ne sera plus sur l'horizon, quand le crépuscule même ne rappellera plus la clarté, il reviendra, et il ne fera plus nuit pour moi. » En achevant ces mots, elle soupira, s'éloigna, et quand elle se rapprocha de nous, j'aperçus des traces de pleurs sur son visage. Nous entrâmes dans la cabane; on nous servit un repas composé de tous les fruits du pays : j'en goûtais avec plaisir, avide de sensations nouvelles. On frappe : Ourika tressaille, se lève avec précipitation, ouvre la porte de la cabane, et se jette dans les bras de Ximéo, qui l'embrasse sans paraître se douter lui-même de ce qu'il faisait, ni de ce qu'il voyait. Je vais à lui; vous ne pouvez pas imaginer une figure plus ravissante : ses traits n'avaient aucun des défauts des hommes de sa couleur ; son regard produisait un effet que je n'ai jamais ressenti ; il disposait de l'âme, et la mélancolie qu'il exprimait passait dans le cœur de celui sur lequel il s'attachait ; la taille de l'Apollon du Belvédère n'est pas plus parfaite : peut-être pouvait-on le trouver trop mince pour un homme; mais l'abattement de la douleur que tous ses mouvements annonçaient, que sa physionomie peignait, s'accordait mieux avec la délicatesse qu'avec la force. Il ne fut point surpris de nous voir; il paraissait inaccessible à toute émotion étrangère à son idée dominante; nous lui apprîmes quel était celui qui nous envoyait, et le but de notre voyage. « Le gouverneur, nous dit-il, a des droits sur ma reconnaissance; dans l'état où je suis, le croirez-vous, j'ai cependant un bienfaiteur. » Il nous parla quelque temps des motifs qui l'avaient déterminé à cultiver une habitation, et j'étais étonné de son esprit, de sa facilité à s'expliquer : il s'en aperçut. « Vous êtes surpris, me dit-il, quand nous ne sommes pas au niveau des brutes, dont vous nous donnez la destinée? — Non, lui répondis-je ; mais un Français même ne parlerait pas sa langue mieux que vous. — Ah! vous avez raison, reprit-il; on conserve encore quelques rayons lorsqu'on a longtemps vécu près d'un ange. » Et ses beaux yeux

se baissèrent pour ne plus rien voir au dehors de lui. Ourika répandait des larmes; Ximéo s'en aperçut enfin. « Pardonne, s'écria-t-il en lui prenant la main, pardonne : le présent est à toi; souffre les souvenirs. Demain, dit-il en se retournant vers moi, demain nous parcourrons ensemble mon habitation; vous verrez si je puis me flatter qu'elle réponde aux désirs du gouverneur. Le meilleur lit va vous être préparé; dormez tranquillement : je voudrais que vous fussiez bien ici. Les hommes infortunés par le cœur, me dit-il à voix basse, ne craignent point, désirent même le spectacle du bonheur des autres. » Je me couchai, je ne fermai pas l'œil; j'étais pénétré de tristesse, tout ce que j'avais vu en portait l'empreinte, j'en ignorais la cause; mais je me sentais ému comme on l'est en contemplant un tableau qui représente la mélancolie. A la pointe du jour je me levai; je trouvai Ximéo encore plus abattu que la veille; je lui en demandai la raison. « Ma douleur, répondit-il, fixée dans mon cœur, ne peut s'accroître ni diminuer; mais l'uniformité de la vie la fait passer plus vite, et des événements nouveaux, quels qu'ils soient, font naître de nouvelles réflexions, qui sont toujours de nouvelles sources de larmes. » Il me fit voir avec un soin extrême toute son habitation; je fus surpris de l'ordre qui s'y faisait remarquer; elle rendait au moins autant qu'un pareil espace de terrain cultivé à Saint-Domingue par un même nombre d'hommes, et les nègres heureux n'étaient point accablés de travail. Je vis avec plaisir que la cruauté était inutile, qu'elle avait cela de plus. Je demandai à Ximéo qui lui avait donné des conseils sur la culture de la terre, sur la division de la journée des ouvriers. « J'en ai peu reçu, me répondit-il, mais la raison peut atteindre à ce que la raison a trouvé : puisqu'il était défendu de mourir, il fallait bien consacrer sa vie aux autres; qu'en aurais-je fait pour moi? J'avais horreur de l'esclavage, je ne pouvais concevoir le barbare dessein des hommes de votre couleur. Je pensais quelquefois que leur Dieu ennemi du nôtre leur avait commandé de nous faire souffrir : mais quand j'appris qu'une production de notre pays, négligée par nous, causait seule ces maux cruels aux malheureux Africains, j'acceptai l'offre qui me fut faite de leur donner l'exemple de la cultiver. Puisse un commerce libre s'établir entre les deux parties du monde! puissent mes infortunés compatriotes renoncer à la vie sauvage, se vouer au travail pour satisfaire vos avides désirs, et contribuer à sauver quelques-uns d'entre eux de la plus horrible destinée! puissent ceux même qui pourraient se flatter d'éviter un tel sort, s'occuper avec un zèle égal d'en garantir à jamais leurs semblables! » En me parlant ainsi, nous approchâmes d'une porte qui conduisait à un bois épais, dont un côté de l'habitation était bordé; je crus que Ximéo allait l'ouvrir, mais il se détourna pour l'éviter. « Pourquoi, lui dis-je, ne me montrez-vous pas....?—Arrêtez, s'écria-t-il, vous avez l'air sensible; pourrez-vous entendre les longs récits du malheur? Il y a deux ans que je n'ai parlé; tout ce que je dis, ce n'est pas parler. Vous le voyez, j'ai besoin de m'épancher : vous ne devez pas être flatté de ma confiance; cependant, c'est votre bonté qui m'encourage, et me fait compter sur votre pitié. —Ah! ne craignez rien, répondis-je, vous ne serez pas trompé. — Je suis né dans le royaume de Cayor; mon père, du sang royal, était chef de quelques tribus qui lui étaient confiées par le souverain. On m'exerça de bonne heure dans l'art de défendre mon pays, et dès mon enfance l'arc et le javelot m'étaient familiers. L'on me destina dès lors pour femme Ourika, fille de la sœur de mon père; je l'aimai dès que je pus aimer, et cette faculté se développa en moi pour elle et par elle. Sa beauté parfaite me frappa davantage quand je l'eus comparée à celle des autres femmes, et je revins par choix à mon premier penchant. Nous étions souvent en guerre contre les Jaloffes nos voisins; et comme nous avions mutuellement l'atroce coutume de vendre nos prisonniers de guerre aux Européens, une haine profonde, que la paix même ne suspendait pas, ne permettait entre nous aucune communication. Un jour, en chassant dans nos montagnes, je fus entraîné plus loin que je ne voulais; une voix de femme, remarquable par sa beauté, se fit entendre à moi. J'écoutai ce qu'elle chantait, et je ne reconnus point les paroles que les jeunes filles se plaisent à répéter. L'amour de la liberté, l'horreur de l'esclavage, étaient le sujet des nobles hymnes qui me ravirent d'admiration. J'approchai : une jeune personne se leva; frappé du contraste de son âge et du sujet de ses méditations, je cherchais dans ses traits quelque chose de surnaturel, qui m'annonçât l'inspiration qui supplée aux longues réflexions de la vieillesse; elle n'était pas belle, mais sa taille noble et régulière, ses yeux enchanteurs, sa physionomie animée, ne laissaient à l'amour même rien à désirer pour sa figure. Elle vint à moi, et me parla longtemps sans que je pusse lui répondre : enfin, je parvins à lui peindre mon étonnement; il s'accrut quand j'appris qu'elle avait composé les paroles que je venais d'entendre. « Cessez d'être surpris, me dit-elle; un Français établi au Sénégal, mécontent de

son sort et malheureux dans sa patrie, s'est retiré parmi nous; ce vieillard a daigné prendre soin de ma jeunesse, et m'a donné ce que les Européens ont de digne d'envie : les connaissances dont ils abusent, et la philosophie dont ils suivent si mal les leçons. J'ai appris la langue des Français, j'ai lu quelques-uns de leurs livres, et je m'amuse à penser seule sur ces montagnes. » A chaque mot qu'elle me disait, mon intérêt, ma curiosité redoublaient; ce n'était plus une femme, c'était un poëte que je croyais entendre parler; et jamais les hommes qui se consacrent parmi nous au culte des dieux, ne m'avaient paru remplis d'un si noble enthousiasme. En la quittant, j'obtins la permission de la revoir; son souvenir me suivait partout; j'emportais plus d'admiration que d'amour, et me fiant longtemps sur cette différence, je vis Mirza (c'était le nom de cette jeune Jaloffe), sans croire offenser Ourika. Enfin, un jour je lui demandai si jamais elle avait aimé; en tremblant je faisais cette question, mais son esprit facile et son caractère ouvert lui rendaient toutes ses réponses aisées. « Non, me dit-elle : on m'a aimé quelquefois; j'ai peut-être désiré d'être sensible; je voulais connaître ce sentiment qui s'empare de toute la vie, et fait à lui seul le sort de chaque instant du jour; mais j'ai trop réfléchi, je crois, pour éprouver cette illusion; je sens tous les mouvements de mon cœur, et je vois tous ceux des autres; je n'ai pu jusqu'à ce jour ni me tromper, ni être trompée. » Ce dernier mot m'affligea. « Mirza, lui dis-je, que je vous plains! les plaisirs de la pensée n'occupent pas tout entier; ceux du cœur seul suffisent à toutes les facultés de l'âme. » Elle m'instruisait cependant avec une bonté que rien ne lassait; en peu de temps j'appris tout ce qu'elle savait. Quand je l'interrompais par mes éloges, elle ne m'écoutait pas; dès que je cessais, elle continuait, et je voyais, par ses discours, que pendant que je la louais, c'était à moi seul qu'elle avait toujours pensé. Enfin, enivré de sa grâce, de son esprit, de ses regards, je sentis que je l'aimais, et j'osai le lui dire : quelles expressions n'employai-je pas pour faire passer dans son cœur l'exaltation que j'avais trouvée dans son esprit! Je mourais à ses pieds de passion et de crainte. « Mirza, lui répétai-je, place-moi sur le monde en me disant que tu m'aimes, ouvre-moi le ciel pour que j'y monte avec toi. » En m'écoutant elle se troubla, et des larmes remplirent ses beaux yeux, où jusqu'alors je n'avais vu que l'expression du génie. « Ximéo, me dit-elle, demain je te répondrai; n'attends pas de moi l'art des femmes de ton pays; demain tu liras dans mon cœur; réfléchis sur le tien. » En achevant ces mots, elle me quitta longtemps avant le coucher du soleil, signal ordinaire de sa retraite; je ne cherchai point à la retenir. L'ascendant de son caractère me soumettait à ses volontés. Depuis que je connaissais Mirza, je voyais moins Ourika; je la trompais, je prétextais des voyages, je retardais l'instant de notre union, j'éloignais l'avenir au lieu d'en décider.

« Enfin, le lendemain, que des siècles pour moi semblaient avoir séparé de la veille, j'arrive : Mirza la première s'avance vers moi; elle avait l'air abattu; soit pressentiment, soit tendresse, elle avait passé ce jour dans les larmes. « Ximéo, me dit-elle d'un son de voix doux, mais assuré, es-tu bien sûr que tu m'aimes ? est-il certain que dans tes vastes contrées aucun objet n'a fixé ton cœur ? » Des serments furent ma réponse. « Eh bien, je t'en crois, la nature qui nous environne est seule témoin de tes promesses; je ne sais rien sur toi que je n'aie appris de ta bouche; mon isolement, mon abandon fait toute ma sécurité. Quelle défiance, quel obstacle ai-je opposé à ta volonté? tu ne tromperais en moi que mon estime pour Ximéo, tu ne te vengerais que de mon amour; ma famille, mes amies, mes concitoyens, j'ai tout éloigné pour dépendre de toi seul; je dois être à tes yeux sacrée comme la faiblesse, l'enfance et le malheur; non, je ne puis rien craindre, non. » Je l'interrompis; j'étais à ses pieds, je croyais être vrai, la force du présent m'avait fait oublier le passé comme l'avenir; j'avais trompé, j'avais persuadé; elle me crut. Dieux ! que d'expressions passionnées elle sut trouver ! qu'elle était heureuse en aimant! Ah ! pendant deux mois qui s'écoulèrent ainsi, tout ce qu'il y a d'amour et de bonheur fut rassemblé dans mon cœur. Je jouissais, mais je me calmais. Bizarrerie de la nature humaine! j'étais si frappé du plaisir qu'elle avait à me voir, que je commençai bientôt à venir plutôt pour elle que pour moi : j'étais si certain de son accueil, que je ne tremblais plus en l'approchant. Mirza ne s'en apercevait pas; elle parlait, elle répondait, elle pleurait, elle se consolait, et son âme active agissait sur elle-même; honteux de moi-même, j'avais besoin de m'éloigner d'elle. La guerre se déclara dans une autre extrémité du royaume de Cayor, je résolus d'y courir; il fallait l'annoncer à Mirza. Ah ! dans ce moment je sentis encore combien elle m'était chère; sa confiante et douce sécurité m'ôta la force de lui découvrir mon projet. Elle semblait tellement vivre de ma présence, que ma langue se glaça quand je voulus lui parler de mon départ. Je résolus de lui

écrire; cet art qu'elle m'avait appris devait servir à son malheur; vingt fois je la quittai, vingt fois je revins sur mes pas. L'infortunée en jouissait, et prenait ma pitié pour de l'amour. Enfin, je partis; je lui mandai que mon devoir me forçait à me séparer d'elle, mais que je reviendrais à ses pieds plus tendre que jamais. Quelle réponse elle me fit ! Ah ! langue de l'amour, quel charme tu reçois quand la pensée t'embellit ! quel désespoir de mon absence ! quelle passion de me revoir ! Je frémis alors en songeant à quel excès son cœur savait aimer; mais mon père n'aurait jamais nommé sa fille une femme du pays des Jaloffes. Tous les obstacles s'offrirent à ma pensée quand le voile qui me les cachait fut tombé; je revis Ourika; sa beauté, ses larmes, l'empire d'un premier penchant, les instances d'une famille entière; que sais-je enfin ? tout ce qui paraît insurmontable quand on ne tire plus sa force de son cœur, me rendit infidèle, et mes liens avec Ourika furent formés en présence des dieux. Cependant le temps que j'avais fixé à Mirza pour mon retour approchait; je voulus la revoir encore : j'espérais adoucir le coup que j'allais lui porter, je le croyais possible; quand on n'a plus d'amour on n'en devine plus les effets, l'on ne sait pas même s'aider de ses souvenirs. De quel sentiment je fus rempli en parcourant ces mêmes lieux témoins de mes serments et de mon bonheur ! Rien n'était changé que mon cœur, et je pouvais à peine les reconnaître. Pour Mirza, dès qu'elle me vit, je crois qu'elle éprouva en un moment le bonheur qu'on goûte à peine épars dans toute sa vie, et c'est ainsi que les dieux s'acquittèrent envers elle. Ah ! comment vous dirais-je par quels degrés affreux j'amenai la malheureuse Mirza à connaître l'état de mon cœur ? Mes lèvres tremblantes prononcèrent le nom d'amitié. « Ton amitié! s'écria-t-elle; ton amitié, barbare! est-ce à mon âme qu'un tel sentiment doit être offert ? Va, donne-moi la mort. Va, c'est là maintenant tout ce que tu peux pour moi. » L'excès de sa douleur semblait l'y conduire; elle tomba sans mouvement à mes pieds : monstre que j'étais! c'était alors qu'il fallait la tromper, c'était alors que je fus vrai. « Insensible, laisse-moi, me dit-elle; ce vieillard qui prit soin de mon enfance, qui m'a servi de père, peut vivre encore quelque temps; il faut que j'existe pour lui : je suis morte déjà là, dit-elle en posant la main sur son cœur; mais mes soins lui sont nécessaires; laisse-moi. — Je ne pourrais, m'écriai-je, je ne pourrais supporter ta haine. — Ma haine ! me répondit-elle; ne la crains pas, Ximéo; il y a des cœurs qui ne savent qu'aimer, et dont toute la passion ne retourne que contre eux-mêmes. Adieu, Ximéo; une autre va donc posséder...—Non, jamais; non, jamais, lui dis-je. — Je ne te crois pas à présent, reprit-elle ; hier tes paroles m'auraient fait douter du jour qui nous éclaire. Ximéo, serre-moi contre ton cœur, appelle-moi ta maîtresse chérie; retrouve l'accent d'autrefois ; que je l'entende encore, non pour en jouir, mais pour m'en ressouvenir : mais c'est impossible. Adieu, je le retrouverai seule, mon cœur l'entendra toujours; c'est la cause de mort que je porte et retiens dans mon sein. Ximéo, adieu. » Le son touchant de ce dernier mot, l'effort qu'elle fit en s'éloignant, tout m'est présent; elle est devant mes yeux. Dieux ! rendez cette illusion plus forte ; que je la voie un moment, pour, s'il se peut encore, mieux sentir ce que j'ai perdu. Longtemps immobile dans les lieux qu'elle avait quittés, égaré, troublé comme un homme qui vient de commettre un grand crime, la nuit me surprit avant que je pensasse à retourner chez moi ; le remords, le souvenir, le sentiment du malheur de Mirza s'attachaient à mon âme; son ombre me revenait comme si la fin de son bonheur eût été celle de sa vie.

« La guerre se déclara contre les Jaloffes ; il fallait combattre contre les habitants du pays de Mirza ; je voulais à ses yeux acquérir de la gloire, justifier son choix, et mériter encore le bonheur auquel j'avais renoncé ; je craignais peu la mort ; j'avais fait de ma vie un si cruel usage, que je la risquais peut-être avec un secret plaisir. Je fus dangereusement blessé : j'appris, en me rétablissant, qu'une femme venait tous les jours se placer devant le seuil de ma porte ; immobile, elle tressaillait au moindre bruit : une fois j'étais plus mal, elle perdit connaissance, on s'empressa autour d'elle, elle se ranima, et prononça ces mots : « Qu'il ignore, dit-elle, l'état où vous m'avez vue ; je suis pour lui bien moins qu'une étrangère, mon intérêt doit l'affliger. » Enfin un jour, jour affreux ! faible encore, ma famille, Ourika, étaient auprès de moi : j'étais calme quand j'éloignais le souvenir de celle dont j'avais causé le désespoir ; je croyais l'être du moins ; la fatalité m'avait conduit, j'avais agi comme un homme gouverné par elle, et je redoutais tellement l'instant du repentir, que j'employais toutes mes forces pour retenir ma pensée prête à se fixer sur le passé. Mes ennemis, les Jaloffes, fondirent tout à coup sur le bourg que j'habitais : nous étions sans défense; nous soutînmes cependant une assez longue attaque ; mais enfin ils l'emportèrent et firent plusieurs prisonniers : je fus du nombre. Quel moment pour moi

quand je me vis chargé de fers ! Les cruels Hottentots ne destinent aux vaincus que la mort; mais nous, plus lâchement barbares, nous serons nos communs ennemis, et justifions leurs crimes en devenant leurs complices. Un détachement de Jaloffes nous fit marcher toute la nuit; quand le jour vint nous éclairer, nous nous trouvâmes sur le bord de la rivière du Sénégal : des barques étaient préparées ; je vis des blancs, je fus certain de mon sort. Bientôt mes conducteurs commencèrent à traiter des viles conditions de leur infâme échange : les Européens examinaient curieusement notre âge et notre force, pour y trouver l'espoir de nous faire supporter plus longtemps les maux qu'ils nous destinaient. Déjà j'étais déterminé ; j'espérais qu'en passant sur cette fatale barque, mes chaînes se relâcheraient assez pour me laisser le pouvoir de m'élancer dans la rivière, et que, malgré les prompts secours de mes avides possesseurs, le poids de mes fers m'entraînerait jusqu'au fond de l'abîme. Mes yeux fixés sur la terre, ma pensée attachée à la terrible espérance que j'embrassais, j'étais comme séparé des objets qui m'environnaient. Tout à coup une voix que le bonheur et la peine m'avaient appris à connaître, fait tressaillir mon cœur, et m'arrache à mon immobile méditation; je regarde, j'aperçois Mirza, belle, non comme une mortelle, mais comme un ange, car c'était son âme qui se peignait sur son visage ; je l'entends qui demande aux Européens de l'écouter : sa voix était émue, mais ce n'était point la frayeur ni l'attendrissement qui l'altéraient ; un mouvement surnaturel donnait à toute sa personne un caractère nouveau.

« Européens, dit-elle, c'est pour cultiver vos terres que vous nous condamnez à l'esclavage ; c'est votre intérêt qui vous rend notre infortune nécessaire; vous ne ressemblez pas au dieu du mal, et faire souffrir n'est pas le but de douleurs que vous nous destinez : regardez ce jeune homme affaibli par ses blessures, il ne pourra supporter ni la longueur du voyage, ni les travaux que vous lui demandez ; moi, vous voyez ma force et ma jeunesse, mon sexe n'a point énervé mon courage; souffrez que je sois esclave à la place de Ximéo. Je vivrai, puisque c'est à ce prix que vous m'aurez accordé la liberté de Ximéo ; je ne croirai plus l'esclavage avilissant, je respecterai la puissance de mes maîtres ; c'est de moi qu'ils la tiendront, et leurs bienfaits l'auront consacrée. Ximéo doit chérir la vie ; Ximéo est aimé ! Moi, je ne tiens à personne sur la terre ; je puis en disparaître sans laisser de vide dans un cœur qui sente que je n'existe plus. J'allais finir mes jours, un bonheur nouveau me fait survivre à mon cœur. Ah! laissez-vous attendrir, et quand votre pitié ne combat pas votre intérêt, ne résistez pas à sa voix. » En achevant ces mots, cette fière Mirza, que la crainte de la mort n'aurait pas fait tomber aux pieds des rois de la terre, fléchit humblement le genou; mais elle conservait dans cette attitude encore toute sa dignité, et l'admiration et la honte étaient le partage de ceux qu'elle implorait. Un moment elle put penser que j'acceptais sa générosité; j'avais perdu la parole, et je me mourais du tourment de ne la pas retrouver. Ces farouches Européens s'écrièrent tous d'une voix : « Nous acceptons l'échange; elle est belle, elle est jeune, elle est courageuse; nous voulons la négresse, et nous laissons son ami. » Je retrouvai mes forces; ils allaient s'approcher de Mirza. « Barbares, m'écriai-je, c'est à moi, jamais, jamais; respectez son sexe, sa faiblesse. Jaloffes, consentirez-vous qu'une femme de votre contrée soit esclave à la place de votre plus cruel ennemi? — Arrête, me dit Mirza, cesse d'être généreux; cet acte de vertu, c'est pour toi seul que tu l'accomplis; si mon bonheur t'avait été cher, tu ne m'aurais pas abandonnée; je t'aime mieux coupable, quand je te sais insensible : laisse-moi le droit de me plaindre; quand tu ne peux m'ôter ma douleur, ne m'arrache pas le seul bonheur qui me reste, la douce pensée de tenir au moins à toi par le bien que je t'aurai fait : j'ai suivi tes destins, je meurs si mes jours ne te sont pas utiles; tu n'as que ce moyen de me sauver la vie; ose persister dans tes refus. » Depuis, je me suis rappelé toutes ses paroles, et dans l'instant je crois que je ne les entendais pas : je frémissais du dessein de Mirza; je tremblais que ces vils Européens ne le secondassent; je n'osais déclarer que rien ne me séparerait d'elle. Ces avides marchands nous auraient entraînés tous les deux : leur cœur, incapable de sensibilité, comptait peut-être déjà sur les effets de la nôtre; déjà même ils se promettaient à l'avenir de choisir pour captifs ceux que l'amour ou le devoir pourraient faire racheter ou suivre, étudiant nos vertus pour les faire servir à leurs vices. Mais le gouverneur, instruit de nos combats, du dévouement de Mirza, de mon désespoir, s'avance comme un ange de lumière; eh! qui n'aurait pas cru qu'il nous apportait le bonheur ! « Soyez libres tous deux, nous dit-il, je vous rends à votre pays comme à votre amour. Tant de grandeur d'âme eût fait rougir l'Européen qui vous aurait nommés ses esclaves. » On m'ôta mes fers, j'embrassai ses genoux, je bénis dans mon cœur sa bonté, comme s'il eût sacrifié des droits légitimes. Ah! les usurpateurs peuvent donc, en renonçant à leurs injustices, atteindre au rang de bienfaiteurs. Je me levai, je croyais que Mirza était aux pieds du gouverneur comme moi; je la vis à quelque distance, appuyée sur un arbre, et rêvant profondément. Je courus vers elle : l'amour, l'admiration, la reconnaissance, j'éprouvais, j'exprimais tout à la fois. « Ximéo, me dit-elle, il n'est plus temps; mon malheur est gravé trop avant pour que ta main même y puisse atteindre : ta voix, je ne l'entends plus sans tressaillir de peine, et ta présence glace dans mes veines ce sang qui jadis y bouillonnait pour toi; les âmes passionnées ne connaissent que les extrêmes; l'intervalle qui les sépare, elles le franchissent sans s'y arrêter jamais : quand tu m'appris mon sort, j'en doutai longtemps; tu pouvais revenir alors; j'aurais cru que j'avais rêvé ton inconstance; mais maintenant, pour anéantir ce souvenir, il faut percer le cœur dont rien ne peut l'effacer. » En prononçant ces paroles, la flèche mortelle était dans son sein. Dieux qui suspendîtes en cet instant ma vie, me l'avez-vous rendue pour mieux venger Mirza par le long supplice de ma douleur! Pendant un mois entier, la chaîne des souvenirs et des pensées fut interrompue pour moi; je crois quelquefois que je suis dans un autre monde, dont l'enfer est le souvenir du premier. Ourika m'a fait promettre de ne pas attenter à mes jours; le gouverneur m'a convaincu qu'il fallait vivre pour être utile à mes malheureux compatriotes, pour respecter la dernière volonté de Mirza, qui l'a conjuré, dit-il, en mourant, de veiller sur moi, de me consoler en son nom : j'obéis, j'ai renfermé dans un tombeau les tristes restes de celle que j'aime quand elle n'est plus, de celle que j'ai méconnue pendant sa vie. Là, seul quand le soleil se couche, quand la nature entière semble se couvrir de mon deuil, quand le silence universel me permet de n'entendre plus que mes pensées, j'éprouve, prosterné sur ce tombeau, la jouissance du malheur, le sentiment tout entier de ses peines; mon imagination exaltée crée quelquefois des fantômes; je crois la voir, mais jamais elle ne m'apparaît comme une amante irritée. Je l'entends qui me console et s'occupe de ma douleur. Enfin, incertain du sort qui nous attend après nous, je respecte en mon cœur le souvenir de Mirza, et crains, en me donnant la mort, d'anéantir tout ce qui reste d'elle. Depuis deux ans, vous êtes la seule personne à qui j'aie confié ma douleur : je n'attends pas votre pitié; un barbare qui causa la mort de celle qu'il regrette, doit-il intéresser? Mais j'ai voulu parler d'elle. Ah! promettez-moi que vous n'oublierez pas le nom de Mirza ; vous le direz à vos enfants, et vous conserverez après moi la mémoire de cet ange d'amour, et de cette victime du malheur. » En terminant son récit, une sombre rêverie se peignit sur le charmant visage de Ximéo ; j'étais baigné de pleurs, je voulus lui parler. « Crois-tu, me dit-il, qu'il faille chercher à me consoler ? crois-tu qu'on puisse avoir sur mon malheur une pensée que mon cœur n'ait pas trouvée ? J'ai voulu te l'apprendre, mais parce que j'étais bien sûr que tu ne l'adoucirais pas ; je mourrais si on me l'ôtait, le remords en prendrait la place, il occuperait mon cœur tout entier, et ses douleurs sont arides et brûlantes. Adieu, je te remercie de m'avoir écouté. » Son calme sombre, son désespoir sans larmes, aisément me persuadèrent que tous mes efforts seraient vains ; je n'osai plus lui parler, le malheur en impose ; je le quittai le cœur plein d'amertume ; et pour accomplir ma promesse, je raconte son histoire, et consacre, si je le puis, le triste nom de sa Mirza.

•••••••••

ADELAÏDE

ET

THÉODORE.

L'on avait confié la fortune et l'éducation d'Adelaïde, orpheline de très-bonne heure, au baron d'Orville, frère de son père ; l'obligation de l'élever le fatiguait tellement, qu'il saisit la première occasion de se débarrasser de sa nièce : c'était un homme aimable, facile à vivre, mais d'une si grande légèreté qu'on n'aurait pas obtenu un quart d'heure de son attention, même pour sauver la moitié de sa fortune. Ce caractère l'avait rendu fort amusant ; son insouciance était de l'étourderie dans sa jeunesse ; on l'appelait de la philosophie dans sa vieillesse : les effets en étaient les mêmes, le nom seul avait changé : il ne faisait jamais ni le mal, ni le bien difficile ; mais par faiblesse il se laissait aller à l'un ou à l'autre. Ce n'était pas un homme qui eût un système de moralité ni d'immoralité ; il déjouait en général tout ce qui était suivi, tout ce qui était profond, tout ce qui donnait de la peine, ou demandait un effort ; il sentait bien qu'il n'était pas fait pour élever une jeune fille, et laissa Adelaïde jusqu'à quatorze ans à la campagne, chez une de ses parentes nommée ma-

dame d'Orfeuil. C'était une femme âgée de trente ans ; elle croyait aimer à la folie un mari dont elle était abandonnée ; ou du moins, dévote comme un ange, elle ne s'était jamais permis de se détacher de ce sentiment, dans la crainte d'éprouver le besoin d'un autre. Née avec beaucoup d'esprit naturel, elle l'avait mal cultivé, en ne pensant jamais qu'à l'amour, et ne lisant que des livres de dévotion : elle ne connaissait pas le monde, parce qu'elle n'avait jamais vécu que dans le pays des chimères ; enfin il résultait du contraste de ses idées romanesques et de ses pratiques religieuses, un caractère plus aimable pour ses amis qu'utile à son élève. Adelaïde l'aimait avec passion ; ensemble elles lisaient des romans ; ensemble elles priaient Dieu ; elles s'exaltaient et s'attendrissaient ensemble, et la jeune âme d'Adelaïde était constamment émue. C'est dans cette disposition qu'à quatorze ans elle arriva chez le baron d'Orville ; il l'avait fait venir seule, sans une femme même pour l'accompagner ; mais tout ce que le luxe invente l'attendait avec profusion. Les amies du baron d'Orville s'empressèrent autour de la jeune Adelaïde, et chacune d'elles, pour lui prouver son attachement, se chargea de diriger une partie de sa toilette. On ne lui donna ni bons ni mauvais conseils ; ces dames s'en rapportèrent au hasard sur la conduite qu'elle tiendrait ; mais elles s'occupèrent beaucoup de son amour-propre, parce qu'elles attachaient du prix à ses succès. Quand les femmes d'un certain âge ne sont pas jalouses d'une jeune personne, elles placent leur vanité sur elle ; il faut qu'un succès leur appartienne d'une manière ou d'une autre pour qu'elles le voient avec plaisir. Adelaïde était étourdie de tout ce qu'elle voyait : elle voulait parler d'amour ; ces dames lui répondaient que le vrai moyen d'en inspirer, c'était de ne jamais mettre de couleurs fortes quand on était brune, ni douces lorsqu'on était blonde. Elle voulait être dévote ; le baron d'Orville l'accablait de plaisanteries. Elle voulait lire ; on ne lui en laissait pas le temps. Enfin ces dames, sans être malhonnêtes, étaient tellement frivoles, qu'elles avaient l'art de faire disparaître la journée sans qu'on s'en aperçût ni par la peine, ni par le bonheur.

Cependant le baron s'ennuyait des égards qu'il fallait avoir pour une jeune fille ; il était inquiet d'en répondre, lorsqu'un matin, M. de Linières, honnête homme, mais aussi sot qu'on en puisse trouver en France, vint lui dire qu'il avait quatre-vingt mille livres de rente, soixante ans, et beaucoup d'amour pour sa nièce, et qu'il l'épouserait, si on le voulait, dans huit jours. Le baron ne vit pas une objection à faire à la convenance de cette proposition, et sa parole fut donnée. Adelaïde, à qui cependant on en parla, en fut désespérée; son roman de bonheur était détruit; elle combattit plus longtemps qu'on ne devait l'attendre d'une fille de quinze ans; mais au milieu d'un bal on obtint enfin son aveu. Le lendemain du jour fatal, elle écrivit une lettre pleine de mélancolie à sa tante : « Il n'y a plus pour moi d'espérance, « lui disait-elle, ils ont fini mon avenir. Le bon-« heur d'aimer m'est pour jamais interdit; je mour-« rai sans avoir senti la vie; il ne peut plus rien « m'arriver qui m'intéresse, tout m'est égal. » Quelques jours après elle lui mandait : « Il faut s'é-« tourdir, il faut se laisser emporter par le tour-« billon. Je n'ai ni malheur ni bonheur; je ne puis « rêver avec plaisir; je cède au torrent, j'aime « tout ce qui me dérobe le temps. »

En effet, Adelaïde se livra bientôt à tous les plaisirs de son âge. Jolie, spirituelle, aimable, on flatta sa vanité, on lui fit aimer les succès. Quoi-qu'elle s'affligeât souvent de l'emploi de sa jour-née, la crainte de se trouver seule avec le plus en-nuyeux des époux la faisait sortir de chez elle : l'enchaînement des plaisirs ne lui permettait pas d'y rentrer; et protestant sans cesse contre la vie qu'elle menait, le lendemain était toujours semblable à la veille. Deux ans se passèrent ainsi : aucun sentiment n'occupa son âme; mais elle ap-prit à vivre dans le vide, elle apprit à se conten-ter des plaisirs de la vanité; et quoique son esprit et son cœur fussent bien supérieurs à sa desti-née, la solitude était nécessaire à ce caractère que le monde pouvait enivrer, et dont la mobilité ren-dait important le choix des objets qui l'entou-raient. L'aspect d'une belle campagne la faisait rêver, le son d'un violon la ramenait à la ville : la morale sensitive dont parle Rousseau était faite pour une âme si jeune et si flexible : cependant cette légèreté ne se portait que sur des qualités accessoires : un peu de vanité, du goût pour les plaisirs, voilà les défauts dont la campagne la corrigeait, et que la ville lui rendait aussitôt; mais sa sensibilité, sa bonté, sa franchise étaient inaltérables, et ses torts, qu'elle avouait aisément, servaient de consolation aux envieux, et donnaient à ses amis un sujet de plaisanterie toujours pi-quant et toujours bien reçu. Une physionomie douce et fine, des cheveux blonds, un teint d'une blancheur éblouissante, enfin une expression ro-manesque et tendre, contrastaient avec son extrême vivacité, mais répandaient sur toute sa personne un air de modestie et de sensibilité qui forçait à s'intéresser à elle. Au milieu même des transports que lui causaient les fêtes et les succès, Adelaïde était bonne pour son époux; elle était incapable de souffrir qu'on lui donnât le moindre ridicule : les sots ont de la vanité; l'époux d'Adelaïde se contentait de quelques paroles obligeantes et d'une prière de l'accompagner partout, à laquelle son désœuvrement le faisait toujours céder. Au bout de deux ans, M. de Linières tomba malade, Ade-laïde le soigna avec zèle : il mourut. Un senti-ment d'horreur s'empara d'elle, son imagination fut vivement frappée par le sombre spectacle dont elle fut témoin : c'était la première fois qu'elle avait réfléchi sur la mort. La perte de ce qui nous est cher inspire tant de douleur, que l'effroi dis-paraît auprès d'un tel sentiment; mais on con-temple dans les indifférents l'aspect de la fin de la vie, et cette idée livre aux réflexions tristes et philosophiques, dont le cœur d'une femme est facilement effrayé.

Le baron d'Orville et sa société entendaient si mal Adelaïde, qu'elle éprouva le besoin de les fuir. Elle se résolut à passer l'année de son veu-vage chez madame d'Orfeuil, chez cette tante qu'elle adorait, et qui n'avait pas cessé de la re-gretter, quoiqu'elle blâmât la dissipation dans la-quelle sa nièce avait vécu. Madame de Linières ar-riva au mois d'avril chez madame d'Orfeuil; depuis deux ans elle n'avait pas vu la nature; son cœur en était ravi. Les impressions de son en-fance se retraçaient avec tous leurs charmes; elle fut heureuse de retrouver madame d'Orfeuil, et jamais le plaisir n'avait fait jouir son cœur, comme la douce mélancolie qu'elle ressentait dans ces lieux charmants. Les occupations de chaque jour, l'arrangement des heures, tout fut bientôt décidé. Adelaïde trouva que la vie passait ainsi plus dou-cement et plus vite, qu'on la sentait plus, et qu'elle pesait moins; enfin, son imagination, li-vrée tout entière aux charmes de la campagne, ne lui représentait plus la ville qu'avec horreur. Il y avait à peine quinze jours qu'elle l'habitait, lors-que madame d'Orfeuil lui proposa d'aller voir la princesse de Rostain, dont le château était à deux lieues de là. Cette femme, extrêmement altière, était célèbre cependant par son esprit, son carac-tère et sa passion pour le comte Théodore de Rostain, son fils, qu'elle avait enfin corrigé des travers de la jeunesse, c'est-à-dire de faire des dettes et d'aimer les femmes. Ces deux torts, dont la médiocrité fait un si grand crime, dont les con-currents se servent si bien pour écarter de la route de la fortune, nuisent à soi bien plus qu'aux autres, et des qualités intéressantes peuvent souvent en être la cause et l'excuse. Madame de Linières avait entendu parler du comte de Rostain. Personne n'avait plus de réputation d'esprit et d'amabilité; elle savait qu'il avait quitté le monde depuis quatre mois, par la peine que lui avait causée l'infidélité de sa maîtresse, madame d'Étampes, femme galante, qu'il avait cru fixer, qu'il avait sincèrement aimée, et dont il s'était éloigné avec autant de fierté que de sensibilité; qu'il était établi à Paris, qu'il vivait en mauvaise compagnie, parce qu'il n'allait que chez les personnes qu'il aimait; que c'était un sujet détestable, parce qu'il donnait toute sa fortune à ses amis; et comme l'opinion se forme légèrement sur les hommes qui n'ont point d'occasion publique de se faire connaître, madame de Linières croyait le comte Théodore semblable au portrait qu'on lui en avait fait; mais son extrême curiosité pour les agréments d'un esprit aussi célèbre l'emportait sur toute autre idée. Comme elle en parlait en ces termes, madame d'Orfeuil lui répondit ainsi : « On vous a trompée sur le comte de Rostain; on ne vous a point exagéré les charmes de sa conversation, tour à tour sérieuse ou gaie; il vous donnera tous les plaisirs dont l'esprit est susceptible; mais c'est l'âme la plus sensible et le caractère le plus fier que vous puissiez vous représenter. Ses idées sur tous les objets sont d'une si grande justesse, qu'il n'a pu s'écarter de la raison que par l'entraînement du cœur; il réunit à beaucoup de gaieté dans l'esprit une profonde mélancolie dans le cœur; je m'y connais, ce n'est pas un esprit romanesque; il n'exagère rien, il exprime peu; mais il sent l'amour mille fois mieux que nous ne l'imaginons. » Madame de Linières et madame d'Orfeuil arrivèrent au milieu de cette conversation; Adélaïde était avide de voir un homme que les gens de la cour citaient comme le plus aimable, et sa tante comme le plus sensible : l'un et l'autre avantage peut-être étaient nécessaires à son esprit et à son cœur. Jamais donc le projet de plaire ne l'occupa si fortement. Madame d'Orfeuil et madame de Linières entrent dans un château simplement mais noblement arrangé; en approchant du salon, elles entendent rire aux éclats deux vieilles femmes, amies de la princesse de Rostain; en ouvrant la porte elles voient son fils qui causait avec elles. Adélaïde ne savait pas se résoudre à parler aux vieilles femmes; mais comme elle sentait que c'était bien de s'en occuper, elle en estima le comte Théodore : il vint au-devant d'elle : sa figure était noble et intéressante, toutes ses manières

avaient de la grâce et de la dignité; elles invitaient à l'aisance, et rendaient la familiarité impossible. Il avait surtout dans le regard quelque chose de sensible et de rêveur, qui succédait presque à l'instant même à l'expression de la gaieté; et semblait indiquer qu'elle n'était pas l'état habituel de son âme. Madame de Linières fit beaucoup de frais pour lui; il y répondit sans aucun empressement de se montrer, mais avec celui de la faire valoir; au lieu de s'occuper de sa réponse, il préparait celle d'Adélaïde; et si elle avait eu moins d'esprit, elle s'en serait cru plus qu'à lui. La visite finit : le comte demanda la permission de les accompagner; il revint le lendemain, et tous les jours qui suivirent : aucune affaire ne le retenait jamais : il donnait toute sa vie. Sans cesse aux ordres d'Adélaïde, prévenant ses heures, devançant ses désirs, sans parler de son sentiment, il l'exprimait tantôt par son dévouement, tantôt par le culte qu'il rendait aux charmes d'Adélaïde. Appellera-t-on flatterie l'enchantement qu'il exprimait pendant qu'elle lui parlait? C'est un autre art que celui de la louange, c'est le don de l'amour. Théodore possédait ce charme d'une manière irrésistible; il semblait vivre dans ce qu'il aimait, servir l'amour-propre en s'abandonnant aux mouvements de son cœur, agir involontairement comme la réflexion aurait pu le conseiller, et tel qu'Émile en portant sa maîtresse au but, il criait victoire pour elle; enfin, il embellissait tant l'existence de celle qu'il préférait; plaisir, gloire, bonheur, tout était si bien son ouvrage, qu'à son départ on perdait à la fois lui et soi-même; on ne retrouvait plus ni ses agréments, ni ceux qu'il savait faire naître; le néant succédait à la vie; les jouissances qui semblaient indépendantes de lui, disparaissaient pendant son absence.

Cependant l'amabilité de Théodore diminuait, et la rêverie lui succéda. Madame de Linières, qui déjà éprouvait pour lui un attrait irrésistible, qui déjà s'était sentie vingt fois prête à se trahir, ne concevait pas le silence de Rostain : il était libre, elle l'était, aucun obstacle ne les séparait; ses actions, ses paroles, ses regards les plus involontaires encore, annonçaient l'amour le plus profond : quelle était donc la cause de son silence? Adélaïde voulait confier ses sentiments à sa tante : madame d'Orfeuil évitait cette conversation avec soin. Enfin, un soir qu'elles se promenaient, en attendant Rostain, sur le bord d'un ruisseau dans une allée sombre, près du pavillon qui séparait le jardin de la forêt, Adélaïde dit à madame d'Orfeuil : « Eh quoi ! ne me parlerez-vous jamais du comte de Rostain? —

Il y a une heure que nous nous entretenons de lui, répondit madame d'Orfeuil. — Ne pourriez-vous pas m'expliquer son inconcevable conduite? — Il faudrait que je susse d'abord, dit-elle, quel est le mystère que je dois découvrir. — Ah! mon amie, s'écria Adelaïde, en fondant en pleurs, vous ne m'aimez plus puisque vous ne devinez pas que je l'aime. » Madame d'Orfeuil fut émue de la vérité de son mouvement. « Va, lui dit-elle, si je croyais que ton cœur fût digne du sien, je ne m'opposerais pas à sa passion pour toi. — Vous vous opposez à mon bonheur, lui dit Adelaïde, vous? — Si tu savais quelle âme t'est dévouée! quelle sensibilité! quelle délicatesse! c'est sa vie qu'il te confie. — J'en suis digne par ma tendresse, j'en suis digne par les principes que ma tante a gravés dans mon cœur. — Je t'estime profondément; je suis sûre même que ton âme ardente est capable de l'amour le plus tendre; mais ton esprit est si mobile, ta tête est si légère, que ton amant, que ton époux pourrait être aisément inquiet de ton cœur. Je connais Rostain : c'est le plus parfait des caractères pour les autres et le plus malheureux pour lui-même : le monde, qui flétrit le cœur, a seulement rendu le sien plus susceptible de défiance, et l'expérience, sans le détacher du bonheur de l'amour, ne lui a que trop appris combien il était rare de l'obtenir. — Ma tante, répondit Adelaïde, ne me jugez pas sur les deux ans que j'ai passés dans le monde. Je n'aimais pas alors; aujourd'hui je sens qu'il faut mourir ou posséder le cœur de Rostain. Mais est-il bien vrai qu'il m'aime? » Comme elle achevait ces mots, Rostain approchait. « Eh bien, lui dit madame d'Orfeuil, je suis vaincue : je crois qu'Adelaïde vous aime, je ne m'oppose plus à l'aveu que vous avez tant de besoin de lui faire. — Ah! mon Adelaïde, s'écria-t-il, écoutez-moi; ce n'est pas la première fois que je vous parle de mon amour; il y a longtemps que vous l'avez deviné : mais souffrez que mon âme s'ouvre à vous tout entière. Il n'est plus temps de ne pas vous aimer, mais il l'est encore de ne pas se livrer à l'espoir de vous inspirer quelque retour. Que votre cœur réfléchisse un moment; c'est ma vie que je remets entre vos mains; sans doute je consentirais à la perdre pour jouir un seul jour d'une illusion si douce; mais l'instant qui m'éclairerait, l'instant qui précéderait ma mort serait si cruel, que je ne me sens point la force d'en braver le danger. J'ai cherché partout le bonheur; une femme peu vertueuse, mais dont je m'étais cru aimé, m'a captivé pendant quatre ans; quand elle me fut infidèle, je quittai le monde; j'aurais quitté la vie, si l'on pouvait aimer de toutes les facultés

de son âme ce qu'on n'estime pas. Des goûts simples remplissaient mon temps; je passais les jours sans les regretter ni les attendre : l'action de mon âme était suspendue ; je vous ai vue : l'idée d'un bonheur au delà de l'imagination m'est apparue; j'ai pensé que je pourrais trouver en vous tout le charme de l'amour et de la vertu, que je vous verrais en liberté, et que l'hymen sanctifierait le lien que l'amour aurait formé. Il faut aimer Adelaïde, il faut comme moi n'éprouver de passion que dans le cœur, pour concevoir le tressaillement qu'une telle espérance m'a fait éprouver : mais depuis deux mois que je vous vois et que je vous aime, une crainte m'arrête; mon caractère seul l'a fait naître. L'âme d'Adelaïde est sensible et pure; son amant, son époux n'aura jamais que des raisons de l'estimer; ce n'est pas assez pour mon cœur : le soupçon en est banni; mais l'inquiétude y habite presque sans cesse : je suis jaloux, susceptible même; il n'y a pas de bonheur pour moi, si le plus léger nuage l'obscurcit; et mon imagination est si sombre, qu'un prétexte suffit pour me plonger dans le désespoir. La plupart des hommes sont occupés de la fortune ou de la célébrité; moi, je ne serai jamais malheureux que par une seule cause; toutes mes forces sont rassemblées dans mon cœur; c'est là que je puis vivre ou mourir. Si j'étais un jour moins aimé par vous (pardonnez-moi d'oser croire que je le suis maintenant), je ne m'en plaindrais pas; l'amour n'est jamais ramené par des reproches, et mon âme est trop délicate et trop fière pour s'y livrer; mais j'en mourrais : ce mot dont on abuse serait mon histoire, et ce spectacle déchirerait le cœur d'Adelaïde. C'est pour elle que je le redoute, c'est pour elle que j'interroge son cœur. » Ce discours fut prononcé avec une sorte de sensibilité solennelle, dont Adelaïde fut profondément émue, mais s'abandonnant cependant au sentiment qu'elle éprouvait, « Théodore! s'écria-t-elle, ma tendresse est digne de la vôtre. — Dieu! répondit-il, voilà le plus saint des serments; à l'excès de mon bonheur je sens qu'il ne m'est plus possible d'en douter. » Des torrents de larmes coulèrent alors de ses yeux. Adelaïde était au comble de la joie; madame d'Orfeuil serrait leurs mains réunies; ils éprouvaient tout le bonheur dont l'âme humaine peut jouir : se calmant ensuite pour sentir en détail toute leur félicité, ils parlèrent des moyens de l'assurer.

Adelaïde, naturellement étourdie, s'était plus occupée du comte Théodore que de sa mère. Cette femme hautaine l'avait prise dans une aversion dont les deux amants ne se doutaient pas. Plein de confiance, Théodore se résolut à lui demander son

avec le lendemain même, quoique le deuil d'Adelaïde ne lui permît pas encore de se remarier. La
princesse de Rostain déclara à son fils qu'elle ne
consentirait jamais à cette union; il avait prodigué pour ses amis la fortune qu'il tenait de son
père, sa mère seule pouvait réparer ses pertes.
Théodore ressentit une indignation profonde d'un
tel refus; ce fils si respectueux s'échappa pour la
première fois en reproches amers; et, quittant sa
mère avec impétuosité, il arriva chez madame de
Linières dans l'excès de sa colère et de son désespoir. Dès qu'elle en connut le sujet, elle lui demanda si à trente ans il ne pouvait pas disposer
de son sort : « Oui, lui dit-il, mais ma fortune dépend..... — La mienne ne suffit-elle pas pour tous
les deux? — Vous avez raison, lui répondit-il; je ne
vous remercierai pas de ce sentiment, il est trop
dans mon cœur pour m'étonner dans le vôtre. »
Peut-être Adelaïde aurait-elle dû conseiller à son
amant de ne pas désobéir à sa mère; mais ils n'a-
vaient l'un et l'autre alors que les vertus de l'amour.
Adelaïde n'allait plus chez madame de Rostain;
mais le comte passait la moitié de la journée avec
sa maîtresse, et l'inexprimable bonheur d'être ensemble prêtait du charme aux occupations les plus
indifférentes. Enfin le temps qu'ils avaient marqué
pour leur union approchait : madame d'Orfeuil,
seule dans leur confidence, avait fait venir les papiers nécessaires pour conclure leur mariage : il devait être secret : le deuil d'Adelaïde, le refus de madame de Rostain, l'indiscrétion du baron d'Orville,
rendaient également cette précaution nécessaire.
Théodore, dont l'âme concevait si facilement des
inquiétudes, n'en éprouvait aucune : certain de posséder le cœur de sa délicieuse amie, trouvant chaque jour quelques nouvelles raisons de l'aimer et
de l'estimer, tous les instants de sa vie étaient des
époques de bonheur. Adelaïde était dans l'ivresse;
son cœur semblait encore plus ému que celui de
Théodore; elle témoignait tout, elle ne cachait
rien. Le matin du jour fortuné, Théodore conduisit Adelaïde dans ce pavillon témoin de leurs
premiers serments : « Ce soir, lui dit-il, au nom de
la religion, au nom des lois, l'on va te demander
de m'aimer; qu'une autre cérémonie non moins auguste et plus tendre te donne à moi pour toujours.
Jure à Dieu, dont nos cœurs doivent croire l'existence, puisqu'un bonheur semblable au nôtre ne
peut venir que de lui; jure à l'amant qui t'adore,
qu'il t'est doux de lui donner ta vie : moi, je jure
à tes pieds de mourir, si ton amour ou ton bonheur est altéré. Crois, mon Adelaïde, que jamais
serment ne fut plus vrai. — Et moi, lui dit-elle,

je jure de ne pas exister un seul jour sans toi. »
Jamais la passion n'eut un accent plus énergique.
Madame d'Orfeuil vint les interrompre. « Le prêtre
vous attend, leur dit-elle. — Ah! qu'en est-il besoin? s'écria Théodore : j'ai reçu ses serments. » Un
mouvement de crainte s'empara d'Adelaïde; ses
genoux tremblèrent, ses yeux se remplirent de
larmes, son bonheur surpassait ses forces; son
amant la soutint en tremblant lui-même, et sans
pouvoir articuler un seul mot, ce *oui* si fatal ou si
cher fut exprimé par tout leur être. Ils regagnèrent
lentement le château, appuyés l'un sur l'autre,
plongés dans la mélancolie du bonheur, et si certains de s'entendre, qu'ils n'avaient pas besoin de se
parler. Madame d'Orfeuil les contemplait avec un
sentiment doux et triste, ce spectacle lui rappelait
ses peines : ils s'en aperçurent, et cette pensée
leur fit rompre un silence qu'ils auraient pu longtemps garder; ils s'occupèrent à la consoler, parce
qu'ils ne voulaient pas qu'il y eût de malheur sur
la terre. Madame d'Orfeuil n'était pas plus pour
eux ce jour-là qu'une autre personne; ils aimaient
tout le monde également.

Ils passèrent un mois dans un état de bonheur
si calme et si passionné, qu'on n'en pourrait peut-
être pas trouver un second exemple. Pendant ce
temps, le baron d'Orville ne cessait d'écrire à sa
nièce pour l'engager à revenir à Paris. Théodore
était obligé de partager son temps entre sa mère
et sa femme : l'hiver approchait. Adelaïde proposa un jour à son époux d'aller passer trois mois
à Paris; il pâlit à cette demande, se tut un moment, et bientôt après lui répondit qu'elle avait
raison; que sa mère, depuis un mois, lui proposait ce voyage; qu'il s'y était refusé jusqu'à présent, mais qu'il allait y consentir. « Ce projet vous
affligerait-il? lui dit Adelaïde. — Non, répondit
Théodore, il vous plaît. » Adelaïde ne s'aperçut
pas du nuage qui se répandait sur la figure de
Théodore; elle sentait plus ses propres mouvements qu'elle n'observait ceux d'un autre. Après
avoir bien regretté sa tante, elle partit à dix-huit
ans, passionnée pour son époux, mais ravie de revoir Paris. Le jour de son arrivée, Théodore, qui
connaissait le baron d'Orville, vint souper chez
lui : lorsque Adelaïde entra, le salon retentit des
applaudissements que méritait sa beauté; la campagne l'avait embellie. Bientôt son époux, dont
la grâce et l'esprit effaçaient tout ce que Paris
pouvait jamais offrir de plus brillant, s'empressa
de faire valoir Adelaïde. Ils furent tous les deux
aimables ensemble, et l'un par l'autre : le lendemain Théodore vint voir Adelaïde. « Jamais, lui

dit-elle, on n'a montré plus d'agrément et de gaieté que vous; vous devez aimer la société, car personne ne semble fait pour elle comme vous. — Mon Adelaïde, lui dit-il, ces succès du monde m'étaient devenus bien indifférents; puisqu'ils vous plaisent, je les rechercherai; mais il y a longtemps qu'ils ne me flattent plus. » Adelaïde crue veuve, Adelaïde riche et belle attirait tous les hommages; elle n'aimait pas moins Théodore, mais elle réunissait le goût du monde à ce sentiment, et sans cesser de le dominer, l'amour ne l'occupait pas uniquement; elle n'aurait point été dans une fête où l'on n'eût pas invité Théodore, mais elle préférait quelquefois le bal à la solitude avec lui. Elle lui dédiait ses succès, mais elle voulait en avoir; s'il lui parlait au milieu du monde, elle quittait tout pour lui répondre; mais s'il la laissait danser ou briller dans la conversation, elle y consacrait la soirée entière : elle n'aurait pu vivre sans Théodore, mais elle pouvait s'amuser sans lui. Si Adelaïde s'était aperçue de son propre changement, à l'instant même il n'aurait plus existé; mais elle trouvait simple d'aimer le monde, de s'y plaire, d'y réussir; et pensant que son époux devait partager ce sentiment, elle ne formait pas un doute qu'il ne l'éprouvât. Le premier nuage de tristesse qu'Adelaïde remarqua sur le visage de Théodore lui causa tant de peine, elle lui offrit de si bonne foi le sacrifice absolu de tous les plaisirs de la société, que lui-même ne voulut pas l'accepter. Parfaitement rassurés l'un par l'autre, Adelaïde recommença à se livrer à ses goûts, et Théodore, qui l'en avait priée, n'osa lui avouer qu'il eût désiré de ne pas obtenir si parfaitement ce qu'il avait demandé. Le jour où l'on s'impose la loi de cacher un seul de ses sentiments à l'objet qu'on aime, l'impression de ce sentiment au dedans de soi devient incalculable : les explications, les plaintes, les reproches peuvent ne point laisser de trace; mais le silence dévore le cœur qui se le commande.

Théodore, fier et sensible, accumulait ses peines dans son âme; son humeur s'en ressentit. Adelaïde voulut le distraire; il crut voir de l'effort où il n'existait que de l'embarras, et repoussa son intérêt avec assez d'indifférence. Adelaïde fut offensée de l'inutilité de ses soins, révoltée de l'injustice de Théodore, par le sentiment même de sa tendresse pour lui; et par un accord secret de délicatesse ou de susceptibilité, ils éloignaient les occasions d'être ensemble. Adelaïde était si sûre de n'aimer rien que Théodore, Théodore de n'avoir pas un seul tort avec Adelaïde, qu'aucun des

deux ne voulait se justifier. Le temps et l'amour auraient fait naître un rapprochement heureux, si, par une fatale circonstance, la jalousie ne se fût emparée du cœur de Théodore, que la tristesse et la contrainte y avaient préparé. Une amie, qu'Adelaïde avait un peu légèrement attirée, lui confia sa passion pour le jeune comte d'Elmont, et la conjura de le recevoir beaucoup, parce qu'elle n'avait que cette manière de se rencontrer avec lui. Adelaïde, que l'amour intéressait toujours, y consentit. Théodore trouvait constamment le comte d'Elmont chez sa femme; quand il lui en parlait, elle était troublée par la promesse qu'elle avait faite de ne pas révéler ce secret. Bientôt l'aigreur qui éloigne la confiance s'en mêla. Adelaïde trouva Théodore trop exigeant; Théodore la crut insensible, et résolut de la fuir pour jamais. Adelaïde, vers ce temps, s'aperçut qu'elle était grosse. « Ah! s'écria-t-elle, je vais le ramener à moi; j'expierai mes erreurs, je quitterai Paris, nos heureux jours renaîtront. » Théodore entre chez elle; Adelaïde s'avance au-devant de lui, son abord glacé l'arrête; un de ses amis, trompé par l'apparence, venait de porter le poignard dans le cœur de Théodore, en lui disant qu'il croyait le comte d'Elmont aimé de madame de Linières. Théodore ne soupçonnait pas la vertu de son épouse; témoin de son affectation à ne recevoir le comte d'Elmont que quand son amie était avec elle, il se persuada qu'elle se défiait de son propre cœur, et joignant cette amère pensée à la peine que lui causait la vanité légère de madame de Linières, il se crut certain de n'être plus aimé, et sa résolution fut alors promptement et invariablement prise. « J'ai reçu, lui dit-il, un ordre de rejoindre mon régiment; je pars à l'instant, je viens vous dire adieu. » Un coup de foudre aurait moins frappé madame de Linières. « Vous partez ? lui dit-elle. — Oui, je le dois. — Avec quelle indifférence vous m'apprenez!... — Je vous reverrai dans peu, » lui dit-il; et bientôt affectant un air de dégagement, il lui parla d'objets indifférents. Adelaïde, qui allait lui apprendre le nouveau lien qui les unissait, blessée jusqu'au fond de l'âme de sa froideur, garda un profond silence; elle se leva, ils s'avancèrent l'un vers l'autre, leur secret était prêt à leur échapper : je ne sais quelle avidité de malheur fit garder le silence à Théodore; mais s'éloignant tout à coup avec un cri de douleur : « Adelaïde ! s'écria-t-il, Adelaïde ! adieu. » Elle resta d'abord immobile, glacée : s'élançant ensuite pour le rappeler, elle vit sa voiture s'éloigner avec rapidité, et sa voix même ne put être entendue.

6.

Elle courut chez lui, il n'y était pas retourné; elle fit partir un de ses gens sur la route de son régiment, il n'y avait pas paru; elle envoya à sa terre, on n'en avait point de nouvelles. Folle de désespoir et d'inquiétude, elle alla trouver son oncle, elle lui avoua son mariage, et le conjura d'aller chez la princesse de Rostain, pour lui demander ce qu'était devenu son fils. Le baron d'Orville n'entendait rien au désespoir de sa nièce. « Il est allé faire un voyage, lui disait-il; eh bien, quel mal cela lui fera-t-il? » Enfin, il partit cependant pour complaire à sa nièce; au bout d'une heure, qui fut un siècle pour Adélaïde, son oncle revint : « Il n'y a pas au monde une plus abominable femme que votre belle-mère, lui dit-il; je n'en ai pu tirer que des injures contre vous, des larmes pour son fils, et ce billet. » Adélaïde le saisit avec transport. « Je serai deux mois absent, ma mère; « pardonnez-moi de ne pas vous dire où je vais; « je veux que tout le monde l'ignore. Je jure de « vous revoir encore; dans deux mois je revien- « drai dans votre terre, près de celle de madame « d'Orfeuil, vivre ou mourir à vos pieds. » Adélaïde s'évanouit en lisant ce billet; son oncle la rappela à la vie; il voulut la consoler, elle le repoussa. Ne pouvant plus supporter ce monde, cause de tous ses torts et de tous ses malheurs, elle partit pour aller rejoindre madame d'Orfeuil. Que de réflexions douloureuses ne fit-elle pas en route! que de remords n'éprouva-t-elle pas! que de reproches n'adressa-t-elle pas à Théodore! Enfin elle arriva dans ce château, témoin de son bonheur. Son courrier l'avait précédée, et cependant personne ne vint au-devant d'elle. Ce témoignage d'indifférence de la part de madame d'Orfeuil remplit son cœur de tristesse. Elle entra dans le salon; madame d'Orfeuil se leva, et la salua froidement. « Dieu! s'écria Adélaïde, vous me réserviez à ce dernier malheur! » Elle prononça ces paroles avec tant de désespoir, que madame d'Orfeuil en fut assez émue pour avoir le besoin de lui faire des reproches. « Cruelle, lui dit-elle, que t'avait fait le malheureux Théodore, pour unir ta destinée à la sienne, pour rendre son cœur sensible victime de ton inconcevable légèreté? Lis, s'écria-t-elle, lis ton arrêt dans cette douloureuse lettre, qui m'a déchirée par ma juste pitié pour lui, par ma fatale tendresse pour toi. » Adélaïde, sans lui répondre, lut cette lettre :

« Tout est fini pour moi, mon amie; un instant « d'un bonheur, trop grand peut-être pour un mor- « tel, m'a ôté pour jamais la force de supporter « le malheur : je n'écris pas à celle qui le cause;

« les plaintes, les reproches m'échapperaient; elle « voudrait se justifier, je me rattacherais à ma « chimère, et me condamnerais à vivre. Vous le « savez, Adélaïde me connaît comme vous : l'om- « bre d'un changement dans le cœur de ce que « j'aime, ou la perte absolue de sa tendresse, est « un malheur égal à mes yeux. Je l'ai vu, ce « changement : je n'accuse pas la vertu d'Adélaïde; « son âme est pure : ma peine est douloureuse, « sans être amère. Je puis encore adorer l'objet « que j'ai perdu; mais son cœur n'est plus le « même : peut-être qu'un autre a su lui plaire; le « monde au moins l'a distraite de son époux; ce « n'est plus cette Adélaïde qui ne vivait que pour « nous. Ah! madame, je ne suis plus nécessaire à « son bonheur : pourquoi vivrais-je? Je vais ce- « pendant seul sur le sommet des montagnes, en « présence du ciel et de la terre, réfléchir sur ma « destinée, sur le droit qu'ont les hommes de ter- « miner leur existence. Si je puis vivre sans bon- « heur, j'irai loin de tout ce qui me fut cher, con- « sacrer mon temps et mes forces à quelques « travaux utiles, dévouer ma vie aux autres comme « à mes semblables, mais non plus comme à mes « amis. Si mon courage ne suffit pas à cet effort, « je reviendrai mourir près de vous et de ma mère; « peut-être aussi, peut-être aurai-je besoin de la « voir passer encore une fois, avant de fermer les « yeux pour jamais. Adieu, mon amie; adieu. »

Comment peindre l'état d'Adélaïde? Pourquoi Théodore n'en était-il pas témoin? Madame d'Orfeuil n'y put résister, et bientôt elle s'occupa de la consoler. Mais sa douleur inquiète ne pouvait recevoir aucun adoucissement; elle voulait partir, elle voulait rester; elle n'osait espérer, elle avait horreur de craindre. Aucun projet n'était adopté, aucun n'était rejeté, et sa douleur, se représentant sous toutes les formes, épuisait tous les genres de courage. Il était aisé de s'apercevoir que le remords déchirait son âme; mais c'était par son ardeur à se justifier qu'on pouvait le démêler. Madame d'Orfeuil n'osait la flatter de revoir Théodore; elle connaissait si bien la profondeur de ses sentiments! Cependant il avait promis de revenir dans deux mois. Quels jours que ceux qui se passèrent pour Adélaïde! que son malheur la rendit digne de son époux! que des sentiments si profonds et si douloureux effacent aisément les légères traces de la dissipation et de la vanité! Adélaïde conservait encore le besoin d'espérer; il y a des malheurs qu'on ne peut concevoir d'avance; c'est la mort; rien n'en donne l'idée. Un jour qu'Adélaïde et madame d'Orfeuil se promenaient sur la route qui mène au château de Rostain, elles virent des paysans qui s'en retournaient tristement. Madame d'Orfeuil les interrogea. « Ah! dirent-ils, si vous saviez comme notre jeune maître est changé! — Votre jeune maître? — Oui, le comte Théodore. » Adelaïde, à ces mots, était déjà sans connaissance : on la rapporta au château; à peine reprit-elle l'usage de ses sens, qu'elle se jeta aux genoux de madame d'Orfeuil. « Ah! lui dit-elle, allez, allez le trouver; justifiez-moi près de lui, portez-lui ces lettres qui lui prouveront que le comte d'Elmont était aimé de mon amie, et que mon seul tort fut de recevoir un tel secret; peignez-lui le désespoir dont vous êtes témoin depuis deux mois; apprenez-lui tout, hors l'enfant que je porte dans mon sein; s'il repousse la mère, l'un et l'autre doivent périr. Justifiez-moi, obtenez mon pardon. Ah! pars, reviens, songe à l'état où je vais être. — Je vous obéirai, répondit madame d'Orfeuil; il sera bien aisé d'obtenir votre pardon; il m'en croira sur votre cœur : maintenant, hélas! il n'est que trop digne du sien : mais on vous a dit qu'il était bien changé? — Ce sont des paysans que sa parure négligée peut-être.... Ah! mon amie, volez vers lui. » Madame d'Orfeuil partit aussitôt; pendant trois heures qu'elle fut absente, Adelaïde put à peine respirer. Les battements de son cœur soulevaient sa robe; chaque minute, chaque bruit accroissait une émotion qui paraissait au delà des forces humaines. Enfin, madame d'Orfeuil revint; Adelaïde n'osait aller au-devant d'elle : madame d'Orfeuil entra avec une gaieté si contrainte, qu'Adelaïde fut plus effrayée de cet effort que de l'air le plus sombre; cependant le besoin de l'entendre retenait sa vie prête à lui échapper. « Il vous pardonne, lui dit madame d'Orfeuil; il vous aime, mais il est bien malade. — Eh bien, lui répondit Adelaïde, je rends grâce au ciel, à présent je puis mourir. Quand le verrai-je? — Il vous conjure d'attendre encore quelques jours. — Dans quel état est-il? » Elle fit cette question avec un accent si lugubre, que madame d'Orfeuil se sentit forcée de la rassurer. Adelaïde ne répondit rien, et resta plongée dans une rêverie profonde. A deux heures du matin, elle pria sa tante de se retirer, en lui disant qu'elle voulait dormir. Mais dès que l'aurore parut, elle se fit conduire dans la terre de Rostain; elle séduisit un jardinier, et se cacha dans un bosquet où la mère de Rostain venait déjeuner tous les matins. Elle ne fit aucune question au jardinier; vingt fois elle ouvrit la bouche pour lui demander des nouvelles de son maître, mais vingt fois la parole expira sur ses lèvres. Cachée dans le bosquet, elle pouvait voir sans être vue. A dix heures du matin, par le plus beau temps du monde, elle vit arriver la mère de Rostain, triste et les yeux gonflés de pleurs. Un quart d'heure après, une ombre, appuyée sur deux hommes, dont la sensibilité semblait rendre les pas chancelants, s'approcha lentement. Adelaïde ne put pas d'abord le reconnaître, ou plutôt cherchant à se tromper, comme on évite un coup de poignard, elle fut une minute incertaine; mais bientôt le son de cette voix si chère ayant frappé son oreille, elle fit un cri et s'évanouit. Ce bruit attira l'attention des deux hommes qui soutenaient Rostain; ils s'enfoncèrent dans le bois, et rapportèrent à ses pieds son Adelaïde évanouie. Quel spectacle pour lui! quel spectacle pour sa mère! Comme Adelaïde ouvrait les yeux, madame de Rostain s'écriait avec rage : « Otez de mes yeux celle qui a tué mon fils, ôtez de mes yeux la barbare qu'il nomme sa femme. » Rostain, à ces paroles, retrouvant ses forces, s'écria : « Ma mère, ne l'insultez pas, il y va de ma vie, il y va de mon respect pour vous; je ne me connaîtrais plus. — Va, lui dit sa mère, expire à ses pieds : c'est tout ce qu'elle demande. Adieu. » Adelaïde n'entendait rien; les yeux fixés sur Rostain, elle cherchait à démêler quelques signes de vie dans ses traits défigurés. Restée seule avec lui, ils gardèrent d'abord le silence; mais tout à coup Adelaïde en sortit par les expressions les plus rapides et les plus passionnées; elle se justifiait, elle embrassait ses genoux, et ne parlant que de son amour, voulait se persuader que son sort dépendait d'en convaincre son époux. « Hélas! mon Adelaïde, lui répondit Théodore, je crois à l'injustice de mon cœur, je crois à la pureté du tien, je n'accuse que moi de notre malheur. — De notre malheur! s'écria-t-elle; et l'avenir ne peut-il pas le réparer? Ce lien si cher qui nous unit, cet enfant que je porte dans mon sein.... — Ciel! cet enfant! tu serais mère? — Je le suis. — O mon Dieu, s'écria-t-il, que vous ai-je fait pour me rattacher à la vie? » En achevant ces mots, il tomba dans un état de douleur si violent, que ses forces l'abandonnèrent. Adelaïde fit un cri, l'on vint; mais quel spectacle cruel n'eut-elle pas sous les yeux! Quels affreux symptômes de dépérissement et de mort! Madame de Rostain, ramenée par les cris d'Adelaïde, la repoussait avec horreur. « Hélas! madame, lui dit-elle, vous vous repentirez de votre injustice; vous saurez si je l'aime. » Rostain, revenant à lui, vit la terreur peinte sur tous les visages. « Ma mère, dit-il, souffrez Adelaïde auprès de moi; je ne peux plus m'en séparer : mais

que j'entretienne un moment seul mon médecin. »
On rapporta Rostain au château; Adelaïde le suivait sans prononcer une parole; des tressaillements
trahissaient seulement l'état de son âme; son visage
était immobile. Le médecin entra, il sortit, sans
qu'elle quittât la porte contre laquelle elle était
appuyée : il s'arrêta devant elle, et lui prit la main
avec attendrissement. « Laissez-moi, lui dit-elle,
laissez-moi. Savez-vous qui l'a tué? C'est moi,
éloignez-vous. » Rostain demanda ensuite sa mère;
elle passa avec fureur devant Adelaïde, et sortit
peu de temps après, fondant en pleurs. « Allez,
lui dit-elle, allez, il veut vous voir : contemplez
votre ouvrage. — Madame, lui dit Adelaïde, madame, j'ai besoin de vivre encore une heure, lais-
sez-la-moi. » Alors elle entra dans la chambre de
Rostain sans lever les yeux sur lui, et s'assit à ses
côtés. « Mon Adelaïde, lui dit-il, je demande à
cette âme si courageuse et si sensible de m'écouter
avec attention; j'ai de grands torts envers toi; ma
fatale imagination me persuada que je n'étais plus
aimé, quand ton cœur daignait encore être sensible à mon amour. La douleur, des moyens plus
violents encore m'ont tellement répondu de la fin
de ma vie, qu'en venant dans ces lieux, j'étais assuré de porter la mort dans mon sein. Je ne te cache pas que ta présence, ta tendresse, ce gage de
notre amour, font naître dans mon cœur des regrets et des remords cruels. Mais, hélas! le fil de
ma vie ne peut plus se renouer; et croyant que je
puis seul t'apprendre à supporter ma perte, j'ai
voulu moi-même te l'annoncer. — Eh bien, lui dit
Adelaïde, ton assassin, celle qui t'a plongé le poignard dans le cœur, crois-tu qu'elle te survive? ne
te vengerai-je pas? — Mon Adelaïde, non, tu respecteras l'enfant dont tu vas être mère, tu voudras conserver cette image d'un époux qui te fut
cher, tu donneras cet enfant à ma mère, tu ne
voudras pas que je meure tout entier, que mon
souvenir ne reste pas dans ton cœur, et mes traits
dans ton enfant; tu ne commettras pas ce crime,
tu ne me causeras pas cette douleur. » En entendant ces mots, Adelaïde tomba dans une rêverie
profonde; elle se parlait à elle-même. « En effet,
disait-elle, son enfant doit m'être sacré; l'on peut
retenir sa vie, l'on peut retarder sa mort... Eh
bien, s'écria-t-elle en se levant, eh bien, Théodore, devant Dieu je vous réponds de votre enfant.—Ah! mon Adelaïde, je peux mourir en paix;
tu jures de lui donner le jour, de lui prodiguer tes
soins, de l'élever? — Non, lui dit Adelaïde, avec
cet accent ferme et sombre qu'une résolution invariable peut seule faire trouver; non : j'ai promis

seulement de lui donner la vie, c'est tout ce qu'il
recevra de moi. — Adelaïde, quel est ton dessein?
Adelaïde, veux-tu que j'emporte au tombeau ces
craintes déchirantes? — Barbare, s'écria-t-elle,
quand tu m'as quittée pour jamais, quand tu as
fait couler dans tes veines le poison qui nous tue,
ton cœur a-t-il eu pitié de moi? Tu m'arraches ce
que j'aime, tu m'en rends l'assassin, et tu me
parles d'y survivre? Pardon, lui dit-elle, en se jetant à ses genoux; pardon : va, tu n'entendras plus
ces plaintes douloureuses; je me soumets à mon
sort : mais interroge ton cœur; qu'il t'apprenne
ce que je souffre, et te défende de me commander
de vivre. » Comme elle achevait ces mots, madame
de Rostain entra : Théodore lui recommanda avec
force et sa femme et son enfant. Cette malheureuse mère, abattue par la douleur, ne pouvait
prononcer un mot : sa violence, sa tendresse, ses
défauts, ses qualités, tout était anéanti. Adelaïde,
les yeux fixés sur Théodore, perdait son souffle
dès qu'il respirait avec peine, semblait mourir avec
lui. Tout à coup elle le vit pâlir. « Théodore! s'é-
cria-t-elle. — Adelaïde, lui dit-il, viens mettre ta
main sur ce cœur qui n'exista que pour toi; songe
que tu n'es pas coupable, songe que je te laisse
mon fils et ma mère; ne m'oubliez pas. Adieu. »
Sa tête se pencha sur le sein d'Adelaïde, et ce fut
là qu'il expira. Les cris de sa mère appelèrent du
secours; on voulut approcher de lui : Adelaïde
écarta de la main tout le monde; on fit de nouveaux efforts pour l'arracher à ce spectacle. « Non,
dit-elle, laissez-le-moi; vous voyez bien qu'il a
voulu se reposer sur mon cœur. » Pendant vingt-
quatre heures, elle resta dans cette attitude, demandant par intervalle quelque nourriture qu'elle
prenait avec un soin qui contrastait avec sa douleur. Madame d'Orfeuil vint la supplier de quitter
ce corps inanimé : « Bientôt, lui dit-elle, vous ne
le connaîtrez plus.—C'est vrai, répondit-elle; n'ex-
posons pas aux regards son visage défiguré. Quelles
sont ses dernières volontés? — Dans le bosquet où
vous vous êtes revus, il désire qu'on élève son
tombeau; c'est là, dit-il, qu'il eût voulu vivre;
c'est là que ses cendres doivent reposer. — Il a raison, répondit-elle; c'est moi qui conduirai cette
auguste cérémonie. — Toi? — Oui. — Pourquoi
chercher à déchirer ton cœur? — Non, mon amie,
c'est avec ces pensées que je puis occuper encore
ce temps qu'il faut parcourir : laisse-moi faire; je
veux vivre : cet enfant que je porte doit recevoir le
jour; il faut que je dirige moi-même mon cœur; il
est si prêt à m'échapper. Va demander à madame
de Rostain si ma présence ne lui sera point odieuse. »

Madame d'Orfeuil revint lui dire que la mère de Théodore la recevrait sans peine. Pour la première fois Adelaïde entra chez elle sans crainte. Elle trouva madame de Rostain dans les convulsions du désespoir, et cachant avec peine l'horreur que lui causait la vue d'Adelaïde. « Ne vous contraignez pas, madame, lui dit-elle; vous ne pouvez rien ajouter à la situation de mon âme: votre haine ne durera pas : permettez-moi d'aimer l'enfant de votre fils, quoique je sois sa mère; c'est tout ce que j'ose espérer. » Le calme d'Adelaïde avait d'abord indigné madame de Rostain; mais en l'examinant, quelque chose de si sombre et de si solennel était répandu sur toute sa personne, qu'elle ne put se défendre d'en être émue : ses yeux et sa voix s'adoucirent; mais Adelaïde ne s'en aperçut point, et retombant dans sa rêverie, elle se leva, et descendit dans le jardin. En arrivant près du bosquet, elle tressaillit; mais bientôt reprenant son courage, elle appela un homme chargé du triste monument. « Vous me ferez très-simple, lui dit-elle; c'est remplir son intention : deux urnes seront placées sur ce tombeau. — Deux? — Oui, deux; il l'aurait permis, il m'avait pardonné. » Le jour fatal de la cérémonie, Adelaïde conduisit avec un courage inexprimable le funèbre cortége. Au moment où il s'arrêta, on la vit tressaillir, et se jetant à genoux, elle pria longtemps; puis se relevant, elle dit à madame d'Orfeuil : « Emmenez-moi, c'est trop. » En rentrant chez elle, une fièvre ardente la saisit. « Soignez-moi bien, dit-elle à madame d'Orfeuil : dans l'état où je suis, vous pourriez penser que la mort serait un bienfait du ciel pour moi; mais vous ne savez pas qu'il faut que je vive pour accomplir ma promesse, qu'il le faut. » Les soins de madame d'Orfeuil et la raison d'Adelaïde la sauvèrent. Madame de Rostain s'occupa beaucoup d'elle; Adelaïde y fut sensible, mais sans aucune expression vive; elle était plongée dans une rêverie profonde dont elle ne sortait jamais que par des signes de reconnaissance bienveillants, mais froids.

Pendant quatre mois que dura sa grossesse, on la vit souvent seule, écrivant beaucoup, se promenant sans cesse près du tombeau de son époux, parlant peu, et cherchant à éloigner d'elle les soins et même les sentiments. Elle s'occupait de madame de Rostain en silence; mais on voyait qu'elle ne voulait pas en être aimée, et qu'elle désirait seulement de la voir plus heureuse et dans un état de santé meilleur. Enfin, un soir elle sentit le commencement des douleurs; madame d'Orfeuil était avec elle, et pour la première fois un mot involontaire la trahit. « Ah, Dieu ! s'écria-t-elle, voilà

« donc le terme ! » Madame d'Orfeuil ne la comprit pas. Pendant les heures de son travail, Adelaïde ne donna pas un signe de souffrance. Sa pensée était si fortement absorbée, que son âme était déjà séparée d'elle-même ; tout ce qui l'environnait était étonné du constraste de ses nerfs en convulsion et de son regard tranquille. Dès qu'elle fut accouchée, elle demanda qu'on lui apportât son enfant, et l'élevant au ciel d'une main défaillante : « Théodore ! s'écria-t-elle, ô mon cher Théodore ! « ma promesse est accomplie. » Alors, par un mouvement si rapide qu'il fut même impossible de l'apercevoir, elle prit des grains d'opium qu'elle tenait cachés sous le chevet de son lit; et sortant de la stupeur où depuis longtemps elle était plongée, elle pria madame de Rostain et madame d'Orfeuil d'approcher. « La douleur que je contiens depuis quatre mois, leur dit-elle, aurait suffi pour terminer mes jours, mais un secours plus prompt vient d'en hâter la fin. Je dois vous l'apprendre. » Leurs cris l'interrompirent. « Ne me regrettez pas, leur dit-elle; il y a longtemps que je ne vis plus ; aucun sentiment ne pouvait entrer dans mon âme, je n'aimais plus rien, j'étais devenue féroce. Si vous conservez quelque souvenir de cette Adelaïde qui vivait avant la perte de Théodore, si vous m'avez pardonné le malheur dont ma coupable légèreté fut la cause, ma mère, ayez soin de votre enfant. L'expérience des torts, l'expérience du malheur a bien hâté mon esprit et mon âme ; et celle qui pendant quatre mois a conçu le dessein de mourir, a jugé la vie sans les illusions qui l'embellissent : faites lire à mon enfant ce que j'ai écrit pour lui ; parlez-lui beaucoup de son père; qu'il m'écoute et qu'il l'imite ; et si mes torts l'indignaient contre moi, que mon malheur et ma mort en effacent l'horreur. » Elle parla encore quelque temps sans faiblesse et sans attendrissement. Dieu, la mort, l'avenir, furent l'objet de ses réflexions profondes ; mais rien de sensible ne lui échappa, jusqu'au moment où ses idées se brouillèrent : alors, le nom de Théodore, celui de sa mère, de son enfant, de son amie, errèrent sans cesse sur ses lèvres ; et dans peu d'heures elle expira comme une personne que la mort délivre.

Adelaïde fut placée, ainsi qu'elle l'avait voulu, ainsi qu'elle l'avait mérité, auprès de son époux. Madame de Rostain et madame d'Orfeuil, unies par le même regret et le même désir, ne se séparèrent pas ; elles élevèrent ensemble l'aimable fils d'Adelaïde ; et la fermeté de l'une, tempérée par la douceur de l'autre, fit un objet accompli du fruit infortuné de l'amour et du malheur.

HISTOIRE

DE

PAULINE.

———◦———

Dans ces climats brûlants où les hommes, uniquement occupés d'un commerce et d'un gain barbares, semblent, pour la plupart, avoir perdu les idées et les sentiments qui pourraient leur en inspirer l'horreur, une jeune fille, nommée Pauline de Gercourt, avait été mariée, à l'âge de treize ans, à un négociant fort riche, et plus avide encore de le devenir. Ses plantations, son commerce, ses voyages, occupaient seuls sa vie. Il s'était marié, parce qu'il avait, dans ce moment, besoin d'une grande somme d'argent pour faire un achat considérable de nègres, et que la dot de Pauline lui en fournissait les moyens. Orpheline et mal élevée par un tuteur ami de son époux, et tout à fait dans le même genre, à treize ans elle épousa M. de Valville, sans connaître la valeur de l'engagement qu'elle prenait, sans avoir réfléchi ni sur le présent, ni sur l'avenir. Pauline avait un naturel aimable et sensible, mais à cette époque de la vie, de quel usage est ce don, si l'éducation ne l'a pas développé? On le retrouve, quand le moment arrive ou l'on peut s'élever soi-même, où l'on sait se servir de sa propre expérience : mais le meilleur naturel cède à toutes les premières impressions du monde, quand les principes ne le préservent pas. Pauline était belle comme le jour; tout ce que les romans nous racontent de la régularité des traits, du charme de l'expression, était réalisé par elle; et quoique sa jeunesse tînt encore à l'enfance, un regard souvent mélancolique caractérisait déjà sa physionomie. Pour son malheur, M. de Meltin venait souvent chez M. de Valville; c'était un homme de trente-six ans, aimable et spirituel, mais si dépravé, qu'aucun sentiment même de délicatesse ne remplaçait dans son âme l'absence totale des principes de la morale. Il amusait Pauline, qui, délaissée tout le jour par son mari, ne savait que faire de son temps ni de sa gaieté; il voulait lui plaire, mais il s'aperçut bientôt qu'il n'y réussirait pas; et sentant qu'il ne pourrait pas la séduire, il se flatta de la corrompre et de l'obtenir à son tour par cet horrible moyen. L'âge de Pauline ne peut l'arrêter; il la dévoue au malheur. Il est vrai qu'n'attachant pas d'importance à la vertu des femmes, il agissait comme il pensait. Meltin présente à Pauline un de ses cousins,

nommé Théodore, jeune et sensible, du moins en apparence, et qui possédait ce moyen de plus pour tromper. Théodore s'occupe de Pauline; il avait lu quelques romans; il lui parle leur langage, il l'attendrit, il parvient à lui plaire, ou du moins sa jeune âme s'attache à la première impression qu'elle éprouve, et croit sentir l'amour parce qu'elle a le besoin d'aimer. Théodore, était certainement plus sensible que son cousin, et surtout incapable de tramer d'avance un projet immoral; mais il se laissait facilement entraîner par ceux de Meltin; il aurait eu honte de lui montrer des scrupules; et comme il estimait peu les femmes qu'il obtenait, il se conduisait légèrement avec elles. Il dansait, il chantait à merveille; Pauline avait tous les talents : c'était la seule partie de son éducation qu'on eût soignée. Ce rapport de goûts et d'occupations les attachait l'un à l'autre, et plus encore peut-être les soins continuels que M. de Meltin se donnait pour les réunir. Les sentiments vrais naissent d'eux-mêmes; mais un tiers peut enflammer une jeune tête pour l'objet de son penchant, plus que cet objet lui-même; il persuade mieux, parce qu'il paraît sans intérêt à convaincre; on le croit plus que ses propres yeux, parce qu'on ne soupçonne pas d'illusions.

Un jour M. de Meltin donna un grand bal; toute la ville du Cap s'y rendit : la beauté de Pauline, la grâce de Théodore enchantèrent tout le monde; on leur répétait qu'ils devaient s'aimer; ils le crurent. Théodore, ce jour-là, fut enivré de bonne foi. Meltin, qui suivait toujours ses infâmes projets, enhardissait Théodore, qui devenait timide depuis qu'il aimait sincèrement. L'excessive chaleur força Pauline à sortir dans le jardin; Théodore la suivit; l'heure, la nuit, le silence, l'égarement des plaisirs et des succès, causèrent la honte de Pauline; ils se séparèrent; elle dans un état de trouble et de désespoir, dont la violence surpassait et les forces et les réflexions de son âge; lui, moins heureux qu'agité, n'aimant pas assez Pauline pour se charger du destin de sa vie, n'étant pas assez insensible pour voir avec indifférence le sort qui menaçait cette enfant. Dans cet état, il alla trouver son cousin; celui-ci, loin de diminuer son trouble, s'efforça de l'accroître. Théodore aimait l'indépendance; son cousin lui peignit avec exagération l'esclavage auquel il allait être condamné, et lui parlant avec enthousiasme des avantages qu'il trouverait à remplir une place qu'on lui proposait en France, il l'exhorta de tout son pouvoir à faire promptement ce voyage. Théodore, qui était ambitieux, et que ses propres intérêts dominaient toujours, fut ébranlé par ce conseil. Cependant il alla voir Pauline ; à peine put-il la reconnaître : cette enfant était devenue une amante passionnée; son jeune langage était celui de la plus noble éloquence. Peut-être pouvait-on s'apercevoir qu'elle s'exaltait elle-même sur son sentiment, pour qu'il diminuât sa faute à ses propres yeux; mais tout ce que l'amour peut imaginer de plus élevé, de plus romanesque, elle le développa à Théodore. Un semblable tableau l'effrayait bien plus qu'il ne l'attachait. Pauline fut frappée de sa froideur, et se livrant bientôt à la douleur la plus amère, elle lui jura de cesser de vivre, s'il n'éprouvait pas les mêmes sentiments qu'elle. Théodore resta confondu de la violence de ses expressions; mais à travers la folie que son âge et sa situation pouvaient expliquer, il découvrait dans son âme des mouvements nobles et purs qui lui causaient des regrets. Cependant, loin d'être ramené par la douleur de Pauline, c'était une importunité de plus dont il éprouvait le besoin de se délivrer. Il combattit ce désir pendant quinze jours encore; la triste Pauline ne s'apercevait que trop de son éloignement ; mais peu instruite dans l'art de captiver un homme tellement ami de l'indépendance qu'il craignait même d'être aimé, elle lui écrivait sans cesse de longues lettres, où son âme jeune et tendre se peignait dans un style incorrect, extraordinaire, et qui réunissait le caractère de l'enfance aux sentiments d'un autre âge. Meltin tâchait de la consoler; il n'y pouvait parvenir; tous les projets les plus insensés s'emparaient tour à tour de sa tête; et ses organes, trop faibles pour ses pensées, étaient prêts à se déranger. Théodore, effrayé de son état, se détermina à l'abandonner; il avait l'âme trop tendre pour supporter le spectacle de sa douleur; il trouva plus simple de la porter au comble en s'éloignant. Il s'embarqua donc pour la France; mais il manda seulement à Pauline qu'il allait passer deux mois dans une île voisine, et défendit expressément à son cousin de révéler son secret. Pauline, en recevant cette nouvelle, éprouva un désespoir si violent, que Meltin craignit pour ses jours; il la soigna avec assiduité; il était lui-même épouvanté de la situation où ses horribles trames l'avaient conduite. Personne n'estimait les femmes moins que lui; il n'avait jamais voulu croire que l'homme qui cherchait le premier à leur plaire eût à se reprocher leur honte; et de ce premier choix au second, il ne voyait que le hasard de différence. Son opinion à cet égard avait relâché les principes de sa morale sous d'autres rapports : car c'est un ensemble qui ne peut exister sans toutes ses parties. Cependant il passait pour un honnête homme, parce qu'il n'avait été cruel et perfide qu'avec les femmes.

La malheureuse Pauline absente de son mari, sans parents qui s'occupassent d'elle, sans autre société intime que celle de Meltin, passait les jours entiers à s'entretenir de son malheur. Sa réputation avait déjà éloigné plusieurs femmes d'elle ; les unes, désirant qu'on ne se souvînt pas des torts de leur jeunesse, et commençant d'abord par les oublier elles-mêmes, montraient un éloignement insurmontable pour une jeune enfant qui débutait si mal ; les autres, d'un âge plus rapproché du sien, cherchaient à se faire , par le choix de leurs sociétés, une considération à laquelle leur mérite personnel ne pouvait pas suffire; d'autres, enviant simplement la beauté de Pauline, saisissaient un prétexte pour ne pas se montrer avec elle; et celles qui voulaient se faire remarquer par la bonté de leur âme, disaient avec un ton de tristesse qui leur conciliait tous les cœurs : *Quel dommage que Pauline soit la plus légère des femmes! elle me plaisait tant, que rien, je l'avoue, ne m'a fait une si vive peine que les torts affreux dont on l'accuse.* Cet intérêt si tendre perdait Pauline plus sûrement que des critiques franchement amères. Elle savait ce qu'on disait d'elle, elle n'osait se montrer dans le monde ; sans instruction, sans habitude de s'occuper, elle ne pouvait supporter la solitude qui nourrissait son désespoir. Meltin cherchait à lui persuader qu'elle ne pourrait s'arracher à sa douleur qu'en se livrant à un autre sentiment : quand elle l'entretenait de son repentir, il lui répétait toujours que ce repentir ne cesserait qu'en adoptant les principes qui la mettraient au-dessus des préjugés de son enfance; enfin , il lui présentait le tableau du reste de sa vie, tantôt comme une suite de peines , comme des jours sans fin consacrés à la même pensée, tantôt comme un enchaînement varié de plaisirs et de succès. Le cœur de Pauline n'était pas convaincu; son esprit seul, égaré par le désespoir, lui persuadait quelquefois qu'il fallait tout tenter pour s'arracher à la peine qu'elle éprouvait. Elle était trop jeune pour supporter le malheur; elle était trop faible pour le surmonter. Enfin , après deux mois de douleur, elle reçoit une lettre timbrée de France, dont l'adresse était écrite de la main de Théodore. Elle perd connaissance en la voyant; en revenant à elle, cette femme, cette enfant resta deux heures sans oser l'ouvrir : sa destinée était dans cette lettre. Ce n'était peut-être pas l'amour seul qui la glaçait de terreur, c'était aussi la crainte du sort qui l'attendait, de l'abîme dans lequel Meltin allait l'entraîner. Enfin elle lit ces fatales lignes, qui lui annonçaient que Théodore, arrivé en France, abandonnait pour jamais sa patrie, et la priait de perdre jusqu'au souvenir de l'homme qu'elle avait daigné préférer. Cette froideur, ce mépris l'indignent, l'irritent; elle hait Théodore; aucune pensée douce et tendre, aucun souvenir consolant ne peut adoucir l'amertume de son âme. Pendant huit jours, elle erre dans les jardins comme une personne égarée; Meltin veut lui parler, elle le repousse, et son âme agitée semble dans un état de folie. Enfin, un jour elle s'approche de Meltin avec une physionomie plus sinistre que ses jeunes traits ne semblaient devoir l'exprimer. « Écoutez, lui dit-elle, je n'ai pas quatorze ans; depuis un an vous me conduisez: je suis une enfant, mais j'expire de douleur: tirez-moi de l'abîme où vous m'avez plongée; que faut-il faire pour ne pas mourir? — Aimer celui qui vous adore. — Vous aimer! lui répondit-elle, c'est impossible : je suis injuste, je suis ingrate même; mais je me sens de l'éloignement pour vous. — Soyez à moi, vous ne serez plus malheureuse. Qu'allez-vous devenir, sans parents et sans amis? moi seul je puis vous guider par mes conseils et par mes soins, vous rendre dans le monde la considération que vous avez perdue : je sais vous aimer et vous connaître, juger votre faute et vous la pardonner. Si je m'éloigne, vous serez livrée à vos regrets, à vos malheurs; moi seul je puis les dissiper, moi seul je saurai vous conduire et vous tenir lieu de père, d'époux et d'amant. » Meltin s'efforçait d'entraîner par ses séductions une âme que le vice révoltait par instinct plutôt que par réflexion. « Quoi! se disait Pauline, moi-même je ne pourrais plus m'estimer assez pour me plaindre! Oserai-je penser à Théodore, quand j'aurai brisé tous les liens qui m'attachent à lui? Les femmes inconstantes et légères n'éprouvent point des douleurs pareilles aux miennes. Meltin assure qu'elles sont heureuses; mais quelle honte est la leur! quelle destinée sera la mienne! » Telles étaient les pensées de la triste Pauline, et, sous le ciel ardent de la ligne, dans la solitude et le désespoir, sa tête était prête à s'égarer. Meltin, craignant de manquer sa conquête, la menaça de l'abandonner, l'effraya sur son avenir; il sut, avec tout l'art que l'étude des femmes et de Pauline en particulier put lui suggérer, la plonger dans un tel état d'incertitude et d'effroi, qu'il la vit prête à perdre la raison avec la vie : dans cet instant sa défaite était facile; mais quel homme alors n'eût pas respecté cette enfant, que le désespoir seul livrait en sa puissance? Cet homme

ne fut pas Meltin. « Je suis donc, lui dit Pauline en frémissant, je suis donc une femme perdue! Ces viles créatures que j'ai vu mépriser sont donc semblables à moi! Plus de retour à cette vertu que je connais mal, mais dont le nom m'était si cher! Eh bien, chargez-vous donc de ma destinée: vous m'avez promis de me préserver du désespoir, c'est tout ce que je demande: je ne peux plus rien pour moi-même, c'est vous qui m'en répondez. » En achevant ces mots, elle le quitta, et il resta presque troublé de son triomphe, et n'osant y réfléchir, parce qu'il ne voulait pas se le reprocher. Huit jours se passèrent pendant lesquels Pauline repoussait avec effroi son nouvel amant : les remords n'en étaient point la cause, son âme n'était point encore assez développée pour les éprouver, ou du moins pour s'en rendre compte : ce n'était pas non plus au ressentiment de la conduite de Meltin qu'il fallait attribuer cet éloignement involontaire. Pauline elle-même s'était précipitée dans l'abîme, ou du moins elle devait le croire; l'art qui l'avait conduite était invisible à ses yeux: mais un dégoût invincible, mais l'horreur d'un choix dicté par le désespoir, l'obligation de paraître aimer, d'aimer même celui qui a le droit de mépriser sa maîtresse, quand l'amour n'est point son excuse, portaient dans le cœur de Pauline un trouble, un malheur sans charme, un regret sans doux souvenirs, dont elle ne connaissait encore ni l'agitation, ni le vide. Dans cette perplexité, dans cet état qui ne lui permettait de former aucun désir, ni de concevoir aucune espérance, elle apprit que son époux avait fait naufrage, en revenant de la Jamaïque. Son testament lui rendait la disposition d'une fortune considérable. Elle ne donna pas de larmes à l'homme qu'elle connaissait à peine : aucun sentiment factice n'était entré dans son âme, aucun de ces mouvements qu'on excite en soi pour pouvoir se permettre en conscience de les montrer aux autres; mais elle frémit de son âge, de ses fautes, et de son indépendance. Meltin, au contraire, changeant en plan de fortune tous ses projets de séduction, s'applaudit d'un événement qui devait lui faire trouver le meilleur des partis dans la plus jolie des maîtresses; il était si aisé de ramener l'âme de Pauline à des sentiments honnêtes, qu'il devait se croire certain de la déterminer à l'épouser, et de lui persuader que ses torts mêmes lui en faisaient un devoir. Pauline en effet, inquiète, agitée, aurait accepté sa main sans un événement imprévu qui la sauva de ce dernier malheur.

Théodore en arrivant au Havre avait été saisi d'une maladie fort vive. Une Américaine, parente de Pauline, qui demeurait près de là, lui prodigua ses soins; mais rien ne put détourner le coup mortel dont il était frappé. La certitude de succomber changea son âme, ou plutôt toutes les illusions disparaissant au bord du tombeau, il jugea la vie telle qu'elle doit se montrer aux yeux de l'homme sage. Le sort de Pauline l'attendrit; il s'entretint souvent d'elle avec la respectable femme que la pitié retenait auprès de lui, et lui peignant les projets et les mœurs de son cousin, lui montrant des lettres de Pauline, il l'intéressa vivement pour elle. Madame de Verseuil (c'était son nom) était une femme d'un grand caractère, d'un esprit supérieur; elle avait aimé le père de Pauline; ses parents s'étant opposés à leur union, les liens qu'elle forma la rendirent malheureuse, mais elle remplit ses devoirs avec une grande vertu. Veuve depuis quatre ans, sans enfants, riche, indépendante, elle était venue s'établir dans une campagne sur le bord de la mer; elle allait quelquefois au Havre pour rendre service à ses compatriotes, et demandait toujours des nouvelles de Pauline, conservant un éternel intérêt pour la fille de l'homme qu'elle avait aimé, profondément regretté, et dont le souvenir suffisait à ses rêveries. Le danger dans lequel Théodore lui représenta Pauline, l'émut jusqu'au transport : c'était une personne à qui rien ne paraissait impossible que le mal; elle conçut le projet d'aller trouver Pauline, et de la sauver par ses conseils. Théodore expira en lui recommandant sa jeune et malheureuse amie, et madame de Verseuil s'embarqua après avoir reçu ses derniers soupirs. Arrivée à Saint-Domingue, elle s'informe de Pauline; elle apprend qu'elle est veuve, et se flatte aussitôt de l'emmener avec elle. Son nom était connu de Pauline; la réputation qu'elle avait laissée dans l'île, les services qu'elle avait rendus en Europe à plusieurs colons, ne permettaient pas d'ignorer ses vertus et ses lumières. Elle arrive à l'habitation de Pauline, et choisit pour lui parler l'instant où elle savait que Meltin était allé à la ville. Pauline émue, troublée de sa visite, croit, en la voyant, qu'elle doit tout savoir, qu'elle est sa conscience. Madame de Verseuil commence par lui apprendre la mort de Théodore; un saisissement affreux, des larmes abondantes peignent une émotion qui tenait à la fois dans Pauline du remords et du regret. Madame de Verseuil lui remet une lettre qu'il a écrite en mourant, dans laquelle il l'exhorte à se livrer aux conseils de la femme respectable qui s'intéresse à son sort, et la conjure de renoncer pour toujours à la société de son cousin. Quelques mots sensibles, mais surtout des réflexions dictées par la morale et le repentir, terminaient sa lettre. Madame de Verseuil parla longtemps à Pauline : elle éprouvait, en l'écoutant, une impression impossible à rendre; son âme se développait, des sentiments jusqu'alors incertains, confus, s'éclaircissaient et se fixaient; elle entendait le langage qu'elle avait désiré sans le connaître; elle voyait ouverte devant elle la route qu'elle avait cherchée; elle retrouvait dans madame de Verseuil le caractère qu'elle s'était représenté comme une chimère, dont elle avait conçu l'idée sans en avoir rencontré l'exemple. Elle se laissait aller au premier sentiment d'un bonheur pur, lorsque tout à coup elle réfléchit sur la seconde faute qu'elle avait commise; et s'éloignant avec violence de madame de Verseuil, « Non, madame, lui dit-elle, non, je ne suis pas digne de votre intérêt; je suis une malheureuse que Meltin a de nouveau perdue : rien ne peut me relever de cet abaissement, et c'est en l'épousant que je puis expier ma honte! — Quelle erreur! s'écria madame de Verseuil; vous n'avez pas encore quinze ans, et vous voulez vous dévouer au supplice d'épouser celui que vous ne pouvez estimer? — Mais je mérite le mépris de tout le monde; lui seul n'a pas le droit de repousser le malheur qu'il a causé. — Si jeune encore, si peu complice par votre âme des fautes qu'on vous a fait commettre, pouvez-vous croire qu'elles ne peuvent pas être réparées? — Jamais, jamais; la honte en est ineffaçable.—Non, Pauline, lui dit madame de Verseuil, cette honte n'existe déjà plus à mes yeux. Au nom de ce père dont la vertu t'aurait préservée des piéges tendus à ton enfance, au nom de ce sentiment si tendre que son souvenir et ta présence ont fait naître dans mon cœur, viens, suis-moi dans une autre contrée; mets l'immensité des mers, mets une éducation vertueuse entre ton enfance et ta jeunesse, et je me charge de te faire oublier la première. » Pauline fut ébranlée; Pauline céda enfin, et se jetant à ses genoux, lui jura de la suivre. « Écoutez, lui dit madame de Verseuil, il faut cacher ce secret à Meltin. Conduisez-vous généreusement avec lui; il s'est chargé de vos affaires, qu'il en conserve la direction; écrivez-lui simplement, mais de manière à lui ôter tout espoir de vous revoir jamais. Demain, pendant son absence, rendez-vous chez moi; il ne sait pas que je suis à Saint-Domingue; dans deux jours nous en partirons, dans deux jours vous serez à jamais séparée de la douleur et de la honte. » Pauline consentit à tout, et passa le jour entier dans une sorte de joie. Elle n'avait pas encore assez réfléchi pour concevoir le malheur du souvenir des fautes qu'elle avait commises, et tout lui semblait réparé. Elle frémit en voyant Meltin, et prétextant un grand mal de tête, elle échappa à la nécessité de feindre; art coupable qu'elle ignorait, art auquel l'amour illégitime condamne, et qui fait peut-être son plus grand crime.

Le lendemain, à l'heure convenue, elle se rendit chez sa vertueuse bienfaitrice. En la voyant entrer, madame de Verseuil s'écria : « Ah! mon Dieu, je te rends grâce, elle est à toi. » Le jour d'après elles s'embarquèrent. Une heureuse navigation les fit bientôt arriver dans cette maison charmante que madame de Verseuil possédait à une lieue du port du Havre. La mer d'un côté, un bois touffu de l'autre, rendaient cette situation mélancolique et sombre. Là, Pauline retrouva le portrait de son père; là, par degrés, madame de Verseuil éclaira son esprit : en élevant son âme, une morale austère n'inspirait pas tous ses discours; elle ménageait un cœur qu'il ne fallait pas tourmenter par les remords. D'ailleurs, elle avait aimé, elle était sensible; ce souvenir, cette qualité mêlaient à sa vertu quelque chose de compatissant et de tendre, qui ne permettait pas de la redouter : le malheur et l'amour étaient deux mots dont le sens profond et terrible ne lui fut jamais inconnu. Quiconque versait des larmes, quiconque savait aimer, sans être encore digne d'elle, n'en fut jamais repoussé. Loin que la gaieté de Pauline s'accrût, elle disparaissait chaque jour : en adoptant cette morale parfaite que madame de Verseuil prêchait avec tant de charmes, elle prenait en horreur sa vie passée; et son aimable institutrice avait sans cesse besoin d'atténuer ses fautes à ses propres yeux. Quand Pauline lisait avec madame de Verseuil des ouvrages qui contenaient les maximes les plus pures, souvent elle la quittait avec précipitation, et courait s'enfoncer dans le bois : madame de Verseuil l'y retrouvait baignant la terre de ses larmes. Lors même qu'elle se permettait la lecture de quelques romans, elle disait souvent à madame de Verseuil : « Ceux-là du moins ont suivi les lois de la délicatesse; ceux-là avaient pour excuse l'amour. » Jamais madame de Verseuil ne pouvait relever cette âme abattue par les remords : c'était la plus vertueuse des femmes, unie à la plus coupable; le passé inséparable du présent la poursuivait sans cesse. Quand elle restait seule, elle s'occupait toujours; les souvenirs et l'espérance lui étaient également interdits, comment aurait-elle pu se plaire dans sa rêverie? Quand elle rendait des soins à madame de Ver-

seuil, quand elle exécutait ses œuvres de charité, et les accroissait par ses propres bienfaits, elle paraissait heureuse; mais si le moindre mot rappelait l'Amérique, elle retombait dans le désespoir. Madame de Verseuil voulut un jour lui parler de sa jeunesse, du bonheur de l'amour, et du besoin d'être aimée; elle repoussa cette idée avec horreur. « Moi, lui dit-elle, découvrir ou cacher ma honte à celui que je choisirais ! j'aimerais mieux mourir. » Elle prononça ces mots avec tant de force, elle parut si longtemps émue après les avoir dits, que madame de Verseuil chercha à la distraire de ses sombres idées plutôt qu'à les combattre. Madame de Verseuil était bien loin de juger son amie avec tant de rigueur; elle songeait à la marier, et voulait ensevelir ainsi pour jamais dans l'oubli la dernière année de son enfance. Le nouveau monde que Pauline habitait favorisait ce dessein. Un esprit fort, une morale pure avaient guidé constamment madame de Verseuil dans tout le cours de sa vie; mais l'extrême délicatesse d'une âme jeune et timorée lui semblait de la déraison plutôt que de la vertu. Son ascendant sur Pauline cependant ne s'étendait pas jusque-là; elle avait su la ramener dans le sentier de l'honneur, dont elle-même ne s'était jamais écartée; mais Pauline l'y devançait par l'excès de ses remords et de ses regrets. Quatre ans se passèrent ainsi, sans que rien pût la déterminer à accompagner madame de Verseuil dans les voyages qu'elle faisait au Havre. L'aspect des hommes lui faisait horreur : la lecture seule et la société de madame de Verseuil pouvaient lui plaire. Elle acquit toutes les connaissances, elle développa son esprit de mille manières différentes. Sa beauté s'accrut dans le repos de la solitude; à dix-neuf ans rien n'était plus accompli que Pauline; quelque chose de rêveur et de sauvage donnait à sa figure un caractère romanesque; et la surprise de l'admiration était un premier hommage que personne ne pouvait lui refuser.

Pendant un voyage que madame de Verseuil fit au Havre, Pauline, comme à l'ordinaire, avait refusé de la suivre, lorsqu'elle reçut une lettre qui lui apprit que son amie avait la fièvre. L'inquiétude la força de partir; elle arriva, elle la trouva mieux; elle voulut revenir aussitôt, son amie la retint malgré elle : mais dès qu'il arriva du monde, Pauline s'enferma dans son appartement. Le soir, madame de Verseuil lui en fit des reproches, et lui parla de la curiosité, de l'intérêt que cette conduite avait excité dans le comte Édouard de Cerney, colonel d'un régiment de dragons en garnison au Havre. Elle parla de ce jeune homme avec un enthousiasme extrême : Pauline y prêta peu d'attention; mais cédant à la volonté de son amie, elle alla le lendemain matin avec elle à une fête où le comte de Cerney l'avait invitée. Beaucoup de femmes se rendirent d'abord à la promenade; elles aimaient toutes le comte de Cerney, mais il n'en préférait aucune. A vingt-cinq ans, il vivait presque toujours seul; l'étude était son premier penchant, et l'on croyait plus à sa sensibilité par l'expression de son visage que par sa conduite : l'amitié, l'amour ne remplissaient point sa vie; la bienveillance et la bonté semblaient les seuls liens qu'on pût entretenir avec lui. Madame de Verseuil le peignait ainsi à Pauline, en se promenant avec elle sur l'esplanade; mais elle ne s'apercevait pas que Pauline était suivie par tous les jeunes gens de la ville : ils s'écriaient : Qu'elle est belle! et l'environnaient avec un empressement qui commençait à devenir importun. Pauline, extrêmement troublée, dit à son amie : « Pourquoi m'avez-vous amenée ici? voilà ce qu'on me répétait à Saint-Domingue, voilà ce que je ne puis entendre sans horreur. » La foule augmentait, et la tristesse et l'effroi de Pauline ne lui permettaient presque plus de se soutenir, lorsque le comte Édouard, fendant la presse, vint à elle; il s'aperçut de son trouble, et lui donnant la main pour la conduire dans la maison voisine, « Madame, lui dit-il, c'est la première fois que de semblables hommages n'ont causé que de la terreur : puisque vous voulez être défendue de l'admiration, souffrez que je vous propose de vous placer sur ces gradins entourés par quelques soldats, et dont la foule ne peut approcher. » Pauline lui répondit par une simple révérence; et tremblant encore de revoir le monde après quatre ans d'une solitude absolue, après tant de souvenirs douloureux, elle suivit madame de Verseuil, et se plaça avec elle sur l'amphithéâtre qu'on avait élevé. Pauline, un peu rassurée, ne put s'empêcher d'admirer le comte Édouard; sa charmante figure peignait à la fois la sensibilité et la hardiesse; une douce pâleur excitait l'intérêt, et l'expression de ses regards était animée par le courage et la fierté; des traits prononcés marquaient sa physionomie; mais ses cheveux blonds, son teint, ses longues paupières mêlaient la douceur et la timidité même à l'intrépidité des armes. Il fit manœuvrer ses dragons pendant près d'une heure avec une grâce inexprimable; et chaque fois qu'il passait devant Pauline, il la saluait avec une expression de respect qui rappelait l'ancienne chevalerie. Il allait terminer ces jeux militaires, lorsqu'à la dernière manœuvre en avant, il entendit les cris d'un dragon sur lequel une partie de son régiment avait passé. Le jeune comte Édouard, ému par ces cris, oublia le danger qu'il courait. Retournant son cheval, il fut renversé lui-même par la charge de la cavalerie, et disparut sous les pieds des chevaux. Madame de Verseuil, dans l'excès de sa frayeur, s'avança avec précipitation : Pauline éprouvait un sentiment plus vif encore; mais se défiant d'elle-même, elle suivait à pas lents son amie, tandis que son cœur la devançait. Tous les dragons, consternés, étaient descendus de leurs chevaux; celui pour lequel Édouard s'était exposé, et qui n'avait reçu qu'une blessure, voulait se tuer de désespoir. Édouard, en effet, était sans connaissance, et sa respiration semblait oppressée par un coup assez fort dans la poitrine. On le rapporta dans la maison de madame de Verseuil, dont il occupait une partie; les chirurgiens arrivèrent : dès qu'ils eurent examiné les blessures d'Édouard, ils sortirent pour rassurer son régiment qui assiégeait sa porte. Pauline s'avança vers eux pour les interroger, mais elle n'osa prononcer un seul mot : son visage cependant exprimait tellement ce qu'elle voulait dire, qu'ils lui répondirent sans qu'elle eût parlé. « Les blessures sont inquiétantes, lui dirent-ils; mais cependant, avec des soins, on peut espérer de le sauver. » Cette réponse plongea Pauline dans une si grande rêverie qu'elle ne s'aperçut pas d'abord qu'elle était seule au milieu de vingt officiers; mais les remarquant tout à coup, elle remonta précipitamment chez elle. Rentrée dans son appartement, l'agitation de son âme l'alarma, l'intérêt qu'elle éprouvait l'effraya, et le souvenir de ses premières fautes l'ayant laissée dans une défiance perpétuelle d'elle-même, elle était mille fois plus craintive qu'une femme d'une vertu sans tache. Elle s'interdit donc d'envoyer savoir des nouvelles du comte Édouard, et passa cinq heures dans un tourment inutile, causé par un scrupule exagéré. Madame de Verseuil, qui n'avait pas quitté le comte Édouard, fit demander Pauline, elle descendit : madame de Verseuil lui reprocha son absence, et lui dit que le comte Édouard s'en était plaint dès qu'il avait repris l'usage de ses sens. « Il faut que vous veniez le voir avec moi, ajouta madame de Verseuil; toutes les dames de la ville y sont, et votre absence serait blâmée. » Pauline ne répliqua rien, et suivit madame de Verseuil en tremblant. Le comte Édouard était fort changé; on ne pouvait le regarder sans attendrissement : toutes les femmes le témoignaient, et l'exagéraient même, pour se faire honneur et pour intéresser Édouard; mais elles manquaient ce dernier but : car Édouard ne répondait que par une politesse fort simple à leur excessive sensibilité. Mais en voyant entrer Pauline, il fut extrêmement ému : quel éclat, en effet, que le sien! comme toutes les femmes disparaissaient auprès d'elle! Il lui parla avec plus de respect et moins de froideur; elle lui répondit avec une si grande réserve, qu'il n'osa continuer. Elle fut obligée de rester aussi longtemps que madame de Verseuil; mais à peine parla-t-elle, et toutes les femmes se persuadèrent aisément que cette belle personne n'avait pas le sens commun. Elles exprimèrent cette opinion dès qu'elle fut partie. Édouard la combattit avec chaleur, et leur exposa, sur la modestie d'une femme, des principes qu'il ne leur parut pas galant de développer. Malgré la résistance de Pauline, madame de Verseuil la forçait à passer tous les jours deux heures chez le comte Édouard; il crachait le sang, et l'on craignait que le coup qu'il avait reçu n'eût attaqué sa poitrine. Qu'il est naturel d'aimer celui que l'on craint de perdre! qu'il l'est du moins de sentir plus tôt dans une semblable situation tout l'intérêt qu'il inspire! que les soins que l'on rend à l'objet que l'on préfère attachent fortement à lui, et qu'il nous devient nécessaire alors qu'il a besoin de nous! Le sentiment de Pauline ne pouvait se remarquer que par l'altération de son visage; aucun mot, aucun mouvement ne la trahissait, et sa volonté dominait tout ce qui pouvait dépendre d'elle. Cependant elle examinait Édouard en silence, et ses observations la forçaient à l'estimer et à l'admirer. Son âme était pleine d'énergie; il n'avait de la jeunesse que l'exagération du bien; son esprit voyait juste, mais son cœur sentait peut-être trop vivement. Un défaut, ou, si on le veut, une qualité singulière à son âge et dans son pays, le caractérisait : c'était une grande austérité de mœurs. Il avait été élevé par un père d'une vertu scrupuleuse; il l'avait perdu depuis près de deux ans, et, plein de respect pour ses opinions et ses maximes, l'opposition qu'il trouvait dans le monde à sa manière de voir l'avait fortifié et peut-être même exagéré dans ses idées; il y tenait par amour pour son père; il y tenait aussi par la fermeté naturelle de son caractère. Rien de sévère dans les jugements, aucune pédanterie dans la conduite n'éloignait de lui; mais il avait un sentiment de la perfection si vif et si sûr, qu'il s'était détaché successivement de tous ses amis, parce qu'il ne pouvait être entendu par eux : il croyait toujours les aimer, quand il s'agissait de leur rendre service; mais ces sentiments ne contribuaient point à son propre bonheur. Il avait refusé les partis les plus avantageux, parce qu'aucune femme ne lui paraissait ressembler au modèle de charmes et de vertus que son imagination et son âme désiraient de rencontrer. Son esprit, susceptible de la plus grande attention, étonnait dans ce qu'il était déjà, comme dans ce qu'il pouvait devenir; et la chaleur de ses expressions ne portait jamais atteinte à la justesse de son raisonnement. Pauline le remarquait avec étonnement; mais chaque fois qu'Édouard, admirant en secret sa réserve et sa modestie, se plaisait à parler devant elle de la vertu et de la pudeur d'une femme, lorsqu'il tâchait de lui faire entendre qu'il ne pouvait ressentir l'amour que pour une femme aussi parfaite qu'elle, lorsqu'il répétait avec plaisir que le cœur d'une femme, dès qu'il avait connu l'amour, n'était plus digne des mêmes hommages, ne pouvait du moins mériter le même culte, Pauline sortait souvent pour cacher ses pleurs : mais loin d'en aimer moins Édouard, elle approuvait des sentiments d'accord avec son âme, quoiqu'ils blâmassent sa conduite. Chaque jour lui donnait de nouvelles raisons de chérir Édouard et de s'en éloigner. Jamais elle n'avait connu le sentiment qu'elle éprouvait : comment comparer cet amour pur et tendre, qui confond votre vie dans celle d'un autre, qui ne vous permet plus d'exister que pour lui, avec ce délire d'une imagination égarée qui, s'élançant audevant du bonheur, prend pour lui le premier objet qui s'offre à ses regards, et, promptement détrompée, cherche en vain à prolonger son illusion? Pauline lisait dans son propre cœur; elle jugeait toute la force de la passion qu'elle ressentait; mais résolue à se dominer, madame de Verseuil ellemême ne pouvait la deviner. Édouard, timide et tremblant, n'osait adresser un seul mot d'amour à l'objet qu'il adorait; elle causait librement avec lui sur des objets indifférents; lui-même, entraîné par son esprit, par celui de Pauline, trouvait du charme dans ces conversations : un intérêt plus vif semblait animer leurs discours; ils ne parlaient de rien ensemble comme ils en auraient parlé à d'autres : mais dès que le comte voulait seulement approcher du sujet dont son cœur aurait eu tant de besoin de s'entretenir, l'air froid et sérieux de Pauline le forçait à s'arrêter aussitôt.

Cependant la santé d'Édouard, depuis deux mois, ne se rétablissait pas; l'air de la campagne lui fut ordonné, et madame de Verseuil lui proposa un appartement chez elle. Comme son vœu le plus cher était d'unir Édouard avec Pauline, elle favorisait ses sentiments. Pauline montra à son amie un mécontentement extrême de la proposition qu'elle avait faite au comte; ces reproches plus vifs qu'il n'appartenait au caractère de

Pauline entraînèrent madame de Verseuil à se plaindre de son ingratitude envers celle qui ne voulait que son bonheur, et croyait l'assurer en l'unissant au comte Édouard. Pauline, profondément émue, se repentant d'avoir pu déplaire à son amie, embrassa ses genoux en fondant en pleurs : « Ah ! s'écria-t-elle, avez-vous donc oublié qui je suis ? quelle chimère poursuivez-vous pour moi ? quel présent avili voulez-vous faire à l'homme que vous aimez ? — Cruelle, répondit madame de Verseuil, n'ai-je pas le droit de te juger ? n'ai-je pas formé ton âme ? ne sais-je pas combien elle est digne d'Édouard ? — Otez donc, s'écria Pauline, ôtez donc de mon cœur les souvenirs qui me dégradent ; faites que je me supporte moi-même : je croirai alors peut-être mériter l'opinion des autres. Sans doute, pourquoi vous le cacherais-je ? sans doute Édouard est l'objet le plus parfait que mon imagination ait pu se peindre ; mais je m'estime trop pour me croire digne de lui ; mais il m'en coûterait trop pour confier ma honte à sa vertu. Je suis condamnée à l'éternel supplice d'éprouver un attachement que je ne mérite pas d'inspirer ; le passé a jeté sur ma vie un sort dont rien ne peut me délivrer ; mes nouveaux sentiments ont fait naître dans mon âme des regrets plus amers sans nouvel espoir. » Madame de Verseuil allait lui répondre ; Édouard entra ; il vit que Pauline avait pleuré, il s'approcha d'elle avec précipitation ; elle couvrit son visage, il saisit sa main, et prononça deux fois son nom avec une émotion inexprimable. « Jamais, jamais, » lui dit-elle, répondant à sa pensée, et s'enfuit aussitôt. Édouard resta immobile ; madame de Verseuil tâcha de le rassurer, en rejetant sur la timidité de sa nièce et sur la crainte d'un nouveau lien les mouvements extraordinaires dont il avait été le témoin. Elle ranima son espérance. Ils partirent tous les trois pour la campagne. Édouard et Pauline en se voyant, en se parlant sans cesse, sentaient tous les jours accroître leur passion l'un pour l'autre ; mais la résistance de Pauline semblait augmenter à proportion de son admiration pour son amant : cet inconcevable mystère le désespérait, il implorait madame de Verseuil pour le lui découvrir ; ses réponses vagues ne le satisfaisaient pas. Madame de Verseuil, en se promenant un jour avec lui, en écoutant ses louanges sur la pureté du cœur de Pauline, sur la réserve de ses manières, se hasarda à lui demander s'il ne croyait pas possible d'aimer et d'estimer une femme qui, revenue des premiers égarements de sa jeunesse, les aurait expiés par son repentir.

« Je crois, lui répondit-il, que devant Dieu et devant les hommes tous ses torts sont effacés ; il existe un seul objet aux yeux duquel elle ne peut les réparer, c'est son amant ou son époux. Ce n'est point comme moraliste que je considère une question que sous ces rapports généraux l'indulgence doit résoudre ; c'est comme homme sensible, comme homme qui sait aimer avec idolâtrie, que je n'hésite pas à prononcer qu'il ne peut exister de bonheur avec une femme dont les souvenirs ne sont pas purs ; elle est nécessairement inquiète de l'opinion que son amant peut avoir d'elle ; il craint lui-même de prononcer un seul mot qui l'humilie, et cette défiance mutuelle leur fait sentir qu'ils sont deux. Le cœur d'une femme n'est dans toute sa perfection que quand il s'ignore lui-même ; et les impressions qu'elle reconnaît, les émotions qu'elle se retrace n'ont jamais la même énergie. Si malgré ses fautes elle aime pour la première fois, l'on a flétri son cœur avant de le toucher ; si elle a déjà connu l'amour, elle compare sans cesse ce qu'elle a éprouvé avec ce qu'elle ressent, et les souvenirs prêtent un grand charme aux sentiments, ils sont plus touchants dans l'éloignement du passé. D'ailleurs une femme qui fait un second choix sait par son expérience qu'on peut cesser d'aimer, et dès que l'on conçoit cette idée, il n'y a plus de véritable amour. — Que vous êtes injuste et sévère ! lui répondit madame de Verseuil : quoi ! vous ne croyez pas qu'un cœur puisse s'épurer par le repentir ? quoi ! vous ne sentez pas qu'une femme, malheureuse par ses premiers égarements, s'attache avec plus de transport à l'homme qui les lui pardonne, et croyant lui devoir son existence entière, ajoute à la passion tous les liens de la reconnaissance ? D'ailleurs il est des torts si étrangers à l'âme, tellement excusés par les circonstances qui les accompagnent, qu'ils ressemblent bien plus à un malheur qu'à une faute. — Cela se peut, répondit Édouard, mais je veux m'unir à celle que j'admire plutôt qu'à celle à qui je pardonne ; et ce sentiment est si fort en moi, que si j'aimais une femme qui réunît tous les agréments de Pauline sans avoir toujours possédé ses vertus, j'en mourrais de douleur ; mais je m'en séparerais, non pour moi, mais pour elle, non peut-être même à cause de ses torts, mais parce que je les saurais, et qu'elle serait malheureuse et presque humiliée de la générosité que j'exercerais envers elle. » Ces derniers mots fixèrent d'autant plus l'attention de madame de Verseuil, qu'ils semblaient la confirmer dans son dessein. Son âme était honnête ; mais elle voulait le mariage de Pauline à quelque prix que ce fût, et ce désir passionné l'égara. Édouard se montrait si tendre, il parlait de son amour avec tant d'énergie, de son malheur avec un désespoir si sombre, que Pauline attendrie était prête à lui révéler son secret; rien ne servait à le lui faire deviner; elle lui disait quelquefois : « Un obstacle invincible nous sépare; je ne suis pas digne de vous. » Son enthousiasme pour elle était si grand, le caractère de Pauline était si parfait, sa conduite si pure, que rien ne pouvait exciter un soupçon dans le cœur d'Édouard; souvent il la louait avec un enthousiasme qui lui perçait le cœur, et repoussait ainsi la triste confidence à laquelle Pauline était au moment de se décider. Enfin un jour elle alla trouver madame de Verseuil, et lui peignant sa passion pour Édouard, « Il faut que je choisisse, lui dit-elle, entre l'aveu de ma honte ou le sacrifice absolu de mon amour; je ne puis continuer de voir Édouard; je ne puis nourrir dans son âme un sentiment qui fera son malheur; il faut me séparer moi-même de cet objet qui m'est si cher, ou lui donner la force de le faire, en me montrant à lui, non telle que je suis, mais telle que j'ai mérité qu'on me juge. » Madame de Verseuil effrayée lui raconta, quoique en l'altérant, une partie de sa conversation avec Édouard, et se servant de son ascendant sur elle, peut-être même du prix qu'elle attachait à l'amour d'Édouard, à ce sentiment qu'elle craignait de perdre avec son estime, elle sut enchaîner sa confiance; madame de Verseuil lui peignit avec force l'austérité du caractère d'Édouard, lui jura qu'il était assez sage pour désirer lui-même d'ignorer les torts de celle qu'il aimerait; et fortifiant dans Pauline le sentiment de honte et de modestie qui l'avait retenue tant de fois, elle en obtint la promesse de garder son fatal secret. Mais rien ne put la détourner d'ordonner au comte de s'éloigner, et de renoncer à elle pour toujours, malgré les prières de sa véritable mère, de celle à qui elle devait bien plus que la vie; elle alla trouver Édouard, et n'ayant pas la force de soutenir longtemps l'effort qu'elle faisait sur elle-même, elle lui dit sans ménagement, et avec une précipitation extrême, qu'elle le priait de partir, et de ne la revoir jamais. A ces mots, il tomba sans connaissance à ses pieds; peu s'en fallut qu'elle n'expirât à cette vue; elle appela du secours, et lui prodigua les noms les plus tendres : le délire de la passion au désespoir se peignait dans les paroles entrecoupées et sans suite que lui inspirait le touchant spectacle de cet amant si cher expirant à ses pieds. Madame de Verseuil accourut; on ranima Édouard. Pauline rassurée se retira; madame de Verseuil, servant pendant deux jours d'interprète aux deux amants, essaya, mais en vain, d'ébranler la résolution de Pauline. Édouard enfin lui fit dire qu'il partirait le lendemain; Pauline interrogea madame de Verseuil pour savoir avec quel accent il avait prononcé ces mots terribles. « Avec fermeté et tristesse, lui dit-elle, c'est tout ce que j'ai remarqué : vous faites son malheur et le mien, Pauline : ce n'est pas là de la vertu. » Elle sortit après ce reproche, et laissa Pauline à ses réflexions. La plus belle soirée du monde succédait au plus beau jour. Pauline prit sa harpe dont elle avait joué tant de fois pour son amant; se flattant peut-être que le hasard l'amènerait sous sa fenêtre, elle chanta cette romance qu'elle n'avait jamais osé lui faire entendre, parce qu'elle suffisait pour l'éclairer.

> Édouard, renonce à me suivre,
> Je suis indigne de ta foi;
> Pour ton bonheur je ne puis vivre,
> Mais j'ose encor mourir pour toi.
> C'est désormais la seule gloire
> Qui puisse contenter mon cœur;
> Tu peux avouer ma mémoire,
> Et ma vie est ton déshonneur.
>
> Ce cœur si pur qu'en toi j'admire,
> De te quitter me fait la loi;
> J'ai profané ce qu'il m'inspire,
> Et le passé s'attache à moi.
> En vain, par l'amour enivrée,
> Je ne veux voir que l'avenir :
> Mon âme est bientôt dévorée
> Par le tourment du souvenir.
>
> Je nourris encor l'espérance
> Que tu peux toujours me chérir;
> Au sein de cette confiance
> Il faut se hâter de mourir.
> Mon secret pourrait la détruire;
> Et, dans l'abîme des douleurs,
> J'aurais, pour un jour de délire,
> Privé mon tombeau de tes pleurs.

Pauline écouta quelque temps après avoir fini de chanter : elle n'entendit rien; les occasions qui auraient pu amener une explication entre elle et son amant semblaient la fuir, et le courage lui manquait pour les faire naître. Elle n'était pas sortie, dans la crainte de rencontrer Édouard; mais il allait partir dans la nuit même, elle ne devait plus le revoir, il pouvait la croire ingrate, insensible; elle se reprochait une personnalité coupable qui l'empêchait de diminuer aux yeux de son amant le prix de l'objet qu'il perdait : le repentir s'empara de son âme; le besoin d'entendre encore celui qu'elle aimait avec tant d'ivresse fit naître et fortifia ces réflexions. Elle descendit d'abord dans le jardin, espérant que le hasard la servirait. Elle se promène jusque sur le bord de la mer, et, s'abîmant dans sa rêverie, elle songe à l'invariable tableau du passé, à l'effrayant aspect de l'avenir; et son âme, plongée dans la mélancolie, s'élève vers le ciel, dont l'indulgence peut seule effacer les souvenirs. Un bosquet la cachait, elle entend du bruit, elle regarde sur le rocher qui s'avançait dans la mer; elle aperçoit son amant à genoux, les cheveux épars, et dans l'attitude du désespoir. Aussitôt elle devine son projet, aussitôt elle en est certaine, et craignant le temps qu'il faut pour monter jusqu'à lui, «Édouard, lui cria-t-elle, Édouard, arrêtez! » Il entend sa voix, il se lève, il la voit prête à s'élancer vers lui. « N'approchez pas, lui cria-t-il, ou je me jette à l'instant dans cet abîme, pour y fuir votre ascendant. » Pauline effrayée, n'osant avancer, tombe à genoux et l'implore. « Au nom de l'amour que j'ai pour toi, Édouard. — De l'amour, barbare! dis de la haine. — Descends, viens près de moi. — Non, non, répondit-il avec fureur, tu vas jouir ! » Et son mouvement fut terrible. « Je suis à toi, lui cria-t-elle, je suis ta femme. » Elle n'en put dire davantage ; mais il l'entendit. « Écoute, ne m'abuse pas; jure devant Dieu, devant cette mer qui m'allait prêter son asile, que tu m'aimes, et que ton sort sera demain pour jamais uni au mien. — Je le jure, » dit Pauline. Elle s'évanouit en prononçant ces mots; la terreur avait captivé quelques moments son âme prête à s'échapper; mais rassurée, elle n'avait plus la force de vivre. Édouard, enivré de son bonheur, ému peut-être aussi d'avoir contemplé la mort d'aussi près, rapporta Pauline au château comme un homme égaré; il ne s'apercevait pas du danger que son état lui faisait courir; il croyait en être entendu, il croyait qu'elle lui répondait. Madame de Verseuil le tira de cette absorption effrayante en secourant Pauline. Dès qu'elle fut revenue à elle, Édouard transporté courut au Havre pour préparer la cérémonie du lendemain. Madame de Verseuil, restée seule avec Pauline, lui représenta avec force que c'était donner une seconde fois la mort à Édouard que de mettre un obstacle quelconque à leur union; Pauline, ébranlée par le spectacle affreux dont elle avait été témoin, par l'image de son amant prêt à se précipiter dans la mer, n'était pas entièrement à elle. Le bonheur suprême qui l'attendait, le sentiment de la faute qu'elle allait commettre, la plongeaient dans une

sorte d'égarement dont les effets ne pouvaient ni se prévoir, ni se juger. Édouard revint, Pauline ne disait pas un seul mot : Édouard était inquiet de son bonheur, il sentait bien qu'il l'avait usurpé; il ne voulait pas se l'avouer, et prononçait seulement quelques phrases sans suite et d'un sens souvent contraire sur l'état où il voyait Pauline. Madame de Verseuil ne les quittait pas, et contenait sa pupille par l'ascendant de sa présence. On eût dit qu'Édouard, d'accord avec madame de Verseuil, voulait confirmer ce qu'elle avait dit à Pauline; il lui répétait, comme s'il eût encore conservé quelques craintes, que sa vie était attachée à ce qu'elle ne changeât rien à sa situation présente; qu'il se sentait dans l'impossibilité de rien perdre de son bonheur sans en mourir; qu'il n'avait jamais éprouvé ce qu'il ressentait, et que pour la première fois il reconnaissait qu'il est des moments de la vie où toute puissance sur soi-même est anéantie. Quand Pauline voulait parler, il l'interrompait dans la crainte d'entendre un seul mot qui troublât le sentiment du bonheur dont il jouissait depuis si peu d'instants. Enfin, le prêtre, qu'on ne croyait mandé que pour le lendemain, arriva le soir même, sans qu'Édouard et Pauline fussent restés seuls un instant. Pauline prononça les vœux les plus chers à son cœur, comme une victime qui se dévoue. Si son époux, à travers sa douleur, n'eût pas vingt fois reçu l'assurance de sa passion pour lui, la peine qu'elle témoignait l'aurait empêché d'accepter sa main; mais certain d'être aimé, il attribuait à la pudeur, à une bizarrerie de caractère l'état affreux de Pauline. Madame de Verseuil l'entretenait dans cette idée, et son bonheur faisait le reste. Dès que la cérémonie fut achevée, madame de Verseuil prit à part Pauline, et lui dit : « Je n'ai pas besoin, je crois, de vous apprendre que vous seriez la plus coupable personne du monde maintenant, si vous pouviez confier votre secret à votre époux. Vous troubleriez à jamais son bonheur, et c'est alors qu'il pourrait avec justice vous reprocher un mystère tout à la fois gardé et révélé pour son malheur. — Ah! sans doute, lui répondit Pauline, sans doute une première faute rend la seconde nécessaire; mais c'est vous seule qui m'avez entraînée, vous seule qui faites le crime et le désespoir de votre coupable Pauline. — Cruelle, lui dit madame de Verseuil en versant des pleurs, suis-je donc si coupable d'ensevelir dans l'oubli un secret dont les mers et le temps nous séparent à jamais; un secret que toi seule peux apprendre à ton époux, et dont il détesterait lui-même la fa-

I.

tale connaissance? Ces reproches sont-ils le prix que tu devais à ma tendresse? — Ah! ma mère, ah! mon amie! pardon, pardon, s'écria Pauline : le sort en est jeté; puisse-t-il être heureux! puissiez-vous ne pas vous repentir de tout ce que vous avez fait pour moi! » Édouard entra; il venait de recevoir une lettre d'affaires qui l'obligeait à partir pour Paris dans peu de jours; il demanda à Pauline de l'accompagner; mais elle le supplia de permettre qu'elle fixât à jamais sa demeure dans cette solitude, et lui rappelant ses goûts et ses promesses, elle obtint son aveu.

Les premiers jours de l'union de Pauline et d'Édouard ne ressemblèrent pas au commencement du lien le plus heureux qui soit sur la terre, quand c'est l'amour qui l'a formé. Pauline avait un sentiment de tristesse et de honte, un désir, une crainte de parler, qui devaient paraître extraordinaires à son époux; mais il attribuait à la timidité un trouble qui, cependant, avait encore d'autres caractères, et la douleur que Pauline témoignait de son départ, la passion qu'elle montrait pour une solitude qui devait les réunir sans aucune distraction, calmaient toutes ses craintes. Il partit enfin, et les larmes de Pauline marquèrent ce cruel instant. Pendant une absence de deux mois, madame de Verseuil déchira plusieurs fois des lettres de Pauline pour Édouard qui contenaient le récit de ses fautes; mais dès l'instant que Pauline s'aperçut de sa grossesse, ses incertitudes cessèrent, sa résolution fut prise; elle vit son époux dans l'impossibilité de l'abandonner, elle sentit le besoin de l'attacher chaque jour davantage à la mère par l'enfant, et à l'enfant par la mère, et, calmée par l'idée d'un devoir, elle fut moins tourmentée par son secret. Édouard revint; le bonheur d'être père l'enivrait d'avance. Quand la Providence réunit à ce lien si cher tout le prestige de l'amour, quand l'enfant qu'on chérirait comme le sien est encore l'image de l'objet qu'on aime, quand on retrouve dans l'âme qu'il est si doux de développer celle qu'il est si doux de reconnaître, quel bonheur peut exister au delà de cette intime réunion des sentiments les plus faits pour le cœur de l'homme? Malheur à celle qui n'a pas connu le bonheur d'être mère! plus malheureuse mille fois la femme infortunée qui l'a connu pour le perdre, et voit dans chaque année qui s'écoule celle qui devait accroître les qualités et les charmes de son enfant! Malheur aussi à celle qui a reçu un bienfait sans en jouir, et dont le cœur a pu méconnaître un attrait aussi involontaire qu'ineffaçable! Pauline, Édouard surent goûter un tel bonheur;

et tous les devoirs, animés par la passion la plus vive, occupèrent leur âme. Du moment où Pauline eut donné le jour à un fils, elle fut véritablement heureuse; elle repoussait des regrets douloureux pour s'occuper de son époux, de son enfant et de madame de Verseuil; elle évitait avec soin toutes les conversations qui pouvaient ramener au temps de son premier mariage; et si ces souvenirs lui coûtaient encore des larmes, elle se persuadait qu'elle acquittait assez par cette peine le tribut que l'humanité doit au malheur. Hélas! quelle erreur était la sienne! quelle triste loi du sort égalise les destinées! loin que cette pensée console les âmes douces, c'est en contemplant le bonheur des autres qu'elles supporteraient mieux leur propre infortune. Un jour Édouard était allé dîner au Havre; il revint plus tard qu'il ne l'avait annoncé. Pauline alla au-devant de lui; elle vit sur son visage une altération inexprimable : il voulut le nier, elle n'en fut que plus certaine; et dans l'instant son émotion devint si vive qu'Édouard ne fut plus le maître d'y résister. Depuis un an il n'avait pas eu un seul mouvement caché pour elle : dans une telle union il ne peut exister un secret. « Eh bien, lui dit-il, vous le voulez : vous serez peut-être indignée de me voir de la colère quand je ne devrais témoigner que du mépris; mais ma passion pour vous et pour votre gloire est mon excuse. Je dînais aujourd'hui chez un négociant que vous connaissez : un homme dont j'ignorais le nom, mais arrivé de Saint-Domingue depuis hier, s'y trouva. La conversation tomba sur la beauté des femmes; un jeune officier dit que la pupille de madame de Verseuil était la plus belle personne qu'il eût vue de sa vie. « Qui? s'écrie cet étranger, Pauline de Gercourt, la veuve de M. de Valville? — Oui, répondit l'officier. — Ah! je l'ai connue beaucoup, reprend l'étranger : ce que vous dites est vrai; mais si son caractère s'est formé comme ses traits, elle doit être un peu vive maintenant; quand elle est partie, à l'âge de quatorze ans, elle n'avait encore cédé qu'à deux inclinations. Je pense que depuis vous vous êtes chargés de vaincre des principes aussi sévères. » La fureur m'a transporté. On a voulu d'abord l'avertir du lien qui nous unit, mais j'ai exigé le silence. L'étranger a soutenu son horrible calomnie; mais s'apercevant à la fin de l'imprudence qu'il avait commise, le mépris dont je l'avais couvert ne lui a pas permis de se rétracter. Il s'appelle Meltin. » Pendant qu'Édouard achevait ce récit, une pâleur mortelle couvrit le visage de Pauline, tout son corps tremblait, et la violence de son agitation ne ui permettait pas de prononcer une seule parole. Édouard la regardait avec un mélange d'étonnement et de terreur impossible à décrire. Était-ce l'indignation, était-ce un autre sentiment qui glaçait la langue de Pauline? Ce mystère inexprimable qui l'avait si longtemps détournée de s'unir à lui, ces discours souvent répétés qui lui avaient paru vides de sens alors, pouvaient-ils être ainsi interprétés? Une affreuse lumière se répandait sur le passé, et décolorait l'avenir. Ils restèrent quelque temps l'un et l'autre dans cette situation affreuse. Édouard craignit un moment que Pauline ne le soupçonnât d'avoir mal repoussé cette mortelle injure, et que ce sentiment qu'elle n'osait exprimer ne fût la cause de son silence. « Je le reverrai demain, lui dit-il, ce vil calomniateur. » Ces mots, que Pauline n'entendit que trop, lui rendirent la force de parler. « Non, s'écria-t-elle, vous ne le reverrez pas : ce n'est point un calomniateur, cet homme, il a dit la vérité; lui-même fut un des objets dont le choix me déshonore, l'autre est mort dans ces lieux mêmes. Je t'ai caché ma honte, pour conserver ton estime; il est juste de la perdre; il est heureux d'en mourir : mais si j'ai mérité ta pitié par ma passion pour toi, renonce à cet horrible combat dont je suis l'indigne cause; épargne-moi ce supplice; donne-moi la mort, mais sans me faire passer par des tourments au-dessus de tous les crimes : je la demande, je l'attends de ta pitié. » Édouard ne l'entendait plus; il était anéanti : la destruction du monde l'eût moins étonné; tout semblait s'écrouler à ses yeux. Un moment il crut Pauline égarée par la crainte du danger qu'il allait courir; et saisissant cette lueur d'espérance, « Calme-toi, s'écria-t-il; quelle fureur insensée t'égare ? » Il voulut, en disant ces mots, la presser contre son cœur. « Ne m'approche pas, lui dit-elle avec une sombre dignité, je ne suis pas digne de toi; tu me retrouveras dans les bras de la mort; c'est dans cet instant seul que j'oserai te parler encore : maintenant laisse-moi. » Édouard, prosterné devant elle, ressentait à la fois la terreur et le respect. Madame de Verseuil entra dans cet affreux moment; Pauline frémit en la voyant. « Madame, lui dit-elle, j'ai suivi vos conseils, apprenez-en l'effet. » Alors, avec un accent étouffé, elle lui raconta ce qui venait d'arriver à son époux. « Maintenant, lui dit-elle, vous sentez si je puis vivre; mais joignez-vous à moi pour obtenir d'Édouard qu'il renonce au combat affreux qui me tue : c'est le dernier de mes vœux. » Quel cruel moment pour madame de Verseuil! Elle se repentit de ses funestes avis; mais avide d'excuser Pauline,

elle fit à son époux le récit des circonstances qui pouvaient diminuer ses premiers torts, et de la violence qu'elle lui avait faite pour l'empêcher de les révéler. Édouard parut surtout écouter cette dernière partie de la justification de Pauline. Quand madame de Verseuil eut fini de parler, il se retourna vers Pauline : son visage défiguré portant tout à coup la terreur dans son âme, il se précipita à ses pieds. « Pauline, lui dit-il, Pauline, crois-tu donc que je ne t'aime plus ?—Tu m'aimes, s'écria-t-elle, tu m'aimes encore! oh! mon Dieu! je vous rends grâces; mes derniers moments ne seront point affreux, mon enfant pourra quelquefois lui prononcer le nom de sa mère. » Mais à ce mouvement d'attendrissement un autre succéda promptement; elle se jeta aux pieds d'Édouard pour obtenir qu'il ne retournât pas le lendemain au Havre. Il lui fit bientôt sentir qu'elle exigeait son déshonneur. Convaincue de cette horrible vérité, pendant quelques instants elle fit une prière, et se relevant ensuite, elle se retourna vers Édouard qui, voyant paraître le jour, calculait déjà les instants de son départ. « Ce soleil qui se lève, lui dit-elle, peut être le dernier pour nous deux. Je ne peux plus vivre pour mon époux, mais le droit de mourir pour lui me reste encore. Bénis ton enfant, ajouta-t-elle en le menant vers son berceau; je puis le bénir aussi, car mes remords, je le sais, m'ont fait trouver grâce devant Dieu. Toi, lui dit-elle, que j'ose encore adorer, c'est à tes genoux que je puis te le dire : tu vas risquer ta vie pour moi; ce sont mes fautes et plus encore ma fatale dissimulation qui te conduisent dans cet affreux danger; mais tu es bon, tu es généreux, tu me plains encore, parce que ton cœur sait que je souffre. » Édouard voulut lui parler. « Ne dis rien, lui répondit-elle, tout est dit. » L'heure approchait; Édouard part. Pauline, avec ce courage qui naît du désespoir, l'accompagne, et lui dit adieu. Madame de Verseuil, inquiète de ce calme apparent, suivait tous ses mouvements d'un air troublé, et la voyait avec crainte se promener sur le bord de la mer. « Soyez tranquille, lui dit-elle; est-ce que j'ai besoin de me tuer? est-ce que la douleur ne m'en répond pas? » Deux mortelles heures se passèrent ainsi, deux heures plus affreuses peut-être encore pour Pauline que pour une personne à qui quelque espoir de bonheur serait resté. Un courrier arrive; il portait un billet d'Édouard pour Pauline : « J'ai eu le malheur, lui disait-il, de tuer « mon adversaire; quelque coupable qu'il fût, je « gémis de sa mort. Cette cruelle affaire me re- « tient encore quelques heures. Je conjure Pauline,

« qui ne peut cesser de m'être chère, de se cal-
« mer en attendant. » « Vous le voyez, dit-elle à
madame de Verseuil, le sang d'un homme retombe
sur ma tête; c'est moi qui fais périr Meltin : que
d'horreurs autour de moi! que de crimes m'environnent! Ah! ma mère, sauvez-moi. » Madame
de Verseuil, au désespoir elle-même, cherchait en
vain à calmer cette âme mortellement atteinte.
Elles virent revenir Édouard; Pauline n'osa point
aller au-devant de lui : il s'approcha d'elle; mais
on pouvait apercevoir qu'il craignait déjà de ne
pas lui marquer assez d'empressement; il affecta
d'éloigner les tristes sujets de peine qui le déchiraient; et Pauline, observant ce soin, connut
qu'il y pensait bien plus que s'il en eût parlé.
« Quoi! lui disait-il en la voyant changer chaque
jour, ne suis-je pas le même pour toi ? — Mieux,
lui dit-elle, peut-être, mais pas le même: d'ailleurs, vois-tu cette ombre qui me poursuit, cet
homme dont j'ai causé la mort? vois-tu dans l'a-
venir notre bonheur à jamais troublé, ta confiance
perdue? Édouard, laisse-moi mourir. » Édouard
était le plus malheureux des hommes; son caractère ne lui permettait pas d'oublier des torts qui
l'avaient si sensiblement affecté, et son amour
pour Pauline lui faisait craindre de témoigner la
peine qu'il ressentait : inquiet, agité près d'elle,
il se promenait souvent seul. Pauline n'osait pas
aller le chercher; elle restait auprès du berceau de
son enfant; il la retrouvait baignée de pleurs; il
voulait lui parler; elle l'interrompait toujours;
lui-même, incertain de ce qu'il voulait dire, suivait un autre discours. Madame de Verseuil s'accusait sans cesse du conseil qu'elle avait donné à
Pauline; car le tort qui désespérait Édouard c'é-
tait le mystère que Pauline lui avait fait de ses
fautes. Peut-être le temps eût-il fait renaître le
bonheur dans cet asile jadis si délicieux, lorsqu'une
des femmes de Pauline vint apprendre un matin
à Édouard, que toute la nuit sa maîtresse avait
été tourmentée par une fièvre ardente. Édouard à
l'instant envoie chercher un médecin, court chez
Pauline, et la trouve dans le délire, prononçant
son nom sans cesse, en y ajoutant seulement ces
mots : *Il ne m'aime plus!* Quel spectacle pour lui!
quels remords! Que son amour avait de force
alors! Combien toute autre idée était bannie de
son cœur! C'était sa Pauline, telle qu'il l'avait aimée, telle qu'elle était jadis à ses yeux; c'était elle
qu'il adorait. Madame de Verseuil, assise à côté
du lit de Pauline, était plus effrayée qu'Édouard
même. Elle connaissait le cœur qu'elle avait formé,
elle avait jugé la profondeur de son désespoir. Le

médecin arriva, et parut fort inquiet. Édouard
l'excitait à le tromper ; Édouard repoussait une
terreur trop déchirante. Trois jours se passèrent
ainsi sans que la raison revînt à Pauline; les discours qu'elle tenait n'en étaient que plus touchants. Ce nom chéri que son délire la forçait à
répéter aussi souvent qu'il s'offrait à sa pensée;
cette idée dominante qu'elle exprimait par les
mêmes mots, parce qu'elle lui causait toujours la
même douleur, faisaient éprouver à chaque instant
une peine nouvelle à son malheureux époux. Enfin,
après trois jours, la raison revint à Pauline;
Édouard la crut sauvée. Elle s'aperçut d'une erreur que la triste madame de Verseuil ne partageait pas. « Mon ami, dit-elle à Édouard, perds
une illusion qui pourrait rendre plus amer le moment qui doit nous séparer; il faut nous dire un
éternel adieu. — Cruelle! s'écria Édouard, c'est
toi qui veux me quitter, c'est toi qui me méprises
assez pour soupçonner ma tendresse! Va, j'abjure ce que j'ai pu croire avant de t'avoir connue;
je proteste à tes pieds que Pauline est aussi parfaite, aussi sublime à mes yeux que dans les jours
heureux dont nous avons joui. Le temps et l'a-
mour ont épuré ton âme; vis pour élever ton enfant, vis pour être adorée par l'homme infortuné
qui se croit seul coupable. — Ne pense pas, lui répondit Pauline, qu'une imagination fanatique exagère à mes yeux des fautes que mes remords ont
effacées devant Dieu; je crois qu'il me les a par-
données, et j'expire sans crainte. Mais le bonheur
de l'amour tient encore à des sentiments plus délicats; les erreurs de ma jeunesse, le tort plus
grand encore d'avoir pu te les cacher, ont flétri
pour jamais cette félicité qui, par sa perfection
même, ne pouvait souffrir d'altération. En mourant je me crois digne de toi; l'excès de ma passion t'est prouvé; c'est le dernier souvenir que je
te laisse, c'est le seul qui se retrace quand l'objet
qui nous fut cher n'existe plus. Vois, Édouard, si
je ne suis pas heureuse d'anéantir ainsi toutes les
barrières qui séparaient ton âme de la mienne.
Nous nous réunirons dans le ciel, et jusqu'à ce
moment mon image restera dans ton cœur, comme
elle y fut jadis. Et vous, ma mère, dit-elle à madame de Verseuil, vous à qui je dois les sentiments et peut-être les vertus qui m'honorent et
me consolent, consolez Édouard, et veillez avec
lui sur mon enfant. » On apporta son fils sur son
lit : les cris de son époux, les caresses de son enfant, les pleurs de madame de Verseuil, épuisèrent
ses forces, et, s'affaiblissant par degrés, elle expira. Je ne peindrai point le désespoir de son époux

et de madame de Verseuil : qui pourrait intéresser après elle ? Je dirai seulement que la douleur et les remords du conseil qu'elle avait donné à Pauline terminèrent en peu de temps les jours de madame de Verseuil, et qu'Édouard, dévoré par ses regrets, tourmenté par la juste crainte de n'avoir pu dompter son caractère quand il en était temps encore, s'enferma dans une solitude absolue, où il ne vécut que pour élever l'enfant que son amour pour Pauline lui rendait si précieux.

ZULMA,

FRAGMENT D'UN OUVRAGE.

AVANT-PROPOS.

Cet épisode était d'abord destiné à tenir lieu du chapitre de l'Amour, dans un ouvrage sur l'Influence des Passions, dont je vais publier la première partie. M'étant depuis décidée à suivre dans tout le cours de ce livre la forme de l'analyse, je fais imprimer ce morceau séparément. Il faut peut-être expliquer dans quel objet il a été composé. J'ai voulu, pour peindre l'amour, offrir le tableau du malheur le plus terrible et du caractère le plus passionné. Il m'a semblé que ce sentiment ne pouvait avoir toute l'énergie imaginable que dans une âme sauvage et un esprit cultivé ; car la faculté de juger ajoute beaucoup à la douleur, quand cette faculté n'a rien ôté à la puissance de sentir. Enfin, j'ai cherché une situation où il y eût tout à la fois du désespoir et du calme, où l'être infortuné pût s'observer lui-même, et fût contraint à peindre ce qu'il éprouve. Il n'est pas alors dans ce trouble plus touchant, mais aussi moins amer, où l'on perd le pouvoir de s'exprimer. Quand le malheur est irrévocable, l'âme retrouve une sorte de sang-froid qui permet de penser sans cesse de souffrir. C'est dans un tel état que la passion devrait être la plus éloquente ; j'ai tenté d'y placer Zulma. Cet écrit qui, plus que tout autre, appartient à mon âme, m'intéressait assez pour excuser mes observations.

J'étais prisonnier chez les sauvages qui habitent les bords de l'Orénoque ; mais comme ma rançon était stipulée, je jouissais de quelque liberté parmi eux. Un long séjour dans leur contrée m'avait permis d'apprendre leur langue, et l'un de leurs vieillards, que j'avais connu jadis dans une de mes courses à Lima, me témoignait une amitié particulière ; son âge lui donnait des droits à l'exercice du gouvernement ; ces sauvages ne connaissant pas la première base de toute réunion sociale, la propriété, leurs peuplades errantes adoptaient pour chefs ceux qui devaient à une longue expérience cet esprit conservateur, ange gardien des destinées humaines. Un matin je fus réveillé par le bruit des instruments militaires : je crus que la guerre allait recommencer. Le vieillard qui me protégeait vint à moi, et me dit : « Ce jour est le plus cruel de ma vie, je vais donner à mes concitoyens une douloureuse preuve de mon dévouement ; je suis appelé par mon âge et par le sort à juger un coupable : sept d'entre nous sont condamnés à ce triste devoir. On dit que le crime qui va nous être exposé ne peut être pardonné ; mais quand ma voix prononcera la sentence de mort, mon cœur déchiré pourra-t-il savoir s'il n'abuse pas du droit de l'homme sur l'homme, et ne s'arroge pas la vengeance divine ? Après ce jugement, je serai huit jours sans vous voir : c'est un usage établi parmi nous, que les juges qui ont condamné à la peine de mort restent enfermés seuls pendant une semaine, et soient rassemblés de nouveau après ce temps, pour confirmer ou casser leur jugement. Dans votre pays, un second tribunal revise les décisions du premier ; ici nous en appelons de l'homme en société à l'homme solitaire, de l'impression du moment à la conscience éternelle : nous bénissons cette institution, puisque très-souvent elle a fait révoquer des jugements sévères. Suivez-moi, mon ami, dans l'enceinte où l'on va plaider en présence du peuple ; vous y verrez la famille de l'accusé plus inquiète que lui-même de l'arrêt qui sera prononcé : car nos lois bannissent pour jamais les parents d'un enfant coupable, et souvent dans nos déserts ils périssent d'isolement et de misère. Cette responsabilité funeste est un préjugé qui nous est commun avec vous. Souvent les erreurs les plus composées s'admettent avant les vérités les plus naturelles ; cependant nos mœurs errantes ne permettant pas au gouvernement une surveillance générale et constante, il nous était peut-être nécessaire de chercher tous les moyens de resserrer les liens des familles. Et cette punition rétroactive, de quelque manière que vous la jugiez, a produit cet heureux effet. Venez donc, écoutez avec attention les motifs divers qui vont nous être présentés, et si vous excusez le crime que je serais prêt à condamner, hâtez-vous de m'en instruire, et sauvez à votre ami la douleur irréprochable, le meurtre de l'innocent. » Alors je suivis ce bon vieillard vers la grande plaine où le peuple était rassemblé. Je fus étonné d'en approcher sans être averti par aucun bruit de la réunion d'un si grand nombre d'hommes. « Tous se recueillent, me dit le vieillard, dans la contemplation du malheur et de la mort, et ces guerriers si braves versent des pleurs sur les dangers qu'ils ne partagent pas. »

Je me plaçai derrière le tribunal, au milieu du

peuple qui l'environnait ; plus loin, on voyait un latanier entouré de cyprès : c'est en face de cet arbre qu'on avait coutume de placer les criminels quand ils étaient condamnés à périr ; et l'arc, instrument de leur supplice, était suspendu à l'une de ses branches. Devant les juges s'élevait l'amphithéâtre destiné pour l'accusateur, l'accusé et sa famille : je m'en approchai, et d'abord j'aperçus sur un lit de gazon un jeune homme percé d'une flèche mortelle ; son sang ne coulait plus, ses membres étaient glacés, mais jamais tant de beauté n'avait frappé mes regards. J'éprouvais à la fois un sentiment d'admiration et de douleur ; je pleurais ce jeune homme comme si je l'eusse connu vivant. «Voilà, me dit-on, celui qu'on vient d'assassiner.» Je fus pénétré d'horreur pour le coupable, et je le condamnai dans mon cœur. La mère de ce jeune homme était à ses pieds ; elle souleva son voile pour parler, mais la douleur ne lui permit pas de s'exprimer. Le nom de son fils Fernand sortit plusieurs fois de sa bouche ; à travers ses sanglots, je crus entendre qu'elle accusait de sa mort une jeune fille appelée Zulma. Ceux qui m'entouraient, voyant mon étonnement, m'expliquèrent les paroles de cette mère infortunée. Dans cet instant Zulma parut ; en regardant son visage, l'impression de son malheur me saisit : comme elle avançait lentement, j'eus le temps de remarquer le charme de ses traits ; mais bientôt leur expression commandant à mon âme, l'agita tour à tour des divers mouvements qui s'y peignaient. Zulma passa devant l'arbre fatal destiné pour son supplice ; elle s'arrêta quelques instants pour le regarder ; mais je n'observai sur son visage qu'une attention forte, et nulle émotion ne put s'y remarquer. Elle s'inclina devant ses juges avec respect et dignité, et se tournant vers l'amphithéâtre où elle devait se placer, elle aperçut le corps de Fernand ; tous ses membres tremblèrent à cet aspect ; elle s'appuya d'abord sur son arc, voulut ensuite s'avancer près de cet objet déplorable : mais, reconnaissant la mère désolée qui frémissait d'horreur à son approche, elle s'arrêta, soupira profondément, et par un grand effort paraissant se ressaisir de toute son âme, elle commença ainsi :

« Femme respectable, dit-elle à la mère de Fernand, pardonne si ce n'est pas à toi, à toi seule que je m'adresse ; mes yeux ne peuvent se fixer sur l'objet que tu tiens dans tes bras : quand il s'agit encore de vivre, ce n'est pas l'instant de le regarder ; il faut aussi que je me justifie pour sauver à mes parents la honte de mon supplice ; il le faut, et je le puis devant les juges, devant le peuple :

mais, ô toi ! mère infortunée, toi qui l'aimais, tu n'as besoin que de ma mort. Non, je ne crois pas que les paroles qui vont servir à ma défense puissent aigrir les regrets : malheur à moi si je blesse ton cœur, si je ne pressens pas tout ce qui pourrait t'affliger ! Que m'aurait-il servi de tant souffrir, si je ne savais pas ménager la douleur ? » Alors Zulma s'arrêta ; mais bientôt se relevant en présence du tribunal qui devait décider de sa vie, elle sembla vouloir étouffer en elle tous les mouvements qui sollicitent la pitié. «Juges de mon sort, leur dit-elle, c'est moi qui ai lancé dans le cœur de Fernand cette flèche sanglante ; c'est moi seule, et vos lois me condamnent à la mort. Cependant, devant Dieu je ne me crois pas coupable. Peuple fier, vous m'absoudrez ; vieillards, il vous faut entendre la langue des passions ; rappelez vos souvenirs dans vos cœurs, et que la longue histoire de mes sentiments vous interprète leur étonnante catastrophe. Vous pleurez tous Fernand, vous vous rappelez ses charmes, ses talents, sa valeur : ah ! vous avez raison ; nul homme ne put, dans le délire de son orgueil, s'égaler à lui : fait prisonnier dans son enfance par un général espagnol, il apprit des peuples policés ces arts terribles ou séducteurs qui tour à tour soumettent ou captivent ; mais son âme fière ne put souffrir le joug des lois européennes ; il revint parmi nous pour se retrouver en présence de la nature, et n'en être plus séparé par les institutions mêmes qui semblent devoir la perfectionner. Vous vous rappelez ce jour où, remportant le prix de la chasse à l'aide des arts nouveaux qu'il avait conquis sur nos ennemis, il s'indigna d'un succès qu'il ne devait point à sa propre force ; et dédaignant de se servir, dans les différents emplois où votre confiance l'appelait, des connaissances qu'il avait acquises, il nous fit douter de leur utilité, tant il sut se montrer indépendant de leur secours. Dans ce pays, où nulle distinction n'est établie par la loi, il semblait se créer la royauté du génie ; et, sans qu'il le voulût, sans que le peuple même réfléchît à l'hommage qu'il lui rendait, les rangs s'ouvraient pour le laisser passer, dans l'espoir de le mieux voir. On le suivait, non par soumission, mais pour ne pas le quitter. Son charme invincible agissait sur vous tous qui m'écoutez, sur vos vieillards, sur vos enfants, sur ceux même qui pouvaient envier sa destinée. Chacun d'eux était son ami avant de penser à devenir son rival. Ah ! pleurez-le longtemps, car sa vie était votre gloire, et sa mort est le deuil de l'univers. Mais il faut que le monde périsse, quand la passion le commande ; l'orage qui s'élève en secret au fond du cœur bouleverse la nature : tout semble calme autour de moi ; moi seule je sais que la terre est ébranlée, et qu'elle va s'entr'ouvrir sous mes pas.

« Pendant que vous admiriez Fernand, un sentiment plus tendre s'élevait dans mon âme ; je recherchais la foule pour entendre prononcer son nom ; quand vos voix s'écriaient : *Vive Fernand!* je baissais mon voile pour répéter ces mots : en suivant l'exemple de tous, je tremblais d'être remarquée ; jamais je n'espérais me contraindre assez pour ne ressembler qu'à l'enthousiasme. Je criais : *Vive Fernand!* et c'est par moi qu'il a reçu la mort! oui, c'est l'amour seul qui pouvait l'immoler : quel homme dans sa haine en eût conçu l'horreur? Fernand distingua ces traits, ces traits aujourd'hui méconnaissables où sa mort est empreinte. Il me parla! ce jour m'est si présent, que son souvenir tient encore de l'émotion de la joie : mon trouble l'intéressa ; il feignit de n'en pas deviner la cause, et voulut chercher à me plaire comme s'il n'avait pas été certain d'être aimé. Il s'occupa de m'enseigner ce qu'il avait recueilli dans ses voyages, il parvint à me faire comprendre les livres des Européens ; et c'est à cette étude même que je dois le talent de vous peindre l'affreuse image de mes malheurs. Je saisis avidement les leçons de Fernand ; ma mémoire n'en perdit pas la moindre trace ; le son de sa voix permettait-il d'oublier une seule de ses paroles? Les soins qu'il consacrait à former mon esprit et mon âme me semblaient le plus sûr garant de sa constance ; il voulait m'identifier avec ses propres idées, diriger mes pensées, mes sentiments, selon ses opinions et son caractère. Il savait donc qu'il m'eût fallu renaître pour apprendre à vivre sans lui! il savait donc que Zulma n'avait plus une faculté indépendante qui pût lui servir à se détacher de Fernand! La puissance de la réflexion, le don des idées, tout ce qui compose enfin l'empire de l'homme sur lui-même, étant en moi l'ouvrage de Fernand, ne pouvait s'élever contre son auteur. Pour moi, le lien de toutes les pensées, le rapport des objets entre eux, c'était Fernand. L'âme violemment séparée de celui qui était elle, ne pouvait que s'abîmer dans le désespoir.

« Dans les premiers temps, je connus moi-même le danger de ma situation ; je sentis que ma passion s'accroissait chaque jour, et jugeant qu'il me restait à peine un dernier instant pour la dominer, je résolus de m'entretenir avec Fernand des craintes mêmes qu'il me causait. Je le priai de me suivre dans cette forêt de sapins qui borde l'Oré-

noque ; là, choisissant un abri sauvage où nulle trace d'homme ne pouvait désenchanter notre solitude, c'est en présence du ciel, pur comme mon âme, et du torrent agité comme elle, que j'interrogeai mon amant. « Je ne sais rien, lui dis-je, de la destinée humaine ; je sors de l'enfance par la plus violente passion de la jeunesse, j'entrevois un bonheur qui dément tout ce qu'on nous répète de l'imperfection attachée à la condition de l'homme. Si le cœur peut obtenir de si douces jouissances, pourquoi l'amour est-il redouté? pourquoi n'est-il pas le culte des vieillards comme des jeunes gens, le premier espoir, l'unique regret, le seul mobile dont on se serve pour gouverner l'univers? » Fernand me répondit sans vouloir m'éclairer sur la nature des passions ; il accusa l'insensibilité des hommes, et jura de m'aimer toujours. « Écoutez, lui dis-je, écoutez : si je ne suis pas nécessaire à votre bonheur, si votre cœur n'est pas certain qu'il ne peut exister sans le mien, laissez-moi. Je vous aime ; mais peu de temps s'est écoulé depuis que ce sentiment règne en mon âme ; il n'a pas encore renouvelé mon être ; tous les sentiers ne m'offrent pas encore la trace de vos pas ; chaque jour n'est pas encore marqué pour devenir à jamais l'anniversaire d'un de vos accents ou de vos regards : j'ai dans la vie, dans l'espace, dans ma pensée, des retraites pour vous fuir ; l'habitude et la passion, ces deux pouvoirs en apparence contraires, ne sont pas réunis pour m'asservir. Mais si vous laissez mon cœur se dire : Fernand ne me quittera jamais! c'en est fait de moi-même, et c'est vous qui répondez de mon existence. Cependant, comme le cœur de l'homme est indépendant de ses propres résolutions, je ne vous demande qu'un serment qu'il vous sera toujours possible de tenir. Si vous pressentez que votre âme est prête à se détacher de la mienne, jurez-moi qu'avant l'instant où je pourrais le découvrir, vous me donnerez la mort : vous frémissez à ce mot ; vous ne placez pas bien votre terreur. Ah! Fernand, c'est quand j'ai parlé de ton inconstance qu'il fallait trembler pour moi. Quelle pitié mensongère te ferait craindre la fin de ma vie plus que l'éternité de mon désespoir! Ne nous serions-nous pas compris? » Il me rassura par des expressions de tendresse inspirées par son amour, interprétées par le mien : mes parents, mes amis, ma patrie, tout disparut à mes yeux, et cet univers qu'on dit l'œuvre d'une seule idée devint pour moi l'image d'un sentiment unique et dominateur. Les courses les plus pénibles, les soins les plus ingénieux, tout ce que mon âme, multipliée par sa passion, put inventer pour le bonheur de Fernand, lui fut prodigué. Je pourrais exposer devant vous des actions sans nombre qui commandent la reconnaissance, qui uniraient ensemble, par un lien sacré, deux frères d'armes, deux amis; mais quand toutes les facultés du cœur sont consacrées à un seul objet, qu'importent les combinaisons du hasard qui offrent à ce dévouement des occasions de se prouver plus ou moins éclatantes? La passion se peint tout entière en elle-même : rien de ce qui en dérive ne peut l'égaler, et c'est à son foyer sublime que tous ses rayons doivent être sentis.

« Je dois cependant vous tracer rapidement quelques traits de mon histoire. Un jour, sur les bords de ce grand fleuve qui féconde et défend notre contrée, la mère de Fernand, emportée par le courant, expirait dans les flots, si, me précipitant après elle, il ne me fût encore resté assez de force pour la rapporter sur le rivage. A cet instant Fernand accourut vers nous : Voilà ta mère, lui criai-je, j'ai assez vécu. Je perdis connaissance en prononçant ces mots; mais quand je revins à moi, Fernand était à mes pieds, il me remerciait de la vie de sa mère; le bonheur de me la devoir se mêlait déjà même au plaisir de la retrouver; son amour se peignait dans chacun de ses accents, et régnait sur toute son âme. Ah! si sa voix pouvait encore se faire entendre, il aurait raison de me demander si, dans cet instant du moins, ce n'était pas lui qui, par le charme de sa reconnaissance, était devenu mon bienfaiteur. Mais, cruel, devais-tu faire goûter une si douce ivresse à l'objet que ton cœur voulait abandonner? Est-ce ainsi qu'il fallait me préparer à ta perte? et mon âme, plongée dans les extases du bonheur, apprenait-elle à réserver quelque force contre l'atteinte du malheur? Un jour la calomnie vous apprit à méconnaître Fernand; vous l'accusâtes d'être d'intelligence avec vos ennemis, et d'avoir conçu le dessein de vous livrer à eux; sa mort fut résolue : vous frémissez; oui, c'est vous qui l'avez prononcée cette mort, le plus grand crime pour tout autre que Zulma. Mon amour ingénieux, trompant tous vos surveillants, sut le dérober à leur poursuite. Ne pensez pas que je rappelle ce temps pour accuser Fernand d'ingratitude. Loin de moi d'appeler un bienfait tout ce que m'inspirait l'invincible mouvement de mon âme! mais alors que je vois immolé par ma propre main cet objet que, pendant tant de jours, j'ai préservé de dangers inouïs, cet objet pour qui j'ai su chercher la vie à travers mille morts, je me regarde avec étonnement, je me crois l'ennemie de

moi-même, je ne sais plus où je vis, et ce n'est qu'en posant la main sur mon cœur, en le sentant encore consumé de la même passion, que je parviens à me reconnaître à travers l'horreur et le contraste de mes sentiments et de mes malheurs. Je suivis Fernand dans les déserts où, pendant une année, votre arrêt cruel le contraignit à se cacher. C'est dans ces lieux arides que souvent les secours les plus nécessaires à l'existence étaient prêts à lui manquer. Une source, un palmier faisaient époque dans notre vie : quelquefois, pendant son sommeil, détachant mes longs cheveux, je les soutenais de mes mains pour préserver sa tête des rayons brûlants du soleil. Je ne sais si j'ai souffert dans ce séjour affreux; mais, tout entière à l'espérance d'adoucir quelques-unes de ses peines, il ne m'est resté de cette année que le souvenir, que l'impression d'un même sentiment. Rochers terribles, sables brûlants, c'est à vous seuls que mes derniers souvenirs de bonheur sont attachés! Rejeté par sa patrie, abandonné par la nature même qui semblait lui refuser l'aliment de sa vie, une femme environnait Fernand de tendresse et d'amour. Souverain encore dans ces déserts, il voyait l'existence et le bonheur dépendre d'un de ses regards; la puissance et la gloire, tout lui était retracé par mon abandon et mon enthousiasme; mon amour se plaçait toujours entre l'injustice des hommes et ses réflexions. Il se jugeait dans mon cœur; il m'aimait, il vivait.... Ah! Dieu!.... »

Les sanglots alors étouffèrent la voix de Zulma. A l'image du bonheur j'avais vu par degrés toute sa force l'abandonner : je regardai les vieillards, qui restèrent immobiles et sévères, comme si la condamnation de Zulma leur eût semblé inévitable. Le peuple, plus facilement ému, murmurait le mot de *grâce*. Ce bruit rappelant Zulma à elle-même, elle reprit aussitôt la parole. « Peuple, s'écria-t-elle, vous absolvez trop tôt le plus grand des attentats. Je m'indigne pour Fernand d'une si prompte clémence. Écoutez-moi : les concitoyens de Fernand furent éclairés sur ses talents, sur ses vertus. Vous vîntes le chercher pour lui rendre à la fois votre admiration et votre estime, et vous confiant avec raison à sa grande âme, c'est du fond de son exil que vous le ramenâtes à la tête de vos armées. Malgré mes prières, il en accepta le commandement. Mes sollicitations ardentes ne purent l'en détourner. Son danger me faisait horreur; sa gloire ne m'était plus nécessaire. Dans le premier temps de ma passion pour lui, j'aimais tout ce qui pouvait en justifier l'excès. Quelquefois même je m'enorgueillissais des succès de Fernand, et j'osais croire qu'en secret il se plaisait à me les consacrer. Mais à cette époque de notre amour, quel événement extérieur pouvait ou le diminuer ou l'accroître? Mon âme avait passé dans la sienne, et devant moi, comme au tribunal de sa propre conscience, ce n'était pas de ses actions, mais de ses sentiments seuls qu'il avait besoin. Il partit cependant, et trois fois il revint vainqueur. Les acclamations de la victoire précédèrent son retour, et c'est au bruit de sa gloire que j'apprenais mon bonheur. Chaque fois qu'il me quittait, des pressentiments affreux me remplissaient de terreur. Je sais que l'exaltation de la douleur produit ces mouvements qu'on veut trouver surnaturels, et que les grandes passions dominatrices de l'âme agissent sur elle comme par une sorte d'inspiration étrangère, qui lui fait croire à ses propres impressions comme à des oracles. Mais qui pourrait cependant ne pas désirer que l'âme fût avertie d'avance de l'approche des grands malheurs, comme la terre tremble quand les abîmes vont s'ouvrir, comme le ciel se couvre de nuages quand la foudre est près d'éclater!

« Un jour le bruit se répandit que Fernand avait péri dans le combat : errante à travers les horreurs du carnage, ce spectacle, qui, pour la première fois, frappait mes regards, ne laissait aucune trace dans ma pensée ; c'était lui que je cherchais à travers le sang et les morts, et cette affreuse image ne s'offrait à moi que comme un obstacle à franchir. Après plusieurs heures, épuisée de fatigue, je tombai au pied d'un arbre : là, dans la violence d'un malheur si profond, que tout le sentiment de mon existence n'était que l'action d'une seule douleur, je cherchais à me calmer par la résolution prise depuis longtemps de ne pas survivre à Fernand : eh quoi! me disais-je, qu'y a-t-il donc dans sa mort dont la mienne ne me délivre? Mais l'instant qu'il fallait vivre pour apprendre qu'il n'était plus, m'effrayait à lui seul plus que l'éternité. Ma pensée ne pouvait se reposer dans la tombe même où sa perte m'allait précipiter. Jamais mon âme n'avait pu concevoir l'idée du néant absolu, et sous toutes les formes de l'existence je me voyais poursuivie par l'atteinte d'une telle douleur. Absorbée dans un désespoir immobile, m'examinant moi-même avec une attention féroce, je le vis paraître : grand Dieu! ce n'était pas la vie, c'est le ciel qui me fut rendu; j'éprouvai dans un instant toutes les sensations opposées : c'était lui! mon âme s'affaissa sous le poids de sa félicité. Ah! qui a vécu un tel jour a dévoré l'existence de longues années, et pour moi les temps ne sont plus. Oui, mon Dieu,

à cette heure encore. précipitée dans l'abîme des misères humaines, je te remercie d'avoir existé. Tu as rassemblé sur moi dans un seul jour tous les biens épars dans la vie. Ce jour, mon âme passionnée a pu toucher aux bornes qui séparent la nature humaine de ta céleste essence. Fernand était légèrement blessé; mais bientôt on apprit que nos farouches ennemis avaient trempé leurs flèches dans un poison mortel, et que le moyen de sauver la vie de Fernand était qu'il fît sucer sa blessure par celui qui ne craindrait pas le danger qu'il y puiserait. Combien la destinée me parut alors attentive à mon bonheur! J'allais faire passer dans mes veines le poison qui menaçait les jours de Fernand. Ah! dans les chimères mélancoliques, qui seules plaisent aux âmes tendres, quelle plus douce situation pouvait jamais se présenter! Je vainquis la résistance de Fernand, je le trompai sur les périls que j'allais braver; mes heureux efforts arrachèrent la mort de son sein. Longtemps à mon tour il me fallut lutter contre elle; la force de ma jeunesse en triompha : on dit que l'action dévorante de ce poison cruel troubla ma raison; ce n'est point mon excuse, ce n'est point celle de Fernand. Toutes les idées accessoires pouvaient être bouleversées; mon amour, tant que j'existais, n'était point altéré. Zulma était la même pour Fernand, il n'avait pas le droit de la méconnaître. Ah! mon cœur seul doit expliquer mon attentat; quels mouvements de folie seraient aussi forts que l'égarement de la passion même qu'ils serviraient à justifier.

« Fernand me demanda de me quitter pour quelques jours ; je combattis cette résolution ; je m'en plaignis avec amertume : non, ce n'était point au nom de mes bienfaits que je me croyais des droits sur Fernand ; c'était le souvenir, l'impression de mes propres sentiments qui me faisait croire à mon empire; il me semblait que j'avais au fond de mon âme une puissance d'amour qui devait le dominer, et qu'un homme si passionnément aimé ne pouvait pas se croire libre. Cependant le soupçon ne pouvait approcher de moi, ce sentiment incertain n'était pas fait pour mon âme. Je consentis enfin à la volonté de Fernand; il partit. A l'époque fixée pour son retour, je l'attendais. Un jour, oui, un jour semblable à tous les autres, que le soleil éclaira des mêmes rayons, je me promenais seule, faible, égarée, dans ces mêmes lieux tout remplis encore du passé; je m'avançais dans le fond de la forêt, lorsque j'aperçus Fernand aux pieds de la jeune Mirza : c'est la dernière fois que mes yeux ont vu; dans cet instant encore cet horrible tableau m'apparaît tout entier, il me dérobe l'apprêt de mon supplice : son aspect me serait plus doux. Je n'eus pas le temps de réfléchir, j'agis sans le concours de ma pensée, ma main saisit l'arc sur lequel elle se reposait, la flèche mortelle fut lancée; Fernand tomba. Je n'eus d'abord qu'une idée : c'est qu'il avait cessé d'adorer Mirza. Cependant, quand son sang vint à couler, quand la pâleur de la mort..... Je ne sais ce qui se passa dans mon être; j'ai perdu depuis ce temps l'identité, le souvenir de l'existence. Le désespoir de ma famille a pu seul me rappeler à moi; ils sont venus me dire que ma condamnation entraînait la leur, qu'il fallait me justifier pour les sauver. Ils veulent encore de la vie : j'ai dû leur obéir. Vous avez entendu mon histoire; aucun de vous n'a douté de sa vérité; il n'en est pas un accent qui puisse appartenir à l'imitation : maintenant vous êtes injustes si vous me condamnez. Qui de vous se croit plus appelé que moi à venger la mort de Fernand? qui de vous a sauvé mille fois sa vie? qui de vous l'adore encore en cet instant? J'avais le droit de prononcer sur son sort : si ce cœur l'a jugé coupable, qui de vous oserait l'absoudre? Fallait-il que sa gloire fût souillée, et que le nom de Fernand fût porté par qui n'était plus lui? J'ai sauvé mon amant, il est resté immortel, son ombre applaudit à mon courage : je suis sûre qu'en expirant, aucun sentiment de haine n'est approché de son cœur. Non, aucun tribunal, aucune nation, le ciel même, ne peut juger entre Fernand et moi. L'amour qui m'unissait à lui ne peut égarer, ne peut rendre criminelle; il est au-dessus des lois, des opinions des hommes; il est la vérité, la flamme, le pur élément, l'idée première du monde moral. Les sentiments qui vous animent tous n'en sont qu'une empreinte effacée. La mort, cette pensée que l'homme regarde comme la plus terrible et la plus absolue, disparaissait tout entière en présence de celle qui m'occupait. Qu'est-ce que sa vie, qu'est-ce que la mienne auprès de cet amour qui suffirait à l'éternité? Que les hommes donc ne jugent pas de ce qui n'est pas du ressort des hommes : laissez mon cœur prononcer sur lui-même. Pouvez-vous inventer un supplice mortel qui ne soit un soulagement pour moi? Vous ne punirez que ma famille, cette famille innocente, étrangère à des mouvements que rien ne saurait inspirer ni contraindre. Sauvez-lui donc la honte de ma condamnation; écoutez-moi, quand je vous assure que cet arrêt serait injuste. Me croyez-vous de l'aveuglement sur moi-même? pensez-vous que je m'y intéresse pour me tromper? Ah! de tous ses juges,

le plus impartial c'est Zulma. L'intérêt du salut même des auteurs de mes jours n'obtiendrait pas de moi de recourir à la feinte : comment aussi le pourrais-je? j'existe si fortement en moi-même, que me montrer une autre est au-dessus de mon pouvoir; et l'ombre de Fernand, qui m'écoute, m'en impose plus que vous. Peuple, j'ai parlé; vieillards, jugez-moi. » A ces mots, Zulma s'arrêta : l'émotion qu'elle avait causée rendit encore un instant la foule silencieuse; mais dès qu'on ne l'entendit plus, des cris sombres et tumultueux s'élevèrent en sa faveur; les juges, ou participèrent au mouvement de la multitude, ou crurent impossible d'y résister, et la grâce de Zulma fut prononcée. Sa famille l'entoura; le peuple, extrême dans ses sentiments, non content de délivrer cette belle accusée, voulait la couronner comme dans un jour de triomphe. « Arrêtez, s'écria-t-elle, ma famille est-elle absoute?

—Oui, lui répondit-on à grands cris.—Jamais le nom de leur fille ne leur sera-t-il reproché? — Jamais. — Allons, le long travail est fini. » Et, par une action imprévue, elle enfonça dans son sein l'une des flèches suspendues à son côté. Un mouvement de terreur et d'étonnement saisit tout ce qui l'environnait. « Et vous avez cru, leur dit-elle avec un dernier effort, que je laisserais vivre l'assassin de Fernand? Ah! si j'avais pu exister sans lui, son inconstance était juste. » Alors, se tournant vers le corps de Fernand, vers sa malheureuse mère, « Objets sacrés! s'écria-t-elle, je puis vous regarder à présent, Fernand; et vous, sa mère, laissez-moi m'approcher de lui : à la trace de mon sang, n'ai-je pas le droit de m'avancer vers vous? Je vais rejoindre Fernand dans ce séjour où il ne pourra chérir que moi, où l'homme est dégagé de tout ce qui n'est pas l'amour et la vertu. Nous vous y attendrons tous les deux. Je meurs...» L'infortunée Zulma tomba sans vie aux pieds de la mère de son amant. Cette femme malheureuse à cet instant sembla confondre dans sa tendresse et sa pitié ces deux objets immolés l'un pour l'autre; mais bientôt, succombant sous le poids de la douleur maternelle, elle parut perdre le sentiment d'une existence dont la vieillesse au moins promettait d'abréger le terme.

DE L'INFLUENCE

DES PASSIONS

SUR LE BONHEUR DES INDIVIDUS

ET DES NATIONS.

Quæsivit cœlo lucem, ingemuitque reperta.

AVANT-PROPOS.

On pensera peut-être qu'il y a de l'empressement d'auteur à faire paraître la première partie d'un livre quand la seconde n'est pas encore faite : d'abord, malgré la connexion de ces deux parties entre elles, chacune peut être considérée comme un ouvrage séparé; mais il est possible aussi que, condamnée à la célébrité sans pouvoir être connue, j'éprouve le besoin de me faire juger par mes écrits. Calomniée sans cesse, et me trouvant trop peu d'importance pour me résoudre à parler de moi, j'ai dû céder à l'espoir qu'en publiant ce fruit de mes méditations, je donnerais quelque idée vraie des habitudes de ma vie et de la nature de mon caractère.

Lausanne, ce 1er juillet 1796.

INTRODUCTION.

Quelle époque ai-je choisie pour faire un traité sur le bonheur des individus et des nations! Est-ce au milieu d'une crise dévorante qui atteint toutes les destinées, lorsque la foudre se précipite dans le fond des vallées comme sur les lieux élevés? Est-ce dans un temps où il suffit de vivre pour être entraîné par le mouvement universel, où jusqu'au sein même de la tombe le repos peut être troublé, les morts jugés de nouveau, et leurs urnes populaires tour à tour admises ou rejetées dans le temple où les factions croyaient donner l'immortalité? Oui, c'est dans ce siècle, c'est lorsque l'espoir ou le besoin du bonheur a soulevé la race humaine; c'est dans ce siècle surtout qu'on est conduit à réfléchir profondément sur la nature du bonheur individuel et politique, sur sa route, sur ses bornes, sur les écueils qui séparent d'un tel but. Honte à moi cependant si, durant le cours de deux années épouvantables années, si le règne de la terreur en France, j'avais été capable d'un tel travail; si j'avais pu concevoir un plan, prévoir un résultat à l'effroyable mélange de toutes les atrocités humaines! La génération qui nous suivra examinera peut-être la cause et l'influence de ces deux années; mais nous, les contemporains, les compatriotes des victimes immolées dans ces jours de sang, avons-nous pu conserver alors le don de généraliser les idées, de méditer des abstractions, de nous séparer un moment de nos impressions pour les analyser? Non, aujourd'hui même encore, le raisonnement ne saurait approcher de ce temps incommensurable. Juger ces événements, de quelques noms qu'on les désigne, c'est les faire rentrer dans l'ordre des idées existantes, des idées pour lesquelles il y avait déjà des expressions. A cette affreuse image, tous les mouvements de l'âme se renouvellent, on frissonne, on s'enflamme, on veut combattre, on souhaite de mourir; mais la pensée ne peut se saisir encore d'aucun de ces souvenirs; les sensations qu'ils font naître absorbent toute autre faculté. C'est donc en écartant cette époque monstrueuse, c'est à l'aide des autres événements principaux de la révolution de France et de l'histoire de tous les peuples, que j'essayerai de réunir des observations impartiales sur les gouvernements; et si ces réflexions me conduisent à l'admission des premiers principes sur lesquels se fonde la constitution républicaine de la France, je demande que, même au milieu des fureurs de l'esprit de parti qui déchirent la France, et par elle le reste du monde, il soit possible de concevoir que l'enthousiasme de quelques idées n'exclut pas le mépris profond pour certains hommes [1], et que l'espoir de l'avenir se concilie avec l'exécration du passé. Alors même que le cœur est à jamais déchiré par les blessures qu'il a reçues, l'esprit peut encore, après un certain temps, s'élever à des méditations générales.

On doit considérer à présent ces grandes questions qui vont décider de la destinée politique de l'homme, dans leur nature même, et non sous le rapport seul des malheurs qui les ont accompagnées; il faut examiner du moins si ces malheurs sont de l'essence des institutions qu'on veut établir en France, ou si les effets de la révolution ne sont pas absolument distincts de ceux de la constitution; enfin, on doit se confier assez à l'élévation de son âme pour ne pas craindre, en examinant des pensées, d'être soupçonné d'indifférence pour les crimes. C'est avec la même indépendance d'esprit que j'ai tâché, dans la première partie de cet ouvrage, de peindre les effets des passions de l'homme sur son bonheur personnel. Je ne sais pourquoi il serait plus difficile d'être impartial dans les questions de politique que dans les questions de morale : certes, les passions influent autant que les gouvernements sur le sort de la vie, et cependant dans le silence de la retraite on discute avec sa raison les sentiments qu'on a soi-même éprouvés; il me paraît qu'il ne doit pas en coûter plus pour parler philosophiquement des avantages

[1] Il me semble que les véritables partisans de la liberté républicaine sont ceux qui détestent le plus profondément les forfaits qui se sont commis en son nom. Leurs adversaires peuvent sans doute éprouver la juste horreur du crime; mais comme ces crimes mêmes servent d'argument à leur système, ils ne leur font pas ressentir, comme aux amis de la liberté, tous les genres de douleur à la fois.

ou des inconvénients des républiques et des monarchies, que pour analyser avec exactitude l'ambition, l'amour, ou telle autre passion qui a décidé de votre existence. Dans les deux parties de cet ouvrage, j'ai également cherché à ne me servir que de ma pensée, à la dégager de toutes les impressions du moment : on verra si j'ai réussi. ·

Les passions, cette force impulsive qui entraîne l'homme indépendamment de sa volonté, voilà le véritable obstacle au bonheur individuel et politique. Sans les passions, les gouvernements seraient une machine aussi simple que tous les leviers dont la force est proportionnée au poids qu'ils doivent soulever, et la destinée de l'homme ne serait composée que d'un juste équilibre entre les désirs et la possibilité de les satisfaire. Je ne considérerai donc la morale et la politique que sous le point de vue des difficultés que les passions leur présentent : les caractères qui ne sont point passionnés se placent d'eux-mêmes dans la situation qui leur convient le mieux; c'est presque toujours celle que le hasard leur a désignée; ou s'ils y apportent quelque changement, c'est seulement dans ce qui s'offre le plus facilement à leur portée. Laissons-les donc dans leur calme heureux, ils n'ont pas besoin de nous; leur bonheur est aussi varié en apparence que les différents lots qu'ils ont reçus de la destinée; mais la base de ce bonheur est toujours la même, c'est la certitude de n'être jamais ni agité ni dominé par aucun mouvement plus fort que soi. L'existence de ces êtres impassibles est soumise sans doute, comme celle de tous les hommes, aux accidents matériels qui renversent la fortune, détruisent la santé, etc.; mais c'est par des calculs positifs et non par des pensées sensibles ou morales qu'on éloigne ou prévient de semblables peines. Le bonheur des caractères passionnés, au contraire, étant tout à fait dépendant de ce qui se passe au-dedans d'eux, ils sont les seuls qui trouvent quelque soulagement dans les réflexions qu'on peut faire naître dans leur âme. Leur entraînement naturel les exposant aux plus cruels malheurs, ils ont plus besoin du système qui a pour but unique d'éviter la douleur. Enfin, les caractères passionnés sont les seuls qui, par de certains points de ressemblance, puissent être tous l'objet des mêmes considérations générales. Les autres vivent un à un, sans analogie comme sans variété; leur existence est monotone, quoique chacun d'eux ait un but différent; et il y a autant de nuances que d'individus, sans qu'on puisse découvrir une véritable couleur. Si dans un traité sur le bonheur individuel je ne parle que des caractères passionnés, il est encore plus naturel d'analyser les gouvernements sous le rapport de la part qu'ils laissent à l'influence des passions. On peut considérer un individu comme exempt de passions; mais une collection d'hommes est composée d'un nombre

certain de caractères de tous les genres qui donnent un résultat à peu près pareil; il faut observer que les circonstances les plus dépendantes du hasard sont soumises à un calcul positif quand les chances se multiplient. Dans le canton de Berne, par exemple, on a remarqué que tous les dix ans il y avait à peu près la même quantité de divorces : il y a des villes d'Italie où l'on calcule avec exactitude combien d'assassinats se commettent régulièrement tous les ans : ainsi les événements qui tiennent à une multitude de combinaisons diverses ont un retour périodique, une proportion fixe, quand les observations sont le résultat d'un grand nombre de chances. C'est ce qui doit conduire à penser que la science politique peut acquérir un jour une évidence géométrique. La morale, chaque fois qu'elle s'applique à tel homme en particulier, peut se tromper entièrement dans ses suppositions par rapport à lui : l'organisation d'une constitution se fonde toujours sur des données fixes, puisque le grand nombre en tout genre amène des résultats toujours semblables et toujours prévus. Les passions sont la plus grande difficulté des gouvernements : cette vérité n'a pas besoin d'être développée; on voit aisément que toutes les combinaisons sociales les plus despotiques conviendraient également à des hommes inertes, qui seraient contents de rester à la place que le sort leur aurait fixée, et que la théorie démocratique la plus abstraite serait praticable au milieu d'hommes sages uniquement conduits par leur raison. Le seul problème des constitutions est donc de connaître jusqu'à quel degré on peut exciter ou comprimer les passions, sans compromettre le bonheur public.

Avant d'aller plus loin, l'on demanderait peut-être une définition du bonheur. Le bonheur, tel qu'on le souhaite, est la réunion de tous les contraires : c'est pour les individus l'espoir sans la crainte, l'activité sans l'inquiétude, la gloire sans la calomnie, l'amour sans l'inconstance, l'imagination qui embellirait à nos yeux ce qu'on possède, et flétrirait le souvenir de ce qu'on aurait perdu; enfin l'ivresse de la nature morale, le bien de tous les états, de tous les talents, de tous les plaisirs, séparé du mal qui les accompagne. Le bonheur des nations serait aussi de concilier ensemble la liberté des républiques et le calme des monarchies, l'émulation des talents et le silence des factions, l'esprit militaire au dehors et le respect des lois au dedans. Le bonheur, tel que l'homme le conçoit, c'est ce qui est impossible en tout genre; et le bonheur, tel qu'on peut l'obtenir, le bonheur sur lequel la réflexion et la volonté de l'homme peuvent agir, ne s'acquiert que par l'étude de tous les moyens les plus sûrs pour éviter les grandes peines. C'est à la recherche de ce but que ce livre est destiné.

Deux ouvrages doivent se trouver dans un seul : l'un étudie l'homme dans ses rapports avec lui-même, l'autre dans les relations sociales de tous les individus entre eux : quelque analogie se trouve dans les idées principales de ces deux traités, parce qu'une nation présente le caractère d'un homme, et que la force du gouvernement doit agir sur elle, comme la puissance de la raison d'un individu sur lui-même. Le philosophe veut rendre durable la volonté passagère de la réflexion; l'art social tend à perpétuer l'action de la sagesse; enfin ce qui est grand se retrouve dans ce qui est petit, avec la même exactitude de proportions : l'univers tout entier se peint dans chacune de ses parties, et plus il paraît l'œuvre d'une seule idée, plus il inspire d'admiration.

Une grande différence, cependant, existe entre le système du bonheur de l'individu et celui du bonheur des nations; c'est que dans le premier on peut avoir pour but l'indépendance morale la plus parfaite, c'est-à-dire, l'asservissement de toutes les passions, chaque homme pouvant tout tenter sur lui-même; mais que, dans le second, la liberté politique doit toujours être calculée d'après l'existence positive et indestructive d'une certaine quantité d'êtres passionnés faisant partie du peuple qui doit être gouverné. La première partie est uniquement consacrée aux réflexions sur la destinée particulière. La seconde partie doit traiter du sort constitutionnel des nations.

Le premier volume est divisé en trois sections : la première traite successivement de l'influence de chaque passion sur le bonheur de l'homme; la seconde analyse le rapport de quelques affections de l'âme avec la passion ou avec la raison; la troisième offre le tableau des ressources qu'on trouve en soi, de celles qui sont indépendantes du sort et surtout de la volonté des autres hommes.

Dans la seconde partie, je compte examiner les gouvernements anciens et modernes sous le rapport de l'influence qu'ils ont laissée aux passions naturelles aux hommes réunis en corps politique, et trouver la cause de la naissance, de la durée et de la destruction des gouvernements, dans la part plus ou moins grande qu'ils ont faite au besoin d'action qui existe dans toute société. Dans la première section de la seconde partie, je traiterai des raisons qui se sont opposées à la durée et surtout au bonheur des gouvernements où toutes les passions ont été comprimées. Dans la seconde section, je traiterai des raisons qui se sont opposées au bonheur et surtout à la durée des gouvernements où toutes les passions ont été excitées. Dans la troisième section, je traiterai des raisons qui détournent la plupart des hommes de se borner à l'enceinte des petits états où la liberté démocratique peut exister, parce que là les passions ne sont excitées par aucun but, par aucun théâtre propre à les enflammer. Enfin, je terminerai cet ouvrage par des réflexions sur la nature des constitutions représentatives, qui peuvent concilier une partie des avantages regrettés dans les divers gouvernements.

Ces deux ouvrages conduisent nécessairement l'un à l'autre; car si l'homme parvenait individuellement à dompter ses passions, le système des gouvernements se simplifierait tellement qu'on pourrait alors adopter, comme praticable, l'indépendance complète, dont l'organisation des petits états est susceptible. Mais quand cette théorie métaphysique serait impossible, au moins est-il vrai que plus l'on travaille à calmer les sentiments impétueux qui agitent l'homme au dedans de lui, moins la liberté publique a besoin d'être modifiée; ce sont toujours les passions qui forcent à sacrifier de l'indépendance pour assurer l'ordre, et tous les moyens qui tendent à rendre l'empire à la raison diminuent le nombre nécessaire des sacrifices de liberté.—J'ai à peine commencé la seconde partie politique, dont je ne puis donner une idée par ce peu de mots. En m'en occupant, je vois qu'il faut longtemps pour réunir toutes les connaissances, pour faire toutes les recherches qui doivent servir de base à ce travail; mais si les accidents de la vie ou les peines du cœur bornaient le cours de ma destinée, je voudrais qu'un autre accomplît le plan que je me suis proposé. En voici quelques aperçus incomplets qui ne permettent pas de juger de l'ensemble :

Il faudrait d'abord, en analysant les gouvernements anciens et modernes, chercher dans l'histoire des nations ce qui appartient seulement à la nature de la constitution qui les dirigeait. Montesquieu, dans son sublime ouvrage *Sur les Causes de la grandeur et de la décadence des Romains*, a traité, tout ensemble, les causes diverses qui ont influé sur le sort de cet empire; il faudrait apprendre dans son livre et démêler dans l'histoire de tous les autres peuples, les événements qui sont la suite immédiate des constitutions, et peut-être trouverait-on que tous les événements dérivent de cette cause : les nations sont élevées par leurs gouvernements, comme les enfants par l'autorité paternelle. Et l'effet du gouvernement n'est pas incertain comme celui de l'éducation particulière, puisque, comme je l'ai déjà dit, les chances du hasard subsistent par rapport au caractère d'un homme, tandis que dans la réunion d'un certain nombre les résultats sont toujours pareils. L'organisation de la puissance publique, qui excite ou comprime l'ambition, rend telle ou telle religion plus ou moins nécessaire, tel ou tel code pénal trop indulgent ou trop sévère, telle étendue du pays dangereuse ou convenable; enfin, c'est de la manière dont les peuples conçoivent l'ordre social que dépend le destin de la race humaine sous tous les rapports. La plus grande perfectibilité dont elle puisse être susceptible, c'est d'acquérir des idées certaines sur la science politique. Si les nations étaient en paix au dehors et au dedans, les arts, les connaissances, les découvertes en divers genres feraient chaque jour de nouveaux progrès, et la philosophie ne perdrait pas en deux ans de guerre civile ce qu'elle avait acquis pendant des siècles tranquilles. Après avoir bien établi l'importance première de la nature des constitutions, il faudrait prouver leur influence par l'examen des faits caractéristiques de l'histoire des mœurs, de l'administration, de la littérature, de l'art militaire de tous les peuples. J'étudierais d'abord les pays qui, dans tous les temps, ont été gouvernés despotiquement, et motivant leurs différences apparentes, je montrerais que leur histoire, sous le rapport des causes et des effets, a toujours été parfaitement semblable; et j'expliquerais quel effet doit constamment produire sur les hommes la compression de leurs mouvements naturels par une force au dehors d'eux, et à laquelle leur raison n'a pu donner aucun genre de consentement. Dans l'examen des anarchies démagogiques ou militaires, il faut montrer aussi que ces deux causes, qui paraissent opposées, donnent des résultats pareils, parce que dans les deux états les passions politiques sont également excitées parmi les hommes par l'éloignement de toutes les craintes positives et l'activité de toutes les espérances vagues. Dans l'étude de certains états, qui, par leurs circonstances encore plus que par leur petitesse, sont dans l'impossibilité de jouer un grand rôle au dehors, et n'offrent point au dedans de place qui puisse contenter l'ambition et le génie, il faudrait observer comment l'homme tend à l'exercice de ses facultés, comment il veut agrandir l'espace en proportion de ses forces. Dans les états obscurs, les arts ne font aucun progrès, la littérature ne se perfectionne, ni par l'émulation qui excite l'éloquence, ni par la multitude des objets de comparaison, qui seule donne une idée fixe du bon goût. Les hommes privés d'occupations fortes se resserrent tous les jours plus dans le cercle des idées domestiques, et la pensée, le talent, le génie, tout ce qui semble un don de la nature, ne se développe cependant que par la combinaison des sociétés. Le même nombre d'hommes divisé, séparé, sans mobile et sans but, n'offre pas un génie supérieur, une âme ardente, un caractère énergique; tandis que dans d'autres pays, parmi les mêmes êtres, plusieurs se seraient élevés au-dessus de la classe commune, si le but avait fait naître l'intérêt, et l'intérêt l'étude et la recherche des grands moyens et des grandes pensées.

Sans s'arrêter longtemps sur les motifs de la préférence que la sagesse conseillerait peut-être de donner aux petits états comme aux destinées obscures, il est aisé de prouver que par la nature même des hommes ils tendent à sortir de cette situation, qu'ils se réunissent pour multiplier les chocs,

qu'ils conquièrent pour étendre leur puissance; enfin, que voulant exciter leurs facultés, reculer en tout genre les bornes de l'esprit humain, ils appellent autour d'eux, d'un commun accord, les circonstances qui secondent ce désir et cette impulsion. Ces diverses réflexions ne pourraient avoir de prix qu'en les appuyant sur des faits, sur une connaissance détaillée de l'histoire, qui présente toujours des considérations nouvelles, quand on l'étudie avec un but déterminé, et que, guidé par l'éternelle ressemblance de l'homme avec l'homme, on recherche une même vérité à travers la diversité des lieux et des siècles. Ces différentes réflexions conduiraient enfin au principal but des débats actuels, à la manière de constituer une grande nation avec de l'ordre et de la liberté, et de réunir ainsi la splendeur des beaux-arts, des sciences et des lettres, tant vantée dans les monarchies, avec l'indépendance des républiques. Il faudrait créer un gouvernement qui donnât de l'émulation au génie, et mît un frein aux passions factieuses; un gouvernement qui pût offrir à un grand homme un but digne de lui, et décourager l'ambition de l'usurpateur; un gouvernement qui présentât, comme je l'ai dit, la seule idée parfaite de bonheur en tout genre, la réunion des contrastes. Autant le moraliste doit rejeter cet espoir, autant le législateur doit tâcher de s'en rapprocher: l'individu qui prétend pour lui-même à ce résultat est un insensé; car le sort, qui n'est pas dans sa main, déjoue de toutes les manières de telles espérances: mais les gouvernements tiennent, pour ainsi dire, la place du sort par rapport aux nations; comme ils agissent sur la masse, leurs effets et leurs moyens sont assurés. Il ne s'ensuit pas qu'il faille croire à la perfection dans l'ordre social, mais il est utile pour les législateurs de se proposer ce but, de quelque manière qu'ils conçoivent sa route. Dans cet ouvrage donc, que je ferai, ou que je voudrais qu'on fît, il faudrait mettre absolument de côté tout ce qui tient à l'esprit de parti ou aux circonstances actuelles: la superstition de la royauté, la juste horreur qu'inspirent les crimes dont nous avons été les témoins, l'enthousiasme même de la république, ce sentiment qui, dans sa pureté, est le plus élevé que l'homme puisse concevoir. Il faudrait examiner les institutions dans leur essence même, et convenir qu'il n'existe plus qu'une grande question qui divise encore les penseurs; savoir, si dans la combinaison des gouvernements mixtes, il faut, ou non, admettre l'hérédité. On est d'accord, je pense, sur l'impossibilité du despotisme, ou de l'établissement de tout pouvoir qui n'a pas pour but le bonheur de tous; on l'est aussi, sans doute, sur l'absurdité d'une constitution démagogique [1],

---

[1] J'entends par constitution démagogique, celle qui met le peuple en fermentation, confond tous les pouvoirs, enfin la constitution de 1793. Le mot de démocratie étant pris, de

qui bouleverserait la société au nom du peuple qui la compose. Mais les uns croient que la garantie de la liberté, le maintien de l'ordre, ne peut subsister qu'à l'aide d'une puissance héréditaire et conservatrice; les autres reconnaissent de même la vérité du principe, que l'ordre seul, c'est-à-dire, l'obéissance à la justice, assure la liberté : mais ils pensent que ce résultat peut s'obtenir sans un genre d'institutions que la nécessité seule peut faire admettre, et qui doivent être rejetées par la raison, si la raison prouve qu'elles ne servent pas mieux que les idées naturelles au bonheur de la société. C'est sur ces deux questions, il me semble, que tous les esprits devraient s'exercer : il faut les séparer absolument de ce que nous avons vu, et même de ce que nous voyons, enfin de tout ce qui appartient à la révolution; car, comme on l'a fort bien dit, il faut que cette révolution finisse *par le raisonnement*, et il n'y a de vaincus que les hommes persuadés. Loin donc de ceux qui ont quelque valeur personnelle toutes les dénominations d'esclaves et de factieux, de conspirateurs et d'anarchistes, prodiguées aux simples opinions : les actions doivent être soumises aux lois, mais l'univers moral appartient à la pensée; quiconque se sert de cette arme méprise toutes les autres, et l'homme qui l'emploie est par cela seul incapable de s'abaisser à d'autres moyens.

Plusieurs ouvrages de très-bons auteurs renferment des raisons en faveur de l'hérédité modifiée, soit comme en Angleterre, c'est-à-dire, composant deux branches du gouvernement, dont le troisième pouvoir est purement représentatif; soit comme à Rome, lorsque la puissance politique était divisée entre la démocratie et l'aristocratie, le peuple et le sénat. Il faudrait donc déduire tous les motifs qui ont fait croire que la balance de ces intérêts opposés pouvait seule donner de la stabilité aux gouvernements; que l'homme qui se croit des talents, ou se voit de l'autorité, tendant naturellement, d'abord aux distinctions personnelles, et ensuite aux distinctions héréditaires, il vaut mieux créer légalement ce qu'il conquerra de force. Il faudrait développer et ces raisons et beaucoup d'autres encore, en acceptant de part et d'autre celles qu'on croit tirer du droit pour ou contre; car le droit en politique, c'est ce qui conduit le plus sûrement au bonheur général; mais l'on doit exposer sincèrement tous les moyens de ses adversaires quand on les combat de bonne foi.

On pourrait opposer à leurs raisonnements que la principale cause de la destruction de plusieurs gouvernements a été d'avoir constitué dans l'état deux intérêts opposés : on a considéré comme le chef-d'œuvre de la science des gouvernements de mesurer assez les deux actions contraires, pour

nos jours, dans diverses acceptions, il ne rendrait pas avec exactitude ce que je veux exprimer.

que la puissance aristocratique et celle de la démocratie se balançassent, comme deux lutteurs qu'une égale force rend immobiles. En effet, le moment le plus prospère dans tous ces gouvernements est celui où cette balance, subsistant d'une manière parfaite, donne le repos qui naît de deux efforts contenus l'un par l'autre; mais cet état ne peut être durable. A l'instant où, pour suivre la comparaison, l'un des deux lutteurs prend un moment l'avantage, il terrasse l'autre qui se venge en le renversant à son tour. Ainsi l'on a vu la république romaine déchirée, dès qu'une guerre, un homme, ou le temps seul a rompu l'équilibre. — On dira qu'en Angleterre il y a trois intérêts, et que cette combinaison plus savante répond de la tranquillité publique. Il n'y a jamais trois intérêts dans un tel gouvernement; les privilégiés héréditaires et ceux qui ne le sont pas peuvent être revêtus de noms différents; mais la division se fait toujours sur ces deux bases : l'on se sépare et l'on se rallie d'après ces deux grands motifs d'opposition. Ne serait-il pas possible que le genre humain, témoin et victime de ce principe de haine, de ce genre de mort qui a détruit tant d'états, parvînt à trouver la fin du combat de l'aristocratie et de la démocratie, et qu'au lieu de s'attacher à la combinaison d'une balance qui, par son avantage même, par la part qu'elle accorde à la liberté, finit toujours par être renversée, on examinât si l'idée moderne du système représentatif n'établit pas dans le gouvernement un seul intérêt, un seul principe de vie, en rejetant néanmoins tout ce qui peut conduire à la démocratie pure ?

Supposez d'abord qu'un très-petit nombre d'hommes extraits d'une nation immense, une élection combinée, et par deux degrés, et par l'obligation d'avoir passé successivement dans les places qui font connaître les hommes, et exigent de l'indépendance de fortune et des droits à l'estime publique pour s'y maintenir. Cette élection, ainsi modifiée, n'établirait-elle pas l'aristocratie des meilleurs, la prééminence des talents, des vertus et des propriétés? ce genre de distinction qui, sans faire deux classes de droit, c'est-à-dire deux ennemis de fait, donne aux plus éclairés la conduite du reste des hommes, et faisant choisir les êtres distingués par la foule de leurs inférieurs, assure au talent sa place, et à la médiocrité sa consolation; donne une part à l'amour-propre du vulgaire dans les succès des gouvernants qu'ils ont choisis; ouvre la carrière à tous, mais n'y amène que le petit nombre? L'avantage de l'aristocratie de naissance, c'est la réunion des circonstances qui rendent plus probables dans une telle classe les sentiments généreux : l'aristocratie de l'élection doit, alors que sa marche est sagement graduée, appeler avec certitude les hommes distingués par la nature aux places éminentes de la société. — Ne serait-il pas possible que la division des pouvoirs donnât tous les avantages et aucun des inconvénients de l'opposition des intérêts; que deux chambres, un directoire exécutif, quoique temporaire, fussent parfaitement distincts dans leurs fonctions; que chacun prît un parti différent par sa place, mais non par esprit de corps; ce qui est d'une tout autre nature? Ces hommes, séparés pendant le cours de leurs magistratures, par les exercices divers du pouvoir public, se réuniraient ensuite dans la nation, parce qu'aucun intérêt contraire ne les séparerait d'une manière invincible. Ne serait-il pas possible qu'un grand pays, loin d'être un obstacle à un tel état de choses, fût particulièrement propre à sa stabilité? parce qu'une conspiration, un homme, peuvent s'emparer tout à coup de la citadelle d'un petit état, et par cela seul changer la forme de son gouvernement, tandis qu'il n'y a qu'une opinion qui remue à la fois trente millions d'hommes; que tout ce qui n'est produit que par des individus, ou par une faction qui n'est point ralliée au mouvement public, est étouffé par la masse qui se porte sur chaque point. Il ne peut pas y avoir d'usurpation dans un pays où il faudrait que le même homme ralliât l'opinion à lui, depuis le Rhin jusqu'aux Pyrénées; l'idée d'une constitution, d'un ordre légal consenti par tous, peut seule réunir et frapper à distance. Le gouvernement, dans un grand pays, a pour appui la masse énorme des hommes paisibles; cette masse est beaucoup plus considérable à proportion même, dans une grande nation, que dans un petit pays. Les gouvernants, dans un petit pays, sont beaucoup plus multipliés par rapport aux gouvernés, et la part de chacun à une action quelconque est plus grande et plus facile. Enfin si l'on répétait d'une manière vague qu'on n'a jamais vu une constitution fondée sur de telles bases, qu'il vaut mieux adopter celles qui ont existé pendant des siècles, on pourrait demander de s'arrêter à une réflexion qui mérite, je crois, une attention particulière.

Dans toutes les sciences humaines, on débute par les idées complexes; en se perfectionnant, l'on arrive aux idées simples; l'ignorance absolue dans ces combinaisons naturelles est moins éloignée du dernier terme des connaissances que les demi-lumières. Une comparaison fera mieux sentir ma pensée. A la renaissance des lettres, les premiers écrits qu'on a composés ont été pleins de recherche et d'affectation. Les grands écrivains, deux siècles après, ont admis et fait admettre le genre simple; et le discours du sauvage qui s'écriait : *Dirons-nous aux ossements de nos pères : Levez-vous, et marchez à notre suite?* ce discours avait plus de rapport avec la langue de Voltaire que les vers ampoulés de Brébeuf ou de Chapelain. En mécanique, on avait d'abord trouvé la machine de Marly, qui, avec des frais énormes, élevait l'eau sur le sommet d'une montagne; après cette machine, on a découvert des pompes qui produisent le même effet avec infiniment moins de moyens. Sans vouloir faire d'une comparaison une preuve, peut-être que, lorsqu'il y a cent ans en Angleterre, l'idée de la liberté reparut sur la terre, l'organisation combinée du gouvernement anglais était le plus haut point de perfection où l'on pût atteindre alors; mais aujourd'hui des bases plus simples peuvent donner en France, après la révolution, des résultats pareils à quelques égards, et supérieurs à d'autres. Indépendamment de tous les crimes particuliers qui ont été commis, l'ordre social a été menacé de sa destruction pendant cette révolution par le système politique même qu'on avait adopté : les mœurs barbares sont plus près des institutions simples mal entendues, que des institutions compliquées; mais il n'en est pas moins vrai que l'ordre social, comme toutes les sciences, se perfectionne à mesure qu'on diminue les moyens, sans affaiblir le résultat. Ces considérations, et beaucoup d'autres, conduiraient à un développement complet de la nature et de l'utilité des pouvoirs héréditaires faisant partie de la constitution, et de la nature et de l'utilité des constitutions composées uniquement de magistratures temporaires; car, il faut bien se le répéter, l'on est maintenant opposé sur ce point seul; le reste des opinions despotiques et démagogiques sont des songes exaltés ou criminels, dont tout ce qui pense s'est réveillé.

On ferait quelque bien, je crois, en traitant d'une manière purement abstraite des questions dont les passions contraires se sont tour à tour emparées. En examinant la vérité, à part des hommes et des temps, on arrive à une démonstration qui se reporte ensuite avec moins de peine sur les circonstances présentes. A la fin d'un semblable ouvrage, cependant, sous quelque point de vue général que ces grandes questions fussent présentées, il serait impossible de ne pas finir par les particulariser dans leur rapport avec la France et le reste de l'Europe. Tout invite la France à rester république; tout commande à l'Europe de ne pas suivre son exemple : l'un des plus spirituels écrits de notre temps, celui de Benjamin Constant, a parfaitement traité la question qui concerne la position actuelle de la France. Deux motifs de sentiment me frappent surtout : voudrait-on souffrir une nouvelle révolution pour renverser celle qui établit la république? et le courage de tant d'armées, et le sang de tant de héros serait-il versé au nom d'une chimère dont il ne resterait que le souvenir des crimes qu'elle a coûtés?

La France doit persister dans cette grande expérience dont le désastre est passé, dont l'espoir est à venir. Mais peut-on assez inspirer à l'Europe l'horreur des révolutions? Ceux qui détestent les principes de la constitution de France, qui ne montrent les ennemis de toute idée libérale, et font un crime d'aimer jusqu'à la pensée d'une république, comme si les scélérats qui ont souillé la France pouvaient déshonorer le culte des Caton, des Brutus et des Sidney : ces hommes intolérants et fanatiques ne persuadent point, par leurs véhémentes déclamations, les étrangers philosophes; mais que l'Europe écoute les amis de la liberté, les amis de la république française, qui se sont hâtés de l'adopter, dès qu'on l'a pu sans crime, dès qu'il n'en coûtait pas du sang pour la désirer. Aucun gouvernement monarchique ne renferme assez d'abus, maintenant, pour qu'un jour de révolution n'arrache plus de larmes que tous les maux qu'on voudrait réparer par elle. Désirer une révolution, c'est dévouer à la mort l'innocent et le coupable; c'est, peut-être, condamner l'objet qui nous est le plus cher! et jamais on n'obtient soi-même le but qu'à ce prix affreux on s'était proposé. Nul homme, dans ce mouvement terrible, n'achève ce qu'il a commencé; nul homme ne peut se flatter de diriger une impulsion dont la nature des choses s'empare; et cet Anglais qui voulut descendre dans sa barque la chute du Rhin à Schaffouse, était moins insensé que l'ambitieux qui croirait pouvoir se conduire avec succès à travers une révolution tout entière. Laissez-nous en France combattre, vaincre, souffrir, mourir dans nos affections, dans nos penchants les plus chers; renaître ensuite, peut-être, pour l'étonnement et l'admiration du monde. Mais laissez un siècle passer sur nos destinées; vous saurez alors si nous avons acquis la véritable science du bonheur des hommes; si le vieillard avait raison, ou si le jeune homme a mieux disposé de son domaine, l'avenir. Hélas! n'êtes-vous pas heureux qu'une nation tout entière se soit placée à l'avant-garde de l'espèce humaine pour affronter tous les préjugés, pour essayer tous les principes? Attendez, vous, génération contemporaine; éloignez encore de vous les haines, les proscriptions et la mort; nul devoir ne pourrait exiger de tels sacrifices, et tous les devoirs, au contraire, font une loi de les éviter.

Qu'on me pardonne de m'être laissé entraîner au delà de mon sujet; mais qui peut vivre, qui peut écrire dans ce temps, et ne pas sentir et penser sur la révolution de France?

J'ai tracé l'esquisse imparfaite de l'ouvrage que je projette. La première partie que j'imprime à présent est fondée sur l'étude de son propre cœur, et les observations faites sur le caractère des hommes de tous les temps. Dans l'étude des constitutions, il faut se proposer pour but le bonheur, et pour moyen la liberté : dans la science morale de l'homme, c'est l'indépendance de l'âme qui doit être l'objet principal; ce qu'on peut avoir de Bonheur en est la suite. L'homme qui se vouerait à la poursuite de la félicité parfaite serait le plus infortuné des êtres; la nation qui n'aurait en vue que d'obtenir le dernier terme abstrait de la liberté métaphysique, serait la nation la plus misérable. Les législateurs doivent donc compter et diriger les circonstances, et les individus chercher à s'en rendre indépendants; les gouvernements doivent tendre au bonheur réel de tous, et les moralistes doivent apprendre aux individus à se passer de bonheur. Il y a du bien pour la masse dans l'ordre même des choses, et cependant il n'est pas de félicité pour les individus; tout concourt à la conservation de l'espèce, tout s'oppose aux désirs de chacun, et les gouvernements, à quelques égards, représentant l'ensemble de la nature, peuvent atteindre à la perfection dont l'ordre général offre l'exemple; mais les moralistes, parlant aux hommes individuellement, à tous ces êtres emportés dans le mouvement de l'univers, ne peuvent leur promettre avec certitude aucune jouissance personnelle, que dans ce qui dépend toujours d'eux-mêmes. Il y a de l'avantage à se proposer pour but de son travail sur soi, la plus parfaite indépendance philosophique; les essais, même inutiles, laissent encore après eux des traces salutaires; agissant à la fois sur son être tout entier, on ne craint pas, comme dans les expériences sur les nations, de disjoindre, de séparer, d'opposer l'une à l'autre toutes les parties diverses du corps politique. L'on n'a point, au dedans de soi, de transactions à faire avec des obstacles étrangers; l'on mesure sa force, on triomphe ou l'on se soumet; tout est simple, tout est possible même; car s'il est absurde de considérer une nation comme un peuple de philosophes, il est vrai que chaque homme en particulier peut se flatter de le devenir.

Je m'attends aux diverses objections de sentiment et de raisonnement qu'on pourra faire contre le système développé dans cette première partie. Rien n'est plus contraire, et il est vrai, aux premiers mouvements de la jeunesse, que l'idée de se rendre indépendant des affections des autres; on veut d'abord consacrer sa vie à être aimé de ses amis, à captiver la faveur publique. Il semble qu'on ne s'est jamais assez mis à la disposition de ceux qu'on aime; qu'on ne leur ait jamais assez prouvé qu'on ne pouvait exister sans eux; que l'occupation, les services de tous les jours ne satisfassent pas assez au gré de la chaleur de l'âme, le besoin qu'on a de se dévouer, de se livrer en entier aux autres. On se fait un avenir tout composé des liens qu'on a formés; on se confie d'autant plus à leur durée que l'on est soi-même plus incapable d'ingratitude; on se sait des droits à la reconnaissance; on croit à l'amitié ainsi fondée plus qu'à aucun autre lien de la terre : tout est moyen, elle seule est le but. L'on veut aussi de l'estime publique, mais il semble que vos amis vous en sont les garants; on n'a rien fait que pour eux, ils le savent, ils le diront : comment la vérité, et la vérité du sentiment, ne persuaderait-elle pas? comment ne finirait-elle pas par être reconnue? Les preuves sans nombre qui s'échappent d'elle de toutes parts doivent enfin l'emporter sur la fabrication de la calomnie. Vos paroles, votre voix, vos accents, l'air qui vous environne, tout vous semble empreint de ce que vous êtes réellement, et l'on ne croit pas à la possibilité d'être longtemps mal jugé : c'est avec ce sentiment de confiance qu'on vogue à pleines voiles dans la vie. Tout ce qu'on a su, tout ce qu'on vous a dit de la mauvaise nature d'un grand nombre d'hommes, s'est classé dans votre tête comme l'histoire, comme tout ce qu'on apprend en morale sans l'avoir éprouvé. On ne s'avise d'appliquer aucune de ces idées générales à sa situation particulière; tout ce qui vous arrivera, tout ce qui vous entoure doit être une exception. Ce qu'on a d'esprit n'a point d'influence sur la conduite : là où il y a un cœur, il est seul écouté. Ce qu'on n'a pas senti soi-même est inconnu de la pensée, sans jamais diriger les actions. Mais à vingt-cinq ans, à cette époque précise où la vie cesse de croître, il se fait un cruel changement dans votre existence : on commence à juger votre situation; tout n'est plus avenir dans votre destinée; à beaucoup d'égards votre sort est fixé, et les hommes réfléchissent alors s'il leur convient d'y lier le leur. S'ils y voient moins d'avantages qu'ils n'avaient cru, si de quelque manière leur attente est trompée, au moment où ils sont résolus à s'éloigner de vous, ils veulent se motiver à eux-mêmes leur tort envers vous; ils vous cherchent mille défauts pour s'absoudre du plus grand de tous : les amis qui se rendent coupables d'ingratitude vous accablent pour se justifier; ils nient le dévouement, ils supposent l'exigence, ils essaient enfin de moyens séparés, de moyens contradictoires pour envelopper votre conduite et la leur d'une sorte d'incertitude que chacun explique à son gré. Quelle multitude de peines assiége alors le cœur qui voulait vivre dans les autres, et se voit trompé dans cette illusion! La perte des affections les plus chères n'empêche pas de sentir jusqu'au plus faible tort de l'ami qu'on aimait le moins. Votre système de vie est attaqué, chaque coup ébranle l'ensemble : *celui-là aussi s'éloigne de moi*, est une pensée douloureuse, qui donne au dernier lien qui se brise un prix qu'il n'avait pas auparavant. Le public aussi, dont on avait éprouvé la faveur, perd toute son indulgence; il aime les succès qu'il prévoit, il devient l'adversaire de ceux dont il est lui-même la cause; ce qu'il a dit, il l'attaque; ce qu'il encourageait, il veut le détruire : cette injustice de l'opinion fait souffrir aussi de mille manières en un jour. Tel individu qui vous déchire n'est pas digne que vous regrettiez son suffrage; mais vous souffrez de tous les détails d'une grande peine dont l'histoire se déroule à vos yeux; et déjà certain de ne point éviter son pénible terme, vous éprouvez cependant la douleur de chaque pas. Enfin le cœur se flétrit, la vie se décolore; on a des torts à son tour qui dégoûtent de soi comme des autres, qui découragent du système de perfection dont on s'était d'abord enorgueilli; on ne sait plus à quelle idée se reprendre, quelle route suivre désormais; à force de s'être confié sans réserve, on serait prêt à soupçonner injustement. Est-ce la sensibilité, est-ce la vertu qui n'est qu'un fantôme? et cette plainte sublime échappée à Brutus dans les champs de Philippes, doit-elle égarer la vie, ou commander de se donner la mort? C'est à cette époque funeste où la terre semble manquer sous nos pas, où, plus incertains sur l'avenir que dans les nuages de l'enfance, nous doutons de tout ce que nous croyions savoir, et recommençons l'existence avec l'espoir de moins. C'est à cette époque où le cercle des jouissances est parcouru, et le tiers de la vie à peine atteint, que ce livre peut être utile; il ne faut pas le lire avant, car je ne l'ai moi-même ni commencé, ni conçu qu'à cet âge. On m'objectera, peut-être aussi, qu'en voulant dompter les passions, je cherche à étouffer le principe des plus belles actions des hommes, des découvertes sublimes, des sentiments généreux : quoique je ne sois pas entièrement de cet avis, je conviens qu'il y a quelque chose de grand dans la passion; qu'elle ajoute, pendant qu'elle dure, à l'ascendant de l'homme; qu'il accomplit alors presque tout ce qu'il projette, tant la volonté ferme et suivie est une force active dans l'ordre moral: L'homme alors emporté par quelque chose de plus puissant que lui, use sa vie, mais s'en sert avec plus d'énergie. Si l'âme doit être considérée seulement comme une impulsion, cette impulsion est plus vive quand la passion l'excite. S'il faut aux hommes sans passions l'intérêt d'un grand spectacle, s'ils veulent que les gladiateurs s'entre-détruisent à leurs yeux, tandis qu'ils ne seront que les témoins de ces affreux combats, sans doute il faut enflammer de toutes les manières des êtres infortunés dont les sentiments impétueux animent ou renversent le théâtre du monde: mais quel bien en résultera-t-il pour eux? quel bonheur général peut-on obtenir par ces encouragements donnés aux passions de l'âme? Tout ce qu'il faut de mouvement à la vie sociale, tout l'élan nécessaire à la vertu existerait sans ce mobile destructeur. Mais, dira-t-on, c'est à diriger les passions et non à les vaincre qu'il faut.

consacrer ses efforts. Je n'entends pas comment ou dirige ce qui n'existe qu'en dominant; il n'y a que deux états pour l'homme : ou il est certain d'être le maître au dedans de lui, et alors il n'a point de passions; ou il sent qu'il règne en lui-même une puissance plus forte que lui, et alors il dépend entièrement d'elle. Tous ces traités avec la passion sont purement imaginaires; elle est, comme les vrais tyrans, sur le trône ou dans les fers. Je n'ai point imaginé cependant de consacrer cet ouvrage à la destruction de toutes les passions; mais j'ai tâché d'offrir un système de vie qui ne fût pas sans quelques douceurs, à l'époque où s'évanouissent les espérances de bonheur positif dans cette vie : ce système ne convient qu'aux caractères naturellement passionnés, et qui ont combattu pour reprendre l'empire; plusieurs de ces jouissances n'appartiennent qu'aux âmes jadis ardentes, et la nécessité de ces sacrifices ne peut être sentie que par ceux qui ont été malheureux. En effet, si l'on n'était pas né passionné, qu'aurait-on à craindre, de quel effort aurait-on besoin, que se passerait-il en soi qui pût occuper le moraliste, et l'inquiéter sur la destinée de l'homme? Pourrait-on aussi me reprocher de n'avoir pas traité séparément les jouissances attachées à l'accomplissement de ses devoirs, et les peines que font éprouver le remords qui suit le tort, ou le crime de les avoir bravées? Ces deux idées premières dans l'existence s'appliquent également à toutes les situations, à tous les caractères; et ce que j'ai voulu montrer seulement, c'est le rapport des passions de l'homme avec les impressions agréables ou douloureuses qu'il ressent au fond de son cœur. En suivant ce plan, je crois de même avoir prouvé qu'il n'est point de bonheur sans la vertu; revenir à ce résultat par toutes les routes est une nouvelle preuve de sa vérité. Dans l'analyse des diverses affections morales de l'homme, il se rencontrera quelquefois des allusions à la révolution de France; nos souvenirs sont tous empreints de ce terrible événement : d'ailleurs j'ai voulu que cette première partie fût utile à la seconde; que l'examen des hommes un à un pût préparer au calcul des effets de leur réunion en masse. J'ai espéré, je le répète, qu'en travaillant à l'indépendance morale de l'homme, on rendrait sa liberté politique plus facile, puisque chaque restriction qu'il faut imposer à cette liberté est toujours commandée par l'effervescence de telle ou telle passion.

Enfin, de quelque manière que l'on juge mon plan, ce qui est certain, c'est que mon unique but a été de combattre le malheur sous toutes ses formes, d'étudier les pensées, les sentiments, les institutions qui causent de la douleur aux hommes, pour chercher quelle est la réflexion, le mouvement, la combinaison, qui pourraient diminuer quelque chose de l'intensité des peines de l'âme : l'image de l'infortune, sous quelque aspect qu'elle se présente, et me poursuit, et m'accable. Hélas! j'ai tant éprouvé ce que c'était que souffrir, qu'un attendrissement inexprimable, une inquiétude douloureuse s'emparent de moi, à la pensée des malheurs de tous et de chacun; des chagrins inévitables et des tourments de l'imagination; des revers de l'homme juste, et même aussi des remords du coupable; des blessures du cœur, les plus touchantes de toutes, et des regrets dont on rougit sans les éprouver moins; enfin, de tout ce qui fait verser des larmes, ces larmes que les anciens recueillaient dans une urne consacrée, tant la douleur de l'homme était auguste à leurs yeux. Ah! ce n'est pas assez d'avoir juré que, dans les limites de son existence, de quelque injustice, de quelque tort qu'on fût l'objet, on ne causerait jamais volontairement une peine, on ne renoncerait jamais volontairement à la possibilité d'en soulager une; il faut essayer encore si quelque ombre de talent, si quelque faculté de méditation ne pourrait pas faire trouver la langue dont la mélancolie ébranle doucement le cœur, ne pourrait pas aider à découvrir à quelle hauteur philosophique les armes qui blessent n'atteindraient plus. Enfin, si le temps et l'étude apprenaient comment on peut donner aux principes politiques assez d'évidence pour qu'ils ne fussent plus l'objet de deux religions, et par conséquent des plus sanglantes fureurs, il semble que l'on aurait du moins offert un examen complet de tout ce qui livre la destinée de l'homme à la puissance du malheur.

SECTION PREMIÈRE.

DES PASSIONS.

CHAPITRE PREMIER.

De l'amour de la gloire.

De toutes les passions dont le cœur humain est susceptible, il n'en est point qui ait un caractère aussi imposant que l'amour de la gloire : on peut trouver la trace de ses mouvements dans la nature primitive de l'homme, mais ce n'est qu'au milieu de la société que ce sentiment acquiert sa véritable force. Pour mériter le nom de passion, il faut qu'il absorbe toutes les autres affections de l'âme, et ses plaisirs comme ses peines n'appartiennent qu'au développement entier de sa puissance.

8.

Après cette sublimité de vertu, qui fait trouver dans sa propre conscience le motif et le but de sa conduite, le plus beau des principes qui puisse mouvoir notre âme est l'amour de la gloire. Je laisse au sens de ce mot sa propre grandeur en ne le séparant pas de la valeur réelle des actions qu'il doit désigner. En effet, une gloire véritable ne peut être acquise par une célébrité relative; on en appelle toujours à l'univers et à la postérité pour confirmer le don d'une si auguste couronne; elle ne doit donc rester qu'au génie ou à la vertu. C'est en méditant sur l'ambition que je parlerai de tous les succès éphémères qui peuvent imiter ou rappeler la gloire; mais c'est d'elle-même, c'est-à-dire, de ce qui est vraiment grand et juste, que je veux d'abord m'occuper; et pour juger son influence sur le bonheur, je ne craindrai point de la faire paraître dans toute la séduction de son éclat.

Le digne et sincère amant de la gloire propose un beau traité au genre humain; il lui dit : « Je « consacrerai mes talents à vous servir; ma pas- « sion dominante m'excitera sans cesse à faire « jouir un plus grand nombre d'hommes des ré- « sultats heureux de mes efforts; le pays, le peu- « ple qui m'est inconnu, aura des droits aux fruits « de mes veilles; tout ce qui pense est en relation « avec moi; et, dégagé de la puissance environ- « nante des sentiments individuels, c'est à l'étendue « seule de mes bienfaits que je mesurerai mon bon- « heur : pour prix de ce dévouement, je ne vous « demande que de le célébrer; chargez la renom- « mée d'acquitter votre reconnaissance. La vertu, « j'en conviens, sait jouir d'elle-même; moi, j'ai « besoin de vous pour obtenir le prix qui m'est « nécessaire pour que la gloire de mon nom soit « unie au mérite de mes actions. » Quelle franchise, quelle simplicité dans ce contrat! comment se peut-il que les nations n'y soient jamais restées fidèles, et que le génie seul en ait accompli les conditions?

C'est, sans doute, une jouissance enivrante que de remplir l'univers de son nom, d'exister tellement au delà de soi, qu'il soit possible de se faire illusion et sur l'espace et sur la durée de la vie, et de se croire quelques-uns des attributs métaphysiques de l'infini. L'âme se remplit d'un orgueilleux plaisir par le sentiment habituel que toutes les pensées d'un grand nombre d'hommes sont dirigées sur vous; que vous existez en présence de leur espoir; que chaque méditation de votre esprit peut influer sur beaucoup de destinées; que de grands événements se développent

au dedans de vous, et commandent, au nom du peuple, qui compte sur vos lumières, la plus vive attention à vos propres pensées. Les acclamations de la foule remuent l'âme, et par les réflexions qu'elles font naître, et par les commotions qu'elles excitent : toutes ces formes animées, enfin, sous lesquelles la gloire se présente, doivent transporter la jeunesse d'espérance et l'enflammer d'émulation. Les routes qui conduisent à un si grand but sont remplies de charmes; les occupations que commande l'ardeur d'y parvenir sont elles-mêmes une jouissance; et, dans la carrière des succès, ce qu'il y a souvent de plus heureux, c'est la suite d'intérêts qui les précèdent et s'emparent activement de la vie. La gloire des écrits et celle des actions sont soumises à des combinaisons différentes; la première, empruntant quelque chose des plaisirs solitaires, peut participer à leurs bienfaits; mais ce n'est pas elle qui rend sensibles tous les signes de cette grande passion; ce n'est pas ce génie dominateur qui dans un instant sème, recueille et se couronne; dont l'éloquence entraînante, ou le courage vainqueur décident instantanément du sort des siècles et des empires; ce n'est pas cette émotion toute-puissante dans ses effets, qui commande en inspirant une volonté pareille, et saisit dans le présent toutes les jouissances de l'avenir. Le génie des actions est dispensé d'attendre la tardive justice que le temps traîne à sa suite; il fait marcher sa gloire en avant comme la colonne enflammée qui jadis éclairait la marche des Israélites. La célébrité qu'on peut acquérir par les écrits est rarement contemporaine; mais alors même qu'on obtient cet heureux avantage, comme il n'y a rien d'instantané dans ses effets, d'ardent dans sa gloire, une telle carrière ne peut, comme la gloire active, donner le sentiment complet de sa force physique et morale, assurer l'exercice de toutes ses facultés, enivrer enfin par la certitude de la puissance de son être. C'est donc au plus haut point de bonheur que l'amour de la gloire puisse donner, qu'il faut s'attacher pour en mieux juger les obstacles et les malheurs.

La première des difficultés, dans tous les gouvernements où les distinctions héréditaires sont établies, c'est la réunion des circonstances qui donnent de l'éclat à la vie; les efforts que l'on fait pour sortir d'une situation obscure, pour jouer un rôle sans y être appelé, déplaisent à la plupart des hommes. Ceux que leur destinée approche des premières places, croient voir une preuve de mépris pour eux dans l'espérance que l'on conçoit de franchir l'espace qui en sépare, et de se mettre, par ses talents, au niveau de leur destinée. Les individus de la même classe que soi, qui se sont résignés à n'en pas sortir, attribuant bien plutôt cette résolution à leur sagesse qu'à leur médiocrité, appellent folie une conduite différente, et sans juger la diversité des talents, se croient faits pour les mêmes circonstances. Dans les monarchies aristocratiquement constituées, la multitude se plaît quelquefois, par un esprit dominateur, à relever celui que le hasard a délaissé; mais ce même esprit ne lui permet pas d'abandonner ses droits sur l'existence qu'elle a créée; le peuple regarde cette existence comme l'œuvre de ses mains; et si le sort, la superstition, la magie, une puissance, enfin, indépendante des hommes, n'entre pas dans la destinée de celui qui, dans un état monarchique, doit son élévation à l'opinion du peuple, il ne conservera pas longtemps une gloire que les suffrages seuls créent et récompensent, qui puise à la même source son existence et son éclat; le peuple ne soutiendra pas son ouvrage, et ne se prosternera pas devant une force dont il se sent le principal appui. Ceux qui, sous un tel ordre de choses, sont nés dans la classe privilégiée, ont à quelques égards beaucoup de données utiles; mais d'abord la chance des talents se resserre, et à proportion du nombre, et plus encore par l'espèce de négligence qu'inspirent de certains avantages : mais quand le génie élève celui que les rangs de la monarchie avaient déjà séparé du reste des ses concitoyens, indépendamment des obstacles communs à tous, il en est qui sont personnels à cette situation. Des rivaux en plus petit nombre, des rivaux qui se croient vos égaux à plusieurs égards, se pressent davantage autour de vous, et lorsqu'on veut les écarter, rien n'est plus difficile que de savoir jusqu'à quel point il faut se livrer à la popularité, en jouissant de distinctions impopulaires. Il est presque impossible de connaître toujours avec certitude le degré d'empressement qu'il faut montrer à l'opinion générale: certaine de sa toute-puissance, elle en a la pudeur, et veut du respect sans flatterie; la reconnaissance lui plaît, mais elle se dégoûte de la servitude, et rassasiée de souveraineté, elle aime le caractère indépendant et fier, qui la fait douter un moment de son autorité, pour lui en renouveler la jouissance. Ces difficultés générales redoublent pour le noble, qui dans une monarchie veut obtenir une gloire véritable; s'il dédaigne la popularité, il est haï : un plébéien dans un état démocratique peut obtenir l'admiration en bravant la popularité; mais si un noble adopte une telle conduite dans un état monarchique, au lieu de se donner l'éclat du courage, il ne fera croire qu'à son orgueil; et si cependant, pour éviter ce blâme, il recherche la popularité, il est sans cesse près du soupçon ou du ridicule. Les hommes ne veulent pas qu'on renonce totalement à ses intérêts personnels, et ce qui est, à un certain point, contre leur nature, est déjoué par eux : il n'y a que la vie qu'on puisse sacrifier avec éclat; l'abandon des autres avantages, quoique bien plus rare et plus estimable, est représenté comme une sorte de duperie; et quoique ce soit le plus haut degré du dévouement, dès qu'il est nommé *duperie*, il n'excite plus l'enthousiasme de ceux même qui sont l'objet du sacrifice. Les nobles donc, placés entre la nation et le monarque, entre leur existence politique et l'intérêt général, obtiennent difficilement de la gloire ailleurs que dans les armées. La plupart de ces considérations ne peuvent s'appliquer aux succès militaires; la guerre ne laisse à l'homme, de sa nature, que ses facultés physiques; pendant que cet état dure, il se soumet à la valeur, à l'audace, au talent qui fait vaincre, comme les corps les plus faibles suivent l'impulsion des plus forts. L'être moral n'est de rien dans la bataille, et voilà pourquoi les soldats ont plus de constance dans leur attachement pour leurs généraux, que les citoyens dans leur reconnaissance pour leurs administrateurs.

Dans les républiques, si elles sont constituées sur la seule base de l'aristocratie, tous les membres d'une même classe sont un obstacle à la gloire de chacun d'eux; cet esprit de modération qu'avec tant de raison Montesquieu a désigné comme le principe des républiques aristocratiques, cet esprit de modération ne s'accorde pas avec les élans du génie : un grand homme, s'il voulait se montrer tel, précipiterait la marche égale et soutenue de ces gouvernements; et comme l'utilité est le principe de l'admiration, dans un état où les grands talents ne peuvent s'exercer d'une manière avantageuse à tous, ils ne se développent pas, ou sont étouffés, ou sont contenus dans une certaine limite qui ne leur permet pas d'atteindre à la célébrité. On ne sait pas au dehors un nom propre du gouvernement de Venise, du gouvernement sage et paternel de la république de Berne; un même esprit dirige, depuis plusieurs siècles, des individus différents; et si un homme lui donnait son impulsion particulière, il naîtrait des chocs dans une organisation dont l'unité fait tout à la fois le repos et la force.

Pour les républiques populaires, il faut distinguer deux époques tout à fait différentes, celle qui a précédé l'imprimerie, et celle qui est contemporaine du plus grand développement possible de la liberté de la presse. Celle qui a précédé l'imprimerie devait être favorable à l'ascendant d'un homme sur les autres hommes. Les lumières n'étant point disséminées, celui qui avait reçu des talents supérieurs, une raison forte, avait de grands moyens d'agir sur la multitude; le secret des causes n'était pas connu, l'analyse n'avait pas changé en science positive la magie de tous les effets; enfin, l'on pouvait être étonné, par conséquent entraîné; et des hommes croyaient qu'un d'entre eux était nécessaire à tous. De là les grands dangers que courait la liberté; de là les factions toujours renaissantes; car les guerres d'opinions finissent avec les événements qui les décident, avec les discussions qui les éclairent; mais la puissance des hommes supérieurs se renouvelle avec chaque génération, et déchire ou asservit la nation qui se livre sans mesure à cet enthousiasme. Mais lorsque la liberté de la presse, et, ce qui est plus encore, la multiplicité des journaux, rend publiques chaque jour les pensées de la veille, il est presque impossible qu'il existe dans un tel pays ce qu'on appelle de la gloire; il y a de l'estime, parce que l'estime ne détruit pas l'égalité, et que celui qui l'accorde, juge au lieu de s'abandonner; mais l'enthousiasme pour les hommes en est banni. Il y a dans tous les caractères des défauts qui jadis n'étaient découverts que par le flambeau de l'histoire, ou par un très-petit nombre de philosophes contemporains que le mouvement général n'avait point enivrés; aujourd'hui celui qui veut se distinguer est en guerre avec l'amour-propre de tous; on le menace du niveau à chaque pas qui l'élève, et la masse des hommes éclairés prend une sorte d'orgueil actif, destructeur des succès individuels. Si l'on veut examiner la cause du grand ascendant que dans Athènes, qu'à Rome, des génies supérieurs ont obtenu, de l'empire presque aveugle que dans les temps anciens ils ont exercé sur la multitude, on verra que l'opinion n'a jamais été fixée par l'opinion même, que c'est à quelques pouvoirs différents d'elle, à l'appui de quelque superstition que sa constance a été due. Tantôt ce sont des rois, qui jusqu'à la fin de leur vie ont conservé la gloire qu'ils avaient obtenue; mais les peuples croyaient alors que la royauté avait une origine céleste : tantôt on voit Numa inventer une fable pour faire accepter des lois que la sagesse lui dictait, se fiant plus à la crédulité qu'à l'évidence. Les meilleurs généraux romains, quand ils voulaient donner une bataille, déclaraient que l'examen du vol des oi-

seaux les forçait à la livrer. C'est ainsi que les hommes habiles de l'antiquité ont caché le conseil de leur génie sous l'apparence d'une superstition, évitant ce qui peut avoir des juges, quoique certains d'avoir raison. Enfin, chaque découverte des sciences, en enrichissant la masse, diminue l'empire individuel de l'homme. Le genre humain hérite du génie, et les véritables grands hommes sont ceux qui ont rendu leurs pareils moins nécessaires aux générations suivantes. Plus on laisse aller sa pensée dans la carrière future de la perfectibilité possible, plus on y voit les avantages de l'esprit dépassés par les connaissances positives, et le mobile de la vertu plus efficace que la passion de la gloire. On trouvera peut-être que ce siècle ne donne encore l'idée d'aucun progrès en ce genre; mais il faut dans l'effet actuel voir la cause future, pour juger un événement tout entier. Celui qui n'aperçoit dans les mines, où les métaux se préparent, que le feu dévorant qui semble tout consumer, ne connaît point la marche de la nature, et ne sait se peindre l'avenir qu'en multipliant le présent. Mais de quelque manière qu'on juge ces réflexions, je reviens aux considérations générales qui s'appliquent à tous les pays et à tous les temps sur les obstacles et les malheurs attachés à la passion de la gloire.

Quand les difficultés des premiers pas sont vaincues, il se forme à l'instant deux partis sur une même réputation; non parce qu'il y a deux manières de la considérer, mais parce que l'ambition parie pour ou contre. Celui qui veut être l'adversaire des grands succès reste passif tant que dure leur éclat; et c'est pendant ce temps, au contraire, que les amis ne cessent d'agir en votre faveur; ils arrivent déjà fatigués à l'époque du malheur, lorsqu'il suffit au public du mobile seul de la curiosité, pour se lasser des mêmes éloges; les ennemis paraissent avec des armes toutes nouvelles, tandis que les amis ont émoussé les leurs, en les faisant inutilement briller autour du char de triomphe. On se demande pourquoi l'amitié a moins de persistance que la haine; c'est qu'il y a plusieurs manières de renoncer à l'une, et que pour l'autre le danger et la honte sont partout ailleurs que dans le succès. Les amis peuvent si aisément attribuer à la bonté de leur âme l'exagération de leur enthousiasme, à l'oubli qu'on a fait de leurs conseils, les derniers revers qu'on a éprouvés; il y a tant de manières de se louer en abandonnant son ami, que les plus légères difficultés décident à prendre ce parti : mais la haine, dès ses premiers pas, engagée sans retour, se livre à toutes les ressources des situations désespérées;

de ces situations dont les nations, comme les individus, échappent presque toujours, parce que l'homme faible même ne voit alors de secours possible que dans l'exercice du courage.

En étudiant le petit nombre d'exceptions à l'inconstance de la faveur publique, on est étonné de voir que c'est à des circonstances, et jamais au talent seul, qu'on doit les rapporter. Un danger présent a pu contraindre le peuple à retarder son injustice; une mort prématurée en a quelquefois précédé le moment; mais la réunion des observations, qui font le code de l'expérience, prouve que la vie si courte des hommes est encore d'une plus longue durée que les jugements et les affections de leurs contemporains. Le grand homme qui arrive à la vieillesse doit parcourir plusieurs époques d'opinions diverses ou contraires. Ces oscillations cessent avec les passions qui les produisent; mais on vit au milieu d'elles, et leur choc, qui ne peut rien sur le jugement de la postérité, détruit le bonheur présent qui est exposé à tous les coups. Les événements du hasard, ceux qu'aucune des puissances de la pensée ne peut soumettre, sont cependant placés, par la voix publique, sur la responsabilité du génie. L'admiration est une sorte de fanatisme qui veut des miracles; elle ne consent à accorder à un homme une place au-dessus de tous les autres, à renoncer à l'usage de ses propres lumières pour le croire et lui obéir, qu'en lui supposant quelque chose de surnaturel qui ne peut se comparer aux facultés humaines. Il faudrait, pour se défendre d'une telle erreur, être modeste et juste, reconnaître à la fois les bornes du génie et sa supériorité sur nous; mais dès qu'il devient nécessaire de raisonner sur les défaites; de les expliquer par des obstacles, de les excuser par des malheurs, c'en est fait de l'enthousiasme : il a, comme l'imagination, besoin d'être frappé par les objets extérieurs; et la pompe du génie, c'est le succès. Le public se plaît à donner à celui qui possède; et, comme ce sultan des Arabes qui s'éloignait d'un ami poursuivi par l'infortune, parce qu'il craignait la contagion de la fatalité, les revers éloignent les ambitieux, les faibles, les indifférents, tous ceux enfin qui trouvent, avec quelque raison, que l'éclat de la gloire doit frapper involontairement; que c'est à elle à commander le tribut qu'elle demande; que la gloire se compose des dons de la nature et du hasard; et que personne n'ayant le besoin d'admirer, celui qui veut ce sentiment ne l'obtient point de la volonté, mais de la surprise, et le doit aux résultats du talent, bien plus qu'à la propre valeur de ce talent même.

Si les revers de la fortune désenchantent l'enthousiasme, que sera-ce s'il s'y mêle des torts qui, cependant, se trouvent souvent réunis aux qualités les plus éminentes? Quel vaste champ pour les découvertes des esprits médiocres! comme ils sont sûrs d'avoir prévu ce qu'ils comprennent encore à peine! comme le parti qu'ils auraient pris eût été meilleur! que de lumières ils puisent dans l'événement! que de retours satisfaisants dans la critique d'un autre! Comme personne ne s'occupe d'eux, personne ne songe à les attaquer : eh bien, ils prennent ce silence pour le garant de leur supériorité : parce qu'il y a une bataille perdue, ils pensent qu'ils l'ont gagnée : et les revers d'un grand homme se changent en palmes pour les sots. Quoi donc! l'opinion se composerait-elle de leurs suffrages?..... Oui, la gloire contemporaine leur est soumise, car c'est l'enthousiasme de la multitude qui la caractérise; le mérite réel est indépendant de tout, mais la réputation acquise par ce mérite n'obtient le nom de gloire qu'au bruit des acclamations de la foule. Si les Romains sont insensibles à l'éloquence de Cicéron, son génie nous reste; mais où, pendant sa vie, trouvera-t-il sa gloire? Les géomètres, ne pouvant être jugés que par leurs pairs, obtiennent d'un petit nombre de savants des titres incontestables à l'admiration de leurs contemporains; mais la gloire des actions doit être populaire. Les soldats jugent leur général, la nation ses administrateurs : quiconque a besoin du suffrage des autres a mis tout à la fois sa vie sous la puissance du calcul et du hasard, de manière que le travail du calcul ne peut lui répondre des chances du hasard, et que les chances du hasard ne peuvent le dispenser du travail du calcul. Non, pourrait-on dire, le jugement de la multitude est impartial, puisque aucune passion envieuse et personnelle ne l'inspire; son impulsion toujours vraie doit être juste. Mais, par cela même que ses mouvements sont naturels et spontanés, ils appartiennent à l'imagination; un ridicule détruit à ses yeux l'éclat d'une vertu; un soupçon peut la dominer par la terreur; des promesses exagérées l'emportent sur des services prudents; les plaintes d'un seul l'émeuvent plus fortement que la silencieuse reconnaissance du grand nombre; enfin, mobile parce qu'elle est passionnée; passionnée, parce que les hommes réunis ne se communiquent qu'à l'aide de cette électricité, et ne mettent en commun que leurs sentiments : ce ne sont pas les lumières de chacun, mais l'impulsion générale qui produit un résultat, et cette impulsion, c'est l'individu le plus exalté qui la donne.

Une idée peut se composer des réflexions de plusieurs; un sentiment sort tout entier de l'âme qui l'éprouve; la multitude qui l'adopte a pour opinion l'injustice d'un homme exercée par l'audace de tous; par cette audace qui se fonde et sur la force, et plus encore sur l'impossibilité d'être atteint par aucun genre de responsabilité individuelle. Le spectacle de la France a rendu ces observations plus sensibles; mais, dans tous les temps, l'amant de la gloire a été soumis au joug démocratique; c'est de la nation seule qu'il recevait ses pouvoirs; c'est par son élection qu'il obtenait sa couronne; et quels que fussent ses droits à la porter, quand le peuple retirait ses suffrages au génie, il pouvait protester, mais il ne régnait plus. N'importe, s'écrieront quelques âmes ardentes, n'existât-il qu'une chance de succès contre mille probabilités de revers, il faudrait tenter une carrière dont le but se perd dans les cieux, et donne à l'homme après lui ce que la mémoire des hommes peut conquérir sur le passé : un jour de gloire est si multiplié par notre pensée qu'il peut suffire à toute la vie. Les plus nobles devoirs s'accomplissent en parcourant la route qui conduit à la gloire; et le genre humain serait resté sans bienfaiteurs si cette émulation sublime n'eût pas encouragé leurs efforts.

D'abord, je crois que l'amour de l'éclat a rendu moins de services aux hommes que la simple impulsion des vertus obscures ou des recherches persévérantes. Les plus grandes découvertes ont été faites dans la retraite de l'homme savant, et les plus belles actions, inspirées par les mouvements spontanés de l'âme, se rencontrent souvent dans l'histoire d'une vie inconnue; c'est donc seulement dans son rapport avec celui qui l'éprouve qu'il faut considérer la passion de la gloire. Par une sorte d'abstraction métaphysique, on dit souvent que la gloire vaut mieux que le bonheur; mais cette assertion ne peut s'entendre que par les idées accessoires qu'on y attache : on met alors en opposition les jouissances de la vie privée avec l'éclat d'une grande existence; mais donner à quelque chose la préférence sur le bonheur, serait un contre-sens moral absolu. L'homme vertueux ne fait de grands sacrifices que pour fuir la peine du remords, et s'assurer des récompenses au dedans de lui : enfin, la félicité de l'homme lui est plus nécessaire que sa vie, puisqu'il se tue pour échapper à la douleur. S'il est donc vrai que choisir le malheur est un mot qui implique contradiction en lui-même, la passion de la gloire, comme tous les sentiments, doit être jugée par son influence sur le bonheur.

Les amants, les ambitieux mêmes peuvent se croire, dans quelques moments, au comble de la félicité; comme le terme de leurs espérances leur est connu, ils doivent être heureux du moins à l'instant où ils l'atteignent : mais cette rapide jouissance même ne peut jamais appartenir à l'homme qui prétend à la gloire; ses limites ne sont fixées par aucun sentiment, ni par aucune circonstance. Alexandre, après la conquête du monde, s'affligeait de ne pouvoir faire parvenir jusqu'aux étoiles l'éclat de son nom. Cette passion ne connaît que l'avenir, ne possède que l'espérance; et si on l'a souvent présentée comme l'une des plus fortes preuves de l'immortalité de l'âme, c'est parce qu'elle semble vouloir régner sur l'infini de l'espace et l'éternité des temps. Si la gloire est un moment stationnaire, elle recule dans l'esprit des hommes, et aux yeux même de celui qui s'en voyait l'objet : sa possession émeut l'âme si fortement, exalte à un tel degré toutes les facultés, qu'un moment de calme, dans les objets extérieurs, ne sert qu'à diriger sur soi toute l'agitation de sa pensée : le repos est si loin, le vide est si près, que la cessation de l'action est toujours le plus grand malheur à craindre. Comme il n'y a jamais rien de suffisant dans les plaisirs de la gloire, l'âme ne peut être remplie que par leur attente, ceux qu'elle obtient ne servent qu'à la rapprocher de ceux qu'elle désire; et si l'on était parvenu au faîte de la grandeur, une circonstance inaperçue, un obscur hommage refusé, deviendraient l'objet de la douleur et de l'envie. Aman, vainqueur des Juifs, était malheureux de n'avoir pu courber l'orgueil de Mardochée. Cette passion conquérante n'estime que ce qui lui résiste; elle a besoin de l'admiration qu'on lui refuse, comme de la seule qui soit au-dessus de celle qu'on lui accorde; toute la puissance de l'imagination se développe en elle, parce qu'aucun sentiment du cœur ne la ramène par intervalles à la vérité; quand elle atteint à un but, ses tourments s'accroissent; son plus grand charme étant l'activité qu'elle assure à chaque moment du jour, l'un de ses prestiges est détruit quand cette activité n'a plus d'aliment. Toutes les passions, sans doute, ont des caractères communs, mais aucune ne laisse après elle autant de douleurs que les revers de la gloire. Il n'y a rien d'absolu pour l'homme dans la nature, il ne juge que parce qu'il compare; la douleur physique même est soumise à cette loi : ce qu'il y a de plus violent dans le plaisir ou dans la douleur est donc causé par le contraste; et quelle opposition plus terrible que la possession ou la perte de la gloire!

Celui dont la renommée parcourait le monde entier ne voit autour de lui qu'un vaste oubli : un amant n'a de larmes à verser que sur les traces de ce qu'il aime; tous les pas d'hommes retracent, à celui qui jadis occupait l'univers, l'ingratitude et l'abandon.

La passion de la gloire excite le sentiment et la pensée au delà de leurs propres forces; mais loin que le retour à l'état naturel soit une jouissance, c'est une sensation d'abattement et de mort : les plaisirs de la vie commune ont été usés sans avoir été sentis; on ne peut même les retrouver dans ses souvenirs; ce n'est point par la raison ou la mélancolie qu'on est ramené vers eux, mais par la nécessité, funeste puissance qui brise tout ce qu'elle courbe. L'un des caractères de ce long malheur est de finir par s'accuser soi-même : tant qu'on en est encore aux reproches que méritent les autres, l'âme peut sortir d'elle-même; mais le repentir concentre toutes les pensées, et, dans ce genre de douleur, le volcan se referme pour consumer en dedans. Tant d'actions composent la vie d'un homme célèbre, qu'il est impossible qu'il ait assez de force dans la philosophie ou dans l'orgueil, pour ne reprocher aucune faute à son esprit: le passé prenant dans sa pensée la place qu'occupait l'avenir, son imagination vient se briser contre ce temps immuable, et lui fait parcourir, en arrière, des abîmes aussi vastes que l'étaient, en avant, les heureux champs de l'espérance.

L'homme, jadis comblé de gloire, qui veut abdiquer ses souvenirs, et se vouer aux relations particulières, ne saurait y accoutumer ni lui, ni les autres; on ne jouit point par effort des idées simples; il faut, pour être heureux par elles, un concours de circonstances qui éloignent naturellement tout autre désir. L'homme accoutumé à compter avec l'histoire ne peut plus être intéressé pour les événements d'une existence commune; on ne retrouve en lui aucun des mouvements qui le caractérisaient; il ne sent plus la vie, il s'y résigne. On confie longtemps les peines du cœur, parce que leur durée même est honorable, parce qu'elles répondent à trop de souvenirs dans l'âme des autres, pour que ce soit parler de soi que d'en entretenir; mais comme la philosophie et la fierté doivent vaincre ou cacher les regrets causés même par la plus noble ambition, l'homme qui les éprouve ne s'abandonne point à les avouer entièrement. L'attention constante sur soi est un détail de jouissance pendant la prospérité, c'est une peine habituelle quand on est retombé dans une situation privée. Enfin, aimer! ce bien dont la nature céleste est seule en disparate avec toute la destinée humaine; aimer! n'est plus un bonheur accordé à celui que la passion de la gloire a dominé longtemps : ce n'est pas que son âme soit endurcie, mais elle est trop vaste pour être remplie par un seul objet; d'ailleurs, les réflexions que l'on est conduit à faire sur les hommes en général, lorsqu'on entretient avec eux des rapports publics, rendent impossible la sorte d'illusion qu'il faut, pour voir un individu à une distance infinie de tous les autres. Loin aussi que de grandes pertes attachent au genre de bien qui reste, elles affranchissent de tout à la fois; on ne se supporte que dans une indépendance absolue, sans aucun point de comparaison entre le présent et le passé. Le génie, qui sut adorer et posséder la gloire, repousse tout ce qui voudrait occuper la place de ses regrets mêmes; il aime mieux mourir que déroger. Enfin, quoique cette passion soit pure dans son origine et noble dans ses efforts, le crime seul dérange plus qu'elle l'équilibre de l'âme; elle la fait sortir violemment de l'ordre naturel, et rien ne peut jamais l'y ramener.

En m'attachant avec une sorte d'austérité à l'examen de tout ce qui doit détourner l'amour de la gloire, j'ai eu besoin d'un grand effort de réflexion; j'étais distraite par l'enthousiasme; tant de noms célèbres s'offraient à ma pensée, tant d'ombres glorieuses, qui semblaient s'offenser de voir braver leur éclat, pour pénétrer jusqu'à la source de leur bonheur. C'est de mon père enfin, c'est de l'homme de ce temps qui a recueilli le plus de gloire, et qui en retrouvera le plus dans la justice impartiale des siècles, que je craignais surtout d'approcher, en décrivant toutes les périodes du cours éclatant de la gloire. Mais ce n'est pas à l'homme qui a montré, pour le premier objet de ses affections, une sensibilité aussi rare que son génie; ce n'est pas à lui que peut convenir un seul des traits dont j'ai composé ce tableau; et si je m'aidais des souvenirs que je lui dois, ce serait pour montrer combien l'amour de la vertu peut apporter de changement dans la nature et les malheurs de la passion de la gloire.

Poursuivant le projet que j'ai embrassé, je ne cherche point à détourner l'homme de génie de répandre ses bienfaits sur le genre humain; mais je voudrais retrancher les motifs qui l'animent le besoin des récompenses de l'opinion; je voudrais retrancher ce qui est l'essence des passions, l'asservissement à la puissance des autres.

CHAPITRE II.

De l'ambition.

En parlant de l'amour de la gloire, je ne l'ai considéré que dans sa plus parfaite sublimité, alors qu'il naît du véritable talent, et n'aspire qu'à l'éclat de la renommée. Par l'ambition, je désigne la passion qui n'a pour objet que la puissance, c'est-à-dire la possession des places, des richesses, ou des honneurs qui la donnent; passion que la médiocrité doit aussi concevoir, parce qu'elle peut en obtenir les succès.

Les peines attachées à cette passion sont d'une autre nature que celles de l'amour de la gloire; son horizon étant plus resserré, et son but positif, toutes les douleurs qui naissent d'un agrandissement de l'âme en disproportion avec le sort de l'humanité, ne sont pas éprouvées par les ambitieux. L'intime pensée des hommes n'est point l'objet de leur inquiétude; le suffrage des étrangers n'enflamme point leurs désirs: le pouvoir, c'est-à-dire, le droit d'influer sur les pensées extérieures et d'être loué partout où l'on commande, voilà ce qu'obtient l'ambition. Elle est, sous beaucoup de rapports, en contraste avec l'amour de la gloire. En les comparant donc, je donnerai naturellement un nouveau développement au chapitre que je viens de finir.

Tout est fixé d'avance dans l'ambition; ses chagrins et ses plaisirs sont soumis à des événements déterminés; l'imagination a peu d'empire sur la pensée des ambitieux, car rien n'est plus réel que les avantages du pouvoir. Les peines donc qui naissent de l'exaltation de l'âme ne sont point connues par les ambitieux; mais si le vague de l'imagination offre un champ à la douleur, elle présente aussi beaucoup d'espace pour s'élever au-dessus de tout ce qui nous entoure, éviter la vie, et se perdre dans l'avenir. Dans l'ambition, au contraire, tout est présent, tout est positif; rien n'apparaît au delà du terme, rien ne reste après le malheur, et c'est par l'inflexibilité du calcul et le néant du passé qu'on doit estimer ses avantages et ses pertes.

Obtenir et conserver le pouvoir, voilà tout le plan d'un ambitieux. Il ne peut jamais s'abandonner à aucun de ses mouvements, car il est rare que la nature soit un bon guide dans la route de la politique; et, par un contraste cruel, cette passion, assez violente pour vaincre tous les obstacles, condamne à la réserve continuelle qu'exige la contrainte de soi-même; il faut qu'elle agisse avec une égale force pour exciter et pour retenir. L'amour

de la gloire peut s'abandonner; la colère, l'enthousiasme d'un héros ont quelquefois aidé son génie; et quand ses sentiments étaient honorables, ils le servaient assez; mais l'ambition n'a qu'un seul but. Celui qui prise ainsi le pouvoir est insensible à tout autre genre d'éclat; cette disposition suppose une sorte de mépris pour le genre humain, une personnalité concentrée qui ferme l'âme aux autres jouissances. Le feu de cette passion dessèche; il est âpre et sombre, comme tous les sentiments qui, voués au secret par notre propre jugement sur leur nature, sont d'autant plus puissants que jamais on ne les exprime. L'homme ambitieux sans doute, alors qu'il a atteint ce qu'il recherche, ne ressent point ce désir inquiet qui reste après les triomphes de la gloire, son objet est en proportion avec lui; et comme en le perdant il ne lui restera point de ressources personnelles, en le possédant il ne sent point de vide. Le but de l'ambition est certainement aussi plus facile à obtenir que celui de la gloire; et comme le sort de l'ambitieux dépend d'un moins grand nombre d'individus que celui de l'homme célèbre, sous ce rapport il est moins malheureux. Il importe cependant bien plus de détourner de l'ambition que de l'amour de la gloire. Ce dernier sentiment est presque aussi rare que le génie, et presque jamais il n'est séparé des grands talents qui font son excuse; comme si la Providence, dans sa bonté, n'avait pas voulu qu'une telle passion pût être unie à l'impossibilité de la satisfaire, de peur que l'âme n'en fût dévorée : mais l'ambition au contraire est à la portée de la majorité des esprits, et ce serait plutôt la supériorité que la médiocrité qui en éloignerait; il y a d'ailleurs une sorte de réflexion philosophique qui pourrait faire illusion aux penseurs mêmes sur les avantages de l'ambition, c'est que le pouvoir est la moins malheureuse de toutes les relations qu'on peut entretenir avec un grand nombre d'hommes.

La connaissance parfaite des hommes doit mener, ou à s'affranchir de leur joug, ou à les dominer par la puissance. Ce qu'ils attendent de vous, ce qu'ils en espèrent, efface leurs défauts, et fait ressortir toutes leurs qualités. Ceux qui ont besoin de vous sont si ingénieusement aimables, leur dévouement est si varié, leurs louanges prennent si facilement un caractère d'indépendance, leur émotion est si vive, qu'en assurant qu'ils aiment, c'est eux-mêmes qu'ils trompent autant que vous. L'action de l'espérance embellit tellement tous les caractères, qu'il faut avoir bien de la finesse dans l'esprit et de la fierté dans le cœur, pour démêler et repousser les sentiments que votre propre pouvoir inspire : si vous voulez donc aimer les hommes, jugez-les pendant qu'ils ont besoin de vous; mais cette illusion d'un instant est payée de toute la vie.

Les peines de la carrière de l'ambition commencent dès ses premiers pas, et son terme vaut encore mieux que la route qui doit y conduire. Si c'est avec un esprit borné qu'on veut atteindre à une place élevée, est-il un état plus pénible que ces avertissements continuels donnés par l'intérêt à l'amour-propre? Dans les situations communes de la vie, on se fait illusion sur son propre mérite; mais un sentiment actif fait découvrir à l'ambitieux, la mesure de ses moyens, et sa passion l'éclaire sur lui-même, non comme la raison qui détache, mais comme le désir qui s'inquiète; alors, il n'est plus occupé qu'à tromper les autres, et pour y parvenir il ne se perd pas de vue: l'oubli d'un instant lui serait fatal; il faut qu'il arrange avec art ce qu'il sait et ce qu'il pense, que tout ce qu'il dit ne soit destiné qu'à indiquer ce qu'il est censé cacher; il faut qu'il cherche des instruments habiles qui le secondent, sans trahir ce qui lui manque, et des supérieurs pleins d'ignorance et de vanité, qu'on puisse détourner du jugement par la louange; il doit faire illusion à ceux qui dépendent de lui par de la réserve, et tromper ceux dont il espère par de l'exagération; enfin, il faut qu'il évite sans cesse tous les genres de démonstrations du vrai: aussi agité qu'un coupable qui craint la révélation de son secret, il sait qu'un homme d'un esprit fin peut découvrir dans le silence de la gravité, l'ignorance qui se compose, et dans l'enthousiasme de la flatterie, la froideur qui s'exalte. La pensée d'un ambitieux est constamment tendue à la recherche des symptômes d'un talent-supérieur; il éprouve tout à la fois et les peines de ce travail et son humiliation; et pour arriver au terme de ses espérances, il doit constamment réfléchir sur les bornes de ses facultés.

Si vous supposez, au contraire, à l'homme ambitieux un génie supérieur, une âme énergique, sa passion lui commande de réussir; il faut qu'il courbe, qu'il enchaîne tous les sentiments qui lui feraient obstacle; il n'a pas seulement à craindre la peine des remords qui suivent l'accomplissement des actions qu'on peut se reprocher, mais la contrainte même du moment présent est une véritable douleur. On ne brave pas impunément ses propres qualités; et celui que son ambition entraîne à soutenir à la tribune une opinion que sa fierté repousse, que son humanité condamne, que la justesse de son esprit rejette, celui-là éprouve alors un sentiment pénible, indépendant encore de la réflexion qui peut l'absoudre ou le blâmer. Il se soutient, peut-être, par l'espoir de se montrer lui-même alors qu'il aura atteint son but; mais s'il faisait naufrage avant d'arriver au port, s'il était banni, pendant qu'à l'imitation de Brutus il contrefait l'insensé, vainement voudrait-il expliquer quelle fut son intention, son espérance: les actions sont toujours plus en relief que les commentaires, et ce qu'on a dit sur le théâtre n'est jamais effacé par ce qu'on écrit dans la retraite. C'est dans la lutte de leurs intérêts, et non dans le silence de leurs passions qu'on croit découvrir les véritables opinions des hommes: et quel plus grand malheur que d'avoir mérité une réputation opposée à son propre caractère !

L'homme qui s'est jugé comme la voix publique, qui conserve au dedans de lui tous les sentiments élevés qui l'accusent, et peut à peine s'oublier dans l'enivrement du succès, que deviendra-t-il à l'époque du malheur? C'est par la connaissance intime des traces que l'ambition laisse dans le cœur après ses revers, et de l'impossibilité de fixer sa prospérité, qu'on peut juger surtout de l'effroi qu'elle doit inspirer.

Il ne faut qu'ouvrir l'histoire pour connaître la difficulté de maintenir les succès de l'ambition; ils ont pour ennemis la majorité des intérêts particuliers, qui tous demandent un nouveau tirage, n'ayant point eu de lots dans le résultat actuel du sort. Ils ont pour ennemi le hasard, qui a une marche très-régulière quand on le calcule dans un certain espace de temps et avec une vaste application; le hasard qui ramène à peu près les mêmes chances de succès et de revers, et semble s'être chargé de répartir également le bonheur entre les hommes. Ils ont pour ennemi le besoin qu'a le public de juger et de créer de nouveau, d'écarter un nom trop répété, d'éprouver l'émotion d'un nouvel événement. Enfin, la multitude, composée d'hommes obscurs, veut que d'éclatantes chutes relèvent de temps en temps le prix des conditions privées, et prêtent une force agissante aux raisonnements abstraits qui vantent les paisibles avantages des destinées communes.

Les places éminentes se perdent aussi par le changement qu'elles produisent sur ceux qui les possèdent. L'orgueil ou la paresse, la défiance ou l'aveuglement, naissent de la possession continue de la puissance; cette situation où la modération est aussi nécessaire que l'esprit de conquête, exige une réunion presque impossible; et l'âme qui se fatigue ou s'inquiète, s'enivre ou s'épouvante, perd la force nécessaire pour se main-

tenir. Je ne parle ici que des succès réels de l'ambition ; il y en a beaucoup d'apparents , et c'est
par eux qu'on devrait commencer l'histoire de ses
revers. Quelques hommes ont conservé, jusqu'à la
fin de la vie, le pouvoir qu'ils avaient acquis ; mais
pour le retenir, il leur en a coûté tous les efforts
qu'il faut pour arriver, toutes les peines que cause
la perte : l'un est condamné à suivre le même système de dissimulation qui l'a conduit au poste
qu'il occupe ; et plus tremblant que ceux qui le
prient, le secret de lui-même pèse sur toute sa
personne ; l'autre se courbe sans cesse devant le
maître quelconque, peuple ou roi, dont il tient sa
puissance. Dans une monarchie, il est condamné
à l'adoption de toutes les idées reçues, à l'importance de toutes les formes établies : s'il étonne, il
fait ombrage ; s'il reste le même, on croit qu'il
s'affaiblit. Dans une démocratie, il faut qu'il devance le vœu populaire, qu'il lui obéisse en répondant de l'événement ; qu'il joue chaque jour toute
sa destinée, et n'espère rien de la veille pour le
lendemain. Enfin, il n'est point d'homme qui ait
été possesseur paisible d'une place éminente ; le
plus grand nombre en a marqué la perte par une
chute éclatante ; d'autres ont acheté sa possession
par tous les tourments de l'incertitude et de la
crainte ; et cependant, tel était l'effroi que causait
le retour à l'existence privée, qu'un seul homme
ambitieux, Sylla, ayant volontairement abdiqué
le pouvoir, et survécu paisiblement à cette grande
résolution, le parti qu'il a pris est encore l'étonnement des siècles, et le problème dont les moralistes se proposent tous la solution. Charles-Quint
se plongea dans la contemplation de la mort, alors
que, cessant de régner, il crut cesser de vivre.
Victor-Amédée voulut remonter sur le trône qu'une
imagination égarée lui avait fait abandonner. Enfin,
nul n'est descendu sans douleur d'un rang qui le
plaçait au-dessus des autres hommes ; nul ambitieux du moins, car que sont les destinées sans
l'âme qui les caractérise ? Les événements sont
l'extérieur de la vie ; sa véritable source est tout
entière dans nos sentiments. Dioclétien peut quitter le trône, Charles II peut le conserver en paix :
l'un est un philosophe, l'autre est un épicurien :
ils possèdent tous deux cette couronne objet des
vœux des ambitieux ; mais ils font du trône une
condition privée ; et leurs qualités, comme leurs
défauts, les rendent absolument étrangers à l'ambition dont leur existence serait le but. Enfin,
quand il existerait une chance de prolonger la possession des biens offerts par l'ambition, est-il une
entreprise dont l'avance soit si énorme ? L'âme qui

s'y livre se rend à jamais incapable de toute autre
manière d'exister : il faut brûler tous les vaisseaux
qui pourraient ramener dans un séjour tranquille,
et se placer entre la conquête et la mort. L'ambition est la passion qui, dans ses malheurs, éprouve
le plus le besoin de la vengeance ; preuve assurée
que c'est elle qui laisse après elle le moins de consolation. L'ambition dénature le cœur : quand on
a tout jugé par rapport à soi, comment se transporter dans un autre ? quand on n'a examiné ceux
qui nous entouraient que comme des instruments
ou des obstacles, comment voir en eux des amis ?
L'égoïsme, dans le cours naturel de l'histoire de
l'âme, est le défaut de la vieillesse, parce que c'est
celui dont on ne peut jamais se corriger. Passer
de l'occupation de soi à celle de tout autre objet
est une sorte de régénération morale dont il existe
bien peu d'exemples.

L'amour de la gloire a tant de grandeur dans
ses succès, que ses revers en prennent aussi l'empreinte ; la mélancolie peut se plaire dans leur contemplation, et la pitié qu'ils inspirent a des caractères de respect qui servent à soutenir le grand
homme qui s'en voit l'objet. On sait que son espoir
était de s'immortaliser par des services publics,
que les couronnes de la renommée furent le seul
prix dont il poursuivit l'honneur ; il semble que
les hommes, en l'abandonnant, courent des ris-
ques personnels. Quelques-uns d'eux craignent de
se tromper en renonçant au bien qu'il voulait leur
faire ; aucun ne peut mépriser ni ses efforts, ni
son but ; il lui reste sa valeur personnelle et l'appel à la postérité ; et si l'injustice le renverse, l'injustice aussi sert de recours à ses regrets. Mais
l'ambitieux, privé du pouvoir, ne vit plus qu'à ses
propres yeux : il a joué, il a perdu ; telle est l'histoire de sa vie. Le public a gagné contre lui, car
les avantages qu'il possédait sont rendus à l'espoir
de tous, et le triomphe de ses rivaux est la seule
sensation vive que produise sa retraite. Bientôt
celle-là même s'efface, et la meilleure chance de
bonheur pour cette situation, c'est la facilité qu'on
trouve à se faire oublier ; mais, par une réunion
cruelle, le monde qu'on voudrait occuper ne se
rappelle plus votre existence passée, et ceux qui
vous approchent ne peuvent en perdre le souvenir.

La gloire d'un grand homme jette au loin un
noble éclat sur ceux qui lui appartiennent ; mais
les places, les honneurs dont disposait l'ambitieux
atteignent à tous les intérêts de tous les instants.
Les palmes du génie tiennent à une respectueuse
distance de leur vainqueur ; les dons de la fortune
rapprochent, pressent autour de vous, et comme

ils ne laissent après eux aucun droit à l'estime, lorsqu'ils vous sont ravis, tous vos liens sont rompus; ou si quelque pudeur retient encore quelques amis, tant de regrets personnels reviennent à leur pensée, qu'ils reprochent sans cesse à celui qui perd tout, la part qu'ils avaient dans ses jouissances : lui-même ne peut échapper à ses souvenirs; les privations les plus douloureuses sont celles qui touchent à la fois à l'ensemble et aux détails de toute la vie. Les jouissances de la gloire, éparses dans le cours de la destinée, époques dans un grand nombre d'années, accoutument, dans tous les temps, à de longs intervalles de bonheur; mais la possession des places et des honneurs étant un avantage habituel, leur perte doit se ressentir à tous les moments de la vie. L'amant de la gloire a une conscience, c'est la fierté; et quoique ce sentiment rende beaucoup moins indépendant que le dévouement à la vertu, il affranchit des autres, s'il ne donne pas de l'empire sur soi-même. L'ambitieux n'a jamais mis la dignité du caractère au-dessus des avantages du pouvoir; et comme aucun prix ne lui a paru trop cher pour l'acquérir, aucune consolation ne doit lui rester après l'avoir perdu. Pour aimer et posséder la gloire, il faut des qualités tellement éminentes, que si leur plus grande action est au dehors de nous, cependant elles peuvent encore servir d'aliment à la pensée dans le silence de la retraite; mais la passion de l'ambition, les moyens qu'il faut pour réussir dans ses désirs, sont nuls pour tout autre usage : c'est de l'impulsion plutôt que de la véritable force; c'est une sorte d'ardeur qui ne peut se nourrir de ses propres ressources; c'est le sentiment le plus ennemi du passé, de la réflexion, de tout ce qui retombe sur soi-même. L'opinion, blâmant les peines de l'ambition trompée, y met le comble en se refusant à les plaindre : et ce refus est injuste, car la pitié doit avoir une autre destination que l'estime; c'est à l'étendue du malheur qu'il faut la proportionner. Enfin, les malheurs de l'ambition sont d'une telle nature, que les caractères les plus forts n'ont jamais trouvé en eux-mêmes la puissance de s'y soumettre.

Le cardinal Albéroni voulait encore dominer la république de Lucques qu'il avait choisie pour retraite. On voit des vieillards traîner à la cour l'inquiétude qui les agite, bravant le ridicule et le mépris pour s'attacher à la dernière ombre du passé.

La passion de la gloire ne peut être trompée sur son objet; elle veut, ou le posséder en entier, ou rejeter tout ce qui serait un diminutif de lui-même;

mais l'ambition a besoin de la première, de la seconde, de la dernière place dans l'ordre du crédit et du pouvoir, et se rattache à chaque degré, cédant à l'horreur que lui inspire la privation absolue de tout ce qui peut combler ou satisfaire, ou même faire illusion à ses désirs.

Ne peut-on pas, dira-t-on, vivre après avoir possédé de grandes places, comme avant de les avoir obtenues? Non; jamais un effort impuissant ne laisse revenir au point dont il voulait vous sortir, la réaction fait redescendre plus bas; et le grand et cruel caractère des passions, c'est d'imprimer leur mouvement à toute la vie, et leur bonheur à peu d'instants.

Si ces considérations générales suffisent pour montrer l'influence certaine de l'ambition sur le bonheur, les auteurs, les témoins, les contemporains de la révolution de France, doivent trouver au fond de leur cœur de nouveaux motifs d'éloignement pour toutes les passions politiques.

Dans les temps de révolution, c'est l'ambition seule qui peut obtenir des succès. Il reste encore des moyens d'acquérir du pouvoir, mais l'opinion qui distribue la gloire n'existe plus; le peuple commande au lieu de juger; jouant un rôle actif dans tous les événements, il prend parti pour ou contre tel ou tel homme. Il n'y a plus dans une nation que des combattants; l'impartial pouvoir, qu'on appelle le public, ne se montre nulle part. Ce qui est grand et juste, d'une manière absolue, n'est donc plus reconnu; tout est évalué suivant son rapport avec les passions du moment; les étrangers n'ont aucun moyen de connaître l'estime qu'ils doivent à une conduite que tous les témoins ont blâmée; aucune voix même, peut-être, ne la rapportera fidèlement à la postérité. Au milieu d'une révolution, il faut en croire ou l'ambition ou la conscience; nul autre guide ne peut conduire à son but. Et quelle ambition! quel horrible sacrifice elle impose! quelle triste couronne elle promet! Une révolution suspend toute autre puissance que celle de la force; l'ordre social établit l'ascendant de l'estime, de la vertu; les révolutions mettent tous les hommes aux prises avec leurs moyens physiques; la sorte d'influence morale qu'elles admettent, c'est le fanatisme de certaines idées qui n'étant susceptibles d'aucune modification, ni d'aucune borne, sont des armes de guerre, et non des calculs de l'esprit. Pour être donc ambitieux dans une révolution, il faut marcher toujours en avant de l'impulsion donnée; c'est une descente rapide où l'on ne peut s'arrêter; vainement on voit l'abîme; si l'on se jette à bas du char, on est brisé par cette chute : éviter le péril, est plus dangereux que de l'affronter : il faut conduire soi-même dans le sentier qui doit vous perdre, et le moindre pas rétrograde renverse l'homme sans détourner l'événement. Il n'est rien de plus insensé que de se mêler dans des circonstances tout à fait indépendantes de la volonté individuelle ; c'est attacher bien plus que sa vie, c'est livrer toute la moralité de sa conduite à l'entraînement d'un pouvoir matériel. On croit influer dans les révolutions, on croit agir, être cause, et l'on n'est jamais qu'une pierre de plus lancée par le mouvement de la grande roue ; un autre aurait pris votre place, un moyen différent eût amené le même résultat ; le nom de chef signifie le premier précipité par la troupe qui marche derrière, et pousse en avant.

Les revers et les succès de tout ce qu'on voit dominer dans une révolution, ne sont que la rencontre heureuse ou malheureuse de tel homme avec telle période de la nature des choses. Il n'est point de factieux de bonne foi qui puisse prédire ce qu'il fera le lendemain ; car c'est la puissance qu'il importe à une faction d'obtenir, plutôt que le but d'abord poursuivi : on peut triompher en faisant le contraire de ce qu'on a projeté, si c'est le même parti qui gouverne ; et les fanatiques seuls retiennent les factieux dans la même route : ces derniers ne cherchent que le pouvoir, et jamais ambition ne coûta tant au caractère. Dans ces temps, pour dominer à un certain degré les autres hommes, il faut qu'ils n'aient pas de données sûres pour calculer à l'avance votre conduite ; dès qu'ils vous savent inviolablement attaché à tels principes de moralité, ils se postent en attaque sur la route que vous devez suivre. Pour obtenir, pour conserver quelques moments le pouvoir dans une révolution, il ne faut écouter ni son âme, ni son esprit même. Quel que soit le parti qu'on ait embrassé, la faction est démagogue dans son essence ; elle est composée d'hommes qui ne veulent pas obéir, qui se sentent nécessaires, et ne se croient point liés à ceux qui les commandent ; elle est composée d'hommes prêts à choisir de nouveaux chefs chaque jour, parce qu'il n'est question que de leur intérêt, et non d'une subordination antérieure, naturelle ou politique : il importe plus aux chefs de n'être pas suspects à leurs soldats, que d'être redoutables à leurs ennemis. Des crimes de tout genre, des crimes inutiles aux succès de la cause, sont commandés par le féroce enthousiasme de la populace ; elle craint la pitié, quel que soit le degré de sa force ; c'est par de la

fureur, et non de la clémence, qu'elle sent son pouvoir. Un peuple qui gouverne ne cesse jamais d'avoir peur, il se croit toujours au moment de perdre son autorité ; et disposé, par sa situation, au mouvement de l'envie, il n'a jamais pour les vaincus l'intérêt qu'inspire la faiblesse opprimée, il ne cesse pas de les redouter. L'homme donc qui veut acquérir une grande influence dans ces temps de crise, doit rassurer la multitude par son inflexible cruauté. Il ne partage point les terreurs que l'ignorance fait éprouver, mais il faut qu'il accomplisse les affreux sacrifices qu'elle demande ; il faut qu'il immole des victimes qu'aucun intérêt ne lui fait craindre, que son caractère souvent lui inspirait le désir de sauver ; il faut qu'il commette des crimes sans égarement, sans fureur, sans atrocité même, suivant l'ordre d'un souverain dont il ne peut prévoir les commandements, et dont son âme éclairée ne saurait adopter aucune des passions. Eh ! quel prix pour de tels efforts ! quelle sorte de suffrage on obtient ! combien est tyrannique la reconnaissance qui couronne ! On voit si bien les bornes de son pouvoir ; on sent si souvent qu'on obéit alors même qu'on a l'air de commander ; les passions des hommes sont tellement mises en dehors dans un temps de révolution, qu'aucune illusion n'est possible ; et la plus magique des émotions, celle que font éprouver les acclamations de tout un peuple, ne peut plus se renouveler pour celui qui a vu ce peuple dans les mouvements d'une révolution. Comme Cromwell, il dit en traversant la foule dont les suffrages le couronnent : « Ils applaudiraient de même si l'on me conduisait à l'échafaud. » Cet avenir n'est séparé de vous par aucun intervalle : demain peut en être le jour ; vos juges, vos assassins sont dans la multitude qui vous entoure, et le transport qui vous exalte est l'impulsion même qui peut vous renverser. Quel danger vous menace, quelle rapidité dans la chute, quelle profondeur dans l'abîme ! Sans que le succès soit élevé plus haut, le revers vous fait tomber plus bas, vous enfonce plus avant dans le néant de votre destinée.

La diversité des opinions empêche aucune gloire de s'établir, mais ces mêmes opinions se réunissent toutes pour le mépris ; il prend un caractère d'acclamation, et le peuple, quand il abandonne l'ambitieux, s'éclairant sur les crimes qu'il lui a fait commettre, l'accable pour s'en absoudre : celui qui prend pour guide sa conscience est sûr de son but ; mais malheur à l'homme avide de pouvoir, qui s'est élancé dans une révolution !

Cromwell est resté usurpateur, parce que le principe des troubles qu'il avait fait naître était la religion, qui soulève sans déchaîner; était un sentiment superstitieux, qui portait à changer de maître, mais non à détester tous les jougs. Mais quand la cause des révolutions est l'exaltation de toutes les idées de liberté, il ne se peut pas que les premiers chefs de l'insurrection conservent de la puissance; il faut qu'ils excitent le mouvement qui les renversera les premiers; il faut qu'ils développent les principes qui servent à les juger; enfin, ils peuvent servir leur opinion, mais jamais leur intérêt; et dans une révolution le fanatisme est plus sensé que l'ambition.

CHAPITRE III.

De la vanité.

On se demande si la vanité est une passion. En considérant l'insuffisance de son objet, on serait tenté d'en douter; mais en observant la violence des mouvements qu'elle inspire, on y reconnaît tous les caractères des passions, et l'on retrouve tous les malheurs qu'elles entraînent dans la dépendance servile où ce sentiment vous met du cercle qui vous entoure. L'amour de la gloire se fonde sur ce qu'il y a de plus élevé dans la nature de l'homme; l'ambition tient à ce qu'il y a de plus positif dans les relations des hommes entre eux; la vanité s'attache à ce qui n'a de valeur réelle ni dans soi, ni dans les autres, à des avantages apparents, à des effets passagers; elle vit du rebut des deux autres passions: quelquefois cependant elle se réunit à leur empire; l'homme atteint aux extrêmes par sa force et par sa faiblesse, mais plus habituellement la vanité l'emporte surtout dans les caractères qui l'éprouvent. Les peines de cette passion sont assez peu connues, parce que ceux qui les ressentent en gardent le secret, et que tout le monde étant convenu de mépriser ce sentiment, jamais on n'avoue les souvenirs ou les craintes dont il est l'objet.

L'un des premiers chagrins de la vanité est de trouver en elle-même et les causes de ses malheurs et le besoin de les cacher. La vanité se nourrit de succès trop peu relevés pour qu'il existe aucune dignité dans ses revers.

La gloire, l'ambition se nomment. La vanité règne quelquefois à l'insu même du caractère qu'elle gouverne; jamais du moins sa puissance n'est publiquement reconnue par celui qui s'y soumet: il voudrait qu'on le crût supérieur aux succès qu'il obtient, comme à ceux qui lui sont refusés; mais le public, dédaignant son but, et remarquant ses efforts, déprise la possession en rendant amère la perte. L'importance de l'objet auquel on aspire ne donne point la mesure de la douleur que fait éprouver la privation; c'est à la violence du désir qu'il inspirait, c'est surtout à l'opinion que les autres se sont formée de l'activité de nos souhaits, que cette douleur se proportionne.

Ce qui caractérise les peines de la vanité, c'est qu'on apprend par les autres, bien plus que par son sentiment intime, le degré de chagrin qu'on doit en ressentir: plus on vous croit affligé, plus on se trouve de raisons de l'être. Il n'est aucune passion qui ramène autant à soi, mais il n'en est aucune qui vienne moins de notre propre mouvement; toutes ses impulsions arrivent du dehors. C'est non-seulement à la réunion des hommes en société que ce sentiment est dû, mais c'est à un degré de civilisation qui n'est pas connu dans tous les pays, et dont les effets seraient presque impossibles à concevoir pour un peuple dont les institutions et les mœurs seraient simples; car la nature éloigne des mouvements de la vanité, et l'on ne peut comprendre comment des malheurs si réels naissent de mouvements si peu nécessaires.

Avez-vous jamais rencontré Damon? Il est d'une naissance obscure, il le sait; il est certain que personne ne l'ignore; mais au lieu de dédaigner cet avantage par intérêt et par raison, il n'a qu'un but dans l'existence, c'est de vous parler des grands seigneurs avec lesquels il a passé sa vie; il les protége, de peur d'en être protégé; il les appelle par leur nom, tandis que leurs égaux y joignent leurs titres, et se fait reconnaître subalterne par l'inquiétude même de le paraître. Sa conversation est composée de parenthèses, principal objet de toutes ses phrases; il voudrait laisser échapper ce qu'il a le plus grand besoin de dire; il essaye de se montrer fatigué de tout ce qu'il envie; pour se faire croire à son aise, il tombe dans les manières familières; il s'y confirme, parce que personne ne compte assez avec lui pour le repousser; et tout ce dont il est flatté dans le monde est le soin du peu d'importance qu'on met à lui, et du soin qu'on a de ménager ses ridicules pour ne pas perdre le plaisir de s'en moquer. Sur qui produit-il l'effet qu'il souhaite? Sur personne: peut-être même il s'en doute, mais la vanité s'exerce pour elle-même; en voulant détromper l'homme vain, on l'agite, mais on ne le corrige pas; l'espérance renaît à l'instant même du dégoût, ou plutôt, comme il arrive souvent dans la plupart des passions, sans concevoir précisément de l'espérance, on ne peut se résigner au sacrifice.

Connaissez-vous Lycidas? Il a vieilli dans les affaires sans y prendre une idée, sans atteindre à un résultat; cependant il se croit l'esprit des places qu'il a occupées; il vous confie ce qu'ont imprimé les gazettes; il parle avec circonspection même des ministres du siècle dernier; il achève ses phrases par une mine concentrée, qui ne signifie pas plus que ses paroles; il a dans sa poche des lettres de ministres, d'hommes puissants, qui lui parlent du temps qu'il fait, et lui semblent une preuve de confiance; il frémit à l'aspect de ce qu'il appelle une mauvaise tête, et donne assez volontiers ce nom à tout homme supérieur; il a une diatribe contre l'esprit, à laquelle la majorité d'un salon applaudit presque toujours : *C'est*, vous dit-il, *un obstacle à bien voir que l'esprit; les gens d'esprit n'entendent point les affaires.* Lycidas, il est vrai que vous n'avez pas d'esprit, mais il n'est pas prouvé pour cela que vous soyez capable de gouverner un empire.

On tire très-souvent vanité des qualités qu'on n'a pas; on voit des hommes se glorifier des facultés spirituelles ou sensibles qui leur manquent. L'homme vain s'enorgueillit de tout lui-même indistinctement : *C'est moi, c'est encore moi,* s'écrie-t-il; cet enthousiasme d'égoïsme fait un charme à ses yeux de chacun de ses défauts.

Cléon est encore à cet égard un bien plus brillant spectacle; toutes les prétentions à la fois sont entrées dans son âme : il est laid, il se croit aimé; son livre tombe, c'est par une cabale qui l'honore; on l'oublie, il pense qu'on le persécute; il n'attend pas que vous l'ayez loué, il vous dit ce que vous devez penser; il vous parle de lui sans que vous l'interrogiez; il ne vous écoute pas si vous lui répondez; il aime mieux s'entendre, car vous ne pouvez jamais égaler ce qu'il va dire de lui-même. Un homme d'un esprit infini disait, en parlant de ce qu'on pouvait appeler précisément un homme orgueilleux et vain, *En le voyant j'éprouve un peu du plaisir que cause le spectacle d'un bon ménage; son amour-propre et lui vivent si bien ensemble!* En effet, quand l'amour-propre est arrivé à un certain excès, il se suffit assez à lui-même pour ne pas s'inquiéter, pour ne pas douter de l'opinion des autres; c'est presque une ressource qu'on trouve en soi, et cette foi en son propre mérite a bien quelques-uns des avantages de tous les cultes fondés sur une ferme croyance.

Mais puisque la vanité est une passion, celui qui l'éprouve ne peut être tranquille; séparé de toutes les jouissances impersonnelles, de toutes les affections sensibles, cet égoïsme détruit la possibilité d'aimer : il n'y a point de but plus stérile que soi-même; l'homme n'accroît ses facultés qu'en les dévouant au dehors de lui, à une opinion, à un attachement, à une vertu quelconque. La vanité, l'orgueil donnent à la pensée quelque chose de stationnaire qui ne permet pas de sortir du cercle le plus étroit; et cependant, dans ce cercle, il y a une puissance de malheur plus grande que dans toute autre existence dont les intérêts seraient plus multipliés. En concentrant sa vie on concentre aussi sa douleur, et qui n'existe que pour soi diminue ses moyens de jouir, en se rendant d'autant plus accessible à l'impression de la souffrance. On voit cependant à l'extérieur de certains hommes, de tels symptômes de contentement et de sécurité, qu'on serait tenté d'ambitionner leur vanité comme la jouissance véritable, puisque c'est la plus parfaite des illusions : mais une réflexion détruit toute l'autorité de ces signes apparents; c'est que de tels hommes, n'ayant pour objet dans la vie que l'effet qu'ils produisent sur les autres, sont capables, pour dérober à tous les regards les tourments secrets que des revers ou des dégoûts leur causent, d'un genre d'effort dont aucun autre motif ne donnerait le pouvoir. Dans la plupart des situations, le bonheur même fait partie du faste des hommes vains, ou s'ils avouaient une peine, ce ne serait jamais que celle qu'il est honorable de ressentir.

La vanité des hommes supérieurs les fait prétendre aux succès auxquels ils ont le moins de droit; cette petitesse des grands génies se retrouve sans cesse dans l'histoire : on voit des écrivains célèbres ne mettre de prix qu'à leurs faibles succès dans les affaires publiques; des guerriers, des ministres courageux et fermes, être avant tout flattés de la louange accordée à leurs médiocres écrits; des hommes qui ont de grandes qualités, ambitionner de petits avantages; enfin, comme il faut que l'imagination allume toutes les passions, la vanité est bien plus active sur les succès dont on doute, sur les facultés dont on ne se croit pas sûr. L'émulation excite nos qualités; la vanité se place en avant de tout ce qui nous manque. La vanité souvent ne détruit pas la fierté; et comme rien n'est si esclave que la vanité, et si indépendant, au contraire, que la véritable fierté, il n'est pas de supplice plus cruel que la réunion de ces deux sentiments dans le même caractère. On a besoin de ce qu'on méprise, on ne peut s'y soumettre, on ne peut s'en affranchir; c'est à ses propres yeux que l'on rougit, c'est à ses propres yeux que l'on produit l'effet que le spectacle de la vanité fait éprouver à un esprit éclairé et à une âme élevée.

Cette passion, qui n'est grande que par la peine qu'elle cause, et ne peut qu'à ce seul titre marcher de pair avec les autres, se développe parfaitement dans les mouvements des femmes : tout en elles est amour ou vanité. Dès qu'elles veulent avoir avec les autres des rapports plus étendus ou plus éclatants que ceux qui naissent des sentiments doux qu'elles peuvent inspirer à ce qui les entoure, c'est à des succès de vanité qu'elles prétendent. Les efforts qui peuvent valoir aux hommes de la gloire et du pouvoir, n'obtiennent presque jamais aux femmes qu'un applaudissement éphémère, un crédit d'intrigue, enfin, un genre de triomphe du ressort de la vanité, de ce sentiment en proportion avec leurs forces et leur destinée : c'est donc en elles qu'il faut l'examiner.

Il est des femmes qui placent leur vanité dans des avantages qui ne leur sont point personnels, tels que la naissance, le rang et la fortune : il est difficile de moins sentir la dignité de son sexe. L'origine de toutes les femmes est céleste, car c'est aux dons de la nature qu'elles doivent leur empire : en s'occupant de l'orgueil et de l'ambition, elles font disparaître tout ce qu'il y a de magique dans leurs charmes ; le crédit qu'elles obtiennent, ne paraissant jamais qu'une existence passagère et bornée, ne leur vaut point la considération attachée à un grand pouvoir, et les succès qu'elles conquièrent ont le caractère distinctif des triomphes de la vanité : ils ne supposent ni estime, ni respect pour l'objet à qui on les accorde. Les femmes animent ainsi contre elles les passions de ceux qui ne voulaient penser qu'à les aimer. Le seul vrai ridicule, celui qui naît du contraste avec l'essence des choses, s'attache à leurs efforts : lorsqu'elles s'opposent aux projets, à l'ambition des hommes, elles excitent le vif ressentiment qu'inspire un obstacle inattendu ; si elles se mêlent des intrigues politiques dans leur jeunesse, la modestie doit en souffrir ; si elles sont vieilles, le dégoût qu'elles causent comme femmes nuit à leur prétention comme hommes. La figure d'une femme, quelle que soit la force ou l'étendue de son esprit, quelle que soit l'importance des objets dont elle s'occupe, est toujours un obstacle ou une raison dans l'histoire de sa vie : les hommes l'ont voulu ainsi. Mais plus ils sont décidés à juger une femme selon les avantages ou les défauts de son sexe, plus ils détestent de lui voir embrasser une destinée contraire à sa nature.

Ces réflexions ne sont point destinées, on le croira facilement, à détourner les femmes de toute occupation sérieuse, mais du malheur de se prendre jamais elles-mêmes pour but de leurs efforts. Quand la part qu'elles ont dans les affaires naît de leur attachement pour celui qui les dirige, quand le sentiment seul dicte leurs opinions, inspire leurs démarches, elles ne s'écartent point de la route que la nature leur a tracée : elles aiment, elles sont femmes : mais quand elles se livrent à une active personnalité, quand elles veulent ramener à elles tous les événements, et les considèrent sous le rapport de leur propre influence, de leur intérêt individuel, alors à peine sont-elles dignes des applaudissements éphémères dont les triomphes de la vanité se composent. Les femmes ne sont presque jamais honorées par aucun genre de prétentions ; les distinctions de l'esprit même, qui sembleraient offrir une carrière plus étendue, ne leur valent souvent qu'une existence à la hauteur de la vanité. La raison de ce jugement inique ou juste, c'est que les hommes ne voient aucun genre d'utilité générale à encourager les succès des femmes dans cette carrière, et que tout éloge qui n'est pas fondé sur la base de l'utilité, n'est ni profond, ni durable, ni universel. Le hasard amène quelques exceptions ; s'il est quelques âmes entraînées, ou par leur talent, ou par leur caractère, elles s'écarteront peut-être de la règle commune, et quelques palmes de gloire peuvent un jour les couronner ; mais elle n'échapperont pas à l'inévitable malheur qui s'attachera toujours à leur destinée.

Le bonheur des femmes perd à toute espèce d'ambition personnelle. Quand elles ne veulent plaire que pour être aimées, quand ce doux espoir est le seul motif de leurs actions, elles s'occupent plus de se perfectionner que de se montrer, de former leur esprit pour le bonheur d'un autre que pour l'admiration de tous ; mais quand elles aspirent à la célébrité, leurs efforts comme leurs succès éloignent le sentiment qui, sous des noms différents, doit toujours faire le destin de leur vie. Une femme ne peut exister par elle seule, la gloire même ne lui serait pas un appui suffisant ; et l'insurmontable faiblesse de sa nature et de sa situation dans l'ordre social l'a placée dans une dépendance de tous les jours dont un génie immortel ne pourrait encore la sauver. D'ailleurs, rien n'efface dans les femmes ce qui distingue particulièrement leur caractère. Celle qui se vouerait à la solution des problèmes d'Euclide, voudrait encore le bonheur attaché aux sentiments qu'on inspire et qu'on éprouve ; et quand elles suivent une carrière qui

I.

les en éloigne, leurs regrets douloureux, ou leurs prétentions ridicules, prouvent que rien ne peut les dédommager de la destinée pour laquelle leur âme était créée. Il semble que des succès éclatants offrent des jouissances d'amour-propre à l'ami de la femme célèbre qui les obtient; mais l'enthousiasme que ces succès font naître a peut-être moins de durée que l'attrait fondé sur les avantages les plus frivoles. Les critiques, qui suivent nécessairement les éloges, détruisent l'illusion à travers laquelle toutes les femmes ont besoin d'être vues. L'imagination peut créer, embellir par ses chimères un objet inconnu; mais celui que tout le monde a jugé ne reçoit plus rien d'elle. La véritable valeur reste, mais l'amour est plus épris de ce qu'il donne que de ce qu'il trouve. L'homme se complaît dans la supériorité de sa nature, et, comme Pygmalion, il ne se prosterne que devant son ouvrage. Enfin, si l'éclat de la célébrité d'une femme attire des hommages sur ses pas, c'est par un sentiment peut-être étranger à l'amour; il en prend les formes, mais c'est comme un moyen d'avoir accès auprès de la nouvelle puissance qu'on veut flatter. On approche d'une femme distinguée comme d'un homme en place; la langue dont on se sert n'est pas semblable, mais le motif est pareil. Quelquefois enivrés par le concours des hommages qui environnent la femme dont ils s'occupent, les adorateurs s'exaltent mutuellement; mais dans leur sentiment ils dépendent les uns des autres. Les premiers qui s'éloigneraient pourraient détacher ceux qui restent, et celle qui semble l'objet de toutes leurs pensées, s'aperçoit bientôt qu'elle retient chacun d'eux par l'exemple de tous.

De quels sentiments de jalousie et de haine les grands succès d'une femme ne sont-ils pas l'objet! que de peines causées par les moyens sans nombre que l'envie prend pour la persécuter! La plupart des femmes sont contre elle par rivalité, par sottise, ou par principe. Les talents d'une femme, quels qu'ils soient, les inquiètent toujours dans leurs sentiments. Celles à qui les distinctions de l'esprit sont à jamais interdites, trouvent mille manières de les attaquer quand c'est une femme qui les possède; une jolie personne, en déjouant ces distinctions, se flatte de signaler ses propres avantages. Une femme qui se croit remarquable par la prudence et la mesure de son esprit, et qui, n'ayant jamais eu deux idées dans la tête, veut passer pour avoir rejeté tout ce qu'elle n'a jamais compris, une telle femme sort un peu de sa stérilité accoutumée, pour trouver mille ridicules à celle dont l'esprit anime et varie la conversation :

et les mères de famille pensant, avec quelque raison, que les succès mêmes du véritable esprit ne sont pas conformes à la destination des femmes, voient attaquer avec plaisir celles qui en ont obtenu.

D'ailleurs, la femme qui, en atteignant à une véritable supériorité, pourrait se croire au-dessus de la haine, et s'élèverait par sa pensée au sort des hommes les plus célèbres, cette femme n'aurait jamais le calme et la force de tête qui les caractérisent; l'imagination serait toujours la première de ses facultés : son talent pourrait s'en accroître, mais son âme serait trop fortement agitée; ses sentiments seraient troublés par ses chimères, ses actions entraînées par ses illusions : son esprit pourrait mériter quelque gloire en donnant à ses écrits la justesse de la raison; mais les grands talents, unis à une imagination passionnée, éclairent sur les résultats généraux et trompent sur les relations personnelles. Les femmes sensibles et mobiles donneront toujours l'exemple de cette bizarre union de l'erreur et de la vérité, de cette sorte d'inspiration de la pensée qui rend des oracles à l'univers et manque du plus simple conseil pour soi-même. En étudiant le petit nombre de femmes qui ont de vrais titres à la gloire, on verra que cet effort de leur nature fut toujours aux dépens de leur bonheur. Après avoir chanté les plus douces leçons de la morale et de la philosophie, Sapho se précipita du haut du rocher de Leucade; Élisabeth, après avoir dompté les ennemis de l'Angleterre, périt victime de sa passion pour le comte d'Essex. Enfin, avant d'entrer dans cette carrière de gloire, soit que le trône des Césars, ou les couronnes du génie littéraire en soient le but, les femmes doivent penser que, pour la gloire même, il faut renoncer au bonheur et au repos de la destinée de leur sexe, et qu'il est dans cette carrière bien peu de sorts qui puissent valoir la plus obscure vie d'une femme aimée et d'une mère heureuse.

En quittant un moment l'examen de la vanité, j'ai jugé jusqu'à l'éclat d'une grande renommée; mais que dirai-je de toutes ces prétentions à de misérables succès littéraires pour lesquels on voit tant de femmes négliger leurs sentiments et leurs devoirs? Absorbées par cet intérêt, elles abjurent, plus que les guerrières du temps de la chevalerie, le caractère distinctif de leur sexe; car il vaut mieux partager dans les combats les dangers de ce qu'on aime que de se traîner dans les luttes de l'amour-propre, exiger du sentiment des hommages pour la vanité, et puiser ainsi à la source éternelle pour satisfaire le mouvement le plus éphémère et le désir dont le but est le plus restreint. L'agitation que fait éprouver aux femmes une prétention plus naturelle, puisqu'elle tient de plus près à l'espoir d'être aimées; l'agitation que fait éprouver aux femmes le besoin de plaire par les agréments de leur figure, offre aussi le tableau le plus frappant des tourments de la vanité.

Regardez une femme au milieu d'un bal, désirant d'être trouvée la plus jolie, et craignant de n'y pas réussir. Le plaisir, au nom duquel on se rassemble, est nul pour elle : elle ne peut en jouir dans aucun moment; car il n'en est point qui ne soit absorbé et par sa pensée dominante, et par les efforts qu'elle fait pour la cacher. Elle observe les regards, les plus légers signes de l'opinion des autres, avec l'attention d'un moraliste et l'inquiétude d'un ambitieux; et voulant dérober à tous les yeux le tourment de son esprit, c'est à l'affectation de sa gaieté, pendant le triomphe de sa rivale, à la turbulence de la conversation qu'elle veut entretenir pendant que cette rivale est applaudie, à l'empressement trop vif qu'elle lui témoigne, c'est au superflu de ses efforts enfin qu'on aperçoit son travail. La grâce, ce charme suprême de la beauté, ne se développe que dans le repos du naturel et de la confiance; les inquiétudes et la contrainte ôtent les avantages mêmes qu'on possède; le visage s'altère par la contraction de l'amour-propre. On ne tarde pas à s'en apercevoir, et le chagrin que cause une telle découverte augmente encore le mal qu'on voudrait réparer. La peine se multiplie par la peine, et le but s'éloigne par l'action même du désir; et dans ce tableau, qui semblerait ne devoir rappeler que l'histoire d'un enfant, se trouvent les douleurs d'un homme, les mouvements qui conduisent au désespoir et font haïr la vie; tant les intérêts s'accroissent par l'intensité de l'attention qu'on y attache! tant la sensation qu'on éprouve naît du caractère qui la reçoit bien plus que de l'objet qui la donne!

Eh bien, à côté du tableau de ce bal, où les prétentions les plus frivoles ont mis la vanité dans tout son jour, c'est dans le plus grand événement qui ait agité l'espèce humaine, c'est dans la révolution de France qu'il faut en observer le développement complet : ce sentiment, si borné dans son but, si petit dans son mobile, qu'on pouvait hésiter à lui donner une place parmi les passions; ce sentiment a été l'une des causes du plus grand choc qui ait ébranlé l'univers. Je n'appellerai point vanité le mouvement qui a porté vingt-quatre millions d'hommes à ne pas vouloir des privilèges de deux cent mille : c'est la raison qui s'est soulevée, c'est la nature qui a repris son niveau. Je ne dirai pas même que la résistance de la noblesse à la révolution ait été produite par la vanité : le règne de la terreur a fait porter sur cette classe des persécutions et des malheurs qui ne permettent plus de rappeler le passé. Mais c'est dans la marche intérieure de la révolution qu'on peut observer l'empire de la vanité, du désir des applaudissements éphémères, *du besoin de faire effet*, de cette passion native de France, et dont les étrangers, comparativement à nous, n'ont qu'une idée très-imparfaite. — Un grand nombre d'opinions ont été dictées par l'envie de surpasser l'orateur précédent, et de se faire applaudir après lui; l'introduction des spectateurs dans la salle des délibérations a suffi seule pour changer la direction des affaires en France. D'abord on n'accordait aux applaudissements que des phrases; bientôt, pour obtenir ces applaudissements, on a cédé des principes, proposé des décrets, approuvé jusqu'à des crimes; et par une double et funeste réaction, ce qu'on faisait pour plaire à la foule, égarait son jugement, et ce jugement égaré exigeait de nouveaux sacrifices. Ce n'est pas d'abord à satisfaire des sentiments de haine et de fureur que des décrets barbares ont été consacrés, c'est aux battements de mains des tribunes; ce bruit enivrait les orateurs et les jetait dans l'état où les liqueurs fortes plongent les sauvages; et les spectateurs eux-mêmes qui applaudissaient, voulaient, par ces signes d'approbation, faire effet sur leurs voisins, et jouissaient d'exercer de l'influence sur leurs représentants. Sans doute, l'ascendant de la peur a succédé à l'émulation de la vanité, mais la vanité avait créé cette puissance qui a anéanti, pendant un temps, tous les mouvements spontanés des hommes. Bientôt après le règne de la terreur, on voyait la vanité renaître; les individus les plus obscurs se vantaient d'avoir été portés sur des listes de proscription. La plupart des Français qu'on rencontre, tantôt prétendent avoir joué le rôle le plus important, tantôt assurent que rien de ce qui s'est passé en France ne serait arrivé si l'on avait cru le conseil que chacun d'eux a donné dans tel lieu, à telle heure, pour telle circonstance. Enfin, en France, on est entouré d'hommes qui tous se disent le centre de cet immense tourbillon; on est entouré d'hommes qui tous auraient préservé la France de ses malheurs si on les avait nommés aux premières places du gouvernement; mais qui tous, par le même sentiment, se refusent à se confier à la supériorité, à reconnaître l'ascendant du génie ou de la vertu. C'est une importante question qu'il faut soumettre aux philosophes et aux publicistes, de savoir si la vanité sert ou nuit au maintien de la liberté dans une grande nation : elle met d'abord certainement un véritable obstacle à l'établissement d'un gouvernement nouveau; il suffit qu'une constitution ait été faite par tels hommes, pour que tels autres ne veuillent pas l'adopter : il faut, comme après la session de l'assemblée constituante, éloigner les fondateurs pour faire adopter les institutions; et cependant les institutions périssent si elles ne sont pas défendues par leurs auteurs. L'envie, qui cherche à s'honorer du nom de défiance, détruit l'émulation, éloigne les lumières, ne peut supporter la réunion du pouvoir et de la vertu, cherche à les diviser pour les opposer l'un à l'autre, et crée la puissance du crime, comme la seule qui dégrade celui qui la possède. Mais quand de longs malheurs ont abattu les passions, quand on a tellement besoin de lois, qu'on ne considère plus les hommes que sous le rapport du pouvoir légal qui leur est confié, il est possible que la vanité, alors qu'elle est l'esprit général d'une nation, serve au maintien des institutions libres. Comme elle fait haïr l'ascendant d'un homme, elle soutient les lois constitutionnelles, qui, au bout d'un temps très-court, ramènent les hommes les plus puissants à une condition privée; elle appuie en général ce que veulent les lois, parce que c'est une autorité abstraite, dont tout le monde a sa part, et dont personne ne peut tirer de gloire. La vanité est l'ennemie de l'ambition; elle aime à renverser ce qu'elle ne peut obtenir. La vanité fait naître une sorte de prétentions disséminées dans toutes les classes, dans tous les individus, qui arrête la puissance de la gloire, comme les brins de paille repoussent la mer des côtes de la Hollande. Enfin, la vanité de tous sème de tels obstacles, de telles peines dans la carrière publique de chacun, qu'au bout d'un certain temps le grand inconvénient des républiques, le besoin qu'elles donnent de jouer un rôle, n'existera peut-être plus en France : la haine, l'envie, les soupçons, tout ce qu'enfante la vanité, dégoûtera pour jamais l'ambition des places et des affaires; on ne s'en approchera plus que par amour pour la patrie, par dévouement à l'humanité; et ces sentiments généreux et philosophiques rendent les hommes impassibles comme les lois qu'ils sont chargés d'exécuter. Cette espérance est peut-être une chimère, mais je crois vrai que la vanité se soumet aux lois, comme un moyen d'éviter l'éclat personnel des noms propres, et préserve une nation nombreuse et libre, lorsque sa constitution est établie, du danger d'avoir un homme pour usurpateur.

NOTE

QU'IL FAUT LIRE AVANT LE CHAPITRE DE L'AMOUR.

De tous les chapitres de cet ouvrage, il n'en est point sur lequel je m'attende à autant de critiques que sur celui-ci. Les autres passions ayant un but déterminé, affectent à peu près de la même manière tous les caractères qui les éprouvent; le mot d'amour réveille dans l'esprit de ceux qui l'entendent, autant d'idées diverses que les impressions dont ils sont susceptibles. Un très-grand nombre d'hommes n'ont connu ni l'amour de la gloire, ni l'ambition, ni l'esprit de parti, etc.; tout le monde croit avoir eu de l'amour, et presque tout le monde se trompe en le croyant : les autres passions sont beaucoup plus naturelles, et par conséquent moins rares que celle-là; car elle est celle où il entre le moins d'égoïsme. Ce chapitre, me dira-t-on, est d'une couleur trop sombre; la pensée de la mort y est presque inséparable du tableau de l'amour : et l'amour embellit la vie, et l'amour est le charme de la nature. Non, il n'y a point d'amour dans les ouvrages gais, il n'y a point d'amour dans les pastorales gracieuses. — Sans doute, et les femmes doivent en convenir, il est assez doux de plaire et d'exercer ainsi sur tout ce qui vous entoure une puissance due à soi seule, une puissance qui n'obtient que des hommages volontaires, une puissance qui ne se fait obéir que parce qu'on l'aime, et disposant des autres contre leur intérêt même, n'obtient rien que de l'abandon, et ne peut se défier du calcul. Mais qu'a de commun le jeu piquant de la coquetterie avec le sentiment de l'amour? Il se peut aussi que les hommes soient très-intéressés, très-amusés surtout, par l'attrait que leur inspire la beauté, par l'espoir ou la certitude de la captiver; mais qu'a de commun ce genre d'impression avec le sentiment de l'amour? — Je n'ai voulu traiter dans cet ouvrage que des passions; les affections communes dont il ne peut naître aucun malheur profond n'entraient point dans mon sujet, et l'amour, quand il est une passion, porte toujours à la mélancolie; il y a quelque chose de vague dans ses impressions, qui ne s'accorde point avec la gaieté; il y a une conviction intime au dedans de soi, que tout ce qui succède à l'amour est du néant, que rien ne peut remplacer ce qu'on éprouve; et cette conviction fait penser à la mort dans les plus heureux moments de l'amour. Je n'ai considéré que le sentiment dans l'amour, parce que lui seul fait de ce penchant une passion. Ce n'est pas le premier volume de la Nouvelle Héloïse, c'est le départ de Saint-Preux, la lettre de la Meillerie, la mort de Julie, qui caractérisent la passion dans ce roman. — Il est si rare de rencontrer le véritable amour du cœur, que je hasarderai de dire que les anciens n'ont pas eu l'idée complète de cette affection. Phèdre est sous le joug de la fatalité, les sensations inspirent Anacréon, Tibulle mêle une sorte d'esprit madrigalique aux peintures voluptueuses; quelques vers de Didon, Ceyx et Alcyone dans Ovide, malgré la mythologie qui distrait l'intérêt en l'éloignant des situations naturelles, sont presque les seuls morceaux où le sentiment ait toute sa force, parce qu'il est séparé de toute autre influence. Les Italiens mettent tant de poésie dans l'amour, que tous leurs sentiments s'offrent à vous comme des images; vos yeux s'en souviennent plus que votre cœur. Racine, ce peintre de l'amour, dans ses tragédies sublimes à tant d'autres égards, mêle souvent aux mouvements de la passion des expressions recherchées qu'on ne peut reprocher qu'à son siècle : ce défaut ne se trouve point dans la tragédie de Phèdre; mais les beautés empruntées des anciens, les beautés de verve poétique, en excitant le plus vif enthousiasme, ne produisent pas cet attendrissement profond qui naît de la ressemblance la plus parfaite avec les sentiments qu'on peut éprouver. On admire la conception du rôle de Phèdre, on se croit dans la situation d'Aménaïde. La tragedie de Tancrède doit donc faire verser plus de larmes. — Voltaire, dans ses tragédies; Rousseau, dans la Nouvelle Héloïse; Werther, des scènes de tragédies allemandes; quelques poëtes anglais, des morceaux d'Ossian, etc., ont transporté la profonde sensibilité dans l'amour. On avait peint la tendresse maternelle, la tendresse filiale, l'amitié avec sensibilité, Oreste et Pylade. Niobé, la piété romaine, toutes les autres affections du cœur nous sont transmises avec les véritables sentiments qui les caractérisent : l'amour seul nous est représenté, tantôt sous les traits les plus grossiers, tantôt comme tellement inséparable ou de la volupté, ou de la frénésie, que c'est un tableau plutôt qu'un sentiment, une maladie plutôt qu'une passion de l'âme. C'est uniquement de cette passion que j'ai voulu parler; j'ai rejeté toute autre manière de considérer l'amour. J'ai recueilli, pour composer les chapitres précédents, ce que j'ai remarqué dans l'histoire ou dans le monde; en écrivant celui-ci, je me suis laissée aller à mes seules impressions; j'ai rêvé plutôt qu'observé : que ceux qui se ressemblent se comprennent.

CHAPITRE IV.

De l'amour.

Si l'Être tout-puissant qui a jeté l'homme sur cette terre a voulu qu'il conçût l'idée d'une existence céleste, il a permis que dans quelques instants de sa jeunesse il pût aimer avec passion, il pût vivre dans un autre, il pût compléter son être en l'unissant à l'objet qui lui était cher. Pour quelque temps, du moins, les bornes de la destinée de l'homme, l'analyse de la pensée, la méditation de la philosophie, se sont perdues dans le vague d'un sentiment délicieux; la vie qui pèse était entraînante, et le but qui toujours paraît au-dessous des efforts, semblait les surpasser tous. L'on ne cesse point de mesurer ce qui se rapporte à soi; mais les qualités, les charmes, les jouissances, les intérêts de ce qu'on aime n'ont de terme que dans notre imagination. Ah! qu'il est heureux le jour où l'on expose sa vie pour l'unique ami dont notre âme a fait choix! le jour où quelque acte d'un dévouement absolu lui donne au moins une idée d'un sentiment qui oppressait le cœur par l'impossibilité de l'exprimer! Une femme, dans ces temps affreux dont nous avons vécu contemporains; une femme condamnée à mort avec celui qu'elle aimait, laissant bien loin d'elle le secours du courage, marchait au supplice avec joie, jouissait d'avoir échappé au tourment de survivre, était fière de partager le sort de son amant, et présageant peut-être le terme où elle pouvait perdre l'amour qu'il avait pour elle, éprouvait un sentiment féroce et tendre qui lui faisait chérir la mort comme une réunion éternelle. Gloire, ambition, fanatisme, votre enthousiasme a des intervalles; le sentiment seul enivre chaque instant; rien ne lasse de s'aimer, rien ne fatigue dans cette inépuisable source d'idées d'émotions heureuses; et tant qu'on ne voit, qu'on n'éprouve

rien que par un autre, l'univers entier est lui sous des formes différentes; le printemps, la nature, le ciel, ce sont les lieux qu'il a parcourus; les plaisirs du monde, c'est ce qu'il a dit; ce qui lui a plu, les amusements qu'il a partagés; ses propres succès à soi-même, c'est la louange qu'il a entendue, et l'impression que le suffrage de tous a pu produire sur le jugement d'un seul; enfin, une idée unique est ce qui cause à l'homme le plus grand bonheur ou la folie du désespoir. Rien ne fatigue l'existence autant que ces intérêts divers dont la réunion a été considérée comme un bon système de félicité; en fait de malheur on n'affaiblit pas ce qu'on divise : après la raison qui dégage de toutes les passions, ce qu'il y a de moins malheureux encore, c'est de s'abandonner entièrement à une seule. Sans doute ainsi l'on s'expose à recevoir la mort de ses propres affections; mais le premier but qu'on doit se proposer en s'occupant du sort des hommes, n'est pas la conservation de leur vie; le sceau de leur nature immortelle est de n'estimer l'existence physique qu'avec la possession du bonheur moral.

C'est par le secours de la réflexion, c'est en écartant de moi l'enthousiasme de la jeunesse, que je considérerai l'amour, ou, pour mieux m'exprimer, le dévouement absolu de son être aux sentiments, au bonheur, à la destinée d'un autre, comme la plus haute idée de félicité qui puisse exalter l'espérance de l'homme. Cette dépendance d'un seul objet affranchit si bien du reste de la terre, que l'être sensible qui a besoin d'échapper à toutes les prétentions de l'amour-propre, à tous les soupçons de la calomnie, à tout ce qui flétrit enfin dans les relations qu'on entretient avec les hommes, l'être sensible trouve dans cette passion quelque chose de solitaire et de concentré qui inspire à l'âme l'élévation de la philosophie et l'abandon du sentiment. On échappe au monde par des intérêts plus vifs que tous ceux qu'il peut donner; on jouit du calme de la pensée et du mouvement du cœur, et, dans la plus profonde solitude, la vie de l'âme est plus active que sur le trône des Césars. Enfin, à quelque époque de l'âge qu'on transportât un sentiment qui vous aurait dominé depuis votre jeunesse, il n'est pas un moment où d'avoir vécu pour un autre ne fût plus doux que d'avoir existé pour soi, où cette pensée ne dégageât tout à la fois des remords et des incertitudes. Quand on n'a pour but que son propre avantage, comment peut-on parvenir à se décider sur rien? le désir échappe, pour ainsi dire, à l'examen qu'on en fait; l'événement amène souvent un résultat si contraire à no-

tre attente, que l'on se repent de tout ce qu'on a
essayé, que l'on se lasse de son propre intérêt
comme de toute autre entreprise. Mais quand c'est
au premier objet de ses affections que la vie est
consacrée, tout est positif, tout est déterminé,
tout est entraînant : *il le veut, il en a besoin, il
en sera plus heureux; un instant de sa journée
pourra s'embellir au prix de tels efforts.* C'est
assez pour diriger le cours entier de la destinée;
plus de vague, plus de découragement, c'est la
seule jouissance de l'âme qui la remplisse en entier, s'agrandisse avec elle, et, se proportionnant à
nos facultés, nous assure l'exercice et la jouissance
de toutes. Quel est l'esprit supérieur qui ne trouve
pas dans un véritable sentiment le développement
d'un plus grand nombre de pensées que dans aucun écrit, dans aucun ouvrage qu'il puisse ou composer ou lire? Le plus grand triomphe du génie
c'est de deviner la passion; qu'est-ce donc qu'elle-
même? Les succès de l'amour-propre, le dernier
degré des jouissances de la personnalité, la gloire,
que vaut-elle auprès d'être aimé? Qu'on se demande ce que l'on préférerait d'être Aménaïde ou
Voltaire. Ah! tous ces écrivains, ces grands hommes, ces conquérants s'efforcent d'obtenir une seule
des émotions que l'amour jette comme par torrent
dans la vie; des années de peines et d'efforts leur
valent un jour, une heure de cet enivrement qui
dérobe l'existence; et le sentiment fait éprouver,
pendant toute sa durée, une suite d'impressions
aussi vives et plus pures que le couronnement de
Voltaire, ou le triomphe d'Alexandre.

C'est hors de soi que sont les seules jouissances
indéfinies. Si l'on veut sentir le prix de la gloire, il
faut voir celui qu'on aime honoré par son éclat; si
l'on veut apprendre ce que vaut la fortune, il faut
lui avoir donné la sienne; enfin, si l'on veut bénir
le don inconnu de la vie, il faut qu'il ait besoin
de votre existence, et que vous puissiez considérer
en vous le soutien de son bonheur.

Dans quelque situation qu'une profonde passion
nous place, jamais je ne croirai qu'elle éloigne de
la véritable route de la vertu; tout est sacrifice,
tout est oubli de soi dans le dévouement exalté de
l'amour, et la personnalité seule avilit; tout est
bonté, tout est pitié dans l'être qui sait aimer, et
l'inhumanité seule bannit toute moralité du cœur
de l'homme. Mais s'il est dans l'univers deux êtres
qu'un sentiment parfait réunisse, et que le mariage
ait liés l'un à l'autre, que tous les jours, à genoux,
ils bénissent l'Être suprême; qu'ils voient à leurs
pieds l'univers et ses grandeurs; qu'ils s'étonnent,
qu'ils s'inquiètent même d'un bonheur qu'il a fallu

tant de chances diverses pour assurer, d'un bonheur qui les place à une si grande distance du reste
des hommes; oui, qu'ils s'effrayent d'un tel sort.
Peut-être, pour qu'il ne fût pas trop supérieur au
nôtre, ont-ils déjà reçu tout le bonheur que nous
espérons dans l'autre vie; peut-être que pour eux
il n'est pas d'immortalité.

J'ai vu, pendant mon séjour en Angleterre, un
homme du plus rare mérite, uni depuis vingt-cinq
ans à une femme digne de lui : un jour, en nous
promenant ensemble, nous rencontrâmes ce qu'on
appelle en anglais des *Gipsies*, des Bohémiens, errant souvent au milieu des bois, dans la situation
la plus déplorable : je les plaignais de réunir ainsi
tous les maux physiques de la nature. *Eh bien,*
me dit alors M. L., *si, pour passer ma vie avec
elle, il avait fallu me résigner à cet état, j'aurais
mendié depuis trente ans, et nous aurions encore
été bien heureux! — Ah! oui,* s'écria sa femme,
*même ainsi nous aurions été les plus heureux des
êtres!* Ces mots ne sont jamais sortis de mon cœur.
Ah! qu'il est beau ce sentiment qui, dans l'âge
avancé, fait éprouver une passion peut-être plus
profonde encore que dans la jeunesse; une passion
qui rassemble dans l'âme tout ce que le temps enlève aux sensations; une passion qui fait de la vie
un seul souvenir, et, dérobant à sa fin tout ce qu'a
d'horrible l'isolement et l'abandon, vous assure de
recevoir la mort dans les mêmes bras qui soutin-
rent votre jeunesse et vous entraînèrent aux liens
brûlants de l'amour! Quoi! c'est dans la réalité des
choses humaines qu'il existe un tel bonheur, et
toute la terre en est privée; et presque jamais l'on
ne peut rassembler les circonstances qui le donnent! Cette réunion est possible, et l'obtenir pour
soi ne l'est pas! Il est des cœurs qui s'entendent,
et le hasard, et les distances, et la nature, et la
société, séparent sans retour ceux qui se seraient
aimés pendant tout le cours de leur vie; et les
mêmes puissances attachent l'existence à qui n'est
pas digne de vous, ou ne vous entend pas, ou
cesse de vous entendre!

Malgré le tableau que j'ai tracé, il est certain
que l'amour est de toutes les passions la plus fatale au bonheur de l'homme. Si l'on savait mourir, on pourrait encore se risquer à l'espérance
d'une si heureuse destinée; mais l'on abandonne
son âme à des sentiments qui décolorent le reste
de l'existence; on éprouve, pendant quelques instants, un bonheur sans aucun rapport avec l'état
habituel de la vie, et l'on veut survivre à sa perte :
l'instinct de la conservation l'emporte sur le mouvement du désespoir, et l'on existe, sans qu'il

puisse s'offrir dans l'avenir une chance de retrouver le passé, une raison même de ne pas cesser de souffrir, dans la carrière des passions, dans celle surtout d'un sentiment qui, prenant sa source dans tout ce qui est vrai, ne peut être consolé par la réflexion même. Il n'y a que les hommes capables de la résolution de se tuer [1] qui puissent, avec quelque ombre de sagesse, tenter cette grande route de bonheur : mais qui veut vivre et s'expose à rétrograder; mais qui veut vivre et renonce, d'une manière quelconque, à l'empire de soi-même; se voue comme un insensé au plus cruel des malheurs.

La plupart des hommes, et même un grand nombre de femmes, n'ont aucune idée du sentiment tel que je viens de le peindre, et Newton a plus de juges que la véritable passion de l'amour. Une sorte de ridicule s'est attaché à ce qu'on appelle des sentiments romanesques; et ces pauvres esprits, qui mettent tant d'importance à tous les détails de leur amour-propre, ou de leurs intérêts, se sont établis comme d'une raison supérieure à ceux dont le caractère a transporté dans un autre l'égoïsme, que la société considère assez dans l'homme qui s'occupe exclusivement de lui-même. Des têtes fortes regardent les travaux de la pensée, les services rendus au genre humain, comme seuls dignes de l'estime des hommes. Il est quelques génies qui ont le droit de se croire utiles à leurs semblables; mais combien peu d'êtres peuvent se flatter de quelque chose de plus glorieux que d'assurer à soi seul la félicité d'un autre ! Des moralistes sévères craignent les égarements d'une telle passion. Hélas ! de nos jours, heureuse la nation, heureux les individus qui dépendraient des hommes susceptibles d'être entraînés par la sensibilité ! Mais, en effet, tant de mouvements passagers ressemblent à l'amour, tant d'attraits d'un tout autre genre prennent, ou chez les femmes par vanité, ou chez les hommes dans leur jeunesse, l'apparence de ce sentiment, que ces ressemblances avilies ont presque effacé le souvenir de la vérité même. Enfin, il est des caractères aimants, qui, profondément convaincus de tout ce qui s'oppose au bonheur de l'amour, des

obstacles que rencontre et sa perfection, et surtout sa durée; effrayés des chagrins de leur propre cœur, des inconséquences de celui d'un autre; repoussent, par une raison courageuse, et par une sensibilité craintive, tout ce qui peut entraîner à cette passion : c'est de toutes ces causes que naissent et les erreurs adoptées, même par les philosophes, sur la véritable importance des attachements du cœur, et les douleurs sans bornes qu'on éprouve en s'y livrant.

Il n'est pas vrai, malheureusement, qu'on ne soit jamais entraîné que par les qualités qui promettent une ressemblance certaine entre les caractères et les sentiments : l'attrait d'une figure séduisante, cette espèce d'avantage qui permet à l'imagination de supposer à tous les traits qui la captivent, l'expression qu'elle souhaite, agit fortement sur un attachement qui ne peut se passer d'enthousiasme; la grâce des manières, de l'esprit, de la parole, la grâce, enfin, comme plus indéfinissable que tout autre charme, inspire ce sentiment qui, d'abord, ne se rendant pas compte de lui-même, naît souvent de ce qu'il ne peut s'expliquer. Une telle origine ne garantit ni le bonheur, ni la durée d'une liaison; cependant dès que l'amour existe, l'illusion est complète; et rien n'égale le désespoir que fait éprouver la certitude d'avoir aimé un objet indigne de soi. Ce funeste trait de lumière frappe la raison avant d'avoir détaché le cœur; poursuivi par l'ancienne opinion à laquelle il faut renoncer, on aime encore en mésestimant; on se conduit comme si l'on espérait, en souffrant, comme s'il n'existait plus d'espérance; on s'élance vers l'image qu'on s'était créée; on s'adresse à ces mêmes traits qu'on avait regardés jadis comme l'emblème de la vertu, et l'on est repoussé par ce qui est bien plus cruel que la haine, par le défaut de toutes les émotions sensibles et profondes : on se demande si l'on est d'une autre nature, si l'on est insensé dans ses mouvements; on voudrait croire à sa propre folie pour éviter de juger le cœur de ce qu'on aimait. Le passé même ne reste plus pour faire vivre de souvenirs; l'opinion qu'on est forcé de concevoir se rejette sur les temps où l'on était déçu, on se rappelle ce qui devait éclairer : alors le malheur s'étend sur toutes les époques de la vie; les regrets tiennent du remords, et la mélancolie, dernier espoir des malheureux, ne peut plus adoucir ces repentirs qui vous agitent, qui vous dévorent, et vous font craindre la solitude sans vous rendre capable de distraction.

Si, au contraire, il a existé dans la vie un heu-

[1] Je crains qu'on ne m'accuse d'avoir parlé trop souvent, dans le cours de cet ouvrage, du suicide comme d'un acte digne de louanges : je ne l'ai point examiné sous le rapport toujours respectable des principes religieux; mais politiquement, je crois que les républiques ne peuvent se passer du sentiment qui portait les anciens à se donner la mort; et dans les situations particulières, les âmes passionnées qui s'abandonnent à leur nature, ont besoin d'envisager cette ressource pour ne pas se dépraver dans le malheur, et plus encore, peut-être, au milieu des efforts qu'elles tentent pour l'éviter.

reux moment où l'on était aimé; si l'être qu'on avait choisi était sensible, était généreux, était semblable à ce qu'on croit être, et que le temps, l'inconstance de l'imagination, qui détache même le cœur, qu'un autre objet, moins digne de sa tendresse, vous ait ravi cet amour dont dépendait toute votre existence, qu'il est dévorant le malheur qu'une telle destruction de la vie fait éprouver! Le premier instant où ces caractères, qui tant de fois avaient tracé les serments les plus sacrés de l'amour, gravent en traits d'airain que vous avez cessé d'être aimée; alors que, comparant ensemble les lettres de la même main, vos yeux peuvent à peine croire que l'époque, elle seule, en explique la différence; lorsque cette voix dont les accents vous suivaient dans la solitude, retentissaient à votre âme ébranlée, et semblaient rendre présents encore les plus doux souvenirs; lorsque cette voix vous parle sans émotion, sans être brisée, sans trahir un mouvement du cœur, ah! pendant longtemps encore la passion que l'on ressent rend impossible de croire qu'on ait cessé d'intéresser l'objet de sa tendresse. Il semble que l'on éprouve un sentiment qui doit se communiquer; il semble qu'on ne soit séparé que par une barrière qui ne vient point de sa volonté; qu'en lui parlant, en le voyant, il ressentira le passé; il retrouvera ce qu'il a éprouvé; que des cœurs qui se sont tout confié, ne sauraient cesser de s'entendre;... et rien ne peut faire renaître l'entraînement dont une autre a le secret, et vous savez qu'il est heureux loin de vous, qu'il est heureux souvent par l'objet qui vous rappelle le moins : les traits de sympathie sont restés en vous seule, leur rapport est anéanti. Il faut pour jamais renoncer à voir celui dont la présence renouvellerait vos souvenirs, et dont les discours les rendraient plus amers; il faut errer dans les lieux où il vous a aimée, dans ces lieux dont l'immobilité est là pour attester le changement de tout le reste. Le désespoir est au fond du cœur, tandis que mille devoirs, que la fierté même, commandent de le cacher; on n'attire la pitié par aucun malheur apparent; seule, en secret, tout votre être a passé de la vie à la mort. Quelle ressource dans le monde peut-il exister contre une telle douleur? Le courage de se tuer? Mais dans cette situation le secours même de cet acte terrible est privé de la sorte de douceur qu'on peut y attacher; l'espoir d'intéresser après soi, cette immortalité si nécessaire aux âmes sensibles est ravie pour jamais à celle qui n'espère plus de regrets. C'est là mourir en effet que n'affliger, ni punir, ni rat-

tacher dans son souvenir l'objet qui vous a trahi; et le laisser à celle qu'il préfère, est une image de douleur qui se place au delà du tombeau, comme si cette idée devait vous y suivre.

La jalousie, cette passion terrible dans sa nature, alors même qu'elle n'est pas excitée par l'amour, rend l'âme frénétique, quand toutes les affections du cœur sont réunies aux ressentiments les plus vifs de l'amour-propre. Tout n'est pas amour dans la jalousie comme dans le regret de n'être plus aimé : la jalousie inspire le besoin de la vengeance; le regret ne fait naître que le désir de mourir. La jalousie est une situation plus pénible, parce qu'elle se compose de sensations opposées, parce qu'elle est mécontente d'elle-même; elle se repent, elle se dévore, et la douleur n'est supportable que lorsqu'elle jette dans l'abattement. Les affections qui forcent à s'agiter dans le malheur accroissent la peine par chaque mouvement qu'on fait pour l'éviter. Les affections qui mêlent ensemble l'orgueil et la tendresse sont les plus cruelles de toutes; ce que vous éprouvez de sensible affaiblit le ressort que vous trouveriez dans l'orgueil, et l'amertume qu'il inspire empoisonne la douceur que portent avec elles les peines du cœur alors même qu'elles tuent.

A côté des malheurs causés par le sentiment, c'est peu que les circonstances extérieures qui peuvent troubler l'union des cœurs; quand on n'est séparé que par des obstacles étrangers au sentiment réciproque, on souffre, mais l'on peut rêver et se plaindre : la douleur n'est point attachée à ce qu'il y a de plus intime dans la pensée, elle peut se prendre au dehors de soi. Cependant des âmes d'une vertu sublime ont trouvé en elles-mêmes des combats insurmontables : Clémentine peut se rencontrer dans la réalité, et mourir au lieu de triompher. C'est ainsi que, dans des degrés différents, l'amour bouleverse le sort des cœurs sensibles qui l'éprouvent.

Il est un dernier malheur dont la pensée n'ose approcher, c'est la perte sanglante de ce qu'on aime, c'est cette séparation terrible qui menace chaque jour tout ce qui respire, tout ce qui vit sous l'empire de la mort. Ah! cette douleur sans bornes est la moins redoutable de toutes : comment survivre à l'objet dont on était aimé; à l'objet qu'on avait choisi pour l'appui de sa vie, à celui qui faisait éprouver l'amour tel qu'il anime un caractère tout entier créé pour le ressentir? Quoi! l'on croirait possible d'exister dans un monde qu'il n'habitera plus, de supporter des jours qui ne le ramèneront jamais, de vivre de souvenirs dévorés pàr l'éternité ; de croire entendre cette voix, dont les derniers accents vous furent adressés, rappeler vers elle, en vain, l'être qui fut la moitié de sa vie, et lui reprocher les battements d'un cœur qu'une main chérie n'échauffera plus !

Ce que j'ai dit s'applique presque également aux deux sexes ; il me reste à considérer ce qui nous regarde particulièrement. O femmes ! vous, les victimes du temple où l'on vous dit adorées, écoutez-moi.

La nature et la société ont déshérité la moitié de l'espèce humaine ; force, courage , génie, indépendance , tout appartient aux hommes ; et s'ils environnent d'hommages les années de notre jeunesse, c'est pour se donner l'amusement de renverser un trône ; c'est comme on permet aux enfants de commander, certains qu'ils ne peuvent forcer d'obéir. Il est vrai, l'amour qu'elles inspirent donne aux femmes un moment de pouvoir absolu ; mais c'est dans l'ensemble de la vie, dans le cours même d'un sentiment, que leur destinée déplorable reprend son inévitable empire.

L'amour est la seule passion des femmes ; l'ambition, l'amour de la gloire même leur vont si mal , qu'avec raison un très-petit nombre s'en occupent. Je l'ai dit, en parlant de la vanité : pour une qui s'élève, mille s'abaissent au-dessous de leur sexe, en en quittant la carrière. A peine la moitié de la vie peut-elle être intéressée par l'amour, il reste encore trente ans à parcourir quand l'existence est déjà finie. L'amour est l'histoire de la vie des femmes ; c'est un épisode dans celle des hommes : réputation, honneur, estime, tout dépend de la conduite qu'à cet égard les femmes ont tenue ; tandis que les lois de la moralité même, selon l'opinion d'un monde injuste, semblent suspendues dans les rapports des hommes avec les femmes ; ils peuvent passer pour bons, et leur avoir causé la plus affreuse douleur qu'il soit donné à l'être mortel de produire dans l'âme d'un autre ; ils peuvent passer pour vrais, et les avoir trompées ; enfin, ils peuvent avoir reçu d'une femme les services, les marques de dévouement qui lieraient ensemble deux amis, deux compagnons d'armes, qui déshonoreraient l'un des deux, s'il se montrait capable de les oublier ; ils peuvent les avoir reçus d'une femme, et se dégager de tout, en attribuant tout à l'amour, comme si un sentiment, un don de plus diminuait le prix des autres. Sans doute , il est des hommes dont le caractère est une honorable exception ; mais telle est l'opinion générale sous ce rapport, qu'il en est bien peu qui osassent, sans craindre le ridicule, annoncer dans les liaisons du cœur la délicatesse de principes qu'une femme se croirait obligée d'affecter, si elle ne l'éprouvait pas.

On dira que peu importe au sentiment l'idée du devoir, qu'il n'en a pas besoin tant qu'il existe, et qu'il n'existe plus dès qu'il en a besoin. Il n'est pas vrai du tout que dans la moralité du cœur humain, un lien ne confirme pas un penchant ; il n'est pas vrai qu'il n'existe pas plusieurs époques dans le cours d'un attachement où la moralité resserre les nœuds qu'un écart de l'imagination pouvait relâcher. Les liens indissolubles s'opposent au libre attrait du cœur ; mais un complet degré d'indépendance rend presque impossible une tendresse durable ; il faut des souvenirs pour ébranler le cœur, et il n'y a point de souvenirs profonds, si l'on ne croit pas aux droits du passé sur l'avenir, si quelque idée de reconnaissance n'est pas la base immuable du goût qui se renouvelle : il y a des intervalles dans tout ce qui appartient à l'imagination, et si la moralité ne les remplit pas, dans l'un de ces intervalles passagers on se séparera pour toujours. Enfin, les femmes sont liées par les relations du cœur, et les hommes ne le sont pas : cette idée même est encore un obstacle à la durée de l'attachement des hommes ; car là où le cœur ne s'est point fait de devoir, il faut que l'imagination soit excitée par l'inquiétude ; et les hommes sont sûrs des femmes, par des raisons même étrangères à l'opinion qu'ils ont de leur plus grande sensibilité ; ils en sont sûrs, parce qu'ils les estiment ; ils en sont sûrs, parce que le besoin qu'elles ont de l'appui de l'homme qu'elles aiment se compose de motifs indépendants de l'attrait même. Cette certitude, cette confiance, si douce à la faiblesse, est souvent importune à la force ; la faiblesse se repose , la force s'enchaîne ; et dans la réunion des contrastes dont l'homme veut former son bonheur, plus la nature l'a fait pour régner, plus il aime à trouver d'obstacles : les femmes, au contraire, se défiant d'un empire sans fondement réel ; cherchent un maître, et se plaisent à s'abandonner à sa protection ; c'est donc presque une conséquence de cet ordre fatal, que les femmes détachent en se livrant, et perdent par l'excès même de leur dévouement.

Si la beauté leur assure des succès, la beauté n'ayant jamais une supériorité certaine, le charme de nouveaux traits peut briser les liens les plus doux du cœur ; les avantages d'un caractère élevé, d'un esprit remarquable, attirent par leur éclat, mais détachent à la longue tout ce qui leur serait inférieur. Et comme les femmes ont besoin d'admirer ce qu'elles aiment, les hommes se plaisent à exercer sur leur maîtresse l'ascendant des lumières, et souvent ils hésitent entre l'ennui de la médiocrité et l'importunité de la distinction.

L'amour-propre, que la société, que l'opinion publique a réuni fortement à l'amour, se fait à peine sentir dans la situation des hommes vis-à-vis des femmes : celle qui leur serait infidèle s'avilit en les offensant, et leur cœur est guéri par le mépris. La fierté vient encore aggraver dans une femme les malheurs de l'amour ; c'est le sentiment qui fait la blessure, mais l'amour-propre y jette des poisons. Le don de soi, ce sacrifice si grand aux yeux d'une femme, doit se changer en remords, en souvenir de honte, quand elle n'est plus aimée ; et lorsque la douleur, qui d'abord n'a qu'une idée, appelle enfin à son secours tous les genres de réflexions, les hommes, condamnés à souffrir l'inconstance, sont consolés par chaque pensée qui les attire vers un nouvel avenir ; les femmes sont replongées dans le désespoir par toutes les combinaisons qui multiplient l'étendue d'un tel malheur.

Il peut exister des femmes dont le cœur ait perdu sa délicatesse ; elles sont aussi étrangères à l'amour qu'à la vertu ; mais il est encore pour celles qui méritent seules d'être comptées parmi leur sexe, il est encore une inégalité profonde dans leurs rapports avec les hommes : les affections de leur cœur se renouvellent rarement ; égarées dans la vie, quand leur guide les a trahies, elles ne savent ni renoncer à un sentiment qui ne laisse après lui que l'abîme du néant, ni renaître à l'amour dont leur âme est épouvantée. Une sorte de trouble sans fin, sans but, sans repos, s'empare de leur existence ; les unes se dégradent, les autres sont plus près d'une dévotion exaltée que d'une vertu calme ; toutes au moins sont marquées du sceau fatal de la douleur ; et pendant ce temps les hommes commandent les armées, dirigent les empires, et se rappellent à peine le nom de celles dont ils ont fait la destinée : un seul mouvement d'amitié laisse plus de traces dans leur cœur que la passion la plus ardente ; toute leur vie est étrangère à cette époque, chaque instant y rattache le souvenir des femmes ; l'imagination des hommes a tout conquis en étant aimés, le cœur des femmes est inépuisable en regrets ; les hommes ont un but dans l'amour, la durée de ce sentiment est le seul bonheur des femmes. Les hommes enfin sont aimés, parce qu'ils aiment ; les femmes doivent craindre, à chaque mouvement qu'elles éprouvent, et l'amour qui les entraîne, et l'amour qui va dé-

truire le prestige qui enchaînait sur leurs pas.

Êtres malheureux ! êtres sensibles ! vous vous exposez, avec des cœurs sans défense, à ces combats où les hommes se présentent entourés d'un triple airain ; restez dans la carrière de la vertu, restez sous sa noble garde ; là il est des lois pour vous, là votre destinée a des appuis indestructibles : mais si vous vous abandonnez au besoin d'être aimées, les hommes sont maîtres de l'opinion, les hommes ont de l'empire sur eux-mêmes ; les hommes renverseront votre existence pour quelques instants de la leur.

Ce n'est pas en renonçant au sort que la société leur a fixé, que les femmes peuvent échapper au malheur ; c'est la nature qui a marqué leur destinée, plus encore que les lois des hommes ; et pour cesser d'être leurs maîtresses, faudrait-il devenir leurs rivaux, et mériter leur haine, parce qu'il faut sacrifier leur amour ? Il reste des devoirs, il reste des enfants, il reste aux mères ce sentiment sublime dont la jouissance est dans ce qu'il donne, et l'espoir dans ses bienfaits.

Sans doute, celle qui a rencontré un homme dont l'énergie n'a point effacé la sensibilité ; un homme qui ne peut supporter la pensée du malheur d'un autre, et met l'honneur aussi dans la bonté ; un homme fidèle aux serments que l'opinion publique ne garantit pas, et qui a besoin de la constance pour jouir du vrai bonheur d'aimer : celle qui serait l'unique amie d'un tel homme, pourrait triompher, au sein de la félicité, de tous les systèmes de la raison. Mais s'il est un exemple qui puisse donner à la vertu même des instants de mélancolie, quelle femme toutefois, quand l'époque des passions est passée, ne s'applaudit pas de s'être détournée de leur route ? Qui pourrait comparer le calme qui suit le sacrifice, et le regret des espérances trompées ? A quel prix ne voudrait-on pas n'avoir jamais aimé, n'avoir jamais connu ce sentiment dévastateur, qui, semblable au vent brûlant d'Afrique, sèche dans la fleur, abat dans la force, courbe enfin vers la terre la tige qui devait et croître et dominer !

CHAPITRE V.

Du jeu, de l'avarice, de l'ivresse, etc.

Après ce sentiment malheureux et sublime qui fait dépendre d'un seul objet le destin de notre vie, je vais parler des passions qui soumettent l'homme au joug des sensations égoïstes. Ces passions ne doivent point être rangées dans la classe des ressources qu'on trouve en soi ; car rien n'est plus opposé aux plaisirs qui naissent de l'empire sur soi-même que l'asservissement à ses désirs personnels. Dans cette situation, toutefois, si l'on dépend de la fortune, on n'attend rien de l'opinion, de la volonté, des sentiments des hommes ; et sous ce rapport, comme on a plus de liberté, on devrait obtenir plus de bonheur : néanmoins ces penchants avilissants ne valent aucune véritable jouissance ; ils livrent à un instinct grossier, et cependant exposent aux mêmes chances que des désirs plus relevés.

L'on peut trouver dans ces passions honteuses la trace des affections morales dégénérées en impulsions physiques. Il y a dans les libertins, dans ceux qui s'enivrent, dans les joueurs, dans les avares, les deux espèces de mouvement qui font les ambitieux en tout genre, le besoin d'émotion et la personnalité ; mais, dans les passions morales, on ne peut être ému que par les sentiments de l'âme, et ce qu'on a d'égoïsme n'est satisfait que par le rapport des autres avec soi ; tandis que le seul avantage de ces passions physiques, c'est l'agitation qui suspend le sentiment et la pensée ; elles donnent une sorte de personnalité matérielle qui part de soi pour revenir à soi, et fait triompher ce qu'il y a d'animal dans l'homme sur le reste de sa nature.

Examinons cependant, malgré le dégoût qu'un tel sujet inspire, les deux principes de ces passions, le besoin d'émotion et l'égoïsme. Le premier produit l'amour du jeu, et le second l'avarice. Quoiqu'on puisse supposer qu'il faut aimer l'argent pour aimer le jeu, ce n'est point là la source de ce penchant effréné ; la cause élémentaire, la jouissance unique peut-être de toutes les passions, c'est le besoin et le plaisir de l'émotion. On ne trouve de bon dans la vie que ce qui la fait oublier ; et si l'émotion pouvait être un état durable, bien peu de philosophes se refuseraient à convenir qu'elle serait le souverain bien. Il est, et je tâcherai de le prouver dans la troisième partie de cet ouvrage, il est des distractions utiles et constantes pour l'homme qui sait se dominer ; mais la foule des êtres passionnés qui veulent échapper à leur ennemi commun, la sensation douloureuse de la vie, se précipite dans une ivresse qui, confondant les objets, fait disparaître la réalité de tout. Dans un moment d'émotion, il n'y a plus de jugement, il n'y a que de l'espérance et de la crainte : on éprouve quelque chose du plaisir des rêves, les limites s'effacent, l'extraordinaire paraît possible, et les bornes ou les chaînes de ce qui est et de ce qui sera s'éloignent ou se soulèvent à vos yeux. Dans le tumulte et la succession rapide des sensa-

tions qui s'emparent d'une âme violemment émue, le danger, même sans but, est un plaisir pendant la durée de l'action. Sans doute c'est un sentiment très-pénible que de craindre à l'avance le péril qui menace, c'est de la souffrance dans le calme ; mais l'instant de la décision, mais le jeu, quelque cher qu'il soit dans le moment où il se hasarde, est une espèce de jouissance, c'est-à-dire, d'étourdissement. Cet état devient quelquefois tellement nécessaire à ceux qui l'ont éprouvé, qu'on voit des marins traverser de nouveau les mers, seulement pour ressentir l'émotion des dangers auxquels ils ont échappé.

Le grand jeu de la gloire est difficile à préparer ; un tapis vert, des dés y suppléent. L'agitation de l'âme est un besoin trompeur auquel la plupart des hommes se livrent, sans penser à ce qui succède à cette agitation. Ils hasardent la fortune qui les fait vivre ; ils se précipitent dans les batailles où la mort, ou plus encore les souffrances les menacent, pour retrouver ce mouvement qui les sépare des souvenirs et de la prévoyance, donne à l'existence quelque chose d'instantané, fait vivre et cesser de réfléchir.

Quel triste cachet de la destinée humaine ! quelle irrécusable preuve de malheur, que ce besoin d'éviter le cours naturel de la vie, d'enivrer les facultés qui servent à la juger ! Le monde est agité par l'inquiétude de chaque homme, et ces armées innombrables qui couvrent la surface de la terre sont l'invention cruelle des soldats, des officiers, des rois, pour chercher dans la destinée quelque chose que la nature n'y a point mis, ou tout au moins pour obtenir cette interruption momentanée de la durée successive des idées habituelles, cette émotion qui soulage du poids de la vie.

Mais, indépendamment de tout ce qu'il faut hasarder et perdre pour se mettre dans une situation qui vous procure de telles sortes de jouissances, il n'existe rien de plus pénible que l'instant qui succède à l'émotion ; le vide qu'elle laisse après elle est un plus grand malheur que la privation même de l'objet dont l'attente vous agitait. Ce qu'il y a de plus difficile à supporter pour un joueur, ce n'est pas d'avoir perdu, mais de cesser de jouer. Les mots qui servent aux autres passions sont très-souvent empruntés de celle-là, parce qu'elle est une image matérielle de tous les sentiments qui s'appliquent à de plus grandes circonstances ; ainsi l'amour du jeu aide à comprendre l'amour de la gloire, et l'amour de la gloire à son tour explique l'amour du jeu.

Tout ce qui établit des analogies, des ressem-

blances, est un garant de plus de la vérité du système. Si l'on parvenait à rallier la nature morale à la
nature physique, l'univers entier à une seule pensée,
on aurait presque dérobé le secret de la Divinité.

La plupart des hommes cherchent donc à trouver le bonheur dans l'émotion, c'est-à-dire, dans
une sensation rapide qui gâte un long avenir :
d'autres se livrent par calcul, et surtout par caractère, à la personnalité ; mécontents de leurs relations avec les autres, ils croient avoir trouvé un
secret sûr pour être heureux, en se consacrant à
eux-mêmes, et ils ne savent pas que ce n'est pas
seulement de la nature du joug, mais de la dépendance en elle-même, que naît le malheur de l'homme.
L'avarice est de tous les penchants celui qui fait
le mieux ressortir la personnalité. Aimer l'argent,
pour arriver à tel ou tel but, c'est le regarder
comme un moyen, et non comme l'objet ; mais il
est une espèce d'hommes qui, considérant en général la fortune comme une manière d'acquérir
des jouissances, ne veulent cependant en goûter
aucune : les plaisirs, quels qu'ils soient, vous asso-
cient aux autres, tandis que la possibilité de les
obtenir est en soi seul, et l'on dissipe quelque chose
de son égoïsme en le satisfaisant au dehors. L'a-
venir inquiète tellement les avares, qu'ils aiment
à sacrifier le présent comme pourrait le faire la
vertu la plus relevée : la personnalité de l'avare va
si loin, qu'il finit par immoler lui à lui-même ; il
s'aime tant demain, qu'il se prive de tout chaque
jour pour embellir le jour suivant ; et comme tous
les sentiments qui ont le caractère de la passion,
qui dévorent jusqu'à l'objet même qu'ils chérissent,
l'égoïsme devient destructeur du bien-être qu'il
veut conserver, et l'avarice interdit tous les avantages que l'argent pourrait valoir.

Je ne m'arrêterai point à parler des malheurs
causés par l'avarice ; on ne voit point de gradation
ni de nuance dans cette singulière passion ; tout y
paraît également douloureux et vil. Comment avoir
l'idée de cette fureur de personnalité ? Quel but
que soi pour sa propre vie ! Quel homme peut se
choisir pour l'objet de sa pensée, sans admettre
d'intermédiaire entre sa passion et lui-même ?

Il y a tant d'incertitude dans ce qu'on désire,
de dégoût dans ce qu'on éprouve, qu'on ne peut
concevoir comment on aurait le courage d'agir, si
ses actions retournant à ses sensations, et ses
sensations à ses actions, on savait si positivement
le prix de ce qu'on fait, la récompense de ses
efforts. Comment exister sans être utile, et se
donner la peine de vivre quand personne ne s'af-
fligerait de nous voir mourir !

Si l'avare, si l'égoïste sont incapables de ces
retours sensibles, il est un malheur particulier à
de tels caractères auquel ils ne peuvent jamais
échapper ; ils craignent la mort, comme s'ils
avaient su jouir de la vie : après avoir sacrifié leurs
jours présents à leurs jours à venir, ils éprouvent
une sorte de rage en voyant s'approcher le terme
de l'existence. Les affections du cœur augmentent
le prix de la vie en diminuant l'amertume de la
mort ; tout ce qui est aride fait mal vivre et mal
mourir. Enfin les passions personnelles sont de
l'esclavage autant que celles qui mettent dans la
dépendance des autres ; elles rendent également
impossible l'empire sur soi-même, et c'est dans
le libre et constant exercice de cette puissance
qu'est le repos et ce qu'il y a de bonheur.

Les passions qui dégradent l'homme, en resserrant son égoïsme dans ses sensations, ne produisent pas sans doute ces bouleversements de
l'âme où l'homme éprouve toutes les douleurs que
ses facultés lui permettent de ressentir ; mais il ne
reste aux peines causées par des penchants mé-
prisables aucun genre de consolation ; le dégoût
qu'elles inspirent aux autres passe jusqu'à celui
qui les éprouve. Il n'y a rien de plus amer dans
l'adversité que de ne pas pouvoir s'intéresser à soi ;
l'on est malheureux sans trouver même de l'attendrissement dans son âme ; il y a quelque chose de
desséché dans tout votre être, un sentiment d'isolement si profond, qu'aucune idée ne peut se
joindre à l'impression de la douleur : il n'y a rien
dans le passé, il n'y a rien dans l'avenir, il n'y a
rien autour de soi ; on souffre à sa place, mais
sans pouvoir s'aider de sa pensée, sans oser méditer sur les différentes causes de son infortune,
sans se relever par de grands souvenirs où la douleur puisse s'attacher.

CHAPITRE VI.

De l'envie et de la vengeance.

Il est des passions qui n'ont pas précisément de
but, et cependant remplissent une grande partie
de la vie ; elles agissent sur l'existence sans la diriger, et l'on sacrifie le bonheur à leur puissance
négative : car, par leur nature, elles n'offrent pas
même l'illusion d'un espoir et d'un avenir, mais
seulement elles donnent le besoin de satisfaire
l'âpre sentiment qu'elles inspirent : il semble que
de telles passions ne soient composées que du
mauvais succès de toutes ; de ce nombre, mais
avec des nuances différentes, sont l'envie et la
vengeance.

L'envie ne promet aucun genre de jouissances, même de celles qui amènent du malheur à leur suite. L'homme qui a cette disposition voit, dans le monde beaucoup plus de sujets de jalousie qu'il n'en existe réellement; et pour se croire à la fois heureux et supérieur, il faudrait juger de son sort par l'envie que l'on inspire : c'est un mobile dont l'objet est une souffrance, et qui n'exerce l'imagination, cette faculté inséparable de la passion, que sur une idée pénible. La passion de l'envie n'a point de terme, parce qu'elle n'a point de but; elle ne se refroidit point, parce que ce n'est d'aucun genre d'enthousiasme, mais de l'amertume seule qu'elle s'alimente, et que chaque jour accroît ses motifs par ses effets : celui qui commence par haïr inspire une irritation propre à faire mériter sa haine qui d'abord était injuste. Les poëtes se sont exercés sur tous les emblèmes de malheur qu'il fallait attacher à l'envie. Quel triste sort, en effet, que celui d'une passion qui se dévore elle-même, et, poursuivie sans cesse par l'image de ce qui la blesse, ne peut se représenter une circonstance quelconque où elle trouverait du repos ! Il y a tant de maux sur la terre cependant, qu'il semblerait que tout ce qui arrive dans le monde dût être une jouissance pour l'envie; mais elle est si difficile en malheurs, que s'il reste de la considération à côté des revers, un sentiment à travers mille infortunes, une qualité parmi des torts, si le souvenir de la prospérité relève dans la misère, l'envieux souffre et déteste encore : il démêle, pour haïr, des avantages inconnus à celui qui les possède; il faudrait, pour qu'il cessât de s'agiter, qu'il crût tout ce qui existe inférieur à sa fortune, à ses talents, à son bonheur même; et il a la conscience, au contraire, que nul tourment ne peut égaler l'impression aride et desséchante que sa passion dominatrice produit sur lui. Enfin l'envie prend sa source dans ce terrible sentiment de l'homme qui lui rend odieux le spectacle du bonheur qu'il ne possède pas, et lui ferait préférer l'égalité de l'enfer aux gradations dans le paradis. La gloire, la vertu, le génie viennent se briser contre cette force destructive; elle met une borne aux efforts, aux élans de la nature humaine : son influence est souveraine; car qui blâme, qui déjoue, qui s'oppose, qui renverse, qui se saisit enfin de la force destructive, finit toujours par triompher.

Mais le mal que l'envieux sait causer ne lui compose pas même un bonheur selon ses vœux; chaque jour la fortune ou la nature lui donnent de nouveaux ennemis; vainement il en fait ses victimes,

aucun de ses succès ne le rassure, il se sent inférieur à ce qu'il détruit, il est jaloux de ce qu'il immole; enfin, à ses yeux mêmes, il est toujours humilié, et ce supplice s'augmente par tout ce qu'il fait pour l'éviter.

Il est une passion dont l'ardeur est terrible, une passion plus redoutable dans ce temps que dans tous les autres.: c'est la vengeance. Il ne peut être question de bonheur positif obtenu par elle, puisqu'elle ne doit sa naissance qu'à une grande douleur, qu'on croit adoucir en la faisant partager à celui qui l'a causée; mais il n'est personne qui, dans diverses circonstances de sa vie, n'ait ressenti l'impulsion de la vengeance . elle dérive immédiatement de la justice, quoique ses effets y soient souvent si contraires. Faire aux autres le mal qu'ils vous ont fait, se présente d'abord comme une maxime équitable; mais ce qu'il y a de naturel dans cette passion ne rend ses conséquences ni plus heureuses, ni moins coupables: c'est à combattre les mouvements involontaires qui entraînent vers un but condamnable que la raison est particulièrement destinée; car la réflexion est autant dans la nature que l'impulsion.

Il est certain d'abord qu'on soutient difficilement l'idée de savoir heureux l'objet qui vous a plongé dans le désespoir. Ce tableau vous poursuit, comme, par un mouvement contraire, l'imagination de la pitié offre la peinture des douleurs qu'elle excite à soulager. L'opposition de votre peine et de la félicité de votre ennemi produit dans le sang un véritable soulèvement.

Ce qu'on a le plus de peine aussi à supporter dans l'infortune, c'est l'absorbation, la fixation sur une seule idée; et tout ce qui porte la pensée au dehors de soi, tout ce qui excite à l'action trompe le malheur. Il semble qu'en agissant on va changer la situation de son âme; et le ressentiment, ou l'indignation contre le crime, étant d'abord ce qui est le plus apparent dans sa propre douleur, on croit, en satisfaisant ce mouvement, échapper à tout ce qui doit le suivre; mais en observant un cœur généreux et sensible, on découvre qu'on serait plus malheureux encore après s'être vengé qu'auparavant. L'occupation où l'on est de son ressentiment, l'effort qu'on fait sur soi pour le combattre, remplit la pensée de diverses manières; après s'être vengé, l'on reste seul avec sa douleur, sans autre idée que la souffrance. Vous rendez à votre ennemi, par votre vengeance, une espèce d'égalité avec vous; vous le sortez de dessous le poids de votre mépris, vous vous sentez rapproché par l'action même de punir; si l'effort que vous tenteriez pour vous venger était inutile, votre ennemi aurait sur vous l'avantage qu'on prend toujours sur les volontés impuissantes, quels qu'en soient la nature et l'objet. Tous les genres d'égarement sont excusables dans les véritables douleurs ; mais ce qui démontre cependant combien la vengeance tient à des mouvements condamnables, c'est qu'il est beaucoup plus rare de se venger par sensibilité que par esprit de parti, ou par amour-propre.

Les âmes généreuses qui se sont abandonnées à des mouvements coupables, ont fait un tort immense à l'ascendant de la moralité ; elles ont réuni à des torts graves des motifs élevés, et le sens même des mots s'est trouvé changé par les pensées accessoires que leur exemple y a réunies. Le même terme exprime l'assassinat de César et celui de Henri IV ; et les grands hommes qui se sont cru le droit de faire plier une loi de la moralité devant leurs intentions sublimes, ont fait plus de mal par la latitude qu'ils ont donnée à l'idée de la vertu, que les scélérats méprisés dont les actions ont exalté l'horreur qu'inspire le crime. Enfin, par quelque motif qu'on se croie excité à la vengeance, il faut répéter à ceux qui voudraient s'y abandonner, non pas qu'ils n'y trouveraient pas de bonheur, ils ne le savent que trop ; mais il faut leur répéter qu'il n'est point de fléau politique plus redoutable.

Cette passion pourrait perpétuer le malheur depuis la première offense jusqu'à la fin de la race humaine : et dans les temps où les fureurs des partis ont emporté tous les hommes dans tous les sens au delà des bornes de la vertu, de la raison et d'eux-mêmes, les révolutions ne cessent que quand chacun n'est plus agité par le besoin de prévenir ou d'éviter les effets de la vengeance.

On se persuade que la crainte d'être puni peut empêcher les hommes violents de se porter à de certains excès ; ce n'est pas du tout connaître la nature de l'emportement. Quand on est criminel de sang-froid, comme on calcule toujours, tels périls, tels obstacles de plus peuvent arrêter ; mais les hommes passionnés qui se précipitent dans les révolutions sont irrités par la crainte même, si l'on parvient à la leur faire éprouver ; la peur excite les caractères impétueux, au lieu de les contenir.

Il est une réflexion qui devrait servir de guide à ceux qui se mêlent des grands débats des hommes entre eux ; c'est qu'ils doivent considérer leurs ennemis comme étant de leur nature : il y a malheureusement de l'homme jusque dans le scélérat, et l'on ne se sert jamais cependant de la connaissance de soi, pour s'aider à devenir un autre. On dit qu'il faut contraindre, humilier, punir, et l'on sait néanmoins que de pareils moyens ne produiraient dans notre âme qu'une exaspération irréparable ; on voit ses ennemis comme une chose physique qu'on peut abattre, et soi-même comme un être moral que sa propre volonté seule doit diriger.

S'il est une passion destructive du bonheur et de l'existence des pays libres, c'est la vengeance ; l'enthousiasme qu'inspire la liberté, l'ambition qu'elle excite, met les hommes dans un plus grand mouvement, fait naître plus d'occasions d'être opposés les uns aux autres. L'amour de la patrie l'emportait tellement chez les Romains sur toute autre passion, que les ennemis servaient ensemble, et d'un commun accord, les intérêts de la république. Si la vengeance n'est pas proscrite par l'esprit public dans une nation où chaque individu existe de toute sa force personnelle, où le despotisme ne comprimant point la masse, chaque homme a une valeur et une puissance particulières, les individus finiront par haïr tous les individus, et le lien de parti se rompant à mesure qu'un nouveau mouvement crée de nouvelles divisions, il n'y aura point d'homme qui n'ait, après un certain temps, des motifs pour détester successivement tout ce qu'il a connu dans sa vie.

Certes, le plus bel exemple qui pût exister de renonciation à la vengeance, ce serait en France, si la haine cessait de renouveler les révolutions ; si le nom français, par orgueil et par patriotisme, ralliait tous ceux qui ne sont pas assez criminels pour que le pardon même ne fût pas cru de leur propre cœur. Sans doute, ce serait un héroïque oubli ; mais il est tellement nécessaire que, même en jugeant son étonnante difficulté, on a besoin de l'espérer encore. La France ne peut être sauvée que par ce moyen, et les partisans de la liberté, les amateurs des arts, les admirateurs du génie, les amis d'un beau ciel, d'une nature féconde, tout ce qui sait penser, tout ce qui a besoin de sentir, tout ce qui veut vivre, enfin, de la vie des idées ou des sensations fortes, implore à grands cris le salut de cette France.

CHAPITRE VII.

De l'esprit de parti.

Il faut avoir vécu contemporain d'une révolution religieuse ou politique, pour savoir quelle est la force de cette passion. Elle est la seule dont la puissance ne se démontre pas également dans tous les temps et dans tous les pays. Il faut qu'une fermentation, causée par des événements extraordinaires, développe ce sentiment, dont le germe existe toujours chez un grand nombre d'hommes, mais peut mourir avec eux sans qu'ils aient jamais eu l'occasion de le reconnaître.

Des querelles frivoles, telles que des disputes sur la musique, sur la littérature, peuvent donner quelques idées légères de la nature de l'esprit de parti; mais il n'existe tout entier, mais il n'est l'action dévorante qui consume les générations et les empires, que dans ces grands débats où l'imagination peut puiser sans mesure tous les motifs d'enthousiasme ou de haine.

On doit d'abord distinguer l'esprit de parti, de l'amour-propre qui fait tenir à l'opinion qu'on a soutenue; il en diffère tellement, qu'on peut même quelquefois mettre ces deux penchants en opposition. Un homme diversement célèbre, M. de Condorcet, avait précisément le caractère de l'esprit de parti. Ses amis assurent qu'il aurait écrit contre son opinion, qu'il l'aurait et désavouée et combattue ouvertement, sans confier à personne le secret de ses efforts, s'il avait cru que ce moyen pût servir à faire triompher la cause de cette opinion même. L'orgueil, l'émulation, la vengeance, la crainte, prennent le masque de l'esprit de parti; mais cette passion à elle seule est plus ardente : elle est du fanatisme et de la foi, à quelque objet qu'elle s'applique.

Eh! qu'y a-t-il au monde de plus violent et de plus aveugle que ces deux sentiments? Pendant les siècles déchirés par les querelles religieuses, on a vu des hommes obscurs, sans aucune idée de gloire, sans aucun espoir d'être connus, employer tous les moyens, braver tous les dangers pour servir la cause qu'ils avaient adoptée. Un beaucoup plus grand nombre d'hommes se mêle aux querelles politiques, parce que, dans les intérêts de ce genre, toutes les passions se joignent à l'esprit de parti, et décident à suivre l'un ou l'autre étendard; mais le pur fanatisme, dans tous les temps, et pour quelque but que ce soit, n'existe que dans un certain nombre d'hommes, qui auraient été catholiques ou protestants dans le quinzième siècle, et se font aujourd'hui aristocrates ou jacobins. Ce sont des esprits crédules, soit qu'ils se passionnent pour ou contre les vieilles erreurs; et leur violence, sans arrêt, leur donne le besoin de se placer à l'extrême de toutes les idées, pour y mettre à l'aise leur jugement et leur caractère.

L'exaltation de ce qu'on appelle la philosophie est une superstition comme le culte des préjugés; les mêmes défauts conduisent aux deux excès contraires, et c'est la différence des situations ou le hasard d'un premier mot, qui, dans la classe commune, fait de deux hommes de parti, deux ennemis ou deux complices.

L'homme éclairé qui d'abord adopta la cause des principes, parce que sa pensée n'avait pu s'astreindre à respecter des préjugés absurdes, alors qu'il embrasse une vérité avec l'esprit de parti, perd la faculté de raisonner, ainsi que le partisan de l'erreur, et bientôt emploie des moyens semblables. De même qu'on a vu prêcher l'athéisme avec l'intolérance de la superstition, l'esprit de parti commande la liberté avec la fureur du despotisme.

On a dit souvent, dans le cours de la révolution de France, que les aristocrates et les jacobins tenaient le même langage, étaient aussi absolus dans leurs opinions, et, selon la diversité des situations, adoptaient un système de conduite également intolérant. Cette remarque doit être considérée comme une simple conséquence du même principe. Les passions rendent les hommes semblables entre eux, comme la fièvre jette dans le même état des tempéraments divers; et de toutes les passions, la plus uniforme dans ses effets c'est l'esprit de parti.

Elle s'empare de vous comme une espèce de dictature, qui fait taire toutes les autorités de l'esprit, de la raison et du sentiment : sous cet asservissement, pendant qu'il dure, les hommes sont moins malheureux que par le libre arbitre qui reste encore aux autres passions; dans celle-là, la route qu'il faut suivre est commandée comme le but qu'on doit atteindre : les hommes dominés par cette passion sont inébranlables jusque dans le choix de leurs moyens; ils ne voudraient pas les modifier, même pour arriver plus sûrement à leur objet : les chefs, comme dans toutes les religions, sont plus adroits, parce qu'ils sont moins enthousiastes; mais les disciples se font un article de foi de la route autant que du but. Il faut que les moyens soient de la nature de la cause, parce que cette cause, paraissant la vérité même, doit triompher seulement par l'évidence et la force. Je vais rendre cette idée sensible par des exemples.

Dans l'assemblée constituante, les membres du côté droit auraient pu faire passer quelques-uns des décrets qui les intéressaient, s'ils eussent laissé la parole à des hommes plus modérés qu'eux, et par conséquent plus agréables au parti populaire; mais ils aimaient mieux perdre leur cause en la faisant soutenir par l'abbé Maury, que de la gagner en la laissant défendre par un orateur qui ne fût pas précisément de leur opinion sous tous les autres rapports. Un triomphe acquis par une condescendance est une défaite pour l'esprit de parti.

Lorsque les constitutionnels luttaient contre les jacobins, si les aristocrates avaient adopté le système des premiers, s'ils avaient conseillé au roi de se livrer à eux, ils auraient alors renversé l'ennemi commun, sans perdre l'espoir de se défaire un jour de leurs alliés. Mais dans l'esprit de parti, l'on aime mieux tomber en entraînant ses ennemis, que triompher avec quelqu'un d'entre eux.

Lorsqu'en étant assidu aux élections, on pouvait influer sur le choix des hommes dont allait dépendre le sort de la France, les aristocrates aimaient mieux l'exposer au joug des scélérats que de reconnaître quelques-uns des principes de la révolution en votant dans les assemblées primaires.

L'intégrité du dogme importe davantage encore que le succès de la cause. Plus l'esprit de parti est de bonne foi, moins il admet de conciliation ou de traité d'aucun genre; et comme ce ne serait pas croire véritablement à l'existence efficace de sa religion que de recourir à l'art pour l'établir, dans un parti l'on se rend suspect en raisonnant, en reconnaissant même la force de ses ennemis, en faisant le moindre sacrifice pour assurer la plus grande victoire.

Quel exemple de cet esprit impliable, dans chaque détail comme dans l'ensemble, le parti populaire aussi n'a-t-il pas donné? Combien de fois n'a-t-il pas refusé tout ce qui pouvait ressembler à une modification? L'ambition sait se plier à chacune des circonstances pour profiter de toutes; la vengeance même peut retarder ou détourner sa marche; mais l'esprit de parti est comme les forces aveugles de la nature, qui vont toujours dans la même direction : cette impulsion une fois donnée à la pensée, elle prend un caractère de roideur qui lui ôte, pour ainsi dire, ses attributs intellectuels : on croit se heurter contre quelque chose de physique lorsqu'on parle à des hommes qui se précipitent dans la ligne de leur opinion; ils n'entendent, ni ne voient, ni ne comprennent : avec deux ou trois raisonnements ils font face à toutes les objections; et lorsque ces traits lancés n'ont pas convaincu, ils ne savent plus avoir recours qu'à la persécution.

L'esprit de parti unit les hommes entre eux par l'intérêt d'une haine commune, mais non par l'estime ou l'attrait du cœur; il anéantit les affections qui existent dans l'âme, pour y substituer des liens formés seulement par les rapports d'opinion. L'on sait moins de gré à un homme de ce qu'il fait pour vous que pour votre cause. Vous avoir sauvé la vie est un mérite beaucoup moins grand à vos yeux que de penser comme vous; et, par un code singulier, l'on n'établit les relations d'attachement et de reconnaissance qu'entre les personnes du même avis. La limite de son opinion est aussi celle de ses devoirs; et si l'on reçoit, dans quelque circonstance, des secours d'un homme qui suit un parti contraire au sien, il semble que la confraternité humaine n'existe plus avec lui, et que le service qu'il vous a rendu soit un hasard qu'on doit totalement séparer de celui qui l'a fait naître. Les grandes qualités d'un homme qui n'a pas la même religion politique que vous ne peuvent être comptées par ses adversaires : les torts, les crimes mêmes de ceux qui partagent votre opinion, ne vous détachent pas d'eux. Le grand caractère de la véritable passion est d'anéantir tout ce qui n'est pas elle, et une idée dominante absorbe toutes les autres.

Il n'est point de passion qui doive plus entraîner à tous les crimes, par cela même que celui qui l'éprouve est enivré de meilleure foi, et que le but de cette passion n'étant pas personnel à l'individu qui s'y livre, il croit se dévouer en faisant le mal, conserve le sentiment de la vertu en commettant les plus grands crimes, et n'éprouve ni les craintes, ni les remords inséparables des passions égoïstes, des passions qui sont coupables aux yeux de celui même qui s'y abandonne.

L'esprit de parti n'a point de remords. Son premier caractère est de voir son objet tellement au-dessus de tout ce qui existe, qu'il ne peut se repentir d'aucun sacrifice quand il s'agit d'un tel but. La dépopulation de la France était conçue par la féroce ambition de Robespierre, exécutée par la bassesse de ses agents; mais cette affreuse idée était admise par l'esprit de parti lui seul, et l'on a dit, sans être un assassin, *Il y a deux millions d'hommes de trop en France.*

L'esprit de parti est exempt de crainte, non pas seulement par l'exaltation de courage qu'il peut inspirer, mais par la sécurité qu'il fait naître : les jacobins et les aristocrates, depuis le commencement de la révolution, n'ont pas un instant désespéré du triomphe de leur opinion; et au milieu des revers qui ont frappé si constamment les aristocrates, il y avait quelque chose de béat dans la certitude avec laquelle ils débitaient des nouvelles que la foi la plus superstitieuse aurait à peine adoptées.

Il y a cependant quelques nuances générales qui, sans application particulière à la révolution de France, distinguent l'esprit de parti de ceux qui défendent les anciens préjugés, d'avec l'esprit de parti de ceux qui veulent établir de nouveaux principes. L'esprit de parti des premiers est de meilleure foi, celui des novateurs est plus habile; la haine des premiers est plus profonde, celle des autres est plus agissante; les premiers s'attachent plus aux hommes, les novateurs davantage aux choses; les premiers sont plus implacables, les seconds plus meurtriers; les premiers regardent leurs adversaires comme des impies, les seconds les considèrent comme des obstacles; en sorte que les premiers détestent par sentiment, tandis que les autres détruisent par calcul, et qu'il y a moins de paix à espérer des partisans des anciens préjugés, et plus à redouter de la guerre faite par leurs ennemis.

Malgré ces différences cependant, les caractères généraux sont toujours pareils. L'esprit de parti est une sorte de frénésie de l'âme qui ne tient point à la nature de son objet. C'est ne plus voir qu'une idée, lui rapporter tout, et n'apercevoir que ce qui peut s'y réunir : il y a une sorte de fatigue à l'action de comparer, de balancer, de modifier, d'excepter, dont l'esprit de parti délivre entièrement. Les violents exercices du corps, l'attaque impétueuse qui n'exige aucune retenue, donnent une sensation physique très-vive et très-enivrante : il en est de même au moral de cet emportement de la pensée, qui, délivrée de tous ses liens, voulant seulement aller en avant, s'élance sans réflexion aux opinions les plus extrêmes.

Jamais il ne peut en coûter à l'esprit de parti d'abandonner des avantages individuels dont on sait la mesure, pour un but tel que cette passion le fait concevoir, pour un but qui n'a jamais rien de réel, de jugé, ni de connu, et que l'imagination revêt de toutes les illusions dont la pensée est susceptible. La démocratie ou la royauté sont le paradis de leurs vrais enthousiastes, ce qu'elles ont été, ce qu'elles peuvent devenir n'a aucun rapport avec les sensations que leurs partisans éprouvent à leur nom; à lui seul il remue toutes les affections ardentes et crédules dont l'homme est susceptible.

Par cette analyse, on voit que la source de l'esprit de parti est tout à fait étrangère au sentiment du crime; mais si cet examen philosophique inspire un moment d'indulgence, combien les effets affreux de cette passion ne ramènent-ils pas à l'effroi qu'elle doit inspirer!

Il n'en est point qui puisse à cet excès borner la pensée et dépraver la moralité. L'esprit humain ne peut avoir son développement, ne peut faire

de véritables progrès qu'en arrivant à l'impartialité la plus absolue, en effaçant au dedans de soi la trace de toutes les habitudes, de tous les préjugés, en se faisant, comme Descartes, une méthode indépendante de toutes les routes déjà tracées. Or, quand la pensée est une fois saisie de l'esprit de parti, ce n'est pas des objets à soi, mais de soi vers les objets que partent les impressions; on ne les attend pas, on les devance, et l'œil donne la forme au lieu de recevoir l'image. Les hommes d'esprit qui, dans toute autre circonstance, cherchent à se distinguer, ne se servent jamais alors que du petit nombre d'idées qui leur sont communes avec les plus bornés d'entre ceux de la même opinion. Il y a une sorte de cercle magique tracé autour du sujet de ralliement, que tout le parti parcourt, et que personne ne peut franchir : soit qu'on redoute, en multipliant ses raisonnements, d'offrir un plus grand nombre de points d'attaque à ses ennemis; soit que la passion ait également dans tous les hommes plus d'identité que d'étendue, plus de force que de variété. Placés à l'extrême d'une idée, comme des soldats à leur poste, jamais vous ne pourrez les décider à venir à la découverte d'un autre point de vue de la question; et tenant à quelques principes comme à des chefs, à des opinions comme à des serments, on dirait que vous leur proposez une trahison, quand vous voulez les engager à examiner, à s'occuper d'une idée nouvelle, à combiner de nouveaux rapports.

Cette manière de ne considérer qu'un seul côté dans tous les objets, et de les présenter toujours dans le même sens, est ce que l'on peut imaginer de plus fatigant dès qu'on n'est pas susceptible de l'esprit de parti; et l'homme le plus impartial, témoin d'une révolution, finit par ne plus savoir comment retrouver le vrai, au milieu des tableaux imaginaires où chaque parti croit montrer la vérité avec évidence. Les géomètres appellent à eux la certitude par des moyens assurés; mais dans cette sphère d'idées où les sensations, les réflexions, les paroles même, s'aident mutuellement à former le corps des vraisemblances, quand les mots les plus nobles ont été déshonorés, les raisonnements les plus justes faussement enchaînés, les sentiments les plus vrais opposés les uns aux autres, on se croit dans ce chaos que Milton aurait rendu mille fois plus horrible s'il l'avait pu représenter, dans le monde intellectuel, confondant aux yeux de l'homme le juste et l'injuste, le crime et la vertu.

Un siècle, une nation, un homme, sous le seul

I.

rapport des lumières, sont très - longtemps à se relever du fléau de l'esprit de parti. Les réputations n'ayant plus de rapport avec le mérite réel, l'émulation se ralentit en perdant son objet. L'injustice décourage de la recherche de la vérité; la gloire est rarement contemporaine, et la renommée elle-même est tellement investie par l'esprit de parti, que l'homme vertueux et grand peut ne pas obtenir son recours sur les siècles

Cette passion étouffe dans les hommes supérieurs les facultés qu'ils tenaient de la nature; et cette carrière de vérité, indéfinie comme l'espace et le temps, dans laquelle l'homme qui pense jouit d'un avenir sans bornes, atteint un but toujours renaissant; cette carrière se referme à la voix de l'esprit de parti, et tous les désirs comme toutes les craintes vouent à la servitude de la foi les têtes formées pour concevoir, découvrir et juger. Enfin, l'esprit de parti doit être de toutes les passions celle qui s'oppose le plus au développement de la pensée, puisque, comme nous l'avons déjà dit, ce fanatisme ne laisse pas même le choix des moyens pour assurer sa victoire, et que son propre intérêt ne l'éclaire point, quand il est entièrement de bonne foi.

L'esprit de parti arrive souvent à son but par sa constance et son intrépidité, mais jamais par ses lumières : l'esprit de parti qui calcule n'est déjà plus; c'est alors une opinion, un plan, un intérêt; ce n'est plus la folie, l'aveuglement qui ne pourrait cesser sur un point sans laisser entrevoir tout le reste. Mais si cette passion borne la pensée, quelle influence n'a-t-elle pas sur le cœur!

Je commence par dire qu'il y a une époque de la révolution de France (la tyrannie de Robespierre) dont il me paraît impossible d'expliquer tous les effets par des idées générales, ni sur l'esprit de parti, ni sur les autres passions humaines; ce temps est hors de la nature, au delà du crime; et, pour le repos du monde, il faut se persuader que nulle combinaison ne pouvant conduire à prévoir, à expliquer de semblables atrocités, ce concours fortuit de toutes les monstruosités morales est un hasard inouï dont des milliers de siècles ne peuvent ramener la chance.

Mais en deçà de cet horrible terme, combien en France, combien dans tous les temps l'esprit de parti n'a-t-il pas entraîné d'actions coupables! C'est une passion sans aucune espèce de contre-poids; tout ce qui se rencontre dans sa route doit être sacrifié au but qu'elle se propose. Toutes les autres passions étant égoïstes, il s'établit dans plusieurs occasions une sorte de balance entre les divers intérêts personnels. Un ambitieux peut quelquefois préférer les plaisirs de l'amitié, les avantages de l'estime, à telle ou telle partie du pouvoir; mais dans l'esprit de parti il n'y a rien que d'absolu, parce qu'il n'y a rien de réel, et que la comparaison se faisant toujours du connu à l'inconnu, de ce qui a une borne à ce qui est indéfini, ne permet jamais d'hésiter en cette incommensurable espérance et quelque bien temporel que ce puisse être. Je me sers de l'expression *temporel*, parce que l'esprit de parti déifie la cause qu'il adopte, en espérant de son triomphe des effets au-dessus de la nature des choses.

L'esprit de parti est la seule passion qui se fasse une vertu de la destruction de toutes les vertus, une gloire de toutes les actions qu'on chercherait à cacher si l'intérêt personnel les faisait commettre; et jamais l'homme n'a pu être jeté dans un état aussi redoutable, que lorsqu'un sentiment qu'il croit honnête lui commande des crimes; s'il est capable d'amitié, il est plus fier de la sacrifier; s'il est sensible, il s'enorgueillit de dompter sa peine : enfin la pitié, ce sentiment céleste qui fait de la douleur un lien entre les hommes, la pitié, cette vertu d'instinct, qui conserve l'espèce humaine en préservant les individus de leurs propres fureurs, l'esprit de parti a trouvé le seul moyen de l'anéantir dans l'âme, en portant l'intérêt sur les nations entières, sur les races futures, pour le détacher des individus. L'esprit de parti efface les traits de sympathie pour y substituer des rapports d'opinion; il présente les malheurs actuels comme le moyen, comme la garantie d'un avenir immortel, d'un bonheur politique au-dessus de tous les sacrifices qu'on peut exiger pour l'obtenir.

Si l'on s'était convaincu d'un principe simple, c'est que les hommes n'ont pas le droit de faire le mal pour arriver au bien, nous n'aurions pas vu tant de victimes humaines immolées sur l'autel même des vertus. Mais depuis que ces transactions ont existé entre le présent et l'avenir, entre le sacrifice de la génération actuelle et les dons à faire à la génération future, il n'y a point eu de bornes qu'un nouveau degré de passion ne se crût en droit de franchir; et souvent des hommes enclins au crime, croyant s'enivrer des exemples de Brutus, de Manlius, de Pison, ont proscrit la vertu, parce que de grands hommes avaient immolé le crime; ont assassiné ceux qu'ils haïssaient, parce que les Romains savaient sacrifier ce qu'ils avaient de plus cher; ont massacré de faibles ennemis, parce que des âmes généreuses avaient attaqué leurs adversaires dans la puissance; et ne prenant du patriotisme que les sentiments féroces qu'il a pu produire à quelques époques, n'ont eu de grandeur que dans le mal, et ne se sont fiés qu'à l'énergie du crime.

Il sera vrai, cependant, que l'homme vertueux peut surpasser, en force active et dominante, le coupable le plus audacieux. Il manque encore un beau spectacle au monde, c'est un Sylla dans la route de la vertu, un homme dont le caractère démontre que le crime est une ressource de la faiblesse, et que c'est aux défauts des hommes de bien, mais non à leur moralité, qu'il faut attribuer leurs revers.

Après avoir esquissé le tableau de l'esprit de parti, il entre dans mon sujet de parler du bonheur que cette passion peut promettre. Il y a un moment de jouissance dans toutes les passions tumultueuses : c'est le délire qui agite l'existence et donne au moral l'espèce de plaisir que les enfants éprouvent dans les jeux qui les enivrent de mouvement et de fatigue. L'esprit de parti peut très-bien suppléer à l'usage des liqueurs fortes; et si le petit nombre se dérobe à la vie par l'élévation de la pensée, la foule lui échappe par tous les genres d'ivresse : mais quand l'égarement a cessé, l'homme qui se réveille de l'esprit de parti est le plus infortuné des êtres.

D'abord l'esprit de parti ne peut jamais obtenir ce qu'il désire; les extrêmes sont dans la tête des hommes, mais point dans la nature des choses. Jamais il n'existe un esprit de parti sans qu'il en fasse naître un autre qui lui soit opposé, et le combat ne finit que par le triomphe de l'opinion intermédiaire.

Il faut de l'esprit de parti pour lutter efficacement avec un autre esprit de parti contraire, et tout ce que la raison trouve absurde est précisément ce qui doit réussir contre un ennemi qui prendra aussi des mesures absurdes : ce qui est au dernier terme de l'exagération transporte sur le terrain où il faut combattre, et donne des armes égales à celles de ses adversaires; mais ce n'est point par calcul que l'esprit de parti prend ainsi des moyens extrêmes, et leur succès n'est point une preuve des lumières de ceux qui les emploient; il faut que les chefs, comme les soldats, marchent en aveugles pour arriver; et celui qui raisonnerait l'extravagance n'aurait jamais, à cet égard, l'avantage d'un véritable fou.

La puissance guerrière est une puissance toute d'impulsion, et il n'y a que la guerre dans l'esprit de parti; car tous ces principes constitués pour l'attaque, ces lois servant d'arme offensive finissent avec la paix, et la victoire la plus complète d'un parti détruit nécessairement toute l'influence de son fanatisme; rien n'est, rien ne peut rester comme il le veut.

C'est sans doute à l'instinct secret de l'empire que doit avoir le vrai sur les événements définitifs, du pouvoir que doit prendre la raison dans les temps calmes; c'est à cet instinct qu'est due l'horreur des combattants pour les partisans des opinions modérées. Les deux factions opposées les considèrent comme leurs plus grands ennemis, comme ceux qui doivent recueillir les avantages de la lutte sans s'être mêlés du combat; comme ceux enfin qui ne peuvent acquérir que des succès durables, alors qu'ils commencent à en obtenir. Les jacobins, les aristocrates, craignent moins leurs succès réciproques, parce qu'ils les croient passagers, et se connaissent des défauts semblables qui donnent toujours autant d'avantage au vaincu qu'au vainqueur. Mais quand la fluctuation des idées ramène les affaires au point juste et possible, la puissance, la considération de l'esprit de parti est finie, le monde se rasseoit sur ses bases, l'opinion publique honore la raison et la vertu, et cette époque inévitable peut se calculer comme les lois de la nature. Il n'y a point de guerre éternelle, et point de paix cependant sous la dictée des passions; point de repos sans accord, point de calme sans tolérance, point de parti donc qui, lorsqu'il a détruit ses ennemis, puisse satisfaire ses enthousiastes.

Il est d'ailleurs une autre observation, c'est que, dans ces sortes de guerres, le parti vaincu se venge toujours sur les hommes du triomphe qu'il cède aux choses. Les principes ressortent avec éclat des attaques de leurs antagonistes; les individus succombent sous les attaques de leurs adversaires. Tout homme extrême dans son parti n'est jamais propre à gouverner les affaires de ce parti, lorsqu'il cesse d'être en guerre; et la haine que les opposants portaient à la cause prend la forme du mépris pour ses plus criminels défenseurs. Ce qu'ils ont fait pour le triomphe de leur parti a perdu leur réputation individuelle; ceux même qui les applaudissaient, lorsqu'ils croyaient être préservés par eux de quelques dangers, veulent l'honneur de les juger, lorsque le péril est passé. La vertu est tellement l'idée primitive de tous les hommes, que les complices sont aussi sévères que les juges, lorsque la solidarité n'existe plus; et les vaincus et les vainqueurs sont réconciliés ensemble, quand les uns renoncent à leur absurde cause, et les autres à leurs coupables chefs.

Les triomphes d'un parti ne servent donc jamais à ceux qui s'y sont montrés les plus violents et les plus injustes.

Mais quand l'esprit de parti, dans toute sa bonne foi, rendrait indifférent aux succès de l'ambition personnelle, jamais cette passion, considérée d'une manière générale, n'est complétement satisfaite par aucun résultat durable; et si elle pouvait l'être, si elle atteignait ce qu'elle appelle son but, il n'est point d'espoir qui fût plus détrompé, qui cessât plus sûrement au moment de la jouissance; car il n'en est point dont les illusions aient moins de rapport avec la réalité : il y a quelque chose de vrai dans les satisfactions que donnent la puissance, la gloire; mais lorsque l'esprit de parti triomphe, par cela même il est détruit.

Eh! quel réveil que cet instant! Le malheur qu'il cause serait encore possible à supporter, s'il venait uniquement de la perte d'une grande espérance; mais par quels moyens racheter les sacrifices qu'elle a coûtés, et que devient un homme honnête, alors qu'il se reconnaît coupable d'actions qu'il condamne en recouvrant sa raison?

Il en coûte de le dire, de peur de modifier l'horreur que doit inspirer le crime; il y a, dans la révolution, des hommes dont la conduite publique est détestable, et qui, dans les relations privées, s'étaient montrés pleins de vertus. Je le répète, en examinant tous les effets du fanatisme, on acquiert la démonstration, que c'est le seul sentiment qui puisse réunir ensemble des actions coupables et une âme honnête; de ce contraste doit naître le plus effroyable supplice dont l'imagination puisse se faire l'idée. Les malheurs qui sont causés par le caractère ont leur remède en lui-même; il y a, jusque dans l'homme profondément criminel, une sorte d'accord qui seul peut faire qu'il existe, et reste lui-même; les sentiments qui l'ont conduit au crime lui en dérobent °horreur : il supporte le mépris par le même mouvement qui l'a porté à le mériter. Mais quel supplice que la situation qui permet à un homme estimable de se juger, de se voir, ayant commis de grands crimes!... C'est d'une telle supposition que les anciens ont tiré les plus terribles effets de leurs tragédies : ils attribuent à la fatalité les actions coupables d'une âme vertueuse. Cette invention poétique, qui fait du rôle d'Oreste le plus déchirant de tous les spectacles, l'esprit de parti peut la réaliser. La main de fer du destin n'est pas plus puissante que cet asservissement à l'em-

pire d'une seule idée, ce délire que toute pensée unique fait naître dans la tête de celui qui s'y abandonne : c'est la fatalité, pour ces temps-ci, que l'esprit de parti, et peu d'hommes sont assez forts pour lui échapper.

Aussi se réveilleront-ils un jour ceux qui seuls sont sincères, ceux qui seuls méritent les regrets; accablés de mépris, tandis qu'ils auraient besoin de considération; accusés du sang et des pleurs, tandis qu'ils seront encore capables de pitié; isolés dans l'univers sensible, tandis qu'ils pensaient s'unir à toute la race humaine. Ils éprouveront ces douleurs alors que les motifs qui les ont entraînés auront perdu toute réalité, même à leurs yeux, et ils ne conserveront de la funeste identité qui ne leur permet pas de se séparer de leur vie passée, que les remords pour garants : les remords, seuls liens des deux êtres les plus contraires, celui qu'ils se sont montré sous le joug de l'esprit de parti, celui qu'ils devaient être par les dons de la nature.

CHAPITRE VIII.

Du crime.

Il faut le dire, quoiqu'on en frémisse, l'amour du crime en lui-même est une passion. Sans doute, ce sont toutes les autres qui conduisent à cet excès; mais quand elles ont entraîné l'homme à un certain terme de scélératesse, l'effet devient la cause, et le crime, qui n'était d'abord que le moyen, devient le but.

Cet horrible état demande une explication particulière, et peut-être faut-il avoir été témoin d'une révolution pour comprendre ce que je vais dire sur ce sujet.

Deux liens retiennent les hommes sous l'empire de la moralité, l'opinion publique et l'estime d'eux-mêmes. Il y a beaucoup d'exemples de braver la première en respectant la seconde; alors le caractère prend une sorte d'amertume et de misanthropie qui exclut beaucoup des bonnes actions que l'on fait pour être regardé, sans anéantir toutefois les sentiments honnêtes qui décident de l'accomplissement des principaux devoirs. Mais dès qu'on a rompu tout ce qui mettait de la conséquence dans sa conduite, dès qu'on ne peut plus rattacher sa vie à aucun principe, quelque facile qu'il soit, la réflexion, le raisonnement étant alors impossibles à supporter, il passe dans le sang une sorte de fièvre qui donne le besoin du crime.

C'est une sensation physique transportée dans l'ordre moral, et même cette frénésie se manifeste assez ordinairement par des symptômes extérieurs. Robespierre et la plupart de ses complices avaient habituellement des mouvements convulsifs dans les mains, dans la tête ; on voyait en eux l'agitation d'un constant effort. On commence à se livrer à un excès par entraînement ; mais, à son comble, il amène toujours une sorte de tension involontaire et terrible ; hors des lignes de la nature, dans quelque sens que ce soit, ce n'est plus la passion qui commande, mais la contraction qui soutient.

Certainement l'homme criminel croit toujours, d'une manière générale, marcher vers un objet quelconque ; mais il y a un tel égarement dans son âme, qu'il est impossible d'expliquer toutes ses actions par l'intérêt du but qu'il veut atteindre : le crime appelle le crime, le crime ne voit de salut que dans de nouveaux crimes ; il fait éprouver une rage intérieure qui force à agir sans autre motif que le besoin d'action. On ne peut guère comparer cet état qu'à l'effet du goût du sang sur les bêtes féroces, alors même qu'elles n'éprouvent ni la faim, ni la soif. Si, dans le système du monde, les diverses natures des êtres, des espèces, des choses, des sensations, se tiennent par des intermédiaires, il est certain que la passion du crime est le chaînon entre l'homme et les animaux ; elle est à quelques égards aussi involontaire que leur instinct, mais elle est plus dépravée ; car c'est la nature qui a créé le tigre, et c'est l'homme qui s'est fait criminel ; l'animal sanguinaire a sa place marquée dans le monde, et il faut que le criminel le bouleverse pour y dominer.

La trace de raisonnement qu'on peut apercevoir à travers le chaos des sensations d'un homme coupable, c'est la crainte des dangers auxquels ses crimes l'exposent. Quelle que soit l'horreur qu'inspire un scélérat, il surpasse toujours ses ennemis dans l'idée qu'il se fait de la chaîne qu'il mérite ; par delà les actions atroces qu'il commet à nos yeux, il sait encore quelque chose de plus que nous qui l'épouvante ; il hait dans les autres l'opinion que, sans se l'avouer, il a de son propre caractère ; et le dernier terme de sa fureur serait de détester en lui-même ce qu'il lui reste de conscience, et de se déchirer s'il vivait seul.

On s'étonne de l'inconséquence des scélérats ; et c'est précisément ce qui prouve que le crime n'est plus pour eux l'instrument d'un désir, mais une frénésie sans motifs, sans direction fixe, une passion qui se meurt sur elle-même. L'ambition, la soif du pouvoir, ou tout autre sentiment excessif,

peut faire commettre des forfaits ; mais lorsqu'ils sont arrivés à un certain excès, il n'est aucun but qu'ils ne dépassent ; l'action du lendemain est commandée par l'atrocité même de celle de la veille : une force aveugle pousse les hommes dans cette pente une fois qu'ils s'y sont placés ; le terme, quel qu'il soit, recule à leurs yeux à mesure qu'ils avancent. L'objet de toutes les autres passions est connu, et le moment de la possession promet du moins le calme de la satiété ; mais dans cette horrible ivresse, l'homme se sent condamné à un mouvement perpétuel ; il ne peut s'arrêter à aucun point limité, puisque la fin de tout est du repos, et que le repos est impossible pour lui ; il faut qu'il aille en avant, non qu'au-devant de lui l'espérance apparaisse, mais parce que l'abîme est derrière, et que, comme pour s'élever au sommet de la montagne Noire, décrite dans les *Contes Persans*, les degrés sont tombés à mesure qu'il les a montés.

Le sentiment dominant de la plupart de ces hommes est sans doute la crainte d'être punis de leurs forfaits ; cependant il y a en eux une certaine fureur qui ne leur permettrait pas d'adopter les moyens les plus sûrs, s'ils étaient en même temps les plus doux : ce n'est que dans les crimes présents qu'ils cherchent la garantie des crimes passés ; car toute résolution qui tendrait à la paix, à la réconciliation, fût-elle réellement utile à leurs intérêts, ne serait jamais adoptée par eux ; il y aurait dans de telles mesures une sorte de relâchement, de calme incompatible avec l'agitation intérieure, avec l'âpreté convulsive des hommes de cette nature.

Plus ils étaient nés avec des facultés sensibles, plus l'irritation qu'ils éprouvent est horrible. Il vaut mieux, en fait de crimes, avoir affaire à ces êtres corrompus, pour qui la moralité n'a jamais été rien, qu'à ceux qui ont eu besoin de se dépraver, de vaincre quelques qualités naturelles. Ils sont plus offensés du mépris, ils sont plus inquiets d'eux-mêmes, ils s'élancent plus loin, pour mieux se séparer des combinaisons ordinaires, qui leur rappelleraient les anciennes traces de ce qu'ils ont senti et pensé.

Quand une fois les hommes sont arrivés à cet horrible période, il faut les rejeter hors des nations, car ils ne peuvent que les déchirer. L'ordre social qui placerait un tel criminel sur le trône du monde, ne l'apaiserait pas envers les hommes ses esclaves. Rien de restreint dans des bornes fixes, fût-ce le plus haut point de prospérité, ne peut convenir à ces êtres furieux, qui détestent les hommes comme des témoins de leur vie.

Le plus énergique d'entre ces monstres finit par

devenir avide de la haine, comme on l'est de l'estime. La nature morale dans les esprits ardents tend toujours à quelque chose de complet; et l'on veut étonner par le crime, quand il n'y a plus de grandeur possible que dans son excès. L'agrandissement de soi, ce désir qui, d'une manière quelconque, est toujours le principe de toute action au dehors, l'agrandissement de soi se retrouve dans l'effroi qu'on fait naître. Les hommes sont là pour craindre, s'ils ne sont pas là pour aimer; la terreur qu'on inspire flatte et rassure, isole et enivre, et, avilissant les victimes, semble absoudre leur tyran.

Mais je m'aperçois qu'en parlant du crime je n'ai pensé qu'à la cruauté; la révolution de France concentre toutes les idées dans cette horrible dépravation : et, après tout, quel crime y a-t-il au monde, si ce n'est ce qui est cruel, c'est-à-dire, ce qui fait souffrir les autres? Eh! de quelle nature est celui qui, pour son ambition, a pu donner la mort? de quelle nature est celui qui sait braver tout ce que cette idée a de solennel et de terrible, cette idée dont le retour immédiat sur soi-même devrait effrayer tout ce qui veut vivre? Cet acte irréparable, cet acte qui seul donne à l'homme un pouvoir sur l'éternité, et lui fait exercer une faculté qui n'est sans bornes que dans l'empire du malheur; cet acte, quand on a pu, dans la réflexion, le concevoir et l'ordonner, jette l'homme dans un monde nouveau : le sang est traversé; de ce jour, il sent que le repentir est impossible, comme le mal est ineffaçable; il ne se croit plus de la même espèce que tout ce qui traite du passé avec l'avenir. Si l'on pouvait avoir quelque prise sur un tel caractère, ce serait en lui persuadant tout à coup qu'il est absolument pardonné.

Il n'est peut-être point de tyran, même le plus prospère, qui ne voulût recommencer avec la vertu, s'il pouvait anéantir le souvenir de ses crimes : mais, d'abord, il est presque impossible, quand on le voudrait, de persuader à un coupable qu'on l'absout de ses forfaits. L'opinion qu'un criminel a de lui-même est d'une morale plus sévère que la pitié qu'il pourrait inspirer à un honnête homme; et, d'ailleurs, il est contre la nature des choses qu'une nation pardonne, quand même son intérêt le plus évident devrait l'y engager.

Il faudrait accueillir la première lueur du repentir comme un engagement éternel, et lier par leurs premiers pas ceux qui, peut-être, les commençaient au hasard; mais à peine un individu a-t-il assez de force sur lui-même pour suivre une telle conduite sans se démentir. Par quels moyens peut-on confier à la foule un plan qui ne peut

réussir que s'il n'a jamais l'air d'en être un? Comment faire adopter au grand nombre une marche combinée, qui doit avoir l'apparence d'un mouvement involontaire, et mouvoir la multitude à l'aide du secret de chacun?

Un homme véritablement criminel ne peut donc point être ramené; il possède encore moins de moyens en lui-même pour recourir aux leçons de la philosophie et de la vertu. L'ascendant de l'ordre et du beau moral perd tout son effet sur une imagination dépravée. Au milieu des égarements qui n'ont pas atteint cet excès, il reste toujours une portion de soi qui peut servir à rappeler la raison; on a senti dans tous les moments une arrière-pensée qu'on est sûr de retrouver quand on le voudra : mais le criminel s'est élancé tout entier; s'il a du remords, ce n'est pas de celui qui retient, mais de celui qui excite de plus en plus à des actions violentes; c'est une sorte de crainte qui précipite les pas : et, d'ailleurs, tous les sentiments, toutes les sources d'émotion, tout ce qui peut enfin produire une révolution dans le fond du cœur de l'homme, n'existant plus, il doit suivre éternellement la même route.

Je n'ai pas besoin de parler de l'influence d'une telle frénésie sur le bonheur; le danger de tomber d'un tel état est le malheur même qui menace l'homme abandonné à ses passions; et ce danger seul suffit pour épouvanter de tout ce qui pourrait y conduire. Il n'y a que des nuances à côté de cette couleur; et les poëtes anciens ont si bien senti ce que cette situation avait d'épouvantable, que, s'aidant, pour la peindre, de tous les contes allégoriques de la mythologie, ce n'est pas la souffrance seule du remords, mais la douleur même de la passion qu'ils ont exprimée dans leurs tableaux des enfers.

La plus grande partie des idées métaphysiques que je viens d'essayer de développer, sont indiquées par les fables reçues sur le destin des grands criminels : le tonneau des Danaïdes, Sisyphe, roulant sans cesse une pierre, et la remontant au haut de la même montagne pour la voir rouler en bas de nouveau, sont l'image de ce besoin d'agir, même sans objet, qui force un criminel à l'action la plus pénible, dès qu'elle le soustrait à ce qu'il ne peut supporter, le repos. Tantale, approchant sans cesse d'un but qui s'éloigne toujours devant lui, peint le supplice habituel des hommes qui se sont livrés au crime; ils ne peuvent atteindre à aucun bien, ni cesser de le désirer. Enfin, les anciens poëtes philosophes ont senti que ce n'était pas assez de peindre les peines du repentir; qu'il fallait plus pour

d'enfer, qu'il fallait montrer ce qu'on éprouvait au plus fort de l'enivrement, ce que faisait souffrir la passion du crime avant que, par le remords même, elle eût cessé d'exister.

On se demande pourquoi, dans un état si pénible, les suicides ne sont pas plus fréquents; car la mort est le remède à l'irréparable. Mais de ce que les criminels ne se tuent presque jamais, on ne doit point en conclure qu'ils sont moins malheureux que les hommes qui se résolvent au suicide. Sans parler même du vague effroi que doit inspirer aux coupables ce qui peut suivre cette vie, il y a quelque chose de sensible ou de philosophique dans l'action de se tuer, qui est tout à fait étranger à l'être dépravé.

Si l'on quitte la vie pour échapper aux peines du cœur, on désire laisser quelques regrets après soi; si l'on est conduit au suicide par un profond dégoût de l'existence, qui sert à juger la destinée humaine, il faut que des réflexions profondes, de longs retours sur soi, aient précédé cette résolution; et la haine qu'éprouve l'homme criminel contre ses ennemis, le besoin qu'il a de leur nuire, lui feraient craindre de les laisser en repos par sa mort : la fureur dont il est agité, loin de le dégoûter de la vie, fait qu'il s'acharne davantage à tout ce qui lui a coûté si cher. Un certain degré de peine décourage et fatigue; l'irritation du crime attache à l'existence par un mélange de crainte et de fureur; elle devient une sorte de proie qu'on conserve pour la déchirer.

D'ailleurs, un caractère particulier aux grands coupables, c'est de ne point s'avouer à eux-mêmes le malheur qu'ils éprouvent, l'orgueil le leur défend; mais cette illusion, ou plutôt cette gêne intérieure, ne diminue rien de leurs souffrances, car la pire des douleurs est celle qui ne peut se reposer sur elle-même. Le scélérat est inquiet et défiant au fond de sa propre pensée; il traite avec lui-même comme avec une sorte d'ennemi; il garde avec sa réflexion quelques-uns des ménagements qu'il observe pour se montrer au public; et, dans un tel état, il n'existe jamais l'espèce de calme méditatif, d'abandon à la réflexion, qu'il faut pour contempler toute la vérité et prendre d'après elle une résolution irrévocable.

Le courage qui fait braver la mort n'a point de rapport avec la disposition qui décide à se la donner : les grands criminels peuvent être intrépides dans le danger; c'est une suite de l'enivrement, c'est une émotion, c'est un moyen, c'est un espoir, c'est une action; mais ces mêmes hommes, quoique les plus malheureux des êtres, ne se tuent presque jamais, soit que la Providence n'ait pas voulu leur laisser cette sublime ressource, soit qu'il y ait dans le crime une ardente personnalité qui, sans donner aucune jouissance, exclut les sentiments élevés avec lesquels on renonce à la vie.

Hélas! il serait si difficile de ne pas s'intéresser à l'homme plus grand que la nature, alors qu'il rejette ce qu'il tient d'elle, alors qu'il se sert de la vie pour détruire la vie, alors qu'il sait dompter par la puissance de l'âme le plus fort mouvement de l'homme, l'instinct de sa conservation; il serait si difficile de ne pas croire à quelques mouvements de générosité dans l'homme qui, par repentir, se donnerait la mort, qu'il est bon que les véritables scélérats soient incapables d'une telle action : ce serait une souffrance pour une âme honnête, que de ne pas pouvoir mépriser complétement l'être qui lui inspire de l'horreur.

SECTION II.

DES SENTIMENTS QUI SONT L'INTERMÉDIAIRE ENTRE LES PASSIONS ET LES RESSOURCES QU'ON TROUVE EN SOI.

CHAPITRE PREMIER.

Explication du titre de la seconde section.

L'amitié, la tendresse paternelle, filiale et conjugale, la religion dans quelques caractères, ont beaucoup des inconvénients des passions; et dans d'autres, ces mêmes affections donnent la plupart des avantages des ressources qu'on trouve en soi. L'exigence, c'est-à-dire, le besoin d'un retour quelconque de la part des autres, est le point de ressemblance par lequel l'amitié et les sentiments de la nature se rapprochent des peines de l'amour; et quand la religion est du fanatisme, tout ce que j'ai dit de l'esprit de parti s'applique entièrement à elle.

Mais quand l'amitié et les sentiments de la nature seraient sans exigence, quand la religion serait sans fanatisme, on ne pourrait pas encore ranger de telles affections dans la classe des ressources qu'on trouve en soi; car ces sentiments modifiés rendent néanmoins encore dépendant du hasard. Si vous êtes séparé de l'ami qui vous est cher; si les parents, les enfants, l'époux que le sort vous a donnés, ne sont pas dignes de votre amour, le bonheur que ces liens peuvent promettre n'est plus en votre puissance. Et quant à la religion, ce qui fait la base de ses jouissances, l'intensité de la foi, est un don absolument indépendant de nous : sans cette ferme croyance, on doit encore reconnaître l'utilité des idées religieuses; mais il n'est au pouvoir de qui que ce soit de s'en donner le bonheur.

C'est donc sous ces différents rapports que j'ai classé le sujet des trois chapitres que l'on va lire, entre les passions asservissantes, et les ressources qui dépendent de soi seul.

CHAPITRE II.

De l'amitié.

Je ne puis m'empêcher de m'arrêter au milieu de cet ouvrage, m'étonnant moi-même de la constance avec laquelle j'analyse les affections du cœur, et repousse loin d'elles toute espérance de bonheur durable. Est-ce ma vie que je démens? père, enfants, amis, amies, est-ce ma tendresse pour vous que je vais désavouer? Ah! non; depuis que j'existe je n'ai cherché, je n'ai voulu de bonheur que dans le sentiment, et c'est par mes blessures que j'ai trop appris à compter ses douleurs. Un jour heureux, un être distingué rattachent à ces illusions, et vingt fois on revient à cette espérance après l'avoir vingt fois perdue. Peut-être à l'instant où je parle, je crois, je veux encore être aimée; je laisse encore ma destinée dépendre tout entière des affections de mon cœur; mais celui qui n'a pu vaincre sa sensibilité n'est pas celui qu'il faut le moins croire sur les raisons d'y résister. Une sorte de philosophie dans l'esprit indépendante de la nature même du caractère, permet de se juger comme un étranger, sans que les lumières influent sur les résolutions; de se regarder souffrir, sans que sa douleur soit allégée par le don de l'observer en soi-même; et la justesse des méditations n'est point altérée par la faiblesse de cœur, qui ne permet pas de se dérober à la peine. D'ailleurs les idées générales cesseraient d'avoir une application universelle, si l'on y mêlait l'impression détaillée des situations particulières. Pour remonter à la source des affections de l'homme, il faut agrandir ses réflexions en les séparant de ses circonstances personnelles : elles ont fait naître la pensée, mais la pensée est plus forte qu'elles; et le vrai moraliste est celui qui, ne parlant ni par invention, ni par réminiscence, peint toujours l'homme et jamais lui.

L'amitié n'est point une passion, car elle ne vous ôte pas l'empire de vous-même; elle n'est pas une ressource qu'on trouve en soi, puisqu'elle vous soumet au hasard de la destinée et du caractère des objets de votre choix; enfin elle inspire le besoin du retour, et, sous ce rapport d'exigence, elle fait ressentir plusieurs des peines de l'amour, sans promettre des plaisirs aussi vifs. L'homme est placé, par toutes ses affections, dans cette triste alternative : s'il a besoin d'être aimé pour être heureux, tout système de bonheur certain et durable est fini pour lui; et s'il sait y renoncer, c'est une grande partie de ses jouissances sacrifiée pour assurer celles qui lui resteront, c'est une réduction courageuse qui n'enrichit que dans l'avenir.

Je considérerai d'abord dans l'amitié, non ces liaisons fondées sur divers genres de convenances qu'il faut attribuer à l'ambition et à la vanité, mais ces attachements purs et vrais, nés du simple choix du cœur, dont l'unique cause est le besoin de communiquer ses sentiments et ses pensées, l'espoir d'intéresser, la douce assurance que ses plaisirs et ses peines répondent à un autre cœur. Si deux amis peuvent réussir à confondre leurs existences, à transporter l'un dans l'autre ce qu'il y a d'ardent dans la personnalité; si chacun d'eux n'éprouve le bonheur ou la peine que par la destinée de son ami; si, se confiant mutuellement dans leurs sentiments réciproques, ils goûtent le repos que donne la certitude, et le charme des affections abandonnées, ils sont heureux : mais que de douleurs peuvent naître de la poursuite de tels biens!

Deux hommes, distingués par leurs talents et appelés à une carrière illustre, veulent se communiquer leurs desseins; ils souhaitent de s'éclairer ensemble : s'ils trouvent du charme dans ces conversations où l'esprit goûte aussi les plaisirs de l'intimité, où la pensée se montre à l'instant même de sa naissance, quel abandon d'amour-propre il faut supposer pour croire qu'en se confiant on ne se mesure jamais! qu'on exclue du tête-à-tête tout jugement comparable sur le mérite de son ami et sur le sien, et qu'on se soit connu sans se classer! Je ne parle pas des rivalités perfides qui pourraient naître d'une concurrence quelconque; je me suis attachée dans cet ouvrage à considérer les hommes selon leur caractère sous le point de vue le plus favorable. Les passions causent tant de malheur par elles-mêmes, qu'il n'est pas nécessaire, pour en détourner, de peindre leurs effets dans les âmes naturellement vicieuses. Nul homme, à l'avance, ne se croyant capable de commettre une mauvaise action, ce genre de danger n'effraye personne, et lorsqu'on le suppose, on se donne seulement pour adversaire l'orgueil de son lecteur. Imaginons donc qu'une ambition pareille, ou contraire, ne brouillera point deux amis. Comme il est impossible de séparer l'amitié des actions qu'elle inspire, les services réciproques sont un des liens qui doivent nécessairement en résulter; et qui peut se répondre que le succès des efforts de son ami n'influera pas sur vos sentiments pour lui! Si l'on n'est pas content de l'activité de son ami, si l'on croit avoir à s'en plaindre, à la perte de l'objet de ses désirs viendra bientôt se joindre le chagrin plus amer de douter du degré d'intérêt que votre ami mettait à vous seconder. Enfin, en mêlant ensemble le sentiment et les affaires, les intérêts du monde et ceux du cœur, on éprouve une sorte de peine qu'on ne veut pas approfondir, parce qu'il est plus honorable de l'attribuer au sentiment seul, mais qui se compose aussi d'une autre sorte de regrets, rendus plus douloureux par leur mélange avec les affections de l'âme. Il semble alors qu'il vaudrait mieux séparer entièrement l'amitié de tout ce qui n'est pas elle; mais son plus grand charme serait perdu si elle ne s'unissait pas à votre existence entière : ne sachant pas, comme l'amour, vivre d'elle-même, il faut qu'elle partage tout ce qui compose vos intérêts et vos sentiments; et c'est à la découverte, à la conservation de cet autre soi, que tant d'obstacles s'opposent.

Les anciens avaient une idée exaltée de l'amitié, qu'ils peignaient sous les traits de Thésée et de Pirithoüs, d'Oreste et de Pylade, de Castor et Pollux; mais sans s'arrêter à ce qu'il y a de mythologique dans ces histoires, c'est à des compagnons d'armes que l'on supposait de tels sentiments; et les dangers que l'on affronte ensemble, en apprenant à braver la mort, rendent plus facile le dévouement de soi-même à un autre. L'enthousiasme de la guerre excite toutes les passions de l'âme, remplit les vides de la vie, et par la présence continuelle de la mort fait taire la plupart des rivalités, pour leur substituer le besoin de s'appuyer l'un sur l'autre, de lutter, de triompher, ou de périr ensemble. Mais tous ces mouvements généreux que produit le plus beau des sentiments des hommes, la valeur, sont plutôt les qualités propres au courage qu'à l'amitié : lorsque la guerre est finie, rien n'est moins probable que la réalité, la durée des rapports qu'on se croyait avec celui qui partageait nos périls.

Pour juger de l'amitié même, il faut l'observer dans les hommes qui ne parcourent ni la carrière militaire, ni celle de l'ambition; et peut-être verra-t-on alors que ce sentiment est le plus exigeant de tous dans les âmes ardentes. On veut qu'il suffise à la vie, on s'agite du vide qu'il laisse, on en accuse le peu de sensibilité de son ami; et quand on éprouverait l'un pour l'autre un sentiment semblable, on serait fatigué mutuellement de l'exigence réciproque. Je sais bien qu'au tableau de toutes ces inquiétudes on peut opposer les êtres froids qui, aimant comme ils font toutes les autres actions de leur vie, consacrent à l'amitié tel jour de la semaine, règlent par avance quel pouvoir sur leur bonheur ils donneront à ce sentiment, et s'acquittent d'un penchant comme d'un devoir; mais j'ai déjà dit, dans l'introduction de cet ouvrage, que je ne voulais m'occuper que du destin des âmes passionnées : le bonheur des autres est assuré par toutes les qualités qui leur manquent.

Les femmes font habituellement de la confidence le premier besoin de l'amitié, et ce n'est plus alors qu'une conséquence de l'amour; il faut que réciproquement une passion semblable les occupe, et leur conversation n'est souvent alors que le sacrifice alternatif fait, par celle qui écoute, à l'espérance de parler à son tour. La confidence même que l'on s'adresse l'une à l'autre de sentiments moins exclusifs, porte avec elle le même caractère; et l'occupation qu'on a de soi est un tiers importun successivement à toutes deux. Que devient cependant le plaisir de se confier, si l'on aperçoit de l'indifférence, si l'on surprend un effort? Tout est dit pour les âmes sensibles, et la personnalité seule peut continuer des entretiens dont l'œil pénétrant de la délicatesse a vu l'amitié fatiguée.

Les femmes, ayant toutes la même destinée, tendent toutes au même but; et cette espèce de jalousie qui se compose du sentiment et de l'amour-propre est la plus difficile à dompter. Il y a, dans la plupart d'entre elles, un art qui n'est pas de la fausseté, mais un certain arrangement de la vérité dont elles ont toutes le secret, et dont cependant elles détestent la découverte. Jamais le commun des femmes ne pourra supporter de chercher à plaire à un homme devant une autre femme; il y a aussi une espèce de fortune commune à tout ce sexe en agréments, en esprit, en beauté, et chaque femme se persuade qu'elle hérite de la ruine de l'autre. Il faudrait donc ou une absence totale de sentiments vifs qui, en détruisant la rivalité, amortirait aussi toute espèce d'intérêt, ou une vraie supériorité, pour effacer la trace des obstacles généraux qui séparent les femmes entre elles. Il faut trouver autant d'agréments qu'on peut s'en croire, et plus de qualités positives, pour qu'il y ait du repos dans elle, et du dévouement en soi ; alors le premier bien, sans doute, est l'amitié d'une femme. Quel homme éprouva jamais tout ce que le cœur d'une femme peut souffrir ? l'être qui fut ou serait aussi malheureux que vous, peut seul porter du secours au plus intime, au plus amer de la douleur. Mais quand cet objet unique serait rencontré, la destinée, l'absence ne pourraient-elles pas troubler le bonheur d'un tel lien ? Et d'ailleurs celle qui croirait posséder l'ami le plus parfait et le plus sensible, l'amie la plus distinguée, sachant mieux que personne tout ce qu'il faut pour obtenir du bonheur dans de telles relations, serait d'autant plus éloignée de conseiller comme la destinée de tous, la plus rare des chances morales.

Enfin deux amis d'un sexe différent, qui n'ont aucun intérêt commun, aucun sentiment absolument pareil, semblent devoir se rapprocher par cette opposition même ; mais si l'amour les captive, je ne sais quel sentiment, mêlé d'amour-propre et d'égoïsme, fait trouver à un homme ou à une femme, liés par l'amitié, peu de plaisir à s'entendre parler de la passion qui les occupe. Ces sortes de liens, ou ne se maintiennent pas, ou cessent alors qu'on n'aime plus l'objet dont on s'entretenait ; on s'aperçoit tout à coup que lui seul vous réunissait. Si ces deux amis, au contraire, n'ont point de premier objet, ils voudront obtenir l'un de l'autre cette préférence suprême. Dès qu'un homme et une femme ne sont point attachés ailleurs par l'amour, ils cherchent dans leur amitié tout le dévouement de ce sentiment, et il y a une sorte d'exigence naturelle, entre deux personnes d'un sexe différent, qui fait demander par degrés, et sans s'en apercevoir, ce que la passion seule peut donner, quelque éloigné que l'un ou l'autre soit de la ressentir. On se soumet d'avance et sans peine à la préférence que son ami accorde à sa maîtresse ; mais on ne s'accorde pas à voir les bornes que la nature même de son sentiment met aux preuves de son amitié ; on croit donner plus qu'on ne reçoit, par cela même qu'on est plus frappé de l'un que de l'autre, et l'égalité est aussi difficile à établir sous ce rapport que sous tous les autres ; cependant elle est le but où tendent ceux qui se livrent à ce lien. L'amour se passerait bien plutôt de réciprocité que l'amitié ; là où il existe de l'ivresse, on peut suppléer à tout par de l'erreur ; mais l'amitié ne peut se tromper, et lorsqu'elle compare, elle n'obtient presque jamais le résultat qu'elle désire ; ce qu'on mesure paraît si rarement égal ; il y a quelquefois plus de parité dans les extrêmes, et les sentiments sans bornes se croient plus aisément semblables.

Quelles tristes pensées ces analyses ne font-elles pas naître sur la destinée de l'homme ! Quoi ! plus le caractère est susceptible d'attachements passionnés, plus il faut craindre de faire dépendre son bonheur du besoin d'être aimé ! Est-ce une réflexion qui doive livrer à la froide personnalité ? Ce serait, au contraire, cette réflexion même qui devrait conduire à penser qu'il faut éloigner de toutes les affections de l'âme jusqu'à l'égoisme du sentiment. Contentez-vous d'aimer, vous qui êtes nés sensibles ; c'est là l'espoir qui ne trompe jamais. Sans doute, l'homme qui s'est vu l'objet de la passion la plus profonde, qui recevait à chaque instant une nouvelle preuve de la tendresse qu'il inspirait, éprouvait des émotions plus enivrantes. Ces plaisirs, non créés par soi, ressemblent aux dons du ciel, ils exaltent la destinée : mais ce bonheur d'un jour gâte toute la vie ; le seul trésor intarissable, c'est son propre cœur. Celui qui consacre sa vie au bonheur de ses amis et de sa famille, celui qui, prévenant tous les sacrifices, ignore à jamais où se serait arrêtée l'amitié qu'il inspire ; celui qui, n'existant que dans les autres, ne peut plus mesurer ce qu'ils feraient pour lui ; celui qui trouve dans les jouissances qu'il donne le prix des sentiments qu'il éprouve ; celui dont l'âme est si agissante pour la félicité des objets de sa tendresse, qu'il ne lui reste aucun de ces moments de vague où la rêverie enfante l'inquiétude et le reproche, celui-là peut sans crainte s'exposer à l'amitié.

Mais un tel dévouement n'a presque point d'exemple entre des égaux ; il peut exister, causé par l'enthousiasme ou par un devoir quelconque ; mais il n'est presque jamais possible dans l'amitié, dont la nature est d'inspirer le funeste besoin d'un parfait retour ; et c'est parce que le cœur est fait ainsi, que je me suis réservé de peindre la bonté comme une ressource plus assurée que l'amitié, et meilleure pour le repos des âmes passionnément sensibles.

CHAPITRE III.

De la tendresse filiale, paternelle et conjugale.

Ce qu'il y a de plus sacré dans la morale, ce sont les liens des parents et des enfants : la nature et la société reposent également sur ce devoir, et le dernier degré de la dépravation est de braver l'instinct involontaire qui, dans ces relations, nous inspire tout ce que la vertu peut commander. Il y a donc toujours un bonheur certain attaché à de tels liens, l'accomplissement de ses devoirs. Mais j'ai dit dans l'Introduction de cet ouvrage, qu'en considérant toujours la vertu comme la base de l'existence de l'homme, je n'examinerais les devoirs et les affections que dans leur rapport avec le bonheur : il s'agit donc de savoir maintenant quelles jouissances de sentiment les pères et les enfants peuvent attendre les uns des autres.

Le même principe, fécond en conséquences, s'applique à ces affections comme à tous les attachements du cœur ; si l'on y livre son âme assez vivement pour éprouver le besoin impérieux de la réciprocité, le repos cesse et le malheur commence. Il y a dans ces liens une inégalité naturelle qui ne permet jamais une affection de même genre, ni au même degré ; l'une des deux est plus forte, et par cela même trouve des torts à l'autre, soit que les enfants chérissent leurs parents plus qu'ils n'en sont aimés, soit que les parents éprouvent pour leurs enfants plus de sentiments qu'ils ne leur en inspirent.

Commençons par la première supposition. Les parents ont, pour se faire aimer de leurs enfants dans leur jeunesse, beaucoup des avantages et des inconvénients des rois ; on attend d'eux beaucoup moins qu'on ne leur donne ; on est flatté du moindre effort ; on juge tout ce qu'ils font pour vous d'une manière relative, et cette sorte de mesure comparative est bien plus aisément satisfaite : ce n'est jamais d'après ce qu'on désire, mais d'après ce qu'on a coutume d'attendre, qu'on apprécie leur conduite avec vous ; il est bien plus facile de causer une agréable surprise à l'habitude qu'à l'imagination. Les parents adoptent donc presque toujours, par calcul autant que par inclination, cette sorte de dignité qui se voile ; ils veulent être jugés par ce qu'ils cachent, ils veulent qu'on se rappelle leurs droits à l'instant même où ils consentent à les oublier : mais ce prestige, comme tous, ne peut faire effet que pendant un temps. Le sentiment usurpateur veut chaque jour de nouvelles conquêtes : alors même qu'il a tout obtenu, il s'afflige souvent de ce qui manque à la nature de l'homme pour aimer ; comment supporterait-il d'être tenu volontairement à une certaine distance ? Le cœur tend à l'égalité, et quand la reconnaissance se change en véritable tendresse, elle perd son caractère de soumission et de déférence. Celui qui aime ne croit plus rien devoir ; il place au-dessus des bienfaits leur inépuisable source, le sentiment ; et si l'on veut toujours maintenir les différences, les supériorités, le cœur se blesse et se retire. Les parents cependant ne savent ou ne veulent presque jamais adopter ce nouveau système ; et la différence d'âge est peut-être cause qu'ils ne se rapprochent jamais de vous que par des sacrifices : or il n'y a que l'é-

goïsme qui sache s'arranger du bonheur avec ce mot-là.

Quel que soit le dévouement des enfants sensibles et respectueux, les nouveaux penchants, les nouveaux devoirs qui les attirent, donnent à leurs parents une humeur secrète qu'ils éprouveront toujours, parce qu'ils ne se l'avoueront jamais. Quand les parents aiment assez profondément leurs enfants pour vivre en eux, pour faire de leur avenir leur unique espérance, pour regarder leur propre vie comme finie, et prendre pour les intérêts de leurs enfants des affections personnelles, ce que je vais dire n'existe point ; mais lorsque les parents restent dans eux-mêmes, les enfants sont à leurs yeux des successeurs, presque des rivaux, des sujets devenus indépendants, des amis dont on ne compte que ce qu'ils ne font pas, des obligés à qui on néglige de plaire, en se fiant sur leur reconnaissance, des associés d'eux à soi, plutôt que de soi à eux : c'est une sorte d'union dans laquelle les parents, donnant une latitude infinie à l'idée de leurs droits, veulent que vous leur teniez compte de ce vague de puissance dont ils n'usent pas après se l'être supposé. Enfin la plupart ont le tort habituel de se fonder toujours sur le seul obstacle qui puisse exister à l'excès de tendresse qu'on aurait pour eux, leur autorité, et de ne pas sentir, au contraire, que dans cette relation, comme dans toutes celles où il existe d'un côté une supériorité quelconque, c'est pour celui à qui l'avantage appartient, que la dépendance du sentiment est la plus nécessaire et la plus aimable. Une très-grande simplicité dans le caractère de vos parents, ou une supériorité si marquée, que leurs enfants soient heureux d'entretenir avec eux plutôt un culte qu'une liaison, peuvent détruire ces observations ; mais c'est aux situations les plus communes qu'elles s'appliquent.

Dans la seconde supposition, peut-être la plus naturelle, le sentiment maternel, accoutumé par les soins qu'il donne à la première enfance, à se passer de toute espèce de retour, fait éprouver des jouissances très-vives et très-pures, qui portent souvent tous les caractères de la passion, sans exposer à d'autres orages que ceux du sort, et non des mouvements intérieurs de l'âme ; mais il est si tristement prouvé que, dès que le besoin de la réciprocité commence, le bonheur des sentiments s'altère, que l'enfance est l'époque de la vie qui inspire à la plupart des parents l'attachement le plus vif, soit que l'empire absolu qu'on exerce alors sur les enfants les identifie avec vous-mêmes, soit que leur dépendance inspire une sorte d'intérêt qui attache plus que les succès mêmes qu'ils ne doivent qu'à eux; soit que tout ce qu'on attend des enfants alors étant en espérance, on possède à la fois ce qu'il y a de plus doux dans la vérité et dans l'illusion, le sentiment qu'on éprouve, et celui qu'on se flatte d'obtenir. Bientôt les événements dans leur réalité nous présentent nos enfants élevés par nous, pour d'autres que pour nous-mêmes, s'élançant vers la vie, tandis que le temps nous place en arrière d'elle, pensant à nous par le souvenir, aux autres par l'espérance. Quels parents sont alors assez sages pour considérer les passions de la jeunesse comme les jeux de l'enfance, et pour ne pas vouloir occuper plus de place parmi les unes que parmi les autres?

L'éducation, sans doute, influe beaucoup sur l'esprit et le caractère, mais il est plus aisé d'inspirer à son élève ses opinions que ses volontés: le *moi* de votre enfant se compose de vos leçons, des livres que vous lui avez donnés, des personnes dont vous l'avez entouré: mais quoique vous puissiez reconnaître partout vos traces, vos ordres n'ont plus le même empire; vous avez formé un homme, ce qu'il a pris de vous est devenu lui, et sert autant que ses propres réflexions à composer son indépendance. Enfin, les générations successives étant souvent appelées par la durée de la vie de l'homme à exister simultanément, les pères et les enfants, dans la réciprocité de sentiment qu'ils veulent les uns des autres, oublient presque toujours de quel différent point de vue ils considèrent le monde; la glace qui renverse les objets qu'elle présente, les dénature moins que l'âge qui les place dans l'avenir ou dans le passé.

Il n'est rien qui exige plus de délicatesse de la part des parents que la méthode qu'il faut suivre pour diriger la vie de leurs enfants sans aliéner leur cœur; car il n'est pas même possible de sacrifier leur affection à l'espoir de leur être utile: toute influence durable sur la conduite finissant avec le pouvoir du sentiment, le point juste n'est presque jamais atteint dans cette relation. La tendresse des enfants pour leurs parents se compose, pour ainsi dire, de tous les événements de leur vie: il n'est point d'attachement dans lequel entrent plus de causes étrangères à l'attrait du cœur, il n'en est donc point dont la jouissance soit plus incertaine. La base principale d'un tel lien, l'ascendant du devoir et de la nature, ne peut être anéanti; mais dès qu'on aime ses enfants avec passion, on a besoin de toute autre chose que de ce qu'ils vous doivent; et l'on court, dans son sentiment pour eux, les mêmes chances qu'amènent

toutes les affections de l'âme : enfin, ce besoin de réciprocité, cette exigence, germe destructeur du seul don céleste fait à l'homme, la faculté d'aimer, cette exigence est plus fatale dans la relation des parents avec les enfants, parce qu'une idée d'autorité s'y mêle; elle est donc par la même raison plus funeste et plus naturelle. Toute l'égalité qui existe dans le sentiment de l'amour suffit à peine pour éloigner de son exigence l'idée d'un droit quelconque; il semble que celui qui aime le plus, par ce titre seul, porte atteinte à l'indépendance de l'autre : et combien plus cet inconvénient n'existe-t-il pas dans les rapports des parents avec les enfants! Plus ils ont de droits, plus ils doivent éviter de s'en appuyer pour être aimés; et cependant dès qu'une affection devient passionnée, elle ne se repose plus en elle-même, il faut nécessairement qu'elle agisse sur les autres.

La tendresse conjugale, lorsqu'elle existe, donne ou les jouissances de l'amour ou celles de l'amitié, et je crois avoir déjà analysé les unes et les autres; il y a dans ce lien cependant quelque chose de particulier, en bien et en mal, qu'il faut examiner. Il est heureux, dans la route de la vie, d'avoir inventé des circonstances qui, sans le secours même du sentiment, confondant deux égoïsmes au lieu de les opposer; il est heureux d'avoir commencé l'association d'assez bonne heure pour que les souvenirs de la jeunesse aident à supporter, l'un avec l'autre, la mort qui commence à la moitié de la vie; mais indépendamment de ce qu'il est si aisé de concevoir sur la difficulté de se convenir, la multiplicité des rapports de tout genre qui dérivent des intérêts communs, offre mille occasions de se blesser, qui ne naissent pas du sentiment, mais finissent par l'altérer. Personne ne sait à l'avance combien peut être longue l'histoire de chaque journée; si l'on observe la vérité des impressions qu'elle produit, et dans ce qu'on appelle, avec raison, le *ménage*, il se rencontre à chaque instant de certaines difficultés qui peuvent détruire pour jamais ce qu'il y avait d'exalté dans le sentiment : c'est donc de tous les liens celui où il est le moins probable d'obtenir le bonheur romanesque du cœur; il faut, pour maintenir la paix dans cette relation, une sorte d'empire sur soi-même, de force, de sacrifice, qui rapproche beaucoup plus cette existence des plaisirs de la vertu que des jouissances de la passion.

Sans cesse la main de fer de la destinée repousse l'homme dans l'incomplet; il semble que le bonheur est possible par la nature même des choses, qu'avec telle réunion de ce qui est épars dans le monde, on aurait la perfection désirée; mais dans le travail de cet édifice, une pierre renverse l'autre, un avantage exclut celui qui doublait son prix; le sentiment dans sa plus grande force est exigeant par sa nature, et l'exigence détruit l'affection qu'elle veut obtenir. Souvent l'homme, inconséquent dans ses vœux, s'éloigne seulement parce qu'il est trop aimé, et se voyant l'objet de tous les dévouements et de toutes les qualités, confesse que l'excès même de l'attachement suffit pour effacer la trace de ses bienfaits. Quel conseil, quel résultat tirer de ces réflexions? La conclusion que j'ai annoncée; c'est que les âmes ardentes éprouvent par l'amitié, par les liens de la nature, plusieurs des peines attachées à la passion, et que par delà la ligne du devoir et des jouissances qu'on peut puiser dans ses propres affections, le sentiment, de quelque nature qu'il puisse être, n'est jamais une ressource qu'on trouve en soi; il met toujours le bonheur dans la dépendance de la destinée, du caractère et de l'attachement des autres.

CHAPITRE IV.

De la religion.

Je ne peindrai point la religion dans les excès du fanatisme; les siècles et la philosophie ont épuisé ce sujet, et ce que j'ai dit sur l'esprit de parti est applicable à cette frénésie comme à toutes celles causées par l'empire d'une opinion. Ce n'est pas non plus de ces idées religieuses, seul espoir de la fin de l'existence, que je veux parler. Le théisme des hommes éclairés, des âmes sensibles, est de la véritable philosophie; et c'est en considérant toutes les ressources que l'homme peut tirer de sa raison, qu'il faut compter cette idée, trop grande en elle-même pour n'être pas d'un poids immense encore, malgré ses incertitudes.

Mais la religion, dans l'acception générale, suppose une inébranlable foi; et lorsqu'on a reçu du ciel cette profonde conviction, elle suffit à la vie et la remplit tout entière : c'est sous ce rapport que l'influence de la religion est véritablement puissante, et c'est sous ce même rapport qu'on doit la considérer comme un don aussi indépendant de soi, que la beauté, le génie, ou tout autre avantage qu'on tient de la nature, et qu'aucun effort ne peut obtenir.

Comment serait-il au pouvoir de la volonté de diriger nos dispositions à cet égard? Aucune action sur soi-même n'est possible en matière de foi; la pensée est indivisible, l'on ne peut en détacher une partie pour travailler sur l'autre : on espère ou l'on craint; on doute ou l'on croit, selon la nature de l'esprit et des combinaisons qu'il fait naître.

Après avoir bien établi que la foi est une faculté qu'il ne dépend point de nous d'acquérir, examinons avec impartialité ce qu'elle peut pour le bonheur, et présentons d'abord ses principaux avantages.

L'imagination est la plus indomptable des puissances morales de l'homme; ses désirs et ses incertitudes le tourmentent tour à tour. La religion ouvre une longue carrière à l'espérance, et trace une route précise à la volonté: sous ces deux rapports elle soulage la pensée. Son avenir est le prix du présent; tout se rapportant au même but, a le même degré d'intérêt. La vie se passe au dedans de soi, les circonstances extérieures ne sont qu'une manière d'exercer un sentiment habituel; l'événement n'est rien, le parti qu'on a pris est tout; et ce parti, toujours commandé par une loi divine, n'a jamais pu coûter un instant d'incertitude. Dès qu'on en est à l'abri du remords, on ignore ces repentirs du cœur ou de l'esprit qui s'accusent du hasard même, et jugent de la résolution par ses effets. Les succès ou les revers ne donnent à la conscience des dévots ni contentement ni regret; la morale religieuse ne laissant aucun vague sur aucune des actions de la vie, leur décision est toujours simple. Quand le vrai chrétien s'est acquitté de ses devoirs, son bonheur ne le regarde plus; il ne s'informe pas quel sort lui est échu, il ne sait pas ce qu'il faut désirer ou craindre, il n'est certain que de ses devoirs. Les meilleures qualités de l'âme, la générosité, la sensibilité, loin de faire cesser tous les combats intérieurs, peuvent, dans la lutte des passions, opposer l'une à l'autre des affections d'une égale force; mais la religion donne pour guide un code où, dans toutes les circonstances, ce qu'on doit faire est résolu par une loi. Tout est fixe dans le présent, tout est indéfini dans l'avenir; enfin, l'âme éprouve une sorte de bien-être jamais plus vif, mais toujours calme; elle est environnée d'une auréole qui l'éclaire au moins dans les ténèbres, si elle n'est pas aussi éclatante que le jour, et cet état la dérobant au malheur, sauve après tout plus des deux tiers de la vie.

S'il en est ainsi pour les destinées communes, si la religion compense les jouissances qu'elle ôte, elle est d'une utilité souveraine dans les situations désespérées. Lorsqu'un homme, après avoir commis de grands crimes, en éprouve un vrai remords, cette situation de l'âme est si violente qu'on ne peut la supporter qu'à l'aide d'idées sur-naturelles. Sans doute le plus efficace des repen-tirs serait des actions vertueuses; mais à la fin de la vie, même dans la jeunesse, quel coupable peut espérer de faire autant de bien qu'il a causé de mal? quelle somme de bonheur équivaut à l'in-tensité de la peine? qui est assez puissant pour ex-pier du sang ou des pleurs? Une dévotion ardente suffit à l'imagination exaltée des criminels repen-tants; et dans ces solitudes profondes où les char-treux et les trappistes adoptaient une vie si con-traire à la raison, les coupables convertis trouvaient la seule existence qui convînt à l'agitation de leur âme; peut-être même des hommes dont la nature véhémente les eût appelés dans le monde à com-mettre de grands crimes, livrés, dès leur enfance, au fanatisme religieux, ont enseveli dans les cloî-tres l'imagination qui bouleverse les empires. Ces réflexions ne suffisent pas pour encourager de semblables institutions; mais on voit que, sous toutes les formes, l'ennemi de l'homme c'est la passion, et qu'elle seule fait la grande difficulté de la destinée humaine.

Dans la classe de la société qui est livrée aux travaux matériels, l'imagination est encore la fa-culté dont il faut le plus craindre les effets. Je ne sais si l'on a détruit la foi religieuse du peuple en France; mais on aura bien de la peine à remplacer pour lui toutes les jouissances réelles dont cette idée lui tenait lieu : la révolution y a suppléé pen-dant quelque temps; un de ses grands attraits pour le peuple a été d'abord l'intérêt, l'agitation même qu'elle répandait sur sa vie. La rapide succession des événements, les émotions qu'elle faisait naître, causaient une sorte d'ivresse qui hâtait le temps, et ne laissait pas sentir le vide, ni l'inquiétude de l'existence. On s'est trop accoutumé à penser que les hommes du peuple bornaient leur ambition à la possession des biens physiques : on les a vus ardemment attachés à la révolution, parce qu'elle leur donnait le plaisir de connaître les affaires, d'influer sur elles, de s'occuper de leurs succès. Toutes ces passions des hommes oisifs ont été dé-couvertes par ceux qui n'avaient connu que le be-soin du travail et le prix du salaire; mais lors-que l'établissement d'un gouvernement quelconque fait rentrer nécessairement les trois quarts de la société dans les occupations qui chaque jour assu-rent la subsistance du lendemain, lorsque le bou-leversement d'une révolution n'offrira plus à cha-que homme la chance d'obtenir tous les biens que l'opinion et l'industrie ont entassés depuis des siècles dans un empire de vingt-cinq millions

d'hommes, quel trésor pourra-t-on ouvrir à l'es-pérance, qui se proportionne, comme la foi reli-gieuse, aux désirs de tous ceux qui veulent y puiser? Quelle idée magique qui, tout à la fois, contienne, resserre les actions dans le cercle le plus circonscrit, et satisfasse la passion dans son besoin indéfini d'espoir, d'avenir et de but?

Si ce siècle est l'époque où les raisonnements ont le plus ébranlé la possibilité d'une croyance implicite, c'est dans ce temps aussi que les plus grands exemples de la puissance de la religion ont existé. On a sans cesse présentes à sa pensée ces victimes innocentes qui, sous un régime de sang, périssaient, entraînant après elles ce qu'elles avaient de plus cher : jeunesse, beauté, vertus, ta-lents; une puissance plus arbitraire que le destin, et non moins irrévocable, précipitait tout dans le tombeau. Les anciens ont bravé la mort par le dégoût de l'existence; mais nous avons vu des femmes nées timides, des jeunes gens à peine sor-tis de l'enfance, des époux qui, s'aimant, avaient dans cette vie ce qui peut seul la faire regretter, s'avancer vers l'éternité, sans croire être séparés par elle, ne pas reculer devant cet abîme où l'ima-gination frémit de tout ce qu'elle invente, et, moins lassés que nous des tourments de la vie, supporter mieux l'approche de la mort.

Enfin un homme avait vu toutes les prospérités de la terre se réunir sur sa tête, la destinée hu-maine semblait s'être agrandie pour lui, et avoir emprunté quelque chose des rêves de l'imagina-tion; roi de vingt-cinq millions d'hommes, tous leurs moyens de bonheur étaient réunis dans ses mains pour valoir à lui seul la jouissance de les dispenser de nouveau; né dans cette éclatante si-tuation, son âme s'était formée pour la félicité; et le hasard qui, depuis des siècles, avait pris en faveur de sa race un caractère d'immutabilité, n'offrait à sa pensée aucune chance de revers, n'a-vait pas même exercé sa réflexion sur la possibi-lité de la douleur; étranger au sentiment du re-mords, puisque dans sa conscience il se croyait vertueux, il n'avait éprouvé que des impressions paisibles; sa destinée et son caractère ne le pré-parant point à s'exposer aux coups du sort, il sem-blait que son âme devait succomber au premier trait du malheur. Cet homme cependant, qui man-qua de la force nécessaire pour préserver son pouvoir, et fit douter de son courage, tant qu'il en eut besoin pour repousser ses ennemis; cet homme, dont l'esprit naturellement incertain et timide, ne sut ni croire à ses propres idées, ni même adop-ter en entier celles d'un autre; cet homme s'est montré tout à coup capable de la plus étonnante des résolutions, celle de souffrir et de mourir. Louis XVI s'est trouvé roi pendant le premier orage d'une révolution sans exemple dans l'histoire. Les passions se disputaient son existence; il représentait à lui seul toutes les idées contre lesquelles on était armé. A travers tant de dangers, il persista à ne prendre pour guide que les maximes d'une piété superstitieuse; mais c'est à l'époque où la religion seule triomphe encore, c'est à l'instant où le malheur est sans espoir, que la puissance de la foi se développa tout entière dans la conduite de Louis. La force inébranlable de cette conviction ne permit plus d'apercevoir dans son âme l'ombre d'une faiblesse; l'héroïsme de la philosophie fut contraint à se prosterner devant sa simple résignation. Il reçut passivement tous les arrêts du malheur, et se montra cependant sensible pour ce qu'il aimait, comme si les facultés de sa vie avaient doublé à l'instant de sa mort. Il compta, sans frémir, tous les pas qui le menèrent du trône à l'échafaud; et dans l'instant terrible où il lui fut encore prononcé cette sublime expression : *Fils de saint Louis, montez au ciel,* telle était son exaltation religieuse, qu'il est permis de croire que ce dernier moment même n'appartint point dans son âme à l'épouvante de la mort.

On ne m'accusera point, je crois, d'avoir affaibli le tableau de l'influence de la religion; cependant je ne pense pas qu'indépendamment de l'inutilité des efforts qu'on pourrait faire à cet égard sur soi-même, on doive compter l'absorbation de la foi au rang des meilleurs moyens de bonheur pour les hommes. Il n'est pas de mon sujet, dans cette première partie, de considérer la religion dans ses relations politiques, c'est-à-dire, dans l'utilité dont elle doit être à la stabilité et au bonheur de l'état social; mais je l'examine sous le rapport de ses effets individuels.

D'abord la disposition qu'il faut donner à son esprit pour admettre les dogmes de certaines religions, est souvent, en secret, pénible à celui qui, né avec une raison éclairée, s'est fait un devoir de ne s'en servir qu'à de telles conditions; ramené, par intervalles, à douter de tout ce qui est contraire à la raison, il éprouve des scrupules de ses incertitudes, ou des regrets d'avoir tellement livré sa vie à ces incertitudes mêmes, qu'il faut ou reconnaître l'inutilité de son existence passée, ou dévouer encore ce qu'il en reste. Le cœur est aussi borné que l'esprit par la dévotion proprement dite : ce genre d'exaltation a divers caractères.

Alors qu'il naît du malheur, alors que l'excès des peines a jeté l'âme dans une sorte d'affaiblissement qui ne lui permet plus de se relever par elle-même, la sensibilité fait admettre ce qui conduit à la destruction de la sensibilité, ou du moins ce qui interdit d'aimer de tout l'abandon de son âme. On se fait défendre ce dont on ne pouvait se garantir. La raison combat, avec désavantage, contre les affections passionnées. Quelque chose d'enthousiaste comme elle, des pensées qui, comme elle aussi, dominent l'imagination, servent de recours aux esprits qui n'ont pas eu la force de soutenir ce qu'ils avaient de passionné dans le caractère. Cette dévotion se sent toujours de son origine; on voit, comme dit Fontenelle, *que l'amour a passé par là;* c'est encore aimer sous des formes différentes, et toutes les inventions de la faiblesse pour moins souffrir, ne peuvent ni mériter le blâme, ni servir de regle générale. Mais la dévotion exaltée qui fait partie du caractère au lieu d'en être seulement la ressource, cette dévotion, considérée comme le but auquel tous doivent tendre, et comme la base de la vie, a un tout autre effet sur les hommes.

Elle est presque toujours destructive des qualités naturelles; ce qu'elles ont de spontané, d'involontaire, est incompatible avec des règles fixes sur tous les objets. Dans la dévotion, l'on peut être vertueux sans le secours de l'inspiration de la bonté, et même il est plusieurs circonstances où la sévérité de certains principes vous défend de vous y livrer. Des caractères privés de qualités naturelles, à l'abri de ce qu'on appelle la dévotion, se sentent plus à l'aise pour exercer des défauts qui ne blessent aucune des lois dont ils ont adopté le code. Par delà ce qui est commandé, tout ce qu'on refuse est légitime; la justice dégage de la bienfaisance, la bienfaisance de la générosité, et contents de solder ce qu'ils croient leurs devoirs, s'il arrive une fois dans la vie où telle vertu clairement ordonnée exige un véritable sacrifice, il est des biens, des services, des condescendances de tous les instants qu'on n'obtient jamais de ceux qui, ayant tout réduit en devoir, n'ont pu dessiner que les masses, ne savent obéir qu'à ce qui s'exprime. Les qualités naturelles, développées par les principes, par les sentiments de la moralité, sont de beaucoup supérieures aux vertus de la dévotion. Celui qui n'a jamais besoin de consulter ses devoirs, parce qu'il peut se fier à tous ses mouvements; celui qu'on pourrait trouver, pour ainsi dire, une créature moins rationnelle, tant il paraît agir involontairement et comme forcé par sa nature; celui qui exerce toutes les vertus véritables, sans se les être nommées d'avance, et se prise d'autant moins, que, ne faisant jamais d'effort, il n'a pas l'idée du triomphe, celui-là est l'homme vraiment vertueux. Suivant une expression de Dryden, différemment appliquée, la dévotion élève un mortel jusqu'aux cieux, la moralité naturelle fait descendre un ange sur la terre :

He raised a mortal to the skies
She drew an angel down.

On peut encore penser, en reconnaissant l'avantage des caractères inspirés par leurs propres penchants, que la dévotion, étant d'un effet général et positif, donne des résultats plus semblables et plus certains dans l'association universelle des hommes ; mais d'abord la dévotion a de grands inconvénients pour les caractères passionnés, et n'en eût-elle point, ce serait, comme je l'ai dit, au nombre des événements heureux, et non des conseils efficaces, qu'il serait possible de la classer.

J'ai besoin de répéter que je ne comprends pas, dans cette discussion, ces idées religieuses d'un ordre plus relevé, qui, sans influer sur chaque détail de la vie, ennoblissent son but, donnent au sentiment et à la pensée quelques points de repos dans l'abîme de l'infini. Il s'agit uniquement de ces dogmes dominateurs qui assurent à la religion beaucoup plus d'action sur l'existence, en réalisant ce qui restait dans le vague, en asservissant l'imagination par l'incompréhensible.

Les esprits ardents n'ont que trop de penchant à croire que le jugement est inutile ; et rien ne leur convient mieux que cette espèce de suicide de la raison abdiquant son pouvoir par son dernier acte, et se déclarant inhabile à penser, comme s'il existait en elle quelque chose de supérieur à elle, qui pût décider qu'une autre faculté de l'homme le servira mieux. Les esprits ardents sont nécessairement lassés de ce qui est ; et lorsqu'une fois ils admettent quelque chose de surnaturel, il n'y a plus d'autres bornes à cette création que les besoins de l'imagination, et, s'exaltant elle-même, elle n'a de repos que dans l'extrême, et ne supporte plus de modifications.

Enfin, les affections du cœur, qui sont inséparables du vrai, sont nécessairement dénaturées par les erreurs, de quelque genre qu'elles soient ; l'esprit ne fausse pas seul, et, quoiqu'il reste de bons mouvements qu'il ne peut pas détruire, ce qui, dans le sentiment, appartient à la réflexion est absolument égaré par toutes les exagérations, et plus particulièrement encore par celle de la dévotion ; elle isole en soi-même, et soumet jus-

qu'à la bonté à de certains principes qui en restreignent beaucoup l'application.

Que serait-ce, si, quittant les idées nuancées, je parlais des exemples qu'il reste encore d'intolérance superstitieuse, de quiétisme, d'illuminisme, etc. ; de tous ces malheureux effets du vide de l'existence, de la lutte de l'homme contre le temps, de l'insuffisance de la vie ? Les moralistes doivent seulement signaler la route qui conduit au dernier terme de l'erreur : tout le monde est frappé des inconvénients de l'excès, et personne ne pouvant se persuader qu'on en deviendra capable, l'on se regarde toujours comme étranger aux tableaux qu'on pourrait lire.

J'ai donc dû, de toutes les manières, ne pas admettre la religion parmi les ressources qu'on trouve en soi, puisqu'elle est absolument indépendante de notre volonté, puisqu'elle nous soumet et à notre propre imagination, et à celle de tous ceux dont la sainte autorité est reconnue. En étant conséquente au système sur lequel cet ouvrage est fondé, au système qui considère la liberté absolue de l'être moral comme son premier bien, j'ai dû préférer et indiquer, comme le meilleur et le plus sûr des préservatifs contre le malheur, les divers moyens dont on va voir le développement.

<hr />

SECTION III.

DES RESSOURCES QU'ON TROUVE EN SOI.

<hr />

CHAPITRE PREMIER.

Que personne à l'avance ne redoute assez le malheur.

L'égoïsme est ce qui ressemble le moins aux ressources qu'on trouve en soi, telles que je les conçois : l'égoïsme est un caractère qu'on ne peut ni conseiller, ni détruire ; c'est une affection dont l'objet n'étant jamais ni absent, ni infidèle, peut, sous ce rapport, valoir quelques jouissances, mais cause de vives inquiétudes, absorbe, comme la passion pour un autre, sans faire éprouver l'espèce de jouissance toujours attachée au dévouement de soi : d'ailleurs, la personnalité, soit qu'on la considère comme un bien ou comme un mal, est une disposition de l'âme absolument indépendante de sa volonté ; on n'y arrive point par effort ; on y est, au contraire, entraîné. La sagesse s'acquiert, parce qu'elle est toute composée de sacrifices; mais se donner un goût, mais inspirer un penchant, sont des mots contradictoires. Enfin, les caractères passionnés ne sont jamais susceptibles de ce qu'on appelle l'égoïsme : c'est bien à leur propre bonheur qu'ils tendent avec impétuosité; mais ils le cherchent au dehors d'eux, mais ils s'exposent pour l'obtenir, mais ils n'ont jamais cette personnalité prudente et sensuelle qui tranquillise l'âme, au lieu de l'agiter. Et comme cet ouvrage n'est consacré qu'à l'étude des caractères passionnés, tout ce qui n'entre pas dans ce sujet en doit être écarté.

Il s'agit des ressources qu'on peut trouver en soi après les orages des grandes passions; des ressources qu'on doit se hâter d'adopter, si l'on s'est convaincu de bonne heure de tout ce que j'ai tâché de développer dans l'analyse des affections de l'âme. Sans doute, si le désespoir décidait toujours à se donner la mort, le cours de l'existence, ainsi fixé, pourrait se combiner avec plus de hardiesse; l'homme pourrait se risquer, sans crainte, à la poursuite de ce qu'il croit le bonheur parfait : mais qui peut braver le malheur, ne l'a jamais éprouvé.

Ce mot terrible, le malheur, s'entend dans les premiers jours de la jeunesse, sans que la pensée le comprenne. Les tragédies, les ouvrages d'imagination, vous représentent l'adversité comme un tableau où le courage et la beauté se déploient; la mort, ou un dénoûment heureux terminent, en peu d'instants, l'anxiété qu'on éprouve. Au sortir de l'enfance, l'image de la douleur est inséparable d'une sorte d'attendrissement qui mêle du charme à toutes les impressions qu'on reçoit; mais il suffit souvent d'avoir atteint vingt-cinq années pour être arrivé à l'époque d'infortune marquée dans la carrière de toutes les passions.

Alors le malheur est long comme la vie; il se compose de vos fautes et du sort; il vous humilie et vous déchire. Les indifférents, les connaissances intimes même, vous représentent, par leurs manières avec vous, le tableau raccourci de vos infortunes. A chaque instant, les mots, les expressions les plus simples, vous apprennent de nouveau ce que vous savez déjà, mais ce qui frappe à chaque fois comme inattendu. Si vous faites des projets, ils retombent toujours sur la peine dominante; elle est partout, il semble qu'elle rende impraticables les résolutions même qui doivent y avoir le moins de rapport : c'est contre cette peine alors qu'on dirige ses efforts, on adopte des plans insensés pour la surmonter,

et l'impossibilité de chacun d'eux, démontrée par la réflexion, est un nouveau revers au dedans de soi. On se sent saisi par une seule idée, comme sous la griffe d'un monstre tout-puissant; on contraint sa pensée, sans pouvoir la distraire; il y a un travail dans l'action de vivre qui ne laisse pas un moment de repos; le soir est la seule attente de tout le jour, le réveil est un coup douloureux qui vous représente chaque matin votre malheur avec l'effet de la surprise. Les consolations de l'amitié agissent à la surface, mais la personne qui vous aime le plus, n'a pas, sur ce qui vous intéresse, la millième partie des pensées qui vous agitent; de ces pensées qui n'ont point assez de réalité pour être exprimées, et dont l'action est assez vive cependant pour vous dévorer. Excepté dans l'amour, où en parlant de vous, celui qui vous aime s'occupe de lui, je ne sais comment on peut se résoudre à entretenir un autre de sa peine autant qu'on y pense; et quel bien, d'ailleurs, en pourrait-on retirer? La douleur est fixe, et rien ne peut la déplacer, qu'un événement ou le courage. Alors que le malheur se prolonge, il a quelque chose d'aride, de décourageant, qui lasse de soi-même, autant qu'il importune les autres. On se sent poursuivi par le sentiment de l'existence, comme par un dard empoisonné; on voudrait respirer un jour, une heure, pour reprendre des forces, pour recommencer la lutte au dedans de soi, et c'est sous le poids qu'il faut se relever, c'est accablé qu'il faut combattre; on ne découvre pas un point sur lequel on puisse s'appuyer pour vaincre le reste. L'imagination a tout envahi, la douleur est au terme de toutes les réflexions, et il en arrive subitement de nouvelles qui découvrent de nouvelles douleurs. L'horizon recule devant soi à mesure que l'on avance; on essaie de penser pour vaincre les sensations, et les pensées les multiplient; enfin, l'on se persuade bientôt que ses facultés sont baissées; la dégradation de soi flétrit l'âme, sans rien ôter à l'énergie de la douleur; il n'est point de situation dans laquelle on puisse se reposer, on veut fuir ce qu'on éprouve, et cet effort agite encore plus. Celui qui peut être mélancolique, qui peut se résigner à la peine, qui peut s'intéresser encore à lui-même, n'est pas malheureux. Il faut être dégoûté de soi, et se sentir lié à son être, comme si l'on était deux, fatigués l'un de l'autre; il faut être devenu incapable de toutes les jouissances, de toutes les distractions, pour ne sentir qu'une douleur; il faut, enfin, que quelque chose de sombre, desséchant l'émotion, ne laisse dans l'âme qu'une seule impression in-

quiète et brûlante. La souffrance est alors le centre de toutes les pensées, elle devient le principe
unique de la vie, on ne se reconnaît que par sa
douleur..

Si les paroles pouvaient transmettre ces sensations tellement inhérentes à l'âme qu'en les exprimant on leur ôte toujours quelque chose de leur
intensité; si l'on pouvait concevoir d'avance ce
que c'est que le malheur, je ne crois pas que personne pût rejeter avec dédain le système qui a
pour but seulement d'éviter de souffrir. Des hommes froids, qui veulent se donner l'apparence de
la passion, parlent du charme de la douleur, des
plaisirs qu'on peut trouver dans la peine; et le
seul joli mot de cette langue, aussi fausse que recherchée, c'est celui de cette femme, qui, regrettant sa jeunesse, disait : *C'était le bon temps, j'é-
tais bien heureuse.* Mais jamais cette expression
même n'eût été prononcée par un cœur passionné.
Ce sont les caractères sans véritable chaleur qui
parlent sans cesse des avantages des passions, du
besoin de les éprouver; les âmes ardentes les craignent; les âmes ardentes accueilleront tous les
moyens de se préserver de la douleur : c'est à
ceux qui savent la craindre que ces dernières réflexions sont dédiées; c'est surtout à ceux qui
souffrent qu'elles peuvent apporter quelque consolation.

CHAPITRE II.

De la philosophie.

La philosophie, dont je crois utile et possible aux
âmes passionnées d'adopter les secours, est de la
nature la plus relevée. Il faut se placer au-dessus
de soi pour se dominer, au-dessus des autres pour
n'en rien attendre. Il faut que, lassé de vains efforts pour obtenir le bonheur, on se résolve à l'a-
bandon de cette dernière illusion, qui, en s'éva-
nouissant, entraîne toutes les autres après elle. Il
faut qu'on ait appris à concevoir la vie passivement,
à supporter que son cours soit uniforme, à suppléer à tout par la pensée, à voir en elle les seuls
événements qui ne dépendent ni du sort, ni des
hommes. Lorsqu'on s'est dit qu'il est impossible
d'obtenir le bonheur, on est plus près d'atteindre
à quelque chose qui lui ressemble, comme les hommes dérangés dans leur fortune ne se retrouvent à
l'aise que lorsqu'ils se sont avoué qu'ils étaient
ruinés. Quand on a fait le sacrifice de ses espérances, tout ce qui revient à compte d'elles est un
bien imprévu, dont aucun genre de crainte n'a précédé la possession. Il est une multitude de jouis-

sances partielles qui ne dérivent point d'une même
source, mais offrent des plaisirs épars à l'homme
dont l'âme paisible est disposée à les goûter; une
grande passion, au contraire, les absorbe tous;
elle ne permet pas seulement de savoir qu'ils existent.

Il n'y a plus de fleurs dans ce parterre qu'*elle*
a parcouru; son amant n'y peut voir que la trace
de ses pas. L'ambitieux, en apercevant ces hameaux
entourés de tous les dons de la nature, demande si
le gouverneur de ce canton a beaucoup de crédit,
ou si les paysans qui l'habitent peuvent élire un
député. Aux yeux de l'homme passionné, les objets
extérieurs ne représentent qu'une idée, parce qu'ils
ne sont jugés que par un seul sentiment. Le philosophe, par un grand acte de courage, ayant délivré ses pensées du joug de la passion, ne les dirige
plus toutes vers un objet unique, et jouit des douces impressions que chacune de ses idées peut lui
valoir tour à tour et séparément.

Ce qui conduirait surtout à penser que la vie est
un voyage, c'est que rien n'y semble ordonné comme
un séjour. Voulez-vous attacher votre existence à
l'empire absolu d'une idée ou d'un sentiment : tout
est obstacle, tout est malheur à chaque pas. Voulez-vous laisser aller la vie au gré du vent qui lui
fait doucement parcourir des situations diverses;
voulez-vous du plaisir pour chaque jour sans le
faire concourir à l'ensemble du bonheur de toute
la destinée : vous le pouvez facilement; et lorsque
aucun des événements de la vie n'est précédé par
de brûlants désirs, ni suivi d'amers regrets, l'on
trouve une part suffisante de félicité dans ces jouissances isolées que le hasard dispense sans but.

S'il n'était dans l'existence de l'homme qu'une
seule époque, la jeunesse, peut-être pourrait-on la
vouer aux grandes chances des passions; mais à
l'instant où la vieillesse commande une nouvelle
manière d'exister, le philosophe seul sait supporter
cette transition sans douleur. Si nos facultés, si
nos désirs, qui naissent de nos facultés, étaient
toujours d'accord avec notre destinée, à tous les
âges on pourrait goûter quelque bonheur; mais un
coup simultané ne porte pas également atteinte à
nos facultés et à nos désirs. Le temps dégrade souvent notre destinée avant d'avoir affaibli nos facultés, affaiblit nos facultés avant d'avoir amorti
nos désirs. L'activité de l'âme survit aux moyens
de l'exercer; les désirs, à la perte des biens dont
ils inspirent le besoin. La douleur de la destruction
se fait sentir avec toute la force de l'existence;
c'est assister soi-même à ses funérailles et, violemment attaché à ce triste et long spectacle, re-

nouveler le supplice de Mézence, lier ensemble la mort et la vie.

Quand la philosophie s'empare de l'âme, elle commence, sans doute, par lui faire mettre beaucoup moins de prix à ce qu'elle possède et à ce qu'elle espère. Les passions rehaussent beaucoup plus toutes les valeurs; mais quand ce tarif de modération est fixé, il subsiste pour tous les âges; chaque moment se suffit à lui-même, une époque n'anticipe point sur l'autre, jamais les orages des passions ne les confondent ni ne les précipitent. Les années, et tout ce qu'elles amènent avec elles, se succèdent tranquillement suivant l'intention de la nature, et l'homme participe au calme de l'ordre universel.

Je l'ai dit, celui qui veut mettre le suicide au nombre de ses résolutions peut entrer dans la carrière des passions; il peut y abandonner sa vie, s'il se sent capable de la terminer, alors que la foudre aura renversé l'objet de tous ses efforts et de tous ses vœux : mais comme je ne sais quel instinct, qui appartient plus, je crois, à la nature physique qu'au sentiment moral, force souvent à conserver des jours dont tous les instants sont une nouvelle douleur, peut-on courir les hasards, presque certains, d'un malheur qui fera détester l'existence, et d'une disposition de l'âme qui inspirera la crainte de l'anéantir? Non que dans cette situation la vie ait encore quelques charmes, mais parce qu'il faut rassembler dans un même moment tous les motifs de sa douleur pour lutter contre l'indivisible pensée de la mort; parce que le malheur se répand sur l'étendue des jours, tandis que la terreur qu'inspire le suicide se concentre en entier dans un instant, et que pour se tuer il faudrait embrasser le tableau de ses infortunes comme le spectacle de sa fin, à l'aide de l'intensité d'un seul sentiment et d'une seule idée.

Rien cependant n'inspire autant d'horreur que la possibilité d'exister, uniquement parce qu'on ne sait pas mourir; et comme c'est le sort qui peut attendre toutes les grandes passions, un tel objet d'effroi suffit pour faire aimer cette puissance de philosophie qui soutient toujours l'homme au niveau de la vie, sans l'y trop attacher, mais sans la lui faire haïr.

La philosophie n'est pas de l'insensibilité; quoiqu'elle diminue l'atteinte des vives douleurs, il faut une grande force d'âme et d'esprit pour arriver à cette philosophie dont je vante ici les secours; et l'insensibilité est l'habitude du caractère, non le résultat d'un triomphe. La philosophie se sent de son origine. Comme elle naît toujours de la profondeur de la réflexion, et qu'elle est souvent inspirée par le besoin de résister à ses passions, elle suppose des qualités supérieures, et donne une jouissance de ses propres facultés tout à fait inconnue à l'homme insensible; le monde lui convient mieux qu'au philosophe; il ne craint pas que l'agitation de la société trouble la paix dont il goûte la douceur. Le philosophe, qui doit cette paix au travail de sa pensée, aime à jouir de lui-même dans la retraite.

La satisfaction que donne la possession de soi, acquise par la méditation, ne ressemble point aux plaisirs de l'homme personnel; il a besoin des autres, il est exigeant, il souffre impatiemment tout ce qui le blesse, il est dominé par son égoïsme; et si ce sentiment pouvait avoir de l'énergie, il aurait tous les caractères d'une grande passion: mais le bonheur que trouve un philosophe dans la possession de soi, est de tous les sentiments, au contraire, celui qui rend le plus indépendant.

Par une sorte d'abstraction, dont la jouissance est cependant réelle, on s'élève à quelque distance de soi-même pour se regarder penser et vivre; et comme on ne veut dominer aucun événement, on les considère tous comme des modifications de notre être qui exercent ses facultés et hâtent de diverses manières l'action de sa perfectibilité. Ce n'est plus vis-à-vis du sort, mais de sa conscience qu'on se place, et, renonçant à toute influence sur le destin et sur les hommes, on se complaît d'autant plus dans l'action du pouvoir qu'on s'est réservé, dans l'empire de soi-même, et l'on fait chaque jour avec bonheur quelque changement ou quelque découverte dans la seule propriété sur laquelle on se croie des droits et de l'influence.

Il faut de la solitude à ce genre d'occupation, et s'il est vrai que la solitude soit un moyen de jouissance pour le philosophe, c'est lui qui est l'homme heureux. Non-seulement vivre seul est le meilleur de tous les états, parce que c'est le plus indépendant, mais encore la satisfaction qu'on y trouve est la pierre de touche du bonheur; sa source est si intime, qu'alors qu'on le possède réellement, la réflexion rapproche toujours plus de la certitude de l'éprouver.

La solitude est, pour les âmes agitées par de grandes passions, une situation très-dangereuse. Ce repos auquel la nature nous appelle, qui semble la destination immédiate de l'homme; ce repos dont la jouissance paraît devoir précéder le besoin même de la société, et devenir plus nécessaire encore après qu'on a longtemps vécu au milieu d'elle; ce repos est un tourment pour l'homme dominé par une grande passion. En effet, le calme n'existant qu'autour de lui contraste avec son agitation intérieure, et en accroît la douleur. C'est par la distraction qu'il faut d'abord essayer d'affaiblir une grande passion ; il ne faut pas commencer la lutte par un combat corps à corps, et avant de se hasarder à vivre seul, il faut avoir déjà agi sur soi-même. Les caractères passionnés, loin de redouter la solitude, la désirent ; mais cela même est une preuve qu'elle nourrit leur passion, loin de la détruire. L'âme, troublée par les sentiments qui l'oppressent, se persuade qu'elle soulagera sa peine en s'en occupant davantage ; les premiers instants où le cœur s'abandonne à la rêverie sont pleins de charmes, mais bientôt cette jouissance le consume. L'imagination qui est restée la même, quoiqu'on ait éloigné d'elle ce qui semblait l'enflammer, pousse à l'extrême toutes les chances de l'inquiétude ; dans son isolement elle s'entoure de chimères ; l'imagination dans le silence et la retraite, n'étant frappée par rien de réel, donne une même importance à tout ce qu'elle invente. Elle veut se sauver du présent, et elle se livre à l'avenir, bien plus propre à l'agiter, bien plus conforme à sa nature. L'idée qui la domine, laissée stationnaire par les événements, se diversifie de mille manières par le travail de la pensée ; la tête s'enflamme, et la raison devient moins puissante que jamais. La solitude finit par effrayer l'homme malheureux ; il croit à l'éternité de la douleur qu'il éprouve. La paix qui l'environne semble insulter au tumulte de son âme ; l'uniformité des jours ne lui présente aucun changement même dans la peine. La violence d'un tel malheur au sein de la retraite est une nouvelle preuve de la funeste influence des passions ; elles éloignent de tout ce qui est simple et facile, et quoiqu'elles prennent leur source dans la nature de l'homme, elles s'opposent sans cesse à sa véritable destination.

La solitude, au contraire, est le premier des biens pour le philosophe. C'est au milieu du monde que souvent ses réflexions, ses résolutions l'abandonnent, que les idées générales les plus arrêtées cèdent aux impressions particulières ; c'est là que le gouvernement de soi exige une main plus assurée : mais dans la retraite, le philosophe n'a de rapports qu'avec le séjour champêtre qui l'environne, et son âme est parfaitement d'accord avec les douces sensations que ce séjour inspire ; elle s'en aide pour penser et vivre. Comme il est rare d'arriver à la philosophie sans avoir fait quelques efforts pour obtenir des biens plus semblables aux chimères de la jeunesse, l'âme, qui pour jamais y renonce, compose son bonheur d'une sorte de mélancolie qui a plus de charme qu'on ne pense, et vers laquelle tout semble nous ramener. Les aspects, les incidents de la campagne, sont tellement analogues à cette disposition morale, qu'on serait tenté de croire que la Providence a voulu qu'elle devînt celle de tous les hommes, et que tout concourût à la leur inspirer, lorsqu'ils atteignent l'époque où l'âme se lasse de travailler à son propre sort, se fatigue même de l'espérance, et n'ambitionne plus que l'absence de la peine. Toute la nature semble se prêter aux sentiments qu'ils éprouvent alors. Le bruit du vent, l'éclat des orages, le soir de l'été, les frimas de l'hiver ; ces mouvements, ces tableaux opposés, produisent des impressions pareilles, et font naître dans l'âme cette douce mélancolie, vrai sentiment de l'homme, résultat de sa destinée, seule situation du cœur qui laisse à la méditation toute son action et toute sa force.

CHAPITRE III.

De l'Étude.

Lorsque l'âme est dégagée de l'empire des passions, elle permet à l'homme une grande jouissance ; c'est l'étude, c'est l'exercice de la pensée, de cette faculté inexplicable dont l'examen suffirait à sa propre occupation, si, au lieu de se développer successivement, elle nous était accordée tout à coup dans sa plénitude.

Lorsque l'espoir de faire une découverte qui peut illustrer, ou de publier un ouvrage qui doit mériter l'approbation générale, est l'objet de nos efforts, c'est dans le traité des passions qu'il faut placer l'histoire de l'influence d'un tel penchant sur le bonheur ; mais il y a dans le simple plaisir de penser, d'enrichir ses méditations par la connaissance des idées des autres, une sorte de satisfaction intime qui tient à la fois au besoin d'agir et de se perfectionner ; sentiments naturels à l'homme, et qui ne l'astreignent à aucune dépendance.

Les travaux physiques apportent à une certaine classe de la société, par des moyens absolument contraires, des avantages à peu près pareils dans leurs rapports avec le bonheur. Ces travaux suspendent l'action de l'âme, dérobent le temps ; ils font vivre sans souffrir : l'existence est un bien dont on ne cesse pas de jouir ; mais l'instant qui succède au travail rend plus doux le sentiment de la vie, et dans la succession de la fatigue et du repos, la peine morale trouve peu de place. L'homme qui occupe les facultés de son esprit obtient de même, par leur exercice, le moyen d'échapper aux tourments du cœur. Les occupations mécaniques calment la pensée en l'étouffant; l'étude, en dirigeant l'esprit vers des objets intellectuels, distrait de même des idées qui dévorent. Le travail, de quelque nature qu'il soit, affranchit l'âme des passions dont les chimères se placent au milieu des loisirs de la vie.

La philosophie ne fait du bien que par ce qu'elle nous ôte; l'étude rend une partie des plaisirs que l'on cherche dans les passions. C'est une action continuelle, et l'homme ne saurait renoncer à l'action; sa nature lui commande l'exercice des facultés qu'il tient d'elle. On peut proposer au génie de se plaire dans ses propres progrès, au cœur, de se contenter du bien qu'il peut faire aux autres; mais aucun genre de réflexion ne peut donner du bonheur dans le néant d'une éternelle oisiveté.

L'amour de l'étude, loin de priver la vie de l'intérêt dont elle a besoin, a tous les caractères de la passion, excepté celui qui cause tous ses malheurs, la dépendance du sort et des hommes. L'étude offre un but qui cède toujours en proportion des efforts, vers lequel les progrès sont certains, dont la route présente de la variété sans crainte de vicissitude, dont les succès ne peuvent être suivis de revers. Elle vous fait parcourir une suite d'objets nouveaux, elle vous fait éprouver une sorte d'événements qui suffisent à la pensée, l'occupent et l'animent sans aucun secours étranger. Ces jours si semblables pour le malheur, si uniformes pour l'ennui, offrent à l'homme dont l'étude remplit le temps beaucoup d'époques variées. Une fois il a saisi la solution d'un problème qui l'occupait depuis longtemps; une autre fois une beauté nouvelle l'a frappé dans un ouvrage inconnu; enfin, ses jours sont marqués entre eux par les différents plaisirs qu'il a conquis par sa pensée : et ce qui distingue surtout cette espèce de jouissance, c'est que l'avoir éprouvée la veille, vaut la certitude de la retrouver le lendemain. Ce qui importe, c'est de donner à son esprit cette impulsion, de se commander les premiers pas; ils entraînent à tous les autres. L'instruction fait naître la curiosité. L'esprit répugne de lui-même à ce qui est incomplet; il aime l'ensemble, il tend au but, et de même qu'il s'élance vers l'avenir, il aspire à connaître un nouvel enchaînement de pensées qui s'offre en avant de ses efforts et de son espérance.

Soit qu'on lise, soit qu'on écrive, l'esprit fait un travail qui lui donne à chaque instant le sentiment de sa justesse ou de son étendue, et sans qu'aucune réflexion d'amour-propre se mêle à cette jouissance, elle est réelle, comme le plaisir que trouve l'homme robuste dans l'exercice du corps proportionné à ses forces. Quand Rousseau a peint les premières impressions de la statue de Pygmalion, avant de lui faire goûter le bonheur d'aimer, il lui a fait trouver une vraie jouissance dans la sensation du *moi*. C'est surtout en combinant, en développant des idées abstraites, en portant son esprit chaque jour au delà du terme de la veille, que la conscience de son existence morale devient un sentiment heureux et vif; et quand une sorte de lassitude succéderait à cette exertion de soi-même, ce serait aux plaisirs simples, au sommeil de la pensée, au repos enfin, mais non aux peines du cœur, que la fatigue du travail nous livrerait.

L'âme trouve de vastes consolations dans l'étude et la méditation des sciences et des idées. Il semble que notre propre destinée se perde au milieu du monde qui se découvre à nos yeux; que des réflexions qui tendent à tout généraliser nous portent à nous considérer nous-mêmes comme l'une des mille combinaisons de l'univers, et qu'estimant plus en nous la faculté de penser que celle de souffrir, nous donnions à l'une le droit de classer l'autre. Sans doute, l'impression de la douleur est absolue pour celui qui l'éprouve, et chacun la ressent d'après soi seul. Cependant il est certain que l'étude de l'histoire, la connaissance de tous les malheurs qui ont été éprouvés avant nous, livrent l'âme à des contemplations philosophiques dont la mélancolie est plus facile à supporter que le tourment de ses propres peines. Le joug d'une loi commune à tous ne fait pas naître ces mouvements de rage qu'un sort sans exemple exciterait; en réfléchissant sur les générations qui se sont succédé au milieu des douleurs, en observant ces mondes innombrables où des milliers d'êtres partagent simultanément avec nous le bienfait ou le malheur de l'existence, l'intensité même du sentiment individuel s'affaiblit, et l'abstraction enlève l'homme à lui-même.

Quelles que soient les opinions que l'on professe, personne ne peut nier qu'il ne soit doux de croire à l'immortalité de l'âme; et lorsqu'on s'abandonne à la pensée, qu'on parcourt avec elle les conceptions les plus métaphysiques, elle embrasse l'univers, et transporte la vie bien loin au delà de l'espace matériel que nous occupons. Les merveilles de l'infini paraissent plus vraisemblables. Tout, hors la pensée, parle de destruction : l'existence, le bonheur, les passions sont soumises aux trois grandes époques de la nature, *naître, croître, et mourir;* mais la pensée, au contraire, avance par une sorte de progression dont on ne voit pas le terme; et, pour elle, l'éternité semble avoir déjà commencé. Plusieurs écrivains se sont servis des raisonnements les plus intellectuels pour prouver le matérialisme; mais l'instinct moral est contre cet effort, et celui qui attaque avec toutes les ressources de la pensée la spiritualité de l'âme rencontre toujours quelques instants où ses succès mêmes le font douter de ce qu'il affirme. L'homme donc qui se livre sans projet à ses impressions reçoit par l'exercice des facultés intellectuelles un plus vif espoir de l'immortalité de l'âme.

L'attention qu'exige l'étude en détournant de songer aux intérêts personnels, dispose à les mieux juger. En effet, une vérité abstraite s'éclaircit toujours davantage en y réfléchissant; mais une affaire, un événement qui nous affecte, s'exagère, se dénature lorsqu'on s'en occupe perpétuellement. Comme le jugement qu'on doit porter sur de telles circonstances dépend d'un petit nombre d'idées simples et promptement aperçues, le temps qu'on y donne par delà est tout entier rempli par les illusions de l'imagination et du cœur. Ces illusions, devenant bientôt inséparables de l'objet même, absorbent l'âme par l'immense carrière qu'elles offrent aux craintes et aux regrets. La sage modération des philosophes studieux dépend, peut-être, du peu de temps qu'ils consacrent à rêver aux événements de leur vie, autant que du courage qu'ils mettent à les supporter. Cet effet naturel de la distraction que donne l'étude, est le secours le plus efficace qu'elle puisse apporter à la douleur; car aucun homme ne saurait vivre à l'aide d'une continuelle suite d'efforts. Il faut une grande puissance de caractère pour se déterminer aux premiers essais, mais les succès qu'ils assurent deviennent une sorte d'habitude qui amortit lentement les peines de l'âme.

Si les passions renaissaient sans cesse de leurs cendres, il faudrait y succomber; car on ne peut pas livrer beaucoup de ces combats qui coûtent tant au vainqueur : mais bientôt on s'accoutume à trouver de vraies jouissances ailleurs que dans les passions qu'on a surmontées, et l'on est heureux, et par les occupations de l'esprit, et par l'indépendance parfaite qu'on leur doit. Trouver dans soi seul une noble destinée, être heureux, non par la personnalité, mais par l'exercice de ses facultés, est un état qui flatte l'âme en la calmant.

Plusieurs traits de la vie des anciens philoso-

phes, d'Archimède, de Socrate, de Platon, ont dû même faire croire que l'étude était une passion; mais si l'on peut s'y tromper par la vivacité de ses plaisirs, la nature de ses peines ne permet pas de s'y méprendre. Le plus grand chagrin qu'on puisse éprouver, c'est l'obstacle de quelques difficultés qui ajoutent au plaisir du succès. Le pur amour de l'étude ne met jamais en relation avec la volonté des hommes; quel genre de douleur pourrait-il donc faire éprouver?

Dans cette sorte de goût, il n'y a de naturel que ses plaisirs. L'espérance et la curiosité, seuls mobiles nécessaires à l'homme, sont suffisamment excitées par l'étude dans le silence des passions. L'esprit est plus agité que l'âme; c'est lui qu'il faut nourrir, c'est lui qu'on peut animer sans danger; le mouvement dont il a besoin se trouve tout entier dans les occupations de l'étude, et, à quelque degré qu'on porte l'action de cet intérêt, ce sont des jouissances qu'on augmente, mais jamais des regrets qu'on se prépare. Quelques anciens, exaltés sur les jouissances de l'étude, se sont persuadé que le paradis consistait seulement dans le plaisir de connaître les merveilles du monde; celui qui s'instruit chaque jour, qui s'empare du moins de ce que la Providence a abandonné à l'esprit humain, semble anticiper sur ces éternelles délices et déjà spiritualiser son être.

Toutes les époques de la vie sont également propres à ce genre de bonheur, d'abord, parce qu'il est assez démontré par l'expérience que quand on exerce constamment son esprit, on peut espérer d'en prolonger la force; et parce que, dût-on ne pas y parvenir, les facultés intellectuelles baissent en même temps que le goût qui sert à les mesurer, et ne laissent à l'homme aucun juge intérieur de son propre affaiblissement. Dans la carrière de l'étude tout préserve donc de souffrir; mais il faut avoir agi longtemps sur son âme avant qu'elle cesse de troubler le libre exercice de la pensée.

L'homme passionné qui, sans efforts préalables, imaginerait de se livrer à l'étude, n'y trouverait aucune des ressources que je viens de présenter. Combien l'instruction lui paraîtrait froide et lente auprès de ces rêveries du cœur, qui, plongeant dans l'absorption d'une pensée dominante, font de longues heures un même instant! La folie des passions, ce n'est pas l'égarement de toutes les idées; mais la fixation sur une seule. Il n'est rien qui puisse distraire l'homme soumis à l'empire d'une idée unique. Ou il ne voit rien, ou ce qu'il voit la lui rappelle. Il parle, il écrit sur des sujets divers; mais pendant ce temps son âme continue d'être la proie d'une même douleur. Il accomplit les actions ordinaires de la vie comme dans un état de somnambulisme; tout ce qui pense, tout ce qui souffre en lui, appartient à un sentiment intérieur, dont la peine n'est pas un moment suspendue. Bientôt il est saisi d'un insurmontable dégoût pour les pensées étrangères à celle qui l'occupe; elles ne s'enchaînent point dans sa tête, elles ne laissent point de trace dans sa mémoire. L'homme passionné et l'homme stupide éprouvent par l'étude le même degré d'ennui; l'intérêt leur manque à tous les deux; car, par des causes différentes, les idées des autres ne trouvent en eux aucune idée correspondante : l'âme fatiguée s'abandonne enfin à l'impulsion qui l'entraîne, et consacre sa solitude à la pensée qui la poursuit; mais elle ne tarde pas à se repentir de sa faiblesse; la méditation de l'homme passionné enfante des monstres, comme celle du savant crée des prodiges. Le malheureux alors revient à l'étude pour échapper à la douleur; il arrache un quart d'heure d'attention à travers de longs efforts; il se commande telle occupation pendant un temps limité, et consacre ce temps à l'impatience de le voir finir; il se captive non pour vivre, mais pour ne pas mourir, et ne trouve dans l'existence que l'effort qu'il fait pour la supporter.

Ce tableau ne prouve point l'inutilité des ressources de l'étude, mais il est impossible à l'homme passionné d'en jouir, s'il ne se prépare point, par de longues réflexions, à retrouver son indépendance; il ne peut, alors qu'il est encore esclave, goûter des plaisirs dont la liberté de l'âme donne seule la puissance d'approcher.

Je relis sans cesse quelques pages d'un livre intitulé : *La Chaumière indienne;* je ne sais rien de plus profond en moralité sensible que le tableau de la situation du Paria, de cet homme d'une race maudite, abandonné de l'univers entier, errant la nuit dans les tombeaux, faisant horreur à ses semblables sans l'avoir mérité par aucune faute; enfin, le rebut de ce monde où l'a jeté le don de la vie. C'est là que l'on voit l'homme véritablement aux prises avec ses propres forces. Nul être vivant ne le secourt, nul être vivant ne s'intéresse à son existence; il ne lui reste que la contemplation de la nature, et elle lui suffit. C'est ainsi qu'existe l'homme sensible sur cette terre; il est aussi d'une caste proscrite, sa langue n'est point entendue, ses sentiments l'isolent, ses désirs ne sont jamais accomplis, et ce qui l'environne ou s'éloigne de lui, ou ne s'en rapproche que pour le blesser. Oh Dieu! faites qu'il s'élève au-dessus de ces douleurs dont les hommes ne cesseront de l'accabler! faites

qu'il s'aide du plus beau de vos présents, de la faculté de penser, pour juger la vie au lieu de l'éprouver! et lorsque le hasard a pu combiner ensemble la réunion la plus fatale au bonheur, l'esprit et la sensibilité, n'abandonnez pas ces malheureux êtres destinés à tout apercevoir, pour souffrir de tout; soutenez leur raison à la hauteur de leurs affections et de leurs idées, éclairez-les du même feu qui servait à les consumer!

CHAPITRE IV.

De la bienfaisance.

La philosophie exige de la force dans le caractère, l'étude, de la suite dans l'esprit; mais malheur à ceux qui ne pourraient pas adopter la dernière consolation, ou plutôt la sublime jouissance qui reste encore à tous les caractères dans toutes les situations!

Il m'en a coûté de prononcer qu'aimer avec passion n'était pas le vrai bonheur; je cherche donc dans les plaisirs indépendants, dans les ressources qu'on trouve en soi, la situation la plus analogue aux jouissances du sentiment; et la vertu, telle que je la conçois, appartient beaucoup au cœur; je l'ai nommée *bienfaisance,* non dans l'acception très bornée qu'on donne à ce mot, mais en désignant ainsi toutes les actions de la bonté.

La bonté est la vertu primitive, elle existe par un mouvement spontané; et comme elle seule est véritablement nécessaire au bonheur général, elle seule est gravée dans le cœur; tandis que les devoirs qu'elle n'inspire pas sont consignés dans des codes que la diversité des pays et des circonstances peut modifier ou présenter trop tard à la connaissance des peuples. L'homme bon est de tous les temps et de toutes les nations; il n'est pas même dépendant du degré de civilisation du pays qui l'a vu naître; c'est la nature morale dans sa pureté, dans son essence; c'est comme la beauté dans la jeunesse, où tout est bien sans effort. La bonté existe en nous comme le principe de la vie, sans être l'effet de notre propre volonté; elle semble un don du ciel comme toutes les facultés, elle agit sans se connaître, et ce n'est que par la comparaison qu'elle apprend sa propre valeur. Jusqu'à ce qu'il eût rencontré le méchant, l'homme bon n'a pas dû croire à la possibilité d'une manière d'être différente de la sienne propre. La triste connaissance du cœur humain fait, dans le monde, de l'exercice de la bonté un plaisir plus vif; on se sent plus nécessaire, en se voyant si peu de rivaux, et cette pensée anime à l'accomplissement d'une vertu à laquelle le malheur et le crime offrent tant de maux à réparer.

La bonté recueille aussi toutes les véritables jouissances du sentiment; mais elle diffère de lui par cet éminent caractère où se retrouve toujours le secret du bonheur ou du malheur de l'homme : elle ne veut, elle n'attend rien des autres, et place sa félicité tout entière dans ce qu'elle éprouve. Elle ne se livre pas à un seul mouvement personnel, pas même au besoin d'inspirer un sentiment réciproque, et ne jouit que de ce qu'elle donne. Lorsqu'on est fidèle à cette résolution, ces hommes mêmes qui troubleraient le repos de la vie, si l'on se rendait dépendants de leur reconnaissance, vous donnent cependant des jouissances momentanées par l'expression de ce sentiment. Les premiers mouvements de la reconnaissance ne laissent rien à désirer, et, dans l'émotion qui les accompagne, tous les caractères s'embellissent; on dirait que le présent est un gage certain de l'avenir; et lorsque le bienfaiteur reçoit la promesse, sans avoir besoin de son accomplissement, l'illusion même qu'elle lui cause est sans danger, et l'imagination peut en jouir, comme l'avare des biens que lui procurerait son trésor, si jamais il le dépensait.

Il y a des vertus toutes composées de craintes et de sacrifices, dont l'accomplissement peut donner une satisfaction d'un ordre très-relevé à l'âme forte qui les pratique; mais peut-être, avec le temps, découvrira-t-on que tout ce qui n'est pas naturel n'est pas nécessaire, et que la morale, dans divers pays, est aussi chargée de superstition que la religion. Du moins, en parlant de bonheur, il est impossible de supposer une situation qui exige des efforts perpétuels; et la bonté donne des jouissances si faciles et si simples, que leur impression est indépendante du pouvoir même de la réflexion. Si cependant l'on se livre à des retours sur soi, ils sont tous remplis d'espérance; le bien qu'on a fait est une égide qu'on croit voir entre le malheur et soi; et lors même que l'infortune nous poursuit, on sait où se réfugier, on se transporte par la pensée dans la situation heureuse que nos bienfaits ont procurée.

S'il était vrai que dans la nature des choses il se fût rencontré des obstacles à la félicité parfaite que l'Être suprême aurait voulu donner à ses créatures, la bonté continuerait l'intention de la Providence, elle ajouterait pour ainsi dire à son pouvoir.

Qu'il est heureux celui qui a sauvé la vie d'un homme! il ne peut plus croire à l'inutilité de son existence, il ne peut plus être fatigué de lui-même. Qu'il est plus heureux encore celui qui a assuré la félicité d'un être sensible! on ne sait pas ce qu'on donne en sauvant la vie; mais en vous arrachant à la douleur, en renouvelant la source de vos jouissances, on est certain d'être votre bienfaiteur.

Il n'est au pouvoir d'aucun événement de rien retrancher au plaisir que nous a valu la bonté. L'amour pleure souvent ses propres sacrifices, l'ambition voit en eux la cause de ses malheurs; la bonté, n'ayant voulu que le plaisir même de son action, ne peut jamais s'être trompée dans ses calculs. Elle n'a rien à faire avec le passé ni l'avenir; une suite d'instants présents composent sa vie; et son âme, constamment en équilibre, ne se porte jamais avec violence sur une époque, ni sur une idée; ses vœux et ses efforts se répandent également sur chacun de ses jours, parce qu'ils appartiennent à un sentiment toujours le même et toujours facile à exercer.

Toutes les passions, certainement, n'éloignent pas de la bonté; il en est une surtout qui dispose le cœur à la pitié pour l'infortune; mais ce n'est pas au milieu des orages qu'elle excite que l'âme peut développer et sentir l'influence des vertus bienfaisantes. Le bonheur qui naît des passions est une distraction trop forte, le malheur qu'elles produisent cause un désespoir trop sombre pour qu'il reste à l'homme qu'elles agitent aucune faculté libre; les peines des autres peuvent aisément émouvoir un cœur déjà ébranlé par sa situation personnelle, mais la passion n'a de suite que dans son idée; les jouissances que quelques actes de bienfaisance pourraient procurer sont à peine senties par le cœur passionné qui les accomplit. Prométhée, sur son rocher, s'apercevait-il du retour du printemps, des beaux jours de l'été? Quand le vautour est au cœur, quand il dévore le principe de la vie, c'est là qu'il faut porter ou le calme ou la mort. Aucune consolation partielle, aucun plaisir détaché ne peut donner du secours; cependant, comme l'âme est toujours plus capable de vertus et de jouissances relevées alors qu'elle a été trempée dans le feu des passions, alors que son triomphe a été précédé d'un combat, la bonté même n'est une source vive de bonheur que pour l'homme qui a porté dans son cœur le principe des passions.

Celui qui s'est vu déchiré par des affections tendres, par des illusions ardentes, par des désirs même insensés, connaît tous les genres d'infortunes, et trouve à les soulager un plaisir inconnu à la classe des hommes qui semblent à moitié créés, et doivent leur repos seulement à ce qui leur manque; celui qui, par sa faute, ou par le hasard, a beaucoup souffert, cherche à diminuer la chance de ces cruels fléaux, qui ne cessent d'errer sur nos têtes, et son âme, encore ouverte à la douleur, a besoin de s'appuyer par le genre de prière qui lui semble le plus efficace.

La bienfaisance remplit le cœur comme l'étude occupe l'esprit; le plaisir de sa propre perfectibilité s'y trouve également, l'indépendance des autres, le constant usage de ses facultés : mais ce qu'il y a de sensible dans tout ce qui tient à l'âme fait de l'exercice de la bonté une jouissance qui peut seule suppléer au vide que les passions laissent après elles; elles ne peuvent se rabattre sur des objets d'un ordre inférieur, et l'abîme que ces volcans ont creusé ne saurait être comblé que par des sentiments actifs et doux qui transportent hors de vous-même l'objet de vos pensées, et vous apprennent à considérer votre vie sous le rapport de ce qu'elle vaut aux autres et non à soi : c'est la ressource, la consolation la plus analogue aux caractères passionnés, qui conservent toujours quelques traces des mouvements qu'ils ont domptés. La bonté ne demande pas, comme l'ambition, un retour à ce qu'elle donne; mais elle offre cependant aussi une manière d'étendre son existence et d'influer sur le sort de plusieurs; la bonté ne fait pas, comme l'amour, du besoin d'être aimé son mobile et son espoir; mais elle permet aussi de se livrer aux douces émotions du cœur, et de vivre ailleurs que dans sa propre destinée : enfin, tout ce qu'il y a de généreux dans les passions se trouve dans l'exercice de la bonté, et cet exercice, celui de la plus parfaite raison, est encore quelquefois l'ombre des illusions de l'esprit et du cœur.

Dans quelque situation obscure ou destituée que le hasard nous ait jetés, la bonté peut étendre l'existence, et donner à chaque individu un des attributs du pouvoir, l'influence sur le sort des autres. La multitude de peines que savent causer les hommes les plus médiocres en tous genres conduit à penser qu'un être généreux, quelle que fût sa position, se créerait, en se consacrant uniquement à la bonté, un intérêt, un but, un gouvernement, pour ainsi dire, malgré les bornes de sa destinée.

Voyez Almont, sa fortune est restreinte, mais jamais un être malheureux ne s'est adressé à lui sans que, dans cet instant, il ne se soit trouvé les moyens de venir à son aide, sans que du moins un secours momentané n'ait épargné à celui qui prie le regret d'avoir imploré en vain; il n'a point de crédit, mais on l'estime; mais son courage est connu : il ne parle jamais que pour l'intérêt d'un autre; il a toujours une ressource à présenter à l'infortune, et il fait plus pour elle que le ministre le plus puissant, parce qu'il y consacre sa pensée tout entière. Jamais il ne voit un homme dans le malheur qu'il ne lui dise ce qu'il a besoin d'entendre, que son esprit, son âme, ne découvrent la consolation directe ou détournée que cette situation rend nécessaire, la pensée qu'il faut faire naître en lui, celle qu'il faut écarter, sans avoir l'air d'y tâcher. Toute cette connaissance du cœur humain, dont est née la flatterie des courtisans envers leurs souverains, Almont l'emploie pour soulager les peines de l'infortuné; plus on est fier, plus on respecte l'homme malheureux, plus on se plie devant lui. Si l'amour-propre est content, Almont l'abandonne; mais s'il est humilié, s'il cause de la douleur, il le replace, il le relève, il en fait l'appui de l'homme que cet amour-propre même avait abattu. Si vous rencontrez Almont quand votre âme est découragée, sa vive attention à vos discours vous persuade que vous êtes dans une situation qui captive l'intérêt, tandis que, fatigué de votre peine, vous étiez convaincu, avant de le voir, de l'ennui qu'elle devait causer aux autres; vous ne l'écouterez jamais sans que son attendrissement pour vos chagrins ne vous rende l'émotion dont votre âme desséchée était devenue incapable; enfin, vous ne causerez point avec lui sans qu'il ne vous offre un motif de courage, et qu'ôtant à votre douleur ce qu'elle a de fixe, il n'occupe votre imagination par un différent point de vue, par une nouvelle manière de considérer votre destinée: on peut agir sur soi par la raison, mais c'est d'un autre que vient l'espérance. Almont ne pense point à faire valoir sa prudence en vous conseillant; sans vous égarer, il cherche à vous distraire; il vous observe pour vous soulager; il ne veut connaître les hommes que pour étudier comment on les console. Almont ne s'écarte jamais, en faisant beaucoup de bien, du principe inflexible qui lui défend de se permettre ce qui pourrait nuire à un autre. En réfléchissant sur la vie, on voit la plupart des êtres se renverser, se déchirer, s'abattre, ou pour leurs intérêts, ou seulement par indifférence pour l'image, pour la pensée de la douleur qu'ils n'éprouvent pas. Que Dieu récompense Almont, et puisse tout ce qui vit le prendre pour modèle! C'est là l'homme, tel que l'homme doit désirer qu'il soit.

Sans vouloir méconnaître le lien sacré de la religion, on peut affirmer que la base de la morale considérée comme principe, c'est le bien ou le mal que l'on peut faire aux autres hommes par telle ou telle action. C'est sur ce fondement que tous ont intérêt au sacrifice de chacun, et qu'on retrouve, comme dans le tribut de l'impôt, le prix de son dévouement particulier dans la part de protection qu'assure l'ordre général. Toutes les véritables vertus dérivent de la bonté ; et si l'on voulait faire un jour l'arbre de la morale, comme il en existe un des sciences, c'est à ce devoir, à ce sentiment, dans son acception la plus étendue, que remonterait tout ce qui inspire de l'admiration et de l'estime.

CONCLUSION.

Je termine ici cette première partie ; mais, avant de commencer celle qui va suivre, je veux résumer ce que je viens de développer.

Quoi ! va-t-on me dire, vous condamnez toutes les affections passionnées ? quel triste sort nous offrez-vous donc sans *mobile*, sans *intérêt* et sans *but?* D'abord ce n'est pas du bonheur que j'ai cru offrir le tableau : les alchimistes seuls, s'ils s'occupaient de la morale, pourraient en conserver l'espoir : j'ai voulu m'occuper des moyens d'éviter les grandes douleurs. Chaque instant de la durée des peines morales me fait peur, comme les souffrances physiques épouvantent la plupart des hommes ; et s'ils avaient d'avance, je le répète, une idée également précise des chagrins de l'âme, ils éprouveraient le même effroi des passions qui les y exposent. D'ailleurs, on peut trouver dans la vie un *intérêt*, un *mobile*, un *but*, sans être la proie des mouvements passionnés ; chaque circonstance mérite une préférence sur telle autre, et toute préférence motive un souhait, une action : mais l'objet des désirs de la passion, ce n'est pas ce qui est, mais ce qu'elle suppose ; c'est une sorte de fièvre qui présente toujours un but imaginaire qu'il faut atteindre avec des moyens réels, et mettant sans cesse l'homme aux prises avec la nature des choses, lui rend indispensablement nécessaire ce qui est tout à fait impossible.

Quand on vante le charme que les passions répandent sur la vie, c'est qu'on prend ses goûts pour des passions. Les goûts font mettre un nouveau prix à ce qu'on possède ou à ce qu'on peut obtenir ; mais les passions ne s'attachent dans toute leur force qu'à l'objet qu'on a perdu, qu'aux avantages qu'on s'efforce en vain d'acquérir. Les passions sont l'élan de l'homme vers une autre destinée ; elles font éprouver l'inquiétude des facultés, le vide de la vie ; elles présagent peut-être une existence future, mais en attendant elles déchirent celle-ci.

En peignant les jouissances de l'étude et de la philosophie, je n'ai pas prétendu prouver que la vie solitaire soit celle qu'on doit toujours préférer : elle n'est nécessaire qu'à ceux qui ne peuvent pas se répondre d'échapper à l'ascendant des passions au milieu du monde ; car on n'est pas malheureux en remplissant les emplois publics, si l'on n'y veut obtenir que le témoignage de sa conscience ; on n'est pas malheureux dans la carrière des lettres, si l'on ne pense qu'au plaisir d'exprimer ses pensées, et qu'à l'espoir de les rendre utiles ; on n'est pas malheureux dans les relations particulières, si l'on se contente de la jouissance intime du bien qu'on a pu faire, sans désirer la reconnaissance qu'il mérite ; et dans le sentiment même, si, n'attendant pas des hommes la céleste faculté d'un attachement sans bornes, on aime à se dévouer sans avoir aucun but que le plaisir du dévouement même. Enfin si, dans ces différentes situations, on se sent assez fort pour ne vouloir que ce qui dépend de soi seul, pour ne compter que sur ce qu'on éprouve, on n'a pas besoin de se consacrer à des ressources purement solitaires. La philosophie est en nous, et ce qui caractérise éminemment les passions, c'est le besoin des autres ; tant qu'un retour quelconque est nécessaire, un malheur est assuré : mais l'on peut trouver dans les carrières diverses où les passions se précipitent, quelque chose de l'intérêt qu'elles inspirent, et rien de leur malheur, si l'on domine la vie au lieu de se laisser emporter par elle, si rien de ce qui est vous enfin ne dépend jamais ni d'un tyran au dedans de vous-même, ni de sujets au dehors de vous.

Les enfants et les sages ont de grandes ressemblances, et le chef-d'œuvre de la raison est de ramener à ce que fait la nature. Les enfants reçoivent la vie goutte à goutte ; ils ne lient point ensemble les trois temps de l'existence : le désir unit bien pour eux le jour avec le lendemain, mais le présent n'est point dévoré par l'attente ; chaque heure prend sa part de jouissance dans leur petite vie ; chaque heure a un sort tout entier, indépendamment de celle qui la précède ou de celle qui la suit : leur intérêt ne s'affaiblit point cependant par cette subdivision ; il renaît à chaque instant, parce que la passion n'a point détruit tous les germes des pensées légères, toutes les nuances des sentiments passionnés, tout ce qui n'est pas elle enfin, et qu'elle anéantit. La philosophie ne peut rendre sans doute les impressions fraîches et brillantes de l'enfance, son heureuse ignorance de la carrière qui se termine par la mort ; mais c'est cependant sur ce modèle qu'on doit former la science du bonheur moral ;

faut descendre la vie en regardant le rivage plutôt que le but. Les enfants laissés à eux-mêmes sont les êtres les plus libres; le bonheur les affranchit de tout : les philosophes doivent tendre au même résultat par la crainte du malheur.

Les passions ont l'air de l'indépendance, et dans le fait, il n'est point de joug plus asservissant; elles luttent contre tout ce qui existe, elles renversent la barrière de la moralité, cette barrière qui assure l'espace, au lieu de le resserrer; mais c'est pour se briser ensuite contre des obstacles toujours renaissants, et priver l'homme enfin de sa puissance sur lui-même. Depuis la gloire, qui a besoin du suffrage de l'univers, jusqu'à l'amour, qui rend nécessaire le dévouement d'un seul objet, c'est en raison de l'influence des hommes sur nous que le malheur doit se calculer; et le seul système vrai pour éviter la douleur, c'est de ne diriger sa vie que d'après ce qu'on peut faire pour les autres, mais non d'après ce qu'on attend d'eux. Il faut que l'existence parte de soi, au lieu d'y revenir, et que, sans jamais être le centre, on soit toujours la force impulsive de sa propre destinée.

La science du bonheur moral, c'est-à-dire, d'un malheur moindre, pourrait être aussi positive que toutes les autres; on pourrait trouver ce qui vaut le mieux pour le plus grand nombre des hommes dans le plus grand nombre des situations; mais ce qui restera toujours incertain, c'est l'application de cette science à tel ou tel caractère : par quelle chaîne, dans ce genre de code, peut-on lier la minorité, ni même un seul individu à la règle générale? et celui qui ne peut s'y soumettre mérite également l'attention du philosophe. Le législateur prend les hommes en masse, le moraliste un à un; le législateur doit s'occuper de la nature des choses, le moraliste de la diversité des sensations; enfin, le législateur doit toujours examiner les hommes sous le point de vue de leurs relations entre eux, et le moraliste, considérant chaque individu comme un ensemble moral tout entier, un composé de plaisirs et de peines, de passions et de raison, voit l'homme sous différentes formes, mais toujours dans son rapport avec lui-même.

Une dernière réflexion, la plus importante de toutes, reste donc à faire, c'est de savoir jusqu'à quel point il est possible aux âmes passionnées d'adopter le système que j'ai développé. Il faut dans cet examen reconnaître d'abord combien des événements, semblables en apparence, diffèrent selon le caractère de ceux qui les éprouvent. Il ne serait pas juste de vanter autant la puissance intérieure de l'homme, si ce n'était pas par la nature et le degré même de cette force qu'on doit juger de l'intensité des peines de la vie. Tel homme est conduit par ses goûts naturels dans le port, où tel autre ne peut être porté que par les flots de la tempête; et tandis que tout est calculé d'avance dans le monde physique, les sensations de l'âme varient selon la nature de l'objet et de l'organisation morale de celui qui en reçoit l'impression. Il n'y a de justice dans les jugements qui sont relatifs au bonheur, que si on les fonde sur autant de notions particulières qu'il y a d'individus qu'on veut connaître. On peut trouver dans les situations les plus obscures de la vie des combats et des victoires dont l'effort est au-dessus de tout ce que les annales de l'histoire ont consacré. Il faut compter dans chaque caractère les douleurs qui naissent des contrastes de bonheur ou d'infortune, de gloire ou de revers, dont une même destinée offre l'exemple; il faut compter les défauts au rang des malheurs, les passions parmi les coups du sort; et plus même les caractères peuvent être accusés de singularité, plus ils commandent l'attention du philosophe : les moralistes doivent être comme ces religieux placés sur le sommet du mont Saint-Bernard, il faut qu'ils se consacrent à reconduire les voyageurs égarés.

Excluant jusqu'au mot de pardon, qui semble détruire la douce égalité qui doit exister entre le consolateur et l'infortuné, ce n'est pas des torts, mais de la douleur qu'il importe de s'occuper; c'est donc au nom du bonheur seul que j'ai combattu les passions. Considérant, comme je l'ai dit ailleurs, le crime et ses effets comme un fléau de la nature qui dépravait tellement l'homme, que ce n'était plus par la philosophie, mais par la force réprimante des lois qu'il devait être arrêté, je n'ai examiné dans les passions que leur influence sur celui même qu'elles dominent. Sous le rapport de la morale, sous le rapport de la politique, il existera beaucoup de distinctions à faire entre les passions viles et généreuses, entre les passions sociales et antisociales; mais, en ne calculant que les peines qu'elles causent, elles sont presque toutes également funestes au bonheur.

Je dis à l'homme qui ne veut se plaindre que du sort, qui croit voir dans sa destinée un malheur sans exemple avant lui, et ne s'attache qu'à lutter contre les événements; je lui dis : Parcourez avec moi toutes les chances des passions humaines; voyez si ce n'est pas de leur essence même, et non d'un coup du sort inattendu, que naissent vos tourments. S'il existe une situation dans l'ordre des choses possibles qui puisse vous en

préserver, je la chercherai avec vous, je tâcherai
de contribuer à vous l'assurer; mais le plus grand
argument à présenter contre les passions, c'est
que leur prospérité est peut-être plus fatale au
bonheur de celui qui s'y livre que l'adversité même.
Si vous êtes traversé dans vos projets pour acquérir et conserver la gloire, votre esprit peut s'attacher à l'événement qui, tout à coup, a interrompu
votre carrière, et se repaître d'illusions, plus faciles encore dans le passé que dans l'avenir. Si
l'objet qui vous est cher vous est enlevé par la volonté de ceux dont il dépend, vous pouvez ignorer à jamais ce que votre propre cœur aurait ressenti, si votre amour, en s'éteignant dans votre âme,
vous eût fait éprouver ce qu'il y a de plus amer
au monde, l'aridité de ses propres impressions; il
vous reste encore un souvenir sensible, seul bien
des trois quarts de la vie; je dirai plus, si c'est
par des fautes réelles dont le regret occupe à jamais votre pensée, que vous croyez avoir manqué
le but où tendait votre passion, votre vie est plus
remplie, votre imagination a quelque chose où se
prendre, et votre âme est moins flétrie que si, sans
événements malheureux, sans obstacles insurmontables, sans démarches à se reprocher, la passion,
par cela seulement qu'elle est elle, eût, au bout
d'un certain temps, décoloré la vie, après être
retombée sur le cœur qui n'aurait pu la soutenir.
Qu'est-ce donc qu'une destinée qui entraîne avec
elle, ou l'impossibilité d'arriver à son but, ou
l'impuissance d'en jouir?

. Loin de moi cependant ces axiomes impitoyables
des âmes froides et des esprits médiocres : *on peut
toujours se vaincre, on est toujours le maître de
soi;* et qui donc a l'idée non-seulement de la passion, mais même d'un degré de plus de passion
qu'il n'aurait pas éprouvé, qui peut dire : Là finit
la nature morale? Newton n'eût pas osé tracer les
bornes de la pensée, et le pédant que je rencontre
veut circonscrire l'empire des mouvements de
l'âme! il voit qu'on en meurt, et croit encore
qu'on se serait sauvé en l'écoutant! Ce n'est point
en assurant aux hommes que tous peuvent triompher de leurs passions, qu'on rend cette victoire
plus facile. Fixer leur pensée sur la cause de leur
malheur, analyser les ressources que la raison et
la sensibilité peuvent leur présenter, est un moyen
plus sûr, parce qu'il est bien plus vrai. Quand le
tableau des douleurs est vivement retracé, quelles
leçons peuvent ajouter à la force du besoin qu'on
a de cesser de souffrir? Tout ce que vous pouvez
pour l'homme infortuné, c'est d'essayer de le convaincre qu'il respirerait un air plus doux dans

l'asile où vous l'invitez · mais si ses pieds sont attachés à la terre de feu qu'il habite, vous paraîtra-
t-il moins digne d'être plaint?

J'aurai rempli mon but, si j'ai donné quelque
espoir de repos à l'âme agitée; si, en ne mécon-
naissant aucune de ses peines, en avouant la terrible puissance des sentiments qui la gouvernent,
en lui parlant sa langue, enfin, j'ai pu m'en faire
écouter. La passion repousse tous les conseils qui
ne supposent pas la douloureuse connaissance
d'elle-même, et vous dédaigne aisément comme
appartenant à une autre nature. Je le crois cependant, mon accent n'a pas dû lui paraître étranger;
c'est mon seul motif pour espérer qu'à travers
tant de livres sur la morale, celui-ci peut encore
être utile.

Que je me repentirais néanmoins de cet écrit,
si, venant se briser, comme tant d'autres, contre
la puissance terrible des passions, il ajoutait seulement à la certitude que croient avoir les âmes
froides de la facilité qu'on doit trouver à vaincre
les sentiments qui troublent la vie! Non, ne condamnez pas ces infortunés qui ne savent pas cesser de l'être; vous, de qui leurs destinées dépendent, secourez-les comme ils veulent être secourus;
celui qui peut soulager le malheur ne doit plus
penser à le juger, et les idées générales sont
cruelles à l'homme qui souffre, si c'est un autre,
et non pas lui, qui les applique à sa situation personnelle.

En composant cet ouvrage, où je poursuis les
passions comme destructives du bonheur, où j'ai
cru présenter des ressources pour vivre sans le
secours de leur impulsion, c'est moi-même aussi
que j'ai voulu persuader; j'ai écrit pour me retrouver, à travers tant de peines, pour dégager mes
facultés de l'esclavage des sentiments, pour m'é-
lever jusqu'à une sorte d'abstraction qui me permît
d'observer la douleur en mon âme, d'examiner
dans mes propres impressions les mouvements de
la nature morale, et de généraliser ce que la pensée me donnait d'expérience. Une distraction absolue étant impossible, j'ai essayé si la méditation
même des objets qui nous occupent ne conduisait
pas au même résultat, et si, en approchant du
fantôme, il ne s'évanouissait pas plutôt qu'en s'en
éloignant. J'ai essayé si ce qu'il y a de poignant
dans la douleur personnelle ne s'émoussait pas
un peu, quand nous nous placions nous-mêmes
comme une part du vaste tableau des destinées, où
chaque homme est perdu dans son siècle, le siècle
dans le temps, et le temps dans l'incompréhensible. Je l'ai essayé, et je ne suis pas sûre d'avoir

réussi dans la première épreuve de ma doctrine sur moi-même; serait-ce donc à moi qu'il conviendrait d'affirmer son absolu pouvoir? Hélas! en s'approchant, par la réflexion, de tout ce qui compose le caractère de l'homme, on se perd dans le vague de la mélancolie. Les institutions politiques, les relations civiles vous présentent des moyens presque certains de bonheur ou de malheur public; mais les profondeurs de l'âme sont si difficiles à sonder! Tantôt la superstition défend de penser, de sentir, déplace toutes les idées, dirige tous les mouvements en sens inverse de leur impulsion naturelle, et sait vous attacher à votre malheur même, dès qu'il est causé par un sacrifice ou peut en devenir l'objet; tantôt la passion ardente, effrénée, ne sait pas supporter un obstacle, consentir à la moindre privation, dédaigne tout ce qui est avenir, et, poursuivant chaque instant comme le seul, ne se réveille qu'au but ou dans l'abîme. Inexplicable phénomène que cette existence spirituelle de l'homme, qui, en la comparant à la matière, dont tous les attributs sont complets et d'accord, semble n'être encore qu'à la veille de sa création, au chaos qui la précède!

Un seul sentiment peut servir de guide dans toutes les situations, peut s'appliquer à toutes les circonstances, c'est la pitié : avec quelle disposition plus efficace pourrait-on supporter et les autres et soi-même? L'esprit observateur et assez fort pour se juger découvre dans lui-même la source de toutes les erreurs. L'homme est tout entier dans chaque homme. Dans quels égarements ne s'est pas souvent perdue la pensée qui précède les actions, la pensée, ou quelque chose encore de plus fugitif qu'elle! Il faut que ce secret intime, qu'on ne pourrait revêtir de paroles sans lui donner une existence qu'il n'a pas, il faut que ce secret intime serve à rendre inépuisable le sentiment de la pitié [1].

[1] Smith, dans son excellent ouvrage de la Théorie des sentiments moraux, attribue la pitié à cette sympathie qui nous fait nous transporter dans la situation d'un autre, et supposer ce que nous éprouverions à sa place. C'est bien là certainement l'une des causes de la pitié; mais l'inconvénient de cette définition, comme de toutes, est de resserrer la pensée que faisait naître le mot qu'on a défini : il était revêtu des idées accessoires et des impressions particulières à chaque homme qui l'entendait, et vous restreignez sa signification par une analyse toujours incomplète quand un sentiment en est l'objet; car un sentiment est un composé de sensations et de pensées que vous ne faites jamais comprendre qu'à l'aide de l'émotion et du jugement réunis. La pitié est souvent séparée de tout retour sur soi-même; si, par abstraction, vous vous figuriez un genre de douleur qui exigeât, pour la souffrir, une organisation tout à fait différente de la vôtre, vous auriez encore pitié de cette douleur : il faut que les caractères

On dit qu'en s'abandonnant à la pitié, les individus et les gouvernements peuvent être injustes : d'abord les individus d'une condition privée ne sont presque jamais dans une situation qui commande de résister à la bonté; les rapports avec les autres sont si peu étendus, les événements qui offrent quelque bien à faire sont dépendants d'un si petit nombre de chances, qu'en se rendant difficile sur les occasions qu'on peut saisir, on condamne sa vie à l'inutile insensibilité. Je ne sais pas une délibération plus importante que celle qui conduirait à se faire un devoir de causer une peine, ou de refuser un service en sa puissance; il faut avoir si présents à la pensée la chaîne des idées morales, l'ensemble de la nature humaine! il faut être si sûr de voir un bien dans un mal, un mal dans un bien! Non : loin de réprimer, à cet égard, les imprudences des hommes, on devrait plutôt les détourner de calculer autant les inconvénients des sentiments généreux, et de s'arroger ainsi un jugement que Dieu seul a droit de prononcer; car c'est à la Providence que semble appartenir cette sublime balance où sont pesés les effets relatifs du bonheur et du malheur. Les hommes, pour lesquels il n'existe que des unités, des moments, des occasions, doivent rarement se refuser aux biens partiels qu'ils peuvent répandre.

Les législateurs eux-mêmes gouvernent souvent à l'aide d'idées trop générales; ce grand principe, que l'intérêt de la minorité doit toujours céder à celui de la majorité, dépend absolument du genre de sacrifices qu'on impose à la minorité; car en le poussant à l'extrême, on arriverait au système de Robespierre. Ce n'est pas le nombre des individus, mais les douleurs qu'il faut compter; et si l'on pouvait supposer la possibilité de faire souffrir un innocent pendant plusieurs siècles, il serait atroce de l'exiger pour le salut même d'une nation entière; mais ces alternatives effrayantes n'existent point dans la réalité. Les vérités d'un certain ordre sont à la fois conseillées par la raison et inspirées par le cœur; il est presque toujours de la politique d'écouter la pitié; il n'y a pas de milieu entre elle et le dernier terme de la cruauté, et Machiavel, dans le code même de la tyrannie, a dit, *qu'il fallait savoir s'attacher ceux qu'on ne pouvait faire périr.*

On n'obéit pas longtemps aux lois trop sévères, mais l'état qui les maintient, sans pouvoir les faire exécuter, a tous les inconvénients de la rigueur les plus opposés puissent éprouver de la pitié pour des impressions qu'ils n'auraient jamais ressenties; il faut enfin que le spectacle du malheur remue les hommes par commotion, par talisman, sans examen ni combinaison.

et de la faiblesse. Rien n'use la force d'un gouvernement comme la disproportion entre les délits et les peines : il se présente alors comme un ennemi, tandis qu'il doit paraître comme le chef, comme le principe régulateur de l'empire. Au lieu de se confondre, pour ainsi dire, dans votre esprit avec la nature des choses, il semble un obstacle qu'il faut renverser; et l'agitation de quelques-uns, l'espoir qu'ils conservent, tout insensé qu'il est, de détruire ce qui les opprime, ébranle la confiance de ceux même qui sont contents du gouvernement. Enfin, de quelque manière qu'on réfléchisse sur le sentiment de la pitié, on le trouve fécond en résultats prospères pour les individus et pour les nations, et l'on se persuade que c'est la seule idée primitive qui soit attachée à la nature de l'homme, parce que c'est la seule dont il ait besoin pour toutes les vertus comme pour toutes les jouissances.

Une belle cause finale dans l'ordre moral, c'est la prodigieuse influence de la pitié sur les cœurs; il semble que l'organisation physique elle-même soit destinée à en recevoir l'impression. Une voix qui se brise, un visage altéré, agissent sur l'âme directement comme les sensations; la pensée ne se met point entre deux, c'est un choc, c'est une blessure. Cela n'est point intellectuel; et ce qu'il y a de plus sublime encore dans cette disposition de l'homme, c'est qu'elle est consacrée particulièrement à la faiblesse; et lorsque tout concourt aux avantages de la force, ce sentiment lui seul rétablit la balance, en faisant naître la générosité : ce sentiment ne s'émeut que pour un objet sans défense, qu'à l'aspect de l'abandon, qu'au cri de la douleur; lui seul défend les vaincus après la victoire, lui seul arrête les effets de ce vil penchant des hommes à livrer leur attachement, leurs facultés, leur raison même à la décision du succès; mais cette sympathie pour le malheur est une affection si puissante, réunit tellement ce qu'il y a de plus fort dans les impressions physiques et morales, qu'y résister suppose un degré de dépravation dont on ne peut éprouver trop d'horreur.

Ces êtres seuls n'ont plus de droits à l'association mutuelle de misères et d'indulgence, qui, en se montrant sans pitié, ont effacé en eux le sceau de la nature humaine : le remords d'avoir manqué à quelque principe de morale que ce soit, est l'ouvrage du raisonnement, ainsi que la morale elle-même; mais le remords d'avoir bravé la pitié doit poursuivre comme un sentiment personnel, comme un danger pour soi, comme une terreur dont on est l'objet. On a une telle identité avec l'être qui

souffre, que ceux qui parviennent à la détruire acquièrent souvent une sorte de dureté pour eux-mêmes, qui sert encore, sous quelques rapports, à les priver de tout ce qu'ils pourraient attendre de la pitié des autres; cependant, s'il en est temps encore, qu'ils sauvent un infortuné, qu'ils épargnent un ennemi vaincu, et, rentrés dans les liens de l'humanité, ils seront de nouveau sous sa sauvegarde.

C'est dans la crise d'une révolution qu'on entend répéter sans cesse que la pitié est un sentiment puéril qui s'oppose à toute action nécessaire à l'intérêt général, et qu'il faut la reléguer avec les affections efféminées, indignes des hommes d'État ou des chefs de parti: c'est, au contraire, au milieu d'une révolution que la pitié, ce mouvement involontaire dans toute autre circonstance, devrait être une règle de conduite. Tous les liens qui retenaient sont déliés, l'intérêt de parti devient pour tous les hommes le but par excellence : ce but, étant censé renfermer et la véritable vertu et le seul bonheur général, prend momentanément la place de toute autre espèce de loi. Or, dans un temps où la passion s'est mise dans le raisonnement, il n'y a qu'une sensation, c'est-à-dire, quelque chose qui est un peu de la nature de la passion même, qu'il soit possible de lui opposer avec succès. Lorsque la justice est reconnue, on peut se passer de pitié; mais une révolution, quel que soit son but, suspend l'état social, et il faut remonter à la source de toutes les lois, dans un moment où ce qu'on appelle un pouvoir légal est un nom qui n'a plus de sens. Les chefs de parti peuvent se croire assez sûrs d'eux-mêmes pour se guider toujours d'après la plus haute sagesse; mais il n'y a rien de si funeste pour eux que des sectaires privés de l'instinct de la pitié; d'abord ils sont, par cela même, incapables d'enthousiasme pour les individus : ces sentiments tiennent l'un et l'autre, quoique par des rapports différents, à la faculté de l'imagination. La fureur, la vengeance s'allient sans doute avec l'enthousiasme; mais ces mouvements qui rendent cruels momentanément, n'ont pas d'analogie avec ce qu'on a vu de nos jours, un système continuel, et par conséquent à froid, de méconnaître toute pitié. Or, quand cet affreux système existe dans les soldats, ils jugent leurs chefs tout comme leurs ennemis, ils conduisent à l'échafaud ce qu'ils avaient estimé la veille, ils appartiennent uniquement à la puissance d'un raisonnement, et dépendent, par conséquent, de tel enchaînement de mots, qui se placera dans leur tête comme un principe et des conséquences. On ne peut gouverner la foule que par des sensations. Malheur donc aux chefs qui, en étouffant dans leurs partisans tout ce qui est humain, tout ce qui est remuable enfin par l'imagination ou le sentiment, en font des assassins raisonneurs, qui marchent au crime par la métaphysique, et immolent tout au premier arrangement de syllabes qui sera pour eux de la conviction!

Cromwell retenait le peuple par la superstition; on liait les Romains par le serment; les Grecs se laissaient mener par l'enthousiasme qu'ils éprouvaient pour les grands hommes. Si l'espèce de sentiment national qui faisait en France un point d'honneur de la générosité, de cette pitié des vainqueurs, si cette espèce de sentiment ne reprend pas quelque puissance, jamais le gouvernement n'obtiendra un empire constant et volontaire sur une nation qui n'aura pas un instinct moral quelconque, par lequel on puisse l'entraîner et la réunir; car qu'y a-t-il de plus divisant au monde que le raisonnement?

Enfin, la pitié est encore nécessaire pour trouver un terme à la guerre intérieure; il n'y a point de fin aux ressources du désespoir, et les discussions les plus habiles, et les victoires les plus sanglantes ne font qu'augmenter la haine. Une sorte d'élan de l'âme, tout composé d'enthousiasme et de pitié, arrête seul les guerres intestines, et rappelle également le mot de patrie à tous les partis qui la déchirent. Cette commotion produit plus en un jour que tous les écrits et les combinaisons politiques; l'homme lutte contre sa nature en voulant donner à l'esprit seul la grande influence sur la destinée humaine.

Et vous, Français, vous, guerriers invincibles, vous, leurs chefs, vous qui les avez dirigés et soutenus par vos intrépides ressources, c'est à vous tous que l'on doit les triomphes de la victoire; c'est à vous qu'il appartient de proclamer la générosité! Sans l'exercice de cette vertu, quelle palme nouvelle vous resterait-il encore à cueillir? Vos ennemis sont vaincus, ils n'offrent plus aucune résistance, ils ne serviront plus à votre gloire, même par leurs défaites. Voulez-vous encore étonner? pardonnez. Vous êtes vainqueurs, la terreur ou l'enthousiasme prosternent à vos pieds plus de la moitié de l'univers; mais qu'avez-vous fait encore pour le malheur, et qu'est-ce que l'homme, s'il n'a pas consolé l'homme, s'il n'a pas combattu la puissance du mal sur la terre? La plupart des gouvernements sont vindicatifs parce qu'ils craignent, parce qu'ils n'osent être cléments. Vous,

qui n'avez rien à redouter, vous, qui devez avoir pour vous la philosophie et la victoire, soulagez toutes les infortunes véritables, toutes celles qui sont vraiment dignes de pitié : la douleur qui accuse est toujours écoutée; la douleur a raison contre les vainqueurs du monde. Que veut-on en effet du génie, des succès, de la liberté, des républiques? qu'en veut-on? quelques peines de moins, quelques espérances de plus. Vous qui rentrerez dans vos foyers, ou dans une condition privée, que serez-vous, si vous ne vous montrez pas généreux? des guerriers pendant la paix, des génies dans l'art de la guerre, alors que toutes les pensées se tourneront vers la prospérité de l'intérieur, et que les dangers passés laisseront à peine des traces. Attachez-vous à l'avenir par la vertu, fixez la reconnaissance par des bienfaits qui durent. Il n'est point de Capitole, il n'est point de triomphes qui puissent ajouter à votre éclat; vous êtes au pinacle de la gloire militaire; la générosité seule plane encore au-dessus de vos têtes. Heureuse situation que celle de la toute-puissance, quand les obstacles n'existent plus au dehors, quand la force est en soi-même, quand on peut faire le bien sans qu'un motif étranger à la vertu vous anime, sans que le soupçon d'un tel motif puisse jamais vous approcher [1]!

J'aurais pu traiter la générosité, la pitié, la plupart des questions agitées dans cet ouvrage, sous le simple rapport de la morale qui en fait une loi; mais je crois la vraie morale tellement d'accord avec l'intérêt général, qu'il me semble toujours que l'idée du devoir a été trouvée pour abréger l'exposé des principes de conduite qu'on aurait pu développer à l'homme d'après ses avantages personnels; et comme dans les premières années de la vie on défend ce qui fait mal, dans l'enfance de la vie humaine on lui commande encore ce qu'il serait toujours possible de lui prouver. Heureuse, si j'ai pu convaincre l'intérêt personnel! heureuse aussi,

[1] Dans un écrit publié il y a deux ans, dans un écrit honoré du suffrage qui pouvait le plus enorgueillir, cité par M. Fox plaidant pour la paix devant le parlement d'Angleterre, j'ai dit : *Si l'on ne fait pas la paix avec les Français cette année, qui sait au centre de quel empire ils la refuseront l'année prochaine?* (Réflexions sur la paix.) Jamais prédiction, je crois, ne s'est mieux accomplie. On pourrait, avec le même degré de certitude, présager quels seraient les résultats des étonnantes victoires des Français, s'ils en abusaient; s'ils adoptaient à cet égard un système révolutionnaire. Mais il y a un si grand foyer de lumières dans ce pays; le gouvernement républicain, par sa nature même, est à la longue tellement soumis à la véritable opinion publique, que les premières conséquences doivent éclairer sur le principe, et qu'on ne persiste pas, dans ce qui ruine, avec l'aveuglement dont plusieurs cabinets monarchiques ont donné l'exemple pendant cette guerre.

si j'avais diminué son activité, en présentant aux hommes une analyse exacte de ce que vaut la vie, une analyse qui démontrât que les destinées diffèrent entre elles bien plus par les caractères que par les situations ; que les plaisirs que l'on peut éprouver, dans quelques circonstances que ce soit, sont soumis à des chances certaines, qui à la longue réduisent tout au même terme ; et que ce bonheur qu'on croit toujours trouver dans les objets extérieurs n'est qu'un fantôme créé par l'imagination, qu'elle poursuit après l'avoir fait naître, et qu'elle veut atteindre au dehors, tandis qu'il n'a d'existence qu'en elle !

RÉFLEXIONS

SUR

LE SUICIDE.

C'est en 1813 que ma mère a publié les *Réflexions sur le Suicide*, mais j'ai cru devoir intervertir l'ordre chronologique que j'ai suivi jusqu'ici, et réunir cet écrit à l'ouvrage sur l'Influence des Passions. Ce rapprochement semblait indiqué par l'analogie des sujets : toutefois j'ai été déterminé par un autre motif. Quelques personnes dont l'opinion mérite toujours d'être respectée, lorsqu'elle est sincère, avaient vu avec regret l'apologie du suicide, que renferme l'ouvrage sur l'Influence des Passions : je n'ai pu me refuser à leur rappeler avec quelle profonde conviction de la haute philosophie du christianisme, ma mère a traité le même sujet quelques années plus tard.

(*Note de M. de Staël fils.*)

A SON ALTESSE ROYALE

LE PRINCE ROYAL DE SUÈDE.

Stockholm, décembre 1812.

MONSEIGNEUR,

J'ai écrit ces réflexions sur le suicide dans un moment où le malheur me faisait éprouver le besoin de me fortifier par le secours de la méditation. C'est près de vous, monseigneur, que mes peines se sont adoucies ; mes enfants et moi nous avons fait comme ces bergers d'Arabie, qui, lorsqu'ils voient venir l'orage, se retirent à l'abri du laurier. Vous n'avez jamais considéré la mort, monseigneur, que comme dévouement à la patrie ; et jamais votre âme n'a pu être atteinte par ce découragement que ressentent quelquefois les êtres qui se croient inutiles sur la terre. Néanmoins votre esprit transcendant n'est étranger à aucun sujet philosophique, et vous voyez de trop haut pour que rien ne puisse vous échapper. Je n'avais jusqu'à ce jour dédié mes ouvrages qu'à la mémoire de mon père ; je vous ai demandé, monseigneur, l'honneur de vous rendre hommage, parce que votre vie publique signale à tous les yeux les vertus réelles, qui seules méritent l'admiration des penseurs.

Un courage intrépide vous distingue personnellement entre tous les braves ; mais ce courage est dirigé par une bonté non moins sublime : le sang des guerriers, les pleurs du pauvre, les inquiétudes même du faible sont l'objet de votre humanité prévoyante. Vous craignez la souffrance de vos semblables, et le rang éminent où vous êtes placé ne pourra jamais effacer de votre cœur la sympathie. Un Français disait de vous, monseigneur, que vous réunissiez LA CHEVALERIE DU RÉPUBLICANISME A LA CHEVALERIE DE LA ROYAUTÉ. En effet, dans quelque sens que la générosité puisse s'exercer, elle vous est toujours native.

Dans les rapports de la société vous ne mettez point à la gêne, par une roideur factice, l'esprit et l'âme de ceux qui vous entourent. Vous pourriez, pour ainsi dire, gagner tout un peuple UN à UN, si chaque individu qui le compose avait le bonheur de s'entretenir un quart d'heure avec vous ; mais à côté de cette affabilité pleine de grâces, votre mâle énergie vous attache tous les caractères forts.

Cette nation suédoise, jadis si célèbre par ses exploits, et qui conserve encore les grandes qualités que ses ancêtres ont manifestées, chérit en vous le présage de sa gloire. Vous respectez les droits de cette nation, monseigneur, par penchant et par conscience, et l'on vous a vu, dans plusieurs circonstances difficiles, aussi fier des barrières constitutionnelles, que d'autres en seraient impatients.

Les devoirs ne vous semblent jamais des bornes, mais des appuis, et c'est ainsi que votre déférence habituelle pour la sagesse expérimentée du roi ajoute un nouveau lustre au pouvoir qu'il vous confie.

Poursuivez, monseigneur, la carrière dans laquelle un si bel avenir vous est offert, et vous montrerez au monde ce qu'il avait désappris ; c'est que les véritables lumières enseignent la morale, et que les héros vraiment magnanimes, loin de mépriser l'espèce humaine, ne se croient supérieurs aux autres hommes que par les sacrifices mêmes qu'ils leur font.

Je suis avec respect,

DE VOTRE ALTESSE ROYALE,

MONSEIGNEUR,

La très-humble et très-obéissante servante,

NECKER, baronne DE STAEL-HOLSTEIN.

C'est pour les malheureux qu'il faut écrire ; ceux qui sont en possession des prospérités de ce monde ne s'instruisent que par leur propre expérience, et les idées générales en toutes choses ne leur paraissent que du temps perdu. Il n'en est pas ainsi de ceux qui souffrent : la réflexion est leur plus sûr asile, et, séparés par l'infortune des distractions de la société, ils s'examinent eux-mêmes, et cherchent, comme un malade qui se retourne dans un lit de douleur, quelle est la position la moins pénible qu'ils puissent se procurer.

L'excès du malheur fait naître la pensée du suicide, et cette question ne saurait être trop approfondie, elle tient à toute l'organisation morale de l'homme. Je me flatte de présenter quelques aperçus nouveaux sur les motifs qui peuvent conduire à cette action, et sur ceux qui doivent en détourner. Je discuterai ce sujet sans malveillance comme sans exaltation. Il ne faut pas haïr ceux qui sont assez malheureux pour détester la vie ; il ne faut pas louer ceux qui succombent sous un grand poids ; car s'ils pouvaient marcher en le portant, leur force morale serait plus grande [1].

Les personnes qui d'ordinaire condamnent le suicide, se sentant sur le terrain du devoir et de la raison, se servent souvent, pour soutenir leur opinion, de certaines formes méprisantes qui peuvent blesser leurs adversaires; elles mêlent aussi quelquefois, à la censure méritée d'un acte coupable, d'injustes attaques contre l'enthousiasme en général. Il me semble, au contraire, que c'est par les principes mêmes du véritable enthousiasme, c'est-à-dire, de l'amour du beau moral, qu'on peut aisément montrer combien la résignation à la destinée est d'un ordre plus élevé que la révolte contre elle.

Je me propose de présenter la question du suicide sous trois rapports différents : j'examinerai d'abord *quelle est l'action de la souffrance sur l'âme humaine ;* secondement, je montrerai *quelles sont les lois que la religion chrétienne nous impose relativement au suicide,* et troisièmement, je considérerai *en quoi consiste la plus grande dignité morale de l'homme sur cette terre.*

PREMIÈRE SECTION.

QUELLE EST L'ACTION DE LA SOUFFRANCE SUR L'AME HUMAINE?

On ne saurait se le dissimuler, il y a, sous le rapport des impressions causées par la douleur, autant de différence entre les individus qu'il en peut exister relativement au génie et au caractère; non-seulement les circonstances, mais la manière de les sentir, diffèrent tellement, que des personnes très-estimables d'ailleurs peuvent ne pas s'entendre à cet égard : et cependant, de toutes les bornes de l'esprit, la plus insupportable, c'est celle qui nous empêche de comprendre les autres.

[1] J'ai loué l'acte du suicide dans mon ouvrage sur l'Influence des Passions, et je me suis toujours repentie depuis de cette parole inconsidérée. J'étais alors dans tout l'orgueil et toute la vivacité de la première jeunesse; mais à quoi servirait-il de vivre, si ce n'était dans l'espoir de s'améliorer ?

I.

Il me semble que le bonheur consiste *dans la possession d'une destinée en rapport avec nos facultés.* Nos désirs sont une chose momentanée et souvent funeste même à nous; mais nos facultés sont permanentes, et leurs besoins ne cessent jamais : il se peut donc que la conquête du monde fût nécessaire à Alexandre, comme la possession d'une cabane à un berger. Il ne s'ensuivrait pas que la race humaine dût se prêter à servir d'aliment aux facultés gigantesques d'Alexandre; mais on peut dire que, d'après sa nature, lui ne savait être heureux qu'ainsi.

La puissance d'aimer, l'activité de la pensée, le prix qu'on attache à l'opinion, font de tel ou tel genre de vie une existence douce pour les uns, et tout à fait pénible pour les autres. L'inflexible loi du devoir est la même pour tous; mais les forces morales sont purement individuelles; et la profonde connaissance du cœur humain peut seule donner à nos jugements sur le bonheur et le malheur de ceux qui ne nous ressemblent pas, une équité philosophique.

Il me semble donc qu'il ne faut jamais disputer sur ce que chacun éprouve; le conseil ne peut porter que sur la conduite et la fermeté d'âme, dont la vertu et la religion font une égale loi dans toutes les situations; mais les causes du malheur et son intensité varient autant que les circonstances et les individus. Ce serait vouloir compter les flots de la mer qu'analyser les combinaisons du sort et du caractère. Il n'y a que la conscience qui soit en nous comme un être simple et invariable, dont nous pouvons tous obtenir ce dont nous avons tous besoin, le repos de l'âme. La plupart des hommes se ressemblent, non pas dans ce qu'ils font, mais dans ce qu'ils peuvent faire, et nul être capable de réfléchir ne niera qu'en commettant des fautes contre la morale, on ne sente toujours qu'on était le maître de les éviter. Si donc on reconnaît qu'il est ordonné à l'homme sur cette terre de supporter la douleur, on ne saurait s'excuser ni par la violence de cette douleur, ni par la vivacité du sentiment qu'elle cause. Chaque individu possède en lui-même les moyens d'accomplir son devoir; et ce qu'il y a d'admirable dans la nature morale, comme dans la nature physique, c'est à quel point le nécessaire est également et universellement réparti, tandis que le superflu est diversifié de mille manières.

La douleur physique et la douleur morale sont une et même chose dans leur action sur l'âme; car la maladie est une peine aussi bien qu'une souffrance; mais la douleur physique fait d'ordi-

naire périr le corps, tandis que les douleurs morales servent à régénérer l'âme.

Il ne suffit pas de croire, avec les stoïciens, *que
la douleur n'est point un mal;* il faut être convaincu qu'elle est un bien, pour s'y résigner. Le
plus petit mal serait insupportable, si on le considérait comme purement accidentel; l'irritabilité
individuelle influant sur la manière de sentir, on
n'aurait pas plus le droit de blâmer un homme qui
se tuerait pour une piqûre d'épingle que pour une
attaque de goutte, pour une contrariété que pour
un chagrin. Le moindre sentiment de douleur
peut révolter l'âme, s'il ne tend pas à la perfectionner; car il y a plus d'injustice dans un léger
mal, s'il est inutile, que dans la plus grande
peine, si elle tend vers un noble but.

Ce n'est pas ici le cas de remonter à la grande
question métaphysique qui a vainement occupé
tous les philosophes, *l'origine du mal.* Nous ne
pouvons concevoir la liberté de l'homme sans la
possibilité du mal. Nous ne pouvons concevoir la
vertu sans la liberté de l'homme, ni la vie éternelle sans la vertu; cette chaîne, dont le premier
anneau nous est tout à la fois incompréhensible et
indispensable, doit être considérée comme la condition de notre être. Si la réflexion et le sentiment
nous conduisent à croire qu'il y a toujours dans
les voies de la Providence une justice cachée ou
manifeste, nous ne pouvons considérer la souffrance ni comme accidentelle ni comme arbitraire.
L'homme aurait le même droit de se plaindre
pour un bonheur de moins que pour une peine de
plus, s'il croyait que la Divinité pût communiquer
à la créature des qualités ou des puissances sans
bornes, et qu'ainsi l'infini fût transmissible. Pourquoi l'homme ne s'irriterait-il pas de n'avoir pas
toujours vécu comme de devoir cesser d'être? Enfin sur quelles bases reposent ses plaintes? Est-ce
contre le système de l'univers qu'il se révolte, ou
contre la part qu'il a dans un ensemble soumis à
d'invariables lois?

La douleur est un des éléments nécessaires de la
faculté d'être heureux, et nous ne pouvons concevoir l'une sans l'autre. La vivacité de nos désirs
tient aux difficultés qu'ils rencontrent; l'ébranlement de nos jouissances, à la crainte de les perdre; la vivacité de nos affections, aux dangers
qui menacent les objets de notre amour. Enfin
nul mortel n'a pu délier le nœud gordien du plaisir et de la peine que par le fer qui tranche la vie.

Oui, diront quelques individus malheureux,
nous nous soumettons à la balance des biens et
des maux que le cours ordinaire des événements
amène; mais quand nous sommes traités en ennemis par le sort, il est juste d'échapper à ses coups.
D'abord le régulateur qui détermine le résultat de
cette balance est tout entier en nous-mêmes : le
même genre de vie qui réduit l'un au désespoir
comblerait de joie l'homme placé dans une sphère
d'espérances moins élevée. Cette réflexion n'est
point en opposition avec ce que j'ai dit sur les ménagements qu'on doit aux diverses manières de
sentir : sans doute le bonheur de l'un peut être
en désaccord avec le caractère de l'autre; mais la
résignation convient également à tous. S'il y a
dans la nature physique deux forces opposées qui
font mouvoir le monde, l'impulsion et la gravita-
tion, on peut affirmer aussi que le besoin d'agir et
la nécessité de se soumettre, la volonté et la résignation, sont les deux pôles de l'être moral, et
l'équilibre de la raison ne peut se trouver qu'entre
deux.

La plupart des hommes ne comprennent guère
que deux puissances dans la vie, le sort et leur volonté, qui peut, à ce qu'ils croient, influer sur ce
sort; ils passent donc d'ordinaire de l'irritation à
l'orgueil. Quand ils sont en état d'irritation, ils
maudissent le destin, comme les enfants battent
la table contre laquelle ils se heurtent; et quand ils
sont satisfaits des événements de la vie, ils se les
attribuent tout entiers, et se complaisent dans les
moyens qu'ils ont employés pour les diriger; ils
considèrent ces moyens comme l'unique source de
leur félicité. Il y a erreur dans ces deux façons de
voir.

La volonté de l'homme agit d'ordinaire, il est
vrai, concurremment avec la destinée; mais quand
cette destinée devient de la nécessité, c'est-à-dire,
quand elle prend le caractère de l'irréparable, elle
est la manifestation des desseins de la Providence
sur nous. Un homme d'esprit disait : *La nécessité
rafraîchit.* Il faut s'élever à une grande hauteur
pour adopter ce mot dans son entier; mais toujours est-il vrai qu'on doit avoir pour le sort un
genre de respect. C'est une puissance qui, tour à
tour subite et lente, imprévue ou préparée, se saisit de la vie à une certaine époque et en détermine
le cours; mais loin que le sort soit aveugle, comme
on se plaît à le dire, l'on croirait qu'il nous connaît, car presque toujours il nous atteint dans nos
faiblesses les plus intimes. C'est le tribunal secret
qui nous juge, et lorsqu'il paraît injuste, peut-être
savons-nous seuls ce qu'il veut nous dire et ce
qu'il exige de nous.

Il n'y a point de doute que nous ne sortions sensiblement meilleurs de l'épreuve de l'adversité,

quand nous nous y soumettons avec une fermeté douce. Les plus grandes qualités de l'âme ne se développent que par la souffrance, et ce perfectionnement de nous-mêmes nous rend, après un certain temps, le bonheur ; car le cercle se referme et nous ramène aux jours d'innocence qui précédèrent nos fautes. C'est donc se soustraire à la vertu que de se tuer parce qu'on est malheureux : c'est se soustraire aux jouissances que cette vertu nous aurait données, quand nous aurions triomphé de nos peines par son secours. Les Platoniciens disaient *que l'âme avait besoin d'un certain temps de séjour sur cette terre pour s'épurer des passions coupables.* On croirait en effet que la vie a pour but de renoncer à la vie. La nature physique accomplit cette œuvre par la destruction, et la nature morale par le sacrifice. L'existence humaine bien conçue n'est autre chose que l'abdication de la personnalité pour rentrer dans l'ordre universel. Les enfants ne comprennent qu'eux ; les jeunes gens, qu'eux et les amis qui font partie d'eux-mêmes ; mais dès que les avant-coureurs du déclin arrivent, il faut, ou se consoler par les pensées générales, ou s'abandonner à toutes les terreurs que présente la dernière moitié de la vie ; car c'est bien peu de chose que les circonstances heureuses ou malheureuses de chaque individu, en comparaison des lois inflexibles de la nature. La vieillesse et la mort devraient mettre tous les hommes au désespoir bien plus que leurs chagrins particuliers ; mais on se soumet facilement à la condition universelle, et l'on se révolte contre son propre partage, sans réfléchir que la condition universelle se retrouve dans chaque lot, et que les différences sont plus apparentes que réelles.

En traitant *de la dignité morale de l'homme*, je prononcerai fortement la différence qui existe entre le suicide et le dévouement, c'est-à-dire, entre le sacrifice de soi aux autres, ou, ce qui est la même chose, à la vertu, et le renoncement à l'existence, parce qu'elle nous est à charge. Les motifs qui déterminent à se donner la mort changent tout à fait la nature de cette action ; car lorsqu'on abdique la vie pour faire du bien à ses semblables, on immole, pour ainsi dire, son corps à son âme, tandis que, quand on se tue par l'impatience de la douleur, on sacrifie presque toujours sa conscience à ses passions.

On a néanmoins eu tort de prétendre que le suicide était un acte de lâcheté : cette assertion forcée n'a convaincu personne ; mais on doit distinguer dans ce cas la bravoure de la fermeté. Il faut, pour se tuer, ne pas craindre la mort ; mais c'est

manquer de fermeté d'âme que de ne pas savoir souffrir. Une sorte de rage est nécessaire pour vaincre en soi l'instinct conservateur de la vie ; quand ce n'est pas un sentiment religieux qui nous en demande le sacrifice. La plupart de ceux qui ont vainement essayé de se donner la mort n'ont pas renouvelé leurs tentatives, parce qu'il y a dans le suicide, comme dans tous les actes désordonnés de la volonté, une certaine folie qui s'apaise quand elle le touche de trop près à son but. Le malheur n'est presque jamais une chose absolue ; ses rapports avec nos souvenirs ou nos espérances en composent souvent la plus grande partie ; et quand une secousse très-vive s'opère en nous-mêmes, notre douleur s'offre souvent à notre imagination sous un aspect tout différent.

Revoyez, après dix ans, une personne qui a subi une grande privation de quelque nature qu'elle soit, et vous saurez qu'elle souffre et jouit par une autre cause que cette privation même dans laquelle consistait son malheur dix ans auparavant. Il n'est pas dit pour cela que le bonheur soit rentré dans son âme, mais l'espérance et la crainte ont pris en elle un autre cours ; et c'est de l'activité de ces deux sentiments que se compose la vie morale.

Il y a une cause de suicide qui intéresse presque tous les cœurs de femme : c'est l'amour : le charme de cette passion est sûrement le principal motif des erreurs qu'on commet dans la manière de juger l'homicide de soi-même. On veut que l'amour subjugue les plus hautes puissances de l'âme, et qu'il n'y ait rien au-dessus de son empire. Tous les genres d'enthousiasme ayant subi l'atteinte de l'incrédulité moqueuse, les romans ont maintenu le prestige du sentiment dans quelques contrées du monde où la bonne foi s'est retirée ; mais de tous les malheurs de l'amour il n'en est qu'un, ce me semble, contre lequel la force de l'âme puisse se briser : c'est la mort de l'objet qu'on aime et dont on est aimé.

Un frissonnement intérieur obscurcit la nature entière, quand le cœur avec lequel se confondait notre existence repose glacé dans le tombeau. Cette douleur, l'unique peut-être qui dépasse ce que Dieu nous a donné de force contre la souffrance, a pourtant été considérée par divers moralistes comme plus facile à supporter que celles dans lesquelles l'orgueil offensé se mêle de quelque manière. En effet, dans le malheur que cause l'infidélité de ce qu'on aime, c'est bien le cœur qui reçoit la blessure, mais l'amour-propre y verse ses passions. Sans doute aussi un sentiment plus noble que l'amour-propre nous déchire quand nous sommes obligés de renoncer à l'estime que nous avions conçue pour le premier objet de nos affections, quand il ne reste plus d'un enthousiasme aussi profond que le souvenir des vaines apparences qui l'ont causé. Mais il faut cependant se le prononcer avec rigueur, du moment que dans une liaison intime et sincère, telle qu'elle doit exister entre des êtres vrais et purs, l'un des deux est infidèle, l'un des deux peut tromper, c'est qu'il était indigne du sentiment qu'il inspirait. Je ne veux point, par ce raisonnement, imiter ces pédants qui réduisent les peines de la vie à des syllogismes. On souffre de mille manières, on souffre par des sentiments divers, opposés, contradictoires ; et nul n'a le droit de contester à qui que ce soit sa douleur. Mais dans tout chagrin de l'âme, où l'amour-propre peut entrer pour quelque chose, il est aussi insensé que coupable de vouloir se tuer ; car tout ce qui tient à la vanité est nécessairement passager, et il ne faut pas accorder à ce qui est passager le droit de nous lancer dans l'éternité.

Un malheur entièrement dégagé de tout mouvement d'orgueil serait donc le seul qui motiverait le suicide ; mais par cela même qu'un tel malheur consiste en entier dans la sensibilité, la religion en adoucit l'amertume. La Providence, qui veut que toutes les blessures de l'âme humaine puissent être guéries, vient au secours de celui qu'elle a frappé d'un coup au-dessus de ses forces. Souvent alors les palmes de l'ange de paix ombragent notre tête abattue, et qui sait si cet ange n'est pas l'objet même que nous regrettons ? qui sait si, touché de nos larmes, il n'a pas obtenu du ciel le pouvoir de veiller sur nous ?

Les peines de sentiment qu'aigrit l'amour-propre sont nécessairement modifiées par le temps ; et les peines dont la touchante nature est sans mélange d'aucun mouvement d'orgueil inspirent une disposition religieuse qui porte l'âme à la résignation.

Les plus fréquentes causes du suicide dans les temps modernes, ce sont la ruine et le déshonneur. Les revers de la fortune, telle que la société est combinée, causent une peine très-vive, et qui se multiplie sous mille formes diverses. La plus cruelle de toutes cependant, c'est la perte du rang qu'on occupait dans le monde. L'imagination agit autant sur le passé que sur l'avenir, et l'on fait avec les biens qu'on possède une alliance dont la rupture est cruelle ; mais, après un certain temps, une situation nouvelle présente une nouvelle perspective à presque tous les hommes. Le bonheur est tellement composé de sensations relatives, que ce ne sont pas les choses en elles-mêmes, mais leur rapport avec la veille ou le lendemain qui agit sur l'imagination. Si la destinée ou les menaces d'un maître ont fait craindre à un homme tel degré de douleur, et qu'il apprenne que la moitié de ce qu'il redoutait lui est épargnée, son impression sera toute différente de celle qu'il aurait ressentie s'il n'avait pas éprouvé une aussi grande terreur. Le sort entre presque toujours en composition avec les infortunés ; on dirait qu'il se repent, comme tout autre souverain, d'avoir fait trop de mal.

L'opinion exerce sur la plupart des individus une action poignante dont il est très-difficile de diminuer la force : ce mot, *Je suis déshonoré*, trouble entièrement l'esprit de l'homme social, et l'on ne peut s'empêcher de plaindre celui qui succombe sous le poids de ce malheur, car probablement il ne l'avait pas mérité, puisqu'il le ressent avec tant d'amertume. Mais il faut encore ranger sous deux classes principales les causes du déshonneur : celles qui tiennent à des fautes que notre conscience nous reproche, ou celles qui naissent d'erreurs involontaires et nullement criminelles.

Le remords tient nécessairement à l'idée qu'on se fait de la justice divine, car si nous ne comparions pas nos actions à ce type suprême de l'équité, nous n'aurions dans la vie que des regrets. On ne peut considérer l'existence que sous deux rapports, ou comme une partie de jeu dont le gain ou la perte consiste dans les biens de ce monde, ou comme un noviciat pour l'immortalité. Si nous nous en tenons à la partie de jeu, nous ne saurions voir dans notre propre conduite que la conséquence de raisonnements bien ou mal faits : si nous avons la vie à venir pour but, ce n'est qu'à l'intention que notre conscience s'attache. L'homme borné aux intérêts de cette terre peut avoir des regrets, mais il n'y a de remords que pour l'homme religieux ; or, il suffit de l'être pour sentir que l'expiation est le premier devoir, et que la conscience nous commande de supporter les suites de nos fautes, afin de les réparer, s'il se peut, en faisant du bien. Le déshonneur mérité est donc pour l'homme religieux une juste punition à laquelle il ne se croit pas le droit de se soustraire ; car, quoique parmi les actions humaines il y en ait un grand nombre de plus perverses que le suicide, il n'en est pas qui semble nous dérober aussi formellement à la protection de Dieu.

Les passions entraînent à des actes coupables dont le bonheur est le but ; mais dans le suicide il y a un renoncement à tout secours venant d'en haut qu'on ne saurait concilier avec aucune disposition pieuse.

Celui qui est vraiment atteint par le remords s'écriera comme l'enfant prodigue : *Je sais ce que je ferai, je retournerai vers mon père, je me prosternerai devant lui, et je lui dirai : Mon père, j'ai péché contre le ciel et contre vous ; je ne mérite plus d'être appelé votre fils.* C'est avec cette résignation touchante que s'exprime l'être religieux ; car plus il se croit criminel, moins il s'attribue le droit de quitter la vie, puisqu'il n'a point fait de cette vie ce qu'exigeait le Dieu dont il la tenait. Quant aux coupables qui n'ont point foi à l'existence future et dont la considération dans ce monde est perdue, le suicide, d'après leur manière de penser, n'a d'autre inconvénient pour eux que de les priver des chances heureuses qui leur resteraient encore, et chacun peut estimer ces chances ce qu'il veut, d'après le calcul des probabilités.

Je crois qu'on peut affirmer que le déshonneur non mérité n'est jamais durable. L'influence de la vérité sur le public est telle qu'il suffit d'attendre pour être mis à sa place. Le temps est quelque chose de sacré qui semble agir indépendamment même des événements qu'il renferme. C'est un appui du faible et de l'infortuné, c'est enfin l'une des formes mystérieuses par lesquelles la Divinité se manifeste à nous. Le public qui est, à quelques égards, une chose si différente de chaque individu ; le public qui est un homme d'esprit, quoiqu'il se compose de tant d'êtres stupides ; le public qui a de la générosité, quoique des platitudes sans nombre soient commises par ceux qui en font partie ; le public finit toujours par se rallier à la justice dès que des circonstances prédominantes et momentanées ont disparu. *Possédez vos âmes en paix par la patience*, dit l'Évangile. Ce conseil de la piété est aussi celui de la raison. Quand on réfléchit sur les livres saints, on y trouve l'admirable réunion des meilleurs conseils pour se passer de succès dans ce monde, et souvent aussi des meilleurs moyens pour en obtenir.

Les douleurs physiques, les infirmités incurables, toutes ces misères enfin que l'existence corporelle traîne après elle, sembleraient une des causes de suicide les plus plausibles, et cependant ce n'est presque jamais, surtout parmi les modernes, ce genre de malheur qui porte à se tuer. Les douleurs qui sont dans le cours ordinaire des choses accablent, mais ne révoltent pas. Il faut qu'il se mêle de l'irritation dans ce qu'on éprouve, pour qu'on se livre à la colère contre le destin, et

qu'on veuille ou s'en affranchir ou s'en venger, comme d'un oppresseur. Il y a un singulier genre d'erreur dans la manière dont la plupart des hommes considèrent leur destinée. L'on ne saurait trop présenter cette erreur sous ses diverses faces, tant elle a d'influence sur les impressions de l'âme. on dirait qu'il suffit d'avoir un certain nombre de compagnons d'infortune pour se résigner aux événements quels qu'ils soient, et qu'on ne trouve d'injustice que dans les malheurs qui nous sont personnels: Cependant ces variétés comme ces ressemblances ne sont-elles pas pour la plupart compensées, et ne sont-elles pas toutes, je le répète, également comprises dans les lois de la nature ?

Je ne m'arrêterai point aux consolations communes qu'on peut tirer de l'espoir d'un changement dans les circonstances : il est des genres de peines qui ne sont pas susceptibles de cette sorte de soulagement ; mais je crois qu'on peut hardiment prononcer qu'un travail fort et suivi a soulagé la plupart de ceux qui s'y sont livrés. Il y a un avenir dans toute occupation, et c'est d'un avenir dont l'homme a sans cesse besoin. Les facultés nous dévorent comme le vautour de Prométhée, quand elles n'ont point d'action au dehors de nous, et le travail exerce et dirige ces facultés : enfin, quand on a de l'imagination, et la plupart de ceux qui souffrent en ont beaucoup, on peut trouver des plaisirs toujours renouvelés dans l'étude des chefs-d'œuvre de l'esprit humain, soit qu'on en jouisse comme amateur ou comme artiste. Une femme d'esprit a dit que *l'ennui se mêlait à toutes les peines,* et cette réflexion est pleine de profondeur. L'ennui véritable, celui des esprits actifs, c'est l'absence d'intérêt pour tout ce qui nous entoure, combinée avec des facultés qui rendent cet intérêt nécessaire : c'est la soif sans la possibilité de se désaltérer. Tantale est une assez juste image de l'âme dans cet état. L'occupation rend de la saveur à l'existence, et les beaux-arts ont tout à la fois l'originalité des objets particuliers et la grandeur des idées universelles. Ils nous maintiennent en rapport avec la nature ; on peut l'aimer sans le secours de ces médiateurs aimables, mais ils apprennent cependant à la mieux goûter.

Il ne faut pas dédaigner, dans quelque tristesse qu'on soit plongé, les dons primitifs du Créateur, la vie et la nature. L'homme social met trop d'importance au tissu de circonstances dont se compose son histoire personnelle. L'existence est en elle-même une chose merveilleuse. L'on voit souvent des malades n'invoquer qu'elle. Les sauvages sont heureux seulement de vivre; les prisonniers se représentent l'air libre comme le bien suprême; les aveugles seraient prêts à donner tout ce qu'ils possèdent pour revoir encore les objets extérieurs; les climats du midi, qui animent les couleurs et développent les parfums, produisent une impression indéfinissable; les consolations philosophiques ont moins d'empire que les jouissances causées par le spectacle de la terre et du ciel. Ce qu'il faut donc le plus soigner parmi nos moyens de bonheur, c'est la puissance de la contemplation. On est si à l'étroit dans soi-même, tant de choses nous y agitent et nous blessent, qu'on a sans cesse besoin de se plonger dans cette mer des pensées sans bornes; l'on doit, comme dans le Styx, s'y rendre invulnérable, ou tout au moins résigné.

Nul n'osera dire qu'on peut tout supporter dans ce monde, nul n'osera se confier assez dans ses forces pour en répondre; il est bien peu d'êtres doués de quelques facultés supérieures que le désespoir n'ait atteints plus d'une fois, et la vie ne semble souvent qu'un long naufrage, dont les débris sont l'amitié, la gloire et l'amour. Les rives du temps qui s'est écoulé pendant que nous avons vécu en sont couvertes; mais si nous en avons sauvé l'harmonie intérieure de l'âme, nous pouvons encore entrer en communication avec les œuvres de la Divinité.

La clémence du ciel, le repos de la mort, une certaine beauté de l'univers, qui n'est pas là pour narguer l'homme, mais pour lui prédire de meilleurs jours, quelques grandes idées, toujours les mêmes, sont comme les accords de la création, et nous rendent du calme quand nous nous accoutumons à les comprendre. C'est à ces mêmes sources que le héros et le poëte viennent puiser leurs inspirations. Pourquoi donc quelques gouttes de la coupe qui les élève au-dessus de l'humanité ne seraient-elles pas salutaires pour tous?

On accuse le sort de malignité, parce qu'il frappe toujours sur la partie la plus sensible de nous-mêmes : ce n'est point à la malignité du sort qu'il faut s'en prendre, mais à l'impétuosité de nos désirs, qui nous précipite contre les obstacles que nous rencontrons, comme on s'enferre toujours plus avant dans la vivacité du combat. Et d'ailleurs l'éducation que nous devons recevoir de la douleur porte nécessairement sur la portion de notre caractère qui a le plus besoin d'être réprimée. Nous ne pouvons admettre la croyance en Dieu, sans supposer qu'il dirige le sort dans son action sur l'homme; nous ne pouvons donc considérer ce sort comme une puissance aveugle : reste à examiner si celui qui la gouverne a donné la liberté à l'homme pour s'y soumettre ou pour s'y soustraire. C'est ce que nous allons faire dans la seconde partie de ces réflexions.

‹‹•••••••••››

SECONDE SECTION.

QUELLES SONT LES LOIS QUE LA RELIGION CHRÉTIENNE NOUS IMPOSE RELATIVEMENT AU SUICIDE?

Lorsque l'ancien des douleurs, Job, fut atteint par tous les genres de maux, lorsqu'il perdit sa fortune et ses enfants, et que d'affreuses souffrances physiques lui firent éprouver mille morts, sa femme lui conseilla de renoncer à la vie. *Bénis Dieu*, lui dit-elle, *et meurs. — Quoi!* lui répondit-il, *je n'accepterais pas les maux de la même main dont j'ai reçu les biens!* et, dans quelque désespoir qu'il fût plongé, il sut se résigner à son sort, et sa patience fut récompensée. On croit que Job a précédé Moïse; il existait du moins bien longtemps avant la venue de Jésus-Christ, et dans une époque où l'espoir de l'immortalité de l'âme n'était point encore garanti au genre humain. Qu'aurait-il donc pensé maintenant? On voit dans la Bible des hommes qui, tels que Samson et les Machabées, se dévouent à la mort pour accomplir un dessein qu'ils croient noble et salutaire; mais nulle part on ne trouve des exemples d'un suicide dont le dégoût ou les peines de la vie soient l'unique cause. Nulle part ce suicide, qui n'est qu'une désertion du sort, n'a été considéré comme possible. On a beaucoup dit qu'il n'y avait aucun passage de l'Évangile qui indiquât la désapprobation formelle de cet acte. Jésus-Christ, dans ses discours, remonte plutôt aux principes des actions qu'à l'application détaillée de la loi : mais ne suffit-il pas que l'esprit général de l'Évangile tende à consacrer la résignation?

Heureux ceux qui pleurent, dit Jésus-Christ, *car ils seront consolés. Si quelqu'un veut venir avec moi, qu'il renonce à soi-même, qu'il prenne sa croix et qu'il me suive. Vous serez bienheureux lorsqu'à cause de moi vous serez injuriés et persécutés.* Partout Jésus-Christ annonce que sa mission est d'apprendre aux hommes que le malheur a pour objet de purifier l'âme, et que le bonheur céleste est obtenu par les revers supportés religieusement ici-bas. C'est le but spécial de la doctrine de Jésus-Christ que l'explication du sens inconnu de la douleur.

On trouve de très-belles choses en fait de morale sociale et dans les prophètes hébreux et dans les philosophes païens : mais c'est pour prêcher la charité, la patience et la foi, que Jésus-Christ est descendu sur la terre; et ces trois vertus tendent toutes également à soulager les malheureux. La première, la charité, nous apprend nos devoirs envers eux; la seconde, la patience, leur enseigne à quelles consolations ils doivent recourir; et la troisième, la foi, leur annonce leur récompense. La plupart des préceptes de l'Évangile manqueraient de base s'il était permis de se donner la mort; car le malheur inspire à l'âme le besoin d'en appeler au ciel, et l'insuffisance des biens de ce monde est ce qui rend surtout une autre vie nécessaire.

Il est rare que les individus, dans l'enivrement des jours prospères, conservent un saint respect pour les choses sacrées. L'attrait des biens de ce monde est si vif qu'il fait tout pâlir, même l'éclat d'une existence future. Un philosophe allemand, en disputant avec ses amis, disait une fois : *Je donnerais, pour obtenir telle chose, deux millions d'années de ma félicité éternelle,* et il était singulièrement modéré dans le sacrifice qu'il offrait; car les jouissances temporelles ont d'ordinaire bien plus d'activité que les espérances religieuses, et la vie spirituelle ou le christianisme, ce qui est une et même chose, n'existerait pas, s'il n'y avait pas de la douleur dans le fond du cœur de l'homme. Le suicide réfléchi est inconciliable avec la foi chrétienne, puisque cette foi repose principalement sur les différents devoirs de la résignation. Quant au suicide causé par un moment de délire, par un accès de désespoir, il se peut que le divin Législateur des hommes n'ait pas eu l'occasion d'en parler au milieu des Juifs, qui n'offraient guère d'exemples de ce genre d'égarement. Il combattait sans cesse dans les Pharisiens les vices d'hypocrisie, d'incrédulité et de froideur. L'on dirait qu'il a considéré les torts des passions comme des maladies de l'âme, et non comme son état habituel, et qu'il s'est toujours plus appliqué à l'esprit général de la morale qu'aux préceptes qui peuvent dépendre des circonstances.

Jésus-Christ recommande sans cesse à l'homme de ne point s'occuper de la vie en elle-même, mais de ses rapports avec l'immortalité. *Pourquoi vous mettez-vous en souci de vos vêtements?* dit-il : *voyez les lis des champs, ils ne travaillent ni ne filent; et cependant Salomon, dans toute sa gloire, n'a pas été vêtu aussi magnifiquement qu'eux.* Ce n'est point la paresse ni l'insouciance que Jésus-Christ conseille par ce passage, mais une sorte de calme qui serait utile même dans les intérêts de ce monde. Les guerriers appellent ce sentiment la confiance dans son bonheur, les hommes religieux l'espoir dans le secours de la Providence; mais les uns et les autres trouvent dans cette disposition intérieure de l'âme un genre d'appui qui fait juger plus clairement les circonstances mêmes de cette vie, tout en donnant des ailes pour y échapper.

On croit s'affranchir du joug des événements humains en se promettant de se tuer si l'on n'atteint pas le but de ses désirs. Dans un tel système l'on se considère comme uniquement au service de soi-même et libre de se quitter dès qu'on n'est plus content des conditions du sort. Si l'Évangile s'accordait avec cette manière de voir, on y trouverait des leçons de prudence; mais toutes celles qui tiennent à la vertu n'auraient qu'une application bien restreinte, car la vertu ne consiste jamais que dans la préférence qu'on donne aux autres, c'est-à-dire, à son devoir sur ses intérêts personnels; or, lorsqu'on renonce à la vie seulement parce qu'on n'est pas heureux, c'est soi seul que l'on préfère tout, et l'on est pour ainsi dire égoïste en se donnant la mort.

De tous les arguments religieux qu'on a faits contre le suicide, celui sur lequel on est revenu le plus souvent, c'est qu'il est formellement compris dans la défense exprimée par ce commandement de Dieu : *Tu ne tueras pas.* Sans doute cet argument aussi peut être admis; mais comme il est impossible de considérer l'homme qui se tue du même œil qu'un assassin, le véritable point de vue de cette question, c'est que le bonheur n'étant pas le but de la vie humaine, l'homme doit tendre au perfectionnement, et considérer ses devoirs comme n'ayant rien à démêler avec ses souffrances.

Marc-Aurèle dit qu'*il n'y a pas plus de mal à sortir de la vie que d'une chambre lorsqu'il y fume :* certes, s'il en était ainsi, les suicides devraient être bien plus fréquents encore qu'ils ne le sont; car il est difficile, quand l'illusion de la jeunesse est passée, de réfléchir sur le cours des choses et d'aimer constamment l'existence. On pourrait persister dans cette existence par la crainte d'en sortir; mais si ce seul motif nous retenait sur la terre, tous ceux qui ont vaincu la terreur par des habitudes militaires, toutes les personnes dont l'imagination est plus frappée du fantôme de la vie que de celui de la mort, s'épargneraient les derniers jours qui répètent d'une voix si rauque les airs brillants des premiers.

J. J. Rousseau, dans sa lettre pour le suicide, dit : *Pourquoi serait-il permis de se faire couper la jambe, s'il ne l'était pas de s'ôter la vie ? La volonté de Dieu ne nous a-t-elle pas également donné l'une et l'autre ?* Un passage de l'Évangile semble répondre textuellement à ce sophisme : *Si votre bras vous est une occasion de chute*, dit Jésus-Christ, *coupez-le. Si votre œil vous égare, arrachez-le et le rejetez loin de vous.* Ce que l'Évangile dit s'applique à la tentation et non au suicide ; mais néanmoins on peut y puiser la réfutation de l'argument de J. J. Rousseau. Il est permis à l'homme de chercher à se guérir de tous les genres de maux ; mais ce qui lui est interdit, c'est de détruire son être, c'est-à-dire, la puissance qu'il a reçue de choisir entre le bien et le mal. Il existe par cette puissance, il doit renaître par elle, et tout est subordonné à ce principe d'action auquel se rapporte en entier l'exercice de la liberté.

Jésus-Christ, en encourageant les hommes à supporter les peines de la vie, rappelle sans cesse l'efficacité de la prière. *Heurtez*, dit-il, *et l'on vous ouvrira : demandez, et vous obtiendrez.* Mais les espérances qu'il donne ne se rapportent pas aux événements de cette vie : c'est la disposition de l'âme sur laquelle la prière a le plus d'empire. On appelle également bonheur le contentement intérieur et les prospérités de la terre, et cependant rien ne diffère autant que ces deux sources de jouissances. Les philosophes du dix-huitième siècle ont appuyé la morale sur les avantages positifs qu'elle peut procurer dans ce monde, et l'ont considérée comme l'intérêt personnel bien entendu. Les chrétiens ont placé le foyer de nos plus grandes satisfactions au fond de l'âme. Les philosophes promettent les biens temporels à ceux qui sont vertueux : ils ont raison à quelques égards ; car dans le cours ordinaire des choses il est très-probable que les bénédictions de cette vie accompagnent une conduite morale : mais si l'attente à cet égard était trompée, le désespoir serait donc légitime ; car la vertu n'étant considérée que comme une spéculation, lorsqu'elle est manquée l'on pourrait abdiquer l'existence. Le christianisme, au contraire, place le bonheur avant tout dans les impressions qui nous viennent par la conscience. N'avons-nous pas éprouvé, même à part des sentiments religieux, que notre disposition intérieure n'était pas toujours en rapport avec nos circonstances, et que souvent l'on se sentait plus ou moins heureux qu'on n'aurait dû l'être d'après l'examen de sa situation ? Si cela est ainsi par le simple effet de la mobilité de notre nature, combien l'action sainte et secrète de la piété sur l'âme n'a-t-elle pas plus de pouvoir !

On peut le demander à ces êtres vertueux que les afflictions ont visités : que de fois ne leur est-il pas arrivé d'éprouver au fond du cœur un calme inattendu ! Je ne sais quelle musique céleste se faisait entendre dans le désert, et semblait annoncer que la source sortirait bientôt du sein même du rocher.

Quand on a vu marcher à l'échafaud la victime la plus respectable et la plus pure que les factieux pussent immoler, Louis XVI, on se demandait quel secours la main de Dieu lui prêtait dans cet abîme de malheur. Tout à coup on entendit la voix d'un ange qui, sous la forme d'un ministre de l'Église, lui disait : *Fils de saint Louis, montez au ciel !* Sa grandeur mondaine, ses espérances célestes, tout était rassemblé dans ces simples paroles. Elles le relevaient, en lui rappelant son illustre race, de l'abaissement où les hommes voulaient le précipiter ; elles évoquaient ses aïeux qui sans doute tenaient déjà leurs couronnes prêtes pour accueillir la venue de l'auguste saint dans le ciel. Peut-être dans cet instant le regard de la foi les lui fit-il apercevoir. Il approchait des bornes du temps, et nos calculs des heures ne le concernaient déjà plus. Qui sait ce qu'un seul moment d'attendrissement put faire goûter alors de délices à son âme ?

Lorsqu'une main sanguinaire lia les mains qui avaient porté le sceptre de la France, le même envoyé de Dieu dit à son roi : *Sire, c'est ainsi que notre Seigneur fut conduit à la mort.* Quel secours il prêtait au martyr en lui rappelant son divin modèle ! En effet, le plus grand exemple du sacrifice de la vie n'est-il pas la base de la croyance des chrétiens ? et cet exemple ne fait-il pas ressortir le contraste qui existe entre le martyre et le suicide ? Le martyr sert la cause de la vertu en livrant son sang pour l'enseignement du monde : celui qui se rend coupable du suicide pervertit toutes les idées de courage, et fait de la mort même un scandale. Le martyre apprend aux hommes quelle force il y a dans la conscience, puisqu'elle l'emporte sur l'instinct physique le plus puissant : le suicide prouve bien aussi le pouvoir de la volonté sur l'instinct ; mais c'est celui d'un maître égaré qui ne sait plus tenir les rênes de son char, et se précipite dans l'abîme, au lieu de diriger vers son but. On dirait que l'âme, en commettant cet acte terrible, éprouve je ne sais quel accès de fureur qui concentre en un instant l'éternité des peines.

La dernière scène de la vie de Jésus-Christ semble être destinée surtout à confondre ceux qui croient qu'on a le droit de se tuer pour échapper au malheur. L'effroi de la souffrance s'empara de celui qui s'était volontairement dévoué à la mort des hommes comme à leur vie. Il pria longtemps son Père dans le jardin des Oliviers, et les angoisses de la douleur couvraient son front. *Mon Père*, s'écria-t-il, *s'il est possible, que cette coupe s'éloigne de moi!* Trois fois il répéta ce vœu, le visage baigné de larmes. Toutes nos peines avaient passé dans son divin être. Il craignait comme nous les outrages des hommes ; comme nous, peut-être, il regrettait ceux qu'il chérissait, sa mère et ses disciples ; comme nous, et mieux que nous peut-être, il aimait cette terre féconde et les célestes plaisirs d'une active bienfaisance dont il remerciait son Père chaque jour. Mais ne pouvant écarter le calice qui lui était destiné, il s'écria : *Que ta volonté soit faite, ô mon Père!* et se remit entre les mains de ses ennemis. Que veut-on chercher de plus dans l'Évangile sur la résignation à la douleur, et sur le devoir de la supporter avec patience et courage?

La résignation qu'on obtient par la foi religieuse est un genre de suicide moral, et c'est en cela qu'il est si contraire au suicide proprement dit ; car le renoncement à soi-même a pour but de se consacrer à ses semblables, et le suicide causé par le dégoût de la vie n'est que le deuil sanglant du bonheur personnel.

Saint Paul dit : *Celui qui passe sa vie dans les délices est mort en vivant.* A chaque ligne on voit dans les livres saints ce grand malentendu des hommes du temps et de ceux de l'éternité : les premiers placent la vie où les autres voient la mort. Il est donc simple que l'opinion des hommes du temps consacre le suicide, tandis que celle des hommes de l'éternité exalte le martyre ; car celui qui fonde la morale sur le bonheur qu'elle doit donner sur cette terre, hait la vie quand elle ne réalise pas ce qu'il s'en promettait ; tandis que celui qui fait consister la véritable félicité dans l'émotion intérieure qu'excitent les sentiments et les pensées en communication avec la Divinité, peut être heureux malgré les hommes, et, pour ainsi dire, à l'insu même du sort. Quand les épreuves de l'existence nous ont appris la vanité de nos propres forces et la toute-puissance de Dieu, il s'opère quelquefois dans l'âme une sorte de régénération dont la douceur est inexprimable. On s'accoutume à se juger soi-même, comme si l'on était un autre ; à placer sa conscience en tiers entre ses intérêts personnels et ceux de ses adversaires : on se calme sur son propre sort, certain qu'on ne peut le diriger : on se calme aussi sur son amour-propre, certain

que ce n'est pas nous-mêmes, mais le public qui nous fera notre part ; on se calme enfin sur ce qu'il est le plus difficile de supporter, les torts de ses amis, soit en reconnaissant nos propres imperfections, soit en confiant à la tombe de l'être qui nous a le plus aimé, nos pensées les plus intimes, soit enfin en rapportant vers le ciel la sensibilité qu'il nous a donnée. Quelle différence entre cette abnégation religieuse de la lutte terrestre, et la fureur qui porte à se détruire pour se délivrer de ce qu'on souffre! Le renoncement à soi-même est en tout l'opposé du suicide.

D'ailleurs, comment se croit-on assuré d'échapper par le suicide à la douleur qui nous poursuit? Quelle certitude les athées peuvent-ils avoir de l'anéantissement, et les philosophes, du mode d'existence que la nature leur réserve? Lorsque Socrate enseigna dans la Grèce l'immortalité de l'âme, plusieurs de ses disciples et des penseurs de son temps se donnèrent la mort, avides de goûter cette vie intellectuelle, dont les confuses images du paganisme ne leur avaient point offert l'idée. L'émotion que dut causer une doctrine si nouvelle égara les imaginations ardentes ; mais les chrétiens, à qui les promesses d'une vie future n'ont été faites qu'en y joignant la menace des punitions pour les coupables, les chrétiens peuvent-ils espérer que le suicide soit un moyen de s'arracher à la peine qui les dévore? Si notre âme survit à la mort, le sentiment qui la remplissait tout entière, de quelque nature qu'il soit, n'en fera-t-il plus partie? Qui de nous sait quel rapport est établi entre les souvenirs de la terre et les jouissances célestes? Est-ce à nous d'aborder par notre propre résolution sur cette plage inconnue, dont une terreur violente nous repousse? Comment anéantir, par un caprice de sa volonté, et j'appelle ainsi tout ce qui n'est pas fondé sur un devoir, l'œuvre de Dieu dans nous-mêmes? Comment déterminer sa mort, quand on n'a rien pu sur sa naissance? Comment répondre de son sort éternel, lorsque les plus simples actions de cette courte vie ont souvent été pour nous l'occasion d'amers regrets? Qui peut se croire plus sage et plus fort que la destinée, et lui dire : C'en est trop.

Le suicide nous soustrait à la nature aussi bien qu'à son auteur. La mort naturelle est adoucie presque toujours par l'affaiblissement des forces, et l'exaltation de la vertu nous soutient dans le sacrifice de la vie à ses devoirs. Mais l'homme qui se tue semble arriver avec d'hostiles armes sur l'autre rive du tombeau, et défier à lui seul les images de terreur qui sortent des ténèbres

Ah! qu'il faut de désespoir pour un tel acte! Que la pitié, la plus profonde pitié soit accordée à celui qui le commet, mais que du moins l'orgueil humain ne s'y mêle pas! Que le malheureux ne se croie pas plus homme en étant moins chrétien, et que l'être qui pense sache toujours où placer la véritable dignité morale de l'homme!

TROISIÈME SECTION.

DE LA DIGNITÉ MORALE DE L'HOMME.

Presque tous les individus tendent ici-bas ou à leur bien-être physique, ou à leur considération dans le monde, et la plupart à tous les deux réunis. Mais la considération consiste pour les uns dans l'ascendant que donnent le pouvoir et la fortune, et pour les autres, dans le respect qu'inspirent le talent et la vertu. Ceux qui cherchent le pouvoir et la fortune désirent bien cependant qu'on leur croie des qualités morales, et surtout des facultés supérieures; mais c'est un but secondaire qui doit céder au premier; car une certaine connaissance dépravée de la race humaine apprend que les solides avantages de cette vie sont ceux qui nous asservissent les intérêts des hommes plus encore que leur estime.

Nous laisserons de côté, comme tout à fait étrangers à notre sujet, ceux dont l'ambition a seulement pour but le pouvoir et la fortune; mais nous examinerons avec attention en quoi consiste la dignité morale de l'homme; et cet examen nous conduira nécessairement à juger l'action d'immoler sa vie sous deux points de vue absolument contraires, le sacrifice inspiré par la vertu, ou le dégoût qui résulte des passions trompées. Nous avons opposé, sous le rapport de la dignité morale, le martyre au suicide; nous pouvons de même, sous le rapport de la dignité morale, présenter le contraste du dévouement à ses devoirs avec la révolte contre son sort.

D'ordinaire le dévouement conduit plutôt à recevoir la mort qu'à se la donner; cependant il y a chez les anciens des suicides de dévouement. Curtius se précipitant au fond de l'abîme pour le combler, Caton se poignardant pour apprendre au monde qu'il existait encore une âme libre sous l'empire de César; de tels hommes ne se sont pas tués pour échapper à la douleur: mais l'un a voulu sauver sa patrie, et l'autre offrir à l'univers un exemple dont l'ascendant subsiste encore. Caton passa la nuit qui précéda sa mort à lire le Phédon de Socrate, et le Phédon condamne formellement le suicide; mais ce grand citoyen savait qu'il s'immolait non à lui-même, mais à la cause de la liberté; et, selon les circonstances, cette cause peut exiger d'attendre la mort comme Socrate, ou de se la donner comme Caton.

Ce qui caractérise la véritable dignité morale de l'homme, c'est le dévouement. Ce qu'on fait pour soi-même peut avoir une sorte de grandeur qui commande la surprise; mais l'admiration n'est due qu'au sacrifice de la personnalité, sous quelque forme qu'elle se présente. L'élévation de l'âme tend sans cesse à nous affranchir de ce qui est purement individuel, afin de nous unir aux grandes vues du Créateur de l'univers. Aimer et penser ne nous soulagent et ne nous exaltent qu'en nous arrachant aux impressions égoïstes. Le dévouement et l'enthousiasme font entrer un air plus pur dans notre sein. L'amour-propre, l'irritation, l'impatience sont des ennemis contre lesquels la conscience nous oblige à lutter, et le tissu de la vie d'un être moral se compose presque en entier de l'action et de la réaction continuelle de la force intérieure contre les circonstances du dehors, et des circonstances extérieures contre cette force. Elle est la vraie mesure de la grandeur de l'homme, mais elle n'a droit à notre admiration que dans l'être généreux qui s'oppose à lui-même, et sait s'immoler quand elle le commande.

Le génie et le talent peuvent produire de grands effets sur cette terre; mais dès que leur action a pour but l'ambition personnelle de celui qui les possède, ils ne constituent plus la nature divine dans l'homme. Ils ne servent qu'à l'habileté, qu'à la prudence, qu'à toutes ces qualités mondaines dont le type est dans les animaux, quoique le perfectionnement en appartienne à l'homme. La patte du renard, ou la plume de celui qui vend son opinion à son intérêt, c'est une et même chose sous le rapport de la dignité morale. L'homme de génie qui se sert lui-même aux dépens du bonheur de la race humaine, de quelques facultés éminentes qu'il soit doué, n'agit jamais que dans le sens de l'égoïsme; et sous ce rapport le principe de la conduite d'un tel homme est le même que celui des animaux. Ce qui distingue la conscience de l'instinct, c'est le sentiment et la connaissance du devoir; et le devoir consiste toujours dans le sacrifice de soi aux autres. Tout le problème de la vie morale est renfermé là dedans. Toute la dignité de l'être humain est en proportion de sa force, non-seulement contre la mort, mais contre les intérêts de l'existence. L'autre force, c'est-à-dire, celle qui renverse les obstacles opposés à nos désirs, a le succès pour récompense aussi bien que pour but; mais il n'est pas plus admirable de faire usage de son esprit pour asservir les autres à ses passions, que d'employer son pied pour marcher, ou sa main pour prendre; et dans l'estimation des qualités morales, c'est le motif des actions qui seul en détermine la valeur.

Hégésippe de Cyrène, disciple d'Aristippe, prêchait le suicide en même temps que la volupté. Il prétendait que les hommes ne devaient avoir que le plaisir pour objet dans ce monde; mais comme il est très-difficile de s'en assurer les jouissances, il conseillait la mort à ceux qui ne pouvaient les obtenir. Cette doctrine est une de celles d'après lesquelles on peut le mieux motiver le suicide, et elle met en évidence le genre d'égoïsme qui se mêle, ainsi que je l'ai dit, à l'acte même par lequel on veut s'anéantir.

Un professeur suédois, nommé Robeck, a écrit un long ouvrage sur le suicide, et s'est tué après l'avoir composé; il dit dans ce livre qu'il faut encourager le mépris de la vie jusqu'à l'homicide de soi-même. Les scélérats ne savent-ils pas aussi mépriser la vie? Tout consiste dans le sentiment auquel on en fait le sacrifice. Le suicide relatif à soi, que nous avons soigneusement distingué du sacrifice de son existence à la vertu, ne prouve qu'une chose en fait de courage, c'est que la volonté de l'âme l'emporte sur l'instinct physique : des milliers de grenadiers donnent sans cesse la preuve de cette vérité. Les animaux, dit-on, ne se tuent jamais. Les actes de réflexion ne sont pas dans leur nature; ils paraissent être enchaînés au présent, ignorer l'avenir, et n'avoir recueilli du passé que des habitudes. Mais dès que leurs passions sont irritées, ils bravent la douleur, et cette dernière douleur que nous appelons la mort, dont ils n'ont sans doute aucune idée. Le courage d'un grand nombre d'hommes tient souvent aussi à cette imprévoyance. Robeck a tort de tant exalter le mépris de la vie. Il y a deux manières de la sacrifier; ou parce qu'on donne au devoir la préférence sur elle, ou parce qu'on donne aux passions cette préférence, en ne voulant plus vivre dès qu'on a perdu l'espoir d'être heureux. Ce dernier sentiment ne saurait mériter l'estime. Mais se fortifier par sa propre pensée, au milieu des revers de la vie; se faire un appui de soi contre soi, en opposant le calme de sa conscience à l'irritation de son caractère : voilà le vrai courage auprès

duquel celui qui vient du sang est bien peu de chose, et celui qu'inspire l'amour-propre encore moins.

Quelques personnes prétendent qu'il est des circonstances où, se sentant à charge aux autres, on peut se faire un devoir de les délivrer de soi. Un des grands moyens d'introduire des erreurs dans la morale, c'est de supposer des situations auxquelles il n'y a rien à répondre, si ce n'est qu'elles n'existent pas. Quel est l'infortuné qui ne rencontrera jamais un être auquel il puisse porter quelque consolation? Quel est l'homme malheureux qui par sa patience et sa résignation ne donnera pas un exemple qui émeuve les âmes et fasse naître des sentiments que jamais les meilleures leçons ne suffiraient pour inspirer? La moitié de la vie est du déclin; quelle a donc été l'intention du Créateur en imposant cette triste perspective à l'homme, à l'homme dont l'imagination a besoin d'espoir, et qui ne compte jamais ce qu'il a que comme un moyen d'obtenir plus encore? Il est clair que le Créateur a voulu que l'être mortel parvînt à se déprendre de lui-même, et qu'il commençât ce grand acte de désintéressement longtemps avant que la dégradation de ses forces le lui rendît plus facile.

Dès que vous avez atteint l'âge mûr, vous entendez déjà de toutes parts parler de votre mort. Mariez-vous vos enfants, c'est en faisant valoir vous-même la fortune qu'ils auront quand vous ne serez plus. Les devoirs de la paternité consistent dans un dévouement continuel, et dès que les enfants ont atteint l'âge de raison, presque toutes les jouissances qu'ils donnent sont fondées sur les sacrifices qu'on leur fait. Si donc le bonheur était l'unique but de la vie, il faudrait se tuer dès qu'on a cessé d'être jeune, dès que l'on descend la montagne dont le sommet semblait environné de tant d'illusions brillantes.

Un homme d'esprit à qui l'on faisait compliment du courage avec lequel il avait supporté de grands revers, répondait : *Je me suis bien consolé de n'avoir plus vingt-cinq ans.* En effet, il est bien peu de douleurs plus amères que la perte de la jeunesse. L'homme s'y accoutume par degrés, dira-t-on. Sans doute le temps est un allié de la raison, il affaiblit les résistances qu'elle rencontre en nous-mêmes; mais quelle est l'âme impétueuse que n'irrite pas l'attente de la vieillesse? Les passions se calment-elles toujours en proportion des facultés? Ne voit-on pas souvent le spectacle du supplice de Mézence renouvelé par l'union d'une âme encore vivante et d'un corps détruit, ennemis inséparables? Que signifie ce triste avant-coureur dont la nature fait précéder la mort, si ce n'est l'ordre d'exister sans bonheur et d'abdiquer chaque jour, fleur après fleur, la couronne de la vie?

Les sauvages, n'ayant point l'idée de la destinée religieuse ou philosophique de l'homme, croient rendre service à leurs pères en les tuant quand ils sont vieux : cet acte est fondé sur le même principe que le suicide. Il est certain que le bonheur, dans l'acception que lui donnent les passions, que les jouissances de l'amour-propre du moins n'existent guère plus pour les vieillards; mais il en est qui, par le développement de la dignité morale, semblent nous annoncer l'approche d'une autre vie, comme dans les longs jours du nord le crépuscule du soir se confond avec l'aurore du matin suivant. J'ai vu ces nobles regards tout pénétrés d'avenir; ils semblaient déclarer prophète le vieillard qui ne s'occupait plus du reste de ses années, mais se régénérait lui-même par l'élévation de son âme, comme s'il eût déjà franchi le tombeau. C'est ainsi qu'il faut s'armer contre la douleur; c'est ainsi que, dans la force de l'âge même, souvent la destinée nous donne le signal de ce détachement de l'existence que le temps nous commandera tôt ou tard.

Vous avez des pensées bien humbles, diront quelques hommes convaincus que la fierté consiste dans ce qu'on exige du sort des autres, tandis qu'elle consiste au contraire dans ce qu'on se commande à soi-même. Ces mêmes hommes mettent en contraste le christianisme avec la doctrine philosophique des anciens, et prétendent que cette doctrine était bien plus favorable à l'énergie du caractère que celle dont la résignation est la base. Mais certes il ne faut pas confondre la résignation à la volonté de Dieu avec la condescendance pour le pouvoir des hommes. Les héros citoyens de l'antiquité qui auraient supporté la mort plutôt que l'esclavage, étaient capables d'une soumission religieuse envers la puissance du ciel, tandis que des écrivains modernes qui prétendent que le christianisme affaiblit l'âme pourraient bien, malgré leur force apparente, se plier sous la tyrannie avec plus de souplesse qu'un vieillard débile mais chrétien.

Socrate, ce saint des sages, refusa de se sauver de sa prison lorsqu'il était condamné à mort. Il crut devoir donner l'exemple de l'obéissance aux magistrats de sa patrie, quoiqu'ils fussent injustes envers lui. Ce sentiment n'appartient-il pas à la véritable fermeté du caractère? Quelle grandeur aussi dans cet entretien philosophique sur l'immortalité de l'âme, continué avec tant de calme jusqu'à l'instant où le poison lui fut apporté! De-

puis deux mille ans, les penseurs, les héros, les poëtes, les artistes ont consacré la mort de Socrate par leur culte; mais ces milliers de suicides causés par le dégoût et l'ennui dont les annales de tous les coins du monde sont remplies, quelles traces ont-ils laissées dans le souvenir de la postérité?

Si les anciens s'enorgueillissent de Socrate, les chrétiens, sans compter même les martyrs, peuvent présenter un grand nombre d'exemples de cette force généreuse de l'âme auprès de laquelle l'irritation ou l'abattement qui portent à se tuer ne sont dignes que de pitié. Thomas Morus, chancelier de Henri VIII, pendant une année entière enfermé dans la tour de Londres, refusa tous les jours les offres qu'un roi tout-puissant lui faisait faire pour rentrer à son service, en étouffant le scrupule de conscience qui l'en tenait éloigné. Thomas Morus sut mourir pendant une année, et mourir en aimant la vie, ce qui redouble encore la grandeur du sacrifice. Écrivain célèbre, il aimait ces occupations intellectuelles qui remplissent toutes les heures d'un intérêt toujours croissant. Une fille chérie, une fille qui pouvait comprendre le génie de son père, répandait sur l'intérieur de sa maison un charme habituel. Il était dans un donjon derrière ces grilles qui ne laissent pénétrer qu'une lueur brisée par des barreaux funèbres : et non loin de cet horrible séjour, une campagne délicieuse, sur les bords verdoyants de la Tamise, lui offrait la réunion de tous les plaisirs que les affections de famille et les études philosophiques peuvent donner. Cependant il fut inébranlable, l'échafaud ne put l'intimider; sa santé cruellement altérée n'affaiblit point sa résolution; il trouva des forces dans ce foyer de l'âme qui est inépuisable, parce qu'il doit être éternel. Il mourut parce qu'il le voulait, immolant à sa conscience le bonheur avec la vie; sacrifiant toutes les jouissances à ce sentiment du devoir, la plus grande merveille de la nature morale, celle qui féconde le cœur, comme dans l'ordre physique le soleil éclaire le monde.

L'Angleterre, où cet homme si vertueux était né, où tant d'autres citoyens ont sacrifié si simplement leur vie à la vertu; l'Angleterre, dis-je, est pourtant le pays dans lequel il se commet le plus de suicides : et l'on s'étonne, avec raison, qu'une nation où la religion exerce un si noble empire offre l'exemple d'un tel égarement. Mais ceux qui se représentent les Anglais comme des hommes d'un caractère froid se laissent tout à fait tromper par la réserve de leurs manières. Le caractère anglais en général est très-actif et même très-impétueux; leur admirable constitution, qui développe au plus haut degré les facultés morales, peut seule suffire à leur besoin d'agir et de penser : la monotonie de l'existence ne leur convient point, quoiqu'ils s'y astreignent souvent. Ils diversifient alors par les exercices du corps le genre de vie qui nous paraît uniforme.

Aucune nation n'aime à se hasarder autant que les Anglais, et d'un bout du monde à l'autre, de la chute du Rhin aux cataractes du Nil, si quelque chose de singulier et de dangereux a été tenté, c'est par un Anglais. Des paris extraordinaires, quelquefois même des excès blâmables, sont une preuve de la véhémence de leur caractère. Leur respect pour toutes les lois, c'est-à-dire, pour la loi morale, la loi politique et la loi des convenances, réprime au dehors leur ardeur naturelle : mais elle n'en existe pas moins ; et quand les circonstances ne leur donnent pas d'aliment, quand l'ennui s'empare de ces imaginations si vives, il produit des ravages incalculables.

On prétend aussi que le climat d'Angleterre porte singulièrement à la mélancolie : je n'en puis juger, car le ciel de la liberté m'a toujours paru le plus pur de tous ; mais je ne crois pas que ce soit à cette cause physique qu'on doive surtout attribuer les fréquents exemples de suicide. Le ciel du nord est bien moins agréable que celui de l'Angleterre, et cependant on y est moins sujet au dégoût de la vie, parce que l'esprit y a moins besoin de mouvement et de diversité. Une autre cause rend aussi les suicides plus fréquents en Angleterre, c'est l'extrême importance que l'on y attache à l'opinion publique : dès que la réputation d'un homme est altérée, la vie lui devient insupportable. Cette grande terreur du blâme est certainement un frein très-salutaire pour la plupart des hommes ; mais il y a quelque chose de plus sublime encore, c'est d'avoir un asile en soi-même, et d'y trouver, comme dans un sanctuaire, la voix de Dieu qui nous invite au repentir de nos fautes, ou nous récompense de nos bonnes intentions méconnues.

Le suicide est très-rare chez les peuples du midi. L'air qu'ils respirent leur fait aimer la vie ; l'empire de l'opinion publique est moins absolu dans un pays où l'on a moins besoin de société : les jouissances d'une si belle nature suffisent aux grands comme au peuple ; il y a dans le printemps de l'Italie de quoi distribuer du bonheur à tous les êtres.

L'Allemagne offre plusieurs exemples de suicide, mais les causes en sont diverses et souvent bizarres, comme cela doit arriver chez un peuple où

règne un enthousiasme métaphysique qui n'a point encore d'objet fixe ni de but utile. Les défauts des Allemands sont bien plus le résultat de leurs circonstances que de leur caractère, et ils s'en corrigeront, sans doute, s'il existe chez eux un ordre politique fait pour donner une carrière à des hommes dignes d'être citoyens.

Un événement récemment arrivé à Berlin peut donner l'idée de la singulière exaltation dont les Allemands sont susceptibles [1]. Les motifs particuliers qui ont pu égarer deux individus quelconques sont de peu d'importance ; mais l'enthousiasme avec lequel on a parlé d'un fait pour lequel on devait tout au plus réclamer l'indulgence, mérite la plus sérieuse attention. Si deux personnes profondément malheureuses s'étaient donné la mort en implorant la commisération des êtres sensibles et en se recommandant aux prières des âmes pieuses, personne n'aurait pu se défendre de donner des larmes à la douleur qui rend insensé, quel que soit le genre de folie qu'elle suggère. Mais peut-on présenter comme le sublime de la raison, de la religion et de l'amour, un assassinat mutuel ? peut-on donner le nom de vertu à la conduite d'une femme qui se délie volontairement des devoirs de fille, d'épouse et de mère ? à celle d'un homme qui lui prête son courage pour sortir ainsi de la vie ?

Quoi ! cette femme se confie assez dans l'action qu'elle commet, pour écrire en mourant, *qu'elle veillera du haut des cieux sur sa fille ;* et, tandis que le juste tremble souvent au lit de la mort, elle se croit assurée de la destinée des bienheureux ! Deux êtres qu'on dit estimables admettent la religion en tiers de l'acte le plus sanguinaire ! Deux chrétiens comparent le meurtre à la communion, en laissant ouvert à côté d'eux le cantique chanté par les fidèles, lorsqu'ils se réunissent pour jurer d'obéir au divin modèle de la patience et de la résignation ; quel délire dans la femme, et quel abus de ses facultés dans l'homme ! Car pouvait-il ne pas se regarder comme un assassin, bien qu'il eût obtenu le consentement de l'infortunée qu'il immolait ? La volonté, toujours momentanée, d'un être humain, donnait-elle à son semblable le droit d'enfreindre les principes éternels de la justice et

[1] M. de K*** et madame de V***, deux personnes dont le caractère était très-estimé, sont partis de Berlin, lieu de leur demeure, vers la fin de l'année 1811, pour se rendre dans une auberge de Potsdam, où ils ont passé quelques heures à prendre de la nourriture et à chanter ensemble les cantiques de la sainte Cène. Alors, d'un consentement mutuel, l'homme a brûlé la cervelle à la femme, et s'est tué lui-même l'instant d'après. Madame de V*** avait un père, un époux et une fille. M. de K*** était un poëte et un officier de mérite.

de l'humanité? L'ami s'est tué, dira-t-on, presque en même temps que son amie; mais peut-on se croire ainsi la féroce propriété d'une autre existence, lors même qu'on immole aussi la sienne?

Et cet homme qui voulait mourir, n'avait-il pas de patrie? ne pouvait-il pas combattre pour elle? N'existait-il aucune entreprise noble et périlleuse dans laquelle il pût offrir un grand exemple! Quel est celui qu'il a donné? Il ne s'attendait pas, je pense, que le genre humain se réunît un jour pour abdiquer le don de la vie à la clarté du soleil; et cependant quelle autre conséquence faudrait-il tirer du suicide de ces deux personnes auxquelles on ne connaissait d'autre malheur que celui d'exister?

Quoi donc? il restait à ces amis fidèles un an peut-être, du moins un jour pour se voir et pour s'entendre, et volontairement ils ont anéanti ce bonheur? L'un d'eux a pu défigurer les traits dans lesquels il avait lu de généreuses pensées, l'autre a souhaité de ne plus entendre la voix qui les avait excitées dans son âme? Et tout ce qu'expliquerait presque par de la haine s'appellerait de l'amour? Il s'y mêlait, assure-t-on, la plus parfaite innocence. Est-ce assez pour justifier une si barbare folie? Et quel avantage de tels égarements ne donnent-ils pas à ceux qui considèrent l'enthousiasme comme un mal?

Le véritable enthousiasme doit faire partie de la raison, parce qu'il est la chaleur qui la développe. Peut-il exister une opposition entre deux qualités naturelles à l'âme, et qui sont toutes deux les rayons d'un même foyer? Quand on dit que la raison est inconciliable avec l'enthousiasme, c'est parce qu'on met le calcul à la place de la raison, et la folie à la place de l'enthousiasme. Il y a de la raison dans l'enthousiasme, et de l'enthousiasme dans la raison, toutes les fois que l'une et l'autre ont pris naissance dans la nature, et qu'aucun mélange d'affectation n'en fait partie.

On s'étonne qu'on puisse trouver de l'affectation et de la vanité dans un suicide: ces sentiments si petits, même dans cette vie, que sont-ils en présence de la mort? Il semble que rien n'est trop profond ni trop fort pour déterminer à l'acte le plus terrible. Mais l'homme a tant de peine à se figurer la fin de son existence, qu'il associe même au tombeau les plus misérables intérêts de ce monde. En effet, on ne peut s'empêcher de voir de l'affectation sentimentale d'une part, et de la vanité philosophique de l'autre, dans la manière dont le double suicide de Berlin a été combiné. La mère envoie sa fille au spectacle la veille du jour où elle veut se tuer, comme si la mort d'une mère devait être considérée comme une fête pour son enfant, et qu'il fallût déjà faire entrer dans ce jeune cœur les plus fausses idées de l'imagination égarée. Cette mère se revêt de parures nouvelles, ainsi qu'une victime sainte. Dans sa lettre à sa famille elle s'occupe des plus minutieux détails du ménage, afin de montrer de l'insouciance pour l'acte qu'elle va commettre; de l'insouciance, grand Dieu! en disposant de soi sans votre ordre! en passant de la vie à la mort sans que le devoir ou la nature aide à franchir cet abîme!

L'homme qui, prêt à tuer son amie, célèbre un festin avec elle, et s'exalte par des chants et des liqueurs, comme s'il craignait le retour des mouvements vrais et raisonnables; cet homme, dis-je, n'a-t-il pas l'air d'un auteur sans génie qui veut produire avec une catastrophe véritable les effets auxquels il ne peut atteindre en poésie?

La vraie supériorité dans tous les genres n'est point de la bizarrerie; c'est une intensité plus énergique et plus profonde dans les impressions qu'éprouve la masse des hommes. Le génie est, à plusieurs égards, populaire; c'est-à-dire qu'il a des points de contact avec la manière de sentir du plus grand nombre. Il n'en est pas ainsi de l'esprit exalté ou de l'imagination travaillée: ceux qui se tourmentent pour attirer l'attention du public, pour l'emporter sur leurs semblables, croient avoir fait des découvertes dans des contrées inconnues du cœur humain. Ils vont jusqu'à s'imaginer que ce qui révolte les sentiments de la plupart des hommes est d'un ordre plus relevé que ce qui les touche et les captive. Gigantesque vanité que celle qui nous met pour ainsi dire en dehors de notre espèce! L'éloquence et l'inspiration du talent raniment ce qui existait souvent dans le cœur des individus les plus obscurs, et ce qu'étouffaient en eux l'apathie ou les intérêts vulgaires. Les belles âmes, par leurs écrits ou par leurs actions, dispersent quelquefois les cendres qui couvraient le feu sacré. Mais créer pour ainsi dire un nouveau monde dans lequel la vertu fasse abandonner ses devoirs; la religion, se révolter contre l'autorité divine; l'amour, immoler ce qu'on aime: c'est le triste résultat de quelques sentiments sans harmonie, de quelques facultés sans force, et d'un besoin de célébrité auquel les dons de la nature ne se prêtaient pas.

Il ne vaudrait pas la peine de s'arrêter sur un acte de démence qui peut être excusé par des circonstances personnelles dont nous ignorons jusqu'à un certain point les détails, si cet événement n'avait pas eu des apologistes en Allemagne. Le goût des écrivains allemands pour l'esprit de système se retrouve dans presque tous les rapports de la vie ; ils ne peuvent se résoudre à vouer toutes les forces de leur âme aux simples vérités déjà reconnues ; on dirait qu'ils veulent innover en fait de sentiment et de conduite comme dans une œuvre littéraire. Cependant la nature physique n'invente rien de mieux que le soleil, la mer, les forêts et les fleuves ; pourquoi les affections du cœur ne seraient-elles pas aussi toujours les mêmes dans leur principe, quoique variées dans leurs effets ? N'y a-t-il pas bien plus de vraie chaleur dans ce qui est compris par tous, que dans ces natures humaines inventées pour ainsi dire comme une fiction faite à plaisir ?

Les Allemands sont doués des qualités les plus excellentes et des lumières les plus étendues ; mais c'est par les livres que la plupart d'entre eux ont été formés, et il en résulte une habitude d'analyse et de sophisme, une certaine recherche de l'ingénieux qui nuit à la mâle décision de la conduite. L'énergie qui ne sait où s'employer inspire les résolutions les plus extravagantes ; mais quand on peut consacrer ses forces à l'indépendance de sa patrie, quand on peut renaître comme nation et faire revivre ainsi le cœur de l'Europe paralysé par la servitude, alors il ne doit plus être question de *sentimentalité* maladive, de suicides littéraires, de commentaires abstraits sur ce qui révolte l'âme ; il faut imiter ces peuples forts et sains de l'antiquité, dont le caractère constant, direct, inébranlable, ne commençait rien sans l'achever ; ils regardaient comme aussi lâche dans un citoyen de reculer devant une résolution patriotique, qu'il le serait pour un soldat de fuir un jour de bataille.

Le don de l'existence est un miracle de chaque instant ; la pensée et le sentiment qui la composent ont quelque chose de si sublime que l'on ne peut, sans étonnement, contempler son être à l'aide des facultés de cet être. Qu'est-ce donc que prodiguer, dans un moment d'impatience et d'ennui, le souffle avec lequel nous avons senti l'amour, reconnu le génie et adoré la Divinité? Shakspeare dit en parlant du suicide : *Faisons ce qui est courageux et noble suivant le sublime usage des Romains, et que la mort soit orgueilleuse de nous prendre* [1]. En effet, si l'on était incapable de la résignation chrétienne qui soumet à l'épreuve de la vie, au moins devrait-on retourner à l'antique beauté du caractère des anciens, et faire sa divinité de la

gloire, lorsqu'on ne se sentirait pas digne d'immoler cette gloire même à de plus hautes vertus.

Nous croyons avoir montré que le suicide, dont le but est de se défaire de la vie, ne porte en lui-même aucun caractère de dévouement, et ne saurait par conséquent mériter l'enthousiasme.

L'esprit, le courage même ne sont dignes de louange que quand ils servent à ce dévouement qui peut produire plus de merveilles que le génie. On a vu les plus habiles succomber, mais la réunion des volontés religieuses et patriotiques ne saurait faillir. Il n'y a rien de vraiment grand sans le mélange d'une vertu quelconque. Toute autre règle de jugement conduit nécessairement à l'erreur. Les événements de ce monde, quelque importants qu'ils nous paraissent, sont quelquefois mus par les plus petits ressorts, et le hasard en réclame sa forte part. Mais il n'y a ni petitesse, ni hasard dans un sentiment généreux, soit qu'il nous ait fait donner notre vie ou qu'il n'ait exigé que le sacrifice d'un jour, soit qu'il ait valu la couronne ou qu'il se perde dans l'oubli, soit qu'il ait inspiré des chefs-d'œuvre ou conseillé d'obscurs bienfaits : n'importe, c'était un sentiment généreux ; et c'est à ce seul titre que les hommes doivent admirer les paroles ou les actions d'un homme.

Il y a des exemples de suicide chez la nation française, mais ce n'est d'ordinaire, ni à la mélancolie du caractère, ni à l'exaltation des idées qu'on peut les attribuer. Des malheurs positifs ont déterminé quelques Français à cet acte, et ils l'ont commis avec l'intrépidité, mais aussi avec l'insouciance qui souvent les caractérise ; néanmoins cette foule d'émigrés que la révolution a fait naître a supporté les plus cruelles privations avec une sorte de sérénité dont aucune autre nation n'eût été capable. Leur esprit est plus enclin à l'action qu'à la réflexion, et cette manière d'être les distrait des peines de l'existence. Ce qui coûte le plus aux Français, c'est d'être éloignés de leur patrie : en effet, quelle patrie ne possédaient-ils pas avant que les factions l'eussent déchirée, avant que le despotisme l'eût avilie? Quelle patrie ne verrions-nous pas renaître si c'était la nation qui disposât d'elle?

L'imagination se représente cette belle France qui nous accueillerait sous son ciel d'azur, ces amis qui s'attendriraient en nous revoyant, ces souvenirs de l'enfance, ces traces de nos parents que nous retrouverions à chaque pas ; et ce retour nous apparaît comme une sorte de résurrection terrestre, comme une autre vie accordée dès ici-bas : mais si la bonté céleste ne nous a pas réservé un tel bonheur, dans quelques lieux que nous soyons

---

[1] ...... *And then, what's brave, what's noble,*
Let's do it after the high Roman fashion,
And make death proud to take us.

nous prierons pour ce pays qui sera si glorieux, si jamais il apprend à connaître la liberté, c'est-à-dire, la garantie politique de la justice.

NOTICE SUR LADY JANE GREY.

Lady Jane Grey était petite-nièce de Henri VIII par sa grand'mère Marie, sœur de ce roi et veuve de Louis XII ; elle avait épousé lord Guilfort, fils du duc de Northumberland. Ce dernier obtint d'Édouard, fils de Henri VIII, de l'appeler au trône par son testament en 1553, au détriment de Marie et d'Élisabeth : la première avait pour mère Catherine d'Aragon, et l'intolérance de son catholicisme la faisait redouter des protestants anglais ; la naissance de la fille d'Anne de Boleyn pouvait être attaquée.

Le duc de Northumberland fit valoir ces motifs auprès d'Édouard VI. Lady Jane Grey ne trouvant pas elle-même que ses droits à la couronne fussent assez valides, refusa d'abord d'accéder au testament d'Édouard ; enfin les prières de son époux qu'elle aimait tendrement, et sur qui Northumberland exerçait un grand empire, arrachèrent à lady Jane Grey le fatal consentement qu'on lui demandait. Elle régna neuf jours, ou plutôt son beau-père, le duc de Northumberland, se servit de son nom pour gouverner pendant ce temps.

Marie, la fille aînée de Henri VIII, l'emporta malgré la résistance des partisans de la réformation ; son caractère cruel et vindicatif se signala par la mort du duc de Northumberland, de son fils Guilfort et de l'innocente Jane Grey. Elle n'avait que dix-huit ans quand elle périt, et déjà son nom était célèbre par sa profonde connaissance des langues anciennes et modernes : on a des lettres d'elle en latin et en grec, qui supposent des facultés bien rares à son âge. C'était une personne d'une piété parfaite, et dont toute l'existence était empreinte de douceur et de dignité. Sa mère et son père insistèrent beaucoup tous les deux pour obtenir d'elle, malgré sa répugnance, qu'elle montât sur le trône d'Angleterre. La mère elle-même porta le manteau de sa fille le jour de son couronnement ; et le père, le duc de Suffolk, fit une tentative pour réveiller le parti de Jane Grey, lorsqu'elle était déjà dans les fers et condamnée à mort depuis plusieurs mois : c'est de ce prétexte que l'on se servit pour faire exécuter sa sentence, et le duc de Suffolk périt peu de temps après sa fille.

La lettre que l'on va lire pourrait avoir été écrite dans le mois de février 1554 : ce qu'il y a de certain, c'est qu'à cette époque, qui est celle de la mort de lady Jane Grey, elle entretint de sa prison une correspondance suivie avec ses amis et ses parents, et jusqu'à son dernier moment son esprit philosophique et sa fermeté religieuse ne se démentirent point.

Lady Jane Grey au docteur Aylmers.

« C'est à vous que je dois, mon digne ami, l'instruction religieuse, cette vie de la foi qui peut seule se prolonger à jamais ; mes dernières pensées s'adressent à vous dans l'épreuve solennelle à laquelle je suis condamnée. Trois mois se sont écoulés depuis la sentence de mort que la reine a fait prononcer contre mon époux et contre moi, en punition de ce malheureux règne de neuf jours, de cette couronne d'épines qui n'a reposé sur ma tête que pour la dévouer à la mort. Je croyais, je vous l'avoue, que l'intention de Marie était de m'épouvanter par cette sentence ; mais je n'imaginais pas qu'elle voulût répandre mon sang qui est aussi le sien. Il me semblait que ma jeunesse suffisait pour m'excuser, quand il ne serait pas prouvé que j'ai résisté longtemps aux funestes honneurs dont j'étais menacée, et que ma déférence pour les désirs du duc de Northumberland, mon beau-père, a pu seule m'entraîner à la faute que j'ai commise. Mais ce n'est pas pour accuser mes ennemis que je vous écris ; ils sont l'instrument de la volonté de Dieu, comme tout autre événement de ce monde, et je ne dois réfléchir que sur mes propres émotions. Enfermée dans cette tour, je vis de ce que je sens, et ma conduite morale et religieuse ne consiste que dans les combats qui se passent en moi-même.

« Hier notre ami Asham vint me voir, et sa présence me causa d'abord un vif plaisir ; elle réveilla dans mon esprit le souvenir des heures si douces et si fécondes que j'ai goûtées avec lui dans l'étude des anciens. Je voulais ne lui parler que de ces illustres morts dont les écrits m'ont ouvert une carrière de réflexions sans bornes. Asham, vous le savez, est sérieux et calme ; il s'appuie sur la vieillesse pour supporter les maux de l'existence : en effet, la vieillesse d'un penseur n'est pas débile, l'expérience et la foi le fortifient, et quand l'espace qui reste est si court, un dernier effort suffit pour le parcourir ; ce terme est encore plus rapproché pour moi que pour un vieillard, mais les douleurs rassemblées sur mes derniers jours seront amères.

« Asham m'annonça que la reine me permettait de respirer l'air dans le jardin de ma prison, et je ne puis exprimer la joie que j'en ressentis ; elle fut telle que notre pauvre ami n'eut pas d'abord le courage de la troubler. Nous descendîmes ensemble, et il me laissa jouir pendant quelque temps de cette nature dont j'étais privée depuis plusieurs mois. C'était un de ces jours de la fin de l'hiver qui annoncent le printemps : je ne sais si la belle saison elle-même aurait autant frappé mon imagination que ce pressentiment de son retour : les arbres tournaient leurs branches encore dépouillées vers le soleil ; le gazon était déjà vert ; quelques fleurs prématurées semblaient préluder par leurs parfums à la mélodie de la nature quand elle reparaît dans toute sa magnificence. L'air était d'une douceur inexprimable ; il me semblait que j'entendais la voix de Dieu dans le souffle invisible et tout-puissant qui me redonnait à chaque instant la vie : la vie ! quel mot j'ai prononcé ! je croyais jusqu'à ce jour qu'elle était mon droit, et je recueille maintenant ses derniers bienfaits comme les adieux d'un ami.

« Asham et moi nous nous avançâmes sur le bord de la Tamise, et nous nous assîmes dans le bois, encore sans ombrage, que la verdure doit bientôt revêtir : les flots semblaient étinceler par le reflet des rayons du ciel ; mais quoique ce spectacle fût brillant comme une fête, il y a toujours quelque chose de mélancolique dans le cours des ondes, et je défie de les contempler longtemps sans se livrer à ces rêveries dont le charme consiste surtout dans une sorte de détachement de nous-mêmes. Asham s'aperçut de la direction de mes pensées, et tout à coup il prit ma main, et la baignant de ses larmes : « O vous ! me dit-il, qui êtes toujours ma souveraine, faut-il que je sois chargé de vous apprendre le sort qui vous menace ? Votre père a rassemblé vos partisans pour s'opposer à Marie, et cette reine justement détestée s'en prend à vous de tout l'amour que votre nom fait naître. » Ses sanglots l'interrompirent. « Continuez, lui dis-je, ô mon ami ! souvenez-vous de ces génies méditatifs qui ont contemplé d'un œil ferme la mort même de ceux qui leur étaient chers : ils savaient d'où nous venons et où nous allons ; c'en est assez.

« — Eh bien, me dit-il, votre sentence doit être exécutée ; mais je vous apporte le secours qui délivra tant d'hommes illustres de la proscription des tyrans. » Ce vieillard, ami de ma jeunesse, m'offrit en tremblant le poison dont il aurait voulu me sauver au péril de ses jours. Je me rappelai combien de fois nous avions admiré ensemble de certaines morts volontaires parmi les anciens, et je tombai dans des réflexions profondes, comme si les lumières du christianisme s'étaient tout à coup éteintes en moi, et que je fusse livrée à cette indécision dont l'homme, même dans les plus simples occurrences, a tant de peine à se tirer. Asham se mit à genoux devant moi ; sa tête blanchie était inclinée en ma présence, et, couvrant ses yeux d'une de ses mains, il me tendait de l'autre la ressource funeste qu'il m'avait préparée. Je repoussai doucement cette main, et me recueillant par la prière, j'y trouvai la force de répondre ainsi :

« Asham, lui dis-je, vous savez avec quelles délices je lisais avec vous les philosophes et les poëtes de la Grèce et de Rome ; les beautés mâles de leur langage, l'énergie simple de leur âme resteront à jamais incomparables. La société, telle qu'elle est organisée de nos jours, a rempli la plupart des esprits de frivolités et de vanités, et l'on n'a pas honte de vivre sans réfléchir, sans chercher à connaître les merveilles du monde qui sont faites pour instruire l'homme par des symboles éclatants et durables. Les anciens l'emportent de beaucoup sur nous, parce qu'ils se sont faits eux-mêmes : mais ce que la révélation a mis dans l'âme du chrétien est plus grand que l'homme. Depuis l'idéal des arts jusqu'aux règles de la conduite, tout doit se rapporter à la foi religieuse, et la vie n'a pour but que d'enseigner l'immortalité. Si je me dérobais au malheur éclatant qui m'est destiné, je ne fortifierais point par mon exemple l'espérance de ceux que mon sort doit émouvoir. Les anciens élevaient leur âme par la contemplation de leurs propres forces, les chrétiens ont un témoin, et c'est devant lui qu'il faut vivre et mourir ; les anciens voulaient glorifier la nature humaine, les chrétiens ne se regardent que comme la manifestation de Dieu sur la terre ; les anciens mettaient au premier rang des vertus la mort qui soustrait au pouvoir des oppresseurs, les chrétiens estiment davantage le dévouement qui nous soumet aux volontés de la Providence. L'activité et la patience ont leur temps tour à tour ; il faut faire usage de sa volonté tant que l'on peut ainsi servir les autres, et se perfectionner soi-même ; mais lorsque la destinée est pour ainsi dire face à face avec nous, notre courage consiste à l'attendre, et regarder le sort est plus fier que s'en détourner. L'âme se concentre ainsi dans ses propres mystères, toute action extérieure serait plus terrestre que la résignation.

« — Je ne chercherai point, me dit Asham, à discuter avec vous des opinions dont l'inébranlable fermeté peut vous être nécessaire ; je ne m'inquiète que de la souffrance à laquelle le sort vous condamne : pourrez-vous la supporter, et cette attente d'un coup mortel, d'une heure fixée, n'est-elle pas au-dessus de vos forces? Si vous terminiez vous-même votre sort, ne serait-il pas moins cruel? — Il faut, lui répondis-je, laisser l'esprit divin se ressaisir de ce qu'il a donné. L'immortalité commence avant le tombeau, quand par notre propre volonté nous rompons avec la vie; dans cette situation les impressions intérieures de l'âme sont plus douces qu'on ne l'imagine. La source de l'enthousiasme devient tout à fait indépendante des objets qui nous entourent, et Dieu fait seul alors toute notre destinée dans le sanctuaire le plus intime de nous-mêmes. — Mais, reprit Asham, pourquoi donner à vos ennemis, à cette reine cruelle, à ce peuple sans vertus, l'indigne spectacle?... » Il ne put achever.

« Si je me soustrayais, lui dis-je, même par la mort, à la fureur de cette reine, j'irriterais son orgueil, et je ne servirais pas d'instrument à son repentir. Qui sait à quelle époque l'exemple que je vais donner pourra faire du bien à mes semblables? Comment juger moi-même la place que mon souvenir doit occuper dans la chaîne des événements de l'histoire? En me tuant, qu'apprendrai-je aux hommes, si ce n'est la juste horreur qu'inspire un supplice violent et le sentiment d'orgueil qui porte à s'en délivrer! Mais en supportant ce terrible sort par la fermeté que la religion me prête, j'inspire aux vaisseaux battus, comme moi, par l'orage, plus de confiance dans l'ancre de la foi qui m'a soutenue.

« — Le peuple, dit Asham, croit coupables tous ceux qu'il voit périr de la mort des criminels. — Le mensonge, lui répondis-je, peut tromper quelques individus pendant quelques années; mais les nations et les siècles font toujours triompher la vérité : il y a de l'éternité dans tout ce qui tient à la vertu, et ce que nous avons fait pour elle arrivera jusqu'à la mer, quelque faible ruisseau que nous ayons été pendant notre vie. Non, je ne rougirai point de subir la punition des coupables; car c'est mon innocence même qui m'y appelle, et ce serait troubler le sentiment de cette innocence que d'accomplir un acte de violence; on ne peut l'obtenir de soi-même qu'en altérant la sérénité que l'âme doit ressentir à l'approche du ciel. — Ah! qu'y a-t-il de plus violent, s'écria notre ami, que cette mort sanglante?... — Le sang des martyrs, lui répondis-je, n'est-il pas un baume pour les blessures des infortunés?

« — Cette mort, reprit-il, imposée par les hommes, par la hache meurtrière qu'un barbare osera lever sur votre tête royale! — Mon ami, lui dis-je, quand mes derniers moments seraient entourés de respects, ils ne m'inspireraient pas moins d'effroi; la mort porte-t-elle un diadème sur son front livide? n'est-elle pas toujours armée de la même faux? Si c'était dans le néant qu'elle nous entraînât, vaudrait-il la peine de disputer avec cette ombre? Si c'est l'appel d'un Dieu sous ce voile de ténèbres, sans doute alors le jour est derrière cette nuit, et le ciel ne nous est caché que par de vains fantômes.

« — Quoi! dit encore d'une voix ébranlée cet ami que j'avais vu si calme dans d'autres temps, savez-vous que ce supplice peut être douloureux, qu'il peut se prolonger, qu'une main mal assurée?... — Arrêtez, lui dis-je, je le sais, mais cela ne sera pas. — D'où vous vient cette confiance? — De ma propre faiblesse, repris-je; j'ai toujours craint la douleur physique, et mes efforts pour me donner le courage qui la brave ont été vains. Je crois donc qu'elle me sera toujours épargnée; car il y a beaucoup de protections secrètes exercées en faveur du chrétien, lors même qu'il semble le plus malheureux; et ce que nous sentons au-dessus de nos forces ne nous arrive presque jamais. L'on ne connaît d'ordinaire que l'extérieur du caractère de l'homme, ce qui se passe en lui-même peut offrir encore des aperçus nouveaux pendant des milliers de siècles. L'irréligion a rendu l'esprit superficiel, on s'en est pris de tout au dehors, à la circonstance, à la fortune; le vrai trésor de la pensée comme de l'imagination, ce sont les rapports du cœur humain avec son Créateur; là sont les pressentiments, là les oracles, là les prodiges, et tout ce que les anciens ont cru voir dans la nature n'était qu'un reflet de ce qu'ils éprouvaient au dedans d'eux-mêmes à leur insu. »

« Nous gardâmes ensuite quelque temps le silence Asham et moi; une inquiétude me poursuivait, et je n'osais l'exprimer, tant j'en étais troublée. « Avez-vous vu mon époux? lui dis-je. — Oui, me répondit Asham. — L'avez-vous consulté sur l'offre que vous vouliez me faire? — Oui, reprit-il encore. — Achevez de grâce, lui dis-je. Si Guilford et ma conscience n'étaient pas d'accord, lequel de ces deux pouvoirs me semblerait légitime? — Lord Guilford, me dit-il, n'a pas exprimé d'opinion sur le parti que vous deviez prendre; mais, quant à lui, sa résolution de périr sur l'échafaud est inébranlable. — Oh! mon ami, m'écriai-je, combien je vous remercie de m'avoir laissé le mérite du choix! Si j'avais su plus tôt la résolution de Guilford, je n'aurais pas même délibéré, et l'amour aurait suffi pour m'inspirer ce que la religion me commande. Pourrais-je ne pas partager le sort d'un tel époux? Pourrais-je m'épargner une seule de ses souffrances! et chacun de ses pas vers la mort ne me trace-t-il pas ma route? » Asham comprit alors que j'étais inébranlable; il s'éloigna de moi, triste et pensif, et me promit de me revoir.

« — Le docteur Feckenham, chapelain de la reine, vint peu d'heures après me déclarer que le jour de mon supplice était fixé à vendredi prochain, dont cinq jours encore me séparaient. Je vous l'avouerai, il me sembla que je n'étais préparée à rien, tant la désignation d'un jour me fit éprouver de terreur. J'essayai de la cacher; mais sans doute Feckenham s'en aperçut, car il se hâta de profiter de mon trouble pour m'offrir la vie si je voulais changer de religion. Vous voyez, mon digne ami, que Dieu vint à mon secours dans cet instant, car la nécessité de repousser une offre aussi indigne de moi me rendit les forces que j'avais perdues.

« Le docteur Feckenham voulut entrer dans des controverses que je repoussai, en lui faisant observer que mes lumières étant nécessairement obscurcies par la situation dans laquelle je me trouvais, je n'irais pas, moi mourante, remettre en discussion les vérités dont j'avais été convaincue lorsque mon esprit était dans toute sa force. Il essaya de m'effrayer en me disant qu'il ne me verrait plus, ni dans ce monde, ni dans le ciel, dont m'excluait ma croyance religieuse. « Vous me causeriez plus d'effroi que mes bourreaux, lui répondis-je, si je pouvais vous croire; mais la religion à laquelle on immole sa vie est toujours la vraie pour notre cœur. Les lumières de la raison sont bien vacillantes dans des questions si hautes, et je m'en tiens au dogme du sacrifice: c'est celui-là dont je ne puis douter. »

« Cet entretien avec le docteur Feckenham releva mon âme abattue: la Providence venait de m'accorder ce qu'Asham désirait pour moi, une mort volontaire; je ne me tuais pas, mais je refusais de vivre, et l'échafaud consenti par ma volonté ne me semblait plus que l'autel choisi par la victime. Renoncer à la vie qu'on ne pourrait acheter qu'au prix de sa conscience, c'est le seul genre de suicide qui soit permis à l'homme vertueux.

« Depuis que je croyais avoir fait mon devoir, j'osais compter sur mon courage; mais bientôt l'attachement à l'existence que je me suis quelquefois reproché dans les jours de ma félicité se réveilla dans mon faible cœur. Asham revint le lendemain, et nous allâmes encore une fois sur les bords de cette Tamise, l'orgueil de notre belle contrée; j'essayai de reprendre mes sujets habi-

tuels d'entretien, je récitai quelques passages des beaux chants de l'Iliade et de Virgile, que nous avions étudiés ensemble; mais la poésie sert surtout à se pénétrer d'un noble enthousiasme pour l'existence; le mélange séducteur des pensées et des images, de la nature et de l'âme, de l'harmonie du langage et des émotions qu'il retrace, nous enivre de la puissance de sentir et d'admirer; et ce n'était plus pour moi que ces plaisirs étaient faits! Je ramenai l'entretien sur les écrits plus sévères des philosophes. Asham considère Platon comme une âme prédestinée au christianisme; mais lui-même et la plupart des anciens sont trop fiers des forces intellectuelles de l'esprit humain, ils jouissent tellement de la faculté de penser, que leurs désirs ne se portent point vers une autre vie; ils croient pouvoir l'évoquer en eux-mêmes par l'énergie de la contemplation: jadis aussi je goûtais les plus pures délices en méditant sur le ciel, le génie et la nature. A ce souvenir un regret insensé de la vie s'empara de moi; je me la représentai sous des couleurs auprès desquelles le monde à venir ne me paraissait plus qu'une abstraction sans charmes. Quoi! me disais-je, l'éternelle durée des sentiments vaudra-t-elle cette succession de crainte et d'espoir qui renouvelle si vivement les affections les plus tendres? La connaissance des secrets de l'univers égalera-t-elle jamais l'attrait inexprimable du voile qui les couvre? La certitude aura-t-elle le prestige décevant du doute? L'éclat de la vérité donnera-t-il jamais autant de jouissances que sa recherche et sa découverte? La jeunesse, l'espoir, le souvenir, l'habitude, que seront-ils si le cours du temps est arrêté? Enfin l'Être suprême dans toute sa splendeur pourra-t-il faire à sa créature un plus beau présent que l'amour?

« Ces craintes étaient impies, je le confesse humblement devant vous, mon digne ami. Asham, qui dans notre entretien de la veille semblait moins religieux que moi, reprit bientôt tout son avantage sur ma douleur rebelle. « Vous ne devez pas, me dit-il, vous servir des bienfaits mêmes pour mettre en doute la puissance du bienfaiteur: cette vie que vous regrettez, qui l'a faite? et si ces incomplètes jouissances vous semblent d'un tel prix, pourquoi les croyez-vous irréparables? Certes, notre imagination même peut concevoir mieux que cette terre; mais quand elle n'y parviendrait pas, est-ce à nous de considérer la Divinité comme un poète qui ne saurait créer une seconde œuvre plus belle que la première? » Cette simple réflexion me fit rentrer en moi-même; et je rougis de l'éga-

13.

rement ou m'avait plongée l'angoisse de la mort.
O mon ami! qu'il en coûte pour creuser cette
pensée! Des abîmes toujours plus profonds s'entr'ouvrent sous ses abîmes.

« Dans quatre jours je n'existerai plus; cet oiseau
qui vole dans les airs me survivra; j'ai moins d'a-
venir que lui : les objets inanimés qui m'entourent
conserveront leur forme, et rien de moi ne subsistera sur la terre, que le souvenir de mes amis.
Inconcevable mystère de l'esprit qui prévoit sa fin
ici-bas et ne peut la prévenir! La main retient les
rênes des coursiers qui nous conduisent; la pensée
ne peut conquérir un instant sur la mort. Pardonnez ma faiblesse, ô mon père en religion! vous
qui m'avez tendrement chérie! nous serons réunis
dans le ciel; mais entendrai-je encore cette voix si
touchante qui m'annonçait un Dieu de bonté? mes
yeux contempleront-ils vos traits vénérables?
O Guilford! ô mon époux! vous dont la noble
figure est sans cesse présente à mon cœur, vous
retrouverai-je, tel que vous êtes, parmi les anges
dont vous étiez l'image sur la terre? Mais que dis-
je? mon âme sans force ne sait souhaiter par delà
le tombeau que le retour de la vie actuelle!

(*Jeudi.*)

« Mon époux m'a fait demander de me voir aujour-
d'hui pour la dernière fois. J'ai refusé cet instant
dans lequel la joie et le désespoir se confondraient
de trop près. J'ai craint de n'être plus résignée;
vous l'avez vu, mon cœur a trop d'attachement au
bonheur, il n'y fallait pas retomber. Mon père,
m'approuvez-vous? ce sacrifice n'a-t-il pas tout
expié? je ne crains plus maintenant que l'existence
me soit encore chère.

(*Le matin même de l'exécution.*)

« O mon père! je l'ai vu; il marchait au supplice
d'un pas aussi ferme que s'il eût commandé ceux
qui l'y conduisaient. Guilford a levé les yeux vers
ma prison, puis il les a portés plus haut; je l'ai
compris : il a continué sa route. Au détour du
chemin qui mène à la place où la mort est préparée
pour nous deux, il s'est arrêté pour me revoir encore; ses derniers regards ont béni celle qui fut sa
compagne sur le trône et sur l'échafaud.

(*Une heure après.*)

« On a porté les restes de Guilford sous les fenêtres de la tour; un linceul couvrait son corps
mutilé : à travers ce linceul une image horrible s'est
offerte..... Si le même coup ne m'était pas réservé,
quelle est la terre qui pourrait porter le poids de
ma douleur! Mon père, quoi! j'ai pu regretter si
vivement le jour! O sainte mort! don du ciel comme
la vie! c'est vous qui maintenant êtes mon ange

tutélaire; c'est vous qui me rendez du calme! Mon
souverain maître a disposé de moi; mais puisqu'il
me réunit à mon époux, il ne m'a rien demandé qui
surpassât mes forces, et je remets sans crainte mon
âme entre ses mains. »

DE

LA LITTÉRATURE

CONSIDÉRÉE

DANS SES RAPPORTS AVEC LES INSTITUTIONS
SOCIALES.

PRÉFACE

DE LA SECONDE ÉDITION.

J'ai cru devoir répondre, dans les notes de la seconde
édition de mon ouvrage, à quelques faits littéraires allé-
gués contre les opinions qu'il renferme. J'ai tâché de rendre ce livre plus digne de l'approbation que les hommes
éclairés ont bien voulu lui accorder.

J'ai cité, dans les notes ajoutées à cet ouvrage, les autorités sur lesquelles j'ai fondé les opinions littéraires qu'on
a attaquées [1] : je me bornerai donc, dans cette préface,
à quelques réflexions générales sur les deux manières de
voir en littérature, qui forment aujourd'hui comme deux
partis différents, et sur l'éloignement qu'inspire à quelques
personnes le système de la perfectibilité de l'espèce humaine.

L'on m'a reproché d'avoir donné la préférence à la littérature du Nord sur celle du Midi, et l'on a appelé cette
opinion une poétique nouvelle. C'est mal connaître mon
ouvrage que de supposer que j'ai eu pour but de faire
une poétique. J'ai dit, dès la première page, que Voltaire,
Marmontel et la Harpe ne laissaient rien à désirer à cet
égard; mais je voulais montrer le rapport qui existe entre
la littérature et les institutions sociales de chaque siècle
et de chaque pays; et ce travail n'avait encore été fait
dans aucun livre connu. Je voulais prouver aussi que la
raison et la philosophie ont toujours acquis de nouvelles
forces à travers les malheurs sans nombre de l'espèce humaine. Mon goût en poésie est peu de chose à côté de ces

[1] Ces notes contiennent les preuves qui constatent : 1° que les
Romains ont étudié la philosophie, ont possédé des historiens connus, des orateurs célèbres et de grands jurisconsultes, avant d'a-
voir eu des poètes; 2° que leurs auteurs tragiques n'ont fait qu'i-
miter les Grecs et les sujets grecs; 3° je développe un fait que je
croyais trop authentique pour avoir besoin d'être expliqué; c'est
que les chants de l'Ossian étaient connus en Écosse et en Angleterre par ceux des hommes de lettres qui savaient la langue galli-
que, longtemps avant que Macpherson eût fait de ces chants un
poème, et que les fables islandaises et les poésies scandinaves, qui
ont été le type de la littérature du Nord en général, ont le plus
grand rapport avec le caractère de la poésie d'Ossian. On trouve
tous les détails qui peuvent faire connaître les poésies scandinaves
dans l'excellente introduction de Mallet à l'Histoire du Danemark.
Enfin, dans une note de la seconde partie de mon ouvrage, j'essaye
d'indiquer quelles sont les règles sévères que l'on doit suivre, relativement à l'adoption des mots nouveaux dans une langue.

grands résultats. Les vers de Thompson me touchent plus que les sonnets de Pétrarque. J'aime mieux les poésies de Gray que les chansons d'Anacréon. Mais cette manière d'être affectée n'a que des rapports très-indirects avec le plan général de mon ouvrage; et celui qui aurait des opinions tout à fait contraires aux miennes sur les plaisirs de l'imagination, pourrait encore être entièrement de mon avis sur les rapprochements que j'ai faits entre l'état politique des peuples et leur littérature; il pourrait être entièrement de mon avis sur les observations philosophiques et l'enchaînement des idées qui m'ont servi à tracer l'histoire des progrès de la pensée depuis Homère jusqu'à nos jours.

L'on peut remarquer aujourd'hui, parmi les littérateurs français, deux opinions opposées, qui pourraient conduire toutes deux, par leur exagération, à la perte du goût ou du génie littéraire. Les uns croient ajouter à l'énergie du style en le remplissant d'images incohérentes, de mots nouveaux, d'expressions gigantesques. Ces écrivains nuisent à l'art, sans rien ajouter à l'éloquence ni à la pensée. De tels efforts étouffent les dons de la nature, au lieu de les perfectionner. D'autres littérateurs veulent nous persuader que le bon goût consiste dans un style exact, mais commun, servant à revêtir des idées plus communes encore.

Ce second système expose beaucoup moins à la critique. Ces phrases connues depuis si longtemps sont comme les habitués de la maison; on les laisse passer sans leur rien demander. Mais il n'existe pas un écrivain éloquent ou penseur, dont le style ne contienne des expressions qui ont étonné ceux qui les ont lues pour la première fois, ceux du moins que la hauteur des idées ou la chaleur de l'âme n'avaient point entraînés.

Lorsque Bossuet dit cette superbe phrase : « Averti par mes cheveux blancs de consacrer au troupeau que je dois nourrir de la parole de vie les restes d'une voix qui tombe et d'une ardeur qui s'éteint, » il s'est trouvé sûrement quelques malheureux critiques qui ont demandé ce que c'était que « les restes d'une voix et d'une ardeur, » ce que c'était que « des cheveux qui avertissent. » Lorsque le même orateur s'écrie, en parlant de madame Henriette : « La voilà telle que la mort nous l'a faite, » nul doute qu'un littérateur d'alors n'eût pu blâmer cette superbe expression, et la défigurer en y changeant le moindre mot. Lorsque Pascal a écrit : « L'homme est un roseau, le plus faible de la nature, mais c'est un roseau pensant, » un critique, séparant la première phrase de la seconde, aurait pu dire : Savez-vous que Pascal appelle l'homme « un roseau pensant? » Le plus parfait de nos poëtes, Racine, est celui dont les expressions hardies ont excité le plus de censures; et le plus éloquent de nos écrivains, l'auteur d'Émile et d'Héloïse, est celui de tous sur lequel un esprit insensible au charme de l'éloquence pourrait exercer le plus facilement sa critique. Qui reconnaîtrait, en effet, le style de Rousseau, si l'on partageait en deux ses phrases, si l'on les séparait de leur progression, de leur intérêt, de leur mouvement, et si l'on détachait de ses écrits quelques mots, bizarres lorsqu'ils sont isolés, tout-puissants lorsqu'on les met à leur place [1]?

Je le répète, un style commun n'a rien à craindre de ces attaques. Subdivisez les phrases de ce style autant que vous le voudrez, les mots qui les composent se rejoindront d'eux-mêmes, « accoutumés qu'ils sont à se trouver ensemble; » mais jamais un écrivain n'exprima le sentiment qu'il éprouvait, jamais il ne développa ses pensées qui lui appartenaient réellement, sans porter dans son style ce caractère d'originalité qui seul attache et captive l'intérêt et l'imagination des lecteurs.

Les paradoxes sans doute sont aussi des idées communes. Il suffit presque toujours de retourner une vérité banale pour en faire un paradoxe. Il en est de même d'une manière d'écrire exagérée; ce sont des expressions froides dont on fait des expressions fausses. Mais il ne faut pas tracer autour de la pensée de l'homme un cercle dont il lui soit défendu de sortir; car il n'y a pas de talent là où il n'existe pas de création, soit dans les pensées, soit dans le style.

Voltaire, qui succédait au siècle de Louis XIV, cherka dans la littérature anglaise quelques beautés nouvelles qu'il pût adapter au goût français [1]. Presque tous nos poëtes de ce siècle ont imité les Anglais. Saint-Lambert s'est enrichi des images de Thompson, Delille a emprunté du genre anglais quelques-unes de ses beautés descriptives; le Cimetière de Gray ne lui fut point inconnu : il a servi de modèle, sous quelques rapports, à Fontanes dans une de ses meilleures pièces, LE JOUR DES MORTS DANS UNE CAMPAGNE. Pourquoi donc désavouerions-nous le mérite des ouvrages que nos bons auteurs ont souvent imités?

Sans doute, je n'ai cessé de le répéter dans ce livre, aucune beauté littéraire n'est durable, si elle n'est soumise au goût le plus parfait. J'ai employé la première un mot nouveau, LA VULGARITÉ, trouvant qu'il n'existait pas encore assez de termes pour proscrire à jamais toutes les formes qui supposent peu d'élégance dans les images et peu de délicatesse dans l'expression. Mais le talent consiste à savoir respecter les vrais préceptes du goût, en introduisant dans notre littérature tout ce qu'il y a de beau, de sublime, de touchant, dans la nature sombre, que les écrivains du Nord ont su peindre; et si c'est ignorer l'art que de vouloir faire adopter en France toutes les incohérences des tragiques anglais et allemands, il faut être insensible au génie de l'éloquence, il faut être à jamais privé du talent d'émouvoir fortement les âmes, pour ne pas admirer ce qu'il y a de passionné dans les affections, ce qu'il y a de profond dans les pensées que ces habitants du Nord savent éprouver et transmettre.

Il est impossible d'être un bon littérateur sans avoir étudié les auteurs anciens, sans connaître parfaitement les ouvrages classiques du siècle de Louis XIV. Mais l'on renoncerait à posséder désormais en France de grands hommes dans la carrière de la littérature, si l'on blâmait

---

[1] Il est peut-être à propos de remarquer que les hommes qui, depuis quelque temps, forment un tribunal littéraire, évitent, en citant nos meilleurs auteurs français, de nommer J. J. Rousseau. Il n'est pas probable toutefois qu'ils oublient l'écrivain qui a donné le plus de chaleur, de force et de vie à la parole; l'écrivain qui cause à ses lecteurs une émotion si profonde, qu'il est impossible de le juger en simple littérateur. L'on se sent entraîné par lui comme

par un ami, un séducteur ou un maître. Serait-il possible que l'éclat du talent ne pût, devant certains juges, obtenir grâce pour l'amour ardent de la liberté? Serait-il vrai qu'une âme fière et indépendante, de quelque supériorité qu'elle soit douée, ne doit attendre que des adversaires des idées philosophiques qu'injustice ou silence; injustice, lorsqu'ils peuvent l'attaquer encore; silence, lorsqu'une gloire consacrée lie place au-dessus de leurs efforts?

[1] Voltaire aurait désavoué, je crois, cette phrase du Mercure, qui paraîtra dénuée de vérité à tous les Anglais, comme à tous ceux qui ont étudié la littérature anglaise : « On serait étonné de voir « que la renommée de Shakspeare ne s'est si fort accrue, EN AN- « GLETERRE MÊME, QUE DEPUIS LES ÉLOGES DE VOLTAIRE. » Addison, Dryden, les auteurs les plus célèbres de la littérature anglaise, ont vanté Shakspeare avec enthousiasme, longtemps avant que Voltaire en eût parlé.

d'avance tout ce qui peut conduire à un nouveau genre, ouvrir une route nouvelle à l'esprit humain, offrir enfin un avenir à la pensée; elle perdrait bientôt toute émulation, si on lui présentait toujours le siècle de Louis XIV comme un modèle de perfection, au delà duquel aucun écrivain éloquent ni penseur ne pourra jamais s'élever.

J'ai distingué avec soin, dans mon ouvrage, ce qui appartient aux arts d'imagination, de ce qui a rapport à la philosophie; j'ai dit que ces arts n'étaient point susceptibles d'une perfection indéfinie, tandis qu'on ne pouvait prévoir le terme où s'arrêterait la pensée. L'on m'a reproché de n'avoir pas rendu un juste hommage aux anciens. J'ai répété néanmoins de diverses manières que la plupart des inventions poétiques nous venaient des Grecs, que la poésie des Grecs n'avait « été ni surpassée ni même égalée par les modernes [1] : » mais je n'ai pas dit, il est vrai, que depuis près de trois mille ans les hommes n'avaient pas acquis une pensée de plus; et c'est un grand tort dans l'esprit de ceux qui condamnent l'espèce humaine au supplice de Sisyphe, à retomber toujours après s'être élevée.

D'où vient donc que ce système de la perfectibilité de l'espèce humaine déchaîne maintenant toutes les passions politiques? quel rapport peut-il avoir avec elles [2]?

Ceux qui pensent que leurs opinions, en fait de gouvernement, les obligent à combattre la perfectibilité de l'esprit humain, font, ce me semble, un grand acte de

[1] J'ai soutenu que, dans les bons ouvrages modernes, l'expression de l'amour avait acquis plus de délicatesse et de profondeur que chez les anciens, parce qu'il est un certain genre de sensibilité qui s'augmente en proportion des idées. Les objections mêmes qui m'ont été faites me fournissent quelques nouveaux arguments en faveur de mon opinion. J'en citerai deux pour exemple; le reste se trouvera dans les notes de l'ouvrage. On a demandé si l'expression de l'amour avait fait des progrès depuis l'Héloïse du douzième siècle. Les lettres latines qui nous restent d'Héloïse ne peuvent pas soutenir un instant la comparaison avec le ravissant langage que Pope lui a prêté dans son épître. On a demandé s'il existait rien de plus touchant que la rencontre d'Énée et d'Andromaque dans l'Énéide, lorsque Andromaque s'écrie en le voyant : « *Hector ubi est?* Hector où est-il* ? » Je pourrais récuser une objection tirée de Virgile, puisque je l'ai cité comme *le poète le plus sensible ;* mais en acceptant même cette objection, je dirai que, lorsque Racine a voulu mettre Andromaque sur la scène, il a cru que la délicatesse des sentiments exigeait qu'il lui attribuât la résolution de se tuer, si elle se voyait contrainte à épouser Pyrrhus; et Virgile donne à son Andromaque deux maris depuis la mort d'Hector, Pyrrhus et Hélénus, sans penser que cette circonstance puisse nuire en rien à l'intérêt qu'elle doit inspirer. Si l'on joint à ces deux exemples ceux que l'on trouvera cités dans ce livre, si l'on examine avec soin tous les ouvrages de l'antiquité, l'on verra qu'il n'en est pas un qui ne confirme la supériorité des Romains sur les Grecs, de Tibulle sur Anacréon, de Virgile sur Homère, dans tout ce qui tient à la sensibilité; et l'on verra de même que Racine, Voltaire, Pope, Rousseau, Goëthe, etc., ont peint l'amour avec une sorte de délicatesse, de culte, de mélancolie et de dévouement, qui devrait être tout à fait étrangère aux mœurs, aux lois et au caractère des anciens.

[2] Ce système a donné lieu à tant d'interprétations absurdes, que je me crois obligée d'indiquer le sens précis que je lui donne dans mon ouvrage. Premièrement, en parlant de la perfectibilité de l'esprit humain, je ne prétends pas dire que les modernes aient une puissance d'esprit plus grande que celle des anciens, mais seulement que la masse des idées en tout genre s'augmente avec les siècles. Secondement, en parlant de la perfectibilité de l'espèce humaine, je ne fais nullement allusion aux rêveries de quelques penseurs sur un avenir sans vraisemblance, mais aux progrès successifs de la civilisation dans toutes les classes et dans tous les pays

modestie. Les partisans de la monarchie, comme ceux de la république, doivent penser que la constitution qu'ils préfèrent est favorable à l'amélioration de la société et aux progrès de la raison; s'ils n'en étaient pas convaincus, comment pourraient-ils soutenir leur opinion en conscience? Le système de la perfectibilité de l'espèce humaine a été celui de tous les philosophes éclairés depuis cinquante ans; ils l'ont soutenu sous toutes les formes de gouvernement possibles [1]. Les professeurs écossais, Ferguson en particulier, ont développé ce système sous la monarchie libre de la Grande-Bretagne. Kant le soutient ouvertement sous le régime encore féodal de l'Allemagne. Turgot l'a professé sous le gouvernement arbitraire mais modéré du dernier règne; et Condorcet, dans la proscription où l'avait jeté la sanguinaire tyrannie qui devait le faire désespérer de la république, Condorcet, au comble de l'infortune, écrivait encore en faveur de la perfectibilité de l'espèce humaine; tant les esprits penseurs ont attaché d'importance à ce système, qui promet aux hommes sur cette terre quelques-uns des bienfaits d'une vie immortelle, un avenir sans bornes, une continuité sans interruption [2] !

Ce système ne peut être contraire aux idées religieuses. Les prédicateurs éclairés ont toujours représenté la morale religieuse comme un moyen d'améliorer l'espèce humaine; j'ai tâché de prouver que les préceptes du christianisme y avaient contribué efficacement. Il n'est aucune opinion, excepté celle qui défendrait de penser, de lire et d'écrire; il n'est aucun gouvernement, excepté le gouvernement despotique, qui puisse s'avouer contraire à la perfectibilité de l'espèce humaine. Quels sont donc les dangers qu'un esprit raisonnable et indépendant peut redouter d'un tel système?

Dira-t-on que des monstres barbares ont fait de cette opinion le prétexte de leurs forfaits? Mais la Saint-Barthélemy commande-t-elle l'athéisme? Mais les crimes de Charles IX et de Tibère ont-ils à jamais proscrit le pouvoir d'un seul dans tous tous les pays? De quoi les hommes n'ont-ils pas abusé? L'air et le feu leur servent à se tuer, et la nature entière est entre leurs mains un moyen de destruction. En résulte-t-il qu'il ne faille pas accorder à

[1] Un des caractères les plus frappants dans l'homme, dit le citoyen Talleyrand dans son Rapport sur l'instruction publique du 10 septembre 1791 , pag. 7, c'est la perfectibilité; et ce caractère, sensible dans l'individu, l'est bien plus encore dans l'espèce : car peut-être n'est-il pas impossible de dire de tel homme en particulier qu'il est parvenu au point où il pouvait atteindre, et il le sera éternellement de l'affirmer de l'espèce entière, dont la richesse intellectuelle et morale s'accroît sans interruption de tous les produits des peuples antérieurs.

[2] Godwin aussi, dans son ouvrage sur la justice politique, soutient le même système; mais, quoique ce soit un homme de beaucoup d'esprit, sa raison ne m'a pas paru assez sûre pour le citer jamais comme une autorité. L'on a prétendu que j'avais pris quelques idées de mon ouvrage, où il n'est question que de littérature , dans la justice politique de Godwin ; je réponds par une dénégation simple. Je défie qu'on cite une seule idée de cet ouvrage que j'aie mise dans le mien , excepté le système de la perfectibilité de l'espèce humaine, qui heureusement n'appartient pas plus à moi qu'à Godwin. Je crois avoir essayé la première d'appliquer ce système à la littérature; mais j'attache un grand prix à montrer combien de philosophes respectables ont, avant moi, soutenu victorieusement cette opinion , considérée d'une manière générale ; et je ne pense pas, comme un littérateur de nos jours, que ce soit la charmante pièce de vers de Voltaire, intitulée *le Mondain,* qui ait donné l'idée de la perfectibilité de l'espèce humaine, et qui *contienne l'extrait de tout ce qu'il y a de meilleur dans les longues théories sur cette perfectibilité.*

ce qui est bien le rang que ce qui est bien mérite? et faut-il dégrader toujours plus l'espèce humaine, à mesure qu'elle abuse d'une idée généreuse? On dirait que les préjugés, les bassesses et les mensonges n'ont pas fait de mal à l'espèce humaine, tant on se montre sévère pour la philosophie, la liberté et la raison.

Ce que je crois plutôt, c'est que les détracteurs du système de la perfectibilité de l'espèce humaine n'ont pas médité sur les véritables bases de cette opinion. En effet, ils conviennent que les sciences font des progrès continuels, et ils veulent que la raison n'en fasse pas. Mais les sciences ont une connexion intime avec toutes les idées dont se compose l'état moral et politique des nations. En découvrant la boussole, on a découvert le nouveau monde, et l'Europe morale et politique a depuis ce temps éprouvé des changements considérables. L'imprimerie est une découverte des sciences. Si l'on dirigeait un jour la navigation aérienne, combien les rapports de la société ne seraient-ils pas différents?

La superstition est à la longue inconciliable avec les progrès des sciences positives. Les erreurs en tout genre se rectifient successivement par l'esprit de calcul. Enfin, comment peut-on imaginer que l'on mettra les sciences tellement en dehors de la pensée, que la raison humaine ne se ressentira point des immenses progrès que l'on fait chaque jour dans l'art d'observer et de diriger la nature physique? Les lumières de l'expérience et de l'observation n'existent-elles pas aussi dans l'ordre moral, et ne donnent-elles pas aussi d'utiles secours aux développements successifs de tous les genres de réflexions? Je dirai plus, les progrès des sciences rendent nécessaires les progrès de la morale; car, en augmentant la puissance de l'homme, il faut fortifier le frein qui l'empêche d'en abuser. Les progrès des sciences rendent nécessaires aussi les progrès de la politique. L'on a besoin d'un gouvernement plus éclairé, qui respecte davantage l'opinion publique au milieu des nations où les lumières s'étendent chaque jour; et quoiqu'on puisse toujours opposer les désastres de quelques années à des raisonnements qui ont pour base les siècles, il n'en est pas moins vrai que jamais aucune contrée de l'Europe ne supporterait maintenant la longue succession de tyrannies basses et féroces qui ont accablé les Romains. Il importe d'ailleurs de distinguer entre la perfectibilité de l'espèce humaine et celle de l'esprit humain. L'une se manifeste encore plus clairement que l'autre. Chaque fois qu'une nation nouvelle, telle que l'Amérique, la Russie, etc., fait des progrès vers la civilisation, l'espèce humaine s'est perfectionnée; chaque fois qu'une classe inférieure est sortie de l'esclavage ou de l'avilissement, l'espèce humaine s'est encore perfectionnée. Les lumières gagnent évidemment en étendue, quand même on essayerait de leur disputer encore qu'elles croissent en élévation et en profondeur. Enfin il faudrait composer un livre pour réfuter tout ce qu'on se permet de dire dans un temps où les intérêts personnels sont encore si fortement agités. Mais ce livre, c'est le temps qui le fera; et la postérité ne partagera pas plus la petite fureur qu'excitent aujourd'hui les idées philosophiques, que les atroces sentiments que la terreur avait développés :

> Les fils sont plus grands que leurs pères,
> Et leurs cœurs n'en sont pas jaloux.

Ces vers, justement appliqués aux exploits militaires dont nous sommes les glorieux contemporains, ces vers seront vrais aussi pour les progrès de la raison; et malheur à qui n'en aurait pas dans son cœur le noble pressentiment!

Pourquoi les esprits distingués, quelle que soit la carrière qu'ils suivent, ne réunissent-ils pas leurs efforts pour soutenir toutes les idées qui ont en elles de la grandeur et de l'élévation? Ne voient-ils pas de tous côtés les sentiments les plus vils, l'avidité la plus basse s'emparer chaque jour d'un caractère de plus, dégrader chaque jour quelques hommes sur lesquels on avait reposé son estime? Que restera-t-il donc à ceux qui mettent encore de l'intérêt aux progrès de la pensée, qui, se bornant même aux arts d'imagination, veulent exclure tout le reste? Ils attaquent la philosophie, bientôt ils la regretteront; bientôt ils reconnaîtront qu'en dégradant l'esprit, ils affaiblissent ce ressort de l'âme qui fait aimer la poésie, qui fait partager son généreux enthousiasme.

Tous les vices se coalisent, tous les talents devraient se rapprocher; s'ils se réunissent, ils feront triompher le mérite personnel; s'ils s'attaquent mutuellement, les calculateurs heureux se placeront aux premiers rangs, et tourneront en dérision toutes les affections désintéressées, l'amour de la vérité, l'ambition de la gloire, et l'émulation qu'inspire l'espoir d'être utile aux hommes et de perfectionner leur raison [1].

* * *

DISCOURS PRÉLIMINAIRE.

Je me suis proposé d'examiner quelle est l'influence de la religion, des mœurs et des lois sur la littérature, et quelle est l'influence de la littérature sur la religion, les mœurs et les lois. Il existe, dans la langue française, sur l'art d'écrire et sur les principes du goût, des traités qui ne laissent rien à désirer [2]; mais il me semble que l'on n'a pas suffisamment analysé les causes morales et politiques qui modifient l'esprit de la littérature. Il me semble que l'on n'a pas encore considéré comment les facultés humaines se sont graduellement développées par les ouvrages illustres en tout genre, qui ont été composés depuis Homère jusqu'à nos jours.

[1] Après avoir réfuté les diverses objections qui ont été faites contre mon ouvrage, je sais fort bien qu'il est un genre d'attaque qui peut éternellement se répéter; ce sont toutes les insinuations qui ont pour objet de me blâmer, comme femme, d'écrire et de penser. J'offre d'avance la traduction de toutes ces sortes de critiques dans les vers de Molière que je rappelle ici :

> Non, non, je ne veux point d'un esprit qui soit haut
> Et femme qui compose en sait plus qu'il ne faut;
> Je prétends que la mienne, en clartés peu sublime,
> Même ne sache pas ce que c'est qu'une rime;
> Et c'est assez pour elle, à vous en bien parler,
> Que savoir prier Dieu, m'aimer, coudre et filer.
>
> ARNOLPHE, dans l'École des femmes.

Je conçois qu'on puisse se plaire dans ces plaisanteries, quoiqu'elles soient un peu usées; mais je ne comprends pas comment il serait possible que mon caractère ou mes écrits inspirassent des sentiments amers. Un motif quelconque peut en suggérer le langage; mais, en vérité, je ne crois pas que personne les éprouve réellement.

[2] Les ouvrages de Voltaire, ceux de Marmontel et de la Harpe.

J'ai essayé de rendre compte de la marche lente, mais continuelle, de l'esprit humain dans la philosophie, et de ses succès rapides, mais interrompus, dans les arts. Les ouvrages anciens et modernes qui traitent des sujets de morale, de politique ou de science, prouvent évidemment les progrès successifs de la pensée, depuis que son histoire nous est connue. Il n'en est pas de même des beautés poétiques qui appartiennent uniquement à l'imagination. En observant les différences caractéristiques qui se trouvent entre les écrits des Italiens, des Anglais, des Allemands et des Français, j'ai cru pouvoir démontrer que les institutions politiques et religieuses avaient la plus grande part à ces diversités constantes. Enfin, en contemplant et les ruines et les espérances que la révolution française a, pour ainsi dire, confondues ensemble, j'ai pensé qu'il importait de connaître quelle était la puissance que cette révolution a exercée sur les lumières, et quels efforts il pourrait en résulter un jour, si l'ordre et la liberté, la morale et l'indépendance républicaine, étaient sagement et politiquement combinés.

Avant d'offrir un aperçu plus détaillé du plan de cet ouvrage, il est nécessaire de retracer l'importance de la littérature considérée dans son acception la plus étendue; c'est-à-dire, renfermant en elle les écrits philosophiques et les ouvrages d'imagination, tout ce qui concerne enfin l'exercice de la pensée dans les écrits, les sciences physiques exceptées.

Je vais examiner d'abord la littérature d'une manière générale dans ses rapports avec la vertu, la gloire, la liberté et le bonheur; et s'il est impossible de ne pas reconnaître quel pouvoir elle exerce sur ces grands sentiments, premiers mobiles de l'homme, c'est avec un intérêt plus vif qu'on s'unira peut-être à moi pour suivre les progrès, et pour observer le caractère dominant des écrivains de chaque pays et de chaque siècle.

Que ne puis-je rappeler tous les esprits éclairés à la jouissance des méditations philosophiques! Les contemporains d'une révolution perdent souvent tout intérêt à la recherche de la vérité. Tant d'événements décidés par la force, tant de crimes absous par le succès, tant de vertus flétries par le blâme, tant d'infortunes insultées par le pouvoir, tant de sentiments généreux devenus l'objet de la moquerie, tant de vils calculs hypocritement commentés; tout lasse de l'espérance les hommes les plus fidèles au culte de la raison. Néanmoins ils doivent se ranimer en observant, dans l'histoire de l'esprit humain, qu'il n'a existé ni une pensée utile, ni une vérité profonde qui n'ait trouvé son siècle et ses admirateurs. C'est sans doute un triste effort que de transporter son intérêt, de reposer son attente à travers l'avenir, sur nos successeurs, sur les étrangers bien loin de nous, sur

les inconnus, sur tous les hommes enfin dont le souvenir et l'image ne peuvent se retracer à notre esprit. Mais, hélas! si l'on en excepte quelques amis inaltérables, la plupart de ceux qu'on se rappelle après dix années de révolution contristent votre cœur, étouffent vos mouvements, en imposent à votre talent même, non par leur supériorité, mais par cette malveillance qui ne cause de la douleur qu'aux âmes douces, et ne fait souffrir que ceux qui ne la méritent pas.

Enfin relevons-nous sous le poids de l'existence; ne donnons pas à nos injustes ennemis, et à nos amis ingrats, le triomphe d'avoir abattu nos facultés intellectuelles. Ils réduisent à chercher la gloire, ceux qui se seraient contentés des affections : eh bien, il faut l'atteindre. Ces essais ambitieux ne porteront point remède aux peines de l'âme, mais ils honoreront la vie. La consacrer à l'espoir toujours trompé du bonheur, c'est la rendre encore plus infortunée. Il vaut mieux réunir tous ses efforts pour descendre avec quelque noblesse, avec réputation, la route qui conduit de la jeunesse à la mort.

De l'importance de la littérature dans ses rapports avec la vertu.

La parfaite vertu est le beau idéal du monde intellectuel. Il y a quelques rapports entre l'impression qu'elle produit sur nous et le sentiment que fait éprouver tout ce qui est sublime, soit dans les beaux-arts, soit dans la nature physique. Les proportions régulières des statues antiques, l'expression calme et pure de certains tableaux, l'harmonie de la musique, l'aspect d'un beau site dans une campagne féconde, nous transportent d'un enthousiasme qui n'est pas sans analogie avec l'admiration qu'inspire le spectacle des actions honnêtes. Les bizarreries, inventées ou naturelles, étonnent un moment l'imagination; mais la pensée ne se repose que dans l'ordre. Quand on a voulu donner une idée de la vie à venir, on a dit que l'esprit de l'homme retournerait dans le sein de son Créateur; c'était peindre quelque chose de l'émotion qu'on éprouve lorsque après les longs égarements des passions, on entend tout à coup cette magnifique langue de la vertu, et de la fierté, de la pitié, et qu'on trouve encore que son âme entière y est sensible.

La littérature ne puise ses beautés durables que dans la morale la plus délicate. Les hommes peuvent abandonner leurs actions au vice, mais jamais leur jugement. Il n'est donné à aucun poëte, quel que soit son talent, de faire sortir un effet tragique d'une situation qui admettrait en principe une immoralité. L'opinion, si vacillante sur les événements réels de la vie, prend un caractère de fixité quand on lui présente à juger des tableaux.

d'imagination. La critique littéraire est bien souvent un traité de morale. Les écrivains distingués, en se livrant seulement à l'impulsion de leur talent, découvriraient ce qu'il y a de plus héroïque dans le dévouement, de plus touchant dans les sacrifices. Étudier l'art d'émouvoir les hommes, c'est approfondir les secrets de la vertu.

Les chefs-d'œuvre de la littérature, indépendamment des exemples qu'ils présentent, produisent une sorte d'ébranlement moral et physique, un tressaillement d'admiration qui nous dispose aux actions généreuses. Les législateurs grecs attachaient une haute importance à l'effet que pouvait produire une musique guerrière ou voluptueuse. L'éloquence, la poésie, les situations dramatiques, les pensées mélancoliques agissent aussi sur les organes, quoiqu'elles s'adressent à la réflexion. La vertu devient alors une impulsion involontaire, un mouvement qui passe dans le sang, et vous entraîne irrésistiblement comme les passions les plus impérieuses. Il est à regretter que les écrits qui paraissent de nos jours n'excitent pas plus souvent ce noble enthousiasme. Le goût se forme sans doute par la lecture de tous les chefs-d'œuvre déjà connus dans notre littérature; mais nous nous y accoutumons dès l'enfance, chacun de nous est frappé de leurs beautés à des époques différentes, et reçoit isolément l'impression qu'elles doivent produire. Si nous assistons en foule aux premières représentations d'une tragédie digne de Racine; si nous lisions Rousseau, si nous écoutions Cicéron se faisant entendre pour la première fois au milieu de nous, l'intérêt de la surprise et de la curiosité fixerait l'attention sur des vérités délaissées; et le talent commandant en maître à tous les esprits, rendrait à la morale un peu de ce qu'il a reçu d'elle; il rétablirait le culte auquel il doit son inspiration.

Il existe une belle connexion entre toutes les facultés de l'homme, qu'en perfectionnant même son goût en littérature, on agit sur l'élévation de son caractère : on éprouve soi-même quelque impression du langage dont on se sert; les images qu'il nous retrace modifient nos dispositions. Chaque fois qu'appelé à choisir entre différentes expressions, l'écrivain ou l'orateur se détermine pour celle qui rappelle l'idée la plus délicate, son esprit choisit entre ces expressions, comme son âme devrait se décider dans les actions de la vie; et cette première habitude peut conduire à l'autre.

Le sentiment du beau intellectuel, alors même qu'il s'applique aux objets de littérature, doit inspirer de la répugnance pour tout ce qui est vil et féroce; et cette aversion involontaire est une garantie presque aussi sûre que les principes réfléchis.

On est honteux de justifier l'esprit, tant il paraît évident, au premier aperçu, que ce doit être un grand avantage. Néanmoins on s'est plu quelquefois, par une sorte d'abus de l'esprit même, à nous tracer ses inconvénients. Une équivoque de mots a seule donné quelque apparence de raison à ce paradoxe. Le véritable esprit n'est autre chose que la faculté de bien voir; le sens commun est beaucoup plutôt de l'esprit que les idées fausses. Plus de bon sens, c'est plus d'esprit; le génie, c'est le bon sens appliqué aux idées nouvelles. Le génie grossit le trésor du bon sens; il conquiert pour la raison. Ce qu'il découvre aujourd'hui sera dans peu généralement connu, parce que les vérités importantes une fois découvertes frappent tout le monde presque également. Les sophismes, les aperçus appelés ingénieux, quoiqu'ils manquent de justesse, tout ce qui diverge enfin, doit être uniquement considéré comme un défaut. L'esprit donc ainsi assimilé, sous tous les rapports, à la raison supérieure, ne peut pas plus nuire qu'elle. Encourager l'esprit dans une nation, appeler aux emplois publics les hommes qui ont de l'esprit, c'est faire prospérer la morale.

On attribue souvent à l'esprit toutes les fautes qui viennent de n'avoir pas assez d'esprit. Les demi-réflexions, les demi-aperçus troublent l'homme sans l'éclairer. La vertu est à la fois une affection de l'âme et une vérité démontrée; il faut la sentir ou la comprendre. Mais si vous prenez du raisonnement ce qui trouble l'instinct, sans atteindre à ce qui peut en tenir lieu, ce ne sont pas les qualités que vous possédez qui vous perdent, ce sont celles qui vous manquent. A tous les malheurs humains, cherchez le remède plus haut. Si vous tournez vos regards vers le ciel, vos pensées s'ennoblissent : c'est en s'élevant que l'on trouve l'air plus pur, la lumière plus éclatante. Excitez l'homme enfin à tous les genres de supériorité, ils serviront tous au perfectionnement de sa morale. Les grands talents obtiennent des applaudissements, et une bienveillance qui porte à la douceur l'âme de ceux qui les possèdent. Voyez les hommes cruels; ils sont, pour la plupart, dépourvus de facultés distinguées. Le hasard même a frappé leur figure de quelques désavantages repoussants; ils se vengent sur l'ordre social de ce que la nature leur a refusé. Je me confie sans crainte à ceux qui doivent être contents du sort, à ceux qui peuvent, de quelque manière, mériter les suffrages des hommes. Mais celui qui ne saurait obtenir de ses semblables aucun témoignage d'approbation volontaire, quel intérêt a-t-il à la conservation de la race humaine? Celui que l'univers admire a besoin de l'univers.

On a souvent répété que les historiens, les auteurs comiques, tous ceux enfin qui ont étudié les hommes pour les peindre, devenaient indifférents au bien et au mal. Une certaine connaissance des hommes peut produire un tel effet; une connaissance plus approfondie conduit au résultat contraire. Celui qui peint les hommes comme Saint-Simon ou Duclos ne fait qu'ajouter à la légèreté de leurs opinions et de leurs mœurs; mais celui qui les jugerait comme Tacite serait nécessairement utile à son siècle. L'art d'observer les caractères, d'en expliquer les motifs, d'en faire ressortir les couleurs, est d'une telle puissance sur l'opinion, que, dans tout pays où la liberté de la presse est établie, aucun homme public, aucun homme connu ne résisterait au mépris, si le talent l'infligeait. Quelles belles formes d'indignation la haine du crime n'a-t-elle pas fait découvrir à l'éloquence? quelle puissance vengeresse de tous les sentiments généreux! Rien ne peut égaler l'impression que font éprouver certains mouvements de l'âme ou des portraits hardiment tracés. Les tableaux du vice laissent un souvenir ineffaçable, alors qu'ils sont l'ouvrage d'un écrivain profondément observateur. Il analyse des sentiments intimes, des détails inaperçus; et souvent une expression énergique s'attache à la vie d'un homme coupable, et fait un avec lui dans le jugement du public. C'est encore une utilité morale du talent littéraire que cet opprobre imprimé sur les actions par l'art de les peindre [1].

Il me reste à parler de l'objection qu'on peut tirer des ouvrages où l'on a peint avec talent les mœurs condamnables. Sans doute de tels écrits pourraient nuire à la morale, s'ils produisaient une profonde impression; mais ils ne laissent jamais qu'une trace légère, et les sentiments véritables l'effacent bien aisément. Les ouvrages gais sont en général un simple délassement de l'esprit, dont il conserve très-peu de souvenir. La nature humaine est sérieuse, et dans le silence de la méditation l'on ne recherche que les écrits raisonnables ou sensibles. C'est dans ce genre seul que la gloire littéraire a été acquise, et qu'on peut reconnaître sa véritable influence.

Dirait-on que la carrière des lettres détourne l'homme, et de ses devoirs domestiques, et des services politiques qu'il pourrait rendre à son pays? Nous n'avons plus d'exemples de ces républiques qui donnaient à chaque citoyen sa part d'influence sur le sort de la patrie; nous sommes encore plus loin de cette vie patriarcale qui concentrait tous les sentiments dans l'intérieur de sa famille. Dans l'état actuel de l'Europe, les progrès

[1] Sans doute on pourrait opposer à l'utilité qu'on peut espérer de la publicité du vrai, les dégoûtants libelles dont la France a été souillée; mais je n'ai voulu parler que des services qu'on doit attendre du talent; et le talent craint de s'avilir par le mensonge : il craint de tout confondre, car il perdrait alors son rang parmi les hommes. En toutes choses ce qui est rassurant, c'est la supériorité; et ce qu'il faut craindre, ce sont tous les défauts qu'entraîne la pauvreté de l'esprit ou de l'âme.

de la littérature doivent servir au développement de toutes les idées généreuses. Ce qu'on mettrait à la place de ces progrès, ce ne seraient ni des vertus publiques ni des affections privées, mais les plus avides calculs de l'égoïsme ou de la vanité.

La plupart des hommes, épouvantés des vicissitudes effroyables dont les événements politiques nous ont offert l'exemple, ont perdu maintenant tout intérêt au perfectionnement d'eux-mêmes, et sont trop frappés de la puissance du hasard pour croire à l'ascendant des facultés intellectuelles. Si les Français cherchaient à obtenir de nouveau des succès dans la carrière littéraire et philosophique, ce serait un premier pas vers la morale; le plaisir même causé par le succès de l'amour-propre formerait quelques liens entre les hommes. Nous sortirions par degrés du plus affreux période de l'esprit public, l'égoïsme de l'état de nature combiné avec l'active multiplicité des intérêts de la société, la corruption sans politesse, la grossièreté sans franchise, la civilisation sans lumières, l'ignorance sans enthousiasme; enfin cette sorte de *désabusé*, maladie de quelques hommes supérieurs, dont les esprits bornés se croient atteints alors que, tout occupés d'eux-mêmes, ils se sentent indifférents aux malheurs des autres.

De la littérature dans ses rapports avec la gloire.

Si la littérature peut servir utilement à la morale, elle influe par cela seul puissamment aussi sur la gloire; car il n'y a point de gloire durable dans un pays où il n'existerait point de morale publique. Si la nation n'adoptait pas les principes invariables pour base de son opinion, si chaque individu n'était pas fortifié dans son jugement par la certitude que ce jugement est d'accord avec l'assentiment universel, les réputations brillantes ne seraient que des accidents se succédant par hasard les uns aux autres. L'éclat de quelques actions pourrait frapper; mais il faut une progression dans les sentiments pour arriver au plus sublime de tous, à l'admiration. Vous ne pouvez juger qu'en comparant. L'estime, l'approbation, le respect, sont des degrés nécessaires à la puissance de l'enthousiasme. La morale pose les fondements sur lesquels la gloire peut s'élever; et la littérature, indépendamment de son alliance avec la morale, contribue encore, d'une manière plus directe, à l'existence de cette gloire, noble encouragement de toutes les vertus publiques.

L'amour de la patrie est une affection purement sociale. L'homme, créé par la nature pour les relations domestiques, ne porte son ambition au delà que par l'irrésistible attrait de l'estime générale; et c'est sur cette estime, formée par l'opinion, que le talent d'écrire a la plus grande influence. A Athènes, à Rome, dans les villes dominatrices du monde civilisé, en parlant sur la place publique, on disposait des volontés d'un peuple et du sort de tous; de nos jours, c'est par la lecture que les événements se préparent et que les jugements s'éclairent. Que serait une nation nombreuse si les individus qui la composent ne communiquaient point entre eux par le secours de l'imprimerie? L'association silencieuse d'une multitude d'hommes n'établirait aucun point de contact dont la lumière pût jaillir, et la foule ne s'enrichirait jamais des pensées des hommes supérieurs.

L'espèce humaine se renouvelant toujours, un individu ne peut faire de vide que dans l'opinion; et pour que cette opinion existe, il faut avoir un moyen de s'entendre à distance, de se réunir par des idées et des sentiments généralement approuvés. Les poëtes, les moralistes caractérisent d'avance la nature des belles actions; l'étude des lettres met une nation en état de récompenser ses grands hommes, en l'instruisant à les juger selon leur valeur relative. La gloire militaire a existé chez les peuples barbares. Mais il ne faut jamais comparer l'ignorance à la dégradation; un peuple qui a été civilisé par les lumières, s'il retombe dans l'indifférence pour le talent et la philosophie, devient incapable de toute espèce de sentiment vif; il lui reste une sorte d'esprit de dénigrement qui le porte, à tout hasard, à se refuser à l'admiration; il craint de se tromper dans les louanges, et croit, comme les jeunes gens qui prétendent au bon air, qu'on se fait plus d'honneur en critiquant, même avec injustice, qu'en approuvant trop facilement. Un tel peuple est alors dans une disposition presque toujours insouciante; le froid de l'âge semble atteindre la nation tout entière; on en sait assez pour n'être pas étonné; on n'a pas acquis assez de connaissances pour démêler avec certitude ce qui mérite l'estime; beaucoup d'illusions sont détruites sans qu'aucune vérité soit établie; on est retombé dans l'enfance par la vieillesse, dans l'incertitude par le raisonnement; l'intérêt mutuel n'existe plus : on est dans cet état que le Dante appelait l'*enfer des tièdes*. Celui qui cherche à se distinguer inspire d'abord une prévention défavorable; le public malade est fatigué d'avance par qui veut obtenir encore un signe de lui.

Quand une nation acquiert chaque jour de nouvelles lumières, elle aime les grands hommes, comme ses précurseurs dans la route qu'elle doit parcourir; mais lorsqu'elle se sent rétrograder, le petit nombre d'esprits supérieurs qui échappent à sa décadence, lui semble, pour ainsi dire, enrichi de ses dépouilles. Elle n'a plus d'intérêt commun avec leurs succès; ils ne lui font éprouver que le sentiment de l'envie.

La dissémination d'idées et de connaissances qu'ont produite chez les Européens la destruction de l'esclavage et la découverte de l'imprimerie, cette dissémination doit amener ou des progrès sans terme, ou l'avilissement complet des sociétés. Si l'analyse remonte jusqu'au vrai principe des institutions, elle donnera un nouveau degré de force aux vérités qu'elle aura conservées; mais cette analyse superficielle, qui décompose les premières idées qui se présentent, sans examiner l'objet tout entier, cette analyse affaiblit nécessairement le mobile des opinions fortes. Au milieu d'une nation indécise et blasée, l'admiration profonde serait impossible, et les succès militaires mêmes ne pourraient obtenir une réputation immortelle, si les idées littéraires et philosophiques ne rendaient pas les hommes capables de sentir et de consacrer la gloire des héros.

Il n'est pas vrai qu'un grand homme ait plus d'éclat, en étant seul célèbre, qu'environné de noms fameux qui le cèdent au premier de tous, au sien. On a dit en politique qu'un roi ne pouvait pas subsister sans noblesse ou sans pairie; à la cour de l'opinion, il faut aussi que des gradations de rangs garantissent la suprématie. Qu'est-ce qu'un conquérant opposant des barbares à des barbares dans la nuit de l'ignorance? César n'est si fameux dans l'histoire que parce qu'il a décidé du destin de Rome, et que dans Rome étaient Cicéron, Salluste, Caton, tant de talents et tant de vertus que subjuguait l'épée d'un seul homme. Derrière Alexandre s'élevait encore l'ombre de la Grèce. Il faut, pour l'éclat même des guerriers illustres, que le pays qu'ils asservissent soit enrichi de tous les dons de l'esprit humain. Je ne sais si la puissance de la pensée doit détruire un jour le fléau de la guerre; mais avant ce jour, c'est encore elle, c'est l'éloquence et l'imagination, c'est la philosophie même qui relèvent l'importance des actions guerrières. Si vous laissez tout s'effacer, tout s'avilir, la force pourra dominer; mais aucun éclat véritable ne l'environnera, les hommes seront mille fois plus dégradés par la perte de l'émulation que par les fureurs jalouses dont la gloire du moins était encore l'objet.

De la littérature dans ses rapports avec la liberté.

La liberté, la vertu, la gloire, les lumières, ce cortége imposant de l'homme dans sa dignité naturelle, ces idées alliées entre elles, et dont l'origine est la même, ne sauraient exister isolément. Le complément de chacune est dans la réunion de toutes. Les âmes qui se complaisent à rattacher la destinée de l'homme à une pensée divine, voient dans cet ensemble, dans cette relation intime entre tout ce qui est bien, une preuve de plus de l'unité morale, de l'unité de conception qui dirige cet univers.

Les progrès de la littérature, c'est-à-dire, le perfectionnement de l'art de penser et de s'exprimer, sont nécessaires à l'établissement et à la conservation de la liberté. Il est évident que les lumières sont d'autant plus indispensables dans un pays, que tous les citoyens qui l'habitent ont une part plus immédiate à l'action du gouvernement. Mais ce qui est également vrai, c'est que l'égalité politique, principe inhérent à toute constitution philosophique, ne peut subsister que si vous classez les différences d'éducation avec encore plus de soin que la féodalité n'en mettait dans ses distinctions arbitraires. La pureté du langage, la noblesse des expressions, image de la fierté de l'âme, sont nécessaires surtout dans un état fondé sur des bases démocratiques. Ailleurs de certaines barrières factices empêchent la confusion totale des diverses éducations; mais lorsque le pouvoir ne repose que sur la supposition du mérite personnel, quel intérêt ne doit-on pas mettre à conserver à ce mérite tous ses caractères extérieurs!

Dans un État démocratique, il faut craindre sans cesse que le désir de la popularité n'entraîne a l'imitation des mœurs vulgaires; bientôt on se persuaderait qu'il est inutile et presque nuisible d'avoir une supériorité trop marquée sur la multitude qu'on veut captiver. Le peuple s'accoutumerait à choisir des magistrats ignorants et grossiers; ces magistrats étoufferaient les lumières; et, par un cercle inévitable, la perte des lumières ramènerait l'asservissement du peuple.

Il est impossible que, dans un État libre, l'autorité publique se passe du consentement véritable des citoyens qu'elle gouverne. Le raisonnement et l'éloquence sont les liens naturels d'une association républicaine. Que pouvez-vous sur la volonté libre des hommes, si vous n'avez pas cette force, cette vérité de langage qui pénètre les âmes, et leur inspire ce qu'elle exprime? Si les hommes appelés à diriger l'État n'ont point le secret de persuader les esprits, la nation ne s'éclaire point, et les individus conservent, sur toutes les affaires publiques, l'opinion que le hasard a fait naître dans leur tête. Un des principaux motifs pour regretter l'éloquence, c'est qu'une telle perte isolerait les hommes entre eux, en les livrant uniquement à leurs impressions personnelles. Il faut opprimer lorsqu'on ne sait pas convaincre; dans toutes les relations politiques des gouvernants et des gouvernés, une qualité de moins exige une usurpation de plus.

Des institutions nouvelles doivent former un esprit nouveau dans les pays qu'on veut rendre libres. Mais comment pouvez-vous rien fonder dans l'opinion, sans le secours des écrivains distingués? Il faut faire naître le désir au lieu de commander l'obéissance; et lors même qu'avec raison le gouvernement souhaite que telles institutions soient établies, il doit ménager assez l'opinion publique pour avoir l'air d'accorder ce qu'il désire. Il n'y a que des écrits bien faits qui puissent à la longue

diriger et modifier de certaines habitudes nationales. L'homme a, dans le secret de sa pensée, un asile de liberté impénétrable à l'action de la force; les conquérants ont souvent pris les mœurs des vaincus; la conviction a seule changé les anciennes coutumes. C'est par les progrès de la littérature qu'on peut combattre efficacement les vieux préjugés. Les gouvernements, dans les pays devenus libres, ont besoin, pour détruire les antiques erreurs, du ridicule qui en éloigne les jeunes gens, de la conviction qui en détache l'âge mûr; ils ont besoin, pour fonder de nouveaux établissements, d'exciter la curiosité, l'espérance, l'enthousiasme, les sentiments créateurs enfin, qui ont donné naissance à tout ce qui existe, à tout ce qui dure; et c'est dans l'art de parler et d'écrire que se trouvent les seuls moyens d'inspirer ces sentiments.

L'activité nécessaire à toutes les nations libres s'exerce par l'esprit de faction, si l'accroissement des lumières n'est pas l'objet de l'intérêt universel, si cette occupation ne présente pas une carrière ouverte à tous, qui puisse exciter l'ambition générale. Il faut d'ailleurs une étude constante de l'histoire et de la philosophie, pour approfondir et pour répandre la connaissance des droits et des devoirs des peuples et de leurs magistrats. La raison ne sert, dans les empires despotiques, qu'à la résignation individuelle; mais, dans les États libres, elle protège le repos et la liberté de tous.

Parmi les divers développements de l'esprit humain, c'est la littérature philosophique, c'est l'éloquence et le raisonnement que je considère comme la véritable garantie de la liberté. Les sciences et les arts sont une partie très-importante des travaux intellectuels; mais leurs découvertes, mais leurs succès n'exercent point une influence immédiate sur cette opinion publique qui décide de la destinée des nations. Les géomètres, les physiciens, les peintres et les poëtes recevraient des encouragements sous le règne de rois tout-puissants, tandis que la philosophie politique et religieuse paraîtrait à de tels maîtres la plus redoutable des insurrections.

Ceux qui se livrent à l'étude des sciences positives, ne rencontrant point dans leur route les passions des hommes, s'accoutument à ne compter que ce qui est susceptible d'une démonstration mathématique. Les savants classent presque toujours parmi les illusions ce qui ne peut être soumis à la logique du calcul. Ils évaluent d'abord la force du gouvernement, quel qu'il soit; et comme ils ne forment d'autre désir que de se livrer en paix à l'activité de leurs travaux, ils sont portés à l'obéissance envers l'autorité qui domine. La méditation profonde qu'exigent les combinaisons des sciences exactes, détourne les savants de s'intéresser aux événements de la vie; et rien ne convient mieux aux monarques absolus que des hommes si profondément occupés des lois physiques du monde, qu'ils en abandonnent l'ordre moral à qui voudra s'en saisir. Sans doute les découvertes des sciences doivent à la longue donner une nouvelle force à cette haute philosophie[1] qui juge les peuples et les rois ; mais cet avenir éloigné n'effraye point les tyrans : l'on en a vu plusieurs protéger les sciences et les arts ; tous ont redouté les ennemis naturels de la protection même, les penseurs et les philosophes.

La poésie est de tous les arts celui qui appartient de plus près à la raison. Cependant la poésie n'admet ni l'analyse, ni l'examen qui sert à découvrir et à propager les idées philosophiques. Celui qui voudrait énoncer une vérité nouvelle et hardie écrirait de préférence dans la langue qui rend exactement et précisément la pensée ; il chercherait plutôt à convaincre par le raisonnement qu'à entraîner par l'imagination. La poésie a été plus souvent consacrée à louer qu'à censurer le pouvoir despotique. Les beaux-arts, en général, peuvent quelquefois contribuer, par leurs jouissances mêmes, à former des sujets tels que les tyrans les désirent. Les arts peuvent distraire l'esprit, par les plaisirs de chaque jour, de toute pensée dominante ; ils ramènent les hommes vers les sensations, et ils inspirent à l'âme une philosophie voluptueuse, une insouciance raisonnée, un amour du présent, un oubli de l'avenir très-favorable à la tyrannie. Par un singulier contraste, les arts, qui font goûter la vie, rendent assez indifférent à la mort. Les passions seules attachent fortement à l'existence, par

[1] L'on m'a demandé quelle définition je donnais du mot *philosophie* dont je me suis plusieurs fois servie dans le cours de cet ouvrage. Avant de répondre à cette question, qu'il me soit permis de transcrire ici une note de Rousseau, dans le second livre de son *Émile*.

« J'ai fait cent fois réflexion, en écrivant, qu'il est impos-« sible, dans un long ouvrage, de donner toujours le même « sens aux mêmes mots. Il n'y a point de langue assez riche « pour fournir autant de termes, de tours et de phrases que « nos idées peuvent avoir de modifications. La méthode de « définir tous les termes, et de substituer sans cesse la défini-« tion à la place du défini, est belle, mais impraticable ; car « comment éviter le cercle ? Les définitions pourraient être « bonnes, si l'on n'employait pas des mots pour les faire. « Malgré cela, je suis persuadé qu'on peut être clair, même « dans la pauvreté de notre langue, non pas en donnant tou-« jours les mêmes acceptions aux mêmes mots, mais en fai-« sant en sorte, autant de fois qu'on emploie chaque mot, « que l'acception qu'on lui donne soit suffisamment détermi-« née par les idées qui s'y rapportent, et que chaque période « où ce mot se trouve, lui serve, pour ainsi dire, de défini-« tion. »

Après avoir cité cette opinion d'un grand maître contre les définitions, je dirai que je ne donne jamais au mot philosophie, dans le cours de cet ouvrage, le sens que ses détracteurs ont voulu lui donner de nos jours, soit en opposant la philosophie aux idées religieuses, soit en appelant philosophiques des systèmes purement sophistiques. J'entends par philosophie la connaissance générale des causes et des effets dans l'ordre moral ou dans la nature physique, l'indépendance de la raison, l'exercice de la pensée ; enfin, dans la littérature, les ouvrages qui tiennent à la réflexion ou à l'analyse, et qui ne sont pas uniquement le produit de l'imagination, du cœur, ou de l'esprit.

l'ardente volonté d'atteindre leur but ; mais cette vie consacrée aux plaisirs amuse sans captiver ; elle prépare à l'ivresse, au sommeil, à la mort. Dans les temps devenus fameux par des proscriptions sanguinaires, les Romains et les Français se livraient aux amusements publics avec le plus vif empressement ; tandis que dans les républiques heureuses, les affections domestiques, les occupations sérieuses, l'amour de la gloire détournent souvent l'esprit des jouissances mêmes des beaux-arts. La seule puissance littéraire qui fasse trembler toutes les autorités injustes, c'est l'éloquence généreuse, c'est la philosophie indépendante, qui juge au tribunal de la pensée toutes les institutions et toutes les opinions humaines.

L'influence trop grande de l'esprit militaire est aussi un imminent danger pour les États libres ; et l'on ne peut prévenir un tel péril que par les progrès des lumières et de l'esprit philosophique. Ce qui permet aux guerriers de jeter quelque dédain sur les hommes de lettres, c'est que leurs talents ne sont pas toujours réunis à la force et à la vérité du caractère. Mais l'art d'écrire serait aussi une arme, la parole serait aussi une action, si l'énergie de l'âme s'y peignait tout entière, si les sentiments s'élevaient à la hauteur des idées, et si la tyrannie se voyait ainsi attaquée par tout ce qui la condamne, l'indignation généreuse et la raison inflexible ; la considération alors ne serait pas exclusivement attachée aux exploits militaires, ce qui nécessairement expose la liberté.

La discipline bannit toute espèce d'opinion parmi les troupes. A cet égard, leur esprit de corps a quelques rapports avec celui des prêtres ; il exclut de même le raisonnement, en admettant pour unique règle la volonté des supérieurs. L'exercice continuel de la toute-puissance des armes finit par inspirer du mépris pour les progrès lents de la persuasion. L'enthousiasme qu'inspirent des généraux vainqueurs est tout à fait indépendant de la justice de la cause qu'ils soutiennent. Ce qui frappe l'imagination, c'est la décision de la fortune, c'est le succès de la valeur. En gagnant des batailles, on peut soumettre les ennemis de la liberté ; mais pour faire adopter dans l'intérieur les principes de cette liberté même, il faut que l'esprit militaire s'efface ; il faut que la pensée, réunie à des qualités guerrières, au courage, à l'ardeur, à la décision, fasse naître dans l'âme des hommes quelque chose de spontané, de volontaire, qui s'éteint en eux lorsqu'ils ont vu pendant longtemps le triomphe de la force. L'esprit militaire est le même dans tous les siècles et dans tous les pays ; il ne caractérise point la nation, il ne lie point le peuple à telle ou telle institution : il est également propre à les défendre toutes. L'éloquence, l'amour des lettres et des beaux-arts, la philosophie, peuvent seuls faire d'un territoire une patrie, en donnant à la nation qui l'habite les mêmes goûts, les mêmes habitudes et les mêmes sentiments. La force se passe du temps, et brise la volonté; mais par cela même elle ne peut rien fonder parmi les hommes. L'on a souvent répété dans la révolution de France, qu'il fallait du despotisme pour établir la liberté. On a lié par des mots un contre-sens dont on a fait une phrase; mais cette phrase ne change rien à la vérité des choses. Les institutions établies par la force imiteraient tout de la liberté, excepté son mouvement naturel; les formes y seraient comme dans ces modèles qui vous effrayent par leur ressemblance : vous y retrouvez tout, hors la vie.

De la littérature dans ses rapports avec le bonheur.

On a presque perdu de vue l'idée du bonheur au milieu des efforts qui semblaient d'abord l'avoir pour objet; et l'égoïsme, en ôtant à chacun le secours des autres, a de beaucoup diminué la part de félicité que l'ordre social promettait à tous. Vainement les âmes sensibles voudraient-elles exercer autour d'elles leur expansive bienveillance; d'insurmontables difficultés mettraient obstacle à ce généreux dessein : l'opinion même le condamnerait; elle blâme ceux qui cherchent à sortir de cette sphère de personnalité que chacun veut conserver comme son asile inviolable. Il faut donc exister seul, puisqu'il est interdit de secourir le malheur, et qu'on ne peut plus rencontrer l'affection. Il faut exister seul, pour conserver dans sa pensée le modèle de tout ce qui est grand et beau, pour garder dans son sein le feu sacré d'un enthousiasme véritable, et l'image de la vertu, telle que la méditation libre nous la représentera toujours, et telle que nous l'ont peinte les hommes distingués de tous les temps. Que deviendrait-on dans un monde où l'on n'entendrait jamais parler la langue des sentiments bons et généreux? L'on porterait l'émotion au milieu d'êtres égoïstes, la raison impartiale lutterait en vain contre les sophismes du vice, et la piété sérieuse serait livrée sans cesse à tous les dédains de la frivolité cruelle. Peut-être finirait-on par perdre jusqu'à l'estime de soi. L'homme a besoin de s'appuyer sur l'opinion de l'homme; il n'ose se fier entièrement au sentiment de sa conscience; il s'accuse de folie, s'il ne voit rien de semblable à lui; et telle est la faiblesse de la nature humaine, telle est sa dépendance de la société, que l'homme pourrait presque se repentir de ses qualités comme de défauts involontaires, si l'opinion générale s'accordait à l'en blâmer : mais il a recours, dans son inquiétude, à ces livres monuments des meilleurs et des plus nobles sentiments de tous les âges. S'il aime la liberté, si ce nom de république, si puissant sur les âmes fières, se

réunit dans sa pensée à l'image de toutes les vertus, quelques Vies de Plutarque, une Lettre de Brutus à Cicéron, des paroles de Caton d'Utique dans la langue d'Addisson, des réflexions que la haine de la tyrannie inspirait à Tacite, les sentiments recueillis ou supposés par les historiens et par les poëtes, relèvent l'âme que flétrissaient les événements contemporains. Un caractère élevé redevient content de lui-même, s'il se trouve d'accord avec ces nobles sentiments, avec les vertus que l'imagination même a choisies lorsqu'elle a voulu tracer un modèle à tous les siècles. Que de consolations nous sont données par les écrivains d'un talent supérieur et d'une âme élevée! Les grands hommes de la première antiquité, s'ils étaient calomniés pendant leur vie, n'avaient de ressource qu'en eux-mêmes; mais, pour nous, c'est le Phédon de Socrate, ce sont les plus beaux chefs-d'œuvre de l'éloquence qui soutiennent notre âme dans les revers. Les philosophes de tous les pays nous exhortent et nous encouragent; et le langage pénétrant de la morale et de la connaissance intime du cœur humain semble s'adresser personnellement à tous ceux qu'il console.

Qu'il est humain, qu'il est utile d'attacher à la littérature, à l'art de penser, une haute importance! Le type de ce qui est bon et juste ne s'anéantira plus; l'homme que la nature destine à la vertu ne manquera plus de guide; enfin (et ce bien est infini) la douleur pourra toujours éprouver un attendrissement salutaire. Cette tristesse aride qui naît de l'isolement, cette main de glace qu'appesantit sur nous le malheur, lorsque nous croyons n'exciter aucune pitié, nous en sommes du moins préservés par les écrits conservateurs des idées, des affections vertueuses. Ces écrits font couler des larmes dans toutes les situations de la vie; ils élèvent l'âme à des méditations générales qui détournent la pensée des peines individuelles; ils créent pour nous une société, une communication avec les écrivains qui ne sont plus, avec ceux qui existent encore, avec les hommes qui admirent comme nous ce que nous lisons. Dans les déserts de l'exil, au fond des prisons, à la veille de périr, telle page d'un auteur sensible a relevé peut-être une âme abattue : moi qui la lis, moi qu'elle touche, je crois y retrouver encore la trace de quelques larmes; et par des émotions semblables, j'ai quelques rapports avec ceux dont je plains si profondément la destinée. Dans le calme, dans le bonheur, la vie est un travail facile; mais on ne sait pas combien, dans l'infortune, de certaines pensées, de certains sentiments qui ont ébranlé votre cœur, font époque dans l'histoire de vos impressions solitaires. Ce qui peut seul soulager la douleur, c'est la possibilité de pleurer sur sa destinée, de prendre à soi cette sorte d'intérêt qui fait de nous deux êtres pour ainsi dire séparés, dont l'un a pitié de l'autre. Cette ressource du malheur n'appartient qu'à l'homme vertueux. Alors que le criminel éprouve l'adversité, il ne peut se faire aucun bien à lui-même par ses propres réflexions ; tant qu'un vrai repentir ne le remet pas dans une disposition morale, tant qu'il conserve l'âpreté du crime, il souffre cruellement ; mais aucune parole douce ne peut se faire entendre dans les abîmes de son cœur. L'infortuné qui, par le concours de quelques calomnies propagées, est tout à coup généralement accusé, serait presque aussi lui-même dans la situation d'un vrai coupable, s'il ne trouvait quelques secours dans ces écrits qui l'aident à se reconnaître, qui lui font croire à ses pareils, et lui donnent l'assurance que, dans quelques lieux de la terre, il a existé des êtres qui s'attendriraient sur lui et le plaindraient avec affection, s'il pouvait s'adresser à eux.

Qu'elles sont précieuses ces lignes toujours vivantes, qui servent encore d'ami, d'opinion publique et de patrie! Dans ce siècle où tant de malheurs ont pesé sur l'espèce humaine, puissions-nous posséder un écrivain qui recueille avec talent toutes les réflexions mélancoliques, tous les efforts raisonnés qui ont été de quelque secours aux infortunés dans leur carrière : alors du moins nos larmes seraient fécondes !

Le voyageur que la tempête a fait échouer sur des plages inhabitées, grave sur le roc le nom des aliments qu'il a découverts, indique où sont les ressources qu'il a employées contre la mort, afin d'être utile un jour à ceux qui subiraient la même destinée. Nous, que le hasard de la vie a jetés dans l'époque d'une révolution, nous devons aux générations futures la connaissance intime de ces secrets de l'âme, de ces consolations inattendues, dont la nature conservatrice s'est servie pour nous aider à traverser l'existence.

Plan de l'ouvrage.

Après avoir rassemblé quelques-unes des idées générales qui montrent la puissance que peut exercer la littérature sur la destinée de l'homme, je vais les développer par l'examen successif des principales époques célèbres dans l'histoire des lettres. La première partie de cet ouvrage contiendra une analyse morale et philosophique de la littérature grecque et latine ; quelques réflexions sur les conséquences qui sont résultées pour l'esprit humain, des invasions des peuples du Nord, de l'établissement de la religion chrétienne, et de la renaissance des lettres ; un aperçu rapide des traits distinctifs de la littérature moderne, et des observations plus détaillées sur les chefs-d'œuvre de la littérature italienne, anglaise, allemande et française, considérés selon le but général de cet ouvrage, c'est-à-dire, d'après les rapports qui existent entre l'état politique d'un pays et l'esprit dominant de la littérature. J'essayerai de montrer le caractère que telle ou telle forme de gouvernement donne à l'éloquence, les idées de morale que telle ou telle croyance religieuse développe dans l'esprit humain, les effets d'imagination qui sont produits par la crédulité des peuples, les beautés poétiques qui appartiennent au climat, le degré de civilisation le plus favorable à la force ou à la perfection de la littérature, les différents changements qui se sont introduits dans les écrits comme dans les mœurs, par le mode d'existence des femmes avant et depuis l'établissement de la religion chrétienne ; enfin le progrès universel des lumières par le simple effet de la succession des temps : tel est le sujet de la première partie.

Dans la seconde, j'examinerai l'état des lumières et de la littérature en France, depuis la révolution ; et je me permettrai des conjectures sur ce qu'elles devraient être et sur ce qu'elles seront, si nous possédons un jour la morale et la liberté républicaine ; et fondant mes conjectures sur mes observations, je rappellerai ce que j'aurai remarqué dans la première partie sur l'influence qu'ont exercée telle religion, tel gouvernement ou telles mœurs, et j'en tirerai quelques conséquences pour l'avenir que je suppose. Cette seconde partie montrera à la fois, et notre dégradation actuelle, et notre amélioration possible. Ce sujet ramène nécessairement quelquefois à la situation politique de la France depuis dix ans ; mais je ne la considère que dans ses rapports avec la littérature et la philosophie, sans me livrer à aucun développement étranger à mon but.

En parcourant les révolutions du monde et la succession des siècles, il est une idée première dont je ne détourne jamais mon attention ; c'est la perfectibilité de l'espèce humaine [1]. Je ne pense pas que ce grand œuvre de la nature morale ait jamais été abandonné ; dans les périodes lumineuses, comme dans les siècles de ténèbres, la marche graduelle de l'esprit humain n'a point été interrompue.

Ce système est devenu odieux à quelques personnes, par les conséquences atroces qu'on en a tirées à quelques époques désastreuses de la révolution ; mais rien cependant n'a moins de rapport avec de telles conséquences que ce noble système. Comme la nature fait quelquefois servir les maux partiels au bien général, de stupides barbares croyaient des législateurs suprêmes, en versant sur l'espèce humaine des infortunes sans nombre, dont ils se promettaient de diriger les effets, et

---

[1] Les idées philosophiques donnent lieu souvent à tant d'interprétations absurdes, que j'ai cru nécessaire d'expliquer positivement, dans la préface de la seconde édition de cet ouvrage, ce que j'entends par la perfectibilité de l'espèce humaine et de l'esprit humain.

qui n'ont amené que le malheur et la destruction. La philosophie peut quelquefois considérer les souffrances passées comme des leçons utiles, comme des moyens réparateurs dans la main du temps; mais cette idée n'autorise point à s'écarter soi-même, en aucune circonstance, des lois positives de la justice. L'esprit humain ne pouvant jamais connaître l'avenir avec certitude, la vertu doit être sa divination. Les suites quelconques des actions des hommes ne sauraient ni les rendre innocentes, ni les rendre coupables; l'homme a pour guide des devoirs fixes, et non des combinaisons arbitraires; et l'expérience même a prouvé qu'on n'atteint point au but moral qu'on se propose, lorsqu'on se permet des moyens coupables pour y parvenir. Mais parce que des hommes cruels ont prostitué dans leur langage des expressions généreuses, s'ensuivrait-il qu'il n'est plus permis de se rallier à de sublimes pensées? Le scélérat pourrait ainsi ravir à l'homme de bien tous les objets de son culte; car c'est toujours au nom d'une vertu que se commettent les attentats politiques.

Non, rien ne peut détacher la raison des idées fécondes en résultats heureux. Dans quel découragement l'esprit ne tomberait-il pas, s'il cessait d'espérer que chaque jour ajoute à la masse des lumières, que chaque jour des vérités philosophiques acquièrent un développement nouveau! Persécution, calomnie, douleurs, voilà le partage des penseurs courageux et des moralistes éclairés. Les ambitieux et les avides, tantôt cherchent à tourner en dérision la duperie de la conscience, tantôt s'efforcent de supposer d'indignes motifs à des actions généreuses : ils ne peuvent supporter que la morale subsiste encore; ils la poursuivent dans le cœur où elle se réfugie. L'envie des méchants s'attache à ce rayon lumineux qui brille encore sur la tête de l'homme moral. Cet éclat que leurs calomnies obscurcissent souvent aux yeux du monde, ne cesse jamais d'offusquer leurs propres regards. Que deviendrait l'être estimable que tant d'ennemis persécutent, si l'on voulait encore lui ôter l'espérance la plus religieuse qui soit sur la terre, les progrès futurs de l'espèce humaine?

J'adopte de toutes mes facultés cette croyance philosophique : un de ses principaux avantages, c'est d'inspirer un grand sentiment d'élévation; et je le demande à tous les esprits d'un certain ordre, y a-t-il au monde une plus pure jouissance que l'élévation de l'âme? C'est par elle qu'il existe encore des instants où tous ces hommes si bas, tous ces calculs si vils disparaissent à nos regards. L'espoir d'atteindre à des idées utiles, l'amour de la morale, l'ambition de la gloire, inspirent une force nouvelle; des impressions vagues, des sentiments qu'on ne peut entièrement se définir, charment un moment la vie, et tout notre être moral s'enivre du bonheur et de l'orgueil de la vertu. Si tous les efforts devaient être inutiles, si les travaux intellectuels étaient perdus, si les siècles les engloutissaient sans retour, quel but l'homme de bien pourrait-il se proposer dans ses méditations solitaires? Je suis donc revenue sans cesse, dans cet ouvrage, à tout ce qui peut prouver la perfectibilité de l'espèce humaine. Ce n'est point une vaine théorie, c'est l'observation des faits qui conduit à ce résultat. Il faut se garder de la métaphysique qui n'a pas l'appui de l'expérience; mais il ne faut pas oublier que, dans les siècles corrompus, l'on appelle métaphysique tout ce qui n'est pas aussi étroit que les calculs de l'égoïsme, aussi positif que les combinaisons de l'intérêt personnel.

••••••••••••

PREMIÈRE PARTIE.

DE LA LITTÉRATURE CHEZ LES ANCIENS ET CHEZ LES MODERNES.

——◦◦◦◦◦◦——

CHAPITRE PREMIER.

De la première époque de la littérature des Grecs.

Je comprends dans cet ouvrage, sous la dénomination de littérature, la poésie, l'éloquence, l'histoire et la philosophie, ou l'étude de l'homme moral. Dans ces diverses branches de la littérature, il faut distinguer ce qui appartient à l'imagination de ce qui appartient à la pensée : il est donc nécessaire d'examiner jusqu'à quel point l'une et l'autre de ces facultés sont perfectibles; nous saurons alors quelle est la principale cause de la supériorité des Grecs dans les beaux-arts, et nous verrons ensuite si leurs connaissances en philosophie ont été au delà de leur siècle, de leur gouvernement et de leur civilisation.

Leurs succès étonnants dans la littérature, et surtout dans la poésie, pourraient être présentés comme une objection contre la perfectibilité de l'esprit humain. Les premiers écrivains qui nous sont connus, dirait-on, et en particulier le premier poëte, n'ont point été surpassés depuis près de trois mille ans, et souvent même les successeurs des Grecs sont restés bien au-dessous d'eux; mais cette objection tombe, si l'on n'applique le système de perfectibilité qu'aux progrès des idées, et non aux merveilles de l'imagination.

On peut marquer un terme aux progrès des arts;

il n'en est point aux découvertes de la pensée. Or, dans la nature morale, dès qu'il existe un terme, la route qui y conduit est promptement parcourue; mais les pas sont toujours lents dans une carrière sans bornes. Cette observation me paraît s'appliquer encore à beaucoup d'autres objets qu'à ceux qui sont uniquement du ressort de la littérature. Les beaux-arts ne sont pas perfectibles à l'infini; aussi l'imagination, qui leur donna naissance, est-elle beaucoup plus brillante dans ses premières impressions que dans ses souvenirs même les plus heureux.

La poésie moderne se compose d'images et de sentiments. Sous le premier rapport, elle appartient à l'imitation de la nature; sous le second, à l'éloquence des passions. C'est dans le premier genre, c'est par la description animée des objets extérieurs que les Grecs ont excellé dans la plus ancienne époque de leur littérature. En exprimant ce qu'on éprouve, on peut avoir un style poétique, recourir à des images pour fortifier des impressions; mais la poésie proprement dite, c'est l'art de peindre par la parole tout ce qui frappe nos regards. L'alliance des sentiments avec les sensations est déjà un premier pas vers la philosophie. Il ne s'agit ici que de la poésie considérée seulement comme l'imitation de la nature physique. Celle-là n'est point susceptible d'une perfection indéfinie.

Vous produisez de nouveaux effets par les mêmes moyens, en les adaptant à des langues différentes. Mais le portrait ne peut aller plus loin que la ressemblance, et les sensations sont bornées par les sens. La description du printemps, de l'orage, de la nuit, de la beauté, des combats, peut se varier dans ses détails; mais la plus forte impression a dû être produite par le premier poëte qui a su les peindre. Les éléments se combinent, mais ne se multiplient pas. Vous perfectionnez par les nuances; mais celui qui a pu s'emparer avant tous les autres des couleurs primitives, conserve un mérite d'invention, donne à ses tableaux un éclat que ses successeurs ne peuvent atteindre.

Les contrastes de la nature, les effets remarquables qui frappent tous les yeux, transportés pour la première fois dans la poésie, présentent à l'imagination les peintures les plus énergiques et les oppositions les plus simples. Les pensées qu'on ajoute à la poésie sont un heureux développement de ses beautés; mais ce n'est pas la poésie même : Aristote l'a nommé le premier un art d'imitation. La puissance de la raison se développe et s'étend chaque jour à des objets nouveaux. Les siècles en ce genre sont héritiers des siècles; les générations

partent du point où se sont arrêtées les générations précédentes, et les penseurs philosophes forment à travers les temps une chaîne d'idées que n'interrompt point la mort. Il n'en est pas de même de la poésie : elle peut atteindre du premier jet à un certain genre de beautés qui ne seront point surpassées; et tandis que dans les sciences progressives le dernier pas est le plus étonnant de tous, la puissance de l'imagination est d'autant plus vive que l'exercice de cette puissance est plus nouveau.

Les anciens étaient animés par une imagination enthousiaste, dont la méditation n'avait point analysé les impressions. Ils prenaient possession de la terre non encore parcourue, non encore décrite; étonnés de chaque jouissance, de chaque production de la nature, ils y plaçaient un dieu pour l'honorer, pour en assurer la durée. Ils écrivaient sans autre modèle que les objets mêmes qu'ils retraçaient; aucune littérature antécédente ne leur servait de guide. L'exaltation poétique s'ignorant elle-même, a par cela seul un degré de force et de candeur que l'étude ne peut atteindre; c'est le charme du premier amour : dès qu'il existe une autre littérature, les écrivains ne peuvent méconnaître en eux-mêmes les sentiments que d'autres ont exprimés; ils ne sont plus étonnés par rien de ce qu'ils éprouvent; ils se savent en délire; ils se jugent enthousiastes; ils ne peuvent plus croire à une inspiration surnaturelle.

On peut considérer les Grecs, relativement à la littérature, comme le premier peuple qui ait existé : les Égyptiens, qui les ont précédés, ont eu certainement des connaissances et des idées, mais l'uniformité de leurs règles les rendait, pour ainsi dire, immobiles sous les rapports de l'imagination : les Égyptiens n'avaient point servi de modèles à la poésie des Grecs; elle était en effet la première de toutes [1]; et loin qu'il faille s'étonner que la première poésie ait été peut-être la plus digne de notre admiration, c'est à cette circonstance même qu'est due sa supériorité [2]. Donnons encore à cette opinion quelques nouveaux développements.

En examinant les trois différentes époques de la littérature des Grecs, on y aperçoit très-distinctement la marche naturelle de l'esprit humain. Les Grecs ont été d'abord, dans les temps reculés de leur histoire connue, illustrés par leurs poëtes. C'est Homère qui caractérise la première époque de la littéra-

[1] On croit que la poésie des Hébreux a précédé celle d'Homère; mais il ne paraît pas que les Grecs en aient eu aucune connaissance.
[2] S'exprimer ainsi, est-ce méconnaître l'admiration que les bons littérateurs doivent aux Grecs ?

I.

ture grecque : pendant le siècle de Périclès, on remarque les rapides progrès de l'art dramatique, de
l'éloquence, de la morale, et les commencements de
la philosophie : du temps d'Alexandre, une étude
plus approfondie des sciences philosophiques devient l'occupation principale des hommes supérieurs dans les lettres. Il faut, sans doute, un certain degré de développement dans l'esprit humain
pour atteindre à la hauteur de la poésie; mais cette
partie de la littérature doit perdre néanmoins quelques-uns de ses effets, lorsque les progrès de la
civilisation et de la philosophie rectifient toutes les
erreurs de l'imagination.

On a beaucoup dit que les beaux-arts, que la
poésie prospéraient surtout dans les siècles corrompus; cela signifie seulement que la plupart des
peuples libres ne sont occupés que de conserver
leur morale et leur liberté, tandis que les rois et
les chefs despotiques ont encouragé volontiers les
distractions et les amusements. Mais l'origine de la
poésie, mais le poëme le plus remarquable par l'i-
magination, celui d'Homère, est d'un temps re-
nommé pour la simplicité des mœurs : ce n'est ni
la vertu, ni la dépravation qui servent ou nuisent
à la poésie; mais elle doit beaucoup à la nouveauté
de la nature, à l'enfance de la civilisation : la jeunesse du poëte ne peut suppléer en tout à celle du
genre humain; il faut que ceux qui écoutent les
chants poétiques soient avides de la nature entière,
étonnés par ses merveilles, et flexibles à ses impressions; les difficultés que présenterait une disposition plus philosophique dans les auditeurs, ne
feraient pas que l'art des vers atteignît à de nouvelles beautés; c'est au milieu des hommes qui
s'émeuvent aisément que l'inspiration sert mieux
le véritable poëte.

L'origine des sociétés, la formation des langues,
ces premiers pas de l'esprit humain nous sont entièrement inconnus, et rien n'est plus fatigant, en
général, que cette métaphysique qui suppose des
faits à l'appui de ses systèmes, et ne peut jamais
avoir pour base aucune observation positive. Mais
une réflexion que je ferai cependant sur ce sujet,
parce qu'elle est nécessaire à celui que je traite,
c'est que la nature morale acquiert promptement
ce qu'il faut à son développement, comme la nature physique découvre d'abord ce qui est nécessaire à sa conservation. La force créatrice a été
prodigue du nécessaire. Les productions nutritives,
les idées élémentaires, ont été, pour ainsi dire,
offertes à l'homme spontanément. Ce dont il avait
un impérieux besoin, il l'a promptement connu :
mais les progrès qui ont suivi les découvertes in-

dispensables, sont à proportion infiniment plus
lents que les premiers pas. Il semble qu'une main
divine conduise l'homme dans les recherches nécessaires à son existence, et le livre à lui-même
dans les études d'une utilité moins immédiate. Par
exemple, la théorie d'une langue, celle du grec,
suppose une foule de combinaisons abstraites fort
au-dessus des connaissances métaphysiques que
possédaient les écrivains qui parlaient cependant
cette langue avec tant de charme et de pureté;
mais le langage est l'instrument nécessaire pour
acquérir tous les autres développements; et, par
une sorte de prodige, cet instrument existe, sans
qu'à la même époque aucun homme puisse atteindre, dans quelque autre sujet que ce soit, à la
puissance d'abstraction qu'exige la composition
d'une grammaire; les auteurs grecs ne doivent
point être considérés comme des penseurs aussi
profonds que le ferait supposer la métaphysique de
leur langue : ce qu'ils sont, c'est poëtes, et tout
les favorisait à cet égard.

Les faits, les caractères, les superstitions, les
coutumes des temps héroïques étaient singulièrement propres aux images poétiques. Homère,
quelque grand qu'il soit, n'est point un homme au-
dessus de tous les autres hommes, ni seul au milieu de son siècle, et de plusieurs siècles supérieurs
au sien. Le plus rare génie est toujours en rapport
avec les lumières de ses contemporains, et l'on
doit calculer, à peu près, de combien la pensée
d'un homme peut dépasser les connaissances de
son temps. Homère a recueilli les traditions qui
existaient lorsqu'il a vécu, et l'histoire de tous les
événements principaux était alors très-poétique en
elle-même. Moins il y avait de communications
faciles entre les divers pays, plus le récit des faits
se grossissait par l'imagination; les brigands et les
animaux féroces qui infestaient la terre rendaient
les exploits des guerriers nécessaires à la sécurité
individuelle de leurs citoyens; les événements publics ayant une influence directe sur la destinée de
chacun, la reconnaissance et la crainte animaient
l'enthousiasme. On confondait ensemble les héros
et les dieux, parce qu'on en attendait les mêmes
secours; et les hauts faits de la guerre s'offraient
avec des traits gigantesques à l'esprit épouvanté.
Le merveilleux se mêlait ainsi à la nature morale
comme à la nature physique. La philosophie, c'est-
à-dire, la connaissance des causes et de leurs effets,
porte l'admiration des penseurs sur l'ensemble du
grand ouvrage de la création; mais chaque fait particulier reçoit une explication simple. L'homme,
en acquérant la faculté de prévoir, perd beaucoup

de celle de s'étonner, et l'enthousiasme, comme l'effroi, se compose souvent de la surprise.

On accordait, dans l'héroïsme antique, une grande estime à la force du corps ; la valeur se composait beaucoup moins de vertu morale que de puissance physique ; la délicatesse du point d'honneur, le respect pour la faiblesse, sont les idées plus nobles des siècles suivants. Les héros grecs s'accusent publiquement de lâcheté, le fils d'Achille immole une jeune fille aux yeux de tous les Grecs qui applaudissent à ce forfait. Les poëtes savaient peindre de la manière la plus frappante les objets extérieurs ; mais ils ne dessinaient jamais des caractères où la beauté morale fût conservée sans tache jusqu'à la fin du poëme ou de la tragédie, parce que ces caractères n'ont point leur modèle dans la nature. Quelque sublime que soit Homère par l'ordonnance des événements et la grandeur des personnages, il arrive souvent à ses commentateurs de se transporter d'admiration pour les termes les plus ordinaires du langage, comme si le poëte avait découvert les idées que ces paroles exprimaient avant lui.

Homère et les poëtes grecs ont été remarquables par la splendeur et par la variété des images, mais non par les réflexions approfondies de l'esprit. Le poëte a vu, il vous fait voir ; il a été frappé, il vous transmet son impression, et tous ses auditeurs, à quelques égards, sont poëtes aussi comme lui ; ils croient, ils admirent, ils ignorent, ils s'étonnent, et la curiosité de l'enfance s'unit en eux aux passions des hommes. Lisez Homère, il décrit tout, il vous dit que *l'île est entourée d'eau ; que la farine fait la force de l'homme ; que le soleil est à midi au-dessus de vos têtes.* Il décrit tout, parce que tout intéressait encore ses contemporains. Il se répète quelquefois, mais il n'est pas monotone, parce qu'il est sans cesse animé par des sensations nouvelles. Il n'est pas fatigant, parce qu'il ne vous présente jamais d'idées abstraites, et que vous voyagez avec lui à travers une suite d'images plus ou moins agréables, mais qui parlent toujours aux yeux. La métaphysique, l'art de généraliser les idées, a de beaucoup hâté la marche de l'esprit humain ; mais en abrégeant la route, elle a pu quelquefois les dépouiller de ses brillants aspects. Tous les objets se présentent un à un aux regards d'Homère ; il ne choisit pas toujours avec sévérité, mais il peint toujours avec intérêt.

Les poëtes grecs en général mettaient peu de combinaison dans leurs écrits ; la chaleur du climat, la vivacité de leur imagination, les louanges continuelles qu'ils recevaient, tout conspirait à leur

donner une sorte de délire poétique qui leur inspirait la parole, comme les compositeurs italiens trouvent les airs en modifiant eux-mêmes leur organisation par des accords enivrants. La musique était chez les Grecs inséparable de la poésie, et l'harmonie de leur langue achevait d'assimiler les vers aux accents de la lyre.

Quand on aime véritablement la musique, il est rare qu'on écoute les paroles des beaux airs. On préfère se livrer au vague indéfini de la rêverie qu'excitent les sons. Il en est de même de la poésie d'images et de celle qui contient des idées philosophiques. La réflexion qu'exigent ces idées distrait, à quelques égards, de la sensation causée par la poésie. Il ne s'ensuit pas que, pour faire de beaux vers, il fallût de nos jours renoncer aux pensées philosophiques que nous avons acquises. L'esprit qui les conçoit est sans cesse ramené vers elles ; et il serait impossible aux modernes de faire abstraction de tout ce qu'ils savent, pour peindre les objets comme les anciens les ont considérés. Nos grands écrivains ont mis dans leurs vers les richesses de notre siècle ; mais toutes les formes de la poésie, tout ce qui constitue l'essence de cet art, nous l'empruntons de la littérature antique, parce qu'il est impossible, je le répète, de dépasser une certaine borne dans les arts, même dans le premier de tous, la poésie.

On remarque avec raison que le goût de la première littérature (à quelques exceptions près que je motiverai en parlant des pièces de théâtre) était d'une grande pureté ; mais comment le bon goût n'existerait-il pas dans l'abondance et dans la nouveauté de tous les objets agréables ? C'est la satiété qui fait recourir à la bizarrerie ; c'est le besoin de variété qui rend souvent l'esprit recherché ; mais les Grecs, au milieu de tant d'images et de sensations vives, s'abandonnaient à peindre celles qui leur causaient le plus de plaisir. Ils devaient leur bon goût aux jouissances mêmes de la nature ; nos théories ne sont que l'analyse de leurs impressions.

Le paganisme des Grecs était l'une des principales causes de la perfection de leur goût dans les arts ; ces dieux, toujours près des hommes, et néanmoins toujours au-dessus d'eux, consacraient l'élégance et la beauté des formes dans tous les genres de tableaux. Cette même religion était aussi d'un puissant secours pour les divers chefs-d'œuvre de la littérature. Les prêtres et les législateurs avaient tourné la crédulité des hommes vers des idées purement poétiques ; les mystères, les oracles, l'enfer, tout dans la mythologie des Grecs semblait la création d'une imagination libre dans son choix. On eût dit que les peintres et les poëtes avaient disposé de la croyance populaire pour placer dans les cieux les ressorts et les secrets de leur art. Les usages communs de la vie étaient ennoblis par des pratiques religieuses. Notre luxe commode, nos machines combinées par les sciences, nos relations sociales simplifiées par le commerce, ne peuvent se peindre en vers d'un genre élevé. Rien n'est moins poétique que la plupart des coutumes modernes ; et chez les Grecs ces coutumes ajoutaient toutes à l'effet des événements et à la dignité des hommes. On faisait précéder les repas de libations aux dieux propices ; sur le seuil de la porte, on se prosternait devant Jupiter hospitalier ; la vie agricole, la chasse, les occupations champêtres des plus fameux héros de l'antiquité servaient encore à la poésie, en rapprochant les images naturelles des faits politiques les plus importants.

L'esclavage, cet abominable fléau de l'espèce humaine, en augmentant la force des distinctions sociales, faisait remarquer davantage encore la hauteur des grands caractères. Aucun peuple, donc, n'a réuni pour la poésie autant d'avantages que les Grecs ; mais il leur manquait ce qu'une philosophie plus morale, une sensibilité plus profonde, peuvent ajouter à la poésie même, en y mêlant des idées et des impressions nouvelles.

Les progrès des Grecs, sous les rapports philosophiques, sont extrêmement faciles à suivre. Eschyle, Sophocle, Euripide, introduisirent successivement et progressivement la morale dans la poésie dramatique. Socrate et Platon s'occupèrent uniquement des préceptes de la vertu. Aristote a fait faire des pas immenses à la science de l'analyse. Mais, à l'époque d'Homère et d'Hésiode, et quelque temps encore après, lorsque, dans l'âge le plus remarquable par les chefs-d'œuvre de la poésie, Pindare a composé ses odes, les idées de morale étaient très-incertaines. Elles autorisaient la vengeance, la colère, tous les mouvements impétueux de l'âme. Hérodote, qui vivait presqu'à la même époque, raconte le juste et l'injuste, comme les présages et les oracles ; le crime lui paraît de mauvais augure, mais ce n'est jamais par sa conscience qu'il en décide. Anacréon, dans sa poésie voluptueuse, est fort inférieur au talent et à la philosophie qu'Horace a montrés en traitant des sujets à peu près semblables. Le mot de vertu n'a point un sens positif dans les auteurs grecs d'alors. Pindare donne ce nom à l'art de triompher dans les courses de char aux jeux olympiques ; ainsi les succès, les plaisirs, la volonté des dieux, les devoirs de l'homme, tout se confondait dans ces têtes ardentes,

et l'existence sensitive laissait seule des traces profondes. L'incertitude de la morale, dans ces temps reculés, n'est point une preuve de corruption ; elle indique seulement combien les hommes avaient alors peu d'idées philosophiques ; tout les détournait de la méditation, rien ne les y ramenait. L'esprit de réflexion se montre rarement dans la poésie des Grecs. On y trouve encore moins de véritable sensibilité.

Tous les hommes, sans doute, ont connu les douleurs de l'âme, et l'on en voit l'énergique peinture dans Homère ; mais la puissance d'aimer semble s'être accrue avec les autres progrès de l'esprit humain, et surtout par les mœurs nouvelles qui ont appelé les femmes au partage de la destinée de l'homme. Quelques courtisanes sans pudeur, des esclaves que leur sort avilissait, et des femmes inconnues au reste du monde, renfermées dans leurs maisons, étrangères aux intérêts de leurs époux, élevées de manière à ne comprendre aucune idée, aucun sentiment, voilà tout ce que les Grecs connaissaient des liens de l'amour. Les fils mêmes respectaient à peine leur mère. *Télémaque ordonne à Pénélope de garder le silence* ; et Pénélope sort, pénétrée d'admiration pour sa sagesse. Les Grecs n'ont jamais exprimé, n'ont jamais connu le premier sentiment de la nature humaine, l'amitié dans l'amour. L'amour, tel qu'ils le peignaient, est une maladie, un sort jeté par les dieux, un genre de délire, qui ne suppose aucune qualité morale dans l'objet aimé. Ce que les Grecs entendaient par l'amitié existait entre les hommes ; mais ils ne savaient pas, mais leurs mœurs leur interdisaient d'imaginer qu'on pût rencontrer dans les femmes un être égal par l'esprit, et soumis par l'amour, une compagne de la vie, heureuse de consacrer ses facultés, ses jours, ses sentiments, à compléter une autre existence. La privation absolue d'une telle affection se fait apercevoir, non-seulement dans la peinture de l'amour, mais dans tout ce qui tient à la délicatesse du cœur. Télémaque, en partant pour chercher Ulysse, dit, *que s'il apprend la mort de son père, son premier soin, en revenant, sera de lui élever un tombeau, et de faire prendre à sa mère un second mari.* Les Grecs honoraient les morts ; les dogmes de leur religion ordonnaient expressément de veiller sur la pompe des funérailles ; mais la mélancolie, les regrets sensibles et durables ne sont point dans leur nature ; c'est dans le cœur des femmes qu'habitent les longs souvenirs. J'aurai souvent l'occasion de faire remarquer les changements qui se sont opérés dans la littérature, à l'époque où les femmes ont commencé à faire partie de la vie morale de l'homme.

Après avoir essayé de montrer quelles sont les causes premières des beautés originales de la poésie grecque, et des défauts qu'elle devait avoir à l'époque la plus reculée de la civilisation, il me reste à examiner comment le gouvernement et l'esprit national d'Athènes ont influé sur le rapide développement de tous les genres de littérature. On ne saurait nier que la législation d'un peuple ne soit toute-puissante sur ses goûts, sur ses talents et sur ses habitudes, puisque Lacédémone a existé à côté d'Athènes, dans le même siècle, sous le même climat, avec des dogmes religieux à peu près semblables, et cependant avec des mœurs si différentes.

Toutes les institutions d'Athènes excitaient l'émulation. Les Athéniens n'ont pas toujours été libres; mais l'esprit d'encouragement n'a jamais cessé d'exercer parmi eux la plus grande force. Aucune nation ne s'est jamais montrée plus sensible à tous les talents distingués. Ce penchant à l'admiration créait les chefs-d'œuvre qui la méritent. La Grèce, et dans la Grèce l'Attique, était un petit pays civilisé au milieu du monde encore barbare. Les Grecs étaient peu nombreux, mais l'univers les regardait. Ils réunissaient le double avantage des petits États et des grands théâtres : l'émulation qui naît de la certitude de se faire connaître au milieu des siens, et celle que doit produire la possibilité d'une gloire sans bornes. Ce qu'ils disaient entre eux retentissait dans le monde. Leur population était très-circonscrite, et l'esclavage de près de la moitié des habitants restreignait encore la classe des citoyens. Tout contribuait à réunir les lumières, à rassembler les talents dans le cercle de concurrents en petit nombre, qui s'excitaient l'un l'autre, et se mesuraient sans cesse. La démocratie, qui appelle tous les hommes distingués à toutes les places éminentes, portait les esprits à s'occuper des événements publics. Néanmoins les Athéniens aimaient et cultivaient les beaux-arts, et ne se renfermaient point dans les intérêts politiques de leur pays; ils voulaient conserver leur premier rang de nation éclairée; la haine, le mépris pour les barbares, fortifiaient en eux le goût des arts et des belles-lettres. Il vaut mieux pour le genre humain que les lumières soient généralement répandues; mais l'émulation de ceux qui les possèdent est plus grande lorsqu'elles sont concentrées. La vie des hommes célèbres était plus glorieuse chez les anciens; celle des hommes obscurs est plus heureuse chez les modernes.

La passion dominante du peuple d'Athènes, c'était l'amusement. On l'a vu décréter la peine de mort contre quiconque proposerait de distraire, pour le service militaire même, l'argent consacré aux fêtes publiques. Il n'avait point, comme les Romains, l'ardeur de conquérir. Il repoussait les barbares, pour conserver sans mélange ses goûts et ses habitudes. Il aimait la liberté, comme assurant à tous les genres de plaisirs la plus grande indépendance; mais il n'avait pas cette haine profonde de la tyrannie, qu'une certaine dignité de caractère gravait dans l'âme des Romains. Les Athéniens ne cherchaient point à établir une forte garantie dans leur législation; ils voulaient seulement alléger tous les jougs, et donner aux chefs de l'État le besoin continuel de captiver les citoyens et de leur plaire.

Ils applaudissaient aux talents avec transport; ils louaient avec passion les grands hommes : leur loi d'exil, leur ostracisme n'est qu'une preuve de la défiance que leur inspirait à eux-mêmes leur penchant à l'enthousiasme. Tout ce qui peut ajouter à l'éclat des noms fameux, tout ce qui peut exciter l'ambition de la gloire, cette nation le prodiguait. Les auteurs tragiques allaient faire des sacrifices sur le tombeau d'Eschyle, avant d'entrer dans la carrière qu'il avait ouverte le premier. Pindare, Sophocle, la lyre à la main, paraissaient dans les jeux publics, couronnés de lauriers et désignés par les oracles. L'imprimerie, si favorable aux progrès, à la diffusion des lumières, nuit à l'effet de la poésie; on l'étudie, on l'analyse, tandis que les Grecs la chantaient, et n'en recevaient l'impression qu'au milieu des fêtes, de la musique, et de cette ivresse que les hommes réunis éprouvent les uns par les autres.

On peut attribuer quelques-uns des caractères de la poésie des Grecs au genre de succès que se proposaient leurs poëtes. Leurs vers devaient être lus dans les solennités publiques. La réflexion, la mélancolie, ces jouissances solitaires, ne conviennent point à la foule; le sang s'anime, la vie s'exalte parmi les hommes rassemblés. Il fallait que les poëtes secondassent ce mouvement. La monotonie des hymnes pindariques, cette monotonie si fatigante pour nous, ne l'était point dans les fêtes grecques; de certains airs, qui ont produit de grands effets sur les habitants des pays de montagne, sont composés d'un très-petit nombre de notes. Il en était peut-être ainsi des idées que contenait la poésie lyrique des Grecs. Les mêmes images, les mêmes sentiments, et surtout la même harmonie, excitaient toujours les applaudissements de la multitude.

L'approbation du peuple grec s'exprimait bien

plus vivement que les suffrages réfléchis des modernes. Une nation qui encourageait de tant de manières les talents distingués, devait faire naître entre eux de grandes rivalités; mais ces rivalités servaient à l'avancement des arts. La palme la plus glorieuse excitait moins de haine que n'en font naître les témoignages comptés de l'estime rigoureuse qu'on peut obtenir de nos jours. Il était permis au génie de se nommer, à la vertu de s'offrir, et tous les hommes qui se croyaient dignes de quelque renommée pouvaient s'annoncer sans crainte comme les candidats de la gloire. La nation leur savait gré d'être ambitieux de son estime.

Maintenant la médiocrité toute-puissante force les esprits supérieurs à se revêtir de ses couleurs effacées. Il faut se glisser dans la gloire, il faut dérober aux hommes leur admiration à leur insu. Il importe non-seulement de rassurer par sa modestie, mais il faut même affecter de l'indifférence pour les suffrages, si l'on veut les obtenir. Cette contrainte aigrit quelques esprits, étouffe dans les autres les talents auxquels l'essor et l'abandon sont nécessaires. L'amour-propre persiste, le véritable génie est souvent découragé. L'envie chez les Grecs existait quelquefois entre les rivaux; elle a passé maintenant chez les spectateurs, et, par une singularité bizarre, la masse des hommes est jalouse des efforts que l'on tente pour ajouter à ses plaisirs ou mériter son approbation.

CHAPITRE II.

Des tragédies grecques.

C'est surtout dans les pièces de théâtre qu'on aperçoit visiblement quelles sont les mœurs, la religion et les lois du pays où elles ont été composées et représentées avec succès. Il faut, pour être applaudi au théâtre, que l'auteur possède, indépendamment des qualités littéraires, un peu de ce qui constitue le mérite des actions politiques, la connaissance des hommes, de leurs habitudes et de leurs préjugés.

La douleur et la mort sont les premiers moyens des situations tragiques, et la religion modifie toujours puissamment l'action de la douleur et la terreur de la mort. Voyons donc quels effets les opinions religieuses des Grecs pouvaient ajouter à leurs tragédies, et quels effets elles leur interdisaient.

La religion des Grecs était singulièrement théâtrale; on raconte qu'une tragédie d'Eschyle, les Euménides, produisit une fois une impression si prodigieuse, que les femmes enceintes ne purent en supporter le spectacle; les terreurs de l'enfer, la puissance de la superstition, bien plus que la beauté de la pièce, agissaient ainsi sur les âmes. Le poëte disposait en même temps de la foi religieuse et des passions humaines. Si l'on transportait le même sujet, la même tragédie, dans les pays où les croyances sont différentes, rien ne serait plus différent aussi que l'impression que l'on en recevrait. Nous verrons, en examinant la littérature du Nord, quelle source d'émotions on peut trouver dans une religion d'un autre caractère; et je montrerai, en parlant de la littérature moderne, comment les idées religieuses du christianisme étant trop abstraites et trop mystiques pour être représentées sur le théâtre, les auteurs dramatiques ont dû s'occuper uniquement d'exciter l'intérêt par l'énergique peinture des passions. Je me borne maintenant à ce qui concerne les Grecs. Quelle impression recevaient-ils par le tableau de la mort et de la douleur? et de quelle manière devaient-ils peindre les égarements des passions, d'après leur système religieux et politique?

Leur religion attribuait aux dieux une grande puissance sur les remords des coupables. Elle représentait, sous les couleurs les plus effrayantes, les tourments des criminels. Cette situation, mise en scène sous diverses formes, causait toujours au théâtre un insurmontable effroi. C'est aussi par ce moyen de terreur que les législateurs exerçaient une grande puissance, et que des principes de moralité se maintenaient entre les hommes. L'image de la mort produisait un effet moins sombre sur les Grecs que sur les modernes. Les croyances du paganisme adoucissaient extrêmement la crainte de la mort. Les anciens revêtaient la vie à venir des images les plus brillantes; ils avaient matérialisé l'autre monde par des descriptions, par des tableaux, par des récits de tous les genres, et l'abîme que la nature a mis entre l'existence et la mort était, pour ainsi dire, comblé par leur mythologie. Ces opinions pouvaient avoir leur utilité politique; mais comme l'idée de la mort fait éprouver à l'imagination des modernes une impression plus forte et plus sensible, elle est parmi nous d'un plus grand effet tragique.

Les Grecs étaient beaucoup moins susceptibles de malheur qu'aucun autre peuple de l'antiquité; on trouve parmi eux moins d'exemples de suicide que chez les Romains; leurs institutions politiques, leur esprit national les disposaient davantage au plaisir comme au bonheur. En général, il faut attribuer, chez les anciens, l'allégement d'une certaine intensité de douleur, aux superstitions du paganisme. Les songes, les pressentiments, les oracles, tout ce qui jetté dans la vie de l'extraordinaire, de l'inattendu, ne permet pas de croire au malheur irrévocable. Les situations les plus funestes ne paraissent jamais sans ressources; on se flatte toujours d'un prodige. Le calcul des probabilités morales peut souvent présenter un résultat inflexible, tandis que, lorsqu'on croit au surnaturel, l'impossible n'existe pas : ainsi l'espoir n'est jamais totalement détruit. Ce découragement profond dans lequel tombe l'infortuné, cet abattement si douloureusement exprimé par Shakspeare, les Grecs ne pouvaient le peindre; ils ne l'éprouvaient pas. Les hommes célèbres étaient exposés à la persécution, mais jamais à l'isolement ni à l'oubli. Les grandes infortunes étonnaient encore l'espèce humaine; on leur supposait une cause miraculeuse, on les entourait de rêves mythologiques : la vie était soutenue de toutes parts.

La religion des Grecs n'étant pour nous que de la poésie, jamais leurs tragédies ne nous feront éprouver une émotion égale à celle qu'ils ressentaient en les écoutant. Les auteurs grecs comptaient sur un certain nombre d'effets tragiques qui tenaient à la crédulité de leurs spectateurs; et ils pouvaient suppléer, par les terreurs religieuses, à quelques émotions naturelles.

Tout, chez les Grecs, a le charme et l'avantage de la jeunesse : la douleur elle-même, si l'on peut le dire, y est encore dans sa nouveauté, conservant l'espérance, et rencontrant toujours la pitié. Les spectateurs étaient si facilement émus, prenaient un si vif intérêt à la souffrance, que cette certitude mettait le poëte en confiance avec ses auditeurs; il ne redoutait pas (ce qu'on doit craindre de nos jours jusque dans les fictions) d'importuner par la plainte, comme si l'infortune, dans les tableaux d'imagination, pouvait encore fatiguer l'égoïsme.

Le malheur, chez les Grecs, se montrait auguste; il offrait aux peintres de nobles attitudes, aux poëtes des images imposantes : il donnait aux idées religieuses une solennité nouvelle; mais l'attendrissement que causent les tragédies modernes est mille fois plus profond. Ce qu'on représente de nos jours, ce n'est plus seulement la douleur offrant aux regards un majestueux spectacle, c'est la douleur dans ses impressions solitaires, sans appui comme sans espoir; c'est la douleur telle que la nature et la société l'*ont faite*.

Les Grecs n'exigeaient point comme nous le jeu des situations, le contraste des caractères; leurs tragiques ne faisaient point ressortir les beautés par l'opposition des ombres. Leur art dramatique ressemblait à leur peinture, où toutes les couleurs sont vives, où tous les objets sont placés sur le même plan, sans que les lois de la perspective y soient observées.

Les tragiques grecs, fondant la plupart de leurs pièces sur l'action continuelle de la volonté des dieux, étaient dispensés d'un certain genre de vraisemblance, qui est la gradation des événements naturels; ils produisaient de grands effets, sans les avoir amenés par des nuances progressives. L'esprit étant toujours préparé à la crainte par la religion, à l'extraordinaire par la foi, les Grecs n'étaient point astreints aux plus grandes difficultés de l'art dramatique; ils ne dessinaient point les caractères avec cette vérité philosophique exigée dans les temps modernes. Le contraste des vices et des vertus, les combats intérieurs, le mélange et l'opposition des sentiments qu'il faut peindre pour intéresser le cœur humain, étaient à peine indiqués. Il suffisait aux Grecs d'un oracle des dieux pour tout expliquer.

Oreste tue sa mère; Électre l'y encourage sans un moment d'incertitude ni de regrets : les remords d'Oreste après la mort de Clytemnestre ne sont point préparés par les combats qu'il devait éprouver avant de la tuer : l'oracle d'Apollon avait commandé le meurtre; alors qu'il est commis, les Euménides se saisissent du coupable. A peine aperçoit-on les sentiments de l'homme à travers ses actions; c'est dans les chœurs que sont reléguées les réflexions, les incertitudes, les délibérations et les craintes; les héros agissent toujours par l'ordre des dieux.

Racine, en imitant les Grecs dans quelques-unes de ses pièces, explique, par des raisons tirées des passions humaines, les forfaits commandés par les dieux; il place un développement moral à côté de la puissance du fatalisme : dans un pays où l'on ne croit point à la religion des païens, un tel développement est nécessaire; mais chez les Grecs, l'effet tragique était d'autant plus terrible qu'il avait pour fondement une cause surnaturelle. La foi que les Grecs avaient à de telles causes donnait nécessairement moins d'indépendance et de variété aux affections de l'âme.

Il existait un dogme religieux pour décider de chaque sentiment, comme une divinité pour personnifier chaque arbre, chaque fontaine. On ne pouvait refuser la pitié à qui se présentait avec une branche d'olivier ornée de bandelettes, ou tenait embrassé l'autel des dieux : tel est le sujet unique de la tragédie des Suppliantes. De semblables croyances donnent une élégance poétique à toutes les actions de la vie; mais elles bannissent habituellement ce qu'il y a d'irrégulier, d'imprévu, d'irrésistible dans les mouvements du cœur [1].

L'amour est chez les Grecs, comme toutes les autres passions violentes, un simple effet de la fatalité. Dans les tragédies, comme dans les poëmes, on est sans cesse frappé de ce qui manquait aux affections du cœur, lorsque les femmes n'étaient point appelées à sentir ni à juger. Alceste donne sa vie pour Admète; mais avant de s'y résoudre, que ne lui fait pas dire Euripide pour engager le père d'Admète à se dévouer à sa place! Les Grecs peignaient une action généreuse; mais ils ne savaient pas quelles jouissances on peut trouver à braver la mort pour ce qu'on aime, quelle jalousie on peut attacher à n'avoir point de rivaux dans ce sacrifice passionné. On dit, avec raison, qu'on ne pourrait pas mettre sur le théâtre français la plupart des pièces grecques, exactement traduites : ce ne sont point quelques négligences de l'art qui empêcheraient d'applaudir à tant de beautés originales; mais on aurait de la peine à supporter maintenant un certain manque de délicatesse dans les expressions sensibles. En étudiant les deux Phèdre, il est surtout facile de se convaincre de cette vérité.

Racine a risqué sur le théâtre français un amour dans le genre grec, un amour qu'il faut attribuer à la vengeance des dieux. Mais combien on voit néanmoins dans le même sujet la différence des siècles et des mœurs! Euripide aurait pu faire dire à Phèdre :

Ce n'est plus une ardeur dans mes veines cachée;
C'est Vénus tout entière à sa proie attachée;

mais jamais un Grec n'aurait trouvé ce vers :

Ils ne se verront plus;
— Ils s'aimeront toujours.

Les tragédies grecques sont donc, je le crois, très-inférieures à nos tragédies modernes, parce que le talent dramatique ne se compose pas seulement de l'art de la poésie, mais consiste aussi dans la profonde connaissance des passions; et sous ce rapport la tragédie a dû suivre les progrès de l'esprit humain.

Les Grecs n'en sont pas moins admirables dans cette carrière, comme dans toutes les autres, quand on compare leurs succès à l'époque du monde dans laquelle ils ont vécu. Ils ont transporté sur leur théâtre tout ce qu'il y avait de beau dans l'imagination des poëtes, dans les caractères antiques, dans le culte du paganisme; et le siècle de Périclès étant beaucoup plus avancé en philosophie que le siècle d'Homère, les pièces de théâtre ont aussi dans ce genre acquis plus de profondeur.

On peut remarquer un perfectionnement sensible dans les trois tragiques, Eschyle, Sophocle et Euripide; il y a même trop de distance entre Eschyle et les deux autres, pour expliquer seulement cette supériorité par la marche naturelle de l'esprit dans un si court espace de temps : mais Eschyle n'avait vu que la prospérité d'Athènes; Sophocle et Euripide ont été témoins de ses revers; leur génie dramatique s'en est accru : le malheur a aussi sa fécondité.

Eschyle ne présente aucun résultat moral; il n'unit presque jamais par des réflexions la douleur physique [1] à la douleur de l'âme. Un cri de souffrance, une plainte sans développement, sans souvenirs, sans prévoyance, exprime les impressions du moment, montre quel était l'état de l'âme avant que la réflexion eût placé au dedans de nous-mêmes un témoin de nos mouvements intérieurs.

Sophocle met souvent des maximes philosophiques dans les paroles des chœurs. Euripide prodigue ces maximes dans les discours de ses personnages, sans qu'elles soient toujours parfaitement liées à la situation et au caractère. On voit dans ces trois auteurs et leur talent personnel, et le développement de leur siècle; mais aucun d'eux n'atteint à la peinture déchirante et mélancolique que les tragiques anglais, que les écrivains modernes nous ont donnée de la douleur; aucun d'eux ne présente une philosophie sensible, aussi profondément analogue aux souffrances de l'âme. Le genre humain, en vieillissant, devient moins accessible à la pitié; il a donc fallu creuser plus avant pour retrouver la source de l'émotion; et le malheur isolé a eu besoin de recourir à une force intérieure plus agissante.

Les récompenses sans nombre qu'on accordait au génie dramatique parmi les Grecs encourageaient, sous beaucoup de rapports, les progrès de l'art; mais les délices mêmes de la louange nuisaient, à quelques égards, au talent tragique. Le poëte était trop satisfait, trop exalté; pour

---

[1] Il arrive quelquefois que les dogmes mythologiques ajoutent, dans les ouvrages des anciens, à l'effet des situations touchantes; mais plus souvent la puissance de ces dogmes dispense du besoin de convaincre, de remonter à la source des émotions de l'âme; et les passions humaines ne sont plus alors ni développées, ni approfondies.

[1] *Voyez* Prométhée.

donner au malheur une expression profondément mélancolique. Dans les tragédies modernes, on aperçoit presque toujours, par le caractère du style, que l'auteur lui-même a éprouvé quelques-unes des douleurs qu'il représente.

Le goût des Grecs, dans les tragédies, est souvent remarquable par sa pureté. Comme ils étaient les premiers, comme ils ne pouvaient être imitateurs, ils ont dû commencer par les défauts de la simplicité plutôt que par ceux de la recherche. Toutes les littératures modernes ont essayé d'abord de faire mieux, ou du moins autrement que les anciens. Les Grecs ayant la nature seule pour modèle, ont eu quelquefois de la grossièreté, mais jamais d'affectation. Aucun de leurs efforts n'était perdu; ils étaient dans la véritable route.

On peut quelquefois reprocher aux tragiques grecs la longueur des récits et des discours qu'ils mettaient sur la scène; mais les spectateurs n'avaient pas encore appris à s'ennuyer, et les auteurs ne resserrent leurs moyens d'effet que lorsqu'ils redoutent la prompte lassitude des spectateurs. L'esprit philosophique rend plus sévère sur l'emploi du temps; et loin que les peuples à imagination exigent de la rapidité dans les tableaux qu'on leur présente, ils se plaisent dans les détails, et se fatigueraient bien plus tôt des abrégés.

Les Grecs font aussi, relativement à nous, beaucoup de fautes dans leur manière de parler des femmes. Ils faisaient représenter leurs rôles dans les tragédies par des hommes, et ne concevaient pas le charme que les modernes attachent à l'idée d'une femme. Ce petit nombre de critiques excepté, l'on doit reconnaître que les Grecs ont dans leurs tragédies un goût parfait, une régularité remarquable. Ce peuple, si orageux dans ses discussions politiques, avait dans tous les arts (excepté dans la comédie) un esprit sage et modéré. C'est à leur religion qu'il faut surtout attribuer leur fixité dans les principes du genre noble et simple.

Le peuple d'Athènes n'exigeait point qu'on mêlât, comme en Angleterre, les scènes grotesques de la vie commune aux situations héroïques. On représentait les tragédies grecques dans les fêtes consacrées aux dieux; elles étaient presque toutes fondées sur des dogmes religieux. Un respect pieux écartait de ces chefs-d'œuvre, comme d'un temple, tout rôle ignoble ou toute image grossière. Les héros que peignaient les auteurs dramatiques n'avaient point cette grandeur soutenue que leur a donnée Racine; mais ce n'est point à une condescendance populaire qu'il faut attribuer cette différence; tous les poëtes ont peint ainsi les caractères, avant que de certaines habitudes monarchiques et chevaleresques nous eussent donné l'idée d'une nature de convention.

La plupart des personnages mis en action dans les pièces grecques sont tirés de l'Iliade ou de l'histoire héroïque de la même époque. L'idée forte qu'Homère avait donnée de ses héros a beaucoup servi les auteurs tragiques. Les seuls noms d'Ajax, d'Achille, d'Agamemnon, produisaient d'abord une émotion de souvenir. Leur destinée était pour les Grecs un sujet national; le poëte dramatique, en les représentant, n'avait qu'à développer les idées reçues : il n'était point obligé de créer à la fois le caractère et la situation; le respect et l'intérêt existaient d'avance en faveur des hommes qu'il voulait peindre. Les modernes eux-mêmes ont profité de l'auguste célébrité des personnages tragiques de l'antiquité. Nos situations tragiques les plus belles et les plus simples sont tirées du grec. Ce n'est pas que les Grecs soient supérieurs aux modernes, c'est qu'ils ont peint les premiers ces affections dominantes dont les principaux traits doivent toujours rester les mêmes.

Les caractères tragiques de l'amour maternel ont tous une analogie quelconque avec la douleur de Clytemnestre, et le dévouement filial doit toujours rappeler Antigone[1]. Enfin, il existe dans la nature morale, comme dans la lumière du soleil, un certain nombre de rayons qui produisent des couleurs tranchantes ou distinctes : vous variez ces couleurs par leur mélange, mais vous n'en pouvez créer une entièrement nouvelle.

Les trois tragiques grecs ont tous traité les mêmes sujets; ils n'en ont point inventé de nouveaux; les spectateurs n'en avaient nullement le désir; les auteurs n'y songeaient pas, et ils n'y auraient peut-être pas réussi. Les conceptions heureuses d'événements extraordinaires sont beaucoup plus l'ouvrage des traditions que des poëtes. La chaîne des raisonnements conduit à des découvertes en philosophie, mais la première idée de l'invention des faits poétiques est presque toujours l'effet du hasard. L'histoire, les mœurs, les contes populaires même aident l'imagination des écrivains. Sophocle n'eût point trouvé dans sa tête le sujet de Tancrède, ni Voltaire celui d'OEdipe. On ne découvre point de nouvelles fables

---

[1] De ce que les événements les plus forts et les plus malheureux de la vie ont été peints par les Grecs, il ne s'ensuit pas qu'ils aient égalé les modernes dans la délicatesse et la profondeur des sentiments et des idées que ces situations peuvent inspirer.

merveilleuses, lorsque la crédulité du vulgaire ne s'y prête plus. On le voudrait en vain; l'esprit s'y refuserait toujours.

L'importance donnée aux chœurs, qui sont censés représenter le peuple, est presque la seule trace de l'esprit républicain qu'on puisse remarquer dans les tragédies grecques. Les comédies rappellent souvent l'état politique de la nation; mais, dans les tragédies, on peignait sans cesse les malheurs des rois [1], on intéressait à leur sort. L'illusion de la royauté subsistait chez les Athéniens, quoiqu'ils aimassent leur gouvernement républicain. Cet enthousiasme de liberté qui caractérise les Romains, il ne paraît pas que les Grecs l'éprouvassent avec la même énergie : ils avaient eu beaucoup moins d'efforts à faire pour conquérir leur liberté; ils n'avaient point expulsé du trône, comme les Romains, une race de rois cruels, propre à leur inspirer l'horreur de tout ce qui pouvait en rappeler le souvenir. L'amour de la liberté était pour les Grecs une habitude, une manière d'être, et non une passion dominante dont ils eussent besoin de retrouver partout l'expression.

Les Athéniens aimaient leurs institutions et leur pays, mais ce n'était pas, comme les Romains, par un sentiment exclusif. On ne trouve dans leurs tragédies qu'un trait caractéristique de la démocratie; ce sont les réflexions que les principaux personnages, que les chœurs répètent sans cesse, sur la rapidité des revers de la destinée et sur l'inconstance de la fortune. Les révolutions subites et fréquentes du gouvernement populaire ramènent souvent à ce genre d'observations philosophiques. Racine n'a point imité les Grecs à cet égard. Sous l'empire d'un monarque tel que Louis XIV, sa volonté devait remplacer le sort, et l'on n'osait lui supposer des caprices; mais dans un pays où le peuple domine, ce qui frappe le plus les esprits, ce sont les bouleversements qui s'opèrent dans les destinées; c'est la chute rapide et terrible du faîte de la grandeur dans l'abîme de l'adversité.

Les auteurs tragiques cherchent toujours à ranimer les impressions que la nation qui les écoute a souvent éprouvées. En effet, les souvenirs sont toujours de quelque chose dans l'attendrissement;

[1] Barthélemy, dans son célèbre *Voyage du jeune Anacharsis*, dit que c'était pour fortifier l'esprit républicain que les Athéniens faisaient représenter les revers des rois sur leur théâtre. Je ne crois point que rappeler sans cesse les infortunes des rois, fût un moyen d'anéantir l'amour de la royauté. Les grands désastres sont dramatiques; ils ébranlent fortement l'imagination : or ce n'est pas ainsi qu'on détruit un préjugé, quel qu'il soit.

et loin qu'il soit nécessaire, dans les sentiments comme dans les pensées, de captiver l'attention par des rapports nouveaux, quand on veut faire couler les larmes, c'est le passé qu'il faut rappeler.

CHAPITRE III.

De la comédie grecque.

Les tragédies (si l'on en excepte quelques chefs-d'œuvre) exigent moins de connaissance du cœur humain que les comédies; l'imagination suffit pour peindre ce qui s'offre naturellement aux regards, l'expression de la douleur. Les caractères tragiques doivent avoir entre eux une certaine ressemblance qui exclut la finesse des observations, et les modèles de l'histoire héroïque tracent d'avance la route qu'il faut suivre. Mais cette délicatesse de goût, cette philosophie supérieure, que Molière a montrée dans ses comédies, il faut des siècles pour y amener l'esprit humain; et quand un génie égal à celui de Molière eût vécu dans Athènes, il n'aurait pu deviner la bonne comédie.

On se demande cependant avec étonnement, en lisant les comédies d'Aristophane, comment il se peut qu'on ait applaudi de semblables pièces dans le siècle de Périclès, comment il se peut que les Grecs aient montré tant de goût dans les beaux-arts, et une grossièreté si rebutante dans les plaisanteries. C'est qu'ils avaient le bon goût qui appartient à l'imagination, et non celui qui naît de la moralité des sentiments. Les belles formes en tout genre plaisaient à leurs yeux; mais leur âme n'était point avertie par une scrupuleuse délicatesse des égards qu'on doit observer. Ils éprouvaient beaucoup plus d'enthousiasme que de respect pour les grands caractères. Le malheur, la puissance, la religion, le génie, tout ce qui frappait l'imagination des Athéniens excitait en eux une sorte de fanatisme; mais cette impression se détruisait avec la même facilité, dès qu'on en substituait une autre également vive. Les effets graduels et nuancés ne conviennent guère aux mœurs démocratiques; et comme c'était toujours du peuple qu'il fallait se faire entendre et se faire applaudir, on se livrait, pour l'amuser, aux contrastes saillants qui frappent aisément tous les hommes.

La tragédie se ressentait moins de ce désir de plaire à la multitude; elle faisait partie, comme je l'ai déjà dit, d'une fête religieuse. D'ailleurs ce ne sont ni les goûts ni les lumières du peuple qu'il faut consulter pour l'attendrir; l'émotion de la pitié parvient à tous les cœurs par la même route.

C'est à l'homme que vous vous adressez dans la tragédie ; mais c'est une telle époque, c'est un tel peuple, ce sont de telles mœurs, qu'il faut connaître pour obtenir dans la comédie un succès populaire : les pleurs sont pris dans la nature, et la plaisanterie dans les habitudes.

Les principes de la moralité servent communément de règles de goût aux dernières classes de la société, et ces principes suffisent souvent pour les éclairer, même en littérature. Le peuple athénien n'avait point cette moralité délicate qui peut suppléer au tact le plus fin de l'esprit : il se livrait aux superstitions religieuses ; mais il n'avait point d'idées fixes sur la vertu, et ne reconnaissait aucun principe, aucune borne, aucune pudeur dans les objets de ses amusements.

L'exclusion des femmes empêchait aussi que les Grecs ne se perfectionnassent dans la comédie. Les auteurs n'ayant aucun motif pour rien ménager, rien voiler, rien sous-entendre, la grâce et la finesse devaient nécessairement manquer à leur gaieté. Ces masques, ces porte-voix, toutes ces bizarres coutumes du théâtre des anciens disposaient l'esprit, comme les caricatures dans le dessin, à l'invention grotesque, et non à l'étude de la nature.

Aristophane saisissait quelques plaisanteries populaires ; il présentait quelques contrastes d'une invention commune et d'une expression grossière ; mais ce n'est jamais par la peinture des caractères, ni par la vérité des situations, que les ridicules des hommes et les travers de la société ressortent dans ses pièces.

La plupart des comédies d'Aristophane étaient relatives aux événements de son temps. On n'avait point encore imaginé de soutenir la curiosité par une intrigue romanesque ; l'intérêt des aventures particulières dépend absolument du rôle que jouent les femmes dans un pays. L'art comique, tel qu'il était du temps des Grecs, ne pouvait se passer d'allusions : on n'avait pas assez approfondi le cœur humain dans ses passions secrètes, pour intéresser seulement en les peignant ; mais il était très-aisé de plaire au peuple en tournant ses chefs en dérision.

La comédie de circonstance réussit si facilement, qu'elle ne peut obtenir aucune réputation durable. Ces portraits des hommes vivants, ces épigrammes sur les faits contemporains, sont des plaisanteries de famille et des succès d'un jour, qui doivent ennuyer les nations et les siècles ; le mérite de tels ouvrages peut disparaître même d'une année à l'autre. Si votre mémoire ne se retrace pas le sujet des allusions, votre esprit ne vous

suffit pas pour comprendre la gaieté de ces écrits ; et s'il faut réfléchir à une plaisanterie pour en découvrir le sens, tout son effet est manqué.

Le spectateur entre tout à fait dans l'illusion de la tragédie ; il s'intéresse assez au héros de la pièce, pour comprendre des mœurs étrangères, pour se transporter dans des pays entièrement nouveaux. L'émotion fait tout adopter, tout concevoir ; mais à la comédie l'imagination du spectateur est tranquille ; elle ne prête point son secours à l'auteur ; l'impression de la gaieté est tellement légère et spontanée, que la plus faible distraction pourrait en détourner.

Aristophane n'a composé que des pièces de circonstance, parce que les Grecs étaient extrêmement loin de la profondeur philosophique qui permet de concevoir une comédie de caractère, une comédie qui intéresse l'homme de tous les pays et de tous les temps. Les comédies de Ménandre et les caractères de Théophraste ont fait faire des progrès, l'un dans la décence théâtrale, l'autre dans l'observation du cœur humain, parce que ces deux écrivains avaient sur Aristophane l'avantage d'un siècle de plus ; mais en général, les auteurs se laissent aisément séduire dans les démocraties par l'irrésistible attrait des applaudissements populaires. C'est un écueil pour les pièces de théâtre des peuples libres, que les succès qu'on obtient en mettant en scène des allusions aux affaires publiques. Je ne sais si de telles comédies sont un signe de liberté, mais elles sont nécessairement la perte de l'art dramatique.

Le peuple d'Athènes, comme je l'ai déjà dit, était extrêmement susceptible d'enthousiasme ; mais il n'en aimait pas moins la satire qui insultait aux hommes supérieurs. Les comédies d'Athènes servaient, comme les journaux de France, au nivellement démocratique, avec cette différence, que la représentation d'une comédie remplie de personnalités contre un homme vivant est un genre d'attaque auquel de nos jours aucun nom considéré ne pourrait résister. Nous nous livrons trop peu à l'admiration pour n'avoir pas tout à craindre de la calomnie ; les amis, en France, abandonnent trop facilement, pour qu'il ne soit pas nécessaire de mettre une borne à la violence des ennemis. A Athènes on pouvait se faire connaître, et se justifier sur la place publique au milieu de la nation entière ; mais, dans nos associations nombreuses, on ne pourrait opposer que la lumière lente des écrits au ridicule animé du théâtre. Aucune réputation, aucune autorité politique ne saurait soutenir cette lutte inégale.

La république d'Athenes elle-même a dû son asservissement à cet abus du genre comique, à ce goût désordonné pour les plaisanteries qu'excitait chaque jour le besoin de s'amuser. La comédie des Nuées prépara les esprits à l'accusation de Socrate. Démosthène, dans le siècle suivant, ne put arracher les Athéniens à leurs spectacles, à leurs occupations frivoles, pour les occuper de Philippe. Ce qu'on avait toujours craint pour la république, c'était l'ascendant que pourrait prendre sur elle un de ses grands hommes; ce qui la fit périr, ce fut son indifférence pour tous.

Après avoir sacrifié leur gloire pour conserver leurs amusements, les Athéniens se virent enlever jusqu'à leur indépendance, et avec elle les plaisirs mêmes qu'ils avaient préférés à la défense de leur liberté.

CHAPITRE IV.

De la philosophie et de l'éloquence des Grecs.

La philosophie et l'éloquence étaient souvent réunies chez les Athéniens. Les systèmes métaphysiques et politiques de Platon ont bien moins contribué à sa gloire que la beauté de son langage et la noblesse de son style. Les philosophes grecs sont, pour la plupart, des orateurs éloquents sur des idées abstraites. Je dois cependant considérer d'abord la philosophie des Grecs séparément de leur éloquence : mon but est d'observer les progrès de l'esprit humain, et la philosophie peut seule les indiquer avec certitude.

L'éloquence, soit par ses rapports avec la poésie, soit par l'intérêt des discussions politiques dans un pays libre, avait atteint chez les Grecs un degré de perfection qui sert encore de modèle : mais la philosophie des Grecs me paraît fort au-dessous de celle de leurs imitateurs, les Romains; et la philosophie moderne a cependant sur celle des Romains, la supériorité que doivent assurer à la pensée de l'homme deux mille ans de méditation de plus.

Les Grecs se sont perfectionnés eux-mêmes, d'une manière très-remarquable, pendant le cours de trois siècles. Dans le dernier, celui d'Alexandre, Ménandre, Théophraste, Euclide, Aristote, marquent sensiblement les pas faits dans divers genres. L'une des principales causes finales des grands événements qui nous sont connus, c'est la civilisation du monde. Je développerai ailleurs cette assertion; ce qu'il m'importe d'observer maintenant, c'est combien les Grecs étaient propres à répandre les lumières, combien ils excitaient aux travaux né-

cessaires pour les acquérir. Les philosophes instituaient des sectes, moyen aussi utile alors qu'il serait nuisible maintenant. Ils environnaient la recherche de la vérité de tout ce qui pouvait frapper l'imagination : ces promenades où de jeunes disciples se réunissaient autour de leur maître pour écouter de nobles pensées en présence d'un beau ciel, cette langue harmonieuse qui exaltait l'âme par les sens; avant même que les idées eussent agi sur elle, le mystère qu'on apportait à Éleusis dans la découverte, dans la communication de certains principes de morale, toutes ces choses ajoutaient à l'effet des leçons des philosophes. A l'aide du merveilleux mythologique, on faisait adopter des vérités à l'univers dans son enfance. L'on enflammait de mille manières le goût de l'étude; et les éloges flatteurs qu'obtenaient les disciples de la philosophie en augmentaient encore le nombre.

Ce qui contribue à nous donner une idée prodigieuse des anciens, ce sont les grands effets produits par leurs ouvrages : ce n'est pas néanmoins d'après cette règle qu'il faut les juger. Le petit nombre d'hommes éclairés qu'offrait la Grèce à l'admiration du reste du monde, la difficulté des voyages, l'ignorance où l'on était de la plupart des faits recueillis par les écrivains, la rareté de leurs manuscrits, tout contribuait à inspirer la plus vive curiosité pour les ouvrages célèbres. Les témoignages multipliés de cet intérêt général excitaient les philosophes à franchir les grandes difficultés que présentait l'étude, avant que la méthode et la généralisation en eussent abrégé la route. La gloire moderne n'eût pas suffi pour récompenser de tels efforts; il ne fallait pas moins que la gloire antique pour donner la force de soulever de si grands obstacles. Les anciens philosophes ont obtenu dans leur temps une réputation beaucoup plus éclatante que celle des modernes; mais il n'est pas moins vrai que les modernes, dans la métaphysique, la morale et les sciences, sont infiniment supérieurs aux anciens.

Les philosophes de l'antiquité ont combattu quelques erreurs, mais ils en ont adopté un grand nombre. Lorsque les croyances les plus absurdes sont établies généralement, les écrivains qui en appellent aux lumières de la raison ne peuvent jamais se dégager entièrement des préjugés qui les environnent. Quelquefois ils mettent une erreur à la place de celle qu'ils combattent; d'autres fois ils conservent une superstition qui leur est propre, en attaquant les dogmes reçus. Les paroles fortuites paraissaient redoutables à Pythagore. Socrate et Platon croyaient aux démons familiers.

Cicéron a craint les présages tirés des songes. Dès qu'un revers, une peine quelconque s'appesantit sur l'âme, il est impossible qu'elle repousse absolument toutes les superstitions de son siècle : l'appui qu'on trouve en soi ne suffit pas ; on ne se croit protégé que par ce qui est au dehors de nous. En s'étudiant soi-même, l'on verra que, dans toutes les douleurs de la vie, on est porté à croire les autres plus que ses propres réflexions, à chercher les motifs de ses craintes et de ses espérances ailleurs que dans sa raison. Un génie supérieur, quel qu'il soit, ne peut s'affranchir à lui seul de ce besoin du surnaturel, inhérent à l'homme ; il faut que la nation fasse corps avec le philosophe contre de certaines terreurs, pour qu'il soit possible à ce philosophe de les attaquer toutes.

Les Grecs se sont livrés avec folie à la recherche des différents systèmes du monde. Moins ils étaient avancés dans la carrière des sciences, moins ils reconnaissaient les bornes de l'esprit humain. Les philosophes se plaisaient surtout dans l'inconnu et l'inexplicable. Pythagore disait qu'*il n'y avait de réel que ce qui était spirituel; que le matériel n'existait pas*. Platon, cet écrivain si brillant d'imagination, revient sans cesse à une métaphysique bizarre du monde, de l'homme et de l'amour, où les lois physiques de l'univers et la vérité des sentiments ne sont jamais observées. La métaphysique, qui n'a ni les faits pour base, ni la méthode pour guide, est ce qu'on peut étudier de plus fatigant ; et je crois impossible de ne pas le sentir, en lisant les écrits philosophiques des Grecs, quel que soit le charme de leur langage.

Les anciens sont plus forts en morale qu'en métaphysique ; l'étude des sciences exactes est nécessaire pour rectifier la métaphysique, tandis que la nature a placé dans le cœur de l'homme tout ce qui peut le conduire à la vertu. Cependant rien n'est moins arrêté, rien n'a moins d'ensemble que le code de morale des anciens. Pythagore paraît attacher la même importance à des proverbes, à des conseils de prudence et d'habileté, qu'aux préceptes de la vertu. Plusieurs des philosophes grecs confondent de même les rangs dans la morale, ils placent l'amour de l'étude sur la même ligne que l'accomplissement des premiers devoirs. L'enthousiasme pour les facultés de l'esprit l'emporte en eux sur tout autre genre d'estime : ils excitent l'homme à se faire admirer, mais ils ne portent point un regard inquiet ou pénétrant dans les peines intérieures de l'âme.

Je ne crois pas que le mot de bonheur soit une fois prononcé dans les écrits des Grecs, selon l'ac-

ception moderne. Ils ne mettaient pas une grande importance aux vertus particulières. La politique était chez eux une branche de la morale; ils méditaient sur l'homme en société, ils ne le jugeaient presque jamais que dans ses rapports avec ses concitoyens; et comme les états libres étaient composés en général d'une population fort peu nombreuse, que les femmes n'étaient de rien dans la vie [1], toute l'existence de l'homme consistait dans les relations sociales : c'était au perfectionnement de cette existence politique que les études des philosophes s'attachaient exclusivement. Platon, dans sa République, propose comme un moyen d'accroître le bonheur de la race humaine, la destruction de l'amour conjugal et paternel par la communauté des femmes et des enfants. Le gouvernement monarchique et l'étendue des empires modernes ont détaché la plupart des hommes de l'intérêt des affaires publiques : ils se sont concentrés dans leurs familles, et le bonheur n'y a pas perdu ; mais tout excitait les anciens à suivre la carrière politique, et leur morale avait pour premier objet de les y encourager. Ce qu'il y a de vraiment beau dans leur doctrine n'est point contraire à cette assertion. S'il est utile, dans toutes les situations, d'exercer un grand empire sur soi-même, c'est surtout aux hommes d'État que cette puissance est nécessaire.

Combien cette morale, qui consiste tout entière dans le calme, la force d'âme et l'enthousiasme de la sagesse, est admirablement peinte dans l'apologie de Socrate et dans le Phédon ! Si l'on pouvait faire entrer dans son âme cet ordre d'idées, il semble que l'on serait invinciblement armé contre les hommes. Les anciens prenaient souvent leur point d'appui dans les erreurs, souvent dans des idées factices ; mais enfin ils se sacrifiaient eux-mêmes à ce qu'ils reconnaissaient pour la vertu; et ce qui nous manque aujourd'hui, c'est un levier pour soulever l'égoïsme : toutes les forces morales de chaque homme se trouvent concentrées dans l'intérêt personnel.

Les philosophes grecs étaient en très-petit nombre, et des travaux antérieurs à leur siècle ne leur offraient point de secours ; il fallait qu'ils fussent universels dans leurs études. Ils ne pouvaient donc aller loin dans aucun genre ; il leur manquait ce qu'on ne doit qu'aux sciences exactes, la méthode,

[1] On ne trouve pas un seul portrait de femme dans les caractères de Théophraste; leur nom n'y est jamais prononcé comme celui d'un être faisant partie des intérêts de la société. On m'a objecté l'éclat du nom d'Aspasie? Est-ce la destinée d'une courtisane qui peut prouver le rang que les lois et les mœurs accordent aux femmes dans un pays?

c'est-à-dire, l'art de résumer. Platon n'aurait pu rassembler dans sa mémoire ce qu'à l'aide de cette méthode les jeunes gens retiennent sans peine aujourd'hui ; et les erreurs s'introduisaient beaucoup plus facilement avant qu'on eût adopté dans le raisonnement l'enchaînement mathématique.

Socrate lui-même, dans les Dialogues de Platon, emprunte, pour combattre les sophistes, quelques-uns de leurs défauts ; ce sont des longueurs, des développements qui ne seraient pas maintenant tolérés. On doit recourir aux anciens pour le goût simple et pur des beaux-arts ; on doit admirer leur énergie, leur enthousiasme pour tout ce qui est grand, sentiments jeunes et forts des·premiers peuples civilisés ; mais il faut considérer tous leurs raisonnements en philosophie comme l'échafaudage de l'édifice que l'esprit humain doit élever.

Aristote cependant, qui vécut dans le troisième siècle grec, par conséquent dans le siècle supérieur pour la pensée aux deux précédents, Aristote a mis l'esprit d'observation à la place de l'esprit de système ; et cette différence suffit pour assurer sa gloire. Ce qu'il écrit en littérature, en physique, en métaphysique, est l'analyse des idées de son temps. Historien du progrès des connaissances à cette époque, il les rédige, il les place dans l'ordre dans lequel il les conçoit. C'est un homme admirable pour son siècle ; mais c'est vouloir forcer les hommes à marcher en arrière, que de chercher dans l'antiquité toutes les vérités philosophiques ; c'est porter l'esprit de découverte sur le passé, tandis que le présent le réclame. Les anciens, et surtout Aristote, ont été presque aussi forts que les modernes sur de certaines parties de la politique ; mais cette exception à l'invariable loi de la progression tient uniquement à la liberté républicaine dont les Grecs ont joui, et que les modernes n'ont pas connue.

Aristote est dans l'ignorance la plus complète sur toutes les questions générales que l'histoire de son temps n'a point éclaircies ; il ne suppose pas l'existence du droit naturel pour les esclaves. Antagoniste de Platon sur plusieurs autres sujets, il n'imagine pas que l'esclavage puisse être un objet de discussion ; et, dans le même ouvrage, il traite les causes des révolutions et les principes du gouvernement avec une supériorité rare, parce que l'exemple des républiques grecques lui avait fourni la plupart de ses idées. Si le régime républicain n'avait pas cessé d'exister depuis Aristote, les modernes lui seraient aussi supérieurs dans la connaissance de l'art social que dans toute autre étude intellectuelle. Il faut que la pensée soit avertie par

les événements ; c'est ainsi qu'en examinant les travaux de l'esprit humain, on voit constamment les circonstances ou le temps donner le fil qui sert de guide au génie. Le penseur sait tirer des conséquences d'une idée principale ; mais le premier mot de toutes choses, c'est le hasard, et non la réflexion, qui le fait découvrir à l'homme.

Le style des historiens grecs est remarquable par l'art de narrer avec intérêt et simplicité, et par la vivacité de quelques-uns de leurs tableaux ; mais ils n'approfondissent point les caractères ; ils ne jugent point les institutions. Les faits inspiraient alors une telle avidité, qu'on ne reportait point encore sa pensée vers les causes. Les historiens grecs marchent avec les événements ; ils en suivent l'impulsion, mais ne s'arrêtent point pour les considérer. On dirait que, nouveaux dans la vie, ils ne savent pas si ce qui est pourrait exister autrement. Ils ne blâment ni n'approuvent ; ils transmettent les vérités morales comme les faits physiques, les beaux discours comme les mauvaises actions, les bonnes lois comme les volontés tyranniques, sans analyser ni les caractères, ni les principes. Ils vous peignent, pour ainsi dire, la conduite des hommes comme la végétation des plantes, sans porter sur elle un jugement de réflexion [1]. C'est aux historiens des premiers âges de la Grèce que ces observations s'appliquent. Plutarque, contemporain de Tacite, appartient à une époque différente de l'esprit humain.

L'éloquence des philosophes égalait presque, chez les Grecs, l'éloquence des orateurs. Socrate, Platon, aimaient mieux parler qu'écrire, parce qu'ils sentaient, sans se rendre précisément compte de leur talent, que leurs idées appartenaient plus à l'inspiration qu'à l'analyse. Ils avaient besoin de recourir au mouvement et à l'exaltation produite par le langage animé de la conversation ; ils cherchaient ce qui pouvait agir sur l'imagination, avec autant de soin que les métaphysiciens exacts et les moralistes sévères en mettent de nos jours à se garantir de toute parure poétique. L'éloquence philosophique des Grecs fait encore effet sur nous, par la noblesse et la pureté du langage. La doctrine calme et forte qu'ils enseignaient donne à

---

[1] Thucydide est certainement le plus distingué des historiens grecs. Tous ses tableaux sont pleins d'imagination, et ses harangues sont, comme celles de Tite-Live, de la plus belle éloquence : lorsqu'il raconte les malheurs attachés aux troubles civils, il jette de grandes lumières sur les passions politiques, et doit paraître supérieur aux écrivains modernes qui n'ont que l'histoire des guerres et des rois à raconter. Mais qui pourrait comparer la philosophie de Thucydide à celle de Hume, et la profondeur de son esprit à celle de Machiavel, dans ses Réflexions sur les Décades de Tite-Live?

leurs écrits un caractère que le temps n'a point usé. L'antiquité sied bien aux beautés simples; néanmoins nous trouverions les discours des philosophes grecs sur les affections de l'âme trop monotones, s'ils étaient écrits de nos jours : il leur manque une grande puissance pour faire naître l'émotion; c'est la mélancolie et la sensibilité.

.Les opinions stoïciennes n'unissaient point la sensibilité à la morale; la littérature des peuples du Nord n'avait point encore fait aimer les images sombres; le genre humain n'avait pas encore atteint, s'il est permis de s'exprimer ainsi, l'âge de la mélancolie; l'homme luttant contre les souffrances de l'âme, ne leur opposait que la force, et non cette résignation sensible, qui n'étouffe point la peine et ne rougit point des regrets. Cette résignation peut seule faire servir la douleur même aux plus sublimes effets du talent.

L'éloquence de la tribune était, dans la république d'Athènes, aussi parfaite qu'il le fallait pour entraîner l'opinion des auditeurs. Dans les pays où l'on peut produire, par la parole, un grand résultat politique, ce talent se développe nécessairement. Quand on connaît la valeur du prix, on sait d'avance quels efforts seront tentés pour l'obtenir. L'éloquence était, chez les Athéniens, tant qu'ils ont été libres, une espèce de gymnastique dans laquelle on voit l'orateur presser le peuple par ses arguments, comme s'il voulait le terrasser. Le mouvement que Démosthène exprime le plus souvent, c'est l'indignation que lui inspirent les Athéniens; cette colère contre le peuple, assez naturelle peut-être dans une démocratie, revient sans cesse dans les discours de Démosthène. Il parle de lui-même d'une manière digne, c'est-à-dire, rapide et indifférente.

J'examinerai, dans le chapitre suivant, quelques-unes des raisons politiques de la différence qui existe entre Cicéron et Démosthène. Ce qu'on peut remarquer en général dans les orateurs grecs, c'est qu'ils ne se servent que d'un petit nombre d'idées principales, soit qu'on ne puisse frapper le peuple qu'avec peu d'arguments exprimés fortement et longtemps développés, soit que les harangues des Grecs eussent le même défaut que leur littérature, l'uniformité. Les anciens, pour la plupart, n'ont pas une grande variété de pensées. Leurs écrits sont comme la musique des Écossais, qui composent des airs avec cinq notes, dont la parfaite harmonie éloigne toute critique, sans captiver profondément l'intérêt.

Enfin les Grecs, tout étonnants qu'ils sont, laissent peu de regrets. C'est ainsi que devait être un peuple qui commençait la civilisation du monde. Ils ont toutes les qualités nécessaires pour exciter le développement de l'esprit humain; mais on n'éprouve point, en les voyant disparaître de l'histoire, la même douleur qu'inspire la perte du nom et du caractère des Romains. Les mœurs, les habitudes, les connaissances philosophiques, les succès militaires, tout semble, chez les Grecs, ne devoir être que passager; c'est la semence que le vent emportera dans tous les lieux de la terre, et qui ne restera point où elle est née.

L'amour de la réputation était le principe de toutes les actions des Grecs; ils étudiaient pour être admirés; ils supportaient la douleur pour exciter l'intérêt; ils adoptaient des opinions pour avoir des disciples; ils défendaient leur patrie pour la gouverner [1]. Mais ils n'avaient point ce sentiment intime, cette volonté réfléchie, cet esprit national, ce dévouement patriotique qui ont distingué les Romains. Les Grecs devaient donner l'impulsion à la littérature et aux beaux-arts; les Romains ont fait porter au monde l'empreinte de leur génie.

CHAPITRE V.

De la littérature latine, pendant que la république romaine durait encore.

Il faut distinguer dans toute la littérature ce qui est national de ce qui appartient à l'imitation. L'empire romain ayant succédé à la domination d'Athènes, la littérature latine suivit la route que la littérature grecque avait tracée, d'abord parce que c'était la meilleure à beaucoup d'égards, et que vouloir s'en écarter en tout, eût été renoncer au bon goût et à la vérité; peut-être aussi, parce que la nécessité seule produit l'invention, et qu'on adopte au lieu de créer quand on trouve un modèle d'accord avec ses idées habituelles. Le genre humain s'applique de préférence à perfectionner, quand il est dispensé de découvrir.

Le paganisme romain avait beaucoup de rapport avec le paganisme grec. Les préceptes des beaux-arts et de la littérature, un grand nombre de lois, la plupart des opinions philosophiques, ont été transportés successivement de Grèce en Italie. Je ne m'attacherai donc pas ici à l'analyse des effets semblables qui devaient naître des mêmes causes. Tout ce qui tient dans la littérature grecque à la

---

[1] Alcibiade et Thémistocle ont voulu se venger de leur patrie en lui suscitant des ennemis étrangers; jamais un Romain ne se fût rendu coupable d'un tel crime. Coriolan en est le seul exemple, et il ne put se résoudre à l'achever.

religion païenne, à l'esclavage, aux coutumes des nations du Midi, à l'esprit général de l'antiquité avant l'invasion du peuple du Nord et l'établissement de la religion chrétienne, doit se retrouver avec quelques modifications chez les Latins.

Ce qu'il importe de remarquer, ce sont les différences caractéristiques de la littérature grecque et de la littérature latine; et les progrès de l'esprit humain, dans les trois époques successives de l'histoire littéraire des Romains, celle qui a précédé le règne d'Auguste, celle qui porte le nom de cet empereur, et celle qui peut se compter depuis sa mort jusqu'au règne des Antonins. Les deux premières se confondent à quelques égards par les dates, mais leur esprit est extrêmement différent. Quoique Cicéron soit mort sous le triumvirat d'Octave, son génie appartient en entier à la république; et quoique Ovide, Virgile, Horace, soient nés pendant que la république subsistait encore, leurs écrits portent le caractère de l'influence monarchique. Sous le règne d'Auguste même, quelques écrivains, Tite-Live surtout, montrent souvent dans leur manière d'écrire l'histoire, un esprit républicain. Mais pour analyser avec justesse le genre distinctif de ces trois époques, il faut examiner leurs couleurs générales, et non les exceptions particulières.

Le caractère romain ne s'est montré tout entier que pendant le temps qu'a duré la république. Une nation n'a de caractère que lorsqu'elle est libre. L'aristocratie de Rome avait quelques-uns des avantages de l'aristocratie des lumières. Quoiqu'on puisse, avec raison, lui reprocher tout ce qui, dans la nomination des sénateurs, tenait purement à l'hérédité, néanmoins le gouvernement de Rome, dans l'enceinte de ses murs, était un gouvernement libre et paternel. Mais les conquêtes donnaient un pouvoir immense aux chefs de l'État; et les principaux Romains, élite de la ville reine de l'univers, se considéraient comme possesseurs du patriciat du monde. C'est de ce sentiment d'aristocratie chez les nobles, de supériorité exclusive chez les habitants de la cité, que dérive l'éminent caractère des écrits des Romains, de leur langue, de leurs mœurs, de leurs habitudes, la dignité.

Les Romains ne montraient jamais, dans quelque circonstance que ce fût, une agitation violente; lors même qu'ils désiraient d'émouvoir par l'éloquence, il leur importait encore plus de conserver la dignité calme d'une âme forte, de ne point compromettre le sentiment de respect qui était la base de toutes leurs institutions politiques, comme de toutes leurs relations sociales. Il y a dans leur langue une autorité d'expression, une gravité de son, une régularité de périodes, qui se prêtent à peine aux accents brisés d'une âme troublée, aux saillies rapides de la gaieté. Ils triomphaient dans les combats par leur courage, mais leur force morale consistait dans l'impression solennelle et profonde que produisait le nom romain. Ils ne se permettaient, pour aucun motif, pas même pour un succès présent, ce qui pouvait porter atteinte aux rapports durables de subordination, d'égards et de sagesse.

C'était un peuple dont la puissance consistait dans une volonté suivie plutôt que dans l'impétuosité de ses passions. Il fallait le persuader par le développement de la raison, et le contenir par l'estime. Plus religieux que les Grecs, quoique moins fanatique, plus obéissant aux autorités politiques, moins enthousiaste, et par conséquent moins jaloux des réputations individuelles, il n'était jamais privé de l'exercice de sa raison par aucun événement de la vie humaine.

Les Romains avaient commencé par mépriser les beaux-arts, et en particulier la littérature, jusqu'au moment où les philosophes, les orateurs, les historiens rendirent le talent d'écrire utile aux affaires et à la morale publiques. Lorsque les premiers de l'État s'occupèrent de littérature, leurs livres eurent sur ceux des Grecs l'avantage que donne toujours la connaissance pratique des hommes et de l'administration; mais ils furent composés nécessairement avec plus de circonspection. Cicéron n'osait attaquer qu'avec timidité les idées reçues à Rome. Les opinions nationales ne pouvaient être bravées par qui voulait obtenir de la nation son suffrage pour les premières places de la république; l'écrivain aspirait toujours à se conserver la réputation d'homme d'État.

Dans les démocraties, telles qu'était celle d'Athènes, l'étude de la philosophie et l'occupation des affaires politiques se trouvent presque aussi rarement réunies, que dans une monarchie le métier de courtisan et le mérite de penseur. Les moyens par lesquels on acquiert la popularité occupent entièrement le temps, et n'ont presque point de rapport avec les travaux nécessaires à l'accroissement des lumières. Les chefs du peuple n'ont, pour ainsi dire, aucune idée de la postérité; les orages du présent sont si terribles, les revers et la prospérité portent si loin la destinée, que toutes les passions sont absorbées par les événements contemporains. Le gouvernement aristocratique, offrant une carrière plus lente et plus mesurée, fixe davantage l'intérêt sur tous les genres

'avenir : les lumières philosophiques sont néces-
aires à la considération dans un corps d'hommes
hoisis, tandis qu'il suffit des ressources de l'ima-
ination pour émouvoir la multitude rassemblée.

Excepté Xénophon, qui avait été lui-même ac-
eur dans l'histoire militaire qu'il raconte, mais
ui néanmoins n'a jamais eu de pouvoir dans l'in-
érieur de la république, aucun des hommes d'État
d'Athènes ne fut en même temps célèbre par ses
alents littéraires; aucun, comme Cicéron et César,
ne crut ajouter par ses écrits à son existence po-
itique. Scipion et Salluste furent soupçonnés, l'un
d'être l'auteur secret des comédies de Térence,
'autre d'avoir été l'acteur caché de la conspiration
dont il était l'historien; mais on ne voit point
d'exemples dans Athènes que le même homme ait
suivi la double carrière des lettres et des affaires
publiques. Il résultait de cette séparation presque
absolue, entre les études philosophiques et les occupations de l'homme d'État, que les écrivains
grecs cédaient davantage à leur imagination, et
que les écrivains latins prenaient pour règle de
leurs pensées la réalité des choses humaines.

La littérature latine est la seule qui ait débuté
par la philosophie; dans toutes les autres, et surtout dans la littérature grecque, les premiers essais de l'esprit humain ont appartenu à l'imagination. Les comédies de Plaute et de Térence ne sont
que des imitations du grec. Les autres poëtes antérieurs à Cicéron, ou méritent à peine d'être nommés, ou, comme Lucrèce, ont mis en vers des
idées philosophiques [1]. L'utilité est le principe
créateur de la littérature latine; le besoin de s'a-

[1] Cette opinion m'ayant été contestée, je crois devoir indiquer quelques faits qui la prouvent. J'ai dit que les poëtes
qui avaient précédé Cicéron et Lucrèce méritaient à peine
d'être nommés. On m'a objecté Ennius, Accius et Pacuvius.
Ennius, le meilleur des trois, est un poëte incorrect, obscur,
et d'une imagination peu poétique. Cette opinion, fondée sur
les fragments qui nous restent de lui, est confirmée par Virgile. Son jugement sur Ennius est passé en proverbe. Horace
se moque, dans l'une de ses épîtres, de ceux qui admirent
les anciens poëtes romains, Ennius et ses contemporains.
Ovide, dans ses Tristes, défend aux femmes de lire les Annales en vers d'Ennius, parce que, dit-il (*nihil est hirsu-
tius illis*), rien n'est plus grossier que ces Annales; et le plus
grand nombre des commentateurs latins considèrent Ennius
comme un mauvais écrivain.

J'ai dit que les Romains s'étaient occupés de philosophie
avant d'avoir eu des poëtes. C'est dans l'an 514 que les premières comédies en vers, composées par Titus Andronicus,
ont été représentées; et c'est l'année suivante qu'Ennius a été
connu. Cinq siècles avant cette époque, Numa avait écrit sur
la philosophie, et cent cinquante ans après Numa, Pythagore
avait été reçu bourgeois de Rome. Les sectes philosophiques
de la grande Grèce avaient eu des rapports continuels avec
Rome; la langue latine avait emprunté beaucoup de mots et
de règles grammaticales du grec éolique, que les colonies
avaient transporté dans la grande Grèce. Ennius, avant d'é-
crire en vers, avait embrassé la secte pythagoricienne; et ce

muser, le principe créateur de la littérature grecque. Les patriciens instituaient, par condescendance
pour le peuple, des spectacles, des chants et des
fêtes; mais la puissance durable étant concentrée
dans le sénat, ce corps devait nécessairement donner l'impulsion à l'esprit public.

qui nous reste de ses poëmes contient des idées philosophiques beaucoup plus que des fables merveilleuses.

La législation, qu'on doit regarder comme une branche de
la philosophie, fut portée au plus haut point de perfection à
Rome avant qu'il y eût des poëtes. Des écoles publiques furent instituées pour étudier l'esprit des lois; des commentateurs les analysèrent. Sextus Papyrius, Sextus Cœlius, Gra-
nius Flaccus, etc., ont écrit sur ce sujet dans les troisième,
quatrième et cinquième siècles de la république. Pour rédiger
la loi des douze tables, on envoya des Romains consulter les
hommes les plus éclairés de la Grèce, et cette loi des douze
tables, qui traite de la religion, du droit public et particulier, est citée par Cicéron comme supérieure à tout ce que
les philosophes ont jamais écrit sur ce sujet.

Paul Émile confia au philosophe Métrodore, qu'il avait ramené d'Athènes, l'éducation de son fils. Caton l'Ancien, qui
désapprouvait le goût des Romains pour la littérature grecque, et qui témoigna particulièrement du mépris à Ennius,
parce qu'il écrivait en vers, avait été instruit lui-même par
Néarque le pythagoricien, et se distingua comme écrivain et
comme orateur : il ne se montra l'adversaire que de Car-
néade, philosophe grec de la secte académique; et Diogène
le stoïcien, qui fut envoyé à Rome en même temps que Car-
néade, y fut si bien accueilli, que Scipion, Lælius, et plusieurs autres sénateurs embrassèrent sa doctrine : il paraît
même qu'elle était connue et pratiquée à Rome longtemps
avant cette ambassade.

Si l'on veut toujours appeler la philosophie l'art des sophismes, l'on pourra dire avec raison que, pendant toute la
durée de la république, les Romains repoussèrent ce faux
esprit des Grecs; mais si l'on veut rendre à la philosophie
l'honorable acception qu'elle a toujours eue dans l'antiquité,
l'on verra que les Romains n'ont pu être de grands hommes
d'État, de profonds législateurs et d'habiles orateurs politiques, sans être philosophes.

Avant Ennius, il y avait eu beaucoup d'écrivains en prose
chez les Romains. Posthumus Albinus, Romain, écrivit une
histoire de Rome en grec; Fabius Pictor, une autre en latin, etc. Avant Ennius, les Romains possédaient des orateurs
célèbres, dont Cicéron parle avec admiration, les Gracques,
les Appius, etc. Plusieurs de leurs discours existaient encore
par écrit du temps de Cicéron. Enfin la république avait eu
presque tous ses grands hommes avant qu'on y cultivât la
poésie.

Peut-on comparer cette marche de l'esprit humain dans
Rome à celle qu'il a suivie dans la Grèce? Le plus sublime
des poëtes, Homère, a existé quatre siècles avant le premier
écrivain en prose qui nous soit connu, Phérécide de Scyros,
trois cents ans avant Solon, un siècle avant Lycurgue; et le
premier art de l'imagination, la poésie, avait presque atteint
en Grèce le plus haut degré de perfection, avant que l'on eût
sur d'autres objets les idées suffisantes pour faire un code de
lois et former une société politique.

Enfin, quand on veut connaître le caractère d'une littérature, c'est son esprit général que l'on saisit. On dit que la
littérature italienne a commencé par la poésie, quoique du
temps de Pétrarque il y eût de mauvais prosateurs dont on
pourrait objecter les noms, comme on prétend opposer Ennius, Accius et Pacuvius aux grands orateurs, aux philosophes politiques qui consacrent la gloire des premiers siècles
de la république romaine. Si l'on disait le poëte Cicéron,
parce qu'il a essayé dans sa jeunesse un poëme sur Marius,
l'on ne comprendrait rien à cette épithète. Il en est de même
de cette poésie informe, froide et inconnue, à laquelle on
veut attribuer l'origine de la littérature latine. L'instruction

Le peuple romain était une nation déjà célèbre, sagement gouvernée, fortement constituée, avant qu'aucun écrivain eût existé dans la langue latine. La littérature a commencé lorsque l'esprit des Romains était déjà formé par plusieurs siècles, dans lesquels les principes philosophiques avaient été mis en pratique. L'art d'écrire ne s'était développé que longtemps après le talent d'agir; la littérature eut donc, chez les Romains, un tout autre caractère, un tout autre objet, que dans les pays où l'imagination se réveille la première.

Un goût plus sévère que celui des Grecs devait résulter, à Rome, de la distinction des classes. Les premières, cherchant toujours à s'élever, ne tardent pas à remarquer que la noblesse des manières, la délicatesse de l'éducation, font mieux sentir la distance des rangs que toutes les gradations légales. Les Romains n'auraient jamais supporté, sur leur théâtre, les plaisanteries grossières d'Aristophane; ils n'auraient jamais souffert que les événements contemporains, les personnages publics fussent ainsi livrés en spectacle. Ils permettaient qu'on jouât devant eux de certaines mœurs théâtrales, sans aucun rapport avec leurs vertus domestiques, des pantomimes, ou des farces grossières, des esclaves grecques faisant le principal rôle dans des sujets grecs, mais rien qui pût avoir la moindre analogie avec les mœurs des Romains. Les idées, les sentiments qu'on exprimait dans ces comédies étaient, pour les spectateurs de Rome, comme une fiction de plus dans un ouvrage d'imagination; et néanmoins Térence conservait dans ces sujets étrangers le genre de décence et de mesure qu'exige la dignité de l'homme, alors même qu'il n'y a point de femmes pour auditeurs.

Les femmes avaient plus d'existence chez les Romains que chez les Grecs; mais c'était dans leurs familles qu'elles obtenaient de l'ascendant :

vaut quelquefois beaucoup mieux que l'érudition; car, dans la nuit de l'antiquité, l'on peut se perdre dans les faits de détails qui empêcheront de saisir la vérité de l'ensemble.

Les écrivains vraiment célèbres avant le siècle d'Auguste, ce sont Salluste, Cicéron et Lucrèce, auxquels on peut joindre Plaute et Térence, traducteurs des comédies grecques. Mais quel est le poëte original, dans la langue latine, qui ait mérité quelque réputation avant Cicéron? Quel est le poëte qui ait eu sur la littérature latine, avant le siècle d'Auguste, une influence que l'on puisse comparer le moins du monde à celle d'Homère sur la littérature grecque? Cicéron est le premier de la littérature latine, comme Homère le premier de la littérature grecque; avec cette différence que, pour qu'il existât un philosophe comme Cicéron, il fallait que beaucoup de siècles éclairés l'eussent précédé, tandis que c'est à l'imagination seule du poëte et au merveilleux des temps héroïques qu'il faut attribuer Homère.

Si l'on trouve ces observations trop multipliées, je demande qu'on se souvienne qu'elles sont écrites en réponse à une attaque qui exigeait une réfutation.

elles n'en avaient point acquis encore dans les rapports de la société. Le goût, l'urbanité romaine avaient quelque chose de mâle qui n'empruntait rien de la délicatesse des femmes, et se maintenaient seulement par l'austérité des mœurs.

L'éloquence orageuse de la Grèce, ni l'ingénieuse flatterie de la France ne sont faites pour les gouvernements aristocratiques : ce n'est ni le peuple, ni l'individu roi qu'il faut captiver; c'est un corps, c'est un petit nombre, mettant en commun ses intérêts séparés. Dans un tel ordre de choses, il fallait que les patriciens se respectassent mutuellement pour en imposer au reste de la nation; il fallait obtenir une estime de durée; il fallait que chacun eût des qualités sérieuses et graves, qui pussent honorer ses pareils et servir à leur existence autant qu'à la sienne propre. Ce qui singularise, ce qui excite trop d'applaudissements ou trop d'envie, ne convient point à la dignité d'un corps. Les Romains ne cherchaient donc point à se distinguer, comme les Grecs, par des systèmes extraordinaires, par d'inutiles sophismes, par un genre de vie bizarrement philosophique [1]. Ce qui pouvait obtenir l'estime des patriciens était l'objet de l'émulation générale : on pouvait les haïr; mais on voulait leur ressembler.

Quoique les Romains se soient moins livrés que les Grecs à la littérature, ils leur sont supérieurs par la sagacité et l'étendue dans les observations morales et philosophiques. Les Romains avaient sur les Grecs une avance de quelques siècles, dans la carrière de l'esprit humain. D'ailleurs, plus il existe de convenances à ménager, plus la pénétration de l'esprit est nécessaire. La démocratie inspire une émulation vive et presque universelle; mais l'aristocratie excite davantage à perfectionner ce qu'on entreprend. L'écrivain qui compose a toujours ses juges présents à la pensée; et tous les ouvrages sont un résultat combiné du génie de l'auteur, et des lumières du public qu'il s'est choisi pour tribunal.

Les Grecs étaient beaucoup plus exercés que les Romains à ces reparties promptes et piquantes qui assurent la popularité au milieu d'une nation spirituelle et gaie; mais les Romains avaient plus d'esprit véritable, c'est-à-dire, qu'ils voyaient un plus grand nombre de rapports entre les idées, et qu'ils approfondissaient davantage tous les genres de réflexion. Leurs progrès dans les idées

[1] Qu'aurait-on dit à Rome des singularités de Diogène? Rien, car il ne s'y serait point livré dans un pays où elles ne lui auraient point valu de succès.

philosophiques sont extrêmement sensibles, depuis Cicéron jusqu'à Tacite. La littérature d'imagination a suivi une marche inégale; mais la connaissance du cœur humain et de la morale qui lui est propre, s'est toujours perfectionnée progressivement. Les principales bases des opinions philosophiques des Romains sont empruntées des Grecs; mais comme les Romains adoptèrent, dans la conduite de leur vie, les principes que les Grecs avaient développés dans leurs livres, l'exercice de la vertu les a rendus très-supérieurs aux Grecs, pour l'analyse de tout ce qui tient à la morale. Le code des devoirs est présenté par Cicéron avec plus d'ensemble, plus de clarté, plus de force, que dans aucun autre ouvrage précédent. Il était impossible d'aller plus loin avant l'établissement d'une religion bienfaisante, et l'abolition de l'esclavage politique et civil.

Les anciens n'ont point approfondi les passions humaines, comme l'ont fait quelques moralistes modernes; leurs idées mêmes sur la vertu s'y opposaient nécessairement. La vertu consistait, chez les anciens, dans la force sur soi-même et l'amour de la réputation. Ces ressorts, plus extérieurs qu'intimes, n'ont point permis à l'homme de connaître les secrets du cœur de l'homme; et la philosophie morale a perdu sous plusieurs rapports.

Les opinions stoïciennes étaient le point d'honneur des Romains : une vertu dominante soutient toutes les associations politiques, indépendamment du principe de leur gouvernement; c'est-à-dire qu'entre toutes les qualités, on en préfère une, sans laquelle toutes les autres ne sont rien, et qui suffit seule à faire pardonner l'absence de toutes. Cette qualité est le lien de patrie, le caractère distinctif des citoyens d'un même pays. Chez les Lacédémoniens, c'était le mépris de la douleur physique; chez les Athéniens, la distinction des talents; chez les Romains, la puissance de l'âme sur elle-même; chez les Français, l'éclat de la valeur; et telle était l'importance qu'un Romain mettait à l'exercice d'un empire absolu sur tout son être, que, seul avec lui-même, le stoïcien s'avouait à peine les affections qu'il lui était ordonné de surmonter.

Si un homme d'honneur était susceptible de quelque crainte, il la repousserait avec tant d'énergie, qu'il n'aurait jamais l'occasion ni la volonté de l'observer dans son propre cœur. Il en était de même, parmi les philosophes romains, des sentiments tumultueux de peine ou de colère, d'envie ou de regret : ils trouvaient efféminés tous les mouvements involontaires; et rougissant de les

éprouver, ils ne s'attachaient point à les connaître dans eux-mêmes, ni dans les autres. L'étude du cœur humain n'était pour eux que celle de la force ou de la faiblesse. Toujours ambitieux de réputation, ils ne s'abandonnaient point à leur propre caractère; ils ne montraient jamais qu'une nature commandée.

Cicéron est le seul dont l'individualité perce à travers ses écrits : encore combat-il par son système ce que son amour-propre laisse échapper. Sa philosophie est composée de préceptes, et non d'observations. Les Romains n'étaient point hypocrites; mais ils se formaient au dedans d'eux-mêmes pour l'ostentation. Le caractère romain était un modèle auquel tous les grands hommes adaptaient leur nature particulière; et les écrivains moralistes présentaient toujours le même exemple.

Cicéron, dans ses Offices, parle du *decorum*, c'est-à-dire, des formes extérieures de la vertu, comme faisant partie de la vertu même; il enseigne, comme un devoir de morale, les divers moyens d'imposer le respect, par la pureté du langage, par l'élégance de la prononciation. Tout ce qui peut ajouter à la dignité de l'homme, était la vertu des Romains. Ce sont les jouissances philosophiques, et non les idées douces d'une religion élevée, qu'ils proposent pour récompense des sacrifices. Ce n'est point aux consolations du cœur qu'ils en appellent pour soutenir les hommes, c'est à la fierté; tant leur nature est majestueuse, tant ils s'efforcent d'éloigner d'eux tout ce qui pourrait appartenir à des mouvements sensibles, ces mouvements fussent-ils même à l'appui de la plus sévère morale.

On ne voit donc, dans la première époque de leur littérature, aucun ouvrage qui montre une profonde connaissance du cœur humain, qui peigne ni le secret des caractères, ni les diversités sans nombre de la nature morale. C'eût été peut-être encourager les faiblesses, que d'en démêler les causes, tandis que les Romains voulaient en ignorer jusqu'à la possibilité. Leur éloquence elle-même n'est point animée par des passions irrésistibles; c'est la chaleur de la raison qui n'exclut point le calme de l'âme.

Les Romains avaient cependant plus de vraie sensibilité que les Grecs; les mœurs sévères conservent mieux les affections sensibles, que la vie licencieuse à laquelle les Grecs s'abandonnaient.

Plutarque, qui laisse de ce qu'il peint des souvenirs si animés, raconte que Brutus, prêt à s'embarquer pour quitter l'Italie, se promenant sur le bord de la mer avec Porcie, qu'il allait quitter, entra avec elle dans un temple; ils y adressèrent ensemble leur prière aux dieux protecteurs. Un tableau qui représentait les adieux d'Hector à Andromaque frappa d'abord leurs regards. La fille de Caton, qui jusqu'alors avait réprimé les expressions de sa douleur, en voyant ce tableau, ne put contenir l'excès de son émotion. Brutus, alors attendri lui-même, dit en s'approchant de quelques amis qui l'avaient accompagné : « Je « vous confie cette femme, qui unit à toutes les « vertus de son sexe le courage du nôtre; » et il s'éloigna.

Je ne sais si nos troubles civils, où tant d'adieux ont été les derniers, ajoutent à mon impression en lisant ce récit; mais il me semble qu'il en est peu de plus touchants. L'austérité romaine donne un grand caractère aux affections qu'elle permet. Le stoïcien Brutus, dont la farouche vertu n'avait rien épargné, laissant voir un sentiment si tendre dans ces moments qui précèdent et ses derniers efforts et ses derniers jours, surprend le cœur par une émotion inattendue; l'action terrible et la funeste destinée de ce dernier des Romains entourent son image d'idées sombres qui jettent sur Porcie l'intérêt le plus douloureux [1].

Comparez à cette situation Périclès défendant, devant l'aréopage, Aspasie accusée : l'éclat de la puissance, le charme de la beauté, l'amour même tel que la séduction peut l'exciter, vous trouverez tous ces moyens d'effet réunis dans le récit de ce plaidoyer; mais ils ne pénètrent point jusqu'au fond de votre âme. Dans le secret de la conscience se trouve aussi la source de l'attendrissement. Ce ne sont ni les préjugés de la société, ni les opinions philosophiques qui disposent de notre cœur; c'est la vertu, telle que le ciel l'a créée, vertu d'amour ou vertu de sacrifice, mais toujours délicatesse et vérité.

Quoique les Romains, par la pureté de leurs mœurs et les progrès de leur esprit, fussent plus capables que les Grecs d'affections profondes, on ne trouve point dans leurs écrits, jusqu'au règne d'Auguste, la trace des idées et des expressions sensibles que ces affections devaient leur inspirer. L'habitude de ne laisser voir aucune de leurs impressions personnelles, de porter toujours l'intérêt vers les principes philosophiques, donne de l'énergie, mais souvent aussi de la sécheresse et de l'uniformité à leur littérature. « Quant à ce senti- « ment, dit Cicéron, vulgairement appelé l'amour,

« il est presque superflu de démontrer combien il « est indigne de l'homme. » Ailleurs il dit, en parlant des regrets et des pleurs versés sur les tombeaux, que « ces témoignages de douleur ne con- « viennent qu'aux femmes. » Il ajoute « qu'ils sont « de mauvais augure. » Ainsi l'homme qui voulait dompter la nature cédait à la superstition.

Sans vouloir discuter ici quel avantage résulte, pour une nation, de cette force morale, exaltée par tous les efforts réunis des institutions et des mœurs, il est certain que la littérature doit avoir moins de variété, lorsque l'esprit de chaque homme a sa route tracée par l'esprit national, et que les efforts individuels tendent tous à perfectionner un seul genre, au lieu de se diriger vers celui pour lequel chacun a le plus de talent.

Les combats de gladiateurs avaient pour objet d'intéresser fortement le peuple romain par l'image de la guerre et le spectacle de la mort; mais dans ces jeux sanglants, les Romains exigeaient encore que les esclaves sacrifiés à leurs barbares plaisirs sussent triompher de la douleur et n'en laissassent échapper aucun témoignage. Cet empire continuel sur les affections est peu favorable aux grands effets de la tragédie : aussi la littérature latine ne contient-elle rien de vraiment célèbre en ce genre [1]. Le caractère romain avait certainement la grandeur tragique, mais il était trop contenu pour être théâtral. Dans les classes mêmes du peuple une certaine gravité distinguait toutes les actions. La folie causée par le malheur, ce cruel tableau de la nature physique troublée par les souffrances de l'âme, ce puissant moyen d'émotion, dont Shakspeare a tiré le premier des scènes si déchirantes, les Romains n'y auraient vu que la dégradation de l'homme. On ne cite même dans leur histoire aucune femme, aucun homme connu, dont la raison ait été dérangée par le malheur. Le suicide était très-fréquent parmi les Romains, mais les signes extérieurs de la douleur extrêmement rares. Le mépris qu'excitait la démonstration de la peine, faisait une loi de mourir ou d'en triompher. Il n'y a rien dans une telle disposition qui puisse fournir aux développements de la tragédie.

On n'aurait jamais pu, d'ailleurs, transporter à Rome l'intérêt que trouvaient les Grecs dans les tragédies dont le sujet était national [2]. Les Romains n'auraient point voulu qu'on représentât

---

[1] Elle vint sur ce seuil accompagner ses pas,
Et les infortunés ne se revirent pas.
  Les Gracques, par M. DE GUIBERT.

[1] Horace se plaint de ce que les Romains, au milieu de la représentation des pièces de théâtre, les interrompaient pour demander à grands cris des gladiateurs.
[2] Il existe une tragédie sur un sujet romain, la Mort d'Octavie; mais elle a été composée, comme la nature du sujet le prouve, longtemps après la destruction de la république; et

sur le théâtre ce qui pouvait tenir à leur histoire, à leurs affections, à leur patrie [1]. Un sentiment religieux consacrait tout ce qui leur était cher. Les Athéniens croyaient aux mêmes dogmes, défen-

quoiqu'elle soit dans les OEuvres de Sénèque, on ignore l'auteur, et l'on ne sait pas si elle a jamais été représentée.

[1] On oppose à cette opinion ces quatre vers d'Horace :

Nil intentatum nostri liquere poetæ,	Nos poëtes n'ont laissé aucun genre sans l'avoir essayé; et ils
Nec minimum meruere decus, vestigia græca	ont mérité beaucoup de louanges, en osant abandonner les traces
Ausi deserere, et celebrare domestica facta,	des Grecs, et célébrer des évènements domestiques, soit dans
Vel qui prætextas, vel qui docuere togatas	le genre tragique, soit dans la comédie.

Je ne sais à quel genre d'ouvrage ni à quelle époque de la littérature latine se rapportent ces quatre vers d'Horace. Au moment où il a écrit l'Art poétique, les plus fameux poètes du siècle d'Auguste existaient; et il paraît que l'Énéide même était déjà connue. Ces vers sont les seuls, dans les écrits des auteurs classiques latins, et dans Horace lui-même, que l'on puisse expliquer comme faisant allusion à des tragédies sur des sujets romains : encore peuvent-ils être diversement interprétés. Ce qui est certain, c'est qu'Horace et Cicéron disent que les tragiques romains ont été les copistes des Grecs, et que toutes les tragédies citées dans les écrits des anciens (et il y en a près de deux cents) sont tirées des sujets grecs. Accius, dit un commentateur, avait composé une tragédie sur Brutus, qui fut représentée aux jeux apollinaires. Mais une lettre de Cicéron à Atticus dit que ce fut la tragédie de Térée qui fut représentée à ces jeux; et un autre commentateur assure que ce n'était point une tragédie de Brutus qu'avait faite Accius, mais des vers adressés à un Brutus, descendant du premier, avec lequel il était très-lié. Les édiles, à Rome, étaient chargés de décider, d'après la lecture des pièces de théâtre, si elles seraient ou non représentées : comment donc savoir s'ils ont autorisé la représentation d'une pièce sur un sujet romain, en supposant même qu'il en existe que nous ne connaissions pas, tandis que les titres de près de deux cents tragédies tirées des sujets grecs nous ont été transmis! Il serait hasardé de vouloir garantir qu'il ne se trouverait pas dans des recherches pareilles une exception à la règle générale; mais une observation de ce genre se fonde sur un très-grand nombre d'exemples; et il est certainement très-probable que les Romains du temps de la république n'ont point encouragé les tragédies qui avaient pour sujet les propres événements de leur histoire. Il ne nous est resté ni un titre ni un éloge de semblables tragédies dans Horace ni dans Cicéron, qui mettaient l'un et l'autre cependant beaucoup de prix à faire valoir la littérature latine.

Aux vers d'Horace, qui me sont opposés, j'en objecterai d'autres tirés d'une de ses épîtres :

Serus enim Græcis admovit acumina chartis :	C'est fort tard que les Romains se sont occupés de la littérature des Grecs, et lorsque la
Et post l'unica bella quietus, quærere cœpit	fin des guerres puniques eut rendu le repos à la république.
Quid Sophocles, et Thespis, et Æschylus utile ferrent.	On commença à chercher alors les beautés que pouvaient offrir Sophocle, Eschyle et Thespis;
Tentavit quoque nam si digne vertere posset :	on essaya même de les imiter, et l'on y réussit. Les Romains
Et placuit sibi, natura sublimis et acer.	sont d'une nature ardente et sublime; ils respirent le sentiment
Nam spirat tragicum satis et feliciter audet :	de la tragédie, et peuvent oser avec succès. Mais ils répugnent
Sed turpem putat in scriptis metuitque lituram.	à corriger ce qu'ils composent, et trouvent même quelque chose de honteux à raturer de leurs écrits.

Y a-t-il rien dans ces vers qui suppose que les Romains

daient aussi leur patrie, aimaient aussi la liberté; mais ce respect qui agit sur la pensée, qui écarte de l'imagination jusqu'à la possibilité des actions interdites, ce respect qui tient à quelques égards de la superstition de l'amour, les Romains seuls l'éprouvaient pour les objets de leur culte.

A Athènes, la philosophie était, pour ainsi dire, l'un des beaux-arts que cultivait ce peuple enthousiaste de tous les genres de célébrité. A Rome, la philosophie avait été adoptée comme un appui de la vertu; les hommes d'État l'étudiaient comme un moyen de mieux gouverner leur patrie. La grandeur de la république romaine était l'unique objet de leurs travaux; elle réfléchissait sur ses guerriers, sur ses écrivains, sur ses magistrats, plus d'éclat qu'aucune gloire isolée n'aurait pu leur en assurer.

Un même but doit donner à la littérature créée par la république romaine, un même esprit, une même couleur. C'est par la perfection et non par la variété, par la dignité et non par la chaleur, par la sagesse et non par l'invention, que les écrits de ce temps sont remarquables. Une autorité de raison, une majesté de caractère singulièrement imposante, garantit à chaque phrase, à chaque mot, son acception tout entière. Loin d'avoir rien à retrancher à la valeur des termes, il semble, au contraire, qu'ils supposent au delà de ce qu'ils expriment. Les Romains donnent beaucoup trop de développements à leurs idées; mais ce qui appartient aux sentiments est toujours exprimé avec concision.

La première époque de la littérature latine étant très-rapprochée de la dernière de la littérature des Grecs, on y remarque aussi les mêmes défauts, qui tiennent, comme ceux des Grecs, à ce que le monde connu n'existait pas depuis longtemps. On trouve beaucoup de longueurs dans certains sujets, de l'ignorance et de l'erreur sur plusieurs autres. Les Romains sont supérieurs aux Grecs dans la carrière de la pensée : mais combien toutefois dans cette même carrière ne sont-ils pas au-dessous des modernes!

La principale cause de l'admiration qui nous saisit en lisant le petit nombre d'écrits qu'il nous reste de la première époque de la littérature ro-

aient eu des pièces de théâtre originales? et n'est-ce pas un trait à ajouter au caractère des Romains, que cette espèce d'orgueil qu'ils attachaient à ne pas corriger les pièces qu'ils composaient? Quel rapport peut-il y avoir entre le caractère, les talents et les goûts d'un tel peuple pendant qu'il était républicain, et tout ce que nous lisons de l'enthousiasme du peuple grec pour le perfectionnement de l'art dramatique et poétique?

maine, c'est l'idée que ces écrits nous donnent du caractère et du gouvernement des Romains. L'histoire de Salluste, les lettres de Brutus [1], les ouvrages de Cicéron, rappellent des souvenirs tout-puissants sur la pensée; vous sentez la force de l'âme à travers la beauté du style; vous voyez l'homme dans l'écrivain, la nation dans cet homme, et l'univers aux pieds de cette nation.

Sans doute Salluste et Cicéron même n'étaient pas les plus grands caractères de l'époque où ils ont vécu : mais des écrivains d'un tel talent se pénétraient de l'esprit d'un si beau siècle; et Rome vit tout entière dans leurs écrits.

Lorsque Cicéron plaide devant le peuple, devant le sénat, devant les prêtres ou devant César, son éloquence change de forme. On peut observer dans ses harangues, non-seulement le caractère qui convenait à la nation romaine en général, mais toutes les modifications qui doivent plaire aux différents esprits, aux différentes habitudes des hommes en autorité dans l'État. Le parallèle de Cicéron et de Démosthène se trouve donc presque entièrement dans la comparaison qu'on peut faire de l'esprit et des mœurs des Grecs, avec l'esprit et les mœurs des Romains. La verve injurieuse de Démosthène, l'éloquence imposante de Cicéron, les moyens que Démosthène emploie pour agiter les passions dont il a besoin, les raisonnements dont Cicéron se sert pour repousser celles qu'il veut combattre, ses longs développements, les rapides mouvements de l'orateur grec, la multitude d'arguments que Cicéron croit nécessaires, les coups répétés que Démosthène veut porter, tout a rapport au gouvernement et au caractère des deux peuples.

L'écrivain solitaire peut. n'appartenir qu'à son talent; mais l'orateur qui veut influer sur les délibérations politiques, se conforme avec soin à l'esprit national, comme un habile général étudie d'avance le terrain sur lequel il doit livrer le combat.

CHAPITRE VI.

De la littérature latine sous le règne d'Auguste.

L'on regarde ordinairement Cicéron et Virgile comme appartenant tous les deux au même siècle appelé le siècle d'or de la littérature latine. Cepen-

[1] Brutus, dans ses lettres, ne s'occupait point de l'art d'écrire : il n'avait pour but que de servir les intérêts politiques de son pays; et cependant la lettre qu'il adresse à Cicéron, pour lui reprocher les flatteries qu'il prodiguait au jeune Octave, est peut-être ce qui a été écrit de plus beau dans la prose latine.

dant les écrivains dont le génie s'était formé au milieu des luttes sanglantes de la liberté, devaient avoir un autre caractère que les écrivains dont les talents s'étaient perfectionnés sous les dernières années du paisible despotisme d'Auguste. Ces temps sont si rapprochés qu'on pourrait en confondre les dates; mais l'esprit général de la littérature latine, avant et depuis la perte de la liberté, offre à l'observation des différences remarquables.

Les habitudes républicaines se prolongèrent encore, pendant quelques années du règne d'Auguste; plusieurs historiens en conservent les traces. Mais tout, dans les poëtes, rappelle l'influence des cours : la plupart d'entre eux désirant de plaire à Auguste, vivant auprès de lui, donnèrent à la littérature le caractère qu'elle doit prendre sous l'empire d'un monarque qui veut captiver l'opinion, sans rien céder de la puissance qu'il possède. Ce seul point d'analogie établit quelques rapports entre la littérature latine et la littérature française, dans le siècle de Louis XIV, quoique d'ailleurs ces deux époques ne se ressemblent nullement.

La philosophie, à Rome, précéda la poésie; c'est l'ordre habituel renversé, et c'est peut-être la principale cause de la perfection des poëtes latins.

Avant le règne d'Auguste, l'émulation n'avait point été portée vers la poésie. Les jouissances du pouvoir et des intérêts politiques l'emportent presque toujours sur les succès purement littéraires; et quand la forme du gouvernement appelle les talents supérieurs à l'exercice des emplois publics, c'est vers l'éloquence, l'histoire et la philosophie, c'est vers la partie de la littérature qui tient le plus immédiatement à la connaissance des hommes et des événements, que se dirigent les travaux. Sous l'empire d'un seul, au contraire, les beaux-arts sont l'unique moyen de gloire qui reste aux esprits distingués; et quand la tyrannie est douce, les poëtes ont souvent le tort d'illustrer son règne par leurs chefs-d'œuvre.

Cependant Virgile, Horace, Ovide, malgré les flatteries qu'ils ont prodiguées à Auguste, se sont montrés beaucoup plus philosophes, beaucoup plus penseurs dans leurs écrits, qu'aucun des poëtes grecs. Ils doivent en partie cet avantage à la raison profonde des écrivains qui les ont précédés. Toutes les littératures ont leur époque de poésie. De certaines beautés d'images et d'harmonie sont transportées successivement dans la plupart des langues nouvelles et perfectionnées; mais quand le talent poétique d'une nation se développe, comme à Rome, au milieu d'un siècle éclairé, il s'enrichit des lumières de ce siècle. L'imagination, sous quelques rapports, n'a qu'un temps dans chaque pays; elle précède ordinairement les idées philosophiques : mais lorsqu'elle les trouve déjà connues et développées, elle fournit sa course avec bien plus d'éclat.

Les poëtes, sous le règne d'Auguste, adoptaient presque tous dans leurs écrits le système épicurien; il est d'abord très-favorable à la poésie, et de plus, il semble qu'il donne quelque noblesse à l'insouciance, quelque philosophie à la volupté, quelque dignité même à l'esclavage. Ce système est immoral, mais il n'est pas servile; il abandonne la liberté, comme tous les biens qui peuvent exiger un effort, mais il ne fait pas du despotisme un principe, et de l'obéissance un fanatisme, comme le voulaient les adulateurs de Louis XIV. Cette brièveté de la vie, dont Horace mêle sans cesse le souvenir à ses peintures les plus riantes, cette pensée de la mort, qu'il ramène continuellement à travers toutes les prospérités, rétablissent une sorte d'égalité philosophique, à côté même de la flatterie. Ce n'est pas avec une vertueuse sensibilité que ces poëtes nous peignent la passagère destinée de l'homme ; si leur âme se montrait capable d'émotions profondes, on leur demanderait de combattre la tyrannie au lieu de chanter l'usurpateur. Mais on se les représente voyant passer la vie, comme ils regardent couler le ruisseau qui rafraîchit leur climat brûlant, et l'on finit presque par leur pardonner d'oublier la morale et la liberté, comme ils laissent échapper le temps et l'existence.

Malgré cette mollesse de caractère qui se fait remarquer sous le règne d'Auguste dans la plupart des poëtes, on trouve en eux un grand nombre de beautés réfléchies. Ils ont emprunté des Grecs beaucoup d'inventions poétiques, que les modernes ont imitées à leur tour, et qui semblent devoir être à jamais les éléments de l'art. Mais ce qu'il y a de tendre et de philosophique dans les poëtes latins, eux seuls en ont la gloire.

L'amour de la campagne, qui a inspiré tant de beaux vers, prend chez les Romains un autre caractère que chez les Grecs. Ces deux peuples se plaisent également dans les images qui conviennent aux mêmes climats. Ils invoquent, ils rappellent avec délices la fraîcheur de la nature, pour échapper à leur soleil dévorant; mais les Romains demandent de plus à la campagne un abri contre la tyrannie : c'était pour se reposer des sentiments pénibles, c'était pour oublier un joug avilissant qu'ils se retiraient loin des cités habitées. Des réflexions morales se mêlent à leur poésie descriptive; on croit apercevoir des regrets et des souvenirs dans tout ce que les poëtes écrivaient alors; et c'est sans doute par cette raison qu'ils réveillent plus que les Grecs une impression sensible dans notre âme. Les Grecs vivaient dans l'avenir, et les Romains aimaient déjà, comme nous, à porter leurs regards sur le passé.

Aussi longtemps que dura la république, il y eut de la délicatesse dans les affections des Romains pour les femmes. Elles n'avaient point encore l'existence indépendante que leur assurent les lois modernes; mais reléguées avec les dieux pénates, elles inspiraient, comme ces divinités domestiques, quelques sentiments religieux. Les écrivains qui ont existé pendant la république, ne s'étant jamais permis d'exprimer les affections qu'ils éprouvaient, c'est dans le court passage des mœurs les plus sévères à la plus effroyable corruption que les poëtes latins ont montré une sensibilité plus touchante que celle qu'on peut trouver dans aucun ouvrage grec. On se rappelait encore, sous le règne d'Auguste, l'austérité républicaine, et la peinture de l'amour empruntait quelques charmes des souvenirs de la vertu [1].

Des vers de Tibulle à Délie, le quatrième chant de l'Énéide, Ceyx et Alcione, Philémon et Baucis, peignent les sentiments de l'âme avec cette langue des Latins dont le caractère est si imposant. Quelle impression ne produit-elle pas, cette langue créée pour la force et la raison, alors qu'on la consacre à l'expression de la tendresse! C'est une puissance majestueuse qui vous émeut d'autant plus en s'abandonnant aux mouvements de la nature, que vous êtes plus accoutumés à la respecter. Cependant le langage vrai d'une sensibilité profonde et passionnée est extrêmement rare, même chez les Romains du siècle d'Auguste. Le système d'Épicure, le dogme du fatalisme, les mœurs de

---

[1] Je cite au hasard deux traits qui peuvent confirmer ce que je dis de la sensibilité des poëtes latins. Lorsque les dieux voyageurs demandent à Philémon, dans les Métamorphoses d'Ovide, ce que Baucis et lui souhaitent de la faveur du ciel, Philémon leur répond :

Poscimus, et quoniam concordes egimus annos, Auferat hora duos eadem ; nec conjugis unquam Busta meæ videam ; neu sim tumulandus ab illa	Comme nous avons passé ensemble des années toujours d'accord, nous demandons que la même heure termine notre carrière, que je ne voie jamais le tombeau de mon épouse, et que je ne sois point enseveli par elle.

Je choisis dans Virgile, le poëte du monde où l'on peut trouver le plus de vers sensibles, ceux qui peignent la tendresse paternelle; car il faut pour attendrir, sans employer

l'antiquité avant l'établissement de la religion chrétienne, dénaturent presque entièrement ce qui tient aux affections du cœur.

Ovide introduisit, par plusieurs de ses écrits, une sorte de recherche, d'affectation et d'antithèse dans la langue de l'amour, qui en éloignait tout à fait la vérité. Il rappelle, à cet égard, le mauvais goût du siècle de Louis XIV. La manie d'exercer son esprit à froid sur les sentiments du cœur, doit produire partout des résultats à peu près semblables, malgré la différence des temps. Mais cette affectation est le défaut de l'esprit d'Ovide; il ne rappelle en rien le caractère général de l'antiquité.

Ce qui manque aux anciens dans la peinture de l'amour est précisément ce qui leur manque en idées morales et philosophiques. Lorsque je parlerai de la littérature des modernes, et en particulier de celle du dix-huitième siècle, où l'amour a été peint dans Tancrède, la Nouvelle Héloïse, Werther et les poëtes anglais, etc., je montrerai comment le talent exprime avec d'autant plus de force et de chaleur les affections sensibles, que la réflexion et la philosophie ont élevé plus haut la pensée.

On a fait trop souvent la comparaison du siècle de Louis XIV avec celui d'Auguste, pour qu'il soit possible de la recommencer ici; mais je développerai seulement une observation importante pour le système de perfectibilité que je soutiens. Descartes, Bayle, Pascal, Molière, la Bruyère, Bossuet, les philosophes anglais qui appartiennent aussi à la même époque de l'histoire des lettres, ne permettent d'établir aucune parité entre le siècle de Louis XIV et celui d'Auguste, pour les

la langue de l'amour, une sensibilité beaucoup plus profonde. Évandre, en disant adieu à son fils Pallas, prêt à partir pour la guerre, s'adresse au ciel en ces termes :

At vos, ô superi, ô divum tu
  maxime rector,
Jupiter, Arcadii, quæso, mise-
  rescite regis,
Et patrias audite preces. Si nu-
  mina vestra
Incolumen Pallanta mibi, si fata
  reservant;
Si visurus eum vivo, et ventu-
  rus in unum :
Vitam oro : patiar quemvis du-
  rare laborem.
Sin aliquem infandum casum,
  Fortuna, minaris,
Nunc ô, nunc liceat crudelem
  abrumpere vitam :
Dum curæ ambiguæ, dum spes
  incerta futuri;
Dum te, care puer, mea sera et
  sola voluptas,
Complexu teneo : gravior ne nun-
  cius aures
Vulneret.

Mais vous, ô divinités suprêmes! et toi, maître des dieux,
Jupiter, ayez pitié du roi d'Arcadie, écoutez les prières paternelles. Si votre volonté, si celle
des destins me réservent Pallas,
si je dois le revoir et l'embrasser encore, je vous demande de
vivre. Je supporterai la peine,
quelle que soit sa durée. Mais si
le sort le menace de quelque accident funeste, ô dieux! qu'il me
soit permis maintenant de briser ma vie malheureuse, tandis
que des inquiétudes douteuses,
tandis que l'espérance incertaine
de l'avenir m'agitent, tandis que
je t'embrasse encore, toi mon
enfant, toi la seule volupté du
soir de ma vie; qu'il me soit
permis de mourir, de peur qu'un
messager cruel ne déchire mon
cœur....

progrès de l'esprit humain. Néanmoins on se demande pourquoi les anciens, et surtout les Romains, ont possédé des historiens tellement parfaits, qu'ils n'ont été jamais égalés par les modernes, et en particulier pourquoi les Français n'ont aucun ouvrage complet à présenter en ce genre.

J'analyserai, dans le chapitre sur le siècle de Louis XIV, les causes de la médiocrité des Français comme historiens. Mais je dois présenter ici quelques réflexions sur les causes de la supériorité des anciens dans le genre de l'histoire, et je crois que ces réflexions prouveront que cette supériorité n'est point en contradiction avec les progrès successifs de la pensée.

Il existe des histoires appelées avec raison histoires philosophiques; il en existe d'autres dont le mérite consiste dans la vérité des tableaux, la chaleur des récits et la beauté du langage : c'est dans ce dernier genre que les historiens grecs et latins se sont illustrés.

On a besoin d'une plus profonde connaissance de l'homme pour être un grand moraliste que pour devenir un bon historien. Tacite est le seul écrivain de l'antiquité qui ait réuni ces deux qualités à un degré presque égal. Les souffrances et les craintes attachées à la servitude avaient hâté sa réflexion, et son expérience était plus âgée que le monde. Tite-Live, Salluste, des historiens d'un ordre inférieur, Florus, Cornelius Nepos, etc., nous charment par la grandeur et la simplicité des récits, par l'éloquence des harangues qu'ils prêtent à leurs grands hommes, par l'intérêt dramatique qu'ils savent donner à leurs tableaux. Mais ces historiens ne peignent, pour ainsi dire, que l'extérieur de la vie. C'est l'homme tel qu'on le voit, tel qu'il se montre; ce sont les fortes couleurs, les beaux contrastes du vice et de la vertu; mais on ne trouve dans l'histoire ancienne, ni l'analyse philosophique des impressions morales, ni l'observation approfondie des caractères, ni les symptômes inaperçus des affections de l'âme. La vue intellectuelle de Montaigne va bien plus loin que celle d'aucun écrivain de l'antiquité. On ne désire point, il est vrai, ce genre de supériorité dans l'histoire; il faut que la nature humaine y soit représentée seulement dans son ensemble; il faut que les héros y restent grands, qu'ils paraissent tels à travers les siècles. Les moralistes découvrent des faiblesses, qui sont les ressemblances cachées de tous les hommes entre eux : l'historien doit prononcer fortement leurs différences. Les anciens, qui se complaisaient dans l'admiration, qui ne cherchaient point à diminuer l'odieux du vice, ni le mérite de la vertu, avaient une qualité presque aussi nécessaire à l'intérêt de la vérité qu'à celui de la fiction; ils étaient fidèles à l'enthousiasme comme au mépris, et souvent même les caractères étaient plus soutenus dans leurs tableaux historiques que dans leurs ouvrages d'imagination.

Peut-on oublier d'ailleurs quel avantage prodigieux les historiens anciens ont sur les historiens modernes par la nature même des faits qu'ils racontent? Le gouvernement républicain donne aux hommes, comme aux événements, un grand caractère; et des siècles de monarchie despotique ou de guerres féodales n'inspirent pas autant d'intérêt que l'histoire d'une ville libre. Suétone, qui a fait l'histoire du règne des empereurs, Ammien Marcellin, Velleius Paterculus, dans la dernière partie de son histoire, ne peuvent être comparés en rien à aucun de ceux qui ont écrit les siècles de la république; et si Tacite a su les surpasser tous, c'est parce que l'indignation républicaine vivait dans son âme, et que ne regardant pas le gouvernement des empereurs comme légal, n'ayant besoin de l'autorisation d'aucun pouvoir pour publier ses livres, son esprit n'était point soumis aux préjugés naturels ou commandés qui ont asservi tous les historiens modernes jusqu'à ce siècle.

C'est à ces diverses considérations qu'il faut attribuer la supériorité des anciens dans le genre de l'histoire : cette supériorité tient principalement à cet art de peindre et de raconter qui suppose le mouvement, l'intérêt, l'imagination, mais non la connaissance intime des secrets du cœur humain, ou des causes philosophiques des événements [1]. Comment les anciens auraient-ils pu la posséder, en effet, à l'égal de ceux que des siècles et des générations multipliés ont instruits par de nouveaux exemples, et qui peuvent contempler dans la longue histoire du passé, tant de crimes, tant de revers, tant de souffrances de plus!

CHAPITRE VII.

De la littérature latine, depuis la mort d'Auguste jusqu'au règne des Antonins.

Après le siècle de Louis XIV, et pendant le siècle de Louis XV, la philosophie a fait de grands progrès, sans que la poésie ni le goût littéraire se soient perfectionnés. On peut observer une marche à peu près pareille depuis Auguste jusqu'aux Antonins, avec cette différence cependant, que les empereurs qui ont régné pendant ce temps, ayant été des monstres abominables, l'empire n'a pu se soutenir, l'esprit général a dû se dégrader, et un très-petit nombre d'hommes ont conservé la force d'esprit nécessaire pour se livrer aux études philosophiques et littéraires.

Le règne d'Auguste avait avili les âmes; un repos sans dignité avait presque effacé jusqu'aux souvenirs des vertus courageuses auxquelles Rome devait sa grandeur. Horace ne rougissait point de publier lui-même dans ses vers qu'il avait fui le jour d'une bataille. Cicéron et Ovide supportèrent tous les deux difficilement le malheur de l'exil. Mais quelle différence dans la démonstration de leurs regrets! Les Tristes d'Ovide sont remplies des témoignages les plus faibles d'une douleur abattue, des flatteries les plus basses pour son persécuteur; et Cicéron, dans l'intimité même de sa correspondance avec Atticus, contient et ennoblit de mille manières la peine que lui cause son injuste bannissement. Ce n'est pas seulement à la diversité des caractères, c'est à celle des temps qu'il faut attribuer de telles dissemblances. L'opinion qui domine est un centre avec lequel les individus conservent toujours de certains rapports; et l'esprit général du siècle, s'il ne change pas le caractère, modifie les formes que l'on choisit pour le montrer.

Après le règne florissant d'Auguste, on vit naître les plus féroces et les plus grossières tyrannies dont l'antiquité nous ait offert l'exemple. L'excès du malheur retrempa les âmes; le joug tranquille énervait les esprits supérieurs, ainsi que la multitude; les fureurs de la cruauté, longtemps souffertes, avilirent encore davantage la masse de la nation; mais quelques hommes éclairés se relevèrent de cet abattement général, et ressentirent plus que jamais le besoin de la philosophie stoïcienne.

Sénèque (que je ne juge ici que par ses ouvrages), Tacite, Épictète, Marc-Aurèle, quoique dans des situations différentes, et avec des caractères que l'on ne peut comparer, furent tous inspirés par l'indignation contre le crime. Leurs écrits en latin et en grec ont un caractère tout à fait

---

[1] Il est remarquable, par exemple, qu'aucun historien, que Tacite lui-même ne nous dise pas par quels moyens, par quelle opinion, par quel ressort social, les plus atroces et les plus stupides empereurs gouvernaient Rome sans rencontrer aucun obstacle, même pendant leur absence : Tibère de l'île de Caprée, Caligula du fond de la Bretagne, etc. Que de questions philosophiques l'on pourrait faire aux meilleurs historiens de l'antiquité, dont ils n'ont pas résolu une seule!

distinct de celui des littérateurs du temps d'Auguste; ils ont plus de force et plus de concision que les philosophes républicains eux-mêmes. La morale de Cicéron a pour but principal l'effet que l'on doit produire sur les autres; celle de Sénèque, le travail qu'on peut opérer sur soi : l'un cherche une honorable puissance, l'autre un asile contre la douleur; l'un veut aimer la vertu, l'autre combattre le crime; l'un ne considère l'homme que dans ses rapports avec les intérêts de son pays, l'autre, qui n'avait plus de patrie, s'occupe des relations privées. Il y a plus de mélancolie dans Sénèque, et plus d'émulation dans Cicéron.

Quand ce sont les tyrans qui menacent de la mort, les philosophes, contraints à supporter ce que la nature a de plus terrible et ce que le crime a de plus atroce, ne pouvant agir au dehors d'eux-mêmes, étudient plus intimement les mouvements de l'âme. Les écrivains de la troisième époque de la littérature latine n'avaient pas encore atteint à la connaissance parfaite, à l'observation philosophique des caractères, telle qu'on la voit dans Montaigne et la Bruyère; mais ils en avaient déjà plus eux-mêmes : l'oppression avait renfermé leur génie dans leur propre sein.

La tyrannie, comme tous les grands malheurs publics, peut servir au développement de la philosophie; mais elle porte une atteinte funeste à la littérature, en étouffant l'émulation et en dépravant le goût.

On a prétendu que la décadence des arts, des lettres et des empires, devait arriver nécessairement après un certain degré de splendeur. Cette idée manque de justesse : les arts ont un terme, je le crois, au delà duquel ils ne s'élèvent pas; mais ils peuvent se maintenir à la hauteur à laquelle ils sont parvenus; et dans toutes les connaissances susceptibles de progression, la nature morale tend à se perfectionner. L'amélioration précédente est une cause de l'amélioration future; cette chaîne peut être interrompue par des événements accidentels qui contrarient les progrès à venir, mais qui ne sont point la conséquence des progrès antérieurs.

Les écrivains du temps des empereurs, malgré les affreuses circonstances contre lesquelles ils avaient à lutter, sont supérieurs, comme philosophes, aux écrivains du siècle d'Auguste. Le style des auteurs latins, dans la troisième époque de leur littérature, a moins d'élégance et de pureté : la délicatesse du goût ne pouvait se conserver sous des maîtres si grossiers et si féroces. La multitude s'avilissait par la flatterie imitatrice des mœurs du tyran; et le petit nombre des hommes distingués, communi-

quant difficilement entre eux, ne pouvaient établir cette opinion critique, cette législation littéraire, qui trace une ligne positive entre l'esprit et la recherche, entre l'énergie et l'exagération.

Sous la tyrannie des empereurs, il n'était ni permis ni possible de remuer le peuple par l'éloquence; les ouvrages philosophiques et littéraires n'avaient point d'influence sur les événements publics. On ne trouve donc point, dans les écrits de ce temps, le caractère qu'imprime toujours l'espoir d'être utile, cette juste mesure qui a pour but de déterminer une action, d'amener par la parole un résultat actuel et positif. Il faut donner de l'amusement à l'esprit pour être lu par des hommes isolés entre eux, et dont l'ambition ne peut rien faire ni rien attendre de la pensée. Il est possible que, dans une telle situation, les écrivains tombent dans l'affectation, parce qu'il leur importe trop de rendre piquantes les formes de leur style. Sénèque et Pline le jeune en particulier ne sont pas à l'abri de ce défaut.

On peut aussi manquer de goût, comme Juvénal, lorsqu'on essaie, par tous les moyens possibles, de réveiller l'horreur du crime dans une nation engourdie. La pensée de l'auteur, souillée par l'histoire de son temps, ne peut s'astreindre à cette pureté d'expressions qui doit toujours servir à peindre les images même les plus révoltantes. Mais ces défauts, qu'on ne peut nier, ne doivent pas empêcher de reconnaître que la troisième époque de la littérature romaine est illustrée par des penseurs plus profonds que tous ceux qui les avaient précédés.

Il y a plus d'idées fines et neuves dans le traité de Quintilien sur l'art oratoire que dans les écrits de Cicéron sur le même sujet. Quintilien a réuni ses propres pensées à celles de Cicéron; il part du point où Cicéron s'est arrêté. La philosophie de Sénèque pénètre plus avant dans le cœur de l'homme. Pline l'ancien est l'écrivain de l'antiquité qui a le plus approché de la vérité dans les sciences. Tacite, sous tous les rapports, l'emporte de beaucoup sur les meilleurs historiens latins.

Les premiers qui écrivent et parlent une belle langue se laissent charmer par l'harmonie des phrases; et Cicéron ni ses auditeurs ne sentaient pas encore le besoin d'un style plus fort d'idées. Mais en avançant dans la littérature, on se blase sur les jouissances de l'imagination, l'esprit devient plus avide d'idées abstraites, la pensée se généralise, les rapports des hommes entre eux se multiplient avec les siècles, la variété des circonstances fait naître et découvrir des combinaisons nouvelles, des aperçus plus profonds; la réflexion hérite du temps. C'est ce genre de progression qui se fait sentir dans les écrivains de la dernière époque de la littérature latine, malgré les causes locales qui luttaient alors contre la marche naturelle de l'esprit humain.

A l'honneur du peuple romain, les arts d'imagination tombèrent presque entièrement pendant la tyrannie des empereurs. Lucain n'écrivit que pour ranimer par de grands souvenirs les cendres de la république; et sa mort attesta le péril d'un si beau dessein. Vainement la plupart des féroces empereurs de Rome montrèrent-ils un goût excessif pour les jeux et pour les spectacles, aucune pièce de théâtre digne d'un succès durable ne parut sous leur règne, aucun chant poétique ne nous est resté des honteux loisirs de la servitude. Les hommes de lettres d'alors n'ont point décoré la tyrannie, et la seule occupation à laquelle on se soit livré sous ces maîtres détestables, c'est l'étude de la philosophie et de l'éloquence; on s'exerçait aux armes qui pouvaient servir à renverser l'oppression même.

Les flatteries ont souillé les écrits de quelques philosophes de ce temps, et leurs réticences mêmes étaient honteuses. Néanmoins, l'ignorance où l'on était alors de la découverte de l'imprimerie était favorable, à quelques égards, à la liberté d'écrire; les livres étaient moins surveillés par le despotisme, lorsque les moyens de publicité étaient infiniment restreints. Les écrits polémiques, ceux qui doivent agir sur l'opinion du moment et sur l'événement du jour, n'auraient jamais pu être d'aucune utilité, d'aucune influence, avant l'usage de la presse; ils n'auraient jamais été assez répandus pour produire un effet populaire : la tribune seule pouvait atteindre à ce but; mais on ne composait jamais un ouvrage que sur des idées générales ou des faits antérieurs propres à l'enseignement des générations. Les tyrans étaient donc beaucoup plus indifférents que de nos jours à la liberté d'écrire; la postérité n'étant pas de leur domaine, ils laissaient assez volontiers les philosophes s'y réfugier.

On se demande comment, à cette époque, les sciences exactes n'ont pas fait plus de progrès, comment il est arrivé que presque aucun Romain ne s'y soit consacré. C'est sous la tyrannie que ces recherches indépendantes ont souvent captivé les esprits qui ne voulaient ni se révolter ni s'avilir. Peut-être que les dangers qui menaçaient alors tous les hommes distingués étaient trop imminents pour leur laisser le loisir nécessaire à de tels travaux; peut-être aussi les Romains avaient-ils conservé trop d'indignation républicaine pour pouvoir distraire entièrement leur attention de la destinée de leur pays. Les pensées philosophiques se rallient à tous les sentiments de l'âme; les sciences vous transportent dans un tout autre ordre d'idées. Enfin à cette époque, comme on n'avait pas découvert la véritable méthode qu'il faut suivre dans l'étude de la nature physique, l'émulation n'était point excitée dans une carrière où de grands succès n'avaient point encore été obtenus.

Une des causes de la destruction des empires dans l'antiquité, c'est l'ignorance de plusieurs découvertes importantes dans les sciences; ces découvertes ont mis plus d'égalité entre les nations comme entre les hommes. La décadence des empires n'est pas plus dans l'ordre naturel que celle des lettres et des lumières. Mais avant que toute l'Europe fût civilisée, avant que le système politique et militaire et l'emploi de l'artillerie eussent balancé les forces, enfin avant l'imprimerie, l'esprit national, les lumières nationales devaient être aisément la proie des barbares, toujours plus aguerris que les autres hommes. Si l'imprimerie avait existé, les lumières et l'opinion publique acquérant chaque jour plus de force, le caractère des Romains se serait conservé, et avec lui la nation et la république; on n'aurait pas vu disparaître de la terre ce peuple qui aimait la liberté sans insubordination, et la gloire sans jalousie; ce peuple qui, loin d'exiger qu'on se dégradât pour lui plaire, s'était élevé lui-même jusqu'à la juste appréciation des vertus et des talents pour les honorer par son estime; ce peuple dont l'admiration était dirigée par les lumières, et que les lumières cependant n'ont jamais blasé sur l'admiration.

L'esprit humain, et surtout l'émulation patriotique, seraient entièrement découragés, s'il était prouvé qu'il est de nécessité morale que les nations fameuses s'éclipsent du monde après l'avoir éclairé quelque temps. Cette succession de peuples détrônés n'est point une véritable fatalité. En étudiant les sublimes réflexions de Montesquieu sur les causes de la décadence des Romains, on voit évidemment que la plupart de ces causes n'existent plus de nos jours.

La moitié de l'Europe, non encore civilisée, devait enfin envahir l'autre. Il fallait que les avantages de la société devinssent universels; car tout dans la nature tend au niveau : mais les douceurs de la vie privée, la diffusion des lumières, les relations commerciales établissant plus de parité dans les jouissances, apaiseront par degré les sentiments de rivalité entre les nations.

Les crimes inouïs dont l'empire romain a été le

théâtre sont l'une des principales causes de sa décadence. La désorganisation de l'opinion publique pouvait seule permettre de tels excès [1]. Si l'on en excepte les années de la terreur en France, l'atrocité n'est pas dans la nature des mœurs européennes de ce siècle. L'esclavage qui mettait une classe d'hommes hors des devoirs de la morale, le petit nombre des moyens qui pouvaient servir à l'instruction générale, la diversité des sectes philosophiques qui jetait dans les esprits de l'incertitude sur le juste et l'injuste, l'indifférence pour la mort, indifférence qui commence par le courage et finit par tarir les sources naturelles de la sympathie; tels étaient les divers principes de la cruauté sauvage qui a existé parmi les Romains.

Une corruption dégoûtante et qui fait autant frémir la nature que la morale, acheva de dégrader ce peuple jadis si grand. Les nations du Midi tombèrent dans l'avilissement, et cet avilissement prépara le triomphe des peuples du Nord. La civilisation de l'Europe, l'établissement de la religion chrétienne, les découvertes des sciences, la publicité des lumières, ont posé de nouvelles barrières à la dépravation, et détruit d'anciennes causes de barbarie. Ainsi donc la décadence des nations, et par conséquent celle des lettres, est maintenant beaucoup moins à craindre. C'est ce que le chapitre suivant achèvera, je crois, de démontrer.

CHAPITRE VIII.

De l'invasion des peuples du Nord, de l'établissement de la religion chrétienne, et de la renaissance des lettres.

On compte dans l'histoire plus de dix siècles pendant lesquels l'on croit assez généralement que l'esprit humain a rétrogradé. Ce serait une forte objection contre le système de progression dans les lumières, qu'un si long cours d'années, qu'une portion si considérable des temps qui nous sont connus, pendant lesquels le grand œuvre de la perfectibilité semblerait avoir reculé; mais cette objection, que je regarderais comme toute-puissante si elle était fondée, peut se réfuter d'une

[1] Lorsque Caligula était allé faire la guerre en Bretagne, il envoya Protogènes, l'un de ses affidés, au sénat. Scribonius, sénateur, s'approcha de Protogènes pour lui dire quelques phrases de salutation sur son arrivée. Protogènes élevant la voix, lui répondit : « Comment un ennemi de l'empereur se « permet-il de m'adresser un compliment? » Les sénateurs entendant ces paroles, se jetèrent sur Scribonius; et comme ils n'avaient point d'armes, ils le tuèrent à coups de canif. Ce trait surpasse certainement tout ce que l'histoire moderne a jamais raconté d'intrépide en fait de bassesse.

manière simple. Je ne pense pas que l'espèce humaine ait rétrogradé pendant cette époque; je crois, au contraire, que des pas immenses ont été faits dans le cours de ces dix siècles, et pour la propagation des lumières, et pour le développement des facultés intellectuelles.

En étudiant l'histoire, il me semble qu'on acquiert la conviction que tous les événements principaux tendent au même but, la civilisation universelle. L'on voit que, dans chaque siècle, de nouveaux peuples ont été admis au bienfait de l'ordre social, et que la guerre, malgré tous ses désastres, a souvent étendu l'empire des lumières. Les Romains ont civilisé le monde qu'ils avaient soumis. Il fallait que d'abord la lumière partît d'un point brillant, d'un pays de peu d'étendue, comme la Grèce; il fallait que, peu de siècles après, un peuple de guerriers réunît sous les mêmes lois une partie du monde pour la civiliser en la conquérant. Les nations du Nord, en faisant disparaître pendant quelque temps les lettres et les arts qui régnaient dans le Midi, acquirent néanmoins quelques-unes des connaissances que possédaient les vaincus; et les habitants de plus de la moitié de l'Europe, étrangers jusqu'alors à la société civilisée, participèrent à ses avantages. Ainsi le temps nous découvre un dessein dans la suite d'événements qui semblaient n'être que le pur effet du hasard; et l'on voit surgir une pensée, toujours la même, de l'abîme des faits et des siècles.

L'invasion des barbares fut sans doute un grand malheur pour les nations contemporaines de cette révolution; mais les lumières se propagèrent par cet événement même. Les habitants énervés du Midi, se mêlant avec les hommes du Nord, empruntèrent d'eux une sorte d'énergie, et leur donnèrent une sorte de souplesse qui devait servir à compléter les facultés intellectuelles. La guerre pour de simples intérêts politiques, entre des peuples également éclairés, est le plus funeste fléau que les passions humaines aient produit; mais la guerre, mais la leçon éclatante des événements peut quelquefois faire adopter de certaines idées par la rapide autorité de la puissance.

Plusieurs écrivains ont avancé que la religion chrétienne était la cause de la dégradation des lettres et de la philosophie; je suis convaincue que la religion chrétienne, à l'époque de son établissement, était indispensablement nécessaire à la civilisation et au mélange de l'esprit du Nord avec les mœurs du Midi. Je crois de plus que les méditations religieuses du christianisme, à quelque objet qu'elles aient été appliquées, ont développé les facultés de l'esprit pour les sciences, la métaphysique et la morale.

Il est de certaines époques de l'histoire dans lesquelles l'amour de la gloire, la puissance du dévouement, tous les sentiments énergiques, enfin, semblent ne plus exister. Quand l'infortune est générale dans un pays, l'égoïsme est universel ; une portion quelconque de bonheur est un élément nécessaire de la force nationale, et l'adversité n'inspire du courage aux individus atteints par elle qu'au milieu d'un peuple assez heureux pour avoir conservé la faculté d'admirer ou de plaindre. Mais quand tous sont également frappés par le malheur, l'opinion publique ne soutient plus personne : il reste des jours, mais il n'y a plus de but pour la vie. On perd en soi-même toute émulation, et les plaisirs de la volupté deviennent le seul intérêt d'une existence sans gloire, sans honneur et sans morale : tel on nous peint l'état des hommes du Midi sous les chefs du Bas-Empire.

Une autre nation, non moins éloignée des vrais principes de la vertu, vint conquérir cette nation avilie. La férocité guerrière, l'ignorance dominatrice, offraient à l'homme épouvanté des crimes opposés aux bassesses du Midi, mais plus redoutables dans leurs effets, quoique moins corrompus dans leur source. Pour dompter de tels conquérants, pour relever de tels vaincus, il fallait l'enthousiasme, noble puissance de l'âme, l'égarant quelquefois, mais pouvant seule combattre avec succès l'instinct habituel de l'amour de soi, et la personnalité toujours croissante. Il fallait ce sentiment qui fait trouver le bonheur dans le sacrifice de soi-même.

Certes, je ne veux pas affaiblir l'indignation qu'inspirent aujourd'hui les crimes et les folies de la superstition, mais je considère chaque grande époque de l'histoire philosophique de la pensée, relativement à l'état de l'esprit humain dans cette époque même ; et la religion chrétienne, lorsqu'elle a été fondée, était, ce me semble, nécessaire aux progrès de la raison.

Les peuples du Nord n'attachaient point de prix à la vie. Cette disposition les rendait courageux pour eux-mêmes, mais cruels pour les autres. Ils avaient de l'imagination, de la mélancolie, du penchant à la mysticité, mais un profond mépris pour les lumières, comme affaiblissant l'esprit guerrier : les femmes étaient plus instruites que les hommes, parce qu'elles avaient plus de loisir qu'eux. Ils les aimaient, ils leur étaient fidèles, ils leur rendaient un culte ; ils pouvaient éprouver quelque sensibilité par l'amour. La force, la loyauté guerrière,

la vérité, comme attributs de la force, étaient les seules idées qu'ils eussent jamais conçues de la vertu. Ils plaçaient dans le ciel les délices de la vengeance. En montrant leurs fronts cicatrisés, en comptant le nombre des ennemis dont ils avaient versé le sang, ils croyaient captiver le cœur des femmes. Ils offraient des victimes humaines à leurs maîtresses comme à leurs dieux. Leur climat sombre n'offrait à leur imagination que des orages et des ténèbres ; ils désignaient la révolution des jours par le calcul des nuits, celle des années par les hivers. Les géants de la gelée présidaient à leurs exploits. Le déluge, dans leurs traditions, c'était la terre inondée de sang. Ils croyaient que, du haut du ciel, Odin les animait au carnage. Le dogme des peines et des récompenses n'avait pour but que d'encourager ou de punir les actions de la guerre. L'homme naissait pour immoler l'homme. La vieillesse était méprisée, l'étude avilie, l'humanité ignorée. Les facultés de l'âme n'avaient qu'un seul usage parmi ces hommes, c'était d'accroître la puissance physique. La guerre était leur unique but.

Voilà de quels éléments il fallait faire sortir cependant la moralité des actions, la douceur des sentiments et le goût des lettres.

Le travail à opérer sur les peuples du Midi n'était pas d'une difficulté moins grande. Le caractère romain, ce miracle de l'orgueil national et des institutions politiques, n'existait plus : les habitants de l'Italie étaient dégoûtés de toute idée de gloire ; ils ne croyaient plus qu'à la volupté, ils admettaient tous les dieux en l'honneur desquels on célébrait des fêtes ; ils recevaient tous les maîtres que quelques soldats élevaient ou renversaient à leur gré ; sans cesse menacés d'une proscription arbitraire, ils bravaient la mort, non par le secours du courage, mais par l'étourdissement du vice. La mort n'interrompait point des projets illustres, ni la progression d'utiles pensées ; elle ne brisait point des liens chéris, elle n'arrachait point à des affections profondes ; elle empêchait seulement de goûter le lendemain l'amusement qui peut-être avait déjà fatigué la veille. La corruption universelle avait effacé jusqu'au souvenir de la vertu ; qui aurait voulu la rappeler n'aurait obtenu qu'un étonnement mêlé de blâme. La nature morale de l'homme du Midi se perdait tout entière dans les jouissances de la volupté, celle de l'homme du Nord dans l'exercice de la force. Si quelque goût inné pour les lettres, les arts et la philosophie, se trouvait encore dans le Midi, il était dirigé principalement vers les subtilités métaphysiques; l'esprit sophistique mettait en doute les vérités du raisonnement, et l'insouciance, les affections du cœur.

C'est au milieu de cet affaissement déplorable dans lequel les nations du Midi étaient tombées, que la religion chrétienne leur fit adopter l'empire du devoir, la volonté du dévouement et la certitude de la foi. Mais n'aurait-il pas mieux valu, dira-t-on, ramener à la vertu par la philosophie? Il était impossible à cette époque d'influer sur l'esprit humain sans le secours des passions. La raison les combat, les religions s'en servent.

Toutes les nations de la terre avaient soif de l'enthousiasme. Mahomet, en satisfaisant ce besoin, fit naître un fanatisme avec la plus étonnante facilité. Quoique Mahomet fût un grand homme, ses prodigieux succès tinrent aux dispositions morales de son temps; toutefois sa religion n'étant destinée qu'aux peuples du Midi, elle eut pour unique but de relever l'esprit militaire, en offrant les plaisirs pour récompense des exploits. Elle créa des conquérants; mais elle ne portait en elle aucun germe de développement intellectuel. Le général-prophète ne s'était occupé que de l'obéissance, il n'avait formé que des soldats. Le dogme de la fatalité, qui rend invincible à la guerre, abrutissait pendant la paix. L'islamisme fut stationnaire dans ses effets; il arrêta l'esprit humain, après l'avoir avancé de quelques pas. La religion chrétienne ayant un législateur dont le premier but était de perfectionner la morale, devant réunir sous la même bannière des nations de mœurs opposées, la religion chrétienne était bien plus favorable à l'accroissement des vertus et des facultés de l'âme.

Pour s'emparer de caractères si différents, ceux du Nord et ceux du Midi, il fallait combiner ensemble plusieurs mobiles divers.

La religion chrétienne dominait les peuples du Nord, en se saisissant de leur disposition à la mélancolie, de leur penchant pour les images sombres, de leur occupation continuelle et profonde du souvenir et de la destinée des morts. Le paganisme n'avait rien dans ses bases et dans ses principes qui pût le rendre maître de tels hommes. Les dogmes de la religion chrétienne, l'esprit exalté de ses premiers sectaires, favorisaient et dirigeaient la tristesse passionnée des habitants d'un climat nébuleux : quelques-unes de leurs vertus, la vérité, la chasteté, la fidélité dans les promesses, étaient consacrées par des lois divines. La religion, sans altérer la nature de leur courage, parvint à lui donner un autre objet. Il était dans leurs mœurs de tout supporter pour s'illustrer à la guerre. La religion leur demandait de braver les souffrances et la mort pour la défense de sa foi et l'accomplissement de ses devoirs. L'intrépidité destructive fut changée en résolution inébranlable; la force qui n'avait d'autre but que l'empire de la force, fut dirigée par des principes de morale. Les erreurs du fanatisme pervertirent souvent ces principes; mais des hommes, jadis indomptables, reconnurent cependant une puissance au-dessus d'eux, des devoirs pour lois, des terreurs religieuses pour frein. L'homme faible put menacer l'homme fort, et l'on entrevit l'aurore de l'égalité dès cette époque.

Les peuples du Midi, susceptibles d'enthousiasme, se vouèrent facilement à la vie contemplative, qui était d'accord avec leur climat et leurs goûts; ils accueillirent les premiers avec ardeur les institutions monacales. Les macérations, les austérités furent promptement adoptées par une nation que la satiété même des voluptés jetait dans l'exagération des observances religieuses. Dans ces têtes ardentes, aisément crédules, aisément fanatiques, germèrent toutes les superstitions et tous les crimes dont la raison a gémi. La religion leur fût moins utile qu'aux peuples du Nord, parce qu'ils étaient beaucoup plus corrompus, et qu'il est plus facile de civiliser un peuple ignorant que de relever de sa dégradation un peuple dépravé. Mais la religion chrétienne ranima cependant des principes de vie morale dans quelques hommes sans but et sans liens; elle ne pût leur rendre une patrie, mais elle donna de l'énergie à plusieurs caractères. Elle porta vers le ciel des regards souillés par les vices de la terre. A travers toutes les folies du martyre, il resta dans quelques âmes la force des sacrifices, l'abnégation de l'intérêt personnel, et une puissance d'abstraction et de pensée dont on vit sortir des résultats utiles pour l'esprit humain.

La religion chrétienne a été le lien des peuples du Nord et du Midi; elle a fondu, pour ainsi dire, dans une opinion commune des mœurs opposées; et, rapprochant des ennemis, elle en a fait des nations dans lesquelles les hommes énergiques fortifiaient le caractère des hommes éclairés, et les hommes éclairés développaient l'esprit des hommes énergiques.

Ce mélange s'est fait lentement, sans doute. La Providence éternelle prodigue les siècles à l'accomplissement de ses desseins, et notre existence passagère s'en irrite et s'en étonne : mais enfin les vainqueurs et les vaincus ont fini par n'être plus qu'un même peuple dans les divers pays de l'Europe, et la religion chrétienne y a puissamment contribué.

Avant d'analyser encore quelques autres avantages de la religion chrétienne, qu'il me soit permis de m'arrêter ici pour faire sentir un rapport qui m'a frappée entre cette époque et la révolution française.

Les nobles, ou ceux qui tenaient à cette première classe, réunissaient en général tous les avantages d'une éducation distinguée; mais la prospérité les avait amollis, et ils perdaient par degré les vertus qui pouvaient excuser leur prééminence sociale. Les hommes de la classe du peuple, au contraire, n'avaient encore qu'une civilisation grossière, et des mœurs que les lois contenaient, mais que la licence devait rendre à leur férocité naturelle. Ils ont fait, pour ainsi dire, une invasion dans les classes supérieures de la société, et tout ce que nous avons souffert, et tout ce que nous condamnons dans la révolution, tient à la nécessité fatale qui a fait souvent confier la direction des affaires à ces conquérants de l'ordre civil : ils ont pour but et pour bannière une idée philosophique; mais leur éducation est à plusieurs siècles en arrière de celle des hommes qu'ils ont vaincus. Les vainqueurs, à la guerre et dans l'intérieur, ont plusieurs caractères de ressemblance avec les hommes du Nord, les vaincus beaucoup d'analogie avec les lumières et les préjugés, les vices et la sociabilité des habitants du Midi. Il faut que l'éducation des vainqueurs se fasse, il faut que les lumières qui étaient renfermées dans un très-petit nombre d'hommes s'étendent fort au delà, avant que les gouvernants de la France soient tous entièrement exempts de vulgarité et de barbarie. L'on doit espérer que la civilisation de nos hommes du Nord, que leur mélange avec nos hommes du Midi, n'exigera pas dix à douze siècles. Nous marcherons plus vite que nos ancêtres, parce qu'à la tête des hommes sans éducation il se trouve quelquefois des esprits remarquablement éclairés, parce que le siècle où nous vivons, la découverte de l'imprimerie, les lumières du reste de l'Europe, doivent hâter les progrès de la classe nouvellement admise à la direction des affaires politiques; mais l'on ne saurait prévoir encore par quel moyen la guerre des anciens possesseurs et des nouveaux conquérants sera terminée.

Heureux si nous trouvions, comme à l'époque de l'invasion des peuples du Nord, un système philosophique, un enthousiasme vertueux, une législation forte et juste, qui fût, comme la religion chrétienne l'a été, l'opinion dans laquelle les vainqueurs et les vaincus pourraient se réunir!

Ce mélange, cette réconciliation du Nord et du Midi, qui fut un si grand soulagement pour le monde, n'est pas le seul résultat utile de la religion chrétienne. La destruction de l'esclavage lui est généralement attribuée. Il faut encore ajouter à cet acte de justice deux bienfaits dont on doit reconnaître en elle ou la source ou l'accroissement, le bonheur domestique et la sympathie de la société.

Tout se ressentait, chez les anciens, même dans les relations de famille, de l'odieuse institution de l'esclavage. Le droit de vie et de mort souvent accordé à l'autorité paternelle, les communs exemples du crime de l'exposition des enfants, le pouvoir des époux assimilé, sous beaucoup de rapports, à celui des pères, toutes les lois civiles enfin avaient quelque analogie avec le code abominable qui livrait l'homme à l'homme, et créait entre les humains deux classes, dont l'une ne se croyait aucun devoir envers l'autre. Cette base une fois adoptée, on n'arrivait à la liberté que par gradation. Les femmes pendant toute leur vie, les enfants pendant leur jeunesse, étaient soumis à quelques-unes des conditions de l'esclavage.

Dans les siècles corrompus de l'empire romain, la licence la plus effrénée avait arraché les femmes à la servitude par la dégradation; mais c'est le christianisme qui, du moins dans les rapports moraux et religieux, leur a accordé l'égalité. Le christianisme, en faisant du mariage une institution sacrée, a fortifié l'amour conjugal, et toutes les affections qui en dérivent. Le dogme de l'enfer et du paradis annonce les mêmes peines, promet les mêmes récompenses aux deux sexes. L'Évangile, qui commande des vertus privées, une destinée obscure, une humilité pieuse, offrait aux femmes autant qu'aux hommes les moyens d'obtenir la palme de la religion. La sensibilité, l'imagination, la faiblesse disposent à la dévotion. Les femmes devaient donc souvent surpasser les hommes dans cette émulation de christianisme qui s'empara de l'Europe durant les premiers siècles de l'histoire moderne.

La religion et le bonheur domestique fixèrent la vie errante des peuples du Nord; ils s'établirent dans une contrée, ils demeurèrent en société. La législation de la vie civile se réforma selon les principes de la religion. C'est donc alors que les femmes commencèrent à être de moitié dans l'association humaine; c'est alors aussi que l'on connut véritablement le bonheur domestique. Trop de puissance déprave la bonté, altère toutes les jouissances de la délicatesse; les vertus et les sentiments ne peuvent résister d'une part à l'exercice du pouvoir, de l'autre à l'habitude de la crainte. La félicité de l'homme s'accrut de toute l'indépendance qu'obtint l'objet de sa tendresse : il put se croire aimé; un être libre le choisit; un être libre obéit à ses désirs. Les aperçus de l'esprit, les nuances senties par le cœur, se multiplièrent avec les idées et les impressions de ces âmes nouvelles, qui s'essayaient à l'existence morale, après avoir longtemps langui dans la vie.

Les femmes n'ont point composé d'ouvrages véritablement supérieurs, mais elles n'en ont pas moins éminemment servi les progrès de la littérature, par la foule de pensées qu'ont inspirées aux hommes les relations entretenues avec ces êtres mobiles et délicats. Tous les rapports se sont doublés, pour ainsi dire, depuis que les objets ont été considérés sous un point de vue tout à fait nouveau. La confiance d'un lien intime en a plus appris sur la nature morale que tous les traités et tous les systèmes qui peignaient l'homme tel qu'il se montre à l'homme, et non tel qu'il est réellement.

La pitié pour la souffrance devait exister de tous les temps au fond du cœur : cependant une grande différence caractérise la morale des anciens, et la distingue de celle du christianisme; l'une est fondée sur la force, et l'autre sur la sympathie. L'esprit militaire, qui doit avoir présidé à l'origine des sociétés, se fait sentir encore jusque dans la philosophie stoïcienne; la puissance sur soi-même y est exercée, pour ainsi dire, avec une énergie guerrière. Le bonheur des autres n'est point l'objet de la morale des anciens; ce n'est pas les servir, c'est se rendre indépendant d'eux, qui est le but principal de tous les conseils des philosophes.

La religion chrétienne exige aussi l'abnégation de soi-même, et l'exagération monacale pousse même cette vertu fort au delà de l'austérité philosophique des anciens; mais le principe de ce sacrifice dans la religion chrétienne, c'est le dévouement à son Dieu ou à ses semblables, et non, comme chez les stoïciens, l'orgueil et la dignité de son propre caractère. En étudiant le sens de l'Évangile, sans y joindre les fausses interprétations qui en ont été faites, on voit aisément que l'esprit général de ce livre, c'est la bienfaisance envers les malheureux. L'homme y est considéré comme devant recevoir une impression profonde par la douleur de l'homme.

Une morale toute sympathique était singulièrement propre à faire connaître le cœur humain; et quoique la religion chrétienne commandât, comme toutes les religions, de dompter ses passions, elle était beaucoup plus près que le stoïcisme de reconnaître leur puissance. Plus de modestie, plus d'indulgence dans les principes, plus d'abandon dans les aveux permettaient davantage au caractère de l'homme de se montrer; et la philosophie, qui a pour but l'étude des mouvements de l'âme, a beaucoup acquis par la religion chrétienne.

La littérature lui doit beaucoup aussi dans tous les effets qui tiennent à la puissance de la mélancolie. La religion des peuples du Nord leur inspirait de tout temps, il est vrai, une disposition à quelques égards semblable; mais c'est au christianisme que les orateurs français sont redevables des idées fortes et sombres qui ont agrandi leur éloquence.

On a reproché à la religion chrétienne d'avoir affaibli les caractères : l'Évangile a eu pour but de combattre la férocité; or, il est impossible d'inspirer tout à la fois beaucoup d'humanité pour ses semblables, et la plus incomplète insensibilité pour soi. Il fallait rendre au meurtre ses épouvantables couleurs; il fallait faire horreur du sang et de la mort : et la nature ne permet pas que la sympathie s'exerce tout entière au dehors de nous. Le fanatisme, à diverses époques, étouffa les sentiments de douceur qu'inspirait la religion chrétienne; mais c'est l'esprit général de cette religion que je devais examiner; et de nos jours, dans les pays où la réformation est établie, on peut encore remarquer combien est salutaire l'influence de l'Évangile sur la morale.

Le paganisme, tolérant par son essence, est regretté par les philosophes, quand ils le comparent au fanatisme que la religion chrétienne a inspiré. Quoique les passions fortes entraînent à des crimes que l'indifférence n'eût jamais causés, il est des circonstances dans l'histoire où ces passions sont nécessaires pour remonter les ressorts de la société. La raison, avec l'aide des siècles, s'empare de quelques effets de ces grands mouvements; mais il est de certaines idées que les passions font découvrir, et qu'on aurait ignorées sans elles. Il faut des secousses violentes pour porter l'esprit humain sur des objets entièrement nouveaux; ce sont les tremblements de terre, les feux souterrains, qui montrent aux regards de l'homme des richesses dont le temps seul n'eût pas suffi pour creuser la route.

Je crois voir une preuve de plus de cette opinion dans l'influence qu'a exercée sur les progrès de la métaphysique l'étude de la théologie. On a souvent considéré cette étude comme l'emploi le plus oisif de la pensée, comme l'une des principales causes de la barbarie des premiers siècles de notre ère. Néanmoins c'est un genre d'effort intellectuel qui a singulièrement développé les facultés de l'esprit. Si l'on ne juge le résultat d'un tel travail que dans ses rapports avec les arts d'imagination, rien ne peut en donner une idée plus défavorable. La noblesse, l'élégance, la grâce des formes antiques semblaient devoir disparaître à jamais sous les pédantesques erreurs des écrivains théologiques. Mais le genre d'esprit qui rend propre à l'étude des sciences, se formait par les disputes sur les dogmes, quoique leur objet fût aussi puéril qu'absurde.

L'attention et l'abstraction sont les véritables puissances de l'homme penseur; ces facultés seules peuvent servir aux progrès de l'esprit humain. L'imagination, les talents qui en dérivent ne raniment que les souvenirs; mais c'est uniquement par la méthode métaphysique qu'on peut atteindre aux idées vraiment nouvelles. Les dogmes spirituels exerçaient les hommes à la conception des pensées abstraites; et la longue contention d'esprit qu'exigeait l'enchaînement des subtiles conséquences de la théologie rendait la tête propre à l'étude des sciences exactes. Comment se fait-il, dira-t-on, qu'approfondir l'erreur puisse jamais servir à la connaissance de la vérité? C'est que l'art du raisonnement, la force de méditation qui permet de saisir les rapports les plus métaphysiques, et de leur créer un lien, un ordre, une méthode, est un exercice utile aux facultés pensantes, quel que soit le point d'où l'on part et le but où l'on veut arriver.

Sans doute, si les facultés développées dans ce genre de travail n'avaient point été depuis dirigées sur d'autres objets, il n'en fût résulté que du malheur pour le genre humain; mais quand on voit, à la renaissance des lettres, la pensée prendre tout à coup un si grand essor, les sciences avancer en peu de temps d'une manière si étonnante, on est conduit à croire que, même en faisant fausse route, l'esprit acquérait des forces qui ont hâté ses pas dans la véritable carrière de la raison et de la philosophie.

Quelques hommes peuvent se livrer par goût à l'étude des idées abstraites, mais le grand nombre n'y est jamais jeté que par un intérêt de parti. Les connaissances politiques avaient fait de grands progrès dans les premières années de la révolution française, parce qu'elles servaient l'ambition de plusieurs, et agitaient la vie de tous. Les questions théologiques, dans leur temps, avaient été l'objet d'un intérêt aussi vif, d'une analyse

aussi profonde, parce que les querelles qu'elles faisaient naître étaient animées par l'avidité du pouvoir et la crainte de la persécution. Si l'esprit de faction ne s'était pas introduit dans la métaphysique, si les passions ambitieuses n'avaient pas été intéressées dans les discussions abstraites, les esprits ne s'y seraient jamais assez vivement attachés, pour acquérir, dans ce genre difficile, tous les moyens nécessaires aux découvertes des siècles suivants.

Ainsi marche l'instruction pour la masse des hommes. Quand les opinions que l'on professe sur un ordre d'idées quelconque, deviennent la cause et les armes des partis, la haine, la fureur, la jalousie parcourent tous les rapports, saisissent tous les côtés des objets en discussion, agitent toutes les questions qui en dépendent; et lorsque les passions se retirent, la raison va recueillir, au milieu du champ de bataille, quelques débris utiles à la recherche de la vérité.

Toute institution bonne relativement à tel danger du moment, et non à la raison éternelle, devient un abus insupportable, après avoir corrigé des abus plus grands. La chevalerie était nécessaire pour adoucir la férocité militaire par le culte des femmes et l'esprit religieux; mais la chevalerie, comme un ordre, comme une secte, comme tout ce qui sépare les hommes au lieu de les réunir, dut être considérée comme un mal funeste, dès qu'elle cessa d'être un remède indispensable.

La jurisprudence romaine, qu'il était trop heureux de faire recevoir à des peuples qui ne connaissaient que le droit des armes, devint une étude astucieuse et pédantesque, et absorba la plupart des savants échappés à la théologie.

La connaissance des langues anciennes, qui a ramené le véritable goût de la littérature, inspira pendant quelque temps une ridicule fureur d'érudition. Le présent et l'avenir furent comme anéantis par le puéril examen des moindres circonstances du passé. Des commentaires sur les ouvrages des anciens avaient pris la place des observations philosophiques : il semblait qu'entre la nature et l'homme il dût toujours exister des livres. Le prix qu'on attachait à l'érudition était tel, qu'il absorbait en entier l'esprit créateur. Tout ce qui concernait les anciens obtenait alors un égal degré d'intérêt; on eût dit qu'il importait bien plus de savoir que de choisir.

Néanmoins tous ces défauts avaient eu leur utilité; et l'on s'aperçoit, à la renaissance des lettres, que les siècles appelés barbares ont servi, comme les autres, d'abord à la civilisation d'un plus grand nombre de peuples, puis au perfectionnement même de l'esprit humain.

Si l'on ne considère cette époque de la renaissance des lettres que sous le seul rapport des ouvrages de goût et d'imagination, l'on trouvera sans doute que près de seize cents ans ont été perdus, et que depuis Virgile jusqu'aux mystères catholiques représentés sur le théâtre de Paris, l'esprit humain, dans la carrière des arts, n'a fait que reculer vers la plus absurde des barbaries; mais il n'en est pas de même des ouvrages de philosophie. Bacon, Machiavel, Montaigne, Galilée, tous les quatre presque contemporains dans des pays différents, ressortent tout à coup de ces temps obscurs, et se montrent cependant de plusieurs siècles en avant des derniers écrivains de la littérature ancienne, et surtout des derniers philosophes de l'antiquité.

Si l'esprit humain n'avait pas marché pendant les siècles mêmes durant lesquels on a peine à suivre son histoire, aurait-on vu dans la morale, dans la politique, dans les sciences, des hommes qui, à l'époque même de la renaissance des lettres, ont de beaucoup dépassé les génies les plus forts parmi les anciens? S'il existe une distance infinie entre les derniers hommes célèbres de l'antiquité et les premiers qui, parmi les modernes, se sont illustrés dans la carrière des sciences et des lettres; si Bacon, Machiavel et Montaigne ont des idées et des connaissances infiniment supérieures à celles de Pline, de Marc-Aurèle, etc., n'est-il pas évident que la raison humaine a fait des progrès pendant l'intervalle qui sépare la vie de ces grands hommes? Car il ne faut pas oublier le principe que j'ai posé dès le commencement de cet ouvrage; c'est que le génie le plus remarquable ne s'élève jamais au-dessus des lumières de son siècle que d'un petit nombre de degrés.

L'histoire de l'esprit humain, pendant les temps qui se sont écoulés entre Pline et Bacon, entre Épictète et Montaigne, entre Plutarque et Machiavel, nous est peu connue, parce que la plupart des hommes et des nations se confondent dans un seul événement, la guerre. Mais les exploits militaires ne conservent qu'un faible intérêt par delà l'époque de leur puissance. Il n'y a qu'un fait pour l'homme éclairé depuis le commencement du monde, ce sont les progrès des lumières et de la raison. Néanmoins, de même que le savant observe le travail secret par lequel la nature combine ses développements, le moraliste aperçoit la réunion des causes qui ont préparé, pendant quatorze cents ans, l'état actuel des sciences et de la philosophie.

Quelle force l'esprit humain n'a-t-il pas montrée tout à coup au milieu du quinzième siècle! que de découvertes importantes! quelle marche nouvelle a été adoptée dans peu d'années! Des progrès si rapides, des succès si étonnants peuvent-ils ne se rapporter à rien d'antérieur? et dans les arts mêmes, le mauvais goût n'a-t-il pas été promptement écarté? Les progrès de la pensée ont fait trouver en peu de temps les principes du vrai beau dans tous les genres, et la littérature ne s'est perfectionnée si vite que parce que l'esprit était tellement exercé, qu'une fois rentré dans la route de la raison, il devait y marcher à grands pas.

Une cause principale de l'émulation ardente qu'ont excitée les lettres au moment de leur renaissance, c'est le prodigieux éclat que donnait alors la réputation de bon écrivain. On est confondu des hommages sans nombre qu'obtint Pétrarque, de l'importance inouïe qu'on attachait à la publication de ses sonnets. On était lassé de cet absurde préjugé militaire qui voulait dégrader la littérature; on se jeta dans l'extrême opposé. Peut-être aussi que tout le faste de ces récompenses d'opinion était nécessaire pour exciter aux difficiles travaux qu'exigeaient, il y a trois siècles, le perfectionnement des langues modernes, la régénération de l'esprit philosophique, et la création d'une méthode nouvelle pour la métaphysique et les sciences exactes.

Arrêtons-nous cependant à l'époque qui commence la nouvelle ère, à dater de laquelle peuvent se compter, sans interruption, les plus étonnantes conquêtes du génie de l'homme; et, comparant nos richesses avec celles de l'antiquité, loin de nous laisser décourager par l'admiration stérile du passé, ranimons-nous par l'enthousiasme fécond de l'espérance; unissons nos efforts, livrons nos voiles au vent rapide qui nous entraîne vers l'avenir.

CHAPITRE IX.

De l'esprit général de la littérature chez les modernes.

Ce ne fut pas l'imagination, ce fut la pensée qui dut acquérir de nouveaux trésors pendant le moyen âge. Le principe des beaux-arts, l'imitation, ne permet pas, comme je l'ai dit, la perfectibilité indéfinie; et les modernes, à cet égard, ne font et ne feront jamais que recommencer les anciens. Toutefois si la poésie d'images et de desription reste toujours à peu près la même, le développement nouveau de la sensibilité et la connaissance plus approfondie des caractères ajoutent à l'éloquence des passions, et donnent à nos chefs-d'œuvre en littérature un charme qu'on ne peut attribuer seulement à l'imagination poétique, et qui en augmente singulièrement l'effet.

Les anciens avaient des hommes pour amis, et ne voyaient dans leurs femmes que des esclaves élevées pour ce triste sort. La plupart en devenaient presque dignes : leur esprit n'acquérait aucune idée, et leur âme ne se développait point par de généreux sentiments. De là vient que les poëtes de l'antiquité n'ont le plus souvent peint dans l'amour que les sensations. Les anciens n'avaient de motif de préférence pour les femmes que leur beauté, et cet avantage est commun à un assez grand nombre d'entre elles. Les modernes, connaissant d'autres rapports et d'autres liens, ont pu seuls exprimer ce sentiment de prédilection qui intéresse la destinée de toute la vie aux sentiments de l'amour.

Les romans, ces productions variées de l'esprit des modernes, sont un genre presque entièrement inconnu aux anciens. Ils ont composé quelques pastorales, sous la forme de romans, qui datent du temps où les Grecs cherchaient à occuper les loisirs de la servitude; mais, avant que les femmes eussent créé des intérêts dans la vie privée, les aventures particulières captivaient peu la curiosité des hommes; ils étaient absorbés par les occupations politiques.

Les femmes ont découvert dans les caractères une foule de nuances que le besoin de dominer ou la crainte d'être asservies leur a fait apercevoir : elles ont fourni au talent dramatique de nouveaux secrets pour émouvoir. Tous les sentiments auxquels il leur est permis de se livrer, la crainte de la mort, le regret de la vie, le dévouement sans bornes, l'indignation sans mesure, enrichissent la littérature d'expressions nouvelles. Les femmes n'étant point, pour ainsi dire, responsables d'elles-mêmes, vont aussi loin dans leurs paroles que les sentiments de l'âme les conduisent. La raison forte, l'éloquence mâle, peuvent choisir, peuvent s'éclairer dans ces développements où le cœur humain se montre avec abandon. De là vient que les moralistes modernes ont en général beaucoup plus de finesse et de sagacité dans la connaissance des hommes que les moralistes de l'antiquité.

Quiconque, chez les anciens, ne pouvait atteindre à la renommée, n'avait aucun motif de développement. Depuis qu'on est deux dans la vie domestique, les communications de l'esprit et l'exercice de la morale existent toujours, au moins dans un petit cercle; les enfants sont devenus plus chers à leurs parents par la tendresse réciproque qui forme le lien conjugal; et toutes les affections ont pris l'empreinte de cette divine alliance de l'amour et de l'amitié, de l'estime et de l'attrait, de la confiance méritée, et de la séduction involontaire.

Un âge aride, que la gloire et la vertu pouvaient honorer, mais qui ne devait plus être ranimé par les émotions du cœur, la vieillesse s'est enrichie de toutes les pensées de la mélancolie; il lui a été donné de se ressouvenir, de regretter, d'aimer encore ce qu'elle avait aimé. Les affections morales, unies dès la jeunesse aux passions brûlantes, peuvent se prolonger par de nobles traces jusqu'à la fin de l'existence, et laisser voir encore le même tableau sous le crêpe funèbre du temps.

Une sensibilité rêveuse et profonde est un des plus grands charmes de quelques ouvrages modernes; et ce sont les femmes qui, ne connaissant de la vie que la faculté d'aimer, ont fait passer la douceur de leurs impressions dans le style de quelques écrivains. En lisant les livres composés depuis la renaissance des lettres, l'on pourrait marquer à chaque page quelles sont les idées qu'on n'avait pas avant qu'on eût accordé aux femmes une sorte d'égalité civile.

La générosité, la valeur, l'humanité, ont pris à quelques égards une acception différente. Toutes les vertus des anciens étaient fondées sur l'amour de la patrie : les femmes exercent leurs qualités d'une manière indépendante. La pitié pour la faiblesse, la sympathie pour le malheur, une élévation d'âme, sans autre but que la jouissance même de cette élévation, sont beaucoup plus dans leur nature que les vertus politiques. Les modernes, influencés par les femmes, ont facilement cédé aux liens de la philanthropie, et l'esprit est devenu plus philosophiquement libre, en se livrant moins à l'empire des associations exclusives.

Le seul avantage des écrivains des derniers siècles sur les anciens, dans les ouvrages d'imagination, c'est le talent d'exprimer une sensibilité plus délicate, et de varier les situations et les caractères par la connaissance du cœur humain. Mais quelle supériorité les philosophes de nos jours n'ont-ils pas dans les sciences, dans la méthode et l'analyse, la généralisation des idées et l'enchaînement des résultats! Ils tiennent le fil qu'ils peuvent dérouler chaque jour davantage sans jamais s'égarer.

Le raisonnement mathématique est, comme les deux plus grandes idées de la haute métaphysique, l'espace et l'éternité. Vous ajoutez des milliers de lieues, vous multipliez des siècles; chaque calcul est juste, et le terme est indéfini. Le plus grand pas qu'ait fait l'esprit humain, c'est de renoncer au hasard des systèmes, pour adopter une méthode susceptible de démonstration; car il n'y a de conquis pour le bonheur général que les vérités qui ont atteint l'évidence.

L'éloquence enfin, quoiqu'elle manquât sans doute, chez la plupart des modernes, de l'émulation des pays libres, a néanmoins acquis, par la philosophie et par l'imagination mélancolique, un caractère nouveau dont l'effet est tout-puissant.

Je ne pense pas que, chez les anciens, aucun livre, aucun orateur ait égalé, dans l'art sublime de remuer les âmes, ni Bossuet, ni Rousseau, ni les Anglais dans quelques poésies, ni les Allemands dans quelques phrases. C'est à la spiritualité des idées chrétiennes, à la sombre vérité des idées philosophiques, qu'il faut attribuer cet art de faire entrer, même dans la discussion d'un sujet particulier, des réflexions touchantes et générales, qui saisissent toutes les âmes, réveillent tous les souvenirs, et ramènent l'homme tout entier dans chaque intérêt de l'homme.

Les anciens savaient animer les arguments nécessaires à chaque circonstance; mais de nos jours les esprits sont tellement blasés, par la succession des siècles, sur les intérêts individuels des hommes, et peut-être même sur les intérêts instantanés des nations, que l'écrivain éloquent a besoin de remonter toujours plus haut, pour atteindre à la source des affections communes à tous les mortels.

Sans doute il faut frapper l'attention par le tableau présent et détaillé de l'objet pour lequel on veut émouvoir; mais l'appel à la pitié n'est irrésistible que quand la mélancolie sait aussi bien généraliser que l'imagination a su peindre.

Les modernes ont dû réunir à cette éloquence, qui n'a pour but que d'entraîner, l'éloquence de la pensée, dont l'antiquité ne nous offre que Tacite pour modèle. Montesquieu, Pascal, Machiavel sont éloquents par une seule expression, par une épithète frappante, par une image rapidement tracée, dont le but est d'éclaircir l'idée, mais qui agrandit encore ce qu'elle explique. L'impression de ce genre de style pourrait se comparer à l'effet que produit la révélation d'un grand secret; il vous semble aussi que beaucoup de pensées ont précédé la pensée qu'on vous exprime, que chaque idée se rapporte à des méditations profondes, et qu'un mot vous permet tout à coup de porter vos regards dans les régions immenses que le génie a parcourues.

Les philosophes anciens, exerçant pour ainsi dire, une magistrature d'instruction parmi les hommes, avaient toujours pour but l'enseignement universel; ils découvraient les éléments, ils posaient les bases, ils ne laissaient rien en arrière; ils n'avaient point encore à se préserver de cette foule d'idées communes qu'il faut indiquer dans sa route, sans néanmoins fatiguer en les retraçant. Il était impossible qu'aucun écrivain de l'antiquité pût avoir le moindre rapport avec Montesquieu; et rien ne doit lui être comparé, si les siècles n'ont pas été perdus, si les générations ne se sont pas succédé en vain, si l'espèce humaine a recueilli quelque fruit de la longue durée du monde.

La connaissance de la morale a dû se perfectionner avec les progrès de la raison humaine. C'est à la morale surtout que, dans l'ordre intellectuel, la démonstration philosophique est applicable. Il ne faut point comparer les vertus des modernes avec celles des anciens, comme hommes publics; ce n'est que dans les pays libres qu'il existe de généreux rapports et de constants devoirs entre les citoyens et la patrie. Les habitudes ou les préjugés, dans les pays gouvernés despotiquement, peuvent encore souvent inspirer des actes brillants de courage militaire; mais le pénible et continuel dévouement des emplois civils et des vertus législatives, le sacrifice désintéressé de toute sa vie à la chose publique, n'appartiennent qu'à la passion profonde de la liberté. C'est donc dans les qualités privées, dans les sentiments philanthropiques et dans quelques écrits supérieurs qu'il faut examiner les progrès de la morale.

Les principes reconnus par les philosophes modernes contribuent beaucoup plus au bonheur particulier que ceux des anciens. Les devoirs imposés par nos moralistes se composent de bonté, de sympathie, de pitié, d'affection. L'obéissance filiale était sans bornes chez les anciens. L'amour paternel est plus vif chez les modernes; et il vaut mieux sans doute qu'entre le père et le fils, celui des deux qui doit être le bienfaiteur soit en même temps celui dont la tendresse est la plus forte.

Les anciens ne peuvent être surpassés dans leur amour de la justice, mais ils n'avaient point fait entrer la bienfaisance dans les devoirs. Les lois peuvent forcer à la justice, mais l'opinion générale fait seule un précepte de la bonté, et peut seule exclure de l'estime des hommes l'être insensible au malheur.

Les anciens ne demandaient aux autres que de s'abstenir de leur nuire; ils désiraient uniquement qu'on s'écartât de *leur soleil* pour les laisser à eux-mêmes et à la nature. Un sentiment plus doux donne aux modernes le besoin du secours, de l'appui, de l'intérêt qu'ils peuvent inspirer; ils ont fait une vertu de tout ce qui peut servir au bonheur mutuel, aux rapports consolateurs des individus entre eux. Les liens domestiques sont cimentés par une liberté raisonnable; l'homme n'a plus légalement aucun droit arbitraire sur son semblable.

Chez les anciens peuples du Nord, des leçons de prudence et d'habileté, des maximes qui commandaient un empire surnaturel sur sa propre douleur, étaient placées parmi les préceptes de la vertu. L'importance des devoirs est bien mieux classée chez les modernes; les relations avec ses semblables y tiennent le premier rang; ce qui nous concerne nous-mêmes mérite surtout d'être considéré relativement à l'influence que nous pouvons avoir sur la destinée des autres. Ce que chacun doit faire pour son propre bonheur est un conseil et non un ordre; la morale ne fait point un crime à l'homme de la douleur qu'il ne peut s'empêcher de ressentir et de témoigner, mais de celle qu'il a causée.

Enfin ce que la morale de l'Évangile et la philosophie prêchent également, c'est l'humanité. On a appris à respecter profondément le don de la vie; l'existence de l'homme, sacrée pour l'homme, n'inspire plus cette sorte d'indifférence politique que quelques anciens croyaient pouvoir réunir à de véritables vertus. Le sang tressaille à la vue du sang; et le guerrier qui brave ses propres périls avec la plus parfaite impassibilité s'honore de frémir en donnant la mort. Si quelques circonstances peuvent faire craindre qu'une condamnation soit injuste, qu'un innocent ait péri par le glaive des lois, les nations entières écoutent avec effroi les plaintes élevées contre un malheur irréparable. La terreur causée par un supplice non mérité se prolonge d'une génération à l'autre : on entretient l'enfance du récit d'un tel malheur; et quand l'éloquent Lally, vingt ans après la mort de son père, demandait en France la réhabilitation de ses mânes, tous les jeunes gens qui n'avaient jamais pu voir, jamais pu connaître la victime pour laquelle il réclamait, versaient des pleurs, se sentaient émus, comme si le jour horrible où le sang avait été versé injustement ne pouvait jamais cesser d'être présent à tous les cœurs.

Ainsi marchait le siècle vers la conquête de la liberté; car ce sont les vertus qui la présagent. Hélas! comment éloigner le douloureux contraste qui frappe si vivement l'imagination! Un crime retentissait pendant une longue suite d'années; et nous avons vu des cruautés sans nombre presque dans le même temps commises et oubliées! Et c'est la plus grande, la plus noble, la plus fière des pensées humaines, la république, qui a prêté son ombre à ces forfaits exécrables! Ah! qu'on a de peine à repousser ces tristes rapprochements! Toutes les fois que le cours des idées ramène à réfléchir sur la destinée de l'homme, la révolution nous apparaît; vainement on transporte son esprit sur les rives lointaines des temps qui sont écoulés, vainement on veut saisir les événements passés et les ouvrages durables sous l'éternel rapport des combinaisons abstraites; si dans ces régions métaphysiques un mot répond à quelques souvenirs, les émotions de l'âme reprennent tout leur empire. La pensée n'a plus alors la force de nous soutenir; il faut retomber sur la vie.

Ne succombons pas néanmoins à cet abattement. Revenons aux observations générales, aux idées littéraires, à tout ce qui peut distraire des sentiments personnels; ils sont trop forts, ils sont trop douloureux pour être développés. Un certain degré d'émotion peut animer le talent; mais la peine longue et pesante étouffe le génie de l'expression; et quand la souffrance est devenue l'état habituel de l'âme, l'imagination perd jusqu'au besoin de peindre ce qu'elle éprouve.

CHAPITRE X.

De la littérature italienne et espagnole.

La plupart des manuscrits anciens, les monuments des arts, toutes les traces enfin de la splendeur et des lumières du peuple romain, existaient en Italie. Il fallait de grandes dépenses et l'autorisation de la puissance publique pour faire à cet égard les recherches nécessaires. De là vient que la littérature a reparu d'abord dans ce pays, où l'on pouvait trouver les sources premières de toutes les études; et de là vient aussi que la littérature italienne a commencé sous les auspices des princes; car les moyens de tous genres, indispensables pour les premiers progrès, dépendaient immédiatement des secours et de la volonté du gouvernement.

La protection des princes d'Italie a donc beaucoup contribué à la renaissance des lettres; mais elle a dû mettre obstacle aux lumières de la philosophie; et ces obstacles auraient subsisté, lors même que la superstition religieuse n'aurait pas altéré de plusieurs manières la recherche de la vérité.

Il faut rappeler ici de nouveau le sens que j'ai constamment attaché au mot philosophie dans le cours de cet ouvrage. J'appelle philosophie, l'investigation du principe de toutes les institutions politiques et religieuses, l'analyse des caractères et des événements historiques, enfin l'étude du cœur humain et des droits naturels de l'homme. Une telle philosophie suppose la liberté, ou doit y conduire.

Les hommes de lettres d'Italie, pour retrouver les manuscrits antiques qui devaient leur servir de guides, ayant besoin de la fortune et de l'approbation des princes, étaient plus éloignés que dans tout autre pays du genre d'indépendance nécessaire à cette philosophie. Une foule d'académies, d'universités, existaient dans les grandes villes d'Italie. Ces associations étaient singulièrement propres aux travaux érudits, qui devaient faire sortir de l'oubli tant de chefs-d'œuvre; mais les établissements publics sont, par leur nature même, entièrement soumis aux gouvernements; et les corporations sont, comme les ordres, les classes, les sectes, etc., extrêmement utiles à tel but désigné, mais beaucoup moins favorables que les efforts et le génie individuels à l'avancement indéfini des lumières philosophiques.

Ajoutez à ces réflexions générales, que les longues et patientes recherches qu'exigeaient le dépouillement et l'examen des anciens manuscrits convenaient particulièrement à la vie monastique; et ce sont les moines, en effet, qui se sont le plus activement occupés des études littéraires. Ainsi donc les mêmes causes qui faisaient renaître les lettres en Italie s'opposaient au développement de la raison naturelle. Les Italiens ont frayé les premiers pas dans la carrière où l'esprit humain a fait depuis de si immenses progrès, mais ils ont été condamnés à ne point avancer dans la route qu'ils avaient ouverte.

La poésie et les beaux-arts enivrent l'imagination en Italie par leurs charmes inimitables; mais les écrivains en prose ne sont, en général, ni moralistes, ni philosophes; et leurs efforts, pour être éloquents, ne produisent que de l'exagération [1].

[1] Il me semble que l'on est généralement d'avis que je n'ai pas assez vanté la littérature italienne (le Tasse, l'Arioste et Machiavel exceptés, dont je crois avoir parlé avec l'enthousiasme qu'ils méritent). Si la liberté s'établissait en Italie, il est hors de doute que tous les hommes qui indiquent actuellement des talents distingués, les porteraient beaucoup plus loin encore. Mais une nation chez laquelle la pensée a si peu d'indépendance, et l'émulation si peu d'objet, peut-elle avoir toute sa valeur?

Néanmoins, comme il est de la nature de l'esprit humain de marcher toujours en avant, les Italiens, à qui la philosophie était interdite, et qui ne pouvaient dépasser, dans la poésie, le terme de perfection, borne de tous les arts; les Italiens se sont illustrés par les progrès remarquables qu'ils n'ont cessé de faire dans les sciences. Après le siècle de Léon X, après l'Arioste et le Tasse, leur poésie a rétrogradé; mais ils ont eu Galilée, Cassini, etc.; et nouvellement encore, une foule de découvertes utiles en physique les ont associés au perfectionnement intellectuel de l'espèce humaine.

La superstition a bien essayé de persécuter Galilée, mais plusieurs princes de l'Italie même sont venus à son secours. Le fanatisme religieux est ennemi des sciences et des arts, aussi bien que de la philosophie, mais la royauté absolue ou l'aristocratie féodale protégent souvent les sciences et les arts, et ne haïssent que l'indépendance philosophique.

Dans les pays où les prêtres dominent, tous les maux et tous les préjugés se sont trouvés quelquefois réunis; mais la diversité des gouvernements, en Italie, allégeait le joug des prêtres, en donnant lieu à des rivalités d'États ou de princes, qui assuraient l'indépendance très-bornée dont les sciences et les arts ont besoin. Après avoir affirmé que c'est dans les sciences seulement que l'Italie a marché progressivement, et fourni son tribut aux lumières du genre humain, examinons dans chaque branche de l'entendement humain, dans la philosophie, dans l'éloquence et dans la poésie, les causes des succès et des défauts de la littérature italienne.

La subdivision des États, dans un même pays, est ordinairement favorable à la philosophie : c'est ce que j'aurai lieu de développer en parlant de la littérature allemande. Mais, en Italie, cette subdivision n'a point produit son effet naturel; le despotisme des prêtres, pesant sur toutes les parties du pays, a détruit la plupart des heureux résultats que doit avoir le gouvernement fédéral, ou la séparation et l'existence des petits États. Il eût peut-être mieux valu que la nation entière fût réunie sous un seul gouvernement; ses anciens souvenirs se seraient ainsi plus tôt réveillés, et le sentiment de sa force eût ranimé celui de sa vertu.

Cette multitude de principautés féodalement ou théocratiquement gouvernées ont été livrées à des guerres civiles, à des partis, à des factions; le tout sans profit pour la liberté. Les caractères se sont dépravés par les haines particulières, sans s'agrandir par l'amour de la patrie; l'on s'est familiarisé avec l'assassinat, tout en se soumettant à la tyrannie. A côté du fanatisme existait quelquefois l'incrédulité, jamais la saine raison.

Les Italiens, accoutumés souvent à ne rien croire et à tout professer, se sont bien plus exercés dans la plaisanterie que dans le raisonnement. Ils se moquent de leur propre manière d'être. Quand ils veulent renoncer à leur talent naturel, à l'esprit comique, pour essayer de l'éloquence oratoire, ils ont presque toujours de l'affectation. Les souvenirs d'une grandeur passée, sans aucun sentiment de grandeur présente, produisent le gigantesque. Les Italiens auraient de la dignité si la plus sombre tristesse formait leur caractère ; mais quand les successeurs des Romains, privés de tout éclat national, de toute liberté politique, sont encore un des peuples les plus gais de la terre, ils ne peuvent avoir aucune élévation naturelle.

C'est peut-être par antipathie pour l'exagération italienne que Machiavel a montré une si effrayante simplicité dans sa manière d'analyser la tyrannie ; il a voulu que l'horreur pour le crime naquît du développement même de ses principes ; et poussant trop loin le mépris pour l'apparence même de la déclamation, il a laissé tout faire au sentiment du lecteur. Les réflexions de Machiavel sur Tite-Live sont bien supérieures à son *Prince*. Ces réflexions sont un des ouvrages où l'esprit humain a montré le plus de profondeur. Un tel livre est dû tout entier au génie de l'auteur ; il n'a point de rapports avec le caractère général de la littérature italienne.

Les troubles de Florence avaient contribué sans doute à donner plus d'énergie à la pensée de Machiavel ; mais il me semble néanmoins qu'en étudiant ses ouvrages, on sent qu'ils appartiennent à un homme unique de sa nature au milieu des autres hommes. Il écrit comme pour lui seul ; l'effet qu'il doit produire ne l'a jamais occupé. On dirait qu'il ne songeait point à ses lecteurs, et que, partant de points convenus avec sa propre pensée, il croyait inutile de se déclarer à lui-même ses opinions.

L'on peut accuser Machiavel de n'avoir pas prévu les mauvais effets de ses livres ; mais que je ne crois point, c'est qu'un homme d'un tel génie ait adopté la théorie du crime. Cette théorie est trop courte et trop imprévoyante dans ses plus profondes combinaisons.

Une foule d'historiens en Italie, et même les deux meilleurs, Guichardin et Fra-Paolo, ne peuvent, en aucune manière, être comparés, ni à ceux de l'antiquité, ni, parmi les modernes, aux historiens anglais. Ils sont érudits, mais ils n'approfondissent ni les idées ni les hommes, soit qu'il y eût

véritablement du danger, sous les gouvernements italiens, à juger philosophiquement les institutions et les caractères, soit que ce peuple, jadis si grand, et maintenant avili, fût, comme Renaud chez Armide, importuné par toutes les pensées qui pouvaient troubler son repos et ses plaisirs.

Il semble que l'éloquence de la chaire aurait dû exister en Italie plus qu'ailleurs, puisque c'est le pays le plus livré à l'empire d'une religion positive. Cependant ce pays n'offre rien de bon en ce genre, tandis que la France peut se glorifier des plus grands et des plus beaux talents dans cette carrière. Les Italiens, si l'on en excepte une certaine classe d'hommes éclairés, sont pour la religion comme pour l'amour et la liberté ; ils aiment l'exagération de tout, et n'éprouvent le sentiment vrai de rien. Ils sont vindicatifs et néanmoins serviles. Ils sont esclaves des femmes, et néanmoins étrangers aux sentiments profonds et durables du cœur. Ils sont misérablement superstitieux dans les pratiques du catholicisme, mais ils ne croient point à l'indissoluble alliance de la morale et de la religion.

Tel est l'effet que doivent produire sur un peuple des préjugés fanatiques, des gouvernements divers que ne réunissent point la défense et l'amour d'une même patrie, un soleil brûlant qui ranime toutes les sensations, et doit entraîner à la volupté lorsque cet effet n'est pas combattu, comme chez les Romains, par l'énergie des passions politiques.

Enfin, dans tout pays où l'autorité publique met des bornes superstitieuses à la recherche des vérités philosophiques, lorsque l'émulation s'est épuisée sur les beaux-arts, les hommes éclairés n'ayant plus de route à suivre, plus de but, plus d'avenir, se laissent aller au découragement ; et à peine reste-t-il alors assez de force à l'esprit humain pour inventer les amusements de ses loisirs.

Après avoir exprimé, peut-être avec rigueur, tout ce qui manquait à la littérature des Italiens, il faut revenir au charme enchanteur de leur brillante imagination.

C'est une époque digne de remarque dans la littérature que celle où l'on a découvert le secret d'exciter la curiosité par l'invention et le récit des aventures particulières. Le genre romanesque s'est introduit par deux causes distinctes dans le Nord et dans le Midi. Dans le Nord, l'esprit de chevalerie donnait souvent lieu aux événements extraordinaires ; et pour intéresser les guerriers, il fallait leur raconter des exploits pareils aux leurs. Consacrer la littérature au récit ou à l'invention des beaux faits de chevalerie était l'unique moyen de vaincre la répugnance qu'avaient pour .elle des hommes encore barbares.

Dans l'Orient, le despotisme tourna les esprits vers les jeux de l'imagination; on était contraint à ne risquer aucune vérité morale que sous la forme de l'apologue. Le talent s'exerça bientôt à supposer et à peindre des événements fabuleux. Les esclaves doivent aimer à se réfugier dans un monde chimérique; et comme le soleil du Midi anime l'imagination, les contes arabes sont infiniment plus variés et plus féconds que les romans de chevalerie.

On a réuni les deux genres en Italie; l'invasion .des peuples du Nord a transporté dans le Midi la tradition des faits chevaleresques, et les rapports que les Italiens entretenaient avec l'Espagne ont enrichi la poésie d'une foule d'images et d'événements tirés des contes arabes. C'est à ce mélange heureux que nous devons l'Arioste et le Tasse.

L'art d'exciter la terreur et la pitié par le seul développement des passions du cœur, est un talent dont la philosophie réclame une grande part; mais l'effet du merveilleux sur la crédulité est d'autant plus puissant, que rien de combiné ni de prévu ne prépare le dénoûment, que la curiosité ne peut se satisfaire à l'avance par aucun genre de probabilité, et que tout est surprise dans les récits que l'on entend. ·

On voit dans les romans de chevalerie, un singulier mélange de la religion chrétienne, à laquelle les écrivains ont foi, et de la magie qui leur fait peur, et dans les écrivains de l'Orient, un combat continuel entre leur religion nouvelle et l'ancienne idolâtrie dont Mahomet a triomphé. La mythologie des Grecs et des Romains est une composition beaucoup plus simple. Elle tient de plus près aux idées morales; elle en est presque toujours l'emblème ou l'allégorie. Mais le merveilleux arabe attache davantage la curiosité; l'un semble le rêve de l'effroi, l'autre la comparaison heureuse de l'ordre moral avec l'ordre physique.

Les Espagnols devaient avoir une littérature plus remarquable que celle des Italiens; ils devaient réunir l'imagination du Nord et celle du Midi, la grandeur chevaleresque et la grandeur orientale, l'esprit militaire que des guerres continuelles avaient exalté, et la poésie qu'inspire la beauté du sol et du climat. Mais le pouvoir royal, appuyant la superstition, étouffa ces germes heureux de tous les genres de gloire. Ce qui a empêché l'Italie d'être une nation, la subdivision des États, lui a donné du moins la liberté suffisante pour les sciences et les arts; mais l'unité du des-

potisme d'Espagne, secondant l'active puissance de l'inquisition, n'a laissé à la pensée aucune ressource dans aucune carrière, aucun moyen d'échapper au joug. On doit juger cependant de ce qu'aurait été la littérature espagnole, par quelques essais épars qu'on en peut encore recueillir.

Les Maures établis en Espagne empruntaient de la chevalerie, dans leurs romans, son culte pour les femmes; ce culte n'était point dans les mœurs nationales de l'Orient. Les Arabes restés en Afrique ne ressemblaient point, à cet égard, aux Arabes établis en Espagne. Les Maures donnaient aux Espagnols leur esprit de magnificence; les Espagnols inspiraient aux Maures leur amour et leur honneur chevaleresque. Aucun mélange n'eût été plus favorable aux ouvrages d'imagination, si la littérature eût pu se développer en Espagne.

Parmi leurs romans, le Cid nous donne quelque idée de la grandeur qui aurait caractérisé toutes leurs conceptions. Il y a dans le poëme du Camoens, dont l'esprit est le même que celui des ouvrages écrits en espagnol, une fiction d'une rare beauté, l'apparition du fantôme qui défend l'entrée de la mer des Indes. Dans les comédies de Calderon, de Lopès de Vega, à travers des défauts sans nombre, on trouve toujours de l'élévation dans les sentiments. L'amour espagnol, la jalousie espagnole ont un tout autre caractère que les sentiments représentés dans les pièces italiennes; il n'y a ni subtilité, ni fadeur dans leurs expressions; ils ne représentent jamais ni la perfidie de la conduite, ni la dépravation des mœurs; ils ont trop d'enflure dans le style; mais tout en condamnant l'exagération de leurs paroles, l'on est convaincu de la vérité de leurs sentiments. Il n'en est pas de même en Italie. Si vous ôtiez l'affectation de certains ouvrages, il n'y resterait rien; tandis qu'en corrigeant les défauts du genre espagnol, l'on arriverait à la perfection de la dignité courageuse et de la sensibilité profonde.

Aucun élément de philosophie ne pouvait se développer en Espagne; les invasions du Nord n'y avaient porté que l'esprit militaire, et les Arabes étaient ennemis de la philosophie. Le gouvernement absolu des Orientaux, et leur religion fataliste, les portaient à détester les lumières philosophiques. Cette haine leur fit brûler la bibliothèque d'Alexandrie. Ils s'occupaient cependant des sciences et de la poésie; mais ils cultivaient les sciences en astrologues, et la poésie en guerriers. C'était pour chanter les exploits militaires que les Arabes faisaient des vers; et ils n'étudiaient les secrets de la nature que dans l'espoir de parvenir à la magie. Ils ne songeaient point à fortifier leur raison. A quoi pouvait leur servir, en effet, une faculté qui aurait renversé ce qu'ils respectaient, le despotisme et la superstition ?

L'Espagne, aussi étrangère que l'Italie aux travaux philosophiques, fut détournée de toute émulation littéraire par la tyrannie oppressive et sombre de l'inquisition ; elle ne profita point des inépuisables sources d'invention poétique que les Arabes apportaient avec eux. L'Italie possédait les monuments anciens, et avait des rapports immédiats avec les Grecs de Constantinople ; elle tira de l'Espagne le genre oriental que les Maures y avaient porté, et que négligeaient les Espagnols.

On peut distinguer très-facilement dans la littérature italienne ce qui appartient à l'influence des Grecs ou à celle de la poésie et des traditions arabes. L'affectation et la recherche dérivent de la subtilité des Grecs, de leurs sophismes et de leur théologie ; les tableaux et l'invention poétique dérivent de l'imagination orientale. Ces deux différents caractères s'aperçoivent à travers la couleur générale que la même langue, le même climat, les mêmes mœurs donnent aux ouvrages d'un même peuple.

Le Boyard, qui est le premier auteur du genre que l'Arioste a rendu si célèbre, a beaucoup d'analogie, dans son poëme, avec les contes orientaux. C'est le même caractère d'invention et de merveilleux ; l'esprit de chevalerie et la liberté accordée aux femmes dans le Nord font la seule différence du Boyard et des Mille et une Nuits. Quoique les Arabes fussent un peuple extrêmement belliqueux, ils combattaient pour leur religion bien plus que pour l'amour et pour l'honneur, tandis que les peuples du Nord, quel que fût leur respect pour la croyance qu'ils professaient, ont toujours eu leur gloire personnelle pour premier but. L'Arioste, de même que le Boyard, est imitateur des Orientaux. L'Arioste est le premier peintre, et par conséquent peut-être le plus grand poëte moderne : mais l'un des caractères d'originalité de son ouvrage, c'est l'art de faire sortir la plaisanterie du sérieux même de l'exagération. Rien ne devait plaire davantage aux Italiens que ce ridicule piquant jeté sur toutes les idées sérieuses et exaltées de la chevalerie. Il est dans leur caractère d'aimer à réunir, dans les objets même d'une plus haute importance, la gravité des formes à la légèreté des sentiments ; et l'Arioste est le plus charmant modèle de ce genre national.

Le Tasse emprunte aussi de l'imagination orientale ses tableaux les plus brillants ; mais il y réunit souvent un charme de sensibilité qui n'appartient qu'à lui seul. Ce qu'on trouve le plus rarement, en général, dans les ouvrages italiens, quoique tout y parle d'amour, c'est de la sensibilité. La recherche d'esprit qui s'est introduite sur ce sujet dès l'origine de leur littérature est l'obstacle le plus insurmontable à la puissance d'émouvoir.

Pétrarque, le premier poëte qu'ait eu l'Italie, et l'un de ceux qu'on y admire le plus, a commencé ce malheureux genre d'antithèses et de *concetti* dont la littérature italienne n'a pu se corriger entièrement. Toutes les poésies de l'école de Pétrarque, et il faut mettre de ce nombre l'*Aminta* du Tasse et le *Pastor fido* de Guarini, ont puisé leurs défauts dans la subtilité des Grecs du moyen âge. L'esprit que ces derniers avaient porté dans la théologie, les Italiens l'introduisirent dans l'amour. Il y a quelque rapport entre l'amour et la dévotion ; mais il n'en existe point assurément entre la langue théologique et celle des sentiments du cœur ; et néanmoins c'était souvent avec le même genre d'esprit qu'on disputait à Constantinople sur la nature de la Trinité, et qu'on analysait, en Italie, les préférences et les rigueurs de sa maîtresse [1].

L'Europe, et en particulier la France, ont failli perdre tous les avantages du génie naturel par l'imitation des écrivains de l'Italie. Les beautés qui immortalisent les poëtes italiens appartiennent à la langue, au climat, à l'imagination, à des circonstances de tout genre qui ne peuvent se transporter ailleurs, tandis que leurs défauts sont très-contagieux. Si quelques passions profondes ne s'étaient pas conservées dans le Nord, sous cette atmosphère nébuleuse où la force de l'âme entretient seule la vie, les femmes n'auraient apporté dans l'existence des hommes qu'une galanterie flatteuse et recherchée, qui aurait fini par étouffer pour toujours la simplicité des sentiments naturels.

L'affectation est de tous les défauts des caractères et des écrits celui qui tarit de la manière la plus irréparable la source de tout bien, car elle blase sur la vérité même dont elle imite l'accent.

Dans quelque genre que ce soit, tous les mots qui ont servi à des idées fausses, à de froides

[1] Entre mille exemples de l'affectation italienne, j'en citerai un assez remarquable. Pétrarque perdit sa mère lorsqu'elle n'avait encore que trente-huit ans ; il fit un sonnet sur sa mort, composé de trente-huit vers, pour rappeler, par l'exactitude de ce nombre, d'une manière assurément bien touchante et bien naturelle, le regret qu'il avait d'avoir perdu sa mère à cet âge.

exagérations, sont pendant longtemps frappés d'aridité; et telle langue même peut perdre entièrement la puissance d'émouvoir sur tel sujet, si elle a été trop souvent prodiguée à ce sujet même. Ainsi peut-être l'italien est-il de toutes les langues de l'Europe la moins propre à l'éloquence passionnée de l'amour, comme la nôtre est maintenant usée pour l'éloquence de la liberté.

Dans le temps même où Pétrarque mettait dans ses poésies une exagération trop romanesque, Boccace se jeta dans un genre tout à fait contraire. Il composa les contes les plus indécents; et la plupart des comédies italiennes sont infiniment plus libres qu'aucune pièce française. C'est encore une des funestes conséquences de la recherche maniérée des sentiments que d'inspirer le goût de l'extrême opposé pour réveiller de la langueur et de l'ennui que ce ton sentimental fait éprouver. L'affectation de l'amour porte les esprits au ton licencieux, comme l'hypocrisie de la religion à l'athéisme.

Pétrarque cependant, et quelques poëtes célèbres qui ont écrit dans le même genre, méritent d'être lus, par le charme de leur langue harmonieuse: elle rappelle quelques-uns des effets de la musique céleste dont elle si souvent accompagnée. Ce n'est pas néanmoins que des mots aussi sonores soient un avantage pour tous les genres du style, ni même pour tous les genres de poésie. Le bruit retentissant de l'italien ne dispose ni l'écrivain, ni le lecteur à penser; la sensibilité même est distraite de l'émotion par des consonnances trop éclatantes. L'italien n'a pas assez de concision pour les idées; il n'a rien d'assez sombre pour la mélancolie des sentiments. C'est une langue d'une mélodie si extraordinaire, qu'elle peut vous ébranler, comme des accords, sans que vous donniez votre attention au sens même des paroles. Elle agit sur vous comme un instrument musical.

Quand on lit dans le Tasse ces vers:

Chiama gli abitator dell' ombre eterne
Il rauco suon della tartarea tromba:
Treman le spaziose atre caverne,
E l'aer cieco a quel remor rimbomba [1],

il n'est personne qui ne soit transporté d'admiration. Cependant, en examinant le sens de ces paroles, on n'y trouve rien de sublime: c'est comme grand musicien que le Tasse vous fait trembler dans cette strophe; et les beaux airs de Iomelli produiraient sur vous un effet à peu près semblable. Voilà l'avantage de la langue; en voici l'inconvénient:

La mort de Clorinde, tuée par Tancréde, est peut-être la situation la plus touchante que nous connaissions en poésie; et le charme inexprimable de cet épisode, dans le Tasse, ajoute encore à son effet. Cependant le dernier vers qui termine le récit:

Passa la bella donna e par che dorma [1],

est trop harmonieux, trop doux, glisse trop mollement sur l'âme, pour être d'accord avec l'impression profonde que doit produire un tel événement.

La foule d'improvisateurs assez distingués qui font des vers aussi promptement que l'on parle, est citée comme une preuve des avantages de l'italien pour la poésie. Je crois, au contraire, que cette extrême facilité de la langue est un de ses défauts, et l'un des obstacles qu'elle offre aux bons poëtes pour élever très-haut la perfection de leur style. Les gradations de la pensée, les nuances du sentiment, ont besoin d'être approfondies par la méditation; et ces paroles agréables qui s'offrent en foule aux poëtes italiens pour faire des vers, sont comme une cour de flatteurs qui dispensent de chercher, et souvent empêchent de découvrir un véritable ami.

L'esprit national influe sur la nature de la langue d'un pays; mais cette langue réagit, à son tour, sur l'esprit national. L'italien cause souvent une sorte de lassitude de la pensée; il faut plus d'efforts pour la saisir à travers ces sons voluptueux que dans les idiomes distincts, qui ne détournent point l'esprit d'une attention abstraite. En Italie, tout semble se réunir pour livrer la vie de l'homme aux sensations agréables que peuvent donner les beaux-arts et le soleil.

Depuis que ce pays a perdu l'empire du monde, on dirait que son peuple dédaigne toute existence politique, et que, suivant l'esprit de la maxime de César, il aspire au premier rang dans les plaisirs plutôt qu'à de secondes places dans la gloire.

Le Dante, ayant joué, comme Machiavel, un rôle au milieu des troubles civils de son pays, a montré, dans quelques morceaux de son poëme, une énergie qui n'a rien d'analogue avec la littérature de son temps, mais les défauts sans nombre qu'on peut lui reprocher sont, sans doute, le tort

---

[1] Le son rauque de la trompette du Tartare appelle les habitants des ombres éternelles; les vastes et noires cavernes en frémissent, et l'air obscur répète au loin ce bruit terrible.

[1] La belle femme expire, et l'on dirait qu'elle dort.

de son siècle. Ce n'est que sous Léon X qu'on a pu remarquer un goût très-pur dans la littérature italienne. L'ascendant de ce prince tenait lieu d'unité aux gouvernements italiens.

Les lumières se réunissaient dans un seul foyer: le goût pouvait s'y former aussi; et c'était d'un même tribunal que partaient tous les jugements littéraires.

Après le siècle des Médicis, la littérature italienne n'a plus fait aucun progrès, soit qu'un centre fût nécessaire pour rallier les esprits, soit surtout parce que la philosophie n'était point cultivée en Italie. Lorsque la littérature d'imagination a atteint dans une langue le plus haut degré de perfection dont elle est susceptible, il faut que le siècle suivant appartienne à la philosophie, pour que l'esprit humain ne cesse pas de faire des progrès. Après Racine nous avons vu Voltaire, parce que, dans le dix-huitième siècle, on était plus penseur que dans le dix-septième. Mais qu'aurait-on pu ajouter à la perfection de la poésie après Racine? Les Italiens, arrêtés par leurs gouvernements et par leurs prêtres dans tout ce qui pouvait avoir rapport aux idées philosophiques, n'ont pu que repasser sur les mêmes traces, et par conséquent s'affaiblir.

Ils n'ont point de romans, comme les Anglais et les Français, parce que l'amour qu'ils conçoivent n'étant point une passion de l'âme, ne peut être susceptible de longs développements. Leurs mœurs sont trop licencieuses pour pouvoir graduer aucun intérêt de ce genre.

Leurs comédies ont beaucoup de cette gaieté bouffonne qui tient à l'exagération des vices et des ridicules; mais on n'y trouve point, si l'on en excepte quelques pièces de Goldoni, la peinture frappante et vraie des vices du cœur humain, comme dans les comédies françaises. L'observation, poussée en ce genre jusqu'à la plus parfaite sagacité, est un travail qui pourrait conduire à toutes les idées philosophiques. Les Italiens n'ont pensé qu'à faire rire en composant leurs pièces; tout but sérieux, même déguisé sous les formes les plus légères, ne peut y être aperçu; et leurs comédies sont la caricature de la vie, et non son portrait.

Les Italiens se moquent dans leurs contes, et souvent même sur le théâtre, des prêtres auxquels ils sont d'ailleurs entièrement asservis. Mais ce n'est point sous un point de vue philosophique qu'ils attaquent les abus de la religion; ils n'ont pas, comme quelques-uns de nos écrivains, le but de réformer les défauts dont ils plaisantent : ce qu'ils veulent seulement, c'est s'amuser d'autant plus que le sujet est plus sérieux. Leurs opinions sont, dans le fond, assez opposées à tous les genres d'autorité auxquels ils sont soumis; mais cet esprit d'opposition n'a de force que ce qu'il faut pour pouvoir mépriser ceux qui les commandent. C'est la ruse des enfants envers leurs pédagogues; ils leur obéissent, à condition qu'il leur soit permis de s'en moquer.

Il s'ensuit que tous les ouvrages des Italiens, excepté ceux qui traitent des sciences physiques, n'ont jamais pour but l'utilité; et, dans quelque genre que ce soit, ce but est nécessaire pour donner aux pensées une force réelle. Les ouvrages de Beccaria, de Filangieri, et un petit nombre d'autres encore, font exception à ce que je viens de dire. L'émulation philosophique peut se communiquer des pays étrangers en Italie, et produire quelques écrits supérieurs; mais la nature des gouvernements et des préjugés qui les dirigent s'oppose à ce que cette émulation soit nationale; elle ne peut avoir son mobile dans les institutions du pays.

Une question me reste encore à examiner. Les Italiens ont-ils poussé très-loin l'art dramatique dans leurs tragédies? Malgré le charme de Métastase et l'énergie d'Alfieri, je ne le pense pas. Les Italiens ont de l'invention dans les sujets, et de l'éclat dans les expressions; mais les personnages qu'ils peignent ne sont point caractérisés de manière à laisser de profondes traces, et les douleurs qu'ils représentent arrachent peu de larmes. C'est que, dans leur situation politique et morale, l'âme ne peut avoir son entier développement, leur sensibilité n'est pas sérieuse, leur grandeur n'est pas imposante, leur tristesse n'est pas sombre. Il faut que l'auteur italien prenne tout en lui-même pour faire une tragédie, qu'il s'éloigne entièrement de ce qu'il voit, de ses idées et de ses impressions habituelles; et il est bien difficile de trouver le vrai de ce monde tragique, alors qu'il est si distant des mœurs générales.

La vengeance est la passion la mieux peinte dans les tragédies des Italiens [1]. Il est dans leur caractère de se réveiller tout à coup par ce sentiment au milieu de la mollesse habituelle de leur vie; ils expriment le ressentiment avec ses couleurs naturelles, parce qu'ils l'éprouvent réellement.

Les opéras seuls sont suivis, parce que les opéras font entendre cette délicieuse musique, la gloire et le plaisir de l'Italie. Les acteurs ne s'exer-

[1] Rosmunda, d'Alfieri, etc.

cent point à bien jouer les pièces tragiques, parce qu'elles ne sont point écoutées; et cela doit être ainsi, lorsque le talent d'émouvoir n'est pas porté assez loin pour l'emporter sur tout autre plaisir. Les Italiens n'ont pas besoin d'être attendris, et les auteurs, faute de spectateurs, et les spectateurs, faute d'auteurs, ne se livrent point aux impressions profondes de l'art dramatique.

Métastase cependant a su faire de ses opéras presque des tragédies, et quoiqu'il fût astreint à toutes les difficultés qu'impose l'obligation de se soumettre à la musique, il a su conserver de grandes beautés de style et des situations vraiment dramatiques. Il se peut qu'il existe encore d'autres exceptions peu connues des étrangers; mais pour dessiner les traits principaux qui caractérisent une littérature, il est absolument nécessaire de mettre de côté quelques détails. Il n'existe point d'idées générales qui ne soient contredites par quelques exceptions; mais l'esprit deviendrait incapable d'aucun résultat, s'il s'arrêtait à chaque fait particulier, au lieu de saisir les conséquences que l'on doit tirer de la réunion de tous.

La mélancolie, ce sentiment fécond en ouvrages de génie, semble appartenir presque exclusivement aux climats du Nord.

Les Orientaux, que les Italiens ont souvent imités, avaient bien néanmoins une sorte de mélancolie. On en trouve dans quelques poésies arabes, et surtout dans les psaumes des Hébreux; mais elle a un caractère distinct de celle dont nous allons parler en analysant la littérature du Nord.

Des idées religieuses positives, soit chez les mahométans, soit chez les juifs, soutiennent et dirigent dans l'Orient les affections de l'âme. Ce n'est pas ce vague terrible qui porte à l'âme une impression plus philosophique et plus sombre. La mélancolie des Orientaux est celle des hommes heureux par toutes les jouissances de la nature; ils réfléchissent seulement avec regret sur le rapide passage de la prospérité, sur la brièveté de la vié [1]. La mélancolie des peuples du Nord est celle qu'inspirent les souffrances de l'âme, le vide que la sensibilité fait trouver dans l'existence, et la rêverie qui promène sans cesse la pensée de la fatigue de la vie à l'inconnu de la mort.

CHAPITRE XI.

De la littérature du Nord.

Il existe, ce me semble, deux littératures tout

[1] Les poésies hébraïques, les complaintes de Job en parti-

à fait distinctes, celle qui vient du Midi et celle qui descend du Nord; celle dont Homère est la première source, celle dont Ossian est l'origine [1]. Les Grecs, les Latins, les Italiens, les Espagnols et les Français du siècle de Louis XIV, appartiennent au genre de littérature que j'appellerai la littérature du Midi. Les ouvrages anglais, les ouvrages allemands, et quelques écrits des Danois et des Suédois doivent être classés dans la littérature du Nord, dans celle qui a commencé par les bardes écossais, les fables islandaises et les poésies scandinaves. Avant de caractériser les écrivains anglais et les écrivains allemands, il me paraît nécessaire de considérer d'une manière générale les principales différences des deux hémisphères de la littérature.

Les Anglais et les Allemands ont, sans doute, souvent imité les anciens. Ils ont retiré d'utiles leçons de cette étude féconde; mais leurs beautés originales portant l'empreinte de la mythologie du Nord, ont une sorte de ressemblance, une certaine grandeur poétique dont Ossian est le premier type. Les poëtes anglais, pourra-t-on dire, sont remarquables par leur esprit philosophique; il se peint dans tous leurs ouvrages: mais Ossian n'a presque jamais d'idées réfléchies; il raconte une suite d'événements et d'impressions. Je réponds à cette objection que les images et les pensées les plus habituelles, dans Ossian, sont celles qui rappellent la brièveté de la vie, le respect pour les morts, l'illustration de leur mémoire, le culte de

culier, ont un caractère de mélancolie qui ne ressemble en rien à celui qu'on peut remarquer dans les poésies du Nord. D'abord les images qui conviennent au climat du Midi diffèrent entièrement de celles qu'inspire le climat du Nord, et, en second lieu, l'imagination religieuse des juifs n'a pas le moindre rapport avec celle qui anime encore les descendants des poëtes scandinaves et des bardes écossais. C'est ce que je développerai dans le chapitre suivant.

[1] Je répète ce que j'ai dit dans la Préface de cette seconde édition. Les chants d'Ossian (barde qui vivait dans le quatrième siècle) étaient connus des Écossais et des hommes de lettres en Angleterre, avant que Macpherson les eût recueillis. En appelant Ossian l'origine de la littérature du Nord, j'ai voulu seulement, comme on le verra par la suite de ce chapitre, l'indiquer comme le plus ancien poète auquel on puisse rapporter le caractère particulier à la poésie du Nord. Les fables islandaises, les poésies scandinaves du neuvième siècle, origine commune de la littérature anglaise et de la littérature allemande, ont la plus grande ressemblance avec les traits distinctifs des poésies erses et du poëme de Fingal. Un très-grand nombre de savants ont écrit sur la littérature runique, sur les poésies et les antiquités du Nord. Mais on trouve le résumé de toutes ces recherches dans M. Mallet; et il suffira de lire la traduction de quelques odes du neuvième siècle qui y sont transcrites, celle du roi Régner-Lodbrog, de Harald le Vaillant, etc., pour se convaincre que ces poëtes scandinaves chantaient les mêmes idées religieuses, se servaient des mêmes images guerrières, avaient le même culte pour les femmes que le barde d'Ossian, qui vivait près de cinq siècles avant eux.

ceux qui restent envers ceux qui ne sont plus. Si le poëte n'a réuni à ces sentiments ni des maximes de morale ni des réflexions philosophiques, c'est qu'à cette époque l'esprit humain n'était point encore susceptible de l'abstraction nécessaire pour concevoir beaucoup de résultats. Mais l'ébranlement que les chants ossianiques causent à l'imagination dispose la pensée aux méditations les plus profondes. '

La poésie mélancolique est la poésie la plus d'accord avec la philosophie. La tristesse fait pénétrer bien plus avant dans le caractère et la destinée de l'homme que toute autre disposition de l'âme. Les poëtes anglais qui ont succédé aux bardes écossais ont ajouté à leurs tableaux les réflexions et les idées que ces tableaux mêmes devaient faire naître; mais ils ont conservé l'imagination du Nord, celle qui plaît sur le bord de la mer, au bruit des vents, dans les bruyères sauvages; celle enfin qui porte vers l'avenir, vers un autre monde, l'âme fatiguée de sa destinée. L'imagination des hommes du Nord s'élance au delà de cette terre dont ils habitent les confins; elle s'élance à travers les nuages qui bordent leur horizon, et semblent représenter l'obscur passage de la vie à l'éternité.

L'on ne peut décider d'une manière générale entre les deux genres de poésie dont Homère et Ossian sont comme les premiers modèles. Toutes mes impressions, toutes mes idées me portent de préférence vers la littérature du Nord; mais ce dont il s'agit maintenant, c'est d'examiner ses caractères distinctifs.

Le climat est certainement l'une des raisons principales des différences qui existent entre les images qui plaisent dans le Nord et celles qu'on aime à se rappeler dans le Midi. Les rêveries des poëtes peuvent enfanter des objets extraordinaires; mais les impressions d'habitude se retrouvent nécessairement dans tout ce que l'on compose. Éviter le souvenir de ces impressions, ce serait perdre le plus grand des avantages, celui de peindre ce qu'on a soi-même éprouvé. Les poëtes du Midi mêlent sans cesse l'image de la fraîcheur, des bois touffus, des ruisseaux limpides, à tous les sentiments de la vie. Ils ne se retracent pas même les jouissances du cœur sans y mêler l'idée de l'ombre bienfaisante qui doit les préserver des brûlantes ardeurs du soleil. Cette nature si vive qui les environne excite en eux plus de mouvements que de pensées. C'est à tort, ce me semble, qu'on a dit que les passions étaient plus violentes dans le Midi que dans le Nord. On y voit plus d'intérêts di-

vers, mais moins d'intensité dans une même pensée; or c'est la fixité qui produit les miracles de la passion et de la volonté.

Les peuples du Nord sont moins occupés des plaisirs que de la douleur, et leur imagination n'en est que plus féconde. Le spectacle de la nature agit fortement sur eux; elle agit comme elle se montre dans leurs climats, toujours sombre et nébuleuse. Sans doute les diverses circonstances de la vie peuvent varier cette disposition à la mélancolie; mais elle porte seule l'empreinte de l'esprit national. Il ne faut chercher dans un peuple, comme dans un homme, que son trait caractéristique : tous les autres sont l'effet de mille hasards différents; celui-là seul constitue son être.

La poésie du Nord convient beaucoup plus que celle du Midi à l'esprit d'un peuple libre. Les premiers inventeurs connus de la littérature du Midi, les Athéniens, ont été la nation du monde la plus jalouse de son indépendance. Néanmoins il était plus facile de façonner à la servitude les Grecs que les hommes du Nord. L'amour des arts, la beauté du climat, toutes ces jouissances prodiguées aux Athéniens, pouvaient leur servir de dédommagement. L'indépendance était le premier et l'unique bonheur des peuples septentrionaux. Une certaine fierté d'âme, un détachement de la vie, que font naître et l'âpreté du sol et la tristesse du ciel, devaient rendre la servitude insupportable; et longtemps avant que l'on connût en Angleterre et la théorie des constitutions et l'avantage des gouvernements représentatifs, l'esprit guerrier que les poésies erses et scandinaves chantent avec tant d'enthousiasme donnait à l'homme une idée prodigieuse de sa force individuelle et de la puissance de sa volonté. L'indépendance existait pour chacun, avant que la liberté fût constituée pour tous.

La philosophie, à la renaissance des lettres, a commencé par les nations septentrionales, dans les habitudes religieuses desquelles la raison trouvait à combattre infiniment moins de préjugés que dans celles des peuples méridionaux. La poésie antique du Nord suppose beaucoup moins de superstition que la mythologie grecque. Il y a quelques dogmes et quelques fables absurdes dans l'Edda ; mais les idées religieuses du Nord conviennent presque toutes à la raison exaltée. Les ombres penchées sur les nuages ne sont que des souvenirs animés par des images sensibles '.

' On a prétendu qu'il n'y avait point d'idées religieuses dans Ossian. Il n'y a point de mythologie; mais on y retrouve sans cesse une élévation d'âme, un respect pour les morts,

Les émotions causées par les poésies ossianiques peuvent se reproduire dans toutes les nations, parce que leurs moyens d'émouvoir sont
tous pris dans la nature; mais il faut un talent
prodigieux pour introduire, sans affectation, la
mythologie grecque dans la poésie française. Rien
ne doit être, en général, si froid et si recherché
que des dogmes religieux transportés dans un pays
où ils ne sont reçus que comme des métaphores
ingénieuses. La poésie du Nord est rarement allégorique; aucun de ses effets n'a besoin de superstitions locales pour frapper l'imagination. Un enthousiasme réfléchi, une exaltation pure, peuvent
également convenir à tous les peuples; c'est la
véritable inspiration poétique dont le sentiment est
dans tous les cœurs, mais dont l'expression est le
don du génie. Elle entretient une rêverie céleste
qui fait aimer la campagne et la solitude; elle
porte souvent le cœur vers les idées religieuses, et
doit exciter dans les êtres privilégiés le dévouement
des vertus et l'inspiration des pensées élevées.

Ce que l'homme a fait de plus grand, il le doit
au sentiment douloureux de l'incomplet de sa destinée. Les esprits médiocres sont, en général, assez
satisfaits de la vie commune; ils arrondissent,
pour ainsi dire, leur existence, et suppléent à ce
qui peut leur manquer encore, par les illusions de
la vanité; mais le sublime de l'esprit, des sentiments et des actions, doit son essor au besoin
d'échapper aux bornes qui circonscrivent l'imagination. L'héroïsme de la morale, l'enthousiasme
de l'éloquence, l'ambition de la gloire, donnent
des jouissances surnaturelles qui ne sont nécessaires qu'aux âmes à la fois exaltées et mélancoliques,
fatiguées de tout ce qui se mesure, de tout ce qui
est passager, d'un terme enfin, à quelque distance
qu'on le place. C'est cette disposition de l'âme,
source de toutes les passions généreuses, comme
de toutes les idées philosophiques, qu'inspire particulièrement la poésie du Nord.

Je suis loin de comparer le génie d'Homère à
celui d'Ossian. Ce que nous connaissons d'Ossian
ne peut être considéré comme un ouvrage; c'est
un recueil des chansons populaires qui se répétaient

dans les montagnes d'Écosse. Avant qu'Homère eût
composé son poëme, d'anciennes traditions existaient sans doute en Grèce. Les poésies d'Ossian
ne sont pas plus avancées dans l'art poétique que ne
devaient l'être les chants des Grecs avant Homère [1].
Aucune parité ne peut donc être établie avec justice
entre l'Iliade et le poëme de Fingal. Mais on peut
toujours juger si les images de la nature, telles
qu'elles sont représentées dans le Midi, excitent
des émotions aussi nobles et aussi pures que celles
du Nord; si les images du Midi, plus brillantes à
quelques égards, font naître autant de pensées,
ont un rapport aussi immédiat avec les sentiments
de l'âme. Les idées philosophiques s'unissent
comme d'elles-mêmes aux images sombres. La
poésie du Midi, loin de s'accorder, comme celle du
Nord, avec la méditation, et d'inspirer, pour ainsi
dire, ce que la réflexion doit prouver, la poésie
voluptueuse exclut presque entièrement les idées
d'un certain ordre.

On reproche à Ossian sa monotonie. Ce défaut
existe moins dans les diverses poésies qui dérivent
de la sienne, celle des Anglais et des Allemands.
La culture, l'industrie, le commerce ont varié de
plusieurs manières les tableaux de la campagne;
néanmoins l'imagination septentrionale conservant
toujours à peu près le même caractère, on doit
trouver encore, même dans Young, Thompson,
Klopstock, etc., une sorte d'uniformité. La poésie mélancolique ne peut pas se varier sans cesse.
Le frémissement que produisent dans tout notre
être de certaines beautés de la nature est une sensation toujours la même; l'émotion que nous
causent les vers qui nous retracent cette sensation
a beaucoup d'analogie avec l'effet de l'harmonica.
L'âme, doucement ébranlée, se plaît dans la prolongation de cet état, aussi longtemps qu'il lui est
possible de le supporter. Et ce n'est pas le défaut
de la poésie, c'est la faiblesse de nos organes qui
nous fait sentir la fatigue au bout de quelque temps;
ce qu'on éprouve alors, ce n'est pas l'ennui de la
monotonie, c'est la lassitude que causerait le plaisir
trop continu d'une musique aérienne.

Les grands effets dramatiques des Anglais, et
après eux des Allemands, ne sont point tirés des
sujets grecs, ni de leurs dogmes mythologiques.
Les Anglais et les Allemands excitent la terreur

---

une confiance dans une existence à venir; sentiments beaucoup plus analogues au caractère du christianisme que le paganisme du Midi. La monotonie du poëme de Fingal ne tient
point à l'absence de la mythologie; j'en ai dit les diverses
causes. Les modernes seraient condamnés aussi à la monotonie, si les fables des Grecs étaient le seul moyen de varier les
ouvrages d'imagination; car plus ces fables sont dignes d'admiration dans les poëtes anciens qui les ont employées, plus
il est difficile à nos poëtes de s'en servir. L'on est bien vite
fatigué d'une imagination qui s'exerce sur un sujet dans lequel il ne lui est pas permis de rien inventer.

[1] L'on a écrit que j'avais comparé Homère à Ossian; et je
n'ai pas changé dans cette seconde édition un mot à ce morceau. L'on se permet aujourd'hui de dire précisément le contraire de la vérité, et cela sert auprès de ceux qui ne lisent
pas. Ils ne peuvent pas se persuader que l'on avance dans
une critique, quelque partiale qu'elle soit, précisément l'opposé de ce qui est.

par d'autres superstitions plus analogues aux crédu- lités des derniers siècles. Ils ont su l'exciter surtout par la peinture du malheur que ces âmes éner- giques et profondes ressentaient si douloureuse- ment. C'est, comme je l'ai déjà dit, des opinions religieuses que dépend, en grande partie, l'effet que produit sur l'homme l'idée de la mort. Les bardes écossais ont eu, dans tous les temps, un culte plus sombre et plus spiritualisé que celui du Midi. La religion chrétienne, qui, séparée des inventions sacerdotales, est assez rapprochée du pur déisme, a fait disparaître ce cortége d'imagination qui en- vironnait l'homme aux portes du tombeau. La na- ture, que les anciens avaient peuplée d'êtres pro- tecteurs qui habitaient les forêts et les fleuves, et présidaient à la nuit comme au jour; la nature est rentrée dans sa solitude, et l'effroi de l'homme s'en est accru. La religion chrétienne, la plus phi- losophique de toutes, est celle qui livre le plus l'homme à lui-même. Les tragiques du Nord ne se sont pas toujours contentés des effets naturels qui naissent du tableau des affections de l'âme; ils se sont aidés des apparitions, des spectres, d'une sorte de superstition analogue à leur sombre ima- gination : mais quelque profonde que soit la ter- reur qu'on peut produire une fois avec de tels moyens, c'est plutôt un défaut qu'une beauté.

Le talent du poëte dramatique s'augmente lors- qu'il vit au milieu d'une nation qui ne se prête pas trop facilement à la crédulité. Il faut alors qu'il cherche dans le cœur humain les sources de l'émo- tion, qu'il fasse sortir d'une expression éloquente, d'un sentiment de l'âme, d'un remords solitaire, les fantômes effrayants qui doivent frapper l'imagi- nation. Le merveilleux étonne; mais de quelque manière qu'on le combine, il n'égalera jamais l'im- pression d'un événement naturel, lorsque cet évé- nement rassemble tout ce qui peut remuer les af- fections de l'âme, et les Euménides poursuivant Oreste sont moins terribles que le sommeil de lady Macbeth.

Les peuples septentrionaux, à en juger par les traditions qui nous restent et par les mœurs des Germains, ont eu de tout temps un respect pour les femmes inconnu aux peuples du Midi; elles jouissaient dans le Nord de l'indépendance, tandis qu'on les condamnait ailleurs à la servitude. C'est encore une des principales causes de la sensibilité qui caractérise la littérature du Nord.

L'histoire de l'amour, dans tous les pays, peut être considérée sous un point de vue philosophique. Il semble que la peinture de ce sentiment devrait dépendre uniquement de ce qu'éprouve l'écrivain qui l'exprime. Et tel est cependant l'ascendant qu'exercent sur les écrivains les mœurs qui les en- vironnent, qu'ils y soumettent jusqu'à la langue de leurs affections les plus intimes. Il se peut que Pé- trarque ait été plus amoureux dans sa vie que l'au- teur de Werther, que plusieurs poëtes anglais, tels que Pope, Thompson, Otway. Néanmoins ne croi- rait-on pas, en lisant les écrivains du Nord, que c'est une autre nature, d'autres relations, un autre monde? La perfection de quelques-unes de ces poé- sies prouve, sans doute, le génie de leurs auteurs; mais il n'en est pas moins certain qu'en Italie les mêmes hommes n'auraient pas composé les mêmes écrits, quand ils auraient ressenti la même passion, tant il est vrai que les ouvrages littéraires ayant le succès pour but, l'on y retrouve communément moins de traces du caractère personnel de l'écrivain que de l'esprit général de sa nation et de son siècle.

Enfin, ce qui donne en général aux peuples mo- dernes du Nord un esprit plus philosophique qu'aux habitants du Midi, c'est la religion protestante que ces peuples ont presque tous adoptée. La réfor- mation est l'époque de l'histoire qui a le plus effi- cacement servi la perfectibilité de l'espèce humaine. La religion protestante ne renferme dans son sein aucun germe actif de superstition, et donne ce- pendant à la vertu tout l'appui qu'elle peut tirer des opinions sensibles. Dans les pays où la religion protestante est professée, elle n'arrête en rien les recherches philosophiques, et maintient efficace- ment la pureté des mœurs. Ce serait sortir de mon sujet que de développer davantage une pareille question; mais, je le demande aux penseurs éclai- rés, s'il existe un moyen de lier la morale à l'idée d'un Dieu, sans que jamais ce moyen puisse deve- nir un instrument de pouvoir dans la main des hommes : une religion ainsi conçue ne serait-elle pas le plus grand bonheur que l'on pût assurer à la nature humaine; à la nature humaine tous les jours plus aride, tous les jours plus à plaindre, et qui brise chaque jour quelques-uns des liens for- més par la délicatesse, l'affection ou la bonté?

CHAPITRE XII.

Du principal défaut qu'on reproche, en France, à la littérature du Nord.

On reproche, en France, à la littérature du Nord de manquer de goût. Les écrivains du Nord répon- dent que ce goût est une législation purement ar- bitraire, qui prive souvent le sentiment et la pensée de leurs beautés les plus originales. Il existe, je crois, un point juste entre ces deux opinions. Les règles du goût ne sont point arbitraires; il ne faut pas confondre les bases principales sur lesquelles les vérités universelles sont fondées avec les modifications causées par les circonstances locales.

Les devoirs de la vertu, ce code de principes qui a pour appui le consentement unanime de tous les peuples, reçoit quelques légers changements par les mœurs et les coutumes des nations diverses; et quoique les premiers rapports restent les mêmes, le rang de telle ou telle vertu peut varier selon les habitudes et les gouvernements des peuples. Le goût, s'il est permis de le comparer à ce qu'il y a de plus grand parmi les hommes, le goût est fixe aussi dans ses principes généraux. Le goût national doit être jugé d'après ces principes, et, selon qu'il en diffère ou qu'il s'en rapproche, le goût national est plus près de la vérité.

On dit souvent : Faut-il sacrifier le génie au goût? Non, sans doute; mais jamais le goût n'exige le sacrifice du génie. Vous trouvez souvent dans la littérature du Nord des scènes ridicules à côté de grandes beautés. Ce qui est de bon goût dans de tels écrits, ce sont les grandes beautés; et ce qu'il fallait en retrancher, c'est ce que le goût condamne. Il n'existe de connexion nécessaire entre les défauts et les beautés que par la faiblesse humaine, qui ne permet pas de se soutenir toujours à la même hauteur. Les défauts ne sont point une conséquence des beautés, elles peuvent les faire oublier. Mais loin que ces défauts prêtent au talent aucun éclat, souvent ils affaiblissent l'impression qu'il doit produire.

Si l'on demande ce qui vaut mieux d'un ouvrage avec de grands défauts et de grandes beautés, ou d'un ouvrage médiocre et correct, je répondrai, sans hésiter, qu'il faut préférer l'ouvrage où il existe ne fût-ce qu'un seul trait de génie. Il y a faiblesse dans la nation qui ne s'attache qu'au ridicule, si facile à saisir et à éviter, au lieu de chercher avant tout, dans les pensées de l'homme, ce qui agrandit l'âme et l'esprit. Le mérite négatif ne peut donner aucune jouissance; mais beaucoup de gens ne demandent à la vie que l'absence de peines, aux écrits que l'absence de fautes, à tout que des absences. Les âmes fortes veulent exister; et pour exister en lisant, il faut rencontrer dans les écrits des idées nouvelles ou des sentiments passionnés.

Il y a en français des ouvrages où l'on trouve des beautés du premier ordre, sans le mélange du mauvais goût. Ceux-là sont les seuls modèles qui réunissent à la fois toutes les qualités littéraires.

Parmi les hommes de lettres du Nord, il existe une bizarrerie qui dépend plus, pour ainsi dire, de l'esprit de parti que du jugement; ils tiennent aux défauts de leurs écrivains presque autant qu'à leurs beautés; tandis qu'ils devraient se dire comme une femme d'esprit, en parlant des faiblesses d'un héros : *C'est malgré cela, et non à cause de cela, qu'il est grand.*

Ce que l'homme cherche dans les chefs-d'œuvre de l'imagination, ce sont des impressions agréables. Or, le goût n'est que l'art de connaître et de prévoir ce qui peut causer ces impressions. Quand vous rappelez des objets dégoûtants, vous excitez une impression fâcheuse, qu'on fuirait avec soin dans la réalité; quand vous changez la terreur morale en effroi physique, par la représentation de scènes horribles en elles-mêmes, vous perdez tout le charme de l'imitation, vous ne donnez qu'une commotion nerveuse, et vous pouvez manquer jusqu'à ce pénible effet, si vous avez voulu le pousser trop loin : car au théâtre, comme dans la vie, quand l'exagération est aperçue, on ne tient plus compte même du vrai. Si vous prolongez les développements, si vous mettez de l'obscurité dans les discours ou de l'invraisemblance dans les événements, vous suspendez ou vous détruisez l'intérêt par la fatigue de l'attention. Si vous rapprochez des tableaux ignobles de personnages héroïques, il est à craindre qu'il ne vous soit difficile de faire renaître l'illusion théâtrale : elle est d'une nature extrêmement délicate; et la plus légère circonstance peut tirer les spectateurs de leur enchantement. Ce qui est simple repose la pensée, et lui donne de nouvelles forces; mais ce qui est bas pourrait ôter jusqu'à la possibilité de reprendre à l'intérêt des pensées nobles et relevées.

Les beautés de Shakspeare peuvent, en Angleterre, triompher de ses défauts : mais ils diminuent beaucoup de sa gloire parmi les autres nations. La surprise est certainement un grand moyen d'ajouter à l'effet; mais il serait ridicule d'en conclure que l'on doive faire précéder une scène tragique d'une scène comique, pour augmenter l'étonnement par le contraste. Un beau trait, au milieu de négligences grossières, peut frapper davantage l'esprit; mais l'ensemble y perd plus que ne peut y gagner l'exception. La surprise doit naître de la grandeur en elle-même, et non de son opposition avec les petitesses, de quelque genre qu'elles soient. La peinture veut des ombres, mais non pas des taches pour relever l'éclat des couleurs. La littérature doit suivre les mêmes principes. La nature en offre le modèle, et le bon goût

·ne doit être que l'observation raisonnée de la nature.

On pourrait pousser beaucoup plus loin ces développements; mais il suffit de prouver que le goût, en littérature, n'exige jamais le sacrifice d'aucune jouissance : il indique, au contraire, les moyens de les augmenter; et loin que les principes du goût soient incompatibles avec le génie, c'est en étudiant le génie qu'on a découvert ces principes.

Je ne reprocherai point à Shakspeare de s'être affranchi des règles de l'art; elles ont infiniment moins d'importance que celles du goût, parce que les unes prescrivent ce qu'il faut faire, et que les autres se bornent à défendre ce qu'on doit éviter. L'on ne peut se tromper sur ce qui est mauvais, tandis qu'il est impossible de tracer des limites aux diverses combinaisons d'un homme de génie; il peut suivre des routes entièrement nouvelles, sans manquer cependant son but. Les règles de l'art sont un calcul de probabilités sur les moyens de réussir; et si le succès est obtenu, il importe peu de s'y être soumis. Mais il n'en est pas de même du goût; car se mettre au-dessus de lui, c'est s'écarter de la beauté même de la nature; et il n'y a rien au-dessus d'elle.

Ne disons donc pas que Shakspeare a su se passer de goût, et se montrer supérieur à ses lois; reconnaissons, au contraire, qu'il a du goût quand il est sublime, et qu'il manque de goût quand son talent faiblit.

CHAPITRE XIII.

Des tragédies de Shakspeare [1].

Les Anglais ont pour Shakspeare l'enthousiasme le plus profond qu'aucun peuple ait jamais ressenti pour un écrivain. Les peuples libres ont un esprit

---

[1] Je n'ai pas cité les ouvrages anglais qui traitent de la littérature anglaise, et en particulier la Rhétorique du docteur Blair, parce que le but et les idées de ces écrivains n'avaient aucun rapport avec le plan général que je m'étais proposé dans cet ouvrage, ni avec l'indépendance que je voulais porter dans mes jugements sur les écrivains étrangers. Blair donnait des leçons à ses écoliers sur l'art de l'éloquence, et indiquait tous les exemples anciens et modernes qui pouvaient appuyer ses préceptes. Son livre est un des meilleurs que possède l'Angleterre; mais il a été composé pour les jeunes gens, et ne devait contenir que des idées analogues à ce dessein. D'ailleurs le docteur Blair n'aurait pu juger en Angleterre Shakspeare avec l'impartialité d'un étranger; il n'aurait pu comparer la plaisanterie anglaise avec la plaisanterie française : ses études ne le conduisaient pas à ce genre d'observations; il aurait pu encore moins, par des raisons de convenances relatives à son état, parler des romans avec éloge, et des philosophes anglais avec indépendance. Il n'y avait donc rien dans son livre, quelque excellent qu'il soit, que je pusse citer dans le mien.

I.

de propriété pour tous les genres de gloire qui illustrent leur patrie; et ce sentiment doit inspirer une admiration qui exclut toute espèce de critique.

Il y a dans Shakspeare des beautés du premier genre, et de tous les pays comme de tous les temps, des défauts qui appartiennent à son siècle, et des singularités ·tellement populaires parmi les Anglais, qu'elles ont encore le plus grand succès sur leur théâtre. Ce sont ces beautés et ces bizarreries que je veux examiner dans leur rapport avec l'esprit national de l'Angleterre et le génie de la littérature du Nord.

Shakspeare n'a point imité les anciens; il ne s'est point nourri, comme Racine, des tragédies grecques. Il a fait une pièce sur un sujet grec, *Troïle et Cresside*, et les mœurs d'Homère n'y sont point observées. Il est bien plus admirable dans ses tragédies sur des sujets romains. Mais l'histoire, mais les Vies de Plutarque, que Shakspeare paraît avoir lues avec le plus grand soin, ne sont point une étude purement littéraire; on peut y observer l'homme presque comme vivant. Lorsqu'on se pénètre uniquement des modèles de l'art dramatique dans l'antiquité, lorsqu'on imite l'imitation, on a moins d'originalité; on n'a pas ce génie qui peint d'après nature, ce génie immédiat, si je puis m'exprimer ainsi, qui caractérise particulièrement Shakspeare. Depuis les Grecs jusqu'à lui, nous voyons toutes les littératures dériver les unes des autres, en partant de la même source. ·Shakspeare commence une littérature nouvelle : il est empreint, sans doute, de l'esprit et de la couleur générale des poésies du Nord; mais c'est lui qui a donné à la littérature des Anglais son ·impulsion, et à leur art dramatique son caractère.

Une nation devenue libre, dont les passions ont · été fortement agitées par les horreurs des guerres civiles, est beaucoup plus susceptible de l'émotion excitée par Shakspeare que de celle causée par Racine. Le malheur, alors qu'il pèse longtemps sur les peuples, leur donne un caractère que la prospérité même qui succède ne peut point effacer. Shakspeare, égalé quelquefois depuis par des auteurs anglais et allemands, est l'écrivain qui a peint le premier la douleur morale au plus haut degré; l'amertume de souffrance dont il donne l'idée pourrait presque passer pour une invention, si la nature ne s'y reconnaissait pas.

Les anciens croyaient au fatalisme qui frappe comme la foudre et renverse comme elle. Les modernes, et surtout Shakspeare, trouvent de plus profondes sources d'émotions dans la nécessité philosophique. Elle se compose du souvenir de tant de malheurs irréparables, de tant d'efforts inutiles, de tant d'espérances trompées! Les anciens habitaient un monde trop nouveau, possédaient encore trop peu d'histoires, étaient trop avides d'avenir, pour que le malheur qu'ils peignaient fût jamais aussi déchirant que dans les pièces anglaises.

La terreur de la mort, sentiment dont les anciens, par religion et par stoïcisme, ont rarement développé les effets, Shakspeare l'a représentée sous tous les aspects. Il fait sentir cette impression redoutable, ce frisson glacé qu'éprouve l'homme, alors que, plein de vie, il apprend qu'il va périr. Dans les tragédies de Shakspeare, l'enfance et la vieillesse, le crime et la vertu, reçoivent la mort, et expriment tous les mouvements naturels à cette situation. Quel attendrissement n'éprouve-t-on pas lorsqu'on entend les plaintes d'Arthur, jeune enfant dévoué à la mort par l'ordre du roi Jean, ou lorsque l'assassin Tirrel vient de raconter à Richard III le paisible sommeil des enfants d'Édouard! Quand on peint un héros prêt à perdre l'existence, le souvenir de ce qu'il a fait, la grandeur de son caractère, captivent tout l'intérêt; mais lorsqu'on représente des hommes d'une âme faible et d'une destinée sans gloire, tels que Henri VI, Richard II, le roi Lear, condamnés à périr, le grand débat de la nature entre l'existence et le néant absorbe seul l'attention des spectateurs. Shakspeare a su peindre avec génie ce mélange de mouvements physiques et de réflexions morales qu'inspire l'approche de la mort, alors que des passions enivrantes n'enlèvent pas l'homme à lui-même.

Un sentiment aussi que Shakspeare seul a su rendre théâtral, c'est la pitié, sans aucun mélange d'admiration pour celui qui souffre [1], la pitié pour un être insignifiant [2] et quelquefois même méprisable [3]. Il faut un talent infini pour transporter ce sentiment de la vie au théâtre, en lui conservant toute sa force; mais quand on y est parvenu, l'effet qu'il produit est d'une plus grande vérité que tout autre : ce n'est pas au grand homme, c'est à l'homme que l'on s'intéresse; l'on n'est point alors ému par des sentiments qui sont quelquefois de convention tragique, mais par une impression tellement rapprochée des impressions de la vie, que l'illusion en est plus grande.

[1] La mort de Catherine d'Aragon, dans Henri VIII.
[2] Le duc de Clarence, dans Richard III.
[3] Le cardinal Wolsey, dans Henri VIII.

Lors même que Shakspeare représente des personnages dont la destinée a été illustre, il intéresse ses spectateurs à eux par des sentiments purement naturels. Les circonstances sont grandes; mais l'homme diffère moins des autres hommes que dans nos tragédies. Shakspeare vous fait pénétrer intimement dans la gloire qu'il vous peint; vous passez, en l'écoutant, par toutes les nuances, par toutes les gradations qui mènent à l'héroïsme; et votre âme arrive à cette hauteur sans être sortie d'elle-même.

La fierté nationale des Anglais, ce sentiment développé par un amour jaloux de la liberté, se prête moins que l'esprit chevaleresque de la monarchie française au fanatisme pour quelques chefs. On veut récompenser, en Angleterre, les services d'un bon citoyen, mais on n'y a point de penchant pour cet enthousiasme sans mesure qui était dans les institutions, les habitudes et le caractère des Français. Cette répugnance orgueilleuse pour l'enthousiasme de l'obéissance, qui a été de tout temps le caractère des Anglais, a dû inspirer à leur poëte national l'idée d'obtenir l'attendrissement plutôt par la pitié que par l'admiration. Les larmes que nous donnons aux sublimes caractères de nos tragédies, l'auteur anglais les fait couler pour la souffrance obscure, abandonnée, pour cette suite d'infortunes qu'on ne peut connaître dans Shakspeare sans acquérir quelque chose de l'expérience même de la vie.

S'il excelle à peindre la pitié, quelle énergie dans la terreur! C'est du crime qu'il fait sortir l'effroi. On pourrait dire du crime peint par Shakspeare, comme la Bible de la mort, qu'il est *le roi des épouvantements*. Combien sont habilement combinés, dans Macbeth, les remords et la superstition croissante avec les remords!

La sorcellerie est en elle-même beaucoup plus effrayante que les dogmes religieux les plus absurdes. Ce qui est inconnu, ce qui n'est guidé par aucune volonté intelligente, porte la crainte au dernier degré. Dans un système de religion quelconque, la terreur sait toujours à quel point elle doit s'arrêter; elle se fonde toujours du moins sur quelques motifs raisonnés : mais le chaos de la magie jette dans la tête le désordre le plus complet.

Shakspeare, dans Macbeth, admet du fatalisme ce qu'il en faut pour faire pardonner au criminel, mais il ne se dispense pas, par ce fatalisme, de la gradation philosophique des sentiments de l'âme. Cette pièce serait encore plus admirable si ses grands effets étaient produits sans le secours du merveilleux; mais ce merveilleux n'est, pour ainsi.

dire, que les fantômes de l'imagination, qu'on fait apparaître aux regards du spectateur. Ce ne sont point des personnages mythologiques apportant leurs volontés supposées ou leur froide nature au milieu des intérêts des hommes, c'est le merveilleux des rêves, lorsque les passions sont fortement agitées. Il y a toujours quelque chose de philosophique dans le surnaturel employé par Shakspeare. Lorsque les sorcières annoncent à Macbeth qu'il sera roi, lorsqu'elles reviennent lui répéter cette prédiction au moment où il hésite à suivre les sanglants conseils de sa femme, qui ne voit que c'est la lutte intérieure de l'ambition et de la vertu que l'auteur a voulu représenter sous ces formes effrayantes?

Il n'a point eu recours à ce moyen dans Richard III. Il nous l'a peint cependant plus criminel encore que Macbeth; mais il voulait montrer ce caractère sans remords, sans combats, sans mouvements involontaires, cruel comme un animal féroce, non comme un homme coupable dont les premiers sentiments avaient été vertueux. Les profondeurs du crime s'ouvrent aux regards de Shakspeare; et c'est dans ce Ténare qu'il sait descendre pour en observer les tourments.

Dans les monarchies absolues, les grands crimes politiques ne peuvent être commis que par la volonté des rois; et ces crimes, il n'est pas permis de les représenter devant leurs successeurs [1]. En Angleterre, les troubles civils qui ont précédé la liberté, et qui étaient toujours causés par l'esprit d'indépendance, ont fait naître beaucoup plus souvent qu'en France de grands crimes et de grandes vertus. Les Anglais ont, dans leur histoire, beaucoup plus de situations tragiques que les Français, et rien ne s'oppose à ce qu'ils exercent leur talent sur ces sujets, dont l'intérêt est national.

Presque toutes les littératures d'Europe ont débuté par l'affectation. Les lettres ayant recommencé dans l'Italie, les pays où elles arrivèrent ensuite imitèrent d'abord le genre italien. Le Nord a été plus vite affranchi que la France de ce genre recherché dont on aperçoit des traces dans les anciens poëtes anglais, Waller, Cowley, etc. Les guerres civiles et l'esprit philosophique ont corrigé de ce faux goût; car le malheur, dont les impressions ne sont que trop vraies, exclut les sentiments affectés, et la raison fait disparaître les expressions qui manquent de justesse. Néanmoins on trouve encore dans Shakspeare quelques tournures re-

cherchées à côté de la plus énergique peinture des passions. Il y a quelques imitations des défauts de la littérature italienne dans le sujet italien de Roméo et Juliette; mais comme le poëte anglais se relève de ce misérable genre! comme il sait imprimer son âme du Nord à la peinture de l'amour!

Dans Othello, l'amour est caractérisé sous des traits bien différents que dans Roméo et Juliette; mais qu'il y est grand! qu'il y est énergique! comme Shakspeare a bien saisi ce qui forme le lien des deux sexes, le courage et la faiblesse! Lorsque Othello proteste devant le sénat de Venise que le seul art qu'il ait employé pour séduire Desdemona, c'est le récit des périls auxquels il avait été exposé [1], comme ce qu'il dit est trouvé vrai par toutes les femmes! comme elles savent que ce n'est pas dans la flatterie que consiste l'art tout-puissant des hommes pour se faire aimer d'elles! La protection tutélaire qu'ils peuvent accorder au timide objet de leur choix, la gloire qu'ils peuvent réfléchir sur une faible vie, est leur charme le plus irrésistible.

Les mœurs d'Angleterre, par rapport à l'existence des femmes, n'étaient point encore formées du temps de Shakspeare; les troubles politiques avaient empêché toutes les habitudes sociales. Le rang des femmes, dans les tragédies, était donc absolument livré à la volonté de l'auteur : aussi Shakspeare, en parlant d'elles, se sert, tantôt de la plus noble langue que puisse inspirer l'amour, tantôt du mauvais goût le plus populaire. Ce génie, que la passion avait doué, était inspiré par elle, comme les prêtres par leur dieu; il rendait des oracles lorsqu'il était agité; il n'était plus qu'un homme lorsque le calme rentrait dans son âme.

Ses pièces tirées de l'histoire anglaise, telles que les deux sur Henri IV, celle sur Henri V, les trois sur Henri VI, ont beaucoup de succès en Angleterre; mais je les crois cependant très-inférieures, en général, à ses tragédies d'invention, le roi Lear, Macbeth, Hamlet, Roméo et Juliette. Les irrégularités de temps et de lieux y sont beaucoup plus remarquables. Enfin Shakspeare y cède plus que dans toutes les autres à la popularité. La découverte de l'imprimerie a nécessairement diminué la condescendance des auteurs pour le goût national : ils pensent davantage à l'opinion de l'Europe ; et quoiqu'il importe que les pièces

---

[1] Charles IX est la première tragédie dans laquelle un roi de France coupable ait été représenté sur le théâtre, la monarchie existant encore.

[1] Quels vers charmants que ceux qui terminent la justification d'Othello, et que la Harpe a si bien traduits!

She loved me for the dangers I had past
And I loved her that she did pity them.

Elle aima mes malheurs, et j'aimai sa pitié.

qui doivent être jouées aient avant tout du succès à la représentation, depuis que leur gloire peut s'étendre aux autres nations, les écrivains évitent davantage les allusions, les plaisanteries, les personnages qui ne peuvent plaire qu'au peuple de leur pays. Les Anglais cependant se soumettront le plus tard possible au bon goût général ; leur liberté étant fondée sur l'orgueil national plus encore que sur les idées philosophiques, ils repoussent tout ce qui leur vient des étrangers, en littérature comme en politique.

Pour juger quels sont les effets de la tragédie anglaise qu'il nous conviendrait d'adapter à notre théâtre, un examen resterait à faire : ce serait de bien distinguer, dans les pièces de Shakspeare, ce qu'il a accordé au désir de plaire au peuple, les fautes réelles qu'il a commises, et les beautés hardies que n'admettent pas les sévères règles de la tragédie en France.

La foule des spectateurs, en Angleterre, exige qu'on fasse succéder les scènes comiques aux effets tragiques. Le contraste de ce qui est noble avec ce qui ne l'est pas produit néanmoins toujours, comme je l'ai déjà dit, une désagréable impression sur les hommes de goût. Le genre noble veut des nuances; mais des oppositions trop fortes ne sont que de la bizarrerie. Les jeux de mots, les équivoques licencieuses, les contes populaires, les proverbes qui s'entassent successivement dans les vieilles nations, et sont, pour ainsi dire, les idées patrimoniales des hommes du peuple ; tous ces moyens, qui sont applaudis de la multitude, sont critiqués par la raison. Ils n'ont aucun rapport avec les sublimes effets que Shakspeare sait tirer des mots simples, des circonstances vulgaires placées avec art, et qu'à tort nous n'oserions pas admettre sur notre théâtre.

Shakspeare a fait, dans ses tragédies, la part des esprits grossiers. Il s'est mis à l'abri du jugement du goût, en se rendant l'objet du fanatisme populaire. Il s'est alors conduit comme un habile chef de parti, mais non comme un bon écrivain.

Les peuples du Nord ont existé, pendant plusieurs siècles, dans un état tout à la fois social et barbare, qui a dû longtemps laisser parmi les hommes beaucoup de souvenirs grossiers et féroces. Shakspeare conserve encore des traces de ces souvenirs. Plusieurs de ses caractères sont peints avec les seuls traits admirés dans ces siècles où l'on ne vivait que pour les combats, la force physique et le courage militaire.

Shakspeare se ressent aussi de l'ignorance où l'on était de son temps sur les principes de la litté-

rature. Ses pièces sont supérieures aux tragédies grecques, pour la philosophie des passions et la connaissance des hommes [1] ; mais elles sont beaucoup plus reculées sous le rapport de la perfection de l'art. Des longueurs, des répétitions inutiles, des images incohérentes peuvent être souvent reprochées à Shakspeare. Le spectateur était alors trop facile à intéresser, pour que l'auteur fût aussi sévère envers lui-même qu'il aurait dû l'être. Il faut, pour qu'un poëte dramatique se perfectionne autant que son talent peut le permettre, qu'il ne s'attende à être jugé, ni par des vieillards blasés, ni par des jeunes gens qui trouvent leur émotion en eux-mêmes.

Les Français ont souvent condamné les scènes d'horreur que Shakspeare représente. Ce n'est pas comme excitant une trop forte émotion, mais comme détruisant quelquefois jusqu'à l'illusion théâtrale, qu'elles me paraissent susceptibles de critique. D'abord il est démontré que de certaines situations, seulement hideuses effrayantes, que les mauvais imitateurs de Shakspeare ont voulu représenter, ne produisent qu'une sensation physique désagréable, et aucun des plaisirs que la tragédie doit donner; mais, de plus, il y a beaucoup de situations touchantes en elles-mêmes, et qui néanmoins exigent un jeu de théâtre fait pour distraire l'attention et par conséquent l'intérêt.

Lorsque le gouverneur de la tour où est enfermé le jeune Arthur fait apporter un fer chaud pour lui brûler les yeux, sans parler de l'atrocité d'une telle scène, il doit se passer là sur le théâtre une action dont l'imitation est impossible, et dont le spectateur observera tellement l'exécution, qu'il en oubliera l'effet moral.

Le caractère de Caliban, dans la Tempête, est

[1] Parmi la foule de traits philosophiques que l'on remarque dans les pièces de Shakspeare, même les moins célèbres, il en est un qui m'a singulièrement frappée. Lorsque dans la pièce intitulée *Measure for Measure*, Lucien, l'ami de Claudio, frère d'Isabelle, la presse d'aller demander sa grâce au gouverneur Angelo, qui a condamné ce frère à mort, Isabelle, jeune et timide, lui répond qu'elle craint que sa démarche ne soit inutile, qu'Angelo ne soit irrité, inflexible, etc. Lucien insiste, et lui dit :

. . . . Our doubts are traitors;
And make us lose the good, we oft might win,
By fearing to attempt. . . . .

« Nos doutes sont des traîtres qui nous font perdre le bien « que nous pourrions faire, en nous détournant de l'es- « sayer. »

Qui peut avoir vécu dans une révolution, et n'être pas convaincu de la vérité de ces paroles! Que de détours on emploie pour se persuader à soi-même qu'on ne peut pas rendre un service, lorsqu'on craint de se compromettre en l'essayant! *Je vous nuirais si je vous défendais*, disent un certain nombre d'amis prudents qui conserveraient cette même discrétion jusques et compris votre arrêt de mort.

singulièrement original ; mais la forme presque animale que son costume doit lui donner, détourne l'attention de ce qu'il y a de philosophique dans la conception de ce rôle. -

Une des beautés de la tragédie de Richard III, à la lecture, c'est ce qu'il dit lui-même de sa difformité naturelle. On sent que l'horreur qu'il cause doit réagir sur son âme et la rendre plus atroce encore. Cependant qu'y a-t-il de plus difficile dans le genre noble, de plus voisin du ridicule, que l'imitation d'un homme contrefait sur la scène? Tout ce qui est dans la nature peut intéresser l'esprit ; mais il faut, au spectacle, ménager les caprices des yeux avec le plus grand scrupule ; ils peuvent détruire sans appel tout effet sérieux.

Shakspeare représente aussi beaucoup trop souvent dans ses pièces la souffrance physique. Philoctète est le seul exemple d'un effet théâtral produit par elle ; et ce sont les causes héroïques de sa blessure qui permettent de fixer l'intérêt des spectateurs sur ses maux. La souffrance physique peut se raconter, mais non se voir ; ce n'est pas l'auteur, c'est l'acteur qui ne peut pas l'exprimer noblement ; ce n'est pas la pensée, ce sont les sens qui se refusent à l'effet de ce genre d'imitation.

Enfin, l'un des plus grands défauts de Shakspeare, c'est de n'être pas simple dans l'intervalle des morceaux sublimes. Souvent il a de l'affectation lorsqu'il n'est point exalté par son génie. L'art lui manque pour se soutenir, c'est-à-dire, pour être aussi naturel dans les scènes de transition que dans les beaux mouvements de l'âme.

Otway, Rowe, et quelques autres poëtes anglais, Addisson excepté, ont fait des tragédies toutes dans le genre de Shakspeare ; et son génie a presque trouvé son égal dans Venise sauvée. Mais les deux situations les plus profondément tragiques que l'homme puisse concevoir, Shakspeare les a peintes le premier : c'est la folie causée par le malheur, et l'isolement dans l'infortune.

Ajax est un furieux, Oreste est poursuivi par la colère des dieux. Phèdre est dévorée par la fièvre de l'amour; mais Hamlet [1], Ophélie, le roi Lear,

[1] Quoique, parmi les belles tragédies de Shakspeare, Hamlet soit celle où il y ait les fautes de goût les plus révoltantes, c'est une des plus belles situations qu'on puisse trouver au théâtre. L'égarement d'Hamlet est causé par la découverte d'un grand crime : la pureté de son âme ne lui avait pas permis de le soupçonner; mais ses organes s'altèrent en apprenant qu'une atroce perfidie a été commise, que son père en a été la victime, et que sa mère a récompensé le coupable en s'unissant à lui. Il ne dit pas un mot qui n'atteste son mépris pour l'espèce humaine, et pense plus souvent encore à se tuer qu'à punir : noble idée du poëte d'avoir représenté l'homme vertueux ne pouvant supporter la vie quand la scélératesse l'environne, et portant dans son sein le trouble

avec des situations et des caractères différents, ont un même caractère d'égarement [1]. La douleur parle seule en eux ; l'idée dominante a fait disparaître toutes les idées communes de la vie ; tous les organes sont dérangés, hors ceux de la souffrance; et ce touchant délire de l'être malheureux semble l'affranchir de la réserve timide qui défend de s'offrir sans contrainte à la pitié. Les spectateurs refuseraient peut-être leur attendrissement à la plainte volontaire; ils s'abandonnent à l'émotion que fait naître une douleur qui ne répond plus d'elle. La folie, telle qu'elle est peinte dans Shakspeare, est le plus beau tableau du naufrage de la nature morale quand la tempête de la vie surpasse ses forces.

Il existe sur le théâtre français de sévères règles de convenances, même pour la douleur. Elle est en scène avec elle-même; les amis lui servent de cortège, et les ennemis de témoins. Mais ce que Shakspeare a peint avec une vérité, avec une force d'âme admirable, c'est l'isolement. Il place à côté des tourments de la douleur l'oubli des hommes et le calme de la nature, ou bien un vieux serviteur, seul être qui se souvienne encore que son maître a été roi. C'est là bien connaître ce qu'il y a de plus déchirant pour l'homme, ce qui rend la douleur poignante. Celui qui souffre, celui qui meurt en produisant un grand effet quelconque de terreur ou de pitié, échappe à ce qu'il éprouve pour observer ce qu'il inspire : mais ce qui est énergique dans le talent du poëte; ce qui suppose même un caractère à l'égal du talent, c'est d'avoir conçu la douleur pesant tout entière sur la victime : et tandis que l'homme a besoin d'appuyer sur ceux qui l'entourent jusqu'au sentiment même de sa prospérité, l'énergique et sombre imagination des Anglais nous représente l'infortuné séparé par ses revers, comme par une contagion funeste, de tous les regards, de tous les souvenirs, de tous les amis. La société lui retire ce qui est la vie avant que la nature lui ait donné la mort.

Le théâtre de la France républiqne admettra-t-il maintenant, comme le théâtre anglais, les héros peints avec leurs faiblesses, les vertus avec leurs inconséquences, les circonstances vulgaires à côté des situations les plus élevées? Enfin, les caractères tragiques seront-ils tirés des souvenirs ou de

d'un criminel, alors que la douleur lui commande une juste vengeance.
[1] Johnson a écrit qu'il considérait la folie d'Hamlet comme une folie feinte pour parvenir plus sûrement à se venger. Il me semble néanmoins qu'en lisant cette tragédie, on distingue parfaitement dans Hamlet l'égarement réel à travers l'égarement affecté.

l'imagination, de la vie humaine ou du beau idéal ? C'est une question que je me propose de discuter, lorsque, après avoir parlé des tragédies de Racine et de Voltaire, j'examinerai dans la seconde partie de cet ouvrage l'influence que doit avoir la révolution sur la littérature française.

CHAPITRE XIV.

De la plaisanterie anglaise.

On peut distinguer différents genres de plaisanterie dans la littérature de tous les pays ; et rien ne sert mieux à faire connaître les mœurs d'une nation que le caractère de gaieté le plus généralement adopté par ses écrivains. On est sérieux seul, on est gai pour les autres, surtout dans les écrits ; et l'on ne peut faire rire que par des idées tellement familières à ceux qui les écoutent, qu'elles les frappent à l'instant même, et n'exigent d'eux aucun effort d'attention.

Quoique la plaisanterie ne puisse se passer aussi facilement qu'un ouvrage philosophique d'un succès national, elle est soumise, comme tout ce qui tient à l'esprit, au jugement du bon goût universel. Il faut une grande finesse pour rendre compte des causes de l'effet comique ; mais il n'en est pas moins vrai que l'assentiment général doit se réunir sur les chefs-d'œuvre en ce genre comme sur tous les autres.

La gaieté qu'on doit pour ainsi dire à l'inspiration du goût et du génie, la gaieté produite par les combinaisons de l'esprit, et la gaieté que les Anglais appellent *humour*, n'ont presque aucun rapport l'une avec l'autre ; et dans aucune de ces dénominations la gaieté du caractère n'est comprise, parce qu'il est prouvé, par une foule d'exemples, qu'elle n'est de rien dans le talent qui fait écrire des ouvrages gais. La gaieté de l'esprit est facile à tous les hommes qui ont de l'esprit ; mais c'est le génie d'un homme et le bon goût de plusieurs qui peuvent seuls inspirer la véritable comédie.

J'examinerai dans un des chapitres suivants par quelles raisons les Français pouvaient seuls atteindre à cette perfection de goût, de grâce, de finesse et d'observation du cœur humain, qui nous a valu les chefs-d'œuvre de Molière. Cherchons maintenant à savoir pourquoi les mœurs des Anglais s'opposent au vrai génie de la gaieté.

La plupart des hommes absorbés par les affaires ne cherchent, en Angleterre, le plaisir que comme un délassement ; et de même que la fatigue, en excitant la faim, rend facile sur tous les mets, le travail continuel et réfléchi prépare à se contenter de toute espèce de distraction. La vie domestique, des idées religieuses assez sévères, des occupations sérieuses, un climat lourd, rendent les Anglais assez susceptibles des maladies d'ennui ; et c'est par cette raison même que les amusements délicats de l'esprit ne leur suffisent pas. Il faut des secousses fortes à cette espèce d'abattement ; et les auteurs partagent le goût des spectateurs à cet égard, ou s'y conforment.

La gaieté qui sert à faire une bonne comédie suppose une observation très-fine des caractères. Pour que le génie comique se développe, il faut vivre beaucoup en société, attacher beaucoup d'importance aux succès de société, et se connaître et se rapprocher par cette multitude d'intérêts de vanité qui donnent lieu à tous les ridicules comme à toutes les combinaisons de l'amour-propre. Les Anglais sont retirés dans leurs familles, ou réunis dans des assemblées publiques pour les discussions nationales. L'intermédiaire qu'on appelle la société n'existe presque point parmi eux ; et c'est dans cet espace frivole de la vie que se forment cependant la finesse et le goût.

Les rapports politiques des hommes entre eux effacent les nuances en prononçant fortement les caractères. La grandeur du but, la force des moyens, font disparaître l'intérêt pour tout ce qui n'a pas un résultat utile. Dans les États monarchiques, où l'on dépend du caractère et de la volonté d'un seul homme ou d'un petit nombre de ses délégués, chacun s'étudie à connaître les plus secrètes pensées des autres, les plus légères gradations des sentiments et des faiblesses individuelles[1]. Mais lorsque l'opinion publique et la réputation populaire ont la première influence, l'ambition délaisse ce dont l'ambition n'a pas besoin, et l'esprit ne s'exerce point à saisir ce qui est fugitif quand il n'a point d'intérêt à le deviner.

Les Anglais n'ont point parmi eux un auteur comique tel que Molière ; et s'ils le possédaient, ils ne sentiraient pas toutes ses finesses. Dans les pièces mêmes telles que l'Avare, le Tartufe, le Misanthrope, qui peignent la nature humaine de tous les pays, il y a des plaisanteries délicates, des nuances d'amour-propre, que les Anglais ne remarqueraient seulement pas ; ils ne s'y reconnaîtraient point, quelque naturelles qu'elles soient ; ils ne se savent pas eux-mêmes avec tant de détails ; les passions profondes et les occupations impor-

---

[1] L'Angleterre est gouvernée par un roi ; mais toutes ses institutions sont éminemment conservatrices de la liberté civile et de la garantie politique.

tantes leur ont fait prendre la vie plus en masse.

Il y a quelquefois dans Congrève de l'esprit subtil et des plaisanteries fortes; mais aucun sentiment naturel n'y est peint. Par un singulier contraste, plus les mœurs particulières des Anglais sont simples et pures, plus ils exagèrent, dans leurs comédies, la peinture de tous les vices. L'indécence des pièces de Congrève n'eût jamais été tolérée sur le théâtre français : on trouve dans le dialogue des idées ingénieuses; mais les mœurs que ces comédies représentent sont imitées des mauvais romans français, qui n'ont jamais peint eux-mêmes les mœurs de France. Rien ne ressemble moins aux Anglais que leurs comédies.

On dirait que, voulant être gais, ils ont cru nécessaire de s'éloigner le plus possible de ce qu'ils sont réellement, ou que, respectant profondément les sentiments qui faisaient le bonheur de leur vie domestique, ils n'ont pas permis qu'on les prodiguât sur leur théâtre.

Congrève et plusieurs de ses imitateurs entassent, sans mesure comme sans vraisemblance, des immoralités de tous les genres. Ces tableaux sont sans conséquence pour une nation telle que la nation anglaise; elle s'en amuse comme des contes, comme des images fantasques d'un monde qui n'est pas le sien. Mais en France, la comédie, peignant véritablement les mœurs, pourrait influer sur elles, et il devient bien plus important alors de lui imposer des lois sévères.

Dans les comédies anglaises, on trouve rarement des caractères vraiment anglais : la dignité d'un peuple libre s'oppose peut-être chez les Anglais, comme chez les Romains, à ce qu'ils laissent représenter leurs propres mœurs sur le théâtre. Les Français s'amusent volontiers d'eux-mêmes. Shakspeare et quelques autres ont représenté dans leurs pièces des caricatures populaires, telles que Falstaff, Pistol, etc.; mais la charge en exclut presque entièrement la vraisemblance. Le peuple de tous les pays est amusé par des plaisanteries grossières; mais il n'y a qu'en France où la gaieté la plus piquante soit en même temps la plus délicate.

M. Shéridan a composé en anglais quelques comédies où l'esprit le plus brillant et le plus original se montre presque à chaque scène; mais outre qu'une exception ne changerait rien aux considérations générales, il faut encore distinguer la gaieté de l'esprit du talent dont Molière est le modèle. Dans tous les pays, un écrivain capable de concevoir beaucoup d'idées est certain d'arriver à l'art de les opposer entre elles d'une manière piquante. Mais comme les antithèses ne composent pas seules l'éloquence, les contrastes ne sont pas les seuls secrets de la gaieté; et il y a, dans la gaieté de quelques auteurs français, quelque chose de plus naturel et de plus inexplicable : la pensée peut l'analyser, mais la pensée seule ne la produit pas; c'est une sorte d'électricité communiquée par l'esprit général de la nation.

La gaieté et l'éloquence ont quelques rapports ensemble, en cela seulement que c'est l'inspiration involontaire qui fait atteindre, en écrivant ou en parlant, à la perfection de l'une et de l'autre. L'esprit de ceux qui vous entourent, de la nation où vous vivez, développe en vous la puissance de la persuasion ou de la plaisanterie beaucoup plus sûrement que la réflexion et l'étude. Les sensations viennent du dehors, et tous les talents qui dépendent immédiatement des sensations ont besoin de l'impulsion donnée par les autres. La gaieté et l'éloquence ne sont point les simples résultats des combinaisons de l'esprit; il faut être ébranlé, modifié par l'émotion qui fait naître l'une ou l'autre, pour obtenir les succès du talent dans ces deux genres. Or, la disposition commune à la plupart des Anglais n'excite point leurs écrivains à la gaieté.

Swift, dans Gulliver et le conte du Tonneau de même que Voltaire dans ses écrits philosophiques, tire des plaisanteries très-heureuses de l'opposition qui existe entre l'erreur reçue et la vérité proscrite, entre les institutions et la nature des choses. Les allusions, les allégories, toutes les fictions de l'esprit, tous les déguisements qu'il emprunte, sont des combinaisons avec lesquelles on produit de la gaieté; et, dans tous les genres, les efforts de la pensée vont très-loin, quoiqu'ils ne puissent jamais atteindre à la souplesse, à la facilité des habitudes, au bonheur inattendu des impressions spontanées.

Il existe cependant une sorte de gaieté dans quelques écrits anglais, qui a tous les caractères de l'originalité et du naturel. La langue anglaise a créé un mot, *humour*, pour exprimer cette gaieté qui est une disposition du sang presque autant que de l'esprit; elle tient à la nature du climat et aux mœurs nationales; elle serait tout à fait inimitable là où les mêmes causes ne la développeraient pas. Quelques écrits de Fielding et de Swift, Peregrin Pickle, Roderick Random, mais surtout les ouvrages de Sterne, donnent l'idée complète du genre appelé *humour*.

Il y a de la morosité, je dirais presque de la tristesse, dans cette gaieté; celui qui vous fait rire n'éprouve pas le plaisir qu'il cause. L'on voit qu'il écrit dans une disposition sombre, et qu'il serait presque irrité contre vous de ce qu'il vous amuse. Comme les formes brusques donnent quelquefois plus de piquant à la louange, la gaieté de la plaisanterie ressort par la gravité de son auteur[1]. Les Anglais ont très-rarement admis sur la scène le genre d'esprit qu'ils nomment *humour;* son effet ne serait point théâtral.

Il y a de la misanthropie dans la plaisanterie même des Anglais, et de la sociabilité dans celle des Français : l'une doit se lire quand on est seul, l'autre frappe d'autant plus qu'il y a plus d'auditeurs. Ce que les Anglais ont de gaieté conduit presque toujours à un résultat philosophique ou moral; la gaieté des Français n'a souvent pour but que le plaisir même.

Ce que les Anglais peignent avec un grand talent, ce sont les caractères bizarres, parce qu'il en existe beaucoup parmi eux. La société efface les singularités, la vie de la campagne les conserve toutes.

L'imitation sied particulièrement mal aux Anglais; leurs essais dans le genre de grâce et de gaieté qui caractérise la littérature française, manquent pour la plupart de finesse et d'agrément. Ils développent toutes les idées, ils exagèrent toutes les nuances, ils ne se croient entendus que lorsqu'ils crient, et compris qu'en disant tout. Une remarque singulière, c'est que les peuples oisifs sont beaucoup plus difficiles sur l'emploi du temps qu'ils ne donnent à leurs plaisirs que les hommes occupés. Les hommes livrés aux affaires sont habitués aux longs développements; les hommes livrés au plaisir se fatiguent bien plus promptement, et le goût très-exercé éprouve la satiété très-vite.

Il y a rarement de la finesse dans les esprits qui s'appliquent toujours à des résultats positifs. Ce qui est vraiment utile est très-facile à comprendre, et l'on n'a pas besoin d'un regard perçant pour l'apercevoir. Un pays qui tend à l'égalité, est aussi moins sensible aux fautes de convenance. La nation étant plus une, l'écrivain prend l'habitude de s'adresser dans ses ouvrages au jugement et aux sentiments de toutes les classes; enfin, les pays libres sont et doivent être sérieux.

Quand le gouvernement est fondé sur la force, il peut ne pas craindre le penchant de la nation

à la plaisanterie : mais lorsque l'autorité dépend de la confiance générale, lorsque l'esprit public en est le principal ressort, le talent et la gaieté qui font découvrir le ridicule et se plaire dans la moquerie, sont excessivement dangereux pour la liberté et l'égalité politique. Nous avons parlé des malheurs qui sont résultés pour les Athéniens de leur goût immodéré pour la plaisanterie; et la France nous fournirait un grand exemple à l'appui de celui-là, si la puissance des événements de la révolution avait laissé les caractères à leur développement naturel.

CHAPITRE XV.

De l'imagination des Anglais dans leurs poésies et leurs romans.

L'invention des faits et la faculté de sentir et de peindre la nature sont deux genres d'imagination absolument distincts : l'une appartient plus particulièrement à la littérature du Midi, l'autre à celle du Nord. J'en ai développé les diverses causes. Ce qu'il me reste à examiner maintenant, c'est le caractère particulier à l'imagination poétique des Anglais.

Ils n'ont point été inventeurs de nouveaux sujets de poésie, comme le Tasse et l'Arioste. Les romans des Anglais ne sont point fondés sur des faits merveilleux, sur des événements extraordinaires, tels que les contes arabes ou persans : ce qui leur reste de la religion du Nord, ce sont quelques images, et non une mythologie brillante et variée, comme celle des Grecs; mais leurs poëtes sont inépuisables dans les idées et les sentiments que fait naître le spectacle de la nature. L'invention des faits surnaturels a son terme; ce sont des combinaisons très-bornées, et peu susceptibles de cette progression qui appartient à toutes les vérités morales, de quelque genre qu'elles soient : lorsque les poëtes s'attachent à revêtir des couleurs de l'imagination les pensées philosophiques et les sentiments passionnés, ils entrent en quelque manière dans cette route où les hommes éclairés avancent sans cesse, à moins que la force ignorante et tyrannique ne leur enlève toute liberté.

Les Anglais séparés du continent, *semotos orbe Britannos,* s'associèrent peu, de tout temps, à l'histoire et aux mœurs des peuples voisins : ils ont un caractère à eux dans chaque genre; leur poésie n'est semblable ni à celle des Français, ni même à celle des Allemands : mais ils n'ont pas

[1] Je suis entrée à Londres, une fois, dans un cabinet de physique amusante, et j'ai vu les tours les plus grotesques, à la bague, au sautoir, à l'escarpolette, exécutés par des hommes fort âgés, du maintien le plus roide et du sérieux le plus imperturbable. Ils se livraient à ces exercices pour leur santé, et n'avaient pas l'air de se douter que rien au monde n'était plus risible que le contraste de leur extérieur pédantesque et de leurs jeux enfantins.

atteint à cette invention des fables et des faits poétiques, qui est la principale gloire de la littérature grecque et de la littérature italienne. Les Anglais observent la nature, et savent la peindre; mais ils ne sont pas créateurs. Leur supériorité consiste dans le talent d'exprimer vivement ce qu'ils voient et ce qu'ils éprouvent; ils ont l'art d'unir intimement les réflexions philosophiques aux sensations produites par les beautés de la campagne. L'aspect du ciel et de la terre, à toutes les heures du jour et de la nuit, réveille dans notre esprit diverses pensées; et l'homme qui se laisse aller à ce que la nature lui inspire, éprouve une suite d'impressions toujours pures, toujours élevées, toujours analogues aux grandes idées morales et religieuses qui unissent l'homme avec l'avenir.

Au moment de la renaissance des lettres, et au commencement de la littérature anglaise, un assez grand nombre de poëtes anglais s'écarta du caractère national, pour imiter les Italiens. J'ai cité Waller et Cowley pour être de ce nombre : je pourrais y joindre Downe, Chaucer, etc. Les essais dans ce genre ont encore plus mal réussi aux Anglais qu'aux autres peuples; ils manquent essentiellement de grâce dans tout ce qui exige de la légèreté d'esprit; ils manquent de cette promptitude, de cette facilité, de cette aisance, qui s'acquiert par le commerce habituel avec les hommes réunis en société dans le seul but de se plaire.

Il y a beaucoup de fautes de goût dans un poëme de Pope qui était destiné particulièrement à montrer de la grâce, la Boucle de cheveux enlevée. La Reine des Fées de Spencer est ce qu'il y a de plus fatigant au monde; le poëme d'Hudibras, quoique spirituel, est rempli de plaisanteries prolongées jusqu'à la satiété. Les Fables de Gay ont de l'esprit, mais point de naturel; et l'on ne peut jamais comparer sous aucun rapport les pièces fugitives des Anglais, leurs contes burlesques, etc., avec les écrits de Voltaire, de l'Arioste ou de la Fontaine. Mais n'est-ce point assez de savoir parler la langue des affections profondes? faut-il attacher beaucoup de prix à tout le reste?

Quelle sublime méditation que celle des Anglais! comme ils sont féconds dans les sentiments et les idées que développe la solitude! Quelle profonde philosophie que celle de l'Essai sur l'homme! Peut-on élever l'âme et l'imagination à une plus grande hauteur que dans le Paradis perdu? Ce n'est pas l'invention poétique qui fait le mérite de cet ouvrage; le sujet est presque entièrement tiré de la Genèse; ce que l'auteur y a ajouté d'allégo-

rique en quelques endroits, est réprouvé par le goût. On s'aperçoit souvent que le poëte est contraint ou dirigé par sa soumission à l'orthodoxie. Mais ce qui fait de Milton l'un des premiers poëtes du monde, c'est l'imposante grandeur des caractères qu'il a tracés. Son ouvrage est surtout remarquable par la pensée; la poésie qu'on y admire a été inspirée par le besoin d'égaler les images aux conceptions de l'esprit : c'est pour faire comprendre ses idées intellectuelles, que le poëte a eu recours aux plus terribles tableaux qui puissent frapper l'imagination. Avant de donner une forme à Satan, il l'avait conçu immatériel; il s'était représenté sa nature morale, avant d'accorder avec ce caractère sa gigantesque stature, et l'épouvantable aspect de l'enfer qu'il doit habiter. Avec quel talent il vous transporte de cet enfer dans le paradis! comme il vous promène à travers toutes les sensations enivrantes de la jeunesse, de la nature et de l'innocence! Ce n'est pas le bonheur des jouissances vives, c'est le calme qu'il met en contraste avec le crime, et l'opposition est bien plus forte : la pitié d'Adam et d'Ève, les différences primitives du caractère et de la destinée des deux sexes sont peintes comme la philosophie et l'imagination devaient les caractériser [1].

Le Cimetière de Gray, l'Épître sur le collége d'Eaton, le Village abandonné de Goldsmith, sont remplis de cette noble mélancolie qui est la majesté du philosophe sensible. Où peut-on trouver plus d'enthousiasme poétique que dans l'Ode à la Musique, de Dryden? Quelle passion dans la Lettre d'Héloïse! Est-il une plus délicieuse peinture de l'amour dans le mariage, que les vers qui terminent le premier chant de Thompson, sur le Printemps [2]? Que de réflexions profondes et ter-

---

[1] . . . . Tough both
Not equal, as their sexes not equal
For contemplation he, and valour formed,
For softness she, and sweet attractive grace,
He for God only, she for God in him.

« Ces deux nobles créatures (Adam et Ève) ne sont point
« semblables en tout, et diffèrent comme leurs sexes. Lui,
« formé pour la méditation et la valeur; elle, pour la dou-
« ceur et la grâce attirante; lui, pour adorer Dieu seul; elle,
« pour adorer Dieu en lui. »

[2] Tout le monde connaît ce morceau de Thompson; mais je n'ai pu me refuser à en placer ici l'extrait, afin que les femmes entre les mains desquelles tombera cet ouvrage aient une occasion de plus de relire de tels vers :

But happy they! the happiest of their kind!
Whom gentler stars unite, and in one fate
Their hearts, their fortunes, and their beings blend
Tis not the coarser tie of human laws,
Unnatural oft, and foreign to the mind,
That binds their peace, but harmony itself,
Attuning all their passions into love;

ribles ne reste-t-il pas de ces Nuits d'Young, ou l'homme est peint considérant le cours et le terme de sa destinée, sans cette illusion qui nous fait nous intéresser à des jours comme à des siècles, à ce qui passe comme à l'éternité!

Young juge la vie humaine comme s'il n'en était pas; et sa pensée s'élève au-dessus de son être pour lui marquer une place imperceptible dans l'immensité de la création :

```
. . . . . . . . What is the world? a grave,
Where is the dust which has not been alive?
```

Qu'est-ce que le monde? un tombeau. Où est le grain de poussière qui n'a pas eu de la vie?

```
Where friendship full exerts her softest power,
Perfect esteem enlivened by desire
Ineffable, and sympathy of soul;
Thought meeting thought, and will preventing wil,
With boundless confidence : . . . . . . . .
. . . . . . . . . . What is the world to them,
Its pomp, its pleasure, and its nonsense all?
Who in each other clasp whatever fair
High fancy forms, and lavish hearts can wish;
Something than beauty dearer, should they look
Or on the mind, or mind illumin'd face;
Truth, goodness, honour, harmony, and love,
The richest bounty of indulgent Heaven.
Meantime a smiling offspring rises round,
And mingles both their graces. By degrees
The human blossom blows, and every day,
Soft as it rolls along, shews some new charm,
The father's lustre, and the mother's bloom,
The infant reason grows apace and calls
For the kind hand of an assiduous care.
Delightful task! to rear the tender thought
To teach the young idea how to shoot,
To pour the fresh instruction o'er the mind,
To breathe th'enlivening spirit, and to fix
The generous purpose in the glowing breast
Oh speak the joy! ye, whom the sudden tear
Surprises often while you look around,
And nothing strikes your eye but sights of bliss,
All various nature pressing on the heart;
An elegant sufficiency, content,
Retirement, rural quiet, friendship, books,
Ease and alternate labour, useful life,
Progressive virtue and approving Heaven :
These are the matchless joys of virtuous love
And thus their moments fly. The seasons thus,
As ceaseless round a jarring world they roll,
Still find them happy; and consenting spring
Sheds her own rosy garland on their heads :
Till evening comes at last serene and mild;
When after the long vernal day of life,
Enamour'd more, as more remembrance swells
With many a proof of recollected love,
Together down they sink in social sleep;
Together freed, their gentle spirits fly
To scenes where love and bliss immortal reign
```

« Heureux et les plus heureux des mortels ceux que la bienfaisante destinée a réunis, et qui confondent dans un même sort leurs cœurs, leurs fortunes et leurs existences! Ce n'est pas le dur lien des lois humaines, ce lien si souvent étranger au choix du cœur, qui forme le nœud de leur vie, c'est l'harmonie elle-même, accordant toutes leurs passions dans le sentiment de l'amour. L'amitié exerce dans leur sein sa plus douce puissance, la parfaite estime animée par le désir,

```
. . . . . . . . What is life? a war,
Eternal war with woe. . . . . . . .
```

Qu'est-ce que la vie? une guerre, une éternelle guerre avec le malheur.

Cette sombre imagination, quoique plus prononcée dans Young, est cependant la couleur générale de la poésie anglaise. Leurs ouvrages en vers contiennent souvent plus d'idées que leurs ouvrages en prose. Si l'on peut trouver de la monotonie dans l'Ossian, parce que ses images peu variées en elles-mêmes ne sont point mêlées à des réflexions qui puissent intéresser l'esprit, il n'en est pas ainsi des poëtes anglais; ils ne fatiguent point en s'abandonnant à leur tristesse philosophique : elle est d'accord avec la nature même de notre être, avec sa destinée. Rien ne fait éprouver une plus douce sensation que de rentrer par la lecture dans le cours habituel de ses rêveries : et si l'on veut se rappeler les morceaux qu'on aime dans les divers écrits de toutes les langues, on verra qu'ils ont presque tous un même caractère d'élévation et de mélancolie.

On se demande pourquoi les Anglais, qui sont l'inexprimable sympathie des âmes, la pensée rencontrant la pensée, la volonté prévenant la volonté par une confiance sans bornes. Que leur importe le monde, et ses plaisirs, et sa folie! chacun des deux n'embrasse-t-il pas, dans l'objet qu'il aime, tout ce que l'imagination peut se créer, tout ce qu'un cœur abandonné à l'espérance pourrait souhaiter? Ne goûtent-ils pas un charme plus puissant encore que celui de la beauté, ou dans les sentiments, ou dans les traits animés par ces sentiments mêmes? Vérité, bonté, honneur, tendresse, amour, les plus riches bienfaits de l'indulgence du ciel leur sont accordés; et près d'eux bientôt s'élève leur postérité souriante : la fleur de l'enfance s'épanouit sous leurs yeux, et chaque jour qui s'écoule développe une nouvelle grâce. La vertu du père et la beauté de la mère s'aperçoivent déjà dans les enfants : leur faible raison grandit à chaque moment; elle réclame bientôt le secours de soins assidus. Délicieuse tâche de cultiver la pensée tendre encore, d'enseigner à la jeune idée comment elle doit croître, de verser des instructions toujours nouvelles dans l'esprit, d'inspirer les sentiments généreux, et de fixer un noble dessein dans une âme enflammée! Ah! parlez de vos joies, vous qu'une larme soudaine surprend souvent quand vous regardez autour de vous, et que rien ne frappe vos regards que des tableaux de félicité; toutes les affections variées de la nature se pressent sur votre cœur. Le contentement de l'âme, le repos de la campagne, une fortune qui suffit à l'élégant nécessaire, l'amitié, des livres, la retraite, le travail et le loisir, une vie utile, une vertu progressive et le ciel approbateur : telles sont les jouissances incomparables d'un amour vertueux; c'est ainsi que s'écoulent les moments de ces fortunés époux. Les saisons, qui parcourent sans cesse ce monde en discorde, retrouvent à leur retour ces deux êtres toujours heureux; et le printemps, applaudissant à leurs belles destinées, répand sur leur tête sa guirlande de roses. Jusqu'à ce qu'enfin, après le long jour printanier de la vie, arrive le soir serein et doux; toujours plus amoureux, puisque leur cœur renferme plus de souvenirs, plus de preuves de leur amour mutuel, ils tombent dans un sommeil qui les réunit encore; affranchis ensemble, leurs paisibles esprits s'envolent vers les lieux où règnent l'amour et le bonheur immortel. »

heureux par leur gouvernement et par leurs mœurs, ont une imagination beaucoup plus mélancolique que ne l'était celle des Français. C'est que la liberté et la vertu, ces deux grands résultats de la raison humaine, exigent de la méditation; et la méditation conduit nécessairement à des objets sérieux.

En France, les personnes distinguées par leur esprit ou par leur rang avaient, en général, beaucoup de gaieté; mais la gaieté des premières classes de la société n'est point un signe de bonheur pour la nation. Pour que l'état politique et philosophique d'un pays réponde à l'intention de la nature, il faut que le lot de la médiocrité, dans ce pays, soit le meilleur de tous; les hommes supérieurs, dans tous les genres, doivent être des hommes consacrés et sacrifiés même au bien général de l'espèce humaine.

Heureux le pays où les écrivains sont tristes, et les commerçants satisfaits, les riches mélancoliques, et les hommes du peuple contents!

La langue anglaise, quoiqu'elle ne soit pas aussi harmonieuse à l'oreille que les langues du Midi, a, par l'énergie de sa prononciation, de très-grands avantages pour la poésie : tous les mots fortement accentués ont de l'effet sur l'âme, parce qu'ils semblent partir d'une impression vive; la langue française exclut en poésie une foule de termes simples qu'on doit trouver nobles en anglais par la manière dont ils sont articulés. J'en offre un exemple : lorsque Macbeth, au moment de s'asseoir à la table du festin, voit, à la place qui lui est destinée, l'ombre de Banquo qu'il vient d'assassiner, et s'écrie à plusieurs reprises avec un effroi si terrible : *The table is full,* tous les spectateurs frémissent. Si l'on disait en français précisément les mêmes mots, *la table est remplie,* le plus grand acteur du monde ne pourrait, en les déclamant, faire oublier leur acception commune; la prononciation française ne permettrait pas cet accent qui rend nobles tous les mots en les animant, qui rend tragiques tous les sons, parce qu'ils imitent et font partager le trouble de l'âme.

Les Anglais peuvent se permettre en tout genre beaucoup de hardiesse dans leurs écrits, parce qu'ils sont passionnés, et qu'un sentiment vrai, quel qu'il soit, a la puissance de transporter le lecteur dans les affections de l'écrivain : l'auteur de sang-froid, quelque esprit qu'il ait, doit se conformer à beaucoup d'égards au goût de ses lecteurs. Ils lui en imposent l'obligation dès qu'ils lui en savent le pouvoir.

Les poëtes anglais abusent souvent néanmoins de toutes les facilités que leur accordent et leur langue et le génie de leur nation. Ils exagèrent les images, ils subtilisent les idées, ils épuisent tout ce qu'ils expriment, et le goût ne les avertit pas de s'arrêter. Mais *il leur sera beaucoup pardonné,* parce que l'on voit en eux une émotion véritable. L'on juge les défauts de leurs écrits comme ceux de la nature, et non comme ceux de l'art.

Il est un genre d'ouvrages d'imagination dans lequel les Anglais ont une grande prééminence : ce sont les romans sans merveilleux, sans allégories, sans allusions historiques, fondés seulement sur l'invention des caractères et des événements de la vie privée. L'amour a été jusqu'à présent le sujet de ces sortes de romans. L'existence des femmes, en Angleterre, est la principale cause de l'inépuisable fécondité des écrivains anglais en ce genre. Les rapports des hommes avec les femmes se multiplient à l'infini par la sensibilité et la délicatesse.

Des lois tyranniques, des désirs grossiers ou des principes corrompus ont disposé du sort des femmes, soit dans les républiques anciennes, soit en Asie, soit en France. Les femmes n'ont joui nulle part, comme en Angleterre, du bonheur causé par les affections domestiques. Dans les pays pauvres, et surtout dans les classes moyennes de la société, on a souvent trouvé des mœurs très-pures; mais c'est aux premières classes qu'il appartient de rendre plus remarquables les exemples qu'elles donnent. Elles seules choisissent leur genre de vie; les autres sont forcées de se résigner à celui que la destinée leur impose; et quand on est amené à l'exercice d'une vertu par la privation de quelques avantages personnels, ou par le joug des circonstances, on n'a jamais toutes les idées et tous les sentiments que peut faire naître cette vertu librement adoptée. Ce sont donc, en général, les mœurs des premières classes de la société qui influent sur la littérature. Quand les mœurs de ces premières classes sont bonnes, elles conservent l'amour, et l'amour inspire les romans. Sans examiner ici philosophiquement la destinée des femmes dans l'ordre social, ce qui est certain, en général, c'est que leurs vertus domestiques obtiennent seules des hommes toute la tendresse de cœur dont ils sont capables.

L'Angleterre est le pays du monde où les femmes sont le plus véritablement aimées. Il s'en faut bien qu'elles y trouvent les agréments que la société de France promettait autrefois; mais ce n'est pas avec le tableau des jouissances de l'amour-propre qu'on fait un roman intéressant, quoique l'histoire de la vie prouve souvent qu'on peut se contenter de ces vaines jouissances. Les mœurs anglaises fournissent à l'invention romanesque une foule de nuances délicates et de situations touchantes. On croirait d'abord que l'immoralité, ne reconnaissant point de bornes, devrait étendre la carrière de toutes les conceptions romanesques; et l'on s'aperçoit, au contraire, que cette facilité malheureuse ne peut rien produire que d'aride. Les passions sans combat, les dénoûments sans gradations, les sacrifices sans regrets, les liens sans délicatesse, ôtent aux romans tout leur charme; et le petit nombre de ceux de ce genre que nous possédons en français ont à peine eu quelque succès dans les sociétés qui leur avaient servi de modèle.

Il y a des longueurs dans les romans des Anglais comme dans tous leurs écrits; mais ces romans sont faits pour être lus par les hommes qui ont adopté le genre de vie qui y est peint, à la campagne, en famille, au milieu du loisir des occupations régulières et des affections domestiques. Si les Français supportent les détails inutiles qui sont accumulés dans ces écrits, c'est par la curiosité qu'inspirent des mœurs étrangères. Ils ne tolèrent rien de semblable dans leurs propres ouvrages. Ces longueurs, en effet, lassent quelquefois l'intérêt, mais la lecture des romans anglais attache, par une suite constante d'observations justes et morales, sur les affections sensibles de la vie. L'attention sert en toutes choses aux Anglais, soit pour peindre ce qu'ils voient, soit pour découvrir ce qu'ils cherchent.

Tom-Jones ne peut être considéré seulement comme un roman. La plus féconde des idées philosophiques, le contraste des qualités naturelles et de l'hypocrisie sociale, y est mise en action avec un art infini, et l'amour, comme je l'ai dit ailleurs [1], n'est que l'accessoire d'un tel sujet. Mais Richardson, en première ligne, et après ses écrits, plusieurs romans, dont un grand nombre ont été composés par des femmes, donnent parfaitement l'idée de ce genre d'ouvrages dont l'intérêt est inexprimable.

Les anciens romans français peignent des aventures de chevalerie qui ne rappellent en rien les événements de la vie. La Nouvelle Héloïse est un écrit éloquent et passionné, qui caractérise le génie d'un homme, et non les mœurs de la nation. Tous les autres romans français que nous aimons, nous les devons à l'imitation des Anglais. Les sujets ne sont pas les mêmes, mais la manière de les traiter, mais le caractère général de cette

[1] Essai sur les Fictions.

sorte d'invention appartiennent exclusivement aux écrivains anglais.

Ce sont eux qui ont osé croire les premiers, qu'il suffisait du tableau des affections privées pour intéresser l'esprit et le cœur de l'homme; que ni l'illustration des personnages, ni l'importance des intérêts, ni le merveilleux des événements, n'étaient nécessaires pour captiver l'imagination, et qu'il y avait dans la puissance d'aimer de quoi renouveler sans cesse et les tableaux et les situations, sans jamais lasser la curiosité. Ce sont les Anglais enfin qui ont fait des romans des ouvrages de morale où les vertus et les destinées obscures peuvent trouver des motifs d'exaltation et se créer un genre d'héroïsme.

Il règne dans ces écrits une sensibilité calme et fière, énergique et touchante. Nulle part on ne sent mieux le charme de cet amour protecteur qui, dispensant l'être faible de veiller à sa propre destinée, concentre tous ses désirs dans l'estime et la tendresse de son défenseur.

CHAPITRE XVI.

De l'éloquence et de la philosophie des Anglais.

Il y a trois époques très-distinctes dans la situation politique des Anglais : les temps antérieurs à leur révolution, leur révolution même, et la constitution qu'ils possèdent depuis 1688. Le caractère de la littérature a nécessairement varié suivant ces diverses circonstances. Avant la révolution, on ne remarque en philosophie qu'un seul homme, le chancelier Bacon. La théologie absorbe entièrement les années mêmes de la révolution. La poésie a presque seule occupé les esprits sous le règne voluptueux et despotique de Charles II; et ce n'est que depuis 1688, depuis qu'une constitution stable a donné à l'Angleterre du repos et de la liberté, qu'on peut observer avec exactitude les effets constants d'un ordre de choses durable.

Les écrits de Bacon caractérisent son génie plutôt que son siècle. Il s'élança seul dans toutes les sciences : quelquefois obscur, souvent scolastique, il eut cependant des idées nouvelles sur tous les sujets, mais il ne put rien compléter. L'homme de génie fait quelques pas dans les sentiers inconnus; mais il ne faut pas moins que la force commune et réunie des siècles et des nations pour frayer les grandes routes.

Les querelles de religion auraient pu replonger l'Angleterre, au dix-septième siècle, dans l'état dont l'Europe était enfin sortie; mais les lumières qui existaient déjà et dans les autres pays et dans l'Angleterre même, s'opposèrent aux funestes effets de ces disputes vaines. Harrington, Sidney, etc., indifférents aux questions théologiques, s'efforcèrent de rattacher les esprits aux principes de la liberté, et leurs efforts ne furent pas entièrement perdus pour la raison.

Enfin la philosophie anglaise, à la fin du dix-septième siècle, prit son véritable caractère, et l'a soutenu depuis cent ans toujours avec de nouveaux succès.

La philosophie anglaise est scientifique, c'est-à-dire, que ses écrivains appliquent aux idées morales le genre d'abstraction, de calcul et de développement dont les savants se servent pour parvenir aux découvertes et pour les expliquer.

La philosophie française tient davantage au sentiment et à l'imagination, sans avoir pour cela moins de profondeur; car ces deux facultés de l'homme, lorsqu'elles sont dirigées par la raison, éclairent sa marche, et l'aident à pénétrer plus avant dans la connaissance du cœur humain.

La religion chrétienne, telle qu'elle est professée en Angleterre, et les principes constitutionnels tels qu'ils sont établis, laissent une assez grande latitude aux recherches de la pensée, soit en morale, soit en politique. Cependant les philosophes anglais, en général, ne se permettent pas de tout examiner; et l'utilité, qui est le mobile de leurs efforts, leur interdit en même temps un certain degré d'indépendance.

Ils ont développé d'une manière supérieure la théorie métaphysique des facultés de l'homme, mais ils connaissent et étudient moins les caractères et les passions. La Bruyère, le cardinal de Retz, Montaigne, n'ont point d'égal en Angleterre.

Dans les pays où la tranquillité règne avec la liberté, on s'examine peu réciproquement. Les lois dirigent la plupart des relations des hommes entre eux. Tout porte l'esprit aux idées générales plutôt qu'aux observations particulières. Mais lorsque les sociétés brillantes de la cour et de la ville ont un grand crédit politique, le besoin de les observer pour y réussir développe un grand nombre de pensées fines; et si, d'un côté, il y a moins de philosophie pratique dans un tel pays, de l'autre, les esprits sont nécessairement plus capables de pénétration et de sagacité.

Les Anglais ont traité la politique comme une science purement intellectuelle. Hobbes, Ferguson, Locke, etc., avec des systèmes différents, recherchent quel fut l'état primitif des sociétés,

afin d'arriver à connaître quelles sont les lois qu'il faut instituer pour les hommes. Smith, Hume, Shaftesbury, étudient les sentiments et les caractères sous des points de vue presque entièrement métaphysiques. Ils écrivent pour l'instruction et la méditation, mais ils ne songent point à captiver l'intérêt en même temps qu'ils sollicitent l'attention. Montesquieu semble donner la vie aux idées, et rappelle à chaque ligne la nature morale de l'homme au milieu des abstractions de l'esprit. Nos écrivains français, ayant toujours présent à leur pensée le tribunal de la société, cherchent à obtenir le suffrage de lecteurs qui se fatiguent aisément; ils veulent attacher le charme des sentiments à l'analyse des idées, et faire ainsi marcher simultanément un plus grand nombre de vérités.

Les Anglais ont avancé dans les sciences philosophiques comme dans l'industrie commerciale à l'aide de la patience et du temps. Le penchant de leurs philosophes pour les abstractions semblait devoir les entraîner dans des systèmes qui pouvaient être contraires à la raison; mais l'esprit de calcul, qui régularise, dans leur application, les combinaisons abstraites, la moralité, qui est la plus expérimentale de toutes les idées humaines, l'intérêt du commerce, l'amour de la liberté, ont toujours ramené les philosophes anglais à des résultats pratiques. Que d'ouvrages entrepris pour servir utilement les hommes, pour l'éducation des enfants, pour le soulagement des malheureux, pour l'économie politique, la législation criminelle, les sciences, la morale, la métaphysique! Quelle philosophie dans les conceptions! quel respect pour l'expérience dans le choix des moyens!

C'est à la liberté qu'il faut attribuer cette émulation et cette sagesse. On pouvait si rarement se flatter en France d'influer par ses écrits sur les institutions de son pays, qu'on ne songeait qu'à montrer de l'esprit dans les discussions même les plus sérieuses. On poussait jusqu'au paradoxe un système vrai sous quelques rapports; la raison ne pouvant avoir un effet utile, on voulait au moins que le paradoxe fût brillant. D'ailleurs, sous une monarchie absolue, on pouvait, comme Rousseau l'a fait dans le Contrat social, vanter sans danger la démocratie pure; mais on n'aurait point osé approcher des idées plus vraisemblables. Tout était jeu d'esprit en France, hors les arrêts du conseil du roi : tandis qu'en Angleterre, chacun pouvant agir d'une manière quelconque sur les résolutions de ses représentants, l'on prend l'habitude de comparer la pensée avec l'action, et l'on s'accoutume à l'amour du bien public par l'espoir d'y contribuer.

Ce principe d'utilité, qui a donné, si je puis m'exprimer ainsi, tant de corps à la littérature des Anglais, a retardé cependant chez eux un dernier perfectionnement de l'art, que les Français ont atteint; c'est la concision dans le style. La plupart des livres anglais sont confus à force de prolixité. Le patriotisme qui règne en Angleterre inspire une sorte d'intérêt de famille pour les questions d'une utilité générale; on peut en entretenir les Anglais aussi longuement que de leurs affaires particulières; et les auteurs, confiants dans cette disposition, abusent souvent de la liberté qu'elle accorde. Les Anglais donnent à toutes leurs idées des développements aussi étendus que ceux d'un instituteur parlant à ses élèves : c'est peut-être un meilleur moyen d'éclairer la masse d'une nation; mais la méthode philosophique ne peut acquérir ainsi toute sa perfection.

Les Français feraient un livre mieux que les Anglais en leur prenant leurs idées; ils les présenteraient avec plus d'ordre et de précision : comme ils suppriment beaucoup d'intermédiaires, leurs ouvrages exigent plus d'attention pour être compris; mais la classification des idées y gagne. soit par la rapidité, soit par la rectitude de la route que l'on fait suivre à l'esprit. En Angleterre, c'est presque toujours par le suffrage de la multitude que commence la gloire; elle remonte ensuite vers les classes supérieures. En France, elle descendait de la classe supérieure vers le peuple. Je n'examine point ce qui est préférable pour le bonheur national; mais l'art d'écrire et la méthode de composer ne peuvent se perfectionner, en Angleterre, jusqu'au point où l'on devait arriver en France, lorsque les écrivains visaient toujours et presque exclusivement au suffrage des premiers hommes de leur pays.

On se livre en Angleterre aux systèmes abstraits ou aux recherches qui ont pour objet une utilité positive et pratique; mais ce genre intermédiaire, qui réunit dans un même style la pensée et l'éloquence, l'instruction et l'intérêt, l'expression pittoresque et l'idée juste, les Anglais n'en possèdent presque point de modèles; et leurs livres n'ont qu'un but à la fois, l'utilité ou l'agrément.

Les Anglais, dans leurs poésies, portent au premier degré l'éloquence de l'âme : ils sont de grands écrivains en vers; mais leurs ouvrages en prose participent très-rarement à la chaleur et à l'énergie qu'on trouve dans leurs poésies. Les vers blancs n'offrant que très-peu de difficultés, les Anglais ont réservé pour la poésie tout ce qui tient à l'imagination; ils considèrent la prose comme la langue de la logique, et le seul objet de leur style est de faire comprendre des raisonnements, et non d'intéresser par des expressions. La langue anglaise n'a pas encore acquis peut-être le degré de perfection dont elle est susceptible. Ayant plus souvent servi aux affaires qu'à la littérature, elle manque encore d'un très-grand nombre de nuances; et il faut beaucoup plus de finesse et de correction dans une langue pour bien écrire en prose que pour bien écrire en vers.

Quelques auteurs anglais, cependant, Bolingbroke, Shaftesbury, Addisson, ont de la réputation comme bons écrivains en prose; néanmoins leur style manque d'originalité, et leurs images de chaleur : le caractère de l'écrivain n'est point empreint dans son style, et le mouvement de l'âme ne se fait point sentir à ses lecteurs. Il semble que les Anglais n'osent se livrer entièrement que dans l'inspiration poétique : lorsqu'ils écrivent en prose, une sorte de pudeur captive leurs sentiments : comme ils sont tout à la fois timides et passionnés, ils ne peuvent se livrer à demi Les Anglais se transportent dans le monde idéal de la poésie, mais ils ne mettent presque jamais de chaleur dans les écrits qui portent sur les objets réels. Ils reprochent avec vérité aux écrivains français leur égoïsme, leur vanité, l'importance que chacun attache à sa personne, dans un pays où l'intérêt public ne tient point de place. Mais il est cependant certain que pour qu'un auteur soit éloquent, il faut qu'il exprime ses propres sentiments, ce n'est pas son intérêt, mais son émotion; ce n'est pas son amour-propre, mais son caractère, qui doivent animer ses écrits; et faire abstraction en écrivant de ce qu'on éprouve soi-même, ce serait aussi faire abstraction de ce qu'éprouve le lecteur.

Il n'y a point en Angleterre de mémoires, de confessions, de récits de soi faits par soi-même; la fierté du caractère anglais se refuse à ce genre de détails et d'aveux : mais l'éloquence des écrivains perd souvent à l'abnégation trop sévère de tout ce qui semble tenir aux affections personnelles.

On applique en Angleterre l'esprit des affaires aux principes de la littérature; et l'on interdit dans les ouvrages raisonnés tout appel à l'émotion, tout ce qui pourrait influencer le moins du monde le libre exercice du jugement. M. Burke, le plus violent ennemi de la France, a, dans son ouvrage contre elle, quelques rapports avec l'éloquence française; mais quoiqu'il ait des admirateurs en Angleterre, on y est assez tenté d'accuser son style d'exagération autant que ses opinions, et de trouver sa manière d'écrire incompatible avec des idées justes.

Les lettres de Junius sont l'un des écrits les plus éloquents de la prose anglaise. Peut-être aussi que la principale cause du grand plaisir attaché à cette lecture, c'est l'admiration qu'on éprouve pour la liberté d'un pays où l'on pouvait attaquer ainsi les ministres et le roi lui-même, sans que le repos et l'organisation sociale en souffrissent, sans que les dépositaires de la puissance publique eussent le droit de se soustraire à la plus véhémente expression de la censure individuelle.

Les débats parlementaires sont plus animés que le style des auteurs en prose. La nécessité d'improviser, le mouvement des débats, l'opposition, la réplique, excitent un intérêt, causent une agitation qui peuvent entraîner les orateurs : néanmoins l'argumentation est toujours le caractère principal des discours au parlement. L'éloquence populaire des anciens, celle des premiers orateurs français, produiraient dans la chambre des communes plutôt l'étonnement que la conviction. Parcourons rapidement les causes de ces différences.

La révolution anglaise, qui devait mettre en mouvement toutes les passions populaires, s'est faite par les querelles théologiques. L'éloquence donc, au lieu de recevoir à cette époque une grande impulsion, a pris dès lors, par la nature même des objets qu'elle traitait, la forme de l'argumentation. Les intérêts de finances et de commerce ont été les premiers objets de tous les parlements d'Angleterre, et toutes les fois qu'on est appelé à discuter avec les hommes leurs intérêts de calcul, le raisonnement seul obtient leur confiance. La situation diplomatique de l'Europe, autre objet des débats parlementaires, a toujours exigé, par l'importance même de ses intérêts, une grande circonspection. Les deux partis qui ont divisé le parlement ne luttaient point, comme les plébéiens et les patriciens, avec toutes les passions de l'homme ; c'était presque toujours quelques rivalités individuelles, contenues par l'ambition même, qui les excitaient ; c'étaient des débats dans lesquels l'opposition, voulant donner au roi un ministre de son parti, gardait toujours, dans sa résistance même, les égards nécessaires pour arriver à ce but. Le point d'honneur met nécessairement aussi quelques bornes à la violence des attaques personnelles. Enfin les modernes ont en général un respect pour les lois qui doit nécessairement aussi changer à quelques égards le ca-

ractère de leur éloquence. Quoiqu'il existât des lois chez les anciens, l'autorité populaire avait souvent le droit et la volonté de tout détruire ou de tout recréer. Les modernes ont presque toujours été astreints à commenter le texte des lois existantes. Sans nier assurément les avantages de cette fixité, il s'ensuit néanmoins que l'esprit de discussion et d'analyse est plus important dans les assemblées actuelles que le talent d'émouvoir.

Il faut que la logique de l'orateur, au lieu de presser l'homme corps à corps, comme Démosthène, l'attaque avec de certaines armes convenues, dont l'effet est plus indirect. D'ailleurs, le gouvernement représentatif resserrant nécessairement, et le cercle des objets que l'on traite, et le nombre de ceux auxquels on s'adresse, l'éloquence de Démosthène n'aurait pas de proportion avec l'auditoire et le but : les témoins comptés et connus qui environnent de près les orateurs anglais, la table sur laquelle ils marquent, par un geste uniforme, le retour des mêmes raisonnements, tout leur rappelle un conseil d'état plutôt qu'une assemblée populaire ; tout doit les ramener à ne se servir que des armes du sang-froid, l'argumentation ou l'ironie [1].

Plusieurs des causes que je viens d'énoncer devraient s'appliquer également au gouvernement représentatif en France ; mais les premières époques de la révolution ont offert à ses orateurs des sujets d'éloquence antique. Mirabeau, et quelques autres après lui, ont un talent plus entraînant, plus dramatique que celui des Anglais : l'habitude des affaires s'y montre moins, et le besoin des succès de l'esprit beaucoup davantage. Les longs développements seraient en tout temps aussi beaucoup moins tolérés en France qu'en Angleterre. Les orateurs anglais, de même que Cicéron, répètent souvent des idées déjà comprises ; ils reviennent quelquefois aux mouvements, aux effets d'éloquence déjà employés avec succès. En France, on est si jaloux de l'admiration qu'on accorde, que si l'orateur voulait l'obtenir deux fois pour le même sentiment, pour le même bonheur d'expression, l'auditoire lui reprocherait une confiance orgueilleuse, lui refuserait un second aveu de son talent, et reviendrait presque sur le premier.

Cette disposition d'esprit, chez les Français, doit porter très-haut le vrai talent ; mais elle en-

[1] L'orateur de l'opposition n'étant point chargé de la direction des affaires, doit montrer presque toujours plus d'éloquence que le ministre. On aurait de la peine maintenant, en Angleterre, à prononcer entre deux talents prodigieux : néanmoins les mouvements de l'âme se rallient toujours plus naturellement à celui qui n'est pas dans le pouvoir.

traîne la médiocrité dans des efforts gigantesques et ridicules : elle favorise aussi quelquefois, d'une manière funeste, le succès des plus absurdes assertions. S'il fallait prolonger un raisonnement, sa fausseté serait plus sensible ; si l'on pouvait le réfuter avec les formes qui servent à développer les vérités élémentaires, les esprits les plus communs finiraient par comprendre quel est l'objet de la question. La dialectique des Anglais se prête beaucoup moins que la nôtre au succès des sophismes. Le style déclamateur, qui sert si bien les idées fausses, est rarement admis par les Anglais : et comme ils donnent une moins grande part aux considérations morales dans les motifs qu'ils développent, le sens positif des paroles s'écarte moins du but, et permet moins de s'égarer.

La langue de la prose étant beaucoup plus perfectionnée chez les Français, ce que nous avons eu, ce que nous pourrions avoir d'hommes vraiment éloquents, remuerait plus fortement les passions humaines ; ils sauraient réunir dans un même discours plus de talents divers. Les Anglais ont considéré l'art de la parole, comme tous les talents en général, sous le point de vue de l'utilité ; et c'est ce qui doit arriver à tous les peuples, après un certain temps de repos fondé sur la liberté.

Le repos du despotisme produirait un effet absolument contraire ; il laisserait subsister les besoins actifs de l'amour-propre individuel, et ne rendrait indifférent qu'à l'intérêt national : L'importance politique de chaque citoyen est telle dans un pays libre, qu'il attache plus de prix à ce qui lui revient du bonheur public qu'à tous les avantages particuliers qui ne serviraient pas à la force commune.

CHAPITRE XVII.

De la littérature allemande [1],

La littérature allemande ne date que de ce siècle.

[1] J'ai besoin de rappeler ici quel est le but de cet ouvrage. Je n'ai point prétendu faire une analyse de tous les livres distingués qui composent une littérature ; j'ai voulu caractériser l'esprit général de chaque littérature dans ses rapports avec la religion, les mœurs et le gouvernement. Sans doute je n'ai pu traiter un tel sujet sans citer beaucoup d'écrivains et beaucoup de livres ; mais c'était à l'appui de mes raisonnements que je présentais ces exemples, et non avec l'intention de juger et de discuter le mérite de chaque auteur, comme on pourrait le faire dans une bibliothèque universelle. Cette observation s'applique plus particulièrement encore à ce chapitre qu'à tous les autres. Il existe une foule de bons ouvrages en allemand que je n'ai point indiqués, parce que ceux que j'ai nommés suffisaient pour prouver ce que je disais du caractère de la littérature allemande en général.

Jusqu'alors les Allemands s'étaient occupés des sciences et de la métaphysique avec beaucoup de succès ; mais ils avaient plus écrit en latin que dans leur langue naturelle ; et l'on n'apercevait encore aucun caractère original dans les productions de leur esprit. Les causes qui ont retardé les progrès de la littérature allemande s'opposent encore, sous quelques rapports, à sa perfection ; et c'est d'ailleurs un désavantage véritable pour une littérature que de se former plus tard que celle de plusieurs autres peuples environnants : car l'imagination des littératures déjà existantes tient souvent alors la place du génie national. Considérons d'abord les causes principales qui modifient l'esprit de la littérature en Allemagne, le caractère des ouvrages vraiment beaux qu'elle a produits, et les inconvénients dont elle doit se garantir.

La division des États excluant une capitale unique, où toutes les ressources de la nation se concentrent, où tous les hommes distingués se réunissent, le goût doit se former plus difficilement en Allemagne qu'en France. L'émulation multiplie ses effets dans un grand nombre de petites sphères ; mais on ne juge pas, mais on ne critique pas avec sévérité, lorsque chaque ville veut avoir des hommes supérieurs dans son sein. La langue doit aussi se fixer difficilement, lorsqu'il existe diverses universités, diverses académies d'une égale autorité, sur les questions littéraires. Beaucoup d'écrivains se croient alors le droit d'inventer sans cesse des mots nouveaux ; et ce qui semble de l'abondance amène la confusion.

Il est reconnu, je crois, que la fédération est un système politique très-favorable au bonheur et à la liberté ; mais il nuit presque toujours au plus grand développement possible des arts et des talents, pour lesquels la perfection du goût est nécessaire. La communication habituelle de tous les hommes distingués, leur réunion dans un centre commun, établit une sorte de législation littéraire qui dirige tous les esprits dans la meilleure route.

Le régime féodal, auquel l'Allemagne est soumise, ne lui permet pas de jouir de tous les avantages politiques attachés à la fédération. Néanmoins la littérature allemande porte le caractère de la littérature d'un peuple libre ; et la raison en est évidente. Les hommes de lettres d'Allemagne vivent entre eux en république ; plus il y a d'abus révoltants dans le despotisme des rangs, plus les hommes éclairés se séparent de la société et des affaires publiques. Ils considèrent toutes les idées dans leurs rapports naturels ; les institutions qui existent chez eux sont trop contraires aux plus imples notions de la philosophie, pour qu'ils puissent en rien y soumettre leur raison.

Les Anglais sont moins indépendants que les Allemands dans leur manière générale de considérer tout ce qui tient aux idées religieuses et politiques. .es Anglais trouvent le repos et la liberté dans l'ordre de choses qu'ils ont adopté, et consentent la modification de quelques principes philosophiques; ils respectent leur propre bonheur; ils ménagent de certains préjugés, comme l'homme qui aurait épousé la femme qu'il aime serait enclin à soutenir l'indissolubilité du mariage. Les philosophes d'Allemagne, entourés d'institutions vicieuses, sans excuses, comme sans avantages, se sont entièrement livrés à l'examen rigoureux des vérités naturelles.

La division des gouvernements, sans donner la liberté politique, établit presque nécessairement la liberté de la presse. Il n'existe ni religion dominante, ni opinion dominante dans un pays ainsi partagé; les pouvoirs établis se maintiennent par la protection des grandes puissances; mais l'empire de chaque gouvernement sur ses sujets est extrêmement limité par l'opinion; et l'on peut parler sur tout, quoiqu'il ne soit possible d'agir sur rien.

La société ayant encore beaucoup moins d'agréments en Allemagne qu'en Angleterre, la plupart des philosophes vivent solitaires; et l'intérêt des affaires publiques, si puissant chez les Anglais, n'existe presque point parmi les Allemands. Les princes traitent avec distinction les hommes de lettres; ils leur accordent souvent des marques d'honneur. Néanmoins la plupart des gouvernements n'appellent que les anciens nobles à se mêler de la politique; et il n'y a d'ailleurs que les gouvernements représentatifs qui donnent à toutes les classes un intérêt direct aux affaires publiques. L'esprit des hommes de lettres doit donc se tourner vers la contemplation de la nature et l'examen d'eux-mêmes.

Ils excellent dans la peinture des affections douloureuses et des images mélancoliques A cet égard, ils se rapprochent de toutes les littératures du Nord, des littératures ossianiques; mais leur vie méditative leur inspire une sorte d'enthousiasme pour le beau; d'indignation contre les abus de l'ordre social, qui les préserve de l'ennui dont les Anglais sont susceptibles dans les vicissitudes de leur carrière. Les hommes éclairés, en Allemagne, n'existent que pour l'étude, et leur esprit se soutient en lui-même par une sorte d'activité intérieure plus continuelle et plus vive que celle des Anglais. En Allemagne, les idées sont encore ce qui in-

téresse le plus au monde. Il n y a rien d'assez grand ni d'assez libre dans les gouvernements, pour que les philosophes puissent préférer les jouissances du pouvoir à celles de la pensée; et leur âme ne se refroidit point par des rapports trop continuels avec les hommes.

Les ouvrages des Allemands sont d'une utilité moins pratique que ceux des Anglais; ils se livrent davantage aux combinaisons systématiques, parce que n'ayant point d'influence par leurs écrits sur les institutions de leur pays, ils s'abandonnent sans but positif au hasard de leurs pensées; ils adoptent successivement toutes les sectes mystiquement religieuses; ils trompent de mille manières le temps et la vie, qu'ils ne peuvent employer que par la méditation. Mais il n'est point de pays où les écrivains aient mieux approfondi les sentiments de l'homme passionné, les souffrances de l'âme et les ressources philosophiques qui peuvent aider à les supporter. Le caractère général de la littérature est le même dans tous les pays du Nord; mais les traits distinctifs du genre allemand tiennent à la situation politique et religieuse de l'Allemagne.

Le livre par excellence que possèdent les Allemands, et qu'ils peuvent opposer aux chefs-d'œuvre des autres langues, c'est Werther. Comme on l'appelle un roman, beaucoup de gens ne savent pas que c'est un ouvrage. Mais je n'en connais point qui renferme une peinture plus frappante et plus vraie des égarements de l'enthousiasme, une vue plus perçante dans le malheur, dans cet abîme de la nature, où toutes les vérités se découvrent à l'œil qui sait les y chercher.

Le caractère de Werther ne peut être celui du grand nombre des hommes. Il représente dans toute sa force le mal que peut faire un mauvais ordre social à un esprit énergique; il se rencontre plus souvent en Allemagne que partout ailleurs. On a voulu blâmer l'auteur de Werther de supposer au héros de son roman une autre peine que celle de l'amour, de laisser voir dans son âme la vive douleur d'une humiliation, et le ressentiment profond contre l'orgueil des rangs, qui a causé cette humiliation; c'est, selon moi, l'un des plus beaux traits de génie de l'ouvrage. Goëthe voulait peindre un être souffrant par toutes les affections d'une âme tendre et fière; il voulait peindre ce mélange de maux qui seul peut conduire un homme au dernier degré du désespoir. Les peines de la nature peuvent laisser encore quelque ressource: il faut que la société jette ses poisons dans la blessure, pour que la raison soit tout à fait altérée et que la mort devienne un besoin.

I.

Quelle sublime réunion l'on trouve, dans Werther, de pensées et de sentiments , d'entraînement et de philosophie! Il n'y a que Rousseau et Goëthe qui aient su peindre la passion réfléchissante , la passion qui se juge elle-même et se connaît sans pouvoir se dompter. Cet examen de ses propres sensations , fait par celui-là même qu'elles dévorent, refroidirait l'intérêt, si tout autre qu'un homme de génie voulait le tenter. Mais rien n'émeut davantage que ce mélange de douleurs et de méditations, d'observations et de délire, qui représente l'homme malheureux se contemplant par la pensée et succombant à la douleur, dirigeant son imagination sur lui-même, assez fort pour se regarder souffrir, et néanmoins incapable de porter à son âme aucun secours.

On a dit encore que Werther était dangereux , qu'il exaltait les sentiments au lieu de les diriger ; et quelques exemples du fanatisme qu'il a excité confirment cette assertion. L'enthousiasme que Werther a excité, surtout en Allemagne, tient à ce que cet ouvrage est tout à fait dans le caractère national. Ce n'est pas Goëthe qui l'a créé, c'est lui qui l'a su peindre. Tous les esprits en Allemagne, comme je l'ai dit, sont disposés à l'enthousiasme : or, Werther fait du bien aux caractères de cette nature.

L'exemple du suicide ne peut jamais être contagieux. Ce n'est pas d'ailleurs le fait inventé dans un roman , ce sont les sentiments qu'on y développe qui laissent une trace profonde ; et cette maladie de l'âme qui prend sa source dans une nature élevée et finit cependant par rendre la vie odieuse, cette maladie de l'âme, dis-je, est parfaitement décrite dans Werther. Tous les hommes sensibles et généreux se sont sentis quelquefois prêts d'en être atteints, et souvent peut-être des créatures excellentes que poursuivaient l'ingratitude et la calomnie, ont dû se demander si la vie, telle qu'elle est, pouvait être supportée par l'homme vertueux, si l'organisation entière de la société ne pesait pas sur les âmes vraies et tendres, et ne leur rendait pas l'existence impossible.

La lecture de Werther apprend à connaître comment l'exaltation de l'honnêteté même peut conduire à la folie ; elle fait voir à quel degré de sensibilité l'ébranlement devient trop fort pour qu'on puisse soutenir les événements même les plus naturels. On est averti des penchants coupables par toutes les réflexions , par toutes les circonstances, par tous les traités de morale ; mais lorsqu'on se sent une nature généreuse et sensible, on s'y confie entièrement, et l'on peut arriver au dernier degré du malheur sans que rien vous ait fait connaître la suite d'erreurs qui vous y a conduit. C'est à ces sortes de caractères que l'exemple du sort de Werther est utile ; c'est un livre qui rappelle à la vertu la nécessité de la raison [1].

La Messiade de Klopstock , à travers une foule innombrable de défauts , de longueurs, de mysticités , d'obscurités inexplicables, contient des beautés du premier ordre. Le caractère d'Abbadona , subissant les destinées d'un coupable en conservant l'amour de la vertu, unissant les facultés d'un ange avec les souffrances de l'enfer, est une idée tout à fait neuve. Cette vérité dans les expressions de l'amour et les tableaux de la nature, à travers toutes les inventions les plus bizarres, produit un effet remarquable.

L'étonnement que causerait l'idée de la mort à qui l'apprendrait pour la première fois, est peint avec une touchante énergie dans un chant de la Messiade. Un habitant d'une planète où la vie n'a point de terme, interroge un ange qui lui donne des nouvelles de notre terre, sur ce que c'est que la mort. « Quoi ! lui dit-il , il est vrai que vous con- « naissez un pays où le fils peut être pour jamais « séparé de celle qui lui a prodigué les plus ten- « dres marques d'affection pendant les premières « années de sa vie ! où la mère peut se voir enlever « l'enfant sur lequel reposait tout son avenir ! un « pays où cependant on connaît l'amour, où deux « êtres se dévouent l'un à l'autre, vivent long- « temps à deux, puis savent exister seuls ! Se peut- « il que, sur cette terre, on veuille du don de la « vie, lorsqu'elle ne sert qu'à former des liens que « doit briser la mort, qu'à aimer ce qu'il faut « perdre, qu'à recueillir dans son cœur une image « dont l'objet peut disparaître du monde où l'on « reste encore après lui ! » En commençant la lecture de la Messiade, on croit entrer dans une atmosphère où l'on se perd souvent, où l'on distingue quelquefois des objets admirables, mais qui vous fait éprouver constamment une sorte de tristesse dont la sensation n'est pas dépourvue de quelque douceur.

Les tragédies allemandes , et en particulier celles de Schiller, contiennent des beautés qui supposent toujours une âme forte. En France, la finesse de l'esprit, le tact des convenances, la crainte du ri-

[1] Goëthe a composé plusieurs autres ouvrages qui ont une grande réputation en Allemagne, Wilhelm Meister, Hermann et Dorothée, etc. Les odes de Klopstock, les tragédies de Schiller, les écrits de Wieland, le théâtre de Kotzebue, etc., exigeraient plusieurs chapitres, si l'on voulait approfondir leur mérite littéraire ; mais ce travail, comme je l'ai dit, ne pouvait entrer dans le plan général de mon ouvrage.

dicule, affaiblissent souvent, à quelques égards, la vivacité des impressions. Accoutumé à veiller sur soi-même, on perd nécessairement, au milieu de la société, ces mouvements impétueux qui développent à tous les regards ce qu'il y a de plus vrai dans les affections de l'âme. Mais en lisant les tragédies allemandes qui ont acquis de la célébrité, l'on trouve souvent des mots, des expressions, des idées qui vous révèlent en vous-même des sentiments étouffés ou contenus par la régularité des rapports et des liens de la société. Ces expressions vous raniment, vous transportent, vous persuadent un moment que vous allez vous élever au-dessus de tous les égards factices, de toutes les formes commandées, et qu'après une longue contrainte, le premier ami que vous retrouverez, c'est votre propre caractère, c'est vous-même. Les Allemands sont très-distingués comme peintres de la nature. Gessner, Zacharie, plusieurs poëtes dans le genre pastoral, font aimer la campagne, et paraissent inspirés par ses douces impressions. Ils la décrivent telle qu'elle doit frapper les regards attentifs, lorsque les soins de la culture, les travaux champêtres qui rappellent la présence de l'homme et les jouissances de la vie tranquille, sont d'accord avec la disposition de l'âme. Il faut qu'elle soit dans une situation paisible pour goûter de tels écrits. Lorsque les passions agitent l'existence, le calme extérieur de la nature est un tourment de plus. Les aspects sombres et sauvages, les objets tristes qui nous environnent, aident à supporter la douleur qu'on éprouve au dedans de soi. La tragédie de *Goetz de Berlichingen*, et quelques romans connus, sont remplis de ces souvenirs de chevalerie si piquants pour l'imagination, et dont les Allemands savent faire un usage intéressant et varié.

Après avoir parcouru les principales beautés de la littérature des Allemands, je dois arrêter l'attention sur les défauts de leurs écrivains, et sur les conséquences que ces défauts pourraient avoir, si l'on ne parvenait pas à les corriger.

Le genre exalté est celui de tous dans lequel il est le plus aisé de se tromper; il faut un grand talent pour ne pas s'écarter de la vérité en peignant une nature au-dessus des sentiments habituels; et il n'y a pas d'infériorité supportable dans la peinture de l'enthousiasme. Werther a produit plus de mauvais imitateurs qu'aucun autre chef-d'œuvre de littérature; et le manque de naturel est plus révoltant dans les écrits où l'auteur veut mettre de l'exaltation que dans tous les autres. Wieland a très-bien développé, dans son Péré-

grinus Protée, les inconvénients de cet enthousiasme factice, si différent de l'inspiration du génie. Les Allemands sont beaucoup plus indulgents que nous à cet égard; ils souffrent aussi, souvent même ils applaudissent une certaine quantité d'idées triviales en philosophie, sur la richesse, la bienfaisance, la naissance, le mérite, etc., lieux communs qui refroidiraient en France toute espèce d'intérêt. Les Allemands écoutent encore avec plaisir les pensées les plus connues, quoique leur esprit en découvre chaque jour de nouvelles.

La langue des Allemands n'est pas fixée; chaque écrivain a son style, et des milliers d'hommes se croient écrivains. Comment la littérature peut-elle se former dans un pays où l'on publie près de trois mille volumes par an? Il est trop aisé d'écrire l'allemand assez bien pour être imprimé; trop d'obscurités sont permises, trop de licences tolérées, trop d'idées communes accueillies, trop de mots réunis ensemble ou nouvellement créés; il faut que la difficulté du style soit de nature à décourager au moins les esprits tout à fait médiocres. Le vrai talent a peine à se reconnaître au milieu de cette foule innombrable de livres : il parvient à la fin, sans doute, à se distinguer; mais le goût général se gâte de plus en plus par tant de lectures insipides, et les occupations littéraires elles-mêmes doivent finir par perdre de leur considération.

Les Allemands manquent quelquefois de goût dans les écrits qui appartiennent à leur imagination naturelle; ils en manquent plus souvent encore par imitation. Parmi leurs écrivains, ceux qui ne possèdent pas un génie tout à fait original, empruntent, les uns les défauts de la littérature anglaise, et les autres ceux de la littérature française. J'ai déjà tâché de faire sentir, en analysant Shakspeare, que ses beautés ne pouvaient être égalées que par un génie semblable au sien, et que ses défauts devaient être soigneusement évités. Les Allemands ressemblent aux Anglais sous quelques rapports; ce qui fait qu'ils s'égarent beaucoup moins en étudiant les auteurs anglais qu'en imitant les auteurs français. Néanmoins ils ont aussi pour système de mettre en contraste la nature vulgaire avec la nature héroïque, et ils diminuent ainsi l'effet d'un très-grand nombre de leurs plus belles pièces.

A ce défaut, qui leur est commun avec les Anglais, ils joignent un certain goût pour la métaphysique des sentiments, qui refroidit souvent les situations les plus touchantes. Comme ils sont naturellement penseurs et méditatifs, ils placent leurs idées abstraites, et les développements et les défi-

18.

nitions dont leurs têtes sont occupées, dans les scènes les plus passionnées; et les héros, et les femmes, et les anciens, et les modernes tiennent tous quelquefois le langage d'un philosophe allemand. C'est un défaut réel dont les écrivains doivent se préserver. Leur génie leur inspire souvent les expressions les plus simples pour les passions les plus nobles; mais quand ils se perdent dans l'obscurité, l'intérêt ne peut plus les suivre, ni là raison les approuver.

On a souvent reproché aux écrivains allemands de manquer de grâce et de gaieté. Quelques-uns d'entre eux craignant ce reproche, dont les Anglais se glorifient, veulent imiter en littérature le goût français; et ils tombent alors dans des fautes d'autant plus graves, qu'étant sortis de leur caractère naturel, ils n'ont plus ces beautés énergiques et touchantes qui faisaient oublier toutes les imperfections. Il ne fallait pas moins que les circonstances particulières à l'ancienne France, et dans la France, à Paris, pour atteindre à ce charme de grâce et de gaieté qui caractérisait quelques écrivains avant la révolution. Il en est une foule, parmi nous, qui ont échoué dans leurs essais au milieu des meilleurs modèles. Les Allemands ne sont pas même certains de bien choisir lorsqu'ils veulent imiter.

On peut croire, en Allemagne, que Crébillon et Dorat sont des écrivains pleins de grâce, et charger la copie d'un style déjà si maniéré, qu'il est presque insupportable aux Français. Les auteurs allemands qui trouveraient au fond de leur âme tout ce qui peut émouvoir les hommes de tous les pays, mêlant ensemble la mythologie grecque et la galanterie française, se font un genre où la nature et la vérité sont évitées avec un soin presque scrupuleux. En France, la puissance du ridicule finit toujours par ramener à la simplicité; mais dans un pays comme l'Allemagne, où le tribunal de la société a si peu de force et si peu d'accord, il ne faut rien risquer dans le genre qui exige l'habitude la plus constante et le tact le plus fin de toutes les convenances de l'esprit. Il faut s'en tenir aux principes universels de la haute littérature, et n'écrire que sur les sujets où il suffit de la nature et de la raison pour se guider.

Les Allemands ont quelquefois le défaut de vouloir mêler aux ouvrages philosophiques une sorte d'agrément qui ne convient en aucune manière aux écrits sérieux [1]. Ils croient ainsi se mettre à la

portée de leurs lecteurs; mais il ne faut jamais supposer à ceux qui nous lisent, des facultés inférieures aux nôtres : il convient mieux d'exprimer ses pensées telles qu'on les a conçues. On ne doit pas se mettre au niveau du plus grand nombre, mais tendre au plus haut terme de perfection possible : le jugement du public est toujours, à la fin, celui des hommes les plus distingués de la nation.

C'est quelquefois aussi par un désir mal entendu de plaire aux femmes, que les Allemands veulent unir ensemble le sérieux et la frivolité. Les Anglais n'écrivent point pour les femmes; les Français les ont rendues, par le rang qu'ils leur ont accordé dans la société, d'excellents juges de l'esprit et du goût; les Allemands doivent les aimer, comme les Germains d'autrefois, en leur supposant quelques qualités divines. Il faut mettre du culte et non de la condescendance dans les relations avec elles.

Enfin, pour faire admettre des vérités philosophiques dans un pays où elles ne sont point encore publiquement adoptées, on a cru nécessaire de les revêtir de la forme d'un conte, d'un dialogue, ou d'un apologue, et Wieland en particulier s'est acquis une grande réputation dans ce genre. Peut-être un détour était-il quelquefois nécessaire pour enseigner la vérité. Peut-être fallait-il faire dire aux anciens ce qu'on voulait apprendre aux modernes, et rappeler le passé comme servant d'allégorie pour le présent. L'on ne peut juger jusqu'à quel point les ménagements employés par Wieland sont politiquement nécessaires; mais je répéterai [1] que, sous le rapport du mérite littéraire, l'on se tromperait en croyant donner plus de piquant aux vérités philosophiques par le mélange des personnages et des aventures qui servent de prétexte aux raisonnements. On ôte à l'analyse sa profondeur, au roman son intérêt en les réunissant ensemble. Pour que les événements inventés vous captivent, il faut qu'ils se succèdent avec une rapidité dramatique; pour que les raisonnements amènent la conviction, il faut qu'ils soient suivis et conséquents; et quand vous coupez l'intérêt par la discussion, et la discussion par l'intérêt, loin de reposer les bons esprits, vous fatiguez leur attention : il faudrait beaucoup moins d'efforts pour suivre le fil d'une idée aussi loin que la réflexion peut la conduire, que pour reprendre et quitter sans cesse des raisonnements interrompus et des impressions brisées.

Les succès de Voltaire ont inspiré le désir de faire, à son exemple, des contes philosophiques;

---

[1] Un lithologiste allemand, discutant, dans un de ses écrits, sur une pierre qu'il n'avait pu jusqu'alors découvrir, s'exprime ainsi en parlant d'elle : *Cette nymphe fugitive échappe à nos recherches*; et s'exaltant ensuite sur les propriétés d'une autre pierre, il s'écrie en la nommant : *Ah! sirène!*

[1] Essai sur les Fictions.

mais il n'y a point d'imitation possible pour ce qui caractérise cette sorte d'écrits dans Voltaire, la gaieté piquante et la grâce toujours variée. Il se trouve sans doute un résultat philosophique à la fin de ses contes; mais l'agrément et la tournure du récit sont tels, que vous ne vous apercevez du but que lorsqu'il est atteint : ainsi qu'une excellente comédie, dont, à la réflexion, vous sentez l'effet moral, mais qui ne vous frappe d'abord au théâtre que par son intérêt et son action.

Le sérieux de la raison, l'éloquence de la sensibilité, voilà ce qui doit être le partage de la littérature allemande; ses essais dans les autres genres ont toujours été moins heureux.

Il n'est point de nation plus singulièrement propre aux études philosophiques. Leurs historiens, à la tête desquels il faut mettre Schiller et Müller, sont aussi distingués qu'on peut l'être en écrivant l'histoire moderne. Le régime féodal nuit extrêmement à l'intérêt des événements et des caractères; il semble qu'on se représente, dans ce siècle guerrier, tous les grands hommes revêtus de la même armure, et presque aussi semblables entre eux que leurs casques et leurs boucliers.

Que de travaux pour les sciences, pour la métaphysique, honorent la nation allemande! que de recherches! que de persévérance! Les Allemands n'ont point une patrie politique; mais ils se sont fait une patrie littéraire et philosophique, pour la gloire de laquelle ils sont remplis du plus noble enthousiasme.

Un joug volontaire met cependant obstacle, à quelques égards, au degré de lumières qu'on pourrait acquérir en Allemagne, c'est l'esprit de secte : il tient dans la vie oisive la place de l'esprit de parti, et il a quelques-uns de ses inconvénients. Sans doute, avant de grossir le nombre des sectateurs d'un système, on applique toute son attention à le juger, on se décide pour ou contre, par l'exercice indépendant de sa raison. Le premier choix est libre; mais ses suites ne le sont pas. Dès que les premières bases vous conviennent, vous adoptez, pour maintenir la secte, toutes les conséquences que le maître tire de ses principes. Une secte, quelque philosophique qu'elle soit dans son but, ne l'est jamais dans ses moyens. Il faut toujours inspirer une sorte de confiance aveugle pour effacer les dissidences individuelles; car un grand nombre d'hommes, lorsque leur raison est libre, ne donne jamais un assentiment complet à toutes les opinions d'un seul.

Il est encore une observation importante contre les systèmes nouveaux dont on veut faire une secte; l'esprit humain marche trop lentement pour qu'une suite quelconque d'idées justes puisse être trouvée à la fois. Un siècle développe deux ou trois idées de plus; et ce siècle, avec raison, est illustre. Comment un seul homme pourrait-il donc avoir un enchaînement de pensées entièrement nouvelles? D'ailleurs toutes les vérités sont susceptibles d'évidence, et l'évidence ne fait pas de secte. Il faut de la bizarrerie, et surtout du mystère, pour exciter dans les hommes ce qui est le mobile de l'esprit de secte, le besoin de se distinguer. Ce besoin devient réellement utile aux progrès des lumières, lorsqu'il excite l'émulation entre tous les talents, mais non lorsqu'il jette plusieurs esprits dans la dépendance d'un seul.

On a besoin, pour conquérir les empires, que les armées disciplinées reconnaissent le pouvoir d'un chef; mais pour faire des progrès dans la carrière de la vérité, il faut que chaque homme y marche de lui-même, guidé par les lumières de son siècle, et non par les documents de tel parti [1].

Les hommes éclairés de l'Allemagne ont, pour la plupart, un amour de la vertu, du beau dans tous les genres, qui donne à leurs écrits un grand caractère. Ce qui distingue leur philosophie, c'est d'avoir substitué l'austérité de la morale à la superstition religieuse. En France, on s'est contenté de renverser l'empire des dogmes. Mais quelle serait l'utilité des lumières pour le bonheur des nations, si ces lumières ne portaient avec elles que la destruction, si elles ne développaient jamais aucun principe de vie, et ne donnaient point à l'âme de nouveaux sentiments, de nouvelles vertus à l'appui d'antiques devoirs? Les Allemands sont éminemment propres à la liberté, puisque déjà, dans leur révolution philosophique, ils ont su mettre à la place des barrières usées qui tombaient de vétusté, les bornes immuables de la raison naturelle.

Si par quelques malheurs invincibles la France était un jour destinée à perdre pour jamais tout espoir de liberté, c'est en Allemagne que se concentrerait le foyer des lumières, et c'est dans son sein que s'établiraient, à une époque quelconque, les principes de la philosophie politique. Nos guerres avec les Anglais ont dû les rendre ennemis de tout ce qui rappelle la France; mais une impartialité plus équitable dirigerait les opinions des Allemands.

[1] Tout ce qu'il peut y avoir d'ingénieux dans l'esprit de Kant, et d'élevé dans ses principes, ne serait point, je crois, une objection suffisante contre ce que je viens de dire sur l'esprit de secte.

Ils s'entendent mieux que nous à l'amélioration du sort des hommes; ils perfectionnent les lumières, ils préparent la conviction; et nous, c'est par la violence que nous avons tout essayé, tout entrepris, tout manqué. Nous n'avons fondé que des haines, et les amis de la liberté marchent au milieu de la nation, la tête baissée, rougissant des crimes des uns et calomniés par les préjugés des autres. Vous, nation éclairée, vous, habitants de l'Allemagne, qui peut-être une fois serez, comme nous, enthousiastes de toutes les idées républicaines, soyez invariablement fidèles à un seul principe, qui suffit, à lui seul, pour préserver de toutes les erreurs irréparables. Ne vous permettez jamais une action que la morale puisse réprouver; n'écoutez point ce que vous diront quelques raisonneurs misérables sur la différence qu'on doit établir entre la morale des particuliers et celle des hommes publics. Cette distinction est d'un esprit faux et d'un cœur étroit; et si nous périssions, ce serait pour l'avoir adoptée.

Voyez ce que fait le crime au milieu d'une nation : des persécuteurs toujours agités, des persécutés toujours implacables; aucune opinion qui paraisse innocente, aucun raisonnement qui puisse être écouté; une foule de faits, de calomnies, de mensonges tellement accumulés sur toutes les têtes, que, dans la carrière civile, il reste à peine une considération pure, un homme auquel un autre homme veuille marquer de la condescendance; aucun parti fidèle aux mêmes principes; quelques hommes réunis par le lien d'une terreur commune, lien que rompt aisément l'espérance de pouvoir se sauver seul; enfin une confusion si terrible entre les opinions généreuses et les actions coupables, entre les opinions serviles et les sentiments généreux, que l'estime errante ne sait où se fixer, et que la conscience se repose à peine avec sécurité sur elle-même.

Il suffit d'un jour où l'on ait pu prêter un appui par quelques pensées, par quelques discours, à des résolutions qui ont amené des cruautés et des souffrances; il suffit de ce jour pour tourmenter la vie, pour détruire au fond du cœur et le calme et cette bienveillance universelle que faisait naître l'espoir de trouver des cœurs amis partout où l'on rencontrait des hommes. Ah! que les nations encore honnêtes, que les hommes doués de talents politiques, qui ne peuvent se faire aucun reproche, conservent précieusement un tel bonheur! et si leur révolution commence, qu'ils ne redoutent au milieu d'eux que les amis perfides qui leur conseilleront de persécuter les vaincus.

La liberté donne des forces pour sa défense, le concours des intérêts fait découvrir toutes les ressources nécessaires, l'impulsion des siècles renverse tout ce qui veut lutter pour le passé contre l'avenir : mais l'action inhumaine sème la discorde, perpétue les combats, sépare en bandes ennemies la nation entière; et ces fils du serpent de Cadmus, auxquels un dieu vengeur n'avait donné la vie qu'en les condamnant à se combattre jusqu'à la mort, ces fils du serpent, c'est le peuple, au milieu duquel l'injustice a longtemps régné.

CHAPITRE XVIII.

Pourquoi la nation française était-elle la nation de l'Europe qui avait le plus de grâce, de goût et de gaieté.

La gaieté française, le bon goût français, avaient passé en proverbe dans tous les pays de l'Europe, et l'on attribuait généralement ce goût et cette gaieté au caractère national; mais qu'est-ce qu'un caractère national, si ce n'est le résultat des institutions et des circonstances qui influent sur le bonheur d'un peuple, sur ses intérêts et sur ses habitudes? Depuis que ces circonstances et ces institutions sont changées, et même dans les moments les plus calmes de la révolution, les contrastes les plus piquants n'ont pas été l'objet d'une épigramme ou d'une plaisanterie spirituelle. Plusieurs des hommes qui ont pris un grand ascendant sur les destinées de la France étaient dépourvus de toute apparence de grâce dans l'expression et de brillant dans l'esprit : peut-être même devaient-ils une partie de leur influence à ce qu'il y avait de sombre, de silencieux, de froidement féroce dans leurs manières comme dans leurs sentiments.

Les religions et les lois décident presque entièrement de la ressemblance ou de la différence de l'esprit des nations. Le climat peut encore y apporter quelques changements : mais l'éducation générale des premières classes de la société est toujours le résultat des institutions politiques dominantes. Le gouvernement étant le centre de la plupart des intérêts des hommes, les habitudes et les pensées suivent le cours des intérêts. Examinons quels avantages d'ambition on trouvait en France à se distinguer par le charme de la grâce et de la gaieté, et nous saurons pourquoi ce pays offrait de l'une et de l'autre tant de parfaits modèles.

Plaire ou déplaire était la véritable source des punitions et des récompenses qui n'étaient point infligées par les lois. Il y avait dans d'autres pays des gouvernements monarchiques, des rois absolus, des cours somptueuses; mais nulle part on ne trouvait réunies les mêmes circonstances qui influaient sur l'esprit et les mœurs des Français.

Dans les monarchies limitées, comme en Angleterre et en Suède, l'amour de la liberté, l'exercice des droits politiques, des troubles civils presque continuels, apprenaient aux rois qu'ils avaient besoin de rencontrer dans leurs favoris de certaines qualités défensives, apprenaient aux courtisans que même pour être préférés par les rois, il fallait pouvoir appuyer. leur autorité sur des moyens indépendants et personnels.

En Allemagne, de longues guerres et la fédération des États prolongeaient l'esprit féodal, et n'offraient point de centre où toutes les lumières et tous les intérêts pussent se réunir. .

Les despotes de l'Orient et du Nord avaient trop besoin d'inspirer la crainte pour exciter d'aucune manière l'esprit de leurs sujets; et le désir de plaire à ses maîtres est une sorte de familiarité avec eux qui effaroucherait leur tyrannie.

Dans les républiques, de quelque manière qu'elles fussent constituées, il était trop nécessaire aux hommes de se défendre ou de se servir les uns des autres pour établir entre eux des rapports d'agrément et de plaisir.

La galanterie des Maures, l'existence qu'elle donnait aux femmes, auraient pu approcher à quelques égards les Espagnols de l'esprit français; mais les superstitions auxquelles ils se sont livrés ont arrêté parmi eux tous les genres de progrès aimables ou sérieux; et l'esprit paresseux du Midi a tout abandonné à l'activité du sacerdoce.

Ce n'était donc qu'en France où l'autorité des rois s'étant consolidée par le consentement tacite de la noblesse, le monarque avait un pouvoir sans bornes par le fait, et néanmoins incertain par le droit. Cette situation l'obligeait à ménager ses courtisans mêmes, comme faisant partie de ce corps de vainqueurs, qui tout à la fois lui cédait et lui garantissait la France, leur conquête.

La délicatesse du point d'honneur, l'un des prestiges de l'ordre privilégié, obligeait les nobles à décorer la soumission la plus dévouée des formes de la liberté. Il fallait qu'ils conservassent dans leurs rapports avec leur maître une sorte d'esprit de chevalerie, qu'ils écrivissent sur leur bouclier : POUR MA DAME ET POUR MON ROI, afin de se donner l'air de choisir le joug qu'ils portaient; et mêlant ainsi l'honneur avec la servitude, ils essayaient de se courber sans s'avilir. La grâce était, pour ainsi dire, dans leur situation, une politique

nécessaire; elle seule pouvait donner quelque chose de volontaire à l'obéissance. .

Le roi, de son côté, devant se considérer, à quelques égards, comme le dispensateur de la gloire, comme le représentant de l'opinion, ne pouvait récompenser qu'en flattant, punir qu'en dégradant. Il fallait qu'il appuyât sa puissance sur une sorte d'assentiment public, dont sa volonté sans doute était le premier mobile, mais qui se montrait souvent indépendamment de sa volonté. Les liens délicats, les préjugés maniés avec art, formaient les rapports des premiers sujets avec leur maître : ces rapports exigeaient une grande finesse dans l'esprit; il fallait de la grâce dans le monarque, ou tout au moins dans les dépositaires de sa puissance; il fallait du goût et de la délicatesse dans le choix des faveurs et des favoris, pour que l'on n'aperçût ni le commencement, ni les limites de la puissance royale. Quelques-uns de ses droits devaient être reconnus, d'autres reconnus sans être exercés; et les considérations morales étaient saisies par l'opinion avec une telle finesse, qu'une faute de tact était généralement sentie, et pouvait perdre un ministre, quelque appui que le gouvernement essayât de lui prêter.

Il fallait que le roi s'appelât le premier gentilhomme de son royaume, pour exercer à son aise une autorité sans bornes sur des gentilshommes; il fallait qu'il fortifiât son autorité sur les nobles par un certain genre de flatterie pour la noblesse. L'arbitraire dans le pouvoir n'excluant point alors la liberté dans les opinions, l'on sentait le besoin de se plaire les uns aux autres, et l'on multipliait les moyens d'y réussir. La grâce et l'élégance des manières passaient des habitudes de la cour dans les écrits des hommes de lettres. Le point le plus élevé, la source de toutes les faveurs, est l'objet de l'attention générale; et comme dans les pays libres le gouvernement donne l'impulsion des vertus publiques, dans les monarchies la cour influe sur le genre d'esprit de la nation, parce qu'on veut imiter généralement ce qui distingue la classe la plus élevée.

Lorsque le gouvernement est assez modéré pour qu'on n'ait rien de cruel à en redouter, assez arbitraire pour que toutes les jouissances du pouvoir et de la fortune dépendent uniquement de sa faveur, tous ceux qui y prétendent doivent avoir assez de calme dans l'esprit pour être aimables, assez d'habileté pour faire servir ce charme frivole à des succès importants. Les hommes de la première classe de la société en France aspiraient souvent au pouvoir, mais ils ne couraient dans cette carrière aucun hasard dangereux ; ils jouaient sans jamais risquer de beaucoup perdre : l'incertitude ne roulait que sur la mesure du gain ; l'espoir seul animait donc les efforts : de grands périls ajoutent à l'énergie de l'âme. et de la pensée, la sécurité donne à l'esprit tout le charme de l'aisance et de la facilité.

La gaieté piquante, plus encore même que la grâce polie, effaçait toutes les distances sans en détruire aucune ; elle faisait rêver l'égalité aux grands avec les rois, aux poëtes avec les nobles, et donnait même à l'homme d'un rang supérieur un sentiment plus raffiné de ses avantages ; un instant d'oubli les lui faisait retrouver ensuite avec un nouveau plaisir ; et la plus grande perfection du goût et de la gaieté devait naître de ce désir de plaire universel.

La recherche dans les idées et les sentiments, qui vint d'Italie gâter le goût de toutes les nations de l'Europe, nuisit d'abord à la grâce française ; mais l'esprit, en s'éclairant, revint nécessairement à la simplicité. Chaulieu, la Fontaine, madame de Sévigné, furent les écrivains les plus naturels, et se montrèrent doués d'une grâce inimitable. Les Italiens et les Espagnols étaient inspirés par le désir de plaire aux femmes ; et cependant ils étaient loin d'égaler les Français dans l'art délicat de la louange. La flatterie qui sert à l'ambition exige beaucoup plus d'esprit et d'art que celle qui ne s'adresse qu'aux femmes ; ce sont toutes les passions des hommes et tous leurs genres de vanité qu'il faut savoir ménager, lorsque la combinaison du gouvernement et des mœurs est telle, que les succès des hommes entre eux dépendent de leur talent mutuel de se plaire, et que ce talent est le seul moyen d'obtenir les places éminentes du pouvoir.

Non-seulement la grâce et le goût servaient en France aux intérêts les plus grands, mais l'une et l'autre préservaient du malheur le plus redouté, du ridicule. Le ridicule est, à beaucoup d'égards, une puissance aristocratique : plus il y a de rangs dans la société, plus il existe de rapports convenus entre ces rangs, et plus l'on est obligé de les connaître et de les respecter. Il s'établit dans les premières classes de certains usages, de certaines règles de politesse et d'élégance, qui servent, pour ainsi dire, de signe de ralliement, et dont l'ignorance trahirait des habitudes et des sociétés différentes. Les hommes qui composent ces premières classes, disposant de toutes les faveurs de l'État, exercent nécessairement un grand empire sur l'opinion publique ; car, à l'exception de quelques circonstances

très-rares, la puissance est de bon goût, le crédit a de la grâce, et les heureux sont aimés.

La classe qui dominait en France sur la nation était exercée à saisir les nuances les plus fines ; et comme le ridicule la frappait avant tout, ce qu'il fallait éviter avant tout, c'était le ridicule. Cette crainte mettait souvent obstacle à l'originalité du talent ; peut-être même pouvait-elle nuire, dans la carrière politique, à l'énergie des actions ; mais elle développait dans l'esprit des Français un genre de perspicacité singulièrement remarquable. Leurs écrivains connaissaient mieux les caractères, les peignaient mieux qu'aucune autre nation. Obligés d'étudier sans cesse ce qui pouvait nuire ou plaire en société, cet intérêt les rendait très-observateurs Molière, et même après lui quelques autres comiques, sont des hommes supérieurs, dans leur genre, à tous les écrivains des autres nations. Les Français n'approfondissent pas, comme les Anglais et les Allemands, les sentiments que le malheur fait éprouver ; ils ont trop l'habitude de s'en éloigner pour le bien connaître : mais les caractères dont on peut faire sortir des effets comiques, les hommes séduits par la vanité, trompés par amour-propre, ou trompeurs par orgueil, cette foule d'êtres asservis à l'opinion des autres, et ne respirant que par elle, aucun peuple de la terre n'a jamais su les peindre comme les Français.

La gaieté ramène à des idées naturelles ; et quoique le bon ton de la société de France fût entièrement fondé sur des relations factices, c'est à la gaieté de cette société même qu'il faut attribuer ce qu'on avait conservé de vérité dans les idées et dans la manière de les exprimer.

Il n'y avait pas sans doute beaucoup de philosophie dans la conduite de la plupart des hommes éclairés ; ils avaient souvent eux-mêmes les faiblesses qu'ils condamnaient dans leurs ouvrages : néanmoins ce qui relevait les écrits et les conversations, c'était une sorte d'hommage à la philosophie, qui avait pour but de montrer que l'on connaissait de la raison tout ce que l'esprit en peut savoir, et qu'au besoin on pourrait se moquer de son ambition, de son orgueil, de son rang même, quoique l'on fût bien résolu à n'y point renoncer.

La cour voulait plaire à la nation, et la nation à la cour ; la cour prétendait à la philosophie, et la ville au bon ton. Les courtisans, venant se mêler aux habitants de la capitale, voulaient y montrer un mérite personnel, un caractère, un esprit à eux ; et les habitants de la capitale conservaient toujours un attrait irrésistible pour les manières brillantes des courtisans. Cette émulation réci-

proque ne hâtait pas les progrès des vérités austères et fortes ; mais il ne restait pas une idée fine,
une nuance délicate, que l'intérêt ne fît découvrir
à l'esprit.

Un ouvrage assez piquant d'Agrippa d'Aubigné
distinguait, il y a plus de deux siècles, l'*être* et le
paraître, en faisant le portrait d'un Français, le
duc d'Épernon. Dans l'ancien régime, tous les
Français, plus ou moins, s'occupaient extrêmement du *paraître*, parce que le théâtre de la société en inspire singulièrement le désir. Il faut
soigner les apparences lorsqu'on ne peut faire
juger que ses manières, et l'on était même excu-
sable de souhaiter en France des succès de société,
puisqu'il n'existait pas une autre arène pour faire
connaître ses talents et s'indiquer aux regards du
pouvoir. Mais aussi, quels nombreux sujets de comédies ne doit-on pas rencontrer dans un pays où
ce ne sont pas les actions, mais les manières qui
peuvent décider de la réputation ! Toutes les grâces
forcées, toutes les prétentions vaines, sont d'inépuisables sources de plaisanteries et de scènes comiques.

L'influence des femmes est nécessairement très-
grande lorsque tous les événements se passent
dans les salons, et que tous les caractères se montrent par les paroles ; dans un tel état de choses,
les femmes sont une puissance, et l'on cultive ce
qui leur plaît. Le loisir que la monarchie laissait à
la plupart des hommes distingués en tous les genres était nécessairement très-favorable au perfectionnement des jouissances de l'esprit et de la conversation. Ce n'était ni par le travail, ni par l'étude
qu'on parvenait au pouvoir en France : un bon
mot, une certaine grâce, étaient souvent la cause de
l'avancement le plus rapide ; et ces fréquents exemples inspiraient une sorte de philosophie insouciante, de confiance dans la fortune, de mépris
pour les efforts studieux, qui poussait tous les esprits vers l'agrément et le plaisir. Quand l'amusement est non-seulement permis, mais souvent
utile, une nation doit atteindre en ce genre à ce
qu'il peut y avoir de plus parfait.

On ne verra plus rien de pareil en France avec
un gouvernement d'une autre nature, de quelque
manière qu'il soit combiné ; et il sera bien prouvé
alors que ce qu'on appelait l'esprit français, la
grâce française, n'était que l'effet immédiat et nécessaire des institutions et des mœurs monarchiques, telles qu'elles existaient en France depuis
plusieurs siècles.

CHAPITRE XIX.

De la littérature pendant le siècle de Louis XIV [1].

C'est par l'étude des anciens que le règne des
lettres a recommencé en Europe ; mais ce n'est
que longtemps après l'époque de leur renaissance
que l'imitation des anciens a dirigé le goût littéraire. Les Français cultivaient la littérature espagnole au commencement du dix-septième siècle :
cette littérature avait en elle une sorte de grandeur qui préserva les écrivains français de quelques défauts du goût italien alors répandu dans
toute l'Europe ; et Corneille, qui commence l'ère
du génie français, doit beaucoup à l'étude des caractères espagnols.

Le siècle de Louis XIV, le plus remarquable de
tous en littérature, est très-inférieur sous le rapport de la philosophie, au siècle suivant. La monarchie, et surtout un monarque qui comptait
l'admiration parmi les actes d'obéissance, l'intolérance religieuse et les superstitions encore dominantes, bornaient l'horizon de la pensée ; l'on
ne pouvait concevoir aucun ensemble, ni se permettre aucune analyse dans un certain ordre d'o-
pinions ; l'on ne pouvait suivre une idée dans tous
ses développements. La littérature, dans le siècle
de Louis XIV, était le chef-d'œuvre de l'imagination ; mais ce n'était point encore une puissance
philosophique, puisqu'un roi absolu l'encourageait, et qu'elle ne portait point ombrage à son
despotisme. Cette littérature, sans autre but que
les plaisirs de l'esprit, ne peut avoir l'énergie de
celle qui a fini par ébranler le trône. On voyait
des écrivains saisir quelquefois, comme Achille,
l'arme guerrière au milieu des ornements frivoles ;
mais, en général, les livres ne traitaient point les
questions vraiment importantes : les hommes de
lettres étaient relégués loin des intérêts actifs de
la vie. L'analyse des principes du gouvernement,
l'examen des dogmes religieux, l'appréciation des
hommes puissants, tout ce qui pouvait conduire
à un résultat applicable, leur était totalement interdit.

Le livre de Télémaque était alors une action
courageuse ; et Télémaque ne contient cependant
que des vérités modifiées par l'esprit monarchique. Massillon, Fléchier, hasardaient quelques
principes indépendants à l'abri de saintes erreurs ;

[1] Je n'analyserai point avec détail ce qui concerne la littérature française ; toutes les idées intéressantes ont été dites
sur ce sujet. Je me borne seulement à tracer la route qui a
conduit les esprits, depuis le siècle de Louis XIV jusqu'à la
révolution de 1789.

Pascal vivait dans le monde intellectuel des sciences et de la métaphysique religieuse; la Rochefoucauld, la Bruyère, peignaient les hommes dans le cercle des sociétés particulières, avec une prodigieuse sagacité : mais comme il n'y avait point encore de nation, les grands traits des caractères politiques, qui ne sont formés que par les institutions libres, ne pouvaient y être dessinés. Corneille, plus rapproché des temps orageux de la Ligue, montre souvent dans ses tragédies le caractère républicain; mais quel est l'auteur du siècle de Louis XIV dont l'indépendance philosophique peut se comparer à celle des écrits de Voltaire, de Rousseau, de Montesquieu, de Raynal, etc.?

Là pureté du style ne peut aller plus loin que dans les chefs-d'œuvre du siècle de Louis XIV; et, sous ce rapport, ils doivent être toujours considérés comme les modèles de la littérature française. Ils ne renferment pas (Bossuet excepté) toutes les beautés que peut produire l'éloquence; mais ils sont exempts de tous les défauts qui altèrent l'effet des plus grandes beautés.

Une société aristocratique est singulièrement favorable à la délicatesse, à la finesse du style. Il faut, pour bien écrire, des habitudes autant que des réflexions ; et si les idées naissent dans la solitude, les formes propres à ces idées, les images dont on se sert pour les rendre sensibles, appartiennent presque toujours aux souvenirs de l'éducation, et de la société avec laquelle on a vécu. Dans tous les pays, mais principalement en France, les mots ont chacun, pour ainsi dire, leur histoire particulière; telle circonstance frappante a pu les ennoblir, telle autre les dégrader. Un auteur peut rendre à jamais ridicule une expression dont il s'est inconvenablement servi; un usage, une opinion, un culte, peuvent relever ou avilir par des idées accessoires l'image la plus naturelle. C'est dans le cercle resserré d'un petit nombre d'hommes supérieurs, soit par leur éducation, soit par leur mérite, que les règles et le goût du style peuvent se conserver. Comment, au milieu d'une société grossière, parviendrait-on à créer en soi cette délicatesse d'instinct qui repousse tout ce qui blesse le goût, avant même d'avoir analysé les motifs de sa répugnance?

Le style représente, pour ainsi dire, au lecteur le maintien, l'accent, le geste de celui qui s'adresse à lui; et, dans aucune circonstance, la vulgarité [1] des manières ne peut ajouter à la force

des idées, ni à celle des expressions. Il en est de même du style ; il faut toujours qu'il ait de la noblesse dans les objets sérieux. Aucune pensée, aucun sentiment ne perd pour cela de son énergie ; l'élévation du langage conserve seulement cette dignité de l'homme en présence des hommes, à laquelle ne doit jamais renoncer celui qui s'expose à leurs jugements; car cette foule d'inconnus qu'on admet, en écrivant, à la connaissance de soi-même, ne s'attend point à la familiarité; et la majesté du public s'étonnerait avec raison de la confiance de l'écrivain.

L'indépendance républicaine doit donc chercher à imiter la correction des auteurs du siècle de Louis XIV, pour que les pensées utiles se propagent, et que les ouvrages philosophiques soient en même temps des ouvrages classiques en littérature.

On a souvent disputé sur ce qu'il fallait préférer dans les tragédies, de l'imitation de la nature, ou du beau idéal. Je renvoie à la seconde partie de cet ouvrage quelques réflexions sur le système tragique qui peut convenir à un état républicain; cette discussion n'appartient pas à ce chapitre. L'auteur qui a porté au plus haut degré de perfection, et le style, et la poésie, et l'art de peindre le beau idéal, Racine, est l'écrivain qui donne le plus l'idée de l'influence qu'exerçaient les lois et les mœurs du règne de Louis XIV sur les ouvrages dramatiques. L'esprit de chevalerie avait introduit dans les principes de l'honneur un genre de délicatesse qui créait nécessairement une nature de convention; c'est-à-dire qu'il existait un certain degré d'héroïsme, pour ainsi dire, indispensable à la noblesse, et dont il n'était pas permis de supposer qu'un noble pût être privé. Ce point d'honneur, si susceptible qu'il ne tolérait pas dans les relations de la vie la plus légère expression qui pût blesser la fierté la plus exaltée, ce point d'honneur donnait aussi ses lois à l'imitation théâtrale, aux jeux de l'imagination; et la diversité des caractères qu'on pouvait peindre devait rester dans les bornes prescrites. Il n'était pas permis d'étendre cette diversité aussi loin que la nature; et l'on était contenu par un certain respect envers les classes supérieures, qui ne permettaient pas de représenter en elles rien qui pût les avilir.

L'adulation envers le monarque élevait encore plus haut le beau idéal. La nation s'anéantit alors qu'elle n'est composée que des adorateurs d'un

---

[1] Je sais bien que ce mot *la vulgarité* n'avait pas encore été employé; mais je le crois bon et nécessaire. Je développerai dans une note de la seconde partie de cet ouvrage quelles règles il me semble raisonnable d'adopter aujourd'hui relativement aux mots nouveaux.

seul homme. La grandeur factice qu'il fallait accorder à Louis XIV portait les poëtes à peindre toujours des caractères parfaits, comme celui que la flatterie avait inventé : l'imagination des écrivains devait au moins aller aussi loin que leurs louanges ; et le même modèle se répétait souvent dans les tableaux dramatiques. Le caractère d'Achille, dans Iphigénie, avait quelques traits de la galanterie française ; on retrouvait dans Titus des allusions à Louis XIV. Le plus beau génie du monde, Racine, ne se permettait pas des conceptions aussi hardies que sa pensée peut-être les lui aurait suggérées, parce qu'il avait sans cesse présents à l'esprit ceux qui devaient le juger.

Le public terrible, mais inconnu, d'une assemblée tumultueuse, inspire moins de timidité que cet aréopage de la cour dont l'auteur voudrait captiver personnellement chaque juge. Devant un tel tribunal, le goût paraît encore plus nécessaire que l'énergie. On veut arriver aux grands effets par beaucoup de nuances, et l'on ne peut alors employer les mêmes moyens dont se servait Shakspeare pour entraîner le flot populaire qui se précipitait à ses pièces.

La peinture de l'amour, sous le règne de Louis XIV, était aussi soumise à quelques règles reçues. La galanterie envers toutes les femmes, introduite par les lois de la chevalerie, la politesse des cours, le langage élégant que l'orgueil des rangs se réservait comme une distinction de plus, tout multipliait les convenances que l'on devait ménager. Ces difficultés ajoutaient souvent à l'éclat du génie qui savait les vaincre ; mais quelquefois aussi l'expression recherchée refroidissait l'émotion. Une sorte d'esprit madrigalique attestait le sang-froid lors même qu'on voulait peindre l'entraînement ; et l'on se servait souvent d'un langage qui n'appartenait ni à la raison ni à l'amour.

Il manquait quelque chose, même à Racine, dans la connaissance du cœur humain, sous les rapports que la philosophie seule peut faire découvrir. Mais s'il faut une réflexion approfondie pour démêler ce qu'on pourrait ajouter encore à de tels chefs-d'œuvre, les bornes de la philosophie, dans le siècle de Louis XIV, se font sentir d'une manière bien plus remarquable dans les ouvrages littéraires qui n'appartiennent pas à l'art dramatique. Ces bornes sont l'une des principales causes de la médiocrité des historiens.

Les guerres religieuses avaient fait naître un esprit de parti qui change plusieurs histoires en plaidoyers théologiques ; l'esprit de corps, différent encore de l'esprit de parti, mais non moins éloigné de la vérité, dénature également les faits. Enfin le code de la féodalité donnant pour base à toutes les institutions, à tous les pouvoirs, les droits antérieurs consacrés par le temps, il n'était pas permis de dire la vérité sur le passé, quelque ancien qu'il pût être ; les autorités présentes en dépendaient : des erreurs de tous les genres arrêtaient les historiens sur tous les sujets, ou, ce qui était plus fâcheux encore, les historiens adoptaient sincèrement ces erreurs mêmes.

L'homme, environné de tant d'institutions respectées, de tant de préjugés éclatants, de tant de convenances reçues, ne pouvait pas en appeler à l'indépendance de ses réflexions ; sa raison ne devait pas tout examiner, son âme n'était jamais affranchie du joug de l'opinion ; la solitude même ne ramenait pas sa réflexion aux idées naturelles ; l'ascendant du monarque et du culte monarchique avait pénétré dans la conviction intime de tous. Ce n'était pas un despotisme qui comprimait les esprits ni les âmes ; c'était un despotisme qui paraissait à tous tellement dans la nature des choses, qu'on se façonnait pour lui comme pour l'ordre invariable de ce qui existe nécessairement.

Un seul asile restait encore, la religion, et, dans cet asile, un homme, Bossuet, fit entendre quelques vérités courageuses. Tous les intérêts de la vie étaient soumis au monarque ; mais, au nom de la mort, on pouvait encore lui parler d'égalité. Ces dogmes, ces cérémonies, cet appareil religieux, étaient alors la seule barrière de la puissance : on la citait devant l'éternité ; et si les hommes abandonnaient à un homme la disposition de leur existence, ils en appelaient à Dieu, qui faisait trembler les rois.

De nos jours, si le pouvoir absolu d'un seul s'établissait en France, il nous manquerait ce recours à des idées majestueuses, à des idées qui, planant sur l'espèce humaine entière, consolaient des hasards du sort ; et la raison philosophique opposerait moins de digues à la tyrannie que l'indomptable croyance, l'intrépide dévouement de l'enthousiasme religieux.

CHAPITRE XX.

Du dix-huitième siècle, jusqu'en 1789.

Cette époque est celle où la littérature a donné l'impulsion à la philosophie. Après la mort de Louis XIV, les mêmes abus n'étant plus défendus par le même pouvoir, la réflexion s'est tournée vers les questions qui intéressaient la religion et la politique ; et la révolution des esprits a commencé. Les philosophes anglais connus en France ont été l'une des premières causes de cet esprit d'analyse qui a conduit si loin les écrivains français; mais, indépendamment de cette cause particulière, le siècle qui succède au siècle de la littérature est dans tous les pays, comme j'ai tâché de le prouver, celui de la pensée. Heureux si les Français sont assez favorisés par la destinée, pour que le fil des progrès métaphysiques, des découvertes dans les sciences, et des idées philosophiques, ne se rompe pas encore entre leurs mains!

La liberté des opinions a commencé, en France, par des attaques contre la religion catholique; d'abord, parce que c'étaient les seules hardiesses sans conséquence pour l'auteur, et, en second lieu, parce que Voltaire, le premier homme qui ait popularisé la philosophie en France, trouvait dans ce sujet un fonds inépuisable de plaisanteries, toutes dans l'esprit français, toutes dans l'esprit même des hommes de la cour.

Les courtisans ne réfléchissant pas sur la connexion intime qui doit exister entre tous les préjugés, espéraient tout à la fois se maintenir dans une situation fondée sur l'erreur, et se parer eux-mêmes d'un esprit philosophique; ils voulaient dédaigner quelques-uns de leurs avantages, et néanmoins les conserver; ils pensaient qu'on n'éclairerait sur les abus que leurs possesseurs, et que le vulgaire continuerait à croire, tandis qu'un petit nombre d'hommes jouissant, comme toujours, de la supériorité de leur rang, joindraient encore à cette supériorité celle de leurs lumières; ils se flattaient de pouvoir regarder longtemps leurs inférieurs comme des dupes, sans que ces inférieurs se lassassent jamais d'une telle situation. Aucun homme ne pouvait mieux que Voltaire profiter de cette disposition des nobles de France; car il se peut que lui-même il la partageât.

Il aimait les grands seigneurs, il aimait les rois; il voulait éclairer la société plutôt que la changer. La grâce piquante, le goût exquis qui régnaient dans ses ouvrages lui rendaient presque nécessaire d'avoir pour juge l'esprit aristocratique. Il voulait que les lumières fussent de bon ton, que la philosophie fût à la mode; mais il ne soulevait point les sensations fortes de la nature; il n'appelait pas du fond des forêts, comme Rousseau, la tempête des passions primitives, pour ébranler le gouvernement sur ses antiques bases. C'est avec la plaisanterie et l'arme du ridicule que Voltaire affaiblissait par degrés l'importance de quelques erreurs: il déracinait tout autour ce que l'orage a depuis si facilement renversé; mais il ne pré-

voyait pas, il ne voulait pas la révolution qu'il a préparée.

Une république fondée sur un système d'égalité philosophique n'étant point dans ses opinions, ne pouvait être son but secret. L'on n'aperçoit point dans ses écrits une idée lointaine, un dessein caché: cette clarté, cette facilité qui distinguent ses ouvrages permettent de tout voir, et ne laissent rien à deviner.

Rousseau, portant dans son sein une âme souffrante, que l'injustice, l'ingratitude, les stupides mépris des hommes indifférents et légers avaient longtemps déchirée; Rousseau, fatigué de l'ordre social, pouvait recourir aux idées purement naturelles. Mais la destinée de Voltaire était le chef-d'œuvre de la société, des beaux-arts, de la civilisation monarchique: il devait craindre même de renverser ce qu'il attaquait. Le mérite et l'intérêt de la plupart de ses plaisanteries tiennent à l'existence des préjugés dont il se moque.

Tous les ouvrages qui tirent un mérite quelconque des circonstances du moment ne conservent point une gloire inaltérable. On peut les considérer comme une action de tel jour, mais non comme des livres immortels. L'écrivain qui ne cherche que dans l'immuable nature de l'homme, dans la pensée et le sentiment, ce qui doit éclairer les esprits de tous les siècles, est indépendant des événements: ils ne changeront jamais rien à l'ordre des vérités que cet écrivain développe. Mais quelques-uns des ouvrages en prose de Voltaire sont déjà comme les Lettres provinciales: on en aime la tournure, on en délaisse le sujet. Que nous font à présent les plaisanteries sur les juifs ou sur la religion catholique? Le temps en est passé: les Philippiques de Démosthène, au contraire, sont toujours contemporaines, parce qu'il parlait à l'homme, et que l'homme est resté.

Dans le siècle de Louis XIV, la perfection de l'art même d'écrire était le principal objet des écrivains; mais, dans le dix-huitième siècle, on voit déjà la littérature prendre un caractère différent. Ce n'est plus un art seulement, c'est un moyen: elle devient une arme pour l'esprit humain, qu'elle s'était contentée jusqu'alors d'instruire et d'amuser.

La plaisanterie était du temps de Voltaire, comme les apologues dans l'Orient, une manière allégorique de faire entendre la vérité sous l'empire de l'erreur. Montesquieu essaya ce genre de raillerie dans ses Lettres persanes; mais il n'avait point la gaieté naturelle de Voltaire, et c'est à force d'esprit qu'il y suppléa. Des ouvrages d'une plus haute conception ont marqué sa place; des milliers de pensées sont nées de sa pensée. Il a analysé toutes les questions politiques sans enthousiasme, sans système positif. Il a fait voir; d'autres ont choisi. Mais si l'art social atteint un jour en France à la certitude d'une science dans ses principes et dans son application, c'est de Montesquieu que l'on doit compter ses premiers pas.

Rousseau vint ensuite. Il n'a rien découvert, mais il a tout enflammé; et le sentiment de l'égalité, qui produit bien plus d'orages que l'amour de la liberté, et qui fait naître des questions d'un tout autre ordre et des événements d'une plus terrible nature, le sentiment de l'égalité, dans sa grandeur comme dans sa petitesse, se peint à chaque ligne des écrits de Rousseau, et s'empare de l'homme tout entier par les vertus comme par les vices de sa nature.

Voltaire a rempli à lui seul cette époque de la philosophie où il faut accoutumer les hommes comme les enfants à jouer avec ce qu'ils redoutent. Vient ensuite le moment d'examiner les objets de front; puis enfin de s'en rendre maître. Voltaire, Montesquieu, Rousseau, ont parcouru les diverses périodes des progrès de la pensée; et, comme les dieux de l'Olympe, ils ont franchi l'espace en trois pas.

La littérature du dix-huitième siècle s'enrichit de l'esprit philosophique qui la caractérise. La pureté du style, l'élégance des expressions n'ont pu faire des progrès après Racine et Fénélon; mais la méthode analytique donnant plus d'indépendance à l'esprit, a porté la réflexion sur une foule d'objets nouveaux. Les idées philosophiques ont pénétré dans les tragédies, dans les contes, dans tous les écrits même de pur agrément; et Voltaire, unissant la grâce du siècle précédent à la philosophie du sien, sut embellir le charme de l'esprit par toutes les vérités dont on ne croyait pas encore l'application possible.

Voltaire a fait faire des progrès à l'art dramatique, quoiqu'il n'ait point égalé la poésie de Racine. Mais, sans imiter les incohérences des tragédies anglaises, sans se permettre même de transporter sur la scène française toutes leurs beautés, il a peint la douleur avec plus d'énergie que les auteurs qui l'ont précédé. Dans ses pièces, les situations sont plus fortes, la passion est peinte avec plus d'abandon, et les mœurs théâtrales sont plus rapprochées de la vérité. Quand la philosophie fait des progrès, tout marche avec elle; les sentiments se développent avec les idées. Un certain asservissement de l'esprit empêche l'homme d'observer ce qu'il éprouve, de se l'avouer, de l'exprimer; et l'indépendance philosophique sert, au contraire, à mieux connaître et la nature humaine et la sienne propre. L'émotion produite par les tragédies de Voltaire est donc plus forte, quoiqu'on admire davantage celles de Racine. Les sentiments, les situations, les caractères que Voltaire nous présente, tiennent de plus près à nos souvenirs. Il importe au perfectionnement de la morale elle-même que le théâtre nous offre toujours quelques modèles au-dessus de nous; mais l'attendrissement est d'autant plus profond que l'auteur sait mieux retracer nos propres affections à notre pensée.

Quel rôle est plus touchant au théâtre que celui de Tancrède? Phèdre vous inspire de l'étonnement, de l'enthousiasme; mais sa nature n'est point celle d'une femme sensible et délicate. Tancrède, on se le rappelle comme un héros qu'on aurait connu, comme un ami qu'on aurait regretté. La valeur, la mélancolie, l'amour, tout ce qui fait aimer et sacrifier la vie, tous les genres de volupté de l'âme sont réunis dans cet admirable sujet. Défendre la patrie qui nous a proscrits, sauver la femme qu'on aime alors qu'on la croit coupable, l'accabler de générosité, et ne se venger d'elle qu'en se dévouant à la mort, quelle nature sublime, et cependant en harmonie avec toutes les âmes tendres! Cet héroïsme, expliqué par l'amour, n'étonne qu'à la réflexion. L'intérêt que la pièce inspire exalte si fortement les spectateurs, qu'ils se croient tous capables du même dévouement.

Et cette admiration profonde d'Aménaïde pour Tancrède, et cette estime sacrée de Tancrède pour Aménaïde, combien elle ajoute au déchirement de la douleur! Phèdre, qui n'est point aimée, que peut-elle perdre dans la vie? Mais ce bonheur frappé par le sort, la confiance mutuelle, ce bien suprême flétri par la calomnie! l'impression de cette situation est telle, que le spectateur ne pourrait la supporter, si Tancrède mourait sans apprendre d'Aménaïde qu'elle n'a jamais cessé de l'aimer. La scène déchirante du dénoûment produit alors une sorte de soulagement. Tancrède expire alors qu'il eût souhaité de vivre; néanmoins il meurt avec un sentiment plus doux.

Eh! qui n'éprouve pas, en effet, qu'il vaut mieux descendre dans la tombe avec des affections qui font regretter la vie, que si l'isolement du cœur nous avait d'avance frappé de mort? Dans cet avenir incertain qui se présente confusément au delà du terme de notre être, ceux qui nous ont aimés semblent devoir encore nous suivre: mais si nous avions cessé d'estimer leurs. vertus, de croire à leur tendresse; si nous étions déjà seuls, où serait l'appui d'une espérance? par quelle émotion notre âme pourrait-elle s'élever jusqu'au ciel? dans quel cœur resterait la trace de cet être passager qui implore la durée? quels vœux s'élèveraient vers l'intelligence suprême, pour lui demander de ne pas briser la chaîne de souvenirs qui unit ensemble deux existences?

Les pensées qui rappellent, de quelque manière, aux hommes ce qui leur est commun à tous, causent toujours une émotion profonde; et c'est encore sous ce point de vue que les réflexions philosophiques introduites par Voltaire dans ses tragédies, lorsque ces réflexions ne sont pas trop prodiguées, rallient l'intérêt universel aux diverses situations qu'il met en scène. J'examinerai, dans la seconde partie de cet ouvrage, si l'on ne peut pas adapter encore à notre théâtre quelques beautés nouvelles plus rapprochées de l'imitation de la nature; mais on ne saurait nier que Voltaire n'ait fait faire un pas de plus, sous ce rapport, à l'art dramatique, et que la puissance des effets du théâtre ne s'en soit accrue.

L'illustration littéraire du dix-huitième siècle est principalement due à ses écrivains en prose. Bossuet et Fénélon doivent sans doute être cités comme les premiers qui aient donné l'exemple de réunir dans un même langage tout ce que la prose a de justesse, et la poésie d'imagination. Mais combien Montesquieu, par l'expression énergique de la pensée; Rousseau, par la peinture éloquente de la passion, n'ont-ils pas enrichi l'art d'écrire en français!

La régularité de la versification donne une sorte de plaisir auquel la prose ne peut atteindre; c'est une sensation physique qui dispose à l'attendrissement ou à l'enthousiasme; c'est une difficulté vaincue dont les connaisseurs jugent le mérite, et qui cause même aux ignorants une jouissance qu'ils ne peuvent analyser. Mais il faut aussi convenir de tout le charme, de toute la jouissance des images poétiques et des mouvements d'éloquence dont la prose perfectionnée nous offre de si beaux exemples. Racine lui-même fait à la rime, à l'hémistiche, au nombre des syllabes, des sacrifices de style : et s'il est vrai que l'expression juste, celle qui rend jusqu'à la plus délicate nuance, jusqu'à la trace la plus fugitive de la liaison de nos idées; s'il est vrai que cette expression soit unique dans la langue, qu'elle n'ait point d'équivalent, que jusqu'au choix des transitions grammaticales, des articles entre les mots, tout puisse servir à éclair-

cir une idée, à réveiller un souvenir, à écarter un rapprochement inutile, à transmettre un mouvement comme il est éprouvé, à perfectionner enfin ce talent sublime qui fait communiquer la vie avec la vie, et révèle à l'âme solitaire les secrets d'un autre cœur et les impressions intimes d'un autre être; s'il est vrai qu'une grande délicatesse de style ne permettrait pas, dans les périodes éloquentes, le plus léger changement sans en être blessé, s'il n'est qu'une manière d'écrire le mieux possible, se peut-il qu'avec les règles des vers cette manière unique puisse toujours se rencontrer?

L'harmonie du style en prose a fait de grands progrès; mais cette harmonie ne doit point imiter l'effet musical des beaux vers: si l'on voulait l'essayer, on rendrait la prose monotone, on cesserait d'être libre dans le choix de ses expressions, sans être dédommagé par la consonnance de la poésie versifiée. L'harmonie de la prose, c'est celle que la nature indique d'elle-même à nos organes. Lorsque nous sommes émus, le son de la voix s'adoucit pour implorer la pitié; l'accent devient plus sévère pour exprimer une résolution généreuse; il s'élève, il se précipite lorsqu'on veut entraîner à son opinion les auditeurs incertains qui nous entourent : le talent, c'est la faculté d'appeler à soi, quand on le veut, toutes les ressources, tous les effets des mouvements naturels; c'est cette mobilité d'âme qui vous fait recevoir de l'imagination l'émotion que les autres hommes ne pourraient éprouver que par les événements de leur propre vie. Les plus beaux morceaux de prose que nous connaissons sont la langue des passions évoquée par le génie. L'homme sans talent littéraire aurait trouvé ces expressions que nous admirons, si le malheur avait profondément agité son âme.

Sur les champs de Philippes, Brutus s'écrie : « Oh! vertu, ne serais-tu qu'un fantôme? » Le tribun des soldats romains, les conduisant à une mort certaine pour forcer un poste important, leur dit : « Il est nécessaire d'aller là, mais il n'est pas nécessaire d'en revenir. *Ire illuc necesse est, unde redire non necesse.* » Arie dit à Petus en lui remettant le poignard : « Tiens, cela ne fait point de mal. » Bossuet, en faisant l'éloge de Charles Ier, dans l'Oraison funèbre de sa femme, s'arrête, et dit en montrant son cercueil : « Ce cœur, qui n'a « jamais vécu que pour lui, se réveille, tout poudre « qu'il est, et devient sensible, même sous le drap « mortuaire, au nom d'un époux si cher. » Émile, prêt à se venger de sa maîtresse, s'écrie : « Mal-« heureux! fais-lui donc un mal que tu ne sentes « pas. » Comment distinguer dans de tels mots ce qu'il faut attribuer à l'invention ou à l'histoire, à l'imagination ou à la réalité? Héroïsme, éloquence, amour, tout ce qui élève l'âme, tout ce qui la soustrait à la personnalité, tout ce qui l'agrandit et l'honore, appartient à la puissance de l'émotion.

Du moment où la littérature commence à se mêler d'objets sérieux; du moment où les écrivains entrevoient l'espérance d'influer sur le sort de leurs concitoyens par le développement de quelques principes, par l'intérêt qu'ils peuvent donner à quelques vérités, le style en prose se perfectionne.

M. de Buffon s'est complu dans l'art d'écrire, et l'a porté très-loin; mais quoiqu'il fût du dix-huitième siècle, il n'a point dépassé le cercle des succès littéraires : il ne veut faire, avec de beaux mots, qu'un bel ouvrage; il ne demande aux hommes que leur approbation : il ne cherche point à les influencer, à les remuer jusqu'au fond de leur âme; la parole est son but autant que son instrument; il n'atteint donc pas au plus haut point de l'éloquence.

Dans les pays où le talent peut changer le sort des empires, le talent s'accroît par l'objet qu'il se propose : un si noble but inspire des écrits éloquents par le même mouvement qui rend susceptible d'actions courageuses. Toutes les récompenses de la monarchie, toutes les distinctions qu'elle peut offrir, ne donneront jamais une impulsion égale à celle que fait naître l'espoir d'être utile. La philosophie elle-même n'est qu'une occupation frivole dans un pays où les lumières ne peuvent pénétrer dans les institutions. Lorsque la pensée ne peut jamais conduire à l'amélioration du sort des hommes, elle devient, elle aussi dire, une occupation efféminée ou pédantesque. Celui qui écrit sans avoir agi ou sans vouloir agir sur la destinée des autres, n'empreint jamais son style ni ses idées du caractère ni de la puissance de la volonté.

Vers le dix-huitième siècle, quelques écrivains français ont conçu, pour la première fois, l'espérance de propager utilement leurs idées spéculatives; leur style en a pris un accent plus mâle, leur éloquence une chaleur plus vraie. L'homme de lettres, alors qu'il vit dans un pays où le patriotisme des citoyens ne peut jamais être qu'un sentiment stérile, est, pour ainsi dire, obligé de se supposer des passions pour les peindre, de s'exciter à l'émotion pour en saisir les effets, de se modifier pour écrire, et de se placer, s'il se peut, en dehors de lui-même pour examiner quel parti littéraire il peut tirer de ses opinions et de ses sentiments.

On aperçoit déjà les premières nuances du grand changement que la liberté politique doit produire dans la littérature, en comparant les écrivains du siècle de Louis XIV et ceux du dix-huitième siècle : mais quelle force le talent n'acquerrait-il pas dans un gouvernement où l'esprit serait une véritable puissance? L'écrivain, l'orateur se sent exalté par l'importance morale ou politique des intérêts qu'il traite. S'il plaide pour la victime devant l'assassin, pour la liberté devant les oppresseurs; si les infortunés qu'il défend écoutent en tremblant le son de sa voix, pâlissent lorsqu'il hésite, perdent tout espoir si l'expression triomphante échappe à son esprit convaincu; si les destinées de la patrie elle-même lui sont confiées, il doit essayer d'arracher les caractères égoïstes à leurs intérêts, à leurs terreurs, de faire naître dans ses auditeurs ce mouvement du sang, cette ivresse de la vertu qu'une certaine hauteur d'éloquence peut inspirer momentanément, même à des criminels. Combien, dans une telle situation, avec un tel dessein, ne surpassera-t-il pas ses propres forces! Il trouvera des idées, des expressions que l'ambition du bien peut seule faire découvrir; il sentira son génie battre dans son sein; il pourra s'écrier un jour avec transport, en relisant ce qu'il aura écrit, ce qu'il aura dit dans un tel moment, comme Voltaire en entendant déclamer ses vers : « Non, ce n'est pas moi qui ai fait cela. » Ce n'est pas, en effet, l'homme isolé, l'homme armé seulement de ses facultés individuelles, qui atteint de son propre essor à ces pensées d'éloquence dont l'irrésistible autorité dispose de tout notre être moral : c'est l'homme alors qu'il peut sauver l'innocence, c'est l'homme alors qu'il peut renverser le despotisme, c'est l'homme enfin lorsqu'il se consacre au bonheur de l'humanité : il se croit, il éprouve une inspiration surnaturelle.

La révolution permet-elle à la France tant d'émulation et tant de gloire? C'est ce que j'examinerai dans la seconde partie de cet ouvrage. Ici se terminent mes réflexions sur le passé. Je vais maintenant examiner l'esprit actuel, et présenter quelques conjectures sur l'avenir. Des intérêts plus animés, des passions encore vivantes jugeront ce nouvel ordre de recherches; mais je sens néanmoins que je puis analyser le présent avec autant d'impartialité que si le temps avait dévoré les années que nous parcourons.

De toutes les abstractions que permet la méditation solitaire, la plus facile, ce me semble, c'est de généraliser ses observations sur ce qu'on voit, comme celles que l'on ferait sur l'histoire des siècles précédents. L'exercice de la pensée, plus que toute autre occupation de la vie, détache des passions personnelles. L'enchaînement des idées et la progression croissante des vérités philosophiques fixent l'attention de l'esprit bien plus que les rapports passagers, incohérents et partiels, qui peuvent exister entre nos circonstances particulières et les événements de notre temps.

••••••••••••••••

SECONDE PARTIE.

DE L'ÉTAT ACTUEL DES LUMIÈRES EN FRANCE, ET DE LEURS PROGRÈS FUTURS.

━━••◦••━━

CHAPITRE PREMIER.

Idée générale de la seconde partie.

J'ai suivi l'histoire de l'esprit humain depuis Homère jusqu'en 1789. Dans mon orgueil national, je regardais l'époque de la révolution de France comme une ère nouvelle pour le monde intellectuel. Peut-être n'est-ce qu'un événement terrible! peut-être l'empire d'anciennes habitudes ne permet-il pas que cet événement puisse amener de longtemps ni une institution féconde, ni un résultat philosophique. Quoi qu'il en soit, cette seconde partie contenant quelques idées générales sur les progrès de l'esprit humain, il peut être utile de développer ces idées, dussent-elles ne trouver leur application que dans un autre pays ou dans un autre siècle.

Je crois donc toujours intéressant d'examiner quel devrait être le caractère de la littérature d'un grand peuple, d'un peuple éclairé, chez lequel seraient établies la liberté, l'égalité politique, et les mœurs qui s'accordent avec ces institutions. Il n'est qu'une nation dans l'univers à laquelle puissent convenir dès à présent quelques-unes de ces réflexions : ce sont les Américains. Ils n'ont point encore de littérature formée; mais quand leurs magistrats sont appelés à s'adresser, de quelque manière, à l'opinion publique, ils possèdent éminemment le don de remuer toutes les affections de l'âme par l'expression des vérités simples et des sentiments purs; et c'est déjà connaître les plus utiles secrets du style. Qu'il soit donc admis que les considérations qu'on va lire, quoiqu'elles aient été composées pour la France en particulier, sont néanmoins susceptibles, sous divers rapports, d'une application plus générale.

Toutes les fois que je par des modifications et des améliorations que l'on peut espérer dans la littérature française, je suppose toujours l'existence et la durée de la liberté et de l'égalité politique. En faut-il conclure que je croie à la possibilité de cette liberté et de cette égalité? Je n'entreprends point de résoudre un tel problème. Je me décide encore moins à renoncer à un tel espoir. Mon but est de chercher à connaître quelle serait l'influence qu'auraient sur les lumières et sur la littérature les institutions qu'exigent ces principes, et les mœurs que ces institutions amèneraient.

Il est impossible de séparer ces observations, lorsqu'elles ont la France pour objet, des effets déjà produits par la révolution même : ces effets, l'on doit en convenir, sont au détriment des mœurs, des lettres et de la philosophie. Dans le cours de cet ouvrage, j'ai montré comment le mélange des peuples du Nord et de ceux du Midi avait causé pendant un temps la barbarie, quoiqu'il en fût résulté par la suite de très-grands progrès pour les lumières et la civilisation. L'introduction d'une nouvelle classe dans le gouvernement de France devait produire un effet semblable. Cette révolution peut à la longue éclairer une plus grande masse d'hommes; mais, pendant plusieurs années, la vulgarité du langage, des manières, des opinions, doit faire rétrograder, à beaucoup d'égards, le goût et la raison.

Personne ne conteste que la littérature n'ait beaucoup perdu depuis que la terreur a moissonné, en France, les hommes, les caractères, les sentiments et les idées. Mais, sans analyser les résultats de ce temps horrible qu'il faut considérer comme tout à fait en dehors du cercle que parcourent les événements de la vie, comme un phénomène monstrueux que rien de régulier n'explique ni ne produit, il est dans la nature même de la révolution d'arrêter pendant quelques années les progrès des lumières, et de leu donner ensuite une impulsion nouvelle. Il faut donc examiner d'abord les deux principaux obstacles qui se sont opposés au développement des esprits, la perte de l'urbanité des mœurs et celle de l'émulation que pouvaient exciter les récompenses de l'opinion. Quand j'aurai présenté les diverses idées qui tiennent à ce sujet, je considérerai de quelle perfectibilité la littérature et la philosophie sont susceptibles, si nous nous corrigeons des erreurs révolutionnaires, sans abjurer avec elles les vérités qui intéressent l'Europe pensante à la fondation d'une république libre et juste.

Mes conjectures sur l'avenir seront le résultat

de mes observations sur le passé. J'ai essayé de démontrer comment la démocratie de la Grèce, l'aristocratie de Rome, le paganisme des deux nations, donnèrent un caractère différent aux beaux-arts et à la philosophie; comment la férocité du Nord, se mêlant à l'avilissement du Midi, l'un et l'autre modifiés par la religion chrétienne, ont été les principales causes de l'état des esprits dans le moyen âge. J'ai tenté d'expliquer les contrastes singuliers de la littérature italienne par les souvenirs de la liberté et les habitudes de la superstition. La monarchie la plus aristocratique dans ses mœurs, et la constitution royale la plus républicaine dans ses habitudes, m'ont paru l'origine première des différences les plus frappantes entre la littérature anglaise et la littérature française. Il me reste maintenant à examiner, d'après l'influence que les lois, les religions et les mœurs ont exercée de tout temps sur la littérature, quels changements les institutions en France pourraient apporter dans le caractère des écrits. Si telles institutions politiques ont amené tels résultats en littérature, on doit pouvoir présager, par analogie, comment ce qui se ressemble ou ce qui diffère dans les causes modifierait les effets.

Les nouveaux progrès littéraires et philosophiques que je me propose d'indiquer, continueront le développement du système de perfectibilité dont j'ai tracé la marche depuis les Grecs. Il est aisé de montrer combien les pas qu'on ferait dans cette route seraient accélérés, si tous les préjugés autour desquels il faut faire passer le chemin de la vérité étaient aplanis, et s'il ne s'agissait plus, en philosophie, que d'avancer directement de démonstrations en démonstrations. Telle est la marche adoptée dans les sciences positives, qui font chaque jour une découverte de plus, et ne rétrogradent jamais.

Oui, dût cet avenir que je me complais à tracer, être encore éloigné, il sera néanmoins utile de rechercher ce qu'il pourrait être. Il faut vaincre le découragement que font éprouver de certaines époques de l'esprit public, dans lesquelles on ne juge plus rien que par des craintes ou par des calculs entièrement étrangers à l'immuable nature des idées philosophiques. C'est pour obtenir du crédit ou du pouvoir qu'on étudie la direction de l'opinion du moment; mais qui veut penser, qui veut écrire, ne doit consulter que la conviction solitaire d'une raison méditative.

Il faut écarter de son esprit les idées qui circulent autour de nous, et ne sont, pour ainsi dire, que la représentation métaphysique de quelques

intérêts personnels; il faut tour à tour précéder le flot populaire, ou rester en arrière de lui: il vous dépasse, il vous rejoint, il vous abandonne; mais l'éternelle vérité demeure avec vous.

La conviction de l'esprit cependant ne peut être un aussi ferme appui que la conscience de l'âme. Ce que la morale commande dans les actions n'est jamais douteux; mais souvent on hésite, souvent on se repent de ses opinions mêmes, lorsque des hommes odieux s'en saisissent pour les faire servir de prétexte à leurs forfaits; et la vacillante lumière de la raison ne rassure point encore assez dans les tourmentes de la vie.

Néanmoins, ou l'esprit ne serait qu'une inutile faculté, ou les hommes doivent toujours tendre vers de nouveaux progrès qui puissent devancer l'époque dans laquelle ils vivent. Il est impossible de condamner la pensée à revenir sur ses pas, avec l'espérance de moins et les regrets de plus; l'esprit humain, privé d'avenir, tomberait dans la dégradation la plus misérable. Cherchons-le donc cet avenir dans les productions littéraires et les idées philosophiques. Un jour peut-être ces idées seront appliquées aux institutions avec plus de maturité; mais, en attendant, les facultés de l'esprit pourront du moins avoir une direction utile; elles serviront encore à la gloire de la nation.

Si vous portez des talents supérieurs au milieu des passions humaines, vous vous persuaderez bientôt que ces talents mêmes ne sont qu'une malédiction du ciel; mais vous les retrouverez comme des bienfaits, si vous pouvez croire encore au perfectionnement de la pensée, si vous entrevoyez de nouveaux rapports entre les idées et les sentiments, si vous pénétrez plus avant dans la connaissance des hommes, si vous pouvez ajouter un seul degré de force à la morale, si vous vous flattez enfin de réunir par l'éloquence les opinions éparses de tous les amis des vérités généreuses.

CHAPITRE II.

Du goût, de l'urbanité des mœurs, et de leur influence littéraire et politique.

L'on s'est persuadé pendant quelque temps, en France, qu'il fallait faire aussi une révolution dans les lettres, et donner aux règles du goût, en tout genre, la plus grande latitude. Rien n'est plus contraire aux progrès de la littérature, à ces progrès qui servent si efficacement à la propagation des lumières philosophiques, et par conséquent au maintien de la liberté; rien n'est plus funeste à l'amélioration des mœurs, l'un des pre-

miers buts que les institutions républicaines doivent se proposer. Les délicatesses exagérées de
quelques sociétés de l'ancien régime n'ont aucun
rapport sans doute avec les vrais principes du
goût, toujours conformes à la raison; mais l'on
pouvait bannir quelques lois de convention, sans
renverser les barrières qui tracent la route du génie, et conservent, dans les discours comme dans
les écrits, la convenance et la dignité.

Le seul motif que l'on allègue pour changer entièrement le ton et les formes qui maintiennent
les égards et servent à la considération, c'est le
despotisme que les classes aristocratiques de la
monarchie exerçaient sur le goût et sur les manières. Il est donc utile de caractériser les défauts
qu'on peut reprocher à quelques prétentions, à
quelques plaisanteries, à quelques exigences des
sociétés de l'ancien régime, afin de montrer ensuite avec d'autant plus de force, quels ont été
les détestables effets, littéraires et politiques, de
l'audace sans mesure, de la gaieté sans grâce, et
de la vulgarité avilissante qu'on a voulu introduire
dans quelques époques de la révolution. De l'opposition de ces deux extrêmes, les idées factices
de la monarchie et les systèmes grossiers de quelques hommes pendant la révolution, résultent
nécessairement des réflexions justes sur la simplicité noble qui doit caractériser, dans la république, les discours, les écrits et les manières.

La nation française était, à quelques égards,
trop civilisée; ses institutions, ses habitudes sociales, avaient pris la place des affections naturelles. Dans les républiques anciennes, et surtout
à Lacédémone, les lois s'emparaient du caractère
individuel de chaque citoyen, les formaient tous
sur le même modèle, et les sentiments politiques
absorbaient tout autre sentiment. Ce que Lycurgue avait produit par ses lois en faveur de l'esprit républicain, la monarchie française l'avait
opéré par l'empire de ses préjugés en faveur de la
vanité des rangs.

Cette vanité occupait seule presque toutes les
classes : l'homme ne vivait que pour faire effet
autour de lui, pour obtenir une supériorité de
convention sur son concurrent immédiat, pour
exciter l'envie qu'il ressentait à son tour. D'individus en individus, de classe en classe, la vanité souffrante n'était en repos que sur le trône;
dans toute autre situation, depuis les plus élevées
jusqu'aux dernières, on passait sa vie à se comparer avec ses égaux ou ses supérieurs; et loin de
prendre en soi le sentiment de sa propre valeur,
on cherchait dans les regards des autres l'idée

qu'ils se faisaient de l'importance qu'on avait acquise parmi ses pareils.

Cette contention d'esprit sur des intérêts frivoles en tout, excepté par l'influence qu'ils exerçaient sur le bonheur, ce besoin de réussir, cette
crainte de déplaire, altéraient, exagéraient souvent les vrais principes du goût naturel : il y avait
le goût de tel jour, celui de telle classe, enfin celui qui devait naître de l'esprit général créé par
de semblables rapports. Il existait des sociétés
qui pouvaient, par des allusions à leurs habitudes, à leurs intérêts, même à leurs caprices, ennoblir des tours familiers, ou proscrire des beautés simples. En se montrant étranger à ces mœurs
de sociétés, on se classait comme inférieur; et
l'infériorité du rang est de mauvais goût dans un
pays où il existe des rangs. Le peuple se moque
du peuple tant qu'il n'a point reçu l'éducation de
la liberté, et l'on n'aurait fait que se rendre ridicule en France, si, même avec des idées fortes,
on eût voulu s'affranchir du ton qui était dicté
par l'ascendant de la première classe.

Ce despotisme d'opinion, en s'étendant trop
loin, pouvait nuire enfin au véritable talent. Chaque jour on mettait plus de subtilité dans les règles de la politesse et du goût; on s'éloignait toujours plus dans les mœurs des impressions de la
nature. L'aisance des manières existait sans l'a-
bandon des sentiments, la politesse classait au
lieu de réunir; et tout le naturel, toute la simplicité nécessaire à la perfection de la grâce, n'empêchait pas de veiller avec une attention constante
ou avec une distraction feinte sur le maintien des
moindres signes de toutes les distinctions sociales.

On voulait cependant établir un genre d'égalité;
c'était celle qui met extérieurement au même niveau tous les esprits et tous les caractères : on
voulait cette égalité qui pèse sur les hommes distingués, et soulage la médiocrité jalouse. Il fallait
et parler et se taire comme les autres, connaître
les usages pour ne rien inventer, ne rien hasarder;
et c'était en imitant longtemps les manières reçues
qu'on acquérait enfin le droit de prétendre à une
réputation à soi. L'art d'éviter les écueils de l'esprit était le seul usage de l'esprit même, et le vrai
talent se sentait oppressé par tous ces liens de
convenance. Cette sorte de goût, plutôt efféminé
que délicat, qui se blesse d'un essai nouveau, d'un
bruit éclatant, d'une expression énergique, arrêtait l'essor des âmes; le génie ne peut ménager
tous ces égards artificiels; la gloire est orageuse,
et les flots tumultueux de son cortége populaire
doivent briser ces légères digues.

Mais la société, c'est-à-dire, des rapports sans but, des égards sans subordination, un théâtre où l'on appréciait le mérite par les données les plus étrangères à sa véritable valeur; la société, dis-je, en France, avait créé cette puissance du ridicule que l'homme le plus supérieur n'aurait pu braver. De tous les moyens qui peuvent déconcerter l'émulation des caractères élevés, le plus puissant est l'arme de la moquerie. L'aperçu fin et juste du petit côté d'un grand caractère, des faiblesses d'un beau talent, trouble jusqu'à cette confiance en ses propres forces dont le génie a souvent besoin; et la plus légère piqûre d'une raillerie froide et indifférente peut faire mourir dans un cœur généreux la vive espérance qui l'encourageait à l'enthousiasme de la gloire et de la vertu.

La nature a créé des remèdes aux grandes douleurs de l'homme : le génie est de force avec l'adversité, l'ambition avec les périls, la vertu avec la calomnie; mais le ridicule peut s'insinuer dans la vie, s'attacher aux qualités mêmes, et les miner sourdement à leur insu.

L'insouciance dédaigneuse exerce un grand pouvoir sur l'enthousiasme le plus pur; la douleur même perd jusqu'à l'éloquence dont la nature l'a douée, lorsqu'elle rencontre un esprit moqueur; l'expression énergique, l'accent abandonné, l'action même, l'action généreuse est inspirée par une sorte de confiance dans les sentiments de ceux qui nous environnent; une froide plaisanterie peut la glacer.

L'esprit moqueur s'attaque à quiconque met une grande importance à quelque objet que ce soit dans le monde; il se rit de tous ceux qui sont dans le sérieux de la vie, et croient encore aux sentiments vrais et aux intérêts graves. Sous ce rapport, il n'est pas dépourvu d'une sorte de philosophie; mais cet esprit décourageant arrête le mouvement de l'âme qui porte à se dévouer; il déconcerte jusqu'à l'indignation; il flétrit l'espérance de la jeunesse. Il n'y a que le vice insolent qui soit au-dessus de ses atteintes. En effet, l'esprit moqueur essaye rarement de l'attaquer; il est même tenté d'avoir de la considération pour le caractère qu'il n'a pas la puissance d'affliger.

Cette tyrannie du ridicule qui caractérisait éminemment les dernières années de l'ancien régime, après avoir poli le goût, finissait par user la force; et la littérature s'en serait nécessairement ressentie. Il faut donc, pour donner aux écrits plus d'élévation, et aux caractères plus d'énergie, ne pas soumettre le goût aux habitudes élégantes et recherchées des sociétés aristocratiques, quelque remarquables qu'elles soient par la perfection de la grâce; leur despotisme entraînerait de graves inconvénients pour la liberté, l'égalité politique, et même la haute littérature. Mais combien le mauvais goût, poussé jusqu'à la grossièreté, ne s'opposerait-il pas à la gloire littéraire, à la morale, à la liberté, à tout ce qui peut exister de bon et d'élevé dans les rapports des hommes entre eux!

Depuis la révolution, une vulgarité révoltante dans les manières s'est trouvée souvent réunie à l'exercice d'une autorité quelconque. Or, les défauts de la puissance sont contagieux. En France surtout, il semble que le pouvoir, non-seulement influe sur les actions, sur les discours, mais presque sur la pensée intime des flatteurs qui entourent les hommes puissants. Les courtisans de tous les régimes imitent ceux qu'ils louent; ils se pénètrent d'estime pour ceux dont ils ont besoin; ils oublient que le soin même de leur intérêt n'exige que les démonstrations extérieures, et qu'il n'est pas nécessaire de fausser jusqu'à son jugement pour se montrer ce qu'on veut paraître.

Le mauvais goût, tel qu'on l'a vu dominer pendant quelques années de la révolution, n'est pas nuisible seulement aux relations de la société et à la littérature, il porte atteinte à la morale. On se permet de plaisanter sur sa propre bassesse, sur ses propres vices, de les avouer avec impudence, de se jouer des âmes timides qui répugnent encore à cette avilissante gaieté. Ces esprits forts d'un nouveau genre se vantent de leur honte, et se croient d'autant plus spirituels qu'ils ont excité plus d'étonnement autour d'eux.

Les paroles grossières ou cruelles que des hommes en pouvoir se sont souvent permises dans la conversation, devaient, à la longue, dépraver leur âme, en même temps qu'elles agissaient sur la morale de ceux qui les écoutaient.

Un bel usage d'Angleterre interdit aux hommes que leur profession oblige à verser le sang des animaux, la faculté d'exercer des fonctions judiciaires. En effet, indépendamment de la morale qui se fonde sur la raison, il y a celle de l'instinct naturel, celle dont les impressions sont irréfléchies et irrésistibles. Lorsqu'en s'accoutumant à voir souffrir les animaux, on parvient à vaincre la répugnance des sens pour le spectacle de la douleur, l'on devient beaucoup moins accessible à la pitié, même pour les hommes; du moins l'on n'en éprouve plus involontairement les impressions. Les paroles tout à la fois vulgaires et féroces produisent, à quelques égards, le même effet que la vue du sang : lorsqu'on s'habitue à les prononcer, les idées qu'elles retracent deviennent plus familières. Les hommes, à la guerre, s'excitent aux mouvements de fureur qui doivent les animer, en se servant sans cesse du langage le plus grossier. La justice et l'impartialité nécessaires à l'administration civile font un devoir d'employer des formes et des expressions qui calment celui qui s'en sert et celui qui les écoute.

Le bon goût dans le langage et dans les manières de ceux qui gouvernent, inspirant plus de respect, rend les moyens de terreur moins nécessaires. Il est difficile qu'un magistrat dont le ton révolte les âmes n'ait pas besoin de recourir à la persécution pour obtenir l'obéissance.

Un nuage d'illusions et de souvenirs environne les rois; mais les hommes élus, commandant au nom de leur supériorité personnelle, ont besoin de tous les signes extérieurs de cette supériorité; et quel signe plus évident que ce bon goût qui, se retrouvant dans toutes les paroles, dans tous les gestes, dans tous les accents, dans toutes les actions même, annonce une âme paisible et fière, qui saisit tous les rapports dans tous les instants, et ne perd jamais ni le sentiment d'elle-même, ni les égards qu'elle doit aux autres! C'est ainsi que le bon goût exerce une véritable influence politique.

L'on est assez généralement convaincu que l'esprit républicain exige un changement dans le caractère de la littérature. Je crois cette idée vraie, mais dans une acception différente de celle qu'on lui donne. L'esprit républicain exige plus de sévérité dans le bon goût qui est inséparable des bonnes mœurs. Il permet aussi, sans doute, de transporter dans la littérature des beautés plus énergiques, un tableau plus philosophique et plus déchirant des grands événements de la vie. Montesquieu, Rousseau, Condillac, appartenaient d'avance à l'esprit républicain, et ils avaient commencé la révolution désirable dans le caractère des ouvrages français : il faut achever cette révolution. La république développant nécessairement des passions plus fortes, l'art de peindre doit s'accroître en même temps que les sujets s'agrandissent; mais, par un bizarre contraste, c'est surtout dans le genre licencieux et frivole qu'on a voulu profiter de la liberté que l'on croyait avoir acquise en littérature.

On se rappelait la réputation que la gaieté française avait méritée dans toute l'Europe, et l'on croyait la conserver en s'abandonnant à tout ce que réprouvent et la délicatesse et le bon goût. J'ai dit dans la première partie de cet ouvrage

toutes les causes qui ont donné naissance à la grâce française; il n'en est aucune qui subsiste maintenant, il n'en est aucune qui puisse se renouveler, si la combinaison que l'on suppose admet la liberté et l'égalité politique.

Les modèles pleins de grâce que nous avons dans la langue pourront servir de guide aux Français, mais comme ils en servent aux nations étrangères. Ce qui renouvelait en France le même esprit, c'était le ton, les manières de ce qu'on appelait la bonne compagnie. Dans un pays où il y aura de la liberté, l'on s'occupera beaucoup plus souvent, en société, des affaires politiques que de l'agrément des formes et du charme de la plaisanterie. Dans un pays où subsistera l'égalité politique, tous les genres de mérite seront admis, et il n'existera point une société exclusive, consacrée uniquement à la perfection de l'esprit de société, et réunissant en elle tout l'ascendant de la fortune et du pouvoir. Or, sans ce tribunal toujours existant, l'esprit des jeunes gens ne peut se former au tact délicat, à la nuance fine et juste, qui seule donne aux écrits, dans le genre léger, cette grâce de convenance et ce mérite de goût tant admiré dans quelques écrivains français, et particulièrement dans les pièces fugitives de Voltaire.

La littérature se perdra complétement en France, si l'on multiplie ces essais prétendus gracieux qui ne nous rendent plus que ridicules : on peut encore trouver de la vraie gaieté dans le bon comique; mais quant à cette gaieté badine dont on nous a accablés presque au milieu de tous nos malheurs, si l'on en excepte quelques hommes qui se souviennent encore du temps passé, toutes les tentatives nouvelles en ce genre corrompent le goût littéraire en France, et nous mettent au-dessous de tous les peuples sérieux de l'Europe.

Avant la révolution, l'on avait souvent remarqué qu'un Français, étranger à la société des premières classes, se faisait reconnaître comme inférieur dès qu'il voulait plaisanter; tandis qu'un Anglais ayant toujours de la gravité et de la simplicité dans les manières, vous pouviez plus difficilement savoir en l'écoutant à quel rang de la société il appartenait. Il faut, malgré les différences qui existeront longtemps encore entre les deux nations, que les écrivains français se hâtent d'apercevoir qu'ils n'ont plus les mêmes moyens de succès dans l'art de la plaisanterie; et loin de penser que la révolution leur ait donné plus de latitude à cet égard, ils doivent veiller avec plus de soin sur le bon goût, puisque la société et toutes les sociétés, confondues après une révolution, n'offrent presque plus de bons modèles, et n'inspirent pas ces habitudes de tous les jours, qui font de la grâce et du goût votre propre nature, sans que la réflexion ait besoin de vous les rappeler.

Les préceptes du goût, dans leur application à la littérature républicaine, sont d'une nature plus simple, mais non moins rigoureuse que les préceptes du goût adoptés par les écrivains du siècle de Louis XIV. Sous la monarchie, une foule d'usages substituaient quelquefois le ton de la convenance à celui de la raison, les égards de la société aux sentiments du cœur; mais, dans une république, le goût ne devant consister que dans la connaissance parfaite de tous les rapports vrais et durables, manquer aux principes de ce goût, ce serait ignorer la véritable nature des choses.

Il était souvent nécessaire, sous la monarchie, de déguiser une censure hardie, de voiler une opinion nouvelle sous la forme des préjugés reçus; et le goût qu'il fallait apporter dans ces différentes tournures exigeait une finesse d'esprit singulièrement délicate. Mais la parure de la vérité dans un pays libre est d'accord avec la vérité même. L'expression et le sentiment doivent dériver de la même source.

L'on n'est point astreint, dans un pays libre, à se renfermer toujours dans le cercle des mêmes opinions, et la variété des formes n'est point nécessaire pour cacher la monotonie des idées. L'intérêt de la progression existe toujours, puisque les préjugés ne mettent point de bornes à la carrière de la pensée; l'esprit donc, n'ayant plus à lutter contre l'ennui, acquiert plus de simplicité, et ne risque point, pour ranimer l'attention, ces grâces maniérées que réprouve le goût naturel.

Un tour de force assez difficile, qu'on se permettait dans l'ancien régime, c'était l'art d'offenser les mœurs sans blesser le goût, et de jouer avec la morale, en mettant autant de délicatesse dans l'expression que d'indécence dans les principes. Rien heureusement ne convient moins que ce talent aux vertus comme à l'esprit que doivent avoir des républicains. Dès qu'on briserait une barrière, on n'en respecterait plus aucune; les rapports de la société n'auraient pas assez de puissance pour arrêter encore, quand les liens sacrés ne retiendraient plus.

D'ailleurs il faut, pour réussir dans ce genre dangereux, qui réunit la grâce des formes à la dépravation des sentiments, une finesse d'esprit extraordinaire; et l'exercice un peu fort de ses facultés auquel on est appelé dans une république,

fait perdre cette finesse. Le tact le plus délicat est nécessaire pour donner à l'immoralité cette grâce sans laquelle les hommes même les plus corrompus repousseraient avec dégoût les tableaux et les principes du vice.

Je parlerai dans un autre chapitre de la gaieté des comédies, de celle qui tient à la connaissance du cœur humain; mais il me paraît vraisemblable que les Français ne seront plus cités pour cet esprit aimable, élégant et gai, qui faisait le charme de la cour. Le temps fera disparaître les hommes qui sont encore des modèles en ce genre, et l'on finira par en perdre le souvenir; car il ne suffit pas des livres pour se le rappeler. Ce qui est plus fin que la pensée ne peut être appris que par l'habitude. Si la société qui inspirait cette sorte d'instinct, ce tact rapide, est anéantie, le tact et l'instinct doivent finir avec elle. Il faut renoncer à tout ce qui ne peut s'apprendre que par tel genre de vie, et non par des combinaisons générales, quand ce genre de vie n'existe plus.

Un homme d'esprit disait : *Le bonheur est un état sérieux.* On peut en affirmer autant de la liberté. La dignité d'un citoyen est plus importante que celle d'un sujet; car, dans une république, il faut que chaque homme de talent soit un obstacle de plus à l'usurpation politique. Cette honorable mission dont on est revêtu par sa propre conscience, c'est la noblesse du caractère qui peut seule lui donner quelque force.

On a vu des hommes autrefois réunir l'élévation des manières à l'usage presque habituel de la plaisanterie : mais cette réunion suppose une perfection de goût et de délicatesse, un sentiment de sa supériorité, de son pouvoir, de son rang même, que ne développe pas l'éducation de l'égalité. Cette grâce, tout à la fois imposante et légère, ne doit pas convenir aux mœurs républicaines; elle caractérise trop distinctement les habitudes d'une grande fortune et d'un état élevé. La pensée est plus démocratique; elle croît au hasard parmi tous les hommes assez indépendants pour avoir quelque loisir. C'est donc elle, avant tout, qu'il faut encourager, en se livrant moins en littérature aux objets qui appartiennent exclusivement à la grâce des formes.

Ce que notre destinée a eu de terrible force à penser; et si les malheurs des nations grandissent les hommes, c'est en les corrigeant de ce qu'ils avaient de frivole, c'est en concentrant, par la terrible puissance de la douleur, leurs facultés éparses.

Il faut consacrer le goût en littérature à l'ornement des idées : son utilité n'en sera pas moins grande ; car il est prouvé que les idées les plus profondes et les sentiments les plus nobles ne produisent aucun effet, si des défauts de goût remarquables détournent l'attention, brisent l'enchaînement des pensées, ou déconcertent la suite d'émotions qui conduit votre esprit à de grands résultats, et votre âme à des impressions durables.

On se plaindra de la faiblesse de l'esprit humain qui s'attache à telle expression déplacée, au lieu de s'occuper uniquement de ce qui est vraiment essentiel ; mais dans les plus violentes situations de la vie, au moment même de périr, on a vu plusieurs fois qu'un incident ridicule pouvait distraire les hommes de leur propre malheur. Comment espérer que des pensées, qu'un ouvrage, puissent captiver tellement l'intérêt, que l'inconvenance du style ne détourne pas l'attention du lecteur ? C'est un miracle du talent que d'arracher ceux qui vous écoutent, ou qui vous lisent, à leur amour-propre ; mais si les défauts de goût offrent aux juges, quels qu'ils soient, une occasion de montrer, en vous critiquant, l'esprit qu'ils ont eux-mêmes, ils la saisissent nécessairement, et ne songent plus ni aux idées, ni aux sentiments de l'auteur.

Le goût nécessaire à la littérature républicaine, dans les livres sérieux comme dans les ouvrages d'imagination, n'est point un talent à part ; c'est le perfectionnement de tous les talents : et loin qu'il s'oppose en rien ni aux sentiments profonds, ni aux expressions énergiques, la simplicité qu'il commande, le naturel qu'il inspire, sont les seuls ornements qui puissent convenir à la force.

L'urbanité des mœurs, de même que le bon goût, dont elle fait partie, est d'une grande importance littéraire et politique. Quoique la littérature doive s'affranchir dans la république, beaucoup plus facilement que dans la monarchie, de l'empire du ton reçu dans la société, il est impossible que les modèles de la plupart des ouvrages d'imagination ne soient pas pris dans les exemples qui s'offrent habituellement aux regards. Or, que deviendraient les écrits qui prennent nécessairement l'empreinte des mœurs, si les manières vulgaires, ces manières qui font ressortir les défauts et les désavantages de tous les caractères, continuaient à dominer ?

Il resterait aux littérateurs français des ouvrages anciens dont ils pourraient encore se pénétrer ; mais leur imagination ne serait point inspirée par les objets qui les environneraient ; elle s'alimenterait par la lecture, mais jamais par les impressions qu'ils éprouveraient eux-mêmes. Ils ne réuniraient presque jamais dans les compositions littéraires le naturel des observations avec la noblesse des sentiments ; loin de s'aider de leurs souvenirs, ils auraient besoin de les écarter : à peine le recueillement de l'âme pourrait-il encore donner quelquefois l'idée du vrai tableau.

L'on dira peut-être que la politesse est un avantage si léger qu'on peut en être privé sans que ce défaut porte la moindre atteinte aux grandes et véritables qualités qui constituent la force et l'élévation du caractère. Si l'on appelle politesse les formes de galanterie du siècle de Louis XIV, certes, les premiers hommes de l'antiquité n'en avaient pas la moindre idée, et ils n'en sont pas moins les modèles les plus imposants que l'histoire et l'imagination même puissent offrir à l'admiration des siècles. Mais si la politesse est la juste mesure des relations des hommes entre eux, si elle indique ce qu'on croit être et ce qu'on est, si elle apprend aux autres ce qu'ils sont ou ce qu'on les suppose, un grand nombre de sentiments et de pensées se rallient à la politesse.

Les formes varient sans doute suivant les caractères, et la même bienveillance peut s'exprimer avec douceur ou avec brusquerie ; mais pour discuter philosophiquement l'importance de la politesse, c'est dans son acception la plus étendue qu'il faut considérer le sens général de ce mot, sans vouloir s'arrêter à toutes les diversités que peut faire naître chaque caractère.

La politesse est le lien que la société a établi entre les hommes étrangers les uns aux autres. Il y a des vertus qui vous attachent à votre famille, à vos amis, aux malheureux ; mais dans tous les rapports qui n'ont point pris encore le caractère d'un devoir, l'urbanité des mœurs prépare les affections, rend la conviction plus facile, et conserve à chaque homme le rang que son mérite doit lui obtenir dans le monde. Elle marque le degré de considération auquel chaque individu s'est élevé ; et, sous ce rapport, elle dispense le prix, objet des travaux de toute la vie. Examinons maintenant sous combien de formes diverses doivent se présenter les funestes effets de la grossièreté dans les manières, et quel doit être le caractère de la politesse qui convient à l'esprit républicain.

Les femmes et les grands hommes, l'amour et la gloire, sont les seules pensées, les seuls sentiments qui retentissent vivement à l'âme. Mais comment retrouverait-on l'image pure et fière d'une femme, dans un pays où les relations de société ne seraient pas surveillées par la plus rigoureuse décence? Où prendrait-on le type des vertus, lorsque les femmes elles-mêmes, ces juges indépendants des combats de la vie, auraient laissé flétrir en elles le noble instinct des sentiments élevés? Une femme perd de son charme, non-seulement par les paroles sans délicatesse qu'elle pourrait se permettre, mais par ce qu'elle entend, par ce qu'on ose dire devant elle. Au sein de sa famille, la modestie et la simplicité suffisent pour maintenir les égards qu'une femme doit exiger; mais au milieu du monde il faut plus encore; l'élégance de son langage, la noblesse de ses manières, font partie de sa dignité même, et commandent seules efficacement le respect.

Sous la monarchie, l'esprit chevaleresque, la pompe des rangs, la magnificence de la fortune, tout ce qui frappe l'imagination suppléait, à quelques égards, au véritable mérite; mais dans une république les femmes ne sont plus rien, si elles n'en imposent pas par tout ce qui peut caractériser leur élévation naturelle. Dès qu'on écarte une illusion, il faut y substituer une qualité réelle; dès qu'on détruit un ancien préjugé, l'on a besoin d'une nouvelle vertu: loin que la république doive donner plus de liberté dans les rapports habituels de la société, comme toutes les distinctions sont uniquement fondées sur les qualités personnelles, il faut se préserver avec bien plus de scrupule de tous les genres de fautes. Si l'on porte la moindre atteinte à sa réputation, on ne peut plus, comme dans la monarchie, relever son existence par son rang, par sa naissance, par tous les avantages étrangers à sa propre valeur.

Ce que j'ai dit pour les femmes peut s'appliquer presque également aux hommes qui jouent un rôle éclatant. Il leur sera nécessaire de veiller sur leur considération bien plus attentivement que dans un temps où les dignités aristocratiques suffisaient pour garantir à ceux qui en étaient revêtus les égards et les respects de la multitude. Ces existences d'opinion qui chaque jour, dans la république, seront attaquées ou défendues, doivent donner une grande importance à tout ce qui peut agir sur l'esprit ou l'imagination des hommes.

Si des faveurs de l'opinion nous passons au maintien du pouvoir légal, nous verrons que l'autorité est en elle-même un poids que les gouvernés ont peine à supporter: les esprits qui ne sont pas créés pour la servitude éprouvent d'abord une sorte de prévention contre la puissance; si les formes grossières de celui qui commande aigrissent cette prévention, elle devient une véritable haine. Tout homme de goût et d'une certaine élévation d'âme

doit avoir le besoin de demander presque pardon du pouvoir qu'il possède. L'autorité politique est l'inconvénient nécessaire d'un très-grand bien, de l'ordre et de la sécurité; mais le dépositaire de cette autorité doit toujours s'en justifier, en quelque sorte, par ses manières comme par ses actions.

Nous avons vu souvent, dans le cours de ces dix années, les hommes éclairés gouvernés par les hommes ignorants: l'arrogance de leur ton, la vulgarité de leurs formes, révoltaient plus encore que les bornes de leur esprit. Les opinions républicaines se confondaient dans quelques têtes avec les paroles rudes et les plaisanteries rebutantes de quelques républicains, et les affections non raisonnées s'éloignaient naturellement de la république.

Les manières rapprochent ou séparent les hommes par une force plus invincible que celle des opinions, j'oserai presque dire que celle des sentiments. Avec une certaine libéralité d'esprit, l'on peut vivre agréablement au milieu d'une société qui appartient à un parti différent du sien. Il se peut même que l'on oublie des torts graves, des craintes inspirées peut-être à juste titre par l'immoralité d'un homme, si la noblesse de son langage fait illusion sur la pureté de son âme. Mais ce qu'il est impossible de supporter, c'est une éducation grossière que trahit chaque expression, chaque geste, le ton de la voix, l'attitude du corps, tous les signes involontaires des habitudes de la vie.

Je ne parle pas ici de l'estime réfléchie, mais de cette impression involontaire qui se renouvelle à tous les instants. L'on se reconnaît, dans les grandes circonstances, aux sentiments du cœur; mais, dans les rapports détaillés de la société, on ne s'entend que par les manières; et la vulgarité portée à un certain degré fait éprouver à celui qui en est le témoin ou l'objet, un sentiment d'embarras, de honte même, tout à fait insupportable.

Heureusement on n'est presque jamais appelé dans la vie à supporter la vulgarité des manières en faveur de l'élévation des sentiments. Une probité sévère inspire une confiance si noble, un calme si pur, qu'il est bien rare qu'elle ne fasse pas deviner, dans quelque état que l'on soit, tout ce qu'une bonne éducation aurait appris. La grossièreté dont nous avons été si souvent les victimes se composait presque toujours de sentiments vicieux; c'était l'audace, la cruauté, l'insolence, qui se montraient sous les formes les plus odieuses.

Les convenances sont l'image de la morale; elles la supposent dans toutes les circonstances qui ne donnent pas encore l'occasion de la prouver; elles entretiennent les hommes dans l'habitude de respecter l'opinion des hommes. Si les chefs de l'état blessent ou méprisent les convenances, ils n'inspireront plus eux-mêmes la considération dont ils ont dispersé tous les éléments.

Un autre genre d'impolitesse peut caractériser encore les hommes en pouvoir : ce n'est pas la grossièreté, c'est, si je puis m'exprimer ainsi, la fatuité politique, l'importance qu'on met à sa place, l'effet que cette place produit sur soi-même, et qu'on veut faire partager aux autres : on a dû nécessairement en voir beaucoup d'exemples depuis la révolution. L'on n'appelait aux grandes places, dans l'ancien régime, que les individus accoutumés dès leur enfance aux priviléges et aux avantages d'un rang supérieur ; le pouvoir ne changeait presque rien à leurs habitudes : mais dans la révolution, des magistratures éminentes ont été remplies par des hommes d'un état inférieur, et dont le caractère n'était pas naturellement élevé : humbles alors sur leur mérite personnel, et vains de leur pouvoir, ils se sont crus obligés d'adopter de nouvelles manières, parce qu'ils occupaient un nouvel emploi. Cet effet de la vanité est le plus contraire de tous à l'affection et au respect que doivent inspirer des magistrats républicains. L'affection et le respect s'attachent au caractère individuel, et l'homme qui se croit un autre lorsqu'il a été nommé à une grande place, vous indique lui-même que, s'il la perd, votre intérêt et votre considération doivent passer à son successeur.

Comment l'homme peut-il se faire mieux connaître à l'homme que par cette dignité de manières, cette simplicité d'expressions, qui, transportées sur le théâtre ou racontées dans l'histoire, inspirent presque autant d'enthousiasme que les grandes actions ? Je dirai plus, une suite de hasards peuvent conduire un homme à se faire remarquer par quelques faits illustres, sans qu'il soit doué cependant ou d'un génie supérieur, ou d'un caractère héroïque ; mais il est impossible que les paroles, les accents, les formes qu'on emploie envers ceux qui nous environnent, ne caractérisent pas la vraie grandeur de la seule manière inimitable.

Quelques-uns ont pensé qu'il fallait substituer à l'accueil jadis bienveillant des Français la froideur et la dignité. Sans doute les premiers citoyens d'un état libre doivent avoir dans le maintien plus de gravité que les flatteurs d'un monarque ; mais l'exagération de la froideur serait un moyen d'arrêter l'essor de tous les mouvements généreux. L'homme froid dans ses manières impose nécessairement, parce qu'il vous donne l'idée qu'il n'attache aucune importance à vous. Mais ce sentiment pénible qu'il

vous inspire ne produit rien d'utile ni rien de fécond. Ce n'est pas l'insolence familière, c'est la bonté, c'est l'élévation de l'âme, c'est la supériorité véritable que cette froideur met à la gêne. Les manières ne sont parfaites que lorsqu'elles encouragent tout ce que chaque homme a de distingué, et n'intimident que les défauts.

Il ne faut pas se tromper sur les signes extérieurs du respect : étouffer de nobles sentiments, tarir la source des pensées, c'est produire l'effet de la crainte ; mais élever les âmes jusqu'à soi, donner à l'esprit toute sa valeur, faire naître cette confiance qu'éprouvent les uns pour les autres tous les caractères généreux, tel est l'art d'inspirer un respect durable.

Il importe de créer en France des liens qui puissent rapprocher les partis, et l'urbanité des mœurs est un moyen efficace pour arriver à ce but. Elle rallierait tous les hommes éclairés ; et cette classe réunie formerait un tribunal d'opinion qui distribuerait avec quelque justice le blâme ou la louange.

Ce tribunal exercerait aussi son influence sur la littérature ; les écrivains sauraient où retrouver un goût, un esprit national, et pourraient travailler à le peindre et à l'agrandir. Mais, de toutes les confusions, la plus funeste est celle qui mêle ensemble toutes les éducations et ne sépare que les partis.

Qu'importe de se ressembler par les opinions politiques, si l'on diffère par l'esprit et les sentiments ? Quel misérable effet des troubles civils que d'attacher plus d'importance à telle manière de voir en affaires publiques, qu'à tous ces rapports de l'âme et de la pensée, seule fraternité dont le caractère soit ineffaçable !

L'urbanité des mœurs peut seule adoucir les aspérités de l'esprit de parti ; elle permet de se voir longtemps avant de s'aimer, de se parler longtemps avant qu'on soit d'accord ; et par degrés cette aversion profonde qu'on ressentait pour l'homme que l'on n'avait jamais abordé, cette aversion s'affaiblit par les rapports de conversation, d'égards, de prévenance, qui raniment la sympathie, et font trouver enfin son semblable dans celui qu'on regardait comme son ennemi.

CHAPITRE III.

De l'émulation.

Parmi les moyens de perfectionner les productions de l'esprit humain, il faut compter pour beaucoup la nature et la grandeur du but que peuvent se promettre ceux qui se consacrent aux études intellectuelles. La vie paresseuse ou la vie active sont plus dans la nature de l'homme que la méditation; et pour consacrer toutes les forces de sa pensée à la recherche des vérités philosophiques, il faut que l'émulation soit encouragée par l'espoir de servir son pays et d'influer sur la destinée de ses concitoyens.

Quelques esprits s'alimentent du seul plaisir de découvrir des idées nouvelles; et dans les sciences exactes surtout, il y a beaucoup d'hommes à qui ce plaisir suffit. Mais lorsque l'exercice de la pensée tend à des résultats moraux et politiques, il doit avoir nécessairement pour objet d'agir sur le sort des hommes. Les ouvrages qui appartiennent à la haute littérature ont pour but d'opérer des changements utiles, de hâter des progrès nécessaires, de modifier enfin les institutions et les lois. Mais dans un pays où la philosophie n'aurait point d'application réelle, où l'éloquence ne pourrait obtenir qu'un succès littéraire, l'une et l'autre, à la fin, sembleraient des études oisives, et leur mobile s'affaiblirait chaque jour.

Je ne nierai certainement pas que la situation de la France, depuis quelques années, ne soit bien plus contraire au développement des talents et de l'esprit que la plupart des époques de l'histoire. Mais je crois qu'en examinant ce qui est particulièrement nécessaire à l'émulation philosophique, on verra pourquoi l'esprit révolutionnaire, pendant qu'il agit, est tout à fait décourageant pour la pensée, comment l'ancien régime abaissait en protégeant, et par quels moyens la république pourrait porter au dernier terme la noble ambition des hommes vers les progrès de la raison.

Il paraît, au premier coup d'œil, que les troubles civils, en renversant les rangs antiques, doivent donner aux facultés naturelles l'usage et le développement de toutes leurs forces : il en est ainsi, sans doute, dans les commencements; mais au bout de très-peu de temps, les factieux conçoivent pour les lumières une haine au moins égale à celle qu'éprouvaient les anciens défenseurs des préjugés. Les esprits violents se servent des hommes éclairés quand ils veulent triompher du pouvoir établi; mais lorsqu'il s'agit de se maintenir eux-mêmes, ils s'essayent à témoigner un mépris grossier pour la raison; ils répandent sourdement que les facultés de l'esprit, que les idées philosophiques ne peuvent appartenir qu'aux âmes efféminées, et le code féodal reparaît sous des noms nouveaux.

Tous les caractères despotiques, dans quelque sens qu'ils marchent, détestent la pensée; et si le fanatisme aveugle est l'arme de l'autorité, ce qu'elle doit redouter le plus, c'est l'homme qui conserve la faculté de juger. Les hommes violents ne peuvent s'allier qu'avec les esprits bornés; eux seuls se soumettent ou se soulèvent à la volonté d'un chef.

Si les mouvements révolutionnaires se prolongent au delà du but qu'ils devaient conquérir, le pouvoir descend toujours plus bas parmi les classes ignorantes de la société. Plus les hommes sont médiocres, plus ils mettent de soin à s'assortir; ils repoussent loin d'eux la raison éclairée, comme quelque chose d'hétérogène avec leur nature, et qui doit être éminemment nuisible à leur empire.

Si un parti veut faire triompher l'injustice, il est impossible qu'il encourage les lumières : un homme peut déshonorer son talent, en le consacrant à défendre ce qui est injuste; mais si l'on propage l'influence des lumières dans une nation, elles tendent nécessairement à perfectionner la moralité générale.

L'esprit révolutionnaire se trace une route, se fait un langage; et si l'on voulait varier par l'éloquence même ces phrases commandées qu'exige l'intérêt du parti, l'on inquiéterait ses chefs : ils frémiraient en voyant s'introduire de nouveaux sentiments, de nouvelles pensées, qui serviraient aujourd'hui leur cause, mais qui pourraient s'indiscipliner une fois et se diriger vers un autre but. Il y a des formules de cruauté pour ainsi dire reçues, dont il n'est pas permis, même aux hommes dont on est sûr, de s'écarter jamais.

Les soupçons, les jalousies, les calculs de l'ambition, tout se réunit pour éloigner les esprits supérieurs des luttes révolutionnaires : les hommes violents et médiocres ne se rangent à leur place que quand l'ordre est rétabli : dans le bouleversement de toutes les idées et de tous les sentiments, ils se croient propres à perpétuer ce qui existe, la confusion; et devenus les maîtres dans les saturnales du talent et de la vertu, ils pèsent sur la pensée captive de tout le poids de leur ignorance et de leur vanité.

Dans les crises des factions populaires, ce qu'on veut éloigner avant tout, c'est l'indépendance du jugement. La parole ne sert qu'à rédiger la colère, à fixer en décrets les premiers mouvements. Les furieux appellent aristocratie ce qu'il y a de plus républicain au monde, l'amour des lumières et de la vertu. L'esprit sauvage lutte contre la philosophie, se défie de l'éducation, et se montre plus indulgent pour les vices du cœur que pour les talents de l'esprit.

Si cet état se prolongeait, l'on ne posséderait plus aucun homme distingué dans une autre carrière que celle des armes : rien ne peut décourager l'ambition des succès militaires; ils arrivent toujours à leur but, et commandent à l'opinion ce qu'ils attendent d'elle. Mais dans ce libre échange, d'où résulte la gloire des écrivains et des philosophes, les idées naissent, pour ainsi dire, de l'approbation même que les hommes sont disposés à leur accorder.

Le courage peut lutter contre l'ascendant d'une faction dominante; mais l'inspiration du talent est étouffée par elle. La tyrannie d'un seul ne produirait pas aussi sûrement un tel effet. La tyrannie d'un parti, prenant souvent la forme de l'opinion publique, porte une atteinte bien plus profonde à l'émulation.

Si l'on comparait le sort des hommes éclairés sous Louis XIV, avec celui que leur préparait la violence révolutionnaire, tout serait à l'avantage de la monarchie; mais quel rapport pourrait-il exister entre la protection d'un roi et l'émulation républicaine, lorsqu'elle prendrait enfin son véritable caractère?

La force de l'esprit ne se développe tout entière qu'en attaquant la puissance; c'est par l'opposition que les Anglais se forment aux talents nécessaires pour être ministres. Lorsqu'au contraire les faveurs de l'opinion dépendent aussi des faveurs d'un homme, la pensée ne peut se sentir libre dans aucune de ses conceptions : loin de se consacrer à découvrir la vérité, ses bornes en tout genre lui sont prescrites. Il faut que l'esprit se replie sans cesse sur lui-même. A peine est-il possible, dans les ouvrages d'imagination, dans ce domaine de l'invention que la puissance légale abandonne, à peine est-il possible d'oublier que l'amusement du maître et de ses courtisans est le premier succès qu'il importe d'obtenir.

Dans toutes les langues, la littérature peut avoir des succès pendant quelque temps, sans recourir à la philosophie; mais quand la fleur des expressions, des images, des tournures poétiques n'est plus nouvelle; quand toutes les beautés antiques sont adaptées au génie moderne, on sent le besoin de cette raison progressive qui fait atteindre chaque jour un but utile, et qui présente un terme indéfini. Comment néanmoins pourrait-on écrire philosophiquement dans un pays où les récompenses distribuées par un roi, par un homme, seraient les simulacres de la gloire?

L'existence subalterne qu'on accordait aux gens de lettres dans la monarchie française, ne leur donnait aucune autorité dans les questions importantes qui tiennent à la destinée des hommes. Comment pouvaient-ils acquérir quelque dignité dans un tel ordre social, si ce n'est en s'en montrant les adversaires? Et quel misérable mélange n'ont-ils pas fait des flatteries et des vérités, ces philosophes incrédules et soumis, hardis et protégés!

Rousseau s'est affranchi dans ce siècle de la plupart des préjugés et des égards monarchiques. Montesquieu, quoique avec plus de ménagement, sut montrer, quand il le fallait, la hardiesse de la raison. Mais Voltaire, qui voulait souvent réunir les faveurs de la cour avec l'indépendance philosophique, fait sentir le contraste et la difficulté d'un tel dessein de la manière la plus frappante.

Encourager les hommes de lettres, c'est les placer au-dessous du pouvoir quelconque qui les récompense; c'est considérer le génie littéraire à part du monde social et des intérêts politiques; c'est le traiter comme le talent de la musique et de la peinture, d'un art enfin qui ne serait pas la pensée même, c'est-à-dire, le tout de l'homme.

L'encouragement de la haute littérature, et c'est d'elle uniquement que je parle dans ce chapitre, son encouragement, c'est la gloire, la gloire de Cicéron, de César même et de Brutus. L'un sauva sa patrie par son éloquence oratoire et ses talents consulaires; l'autre, dans ses Commentaires, écrivit ce qu'il avait fait; l'autre enfin, par le charme de son style, l'élévation philosophique dont ses lettres portent le caractère, se fit aimer comme un homme rempli de l'humanité la plus douce, malgré l'énergique horreur de l'assassinat qu'il commit.

Ce n'est que dans les États libres qu'on peut réunir le génie de l'action à celui de la pensée. Dans l'ancien régime, on voulait que les talents littéraires supposassent presque toujours l'absence des talents politiques. L'esprit d'affaires ne peut se faire connaître par des signes certains, avant qu'on ait occupé de grandes places; les hommes médiocres sont intéressés à persuader qu'ils possèdent seuls ce genre d'esprit; et, pour se l'attribuer, ils se fondent uniquement sur les qualités qui leur manquent : la chaleur qu'ils n'ont pas, les idées qu'ils ne comprennent pas, les succès qu'ils dédaignent; voilà les garants de leur capacité politique.

On veut, dans les monarchies absolues, qu'une sorte de mystère soit répandu sur les qualités qui rendent propre au gouvernement, afin que l'importante et froide médiocrité puisse écarter un esprıt supérieur, et le déclarer incapable de combinaisons beaucoup plus simples que celles dont il s'est toujours occupé.

Dans la langue adoptée par la coalition de certains hommes, connaître le cœur humain, c'est ne se laisser jamais guider dans son aversion, ni dans ses choix, par l'indignation du vice, ni par l'enthousiasme de la vertu; posséder la science des affaires, c'est ne jamais faire entrer dans ses décisions aucun motif généreux ou philosophique. La république, discutant en commun un grand nombre de ses intérêts, soumettant tous les choix par l'élection à la volonté générale, la république doit nous affranchir de cette foi aveugle qu'on exigeait jadis pour les secrets de l'art du gouvernement.

Sans doute il faut de grands talents pour bien administrer; mais c'est pour écarter le talent qu'on s'attachait à persuader que les pensées qui servent à former le philosophe profond, le grand écrivain, l'orateur éloquent, n'ont aucun rapport avec les principes qui doivent diriger les chefs des nations. Le chancelier Bacon, le chevalier Temple, l'Hôpital, etc., étaient des philosophes, des littérateurs, et se sont montrés les premiers des hommes d'État [1]. Frédéric II, Marc-Aurèle, la plupart des rois ou des héros qui ont répandu leur éclat sur les nations, étaient en même temps des esprits très-éclairés en philosophie. Ce sont leurs lumières et leurs talents dans la carrière civile qui les ont rendus chers à la postérité, et leur ont fait obtenir, pendant leur vie, l'obéissance de l'admiration, cette obéissance qui donne au pouvoir absolu le plus bel attribut des gouvernements libres, l'assentiment volontaire de l'opinion publique.

Certainement il est peu de carrières plus resserrées, plus étroites, que celle de la littérature, si on la considère, comme on le fait quelquefois, à part de toute philosophie, n'ayant pour but que d'amuser les loisirs de la vie et de remplir le vide de l'esprit. Une telle occupation rend incapable du moindre emploi qui exige des connaissances positives, ou qui force à rendre les idées applicables. Une vanité démesurée est le partage de ces littérateurs médiocres et bornés; leur raison est faussée par le prix qu'ils attachent à des mots sans idées, à des idées sans résultats : ce sont de tous les hommes les plus occupés d'eux-mêmes, et les plus ignorants de ce qui intéresse les autres. Les lettres doivent souvent prendre un tel caractère, lorsque

les hommes qui les cultivent sont éloignés de toutes les affaires sérieuses.

Ce qui dégradait les lettres, c'était leur inutilité; ce qui rendait les maximes du gouvernement si peu libérales, c'était la séparation absolue de la politique et de la philosophie ; séparation telle, qu'on était jugé incapable de diriger les hommes, dès qu'on avait consacré ses talents à les instruire et à les éclairer. Il reste encore des traces de cette absurde opinion ; mais elles doivent s'effacer chaque jour. La philosophie ne rend impropre qu'à gouverner arbitrairement, despotiquement, et d'une manière méprisante pour l'espèce humaine. Il ne faut pas prétendre, en apportant le vieil esprit des cours dans la république nouvelle, qu'il y ait en administration quelque chose de plus nécessaire que la pensée, de plus sûr que la raison, de plus énergique que la vertu.

L'on est un grand écrivain dans un gouvernement libre, non comme sous l'empire des monarques, pour animer une existence sans but, mais parce qu'il importe de donner à la vérité son expression persuasive, lorsqu'une résolution importante peut dépendre d'une vérité reconnue. On se livre à l'étude de la philosophie, non pour se consoler des préjugés de la naissance, qui, dans l'ancien régime, déshéritaient la vie de tout avenir, mais pour se rendre propre aux magistratures d'un pays qui n'accorde la puissance qu'à la raison.

Si le pouvoir militaire dominait seul dans un État, et dédaignait les lettres et la philosophie, il ferait rétrograder les lumières, à quelque degré d'influence qu'elles fussent parvenues; il s'associerait quelques vils talents, chargés de commenter la force, quelques hommes qui se diraient penseurs pour s'arroger le droit de prostituer la pensée : mais la raison se changerait en sophisme, et les esprits deviendraient d'autant plus subtils que les caractères seraient plus avilis.

L'agitation inséparable d'un gouvernement républicain met souvent en péril la liberté; et si ses chefs n'offrent pas la double garantie du courage et des lumières, la force ignorante ou l'adresse perfide précipitent tôt ou tard le gouvernement dans le despotisme. Il faut, pour le bonheur du genre humain, que les grands hommes chargés de sa destinée possèdent presque également un certain nombre de qualités très-différentes : un seul genre de supériorité ne suffit pas pour captiver les diverses classes d'opinions et d'estime; un seul genre de supériorité ne personnifie point assez, si je puis m'exprimer ainsi, l'idée qu'on aime à se faire d'un homme célèbre.

---

[1] Le chancelier Bacon s'est rendu coupable de la plus atroce ingratitude; et sa délicatesse, sous le rapport de l'argent, a été fortement soupçonnée. Mais il s'agit ici de ses talents, et non de sa moralité; distinction que nous n'avons que trop appris à faire depuis dix ans.

Si les paroles n'ont pas éloquemment instruit du motif des actions, si les actions n'ont pas consacré la vérité des paroles, la mémoire garde un souvenir isolé des paroles et des actions. Le guerrier sans lumières ou l'orateur sans courage n'enchaîne point votre imagination; il reste toujours en vous des sentiments qu'il n'a pas captivés, et des idées qui le jugent. Les anciens éprouvaient une admiration passionnée pour leurs illustres chefs, dont la grandeur native imprimait son caractère à des talents divers et à des gloires différentes. Le mélange des qualités supérieures, bien que plaçant plus haut celui qui les possède, établit cependant plus de rapports entre l'homme extraordinaire et les autres hommes. Une faculté quelconque qui serait en disproportion avec toutes les autres, paraîtrait une bizarrerie de la nature, tandis que la réunion de plusieurs facultés tranquillise la pensée et attire l'affection. L'être moral d'un grand homme doit présenter cette organisation, cette balance, cette compensation, qui seule donne l'idée, dans les caractères comme dans les gouvernements, du repos et de la stabilité.

Mais, dira-t-on, ce qu'on doit craindre avant tout dans une république, c'est l'enthousiasme pour un homme; et loin de désirer cette parfaite réunion que vous croyez presque nécessaire, nous recherchons au contraire ces instruments de succès qui font des discours, des décrets ou des conquêtes, comme on exercerait une profession exclusive, sans avoir une idée de plus que celles de leur métier.

Rien n'est moins philosophique, c'est-à-dire, rien ne conduirait moins au bonheur, que ce système jaloux qui voudrait ôter aux nations leur rang dans l'histoire, en nivelant la réputation des hommes. On doit propager de tous ses efforts l'instruction générale; mais à côté du grand intérêt de l'avancement des lumières, il faut laisser le but de la gloire individuelle. La république doit donner beaucoup plus d'essor que tout autre gouvernement à ce mobile d'émulation; elle s'enrichit des travaux multipliés qu'il inspire. Un petit nombre d'hommes arrivent au terme: mais tous l'espèrent; et si la renommée ne couronne que le succès, les essais mêmes ont souvent une obscure utilité.

Il ne faut pas ôter aux grandes âmes leur dévotion à la gloire; il ne faut pas ôter aux peuples le sentiment de l'admiration. De ce sentiment dérivent tous les degrés d'affection entre les magistrats et les gouvernés. Qu'est-ce qu'un jugement appréciateur et calme dans nos nombreuses associations modernes! Des milliers d'hommes peuvent-ils se décider d'après leurs propres lumières! N'est-il pas nécessaire qu'une impulsion plus animée se communique à cette multitude qu'il est si difficile de réunir dans une même opinion? Si vous laissez la nation froide sur l'estime, vous brisez en elle aussi le ressort du mépris; et si quelques détracteurs libellistes confondent dans leurs écrits l'homme vertueux et le criminel, vous n'aurez point inspiré à tous les citoyens ce mouvement d'un saint amour pour leur bienfaiteur, ce mouvement qui repousse la calomnie comme un sacrilége.

Vous ne pouvez attacher le peuple à l'idée même de la vertu qu'en la lui faisant comprendre par les actions généreuses et le caractère moral de quelques hommes. On croit assurer davantage l'indépendance d'un peuple en s'efforçant de l'intéresser uniquement aux des principes abstraits; mais la multitude ne saisit les idées que par les événements; elle exerce sa justice par des haines et des affections: il faut la dépraver pour l'empêcher d'aimer; et c'est par l'estime de ses magistrats qu'elle arrive à l'amour de son gouvernement.

La gloire des grands hommes est le patrimoine d'un pays libre; après leur mort, le peuple entier en hérite. L'amour de la patrie ne se compose que de souvenirs. Combien n'admire-t-on pas dans l'éloquence antique les sentiments respectueux que faisaient naître les regrets consacrés aux morts illustres, les hommages rendus à leur mémoire, les exemples offerts en leur nom à leurs successeurs! La nature a tout animé; l'homme voudrait-il tout changer en abstraction?

Le principe d'une république où l'égalité politique est consacrée, doit être d'établir les distinctions les plus marquées entre les hommes, selon leurs talents et leurs vertus. Les nations libres doivent avoir dans leurs tribunaux des juges inébranlables qui rendent la justice à tous, sans aucun mélange d'indignation ou d'enthousiasme. Mais lorsqu'elles ont chargé leurs magistrats de la puissance impassible des lois, elles peuvent se livrer sans danger au libre essor de l'approbation et du blâme; elles peuvent offrir aux grands hommes le seul prix pour lequel ils veulent se dévouer, l'opinion du temps présent et de l'avenir, l'opinion, seule récompense, seule illusion dont la vertu même n'ait jamais la force de se détacher.

Et César, et Cromwell, pensez-vous, dira-t-on, que l'enthousiasme qu'ils ont inspiré ne soit pas devenu fatal à la liberté de leur patrie?

L'enthousiasme qu'inspire la gloire des armes est le seul qui puisse devenir dangereux à la liberté: mais cet enthousiasme même n'a de suites funestes que dans les pays où diverses causes ont détruit l'admiration méritée par les qualités morales ou les talents civils. C'est parce qu'à Rome, c'est parce qu'en Angleterre, de longs crimes, de longs malheurs, avaient dégoûté la nation d'accorder son estime, que la république fut renversée.

Et cependant quelle puissance lutta seule contre César ? Ce ne furent ni les institutions des Romains, ni leur sénat, ni leurs armées; ce fut la considération d'un seul homme, ce fut le respect qu'on avait encore pour Caton. Ce respect balança les destinées, et César ne put se croire le maître que quand cet homme n'exista plus.

Caton représentait sur la terre la puissance de la vertu. Rome l'admirait, de cette admiration libre qui honore la nation qui l'éprouve, et présente à la tyrannie mille fois plus d'obstacles que la confusion des noms, des actions et des caractères. On voudrait appeler cette confusion une république philosophique; et ce ne serait, en effet, que des combats sans victoire, des bouleversements sans but et des malheurs sans terme.

La réputation, les suffrages constamment attachés aux hommes qui ont honorablement rempli la carrière des affaires publiques, sont l'un des premiers moyens de conserver la liberté; et ce qui peut contribuer le plus efficacement aux progrès des lumières, c'est de mêler ensemble, comme chez les anciens, la carrière des armes, celle de la législation et celle de la philosophie. Rien n'anime et ne régularise les méditations intellectuelles, comme l'espoir de les rendre immédiatement utiles à l'espèce humaine. Lorsque la pensée peut être le précurseur de l'action, lorsqu'une réflexion heureuse peut à l'instant se transformer en une institution bienfaisante, quel intérêt l'homme ne prend-il pas au développement de son intelligence! Il ne craint plus de consumer en lui-même le flambeau de la raison, sans pouvoir jamais porter sa lumière sur la route de la vie active; il n'éprouve plus cette espèce de honte que ressentait le génie condamné à des occupations spéculatives devant l'homme le plus médiocre, si cet homme, revêtu d'un pouvoir quelconque, pouvait sécher des larmes, rendre un service utile, faire du bien au moins à quelqu'un sur la terre.

Lorsque la pensée peut contribuer efficacement au bonheur de l'homme, sa mission devient plus noble, son but s'agrandit; ce n'est plus seulement une rêverie douloureuse, parcourant tous les maux de l'univers sans pouvoir les soulager, c'est une arme puissante que la nature donne, et dont la liberté doit assurer le triomphe.

Les vainqueurs redoutent les soldats qui ont conquis leur empire avec eux; les prêtres ont peur du fanatisme même d'où dépend tout leur pouvoir; les ambitieux se défient de leurs instruments : mais les hommes éclairés, parvenus aux premières places de l'État, ne cessent point d'aimer et de propager les lumières. La raison n'a rien à craindre de la raison, et les esprits philosophiques fondent leur force sur leurs pareils.

Après avoir examiné les divers principes de l'émulation parmi les hommes, je crois utile de considérer quelle influence les femmes peuvent avoir sur les lumières. Ce sera l'objet du chapitre suivant.

CHAPITRE IV.

Des femmes qui cultivent les lettres.

« Le malheur est comme la montagne noire de Bember,
« aux extrémités du royaume brûlant de Lahor. Tant
« que vous la montez, vous ne voyez devant vous que de
« stériles rochers; mais quand vous êtes au sommet, le
« ciel est sur votre tête, et à vos pieds le royaume de
« Cachemire. »

La Chaumière indienne, par BERNARDIN
DE SAINT-PIERRE.

L'existence des femmes en société est encore incertaine sous beaucoup de rapports. Le désir de plaire excite leur esprit; la raison leur conseille l'obscurité; et tout est arbitraire dans leurs succès comme dans leurs revers.

Il arrivera, je le crois, une époque quelconque, où des législateurs philosophes donneront une attention sérieuse à l'éducation que les femmes doivent recevoir, aux lois civiles qui les protègent, aux devoirs qu'il faut leur imposer, au bonheur qui peut leur être garanti; mais, dans l'état actuel, elles ne sont pour la plupart, ni dans l'ordre de la nature, ni dans l'ordre de la société. Ce qui réussit aux unes perd les autres; les qualités leur nuisent quelquefois, quelquefois les défauts leur servent; tantôt elles sont tout, tantôt elles ne sont rien. Leur destinée ressemble, à quelques égards, à celle des affranchis chez les empereurs : si elles veulent acquérir de l'ascendant, on leur fait un crime d'un pouvoir que les lois ne leur ont pas donné; si elles restent esclaves, on opprime leur destinée.

Certainement il vaut beaucoup mieux, en général, que les femmes se consacrent uniquement aux vertus domestiques; mais ce qu'il y a de bizarre dans les jugements des hommes à leur égard, c'est qu'ils leur pardonnent plutôt de manquer à leurs devoirs que d'attirer l'attention par des talents distingués; ils tolèrent en elles la dégradation du cœur en faveur de la médiocrité de l'esprit, tandis que l'honnêteté la plus parfaite pourrait à peine obtenir grâce pour une supériorité véritable.

Je développerai les diverses causes de cette singularité. Je commence d'abord par examiner quel est le sort des femmes qui cultivent les lettres dans les monarchies, et quel est aussi leur sort dans les républiques. Je m'attache à caractériser les principales différences que ces deux situations politiques doivent produire dans la destinée des femmes qui aspirent à la célébrité littéraire, et je considère ensuite d'une manière générale quel bonheur la gloire peut promettre aux femmes qui veulent y prétendre.

Dans les monarchies, elles ont à craindre le ridicule, et dans les républiques la haine.

Il est dans la nature des choses que, dans une monarchie où le tact des convenances est si finement saisi, toute action extraordinaire, tout mouvement pour sortir de sa place, paraisse d'abord ridicule. Ce que vous êtes forcé de faire par votre état, par votre position, trouve mille approbateurs; ce que vous inventez sans nécessité, sans obligation, est d'avance jugé sévèrement. La jalousie naturelle à tous les hommes ne s'apaise que si vous pouvez vous excuser, pour ainsi dire, d'un succès par un devoir; mais si vous ne couvrez pas la gloire même du prétexte de votre situation et de votre intérêt, si l'on vous croit pour unique motif le besoin de vous distinguer, vous importunerez ceux que l'ambition amène sur la même route que vous.

En effet, les hommes peuvent toujours cacher leur amour-propre et le désir qu'ils ont d'être applaudis sous l'apparence ou la réalité de passions plus fortes et plus nobles; mais quand les femmes écrivent, comme on les suppose en général pour premier motif le désir de montrer de l'esprit, le public leur accorde difficilement son suffrage. Il sent qu'elles ne peuvent s'en passer, et cette idée fait naître en lui la tentation de le refuser. Dans toutes les situations de la vie, l'on peut remarquer que dès qu'un homme s'aperçoit que vous avez éminemment besoin de lui, presque toujours il se refroidit pour vous. Quand une femme publie un livre, elle se met tellement dans la dépendance de l'opinion, que les dispensateurs de cette opinion lui font sentir durement leur empire.

A ces causes générales, qui agissent presque également dans tous les pays, se joignent diverses circonstances particulières, à la monarchie française. L'esprit de chevalerie qui subsistait encore s'opposait sous quelques rapports, à ce que les

hommes mêmes cultivassent trop assidûment les lettres. Ce même esprit devait inspirer plus d'éloignement encore pour les femmes qui s'occupaient trop exclusivement de ce genre d'étude, et détournaient ainsi leurs pensées de leur premier intérêt, les sentiments du cœur. La délicatesse du point d'honneur pouvait inspirer aux hommes quelque répugnance à se soumettre eux-mêmes à tous les genres de critique que la publicité doit attirer; à plus forte raison pouvait-il leur déplaire de voir les êtres qu'ils étaient chargés de protéger, leurs femmes, leurs sœurs ou leurs filles, courir les hasards des jugements du public, ou lui donner seulement le droit de parler d'elles habituellement.

Un grand talent triomphait de toutes ces considérations; mais il était néanmoins difficile aux femmes de porter noblement la réputation d'auteur, de la concilier avec l'indépendance d'un rang élevé, et de ne perdre rien, par cette réputation, de la dignité, de la grâce, de l'aisance et du naturel qui devaient caractériser leur ton et leurs manières habituelles.

On permettait bien aux femmes de sacrifier les occupations de leur intérieur au goût du monde et de ses amusements, mais on accusait de pédantisme toute étude sérieuse; et si l'on ne s'élevait pas, dès les premiers pas, au-dessus des plaisanteries qui assaillaient de toutes parts, ces plaisanteries parvenaient à décourager le talent, à tarir la source même de la confiance et de l'exaltation.

Une partie de ces inconvénients ne peut se retrouver dans les républiques, et surtout dans une république qui aurait pour but l'avancement des lumières. Peut-être serait-il naturel que, dans un tel État, la littérature proprement dite devînt le partage des femmes, et que les hommes se consacrassent uniquement à la haute philosophie.

On a dirigé l'éducation des femmes, dans tous les pays libres, selon l'esprit de la constitution qui y était établie. A Sparte, on les accoutumait aux exercices de la guerre; à Rome, on exigeait d'elles des vertus austères et patriotiques. Si l'on voulait que le principal mobile de la république française fût l'émulation des lumières et de la philosophie, il serait très-raisonnable d'encourager les femmes à cultiver leur esprit, afin que les hommes pussent s'entretenir avec elles des idées qui captiveraient leur intérêt.

Néanmoins, depuis la révolution, les hommes ont pensé qu'il était politiquement et moralement utile de réduire les femmes à la plus absurde médiocrité; ils ne leur ont adressé qu'un misérable langage sans délicatesse comme sans esprit; elles n'ont plus eu de motifs pour développer leur raison : les mœurs n'en sont pas devenues meilleures. En bornant l'étendue des idées, on n'a pu ramener la simplicité des premiers âges ; il en est seulement résulté que moins d'esprit a conduit à moins de délicatesse, à moins de respect pour l'estime publique, à moins de moyens de supporter la solitude. Il est arrivé ce qui s'applique à tout dans la disposition actuelle des esprits : on croit toujours que ce sont les lumières qui font le mal, et l'on veut le réparer en faisant rétrograder la raison. Le mal des lumières ne peut se corriger qu'en acquérant plus de lumières encore. Ou la morale serait une idée fausse, ou il est vrai que plus on s'éclaire, plus on s'y attache.

Si les Français pouvaient donner à leurs femmes toutes les vertus des Anglaises, leurs mœurs retirées, leur goût pour la solitude, ils feraient très-bien de préférer de telles qualités à tous les dons d'un esprit éclatant ; mais ce qu'ils pourraient obtenir de leurs femmes, ce serait de ne rien lire, de ne rien savoir, de n'avoir jamais dans la conversation ni une idée intéressante, ni une expression heureuse, ni un langage relevé ; loin que cette bienheureuse ignorance les fixât dans leur intérieur, leurs enfants leur deviendraient moins chers lorsqu'elles seraient hors d'état de diriger leur éducation. Le monde leur deviendrait à la fois plus nécessaire et plus dangereux ; car on ne pourrait jamais leur parler que d'amour, et cet amour n'aurait-pas même la délicatesse qui peut tenir lieu de moralité.

Plusieurs avantages d'une grande importance pour la morale et le bonheur d'un pays se trouveraient perdus si l'on parvenait à rendre les femmes tout à fait insipides ou frivoles. Elles auraient beaucoup moins de moyens pour adoucir les passions furieuses des hommes ; elles n'auraient plus, comme autrefois, un utile ascendant sur l'opinion : ce sont elles qui l'animaient dans tout ce qui tient à l'humanité, à la générosité, à la délicatesse. Il n'y a que ces êtres en dehors des intérêts politiques et de la carrière de l'ambition, qui versent le mépris sur toutes les actions basses, signalent l'ingratitude, et savent honorer la disgrâce quand de nobles sentiments l'ont causée. S'il n'existait plus en France de femmes assez éclairées pour que leur jugement pût compter, assez nobles dans leurs manières pour inspirer un respect véritable, l'opinion de la société n'aurait plus aucun pouvoir sur les actions des hommes.

Je crois fermement que dans l'ancien régime, où l'opinion exerçait un si salutaire empire, cet empire était l'ouvrage des femmes distinguées par leur esprit et leur caractère : on citait souvent leur éloquence quand un dessein généreux les inspirait, quand elles avaient à défendre la cause du malheur, quand l'expression d'un sentiment exigeait du courage et déplaisait au pouvoir.

Durant le cours de la révolution, ce sont ces mêmes femmes qui ont encore donné le plus de preuves de dévouement et d'énergie.

Jamais les hommes, en France, ne peuvent être assez républicains pour se passer entièrement de l'indépendance et de la fierté naturelle aux femmes. Elles avaient sans doute, dans l'ancien régime, trop d'influence sur les affaires : mais elles ne sont pas moins dangereuses lorsqu'elles sont dépourvues de lumières, et par conséquent de raison ; leur ascendant se porte alors sur des goûts de fortune immodérés, sur des choix sans discernement, sur des recommandations sans délicatesse ; elles avilissent ceux qu'elles aiment au lieu de les exalter. L'État y gagne-t-il ? Le danger très-rare de rencontrer une femme dont la supériorité soit en disproportion avec la destinée de son sexe, doit-il priver la république de la célébrité dont jouissait la France par l'art de plaire et de vivre en société? Or, sans les femmes, la société ne peut être ni agréable ni piquante, et les femmes privées d'esprit, ou de cette grâce de conversation qui suppose l'éducation la plus distinguée, gâtent la société au lieu de l'embellir ; elles y introduisent une sorte de niaiserie dans les discours et de médisance de coterie, une insipide gaieté qui doit finir par éloigner tous les hommes vraiment supérieurs, et réduirait les réunions brillantes de Paris aux jeunes gens qui n'ont rien à faire et aux jeunes femmes qui n'ont rien à dire.

On peut découvrir des inconvénients à tout dans les affaires humaines. Il y en a sans doute à la supériorité des femmes, à celle même des hommes, à l'amour-propre des gens d'esprit, à l'ambition des héros, à l'imprudence des âmes grandes, à l'irritabilité des caractères indépendants, à l'impétuosité du courage, etc. Faudrait-il pour cela combattre de tous ses efforts les qualités naturelles, et diriger toutes les institutions vers l'abaissement des facultés ! A peine est-il certain que cet abaissement favorisât les autorités de famille ou celles des gouvernements. Les femmes sans esprit de conversation ou de littérature ont ordinairement plus d'art pour échapper à leurs devoirs ; et les nations sans lumières ne savent pas être libres, mais changent très-souvent de maîtres.

Éclairer, instruire, perfectionner les femmes

comme les hommes, les nations comme les individus, c'est encore le meilleur secret pour tous les buts raisonnables, pour toutes les relations sociales et politiques auxquelles on veut assurer un fondement durable.

L'on ne pourrait craindre l'esprit des femmes que par une inquiétude délicate sur leur bonheur. Il est possible qu'en développant leur raison, on les éclaire sur les malheurs souvent attachés à leur destinée ; mais les mêmes raisonnements s'appliqueraient à l'effet des lumières en général sur le bonheur du genre humain, et cette question me paraît décidée.

Si la situation des femmes est très-imparfaite dans l'ordre civil, c'est à l'amélioration de leur sort, et non à la dégradation de leur esprit, qu'il faut travailler. Il est utile aux lumières et au bonheur de la société que les femmes développent avec soin leur esprit et leur raison. Une seule chance véritablement malheureuse pourrait résulter de l'éducation cultivée qu'on doit leur donner : ce serait si quelques-unes d'entre elles acquéraient des facultés assez distinguées pour éprouver le besoin de la gloire ; mais ce hasard même ne porterait aucun préjudice à la société, et ne serait funeste qu'au très-petit nombre de femmes que la nature dévouerait au tourment d'une importune supériorité.

S'il existait une femme séduite par la célébrité de l'esprit, et qui voulût chercher à l'obtenir, combien il serait aisé de l'en détourner s'il en était temps encore ! On lui montrerait à quelle affreuse destinée elle serait prête à se condamner. Examinez l'ordre social, lui dirait-on, et vous verrez bientôt qu'il est tout entier armé contre une femme qui veut s'élever à la hauteur de la réputation des hommes.

Dès qu'une femme est signalée comme une personne distinguée, le public en général est prévenu contre elle. Le vulgaire ne juge jamais que d'après certaines règles communes, auxquelles on peut se tenir sans s'aventurer. Tout ce qui sort de ce cours habituel déplaît d'abord à ceux qui considèrent la routine de la vie comme la sauvegarde de la médiocrité. Un homme supérieur déjà les effarouche ; mais une femme supérieure, s'éloignant encore plus du chemin frayé, doit étonner, et, par conséquent importuner davantage. Néanmoins un homme distingué ayant presque toujours une carrière importante à parcourir, ses talents peuvent devenir utiles aux intérêts de ceux même qui attachent le moins de prix aux charmes de la pensée. L'homme de génie peut devenir un homme puissant, et, sous ce rapport, les envieux et les sots le ménagent ; mais une femme spirituelle n'est appelée à leur offrir que ce qui les intéresse le moins, des idées nouvelles ou des sentiments élevés : sa célébrité n'est qu'un bruit fatigant pour eux.

La gloire même peut être reprochée à une femme, parce qu'il y a contraste entre la gloire et sa destinée naturelle. L'austère vertu condamne jusqu'à la célébrité de ce qui est bien en soi, comme portant une sorte d'atteinte à la perfection de la modestie. Les hommes d'esprit, étonnés de rencontrer des rivaux parmi les femmes, ne savent les juger, ni avec la générosité d'un adversaire, ni avec l'indulgence d'un protecteur ; et dans ce combat nouveau, ils ne suivent ni les lois de l'honneur, ni celles de la bonté.

Si, pour comble de malheur, c'était au milieu des dissensions politiques qu'une femme acquît une célébrité remarquable, on croirait son influence sans bornes alors même qu'elle n'en exercerait aucune ; on l'accuserait de toutes les actions de ses amis ; on la haïrait pour tout ce qu'elle aime, et l'on attaquerait d'abord l'objet sans défense avant d'arriver à ceux que l'on pourrait encore redouter.

Rien ne prête davantage aux suppositions vagues que l'incertaine existence d'une femme dont le nom est célèbre et la carrière obscure. Si l'esprit vain de tel homme excite la dérision, si le caractère vil de tel autre le fait succomber sous le poids du mépris, si l'homme médiocre est repoussé, tous aiment mieux s'en prendre à cette puissance inconnue qu'on appelle une femme. Les anciens se persuadaient que le sort avait traversé leurs desseins quand ils ne s'accomplissaient pas. L'amour-propre aussi de nos jours veut attribuer ses revers à des causes secrètes, et non à lui-même ; et ce serait l'empire supposé des femmes célèbres qui pourrait, au besoin, tenir lieu de fatalité.

Les femmes n'ont aucune manière de manifester la vérité ni d'éclairer leur vie. C'est le public qui entend la calomnie, c'est la société intime qui peut seule juger de la vérité. Quels moyens authentiques pourrait avoir une femme de démontrer la fausseté d'imputations mensongères ? L'homme calomnié répond par ses actions à l'univers ; il peut dire :

Ma vie est un témoin qu'il faut entendre aussi.

Mais ce témoin, quel est-il pour une femme ? quelques vertus privées, quelques services obscurs, quelques sentiments renfermés dans le cercle étroit de sa destinée, quelques écrits qui la feront connaître dans les pays qu'elle n'habite pas, dans les années où elle n'existera plus.

Un homme peut, même dans ses ouvrages, réfuter les calomnies dont il est devenu l'objet : mais pour les femmes, se défendre est un désavantage de plus; se justifier, un bruit nouveau. Les femmes sentent qu'il y a dans leur nature quelque chose de pur et de délicat, bientôt flétri par les regards mêmes du public : l'esprit, les talents, une âme passionnée, peuvent les faire sortir du nuage qui devrait toujours les environner; mais sans cesse elles le regrettent comme leur véritable asile.

L'aspect de la malveillance fait trembler les femmes, quelque distinguées qu'elles soient. Courageuses dans le malheur, elles sont timides contre l'inimitié; la pensée les exalte, mais leur caractère reste faible et sensible. La plupart des femmes auxquelles des facultés supérieures ont inspiré le désir de la renommée, ressemblent à Herminie revêtue des armes du combat : les guerriers voient le casque, la lance, le panache étincelant; ils croient rencontrer la force, ils attaquent avec violence, et dès les premiers coups ils atteignent au cœur.

Non-seulement les injustices peuvent altérer entièrement le bonheur et le repos d'une femme, mais elles peuvent détacher d'elle jusqu'aux premiers objets des affections de son cœur. Qui sait si l'image offerte par la calomnie ne combat pas quelquefois contre la vérité des souvenirs? Qui sait si les calomniateurs, après avoir déchiré la vie, ne dépouilleront pas jusqu'à la mort des regrets sensibles qui doivent accompagner la mémoire d'une femme aimée?

Dans ce tableau, je n'ai encore parlé que de l'injustice des hommes envers les femmes distinguées : celle des femmes aussi n'est-elle point à craindre? N'excitent-elles pas en secret la malveillance des hommes? Font-elles jamais alliance avec une femme célèbre pour la soutenir, pour la défendre, pour appuyer ses pas chancelants?

Ce n'est pas tout encore : l'opinion semble dégager les hommes de tous les devoirs envers une femme à laquelle un esprit supérieur serait reconnu : on peut être ingrat, perfide, méchant envers elle, sans que l'opinion se charge de la venger. *N'est-elle pas une femme extraordinaire?* Tout est dit alors; on l'abandonne à ses propres forces, on la laisse se débattre avec la douleur. L'intérêt qu'inspire une femme, la puissance qui

garantit un homme, tout lui manque souvent à la fois : elle promène sa singulière existence, comme les Parias de l'Inde, entre toutes les classes dont elle ne peut être, toutes les classes qui la considèrent comme devant exister par elle seule : objet de la curiosité, peut-être de l'envie, et ne méritant en effet que la pitié.

CHAPITRE V.

Des ouvrages d'imagination.

Il est facile de signaler les défauts que le bon goût fait toujours une loi d'éviter dans les ouvrages littéraires; mais il ne l'est pas également d'indiquer quelle est la route que l'imagination doit se tracer à l'avenir pour produire de nouveaux effets. Il est de certains moyens de succès en littérature dont la révolution a nécessairement détruit les causes. Commençons par examiner quels sont ces moyens, et nous serons conduits naturellement à quelques aperçus sur les ressources nouvelles qui peuvent encore se découvrir.

Les ouvrages d'imagination agissent sur les hommes de deux manières : en leur présentant des tableaux piquants qui font naître la gaieté, ou en excitant les émotions de l'âme. Les émotions de l'âme ont leur source dans les rapports inhérents à la nature humaine; la gaieté n'est souvent que le résultat des relations diverses et quelquefois bizarres, établies dans la société. Les émotions de l'âme ont donc une cause durable qui subit peu de changements par les événements politiques, tandis qu'à plusieurs égards la gaieté est dépendante des circonstances.

Plus vous simplifiez les institutions, plus vous effacez les contrastes dont l'esprit philosophique sait faire ressortir des oppositions frappantes. Voltaire est de tous les écrivains celui dont les ouvrages servent le mieux à démontrer combien un ordre politique raisonnable ôterait de ressources à la plaisanterie. Voltaire met sans cesse en opposition ce qui devrait être et ce qui était, la pédanterie des formes et la frivolité des esprits, l'austérité des dogmes religieux et les mœurs faciles de ceux qui les enseignaient, l'ignorance des grands et leur pouvoir. Enfin la plupart de ses écrits supposent des institutions toujours contraires à la raison, et des institutions assez puissantes pour donner à la plaisanterie qui les attaque le mérite de la hardiesse. Si telle religion n'était pas en autorité dans un pays, il ne serait pas plus piquant de s'en moquer, qu'il ne le serait en Europe de tourner en ridicule les cérémonies des Brames. Il en est de même du préjugé de la naissance, et des abus révoltants qu'il peut entraîner. Les habitants d'un pays dans lequel ces abus n'existeraient pas, accorderaient à peine un léger sourire aux dérisions qui auraient ces préjugés pour objet.

Les Américains sentiraient bien faiblement le mérite d'une situation comique qui ferait allusion à des institutions tout à fait étrangères à leur gouvernement : ils écouteraient peut-être encore ce qu'on en peut dire à cause de leurs rapports avec l'Europe; mais jamais leurs écrivains ne penseraient à s'exercer sur un tel sujet. Toutes les plaisanteries qui portent sur les institutions civiles et politiques contraires à la raison naturelle, perdent leur effet dès qu'elles atteignent leur but, la réformation de l'ordre social.

Les Grecs se moquaient de leurs magistrats, mais non pas de leurs institutions. Leur religion poétique enchaînait leur imagination; ils étaient toujours gouvernés, ou par une autorité de leur choix, ou par un tyran qui les asservissait entièrement. Ils n'ont jamais été, comme les Français, dans cette sorte de situation intermédiaire, la plus féconde de toutes en contrastes spirituels.

La nation française prenait ses propres souffrances pour l'objet de ses plaisanteries, couvrait de ridicule son esprit ce qu'elle encensait par ses formes, affectait de se montrer étrangère à ses intérêts les plus importants, et consentait à tolérer le despotisme, pourvu qu'elle pût se moquer d'elle-même comme l'ayant supporté.

Les philosophes grecs ne se sont point mis, comme les philosophes des pays monarchiques, en opposition avec les institutions de leur pays; ils n'avaient pas l'idée de ces droits d'héritage qui fondent la plupart des pouvoirs chez les nations modernes depuis l'invasion des peuples du Nord. L'autorité des magistrats, en Grèce, devait sa force à l'assentiment de la nation même. Rien n'aurait donc paru plus singulier que de chercher à rendre ridicule un ordre politique entièrement dépendant de la volonté générale. D'ailleurs les peuples libres mettent trop d'importance aux institutions qui les gouvernent, pour les livrer au hasard d'une insouciante moquerie.

Si la constitution de France est libre, et si ses institutions sont philosophiques, les plaisanteries sur le gouvernement n'ayant plus d'utilité, n'auront plus d'intérêt. Celles même qui ont pour but, comme dans Candide, de se moquer de l'espèce humaine, ne conviennent point sous plusieurs rapports dans un gouvernement républicain.

Quand le despotisme existe, il faut consoler les esclaves en flétrissant à leurs yeux le sort de tous les hommes; mais l'exaltation nécessaire à la liberté républicaine doit inspirer de l'éloignement pour tout ce qui peut tendre à dégrader la nature humaine. Dégoûter de la vie, ce n'est point fortifier le courage. Ce qui importe, c'est de placer au-dessus d'elle les jouissances de la vertu, et de donner à tous les sentiments de l'âme une grande valeur, pour relever d'autant plus le sentiment suprême, l'amour du bien et des hommes.

Le secret de la plaisanterie est, en général, de rabattre tous les genres d'essor, de porter des coups de bas en haut, et de déjouer la passion par le sang-froid. Ce secret sert puissamment contre l'orgueil et les préjugés; mais il faut que la liberté, il faut que la vertu patriotique se soutiennent par un intérêt très-actif pour le bonheur et la gloire de la nation; et vous flétrissez la vivacité de ce sentiment, si vous inspirez aux hommes distingués cette sorte d'appréciation dédaigneuse de toutes les choses humaines, qui porte à l'indifférence pour le bien comme pour le mal.

Lorsque la société marche dans la route de la raison, c'est le découragement surtout qu'il faut éviter; et ces plaisanteries qui, après avoir utilement détruit la force des préjugés, ne pourraient plus agir que sur la puissance des sentiments vrais, ces plaisanteries attaqueraient le principe d'existence morale qui doit soutenir les individus et les hommes. Ainsi donc Candide et les écrits de ce genre qui se jouent, par une philosophie moqueuse, de l'importance attachée aux intérêts même les plus nobles de la vie, de tels écrits sont nuisibles dans une république, où l'on a besoin d'estimer ses pareils, de croire au bien qu'on peut faire, et de s'animer aux sacrifices de tous les jours par la religion de l'espérance.

Il existe sans doute, dans les ouvrages d'esprit, un autre genre de gaieté que celle qui tient presque uniquement aux plaisanteries sur l'ordre social ou sur la destinée humaine; c'est l'observation juste et fine des passions et des caractères. Le génie de Molière est le plus sublime modèle de ce talent supérieur. Voltaire n'a pu produire en ce genre aucun effet théâtral, quelque piquante que soit la tournure habituelle de son esprit. Il reste donc à examiner quels sont les sujets de comédie qui peuvent le mieux réussir dans un État libre.

Il y a deux sortes de ridicules très-distincts parmi les hommes, ceux qui tiennent à la nature même, et ceux qui se diversifient selon les différentes modifications de la société. Les ridicules de ce dernier genre doivent être en beaucoup moins grand nombre dans les pays où l'égalité politique est établie ; les relations sociales se rapprochant davantage des rapports naturels, les convenances sont plus d'accord avec la raison. On pouvait être un homme de beaucoup de mérite sous l'ancien régime, et cependant se rendre ridicule par une ignorance absolue des usages. Les véritables convenances, dans un État libre, ne peuvent être blessées que par les défauts réels de l'esprit ou du caractère.

Souvent il fallait, sous la monarchie, savoir concilier sa dignité et son intérêt, l'extérieur du courage et le calcul secret de la flatterie, l'air de l'insouciance et la persistance de l'intérêt personnel, la réalité de la servitude et l'affectation de l'indépendance. Toutes ces difficultés à vaincre pouvaient rendre très-aisément ridicule celui qui ne connaissait pas l'art de les éviter. Plus de simplicité dans les manières et dans les situations fournirait aux écrivains, sous la république, beaucoup moins de scènes de comédies.

Parmi les pièces de Molière, il en est qui se fondent uniquement sur des préjugés établis, telles que le Bourgeois gentilhomme, George Dandin, etc. ; mais il en est aussi, telles que l'Avare, le Tartufe, etc., qui peignent l'homme de tous les pays et de tous les temps ; et celles-là pourraient convenir à un gouvernement libre, si ce n'est dans chaque détail, au moins par l'ensemble.

Le comique qui porte sur les vices du cœur humain est plus frappant, mais plus amer que celui qui retrace de simples ridicules ou de bizarres institutions. On éprouve un sentiment confus de tristesse dans les scènes les plus comiques du Tartufe, parce qu'elles rappellent la méchanceté naturelle à l'homme ; mais quand les plaisanteries se portent sur les travers qui résultent de certains préjugés, ou sur ces préjugés eux-mêmes, l'espoir que vous conservez toujours de les corriger répand une gaieté plus douce sur l'impression causée par le ridicule. L'on ne peut avoir ni le talent, ni l'occasion de ce genre de gaieté légère dans un gouvernement fondé sur la raison, et les esprits doivent plutôt se tourner vers la haute comédie, le plus philosophique de tous les ouvrages d'imagination, et celui qui suppose l'étude la plus approfondie du cœur humain. La république peut exciter une émulation nouvelle dans cette carrière.

Ce qu'on se plaît à tourner en dérision, sous une monarchie, ce sont les manières qui font disparate avec les usages reçus ; ce qui doit être l'objet, dans une république, des traits de la moque-

rie, ce sont les vices de l'âme qui nuisent au bien général. Je vais rappeler un exemple remarquable des sujets nouveaux que peut traiter la comédie, et du nouveau but qu'elle doit se proposer.

Dans le Misanthrope, c'est Philinte qui est l'homme raisonnable, et c'est d'Alceste que l'on rit. Un auteur moderne, développant ces deux caractères dans la suite de leur vie, nous a fait voir Alceste généreux et dévoué dans l'amitié, et Philinte avide en secret et tyranniquement égoïste. L'auteur a saisi, je crois, dans sa pièce, le point de vue sous lequel il faut présenter désormais la comédie : ce sont les vices pour ainsi dire négatifs, ceux qui se composent de la privation des qualités, qu'il faut maintenant attaquer au théâtre. Il faut signaler de certaines formes derrière lesquelles tant d'hommes se retirent pour être personnels en paix, ou perfides avec décence. L'esprit républicain exige des vertus positives, des vertus connues. Beaucoup d'hommes vicieux n'ont d'autre ambition que d'échapper au ridicule ; il faut leur apprendre, il faut avoir le talent de leur prouver que le succès du vice prête plus à la moquerie que la maladresse de la vertu.

Depuis quelque temps, on appelle un caractère décidé celui qui marche à son intérêt, au mépris de tous ses devoirs, un homme spirituel, celui qui trahit successivement avec art tous les liens qu'il a formés. On veut donner à la vertu l'air de la duperie, et faire passer le vice pour la grande pensée d'une âme forte ; il faut que la comédie s'attache à faire sentir avec talent que l'immoralité du cœur est aussi la preuve des bornes de l'esprit ; il faut qu'elle parvienne à mettre en souffrance l'amour-propre des hommes corrompus, et qu'elle fasse prendre au ridicule une direction nouvelle. On aimait jadis à peindre la grâce de certains défauts, la niaiserie des qualités estimables ; mais ce qui est désirable aujourd'hui, c'est de consacrer l'esprit à tout rétablir dans le sens vrai de la nature, à montrer réunis ensemble le vice et la stupidité, le génie et la vertu.

Quels seront nos contrastes, dira-t-on, et d'où naîtront nos effets? Il en doit sortir de très-inattendus de ce nouveau genre. On n'a cessé, par exemple, de nous présenter au théâtre la conduite immorale des hommes envers les femmes, avec l'intention de se moquer des femmes trompées. La confiance que peuvent avoir les femmes dans les sentiments qu'elles inspirent, peut être, avec raison, l'objet de la raillerie ; mais le talent se montrerait plus fort, le sujet serait plus haut, si c'était au trompeur que s'attachât le ridicule, si l'on savait le faire

porter sur l'oppresseur, et non sur la victime. Il
est facile d'attaquer sérieusement ce qui est coupable en soi; mais ce qui est piquant, c'est de jeter habilement sur l'immoralité le vernis de la
sottise; et cela se peut.

Les hommes qui veulent faire recevoir leurs vices
et leurs bassesses comme des grâces de plus, dont
la prétention à l'esprit est telle qu'ils se vante-
raient presque à vous-même de vous avoir habilement trahi, s'ils n'espéraient pas que vous le saurez un jour, ces hommes qui veulent cacher leur
incapacité par leur scélératesse, se flattant que
l'on ne découvrira jamais qu'un esprit si fort contre la morale universelle est si faible dans ses conceptions politiques, ces caractères si indépendants
de l'opinion des hommes honnêtes, et si tremblants devant celle des hommes puissants, ces
charlatans de vices, ces frondeurs de principes
élevés, ces moqueurs des âmes sensibles, c'est eux
qu'il faut vouer au ridicule qu'ils préparent, les
dépouiller comme des êtres misérables, et les abandonner à la risée des enfants. Ce n'est rien que de
tourner contre eux la puissance énergique de l'indignation; il faut savoir leur ôter jusqu'à cette réputation d'adresse et d'insolence sur laquelle ils
comptaient, comme compensation de la perte de
l'estime.

Dans les pays où les institutions politiques sont
raisonnables, le ridicule doit être dirigé dans le
même sens que le mépris. Il faut livrer le vice
élégant, le vice réservé, le vice habile, aux sar-
casmes de la moquerie, seul vengeur qui s'intro-
duise au milieu même de la prospérité des méchants, seule arme qui blesse encore celui qui ne
connaît plus ni la honte, ni les remords.

Ce qui pervertit la moralité en France, c'est le
besoin de faire effet d'une manière quelconque,
et surtout par son esprit. Quand les qualités qu'on
possède ne suffisent pas pour atteindre à ce but,
l'on a recours au vice pour se faire remarquer; il
donne des formes confiantes, une sorte d'assurance et de fermeté, du moins contre le malheur
des autres, qui peut faire quelque illusion. La
comédie doit combattre cette disposition détestable, en lui faisant manquer son objet. L'indignation attaque le vice comme une puissance. La
comédie doit le ranger parmi les faiblesses du plus
misérable esprit.

La littérature des pays libres a été, comme je
l'ait dit, rarement célèbre en bonnes comédies:
la facilité de réussir par des allusions aux circonstances du moment, et le sérieux des grands
intérêts politiques, ont également nui tour à tour,

chez divers peuples, à l'art de la comédie. Mais
en France, la puissance de l'amour-propre conserve une telle activité, qu'elle fournira pendant
longtemps encore aux combinaisons des comédies.
Horace a peint l'homme juste restant debout sur
les ruines du monde. Il en est ainsi de l'opinion
qu'un Français a de lui-même. Elle survit intacte
à toutes les fautes qu'il commet comme à tous
les bouleversements qui l'environnent. Tant que
ce trait du caractère national ne sera point effacé
parmi nous, les auteurs comiques auront toujours
des sujets piquants à traiter, et le ridicule sera
toujours une puissance qui peut servir aux progrès de la philosophie, comme la raison et le
sentiment.

La tragédie appartient à des affections toujours
les mêmes; et comme elle peint la douleur, la
source de ses effets est inépuisable. Néanmoins
elle est modifiée, comme toutes les productions
de l'esprit humain, par les institutions sociales et
les mœurs qui en dépendent.

Les sujets antiques et leurs imitateurs produisent moins d'effet dans la république que dans
la monarchie: les distinctions de rang rendaient
encore plus sensibles les peines attachées aux revers du sort; elles mettaient entre l'infortune et
le trône un immense intervalle que la pensée ne
pouvait franchir qu'en frémissant. L'ordre social
qui, chez les anciens, créait des esclaves, creusait
encore plus avant l'abîme de la misère, élevait
encore plus haut la fortune, et donnait à la destinée humaine des proportions vraiment théâtrales.
On peut s'intéresser sans doute aux situations
dont on n'a pas des exemples analogues dans son
propre pays; mais néanmoins l'esprit philosophique
qui doit résulter à la longue des institutions libres
et de l'égalité politique, cet esprit diminue tous les
jours la puissance des illusions sociales.

La royauté avait été souvent bannie, souvent
détruite par les gouvernements anciens; mais de
nos jours elle a été analysée, et c'est ce qu'il peut
y avoir de plus contraire aux effets de l'imagination. La splendeur de la puissance, le respect
qu'elle inspire, la pitié qu'on ressent pour ceux
qui la perdent quand on leur suppose un droit à
la posséder, tous ces sentiments agissent sur
l'âme, indépendamment du talent de l'auteur, et
leur force s'affaiblirait extrêmement dans l'ordre
politique que je suppose. Déjà même l'homme a
trop souffert comme homme pour que les dignités,
le pouvoir, les circonstances enfin qui sont particulières à quelques destinées seulement, ajoutent
beaucoup à l'émotion causée par le malheur.

Il faut cependant éviter de faire de la tragédie un drame; et pour se préserver de ce défaut, on doit chercher à se rendre compte de la différence de ces deux genres. Cette différence ne consiste pas, je le crois, uniquement dans le rang des personnages que l'on représente, mais dans la grandeur des caractères et la force des passions que l'on sait peindre.

Plusieurs tentatives ont été faites pour adapter à la scène française des beautés du génie anglais, des effets du théâtre allemand; et si l'on en excepte un très-petit nombre [1], ces essais ont obtenu des succès momentanés, et nulle réputation durable. C'est que l'attendrissement dans les tragédies, comme le rire dans la comédie, n'est qu'une impression passagère. Si vous n'avez pas acquis une idée de plus par la cause même de votre impression, si la tragédie qui vous a fait pleurer ne laisse après elle ni le souvenir d'une observation morale, ni celui d'une situation nouvelle tirée du mouvement même des passions, l'émotion qu'elle excite en vous est un plaisir plus innocent que le combat des gladiateurs; mais cette émotion n'agrandit pas davantage la pensée et le sentiment.

Il y a dans un ouvrage allemand une observation qui me paraît parfaitement juste, c'est que les belles tragédies doivent rendre l'âme plus forte après l'avoir déchirée. En effet, la véritable grandeur du caractère, dans quelque situation douloureuse qu'on la représente, inspire aux spectateurs un mouvement d'admiration qui les rend plus capables de braver l'adversité. Le principe de l'utilité se retrouve dans ce genre comme dans tous les autres. Ce qui est vraiment beau, c'est ce qui rend l'homme meilleur; et sans étudier les règles du goût, si l'on sent qu'une pièce de théâtre agit sur notre propre caractère en le perfectionnant, on est assuré qu'elle contient de véritables traits de génie. Ce ne sont pas des maximes de morale, c'est le développement des caractères et la combinaison des événements naturels qui produisent un semblable effet au théâtre; et c'est en prenant cette opinion pour guide qu'on pourrait juger quelles sont les pièces étrangères dont nous pouvons nous enrichir.

Il ne suffit pas de remuer l'âme, il faut l'éclairer; et tous les effets qui frappent seulement les yeux, les tombeaux, les supplices, les ombres,

les combats, on ne peut se les permettre que s'ils servent directement à la peinture philosophique d'un grand caractère ou d'un sentiment profond. Toutes les affections des hommes pensants tendent vers un but raisonnable. Un écrivain ne mérite de gloire véritable que lorsqu'il fait servir l'émotion à quelques grandes vérités morales.

Les circonstances de la vie privée suffisent à l'effet du drame, tandis qu'il faut, en général, que les intérêts des nations soient compromis dans un événement, pour qu'il puisse devenir le sujet d'une tragédie. Néanmoins, c'est bien plutôt dans la hauteur des idées et la profondeur des sentiments que dans les souvenirs et les allusions historiques, que l'on doit chercher la dignité tragique.

Vauvenargues a dit que *les grandes pensées viennent du cœur.* La tragédie met en action cette sublime vérité. La pièce de *Fénélon* est fondée sur un fait qui est entièrement du genre du drame : cependant il suffit du rôle et du souvenir de ce grand homme pour faire de cette pièce une tragédie. Le nom de M. de Malesherbes, sa noble et terrible destinée, seraient le sujet de la tragédie du monde la plus touchante. Une haute vertu, un génie vaste, voilà les dignités nouvelles qui doivent caractériser la tragédie, et plus que tout encore le sentiment du malheur, tel que nous avons appris à l'éprouver.

Il ne me paraît pas douteux que la nature morale est plus énergique dans ses impressions que nos tragiques français, les plus admirables d'ailleurs, ne l'ont encore exprimée. Toutes les splendeurs qui dérivent des rangs suprêmes introduisent dans les sujets tragiques une sorte de respect qui ne permet pas à l'homme de lutter corps à corps avec l'homme; ce respect doit jeter quelquefois du vague dans la manière de caractériser les mouvements de l'âme. Les expressions voilées, les sentiments contenus, les convenances ménagées, supposent un genre de talent très-remarquable; mais les passions ne peuvent être peintes au milieu de toutes ces difficultés, avec l'énergie déchirante, la pénétration intime que la plus complète indépendance doit inspirer.

Sous un gouvernement républicain, ce qu'il doit y avoir de plus imposant pour la pensée, c'est la vertu, et ce qui frappe le plus l'imagination, c'est le malheur. Je ne sais de la gloire même, seule pompe de la vie que l'esprit philosophique puisse honorer, je ne sais si le tableau de la gloire même remuerait aussi puissamment des specta-

---

[1] Ducis, dans quelques scènes de presque toutes ses pièces; Chénier, dans le quatrième acte de *Charles IX;* Arnault, dans le cinquième acte des *Vénitiens,* ont introduit sur la scène française un nouveau genre d'effet très-remarquable, et qui appartient plus au génie des poètes du Nord qu'à celui des poètes français.

teurs républicains, que la peinture des émotions qui répondent à tout notre être par leur analogie avec la nature humaine.

L'esprit philosophique qui généralise les idées, et le système de l'égalité politique, doivent donner un nouveau caractère à nos tragédies. Ce n'est pas une raison pour rejeter les sujets historiques; mais il faut peindre les grands hommes avec les sentiments qui réveillent pour eux la sympathie de tous les cœurs, et relever les faits obscurs par la dignité du caractère; il faut ennoblir la nature, au lieu de perfectionner les idées de convention. Ce n'est point l'irrégularité ni l'inconséquence des pièces anglaises et allemandes qu'il faut imiter; mais ce serait un genre de beautés nouvelles pour nous, et pour les étrangers eux-mêmes, que de trouver l'art de donner de la dignité aux circonstances communes, et de peindre avec simplicité les grands événements.

Le théâtre est la vie noble; mais il doit être la vie; et si la circonstance la plus vulgaire sert de contraste à de grands effets, il faut employer assez de talent à la faire admettre, pour reculer les bornes de l'art sans choquer le goût. On n'égalera jamais, dans le genre des beautés idéales, nos premiers tragiques. Il faut donc tenter, avec la mesure de la raison, avec la sagesse de l'esprit, de se servir plus souvent des moyens dramatiques qui rappellent aux hommes leurs propres souvenirs; car rien ne les émeut aussi profondément [1].

La nature de convention, au théâtre, est inséparable de l'aristocratie des rangs dans le gouvernement : vous ne pouvez soutenir l'une sans l'autre. L'art dramatique, privé de toutes ces ressources factices, ne peut s'accroître que par la philosophie et la sensibilité : mais, dans ce genre, il n'a point de bornes; car la douleur est un des plus puissants moyens de développement pour l'esprit humain.

[1] Le public français accueille difficilement au théâtre les essais dans un genre nouveau; admirateur, avec raison, des chefs-d'œuvre qu'il possède, il pense qu'on veut faire rétrograder l'art, quand on s'écarte de la route que Racine a tracée. Je ne crois pas impossible cependant de réussir dans une route nouvelle, en sachant ménager avec talent quelques effets non encore risqués sur la scène; mais pour que cette entreprise ait du succès, il faut qu'elle soit dirigée par le goût le plus sévère. Une connaissance générale des préceptes de la littérature suffit pour ne pas s'égarer, en se soumettant aux règles reçues. Mais lorsqu'on veut triompher de la répugnance naturelle aux spectateurs français, pour ce qu'ils appellent le genre anglais ou le genre allemand, l'on doit veiller avec un scrupule extrême sur toutes les nuances que la délicatesse du goût peut réprouver. Il faut être hardi dans la conception, mais prudent dans l'exécution, et suivre à cet égard en littérature un principe également vrai en politique : plus l'ensemble du projet est hasardé, plus les précautions de détail doivent être soignées, presque timidement.

La vie s'écoule, pour ainsi dire, inaperçue des hommes heureux; mais lorsque l'âme est en souffrance, la pensée se multiplie pour chercher un espoir, ou pour découvrir un motif de regret, pour approfondir le passé, pour deviner l'avenir; et cette faculté d'observation, qui, dans le calme et le bonheur, se porte presque entièrement sur les objets extérieurs, ne s'exerce dans l'infortune que sur nos propres impressions. L'action infatigable de la peine fait passer et repasser sans cesse dans notre cœur des idées et des sentiments qui tourmentent notre être en dedans de nous-mêmes, comme si chaque instant amenait un événement nouveau. Quelle inépuisable source de réflexions pour le génie !

Les préceptes de l'art tragique ne mettent pas aux sujets que l'on peut choisir autant d'entraves que les difficultés mêmes attachées à l'exigence de la poésie. Ce qui serait sensible et vrai dans la langue usuelle, peut être ridicule en vers. La mesure, l'harmonie, la rime, interdisent des expressions qui, dans telle situation donnée, pourraient produire un grand effet. Les véritables convenances du théâtre ne sont que la dignité de la nature morale; les convenances poétiques tiennent à l'art des vers en lui-même; et si elles augmentent souvent l'impression d'un genre de beautés, elles mettent des bornes à la carrière que le génie, observateur du cœur humain, pourrait parcourir.

On ne croirait pas, dans la réalité, à la douleur d'un homme qui pourrait exprimer en vers ses regrets pour la mort d'un être qu'il aurait beaucoup aimé. Tel degré de passion inspire la poésie : un degré de plus la repousse. Il y a donc nécessairement une profondeur de peine, un genre de vérité que l'expression poétique affaiblirait, et des situations simples dans la vie que la douleur rend terribles, mais que l'on ne peut soumettre à la rime, et revêtir des images qu'elle exige, sans y porter des idées étrangères à la suite naturelle des sentiments. On ne saurait nier cependant qu'une tragédie en prose, quelque éloquente qu'elle pût être, n'excitât d'abord beaucoup moins d'admiration que nos chefs-d'œuvre en vers. Le mérite de la difficulté vaincue, et le charme d'un rhythme harmonieux, tout sert à relever le double mérite du poëte et de l'auteur dramatique. Mais c'est la réunion même de ces deux talents qui a été l'une des principales causes des grandes différences qui existent entre la tragédie française et la tragédie anglaise.

Les personnages obscurs de Shakspeare parlent en prose, ses scènes de transition sont en prose; et lors même qu'il se sert de la langue des vers, ces vers n'étant point rimés, n'exigent point, comme en français, une splendeur poétique presque continue. Je ne conseille pas cependant d'essayer en France des tragédies en prose, l'oreille aurait de la peine à s'y accoutumer; mais il faut perfectionner l'art des vers simples, et tellement naturels, qu'ils ne détournent point, même par des beautés poétiques, de l'émotion profonde qui doit absorber toute autre idée. Enfin, pour ouvrir une nouvelle source d'émotions théâtrales, il faudrait trouver un genre intermédiaire entre la nature de convention des poëtes français et les défauts de goût des écrivains du Nord.

La philosophie s'étend à tous les arts d'imagination comme à tous les ouvrages de raisonnement; et l'homme dans ce siècle n'a plus de curiosité que pour les passions de l'homme. Au dehors, tout est vu, tout est jugé; l'être moral, dans ses mouvements intérieurs, reste seul encore un objet de surprise, peut seul causer une impression forte. La tragédie toute-puissante sur le cœur humain, ce n'est point celle qui nous retracerait les idées communes de l'existence vulgaire, ni celle qui nous peindrait des caractères et des situations presque aussi loin de la nature que le merveilleux de la féerie : ce serait celle qui pourrait entretenir l'homme dans les sentiments les plus purs qu'il ait jamais éprouvés, et rappeler l'âme des auditeurs, quels qu'ils soient, au plus noble mouvement de leur vie.

La poésie d'imagination ne fera plus de progrès en France : l'on mettra dans les vers des idées philosophiques ou des sentiments passionnés; mais l'esprit humain est arrivé, dans notre siècle, à ce degré qui ne permet plus ni les illusions, ni l'enthousiasme qui crée des tableaux et des fables propres à frapper les esprits. Le génie français n'a jamais été très-remarquable en ce genre; et maintenant on ne peut ajouter aux effets de la poésie qu'en exprimant, dans ce beau langage, les pensées nouvelles dont le temps doit nous enrichir.

Si l'on voulait se servir encore de la mythologie des anciens, ce serait véritablement retomber dans l'enfance par la vieillesse : le poëte peut se permettre toutes les créations d'un esprit en délire, mais il faut que vous puissiez croire à la vérité de ce qu'il éprouve. Or, la mythologie n'est pour les modernes ni une invention, ni un sentiment. Il faut qu'ils recherchent dans leur mémoire ce que les anciens trouvaient dans leurs impressions habituelles. Ces formes poétiques, empruntées du paganisme, ne sont pour nous que l'imitation de l'imitation; c'est peindre la nature à travers l'effet qu'elle a produit sur d'autres hommes.

Quand les anciens personnifiaient l'amour et la beauté, loin d'affaiblir l'idée qu'on en pouvait concevoir, ils la rendaient plus sensible, ils l'animaient aux regards des hommes, qui n'avaient encore qu'une idée confuse de leurs propres sensations. Mais les modernes ont observé les mouvements de l'âme avec une telle pénétration, qu'il leur suffit de savoir les peindre pour être éloquents et passionnés; et s'ils adoptaient les fictions antérieures à cette profonde connaissance de l'homme et de la nature, ils ôteraient à leurs tableaux l'énergie, la nuance et la vérité.

Dans les ouvrages des anciens mêmes, combien ne préfère-t-on pas ce qu'on y trouve d'observations sur le cœur humain, à tout l'éclat des fictions les plus brillantes! L'image de l'Amour prenant les traits d'Ascagne pour enflammer Didon en jouant avec elle, peint-elle aussi bien l'origine d'un sentiment passionné que les vers si beaux qui nous expriment les affections et les mouvements que la nature inspire à tous les cœurs?

Tout ce qui environnait les anciens leur rappelant sans cesse les dieux du paganisme, ils devaient en mêler le souvenir et l'image à toutes leurs impressions; mais quand les modernes imitent à cet égard les anciens, on ne peut ignorer qu'ils puisent dans les livres des ressources pour embellir ce que le sentiment seul suffisait pour animer. Le travail de l'esprit se fait toujours apercevoir, avec quelque habileté qu'il soit ménagé; et l'on n'est plus entraîné par ce talent, pour ainsi dire involontaire, qui reçoit une émotion au lieu de la chercher, qui s'abandonne à ses impressions au lieu de choisir ses moyens d'effet. Le véritable objet du style poétique doit être d'exciter, par des images tout à la fois nouvelles et vraies, l'intérêt des hommes pour les idées et les sentiments qu'ils éprouvaient à leur insu; la poésie doit suivre, comme tout ce qui tient à la pensée, la marche philosophique du siècle.

Il faut étudier les modèles de l'antiquité pour se pénétrer du goût et du genre simple, mais non pour alimenter sans cesse les ouvrages modernes des idées et des fictions des anciens; l'invention qui se mêle à de semblables réminiscences est presque toujours en disparate avec elles. A quelque perfection que l'on portât l'étude des ouvrages des anciens, on pourrait les imiter; mais il serait impossible de créer comme eux dans leur genre. Pour les égaler, il ne faut point s'attacher à suivre leurs traces; ils ont moissonné dans leurs champs : il vaut mieux défricher le nôtre.

Le petit nombre des idées mythologiques des

poëtes du Nord sont plus analogues à la poésie française, parce qu'elles s'accordent mieux, comme j'ai tâché de le prouver, avec les idées philosophiques. L'imagination, dans notre siècle, ne peut s'aider d'aucune illusion : elle peut exalter les sentiments vrais; mais il faut toujours que la raison approuve et comprenne ce que l'enthousiasme fait aimer [1].

Un nouveau genre de poésie existe dans les ouvrages en prose de J. J. Rousseau et de Bernardin de Saint-Pierre; c'est l'observation de la nature dans ses rapports avec les sentiments qu'elle fait éprouver à l'homme. Les anciens, en personnifiant chaque fleur, chaque rivière, chaque arbre, avaient écarté les sensations simples et directes, pour y substituer des chimères brillantes; mais la Providence a mis une telle relation entre les objets physiques et l'être moral de l'homme, qu'on ne peut rien ajouter à l'étude des uns qui ne serve en même temps à la connaissance de l'autre.

On ne sépare pas dans son souvenir le bruit des vagues, l'obscurité des nuages, les oiseaux épouvantés, et le récit des sentiments qui remplissaient l'âme de Saint-Preux et de Julie, lorsque sur le lac qu'ils traversaient ensemble, *leurs cœurs s'entendirent pour la dernière fois.*

La nature féconde de l'île de France, cette végétation active et multipliée que l'on retrouve sous la ligne, ces tempêtes effrayantes qui succèdent rapidement aux jours les plus calmes, s'unissent dans notre imagination avec le retour de Paul et Virginie revenant ensemble, portés par leur nègre fidèle, pleins de jeunesse, d'espérance et d'amour, et se livrant avec confiance à la vie, dont les orages allaient bientôt les anéantir.

Tout se lie dans la nature dès qu'on en bannit le merveilleux; et les écrits doivent imiter l'accord et l'ensemble de la nature. La philosophie, en généralisant davantage les idées, donne plus de grandeur aux images poétiques. La connaissance de la logique rend plus capable de faire parler la passion. Une progression constante dans les idées, un but d'utilité doit se faire sentir dans tous les ouvrages d'imagination. On ne veut plus de mérite relatif, on ne met plus d'intérêt même aux difficultés vaincues, lorsqu'elles ne font avancer en rien l'esprit humain. Il faut analyser l'homme, ou le perfectionner. Les romans, la poésie, les pièces dramatiques, et tous les écrits qui semblent n'avoir pour

objet que d'intéresser, ne peuvent atteindre à cet objet même qu'en remplissant un but philosophique. Les romans qui n'offriraient que des événements extraordinaires seraient bientôt délaissés [1]. La poésie qui ne contiendrait que des fictions, les vers qui n'auraient que de la grâce, fatigueraient les esprits avides, avant tout, des découvertes que l'on peut faire dans les mouvements et dans les caractères des hommes.

Le déchaînement des passions qu'amènent les troubles civils ne laisse subsister qu'une seule curiosité, celle que font éprouver les écrits qui pénètrent dans les pensées et dans les sentiments de l'homme, ou servent à vous faire connaître la force et la direction de la multitude. On n'est donc curieux que des ouvrages qui peignent les caractères, qui les mettent en action de quelque manière, et l'on n'admire que les écrits qui développent dans notre cœur la puissance de l'exaltation.

Le célèbre métaphysicien allemand, Kant, en examinant la cause du plaisir que font éprouver l'éloquence, les beaux-arts, tous les chefs-d'œuvre de l'imagination, dit que ce plaisir tient au besoin de reculer les limites de la destinée humaine. ces limites qui resserrent douloureusement notre cœur, une émotion vague, un sentiment élevé les fait oublier pendant quelques instants; l'âme se complaît dans la sensation inexprimable que produit en elle ce qui est noble et beau; et les bornes de la terre disparaissent quand la carrière immense du génie et de la vertu s'ouvre à nos yeux. En effet, l'homme supérieur ou l'homme sensible se soumet avec effort aux lois de la vie, et l'imagination mélancolique rend heureux un moment, en faisant rêver l'infini.

Le dégoût de l'existence, quand il ne porte pas

---

[1] Delille, Saint-Lambert et Fontanes, nos meilleurs poëtes dans le genre descriptif, se sont déjà très-rapprochés du caractère des poëtes anglais.

[1] Les romans que l'on nous a donnés depuis quelque temps, dans lesquels on voulait exciter la terreur, avec de la nuit, de vieux châteaux, de longs corridors et du vent, sont au nombre des productions les plus inutiles, et par conséquent, à la longue, les plus fatigantes de l'esprit humain. Ce sont des espèces de contes de fées, un peu plus monotones que les véritables, parce que les combinaisons en sont moins variées. Mais les romans qui peignent les mœurs et les caractères vous apprennent souvent plus sur le cœur humain que l'histoire même. On vous dit dans ces sortes d'ouvrages, sous la forme de l'invention, ce qu'on ne vous raconterait jamais sous celle de l'histoire. Les femmes de nos jours, soit en France, soit en Angleterre, ont excellé dans le genre des romans, parce que les femmes étudient avec soin, et caractérisent avec sagacité les mouvements de l'âme; d'ailleurs on n'a consacré jusqu'à présent les romans qu'à peindre l'amour, et les femmes seules en connaissent toutes les nuances délicates. Parmi les romans français nouveaux, dont les femmes sont les auteurs, on doit citer *Caliste, Claire d'Albe, Adèle de Sénanges,* et en particulier les ouvrages de madame de Genlis; le tableau des situations et l'observation des sentiments lui méritent une première place parmi les bons écrivains.

au découragement, quand il laisse subsister une belle inconséquence, l'amour de la gloire, le dégoût de l'existence peut inspirer de grandes beautés de sentiment; c'est d'une certaine hauteur que tout se contemple; c'est avec une teinte forte que tout se peint. Chez les anciens, on était d'autant meilleur poëte que l'imagination s'enchantait plus facilement. De nos jours, l'imagination doit être aussi détrompée de l'espérance que la raison : c'est ainsi que cette imagination philosophe peut encore produire de grands effets.

Il faut qu'au milieu de tous les tableaux de la prospérité même, un appel aux réflexions du cœur vous fasse sentir le penseur dans le poëte. A l'époque où nous vivons, la mélancolie est la véritable inspiration du talent : qui ne se sent pas atteint par ce sentiment, ne peut prétendre à une grande gloire comme écrivain; c'est à ce prix qu'elle est achetée.

Enfin, dans le siècle du monde le plus corrompu, en ne considérant les idées de morale que sous le rapport littéraire, il est vrai de dire qu'on ne peut produire aucun effet très-remarquable par les ouvrages d'imagination, si ce n'est en les dirigeant dans le sens de l'exaltation de la vertu. Nous sommes arrivés à une période qui ressemble, sous quelques rapports, à l'état des esprits au moment de la chute de l'empire romain et de l'invasion des peuples du Nord. Dans cette période, le genre humain eut besoin de l'enthousiasme et de l'austérité. Plus les mœurs de France sont dépravées maintenant, plus on est près d'être lassé du vice, d'être irrité contre les interminables malheurs attachés à l'immoralité. L'inquiétude qui nous dévore finira par un sentiment vif et décidé, dont les grands écrivains doivent se saisir d'avance. L'époque du retour à la vertu n'est pas éloignée, et déjà l'esprit est avide des sentiments honnêtes, si la raison ne les a pas encore fait triompher.

Pour réussir par les ouvrages d'imagination, il faut peut-être présenter une morale facile au milieu des mœurs sévères; mais au milieu des mœurs corrompues, le tableau d'une morale austère est le seul qu'il faille constamment offrir. Cette maxime générale est encore susceptible d'une application plus particulière à notre siècle.

Tant que l'imagination d'un peuple est tournée vers les fictions, toutes les idées peuvent se confondre au milieu des créations bizarres de la rêverie; mais quand toute la puissance qui reste à l'imagination consiste dans l'art d'animer, par des sentiments et des tableaux, les vérités morales et philosophiques, que peut-on puiser dans ces vérités

qui convienne à l'exaltation poétique? Une seule pensée sans bornes, un seul enthousiasme que la réflexion ne désavoue pas, l'amour de la vertu, cette inépuisable source, peut féconder tous les arts, toutes les productions de l'esprit, et réunir à la fois dans un même sujet, dans un même ouvrage, les délices de l'émotion et l'assentiment de la sagesse.

CHAPITRE VI.

De la philosophie.

Il ne faut point se lasser de le dire : la philosophie ne doit être considérée que comme la recherche de la vérité par le secours de la raison; et sous ce rapport, le seul qu'indique le sens primitif de ce mot, la philosophie ne peut avoir pour antagonistes que ceux qui admettent ou des contradictions dans les idées ou des causes surnaturelles dans les faits. L'on pourrait dire avec justesse qu'il n'existe que deux manières d'appuyer ses raisonnements sur les objets au dehors de nous, la philosophie ou les miracles. Or, personne, de nos jours, ne se flattant d'être éclairé par les miracles, je n'entends pas ce qu'on peut mettre à la place de la philosophie. La raison, dira-t-on? Mais la philosophie n'est autre chose que la raison généralisée. On a l'art d'exciter une dispute sur deux propositions identiques, et l'on croit avoir deux idées, parce qu'on se servant d'un langage équivoque on fait paraître les objets doubles. Les idées religieuses ne sont point contraires à la philosophie, puisqu'elles sont d'accord avec la raison; le maintien des principes qui font la base de l'ordre social ne peut être contraire à la philosophie, puisque ces principes sont d'accord avec la raison. Mais les défenseurs des préjugés, c'est-à-dire, des droits injustes, des doctrines superstitieuses, des priviléges oppressifs, essayent de faire naître une opposition apparente entre la raison et la philosophie, afin de pouvoir soutenir qu'il existe des raisonnements qui interdisent le raisonnement, des vérités auxquelles il faut croire sans les approfondir, des principes qu'il faut admettre en se gardant de les analyser, enfin une sorte d'exercice de la pensée qui doit servir uniquement à convaincre de l'inutilité de la pensée. Je ne concevrai jamais, je l'avoue, par quel procédé de l'esprit l'on peut arriver à donner à la moitié de ses facultés le droit de proscrire l'autre; et si l'organisation morale pouvait se peindre aux yeux par des images sensibles, je croirais devoir représenter l'homme employant toutes ses forces sous la direction de ses regards et de son jugement, plutôt que se servant d'un de ses bras pour enchaîner l'autre. La Providence ne nous a donné aucune faculté morale dont il nous soit interdit de faire usage; et plus notre esprit a de lumières, plus il pénètre dans l'essence des choses, du moins si nous avons soumis ses lumières à la méthode qui les réunit et les dirige : cette méthode n'est elle-même que le résultat de l'ensemble des connaissances et des réflexions humaines : c'est à l'étude des sciences physiques que l'on doit cette rectitude de discussion et d'analyse qui donne la certitude d'arriver à la vérité lorsqu'on le désire sincèrement; c'est donc en appliquant, autant qu'il est possible, la philosophie des sciences positives à la philosophie des idées intellectuelles que l'on pourra faire d'utiles progrès dans cette carrière morale et politique dont les passions ne cessent d'obstruer la route.

Nous possédons dans les sciences, et particulièrement dans les mathématiques, les plus grands hommes de l'Europe. Nos troubles civils, loin de décourager l'émulation dans cette carrière, ont inspiré le désir de s'y réfugier. Inestimable avantage de l'époque où nous nous trouvons! lorsque les passions intestines mettent le désordre dans toutes les idées morales, il reste encore des vérités dont la route est connue et la méthode fixée. Les penseurs, repoussés de toutes parts par la folie de l'esprit de parti, s'attachent à ces études; et comme la puissance de la raison est toujours la même, à quelque objet qu'elle s'applique, l'esprit humain, qui serait peut-être menacé d'une longue décadence s'il n'avait eu que les querelles des factions pour aliment, l'esprit humain se conserve par les sciences exactes, jusqu'à ce que l'on puisse appliquer de nouveau la force de la pensée aux objets qui intéressent la gloire et le bonheur des sociétés.

Les erreurs de tout genre, en politique et en morale, ne peuvent à la longue subsister à côté de cette masse imposante de connaissances et de découvertes qui, dans l'ordre physique, porte partout la lumière. Les superstitions et les préjugés, les abstractions fausses et les principes inapplicables, finiront par s'anéantir devant cette raison calme et positive qui ne se mêle point, il est vrai, des intérêts du monde moral, mais enseigne à tous les hommes comment il faut procéder à la recherche de la vérité.

En examinant l'état actuel des lumières, l'on reconnaît aisément que nos véritables richesses ce sont les sciences. J'ai montré comment, en littérature, le goût a dû s'altérer; et dans la po-litique, les événements ayant devancé les idées, les idées rétrogradent par delà leur point de départ. C'est un effet naturel des institutions précipitées, qui ne sont pas le résultat de l'instruction, et par conséquent du désir général.

Si l'imagination, justement frappée des crimes dont nous avons été témoins, les attribue à quelques causes abstraites, on devient passionné contre des principes, comme on pourrait l'être contre des individus; et cette vaste prévention, dont un principe peut être l'objet, s'étend à toutes les pensées qui en dépendent par les rapports les plus éloignés. Si l'on jugeait à ces signes de l'état des lumières, on croirait l'esprit humain reculé de plus d'un siècle en dix années; mais la nature des arguments dont on se sert en faveur des préjugés mêmes est une preuve incontestable des progrès qu'a faits la raison.

Pour justifier tous les genres de servitude vers lesquels divers sentiments peuvent rappeler, l'on a recours du moins à des idées générales, à des motifs tirés du bonheur des nations, à des raisonnements que l'on fonde sur la volonté des peuples. Quand l'esprit a pris une fois cette marche, soit que momentanément il avance ou rétrograde, ses progrès futurs sont assurés; il se sert de l'analyse, il ne saurait longtemps défendre l'erreur. Dans la période où nous nous trouvons, nous n'avons pas encore conquis la connaissance des vérités politiques et morales; mais presque tous les partis, même les plus opposés, reconnaissent le raisonnement pour base de leurs discussions, et l'utilité publique comme le seul droit et le seul but des institutions sociales.

Lorsque la génération qui a si cruellement souffert fera place à une génération qui ne cherchera plus à se venger des hommes sur les idées, il est impossible que l'esprit humain ne recommence pas à parcourir sa carrière philosophique. Considérons donc quelle sera cette carrière, seul avenir qui soutienne encore la pensée prête à s'abîmer dans la douloureuse contemplation du passé.

Il y avait dans la philosophie des anciens plus d'imagination et moins de méthode que dans la philosophie des modernes. Celle des anciens s'emparait plus vivement de l'âme; mais elle pouvait l'égarer beaucoup plus facilement par l'esprit de système, et elle était bien moins susceptible de progrès certains et positifs.

L'analyse n'avait point encore établi un enchaînement de principes depuis l'origine des idées métaphysiques jusqu'à leur terme indéfini. Locke et Condillac ont beaucoup moins d'imagination

que Platon; mais ils sont entrés dans la route de
la démonstration géométrique; et cette méthode
présente seule des progrès réguliers et sans bornes.

En parlant du style, j'examinerai s'il n'est pas
possible, s'il n'est pas même nécessaire à la marche ultérieure de la raison de faire concorder ce
qui frappe l'imagination et ce qui persuade l'entendement. Il s'agit seulement ici de considérer
l'application possible et les résultats vraisemblables de la philosophie comme science.

Descartes a trouvé une manière de faire servir
l'algèbre à la solution des problèmes de la géométrie. Si l'on pouvait découvrir un jour dans le calcul des probabilités, une méthode qui pût convenir aux objets purement moraux, ce serait faire
un pas immense dans la carrière de la raison.
L'on est déjà parvenu, sous quelques rapports, à
appliquer avec succès la méthode des mathématiques à la métaphysique de l'entendement humain. L'on a employé les formes de la démonstration pour expliquer la théorie des facultés intellectuelles; c'est une conquête pour l'esprit philosophique. Si l'on suivait la même route dans les
sciences morales, cette conquête aurait encore des
effets bien plus utiles. Si les questions de politique, par exemple, pouvaient jamais arriver à un
degré d'évidence tel que la grande majorité des
hommes y donnât son assentiment comme aux
vérités du calcul, combien le bonheur et le repos
du genre humain n'y gagneraient-ils pas?

Sans doute il sera difficile de soumettre au calcul, même à celui des probabilités, ce qui tient
aux combinaisons morales. Dans les sciences
exactes, toutes les bases sont invariables; dans
les idées morales, tout dépend des circonstances :
l'on ne peut se décider que par une multitude de
considérations, parmi lesquelles il en est de si fugitives qu'elles échappent souvent même à la parole, à plus forte raison au calcul. Néanmoins
M. de Condorcet, dans son ouvrage sur les probabilités, a très-bien fait sentir comment il serait
possible de connaître à l'avance, avec une presque
certitude, quelle serait l'opinion d'une assemblée
sur un sujet quelconque. Le calcul des probabilités, quand il s'applique à un très-grand nombre de
chances, présente un résultat moralement infaillible; il sert de guide à tous les joueurs, quoique
son objet, dans ce cas, paraisse livré à tous les caprices du hasard. Il pourrait de même avoir son
application relativement à la multitude de faits
dont se composent les sciences politiques.

La table des morts et des naissances présente
des résultats certains et invariables, aussi longtemps que subsiste l'ordre régulier des circonstances habituelles : le nombre des divorces qui auront lieu chaque année, le nombre des vols et des
meurtres qui se commettront dans un pays de
telle population et de telle situation religieuse et
politique, ce nombre peut se calculer d'une manière précise; et ces événements qui dépendent
cependant du concours journalier de toutes les
passions humaines, ces événements arrivent aussi
exactement que ceux qui sont uniquement soumis
aux lois physiques de la nature.

En prenant la moyenne proportionnelle de dix
années, l'on sait, à Berne, que tous les ans il se
fait tant de divorces; à Rome, que tous les ans il
se commet tant d'assassinats; et l'on ne se trompe
point dans ce calcul. S'il en est ainsi, n'est-il donc
pas possible de prouver que les combinaisons de
l'ordre moral sont aussi régulières que les combinaisons de l'ordre physique, et de fonder des calculs positifs d'après ces combinaisons?

Il faut que ces calculs aient pour base l'uniformité constante de la masse, et non pas la diversité
de chaque exemple : un à un, tout diffère dans
l'ordre moral; mais si vous admettez cent mille
chances, si vous calculez d'après cent mille hommes pris au hasard, vous saurez, par une approxi-
mation juste, quelle est dans ce nombre la proportion des hommes éclairés, des hommes faibles,
des scélérats et des esprits distingués. Vous le
saurez encore plus exactement, si vous faites entrer dans vos combinaisons la force des intérêts de
chaque classe, comme, en physique, l'impulsion
que donne telle pente au mouvement. En joignant
à ce calcul la connaissance éprouvée des effets de
telle ou telle institution, l'on pourrait fonder les
pouvoirs politiques sur des bases à peu près certaines, mesurer la résistance qu'ils doivent rencontrer, et les balancer entre eux, d'après leur action réelle, et l'influence des obstacles sur cette
action.

Pourquoi ne parviendrait-on pas un jour à dresser des tables qui contiendraient la solution de
toutes les questions politiques, d'après les connaissances de statistique, d'après les faits positifs que
l'on recueillerait sur chaque pays? L'on dirait : —
Pour administrer telle population, il faut exiger
tel sacrifice de la liberté individuelle : — donc telles
lois, tel gouvernement conviennent à tel empire.
— Pour telle richesse, telle étendue de pays, il
faut tel degré de force dans le pouvoir exécutif :
— donc telle autorité est nécessaire dans telle contrée, et tyrannique dans telle autre. — Tel équilibre est nécessaire entre les pouvoirs pour qu'ils

puissent se défendre mutuellement : — donc telle constitution peut se maintenir, et telle autre est nécessairement despotique. — On pourrait prolonger ces exemples; mais comme la véritable difficulté de cette idée n'est pas de la concevoir abstraitement, mais de l'appliquer avec précision, il suffit de l'indiquer.

L'on a eu tort de blâmer nos publicistes lorsqu'ils ont voulu appliquer le calcul à la politique; l'on a eu tort de leur reprocher d'avoir tenté de généraliser les causes : mais on a souvent eu raison de les accuser de n'avoir pas assez observé les faits qui peuvent seuls conduire à la découverte des causes.

C'est une science à créer que la politique. L'on n'aperçoit encore que dans un lointain obscur cette combinaison de l'expérience et des principes qui amènerait des résultats tellement positifs, qu'on pourrait parvenir à soumettre tous les problèmes des sciences morales à l'enchaînement, à la conséquence, à l'évidence pour ainsi dire mathématique. Les éléments de la science ne sont point fixés. Ce que nous appelons des idées générales ne sont que des faits particuliers, et ne présentent qu'un côté d'une question, sans en laisser voir l'ensemble. Ainsi donc chaque fait nouveau nous imprime une impulsion nouvelle et désordonnée.

Une année, toutes les déclamations sont contre la puissance exécutive; une autre, contre les assemblées législatives; une année, contre la liberté de la presse; une autre, contre son asservissement. Aussi longtemps qu'existera ce désordre, des circonstances favorables, des hasards heureux pourront établir, dans quelques pays, des institutions conformes à la raison; mais les principes généraux de la politique n'y seront pas fixés, l'application de ces principes aux différentes modifications de l'état social n'y sera pas assurée.

C'est ainsi qu'en Amérique beaucoup de problèmes politiques paraissent résolus; car les citoyens y vivent heureux et libres. Mais ce favorable hasard tient à des circonstances particulières, et ne préjuge en rien, ni quels sont les principes invariables en eux-mêmes, ni de quelle application ils sont susceptibles dans d'autres pays.

On peut encore moins présenter comme une preuve des progrès de l'esprit humain en politique, la longue durée et la stabilité presque indestructible de quelques gouvernements de l'Europe, qui, se soutenant par leur puissance et maintenant chez eux la paix et le calme, garantissent aux hommes quelques avantages de l'association. Le despotisme dispense de la science politique, comme la force dispense des lumières, comme l'autorité rend la persuasion superflue; mais ces moyens ne peuvent être admis lorsqu'on discute les intérêts des hommes. La force est une combinaison du hasard, destructive de tout ce qui tient à la pensée et au raisonnement; car l'exercice de l'une et de l'autre suppose toujours la liberté.

Le despotisme ne peut donc être l'objet des calculs de l'entendement. J'examine ici les ressources naturelles que l'esprit humain possède pour éviter de s'égarer, tout en avançant dans sa marche, et non les moyens d'abrutissement et de violence qui ne le préservent des erreurs qu'en arrêtant tous ses progrès.

L'analyse et l'enchaînement des idées dans un ordre mathématique a cet avantage inappréciable, qu'il éloigne des esprits jusqu'à l'idée même de l'opposition. Tout sujet qui devient susceptible d'évidence sort du domaine des passions, qui perdent l'espoir de s'en emparer. Déjà dans l'ordre moral, comme dans l'ordre physique, de certaines vérités sont à l'abri de leur empire. Depuis Newton, l'on ne fait plus de système nouveau sur l'origine des couleurs, ni sur les forces qui font mouvoir la terre. Depuis Locke, l'on ne parle plus des idées innées, l'on est convenu que toutes les idées nous viennent des sens. Il est plus difficile de faire reconnaître l'évidence dans les questions politiques; les passions ont plus d'intérêt à les dénaturer[1]. Il est cependant de ces questions qui, déjà résolues, n'offrent plus à l'esprit de parti l'espérance d'aucun débat.

L'esclavage, la féodalité, les querelles religieuses elles-mêmes n'exciteront plus aucune guerre; la lumière est assez généralement répandue sur ces objets, pour qu'il ne reste plus aux hommes véhéments l'espoir de les présenter sous des aspects différents, de former deux partis fondés sur deux manières diverses de juger et de faire voir les mêmes idées. Chaque progrès nouveau dans ce sens met une partie de plus du bonheur social en sûreté.

Les philosophes doivent donc, en politique, se proposer de soumettre à des combinaisons positives tous les faits qui leur sont connus, pour en tirer des résultats certains d'après le nombre et la nature des chances.

Les algébristes ne vous disent pas : Vous allez amener tel dé, mais ils calculent en combien de

[1] Leibnitz disait que si les hommes avaient intérêt à nier les vérités mathématiques, ces vérités seraient mises en doute. Il est néanmoins certain qu'il est des vérités morales reconnues, et que leur nombre doit toujours augmenter avec le temps.

coups tel dé doit revenir. Il en serait de même des politiques; ils ne pourraient pas dire : Telle révolution arrivera tel jour, mais ils seraient assurés du retour des mêmes circonstances dans un temps donné, si les institutions restaient les mêmes.

Aucun calcul, il est vrai, n'exigerait une plus grande multiplicité de combinaisons différentes. Si une expérience physique peut manquer, parce qu'on ne s'est pas rendu compte d'une légère différence dans les procédés, d'un léger degré de plus ou de moins dans le froid ou la chaleur, quelle étude du cœur humain ne faut-il pas pour déterminer la considération qu'on doit donner au gouvernement, afin qu'il soit obéi sans pouvoir être injuste, et l'action nécessaire aux législateurs pour réunir la nation dans un même esprit, sans entraver l'essor individuel? De quel coup d'œil exercé n'a-t-on pas besoin pour marquer le point juste où l'autorité exécutive cesse d'être un bien, comme celui où son absence serait un mal? Il n'est point de problème composé d'un plus grand nombre de termes, il n'en est point où l'erreur soit d'une conséquence plus dangereuse.

Une opinion abstraite qui devient l'objet d'un sentiment fanatique, produit dans l'homme les effets les plus remarquables. Des idées diamétralement opposées les unes aux autres s'établissent dans la même tête, et y existent simultanément. L'esprit admet une à une chaque proposition, sans avoir essayé de les juger; il crée ensuite des rapports factices dont l'apparente vérité lui plaît et "exalte; car l'imagination est saisie par ce qui est abstrait, tout aussi fortement que par les tableaux les plus animés. Le vague des idées sans bornes est singulièrement propre à l'exaltation.

Les dogmes ou les systèmes métaphysiques une fois adoptés, on en défend tout alors, même l'idée que l'on croit fausse; et par un singulier effet de la dispute, ce que l'on soutient finit par devenir ce que l'on croit. A force de chercher toujours des raisonnements dans le même sens, on ne voit plus les arguments qui les combattent; l'irritation d'amour-propre que fait éprouver la contradiction exalte la passion, engage la vanité. Lorsque après une suite d'actions que votre opinion vous a d'abord inspirées, votre intérêt se trouve intimement uni avec le succès de cette opinion, et que cet intérêt vous engage toujours plus avant, il se passe dans les réflexions intérieures des combats que l'on se nie à soi-même, et que l'on parvient à étouffer.

Les dévots portent le scrupule au fond de leurs pensées les plus intimes; ils finissent par se faire un crime de ces incertitudes passagères qui traversent quelquefois leur esprit. Il en est de même de tous les fanatismes; l'imagination a peur du réveil de la raison, comme d'un ennemi étranger qui pourrait venir troubler le bon accord de ses chimères et de ses faiblesses.

Le fanatisme, en politique comme en religion, est agité par ces lueurs de vérité qui apparaissent par intervalles aux croyances les plus fermes. L'on poursuit dans les autres l'incertitude dont on a soi-même la première idée; et la faculté de croire, bizarre dans sa véhémence, s'irrite de ses propres doutes, au lieu de s'en servir pour examiner de plus près la vérité.

Dans cette disposition de l'esprit humain, il y a des arguments pour tout, dans la langue même du raisonnement. Les opinions les plus absurdes, les maximes les plus détestables entrent dans la tête des hommes dès. qu'on leur a donné la forme d'une idée générale. Les contradictions se concilient par une sorte de logique purement grammaticale, qui, lorsqu'on ne l'analyse pas avec soin, semble revêtue de toute la sévérité du raisonnement.

« La loi, » disait Couthon, en proposant celle du 22 prairial, « accorde pour défenseurs aux innocents des jurés patriotes; elle n'en accorde point « aux conspirateurs. » N'y a-t-il pas dans cette maxime toutes les parties du discours assez bien coordonnées? et fut-il jamais possible cependant de réunir en aussi peu de mots autant d'atroces absurdités? Cet enlacement du discours, qui enchaîne l'esprit le plus droit, et dont la raison la plus forte ne sait comment s'affranchir, est un des plus grands fléaux de la métaphysique imparfaite. Le raisonnement devient alors l'arme du crime et de la sottise, le charlatanisme des formes abstraites s'unit aux fureurs de la persécution, et l'homme combine, par un monstrueux mélange, tout ce que la superstition a de furieux avec tout ce que la philosophie a d'aride.

Il est impossible de ne pas éprouver le besoin d'une doctrine nouvelle qui porte la lumière dans cet affreux amas de prétextes informes, derrière lesquels se retranche l'esprit faux, ou l'homme vil ou l'homme coupable, comme si la transformation d'erreurs en principes, et de sophismes en conséquences, changeait rien à la fausseté radicale d'une première assertion, et palliait les effets détestables de cette logique de scélératesse.

La philosophie maintenant doit reposer sur deux bases, la morale et les calculs. Mais il est un principe dont il ne faut jamais s'écarter : c'est que toutes les fois que le calcul n'est pas d'accord avec la morale, le calcul est faux, quelque incontestable que paraisse au premier coup d'œil son exactitude.

L'on a dit que, dans la révolution de France, des spéculateurs barbares avaient pris pour bases de leurs sanglantes lois, des calculs mathématiques, dans lesquels ils avaient froidement sacrifié la vie de plusieurs milliers d'individus à ce qu'ils regardaient comme le bonheur du plus grand nombre.

Ces hommes atroces, en retranchant de leur calcul les souffrances, les sentiments, l'imagination, croyaient le simplifier; ils ne se faisaient nulle idée de la nature des vérités générales. Ces vérités se composent de chaque fait et de chaque existence particulière. Le calcul n'est beau, n'est utile, que lorsqu'il saisit toutes les exceptions et régularise toutes les variétés. Si vous laissez échapper une seule circonstance, votre résultat sera faux, comme la plus légère erreur de chiffre rend impossible la solution d'un problème.

La preuve des combinaisons de l'esprit est dans l'expérience et le sentiment; et le raisonnement, sous quelques formes qu'on le présente, ne peut jamais ni changer, ni modifier la nature des choses : il analyse ce qui est.

On présente comme une vérité mathématique le sacrifice que l'on doit faire du petit nombre au plus grand : rien n'est plus erroné, même sous le rapport des combinaisons politiques. L'effet des injustices est tel dans un état, qu'il le désorganise nécessairement.

Quand vous dévouez des innocents à ce que vous croyez l'avantage de la nation, c'est la nation même que vous perdez. D'action en réaction, de vengeance en vengeance, les victimes qu'on avait immolées sous le prétexte du bien général, renaissent de leurs cendres, se relèvent de leur exil; et tel qui restait obscur si l'on fût demeuré juste envers lui, reçoit un nom, une puissance par les persécutions mêmes de ses ennemis. Il en est ainsi de tous les problèmes politiques dans lesquels la vertu est intéressée. Il est toujours possible de prouver par le simple raisonnement, que la solution de ces problèmes est fausse comme calcul, si elle s'écarte en rien des lois de la morale.

La morale doit être placée au-dessus du calcul. La morale est la nature des choses dans l'ordre intellectuel; et comme, dans l'ordre physique, le calcul part de la nature des choses, et ne peut y apporter aucun changement, il doit, dans l'ordre

intellectuel, partir de la même donnée, c'est-à-dire, de la morale.

Cette réflexion nous explique la cause de tant d'erreurs atroces ou absurdes qui ont décrédité l'usage des idées abstraites dans la politique. C'est qu'au lieu de prendre la morale pour base inébranlable et pour législateur suprême, on l'a considérée, tout au plus, comme l'un des éléments du calcul, et non comme sa règle éternelle. Souvent même on l'a regardée comme un accessoire qu'on pouvait modifier ou sacrifier à son gré.

Établissons donc, en premier lieu, la morale comme point fixe. Soumettons ensuite la politique à des calculs partant de ce point, et nous verrons disparaître tous les inconvénients reprochés jusqu'à ce jour, à juste titre, à la métaphysique appliquée aux institutions sociales et aux intérêts du genre humain.

La politique est soumise au calcul, parce que s'appliquant toujours aux hommes réunis en masse, elle est fondée sur une combinaison générale, et par conséquent abstraite; mais la morale ayant pour but la conservation particulière des droits et du bonheur de chaque homme, est nécessaire pour forcer la politique à respecter, dans ses combinaisons générales, le bonheur des individus. La morale doit diriger nos calculs, et nos calculs doivent diriger la politique.

Cette place que nous assignons à la morale, au-dessus du calcul, convient également à la morale publique et à la morale individuelle. C'est sous le premier rapport surtout que l'idée contraire a causé de grands maux. En soumettant la morale publique à ce qui devait lui être subordonné, l'on a souvent fait le malheur de chacun, sous le prétexte du bonheur de tous. Certains systèmes philosophiques menacent aussi la morale individuelle d'une dégradation semblable.

Tout doit être soumis, en dernier ressort, à la vertu; et quoique la vertu soit susceptible d'une démonstration fondée sur le calcul de l'utilité, ce n'est pas assez de ce calcul pour lui servir de base. Comme elle rencontre beaucoup d'obstacles, elle a reçu de la nature beaucoup de soutiens.

Les sciences morales ne sont susceptibles que du calcul des probabilités, et ce calcul ne peut se fonder que sur un très-grand nombre de faits, desquels vous pouvez extraire un résultat approximatif. La science politique s'appliquant toujours aux hommes réunis en nation, les probabilités, dans cette science, peuvent équivaloir à une certitude, vu la multiplicité des chances dont elles sont tirées; et les institutions que vous établissez d'après ces bases, s'appliquant elles-mêmes aussi au bonheur de la multitude, ne peuvent manquer leur objet. Mais la morale a pour but chaque homme en particulier, chaque fait, chaque circonstance ; et quoiqu'il soit vrai que la très-grande majorité des exemples prouve qu'une conduite vertueuse est en même temps la meilleure conduite à tenir pour le succès des intérêts de la vie, on ne peut affirmer qu'il n'y ait point d'exception à cette règle générale.

Or, si vous voulez soumettre ces exceptions aux mêmes lois, si vous voulez inspirer la morale à chaque individu en particulier, dans quelque situation qu'il puisse être, vous ne pouvez trouver que dans un sentiment la source vive et constante qui se renouvelle chaque jour, pour chaque homme, dans chaque moment.

La morale est la seule des pensées humaines qui ait encore besoin d'un autre régulateur que le calcul de la raison. Toutes les idées qui embrassent le sort de plusieurs hommes à la fois se fondent sur leur intérêt bien entendu ; mais lorsqu'on veut donner à chaque homme, pour guide de sa propre conduite, son intérêt personnel, quand même ce guide ne l'égarerait pas, il en résulterait toujours que l'effet d'une telle opinion serait de tarir dans son âme la source des belles actions.

Sans doute il est évident que la morale est presque toujours conforme aux intérêts des hommes ; mais lui donner pour point d'appui cette sorte de motif, c'est ôter à l'âme l'énergie nécessaire pour les sacrifices de la vertu.

On peut arriver, par un raisonnement subtil, à représenter le dévouement le plus généreux comme un égoïsme bien entendu ; mais c'est prendre l'acception grammaticale d'un mot plutôt que le sentiment qu'il réveille dans le cœur de ceux qui l'écoutent. Tout revient à l'intérêt, puisque tout revient à soi ; mais de même qu'on ne dirait pas : *La gloire est de mon intérêt, l'héroïsme est de mon intérêt, le sacrifice de ma vie est de mon intérêt ;* c'est tout à fait dégrader la vertu, que de dire seulement à l'homme qu'elle est de son intérêt ; car si vous reconnaissez que ce doit être son premier motif pour être honnête, vous ne pouvez pas lui refuser quelque liberté dans le jugement de ce qui le concerne ; et il existe une foule de circonstances dans lesquelles il est impossible de ne pas croire que l'intérêt et la morale se contrarient.

Comment convaincre un homme que tel événement tout à fait nouveau, tout à fait inattendu, a été prévu par ceux qui lui ont présenté des maximes générales sur la conduite qu'il devait tenir ? Les règles de la prudence (et la vertu, fondée seulement sur l'intérêt, n'est plus qu'une haute prudence), les règles de la prudence les plus reconnues souffrent une multitude d'exceptions ; pourquoi la vertu, considérée comme le calcul de l'intérêt personnel, n'en aurait-elle point ? Il n'existe aucune manière de prouver qu'elle est toujours d'accord avec cet intérêt, à moins d'en revenir à placer le bonheur de l'homme dans le repos de sa conscience ; ce qui signifie simplement que les jouissances intérieures de la vertu sont préférables à tous les avantages de l'égoïsme.

Il n'est pas vrai que l'intérêt personnel soit le mobile le plus puissant de la conduite des hommes ; l'orgueil, l'amour-propre, la colère, leur font très-aisément sacrifier cet intérêt ; et dans les âmes vertueuses, il existe un principe d'action tout à fait différent d'un calcul individuel quelconque.

J'ai tâché de développer dans ce chapitre combien il importait de soumettre à la démonstration mathématique toutes les idées humaines ; mais quoiqu'on puisse appliquer aussi ce genre de preuve à la morale, c'est à la source de la vie qu'elle se rattache ; son impulsion précède toute espèce de raisonnement. La même puissance créatrice qui fait couler le sang vers le cœur, inspire le courage et la sensibilité, deux jouissances, deux sensations morales dont vous détruisez l'empire en les analysant par l'intérêt personnel, comme vous flétririez le charme de la beauté en la décrivant comme un anatomiste.

Les éléments de notre être, la pitié, le courage, l'humanité, agissent en nous avant que nous soyons capables d'aucun calcul. En étudiant chacune des parties de la nature, il faut supposer des données antérieures à l'examen de l'homme ; l'impulsion de la vertu doit partir de plus haut que le raisonnement. Notre organisation, le développement que les habitudes de l'enfance ont donné à cette organisation, voilà la véritable cause des belles actions humaines, des délices que l'âme éprouve en faisant le bien. Les idées religieuses qui plaisent tant aux âmes pures, animent et consacrent cette élévation spontanée, la plus noble et la plus sûre garantie de la morale. « Dans le sein « de l'homme vertueux, disait Sénèque, je ne sais « quel Dieu ; mais il habite un Dieu. » Si ce sentiment était traduit dans la langue de l'égoïsme le plus éclairé, quel effet produirait-il ?

C'est l'imagination, pourrait-on dire, qui fait préférer ce genre d'expressions, et le véritable sens de cette idée, comme de toutes, est soumis au raisonnement. Sans doute la raison est la faculté qui juge toutes les autres, mais ce n'est pas elle qui constitue l'identité de l'être moral. Quand on s'étudie soi-même, on reconnaît que l'amour de la vertu précède en nous la faculté de la réflexion, que ce sentiment est intimement lié à notre nature physique, et que ses impressions sont souvent involontaires. La morale doit être considérée dans l'homme, comme une inclination, comme une affection dont le principe est dans notre être, et que notre jugement doit diriger. Ce principe doit être fortifié par tout ce qui agrandit l'âme et développe l'esprit.

Il existe sûrement des moyens d'améliorer, par la réflexion et le calcul, la théorie même de la morale, d'indiquer de nouveaux rapports de délicatesse et de dévouement entre les hommes; mais ces moyens, utiles lorsqu'on les considère comme accessoires, deviendraient insuffisants et funestes si l'on prétendait les substituer au sentiment; ils rétréciraient la sphère de la morale au lieu de l'agrandir.

La philosophie, dans ses observations, reconnaît des causes premières, des forces préexistantes. La vertu est de ce nombre; elle est fille de la création, et non de l'analyse; elle naît presque en même temps que l'instinct conservateur de la vie, et la pitié pour les autres se développe presque aussitôt que la crainte du mal qui peut nous arriver à nous-mêmes. Je ne désavoue certainement pas tout ce que la saine philosophie peut ajouter à la morale de sentiment; mais, comme on ferait injure à l'amour maternel en le croyant le résultat de la raison seulement, il faut conserver dans toutes les vertus ce qu'elles ont de purement naturel, en se réservant de jeter ensuite de nouvelles lumières sur la meilleure direction de ces mouvements irréfléchis.

La philosophie peut découvrir la cause des sentiments que nous éprouvons, mais elle ne doit marcher que dans la route que ces sentiments lui tracent. L'instinct et la raison nous enseignent la même morale : la Providence a répété deux fois à l'homme les vérités les plus importantes, afin qu'elles ne pussent échapper ni aux émotions de son âme, ni aux recherches de son esprit.

L'homme qui s'égare dans les sciences physiques est ramené à la vérité par l'application qu'il doit faire de ses combinaisons aux faits matériels; mais celui qui se consacre aux idées abstraites dont se composent les sciences morales, comment peut-il s'assurer si ce qu'il imagine sera juste et bon dans l'exécution? comment peut-il diminuer les frais de l'expérience, et prévoir l'avenir avec quelque certitude? Ce n'est qu'en soumettant la raison à la vertu. Sans la vertu, rien ne peut subsister : rien ne peut réussir contre elle. La consolante idée d'une Providence éternelle peut tenir lieu de toute autre réflexion; mais il faut que les hommes déifient la morale elle-même, quand ils refusent de reconnaître un Dieu pour son auteur.

CHAPITRE VII.

Du style des écrivains et de celui des magistrats.

Avant que la carrière des idées philosophiques excitât en France l'émulation de tous les hommes éclairés, les livres où l'on discutait avec finesse des questions de littérature ou de morale, lorsqu'ils étaient écrits avec élégance et correction, obtenaient un succès du premier ordre. Il existait, avant la révolution, plusieurs écrivains qui avaient acquis une grande réputation, sans jamais considérer les objets sous un point de vue général, et en ramenant toutes les idées morales et politiques à la littérature, au lieu de rattacher la littérature à toutes les idées morales et politiques.

Maintenant il est impossible de s'intéresser fortement à ces ouvrages, qui ne sont que spirituels, n'embrassent point les sujets qu'ils traitent dans leur ensemble, et ne les présentent jamais que par un côté, que par des détails qui ne se rallient ni aux idées premières, ni aux impressions profondes dont se compose la nature de l'homme.

Le style donc doit subir des changements, par la révolution qui s'est opérée dans les esprits et dans les institutions; car le style ne consiste point seulement dans les tournures grammaticales : il tient au fond des idées, à la nature des esprits; il n'est point une simple forme. Le style des ouvrages est comme le caractère d'un homme; ce caractère ne peut être étranger ni à ses opinions, ni à ses sentiments; il modifie tout son être.

Examinons donc quel style doit convenir à des écrivains philosophes, et chez une nation libre.

Les images, les sentiments et les idées représentent les mêmes vérités à l'homme sous trois formes différentes; mais le même enchaînement, la même conséquence subsistent dans ces trois règles de l'entendement. Quand vous découvrez une pensée nouvelle, il y a dans la nature une image qui sert à la peindre, et dans le cœur un sentiment qui correspond à cette pensée par des rapports que la réflexion fait découvrir. Les écrivains ne portent au plus haut degré la conviction et l'enthousiasme que lorsqu'ils savent toucher à la fois ces trois cordes, dont l'accord n'est autre chose que l'harmonie de la création.

C'est d'après la réunion plus ou moins complète de ces moyens d'influer sur le sentiment, l'imagination ou le jugement, que nous pouvons apprécier le mérite des différents auteurs. Il n'y a point de style digne de louanges, s'il ne contient au moins deux des trois qualités qui, réunies, sont la perfection de l'art d'écrire.

Les aperçus fins, les pensées subtiles et déliées qui n'entrent point dans la grande chaîne des vérités générales, l'art de saisir des rapports ingénieux, mais qui exercent l'esprit à se séparer de l'âme, au lieu de puiser en elle sa principale force, cet art ne place point un auteur au premier rang. Si vous détaillez trop les idées, elles échappent aux images et aux sentiments, qui rassemblent au lieu de diviser. Les expressions abstraites, qui ne rappellent en rien les mouvements du cœur de l'homme, et dessèchent son imagination, ne conviennent pas davantage à cette nature universelle dont un beau style doit représenter le sublime ensemble. Les images qui ne répandent de lumière sur aucune idée, ne sont que de bizarres fantômes ou des tableaux de simple amusement. Les sentiments qui ne réveillent dans la pensée aucune idée morale, aucune réflexion générale, sont probablement des sentiments affectés qui ne répondent à rien de vrai dans aucun genre.

Marivaux, par exemple, ne présentant jamais que le côté recherché des aperçus de l'esprit, il n'y a ni philosophie, ni tableaux frappants dans ses écrits. Les sentiments qui ne peuvent se rapporter à des idées justes ne sont point susceptibles d'images naturelles. Les pensées qui peuvent être offertes sous le double aspect du sentiment et de l'imagination sont des pensées premières dans l'ordre moral; mais les idées trop fines n'ont point de termes de comparaison dans la nature animée.

Dans les sciences exactes, vous n'avez besoin que des formes abstraites; mais dès que vous traitez tout autre sujet philosophique, il faut rester dans cette région où vous pouvez vous servir à la fois de toutes les facultés de l'homme, la raison, l'imagination et le sentiment; facultés qui toutes concourent également, par divers moyens, au développement des mêmes vérités.

Fénelon accorde ensemble les sentiments doux et purs avec des images qui doivent leur appartenir; Bossuet, les pensées philosophiques avec les tableaux imposants qui leur conviennent; Rousseau, les passions du cœur avec les effets de la nature qui les rappellent; Montesquieu est bien près, surtout dans le dialogue d'Eucrate et de Sylla, de réunir toutes les qualités du style, l'enchaînement des idées, la profondeur des sentiments et la force des images. On trouve dans ce dialogue ce que les grandes pensées ont d'autorité et d'élévation avec l'expression figurée nécessaire au développement complet de l'aperçu philosophique; et l'on éprouve, en lisant les belles pages de Montesquieu, non l'attendrissement ou l'ivresse que l'éloquence passionnée doit faire naître, mais l'émotion que cause ce qui est admirable en tout genre, l'émotion que les étrangers ressentent lorsqu'ils entrent pour la première fois dans Saint-Pierre de Rome, et qu'ils découvrent à chaque instant une nouvelle beauté qu'absorbaient, pour ainsi dire, la perfection et l'effet imposant de l'ensemble.

Malebranche a essayé de réunir, dans ses ouvrages de métaphysique, les images aux idées; mais comme ses idées n'étaient pas justes, on n'a pu sentir que très-imparfaitement la liaison qu'il voulait établir entre elles et ses images brillantes. Garat, dans ses Leçons aux Écoles normales, modèle de perfection en ce genre, et Rivarol, malgré quelques expressions recherchées, font concevoir parfaitement la possibilité de cette concordance entre l'image tirée de la nature physique et l'idée qui sert à former la chaîne des principes et de leurs déductions dans l'ordre moral. Qui sait jusqu'où l'on pourra porter cette puissance d'analyse, qui, réunie à l'imagination, loin de rien détruire, donne à tout une nouvelle force, et, semblable à la nature, concentre dans un même foyer les éléments divers de la vie?

Cette réunion, sans doute, est nécessaire à la perfection du style; mais faut-il en conclure qu'on doive bannir absolument les ouvrages de pensée qui sont privés d'imagination dans le style, ou les livres d'imagination dépourvus de pensée? Il ne faut rien exclure; mais on doit convenir que les livres philosophiques qui n'en appellent jamais ni au sentiment, ni à l'imagination, servent d'une manière beaucoup moins utile à la propagation des idées, et que les ouvrages de littérature qui ne sont point remplis d'idées philosophiques, ou de cette mélancolie sensible qui retrace les grandes pensées, captivent tous les jours moins le suffrage des hommes éclairés.

Un livre sur les principes du goût, sur la peinture, sur la musique, peut être un livre philosophique, s'il parle à l'homme tout entier, s'il réveille en lui les sentiments et les pensées qui agrandissent toutes les questions. Un discours sur les intérêts les plus importants de la société humaine peut fatiguer l'esprit, s'il ne contient que des idées de circonstance, s'il ne présente que les rapports étroits des objets les plus importants, s'il ne ramène pas la pensée aux considérations générales qui l'intéressent.

Le charme du style dispense de l'effort qu'exige la conception des idées abstraites; les expressions figurées réveillent en vous tout ce qui a vie, les tableaux animés vous donnent la force de suivre la chaîne des pensées et des raisonnements. On n'a plus besoin de lutter contre les distractions quand l'imagination qui les donne est captivée, et sert elle-même à la puissance de l'attention.

Les ouvrages purement littéraires, s'ils ne contiennent point cette sorte d'analyse qui agrandit tous les sujets qu'elle traite; s'ils ne caractérisent pas les détails, sans perdre de vue l'ensemble; s'ils ne prouvent pas en même temps la connaissance des hommes et l'étude de la vie, paraissent, pour ainsi dire, des travaux puérils. On veut qu'un homme, dans un État libre, alors qu'il se fait remarquer par un livre, indique dans ce livre les qualités importantes que la république peut un jour réclamer d'un de ses citoyens, quel qu'il soit. Un ouvrage qui n'est pas écrit avec philosophie classe son auteur parmi les artistes, mais non parmi les penseurs.

Depuis la révolution, on s'est jeté dans un défaut singulièrement destructeur de toutes les beautés du style; on a voulu rendre toutes les expressions abstraites, abréger toutes les phrases par des verbes nouveaux qui dépouillent le style de toute sa grâce, sans lui donner même plus de précision [1]. Rien n'est plus contraire au véritable talent d'un grand écrivain. La concision ne consiste pas dans l'art de diminuer le nombre des mots; elle consiste encore moins dans la privation des images. La concision qu'il faut envier, c'est celle de Tacite, celle qui est tout à la fois éloquente et énergique; et loin que les images nuisent à cette brièveté de style justement admirée, les expressions figurées sont celles qui retractent le plus de pensées avec le moins de termes.

Ce n'est pas non plus perfectionner le style que d'inventer des mots nouveaux. Les maîtres de l'art peuvent en faire recevoir quelques-uns, lorsqu'ils les créent involontairement et comme entraînés par l'impulsion de leur pensée, mais il n'est point, en général, de symptôme plus sûr de la stérilité des idées que l'invention des mots. Lorsqu'un auteur se permet un mot nouveau, le lecteur qui n'y est point accoutumé s'arrête pour le juger; et cette

distraction nuit à l'effet général et continu du style [1].

Tout ce que nous avons dit sur le mauvais goût peut s'appliquer également à tous les défauts du langage employé par plusieurs écrivains depuis dix ans; cependant il est quelques-uns de ces défauts qui tiennent plus directement à l'influence des événements politiques. Je me propose de les relever en parlant de l'éloquence.

[1] Lorsque l'Académie française existait, cette société recueillait toutes les années les mots que l'usage ou les bons écrivains avaient introduits, et déclarait quels étaient ceux que l'usage avait proscrits. La langue française, comme toutes les langues, acquérait donc alors de nouveaux mots qui remplaçaient ceux qu'elle perdait, ou l'enrichissaient encore. C'est ce qu'Horace recommande dans son Art poétique, lorsqu'il dit : « Il est permis, et il le sera toujours, de donner « cours à des mots nouveaux dans la langue; et comme lors- « que les bois changent de feuilles, les premières tombent « pour faire place aux suivantes, de même les mots anciens « s'usent par le temps, tandis que les nouveaux ont toute la « fraîcheur et toute la force de la jeunesse. »

Ce serait nuire au style français que d'établir qu'il n'est pas permis de se servir à présent d'un mot qui ne se trouve pas dans le Dictionnaire de l'Académie. Le travail de ce Dictionnaire a été suspendu depuis dix années, et ces dix années ont certainement excité des sentiments et des idées d'un genre tout à fait nouveau. Peut-être serait-il nécessaire que l'Institut, cette société la plus imposante de l'Europe même qu'à réunion de tous les hommes éclairés dont la république s'honore, chargeât la classe des belles-lettres de constater et de fixer les progrès de la langue française.

Il n'existe pas un auteur de quelque talent qui n'ait fait admettre une tournure ou une expression nouvelle; et le temps a consacré les hardiesses du génie. Delille, dans son poème de l'Homme des Champs, s'est servi d'un mot nouveau, inspiratrice, la lampe inspiratrice, etc. Mais comme il n'existe point de hardiesses heureuses dont la raison ne puisse indiquer les motifs, examinons quelles sont les règles qui peuvent servir à juger si l'on doit se permettre un mot nouveau.

Toutes les fois qu'un écrivain a recours à un mot nouveau, il faut qu'il ait été conduit à l'employer par la force même du sens; et que loin d'avoir cherché ce genre de singularité, il manque comme malgré lui à la règle qu'il s'était faite de l'éviter. Lorsque c'est la finesse des idées ou l'énergie des sentiments qui inspirent le besoin d'une expression plus nuancée ou d'un terme plus éloquent, le mot dont on se sert, fût-il inusité, paraît naturel. Le lecteur ne s'aperçoit pas d'abord que ce mot est nouveau, tant il lui paraît nécessaire; et frappé de la justesse de l'expression, de son rapport parfait avec l'idée qu'elle doit rendre, il n'est pas détourné de l'intérêt principal ni du mouvement du style, tandis qu'un mot bizarre distrairait son attention, au lieu de le captiver.

Lorsqu'on se sert d'un mot nouveau, il faut qu'il soit bien prouvé, pour tous ceux qui savent lire, qu'il n'existait pas dans la langue un autre terme qui rendît précisément la même nuance de pensée, ni une tournure heureuse qui dût produire une égale impression. Un mot admis pour la première fois dans le style soutenu, s'il est bon, de nouveau qu'il était, devient bientôt familier à tous les écrivains; ils se le rappellent naturellement comme inséparable de l'image ou de la pensée qu'il exprime.

Si un écrivain se résout à créer un mot, il faut qu'il soit dans l'analogie de la langue, car on ne doit rien inventer que progressivement : l'esprit en toutes choses a besoin d'enchaînement. Dans les sciences, le hasard a fait faire de grandes découvertes; mais l'on n'a accordé de génie qu'à ceux qui sont arrivés à des résultats nouveaux par une suite de principes et de conséquences. J'oserai dire qu'il en est de même

[1] Utiliser, activer, préciser, etc.

Le style se perfectionnera nécessairement d'une manière très-remarquable, si la philosophie fait de nouveaux progrès. Les principes littéraires qui peuvent s'appliquer à l'art d'écrire ont été presque tous développés; mais la connaissance et l'étude du cœur humain doivent ajouter chaque jour au tact sûr et rapide des moyens qui font effet sur les esprits. En général, toutes les fois que le public impartial n'est pas ému, n'est pas entraîné par un discours ou par un ouvrage, l'auteur a tort; mais c'est presque toujours à ce qu'il lui manquait comme moraliste qu'il faut attribuer ses fautes comme écrivain.

Il arrive sans cesse en société, lorsqu'on écoute des hommes qui ont le dessein de faire croire à leurs vertus ou à leur sensibilité, de remarquer combien ils ont mal observé la nature, dont ils veulent imiter les signes caractéristiques. Les écrivains font sans cesse des fautes semblables quand ils veulent développer des sentiments profonds ou des vérités morales. Sans doute il est des sujets dans lesquels l'art ne peut suppléer à ce que l'on éprouve réellement; mais il en est d'autres que l'esprit pourrait toujours traiter avec succès, si l'on avait profondément réfléchi sur les impressions que ressentent la plupart des hommes, et sur les moyens de les faire naître.

C'est la gradation des termes, la convenance et le choix des mots, la rapidité des formes, le développement de quelques motifs, le style enfin de tout ce qui tient à l'imagination, quoique sa marche soit moins assujettie. Ce que vous admirez véritablement, ce n'est pas une idée complètement inattendue, c'est une surprise assez graduée pour que l'esprit soit satisfait, et non pas troublé. L'écrivain est d'autant plus parfait qu'il sait donner à ses lecteurs d'avance une sorte de pressentiment ou de besoin confus des beautés mêmes qui les étonneront. Ces grands principes de la littérature ont leur application dans les plus petits détails du style.

Enfin il ne faut point admettre un mot nouveau, à moins qu'il ne soit harmonieux. L'harmonie est une des premières qualités du style; et c'est gâter la langue française que d'y introduire des sons qui blessent l'oreille. L'âme, en se pénétrant des sentiments nobles et des pensées élevées, éprouve une sorte de fièvre qui lui donne des forces nouvelles pour le talent et la vertu. L'harmonie des paroles ajoute beaucoup à l'ébranlement causé par une éloquence généreuse.

Je n'ai pas besoin de dire qu'aucune de ces conditions imposées à l'invention des mots ne peut s'appliquer aux sciences; il leur faut des termes nouveaux pour des faits nouveaux, et les vérités positives exigent une langue aussi positive qu'elles. Mais l'art d'écrire en littérature est composé de tant de nuances, des idées fines et presque fugitives exercent une telle influence sur le plaisir que telle expression fait éprouver, sur l'éloignement que telle autre inspire, que pour bien écrire il faut étudier avec le soin le plus délicat tout ce qui peut agir sur l'imagination des hommes. On pourrait composer un traité sur le style d'après les manuscrits des grands écrivains; chaque rature suppose une foule d'idées qui décident l'esprit souvent à notre insu; et il serait piquant de les indiquer toutes et de les bien analyser.

qui s'insinue dans la persuasion des hommes. Une expression qui ne change rien au fond des idées, mais dont l'application n'est pas naturelle, doit devenir l'objet principal pour la plupart des lecteurs. Une épithète trop forte peut détruire entièrement un argument vrai; la plus légère nuance déroute entièrement l'imagination prête à vous suivre; une obscurité de rédaction que la réflexion pénétrerait bien aisément, lasse tout à coup l'intérêt que vous inspiriez; enfin le style exige quelques-unes des qualités nécessaires pour conduire les hommes. Il faut connaître leurs défauts, tantôt les ménager, tantôt les dominer, mais se bien garder de cet amour-propre qui, accusant une nation plutôt que soi-même, ne veut pas prendre l'opinion générale pour juge suprême du talent.

Les idées en elles-mêmes sont indépendantes de l'effet qu'elles produisent; mais le style ayant précisément pour but de faire adopter aux hommes les idées qu'il exprime, si l'auteur n'y réussit pas, c'est que sa pénétration n'a pas encore su découvrir la route qui conduit à ces secrets de l'âme, à ces principes du jugement dont il faut se rendre maître pour ramener à son opinion celle des autres.

C'est dans le style surtout que l'on remarque cette hauteur d'esprit et d'âme qui fait reconnaître le caractère de l'homme dans l'écrivain. La convenance, la noblesse, la pureté du langage ajoutent beaucoup dans tous les pays, et particulièrement dans un État où l'égalité politique est établie, à la considération de ceux qui gouvernent. La vraie dignité du langage est le meilleur moyen de prononcer toutes les distances morales, d'inspirer un respect qui améliore celui qui l'éprouve. Le talent d'écrire peut devenir l'une des puissances d'un État libre.

Lorsque les premiers magistrats d'un pays possèdent cette puissance, elle forme un lien volontaire entre les gouvernants et les gouvernés. Sans doute les actions sont la meilleure garantie de la moralité d'un homme: néanmoins je croirais qu'il existe un accent dans les paroles, et par conséquent un caractère dans les formes du style, qui atteste les qualités de l'âme avec plus de certitude encore que les actions mêmes. Cette sorte de style n'est point un art que l'on puisse acquérir avec de l'esprit, c'est soi, c'est l'empreinte de soi.

Les hommes à imagination, en se transportant dans le rôle d'un autre, ont pu découvrir ce qu'un autre aurait dit; mais quand on parle en son propre nom, ce sont ses propres sentiments que l'on montre, même alors que l'on fait des efforts pour les cacher. Il n'existe pas un seul auteur qui ait, en parlant de lui, su donner de lui-même une idée supérieure à la vérité : un mot, une transition fausse, une expression exagérée révèlent à l'esprit ce qu'on voulait lui dérober.

Si l'homme du plus grand talent, comme orateur, était accusé devant un tribunal, il serait impossible de ne pas juger, à sa manière de se défendre, s'il est innocent ou coupable. Toutes les fois que les paroles sont appelées en témoignage, on ne peut dénaturer dans le langage le caractère de vérité que la nature y a gravé; ce n'est plus un art mensonger, c'est un signe irrécusable; et ce qu'on éprouve échappe, de mille manières, dans ce qu'on dit.

L'homme vertueux serait trop à plaindre s'il ne lui restait pas quelques preuves que le méchant ne pût lui dérober, un sceau divin que ses pareils ne dussent jamais méconnaître. L'expression calme d'un sentiment élevé, l'énonciation claire d'un fait, ce style de la raison qui ne convient qu'à la vertu, l'esprit ne peut le feindre : non-seulement ce langage est le résultat des sentiments honnêtes, mais il les inspire encore avec plus de force.

La beauté noble et simple de certaines expressions en impose même à celui qui les prononce, et parmi les douleurs attachées à l'avilissement de soi-même, il faudrait compter aussi la perte de ce langage qui cause à l'homme digne de s'en servir l'exaltation la plus pure et la plus douce émotion.

Ce style de l'âme, si je puis m'exprimer ainsi, est un des premiers moyens de l'autorité dans un gouvernement libre. Ce style provient d'une telle suite de sentiments en accord avec les vœux de tous les hommes honnêtes, d'une telle confiance et d'un tel respect pour l'opinion publique, qu'il est la preuve de beaucoup de bonheur précédent, et la garantie de beaucoup de bonheur à venir.

Quand un Américain, en annonçant la mort de Washington, disait : *Il a plu à la divine Providence de retirer du milieu de nous cet homme, le premier dans la guerre, le premier dans la paix, le premier dans les affections de son pays*, que de pensées, que de sentiments étaient rappelés par ces expressions ! Ce retour vers la Providence ne nous indique-t-il pas qu'aucun ridicule n'est jeté, dans ce pays éclairé, ni sur les idées religieuses, ni sur les regrets exprimés avec l'attendrissement du cœur ? Cet éloge si simple d'un grand homme, cette gradation qui donne pour dernier terme de la gloire *les affections de son pays*, fait éprouver à l'âme la plus profonde émotion.

Que de vertus, en effet, l'amour d'une nation libre pour son premier magistrat ne suppose-t-il pas ! l'amour constant pour une réputation de près de vingt années, pour un homme qui, redevenu par son choix simple particulier, a traversé le pouvoir dans le voyage de la vie, comme une route qui conduisait à la retraite, à la retraite honorée par les plus nobles et les plus doux souvenirs !

Jamais, dans nos crises révolutionnaires, jamais aucun homme n'aurait parlé cette langue dont j'ai cité quelques mots remarquables; mais dans tout ce qui nous est parvenu des rapports qui ont existé par écrit entre les magistrats d'Amérique et les citoyens, l'on retrouve ce style vrai, noble et pur dont la conscience de l'honnête homme est le génie inspirateur.

J'oserai dire que mon père est le premier et jusqu'à présent le plus parfait modèle de l'art d'écrire, pour les hommes publics, de ce talent d'en appeler à l'opinion, de s'aider de son secours pour soutenir le gouvernement, de ranimer dans le cœur des hommes les principes de la morale, puissance dont les magistrats doivent se regarder comme les représentants, puissance qui leur donne seule le droit de demander à la nation 'es sacrifices. Malgré nos pertes en tout genre existe un progrès sensible, depuis M. Necke. dans la langue dont se servent les chefs de plusieurs gouvernements. Ils sont entrés en discussion avec la raison, quelquefois même avec le sentiment; mais alors ils ont été, ce me semble, inférieurs à cette éloquence persuasive dans laquelle aucun homme n'a, jusqu'à présent, encore égalé M. Necker.

Les gouvernements libres sont appelés sans cesse, par la forme même de leurs institutions, à développer et à commenter les motifs de leurs résolutions. Lorsque, dans les moments de péril, les magistrats n'adressaient aux Français que les phrases banales, l'éloquence usitée par les partis entre eux, ils n'agissaient en rien sur l'opinion. L'esprit public s'affaiblissait à chaque inutile effort qu'on tentait pour le relever; on sollicitait l'enthousiasme, et l'enthousiasme était plus que jamais loin de renaître, par cela même qu'on l'avait en vain évoqué.

Quand une fois la puissance de la parole est admise dans les intérêts politiques, elle devient de la plus haute importance. Dans les États où la loi despotique frappe silencieusement sur les têtes, la considération appartient précisément à ce silence, qui laisse tout supposer au gré de la crainte ou de .'espoir ; mais quand le gouvernement entre avec la nation dans l'examen de ses intérêts, la noblesse et la simplicité des expressions qu'il emploie peuvent seules lui valoir la confiance nationale.

Sans doute les plus grands hommes connus n'ont pas tous été distingués comme écrivains, mais il en est très-peu qui n'aient exercé l'empire de la parole. Tous les beaux discours, tous les mots célèbres des héros de l'antiquité, sont les modèles des grandes qualités du style : ce sont ces expressions inspirées par le génie ou la vertu que le talent s'efforce de recueillir ou d'imiter. Le laconisme des Spartiates, les mots énergiques de Phocion, réunissaient autant, et souvent mieux que les discours les plus soutenus, les attributs nécessaires à la puissance du langage ; cette manière de s'exprimer agissait sur l'imagination du peuple, caractérisait les motifs des actions du gouvernement, et faisait connaître avec force les sentiments des magistrats.

Tels sont les principaux secours que l'autorité politique peut retirer de l'art de parler aux hommes ; tels sont les avantages qu'assure à l'ordre, à la morale, à l'esprit public, le style mesuré, solennel et quelquefois touchant des hommes qui sont appelés à gouverner l'État. Mais ce n'est là qu'une partie encore de la puissance du langage, et les bornes de la carrière que nous parcourons vont reculer au loin devant nous ; nous allons voir cette puissance s'élever à un bien plus haut degré, si nous la considérons lorsqu'elle défend la liberté, lorsqu'elle protége l'innocence, lorsqu'elle lutte contre l'oppression ; si nous l'examinons, en un mot, sous le rapport de l'éloquence.

CHAPITRE VIII.

De l'éloquence.

Dans les pays libres, la volonté des nations décidant de leur destinée politique, les hommes recherchent et acquièrent au plus haut degré les moyens d'influer sur cette volonté, et le premier de tous, c'est l'éloquence. Les efforts s'accroissent toujours en proportion de la récompense ; et lorsque la nature du gouvernement promet à l'homme de génie la puissance et la gloire, des vainqueurs dignes de remporter un tel prix ne tardent point à se présenter. L'émulation développe des talents qui seraient demeurés inconnus dans les États où l'on ne pourrait offrir à une âme fière aucun but qui fût digne d'elle.

Examinons cependant pourquoi, depuis les premières années de la révolution, l'éloquence s'altère et se détériore en France, au lieu de suivre les progrès naturels dans les assemblées délibérantes ; examinons comment elle pourrait renaître et se perfectionner, et terminons par un aperçu général sur l'utilité dont elle est aux progrès de l'esprit humain et au maintien de la liberté.

La force dans les discours ne peut être séparée de la mesure. Si tout est permis, rien ne peut produire un grand effet. Ménager les convenances morales, c'est respecter les talents, les services et les vertus ; c'est honorer dans chaque homme les droits que sa vie lui donne à l'estime publique. Si vous confondez par une égalité grossière et jalouse ce que distingue l'inégalité naturelle, votre état social ressemble à la mêlée d'un combat dans lequel l'on n'entend plus que des cris de guerre ou de fureur. Quels moyens reste-t-il alors à l'éloquence pour frapper les esprits par des pensées ou des expressions heureuses, par le contraste du vice et de la vertu, par la louange ou par le blâme distribués avec justice? Dans ce chaos de sentiments et d'idées qui a existé pendant quelque temps en France, aucun orateur ne pouvait flatter par son estime, ni flétrir par son mépris, aucun homme ne pouvait être honoré ni dégradé.

Dans un tel état de choses, comment tomber? comment s'élever? A quoi sert-il d'accuser ou de défendre? où est le tribunal qui peut absoudre ou condamner? Qu'y a-t-il d'impossible? qu'y a-t-il de certain? Si vous êtes audacieux, qui étonnerez-vous? Si vous vous taisez, qui le remarquera? Où est la dignité, si rien n'est à sa place? Quelles difficultés a-t-on à vaincre s'il n'existe aucune barrière? mais aussi quels monuments peut-on fonder si l'on n'a point de base? On peut parcourir en tout sens l'injure et l'éloge, sans faire naître l'enthousiasme ni la haine. On ne sait plus ce qui doit fixer l'appréciation des hommes ; les calomnies commandées par l'esprit de parti, les louanges inspirées par la terreur ont tout révoqué en doute, et la parole errante frappe l'air sans but et sans effet.

Quand Cicéron voulut défendre Murena contre l'autorité de Caton, il fut éloquent, parce qu'il sut à la fois honorer et combattre la réputation d'un homme tel que Caton. Mais dans nos assemblées, où toutes les invectives étaient admises contre tous les caractères, qui aurait saisi la nuance délicate des expressions de Cicéron? A qui viendrait-il dans l'esprit de s'imposer une contrainte inutile, puisque personne n'en comprendrait le motif et n'en recevrait l'impression? Une voix de Stentor criant à la tribune : *Caton est un contre-révolutionnaire, un stipendié de nos ennemis; et je demande que la mort de ce grand coupable satisfasse enfin la justice nationale,* ferait oublier l'éloquence de Cicéron.

Dans un pays où l'on anéantit tout l'ascendant des idées morales, la crainte de la mort peut seule remuer les âmes. La parole conserve encore la puissance d'une arme meurtrière, mais elle n'a plus de force intellectuelle. On s'en détourne, on en a peur comme d'un danger, mais non comme d'une insulte; elle n'atteint plus la réputation de personne. Cette foule d'écrivains calomniateurs émoussent jusqu'au ressentiment qu'ils inspirent; ils ôtent successivement à tous les mots dont ils se servent leur puissance naturelle. Une âme délicate éprouve une sorte de dégoût pour la langue dont les expressions se trouvent dans les écrits de pareils hommes. Le mépris des convenances prive l'éloquence de tous les effets qui tiennent à la sagesse de l'esprit et à la connaissance des hommes, et le raisonnement ne peut exercer aucun empire dans un pays où l'on dédaigne jusqu'à l'apparence même du respect pour la vérité.

A plusieurs époques de notre révolution, les sophismes les plus révoltants remplissaient seuls de certains discours; les phrases de parti, que répétaient à l'envi les orateurs, fatiguaient les oreilles et flétrissaient les cœurs. Il n'y a de variété que dans la nature; les sentiments vrais inspirent seuls des idées neuves. Quel effet pouvaient produire cette violence monotone, ces termes si forts, qui laissaient l'âme si froide? *Il est temps de vous révéler la vérité tout entière. La nation était ensevelie dans un sommeil pire que la mort : mais la représentation nationale était là. Le peuple était debout;* etc. Ou, dans un autre sens : *Le temps des abstractions est passé; l'ordre social est raffermi sur ses bases,* etc. Je m'arrête; car cette imitation deviendrait aussi fatigante que la réalité même : mais on pourrait extraire des adresses, des journaux et des discours, des pages nombreuses, dans lesquelles on verrait la parole marcher sans la pensée, sans le sentiment, sans la vérité, comme une espèce de litanie, comme si l'on exorcisait avec des phrases convenues l'éloquence et la raison.

Quel talent pouvait s'élever à travers tant de mots absurdes, insignifiants, exagérés ou faux, ampoulés ou grossiers? Comment arriver à l'âme endurcie contre les paroles par tant d'expressions mensongères? Comment convaincre la raison fatiguée par l'erreur, et devenue soupçonneuse par les sophismes? Les individus des mêmes partis,

liés entre eux par des intérêts d'une importante solidarité, se sont accoutumés en France à ne regarder les discours que comme le mot d'ordre qui doit rallier des soldats servant dans la même cause.

L'esprit serait moins faussé, l'éloquence ne serait point perdue, si l'on s'était contenté de commander, dans les délibérations comme à la guerre, par le simple signe de la volonté. Mais en France, la force, en recourant à la terreur, a voulu cependant y joindre encore une espèce d'argumentation; et la vanité de l'esprit s'unissant à la véhémence du caractère, s'est empressée de justifier par des discours les doctrines les plus absurdes et les actions les plus injustes. A qui ces discours étaient-ils destinés? Ce n'était pas aux victimes : il était difficile de les convaincre de l'utilité de leur malheur; ce n'était pas aux tyrans : ils ne se décidaient par aucun des arguments dont ils se servaient eux-mêmes; ce n'était pas à la postérité : son inflexible jugement est celui de la nature des choses. Mais on voulait s'aider du fanatisme politique, et mêler dans quelques têtes ce que certains principes ont de vrai, avec les conséquences iniques et féroces que les passions savaient en tirer : ainsi l'on créait un despotisme raisonneur mortellement fatal à l'empire des lumières.

Le son pur de la vérité qui fait éprouver à l'âme un sentiment si doux et si exalté, ces expressions justes et nobles d'un cœur content de lui, d'un esprit de bonne foi, d'un caractère sans reproches, on ne savait à quels hommes, à quelles opinions les adresser, sous quelle voûte les faire entendre; et la fierté, naturelle à la franchise, portait au silence bien plutôt qu'à d'inutiles efforts.

La première des vérités, la morale, est aussi la source la plus féconde de l'éloquence; mais lorsqu'une philosophie licencieuse se plaît à tout rabaisser pour tout confondre, quelle vertu votre voix peut-elle encore honorer? Que rendrez-vous éclatant dans ces ténèbres? que ferez-vous sortir de cette poussière? comment donnerez-vous de l'enthousiasme aux hommes qui ne craignent ni n'espèrent rien de la renommée et ne reconnaissent plus entre eux les mêmes principes pour juges des mêmes actions?

La morale est inépuisable en sentiments, en idées heureuses pour l'homme de génie qui sait s'en pénétrer; c'est avec cet appui qu'il se sent fort, et s'abandonne sans crainte à son inspiration. Ce que les anciens appelaient l'esprit divin, c'était sans doute la conscience de la vertu dans l'âme du juste, la puissance de la vérité réunie à l'éloquence du talent. Mais, de nos jours, tant d'hommes craignaient de se livrer à la morale, de peur de la trouver accusatrice de leur propre vie! tant d'hommes n'admettaient aucune idée générale avant de l'avoir comparée avec leurs actions et leurs intérêts particuliers! D'autres, sans inquiétudes sur eux-mêmes, mais ne voulant point blesser les souvenirs de quelques-uns de leurs auditeurs, n'osaient parler avec enthousiasme de la justice et de l'équité; ils essayaient de présenter la morale avec détour, de lui donner la forme de l'utilité politique, de voiler les principes, de transiger à la fois avec l'orgueil et les remords qui s'avertissent mutuellement de leurs irritables intérêts.

Le crime pouvait troubler le jugement, dérouter la raison à force de véhémence; mais la vertu n'osait se développer tout entière : elle voulait convaincre, et craignait d'offenser. On ne peut être éloquent dès qu'il faut s'abstenir de la vérité. Les barrières imposées par des convenances respectables servent, comme je l'ai dit, aux succès mêmes de l'éloquence; mais lorsque, par condescendance pour l'injustice ou l'égoïsme, l'on est obligé de réprimer les mouvements d'une âme élevée, lorsque ce sont non-seulement les faits et leur application qu'il faut éviter, mais jusqu'aux considérations générales qui pourraient offrir à la pensée tout l'ensemble des idées vraies, toute l'énergie des sentiments honnêtes, aucun homme soumis à de telles contraintes ne peut être éloquent, et l'orateur encore estimable, qui doit parler dans de telles circonstances, choisira naturellement les phrases usées, celles sur lesquelles l'expérience des passions a été déjà faite, celles qui, reconnues inoffensives, passent à travers toutes les fureurs sans les exciter.

Les factions servent au développement de l'éloquence, tant que les factieux ont besoin de l'opinion des hommes impartiaux, tant qu'ils se disputent entre eux l'assentiment volontaire de la nation; mais quand les mouvements politiques sont arrivés à ce terme où la force seule décide entre les partis, ce qu'ils y adjoignent de moyens de parole, de ressources, de discussion, perd l'éloquence et dégrade l'esprit au lieu de le développer. Parler dans le sens du pouvoir injuste, c'est s'imposer la servitude la plus détaillée. Il faut soutenir chaque absurdité dont est formée la longue chaîne qui conduit à la résolution coupable; et le caractère resterait, s'il est possible, plus intact encore après des actions blâmables que la colère aurait inspirées, qu'après ces discours dans lesquels la bassesse ou la cruauté se distillent goutte à goutte

avec une sorte d'art que l'on s'efforce de rendre ingénieux.

Quelle honte cependant que de montrer de l'esprit à l'appui des actes de rigueur ou de servitude! quelle honte d'avoir encore de l'amour-propre quand on n'a plus de fierté! de penser à ses succès quand on sacrifie le bonheur des autres! de mettre enfin au service du pouvoir injuste cette sorte de talent sans conscience qui prête aux hommes puissants les idées et les expressions, comme des satellites de la force, chargés de faire faire place en avant de l'autorité!

Personne ne contestera que l'éloquence ne soit tout à fait dénaturée en France depuis plusieurs années, mais beaucoup affirmeront qu'il est impossible qu'elle renaisse et se perfectionne. D'autres prétendront que le talent oratoire est nuisible au repos, à la liberté même d'un pays. Ce sont ces deux erreurs que je crois utile de réfuter.

Dans quel espoir désirez-vous, pourrait-on me dire, que des hommes éloquents se fassent entendre? L'éloquence ne peut se composer que d'idées morales et de sentiments vertueux : et dans quels cœurs retentiraient maintenant des paroles généreuses? Après dix ans de révolution, qui s'émeut encore pour la vertu, la délicatesse, ou même la bonté? Cicéron, Démosthène, les plus grands orateurs de l'antiquité, s'ils existaient de nos jours, pourraient-ils agiter l'imperturbable sang-froid du vice? feraient-ils baisser ces regards que la présence d'un honnête homme ne trouble plus? Dites à ces tranquilles possesseurs des jouissances de la vie que leurs intérêts sont menacés, et vous inquiéterez leur âme impassible; mais que leur apprendrait l'éloquence? Elle invoquerait contre eux le mépris de la vertu : eh! depuis longtemps ne savent-ils pas que chacun de leurs jours en est couvert? Vous adresserez-vous aux hommes avides d'acquérir de la fortune, nouveaux qu'ils sont aux habitudes comme aux jouissances qu'elle permet? Si vous leur inspiriez un instant de nobles desseins, le courage leur manquerait pour les accomplir. N'ont-ils pas à rougir de leur déplorable vie? Il est sans force, l'homme à qui l'on peut reprocher des bassesses : ne craint-il pas toutes les voix qui peuvent l'accuser? ne craint-il pas la justice, la liberté, la morale, tout ce qui rend à l'opinion sa force et à la vérité son rang? Voulez-vous du moins faire entendre aux caractères haineux quelques paroles de bienveillance : vous serez également repoussé. Si vous parlez au nom de la puissance, ils vous écouteront avec respect, quel que soit votre langage; mais si vous réclamez pour le faible, si votre nature généreuse vous fait préférer la cause délaissée par la faveur et recueillie par l'humanité, vous n'exciterez que le ressentiment de la faction dominante. Vous vivez dans un temps où l'on est indigné contre le malheur, irrité contre l'opprimé, où la colère s'enflamme à l'aspect du vaincu, où l'on s'attendrit, où l'on s'exalte pour le pouvoir, dès qu'on entre en partage avec lui.

Que fera l'éloquence au milieu de tels sentiments, l'éloquence à laquelle il faut, pour être touchante et sublime, un péril à braver, un malheureux à défendre, et la gloire pour prix du courage ? En appellera-t-elle à la nation ? Hélas ! cette nation malheureuse n'a-t-elle pas entendu prodiguer les noms de toutes les vertus pour défendre tous les crimes ? Pourra-t-elle encore reconnaître l'accent de la vérité ? Les meilleurs citoyens reposent dans la tombe, et la multitude qui reste ne vit plus ni pour l'enthousiasme, ni pour la gloire, ni pour la morale ; elle vit pour le repos que troubleraient presque également et les fureurs du crime, et les généreux élans de la vertu.

Ces objections pourraient décourager pendant quelque temps mon espérance ; néanmoins il me paraît impossible que tout ce qui est bien en soi n'acquière pas à la fin un grand ascendant, et je crois toujours que ce sont les orateurs ou les écrivains qu'il faut accuser, lorsque des discours prononcés au milieu d'un très-grand nombre d'hommes, ou des livres qui ont le public entier pour juge, ne produisent aucun effet.

Sans doute, quand vous vous adressez à quelques individus réunis par le lien d'un intérêt commun, ou d'une crainte commune, aucun talent ne peut agir sur eux : ils ont depuis longtemps tari dans leurs cœurs la source naturelle qui peut sortir du rocher même à la voix d'un prophète divin ; mais quand vous êtes entourés d'une multitude qui contient tous les éléments divers, les hommes impartiaux, les hommes sensibles, les hommes faibles qui se rassurent à côté des hommes forts, si vous parlez à la nature humaine, elle vous répondra ; si vous savez donner cette commotion électrique dont l'être moral contient aussi le principe, ne craignez plus ni le sang-froid de l'insouciant, ni la moquerie du perfide, ni le calcul de l'égoïste, ni l'amour-propre de l'envieux ; toute cette multitude est à vous. Échappe-t-elle aux beautés de l'art tragique, aux sons divins d'une musique céleste, à l'enthousiasme des chants guerriers ? pourquoi donc se refuserait-elle à l'éloquence ? L'âme a besoin d'exaltation ; saisissez ce penchant, enflammez ce désir, et vous enlèverez l'opinion.

Quand on se rappelle les visages froids et composés que l'on rencontre dans le monde, j'en conviens, on croit impossible de remuer les cœurs ; mais la plupart des hommes connus sont engagés par leurs actions passées, par leurs intérêts, par leurs relations politiques. Jetez les yeux sur une foule nombreuse ; combien de fois ne vous arrive-t-il pas de rencontrer des traits dont l'expression amie, dont la douceur, dont la bonté vous présagent une âme encore ignorée, qui entendrait la vôtre, et céderait à vos sentiments ! Eh bien, cette foule vous représente la véritable nation. Oubliez ce que vous savez, ce que vous redoutez de tels ou tels hommes ; livrez-vous à vos pensées, à vos émotions ; voguez à pleines voiles, et, malgré tous les écueils, tous les obstacles, vous arriverez ; vous entraînerez avec vous toutes les affections libres, tous les esprits qui n'ont reçu ni l'empreinte d'aucun joug, ni le prix de la servitude.

Mais par quels moyens peut-on se flatter de perfectionner l'éloquence, s'il est vrai que l'on puisse encore en espérer quelques succès ? L'éloquence, appartenant plus aux sentiments qu'aux idées, paraît moins susceptible que la philosophie de progrès indéfinis. Cependant, comme les pensées nouvelles développent de nouveaux sentiments, les progrès de la philosophie doivent fournir à l'éloquence de nouveaux moyens.

Les idées intermédiaires peuvent être tracées d'une manière plus rapide lorsque l'enchaînement d'un très-grand nombre de vérités est généralement connu ; l'intervalle des morceaux de mouvement peut être rempli par des raisonnements forts, l'esprit peut être constamment soutenu dans la région des pensées hautes ; et l'on peut l'intéresser par des réflexions morales, universellement comprises, sans être devenues communes. Ce qui est sublime dans quelques discours anciens, ce sont les mots que l'on ne peut ni prévoir, ni oublier, et qui laissent trace dans les siècles, comme de belles actions. Mais si la méthode et la précision du raisonnement, le style, les idées accessoires sont susceptibles de perfectionnement, les discours des modernes peuvent acquérir, par leur ensemble, une grande supériorité sur les modèles de l'antiquité ; et ce qui appartient à l'imagination même produirait nécessairement plus d'effet, si rien n'affaiblissait cet effet, si tout servait, au contraire, à l'accroître.

Dans ce qui caractérise l'éloquence, le mouvement qui l'inspire, le génie qui la développe, il faut une grande indépendance, au moins momentanée, de tout ce qui nous environne ; il faut s'élever au-dessus du danger, s'il existe, au-dessus de l'opinion que l'on attaque, des hommes que l'on combat, de tout, !hors, sa conscience et la postérité. Les pensées philosophiques vous placent naturellement à cette élévation où l'expression de la vérité devient si facile, où l'image, où la parole énergique qui peut la peindre se présentent aisément à l'esprit animé du feu le plus pur.

Cette élévation n'ôte rien à la vivacité des sentiments, à cette ardeur si nécessaire à l'éloquence, à cette ardeur qui seule lui donne un accent, une énergie irrésistible, un caractère de domination que les hommes reconnaissent souvent malgré eux, que souvent ils contestent, mais dont ils ne peuvent jamais se défendre.

Si vous supposez un homme que la réflexion ait rendu tout à fait insensible aux événements qui l'environnent, un caractère semblable à celui d'Épictète, son style, s'il écrit, ne sera point éloquent : mais lorsque l'esprit philosophique règne dans la classe éclairée de la société, il s'unit aux passions les plus véhémentes ; ce n'est pas le résultat du travail de chaque homme sur lui-même, c'est une opinion établie dès l'enfance, une opinion qui, se mêlant à tous les sentiments de la nature, agrandit les idées sans refroidir les âmes. Un très-petit nombre d'hommes se vouait, chez les anciens, à cette morale stoïcienne qui réprimait tous les mouvements du cœur : la philosophie des modernes, quoiqu'elle agisse plus sur l'esprit que sur le caractère, n'est qu'une manière de considérer tous les objets de la vie. Cette manière de voir étant adoptée par les hommes éclairés, influe sur la teinte générale des idées, mais ne triomphe pas des affections ; elle ne parvient à détruire ni l'amour, ni l'ambition, ni aucun de ces intérêts instantanés dont l'imagination des hommes ne cesse point de s'occuper, alors même que leur raison en est détrompée : mais cette philosophie purement méditative jette dans la peinture des passions un caractère de mélancolie qui donne à leur langage un nouveau degré de profondeur et d'éloquence.

Ce sentiment de mélancolie que chaque siècle doit développer de plus en plus dans le cœur humain, peut donner à l'éloquence un très-grand caractère. L'homme le plus ardent pour ce qu'il souhaite, lorsqu'il est doué d'un génie supérieur, se sent au-dessus du but quelconque qu'il poursuit ; et cette idée vague et sombre revêt les expressions d'une couleur qui peut être à la fois imposante et sensible.

Mais si les vérités morales parviennent un jour à la démonstration, et que la langue qui doit les

exprimer arrive presque à la précision mathématique, que deviendra l'éloquence ? Tout ce qui tient à la vertu dérivant d'une autre source, ayant un autre principe que le raisonnement, l'éloquence régnera toujours dans l'empire qu'elle doit posséder. Elle ne s'exercera plus sur tout ce qui a rapport aux sciences politiques et métaphysiques, sur toutes les idées abstraites de quelque nature qu'elles soient ; mais elle n'en sera que plus honorée : car on ne pourra plus la présenter comme dangereuse, si elle se concentre dans son foyer naturel, dans la puissance des sentiments sur notre âme.

Il s'établit depuis quelque temps un système absurde relativement à l'éloquence. Frappé de tous les abus qu'on a faits de la parole depuis la révolution, l'on déclame contre l'éloquence ; l'on veut nous prémunir contre ce danger qui, certes, n'est pas encore imminent ; et comme si la nation française était condamnée à parcourir sans cesse tout le cercle des idées fausses, parce que des hommes ont soutenu violemment et souvent même grossièrement de très-injustes causes, on ne veut plus que des esprits droits appellent les sentiments au secours des idées justes.

Je crois, au contraire, qu'on pourrait soutenir que tout ce qui est éloquent est vrai, c'est-à-dire, que dans un plaidoyer en faveur d'une mauvaise cause, ce qui est faux, c'est le raisonnement ; mais que l'éloquence proprement dite est toujours fondée sur une vérité : il est facile ensuite de dévier dans l'application ou dans les conséquences de cette vérité ; mais c'est alors dans le raisonnement que consiste l'erreur. L'éloquence ayant toujours besoin du mouvement de l'âme, ne s'adresse qu'aux sentiments des hommes, et les sentiments de la multitude sont toujours pour la vertu. Il est souvent arrivé de séduire un individu, en lui parlant seul, par des motifs malhonnêtes ; mais l'homme, en présence des hommes, ne cède qu'à ce qu'il peut avouer sans rougir.

Le fanatisme de la religion ou de la politique a fait commettre d'horribles excès, en remuant les assemblées par des paroles incendiaires ; mais c'était la fausseté du raisonnement, et non le mouvement de l'âme qui rendait ces paroles funestes.

Ce qui est éloquent dans le fanatisme de la religion, ce sont les sentiments qui conseillent le sacrifice de soi-même pour ce qui est bien, pour ce qui peut plaire à l'être bienfaisant, protecteur de cet univers ; mais ce qui est faux, c'est le raisonnement qui persuade qu'il est bien d'assassiner ceux qui diffèrent de vos opinions, et qu'une intelligence d'une vertu suprême exige de tels attentats.

Ce qui est vrai dans le fanatisme politique, c'est l'amour de son pays, de la liberté, de la justice, égale pour tous les hommes, comme la providence éternelle; mais ce qui est faux, c'est le raisonnement qui justifie tous les crimes pour arriver au but que l'on croit utile.

Examinez tous les sujets de discussion parmi les hommes, tous les discours célèbres qui ont fait partie de ces discussions, et vous verrez que l'éloquence se fondait toujours sur ce qu'il y avait de vrai dans la question, et que le raisonnement seul la dénaturait, parce que le sentiment ne peut errer en lui-même, et que les conséquences que l'argumentation tire du sentiment sont les seules erreurs possibles. Ces erreurs subsisteront tant que la langue de la logique ne sera pas fixée de la manière la plus positive, et mise à la portée du plus grand nombre.

Il est encore, je le sais, beaucoup d'arguments qu'on pourrait essayer de diriger contre l'éloquence. Néanmoins il en est d'elle comme de tous les biens que permet notre destinée : ils ont tous des inconvénients, que l'on fait ressortir seuls, si le vent de la faction souffle dans ce sens ; mais en se livrant ainsi à l'examen des choses, quel don de la nature paraîtrait exempt de maux ? L'imperfection humaine laisse toujours un côté sans défense; et la raison n'a d'autre usage que de nous décider pour la majorité des avantages contre telle ou telle objection partielle.

Le raisonnement, dans ses formes didactiques, ne suffit point pour défendre la liberté dans toutes les circonstances; lorsqu'il faut braver un danger quelconque pour prendre une résolution généreuse, l'éloquence est seule assez puissante pour donner l'impulsion nécessaire dans les grands périls. Un très-petit nombre de caractères vraiment distingués pourrait se décider dans le calme de la retraite par le seul sentiment de la vertu; mais lorsqu'il faut du courage pour accomplir un devoir, la plupart des hommes, même bons, ne se confient en leurs forces que quand leur âme est émue, et n'oublient leurs intérêts que quand leur sang est agité. L'éloquence tient lieu de la musique guerrière; elle précipite les âmes contre le danger. Les assemblées ont alors le courage et les vertus de l'homme le plus distingué qui soit dans leur sein. Ce n'est que par l'éloquence que les vertus d'un seul deviennent communes à tous ceux qui l'entourent. Si vous interdisiez l'éloquence, une réunion d'hommes serait toujours conduite par les sentiments les plus vulgaires; car, dans l'état habituel, ces sentiments sont ceux du plus grand nombre, et c'est au talent de la parole que l'on a dû toutes les résolutions nobles et intrépides que les hommes rassemblés ont jamais adoptées.

Si vous interdisiez l'éloquence, vous détruiriez la gloire; il faut que l'on puisse s'abandonner à l'expression de l'enthousiasme pour faire naître ce sentiment dans les autres; il faut que tout soit libre pour que la louange le soit, pour qu'elle ait ce caractère qui commande à la raison et à la postérité.

Enfin, quand on persisterait à croire l'éloquence dangereuse, que l'on réfléchisse un moment sur tout ce qu'il faut faire pour l'étouffer, et l'on verra qu'il en est d'elle comme des lumières, comme de la liberté, comme de tous les grands développements de l'esprit humain. Il se peut que des malheurs soient attachés à ces avantages; mais, pour se préserver de ces malheurs, il faut anéantir tout ce qu'il y a d'utile, de grand et de généreux dans l'exercice des facultés morales. C'est la dernière pensée que je me propose de développer en terminant cet ouvrage.

CHAPITRE IX ET DERNIER.

Conclusion.

La perfectibilité de l'espèce humaine est devenue l'objet des sourires indulgents et moqueurs de tous ceux qui regardent les occupations intellectuelles comme une sorte d'imbécillité de l'esprit, et ne considèrent que les facultés qui s'appliquent instantanément aux intérêts de la vie. Ce système de perfectibilité est aussi combattu par quelques penseurs; mais il a surtout contre lui dans ce moment, en France, ces sentiments irréfléchis, ces affections passionnées qui confondent ensemble les idées les plus contraires, et servent merveilleusement les hommes criminels, en leur supposant des prétextes honorables. Lorsqu'on accuse la philosophie des forfaits de la révolution, l'on rattache d'indignes actions à de grandes pensées, dont le procès est encore pendant devant les siècles. Il vaudrait mieux rendre plus profond encore l'abîme qui sépare le vice de la vertu, réunir l'amour des lumières à celui de la morale, attirer à elle tout ce qu'il y a d'élevé parmi les hommes, afin de livrer le crime à tous les genres de honte, d'ignorance et d'avilissement; mais, quelle que soit l'opinion qu'on ait adoptée sur ces conquêtes du temps, sur cet empire indéfini de la raison, il me semble qu'il est un argument qui convient également à toutes les manières de voir. L'on dit que les lumières et tout ce qui dérive d'elles, l'éloquence, la liberté politique, l'indépendance des opinions religieuses, troublent le repos et le bonheur de l'espèce humaine. Mais que l'on réfléchisse sur les moyens qu'il faut employer pour arrêter la tendance des hommes vers les lumières ! Que l'on se demande comment empêcher ce mal, si c'en est un, à moins de recourir à des moyens affreux en eux-mêmes, et définitivement infructueux !

J'ai tenté de montrer avec quelle force la raison philosophique, malgré tous les obstacles, après tous les malheurs, a toujours su se frayer une route, et s'est développée successivement dans tous les pays, dès qu'une tolérance quelconque, quelque modifiée qu'elle pût être, a permis à l'homme de penser. Comment donc forcer l'esprit humain à rétrograder, et lors même qu'on aurait obtenu ce triste succès, comment prévenir toutes les circonstances qui pourraient donner aux facultés morales une impulsion nouvelle? On désire d'abord, et les rois mêmes sont de cet avis, que la littérature et les arts fassent des progrès. Or, ces progrès tiennent nécessairement à toutes les pensées qui doivent mener la réflexion beaucoup au delà des sujets qui l'ont fait naître. Dès que les ouvrages de littérature ont pour but de remuer l'âme, ils approchent nécessairement des idées philosophiques, et les idées philosophiques conduisent à toutes les vérités. Quand on imiterait l'inquisition d'Espagne et le despotisme de Russie, il faudrait encore être assuré que dans aucun pays de l'Europe il ne s'établira d'autres institutions; car les simples rapports de commerce, même lorsqu'on interdirait les autres, finiraient par communiquer à un pays les lumières des pays voisins.

Les sciences physiques ayant pour but une utilité immédiate, aucun gouvernement ne veut ni ne peut les interdire; et comment l'étude de la nature ne bannirait-elle pas la croyance de certains dogmes? comment l'indépendance religieuse ne conduirait-elle pas au libre examen de toutes les autorités de la terre? On peut, dira-t-on, réprimer les excès sans entraver la raison. Qui réprimera ces excès? — Le gouvernement. —Peut-il jamais être considéré comme une puissance impartiale? et les bornes qu'il voudra poser aux recherches de la pensée ne seront-elles pas précisément celles que les esprits ardents voudront franchir?

Si vous portez une nation vers les amusements et les voluptés, si vous énervez en elle toutes les qualités fortes et courageuses pour la détourner de la pensée, qui vous défendra contre des voisins belliqueux? Si vous échappez à la conquête, tous

les vices néanmoins s'introduiront chez vous, parce qu'il n'existera plus parmi les hommes que le seul intérêt du plaisir, et par conséquent de la fortune. Or, parmi les mobiles d'action, il n'en est point qui avilisse et déprave davantage. Si vous inspirez à tous l'amour de la guerre, peut-être ferez-vous renaître le mépris de la pensée; mais tous les maux de la féodalité pèseront sur vous. Il y a plus, la passion des armes trompera bientôt votre espoir. Dès que vous donnez à l'âme une impulsion forte, vous ne pouvez arrêter son essor. La valeur guerrière, cette qualité qui produit toujours un enthousiasme nouveau, cette qualité qui réunit tout ce qui peut frapper l'imagination, enivrer l'âme, la valeur guerrière que vous appelez à l'aide du despotisme, inspire l'amour de la gloire, et l'amour de la gloire devient bientôt le plus terrible ennemi de ce despotisme. Les mots les plus remarquables, les discours les plus éclatants ont été prononcés à la veille des batailles, au milieu de leurs dangers, dans ces circonstances périlleuses qui élèvent l'homme courageux et développent en lui toutes ses facultés à la fois. Cette éloquence des combats est bientôt imitée dans les luttes civiles. Dès que les sentiments généreux, de quelque nature qu'ils soient, peuvent s'exprimer sans contrainte, l'éloquence, ce talent qu'il semble si facile d'étouffer, puisqu'il est si rare d'y atteindre, renaît, grandit, se développe et s'empare de tous les sujets importants.

Partout où il a existé quelques institutions sages, soit pour améliorer l'administration, soit pour garantir la liberté civile ou la tolérance religieuse, soit pour exciter le courage et la fierté nationale, les progrès des lumières se sont aussitôt signalés. Ce n'est que par la servitude et l'avilissement le plus absolu qu'on peut les combattre avec succès. Les tremblements de terre de la Calabre, la peste de la Turquie, les glaces éternelles de la Russie et du Kamtschatka, tous les fléaux de la nature enfin, sont les véritables alliés du système qui voudrait arrêter le développement des facultés de l'homme. Il faut invoquer tous les malheurs et tous les vices pour empêcher les nations de s'éclairer.

Tout ce que l'on dit pour et contre les lumières ressemble aux inconvénients et aux avantages qu'on peut attribuer à la vie. Si l'on pouvait faire goûter à l'homme la sorte de repos dont jouissent les êtres qui n'ont reçu de la nature que l'existence physique, ce serait un bien peut-être, puisque la faculté de souffrir serait diminuée. Mais pour réduire l'homme à cet état, il faut le tourmenter

sans cesse; car tendant toujours à y échapper par
la force même de la nature, pour arrêter cette
tendance il faut le précipiter par la douleur dans
l'abrutissement. L'on peut donc dire aux ennemis
comme aux partisans des lumières, qu'il est un
point sur lequel ils doivent également s'accorder,
s'ils sont amis de l'humanité; c'est sur l'impossibilité de contraindre le cours naturel de l'esprit
humain, sans accabler les hommes de maux bien
plus funestes encore que tous ceux dont on peut
accuser les progrès des lumières.

Ces progrès, au contraire, sagement conduits,
ne sont jamais qu'une source de biens et de jouissances : si la plupart des hommes ont senti le
besoin d'un avenir par delà cette vie, d'un appel
à l'inconnu dans les tourments de l'âme, ne faut-il
pas, dans les intérêts mêmes du monde, un principe de décision entre les opinions diverses, qui
n'ont aucun rapport direct avec la morale, et sur
lesquelles elle ne prononce point? Les vérités philosophiques ont sur l'esprit éclairé qui les admet
le même empire que la vertu sur une âme honnête.
Ces vérités sont un mobile d'émulation indépendant des circonstances, un but qui console des
revers, et ne soumet pas le bonheur au succès. Si
la route de la pensée vers le perfectionnement des
facultés n'était pas impérieusement tracée, il faudrait donc observer sans cesse l'opinion qui domine chaque jour, se consumer dans le calcul qui
peut démontrer l'avantage actuel d'une résolution,
se consumer aussi dans le regret, si cette résolution n'a point d'effets immédiatement utiles;
quel travail pourrait-on faire alors sur soi-même
qui n'avilît et ne dégradât la raison? Qu'est-ce que
l'homme s'il se soumet à suivre les passions des
hommes, s'il ne recherche pas la vérité pour elle-
même, s'il ne marche pas toujours vers les hauteurs des pensées et des sentiments? Il faut à
toutes les carrières un avenir lumineux vers lequel
l'âme s'élance; il faut aux guerriers la gloire, aux
penseurs la liberté, aux hommes sensibles un
Dieu. Il ne faut point étouffer ces mouvements d'enthousiasme, il ne faut rabaisser aucun genre d'exaltation; le législateur doit se proposer pour but de
réunir ce qui est bien dans une carrière, à ce qui
est bien encore dans une autre, de contenir la
liberté par la vertu, l'ambition par la gloire. Il
doit diriger les lumières par le raisonnement,
soumettre le raisonnement à l'humanité, et rassembler dans un même foyer tout ce que la nature a de forces utiles, de bons sentiments, de
facultés efficaces, pour combiner ensemble tous
les pouvoirs de l'âme, au lieu de réduire l'esprit

à combattre contre son propre développement,
d'enchaîner une passion non par une vertu, mais
par une passion contraire, et d'opposer le mal au
mal, tandis que le sentiment de la moralité peut
tout réunir.

Quel présent du ciel que la moralité! C'est elle
qui sert à connaître tout ce qu'il y a de bien dans la
nature; c'est elle qui peut seule ajouter à tous les
biens de la vie la durée et le repos. Ce que l'on
admire dans les grands hommes, ce n'est jamais que
la vertu sous la forme de la gloire. Plusieurs, il est
vrai, ont commis des actes criminels, et la médiocrité qui confond tout, se persuade que les forfaits d'un homme de génie ont illustré sa destinée.
Mais si l'on examine la cause de l'admiration, l'on
verra que c'est toujours de la morale qu'elle dérive. Dans cette imperfection, à laquelle la nature
humaine est condamnée, des qualités fortes et
généreuses font oublier des égarements terribles,
pourvu que le caractère de la grandeur reste encore imprimé sur le front du coupable, que vous
sentiez les vertus à travers les passions, que votre
âme enfin se confie à ces hommes extraordinaires,
souvent condamnables, souvent redoutés, mais
qui, néanmoins, fidèles à quelques nobles idées,
n'ont jamais trahi le malheur, ni frémi devant le
danger. Oui, tout est moralité dans les sources de
l'enthousiasme; le courage militaire, c'est le sacrifice de soi; l'amour de la gloire, c'est le besoin
exalté de l'estime; l'exercice des hautes facultés
de l'esprit, c'est le bonheur des hommes qu'il a
pour but; car on ne trouve que dans le bien un
espace suffisant pour la pensée. Enfin, qu'on se
rappelle les noms illustres que les siècles nous ont
transmis, et l'on verra qu'il n'en est aucun dont
l'histoire n'enseigne au moins une vertu.

La morale et les lumières, les lumières et la morale s'entr'aident mutuellement. Plus votre esprit
s'élève, plus vous avez honte d'avoir cru qu'il existait quelque sagacité dans ce qui n'était pas la
morale, quelque grandeur dans les résolutions qui
ne l'avaient pas pour objet, quelque stabilité dans
les plans dont elle n'était pas le but. Quand le
cercle des relations s'agrandit, la moralité devient
du talent, puis du génie, puis le sublime du caractère et de la raison. Sans doute on ne peut se promettre avec certitude de marcher sans faiblesse
dans cette noble carrière; mais ce qu'on peut, ce
qu'on doit à l'espèce humaine, c'est de diriger tous
ses moyens, c'est d'invoquer tous ceux des autres,
pour répéter aux hommes, qu'étendue d'esprit et
profondeur de morale sont deux qualités inséparables; et que, loin que la destinée vous condamne

à faire un choix entre le génie et la vertu, elle se plaît à renverser successivement, de mille manières, tous les talents qui voguent au hasard sans ce guide assuré.

Il n'est pas vrai non plus que la morale existe d'une manière plus stable parmi les hommes peu éclairés; il suffit de la probité sans des talents supérieurs, pour se diriger dans les circonstances ordinaires de la vie; mais dans les places éminentes, les lumières véritables sont la meilleure garantie de la morale. On se trompe sans cesse sur l'esprit dans ses rapports avec les grandes conceptions politiques. Est-ce de l'esprit que l'art de tromper? est-ce de l'esprit que l'art de tourmenter les individus et les nations? est-ce de l'esprit que de gouverner sa fortune selon les intérêts d'une avide personnalité? Que reste-t-il de tous ces efforts? souvent des revers et toujours du malheur au dedans de soi. Mais l'esprit vraiment remarquable, mais une intelligence éclairée, c'est l'homme qui choisit le bien et sait le faire, pour qui la vérité est une puissance de gouvernement, et la générosité un moyen de force. Tels on nous peint les grands hommes de l'antiquité; ils ennoblissaient, ils élevaient la nation qui voulait suivre leurs pas, et leurs contemporains croyaient à la vertu: c'est à ces signes qu'on peut reconnaître un esprit transcendant; et pour former cet esprit, il faut la plus imposante des réunions, les lumières et la morale.

J'ai tâché de rassembler, dans cet ouvrage, tous les motifs qui peuvent faire aimer les progrès des lumières, convaincre de l'action nécessaire de ces progrès, et par conséquent engager les bons esprits à diriger cette force irrésistible, dont la cause existe dans la nature morale, comme dans la nature physique est renfermé le principe du mouvement. L'avouerai-je cependant? à chaque page de ce livre ou reparaissait cet amour de la philosophie et de la liberté, que n'ont encore étouffé dans mon cœur ni ses ennemis, ni ses amis, je redoutais sans cesse qu'une injuste et perfide interprétation ne me représentât comme indifférente aux crimes que je déteste, aux malheurs que j'ai secourus de toute la puissance que peut avoir encore l'esprit sans adresse, et l'âme sans déguisement.

D'autres bravent la malveillance, d'autres opposent à ses calomnies, ou la froideur, ou le dédain; pour moi, je ne puis me vanter de ce courage, je ne puis dire à ceux qui m'accuseraient injustement, qu'ils ne troubleraient point ma vie. Non, je ne puis le dire; et soit que j'excite ou que je désarme l'injustice, en avouant sa puissance sur mon bonheur, je n'affecterai point une force d'âme que démentirait chacun de mes jours. Je ne sais quel caractère il a reçu du ciel, celui qui ne désire pas le suffrage des hommes, celui qu'un regard bienveillant ne remplit pas du sentiment le plus doux, et qui n'est pas contristé par la haine, long-temps avant de retrouver la force qu'il faut pour la mépriser.

Néanmoins cette faiblesse de cœur ne doit altérer en rien le jugement que l'on porte sur les idées générales. A quelque peine que l'on puisse s'exposer en l'exprimant, il faut la braver; l'on ne développe utilement que les principes dont on est intimement convaincu. Les opinions que vous voudriez soutenir contre votre persuasion, vous ne pourriez ni les approfondir par l'analyse, ni les animer par l'expression. Plus l'esprit est naturel, plus il est incapable de conserver aucune force, quand l'appui de la conviction lui manque. L'on doit donc s'affranchir, s'il se peut, des craintes douloureuses qui pourraient troubler l'indépendance des méditations, confier sa vie à la morale, son bonheur à ceux qu'on aime, et ses pensées au temps, l'allié fidèle de la conscience et de la vérité.

Quel triste et douloureux appel toutefois pour les âmes qui auraient besoin d'obtenir chaque jour l'approbation constante de tous ceux qui les environnent! Ah! qu'on était heureux il y a dix années, lorsque, entrant dans le monde plein de confiance dans ses forces, dans les amis qui s'offraient à vous, dans la vie qui n'avait point encore démenti ses promesses, on ne rencontrait ni des partis injustes, ni des haines envenimées, ni des rivaux, ni des jaloux! l'on n'était alors, aux regards de tous, qu'une espérance; et qui n'accueille pas l'espérance! Mais, dix ans après, la route de l'existence est déjà profondément tracée, les opinions qu'on a montrées ont heurté des intérêts, des passions, des sentiments, et votre âme et votre pensée n'osent plus s'abandonner en présence de tous ces juges irrités: l'imagination peut-elle résister à cette foule de souvenirs pénibles qui vous assiégent à tous les moments? La réflexion les domine; mais je le crains bien, il n'est plus possible de conserver ce caractère jeune, ce cœur ouvert à l'amitié, cette âme, non encore blessée, qui colorait le style, quelque imparfait qu'il pût être, par des expressions sensibles et confiantes.

Tel qu'il est cependant, je le publie cet ouvrage: alors qu'on a cessé d'être inconnue, encore vaut-il mieux détromper ce qu'on peut être une idée vraie, que de s'en remettre au perfide hasard des inventions calomnieuses. Mais qu'on voudrait, au prix de la moitié de la vie qui reste à parcourir, ne pas être entrée dans la carrière des lettres et de la publicité qu'elles entraînent! Les premiers pas qu'on fait dans l'espoir d'atteindre à la réputation sont pleins de charmes, on est satisfaite de s'entendre nommer, d'obtenir un rang dans l'opinion, d'être placée sur une ligne à part; mais si l'on y parvient, quelle solitude, quel effroi n'éprouve-t-on pas! on veut rentrer dans l'association commune, il n'est plus temps. L'on peut aisément perdre le peu d'éclat qu'on avait acquis; mais il n'est plus possible de retrouver l'accueil bienveillant qu'obtiendrait l'être ignoré. Qu'il importe de veiller sur la première impulsion qu'on donne au cours de sa destinée! c'est elle qui peut sans retour éloigner du bonheur. Vainement les goûts se modifient, les inclinations changent ainsi que le caractère; il faut rester le même puisqu'on vous croit le même; il faut tâcher d'avoir quelques succès nouveaux puisqu'on vous hait encore pour les succès passés; il faut traîner cette chaîne des souvenirs de vos premières années, des jugements qu'on a portés sur vous, de l'existence enfin telle qu'on vous la suppose, telle qu'on croit que vous la voulez. Vie malheureuse et trois fois malheureuse! qui éloigne peut-être de vous des êtres que vous auriez aimés, qui se seraient attachés à vous, si de vains bruits n'avaient épouvanté les affections qui se nourrissent du calme et du silence. Il faut néanmoins user la trame de cette vie telle qu'elle est formée, puisque l'imprudence de la jeunesse en a tissu les premiers fils, et chercher dans les liens chéris qui nous restent et dans les plaisirs de la pensée, quelques secours contre les blessures du cœur.

Je sais combien il est facile de me blâmer de mêler ainsi les affections de mon âme aux idées générales que doit contenir ce livre; mais je ne puis séparer mes idées de mes sentiments; ce sont les affections qui nous excitent à réfléchir, ce sont elles qui peuvent seules donner à l'esprit une pénétration rapide et profonde. Les affections modifient toutes nos opinions sur tous les sujets: l'on aime tels ouvrages, parce qu'ils répondent à des douleurs, à des souvenirs qui disposent de nous-mêmes à notre insu; l'on admire avant tout certains écrits, parce que seuls ils ont ému toutes les puissances morales de notre être. Les esprits froids voudraient qu'on ne leur représentât que les aperçus de la raison, sans y joindre ces mouvements, ces regrets, ces égarements de la rêverie qui n'exciteront jamais leur intérêt; je me résigne à leur critique. En effet, comment pourrais-je l'éviter? comment distinguer son talent de son âme? comment écarter ce qu'on éprouve, et se retracer ce que l'on pense? comment

imposer silence aux sentiments qui vivent en nous, et ne perdre cependant aucune des idées que ces sentiments nous ont fait découvrir? Quels seraient les écrits qui pourraient résulter de ces continuels efforts? et ne vaut-il pas mieux se livrer à tous les défauts que peut entraîner l'irrégularité de l'abandon naturel?

DELPHINE.

Un homme doit savoir braver l'opinion,
une femme s'y soumettre.
MÉLANGES, de madame Necker.

AVERTISSEMENT DE L'AUTEUR
POUR CETTE NOUVELLE ÉDITION.

Il y a plusieurs changements dans cette édition, mais le plus important de tous, c'est la conclusion, qui est entièrement nouvelle. Je me suis rendue aux observations qui m'ont été faites sur le dénoûment qui existait d'abord. On m'a dit qu'il rappelait les événements de la révolution, au milieu d'une situation tout idéale. On m'a dit que ce dénoûment n'était pas l'effet immédiat des caractères, et qu'il ôtait au roman de *Delphine* le mérite qu'il a peut-être de ne contenir que des circonstances amenées par les sentiments, et qui ne peuvent être considérées comme l'effet du hasard. Ces réflexions m'ont convaincue; et quoiqu'il ne soit pas dans les usages de l'amour-propre de faire une si grande concession à la critique, *Delphine* est réimprimée dans cette édition avec un dénoûment entièrement nouveau, et je prie les écrivains anglais et allemands qui ont bien voulu traduire ce roman dans leur langue, d'adopter, pour la traduction, le changement que j'ai fait dans l'original.

Cependant, comme je crois que l'ancien dénoûment de *Delphine* avait un avantage, celui de retracer avec quelque force les circonstances déchirantes qui accompagnent la mort de ceux qu'on fait périr pour des opinions politiques, j'ai conservé ce morceau dans une anecdote nouvelle intitulée *Charles et Pauline* [1], qui se trouve aussi dans cette édition; enfin j'y ai de plus ajouté quelques réflexions sur le but moral de *Delphine*.

PRÉFACE
DE LA PREMIÈRE ÉDITION.

Les romans sont de tous les écrits littéraires ceux qui ont le plus de juges; il n'existe presque personne qui n'ait le droit de prononcer sur le mérite d'un roman; les lecteurs même les plus défiants et les plus modestes sur leur esprit ont raison de se confier à leurs impressions. C'est donc une des premières difficultés de ce genre que le succès populaire auquel il doit prétendre.

Une autre non moins grande, c'est qu'on a fait une telle quantité de romans médiocres, que le commun des hommes est tenté de croire que ces sortes de compositions sont les plus aisées de toutes, tandis que ce sont précisément les essais multipliés dans cette carrière qui ajoutent à sa difficulté; car dans ce genre, comme dans tous les autres,

[1] Cette nouvelle ne s'est point trouvée dans les manuscrits de ma mère; et j'ai même tout lieu de croire qu'elle n'a jamais été achevée.

(*Note de M. de Staël fils.*)

les esprits un peu relevés craignent les routes battues, et c'est un obstacle à l'expression des sentiments vrais que l'importun souvenir des écrits insipides qui nous ont tant parlé des affections du cœur. Enfin le genre en lui-même présente des difficultés effrayantes, et il suffit, pour s'en convaincre, de songer au petit nombre de romans placés dans le rang des ouvrages.

En effet, il faut une grande puissance d'imagination et de sensibilité pour s'identifier avec toutes les situations de la vie, et conserver ce naturel parfait sans lequel il n'y a rien de grand, de beau, ni de durable. L'enchaînement des idées peut être soumis à des principes invariables dont il est toujours possible de donner une exacte analyse; mais les sentiments ne sont jamais que des inspirations plus ou moins heureuses, et ces inspirations ne sont accordées peut-être qu'aux âmes restées dignes de les éprouver. On citera, pour combattre cette opinion, quelques hommes d'un grand talent dont la conduite n'a point été morale; mais je crois fermement qu'en examinant leur histoire, on verra que si de fortes passions ont pu les entraîner, des remords profonds les ont cruellement punis; ce n'est pas assez pour que la vie soit estimable, mais c'est assez pour que le cœur n'ait point été dépravé.

On se sentirait saisi d'une véritable terreur au milieu de la société, s'il n'existait pas un langage que l'affectation ne peut imiter, et que l'esprit à lui seul ne saurait découvrir. C'est surtout dans les romans que cette justesse de ton, si l'on peut s'exprimer ainsi, doit être particulièrement observée. Sensibilité exagérée, fierté hors de place, prétention de vertu, toute cette nature de convenu qui fatigue si souvent dans le monde, se retrouve dans .s romans; et comme on pourrait dire, en observant tel ou tel homme, c'est par cette parole, par ce regard, par cet accent qu'il trahit à son insu les bornes de son esprit ou de son âme, de même, dans les fictions, on pourrait montrer dans quelle situation l'auteur a manqué de sensibilité véritable, dans quel endroit le talent n'a pu suppléer au caractère, et quand l'esprit a vainement cherché ce que l'âme aurait saisi d'un seul jet.

Les événements ne doivent être dans les romans que l'occasion de développer les passions du cœur humain; il faut conserver dans les événements assez de vraisemblance pour que l'illusion ne soit point détruite : mais les romans qui excitent la curiosité seulement par l'invention des faits, ne captivent dans les hommes que cette imagination qui a fait dire que les yeux sont toujours enfants. Les romans que l'on ne cessera jamais d'admirer, Clarisse, Clémentine, Tom Jones, la Nouvelle Héloïse, Werther, etc., ont pour but de révéler ou de retracer une foule de sentiments dont se compose, au fond de l'âme, le bonheur ou le malheur de l'existence; ces sentiments que l'on ne dit point, parce qu'ils se trouvent liés avec nos secrets ou avec nos faiblesses, et parce que les hommes passent leur vie avec les hommes, sans se confier jamais mutuellement ce qu'ils éprouvent.

L'histoire ne nous apprend que les grands traits manifestés par la force des circonstances, mais elle ne peut nous faire pénétrer dans les impressions intimes qui, en influant sur la volonté de quelques-uns, ont disposé du sort de tous. Les découvertes en ce genre sont inépuisables; il n'y a qu'une chose étonnante pour l'esprit humain, c'est lui-même.

The proper study of mankind is man.

Cherchons donc toutes les ressources du talent, tous les développements de l'esprit, dans la connaissance approfondie des affections de l'âme, et n'estimons les romans que lorsqu'ils nous paraissent, pour ainsi dire, une sorte de confession, dérobée à ceux qui ont vécu comme à ceux qui vivront.

Observer le cœur humain, c'est montrer à chaque pas l'influence de la morale sur la destinée : il n'y a qu'un secret dans la vie, c'est le bien ou le mal qu'on a fait; il se cache, ce secret, sous mille formes trompeuses : vous souffrez longtemps sans l'avoir mérité, vous prospérez longtemps par des moyens condamnables; mais tout à coup votre sort se décide, le mot de votre énigme se révèle, et ce mot, la conscience l'avait dit bien avant que le destin l'eût répété. C'est ainsi que l'histoire de l'homme doit être représentée dans les romans; c'est ainsi que les fictions doivent nous expliquer, par nos vertus et nos sentiments, les mystères de notre sort.

Véritable fiction en effet, me dira-t-on, que celle qui serait ainsi conçue! Croyez-vous encore à la morale, à l'amour, à l'élévation de l'âme, enfin à toutes les illusions de ce genre? Et si l'on n'y croyait pas, que mettrait-on à la place? La corruption et la vulgarité de quelques plaisirs, la sécheresse de l'âme, la bassesse et la perfidie de l'esprit; ce choix, hideux en lui-même, est rarement récompensé par le bonheur ou par le succès : mais quand l'un et l'autre en seraient le résultat momentané, ce hasard servirait seulement à donner à l'homme vertueux un sentiment de fierté de plus. Si l'histoire avait représenté les sentiments généreux comme toujours prospères, ils auraient cessé d'être généreux; les spéculateurs s'en seraient bientôt emparés, comme d'un moyen de faire route. Mais l'incertitude sur ce qui conduit aux splendeurs du monde, et la certitude sur ce qu'exige la morale, est une belle opposition, qui honore l'accomplissement du devoir et l'adversité librement préférée.

Je crois donc que les circonstances de la vie, passagères comme elles le sont, nous instruisent moins des vérités durables que les fictions fondées sur ces vérités; et que les meilleures leçons de la délicatesse et de la fierté peuvent se trouver dans les romans, où les sentiments sont peints avec assez de naturel, pour que vous croyiez assister à la vie réelle en les lisant.

Un style commun, un style ingénieux, sont également éloignés de ce naturel; l'ingénieux ne convient qu'aux affections de parure, à ces affections qu'on éprouve seulement pour les montrer; l'ingénieux enfin est une telle preuve de sang-froid qu'il exclut la possibilité de toute émotion profonde. Les expressions communes sont aussi loin de la vérité que les expressions recherchées, parce que les expressions communes ne peignent jamais ce qui se passe réellement dans notre cœur; chaque homme a une manière de sentir particulière, qui lui inspirerait de l'originalité s'il s'y livrait; le talent ne consiste peut-être que dans la mobilité qui transporte l'âme dans toutes les affections que l'imagination peut se représenter; le génie ne dira jamais mieux que la nature, mais il dira comme elle, dans des situations inventées, tandis que l'homme ordinaire ne sera inspiré que par la sienne propre. C'est ainsi que, dans tous les genres, la vérité est à la fois ce qu'il y a de plus difficile et de plus simple, de plus sublime et de plus naturel.

Il n'y a point eu dans la littérature des anciens ce que nous appelons des romans; la patrie absorbait alors toutes les âmes, et les femmes ne jouaient pas un assez grand rôle pour que l'on observât toutes les nuances de l'amour : chez les modernes, l'éclat des romans de chevalerie appartient beaucoup plus au merveilleux des aventures qu'à la vérité et à la profondeur des sentiments. Madame de la Fayette est la première qui, dans LA PRINCESSE DE CLÈVES, ait su réunir à la peinture de ces mœurs brillantes de la chevalerie, le langage touchant des affections passionnées. Mais les véritables chefs-d'œuvre, en fait de romans, sont tous du dix-huitième siècle ; ce sont les Anglais qui, les premiers, ont donné à ce genre de production un but véritablement moral ; ils cherchent l'utilité dans tout, et leur disposition à cet égard est celle des peuples libres ; ils ont besoin d'être instruits plutôt qu'amusés, parce qu'ayant à faire un noble usage des facultés de leur esprit, ils aiment à les développer et non à les endormir.

Une autre nation, aussi distinguée par ses lumières que les Anglais le sont par leurs institutions, les Allemands ont des romans d'une vérité et d'une sensibilité profonde ; mais on juge mal parmi nous les beautés de la littérature allemande, ou, pour mieux dire, le petit nombre de personnes éclairées qui la connaissent, ne se donne pas la peine de répondre à ceux qui ne la connaissent pas. Ce n'est que depuis Voltaire que l'on rend justice en France à l'admirable littérature des Anglais ; il faudra de même qu'un homme de génie s'enrichisse une fois par la féconde originalité de quelques écrivains allemands, pour que les Français soient persuadés qu'il y a des ouvrages en Allemagne où les idées sont approfondies et les sentiments exprimés avec une énergie nouvelle.

Sans doute les auteurs actuels ont raison de rappeler sans cesse le respect que l'on doit aux chefs-d'œuvre de la littérature française ; c'est ainsi qu'on peut se former un goût, une critique sévère, je dirais impartiale, si de nos jours, en France, ce mot pouvait avoir son application. Mais le grand défaut dont notre littérature est menacée maintenant, c'est la stérilité, la froideur et la monotonie : or, l'étude des ouvrages parfaits et généralement connus que nous possédons, apprend bien ce qu'il faut éviter, mais n'inspire rien de neuf ; tandis qu'en lisant les écrits d'une nation dont la manière de voir et de sentir diffère beaucoup de celle des Français, l'esprit est excité par des combinaisons nouvelles, l'imagination est animée par les hardiesses mêmes qu'elle condamne, autant que par celles qu'elle approuve ; et l'on pourrait parvenir à adapter au goût français, peut-être le plus pur de tous, des beautés originales qui donneraient à la littérature du dix-neuvième siècle un caractère qui lui serait propre.

On ne peut qu'imiter les auteurs dont les ouvrages sont accomplis ; et dans l'imitation, il n'y a jamais rien d'illustre : mais les écrivains dont le génie un peu bizarre n'a pas entièrement poli toutes les richesses qu'ils possèdent, peuvent être dérobés heureusement par des hommes de goût et de talent : l'or des mines peut servir à toutes les nations, l'or qui a reçu l'empreinte de la monnaie ne convient qu'à une seule. Ce n'est pas Phèdre qui a produit Zaïre, c'est Othello. Les Grecs eux-mêmes, dont Racine s'est pénétré, avaient laissé beaucoup à faire à son génie. Se serait-il élevé aussi haut, s'il n'eût étudié que des ouvrages qui, comme les siens, désespéraient l'émulation, au lieu de l'animer en lui ouvrant de nouvelles routes ?

Ce serait donc, je le pense, un grand obstacle aux succès futurs des Français dans la carrière littéraire, que ces préjugés nationaux qui les empêcheraient de rien étudier qu'eux-mêmes. Un plus grand obstacle encore serait la mode qui proscrit les progrès de l'esprit humain, sous le nom de philosophie ; la mode, ou je ne sais quelle opinion de parti, transportant les calculs du moment sur le terrain des siècles, et se servant de considérations passagères, pour assaillir les idées éternelles. L'esprit alors

n'aurait plus véritablement aucun moyen de se développer ; il se replierait sans cesse sur le cercle fastidieux des mêmes pensées, des mêmes combinaisons, presque des mêmes phrases ; dépouillé de l'avenir, il serait condamné sans cesse à regarder en arrière, pour regretter d'abord, rétrograder ensuite, et sûrement il resterait fort au-dessous des écrivains du dix-septième siècle, qui lui sont présentés pour modèle ; car les écrivains de ce siècle, hommes d'un rare génie, fiers comme le vrai talent, aimaient et pressentaient les vérités que couvraient encore les nuages de leur temps.

L'amour de la liberté BOUILLONNAIT dans le VIEUX SANG de Corneille ; Fénélon donnait dans son Télémaque des leçons sévères à Louis XIV ; Bossuet traduisait les grands de la terre devant le tribunal du ciel, dont il interprétait les jugements avec un noble courage ; et Pascal, le plus hardi de tous, à travers les terreurs funestes qui ont troublé son imagination, en abrégeant sa vie, a jeté dans ses pensées détachées les germes de beaucoup d'idées que les écrivains qui l'ont suivi ont développés. Les grands hommes du siècle de Louis XIV remplissaient l'une des premières conditions du génie ; ils étaient en avant des lumières de leur siècle, et nous, en revenant sur nos pas, égalerions-nous jamais ceux qui se sont élancés les premiers dans la carrière, et qui, s'ils renaissaient, partant d'un autre point, dépasseraient encore tous leurs nouveaux contemporains ?

On a dit que ce qui avait surtout contribué à la splendeur de la littérature du dix-septième siècle, c'étaient les opinions religieuses d'alors, et qu'aucun ouvrage d'imagination ne pouvait être distingué sans les mêmes croyances. Un ouvrage, dont ses adversaires mêmes doivent admirer l'imagination originale, extraordinaire, éclatante, LE GÉNIE DU CHRISTIANISME, a fortement soutenu ce système littéraire. J'avais essayé de montrer quels étaient les heureux changements que le christianisme avait apportés dans la littérature ; mais comme le christianisme date de dix-huit siècles, et nos chefs-d'œuvre en littérature seulement de deux, je pensais que les progrès de l'esprit humain en général devaient être comptés pour quelque chose dans l'examen des différences entre la littérature des anciens et celle des modernes.

Les grandes idées religieuses, l'existence de Dieu, l'immortalité de l'âme, et l'union de ces belles espérances avec la morale, sont tellement inséparables de tout sentiment élevé, de tout enthousiasme rêveur et tendre, qu'il me paraîtrait impossible qu'aucun roman, aucune tragédie, aucun ouvrage d'imagination enfin pût émouvoir sans leur secours ; et, en ne considérant un moment ces pensées, d'un ordre bien plus sublime, que sous le rapport littéraire, je croirais que ce qu'on a appelé dans les divers genres d'écrits l'inspiration poétique, est presque toujours le pressentiment du cœur, cet essor du génie qui transporte l'espérance au delà des bornes de la destinée humaine ; mais rien n'est plus contraire à l'imagination, comme à la pensée, que les dogmes de quelque secte que ce puisse être. La mythologie avait des images et non des dogmes ; mais ce qu'il y a d'obscur, d'abstrait et de métaphysique dans les dogmes, s'oppose invinciblement, ce me semble, à ce qu'ils soient admis dans les ouvrages d'imagination.

La beauté de quelques ouvrages religieux tient aux idées qui sont entendues par tous les hommes, aux idées qui répondent à tous les cœurs, même à ceux des incrédules ; car ils ne peuvent se refuser à des regrets, lors même qu'ils ne conçoivent pas encore des espérances : ce qu'il y a de grand enfin dans la religion, ce sont toutes les pensées inconnues, vagues, indéfinies, au delà de notre raison, mais non en lutte avec elle.

On a voulu établir depuis quelque temps une sorte d'opposition entre la raison et l'imagination, et beaucoup de gens, qui ne peuvent pas avoir de l'imagination, commencent d'abord par manquer de raison, dans l'espoir que cette preuve de zèle leur sera toujours comptée. Il faut distinguer l'imagination qui peut être considérée comme l'une des plus belles facultés de l'esprit, et l'imagination dont tous les êtres souffrants et bornés sont susceptibles. L'une est un talent, l'autre une maladie; l'une devance quelquefois la raison, l'autre s'oppose toujours à ses progrès; on agit sur l'une par l'enthousiasme, sur l'autre par l'effroi : je conviens que quand on veut dominer les têtes faibles, il faut pouvoir leur inspirer des terreurs que la raison proscrirait; mais pour produire ce genre d'effet, les contes de revenants valent beaucoup mieux que les chefs-d'œuvre littéraires.

L'imagination qui a fait le succès de tous ces chefs-d'œuvre tient par des liens très-forts à la raison; elle inspire le besoin de s'élever au delà des bornes de la réalité, mais elle ne permet de rien dire qui soit en contraste avec cette réalité même. Nous avons tous au fond de notre âme une idée confuse de ce qui est mieux, de ce qui est meilleur, de ce qui est plus grand que nous; c'est ce qu'on appelle, en tout genre, le beau idéal, c'est l'objet auquel aspirent toutes les âmes douées de quelque dignité naturelle; mais ce qui est contraire à nos connaissances, à nos idées positives, déplaît à l'imagination presque autant qu'à la raison même.

J'en vais prendre un exemple au hasard; je le tirerai de l'incohérence des images; il sera facile d'en faire l'application aux idées contradictoires. Quand Milton agrandit à nos yeux le vice et la vertu par les tableaux les plus frappants, nous l'admirons : mais lorsqu'il représente les anges tirant des coups de canon dans le ciel, il manque à la raison qu'exige la nature de son sujet; il s'écarte de la conséquence qui doit exister dans l'invention comme dans la vérité, et la raison blessée refroidit l'imagination. Pourquoi blâmons-nous dans les romans, dans la poésie, dans les ouvrages dramatiques, tout ce qui n'est pas en harmonie avec les proportions admises, avec les fictions accordées? C'est par le même instinct qui nous rend importun le désordre dans le raisonnement.

Il y a en nous une force morale qui tend toujours vers la vérité; en opposant l'une à l'autre toutes les facultés de l'homme, le sentiment, l'imagination, la raison, on établirait au dedans de lui-même une division presque semblable à celle qui, en affaiblissant les empires, rend leur asservissement plus facile. Les facultés de l'homme doivent avoir toutes la même direction, et le succès de l'une ne peut jamais être aux dépens de l'autre; l'écrivain qui, dans l'ivresse de l'imagination, croit avoir subjugué la raison, la verra toujours reparaître comme son juge, non-seulement dans l'examen réfléchi, mais dans l'impression du moment, qui décide de l'enthousiasme.

Je ne sais si ces diverses réflexions font l'apologie ou la critique de la correspondance que je publie. Je ne l'aurais pas fait connaître, si elle ne m'avait pas paru d'accord avec la manière de voir et de sentir que je viens de développer. Les lettres que j'ai recueillies ont été écrites dans le commencement de la révolution; j'ai mis du soin à retrancher de ces lettres, autant que la suite de l'histoire le permettait, tout ce qui pouvait avoir rapport aux événe-ments politiques de ce temps-là. Ce ménagement n'a point pour but, on le verra, de cacher des opinions dont je me crois permis d'être fière; mais je souhaiterais qu'on pût s'occuper uniquement des personnes qui ont écrit ces lettres; il me semble qu'on y trouve des sentiments qui devraient, pendant quelques moments du moins, n'inspirer que des idées douces.

Ce vœu, je le crains, ne sera point accompli; la plupart des jugements littéraires que l'on publiera en France, ne seront, pendant longtemps encore, que des louanges de parti, ou des injures de calcul. Je pense donc que les écrivains qui, pour exprimer ce qu'ils croient bon et vrai, bravent ces jugements connus d'avance, ont choisi leur public; ils s'adressent à la France silencieuse mais éclairée, à l'avenir plutôt qu'au présent; ils aspirent peut-être aussi, dans leur ambition, à l'opinion indépendante, au suffrage réfléchi des étrangers; mais ils se rappelleront sans doute ce conseil que Virgile donnait au Dante, lorsqu'il traversait avec lui le séjour des hommes médiocres, agités tant qu'ils avaient vécu par des passions haineuses :

. . . .
Fama di loro il mondo esser non lassa ,

. . . .
Non ragioniam di lor ; ma guarda e passa [1].

PREMIÈRE PARTIE

LETTRE PREMIÈRE.

Madame d'Albémar à Matilde de Vernon.

Bellerive, ce 12 avril 1790.

Je serai trop heureuse, ma chère cousine, si je puis contribuer à votre mariage avec M. de Mondoville; les liens du sang qui nous unissent me donnent le droit de vous servir, et je le réclame avec instance. Si je mourais, vous succéderiez naturellement à la moitié de ma fortune : me serait-il refusé de disposer d'une portion de mes biens pendant ma vie, comme les lois en disposeraient après ma mort? A vingt et un ans, convenez qu'il serait ridicule d'offrir mon héritage à vous qui en avez dix-huit! Je vous parle donc des droits de succession, seulement pour vous faire sentir que vous ne pouvez considérer le don de la terre d'Andelys comme un service embarrassant à recevoir, et dont votre délicatesse doive s'alarmer.

M. d'Albémar m'a comblée de tant de biens en mourant, que j'éprouverais le besoin d'y associer une personne de sa famille; quand cette personne, ma compagne depuis trois ans, ne serait pas la fille de madame de Vernon, de la femme du monde dont l'esprit et les manières m'attachent et me

[1] Le monde n'a pas même conservé le souvenir de leur nom; ne nous arrêtons pas à en parler, mais jette un coup d'œil sur eux, et passe.

captivent le plus. Vous savez que la sœur de mon mari, Louise d'Albémar, est mon amie intime; elle a confirmé avec joie les dons que M. d'Albémar m'avait faits. Retirée dans un couvent à Montpellier, ses goûts sont plus que satisfaits par la fortune qu'elle possède; je suis donc libre et parfaitement libre de vous assurer vingt mille livres de rente, et je le fais avec un sentiment de bonheur que vous ne voudrez pas me ravir.

En vous donnant la terre d'Andelys, il me restera encore cinquante mille livres de revenu; j'ai presque honte d'avoir l'air de la générosité quand je ne dérange en rien les habitudes de ma vie. Ce sont ces habitudes qui rendent la fortune nécessaire : dès que l'on n'est pas obligé d'éloigner de soi les inférieurs qui se reposent de leur sort sur notre bienveillance, ou d'exciter la pitié des supérieurs par un changement remarquable dans sa manière d'exister, l'on est à l'abri de toutes les peines que peut faire éprouver la diminution de la fortune. D'ailleurs je ne crois pas que je me fixe à Paris; depuis près d'un an que j'y habite, je n'y ai pas formé une seule relation qui puisse me faire oublier les amis de mon enfance; ces véritables amis sont gravés dans mon cœur avec des traits si chers et si sacrés, que toutes les nouvelles connaissances que je fais laissent à peine des traces à côté de ces profonds souvenirs. Je n'aime ici que votre mère : sans elle je ne serais point venue à Paris, et je n'aspire qu'à la ramener en Languedoc avec moi : j'ai pris, depuis que j'existe, l'habitude d'être aimée, et les louanges qu'on veut bien m'accorder ici laissent au fond de mon cœur un sentiment de froideur et d'indifférence qu'aucune jouissance de l'amour-propre n'a pu changer entièrement; je crois donc que, malgré mon goût pour la société de Paris, je retirerai ma vie et mon cœur de ce tumulte, où l'on finit toujours par recevoir quelques blessures, qui vous font mal ensuite dans la retraite.

J'entre dans ces détails avec vous, ma chère cousine, pour que vous soyez bien convaincue que j'ai beaucoup plus de fortune qu'il n'en faut pour la vie que je veux mener. C'est à regret que je me condamne à rechercher tous les arguments imaginables pour vous faire accepter un don qui devrait s'offrir et se recevoir avec le même mouvement; mais les différences de caractère et d'opinion qui peuvent exister entre nous m'ont fait craindre de rencontrer quelques obstacles aux projets que nous avons arrêtés votre mère et moi : j'ai donc voulu que vous sussiez tout ce qui peut vous tranquilliser sur un service auquel vous paraissiez attacher

beaucoup trop d'importance; il n'entraîne point avec lui une reconnaissance qui doive vous imposer de la gêne; et si tout ce que je viens de vous dire ne suffit pas pour vous le prouver, je vous répéterai que mon amitié pour votre mère est si vive, si dévouée, qu'il vous suffirait d'être sa fille pour que je fisse pour vous, quand même je ne vous connaîtrais pas, tout ce qui est en mon pouvoir. Mais c'est assez parler de ce service; assurément je ne vous en aurais pas entretenue si longtemps, si je n'avais aperçu que vous aviez une répugnance secrète pour la proposition que je vous faisais.

Il se peut aussi que vous soyez blessée des conditions que madame de Mondoville a mises à votre mariage avec son fils. N'oubliez pas cependant, ma chère Matilde, qu'elle ne vous a connue que pendant votre enfance, puisqu'elle n'a pas quitté l'Espagne depuis dix ans; et songez surtout que son fils ne vous a jamais vue. Madame de Mondoville aime votre mère, et désire s'allier avec votre famille; mais vous savez combien elle met d'importance à tout ce qui peut ajouter à la considération des siens; elle veut que sa belle-fille ait de la fortune, comme un moyen d'établir une distance de plus entre son fils et les autres hommes. Elle a de la générosité et de l'élévation, mais aussi de la hauteur et de l'orgueil; ses manières, dit-on, sont très-simples et son caractère très-arrogant. Née en Espagne, d'une famille attachée aux antiques mœurs de ce pays, elle a vécu longtemps en France avec son mari, et elle y a appris l'art de revêtir ses défauts de formes aimables qui subjuguent ceux qui l'entourent. Tout ce que l'on raconte de Léonce de Mondoville me persuade que vous serez parfaitement heureuse avec lui; mais je crois que madame de Mondoville, malgré les inconvénients de son caractère, a beaucoup d'ascendant sur son fils. J'ai souvent remarqué que c'est par ses défauts que l'on gouverne ceux dont on est aimé : ils veulent les ménager, ils craignent de les irriter, ils finissent par s'y soumettre; tandis que les qualités dont le principal avantage est de rendre la vie facile, sont souvent oubliées, et ne donnent point de pouvoir sur les autres.

Ces diverses réflexions ne doivent en rien vous détourner du mariage le plus brillant et le plus avantageux; mais elles ont pour but de vous faire sentir la nécessité de remplir toutes les conditions que demande ou que désire madame de Mondoville. Il ne faut pas que vous entriez dans une telle famille avec une infériorité quelconque; il faut que madame de Mondoville soit convaincue qu'elle a fait pour son fils un mariage très-convenable, afin que tous les égards que vous aurez pour elle la flattent davantage encore. Plus vous serez indépendante par votre fortune, plus il vous sera doux d'être asservie par vos sentiments et vos devoirs.

Oubliez donc, ma chère Matilde, les petites altercations que nous avons eues quelquefois ensemble, et réunissons nos cœurs par les affections qui nous sont communes, par l'attachement que nous ressentons toutes les deux pour votre aimable mère.

LETTRE II.

Réponse de Matilde de Vernon à madame d'Albémar.

Paris, ce 14 avril 1790.

Puisque vous croyez, ma chère cousine, qu'il est de votre délicatesse de faire jouir les parents de M. d'Albémar d'une partie de la fortune qu'il vous a laissée, je consens, avec l'autorisation de ma mère, à la donation que vous me proposez, et je considère avec raison cette conduite de votre part comme satisfaisant à beaucoup plus que l'équité, et vous donnant des droits à ma reconnaissance; je m'engage donc à tout ce que la religion et la vertu exigent d'une personne qui a contracté, de son libre aveu, l'obligation qui me lie à vous.

Ma mère désire que le service que vous me rendez reste secret entre nous; elle croit que la fierté de madame de Mondoville pourrait être blessée en apprenant que c'est par un bienfait que sa belle-fille est dotée: je vous dis ce que pense ma mère, mais je serai toujours prête à publier ce que vous faites pour moi, si vous le désirez. Dût la publicité de vos bienfaits m'humilier selon l'opinion du monde, elle me relèverait à mes propres yeux : tel est l'esprit de la religion sainte que je professe.

Je sais que ce langage vous a paru quelquefois ridicule, et que, malgré la douceur de votre caractère, douceur à laquelle je rends justice, vous n'avez pu me cacher que vous ne partagiez pas mes opinions sur tout ce qui tient à l'observance de la religion catholique. Je m'en afflige pour vous, ma chère cousine, et plus vous resserrez par votre excellente conduite les liens qui nous attachent l'une à l'autre, plus je voudrais qu'il me fût possible de vous convaincre que vous prenez une mauvaise route, soit pour votre bonheur intérieur, soit pour votre considération dans le monde.

Vos opinions en tout genre sont singulièrement indépendantes : vous vous croyez, et avec raison, un esprit très-remarquable; cependant, qu'est-ce que cet esprit, ma cousine, pour diriger sagement, non-seulement les hommes en général, mais les femmes en particulier? Vous êtes charmante, on vous le répète sans cesse; mais combien vos succès ne vous font-ils pas d'ennemis! Vous êtes jeune, vous aurez sans doute le désir de vous remarier; pensez-vous qu'un homme sage puisse être empressé de s'unir à une personne qui voit tout par ses propres lumières, soumet sa conduite à ses propres idées, et dédaigne souvent les maximes reçues? Je sais que vous avez une simplicité tout à fait aimable dans le caractère; que vous ne cherchez point à dominer, que vous n'avez de hardiesse ni dans les manières, ni dans les discours; mais, dans le fond, et vous en convenez vous-même, ce n'est point à la foi catholique, ce n'est point aux hommes respectables chargés de nous l'enseigner, que vous soumettez votre conduite, c'est à votre manière de sentir et de concevoir les idées religieuses.

Ma cousine, où en serions-nous, si toutes les femmes prenaient ainsi pour guide ce qu'elles appelleraient leurs lumières? Croyez-moi, ce n'est pas seulement par les fidèles qu'une telle indépendance est blâmée; les hommes qui sont le plus affranchis des vérités traitées de préjugés dans la langue actuelle, veulent que leurs femmes ne se dégagent d'aucun lien; ils sont bien aises qu'elles soient dévotes, et se croient plus sûrs ainsi qu'elles respecteront et leurs devoirs et jusqu'aux moindres nuances de ces devoirs.

Je ne fais rien pour l'opinion, vous le savez; j'ai de bonne foi les sentiments religieux que je professe : si mon caractère a quelquefois de la roideur, il a toujours de la vérité; mais si j'étais capable de concevoir l'hypocrisie, je crois tellement essentiel pour une femme de ménager en tout point l'opinion, que je lui conseillerais de ne rien braver en aucun genre, ni superstitions (pour me conformer à votre langage), ni convenances, quelque puériles qu'elles puissent être. Combien toutefois il vaut mieux n'avoir point à penser aux suffrages du monde, et se trouver disposée, par la religion même, à tous les sacrifices que l'opinion peut exiger de nous!

Si vous pouviez consentir à voir l'évêque de L. qui, malgré tous les maux que nous éprouvons depuis dix mois, est resté en France, je suis sûre qu'il prendrait de l'ascendant sur vous. Mon zèle est peut-être indiscret; la religion ne nous oblige point à nous mêler de la conduite des autres; mais la reconnaissance que je vais vous devoir m'inspire un nouveau désir de vous appeler au salut. Vous le dites vous-même, vous n'êtes pas heureuse : c'est un avertissement du ciel. Pourquoi n'êtes-vous pas heureuse? Vous êtes jeune, riche, jolie; vous avez un esprit dont la supériorité et le charme ne sont pas contestés; vous êtes bonne et généreuse : savez-vous ce qui vous afflige? C'est l'incertitude de votre croyance; et, s'il faut tout vous dire, c'est que vous sentez aussi que cette indépendance d'opinion et de conduite, qui donne à votre conversation peut-être plus de grâce et de piquant, commence déjà à faire dire du mal de vous, et nuira sûrement tôt ou tard à votre existence dans le monde.

Ne prenez pas mal les avis que je vous donne; ils tiennent, je vous l'atteste, à mon attachement pour vous : vous savez que je ne suis point jalouse, vous m'avez rendu plusieurs fois cette justice; je ne prétends point aux succès du monde, je n'ai pas l'esprit qu'il faudrait pour les obtenir, et je me ferais scrupule de m'en occuper : je vous parle donc en conscience sans aucun autre motif que ceux qui doivent inspirer une âme chrétienne; j'aurais fait pour vous bien plus que vous ne faites pour moi, si j'avais pu vous engager à sacrifier vos opinions particulières, pour vous soumettre aux décisions de l'Église.

Adieu, ma chère cousine : je ne vous plais pas, je ne dois pas vous plaire; cependant vous êtes certaine, j'en suis sûre, que je ne manquerai jamais aux sentiments que vous méritez.

LETTRE III.

Delphine à Matilde.

J'ai bien de la peine à contenir, ma cousine, le sentiment que votre lettre me fait éprouver : je devrais ne pas y céder, puisque j'attends de vous une marque précieuse d'amitié; mais il m'est impossible de ne pas m'expliquer une fois franchement avec vous; je veux mettre un terme aux insinuations continuelles que vous me faites sur mes opinions et sur mes goûts : vous estimez la vérité, vous savez l'entendre; j'espère donc que vous ne serez point blessée des expressions vives qui pourront m'échapper dans ma propre justification.

D'abord vous attribuez à la délicatesse le don que j'ai le bonheur de vous offrir, et c'est l'amitié seule qui en est la cause. S'il était vrai que je vous dusse de quelque manière une partie de ma fortune, parce que votre mère est parente de M. d'Albémar, j'aurais eu tort de la conserver jusqu'à

présent; la délicatesse est pour les âmes élevées un devoir plus impérieux encore que la justice; elles s'inquiètent bien plus des actions qui dépendent d'elles seules que de celles qui sont soumises à la puissance des lois : mais pouvez-vous ignorer quelle malheureuse prévention éloignait M. d'Albémar de votre mère? C'est le seul sujet de discussion que nous ayons jamais eu ensemble; cette prévention était telle, que j'ai eu beaucoup de peine à éviter l'engagement qu'il voulait me faire prendre de rompre entièrement avec elle : connaissant les dispositions de M. d'Albémar, comme je le fais, si je puis me permettre de disposer de sa fortune en votre faveur, c'est parce qu'il m'a ordonné de la considérer comme appartenant à moi seule.

Mais pourquoi donc éprouvez-vous le besoin de diminuer le faible mérite du service que je veux vous rendre? Est-ce parce que vous êtes effrayée de tous les devoirs que vous croyez attachés à la reconnaissance? Pourquoi mettez-vous tant d'importance à une action qui ne peut être comptée que comme l'expression de l'amitié que j'éprouve? Je n'ai qu'un but, je n'ai qu'un désir, c'est d'être aimée des personnes avec qui je vis; il faut que vous vous sentiez tout à fait incapable de m'accorder ce que je demande, puisque vous craignez tant de me rien devoir : mais, encore une fois, soyez tranquille; votre mère peut tout pour mon bonheur; son esprit plein de grâce, sa douceur et sa gaieté répandent tant de charmes sur ma vie! Quelquefois l'inégalité, la froideur de ses manières, m'inquiètent; je voudrais qu'elle répondît sans cesse à la vivacité de mon attachement pour elle. Ne suis-je donc pas trop heureuse, si je trouve une occasion de lui inspirer un sentiment de plus pour moi! Ma cousine, je ne cherche point à me faire valoir auprès de vous; vous ne me devez rien : je serai mille fois récompensée de mon zèle pour vos intérêts, si votre mère me témoigne plus souvent cette amitié tendre qui calme et remplit mon cœur.

Maintenant passons aux reproches ou aux conseils que vous croyez nécessaire de m'adresser.

Je n'ai pas les mêmes opinions que vous; mais je ne pense pas, je vous l'avoue, que ma considération en souffre le moins du monde. Si je songeais à me remarier, j'ose croire que mon cœur est un assez noble présent pour n'être pas dédaigné par celui qui m'en paraîtrait digne. Vous avez cru, dites-vous, démêler de la tristesse dans ma lettre, vous vous êtes trompée; je n'ai dans ce moment aucun sujet de peine : mais le bonheur même des âmes sensibles n'est jamais sans quelque mélange de mélancolie ; et comment n'éprouverais-je pas cette disposition, moi qui ai perdu dans M. d'Albémar un ami si bon et si tendre ! Il n'a pris le nom de mon époux, lorsque j'avais atteint ma seizième année, que pour m'assurer sa fortune ; il mettait dans ses relations avec moi tant de bonté protectrice et de galanterie délicate, que son sentiment pour moi réunissait tout ce qu'il y a d'aimable dans les affections d'un père et dans les soins d'un jeune homme. M. d'Albémar, uniquement occupé d'assurer le bonheur du reste de ma vie, dont son âge ne lui permettait pas d'être le témoin, m'avait inspiré cette confiance si douce à ressentir, cette confiance qui remet, pour ainsi dire, à un autre la responsabilité de notre sort, et nous dispense de nous inquiéter de nous-mêmes. Je le regretterai toujours, et les souvenirs de mon enfance et les premiers jours de ma jeunesse ne peuvent jamais cesser de m'attendrir ; mais quel autre chagrin pourrais-je éprouver en ce moment ? Qu'ai-je à redouter du monde ? je n'y porte que des sentiments doux et bienveillants. Si j'avais été dépourvue de toute espèce d'agréments, peut-être n'aurais-je pu me défendre d'un peu d'aigreur contre les femmes assez heureuses pour plaire ; mais je n'entends retentir autour de moi que des paroles flatteuses : ma position me permet de rendre quelques services, et ne m'oblige jamais à en demander ; je n'ai que des rapports de choix avec les personnes qui m'entourent ; je ne recherche que celles que j'aime ; je ne dis aucun mal des autres : pourquoi donc voudrait-on affliger une créature aussi *inoffensive* que moi, et dont l'esprit, s'il est vrai que l'éducation que j'ai reçue m'ait donné cet avantage, dont l'esprit, dis-je, n'a d'autre mobile que le désir d'être agréable à ceux que je vois ?

Vous m'accusez de n'être pas aussi bonne catholique que vous, et de n'avoir pas assez de soumission pour les convenances arbitraires de la société. D'abord, loin de blâmer votre dévotion, ma chère cousine, n'en ai-je pas toujours parlé avec respect ? je sais qu'elle est sincère, et quoiqu'elle n'ait pas entièrement adouci ce que vous avez peut-être de trop âpre dans le caractère, je crois qu'elle contribue à votre bonheur, et je ne me permettrai jamais de l'attaquer, ni par des raisonnements, ni par des plaisanteries ; mais j'ai reçu une éducation tout à fait différente de la vôtre. Mon respectable époux, en revenant de la guerre d'Amérique, s'était retiré dans la solitude, et s'y livrait à l'examen de toutes les questions morales que la réflexion

peut approfondir. Il croyait en Dieu, il espérait l'immortalité de l'âme ; et la vertu, fondée sur la bonté, était son culte envers l'Être suprême. Orpheline dès mon enfance, je n'ai compris des idées religieuses que ce que M. d'Albémar m'en a enseigné ; et comme il remplissait tous les devoirs de la justice et de la générosité, j'ai cru que ses principes devaient suffire à tous les cœurs.

M. d'Albémar connaissait peu le monde, je commence à le croire ; il n'examinait jamais dans les actions que leur rapport avec ce qui est bien en soi, et ne songeait point à l'impression que sa conduite pouvait produire sur les autres. Si c'est être philosophe que penser ainsi, je vous avoue que je pourrais me croire des droits à ce titre, car je suis absolument à cet égard de l'opinion de M. d'Albémar ; mais si vous entendiez par philosophie la plus légère indifférence pour les vertus pures et délicates de notre sexe ; si vous entendiez même par philosophie la force qui rend inaccessible aux peines de la vie, certes, je n'aurais mérité ni cette injure, ni cette louange ; et vous savez bien que je suis une femme, avec les qualités et les défauts que cette destinée faible et dépendante peut entraîner.

J'entre dans le monde avec un caractère bon et vrai, de l'esprit, de la jeunesse et de la fortune ; pourquoi ces dons de la Providence ne me rendraient-ils pas heureuse ? Pourquoi me tourmenterais-je des opinions que je n'ai pas, des convenances que j'ignore ? La morale et la religion du cœur ont servi d'appui à des hommes qui avaient à parcourir une carrière bien plus difficile que la mienne : ces guides me suffiront.

Quant à vous, ma chère cousine, souffrez que je vous le dise : vous aviez peut-être besoin d'une règle plus rigoureuse pour réprimer un caractère moins doux ; mais ne pouvons-nous donc nous aimer, malgré la différence de nos goûts et de nos opinions ? Vous savez combien je considère vos vertus ; ce sera pour moi un vif plaisir de contribuer à rendre votre destinée heureuse : mais laissez chacun en paix chercher au fond de son cœur le soutien qui convient le mieux à son caractère et à sa conscience. Imitez votre mère, qui n'a jamais mis de discussion avec vous, quoique vos idées diffèrent souvent des siennes. Nous aimons toutes deux un Être bienfaisant, vers lequel nos âmes s'élèvent ; c'est assez de ce rapport, c'est assez de ce lien qui réunit toutes les âmes sensibles dans une même pensée, la plus grande et la plus fraternelle de toutes.

Je retournerai dans deux jours à Paris ; nous

ne parlerons plus du sujet de nos lettres ; et vous m'accorderez le bonheur de vous être utile, sans le troubler par des réflexions qui blessent toujours un peu, quelques efforts qu'on fasse sur soi-même pour ne pas s'en offenser. Je vous embrasse, ma chère cousine, et je vous assure qu'à la fin de ma lettre, je ne sens plus la moindre trace de la disposition pénible qui m'avait inspiré les premières lignes.

LETTRE IV.

Delphine d'Albémar à madame de Vernon.

Bellerive, ce 16 avril 1790.

Ma chère tante, ma chère amie, pourquoi m'avez-vous mise en correspondance avec ma cousine sur un sujet qui ne devait être traité qu'avec vous? Vous savez que Matilde et moi nous ne nous convenons pas toujours, et je m'entends si bien avec vous! Quand j'ai pu vous être utile, vous avez si noblement accepté le dévouement de mon cœur, vous l'avez récompensé par un sentiment qui me rend la vie si douce! Ne voulez-vous donc plus que ce soit à vous, à vous seule que je m'adresse? Si cependant je vous avais déplu par ma réponse à Matilde, si vous ne me jugiez plus digne d'assurer le bonheur de votre fille! Mais non, vous connaissez la vivacité de mes premiers mouvements ; vous me les pardonnez, vous qui conservez toujours sur vous-même cet empire qui sert au bonheur de vos amis plus encore qu'au vôtre. Je n'ai rien à redouter de votre caractère généreux et fier : il reçoit les services, comme il les rendrait, avec simplicité : cependant rassurez-moi avant que je vous revoie. Je sais bien que vous n'aimez pas à écrire ; mais il me faut un mot qui me dise que vous persistez dans la permission que vous m'avez accordée.

Je le répète encore, vous n'affligerez pas profondément votre amie ; je serais la première personne du monde à qui vous auriez fait de la peine. Si j'ai eu tort, c'est alors surtout que, prévoyant les reproches que je me ferais, vous ne voudrez pas que ce tort ait des suites amères. J'attends quelques lignes de vous, ma chère Sophie, avec une inquiétude que je n'avais point encore ressentie.

LETTRE V.

Madame de Vernon à Delphine.

Paris, ce 17 avril.

Vous êtes des enfants, Matilde et vous ; ce n'est pas ainsi qu'il faut traiter des objets sérieux : nous en causerons ensemble : mais n'ayez jamais d'inquiétude, ma chère Delphine, quand ce que vous désirez dépend de moi.

LETTRE VI.

Delphine à mademoiselle d'Albémar.

Paris, ce 19.

Une légère altercation qui s'était élevée entre Matilde et moi, il y a quelques jours, m'avait assez inquiétée, ma chère sœur ; je vous envoie la copie de nos lettres, pour que vous en soyez juge. Mais combien je voudrais que vous fussiez près de moi! Je cherche à me rappeler sans cesse ce que vous m'avez dit : il me semblait autrefois que votre excellent frère, dans nos entretiens, m'avait donné des règles de conduite qui devaient me guider dans toutes les situations de la vie; et maintenant je suis troublée par les inquiétudes qui me sont personnelles, comme si les idées générales que j'ai conçues ne suffisaient point pour m'éclairer sur les circonstances particulières. Néanmoins ma destinée est simple, et je n'éprouve et je n'éprouverai jamais, j'espère, aucun sentiment qui puisse l'agiter.

Madame de Vernon que vous n'aimez pas, quoiqu'elle vous aime ; madame de Vernon est certainement la personne la plus spirituelle, la plus aimable, la plus éclairée dont je puisse me faire l'idée : cependant il m'est impossible de discuter avec elle jusqu'au fond de mes pensées et de mes sentiments. D'abord elle ne se plaît pas beaucoup dans les conversations prolongées ; mais ce qui surtout abrége les développements dans les entretiens avec elle, c'est que son esprit va toujours droit aux résultats, et semble dédaigner tout le reste. Ce n'est ni la moralité des actions, ni leur influence sur le bien-être de l'âme qu'elle a profondément étudiées, mais les conséquences et les effets de ces actions; et, quoiqu'elle soit elle-même une personne douée des plus excellentes qualités, l'on dirait qu'elle compte pour tout le succès, et pour très-peu le principe de la conduite des hommes. Cette sorte d'esprit la rend un meilleur juge des événements de la vie que des peines secrètes ; il me reste donc toujours dans le cœur quelques sentiments que je ne lui ai pas exprimés, quelques sentiments que je retiens comme inutiles à lui dire, et dont j'éprouve pourtant la puissance en moi-même. Il n'existe aucune borne à ma confiance en elle ; mais, sans que j'y réfléchisse, je me trouve naturellement disposée à ne lui dire que ce qui peut l'intéresser : je renvoie toujours au lendemain pour lui parler des pensées qui m'occupent, mais qui n'ont point d'analogie avec sa manière de voir et de sentir : mon désir de lui plaire est mêlé d'une sorte d'inquiétude qui fixe mon attention sur les moyens de lui être agréable, et met dans mon amitié pour elle encore plus pour ainsi dire de coquetterie que de confiance.

Mon âme s'ouvrirait entièrement avec vous, ma chère Louise ; vous l'avez formée en me tenant lieu de mère ; vous avez toujours été mon amie ; je conserve pour vous cette douce confiance du premier âge de la vie, de cet âge où l'on croit avoir tout fait pour ceux qu'on aime, en leur montrant ses sentiments, et en leur développant ses pensées. Dites-moi donc, ma chère sœur, quel est cet obstacle qui s'oppose à ce que vous quittiez votre couvent pour vous établir à Paris avec moi ? Vous m'avez fait un secret jusqu'à présent de vos motifs ; supportez-vous l'idée qu'il existe un secret entre nous !

Je vous ai promis, en vous quittant, de vous écrire mon journal tous les soirs ; vous vouliez, disiez-vous, veiller sur mes impressions. Oui, vous serez mon ange tutélaire, vous conserverez dans mon âme les vertus que vous avez su m'inspirer ; mais ne serions-nous pas bien plus heureuses si nous étions réunies ? et nos lettres peuvent-elles jamais suppléer à nos entretiens ?

Après avoir reçu le billet de madame de Vernon, je partis le jour même pour l'aller voir ; je quittai Bellerive à cinq heures du soir, et je fus chez elle à huit. Elle était dans son cabinet avec sa fille ; à mon arrivée, elle fit signe à Matilde de s'éloigner : j'étais contente, et néanmoins embarrassée de me trouver seule avec elle : j'ai éprouvé souvent une sorte de gêne auprès de madame de Vernon, jusqu'à ce que la gaieté de son esprit m'ait fait oublier ce qu'il y a de réservé et de contenu dans ses manières : je ne sais si c'est un défaut en elle ; mais ce défaut même sert à donner plus de prix aux témoignages de son affection.

« Eh bien, me dit-elle en souriant, Matilde a donc voulu vous convertir ? — Je ne puis vous dire, ma chère tante, lui répondis-je, combien sa lettre m'a fait de peine ; elle a provoqué ma réponse, et je m'en suis bientôt repentie : j'avais une frayeur mortelle de vous avoir déplu. — En vérité je l'ai à peine lue, reprit madame de Vernon ; j'y ai reconnu votre bon cœur, votre mauvaise tête, tout ce qui fait de vous une personne charmante ; je n'ai rien remarqué que cela. Quant au fond de l'affaire, l'homme chargé de dresser le contrat y insérera les conditions que vous voulez

bien offrir ; mais il faut que vous permettiez qu'on mette dans l'article que c'est une donation faite en dédommagement de l'héritage de M. d'Albémar. Si madame de Mondoville croyait que c'est par une simple générosité de votre part que ma fille est dotée, son orgueil en souffrirait tellement qu'elle romprait le mariage. » J'éprouvai, je l'avoue, une sorte de répugnance pour cette proposition, et je voulais la combattre ; mais madame de Vernon m'interrompit, et me dit : « Madame de Mondoville ne sait pas combien on peut être fière d'être comblée des bienfaits d'une amie telle que vous : vous m'avez déjà retirée une fois de l'abîme où m'avait jetée un négociant infidèle ; vous allez maintenant marier ma fille, le seul objet de mes sollicitudes, et il faut que je condamne ma reconnaissance au silence le plus absolu : tel est le caractère de madame de Mondoville. Si vous exigiez que le service que vous rendez fût connu, je serais forcée de le refuser, car il deviendrait inutile ; mais il vous suffit, n'est-il pas vrai, ma chère Delphine, du sentiment que j'éprouve ; de ce sentiment qui me permet de vous tout devoir, parce que mon cœur est certain de tout acquitter ? » Ces derniers mots furent prononcés avec cette grâce enchanteresse qui n'appartient qu'à madame de Vernon ; elle n'avait pas l'air de douter de mon consentement ; et lui en faire naître l'idée, c'était refroidir tous ses sentiments : elle s'y abandonne si rarement qu'on craint encore plus d'en troubler les témoignages. Les motifs de ma répugnance étaient bien purs ; mais j'avais une sorte de honte néanmoins d'insister pour que mon nom fût proclamé à côté du service que je rendrais ; et je fus irrésistiblement entraînée à céder aux désirs de madame de Vernon.

Je lui dis cependant : « J'ai quelque regret de me servir du nom de M. d'Albémar dans une circonstance si opposée à ses intentions ; mais, s'il était témoin du culte que vous rendez à ses vertus, s'il vous entendait parler de lui comme vous en parlez avec moi, peut-être.... — Sans doute, » interrompit madame de Vernon ; et ce mot finit la conversation sur ce sujet.

Un moment de silence s'ensuivit ; mais bientôt, reprenant sa grâce et sa gaieté naturelles, madame de Vernon dit : « A propos, dois-je vous envoyer M. l'évêque de L., pour vous confesser à lui, comme Matilde vous le propose ? — Je vous en conjure, lui répondis-je ; dites-moi donc, ma chère tante, pourquoi vous avez donné à Matilde une éducation presque superstitieuse, et qui a si peu de rapport avec l'étendue de votre esprit et l'indépendance de vos opinions ? » Elle redevint sé-

rieuse un moment, et me dit : « Vous m'avez fait
vingt fois cette question, je ne voulais pas y répondre ; mais je vous dois tous les secrets de mon
cœur.

« Vous savez, continua-t-elle, tout ce que j'ai eu
à souffrir de M. de Vernon, proche parent de votre mari ; il était impossible de lui moins ressembler : sa fortune et ma pauvreté furent les seuls
motifs qui décidèrent notre mariage : j'en fus longtemps très-malheureuse ; à la fin cependant, je
parvins à m'aguerrir contre les défauts de M. de
Vernon ; j'adoucis un peu sa rudesse : il existe une
manière de prendre tous les caractères du monde,
et les femmes doivent la trouver, si elles veulent
vivre en paix sur cette terre où leur sort est entièrement dans la dépendance des hommes. Je
n'avais pu néanmoins obtenir que ma fille me fût
confiée, et son père la dirigeait seul ; il mourut
qu'elle avait onze ans ; et pouvant alors m'occuper
uniquement d'elle, je remarquai qu'elle avait dans
son caractère une singulière âpreté, assez peu de
sensibilité, et un esprit plus opiniâtre qu'étendu :
je reconnus bientôt que mes leçons ne suffisaient
pas pour corriger de tels défauts ; j'ai de l'indolence dans le caractère, inconvénient qui est le
résultat naturel de l'habitude de la résignation ;
j'ai peu d'autorité dans ma manière de m'exprimer,
quoique ma décision intérieure soit très-positive.
Je mets d'ailleurs trop peu d'importance à la plupart des intérêts de la vie, pour avoir le sérieux
nécessaire à l'enseignement. Je me jugeai comme
je jugerais un autre ; vous savez que cela m'est facile ; et je résolus de confier à M. l'évêque de L.
l'éducation de ma fille. Après y avoir bien réfléchi,
je crus que la religion, et une religion positive,
était le seul frein assez fort pour dompter le caractère de Matilde : ce caractère aurait pu contribuer utilement à l'avancement d'un homme ; il
présentait l'idée d'une âme ferme et capable de servir d'appui ; mais les femmes devant toujours
plier, ne peuvent trouver dans les défauts, et dans
les qualités même d'un caractère fort, que des occasions de douleur. Mon projet a réussi : la religion, sans avoir entièrement changé le caractère
de ma fille, lui a ôté ses inconvénients les plus
graves ; et comme le sentiment du devoir se mêle
à toutes ses résolutions, et presque à toutes ses
paroles, on ne s'aperçoit plus des défauts qu'elle
avait naturellement que par un peu de froideur et
de sécheresse dans les relations de la vie, jamais par
aucun tort réel. Son esprit est assez borné ; mais
comme elle respecte tous les préjugés, et se soumet
à toutes les convenances, elle ne sera jamais exposée aux critiques du monde : sa beauté, qui est
parfaite, ne lui fera courir aucun risque, car ses
principes sont d'une inébranlable austérité. Elle
est disposée aux plus grands sacrifices ainsi qu'aux
plus petits ; et la roideur de son caractère lui fait
aimer la gêne comme un autre se plairait dans
l'abandon. C'eût été bien dommage, ma chère
Delphine ; qu'une personne aussi aimable, aussi
spirituelle que vous, se fût imposé un joug qui
l'eût privée de mille charmes ; mais réfléchissez à
ce qu'est ma fille, et vous verrez que le parti que
j'ai pris était le seul qui pût la garantir de tous les
malheurs que lui préparait sa triste conformité
avec son père. Je ne parlerais à personne, ma
chère Delphine, avec la confiance que je viens de
vous témoigner ; mais je n'ai pas voulu que l'amie
de mon cœur, celle qui veut assurer le bonheur
de Matilde, ignorât plus longtemps les motifs
qui m'ont déterminée dans la plus importante de
mes résolutions, dans celle qui concerne l'éducation de ma fille.

—Vous ne pouvez jamais parler sans convaincre,
ma chère tante, lui répondis-je ; mais vous-même
cependant ne pouviez-vous pas guider votre fille ?
Vos opinions ne sont-elles pas en tout conformes
à celles que la raison.... — Oh ! mes opinions, répondit-elle en souriant et m'interrompant, personne ne les connaît ; et comme elles n'influent
point sur mes sentiments, ma chère Delphine,
vous n'avez pas besoin de les savoir. » En achevant ces mots, elle se leva, me prit par la main,
et me conduisit dans le salon où plusieurs personnes étaient déjà rassemblées.

Elle entra, et leur fit des excuses avec cette
grâce inimitable que vous-même lui reconnaissez.
Quoiqu'elle ait au moins quarante ans, elle paraît
encore charmante, même au milieu des jeunes
femmes ; sa pâleur, ses traits un peu abattus, rappellent la langueur de la maladie et non la décadence des années ; sa manière de se mettre toujours négligée est d'accord avec cette impression.
On se dit qu'elle serait parfaitement jolie, si un
jour elle se portait mieux, si elle voulait se parer
comme les autres ; ce jour n'arrive jamais, mais
on y croit, et c'est assez pour que l'imagination
ajoute encore à l'effet naturel de ses agréments.

Dans un des coins de la chambre était madame
du Marset. Vous ai-je dit que c'est une femme qui
ne peut me supporter, quoique je n'aie jamais eu
et ne veuille jamais avoir le moindre tort avec
elle ? Elle a pris, dès mon arrivée, parti contre la
bienveillance qu'on m'a témoignée, et l'a considérée
comme un affront qui lui serait personnel. J'ai,

pendant quelque temps, essayé de l'adoucir; mais quand j'ai vu qu'elle avait contracté aux yeux du monde l'engagement de me détester, et que ne pouvant se faire une existence par ses amis, elle espérait s'en faire une par ses haines, j'ai résolu de dédaigner ce qu'il y avait de réel dans son aversion pour moi. Elle prétend, ne sachant trop de quoi m'accuser, que j'aime et que j'approuve beaucoup trop la révolution de France. Je la laisse dire; elle a cinquante ans et nulle bonté dans le caractère; c'est assez de chagrins pour lui permettre beaucoup d'humeur.

. Derrière elle était M. de Fierville, son fidèle adorateur, malgré son âge avancé : il a plus d'esprit qu'elle et moins de caractère, ce qui fait qu'elle le domine entièrement : il se plaît quelquefois à causer avec moi; mais comme, par complaisance pour madame du Marset, il me critique souvent quand je n'y suis pas, il fait sans cesse des réserves dans les compliments qu'il m'adresse, pour se mettre, s'il est possible, un peu d'accord avec lui-même. Je le laisse s'agiter dans ses petits remords, parce que je n'aime de lui que son esprit, et qu'il ne peut m'empêcher d'en jouir quand il me parle.

Au milieu de la société, Matilde ne songe pas un instant à s'amuser; elle exerce toujours un devoir dans les actions les plus indifférentes de sa vie; elle se place constamment à côté des personnes les moins aimables, arrange les parties, prépare le thé, sonne pour qu'on entretienne le feu; enfin s'occupe d'un salon comme d'un ménage, sans donner un instant à l'entraînement de la conversation. On pourrait admirer ce besoin continuel de tout changer en devoir, s'il exigeait d'elle le sacrifice de ses goûts : mais elle se plaît réellement dans cette existence toute méthodique, et blâme au fond de son cœur ceux qui ne l'imitent pas.

Madame de Vernon aime beaucoup à jouer; quoiqu'elle pût être très-distinguée dans la conversation, elle l'évite : on dirait qu'elle n'aime à développer ni ce qu'elle sent, ni ce qu'elle pense. Ce goût du jeu, et trop de prodigalité dans sa dépense, sont les seuls défauts que je lui connaisse.

Elle choisit pour sa partie hier au soir madame du Marset et M. de Fierville; je lui en fis quelques reproches tout bas, parce qu'elle m'avait dit plusieurs fois assez de mal de tous les deux. « La critique ou la louange, me répondit-elle, sont un amusement de l'esprit; mais ménager les hommes est nécessaire pour vivre avec eux. — Estimer ou mépriser, repris-je avec chaleur, est un besoin de l'âme : c'est une leçon, c'est un

exemple utile à donner. — Vous avez raison, me dit-elle avec précipitation, vous avez raison sous le rapport de la morale; ce que je vous disais ne faisait allusion qu'aux intérêts du monde. » Elle me serra la main en s'éloignant, avec une expression parfaitement aimable.

Je restai à causer auprès de la cheminée avec plusieurs hommes dont la conversation, surtout dans ce moment, inspire le plus vif intérêt à tous les esprits capables de réflexion et d'enthousiasme. Je me reproche quelquefois de me livrer trop aux charmes de cette conversation si piquante : c'est peut-être blesser un peu les convenances que se mêler ainsi aux entretiens les plus importants : mais quand madame de Vernon et les dames de sa société sont établies au jeu, je me trouve presque seule avec Matilde qui ne me dit pas un mot; et l'empressement que me témoignent les hommes distingués m'entraîne à les écouter et à leur répondre.

Cependant, peut-être est-il vrai que je me livre souvent avec trop de chaleur à l'esprit que je peux avoir; je ne sais pas résister assez aux succès que j'obtiens en société, et qui doivent quelquefois déplaire aux autres femmes. Combien j'aurais besoin d'un guide! Pourquoi suis-je seule ici! Je finis cette lettre, ma chère sœur, en vous répétant ma prière; venez près de moi, n'abandonnez pas votre Delphine dans un monde si nouveau pour elle; il m'inspire une sorte de crainte vague que ne peut dissiper le plaisir même que j'y trouve.

LETTRE VII.

Réponse de mademoiselle d'Albémar à Delphine.

Montpellier, 25 avril 1790.

Ma chère Delphine, je suis fâchée que vous vous montriez si généreuse envers ces Vernon : mon frère aimait encore mieux la fille que la mère, quoique la mère ait beaucoup plus d'agréments que la fille; il croyait madame de Vernon fausse jusqu'à la perfidie. Pardon, si je me sers de ces mots; mais je ne sais pas comment dire leur équivalent, et je me confie en votre bonne amitié pour m'excuser. Mon frère pensait que madame de Vernon dans le fond du cœur n'aimait rien, ne croyait à rien, ne s'embarrassait de rien, et que sa seule idée était de réussir, elle et les siens, dans tous les intérêts dont se compose la vie du monde, la fortune et la considération. Je sais bien qu'elle a supporté avec une douceur exemplaire le plus odieux des maris, et qu'elle n'a point eu d'amants, quoiqu'elle fût bien jolie. Il n'y a jamais eu un mot à dire contre elle; mais dussiez-vous me trouver injuste, je vous avouerai que c'est précisément cette conduite régulière qui ne me paraît pas du tout s'accorder avec la légèreté de ses principes et l'insouciance de son caractère. Pourquoi s'est-elle pliée à tous les devoirs, même à tous les calculs, elle qui a l'air de n'attacher d'importance à aucun? Malgré les motifs qu'elle donne de l'éducation de sa fille, ne faut-il pas avoir bien peu de sensibilité pour ne pas former soi-même, et selon son propre caractère, la personne qu'on aime le plus, pour ne lui donner rien de son âme, et se la rendre étrangère par les opinions qui exercent le plus d'influence sur toute notre manière d'être?

Il se peut que j'aie tort de juger si défavorablement une personne dont je ne connais aucune action blâmable; mais sa physionomie, tout agréable qu'elle est, suffirait seule pour m'empêcher d'avoir la moindre confiance en elle. Je suis fermement convaincue que les sentiments habituels de l'âme laissent une trace très-remarquable sur le visage : grâce à cet avertissement de la nature, il n'y a point de dissimulation complète dans le monde. Je ne suis pas défiante, vous le savez; mais je regarde, et si l'on peut me tromper sur les faits, je démêle assez bien les caractères : c'est tout ce qu'il faut pour ne jamais mal placer ses affections; que m'importe ce qu'il peut arriver de mes autres intérêts!

Pour vous, ma chère Delphine, vous vous laissez entraîner par le charme de l'esprit, et je crains bien que si vous livrez votre cœur à cette femme, elle ne le fasse cruellement souffrir : rendez-lui service, je ne suis pas difficile sur les qualités des personnes qu'on peut obliger; mais on confie à ceux qu'on aime ce qu'il y a de plus délicat dans le bonheur, et moi seule, ma chère Delphine, je vous aime assez pour ménager toujours votre sensibilité vive et profonde. C'est pour vous arracher à la séduction de cette femme que je voudrais aller à Paris; mais je ne m'en sens pas la force, il m'est absolument impossible de vaincre la répugnance que j'éprouve à sortir de ma solitude.

Il faut bien vous avouer le motif de cette répugnance, je consens à vous l'écrire; mais je n'aurais jamais pu me résoudre à vous en parler, et je vous prie instamment de ne pas me répondre sur un sujet que je n'aime pas à traiter. Vous savez que j'ai l'extérieur du monde le moins agréable; ma taille est contrefaite, et ma figure n'a point de grâce : je n'ai jamais voulu me marier quoique ma fortune attirât beaucoup de prétendants : j'ai

vécu presque toujours seule, et je serais un mauvais guide pour moi-même et pour les autres au milieu des passions de la vie; mais j'en sais assez pour avoir remarqué qu'une femme disgraciée de la nature est l'être le plus malheureux lorsqu'elle ne reste pas dans la retraite. La société est arrangée de manière que, pendant les vingt années de sa jeunesse, personne ne s'intéresse vivement à elle; on l'humilie à chaque instant sans le vouloir, et il n'est pas un seul des discours qui se tiennent devant elle, qui ne réveille dans son âme un sentiment douloureux.

J'aurais pu jouir, il est vrai, du bonheur d'avoir des enfants : mais que ne souffrirais-je pas si j'avais transmis à ma fille les désavantages de ma figure! si je la voyais destinée comme moi à ne jamais connaître le bonheur suprême d'être le premier objet d'un homme sensible! Je ne le confie qu'à vous, ma chère Delphine; mais parce que je ne suis point faite pour inspirer de l'amour, il ne s'ensuit pas que mon cœur ne soit pas susceptible des affections les plus tendres. J'ai senti, presqu'au sortir de l'enfance, qu'avec ma figure il était ridicule d'aimer; imaginez-vous de quels sentiments amers j'ai dû m'abreuver. Il était ridicule pour moi d'aimer, et jamais cependant la nature n'avait formé un cœur à qui ce bonheur fût plus nécessaire.

Un homme dont les défauts extérieurs seraient très-marquants, pourrait encore conserver les espérances les plus propres à le rendre heureux. Plusieurs ont ennobli par des lauriers les disgrâces de la nature; mais les femmes n'ont d'existence que par l'amour : l'histoire de leur vie commence et finit avec l'amour; et comment pourraient-elles inspirer ce sentiment sans quelques agréments qui puissent plaire aux yeux! La société fortifie à cet égard l'intention de la nature, au lieu d'en modifier les effets; elle rejette de son sein la femme infortunée que l'amour et la maternité ne doivent point couronner. Que de peines dévorantes n'a-t-elle point à souffrir dans le secret de son cœur!

J'ai été romanesque, comme si je vous ressemblais, ma chère Delphine; mais j'ai néanmoins trop de fierté pour ne pas cacher à tous les regards le malheureux contraste de ma destinée et de mon caractère. Comment suis-je donc parvenue à supporter le cours des années qui m'étaient échues? Je me suis renfermée dans la retraite, rassemblant sur votre tête tous mes intérêts, tous mes vœux, tous mes sentiments; je me disais que j'aurais été vous, si la nature m'eût accordé vos grâces et vos charmes; et, secondant de toute mon âme l'inclination de mon frère, je l'ai conjuré de vous laisser la portion de son bien qu'il me destinait.

Qu'aurais-je fait de la richesse? J'en ai ce qu'il faut pour rendre heureux ce qui m'entoure, pour soulager l'infortune autour de moi; mais quel autre usage de l'argent pourrais-je imaginer qui n'eût ajouté au sentiment douloureux qui pèse sur mon âme? Aurais-je embelli ma maison pour moi, mes jardins pour moi? et jamais la reconnaissance d'un être chéri ne m'aurait récompensée de mes soins! Aurais-je réuni beaucoup de monde, pour entendre plus souvent parler de ce que les autres possèdent et de ce qui me manque? Aurais-je voulu courir le risque des propositions de mariage qu'on pouvait adresser à ma fortune? et me serais-je condamnée à supporter tous les détours qu'aurait pris l'intérêt avide pour endormir ma vanité, et m'ôter jusqu'à l'estime de moi-même?

Non, non, Delphine, ma sage résignation vaut bien mieux. Il ne me restait qu'un bonheur à espérer; je l'ai goûté, je vous ai adoptée pour ma fille : j'avais manqué la vie, j'ai voulu vous donner tous les moyens d'en jouir. Je serais sans doute bien heureuse d'être près de vous, de vous voir, de vous entendre; mais avec vous seraient les plaisirs et la société brillante qui doivent vous entourer. Mon cœur, qui n'a point aimé, est encore trop jeune pour ne pas souffrir de son isolement, quand tous les objets que je verrais m'en renouvelleraient la pensée.

Les peines d'imagination dépendent presque entièrement des circonstances qui nous les retracent; elles s'effacent d'elles-mêmes, lorsque l'on ne voit ni n'entend rien qui en réveille le souvenir; mais leur puissance devient terrible et profonde, quand l'esprit est forcé de combattre à chaque instant contre des impressions nouvelles. Il faut pouvoir détourner son attention d'une douleur importune, et s'en distraire avec adresse; car il faut de l'adresse vis-à-vis de soi-même pour ne pas trop souffrir. Je ne connais guère les autres, ma chère Delphine, mais assez bien moi : c'est le fruit de la solitude. Je suis parvenue avec assez d'efforts à me faire une existence qui me préserve des chagrins vifs; j'ai des occupations pour chaque heure, quoique rien ne remplisse mon existence entière; j'unis les jours aux jours, et cela fait un an, puis deux, puis la vie. Je n'ose changer de place, agiter mon sort ni mon âme; j'ai peur de perdre le résultat de mes réflexions, et de troubler mes habitudes qui me sont encore plus nécessaires, parce qu'elles me dispensent de réflexions même, et font passer le temps sans que je m'en mêle.

Déjà cette lettre va déranger mon repos pour plusieurs jours; il ne faut pas me faire parler de moi, il ne faut presque pas que j'y pense : je vis en vous; laissez-moi vous suivre de mes vœux, vous aider de mes conseils, si j'en peux donner pour ce monde que j'ignore. Apprenez-moi successivement et régulièrement les événements qui vous intéressent, je croirai presque avoir vécu dans votre histoire; je conserverai des souvenirs, je jouirai par vous des sentiments que je n'ai pu ni inspirer, ni connaître.

Savez-vous que je suis presque fâchée que vous ayez fait le mariage de Matilde avec Léonce de Mondoville? J'entends dire qu'il est si beau, si aimable et si fier, qu'il me semblait digne de ma Delphine; mais je l'espère, elle trouvera celui qui doit la rendre heureuse : alors seulement, je serai vraiment tranquille. Quelque distinguée que vous soyez, que feriez-vous sans appui? vous exciteriez l'envie, et elle vous persécuterait. Votre esprit, quelque supérieur qu'il soit, ne peut rien pour sa propre défense; la nature a voulu que tous les dons des femmes fussent destinés au bonheur des autres, et de peu d'usage pour elles-mêmes. Adieu, ma chère Delphine; je vous remercie de conserver l'habitude de votre enfance et de m'écrire tous les soirs ce qui vous a occupée pendant le jour : nous lirons ensemble dans votre âme, et peut-être qu'à nous deux nous aurons assez de force pour assurer votre bonheur.

LETTRE VIII.

Réponse de Delphine à mademoiselle d'Albémar.

Paris, 1er mai.

Pourquoi m'avez-vous interdit de vous répondre, ma chère sœur, sur les motifs qui vous éloignent de Paris? Votre lettre excite en moi tant de sentiments que j'aurais le besoin d'exprimer! Ah! j'irai bientôt vous rejoindre; j'irai passer toutes mes années près de vous : croyez-moi, cette vie de jeunesse et d'amour est moins heureuse que vous ne pensez. Je suis uniquement occupée depuis quelques jours du sort d'une de mes amies, madame d'Ervins; c'est sa beauté même et les sentiments qu'elle inspire qui sont la source de ses erreurs et de ses peines.

Vous savez que lorsque je vous quittai, il y a un an, je tombai dangereusement malade à Bordeaux; madame d'Ervins, dont la terre était voisine de cette ville, était venue pendant l'absence de son mari y passer quelques jours; elle apprit mon nom, elle sut mon état, et vint avec une ineffable bonté

s'établir chez moi pour me soigner : elle me veilla
pendant quinze jours, et je suis convaincue que je
lui dois la vie. Sa présence calmait les agitations
de mon sang, et quand je craignais de mourir, il
me suffisait de regarder son aimable figure pour
croire à de plus doux présages. Lorsque je commençai à me rétablir, je voulus connaître celle qui
méritait déjà toute mon amitié ; j'appris que c'était
une Italienne dont la famille habitait Avignon : on
l'avait mariée à quatorze ans à M. d'Ervins, qui
avait vingt-cinq ans de plus qu'elle, et la retenait
depuis dix ans dans la plus triste terre du monde.

Thérèse d'Ervins est la beauté la plus séduisante
que j'aie jamais rencontrée ; une expression à la
fois naïve et passionnée donne à toute sa personne
je ne sais quelle volupté d'amour et d'innocence
singulièrement aimable. Elle n'a point reçu d'instruction, mais ses manières sont nobles et son langage est pur ; elle est dévote et superstitieuse
comme les Italiennes, et n'a jamais réfléchi sérieusement sur la morale, quoiqu'elle se soit souvent
occupée de la religion : mais elle est si parfaitement
bonne et tendre, qu'elle n'aurait manqué à aucun
devoir si elle avait eu pour époux un homme digne
d'être aimé. Les qualités naturelles suffisent pour
être honnête lorsque l'on est heureux ; mais quand
le hasard et la société vous condamnent à lutter
contre votre cœur, il faut dès principes réfléchis
pour se défendre de soi-même, et les caractères
les plus aimables dans les relations habituelles de
la vie sont les plus exposés quand la vertu se
trouve en combat avec la sensibilité.

Le visage et les manières de Thérèse sont si
jeunes qu'on a de la peine à croire qu'elle soit déjà
la mère d'une fille de neuf ans ; elle ne s'en sépare
jamais ; et la tendresse extrême qu'elle lui témoigne
étonne cette pauvre petite, qui éprouve confusément le besoin de la protection plutôt que celui
d'un sentiment passionné. Son âme enfantine est
surprise des vives émotions qu'elle excite, une affection raisonnable et des conseils utiles la tou-
cheraient peut-être davantage.

Madame d'Ervins a vécu très-bien avec son mari
pendant dix ans ; la solitude et le défaut d'instruction ont prolongé son enfance ; mais le monde était
à craindre pour son repos, et je suis malheureusement la première cause du temps qu'elle a passé
à Bordeaux et de l'occasion qui s'est offerte pour
elle de connaître M. de Serbellane : c'est un Toscan,
âgé de trente ans, qui avait quitté l'Italie depuis
trois mois, attiré en France par la révolution. Ami
de la liberté, il voulait se fixer dans le pays qui
combattait pour elle ; il vint me voir parce qu'il

existait d'anciennes relations entre sa famille et la
mienne : je partis peu de jours après ; mais j'avais
déjà des raisons de craindre qu'il n'eût fait une
impression profonde sur le cœur de Thérèse. Depuis six mois, elle m'a souvent écrit qu'elle souffrait, qu'elle était malheureuse, mais sans m'expliquer le sujet de ses peines. M. de Serbellane est
arrivé à Paris depuis quelques jours ; il est venu
me voir, et ne m'ayant point trouvée, il m'a envoyé une lettre de Thérèse qui contient son histoire.

M. de Serbellane a sauvé son mari et elle, un
mois après mon départ, des dangers que leur avait
fait courir la haine des paysans contre M. d'Ervins.
Le courage, le sang-froid, la fermeté que M. de
Serbellane a montrés dans cette circonstance ont
touché jusqu'à l'orgueilleuse vanité de M. d'Ervins ;
il l'a prié de demeurer chez lui ; il y a passé six
mois, et Thérèse pendant ce temps n'a pu résister
à l'amour qu'elle ressentait : les remords se sont
bientôt emparés de son âme ; sans rien ôter à la
violence de sa passion, ils multipliaient ses dangers,
ils exposaient son secret. Son amour et les reproches qu'elle se faisait de cet amour compromettaient également sa destinée. M. de Serbellane a
craint que M. d'Ervins ne s'aperçût du sentiment
de sa femme, et que l'amour-propre même qui servait à l'aveugler ne portât sa fureur au comble,
s'il découvrait jamais la vérité. Thérèse elle-même
a désiré que son amant s'éloignât ; mais quand il
a été parti, elle en a conçu une telle douleur, que
d'un jour à l'autre il est à craindre qu'elle ne demande à son mari de la conduire à Paris.

Il faut que je vous fasse connaître M. de Serbellane pour que vous conceviez comment, avec beaucoup de raison et même assez de calme dans ses
affections, il a pu inspirer à Thérèse un sentiment
si vif. D'abord je crois, en général, qu'un homme
d'un caractère froid se fait aimer facilement d'une
âme passionnée ; il captive et soutient l'intérêt en
vous faisant supposer un secret au delà de ce qu'il
exprime, et ce qui manque à son abandon peut,
momentanément du moins, exciter davantage l'inquiétude et la sensibilité d'une femme : les liaisons ainsi
fondées ne sont peut-être pas les plus heureuses et
les plus durables, mais elles agitent davantage le
cœur assez faible pour s'y livrer. Thérèse solitaire,
exaltée et malheureuse, a été tellement entraînée
par ses propres sentiments, qu'on ne peut accuser
M. de Serbellane de l'avoir séduite. Il y a beaucoup
de charme et de dignité dans sa contenance ; son
visage a l'expression des habitants du Midi, et ses
manières vous feraient croire qu'il est Anglais. Le

contraste de sa figure animée avec son accent calme et sa conduite toujours mesurée, a quelque chose de très-piquant. Son âme est forte et sérieuse. Son défaut, selon moi, c'est de ne jamais mettre complétement à l'aise ceux même qui lui sont chers; il est tellement maître de lui, qu'on trouve toujours une sorte d'inégalité dans les rapports qu'on entretient avec un homme qui n'a jamais dit à la fin du jour un seul mot involontaire. Il ne faut attribuer cette réserve à aucun sentiment de dissimulation ou de défiance, mais à l'habitude constante de se dominer lui-même et d'observer les autres.

Un grand fonds de bonté, une disposition secrète à la mélancolie rassurent ceux qui l'aiment, et donnent le besoin de mériter son estime. Des mots fins et délicats font entrevoir son caractère; il me semble qu'il comprend, qu'il partage même tout bas la sensibilité des autres, et que, dans le secret de son cœur, il répond à l'émotion qu'on lui exprime; mais tout ce qu'il éprouve en ce genre vous apparaît comme derrière un nuage, et l'imagination des personnes vives n'est jamais, avec lui, ni totalement découragée, ni entièrement satisfaite.

Un tel homme devait nécessairement prendre un grand empire sur Thérèse; mais son sort n'en est pas plus heureux, car il se joint à toutes ses peines l'inquiétude continuelle de se perdre même dans l'estime de son amant. Tourmentée par les sentiments les plus opposés, par le remords d'avoir aimé, par la crainte de n'être pas assez aimée, ses lettres peignent une âme si agitée qu'on peut tout redouter de ces combats plus forts que son esprit et sa raison.

Je rencontrai M. de Serbellane chez madame de Vernon le soir du jour où j'avais reçu la lettre de Thérèse; je m'approchai de lui et je lui dis que je souhaitais de lui parler; il se leva pour me suivre dans le jardin avec son expression de calme accoutumée. Je lui appris, sans entrer dans aucun détail, que j'avais su par madame d'Ervins tout ce qui l'intéressait, mais que je frémissais de son projet de venir à Paris. « Il est impossible, continuai-je, avec le caractère que vous connaissez à Thérèse, que son sentiment pour vous ne soit pas bientôt découvert par les observateurs oisifs et pénétrants de ce pays-ci. M. d'Ervins apprendra les torts de sa femme par de perfides plaisanteries, et la blessure d'amour-propre qu'il en recevra sera bien plus terrible. Écrivez donc à madame d'Ervins; c'est à vous à la détourner de son dessein. —Madame, répondit M. de Serbellane, si je lui écrivais de ne pas me rejoindre, elle ne verrait

dans cette conduite que le refroidissement de ma tendresse pour elle, et la douleur que je lui causerais serait la plus amère de toutes. Me convient-il à moi qui suis coupable de l'avoir entraînée, de prendre maintenant le langage de l'amitié pour la diriger? je révolterais son âme, je la ferais souffrir, et ma conduite ne serait pas véritablement délicate, car il n'y a de délicat que la parfaite bonté. —Mais, lui dis-je alors, vous montrez cependant dans toutes les circonstances une raison si forte. —J'en ai quelquefois, interrompit M. de Serbellane, lorsqu'il ne s'agit que de moi; mais je trouve une sorte de barbarie, dans la raison appliquée à la douleur d'un autre, et je ne m'en sers point dans une pareille situation.—Que ferez-vous cependant, lui dis-je, si madame d'Ervins vient dans ces lieux, si elle se perd, si son mari l'abandonne?—Je souhaite, madame, me répondit M. de Serbellane, que Thérèse ne vienne point à Paris. Je consentirais au douloureux sacrifice de ne plus la revoir si son repos pouvait en dépendre; mais si elle arrive ici et qu'elle se brouille avec son mari, je lui dévouerai ma vie; et en supposant que les lois de France lui permettent le divorce, je l'épouserai. — Y pensez-vous? m'écriai-je; l'épouser! elle qui est catholique, dévote!—Je vous parle uniquement, reprit avec tranquillité M. de Serbellane, de ce que je suis prêt à faire pour elle si son bonheur l'exige; mais il vaut mieux pour tous les deux que nos destinées restent dans l'ordre; et j'espère que vous la déciderez à ne pas venir.—Me permettrez-vous de le dire, monsieur? lui répondis-je; il y a dans votre conversation un singulier mélange d'exaltation et de froideur.—Vous vous persuadez un peu légèrement, madame, répliqua M. de Serbellane, que j'ai de la froideur dans le caractère; dès mon enfance la timidité et la fierté réunies m'ont donné l'habitude de réprimer les signes extérieurs de mon émotion. Sans vous occuper trop longtemps de moi, je vous dirai que j'ai fait, comme la plupart des jeunes gens de mon âge, beaucoup de fautes en entrant dans le monde; que ces fautes, par une combinaison de circonstances, ont eu des suites funestes, et qu'il m'est resté, de toutes les peines que j'ai éprouvées, assez de calme dans mes propres impressions, mais un profond respect pour la destinée des personnes qui de quelque manière dépendent de moi. Les passions impétueuses ont toujours pour but notre satisfaction personnelle: ces passions sont très-refroidies dans mon cœur; mais je ne suis point blasé sur mes devoirs, et je n'ai rien de mieux à faire de moi que d'épargner de la douleur à ceux qui m'aiment, maintenant que je ne peux plus avoir ni goût vif, ni volonté forte qui ait pour objet mon propre bonheur. » En achevant ces mots, une expression de mélancolie se peignit sur le visage de M. de Serbellane; j'éprouvai pour lui ce sentiment que fait naître en nous le malheur d'un homme distingué. Je lui pris moi-même la main comme à mon frère; il comprit ce que j'éprouvais, il m'en sut gré; mais son cœur se referma bientôt après; je crus même entrevoir qu'il redoutait d'être entraîné à parler plus longtemps de lui, et je le suivis dans le salon, où il remontait de son propre mouvement. Depuis cette conversation je l'ai vu deux fois; il a toujours évité de s'entretenir seul avec moi, et il y a dans ses manières une froideur qui rend impossible l'intimité : cependant il me regarde avec plus d'intérêt, s'adresse à moi dans la conversation générale, et je croirais qu'il veut m'indiquer que la personne à qui il a ouvert son cœur, même une seule fois, sera toujours pour lui un être à part. Mais hélas! mon amie ne sera point heureuse, elle ne le sera point, et le remords et l'amour la déchireront en même temps. Que je bénis le ciel des principes de morale que vous m'avez inspirés, et peut-être même aussi des sentiments qu'on pourrait appeler romanesques, mais qui, donnant une haute idée de soi-même et de l'amour, préservent des séductions du monde comme trop au-dessous des chimères que l'on aurait pu redouter !

Je consacrerai ma vie, je l'espère, à m'occuper du sort de mes amis, et je ferai ma destinée de leur bonheur. Je prends un grand intérêt au mariage de Matilde; j'y trouverais plus de plaisir encore si elle répondait vivement à mon amitié; mais toutes ses démarches sont calculées, toutes ses paroles préparées; je prévois sa réponse, je m'attends à sa visite : quoiqu'il n'y ait point de fausseté dans son caractère, il y a si peu d'abandon, qu'on sait avec elle la vie d'avance, comme si l'avenir était déjà du passé.

Ma chère Louise, je vous le répète, je veux retourner vers vous, puisque vous ne voulez pas venir à Paris : comment pourrais-je renoncer aux douceurs parfaites de notre intimité! Adieu

LETTRE IX.

Madame de Vernon à M. de Clarimin, à sa terre près de Montpellier.

Paris, ce 2 mai.

Toujours des inquiétudes, mon cher Clarimin, sur la dette que j'ai contractée avec vous! Ne vous ai-je pas mandé plusieurs fois que les réclamations de madame de Mondoville sur la succession de M. de Vernon étaient arrangées par le mariage de son fils avec ma fille? Je constitue en dot à Matilde la terre d'Andelys, de vingt mille livres de rente. C'est beaucoup plus que la fortune de son père; je ne lui devrai donc aucun compte de ma tutelle. Je n'étais gênée que par ce compte et par les diverses sommes que je devais rembourser à madame de Mondoville sur la succession de M. de Vernon. Mais il sera convenu dans le contrat que ces dettes ne seront payées qu'après moi, et je me trouve ainsi dispensée de rendre à Matilde le bien de son père. Je puis donc vous garantir que vos soixante mille livres vous seront remises avant deux mois.

J'ajouterai, pour achever de vous rassurer, que je n'achète point la terre d'Andelys; c'est madame d'Albémar qui la donne à ma fille. J'avais cru jusqu'à présent cette confidence superflue, et je vous demande un profond secret. Madame d'Albémar est très-riche : je ne pense pas manquer de délicatesse en acceptant d'elle un don qui, tout considérable qu'il paraît, n'est pas un tiers de la fortune qu'elle tient de son mari. Cette fortune, vous le savez, devait nous revenir en grande partie. J'ai cru qu'il ne m'était pas interdit de profiter de la bienveillance de madame d'Albémar pour l'intérêt de ma fille et pour celui de mes créanciers; mais il est pourtant inutile que ce détail soit connu.

Votre homme d'affaires vous a alarmé en vous donnant comme une nouvelle certaine que je voulais rembourser tout de suite à madame d'Albémar les quarante mille livres qu'elle m'a prêtées à Montpellier. Il n'en est rien, elle ne pense pas à me les demander. Vous m'écririez vingt lettres sur votre dette, avant que madame d'Albémar me dît un mot de la sienne. Ceci soit dit sans vous fâcher, mon cher Clarimin. L'on ne pense pas à vingt ans comme à quarante, et si l'oubli de soi-même est un agrément dans une jeune personne, l'appréciation de nos intérêts est une chose très-naturelle à notre âge.

Madame d'Albémar, la plus jolie et la plus spirituelle femme qu'il y ait, ne s'imagine pas qu'elle doive soumettre sa conduite à aucun genre de calcul; c'est ce qui fait qu'elle peut se nuire beaucoup à elle-même, jamais aux autres. Elle voit tout, elle devine tout quand il s'agit de considérer les hommes et les idées sous un point de vue général; mais, dans ses affaires et ses affections, c'est une personne toute de premier mouvement, et ne se servant jamais de son esprit pour éclairer ses sentiments, de peur peut-être qu'il ne détruisît les illusions dont elle a besoin. Elle a reçu de son bizarre époux et d'une sœur contrefaite une éducation à la fois toute philosophique et toute romanesque; mais que nous importe? Elle n'en est que plus aimable; les gens calmes aiment assez à rencontrer ces caractères exaltés qui leur offrent toujours quelque prise. Remettez-vous-en donc à moi, mon cher Clarimin; laissez-moi terminer le mariage qui m'occupe, et qui m'est nécessaire pour satisfaire à vos justes prétentions; et voyez dans cette lettre, la plus longue, je crois, que j'aie écrite de ma vie, mon désir de vous ôter toute crainte, et la confiance d'une ancienne et bien fidèle amitié.

LETTRE X.

Delphine à mademoiselle d'Albémar.

Paris, ce 3 mai.

J'ai passé hier, chez madame de Vernon, une soirée qui a singulièrement excité ma curiosité; je ne sais si vous en recevrez la même impression que moi. L'ambassadeur d'Espagne présenta hier à ma tante un vieux duc espagnol, M. de Mendoce, qui allait remplir une place diplomatique en Allemagne : comme il venait de Madrid, et qu'il était parent de madame de Mondoville, madame de Vernon lui fit des questions très-simples sur Léonce de Mondoville; il parut d'abord extrêmement embarrassé dans ses réponses. L'ambassadeur d'Espagne s'approchant de lui comme il parlait, il dit à très-haute voix que depuis six semaines il n'avait point vu M. de Mondoville, et qu'il n'était pas retourné chez sa mère. L'affectation qu'il mit à s'exprimer ainsi me donna de l'inquiétude; et comme madame de Vernon la partageait, je cherchai tous les moyens d'en savoir davantage.

Je me mis à causer avec un Espagnol que j'avais déjà vu une ou deux fois, et que j'avais remarqué comme spirituel, éclairé, mais un peu frondeur. Je lui demandai s'il connaissait le duc de Mendoce. « Fort peu, répondit-il; mais je sais seulement qu'il n'y a point d'homme dans toute la cour d'Espagne aussi pénétré de respect pour le pouvoir. C'est une véritable curiosité que de le voir saluer un ministre; ses épaules se plient dès qu'il l'aperçoit avec une promptitude et une activité tout à fait amusantes; et quand il se relève, il le regarde avec un air si obligeant, si affectueux, je dirais presque si attendri, que je ne doute pas qu'il n'ait vraiment aimé tous ceux qui ont eu du crédit à la cour d'Espagne depuis trente ans. Sa conversation n'est pas moins curieuse que ses démonstra-

tions extérieures; il commence des phrases, pour que le ministre les finisse; il finit celles que le ministre a commencées; sur quelque sujet que le ministre parle, le duc de Mendoce l'accompagne d'un sourire gracieux, de petits mots approbateurs qui ressemblent à une basse continue, très-monotone pour ceux qui écoutent, mais probablement agréable à celui qui en est l'objet. Quand il peut trouver l'occasion de reprocher au ministre le peu de soin qu'il prend de sa santé, les excès de travail qu'il se permet, il faut voir quelle énergie il met dans ces vérités dangereuses; on croirait, au ton de sa voix, qu'il s'expose à tout pour satisfaire sa conscience; et ce n'est qu'à la réflexion qu'on observe que, pour varier la flatterie fade, il essaye de la flatterie brusque sur laquelle on est moins blasé. Ce n'est pas un méchant homme; il préfère ne pas faire du mal, et ne s'y décide que pour son intérêt. Il a, si l'on peut le dire, l'innocence de la bassesse; il ne se doute pas qu'il y ait une autre morale, un autre honneur au monde que le succès auprès du pouvoir : il tient pour fou, je dirais presque pour malhonnête, quiconque ne se conduit pas comme lui. Si l'un de ses amis tombe dans la disgrâce, il cesse à l'instant tous ses rapports avec lui, sans aucune explication, comme une chose qui va de soi-même. Quand, par hasard, on lui demande s'il l'a vu, il répond : Vous sentez bien que dans les circonstances actuelles je n'ai pu.... et s'interrompt en fronçant le sourcil, ce qui signifie toujours l'importance qu'il attache à la défaveur du maître. Mais si vous n'entendez pas cette mine, il prend un ton ferme, et vous dit les serviles motifs de sa conduite avec autant de confiance qu'en aurait un honnête homme en vous déclarant qu'il a cessé de voir un ami qu'il n'estimait plus. Il n'a pas de considération à la cour de Madrid; cependant il obtient toujours des missions importantes : car les gens en place sont bien arrivés à se moquer des flatteurs, mais non pas à leur préférer les hommes courageux; et les flatteurs parviennent à tout, non pas, comme autrefois, en réussissant à tromper, mais en faisant preuve de souplesse, ce qui convient toujours à l'autorité. »

Ce portrait que me confirmaient la physionomie et les manières de M. le duc de Mendoce, me rassura un peu sur l'embarras qu'il avait témoigné en parlant de M. de Mondoville; mais je résolus cependant d'en savoir davantage; et après avoir remercié le spirituel Espagnol, j'allai me rejoindre à la société. Je retins le duc sous divers prétextes; et quand l'ambassadeur d'Espagne fut parti, et qu'il ne resta presque plus personne, madame de

Vernon et moi nous prîmes le duc à part, et je lui demandai formellement s'il ne savait rien de M. de Mondoville qui pût intéresser les amis de sa mère. Il regarda de tous les côtés pour s'assurer mieux encore que son ambassadeur n'y était plus, et me dit : « Je vais vous parler naturellement, madame, puisque vous vous intéressez à Léonce ; sa position est mauvaise, mais je ne la tiens pas pour désespérée, si l'on parvient à lui faire entendre raison : c'est un jeune homme de vingt-cinq ans, d'une figure charmante ; vous ne connaissez rien ici qui en approche ; spirituel, mais très-mauvaise tête ; fou de ce qu'il appelle la réputation, l'opinion publique, et prêt à sacrifier pour cette opinion, ou pour son ombre même, les intérêts les plus importants de la vie. Voici ce qui est arrivé : Un des cousins de M. de Mondoville, très-bon et très-joli jeune homme, a fait sa cour, cet hiver, à mademoiselle de Sorane, la nièce de notre ministre actuel, Son Excellence M. le comte de Sorane. Il a su en très-peu de temps lui plaire et la séduire. Je dois vous avouer, puisque nous parlons ici confidentiellement, que mademoiselle de Sorane, âgée de vingt-cinq ans, et ayant perdu son père et sa mère de bonne heure, vivait depuis plusieurs années dans le monde avec trop de liberté ; l'on avait soupçonné sa conduite, soit à tort, soit justement ; mais enfin pour cette fois elle voulut se marier, et fit connaître clairement son intention à cet égard, et celle du ministre son oncle. Il n'y avait pas à hésiter ; Charles de Mondoville ne pouvait pas faire un meilleur mariage : fortune, crédit, naissance, tout y était, et je sais positivement que lui-même en jugeait ainsi. Mais Léonce, qui exerce dans sa famille une autorité qui ne convient pas à son âge, Léonce qu'ils consultent tous comme l'oracle de l'honneur, déclara qu'il trouvait indigne de son cousin d'épouser une femme qui avait eu une conduite méprisable ; et, ce qui est vraiment de la folie, il ajouta que c'était précisément parce qu'elle était la nièce d'un homme très-puissant qu'il fallait se garder de l'épouser. « Mon cousin, disait-il, pourrait faire un mauvais mariage, s'il était bien clair que l'amour seul l'y entraînât ; mais dès que l'on peut soupçonner qu'il y est forcé par une considération d'intérêt ou de crainte, je ne le reverrai jamais s'il y consent. » Le frère de mademoiselle de Sorane se battit avec le parent de M. de Mondoville, et fut grièvement blessé. Tout Madrid croyait qu'à sa guérison le mariage se ferait : on répandait que le ministre avait déclaré qu'il enverrait le régiment de Charles de Mondoville dans les Indes occidentales, s'il n'épousait pas mademoiselle de Sorane, qui était,

disait-on, singulièrement attachée à son futur époux ; mais Léonce, par un entêtement que je m'abstiens de qualifier, dédaigna la menace du ministre, chercha toutes les occasions de faire savoir qu'il la bravait, excita son cousin à rompre ouvertement avec la famille de mademoiselle de Sorane, dit, à qui voulut l'entendre, qu'il n'attendait que la guérison du frère de mademoiselle de Sorane pour se battre avec lui, s'il voulait bien lui donner la préférence sur son cousin. Les deux familles se sont brouillées ; Charles de Mondoville a reçu l'ordre de partir pour les Indes ; mademoiselle de Sorane a été au désespoir, tout à fait perdue de réputation ; et, pour comble de malheur enfin, Léonce a tellement déplu au roi, qu'il n'est plus retourné à la cour. Vous comprenez que depuis ce temps je ne l'ai pas revu ; et comme je suis parti d'Espagne avant que le frère de mademoiselle de Sorane fût guéri, je ne sais pas les suites de cette affaire, mais je crains bien qu'elles ne soient très-sérieuses et qu'elles ne fassent beaucoup de tort à Léonce. »

L'Espagnol que j'avais interrogé sur le caractère du duc de Mendoce, s'approcha de nous dans ce moment, et, entendant que l'on parlait de M. de Mondoville, il dit : « Je le connais, et je sais tous les détails de l'événement dont M. le duc vient de vous parler ; permettez-moi d'y joindre quelques observations que je crois nécessaires. Léonce, il est vrai, s'est conduit dans cette circonstance avec beaucoup de hauteur ; mais on n'a pu s'empêcher de l'admirer, précisément par les motifs qui aggravent ses torts dans l'opinion de M. le duc. Le crédit de la famille de mademoiselle de Sorane était si grand, les menaces du ministre si publiques, et la conduite de mademoiselle de Sorane avait été si mauvaise, qu'il était impossible qu'on n'accusât pas de faiblesse celui qui l'épouserait. M. de Mondoville aurait peut-être dû laisser son cousin se décider seul : mais il l'a conseillé comme il aurait agi ; il s'est mis en avant autant qu'il lui a été possible, pour détourner le danger sur lui-même, et peut-être ne sera-t-il que trop prouvé dans la suite qu'il y est bien parvenu. Il a donné une partie de sa fortune à son cousin pour le dédommager d'aller aux Indes ; enfin, sa conduite a montré qu'aucun genre de sacrifice personnel ne lui coûtait quand il s'agissait de préserver de la moindre tache la réputation d'un homme qui portait son nom. Le caractère de M. de Mondoville réunit au plus haut degré la fierté, le courage, l'intrépidité, tout ce qui peut enfin inspirer du respect : les jeunes gens de son âge ont, sans qu'il le veuille, et presque malgré lui, une grande déférence pour ses conseils; il y a dans son âme une force, une énergie, qui, tempérées par la bonté, inspirent pour lui la plus haute considération, et j'ai vu plusieurs fois qu'on se rangeait quand il passait, par un mouvement involontaire, dont ses amis riaient à la réflexion, mais qui les reprenait à leur insu, comme toutes les impressions naturelles. Il est vrai néanmoins que Léonce de Mondoville porte peut-être jusqu'à l'exagération le respect de l'opinion, et l'on pourrait désirer, pour son bonheur, qu'il sût s'en affranchir davantage; mais dans la circonstance dont M. le duc vient de parler, sa conduite lui a valu l'estime générale, et je pense que tous ceux qui l'aiment doivent en être fiers. »

Le duc ne répliqua point au défenseur de Léonce: il ne lui était point utile de le combattre; et les hommes qui prennent leur intérêt pour guide de toute leur vie ne mettent aucune chaleur ni aux opinions qu'ils soutiennent, ni à celles qu'on leur dispute: céder et se taire est tellement leur habitude, qu'ils la pratiquent avec leurs égaux pour s'y préparer avec leurs supérieurs.

Il résulta pour moi, de toute cette discussion, une grande curiosité de connaître le caractère de Léonce. Son précepteur et son meilleur ami, celui qui lui a tenu lieu de père depuis dix ans, M. Barton, doit être ici demain; je croirai ce qu'il me dira de son élève. Mais n'est-ce pas déjà un trait honorable pour un jeune homme, que d'avoir conservé non-seulement de l'estime, mais de l'attachement et de la confiance pour l'homme qui a dû nécessairement contrarier ses défauts et même ses goûts? Tous les sentiments qui naissent de la reconnaissance ont un caractère religieux; ils élèvent l'âme qui les éprouve. Ah! combien je désire que madame de Vernon ait fait un bon choix! Le charme de sa vie intérieure dépendra nécessairement de l'époux de sa fille: Matilde elle-même ne sera jamais ni très-heureuse, ni très-malheureuse; il ne peut en être ainsi de madame de Vernon. Espérons que Léonce, si fier, si irritable, si généralement admiré, aura cette bonté sans laquelle il faut redouter une âme forte et un esprit supérieur, bien loin de désirer de s'en rapprocher.

LETTRE XI.

Delphine à mademoiselle d'Albémar.

Paris, ce 4 mai.

M. Barton est arrivé hier. En entrant dans le salon de madame de Vernon, j'ai deviné tout de suite que c'était lui. L'on jouait et l'on causait: il était seul au coin de la cheminée; Matilde, de l'autre côté, ne se permettait pas de lui adresser une seule parole; il paraissait embarrassé de sa contenance au milieu de tant de gens qui ne le connaissaient pas: la société de Paris est peut-être la société du monde où un étranger cause d'abord le plus de gêne; on est accoutumé à se comprendre si rapidement, à faire allusion à tant d'idées reçues, à tant d'usages ou de plaisanteries sous-entendues, que l'on craint d'être obligé de recourir à un commentaire pour chaque parole, dès qu'un homme nouveau est introduit dans le cercle. J'éprouvai de l'intérêt pour la situation embarrassante de M. Barton, et j'allai à lui sans hésiter: il me semble qu'on fait un bien réel à celui qu'on soulage des peines de ce genre, de quelque peu d'importance qu'elles soient en elles-mêmes.

M. Barton est un homme d'une physionomie respectable, vêtu de brun, coiffé sans poudre; son extérieur est imposant; on croit voir un Anglais ou un Américain, plutôt qu'un Français. N'avez-vous pas remarqué combien il est facile de reconnaître au premier coup d'œil le rang qu'un Français occupe dans le monde? ses prétentions et ses inquiétudes le trahissent presque toujours, dès qu'il peut craindre d'être considéré comme inférieur; tandis que les Anglais et les Américains ont une dignité calme et habituelle, qui ne permet ni de les juger, ni de les classer légèrement. Je parlai d'abord à M. Barton de sujets indifférents; il me répondit avec politesse, mais brièvement; j'aperçus très-vite qu'il n'avait point le désir de faire remarquer son esprit, et qu'on ne pouvait pas l'intéresser par son amour-propre: je cédai donc à l'envie que j'avais de l'interroger sur M. de Mondoville, et son visage prit alors une expression nouvelle: je vis bien que depuis longtemps il ne s'animait qu'à ce nom. Comme M. Barton me savait proche parente de Matilde, il se livra presque de lui-même à me parler sur tous les détails qui concernaient Léonce; il m'apprit qu'il avait passé son enfance alternativement en Espagne, la patrie de sa mère, et en France, celle de son père; qu'il parlait également bien les deux langues, et s'exprimait toujours avec grâce et facilité. Je compris, dans la conversation, que madame de Mondoville avait dans les manières une hauteur très-pénible à supporter, et que Léonce, adoucissant par une bonté attentive et délicate ce qui pouvait blesser son précepteur, lui avait inspiré autant d'affection que d'enthou-

I. 23

siasme. J'essayai de faire parler M. Barton sur
ce qui nous avait été dit par le duc de Mendoce ;
il évita de me répondre : je crus remarquer cependant
qu'il était vrai qu'à travers toutes les rares
qualités de Léonce, on pouvait lui reprocher trop
de véhémence dans le caractère, et surtout une
crainte du blâme, portée si loin, qu'il ne lui suffisait
pas de son propre témoignage pour être
heureux et tranquille; mais je le devinai plutôt
que M. Barton ne me le dit. Il s'abandonnait à
louer l'esprit et l'âme de M. de Mondoville avec
une conviction tout à fait persuasive; je me plus
presque tout le soir à causer avec lui. Sa simplicité
me faisait remarquer dans les grâces un peu
recherchées du cercle le plus brillant de Paris,
une sorte de ridicule qui ne m'avait point encore
frappée. On s'habitue à ces grâces qui s'accordent
assez bien avec l'élégance des grandes sociétés;
mais quand un caractère naturel se trouve au milieu
d'elles, il fait ressortir, par le contraste, les
plus légères nuances d'affectation.

Je causai presque tout le soir avec M. Barton;
il parlait de M. de Mondoville avec tant de chaleur
et d'intérêt, que j'étais captivée par le plaisir
même que je lui faisais en l'écoutant; d'ailleurs,
un homme simple et vrai parlant du sentiment
qui l'a occupé toute sa vie, excite toujours l'attention
d'une âme capable de l'entendre.

M. de Serbellane et M. de Fierville vinrent cependant
auprès de moi me reprocher de n'être
pas, selon ma coutume, ce qu'ils appellent *brillante :*
je m'impatientai contre eux de leurs persécutions,
et je m'en délivrai en rentrant chez
moi de bonne heure.

Que la destinée de ma cousine sera belle, ma
chère Louise, si Léonce est tel que M. Barton me
l'a peint! Elle ne souffrira pas même du seul défaut
qu'il soit possible de lui supposer, et que peut-être
on exagère beaucoup. Matilde ne hasarde rien;
elle ne s'expose jamais au blâme; elle conviendra
donc parfaitement à Léonce : moi, je ne saurais
pas.... Mais ce n'est pas de moi qu'il s'agit, c'est
de Matilde : elle sera bien plus heureuse que je ne
puis jamais l'être. Adieu, ma chère Louise, je vous
quitte; j'éprouve ce soir un sentiment vague de
tristesse que le jour dissipera sans doute. Encore
une fois, adieu.

LETTRE XII.

Delphine à mademoiselle d'Albémar.

Paris, ce 8 mai.

Je suis mécontente de moi, ma chère Louise, et
pour me punir, je me condamne à vous faire le récit
d'un mouvement blâmable que j'ai à me reprocher.
Il a été si passager que je pourrais me le
nier à moi-même; mais, pour conserver son cœur
dans toute sa pureté, il ne faut pas repousser
l'examen de soi, il faut triompher de la répugnance
qu'on éprouve à s'avouer les mauvais sentiments
qui se cachent longtemps au fond de notre
cœur avant d'en usurper l'empire.

Depuis quelques jours M. Barton me parlait sans
cesse de Léonce; il me racontait des traits de sa
vie qui le caractérisent comme la plus noble des
créatures. Il m'avait une fois montré un portrait
de lui, que Matilde avait refusé de voir, avec une
exagération de pruderie qui n'était en vérité que
ridicule; et ce portrait, je l'avoue, m'avait frappée.
Enfin M. Barton, se plaisant tous les jours plus
avec moi, me laissa entrevoir, avant-hier, à la fin
de notre conversation, qu'il ne croyait pas le caractère
de Matilde propre à rendre Léonce heureux,
et que j'étais la seule femme qui lui eût paru
digne de son élève. De quelques détours qu'il enveloppât
cette insinuation, je l'entendis très-vite;
elle m'émut profondément; je quittai M. Barton à
l'instant même, et je revins chez moi inquiète de
l'impression que j'en avais reçue. Il me suffit cependant
d'un moment de réflexion pour rejeter loin de
moi des sentiments confus, que je devais bannir
dès que j'avais pu les reconnaître. Je résolus de ne
plus m'entretenir en particulier avec M. Barton, et
je crus que cette décision avait fait entièrement
disparaître l'image qui m'occupait. Mais hier, au
moment où j'arrivai chez madame de Vernon,
M. Barton s'approcha de moi, et me dit : « Je
viens de recevoir une lettre de M. de Mondoville, qui
m'annonce son départ d'Espagne; ayez la bonté de
la lire. » En achevant ces mots, il me tendit cette
lettre. Quel prétexte pour la refuser? D'ailleurs
ma curiosité précéda ma réflexion; mes yeux tombèrent
sur les premières lignes de la lettre, et il
me fut impossible de ne pas l'achever. En effet, ma
chère Louise, jamais on n'a réuni dans un style
si simple tant de charmes différents! de la noblesse
et de là bonté, des expressions toujours naturelles,
mais qui toutes appartiennent à une affection vraie,
et à une idée originale; aucune de ces phrases usées
qui ne peignent rien que le vide de l'âme; de la
mesure sans froideur, une confiance sérieuse, telle
qu'elle peut exister entre un jeune homme et son
instituteur; mille nuances qui semblent de peu de
valeur, et qui caractérisent cependant les habitudes
de la vie entière, et cette élévation de sentiments,
la première des qualités, celle qui agit

comme par magie sur les âmes de la même nature. Cette lettre était terminée par une phrase douce et mélancolique sur l'avenir qui l'attendait, sur ce mariage décidé sans qu'il eût jamais vu Matilde : la volonté de sa mère, disait-il, avait pu seule le contraindre à s'y résigner. Je relus ce peu de mots plusieurs fois. Je crois que M. Barton le remarqua, car il me dit : « Madame, croyez-vous que la froideur de mademoiselle de Vernon puisse rendre heureux un homme d'une sensibilité si véritable? » Je ne sais ce que j'allais lui répondre, lorsque M. de Serbellane, se donnant à peine le temps de saluer madame de Vernon, me pria d'aller avec lui dans le jardin. Il y a tant de réserve et de calme dans les manières habituelles de M. de Serbellane, que je fus troublée par cet empressement inusité, comme s'il devait annoncer un événement extraordinaire; et craignant quelque malheur pour Thérèse, je suivis son ami en quittant précipitamment M. Barton. » Elle arrive dans huit jours, me dit M. de Serbellane; vous n'avez plus le temps de lui écrire, il faut s'occuper uniquement d'écarter d'elle, s'il est possible, les dangers de cette démarche. — Ah! mon Dieu, que m'apprenez-vous? lui répondis-je. Comment! vous n'avez pu réussir......... — J'en ai peut-être trop fait, interrompit-il, car je crois entrevoir que l'inquiétude qu'elle éprouve sur mes sentiments est la principale cause de ce voyage. Je la rassurerai sur cette inquiétude, ajouta-t-il, car je lui suis dévoué pour ma vie; mais quand vous verrez M. d'Ervins, vous comprendrez combien je dois être effrayé. Le despotisme et la violence de son caractère me font tout craindre pour Thérèse, s'il découvre ses sentiments; et quoiqu'il ait peu d'esprit, son amour-propre est toujours si éveillé, que dans beaucoup de circonstances il peut lui tenir lieu de finesse et de sagacité. » M. de Serbellane continua cette conversation pendant quelque temps, et j'y mettais un intérêt si vif qu'elle se prolongea sans que j'y songeasse; enfin je la terminai en recommandant Thérèse à la protection de M. de Serbellane. « Oui, lui dis-je, je ne craindrai point de demander à celui même qui l'a entraînée, de devenir son guide et son frère dans cette situation difficile. Thérèse est plus passionnée que vous, elle vous aime plus que vous ne l'aimez; c'est donc à vous à la diriger : celui des deux qui ne peut vivre sans l'autre est l'être soumis et dominé. Thérèse n'a point ici de parents ni d'amis, veillez sur elle en défenseur généreux et tendre; réparez vos torts par ces vertus du cœur qui naissent toutes de la bonté. » Je m'animai en parlant ainsi, et je posai

ma main sur le bras de M. de Serbellane; il la prit et l'approcha de ses lèvres avec un sentiment dont Thérèse seule était l'objet. M. Barton, dans ce moment, entrait dans l'allée où nous étions; en nous apercevant, il retourna très-promptement sur ses pas, comme pour nous laisser libres; je compris dans l'instant son idée, et je l'atteignis avant qu'il fût rentré dans le salon. « Pourquoi vous éloignez-vous de nous? lui dis-je avec assez de vivacité. — Par discrétion, madame; par discrétion, me répéta-t-il d'une manière un peu affectée. — Je le vois, repris-je, vous croyez que j'aime M. de Serbellane. « Concevez-vous, ma chère Louise, que j'aie manqué de mesure au point de parler ainsi à un homme que je connaissais à peine? Mais j'avais eu trop d'émotion depuis une heure, et j'étais si agitée que mon trouble même me faisait parler sans avoir le temps de réfléchir à ce que je disais. « Je ne crois rien, madame, me répondit M. Barton; de quel droit..... — Ah! que je déteste ces tournures, lui dis-je, avec une personne de mon caractère! — Mais permettez-moi, madame, de vous faire observer, interrompit M. Barton, que je n'ai pas l'honneur de vous connaître depuis longtemps. — C'est vrai, lui dis-je; cependant il me semble qu'il est bien facile de me juger en peu de moments; mais, je vous le répète, je n'aime point M. de Serbellane, je ne l'aime point; s'il en était autrement, je vous le dirais. — Vous auriez tort, me répondit M. Barton; je n'ai pas encore mérité cette confiance. »

Toujours plus déconcertée par sa raison, et cependant toujours plus inquiète de l'opinion qu'il pouvait prendre de mes sentiments pour M. de Serbellane, une vivacité que je ne puis concevoir, que je ne puis me pardonner, me fit dire à M. Barton : « Ce n'est pas de moi, je vous jure, que M. de Serbellane est occupé. » Je n'achevai pas cette phrase tout insignifiante qu'elle était, je ne l'achevai pas, ma sœur, je vous l'atteste; elle ne pouvait rien apprendre ni rien indiquer à M. Barton : néanmoins je fus saisie d'un remords véritable au premier mot qui m'échappa; je cherchai l'occasion de me retirer; et réfléchissant sur moi-même, je fus indignée du motif coupable qui m'avait causé tant d'émotion.

Je craignais, je ne puis me le cacher, je craignais que M. Barton ne dît à Léonce que mes affections étaient engagées; je voulais donc que Léonce pût me préférer à ma cousine : c'est moi qui fais ce mariage; c'est moi qui suis liée par un sentiment presque aussi fort que la reconnaissance, par les services que j'ai rendus. les remercîments

que j'en ai recueillis, la récompense que j'en ai
goûtée; mon amie se flatte du bonheur de sa fille,
elle croit me le devoir, et ce serait moi qui songe-
rais à le lui ravir? Quel motif m'inspire cette pensée? un penchant de pure imagination pour un
homme que je n'ai jamais vu, qui peut-être me
déplairait si je le connaissais! Que serait-ce donc
si je l'aimais! Et néanmoins les sentiments de délicatesse les plus impérieux ne devraient-ils pas
imposer silence même à un attachement véritable?
Ne pensez pas cependant, ma chère Louise, autant de mal de moi que ce récit le mérite : n'avez-
vous pas éprouvé vous-même qu'il existe quelquefois en nous des mouvements passagers les plus
contraires à notre nature? C'est pour expliquer ces contradictions du cœur humain qu'on
s'est servi de cette expression : *Ce sont des pensées
du démon.* Les bons sentiments prennent leur
source au fond de notre cœur; les mauvais nous
semblent venir de quelque influence étrangère, qui
trouble l'ordre et l'ensemble de nos réflexions et
de notre caractère. Je vous demande de fortifier
mon cœur par vos conseils : la voix qui nous guida
dans notre enfance se confond pour nous avec la
voix du ciel.

LETTRE XIII.

Réponse de mademoiselle d'Albémar à Delphine.

Montpellier, ce 14 mai.

Non, ma chère enfant, je ne vous aurais point
trouvée coupable de vous livrer à quelque intérêt
pour Léonce, et s'il avait été digne de vous, s'il
vous avait aimée, je n'aurais pas trop conçu pourquoi vous auriez sacrifié votre bonheur, non à la
reconnaissance que vous devez, mais à celle que
vous avez méritée. Quoi qu'il en soit, hélas! il
n'est plus temps de faire ces réflexions : il n'est
que trop vraisemblable qu'en ce moment ce malheureux jeune homme n'existe plus pour personne! J'ai la triste mission de vous envoyer cette
lettre. Il faut la montrer à M. Barton, et prévenir
madame de Vernon et sa fille de la perte de leurs
plus brillantes espérances. C'est le seul moment où
j'aie éprouvé quelques bons sentiments pour madame de Vernon; mais il n'est pas nécessaire de
me joindre à tout ce que vous lui témoignerez.
Celle qui est aimée de vous, ma chère Delphine,
ne manque jamais des consolations les plus tendres;
et c'est vous que je plains quand vos amis sont
malheureux.

Je ne doute pas que ce ne soit l'indigne frère de

mademoiselle de Sorane qui doive être accusé de
ce crime abominable.

« Bayonne, le 10 mai 1790.

« Comme vous êtes parente de madame de Vernon,
mademoiselle, vous avez sans doute son adresse
à Paris; et vous ferez parvenir à un M. Barton,
qui doit être chez elle à présent, la nouvelle du
triste accident arrivé à son élève, qui n'a voulu
dire qu'un seul mot, c'est qu'il désirait voir son
instituteur, actuellement à Paris chez madame de
Vernon. Ce pauvre M. Léonce de Mondoville m'é-
tait recommandé par un négociant de Madrid, et
je l'attendais hier au soir; mais je ne croyais pas
qu'on me l'apportât dans ce triste état.

« En traversant les Pyrénées, il a fait quelques
pas à pied, laissant passer sa voiture devant lui
avec son domestique; à la nuit tombante il a reçu
deux coups de poignard près du cœur, par deux
hommes qu'il connaît, à ce que j'ai pu comprendre
d'après quelques mots qu'il a prononcés, mais
qu'il n'a jamais voulu nommer. Son domestique
ne le voyant point venir, est retourné sur ses pas,
et l'a trouvé sans connaissance au milieu du chemin de la forêt : on a appelé des paysans, et avec
leur secours il a été apporté chez moi sans reprendre ses sens : on le croyait mort. Cependant
depuis une heure il a parlé, comme je l'ai dit,
pour demander que son instituteur vînt en toute
hâte auprès de lui, et qu'on se gardât bien d'informer sa mère de son état.

« Le juge s'est transporté chez moi pour écrire
sa déposition sur les assassins. Il a refusé de rien
répondre, ce qui me paraît vraiment trop beau;
mais, du reste, il est impossible d'être plus intéressant; et c'est avec une vraie douleur, mademoiselle, que je me vois forcé de vous apprendre que
les médecins ont déclaré ses blessures mortelles.
Il est si beau, si jeune, si bon, que cela fait pleurer tout le monde; et ma pauvre famille en particulier s'en désole vivement. Ne perdez pas de
temps, je vous prie, mademoiselle, pour faire
venir son instituteur. Il arrivera trop tard; mais
enfin il nous dira ce que nous avons à faire.

« J'ai l'honneur d'être, avec respect, mademoiselle, votre très-humble et très-obéissant serviteur.

« TÉLIN, *négociant à Bayonne.* »

LETTRE XIV.

Delphine à mademoiselle d'Albémar.

Ce 19 mai.

Ah! ma chère sœur! quelle nouvelle vous m'apprenez! Je suis dans une angoisse inexprimable, craignant de perdre une minute pour avertir M. Barton, et frémissant de la douleur que je suis condamnée à lui causer. Il faut aussi prévenir madame de Vernon et Matilde. Combien je sens vivement leurs peines! Ma pauvre Sophie! le fils de son amie! l'époux de sa fille! Et Matilde! Ah! que je me reproche d'avoir blâmé l'excès de sa dévotion! elle ne sera peut-être jamais heureuse. Si elle avait livré son cœur à l'espérance d'être aimée, que deviendrait-elle à présent? Néanmoins, elle ne l'a jamais vu. Mais moi aussi, je ne l'ai jamais vu, et les larmes m'oppressent, et la force me manque pour remplir mon triste devoir! Allons, je m'y soumets, je sors; adieu. Ce soir je vous rendrai compte de cette cruelle journée.

                                    Minuit.

M. Barton est parti depuis une heure, ma chère Louise. Excellent homme, qu'il est malheureux! Ah! que les peines de l'âge avancé portent un caractère déchirant! Hélas! la vieillesse elle-même est une douleur habituelle, dont l'amertume aigrit tous les chagrins que l'on éprouve.

J'ai été chez madame de Vernon à six heures; j'ai fait demander M. Barton à sa porte : il est venu à l'instant même avec un air d'empressement et de gaieté qui m'a fait bien mal : rien n'est plus touchant que l'ignorance d'un malheur déjà arrivé, et le calme qui se peint sur un visage qu'un seul mot va bouleverser. M. Barton monta dans ma voiture, et je donnai l'ordre de nous conduire loin de Paris : j'avais imaginé plusieurs moyens de lui annoncer cet affreux événement; mais il remarqua bientôt l'altération de mes traits, et me demanda avec sensibilité s'il m'était arrivé quelque malheur. L'intérêt même qu'il prenait à moi l'éloignait entièrement de l'idée que la peine dont il s'agissait pût le concerner. J'hésitais encore sur ce que je lui dirais; [mais enfin je pensai qu'il n'y avait point de préparation possible pour une telle douleur, et je lui remis la fatale lettre.

« Lisez, lui dis-je, avec courage, avec résignation, et sans oublier les amis qui vous restent, et que votre malheur attache à vous pour jamais.'» A peine cet excellent homme eut-il vu le nom de Léonce qu'il pâlit; il lut cette lettre deux fois, comme s'il ne pouvait la croire. Enfin, il la laissa tomber, couvrit son visage de ses deux mains, et pleura amèrement sans dire un seul mot. Je versais des larmes à côté de lui, effrayée de son silence, attendant que ses premières paroles m'indiquassent dans quel sens il cherchait des consolations. Je demandais au ciel la voix qui peut adoucir les blessures du cœur. « O Léonce! s'écria-t-il enfin, gloire de ma vie, seul intérêt d'un homme sans carrière, sans nom, sans destinée, était-ce à moi de vous survivre? Que fait ce vieux sang dans mes veines, quand le vôtre a coulé? Quelle fin de vie m'est réservée! Ah! madame, me dit-il, vous êtes jeune, belle, vous avez pitié d'un vieillard; mais vous ne pouvez pas vous faire une idée des dernières douleurs d'une existence sans avenir, sans espoir! Vous ne le connaissiez pas, mon ami, mon noble ami, que des monstres ont assassiné. Pourquoi ne veut-il pas les nommer? Je les connais, je les ferai connaître; ils ne vivront point après avoir fait périr ce que le ciel avait formé de meilleur.» Alors il se rappelait les traits les plus aimables de l'enfance et de la jeunesse de son élève : ce n'était plus le beau, le fier, le spirituel Léonce qu'il me peignait; il ne se retraçait plus les grâces et les talents qui devaient plaire dans le monde; il ne parlait que des qualités touchantes dont le souvenir s'unit, avec tant d'amertume, à l'idée d'une séparation éternelle.

J'étais agitée par une incertitude cruelle. Devais-je, en rappelant à M. Barton que Léonce le demandait auprès de lui, fixer son imagination sur la possibilité de le revoir encore, et de contribuer peut-être à le guérir? M. Barton ne m'avait pas dit un seul mot qui indiquât cette pensée; la craignait-il? redoutait-il une seconde douleur après un nouvel espoir? Ma chère Louise, avec quel tremblement l'on parle à un homme vraiment malheureux! Comme on a peur de ne pas deviner ce qu'il faut lui dire, et de toucher maladroitement aux peines d'un cœur déchiré!

Enfin, je dis à M. Barton qu'il devait partir, et que peut-être il pouvait encore se flatter de retrouver Léonce : ce dernier mot, dont j'attendais tant d'effet, n'en produisit aucun; il m'entendit tout de suite, mais sans se livrer à l'espoir que je lui offrais. A l'âge de M. Barton, le cœur n'est point mobile, les impressions ne se renouvellent pas vite, et le même sentiment oppresse sans aucun intervalle de soulagement.

Néanmoins, depuis cet instant, il ne parla plus que de son départ : il me demanda de retourner chez madame de Vernon; j'en donnai l'ordre. Je convins avec lui qu'il partirait le soir même, avec ma voiture, et que l'un de mes domestiques, plus jeune que le sien, courrait devant lui pour hâter son voyage. Il était un peu ranimé par l'occupation de ces détails : tant qu'il reste une action à faire pour l'être qui nous intéresse, les forces se sou-

tiennent et le cœur ne succombe pas. Nous arrivâmes enfin chez ma tante : en songeant à la peine
qu'elle allait éprouver, j'étais saisie moi-même de
la plus vive émotion. Je laissai M. Barton entrer
seul chez madame de Vernon, et je restai quelques
minutes dans le salon pour reprendre mes sens :
enfin, domptant cette faiblesse qui m'empêchait
de consoler mon amie, j'entrai chez elle; je la
trouvai plus calme que je ne l'espérais. M. Barton
gardait le silence, Matilde se contenait avec quelque effort. Madame de Vernon vint à moi, et
m'embrassa : je voulus m'approcher de Matilde;
je la vis rougir et pâlir; elle me serra la main
amicalement, mais elle sortit de la chambre à
l'instant même, se faisant un scrupule, je crois,
d'éprouver ou de montrer aucune émotion vive.

Madame de Vernon me dit alors : « Imaginez
que dans ce moment même je viens de recevoir
une lettre de madame de Mondoville pour m'apprendre son consentement au mariage, d'après les
nouvelles propositions que je lui avais faites! Elle
m'annonce en même temps le départ de son fils. »
Je serrai une seconde fois madame de Vernon
dans mes bras. « Enfin, me dit-elle avec le courage
qui lui est propre, occupons-nous de hâter le départ de M. Barton, et soumettons-nous aux événements.—Il n'y a rien à faire pour mon voyage,
dit M. Barton, avec un accent qui exprimait, je
crois, une humeur un peu injuste sur le calme
apparent de madame de Vernon; madame d'Albémar a bien voulu pourvoir à tout, et je pars. —
C'est très-bien, répliqua madame de Vernon, qui
s'aperçut du mécontentement de M. Barton; et
s'adressant à moi, elle me dit comme à demi-voix :
— Quel zèle et quelle affection il témoigne à son
élève! » Vous avez remarqué quelquefois que madame de Vernon avait l'habitude de louer ainsi,
comme par distraction et en parlant à un tiers :
mais le malheureux Barton n'y donna pas la
moindre attention; il était bien loin de penser à
l'impression que sa douleur pourrait produire sur
les autres. S'il lui était resté quelque présence
d'esprit, c'eût été pour la cacher et non pour s'en
parer.

Absorbé dans son inquiétude, il sortit sans dire
un mot à madame de Vernon; je le suivis pour
le conduire chez moi, où il devait trouver tout
ce qui lui était nécessaire pour sa route. Lorsque
nous fûmes en voiture, il dit en se parlant à lui-
même : « Mon cher Léonce, vos seuls amis,
c'est votre malheureux instituteur; c'est aussi
votre pauvre mère. » Et se retournant vers moi :
« Oui, s'écria-t-il, j'irai nuit et jour pour le rejoin-

dre; peut-être me dira-t-il encore un dernier
adieu, et je resterai près de sa tombe pour soigner
ses derniers restes, et mériter ainsi d'être enseveli près de lui. » En disant ces mots, cet infortuné vieillard se livrait à un nouvel accès de
désespoir. « Madame, me dit-il alors, devant
vous je pleure; tout à l'heure j'étais calme : votre
bonté ne repoussera pas cette triste preuve de
confiance; j'en suis sûr, vous ne la repousserez
pas. »

Nous arrivâmes chez moi; je pris toutes les
précautions que je pus imaginer pour que le voyage
de M. Barton fût le plus commode et le plus rapide possible; il fut touché de ces soins, et, prêt
à monter en voiture, il me dit : « Madame, s'il
vient en mon absence quelques lettres de Bayonne,
je n'ose pas dire de Léonce, enfin aussi de Léonce
même, ouvrez-les; vous verrez ce qu'il faut faire
d'après ces lettres, et vous me l'écrirez à Bordeaux. — N'est-ce pas madame de Vernon, lui
dis-je, qui devrait... — Non, me répondit-il; madame, permettez-moi de vous répéter que je veux
que ce soit vous. Hélas! dans ce dernier moment,
lorsqu'il n'est que trop probable que jamais je ne
vous reverrai, qu'il me soit permis de vous dire
une idée, peut-être insensée, que j'avais conçue
pour mon malheureux élève. Je ne trouvais point
que mademoiselle de Vernon pût lui convenir, et
j'osais remarquer en vous tout ce qui s'accordait
le mieux avec son esprit et son âme. » J'allais lui
répondre, mais il me serra la main avec une affection paternelle : cette affection me rappelle
M. d'Albémar, et jamais je ne l'ai retrouvée sans
émotion. Il me dit alors : « Ne vous offensez
pas, madame, de cette hardiesse d'un vieillard
qui chérit Léonce comme son fils, et que vos
bontés ont profondément touché. Hélas! ces douces chimères sont remplacées par la mort! la mort!
ah Dieu! » Il se précipita hors de ma chambre,
et se jeta au fond de la voiture, dans un accablement qui redoubla ma pitié.

Restée seule, je pus me livrer enfin à la douleur que moi aussi j'éprouvais : je n'avais dû m'occuper que des peines des autres; mais celle que
je ressentais n'était pas moins vive, quoique la
destinée de ce malheureux jeune homme fût étrangère à la mienne. Ma tante et ma cousine le regrettent pour elles, pour le bonheur qu'il devait
leur procurer; moi, que le sort séparait irrévocablement de lui, je pleure une âme si belle, un être
si libéralement doué, périssant ainsi dans les premières années de sa vie. Oui, s'il meurt, je lui
voûrai un culte dans mon cœur; je croirai l'avoir

aimé, l'avoir perdu, et je serai fidèle au souvenir que je garderai de lui : ce sera un sentiment doux, l'objet d'une mélancolie sans amertume. Je demanderai son portrait à M. Barton, et toujours je conserverai cette image comme celle d'un héros de roman dont le modèle n'existe plus. Déjà, depuis quelque temps, je perdais l'espoir de rencontrer celui qui posséderait toutes les affections de mon cœur; j'en suis sûre maintenant, et cette certitude est tout ce qu'il faut pour vieillir en paix.

Mais peut-être que Léonce vivra; s'il vit, il sera l'époux de Matilde, et plus de chimères alors; mais aussi plus de regrets. Adieu, ma chère Louise; il est possible que dans peu je me réunisse à vous pour toujours

LETTRE XV.

Delphine à mademoiselle d'Albémar.

Paris, ce 22 mai.

J'ai trouvé ce soir plus de charmes que jamais dans l'entretien de madame de Vernon, et cependant, pour la première fois, mon cœur lui a fait un véritable reproche. Quand je vous parle d'elle avec tant de franchise, ma chère Louise, je vous donne la plus grande marque possible de confiance; n'en concluez, je vous prie, rien de défavorable à mon amie. Je puis me tromper sur un tort que mille motifs doivent excuser; mais j'ai sûrement raison, quand je crois que les qualités les plus intimes de l'âme peuvent seules inspirer cette délicatesse parfaite dans les discours et dans les moindres paroles, qui rend la conversation de madame de Vernon si séduisante.

J'avais été douloureusement émue tout le jour; l'image de Léonce me poursuivait, je n'avais pu fermer l'œil sans le voir sanglant, blessé, prêt à mourir. Je me le représentais sous les traits les plus touchants, et ce tableau m'arrachait sans cesse des larmes. J'allai vers huit heures du soir chez madame de Vernon; Matilde avait passé tout le jour à l'église, et s'était couchée en revenant, sans avoir témoigné le moindre désir de s'entretenir avec sa mère; je trouvai donc Sophie seule et assez triste; je l'étais bien plus encore. Nous nous assîmes sur un banc de son jardin, d'abord sans parler; mais bientôt elle s'anima, et me fit passer une heure dans une situation d'âme beaucoup meilleure que je ne pouvais m'y attendre. La douceur, et, pour ainsi dire, la mollesse même de sa conversation, ont je ne sais quelle grâce qui suspendit ma peine. Elle suivait mes impressions

pour les adoucir, elle ne combattait aucun de mes sentiments, mais elle savait les modifier à mon insu; j'étais moins triste sans en savoir la cause; mais enfin auprès d'elle je l'étais moins.

Je dirigeai notre conversation sur ces grandes pensées vers lesquelles la mélancolie nous ramène invinciblement : l'incertitude de la destinée humaine, l'ambition de nos désirs, l'amertume de nos regrets, l'effroi de la mort, la fatigue de la vie, tout ce vague du cœur, enfin, dans lequel les âmes sensibles aiment tant à s'égarer, fut l'objet de notre entretien. Elle se plaisait à m'entendre, et m'excitant à parler, elle mêlait des mots précis et justes à mes discours, et soutenait et ranimait mes pensées toutes les fois que j'en avais besoin. Lorsque j'arrivai chez elle, j'étais abattue et mécontente de mes sentiments sans vouloir me l'avouer. Je crois qu'elle devina tout ce qui m'occupait, car elle me dit exactement ce que j'avais besoin d'entendre. Elle me releva par degrés dans ma propre estime; j'étais mieux avec moi-même, et je ne m'apercevais qu'à la réflexion, que c'était elle qui modifiait ainsi mes pensées les plus secrètes. Enfin, j'éprouvais au fond de l'âme un grand soulagement, et je sentais bien en même temps qu'en m'éloignant de Sophie le chagrin et l'inquiétude me ressaisiraient de nouveau.

Je m'écriai donc dans une sorte d'enthousiasme : « Ah! mon amie, ne me quittez pas, passons de longues heures à causer ensemble; je serai si mal quand vous ne me parlerez plus ! »

Comme je prononçais ces mots, un domestique entra, et dit à madame de Vernon que M. de Fierville demandait à la voir, quoiqu'on lui eût déclaré à sa porte qu'elle ne recevait personne. « Refusez-le, je vous en conjure, ma chère Sophie, dis-je avec instance. — Savez-vous, interrompit madame de Vernon, si le neveu de madame du Marset a gagné ou perdu ce grand procès dont dépendait toute sa fortune? — Mon Dieu! interrompis-je, on m'a dit hier qu'il l'avait gagné; ainsi, vous n'avez point à consoler M. de Fierville des chagrins de son amie; refusez-le. — Il faut que je le voie, dit alors madame de Vernon. » Et elle fit signe à son domestique de le faire monter. Je me sentis blessée, je l'avoue, et ma physionomie l'exprima. Madame de Vernon s'en aperçut, et me dit : « Ce n'est pas pour moi, c'est pour ma fille......... — Quoi! m'écriai-je assez vivement, vous songez déjà à remplacer Léonce? Pauvre jeune homme! vous n'êtes pas longtemps regretté par l'amie de votre mère. » Je me reprochai ces paroles à l'instant même, car madame de Vernon rougit en les entendant; et comme elle me laissait partir sans essayer de me retenir, je restai, quelques minutes après l'arrivée de M. de Fierville, la main appuyée sur la clef de la porte du salon, et tardant à l'ouvrir. Madame de Vernon enfin le remarqua ; elle vint à moi, et sans me faire aucun reproche, elle insista beaucoup sur le prix qu'elle mettait à l'union de sa fille avec Léonce, sur toutes les circonstances qui lui rendaient ce mariage mille fois préférable à tout autre : elle reprit par degrés sa grâce accoutumée, et je partis après l'avoir embrassée ; mais je conservai cependant quelques nuages de ce qui venait de se passer.

Concevez-vous ma folie, ma chère Louise ? Ce qui m'a blessée peut-être si vivement, c'est un témoignage d'indifférence pour Léonce ! Pourquoi vouloir que madame de Vernon le regrette profondément, qu'elle ne cherche point un autre époux pour sa fille ? elle ne l'a jamais vu : cependant n'est-il pas vrai, ma chère Louise, que c'est se consoler trop tôt de la perte d'un jeune homme si distingué ? Ah ! s'il était possible qu'on le sauvât ! ce serait Matilde qui goûterait le bonheur d'en être aimée ; elle n'aurait pas souffert de son danger ; il renaîtrait pour elle : le calme de son imagination et de son âme la préserve des peines les plus amères de la vie. Louise, votre Delphine ne lui ressemble pas.

LETTRE XVI.

Mademoiselle d'Albémar à Delphine.

Montpellier, 20 mai 1790.

Je me hâte de vous dire, ma chère Delphine, que M. de Mondoville est mieux ; un chirurgien habile l'a soigné avec beaucoup de bonheur, et lorsque la perte de son sang a été arrêtée, il s'est trouvé très-vite hors de tout danger. Il aurait déjà repris sa route si l'on ne craignait que sa blessure ne se rouvrît en voyageant. Il a écrit à M. Barton une lettre que Télin m'a adressée, pour vous prier de la faire parvenir sûrement ; je vous l'envoie.

Il faut que Léonce ait quelque chose de bien aimable, pour que ce vieux négociant de Bayonne, Télin, qui de sa vie n'a pensé qu'aux moyens de gagner de l'argent, écrive des lettres toutes remplies d'éloges sur les qualités généreuses de M. de Mondoville ; en vérité, je crois qu'il a fait de Télin une mauvaise tête ! Sérieusement, c'est un rare mérite que celui qui est vivement senti même par les hommes vulgaires, et je crois toujours plus aux qualités qui produisent de l'effet sur tout le monde,

qu'à ces supériorités mystérieuses qui ne sont reconnues que par des adeptes.

Chère Delphine, il est très-vraisemblable à présent que vous allez voir M. de Mondoville ; votre imagination est singulièrement préparée à recevoir une grande impression par sa présence : défendez-vous de cette disposition, je vous en conjure, et rendez à votre esprit toute l'indépendance dont il a besoin pour bien juger.

LETTRE XVII.

Delphine à mademoiselle d'Albémar.

Paris, 25 mai.

La lettre de Léonce que vous m'envoyez, ma chère sœur, est extrêmement remarquable : comme M. Barton m'avait demandé de l'ouvrir, je l'ai lue : depuis deux heures qu'elle est entre mes mains, elle a fait naître en moi une foule de pensées qui m'étaient nouvelles. Je vous ferai part de mes réflexions une autre fois ; le seul mot que je sois pressée de vous dire, c'est que la lecture de cette lettre a tout à fait calmé les idées qui me troublaient, et que je n'ai plus à craindre le mauvais mouvement qui me faisait envier le sort de ma cousine.

LETTRE XVIII [1].

Léonce à M. Barton.

Bayonne, 17 mai 1790.

Je crains, mon cher ami, que vous ne soyez déjà parti sur la nouvelle de mon accident, et lorsque vous aurez su que j'avais témoigné le désir de vous voir. J'aurais dû vous épargner la fatigue d'un tel voyage ; mais vous pardonnerez à votre élève le besoin qu'il avait de vous dire adieu au moment de mourir. Si vous êtes encore à Paris, attendez-moi ; je serai en état de voyager sous peu de jours. On me défend de parler de peur que mes blessures à la poitrine ne se rouvrent ; j'ai du temps au moins pour vous écrire tout ce qui tient à l'événement dont vous seul devez connaître le secret.

Je sais quel est le furieux qui a voulu m'assassiner et qui m'a attaqué, ayant pour second son domestique, sans me laisser aucun moyen de me défendre. Il m'a dit avec fureur, en me poignardant : *Je venge ma sœur déshonorée.* J'aurais nommé l'auteur de cette action infâme, si les motifs qui l'ont irrité contre moi ne méritaient une sorte

---

[1] Cette lettre est celle que mademoiselle d'Albémar a fait parvenir à Delphine.

d'indulgence : vous les savez, ces motifs, et vous devinez mon assassin.

Mon cousin, en se soumettant à mes conseils, les a suivis néanmoins de la manière du monde la plus faible et la plus inconséquente ; il m'a prouvé qu'il ne faut jamais faire agir un homme dans un sens différent de son caractère. La nature place des remèdes à côté de tous les maux : l'homme faible ne hasarde rien ; l'homme fort soutient tout ce qu'il avance : mais l'homme faible, conseillé par l'homme fort, marche, pour ainsi dire, par saccades, entreprend plus qu'il ne peut, se donne des défis à lui-même, exagère ce qu'il ne sait pas imiter, et tombe dans les fautes les plus disparates : il réunit les inconvénients des caractères opposés, au lieu de concilier avec art leurs divers avantages.

Charles de Mondoville a laissé pénétrer à la famille de mademoiselle de Sorane qu'il suivait mes avis presque malgré lui ; c'est ainsi qu'il a dirigé sur moi toute leur haine. M. de Sorane a été obligé de faire faire un très-mauvais mariage à sa sœur, pour étouffer le plus promptement possible l'éclat de son aventure : la crainte de ce même éclat l'a empêché de se battre avec moi ; il a regardé l'assassinat comme une vengeance plus obscure et plus certaine, et il avait imaginé sans doute que si j'étais tué dans les montagnes des Pyrénées, on attribuerait ma mort à des voleurs français ou espagnols, qui sont en assez grand nombre sur les frontières des deux pays.

Si je ne savais pas que M. de Sorane a été réellement très-malheureux de la honte de sa sœur, s'il n'avait pas raison de m'accuser de la résistance de mon cousin à ses désirs, je livrerais son crime à la justice des lois. Mais, m'étant vu forcé, par un concours funeste de circonstances, à sacrifier la réputation de mademoiselle de Sorane à l'honneur de ma famille, j'ai cru devoir taire le nom d'un homme qui n'était devenu mon assassin que pour venger sa sœur. Sa haine contre moi était naturelle. Le mal que je lui avais fait tenait peut-être à un défaut de mon caractère : vous m'avez souvent dit que l'opinion avait trop d'empire sur moi. S'il est vrai que M. de Sorane ait réellement à se plaindre de ma conduite, je lui dois le secret sur un crime que j'ai provoqué : je le lui ai gardé ; il vous sera sacré comme à moi-même.

Mais je le prévois, mon cher Barton, tremblant encore du danger que j'ai couru, vous aurez une aimable colère contre votre élève, pour avoir exposé si légèrement cette vie dont vous et ma mère daignez avoir besoin. Cette pensée m'est venue, non sans

quelques regrets, lorsque je me croyais près de mourir. Peut-être aurais-je pu laisser mon parent à lui-même, quoiqu'il fût de mon sang, quoiqu'il portât mon nom ; mais, je vous le demande, à vous qui avez bien plus de modération que moi dans votre manière de juger, et qui n'attachez pas autant d'importance à ce qu'on peut dire dans le monde : si je m'étais trouvé dans la même situation que Charles de Mondoville, n'auriez-vous pas été le premier à me détourner d'épouser une femme généralement mésestimée, quand même je l'aurais aimée ?

Pendant les jours que je viens de passer entre la vie et la mort, j'ai réfléchi beaucoup à ce que vous m'avez constamment dit sur la nécessité de ne soumettre sa conduite qu'au témoignage de sa conscience et de sa raison. Vous êtes chrétien et philosophe tout à la fois ; vous vous confiez en Dieu, et vous comptez pour rien les injustices des hommes. J'ai peu de disposition, vous le savez, à aucun genre de croyance religieuse, et moins encore à la patience et à la résignation que la foi, dit-on, doit nous inspirer. Quoique j'aie reçu, grâce à vous, une éducation éclairée, cependant une sorte d'instinct militaire, des préjugés, si vous le voulez, mais les préjugés de mes aïeux, ceux qui conviennent si parfaitement à la fierté et à l'impétuosité de mon âme, sont les mobiles les plus puissants de toutes les actions de ma vie. Mon front se couvre de sueur quand je me figure un instant, que même à cent lieues de moi, un homme quelconque pourrait se permettre de prononcer mon nom ou celui des miens avec peu d'égards, et que je ne serais pas là pour m'en venger. La plupart des hommes, dites-vous, ne méritent pas qu'on attache le moindre prix à leurs discours. Leur haine peut n'être rien, mais leur insulte est toujours quelque chose ; ils s'égalent à vous ; ils font plus, ils se croient vos supérieurs quand ils vous calomnient : faut-il leur laisser goûter en paix cet insolent plaisir ?

Avez-vous d'ailleurs réfléchi sur la rapidité avec laquelle un homme peut se déconsidérer sans retour ? S'il est indifférent aux premiers mots qu'on hasarde sur lui, si sa délicatesse supporte le plus léger nuage, quel sentiment l'avertira que c'en est trop ? D'abord de faux bruits circuleront, et ils s'établiront bientôt après comme vrais dans la tête de ceux qui ne le connaissent pas ; alors il s'en irritera, mais trop tard. Quand il se hâterait de chercher vingt occasions de duel, des traits de courage désordonnés rétabliront-ils la réputation de son caractère ? Tous ces efforts, tous ces mouvements présentent l'idée de l'agitation, et l'on ne respecte point celui qui s'agite : le calme seul est imposant. On ne peut reconquérir en un jour ce qui est l'ouvrage du temps, et néanmoins la colère ne vous permettant pas le repos, vous rend incapable de trouver ou d'attendre le remède à votre malheur. Je ne sais ce qui peut nous être réservé dans un autre monde; mais l'enfer de celui-ci pour un homme qui a de la fierté, c'est d'avoir à supporter la moindre altération de cette intacte renommée d'honneur et de délicatesse, le premier trésor de la vie.

J'ai cessé de combattre en moi ces sentiments, je les ai reconnus pour invincibles; toutefois, s'ils pouvaient jamais se trouver en opposition avec la véritable morale, j'en triompherais, du moins je le crois, et c'est à vos leçons, mon cher maître, que je dois cet espoir : mais, dans toutes les résolutions qui ne regardent que moi seul, j'aurais tort de vouloir lutter contre un défaut que je ne puis braver qu'en sacrifiant tout mon bonheur. Il vaut mieux exposer mille fois sa vie que de faire souffrir son caractère.

J'ose croire que je ne rends pas malheureux ce qui m'entoure; pourquoi donc voudrais-je me tourmenter par des efforts peut-être inutiles, et sûrement très-douloureux? La considération que je veux obtenir dans le monde ne doit-elle pas servir à honorer tout ce qui m'aime? Un homme n'est-il pas le protecteur de sa mère, de sa sœur, et surtout de sa femme? Ne faut-il pas qu'il donne à la compagne de sa vie l'exemple de ce respect pour l'opinion qu'il doit à son tour exiger d'elle? Savez-vous pourquoi, jusqu'à présent, je me suis défendu contre l'amour, quoique je sentisse bien avec quelle violence il pourrait s'emparer de moi? c'est que j'ai craint d'aimer une femme qui ne fût point d'accord avec moi sur l'importance que j'attache à l'opinion, et dont le charme m'entraînât, quoique sa manière de penser me fît souffrir. J'ai peur d'être déchiré par deux puissances égales, un cœur sensible et passionné, un caractère fier et irritable.

Ma mère a peut-être raison, mon cher Barton, en me faisant épouser une personne qui n'exercera pas un grand empire sur moi, mais dont la conduite est dirigée par les principes les plus sévères. Cependant, hélas! je vais donc, à vingt-cinq ans, renoncer pour toujours à l'espoir de m'unir à la femme que j'aimerais, à celle qui comblerait le vide de mon cœur par toutes les délices d'une affection mutuelle! Non, la vie n'est pas cet enchantement que mon imagination a rêvé quelquefois; elle offre mille peines inévitables, mille périls à redouter,

pour sa réputation, pour son repos, mille ennemis qui vous attendent : il faut marcher fermement et sévèrement dans cette triste route, et se garantir du blâme en renonçant au bonheur.

Après avoir lu cette lettre, serez-vous content de moi, mon cher maître? Songez cependant avec quelque plaisir que votre élève n'a pas une pensée secrète pour vous, et que vos conseils lui seront toujours nécessaires.

LETTRE XIX.

Delphine à mademoiselle d'Albémar.

Ce 27 mai.

J'ai relu plusieurs fois la lettre où Léonce peint son propre caractère avec la vérité la plus parfaite; vous n'avez pas conclu, je l'espère, de quelques lignes que je vous écrivis dans le premier moment, que mon estime pour M. de Mondoville fût le moins du monde altérée? Non, assurément, rien de pareil n'est vrai; sa lettre à M. Barton indique, au contraire, des qualités rares et une grande supériorité d'esprit : mais ce qui m'a frappée comme une lumière subite, c'est l'étonnant contraste de nos caractères.

Il soumet les actions les plus importantes de sa vie à l'opinion; moi, je pourrais à peine consentir à ce qu'elle influât sur ma décision dans les plus petites circonstances. Les idées religieuses ne sont rien pour lui; cela doit être ainsi, puisque l'honneur du monde est tout. Quant à moi, vous le savez, grâce à l'heureuse éducation que vous et votre frère m'avez donnée, c'est de mon Dieu et de mon propre cœur que je fais dépendre ma conduite. Loin de chercher les suffrages du plus grand nombre, par les ménagements nécessaires pour se les concilier, je serais presque tentée de croire que l'approbation des hommes flétrit un peu ce qu'il y a de plus pur dans la vertu, et que le plaisir qu'on pourrait prendre à cette approbation finirait par gâter les mouvements simples et irréfléchis d'une bonne nature.

Sans doute, à travers l'irritabilité de Léonce sur tout ce qui tient à l'opinion, il est impossible de ne pas reconnaître en lui une âme vraiment sensible; néanmoins ne regrettez plus, ma sœur, ses engagements avec Matilde; réjouissez-vous au contraire de ce qu'il ne sera jamais rien pour moi : les oppositions qui existent dans nos manières d'être sont précisément celles qui rendraient profondément malheureux deux êtres qui s'aimeraient, sans les détacher l'un de l'autre.

Il me serait impossible, quelle que fût ma résolution à cet égard, de veiller assez sur toutes mes actions pour qu'elles ne prêtassent point aux fausses interprétations de la société; et que ne souffrirais-je pas, si celui que j'aimerais ne supportait pas sans douleur le mal que l'on pourrait dire de moi; si j'étais obligée de redouter les jugements des indifférents, à cause de leur influence sur l'objet qui me serait cher, de craindre toutes les calomnies parce qu'il souffrirait de toutes, et de me courber devant l'opinion, parce que j'aimerais un homme qui serait son premier esclave !..

Non, Léonce, ma chère Louise, ne convient pas à votre Delphine. Ah! combien les sentiments de votre généreux frère, mon noble protecteur, répondaient mieux à mon cœur ! il me répétait souvent qu'une âme bien née n'avait qu'un seul principe à observer dans le monde, faire toujours du bien aux autres et jamais de mal. Qu'importent à celle qui croit à la protection de l'Être suprême et vit en sa présence, à celle qui possède un caractère élevé, et jouit en elle-même du sentiment de la vertu, que lui importent, me disait M. d'Albémar, les discours des hommes? elle obtient leur estime tôt ou tard, car c'est de la vérité que l'opinion publique relève en dernier ressort; mais il faut savoir mépriser toutes les agitations passagères que la calomnie, la sottise et l'envie excitent contre les êtres distingués. Il ajoutait, j'en conviens, que cette indépendance, cette philosophie de principes convenait peut-être mieux encore à un homme qu'à une femme; mais il croyait aussi que les femmes, étant bien plus exposées que les hommes à se voir mal jugées, il fallait d'avance fortifier leur âme contre ce malheur. La crainte de l'opinion rend tant de femmes dissimulées, que pour ne point exposer la sincérité de mon caractère, M. d'Albémar travaillait de tout son pouvoir à m'affranchir de ce joug. Il y a réussi; je ne redoute rien sur la terre que le reproche juste de mon cœur, ou le reproche injuste de mes amis : mais que l'opinion publique me recherche ou m'abandonne, elle ne pourra jamais rien sur ces jouissances de l'âme et de la pensée qui m'occupent et m'absorbent tout entière. Je porte en moi-même un espoir consolateur, qui se renouvellera toujours, tant que je pourrai regarder le ciel, et sentir mon cœur battre pour la véritable gloire et la parfaite bonté.

Ce bonheur ou ce calme dont je jouis, que deviendraient-ils néanmoins, si, par un renversement bizarre, c'était moi, faible femme, moi dont la destinée réclame un soutien, qui savais mépriser l'opinion des hommes, tandis que l'être fort, celui qui doit me guider, celui qui doit me servir d'appui, aurait horreur du moindre blâme ? Vainement je tâcherais de me conformer à tous ses désirs; en adoptant une conduite qui ne me serait point naturelle, je n'éviterais pas d'y commettre des fautes, et notre vie, bientôt troublée, aurait peut-être un jour une funeste fin.

Non, je ne veux point aimer Léonce; quand il serait libre, je ne le voudrais point. J'ai eu besoin de me le répéter, de relire sa lettre, de détruire par de longues réflexions l'impression que m'avait faite le danger qu'il vient de courir; mais j'y suis parvenue : mon âme s'est affermie, et je puis le revoir maintenant avec le plus grand calme et la plus ferme résolution de ne considérer désormais en lui que l'époux de Matilde.

LETTRE XX.

Delphine à mademoiselle d'Albémar.

Ce 31 mai.

Que vous disais-je dans ma dernière lettre, ma chère Louise? il me semble que je vais le démentir. Je l'ai vu, Léonce. Ah! je n'ai plus aucun souvenir de ce que je pensais contre lui : comment pourrais-je mettre tant d'importance à ce que j'appelais ses défauts? Pourquoi le juger sur une lettre? L'expression de son visage le fait bien mieux connaître.

J'avais reçu hier une lettre de M. Barton, qui m'annonçait qu'il avait rencontré M. de Mondoville à Bordeaux, et qu'ils revenaient ensemble : j'allai chez madame de Vernon pour lui porter ces bonnes nouvelles. J'avais l'esprit tout à fait libre; la lettre de Léonce avait changé mes idées sur lui : je ne sais pas pourquoi elle avait produit cette impression; en y pensant bien aujourd'hui, je trouve que c'était absurde; mais enfin Léonce n'était plus pour moi que le mari de Matilde, le gendre de mon amie, et j'entretins pendant deux heures madame de Vernon de tout ce qui pouvait avoir rapport à ce mariage, avec un sentiment d'intérêt qui lui fit beaucoup de plaisir. Elle ne s'était pas doutée, je crois, des pensées qui m'avaient troublée pendant quelques jours : mais la conversation ne s'était point prolongée sur Léonce, parce que je la laissais tomber involontairement; tandis qu'hier, par je ne sais quelle sécurité, à la veille même du danger, j'étais inépuisable sur les motifs qui devaient attacher madame de Vernon à ses projets pour sa fille. Je ne conçois pas encore d'où me venait ce bizarre mouvement; je voulais prendre, je crois, des engagements avec moi-même, car cette vivacité ne pouvait pas être naturelle : elle plut à madame de Vernon, qui me pressa vivement de passer le lendemain le jour entier avec elle.

Après dîner l'on annonça tout à coup M. Barton : sa figure me parut triste ; je craignis quelque événement funeste, et je l'interrogeai avec crainte. « M. de Mondoville, nous dit-il, est arrivé hier avec moi ; mais en chemin sa blessure s'est rouverte, et je crains que le sang qu'il a perdu ne mette en danger sa vie : il est dans un état de faiblesse et d'abattement qui m'inquiète extrêmement ; il a repris la fièvre depuis huit jours, et il est maintenant hors d'état non-seulement de sortir, mais même de se tenir debout. Il voudrait, dit M. Barton en se retournant vers madame de Vernon, vous remettre des lettres de sa mère ; il prend la liberté de vous demander de venir le voir : il n'ose se flatter que mademoiselle de Vernon consente à vous accompagner ; cependant il me semble qu'à présent que les articles sont signés par madame de Mondoville, il n'y aurait point d'inconvenance.... » Matilde interrompit M. Barton, et lui dit en se levant, d'un ton de voix assez sec : « Je n'irai point, monsieur ; je suis décidée à n'y point aller. »

Madame de Vernon n'essaye jamais de lutter contre les volontés de sa fille si positivement exprimées ; elle a dans le caractère une sorte de douceur, et même d'indolence, qui lui fait craindre toute espèce de discussion ; ce n'est jamais par un moyen de force, de quelque nature qu'il soit, qu'elle veut atteindre à son but. Sans répondre donc à Matilde, elle s'adressa à moi, et me dit : « Ma chère Delphine, ce sera vous qui m'accompagnerez, n'est-ce pas ? nous irons avec M. Barton chez Léonce. » Je m'en défendis d'abord, quoique par un mouvement assez inexplicable j'éprouvasse tant d'humeur du refus de Matilde, qu'il m'était doux d'opposer mon empressement à sa pruderie. Madame de Vernon insista : elle s'inquiétait de la sorte de timidité dont elle est quelquefois susceptible avec une personne nouvelle ; elle craignait ces premiers mouvements dans lesquels Léonce pouvait se livrer à l'attendrissement. J'ai toujours vu madame de Vernon redouter tout ce qui oblige à des témoignages extérieurs, lors même que son sentiment est véritable. On l'accuse de fausseté, et c'est cependant une personne tout à fait incapable d'affectation. Une réunion si singulière est-elle possible ? je ne le crois pas.

Lorsque enfin je ne pus douter que madame de Vernon ne désirât vivement que j'allasse avec elle, j'y consentis. Cependant quand nous fûmes en voiture, je me rappelai la lettre de Léonce à M. Barton, et il me vint dans l'esprit qu'un homme si délicat sur tout ce qui tient aux convenances, trouverait peut-être un peu léger qu'une femme de mon âge vînt le voir ainsi chez lui sans le connaître. Cette pensée me blessa et changea tellement ma disposition, que je montai l'escalier de Léonce avec assez d'humeur ; mais au moment où nous entrâmes dans sa chambre, lorsque je le vis étendu sur un canapé, pâle, pouvant à peine soulever sa tête pour me saluer, et néanmoins semblable en cet état à la plus noble, à la plus touchante image de la mélancolie et de la douleur, j'éprouvai à l'instant une émotion très-vive.

La pitié me saisit en même temps que l'attrait ; tous les sentiments de mon âme me parlaient à la fois pour ce malheureux jeune homme. Sa taille élégante avait du charme, malgré l'extrême faiblesse qui ne lui permettait pas de se soutenir. Il n'y avait pas un trait de son visage qui, dans son abattement même, n'eût une expression séduisante. Je restai quelques instants debout, derrière M. Barton et madame de Vernon. Léonce adressa quelques remercîments aimables à ma tante avec un son de voix doux, et cependant encore assez ferme ; sa manière d'accentuer donnait aux paroles les plus simples une expression nouvelle ; mais à chaque mot qu'il disait, sa pâleur semblait augmenter, et, par un mouvement involontaire, je retenais ma respiration quand il parlait, comme si j'avais pu le soulager et diminuer ainsi ses efforts.

Nous nous assîmes ; il me vit alors. « Est-ce mademoiselle de Vernon ? dit-il à ma tante. — Non, répondit madame de Vernon : elle n'ose point encore venir vous voir ; c'est ma nièce, madame d'Albémar. — Madame d'Albémar ! reprit Léonce assez vivement, celle qui a bien voulu prêter sa voiture à M. Barton pour venir me chercher ; celle qui a daigné s'intéresser à mon sort avant de me connaître ! Je suis bien honteux, répéta-t-il en tâchant d'élever la voix, je suis bien honteux d'être si mal en état de lui témoigner ma reconnaissance ! » J'allais lui répondre, lorsqu'en finissant ces mots sa tête retomba sur sa main ; je fis un mouvement pour me lever et lui porter du secours ; mais rougissant aussitôt de mon dessein, je me rassis, et je gardai le silence. Léonce se tut aussi pendant quelques minutes. Tant de douceur et de sensibilité se peignit alors sur son visage, que j'oubliai entièrement l'opinion que j'avais eue de lui, et qui pouvait garantir mon cœur. Mon attendrissement devenait à chaque instant plus difficile à cacher.

Les yeux et les paupières noires de Léonce accablé par son mal se baissaient malgré lui; mais quand il parvenait à soulever son regard et qu'il le dirigeait sur moi, il me semblait qu'il fallait répondre à ce regard; qu'il sollicitait l'intérêt, qu'il expliquait sa pensée; et je me sentais émue, comme s'il m'avait longtemps parlé.

N'ayez pas honte pour moi, ma Louise, de cette impression subite et profonde; c'est la pitié qui la produisait, j'en suis sûre : votre Delphine ne serait pas ainsi, dès la première vue, accessible à l'amour; c'était la douleur, la toute-puissante douleur qui réveillait en moi le plus fort, le plus rapide, le plus irrésistible des sentiments du cœur, la sympathie.

Léonce s'aperçut, je crois, de l'intérêt que je prenais à sa situation; quoique je n'eusse pas parlé, c'est moi qu'il rassura. « Ce n'est rien, dit-il, madame; la fatigue de la route a rouvert ma blessure, mais elle est maintenant refermée, et dans quelques jours je serai mieux. » Je voulus essayer de lui répondre; mais je craignis qu'en parlant ma voix ne fût trop altérée, et j'interrompis ma phrase sans la finir. Madame de Vernon lui demanda des nouvelles de madame de Mondoville, lui dit quelques mots aimables sur l'impatience qu'elle avait de le voir. Il répondit à tout d'un ton abattu, mais avec grâce. Madame de Vernon, craignant de le fatiguer, se leva, lui prit la main affectueusement, et donna le bras à M. Barton pour sortir.

Je m'avançai après elle, voulant enfin prendre sur moi d'exprimer mon intérêt à M. de Mondoville. Il se leva pour me remercier avant que je pusse l'en empêcher, et voulut faire quelques pas pour me reconduire; mais un étourdissement très-effrayant le saisit tout à coup; il cherchait à s'appuyer pour ne pas tomber : je lui offris mon bras involontairement, et sa tête se pencha sur mon épaule; je crus qu'il allait expirer. Ah! ma Louise, qui n'aurait pas été troublé dans un tel moment! Je perdis toute idée de moi-même et des autres; je m'écriai : « Ma tante, venez à son secours : regardez-le; il va mourir. » Et mon visage fut couvert de larmes. M. Barton se retourna précipitamment, soutint Léonce dans ses bras, et le reconduisit jusqu'au sopha. Léonce revint à lui; il ouvrit les yeux avant que j'eusse essuyé mes pleurs; et les regards les plus reconnaissants m'apprirent qu'il avait remarqué mon émotion.

Je m'éloignai alors, et madame de Vernon me suivit : il faisait nuit quand nous revînmes; elle ne put, je crois, s'apercevoir de la peine que j'avais à me remettre, et d'ailleurs n'était-il pas naturel que je fusse inquiète de l'état où j'avais vu Léonce? J'appris à la porte de madame de Vernon que M. de Serbellane était venu me demander deux fois, et je me servis de ce prétexte pour rentrer chez moi : je m'y suis renfermée pour vous écrire.

Après ce récit, ma chère Louise, vous tremblerez pour mon bonheur : cependant n'oubliez pas combien la pitié a eu de part à mon émotion. L'intérêt qu'inspire la souffrance trompe une âme sensible : il peut arriver de croire qu'on aime, lorsque seulement on plaint. Cependant je n'accompagnerai plus madame de Vernon chez M. de Mondoville; il connaîtra bientôt Matilde, il sera frappé de sa beauté, et je pourrai le voir alors avec les sentiments que me commandent la délicatesse et la raison.

Mon amie, ma chère Louise, je suis déjà plus calme; mais c'est un malheur que de l'avoir vu ainsi entouré de tout le prestige du danger et de la souffrance. Pourquoi le mari de Matilde ne s'est-il pas d'abord offert à moi au milieu de toutes les prospérités qui l'attendent? Qu'avait-il à faire de ma pitié?

LETTRE XXI.

Léonce à M. Barton.

Ce 1er juin.

Ma mère me mande, mon cher Barton, qu'elle vous écrit pour vous charger de quelques affaires à Mondoville, qu'il faut terminer, dit-elle, avant mon mariage. Je voudrais bien que vous ne partissiez pas encore pour cette terre. C'est à votre réveil que vous avez coutume de régler vos projets. Mon domestique vous portera cette lettre, demain à huit heures, dans votre nouveau logement; vous ne me direz donc pas que vos arrangements étaient pris pour partir, et que vous ne pouvez plus y rien changer. Dans quelques jours je pourrai sortir, et l'on me montrera enfin mademoiselle de Vernon. Peut-on regarder un mariage comme décidé, quand on n'a jamais vu celle qu'on doit épouser? Ah! que vous aviez raison de me parler de madame d'Albémar comme de la plus charmante personne du monde! Vous m'avez vanté le charme de son entretien, la noblesse et la bonté de son caractère; mais vous n'auriez pu me peindre la grâce enchanteresse de sa figure, cette taille svelte, souple, élégante; ces cheveux blonds, qui couvrent à moitié des yeux si doux, et en même temps si animés; cette physionomie mobile, et cet air d'abandon plus pur, plus modeste, plus innocent encore qu'une réserve austère. J'étais entre la mort et la vie, quand je l'entendis crier : *Ah! ma tante, venez, venez; il va mourir.* Je crus, pendant un moment, avoir déjà passé dans un autre monde, et que c'était la voix des anges qui réveillait mon âme au bonheur des immortels.

Quand j'ouvris les yeux, Delphine ne s'attendait point à mes regards, et tout son visage exprimait encore une compassion céleste : elle s'éloigna; mais je n'oublierai jamais sa physionomie dans cet instant. O pitié! douce pitié! s'il suffit de ton émotion pour la rendre si belle, que serait-elle donc si l'amour répandait son charme sur ses traits? Oui, mon ami, chacune des grâces de cette figure est le signe aimable d'une qualité de l'âme. Sa taille qui se balance et se plie mollement quand elle marche, comme si ses pas avaient besoin d'appui; ses regards qui peignent une intelligence supérieure, et cependant un caractère timide; tout exprime en elle ce rare contraste que vous m'aviez vous-même indiqué, lorsque, dans notre voyage, vous me disiez qu'elle réunissait un esprit très-indépendant à un cœur dévoué, et facilement asservi quand elle aime. C'est ainsi que vous m'expliquiez son amitié presque soumise pour madame de Vernon. N'allez pas vous reprocher, mon cher Barton, l'impression que madame d'Albémar m'a faite : je n'ai rien appris de vous, ce sont ses regards qui m'ont tout dit.

Ne croyez pas, cependant, que je me livre sans réflexion à l'attrait qu'elle m'inspire; je sais quels sont mes devoirs envers ma mère : je n'ai point encore examiné la force des engagements qu'elle a pris avec madame de Vernon, jusques à quel point ils me lient; mais je ne vous cache point que depuis que j'ai vu madame d'Albémar, il me serait odieux de me prononcer que je ne suis plus libre : il se peut que je ne le sois plus, mais laissez-moi le temps d'en juger moi-même. Mon cher maître, si, de la manière la plus indirecte, je crois l'honneur de ma mère intéressé à mon mariage avec mademoiselle de Vernon, il sera fait, vous n'en doutez pas. Pourquoi craindriez-vous donc de m'aider à gagner du temps? Adieu, je vous attends ce matin, mais je suis bien aise de vous avoir écrit tout ce que contient cette lettre; vous le savez à présent, et il m'en aurait coûté de vous le dire.

LETTRE XXII.

Delphine à mademoiselle d'Albémar

Ce 3 juin.

Léonce est beaucoup mieux : il sortira bientôt; je ne l'ai pas revu. Madame de Vernon est retournée seule chez lui; je ne l'aurais pas suivie, mais elle ne me l'a pas proposé. Je n'ai pas non plus aperçu M. Barton; il a quitté Léonce pour ses affaires, qui sont sans doute les affaires du mariage. Quand je reverrai M. de Mondoville, ce sera peut-être pour signer son contrat comme parente de son épouse. Ma Louise, Léonce m'est apparu comme un songe, et le reste de ma vie n'en sera point changé. Qui pense à l'impression qu'il m'a faite? ni lui, ni personne. Allons, il ne faut plus vous en entretenir.

J'ai été d'ailleurs vivement occupée par l'arrivée de Thérèse. M. de Serbellane est venu ce matin chez moi pour me l'annoncer : il était abattu; et malgré l'habitude qu'il a prise de contenir toutes ses impressions, ses yeux se remplissaient quelquefois de larmes : il me conjura de venir voir madame d'Ervins. « Hélas! me disait-il, elle se perdra! son âme est agitée par l'amour et le remords, avec une telle violence, qu'elle peut se trahir à chaque instant devant son mari, devant l'homme le plus irritable et le plus emporté. Si elle voulait le fuir avec moi, il y aurait quelque chose de raisonnable dans son exaltation même; mais, par une funeste bizarrerie, la religion la domine autant que l'amour, et son âme faible et passionnée s'expose à tous les dangers des sentiments les plus opposés. Elle peut aujourd'hui même avouer sa faute à son mari, et demain s'empoisonner, s'il nous sépare. Malheureuse et touchante personne! pourquoi l'ai-je connue! —Je vais la voir, lui dis-je; ses soins me sauveront la vie, ne pourrai-je donc rien pour son bonheur? » J'arrivai chez madame d'Ervins; la pauvre petite se jeta dans mes bras en pleurant. Je n'avais pas encore vu son mari, et son extérieur confirma l'opinion qu'on m'avait donnée de lui. Il me reçut avec politesse, mais avec une importance qui me faisait sentir, non le prix qu'il attachait à moi, mais celui qu'il mettait à lui-même. Il m'offrit à déjeuner, et notre conversation fut contrainte et gênée, comme elle doit toujours l'être avec un homme qui n'a de sentiments vrais sur rien, et dont l'esprit ne s'exerce qu'à la défense de son amour-propre. Il me parla continuellement de lui, sans remarquer le moins du monde si mon intérêt répondait à la vivacité du sien. Quand il se croyait prêt à dire un mot spirituel, ses petits yeux brillaient à l'avance d'une joie qu'il ne pouvait réprimer; il me regardait après avoir parlé, pour juger si j'avais su l'entendre, et lorsque son émotion d'amour-propre était calmée, il reprenait un air imposant, par égard pour son propre caractère; passant tour à tour des intérêts de son esprit à ceux de sa considération, et secrètement inquiet d'avoir été trop badin pour un homme sérieux, et trop sérieux pour un homme aimable.

Après une heure consacrée au déjeuner, il se leva, et m'expliqua lentement comment des affaires indispensables, que la bonté de son cœur lui avait suscitées, des visites chez quelques ministres qu'il ne pouvait retarder sans craindre de les offenser grièvement, l'obligeaient à me quitter. Je vis qu'il me regardait avec bienveillance, pour adoucir la peine que je devais ressentir de son absence : j'aurais eu envie de le tranquilliser sur le chagrin qu'il me supposait ; mais ne voulant pas déplaire au mari de mon amie, je lui fis la révérence avec l'air sérieux qu'il désirait, et son dernier salut me prouva qu'il en était content.

Restée seule avec Thérèse, je réunis tout ce que la raison et l'amitié peuvent inspirer pour lui faire goûter de sages conseils ; mais ses larmes, ses regrets, ses résolutions combattues et démenties sans cesse, me firent éprouver une profonde pitié. Elle n'a point reçu cette éducation cultivée qui porte à réfléchir sur soi-même ; on l'a jetée dans la vie avec une religion superstitieuse et une âme ardente ; elle n'a lu, je crois, que des romans et la Vie des Saints ; elle ne connaît que des martyrs d'amour et de dévotion ; et l'on ne sait comment l'arracher à son amant, sans la livrer à des excès insensés de pénitence. La crainte de cesser de voir M. de Serbellane est la seule pensée qui puisse la contenir ; si on l'obligeait à se séparer de lui, elle avouerait tout à son mari : elle a beaucoup d'esprit naturel, mais il ne lui sert qu'à trouver des raisons pour justifier son caractère ; elle aime sa fille, mais sans pouvoir s'occuper de son éducation. Cette pauvre enfant, en voyant pleurer sa mère tout le jour, est dans un état d'attendrissement continuel qui nuit à ses forces morales et physiques ; et M. d'Ervins ne se doute de rien au milieu de toutes ces scènes. Quand il surprend sa femme et sa fille en larmes, il leur demande pardon de les avoir trop peu vues, d'être resté trop longtemps dans son cabinet, ou chez ses amis ; et il leur promet de ne plus s'éloigner à l'avenir. Cet aveuglement pourrait durer dans la retraite ; mais à Paris, il se rencontre tant de gens qui ont envie d'humilier un sot, ou d'irriter un méchant homme !

J'ai peint à Thérèse quelle serait sa situation, si M. d'Ervins faisait tomber sur elle sa colère et son despotisme ; que deviendrait-elle sans parents, sans fortune, sans appui ? Elle me répond alors, que son dessein est de s'enfermer dans un couvent pour le reste de sa vie ; et si je lui dis qu'il vaudrait peut-être mieux que M. de Serbellane allât passer quelque temps en Portugal auprès d'un de ses parents, comme c'était son projet en quittant l'Italie, elle tombe à cette idée dans un désespoir qui me fait frémir. Ah ! Louise, quelles douleurs que celles de l'amour ! Pauvre Thérèse ! en l'écoutant, mon âme n'était point uniquement occupée d'elle ; je pensais à Léonce, à ce que j'aurais pu souffrir. De quel secours me serait un esprit plus éclairé que celui de Thérèse? La passion fait tourner toutes nos forces contre nous-mêmes. Mais écartons ces pensées : c'est de ma malheureuse amie que je dois m'occuper. Le ciel en récompense se chargera peut-être de mon sort.

M. d'Ervins rentra, et M. de Serbellane vint quelques moments après. Thérèse nous retint. Je vis avec plaisir pendant le reste de la journée que M. de Serbellane n'avait point cherché à se lier avec M. d'Ervins : plus il était facile de captiver un tel homme en flattant sa vanité, plus je sus gré à l'ami de Thérèse de n'être pas devenu celui de son époux. Il est des situations qui peuvent condamner à cacher les sentiments qu'on éprouve, mais il n'y a que l'avilissement du caractère qui rende capable de feindre ceux que l'on n'a pas.

Mon estime pour M. de Serbellane s'accrut donc encore par sa froideur avec M. d'Ervins. Il m'intéressait aussi par le soin qu'il mettait à veiller continuellement sur les imprudences de Thérèse. Elle rougissait et pâlissait tour à tour quand on prononçait le nom du Portugal ; M. de Serbellane détournait à l'instant la conversation, et protégeait Thérèse, sans néanmoins la blesser en se montrant indifférent à son amour. Je fus cruellement effrayée de l'état où je la voyais ; je la pris à part avant de la quitter, et je lui fis remarquer la délicatesse de la conduite de son ami et l'inconséquence de la sienne. « Je le sais, me répondit-elle, c'est le meilleur et le plus généreux des hommes. Je lui suis bien à charge sans doute ; je ferais mieux de délivrer de moi ceux qui m'aiment, d'aller me jeter aux pieds de M. d'Ervins et de lui tout avouer. » En prononçant ces paroles, ses regards se troublaient ; je craignis qu'elle ne voulût accomplir ce dessein à l'heure même ; je la serrai dans mes bras, et je lui demandai la promesse de s'en remettre entièrement à moi.

« Écoutez, me dit-elle, je suis poursuivie par une crainte qui est, je crois, la principale cause de l'égarement où vous me voyez : je me persuade qu'il se croira obligé de partir sans m'en avertir, ou que mon mari me séparera de lui tout à coup, avant que j'aie pu lui dire adieu. Si vous obtenez de M. de Serbellane le serment qu'il ne s'en ira jamais sans m'en avoir prévenue, et si vous me donnez votre parole de me prêter votre secours pour le voir une heure seulement, une heure, quoi qu'il arrive, avant de le quitter pour toujours, alors je serai plus tranquille; je ne croirai pas, chaque fois qu'il me parlera, que ce sont les derniers mots que j'entendrai jamais de lui; je ne serai pas sans cesse agitée par tout ce que je voudrais lui dire encore; je serai calme. — Eh bien, lui répondis-je avec chaleur, à l'instant même vous allez être satisfaite. » M. d'Ervins parlait à un homme qui l'écoutait avec la plus grande condescendance, il ne pensait point à nous : j'appelai M. de Serbellane; il promit solennellement ce que désirait Thérèse : je l'assurai moi-même aussi que je lui ferais avoir de quelque manière un dernier entretien avec M. de Serbellane, si jamais M. d'Ervins lui défendait de le revoir. En donnant cette promesse, je ne sais quelle crainte me troubla; mais avant de connaître Léonce, je n'aurais pas seulement pensé qu'un tel engagement pouvait un jour me compromettre. Je m'applaudis cependant de l'avoir pris, en voyant à quel point il avait raffermi le cœur de Thérèse; elle m'entendit parler avec résignation des circonstances qui pourraient obliger M. de Serbellane à s'éloigner, et quand je la quittai, elle me parut tranquille.

Je n'allai point le soir chez madame de Vernon; il ne m'était pas permis de lui confier le secret de Thérèse, je ne pouvais lui parler de Léonce, et comment éloigner d'une conversation intime les idées qui nous dominent? C'est causer avec son amie comme avec les indifférents, chercher des sujets de conversation au lieu de s'abandonner à ce qui nous occupe, et se garder, pour ainsi dire, des pensées et des sentiments dont l'âme est remplie. Il vaut mieux alors ne pas se voir.

Pour vous, ma Louise, à qui je ne veux rien taire, je n'éprouve jamais la moindre gêne en vous écrivant; je m'examine avec vous, je vous prends pour juge de mon cœur, et ma conscience elle-même ne me dit rien que je vous laisse ignorer.

LETTRE XXIII.
Delphine à mademoiselle d'Albémar.

Ce 5 juin.

Je l'ai revu, ma sœur, je l'ai revu : non ce n'est plus l'impression de la pitié, c'est l'estime, l'attrait, tous les sentiments qui auraient assuré le bonheur de ma vie. Ah! qu'ai-je fait! Par quels liens d'a-

mitié, de confiance, me suis-je enchaînée! Mais lui, que pense-t-il? que veut-il? car enfin, pourrait-on le contraindre, s'il n'aimait pas ma cousine, si........ De quels vains sophismes je cherche à m'appuyer! ne serait-ce pas pour moi qu'il romprait ce mariage? J'aurais eu l'air de l'assurer par mes dons, et je le ferais manquer par ce qu'on appellerait ma séduction. Je suis plus riche que Matilde, on pourrait croire que j'ai abusé de cet avantage; enfin, surtout, je blesserais le cœur de madame de Vernon : elle m'accuserait de manquer à la délicatesse, elle dont l'estime m'est si nécessaire! Mais à quoi servent tous ces raisonnements? Léonce m'aime-t-il? Léonce se dégagerait-il jamais de la promesse donnée par sa mère? Vous allez juger à quels signes fugitifs j'ai cru deviner son affection. Ah! journée trop heureuse, la première et la dernière peut-être de cette vie d'enchantement, que la merveilleuse puissance d'un sentiment m'a fait connaître pendant quelques heures!

On annonça M. de Mondoville hier chez madame de Vernon; il était moins pâle que la première fois que je l'avais vu, mais sa figure conservait toujours le charme touchant qui m'avait si vivement attendrie, et le retour de ses forces rendait plus remarquable ce qu'il y a de noble et de sérieux dans l'expression de ses traits. Il me salua la première, et je me sentis fière de cette marque d'intérêt, comme si les moindres signes de sa faveur marquaient à chaque personne son rang dans la vie. Madame de Vernon le présenta à Matilde, elle rougit : je la trouvai bien belle; cependant, Louise, j'en suis sûre, lorsque Léonce, après l'avoir très-froidement observée, se tourna vers moi, ses regards avaient seulement alors toute leur sensibilité naturelle. M. Barton s'était assis à côté de moi sur la terrasse du jardin, Léonce vint se placer près de lui; madame de Vernon lui proposa de passer la soirée chez elle, il y consentit.

J'éprouvai tout à coup dans ce moment une tranquillité délicieuse; il y avait trois heures devant moi pendant lesquelles j'étais certaine de le voir; sa santé ne me causait plus d'inquiétude, et je n'étais troublée que par un sentiment trop vif de bonheur. Je causais longtemps avec lui, devant lui, pour lui; le plaisir que je trouvais à cet entretien m'était entièrement nouveau. Je n'avais considéré la conversation jusqu'à présent que comme une manière de montrer ce que je pouvais avoir d'étendue ou de finesse dans les idées, mais je cherchais avec Léonce des sujets qui tinssent de plus près aux affections de l'âme : nous parlâmes des romans, nous parcourûmes successivement le petit nombre de ceux qui ont pénétré jusqu'aux plus secrètes douleurs des caractères sensibles. J'éprouvais une émotion intérieure qui animait tous mes discours; mon cœur n'a pas cessé de battre un seul instant, lors même que notre discussion devenait purement littéraire : mon esprit avait conservé de l'aisance et de la facilité; mais je sentais mon âme agitée, comme dans les circonstances les plus importantes de la vie, et je ne pouvais le soir me persuader qu'il ne s'était passé autour de moi aucun événement extraordinaire.

Chaque mot de Léonce ajoutait à mon estime, à mon admiration pour lui : sa manière de parler était concise, mais énergique ; et quand il se servait même d'expressions pleines de force et d'éloquence, on croyait entrevoir qu'il ne disait qu'à demi sa pensée, et que dans le fond de son cœur restaient encore des richesses de sentiment et de passion qu'il se refusait à prodiguer. Avec quelle promptitude il m'entendait ! avec quel intérêt il daignait m'écouter ! Non, je ne me fais pas l'idée d'une plus douce situation : la pensée excitée par les mouvements de l'âme, les succès de l'amour-propre changés en jouissances du cœur, oh! quels heureux moments ! et la vie en serait dépouillée !

Je m'aperçus cependant que Matilde, par ses gestes et sa physionomie, témoignait assez d'humeur. Madame de Vernon, qui se plaît ordinairement à causer avec moi, parlait à son voisin sans avoir l'air de s'intéresser à notre conversation ; enfin elle prit le bras de madame du Marset, et lui dit assez haut pour que je l'entendisse : « Ne voulez-vous pas jouer, madame ? ce qu'on dit est trop beau pour nous. » Je rougis extrêmement à ces mots, je me levai pour déclarer que je voulais être aussi de la partie; Léonce m'en fit des reproches par ses regards. M. Barton vint vers moi, et me dit avec une bienveillance qui me toucha : « Je croirais presque vous avoir entendue pour la première fois aujourd'hui, madame; jamais le charme de votre conversation ne m'avait tant frappé. » Ah ! qu'il m'était doux d'être louée en présence de Léonce ! Il soupira, et s'appuya sur la chaise que je venais de quitter. M. Barton lui dit à demi-voix: « Ne voulez-vous pas vous approcher de mademoiselle de Vernon?—De grâce, laissez-moi ici, » répondit Léonce. Ces mots, je les ai entendus, Louise, et leur accent surtout ne peut être oublié.

Quand la partie fut arrangée, Léonce, resté presque seul avec Matilde, vint lui parler; mais la conversation me parut froide et embarrassée. Je ne savais ce que je faisais au jeu; madame du Marset en prenait beaucoup d'humeur; madame

de Vernon excusait mes fautes avec une bonté charmante : sa grâce fut parfaite pendant cette partie, et j'en fus si touchée, que je ne me rapprochai plus de Léonce; il me semblait que la douceur de madame de Vernon l'exigeait de moi. Elle voulut me retenir pour causer seule avec elle; je m'y refusai; je ne veux pas lui cacher ce que j'éprouve : qu'elle le devine, j'y consens, je le souhaite, peut-être; mais je ne puis me résoudre à lui en parler la première. Ne serait-ce pas indiquer le sacrifice que je désire ? Je m'en sentirais plus à l'aise avec elle, si c'était moi qui lui dusse de la reconnaissance; alors je lui avouerais ma folie, je m'en remettrais à sa générosité; mais ce que je crains avant tout, c'est d'abuser un instant du service que j'ai pu lui rendre.

Ma sœur, consultez votre délicatesse naturelle, non votre injuste prévention contre madame de Vernon, et dites-moi ce que je devrais faire, s'il m'aimait, s'il se croyait libre. Hélas ! ce conseil sera peut-être bien inutile; peut-être redouté-je des combats qu'il m'épargnera !

LETTRE XXIV

Léonce à M. Barton, à Mondoville.

Paris, ce 6 juin.

Vous êtes parti pour Mondoville par condescendance pour une seconde lettre de ma mère; je vous prie, mon cher Barton, d'y rester quelque temps. Je me servirai de ce prétexte pour retarder toute explication avec madame de Vernon sur mon mariage, et je pourrai écrire à ma mère, et peut-être trouver quelques moyens de me délivrer de sa promesse. Mon cher maître, vous le sentez vous-même, j'en suis sûr, quoique vous vous soyez refusé à me l'avouer; j'ai connu madame d'Albémar, je ne peux jamais aimer Matilde.

Pensez-vous que l'impression de la journée d'hier puisse s'effacer de mon cœur? Sans doute elle est belle, Matilde; vous me l'avez dit, je le crois; mais ai-je pu seulement la regarder? Je voyais, j'écoutais une femme comme il n'en exista jamais. C'est un être inspiré, que Delphine ! L'avez-vous remarquée, lorsqu'elle s'adressait à moi? J'étais assis à quelques pas d'elle dans le jardin : sa voix s'animait, ses yeux ravissants regardaient le ciel comme pour le prendre à témoin de ses nobles pensées; ses bras charmants se plaçaient naturellement de la manière la plus agréable et la plus élégante. Le vent ramenait souvent ses cheveux blonds sur son visage; elle les écartait avec une grâce, une négligence, qui donnaient à chacun

I.

de ses mouvements une séduction nouvelle. Croyez-vous, mon cher Barton, qu'elle parlât avec plus d'intérêt à cause de moi ? Vous m'avez dit que vous ne l'aviez jamais trouvée si aimable : aurait-elle voulu me plaire ? Cependant elle m'a quitté si brusquement ! mais c'était dans la crainte d'affliger madame de Vernon. Oh ! sans doute nos âmes s'entendraient si j'étais libre, si je pouvais m'exprimer de toute la force de mon émotion et de ma pensée ! Mais il faudra se réprimer longtemps encore, et saura-t-elle me deviner à travers tant de contraintes ? elle dont tout le charme est dans l'abandon, croira-t-elle aux sentiments contenus ? saura-t-elle que le cœur qui les renferme en est dévoré ?

Je n'imaginais pas qu'il fût possible, mon cher Barton, qu'une seule personne réunît tant de grâces variées, tant de grâces qui sembleraient devoir appartenir aux manières d'être les plus différentes. Des expressions toujours choisies, et un mouvement toujours naturel, de la gaieté dans l'esprit, et de la mélancolie dans les sentiments, de l'exaltation et de la simplicité, de l'entraînement et de l'énergie ! mélange adorable de génie et de candeur, de douceur et de force ! possédant au même degré tout ce qui peut inspirer de l'admiration aux penseurs les plus profonds, tout ce qui doit mettre à l'aise les esprits les plus ordinaires, s'ils ont de la bonté, s'ils aiment à retrouver cette qualité touchante, sous les formes les plus faciles et les plus nobles, les plus séduisantes et les plus naïves.

Delphine anime la conversation en mettant de l'intérêt à ce qu'elle dit, de l'intérêt à ce qu'elle entend ; nulle prétention, nulle contrainte : elle cherche à plaire, mais elle ne veut y réussir qu'en développant ses qualités naturelles. Toutes les femmes que j'ai connues s'arrangeaient plus ou moins pour faire effet sur les autres ; Delphine, elle seule, est tout à la fois assez fière et assez simple, pour se croire d'autant plus aimable, qu'elle se livre davantage à montrer ce qu'elle éprouve.

Avec quel enthousiasme elle parle de la vertu ! Elle l'aime comme la première beauté de la nature morale ; elle respire ce qui est bien, comme un air pur, comme le seul dans lequel son âme généreuse puisse vivre. Si l'étendue de son esprit lui donne de l'indépendance, son caractère a besoin d'appui ; elle a dans le regard quelque chose de sensible et de tremblant, qui semble invoquer un secours contre les peines de la vie ; et son âme n'est pas faite pour résister seule aux orages du sort. O mon ami ! qu'il sera heureux celui qu'elle choisira pour protéger sa destinée, qu'elle élèvera jusqu'à elle, et qui la défendra de la méchanceté des hommes !

Vous le voyez, ce n'est point une impression légère que j'ai reçue : j'ai observé Delphine, je l'ai jugée, je la connais ; je ne suis plus libre. Je veux écrire à ma mère : promettez-moi seulement, mon cher Barton, de faire naître des incidents qui vous retiennent un mois à Mondoville.

P. S. Je reçois à l'instant une lettre d'Espagne, qui m'est assez pénible : ma mère me mande que madame du Marset, qui lui écrit souvent, comme vous le savez, l'a prévenue que mademoiselle de Vernon avait une cousine très-spirituelle, mais singulièrement philosophe dans ses principes et dans sa conduite, enthousiaste des idées politiques actuelles, etc., et dont la société ne vaut rien pour moi. Ma mère me recommande de ne point me lier avec madame d'Albémar ; c'est une prévention absurde que je parviendrai sûrement à détruire. Cependant je suis indigné contre madame du Marset, et je saisirai la première occasion de le lui faire sentir.

LETTRE XXV.

Delphine à mademoiselle d'Albémar.

Ce 10 juin.

Il m'a parlé, ma chère, avec intérêt, avec intimité ! Mon Dieu, combien je m'en suis sentie honorée ! Écoutez-moi, ce jour contient plus d'un événement qui peut hâter la décision de mon sort.

J'avais dîné chez madame de Vernon avec madame du Marset et son inséparable ami, M. de Fierville : je ne sais par quel hasard, à l'heure même où Léonce a coutume de venir chez madame de Vernon, elle mit la conversation sur les événements politiques. Madame du Marset se déchaîna contre ce qu'il y a de noble et de grand dans l'amour de la liberté, comme elle aurait pu le faire en parlant des malheurs que les révolutions entraînent : je la laissai dire pendant assez longtemps ; mais quelques plaisanteries de M. de Fierville contre un Anglais qui combattait les absurdités de madame du Marset, m'impatientèrent. M. de Fierville vient toujours au secours de la déraison de son amie, en tournant en ridicule le sérieux que l'on peut mettre à quelque sujet que ce soit ; et il effraye ceux qui ne sont pas bien sûrs de leur esprit, en leur faisant entendre que quiconque n'est pas un moqueur est nécessairement un pédant. J'eus envie de secourir l'Anglais, nouvellement arrivé en France, que cette ruse intimidait, et j'entrai malgré moi dans la discussion.

Madame du Marset a retenu quelques phrases d'injures contre Rousseau, qu'on lui fait débiter quand on veut; madame de Vernon la provoqua, je lui répondis assez dédaigneusement. Madame du Marset, piquée, se retourna vers madame de Vernon, et lui dit : « Au reste, madame, quoi qu'en dise madame votre nièce, ce n'est pas une opinion si ridicule que la mienne; madame de Mondoville, à qui j'écrivais encore hier sur tout ce qui se passe en France, est entièrement de mon avis. » En apprenant que madame du Marset écrivait à madame de Mondoville, l'idée me vint à l'instant qu'elle lui parlait peut-être de moi, qu'elle lui manderait peut-être la conversation même que nous venions d'avoir, et qu'elle me peindrait comme une insensée à madame de Mondoville, qui est singulièrement exagérée dans sa haine contre la révolution de France. J'éprouvai un tel saisissement par cette réflexion, qu'il me fut impossible de prononcer un mot de plus.

Madame du Marset me dit, avec ce rire qui caractérise tous les amours-propres dont la prétention est de feindre une assurance qu'ils n'ont pas : « Eh bien, madame, vous ne répondez rien? Aurais-je raison, par hasard? aurais-je réduit votre grand esprit au silence? » On annonça Léonce : quels vœux je faisais pour que cette fatale conversation ne recommençât pas! Mais madame de Vernon, impitoyablement, appelle M. de Mondoville, et lui dit : « Est-il vrai que madame votre mère deteste Rousseau? Madame d'Albémar, qui est très-enthousiaste et de ses écrits et de ses idées politiques, les soutient contre madame du Marset, qui s'appuie du sentiment de madame votre mère. »

Je tremblais pendant ce discours, et j'attendais sans respirer la réponse de Léonce. Au nom de madame du Marset, il se retourna vers elle : je ne voyais pas son visage; mais il y avait dans l'attitude de sa tête quelque chose de méprisant pour madame du Marset, qui d'abord me rassura. Madame du Marset, qui avait en face d'elle le regard de Léonce, en fut sans doute troublée; car elle articula faiblement ces mots : « Oui, monsieur, madame votre mère est absolument de mon opinion; elle me l'a écrit plusieurs fois. — Je ne sais, madame, lui dit Léonce avec un son de voix que je ne lui connaissais pas, mais qui me pénétra de respect et de crainte; je ne sais ce que vous écrit ma mère, mais je voudrais ignorer ce que vous lui répondez. — Laissons tout cela, dit assez vivement madame

de Vernon, et allons nous promener dans mon jardin. »

Je désirais extrêmement avoir l'explication des paroles de Léonce; j'espérais avec délices que sa colère venait de son intérêt pour moi, mais j'avais besoin qu'il me le dît lui-même. Je restai naturellement de quelques pas en arrière dans la promenade; je crus remarquer un moment d'hésitation dans Léonce : cependant il prit une feuille sur le même arbre où j'en cueillais une, et je commençai alors la conversation.

« Ne vous dois-je pas quelques remercîments, lui dis-je, pour le secours que vous m'avez accordé? — Je vous défendrai toujours avec bonheur, madame, me répondit-il, quand même je me permettrais de ne pas vous approuver. — Et quel tort avais-je donc? lui dis-je avec assez d'émotion. — Pourquoi, belle Delphine! reprit-il, pourquoi soutenez-vous des opinions qui réveillent tant de passions haineuses, et contre lesquelles, peut-être avec raison, les personnes de votre classe ont un si grand éloignement? » Pour la première fois, ma chère Louise, je me rappelai cette lettre à M. Barton, que j'avais entièrement oubliée depuis que je voyais Léonce : l'accent de sa voix, l'expression de sa figure, la retracèrent à ma mémoire; et je répondis avec plus de froideur que je ne l'aurais fait peut-être sans ce souvenir. « Monsieur, lui dis-je, il ne convient point à une femme de prendre parti dans les débats politiques; sa destinée la met à l'abri de tous les dangers qu'ils entraînent, et ses actions ne peuvent jamais donner de l'importance ni de la dignité à ses paroles; mais si vous voulez connaître ce que je pense, je ne craindrai point de vous dire que, de tous les sentiments, l'amour de la liberté me paraît le plus digne d'un caractère généreux. — Vous ne m'avez pas compris, répondit Léonce avec un regard plus doux, et qui n'était pas sans quelque mélange de tristesse; je n'ai pas entendu discuter avec vous des opinions sur lesquelles le caractère de ma mère, et, si vous le voulez, les préjugés et les mœurs du pays où j'ai été élevé, ne me permettent pas d'hésiter; je désirerais seulement savoir s'il est vrai que vous vous livriez souvent à témoigner votre sentiment à ce sujet, et si nul intérêt ne pourrait vous en détourner. Ces questions sont bien indiscrètes et bien inconvenables, mais je vous crois cette intelligence supérieure qui pénètre jusqu'à l'intention, de quelques nuages qu'elle soit enveloppée : vous devez donc me pardonner. »

Ces derniers mots attirèrent toute ma confiance; et, me laissant aller à ce mouvement, je lui dis avec assez de chaleur : « Je vous atteste, monsieur, que je n'ai jamais pris à ces opinions d'autre part que celle qui résulte de la conversation ; elle promène l'esprit sur tous les sujets, celui-là revient plus souvent maintenant, et j'ai quelquefois cédé à l'intérêt qu'il inspire ; mais si j'avais eu des amis qui attachassent le moindre prix à mon silence, ils l'auraient bien facilement obtenu. Comment une femme peut-elle être fortement dominée par des intérêts qui ne tiennent pas aux affections du cœur, ou qui n'y ramènent pas de quelque manière ? Si mon frère, mon époux, mon ami, mon père jouaient un rôle dans les affaires publiques, alors toute mon âme pourrait s'y livrer ; mais des combinaisons qui sont pour moi purement abstraites, me persuadent sans m'entraîner ; je suis libre, tristement libre de ma destinée : je n'ai plus de liens, personne n'exige rien de moi ; mes opinions n'influent sur le sort de personne ; mes paroles ont suivi mes pensées : il m'eût été plus doux de les taire, si, par ce léger sacrifice, j'avais pu faire quelque plaisir à quelqu'un. — Quoi ! me dit-il avec un charme inexprimable, si vous aviez un ami qui désirât vous rapprocher de sa mère, qui craignît tout ce qui pourrait s'opposer à ce désir, vous céderiez à ses conseils ? — Oui, lui répondis-je, l'amitié vaut bien plus qu'une telle condescendance. »

Il prit ma main, et après l'avoir portée à ses lèvres, avant de la quitter il la pressa sur son cœur. Ah ! ce mouvement me parut le plus doux, le plus tendre de tous ; ce n'était point le simple hommage de la galanterie ; Léonce n'aurait point pressé ma main sur son noble cœur, s'il n'avait pas voulu l'engager pour témoin de ses affections. Nous nous quittâmes tous les deux alors, comme d'un commun accord ; je voulais conserver dans mon âme l'impression qu'elle venait d'éprouver, et je craignais un mot de plus, même de lui.

Nous gardâmes l'un et l'autre le silence pendant le reste de la soirée. Madame de Vernon me retint lorsque tout le monde fut parti ; je crus qu'elle allait m'interroger. Quoique j'eusse voulu retarder de quelques jours encore l'aveu que je ne pouvais taire, j'étais décidée à ne lui point cacher les sentiments qui m'agitaient ; mais elle parut ou les ignorer, ou vouloir en repousser la confidence ; peut-être se servant d'un moyen plus cruel et plus délicat, croyait-elle enchaîner mon cœur par la sécurité même qu'elle me montrait. Elle s'applaudit du choix de Léonce pour sa fille, et m'associant à tout ce qu'elle disait, elle répéta plusieurs fois ces mots : « Nous avons assuré son bonheur ; nous avons... » Ah ! quel *nous*, dans ma situation ! Elle

me rappela plusieurs fois que c'était à moi seule qu'elle devait l'établissement de sa fille ; elle me retraça tous les services que je lui avais rendus dans d'autres temps ; et revenant à parler de Matilde, elle m'entretint des défauts de son caractère avec plus de confiance que jamais.

« Je le sais, me dit-elle, quoique sa beauté soit remarquable, jamais elle ne pourrait lutter avec avantage contre une femme qui chercherait à plaire ; elle ne s'apercevrait seulement pas des efforts qu'on ferait pour lui enlever celui qu'elle aimerait, et surtout elle ne saurait point le retenir. Si vous n'aviez point assuré son sort par de généreux sacrifices, personne ne l'aurait épousée par inclination ; elle ne devait pas se flatter de se marier jamais à un homme de la fortune et de l'éclat de Léonce. — Pourquoi, lui dis-je, un autre n'aurait-il pas réuni des avantages à peu près semblables ? Ce neveu de M. de Fierville auquel vous aviez pensé... — Je ne connaissais pas Léonce alors, interrompit-elle ; comment une mère pourrait-elle comparer ces deux hommes, lorsqu'il s'agit du bonheur de sa fille ? D'ailleurs le neveu de M. de Fierville a perdu son procès qu'il avait d'abord gagné ; il n'a plus rien ; la succession de M. de Vernon doit une somme très-forte à madame de Mondoville, et comme je ne puis la payer sans ce mariage, je serais ruinée s'il manquait : ne cherchez point à diminuer, ma chère, le service que vous me rendez ; il est immense, et tout le bonheur de ma vie en dépend. »

Je me jetai dans les bras de madame de Vernon ; j'allais parler, mais elle m'interrompit précipitamment, pour me dire que son homme d'affaires lui avait apporté, le matin, l'acte de donation de la terre d'Andelys, parfaitement rédigé comme nous en étions convenus, et qu'elle me priait de le signer, pour que tout fût en règle avant de dresser le contrat de Léonce et de Matilde. A ce mot, je sentis mon sang se glacer ; mais un mouvement presque aussi rapide succédant au premier, j'eus honte d'avouer mon secret à madame de Vernon, dans le moment même où j'allais m'engager au don que j'avais promis, et je craignis de m'exposer ainsi à ce qu'il fût refusé.

Je me levai donc pour la suivre dans son cabinet : en passant devant une glace, je fus frappée de ma pâleur, et je m'arrêtai quelques instants ; mais enfin je triomphai de moi ; je pris la plume et je signai avec une grande promptitude, car j'avais extrêmement peur de me trahir ; et malgré tous mes efforts, je ne conçois pas encore comment madame de Vernon ne s'est pas aperçue de mon

trouble. Je sortis presqu'à l'instant même; je voulais être seule pour penser à ce que j'avais fait;
madame de Vernon ne me retint pas, et ne prononça pas un seul mot d'inquiétude sur mon agitation.

Rentrée chez moi, je tremblais, j'éprouvais une
terreur secrète, comme si j'avais mis une barrière
insurmontable entre Léonce et moi : je réfléchis
cependant que la terre que je venais d'assigner à
Matilde servirait également à faciliter un autre
mariage, si l'on pouvait l'amener à y consentir.
Un autre mariage! Ah! puis-je me dissimuler que
rien au monde ne consolera jamais personne de la
perte de Léonce! Quel art madame de Vernon
n'a-t-elle pas employé pour entourer mon cœur
par ces liens de délicatesse et de sensibilité qui
vous saisissent de partout! Combien elle serait
étonnée si je ne répondais pas à sa confiance! elle
a l'air de repousser bien loin d'elle cette crainte.
Ah! si du moins elle voulait me soupçonner! Mais
rien, rien ne peut l'y engager; il faudra lui parler,
il le faudra, j'y suis résolue; dussé-je tout sacrifier, elle ne doit pas ignorer ce qu'il m'en coûte!
Mais ce premier mot qui dira tout, que de douleur
j'éprouverai pour le prononcer!

LETTRE XXVI.

Delphine à mademoiselle d'Albémar.

Ce 20 juin.

Vous êtes bien dangereuse pour moi, ma chère
Louise; je vous conjure de me fortifier dans mes
cruels combats, et vous m'écrivez une lettre dans
laquelle vous rassemblez tous les motifs que mon
cœur pourrait me suggérer pour me livrer aux
sentiments que j'éprouve. Vous voulez me persuader que Matilde ne sera point malheureuse de la
perte de Léonce; vous me rappelez que madame
de Vernon était disposée à s'occuper d'un autre
choix, lorsque la vie de Léonce était en danger;
vous prétendez que j'ai fait assez pour mon amie,
en lui prêtant une fois quarante mille livres, et en
assurant, par mes dons, la fortune de sa fille :
mais vous n'aimez pas madame de Vernon; mais
vous ne sentez pas combien l'affection que je lui
ai témoignée, le goût vif que j'ai toujours eu pour
son esprit et pour son caractère, me rendraient
douloureux ce qui pourrait lui déplaire. Je l'aime
depuis l'âge de quinze ans, je lui dois tous les moments
les plus agréables de ma vie; tout ce qui tient à
elle ébranle fortement mon âme : je me suis accoutumée à croire que son bonheur importait plus
que le mien; il me semblait que mon âme orageuse

n'était destinée qu'à souffrir; mais je me flattais
du moins que je préserverais de toutes les peines
l'être doux et paisible qui se confiait à mon amitié.
Je vais perdre six années d'affections et de souvenirs, pour ce sentiment nouveau qui peut-être sera
brisé par le caractère de Léonce; je crains déjà
même que vous n'en soyez convaincue par ce que
je vais vous dire.

Thérèse était hier plus tourmentée que jamais :
on a commencé à mettre dans la tête de M. d'Ervins que les opinions politiques de M. de Serbellane étaient très-dangereuses, et qu'il ne convenait
pas à un défenseur de la cour de voir souvent un
tel homme. Il le reçoit donc beaucoup plus froidement, et ne l'invite presque plus : Thérèse en est
au désespoir, et voulait m'engager à avoir chez
moi tous les jours M. de Serbellane avec elle; je
m'y suis refusée : je ne puis protéger une liaison
contraire à ses devoirs : je lui donnerai tous les
soins qui peuvent consoler son cœur, mais si les
circonstances la ramènent dans la route de la morale, je ne repousserai point le secours que la Providence lui donne. Elle a écouté mon refus avec
douceur, en me rappelant seulement la promesse
que je lui avais faite, si M. de Serbellane était
obligé de partir : je l'ai confirmée, cette promesse;
j'avais quelque embarras de m'être montrée si sévère; hélas! en ai-je encore le droit? Thérèse se
livra bientôt après à ne peindre tous les sentiments
de douleur qui l'agitaient : elle ne savait pas combien elle me faisait mal; je lui disais à voix basse
quelques mots de calme et de raison, mais j'étais
prête à me jeter dans ses bras, à confondre ma
douleur avec la sienne, à me livrer avec elle à
l'expression du sentiment dont je voulais la défendre; je me retins cependant, je le devais; il
faut que je la soutienne encore de ma main mal
assurée.

Cet après-midi, M. de Serbellane est venu me
voir; il m'a parlé de Thérèse, et ce n'est jamais
sans attendrissement que je retrouve en lui le touchant mélange d'une protection fraternelle et de
la délicatesse de l'amour. Il avait encore quelques
détails essentiels à me dire; l'heure me pressait
pour me rendre au concert que donnait madame
de Vernon; il me proposa de m'accompagner : il
m'est arrivé plusieurs fois de faire des visites avec
M. de Serbellane. Vous savez que je ne consens
point à me gêner pour ces prétendues convenances
de société auxquelles on s'astreint si facilement,
quand on a véritablement intérêt à dissimuler sa
conduite; mais il me vint dans l'esprit que je pourrais
déplaire à Léonce, en arrivant avec un jeune homme,

et j'hésitais à répondre. M. de Serbellane le remarqua, et me dit : « Est-ce que vous ne voulez pas que j'aille avec vous? » J'étais honteuse de mon embarras ; je ne savais que faire de cette apparence de pruderie qui convient si mal à un caractère naturel ; et ne pouvant ni dire la vérité, ni me résoudre à me laisser soupçonner d'affectation, j'acceptai la main que m'offrait M. de Serbellane, et nous partîmes ensemble.

J'espérais que Léonce ne serait point encore chez madame de Vernon ; il y était déjà : je reconnus en entrant sa voiture dans la cour ; un des amis de M. de Serbellane le retint sur l'escalier : je le précédai d'un demi-quart d'heure, et je croyais avoir évité ce que je redoutais ; mais au moment où M. de Serbellane entra, madame de Vernon, je ne sais par quel hasard, lui demanda tout haut si nous n'étions pas venus ensemble ; il répondit fort simplement que oui. A ce mot Léonce tressaillit, il regarda tour à tour M. de Serbellane et moi, avec l'expression la plus amère, et je ne sus pendant un moment si je n'avais pas tout à craindre. M. de Serbellane remarqua, j'en suis sûre, la colère de Léonce ; mais voulant me ménager, il s'assit négligemment à côté d'une femme dont il ne cessa pas d'avoir l'air fort occupé.

Léonce alla se placer à l'extrémité de la salle, et me regarda d'abord avec un air de dédain : j'étais profondément irritée ; et ce mouvement se serait soutenu, si, tout à coup, une pâleur mortelle couvrant son visage, ne m'avait rappelé l'état où il était, quand je le vis pour la première fois. Le souvenir d'une impression si profonde l'emporta bientôt malgré moi sur mon ressentiment. Léonce s'aperçut que je le regardais, il détourna la tête, et parut faire un effort sur lui-même pour se relever et reprendre à la vie.

Matilde chanta bien, mais froidement ; Léonce ne l'applaudit point ; le concert continua sans qu'il eût l'air de l'entendre, et sans que l'expression sévère et sombre de son visage s'adoucît un instant. J'étais accablée de tristesse. Votre lettre, je l'avoue, avait un peu affaibli l'idée que je me faisais des obstacles qui me séparaient de Léonce : j'étais arrivée avec cette douce pensée, et Léonce, en me présentant tous les inconvénients de son caractère, semblait élever de nouvelles barrières entre nous. Peut-être était-il jaloux, peut-être blâmait-il, de toute la hauteur de ses préjugés à cet égard, une conduite qu'il trouvait légère ; l'un et l'autre pouvait être vrai, je ne savais comment parvenir à m'expliquer avec lui.

Le concert fini, tout le monde se leva ; j'essayai

deux fois de parler à ceux qui étaient près de Léonce ; deux fois il quitta la conversation dont je m'étais mêlée, et s'éloigna pour m'éviter. Mon indignation m'avait reprise, et je me préparais à partir, lorsque madame de Vernon dit à quelques femmes qui restaient, qu'elle les invitait au bal qu'elle donnerait à sa fille jeudi prochain, pour la convalescence de M. de Mondoville. Jugez de l'effet que produisirent sur moi ces derniers mots ; je crus que c'était la fête de la noce ; que Léonce s'était expliqué positivement ; que le jour était fixé : je fus obligée de m'appuyer sur une chaise, et je me sentis prête à m'évanouir. Léonce me regarda fixement, et levant les yeux tout à coup avec une sorte de transport, il s'avança au milieu du cercle, et prononça ces paroles avec l'accent le plus vif et le plus distinct : « On s'étonnerait, je pense, dit-il, de la bonté que madame de Vernon me témoigne, si l'on ne savait pas que ma mère est son intime amie, et qu'à ce titre elle veut bien s'intéresser à moi. » Quand ces mots furent achevés, je respirai, je le compris ; tout fut réparé. Madame de Vernon dit alors en souriant avec sa grâce et sa présence d'esprit accoutumées : « Puisque M. de Mondoville ne veut pas de mon intérêt pour lui-même, je dirai qu'il le doit tout entier à sa mère ; mais je persiste dans l'invitation du bal. »

La société se dispersa ; il ne resta pour le souper que quelques personnes. Le neveu de madame du Marset, qui a une assez jolie voix, me demanda de chanter avec Matilde et lui ce trio de Didon que votre frère aimait tant : je refusais ; Léonce dit un mot, j'acceptai. Matilde se mit au piano avec assez de complaisance : elle a pris plus de douceur dans les manières depuis qu'elle voit Léonce, sans qu'il y ait d'ailleurs en elle aucun autre changement. On me chargea du rôle de Didon ; Léonce s'assit presque en face de nous, s'appuyant sur le piano : je pouvais à peine articuler les premiers sons ; mais en regardant Léonce, je crus voir que son visage avait repris son expression naturelle, et toutes mes forces se ranimèrent, lorsque je vins à ces paroles sur une mélodie si touchante :

> Tu sais si mon cœur est sensible ;
> Épargne-le, s'il est possible :
> Veux-tu m'accabler de douleur?

La beauté de cet air, l'ébranlement de mon cœur, donnèrent, je le crois, à mon accent toute l'émotion, toute la vérité de la situation même. Léonce, mon cher Léonce, laissa tomber sa tête sur le piano : j'entendais sa respiration agitée, et quelquefois il relevait, pour me regarder, son visage baigné de larmes. Jamais, jamais je ne me suis sentie tellement au-dessus de moi-même; je découvrais dans la musique, dans la poésie, des charmes, une puissance qui m'étaient inconnus : il me semblait que l'enchantement des beaux-arts s'emparait pour la première fois de mon être, et j'éprouvais un enthousiasme, une élévation d'âme dont l'amour était la première cause, mais qui était plus pure encore que l'amour même.

L'air fini, Léonce, hors de lui-même, descendit dans le jardin pour cacher son trouble. Il y resta longtemps, je m'en inquiétais; personne ne parlait de lui; je n'osais pas commencer; il me semblait que prononcer son nom c'était me trahir. Heureusement il prit au neveu de madame du Marset l'envie de nous faire remarquer ses connaissances en astronomie; il s'avança vers la terrasse pour nous démontrer les étoiles, et je le suivis avec bien du zèle. Léonce revint, il me saisit la main sans être aperçu, et me dit avec une émotion profonde :

« Non, vous n'aimez pas M. de Serbellane, ce n'est pas pour lui que vous avez chanté, ce n'est pas lui que vous avez regardé.—Non, sans doute, m'écriai-je, j'en atteste le ciel et mon cœur! » Madame de Vernon nous interrompit aussitôt; je ne sus pas si elle avait entendu ce que je disais, mais j'étais résolue à lui tout avouer; je ne craignais plus rien.

On rentra dans le salon; Léonce était d'une gaieté extraordinaire; jamais je ne lui avais vu tant de liberté d'esprit; il était impossible de ne pas reconnaître en lui la joie d'un homme échappé à une grande peine. Sa disposition devint la mienne; nous inventâmes mille jeux, nous avions l'un et l'autre un sentiment intérieur de contentement qui avait besoin de se répandre. Il me fit indirectement quelques épigrammes aimables sur ce qu'il appelait ma philosophie, l'indépendance de ma conduite, mon mépris pour les usages de la société; mais il était heureux, mais il s'établissait entre nous cette douce familiarité, la preuve la plus intime des affections de l'âme; il me sembla que nous nous étions expliqués, que tous les obstacles étaient levés, tous les serments prononcés; et cependant je ne connaissais rien de ses projets, nous n'avions pas encore eu un quart d'heure de conversation ensemble; mais j'étais sûre qu'il m'aimait, et rien alors dans le monde ne me paraissait incertain.

Je m'approchai de madame de Vernon, et je lui demandai le soir même une heure d'entretien; elle me refusa en se disant malade : je proposai le lendemain, elle me pria de renvoyer après le bal ce que je pouvais avoir à lui dire; elle m'assura que jusqu'à ce jour elle n'aurait pas un moment de libre. Je m'y soumis, quoiqu'il me fût aisé d'apercevoir qu'elle cherchait des prétextes pour éloigner cette conversation. Soit qu'elle en devine ou non le sujet, ma résolution est prise, je lui parlerai; quand elle saura tout, quand je lui aurai offert de quitter Paris, d'aller m'enfermer dans une retraite pour le reste de mes jours, afin d'y conserver sans crime le souvenir de Léonce, elle prononcera sur mon sort, je l'en ferai l'arbitre; et quel que soit le parti qu'elle prenne, je n'aurai plus du moins à rougir devant elle. Ma chère Louise, je goûte quelque calme depuis que je n'hésite plus sur la conduite que je dois suivre.

LETTRE XXVII.

Léonce à M. Barton.

Paris, ce 29 juin.

Mon sort est décidé, mon cher maître, jamais un autre objet que Delphine n'aura d'empire sur mon cœur : hier au bal, hier elle s'est presque compromise pour moi. Ah! que je la remercie de m'avoir donné des devoirs envers elle! je n'ai plus de doutes, plus d'incertitudes; il ne s'agit plus que d'exécuter ma résolution, et je ne vous consulte que sur les moyens d'y parvenir.

Je serai le 4 juillet à Mondoville; nous concerterons ensemble ce qu'il faut écrire à ma mère; madame de Vernon ne m'a pas encore dit un mot du mariage projeté; à mon retour de Mondoville, je lui parlerai le premier : c'est une femme d'esprit, elle est amie de Delphine; dès qu'elle sera bien assurée de ma résolution, elle la servira. Je ne craignais que la force des engagements contractés; ma mère a évité de me répondre sur ce sujet; il faut qu'elle n'y croie pas son honneur intéressé; elle n'aurait pas tardé d'un jour à me donner un ordre impérieux, si elle avait cru sa délicatesse compromise par ma désobéissance. Elle n'insiste dans ses lettres que sur les prétendus défauts de madame d'Albémar : on lui a persuadé qu'elle était légère, imprudente; qu'elle compromettait sans cesse sa réputation, et ne manquait pas une occasion d'exprimer les opinions les plus contraires à celles qu'on doit chérir et respecter. C'est à vous, mon cher Barton, de faire connaître madame d'Albémar à ma mère; elle vous croira plus que moi.

Sans doute Delphine se fie trop à ses qualités

naturelles, et ne s'occupe pas assez de l'impression que sa conduite peut produire sur les autres. Elle a besoin de diriger son esprit vers la connaissance du monde, et de se garantir de son indifférence pour cette opinion publique sur laquelle les hommes médiocres ont au moins autant d'influence que les hommes supérieurs. Il est possible que nous ayons des défauts entièrement opposés ; eh bien, à présent je crois que notre bonheur et nos vertus s'accroîtront par cette différence même ; elle soumettra, j'en suis sûr, ses actions à mes désirs, et sa manière de penser affranchira peut-être la mienne : elle calmera du moins cette ardente susceptibilité qui m'a déjà fait beaucoup souffrir. Mon ami, tout est bien, tout est bien, si je suis son époux.

Hier enfin... Mais comment vous raconter ce jour ! c'est replonger une âme dans le trouble qui l'égare. Quel sentiment que l'amour ! quelle autre vie dans la vie ! Il y a dans mon cœur des souvenirs, des pensées si vives de bonheur, que je jouis d'exister chaque fois que je respire. Ah ! que mon ennemi m'aurait fait de mal en me tuant ! Ma blessure m'inquiète à présent : il m'arrive de craindre qu'elle ne se rouvre ; des mouvements si passionnés m'agitent, que j'éprouve, le croiriez-vous, la peur de mourir avant demain, avant une heure, avant l'instant où je dois la revoir.

Ne pensez pas cependant que je vous exprime l'amour d'un jeune homme, l'amour qu'un sage ami devrait blâmer. Quoique vous vous soyez imposé de ne point contrarier les vues de ma mère, vous désirez qu'elle préfère madame d'Albémar à Matilde. Oui, mon cher maître, votre raison est d'accord avec le choix de votre élève ; ne vous en défendez pas. Ah ! si vous saviez combien vous m'en êtes plus cher !

J'avais reçu, avant d'aller au bal de madame de Vernon, une réponse que vous sur M. de Serbellane. Vous conveniez que c'était l'homme que madame d'Albémar vous avait toujours paru distinguer le plus ; et quoique vous cherchassiez à calmer mon inquiétude, votre lettre l'avait ranimée. J'arrivai donc au bal de madame de Vernon avec une disposition assez triste ; Matilde s'était parée d'un habit à l'espagnole, qui relevait singulièrement la beauté de sa taille et de sa figure : elle ne m'a jamais témoigné de préférence, mais je crus voir une intention aimable pour moi dans le choix de cet habit : je voulus lui parler, et je m'assis près d'elle, après l'avoir engagée à se rapprocher de la porte d'entrée vers laquelle je retournais sans cesse la tête. J'étais si vivement

ému par l'impatience de voir arriver Delphine, que je ne pouvais pas même suivre, avec Matilde, cette conversation de bal si facile à conduire.

Tout à coup je sentis un air embaumé ; je reconnus le parfum des fleurs que Delphine a coutume de porter, et je tressaillis ; elle entra sans me voir : je n'allai pas à l'instant vers elle ; je goûtai d'abord le plaisir de la savoir dans le même lieu que moi. Je ménageai avec volupté les délices de la plus heureuse journée de ma vie : je laissai Delphine faire le tour du bal avant de m'approcher d'elle ; je remarquai seulement qu'elle cherchait quelqu'un encore, quoique tout le monde se fût empressé de l'entourer. Elle était vêtue d'une simple robe blanche, et ses beaux cheveux étaient rattachés ensemble sans aucun ornement, mais avec une grâce et une variété tout à fait inimitables. Ah ! qu'en la regardant j'étais ingrat pour la parure de Matilde ; c'était celle de Delphine qu'il fallait choisir. Que me font les souvenirs de l'Espagne ? Je ne me rappelle rien, que depuis le jour où j'ai vu madame d'Albémar.

Elle me reconnut dans l'embrasure d'une fenêtre, où j'avais été me placer pour la regarder. Elle eut un mouvement de joie que je ne perdis point ; bientôt après elle aperçut Matilde, et son costume la frappa tellement, qu'elle resta debout devant elle, rêveuse, distraite et sans lui parler. Une jeune et jolie Italienne, qu'on nomme madame d'Ervins, aborda Delphine et la pria de la suivre dans le salon à côté. Delphine hésitait, et j'en suis sûr, pour me parler ; cependant madame d'Ervins eut l'air affligée de sa résistance, et Delphine n'hésita plus.

Cet entretien avec madame d'Ervins fut assez long, et je le souffrais impatiemment, lorsque Delphine revint à moi, et me dit : « Il est peut-être bien ridicule de vous rendre compte de mes actions sans savoir si vous vous y intéressez ; enfin, dussiez-vous trouver cette démarche imprudente, vous penserez de mon caractère ce que vous en pensez peut-être déjà, mais vous ne concevrez pas du moins sur moi des soupçons injustes. Un intérêt, qu'il m'est interdit de vous confier, me force à causer quelques instants seule avec M. de Serbellane : cet intérêt est le plus étranger du monde à mes affections personnelles ; je connaîtrais bien mal Léonce, s'il pouvait se méprendre à l'accent de la vérité, et si je n'étais pas sûre de le convaincre, quand j'atteste son estime pour moi, de la sincérité de mes paroles. » La dignité et la simplicité de ce discours me firent une impression profonde. Ah ! Delphine ! quelle serait votre perfidie, si vous faisiez servir au mensonge tant de charmes qui ne semblent créés que pour rendre plus aimables encore les premiers mouvements, les affections involontaires, pour réunir enfin dans une même femme les grâces élégantes du monde à toute la simplicité des sentiments naturels !

Quand la conversation de madame d'Albémar avec M. de Serbellane fut terminée, elle revint dans le bal; et M. d'Orsan, ce neveu de madame du Marset qui a toujours besoin d'occuper de ses talents, parce qu'ils lui tiennent lieu d'esprit, pria Delphine de danser une polonaise qu'un Russe leur avait apprise à tous les deux, et dont on était très-curieux dans le bal. Delphine fut comme forcée de céder à son importunité, mais il y avait quelque chose de bien aimable dans les regards qu'elle m'adressa; elle se plaignait à moi de l'ennui que lui causait M. d'Orsan : notre intelligence s'était établie d'elle-même; son sourire m'associait à ses observations doucement malicieuses.

Les hommes et les femmes montèrent sur les bancs pour voir danser Delphine; je sentis mon cœur battre avec une grande violence quand tous les yeux se tournèrent sur elle : je souffrais de l'accord même de toutes ces pensées avec la mienne; j'eusse été plus heureux si je l'avais regardée seul.

Jamais la grâce et la beauté n'ont produit sur une assemblée nombreuse un effet plus extraordinaire; cette danse étrangère a un charme dont rien de ce que nous avons vu ne peut donner l'idée : c'est un mélange d'indolence et de vivacité, de mélancolie et de gaieté tout à fait asiatique. Quelquefois, quand l'air devenait plus doux, Delphine marchait quelques pas la tête penchée, les bras croisés, comme si quelques souvenirs, quelques regrets étaient venus se mêler soudain à tout l'éclat d'une fête; mais bientôt, reprenant la danse vive et légère, elle s'entourait d'un châle indien, qui, dessinant sa taille, et retombant avec ses longs cheveux, faisait de toute sa personne un tableau ravissant.

Cette danse expressive et, pour ainsi dire, inspirée, exerce sur l'imagination un grand pouvoir; elle vous retrace les idées et les sensations poétiques que, sous le ciel de l'Orient, les plus beaux vers peuvent à peine décrire.

Quand Delphine eut cessé de danser, de si vifs applaudissements se firent entendre, qu'on put croire pour un moment tous les hommes amoureux et toutes les femmes subjuguées.

Quoique je sois encore faible et qu'on m'ait défendu tout exercice qui pourrait enflammer le sang,

je ne sus pas résister au désir de danser une anglaise avec Delphine; il s'en formait une de toute la longueur de la galerie; je demandai à madame d'Albémar de la descendre avec moi. « Le pouvez-vous, me répondit-elle, sans risquer de vous faire mal? — Ne craignez rien pour moi, répondis-je, je tiendrai votre main. » La danse commença, et plusieurs fois mes bras serrèrent cette taille souple et légère qui enchantait mes regards : une fois, en tournant avec Delphine, je sentis son cœur battre sous ma main : ce cœur, que toutes les puissances divines ont doué, s'animait-il pour moi d'une émotion plus tendre?

J'étais si heureux, si transporté, que je voulus recommencer encore une fois la même contre-danse. La musique était ravissante; deux harpes mélodieuses accompagnaient les instruments à vent, et jouaient un air à la fois vif et sensible : la danse de Delphine prenait par degrés un caractère plus animé, ses regards s'attachaient sur moi avec plus d'expression; quand les figures de la danse nous ramenaient l'un vers l'autre, il me semblait que ses bras s'ouvraient presque involontairement pour me rappeler, et que, malgré sa légèreté parfaite, elle se plaisait souvent à s'appuyer sur moi. Les délices dont je m'enivrais me firent oublier que ma blessure n'était pas parfaitement guérie : comme nous étions arrivés au dernier couple qui terminait le rang, j'éprouvai tout à coup un sentiment de faiblesse qui faisait fléchir mes genoux; j'attirai Delphine, par un dernier effort, encore plus près de moi, et je lui dis à voix basse : « Delphine, Delphine! si je mourais ainsi, me trouveriez-vous à plaindre? — Mon Dieu! interrompit-elle d'une voix émue, mon Dieu! qu'avez-vous? » L'altération de mon visage la frappa : nous étions arrivés à la fin de la danse; je m'appuyai contre la cheminée, et je portai, sans y penser, la main sur ma blessure, qui me faisait beaucoup souffrir. Delphine ne fut plus maîtresse de son trouble, et s'y livra tellement, qu'à travers ma faiblesse je vis que tous les regards se fixaient sur elle : la crainte de la compromettre me redonna des forces, et je voulus passer dans la chambre voisine de celle où l'on dansait. Il y avait quelques pas à faire : Delphine, n'observant que l'état où j'étais, traversa toute la salle sans saluer personne, me suivit, et, me voyant chanceler en marchant, s'approcha de moi pour me soutenir : j'eus beau lui répéter que j'allais mieux, qu'en respirant l'air je serais guéri; elle ne songeait qu'à mon danger, et laissa voir à tout le monde l'excès de sa peine et la vivacité de son intérêt.

O Delphine! dans ce moment, comme au pied de l'autel, j'ai juré d'être ton époux : j'ai reçu ta foi, j'ai reçu le dépôt de ton innocente destinée, lorsqu'un nuage s'est élevé sur ta réputation, à cause de moi!

Quand je fus près d'une fenêtre, je me remis entièrement; alors Delphine, se rappelant ce qui venait de se passer, me dit les larmes aux yeux : « Je viens d'avoir la conduite du monde la plus extraordinaire; votre imprudence, en persistant à danser, a mis mon cœur à cette cruelle épreuve. Léonce, Léonce, aviez-vous besoin de me faire souffrir pour me deviner? — Pourriez-vous me soupçonner, lui dis-je, d'exposer volontairement aux regards des autres ce que j'ose à peine recueillir avec respect, avec amour, dans mon cœur? Mais si vous redoutez le blâme de la société, je saurai bientôt.... — Le blâme de la société, interrompit-elle avec une expression d'insouciance singulièrement piquante, je ne le crains pas ; mais mon secret sera connu avant que je l'aie confié à l'amitié, et vous ne savez pas combien cette conduite me rend coupable! » Elle allait continuer, lorsque nous entendîmes du bruit dans le salon, et le nom de madame d'Ervins plusieurs fois répété. Delphine me quitta précipitamment, pour demander la cause de l'agitation de la société. « Madame d'Ervins, lui répondit M. de Fierville, vient de tomber sans connaissance, et on l'emporte dans sa voiture, par ordre de M. d'Ervins; il ne veut pas qu'elle reçoive des secours ailleurs que chez elle. »

A peine Delphine eut-elle entendu ces dernières paroles, qu'elle s'élança sur l'escalier, atteignit M. d'Ervins, monta dans sa voiture sans rien lui dire, et partit à l'instant même : c'est tout ce que je pus apercevoir. Le mouvement rapide d'une bonté passionnée l'entraînait. Elle me laissa seul au milieu de cette fête, que je ne reconnaissais plus. Je cherchais en vain les plaisirs qui se confondaient dans mon âme avec l'amour; mais j'étais pénétré de cette émotion tendre, et néanmoins sérieuse, qui remplit le cœur d'un honnête homme, lorsqu'il a donné sa vie, lorsqu'il s'est chargé du bonheur de celle d'un autre.

Je ne sais si j'abuse de votre amitié en vous confiant les sentiments que j'éprouve; mais pourquoi la gravité de votre âge et de votre caractère me défendrait-elle de vous peindre ce pur amour qui me guide dans le choix de la compagne de ma vie? Mon cher maître! ils vous seront doux les récits du bonheur de votre élève; s'ils vous rappellent votre jeunesse, ce sera sans amertume, car tous vos souvenirs tiennent à la même pensée; ils se rattachent tous à la vertu.

J'attendrai, pour m'expliquer entièrement avec madame d'Albémar, que j'aie reçu la réponse de ma mère. Dans quelques jours je serai près de vous à Mondoville, puisque vous y avez besoin de moi. Je veux que nous écrivions ensemble à ma mère, de ce lieu même où elle a passé les premières années de son mariage et de mon enfance; ces souvenirs la disposeront à m'être favorable.

LETTRE XXVIII.

Madame de Vernon à M. de Clarimin.

Paris, ce 30 juin 1790.

On vous a mandé que M. de Mondoville était très-occupé de madame d'Albémar, et qu'il paraissait la préférer à ma fille; vous en avez conclu que le mariage que j'ai projeté n'aurait pas lieu. Vous devriez avoir cependant un peu plus de confiance dans l'esprit que vous me connaissez. Je suis témoin de tout ce qui se passe; Léonce et Delphine n'ont pas un seul mouvement que je n'aperçoive, et vous imaginez que je ne saurai pas prévenir à temps cette liaison qui renverserait tous mes projets de bonheur et de fortune!

J'ai fait quelquefois usage de mon adresse pour de très-légers intérêts; aujourd'hui c'est mon devoir de protéger ma fille, et je n'y réussirais pas! Vous me dites que madame d'Albémar me cache son affection pour Léonce. Mon Dieu! je vous assure que j'aurai sa confiance quand je le voudrai; je ne suis occupée qu'à une chose, c'est à l'éviter ; car elle m'engagerait, et il me plaît de rester libre.

Les caractères de Léonce et de Delphine ne se conviennent point; Léonce est orgueilleux comme un Espagnol, épris de la considération presque autant que de Delphine, aimable, très-aimable ; mais il faut les séparer pour leur intérêt à tous les deux. L'occasion s'en présentera; il ne faut que du temps, et je défie bien Léonce et Delphine de presser les événements que j'ai résolu de ralentir. Personne ne sait mieux que moi faire usage de l'indolence : elle me sert à déjouer naturellement l'activité des autres. Je veux le mariage de Léonce et de Matilde. Je ne me suis pas donné la peine de vouloir quatre fois en ma vie; mais quand j'ai tant fait que de prendre cette fatigue, rien ne me détourne de mon but, et je l'atteins; comptez-y.

Je vous remercie de l'intérêt que vous me témoignez; mais quand il y va du sort de ma fille, de ma ruine ou de mon aisance, de tout enfin pour moi, pensez-vous que je puisse rien négliger? Je me garde bien cependant d'agir dans un grand intérêt, avec plus de vivacité que dans un petit; car ce qui arrange tout, c'est la patience et le secret. Adieu donc, mon cher Clarimin; comme j'espère vous voir à Paris dans peu de temps, je vous y invite pour les noces de ma fille.

LETTRE XXIX.

Delphine à mademoiselle d'Albémar.

Ce 2 juillet.

Thérèse est perdue, ma chère Louise, et je ne sais à quel parti m'arrêter pour adoucir sa cruelle situation. J'entrevoyais quelque espoir pour mon bonheur, il y a deux jours, à la fête de madame de Vernon; Léonce et moi, nous nous étions presque expliqués; mais depuis le malheur arrivé à Thérèse, je suis tellement émue, que j'ai laissé passer deux soirées sans oser aller chez madame de Vernon. Léonce aurait remarqué ma tristesse, et je n'aurais pu lui en avouer la cause; s'il est un devoir sacré pour moi, c'est celui de garder inviolablement le secret de mon amie; et comment ne pas se laisser pénétrer par ce qu'on aime? Je ne sais donc rien de Léonce, et madame d'Ervins occupe seule tous mes moments.

Madame du Marset, cette cruelle ennemie de tous les sentiments qu'elle ne peut plus inspirer ni ressentir, a connu M. d'Ervins à Paris il y a quinze ans, avant qu'il eût épousé Thérèse. Avant-hier au bal, madame du Marset, placée à côté de lui, n'a cessé de lui parler bas, pendant que Thérèse dansait avec M. de Serbellane. Je ne crois point que madame du Marset ait été capable d'exciter positivement les soupçons de M. d'Ervins; les caractères les plus méchants ne veulent pas s'avouer qu'ils le sont, et se réservent toujours quelques moyens d'excuses vis-à-vis des autres et d'eux-mêmes; mais j'ai cru reconnaître, par quelques mots échappés à la fureur de M. d'Ervins, que madame du Marset, en apprenant que M. de Serbellane avait passé six mois dans son château avec sa femme, s'était moquée du rôle ridicule qu'il devait avoir joué en tiers avec ces deux jeunes gens, et, de tous les mots qu'elle pouvait choisir, le plus perfide était celui de *ridicule;* depuis, M. d'Ervins l'a répété sans cesse dans sa fureur, et quand elle s'apaisait, il lui suffisait de se le prononcer à lui-même pour qu'elle recommençât plus violente que jamais.

Je passai devant M. d'Ervins, quelques moments après sa conversation avec madame du Marset, et je fus frappée de son air sérieux; comme je ne connais rien en lui de profond que son amour-propre, je ne doutai pas qu'il ne fût offensé de quelque manière. Thérèse me fit part des mêmes observations, et cependant, soit, comme elle me l'a dit depuis, qu'un sentiment funeste l'agitât, soit que cette fête, nouvelle pour elle, l'étourdît, et lui ôtât le pouvoir de réfléchir, son occupation de M. de Serbellane n'était que trop remarquable pour des regards attentifs. M. d'Ervins affecta de s'éloigner d'elle; mais j'aperçus clairement qu'il ne la perdait pas de vue : j'en avertis M. de Serbellane; je comptais sur sa prudence : en effet, il évita constamment de parler à Thérèse. Si je n'avais pas quitté madame d'Ervins alors, peut-être aurais-je calmé le trouble où la jetait l'apparente froideur de M. de Serbellane : elle en savait la cause, et cependant elle ne pouvait en supporter la vue. Entièrement occupée de Léonce, le reste de la soirée j'oubliai madame d'Ervins : c'est à cette faute, hélas! qu'est peut-être due son infortune.

Je parlais encore à Léonce, lorsque j'appris subitement qu'on emportait madame d'Ervins sans connaissance; je courus après son mari qui la suivait, je montai dans sa voiture presque malgré lui, et je pris dans mes bras la pauvre Thérèse, qui était tombée dans un évanouissement si profond, qu'elle ne donnait plus un signe de vie. «Grand Dieu! dis-je à M. d'Ervins, qui l'a mise en cet état?—Sa conscience, madame, me répondit-il; sa conscience!» Et il me raconta alors ce qui s'était passé, avec un tremblement de colère dans lequel il n'entrait pas un seul sentiment de pitié pour cette charmante figure mourant devant ses yeux.

Placé derrière une porte au moment où sa femme passait d'une chambre à l'autre, il l'avait entendue faire à M. de Serbellane des reproches dont l'expression supposait une liaison intime: il s'était avancé alors, et prenant la main de sa femme, il lui avait dit à voix basse, mais avec fureur : «Regardez-le, ce perfide étranger; regardez-le, car jamais vous ne le reverrez.» A ces mots, Thérèse était tombée comme morte à ses pieds; M. d'Ervins était fier de la douleur qu'il lui avait causée; son orgueil ne se reposait que sur cette cruelle jouissance.

Quand nous arrivâmes à la maison de madame d'Ervins, sa fille Isore, la voyant rapporter dans cet état, jetait des cris pitoyables, auxquels M. d'Ervins ne daignait pas faire la moindre attention. On posa Thérèse sur son lit, revêtue, comme elle l'était encore, de guirlandes de fleurs et de toutes les parures du bal ; elle avait l'air d'avoir été frappée de la foudre au milieu d'une fête.

Mes soins la rappelèrent à la vie ; mais elle était dans un délire qui trahissait à chaque instant son secret. Je voulais que M. d'Ervins me laissât seule avec elle ; mais loin qu'il y consentît, il s'approcha de moi pour me dire que ma voiture était arrivée, et que dans ce moment il désirait d'entretenir sa femme sans témoins. « Au nom de votre fille, lui dis-je, M. d'Ervins, ménagez Thérèse ; n'oubliez pas dix ans de bonheur ; n'oubliez pas... — Je sais, madame, interrompit-il, ce que je me dois à moi-même : croyez que j'aurai toujours présente à l'esprit ma dignité personnelle. — Et n'aurez-vous pas, repris-je, n'aurez-vous pas présent à l'esprit le danger de Thérèse ? — Ce qui est convenable doit être accompli, répondit-il, quoi qu'il en coûte ; elle a l'honneur de porter mon nom, je verrai ce qu'exigent à ce titre et son devoir et le mien. » Je quittai cet homme odieux, cet homme incapable de rien voir dans la nature que lui seul, et dans lui-même que son orgueil. Je retournai encore une fois vers l'infortunée Thérèse ; je l'embrassai en lui jurant l'amitié la plus tendre, et lui recommandant la prudence et le courage ; elle me répondit à demi-voix que ces seuls mots : « Faites que je le revoie. » Je partis le cœur déchiré.

En rentrant chez moi vers deux heures du matin, je trouvai M. de Serbellane qui m'attendait : combien je fus touchée de sa douleur ! ces caractères habituellement froids sortent quelquefois d'eux-mêmes, et produisent alors une impression ineffaçable. Il se faisait une violence infinie pour contenir sa fureur contre M. d'Ervins ; cependant il lui échappa une fois de dire : « Qu'il ne me fasse pas craindre pour sa femme ; qu'il ne la menace pas d'indignes traitements ; car alors je trouverai qu'il vaut mieux se battre avec lui, le tuer, et délivrer Thérèse ; et si jamais j'arrivais à trouver ce parti le plus raisonnable, ah ! que je le prendrais avec joie ! » Je le calmai en lui disant que je reverrais le lendemain Thérèse, et que je lui raconterais fidèlement dans quelle situation je la trouverais. Nous nous quittâmes après qu'il m'eut promis de ne prendre aucun parti sans m'avoir revue.

Aujourd'hui je n'ai pu être reçue chez Thérèse qu'à huit heures du soir ; j'y ai été dix fois inutilement ; son mari la tenait enfermée : son état m'a plus effrayée encore que la veille. Ah ! mon Dieu, quelle destinée ! M. d'Ervins ne l'avait pas quittée un seul instant, ni la nuit ni le jour ; il l'avait accablée des reproches les plus outrageants ; il avait obtenu d'elle tous les aveux qui l'accu-

saient, en la menaçant toujours, si elle le trompait, d'interroger lui-même M. de Serbellane. Enfin il avait fini par lui déclarer qu'il exigeait que M. de Serbellane quittât la France dans vingt-quatre heures. « Je ne m'informe pas, lui dit-il, des moyens que vous prendrez pour l'obtenir de lui ; vous pouvez lui écrire une lettre que je ne verrai pas : mais si après-demain, à dix heures du soir, il est encore à Paris, j'irai le trouver, et nous nous expliquerons ensemble : aussi bien je penche beaucoup pour ce dernier moyen ; et il ne peut être évité que s'il me donne une satisfaction éclatante, en s'éloignant au premier signe de ma volonté. »

Thérèse avait tout promis ; mais ce qui l'occupait peut-être le plus, c'était la parole que je lui avais donnée il y a quinze jours, d'assurer ses derniers adieux ; son imagination était moins frappée de la crainte d'un duel entre son amant et son mari, que de l'idée qu'elle ne reverrait plus M. de Serbellane ; elle s'est jetée à mes pieds pour me conjurer de détourner d'elle une telle douleur. Ces mots terribles que M. d'Ervins a prononcés au bal, ces mots : *Vous ne le verrez plus*, retentissent toujours dans son cœur : en les répétant, elle est dans un tel état, qu'il semble qu'avec ces seules paroles on pourrait lui donner la mort : elle dit que si ce sort jeté sur elle ne s'accomplit pas, si elle revoit encore une fois M. de Serbellane, elle sera sûre que leur séparation ne doit point être éternelle, elle aura la force de supporter son départ ; mais que si ce dernier adieu n'est pas accordé, elle ne peut répondre d'y survivre. J'ai voulu détourner son attention ; mais elle me répétait toujours : « Le verrai-je ? lui dirai-je encore adieu ? » Et mon silence la plongeait dans un tel désespoir, que j'ai fini par lui promettre que je consentirais à tout ce que voudrait M. de Serbellane ! « Eh bien, dit-elle alors, je suis tranquille, car je lui ai écrit des prières irrésistibles. »

Vous trouverez peut-être, ma chère Louise, vous qui êtes un ange de bonté, que je ne devais pas hésiter à satisfaire Thérèse, surtout après l'engagement que j'avais pris antérieurement avec elle. Faut-il vous avouer le sentiment qui me faisait craindre de consentir à ce qu'elle désirait ? Si Léonce apprend par quelque hasard que j'ai réuni chez moi une femme mariée avec son amant, malgré la défense expresse de son époux, m'approuvera-t-il ? Léonce, Léonce ! est-il donc devenu ma conscience, et ne suis-je donc plus capable de juger par moi-même ce que la générosité et la pitié peuvent exiger de moi ?

En sortant de chez Thérèse, j'allai chez madame de Vernon; Léonce en était parti; il m'avait cherchée chez moi, et s'était plaint, à ce que m'a dit Matilde fort naturellement, du temps que je passais chez M. d'Ervins. M. de Fierville me fit alors quelques plaisanteries sur l'emploi de mes heures. Ces plaisanteries me firent tout à coup comprendre qu'il avait vu sortir M. de Serbellane, à trois heures du matin, de chez moi, le jour du bal. J'en éprouvai une douleur insensée; je ne voyais aucun moyen de me justifier de cette accusation; je frémissais de l'idée que Léonce aurait pu l'entendre. M. de Serbellane arriva dans ce moment, il venait de chez moi; il me le dit. M. de Fierville sourit encore : ce sourire me parut celui de la malice infernale; mais, au lieu de m'exciter à me défendre, il me glaça d'effroi, et je reçus M. de Serbellane avec une froideur inouïe. Il en fut tellement étonné, qu'il ne pouvait y croire, et son regard semblait me dire : Mais où êtes-vous? mais que vous est-il arrivé? Sa surprise me rendit à moi-même. Non, Léonce, me répétai-je tout bas, vous pouvez tout sur moi; mais je ne vous sacrifierai pas la bonté, la généreuse bonté, le culte de toute ma vie. Je me décidai alors à prendre M. de Serbellane à part, et lui rendant compte en peu de mots de ce qui s'était passé, je lui dis qu'une lettre de Thérèse l'attendait chez lui, et il partit pour la lire.

Après cet acte de courage et d'honnêteté, car c'était moi que je sacrifiais, je voulus tenter de ramener M. de Fierville; je me demandai pourquoi je ne pourrais pas me servir de mon esprit pour écarter des soupçons injustes : mais M. de Fierville était calme, et j'étais émue; mais toutes mes paroles se ressentaient de mon trouble, tandis qu'il acérait de sang-froid toutes les siennes. J'essayai d'être gaie pour montrer combien j'attachais peu de prix à ce qu'il croyait important; mes plaisanteries étaient contraintes, et l'aisance la plus parfaite rendait les siennes piquantes. Je revins au sérieux, espérant parvenir de quelque manière à le convaincre; mais il repoussait par l'ironie l'intérêt trop vif que je ne pouvais cacher. Jamais je n'ai mieux éprouvé qu'il est de certains hommes sur lesquels glissent, pour ainsi dire, les discours et les sentiments les plus propres à faire impression; ils sont occupés à se défendre de la vérité par le persiflage; et comme leur triomphe est de ne pas vous entendre, c'est en vain que vous vous efforcez d'être compris.

Je souffrais beaucoup cependant de mon embarrassante situation, lorsque madame de Vernon vint me délivrer; elle fit quelques plaisanteries à M. de Fierville, qui valaient mieux que les siennes, et l'emmena dans l'embrasure de la fenêtre, en me disant tout bas qu'elle allait le détromper sur tout ce qui m'inquiétait, si je le laissais seule avec lui. Je ne puis vous dire, ma chère Louise, combien je fus touchée de cette action, de ce secours accordé dans une véritable détresse. Je serrai la main de madame de Vernon, les larmes aux yeux, et je me promis de la voir demain, pour ne plus conserver un secret qui me pèse; vous saurez donc demain, ma Louise, ce qu'il doit arriver de moi.

LETTRE XXX.

Delphine à mademoiselle d'Albémar.

Ce 4 Juillet.

J'ai passé un jour très-agité, ma chère Louise, quoique je n'aie pu parvenir encore à parler à madame de Vernon. Il a eu des moments doux; ce jour, mais il m'a laissé de cruelles inquiétudes. En m'éveillant, j'écrivis à madame de Vernon pour lui demander de me recevoir seule, à l'heure de son déjeuner; et, sans lui dire précisément le sujet dont je voulais lui parler, il me semble que je l'indiquais assez clairement. Elle fit attendre mon domestique deux heures, et me le renvoya enfin avec un billet, dans lequel elle s'excusait de ne pas pouvoir accepter mon offre, et finissait par ces mots remarquables : *Au reste, ma chère Delphine, je lis dans votre cœur aussi bien que vous-même; mais je ne crois pas que ce soit encore le moment de nous parler.*

J'ai réfléchi longtemps sur cette phrase, et je ne la comprends pas bien encore. Pourquoi veut-elle éviter cet entretien? Elle m'a dit elle-même, il y a deux jours, qu'elle n'avait point eu, jusqu'à présent, de conversation avec Léonce, relativement au projet du mariage; aurait-elle deviné mon sentiment pour lui? Serait-elle assez généreuse, assez sensible pour vouloir rompre cet hymen à cause de moi, et sans m'en parler? Combien j'aurais à rougir d'une si noble conduite! Qu'aurais-je fait pour mériter un si grand sacrifice? Mais si elle en avait l'idée, comment exposerait-elle Matilde à voir tous les jours Léonce? Enfin, dans ce doute insupportable, je résolus d'aller chez elle, et de la forcer à m'écouter.

Qu'avais-je à lui dire cependant? que j'aimais Léonce, que je voulais m'opposer au bonheur de sa fille, traverser les projets que nous avions formés ensemble! Ah! ma Louise, vous donnez trop d'encouragement à ma faiblesse; au moins je ne me livrerai point à l'espérance avant que madame de Vernon m'ait entendue, ait décidé de mon sort.

M. de Serbellane arriva chez moi comme j'allais sortir : le changement de son visage me fit de la peine ; je vis bien qu'il souffrait cruellement. «J'ai lu sa lettre, me dit-il ; elle m'a fait mal : j'avais espéré que ma vie ne serait funeste à personne, et voilà que j'ai perdu la destinée de la plus sensible des femmes. Voyons enfin, me dit-il en reprenant de l'empire sur lui-même, voyons ce qu'il reste à faire. Quoiqu'il me soit très-pénible d'avoir l'air de céder, en partant, à la volonté de M. d'Ervins, j'y consens, puisque Thérèse le désire ; je ne crains pas que personne imagine que c'est ma vie que j'ai ménagée. Vous, madame, ajouta-t-il, que j'ai connue par tant de preuves d'une angélique bonté, il faut que vous m'en donniez une dernière ; il faut que vous receviez, après-demain, dans la soirée, Thérèse et moi chez vous. Je partirai ce matin ostensiblement : M. d'Ervins se croira sûr que je suis en route pour le Portugal ; quelques affaires l'appellent à Saint-Germain, et pendant qu'il y sera, Thérèse viendra chez vous en secret. Je sais que la demande que je vous fais serait refusée par une femme commune, accordée sans réflexion par une femme légère ; je l'obtiendrai de votre sensibilité. Je n'ai peut-être pas toujours partagé l'impétuosité des sentiments de Thérèse ; mais aujourd'hui cet adieu m'est aussi nécessaire qu'à elle : ces derniers événements ont produit sur mon caractère une impression dont je ne le croyais pas susceptible ; je veux que Thérèse entende ce que j'ai à lui dire sur sa situation. »

M. de Serbellane s'arrêta, étonné de mon silence ; ce qui s'était passé hier avec M. de Fierville me donnait encore plus de répugnance pour une nouvelle démarche : la calomnie ou la médisance peuvent me perdre auprès de Léonce. Je n'osais pas cependant refuser M. de Serbellane : quel motif lui donner? J'aurais rougi de prétexter un scrupule de morale, quand ce n'était pas la véritable cause de mon incertitude : honte éternelle à qui pourrait vouloir usurper un sentiment d'estime !

Je ne sais si M. de Serbellane s'aperçut de mes combats, mais, me prenant la main, il me dit avec ce calme qui donne toujours l'idée d'une raison supérieure : « Vous l'avez promis à Thérèse ; j'en suis témoin, elle y a compté ; tromperez-vous sa confiance? serez-vous insensible à son désespoir? —Non, lui répondis-je, quoi qu'il puisse arriver, je ne lui causerai pas une telle douleur ; employez cette entrevue à calmer son esprit, à la ramener aux devoirs que sa destinée lui impose, et s'il en

résulte pour moi quelque grand malheur, du moins je n'aurai jamais été dure envers un autre, j'aurai droit à la pitié. — Généreuse amie, s'écria M. de Serbellane, vous serez heureuse dans vos sentiments ; je les ai devinés, j'ose les approuver, et tous les vœux de mon âme sont pour votre félicité. Je mettrai tant de prudence et de secret dans cette entrevue, que je vous promets d'en écarter tous les inconvénients. Je ferai servir ces dernières heures à fortifier la raison de Thérèse, et dans votre maison il ne sera prononcé que des paroles dignes de vous ; la nuit suivante je pars, je quitte peut-être pour jamais la femme qui m'a le plus aimé, et vous, madame, et vous dont le caractère est si noble, si sensible et si vrai. » C'était la première fois que M. de Serbellane m'exprimait vivement son estime : j'en fus émue. Cet homme a l'art de toucher par ses moindres paroles ; le courage qu'il avait su m'inspirer me soutint quelques moments ; mais à peine fut-il parti, que je fus saisie d'un profond sentiment de tristesse, en pensant à tous les hasards de l'engagement que je venais de prendre.

Si j'avais pu consulter Léonce, ne m'aurait-il pas désapprouvée? il ne voudrait pas au moins, j'en suis sûre, que sa femme se permît une conduite aussi faible. Ah! pourquoi n'ai-je pas dès à présent la conduite qu'il exigerait de sa femme! Cependant ma promesse n'était-elle pas donnée? pouvais-je supporter d'être la cause volontaire de la douleur la plus déchirante? Non, mais que ce jour n'est-il passé !

Je suivis mon projet d'aller chez madame de Vernon, quoique je fusse bien peu capable de lui parler, dans la distraction où me jetait le consentement que M. de Serbellane avait obtenu de moi. Je trouvai Léonce avec madame de Vernon : il venait prendre congé d'elle, avant d'aller passer quelques jours à Mondoville ; il se plaignit de ne m'avoir pas vue, mais avec des mots si doux sur mon dévouement à l'amitié, que je dus espérer qu'il m'en aimait davantage. Il soutint la conversation avec un esprit très-libre ; il me parut, en l'observant, que son parti était pris ; jusqu'alors il avait eu l'air entraîné, mais non résolu ; j'espérai beaucoup pour moi de son calme : s'il m'avait sacrifiée, il aurait été impossible qu'il me regardât d'un air serein.

Madame de Vernon allait aux Tuileries faire sa cour à la reine ; elle me pria de l'accompagner. Léonce dit qu'il irait aussi ; je rentrai chez moi pour m'habiller, et un quart d'heure après, Léonce et madame de Vernon vinrent me chercher.

Nous attendions la reine dans le salon qui précède sa chambre, avec quarante femmes les plus remarquables de Paris : madame de R. arriva : c'est une personne très-inconséquente, et qui s'est perdue de réputation par des torts réels et par une inconcevable légèreté. Je l'ai vue trois ou quatre fois chez sa tante madame d'Artenas ; j'ai toujours évité avec soin toute liaison avec elle, mais j'ai eu l'occasion de remarquer dans ses discours un fonds de douceur et de bonté : je ne sais comment elle eut l'imprudence de paraître sans sa tante aux Tuileries, elle qui doit si bien savoir qu'aucune femme ne veut lui parler en public. Au moment où elle entra dans le salon, mesdames de Sainte-Albe et de Tésin, qui se plaisent assez dans les exécutions sévères, et satisfont volontiers, sous le prétexte de la vertu, leur arrogance naturelle ; mesdames de Sainte-Albe et de Tésin quittèrent la place où elles étaient assises, du même côté que madame de R.; à l'instant toutes les autres femmes se levèrent, par bon air ou par timidité, et vinrent rejoindre à l'autre extrémité de la chambre madame de Vernon, madame du Marset et moi. Tous les hommes bientôt suivirent cet exemple, car ils veulent, en séduisant les femmes, conserver le droit de les en punir.

Madame de R. restait seule l'objet de tous les regards, voyant le cercle se reculer à chaque pas qu'elle faisait pour s'en approcher, et ne pouvant cacher sa confusion. Le moment allait arriver où la reine nous ferait entrer, ou sortirait pour nous recevoir : je prévis que la scène deviendrait alors encore plus cruelle. Les yeux de madame de R. se remplissaient de larmes ; elle nous regardait toutes, comme pour implorer le secours d'une de nous : je ne pouvais pas résister à ce malheur : la crainte de déplaire à Léonce, cette crainte toujours présente me retenait encore ; mais un dernier regard jeté sur madame de R. m'attendrit tellement, que, par un mouvement complétement involontaire, je traversai la salle, et j'allai m'asseoir à côté d'elle. Oui, me disais-je alors, puisque encore une fois les convenances de la société sont en opposition avec la véritable volonté de l'âme, qu'encore une fois elles soient sacrifiées.

Madame de R. me reçut comme si je lui avais rendu la vie ; en effet, c'est la vie que le soulagement de ces douleurs que la société peut imposer quand elle exerce sans pitié toute sa puissance. A peine eus-je parlé à madame de R. que je ne pus m'empêcher de regarder Léonce : je vis de l'embarras sur sa physionomie, mais point de mécontentement. Il me sembla que ses yeux parcouraient l'assemblée avec inquiétude, pour juger de l'impression que je produisais ; mais que la sienne était douce !

Madame de Vernon ne cessa point de causer avec M. de Fierville, et n'eut pas l'air d'apercevoir ce qui se passait ; je soutins assez bien jusqu'à la fin ce qu'il pouvait y avoir d'un peu gênant dans le rôle que je m'étais imposé. En sortant de l'appartement de la reine, madame de R. me dit, avec une émotion qui me récompensa mille fois de mon sacrifice : « Généreuse Delphine ! vous m'avez donné la seule leçon qui pût faire impression sur moi ! Vous m'avez fait aimer la vertu, son courage et son ascendant. Vous apprendrez dans quelques années, qu'à compter de ce jour je ne serai plus la même. Il me faudra longtemps avant de me croire digne de vous voir ; mais c'est le but que je me proposerai, c'est l'espoir qui me soutiendra. » Je lui pris la main à ces derniers mots, et je la serrai affectueusement. Un sourire amer de madame du Marset, un regard de M. de Fierville m'annoncèrent leur désapprobation ; ils parlaient tous les deux à Léonce, et je crus voir qu'il était péniblement affecté de ce qu'il entendait : je cherchai des yeux madame de Vernon ; elle était encore chez la reine. Pendant ce moment d'incertitude, Léonce m'aborda, et me demanda avec assez de sérieux la permission de me voir seule chez moi, dès qu'il aurait reconduit madame de Vernon. J'y consentis par un signe de tête ; j'étais trop émue pour parler.

Je retournai chez moi ; j'essayai de lire en attendant l'arrivée de Léonce. Mais lorsque trois heures furent sonnées, je me persuadai que madame de Vernon l'avait retenu, qu'il s'était expliqué avec elle, qu'elle avait intéressé sa délicatesse à tenir les engagements de sa mère, et qu'il allait m'écrire pour s'excuser de venir me voir. Un domestique entra pendant que je faisais ces réflexions ; il portait un billet à la main, et je ne doutai pas que ce billet ne fût l'excuse de Léonce. Je le pris sans rien voir ; un nuage couvrait mes yeux : mais quand j'aperçus la signature de Thérèse, j'éprouvai une joie bien vive ; elle me demandait de venir le soir chez elle : je répondis que j'irais avec un empressement extrême : je crois que j'étais reconnaissante envers Thérèse, de ce que c'était elle qui m'avait écrit.

Je me rassis avec plus de calme ; mais peu de temps après mon inquiétude recommença ; j'avais appris depuis une heure à distinguer parfaitement tous les bruits de voiture : je reconnaissais à l'instant celles qui venaient du côté de la maison de

madame de Vernon. Quand elles approchaient, je
retenais ma respiration pour mieux entendre, et
quand elles avaient passé ma porte, je tombais
dans le plus pénible abattement. Enfin, une s'arrête, on frappe, on ouvre, et j'aperçois le carrosse
bleu de Léonce qui m'était si bien connu. Je fus
bien honteuse alors de l'état dans lequel j'avais été ;
il me semblait que Léonce pouvait le deviner, et je
me hâtai de reprendre un livre, et de me préparer
à recevoir comme une visite, avec les formes accoutumées de la société, celui que j'attendais avec
un battement de cœur qui soulevait ma robe sur
mon sein.

Léonce enfin parut ; l'air en devint plus léger et
plus pur. Il commença par me dire que madame
de Vernon l'avait retenu avec une insistance singulière, sans lui parler d'aucun sujet intéressant,
mais le rappelant sans cesse pour le charger des
commissions les plus indifférentes. « Elle doit, lui
dis-je, en faisant effort sur moi-même, chercher
tous les moyens de vous captiver ; vous ne pouvez
en être surpris. — Ce n'est pas elle, reprit Léonce
avec une expression assez triste, qui peut influer
sur mon sort, vous seule exercez cet empire ; je
ne sais pas si vous vous en servirez pour mon
bonheur. » Ce doute m'étonna ; je gardai le silence ; il continua : « Si j'avais eu la gloire de
vous intéresser, ne penseriez-vous pas aux prétextes que vous donnez à la méchanceté... oublie-
riez-vous le caractère de ma mère, et les obstacles... » Il s'arrêta, et appuya sa tête sur sa main.
« Que me reprochez-vous, Léonce ? lui dis-je ; je
veux l'entendre avant de me justifier. — Votre
liaison intime avec madame de R. ; madame d'Albémar devait-elle choisir une telle amie ? — Je la
voyais pour la troisième fois, répondis-je, depuis
que je suis à Paris ; je n'ai jamais été chez elle,
elle n'est jamais venue chez moi. — Quoi ! s'écria
Léonce, et madame du Marset a osé me dire.... —
Vous l'avez écoutée ; c'est vous qui êtes bien plus
coupable.

« Ce n'est pas tout encore, ajoutai-je ; ne m'avez-
vous pas désapprouvée d'avoir été me placer à côté
d'elle ? — Non, répondit Léonce, je souffrais, mais
je ne vous blâmais pas. — Vous souffriez, repris-je
avec assez de chaleur, quand je me livrais à un
sentiment généreux ; ah ! Léonce, c'était du malheur de cette infortunée qu'il fallait s'affliger, et
non de l'heureuse occasion qui me permettait de
la secourir. Sans doute madame de R. a dégradé
sa vie ; mais pouvons-nous savoir toutes les circonstances qui l'ont perdue ? a-t-elle eu pour époux
un protecteur, ou un homme indigne d'être aimé ?

ses parents ont-ils soigné son éducation ? le premier objet de son choix a-t-il ménagé sa destinée ?
n'a-t-il pas flétri dans son cœur toute espérance
d'amour, tout sentiment de délicatesse ? Ah ! de
combien de manières le sort des femmes dépend
des hommes ! D'ailleurs, je ne me vanterai point
d'avoir pensé ce matin à la conduite de madame
de R., ni à l'indulgence qu'elle peut mériter ; j'ai
été entraînée vers elle par un mouvement de pitié
tout à fait irréfléchi. Je n'étais point son juge, et
il fallait être plus que son juge pour se refuser à
la soulager d'un grand supplice, l'humiliation publique. Ces mêmes femmes qui l'ont outragée,
pensez-vous que si elles l'eussent rencontrée seule
à la campagne, elles se fussent éloignées d'elle ?
Non, elles lui auraient parlé ; leur indignation vertueuse, se trouvant sans témoins, ne se serait
point réveillée. Que de petitesses vaniteuses et de
cruautés froides dans cette ostentation de vertus,
dans ce sacrifice d'une victime humaine, non à la
morale, mais à l'orgueil ! Écoutez-moi, Léonce,
lui dis-je avec enthousiasme, je vous aime ; vous
le savez, je ne chercherais point à vous le cacher,
quand même vous l'ignoreriez encore ; loin de moi
toutes les ruses du cœur, même les plus innocentes : mais, je l'espère, je ne sacrifierai pas à
cette affection toute-puissante les qualités que je
dois aux chers amis qui ont élevé mon enfance ; je
braverai le plus grand des dangers pour moi, la
crainte de vous déplaire, oui, je le braverai, quand
il s'agira de porter quelque consolation à un être
malheureux. »

Longtemps avant d'avoir fini de parler, j'avais
vu sur le visage de Léonce que j'avais triomphé
de toutes ses dispositions sévères ; mais il se plaisait à m'entendre, et je continuais, encouragée
par ses regards. « Delphine, me dit-il en me prenant la main, céleste Delphine, il n'est plus temps
de vous résister. Qu'importe si nos caractères et
nos opinions s'accordent en tout, il n'y a pas dans
l'univers une autre femme de la même nature que
vous ! aucune n'a dans les traits cette empreinte
divine que le ciel y a gravée, pour qu'on ne pût
jamais vous comparer à personne ; cette âme, cette
voix, ce regard se sont emparés de mon être ; je
ne sais quel sera mon sort avec vous, mais sans
vous il n'y a plus sur la terre pour moi que des
couleurs effacées, des images confuses, des ombres
errantes ; et rien n'existe, rien n'est animé quand
vous n'êtes pas là. Soyez donc, s'écria-t-il en se
jetant à mes pieds, soyez donc la compagne de ma
destinée, l'ange qui marchera devant moi, pendant les années que je dois encore parcourir. Soi-

gnez mon bonheur que je vous livre avec ma vie ; ménagez mes défauts, ils naissent, comme mon amour, d'un caractère passionné; et demandez au ciel pour moi, le jour de notre union, que je meure jeune, aimé de vous, sans avoir jamais éprouvé le moindre refroidissement dans cette affection touchante que votre cœur m'a généreusement accordée. »

Ah! Louise, quels sentiments j'éprouvais! Je serrais ses mains dans les miennes, je pleurais, je craignais d'interrompre par un seul mot ces paroles enivrantes! Léonce me dit qu'il allait écrire à sa mère pour lui déclarer formellement son intention, et il sollicita de moi la promesse de m'unir à lui, quelle que fût la réponse d'Espagne, au moment où elle serait arrivée. Je consentais avec transport au bonheur de ma vie, quand tout à coup je réfléchis que cette demande ne pouvait s'accorder avec la résolution que j'avais formée de confier mon secret à madame de Vernon, avant d'avoir pris aucun engagement. La délicatesse me faisait une loi de ne donner aucune réponse décisive sans lui avoir parlé. Je ne voulus pas dire à Léonce ma résolution à cet égard, dans la crainte de l'irriter; je lui répondis donc que je lui demandais de n'exiger de moi aucune promesse avant son retour. Il recula d'étonnement à ces mots, et sa figure devint très-sombre; j'allais le rassurer, lorsque tout à coup ma porte s'ouvrit, et je vis entrer madame de Vernon, sa fille et M. de Fierville. Je fus extrêmement troublée de leur présence, et je regrettais surtout de n'avoir pu m'expliquer avec Léonce sur le refus qui l'avait blessé. Madame de Vernon ne m'observa pas, et s'assit fort simplement, en m'annonçant qu'elle venait me chercher pour dîner chez elle : Matilde eut un moment d'étonnement lorsqu'elle vit Léonce chez moi; mais cet étonnement se passa sans exciter en elle aucun soupçon : la lenteur de ses idées et leur fixité la préservent de la jalousie. « A propos, me dit madame de Vernon, est-il vrai que M. de Serbellane part après-demain pour le Portugal? » Je rougis à ce mot extrêmement, dans la crainte qu'il ne compromît Thérèse, et je me hâtai de dire qu'il était parti ce matin même. Léonce me regarda avec une attention très-vive, puis il tomba dans la rêverie. Je sentis de nouveau le malheur du secret auquel j'étais condamnée, et je tressaillis en moi-même, comme si mon bonheur eût couru quelque grand hasard. Madame de Vernon me proposa de partir; elle insista, mais faiblement, pour que Léonce vînt chez elle : M. Barton l'attendait; il refusa. Comme je montais en voiture, il me dit à

voix basse, mais avec un ton très-solennel : « N'oubliez pas qu'avec un caractère tel que le mien, un tort du cœur, une dissimulation, détruirait sans retour et mon bonheur et ma confiance. » Je le regardai pour me plaindre, ne pouvant lui parler, entourée comme je l'étais; il m'entendit, me serra la main, et s'éloigna; mais, depuis, une oppression douloureuse ne m'a point quittée.

Il est enfin convenu que, demain au soir, madame de Vernon me recevra seule. Avant cette heure, Thérèse et son amant se seront rencontrés chez moi : c'est trop pour demain. J'ai vu ce soir Thérèse; elle savait ma promesse par un mot de M. de Serbellane; je n'aurais pu lui persuader moi-même, quand je l'aurais voulu, que j'étais capable de me rétracter. Son mari croit M. de Serbellane en route; il va demain à Saint-Germain : tout est arrangé d'une manière irrévocable; je suis liée de mille nœuds; mais, je l'espère au moins, c'est le dernier secret qui existera jamais entre Léonce et moi. Vous, ma sœur, à qui j'ai tout dit, songez à moi, mon sort sera bientôt décidé.

LETTRE XXXI.

Léonce à sa mère.

Mondoville, 6 juillet 1790.

Je suis dans cette terre où vous avez passé les plus heureuses années de votre mariage; c'est ici, mon excellente mère, que vous avez élevé mon enfance : tous ces lieux sont remplis de mes plus doux souvenirs, et je retrouve en les voyant cette confiance dans l'avenir, bonheur des premiers temps de la vie. J'y ressens aussi mon affection pour vous avec une nouvelle force; cette affection de choix que mon cœur vous accorderait, quand le devoir le plus sacré ne me l'imposerait pas. Vous me connaissez d'autant mieux, qu'à beaucoup d'égards je vous ressemble; fixez donc, je vous en conjure, toute votre attention et tout votre intérêt sur la demande que je vais vous faire.

Je puis être malheureux de beaucoup de manières; mon âme irritable est accessible à des peines de tout genre; mais il n'existe pour moi qu'une seule source de bonheur, et je n'en goûterai point sur la terre, si je n'ai pas pour femme un être que j'aime et dont l'esprit intéresse le mien. Ce n'est point le rapide enthousiasme d'un jeune homme pour une jolie femme que je prends pour l'attachement nécessaire à toute ma vie; vous savez que la réflexion se mêle toujours à mes sentiments les plus passionnés : je suis profondément amoureux de madame d'Albémar; mais je n'en suis pas

moins certain que c'est la raison qui me guide
dans le choix que j'ai fait d'elle pour lui confier
ma destinée.

Mademoiselle de Vernon est une personne belle,
sage et raisonnable; je suis convaincu qu'elle ne
donnera jamais à son époux aucun sujet de plainte,
et que sa conduite sera conforme aux principes les
plus réguliers; mais est-ce l'absence des peines
que je cherche dans le mariage? je ferais tout aussi
bien alors de rester libre. D'ailleurs je n'attein-
drais pas même à ce but en me résignant à l'union
que l'on me propose. Que ferais-je de l'âme et de
l'esprit que j'ai, avec une femme d'une nature
tout à fait différente? N'avez-vous pas souvent
remarqué dans la vie combien les gens médiocres
et les personnes distinguées s'accordent mal ensemble! Les esprits tout à fait vulgaires s'arrangent beaucoup mieux avec les esprits supérieurs;
mais la médiocrité ne suppose rien au delà de sa
propre intelligence, et regarde comme folie tout
ce qui la dépasse. Mademoiselle de Vernon a déjà
un caractère et un esprit arrêtés, qui ne peuvent
plus ni se modifier, ni se changer; elle a des raisonnements pour tout, et les pensées des autres
ne pénètrent jamais dans sa tête. Elle oppose
constamment une idée commune à toute idée nouvelle, et croit en avoir triomphé. Quel plaisir la
conversation pourrait-elle donner avec une telle
femme! et l'un des premiers bonheurs de la vie
intime n'est-il pas de s'entendre et de se répondre?
Que de mouvements, que de réflexions, que de
pensées, que d'observations ne me serait-il pas
impossible de communiquer à Matilde! et que ferais-je de tout ce que je ne pourrais pas lui confier,
de cette moitié de ma vie à laquelle je ne pourrais
jamais l'associer!

Ah! ma mère, je serai seul, pour jamais seul,
avec toute autre femme que Delphine, et c'est une
douleur toujours plus amère avec le temps, que
cette solitude de l'esprit et du cœur, à côté de
l'objet qui vers la fin de la vie doit être votre
unique bien. Je ne supporterais point une telle
situation; j'irais chercher ailleurs cette société
parfaite, cette harmonie des âmes, dont jamais
l'homme ne peut se passer; et quand je serais
vieux, je rapporterais mes tristes jours à celle à
qui je n'aurais pu donner un doux souvenir de mes
jeunes années.

Quel avenir! ma mère; pouvez-vous y condamner votre fils, quand le hasard le plus favorable
lui présente l'objet qui ferait le bonheur de toutes
les époques de sa vie, la plus belle des femmes,
et cependant celle qui, dépouillée de tous les agré-

ments de la jeunesse, posséderait encore les trésors du temps, la douceur, l'esprit et la bonté!
Vous avez donné, par une éducation forte, une
grande activité à mes vertus comme à mes défauts; pensez-vous qu'un tel caractère soit facile
à rendre heureux!

Si vous eussiez pris des engagements indissolubles, des engagements consacrés par l'honneur,
c'en était fait, j'immolais ma vie à votre parole;
mais sans doute votre consentement n'avait point
un semblable caractère, puisque vous ne m'avez
jamais fait cette objection, en réponse à dix lettres qui vous interrogeaient à cet égard. Vous ne
m'avez parlé que des injustes préventions qu'on
vous a données contre madame d'Albémar.

On vous a dit qu'elle était légère, imprudente,
coquette, philosophe; tout ce qui vous déplaît en
tout genre, on l'a réuni sur Delphine. Ne pouvez-vous donc pas, ma mère, en croire votre fils
autant que madame du Marset! Delphine a été
élevée dans la solitude, par des personnes qui n'a-
vaient point la connaissance du monde, et dont
l'esprit était cependant fort éclairé; elle ne vit à
Paris que depuis un an, et n'a point appris à se
défier des jugements des hommes. Elle croit que
la morale suffit à tout, et qu'il faut dédaigner les
préjugés reçus, les convenances admises, quand
la vertu n'y est point intéressée. Mais le soin de
mon bonheur la corrigera de ce défaut; car ce
qu'elle est avant tout, c'est bonne et sensible!
elle m'aime, que n'obtiendrai-je donc pas d'elle,
et pour vous, et pour moi?

On vous a parlé de la supériorité de son esprit;
et comme à ma prière vous avez consenti à venir
vivre chez moi l'année prochaine, vous craignez
de rencontrer dans votre belle-fille un caractère
despotique. Matilde, dont l'esprit est borné, a des
volontés positives sur les plus petites circonstances de la vie domestique; Delphine n'a que deux
intérêts au monde, le sentiment et la pensée: elle
est sans désirs, comme sans avis sur les détails
journaliers, et s'abandonne avec joie à tous les
goûts des autres; elle n'attache du prix qu'à plaire
et à être aimée. Vous serez l'objet continuel de
ses soins les plus assidus: je la vois avec madame
de Vernon; jamais l'amour filial, l'amitié complaisante et dévouée ne pourraient inspirer une conduite plus aimable. Ah! ma mère, c'est votre bonheur autant que le mien que j'assure en épousant
madame d'Albémar.

Vous n'avez pas réfléchi combien vous auriez
de peine à ménager l'amour-propre d'une personne
médiocre: tout est si doux! tout est si facile avec

n être vraiment supérieur! Les opinions mêmes de Delphine sont mille fois plus aisées à modifier que celles de Matilde. Delphine ne peut jamais craindre d'être humiliée; Delphine ne peut jamais prouver les inquiétudes de la vanité; son esprit est prêt à reconnaître une erreur, accoutumé qu'il est à découvrir tant de vérités nouvelles, et son cœur se plaît à céder aux lumières de ceux qu'elle aime.

On vous a dit encore, j'ai honte de l'écrire, qu'elle était fausse et dissimulée; que j'ignorais sa vie passée et ses affections présentes : sa vie passée! tout le monde la sait; ses affections présentes! que vous a-t-on mandé sur M. de Serbellane? pourquoi me le nommez-vous? Non, Delphine ne m'a rien caché. Delphine fausse! dissimulée!... Si cela pouvait être vrai, son caractère serait le plus méprisable de tous; car elle profanerait indignement les plus beaux dons que la nature ait jamais faits pour entraîner et convaincre.

Enfin, j'oserai vous le dire, sans porter atteinte au respect profond que j'aime à vous consacrer, je suis résolu à épouser madame d'Albémar, à moins que vous ne me prouviez qu'une loi de l'honneur s'y oppose. Le sacrifice que je ferais alors serait bientôt suivi de celui de ma vie : l'honneur peut l'exiger; mais vous, ma mère, seriez-vous heureuse à ce prix?

LETTRE XXXII.

Delphine à mademoiselle d'Albémar.

Bellerive, ce 6 juillet.

Ma chère sœur, j'étais sans doute avertie par quelque pressentiment du ciel lorsque j'éprouvais un si grand effroi de la journée d'hier. Oh! de quel événement ma fatale complaisance est la première cause! J'éprouve autant de remords que si j'étais coupable, et je n'échappe à ces réflexions que par une douleur plus vive encore, par le spectacle du désespoir de Thérèse. Et Léonce! Léonce! juste ciel! quelle impression recevra-t-il de mon imprudente conduite? Ma Louise, je me dis à chaque instant que si vous aviez été près de moi, aucun de ces malheurs ne me serait arrivé. Mais la bonté, mais la pitié naturelles à mon caractère m'égarent, loin d'un guide qui saurait joindre à ces qualités une raison plus ferme que la mienne.

Hier, à deux heures après midi, M. d'Ervins alla dîner à Saint-Germain chez un de ses amis, se croyant assuré du départ de M. de Serbellane. Madame d'Ervins arriva chez moi vers cinq heures, seule, à pied, dans un état déplorable; et

peu de moments après, M. de Serbellane vint très-secrètement pour lui dire un adieu qui sera plus long, hélas! qu'ils ne l'imaginaient alors. Ma porte était défendue pour tout le monde, et pour M. d'Ervins en particulier; on disait chez moi que j'étais partie pour Bellerive, et tous mes volets fermés du côté de la cour servaient à le persuader. Je fus témoin, pendant trois heures, de la douleur la plus déchirante; je versai beaucoup de larmes avec Thérèse, et j'étais déjà bien abattue lorsque la plus terrible épreuve tomba sur moi.

Au moment où j'avais obtenu de Thérèse et de M. de Serbellane qu'ils se séparassent, un de mes gens entra, et me dit qu'un domestique de madame de Vernon m'apportait un billet d'elle, et demandait à me parler; je sors et je vois, jugez de ma terreur, je vois M. d'Ervins! Il était déjà dans la chambre voisine, et se débarrassant d'une redingote à la livrée des gens de madame de Vernon, dont il s'était revêtu pour se déguiser : il s'avance tout à coup, malgré mes efforts, se précipite sur la porte de mon salon, l'ouvre, et trouve M. de Serbellane à genoux devant Thérèse, la tête baissée sur sa main. Thérèse reconnaît son mari la première; M. de Serbellane la relève dans ses bras, avant d'avoir encore aperçu M. d'Ervins, et croyant que la douleur des adieux était la seule cause de l'état où il voyait Thérèse. M. d'Ervins arrache sa femme des bras de son amant, et la jette sur une chaise, en l'abandonnant à mes secours; il se retourne ensuite vers M. de Serbellane, et tire son épée sans remarquer que son adversaire n'en avait pas; les cris qui m'échappèrent attirèrent mes gens; M. de Serbellane leur ordonna de s'éloigner, et, s'adressant à M. d'Ervins, il lui dit : « Vous devez croire à madame d'Ervins, monsieur, des torts qu'elle n'a pas; je la quittais, je la priais de recevoir mes adieux. »

M. d'Ervins alors entra dans une colère, dont les expressions étaient à la fois insolentes, ignobles et furieuses. A travers tous ses discours, on voyait cependant la plus ferme résolution de se battre avec M. de Serbellane. J'essayai de persuader à M. d'Ervins que cette scène pourrait être ignorée de tout le monde; mais je compris par ses réponses une partie de ce que j'ai su depuis avec détail; c'est que M. de Fierville savait tout, avait tout dit, et que cette raison, plus qu'aucune autre encore, animait le courage de M. d'Ervins.

M. de Serbellane souffrait de la manière la plus cruelle; je voyais sur son visage le combat de toutes les passions généreuses et fières; il était immobile devant une fenêtre, mordant ses lèvres, écoutant en silence les folles provocations de M. d'Ervins, et regardant seulement quelquefois le visage pâle et mourant de Thérèse, comme s'il avait besoin de trouver dans ce spectacle des motifs pour se contenir.

Il me vint dans l'esprit, après avoir tout épuisé pour calmer M. d'Ervins, de détourner sa colère sur moi, et j'essayai de lui dire que c'était moi qui avais engagé madame d'Ervins à venir: je commençais à peine ces mots que, se rappelant ce qu'il avait oublié, que le rendez-vous s'était donné dans ma maison, il se permit sur ma conduite les réflexions les plus insultantes. M. de Serbellane alors ne se contint plus, et saisissant la main de M. d'Ervins, il lui dit: « C'en est assez, monsieur, c'en est assez; vous n'aurez plus affaire qu'à moi, et je vous satisferai. » Thérèse revint à elle dans ce moment. Quelle scène pour elle, grand Dieu! une épée nue, la fureur qui se peignait dans les regards de son amant et de son mari, lui apprirent bientôt de quel événement elle était menacée; elle se jeta aux pieds de M. d'Ervins pour l'implorer. Alors, soit que, prêt à se battre, il éprouvât un ressentiment plus âpre encore contre celle qui en était la cause, soit qu'il fût dans son caractère de se plaire dans les menaces, il lui déclara qu'elle devait s'attendre aux plus cruels traitements, qu'il lui retirerait sa fille, qu'il l'enfermerait dans une terre pour le reste de ses jours, et que l'univers entier connaîtrait sa honte, puisqu'il allait s'en laver lui-même dans le sang de son amant. A ces atroces discours, M. de Serbellane fut saisi d'une colère telle, que je frémis encore en me le rappelant: ses lèvres étaient pâles et tremblantes, son visage n'avait plus qu'une expression convulsive; il me dit à voix basse en s'approchant de moi: « Voyez-vous cet homme, il est mort; il vient de se condamner; je perdrai Thérèse pour toujours, mais je la laisserai libre, et je lui conserverai sa fille. » A ces mots, avec une action plus prompte que le regard, il prit M. d'Ervins par le bras et sortit. Et Thérèse et moi nous les suivîmes tous les deux; ils étaient déjà dans la rue. Thérèse, en se précipitant sur l'escalier, tomba de quelques marches; je la relevai, j'aidai à la reporter sur mon lit, et je chargeai Antoine, le valet de chambre intelligent que vous m'avez donné, de rejoindre M. d'Ervins et M. de Serbellane, et de nous rapporter à l'instant ce qui se serait passé.

Je tins serrée dans mes bras pendant cette cruelle incertitude la malheureuse Thérèse, qui n'avait qu'une idée, qui ne craignait au monde que le danger de M. de Serbellane.

Antoine revint enfin, et nous apprit que dans le fatal combat M. d'Ervins avait été tué sur la place. Thérèse, en l'apprenant, se jeta à genoux, et s'écria: « Mon Dieu, ne condamnez pas aux peines éternelles la criminelle Thérèse! accordez-lui les bienfaits de la pénitence; sa vie ne sera plus qu'une expiation sévère, ses derniers jours seront consacrés à mériter votre miséricorde! » En effet depuis ce moment toutes ses idées semblent changées; le repentir et la dévotion se sont emparés de son esprit troublé: elle ne s'est pas permis de me prononcer une seule fois le nom de son amant.

Antoine, après nous avoir dit l'affreuse issue du combat, nous apprit qu'il avait eu lieu dans les Champs-Élysées, presque devant le jardin de madame de Vernon. Lorsque M. d'Ervins fut tombé, M. de Serbellane vit Antoine et l'appela; il le chargea de me dire, n'osant pas prononcer le nom de Thérèse, qu'après un tel événement il était obligé de partir à l'instant même pour Lisbonne, mais qu'il m'écrirait dès qu'il y serait arrivé. Ces derniers mots furent entendus de quelques personnes qui s'étaient rassemblées autour du corps de M. d'Ervins, et mon nom seul fut répété dans la foule. Antoine, appelé comme témoin par la justice, ne déposera rien qui puisse compromettre Thérèse, et mon nom seul, s'il le faut, sera prononcé; j'espère donc que je sauverai à Thérèse l'horrible malheur de passer pour la cause de la mort de son mari.

M. d'Ervins a un frère méchant et dur, qui serait capable, pour enlever à Thérèse sa fille et la direction de sa fortune, de l'accuser publiquement d'avoir excité son amant au meurtre de son mari. Thérèse me fit part de ses craintes, dont Isore seule était l'objet. Nous convînmes ensemble que nous ferions dire partout qu'une querelle politique, que je n'avais pu réussir à calmer, était la cause de ce duel. Je priai seulement madame d'Ervins de me permettre de tout confier à madame de Vernon, parce qu'elle était plus en état que personne de diriger l'opinion de la société sur cette affaire, et qu'elle avait de l'ascendant sur M. de Fierville, qui paraissait le seul instruit de la vérité. Je demandai aussi à Thérèse de me donner une grande preuve d'amitié en consentant à ce que Léonce fût dépositaire de son secret; je lui avouai mon sentiment pour lui, et à ce mot Thérèse ne résista plus.

C'était peut-être trop exiger d'elle; mais redoutant l'éclat de cette aventure, à laquelle mon nom dans les premiers temps pouvait être malignement associé, il m'était impossible de me résoudre à courir ce hasard auprès de Léonce. Je crains, je n'ai que trop de raisons de craindre qu'il ne blâme ma conduite, mais je veux au moins qu'il en connaisse parfaitement tous les motifs. Il fut aussi décidé que j'emmenerais madame d'Ervins le soir même à ma campagne, et que nous y resterions quelques jours ensemble sans voir personne, jusqu'à ce qu'elle eût des nouvelles de la famille de son mari.

On vint me dire que madame de Vernon me demandait. J'allai la recevoir dans mon cabinet; il fallait enfin que cette journée si douloureuse se terminât par quelques sentiments consolateurs. Je l'ai souvent remarqué : un soin bienfaisant prépare dans les peines de la vie un soulagement à notre âme, lorsque ses forces sont prêtes à l'abandonner. Quelle affection madame de Vernon me témoigna ! avec quel intérêt elle me questionna sur tous les détails de cet affreux événement ! Elle-même me raconta ce qui avait été la première cause de notre malheur.

Hier au soir madame du Marset crut apercevoir dans la rue M. de Serbellane enveloppé dans un manteau, et le raconta à M. de Fierville. Celui-ci, dînant avec M. d'Ervins, à Saint-Germain, lui soutint que M. de Serbellane n'était pas parti pour le Portugal hier matin, comme il le croyait : il paraît que M. de Fierville le dit d'abord sans mauvaise intention; mais il le soutint ensuite, malgré l'émotion qu'il remarqua chez M. d'Ervins, parce que la crainte de faire du mal ne l'arrête point, et qu'il aime assez les brouilleries quand il peut y jouer un rôle.

M. d'Ervins voulut partir à l'instant même : cet empressement piqua la curiosité de M. de Fierville; il lui demanda de l'accompagner. M. d'Ervins passa d'abord chez lui, et n'y trouva point sa femme : il vint à ma porte; on la lui refusa, en lui disant que j'étais à Bellerive; mais M. de Fierville prétendit qu'il avait aperçu à travers une jalousie ma femme de chambre qui travaillait, et suggéra lui-même à M. d'Ervins, comme une bonne plaisanterie, d'aller secrètement chez madame de Vernon, et de donner un louis à son domestique pour qu'il lui prêtât sa redingote. « Et vous ne fermerez pas votre porte à M. de Fierville ! dis-je à madame de Vernon avec indignation.—Mon Dieu ! je vous assure, me répondit-elle, qu'il ne se doutait pas des conséquences de ce qu'il faisait. — Et n'est-ce pas assez, lui dis-je, de cette existence

sans but, de cette vie sans devoirs, de ce cœur sans bonté, de cette tête sans occupation? n'est-il pas le fléau de la société, qu'il examine sans relâche, et trouble avec malignité? — Ah! dit madame de Vernon, il faut être indulgent pour la vieillesse et pour l'oisiveté; mais laissons cela pour nous occuper de vous; » et me parlant alors de Léonce, elle vint elle-même au-devant de la confiance que je voulais avoir en elle.

Combien elle me parut noble et sensible dans cet entretien! elle m'avoua que depuis longtemps elle m'avait devinée, mais qu'elle avait voulu savoir si Léonce me préférait réellement à sa fille, et qu'en étant maintenant convaincue, elle ne ferait rien pour s'opposer au sentiment qui l'attachait à moi. Elle ne me cacha point que la rupture de ce mariage lui était pénible; elle exprima ses regrets pour sa fille avec la plus touchante vérité. Néanmoins sa tendre amitié la ramenant bientôt à ce qui me concernait, elle parut se consoler par l'espérance de mon bonheur. Je n'avais point d'expressions assez vives pour lui témoigner ma reconnaissance; je lui confiai mes craintes sur l'éclat qui venait de se passer; je lui avouai que je redoutais l'impression qu'il pouvait faire sur Léonce. Elle m'écouta avec la plus grande attention, et me dit, après y avoir beaucoup pensé : « Il faut me charger de lui parler à son arrivée, avant qu'il ait appris tout ce que l'on manquera pas de dire contre vous. Il sait que je m'entends mieux qu'une autre à conjurer ces orages d'un jour; je le tranquilliserai. — Quoi! lui dis-je, vous me défendrez auprès de lui, avec ce talent sans égal que je vous ai vu quelquefois? — En doutez-vous? » me répondit-elle. Son accent me pénétra.

« Je veux lui écrire, lui dis-je; vous lui remettrez ma lettre. — Pourquoi lui écrire? reprit-elle; vos chevaux sont prêts pour partir, la nuit est déjà venue; vous n'auriez pas le temps de raconter toute cette histoire. — J'éprouve de la répugnance, lui répondis-je, à hasarder dans une lettre le secret de mon amie; mais je manderai seulement à Léonce que je vous ai tout confié, qu'il peut tout savoir de vous; et s'il vous témoigne le désir de venir à Bellerive, vous voudrez bien lui dire que je l'y recevrai. — Oui, reprit-elle vivement; c'est mieux comme cela; vous avez raison. »

Je pris la plume, et je sentis une sorte de gêne en écrivant à Léonce en présence de madame de Vernon : mon billet fut plus court et plus froid que je ne l'aurais voulu : tel qu'il était, je le remis à madame de Vernon; elle le lut attentivement, le cacheta, et me dit qu'il était à merveille, et que j'y conservais la dignité qui me convenait. C'était à elle, ajouta-t-elle, à suppléer à ce que je ne disais pas; elle me rassura sur ce que je redoutais; elle me parut convaincue qu'elle me justifierait entièrement auprès de Léonce; elle en prit presque l'engagement, et se plaisant à me raconter ce qu'elle lui dirait, elle me parla de moi sous cette forme indirecte, avec tant de grâce, de charme et même d'adresse, que je bénis le ciel d'avoir eu l'idée de lui confier ma défense. Non, il n'existe point de femme au monde qui sache faire valoir aussi habilement ceux qu'elle aime. Elle seule connaît assez bien le monde pour rassurer Léonce sur l'éclat que peut avoir le funeste événement auquel mon nom est mêlé. Un sentiment indomptable d'amour et de fierté me rendrait impossible de m'excuser auprès de lui, si son premier mouvement ne m'était pas favorable.

Je finis en recommandant à madame de Vernon de veiller sur la réputation de Thérèse, de ne nommer que moi dans le monde, de me livrer mille fois plutôt qu'elle, et de raconter l'histoire du duel telle que nous avions décidé qu'on la ferait; elle me le promit : je l'embrassai; nous nous séparâmes; j'emmenai Thérèse et sa fille, et nous arrivâmes à trois heures du matin à Bellerive : quel voyage! quelle journée, ma chère Louise! J'enverrai cette lettre à Paris demain, de peur que la nouvelle de la mort de M. d'Ervins ne vous arrive avant ma lettre, et ne vous effraye pour moi.

Ce soir, pendant que l'infortunée Thérèse avait désiré d'être seule, je me suis promenée sur le bord de la rivière : j'ai voulu me livrer au souvenir de Léonce; mais je ne sais, une inquiétude que j'avais de la peine à m'avouer, m'empêchait de m'abandonner au charme de cette idée. Je me rappelai quelques traits sévères de son caractère, ce qu'il en disait lui-même dans sa lettre à M. Barton. Ce n'était plus un amant, c'était un juge que je croyais voir dans Léonce; et des mouvements d'une fierté douloureuse s'emparaient de mon âme en pensant à lui. Enfin, en me retraçant tout ce que madame de Vernon m'avait dit pour me rassurer, je me suis répété qu'un trait de bonté même indiscret ne pouvait détruire les sentiments qu'il m'a témoignés, et je suis rentrée chez moi plus tranquille.

Hélas! Thérèse, l'infortunée Thérèse est la seule à plaindre! combien vous vous intéresserez à son malheur, bonne, excellente Louise! combien vous serez disposée à me pardonner ce que j'ai fait pour elle! Ce n'est pas vous qui seriez sévère envers les égarements de la pitié.

LETTRE XXXIII.

Delphine à mademoiselle d'Albémar.

Bellerive, 9 juillet.

Depuis trois jours, le croirez-vous, ma chère Louise? je n'ai pas reçu une seule lettre de madame de Vernon! je n'ai pas entendu parler de Léonce! peut-être n'est-il pas encore revenu de Mondoville. J'ai reçu seulement une lettre de madame d'Artenas, la tante de madame de R., qui me mande que la mort de M. d'Ervins fait un bruit horrible dans Paris, et que beaucoup de gens me blâment : elle me demande de l'instruire de la vérité des faits, pour qu'elle puisse me défendre. Eh! que m'importe ce qu'on dira de moi? c'est l'opinion de Léonce que je veux savoir.

J'avais envie d'aller à Paris pour parler encore à madame de Vernon; je ne puis abandonner Thérèse; elle a pris la fièvre avec un délire violent, elle veut me voir à tous les instants; hier j'étais sortie de sa chambre pendant quelques minutes, elle me demanda, et ne me trouvant point auprès d'elle, elle tomba dans un accès de pleurs qui me fit une peine profonde : non, je ne la quitterai point.

LETTRE XXXIV.

Delphine à mademoiselle d'Albémar.

Bellerive, 10 juillet.

Ce jour s'est encore passé sans nouvelles, et cependant Léonce est arrivé; un de mes gens, revenu ce soir de Paris, a rencontré un des siens. Je suis descendue vingt fois pendant le jour dans mon avenue, regardant si je ne voyais venir personne, reconnaissant de loin le facteur des lettres, courant d'abord au-devant de lui, mais bientôt forcée de m'appuyer contre un arbre pour l'attendre : les battements de cœur qui me saisissaient m'ôtaient la force de marcher.

J'ai épuisé toutes les informations que l'on peut prendre sur les lettres, sur les moyens d'en recevoir, sur la possibilité d'en perdre; je suis honteuse auprès de mes gens de ces innombrables questions; je les ai cessées, n'en espérant plus rien.

Il est clair que madame de Vernon n'a pas été contente de Léonce, puisqu'elle ne m'a pas mandé à l'instant même ce qu'il lui a dit; elle espère le ramener. Non, je ne lui écrirai point; non, je n'entrerai avec lui dans aucune justification; je n'irai point à Paris pour le prévenir, pour lui demander grâce : je peux avoir eu tort selon son opinion; mais quand je lui confie mes motifs, mais quand je sollicite presque mon pardon par l'entremise de mon amie; enfin, quand je suis seule ici dans la douleur, auprès du lit d'une infortunée qui succombe aux tourments du repentir et de l'amour, c'est à Léonce à venir me chercher.

LETTRE XXXV.

Léonce à sa mère.

Paris, 11 juillet.

Je vous ai écrit, je crois, il y a quatre jours, de Mondoville, ma chère mère, une lettre que je désavoue entièrement; vous aviez raison de choisir mademoiselle de Vernon pour ma femme. Madame de Vernon m'a remis une lettre de vous décisive; le contrat est signé d'hier au soir, et cependant je vis, vous ne pouvez rien désirer de plus.

J'avais abrégé mon séjour à Mondoville, mais ce n'était pas dans ce but. A mon arrivée, j'apprends que M. de Serbellane a tué M. d'Ervins à la suite d'une querelle politique chez madame d'Albémar; tout Paris retentit de cet éclat scandaleux; sur le champ de bataille même M de Serbellane a nommé madame d'Albémar; il était renfermé chez elle depuis vingt-quatre heures; elle m'avait dit qu'il était parti pour le Portugal; dans huit jours elle part pour Montpellier, d'où elle se rendra à Lisbonne, s'il n'est pas permis à M. de Serbellane de revenir en France pour l'épouser. Elle-même m'a écrit que madame de Vernon m'apprendrait toute son histoire. Enfin de quoi me plaindrais-je? elle est libre, son caractère devait m'être connu : ne m'aviez-vous pas dit, ma mère, qu'il ne s'accorderait jamais avec le mien? pardonnez-moi de vous en avoir parlé : oubliez-la.

Je le sais, il ne m'est pas permis d'en finir; l'existence que vous m'avez donnée vous appartient : j'ai éprouvé une émotion assez forte de tout ceci; mais ce n'est pas en vain que votre sang m'a transmis le courage et la fierté; j'en aurai, je serai dans deux jours l'époux de Matilde. Que dira madame d'Albémar alors? que pensera-t-elle? Mais qu'importe ce qu'elle pensera? ma mère, vous serez obéie.

Le pauvre Barton s'est démis le bras en tombant de cheval; il est obligé de rester à Mondoville encore quelque temps : il s'est aussi comme moi cruellement trompé; mais qu'en résulte-t-il pour lui? rien. Adieu, ma mère.

LETTRE XXXVI.

Delphine à mademoiselle d'Albémar.

Bellerive, dans la nuit du 12 juillet.

Je n'ai plus rien à vous dire sur moi; aujourd'hui, à six heures du soir, mon sort a fini, et à neuf, j'ai reçu la lettre qui me l'annonce. J'existe; je crois que je ne mourrai pas; j'irai vous rejoindre dès que madame d'Ervins sera rétablie. Il y a quelques heures que je me suis crue très-mal, mais c'est une des illusions de la douleur : souffrir, ce n'est pas mourir, c'est vivre.

Lisez cette lettre : je suis parvenue à vous la copier; mais il faut que j'en conserve l'original toujours sous mes yeux; si je ne la voyais pas, je n'y croirais plus. J'irais trouver Léonce, j'irais lui dire que je l'aime encore; et de ma vie je ne dois le voir, ni lui parler.

Madame de Vernon à madame d'Albémar.

Ce 10 juillet.

La peine que je vais vous causer, ma chère Delphine, m'est extrêmement douloureuse. J'ai remis votre billet à Léonce; je lui ai parlé avec la plus grande vivacité, mais il était déjà tellement prévenu par le bruit qu'a fait cette malheureuse aventure, qu'il m'a été impossible de le ramener : il prétend que vos caractères ne se conviennent point; que vous l'offenseriez sans cesse dans ce qu'il a de plus cher au monde, le respect pour l'opinion, et que vous vous rendriez malheureux mutuellement. Il avait, d'ailleurs, reçu une lettre de sa mère, qui s'opposait formellement à ce qu'il vous épousât, et le sommait de remplir ses engagements avec ma fille.

J'ai voulu lui rendre à cet égard toute sa liberté, mais il l'a refusée; et, comme il était décidé à ne point s'unir avec vous, il m'a paru naturel de revenir à nos anciens projets. Le contrat de Matilde et de Léonce a donc été signé aujourd'hui, et après-demain, à six heures du soir, ils se marient : je voudrais vous voir avant cet instant si solennel pour moi; venez, demain, à Paris, et j'irai chez vous. Adieu; je suis bien affectée de votre chagrin.

SOPHIE DE VERNON.

Cette lettre, qui m'est parvenue par la poste, devait, d'après la date, m'arriver avant-hier : est-ce la fatalité, ou madame de Vernon voulait-elle s'épargner mes plaintes? Oh ! j'en suis sûre, elle a froidement servi ma cause, je me suis confiée dans son amitié pour moi, et j'avais tort : son affection pour sa fille a sans doute affaibli toutes ses expressions en ma faveur. Mais Léonce! juste ciel! Léonce devait-il avoir besoin qu'on me défendît? La vérité ne lui suffisait-elle pas?

Ce matin, je m'éveillais aux espérances des plus tendres affections du cœur; la nature me semblait la même; je pensais, j'aimais, j'étais moi; et il se préparait à conduire une autre femme à l'autel! il ne me donnait pas même un regret! il me croyait indigne de son nom! Je voulais, ce soir même, aller trouver Léonce, oui, l'époux de Matilde, lui demander la raison de cette cruauté, de ce mépris qui l'avaient forcé de rompre nos liens. Mais quelle honte, grand Dieu! l'implorer! lui qui me croit dégradée dans l'opinion des hommes! Ah! que je meure, mais que je meure immobile à la place où j'ai reçu le coup mortel.

Qu'avais-je donc fait, cependant, qui pût inspirer à Léonce cette haine subite contre moi? j'avais cédé à la pitié que m'inspirait l'amour de Thérèse: ne la comprend-il donc pas, cette pitié? Se croit-il certain de n'en avoir jamais besoin? Ma condescendance peut être blâmée, je le sais; mais pouvais-je aimer comme j'aimais Léonce, et n'avoir pas un cœur accessible à la compassion? L'amour et la bonté ne viennent-ils pas de la même source? Non, ce ne sont pas les motifs de mon action qu'il juge, c'est ce que les autres en ont dit; c'est leur opinion qu'il consulte, pour savoir ce qu'il doit penser de moi: jamais il ne m'aurait rendue heureuse, jamais. Ah! qu'ai-je dit, Louise? Aucune femme sur la terre ne l'aurait été comme moi: je me serais conformée à son caractère, je l'aurais consulté sur toutes mes actions; il m'aimait, j'en suis sûre! sans cet éclat cruel..... Ah! Thérèse, vous nous avez perdues toutes les deux!

J'ai eu soin de lui cacher quelle était la cause de mon désespoir: elle est assez malheureuse. Cependant elle n'a point à se plaindre de son amant; c'est le sort qui les sépare. Mais Léonce, ce sort, c'est ta volonté, c'est toi..... Louise, est-il sûr qu'ils sont mariés maintenant? qui le sait, qui me le dira? Sans doute, ils le sont depuis plusieurs heures; tout est irrévocable.

J'irai pourtant à Paris demain; je n'y verrai personne, je ne verrai pas madame de Vernon. Qu'a-t-elle affaire de moi? Mais je saurai l'heure, le lieu, les circonstances; je veux me représenter l'événement qui sera désormais l'unique souvenir de ma vie; je veux d'autres douleurs que cette lettre, d'autres pensées non moins déchirantes, mais qui soulagent un peu ma tête: elle est là, devant moi, cette lettre; je la regarde sans cesse,

comme si elle devait s'animer et répondre à mes avides questions.

Louise, vous aviez raison de craindre le monde pour votre malheureuse Delphine; voilà mon âme bouleversée; le calme n'y rentrera plus, la tempête a triomphé de moi: vous qui m'aimez encore, il faut que vous me le pardonniez, mais je crois que je ne peux plus vivre; j'ai horreur de la société, et la solitude me rend insensée; il n'y a plus de place sur la terre où je puisse me reposer.

LETTRE XXXVII.

Delphine à mademoiselle d'Albémar.

Paris, le 13 juillet, à minuit.

Louise, hier il n'était pas marié, non il ne l'était pas encore! Juste ciel! seule maintenant, abandonnée de tout ce que j'aimais, vous dirai-je ce que mon désespoir peut à peine me persuader encore! Écoutez-moi; si je me rappelle ce que j'ai vu, ce que j'ai ressenti, ma raison n'est pas encore entièrement égarée.

Il me fut impossible de rester plus longtemps à Bellerive; l'inaction du corps, quand l'âme est agitée, est un supplice que la nature ne peut supporter; je montai en voiture; j'ordonnai qu'on me conduisît à Paris, sans aucun projet, sans aucune idée qu'il me fût possible de m'avouer: je sentais encore, non de l'espérance, mais quelque chose qui différait cependant de l'impression qu'une nouvelle certaine fait éprouver. A force de réfléchir, mes idées s'étaient obscurcies, et j'étais parvenue à douter.

Je contemplais tous les objets dans le chemin avec ce regard fixe qui ne permet de rien distinguer: j'aperçus cependant un pauvre vieillard sur la route; je fis arrêter ma voiture pour lui donner de l'argent: ce mouvement n'appartenait point à la bienfaisance, il était inspiré par l'idée confuse qu'une action charitable détournerait de moi le malheur qui me menaçait; je frémis en découvrant quelques restes d'espoir dans mon âme, en sentant que je n'étais pas encore au dernier terme de la douleur; je tombai à genoux dans ma voiture sans avoir la force de prier, et j'arrivai dans une anxiété inexprimable.

Antoine était chez moi, je n'osai lui faire une question directe; mais je lui dis, sur madame de Vernon, un mot qui devait l'amener à me parler d'elle. « Sans doute, me répondit-il, madame vient ici pour assister au mariage de mademoiselle Matilde avec M. Mondoville: c'est à six heures, à Sainte-Marie, près de Chaillot, à l'extrémité du faubourg, dans l'église du couvent où mademoiselle de Vernon a été élevée : il n'est pas cinq heures, madame a bien le temps de faire sa toilette. » Oh! Louise! il n'était pas encore son époux! j'étais à cinquante pas de lui, je pouvais aller me jeter en travers de la porte, et sa voiture aurait passé sur mon cœur avant que le mariage s'accomplît!

Non, jamais une heure n'a fait naître tant de pensées diverses, tant de projets adoptés, rejetés à l'instant! je me suis crue vingt fois décidée à tout hasarder pour lui parler encore, avant qu'il eût prononcé le serment éternel; et vingt fois la fierté, la timidité glacèrent mes mouvements, et renfermèrent en moi-même la passion qui me consumait. Je me disais : Léonce, que mon imprudence a détaché de moi, que pensera-t-il d'une action inconsidérée? Faut-il le voir marcher à l'autel après avoir foulé ma prière! Cette réflexion m'arrêtait; mais le souvenir des jours où il m'avait aimée la combattait bientôt avec force. Pendant ces incertitudes je voyais l'heure s'écouler, et le temps décidait pour moi de l'irrévocable destinée.

Je ne sais par quel mouvement je pris tout à coup un parti dont l'idée me donna d'abord quelque soulagement. Je résolus d'aller moi-même, couverte d'un voile, à cette église où ils devaient se marier, et d'être ainsi témoin de la cérémonie. Je ne comprends pas encore quel était mon projet; je n'avais pas celui de m'opposer au mariage, d'oser faire un tel scandale; j'espérais, je crois, que je mourrais; ou plutôt, la réflexion ne me guidait pas : la douleur me poursuivait, et je fuyais devant elle.

Je sortis seule, et tellement enveloppée d'un voile et d'un vêtement blanc, qu'on ne me reconnut point à ma porte : je marchais dans la rue rapidement : je ne sais d'où me venait tant de force; mais il y avait sans doute dans ma démarche quelque chose de convulsif, car je voyais ceux qui passaient s'arrêter en me regardant : une agitation intérieure me soutenait; je craignais de ne pas arriver à temps, j'étais pressée de mon supplice; il me semblait qu'en atteignant au plus haut degré de la souffrance, quelque chose se briserait dans ma tête ou dans mon cœur, et qu'alors j'oublierais tout.

J'entrai dans l'église sans avoir repris ma raison; la fraîcheur du lieu me calma pendant quelques instants : il y avait très-peu de monde; je pus choisir la place que je voulais, et je m'assis derrière une colonne qui me dérobait aux regards, mais cependant, hélas! me permettait de tout voir. J'aperçus quelques femmes âgées dans le fond de l'église, qui priaient avec recueillement; et comparant le calme de leur situation avec la violence de la mienne, je haïssais ma jeunesse qui donnait à mon sang cette activité de malheur.

Des instruments de fête se firent entendre en dehors de l'église; ils annonçaient l'arrivée de Léonce; les orgues bientôt aussi la célébrèrent, et mon cœur seul mêlait le désespoir à tant de joie. Cette musique produisit sur mes sens un effet surnaturel; dans quelque lieu que j'entendisse l'air que l'on a joué, il serait pour moi comme un chant de mort. Je m'abandonnai, en l'écoutant, à des torrents de larmes, et cette émotion profonde fut un secours du ciel : j'éprouvai tout à coup un mouvement d'exaltation qui soutint mon âme abattue; la pensée de l'Être suprême s'empara de moi; je sentis qu'elle me relevait à mes propres yeux : Non, me dis-je à moi-même, je ne suis point coupable; et lorsque tout bonheur m'est enlevé, le refuge de ma conscience, le secours d'une Providence miséricordieuse me restera. Je vivrai de larmes; mais aucun remords ne pouvant s'y mêler, je ne verrai dans la mort que le repos. Ah! que j'ai besoin de ce repos!

Je n'avais pas encore osé lever les yeux; mais quand les sons eurent cessé, cette douleur déchirante qu'ils avaient un moment suspendue, me saisit de nouveau; je vis Léonce à la clarté des flambeaux; pour la dernière fois sans doute je le vis! il donnait la main à Matilde; elle était belle, car elle était heureuse; et moi, mon visage couvert de pleurs ne pouvait inspirer que de la pitié.

Léonce, est-ce encore une illusion de mon cœur? Léonce me parut plongé dans la tristesse; ses traits me semblaient altérés, et ses regards erraient dans l'église, comme s'il eût voulu éviter ceux de Matilde. Le prêtre commença ses exhortations, et lorsqu'il se tourna vers Léonce pour lui adresser des conseils sur le sentiment qu'il devait à sa femme, Léonce soupira profondément, et sa tête se baissa sur sa poitrine.

Vous le dirai-je! un instant après je crus le voir qui cherchait dans l'ombre ma figure appuyée sur la colonne, et je prononçai dans mon égarement ces mots d'une voix basse : « C'était à Delphine, Léonce, que cette affection était promise; oui, Léonce la devait à Delphine; elle n'a point cessé de la mériter. » Il se troubla visiblement, quoiqu'il ne pût m'entendre; madame de Vernon se leva pour lui parler; elle se mit entre lui et moi; il s'avança cependant encore pour regarder la colonne; son ombre s'y peignit encore une fois.

J'entendis la question solennelle qui devait décider de moi, un frissonnement glacé me saisit; je me penchai en avant, j'étendis la main; mais bientôt épouvantée de la sainteté du lieu, du silence universel, de l'éclat que ferait ma présence, je me retirai par un dernier effort, et j'allai tomber sans connaissance derrière la colonne. Je ne sais ce qui s'est passé depuis; je n'ai point entendu le *oui* fatal; le froid bienfaisant de la mort m'a sauvé cette angoisse.

A dix heures du soir, le gardien de l'église, au moment où il allait la fermer, s'est aperçu qu'une femme était étendue sur le marbre; il m'a relevée, il m'a portée à l'air; enfin, il m'a rendu cette fièvre douloureuse qu'on appelle la vie : je me suis fait conduire chez moi; j'ai trouvé mes gens inquiets, et de quoi, juste ciel! que ne pleuraient-ils de me revoir!

Après trois heures d'une immobilité stupide, j'ai retrouvé la force de vous écrire. Louise, ma seule amie, rappelez-moi près de vous; ils sont tous heureux ici, qu'ai-je à faire dans ce pays de joie? Peut-être les lieux que vous habitez ranimeront-ils en moi les sentiments que j'y ai longtemps éprouvés; une année ne peut-elle se retrancher de la vie? mais un jour, un seul jour! Ah! c'est celui-là qui ne s'effacera point.

LETTRE XXXVIII.

Léonce à M. Barton.

Paris, ce 14 juillet.

Je vous ai mandé ma résolution : sachez à présent que je suis marié; oui, depuis hier, à Matilde, je suis marié : je vous ai épargné tout ce que j'ai souffert; pourquoi mêler à vos douleurs les inquiétudes de l'amitié? Mais il faut cependant, si je ne veux pas devenir fou, que je vous confie une seule chose; et que direz-vous de moi si ce secret impossible à garder est une apparition, un fantôme, une chimère? Voilà ce qu'est devenu votre misérable ami, voilà dans quel état elle m'a jeté par sa perfidie.

Je savais hier que madame d'Albémar était à Bellerive, s'occupant de son départ pour Lisbonne; je le savais; eh bien, au milieu de la cérémonie imposante qui pour jamais disposait de mon sort, dans cette église où la fierté, le devoir, la volonté de ma mère m'ont entraîné, j'ai cru voir, derrière une colonne, madame d'Albémar couverte d'un voile blanc; mais sa figure s'offrit à mes regards si pâle et si changée, que c'est ainsi que son image devrait m'apparaître après sa mort. Plus je fixais les yeux sur cette colonne, plus mon illusion devenait forte, et je crus que mon nom et le sien avaient été prononcés par sa voix, que j'entends souvent, il est vrai, quand je suis seul.

Madame de Vernon s'approcha de moi, et me rappela doucement à ce que je devais à Matilde : je me levai pour prononcer le serment irrévocable; à l'instant même je vis cette même ombre s'avancer, étendre la main, et mon trouble fut tel qu'un nuage couvrit mes yeux. Je fis cependant un nouvel effort pour examiner cette colonne dont j'avais cru voir sortir l'image persécutrice de ma vie; mais je n'aperçus plus rien; l'effet des lumières dans cette vaste église, et mon imagination agitée avaient sans doute créé cette chimère.

Mon silence et mon trouble, cependant, embarrassaient Matilde : je me hâtai de dire *oui*, comme dans l'égarement d'un rêve. Mon âme tout entière était ailleurs; n'importe, le lien est serré, je suis l'époux de Matilde! Quand il serait vrai que Delphine m'aurait aimé quelques instants, elle a senti, je n'en puis douter, qu'après l'éclat de son aventure, elle serait perdue si elle n'épousait pas M. de Serbellane; mais si je savais au moins qu'elle m'a regretté! indigne faiblesse! Delphine m'a trompé, la nature n'a plus rien de vrai.

Vous saurez une fois, si je puis raconter ces derniers jours sans tomber dans des accès de rage et de douleur, vous saurez une fois tout ce qui s'est passé. Mais ce fantôme blanc, hier, qu'était-il? Je le vois encore... Ah! mon ami, quand vous serez guéri, venez; j'ai plus besoin de vous que dans les débiles jours de mon enfance; ma raison est sans force, et je n'ai plus d'un homme que la violence des passions.

<hr>

SECONDE PARTIE.

LETTRE PREMIÈRE.

Mademoiselle d'Albémar à Delphine.

Montpellier, 20 juillet 1790.

Après avoir reçu votre lettre, j'ai passé le jour entier dans les larmes, et je peux à peine voir assez pour vous écrire, tant mes yeux sont fatigués de pleurer. Ma chère enfant, à quelles douleurs vous avez été livrée! ah! que n'étais-je là pour exprimer ma haine contre les méchants, et pour consoler la bonté malheureuse! Je m'étais attachée à Léonce, je le regardais déjà comme un époux, comme un ami digne de vous; il a été capable d'une telle cruauté; il a volontairement renoncé à la plus aimable femme du monde, parce qu'il avait à lui reprocher une faute dont toutes les vertus généreuses étaient la cause; une faute comme les anges en commettraient s'ils étaient témoins des faiblesses et des souffrances des hommes!

Sans doute, madame de Vernon n'a point su vous défendre; je vais plus loin, et je la soupçonne d'avoir empoisonné l'action qu'elle était chargée de justifier; mais ce n'est point une excuse pour Léonce. Celui que vous aviez daigné préférer devait-il avoir besoin d'un guide pour vous juger? Non, il ne vous a jamais aimée; il faut l'oublier et relever votre âme par le sentiment de ce que vous valez. Ma chère Delphine, la vie n'est jamais perdue à vingt ans; la nature, dans la jeunesse, vient au secours des douleurs, les forces morales s'accroissent encore à cet âge, et ce n'est que dans le déclin que sont les maux irréparables.

J'ose vous le conseiller, quittez pour quelque temps le monde, et venez auprès de moi; je l'entrevois confusément ce monde, mais il me semble qu'il ne suffit pas de toutes les qualités du cœur et de l'esprit pour y vivre en paix; il exige une certaine science qui n'est pas précisément condamnable, mais qui vous initie cependant trop avant dans le secret du vice, et dans la défiance que les hommes doivent inspirer. Vous avez l'esprit le plus étendu, mais votre âme est trop jeune, trop prompte à se livrer : mettez votre sensibilité sous l'abri de la solitude, fortifiez-vous par la retraite, et retournez ensuite dans la société; si vous y restiez maintenant, vous ne guéririez point des peines que vous avez éprouvées.

Venez goûter le calme, venez vous reposer par l'absence des objets pénibles, et par la suspension momentanée de toute émotion nouvelle : ce tableau sans couleurs n'a rien d'attirant, mais, à la longue, une situation monotone fait du bien; si les consolations qu'il faut puiser en soi-même ne sont pas rapides, leur effet au moins est durable.

Je ne vous parle point de mon affection, c'est avec timidité que je la rappelle, quand il s'agit des peines de l'amour; cependant une fois, je l'espère, votre âme tendre y trouvera peut-être encore quelque douceur.

LETTRE II.

Réponse de Delphine à mademoiselle d'Albémar.

Bellerive, ce 26 juillet 1790.

Oui, j'irai vous rejoindre et pour toujours; ce-

pendant, pourquoi dites-vous qu'il ne m'a jamais aimée? Je sais bien que je n'ai plus d'avenir, mais il ne faut pas m'ôter le passé.

Au concert, au bal, la dernière fois que je l'ai vu, j'en suis sûre, il m'aimait! Il y a maintenant douze jours que je ne fais plus que repasser les mêmes souvenirs; je me suis rappelé des mots, des regards, des accents dont je n'avais pas assez joui, mais qui doivent me convaincre de son affection. Il m'aimait, j'étais libre, et il est l'époux d'une autre; ne croyez pas que jamais ma pensée puisse sortir de ce cercle cruel que les regrets tracent autour de moi. Depuis le jour où j'aurais dû mourir, j'ai vécu seule; je n'ai vu que Thérèse; je n'ai point répondu aux lettres de madame de Vernon, je lui ai fait dire que je ne pouvais pas la voir : vous-même vous ne m'auriez pas fait du bien.

Je saurai recouvrer quelque empire sur moi-même; mais le bonheur! votre raison même vous dira qu'il n'en est plus pour moi. Vous ne pensez pas que jamais je puisse aimer un autre homme que Léonce; ce charme irrésistible, qui m'avait inspiré la première passion de ma vie, vous ne pensez pas que jamais je puisse l'oublier. Eh bien! le sort d'une femme est fini quand elle n'a pas épousé celui qu'elle aime; la société n'a laissé dans la destinée des femmes qu'un espoir; quand le lot est tiré et qu'on a perdu, tout est dit : on essaie de vains efforts, souvent même on dégrade son caractère en se flattant de réparer un irréparable malheur; mais cette inutile lutte contre le sort ne fait qu'agiter les jours de la jeunesse, et dépouiller les dernières années de ces souvenirs de vertu, l'unique gloire de la vieillesse et du tombeau.

Que faut-il donc faire quand une cause, inconnue ou méritée, vous a ravi le bien suprême, l'amour dans le mariage? que faut-il donc faire, quand vous êtes condamnée à ne jamais le connaître? Éteindre ses sentiments, se rendre aride, comme tant d'êtres qui disent qu'ils s'en trouvent bien; étouffer ces élans de l'âme qui appellent le bonheur et se brisent contre la nécessité : j'y ai presque réussi : c'est aux dépens de mes qualités, je le sais; mais qu'importe! pour qui maintenant les conserverais-je?

Je suis moins tendre avec Thérèse; j'ai quelque chose de contraint dans mes paroles, dans mon air, qui m'inspire de la déplaisance pour moi-même; ces défauts me conviennent : Léonce ne m'a-t-il pas jugée indigne de lui! pourquoi ne lui donnerais-je pas raison? Vous voulez que je re-

tourne vers vous, ma chère Louise; mais pourrez-vous me reconnaître? J'ai fait sur moi un travail qui a singulièrement altéré ce que j'avais
d'aimable; ne fallait-il pas roidir son âme pour
supporter ce que je souffre! S'éveiller sans espoir, traîner chaque minute d'un long jour comme
un fardeau pénible, ne plus trouver d'intérêt ni
de vie à aucune des occupations habituelles, regarder la nature sans plaisir, l'avenir sans projet;
juste ciel, quelle destinée! et si je me livre à ma
douleur, savez-vous quelle est l'idée, l'indigne
idée qui s'empare de moi? le besoin d'une explication avec Léonce.

Il me semble que je lui dirais des paroles qui
me vengeraient...; mais à quoi me servirait-il de
me venger? la fierté seule peut me conserver quelques restes de son estime. Cependant pourra-t-il
éviter de me voir? c'est à moi de m'y refuser, je
le dois, je le veux. Louise, ce qui m'a perdue,
c'est trop d'abandon dans le caractère; je me sens
de l'admiration pour les qualités, pour les défauts
même qui préservent de l'ascendant des autres.
J'aime, j'estime la froideur, le dédain, le ressentiment; Léonce verra si moi aussi je ne puis pas
lui ressembler... Que verra-t-il? Il ne me regarde
plus; je m'agite, et il est en paix. Ma vie n'est de
rien dans la sienne; il continue sa route, et me
laisse en arrière, après m'avoir vue tomber du
char qui l'entraîne.

Vous me parlez de la retraite! j'ai le monde en
horreur, mais la solitude aussi m'est pénible.
Dans le silence qui m'environne, je suis poursuivie par l'idée que personne sur la terre ne s'intéresse à moi : personne! ah! pardonnez, c'est à
Léonce seul que je pensais; funeste sentiment,
qui dévaste le cœur, et n'y laisse plus subsister
aucune des affections douces qui le remplissaient!
C'est pour vous, pour vous seule, ma sœur, que
j'essaye de vivre; madame de Vernon que j'ai tant
aimée ne m'est plus qu'une pensée douloureuse;
je lui adresse, au fond de mon cœur, des reproches pleins d'amertume : hélas! peut-être que
Léonce seul les mérite; je veux me préserver du
premier tort des malheureux, de l'injustice. Je recevrai madame de Vernon, puisqu'elle veut me
voir : elle m'écrit que mon refus l'afflige; oh! je
ne veux pas l'affliger : peut-être, en la revoyant,
reprendrai-je à son charme.

Je redemande un intérêt, un moment agréable,
comme on invoquerait les dons les plus merveilleux de l'existence; il me semble que cesser de
souffrir est impossible, et qu'il n'y a plus au monde
que de la douleur.

LETTRE III.

Delphine à mademoiselle d'Albémar.

Ce 30 juillet.

J'ai vu madame de Vernon; elle est venue passer deux jours à Bellerive : je me promenais seule
sur ma terrasse, lorsque de loin je l'ai aperçue;
j'ai été saisie d'un tel tremblement à sa vue, que
je me suis hâtée de m'asseoir pour ne pas tomber;
mais cependant, comme elle approchait, un sentiment d'irritation et de fierté m'a soutenue, et je
me suis levée pour lui cacher mon trouble.

Toute l'expression de son visage était triste et
abattue; nous avons gardé l'une et l'autre le silence; enfin elle l'a rompu, en me disant que sa
fille allait la quitter, et s'établir avec son mari dans
une maison séparée. « Ce projet n'était pas le vôtre, lui ai-je dit. — Non, répondit-elle; il dérange,
et mon aisance de fortune, et l'espoir que j'avais
d'être entourée de ma famille; mais qui peut prétendre au bonheur! » J'ai soupiré. « Vous avez
fait cependant, lui dis-je avec amertume, beaucoup
de sacrifices à votre fille; elle, du moins, vous devrait de la reconnaissance. — Vous m'accusez, répondit-elle après quelques moments de réflexion,
vous m'accusez de vous avoir mal défendue auprès
de Léonce : je peux mériter ce reproche; cependant, je vous l'assure, son irritation ne pouvait
être calmée; vos ennemis l'avaient prévenu avant
que je le visse; le blâme que vous avez encouru
avait particulièrement offensé son respect pour
l'opinion publique, et vos caractères se convenaient
si peu, que vous auriez été très-malheureux ensemble. — Vous avais-je chargée d'en juger, lui
dis-je, et n'aviez-vous pas accepté, ou plutôt recherché le devoir de me justifier? — Et vous aussi,
s'écria-t-elle, vous voulez m'abandonner! vous en
avez plus le droit que ma fille, et je me résigne à
mon sort, sans vouloir lutter contre lui. » Elle
s'assit en finissant ces mots; je la vis pâlir et
trembler : je l'avouerai, d'abord je n'en fus point
émue; j'ai tant souffert depuis huit jours, que mon
âme est devenue plus ferme contre la douleur des
autres; cependant lorsqu'elle versa des larmes, je
me sentis attendrie, je lui pris la main, je lui demandai de se justifier; elle se tut, et continua de
pleurer.

C'était la première fois de ma vie que je la voyais
dans cet état; tous mes souvenirs parlèrent pour
elle dans mon cœur. « Eh bien, lui dis-je; eh bien,
je puis vous aimer assez pour vous pardonner le
malheur de ma vie : vous ne m'avez point servie

auprès de Léonce, mais en effet c'était à son cœur à plaider pour moi : lui qui était l'objet de ma tendresse, lui qui ne pouvait douter de mon amour, ne savait-il pas ma meilleure excuse? Cependant, comment avez-vous pu vous résoudre à précipiter ce mariage? n'aviez-vous pas besoin de mon consentement, après l'aveu que je vous avais fait? Vous étiez mère; mais n'étais-je pas devenue votre fille en vous confiant mon sort? — Oui, s'écriat-elle en soupirant, ma fille, et bien plus tendre que ma fille : je suis coupable, je le suis. » Et sa pâleur et l'altération de ses traits devenaient à chaque instant plus remarquables. Je ne pus résister à ce spectacle, et je me jetai dans ses bras en lui disant : « Je vous pardonne; si j'en meurs, souvenez-vous que je vous ai pardonné. » Elle me regarda avec une émotion extrême; elle eut presque le mouvement de se jeter à mes pieds; mais, se reprenant tout à coup, elle se leva, et me demanda la permission de se promener un instant seule.

Je résolus, pendant qu'elle fut loin de moi, de l'interroger sur tout ce qui s'était passé. Quand elle revint, je le tentai; cette conversation lui était pénible, et j'étais sans cesse combattue entre l'intérêt qui me faisait dévorer ses réponses, et le sentiment de pitié qui me défendait d'insister : si elle avait voulu se vanter et me tromper, notre liaison était rompue; mais elle me peignit avec une telle vérité les nuances précises de son désir secret en faveur de sa fille, et son exactitude cependant à dire ce que j'avais exigé d'elle, qu'elle exerça sur moi l'empire de la vérité. Je la condamnais, mais je l'aimais toujours; et comme ses manières étaient restées naturelles, son charme existait encore.

Elle m'avoua avec confusion qu'elle avait en effet pressé Léonce de conclure son mariage avec sa fille; mais elle m'affirma que jamais il ne m'aurait épousée après l'éclat du duel de M. de Serbellane. Il était convaincu, me dit-elle, que tout le monde saurait un jour que j'avais réuni chez moi une femme avec son amant, à l'insu de son mari, et que la mort de M. d'Ervins en étant la suite, on ne me pardonnerait jamais. Le prétexte dont on voulait couvrir ce malheur, les opinions politiques, lui déplaisait presque autant que la vérité même. Enfin madame de Vernon ajouta que Léonce avait reçu la lettre de sa mère la plus vive contre moi, et ne cessa de me répéter que ma destinée eût été très-malheureuse avec deux personnes qui auraient traité la plupart de mes qualités comme des défauts.

Je repoussai ces consolations pénibles, et je ne lui trouvais pas le droit de me les donner. Je n'aimais pas davantage ses conseils répétés de fuir Léonce, et d'aller passer quelque temps auprès de vous, jusqu'à ce qu'il partît pour l'Espagne, comme c'était son dessein. Ces conseils étaient d'accord avec mes résolutions; mais je n'avais pas rendu à madame de Vernon le pouvoir de me diriger; et c'était presque malgré moi que je me laissais captiver par sa grâce et sa douceur.

Dans le cours de cette conversation, je lui demandai une fois si Léonce n'avait pas imaginé que je m'intéressais trop vivement à M. de Serbellane; mais elle repoussa bien facilement cette supposition, qui m'aurait été plus douce. En effet, la jalousie que M. de Serbellane avait un moment inspirée à Léonce n'était-elle pas tout à fait détruite par la confidence même du secret de madame d'Ervins? Non, Louise, il ne reste aucune pensée sur laquelle mon cœur puisse se reposer.

Madame de Vernon me parla ensuite de Matilde et de Léonce. « Il ne l'aime pas, me dit-elle; depuis leur mariage, il la voit à peine, mais elle lui convient mieux qu'aucune autre, parce qu'elle ne fera jamais parler d'elle, et que c'est ainsi que doit être la femme d'un homme si sensible au moindre blâme. Quant à Matilde, elle aimera Léonce de toutes les puissances de son âme; mais elle a une telle confiance dans l'ascendant du devoir, qu'elle ne forme pas un doute sur l'affection de son mari pour elle; elle n'observe rien, et passe la plus grande partie de sa journée dans les pratiques de dévotion. Elle ne sera point ombrageuse en jalousie; mais si quelques circonstances frappantes lui découvraient l'attachement de Léonce pour une autre femme, elle serait aussi véhémente qu'elle est calme, et la roideur même de son esprit et l'inflexibilité de ses principes ne lui permettraient plus ni tolérance, ni repos. — Hélas! m'écriai-je, ce ne sera pas moi qui troublerai son bonheur; l'on n'a rien à craindre de moi; ne suis-je pas un être immolé, anéanti? Ah! Sophie, lui dis-je, deviez-vous... Mais ne parlons plus ensemble de Léonce, afin que je puisse goûter le seul plaisir dont mon âme soit encore susceptible, le charme de votre entretien. »

Madame de Vernon voulait voir madame d'Ervins, elle s'y est refusée; Thérèse ne se montrant pas, pendant que madame de Vernon était à Bellerive, j'ai passé deux jours tête à tête avec elle. Je l'avoue, le second jour j'éprouvai quelque soulagement; il y a dans l'attrait que je ressens pour madame de Vernon à présent quelque chose d'inexplicable : elle ne m'inspire plus une estime parfaite, ma confiance n'est plus sans bornes; mais sa grâce me captive; quand je la vois, je m'en crois aimée, je suis moins oppressée auprès d'elle, et je ne puis l'entendre quelques heures sans imaginer confusément qu'elle m'a offert des consolations inattendues. Hélas! cette illusion a peu duré! Quand madame de Vernon a été partie, je me suis retrouvée plus mal qu'avant son arrivée : le bien qu'elle fait au cœur n'y reste pas.

Quel trouble je sens dans mon âme! mes idées, mes sentiments sont bouleversés; je ne sais pour quel but, ni dans quel espoir je dois me créer un esprit, une manière d'être nouvelle; je flotte dans la plus cruelle des incertitudes, entre ce que j'étais et ce que je veux devenir : la douleur, la douleur est tout ce qu'il y a de fixe en moi; c'est elle qui me sert à me reconnaître. Mes projets varient, mes desseins se combattent; mon malheur reste le même; je souffre, et je change de résolution pour souffrir encore. Louise, faut-il vivre quand on craint l'heure qui suit, le jour qui s'avance, comme une succession de pensées amères et déchirantes? Si le temps ne me soulage pas, tout n'est-il pas dit? Le secret de la raison, c'est d'attendre; mais qui attend en vain n'a plus qu'à mourir.

LETTRE IV.

Léonce à M. Barton.

Paris, ce 5 août.

Vous me demandez comment je passe ma vie avec Matilde : ma vie! elle n'est pas là. Je me promène seul tout le jour, et Matilde ne s'en inquiète pas; pendant ce temps elle va à la messe, elle voit son évêque, ses religieuses, que sais-je? elle est bien. Quand je la retrouve, de la politesse et de la douceur lui paraissent du sentiment; elle s'en contente, et cependant elle m'aime. La fille de la personne du monde qui a le plus de finesse dans l'esprit et de flexibilité dans le caractère, marche droit dans la ligne qu'elle s'est tracée, sans apercevoir jamais rien de ce qu'on ne lui dit pas. Tant mieux....... Je ne la rendrai pas malheureuse. Et que m'importe son esprit, puisque je ne veux jamais lui communiquer mes pensées?

Nous avancerons l'un à côté de l'autre dans cette route vers la tombe, que nous devons faire ensemble; ce voyage sera silencieux et sombre comme le but. Pourquoi s'en affliger? Un seul être au monde changeait en pompe de bonheur cette fête de mort que les hommes ont nommée le mariage; mais cet être était perfide, et un abîme nous a séparés.

Mon ami, je voudrais venger M. d'Ervins. Pourquoi M. de Serbellane existe-t-il après avoir tué un homme? n'a-t-il tué que ce d'Ervins? Et moi, juste ciel! est-ce que je vis? Je ne suis pas content de ma tête, elle s'égare quelquefois; ce que j'éprouve surtout, c'est de la colère : une irritabilité que vous aviez adoucie ne me laisse plus de repos; je n'ai pas un sentiment doux. Si je pense que je pourrais la rencontrer, je ne me plais qu'à lui parler avec insulte; il n'y a plus de bonté en moi : mais qu'en ferais-je? ne disait-on pas que Delphine était remarquable par la bonté? je ne veux pas lui ressembler.

Tous les jours une circonstance nouvelle accroît mon amertume; j'étais étonné de ce que le départ de madame d'Albémar n'avait pas encore eu lieu; je remarquais le séjour de madame d'Ervins chez elle, et j'avais fait de ce séjour même une sorte d'excuse à sa conduite; je me disais qu'apparemment elle n'avait point pris avec trop de chaleur et d'éclat le parti de M. de Serbellane, puisque la femme de M. d'Ervins avait choisi sa maison pour asile; et, quoique cette circonstance ne changeât rien aux relations de madame d'Albémar avec M. de Serbellane, à ces vingt-quatre heures passées chez elle, misérable que je suis! je sentais mon ressentiment adouci : mais hier, mon banquier, chez qui j'étais entré pour je ne sais quelle affaire, reçut devant moi deux lettres de M. de Serbellane pour madame d'Albémar, et les lui adressa dans l'instant même, en faisant une plaisanterie sur ce qu'elle avait envoyé plusieurs fois demander si ces lettres étaient arrivées. Je n'apprenais rien par cet incident; eh bien, j'en ai été comme fou tout le jour.

Que me demandez-vous encore? si Matilde et moi nous restons chez madame de Vernon? Matilde veut avoir un établissement séparé; elle aime l'indépendance dans les arrangements domestiques, et d'ailleurs la vie de sa mère n'est point d'accord avec ses goûts. Madame de Vernon se couche tard, aime le jeu, voit beaucoup de monde; Matilde veut régler son temps d'après ses principes de dévotion. Je la laisse libre de déterminer ce qui lui convient : comment, dans l'état où je suis, pourrais-je avoir la moindre décision sur quelque objet que ce soit? Je ne remarque rien, je ne sens la différence de rien : j'ai une pensée qui me dévore, et je fais des efforts pour la cacher; voilà tout ce qui se passe en moi.

Il m'a paru cependant que madame de Vernon était plus affectée du projet de sa fille que je ne m'y serais attendu d'un caractère aussi ferme que le sien : elle a prononcé à demi-voix, et avec émotion, les mots d'*isolement* et d'*oubli*; mais, reprenant bientôt les manières indifférentes dont elle sait si bien couvrir ce qu'elle éprouve : « Faites ce que vous voudrez, ma fille, a-t-elle dit; il ne faut vivre ensemble que si l'on y trouve réciproquement du bonheur. » Et en finissant ces mots, elle est sortie de la chambre. Singulière femme! Excepté un seul et funeste jour, elle ne m'a jamais parlé avec confiance, avec chaleur, sur aucun sujet; mais, ce jour-là, elle exerça sur moi un ascendant inconcevable.

Ah! quels mouvements de fureur et d'humiliation ce qu'elle m'a dit ne m'a-t-il pas fait éprouver! Ne me demandez jamais de vous en parler; je ne le puis. Je veux aller en Espagne voir ma mère, m'éloigner d'ici; je l'ai annoncé à Matilde; je pars dans un mois, plus tôt peut-être, quand je serai sûr de ne pas rencontrer madame d'Albémar sur la route.

Un homme de mes amis m'a assuré que madame de Vernon avait beaucoup de dettes; cela se peut; la précipitation avec laquelle j'ai tout signé ne m'a permis de rien examiner. Si madame de Vernon a des dettes, il est du devoir de sa fille de les payer : ce mariage avec Matilde me ruinera peut-être entièrement; eh bien, cette idée me satisfait; madame d'Albémar aura jeté sur moi tous les genres d'adversités; elle ne croira pas du moins qu'en m'unissant à une autre, je me sois ménagé pour le reste de ma vie aucune jouissance, ni même aucun repos. Elle ne croira pas... Mais, insensé que je suis, s'occupe-t-elle de moi? n'écrit-elle pas à M. de Serbellane? ne reçoit-elle pas de ses lettres? ne doit-elle pas le rejoindre?..... Ah! que je souffre! Adieu.

LETTRE V.

Delphine à mademoiselle d'Albémar.

Bellerive, ce 4 août.

Depuis que j'existe, vous le savez, ma sœur, l'idée d'un Dieu puissant et miséricordieux ne m'a jamais abandonnée; néanmoins dans mon désespoir je n'en avais tiré aucun secours : le sentiment amer de l'injustice que j'avais éprouvée s'était mêlé aux peines de mon cœur, et je me refusais aux émotions douces qui peuvent seules rendre aux idées religieuses tout leur empire; hier je passai quelques instants plus calmes, en cessant de lutter contre mon caractère naturel.

Je descendis vers le soir dans mon jardin, et je méditai pendant quelque temps, avec assez d'austérité, sur la destinée des âmes sensibles au milieu du monde. Je cherchais à repousser l'attendrissement que me causait l'image de Léonce; je voulais le confondre avec les hommes injustes et cruels, avides de déchirer le cœur qui se livre à leurs coups. J'essayai d'étouffer les sentiments jeunes et tendres dont j'ai goûté le charme depuis mon enfance. La vie, me disais-je, est une œuvre qui demande du courage et de la raison. Au sommet des montagnes, à l'extrémité de l'horizon, la pensée cherche un avenir, un autre monde, où l'âme puisse se reposer, où la bonté jouisse d'elle-même, où l'amour enfin ne se change jamais en soupçons amers, en ressentiments douloureux . mais dans la réalité, dans cette existence positive qui nous presse de toutes parts, il faut, pour conserver la dignité de sa conduite, la fierté de son caractère, réprimer l'entraînement de la confiance et de l'affection, irriter son cœur lorsqu'on le sent trop faible, et contenir dans son sein les qualités malheureuses qui font dépendre tout le bonheur des sentiments qu'on inspire.

Je me ferai, disais-je encore, une destinée fixe, uniforme, inaccessible aux jouissances comme à la douleur; les jours qui me sont comptés seront remplis seulement par mes devoirs. Je tâcherai surtout de me défendre de cette rêverie funeste qui replonge l'âme dans le vague des espérances et des regrets : en s'y livrant, on éprouve une sensation d'abord si douce, et ensuite si cruelle! on se croit attiré par une puissance surnaturelle; elle vous fait pressentir le bonheur à travers un nuage; mais ce nuage s'éclaircit par degrés, et découvre enfin un abîme où vous aviez cru voir une route indéfinie de vertus et de félicités.

Oui, me répétais-je, j'étoufferai en moi tout ce qui me distinguait parmi les femmes, pensées naturelles, mouvements passionnés, élans généreux de l'enthousiasme; mais j'éviterai la douleur, la redoutable douleur. Mon existence sera tout entière concentrée dans ma raison, et je traverserai la vie, ainsi armée contre moi-même et contre les autres.

Sans interrompre ces réflexions, je me levai, et je marchai d'un pas plus ferme, me confiant davantage dans ma force. Je m'arrêtai près des orangers que vous m'avez envoyés de Provence; leurs parfums délicieux me rappelèrent le pays de ma naissance, où ces arbres du Midi croissent abondamment au milieu de nos jardins. Dans cet instant, un de ces orgues que j'ai si souvent entendus dans le Languedoc, passa sur le chemin, et joua des airs qui m'ont fait danser quand j'étais enfant. Je voulais m'éloigner; un charme irrésistible me retint : je me retraçai tous les souvenirs de mes premières années, votre affection pour moi, la bienveillante protection dont votre frère cherchait à m'environner, la douce idée que je me faisais, dans ce temps, de mon sort et de la société; combien j'étais convaincue qu'il suffisait d'être aimable et bonne pour que tous les cœurs s'ouvrissent à votre aspect, et que les rapports du monde ne fussent plus qu'un échange continuel de reconnaissance et d'affection. Hélas! en comparant ces délicieuses illusions avec la disposition actuelle de mon âme, j'éprouvai des convulsions de larmes; je me jetai sur la terre, avec des sanglots qui semblaient devoir m'étouffer : j'aurais voulu que cette terre m'ouvrît son repos éternel.

En me relevant, j'aperçus les étoiles brillantes, le ciel si calme et si beau. « O Dieu! m'écriai-je, vous êtes là, dans ce sublime séjour, si digne de la toute-puissance et de la souveraine bonté! Les souffrances d'un seul être se perdent-elles dans cette immensité? ou votre regard paternel se fixe-t-il sur elles pour les soulager et les faire servir à la vertu? Non, vous n'êtes point indifférent à la douleur; c'est elle qui contient tout le secret de l'univers : secourez-moi, grand Dieu! secourez-moi. Ah! pour avoir aimé, je n'ai pas mérité d'être oubliée de vous. Aucun être, dans le petit nombre d'années que j'ai passées sur cette terre, aucun être n'a souffert par moi; vous n'avez entendu aucune plainte qui fût causée par mon existence; j'ai été jusqu'à ce jour une créature innocente; pourquoi donc me livrez-vous à des tourments si cruels? » Ma Louise, en prononçant ces mots, j'avais pitié de moi-même : ce sentiment a quelque douceur.

Un secours plus efficace pénétra dans mon cœur; je me blâmai d'avoir tardé si longtemps à recourir à la prière; je repoussai le système que je m'étais fait de froideur et d'insensibilité : ce que je craignais, c'était l'amour, c'était la faiblesse, qui m'inspirait quelquefois le désir d'aller vers Léonce, de me justifier moi-même à ses yeux, de braver, pour lui parler, tous les devoirs, tous les sentiments délicats. Je trouvai bien plus de ressource contre ces indignes mouvements dans l'élévation de mon âme vers son Dieu, dans les promesses que je lui fis de rester fidèle à la morale, et je revins chez moi plus satisfaite de mes résolutions.

Depuis, je me suis occupée de Thérèse; il y avait quelques jours que je ne l'avais vue : elle passe presque toutes ses heures seule avec un prêtre vénérable qui a pris beaucoup d'ascendant sur elle; son dessein est d'aller à Bordeaux pour arranger ses affaires, lorsqu'elle se croira sûre de n'avoir rien à craindre de la famille de son mari. Comme nous causions ensemble, je reçus des lettres de M. de Serbellane que mon banquier m'envoyait, parce que c'est sous mon nom qu'il écrit à Thérèse; je les lui remis : elle pleura beaucoup en les lisant, et me dit : « Il m'est permis de les recevoir encore; mais dans quelques mois je ne le pourrai plus. » Je voulais qu'elle s'expliquât davantage; elle s'y refusa : je n'osai pas insister. J'ignore par quelles pratiques, par quelles pénitences, elle essaye de se consoler; sans partager ses opinions, je n'ai point cherché, jusqu'à ce jour, à les combattre : qui sait, Louise, s'il n'y a pas des malheurs pour lesquels toutes les idées raisonnables sont insuffisantes?

LETTRE VI.

Delphine à mademoiselle d'Albémar.

Bellerive, ce 6 août.

Je me croyais mieux, ma sœur, la dernière fois que je vous ai écrit; aujourd'hui les circonstances les plus simples, telles qu'il en naîtra chaque jour de semblables, ont rempli mon âme d'amertume : le fond triste et sombre sur lequel repose ma destinée ne peut varier, et cependant ma douleur se renouvelle sous mille formes, et chacune d'elles exige un nouveau combat pour en triompher. Oh! qui pourrait supporter longtemps l'existence à ce prix?

Ce matin un de mes gens m'a apporté de Paris des lettres assez insignifiantes, et la liste des personnes qui sont venues me voir pendant mon absence : je regardais avec distraction ces détails de la société, qui m'intéressent si peu maintenant; lorsqu'une lettre imprimée, que je n'avais point remarquée, attira mon attention; je l'ouvris et j'y vis ces mots : M. Léonce de Mondoville a l'honneur de vous faire part de son mariage avec mademoiselle de Vernon. Le mal que m'a fait cette vaine formalité est insensé; mais tout n'est-il pas folie dans les sensations des malheureux? J'ai été indignée contre Léonce; il me semblait qu'il aurait dû veiller à ce qu'on ne suivît pas l'usage envers moi; je trouvais de l'insulte dans cet envoi d'une annonce à ma porte, comme s'il avait oublié que c'était une sentence de mort qu'il m'adressait ainsi, par forme de circulaire, sans daigner y joindre je ne sais quel mot de douceur ou de pitié. Je passai la matinée entière dans un sentiment d'irritation inexprimable. Le croiriez-vous? je commençai vingt lettres à Léonce pour m'abandonner à peindre ce qui m'oppressait ; mais je savais, en les écrivant, que je les brûlerais toutes; soyez-en sûre, je le savais : je ne puis répondre des mouvements qui m'agitent, mais quand il s'agira des actions, ne doutez pas de moi.

Ce jour si péniblement commencé me réservait encore des impressions plus cruelles : madame de Vernon vint me demander à dîner. Une demi-heure après son arrivée, comme j'étais appuyée sur ma fenêtre, je vis dans mon avenue cette voiture bleue de Léonce qui m'était si bien connue; un tremblement affreux me saisit; je crus qu'il venait avec sa femme accomplir son barbare cérémonial : j'étais dans un état d'agitation inexprimable, je regardai madame de Vernon, et ma pâleur l'effraya tellement, qu'elle avança rapidement vers moi pour me soutenir. Elle aperçut alors cette voiture que je regardais fixement, sans pouvoir en détourner les yeux. « C'est ma fille seule, me dit-elle promptement; il n'y sera pas, j'en suis sûre; il ne viendrait pas chez vous. » Ces mots produisirent sur moi les impressions les plus diverses; je respirai de ce qu'il ne venait pas. L'attente d'une si douloureuse émotion me faisait éprouver une terreur insupportable; mais je fus couverte de rougeur en me répétant les paroles de madame de Vernon : *Il ne viendrait pas chez vous.* Elle sait donc qu'il me croit indigne de sa présence, ou qu'il a pitié de ma faiblesse, de l'amour qu'il me croit encore pour lui. Ah! si je le voyais, combien je serais calme, fière, dédaigneuse! Pendant que je cherchais à reprendre quelque force, les deux battants de mon salon s'ouvrirent, et l'on annonça madame de Mondoville.

Louise, c'est ainsi que l'heureuse Delphine se fût appelée, si Thérèse..... Ah! ce n'est pas Thérèse; c'est lui, c'est lui seul ! A l'abri de ce nom de Mondoville, si doux, si harmonieux, quand il présageait sa présence; à l'abri de ce nom, Matilde s'avançait avec fierté, avec confiance ; et moi qu'il en a dépouillée, je n'osais lever les regards sur elle, je pouvais à peine me soutenir. Elle m'aborda fort simplement, et ne me parut pas avoir la moindre idée des motifs de mon absence; elle attribua tout à mes soins pour madame d'Ervins, et me parut avoir gagné depuis qu'elle passait sa vie avec Léonce. *Je ne suis pas la rose*, dit un poëte oriental, *mais j'ai habité avec elle.* Dieu! que deviendrai-je, moi condamnée à ne plus la revoir!

Une fois, dans la conversation, il me sembla que Matilde avait pris un geste, un mot familier à Léonce ; mon sang s'arrêta tout à coup à ce souvenir, si doux en lui-même, si amer quand c'était Matilde qui me le retraçait. Un des gens de Léonce servait Matilde à table; tous ces détails de la vie intime me faisaient mal. Si je restais ici, j'éprouverais à chaque instant une douleur nouvelle. Voir sans cesse Matilde, sentir son bonheur goutte à goutte! non je ne le puis. Quand il fallait m'adresser à elle, lui offrir ce qui se trouvait sur la table, j'évitais de lui donner aucun nom; madame de Vernon l'appelait souvent madame de Mondoville, et chaque fois je tressaillais.

Je m'aperçus aisément que madame de Vernon était blessée contre sa fille; mais je gardais le silence sur tout ce qui pouvait amener une conversation animée; à peine pouvais-je articuler les mots les plus insignifiants sans me trahir. Enfin, après le dîner, madame de Vernon demanda à Matilde quand son nouvel appartement serait prêt. « Dans six jours, » répondit Matilde; et se retournant vers moi, elle me dit : « Je vois bien que cet arrangement déplaît à ma mère, mais je vous en fais juge, ma cousine, n'est-il pas convenable que nous vivions dans des maisons séparées? nos goûts et nos opinions diffèrent extrêmement; ma mère aime le jeu, elle passe une partie de la nuit au milieu du monde, la solitude me convient, et nous serons beaucoup plus heureuses toutes les deux en nous voyant souvent, mais en n'habitant pas sous le même toit. — Finissons-en sur ce sujet, lui dit madame de Vernon assez vivement; j'aurais modifié mes habitudes avec plaisir, je les aurais même sacrifiées, si je m'étais crue nécessaire à votre bonheur : quant à vos opinions, puisque c'est moi qui ai dirigé votre éducation, il n'y a pas apparence que je ne sache ménager une manière de penser que j'ai voulu vous inspirer. Mais vous parlez de goûts, d'habitudes, et jamais d'affections; celle que vous avez pour moi, en effet, a bien peu d'ascendant sur votre vie; n'en parlons plus : j'avais encore une illusion, vous venez de me prouver qu'il suffit d'en avoir une, quelque aride que soit d'ailleurs la vie, pour éprouver de la douleur. » Matilde rougit; je serrai la main de madame de Vernon, et nous gardâmes toutes les trois le silence pendant quelques minutes; enfin madame de Vernon le rompit, en demandant à Matilde si elle avait été voir sa cousine madame de Lebensei. « Je ne pense pas, assurément, répondit Matilde, que vous exigiez de moi d'aller voir une femme qui s'est remariée pendant que son premier mari vivait encore; un pareil scandale ne sera jamais autorisé par ma présence. — Mais son premier mari était étranger et protestant, lui répondit madame de Vernon ; elle a fait divorce avec lui selon les lois de son pays. — Et sa religion, à elle-même, reprit Matilde, la comptez-vous pour rien ? Elle est catholique : pouvait-elle se croire libre, quand sa religion ne le permettait pas ? — Vous savez, reprit madame de Vernon, que son premier mari était un homme très-méprisable ; qu'elle aime le second depuis six ans ; qu'il lui a rendu des services généreux. — Je ne m'attendais pas, je l'avoue, interrompit Matilde, que ma mère justifierait la conduite de madame de Lebensei. — Je ne sais si je la justifie, répondit madame de Vernon ; mais quand madame de Lebensei aurait commis une faute, la charité chrétienne commanderait l'indulgence envers elle. — La charité chrétienne, répondit Matilde, est toujours accessible au repentir ; mais quand on persiste dans le crime, elle ordonne au moins de s'éloigner des coupables. — Et vous voudriez, ma fille, que madame de Lebensei quittât maintenant M. de Lebensei ? — Oui, je le voudrais, s'écria Matilde, car il n'est point, car il ne peut être son mari. On dit de plus que c'est un homme dont les opinions politiques et religieuses ne valent rien ; mais je ne m'en mêle point : il est protestant, il est tout simple que sa morale soit relâchée. Il n'en est pas de même de madame de Lebensei, elle est catholique, elle est ma parente ; je vous le répète, ma conscience ne me permet pas de la voir. — Eh bien, j'irai seule chez elle, répondit madame de Vernon. — Je vous y accompagnerai, ma chère tante, lui dis-je ; si vous le permettez. — Aimable Delphine ! s'écria madame de Vernon en soupirant ! eh bien, nous irons ensemble ; elle demeure à deux lieues de chez vous ; elle passe sa vie dans la retraite, elle sait combien sa conduite a été, non-seulement blâmée, mais calomniée ; elle ne veut point s'exposer à la société qui est très-mal pour elle. — Dites-lui bien, reprit Matilde avec assez de vivacité, que ce n'est point ce qu'on peut dire d'elle qui m'empêche d'aller la voir ; je ne suis point soumise à l'opinion, et personne ne saurait la braver plus volontiers que moi, si le moindre de mes devoirs y était intéressé ; au premier signe de repentir que donnera madame de Lebensei, je volerai auprès d'elle, et je la servirai de tout mon pouvoir. — Matilde, m'écriai-je involontairement, Matilde, croyez-vous qu'on se repente d'avoir épousé ce qu'on aime ? » A peine ces mots m'étaient-ils échappés, que je craignis d'avoir attiré son attention sur le sentiment qui me les avait inspirés ; mais je me trompais : elle ne vit dans ces paroles

qu'une opinion qui lui parut immorale, et la combattit dans ce sens. Je me tus ; elle et sa mère repartirent pour Paris, et je vis ainsi finir une contrainte douloureuse. Mais que de sentiments amers se sont ranimés dans mon cœur ! Quelle conduite que celle de Léonce ! Il ne me fait pas dire un mot, il ne veut pas me voir, il m'accable de mépris !.... Louise, j'ai écrit ce mot ; malgré ce qu'il m'en a coûté, j'ai pu l'écrire ! car c'est de toute la hauteur de mon âme que je considère l'injustice même de Léonce. Je voudrais cependant, je voudrais, au prix de ma misérable vie, qu'il me fût possible de le rencontrer encore une fois par hasard, sans qu'il pût me soupçonner de l'avoir recherché. Je saurais alors, soyez-en sûre, je saurais reconquérir son estime : je m'enorgueillis à cette idée : je l'aime peut-être encore ; mais ce qui m'est nécessaire surtout, c'est qu'il me rende cette considération à laquelle il a sacrifié son bonheur, oui, son bonheur.... Je valais mieux pour lui que Matilde. Se peut-il qu'un mouvement de regret ne lui inspire pas le besoin de me parler ! Louise, ne condamnez pas celle que vous avez élevée ; ce souhait, le ciel m'en est témoin ; je ne le forme point pour me livrer aux sentiments les plus criminels. Mais je voudrais du moins refuser de le voir, qu'il le sût, qu'il en souffrît un moment, et qu'il cessât de me croire le plus faible des êtres, le plus indigne de son inflexible caractère. Louise, j'éprouve les douleurs les plus poignantes, et celles que je confie, et celles qui me font mal à développer ! Pardonnez-moi si j'y succombe ; c'est pour vous seule que je vis encore

LETTRE VII.

Delphine à mademoiselle d'Albémar.

Bellerive, ce 8 août.

Ne puis-je donc faire un pas qui ne renouvelle plus cruellement encore les chagrins que je ressens ? Pourquoi m'a-t-on conduite chez madame de Lebensei ? Elle est heureuse par le mariage ; elle l'est parce que son mari a su braver l'opinion, parce qu'il a méprisé les vains discours du monde, et qu'à cet égard il est en tout l'opposé de Léonce. Madame de Lebensei est heureuse, et je l'aurais été bien plus qu'elle, car son caractère ne la met point entièrement au-dessus du blâme : son cœur est bien loin d'aimer comme le mien ; et quel homme, en effet, pourrait inspirer à personne ce que j'éprouve pour Léonce ?

Madame de Vernon vint me prendre hier pour aller à Cernay, comme nous en étions convenues.

En arrivant, nous apprîmes que M. de Lebensei était absent. Madame de Lebensei, en nous voyant, fut émue; elle cherchait à le cacher, mais il était aisé de démêler cependant qu'une visite de ses parents était un événement pour elle, dans la proscription sociale où elle vivait. Vous avez connu madame de Lebensei à Montpellier : elle a près de trente ans; sa figure, calme et régulière, est toujours restée la même. Nous parlâmes quelque temps sur tous les sujets convenus dans le monde, pour éviter de se connaître et de se pénétrer : cette manière de causer n'intéressait point une personne qui, comme madame de Lebensei, passe sa vie dans la retraite; néanmoins elle craignait de s'approcher la première d'aucun sujet qui pût nous engager à lui parler de sa situation. J'essayai de nommer quelques personnes de sa connaissance; il me parut, par ce qu'elle m'en dit, qu'elle ne les voyait plus; je remarquai bien qu'elle souffrait d'en avoir été abandonnée, mais je ne m'en aperçus qu'à la fierté même avec laquelle elle repoussait tout ce qui pouvait ressembler à une tentative pour se justifier, ou à des efforts pour se rapprocher du monde. Elle veut briser ce qu'elle pourrait conserver encore de liens avec la société, non par indifférence, mais pour n'avoir plus aucune communication avec ce qui lui fait mal.

Madame de Lebensei a pris tellement l'habitude de se contenir en présence des autres, qu'il était difficile de l'amener à nous parler avec confiance. Cependant, comme madame de Vernon lui faisait quelques excuses polies sur l'absence de sa fille, il lui échappa de dire : « Vous avez la bonté de me cacher, madame, la véritable raison de cette absence : madame de Mondoville ne veut pas me voir depuis que j'ai épousé M. de Lebensei. » Madame de Vernon sourit doucement : je rougis, et madame de Lebensei continua : « Vous, madame, dit-elle en s'adressant à madame de Vernon, vous, qui m'avez connue dans mon enfance, et qui avez été l'amie de ma famille, je vous remercie d'être venue me trouver dans cette circonstance; je remercie madame d'Albémar de vous avoir accompagnée ici : je ne cherche pas le monde; je ne veux pas lui donner le droit de troubler mon bonheur intérieur; mais une marque de bienveillance m'est singulièrement précieuse, et je sais la sentir. » Ses yeux se remplirent alors de larmes; et, se levant pour nous les dérober, elle nous mena voir son jardin et le reste de sa maison.

L'un et l'autre étaient arrangés avec soin, goût et simplicité; c'était un établissement pour la vie, rien n'y était négligé : tout rappelait le temps qu'on avait déjà passé dans cette demeure, et celui plus long encore qu'on se proposait d'y rester. Madame de Lebensei me parut une femme d'un esprit sage sans rien de brillant, éclairée, raisonnable plutôt qu'exaltée. Je ne concevais pas bien comment, avec un tel caractère, sa conduite avait été celle d'une personne passionnée, et j'avais un grand désir de l'apprendre d'elle; mais madame de Vernon ne m'aidait point à l'y engager; elle était triste et rêveuse, et ne se mêlait point à la conversation.

En parcourant les jardins de madame de Lebensei, je découvris, dans un bois retiré, un autel élevé sur quelques marches de gazon; j'y lus ces mots : *A six ans de bonheur, Élise et Henri.* Et plus bas : *L'amour et le courage réunissent toujours les cœurs qui s'aiment.* Ces paroles me frappèrent; il me sembla qu'elles faisaient un douloureux contraste avec ma destinée; et je restai tristement absorbée devant ce monument du bonheur. Madame de Lebensei s'approcha de moi; et, troublée comme je l'étais, je m'écriai involontairement : « Ah! ne m'apprendrez-vous donc pas ce que vous avez fait pour être heureuse? Hélas! je ne croyais plus que personne le fût sur la terre. » Madame de Lebensei, touchée sans doute de mon attendrissement, me dit avec un mouvement très-aimable : « Vous saurez, madame, puisque vous le désirez, tout ce qui concerne mon sort; je puis être insensible à l'espoir de captiver votre estime. Un sentiment de timidité, que vous trouverez naturel, me rendrait pénible de parler long-temps de moi; j'aurai plus de confiance en écrivant. » Madame de Vernon nous rejoignit alors, et fut témoin de l'expression de ma reconnaissance.

Madame de Lebensei nous pria toutes les deux de rester chez elle quelques jours; je m'y refusai pour cette fois, n'en ayant pas prévenu Thérèse; mais nous promîmes de revenir : je désirais revoir madame de Lebensei, et j'aurais craint de la blesser en la refusant; on a de la susceptibilité, dans sa situation, et cette susceptibilité, les âmes sensibles doivent la ménager, car elle donne aux plus petites choses une grande influence sur le bonheur.

En revenant avec madame de Vernon, je fus encore plus frappée que je ne l'avais été le matin de sa pâleur et de sa tristesse, et je lui demandai à quelle heure elle s'était couchée la nuit dernière. « A cinq heures du matin, me répondit-elle. — Vous avez donc joué? — Oui. — Mon Dieu! repris-je, comment pouvez-vous vous abandonner à ce goût funeste? vous y aviez renoncé depuis si longtemps ! — Je m'ennuie dans la vie, me répondit-elle ; je manque d'intérêt, de mouvement, et mon repos n'a point de charmes : le jeu m'anime sans m'émouvoir douloureusement ; il me distrait de toute autre idée, et je consume ainsi quelques heures sans les sentir. — Est-ce à vous, lui dis-je, de tenir ce langage ? votre esprit... — Mon esprit ! interrompit-elle ; vous savez bien que je n'en ai que pour causer, et point du tout pour lire, ni pour réfléchir ; j'ai été élevée comme cela ; je pense dans le monde ; seule, je m'ennuie ou je souffre. — Mais ne savez-vous donc pas, lui dis-je, jouir des sentiments que vous inspirez ? — Vous voyez quelle a été la conduite de ma fille pour moi, me répondit-elle ; de ma fille à qui j'avais fait tant de sacrifices : peut-être qu'en voulant la servir je me suis rendue moins digne de votre amitié ; vous me l'accordez encore, mais votre confiance en moi n'est plus la même : tout est donc altéré pour moi. Néanmoins les moments que je passe avec vous sont encore les plus agréables de tous ; ainsi ne parlons pas de mes peines dans le seul instant où je les oublie. » Alors elle ramena la conversation sur madame de Lebensei ; et comme elle a tout à la fois de la grâce et de la dignité dans les manières, il est impossible de persister à lui parler d'un sujet qu'elle évite, ni de résister au charme de ce qu'elle dit.

Elle fut si parfaitement aimable pendant la route, qu'elle suspendit un moment l'amertume de mes chagrins. La finesse de son esprit, la délicatesse de ses expressions, un air de douceur et de négligence qui obtient tout sans rien demander ; ce talent de mettre son âme tellement en harmonie avec la vôtre, que vous croyez sentir avec elle, en même temps qu'elle, tout ce que son esprit développe en vous ; ces avantages qui n'appartiennent qu'à elle, ne peuvent jamais perdre entièrement leur ascendant. Il me semble impossible, quand je vois madame de Vernon, de ne pas me confier à son amitié ; et cependant, dès que je suis loin d'elle, le doute me ressaisit de nouveau. Que le cœur humain est bizarre ! on a des sentiments que l'on cherche à se justifier, parce qu'on a toujours en soi quelque chose qui les blâme ; et l'on cède à de certains agréments, à de certains esprits, avec une sorte de crainte, qui ajoute peut-être encore à l'attrait qu'ils inspirent et qu'on voudrait combattre.

Ce matin, comme je me levais, ayant passé presque toute la nuit à réfléchir sur l'heureux et doux asile de Cernay, je reçus la lettre que madame de Lebensei m'avait promis de m'écrire : la voici ;

jugez, Louise, de ce que j'ai dû souffrir en la lisant.

Madame de Lebensei à madame d'Albémar.

Parmi les sacrifices qui me sont imposés, madame, le seul que j'aurais de la peine à supporter, ce serait de vous avoir connue et de ne pas chercher à vous prouver que je ne mérite point l'injustice dont on a voulu me rendre victime. Mettez quelque prix à mes efforts pour obtenir votre approbation ; car jusqu'à ce jour, satisfaite de mon bonheur, et fière de mon choix, je n'ai pas fait une démarche pour expliquer ma conduite.

En prenant la résolution de faire divorce avec mon premier mari, et d'épouser quelques années après M. de Lebensei, j'ai parfaitement senti que je me perdais dans le monde, et j'ai formé, dès cet instant, le dessein de n'y jamais reparaître. Lutter contre l'opinion, au milieu de la société, est le plus grand supplice dont je puisse me faire l'idée. Il faut être, ou bien audacieuse, ou bien humble pour s'y exposer. Je n'étais ni l'une ni l'autre, et je compris très-vite qu'une femme qui ne se soumet pas aux préjugés reçus doit vivre dans la retraite, pour conserver son repos et sa dignité ; mais il y a une grande différence entre ce qui est mal en soi et ce qui ne l'est qu'aux yeux des autres ; la solitude aigrit les remords de la conscience, tandis qu'elle console de l'injustice des hommes.

Si j'avais été très-aimable, très-remarquable par la grâce et l'esprit de société, le sacrifice de mes succès m'eût peut-être été pénible ; mais j'étais une femme ordinaire dans la conversation, quoique j'eusse une manière de sentir très-forte et très-profonde : je pouvais donc renoncer au monde, sans craindre ces regrets continuels de l'amour-propre qui troublent tôt ou tard les affections les plus tendres.

Je n'avais point à redouter non plus le réveil des passions exaltées : j'ai de la raison, quoique ma conduite ne soit pas d'accord avec ce qu'on appelle communément ainsi. C'est d'après des réflexions sages et calmes que j'ai pris un parti qui sort de toutes les règles communes ; et rien de ce qui m'a décidée ne peut changer, car c'est d'après mon caractère et celui de Henri que je me suis déterminée.

Les événements de ma vie sont très-simples et peu multipliés ; la suite de mes impressions est le seul intérêt de mon histoire.

Un Hollandais, M. de T., avait rapporté des colonies une très-grande fortune ; il passa quelque temps à Montpellier pour rétablir sa santé. Il se prit, je ne sais pourquoi, d'une passion très-vive pour moi, me demanda, m'obtint, et m'emmena dans son pays, où je ne connaissais personne. Il fallut, à dix-huit ans, rompre avec tous les souvenirs de ma vie. Je voulais m'attacher à mon mari; il y avait, dans nos esprits et dans nos caractères, une opposition continuelle. Il était amoureux de moi, parce qu'il me trouvait jolie; car, d'ailleurs, il semblait qu'il aurait dû me haïr. Cette espèce d'attachement que je lui inspirais ajoutait donc encore à mon malheur; car si ma figure ne lui avait pas été agréable, il se serait éloigné de moi, et je n'aurais pas senti à chaque instant de la journée les défauts qui me le rendaient insupportable.

Avarice, dureté, entêtement, toutes les bornes de l'esprit et de l'âme se trouvaient en lui. Je me brisais sans cesse contre elles; j'essayais sans cesse un plan quelconque de bonheur, et tous échouaient contre son active et revêche médiocrité.

Il avait fait sa fortune en Amérique, en exerçant sur ses malheureux esclaves un despotisme tyrannique; il y avait contracté l'habitude de se croire supérieur à tout ce qui l'entourait : les sentiments nobles, les idées élevées lui paraissaient de l'affectation ou de la niaiserie. Exerciez-vous une vertu généreuse à vos dépens, il se moquait de vous; l'opposiez-vous à ses désirs, non-seulement il s'irritait contre vous, mais il cherchait à dégrader vos motifs : il voulait qu'il n'y eût qu'une seule chose de considérée dans le monde, l'art de s'enrichir, et le talent de faire prospérer, en tout genre, ses propres intérêts. Enfin, je l'ai doublement senti, dans le temps de mon malheur et dans les années heureuses qui l'ont suivi, l'étendue des lumières, le caractère et les idées que l'on nomme philosophiques, sont aussi nécessaires au charme, à l'indépendance et à la douceur de la vie privée, qu'elles peuvent l'être à l'éclat de toute autre carrière.

Il fallait, pour vivre bien avec M. de T., que je renonçasse à tout ce que j'avais de bon en moi; je n'aurais pu me créer un rapport avec lui qu'en me livrant à un mauvais sentiment.

Quoiqu'il ne cherchât point à plaire, il était très-inquiet de ce qu'on disait de lui; il n'avait ni l'indifférence sur les jugements des hommes, que la philosophie peut inspirer, ni les égards pour l'opinion, qu'aurait dû lui suggérer son désir de la captiver. Il voulait obtenir ce qu'il était résolu de ne pas mériter, et cette manière d'être lui donnait de la fausseté dans ses rapports avec les étrangers,

et de la violence dans ses relations domestiques.

Il songeait, du matin au soir, à l'accroissement de sa fortune, et je ne pouvais pas même me représenter cet accroissement comme de nouvelles jouissances, car j'étais assurée qu'une augmentation de richesses lui faisait toujours naître l'idée d'une diminution de dépense, et je ne disputais sur rien avec lui, dans la crainte de prolonger l'entretien et de sentir nos âmes de trop près dans la vivacité de la querelle.

L'exercice d'aucune vertu ne m'était permis; tout mon temps était pris par le despotisme ou l'oisiveté de mon mari. Quelquefois les idées religieuses venaient à mon secours; néanmoins combien elles ont acquis plus d'influence sur moi depuis que je suis heureuse! Des souffrances arides et continuelles, une liaison de toutes les heures avec un être indigne de soi, gâtent le caractère au lieu de le perfectionner. L'âme qui n'a jamais connu le bonheur ne peut être parfaitement bonne et douce; si je conserve encore quelque sécheresse dans le caractère, c'est à ces années de douleur que je le dois. Oui, je ne crains pas de le dire, s'il était une circonstance qui pût nous permettre une plainte contre notre Créateur, ce serait du sein d'un mariage mal assorti que cette plainte échapperait; c'est sur le seuil de la maison habitée par ces époux infortunés qu'il faudrait placer ces belles paroles du Dante, qui proscrivent l'espérance. Non, Dieu ne nous a point condamnés à supporter un tel malheur! Le vice s'y soumet en apparence, et s'en affranchit chaque jour; la vertu doit le briser, quand elle se sent incapable de renoncer pour jamais au bonheur d'aimer, à ce bonheur dont le sacrifice coûte bien plus à notre nature que le mépris de la mort.

Je ne vous développerai point ici mon opinion sur le divorce; quand M. de Lebensei sera assez heureux pour vous connaître, madame, il vous dira mieux que personne les raisonnements qui m'ont convaincue; je ne veux vous peindre que les sentiments qui ont décidé de mon sort.

Un jour, à la Haye, chez l'ambassadeur de France, on m'annonça qu'un jeune Français était arrivé le matin de Paris, et devait nous être présenté le soir même. Une femme me dit que ce Français passait pour sauvage, savant et philosophe, que sais-je? tout ce que les Français sont rarement à vingt-cinq ans; elle ajouta qu'il avait fait ses études à Cambridge, et que sans doute il s'était gâté par les manières anglaises; mais comme il n'existe pas, selon mon opinion, de plus noble caractère que celui des Anglais, je ne me sentais point prévenue contre l'homme qui leur ressemblait. Je demandai son nom, elle me nomma Henri de Lebensei, gentilhomme protestant du Languedoc: sa famille était alliée de la mienne: je ne l'avais jamais vu, mais il connaissait le séjour de mon enfance; il était Français; il avait au moins entendu parler de mes parents: cette idée, dans l'éloignement où je vivais de tout ce qui m'avait été cher, cette idée m'émut profondément.

M. de Lebensei entra chez l'ambassadeur avec plusieurs autres jeunes gens; je reconnus à l'instant l'image que je m'en étais faite: il avait l'habillement et l'extérieur d'un Anglais, rien de remarquable dans la figure, que de l'élégance, de la noblesse, et une expression très-spirituelle. Je ne fus point frappée en le voyant, mais plus je causai avec lui, plus j'admirai l'étendue et la force de son esprit, et plus je sentis qu'aucun caractère ne convenait mieux au mien.

Depuis ce jour jusqu'à présent, depuis six années, loin de me reprocher d'aimer Henri de Lebensei, il m'a semblé toujours que si je l'éloignais de moi, je repousserais une faveur spéciale de la Providence, le signe le plus manifeste de sa protection, l'ami qui me rend l'usage de mes qualités naturelles, et me conduit dans la route de la morale, de l'ordre et du bonheur.

Vous avez peut-être su les cruels traitements que M. de T. me fit éprouver quand il sut que j'aimais M. de Lebensei. Je n'avais point d'enfants; je demandai le divorce selon les lois de Hollande. M. de T., avant d'y consentir, voulut exiger de moi une renonciation absolue à toute ma fortune; quand je la refusai, il m'enferma dans sa terre et me menaça de la mort; son amour s'était changé en haine, et toute sa conduite était alors soumise à sa passion dominante, à l'avidité. Henri me sauva par son courage, exposa mille fois sa vie pour me délivrer, et me ramena enfin en France après deux années, pendant lesquelles il m'avait rendu tous les services que l'amour et la générosité peuvent inspirer.

Mon divorce fut prononcé: je ne vous fatiguerai point des peines qu'il m'en coûta pour l'obtenir; c'est Henri que je veux vous faire connaître: toute ma destinée est en lui. Je vais peut-être vous étonner, jeune et charmante Delphine; mais ce n'est point la passion de l'amour, telle qu'on peut la ressentir dans l'effervescence de la jeunesse, qui m'a décidée à choisir Henri pour le dépositaire de mon sort; il y a de la raison dans mon sentiment pour lui, de cette raison qui calcule l'avenir autant que le présent, et se rend compte des qualités et

des défauts qui peuvent fonder une liaison durable. On parle beaucoup des folies que l'amour fait commettre: je trouve plus de vraie sensibilité dans la sagesse du cœur que dans son égarement; mais toute cette sagesse consiste à n'aimer, quand on est jeune, que celui qui vous sera cher également dans tous les âges de la vie. Quel doux précepte de morale et de bonheur! Et la morale et le bonheur sont inséparables, quand les combinaisons factices de la société ne viennent pas mêler leur poison à la vie naturelle.

Henri de Lebensei est certainement l'homme le plus remarquable par l'esprit qu'il soit possible de rencontrer: une éducation sérieuse et forte lui a donné sur tous les objets philosophiques des connaissances infinies, et une imagination très-vive lui inspire des idées nouvelles sur tous les faits qu'il a recueillis. Il se plaît à causer avec moi, d'autant plus qu'une sorte de timidité sauvage et fière le rend souvent taciturne dans le monde; comme son esprit est animé et son caractère assez sérieux, plus le cercle se resserre, plus il déploie dans la conversation d'agréments et de ressources, et seul avec moi il est plus aimable encore qu'il ne s'est jamais montré aux autres. Il réserve pour moi des trésors de pensées et de grâce, tandis que le commun des hommes s'exalte pour les auditeurs, s'enflamme par l'amour-propre, et se refroidit dans l'intimité. Tous ceux qui aiment la solitude, ou que des circonstances ont appelés à y vivre, vous diront de quel prix est dans les jouissances habituelles ce besoin de communiquer ses idées, de développer ses sentiments, ce goût de conversation qui jette de l'intérêt dans une vie où le calme s'achète d'ordinaire aux dépens de la variété. Et ne croyez point que cet empressement de Henri pour mon entretien naisse seulement de son amour pour moi; ma raison m'aurait dit encore qu'il ne faut jamais compter sur les qualités que l'amour donne, ou se croire préservé des défauts dont il corrige. Ce qui me rend certaine de mon bonheur avec Henri, c'est que je connais parfaitement son caractère tel qu'il est, indépendamment de l'affection que je lui inspire, et que je suis la seule personne au monde avec laquelle il ait entièrement développé ses vertus comme ses défauts.

Henri possède un genre d'agrément et de gaieté qui ne peut se développer que dans la familiarité de sentiments intimes; ce n'est point une grâce de parure, mais une grâce d'originalité dont la parfaite aisance augmente beaucoup le charme: quand l'intimité est arrivée à ce point, qui fait trouver du charme dans des jeux d'enfants, dans une plaisanterie vingt fois répétée, dans de petits détails sans fin auxquels personne que vous deux ne pourrait jamais rien comprendre, mille liens sont enlacés autour du cœur, et il suffirait d'un mot, d'un signe, de l'allusion la plus légère à des souvenirs si doux, pour rappeler ce qu'on aime du bout du monde.

J'ai de la disposition à la jalousie; Henri ne m'en fait jamais éprouver le moindre mouvement; je sais que seule je le connais, que seule je l'entends, et qu'il jouit d'être senti, d'être estimé par moi, sans avoir jamais besoin de mettre en dehors ce qu'il éprouve. Il a des opinions très-indépendantes, assez de mépris pour les hommes en général, quoiqu'il ait beaucoup de bienveillance pour chacun d'eux en particulier. On a dit assez de mal de lui, surtout depuis que, dans les querelles politiques, il s'est montré partisan de la révolution; il tient cette injustice pour acceptée, et rien au monde ne pourrait le contraindre à une justification, pas même à une démonstration de ce qu'il est : dès que cette démonstration peut être demandée, elle lui devient impossible. Le parfait naturel de son caractère m'est encore un garant de sa fidélité : s'il formait une nouvelle liaison, il serait obligé d'entrer dans des explications sur luimême, sur ses défauts, sur ses qualités, dont sa conduite envers moi le dispense; il m'a parlé par ses actions, et c'est de cette manière qu'un caractère fier et souvent calomnié aime à se faire connaître.

Sous des formes froides et quelquefois sévères, il est plus accessible que personne à la pitié : il cache ce secret, de peur qu'on n'en abuse; mais moi, je le sais et je m'y confie. Sans doute je serais bien malheureuse s'il n'était retenu près de moi que par la crainte de m'affliger en s'éloignant; mais tout en jouissant de l'amour que je lui inspire, je songe avec bonheur que deux vertus me répondent de son cœur, la vérité et la bonté. Nous nous faisons illusion; mais quand on observe la société, il est aisé de voir que les hommes ont bien peu besoin des femmes; tant d'intérêts divers animent leur vie, que ce n'est pas assez du goût le plus vif, de l'attrait le plus tendre, pour répondre de la durée d'une liaison : il faut encore que des principes et des qualités invariables préservent l'esprit de se livrer à une affection nouvelle, arrêtent les caprices de l'imagination, et garantissent le cœur longtemps avant le combat; car s'il y avait combat, le triomphe même ne serait plus du bonheur.

Que de qualités cependant, que de singularités

même ne faut-il pas trouver réunies dans le caractère d'un homme, pour avoir la certitude complète de son affection constante et dévouée! et, sans cette certitude, combien le parti que j'ai adopté serait insensé! car lorsqu'on prend une résolution contraire à l'opinion générale, rien ne vous soutient que vous-même : vous avez contracté l'engagement d'être heureuse, et si jamais vous laissiez échapper quelques regrets, le public et vos amis seraient prêts à les repousser au fond de votre cœur comme dans leur seul asile.

Je ne le dissimulerai point, les opinions philosophiques de Henri, la force de son caractère, son indifférence absolue pour la manière de penser des autres, quand elle n'est pas la sienne, tous ces appuis m'ont été bien nécessaires pour lutter contre la défaveur du monde. Un homme s'affranchit aisément de tout ce qui n'est pas sa conscience, et s'il possède des talents vraiment distingués, c'est en obtenant de la gloire qu'il cherche à captiver l'opinion publique; la gloire commence à une grande distance du cercle passager de nos relations particulières, et n'y pénètre même qu'à la longue. M. de Lebensei, par un contraste singulier, mais naturel, est parfaitement indifférent à l'opinion de ce qu'on appelle la société, et très-ambitieux d'atteindre un jour à l'approbation du monde éclairé : moi qui ne puis être connue qu'autour de moi, je ne nie point que je sois affligée quelquefois d'être généralement blâmée; mais comme ce blâme ne produit pas sur Henri la plus légère impression, comme je suis assurée qu'il y est tout à fait indifférent, je me distrais facilement de ma peine. L'on n'est inconsolable, dans un sentiment vrai, que de la douleur de ce qu'on aime; l'on finit toujours par oublier la sienne propre.

J'étais convaincue que la morale et la religion bien entendues ne me défendaient point d'épouser Henri, puisque je ne troublais, par cette résolution, la destinée de personne, et que je n'avais à rendre compte qu'à Dieu de mon bonheur. Devaisje donc, quand le ciel m'avait fait rencontrer le seul caractère qui pût s'identifier avec le mien, le seul homme qui pût tirer de mes qualités et de mes défauts des sources de félicité pour tous les deux, devais-je sacrifier ce sort unique au mal que pouvaient dire de moi de froids amis qui m'ont bientôt oubliée, des indifférents qui savent à peine mon nom? Ils me conseilleraient de renoncer au seul être qui m'aime, au seul être qui me protége dans ce monde, tout en se préparant à me refuser du secours si j'en avais besoin, si, redevenue isolée par déférence pour leurs avis, j'allais leur demander l'un des milliers de services qu'Henri me rendrait sans les compter.

Non, ce n'est point à l'opinion des hommes, c'est à la vertu seule qu'on peut immoler les affections du cœur : entre Dieu et l'amour, je ne reconnais d'autre médiateur que la conscience.

De quoi vous menace donc la société? De ne plus vous voir? La punition n'est pas égale à la sévérité des lois qu'elle impose. Cependant, je le répète à vous, madame, qui êtes encore dans les premières années de la jeunesse, mon exemple ne doit entraîner personne à m'imiter. C'est un grand hasard à courir pour une femme, que de braver l'opinion; il faut, pour l'oser, se sentir, suivant la comparaison d'un poëte, *un triple airain autour du cœur*, se rendre inaccessible aux traits de la calomnie, et concentrer en soi-même toute la chaleur de ses sentiments; il faut avoir la force de renoncer au monde, posséder les ressources qui permettent de s'en passer, et ne pas être douée cependant d'un esprit ou d'une beauté rare, qui feraient regretter les succès pour toujours perdus; enfin, il faut trouver dans l'objet de nos sacrifices la source toujours vive des jouissances variées du cœur et de la raison, et traverser la vie appuyés l'un sur l'autre, en s'aimant et faisant le bien.

Vous connaissez maintenant ma situation, madame; vous aurez aperçu que mon bonheur n'est pas sans mélange : mais le bonheur parfait ne peut jamais être le partage d'une femme à qui l'erreur de ses parents ou la sienne propre ont fait contracter un mauvais mariage. Si l'enfant que je porte dans mon sein est une fille, ah! combien je veillerai sur son choix! combien je lui répéterai que, pour les femmes, toutes les années de la vie dépendent d'un jour! et que d'un seul acte de leur volonté dérivent toutes les peines ou toutes les jouissances de leur destinée.

Quand des personnes que j'estime condamnent la résolution que j'ai prise; quand j'éprouve la faiblesse ou la dureté de mes amis, quelquefois je ne retrouve plus, même dans la solitude, le repos que j'espérais, et le souvenir du monde s'y introduit pour le troubler. Mais dans les moments où je suis le plus abattue, un beau jour, avec Henri, relève mon âme : nous sommes jeunes encore l'un et l'autre, et néanmoins nous parlons souvent ensemble de la mort, nous cherchons dans nos bois quelque retraite paisible pour y déposer nos cendres; là, nous serons unis, sans que les générations successives qui fouleront notre tombe nous reprochent encore notre affection mutuelle.

Nous nous entretenons souvent sur les idées religieuses, nous interrogeons le ciel par des regards d'amour : nos âmes, plus fortes de leur intimité, essayent de pénétrer à deux dans les mystères éternels. Nous existons par nous-mêmes, sans aucun appui, sans aucun secours des hommes. M. de Lebensei, je l'espère, est plus heureux que moi, car il est beaucoup plus indépendant des autres. Quand les chagrins causés par l'opinion me font souffrir, je me dis que j'aurais été trop heureuse si les hommes avaient joint leur suffrage à ma félicité intérieure, si j'avais vu, pour ainsi dire, mon bonheur se répéter de mille manières dans leurs regards approbateurs. L'imparfaite destinée jette toujours des regrets.à travers les plus pures jouissances : la peine que j'éprouve, la seule de ma vie, me garantit peut-être la possession de tout ce qui m'est cher; elle m'acquitte envers la douleur, qui ne veut pas qu'on l'oublie, et j'obtiendrai peut-être en compensation le seul bien que je demande maintenant au ciel..... mourir avant Henri, recevoir ses soins à ma dernière heure, entendre sa douce voix me remercier de l'avoir rendu heureux, de l'avoir préféré à tout sur cette terre; alors j'aurai vécu de la vraie destinée pour laquelle les femmes sont faites, aimer, encore aimer, et rendre enfin au Dieu qui nous l'a donnée une âme que les affections sensibles auront seules occupée.

ÉLISE DE LEBENSEI.

Ah! ma chère Louise, maintenant que vous avez fini cette lettre, avez-vous donné quelques larmes aux regrets qu'elle a ranimés dans mon cœur? Avez-vous pressenti toutes les réflexions amères qu'elle m'a suggérées? Que d'obstacles M. de Lebensei n'a-t-il pas eus à vaincre pour épouser celle qu'il aimait! Et Léonce, comme aisément il y a renoncé! C'est madame de Lebensei qui pense à la défaveur de l'opinion; mais son mari ne s'en est pas occupé un seul instant; il ne dépend que de ses propres affections, il ne se soumet qu'à ce qu'il aime; et Léonce... Ne croyez pas cependant que son caractère ait moins de force, qu'il soit en rien inférieur à personne; mais il a manqué d'amour : je veux en vain me faire illusion, tout le mal est là.

Hélas! sans le savoir, madame de Lebensei condamne à chaque ligne la conduite de Léonce. La douleur que m'a causée cette lettre ne me sera point inutile; si je le revoyais, je pourrais lui parler, je serais calme et fière en sa présence.

LETTRE VIII.

Delphine à mademoiselle d'Albémar.

Louise, qu'ai-je éprouvé? Que m'a-t-il dit? je n'en sais rien. Je l'ai vu; mon âme est bouleversée. Je croyais entrevoir une espérance, madame de Vernon me l'a presque entièrement ravie. Pouvez-vous m'éclairer sur mon sort? Ah! je ne suis plus capable de rien juger par moi-même.

Je reçus hier à Paris, où j'étais venue pour reconduire madame de Vernon, une lettre vraiment touchante de madame d'Ervins. Dans cette lettre, elle me conjurait d'aller chez un peintre au Louvre, où le portrait de M. de Serbellane était encore, et de le lui apporter pour le considérer une dernière fois. Elle me disait : « Je me suis persuadé « la nuit passée que ses traits étaient effacés de mon « souvenir; je les cherchais comme à travers des « nuages qui se plaçaient toujours entre ma mé-« moire et moi : je le sais, c'est une chimère in-« sensée; mais il faut que j'essaye de me calmer « avant le dernier sacrifice. Ces condescendances « que j'ai encore pour mes faiblesses ne vous com-« promettront plus longtemps, ma chère amie; ma « résolution est prise, et tout ce qui semble m'en « écarter m'y conduit. »

Je n'hésitai pas à donner à Thérèse la consolation qu'elle désirait, et madame de Vernon, à qui j'en parlai, fut entièrement de mon avis.

J'allai donc ce matin au Louvre; mais avant d'arriver à l'atelier du peintre des M. de Serbellane, je m'arrêtai dans la galerie des tableaux; il y en avait un qu'un jeune artiste venait de terminer [1] : il me frappa tellement qu'à l'instant où je le regardai, je me sentis baignée de larmes. Vous savez que de tous les arts c'est à la peinture que je suis le moins sensible; mais ce tableau produisit sur moi l'impression vive et pénétrante que jusqu'alors je n'avais jamais éprouvée que par la poésie ou la musique.

Il représente Marcus Sextus revenant à Rome après les proscriptions de Sylla. En rentrant dans sa maison, il retrouve sa femme étendue sans vie sur son lit; sa jeune fille, au désespoir, se prosterne à ses pieds. Marcus tient la main pâle et livide de sa femme dans la sienne; il ne regarde pas encore son visage; il a peur de ce qu'il va souffrir; ses cheveux se hérissent : il est immobile; mais tous ses membres sont dans la contraction du désespoir. L'excès de l'agitation de l'âme semble lui commander l'inaction du corps. La lampe s'éteint, le trépied qui la soutient se renverse. Tout

[1] Le Marcus Sextus de Guérin.

rappelle la mort dans ce tableau; il n'y a de vivant que la douleur.

Je fus saisie, en le voyant, de cette pitié profonde que les fictions n'excitent jamais dans notre cœur sans un retour sur nous-mêmes; et je contemplai cette image du malheur comme si, dangereusement menacée au milieu de la mer, j'avais vu de loin, sur les flots, les débris d'un naufrage.

Je fus tirée de ma rêverie par l'arrivée du peintre, qui me mena dans son atelier; je vis le portrait de M. de Serbellane, très-frappant de ressemblance. Je demandai qu'on le portât dans ma voiture : pendant qu'on l'arrangeait, je revins dans la galerie pour revoir encore le tableau de Marcus Sextus.

En entrant, j'aperçois Léonce placé comme je l'étais devant ce tableau, et paraissant ému comme moi de son expression; sa présence m'ôta dans l'instant toute puissance de réflexion, et je m'avançai vers lui sans savoir ce que je faisais. Il leva les yeux sur moi, et ne parut point surpris de me voir. Son âme était déjà ébranlée; il me sembla que j'arrivais comme il pensait à moi, et que ses réflexions le préparaient à ma présence.

« On plaint, me dit-il avec une sorte d'égarement tout à fait extraordinaire, et presque sans me regarder, oui, l'on plaint ce Romain infortuné qui, revenant dans sa patrie, ne trouve plus que les restes inanimés de l'objet de sa tendresse; eh bien, il serait mille fois plus malheureux s'il avait été trompé par la femme qu'il adorait, s'il ne pouvait plus l'estimer ni la regretter sans s'avilir. Quand la mort a frappé celle qu'on aime, la mort aussi peut réunir à elle; notre âme, en s'échappant de notre sein, croit s'élancer vers une image adorée; mais si son souvenir même est un souvenir d'amertume, si vous ne pouvez penser à elle sans un mélange d'indignation et d'amour, si vous souffrez au dedans de vous par des sentiments toujours combattus, quel soulagement trouverez-vous dans la tombe? Ah! regardez-le encore, madame, cet homme malheureux qui va succomber sous le poids de ses peines; il ne connaissait pas les douleurs les plus déchirantes; la nature, inépuisable en souffrances, l'avait encore épargné. Il tient, s'écria Léonce avec l'accent le plus amer, et en me saisissant le bras comme un furieux, il tient la main décolorée de la compagne de sa vie; mais la main cruelle de celle qui lui fut chère n'a pas plongé dans son sein un fer empoisonné. »

Effrayée de ce mouvement, ne pouvant comprendre ses discours, je voulais lui répondre, l'interroger, me justifier; un de mes gens apporta dans cet instant le portrait de M. de Serbellane,

et le peintre qui le suivait lui dit : « Mettez ce tableau avec beaucoup de soin dans la voiture de madame d'Albémar. ». Léonce me quitte, s'approche
du portrait, lève la toile qui le couvrait, la rejette
avec violence, et se retournant vers moi avec l'expression de visage la plus insultante : « Pardonnez-moi, me dit-il, madame, les moments que je
vous ai fait perdre; je ne sais ce qui m'avait troublé; mais ce qui est certain, ajouta-t-il en pesant
sur ce mot de toute la fierté de son âme, ce qui est
certain, c'est que je suis calme à présent. » En
prononçant ces paroles, il enfonça son chapeau sur
ses yeux, et disparut.

Je restai confondue de cette scène, immobile à
la place où Léonce m'avait laissée, et cherchant à
deviner le sens des reproches sanglants qu'il m'a-
vait adressés : cependant une idée me saisit, c'est
que tout ce qu'il m'avait dit, et l'impression qu'a-
vait produite sur lui le portrait de M. de Serbellane pouvait appartenir à la jalousie; cette pensée,
peut-être douce, n'était encore que confuse dans
ma tête, lorsque madame de Vernon arriva; je ne
l'attendais point; elle avait été chez moi, ne me
croyant pas encore partie, et voulant m'amener
elle-même chez le peintre. Je lui exprimai dans mon
premier mouvement toutes les idées qui m'agitaient, et je lui demandai vivement comment il serait possible que Léonce pût croire que j'aimais
M. de Serbellane, lui qui devait savoir l'histoire de
madame d'Ervins. « Aussi, me répondit-elle, ne le
croit-il pas. Mais vous n'avez pas d'idée de son
caractère, et de l'irritation qu'il éprouve sur tout
ce qui vous regarde. » Cette réponse ne me satisfit
pas, et je regardai madame de Vernon avec étonnement : je ne sais ce qui se passa dans son esprit
alors; mais elle se tut pendant quelques instants,
et reprit ensuite d'un ton ferme, qui me fit rougir
des pensées que j'avais eues, et ne me prouva que
trop combien elles étaient fausses.

« Je pénètre, me dit madame de Vernon, l'injuste défiance que vous avez contre moi, je ne
puis la supporter, il faut que tout soit éclairci;
je forcerai Léonce, malgré les motifs qu'il pourrait m'opposer, à vous expliquer lui-même les
raisons qui l'ont déterminé à ne pas s'unir à vous.
Je fais peut-être une démarche contraire à mon
devoir de mère, en vous rapprochant du mari de
ma fille, car certainement il ne pourra jamais
vous voir sans émotion, quelle que soit son opinion sur votre conduite; mais ce qu'il m'est impossible de tolérer, c'est votre défiance, et pour
qu'elle finisse, je vais écrire dès demain à Léonce
que je le prie d'avoir un entretien avec vous. »

Jugez, ma sœur, de l'effroi qu'un tel dessein
dut me causer; je conjurai madame de Vernon d'y
renoncer; elle me quitta sans vouloir me dire ce
qu'elle ferait; elle était blessée, je n'en pus obtenir un seul mot : mais je pars à l'instant même
pour passer deux jours à Cernay chez madame de
Lebensei; si madame de Vernon, malgré mes instances, me ménage assez peu pour demander à
Léonce de me voir, au moins il saura que je n'ai
point consenti à cette humiliation; il ne me trouvera point chez moi, à Paris, ni à Bellerive.

LETTRE IX.

Madame de Vernon à Léonce.

Après tout ce que je vous ai dit, après tout ce
qui s'est passé, votre agitation, en parlant hier
matin à madame d'Albémar, l'a fort étonnée,
mon cher Léonce! elle voudrait ne point partir
sans que vous fussiez en bonne amitié l'un avec
l'autre; elle pense avec raison qu'étant devenus
proches parents par votre mariage avec ma fille,
vous ne devez pas rester brouillés; je désirerais
donc que vous vous rencontrassiez tous les deux
chez moi demain soir; le voulez-vous?

LETTRE X.

Réponse de Léonce à madame de Vernon.

Je n'ai rien à dire à madame d'Albémar, madame, qui pût motiver l'entretien que vous me
demandez. Nous sommes et nous resterons parfaitement étrangers l'un à l'autre : l'amitié comme
l'amour doivent être fondés sur l'estime, et quand
je suis forcé d'y renoncer, dispensez-moi de le déclarer.

LETTRE XI.

Léonce à M. Barton.

Paris, ce 14 août.

Je l'ai offensée, mortellement offensée, mon
ami; je le voulais, et néanmoins je m'en repens
avec amertume : mais aussi comment se peut-il
que le jour même où j'apprends par hasard de
madame de Vernon, que madame d'Albémar doit
aller chez le peintre de M. de Serbellane, le jour
où je la vois emporter ce portrait avec elle, madame de Vernon me propose de rencontrer chez
elle madame d'Albémar, de lui dire adieu, lorsqu'elle part pour rejoindre M. de Serbellane! et
de quels termes madame de Vernon, inspirée sans
doute par madame d'Albémar, se sert-elle pour

m'y engager! elle me rappelle l'amitié, les liens de famille qui doivent me rapprocher de sa nièce! Non, je ne suis ni le parent, ni l'ami de Delphine; je la hais ou je l'adore, mais rien ne sera simple entre nous, rien ne se passera selon les règles communes. Il est vrai, je ne devais pas me servir d'expressions blessantes, en refusant de la voir; tant de circonstances cependant s'étaient réunies pour m'irriter! Je fus tout le jour assez content de moi-même; mais la nuit, mais le lendemain qui suivit, je ne pus me défendre du remords d'avoir outragé celle que j'ai si tendrement aimée. J'allai chez madame de Vernon pour la conjurer de ne pas montrer ma réponse à madame d'Albémar. Madame de Vernon était partie pour la campagne de madame de Lebensei. Il n'y avait pas une heure, me dit-on, qu'elle était en route. J'eus l'espoir, en montant à cheval, de la rejoindre, et je partis à l'instant. J'arrive à Cernay, sans rencontrer madame de Vernon : un de mes gens me précède; on ouvre la grille, j'entre, et j'aperçois d'abord la voiture de madame d'Albémar, qui était avancée devant la porte de l'intérieur de la maison. J'imaginai que madame d'Albémar était au moment de partir, et je ne sais par quelle inconséquence du cœur, quoique je ne fusse pas venu dans l'intention de la voir, je ne supportai pas l'idée que cela me serait impossible. Sans projet ni réflexion, j'avance, et je crie au cocher : « Reculez. — J'attends madame, me répondit-il. — Reculez, » lui dis-je; et je sautai en bas de mon cheval avec une action si véhémente, qu'il m'obéit de frayeur. Je fus honteux de ma folle colère, quand je me trouvai seul au milieu de la cour, examiné par tous les domestiques qui y étaient. Celui de madame d'Albémar, se ressouvenant du temps où sa maîtresse avait du plaisir à me voir, me dit qu'elle était dans le jardin; j'y entrai par la porte de la cour, toujours dans le même égarement : j'étais dans une maison étrangère, je n'y connaissais personne; mais j'allais où elle était, comme un malheureux entraîné par une force surnaturelle. Il était neuf heures du soir, le ciel était parfaitement serein, et la beauté de la nuit aurait calmé tout autre cœur que le mien; mais, dans mon agitation, je ne pouvais éprouver aucune impression douce. Je la cherchais, et mes yeux repoussaient tout ce qui n'était pas elle. J'aperçus d'une des hauteurs du jardin, à travers l'ombre des arbres, cette charmante figure que je ne puis méconnaître; elle était appuyée sur un monument qu'elle semblait considérer avec attention; une petite fille à ses pieds, habillée de noir,

la tirait par sa robe pour la rappeler à elle. Je m'approchai sans me montrer. Delphine levait ses beaux yeux vers le ciel, et je crus la voir pâle et tremblante, telle que son image m'était apparue à l'église. Elle priait, car toute l'expression de son visage peignait l'enthousiasme de l'inspiration. Le vent venait de son côté; il agitait les plis de sa robe avant d'arriver jusqu'à moi; en respirant cet air, je croyais m'enivrer d'elle; il m'apportait un souffle divin. Je restai quelques instants dans cette situation : depuis un mois, mon cœur oppressé n'avait pas cessé de me faire mal; je le sentais alors battre avec moins de peine, j'y pouvais poser la main sans douleur. Je serais resté longtemps dans cet état, si je n'avais pas vu Delphine sortir du bosquet, pour lire, aux rayons de la lune, une lettre qu'elle tenait entre ses mains : il me vint dans l'esprit que c'était celle que j'avais écrite à madame de Vernon, et que les signes de douleur que je remarquais sur le visage de Delphine, venaient peut-être de la peine que je lui avais causée. Je ne pus résister à cette idée; je m'approchai précipitamment de madame d'Albémar; elle se retourna, tressaillit, et prête à tomber, elle s'appuya sur un arbre. Je reconnus ma lettre qu'elle regardait encore; j'allais m'en saisir pour la déchirer, lorsque Delphine, reprenant ses forces, s'avança vers moi, et tenant ma lettre dans l'une de ses mains, elle leva l'autre vers le ciel. Jamais je ne l'avais vue si ravissante, je crus un moment que moi seul j'étais coupable; il me semblait que j'entendais les anges qu'elle invoquait à son secours parler pour elle et m'accuser. Je tombai à genoux devant le ciel, devant elle, devant la beauté; je ne sais ce que j'adorais, mais je n'étais plus à moi. « Parlez, m'écriai-je, parlez; prosterné devant vous, je vous demande de vous justifier. — Non, me dit-elle en mettant sa main sur son cœur, ma réponse est là, celui qui put m'offenser n'a pas mérité de l'entendre. » Elle s'éloigna de moi, je la conjurai de s'arrêter, mais en vain; je vis de loin madame de Vernon qui venait rapidement vers nous avec madame de Lebensei; je fis un dernier effort pour obtenir un mot, il fut inutile, et mon cœur irrité reprit l'indignation que le regard de Delphine avait comme suspendue. Je voulus paraître calme en présence des étrangers, et ne pas rendre Delphine témoin de mon abattement. Je parlai vite, je rassemblai au hasard tout ce que je pouvais dire à madame de Lebensei et à madame de Vernon, et quand je crus en avoir assez fait pour avoir l'air d'être tranquille, je regardai Delphine, d'abord avec assurance. Elle n'avait point essayé, comme moi, de cacher son émotion, elle s'appuyait sur la fille de madame d'Ervins, marchait avec peine, ne répondait à rien, et cherchait seulement avec ses regards la route qui conduisait hors du parc. Dès que je vis sa tristesse, je me tus, et je la suivis en silence; madame de Vernon et madame de Lebensei tâchaient en vain de soutenir la conversation. Au moment où nous approchâmes de la porte, les yeux de madame d'Albémar tombèrent sur moi; si je n'avais vu que ce regard, il me semble que ma situation ne serait point amère, mais elle a refusé de se justifier... Insensé que je suis! que pouvait-elle me dire? désavouera-t-elle son choix? ne m'a-t-elle pas trompé? peut-elle anéantir le passé? Mais pourquoi donc voulais-je la voir, et pourquoi ne puis-je jamais oublier cette expression de douleur qui s'est peinte dans tous ses traits? Est-ce encore un art perfide? mais de l'art avec ce visage, avec cet accent! Feignait-elle aussi l'état où je l'ai vue, lorsqu'elle ne pouvait m'apercevoir? Sa voiture en s'en allant passait devant une des allées du parc; j'ai fait quelques pas derrière les arbres, pour la suivre encore des yeux; la fille de madame d'Ervins avait jeté ses bras autour d'elle, et Delphine la tenait serrée contre son cœur, avec un abandon si tendre, une expression si touchante! Il m'a semblé que sa poitrine se soulevait par des sanglots. Une femme dissimulée pourrait-elle presser ainsi un enfant contre son sein? Cet âge si vrai, si pur, serait-il associé déjà par elle aux artifices de la fausseté? Non, elle a été émue en me revoyant; non, ce sentiment n'était point un mensonge; mais elle est liée à M. de Serbellane, elle n'aurait pu me le nier : je devais m'y attendre; je ne la chercherai plus. Avant de l'avoir rencontrée, j'espérais toujours que si je la revoyais, cet instant changerait mon sort. Je l'ai revue, et c'en est fait : je n'en suis que plus malheureux. Que venais-je faire chez madame de Lebensei? Pourquoi madame d'Albémar y était-elle? C'est une maison qui me déplaît sous tous les rapports. M. de Lebensei était absent; je ne le regrettai point. M. de Lebensei n'a-t-il pas entraîné la femme qu'il aimait dans une démarche qui l'expose au blâme universel? Je suis sûr qu'elle n'est point heureuse, quoiqu'elle ait eu soin de répéter plusieurs fois qu'elle l'était : son inquiétude secrète, son calme apparent, ce mélange de timidité et de fierté qui rend ses manières incertaines, tout en elle est une preuve indubitable qu'on ne peut braver l'opinion sans en souffrir cruellement. Mais moi qui la respecte, mais moi qui n'ai rien fait que l'on puisse me reprocher, en suis-je plus heureux? Mon ami, il n'est pas d'homme sur la terre aussi misérable.

Pourquoi, tout en m'écrivant avec intérêt, avec affection, ne me dites-vous rien sur le sujet de mes peines? Craignez-vous de me montrer que vous aimez encore madame d'Albémar? J'y consens, je suis peut-être même assez faible pour le désirer; mais de grâce parlez-moi d'elle, et ne m'abandonnez pas seul au tourment de mes pensées.

LETTRE XII.

Mademoiselle d'Albémar à Delphine.

Montpellier, 23 août.

Pour la première fois, ma chère amie, je désapprouve entièrement les sentiments que vous m'exprimez. Quoi! Léonce, en se refusant à vous voir, écrit formellement qu'il a cessé de vous estimer, et dans le moment où cette conduite révoltante ne devrait vous inspirer que de l'indignation, votre lettre à moi [1] n'est remplie que du regret de ne lui avoir pas parlé, de n'avoir pas essayé de vous justifier à ses yeux! On dirait que vous devenez plus faible quand il se montre plus injuste; vainement vous vous faites illusion, en m'assurant que ce n'est point l'amour, mais la fierté, mais le sentiment de votre dignité blessée, qui ne vous permet pas de supporter qu'il se croie le droit de vous offenser, en parlant, en pensant mal de vous. Voulez-vous savoir la vérité? La lettre de Léonce vous cause une douleur plus vive que toutes celles que vous aviez ressenties, et vous n'avez plus la force de vous y résigner. Ce n'est pas tout encore; en revoyant ce redoutable Léonce, votre sentiment pour lui s'est ranimé, et peut-être, pardonnez-moi de vous le dire, il le faut pour vous éclairer sur vous-même, peut-être avez-vous aperçu qu'il avait éprouvé près de vous une émotion profonde, et qu'un plus long entretien le ramènerait à vos pieds. Pardon encore une fois, votre cœur ne s'est pas rendu compte de ses impressions; mais pensez à l'irréparable malheur d'exciter dans le cœur de Léonce une passion qui lui inspirerait sans doute de l'éloignement pour Matilde!

Delphine, souvenez-vous que, dans vos conversations avec mon frère, vous répétiez souvent que la vertu dont toutes les autres dérivaient, c'était la bonté, et que l'être qui n'avait jamais fait de mal à personne était exempt de fautes au tribunal

---

[1] Cette lettre, ainsi que quelques autres dont il est parlé, ne se trouve pas dans le recueil.

de sa conscience. Je le crois comme vous, la véritable révélation de la morale naturelle est dans la sympathie que la douleur des autres fait éprouver, et vous braveriez ce sentiment, vous, Delphine! Je ne raisonnerai point avec vous sur vos devoirs; mais je vous dirai : Songez à Matilde; elle a dix-huit ans, elle a confié son bonheur et sa vie à Léonce : abuserez-vous des charmes que la nature vous a donnés, pour lui ravir le cœur que Dieu et la société lui ont accordé pour son appui! Vous ne le voulez pas, mais que d'écueils dans votre situation, si vous n'avez pas le courage de quitter Paris, et de revenir auprès de moi!

Je songe aussi avec inquiétude que cette madame de Vernon, dont la conduite est si compliquée, quoique sa conversation soit si simple, est la seule personne qui ait du crédit sur vous à Paris : pourquoi ne répondez-vous pas à l'empressement que madame d'Artenas a pour vous, depuis que vous avez rendu service à sa nièce, madame de R.? Elle m'a écrit plusieurs fois qu'elle désirerait se lier plus intimement avec vous. Je sais que quand elle vint nous voir à Montpellier, à son retour de Barèges, vous ne me permettiez pas de la comparer à madame de Vernon. Elle est certainement moins aimable; elle n'a pas surtout cette apparence de sensibilité, cette douceur dans les discours, cet air de rêverie dans le silence, qui vous plaisent dans madame de Vernon; mais son caractère a bien plus de vérité : elle a une parfaite connaissance du monde; je conviens qu'elle y attache trop de prix, et que, si elle n'avait pas vraiment beaucoup d'esprit, l'importance qu'elle met à tout ce qu'on dit à Paris pourrait passer pour du *commérage* : néanmoins personne ne donne de meilleurs conseils, et, soit vertu, soit raison, elle est toujours pour le parti le plus honnête.

Ne vous refusez pas à l'écouter : vous ne lui parlerez pas, je le comprends, des sentiments qu'on ne peut confier qu'à des âmes restées jeunes; mais elle vous donnera des avis utiles, tandis que madame de Vernon, qui ne cherche qu'à vous plaire, ne songe point à vous servir.

Je vous en conjure aussi, ma chère Delphine, continuez à ne rien me cacher de tout ce qui se passe dans votre cœur et dans votre vie; vous avez besoin d'être soutenue dans la noble résolution de partir. Croyez-moi, dans cette occasion, si la passion ne vous troublait pas, quel être sur la terre serait assez présomptueux pour comparer sa raison à la vôtre? Mais vous aimez Léonce, et je n'aime que vous; confiez-vous donc sans réserve à ma tendresse, et laissez-vous guider par elle.

LETTRE XIII.

Madame d'Artenas à madame de R.

Paris, ce 1er septembre 1790.

Revenez donc à Paris, ma chère nièce; vous avez pris cette année trop de goût pour la solitude; depuis cette malheureuse scène des Tuileries, vous êtes triste; je voulais bien que vous sentissiez un peu la nécessité d'en croire mes conseils, mais je serais bien fâchée que votre caractère perdît sa gaieté naturelle.

J'ai enfin rencontré chez elle madame d'Albémar que vous m'aviez chargée de voir, et que je rechercherais volontiers pour moi-même, tant je la trouve aimable et bonne. J'aurais désiré qu'elle me parlât avec confiance sur sa situation actuelle; mais madame de Vernon possède seule toute son amitié, et je doute fort cependant qu'elle en fasse un bon usage. J'ai trouvé madame d'Albémar triste, et surtout fort agitée; elle avait l'air d'une personne tourmentée par une indécision cruelle; il était neuf heures du soir, elle était encore vêtue de sa robe du matin, ses beaux cheveux n'avaient point encore été rattachés; à l'extérieur négligé de sa personne, à sa démarche lente, à sa tête baissée, l'on aurait dit que depuis longtemps elle n'avait rien fait que songer à la même pensée, et souffrir de la même douleur.

Dans cet état cependant, elle était jolie comme le jour, et je ne pus m'empêcher de le lui dire. « Moi, jolie! me répondit-elle, je ne dois plus l'être. » Et elle se tut. Je voulais apprendre d'elle quelles sont à présent ses relations avec M. de Serbellane; on rapporte à ce sujet des choses très-diverses dans Paris : les uns disent qu'elle ne part pour le Languedoc que pour aller de là rejoindre M. de Serbellane, s'il n'obtient pas, à cause de son duel, la permission de revenir en France : d'autres murmurent tout bas que madame d'Albémar a été fort coquette pour M. de Mondoville, et que M. de Serbellane irrité s'est brouillé tout à fait avec elle : enfin une lettre de Bordeaux m'avait fait naître une idée très-différente de toutes celles-là, et je l'avais gardée jusqu'à présent pour moi seule; je pensais qu'il se pourrait bien que M. de Serbellane fût l'amant de madame d'Ervins, et que madame d'Albémar les ayant réunis tous les deux chez elle un peu indiscrètement, M. d'Ervins les y eût surpris, et se fût battu avec M. de Serbellane pour se venger de l'infidélité de sa femme.

J'essayai de provoquer la confiance de madame d'Albémar, en lui disant ce qui était vrai, c'est que je voyais avec peine que les différents bruits qui se répandaient dans Paris sur son compte, pouvaient nuire à sa réputation ; elle me répondit avec un découragement qui me toucha beaucoup : « Il fut une époque de ma vie dans laquelle j'aurais attaché de l'importance à ce qu'on pouvait dire de moi ; mais à présent que mon nom ne doit plus être uni à celui de personne, je ne m'inquiète plus de l'injustice dont ce nom peut être l'objet. » Ces paroles me persuadèrent qu'elle était en effet brouillée avec M. de Serbellane, et comme je commençais à lui donner des consolations douces sur la peine qu'elle devait en éprouver, elle m'arrêta pour me demander de m'expliquer mieux, et lorsque je l'eus fait, elle eut l'air étonné ; mais, sans y mettre un intérêt très-vif, elle me déclara qu'elle n'avait jamais pensé à épouser M. de Serbellane.

Le soupçon que j'avais formé sur madame d'Ervins me revint à l'instant, et je le dis à Delphine, en lui avouant que je regardais dans ce cas madame d'Ervins comme la véritable cause de la mort de son mari. Delphine ne m'eut pas plutôt comprise que, se relevant de l'abattement où je l'avais vue jusqu'alors, elle me protesta que je me trompais. Je persistai dans mon opinion, et je lui dis positivement qu'un duel aussi sanglant ne pouvait avoir été provoqué par de simples discussions politiques, et que l'amour de M. de Serbellane pour elle ou pour madame d'Ervins en devait être là cause. Quand madame d'Albémar vit que cette opinion était arrêtée dans ma tête, elle finit par me laisser croire tout ce que je voulus sur son attachement pour M. de Serbellane, exigeant seulement que je n'accusasse pas madame d'Ervins.

Que vous dirai-je, ma chère nièce ? il me fut impossible de démêler la vérité. Ce n'est pas qu'assurément madame d'Albémar ne soit la femme la plus vraie que j'aie jamais connue ; mais il y a dans son caractère une générosité si singulière, que je ne suis pas parvenue à découvrir avec certitude si tout le mystère ne vient pas de la crainte qu'elle a de compromettre madame d'Ervins. Aime-t-elle réellement M. de Serbellane ? sa tristesse vient-elle de leur séparation, et peut-être de leur brouillerie ? ou bien a-t-elle consenti à tout ce qu'on pourrait dire d'elle et de lui ; pour détourner l'attention qui se serait portée sur madame d'Ervins, et la sauver de l'indignation qu'elle aurait excitée dans le public et dans la famille de son mari ? Je l'ignore, mais j'exige de vous le plus

profond secret sur cette dernière supposition, vous en sentez les conséquences.

Quoi qu'il en soit, madame d'Albémar a rendu ma pénétration tout à fait inutile : je me vante de deviner les caractères dissimulés ; mais quand une âme franche ne veut pas laisser connaître un secret, sa réserve simple et naturelle déconcerte les efforts de l'esprit observateur.

Après quelques moments de silence, je n'insistai plus ; et me bornant à tâcher d'éclairer Delphine sur madame de Vernon, je lui dis : « Quels que soient vos motifs pour ne pas donner à ceux qui s'intéressent à vous le moyen de répondre clairement aux malveillants qui vous supposent des torts, de bons amis en imposent toujours, quand ils le veulent, aux discours médisants de la société de Paris : pourquoi donc madame de Vernon, qui se dit votre amie, ne fait-elle pas taire la phalange des sots ? Ils attaquent, il est vrai, de préférence, les personnes distinguées ; mais ils ne s'y hasardent cependant que dans les moments où ils ne les croient pas courageusement défendues par leurs parents ou leurs amis. — Je dois croire, me répondit Delphine en retombant dans cet état de tristesse insouciante dont elle était un moment sortie, je dois croire que madame de Vernon est mon amie. — Je n'ai pas entendu dire, répondis-je, qu'elle se permît aucun genre de blâme sur vous, ma chère Delphine ; mais cependant je n'ai pas une confiance entière dans son amitié ; ceux qui l'entourent se montrent souvent mal pour vous ; rarement on peut se tromper à cet indice ; on inspire à ses amis ce que l'on éprouve sincèrement ; et, dans son cercle du moins, une femme sait faire aimer ce qu'elle aime. Elle vous loue beaucoup, j'en conviens, mais à haute voix, comme s'il lui importait surtout qu'on vous le répétât ; et je ne vois pas dans sa conversation, quand il s'agit de vous, ce talent conciliateur qu'elle porte sur tous les autres sujets : elle dit souvent que vous êtes la plus jolie, la plus spirituelle ; mais c'est à des femmes qu'elle s'adresse, pour vous donner cet éloge qui peut les humilier, et je ne l'entends jamais leur parler de cette bonté, de cette douceur, de cette sensibilité touchante qui pourraient vous faire pardonner tous vos charmes, par celles même qui en sont jalouses. Enfin, souffrez que je vous le dise, on pourrait croire, en entendant madame de Vernon parler de vous, qu'elle s'acquitte par ses discours plutôt qu'elle ne jouit par ses sentiments, et que, prévoyant d'une manière confuse que votre amitié finira peut-être un jour, elle ne veut pas à tout hasard vous donner des armes contre elle, en contribuant elle-même à consolider votre réputation.

— Si vous avez raison, me répondit Delphine, je n'en suis que plus à plaindre; je l'aime, je l'ai aimée, madame de Vernon, de l'attrait du monde le plus vif et le plus tendre; si tant de dévouement, tant d'affection n'ont point obtenu son amitié, il est donc vrai qu'il n'est rien en moi qui puisse attacher à mon sort, il est donc vrai que je ne puis être aimée. — Vous vous trompez, ma chère Delphine, repris-je alors vivement; vous méritez d'avoir des amis plus que personne au monde: mais vous ne savez pas encore ce que c'est que la vie; vous vous croyez deux excellents guides, l'esprit et la bonté; eh bien, ma chère, ce n'est pas assez d'être aimable et excellente pour se démêler heureusement des difficultés du monde : il y a d'utiles défauts, tels que la froideur, la défiance; qui vaudraient beaucoup mieux pour égide que vos qualités mêmes; tout au moins faut-il diriger ces qualités avec une grande force de raison. Moi qui ne suis pas née très-sensible, j'ai deviné le monde assez vite; laissez-moi vous l'apprendre. Madame de Vernon vous paraît plus digne de votre amitié, elle sait mieux vous tenir le langage qui vous séduit; moi, je reste toujours ce que je suis : je n'ai pas assez d'imagination pour feindre; je le voudrais en vain, je ne suis plus jeune, mon esprit n'est plus flexible, il ne peut aller que dans sa ligne; mais je sais que mes avertissements vous sont nécessaires, et c'est cette conviction qui me fait solliciter votre confiance. On vous l'aura dit, je crois; d'ordinaire, je ne me mets pas en avant: je suis sur la défensive avec la société, et c'est ainsi qu'il faut être. Je m'offre à vous cependant, ma chère Delphine, parce que vous avez un caractère qui donne tout et n'abuse de rien : servez-vous donc de moi, si je puis vous être utile; ce sera ce que je pourrai faire de mieux de mon oisive existence. »

Madame d'Albémar parut fort touchée des preuves d'amitié que je lui donnais, et je croyais même l'avoir un peu ébranlée dans son aveugle amitié pour madame de Vernon; mais le surlendemain elle est revenue chez moi, presque uniquement pour me dire qu'elle avait revu depuis moi madame de Vernon, et s'était assurée qu'elle n'avait aucun tort. «Elle n'aurait pu me défendre, continua madame d'Albémar, sans compromettre mes amis; elle a bien fait de se conduire avec prudence, et de ne pas se livrer à son sentiment.» Je vous le répète, ma chère nièce, on ne peut arracher madame d'Albémar à l'empire de madame de Vernon.

Je l'ai souvent remarqué en vivant dans leur société, madame de Vernon met beaucoup d'intérêt à captiver Delphine; elle est avec elle fière, sensible, délicate; elle rend hommage au caractère de son amie, en imitant toutes les vertus pour lui plaire. Moi, je ne puis ni ne veux me montrer autrement que la nature ne m'a faite, bonne et raisonnable, mais point du tout exaltée: je vaux mieux réellement que madame de Vernon; Delphine a tort de ne pas s'en apercevoir.

J'obtiendrai cependant un jour l'amitié de madame d'Albémar, si quelques circonstances me mettent dans le cas de la servir; je vous promets que je veillerai sur elle comme sur ma fille. Vous aussi, ma chère nièce, vous allez devenir l'objet de tous mes soins, si vous continuez à m'écouter et à me croire.

LETTRE XIV.

Delphine à mademoiselle d'Albémar.

Paris, ce 3 septembre.

Non, vous l'exigez en vain; non, je n'ai pas la force de souffrir une telle incertitude : qu'il me dise ce qu'il éprouve, que je connaisse la cause de l'état extraordinaire où je le vois, et je me soumets à mon sort: mais le doute, le doute! cette douleur qui prend toutes les formes pour vous poursuivre, sans que vous ayez jamais aucune arme pour l'atteindre, je ne puis me résoudre à la supporter. Les malheureux condamnés au supplice savent au moins pour quels crimes ils sont punis, et moi je l'ignore. Ce que je croyais ne me paraît plus vraisemblable. Écoutez ce qui s'est passé hier, et, si vous le pouvez, continuez à me commander de partir sans le voir.

On jouait hier Tancrède; madame de Vernon me proposa d'y aller: j'y consentis, parce que de toutes les tragédies c'est celle qui m'a fait verser le plus de larmes : nous nous plaçâmes dans la loge de madame de Vernon, qui est en bas, sur l'orchestre. Pendant le premier acte, je remarquai à quelque distance de nous un homme enveloppé d'un manteau, la tête appuyée sur le banc de devant, couvrant son visage avec ses mains, et mettant du soin à se cacher. Malgré tous ses efforts je reconnus Léonce; il y a tant de noblesse dans sa taille que rien ne peut la déguiser.

Mes yeux étaient fixés sur lui, je n'entendais presque rien de la pièce, mais je le regardais; il tressaillit en écoutant la scène où Tancrède apprend l'infidélité d'Aménaïde : son émotion depuis cet instant semblait s'accroître toujours; il cher-

chait à la dérober à tous les regards, mais je ne
pouvais m'y méprendre. Ah! que j'aurais voulu
m'approcher de lui! combien j'étais touchée de
ses larmes! C'étaient les premières que je voyais
répandre à cet homme d'un caractère si ferme et
si soutenu : était ce pour moi qu'il pleurait? serait-
il possible que son âme fût ainsi bouleversée, si
Matilde suffisait à son bonheur? ne donnait-il
point de regrets à celle qui entend mieux les sentiments d'Aménaïde, qui est plus digne d'admirer avec lui le langage que le génie prête à l'amour?

Enfin, au quatrième acte, il me parut qu'il n'a-
vait plus le pouvoir de se contraindre; je vis son
visage baigné de pleurs, et je remarquai dans toute
sa personne un air de souffrance qui m'effraya; je
crois même que, dans mon trouble, je fis un mouvement qu'il aperçut, car à l'instant même il se
baissa de nouveau pour se dérober à mes regards :
mais lorsque Tancrède, après avoir combattu et
triomphé pour Aménaïde, revient avec la résolution de mourir; lorsqu'un souvenir mélancolique,
dernier regret vers l'amour et la vie, lui inspire
ces vers, les plus touchants qu'il y ait au monde :

> Quel charme, dans son crime, à mes esprits rappelle
> L'image des vertus que je crus voir en elle!
> Toi qui me fais descendre avec tant de tourment
> Dans l'horreur du tombeau dont je t'ai délivrée,
> Odieuse coupable!... et peut-être adorée!
> Toi qui fais mon destin jusqu'au dernier moment!
> Ah! s'il était possible! ah! si tu pouvais être
> Ce que mes yeux trompés t'ont vu toujours paraître!
> Non, ce n'est qu'en mourant que je peux l'oublier,

un soupir, un cri même étouffé sortit du cœur
de Léonce; tous les yeux se tournèrent vers lui :
il se leva avec précipitation et se hâta de s'en aller;
mais il chancelait en marchant, et s'arrêta quelques instants pour s'appuyer; son visage me parut
d'une pâleur mortelle, et comme on refermait la
porte sur lui, je crus le voir manquer de force et
tomber.

Dieu! comment ne l'ai-je pas suivi! La présence
de madame de Vernon, qui me regardait attentivement, et la curiosité des spectateurs que j'aurais
attirée sur moi, me retinrent, mais jamais un sentiment plus passionné ne m'avait entraînée vers
Léonce : il me suffisait de le retrouver sensible;
j'oubliais qu'il ne l'était plus pour moi, et qu'il
avait pris volontairement des liens qui nous séparaient pour toujours. Je me hâtai de revenir chez
moi, et quand je fus seule, une réflexion me saisit
fortement; je crus voir quelques rapports entre
les vers qui avaient touché Léonce et les sentiments qu'il pouvait éprouver, s'il m'aimait encore

et me croyait coupable. Néanmoins, quelque exagéré
que soit Léonce sur les vertus qu'impose le monde,
pourrait-il donner le nom de crime à la conduite
que j'ai tenue? Non! m'écriai-je seule avec transport, on m'a calomniée près de lui; je ne puis deviner de quelle manière, mais il faut qu'il m'entende, il le faut à tout prix! Louise, il n'est aucun
devoir sur la terre qui pût me faire consentir à
lui laisser une opinion injuste de moi : que je meure,
mais qu'il me regrette; n'exigez pas que je vive
avec son mépris.

Cependant, en me rappelant la lettre qu'il a répondue, la seule pensée de lui écrire, de le chercher, me fait mourir de honte. Quoi qu'il arrive,
je ne confierai point à madame de Vernon les pensées qui m'agitent : je ne sais ce qu'elle a cru devoir ou me dire ou me taire; mais la voix seule de
Léonce peut me persuader maintenant; c'est de
lui seul que j'apprendrai s'il me hait ou s'il m'aime,
s'il est injuste ou malheureux. C'est à lui..... Eh
quoi! bravant tout ce qui devrait me retenir, j'i-
rais implorer une explication de ce caractère si
soupçonneux, si rigide et si fier! Quelle perplexité
cruelle! comment jamais en sortir!

Ne me dites pas que tout est fini, qu'il est marié, que je dois renoncer à son opinion comme à
son amour; son estime est encore mon seul bien
sur la terre; il a besoin des suffrages de tous, je
ne veux que le sien, mais il faut que je l'emporte
dans ma retraite : si je ne l'obtenais pas, vous me
verriez poursuivie par une agitation que rien ne
pourrait calmer; je n'aurais pas le repos que peut
donner le malheur même, quand il n'y a plus rien
à faire ni rien à vouloir. Je ne me résignerais jamais; et en expirant, ma dernière parole serait encore pour me justifier auprès de lui.

LETTRE XV.

Léonce à M. Barton.

Ce 4 septembre 1790.

Je vous envoie un courrier qui a ordre de revenir dans vingt-quatre heures avec une lettre de
vous. Vous ne répondez pas depuis huit jours aux
lettres que je vous ai écrites sur ce qui s'était passé
entre madame d'Albémar et moi. Quel est le motif
de votre silence? pourquoi ne m'avez-vous pas
écrit? Me trouvez-vous injuste envers Delphine?
et si vous le croyez, juste ciel! pensez-vous que ce
serait me faire du mal que de me le dire?

LETTRE XVI.

Réponse de M. Barton à Léonce.

Mondoville, 6 septembre.

Vous avez eu tort d'attacher tant d'importance à un silence de quelques jours : je souffre toujours de mon bras, et j'aurai de la peine à écrire jusqu'à ce que je sois guéri.

Vous êtes l'époux de mademoiselle de Vernon ; c'est une personne très-vertueuse, uniquement attachée à vous ; il me semble que vous ne devez plus vous occuper des circonstances qui ont précédé votre mariage. Je ne puis les approfondir de loin ; ce que vous m'en avez dit ne suffit pas pour juger une femme à qui j'ai voué de l'estime et de l'attachement ; mais ce dont je me crois sûr, c'est qu'elle-même à présent désire que vous soyez occupé de votre bonheur et de celui de Matilde, et que vous oubliiez entièrement l'affection que vous avez pu concevoir l'un pour l'autre quand vous étiez libres.

Je vous en conjure, mon cher élève, calmez-vous sur toutes ces idées, le temps en est passé ; votre sort est fixé comme votre devoir : rappelez-vous ce que vous avez toujours pensé des liens que vous venez de contracter, et songez qu'il faut se soumettre, quand la passion nous aveugle, aux jugements qu'on a prononcés dans le calme de sa raison. Je suis désolé d'être hors d'état d'aller en voiture ; je pourrais espérer que nos entretiens vous feraient du bien. Adieu.

LETTRE XVII.

Madame de R. à madame d'Artenas.

Ce 14 septembre.

Je suis arrivée, il y a deux jours, pour vous voir, mon aimable tante, et l'on m'a dit chez vous que vous étiez à la campagne ; vous auriez dû m'en prévenir ; je ne reviens à Paris que pour vous : quand nous serons bien seules une fois, je vous expliquerai mon goût pour la retraite ; vous m'encouragerez à vous en parler, car ce sujet m'est pénible.

J'ai commencé par m'informer de madame d'Albémar ; je ne veux point aller chez elle ; hélas ! je sais trop que sa liaison avec moi ne pourrait que lui nuire ; mais je n'ai pas dans le cœur un sentiment plus vif que mon intérêt pour son sort. Madame de Vernon me fit inviter hier à une grande assemblée qu'elle donnait, et j'y allai dans l'espérance de rencontrer madame d'Albémar qui n'y

I.

fut point. En traversant les appartements de madame de Vernon, je me rappelai la dernière fois que j'y vins, le jour de ce grand bal où Delphine eut tant de succès, et montra si visiblement son intérêt pour M. de Mondoville ; je réfléchissais aux événements inattendus qui avaient suivi ce jour, lorsque M. de Mondoville entra dans le salon avec sa femme.

Je vous ai dit, je crois, ma tante, que la première fois que j'avais vu Léonce, je fus si frappée du charme et de la noblesse de sa figure, que tout à coup l'impression que j'en reçus me fit réfléchir avec amertume sur les torts de ma vie. Je sentis que je n'étais pas digne d'intéresser un tel homme, et madame d'Albémar me parut la seule femme qui méritât de lui plaire. Eh bien, hier, l'expression du visage de Léonce était entièrement changée ; la beauté de ses traits restait toujours la même, mais son regard sombre et distrait ne s'arrêtait plus sur aucune femme. Il se hâta de saluer, et s'assit dans un coin de la chambre où il n'y avait personne à qui parler. Sa femme s'approcha de lui ; je ne sais ce qu'elle lui demandait : il lui répondit d'un air doux ; mais dès qu'elle l'eut quitté, il soupira comme s'il venait de se contraindre.

Une fois madame de Vernon voulut conduire son gendre auprès d'une dame étrangère qui ne le connaissait pas : je crus voir dans les manières de Léonce une répugnance secrète à se laisser ainsi présenter comme un nouvel époux ; il restait en arrière, suivait avec peine, et se prêtait gauchement à tout ce qui pouvait ressembler à des félicitations.

Madame du Marset, placée à côté de moi, vit que j'observais attentivement monsieur et madame de Mondoville, et me dit tout bas en souriant : « J'ai été leur rendre visite deux ou trois fois, et les ai vus souvent chez madame de Vernon ; il n'y a rien de si singulier que la conduite de Léonce, il semble qu'il veuille être, comme le disait le duc de B., *le moins marié qu'il est possible ;* il évite avec un soin extraordinaire les sociétés, les occupations communes avec sa femme. Matilde, charmée de sa douceur, de sa politesse, de la liberté qu'il lui laisse, ne remarque pas l'indifférence qu'il a pour elle, et la crainte qu'il éprouve de resserrer ses liens en se servant du pouvoir qu'ils lui donnent. Matilde a de l'amour pour son mari, et se persuade fermement qu'il en a pour elle : ces dévotes ont en toutes choses une merveilleuse faculté de croire. On dirait que Léonce attend toujours quelque événement extraordinaire, et qu'il n'est dans sa maison qu'en passant ; il n'arrange rien chez lui, n'a

27

pas seulement encore fait ouvrir la caisse de ses livres; aucun de ses meubles n'est à sa place. Ce sont de petites observations, mais qui n'en prouvent pas moins l'état de son âme : tout ce qui lui rappelle sa situation lui fait mal, et quoiqu'il ne puisse la changer, il s'épargne autant qu'il peut les circonstances journalières qui lui retracent la grande douleur de sa vie, son mariage : enfin je vous garantis qu'il est très-malheureux. »

J'allais répondre à madame du Marset et l'interroger encore, mais notre conversation fut interrompue. Comme il y avait beaucoup de jeunes personnes dans la chambre, on proposa de danser; une femme se mit au clavecin, une autre prit la harpe, moi je regardais Léonce; il cherchait les moyens de sortir de la chambre : mais un homme âgé qui lui parlait le retenait impitoyablement. Je compris que la danse devait lui rappeler des souvenirs pénibles, et j'espérais qu'on ne lui proposerait pas de s'en mêler, lorsque madame du Marset, prenant la main de Matilde et la mettant dans celle de Léonce, leur dit : « Allons, les jeunes mariés, dansez ensemble. » *Bravo!* se mit-on à crier de toutes parts, *oui, qu'ils dansent ensemble.* La musique commence à l'instant, et tout le monde s'écarte pour laisser Matilde et Léonce seuls au milieu de la chambre.

Tout cela s'était fait si rapidement que Léonce, toujours absorbé, ne sut pas d'abord ce qu'on voulait de lui; mais quand il entendit la musique, qu'il vit le cercle formé, et près de lui Matilde qui se préparait à danser, saisi à l'instant comme par un sentiment d'effroi, frappé sans doute du souvenir de Delphine que tout lui retraçait, il rejeta la main de Matilde avec violence, recula de quelques pas devant elle, puis se retournant tout à coup, il sortit en un clin d'œil de la chambre et s'élança dans le jardin; le cercle qui l'entourait s'ouvrit subitement pour le laisser passer; la vivacité de son action faisait tant d'impression sur tout le monde, que personne n'eut l'idée de prononcer un mot pour l'arrêter.

Madame de Vernon, remarquant l'étonnement de la société, se hâta de dire que M. de Mondoville ne pouvait supporter d'être l'objet de l'attention générale, et qu'il était très-timide, malgré les bonnes raisons qu'on pouvait lui trouver de ne pas l'être. Chacun eut l'air de le croire; et, chose étonnante, Matilde, qui aime certainement son mari, fut la première à se tranquilliser complétement, et se mit à danser à la même place où Léonce l'avait quittée.

Je sortis pour prendre l'air à l'extrémité du jardin de madame de Vernon, je trouvai Léonce assis sur un banc, et profondément rêveur; il me vit pourtant au moment où je me détournais pour ne pas le troubler; et lui, qui jusqu'alors ne m'avait jamais adressé la parole, vint à moi, et me dit : « Madame de R., la dernière fois que je vous ai vue, vous étiez avec madame d'Albémar : vous en souvenez-vous ? — Oui, sûrement, lui répondis-je; je ne l'oublierai jamais. — Eh bien, dit-il alors, asseyez-vous sur ce banc avec moi; cela vous fera-t-il de la peine de quitter le bal? — Non, je vous assure, » lui répétai-je plusieurs fois. Mais lorsque nous fûmes assis, il garda le silence et n'eut plus l'air de se souvenir que c'était lui qui voulait me parler. J'éprouvais un embarras qui ne me convient plus, et je me hâtai d'en sortir par mes anciennes manières étourdies et coquettes; car c'est une coquetterie que de parler à un homme de ses sentiments, même pour une autre femme. « Que vous est-il donc arrivé, lui dis-je, en mon absence? Je croyais avoir remarqué que madame d'Albémar vous aimait, que vous aimiez madame d'Albémar; je vais passer un mois à la campagne, je reviens, tout est changé : une aventure cruelle fait un bruit épouvantable; madame d'Albémar, dit-on, doit épouser M. de Serbellane, je vous retrouve l'époux de Matilde; et cependant vous êtes triste; madame d'Albémar ne part point, et ne voit plus personne; qu'est-ce que cela signifie? » Léonce reprit l'air de réserve qu'il avait un moment perdu, et me dit assez froidement : « Madame d'Albémar sera sans doute très-heureuse dans le choix qu'elle a fait de M. de Serbellane. — On ne m'ôtera pas de l'esprit, repartis-je, qu'elle vous préfère à tout; mais il est inutile de vous en parler à présent que vous êtes marié; ainsi donc, adieu. » Je me levais pour m'en aller; Léonce me retint par ma robe, et me dit : « Vous êtes bonne, quoiqu'un peu légère; vous n'avez pas voulu me faire de la peine, expliquez-vous davantage. — Je ne sais rien, repris-je, je vous assure; je me souviens seulement d'avoir vu madame d'Albémar traverser ici la salle du bal, le soir où vous étiez près de vous trouver mal après avoir dansé avec elle. L'émotion qui la trahissait ce jour-là ne peut appartenir qu'à un sentiment vrai, pur, abandonné, tel qu'on l'éprouve, ajoutai-je en soupirant, quand d'illusions en illusions on n'a pas flétri son cœur : il se peut qu'elle ait eu des engagements antérieurs avec M. de Serbellane; mais je suis convaincue qu'elle ne l'épousera pas, parce qu'elle vous aime, et qu'elle a rompu ses liens avec lui à cause de vous. »

Léonce parut frappé de ce que je venais de lui

dire. Madame de Vernon étant venue nous rejoindre, je rentrai dans le salon, et ne parlai plus à M. de Mondoville de la soirée, qu'un moment lorsque je m'en allais, et qu'il venait d'avoir un assez long entretien seul avec sa belle-mère. « N'écoutez pas trop madame de Vernon, lui dis-je tout bas; je me méfie beaucoup, même de son amitié pour madame d'Albémar; elle est bien fine, madame de Vernon; elle n'est point dévote, elle n'a guère de principes sur rien; elle a beaucoup d'esprit; elle n'a point aimé son mari, et cependant elle n'a jamais eu d'amant. Défiez-vous de ces caractères-là, il faut que leur activité s'exerce de quelque manière. Croyez-moi, les pauvres femmes qui, comme moi, se sont fait beaucoup de mal à elles-mêmes, ont été bien moins occupées d'en faire aux autres. — Hélas! me répondit Léonce, en me donnant la main pour me reconduire jusqu'à ma voiture, il y a peut-être une vie dont le sort a été décidé par ce que vous dites si gaiement ».

Madame de Mondoville sortait en même temps que moi; elle exprima son mécontentement d'une manière très visible de la politesse que me faisait Léonce : ce n'était pas la jalousie qui l'irritait; votre pauvre nièce ne passera jamais pour attirer l'attention de Léonce; mais madame de Mondoville, avant son mariage comme depuis, n'a jamais manqué d'exercer sur moi toute la rigueur de sa pruderie; je le mérite peut-être, mais que la charmante Delphine, aussi pure que Matilde, et mille fois plus aimable, sait mieux trouver l'art de faire aimer la vertu!

Adieu, ma chère tante; revenez, revenez vite; je puis vous promettre avec certitude que désormais je contribuerai tous les jours plus à votre bonheur.

LETTRE XVIII.

Léonce à M. Barton.

Paris, ce 15 septembre.

Enfin, je suis décidé, mon cher maître, sur le parti que je dois prendre; je verrai madame d'Albémar avant d'aller en Espagne : une femme à qui je n'aurais pas permis dans le temps heureux de ma vie, de prononcer le nom de Delphine, madame de R., m'a expliqué, je le crois, les contradictions qui m'étonnaient dans la conduite de madame d'Albémar. Avant mon arrivée, elle avait contracté des engagements avec M. de Serbellane; mais il est vrai que depuis elle m'a aimé, et peut-être l'est-il aussi que ce sentiment a blessé M. de Serbellane, et qu'ils sont maintenant brouil-

lés. Le séjour de madame d'Albémar à Bellerive, son trouble, son embarras en me voyant, tout peut se comprendre, si, en effet, elle se reproche de n'avoir pas été vraie avec moi.

Je ne puis plus avoir pour elle cet enthousiasme sans bornes qui me la représentait comme une créature sublime; mais n'est-il pas simple que si elle a sacrifié ses liens avec M. de Serbellane à son attachement pour moi, j'éprouve encore pour elle un attendrissement profond? Cependant.... ne me connaissait-elle pas lorsque son amant a passé vingt-quatre heures chez elle? Oh! pensée de l'enfer! écartons-la s'il est possible. Je veux revoir Delphine : c'est un ange tombé, mais il lui reste encore quelque chose de son origine.

Je lui dois, d'ailleurs, quelques excuses avant de la quitter pour toujours; elle a peut-être souffert quand elle m'a su l'époux de Matilde : c'était une action dure de me marier, de rompre avec elle, sans l'informer même par un mot de mon dessein.

Madame de Vernon m'a fortement pressé hier encore d'aller en Espagne; elle craint, je le crois, que je ne lui fasse des reproches sur ses pertes continuelles au jeu : son inquiétude est mal fondée; c'est le moment d'avoir des torts avec moi; je me souviens de rien, je suis insensible à tout. Mais pourquoi madame de Vernon ne m'a-t-elle jamais dit que Delphine m'avait aimé, qu'elle désirait pouvoir rompre avec son premier choix? Madame de Vernon avait-elle peur qu'après tout ce qui s'était passé, je consentisse à remplacer M. de Serbellane? c'était bien peu me connaître! mais elle ne devait pas se refuser à me donner un sentiment doux quand j'étais irrité, dévoré; quand un mot qui m'eût laissé respirer, m'aurait fait plus de bien qu'une goutte d'eau dans le désert.

Le soulagement dont j'ai besoin, je le trouverai peut-être dans une conversation de quelques heures avec madame d'Albémar. Je suis donc résolu de lui écrire pour lui demander de me recevoir à Bellerive. Ce n'est point à Paris, c'est dans la solitude que je veux lui parler; elle y retournera demain, ma lettre lui sera remise après-demain, à son réveil.

Vous n'avez rien à redouter pour mes devoirs de cette explication, mon cher maître; j'apprendrais que Delphine m'aime encore, que mes résolutions ne seraient point changées; elle ne peut plus se montrer à moi telle que je la croyais, et l'idée parfaite que j'avais d'elle pourrait seule décider de mon sort. Si, comme je l'espère, madame d'Albémar consent à me recevoir, si elle me montre quelques regrets, je saurai me tracer un plan de vie triste, mais calme. Je partirai pour l'Espagne, j'y resterai quelques années, dussé-je y faire venir madame de Mondoville. Je veux quitter la France après avoir vu madame d'Albémar; nous nous séparerons sans amertume; je pourrai supporter mon sort : mes regrets ne finiront point, mais la plupart des hommes ne vivent-ils pas avec un sentiment pénible au fond du cœur?

Enfin ne me blâmez pas, j'ose vous le répéter, ne me blâmez pas; on doit permettre aux caractères passionnés de chercher une situation d'âme quelconque qui leur rende l'existence tolérable. Pensez-vous que je puisse vivre plus longtemps dans l'état où je suis depuis deux mois? Il me faut une autre impression, fût-ce une autre douleur, il me la faut! Vous me connaissez de la force, de la fermeté; je sais souffrir; eh bien, je vous le dis, je succombais, et ce cri de miséricorde ne m'échappe qu'après les combats les plus violents que le caractère et le sentiment, la raison et la souffrance se soient jamais livrés.

LETTRE XIX.

M. de Serbellane à madame d'Albémar [1].

Lisbonne, ce 4 septembre 1790.

Je viens vous demander, madame, le plus éminent service, le seul qui puisse détourner l'irréparable malheur dont je suis menacé.

Thérèse, après avoir assuré le sort de sa fille, en passant quelques mois dans ses terres près de Bordeaux, veut obtenir de la famille de son mari la permission de vous confier l'éducation d'Isore, et tranquille alors sur le sort de cette enfant, elle est résolue à se faire religieuse dans un couvent dont le P. Antoine, son confesseur actuel, a la direction : ainsi mourrait au monde et à moi, la meilleure et la plus charmante créature que le ciel ait jamais formée. Le Dieu que Thérèse adore serait-il un Dieu de bonté, s'il lui commandait un tel supplice!

Les coutumes barbares des sociétés civilisées ont fait de Thérèse, à quatorze ans, l'épouse d'un homme indigne d'elle; la nature, en faisant naître M. d'Ervins vingt-cinq ans avant Thérèse, semblait avoir pris soin de les séparer; les indignes calculs d'une famille insensible les ont réunis, et Thérèse serait coupable de m'avoir choisi pour le compagnon de sa vie!

Il est impossible, je le sens, qu'au milieu du monde elle porte le nom de mon épouse; il faut

respecter la morale publique qui le défend : elle est souvent inconséquente, cette morale, soit dans ses austérités, soit dans ses indulgences; néanmoins, telle qu'elle est, il ne faut pas la braver, car elle tient à quelques vertus dans l'opinion de ceux qui l'adoptent. Mais quel devoir, quel sentiment peut empêcher Thérèse de changer de nom, et d'aller en Amérique m'épouser et s'établir avec moi? Vous trouverez ce projet bien romanesque pour le caractère que vous me connaissez; il m'est inspiré par un sentiment honnête et réfléchi. J'ai fait imprudemment le malheur d'une innocente personne; je dois lui consacrer ma vie, quand cette vie peut lui faire quelque bien. D'ailleurs si la disposition de mon âme me rend peu capable de passions très-vives, elle me rend aussi les sacrifices plus faciles. L'Europe, l'Amérique, tous les pays du monde me sont égaux. Quand une fois on connaît bien les hommes, aucune préférence vive n'est possible pour telle ou telle nation, et l'habitude qui supplée à la préférence n'existe pas en moi, puisque j'ai constamment voyagé; peut-être même est-il assez doux, lorsque l'on n'est point poursuivi par les remords, de rompre tous ces rapports que la durée de la vie vous a fait contracter avec les hommes, de s'affranchir ainsi de cette foule de souvenirs pénibles qui oppressent l'âme, et souvent arrêtent ses élans les plus généreux; je me replacerai au milieu de la nature avec un être aimable qui partagera toutes mes impressions. J'essaierai sur cette terre ce qu'est peut-être la vie à venir, l'oubli de tout, hors le sentiment et la vertu.

Thérèse est beaucoup plus digne qu'aucune autre femme de la destinée que je lui propose; en s'enfermant dans un couvent pendant le reste de ses jours, elle exerce plus de courage pour le malheur que je ne lui en demande pour le bonheur. Un principe de devoir fortifié par la religion peut seul, j'en suis sûr, la déterminer à se sacrifier ainsi; mais en quoi consiste-t-il donc ce devoir? à quelle expiation est-elle obligée? Quel bien peut-il résulter pour les morts comme pour les vivants, du malheur qu'elle veut subir? Si elle se croit des torts, ne vaut-il pas mieux les réparer par des vertus actives? Nous emploierions en Amérique la fortune que je possède à des établissements utiles, à une bienfaisance éclairée : Thérèse n'aura pas rempli, j'en conviens, les devoirs que les hommes lui avaient imposés; mais ceux qu'elle a choisis, mais ceux que son cœur lui permettait d'accomplir, elle y sera fidèle.

Il faut que je la voie; c'est le seul moyen qui

me reste pour la faire renoncer à sa cruelle résolution; toute autre tentative serait vaine : mes
lettres n'ont rien produit, le spectacle seul de ma
douleur peut la toucher. Obtenez-moi donc, madame, un sauf-conduit pour passer quinze jours
en France. L'envoyé de Toscane le demandera, si
vous le désirez; je voulais arriver sans toutes ces
précautions misérables, mais j'ai craint pour Thérèse l'éclat que pourrait avoir mon emprisonnement, si la famille de M. d'Ervins l'obtenait. Je
ne doute pas que l'intention de cette famille ne
soit de persécuter Thérèse; mais ce ne sont point
de semblables motifs qui pourront l'engager à me
croire; il n'y a que ma peine qui puisse agir sur
elle, et jamais il n'en exista de plus profonde.

Depuis qu'une expérience rapide m'a donné de
bonne heure les qualités des vieillards, en me décourageant, comme eux, de l'espérance, je ne fa-
tiguais plus le ciel par la diversité des vœux d'un
jeune homme; je ne lui demandais qu'une grâce,
c'était de n'avoir jamais à me reprocher le malheur d'un autre; car le remords est la seule douleur de l'âme que le temps et la réflexion n'adoucissent pas. Elle va me poursuivre, cette douleur;
c'est en vain que j'avais émoussé la vivacité de
tous mes sentiments; la raison aura détruit mon
illusion sur les plaisirs, sans adoucir l'âpreté de
mes chagrins.

L'image de cette douce, de cette angélique Thérèse, immolant sa jeunesse, ensevelissant elle-
même sa destinée, cette image enveloppée des
voiles de la mort, me poursuivra jusqu'au tombeau. Vous, madame, qui avez le génie de la
bonté, la passion du bien, et tout l'esprit des
anges, secourez-moi.

Je vous envoie un ami fidèle qui, après vous
avoir remis cette lettre et reçu votre réponse, doit
revenir sur les frontières de France, où je l'attendrai. C'est à lui seul que vous voudrez bien donner
le sauf-conduit que je désire si ardemment : vous
l'obtiendrez, car jamais rien n'a pu être refusé à
vos prières, et vous sauverez Thérèse et moi d'un
malheur, d'un supplice éternel. Adieu, madame,
je me confie à votre bonté, elle ne trompera point
mon espoir.

P. S. Il importe que madame d'Ervins ne sache
pas que mon intention est de revenir en France.

LETTRE XX.

Léonce à Delphine.

Paris, ce 17 septembre.

Les nouveaux devoirs que j'ai contractés doivent

désormais me rendre étranger à votre avenir :
cependant ne me refusez pas de le connaître;
permettez-moi de m'entretenir quelques instants
seul avec vous, à l'heure que vous voudrez bien
m'indiquer. Je pars pour l'Espagne après vous
avoir vue : cette grâce que je vous demande sera
sans doute le dernier rapport que vous aurez jamais avec ma triste vie. Je ne devrais plus conserver aucun doute sur vos torts envers vous-
même, comme envers moi; cependant si vous aviez
des chagrins, si je pouvais pardonner, je partirais
plus calme, et peut-être moins malheureux.

LETTRE XXI.

Delphine à Léonce.

Ce 17 septembre.

Me *pardonner!* Je vous verrai, monsieur, quoique votre billet ne mérite peut-être pas cette réponse; j'ai besoin, pour ma propre dignité, d'une
explication avec vous. Je dois consacrer ce jour
tout entier à des devoirs d'amitié que vous ne
m'apprendrez point à négliger; mais demain, choisissez l'instant que vous préférerez; je vous forcerai, je l'espère, à me rendre toute l'estime que
vous me devez; c'est dans ce but seul que je consens à vous entretenir. Je ne puis concevoir ce
que vous voulez me demander sur mon avenir, il
vous est facile de le deviner : je vais passer le reste
de mes jours avec ma belle-sœur, et je n'ai plus
dans ce monde, où ma confiance a été trompée,
ni un intérêt ni un espoir de bonheur.

LETTRE XXII.

Delphine à mademoiselle d'Albémar.

Ce 17 septembre au soir.

Léonce m'a écrit pour me demander de me voir,
je n'ai point hésité à y consentir; je dirai plus,
j'ai regardé comme une faveur du ciel l'occasion
qui m'était offerte de connaître enfin les torts dont
il m'accuse, et d'y répondre avec vérité, peut-être
avec hauteur.

Ne vous livrez, ma sœur, à aucune inquiétude
en apprenant que je n'ai pas cédé à vos conseils;
Léonce n'est point à craindre pour moi, quels que
soient les sentiments qu'il m'exprime; s'il voulait
faire renaître dans mon âme la passion qui m'attachait à lui; s'il voulait me rendre méprisable
par cet amour même dont il aurait pu faire ma
gloire et son bonheur....

Non, Léonce, non, celle que vous n'avez pas
jugée digne d'être votre femme n'accepterait pas

vos regrets, si vous en éprouviez ; je ne suis pas comme vous, impitoyable envers des torts de convenance, des fautes apparentes, des actions condamnées par la société, mais que le cœur justifie; je vous montrerai que la véritable vertu a d'autant plus de force sur mon âme, que j'abjure tout autre empire. Cette Delphine que vous croyez si faible, si entraînée, sera courageuse et ferme contre l'affection la plus passionnée de son cœur, contre vous... Oui, je le serai, ma sœur, quoique je donnasse ma vie pour obtenir encore une heure pendant laquelle je puisse me persuader qu'il m'aime et qu'il n'est pas l'époux de Matilde.

C'est demain que Léonce doit venir ! j'ai eu la force de m'occuper encore aujourd'hui de faire avoir à M. de Serbellane un sauf-conduit pour rentrer en France ; il m'avait écrit pour m'en conjurer, et j'ai trouvé son désir bon et raisonnable ; car je crois comme lui qu'il n'existe aucun autre moyen d'empêcher Thérèse de se faire religieuse. Elle ne m'a point encore confié cette funeste résolution; mais M. de Serbellane m'a mandé qu'il la sait d'elle, et toutes mes observations me confirment ce qu'il m'écrit. J'ai donc été à Paris ce matin pour voir l'envoyé de Toscane : il était absent; mais comme il doit passer la soirée chez madame de Vernon, je l'ai priée de lui remettre une lettre de moi qui contient ma demande pour M. de Serbellane, et de l'appuyer en la lui donnant. Madame de Vernon réussira tout aussi bien que moi dans cette affaire; et troublée comme je le suis, il m'était impossible de paraître au milieu du monde.

Je suis donc revenue ce soir même à Bellerive ; il est déjà tard, le jour qui précède demain va finir ; l'agitation de mon cœur est violente, et cependant je n'ai pas d'incertitude ; il ne peut m'arriver rien de nouveau que plus ou moins de douleur dans un adieu sans espoir. Ma sœur, du haut du ciel, votre frère, mon protecteur, veille sur moi; il ne souffrira pas que Delphine infortunée, mais pure, mais irréprochable, déshonore ses soins, ses bontés, son affection, en se permettant des sentiments coupables ! Je ne sais ce que j'éprouve maintenant dans cette émotion de l'attente qui suspend toutes les puissances de l'âme; mais quand Léonce sera venu, mon âme se relèvera, et dût la vertu m'ordonner de le voir demain pour la dernière fois de ma vie, Louise, j'obéirai.

LETTRE XXIII.

Delphine à mademoiselle d'Albémar.

Ce 18 septembre, à minuit.

J'avais tort, ma sœur, véritablement tort de m'occuper de la conduite que je tiendrais avec M. de Mondoville; il se préparait à m'en épargner le soin; il ne voulait sans doute que m'éprouver, savoir si je serais assez faible pour consentir à le revoir; il se jouait de mon cœur avec insulte : il est parti la nuit dernière pour l'Espagne; la nuit dernière, et c'était aujourd'hui........ Ah ! c'en est trop, toute mon âme est changée : je vous parlerai de lui avec sang-froid, avec dédain ; ce départ est mille fois plus coupable que son mariage ; aucune erreur, de quelque nature qu'elle soit, ne peut l'expliquer : c'est de la barbarie froide, légère. Je ne retrouve pas même ses défauts dans cette conduite; je me suis trompée, j'ai mis une illusion, la plus noble, la plus séduisante de toutes, à la place de son caractère. Eh bien, renonçons à cette illusion comme à toutes celles dont le cœur est avide; il faut, tant qu'il est ordonné de vivre, repousser les affections qui rattachent à l'idée du bonheur : dès qu'elles le promettent, elles trompent. Adieu, Louise; je n'ai que des sentiments amers, je répugne à les exprimer; adieu.

LETTRE XXIV.

Delphine à mademoiselle d'Albémar.

Ce 21 septembre.

Je n'ai pas eu depuis deux jours la force de vous écrire ; je craindrais cependant qu'un plus long silence ne vous inquiétât, je ne veux pas le prolonger ; mais que puis-je dire maintenant ? rien, plus rien du tout; il n'y a pas même dans ma vie de la douleur à confier. J'ai du dégoût de moi puisque je ne peux plus penser à lui ; il n'y a rien dans mon âme, rien dans mon esprit qui m'intéresse. Je ne pars pas immédiatement, parce que Thérèse reste encore quelque temps chez moi, et que madame de Vernon est malade, peut-être ruinée ; je veux la consoler et réparer ainsi mes injustes soupçons contre elle. J'ai encore en ma puissance de la fortune et des soins, je veux faire de ce qui me reste du bien à quelqu'un, et, s'il se peut, surtout à madame de Vernon. Je m'étonne que je puisse servir à quoi que ce soit dans ce monde, mais enfin si je puis, je le dois.

Je veux tâcher d'engager madame de Vernon à venir avec moi dans les provinces méridionales ; ce voyage est nécessaire à l'état menaçant de sa poitrine. Si elle a dérangé sa fortune, je lui offrirai les services que je peux lui rendre, mais je ne lui donnerai point de conseils sur la conduite qu'elle doit tenir désormais ; hélas ! sais-je juger, sais-je découvrir la vérité ! sur quoi pourrait-on s'en rapporter à moi, quand je ne puis me guider moi-même ! Ma tête est exaltée ; je n'observe point, je crois voir ce que j'imagine ; mon cœur est sensible, mais il se donne à qui veut le déchirer. Je vous le dis, Louise, je ne suis plus rien qu'un être assez bon, mais qu'il faut diriger, et dont surtout il ne faut jamais parler à personne au monde, comme d'une femme distinguée sous quelque rapport que ce soit.

J'ai pourtant encore une sorte de besoin de vous raconter les dernières heures dont je gardai l'idée, celles qui ont terminé l'histoire de ma vie ; je ne veux pas que vous ignoriez ce que j'ai encore éprouvé pendant que j'existais ; seulement ne me répondez pas sur ce sujet, ne me parlez que de vous et de ce que je peux faire pour vous ; ne me dites rien de moi : il n'y a plus de Delphine, puisqu'il n'y a plus de Léonce ! crainte, espoir, tout s'est évanoui avec mon estime pour lui ; le monde et mon cœur sont vides.

Il faut l'avouer pour m'en punir, le jour où je l'attendais il m'était plus cher que dans aucun autre moment de ma vie. Depuis l'instant où le soleil se leva, quel intérêt je mis à chaque heure qui s'écoulait ! de combien de manières je calculai quand il était vraisemblable qu'il viendrait ! D'abord il me parut qu'il devait arriver à l'heure qu'il supposait celle de mon réveil, afin d'être certain de me trouver seule. Quand cette heure fut passée, je pensai que j'avais eu tort d'imaginer qu'il la choisirait, et je comptai sur lui entre midi et trois heures ; à chaque bruit que j'entendais, je combinais par mille raisons minutieuses s'il viendrait à cheval ou en voiture. Je n'allai pas chez Thérèse, je n'ouvris pas un livre, je ne me promenai pas, je restai à la place d'où l'on voyait le chemin. L'horloge du village de Bellerive ne sonne que toutes les demi-heures ; j'avais ma montre devant moi, et je la regardais quand mes yeux pouvaient quitter la fenêtre. Quelquefois je me fixais à moi-même un espace de temps que je me promettais de consacrer à me distraire ; ce temps était précisément celui pendant lequel mon âme était le plus violemment agitée.

Ce que j'éprouvai peut-être de plus pénible dans cette attente, ce fut l'instant où le soleil se coucha : je l'avais vu se lever lorsque mon cœur était ému par la plus douce espérance ; il me semblait qu'en disparaissant, il m'enlevait tous les sentiments dont j'avais été remplie à son aspect. Cependant, à cette heure de découragement succéda bientôt une idée qui me ranima ; je m'étonnai de n'avoir pas songé que c'était le soir que Léonce choisirait

pour s'entretenir plus longtemps avec moi, et je retombai dans cet état, le plus cruel de tous, où l'espoir même fait presque autant de mal que l'inquiétude. L'obscurité ne me permettait plus de distinguer de loin les objets ; j'en étais réduite à quelques bruits rares dans la campagne, et plus la nuit approchait, plus ma souffrance était uniforme et pesante ; combien je regrettais le jour, ce jour même dont toutes les heures m'avaient été si pénibles !

Enfin, j'entends une voiture, elle s'approche, elle arrive, je ne doute plus ; j'entends monter mon escalier, je n'ose avancer ; mes gens ouvrent les deux battants, apportent des lumières, et je vois entrer madame de Mondoville et madame de Vernon ! Non, vous ne pouvez pas vous peindre ce qu'on éprouve lorsque, après le supplice de l'attente, on passe par toutes les sensations qui en font espérer la fin, et que, trompé tout à coup, on se voit rejeté en arrière, mille fois plus désespéré qu'avant le soulagement passager qu'on vient d'éprouver.

Je n'avais pas la force de me soutenir ; l'idée me vint que Léonce allait arriver, qu'il s'en irait en apprenant que je n'étais pas seule, et que je ne retrouverais peut-être jamais l'occasion de lui parler. Je reçus madame de Mondoville et sa mère avec une distraction inouïe ; je me levai, je me rassis, je me relevai pour sonner, je demandai du thé, et craignant tout à coup que cet établissement ne les retînt, je leur dis : « Mais vous voulez peut-être retourner à Paris ce soir ? » Elles arrivaient, rien n'était plus absurde ; mais je ne pouvais supporter la contrariété que leur présence me faisait éprouver.

Madame de Vernon s'approchait de moi pour me prendre à part avec l'attention la plus aimable, lorsque madame de Mondoville la prévint et me dit : « J'ai voulu accompagner ma mère ici ce soir ; son intention était de venir seule, mais j'avais besoin de votre société pour me distraire du chagrin que j'ai éprouvé ce matin en apprenant que mon mari avait été obligé de partir cette nuit pour l'Espagne. » A ces mots, un nuage couvrit mes yeux, et je ne vis plus rien autour de moi. Madame de Mondoville se serait aperçue de mon état, si sa mère, avec cette promptitude et cette présence d'esprit qui n'appartiennent qu'à elle, ne se fût placée entre sa fille et moi, comme je retombais sur ma chaise, et ne l'eût priée très-instamment d'aller dire à un de ses gens de lui apporter une lettre qu'elle avait oubliée dans sa voiture.

Pendant que Matilde était sortie, madame de

Vernon me porta presque entre ses bras dans la chambre à côté, et me dit : « Attendez-moi, je vais vous rejoindre. » Elle alla conseiller à sa fille de monter dans la chambre qui lui était destinée, et lui dit que j'avais besoin de repos ; sa fille ne demanda pas mieux que de se retirer, et ne conçut pas le moindre soupçon de ce qui se passait. Madame de Vernon revint, j'avais à peine repris mes sens, et lorsqu'elle s'approcha de moi, oubliant entièrement les soupçons que j'avais conçus, je me jetai dans ses bras avec la confiance la plus absolue : ah ! j'avais tant de besoin d'une amie ! je l'aurais forcée à l'être, quand son cœur n'y aurait pas été disposé.

Combien de fois lui répétai-je avec déchirement : « Il est parti, Sophie, quand il devait me voir, aujourd'hui même : quelle insulte ! quel mépris ! » J'avouai tout à madame de Vernon : elle avait tout deviné. Elle me fit sentir avec une grande délicatesse, quoique avec une parfaite évidence, à quel point j'avais eu tort de me défier d'elle. « Ne voyez-vous pas, me dit-elle, combien un homme qui se conduit ainsi avait de préventions contre vous ! Vous avez cru qu'il était jaloux de M. de Serbellane : pouvait-il l'être après la confidence que je lui avais faite de votre part ? le dernier billet même que vous avez écrit, où vous lui annoncez, me dites-vous, votre résolution de rester en Languedoc, ce billet ne détruisait-il pas tout ce qu'on a répandu sur votre prétendu voyage en Portugal ? Non, je vous le dis, c'est un homme qui a conservé du goût pour vous, ce qui est bien naturel, mais qui ne veut pas s'y livrer, parce que votre caractère ne lui convient pas ; et quand son goût l'entraîne, il prend des partis décisifs pour s'y arracher. Il n'y a rien de plus violent que Léonce ; vous le savez, sa conduite le prouve : il s'en est allé cette nuit sans me prévenir ; il a instruit seulement sa femme par un billet assez froid, qu'une lettre de sa mère le forçait à partir à l'instant, et j'ai su positivement par ses gens qu'il n'avait point reçu de lettres d'Espagne ; c'était donc vous qu'il évitait : cette crainte même est une preuve qu'il redoute votre ascendant ; mais jamais il ne s'y soumettra, quand votre délicatesse pourrait vous permettre à présent de le désirer. »

Je voulus me justifier auprès de madame de Vernon de la moindre pensée qui pût offenser Matilde ; mais cette généreuse amie s'indigna que je crusse cette explication nécessaire ; elle me témoigna la plus parfaite estime ; l'embarras que je remarque quelquefois en elle était dès-lors dissipé, et du moins, à travers ma douleur, j'acquis

plus de certitude que jamais qu'elle m'aimait avec tendresse. Hélas ! sa santé est bien mauvaise, les veilles ont abîmé sa poitrine. J'ai voulu l'engager à parler d'elle, de ses affaires, de ses projets ; à elle ramenait sans cesse la conversation sur moi, avec cette grâce qui lui est propre ; ne se lassant pas de m'interroger, cherchant, découvrant toutes les nuances de mes sentiments, réussissant quelquefois à me soulager, et n'oubliant rien de tout ce que l'on pouvait dire sur mes peines : enfin, sans elle, je ne sais si j'aurais supporté cette dernière douleur. Ce que je ressentais était amer et humiliant ; Sophie m'a relevée à mes propres yeux ; elle a su adoucir mes impressions, et me préserver du moins d'une irritation, d'un ressentiment qui aurait dénaturé mon caractère.

Louise, vous n'étiez pas auprès de moi, il a bien fallu qu'une autre me secourût ; mais dès que Thérèse m'aura quittée, dans un mois, je viendrai, je m'abandonnerai à vous, et si je ne puis vivre, vous me le pardonnerez.

LETTRE XXV.

Léonce à M. Barton.

Bordeaux, 23 septembre.

L'auriez-vous cru, que ce serait de cette ville que vous recevriez ma première lettre ? Je devais la voir, et je suis parti ; je suis venu sans m'arrêter jusqu'ici ; je comptais aller de même, jusqu'à ce que j'eusse rencontré cet homme insolemment heureux, que l'on fait revenir en France. La fièvre m'a pris avec tant de violence qu'il faut bien suspendre mon voyage ; mais M. de Serbellane passe par ici, je le sais ; il a mandé qu'il y viendrait, il est peut-être plus sûr de l'y attendre.

Oui, je suis parti lorsqu'elle avait consenti à me voir, lorsqu'elle avait sans doute préparé quelques ruses pour me tromper : je suis parti sans regrets, mais avec un sentiment d'indignation qui a changé totalement ma disposition pour elle. Mon ami, lisez bien ces mots qui m'étonnent plus que vous-même en les traçant : *Madame d'Albémar n'a mérité ni votre estime ni mon amour.*

Quand elle me répondit qu'elle me recevrait, je n'osai pas vous l'écrire, mon cher maître ; mais je ne pouvais contenir dans mon sein la joie que je ressentais ; je me promenais dans ma chambre avec des transports dont je n'étais plus le maître : quelquefois cette vive émotion de bonheur m'oppressait tellement, que je voulais la calmer en me rappelant tout ce qu'il y avait de cruel dans ma situation, dans mes liens ; mais il est des moments où l'âme repousse toute espèce de peines, et ces idées tristes qui, la veille, me pénétraient si profondément, glissaient alors sur mon cœur, comme s'il avait été invulnérable.

Je m'étais enfermé; un de mes gens frappa à ma porte, je tressaillis à ce bruit; tout événement inattendu me faisait peur; je redoutais même une lettre de madame d'Albémar; je craignais une émotion, fût-elle douce. On me remit un billet de madame de Vernon, qui me demandait de venir la voir à l'instant, pour une affaire de famille importante; il fallut y aller. Madame de Vernon me dit d'abord ce dont il s'agissait; et je regrettai, je l'avoue, d'être venu pour un si faible intérêt; l'instant d'après elle prit à part l'envoyé de Toscane qui était chez elle, et me pria d'attendre un moment pour qu'elle pût me parler encore. Je l'entendis qui lui disait : « Voici la lettre de madame d'Albémar; appuyez auprès du ministre sa demande en faveur de M. de Serbellane. » A ce nom, je me levai, je m'approchai de madame de Vernon, malgré l'inconvenance de cette brusque interruption; elle continua de parler devant moi, et j'appris, juste ciel! j'appris que madame d'Albémar avait été le matin même chez l'envoyé de Toscane, pour obtenir, par son crédit, un sauf-conduit qui permît à M. de Serbellane de revenir en France, malgré son duel. N'ayant point trouvé l'envoyé de Toscane, elle lui écrivait pour lui renouveler cette demande; elle en chargeait madame de Vernon. J'ai vu l'écriture de madame d'Albémar; elle a obtenu ce qu'elle désirait, et dans quinze jours M. de Serbellane doit être en France, oui, il y sera; mais il m'y trouvera; je le forcerai bien à me donner un prétexte de vengeance.

Mon parti fut pris tout à coup; je résolus d'aller au-devant de M. de Serbellane, et de partir sans délai. Si j'étais resté un seul jour, je n'aurais pu résister au besoin de voir madame d'Albémar, pour l'accabler des reproches les plus insultants, et c'était encore lui accorder une sorte de triomphe; mais ce départ, à l'instant même où son billet faible et trompeur me donne la permission de la voir, ce départ sans un mot d'excuse ni de souvenir, l'aura, je l'espère, offensée.

J'ai écrit à madame de Mondoville pour lui donner un prétexte quelconque de mon voyage; je n'ai voulu dire adieu à personne: mes gens, en recevant mes ordres pour mon départ, me regardaient avec étonnement; je me croyais calme, et sans doute quelque chose trahissait en moi l'état où j'étais. Si j'avais vu quelqu'un, mon agitation eût été remarquée; peut-être Delphine l'aurait-elle apprise!

il faut qu'elle me croie dédaigneux et tranquille, c'est tout ce que je désire : si je mourais du mal qui me consume, mon ami, jamais vous ne lui diriez que c'est elle qui me tue; j'en exige votre serment : je me sentirais une sorte de rage contre ma fièvre, si je pensais qu'elle pût l'attribuer à l'amour.

J'ai voulu m'éloigner aussi de madame de Vernon; je la hais, c'est injuste, je le sais; mais enfin, toutes les peines que j'ai éprouvées, c'est elle qui me les a annoncées; depuis mon mariage même, chaque fois qu'une idée, une circonstance me faisait du bien, le hasard amenait de quelque manière cette femme pour me découvrir la vérité; j'en conviens, la vérité, mais celle qu'on ne peut entendre sans la détester qui vous la dit. Ne combattez pas cette prévention, je la condamne; mais que ne condamné-je pas en moi! et je ne puis me vaincre sur rien! Ah! qu'il serait heureux que je mourusse! cependant ne craignez pas que M. de Serbellane me tue; non, il n'est pas juste que tout lui réussisse, il me semble que c'est assez des prospérités dont il a joui; s'il met le pied en France, il en trouvera le terme.

LETTRE XXVI.

Delphine à mademoiselle d'Albémar.

Bellerive, 2 octobre.

Eh bien, Thérèse est inflexible; eh bien, celle à qui j'ai sacrifié tout le bonheur de ma vie, ne jouira pas un seul jour du funeste dévouement de ma trop facile amitié. Louise, le récit que je vais vous faire vous inspirera de la pitié pour Thérèse; il m'en faut aussi pour moi. Ah! que de douleurs sur la terre! où sont-ils les heureux? en est-il parmi ceux qui seraient dignes du bonheur?

Depuis quelque temps, je voyais madame d'Ervins plus rarement; un prêtre d'un couvent voisin, d'un extérieur simple et respectable, passait beaucoup d'heures seul avec elle; moi-même, accablée de douleur, et craignant, si je confiais mes peines à Thérèse, de ne pouvoir lui cacher qu'elle en était la cause involontaire, je me résignais à son goût pour la retraite, et je ne voulais pas lui parler des projets que je lui connaissais. Je comptais sur l'arrivée de M. de Serbellane et sur ses prières pour l'y faire renoncer; mais le frère de M. d'Ervins étant venu à Paris, Thérèse eut hier matin un long entretien avec lui, et je me hâtai d'aller chez elle, quand il fut parti, pour en savoir le résultat.

J'ai retenu toutes les paroles de Thérèse, et je vous les transmettrai fidèlement. Qui pourrait

oublier un langage si plein d'amour et de repentir.
« J'ai apaisé le frère de M. d'Erwins, me dit-elle;
maintenant qu'il sait ma résolution, il n'a plus de
haine contre moi ; cette résolution met la paix entre les ennemis ; Dieu qui l'inspire la rend efficace :
mais vous à qui je dois tant, vous qui avez peut-
être fait pour moi plus de sacrifices que vous ne
m'en avez avoué, vous avez failli me perdre dans
un mouvement de bonté ; vous aviez encouragé
M. de Serbellane à revenir ; je l'ai appris à temps,
j'ai pu le lui défendre; il sera instruit que s'il me
voyait, il ne pourrait me faire changer de dessein,
mais qu'il renouvellerait, par son retour, le courroux des parents de M. d'Ervins, et qu'il perdrait
ma fille en déshonorant sa mère. »

Je voulus l'interrompre, elle m'arrêta. « Demain, me dit-elle, venez me chercher en vous levant, nous nous promènerons ensemble; je vous
dirai tout ce qui se passe en moi; je n'en ai pas la
force ce soir; il me semble que quand la nuit est
venue, la présence d'un Dieu protecteur se fait
moins sentir, et j'ai besoin de son appui pour annoncer avec courage mes résolutions. A demain
donc, avec le jour, avec le soleil. »

Quand elle m'eut quittée, je réfléchis douloureusement sur les obstacles que sa ferveur religieuse
opposerait à mes efforts, et je plaignis le triste
destin de deux nobles créatures, Thérèse et son
ami. C'était moi, moi si malheureuse, qui devais
essayer de soutenir le courage de madame d'Ervins, et mon cœur au désespoir était chargé de la
consoler ! Ah ! combien souvent dans la vie cet
exemple s'est présenté, et que d'infortunés ont encore trouvé l'art de secourir les infortunés comme
eux !

J'entrai chez Thérèse de très-bonne heure, et je
la trouvai toute habillée, priant dans son cabinet
devant un crucifix qu'elle y a placé, et aux pieds
duquel elle a déjà répandu bien des larmes. Elle se
leva en me voyant, ouvrit son bureau, et me dit:
« Tenez, voilà toutes les lettres de M. de Serbellane que j'ai reçues depuis deux mois, je vous les
remets avec son portrait; il ne vous est point ordonné à vous de les brûler, conservez-les pour
qu'elles me survivent et que rien de lui ne périsse
avant moi. » J'insistai pour qu'elle connût la lettre que m'avait écrite M. de Serbellane ; en la lisant, elle rougit et pâlit plusieurs fois. « Il m'a
fait dans ses lettres, reprit-elle, l'offre dont il vous
parle ; il me l'a faite avec une expression bien plus
vive, bien plus sensible encore, et cependant ma
résolution est restée inébranlable. Descendons dans
le jardin, je ne suis pas bien ici ; l'air me donnera

des forces ; il m'en faut pour vous ouvrir encore
une fois ce cœur qui doit se refermer pour toujours. » Je la suivis ; ses cheveux noirs, son teint
pâle, ses regards qui exprimaient alternativement
l'amour et la dévotion, donnaient à son visage un
caractère de beauté que je ne lui avais jamais vu.
Nous nous assîmes sous quelques arbres encore
verts ; Thérèse alors, tournant vers l'horizon des
regards vraiment inspirés, me dit :

« Ma chère Delphine, je vous le confie, en présence de ce soleil qui semble nous écouter au nom
de son divin maître, l'objet de mon malheureux
amour n'est point encore effacé de mon cœur.
Avant qu'un prêtre vénérable eût accepté le serment que j'ai fait de me consacrer à Dieu, je lui
ai demandé si, parmi les devoirs que j'allais m'imposer, il en était un qui m'interdît les souvenirs
que je ne puis étouffer ; il m'a répondu que le sacrifice de ma vie était le seul qui fût en ma puissance ; il m'a permis de mêler aux pleurs que je
verserais sur mes fautes, le regret de n'avoir pas
été la femme de celui qui me fut cher, et de n'avoir
pu concilier ainsi l'amour et la vertu. Je ne craignais, dans l'état que je vais embrasser, que des
luttes intérieures contre ma pensée ; dès qu'on
n'exige que mes actions, je me voue avec bonheur
à l'expiation de la mort de M. d'Ervins.

« M. de Serbellane m'offre de m'épouser et de
passer le reste de sa vie en Amérique avec moi;
juste ciel ! avec quel transport je l'accepterais ! quel
sentiment presque idolâtre n'éprouverais-je pas
pour lui ! Mais le sang, la mort nous sépare, un
spectre défend ma main de la sienne, et l'enfer
s'ouvert entre nous deux. Si je succombais,
j'entraînerais ce que j'aime dans mon crime ; le
malheureux ! il partagerait mon supplice éternel,
et je n'obtiendrais pas de la Providence, comme
des hommes, de ne condamner que moi seule. Mes
pleurs et mon sacrifice serviront peut-être aussi sa
cause dans le ciel. Oui, s'écria-t-elle d'une voix
plus élevée ; oui, je prierai sans cesse ; et si mes
prières touchent l'Être suprême, ô mon ami ! c'est
toi qu'il sauvera. Delphine, me dit-elle en m'embrassant, pardonnez, je ne puis parler de lui sans
m'égarer, et je confonds ensemble et l'amour et le
sentiment qui m'ordonne d'immoler l'amour. Mais
ils m'ont dit que dans le temple, après de longs
exercices de piété, mes idées deviendraient plus
calmes ; je les crois, ces bons prêtres, qui ont fait
entendre à mon âme le seul langage qui ait consolée.

« Il m'eût été beaucoup plus difficile de vivre
au milieu du monde, en renonçant à M. de Ser-

bellane, que de lui prouver encore par la résolution que je prends, combien mon âme est profondément atteinte. Ce motif n'est pas digne de
l'auguste état que j'embrasse; mais ne faut-il pas
aider de toutes les manières la faiblesse de notre
nature? et si je me sens plus de force pour revêtir
les habits de la mort, en pensant que ce sacrifice
obtiendra de lui des larmes plus tendres, pourquoi
m'interdirais-je les idées qui me soutiennent dans
ce grand combat du cœur?

« Un seul devoir, un seul, pouvait me retenir
dans le monde; c'était l'éducation d'Isore. Ma
chère Delphine, c'est vous qui m'avez tranquillisée
sur cette inquiétude; je vous remettrai ma fille,
la fille du malheureux dont j'ai causé la mort: vous
êtes bien plus digne que moi de former son esprit
et son âme; mon éducation négligée ne me permet
pas de contribuer à son instruction, et mon cœur
est trop troublé pour être jamais capable de fortifier son caractère contre le malheur. Elle a dix ans,
et j'en ai vingt-six; le spectacle de ma douleur agit
déjà trop sur ses jeunes organes. Hélas! ma chère
Delphine, vous n'êtes pas heureuse vous-même;
j'ai peut-être à jamais perdu votre destinée; mais
votre âme, plus habituée que la mienne à la réflexion, sait mieux contenir aux regards d'un enfant les sentiments qu'il faut lui laisser ignorer.
L'étendue de votre esprit, la variété de vos connaissances vous permettent de vous occuper et
d'occuper les autres de diverses idées. Pour moi,
je vis et je meurs d'amour. Dans cette religion à
laquelle je me livre, je ne comprends rien que son
empire sur les peines du cœur, et je n'ai pas, dans
ma faible et pauvre tête, une seule pensée qui ne
soit née de l'amour.

« Hélas! le parti que je vais prendre affligera
sans doute M. de Serbellane; peut-être aurait-il
goûté quelque bonheur avec moi; ce sanglant hy-
ménée ne lui inspirait point d'horreur; et pendant
quelques années du moins, il n'aurait point été
troublé par l'attente d'une autre vie. Oh! Delphine,
il m'en a coûté longtemps pour lui causer cette
peine; il me semblait qu'un jour de la douleur d'un
tel homme comptait plus que toutes mes larmes:
cependant une idée que l'orgueil aurait repoussée
m'a soulagée enfin de la plus accablante de mes
craintes. Je lui suis chère, il est vrai, mais c'est
moi qui l'aime mille fois plus qu'il ne m'a jamais
aimée; une carrière, un but à venir lui reste; il
ne donnera jamais à personne, je le crois, cette
tendresse première dont je faisais ma gloire, alors
même qu'elle me coûtait l'honneur et la vertu:
l'amour finit avec moi pour lui; mais une existence

forte, énergique, peut le remplir encore de généreuses espérances. »

« Quant à moi, ma chère Delphine, puisqu'un
devoir impérieux me sépare de lui, qu'est-ce donc
que je sacrifie en me faisant religieuse? j'ai éprouvé la vie, elle m'a tout dit; il ne me reste plus
que de nouvelles larmes à joindre à celles que j'ai
déjà répandues. Si je conservais ma liberté, je ne
pourrais écarter de moi l'idée vague de la possibilité d'aller le rejoindre. J'aurais besoin chaque
jour de lutter contre cette idée avec toutes les
forces de ma volonté; jamais je n'obtiendrais le
repos. Mon amie, croyez-moi, il n'est pour les
femmes sur cette terre que deux asiles, l'amour
et la religion; je ne puis reposer ma tête dans les
bras de l'homme que j'aime, j'appelle à mon secours un autre protecteur qui me soutiendra,
quand je penche vers la terre, quand je voudrais
déjà qu'elle me reçût dans son sein.

« Le malheur a ses ressources; depuis un mois,
je l'ai appris; j'ai trouvé dans les impressions
qu'autrefois je laissais échapper sans les recueillir,
dans les merveilles de la nature, que je ne regardais pas, des secours, des consolations qui me feront trouver du calme dans l'état que je vais embrasser. Enfin, il me sera permis de rêver et de
prier; ce sont les jouissances les plus douces qui
restent sur la terre aux âmes exilées de l'amour.

« Peut-être que, par une faveur spéciale, les
femmes éprouvent d'avance les sentiments qui
doivent être un jour le partage des élus du ciel;
mais si j'en crois mon cœur, elles ne peuvent exister de cette vie active, soutenue, occupée, qui fait
aller le monde et les intérêts du monde; il leur
faut quelque chose d'exalté, d'enthousiaste, de
surnaturel, qui porte déjà leur esprit dans les régions éthérées.

« J'ai confondu dans mon cœur l'amour avec la
vertu, et ce sentiment était le seul qui pût me
conduire au crime par une suite de mouvements
nobles et généreux; mais que le réveil de cette
illusion est terrible! il a fallu, pour la faire cesser,
que je devinsse l'assassin de l'homme que j'avais
juré d'aimer. Oh! quel affreux souvenir! et quel
serait mon désespoir si la religion ne m'avait pas
offert un sacrifice assez grand pour me réconcilier avec moi-même!

« Il est fait, ce sacrifice, et Dieu m'a pardonné,
je le sais, je le sens; mes remords sont apaisés,
la mélancolie des âmes tendres et douces est rentrée dans mon cœur; je communique encore par
elle avec l'Être suprême; et si dans un autre
monde mon malheureux époux a perdu son irri-

table orgueil, s'il lit au fond des cœurs, lui-même aussi, lui-même aura pitié de moi. »

Thérèse s'arrêta en prononçant ces dernières paroles, et retint quelques larmes qui remplissaient ses yeux. J'étais aussi profondément émue, et je rassemblais toutes mes pensées pour combattre le dessein de Thérèse; mais au fond de mon cœur, je vous l'avouerai, je ne le désapprouvais pas : je n'ai point les mêmes opinions qu'elle sur la religion ; mais j'aimerais cette vie solitaire, enchaînée, régulière, qui doit calmer enfin les mouvements désordonnés du cœur. Je voulus cependant épouvanter Thérèse en lui peignant les regrets auxquels elle s'exposait, mais elle m'arrêta tout à coup.

« Oh! que me direz-vous, mon amie, s'écria-t-elle, qu'il ne m'ait pas écrit! que mon amour, plus éloquent encore que lui, n'ait pas plaidé pour sa cause dans mon cœur! Ne parlons plus sur l'irrévocable, dit-elle en m'imposant doucement silence; mes serments sont déjà déposés aux pieds du Tout-Puissant; il me reste à les faire entendre aux hommes; mais le lien éternel m'enchaîne déjà sans retour.

« Je ne vous ai point dit que je serais heureuse; il n'y avait de bonheur sur la terre que quand je le voyais; quand il me parlait, sa voix seule ranimait dans mon sein les jouissances vives de l'existence; mais je n'ai plus à craindre ces peines violentes où la vengeance divine imprime son redoutable pouvoir. Désormais étrangère à la vie, je la regarderai couler comme ce ruisseau qui passe devant nous, et dont le mouvement égal finit par nous communiquer une sorte de calme. Le souvenir de ma destinée agitera peut-être encore quelque temps ma solitude; mais enfin, ils me l'ont promis, ce souvenir s'affaiblira, le retentissement lointain ne se fera plus entendre que confusément; c'est ainsi que je commencerai à mourir, et que je m'endormirai, bénie d'un Dieu clément, et chère peut-être encore à ceux qui m'ont aimée.

« Je pars aujourd'hui pour Bordeaux avec mon beau-frère, continua Thérèse; j'y resterai quelques mois. Je reviendrai chez vous, avant de prendre le voile, pour vous ramener Isore, et vous remettre tous mes droits sur elle. Je vous en conjure, ma chère Delphine, ne nous abandonnons plus à notre émotion; je n'ai pu contenir mon âme en vous parlant aujourd'hui; vous avez dû voir que Thérèse n'était pas encore devenue insensible, jamais elle ne le sera; mais je dois tâcher de le paraître, pour recueillir quelque bien de la résolution que j'ai prise. Il faut se dominer, il faut ne plus exprimer ce qu'on éprouve, c'est ainsi qu'on peut étouffer, m'a-t-on dit, les sentiments dont la religion doit triompher. Ma chère Delphine, ma généreuse amie, retenez ce dernier accent, ce sont les adieux qui précèdent la mort, vous n'entendrez plus la voix qui sort du cœur; adieu! »

Thérèse me quitta, je ne la suivis point; je restai quelque temps seule, pour me livrer à mes larmes. Je sentis d'ailleurs que ce n'était pas au moment de son départ que je pourrais produire aucune impression sur elle; et j'espérai davantage de mes lettres pendant son absence. Quand je rentrai, le frère de M. d'Ervins était arrivé. Thérèse fit les préparatifs de son voyage avec une singulière fermeté; Isore pleura beaucoup en me quittant; sa mère, en descendant pour partir, détourna la tête plusieurs fois, afin de ne pas voir l'émotion de cette pauvre petite. Thérèse monta en voiture sans me dire un mot; mais, en prenant sa main, je reconnus à son tremblement quelle douleur elle éprouvait.

Thérèse! être si tendre et si doux, me répétai-je souvent quand elle fut partie, cette force que vous ne tenez pas de vous-même, vous soutiendra-t-elle constamment? ne sentirez-vous pas se refroidir en vous l'exaltation d'une religion qui a tant besoin d'enthousiasme? et ne perdrez-vous pas un jour cette foi du cœur qui vous aveugle sur tout le reste? Hélas! et moi qui me crois plus éclairée, que deviendrai-je? l'espérance d'une vie à venir, les principes qui m'ont été donnés par un être parfaitement bon, les idées religieuses, raisonnables, et sensibles, ne me rendront-elles donc pas à moi-même? et l'amour ne peut-il être combattu que par des fantômes superstitieux qui remplissent notre âme de terreur? Louise, la douleur remet tout en doute, et l'on n'est contente d'aucune de ses facultés, d'aucune de ses opinions, quand on n'a pu s'en servir contre les peines de la vie.

LETTRE XXVII.

Delphine à mademoiselle d'Albémar.

Bellerive, ce 14 octobre.

Je vous prie, ma chère Louise, de remettre à M. de Clarimin ce billet, par lequel je me rends caution de soixante mille livres que madame de Vernon lui doit : obtenez de lui, je vous en conjure, qu'il cesse de la calomnier. Il est dans sa terre, à quelques lieues de vous, il vous sera facile de l'engager à venir vous parler. Dès que j'aurai reçu votre réponse, et que je pourrai tranuilliser madame de Vernon, les affaires qui la etiennent ici seront terminées, et nous partirons nsemble pour le Languedoc; moi, pour vous re-oindre; elle, pour m'accompagner, et pour passer hiver dans les pays chauds. Les médecins disent ue sa poitrine est très-affectée; elle paraît elle-même se croire en danger, mais elle s'en occupe ingulièrement peu : ah! si j'étais condamnée à la erdre, cette amère douleur m'ôterait le reste de mes forces.

Je n'ai point appris par madame de Vernon 'embarras dans lequel elle se trouvait; le hasard ne l'a fait découvrir, et je le savais seulement de a veille, lorsque madame de Mondoville et ma-lame de Vernon vinrent avant-hier chez moi. Je oris madame de Mondoville à part, et je lui de-nandai si ce que l'on m'avait dit des plaintes de M. de Clarimin contre sa mère était vrai. « Oui, me répondit-elle : ma mère voulait que je m'en-gageasse pour les soixante mille livres qu'elle lui doit, pendant l'absence de M. de Mondoville; je l'ai refusé, car je n'ai le droit de disposer de rien sans le consentement de mon mari, et ma mère ne veut pas que je le demande. Vous savez que je mets fort peu d'importance à la fortune; mais je prétends être stricte dans l'accomplissement de mes devoirs. » Elle disait vrai, Louise, elle ne met point d'importance à l'argent; mais sa mère serait mourante, qu'elle ne sacrifierait pas une seule de ses idées sur la conduite qu'elle croit devoir tenir.

« Je ne sais pas bien, lui dis-je vivement, quel est le devoir au monde qui peut empêcher d'être utile à sa mère; mais enfin... » Elle m'interrom-pit à ces mots avec humeur, car les attaques di-rectes l'irritent d'autant plus qu'elle n'aperçoit ja-mais que celles-là. « Vous croyez apparemment, ma cousine, me dit-elle, qu'il n'y a de principes fixes sur rien; et que serait donc la vertu, si l'on se laissait aller à tous ses mouvements? — Et la vertu, lui dis-je, est-elle autre chose que la con-tinuité des mouvements généreux? Enfin, laissons ce sujet; c'est moi qu'il regarde, et moi seule. » Madame de Vernon, s'approchant de nous, in-terrompit notre entretien; en la voyant au grand jour je fus douloureusement frappée de sa mai-greur et de son abattement; jamais je n'avais senti pour elle une amitié plus tendre. Madame de Mon-doville retourna à Paris; je gardai madame de Vernon chez moi, et le lendemain matin, à son réveil, je lui portai une assignation de soixante mille livres sur mon banquier, en la suppliant de l'accepter. « Non, me dit-elle, je ne le puis; c'é-tait à ma fille, à ma fille pour qui j'ai tout fait,

de me tirer de l'embarras où je suis : elle ne le veut pas, c'est peut-être juste; je ne l'ai pas assez formée pour moi, j'ai remis son éducation à d'au-tres; nous ne pouvons ni nous entendre, ni nous convenir : mais ce n'est pas vous, non, ce n'est pas vous, en vérité, ma chère Delphine, qui de-vez me rendre un tel service. — Pourquoi donc me refusez-vous ce bonheur? lui dis-je; il y a deux ans que vous y avez consenti; nouvellement encore, dans le mariage de votre fille... — Ah! s'écria-t-elle, le mariage de ma fille... » Et puis tout à coup s'arrêtant, elle reprit : « Depuis quel-que temps j'ai du malheur en tout, peut-être des torts; mais enfin, dans l'état où je suis, tout cela ne sera pas long. — Ne voulez-vous pas empêcher que M. Clarimin ne vous accuse? — Je le croyais mon ami, me dit-elle en soupirant; se peut-il que je me sois fait des illusions! je n'y étais pas cependant disposée. Enfin il veut me perdre dans le monde, et me ruiner en saisissant ce que je possède; il a tort, car je dois mourir bientôt, et il est dur de m'ôter à présent l'existence à laquelle j'ai sacrifié toute ma vie. — Au nom de Dieu, lui dis-je en versant des larmes, repoussez ces hor-ribles idées, et ne refusez pas le service que je vous conjure d'accepter : j'ai des peines, de cruel-les peines, vous le savez, voulez-vous me ravir le seul bonheur que je puisse tirer de mon inutile fortune? — Eh bien, me répondit madame de Vernon, je vous crois généreuse : quand je mour-rai, quoi qu'il arrive après moi, vous ne vous re-pentirez point de m'avoir rendu un dernier ser-vice. Il n'est pas nécessaire que vous me prêtiez ce que je dois; votre caution suffit, et je l'accepte. »

Il y avait dans l'accent de madame de Vernon quelque chose de triste et de sombre qui me fit beaucoup de peine. Pauvre femme! les injustices des hommes ont peut-être aigri ce caractère si doux, troublé cette âme si tranquille. Ah! que les cœurs durs font de mal! Je lui dis quelques mots sur son goût pour le jeu. « Hélas! reprit-elle, vous ne savez pas combien il est difficile d'être femme, sans fortune, sans jeunesse, et sans en-fants qui nous entourent; on essaye de tout pour oublier cette pénible destinée. » Je ne voulus pas insister sur les pertes qu'elle s'exposait à faire, dans un moment où je venais de lui rendre ser-vice, et je cherchai à la ramener sur d'autres su-jets de conversation.

Le soir il vint assez de monde me voir : on sa-vait que madame d'Ervins, pour qui j'avais dit que je quittais la société, n'était plus à Bellerive : mon départ annoncé avait attiré chez moi plusieurs personnes, qui croient toutes qu'elles me regrettent, et dont la bienveillance s'est singulièrement ranimée en ma faveur, par l'idée de ma prochaine absence.

Pendant que ce cercle était réuni dans le salon de Bellerive, madame de Lebensei y arriva avec son mari, qu'elle m'avait promis de m'amener. Quand elle vit cette société nombreuse, elle fut entièrement déconcertée, et descendit dans le jardin, sous le prétexte de prendre l'air; il me fut impossible de la retenir, et peut-être valait-il mieux en effet qu'elle s'éloignât, car tous les visages de femmes s'étaient déjà composés pour cette circonstance. M. de Lebensei ne s'en alla point : je remarquai même que c'était avec intention qu'il restait; il voulait trouver l'occasion de témoigner son indifférence pour les malveillantes dispositions de la société : il avait raison, car, sous la proscription de l'opinion, une femme s'affaiblit, mais un homme se relève; il semble qu'ayant fait les lois, les hommes sont les maîtres de les interpréter ou de les braver.

L'esprit de M. de Lebensei me frappa beaucoup; il n'eut pas l'air de se douter du froid accueil qu'on destinait à sa femme : il parla sur des objets sérieux avec une grande supériorité; n'adressa la parole à personne, excepté à moi, et trouva l'art d'indiquer son dédain pour la censure dont il pouvait être l'objet, sans jamais l'exprimer; un air insouciant, un calme, des manières nobles, remettaient chacun à sa place : il ne changeait peut-être rien à la manière de penser; mais il forçait du moins au silence, et c'est beaucoup; car dans ce genre, l'on s'exalte par ce qu'on se permet de dire, et l'homme qui oblige à des égards en sa présence est encore ménagé lorsqu'il est absent.

Quand madame de Lebensei fut revenue près de nous, après le départ de la société, M. de Lebensei continua à montrer l'indépendance de caractère et d'opinion qui le distingue, et je sentis que sa conversation, en fortifiant mon esprit, me faisait du bien : du bien! ah! de quel mot je me suis servie! Hélas! si vous saviez dans quel état est mon âme... Mais puisque je me suis promis de me contraindre, il faut en avoir la force, même avec vous.

LETTRE XXVIII.

Delphine à mademoiselle d'Albémar.

Paris, ce 10 octobre.

Avant de nous réunir pour toujours, ma chère sœur, il faut que je m'explique avec vous sur un sujet que j'avais négligé, mais que vous développez trop clairement dans votre dernière lettre [1] pour que je puisse me dispenser d'y répondre. Vous me dites que M. de Valorbe a toujours conservé le même sentiment pour moi, qu'il n'a pu quitter depuis un an sa mère qui est mourante, mais qu'il vous a constamment écrit pour vous parler de son désir de vous voir, et de son besoin de me plaire : vous me rappelez aussi ce que je ne puis jamais oublier, c'est qu'il a sauvé la vie à M. d'Albémar, il y a dix ans, et que votre frère conservait pour lui la plus vive reconnaissance. Vous ajoutez à tout cela quelques éloges sur le caractère et l'esprit de M. de Valorbe : je pourrais bien n'être pas, à cet égard, de votre avis, mais ce n'est pas de cela qu'il s'agit. Si vous aviez connu Léonce, vous ne croiriez pas possible que jamais je devinsse la femme d'un autre; je serais très-affligée, je l'avoue, si les obligations que nous avons à M. de Valorbe vous imposaient le devoir de l'admettre souvent chez vous. Je ne pense pas, vous le croyez bien, à revoir Léonce de ma vie; mais s'il apprenait que je permets à quelqu'un de me rechercher, il croirait que je me console; il n'aurait pas l'idée qui peut lui venir une fois de plaindre mon sort; et tous les hommages de l'univers ne me dédommageraient pas de la pitié de Léonce. C'en est assez : maintenant que vous connaissez les craintes que j'éprouve, je suis bien sûre que vous chercherez à me les épargner.

Dès que vous m'aurez mandé si M. de Clarimin accepte ma caution, nous partirons : madame de Vernon désire que je vous prie de l'accueillir avec amitié; ma chère sœur, je vous en conjure, ne soyez pas injuste pour elle; si je ne puis vaincre les préventions que vous m'exprimez encore dans votre dernière lettre, au moins soyez touchée des soins infinis qu'elle a eus pour moi; ces soins supposent beaucoup de bonté. Depuis le départ de Léonce pour l'Espagne, je suis presque méconnaissable. Une femme d'esprit a dit que *la perte de l'espérance changeait entièrement le caractère.* Je l'éprouve : j'avais, vous le savez, beaucoup de gaieté dans l'esprit, je m'intéressais aux événements, aux idées; maintenant rien ne me plaît, rien ne m'attire, et j'ai perdu avec le bonheur tout ce qui me rendait aimable. Quel état cependant pour une personne dont l'âme était si vivement accessible à toutes les jouissances de l'esprit et de la sensibilité! J'aimais la société presque trop, elle m'était souvent nécessaire et toujours agréable; à

[1] Cette lettre est supprimée.

présent je n'en puis supporter qu'une seule, celle de madame de Vernon. Louise, récompensez-la donc par votre bienveillance des consolations qu'elle m'a données.

Jamais on n'a mis dans l'intimité tant de désir de plaire! jamais on n'a consacré un esprit si fait pour le monde au soulagement de la douleur solitaire! Je vous le dis, ma sœur, et vous finirez par l'éprouver, madame de Vernon est une personne d'un agrément irrésistible. J'ai connu des femmes piquantes et spirituelles; je comprenais facilement, quand elles parlaient, comment on était aimable comme elles, et si je l'avais voulu, j'aurais réussi par les mêmes moyens; mais chaque mot de madame de Vernon est inattendu, et vous ne pouvez suivre les traces de son esprit, ni pour l'imiter, ni pour le prévoir. Si elle vous aime, elle vous l'exprime avec une sorte de négligence qui porte la conviction dans votre âme. Il semble que c'est à elle-même qu'elle parle quand des mots sensibles lui échappent, et vous les recueillez quand elle les laisse tomber.

Ma vie n'appartient plus qu'à vous et à madame de Vernon; de grâce, que je ne vous voie pas désunies! elle m'est devenue plus nécessaire qu'elle ne me l'était; c'est un dernier sentiment que j'ai saisi plus fortement que jamais, dans le naufrage de mon bonheur. Mais je n'ai pas besoin d'insister davantage; vous la trouverez, hélas! assez triste et bien malade; votre bon cœur s'intéressera sûrement pour elle.

LETTRE XXIX.

Léonce à M. Barton.

Bordeaux, ce 20 octobre.

Une fièvre violente m'a forcé de rester ici près d'un mois; je l'ai caché à ma famille à Paris, ma mère seule l'a su; je ne voulais que personne, excepté elle, se mêlât de s'intéresser à moi. Le premier jour de cette fièvre, je vous ai écrit je ne sais quelle lettre insensée, qui contenait, je crois, des expressions insultantes pour madame d'Albémar; je vous prie de la brûler, j'étais dans le délire : ce n'est pas que rien justifie Delphine des torts dont je l'accuse; mais, pour tout autre que moi, elle est, elle doit être un ange. Si vous saviez comme on parle d'elle ici! Elle n'y a demeuré que deux mois; mais n'est-ce pas assez pour qu'on ne puisse pas l'oublier!

J'essayerai demain de pénétrer jusqu'à madame d'Ervins; elle ne veut voir personne : elle est résolue, m'a-t-on appris, à se faire religieuse; elle doit remettre sa fille à madame d'Albémar : cette enfant parle de Delphine avec transport; je verrai au moins cette enfant. Ne trouvez-vous pas qu'il y a un mystère singulier dans tout?

Il me semble que dans votre dernière lettre vous vous exprimez moins bien sur madame d'Albémar : vous avez eu tort de recevoir aucune impression par ce que je vous ai écrit; je n'en dois faire sur personne. Conservez votre admiration pour madame d'Albémar; je serais malheureux de penser que je l'ai diminuée. Il circule des bruits sur madame d'Ervins; mais c'est impossible : la première fois qu'on me les a dits, j'ai tressailli; depuis, on les a démentis, tout à fait démentis. Adieu, mon cher maître, j'irai voir madame d'Ervins. D'où vient que cette idée me bouleverse? Elle est l'amie de Delphine. M. de Serbellane est allé en Toscane par mer; il ne voulait donc pas venir en France... je ne sais où j'en suis.

LETTRE XXX.

Léonce à Delphine.

Bordeaux, ce 22 octobre.

Delphine, oh! femme autrefois tant aimée! un enfant m'a-t-il révélé ce que la perfidie la plus noire avait trouvé l'art de me cacher? La voix des hommes vous avait accusée; la voix d'un enfant, cette voix du ciel vous aurait-elle justifiée? Écoutez-moi : voici l'instant le plus solennel de votre vie. Je suis lié pour toujours, je le sais; il n'est plus de bonheur pour moi; mais si j'étais seul coupable, et que Delphine fût innocente, mon cœur aurait encore du courage pour souffrir.

Hier j'ai été chez madame d'Ervins : quelque irrité que je fusse, je voulais entendre parler de vous par ceux qui vous aiment. Madame d'Ervins, toujours livrée aux exercices de piété, a refusé de me voir. Isore, sa fille, jouait dans le jardin; je me suis approché d'elle : on m'avait dit qu'elle vous aimait à la folie; je l'ai fait parler de vous, et j'ai vu que l'impression que vous produisiez était déjà sentie, même à cet âge. Vous l'avouerai-je, enfin? j'ai osé interroger Isore sur vos sentiments : des circonstances inouïes avaient plusieurs fois ranimé et détruit mon espoir; j'en accusais quelquefois confusément l'adresse d'une femme, j'espérai que la candeur d'un enfant déconcerterait les calculs les plus habiles.

« Madame d'Albémar doit se charger de vous, ai-je dit à Isore; elle vous emmènera sûrement en Toscane? — En Toscane! pourquoi? répondit-elle; je serais bien fâchée d'aller en Italie : c'est lorsque maman a tant aimé ce pays-là que nous avons été si malheureux. — Mais votre mère, lui dis-je, n'a-t-elle pas toujours aimé l'Italie? elle y est née. — Oh! reprit Isore, elle l'avait quittée si enfant qu'elle ne s'en souvenait plus; mais M. de Serbellane lui a tout rappelé. — M. de Serbellane vous déplaît-il? continuai-je. — Non, il ne me déplaît pas, répondit Isore; mais depuis qu'il est venu chez maman, elle a toujours pleuré. — Toujours pleuré! répétai-je avec une vive émotion. Et madame d'Albémar, que faisait-elle alors? — Elle consolait maman : elle si bonne! — Oh! sans doute, elle l'est! » m'écriai-je. Et dans ce moment, Delphine, je sentis mon cœur revenir à vous. « Mais, cependant, ajoutai-je, elle épousera M. de Serbellane? — M. de Serbellane! interrompit Isore avec la vivacité qu'ont les enfants quand ils croient avoir raison; M. de Serbellane! oh! c'est maman qui l'aimait, ce n'est pas madame d'Albémar; et puisque maman veut se faire religieuse, elle n'épousera pas M. de Serbellane, et madame d'Albémar n'ira sûrement pas en Italie. » A ces mots, la gouvernante d'Isore la prit brusquement par la main, et l'emmena en lui faisant une sévère réprimande. Je ne prévoyais pas que j'entraînais cette enfant à faire du tort à sa mère; mais ce mot qu'elle m'a dit, grand Dieu! que signifie-t-il? Ce serait madame d'Ervins qui aurait aimé M. de Serbellane! ce serait pour le sauver que vous auriez pris aux yeux du monde l'apparence de tous les torts! vous seriez une créature sublime, quand je vous accusais de parjure, et moi je mériterais..... Non, je ne mériterais pas ce que j'ai souffert.

Cependant comment puis-je le croire? n'ai-je pas une lettre de vous que je tiens de madame de Vernon, dans laquelle vous me dites de m'en rapporter à ce qu'elle me confiera de votre part? N'a-t-elle pas gardé le silence, ne s'est-elle pas embarrassée, comme une amie confuse de vos torts envers moi, lorsque je l'ai interrogée sur les détails que j'avais appris en arrivant à Paris, et qui se répandaient dans la société, à l'occasion de la mort de M. d'Ervins? Ces détails, qui me causaient tous une douleur nouvelle, c'étaient votre attachement pour M. de Serbellane, vos engagements pris à Bordeaux avec lui, l'instant d'incertitude que mes sentiments pour vous avaient fait naître dans votre âme, la délicatesse qui vous avait ramenée à votre premier amour, l'obligation où vous étiez de suivre M. de Serbellane, après qu'il s'était battu pour vous, et lorsque le séjour de la France lui était interdit. Ne m'avez-vous pas dit vous-même qu'il était parti, quand il ne l'était pas? n'a-t-il pas passé

vingt-quatre heures enfermé chez vous?... Oh! je reprends, en écrivant ces mots, tous les mouvements que je croyais calmés! M. de Serbellane, à l'instant même où il avait tué M. d'Ervins, ne vous a-t-il pas nommée? Vos gens, au tribunal, ne vous ont-ils pas citée seule? n'avez-vous pas été chercher le portrait de M. de Serbellane? ne receviez-vous pas sans cesse de ses lettres? avez-vous nié à personne que vous dussiez l'épouser? n'avez-vous pas demandé un sauf-conduit pour lui? Mais si toute cette conduite n'était qu'un dévouement continuel à l'amitié, vous seriez bien imprudente, je serais bien malheureux! Mais vous n'auriez pas cessé de m'aimer, et il vaudrait encore la peine de vivre.

Si vous n'avez pas été coupable, si madame de Vernon a su la vérité, si vous l'aviez chargée de me la dire, jamais la fausseté n'a employé des moyens plus infâmes, plus artificieux, mieux combinés. Je serai vengé, si son cœur insensible peut recevoir une blessure, si.... Mais ce n'est pas de son sort que je dois vous occuper.

Qui pourra jamais comprendre ce génie du mal qui a disposé de moi! Madame de Vernon me remit une lettre de ma mère, qui me conjurait de tenir la promesse qu'elle avait donnée de me marier avec Matilde; elle me parlait de vous avec amertume : dans un autre temps, rien de ce qu'elle aurait pu me dire n'aurait fait impression sur moi; mais il me semblait que sa voix était prophétique, et me prédisait l'événement qui venait d'anéantir mon sort. Ma mère m'adjurait, au nom du repos de sa vie, d'accomplir sa promesse; il ne suffisait pas de mon devoir envers elle pour me condamner au malheur que j'ai subi, il fallait que madame de Vernon s'emparât de mon caractère, avec une habileté que je ne sentis pas alors, mais qui depuis, en souvenir, m'a quelquefois saisi d'un insurmontable effroi.

Il n'y avait pas un défaut en moi qu'elle n'irritât. Elle vous défendait avec chaleur, et me blessait jusqu'au fond de l'âme par sa manière de vous justifier; elle m'exagérait le tort que vous vous étiez fait dans le monde, en passant pour la cause du duel de M. d'Ervins avec M. de Serbellane, et me proposait en même temps de vous engager, au nom de mon désespoir, à m'accorder votre main; c'est ainsi qu'elle révoltait ma fierté. En me rappelant aujourd'hui tous ses discours, il se peut qu'elle ne m'ait pas dit précisément que vous aimiez M. de Serbellane; mais elle a mis, si cela n'est pas, plus de ruse à me le faire croire, qu'il n'en fallait pour le dire. J'éprouvais, en l'écoutant, une contraction inouïe ; j'avais le front couvert de sueur, je me promenais à grands pas dans sa chambre, je m'écartais et je me rapprochais d'elle, avide de ses discours, et redoutant leur effet ; mon âme était fatiguée de cette conversation, comme par une suite de sensations amères, par une longue vie de peines : et cette fatigue cependant ne lassait point mon agitation ; elle me rendait seulement tous les mouvements plus douloureux.

Cette femme, je ne sais par quelle puissance, agitait mes passions comme un instrument qui s'ébranlait à sa volonté ; toutes les pensées que je fuyais, elle me les offrait en face ; tous les mots qui me faisaient mal, elle les répétait : et cependant ce n'était pas contre elle que j'étais irrité ; car il me semblait toujours qu'elle voulait me consoler, et que la peine que j'éprouvais n'était causée que par des vérités qui lui échappaient, ou qu'elle ne pouvait réussir à me cacher.

Elle allait chercher en moi tout ce que je peux avoir d'irritabilité sur tout ce qui tient à l'opinion et à l'honneur, pour me convaincre, sans me le prononcer, que je serais avili si je montrais encore mon attachement pour une femme publiquement livrée à un autre, ou si seulement je paraissais indifférent au scandale qu'avait causé la mort de M. d'Ervins. Ce qu'elle disait pouvait convenir également aux torts de légèreté (si je ne vous avais crue coupable que de ceux-là), ou aux torts du sentiment ; mais je saisissais surtout ce qui aigrissait ma jalousie. Madame de Vernon a fait de moi ce qu'elle a voulu, non par l'empire des affections, mais en excitant tous les mouvements amers que le ressentiment peut inspirer. Quel art ! si c'est de l'art.

Je n'ai rien encore entrevu que confusément, mais les plus généreuses vertus et les plus vils des crimes ne pourraient-ils pas s'être réunis pour me perdre ? Delphine, si cette espérance que je saisis m'a déçu, si l'enfant n'a pas dit la vérité, ne me répondez pas, j'entendrai votre silence, et je retomberai dans l'état dont je suis un moment sorti. Que signifiait une lettre de votre propre main ? comment fallait-il la comprendre ? et tous les mystères du jour fatal, des jours qui l'ont précédé, de ceux qui l'ont suivi ! Ah ! ne me cachez rien, le secret fait tant de mal !

Depuis mon mariage même, depuis bientôt cinq mois, madame de Vernon se serait-elle encore servie de sa fatale connaissance de mon caractère, pour irriter en moi la jalousie par la fierté, la fierté par la jalousie ; pour empoisonner les peines de l'amour par l'orgueil, et me déchirer à la fois par

tous les bons et les mauvais mouvements de mon âme ? Delphine, le cœur de Léonce est resté le même ; si le vôtre n'a point été coupable, souvenez-vous du temps où vous vous confiiez à lui ; hélas ! hélas ! depuis ce temps, un lien funeste.... et ce serait la fausseté la plus insigne qui.... Ne craignez rien pour madame de Vernon, ni pour sa fille ; qu'une bonté cruelle ne vous inspire pas encore de me sacrifier à des ménagements pour les autres !

Je voulais, après avoir vu Isore, retourner à l'instant même à Paris ; mais j'ai reçu une lettre de ma mère qui, s'inquiétant de mon séjour à Bordeaux, et me croyant fort malade, voulait, malgré l'état de sa santé, se mettre en route pour me rejoindre ; j'ai dû la prévenir, et je pars. Si c'est vous dont l'image doit régner sur ma vie, je pars pour accomplir envers ma mère les devoirs que vous me recommanderiez ; s'il faut vous perdre, c'est en Espagne que reposent les cendres de mon père, c'est en Espagne qu'il faut aller mourir.

Delphine, songez avec quelle émotion je vais passer les jours qui me séparent de votre réponse. Je serai à Madrid le premier de novembre ; si vous êtes à Bellerive, ma lettre aura pu retarder de quelques jours ; jusqu'au vingt-cinq, pendant un mois, j'attendrai : j'ai fixé ce terme à mon espérance. Jusqu'au vingt-cinq, mon anxiété sera sans doute cruelle ; mais que servirait-il de vous la peindre ? elle ne vous impose qu'un devoir, la vérité.

LETTRE XXXI.

Delphine à mademoiselle d'Albémar.

Paris, ce 26 octobre.

Louise, quelle lettre Léonce vient de m'écrire ! tout est révélé, tout est éclairci ; madame de Vernon ! vous-même, vous n'auriez jamais pensé qu'elle pût en être capable ! elle a profité de tous les prétextes que lui fournissait ma confiance, pour induire Léonce à croire que j'aimais M. de Serbellane, que je l'avais reçu chez moi pendant vingt-quatre heures, et que je partais pour l'épouser. Juste ciel ! vous croyez que c'est à moi que je pense, et que je goûterai quelque joie en apprenant que Léonce m'aime encore ! non, je ne sens qu'une douleur, je n'ai qu'une idée ; c'est l'amitié trahie, l'amitié la plus tendre, la plus fidèle : on s'attend peut-être, sans se l'avouer, que le temps amènera des changements dans les sentiments passionnés ; mais tout l'avenir repose sur les affections qui s'entretiennent par la certitude et la confiance.

Mon amie, si vous me trompiez, croyez-vous que je pusse supporter un tel malheur ? Eh bien !

I.

28

j'aimais madame de Vernon autant que vous, peut-être plus encore : je m'en accuse, je m'humilie ; mais son esprit séducteur avait un empire inconcevable sur moi. J'ai eu des moments de doute sur elle depuis le mariage de Léonce, mais elle en avait triomphé, mais mon cœur lui était plus livré que jamais.

Je suis troublée, tremblante, irritée comme s'il s'agissait de Léonce. Ah ! quand on a consacré tant de soins, tant de services, tant d'années à conquérir une amitié pour le reste de ses jours, quelle douleur on éprouve en considérant tout ce temps, tous ces efforts comme perdus ! Loin de vous, qui trouverai-je jamais que j'aie aimé depuis mon enfance avec cette confiance, avec cette candeur ? Une autre amie que j'aurais après madame de Vernon, je la jugerais, je l'examinerais, je serais susceptible de crainte, de soupçon ; mais Sophie, je l'ai aimée dans une époque de ma vie où j'étais si tendre et si vraie ! Je ne puis plus offrir à personne ce cœur qui se livrait sans réserve, et dont elle a possédé les premières affections. J'aimerai si l'on m'aime, je serai reconnaissante des marques d'intérêt que l'on pourra me donner ; mais cette tendresse vive, involontaire, que des agréments nouveaux pour moi m'avaient inspirée, je ne l'éprouverai plus. Je regrette Sophie et moi-même ; car je ne vaudrai jamais pour personne ce que je valais pour elle.

Se peut-il qu'elle ait pu accepter tant de preuves d'amitié, si elle ne sentait pas qu'elle m'aimait, qu'elle m'aimait pour la vie ! De tous les vices humains, l'ingratitude n'est-il pas le plus dur, celui qui suppose le plus de sécheresse dans l'âme, le plus d'oubli du passé, de ce temps qui ébranle si profondément les âmes sensibles ? Et moi-même aussi, faut-il que je ne conserve plus aucune trace de ce passé qu'elle a trahi ? Si je cède à mon cœur, si je confirme tous les soupçons de Léonce, ne vais-je pas l'irriter mortellement contre la mère de sa femme ? Je connais sa véhémence, sa généreuse indignation, il défendra à Matilde de voir sa mère ; je ne veux pas perdre madame de Vernon, je le dois à mes souvenirs ; je veux respecter en elle l'amitié qu'elle m'avait inspirée : cependant, rester coupable aux yeux de Léonce est un sacrifice au-dessus de mes forces ! Que faire donc, que devenir ? J'écrirai à M. Barton, je lui demanderai de se charger d'éclairer Léonce, en modérant les effets de son premier mouvement.

Eh quoi ! je me refuserais au bonheur d'écrire cette simple ligne : *Delphine n'a jamais aimé que Léonce.* Il l'espère, il l'attend ; ah ! quelle affreuse

perplexité ! Je vais aller chez madame de Vernon ; je lui parlerai, je n'épargnerai pas son cœur, s'il peut encore être ému ; vous saurez, en finissant cette lettre, ce qu'elle m'aura dit ; mais que peut-elle me dire ? Je veux que du moins une fois elle entende les plaintes amères qu'elle ne pourra jamais se rappeler sans rougir.

Minuit.

Non, je ne conçois point ce qu'est devenue l'idée que je m'étais faite de madame de Vernon ; je viens de passer deux heures avec elle sans avoir pu lui arracher un seul mot qui rappelât en rien cette sensibilité naturelle et aimable que je lui ai trouvée tant de fois ; il semble que dès qu'elle a vu son caractère dévoilé, elle ne s'est plus embarrassée de feindre, et si elle s'était jamais montrée à moi comme aujourd'hui, mon cœur ne s'y serait point trompé.

Après avoir reçu la lettre de Léonce, après m'être livrée, en vous écrivant, à toutes les impressions douces et cruelles qu'elle faisait naître en moi, j'allai chez madame de Vernon. Je ne vous peindrai point avec quel serrement de cœur je faisais cette même route, j'entrais dans cette même maison que je croyais hier plus à moi que la mienne ; le spectacle des lieux toujours invariables, quand notre cœur est si changé, produit une impression amère et triste. Je m'arrêtai néanmoins dans l'antichambre de madame de Vernon, pour demander de ses nouvelles avant d'entrer chez elle ; je sentais que si elle avait été malade, je serais retournée chez moi. On me dit qu'elle se portait beaucoup mieux, et qu'elle avait dormi jusqu'à midi ; alors je me hâtai mes pas, et j'ouvris brusquement sa porte : elle était seule, et vint à moi avec cet air d'empressement qui avait coutume de me charmer. J'en fus irritée, et par un mouvement très-vif, je jetai sur une table, devant elle, la lettre de Léonce, et je lui dis de la lire.

Elle la prit, rougit d'abord d'une manière très-marquée, mais prolongeant à dessein la lecture pour se remettre, quand elle se sentit enfin tout à fait calme, elle me dit assez froidement : « Vous êtes la maîtresse de semer la haine dans une famille unie ; mais vous auriez dû penser plus tôt qu'il était juste que je fisse tous les efforts qui dépendaient de moi pour bien marier ma fille, et vous empêcher de lui enlever l'époux qui lui était promis. — Grand Dieu ! m'écriai-je, il était juste que vous abusassiez de mon amitié pour vous, de la confiance absolue qu'elle m'inspirait... — Et vous, interrompit-elle, n'abusiez-vous pas de ce que je vous recevais chez moi, pour venir, dans ma maison même, ravir à ma fille l'affection de Léonce? — Vous ai-je rien caché? répondis-je avec chaleur; ne vous ai-je pas chargée vous-même d'expliquer ma conduite et mes sentiments à Léonce?—En vérité, interrompit madame de Vernon, si vous me permettez de vous le dire, il fallait être trop naïve pour me choisir, moi, pour engager Léonce à vous épouser. — Trop naïve! répétai-je avec indignation, trop naïve! est-ce vous, madame, qui parlez avec dérision des sentiments généreux? Ah! j'en atteste le ciel, dans ce moment où j'apprends que mon estime pour votre caractère a détruit tout le bonheur de ma vie, je jouis encore de vous avoir offert une dupe si facile; je jouis avec orgueil d'avoir un esprit incapable de deviner la perfidie, et dont vous avez pu vous jouer comme d'un enfant.

— Léonce lui-même vous avoue, me répondit-elle, que ce n'est pas moi qui lui ai appris ce que l'on répandait dans le monde; je me suis contentée de ne pas le nier : c'était bien le moins dans ma situation. Quant à tout l'esprit que fait Léonce, à propos du prétendu pouvoir que j'ai exercé sur lui, c'est une excuse qu'il veut vous donner; on ne gouverne jamais personne que dans le sens de son caractère : l'éclat de votre aventure lui déplaisait; l'imprudence de votre conduite, l'indépendance de vos opinions blessaient extrêmement sa manière de voir, voilà tout. — Non, repris-je vivement, ce n'est pas tout; vous voulez, par des paroles légères, confondre le bien avec le mal, et cacher vos actions dans le nuage de vos discours; préparez pour le monde ces habiles moyens, un cœur blessé ne peut s'y méprendre. Écoutez chaque mot de la lettre de Léonce. » Comme je voulais la reprendre pour la relire, madame de Vernon la retint, et me dit négligemment : « Ne voulez-vous pas occuper tout Paris de nos querelles de famille, et montrer à vos amis cette lettre de Léonce? » En prononçant ces paroles, elle la jeta dans le feu. Cette action m'indigna; mais plus mon impression était vive, plus je voulus la réprimer, et je me levai pour sortir. Madame de Vernon reprit la parole assez vite; elle recommença l'entretien, afin qu'il ne se terminât pas par l'action qu'elle venait de se permettre. « J'avais de l'amitié pour vous, me dit-elle; mais les intérêts de ma fille devaient m'être encore plus chers. — Eh quoi! répondis-je, ne les avais-je pas assurés, ces intérêts, lorsque je lui donnai la terre d'Andelys, lorsque je vous ai préservée deux fois de la ruine? — Delphine, interrompit madame de Vernon, il n'y a rien de plus indélicat que de reprocher les services qu'on a rendus. — Vous savez mieux que personne, madame, continuai-je froidement, combien j'attache peu de prix à ce que je puis faire pour les autres; quand il m'est arrivé de rendre des services à ceux que je n'aimais pas, je n'en ai jamais gardé le moindre souvenir; mais c'est avec confiance, avec tendresse, que je me suis vouée à vous être utile : les preuves d'amitié que je vous ai données, c'est aux sentiments que je croyais vous avoir inspirés qu'elles s'adressaient; si vous n'aviez pas ces sentiments, pourquoi donc avez-vous disposé de moi? pourquoi vous exposiez-vous au reproche le plus humiliant, le plus cruel, à celui de l'ingratitude? — L'ingratitude! me dit madame de Vernon, c'est un grand mot, dont on abuse beaucoup; on se sert parce que l'on s'aime, et quand on ne s'aime plus, l'on est quitte; on ne fait rien dans la vie que par calcul ou par goût; je ne vois pas ce que la reconnaissance peut avoir à faire dans l'un ou dans l'autre. — Je ne daigne pas répondre, lui dis-je, à ce détestable sophisme; mais vous n'aviez donc pas d'amitié pour moi, quand vous me montriez tant d'intérêt et d'affection? l'attachement que j'avais pour vous ne vous avait donc pas touchée? est-il donc vrai que depuis six ans nos conversations, nos lettres, notre intimité, tout fut mensonge de votre part? En me retraçant les années heureuses que j'ai passées avec vous, j'éprouve l'insupportable peine de ne pouvoir me flatter qu'il ait existé un temps où vous m'aimiez sincèrement : quand donc avez-vous commencé à me tromper? dites-le moi, je vous en conjure, pour que du moins je puisse conserver quelques souvenirs doux de tous les jours qui ont précédé cette funeste époque. » En parlant ainsi, j'étais inondée de larmes, et je souffrais extrêmement de n'avoir pu les retenir, car madame de Vernon me paraissait avoir conservé le plus grand sang-froid; cependant, quand elle reprit la parole, sa voix était altérée.

« Tout est fini entre nous, me dit-elle en se levant; avec votre caractère, vous n'entendriez raison sur rien; vous êtes trop exaltée pour qu'on puisse vous faire comprendre le réel de la vie. Si je meurs de la maladie qui me menace, peut-être vous expliquerai-je ma conduite; mais tant que je vivrai, il me convient de soutenir mon existence, ma manière d'être dans le monde, telle qu'elle est; je veux aussi éviter les émotions pénibles que votre présence et les scènes douloureuses qu'elle entraîne me causeraient : il vaut donc mieux ne plus nous revoir. » Vous le dirai-je, ma chère Louise? je frémis à ces derniers mots : j'étais bien décidée à ne plus être liée avec madame de Vernon; je sentais que je ne pouvais répéter des reproches de cette nature, et qu'il me serait impossible de la revoir sans les renouveler ; mais je ne m'étais pas dit que ce jour finirait tout entre nous, et la rapidité de cette décision, quelque inévitable qu'elle fût, me faisait peur. « Quoi ! lui dis-je, vous ne pouvez pas trouver quelques excuses qui puissent affaiblir mon ressentiment? — Le prestige de tout ce que j'étais pour vous est détruit, me dit madame de Vernon ; je suis trop fière pour essayer de le faire renaître. — Trop fière ! m'écriai-je, vous qui avez pu me tromper !..... — Laissons ces reproches, reprit-elle impatiemment : je vaux peut-être mieux que je ne parais; mais, quoi qu'il en soit, je ne veux pas m'entendre dire le mal que l'on peut penser de moi.

« Vous êtes la maîtresse, ajouta-t-elle, de rendre les derniers jours de vie qui me restent horriblement malheureux, en révélant tout à Léonce; vous pouvez user de cette puissance, je n'essayerai point de vous en détourner. — Ah ! m'écriai-je, vous ne savez pas encore ce que vous pourriez sur moi, si le repentir... — Du repentir, interrompit-elle avec l'accent le plus ironique; voilà bien une idée dans votre genre ! » A cette réponse, à cet air, je repris toute mon indignation, et m'avançai vers la porte pour m'en aller; mais tout à coup je m'arrêtai, je regardai cette chambre dans laquelle j'avais passé des heures si douces, et je songeai que j'allais en sortir pour n'y plus rentrer jamais.

« Hélas ! lui dis-je alors avec douceur, combien vous avez mal connu la route de votre bonheur ! vous avez rencontré au milieu de votre carrière une personne jeune, qui vous aimait de sa première amitié, sentiment presque aussi profond que le premier amour; une personne singulièrement captivée par le charme de votre esprit et de vos manières, et qui ne concevait pas le moindre doute sur la moralité de votre caractère : vous le savez, autour de moi j'avais souvent entendu dire du mal de vous; mais en vous justifiant toujours, je m'étais plus attachée aux qualités que je vous attribuais, que si je n'avais jamais eu besoin de vous défendre : vous avez brisé ce cœur qui vous était acquis, sans que même une telle dureté fût nécessaire à aucun de vos intérêts ; vous auriez obtenu de moi d'immoler mon bonheur à mon attachement pour vous; vous m'avez trompée par goût pour la dissimulation, car la vérité eût atteint le même but, et vous avez voulu dérober, par la fausseté, ce que l'amitié généreuse s'offrait à vous sacrifier. Je souhaite néanmoins, oui, je souhaite du fond du cœur que vous soyez heureuse; mais

je vous prédis que vous ne serez plus aimée comme je vous ai prouvé qu'on aime : on ne forme pas deux fois des liaisons telles que la nôtre, et quelque aimable que vous soyez, vous ne retrouverez pas l'amitié, le dévouement, l'illusion de Delphine. Je vous quitte dans cet instant pour ne plus vous revoir, et c'est moi qui suis émue, moi seule. Ah ! n'essayerez-vous donc pas d'adoucir le sentiment que je vais emporter avec moi? ce talent de feindre, dont vous avez si cruellement abusé, vous manque-t-il donc seulement alors qu'il pourrait rendre nos derniers moments moins cruels? — Je ne le puis, me dit-elle, je ne le puis ; il faut éloigner de soi les sentiments pénibles, et ne point recommencer des liens qui désormais ne seraient que douloureux; il n'est plus en votre puissance de ne pas troubler mon repos; adieu donc, c'est du repos que je veux, si je dois vivre encore; sinon.... » Elle s'arrêta, comme si elle avait eu l'idée de me parler, mais, changeant de résolution : « Adieu, Delphine, » me dit-elle d'une voix assez précipitée, et elle rentra dans son cabinet.

Je restai quelque temps à la même place ; mais enfin, honteuse de mon émotion, de cette faiblesse de cœur qui avait entièrement changé nos rôles, et fait de celle qui était mortellement offensée celle qui était prête à supplier l'autre, je quittai cette maison pour toujours, et je revins impatiente de vous apprendre ce qui s'était passé. S'il ne se mêlait pas à votre affection pour moi des vertus maternelles, si vous ne m'inspiriez pas ces sentiments qui appartiennent à l'amour filial, et que la mort prématurée de mes parents m'a permis de connaître que pour vous, j'aurais quelque embarras à vous peindre la douleur que m'a causée ma rupture avec madame de Vernon; mais votre cœur n'est point accessible même à la plus noble des jalousies. Vous avez de l'indulgence pour votre enfant; vous lui pardonnez cette amitié vive que les premiers goûts de l'esprit et les premiers plaisirs de la société avaient fait naître; elle existait à côté de l'amour le plus passionné, cette amitié funeste; elle ne portait donc pas atteinte à la tendresse reconnaissante que je ne puis éprouver que pour vous seule.

Maintenant quel parti prendre? Ma conversation avec madame de Vernon m'a bien prouvé qu'elle redoutait extrêmement, pour le repos de sa famille, que Léonce ne connût la vérité; mais que dois-je à madame de Vernon? mais quelle puissance sur la terre pourrait obtenir de moi que je consentisse une seconde fois à être méconnue de Léonce? Eh ! que parlé-je de puissance? il n'en est qu'une à-

craindre, c'est la voix de mon propre cœur? mais est-il vrai qu'elle me le demande? Non, il faut aussi que je compte mon sort pour quelque chose, que la bonté m'inspire quelque compassion pour moi-même. J'ai le temps encore de consulter M. Barton, d'avoir sa réponse; la vôtre aussi peut me parvenir; il faut quatorze jours pour que les lettres arrivent à Madrid. Léonce, jusqu'au vingt-cinq novembre, attendra sans me condamner. Ah! ma sœur, que m'écrirez-vous dans le combat qui me déchire, à quel sentiment prêterez-vous votre appui?

LETTRE XXXIII.

Delphine à mademoiselle d'Albémar.

Paris, ce 2 novembre 1790.

J'attends impatiemment votre réponse et celle de M. Barton; je compte les jours, et je les redoute; je consume mes heures dans des réflexions qui me déchirent, en se combattant mutuellement; quelquefois je trouve de la douceur à penser que si l'on n'avait pas excité la jalousie de Léonce, toute autre prévention ne l'eût jamais assez éloigné de moi pour qu'il consentît à devenir l'époux de Matilde; et l'instant d'après je me livre au désespoir, en songeant que le plus simple hasard pouvait tout éclaircir, et que si j'avais eu le courage d'aller vers lui, peut-être encore au dernier moment, un mot, un seul mot faisait de la plus misérable des femmes, la plus heureuse.

Quel sentiment éprouvera-t-il, quand il saura mon innocence! Oui, sans doute il la saura; l'on n'exigera pas de moi que je renonce à me justifier auprès de lui. Cependant quel trouble je vais porter dans ses affections, dans ses devoirs, si je l'instruis positivement de la vérité! Ne vaut-il pas mieux que le temps et ma conduite l'éclairent? Mais si je garde le silence, il m'annonce qu'il me croira coupable, il croira que dans le moment même où je paraissais l'aimer, je le trompais; non, cette pensée est intolérable : si j'étais mourante, n'obtiendrais-je pas le droit de tout révéler après moi? hélas! l'aurais-je même alors? le bonheur des autres ne doit-il pas nous être sacré, tant qu'il peut dépendre de notre volonté!

Cruelle femme! c'est encore pour vous que j'éprouve ces affreuses incertitudes; c'est votre repos, c'est votre bonheur qui lutte encore dans mon cœur contre un désir inexprimable! Et Matilde aussi, ne souffrira-t-elle pas de ce que je dirai? puis-je écrire à Léonce ce qui doit lui faire haïr sa belle-mère, et l'éloigner encore plus de sa femme? Ah! jamais, jamais personne ne s'est trouvé dans une situation où les deux partis à prendre paraissent tous deux également impossibles.

Enfin il le faut, je le dois; attendons les conseils qui peuvent m'éclairer.

Mon voyage près de vous est forcément retardé de quelques jours, parce que je ne vais plus avec madame de Vernon. J'avais remis toutes mes affaires entre les mains d'un homme à elle; il faut tout séparer, après avoir cru que tout était en commun pour la vie. J'ai honte de vous avouer combien je suis faible! encore ce matin, je suis montée en voiture pour aller chez mon notaire; mais comme il fallait, pour arriver à sa maison, passer devant la porte de madame de Vernon, je n'en ai pas eu le courage; j'ai tiré le cordon de ma voiture au milieu de la rue, et j'ai donné l'ordre de retourner chez moi. J'ai voulu ranger mes papiers avant mon départ; je trouvais partout des lettres et des billets de madame de Vernon : il a fallu ôter son portrait de mon salon, lui renvoyer une foule de livres qu'elle m'avait prêtés; c'est beaucoup plus cruel que les adieux au moment de mourir, car les affections qui restent alors répandent encore de la douceur sur les dernières volontés; mais dans une rupture, tous les détails de la séparation déchirent, et rien de sensible ne s'y mêle et ne fait trouver du plaisir à pleurer.

Je n'ai plus personne à consulter sur les circonstances journalières de la vie; je me sens indécise sur tout. Je pense avec une sorte de plaisir que, par délicatesse pour madame de Vernon, je m'étais isolée de la plupart des femmes qui me témoignaient de l'amitié; je ne voulais confier à aucune autre ce que je lui disais; j'étais jalouse de moi pour elle.

Au milieu de ces pensées, plus douces mille fois qu'une amie si coupable ne devait les attendre de moi, madame de Lebensei a trouvé le secret, hier, de me faire parler très-amèrement de madame de Vernon; elle était arrivée de la campagne exprès pour me questionner; madame de Vernon l'avait vue, et avait su la captiver entièrement, soit par l'empire de son charme, soit que, dans la situation de madame de Lebensei, l'on ne veuille se brouiller avec personne, et que l'on devienne même très-aisément favorable à tous ceux qui vous traitent bien.

Je trouvai d'abord mauvais que madame de Vernon eût confié, sans mon aveu, à madame de Lebensei mon sentiment pour Léonce; mais la justification de madame de Vernon, que me rapporta madame de Lebensei assez maladroitement, m'irrita bien plus encore. Elle se fondait entièrement sur les dispositions que madame de Vernon supposait à Léonce, son éloignement pour les femmes qui ne respectaient pas l'opinion, l'irrésolution de ses projets relativement à moi, le peu de convenance qui existait entre nos manières de penser. Madame de Vernon se représentait enfin, me dit madame de Lebensei, comme n'ayant fait que conseiller Léonce selon son bonheur, et peut-être son penchant : c'était me blesser jusqu'au fond du cœur que se servir d'un tel prétexte. Si quelqu'un avait senti fortement les torts de madame de Vernon envers moi, peut-être aurais-je adouci moi-même les coups qu'on voulait lui porter; mais les formes tranchantes de madame de Lebensei, son parti pris d'avance, les petits mots qu'elle me disait, et qui m'annonçaient que madame de Vernon l'avait prévenue que j'étais très-exagérée dans mon ressentiment; tout cet appareil d'impartialité, quand il s'agissait de décider entre la générosité et la perfidie, m'offensa tellement, que je perdis, je le crois, toute mesure; et faisant à madame de Lebensei, avec beaucoup de chaleur, le tableau de ma conduite et de celle de madame de Vernon, je lui déclarai que je ne voulais point écouter ceux qui me parleraient pour elle, et que je la priais seulement de raconter à madame de Vernon ce que j'avais dit, et les propres termes dont je m'étais servie.

Quand madame de Lebensei fut partie, je sentis que j'avais eu tort; je ne me repentis ni d'avoir excité le ressentiment de madame de Vernon, ni d'avoir attaché plus vivement madame de Lebensei à ses intérêts : il est assez doux de se faire du mal à soi-même, en attaquant une personne qui nous fut chère; on aime à briser tous les calculs en se livrant à ce douloureux mouvement; mais je me repentis d'avoir dénaturé ce que j'éprouvais, et de m'être donné des torts de paroles, quand mes sentiments et mes actions n'en avaient aucun. J'étais aussi, je l'avoue, vivement irritée, en apprenant que madame de Vernon cherchait encore à me nuire, dans le moment même où j'hésitais si je ne sacrifierais pas le bonheur de toute ma vie à son repos.

Cependant que deviendrai-je, tant que Léonce me soupçonnera? la solitude et le temps ne feront rien à cette douleur; elle renaîtra chaque jour, car chaque jour j'essayerai de raisonner avec moi-même, pour me prouver que je dois répondre à Léonce. Mais pourquoi donc supposer que ma conscience me le défende? Ah! je l'espère, vous et M. Barton, vous penserez que Léonce aura assez de calme, assez de vertu, pour apprendre la vérité

sans punir celle qui fut coupable : ah! s'il sait pardonner, ne puis-je pas tout lui dire?

P. S. Vous ne m'avez pas répondu sur l'affaire de M. de Clarimin : je suis bien sûre que vous sentez comme moi que je dois mettre plus d'importance que jamais à lui faire accepter ma caution. Si par hasard vous ne l'aviez pas encore offerte, ce qui vient de se passer vous inspirera, j'en suis sûre, le désir de vous hâter.

LETTRE XXXIII.

Mademoiselle d'Albémar à Delphine.

Montpellier, ce 4 novembre.

Ma chère Delphine, mon élève chérie, dans quel monde êtes-vous tombée? Pourquoi faut-il que madame de Vernon, cette femme perfide que mon pauvre frère détestait avec tant de raison, vous ait captivée par son esprit séducteur? Pourquoi n'ai-je pas su réunir à mon affection pour vous cet art d'être aimable, qui pouvait satisfaire votre imagination? vous n'auriez eu besoin d'aucun autre sentiment, et votre cœur n'eût jamais été trompé.

Vous me demandez un conseil sur la conduite que vous devez tenir avec Léonce : comment oserais-je vous le donner? Je ne pense pas que vous deviez en rien vous sacrifier pour l'indigne madame de Vernon; mais quand Léonce saura que vous n'avez jamais cessé de l'aimer, pourra-t-il supporter Matilde? pourra-t-il se résoudre à ne pas vous revoir? aurez-vous la force de le lui défendre? Cependant faut-il que, pouvant vous justifier, vous vous donniez l'air coupable? Supporterez-vous une telle douleur? Non, l'amitié ne saurait s'arroger le droit de conseiller une action héroïque. Si vous répondez à Léonce, si vous l'instruisez de la vérité, vous ne ferez peut-être rien de vraiment mal, rien que personne surtout pût se permettre de condamner; mais si, pour mieux assurer son repos domestique, si, pour l'éloigner plus sûrement de vous, vous vous taisez, vous aurez surpassé de beaucoup ce que l'on pourrait attendre de la vertu la plus sévère.

LETTRE XXXIV.

M. Barton à madame d'Albémar.

Mondoville, 6 novembre.

J'ai été quelques jours, madame, sans pouvoir me déterminer à vous écrire; ce que je devais vous conseiller me semblait trop pénible pour vous : cependant je me suis résolu à vous donner la plus grande preuve de mon estime en répondant avec une sévère franchise à la généreuse question que vous daignez me faire.

M. de Mondoville, indignement trompé sur vos sentiments, a épousé mademoiselle de Vernon; il a repoussé le bonheur que j'espérais pour lui; il a gâté sa vie, mais il faut au moins qu'il respecte ses devoirs; il lui restera toujours une destinée supportable, tant qu'il n'aura pas perdu l'estime de lui-même.

Sans pouvoir deviner le secret habilement conduit dont vous avez été la victime, je n'ai jamais cru que vous fussiez capable de tromper, mais j'ai toujours refusé de m'expliquer avec Léonce sur ce sujet. J'ai reçu une lettre de lui, deux jours avant la vôtre, dans laquelle il m'apprend qu'il vous a écrit, et qu'il vous demande de lui dévoiler ce qu'il commence enfin à entrevoir, les criminelles ruses de madame de Vernon. Il se contient avec vous, me dit-il; mais il s'exprime, dans sa confiance en moi, avec une telle fureur, que je frémis du parti qu'il prendra quand il saura la conduite de madame de Vernon envers lui.

Il est résolu d'abord de défendre à madame de Mondoville de voir sa mère, et, si elle lui désobéit, il veut se séparer d'elle. Il forme encore mille autres projets extravagants de vengeance contre madame de Vernon. Je ne doute pas qu'il ne renonce à ce qui serait indigne de lui; mais tel que je le connais, je suis sûr qu'il suivra le dessein qu'il m'annonce, de forcer madame de Mondoville à rompre avec sa mère. Quel trouble cependant ne va-t-il pas en résulter?

Quelque coupable que soit madame de Vernon, vous la plaindriez d'être condamnée à ne jamais revoir sa fille; et si, comme je n'en doute pas, madame de Mondoville croit de son devoir de s'y refuser, quel scandale que la séparation de Léonce avec sa femme pour une telle cause! C'est vous seule, madame, qui pouvez encore être l'ange sauveur de cette famille, l'ange sauveur de celle même qui vous a cruellement persécutée.

Je ne me permettrai pas de vous dicter la conduite que vous devez tenir; j'ai dû seulement vous instruire des dispositions de Léonce. Il est impossible, quand il saura tout, de se flatter de l'apaiser; il est malheureusement très-emporté, et jamais, il faut en convenir, jamais un homme n'a été offensé à ce point dans son amour et dans son caractère. Jugez vous-même, madame, de ce qu'il importe de cacher à Léonce, jugez des sacrifices que votre âme généreuse est capable de faire! Je ne vous demande point de me pardonner, car je crois vous honorer par ma sincérité autant que

vous méritez de l'être, et mon admiration respectueuse donne beaucoup de force à cette expression.

LETTRE XXXV.

Réponse de Delphine à M. Barton.

Paris, ce 8 novembre.

Vous ne savez pas quelle douleur vous m'avez causée! je croyais pouvoir le détromper, je croyais toucher au moment de recouvrer toute son estime; vous m'avez montré mon devoir, le véritable devoir, celui qui a pour but d'épargner des souffrances aux autres : je l'ai reconnu, je m'y soumets, je n'écrirai point : mais souffrez que je le dise, pour la première fois j'ai senti que je m'élevais jusqu'à la vertu : oui, c'est de la vertu qu'un tel sacrifice, et ce qu'il me coûte mérite le suffrage d'un honnête homme et la pitié du ciel.

Il attend ma réponse pour un jour fixe, pour le vingt-cinq novembre. Mon silence, dit-il, sera pour lui l'aveu de la perfidie dont on m'avait accusée; ne pouvez-vous lui écrire que ce silence est un mystère que je ne veux jamais éclaircir, mais qu'il ne doit lui donner aucune interprétation décisive? ne pouvez-vous pas lui dire au moins que je pars pour le Languedoc, d'où je ne sortirai jamais? Est-ce trop demander, et ne défais-je pas ainsi, faiblesse après faiblesse, l'action que je nommais généreuse?

Je vous laisse l'arbitre de ce que vous pouvez dire; vous comprenez ce que je souffre, ce que je souffrirai toujours, tant qu'il me croira coupable. Si le ciel vous inspire un moyen de me secourir, sans porter atteinte au bonheur des autres, vous le saisirez, j'ose en être sûre; s'il faut me sacrifier, je vous en donne le pouvoir, je saurai vous en estimer. Je dépose entre vos mains la promesse de m'éloigner, de ne point écrire, de ne rien me permettre enfin pour moi-même, que de vous demander quelquefois si vous avez affaibli dans le cœur de Léonce la juste haine qu'il va de nouveau ressentir contre moi.

LETTRE XXXVI.

Madame d'Artenas à Delphine.

Paris, 10 novembre.

J'ai passé hier chez vous, ma chère Delphine, mais en vain; votre porte est toujours fermée. Je suis obligée de partir pour ma terre, près de Fontainebleau; mais je ne veux pas différer à vous demander de m'apprendre les causes d'un événement qui occupe toute la société de Paris. Vous êtes brouillée avec madame de Vernon ; vous ne vous voyez plus : je crois bien aisément qu'elle a tort, et que vous avez raison ; mais pourquoi vous brouiller avec elle ? pourquoi vous brouiller avec personne ? Cela peut avoir les plus graves inconvénients.

Vous avez découvert qu'elle vous trompait : il y a longtemps que je m'en serais doutée, à votre place ; mais c'est précisément parce qu'elle a un caractère adroit et dissimulé, qu'il était sage de la ménager : votre conduite a été le contraire de ce qu'elle devait être ; il fallait ne pas l'aimer avec tant d'aveuglement avant la découverte, et ne pas rompre depuis avec tant de véhémence. Madame de Vernon est établie à Paris depuis beaucoup plus longtemps que vous ; elle y a beaucoup plus de relations ; et vous savez qu'on est toujours ici soutenu par ses parents, non parce qu'ils vous aiment, mais parce qu'ils regardent comme un devoir de vous justifier. Il y a si peu de véritable amitié dans le grand monde, qu'encore vaut-il mieux compter sur ceux qui se croient obligés à vous défendre, que sur ceux qui le font volontairement. Vous allez vous trouver nécessairement mal avec votre famille, si vous ne voyez plus madame de Vernon ; car madame de Mondoville, dans cette circonstance, ne se séparera sûrement pas de sa mère. Il faut tâcher de vous raccommoder avec tout cela : pensez-en ce que j'en pense ; mais soyez avec madame de Vernon dans une bonne mesure, quoique sans fausseté.

Les hommes peuvent se brouiller avec qui ils veulent, un duel brillant répond à tout ; cette magie reste encore au courage, il affranchit honorablement des liens qu'impose la société ; ces liens sont les plus subtils, et cependant les plus difficiles à briser. Une jeune femme sans père ou sans mari, quelque distinguée qu'elle soit, n'a point de force réelle ni de place marquée au milieu du monde. Il faut donc se tirer d'affaire habilement, gouverner les bons sentiments avec encore plus de soin que les mauvais, renoncer à cette exaltation romanesque qui ne convient qu'à la vie solitaire, et se préserver surtout de ce naturel inconsidéré, la première des grâces en conversation, et la plus dangereuse des qualités en fait de conduite.

Vous aimez, quoi que vous en puissiez dire, le mouvement et la variété de la société de Paris ; sachez donc vous maintenir dans cette société, sans donner prise sur vous à personne. Avant les chagrins que vous avez éprouvés, vous aimiez aussi, et cela devait être, les succès sans exemple que

vous obteniez toujours quand on vous voyait et quand on vous entendait. Défiez-vous de ces succès ; qu'ils vous rendent d'autant plus prudente ; car en excitant l'envie, ils vous obligent à craindre madame de Vernon. Je pourrais, moi, me brouiller avec elle ; nous sommes à force égale, vieille et oubliée que je suis ; mais vous, la plus belle, la plus jeune, la plus aimable des femmes, on croira tout ce que madame de Vernon dira contre vous, et, pour ne vous rien cacher, on le croit déjà.

J'avais commencé ma lettre avec l'intention de vous laisser ignorer ce que madame de Vernon allègue en sa faveur ; mais je réfléchis qu'il faut que vous connaissiez tous les motifs qui doivent diriger votre conduite. Elle prétend que vous l'aviez chargée d'engager Léonce à vous épouser ; que, depuis l'esclandre du duel de M. de Serbellane, il ne l'a pas voulu, et que vous ne lui avez jamais pardonné son infructueuse négociation. Elle affirme que vous avez dit à tout le monde un mal abominable d'elle, et que vous lui avez reproché de prétendus services avec indélicatesse et amertume. Jugez combien les ingrats et ceux qui auraient envie de l'être trouvent mauvais qu'on se souvienne des services qu'on a rendus ! Elle assure enfin que c'est elle qui n'a plus voulu vous voir, parce que vous ne veniez dans sa maison que pour vous faire aimer du mari de sa fille, et cette dernière accusation lui rallie toutes les dévotes. Vous voyez qu'elle sait se concilier les bons et les méchants, et de plus, cette nombreuse classe d'indifférents paisibles, qui, ayant beaucoup plus entendu parler de madame d'Albémar que de madame de Vernon, croient qu'il est de leur dignité de gens médiocres de blâmer celle qui a le plus d'éclat.

Ne vous exagérez pas cependant l'effet des discours de madame de Vernon, nous sommes en état de nous en défendre ; mais il est indispensable que vous commenciez par vous raccommoder avec elle, et je vous réponds qu'elle ne demanderait pas mieux ; car dans toutes ces querelles, en présence du tribunal de l'opinion, chacun a peur de l'autre. Retournez à ses soupers, cessez de lui faire aucun reproche, n'en dites plus aucun mal ; et si elle continue à chercher à vous nuire, je me charge, moi, de lui jouer quelques tours de vieille guerre. Je connais les ruses de madame de Vernon, je ne m'en sers pas, mais j'en sais assez pour les dévoiler ; et elle vous ménagera, quand elle apprendra que vos qualités vives et brillantes sont sous la protection de ma prudence et de mon sang-froid. Adieu, ma chère Delphine ; suivez mes conseils, et tout ira bien.

LETTRE XXXVII.

Delphine à madame d'Artenas.

Paris, 14 novembre.

Je suis touchée, madame, de l'intérêt que vous voulez bien me témoigner, mais je ne puis suivre le conseil que vous avez la bonté de me donner. J'ai aimé tendrement madame de Vernon; comment me serait-il possible de renouer avec elle par les motifs tirés de mon intérêt personnel? je suis bien peu capable de cette conduite, même avec les indifférents; mais j'aurais une répugnance invincible à dégrader les sentiments que j'ai éprouvés, en les soumettant à des calculs. Comment pourrais-je revoir avec calme, dans les rapports communs du monde, une personne qui a été l'objet de ma plus tendre amitié, et qui s'est montrée ma plus cruelle ennemie? Non, la société ne vaut pas ce qu'il en coûterait pour torturer à ce point son caractère naturel ; de tels efforts feraient plus que contraindre les mouvements vrais du cœur; ils finiraient par le dépraver.

Je suis singulièrement blessée, je l'avoue, des discours que madame de Vernon tient sur moi ; mais c'est précisément parce que ces discours sont écoutés que je ne veux pas me rapprocher d'elle. J'aurais peut-être été assez faible pour le désirer, s'il était arrivé ce qui, je crois, était juste, si on n'eût blâmé qu'elle seule ; mais puisqu'elle m'accuse et qu'on la soutient, puisque j'ai quelque chose encore à craindre d'elle, je ne la reverrai jamais.

C'est auprès de vous, madame, que je voudrais me justifier. Madame de Vernon m'a reproché *d'avoir dit du mal d'elle*, et vous me conseillez *de la ménager ;* tous ces mots me paraissent bien étranges dans un sentiment de la nature de celui que j'avais pour madame de Vernon. Une seule fois j'ai parlé d'elle avec amertume, en m'adressant à une personne qui l'aime beaucoup, et que je rattachais à elle, au lieu de l'en détacher, par la vivacité même qui me donnait l'air d'avoir tort. Vous n'aimez pas madame de Vernon, et je m'interdis de vous en parler, à vous que je désirerais si vivement éclairer sur les absurdes calomnies dont je suis l'objet.

J'ai reproché à madame de Vernon les services que je lui ai rendus ; *et tous les services du monde,* dit-elle, *sont effacés par les reproches.* Vous sentez aisément, madame, combien il serait facile de se dégager ainsi de la reconnaissance. On blesserait le cœur d'une personne qui se serait conduite

généreusement envers nous; elle s'en plaindrait, et l'on dirait ensuite que *toutes ses actions sont effacées par ses paroles.* Mais ce n'est pas de cela qu'il s'agit entre madame de Vernon et moi; si je lui ai reproché son ingratitude, c'est celle du cœur dont je l'ai accusée, et c'est en confondant ensemble, en plaçant sur la même ligne le jour où je lui ai serré la main avec tendresse, et celui où j'aurais engagé la moitié de ma fortune pour elle, que j'ai eu le droit de lui rappeler tout ce qui lui a prouvé que je l'aimais.

Je rougis jusqu'au fond de l'âme des autres torts qu'elle m'impute; mais si je les repoussais, ce serait alors que je serais vraiment blâmable ; je nuirais à madame de Vernon, et jusqu'à présent vous voyez que j'ai trouvé le secret de ne nuire qu'à moi-même; je m'en applaudis. Je ne veux pas *ménager* madame de Vernon par les motifs que vous me présentez ; je ne veux point la désarmer, mais je craindrais encore de lui faire du mal. Hélas ! elle apprendra bientôt à quel point je l'ai craint !

Mes plaintes contre elle, quand je m'en permets, ont toutes un caractère de sensibilité romanesque qui, vous le savez, n'associera pas les salons de Paris à mon ressentiment. Je ne suis pas indifférente au blâme de la société, mais je ne ferai, pour m'y soustraire, que ce que je ferais pour la satisfaction de ma conscience; la vérité doit nous valoir le suffrage des autres, ou nous apprendre à nous en passer.

Je mettrais peut-être plus de prix à l'opinion, si j'étais unie à la destinée d'un homme qui me fût cher ; mais condamnée à vivre seule, à supporter seule mon sort, je n'ai point d'intérêt à me défendre : qui jouirait de mon triomphe si je le remportais? et n'est-il pas assez sage de ne point lutter contre la méchanceté des hommes, quand l'on n'a d'autre bien à espérer de ses efforts que quelques douleurs de moins ? Cette indifférence sur ce qu'on peut dire de moi m'est beaucoup plus facile maintenant que je suis résolue à quitter Paris. Je vais m'enfermer pour toujours dans la retraite où vit ma belle-sœur ; j'y emporterai le souvenir le plus tendre de vos bontés, et le regret de n'en avoir pas joui plus longtemps.

LETTRE XXXVIII.

Réponse de madame d'Artenas à Delphine.

Fontainebleau, ce 19 novembre.

Vous prenez beaucoup trop vivement, ma chère Delphine, les peines passagères de la vie. Que de candeur, de noblesse et de bonté dans votre lettre!

mais que vous êtes encore jeune! Je ne me souviens pas, en vérité, d'avoir eu cette bonne foi dans mon enfance, et je ne suis pourtant, Dieu merci! ni méchante, ni fausse; mais j'ai vécu au milieu du monde, et je suis détrompée du plaisir d'être dupe.

Quoi qu'il en soit, je ne veux pas exiger de vous ce qui serait trop opposé à votre caractère, et nous atteindrons au même but par une conduite négative. Dans la société de Paris, ce qu'on ne fait pas vaut presque toujours autant que ce qu'on pourrait faire. Vous ne passerez point votre vie dans le Languedoc, mais vous y resterez six mois; pendant ce temps tout sera oublié. On vous a accueillie avec transport à votre arrivée à Paris, c'est à présent le tour de l'envie; quand vous reviendrez, on sera las de l'envie même, et curieux de vous revoir; et comme rien de ce qu'on a dit n'a pu laisser de trace, on ne s'en souviendra plus : ce n'est pas pour de telles causes que la réputation se perd : si vous éprouviez ce malheur, quelque injuste qu'il pût être, votre philosophie ne tiendrait pas contre lui; il a des pointes trop acérées : mais il n'en est pas question, et je vous réponds de réparer cet hiver, et ce que le duel de M. de Serbellane a fait dire, et ce que madame de Vernon y a ajouté.

Je vous demande seulement de vous arrêter dans ma terre, qui est sur votre route en allant à Montpellier. Ma nièce, pour qui vous avez été si bonne, et que vous avez rendue raisonnable, vous en prie instamment; j'ose l'exiger de vous.

LETTRE XXXIX.

Delphine à mademoiselle d'Albémar.

Fontainebleau, ce 25 novembre.

J'ai déjà fait vingt lieues pour me rapprocher de vous, ma chère Louise; mon voyage est commencé, je suis partie de Paris. Je ne reverrai plus les lieux où j'ai connu Léonce; je les ai quittés le jour même où, rempli de mon souvenir, il attendait à deux cents lieues de moi la réponse qui devait me justifier; et je ne l'ai pas faite cette réponse. Ah! d'où vient qu'un sacrifice si grand ne me donne point le repos que l'on doit attendre de la satisfaction de sa conscience? Hélas! les peines de l'amour étouffent toutes les jouissances attachées à l'accomplissement du devoir, et le bonheur succombe alors même que la vertu résiste. N'importe, ce n'est pas pour notre propre avantage que tant de nobles facultés nous ont été données; c'est pour seconder la pensée de l'Être suprême, en épargnant du mal, en faisant du bien sur la terre à tous les êtres qu'il a créés.

J'ai regretté M. de Lebensei en quittant Paris; je l'avais vu tous les jours qui ont précédé mon départ : il craignait que ma dernière conversation avec sa femme ne m'eût éloignée d'elle, et il paraissait mettre du prix à nous rapprocher. J'ai promis de rester en correspondance avec lui; c'est un homme d'un esprit si étendu, il a réfléchi si profondément sur les sentiments et les idées, que peut-être il calmera mon cœur en m'accoutumant à considérer la vie sous un point de vue plus général.

Madame d'Artenas veut que je passe huit jours ici dans sa terre, qui est agréablement située au milieu de la forêt de Fontainebleau : j'ai cédé à ses instances, et surtout à celles de sa nièce, madame de R... Elle a mis beaucoup de délicatesse à ne jamais me rechercher à Paris, et semble attacher un grand prix à ces jours passés avec elle : je ne continuerai donc mon voyage vers vous que dans huit jours. Madame de Mondoville est venue me voir à Paris un soir que j'étais à Bellerive; je lui ai rendu le lendemain sa visite, mais en m'assurant auparavant qu'elle n'y était pas. Je craignais d'y trouver sa mère, et j'avais raison d'avoir peur de l'émotion que j'éprouverais, si j'en juge par celle que m'a causée le seul moment où, depuis notre rupture, j'aie entrevu madame de Vernon.

Je sortais de Paris, ce matin, avec ma voiture chargée pour le voyage, et conduite par des chevaux de poste; les postillons, en tournant, accrochèrent assez violemment un carrosse à deux chevaux; inquiète, je m'avançai pour voir s'il n'était pas renversé, j'aperçus dans ce carrosse madame de Vernon seule, et la tête appuyée contre un des côtés de la voiture. Je ne sais si c'était l'imagination ou la vérité, mais je la trouvai singulièrement pâle et défaite; un cri d'étonnement m'échappa en la voyant : elle me regarda d'un air qui me parut triste et doux. Vous l'avouerai-je? un mouvement involontaire me fit porter ma main au cordon de la voiture pour l'arrêter; il n'y en avait point, et les chevaux m'avaient déjà emportée à cent pas d'elle; mais je sentis, par cette épreuve et par l'émotion qu'elle me causa le reste du jour, combien j'avais eu raison en évitant de revoir madame de Vernon.

Les souvenirs d'une longue et tendre amitié se renouvellent toujours quand on se représente celle que l'on a aimée comme souffrante ou malheureuse; mais je sais trop bien que madame de Vernon ne me regrette point, n'a pas besoin de moi, et je m'éloigne d'elle sans avoir, à cet égard, le moindre doute.

LETTRE XL.

Delphine à mademoiselle d'Albémar.

Fontainebleau, ce 27 novembre.

Ah ! mon Dieu ! que j'étais loin de prévoir l'événement qui me rappelle à l'instant même à Paris ! La pauvre madame de Vernon ! il ne me reste plus de traces de mon ressentiment contre elle ; je me reproche même... Je ne sais ce que je me reproche ; mais je serai bien malheureuse d'avoir été brouillée avec elle, si je ne puis la revoir encore, la soigner, lui prouver que j'ai tout oublié. Je crains de perdre un moment, même avec vous, ma chère Louise ; je vous envoie la lettre de madame de Mondoville, et je pars.

Madame de Mondoville à madame d'Albémar.

Paris, ce 26 novembre.

J'ai à vous annoncer, ma chère cousine, un cruel malheur : cette nuit, ma mère a pris un vomissement de sang qui ne s'est point arrêté pendant plusieurs heures, et que les médecins regardent comme mortel ; sa poitrine est déjà très-attaquée depuis plusieurs mois, par des veilles continuelles : l'on croit ce dernier accident sans remède dans son état, et le péril même en paraît extrêmement prochain. Elle avait tout à fait perdu connaissance vers la fin de la nuit ; en revenant à elle, elle a fait quelques questions à son médecin ; et comprenant parfaitement sa situation, elle lui a dit, avec l'air le plus calme et le plus doux : « J'aurais besoin, monsieur, de trois ou quatre jours pour régler divers intérêts ; donnez-moi donc les remèdes qui peuvent me soutenir : peu importe, comme vous le sentez bien, s'ils conviennent au fond de la maladie ; elle est jugée, elle est sans ressources ; mais indiquez-moi ce qu'il faut faire pour avoir un peu de force jusqu'à la fin de ma vie, je vous en serai sensiblement obligée. » Alors se retournant vers moi, elle me dit : « C'est pour voir madame d'Albémar que je souhaite encore de vivre quelques jours ; je l'ai rencontrée hier matin partant pour Montpellier ; je crois qu'un courrier peut la rejoindre, faites-le partir à l'instant ; je connais son cœur, je suis sûre qu'elle n'hésitera pas à revenir ; dites-lui seulement mon désir et mon état. » Je crois, comme ma mère, ma chère cousine, que vous êtes trop bonne pour hésiter à satisfaire les vœux d'une femme mourante, quand même, ce que j'ai toujours voulu ignorer, vous croiriez avoir à vous plaindre d'elle. Vous n'avez pas un moment à perdre pour lui donner la satisfaction de vous revoir, et pour contribuer au salut de son âme ; car je ne doute pas que, malgré nos différences d'opinion, vous ne vous joigniez à moi pour l'engager à remplir les devoirs sacrés dont dépend son bonheur à venir : c'est le premier intérêt dont je veux vous parler : vous lui ferez plus d'impression que moi, si vous vous joignez à mes instances ; vous ne voulez pas, j'en suis sûre, exposer ma pauvre mère à mourir sans avoir reçu les secours de la religion. Je retourne auprès d'elle, et je vous attends impatiemment ; sans ma confiance en Dieu, la douleur que je ressens me paraîtrait bien pénible à supporter. Adieu, ma chère cousine. Je viens de demander qu'on fît dans mon couvent des prières pour ma mère ; je les ai obtenues, j'y joins les miennes ; j'espère que vous rendrez les vôtres efficaces, en vous réunissant à moi dans les pieux efforts qui me sont commandés.

LETTRE XLI.

Delphine à mademoiselle d'Albémar.

Paris, ce 29 novembre.

Elle vit encore ! ma chère Louise, et c'est tout ce que je puis vous dire ; je n'ai point d'espérance, et jamais je n'aurais eu plus besoin d'en concevoir. Je me suis rattachée à madame de Vernon par des sentiments qui ne sont pas en tout semblables à ceux que j'éprouvais pour elle, mais la pitié les rend aussi tendres. Que ne puis-je prolonger ses jours ! Si elle revenait de son état maintenant, elle se corrigerait de ses défauts, parce qu'elle serait éclairée sur ses erreurs ; mais, hélas ! il semble que la nature ne donne sa plus terrible leçon que la dernière, et ne permet pas de faire servir à la vie les sentiments qu'ont inspirés les approches de la mort.

Je puis vous écrire pendant que madame de Vernon essaye de se reposer ; on lui a expressément défendu de parler, ce qui m'oblige à m'éloigner souvent d'elle. Votre intérêt sera douloureusement captivé par le récit de la conduite qu'elle tient ; vous serez aussi, je le crois, frappée de la singulière lettre qu'elle m'a écrite : je vous l'envoie, en vous priant de me la conserver. Oh ! que le cœur humain est inattendu dans ses développements ! les moralistes méditent sans cesse sur les passions et les caractères, et tous les jours il s'en découvre que la réflexion n'avait pas prévus, et contre lesquels ni l'âme ni l'esprit n'ont été mis en garde.

. Je suis arrivée hier chez madame de Vernon, et j'éprouvais, en entrant chez elle, tous les genres d'émotion réunis; l'embarras mêlé à la plus profonde pitié, un intérêt véritable joint à de l'incertitude sur les témoignages que j'en devais donner. J'avais su, par un courrier que j'envoyai à l'avance, que madame de Vernon était un peu mieux, mais toujours dans un grand danger. Je montai les escaliers en tremblant; madame de Mondoville vint au-devant de moi : « Ma mère était bien impatiente de vous voir, me dit-elle; elle vous a écrit hier tout le jour, quoiqu'on lui eût interdit cette occupation; elle a mis en ordre ses affaires : venez, vous la trouverez plus touchante que jamais elle ne l'a été; mais jusqu'à présent je n'ai pu lui faire encore entendre qu'elle est assez dangereusement malade pour se confesser. Les médecins disent que l'effrayer sur son état pourrait lui faire mal; mais qui, juste ciel! oserait prendre sur soi de ménager son corps aux dépens de son âme? Je vous en avertis, je lui parlerai, si vous ne vous en chargez pas. — Attendez, de grâce, répondis-je à madame de Mondoville, que je me sois entretenue avec madame votre mère. »

Matilde me conduisit enfin chez la pauvre malade; la chambre était obscure : à travers le jour sombre qui l'éclairait, j'aperçus madame de Vernon couchée sur un canapé, les cheveux détachés, vêtue de blanc, et d'une pâleur effrayante. Elle vit l'émotion que j'éprouvais : « Remettez-vous, ma chère Delphine, me dit-elle; c'est bon à vous d'être si troublée. » Je pris sa main et je la baisai tendrement; elle me fit signe de m'asseoir, et m'adressa d'abord des questions indifférentes sur mon voyage, sur le lieu où le courrier m'avait rencontrée, sur la santé de madame d'Artenas, etc. Je répondis à tout par des monosyllabes, n'osant commencer moi-même à lui parler de son état, et souffrant cruellement néanmoins de prendre part à des conversations si étrangères au sentiment qui m'occupait. Sa fille se leva et nous laissa seules; je crus qu'elle allait me parler avec confiance, mais continuant à l'éviter, elle me raconta son accident, les suites qu'il devait avoir, la certitude qu'elle avait de mourir dans trois ou quatre jours, avec une simplicité et un calme tout à fait semblables à sa manière habituelle, à cette manière qui lui donnait toujours, soit dans le sérieux, soit dans la plaisanterie, de la grâce et de la dignité.

Elle prit son mouchoir en me parlant, l'approcha de sa bouche, et le reposa, sans s'interrompre, sur la table; je le vis plein de sang, je tressaillis; et penchant ma tête sur sa main, je fondis en larmes, en l'appelant plusieurs fois du nom que j'aimais à lui donner, Sophie, ma chère Sophie! « Généreuse Delphine, me dit-elle, vous m'aimez encore; ah! cela vaut mieux que vivre! Je vous ai écrit, ajouta-t-elle, afin d'éviter une conversation trop pénible pour nous deux; ma lettre contient tout ce que je pourrais dire; je n'ai pas prétendu me justifier, mais vous expliquer ma conduite par mon caractère et ma manière de voir. Vous ne trouverez pas peut-être mes sentiments meilleurs après cette explication, mais vous comprendrez comment ils sont dans la nature; et si je vous montre les causes des plus grands torts, vous serez un peu plus disposée à les pardonner. Ce que je vous demande instamment, c'est, après avoir lu cette lettre, de n'en pas causer avec moi; j'ai toujours craint les fortes émotions; je ne suis pas assez contente de moi pour aimer à m'abandonner à mes mouvements, ni à ceux des autres. Le repentir seul convient à ma situation, et je ne veux pas m'y livrer; je suis mieux en tout quand je me contiens, et l'entraînement me fait mal. Écrivez-moi seulement deux lignes, qui me disent que vous conserverez un souvenir encore doux de votre ancienne amie; je les mettrai, ces deux lignes, sur ma poitrine déjà mortellement atteinte, et ce remède me fera peut-être mourir sans douleur. » En disant ces derniers mots, elle sonna, comme si elle eût redouté les pleurs que je répandais, et la prolongation de sa propre émotion.

Ses femmes entrèrent; elle me renvoya doucement chez moi. Je montai dans une chambre que je m'étais fait donner pour ne pas sortir de la maison, et je lus avec un serrement de cœur continuel la lettre que voici :

Madame de Vernon à madame d'Albémar.

Je n'ai été aimée dans ma vie que par vous : beaucoup de gens m'ont trouvée aimable, ont recherché ma société; mais vous êtes la seule personne qui m'ayez rendu service sans intérêt personnel, sans autre objet que de satisfaire votre générosité et votre amitié; et cependant vous êtes l'être du monde envers lequel j'ai eu les torts les plus graves : peut-être même n'y a-t-il que vous qui ayez véritablement le droit de me faire des reproches. Comment vous expliquer, comment m'expliquer à moi-même une telle conduite? Au moins, je n'en adoucis pas les couleurs; je m'interdis, pour la première fois de ma vie, tout autre secours que celui de la vérité. C'est à votre esprit seul que je m'adresserai, dans cette peinture fidèle de mon caractère, et je n'abuserai point de ma situation pour obtenir mon pardon de l'attendrissement qu'elle pourrait vous causer. ◉

Les circonstances qui présidèrent à mon éducation ont altéré mon naturel; il était doux et flexible; on aurait pu, je crois, le développer d'une manière plus heureuse. Personne ne s'est occupé de moi dans mon enfance, lorsqu'il eût été si facile de former mon cœur à la confiance et à l'affection. Mon père et ma mère sont morts que je n'avais pas trois ans, et ceux qui m'ont élevée ne méritaient point mon attachement. Un parent très-éloigné et très-insouciant fut mon tuteur; il me donnait des maîtres en tout genre, sans prendre le moindre intérêt ni à ma santé, ni à mes qualités morales : il voulait être bien pour moi; mais comme il n'était averti de rien par son cœur, sa conduite tenait au hasard de sa mémoire, ou de sa disposition; il regardait d'ailleurs les femmes comme des jouets, dans leur enfance, et, dans leur jeunesse, comme des maîtresses plus ou moins jolies, que l'on ne peut jamais écouter sur rien de raisonnable.

Je m'aperçus assez vite que les sentiments que j'exprimais étaient tournés en plaisanterie, et que l'on faisait taire mon esprit, comme s'il ne convenait pas à une femme d'en avoir. Je renfermai donc en moi-même tout ce que j'éprouvais; j'acquis de bonne heure ainsi l'art de la dissimulation, et j'étouffai la sensibilité que la nature m'avait donnée. Une seule de mes qualités, la fierté, échappa à mes efforts pour les contraindre toutes. Quand on me surprenait dans un mensonge, je n'en donnais aucun motif, je ne cherchais point à m'excuser, je me taisais; mais je trouvais assez injuste que ceux qui comptaient les femmes pour rien, qui ne leur accordaient aucun droit et presque aucune faculté, que ceux-là même voulussent exiger d'elles les vertus de la force et de l'indépendance, la franchise et la sincérité.

Mon tuteur, assez fatigué de moi, parce que je n'avais point de fortune, vint me dire un matin qu'il fallait épouser M. de Vernon. Je l'avais vu pour la première fois la veille; il m'avait souverainement déplu. Je m'abandonnai au seul mouvement involontaire que je me sois permis de montrer en ma vie; je résistai avec assez de véhémence; mon tuteur me menaça de me faire enfermer pour le reste de mes jours dans un couvent, si je refusais M. de Vernon; et comme je ne possédais rien au monde, je n'avais point l'espoir de m'affranchir de son despotisme. J'examinai ma situation; je vis que j'étais sans force; une lutte inutile me parut la conduite d'un enfant; j'y renonçai, mais avec un sentiment de haine contre la société qui ne prenait pas ma défense, et ne me laissait d'autres ressources que la dissimulation. Depuis cette époque, mon parti fut irrévocablement pris d'y avoir recours chaque fois que je le jugerais nécessaire. Je crus fermement que le sort des femmes les condamnait à la fausseté; je me confirmai dans l'idée conçue dès mon enfance, que j'étais, par mon sexe et par le peu de fortune que je possédais, une malheureuse esclave à qui toutes les ruses étaient permises avec son tyran. Je ne réfléchis point sur la morale, je ne pensais pas qu'elle pût regarder les opprimés. Je n'étouffai point ma conscience, car, en vérité, jusqu'au jour où je vous ai trompée, elle ne m'a rien reproché.

M. de Vernon n'était point un caractère insouciant comme mon tuteur, mais il avait, avant tout, la peur d'être gouverné, et néanmoins une si grande disposition à être dupe, qu'il donnait toujours la tentation de le tromper : cela était si facile, et il y avait tant d'inconvénient à lui dire la vérité la plus innocente, qu'il aurait fallu, je vous l'atteste, une sorte de chevalerie dans le caractère, pour parler avec sincérité à un tel homme. J'ai pris pendant quinze ans l'habitude de ne devoir aucun de mes plaisirs qu'à l'art de cacher mes goûts et mes penchants, et j'ai fini par me faire, pour ainsi dire, un principe de cet art même, parce que je le regardais comme le seul moyen de défense qui restât aux femmes contre l'injustice de leurs maîtres.

J'engageai M. de Vernon avec tant d'adresse à passer plusieurs années à Paris, qu'il crut y aller malgré moi; j'aimais le luxe, et je ne connais personne qui, par son caractère, ses fantaisies et sa prodigalité, ait plus besoin que moi d'une grande fortune. M. de Vernon s'était enrichi par l'économie; je sus cependant exciter si bien son amour-propre, qu'à sa mort il était presque ruiné, et avait contracté, vous le savez, une dette assez forte avec la famille de Léonce. Je disposais de M. de Vernon, et cependant il me traitait toujours avec une grande dureté; il ne se doutait pas que j'eusse de l'ascendant sur ses actions; mais, pour mieux se prouver à lui-même qu'il était le maître, il me parlait toujours avec rudesse.

Ma fierté se révoltait souvent en secret de tout ce que j'étais obligée de faire pour alléger ma servitude; mais si je m'étais séparée de M. de Vernon, je serais retombée dans la pauvreté, et j'étais

convaincue que, de toutes les humiliations, la plus
difficile à supporter au milieu de la société, c'était
le manque de fortune, et la dépendance que cette
privation entraîne.

Je ne voulus point avoir d'amants, quoique je
fusse jolie et spirituelle; je craignais l'empire de
l'amour; je sentais qu'il ne pouvait s'allier avec la
nécessité de la dissimulation; j'avais pris d'ailleurs
tellement l'habitude de me contraindre, qu'aucune
affection ne pouvait naître malgré moi dans mon
cœur; les inconvénients de la galanterie me frappèrent très-vivement, et, ne me sentant pas les
qualités qui peuvent excuser les torts d'entraînement, je résolus de conserver intacte ma considération au milieu de Paris. Je crois que personne
n'a mieux jugé que moi le prix de cette considération, et les éléments dont elle se compose; mais
les liens d'amour, tels qu'on peut les former dans
le monde, valent-ils mieux qu'elle? je ne le pense
pas.

J'avais eu d'abord l'idée d'élever ma fille d'après
mes idées, et de lui inspirer mon caractère; mais
j'éprouvai une sorte de dégoût de former une autre à l'art de feindre : j'avais de la répugnance à
donner les leçons de ma doctrine; ma fille montrait dans son enfance assez d'attachement pour
moi; je ne voulais ni lui dire le secret de mon caractère, ni la tromper. Cependant j'étais convaincue, et je le suis encore, que les femmes étant
victimes de toutes les institutions de la société, elles sont dévouées au malheur, si elles s'abandonnent le moins du monde à leurs sentiments, si
elles perdent de quelque manière l'empire d'elles-
mêmes. Je me déterminai, après y avoir bien réfléchi, à donner à Matilde, dont le caractère, je
vous l'ai dit, s'annonçait de bonne heure comme
très-âpre, le frein de la religion catholique; et je
m'applaudis d'avoir trouvé le moyen de soumettre
ma fille à tous les jougs de la destinée de femme,
sans altérer sa sincérité naturelle. Vous voyez,
d'après cela, que je n'aimais pas ma manière d'ê-
tre, quoique je fusse convaincue que je ne pouvais
m'en passer.

M. de Vernon mourut : l'état de sa fortune me
rendait impossible de rester à Paris; j'en fus très-
affligée : j'aime la société, ou, pour mieux dire, je
n'aime pas la solitude; je n'ai pas pris l'habitude
de m'occuper, et je n'ai pas assez d'imagination
pour avoir dans la retraite aucun amusement, aucune variété par le secours de mes propres idées.
J'aime le monde, le jeu, etc. Tout ce qui remue au
dehors me plaît, tout ce qui agite au dedans m'est
odieux; je suis incapable de vives jouissances, et,

par cette raison même, je déteste la peine; je l'ai
évitée avec un soin constant et une volonté inébranlable.

J'allai à Montpellier; c'est alors que je vous
connus, il y a six ans : vous en aviez seize, et moi
près de quarante. M. d'Albémar, qui vous avait
élevée, devait, quoiqu'il eût déjà soixante ans,
vous épouser l'année suivante : ce mariage me déplaisait extrêmement; il m'ôtait tout espoir d'obtenir une part quelconque dans l'héritage de
M. d'Albémar, et de voir finir la gêne d'argent qui
m'était singulièrement odieuse. J'avais d'abord assez de prévention contre vous; mais, je vous l'atteste, et j'ai bien le droit d'être crue, après tant
de pénibles aveux, vous me parûtes extrêmement
aimable, et dans les trois années que j'ai passées
à Montpellier, je trouvais dans votre entretien un
plaisir toujours nouveau.

Cependant mon âme n'était plus accessible à
des sentiments assez forts pour me changer; il
fallait, pour être aimée d'une personne comme
vous, que je cachasse mon véritable caractère, et
j'étudiais le vôtre pour y conformer en apparence
le mien. Cette feinte, quoiqu'elle eût pour but de
vous plaire, dénaturait extrêmement le charme de
l'amitié. Votre mari mourut : je vous avais dit que
je désirais achever l'éducation de ma fille à Paris;
vous m'offrîtes aussitôt d'y venir avec moi, et de
me prêter quarante mille livres, qui m'étaient nécessaires pour m'y établir; j'acceptai ce service, et
voilà ce qui a commencé à dépraver mon attachement pour vous.

Vous étiez si jeune et si vive, que je ne vous
regardais absolument que comme un plaisir dans
ma vie; de ce moment, je pensai que vous pouviez m'être utile, et j'examinai votre caractère sous
ce rapport. J'aperçus bientôt que vous étiez dominée par vos qualités, la bonté, la générosité, la
confiance, comme on l'est par des passions, et
qu'il vous était presque aussi difficile de résister à
vos vertus, peut-être inconsidérées, qu'à d'autres
de combattre leurs vices. L'indépendance de vos
opinions, la tournure romanesque de votre manière de voir et d'agir, me parurent en contraste
avec la société dans laquelle vos goûts, vos succès,
votre rang et vos richesses devaient vous placer.
Je prévis aisément que vos agréments et vos avantages inspireraient pour vous des sentiments passionnés, mais vous feraient des ennemis; et dans
la lutte que vous étiez destinée à soutenir contre
l'envie et l'amour, je pensai que je pourrais aisément prendre un grand ascendant sur vous.

Je n'avais alors, je vous le jure, d'autre intention que de faire servir cet ascendant à notre bonheur réciproque. Mais le sentiment que vous inspirâtes à Léonce changea ma disposition. Je mettais une grande importance au mariage de ma fille avec lui, et je vous en ai, dans le temps, développé tous les motifs; ils étaient tels, que votre générosité même ne pouvait diminuer leur influence sur mon sort : je ne pouvais, sans ce mariage, être dispensée de rendre compte de la fortune de M. de Vernon, ni donner une existence convenable à ma fille, ni conserver mon état à Paris.

Il y avait quelques-unes de mes dettes que je ne vous avais pas avouées, entre autres celle à M. de Clarimin; je me croyais sûre de son silence; j'étais loin de penser qu'il fût capable de la conduite qu'il a tenue envers moi; je le connaissais depuis mon enfance; c'est le seul homme qui m'ait trompée, parce que, de tout temps, il s'est montré à moi comme très-immoral, et que j'ai cru par conséquent qu'il ne me cachait rien. Une fois, malgré ma prudence accoutumée, je lui répondis une lettre un peu vive [1]; elle l'a blessé. L'un des inconvénients de l'habitude de la dissimulation, c'est qu'une seule faute peut détruire tout le fruit des plus grands efforts : le caractère naturel porte en lui-même de quoi réparer ses torts; le caractère qu'on s'est fait peut se soutenir, mais non se relever.

Je vous sus mauvais gré de vouloir enlever Léonce à ma fille, après que nous étions convenues ensemble de ce mariage. Si je vous avais parlé franchement, vous vous seriez sans doute justifiée; mais j'ai une aversion particulière pour les explications : décidée à ne pas faire connaître en entier ce que je pense, je déteste les moments que l'on destine à se tout dire; je conservai donc mon ressentiment contre vous, et il devint plus amer, étant contenu.

Le jour de la mort de M. d'Ervins, au moment même du dénoûment de cette funeste histoire, lorsque j'avais tout préparé pour m'opposer à votre mariage, vous m'avez montré tant de confiance, que je fus prête à vous avouer ce qui se passait en moi; mais ce mouvement était si contraire à ma nature et à mes habitudes, que j'éprouvai dans tout mon être comme une sorte de roideur qui s'y opposait. Mille hasards se réunirent pour aider à mes desseins : une lettre de la mère de Léonce, qui s'opposait de la manière la plus solennelle à son mariage avec vous, arriva la veille même du jour où je devais lui parler; le public était convaincu

que c'était l'amour de M. de Serbellane pour vous qui l'avait si vivement irrité contre un mot blessant que vous avait dit M. d'Ervins. Ce que vous écriviez à Léonce était assez vague pour s'accorder avec ce qu'on pouvait insinuer ou taire; les soins que vous preniez pour sauver la réputation de madame d'Ervins vous compromettaient nécessairement dans l'opinion; je me vis environnée de ces facilités funestes, qui achèvent d'entraîner dans le combat de l'intérêt avec l'honnêteté.

J'hésitais encore cependant, je vous le jure, et deux fois j'ai demandé mes chevaux pour aller à Bellerive; mais enfin ma fille, dans une conversation que nous eûmes ensemble, le matin même du retour de Léonce, me dit qu'elle l'aimait, et que le bonheur de sa vie était attaché à l'épouser. Alors je fus décidée; je me dis qu'en donnant à Matilde l'espérance d'être la femme de Léonce, en lui faisant voir tous les jours un jeune homme aussi remarquable, j'avais contracté l'obligation de l'unir à lui, et que je ne faisais qu'accomplir mon devoir de mère, en employant tous les moyens possibles pour déterminer Léonce à l'épouser.

A cet intérêt se joignit une opinion qui ne peut pas m'excuser à vos yeux, mais dont je conserve néanmoins encore la conviction intime : je ne crois pas que le caractère de Léonce eût jamais pu vous rendre heureuse. Je sais qu'il a de grandes qualités par lesquelles vous pouvez vous ressembler; mais, je l'ai remarqué, dans cet entretien même où j'ai mérité tous mes malheurs en trahissant votre confiance, ce n'était point la jalousie seule qui agissait sur lui : j'exerçais un grand empire sur les mouvements de son âme, en lui disant que l'opinion générale vous était contraire, et qu'on le blâmerait de rechercher une femme qui s'était publiquement compromise. Chaque fois que j'en appelais, pour le décider, à ce qu'il devait à sa propre considération, je lui causais une rougeur, une agitation qui ne se serait pas entièrement calmée, quand même on lui aurait prouvé que les apparences seules étaient contre vous.

Vous savez maintenant, non mon excuse, mais l'explication de ma conduite. Mon plus grand tort fut d'arracher à Léonce son consentement, et de l'entraîner à l'église avant que vous eussiez eu le temps de vous revoir : j'en ai été punie; il n'est résulté pour moi que des peines de ce malheureux mariage : ma fille s'est éloignée de moi; elle n'a voulu se prêter à rien de ce que je souhaitais : je me suis jetée dans les distractions qui suspendent toutes les inquiétudes de l'âme; j'ai joué, j'ai veillé toutes les nuits: je sentais qu'en me conduisant ainsi j'abrégeais ma vie, et cette idée m'était assez douce.

Je craignais à chaque instant que le hasard n'amenât un éclaircissement entre Léonce et vous : si j'ai mis alors tant d'intérêt à l'empêcher, c'était surtout dans l'espoir de conserver ou de dérober même votre amitié que je ne méritais plus. Le mariage que je voulais était conclu ; mais il fallait que l'absence de Léonce me laissât le temps de vous engager à l'oublier, et peut-être alors auriez-vous formé d'autres liens, qui vous auraient rendue plus indifférente aux moyens employés pour vous brouiller avec M. de Mondoville. Pendant deux mois qu'il a différé le voyage qu'il projetait, j'ai su tout ce que vous faisiez l'un et l'autre, afin de prévenir l'explication que je redoutais mortellement. Votre caractère et celui de Léonce rendaient cette entreprise plus facile ; vous vous occupiez de M. de Serbellane, à cause de madame d'Ervins, sans songer qu'à votre âge vous pouviez nuire ainsi très-sérieusement à votre réputation ; et Léonce a non-seulement de la jalousie dans le caractère, mais une sorte de susceptibilité sur les torts d'une femme envers lui, ou sur ceux qu'elle peut avoir aux yeux des autres, dont il est aisé de tirer avantage pour l'irriter même contre celle qu'il aime. Enfin Léonce partit pour l'Espagne : vous me proposâtes d'aller avec vous à Montpellier ; et me croyant sûre, Léonce étant absent, de pouvoir conserver votre amitié, je revins à vous du fond de mon cœur, avec la tendresse la plus vive que j'aie jamais éprouvée pour personne. Quand j'acceptai de vous un nouveau service, j'étais digne de le recevoir ; je crus au bonheur plus que je n'y avais cru de ma vie : ma santé se rétablissait, et l'espoir de passer le reste de mes jours avec vous rafraîchissait mon âme flétrie : c'est alors qu'un enfant a découvert le secret le mieux caché ; c'est la punition d'une femme qui se croyait habile en dissimulation, que d'être déjouée par un enfant, quand elle avait réussi à tromper les hommes.

Cet événement m'a tuée ; la maladie dont je meurs vient de là. Vous avez été offensée, avec raison, de la manière dont je me suis conduite, lorsque tout vous fut révélé ; mais notre liaison ne pouvant plus subsister, je voulais éviter des scènes douloureuses. Plus je me sentais coupable, plus je souffrais, plus je voulais vous le cacher. Vous pouviez me perdre auprès de Léonce ; je ne cherchai point à vous adoucir : je pouvais, il est vrai, me confier en votre générosité ; mais ne repoussez pas le peu de bien que je dis de moi-même ; c'est, je vous le jure, parce que je vous aimais encore, qu'il me fut impossible de vous implorer.

Il ne me convenait pas, tant que je continuais à vivre dans le monde, que l'on connût la véritable cause de notre brouillerie. Je me trouvais engagée à suivre mon caractère, à mettre de l'art dans ma défense ; cependant ce caractère éprouvait déjà beaucoup de changement dans le secret de moi-même ; mais après quarante ans, les habitudes dirigent encore, alors même que les sentiments ne sont plus d'accord avec elles. Il faut de longues réflexions ou de fortes secousses pour corriger les défauts de toute la vie ; un repentir de quelques jours n'a pas ce pouvoir.

Quand je vous rencontrai avant-hier, au moment de votre départ, quand je vis le regard doux et sensible que vous jetâtes sur moi, j'éprouvai une émotion si profonde et si vive qu'elle a beaucoup hâté la fin de ma vie. J'aurais voulu vous retenir à l'instant, pour vous révéler mes secrets, mais il fallait l'approche de la mort pour me donner la confiance de parler de moi-même. Je suis timide malgré la présence d'esprit que j'ai su toujours montrer ; mon caractère est fier, quoique ma conduite ait été simple et dissimulée ; il y a en moi je ne sais quel contraste qui m'a souvent empêchée de me livrer aux bons mouvements que j'éprouvais.

Enfin je vais mourir, et toute cette vie d'efforts et de combinaisons est déjà finie ; je jouis de ces derniers jours pendant lesquels mon esprit n'a plus rien à ménager. Je croyais, il y a quelque temps, que j'avais seule bien entendu la vie, et que tous ceux qui me parlaient de sentiments dévoués et de vertus exaltées étaient des charlatans ou des dupes : depuis que je vous connais, il m'est venu par intervalles d'autres idées ; mais je ne sais encore si mon aride système était complétement erroné, et s'il n'est pas vrai qu'avec toute autre personne que vous, les seules relations raisonnables sont les relations calculées.

Quoi qu'il en soit, je ne crois pas avoir été méchante : j'avais mauvaise opinion des hommes, et je m'armais à l'avance contre leurs intentions malveillantes ; mais je n'avais point d'amertume dans l'âme ; j'ai rendu fort heureux tous mes inférieurs, tous ceux qui ont été dans ma dépendance ; et lorsque j'ai usé de la dissimulation envers ceux qui avaient des droits sur moi, c'était encore en leur rendant la vie plus agréable. J'ai eu tort envers vous, Delphine, envers vous qui êtes, je vous le répète, ce que j'ai le plus aimé : inconcevable bizarrerie ! que ne me suis-je livrée à l'impression que vous faisiez sur moi ! Mais je la combattais comme une folie, comme une faiblesse qui dérangeait une vie politiquement ordonnée, tandis que ce sentiment aurait aussi bien servi mes intérêts que mon bonheur.

J'ai tout dit dans cette lettre; je ne vous ai point exagéré les motifs qui pouvaient m'excuser. J'ai donné à mes sentiments pour ma fille, à mes calculs personnels, leur véritable part; croyez-moi donc sur le seul intérêt qui me reste, croyez que je meurs en vous aimant.

J'ai vécu pénétrée d'un profond mépris pour les hommes, d'une grande incrédulité sur toutes les vertus, comme sur toutes les affections. Vous êtes la seule personne au monde que j'aie trouvée tout à la fois supérieure et naturelle, simple dans ses manières, généreuse dans ses sacrifices, constante et passionnée, spirituelle comme les plus habiles, confiante comme les meilleurs; enfin un être si bon et si tendre que, malgré tant d'aveux indignes de pardon, c'est en vous seule que j'espère pour verser des larmes sur ma tombe, et conserver un souvenir de moi qui tienne encore à quelque chose de sensible.

SOPHIE DE VERNON.

Quelle lettre que celle que vous venez de lire, ma chère Louise! n'augmente-t-elle pas votre pitié pour la malheureuse Sophie? quelle vie froide et contrainte elle a menée! Quelle honte, et quelle douleur qu'une dissimulation habituelle! Comment pourrai-je lui inspirer quelques-uns de ces sentiments qui peuvent seuls soutenir dans la dernière scène de la vie! Oh! je lui pardonne, et du fond de mon cœur; mais je voudrais que son âme s'endormît dans des idées, dans des espérances qui pussent l'élever jusqu'à son Dieu. Je vais retourner vers elle, et demain je vous écrirai.

LETTRE XLII.

Delphine à mademoiselle d'Albémar.

Paris, ce 31 novembre.

Madame de Vernon a été aujourd'hui véritablement sublime; plus son danger augmente, plus son âme s'élève. Ah! que ne peut-elle vivre encore! elle donnerait, j'en suis sûre, pendant le reste de sa vie, l'exemple de toutes les vertus. Sa fille, qui avait passé la nuit à la veiller, est montée chez moi ce matin; elle m'a dit que sa mère était plus mal que le jour précédent, et qu'il ne restait plus aucun espoir. « Il faut donc, ajouta-t-elle, il faut absolument que vous lui parliez de la nécessité d'accomplir ses devoirs de religion : je vous en conjure, ayez ce courage; il aura plus de mérite

avec vos opinions qu'avec les miennes, et vous m'éviterez le plus cruel des malheurs, en sauvant ma pauvre mère de la perdition qui la menace. Mon confesseur est ici, c'est un prêtre d'une dévotion exemplaire; il prie pour nous dans ma chambre, et m'a déjà dit la messe pour obtenir du ciel que ma mère meure dans le sein de notre Église : cependant que peuvent ses prières, si ma mère n'y réunit pas les siennes! Ma chère cousine, persuadez-la! quelle que soit sa réponse, je lui parlerai, c'est mon devoir; mais si elle était bien préparée, si elle savait qu'une personne aussi philosophe..... Je ne le dis pas pour vous offenser, vous le croyez bien; mais enfin, si elle savait qu'une personne du monde, comme vous, est d'avis qu'elle doit se conformer aux devoirs de sa religion, peut-être qu'elle ne serait pas retenue par le faux amour-propre qui l'endurcit. Ma chère cousine, je vous en conjure... » Et elle me serrait les mains en me suppliant avec une ardeur que je ne lui avais jamais connue. Je m'engageai de nouveau à parler à madame de Vernon; je pensais en effet qu'on devait du respect aux cérémonies de la religion qu'on professe; et d'ailleurs les scrupules même les moins fondés des personnes qui nous aiment, méritent des égards : je demandai toutefois instamment à Matilde de se conduire dans cette occasion avec beaucoup de douceur, de remplir ce qu'elle croyait son devoir, mais de ne point tourmenter sa mère. Je descendis chez madame de Vernon, j'y trouvai madame de Lebensei. Madame de Mondoville, en la voyant, recula brusquement, et ne voulut point entrer. Madame de Lebensei me laissa seule avec madame de Vernon, en promettant de revenir le soir même passer la nuit auprès d'elle avec moi. « Eh bien, me dit madame de Vernon en me tendant la main quand nous fûmes seules, un mot de vous sur ma lettre, j'en ai besoin. — Sophie, lui répondis-je, je demande au ciel de vous rendre la vie, et je suis sûre de ramener votre cœur à tous les sentiments pour lesquels il était fait. — Ah! la vie, me dit-elle, il ne s'agit plus de cela; mais si votre amitié me reste, je me croirai moins coupable, et je mourrai tranquille. — Ah! sans doute, repris-je, elle vous reste, elle vous est rendue cette amitié si tendre; à la voix de ce qui nous fut cher, le souvenir du passé doit toujours renaître, rien ne peut l'anéantir; il se retire au fond de notre cœur, lors même qu'on croit l'avoir oublié : jugez ce que j'éprouve à présent que vous souffrez, que vous m'aimez, et que je vous vois prête à devenir ce que je vous croyais, ce que la nature avait voulu que vous fussiez! — Douce personne! interrompit-

I.

elle, vos paroles me font du bien, et je meurs plus tranquillement que je ne l'ai mérité.

— Il me reste, lui dis-je, un pénible devoir à remplir auprès de vous ; mais votre raison est si forte que je ne crains point de vous présenter des idées qui pourraient effrayer toute autre femme. Votre fille désire avec ardeur que vous remplissiez les devoirs que la religion catholique prescrit aux personnes dangereusement malades ; elle y attache le plus grand prix ; il me semble que vous devez lui accorder cette satisfaction. D'ailleurs vous donnerez un bon exemple en vous conformant, dans ce moment solennel, aux pratiques qui édifient les catholiques ; le commun des hommes croit y voir une preuve de respect pour la morale et la Divinité. » Madame de Vernon réfléchit un moment avant de me répondre ; puis elle me dit : « Ma chère Delphine, je ne consentirai point à ce que vous me demandez ; ce qui a souillé ma vie, c'est la dissimulation ; je ne veux pas que le dernier acte de mon existence participe à ce caractère. J'ai toujours blâmé les cérémonies des catholiques auprès des mourants ; elles ont quelque chose de sombre et de terrible qui ne s'allie point avec l'idée que je me fais de la bonté de l'Être suprême. J'ai surtout une invincible répugnance pour ouvrir mon âme à un prêtre, peut-être même à toute autre personne qu'à vous ; je sens qu'il me serait impossible de parler avec confiance à un homme que je ne connais point, ni de recevoir aucune consolation de cette voix, jusqu'alors étrangère à mon cœur. Je crois que si l'on me contraignait à voir un prêtre, je ne lui dirais pas une seule de mes pensées ni de mes actions secrètes ; j'aurais l'air de me confesser, et je ne me confesserais sûrement pas ; je me donnerais ainsi la fausse apparence de la foi que je n'aurais point. J'ai trop usé de la feinte ; c'en est assez, je ne veux point interrompre la jouissance, hélas ! trop nouvelle, que la sincérité me fait goûter, depuis que mon âme s'y est livrée. Ce n'est pas assurément que je repousse les idées religieuses ; mon cœur les embrasse avec joie, et c'est en vous que j'espère, ma chère Delphine, pour me soutenir dans cette disposition ; mais si je mêlais à ce que j'éprouve réellement des démonstrations forcées, je tarirais la source de l'émotion salutaire que vous avez fait naître en moi. Madame de Lebensei voulant me veiller cette nuit, ma fille choisira ce temps pour se reposer. Restez avec moi, chère Delphine, consacrez ces moments, qui sont peut-être les derniers, à remplir mon âme de toutes les idées qui peuvent à la fois la fortifier et l'attendrir ; mais ayez la bonté d'annoncer à ma fille mes refus ; ils

sont irrévocables. » Je connaissais le caractère positif de madame de Vernon ; mon insistance eût été inutile ; je lui promis donc ce qu'elle désirait. « Suivez, ma chère Sophie, lui dis-je, suivez les impulsions de votre cœur ; quand elles sont pures, elles élèvent toutes vers un Dieu qui se manifeste à nous par chacun des bons mouvements de notre âme.

— Je me suis occupée, ajouta madame de Vernon, de tous les intérêts qui pouvaient dépendre de moi ; j'ai assuré autant qu'il m'était possible vos créances sur mon héritage ; j'ai réglé avec le plus grand soin les intérêts de ma fille ; enfin, et ce devoir était le plus impérieux de tous, j'ai écrit à Léonce une lettre qui contient dans les plus grands détails l'histoire malheureuse des torts que j'ai eus envers vous deux. Cette lettre lui apprendra aussi les services que vous m'avez rendus ; je lui dis positivement que c'est à votre générosité que ma fille doit la terre qu'elle a apportée en dot. Cette lettre sera remise par un de mes gens au courrier de l'ambassadeur d'Espagne, et dans huit jours vous serez justifiée auprès de Léonce. Je le renvoie à vous, pour savoir si j'ai mérité qu'il me pardonne. Je n'ai pu prendre sur moi de rien mettre dans cette lettre qui l'adoucît en ma faveur ; ma fierté souffrait, je l'avoue, de faire des aveux si humiliants à un homme qui ne m'a jamais aimée, et qui éprouvera sûrement, en lisant ma lettre, le dernier degré de l'indignation. Cette pensée, qui m'était toujours présente, m'a peut-être inspiré des expressions dont la sécheresse ne s'accorde pas avec ce que j'éprouve. Mais enfin, c'est à vous, à vous seule, que je pouvais confier mon repentir. Je n'ai pas dit à Léonce dans quel état de santé j'étais ; ma mort le lui apprendra : je n'ai pu même me résoudre à lui recommander le bonheur de Matilde ; une prière de moi ne peut que l'irriter : mais c'est entre vos mains, ma chère Delphine, que je remets le sort de ma fille. Je n'ai pas assurément le droit de donner des conseils à la vertu même, cependant, je le vous en conjure, contentez-vous de reconquérir l'estime et l'admiration de Léonce, et ne rallumez pas un sentiment qui, j'en suis sûre, rendrait trois personnes très-malheureuses. — Nous irons ensemble, je l'espère, lui répondis-je, auprès de ma belle-sœur, comme nous en avions formé le projet, et je ne quitterai plus sa retraite.

— Nous irons ! ce mot ne me convient plus : mais j'ose encore m'en flatter, s'écria madame de Vernon en joignant les mains avec ardeur, le ciel réparera le mal que j'ai fait, et vous donnera de nouveaux moyens de bonheur. Votre belle-sœur doit me haïr ; adoucissez ce sentiment, afin qu'elle puisse, sans amertume, vous entendre quelquefois parler avec bonté de votre coupable amie. » Elle continua pendant assez longtemps encore à m'entretenir avec la même douceur, le même calme, et la même certitude de mourir. Il semblait que cette conviction eût dégagé son esprit de toutes les fausses idées dont elle s'était fait un système. Ses qualités naturelles reparaissaient, elle se plaisait dans les bons sentiments auxquels elle se livrait ; et quoique la retrouver ainsi dût augmenter mes regrets, j'éprouvais une sorte de bien-être en revenant à l'estimer. Je jouissais de ce qu'elle me rendait son image, et me permettait de me souvenir d'elle sans rougir de l'avoir si tendrement aimée. Quoiqu'il ne me restât plus l'espérance de la conserver, il m'était cependant très-pénible de l'entendre parler si longtemps malgré la défense des médecins. Je la lui rappelai avec instance. « Quoi ! me dit-elle, ne voyez-vous pas qu'il me reste à peine vingt-quatre heures à vivre ! il y a seulement trois jours, ma chère Delphine, que je suis contente de moi ; laissez-moi donc vous communiquer toutes mes pensées, apprendre de vous si elles sont bonnes, si elles sont dignes de ce Dieu protecteur que vous prierez pour moi, avec cette voix angélique qui doit pénétrer jusqu'à lui. Mais allez vous reposer, ajouta-t-elle ; vous redescendrez dans quelques heures : j'entends madame de Lebensei qui revient ; elle me plaît, elle a l'air de m'aimer : et ma fille, hélas ! j'ai mérité ce que j'éprouve, jamais aucune confiance n'a existé entre nous. Adieu pour un moment, Delphine ; ma chère enfant, adieu.» Elle me dit ces derniers mots avec le même accent, le même geste que dans sa grâce et dans sa santé parfaites. Cet éclair de vie à travers les ombres de la mort m'émut profondément, et je m'éloignai pour lui cacher mes pleurs.

En remontant chez moi, je trouvai Matilde qui m'attendait ; il fallut lui dire le refus de sa mère : elle en éprouva d'abord une douleur qui me toucha : mais bientôt m'annonçant ce qu'elle appelait son devoir, j'eus à combattre les projets les plus durs et les plus violents. Elle me répéta plusieurs fois qu'elle voulait entrer chez sa mère, lui mener le prêtre quand il reviendrait, et la sauver enfin à tout prix. Elle accusait madame de Lebensei de tout le mal, et se croyait obligée de ne pas approcher du lit de sa mère mourante, tant qu'auprès de ce lit il y avait une femme divorcée. Que sais-je ! ses discours étaient un mélange de tout ce qu'un

esprit borné et une superstition fanatique peuvent produire dans une personne qui n'est pas méchante, mais dont le cœur n'est pas assez sensible pour l'emporter sur toutes ses erreurs. Ce ne sont point ses opinions seules qu'il faut en accuser : Thérèse en a de semblables ; mais son caractère doux et tendre puise à la même source des sentiments tout à fait opposés.

J'essayai vainement, pendant une heure, toutes les armes de la raison, pour arriver jusqu'à la conviction de Matilde ; on l'avait munie d'une phrase contre tous les arguments possibles. Cette phrase ne répondait à rien ; mais elle suffisait pour l'entretenir dans son opiniâtreté. Je n'aurais rien obtenu d'elle si j'avais continué à chercher à la persuader ; mais j'eus heureusement l'idée de lui proposer un délai de vingt-quatre heures ; elle saisit cette offre, qui peut-être la tirait de son embarras intérieur. Hélas ! qui sait si Sophie sera en vie dans vingt-quatre heures ! je ne la quitterai plus, de peur que Matilde, revenant à ses premières idées, ne la tourmentât pendant que je n'y serais pas.

Quoique je sois vivement occupée de l'état de madame de Vernon, je ne puis repousser une idée qui me revient sans cesse. Il y a sept jours aujourd'hui que Léonce attendait ma justification, et qu'il ne l'a pas reçue ; dans huit jours, il apprendra tout par la lettre de madame de Vernon : quelle impression recevra-t-il alors ? quel sentiment éprouvera-t-il pour moi ? Ah ! je ne le saurai pas, je ne dois pas le savoir. Adieu, ma sœur ; hélas ! mon voyage ne sera pas longtemps retardé, et la pauvre Sophie aura cessé de vivre, avant même que M. de Mondoville ait pu répondre à sa lettre.

LETTRE XLIII.

Madame de Lebensei à mademoiselle d'Albémar.

Paris, ce 2 décembre.

Quelle cruelle scène, mademoiselle, je suis chargée de vous raconter ! madame d'Albémar est dans son lit, avec une fièvre ardente, et j'ai moi-même à peine la force de remplir les devoirs que m'impose mon amitié pour vous et pour elle. Vous avez daigné, m'a-t-elle dit, vous souvenir de moi avec intérêt, et c'est peut-être à vous que je dois la bienveillance de cette créature parfaite : comment pourrai-je jamais reconnaître un tel service ? quelle âme, quel caractère ! et se peut-il que les plus funestes circonstances privent à jamais une telle femme de tout espoir de bonheur !

Madame de Vernon n'est plus ; hier, à onze

heures du matin, elle expira dans les bras de Delphine : une fatalité malheureuse a rendu ses derniers moments terribles. Je vais mettre, si je le peux, de la suite dans le récit de ces douze heures, dont je ne perdrai jamais le souvenir; pardonnez-moi mon trouble, si je ne parviens pas à le surmonter.

Avant-hier, à minuit, madame d'Albémar redescendit dans la chambre de madame de Vernon; elle la trouva sur une chaise longue; son oppression ne lui avait pas permis de rester dans son lit : l'effrayante pâleur de son visage aurait fait douter de sa vie, si de temps en temps ses yeux ne s'étaient ranimés en regardant Delphine. Delphine chercha dans quelques moralistes, anciens et modernes, religieux et philosophes, ce qui était le plus propre à soutenir l'âme défaillante devant la terreur de la mort. La chambre était faiblement éclairée; madame d'Albémar se plaça à côté d'une lampe dont la lumière voilée répandait sur son visage quelque chose de mystérieux. Elle s'animait en lisant ces écrits, dans lesquels les âmes sensibles et les génies élevés ont déposé leurs pensées généreuses. Vous connaissez son enthousiasme pour tout ce qui est grand et noble : cette disposition habituelle était augmentée par le désir de faire une impression profonde sur le cœur de madame de Vernon; sa voix si touchante avait quelque chose de solennel, souvent elle élevait vers l'Être suprême des regards dignes de l'implorer; sa main prenait le ciel à témoin de la vérité de ses paroles, et toute son attitude avait une grâce et une majesté inexprimables.

Je ne sais où Delphine trouvait ce qu'elle lisait, ce qui peut-être lui était inspiré; mais jamais on n'environna la mort d'images et d'idées plus calmes, jamais on n'a su mieux réveiller au fond du cœur ces impressions sensibles et religieuses qui font passer doucement des dernières lueurs de la vie aux pâles lueurs du tombeau.

Tout à coup, à quelque distance de la maison de madame de Vernon, une fenêtre s'ouvrit, et nous entendîmes une musique brillante, dont le son parvenait jusqu'à nous : dans le silence de la nuit, à cette heure, ce devait être une fête qui durait encore. Madame de Vernon, maîtresse d'elle-même jusqu'alors, fondit en larmes à cette idée; la même émotion nous saisit, Delphine et moi; mais elle se remit la première, et prenant la main de madame de Vernon avec tendresse : « Oui, lui dit-elle, ma chère amie, à quelques pas de nous il y a des plaisirs, ici de la douleur; mais avant peu d'années, ceux qui se réjouissent pleureront, et l'âme réconciliée avec son Dieu comme avec elle-même, dans ces temps-là ne souffrira plus. » Madame de Vernon parut calmée par les paroles de Delphine, et presque au même instant tous les instruments cessèrent.

Quel tableau cependant que celui dont j'étais témoin ! un rapprochement singulièrement remarquable en augmentait encore l'impression; je venais d'apprendre, par madame de Vernon elle-même, qu'elle avait les plus grands torts à se reprocher envers madame d'Albémar; et je réfléchissais sur l'enchaînement de circonstances qui donnait à madame de Vernon, si accueillie, si recherchée dans le monde, pour unique appui, pour seule amie, la femme qu'elle avait le plus cruellement offensée.

Quand madame de Vernon voulait parler à Delphine de son repentir, elle repoussait doucement cette conversation, l'entretenait de son amitié pour elle, avec une sorte de mesure et de délicatesse qui écartait le souvenir de la conduite de madame de Vernon, et ne rappelait que ses qualités aimables. Delphine apportait attentivement à son amie mourante les secours momentanés qui calmaient ses douleurs; elle la replaçait doucement et mieux sur son sopha, elle l'interrogeait sur ses souffrances avec les ménagements les plus délicats, et, sans montrer ses craintes, elle laissait voir toute sa pitié; enfin, le génie de la bonté inspirait Delphine, et sa figure, devenue plus enchanteresse encore par les mouvements de son âme, donnait une telle magie à toutes ses actions, que j'étais tentée de lui demander s'il ne s'opérait point quelque miracle en elle; mais il n'y en avait point d'autre que l'étonnante réunion de la sensibilité, de la grâce, de l'esprit et de la beauté.

Pauvre madame de Vernon! elle a du moins joui de quelques heures très-douces; et, pendant cette nuit, j'ai vu sur son visage une expression plus calme et plus pure que dans les moments les plus brillants de sa vie. J'espère encore que son âme n'a pas perdu tout le fruit du noble enthousiasme que Delphine avait su lui inspirer. Enfin le jour commença : c'était un des plus sombres et des plus glacés de l'hiver; il neigeait abondamment, et le froid intérieur qu'on ressentait ajoutait encore à tout ce que cette journée devait avoir d'effroyable; je voyais que madame de Vernon s'affaiblissait toujours plus, et que ses vomissements de sang devenaient plus fréquents et plus douloureux. Je suis convaincue que, quand même elle eût évité les cruelles épreuves qu'elle a souffertes, elle n'aurait pu vivre un jour de plus.

Le médecin arriva, et bientôt après madame de

Mondoville : je dois lui rendre la justice que son visage était fort altéré ; elle avait l'air d'avoir beaucoup pleuré : madame de Vernon le remarqua, et lui fit un accueil très-tendre. Le médecin, après avoir examiné l'état de madame de Vernon, qui ne l'interrogea même pas, sortit avec madame de Mondoville ; il est probable qu'il lui annonça que sa mère n'avait plus que quelques heures à vivre. Alors le confesseur de Matilde, qui n'a pas la modération et la bonté de quelques hommes de son état, décida l'aveugle personne dont il disposait, à le conduire chez sa mère, malgré le refus qu'elle avait fait de le voir.

Au moment où nous vîmes Matilde entrer dans la chambre, accompagnée de son prêtre, nous tressaillîmes, madame d'Albémar et moi ; mais il n'était plus temps de rien empêcher. Matilde, avec d'autant plus de véhémence qu'il lui en coûtait peut-être davantage, dit à madame de Vernon : « Ma mère, si vous ne voulez pas me faire mourir de douleur, ne vous refusez pas aux secours qui peuvent seuls vous sauver des peines éternelles ; je vous en conjure au nom de Dieu et de Jésus-Christ. » En achevant ces mots, elle se jeta à genoux devant sa mère. « Insensée ! s'écria Delphine, pensez-vous servir l'Être souverainement bon, en causant à votre mère l'émotion la plus douloureuse ? — Vous perdez ma mère, s'écria Matilde avec indignation, vous, Delphine, par vos ménagements pusillanimes, vos incertitudes et vos doutes ; et vous, madame, dit-elle en se retournant vers moi, par l'intérêt que vous avez à écarter la religion qui vous condamne. » J'entendais ces paroles sans aucune espèce de colère, tant la situation de madame de Vernon et l'anxiété de Delphine m'occupaient . je remarquai seulement dans le visage de madame de Vernon une expression très-vive, et bientôt après, elle prit la parole avec une force extraordinaire dans son état.

« Ma fille, dit-elle à Matilde, je pardonne à votre zèle inconsidéré ; je dois tout vous pardonner, car j'ai eu le tort de ne point vous élever moi-même ; je n'ai point éclairé votre esprit, et les rapports intimes de la confiance n'ont point existé entre nous ; j'ai soigné vos intérêts, mais je n'ai point cultivé vos sentiments, et j'en reçois la punition, puisque dans cet instant même la mort ne saurait rapprocher nos cœurs : la mère et la fille ne peuvent s'entendre au moins une fois, en se disant un dernier adieu. Mais vous, monsieur, continua-t-elle en s'adressant au prêtre, qui jusqu'alors s'était tenu dans le fond de la chambre, les yeux baissés, l'air grave, et ne prononçant pas un

seul mot ; mais vous, monsieur, pourquoi vous servez-vous de votre ascendant sur une tête faible, pour l'exposer à un grand malheur, celui d'affliger une mère mourante ? J'ai beaucoup de respect pour la religion ; mon cœur est rempli d'amour pour un Dieu bienfaisant, et sa bonté me pénètre de l'espoir d'une autre vie ; mais ce serait mal me présenter au juge de toute vérité que de trahir ma pensée par des témoignages extérieurs qui ne sont point d'accord avec mes opinions ; j'aime mieux me confesser à Dieu dans mon cœur, qu'à vous, monsieur, que je ne connais point, ou qu'à tout autre prêtre avec lequel je n'aurais point contracté des liens d'amitié ou de confiance ; je suis plus sûre de la sincérité de mes regrets que de la franchise de mes aveux ; nul homme ne peut m'apprendre si Dieu m'a pardonné, la voix de ma conscience m'en instruira mieux que vous. Laissez-moi donc mourir en paix, entourée de mes amis, de ceux avec qui j'ai vécu, et sur le bonheur desquels ma vie n'a que trop exercé d'influence ; s'ils sont revenus à moi, s'ils ont été touchés de mon repentir, leurs prières imploreront la miséricorde divine en ma faveur, et leurs prières seront écoutées ; je n'en veux point d'autres : cet ange, ajouta-t-elle en montrant Delphine, cet ange que j'ai offensé, intercédera pour moi auprès de l'Être suprême. Retirez-vous maintenant, monsieur ; votre ministère est fini, quand vous n'avez pas convaincu ; si vous vouliez employer tout autre moyen pour parvenir à votre but, vous ne vous montreriez pas digne de la sainteté de votre mission. »

Dès que madame de Vernon eut fini de parler, le prêtre se mit à genoux, et, baisant la croix qu'il portait sur sa poitrine, il dit avec un ton solennel qui me parut dur et affecté : « Malheur à l'homme qui veut sonder les voies du Christ, et méconnaître son autorité ! malheur à lui, s'il meurt dans l'impénitence finale ! » Et faisant signe à Matilde de le suivre, ils s'éloignèrent tous les deux dans le plus profond silence.

Soit que madame de Mondoville voulût retenir le prêtre, pour le ramener auprès de sa mère, lorsqu'elle n'aurait plus la force de s'y opposer ; soit qu'elle crût que le service divin qu'on ferait pour madame de Vernon, pendant qu'elle vivait encore, serait plus efficace, elle s'enferma dans son appartement pour dire des prières avec son confesseur, et quelques domestiques attachés aux mêmes opinions qu'elle : ainsi donc elle s'éloigna de sa mère dans ses derniers moments, et ne lui rendit point les soins qu'elle lui devait. Un bizarre mélange de superstition, d'opiniâtreté, d'amour mal entendu du devoir, se combinait dans son âme avec une véritable affection pour sa mère, mais une affection dont les preuves amères et cruelles faisaient souffrir toutes les deux. Quoi qu'il en soit, c'est à cette singulière absence de la chambre de madame de Vernon que Matilde a dû de n'être pas témoin d'une scène qui l'aurait pour jamais privée du repos et du bonheur.

Lorsque madame de Mondoville et le confesseur furent éloignés, l'effort que madame de Vernon avait fait, l'émotion qu'elle avait éprouvée, lui causèrent un vomissement de sang si terrible, qu'elle perdit tout à fait connaissance dans les bras de madame d'Albémar. Nos soins la rappelèrent encore à la vie; mais Delphine, profondément effrayée de cet accident que nous avions cru le dernier, était à genoux devant la chaise longue de madame de Vernon, le visage penché sur ses deux mains pour essayer de les réchauffer; ses beaux cheveux blonds s'étant détachés, tombaient en désordre..... Dans ce moment, j'entendis ouvrir deux portes avec une violence remarquable, dans une maison où les plus grandes précautions étaient prises contre le moindre bruit qui pût agiter madame de Vernon. Un pas précipité frappe mon oreille, je me lève, et je vois entrer Léonce une lettre à la main (c'était celle de madame de Vernon qui contenait l'aveu de sa conduite). Il était tremblant de colère, pâle de froid; tout son extérieur annonçait qu'il venait de faire un long voyage : en effet, depuis sept jours et sept nuits, par les glaces de l'hiver, il était venu de Madrid sans s'arrêter un moment; il était entré dans la maison de madame de Vernon sans parler à personne, et comme enivré d'agitations et de souffrances physiques et morales.

Delphine tourna la tête, jeta un cri en voyant Léonce, étendit les bras vers lui sans savoir ce qu'elle faisait : ce mouvement et l'altération des traits de Delphine achevèrent de déranger presque entièrement la raison de Léonce; et prenant vivement le bras de Delphine, comme pour l'entraîner : « Que faites-vous, s'écria-t-il en s'adressant à madame de Vernon (dont il ne pouvait voir le visage, parce qu'un rideau à demi tiré devant sa chaise longue la cachait), que faites-vous de cette pauvre infortunée? quelle nouvelle perfidie employez-vous contre elle? Cette lettre que vous m'avez adressée en Espagne, le courrier qui la portait me l'a remise comme j'arrivais, comme je venais m'éclaircir enfin du doute affreux que le silence de Delphine et la lettre d'un ami faisaient peser sur moi : la voilà cette lettre, elle contient le récit de vos

barbares mensonges. Je ne devais, disiez-vous, la recevoir qu'après le départ de Delphine; était-ce encore une ruse pour empêcher mon retour ici, pour faire tomber dans quelque piége, en mon absence, la malheureuse Delphine? —Léonce, dit madame d'Albémar, que vous êtes injuste et cruel! madame de Vernon est mourante, ne le savez-vous donc pas? — Mourante! répéta Léonce; non, je ne le crois pas : le feint-elle pour vous attendrir? vous laisserez-vous encore tromper par sa détestable adresse? Quoi, Delphine! vous m'aviez écrit que je devais en croire madame de Vernon, et elle s'est servie de cette preuve même de votre confiance pour me convaincre que vous aimiez M. de Serbellane, tandis que, victime généreuse, vous vous étiez sacrifiée à la réputation de madame d'Ervins! Et vous, Delphine, et vous qui me jugiez instruit de la vérité, vous avez dû penser que j'étais le plus faible, le plus ingrat, le plus insensible des hommes; que je vous blâmais de vos vertus, que je vous abandonnais à cause de vos malheurs. J'ai des défauts; on s'en est servi pour donner quelque vraisemblance à la conduite la plus cruelle envers l'être le plus aimable et le plus doux. Ce n'est pas tout encore; un obstacle de fortune me séparait de Matilde; cet obstacle est levé par Delphine, l'exemple d'une générosité sans bornes, la victime d'une ingratitude sans pudeur. On me laisse ignorer ce service, on la punit de l'avoir rendu; tout est mystère autour de moi, je suis enlacé de mensonges, et quand j'apprends que je suis aimé, que je l'ai toujours été (dit-il avec un son de voix qui déchirait le cœur), je suis uni, lié pour jamais! Je la vois, cet objet de mon amour, de mon éternel amour; elle tend les bras vers son malheureux ami; tout son visage porte l'empreinte de la douleur, et je ne puis rien pour elle! et je l'ai repoussée quand elle se donnait à moi, quand elle versait peut-être des larmes amères sur ma perte! et c'est vous, répéta-t-il en interpellant madame de Vernon, c'est vous!... »

L'inexprimable angoisse de cette malheureuse femme me faisait une pitié profonde; Delphine qui en souffrait plus encore que moi, s'écria : « Léonce, arrêtez! arrêtez! Un accident funeste l'a mise au bord de la tombe; si vous saviez, depuis ce temps, par combien de regrets touchants et sincères elle a tâché de réparer la faute que l'amour maternel l'avait entraînée à commettre! — Elle sera bien punie, s'écria Léonce, si c'est sa fille qu'elle a voulu servir; elle se reprochera son malheur comme le mien. Rompez, femme perfide, dit-il à madame de Vernon, rompez le lien que vous avez tissu de faussetés; rendez-moi ce jour, ie matin de ce jour où je n'avais pas entendu votre langage trompeur, où j'étais libre encore d'épouser Delphine, rendez-le-moi. — Oh, Léonce! répondit madame de Vernon, ne me poursuivez pas jusque dans la mort, acceptez mon repentir. — Revenez à vous-même, interrompit Delphine en s'adressant à Léonce; voyez l'état de cette infortunée; pourriez-vous être inaccessible à la pitié? — Pour qui, de la pitié? reprit-il avec un égarement farouche; pour qui? pour elle? Ah! s'il est vrai qu'elle se meure, faites que le ciel m'accorde de changer de sort avec elle; que je sois sur ce lit de douleur, regretté par Delphine, et qu'elle porte à ma place les liens de fer dont elle m'a chargé; qu'elle acquitte cette longue destinée de peines à laquelle sa dissimulation profonde m'a condamné. — Barbare! s'écria Delphine, que faut-il pour vous attendrir, pour obtenir de vous une parole douce qui console les derniers moments de la pauvre Sophie? Et moi donc aussi, n'ai-je pas souffert? depuis que j'ai perdu l'espoir d'être unie à vous, un jour s'est-il passé sans que j'aie détesté la vie? Je vous demande au nom de mes pleurs... — Au nom de vos malheurs qu'elle a causés, interrompit Léonce, que me demandez-vous? »

Delphine allait répondre; madame de Vernon, se levant presque comme une ombre du fond du cercueil, et s'appuyant sur moi, fit signe à Delphine de la laisser parler. Comme elle s'avançait soutenue de mon bras, elle sortit de l'enfoncement dans lequel était placée sa chaise longue; et le jour éclairant toute sa personne, Léonce fut frappé de son état, qu'il n'avait pu juger encore : ce spectacle abattit tout à coup sa fureur; il soupira, baissa les yeux, et je vis, même avant que madame de Vernon se fût fait entendre, combien toute la disposition de son âme était changée.

« Delphine, dit alors madame de Vernon, ne demandez pas à Léonce un pardon qu'il ne peut m'accorder, puisque tout son cœur le désavoue; j'ai peut-être mérité le supplice qu'il me fait éprouver. Vous aviez, chère Delphine, répandu trop de douceur sur la fin de ma vie; je n'étais pas assez punie; mais obtenez seulement qu'il me jure de ne pas faire le malheur de Matilde, que mes fautes soient ensevelies avec moi, que leurs suites funestes ne poursuivent pas ma mémoire; obtenez de lui qu'il cache à Matilde l'histoire de son mariage et de ses sentiments pour vous. — A qui voulez-vous, répondit Léonce, dont l'indignation avait fait place au plus profond accablement, à qui voulez-vous que je promette du bonheur? Hé-

las! je n'ai, je ne puis répandre autour de moi que de la douleur. — Si vous me refusez aussi cette prière, répondit madame de Vernon, ce sera trop de dureté pour moi, oui, trop en vérité. » Je la sentis défaillir entre mes bras, et je me hâtai de la replacer sur son sopha.

Delphine, animée par un mouvement généreux, qui l'élevait au-dessus même de son amour pour Léonce, s'approcha de madame de Vernon, et lui dit avec une voix solennelle, avec un accent inspiré : « Oui, c'est trop, pauvre créature! et ce cruel, insensible à nos prières, n'est point auprès de toi l'interprète de la justice du ciel. Je te prends sous ma protection; s'il t'injurie, c'est moi qu'il offensera; s'il ne prononce pas à tes pieds les paroles qui font du bien à l'âme, c'est mon cœur qu'il aliénera. Tu lui demandes de respecter le bonheur de ta fille; eh bien! je réponds, moi, de ce bonheur; il me sera sacré, je le jure à sa mère expirante; et si Léonce veut conserver mon estime, et ce souvenir d'amour qui nous est cher encore au milieu de nos regrets, s'il le veut, il ne troublera point le repos de Matilde, il n'altérera jamais le respect qu'elle doit à la mémoire de sa mère. Femme trop malheureuse, dont Léonce n'a point craint de déchirer le cœur, je me rends garant de l'accomplissement de vos souhaits; écoutez-moi de grâce, n'écoutez plus que moi seule. — Oui, dit madame de Vernon d'une voix à peine intelligible, je t'entends, Delphine; je te bénis : la bénédiction des morts est toujours sainte, reçois-la; viens près de moi... » Elle posa sa tête sur l'épaule de Delphine. Léonce, en voyant ce spectacle, tombe à genoux au pied du lit de madame de Vernon, et s'écrie : « Oui, je suis un misérable furieux; oui, Delphine est un ange : pardonnez-moi pour qu'elle me pardonne; pardonnez-moi le mal que j'ai pu vous faire. — Entendez-vous, Sophie, dit madame d'Albémar à madame de Vernon, qui ne répondait plus rien à Léonce; entendez-vous? Son injustice est déjà passée; il revient à vous. — Oui, répondit Léonce, il revient à vous, et peut-être il va mourir... » En effet, tant d'agitations, un voyage si long au milieu de l'hiver et sans aucun repos, l'avaient jeté dans un tel état, qu'il tomba sans connaissance devant nous.

Jugez de mon effroi, jugez de ce qu'éprouvait Delphine! Les mains déjà glacées de madame de Vernon retenaient les siennes, elle ne pouvait s'en éloigner, et cependant elle voyait devant elle Léonce étendu comme sans vie sur le plancher. Madame de Vernon, au milieu des convulsions de l'agonie, saisit encore une fois la main de Delphine avant que d'expirer. Delphine, dans un état impossible à dépeindre, soutenait dans ses bras le corps de son amie, et me répétait, les yeux fixés sur Léonce : « Madame de Lebensei, juste ciel ! vit-il encore?... dites-le-moi... » A mes cris madame de Mondoville arriva précipitamment; sa mère ne vivait plus, et son mari, qu'elle croyait en Espagne, était sans connaissance devant ses yeux : elle attribua son état au saisissement causé par la mort de sa mère, et profondément touchée de le voir ainsi, elle montra, pour le secourir, une présence d'esprit et une sensibilité qui pouvaient intéresser à elle.

On transporta Léonce dans une autre chambre; Delphine était restée, pendant ce temps, immobile et dans l'égarement. Son amie, qui n'était plus, reposait toujours sur son sein : elle m'interrogeait des yeux sur ce que je pensais de l'état de Léonce; je l'assurai qu'il serait bientôt rétabli, et que l'émotion et la fatigue avaient seules causé l'accident qu'il venait d'éprouver. Madame de Mondoville rentra dans ce moment avec ses prêtres et tout l'appareil de la mort; Delphine comprit alors que madame de Vernon avait cessé de vivre, et plaçant doucement sur son lit cette femme à la fois intéressante et coupable, elle se mit à genoux devant elle, baisa sa main avec attendrissement et respect, et s'éloignant, elle se laissa ramener par moi dans sa maison, sans rien dire.

Je l'ai fait mettre au lit, parce qu'elle avait une fièvre très-forte. Nous avons envoyé plusieurs fois savoir des nouvelles de Léonce : il est revenu de son évanouissement assez malade, mais sans danger. M. Barton qui, par un heureux hasard, était arrivé hier au soir, est venu voir Delphine ce matin; elle était si agitée, qu'il n'eût pas été prudent de la laisser s'entretenir avec lui. Il m'a dit seulement qu'ayant obtenu de madame d'Albémar de ne pas écrire à Léonce, de peur de l'irriter contre sa belle-mère, il avait cru cependant devoir dire quelques mots, pour le calmer, dans une lettre qu'il lui avait adressée; mais l'obscurité même de cette lettre et le silence de Delphine avaient jeté Léonce dans une si violente incertitude, qu'il était parti d'Espagne à l'instant même, se flattant d'arriver à Paris avant le départ de madame d'Albémar pour le Languedoc.

M. Barton ne m'a point caché qu'il était inquiet des résolutions de Léonce; il reçoit les soins de madame de Mondoville avec douceur, mais quand il est seul avec M. Barton, il paraît invariablement décidé à passer sa vie avec madame d'Albé-

mar : sa passion pour elle est maintenant portée à un tel excès, qu'il semble impossible de la contenir. M. Barton n'espère que dans le courage et la vertu de madame d'Albémar : il croit qu'elle doit se refuser à revoir Léonce, et suivre son projet de retourner vers vous : c'est aussi la détermination de Delphine; je n'en puis douter, car je l'ai entendue répéter tout bas, quand elle se croyait seule : *Non, je ne dois pas le revoir, je l'aime trop; il m'aime aussi : non, je ne le dois pas, il faut partir.*

Cependant, que vont devenir Léonce et Delphine? avec leurs sentiments, et dans leur situation, comment vivre ni séparés ni réunis? Mon mari est venu me rejoindre, il m'a rendu le courage qui m'abandonnait. Il dit qu'il veut essayer d'offrir des consolations à madame d'Albémar; mais quel bien lui-même, le plus éclairé, le plus spirituel des hommes, quel bien peut-il lui faire? Votre parfaite amitié, mademoiselle, vous fera-t-elle découvrir des consolations que je cherche en vain? Je crois à l'énergie du caractère de madame d'Albémar, à la sévérité de ses principes; mais ce qui n'est, hélas! que trop certain, c'est qu'il n'existe aucune résolution qui puisse désormais concilier son bonheur et ses devoirs.

Agréez, mademoiselle, l'hommage de mes sentiments pour vous.

TROISIÈME PARTIE.

LETTRE PREMIÈRE.

Léonce à Delphine.

Paris, ce 4 décembre 1790.

La perfidie des hommes nous a séparés, ma Delphine; que l'amour nous réunisse : effaçons le passé de notre souvenir; que nous font les circonstances extérieures dont nous sommes environnés? N'aperçois-tu pas tous les objets qui nous entourent comme à travers un nuage? Sens-tu leur réalité? Je ne crois à rien qu'à toi : je sais confusément qu'on m'a indignement trompé; que je l'ai reproché à une femme mourante; que sa fille se dit ma femme; je le sais : mais une seule image se détache de l'obscurité, de l'incertitude de mes souvenirs, c'est toi, Delphine : je te vois au pied de ce lit de mort, cherchant à contenir ma fureur, me regardant avec douceur : avec amour; je veux encore ce regard; seul il peut calmer l'agitation brûlante qui m'empêche de reprendre des forces.

Mon excellent ami Barton n'a-t-il pas prétendu hier que ton intention était de partir, et de partir sans me voir! Je ne l'ai pas cru, mon amie : quel plaisir ton âme douce trouverait-elle à me faire courir en insensé sur tes traces? Tu n'as pas l'idée, jamais tu ne peux l'avoir, que je me résigne à vivre sans toi! Non, parce que la plus atroce combinaison m'a empêché d'être ton époux, je ne consentirai point à te voir un jour, une heure de moins que si nous étions unis l'un à l'autre; nous le sommes; tout est mensonge dans mes autres liens, il n'y a de vrai que mon amour, que le tien; car tu m'aimes, Delphine! Je t'en conjure, dis-moi, le jour, le jour où j'ai formé cet hymen qui ne peut exister qu'aux yeux du monde, cet hymen dont tous les serments sont nuls, puisqu'ils supposaient tous que tu avais cessé de m'aimer, n'étais-tu pas derrière une colonne, témoin de cette fatale cérémonie? Je crus alors que mon imagination seule avait créé cette illusion; mais s'il est vrai que c'était toi-même que je voyais, comment ne t'es-tu pas jetée dans mes bras? pourquoi n'as-tu pas redemandé ton amant à la face du ciel? Ah! j'aurais reconnu ta voix; ton accent eût suffi pour me convaincre de ton innocence; et, devant ce même autel, plaçant ta main sur mon cœur, c'est à toi que j'aurais juré l'amour que je ne ressentais que pour toi seule.

Mais qu'importe cette cérémonie! elle est vaine, puisque c'est à Matilde qu'elle m'a lié. Ce n'est pas Delphine, dont l'esprit supérieur s'affranchit à son gré de l'opinion du monde, ce n'est pas elle qui repoussera l'amour par un timide respect pour les jugements des hommes. Ton véritable devoir, c'est de m'aimer; ne suis-je pas ton premier choix? ne suis-je pas le seul être pour qui ton âme céleste ait senti cette affection durable et profonde dont le sort de ta vie dépendra? Oh! mon amie, quoique personne ne puisse te voir sans t'admirer, moi seul je puis jouir avec délices de chacune de tes paroles; moi seul je ne perds pas le moindre de tes regards. Aime-moi, pour être adorée dans toutes les nuances de tes charmes. Aime-moi, pour être fière de toi-même; car je t'apprendrai tout ce que tu vaux. Je te découvrirai des vertus, des qualités, des séductions que tu possèdes sans le savoir.

Oh Delphine! les lois de la société ont été faites pour l'universalité des hommes; mais quand un amour sans exemple dévore le cœur, quand une perfidie presque aussi rare a séparé deux êtres qui s'étaient choisis, qui s'étaient aimés, qui s'étaient promis l'un à l'autre, penses-tu qu'aucune de ces lois, calculées pour les circonstances ordinaires de la vie, doive subjuguer de tels sentiments? Si, devant les tribunaux, je démontrais que c'est par l'artifice le plus infâme qu'on a extorqué mon consentement, ne décideraient-ils pas que c'est par mon mariage doit être cassé? Et parce que je n'ai que des preuves morales à alléguer, et parce que l'honneur du monde ne me permet pas de les donner, ne puis-je donc pas prononcer dans ma conscience le jugement que confirmeraient les lois, si je les interrogeais? Ne puis-je pas me déclarer libre au fond de mon cœur.

Hélas! je le sais, il m'est interdit de te donner mon nom, de me glorifier de mon amour en présence de toute la terre, de te défendre, de te protéger comme ton époux; il faut que tu renonces pour moi à l'existence que je ne puis te promettre dans le monde, et que tant d'autres mettraient à tes pieds. Mais, j'en suis sûr, tu me feras volontiers ce sacrifice, tu ne voudras pas punir un malheureux de l'indigne fausseté dont il a été la victime. Ah! s'il s'accusait, l'infortuné, d'avoir cru trop facilement la calomnie, s'il se reprochait sa conduite avec désespoir, s'il était prêt à détester son caractère, c'est alors surtout, c'est alors, Delphine, que tu sentirais le besoin de consoler cet ami, qui ne pourrait trouver aucun repos au fond de son cœur. Oui, je hais tour à tour les auteurs de mes maux et moi-même; mes amères pensées me promènent sans cesse de l'indignation contre la conduite des autres, à l'indignation contre mes propres fautes.

Je ne veux te rien cacher, Delphine; en te faisant connaître tous les sacrifices que je te demande, je n'effrayerai point ton cœur généreux. Notre union, quels que soient mes soins pour honorer et respecter ce que j'adore, nuira plus à ta réputation qu'à la mienne. Cette crainte t'arrêterait-elle? J'aurais moins le droit qu'un autre de la condamner; mais entends-moi, Delphine: que des motifs raisonnables ou puérils, nobles ou faibles, t'éloignent de moi, n'importe! je ne survivrai point à notre séparation. Maintenant que tu le sais, c'est à toi seule qu'il appartient de juger quelle est la puissance de ta volonté; a-t-elle assez de force pour te soutenir contre le regret de ma mort? Delphine, en es-tu certaine? prends garde, je ne le crois pas.

Si je t'avais rencontrée depuis que ma destinée est enchaînée à Matilde, j'aurais dû, j'aurais peut-être su résister à l'amour; mais t'avoir connue quand j'étais libre! avoir été l'objet de ton choix,

et s'être lié à une autre! c'est un crime qui doit
être puni ; et je me prendrai pour victime, si tu at-
taches à ma faute des suites si funestes, que mon
cœur soit à jamais dévoré par le repentir.

Quoi! mon bonheur me serait ravi, non par la
nécessité, non par le hasard, mais par une action
volontaire, par une action irréparable! Qu'ils vivent
ceux qui peuvent soutenir ce mot *l'irréparable!*
moi, je le crois sorti des enfers, il n'est pas de la
langue des hommes ; leur imagination ne peut le
supporter : c'est l'éternité des peines qu'il annonce ;
il exprime à lui seul ses tourments les plus cruels.

Les emportements de mon caractère ne m'avaient
jamais donné l'idée de la fureur qui s'empare de
moi, quand je me dis que je pourrais te perdre, et
te perdre par l'effet de mes propres résolutions,
des sentiments auxquels je me suis livré, des mots
que j'ai prononcés. Delphine, en exprimant cette
crainte, qui me poursuit sans relâche, j'ai été
obligé de m'interrompre ; j'étais retombé dans l'accès de rage où tu m'as vu, lorsque j'accusais sans
pitié madame de Vernon. Je me suis répété, pour
me calmer, que tu ne braverais pas mon désespoir. Oh ! ma Delphine, je te verrai, je te verrai
sans cesse !

Demain, on m'assure que je serai en état de
sortir, j'irai chez vous : votre porte pourrait-elle
m'être refusée? Mais d'où vient cette terreur? ne
connais-je pas ton cœur généreux ; ton esprit éminemment doué de courage et d'indépendance! Quel
motif pourrait t'empêcher d'avoir pitié d'un malheureux qui t'est cher, et qui ne peut plus vivre
sans toi?

LETTRE II.

Réponse de Delphine à Léonce.

Quel motif pourrait m'empêcher de vous voir?
Léonce, des sentiments personnels ou timides
n'exercent aucun pouvoir sur moi. Dieu m'est témoin que, pour tous les intérêts réunis, je ne
céderais pas une heure, une heure qu'il me serait
accordé de passer avec vous sans remords ; mais
ce qui me donne la force de dédaigner toutes les
apparences, et de m'élever au-dessus de l'opinion
publique elle-même, c'est la certitude que je n'ai
rien fait de mal : je ne crains point les hommes,
tant que ma conscience ne me reproche rien ; ils
me feraient trembler, si j'avais perdu cet appui.

Nous sommes bien malheureux : oh ! Léonce,
croyez-vous que je ne le sente pas? Tout semblait
d'accord, il y a quelques mois, pour nous assurer
la félicité la plus pure. J'étais libre, ma situation

et ma fortune m'assuraient une parfaite indépendance ; je vous ai vu, je vous ai aimé de toutes les
facultés de mon âme, et le coup le plus fatal, celui
que la plus légère circonstance, le moindre mot
aurait pu détourner, nous a séparés pour toujours!
Mon ami, ne vous reprochez point notre sort ;
c'est la destinée, la destinée seule, qui nous a
perdus tous les deux.

Pensez-vous que je ne doive pas aussi m'accuser
de mon malheur? Souvent je me révolte contre
cette destinée irrévocable, je m'agite dans le passé
comme s'il était encore de l'avenir ; je me repens
avec amertume de n'avoir pas été vous trouver,
lorsque cent fois je l'ai voulu. Le désespoir me
saisit, au souvenir de cette fierté, de cette crainte
misérable, qui ont enchaîné mes actions, quand
mon cœur m'inspirait l'abandon et le courage.

S'il vous est plus doux, Léonce, quand vous
souffrez, de songer, à quelque heure que ce puisse
être, que dans le même instant, Delphine, votre
pauvre amie, accablée de ses peines, implore le
ciel pour les supporter ; le ciel qui, jusqu'alors,
l'avait toujours secourue, et qu'elle implore maintenant en vain : si cette idée tout à la fois cruelle
et douce vous fait du bien, ah ! vous pouvez vous
y livrer! Mais que font nos douleurs à nos devoirs?
La vertu, que nous adorions dans nos jours de
prospérité, n'est-elle pas restée la même? Doit-elle
avoir moins d'empire sur nous, parce que l'instant
d'accomplir ce que nous admirions est arrivé?

Le sort n'a pas voulu que les plus pures jouissances de la morale et du sentiment nous fussent
accordées. Peut-être, mon ami, la Providence
nous a-t-elle jugés dignes de ce qu'il y a de plus
noble au monde, le sacrifice de l'amour à la vertu.
Peut-être.... Hélas ! j'ai besoin, pour me soutenir,
de ranimer en moi tout ce qui peut exalter mon
enthousiasme, et je sens avec douleur que pour
toi, pour toi seul ! ô Léonce, j'éprouve ces élans
de l'âme que m'inspirait jadis le culte généreux de
la vertu.

Ce qui dépend encore de nous, c'est de commander à nos actions ; notre bonheur n'est plus
en notre puissance, remettons-en le soin au ciel ;
après beaucoup d'efforts, il nous donnera du moins
le calme, oui, le calme à la fin ! Quel avenir ! de
longues douleurs, et le repos des morts pour unique espoir ; n'importe, il faut, Léonce, il faut ou
désavouer les nobles principes dont nous étions si
fiers, ou nous immoler nous-mêmes à ce qu'ils
exigent de nous.

Vous apercevrez aisément dans cette lettre à
quels combats je suis livrée. Si vous en concevez

lus d'espoir, vous vous tromperez. Je sais que les devoirs que j'aimais n'ont plus de charmes à mes yeux, que l'amour a décoloré tous les autres sentiments de ma vie, que j'ai besoin de lutter à chaque instant contre les affections de mon cœur, qui m'entraînent toutes vers vous; je le sais, je consens à vous l'apprendre; mais c'est parce que e suis résolue à ne plus vous voir. Vous dirais-je e secret de ma faiblesse, si, déterminée au plus grand, au plus cruel, au plus courageux des sacrifices, je ne me croyais pas dispensée de tout autre effort?

Je suivrai le projet que j'avais formé avant votre retour d'Espagne; qu'y a-t-il changé depuis ce retour? Je vous ai vu, et voilà ce qui me persuade que de nouveaux obstacles s'opposent à mon départ. Le plus grand des dangers, c'est de vous voir; c'est contre ce seul péril, ce seul bonheur, qu'il faut s'armer. Ne vous irritez pas de cette détermination, songez à ce qu'elle me coûte; ayez pitié de moi, que tout votre amour soit de la pitié!

Je m'essaye à roidir mon âme pour exécuter ma résolution; mais savez-vous quelle est ma vie, le savez-vous?... Je ne me permets pas un instant de loisir, afin d'étourdir, s'il se peut, mon cœur. J'invente une multitude d'occupations inutiles, pour amortir sous leur poids l'activité de mes pensées; tantôt je me promène dans mon jardin avec rapidité, pour obtenir le sommeil par la fatigue; tantôt, désespérant d'y parvenir, je prends de l'opium le soir, afin de m'endormir quelques heures. Je crains d'être seule avec la nuit, qui laisse toute sa puissance à la douleur, et n'affaiblit que la raison.

Je serais déjà partie si vous ne m'aviez pas annoncé que vous me suivriez; je vous demande votre parole de ne pas exécuter ce projet. Quel éclat qu'une telle démarche! Quel tort envers votre femme, dont le bonheur, à plusieurs titres, doit m'être toujours sacré! et que gagneriez-vous, si vous persistiez dans cette résolution insensée? Au milieu de la route, dans quelques lieux glacés par l'hiver, je vous reverrais encore, et je mourrais de douleur à vos pieds, si je ne me sentais pas la force de remplir mon devoir en vous quittant pour jamais.

Léonce, il y a dans la destinée des événements dont jamais on ne se relève, et lutter contre leur pouvoir, c'est tomber plus bas encore dans l'abîme des douleurs. Méritons par nos vertus la protection d'un Dieu de bonté: nous ne pouvons plus rien faire pour nous qui nous réussisse; essayons

d'une vie dévouée, d'une vie de sacrifices et de devoirs; elle a donné presque du bonheur à des âmes vertueuses. Regardez madame d'Ervins: victime de l'amour et du repentir, elle va s'enfermer pour jamais dans un couvent: elle a refusé la main de son amant, elle renonce à la félicité suprême, et cette félicité cependant n'aurait coûté de larmes à personne.

C'est moi qui résiste à vos prières, et c'est moi cependant qui emporterai dans mon cœur un sentiment que rien ne pourra détruire. Quand je me croyais dédaignée, insultée même par vous, je vous aimais, je cherchais à me trouver des torts pour excuser votre injustice. Ah! ne m'oubliez pas; y a-t-il un devoir qui vous commande de m'oublier? Quand il existerait, ce devoir, qu'il soit désobéi. Si je me sentais une seconde fois abandonnée de votre affection, s'il fallait rentrer dans la ténébreuse solitude de la vie, je ne le supporterais plus.

Léonce, établissons entre nous quelques rapports qui nous soient à jamais chers. Tous les ans, le 2 de décembre, le jour où vous avez cessé de me croire coupable, allez dans cette église où je vous ai vu, car je ne puis me résoudre à le nier, dans cette église où je vous ai vu donner votre main à Matilde. Pensez à moi dans ce lieu même, appuyez-vous sur la colonne derrière laquelle j'ai entendu le serment qui devait causer ma douleur éternelle. Ah! pourquoi mes cris ne se sont-ils pas fait entendre! je n'aurais bravé que les hommes, et maintenant je braverais Dieu même, en me livrant à vous voir.

Léonce, jusqu'à ce jour je puis présenter une vie sans tache à l'Être suprême; si tu ne veux pas que je conserve ce trésor, prononce que j'ai assez vécu, j'en recevrai l'ordre de ta main avec joie. Quand je me sentirai près de mourir, j'aurai encore un moment de bonheur qui vaut tout ce qui m'attend; je me permettrai de t'appeler auprès de moi, de te répéter que je t'aime: le veux-tu? dis-le-moi. Va, ce désir ne serait point cruel: ne te suffit-il pas que mon cœur, juge du tien, en fût reconnaissant?

Je me perds en vous écrivant, je ne suis plus maîtresse de moi-même; il faut encore que je m'interdise ce dernier plaisir. Adieu.

LETTRE III.

Léonce à Delphine.

Vous partirez sans me voir! vous! La terre manquerait sous mes pas, avant que je cessasse de vous suivre! Avez-vous pu penser que vous échapperiez à mon amour? il domterait tout, et vous-même. Respectez un sentiment passionné, Delphine, je vous le répète, respectez-le; vous ne savez pas, en le bravant, quels maux vous attireriez sur nos têtes.

J'ai été ce matin à votre porte; faible encore, je pouvais à peine me soutenir; on a refusé de me recevoir! j'ai fait quelques pas dans votre cour; vos gens ont persisté à m'interdire d'aller plus loin. Madame d'Artenas était chez vous, je n'ai pas voulu faire un éclat; j'ai levé les yeux vers votre appartement, j'ai cru voir derrière un rideau votre élégante figure; mais l'ombre même de vous a bientôt disparu, et votre femme de chambre est venue m'apporter votre lettre, en me priant de votre part de la lire, avant de demander à vous voir: j'ai obéi; je ne sais quel trouble que je me reproche a disposé de moi. Si vous alliez quitter votre demeure! si vous partiez à mon insu! si j'ignorais où vous êtes allée! Non, vous ne voulez pas condamner votre malheureux amant à vous demander en vain dans chaque lieu, croyant sans cesse vous voir ou sans cesse vous perdre, et se précipitant par de vains efforts vers votre image, comme dans ces songes funestes dont la douleur ne pourrait se prolonger sans donner la mort.

Delphine! vous qui n'avez jamais pu supporter le spectacle de la souffrance, est-ce donc moi seul que vous exceptez de votre bonté compatissante? Parce que je vous aime, parce que vous m'aimez aussi, ma douleur n'est-elle rien? Ne regardez-vous pas comme un devoir de la soulager? Oh! qu'avais-je fait aux hommes, qu'avais-je fait à cette perfide qui m'a donné sa fille, quand je devais consacrer mon sort au vôtre? Et vous, qui me demandiez de pardonner, de quel droit le demandiez-vous, si vous êtes plus inflexible pour moi que vous ne l'avez été pour mes persécuteurs?

Vous refusez de m'entendre, et vous ne savez pas ce que j'ai besoin de vous dire. Jamais, Delphine, jamais je n'ai pu te parler du fond du cœur; mille circonstances nous ont empêchés de nous voir librement: s'il m'est accordé de t'entretenir une fois, une fois seulement, sans craindre d'être interrompu, sans compter les heures, je sens que je te persuaderai. Tu verras que rien de pareil à notre situation ne s'est encore rencontré; que nous nous sommes choisis, quand nous pouvions nous choisir, quand nous étions maîtres de disposer de nous-mêmes: il a fallu nous tromper pour nous désunir; notre âme n'a pris aucun engagement volontaire: devant ton Dieu; nous

sommes libres. O Delphine, toi qui respectes, toi qui fais aimer la Providence éternelle, crois-tu qu'elle m'ait donné les sentiments que j'éprouve, pour me condamner à les vaincre? Quand la nature frémit à l'approche de la douleur, la nature avertit l'homme de l'éviter; son instinct serait-il moins puissant dans les peines de l'âme? Si la mienne se bouleverse par l'idée de te perdre, dois-je m'y résigner? Non, non, Delphine, je sais ce que les moralistes les plus sévères ont exigé de l'homme; mais lorsqu'une puissance inconnue met dans mon cœur le besoin dévorant de te revoir encore, cette puissance, de quelque nom que tu la nommes, défend impérieusement que je me sépare de toi.

Mon amie, je te le promets, dès que je t'aurai vue, c'est à toi que je m'en remettrai pour décider de notre sort; mais il faut que je t'exprime les sentiments qui m'oppressent. Le jour, la nuit, je te parle, et il me semble que je te montre dans mes sentiments, dans notre situation, des vérités que tu ignorais, et que seul je puis t'apprendre: je ne retrouve plus, quand je t'écris, ce que j'avais pensé, je ne puis aussi, je ne puis communiquer à mes lettres cet accent que le ciel nous a donné pour convaincre; et s'il est vrai cependant que si je te parlais, tu consentirais à passer tes jours avec moi, dans quel état ne me jetteriez-vous pas, Delphine, en me condamnant sans m'avoir permis de plaider moi-même pour ma vie?

Vous êtes si forte contre mon malheur! vous devez vous croire certaine de me refuser, même après m'avoir écouté. Pourquoi donc ne pas me calmer un moment par ce vain essai, dont votre fermeté triomphera? Delphine, s'il fallait nous quitter, s'il le fallait, voudriez-vous me laisser un sentiment amer contre vous? ange de douceur, le voudriez-vous? Vous n'avez point refusé vos soins, vos consolations célestes à madame de Vernon, à celle qui nous avait séparés; et moi, Delphine, et moi, me croyez-vous si loin de la mort, qu'au moins un adieu ne me soit pas dû?

Vous avez vu la violence de mon caractère dans ce jour funeste où, sans vous, je me serais montré plus implacable encore. Songez quel est mon supplice, maintenant que je suis renfermé dans ma maison, avec une femme qui a pris ta place! O Delphine! je suis à cinquante pas de toi, et je ne puis néanmoins obtenir de te voir! J'envoie dix fois le jour pour m'assurer que vous n'avez point ordonné les préparatifs de votre départ; je tressaille comme un enfant à chaque bruit; je fais des plus simples événements des présages; tout me semble annoncer que je ne te verrai plus. Tu parles de ta douleur, Delphine, ton âme douce n'a jamais éprouvé que des impressions qu'elle pouvait dominer : mais la douleur d'un homme est âpre et violente ; la force ne peut lutter longtemps sans triompher ou périr.

Comment as-tu la puissance de supporter l'état où je suis? de refuser un mot qui le ferait cesser comme par enchantement? Je ne te reconnais pas, mon amie; tu permets à tes idées sur la vertu d'altérer ton caractère : prends garde, tu vas l'endurcir, tu vas perdre cette bonté parfaite, le véritable signe de ta nature divine. Quand tu te seras rendue inflexible à ce que j'éprouve, quelle est donc la douleur qui jamais t'attendrira? C'est la sensibilité qui répand sur tes charmes une expression céleste; quel échange tu feras, si, en accomplissant ce que tu nommes des devoirs, tu dessèches ton âme, tu étouffes tous ces mouvements involontaires qui t'inspiraient tes vertus et ton amour!

Ne va point, par de vaines subtilités, distinguer en toi-même ta conscience de ton cœur : interroge-le ce cœur, repousse-t-il l'idée de me voir, comme il repousserait une action vile ou cruelle? non, il t'entraîne vers moi; c'est ton Dieu, c'est la nature, c'est ton amant qui te parle; écoute une de ces puissances protectrices de ta destinée; écoute-les, car c'est au fond de ton âme qu'elles exercent leur empire : oublie tout ce qui n'est pas nous; nos âmes se suffisent, anéantissons l'univers dans notre pensée, et soyons heureux.

Heureux!—Sais-tu ce que j'appelle le bonheur? c'est une heure, une heure d'entretien avec toi, et tu me la refuserais ! Je me contiens, je te cache ce que j'éprouve à cette idée; ce n'est point en effrayant ton âme que je veux la toucher; que ta tendresse seule te fléchisse! Delphine, une heure ! et tu pourras après... Si ton cœur conserve encore cette barbare volonté, oui, tu pourras après... te séparer de moi.

LETTRE IV.

Réponse de Delphine à Léonce.

Si je vous revois, Léonce, jamais je n'aurai la force de me séparer de vous. Vous refuserais-je ce dernier entretien, le refuserais-je à mes vœux ardents, si je ne savais pas que vous revoir et partir est impossible! Que parlez-vous de vertu, d'inflexibilité ? C'est vous qui devez plaindre ma faiblesse, et me laisser accomplir le sacrifice qui peut seul me répondre de moi. Quoi qu'il m'en coûte pour

vous peindre ce que j'éprouve, il faut que vous connaissiez tout votre empire; vous prononcerez vous-même alors que j'ai dû quitter ma maison pour me dérober à vous.

Vous m'aviez écrit que vous viendriez chez moi ce matin, et j'avais eu la force d'ordonner qu'on ne vous reçût pas. J'avais passé une partie de la nuit à vous écrire, je voulais être seule tout le jour; j'avais besoin, quand je m'interdisais votre présence, de ne m'occuper que de vous. Madame d'Artenas se fit ouvrir ma porte d'autorité; mais je l'engageai, sous un prétexte, à lire dans mon cabinet un livre qui l'intéressait, et je restai dans ma chambre, debout, derrière le rideau de ma fenêtre, les yeux fixés sur l'entrée de la maison, tenant à ma main la lettre que je vous avais écrite, et qui devait, du moins je l'espérais, adoucir mon refus.

Je demeurai ainsi, pendant près d'une heure, dans un état d'anxiété qui vous toucherait peut-être, si vous pouviez cesser d'être irrité contre moi. Quand je n'entendais aucun bruit, je me confirmais dans la résolution que m'impose le devoir; mais quand ma porte s'ouvrait, je sentais mon cœur défaillir, et le besoin de revoir encore celui que je dois quitter pour toujours, triomphait alors de moi. Enfin vous paraissez, vous faites quelques pas vers l'homme qui devait vous dire que je ne pouvais pas vous recevoir : votre marche se ressentait encore de la faiblesse de votre maladie, vos traits me parurent altérés; mais cependant, jamais, je vous l'avoue, jamais je n'ai trouvé dans votre visage, dans votre expression, un charme séducteur qui pénétrât plus avant dans mon âme.

Vous changeates de couleur au refus réitéré de mes gens; il me sembla que je vous voyais chanceler, et dans cet instant vous l'emportâtes sur toutes mes résolutions : je m'élançai hors de ma chambre pour courir à vous, pour me jeter peut-être à vos pieds, aux yeux de tous, et vous demander pardon d'avoir pu songer à me défendre de votre volonté; j'éprouvais comme un transport généreux, il me semblait que j'allais me dévouer à la vertu, en me livrant à ma passion pour vous ; j'étais enivrée de cette pitié d'amour, le plus irrésistible des mouvements de l'âme; toute autre pensée avait disparu.

Je rencontrai madame d'Artenas comme je descendais dans cet égarement. « Mon Dieu, qu'avez-vous? » me dit-elle. Cette question me fit rougir de moi-même. «Je vais envoyer une lettre,» lui répondis-je ; et, soutenue par sa présence, et par des réflexions qu'un moment avait fait renaître, je donnai l'ordre de vous porter ma lettre, et de vous demander de retourner chez vous pour la lire.

C'est alors que j'ai senti combien le péril de vous voir était plus grand encore que je ne le croyais : votre présence, dans aucun temps, n'avait produit un tel effet sur moi; je tremblais, je pâlissais; si j'avais entendu votre voix, si vous m'aviez parlé, j'aurais perdu la force de me soutenir. L'apparition d'un être surnaturel, portant à la fois dans le cœur l'enchantement et la crainte, ne donnerait point encore l'idée de ce que j'éprouvai, quand vos yeux se levèrent vers ma fenêtre comme pour m'implorer, quand devant ma maison, depuis si longtemps solitaire, je vis celui que j'ai tant pleuré. Léonce, je l'ai quittée cette maison que vous veniez de me rendre chère, je l'ai quittée à l'instant même; il le fallait : si vous étiez revenu, tout était dit, je ne partais plus.

Après le récit que je me suis condamnée, non sans honte, à vous faire, serez-vous indigné contre moi? Vous inspirerai-je le sentiment amer dont vous m'avez menacée? Ne me rendrez-vous pas enfin la liberté d'aller en Languedoc? Je suis cachée dans un lieu où vous ne pouvez me découvrir; et je n'attends, pour me mettre en route, que votre promesse de ne pas me suivre. Ah! Léonce, quand je sacrifie toute ma destinée à Matilde, voulez-vous qu'un éclat funeste empoisonne sa vie, sans nous réunir!

Oui, Léonce, votre devoir et le mien, c'est de ne pas rendre Matilde infortunée. La morale, qui défend de jamais causer le malheur de personne, est au-dessus de tous les doutes du cœur et de la raison; plus je souffre, plus je frémis de faire souffrir; et ma sympathie pour la douleur des autres s'augmente avec mes propres douleurs : ne vous appuyez point de ce sentiment pour me reprocher vos peines. Votre malheur à vous, Léonce, c'est le mien; je ne puis tromper assez ma conscience, pour me persuader que la bonté me commande de ne pas vous affliger. Ah! c'est à moi, c'est à ma passion que je céderais en consolant votre cœur; je ne ferai jamais rien pour toi qui ne soit inspiré par l'amour.

Léonce, pourquoi vous le cacherais-je? je ne dois rien taire après ce que j'ai dit. Si je n'avais compromis que moi, en passant ma vie avec vous; si je n'avais détruit que ma réputation et ce contentement intérieur dont je faisais ma gloire et mon repos, j'aurais livré mon sort à toutes les adversités qu'entraîne un sentiment condamnable; j'aurais prosterné devant toi cette fierté, le premier de mes biens, quand je ne te connaissais pas :

quoi qu'il pût en arriver, je te reverrais, et ce bonheur me ferait vivre, ou me consolerait de mourir. Mais il s'agit du sort d'une autre, et l'amour même ne pourrait triompher dans mon cœur des remords que j'éprouverais si j'immolais Matilde à mon bonheur. J'ai promis à sa mère mourante de la protéger, et quelque coupable que fût la malheureuse Sophie, c'est sur cette promesse que s'est reposée sa dernière pensée. Qui pourrait absoudre d'un crime envers les morts? Quelle voix dirait qu'ils ont pardonné?

Matilde elle-même n'est-elle pas la compagne de mon enfance? Ne me suis-je pas liée à son sort en le protégeant? Je recevrais votre vie qui lui est due; je la dépouillerais à dix-huit ans de tout son avenir : non, Léonce, accordez à Matilde ce qui suffit à son repos, votre temps, vos soins; elle ignore que vous m'aimez, elle me devra de l'ignorer toujours : cette idée me calmera, je l'espère, dans les moments de désespoir dont je ne puis encore me défendre. Léonce, vous serez heureux un jour par les affections de famille; vous n'oublierez pas alors que j'ai renoncé à tout dans cette vie, pour vous assurer le bonheur des liens domestiques, et vous pourrez mêler un souvenir tendre de moi à vos jouissances les plus pures.

LETTRE V.

Léonce à Delphine.

Vous n'êtes plus dans votre maison, vous l'avez quittée pour me fuir; je ne puis retrouver vos traces; je parcours, comme un furieux, tous les lieux où vous pouvez être. Non, ce n'est pas de la vertu qu'une telle conduite vous inspire; pour y persister, il faut être insensible. A quoi me servirait de vous peindre mes douleurs? vous avez bravé tout ce que pouvait m'inspirer mon désespoir! Cependant rassemblez tout ce que vous avez de forces, car je mettrai votre âme à de rudes épreuves; et s'il vous reste encore quelque bonté, votre résolution vous coûtera cher.

J'ai été à Bellerive, à Cernay chez madame de Lebensei; elle m'a juré, d'un air qui me semblait vrai, qu'elle ignorait où vous étiez. Je suis revenu, j'ai été trouver votre valet de chambre Antoine; vous raconterai-je ce que j'ai fait pour obtenir de lui votre secret? Je crois qu'il le sait, car il m'a presque promis de vous faire parvenir demain cette lettre; mais rien n'a pu l'engager à me le dire. Je me suis promené le reste du jour, enveloppé de mon manteau, dans votre rue, ou dans celles qui y conduisent : j'étais là pour m'attacher aux pas d'Antoine; malheureux que je suis! réduit à me servir des plus odieux moyens, pour obtenir de vous, qui croyez m'aimer, une grâce que vous ne devriez pas refuser au dernier des hommes.

Chaque fois que de loin j'apercevais une femme qui pouvait me faire un instant d'illusion, j'approchais avec un saisissement douloureux, et je reculais bientôt, indigné d'avoir pu m'y méprendre. Je me sentais de l'irritation contre tous les êtres qui allaient, venaient, s'agitaient, passaient à côté de moi, sans avoir rien à me dire de vous, sans s'inquiéter de mon supplice. Le soir, ne craignant plus enfin d'être reconnu, j'ai pu me reposer quelques moments sur un banc près de votre porte, et recevoir sur ma tête la pluie glacée qui tombait hier. Mais le douloureux plaisir de m'abandonner à mes réflexions ne m'était pas même accordé. J'écoutais, je regardais avec une attention soutenue tout ce qui pouvait se passer autour de votre maison; mes pensées étaient sans cesse interrompues, sans que mon âme fût un instant soulagée. Je me levais à chaque moment, croyant voir Antoine qui revenait en cherchant à m'éviter; quand je faisais quelques pas dans un sens, je retournais tout à coup, me persuadant que c'était du côté opposé que j'aurais découvert ce que je cherchais.

Des heures se passaient, je restais seul dans les rues; il devenait à chaque instant plus invraisemblable qu'au milieu de la nuit je pusse rien apprendre. Mais dès que je me décidais à m'en aller, j'étais saisi d'un désir si vif de rester, que je le prenais pour un pressentiment; et, quoique vingt fois trompé, je cédais aux agitations de mon cœur, comme à des avertissements surnaturels. Enfin le jour est arrivé; j'ai pris, pour vous écrire, une chambre en face de votre maison; j'y suis maintenant, appuyé sur la fenêtre d'où l'on voit votre porte, et mes yeux ne peuvent se fixer un instant de suite sur mon papier. Pourrez-vous lire ces caractères, tracés au milieu des convulsions de douleur que vous me causez? Si je passe encore vingt-quatre heures dans cet état, je vous haïrai; oui, les anges seraient haïs, s'ils condamnaient au supplice que vous me faites souffrir. Ce supplice dénature mon caractère, mon amour, ma morale elle-même. Si vous prolongez cette situation, savez-vous qui souffrira de ma douleur? Matilde, oui, Matilde, à qui vous me sacrifiez.

J'aurais eu des soins pour elle, si vous m'aviez aimé, si je vous avais vue; mais je déteste en elle l'hommage que vous lui faites de mon sort. Je la regarde comme l'idole devant laquelle il vous a plu de m'immoler, et du moins je jouis de penser que vos vertus imprudentes autant qu'obstinées n'auront fait que du mal à tous les trois.

Si vous me cachez où vous êtes, si vous continuez à refuser de me voir, ma résolution est prise (et vous savez si je suis capable de quelque fermeté); je révélerai à Matilde par quelle suite de mensonges l'on m'a fait son époux; et, lui déclarant en même temps que dans le fond de mon cœur je regarde notre mariage comme nul, je lui abandonnerai la moitié de ma fortune, elle conservera mon nom, et ne me reverra jamais. Je passerai ce qu'il me restera de temps à vivre auprès de ma mère, en Espagne; et celle à qui vous aviez jugé convenable de me dévouer, n'entendra parler de moi qu'à ma mort.

Que m'importe ce qu'on peut me dire sur le devoir! Les tourments n'affranchissent-ils pas des devoirs? Quand la fièvre vient assaillir un homme, on n'exige plus rien de lui; on le laisse se débattre avec la douleur, et tous ses rapports avec les autres sont suspendus. N'ai-je pas aussi mon délire? Peut-on rien attendre de moi? Je n'ai qu'une idée, qu'une sensation; parlez-moi de vous revoir, et je vous écouterai, et toutes les vertus rentreront dans mon âme; sans cet espoir, qui pourra me faire renoncer à mes projets? Qui découvrira un moyen d'agir sur ma volonté? Personne, jamais personne. Et vous surtout, Delphine, de quel droit m'offririez-vous des conseils pour le malheur que vous m'imposez? C'est le dernier degré de l'insulte que de vouloir être à la fois l'assassin et le consolateur.

Vous le voyez, tout est dit. J'instruirai Matilde, par une lettre, des circonstances de notre mariage, de mon amour pour vous, et de la décision où je suis de vivre loin d'elle. Dans vingt-quatre heures elle saura tout, si vous ne m'écrivez pas que vos résolutions sont changées, ou seulement si vous gardez le silence. Ce que contiendra ma lettre une fois dit est irrévocable. Si les paroles que je prononcerai sont amères, vous saurez qui les a dictées; et si je plonge la douleur dans le sein de Matilde, ce n'est pas ma main égarée qu'il faut en accuser, c'est le sang-froid, c'est la raison tyrannique qui vous sert à me rendre insensé.

LETTRE VI.

Réponse de Delphine à Léonce.

Vous avez cru m'effrayer par votre indigne menace : depuis que je vous connais, je me suis senti de la force contre vous une seule fois, c'est après avoir lu votre lettre. J'ai imaginé pendant quelques instants que vous pouviez faire ce que vous m'annonciez, et je pensais à vous sans trouble, car j'avais cessé de vous estimer.

Léonce, ce moment d'une tranquillité cruelle n'a pas duré; j'ai rougi d'avoir craint que vous fussiez capable de l'action la plus dure et la plus immorale que jamais homme pût se permettre! Vous, Léonce, vous condamneriez au plus cruel isolement une femme aussi vertueuse que Matilde! Elle vient de perdre sa mère, et vous lui ôteriez son époux! Vous lui laisseriez, dites-vous, votre nom et votre bien; c'est-à-dire que vous seriez sans reproches aux yeux du monde, qui juge si différemment les devoirs des maris et des femmes. Mais que feriez-vous réellement pour Matilde? Avez-vous réfléchi au malheur d'une femme dont tous les liens naturels sont brisés? Savez-vous que, par la dépendance de notre sort et la faiblesse de notre cœur, nous ne pouvons marcher seules dans la vie? Matilde est très-religieuse, mais sa raison a besoin de guide. S'il ne lui restait plus une seule affection sur la terre, les chagrins, exaltant sa dévotion déjà superstitieuse, la porteraient bientôt à un enthousiasme fanatique dont on ne peut prévoir les effets.

Quel crime a-t-elle commis envers vous, pour la punir ainsi? Sa mère l'estimait assez pour n'avoir pas osé lui confier les ruses qui cependant avaient servi à son bonheur. Matilde vous a vu, Matilde vous a aimé. Elle savait qu'elle était destinée à vous épouser; elle a cru suivre son devoir en se livrant à l'attachement que vous lui inspiriez. Et moi, juste ciel! et moi, qui dois si bien comprendre ce que votre perte peut faire souffrir, je causerais à Matilde la douleur au-dessus de toutes les douleurs! Car, ne vous y trompez pas, Léonce, si vous vous rendiez coupable de l'action dont vous me menacez, c'est moi que j'en accuserais; non parce que j'aurais refusé de vous voir, non pour avoir tenté de triompher de ma faiblesse, mais pour vous avoir laissé lire dans ce cœur, qui devait se fermer pour jamais, du moment où vous n'étiez plus libre.

Je m'accuserais d'avoir inspiré un sentiment qui, loin de rendre meilleur l'objet que j'aime, lui aurait fait perdre ses vertus. Léonce, est-ce ainsi que nous sommes faits pour nous aimer? Ce sentiment qui, je le crois, ne s'éteindra jamais, ne devait-il pas servir à perfectionner notre âme? Oh! qu'est-ce que l'amour sans enthousiasme? et peut-il exister de l'enthousiasme sans que le respect des idées morales soit mêlé de quelque manière à ce qu'on éprouve? Si je cessais d'estimer votre caractère, que seriez-vous pour moi, Léonce? le plus aimable, le plus séduisant des hommes; mais ce n'est point par ces charmes seuls que mon cœur eût été subjugué. Ce qui a décidé de ma vie, c'est que vos qualités, c'est que vos défauts même me semblaient appartenir à une âme noble et fière: j'ai reconnu en vous la passion de l'honneur, exagérée, s'il est possible, mais inséparable, je l'imaginais, des véritables vertus; je vous ai cru le besoin de votre propre approbation, plus encore que celui du suffrage des autres hommes. Jamais on n'a prononcé devant vous une parole généreuse ou sensible, sans que je vous aie vu tressaillir; jamais vous n'avez entendu raconter une belle action, sans que vos regards aient exprimé cette émotion profonde qui désigne l'une à l'autre les âmes d'une nature supérieure. Voudriez-vous abjurer tout ce qui fut la cause de mon amour?

Dans ce moment où je me condamne au sacrifice le plus cruel que le devoir puisse exiger, l'idée que je me suis faite de vous me soutient et me relève; je souffre pour mériter votre estime; peut-être ce motif a-t-il plus d'empire sur moi que je ne le crois encore. Vous sacrifieriez l'amour et son bonheur à l'opinion publique, Léonce, vous le feriez, je le sais; et que penseriez-vous donc de moi, si Dieu et ma conscience avaient moins d'empire sur ma conduite, que l'honneur du monde sur la vôtre? Il me reste encore quelques forces, je dois m'en servir pour fuir le remords. Si, malgré mes efforts les plus sincères, vous parvenez à renverser mes résolutions, il n'y aura point de terme aux malheurs qui nous poursuivront. Ma réputation s'altérera bientôt, et peut-être m'en aimerez-vous moins. Juste ciel! pouvez-vous rien imaginer qui alors égalât mon supplice! Les sacrifices que j'aurais faits à votre amour me flétriraient à vos yeux mêmes. Et qui sait s'il serait temps encore de ranimer votre cœur par une action désespérée, et de reconquérir pour ma mémoire l'affection pure et vive que le blâme du monde aurait ternie!

Léonce, des craintes, des réflexions sans nombre se pressent dans ma pensée, et luttent contre le sentiment qui m'entraîne vers toi. Ah! que n'en coûte-t-il pas pour s'arracher au bien suprême! Mais d'où vient donc l'effroi qui me saisit lorsque je me sens prête à céder à vos vœux? C'est la protection du ciel qui m'inspire cet effroi salutaire: peut-être l'ombre d'un ami que j'ai perdu fait-elle un dernier effort pour me sauver, et gémit-elle autour de moi, sans que mes sens puissent saisir ni ses paroles, ni son image.

Léonce, si j'ai cessé de vous entretenir de Matilde, dont j'étais d'abord uniquement occupée, c'est que je ne crains plus le projet que l'égarement d'un instant vous avait inspiré ; je n'ai pas besoin de votre réponse pour être sûre que vous y avez renoncé. Je ne sais dans quel endroit de cette lettre j'ai éprouvé tout à coup la certitude que je vous avais persuadé, mais cette impression ne m'a pas trompée. O Léonce! nous ne sommes pas encore tout à fait séparés ; mes propres mouvements m'apprennent ce que vous ressentez. Il est resté dans mon cœur je ne sais quelle intelligence, quelle communication avec vous, qui me révèle vos pensées.

LETTRE VII.

Léonce à Delphine.

Oui, je vous obéirai, vous avez raison de n'en pas douter ; je cède à la vérité, quand c'est vous qui me l'annoncez. N'aurai-je donc pas le pouvoir de vous persuader à mon tour?

Il est impossible que vous eussiez la force de vous montrer cruelle envers moi, si j'avais su vous convaincre que la plus parfaite vertu vous permettait, vous ordonnait même, peut-être, de condescendre à ma prière. Je ne sais si, dans le délire de la fièvre, j'ai conçu l'espérance que vous seriez l'épouse de mon choix, que vous tiendriez les serments que vous auriez prononcés, si dans ce jour affreux j'avais saisi votre main que vous tendiez vers moi, et que je l'eusse présentée à la bénédiction du ciel ; mais j'en prends à témoin l'amour et l'honneur, je ne vous demande qu'un lien pur comme votre âme, un lien sans lequel je ne puis exercer aucune vertu, ni faire le bonheur de personne.

Vous m'ordonnez de rester auprès de Matilde, j'obéirai ; mais le spectacle de mon désespoir ne l'éclairera-t-il pas tôt ou tard sur mes sentiments? Si vous m'ôtez l'émulation de vous plaire, si des entretiens fréquents avec vous ne raniment pas mon esprit découragé, ne me rendent pas le libre usage des qualités et des talents que je possédais peut-être, mais que je perds sans vous, que ferai-je dans la vie? comment serai-je distingué dans aucun genre? comment avancerai-je vers un but glorieux, quel qu'il soit? Aucun intérêt, aucun mouvement spontané ne me dira ce qu'il faut faire, et loin d'éprouver de l'ambition, je m'acquitterai des devoirs de la vie, comme une ombre qui se promènerait au milieu des êtres vivants.

Puis-je cultiver mon esprit, quand il n'est plus capable d'une attention suivie? lorsqu'il ne saisit une idée que par un effort? quand je ne puis rien concevoir, rien faire sans une lutte pénible contre la pensée qui me domine? Quelle est la carrière que l'on peut suivre, quelle est la réputation qu'on peut atteindre par des efforts continuels? Quand la nature n'inspire plus rien que de la douleur se fait-il jamais rien de bon et de grand? Un revers éclatant peut donner de nouvelles forces à une âme fière, mais un chagrin continuel est le poison de toutes les vertus, de tous les talents, et les ressorts de l'âme s'affaissent entièrement par l'habitude de la souffrance.

Vous croyez que je serai plus capable de remplir mes devoirs domestiques, si vous m'arrachez les jouissances que je voudrais trouver dans votre amitié ; eh bien, ce sont des devoirs constants et doux qui exigent une sorte de calme, qu'un peu de bonheur pourrait seul me donner. Oui, Delphine, je vous le devrais ce calme : votre figure enchanteresse enflamme et trouble souvent mon cœur ; mais votre esprit, mais votre âme me font goûter des délices pures et tranquilles. Quand, chez madame de Vernon, je vous entendais parler sur la vertu, sur la raison, analyser les idées les plus profondes, démêler les rapports les plus délicats, je m'éclairais en vous écoutant ; je comprenais mieux le but de l'existence, je pressentais avec plaisir l'utile direction que je pourrais donner à mes pensées. L'amour, quand c'est vous qui l'inspirez, ennoblit l'âme, développe l'esprit, perfectionne le caractère ; vous exercez votre pouvoir comme une influence bienfaisante, non comme un feu destructeur. Depuis que je ne vous vois plus, je me sens dégradé, je ne fais plus rien de moi-même ; je compare, en frémissant, la douleur qui m'attend à celle que j'ai déjà sentie ; j'essaye de recourir à des distractions impuissantes, et je me dis souvent qu'il vaudrait mieux se donner la mort qu'être occupé sans cesse à fuir la vie.

Delphine, ce ne sont pas là les peines ordinaires d'un amour malheureux, celles dont le temps, ou l'absence, ou la raison, peuvent triompher ; c'est un besoin de l'âme, toujours plus impérieux, plus on veut le combattre. Votre visage ne ferait pas l'enchantement de mes regards, la jeunesse ne prodiguerait pas tous ses charmes à votre taille ravissante, que j'éprouverais encore pour vous le sentiment le plus tendre. Vos idées et vos paroles auraient sur moi tant d'empire, qu'après vous avoir entendue, jamais je ne pourrais aimer une autre femme.

Ah! mon amie, ne le sens-tu pas comme moi!

l'univers et les siècles se fatiguent à parler d'a-
mour; mais une fois, dans je ne sais combien de
milliers de chances, deux êtres se répondent par
toutes les facultés de leur esprit et de leur âme;
ils ne sont heureux qu'ensemble, animés que lorsqu'ils se parlent; la nature n'a rien voulu donner
à chacun des deux qu'à demi, et la pensée de l'un
ne se termine que par la pensée de l'autre.

S'il en est ainsi de nous, ma Delphine, quels
efforts insensés veux-tu donc essayer? Tu me reviendras dans quelques années; si je vis, si nous
vivons, tu me reviendras, ne pouvant plus lutter
contre la destinée du cœur; mais alors il ne nous
restera que des âmes abattues par une trop longue
infortune. Nous n'aurons plus la force de nous relever, et de soutenir, sans en être accablés, cette
masse de douleurs que la nature fait peser sur la
fin de la vie.

Delphine! Delphine! crois-moi quand je te jure
de respecter tous les devoirs, toutes les vertus
que tu me commandes; après un tel serment, tu
n'as pas le droit de me refuser. Tu parles de ta
faiblesse, tu prétends la craindre; ah, cruelle!
combien tu te trompes! Mais enfin tu dirais vrai,
que moi, l'amant qui t'adore, je te préserverai, si
ton cœur se confie au mien; je respecterai ta vertu,
ta céleste délicatesse, tout ce qui fait de toi l'ange
des anges! Je veux que ton image reste en tout
semblable à celle qui remplit maintenant mon
cœur; et la plus légère altération dans tes qualités me causerait une douleur que toutes les jouissances de l'amour ne pourraient racheter.

Vous protégez Matilde, je m'occuperai attentivement de son bonheur; vous connaissez son caractère, son genre de vie, la nature de son esprit,
vous savez combien il est aisé de lui cacher ce qui
se passe dans le monde et même autour d'elle; je
la rendrai plus heureuse par les soins que je croirai lui devoir en compensation du bonheur que je
goûterai sans elle; je la rendrai plus heureuse en
réparant ainsi les torts qu'elle ignorera, que si,
l'âme déchirée, je traînais quelque temps encore
loin de vous une vie de désespoir. Delphine, tout
est prévu, j'ai répondu à tout; il ne reste plus de
défense à votre cœur, mon innocente prière ne
peut plus être refusée.

Me condamneriez-vous à repousser un soupçon
que vous me faites entrevoir? Vous avez le droit
de m'accabler de mes défauts, après le malheur
dans lequel ils m'ont précipité; cependant deviez-
vous me dire que je vous aimerais moins, si votre
réputation était altérée, si elle l'était par votre
condescendance même pour mon bonheur? Mon

amie, rejette loin de toi ces craintes indignes de
tous deux, laisse-moi passer chaque jour une
heure auprès de toi; le charme de cette heure se
répandra sur le reste de ma vie; je l'attendrai, je
m'en souviendrai; mon sang, en circulant dans mes
veines, ne m'y causera plus une douleur brûlante.
Je pourrai penser, agir, faire du bien aux autres,
remplir les devoirs de ma vie, et mourir regretté
de toi. Je vais porter cette lettre à votre porte,
l'espérance me ranime; si tu as dit vrai, Delphine,
si nos cœurs se devinent encore, cette espérance
est le présage assuré de ta réponse.

À onze heures du soir.

J'arrive chez vous, et j'apprends que vous êtes
partie. Partie! et l'on ne veut pas me dire par
quelle route! qu'espèrent-ils ceux qui s'obstinent
à garder ce barbare silence? pensent-ils que sur la
terre je ne saurai pas vous trouver? Si cette lettre
vous arrive avant moi, préparez votre cœur, votre
cœur, quelque dur qu'il soit, à beaucoup souffrir;
car vous serez inflexible, je dois le croire à présent, et néanmoins il est des événements funestes
que vous ne verrez pas sans frémir. Adieu; je ne
m'arrête plus que je n'aie rencontré la mort ou
vous.

LETTRE VIII.

Delphine à mademoiselle d'Albémar.

Paris, ce 14 décembre 1790.

Je reste, ma chère Louise! Ce mot est peut-être
bien coupable; mais si vous le pardonnez, tout ce
que j'ai à vous dire ne servira qu'à me justifier.

Vous savez dans quel état j'étais quand je me
défendais de le voir; je prenais ma douleur pour le
trouble le plus coupable et le plus dangereux:
maintenant que je suis résolue à ne plus le quitter,
je suis calme, je ne me crains plus; ce qu'il me
fallait, c'était le voir et lui parler. Je ne forme pas
un souhait, à présent que ce bonheur m'est assuré;
je suis certaine de passer ainsi toutes les années
de ma jeunesse, sans avoir même à combattre un
seul mouvement condamnable. Je serai son amie,
tous les sentiments de mon cœur lui seront consacrés, mais cette union ne nous inspirera jamais
que les plus nobles vertus.

Louise, je luttais contre la nature et la morale
en me séparant de lui. Je voulais triompher de
l'horreur que m'inspirait l'idée de le faire souffrir,
je devais donc être agitée sans cesse par une incertitude déchirante; ne sachant si j'étais vertueuse
ou criminelle, barbare ou généreuse, tout était
confondu dans mon esprit. Je crois comprendre à

présent ce qu'il faut accorder à mes devoirs, et je les concilierai. Peut-être ne pourrai-je conserver ce qu'on appelle dans le monde une existence et de la réputation; mais songez-vous pour quel prix je les expose? c'est pour le voir et le voir sans remords! Que les ennemis inventent à leur gré des calomnies, des persécutions, des peines, ils n'en trouveront point que je ne méprise au sein d'un tel bonheur. L'amour, tel que je le sens, ne me laisse craindre que le crime ou la mort: le reste des maux de la vie ne s'offre à moi que comme ces brouillards lointains et passagers qui fixent à peine un instant nos regards.

Il faut vous raconter, ma sœur, la scène terrible et douce qui a décidé de mon sort.

Madame d'Artenas, témoin, malgré moi, de mon refus de voir mon ami, et de la douleur que j'en éprouvais, s'était rendue maîtresse de mon secret, et m'avait emmenée chez elle à l'insu de Léonce, pour me dérober à ses recherches. J'étais convaincue, par ses lettres, que je ne pourrais jamais obtenir de lui la promesse de ne pas me suivre. Craignant que d'un instant à l'autre il ne découvrît ma retraite, je me décidai à partir, en faisant un détour, pour regagner la route du Midi. Le soir même où je vous le mandai, ma résolution fut prise et exécutée. J'étais soutenue, je crois, dans ce grand effort, par la fièvre que la solitude et la douleur m'avaient donnée; une exaltation forcée m'animait, et j'étais si pressée d'accomplir mon cruel sacrifice, que je montai dans ma voiture un quart d'heure après m'être déterminée à m'en aller. Je laissai Antoine à Paris pour arranger mes affaires, et n'ayant avec moi que ma femme de chambre, je partis dans un état qui ressemblait bien plus à l'égarement du délire qu'au triomphe de la raison.

La nuit était noire et le froid assez vif; je jetai mon mouchoir sur ma tête, et m'enfonçant dans ma voiture, son mouvement m'emporta pendant trois heures sans me faire changer d'attitude. Étourdie par cette course rapide, je ne suivais aucune idée, je les repoussais toutes successivement: néanmoins c'était en vain que je cherchais à confondre, dans mon trouble, les souvenirs et les regrets qui se présentaient à moi; je parvenais à obscurcir ce qui se passait dans mon esprit, mais rien ne calmait ma douleur. Je m'imagine que l'état de mon âme avait quelque ressemblance alors avec celui des malheureux condamnés à mort, lorsque, ne se sentant pas la force d'envisager cette idée, ils essayent d'étouffer en eux toute faculté de réflexion.

Un air glacé, dont je ne m'étais point garantie, me causait de temps en temps des sensations assez pénibles, et cette souffrance me faisait un peu de bien. Je pressais quelquefois mon mouchoir sur ma bouche, jusqu'au point de m'ôter la respiration pendant un moment, afin de détourner par un autre genre de douleur la pensée que je redoutais comme un fantôme persécuteur. Je ne sais ce qui me serait arrivé, lorsque, après de vains efforts pour échapper à moi-même, j'aurais considéré dans son entier le sort que je m'imposais. Mais j'étais parvenue, je crois, à cet excès de malheur qui fait descendre sur nous le secours de la clémence divine.

Un événement que je pourrais appeler surnaturel, du moins par l'impression que j'en ai reçue, vint tout à coup changer mon état, et me délivrer des tourments du désespoir. J'entendis mes postillons qui criaient: *Pourquoi voulez-vous nous arrêter? Qui êtes-vous? Rangez-vous à l'instant, rangez-vous.* Je crus d'abord que des voleurs voulaient profiter de la nuit pour nous attaquer, et moi, que vous connaissez craintive, j'éprouvai une émotion presque douce. L'idée me vint que Dieu avait pitié de moi, et m'envoyait la mort. J'avançai précipitamment ma tête à la portière, avide du péril, quel qu'il fût, qui devait m'arracher aux impressions que j'éprouvais.

Je ne pouvais rien voir, mais j'entendis une voix qui, depuis la première fois qu'elle m'a frappée, n'est jamais sortie de mon cœur, prononcer ces mots: *Faites avancer vos chevaux si vous voulez; écrasez-moi, mais je ne reculerai pas.* «Arrêtez! m'écriai-je, arrêtez!» Les postillons ne distinguaient point mes paroles, et je crus qu'ils se préparaient à partir en renversant celui qui s'était placé devant eux; je fis des efforts pour ouvrir la portière; le tremblement de ma main m'empêchait d'y réussir; ce tremblement augmentait à chaque seconde qu'il me faisait perdre. Je sentais que si je ne parvenais pas à descendre, les postillons, ne me comprenant pas, attribueraient mes cris à l'effroi, et prenant Léonce pour un assassin, pourraient l'écraser à l'instant sous les pieds des chevaux et les roues de ma voiture. Non, jamais un supplice de cette nature ne saurait se peindre! Enfin je m'élançai hors de cette fatale portière: Léonce, qui m'avait entendue, s'était jeté en bas de son cheval, et courant vers moi, il me reçut dans ses bras.

Divinité des justes! que ferez-vous de plus pour la vertu? Que réservez-vous pour elle dans les cieux, quand sur la terre vous nous avez donné

amour ? Je le retrouvais le jour même où je m'é-
tais condamnée à le quitter pour toujours ; mon
cœur reposait sur le sien, au moment où j'avais cru
sentir la voiture qui me traînait se soulever en
passant sur son corps : non, je n'aurais pas été un
être sensible et vrai, si je n'avais pas été résolue
dans cet instant à donner ma vie à celui dont la
présence venait de me faire goûter de telles délices.
Ah ! Louise, qui pourrait se replonger dans le désespoir, quand un coup du sort l'en a retiré ? qui
pourrait se rejeter volontairement dans l'abîme,
reprendre toutes les sensations douloureuses, suspendues, effacées par la confiance que le bonheur
inspire si rapidement ? Non, j'ose l'affirmer, le
cœur humain n'a pas cette force.

Léonce me porta pendant quelques pas ; il me
croyait évanouie, je ne l'étais point ; j'avais conservé le sentiment de l'existence pour jouir de cet
instant, peut-être marqué par le ciel, comme le
dernier et le plus haut degré de la félicité qu'il me
destine. Le premier mot que je dis à Léonce, fut
la promesse de renoncer à mon projet de départ ;
ce départ m'était devenu désormais impossible, et
je ne voulais pas qu'il pût en douter un instant,
après que ma décision était prise. Ah ! Louise,
quelle reconnaissance il m'exprima ! quel sentiment délicieux le bonheur de ce qu'on aime ne
fait-il pas éprouver ! Je ne sais quelle terreur,
créée par l'imagination, avait effrayé, troublé
mon esprit depuis quinze jours. Pourquoi donc,
pourquoi voulais-je me séparer de Léonce ? N'existe-
t-il pas des sœurs qui passent leur vie avec leurs
frères ? des hommes dont l'amitié honore et console les femmes les plus respectables ? Pourquoi
m'estimais-je si peu que de ne pas me croire capable d'épurer tous les sentiments de mon cœur,
et de goûter à la fois la tendresse et la vertu ?

Dès que Léonce me vit résolue à ne pas me séparer de lui, il s'établit entre nous la plus douce
intelligence ; il donna avec une grâce charmante
des ordres tout autour de moi, plaça ma femme
de chambre dans le cabriolet d'Antoine, qui était
venu me rejoindre, et se mêla enfin de tous les
détails, avec la vivacité la plus aimable, comme
s'il eût cru prendre ainsi possession de ma vie.

Après m'avoir fait remonter dans ma voiture,
il me montra, par les soins les plus tendres, son
inquiétude sur l'état de tremblement où j'étais ; il
m'entoura de son manteau, ouvrit et referma les
glaces plusieurs fois, pour essayer ce qui pourrait
me faire du bien : je voyais en lui une activité de
bonheur, une sorte d'impossibilité de contenir sa
joie, qui me jetait dans une rêverie enchanteresse ;

je me taisais, parce qu'il parlait ; j'étais calme,
parce que l'expression de ses sentiments était vive.
Oh, Louise ! personne, personne au monde, se
faisant l'idée de cette félicité, ne renoncerait à
l'éprouver !

Il fut convenu entre Léonce et moi que je dirais, à mon retour à Paris, que la fièvre m'avait
saisie en route et m'avait obligée de revenir. J'é-
coutai ses projets pour nous voir, chaque jour,
sans jamais causer la moindre peine à Matilde ; ils
étaient tels que je pouvais les désirer. Il revint
souvent aussi à m'entretenir des ménagements
qu'il aurait pour ma réputation. « Léonce, lui répondis-je, ne faites désormais rien pour moi qui
ne soit nécessaire à vous ; je ne suis plus à présent qu'un être qui vit pour celui qu'elle aime, et
n'existe que dans l'intérêt et la gloire de l'objet
qu'elle a choisi. Tant que vous m'aimerez, vous
aurez assez fait pour mon bonheur ; mon amour-
propre, mes penchants, mes désirs sont tous renfermés dans ma tendresse. Ne tourmentez ni ma
conscience ni mon amour, et décidez de ma vie
sous tous les autres rapports ; je me mets, avec
fierté comme avec joie, dans la dépendance absolue de votre volonté. »

Louise, avec quelle passion, avec quels transports Léonce me remercia ! Votre heureuse Delphine entendit pendant trois heures le langage le
plus éloquent de l'amour le plus tendre. Léonce
n'eut pas un instant, j'en suis sûre, l'idée de se
permettre une expression, un regard qui pût me
déplaire. Que le cœur est bon ! qu'il est pur ! qu'il
est enthousiaste, alors qu'il est heureux !

Je trouvai, en arrivant chez moi, la dernière
lettre que Léonce m'avait écrite, et que je n'a-
vais point reçue : il me sembla qu'elle eût suffi
pour m'entraîner ; mais qu'il était doux de la lire
ensemble ! Les expressions de la douleur de Léonce
me faisaient jouir encore plus de son bonheur actuel, et je me plaisais à lui faire répéter les prières qu'il m'avait adressées, pour m'en laisser toucher une seconde fois. Mais enfin, je m'aperçus
qu'il était trois heures du matin ; au premier mot
que je dis à Léonce, il obéit, et me quitta pour
retourner chez lui.

J'avais perdu le repos depuis plusieurs mois ;
j'ai dormi profondément le reste de cette nuit.
Quand je me suis réveillée, un beau soleil d'hiver
éclairait ma chambre ; il avait ses rayons de fête,
et condescendait à mon bonheur. Je priai Dieu
longtemps, je n'avais rien dans l'âme que je craignisse de lui confier ; après avoir prié, je vous ai
écrit. Ma sœur, je l'espère, vous ne me condam-

nerez pas; nous avons toujours eu tant de rapports dans notre manière de penser et de sentir! comment se pourrait-il que je fusse contente de moi, et que vous trouvassiez ma conduite condamnable? Cependant, Louise, hâtez-vous de me répondre. Adieu.

LETTRE IX.

Léonce à Delphine.

Mon amie, quoi qu'il puisse nous arriver, remercions le ciel de nous avoir donné la vie. Arrête ta pensée sur ce jour qui vient de s'écouler; il a fait une trace lumineuse dans le cours de nos années, et nous tournerons nos regards vers lui, quelque avenir que le sort nous destine.

Dès mon enfance, un pressentiment assez vif, assez habituel, m'a persuadé que je périrais d'une mort violente : ce matin cette idée m'est revenue à travers les délices de mes sentiments, mais elle avait pris un caractère nouveau; je n'étais plus effrayé du présage, je ne désirais plus de le détourner; je ne voyais plus la vie que dans l'amour, et je me plaisais à penser que si je périssais foudroyé dans la jeunesse par quelqu'un des événements qui menacent un caractère tel que le mien, je périrais dans l'ardeur de ma passion pour toi, et longtemps avant que l'âge eût refroidi mon cœur.

Dis-moi, Delphine, pourquoi la pensée de la mort se mêle avec une sorte de charme aux transports de l'amour? Ces transports vous font-ils toucher aux limites de l'existence? Est-ce qu'on éprouve en soi-même des émotions plus fortes que les organes de la nature humaine, des émotions qui font désirer à l'âme de briser tous ses liens pour s'unir, pour se confondre plus intimement encore avec l'objet qu'elle aime? Ah! Delphine, que je suis heureux! que je suis attendri! Mes yeux sans cesse remplis de larmes, ma voix émue, mes pas lents et rêveurs, pourraient me donner l'apparence du plus faible des êtres. Mon caractère, cependant, est loin d'être amolli, mais c'est un état extraordinaire que cette inépuisable source d'impressions sensibles qui se répand dans tout mon être. L'air déchirait hier ma poitrine oppressée, ce matin il me semble que je respire l'amour et le bonheur.

Ah! que j'aime la vie! chaque mouvement, chaque pensée qui me rappelle l'existence est un plaisir que je voudrais prolonger; je retiens le temps comme un bienfaiteur.

Delphine, nous serons une fois malheureux, ainsi le veut la destinée; mais nous n'aurons jamais le droit de nous plaindre. J'ai senti les battements de ton cœur sur le mien, tes bras m'ont serré de toute la puissance de ton âme; ces peines, ces inquiétudes, ces doutes qui pèsent toujours au dedans de nous-mêmes, et troublent en secret nos meilleurs sentiments, ces infirmités de l'être moral enfin avaient disparu tout à coup en moi. J'étais libre, généreux, fier, éloquent; s'il eût fallu dans ce moment étonner les hommes par le plus intrépide courage, les entraîner par des expressions enflammées, j'en étais capable, j'en étais digne, et nul génie mortel n'aurait pu s'égaler à ton heureux amant. C'est avec cet enthousiasme d'amour, que toi seule au monde peux inspirer, que je saurai tromper l'ivresse où me jette ta beauté; si quelquefois cet effort m'est pénible, rappelle-moi que tu tiens de mon aveu même qu'hier, hier! rien ne manquait à mon bonheur.

Delphine, je te verrai ce soir, je le puis sans le moindre inconvénient : tout s'arrange, tout est facile, les plus petites circonstances secondent mes désirs; je suis un être favorisé du ciel à cause de toi. Tu m'instruiras dans ta religion; je ne m'en étais pas occupé jusqu'à ce jour; mais j'ai tant de bonheur, qu'il me faut où porter ma reconnaissance! ce n'est pas assez du culte que je te rends, il faut me dire à qui je dois ta vie, qui te l'a donnée, qui te la conserve. Impose-moi quelques sacrifices, quelques peines; mais il n'y en a plus au monde. Comment faire pour découvrir quelques devoirs qui me coûtent, quelques actions qui puissent m'être comptées, quand je te verrai tous les jours? Oh, Delphine! calme-moi, s'il est possible, sur l'excès de mon bonheur, sur sa durée. Dis-moi que le ciel t'a permis de me donner un sort qui n'était pas fait pour les hommes; je puis tout espérer, je puis tout croire! Quel miracle m'étonnerait, quand un moment a changé la nature entière à mes yeux!

Oui, je possède cette félicité, la mort seule la terminera; il n'y en aura plus de ces terribles jours, pendant lesquels je ne te voyais pas. Mon amie, la force de les concevoir et de les supporter n'existe plus en moi; j'ai perdu en un instant toute puissance sur mon âme; le bonheur est devenu mon habitude, mon droit; il faut me ménager avec bien plus de soin que dans le temps de mon désespoir. Je suis heureux, mais tout mon être est ébranlé; les palpitations de mon cœur sont rapides; je sens dans mon sein une vie tremblante, que la moindre peine anéantirait à l'instant. Oh, Delphine! le bonheur parfait étonne la nature humaine; ma tête se trouble, et je suis prêt à devenir misérablement superstitieux, depuis que je possède tous les biens du cœur.

Adieu, Delphine, adieu ; je veux en vain m'exprimer : il y a dans les passions violentes une ardeur, une intensité dont l'âme seule a le secret. Une sympathie céleste, une étincelle d'amour te révèlera peut-être ce que j'éprouve.

LETTRE X.

Mademoiselle d'Albémar à Delphine.

Montpellier, 20 décembre.

Je le crois, j'en suis sûre, ma chère Delphine, puisque vous êtes heureuse, vous n'avez pas dans le cœur un seul désir, une seule pensée que la vertu la plus parfaite ne puisse approuver : mais, hélas ! vous ne vous doutez pas de tous les périls de votre situation ; faut-il que je sois forcée par les devoirs de l'amitié à ne pas partager avec vous le premier sentiment de joie que vous m'ayez confié depuis six mois !

Je ne vous demande point ce qu'il n'est plus temps d'obtenir ; en lisant vos expressions passionnées, je me suis convaincue que vous n'êtes plus capable du grand sacrifice pour lequel vous avez courageusement lutté ; mais du moins réfléchissez sur les chagrins dont vous êtes menacée, afin qu'une crainte salutaire vous serve de guide encore, s'il est possible. Vous croyez que Léonce n'exigera jamais de vous de renoncer aux principes de vertu sans lesquels une âme comme la vôtre ne pourrait trouver aucun bonheur ; je crois que dans ce moment son cœur est satisfait par un bien inespéré ; mais si vous ne pouvez supporter son malheur, pensez-vous qu'il n'essayera pas de ce moyen puissant pour tourmenter votre vie ? Vous triompherez, je le crois, mais au prix de quelle douleur ! l'avez-vous prévu ?

Quand vous parviendriez à guider les sentiments de Léonce dans ses rapports avec vous, pouvez-vous oublier son caractère ? Il ne s'en souvient plus lui-même à présent, il ne sent que son amour : mais ne savez-vous pas que les défauts qui tiennent à notre nature ou aux habitudes de toute notre vie renaissent toujours dès qu'il existe une circonstance qui les blesse ? Vous abandonnez, dites-vous, le soin de votre réputation, il vous suffit de veiller à la rectitude de votre conduite ; mais s'il arrive, ce qui ne peut manquer d'arriver, si l'on soupçonne et si l'on blâme votre liaison avec Léonce, il souffrira lui-même beaucoup du tort qu'elle vous fera, et vous retrouverez peut-être avec amertume son irritabilité sur tout ce qui tient à l'opinion.

Enfin, pouvez-vous vous flatter que Matilde, malgré tous vos ménagements pour elle, ne découvre pas une fois les sentiments que vous inspirez à Léonce ? et croyez-vous qu'elle fût heureuse, en apprenant qu'elle vous doit jusqu'aux soins mêmes de son époux, et que sa conduite envers elle dépend entièrement de votre volonté ?

Je vous le répète, je ne vous donne point les conseils rigoureux qui seraient maintenant inutiles ; mais songez que c'est dans le bonheur qu'il est aisé de fortifier sa raison. Je n'exige rien des malheureux, ils ont assez à faire de vivre ; il n'en est pas de même de vous, Delphine : vous jouissez maintenant d'une situation qui vous enchante ; c'est ce moment qu'il faut saisir pour vous accoutumer, par la réflexion, à supporter un avenir peut-être, hélas ! trop vraisemblable. Il m'en coûte de vous le dire, mais je n'ai pas vu un seul exemple de bonheur et de vertu dans le genre de liaison que vous projetez. L'exemple de la vertu, vous le donnerez, mais non celui du bonheur. Ce qu'on prévoit et ce qu'on ne prévoit pas brise des nœuds trop chers et trop peu garantis ; la société étant tout entière ordonnée d'après les principes contraires à ces relations de simple choix, elle pèse sur elles de toute sa force, et finit toujours par les rompre : alors le reste des années est dévoré d'avance ; on ne peut plus reprendre à ces intérêts, à ces goûts simples qui font passer doucement les jours que la Providence nous destine. L'on a connu, l'on a éprouvé cette existence animée que donnent les sentiments passionnés, et l'on n'est plus accessible à aucune des jouissances communes de la vie. La puissance de la raison sert à supporter le malheur, mais la raison ne peut jamais nous créer un seul plaisir ; et quand l'amour a consumé le cœur, il faudrait un miracle pour faire rejaillir de ce cœur ainsi consumé, la source des plaisirs doux et tranquilles.

Oh ! Delphine, pauvre Delphine ! vous immolez tout à quelques années, à moins encore, peut-être ! Je vous en conjure, regardez votre séjour ici comme un asile, ne renoncez pas à y venir, n'ajoutez pas l'imprévoyance et l'aveugle sécurité à tous les sentiments qui vous captivent. Reposez-vous un moment dans le bonheur, mais afin de reprendre des forces pour continuer la route de la vie. Hélas ! vous n'avez pas fini de souffrir, ne relâchez pas tous les liens qui vous soutenaient ; tous ces liens qui sont plus souvent encore un appui qu'une gêne, ils ne vous seront que trop nécessaires. Mon amie, nous l'avons dit souvent ensemble, la société, la Providence même, peut-être, n'a permis qu'un seul bonheur aux femmes, l'amour dans le mariage; et quand on en est privé, il est aussi impossible de réparer cette perte que de retrouver la jeunesse, la beauté, la vie, tous les dons immédiats de la nature, et dont elle dispose seule.

Il en coûte, je le sens, de se prononcer que l'on ne peut plus être heureux; mais il serait plus amer encore de se faire illusion sur cette vérité; et, dans de certaines situations, c'est un grand mal que l'espérance; sans elle le repos naîtrait de la nécessité. Delphine, l'amitié doit réserver ses faiblesses pour l'instant de la douleur; au milieu des prospérités, il faut qu'elle fasse entendre une voix sévère.

Je ne vous ai parlé que des peines qui menacent le sentiment auquel vous vous livrez; je ne me suis pas permis de craindre pour vous le plus grand des malheurs, le remords. Ah! vous avez fait une cruelle expérience de la douleur, et cependant vous ne connaissez pas encore tout ce que le cœur peut souffrir; vous l'apprendriez, si vous aviez manqué à vos devoirs. Aussi longtemps que vous les respecterez, mon amie, la faveur du ciel peut encore vous protéger.

LETTRE XI.

Léonce à Delphine.

Paris, ce 29 décembre.

Vous êtes heureuse, ma Delphine, mon cœur ne devrait plus rien désirer : il y a quinze jours que je ne croyais pas même à la possibilité de la peine; il me semblait qu'elle ne rentrerait jamais dans mon cœur; cependant je suis inquiet, presque triste : je voulais te le cacher, mais j'ai senti que j'offenserais cette intimité parfaite qui confond nos âmes, si je laissais s'établir le moindre secret entre nous.

Je vous en conjure, Delphine, n'interprétez pas mal ce que je vais vous dire. Ce ne sont point des sentiments réprimés, quoique invincibles, qui troublent déjà mon bonheur; ce n'est pas non plus la jalousie qui s'empare de moi : comment pourrait-elle m'atteindre? mon cœur en est préservé par mon estime, par mon admiration pour toi : mais je hais cette vie du monde dans laquelle vous avez reparu avec tant d'éclat. Quand je vais chez vous, j'y rencontre sans cesse des visites, je ne suis jamais sûr d'un instant de conversation tête à tête; plusieurs fois les importuns pour qui vous êtes charmante, sont demeurés à causer avec vous jusqu'à l'heure où la prudence ne me permettait plus de rester.

Hier au soir, par exemple, hier j'ai passé quatre heures avec vous, et pendant ces quatre heures, qui pourrait le croire! je n'ai éprouvé que des sentiments pénibles. Madame d'Artenas vous avait persécutée pour souper chez elle, vous aviez cru devoir y consentir : c'était, m'avez-vous dit, afin de prouver par l'accueil même que vous recevriez au milieu de la meilleure société de Paris, que l'impression des bruits répandus contre vous était entièrement effacée; car vous aussi, Delphine, vous vous occupez de captiver l'opinion du monde, et vous y réussissez parfaitement. Je vous ai suivie dans ce tourbillon, et si je n'y avais pas été, je ne vous aurais pas vue de tout le jour.

J'arrivai avant vous, vous entrâtes; jamais je ne vous avais vue si belle! cet habit noir sur lequel retombaient vos cheveux blonds, ce crêpe qui environnait votre taille et faisait ressortir la plus éclatante blancheur, toute votre parure enfin contribuait à vous rendre éblouissante. J'entendis des murmures d'admiration de toutes parts, et je ne sais pourquoi je ne me sentis pas fier de votre succès; il me semblait que vous deviez votre éclat au désir de plaire généralement, et non à votre attachement pour moi seul; cette impression fut la première que j'éprouvai en vous voyant, et le reste de la soirée ne fut que trop d'accord avec ce pénible sentiment.

Jamais vous n'avez produit tant d'effet par votre présence et par votre conversation! jamais vous n'avez montré un esprit plus séduisant et plus aimable! Trois rangs d'hommes et de femmes faisaient cercle autour de vous, pour vous voir et vous entendre. La jalousie, la rivalité étaient pour un moment suspendues; on était avec vous comme les courtisans avec la puissance : ils cherchent à s'en approcher sans se comparer avec elle : chacun était glorieux de bien comprendre tout le charme de vos expressions, et pour un moment les amours-propres luttaient seulement ensemble à qui vous admirerait le plus. Moi, je me tins à quelque distance de vous, sans perdre un mot de votre entretien. J'entendis aussi les exclamations d'enthousiasme, je dirais presque d'amour, de tous ceux qui vous entouraient. Tandis que votre esprit se montrait plus libre, plus brillant que jamais, il m'était impossible de me mêler à la conversation; vous étiez gaie et j'étais sombre. Cependant, moi aussi, Delphine, moi aussi je suis heureux. Pourquoi donc étais-je si embarrassé, si triste? expliquez-moi la raison de cette différence : oh! si vous alliez découvrir que c'est parce que je vous aime mille fois plus que vous ne m'aimez!

Certainement la vie de Paris ne peut convenir à l'amour; le sentiment que vous avez daigné m'accorder s'affaiblirait au milieu de tant d'impressions variées. Je le sais, votre cœur est trop sensible pour que l'amour-propre puisse le distraire des affections véritables; mais enfin ces succès inouïs que vous obtenez toujours, dès que vous paraissez, ne vous causent-ils pas quelques plaisirs? et ces plaisirs ne viennent pas de moi; ce seraient eux, au contraire, qui pourraient vous dédommager de mon absence. Je suis glorieux de votre beauté, de votre esprit, de tous vos charmes, et cependant ils me font éprouver cette jalousie délicate qui ne se fixe sur aucun objet, mais s'attache aux moindres nuances des sentiments du cœur; ces suffrages qui se pressent autour de vous, il me semble qu'ils nous séparent; ces éloges que l'on vous prodigue donnent à tant d'autres l'occasion de vous nommer, de s'entretenir de vous, de prononcer des paroles flatteuses, des paroles que moi-même je vous ai dites souvent, et que je serai sans doute entraîné à vous redire encore.

Oh! mon amie, puisque vous ne m'appartiendrez jamais entièrement, puisque ces charmes qui enivrent tous les regards ne seront jamais livrés à mon amour, il faut me pardonner d'être prêt à m'irriter, quand on vous voit, quand on vous entend, quand on goûte presque alors les mêmes jouissances que moi. Pardon, ma Delphine, j'ai blasphémé; tu m'aimes, à qui donc puis-je me comparer sur la terre? Mais je ne puis jouir de mon sort au milieu du monde; l'observation qui nous environne m'importune; je ne suis bien que seul avec toi; dans toute autre situation je souffre, je sens avec une nouvelle amertume le désespoir de n'être pas ton époux. Tu veux que je sois heureux, eh bien, j'ose te supplier de retourner à Bellerive: la saison est rude encore; mais n'est-il pas vrai que tu ne compteras pour rien ce qui pourrait déplaire à d'autres femmes?

Les devoirs que tu m'imposes envers Matilde ne me permettront pas de te voir avant sept heures du soir; tu seras souvent seule jusqu'alors, mais tu goûteras quelque plaisir par les pensées solitaires qui gravent plus avant toutes les impressions dans le cœur. Je demande à la femme de France qui voit à ses pieds le plus d'hommages et de succès, de s'enfermer dans une campagne, au milieu des neiges de l'hiver; mais cette femme sait aimer, cette femme quittait tout pour me fuir, quand un scrupule insensé l'égarait; ne quittera-t-elle pas tout plus volontiers, pour satisfaire mon cœur avide d'amour, de solitude, d'enthousiasme,

de toutes ces jouissances que le monde ravit à l'âme en la flétrissant? Je déteste ces heures que consume une vie oiseuse. Depuis six mois, j'ai perdu l'habitude de l'occupation; si tu le veux, nous donnerons quelques moments à des lectures communes; j'aime cette douce manière de tromper, s'il est possible, les sentiments qui me dévorent.

Les pratiques religieuses et la société des dévotes remplissent presque toutes les soirées de madame de Mondoville; elle ne m'a jamais demandé de venir avec elle aux assemblées qui se tiennent chez l'évêque de M., et je crois même qu'elle serait fort embarrassée de m'y mener; elle ne se permet jamais d'aller au spectacle; elle fait des difficultés sur les trois quarts des femmes que nous serions appelés à voir; il arrive donc tout simplement que je deviens chaque jour plus étranger à sa société. Elle m'aime, et cependant elle ne souffre point de cette sorte de séparation. Quand les principes rigoureux du catholicisme s'emparent d'un caractère qui n'est pas naturellement très-sensible, ils régularisent tout, décident de tout, et ne laissent ni assez de loisir, ni assez de connaissance du monde pour être susceptible de jalousie : je ferai donc plutôt du plaisir que de la peine à Matilde, en la laissant libre de se réunir tous les soirs avec les personnes de son opinion; et pourvu que je ne dîne pas hors de chez elle, elle sera contente de moi.

Tous les jours donc, quand six heures sonneront, je monterai à cheval pour aller à Bellerive; ma vie ne commencera qu'alors; j'arriverai à sept heures, je reviendrai à minuit : quoique je pusse être censé veiller plus tard dans les sociétés de Paris, je serai exact à ce moment, pour ne pas inquiéter madame de Mondoville. Delphine, vous voyez avec quel soin je vais au-devant de vos généreuses craintes : je ne vivrai que quatre heures; mais pendant le reste du temps j'aurai ces quatre heures en perspective, et je traînerai ma chaîne pour y arriver. O mon amie! ne vous opposez point à ce projet, il m'enchante : j'avais commencé cette lettre dans le plus grand abattement; en traçant notre plan de vie, j'ai senti mon cœur se ranimer. Je t'enlève au monde, je te garde pour moi seul; je ne te laisse pas même la disposition des moments que je passerai sans te voir; je suis exigeant, tyrannique; mais je t'aime avec tant d'idolâtrie que je ne puis jamais avoir tort avec toi.

LETTRE XII.

Delphine à Léonce.

30 décembre 1790.

Léonce, après demain, le premier jour de l'année qui va commencer, je vous attendrai à Bellerive ; j'aime à fêter avec vous une de ces époques du temps, elles me serviront, je l'espère, à compter les années de mon bonheur : toutes les solennités qui signalent le cours de la vie ont du charme quand on est heureux ; mais que le retour serait amer, s'il ne rappelait que des regrets !

Mon ami, j'ai voulu que mes premières paroles fussent un consentement à ce que vous souhaitez ; maintenant, qu'il me soit permis de vous le dire, votre lettre m'a fait de la peine. Que de motifs vous me donnez pour le plus simple désir ! pensiez-vous qu'il m'en coûterait de quitter le monde ? ai-je un intérêt, une jouissance, un but indépendant de vous ? Quelle inquiétude, quelle agitation se fait sentir, comme malgré vous, dans ce que vous m'avez écrit ! J'avais reçu, peu d'heures auparavant, une lettre de ma belle-sœur, qui cherchait à m'éclairer sur les périls auxquels je m'expose, et j'ai cru déjà voir dans quelques-unes de vos plaintes détournées, le présage des malheurs dont elle me menaçait.

Quoi ! Léonce, il n'y a pas un mois que d'une séparation absolue, d'un long supplice, nous sommes passés à nous voir tous les jours ; et déjà votre cœur est tourmenté, et me cache peut-être ce qu'il éprouve, ce qu'il ne lui est pas permis d'avouer. A peine ai-je assez de mes pensées, de mes sentiments pour connaître, pour goûter tout mon bonheur, et vous, vous paraissez mécontent, vous vous plaignez de votre sort ; dans ces entretiens tête à tête que vous désirez, vous ne cessez de me parler de vos sacrifices. O Léonce, Léonce ! les délices du sentiment seraient-elles épuisées pour vous ? ne me dites pas que votre cœur a plus de passion que le mien ; croyez-moi, dans notre situation, le plus heureux des deux est sûrement le plus sensible.

Je veux me persuader, néanmoins, que c'est uniquement l'importunité du monde qui vous a déplu ; je vais vous expliquer les motifs qui m'y avaient condamnée. Je savais que pendant quelque temps on avait dit assez de mal de moi, et je croyais utile de ramener ceux sur l'esprit desquels ces propos injustes avaient produit quelque effet. Madame d'Artenas jugeait convenable que je reparusse dans la société, et c'est par bonté qu'elle rassembla chez elle hier ce que l'on appelle à Paris les *chefs*

de bande de l'opinion, afin que j'eusse l'occasion, non de me justifier, je ne m'y serais pas soumise, mais de me remettre à ma place dans une réunion d'éclat. Ai-je besoin de vous le dire, Léonce ? c'est pour vous que je prends soin de désarmer la calomnie ; j'y serais insensible, si elle ne m'arrivait pas à travers l'impression qu'elle peut vous faire. Le secret de ma conduite depuis quinze jours était peut-être le désir d'offrir à vos yeux celle que votre mère n'avait pas jugée digne de vous, entourée de considération et d'hommages.

Vous me reprochez presque ma gaieté : hélas ! hier, en entrant dans le salon de madame d'Artenas, j'éprouvai d'abord une impression de tristesse ; je revoyais le monde pour la première fois depuis la mort de madame de Vernon, et, pardonnez-le-moi, je ne puis penser à elle sans attendrissement ; cependant je sentis la nécessité de cacher cette disposition. Si j'avais montré de la tristesse au milieu du monde, loin de l'attribuer aux regrets qui la causaient, on aurait dit que j'étais inquiète de ce qui s'était répandu sur M. de Serbellane et moi, et j'aurais manqué le but que je m'étais proposé : il faut fuir le monde, ou ne s'y montrer que triomphante ; la société de Paris est celle de toutes dont la pitié se change le plus vite en blâme.

Ce fut donc par un effort que je débutai dans cette carrière de succès, que vous vous plaisiez à peindre avec amertume ; cependant, j'en conviens, je m'animai par la conversation ; je m'animai, faut-il vous le dire ? par le plaisir de briller devant vous ; je vous sentais près de moi, je vous regardais souvent pour deviner votre opinion ; un sourire de vous me persuadait que j'avais parlé avec grâce, et le mouvement que cause la société quand on s'y livre, était singulièrement excité par votre présence. L'émotion qu'elle me faisait éprouver m'inspirait les pensées et les paroles qui plaisaient autour de moi. Je m'adressais à vous par des allusions détournées, et, dans les questions les plus générales, je ne disais pas un mot qui n'eût un rapport avec vous, un rapport que vous seul pouviez saisir, et que vous avez feint de ne pas remarquer.

N'importe, vous pouvez m'en croire, celle qui ne voit que vous dans le monde doit se plaire mille fois davantage dans la retraite avec vous ; et j'aurais eu la première l'idée d'aller à Bellerive, si je n'avais pas craint qu'en m'établissant au milieu de l'hiver à la campagne, je n'attirasse l'attention sur mes sentiments. Les habitués du monde de Paris ne conçoivent pas comment il est possible de supporter la solitude, et s'acharnent à dénigrer les motifs de ceux qui prennent le parti de la retraite. Je vous en préviens, afin que si la résolution que je vais prendre nuit à ma réputation, vous y soyez préparé, et que vous n'oubliiez point que vous l'avez voulu. Dans les malheurs qui peuvent m'atteindre, je ne crains que ce qui pourrait blesser votre caractère.

Le genre de vie que vous me proposez a mille fois plus de charmes encore pour moi que pour vous. Je hais la dissimulation qui me serait commandée au milieu du monde ; je croirai respirer un air plus pur, quand je ne verrai personne devant qui je doive cacher l'unique intérêt qui m'occupe. Je ne mets qu'une condition à ma condescendance (condition toujours la même, quoi qu'il puisse nous arriver), c'est que vous ne me laisserez point ignorer ce que Matilde pourrait savoir de notre affection l'un pour l'autre, et que si jamais elle en était malheureuse, je partirais à l'instant, sans que vous me suivissiez ; j'en ai votre parole : c'est cette assurance qui me permet de goûter sans un remords trop amer le plaisir de vous voir. Hélas ! me contenter de cette promesse, ce n'est pas être trop sévère envers moi-même. Adieu, Léonce ; oui, chaque soir vous viendrez donc à Bellerive ; ah ! quelle douce espérance ! Souvenez-vous cependant que de toutes les situations de la vie, la nôtre est la plus incertaine ; nous sommes heureux, mais nous avons tout à craindre : mon ami, ménagez bien notre sort.

LETTRE XIII.

Léonce à Delphine.

2 janvier 1791.

Unutterable happiness !
Which love alone bestows, and on a favoured few [1].

O Delphine ! que j'avais raison de désirer ce que ton cœur m'a si généreusement accordé ! Combien j'ai été plus heureux hier à Bellerive qu'à Paris, dans aucun des jours où je t'y ai vue ! je te trouvais seule, et j'avais la certitude que ce bonheur ne serait point interrompu ; cette pensée mêlait un calme délicieux à mes transports.

Quel charme tu as su répandre sur les détails de la vie, qui échappent au milieu du mouvement des villes ! quels soins n'as-tu pas pris de moi ! la neige en route m'avait un peu saisi, tes jolies mains furent longtemps occupées à ranimer le feu pour

me réchauffer ; combien il eût été moins aimable d'appeler tes gens pour nous servir ! tu prenais aussi un plaisir extrême à me montrer les changements que tu comptais faire pour embellir ta maison. Toi, que j'avais vue jusqu'alors si indifférente pour ce genre de goût et d'occupation, il me semblait, et tu en es convenue, que le bonheur te faisait prendre intérêt à tout, et que tu te plaisais à parer les lieux que nous devions parcourir ensemble. Mon cœur n'a pas négligé la moindre observation qui pût me prouver ta tendresse ; j'ai remarqué jusqu'à ces arbustes couverts de fleurs, nouvellement placés dans ton cabinet : cet appartement était presque négligé quand tu le destinais à recevoir la plus brillante compagnie de la France ; tu lui as donné un air de fête pour Léonce, pour ton ami.

Oh ! combien je jouissais de la vivacité pleine de charmes que tu mettais à me raconter les plus légères bagatelles ! Une joie touchante t'animait, et la gaieté n'était point alors un jeu de ton esprit, mais un besoin de ton cœur. J'ai ri de cette sérieuse occupation du souper, toi qui n'y as songé de ta vie ! tu voulais t'assurer qu'on me donnerait ce qui pouvait me faire du bien, après le froid que j'avais éprouvé. Je t'ai vu hier des agréments nouveaux que je ne te connaissais pas encore ; les soins de la vie domestique ont une grâce singulière dans les femmes ; la plus ravissante de toutes, la plus remarquable par son esprit et sa beauté, ne dédaigne point ces attentions bonnes et simples qu'il est doux quelquefois de retrouver dans son intérieur. Oh ! quelle femme j'aurais possédée ! et j'ai pu m'unir à elle ! je l'ai pu !... Malheureux ! qu'ai-je dit ?... Non, je ne suis pas malheureux ; mais en t'aimant chaque jour davantage, chaque jour aussi cependant mes regrets deviennent plus cruels. Enfin, apprends-moi, s'il est possible, à te soumettre jusqu'à mon amour.

Avec quelle insistance vous avez voulu que nous fussions fidèles au projet formé de remplir notre temps par des lectures communes ! Ah ! vous avez craint ces douces rêveries d'amour qui suffisaient si bien à mon cœur ! Je voulais du moins que nous choisissions l'un de ces livres où j'aurais pu retrouver quelques peintures des sentiments qui m'animent, mais vous vous y êtes obstinément refusée. N'importe, ma Delphine, ta voix, quoi qu'elle me lise, ne m'inspirera que l'amour : parle en ton nom, parle au nom de Dieu même, si tu le veux, mais que ta main soit dans la mienne, et que je puisse souvent la presser sur mon cœur. Ange tutélaire de ma vie, adieu jusqu'à ce soir.

---

[1] Bonheur inexprimable ! que l'amour seul peut donner, et qu'il n'accorde encore qu'à un petit nombre de favorisés !
THOMPSON.

LETTRE XIV.

Delphine à Léonce.

Je n'ai pas été contente de vous hier, mon cher Léonce; je ne vous croyais pas cette indifférence pour les idées religieuses, j'ose vous en blâmer. Votre morale n'est fondée que sur l'honneur; vous auriez été bien plus heureux si vous aviez adopté les principes simples et vrais qui, en soumettant nos actions à notre conscience, nous affranchissent de tout autre joug. Vous le savez, l'éducation que j'ai reçue, loin d'asservir mon esprit, l'a peut-être rendu trop indépendant : il serait possible que les superstitions mêmes convinssent à la destinée des femmes; ces êtres chancelants ont besoin de plusieurs genres d'appui, et l'amour est une sorte de crédulité qui se lie peut-être avec toutes les autres; mais le généreux protecteur de mes premières années estimait assez mon caractère pour vouloir développer ma raison, et jamais il ne m'a fait admettre aucune opinion, sans l'approfondir moi-même d'après mes propres lumières. Je puis donc vous parler sur la religion que j'aime, comme sur tous les sujets que mon cœur et mon esprit ont librement examinés; et vous ne pouvez attribuer ce que je vous dirai aux habitudes commandées, ni aux impressions irréfléchies de l'enfance. Jamais, je vous le jure, depuis que mon esprit est formé, je n'ai pu voir, sans répugnance et sans dédain, l'insouciance et la légèreté qu'on affecte dans le monde sur les idées religieuses. Qu'elles soient l'objet de la conviction, de l'espoir, ou du doute, n'importe; l'âme se prosterne devant une chance comme devant la certitude, quand il s'agit de la seule grande pensée qui plane encore sur la destinée des hommes.

J'étais pénétrée de ces sentiments, Léonce, avant de connaître l'amour; ah! que ne dois-je pas éprouver maintenant que cette passion profonde remplit mon cœur d'idées sans bornes et de vœux sans fin! Je ne prétends point vous retracer les preuves de tout genre dont vous vous êtes sans doute occupé; mais dites-moi si, depuis que vous m'aimez, votre cœur ne sent rien qui lui révèle l'espérance de l'immortalité.

Quand M. d'Albémar mourut, je croyais aux idées religieuses, mais sans avoir jamais eu le besoin d'y recourir. J'étais si jeune alors, qu'aucun sentiment de peine ne m'avait encore atteinte; et quand on n'a point souffert, on a bien peu réfléchi; mais, à la mort de mon bienfaiteur, je me persuadai que je n'avais point assez fait pour son bonheur, et j'en éprouvai les remords les plus cruels. Depuis que j'étais devenue son épouse, l'extrême différence de nos âges m'inspirait souvent des réflexions tristes sur mon sort; je craignis de les avoir quelquefois exprimées avec humeur, et je me le reprochai douloureusement dès qu'il eut cessé de vivre. Rien ne peut donner l'idée du repentir qu'on éprouve, quand il n'est plus possible de rien expier, quand la mort a fermé sur vous tout espoir de réparer les torts dont on s'accuse. Cette douleur me poursuivait tellement qu'elle aurait altéré ma raison, si l'excellente sœur de M. d'Albémar ne m'eût calmée, en me rappelant avec une nouvelle force l'existence de Dieu et l'immortalité de l'âme. Je sentis enfin que mon généreux ami, témoin de mes regrets, les avait acceptés, et que son pardon avait soulagé mon cœur.

J'exécutai ses derniers ordres avec un scrupule religieux; chaque fois que je remplissais une de ses volontés, j'éprouvais une douce consolation qui m'assurait que nos âmes communiquaient encore ensemble. Que serais-je devenue si j'avais pensé qu'il n'existât plus rien de lui? Qu'aurais-je fait de mon repentir? comment se serait-il adouci? Comment me serais-je consolée du moindre tort, s'il avait reçu le sceau de l'éternité? Ces sentiments, ces regrets qui s'attachent aux morts, seraient-ils le seul mensonge de la nature, l'unique douleur sans objet, l'unique désir sans but? et la plus noble faculté de l'âme, le souvenir, ne serait-elle destinée qu'à troubler nos jours, en nous faisant donner des regrets à la poussière dispersée que nous aurions appelée nos amis?

Sans doute, cher Léonce, je ne crains point de te survivre; jamais je n'invoquerai ta tombe, ma vie est inséparable de la tienne : mais si tout à coup l'affreux système dont l'anéantissement est le terme s'emparait de mon âme, je ne sais quel effroi se mêlerait même à mon amour. Que signifierait la tendresse profonde que je ressens pour toi, si tes qualités enchanteresses n'étaient qu'une de ces combinaisons heureuses du hasard, que le temps amène et qu'il détruit? Pourrions-nous, dans l'intimité de nos âmes, rechercher nos pensées les plus secrètes pour nous les confier, quand au fond de toutes nos réflexions serait le désespoir? Un trouble extraordinaire obscurcit ma pensée quand on lui ravit tout avenir, quand on la renferme dans cette vie; je sens alors que tout est prêt à me manquer; je ne crois plus à moi, je frémis de ne plus retrouver ce que j'aime; il me semble que ses traits pâlissent, que sa voix se perd dans les ombres dont je suis environnée; je le vois placé sur le bord d'un abîme : chaque instant où je lui parle me paraît comme le dernier, puisqu'il doit en arriver un qui finira tout pour jamais, et mon âme se fatigue à craindre, au lieu de jouir d'aimer.

Oh! combien le sentiment se raffermit et nous élève lorsqu'on s'anime mutuellement à se confier dans l'Être suprême! Ne résistez pas, Léonce, aux consolations que la religion naturelle nous présente. Il n'est pas donné à notre esprit de se convaincre sur un tel sujet par des raisonnements positifs, mais la sensibilité nous apprend tout ce qu'il importe de savoir. Jetez un regard sur la destinée humaine : quelques moments enchanteurs de jeunesse et d'amour, et de longues années toujours descendantes, qui conduisent de regrets en regrets, et de terreurs en terreurs, jusqu'à cet état sombre et glacé qu'on appelle la mort. L'homme a surtout besoin d'espérance, et cependant son sort, dès qu'il a atteint vingt-cinq ans, n'est qu'une suite de jours dont la veille vaut encore mieux que le lendemain : il se retient dans la pente, il s'attache à chaque branche, pour que ses pas l'entraînent moins vite vers la vieillesse et le tombeau; il redoute sans cesse le temps pour lequel l'imagination est faite, le seul dont elle ne peut jamais se distraire, l'avenir. O Léonce! et ce serait là tout! et cette âme de feu ne nous aurait été donnée que pour s'éteindre lentement dans l'agonie de l'âge.

La puissance d'aimer me fait sentir en moi la source immortelle de la vie. Quoi! mes cendres seraient près des tiennes sans se réveiller! Nous serions pour jamais étrangers à cette nature qui parle si vivement à notre âme! Ce beau ciel, dont l'aspect fait naître tant de sentiments et de pensées, ces astres de la nuit et du jour se lèveraient sur notre tombe, comme ils se sont levés sur nos heures trop heureuses, sans qu'il restât rien de nous pour les admirer! Non, Léonce, je n'ai pas moins d'horreur du néant que du crime, et la même conscience repousse loin de moi tous les deux.

Mais que ferai-je de mon espérance si tu ne la partages pas? Livrerai-je mon âme à un avenir que tu n'as pas reconnu pour le tien? Quelle idée mon imagination peut-elle me donner du bonheur, si ce n'est pas avec toi que je dois en jouir? Comment entretenir ces méditations solitaires que ta voix n'encouragerait pas? Je ne puis plus rien à moi seule, j'ai besoin de t'interroger sur toutes mes pensées, pour les juger, pour les admettre, pour les rattacher à mon amour. O Léonce, Léonce! viens croire avec moi, pour que j'espère en paix, pour que je suive ta trace brillante dans le ciel, où mes regards cherchent ta place, avant d'aspirer à la mienne.

Oui, Léonce, il existe un monde où les liens factices sont brisés, où l'on n'a rien promis que d'aimer ce qu'on aime : ne sois pas impie envers cette espérance. Le bonheur que la sensibilité nous donne, loin de distraire comme tous les autres de la reconnaissance envers le Créateur, ramène sans cesse à lui; plus notre être se perfectionne, plus un Dieu lui devient nécessaire; et plus les jouissances du cœur sont vives et pures, moins il nous est possible de nous résigner aux bornes de cette vie. Léonce, je vous en conjure, ne plaisantez jamais sur le besoin que j'ai d'occuper votre âme des idées religieuses. Je douterais de votre amour pour moi, si je ne pouvais réussir à vous donner au moins du respect pour ces grandes questions qui ont intéressé tant d'esprits éclairés, et calmé tant d'âmes souffrantes.

La légèreté dans les principes conduirait bientôt à la légèreté dans les sentiments : l'art de la parole peut aisément tourner en dérision ce qu'il y a de plus sacré sur la terre; mais les caractères passionnés repoussent ce dédain superficiel qui s'attaque à toutes les affections fortes et profondes. L'enthousiasme que l'amour nous inspire est comme un nouveau principe de vie. Quelques-uns l'ont reçu; mais il est aussi inconnu d'autres que l'existence à venir dont tu ne veux pas t'occuper. Nous sentons ce que le vulgaire des âmes ne peut comprendre; espérons donc aussi ce qui ne se présente encore à nous que confusément. Les pensées élevées sont aussi nécessaires à l'amour qu'à la vertu.

Hélas! m'est-il permis de parler de vertu! la parfaite morale pourrait déjà, je le sais, réprouver ma conduite; et ma conscience me juge plus sévèrement que ne le feraient les opinions reçues dans le monde : mais j'aime mieux la justice du ciel que l'indulgence des hommes; et quoique je n'aie pas la force de renoncer à te voir, il me semble que j'altère moins mes qualités naturelles, en portant chaque jour mon repentir aux pieds de l'Être suprême, qu'en cherchant à douter de la puissance qui me condamne.

Léonce, l'éducation que vous avez reçue, l'exemple et le souvenir des antiques mœurs espagnoles, les idées militaires et chevaleresques qui vous ont séduit dès votre enfance, vous semblent devoir tenir lieu des principes les plus délicats de la religion et de la morale. Tous les caractères généreux se plaisent dans les sacrifices, et vous vous êtes fait du sentiment de l'honneur, du respect presque superstitieux pour l'opinion publique, un culte auquel vous vous immoleriez avec joie. Mais si vous aviez eu des idées religieuses, vous auriez été moins sensible au blâme ou à la louange du monde ; et peut-être, hélas! la calomnie ne serait-elle pas si facilement parvenue à vous irriter et à vous convaincre. O mon ami! rendez au ciel un peu de ce que vous ôterez aux hommes. Vous trouverez alors dans le contentement de vous-même un asile que personne n'aura le pouvoir de troubler, et moi-même aussi je serai plus tranquille sur mon sort. Les idées religieuses, alors même qu'elles condamnent l'amour, n'en tarissent jamais entièrement la source, tandis que les mensonges perfides du monde dessèchent sans retour les affections de celui qui les craint et les écoute.

Vous le voyez, Léonce, en méditant avec vous sur les pensées les plus graves, je reviens sans cesse à l'intérêt qui me domine, à votre sentiment pour moi. Non, cette lettre, non, aucune action de ma vie ne peut désormais m'être comptée comme vertu, et l'amour seul m'inspire le bien comme le mal. Adieu.

LETTRE XV.

Réponse de Léonce à Delphine.

God is thy law, thou mine [1].

Ma Delphine, je ne voulais répondre à ta lettre qu'en te revoyant; je me serais jeté à tes genoux, je t'aurais dit : N'es-tu pas la maîtresse absolue de mon âme? fais-en, si tu veux, hommage à l'Être suprême, dispose de ce qui est à toi; adore en mon nom la Providence qui se manifeste mieux sans doute à la plus parfaite de ses créatures : moi, c'est pour toi seule que j'éprouve de l'enthousiasme; ces pensées mélancoliques, ces idées élevées qui te font sentir le besoin de la religion, c'est vers ton image qu'elles m'entraînent; et tu remplis entièrement pour moi ce vide du cœur qui t'a rendu l'idée d'un Dieu si-nécessaire. Cependant j'ai résolu de t'écrire avant de te parler, afin de te répondre avec un peu plus de calme.

Je vais m'efforcer, non de combattre tes angéliques espérances, puissent-elles être vraies! mais de me justifier une fois des défauts dont tu m'accuses, et dont tu redoutes à tort la funeste influence. Hélas! je n'ai point oublié le jour qui a versé ses poisons sur toute ma vie. Néanmoins je ne pense pas qu'il faille en accuser mon caractère : c'est la jalousie qui m'a troublé; sans elle, tout se serait promptement éclairci. Je mets de l'importance, il est vrai, à ma réputation, et je ne pour-

[1] Dieu est ta loi, tu es la mienne. **MILTON.**

rais pas supporter la vie si je croyais mon nom souillé par le moindre tort envers les lois de l'honneur; mais que peut craindre celle que j'aime, de ce sentiment? ne me donnera-t-il pas le droit, le bonheur de la défendre contre ceux qui oseraient la calomnier? On a dit souvent que les femmes devaient ménager l'opinion publique avec beaucoup plus de soin que les hommes, je ne le pense pas : notre devoir à nous, c'est de protéger ce que nous aimons, de couvrir de notre gloire personnelle la compagne de notre vie; si nous perdions cette gloire, rien ne pourrait nous la rendre : mais, quand même une femme serait attaquée dans l'opinion, ne pourrait-elle pas se relever en prenant le nom d'un homme honorable, en associant son existence à la sienne, et recevant sous son appui tutélaire les hommages qu'il saurait lui ramener?

Les femmes ont toutes de l'enthousiasme pour la valeur; cette qualité, dont on ne suppose pas qu'un homme puisse manquer, n'assure point assez encore sa considération si elle n'est pas jointe à un caractère imposant. Il ne suffit pas d'une bravoure intrépide, pour obtenir le degré d'estime et de respect dont une âme fière a besoin; il n'y va pas de la mort ou de la vie dans les circonstances journalières dont se compose l'ensemble de la considération; mais lorsque l'on a dans sa conduite habituelle une dignité convenable, des égards scrupuleux pour toutes les opinions délicates, pour tous les prejugés même de l'honneur, le public ne se permet pas le moindre blâme, et l'on conserve cette réputation intacte qui fonde véritablement l'existence d'un homme, en lui donnant le droit de punir par son mépris, ou de récompenser par son suffrage.

Si je ne puis dérober aux regards du monde votre sentiment pour moi, j'espère au moins que ma réputation vous servira d'excuse. Vous ne voudriez pas, dites-vous, que je dépendisse de l'opinion des hommes; je n'ai jamais besoin de leur société, vous le savez; je veux passer ma vie à vos pieds, et c'est moi qui plus que vous encore chéris la solitude; mais je me sentirais importuné par la censure de ces mêmes hommes, qui, sous tout autre rapport, me sont complètement indifférents. Pourquoi cette manière de penser vous déplairait-elle? La même ardeur de sang qui inspire les affections passionnées, fait ressentir vivement la moindre offense; les vertus fortes et guerrières, qui ont illustré les chevaliers de l'ancien temps, s'alliaient bien avec l'amour; les idées religieuses ne sont pas les seules qui inspirent de l'enthousiasme; si nos ancêtres nous ont transmis un nom respecté, le désir de les imiter est honorable. Les jouissances de la fierté remuent l'âme tout aussi profondément que les pieuses espérances des fidèles ; et si je ne me livre pas au bonheur inconnu de te retrouver dans le ciel, je sens avec énergie que je te ferai respecter sur la terre, et qu'il me serait doux d'exposer mille fois ma vie, pour écarter de toi l'ombre du blâme, ou la plus légère peine.

Delphine, ne dis pas que mon caractère t'inquiète et t'afflige ; je ne sais si mon cœur s'est abusé, mais il m'a semblé que tu m'avais aimé pour les défauts mêmes que tu crains. Ne te présentent-ils pas un appui sur lequel tu te plais à te reposer ? Tes qualités adorables, ta beauté, ton esprit, excitent l'envie, et l'envie te crée des ennemis ; tu prends peu de soin de ces convenances de société qui en imposent aux esprits communs ; ta grâce est dans l'abandon et le naturel ; tu parles du premier mouvement, et ce premier mouvement est le vrai génie qui t'inspire : mais ce qui fait ton charme pour qui sait te connaître, est ton danger dans la conduite de la vie. Dis-le-moi donc, Delphine, n'était-ce pas moi, précisément moi, qu'il te fallait pour ami ? Mon caractère assez contenu, assez froid en apparence, pourra servir de guide à ta bonté toujours entraînée ; tu te hasardes, je te défendrai ; tu appelles autour de toi, par les mêmes causes, l'admiration et la jalousie ; ton esprit devrait intimider, mais ta douceur et ta bienveillance rassurent trop souvent ceux qui veulent te nuire ; on verra près de toi un homme irritable et fier, qui ne permettra pas aux méchants du monde le double plaisir de jouir de tes agréments et de dénigrer tes qualités. Oh ! si j'avais été ton époux, si j'avais acquis le droit de m'enorgueillir de mon amour aux yeux de tous, jamais la malignité n'aurait osé s'approcher de la trace de tes pas ! et maintenant, quoi qu'il arrivât, faudrait-il dissimuler, le faudrait-il ? non ; j'ai reçu de ton amour le dépôt de ta gloire et de ton bonheur, c'est à moi de le conserver.

Tu es convaincue que les idées religieuses sont un meilleur appui pour la morale que le culte de l'honneur et de l'opinion publique. Crois-moi, l'honneur a sa conscience comme la religion ; et rougir à ses propres yeux, est une douleur plus insupportable que tous les remords causés par la crainte ou l'espérance d'une vie à venir. Le frein du sentiment qui me domine est le plus impérieux de tous : j'ai lu dans un poëte anglais ces paroles que je ne puis jamais oublier : *Les larmes peuvent effacer le crime, mais jamais la honte* [1].

[1] Nor tears, that wash out guilt, can wash out shame.

PRIOR.

Le repentir absout les âmes religieuses ; mais pour l'honneur, point de repentir : quelle pensée ! et combien, dès l'enfance, elle donne l'habitude de ne jamais céder à des mouvements de faiblesse, et de ne point repousser les avertissements les plus secrets, quand la délicatesse les suggère !

Si l'honneur cependant n'embrasse point toutes les parties de la morale, la sensibilité n'achève-t-elle pas ce qu'il laisse imparfait ? A quel devoir pourrait-il donc manquer, l'homme qui se respecte et qui t'aime ? Delphine, pardonne-moi de ne rien concevoir, de ne rien désirer de plus. Je n'ignore pas, toutefois, combien ce que mon caractère a de sombre, de susceptible, de violent, peut empoisonner les qualités que je crois bonnes en elles-mêmes ; ton empire sur moi modifiera mes défauts, mais il ne pourrait changer entièrement leur nature.

J'ai dû me justifier, pour calmer tes inquiétudes ; j'ai dû me justifier enfin, pour me présenter à toi, si je le pouvais, avec plus d'avantage. L'opinion du monde entier, quelque prix que j'y attache, ne m'eût jamais inspiré tant d'ardeur pour ma défense.

LETTRE XVI.

Madame d'Artenas à Delphine.

Paris, ce 6 février 1791.

Pourquoi prolongez-vous votre séjour à la campagne, ma chère Delphine ? on s'étonne de vous voir quitter Paris au milieu de l'hiver, dans le moment même où vous vous étiez montrée d'une manière si brillante dans le monde. Quelques personnes commencent à dire tout bas que votre sentiment pour Léonce est l'unique cause de ce sacrifice : vous avez tort de vous éloigner ; je vous l'ai dit plusieurs fois, votre grand moyen de succès, c'est la présence. Vous avez des manières si simples et si aimables qu'elles vous font pardonner tout votre éclat ; mais quand on ne vous voit plus, les amis se refroidissent, ce qui est dans la nature des amis ; et les ennemis, au contraire, se raniment par l'espérance de réussir.

Vous aviez entièrement réparé en quinze jours le tort que vous avaient fait les propos tenus sur M. de Serbellane ; et tout à coup vous cédez le terrain aux femmes envieuses, et aux hommes qu'elles font parler.

Vous me répondrez qu'on jouit mieux de ses sentiments à la campagne, etc. Le hasard et votre confiance m'ayant instruit de votre attachement pour Léonce, je devrais vous faire de la bonne morale sur le tort que vous avez de vous exposer ainsi à passer la moitié de votre vie seule avec lui; mais je m'en fie aux principes que je vous connais, et m'en tenant à mes avis purement mondains, je vous dirai que, même pour entretenir l'enthousiasme que vous inspirez à Léonce, il faut continuer à l'éblouir par vos succès. Il était amoureux à en devenir fou, le soir que vous avez passé chez moi; et quoique, sans doute, il vous vante le charme des conversations tête à tête, croyez-moi, quand il a entendu répéter à tout Paris que vous êtes charmante, qu'aucune femme ne peut vous être comparée, il rentre chez lui plus flatté d'être aimé de vous, et par conséquent plus heureux. N'allez pas vous écrier qu'il n'y a rien de romanesque dans toute cette manière de voir; il faut conduire avec sagesse le bonheur du sentiment, comme tout autre bonheur; et pour conserver le plus longtemps possible le plaisir toujours dangereux d'être adorée, la raison même est encore nécessaire. Quoi qu'il en soit, il ne s'agit pas de ce qui vaut le mieux pour être aimée, vous vous y entendez assez bien pour n'avoir pas besoin de mes conseils; mais ce qui importe, c'est votre existence dans le monde, et le murmure qui précède l'attaque s'est déjà fait entendre depuis quelques jours.

Avant-hier, madame de Croisy, qui jusqu'à présent avait mis son amour-propre à vous admirer, disait avec une voix aiguë, qu'elle monte toujours d'une octave pour les discours de sentiment : « Mon Dieu, que je suis fâchée que madame d'Albémar s'établisse à Bellerive! personne ne sait mieux que moi que c'est son goût pour l'étude qui l'a fixée dans la retraite; mais on dira toute autre chose, et il ne fallait pas s'y exposer. » Cette maligne preuve de l'intérêt de madame de Croisy fut le premier signal du mal qu'on essaya de dire de vous. M. de Verneuil, qui a tant de peine à pardonner à votre esprit, à vos charmes et à votre bonté, reprit : « C'est une excellente personne que madame d'Albémar; mais j'ai peur qu'elle n'ait une mauvaise tête. Ces femmes d'esprit, je l'ai répété cinquante fois à ma pauvre sœur quand elle vivait, il leur arrive toujours quelque malheur; j'en ai plusieurs exemples dans ma famille; aussi me suis-je voué au bon sens : personne ne dit que j'ai de l'esprit, parce que je ne veux pas qu'on le dise; et cependant quelle différence entre un homme et une femme! Il y a des occasions où il peut être utile à un homme de montrer à ceux qui en sont dupes ce qu'on appelle de l'esprit. Mais une femme, une femme! ah! mon Dieu, il ne lui sert qu'à faire des sottises.

Quand je dis cela, ce n'est pas que je n'aime madame d'Albémar, mais je m'attends à quelque éclat fâcheux pour son repos. Sa conversation, quant à moi, m'amuse toujours beaucoup; néanmoins il ne serait pas sage de s'attacher à elle, car je suis persuadé qu'un jour ou l'autre il lui arrivera quelques peines, et je n'ai pas envie de me trouver là pour les partager. » Madame de Tésin, dont vous connaissez la double prétention à la sagesse et à l'esprit, interrompit M. de Verneuil, et lui dit : « Ce n'est point, monsieur, l'esprit qu'il faut blâmer; on connaît des personnes qui peuvent hardiment se comparer à madame d'Albémar sous ce rapport, mais qui ont beaucoup plus de connaissance du monde, et d'habitude de se conduire. Ces personnes ne se contentent pas de briller dans un salon, et se servent de leurs lumières pour éviter toutes les occasions de faire dire du mal d'elles. Distinguez donc, je vous en prie, monsieur, les torts de légèreté de madame d'Albémar, des inconvénients de l'esprit en général. L'esprit est ce qui distingue éminemment les femmes citées pour leur raison. » Je me préparais à exciter une dispute sur ce sujet entre madame de Tésin et M. de Verneuil, lorsque madame du Marset et M. de Fierville, prévoyant mon intention, cherchèrent à ramener la conversation sur vous, et le firent avec une adresse vraiment perfide. Je voulais éviter même de vous défendre, parce que je sentais que c'était constater que vous aviez été attaquée; mais il fallut enfin arrêter leurs discours : j'eus au moins le bonheur de persuader entièrement ceux qui nous écoutaient : ce qui me le prouva, c'est que M. de Fierville, qui donne toujours à madame du Marset le signal de la retraite, parce qu'il a beaucoup moins d'amertume et de persistance dans ses méchancetés, se hâta de se replier, en vous donnant les plus grands éloges.

J'aurais pu lui faire sentir combien il y avait de contraste entre le commencement de sa conversation et la fin; mais je ne voulais pas intéresser son amour-propre à se montrer conséquent. J'ai remarqué plusieurs fois dans la société que l'on fait beaucoup de mal à ses amis, même en les justifiant, quand on irrite l'amour-propre de ceux qui les ont attaqués. Il faut encore plus veiller sur soi quand on loue que quand on blâme; si l'on veut se faire honneur en défendant ses amis, si l'on cherche à faire remarquer son caractère en vantant le leur, on leur nuit au lieu de les servir.

Je croyais avant-hier que tout était fini; mais hier madame du Marset (je suis sûre que c'est elle) a mis en avant une femme tout insignifiante, mais dont elle dispose, et s'en est servie pour parler contre vous, tandis qu'elle-même, madame du Marset, n'aurait pas été écoutée. Cette femme donc, après un long soupir, s'est écriée tout à coup : « La pauvre madame de Mondoville! » On lui a demandé la raison de sa pitié; elle a répondu qu'elle la croyait bien malheureuse du sentiment que Léonce avait pour vous. A l'instant M. de Fierville, que vous connaissez pour l'homme le plus insouciant de la terre, a pris un air de componction vraiment risible. Madame du Marset a levé les yeux au ciel, espérant donner ainsi à sa figure un air de bonté; et ce qu'il y avait dans la chambre de plus frivole et de moins scrupuleux, s'est empressé de débiter des maximes sévères sur les ménagements que vous deviez à madame de Mondoville.

Quand la société de Paris se met à vouloir se montrer morale *contre* quelqu'un, c'est alors surtout qu'elle est redoutable. La plupart des personnes qui composent cette société sont en général très-indulgentes pour leur propre conduite, et souvent même aussi pour celle des autres, lorsqu'elles n'ont pas intérêt à la blâmer; mais si, par malheur, il leur convient de saisir le côté sévère de la question, elles ne tarissent plus sur les devoirs et les principes, et vont beaucoup plus loin en rigueur que les femmes véritablement austères, résolues à se diriger elles-mêmes d'après ce qu'elles disent sur les autres. Les développements de vertu qui servent à la jalousie ou à la malveillance sont le sujet de rhétorique sur lequel les libertins et les coquettes font le plus de *pathos*, dans de certaines occasions.

Je le supportai quelque temps; mais enfin, appuyée de plusieurs de vos amis, je démontrai ce que je sais positivement; c'est que madame de Mondoville est très-heureuse, et les mauvaises intentions furent encore déjouées. Mais, dans ce genre, plusieurs victoires valent une défaite. Je vous en conjure donc, ma chère Delphine, revenez à Paris, et montrez-vous, afin d'étouffer ces haines obscures, par l'admiration que vous faites éprouver à tous ceux qui vous voient. Au milieu des plus brillantes sociétés, il y a beaucoup de personnes impartiales qui se laissent aller tout simplement à leurs impressions, sans les soumettre ni à leurs prétentions, ni à celles des autres : ce grand nombre, car le grand nombre est bon, sera pour vous; mais ces mêmes gens, la plupart faibles et indifférents, laissent dire les méchants, quand vous n'êtes pas là pour leur en imposer. Ils ne les écoutent pas d'abord, ils sont ensuite quel-

que temps sans les croire; mais ils finissent par se persuader que tout le monde dit du mal de vous, et se rangent alors à l'avis qu'ils supposent général, et qu'ils ont rendu tel, sans l'avoir un moment sincèrement partagé.

Cette histoire des progrès de la calomnie pourrait s'appliquer aux plus grands intérêts publics, comme aux détails de la société privée; mais puisqu'elle nous est connue, tâchons de nous en garantir. Je finis en vous priant de nouveau, ma chère Delphine, d'en croire mes vieux conseils, ils sont inspirés par une amitié digne d'être jeune, car elle est vive et dévouée.

LETTRE XVII.

Réponse de Delphine à madame d'Artenas.

Bellerive, ce 8 février.

Tout ce que vous me dites, madame, est plein de justesse et d'esprit; et, ce qui me touche plus encore, votre amitié parfaite se retrouve à chaque ligne de votre lettre. Je me conformerais à vos conseils, si je n'étais pas résolue à passer ma vie dans la solitude : je sais combien je m'expose à la calomnie que vous essayez de combattre avec tant de bonté; mais quand j'immole au bonheur de Léonce le devoir qui me défendrait peut-être de continuer à le voir, il suffit du moindre de ses désirs pour obtenir de moi le sacrifice de mon existence dans le monde. Il m'a demandé de rester à Bellerive; si je retournais à Paris, il en serait malheureux; jugez si je puis songer à revenir. Ah! je devrais braver sa peine, pour me retirer en Languedoc, pour m'arracher au danger de sa présence, au tort que j'ai de partager un sentiment que je devrais repousser; mais lui causer un instant de chagrin pour m'occuper de ce qu'on pourrait appeler mes intérêts, c'est ce que jamais je ne ferai.

Je suis sûre que Matilde est heureuse; je m'informe jour par jour de sa vie, je sais jusqu'aux moindres nuances de ses impressions : si elle découvrait mon attachement pour Léonce; si cet attachement, resté pur, l'offensait, je partirais à l'instant; je partirai peut-être même sans ce motif, si mes sentiments ne suffisent pas à Léonce. si, dans un moment de courage, je puis renoncer à une situation que je condamne. Jamais alors je ne reverrais Paris; ceux qui s'occupent de me juger ne me rencontreraient de leur vie, et rien ne pourrait me donner ni des consolations ni de la douleur.

Ce que je n'oublierai point, quoi qu'il m'arrive,

c'est l'amitié protectrice dont vous n'avez cessé de me donner des preuves. Au moment où j'ai reçu votre lettre, je me proposais d'aller passer quelques heures à Paris, pour vous exprimer ma reconnaissance; mais madame de Mondoville s'étant renfermée, à cause du carême, dans le couvent où elle a été élevée, j'ai choisi demain pour proposer à Léonce de visiter avec moi une famille du Languedoc établie dans mon voisinage, et que depuis longtemps je veux aller voir. Dans peu de jours, je réparerai ce que je perds en ne vous voyant pas; c'est pour vous seule que je puis quitter ma retraite, pardonnez-moi de ne regretter à Paris que vous.

LETTRE XVIII.

Léonce à M. Barton.

Paris, ce 10 février.

Vous me demandez, mon ami, si je suis heureux; et, déposant la sévérité d'un maître, ce qui vous importe avant tout, m'écrivez-vous, c'est de lire au fond de mon cœur. Pourquoi ne l'avez-vous pas interrogé il y a quelques jours? j'étais plus content de moi; je crains que la soirée d'hier ne m'ait jeté dans un trouble dont je ne pourrai plus sortir. Vous jugerez mieux de mes sentiments, si je vous raconte ce qui s'est passé; il m'est amer et doux de me le retracer.

Depuis plus d'un mois je goûtais le bonheur de voir tous les jours cet être angélique que vous aviez choisi pour la compagne de ma vie : des désirs impétueux, des regrets invincibles me saisissaient quelquefois, dans les moments les plus délicieux de nos entretiens; mais enfin, le bonheur l'emportait sur la peine : je ne sais si maintenant la lutte n'est pas trop forte, si je pourrai jamais retrouver ces impressions douces, qui me permettaient de goûter les imparfaites jouissances de ma destinée.

Hier, madame de Mondoville étant absente, je pouvais passer la journée entière à Bellerive : madame d'Albémar me proposa une promenade après dîner; elle me dit qu'il s'était établi près de chez elle une famille du Languedoc, dont elle croyait connaître le nom, et qu'elle serait bien aise que nous allassions nous en informer. Nous partîmes, et madame d'Albémar donna rendez-vous à sa voiture à une demi-lieue de Bellerive.

Lorsque nous approchâmes de l'endroit qu'on nous avait désigné, nous vîmes de loin une maison de paysan, petite, mais agréable, et nous entendîmes des voix et des instruments, dont l'accord nous parut singulièrement harmonieux. Nous approchâmes : un enfant, qui était sur la porte à faire des boules de neige, nous offrit de monter; sa mère l'entendant, sortit de chez elle, et vint au-devant de nous. Madame d'Albémar reconnut d'abord, quoiqu'elle ne l'eût pas vue depuis dix ans, mademoiselle de Senanges qu'elle avait rencontrée quelquefois dans la société de M. d'Albémar. Mademoiselle de Senanges, à présent madame de Belmont, accueillit Delphine de l'air le plus aimable et le plus doux. Nous la suivîmes dans la petite chambre dont elle faisait son salon, et nous vîmes un homme d'environ trente ans, placé devant un piano, et faisant chanter une petite fille de huit ans : il se leva à notre arrivée; sa femme s'approcha de lui aussitôt, et lui donna le bras pour avancer vers nous. Nous aperçûmes alors qu'il était aveugle; mais sa figure avait conservé de la noblesse et du charme, malgré la perte de la vue : il régnait dans tous ses traits une expression de calme qui en imposait à la pitié même.

Delphine, dont le cœur est si accessible aux émotions de la bonté, se troubla visiblement, malgré ses efforts pour le cacher. Elle fit une question à madame de Belmont sur les motifs de son départ du Languedoc. « Un procès que nous avons perdu, M. de Belmont et moi, nous a ruinés tout à fait, répondit-elle : j'avais été déjà privée de la moitié de ma fortune, parce qu'une tante m'avait déshéritée à cause de mon mariage. Il ne nous reste plus à mon mari, mes deux enfants et moi, que quatre-vingts louis de rente; nous avons mieux aimé vivre dans un pays où personne ne nous connaissait, que de nous trouver engagés à conserver, sans fortune, nos anciennes habitudes de société. Ce climat, d'ailleurs, convient mieux à la santé de mon mari que les chaleurs du midi; et depuis quinze jours que nous sommes ici, nous nous y trouvons parfaitement bien. »

M. de Belmont prit la parole pour se féliciter de connaître une personne telle que madame d'Albémar; il s'exprima avec beaucoup de grâce et de convenance, et sa femme, se rappelant avec plaisir qu'elle avait vu madame d'Albémar encore enfant chez ses parents, lui parla de leurs relations communes avec une simplicité et une sérénité parfaites. Je la regardais attentivement, et je ne voyais pas dans toute sa manière la moindre trace d'une peine quelconque, elle ne paraissait pas se douter qu'il y eût rien dans sa situation qui pût exciter un intérêt extraordinaire, et fut longtemps sans s'apercevoir de celui qu'elle nous inspirait.

I.

Son mari voulut nous montrer son jardin; il donna le bras à sa femme pour y aller; elle paraissait avoir tellement l'habitude de le conduire, que, pendant un moment qu'elle le remit à Delphine pour aller donner quelques ordres, elle marchait avec inquiétude, se retournait plusieurs fois, et paraissait, non pas troublée, c'est une personne trop simple pour s'inquiéter sans motif, mais tout à fait déshabituée de faire un pas sans servir de guide à son mari.

M. de Belmont nous intéressait à tous les instants davantage par son esprit et sa raison; nous le ramenâmes plusieurs fois à parler de ses occupations, de ses intérêts; il nous répondit toujours avec plaisir, paraissant oublier complétement qu'il était aveugle et ruiné, et nous donnant l'idée d'un homme heureux et tranquille, qui n'a pas dans sa vie la moindre occasion d'exercer le courage, ni même la résignation : seulement, en prononçant le nom de sa femme, en l'appelant ma chère amie, il avait un accent que je ne puis définir, mais qui retentissait à tous les souvenirs de sa vie, et nous les indiquait sans nous les exprimer.

Nous rentrâmes dans la maison, le piano était encore ouvert; Delphine témoigna à M. et à madame de Belmont le désir d'entendre de près la musique qui nous avait charmés de loin; ils y consentirent, en nous prévenant que, chantant presque toujours des trio avec leur fille, ils allaient exécuter de la musique très-simple. Le père se mit à préluder au clavecin avec un talent supérieur et une sensibilité profonde. Je ne connais rien de si touchant qu'un aveugle qui se livre à l'inspiration de la musique; on dirait que la diversité des sons et des impressions qu'ils font naître lui rend la nature entière dont il est privé. La timidité, naturellement inséparable d'une infirmité si malheureuse, défend d'entretenir les autres de la peine que l'on éprouve, et l'on évite presque toujours d'en parler; mais il semble, quand un aveugle vous fait entendre une musique mélancolique, qu'il vous apprend le secret de ses chagrins; il jouit d'avoir trouvé enfin un langage délicieux, qui permet d'attendrir le cœur, sans craindre de le fatiguer.

Les beaux yeux de ma Delphine se remplirent de larmes, et je voyais à l'agitation de son sein, combien son âme était émue : mais quand M. de Belmont et sa femme chantèrent ensemble, et que leur fille, âgée de huit ans, vint joindre sa voix enfantine et pure à celle de ses parents, il devint impossible d'y résister. Ils nous firent entendre un air des moissonneurs du Languedoc, dont le refrain villageois est ainsi :

> Accordez-moi donc, ma mère,
> Pour mon époux, mon amant;
> Je l'aimerai tendrement,
> Comme vous aimez mon père.

La petite fille levait ses beaux yeux vers sa mère en chantant ces paroles; son visage était toute innocence, mais, élevée par des parents qui ne vivaient que d'affections tendres, elle avait déjà dans le regard et dans la voix cette mélancolie si intéressante à cet âge, cette mélancolie pressentiment de la destinée qui menace l'enfant à son insu. La mère reprit le même refrain, en disant :

> Elle t'accorde, ta mère,
> Pour ton époux, ton amant;
> Tu l'aimeras tendrement,
> Ainsi qu'elle aime ton père.

A ces derniers mots, il y eut dans le regard de madame de Belmont quelque chose de si passionné, et tant de modestie succéda bientôt à ce mouvement, que je me sentis pénétré de respect et d'enthousiasme pour ces nobles liens de famille, dont on peut à la fois être si fier et si heureux. Enfin, le père chanta à son tour :

> Ma fille, imite ta mère,
> Prends pour époux ton amant;
> Et chéris-le tendrement,
> Comme elle a chéri ton père.

La voix de M. de Belmont se brisa tout à fait en prononçant ces paroles, et ce fut avec effort qu'il la retrouva, pour répéter tous les trois ensemble le refrain, sur un air de montagne qui semblait faire entendre encore les échos des Pyrénées.

Leurs voix étaient d'une parfaite justesse; celle du mari, grave et sonore, mêlait une dignité mâle aux doux accents des femmes; leur situation, l'expression de leur visage, tout était en harmonie avec la sensibilité la plus pure; rien n'en distrayait, rien ne manquait même à l'imagination. Delphine me l'a dit depuis; l'attendrissement que lui faisait éprouver une réunion si parfaite de tout ce qui peut émouvoir, cet attendrissement était tel, qu'elle n'avait plus la force de le supporter. Ses larmes la suffoquaient, quand madame de Belmont, se jetant presque dans ses bras, lui dit : « Aimable Delphine, je vous reconnais; mais nous croiriez-vous malheureux? Ah! combien vous vous tromperiez! » Et comme si tout à coup la musique avait fondé notre intimité, elle se plaça près de madame d'Albémar, et lui dit :

« Quand je vous ai connue, il y a dix ans, M. de Belmont m'aimait déjà depuis quelques années;

mais comme on craignait qu'il ne perdît la vue, mes parents s'opposaient à notre mariage : il devint entièrement aveugle, et je renonçai alors à tous les ménagements que j'avais conservés avec ma famille. Chaque moment de retard, quand je lui étais devenue si nécessaire, me paraissait insupportable; et n'ayant ni père ni mère, je me crus permis de me décider seule. Je me mariai à l'insu de mes parents, et j'eus pendant quelque temps assez à souffrir des menaces qu'ils me firent de rompre mon mariage : quand il fut bien prouvé qu'ils ne le pouvaient pas, ils travaillèrent à nous ruiner, ils y réussirent; mais comme j'avais craint d'abord qu'ils ne parvinssent à me séparer de M. de Belmont, je ne fus presque pas sensible à la perte de notre fortune; mon imagination n'était frappée que du malheur que j'avais évité.

« Mon mari, continua-t-elle, donne des leçons à son fils; moi, j'élève ma fille; et notre pauvreté, nous rapprochant naturellement beaucoup plus de nos enfants, nous donne de nouvelles jouissances. Quand on est parfaitement heureux par ses affections, c'est peut-être une faveur de la Providence que certains revers qui resserrent encore vos liens par la force même des choses. Je n'oserais pas le dire devant M. de Belmont, si je ne savais pas que sa cécité ne le rend point malheureux; mais cet accident fixe sa vie au sein de sa famille, cet accident lui rend mon bras, ma voix, ma présence à tous les instants nécessaires; il m'a vue dans les premiers jours de ma jeunesse, il conserva toujours le même souvenir de moi, et il me sera permis de l'aimer avec tout le charme, tout l'enthousiasme de l'amour, sans que la timidité causée par la perte des agréments du visage en impose à l'expression de mes sentiments. Je le dirai devant M. de Belmont, madame, il faut qu'il entende ce que je pense de lui, puisque je ne veux pas le quitter un instant, même pour me livrer au plaisir de le louer : le premier bonheur d'une femme, c'est d'avoir épousé un homme qu'elle respecte autant qu'elle l'aime; qui lui est supérieur par son esprit et son caractère; qui décide de tout pour elle, non parce qu'il opprime sa volonté, mais parce qu'il éclaire sa raison et soutient sa faiblesse. Dans les circonstances mêmes où elle aurait un avis différent du sien, elle cède avec bonheur, avec confiance, à celui qui a la responsabilité de la destinée commune, et peut seul réparer une erreur, quand même il l'aurait commise. Pour que le mariage remplisse l'intention de la nature, il faut que l'homme ait par son mérite réel un véritable avantage sur sa femme, un avantage qu'elle reconnaisse et dont

elle jouisse : malheur aux femmes obligées de conduire elles-mêmes leur vie, de couvrir les défauts et les petitesses de leur mari, ou de s'en affranchir, en portant seules le poids de l'existence! Le plus grand des plaisirs, c'est cette admiration du cœur qui remplit tous les moments, donne un but à toutes les actions, une émulation continuelle au perfectionnement de soi-même, et place auprès de soi la véritable gloire, l'approbation de l'ami qui vous honore en vous aimant. Aimable Delphine, ne jugez pas le bonheur ou le malheur des familles par toutes les prospérités de la fortune ou de la nature; connaissez le degré d'affection dont l'amour conjugal les fait jouir, et c'est alors seulement que vous saurez quelle est leur part de félicité sur la terre! »

—Elle ne vous a pas tout dit, ma douce amie, reprit M. de Belmont; elle ne vous a pas parlé du plaisir qu'elle a trouvé dans l'exercice d'une générosité sans exemple; elle a tout sacrifié pour moi, qui ne lui offrais qu'une suite de jours pendant lesquels il fallait tout sacrifier encore. Riche, jeune, brillante, elle a voulu consacrer sa vie à un aveugle sans fortune, et qui lui faisait perdre toute celle qu'elle possédait. Dans quelque trésor du ciel il existait un bien inestimable; il m'a été donné, ce bien, pour compenser un malheur que tant d'infortunés ont éprouvé dans l'isolement. Et telle est la puissance d'une affection profonde et pure, qu'elle change en jouissances les peines les plus réelles de la vie; je me plais à penser que je ne puis faire un pas sans la main de ma femme, que je ne saurais pas même me nourrir, si elle n'approchait pas de moi les aliments qu'elle me destine. Aucune idée nouvelle ne ranimerait mon imagination, si elle ne me lisait pas les ouvrages que je désire connaître; aucune pensée ne parvient à mon esprit sans le charme que sa voix lui prête; toute l'existence morale m'arrive par elle, empreinte d'elle, et la Providence, en me donnant la vie, a laissé à ma femme le soin d'achever ce présent, qui serait inutile et douloureux sans son secours.

« Je le crois, dit encore M. de Belmont, j'aime mieux que personne; car tout mon être est concentré dans le sentiment : mais comment se fait-il que tous les hommes ne cherchent pas à trouver le bonheur dans leur famille? Il est vrai que ma femme, et ma femme seule pouvait faire du mariage un sort si délicieux. Cependant, il me manque de n'avoir jamais vu mes enfants, mais je me persuade qu'ils ressemblent à leur mère : de toutes les images que mes yeux ont autrefois recueillies, il n'en est qu'une qui soit restée parfaitement distincte dans mon souvenir, c'est la figure de ma femme; je ne me crois pas aveugle près d'elle, tant je me représente vivement ses traits! Avez-vous remarqué combien sa voix est douce? quand elle parle, elle accentue gracieusement et mollement, comme si elle aimait à soigner les plaisirs qui me restent; je sens tout, je n'oublie rien; un serrement de main, une voix émue ne s'effacent jamais de mon souvenir. Ah! c'est une existence heureuse que de savourer ainsi les affections et leur charme; d'en jouir sans éprouver jamais une de ces inconstances du cœur, qu'amènent quelquefois les splendeurs éclatantes de la fortune, ou les dons brillants de la nature.

« Néanmoins, quoique mon sort ne puisse se comparer à celui de personne, je le dis, continua-t-il, aux grands de la terre, aux plus beaux, aux plus jeunes, il n'est de bonheur pendant la vie que dans cette union du mariage, que dans cette affection des enfants, qui n'est parfaite que quand on chérit leur mère. Les hommes, beaucoup plus libres dans leur sort que les femmes, croient pouvoir aisément suppléer aux jouissances de la vie domestique; mais je ne sais quelle force secrète la Providence a mise dans la morale; les circonstances de la vie paraissent indépendantes d'elle, et c'est elle seule cependant qui finit par en décider. Toutes les liaisons hors du mariage ne durent pas; des événements terribles, ou des dégoûts naturels brisent les liens qu'on croyait les plus solides; l'opinion vous poursuit, l'opinion, de quelque manière, insinue ses poisons dans votre bonheur. Et quand il serait possible d'échapper à son empire, peut-on comparer le plaisir de se voir quelques heures au milieu du monde, quelques heures interrompues, avec l'intimité parfaite du mariage? Que serais-je devenu sans elle, moi qui ne devais porter mes malheurs qu'à celle qui pouvait s'enorgueillir de les partager? Comment aurais-je fait pour lutter contre l'ordre de la société, moi que la nature avait désarmé? Combien l'abri des vertus constantes et sûres ne m'était-il pas nécessaire à moi qui ne pouvais rien conquérir, et qui n'avais pour espoir que le bonheur qui viendrait me chercher! Mais ce ne sont point des consolations que je possède, c'est la félicité même; et je le répète avec assurance, celui qui n'est point heureux par le mariage est seul, oui, partout seul; car il est tôt ou tard menacé de vivre sans être aimé. »

M. de Belmont prononça ces paroles avec tant de chaleur, qu'elles jetèrent mon âme dans une situation violente; je vous l'avoue, ce que j'éprouve, quand une circonstance ranime en moi la douleur

de n'avoir pas épousé madame d'Albémar, ce que j'éprouve tient beaucoup de cet état que les anciens auraient expliqué par la vengeance des furies. Quelquefois cette douleur semble dormir dans mon sein; mais quand elle se réveille, je sens qu'elle ne m'a jamais quitté, et que tous les jours écoulés me sont retracés par les regrets les plus amers.

Madame d'Albémar s'aperçut que j'étais saisi par ces mouvements impétueux et déchirants. En effet, j'avais résisté longtemps; mais tant d'émotions, qui portaient sur la même blessure, l'avaient enfin rendue trop douloureuse. Delphine se leva, et dit qu'elle voulait partir; le temps menaçait de la neige, monsieur et madame de Belmont voulurent l'engager à rester; elle me regarda, et vit, je crois, que mon visage était entièrement décomposé; car elle répéta vivement que sa voiture l'attendait à quatre pas de la maison, et qu'elle était forcée de s'en aller. Elle promit de revenir; monsieur et madame de Belmont, et leurs deux enfants la reconduisirent jusqu'à la porte, avec cette affection qu'elle inspire si vite à quiconque est digne de l'apprécier.

Je lui donnai le bras sans rien dire, et nous marchâmes ainsi quelque temps. Arrivés à l'endroit où sa voiture devait l'attendre, nous ne la trouvâmes point; on avait mal entendu nos ordres, et la neige commençait à tomber avec une grande abondance. « J'ai bien froid, » me dit-elle. Ce mot me tira des pensées qui m'absorbaient; je la regardai, elle était fort pâle, et je craignis que sa santé ne souffrît du chemin qui lui restait encore à faire; je la suppliai de me permettre de la porter, pour que ses pieds au moins ne fussent pas dans la neige. Elle s'y refusa d'abord; mais son état étant devenu plus alarmant, j'insistai peut-être avec amertume, car j'étais agité par les sentiments les plus douloureux. Delphine consentit alors à ce que je désirais; elle espérait, j'ai cru le voir, que mes impressions s'adouciraient par le plaisir de lui rendre au moins ce faible service.

Mon ami, je la portai pendant une demi-lieue, avec des émotions d'une nature si vive et si différente, que mon âme en est restée bouleversée. Tantôt la fièvre de l'amour me saisissait en la pressant sur mon cœur, et je lui répétais qu'il fallait qu'elle fût à moi comme mon épouse, comme ma maîtresse, comme l'être enfin qui devait confondre sa vie avec la mienne; elle me repoussait, soupirait, et me menaçait de refuser mon secours. Une fois la rigueur du froid la saisit tellement, qu'elle pencha sa tête sur moi, et je la soulevai comme si elle eût été sans vie : je regardai le ciel dans un mouvement inexprimable; je ne sais ce que je voulais; mais si elle était morte dans mes bras, je l'aurais suivie, et je ne sentirais plus la douleur qui me poursuit. Enfin nous arrivâmes, et mes soins la rétablirent entièrement. J'étais impatient de la quitter; je ne me trouvais plus bien à Bellerive, dans ces lieux qui faisaient mes délices : malheureux que je suis! pourquoi fallait-il que je visse le spectacle d'une union si heureuse!

Aveugles, ruinés, relégués dans un coin de la terre, ils sont heureux par l'amour dans le mariage; et moi, qui pouvais goûter ce bien au sein de toutes les prospérités humaines, j'ai livré mon cœur à des regrets dévorants, qui n'en sortiront qu'avec la vie.

LETTRE XIX.

Delphine à Léonce.

Hier vous n'êtes resté qu'un quart d'heure avec moi; à peine m'avez-vous parlé : en me quittant, j'ai vu que vous alliez dans la forêt au lieu de retourner à Paris; j'ai su depuis que vous n'êtes rentré chez vous qu'au jour. Vous avez passé cette nuit glacée seul, à cheval, non loin de ma demeure; c'était vous pourtant qui aviez voulu abréger notre soirée. Inquiète, troublée, je suis restée à ma fenêtre pendant cette même nuit. Léonce, occupés ainsi l'un de l'autre, nous craignions de nous parler : que me cachez-vous? juste ciel! ne pouvons-nous plus nous entendre?

LETTRE XX.

Léonce à Delphine.

J'ai passé une nuit plus douce que tous les jours qui me sont destinés : cette tristesse de l'hiver me plaisait, je n'avais rien à reprocher à la nature. Mais vous, vous qui voyez dans quel état je suis, daignez-vous en avoir pitié? Ce frisson que les longues heures de la nuit me faisaient éprouver m'était assez doux; n'est-ce pas ainsi que s'annonce la mort? et ne sentez-vous pas qu'il faudra bientôt y recourir? Vous me demandez si je vous cache un secret! l'amour en a-t-il? Si vous partagiez ce que j'éprouve, ne me comprendriez-vous pas? Cependant vous me le demandez, ce secret; le voici : je suis malheureux; n'exigez rien de plus.

LETTRE XXI.

Delphine à Léonce.

Vous êtes malheureux, Léonce! ah! le ciel m'inspirait bien, quand je voulais partir, quand je refusais de croire à vos serments; vous me juriez qu'en restant, je comblerais tous les vœux de votre cœur; vous m'avez séduite par cet espoir, et déjà vous ne craignez plus de me le ravir. Autrefois les mêmes sentiments nous animaient, et maintenant, hélas! qu'est devenu cet accord? Savez-vous ce que j'éprouvais? je jouissais avec délices de notre situation. Insensée que je suis! j'étais heureuse, je vous l'aurais dit; oh! que vous avez bien réprimé cette confiance imprudente!

Mais d'où vient donc, Léonce, cette funeste différence entre nous? Vous croiriez-vous le droit de me dire que vous êtes plus capable d'aimer que moi? avec quel dédain je recevrais ce reproche! je connais des sacrifices que vous ne pourriez pas me faire; il n'en est pas un au monde qui me parût mériter seulement votre reconnaissance, tant il me coûterait peu! Vous ai-je parlé du tort que me faisait mon séjour à Bellerive? loin de redouter les peines que mon amour pourra me causer, quand je m'égare dans les chimères qui me plaisent, j'aime à supposer des dangers, des malheurs de tout genre, que je braverais avec transport pour vous.

Oseriez-vous prétendre que le don, ou plutôt l'avilissement de moi-même, est le sacrifice que je dois à ce que j'aime? Mon ami, ce serait notre amour que j'immolerais, si je renonçais à cet enthousiasme généreux qui anime notre affection mutuelle. Si je cédais à vos désirs, nous ne serions bientôt plus que des amants sans passion, puisque nous serions sans vertu; et nous aurions ainsi bientôt désenchanté tous les sentiments de notre cœur.

Si je pouvais manquer maintenant aux derniers devoirs que je respecte encore, quelle serait ma conduite à mes propres yeux? Je me serais établie dans une solitude, pour y passer ma vie seule avec l'homme que j'aime, avec l'époux d'une autre; j'y resterais sans combats, sans remords; j'aurais été moi-même au-devant de ma honte : oh! Léonce, je ne suis déjà peut-être que trop coupable; veux-tu donc dégrader l'image de Delphine? veux-tu la dégrader dans ton propre souvenir? qu'elle parte, et tu ne l'oublieras jamais; qu'elle meure, et tu verseras des larmes sur sa tombe : mais si tu la rendais criminelle, tu la chercherais vainement telle qu'elle était, dans le monde, dans ta mémoire, dans ton cœur; elle n'y serait plus; et sa tête humiliée se pencherait vers la terre, n'osant plus regarder ni le ciel ni Léonce.

Hier, n'étais-tu pas égaré, quand tu me reprochais d'être insensible à l'amour? ton accent était âpre et sombre; tu m'accusais de ne pas savoir aimer! Ah! crois-tu que mon amour n'ait pas aussi sa volupté, son délire? la passion innocente a des plaisirs que ton cœur blasphème. Quand tu n'avais pas encore troublé mes espérances, quand je me flattais de passer ma vie entière avec toi, il n'existait pas dans l'imagination un bonheur que l'on pût comparer au mien; aucun chagrin, aucune inquiétude ne me rendaient les heures difficiles; je me sentais portée dans la vie comme sur un nuage; à peine touchais-je la terre de mes pas; j'étais environnée d'un air azuré, à travers lequel tous les objets s'offraient à moi sous une couleur riante : si je lisais, mes yeux se remplissaient des plus douces larmes, à chaque mot que je rapportais à toi; je m'attendrissais en faisant de la musique, car je t'adressais toujours ce langage mystérieux, ces émotions indéfinissables que l'harmonie nous fait éprouver; j'avais en moi une existence surnaturelle que tu m'avais donnée, une inspiration d'amour et de vertu, qui faisait battre mon cœur plus vite à tous les moments du jour.

J'étais heureuse ainsi, même dans ton absence : l'heure de te voir approchait, et la fièvre de l'espérance m'agitait; cette fièvre se calmait, quand tu entrais dans ma chambre; elle faisait place aux sentiments délicieux qui se répandaient dans mon cœur : je te regardais, je considérais de nouveau tous les objets qui m'entourent, étonnée de la magie, de l'enchantement de ta présence, et demandant au ciel si c'était bien la vie qu'un tel bonheur, ou si mon âme déjà n'avait pas quitté la terre. N'y avait-il donc point d'amour dans cette ivresse? et quand tu m'environnais de tes bras, quand je reposais ma tête sur ton épaule, si je renfermais dans mon cœur quelques-uns de mes mouvements, ce cœur en devenait plus tendre; il eût perdu de sa sensibilité même, s'il n'avait su rien réprimer.

J'ai voulu, Léonce, ne voir dans votre peine que vos inquiétudes sur mon sentiment pour vous; j'ai dissipé ces inquiétudes : si vous vous permettiez encore les mêmes plaintes, il ne serait plus digne de moi d'y répondre.

LETTRE XXII.

Léonce à Delphine.

Ma volonté est soumise à la vôtre; mais je ne sais quel accablement douloureux altère en moi les principes de la vie : hier, en revenant de chez vous, je pouvais à peine me soutenir sur mon cheval. J'essayerai d'aller à Bellerive ce soir; mais j'ai à peine la force d'écrire. Adieu.

LETTRE XXIII.

Delphine à Léonce.

Léonce, je vous crois généreux, pourquoi donc vous cacherais-je ce qui est dangereux pour moi? Vous savez, vous devez savoir, que si vous me rendiez coupable, je n'y survivrais pas; et vous me connaissez assez pour ne pas imaginer que j'imite ces femmes dissimulées qui veulent se laisser vaincre après avoir longtemps résisté. Si vous ne voulez pas que je meure de douleur ou de honte, je dois obtenir, en vous confiant le secret de ma faiblesse, que votre propre vertu m'en défende. O Léonce! si vous souffrez, si vos peines altèrent quelquefois votre santé, ne vous montrez pas à moi dans cet état.

Hier, en vous voyant si pâle, si chancelant, je me sentis défaillir; quand l'image de votre danger se présente à moi, toute autre idée disparaît à mes yeux. Il se passait hier dans mon cœur une émotion inconnue qui affaiblissait ma raison, ma vertu, toutes mes forces; et j'éprouvais un désir inexprimable de ranimer votre vie aux dépens de la mienne, de verser mon sang pour qu'il réchauffât le vôtre, et que mon dernier souffle rendît quelque chaleur à vos mains tremblantes.

Léonce, en vous avouant l'empire de la souffrance sur mon cœur, c'est vous interdire à jamais de m'en rendre témoin; dérobez-la-moi, s'il est possible : cette prière n'est pas d'une âme dure, et vous l'adresser, c'est vous estimer beaucoup. Ne répondez pas à cette lettre; en l'écrivant, mon front s'est couvert de rougeur. Je vous ai imploré, protégez-moi, mais sans me rappeler que je vous l'ai demandé.

LETTRE XXIV.

Léonce à Delphine.

Delphine, je veux respecter vos volontés, je le veux; cette résignation est tout ce que je puis vous promettre. Vous ne connaissez pas les sentiments qui m'agitent; je leur impose silence, je ne puis vous les confier. Je vous adore, et je crains de vous parler d'amour! que deviendrai-je? et cependant tu m'aimes, et tu voudrais que je fusse heureux! J'ai cru que je le serais, je me suis trompé. Essayons de ne pas nous parler de nous, de transporter notre pensée sur je ne sais quel sujet étranger, dont nous ne nous occuperons qu'avec effort; oui, avec effort. Puis-je ne pas me contraindre? puis-je m'abandonner à ce que j'éprouve? Si je m'y livre un jour, dans l'état où m'ont jeté mes désirs et mes regrets, si je m'y livre un jour, l'un de nous deux est perdu.

LETTRE XXV.

Delphine à Léonce.

L'homme d'affaires de madame de Mondoville est venu voir le mien, pour lui parler de soixante mille livres que j'ai cautionnées pour madame de Vernon, et de quarante autres que je lui avais prêtées, il y a deux ou trois ans : vous sentez bien que je ne veux pas que vous acquittiez ces dettes, surtout à présent que vos affaires sont en désordre; mais il serait tout à fait inconvenable pour moi d'avoir l'air de rendre un service à madame de Mondoville. Hélas! j'ai des torts envers elle, et si jamais elle les découvre, je ne veux pas qu'elle puisse penser que j'aie cherché à enchaîner son ressentiment par des obligations de cette nature. Ayez donc la bonté de dire à madame de Mondoville, que je ne veux pas que de dix ans il soit question en aucune manière des dettes que sa mère a contractées avec moi; mais persuadez-lui bien que je me conduis ainsi par amitié pour vous, ou à cause d'une promesse faite à sa mère : supposez tout ce que vous voudrez; seulement arrangez tout, pour que madame de Mondoville ne puisse pas se croire liée personnellement envers moi par la reconnaissance.

LETTRE XXVI.

Léonce à Delphine.

J'ai exécuté fidèlement vos ordres auprès de madame de Mondoville. Que parlez-vous de lui épargner de la reconnaissance? avez-vous donc oublié que c'est vous qui l'avez dotée, que sans votre générosité fatale je serais peut-être libre encore : ah Dieu! ne puis-je donc repousser ce souvenir, et tout dans la vie doit-il me le rappeler!

Je n'ai pu empêcher Matilde de vous aller voir demain; elle est touchée de vos procédés envers nous, quoique j'en aie diminué le mérite, selon vos intentions. Elle voulait que je l'accompagnasse à Bellerive, cela m'est impossible; je ne veux pas vous voir ensemble, je ne veux pas la trouver dans les lieux que vous habitez, il me semble que son image y resterait... Permettez-moi de vous prier, ma Delphine, de recevoir Matilde comme vous l'auriez fait avant la mort de sa mère : vous

êtes capable de vous troubler en la voyant, comme si vous aviez des torts envers elle : hélas! ne lui offrez-vous pas ma peine en sacrifice? n'est-ce point assez? conservez avec elle la supériorité qui vous convient. Il serait difficile de lui donner des soupçons, jamais elle n'a été plus calme, plus heureuse; mais la seule personne qu'elle observe avec soin, c'est vous; non par jalousie, mais pour se démontrer à elle-même qu'il n'y a de bonheur que dans la dévotion, et que toutes vos qualités et vos agréments vous sont inutiles, parce que vous n'êtes pas dans les mêmes opinions qu'elle.

Ne lui montrez donc, je vous prie, ni tristesse, ni timidité; et souvenez-vous qu'elle vous doit, et uniquement à vous, la conduite que je tiens envers elle. C'est une personne à laquelle je n'ai rien à reprocher, mais qui me convient si peu, que j'aurais cherché des prétextes pour m'éloigner, si vous ne m'aviez pas imposé son bonheur pour prix de votre présence; je le fais, ce bonheur, sans qu'il m'en coûte, grâce au ciel! la moindre dissimulation. Elle ne compte dans la vie que les procédés, comme elle ne voit dans la religion que les pratiques; elle ne s'inquiète ni du regard, ni de l'accent, ni des paroles, qui sont mille fois plus involontaires que les actions : elle m'aime, je le crois, et si quelques circonstances éclatantes excitaient sa jalousie, elle pourrait être très-vive et très-amère; mais tant que je ne manquerai pas à la voir chaque jour, elle n'imaginera pas que mon cœur puisse être occupé d'un autre objet. Il importe donc à son repos comme à votre dignité, ma chère Delphine, que vous ne changiez rien à votre manière d'être avec elle. Adieu : vous triomphez; sais-je assez me contenir? Je parle comme si mon cœur était calme... Delphine, un jour, un jour! si tous ces efforts étaient vains, s'il fallait choisir entre ma vie et mon amour, ah! que prononceriez-vous?

LETTRE XXVII.

Delphine à Léonce

Quels cruels moments je viens de passer! Matilde est venue à six heures du soir, et ne m'a quittée qu'à neuf : je crois qu'elle s'était prescrit à l'avance ces trois heures, les plus pénibles dont je puisse me faire l'idée. Je craignais d'être fausse en lui montrant de l'amitié; je trouvais imprudent et injuste de la traiter avec froideur, et chaque mot que je disais me coûtait une délibération et une incertitude. Je ne pouvais me défendre aussi de l'observer, de la comparer à moi, et j'étais mécontente des diverses impressions que me causaient tour à tour la beauté qu'elle possède, et les grâces dont elle est privée. Enfin ce qui a fini par dominer en moi, c'est l'amitié d'enfance que j'ai toujours eue pour elle, et je me sentais attendrie par sa présence, sans qu'elle eût provoqué d'aucune manière cette disposition.

Elle m'a demandé mes projets; je lui ai dit que je retournais ce printemps en Languedoc : il m'a été impossible de lui répondre autrement; je ne sais quelle voix a parlé pour moi, sans qu'aucune réflexion précédente m'eût suggéré ce dessein.

Matilde m'a témoigné plus d'intérêt que jamais, et sa bienveillance me faisait tellement souffrir que, s'il eût été dans son caractère de s'exprimer avec plus de sensibilité, je me serais peut-être jetée à ses pieds par un mouvement plus fort que ma volonté et ma raison : mais vous connaissez sa manière, elle éloigne la confiance, elle oblige les autres à se contenir comme elle se contient elle-même; le seul moment où je lui ai trouvé un accent animé, et qui sortait de ce ton uniforme et mesuré qu'elle conserve presque toujours, c'est lorsqu'elle m'a parlé de vous. « Tout mon bonheur est en lui, m'a-t-elle dit, et je n'ai point d'autre affection sur cette terre! » Ces mots m'ont ébranlée; mes yeux se sont remplis de larmes; mais alors Matilde, craignant, comme sa mère, tout ce qui peut conduire à l'émotion, s'est levée subitement, et m'a fait des questions sur l'arrangement de ma maison.

Nous ne nous sommes entretenues depuis ce moment que sur les sujets les plus indifférents ; et nous nous sommes quittées après trois heures de tête-à-tête, comme si nous avions eu une conversation de quelques minutes, au milieu d'un cercle nombreux. Mais pendant ces heures elle était calme, et moi, combien j'étais loin de l'être! Ah! Léonce, je suis coupable, je le suis sûrement; car j'éprouvais tout ce qui caractérise le remords, le trouble, les craintes, la honte. Je redoutais de me trouver seule après son départ; puis-je méconnaître dans ce que je souffrais, les cruels symptômes du mécontentement de soi-même!

J'ai reçu ce matin une lettre de madame d'Ervins, qui m'annonce son arrivée dans un mois, et me parle avec estime et confiance de la sécurité qu'elle éprouve en me remettant l'éducation de sa fille : dites-le-moi, mon ami, puis-je accepter un tel dépôt? quel exemple Isore aura-t-elle sous les yeux? comment pourrai-je la convaincre de mon innocence, lorsque je dois surtout lui conseiller de ne pas imiter ma conduite? Sur mille

femmes, à peine une échapperait-elle aux séductions auxquelles je m'expose. Léonce, je ne suis pas encore criminelle, mais déjà je rougis quand on parle des femmes qui le sont; j'éprouve un plaisir condamnable quand j'apprends quelques traits des faiblesses du cœur; je me surprends à désirer de croire que la vertu n'existe plus. J'étais d'accord avec moi-même autrefois; maintenant, je me raisonne sans cesse, comme si j'avais quelqu'un à convaincre; et quand je me demande à qui j'adresse ces discours continuels, je sens que c'est à ma conscience dont je voudrais couvrir la voix.

Mon ami, si je persiste longtemps dans cet état, j'émousserai dans mon cœur cette délicatesse vive et pure dont le plus léger avertissement disposait souverainement de moi. Quel intérêt mettrai-je aux derniers restes de la morale que je conserve encore, si je flétris mon âme en cessant d'aspirer à cette vertu parfaite qui avait été jusqu'à ce jour l'objet de mes espérances? Léonce, je t'aime avec idolâtrie; quand je te vois, je me sens comme transportée dans un monde de félicités idéales, et cependant je voudrais avoir la force de me séparer de toi : je voudrais avoir fait à la morale, à l'Être suprême cet héroïque sacrifice, et que ton souvenir et que l'amour que tu m'inspires fussent à jamais gravés dans mon âme, devenue sublime par son courage.

O mon ami! que ne me soutiens-tu dans ces élans généreux! un jour, nous tenant par la main, nous nous présenterions avec confiance au Créateur de la nature : si l'homme juste luttant contre l'adversité est un spectacle digne du ciel, des êtres sensibles triomphant de l'amour méritent plus encore l'approbation de Dieu même! Aide-moi, je puis me relever encore; mais si tu persistes, je ne serai bientôt plus qu'un caractère abattu sous le poids du repentir, une âme douce, mais commune; et la plus noble puissance du cœur, celle des sacrifices, s'affaiblira tout à fait en moi.

Sais-je enfin si je ne devrais pas m'éloigner de vous, pour vous-même? Depuis quelque temps n'êtes-vous pas cruellement agité? puis-je, hélas! puis-je me dire du moins que c'est pour votre bonheur que votre amie dégrade son cœur en résistant à ses remords?

LETTRE XXVIII.

Léonce à Delphine.

J'ai peut-être mérité, par le trouble où m'ont jeté des sentiments trop irrésistibles, la cruelle ettre que vous m'écrivez ; cependant je ne m'y attendais pas. Je vous ai parlé de ce qui manquait à mon bonheur, et vous me proposez de vous séparer de moi ! Quelle faible idée vous ai-je donc donnée de mon amour ! Avez-vous pu penser que j'existerais un instant après vous avoir perdue ? Je ne sais si vous avez raison d'éprouver les regrets et les remords qui vous agitent : je ne demande rien, je n'exige rien ; mais je veux seulement que vous lisiez dans mon âme. Aucune puissance humaine, aucun ordre de vous ne pourrait me faire supporter la vie, si je cessais de vous voir. C'est à vous d'examiner ce que vaut cette vie, quels intérêts peuvent l'emporter sur elle ! Je ne murmurerai point contre votre décision, quand vous saurez clairement ce que vous prononcez.

Je sens presque habituellement, à travers le bonheur dont je jouis près de toi, que la douleur n'est pas loin, qu'elle peut rentrer dans mon âme avec d'autant plus de force que des instants heureux l'ont suspendue. Delphine, j'ai vingt-cinq ans ; déjà je commence à voir l'avenir comme une longue perspective, qui doit se décolorer à mesure que l'on avance. Veux-tu que j'y renonce ? je le ferai sans beaucoup de peine ; mais je te défends de jamais parler de séparation. Dis-moi : *Je crois ta mort nécessaire*, mon cœur n'en sera point révolté ; mais j'éprouve une sorte d'irritation contre toi, quand tu peux me parler de ne plus se voir, comme d'une existence possible.

Mon amie, j'ai eu tort de t'entretenir de mes chagrins, pardonne-moi mon égarement ; en me présentant une idée horrible, tu m'as fait sentir combien j'étais insensé de me plaindre. Hélas ! n'est-ce donc que par la douleur que la raison peut rentrer dans le cœur de l'homme ! et n'apprend-on que par elle à se reprocher des désirs trop ambitieux ! Eh bien, eh bien, ne me parle plus d'absence, et je me tiens pour satisfait.

Pourrais-je oublier quel charme je goûte en te confiant mes pensées les plus intimes, lorsque nous regardons ensemble les événements du monde comme nous étant étrangers, comme nous faisant spectacle de loin, et que, nous suffisant l'un à l'autre, les circonstances extérieures ne nous paraissent qu'un sujet d'observations ! Ah ! Delphine, j'accepterais avec toi l'immortalité sur cette terre ; les générations qui se succéderaient devant nous ne rempliraient mon âme que d'une douce tristesse ; je renouvellerais sans cesse avec toi mes sentiments et mes idées ; je revivrais dans chaque entretien.

Mon amie, écartons de notre esprit toutes les inquiétudes que notre imagination pourrait exciter en nous ; il n'y a rien de réel au monde qu'aimer, tout le reste disparaît, ou change de forme et d'importance, suivant notre disposition : mais le sentiment ne peut être blessé sans que la vie elle-même soit attaquée. Il réglait, il inspirait tous les intérêts, toutes les actions ; l'âme qu'il remplissait ne sait plus quelle route suivre, et, perdue dans le temps, toutes les heures ne lui présentent plus ni occupations, ni but, ni jouissances.

Crois-moi, Delphine, il y a de la vertu dans l'amour, il y en a même dans ce sacrifice entier de soi-même à son amant, que tu condamnes avec tant de force ; mais comment peux-tu te croire coupable, quand la pure innocence guide tes actions et ton cœur ? comment peux-tu rougir de toi, lorsque je me sens pénétré d'une admiration si profonde pour ton caractère et ta conduite ? Juge de tes vertus comme de tes charmes, par l'amour que je ressens pour toi. Ce n'est pas ta beauté seule qui l'a fait naître ; tes perfections morales m'ont inspiré cet enthousiasme qui, tour à tour, exalte et combat mes désirs. O mon amie, abjure à lettre, sois fière d'être aimée, et ne te repens pas de me consacrer ta vie.

LETTRE XXIX.

Delphine à mademoiselle d'Albémar.

Bellerive, ce 2 avril 1791.

Vous m'écrivez moins souvent, ma chère Louise, et vous évitez de me parler de Léonce ; il n'y a pas moins de tendresse dans vos lettres, mais un sentiment secret de blâme s'y laisse entrevoir : ah ! vous avez raison, je le mérite, ce blâme ; j'ai perdu le moment du courageux sacrifice, jugez vous-même à présent s'il est possible : je vous envoie la dernière lettre que j'ai reçue de Léonce ; puis-je partir après ces menaces funestes, je le puis-je ? Toutes les femmes qui ont aimé, je le sais, se sont crues dans une situation qui n'avait jamais existé jusqu'alors ; mais, néanmoins, ne trouvez-vous pas que le sentiment de Léonce pour moi n'a point d'exemple au monde ?

Cette tendresse profonde dans une âme si forte, cet oubli de tout dans un caractère qui semblait devoir se livrer avec ardeur aux distinctions qui l'attendaient dans la vie (et quel homme était plus fait que Léonce pour aspirer à tous les genres de gloire ?), la noblesse de ses expressions, la dignité de ses regards, m'en imposent quelquefois à moi-même ; je jouis de me sentir inférieure à lui. Jamais aucun triomphe n'a fait goûter autant de

jouissances que j'en éprouve en abaissant mon caractère devant celui de Léonce. Qui pourrait mesurer tout ce qu'il est déjà, et tout ce qu'il peut
devenir? Par delà les perfections que j'admire, j'en
soupçonne de nouvelles qui me sont inconnues; et
lorsqu'il se sert des expressions les plus ardentes,
quelque chose de contenu dans son accent, de voilé
dans ses regards, me persuade qu'il garde en lui-
même des sentiments plus profonds encore que
ceux qu'il consent à m'exprimer. Léonce exerce sur
moi la toute-puissance que lui donnent à la fois
son esprit, son caractère et son amour. Il me
semble que je suis née pour lui obéir autant que
pour l'adorer : seule, je me reproche la passion
qu'il m'inspire; mais en sa présence, le mouvement
involontaire de mon âme est de me croire coupable quand j'ai pu le rendre malheureux. Il me
semble que son visage, que sa voix, que ses paroles portent l'empreinte de la vertu même, et
m'en dictent les lois. Ces récompenses célestes
qu'on éprouve au fond de son cœur, quand on se
livre à quelque généreux dessein, je crois les goûter quand il me parle; et lorsque, dans un noble
transport, il me dit qu'il faut immoler sa vie à l'a-
mour, je rougirais de moi-même si je ne parta-
geais pas son enthousiasme.

Ne craignez pas, cependant, que son empire sur
moi me rende criminelle; le même sentiment qui
me soumet à ses volontés me défend contre la
honte. Léonce commande à mon sort, parce que
j'admire son caractère, parce qu'il réunit toutes
les vertus que vous m'avez apprise à chérir; je ne
puis le quitter, s'il ne consent pas lui-même à ce
sacrifice; mais lorsque, oubliant la différence de
nos devoirs, il veut me faire manquer aux miens,
je m'arme contre lui de ses qualités mêmes, et,
certaine qu'il ne sacrifierait pas son honneur à l'a-
mour, le désir de l'égaler m'inspire le courage de
lui résister. Ah! Louise, c'est bien peu, sans doute,
que de conserver une dernière vertu, quand on a
déjà bravé tant d'égards, tant de devoirs, qui me
paraissaient jadis aussi sacrés que ceux que je respecte encore; mais ne gardez pas sur ma situation
ce silence cruel! ne croyez pas qu'il ne soit plus
temps de me donner des conseils, que je n'en puisse
recevoir aucun! une fois, peut-être, je les suivrai,
je n'en sais rien; mais aimez-moi toujours.

Hélas! notre situation peut à chaque instant être
bouleversée. Je partirais, si Matilde, découvrant
nos sentiments, désirait que je m'éloignasse; je
partirais, si Léonce cessait un seul jour de me
respecter, ou si l'opinion me poursuivait au point
de le rendre malheureux lui-même. Ah! de com-

bien de manières prévues et imprévues le bonheur
dont je ne jouis qu'en tremblant ne peut-il pas
m'être arraché! Louise, ne vous hâtez donc pas de
prendre avec moi ce ton de froideur et de réserve,
qu'il ne faut adresser qu'aux amis dont le sort est
trop prospère; n'oubliez pas la pitié, je vous la
demanderai peut-être bientôt.

Déjà vous m'inquiétez en m'annonçant que
M. de Valorbe, ayant perdu sa mère, se prépare à
partir pour Paris; il faudra que j'instruise Léonce,
et de ses sentiments pour moi, et de ses droits à
ma reconnaissance; mais de quelque manière que
je les lui fasse connaître, sa présence lui sera toujours importune. Ne pouvez-vous donc pas détourner M. de Valorbe de venir ici? Vous savez que,
sous des formes timides et contraintes, il a un
amour-propre très-sombre et très-amer, et que
tout ce qu'il dit de son dégoût de la vie vient uniquement de ce qu'il a une opinion de lui qu'il ne
peut faire partager aux autres; il a plus d'esprit
qu'il n'en sait montrer, ce qui est précisément le
contraire de ce qu'il faut pour réussir à Paris, où
l'on n'a le temps de découvrir le mérite de personne. Quand il ne devinerait pas mes véritables
sentiments, il suffirait de la supériorité de Léonce
pour lui donner de l'humeur; et que de malheurs
ne peut-il pas en arriver! Essayez de lui persuader, ma chère Louise, que rien ne pourra jamais
me décider à me remarier. Je ne puis vous exprimer assez combien il me sera pénible de revoir
M. de Valorbe, s'il me faut supporter qu'il me
parle encore de son amour. D'ailleurs ma société
est maintenant si resserrée, qu'en y admettant
M. de Valorbe je m'expose à faire croire qu'il m'intéresse.

Je ne vois habituellement que M. et madame de
Lebensei, et quelquefois, mais plus rarement,
M. et madame de Belmont; l'esprit de M. de Lebensei me plaît extrêmement, sa conversation
m'est chaque jour plus agréable; il n'a de prévention ni de parti pris sur rien à l'avance, et sa raison lui sert pour tout examiner. La société d'un
homme de ce genre vous promet toujours de la sécurité et de l'intérêt; on ne craint point de lui confier sa pensée, l'on est sûr de la confirmer ou de
la rectifier en l'écoutant.

Sa femme a moins d'esprit et surtout moins de
calme que lui; sa situation dans la société la rend
malheureuse, sans qu'elle consente même à se l'a-
vouer. Ce chagrin est fort augmenté par une inquiétude très-naturelle et très-vive qu'elle éprouve
dans ce moment; elle est près d'accoucher, et elle
a des raisons de craindre que sa grand'mère et sa

tante, qui sont toutes les deux dévotes, ne veuillent pas reconnaître son enfant. Elle m'a dit, sans vouloir s'expliquer davantage, qu'elle avait un service à me demander auprès de ses parents, qui sont un peu les miens; je serais trop heureuse de le lui rendre. Je voudrais lui faire quelque bien. Elle est souvent honteuse de ses peines, et mécontente de sa sensibilité, dont les jouissances ne lui font pas oublier tout le reste; elle craint que son mari ne s'aperçoive de ses chagrins, et reprend un air gai chaque fois qu'il la regarde. Madame de Belmont, avec un mari aveugle et ruiné, jouit d'une félicité bien plus pure; elle ne vit pas plus dans le monde que madame de Lebensei, mais elle n'a pas l'idée qu'elle en soit écartée; elle choisit la solitude, et la pauvre Élise y est condamnée : je la plains, parce qu'elle souffre, car, à sa place, je serais parfaitement heureuse; elle se croit, et a raison de se croire innocente; elle a épousé ce qu'elle aime; et l'opinion la tourmente! quelle faiblesse!

Adieu, ma sœur, ne m'abandonnez pas; reprenons l'habitude de nous écrire chaque jour tout ce que nous éprouvons; je ne me crois pas un sentiment dont votre cœur indulgent et tendre ne puisse accepter la confidence.

LETTRE XXX.

Léonce à Delphine.

Le neveu de madame du Marset est menacé de perdre son régiment, pour avoir montré, dit-on, une opinion contraire à la révolution. M. de Lebensei a beaucoup de crédit auprès des députés démocrates de l'assemblée constituante; madame du Marset est venue me demander de vous engager à le prier de sauver son neveu. Si M. d'Orsan perdait son régiment, il manquerait un mariage riche qui, dans son état de fortune, lui est indispensablement nécessaire. Je sais quelle a été la conduite de madame du Marset envers vous, envers moi; mais je trouve plaisir à vous donner l'occasion d'une vengeance qui satisfait assez bien la fierté : car ce n'est point par bonté pure qu'on rend service à ceux dont on a raison de se plaindre; on jouit de ce qu'ils s'humilient en vous sollicitant, et l'on est bien aise de se donner le droit de dédaigner ceux qui avaient excité notre ressentiment. Cette raison, d'ailleurs, n'est pas la seule qui me fasse désirer que vous soyez utile à madame du Marset.

Vous savez, quoique nous en parlions rarement ensemble, combien les querelles politiques s'aigrissent à présent; on a dit assez souvent, et madame du Marset a singulièrement contribué à le répandre, que vous étiez très-enthousiaste des principes de la révolution française : il me semble donc qu'il vous convient particulièrement d'être utile à ses ennemis; cette conduite peut faire tomber ce qu'on a dit contre vous à cet égard. En voyant le cours que prennent les événements politiques de France, je souhaite tous les jours plus que l'on ne vous soupçonne pas de vous intéresser aux succès de ceux qui les dirigent.

Vous avez exigé de moi, mon amie, que j'accompagnasse Matilde à Mondoville; j'aurais plutôt obtenu d'elle que de vous la permission de m'en dispenser : savez-vous que ce voyage durera plus d'une semaine? avez-vous songé à ce qu'il m'en coûte pour vous obéir? toutes les peines de l'absence, oubliées depuis trois mois, se sont représentées à mon souvenir. Je vous en prie, soyez fidèle à la promesse que vous m'avez faite de m'écrire exactement. Je sais d'avance les journées qui m'attendent; elles n'auraient point de but ni d'espérance si je ne devais pas recevoir une lettre de vous. Shakspeare a dit que *la vie était ennuyeuse comme un conte répété deux fois.* Ah! combien cela est vrai des moments passés loin de Delphine! quel fastidieux retour des mêmes ennuis et des mêmes peines!

Adieu, mon amie; j'éprouve une tristesse profonde, et quand je m'interroge sur la cause de cette tristesse, je sens que ce sont ces huit jours qui me voilent le reste de l'avenir; et vous osiez penser à me quitter! N'en parlons plus; cette idée, je l'espère, ne vous est jamais venue sérieusement; vous vous en êtes servie pour m'effrayer de mes égarements, et peut-être avez-vous réussi. Adieu.

LETTRE XXXI.

Delphine à Léonce.

M. de Lebensei, quelques heures après avoir reçu ma lettre, a terminé l'affaire de M. d'Orsan; vous pouvez, mon cher Léonce, en instruire madame du Marset; je ne me soucie pas le moins du monde d'en avoir le mérite auprès d'elle, car il serait usurpé. Je l'ai servie parce que vous le désiriez, et non par les motifs que vous m'avez présentés. Sans doute, je pense comme vous qu'il faut être utile même à ses ennemis, quand on en a la puissance; mais, comme les moyens de rendre service sont très-bornés pour les particuliers, je ne m'occupe de faire du bien à mes ennemis que quand il ne me reste pas un seul de mes amis qui ait besoin de moi : c'est un plaisir d'amour-propre que

de condamner à la reconnaissance les personnes
dont on a de justes raisons de se plaindre; il ne
faut jamais compter parmi les bonnes actions les
jouissances de son orgueil.

· Quant à l'intérêt que je puis avoir à me faire
aimer de ceux qui n'ont pas les mêmes opinions
que moi, je n'y mettrais pas le moindre prix sans
vous. Je déteste les haines de parti, j'en suis incapable; et quoique j'aime vivement et sincèrement la liberté, je ne me suis point livrée à cet
enthousiasme, parce qu'il m'aurait lancée au milieu de passions qui ne conviennent point à une
femme; mais, comme je ne veux en aucune manière désavouer mes opinions, je me sentirais plutôt de l'éloignement que du goût pour un service
qui aurait l'air d'une expiation : je dirai plus, il
n'atteindrait pas son but; toutes les fois qu'on
mêle un calcul à une action honnête, le calcul ne
réussit pas.

Je veux vous transcrire à ce sujet un passage de
la lettre que m'a répondue M. de Lebensei : « Il
« faut, me dit-il, se dévouer, quand on le peut, à
« diminuer les malheurs sans nombre qu'entraîne
« une révolution, et qui pèsent davantage encore
« sur les personnes opposées à cette révolution
« même; mais il ne faut pas compter en général
« sur le souvenir qu'elles en conserveront. Je
« me suis donné, il y a deux mois, beaucoup de
« peine pour faire sortir de prison un homme
« que je ne connais pas, mais qui aurait risqué de
« perdre la vie pour un fait politique dont il était
« accusé : j'ai appris hier qu'il disait partout que
« j'étais un homme d'une activité très-dangereuse;
« j'ai chargé un de mes amis de lui rappeler que,
« sans cette prétendue activité, il n'existerait plus,
« et qu'elle devait au moins trouver grâce à ses
« yeux. Un tel *désappointement* m'est fort égal, à
« moi qui suis tout à fait indifférent à ce que di-
« sent et pensent les personnes que je n'aime pas.
« Seulement je vous cite cet exemple, pour vous
« prouver qu'un homme de parti est ingénieux à
« découvrir un moyen de haïr à son aise celui qui
« lui a fait du bien, lorsqu'il n'est pas de la même
« opinion que lui; et peut-être arrive-t-il souvent
« que l'on invente, pour se dégager d'une recon-
« naissance pénible, mille calomnies auxquelles on
« n'aurait pas pensé si l'on était resté tout à fait
« étrangers l'un à l'autre. » M. de Lebensei va
peut-être un peu loin en s'exprimant ainsi; mais
j'ai voulu que vous sussiez bien, cher Léonce, que
j'avais servi madame du Marset pour vous plaire,
et sans aucun autre intérêt. Il m'a paru que dans
cette affaire, M. de Lebensei accordait une grande

influence à votre nom; je crois qu'il serait bien
aise de se lier avec vous : voulez-vous qu'à votre
retour je vous réunisse ensemble à dîner chez moi?

Voilà une lettre, mon ami, qui ne contient rien
que des affaires; vous l'avez voulu, en m'occupant
de madame du Marset : j'aurais pu vous entretenir
cependant de la douleur que me cause votre absence; quand il me faut passer la fin du jour seule,
dans ces mêmes lieux où j'ai goûté le bonheur de
vous voir, je me livre aux réflexions les plus
cruelles. Hélas! ceux qui n'ont rien à se reprocher supportent doucement une séparation momentanée; mais quand on est mécontent de soi,
l'on ne peut se faire illusion qu'en présence de ce
qu'on aime. Gardez-vous cependant d'affliger Matilde en revenant avant elle : songez que, pour
calmer mes remords, j'ai besoin de me dire sans
cesse que mes sentiments ne nuisent point au bonheur de Matilde, et qu'à ma prière même vous lui
rendez souvent des soins que peut-être sans moi
vous négligeriez.

LETTRE XXXII.

Léonce à Delphine.

Mondoville, ce 20 avril.

Avant de quitter Mondoville, mon amie, je veux
m'expliquer avec vous sur un mot de votre dernière
lettre qui l'exige; car je ne puis souffrir d'employer
les moments que nous passons ensemble à discuter
les intérêts de la vie. Je ferai toujours tout ce que
vous désirerez; mais si vous ne l'exigez pas, je
préfère ne pas me lier avec M. de Lebensei. Je
puis, au milieu des événements actuels, me trouver engagé, quoiqu'à regret, dans une guerre civile; et certainement je servirais alors dans un
parti contraire à celui de M. de Lebensei.

Je vous l'ai dit plusieurs fois, les querelles politiques de ce moment-ci n'excitent point en moi de
colère; mon esprit conçoit très-bien les motifs
qui peuvent déterminer les défenseurs de la révolution, mais je ne crois pas qu'il convienne à un
homme de mon nom de s'unir à ceux qui veulent
détruire la noblesse. J'aurais l'air, en les secondant, ou d'être dupe, ce qui est toujours ridicule; ou de me ranger par calcul du parti de la
force, et je déteste la force, alors même qu'elle
appuie la raison. Si j'avais le malheur d'être de
l'avis du plus fort, je me tairais.

D'autres sentiments encore doivent me décider
dans la circonstance présente; je conviens que, de
moi-même, je n'aurais pas attaché le point d'honneur au maintien des priviléges de la noblesse;

mais, puisqu'il y a de vieilles têtes de gentilshommes qui ont décidé que cela devait être ainsi, c'en est assez pour que je ne puisse pas supporter l'idée de passer pour démocrate; et, dussé-je avoir mille fois raison en m'expliquant, je ne veux pas même qu'une explication soit nécessaire, dans tout ce qui tient à mon respect pour mes ancêtres, et aux devoirs qu'ils m'ont transmis. Si j'étais un homme de lettres, je chercherais en conscience les vérités philosophiques qui seront peut-être un jour généralement reconnues; mais, quand on a un caractère qui supporte impatiemment le blâme, il ne faut pas s'exposer à celui de ses contemporains, ni des personnes de sa classe. La gloire même qu'on pourrait acquérir dans la prospérité ne saurait en dédommager : certes, il n'est pas question de gloire maintenant dans le parti de la liberté; car les moyens employés pour arriver à ce but sont tellement condamnables, qu'ils nuisent aux individus, quand il se pourrait, ce que je ne crois pas, qu'ils servissent la cause.

Vous aimez la liberté par un sentiment généreux, romanesque même, pour ainsi dire, puisqu'il se rapporte à des institutions politiques. Votre imagination a décoré ces institutions de tous les souvenirs historiques qui peuvent exciter l'enthousiasme. Vous aimez la liberté, comme la poésie, comme la religion, comme tout ce qui peut ennoblir et exalter l'humanité; et les idées que l'on croit devoir être étrangères aux femmes, se concilient parfaitement avec votre aimable nature, et semblent, quand vous les développez, intimement unies à la fierté et à la délicatesse de votre âme. Cependant je suis toujours affligé quand on vous cite pour aimer la révolution : il me semble qu'une femme ne saurait avoir trop d'aristocratie dans ses opinions comme dans le choix de sa société; et tout ce qui peut établir une distance de plus me paraît convenir davantage à votre sexe et à votre rang. Il me semble aussi qu'il vous sied bien d'être toujours du parti des victimes; enfin, et c'est de tous les motifs celui qui influe le plus sur moi, on se fait trop d'ennemis dans la société où nous vivons, en adoptant les opinions politiques qui dominent aujourd'hui; et je crains toujours que vous ne souffriez une fois de la malveillance qu'elles excitent.

N'ai-je pas trop abusé, ma Delphine, de la déférence que vous daignez avoir pour moi, en vous donnant presque des conseils? Mais vous m'inspirez je ne sais quel mélange, quelle réunion parfaite de tous les sentiments que le cœur peut éprouver. Je voudrais être à la fois votre protecteur et votre amant; je voudrais vous diriger et vous admirer en même temps : il me semble que je suis appelé à conduire dans le monde un ange qui n'en connaît pas encore parfaitement la route, et se laisse guider sur la terre par le mortel qui l'adore, loin des piéges inconnus dans le ciel dont il descend. Adieu; déjà je suis délivré de trois jours sur les dix qu'il faut passer loin de vous.

LETTRE XXXIII.

Delphine à Léonce.

Bellerive, ce 24 avril.

Je ne veux point combattre vos raisonnements; mon respect pour vos qualités, pour vos défauts même, m'interdit d'insister jamais, dès que vous croyez votre honneur intéressé le moins du monde dans une opinion quelconque. Mais quand vous prononcez l'horrible mot de *guerre civile*, puis-je ne pas m'affliger profondément du peu d'importance que vous attachez à la conviction individuelle, dans les questions politiques? Vous parlez de se décider entre les deux partis, comme si c'était une affaire de choix, comme si l'on n'était pas invinciblement entraîné dans l'un ou l'autre sens, par sa raison et par son âme.

Je n'ai point d'autre destinée que celle de vous plaire, je n'en veux jamais d'autre; vous êtes donc certain que j'éviterai avec soin de manifester une opinion que vous ne voulez pas que je témoigne : mais si j'étais un homme, il me serait aussi impossible de ne pas aimer la liberté, de ne pas la servir, que de fermer mon cœur à la générosité, à l'amitié, à tous les sentiments les plus vrais et les plus purs. Ce ne sont pas seulement les lumières de la philosophie qui font adopter de semblables idées; il s'y mêle un enthousiasme généreux, qui s'empare de vous, comme toutes les passions nobles et fières, et vous domine impérieusement. Vous éprouveriez cette impression, si les opinions de votre mère et celles des grands seigneurs espagnols avec qui vous avez vécu dès votre enfance, ne vous avaient point inspiré, pour la défense de la noblesse, les sentiments que vous deviez consacrer, peut-être, à la dignité et à l'indépendance de la nation entière. Mais c'est assez vous parler de votre manière de voir; avant tout, il s'agit de votre conduite.

Quoi! Léonce, seriez-vous capable de faire la guerre à vos concitoyens, en faveur d'une cause dont vous n'êtes pas réellement enthousiaste? Je vous en donne pour preuve l'objection même que vous faites contre le parti qui soutient la révolution : *Il est le plus fort*, dites-vous, *et je ne veux pas être soupçonné de céder à la force;* et ne craignez-vous pas aussi qu'on ne vous accuse d'être déterminé par votre intérêt personnel, en défendant les priviléges de la noblesse? Croyez-moi, quelle que soit l'opinion que l'on embrasse, les ennemis trouvent aisément l'art de blesser la fierté par les motifs qu'ils vous supposent; il faut en revenir aux lumières de son esprit et de sa conscience. Nos adversaires, quoi que l'on fasse, s'efforcent toujours de ternir l'éclat de nos sentiments les plus purs. Ce qui est surtout impossible, c'est de concilier entièrement en sa faveur l'opinion générale, lorsqu'un fanatisme quelconque divise nécessairement la société en deux bandes opposées. Tout vous prouvera ce que j'ai souvent osé vous dire, c'est qu'on ne peut jamais être sûr de sa conduite ni de son bonheur quand on fait dépendre l'une et l'autre des jugements des hommes. Quoi qu'il en soit, ce que j'ai voulu vous démontrer, c'est que vous n'étiez pas profondément persuadé de la justice de la cause que vous voulez soutenir, et qu'ainsi vous n'avez pas le droit d'exposer une goutte de votre sang, de ce sang qui est le mien, pour une opinion que vous avez jugée convenable, mais qu'une conviction vive ne vous a point inspirée : votre devoir, dans votre manière de penser, c'est l'inaction politique, et tout mon bonheur tient à l'accomplissement de ce devoir. Ah! mon ami, renoncez à ces passions qui paraissent factices auprès de la seule naturelle, de la seule qui pénètre l'âme tout entière, et change, comme par une sorte d'enchantement, tout ce qu'on voit en une source d'émotions heureuses! Soumettez les intérêts de convention à la puissance de l'amour; oubliez la destinée des empires pour la nôtre. L'égoïsme est permis aux âmes sensibles; et qui se concentre dans ses affections peut, sans remords, se détacher du reste du monde.

LETTRE XXXIV.

Delphine à Léonce.

Bellerive, ce 26 avril.

Mon ami, je ne veux faire aucune démarche sans vous consulter; hélas! je sais trop ce qu'il m'en a coûté.

Madame de Lebensei est accouchée, il y a huit jours, d'un fils; j'ai été chez elle ce matin, et je m'attendais à la trouver dans le plus heureux moment de sa vie; mais les fortes raisons qu'elle a de craindre que sa famille ne veuille pas reconnaître son enfant, changent en désespoir les pures jouissances de la maternité; elle veut faire une démarche simple, mais noble, aller elle-même chez sa grand'mère et chez sa tante, pour mettre son fils à leurs pieds; mais elle désire que je l'accompagne. Ces vieilles dames sont de mes parentes, et comme je leur ai toujours montré des égards, elles sont bien disposées pour moi. Madame de Lebensei m'a fait cette demande en tremblant, et j'ai vu, par l'état où elle était en me l'adressant, quelle importance elle y attachait. Un mouvement tout à fait involontaire m'a entraînée à lui dire que j'y consentais : je la voyais souffrir, et j'avais besoin de la soulager; l'instant d'après, j'ai cru découvrir, en y réfléchissant, un rapport éloigné entre la résolution prompte que je venais de prendre, et ma facile condescendance pour Thérèse. A ce souvenir, j'ai frissonné; mais il m'a été impossible de détourner madame de Lebensei d'un espoir qu'elle avait saisi si vivement, qu'il était presque devenu son droit; et j'ai continué à lui parler de choses indifférentes, pour qu'elle ne crût pas que je m'occupais de la promesse que je lui avais faite. En rentrant chez moi, cependant, j'ai résolu de soumettre cette promesse elle-même à votre volonté. Répondez-moi positivement avant votre retour. Je ne vous cache pas qu'il m'en coûterait extrêmement de manquer de générosité envers madame de Lebensei, et de perdre dans l'estime de son mari, que je considère beaucoup. Il vient de mettre une grâce parfaite à terminer l'affaire de madame du Marset, que je lui avais recommandée en votre nom. Me montrer froide égoïste, quand je suis naturellement le contraire, serait de tous les sacrifices le plus pénible pour moi. C'est presque refuser un bienfait du ciel, que d'éloigner l'occasion simple qui se présente de rendre un service essentiel, de causer un grand bonheur; néanmoins, jusqu'à la sympathie même, jusqu'à ce sentiment que je n'ai jamais repoussé, je suis prête à tout vous immoler. Si vous exigez que je me dégage avec M. et madame de Lebensei, je le ferai.

Comment se peut-il faire qu'il vous échappe encore des plaintes amères dans votre dernière lettre[1]! Léonce, notre bonheur se conservera-t-il? Je crois voir approcher l'orage qui nous menace. Ah! que je meure avant qu'il n'éclate!

---

[1] Cette lettre ne s'est pas trouvée.

LETTRE XXXV.

Léonce à Delphine.

Mondoville, ce 29 avril.

Je ne veux pas contrarier les mouvements généreux de votre âme, ma noble amie; j'espère qu'il ne résultera aucun mal de cette démarche. J'aurais désiré que madame de Lebensei vous l'eût épargnée; mais puisque vous avez donné votre parole, je pense comme vous, qu'il n'existe plus aucun moyen honorable de vous en dégager. Adieu, ma Delphine! malgré mes instances, madame de Mondoville ne veut partir que dans quatre jours; je serai à Bellerive seulement le 4 mai, à sept heures.

LETTRE XXXVI.

Madame de Lebensei à madame d'Albémar.

Cernay, ce 2 mai 1791:

Vous m'avez rendu, madame, le bonheur que j'étais menacée de perdre sans retour! je ne pouvais supporter l'idée que mon fils ne serait pas reconnu dans ma famille, et j'avais épuisé, pour y réussir, tous les moyens qu'un caractère assez fier pouvait me suggérer. Vous avez paru, et tout a été changé; la vieillesse, les préjugés, l'embarras d'une longue injustice, rien n'a pu lutter contre la puissance irrésistible de votre éloquence et de la vraie sensibilité qui vous inspirait.

Je n'oublierai jamais cet instant où, vous mettant à genoux devant ma grand'mère, pour lui présenter mon enfant, elle a posé ses mains desséchées sur les cheveux charmants qui couvraient votre tête, et vous a bénie comme sa fille. Ah! que je voudrais vous voir heureuse! Les prières de tous ceux que votre bonté a protégés ne seront-elles donc jamais efficaces?

M. de Lebensei est profondément reconnaissant de ce que vous venez de faire pour nous; il ne parle de vous, depuis qu'il vous connaît, qu'avec l'admiration la plus parfaite; permettez-moi de vous le dire, nous ne passons pas un jour sans nous affliger ensemble de ce que Léonce est l'époux de Matilde. Si M. de Mondoville, au milieu des événements que prépare la révolution, pouvait un jour trouver comme moi le moyen de rompre une union si mal assortie, mon mari serait bien ardent à le lui conseiller. Mais à quoi servent nos inutiles vœux? qu'ils vous prouvent seulement combien nous nous occupons de vous! Pensez avec quelque douceur, madame, au ménage de Cernay; vous lui avez rendu la paix intérieure: ce bien qui devait nous consoler de la perte de tous les autres, nous était ravi sans vous.

LETTRE XXXVII.

Delphine à mademoiselle d'Albémar.

Bellerive, ce 5 mai 1791.

J'ai joui jusqu'au fond du cœur, ma chère Louise, d'avoir réussi à réconcilier madame de Lebensei avec sa famille; mais ce sentiment est troublé maintenant par une inquiétude vive : Léonce est arrivé hier matin de Mondoville; je m'attendais à le voir dans la journée, lorsqu'à huit heures du soir un homme à cheval est venu m'annoncer, de sa part, qu'il ne pourrait pas venir; et cet homme, à qui j'ai parlé, m'a dit qu'il avait laissé Léonce dans une assemblée très-nombreuse, chez madame du Marset : madame de Mondoville n'y était pas, et cependant, en envoyant chez moi, il a donné l'ordre qu'on ne lui amenât sa voiture qu'à une heure du matin. Comment se peut-il qu'il se soit si facilement résolu à ne pas me revoir, après quinze jours d'absence? comment ne m'a-t-il pas écrit un seul mot? Serait-il fâché de ma démarche pour madame de Lebensei, quand il y a consenti, quand il en sait l'heureux succès?

Louise, j'ai déjà beaucoup souffert; mais si le cœur de Léonce se refroidissait pour moi, vous qui blâmez ma conduite, trouveriez-vous que le ciel me punît justement? Non, vous ne le penseriez pas; non, le plus grand des crimes, si je l'avais commis, serait ainsi trop expié. Mais pourquoi ces douloureuses craintes? ne peut-il pas avoir été retenu par une difficulté, par une affaire? Ah! s'il commence à calculer les affaires et les obstacles, si je ne suis plus pour lui qu'un des intérêts de sa vie, placé comme les autres à son temps, dans la mesure de ses droits, je ne consentirai point à ce prix au genre d'existence qu'il m'a forcée d'adopter. C'est en inspirant un sentiment enthousiaste et passionné que je puis me relever à mes propres yeux, malgré le blâme auquel je m'expose : si Léonce me réduisait à son estime, à ses soins, à son affection raisonnée, non, la douleur et la gloire des sacrifices vaudraient mille fois mieux. Louise, je me fais mal en développant cette idée, et je m'efforce en vain de m'occuper d'aucune autre.

Madame d'Ervins m'écrit qu'elle sera de retour à Bellerive avant trois semaines, pour me remettre sa fille et prendre le voile. M. de Serbellane, n'espérant plus la faire changer de dessein, s'est établi en Angleterre, où il vit plongé dans la tristesse la plus profonde : homme généreux et infortuné ! Louise, quelquefois je me persuade que l'Être suprême a abandonné le monde aux méchants, et qu'il a réservé l'immortalité de l'âme seulement pour les justes : les méchants auront eu quelques années de plaisir, les cœurs vertueux de longues peines ; mais la prospérité des uns finira par le néant, et l'adversité des autres les prépare aux félicités éternelles. Douce idée ! qui consolerait de tout, hors de n'être plus aimée ; car l'imagination elle-même alors ne pourrait se former l'idée d'aucun bonheur à venir.

Mon amie, combien je suis touchée de la dernière lettre que vous m'avez écrite ! vous revenez à me demander avec instance tous les détails de ma vie, de cette vie que vous désapprouvez, et qui retarde sans cesse le moment où je dois vous rejoindre : ah ! c'est vous qui savez aimer, c'est vous qui vous montrez toujours la même, qui n'avez ni caprices, ni préventions, ni négligences ; c'est vous.... Hélas ! croirais-je déjà que ce n'est plus lui !

LETTRE XXXVIII.

Madame d'Artenas à madame d'Albémar.

Paris, ce 5 mai.

Il m'est vraiment douloureux, ma chère Delphine, d'être toujours chargée de vous inquiéter ; mais la délicatesse de M. de Mondoville l'engagerait peut-être à vous cacher ce qui s'est passé hier au soir, et il faut absolument que vous le sachiez. Ma nièce, qui va dîner dans la vallée de Montmorenci, remettra cette lettre à votre porte.

Je suis arrivée hier chez madame du Marset, à peu près dans le même moment que Léonce : il venait pour annoncer à la maîtresse de la maison que son neveu conserverait son régiment ; elle lui en fit de vifs remercîments, et le pria de passer la soirée chez elle ; il s'y refusa : pendant ce temps on m'établit à une partie qui m'empêcha de me mêler de la conversation. Il y avait dans la chambre un vrai rassemblement des femmes de Paris les plus redoutables par leur âge, leur aristocratie, ou leur dévotion ; et l'on n'y voyait aucune de celles qui s'affranchissent de ces trois grandes dignités, par le désir d'être aimables. Léonce s'ennuyait assez, à ce que je crois, en attendant que le quart d'heure qu'il destinait à cette visite fût écoulé ; il était debout devant la cheminée, à causer avec quatre ou cinq hommes, lorsque votre nom prononcé à demi-voix dans les chuchotements des femmes, attira son attention ; il ne se retourna pas d'abord, mais il cessa de parler pour mieux

écouter, et il entendit très-distinctement ces mots prononcés par madame du Marset : « Savez-vous que madame d'Albémar a été présenter elle-même à madame de Cernay le bâtard de sa petite-fille, de madame de Lebensei ? Singulier emploi pour une femme de vingt ans ! »

M. de Mondoville se retourna d'abord avec impétuosité, mais se retenant ensuite, pour mieux offenser par son mépris, il pria lentement madame du Marset de répéter ce qu'elle venait de dire ; il articula cette demande avec un accent d'indignation et de hauteur qui fit trembler madame du Marset et les témoins d'une scène qui commençait ainsi. Madame du Marset se déconcerta ; madame de Tesin, qui la protége dans sa carrière de méchanceté, et dont le caractère a plus d'énergie que le sien, la regarda pour lui faire sentir qu'elle devait répondre. Madame du Marset reprit en disant : « Vous savez bien, monsieur, qu'on ne peut pas regarder madame de Lebensei comme légitimement mariée ; ainsi, ainsi.... — Je sais, interrompit M. de Mondoville, par quelles bizarres idées vous imaginez qu'une femme qui fait divorce selon les lois établies dans le pays de son premier mari, n'a pas le droit de se regarder comme libre ; mais ce que je sais, c'est qu'il doit vous suffire que madame d'Albémar reçoive madame de Lebensei, pour vous tenir pour honorée si madame de Lebensei venait chez vous. »

Madame du Marset n'avait plus la force de se défendre ; elle pâlissait et cherchait des yeux un appui. Madame de Tesin sentit, avec son esprit ordinaire, que pour intéresser une partie de la société qui était présente à la cause de madame du Marset, il fallait y faire intervenir l'esprit de parti. « Quant à moi, dit-elle alors, ce que je ne concevrai jamais, c'est pourquoi madame d'Albémar reçoit habituellement un homme qui a des opinions politiques aussi détestables que celles de M. de Lebensei. — Madame du Marset, reprit vivement M. de Mondoville, sait mieux que personne les motifs qu'on peut avoir pour se lier avec M. de Lebensei ; c'est à lui qu'elle doit que M. d'Orsan, son neveu, conserve son régiment ; et c'est à la prière seule de madame d'Albémar que M. de Lebensei s'en est mêlé, car il ne connaît point madame du Marset : j'ai reçu vingt billets d'elle pour engager ma cousine, madame d'Albémar, à solliciter M. de Lebensei ; elle l'a fait, elle y a réussi, et quand son adorable bonté l'engage à réunir une famille divisée, c'est madame du Marset qui se hasarde à blâmer la conduite de ma cousine. Mais je m'arrête, dit-il, c'en est assez : il me suffit d'avoir prouvé à ceux qui m'écoutent que les propos inspirés par l'ingratitude et l'envie méritent à peine qu'un honnête homme y réponde. »

M. de Fierville sentit alors une sorte de honte de laisser ainsi humilier son amie, madame du Marset ; il avait jeté un coup d'œil sur M. d'Orsan, pour l'engager à protéger sa tante ; mais, comme il persistait à se taire, M. de Fierville lui-même, quoique âgé de soixante et dix ans, ne put s'empêcher de dire à Léonce : « Vous aurez un peu de peine, monsieur, si vous voulez empêcher qu'on ne parle des imprudences sans nombre de madame d'Albémar ; il ne suffit pas pour cela de faire taire les femmes. » Léonce à ce mot rougit et pâlit de colère : impatient de s'en prendre à quelqu'un de son âge, il s'avança au milieu du cercle, et quoiqu'il parlât à M. de Fierville, il fixait M. d'Orsan. « Vous avez raison, dit-il, les vieillards et les femmes n'ont rien à faire dans cette occasion, et j'attends qu'un jeune homme soutienne ce que la faiblesse de votre âge vous a permis d'avancer. » Ces paroles furent prononcées avec un geste de tête d'une fierté inexprimable ; un profond silence y succéda : ce silence était embarrassant pour tout le monde ; mais personne n'osait le rompre.

M. d'Orsan, quoique brave, ne se souciait point de se battre avec Léonce, et probablement ensuite avec M. de Lebensei, pour les propos de sa tante ; il prit un air distrait, caressa le petit chien de madame du Marset, le seul qui au milieu de cette scène osât faire du bruit comme à l'ordinaire, et s'approcha avec empressement de la partie où j'étais, comme s'il eût été très-curieux de mon jeu. Madame de Tesin, vivement irritée du triomphe de Léonce, se leva brusquement, et traversa le cercle pour aller parler à M. d'Orsan : son mouvement fut si remarquable, que tout le monde comprit qu'elle voulait décider le neveu de madame du Marset à répondre à Léonce. Une femme qui s'intéresse à M. d'Orsan tendit les bras involontairement, comme pour arrêter madame de Tesin ; elle ne s'en aperçut seulement pas, et prenant M. d'Orsan à part, elle lui parla bas avec une grande activité. Léonce, qui ne perdait de vue rien de ce qui se passait, se retourna vers madame du Marset, et lui dit avec un sourire d'une orgueilleuse amertume : « J'accepte, madame, l'invitation que vous m'avez faite, je reste ici ce soir ; je veux laisser au temps, ajouta-t-il d'une voix plus haute, à tous ceux qui délibèrent. » Il sortit alors pour donner un ordre à ses gens, et salua, en allant vers la porte, le tête-à-tête de madame de Tesin et de M. d'Orsan avec un dédain qui véritablement devait les offenser.

Pendant l'absence momentanée de Léonce, quelques femmes enhardies parlèrent un peu plus haut, et se hâtèrent de dire : « *Vous voyez que M. de Mondoville aime madame d'Albémar : il est bien clair qu'elle répond à son amour ; elle ne s'est établie à Bellerive que pour être plus libre de le recevoir.* Léonce rentra, elles se turent subitement, avec un effroi ridicule : que pouvaient-elles craindre ? Mais M. de Mondoville a un ascendant si marqué sur tout le monde, que les âmes qui ne sont point de sa trempe redoutent sa colère, sans même se faire une idée de l'effet qu'elle peut avoir. Il continua le reste de la soirée à examiner madame du Marset, madame de Tesin et M. d'Orsan ; il réunissait habilement dans son regard l'observation et l'indifférence. M. d'Orsan, qui s'était replacé près de notre partie, offrit d'en être, et s'y établit. Léonce vint deux fois près de la table ; M. d'Orsan ne lui dit rien, et quand le jeu fut fini, il partit : Léonce alors s'en alla.

Je restai, parce que je vis bien que les amies de madame du Marset, qui ne s'étaient point encore retirées, se préparaient à se déchaîner contre vous. Madame de Tesin commença par déclarer que M. d'Orsan devait se battre avec M. de Mondoville, puisqu'il avait insulté sa tante ; je pris la parole avec chaleur, en disant que rien ne me paraissait plus mal dans une femme que d'exciter les hommes au duel. « Il y a tout à la fois, ajoutai-je, de la cruauté, du caprice, et peu d'élévation, dans ce désir de faire naître des dangers qu'on ne partage pas, dans ce besoin orgueilleux d'être la cause d'un événement funeste.—C'est bien vrai, » s'écria un vieil officier, dont la bravoure ne pouvait être suspecte, et qu'on n'avait pas remarqué, parce qu'il s'était endormi derrière la chaise de madame du Marset ; il se réveilla comme je parlais, et répétant encore une fois : « C'est bien vrai, » il ajouta : « Si une femme m'avait obligé à me battre, je le ferais, mais le lendemain je me raccommoderais avec mon adversaire, et je me brouillerais avec elle. » Madame de Tesin n'insista pas, et vous pouvez être bien sûre qu'il ne sera plus question de ce duel, dont la nécessité n'existait que dans sa tête. Elle se mit alors à vous blâmer d'une manière générale, mais très-perfide ; je la combattis sur tout ce qu'elle disait ; à la fin, plusieurs femmes se joignirent à moi, et mon vieux officier, qui ne vous a vue qu'une fois, sans entendre rien au sujet de notre conversation, répétait sans cesse des exclamations sur vos charmes.

Ce que j'ai remarqué cependant, c'est à quel point on est aigri sur tout ce qui tient aux idées politiques; votre liaison avec M. de Lebensei vous fait plus d'ennemis que votre amour pour Léonce, et c'est à cause de vos opinions présumées qu'on sera sévère pour vos sentiments. Je sais bien qu'on n'obtiendra jamais de vous de renoncer à un de vos amis; mais évitez donc au moins tout ce qui peut avoir de l'éclat; ne rendez pas même de services lorsqu'ils sont de nature à être remarqués. Dans un temps de parti, une jeune femme dont on parle trop même en bien, est toujours à la veille de quelques chagrins. D'ailleurs, il n'y a rien qui soit également bon aux yeux de tout le monde; quand une action généreuse est, pour ainsi dire, forcée par votre situation, que c'est votre père, votre frère, votre époux, que vous secourez, on l'approuve généralement; mais si la bonté vous entraîne hors de votre cercle naturel, celui que vous servez vous en sait gré pour le moment; mais tous les autres éprouvent un sentiment durable d'humeur et de jalousie, qui leur inspire tôt ou tard ce qu'il faut dire pour empoisonner ce que vous avez fait.

Enfin, Léonce a été trop peu maître de lui en vous entendant blâmer; ce n'est pas ainsi que l'on sert utilement ses amis. Venez me voir demain, je vous en prie; je fermerai ma porte, et nous causerons. Il est encore temps de remédier au mal qu'on a pu dire de vous; mais il devient absolument nécessaire que vous vous remettiez dans le monde; cette vie solitaire avec Léonce vous perdra; on s'occupe de vous comme si vous étiez au milieu de la société, et vous ne vous défendez pas plus que si vous viviez à deux cents lieues de Paris. Ma chère Delphine, laissez-vous donc conduire par votre vieille amie: toute la science de la vie est renfermée dans un ancien proverbe que les bonnes femmes répètent : *Si jeunesse savait, et si vieillesse pouvait;* un grand mystère est contenu dans ce peu de mots, vous en êtes une preuve; vous êtes supérieure à tout ce que je connais, mais votre jeunesse est cause que votre esprit même ne gouverne encore ni votre imagination, ni votre caractère : je voudrais vous épargner l'expérience, qui n'est jamais que la leçon de la douleur. Adieu, ma jeune amie, à demain.

LETTRE XXXIX.

Delphine à mademoiselle d'Albémar.

Bellerive, ce 6 mai.

Après avoir reçu la lettre de madame d'Artenas

que je vous envoie, ma chère Louise, j'attendais l'arrivée de Léonce avec une grande émotion; je ne pouvais me remettre de l'effroi que m'avait causé le récit de ce qui s'était passé chez madame du Marset. J'étais touchée du vif intérêt que Léonce avait montré pour ma défense; mais j'éprouvais je ne sais quel sentiment de peine, en réfléchissant à l'importance qu'il avait mise à de misérables ennemis, et je craignais que, tout en les repoussant, il n'eût conservé de ce qu'ils avaient dit contre moi une impression défavorable. Ces idées s'effacèrent dès qu'il entra dans ma chambre; il était ravi de me revoir, après quinze jours d'absence; il m'exprima un enthousiasme plein d'illusion sur ma figure qu'il prétendit embellie, et je me rassurai d'abord; cependant, quand je lui parlai de la soirée de la veille, je vis qu'il en était malheureux, mais par des motifs pleins de générosité pour moi.

« Madame d'Artenas vous a instruite de tout, me dit-il; ne croit-elle pas que je vous ai fait du tort dans le monde, en parlant de vous avec trop de chaleur? — Elle espère, répondis-je, qu'on pourra réparer une imprudence qu'il me serait bien doux de vous pardonner, si vous n'aviez exposé que moi. — Hélas! reprit-il alors, depuis quelque temps j'ai toujours tort, mon cœur est dans une agitation continuelle; il faut en votre présence lutter contre l'amour qui me consume, et je m'abandonne, quand je ne vous vois pas, à des violences condamnables. Dans tout ce que j'ai fait, il n'y avait de raisonnable que d'appeler une circonstance qui pût me délivrer de la vie. » Il prononça ces mots avec un accent si sombre, que je vis dans l'instant qu'une scène cruelle me menaçait. J'essayai de la détourner en lui parlant de M. de Lebensei, qui était allé le voir ce matin, pour le remercier de sa conduite chez madame du Marset : on la lui avait répétée le soir même. « M. de Lebensei, me répéta deux fois Léonce, comme si ce nom augmentait son trouble; je l'ai vu; c'est sans doute un homme distingué, mais je ne sais par quel hasard il m'a dit tout ce qui pouvait me faire souffrir davantage. »

J'interrogeai Léonce sur sa conversation avec M. de Lebensei; il ne me la raconta qu'à demi : il me parut seulement qu'elle avait eu surtout pour objet, de la part de M. de Lebensei, la nécessité de mépriser l'opinion quand elle était injuste. Après avoir appuyé cette manière de voir par tous les raisonnements d'un esprit supérieur, il avait fini par ces paroles remarquables, que Léonce me répéta fidèlement : « Je m'étais un moment flatté, lui a-t-il dit, que la félicité dont vous avez été privé vous serait rendue ; je croyais que l'assemblée constituante établirait en France la loi du divorce, et je pensais avec joie que vous seriez heureux d'en profiter, pour rompre une union formée par le mensonge, et pour lier votre sort à la meilleure et à la plus aimable des femmes. Mais on a renoncé dans ce moment à ce projet, et mon espoir s'est évanoui, du moins pour un temps. » Je voulus interrompre Léonce, et lui exprimer l'éloignement que j'aurais pour une semblable proposition, si elle était possible ; mais à l'instant il me saisit la main avec une action très-vive. « Au nom du ciel, ne prononcez pas un mot sur ce que je viens de vous dire ! s'écria-t-il ; vous ne pouvez pas prévoir l'effet d'un mot sur un tel sujet ; laissez-moi. »

Il descendit alors sur la terrasse, et marcha précipitamment dans l'allée qui borde mon ruisseau ; je le suivis lentement : en revenant sur ses pas, il me vit, et se jetant à genoux devant moi : « Non ! s'écria-t-il, il fallait ne pas te quitter ; mais te revoir est une émotion si vive ! il me semble que ta céleste figure a pris de nouveaux charmes qui m'enivrent d'amour et de douleur. Qu'est-il arrivé depuis quinze jours ? que s'est-il passé hier ? que m'a dit M. de Lebensei ? qu'ai-je éprouvé en l'écoutant ? Ah ! Delphine, dit-il en s'appuyant sur ma main, et chancelant en se relevant, je voudrais mourir ; viens, conduis-moi sur le banc vers ces derniers rayons du soleil, que je le regarde encore avec toi. » Et il me pressa sur son cœur avec un transport si touchant, que les anges l'auraient partagé. « Reste là, dit-il, Delphine ; seulement quand tu restes là je cesse de souffrir. Ah ! dis-le-moi, qu'arrivera-t-il de nous, de notre amour, de la fatalité qui nous sépare, de mon caractère aussi ? car au milieu de la passion la plus violente, peut-être me poursuivrait-il. Que deviendrons-nous ? J'aurais pu te posséder, tu voulais être ma femme ; je pourrais être heureux encore si ton inflexible cœur..... Mais non, ce n'est pas là mon sort ; je te verrai calomniée pour le sentiment qui nous lie, et ce sentiment, imparfait dans ton âme, me livrera sans cesse au tourment que j'endure. Qui m'en soulagera ? M. de Lebensei ne m'a-t-il pas rendu mille fois plus malheureux ! Je ne sais ce que j'éprouve, je me sens oppressé ; s'il y avait de l'air je souffrirais moins. » Et tournant sa tête du côté du vent, il le respirait avec avidité, comme s'il eût voulu appeler un sentiment de repos et de fraîcheur pour calmer les pensées brûlantes qui le dévoraient.

Je lui pris la main, je m'assis à ses côtés, et pendant quelques instants il me parut plus tranquille. C'était le premier beau soir du printemps ; je revoyais Léonce ; je sentais en moi le plaisir de vivre : il y a dans la jeunesse de ces moments où, sans aucune nouvelle raison d'espoir, au milieu même de beaucoup de peines, on éprouve tout à coup des impressions agréables qui n'ont point d'autre cause qu'un sentiment vif et doux de l'existence. « O Léonce, lui dis-je, ni ce ciel, ni cette nature, ni ma tendresse, ne peuvent rien pour ton bonheur ? — Rien ! me répondit-il, rien ne peut affaiblir la passion que j'ai pour toi ; et cette passion, à présent, me fait mal, toujours mal. Tes yeux qui s'élèvent vers le ciel comme vers ta patrie, tes yeux implorent la force de me résister. Delphine, dans ces étoiles que tu contemples, dans ces mondes peut-être habités, s'il y a des êtres qui s'aiment, ils se réunissent ; les hommes, la société, leurs vertus même ne les séparent point. — Cruel ! m'écriai-je, et ne me suis-je donc pas donnée à toi ? ai-je une idée dont tu ne sois l'objet ? mon cœur bat-il pour un autre nom que le tien ?

— Va, reprit Léonce, puisque ton amour est moins fort que ton devoir, ou ce que tu crois ton devoir, quel est-il cet amour ? peut-il suffire au mien ? » Et il me repoussa loin de lui, mais avec des mains tremblantes et des yeux voilés de pleurs. « Delphine ! ajouta-t-il, ta présence, tes regards, tout ce délire, tout ce charme qui réveille tant de regrets, c'en est trop, adieu. » Et se levant précipitamment, il voulut s'en aller. « Quoi ! lui dis-je en le retenant, tu veux déjà me quitter ? Est-ce ainsi que tu prodigues les heures qui nous restent ? les heures d'une vie de si peu de durée pour tous les hommes, hélas ! peut-être bien plus courte encore pour nous ? — Oui, tu as raison, répondit-il en revenant, j'étais insensé de partir ! je veux rester ! je veux être heureux ! Pourquoi suis-je dans cet état ? Pourquoi, continua-t-il en mettant ma main sur son cœur, pourquoi y a-t-il tant de douleurs ? Ah ! je ne suis pas fait pour la vie, je me sens comme étouffé dans ses liens ; si je savais les rompre tous, tu serais à moi, je t'entraînerais. M. de Lebensei, M. de Lebensei ! pourquoi m'as-tu fait connaître cet homme ? Il a des idées insensées sur cette terre où règne l'opinion, cette ennemie triomphante et dédaigneuse. Mais ces idées insensées troublent la tête, les sens ; je ne suis plus à moi ; je ne peux plus guider mon sort : si dans un autre monde nous conservons la mémoire de nos sentiments, sans le souvenir cruel des peines qui les ont troublés, si tu peux croire à cette existence, ô mon amie, hâtons-nous de la saisir ensemble; il faut renverser ces barrières qui sont entre nous, il faut les renverser par la mort, si la vie les consacre! Parle-moi, Delphine, j'ai besoin du son de ta voix, de cette mélodie si douce; elle calme un malheureux déchiré par son amour et sa destinée! viens, ne t'éloigne pas. » En achevant ces mots, il s'appuya sur un arbre, et, passant ses bras autour de moi, il me serra avec une ardeur presque effrayante.

« Ne sens-tu pas, me dit-il, le besoin de confondre nos âmes? Tant que nous serons deux, ne souffriras-tu pas? Si mes bras te laissent échapper, n'éprouveras-tu pas quelque douleur qui puisse te donner une faible idée des miennes? »

Mon émotion était très-vive; je tremblais, je faisais des efforts pour m'éloigner. « Tu pâlis, s'écria-t-il; je ne sais ce qui se passe dans ton âme; répond-elle à la mienne? Delphine, dit-il avec un accent désespéré, faut-il vivre? faut-il mourir? » Une terreur profonde me saisit; je voulais m'éloigner, mais les regards, mais les paroles de Léonce me firent craindre de le livrer à lui-même; je n'avais plus la force de supporter sa douleur, et cependant j'étais indignée des dangers auxquels m'exposait sa passion coupable. Tout à coup me retraçant ce qui avait commencé le trouble de cette journée, je ne sais quelle pensée m'inspira un moyen cruel, mais sûr, de le faire rougir de son égarement.

« Léonce, lui dis-je alors avec un sentiment qui devait lui en imposer, ce que vous voulez, c'est ma honte; notre bonheur innocent et pur ne vous suffit plus. Vous m'accusez de ne pas vous aimer, quand mon cœur est mille fois plus dévoué que le vôtre. Répondez-moi solennellement, songez que c'est au nom du ciel et de l'amour que je vous interroge : si, pour nous réunir l'un à l'autre, il fallait, comme M. et madame de Lebensei, nous perdre dans l'opinion, que feriez-vous? » Léonce frémit, recula, et se tut pendant un moment; je saisis ce moment, et je lui dis : « Vous m'avez répondu : et vous osiez me demander de vous sacrifier l'estime de moi-même! — Cruelle! interrompit Léonce avec une expression de fureur dont rien ne peut donner l'idée, non je n'ai pas répondu; c'est un piége que vous avez voulu me tendre; vous joignez la ruse à la dureté, et, comme les tyrans, vous faites d'insidieuses questions aux victimes. » Ce reproche me perça le cœur, et je me repentis de l'avoir mérité. « Léonce, lui dis-je alors avec tendresse, ce n'est ni ton silence, ni ta réponse qui auraient pu rien changer à ma résolution ni à

notre sort; je ne cherche point à trouver dans ton caractère des raisons de résistance. Ah! sous quelques formes que se montrent tes qualités et tes défauts même, je ne puis voir en toi que des séductions nouvelles; mais ne devais-je pas te rappeler quel joug la nécessité faisait peser également sur nous deux? cette nécessité, c'est le devoir, c'est la vertu, c'est tout ce qu'il y a de plus sacré sur la terre. Léonce, écoute-moi : Dieu m'entend, si tu me fais subir une seconde fois d'indignes épreuves, ou je cesserai de vivre, ou je ne te reverrai plus.

— Je ne sais, me répondit Léonce, alors profondément abattu, je ne sais quel est ton dessein, j'ignore ce que le souvenir de ce jour peut t'inspirer; si tu pars, je jure, et je n'ai pas besoin d'en appeler au ciel pour te convaincre, je jure de n'y pas survivre; si tu restes, peut-être ne m'est-il plus possible de te rendre heureuse : tu souffriras avec moi, ou je mourrai seul; réfléchis à ce choix : adieu. » Et sans ajouter un seul mot, il s'élança vers la grille du parc; je n'osai point le rappeler, je fis quelques pas seulement pour continuer à le voir : il partit, j'entendis longtemps encore de loin les pas de son cheval; enfin tout retomba dans le silence, et je restai seule avec moi.

Mes réflexions furent amères; je vous en prie, ma sœur, n'y ajoutez rien; si la destinée, si Léonce me condamne au plus affreux sacrifice, n'en hâtez pas l'instant, ne précipitez pas les jours : on en donne pour se préparer à la mort. Je me suis commandé de vous dire ce que j'aurais le plus souhaité de cacher : vous savez comme moi tout ce qui peut m'imposer la loi de m'éloigner de Léonce, je n'ai pas voulu repousser l'appui que vous pouvez prêter à mon courage; mais si Léonce m'épargnait ce cruel effort, s'il consentait à recommencer les mois qui viennent de s'écouler... Ah! ne me dites pas que je ne dois plus m'en flatter?

P. S. Madame d'Ervins doit arriver dans peu de jours; elle aussi se réunira sans doute à vous : qu'obtiendrez-vous toutes les deux de mon cœur déchiré?

LETTRE XL.

M. de Valorbe à madame d'Albémar.

Paris, ce 15 mai 1791.

Je suis à Paris, madame, et ne vous y ayant point trouvée, je me propose d'aller à votre campagne. Je ne sais pas si vous êtes bien aise de mon arrivée; il ne tiendrait qu'à moi de croire, par quelques mots de votre belle-sœur, que vous n'avez pas un grand désir de me revoir; il me semble cependant que j'ai des droits à votre bienveillance : peut-être y a-t-il de la modestie à réclamer ses droits ! Mais je rends justice aux autres et à moi-même ; il faut encore s'estimer très-heureux quand la reconnaissance n'est point oubliée.

Vous savez avec quelle sincérité, avec quel dévouement je vous suis attaché depuis que je vous connais : je ne m'attends pas à ce que vous fassiez grand cas de tout cela à Paris, et je serai bien à mon désavantage à côté de tous les gens aimables qui vous entourent ; mais à trente ans on a eu le temps d'apprendre que les succès valent peu de chose, et je me consolerais de n'en point avoir, si votre bonté pour moi n'en était point altérée. Je me sens triste et ennuyé ; vous seule pouvez m'arracher à cette disposition : je ne connais que vous pour qui il vaille la peine de vivre ; tout ce qu'on rencontre d'ailleurs est si inconséquent et si absurde! Depuis un jour que je suis ici, j'ai déjà parlé à je ne sais combien de gens impolis, distraits, frivoles, et ne s'occupant sérieusement que d'eux-mêmes ; enfin ils sont ainsi, c'est moi qui ai tort d'en être impatienté.

Je ne suis venu que pour vous chercher, je ne reste que pour vous ; ne vous effrayez pas cependant, je ne vous verrai pas tous les jours. J'ai un voyage à faire chez une de mes tantes, qui durera près d'un mois, et plusieurs autres affaires me prendront du temps : vous voyez que je veux vous rassurer. Toutefois, en m'exprimant ainsi, je souffre, et vous le croyez bien ; ceux qui se condamnent à paraître calmes n'en sont que plus agités au fond du cœur. Agréez, madame, mes respectueux hommages.

LETTRE XLI.

Delphine à mademoiselle d'Albémar.

Bellerive, ce 18 mai.

Je n'ai plus dans ma vie un seul jour sans douleur ; il me semble que mon devoir se montre à moi sous toutes les formes. Le ciel m'avertit, par les peines que j'éprouve, qu'il est temps de renoncer au dangereux espoir de passer avec Léonce, dans la retraite, une vie heureuse et douce ; il ne se contente plus du plaisir de nos entretiens, il cherche en vain à me cacher l'agitation qui le dévore, tout sert à la trahir; tantôt il m'accable des reproches les plus injustes, tantôt il se livre à un désespoir que je n'ai plus la puissance de calmer : quelle faiblesse de rester encore, quand je ne fais plus son bonheur !

M. de Valorbe est arrivé hier à Bellerive, comme je recevais une lettre de lui qui me l'annonçait; je n'avais pu en prévenir Léonce : il était près de sept heures, et je redoutais ce qu'éprouverait mon ami, en voyant un inconnu chez moi, dans le moment même de la journée où j'ai coutume de le voir seul. Je ne l'avais point instruit à l'avance de la reconnaissance que je devais à M. de Valorbe, afin de n'être dans le cas ni de lui cacher ni de lui apprendre ses sentiments pour moi : la visite de M. de Valorbe m'inquiétait donc beaucoup ; cependant j'espérais que Léonce ne serait pas assez injuste pour s'en fâcher. M. de Valorbe fut d'abord embarrassé en me voyant; cependant il cherchait à me le dissimuler ; vous savez que c'est un homme qui dispute toujours contre lui-même : il veut passer pour maître de lui, et c'est un des caractères les plus violents qu'il y ait; il ne dit pas deux phrases sans exprimer, de quelque manière, son mépris pour l'opinion des autres, et, dans le fond de son cœur, il est très-blessé de n'avoir pas dans le monde la réputation qu'il croit mériter; il est en amertume avec les hommes et avec la vie, et voudrait honorer ce sentiment du nom de mélancolie et d'indifférence philosophique.

En l'écoutant me répéter que rien n'était digne d'un vif intérêt, toujours moi exceptée; que parmi les hommes qu'il avait connus, il n'en avait pas rencontré deux qui fussent estimables, je réfléchissais sur la prodigieuse différence de ce caractère avec celui de Léonce. Tous les deux susceptibles, mais l'un par amour-propre, et l'autre par fierté ; tous les deux sensibles aux jugements que l'on peut porter sur eux, mais l'un par le besoin de la louange, et l'autre par la crainte du blâme ; l'un pour satisfaire sa vanité, l'autre pour préserver son honneur de la moindre atteinte; tous les deux passionnés, Léonce pour ses affections, M. de Valorbe pour ses haines; et ce dernier, quoique honnête homme au fond du cœur, capable de tout cependant, si son orgueil, la douleur habituelle de sa vie, était irrité. Il se remettait par degrés, seul avec moi, de cette timidité souffrante qui est la véritable cause de son humeur, et il me parlait avec esprit et malignité sur les personnes qu'il connaissait, lorsque Léonce entra. Il ne vit et ne remarqua que M. de Valorbe, dont la figure a de l'éclat, quoique sa tête couverte de cheveux noirs rabattus sur le front, et son visage trop coloré, lui donnent une expression rude, et, que plus on l'observe, plus on ait de peine à retrouver la beauté qu'on lui croyait d'abord.

Rencontrer un homme jeune chez moi, me parlant avec intimité, était plus qu'il n'en fallait pour offenser Léonce; sa physionomie peignit à l'instant ce qu'il éprouvait, d'une manière qui me fit trembler. M. de Valorbe soutint quelques moments encore la conversation; mais quand il s'aperçut que Léonce affectait de ne pas l'écouter, il se tut, et le regarda fixement. Léonce lui rendit ce regard, mais avec quel air! Il était appuyé sur la cheminée; et, considérant de haut M. de Valorbe qui était assis à côté de moi, il ressemblait à l'Apollon du Belvédère lançant la flèche au serpent. M. de Valorbe répondit par un sourire amer à cette expression qu'il ne pouvait égaler, et sans doute il allait parler, si je ne m'étais hâtée de dire à M. de Valorbe, que M. de Mondoville, mon cousin, était venu pour m'entretenir d'une affaire importante. M. de Valorbe réfléchit un moment, et se rappelant sans doute que Matilde de Vernon, ma cousine, avait épousé M. de Mondoville, son visage se radoucit tout à fait.

Il prit congé de moi, et salua Léonce qui resta appuyé, comme il était, sur la cheminée, sans donner un signe de tête ni des yeux qui pût ressembler à une révérence. M. de Valorbe, surpris, voulut recommencer à le saluer pour le forcer à une politesse ou à une explication; je prévins cette intention en prenant tout de suite le bras de M. de Valorbe, pour l'emmener dans la chambre à côté, comme si j'avais eu quelques mots à lui dire. Cette familiarité amicale de ma part était si nouvelle pour M. de Valorbe, qu'elle lui fit tout oublier. Il me suivit avec beaucoup d'émotion; j'achevai de détourner ses observations, en lui disant que *mon cousin* était absorbé par une inquiétude très-sérieuse dont il venait m'entretenir. Je consentis à revoir M. de Valorbe le lendemain matin, avant l'absence d'un mois qu'il projetait, et je lui laissai prendre ma main deux fois, quoique Léonce pût le voir. J'étais si pressée de faire partir M. de Valorbe, que je ne comptais pour rien l'impression que pouvait faire ma conduite sur M. de Mondoville. Enfin, M. de Valorbe s'en alla, et je rentrai dans la chambre où était Léonce. Non, Louise, vous ne pouvez pas vous faire une idée du dédain et de la fierté de ses premières paroles; je les supportai, pour me justifier plus tôt, en lui racontant mes rapports avec M. de Valorbe dans la plus exacte vérité, et je finis en insistant particulièrement sur la reconnaissance que je lui devais, pour avoir sauvé la vie de mon bienfaiteur, de M. d'Albémar.

« Il se peut, me répondit Léonce, qu'il ait sauvé la vie de M. d'Albémar; mais moi, je ne lui dois rien, et nous verrons si je ne le fais pas renoncer aux droits qu'il se croit sur vous, et que vous autorisez. » Je fus blessée de cette réponse, et le souvenir de ce qui s'était passé depuis le retour de Léonce ajoutant encore à cette impression, je lui dis vivement: « Vous flattez-vous de conserver un pouvoir absolu sur ma vie, quand tous mes jours se passent à repousser les plus indignes plaintes? — Il est vrai, répondit-il avec empressement, que je vous ai rendue témoin de mes souffrances, pardon de l'avoir osé; mais avez-vous pensé que ce tort vous donnât le droit de me trahir? Vous êtes-vous crue libre, parce que je suis malheureux? Votre erreur serait grande, ou du moins votre nouvel amant ne serait pas votre époux avant d'avoir appris quel sang il doit verser pour vous obtenir! » L'indignation me saisit à ces paroles, et ce mouvement enfin m'inspira ce qui pouvait apaiser Léonce. « Je vous conseille, lui dis-je, de vous livrer à ces soupçons qui nous ont déjà séparés quand nous devions être unis; ils sont plus justes cette seconde fois que la première, car j'ai mérité de perdre votre estime le jour où, cédant à vos prières, j'ai renoncé à mon départ, et où je suis revenue dans cette retraite me dévouer au coupable et funeste amour que je ressens pour vous. » A ces mots, Léonce perdit tout souvenir de M. de Valorbe; il n'était plus irrité, mais je n'en espérai pas davantage pour notre bonheur à venir.

Il ne me cacha plus ce que je n'avais que trop deviné; il m'avoua qu'il ne pouvait plus supporter la vie, tant que notre sort resterait le même; qu'il était jaloux, parce qu'il ne se croyait aucun droit sur moi; il me répéta cet odieux reproche avec désespoir. « Je le sais, me dit-il, je peux être mille fois plus malheureux encore qu'à présent; il y a tant d'abîmes dans la douleur, que son dernier terme est inconnu; tant que vous ne m'avez pas abandonné, je vis, mais en furieux, en insensé... » J'allais l'interrompre, pour le rappeler à des sentiments plus doux, lorsqu'on vint m'annoncer que le courrier de madame d'Ervins était arrivé, et le précédait de quelques minutes.

Léonce voulut alors me quitter. « Je ne me sens pas en état, me dit-il, de voir madame d'Ervins; elle est à plaindre, je le sais; cependant j'ai besoin de me préparer à sa présence: c'est elle, je ne l'en accuse pas, mais enfin, c'est elle... » Il n'acheva point, me serra la main, et partit précipitamment; peu d'instants après son départ, madame d'Ervins arriva.

Hélas! combien elle est changée! ses traits sont restés charmants; mais l'expression de son visage, sa pâleur, son abattement, ne permettent pas de la regarder sans attendrissement. Elle était si fatiguée, que je n'ai pu causer avec elle ce soir. Et pendant qu'elle repose, ma Louise, je vous écris; je veux aussi confier ma situation à Thérèse, j'espère en ses conseils, en son exemple; secondez-moi de vos vœux.

LETTRE XLII.

Delphine à mademoiselle d'Albémar.

.Bellerive, ce 21 mai.

Oh! que d'émotions Thérèse m'a fait éprouver! je ne sais point ce qu'on veut de moi, ce qu'on peut en obtenir, mon cœur succombe devant l'effort qu'on exige : une lettre de vous est venue se joindre aux exhortations de Thérèse; ne vous réunissez pas pour m'accabler; vous ne savez pas ce que vous me demandez! Dois-je renoncer à Léonce? le voulez-vous? ah! ne le prononcez pas. J'ai pressenti que vous alliez approcher de cette horrible idée dans votre lettre, je tremblais de la lire; et .quand, par délicatesse, vous n'avez point achevé ce que vous aviez commencé, je me suis crue soulagée, comme si vous m'aviez affranchie de mes devoirs en ne me les exprimant pas. Je suis faible, je le sens; je n'ai point les vertus qui préparent aux grands sacrifices. Mon âme, livrée dès son enfance aux mouvements naturels qui l'avaient toujours bien conduite, n'est point armée pour accomplir des devoirs si cruels : je n'ai point appris à me contraindre. Hélas! je ne croyais pas en avoir besoin. Que n'ai-je l'exaltation religieuse de Thérèse! Mais, quand j'implore le ciel, où ma raison et mon cœur placent un Être souverainement bon, il me semble qu'il ne condamne pas ce que j'éprouve; rien en moi ne m'avertit qu'aimer est un crime; plus je rêve, plus je prie, et plus mon âme se pénètre de Léonce.

Je vous ai mandé que M. de Serbellane avait quitté l'Italie, pour s'établir en Angleterre, et que désespérant de faire changer Thérèse de résolution, il ne voyait plus personne, et paraissait plongé dans la plus grande mélancolie. Thérèse ne m'a pas prononcé son nom; une lettre de Londres m'avait appris ces tristes détails, et je n'ai pas osé lui en parler. Qu'elle est noble et sensible, cependant, cette Thérèse qui s'immole à son devoir! Je la conduis après-demain à son couvent; que n'ai-je la force de l'y suivre! C'est ainsi qu'il faudrait se séparer! Il est moins cruel de descendre dans ce religieux tombeau de toutes les pensées de la terre, que de vivre encore en ne voyant plus ce qu'on aime!

Le lendemain de l'arrivée de Thérèse, je passai la matinée avec elle; j'entrevis dans ses discours qu'elle se croyait coupable envers moi, et qu'elle en éprouvait les regrets les plus amers; mais elle craignait de m'en parler, et reculait le moment de l'explication: Léonce vint le soir : au moment où madame d'Ervins entra dans ma chambre, il essaya de dissimuler l'impression qu'il éprouvait; mais elle n'échappa point aux regards de Thérèse, et j'appris bientôt qu'elle savait tout ce que je croyais lui avoir caché.

« Monsieur, dit-elle à Léonce avec un ton de dignité que je n'avais jamais remarqué dans un caractère timide et presque soumis, je sais que, par le concours des plus funestes circonstances, c'est moi qui ai été la cause de l'erreur fatale qui vous a séparé de madame d'Albémar; j'ai fait le sacrifice à Dieu de tout mon bonheur dans ce monde; il ne m'a pas encore donné la force de me consoler des peines que j'ai causées à ma généreuse amie: si je n'avais pas cru que de mon consentement vous étiez instruit de mon crime, à l'époque même de la mort de M. d'Ervins, je me serais hâtée de m'accuser devant vous; mais je n'ai découvert que depuis votre mariage la méprise cruelle que la délicatesse de madame d'Albémar m'avait engagée à me taire. J'aurais pu, dès que je le soupçonnai pendant mon séjour ici, et lorsque j'en eus acquis la certitude à Bordeaux, par les diverses questions que vous fîtes à ma fille, j'aurais pu, dis-je, publier la vérité; mais vous étiez marié : je ne pouvais rendre à mon amie le bonheur dont je l'ai privée, et j'avais les plus fortes raisons de craindre que la famille de mon mari ne m'enlevât ma fille, et ne se permît, pour me l'ôter, si je m'avouais coupable, le scandale d'un procès public. J'ai donc espéré que vous me pardonneriez d'avoir retardé la justification authentique que je dois à madame d'Albémar, jusqu'à ce jour, où j'ai fait signer d'une manière irrévocable à toute la famille de M. d'Ervins les arrangements qui assurent la fortune d'Isore, et m'autorisent à la confier à madame d'Albémar. J'ai abandonné tous mes droits personnels sur les biens de mon malheureux époux, et j'entre après-demain dans un couvent : je suis donc libre à présent de réparer aux yeux du monde le tort que j'ai pu faire à la réputation de madame d'Albémar; mais, hélas! je le sais, je n'en aurai pas moins perdu.sa destinée. Son cœur inépuisable en sentiments nobles et tendres n'a pas cessé de m'aimer : vous, monsieur, ajouta-t-elle en tendant à Léonce, avec une douceur angélique, sa main tremblante, serez-vous plus inflexible qu'un Dieu de bonté qui, malgré mes offenses, a reçu mon repentir? me pardonnerez-vous? »

O ma sœur! que n'avez-vous pu voir Léonce en ce moment! non, vous ne m'auriez plus demandé de le quitter. L'expression triste, sombre, et presque toujours contenue qu'il avait depuis quelque temps, disparut entièrement, et son visage s'éclaira, pour ainsi dire, par le sentiment le plus pur et le plus doux. Il mit un genou en terre pour recevoir la main de madame d'Ervins, et, de la voix la plus émue, il lui dit : « Pouvez-vous douter du pardon que vous daignez demander? Ce n'est pas vous, c'est moi qui suis le seul coupable; et cependant je vis, et cependant elle souffre mes plaintes, mes défauts, quelquefois même mes reproches. Aurais-je le droit de vous en adresser? non, sans doute, et j'en ai moins encore le pouvoir. Votre sort, votre courage, votre vertu, oui, votre vertu, entendez cette louange sans la repousser, me pénètrent de respect et de pitié; et si j'étais digne de me joindre à vos touchantes prières, je demanderais au ciel pour vous le calme que mon cœur déchiré ne connaît plus, mais qu'au prix de tant de sacrifices vous devez enfin obtenir.

« Ah! dit Thérèse en relevant Léonce, je vous remercie d'écarter de moi votre haine; mais ce n'est pas tout encore, il faudra que vous m'écoutiez sur votre sort à tous les deux : avant de vous en parler, je veux voir madame d'Artenas; je ne connais qu'elle à Paris, c'est une parente de M. d'Ervins, elle est aussi l'amie de madame d'Albémar; je dois lui faire part de la résolution que j'ai prise. Voulez-vous avoir la bonté, M. de Mondoville, de me conduire demain chez elle? J'entre, après-demain, dans mon couvent, et huit jours après, le 1ᵉʳ de juin, je prendrai le voile de novice.

« Ciel! dans huit jours! m'écriai-je. — C'est un secret, reprit Thérèse : vous savez que par les nouvelles lois on ne reconnaît plus les vœux; mais le prêtre vénérable qui me conduit a tout arrangé, et si l'on ne permettait plus aux religieuses de vivre en France en communauté, il m'a assuré un asile dans un couvent en Espagne. Je vous demanderai, ma chère Delphine, de me conduire vous-même dans ma retraite avec ma fille; je l'embrasserai sur le seuil du couvent pour la dernière fois, et, après cet instant, c'est vous qui serez sa mère. »

Sa voix s'altéra en parlant de sa fille; mais faisant un nouvel effort, elle dit à Léonce : « Demain à midi, n'est-il pas vrai, M. de Mondoville, vous viendrez me chercher pour me mener chez madame d'Artenas? » Léonce consentit à ce qu'elle désirait par un signe de tête; il ne pouvait parler, il était trop ému. Ah! c'est une âme aussi tendre que fière! ce n'est pas l'amour seul qui le rend sensible, la nature lui a donné toutes les vertus. Thérèse le regardait avec attendrissement, et c'est lui, j'en suis sûre, dont elle aurait imploré la protection, s'il lui était encore resté quelque intérêt dans le monde.

Le lendemain, Léonce et madame d'Ervins revinrent ensemble à quatre heures de chez madame d'Artenas; je vis, sans en savoir la cause, que Léonce avait été très-attendri; Thérèse, calme en apparence, demanda cependant à se retirer quelques heures dans sa chambre. Léonce, resté seul avec moi, me raconta ce qui venait de se passer; il ne se doutait point du projet de madame d'Ervins, en la conduisant chez madame d'Artenas, et dans la route elle n'avait rien dit qui pût lui en donner l'idée. Ils arrivèrent ensemble chez madame d'Artenas, et la trouvèrent seule avec sa nièce, madame de R. Après que madame d'Ervins eut annoncé sa résolution à madame d'Artenas, elle lui fit le récit de la conduite que j'avais tenue envers elle, et attribuant à cette conduite un mérite bien supérieur à celui qu'elle peut avoir, elle avoua tout, excepté ce qui eût indiqué mes sentiments pour Léonce. Il m'a dit que de sa vie il n'avait éprouvé, pour aucune femme, autant de respect que pour madame d'Ervins, dans le moment où elle croyait faire un acte d'humilité. Léonce a remarqué que Thérèse avait rougi plusieurs fois en parlant, mais sans jamais hésiter. « Et je voyais réunie en elle, a-t-il ajouté, la plus grande souffrance de la timidité et de la modestie, à la plus ferme volonté. » Elle finit en déclarant à madame d'Artenas, que, loin de demander le secret sur ce qu'elle venait de lui dire, elle désirait qu'elle le publiât, chaque fois que ses relations dans le monde la mettraient à portée de repousser la calomnie dont je pourrais être l'objet.

Elle se recueillit un instant, après avoir achevé ses pénibles aveux, pour chercher s'il ne lui restait point encore quelque devoir à remplir; personne n'osa rompre le silence; elle avait trop ému ceux qui l'écoutaient, pour qu'ils fussent en état de lui répondre; et comme sans doute elle craignait toute conversation sur un pareil sujet, elle se leva pour la prévenir, en faisant une inclination de tête à madame d'Artenas et à sa nièce; elle sortit, sans leur avoir laissé le temps d'exprimer l'intérêt et l'attendrissement qu'elles éprouvaient. Vous concevez, ma chère Louise, combien cette scène m'a touchée. Admirable Thérèse! bien plus admirable que si jamais elle n'avait commis de faute; que de vertus elle a tirées du remords! combien elle vaut mieux que moi, qui me traîne sans forces sur les dernières limites de la morale, essayant de me persuader que je ne les ai pas franchies!

Cette journée d'émotion n'était pas terminée; Thérèse n'avait pas encore accompli tout ce que sa religion lui commandait : elle vint rejoindre Léonce et moi, et comme j'allais vers elle pour lui exprimer ma reconnaissance : « Attendez, me dit-elle, car je crains bien d'être forcée de vous déplaire; mais demain je quitte le monde, et j'ai presque aujourd'hui les droits des mourants; écoutez-moi donc encore. » Elle s'assit alors, et s'adressant à Léonce et à moi, elle nous dit :

« J'ai détruit votre bonheur; sans moi vous seriez unis, et la vertu contribuerait autant que l'amour à votre félicité; ce tort affreux, ce tort que je ne pourrai jamais expier, c'est mon crime qui en a été la cause; un malheur plus funeste encore, la mort de mon mari, a été la suite immédiate de mon coupable amour. Ce n'est donc pas moi, non, ce n'est pas moi qui pourrais me croire le droit de donner de sévères conseils à des âmes aussi pures que les vôtres; cependant Dieu peut choisir la voix des pécheurs pour faire entendre des avis salutaires aux cœurs les plus vertueux. Vous vous aimez; l'un de vous est lié par des chaînes sacrées, et vous vous voyez, et vous passez presque tous vos jours ensemble, vous fiant à la morale qui vous a préservés jusqu'à présent! Je n'avais point sans doute vos lumières, je n'avais point vos vertus; mais je formai néanmoins les mêmes résolutions que vous, et le charme de la présence affaiblit par degrés tous les sentiments honnêtes sur lesquels je m'appuyais. Delphine, faudrait-il qu'après être tombée, je vous entraînasse dans ma chute! aurais-je à rendre compte de votre âme à l'Éternel! Ah! ce serait moi seule qui mériterais d'être punie, mais vous ne seriez plus cet être incomparable que je retrouverai dans le ciel un jour, si mon repentir m'y fait recevoir.

« Et vous, Léonce, et vous, continua-t-elle, serez-vous heureux si vous entraînez mon amie? si vous égarez ce caractère noble et vertueux, que Dieu appellera plus particulièrement à lui quand le malheur, ou, ce qui est la même chose, une plus longue durée de la vie lui aura fait sentir la nécessité d'une religion positive? quand elle guidera ma fille dans le monde, au lieu d'y régner elle-même?....
— Votre fille! m'écriai-je, pourquoi l'abandonnez-vous? pourquoi m'en remettez-vous le soin? je n'en suis pas digne.

— Delphine! généreuse Delphine! interrompit Thérèse, me serais-je donc si mal fait comprendre que vous puissiez penser qu'il existe un être au monde que j'estime plus que vous! Quand vous vous laisseriez entraîner par l'amour, je sais que votre cœur, resté pur, ne puiserait dans ses fautes qu'une connaissance plus cruelle, mais plus certaine de la nécessité de la morale. Les malheurs de mon amie me seraient, hélas! un garant de plus, des soins qu'elle donnerait à l'éducation vertueuse de ma fille. Mais vous, mais vous, Delphine, que deviendrez-vous si vous êtes coupable? et par quel vain espoir vous flattez-vous de l'éviter, s'il gémit de votre résistance, s'il vous montre sa douleur, s'il vous la cache, et que ses traits altérés le trahissent, s'il est malheureux enfin? Dites-moi donc, si vous le savez, comment vous ferez pour le supporter? Écoutez, je suis prête à m'ensevelir pour toujours; la main de Dieu est déjà sur moi; j'ai trouvé dans mon âme la force de tout briser, de renoncer à tout; eh bien, je ne me sentirais pas encore la puissance de voir souffrir ce que j'aime; et vous vous la croyez cette puissance! Delphine, insensée, il faut vous séparer de lui pour jamais, ou tomber à ses pieds, soumise à ses désirs. Vous ne pouvez trouver que dans l'exaltation d'un grand sacrifice des forces contre l'amour. Delphine, au nom du ciel.... — Arrêtez, s'écria Léonce avec l'accent le plus douloureux; ce n'est point à Delphine que vous devez vous adresser, elle est libre, et je suis lié pour jamais; elle voulait s'unir à moi, je l'ai méconnue; s'il faut déchirer un cœur, choisissez le mien; je puis partir, je le puis; la guerre va bientôt s'allumer en France; j'irai me joindre à ceux dont je dois partager les opinions; dans ce parti sans puissance, se faire tuer n'est pas difficile. Si vous avez dans votre religion des ressources pour faire supporter à Delphine la mort de Léonce, si vous en avez, j'y consens et je vous le pardonne : mais pouvez-vous imaginer qu'après avoir passé près d'elle des jours orageux, et néanmoins pleins de délices, des jours pendant lesquels je lui ai confié mes peines les plus secrètes, mes sentiments les plus intimes, je vivrais privé tout à la fois de ma maîtresse et de mon amie! de celle qui devrait être ma femme, et que je ne reverrais plus! de celle qui dirige mes actions, donne un but à mes pensées, et m'est sans cesse présente? croyez-moi, sans avoir besoin de recourir à la résolution du désespoir, mon sang glacé cesserait de ranimer mon cœur, si je ne vivais plus pour elle. Et c'est vous, madame, qui pouvez oublier tout ce que vous-même vous avez inspiré! tout ce

qu'éprouve encore sans doute celui qui pleure loin
de vous! — C'en est trop, s'écria Thérèse en pâlissant, avec un tremblement convulsif qui me
causa le plus mortel effroi; c'en est trop : quel
langage vous me faites entendre! me croyez-vous
donc assez guérie pour n'en pas mourir? ignorez-
vous ce qu'il m'en coûte? pouvez-vous réveiller
ainsi tous mes souvenirs? Cessez! cessez! Delphine, soutenez-moi, éloignons-nous d'ici. »

Léonce, inconsolable de l'état où il avait jeté
madame d'Ervins, n'osait approcher d'elle; on
l'emporta dans sa chambre, je la suivis, et je fis
dire à Léonce que je ne redescendrais pas. Je ne
voulais pas quitter madame d'Ervins, et je me sentais aussi dans un trouble qui me rendait impossible de parler à Léonce. Pourquoi le rendre témoin de mes cruelles incertitudes? des remords
que madame d'Ervins a fait naître en moi? Je veux
me déterminer enfin, je le veux; mais je ne puis
le revoir qu'après avoir pris une décision. Quelle
sera-t-elle, ô mon Dieu?

Madame d'Ervins passa près d'une heure sans
prononcer une parole, m'écoutant quelquefois, et
ne me répondant que par des pleurs. Je crus que
c'était le moment d'essayer encore de la détourner
d'entrer au couvent : les premiers mots que je
prononçai sur ce sujet lui rendirent tout à coup du
calme; elle me demanda doucement de m'éloigner.
J'ai appris depuis qu'elle avait passé deux heures
en prières, qu'après ces deux heures elle s'était
couchée, et qu'elle avait paisiblement dormi jusqu'au matin.

Pour moi, j'ai passé cette nuit sans fermer l'œil :
infortunée que je suis! un esprit éclairé, quand
l'âme est passionnée, ne fait que du mal; je ne
puis, comme Thérèse, adopter aveuglément toutes
les croyances qui remplissent son imagination, et
mon cœur en aurait besoin. J'invoque une terreur,
un fanatisme, une folie, un sentiment, quel qu'il
soit, assez fort pour lutter contre l'amour. Quelquefois je suis prête à vous conjurer de venir ici,
je voudrais m'en remettre à vous sur mon sort,
vous parleriez à Léonce, vous le verriez et vous
me jugeriez. Ah! ma sœur, cette prière serait-elle
trop exigeante? feriez-vous ce sacrifice à celle que
vous avez élevée, et qui vous redemanderait d'exercer de nouveau l'empire le plus absolu sur sa volonté?

LETTRE XLIII.

Delphine à mademoiselle d'Albémar.

Bellerive, ce 26 mai 1791.

Non, ne venez pas, tout est promis; je le crois,
tout est décidé. Thérèse a trop usé peut-être de
l'empire que mon attendrissement lui donnait sur
moi; mais enfin, j'ai cédé à ses larmes, à l'ardeur
de ses prières. Son imagination était frappée de
l'idée qu'elle aurait à se reprocher la perte de mon
âme; son confesseur, je crois, l'avait encore, la
veille, pénétrée de nouveau de cette crainte. Sa
douleur, son éloquence, m'ont entièrement bouleversée; je n'ai pas consenti cependant à m'éloigner de Léonce sans être rassurée sur son désespoir; je ne le puis, je ne le dois pas : le véritable
crime serait d'exposer sa vie; quel effroi peut l'emporter sur une telle crainte! le remords même est
plus facile à braver.

Thérèse veut que Léonce soit témoin avec moi
de la cérémonie qui consacrera le moment où elle
doit prendre le voile de novice. Elle compte sur
l'impression de cette solennité, et, malgré la résistance qu'il a déjà opposée à ses prières, elle croit
qu'au pied de l'autel, ses derniers adieux obtiendront de Léonce qu'il me laisse partir. Elle veut
lui répéter alors ce dont elle est convaincue, c'est
que son salut à elle-même dépend du mien, et qu'il
ne peut sans barbarie se refuser au dernier effort
qu'elle veut tenter, pour m'arracher aux malheurs
qui me menacent; elle se croit sûre d'obtenir ainsi
le consentement de Léonce. J'ai promis que si elle
l'obtenait en effet, je partirais à l'instant même;
c'est dans six jours, et je dois jusque-là cacher à
Léonce ce que j'éprouve; je l'ai juré. Je vous l'a-
voue, lorsque Thérèse m'a arraché tous les engagements qu'elle a voulu, j'avais un espoir secret
que rien ne pourrait décider Léonce à mon départ; mon opinion à présent n'est plus la même :
Thérèse est si touchante! le moment qu'elle a
choisi pour parler à Léonce est si propre à l'émouvoir! J'y joindrai moi-même mes instances, je le
dois, je le ferai; mais se taire pendant ces six
jours, le revoir avec l'idée que bientôt peut-être
nous serons séparés! Thérèse a trop exigé de moi;
sa dévotion, tout à la fois exaltée et romanesque,
m'ébranle, m'entraîne, et ne me soutient pas.

Elle m'a répété de mille manières, avec cet accent passionné qu'elle tient de l'amour et qu'elle
consacre à la religion, que je ne pouvais pas me
refuser à l'espoir qui lui restait encore de me sauver, et d'obtenir l'absolution de ses fautes. « Je
vous demande bien peu, me disait-elle, je vous
demande seulement la permission d'essayer dans
un moment solennel, si je puis attendrir votre
amant sur le sort auquel il vous livre; vous ne
pouvez pas vous y opposer, sans vous avouer à
vous-même que, dût-il accéder à votre départ,

vous n'en seriez pas capable! » Je résistais encore à ce qu'elle désirait, une crainte vague me retenait; mais lorsque j'étais prête à la quitter, elle s'est précipitée à mes pieds avec sa fille, et m'a représenté avec une telle force ce que j'éprouverais si je me rendais coupable, ce qu'elle avait souffert, parce que, éloignée de moi, une âme courageuse n'était point venue à son secours; elle a fait naître dans mon cœur une émotion si vive, que j'ai consenti à tout.

Qu'en arrivera-t-il? une séparation déchirante : je suis comme égarée, on dispose de moi sans que ma volonté me guide, je ne sais ce que je dois craindre; peut-être de tels efforts augmenteront-ils les dangers mêmes dont on veut me sauver.— Ah! Léonce, c'est à vous qu'on s'en remet; est-ce vous qui briserez nos liens!

LETTRE XLIV.

Léonce à Delphine.

Paris, ce 28 mai.

D'où vient le trouble que j'éprouve? jamais vous ne m'avez paru plus touchante, plus sensible qu'hier! J'étais dans l'ivresse auprès de vous, et quand je me suis rappelé notre soirée, je n'ai éprouvé qu'une inquiétude, une tristesse indéfinissable. Je vous ai trouvée vous faisant peindre pour moi; vous aviez revêtu un costume grec qui vous rendait plus céleste encore; tous vos charmes se développaient à mes yeux; je vous ai regardée quelque temps, mais je me sentais dévoré par une passion qui consumait ma vie. Le peintre nous a quittés; je vous ai serrée dans mes bras, et deux fois vous avez penché votre tête sur mon épaule; mais je ne vous avais point communiqué l'ardeur que j'éprouvais. Vos yeux se remplissaient de larmes, votre visage était pâle, et votre regard abattu; si, dans cet état, il eût été possible que votre cœur vous livrât à mon amour, il me semble qu'un sentiment inconnu, mais tout-puissant, m'eût interdit d'accepter le bonheur même.

Je m'éloignais, je me rapprochais de vous, vous gardiez le silence; cependant vous m'aimiez, et j'éprouvais au-dedans de moi-même une fièvre d'amour, un frisson de douleur tout à fait inexplicable. J'ai voulu vous demander de prendre votre harpe; vous savez combien vous me calmez en me faisant entendre votre voix unie à cet instrument. « Ah! m'avez-vous répondu vivement, je ne puis pas supporter la musique, ne m'en demandez pas. — Pourquoi ne pouvez-vous plus la supporter? Vous m'avez souvent répété ces paroles de Shakspeare : *L'âme qui repousse la musique est pleine de trahison et de perfidie.* Pourquoi la repoussez-vous? »

J'ai votre parole de ne jamais partir à mon insu, je ne puis la révoquer en doute, vous me l'avez de nouveau répété, quelle est donc la cause de l'état où je vous ai vue? Ah! sentiriez-vous quelque atteinte de la douleur qui me tue? sentiriez-vous qu'il faut mourir, si nous ne nous appartenons pas l'un à l'autre? Non, vos yeux n'exprimaient ni l'entraînement ni l'abandon. Delphine, ton âme est si pure, si vraie, que rien ne peut la troubler sans que ton ami l'aperçoive; dis-moi donc quel est le sentiment qui t'occupait hier?

LETTRE XLV.

Léonce à M. Barton.

Paris, ce 31 mai.

L'un de vos amis vous a mandé qu'il m'avait trouvé changé, et vous en êtes inquiet; je vous en prie, rassurez-vous; je souffre, mais il n'y a point de danger pour ma vie; j'ai assez souvent la fièvre le soir, ce sont les peines de mon âme qui me la donnent. Depuis quelque temps je crains sans cesse que madame d'Albémar ne s'éloigne de moi; le trouble qu'elle me cause excite dans mon sang une agitation continuelle; mais ce n'est pas, soyez-en sûr, la maladie qui me tuera. Ne venez point me voir, vous ne pourriez rien sur moi; jamais on n'a ressenti ce que j'éprouve! Je sortirai de cet état, il faut qu'il finisse à quelque prix que ce puisse être, il le faut. Attendez mon sort; je ne veux pas que votre vie paisible s'approche de la mienne, une influence fatale tomberait sur vous.

LETTRE XLVI.

Delphine à Léonce.

Bellerive, ce 1er juin, à 10 heures du matin.

Madame d'Ervins m'écrit encore ce matin qu'elle désire vivement que vous soyez témoin de la cérémonie de ce soir : venez me chercher à quatre heures pour me conduire à son couvent; elle le veut, nous ne pouvons pas le lui refuser.

LETTRE XLVII.

Réponse de Léonce à Delphine.

Paris, ce 1er juin, à midi.

Si vous l'exigez, j'irai; mais essayez de m'en dispenser, j'ai peur des émotions; vous ne savez pas, dans la disposition actuelle de mon âme, combien elles me font mal ! Je serai chez vous à quatre heures ; mais, s'il est possible, écrivez à madame d'Ervins que vous irez seule.

LETTRE XLVIII.

Delphine à mademoiselle d'Albémar.

Bellerive, ce 2 juin.

Si je ne suis pas encore tout à fait indigne de vous, ma Louise, je ne sais à quel secours du ciel je le dois. Méritais-je ce secours, après des moments si coupables ? Non, sans doute, mais il m'a été donné pour me livrer à la douleur, pour expier par mes regrets, ce jour où mes sentiments ont profané tout ce qu'il y a de plus respectable au monde. Je suis bien malade ; on me croit en danger, on me défend d'écrire ; mais si je dois mourir, je veux que vous connaissiez les dernières heures que j'ai passées. Elles ont été terribles ! que le souvenir en demeure déposé dans votre sein ! Apprenez quels sont les efforts qui peut-être ont précédé la fin de ma vie ! Je crains que ma fièvre ne me fasse tomber dans le délire ; je n'ai peut-être plus que quelques instants pour recueillir mes pensées, je vous les consacre encore. Aimez-moi ! Si je meurs, je puis être pardonnée.

Léonce, à regret, s'était enfin décidé à m'accompagner comme le désirait madame d'Ervins ; nous arrivons à la porte du couvent où je l'avais conduite la veille, et près duquel demeurait son confesseur ; un homme m'y attendait, pour me remettre une lettre d'elle qui m'apprenait qu'elle serait reçue novice, dans quel lieu, juste ciel ! dans l'église même où j'ai vu Léonce se marier ! Thérèse me l'avait caché, mais c'était sur ce moyen qu'elle comptait, pour triompher de notre amour. J'hésitai, je l'avoue, si je continuerais ma route ; mais la fin de la lettre de Thérèse était tellement pressante, elle me disait avec tant de force qu'elle avait besoin de me revoir encore, que je lui percerais le cœur en la privant dans un tel moment de la présence de sa seule amie, que je n'eus pas le courage de la refuser. Léonce, cette fois, voyant dans quel état d'émotion j'étais, insista pour ne pas m'abandonner seule à cette épreuve douloureuse. J'étais déjà dans un tel trouble que je cessai de vouloir, et je me laissai conduire sans réflexion ni résistance.

Pendant la route qui nous restait encore à faire, nous gardâmes l'un et l'autre le plus profond silence ; néanmoins, à l'instant où ma voiture tourna dans le chemin qui conduit à l'église de Sainte-Marie, Léonce reconnaissant les lieux qu'il ne pouvait oublier, dit avec un profond soupir : « C'était ainsi que j'allais avec Matilde ; elle était là, s'écria-t-il en montrant ma place : oh! pourquoi suis-je venu ! Je ne puis... » Il semblait vouloir fuir ; mais en me regardant, ma pâleur et mon tremblement le frappèrent sans doute, car, s'arrêtant tout à coup, il ajouta : « Non, pauvre malheureuse, tu souffres, je ne te laisserai point souffrir seule, appuie-toi sur ton ami. » Nous descendîmes de la voiture ; l'église était fermée pour tout le monde, excepté pour nous : un vieux prêtre vint à notre rencontre, et se souvenant mal des deux personnes qu'on l'avait chargé de recevoir, il me dit en montrant Léonce : « Madame, monsieur est sans doute votre mari? » Ah ! Louise, ce mot si simple réveillait tant de regrets et de remords, que je restai comme immobile devant la porte de l'église, n'osant en franchir le seuil. Léonce prit la parole avec précipitation : « Je suis le parent de madame, » répondit-il ; et m'entraînant après lui, nous entrâmes. Le prêtre nous fit asseoir sur un banc peu éloigné de la grille du chœur. Léonce se plaça de manière qu'il ne pût apercevoir l'autel devant lequel il s'était marié ; sa respiration était haute et précipitée ; moi, j'avais couvert mes yeux de mon mouchoir, je ne voyais rien, je pensais à peine, j'éprouvais seulement une agitation intérieure, une terreur sans objet fixe, qui troublait entièrement mes réflexions. L'une des portes qui conduisaient dans l'intérieur du couvent s'ouvrit ; des religieuses couvertes d'un voile noir, suivies par l'infortunée Thérèse, vêtue d'une robe blanche, s'avancent à quelque distance de nous, dans un profond silence ; Thérèse s'appuyait sur le bras de son confesseur ; mais ses pas n'étaient point chancelants, on pouvait même remarquer qu'une exaltation extraordinaire les rendait trop rapides ; pendant qu'elle marchait, les prêtres chantaient un psaume lugubre, qu'accompagnait un orgue assez doux ; Thérèse quitta les religieuses pour venir vers moi ; elle me serra la main avec une expression que je ne pourrai jamais oublier, et tendant une lettre à Léonce, elle lui dit à voix basse : « Quand la barrière éternelle sera refermée sur moi, lisez ce papier, dans cette église même, à la lueur de cette lampe qui brûle à quelques pas de l'autel où vous avez prononcé d'irrévocables serments. Écoutez, pour vous préparer à ce que j'ose vous demander, les chants des religieuses qui vont consacrer mon entrée dans leur asile ; quand ils auront cessé, je n'existerai plus pour le monde ; mais si vous exaucez mes prières, vous me réconcilierez avec Dieu ; je ne serai plus coupable devant lui de votre perte à tous les deux ; et toi, mon amie, me dit-elle, tu vois où l'amour m'a conduite, fuis mon exemple. Adieu. » En achevant ces mots, elle s'approcha de la grille du chœur, tourna la tête encore une fois vers moi, et dans le moment où cette grille allait nous séparer pour toujours, elle me fit un dernier signe, comme sur les confins de la terre et du ciel. Je crus la voir passer de la vie à la mort, et dans l'éloignement, elle m'apparaissait telle qu'une ombre légère, déjà revêtue de l'immortalité.

Léonce était resté immobile, tenant à la main la lettre de Thérèse. « Que contient-elle? me dit-il avec l'accent le plus sombre ; que voulez-vous de moi? Seriez-vous d'accord avec elle? — Je vous en conjure! interrompis-je, obéissez à la prière de Thérèse, ne lisez point encore ce qu'elle vous écrit! Donnez un moment à la pitié pour elle! Je suis là, près de vous, mon ami ; ah! pleurons encore quelques instants sans amertume! » Léonce, placé derrière moi, posa sa main sur le pilier qui me servait d'appui ; ma tête tomba sur cette main tremblante, et ce mouvement, je crois, suspendit quelque temps son agitation. La musique continua ; l'impression qu'elle me causait me plongea dans une rêverie extraordinaire, dont je n'ai pu conserver que des souvenirs confus ; bientôt j'entendis les sanglots étouffés de mon malheureux ami, et je m'abandonnai sans contrainte à mes larmes. J'invoquai Dieu pour mourir dans cette situation, elle était pleine de délices ; je n'imposais plus rien à mon âme, elle se livrait à une émotion sans bornes ; il me semblait que j'allais expirer à force de pleurs, et que ma vie s'éteignait dans un excès immodéré d'attendrissement et de pitié. Je ne sais combien de temps dura cette sorte d'extase, mais je n'en fus tirée que par le bruit que firent les rideaux du chœur, lorsqu'on les ferma. La cérémonie terminée, les religieuses et les prêtres s'étant retirés, nous n'entendîmes plus, nous ne vîmes plus personne, et nous nous trouvâmes seuls dans l'église, Léonce et moi.

Léonce, sans quitter ma main, s'approcha de la lumière, et lut la prière solennelle, éloquente et terrible, que Thérèse lui adressait, pour l'engager à sauver mon âme en rompant nos liens et en cessant de nous voir. Je ne pus en saisir que quelques paroles, qu'il répétait en frémissant. A peine l'eut-il finie que, levant sur moi des yeux pleins de douleur et de reproches, il me dit : « Est-ce vous qui avez combiné ces émotions funestes? est-ce vous qui avez résolu de me quitter?—Consentez,

lui dis-je avec effort, consentez à mon absence. Léonce, je t'en conjure, cède à la voix du ciel que Thérèse t'a fait entendre! Ne sens-tu pas que les forces de mon âme sont épuisées? Il faut que je m'éloigne ou que je devienne criminelle! Un plus long combat n'est pas en ma puissance! Saisissons cet instant!...—Il est donc vrai, reprit Léonce, il est donc vrai que vous avez formé le dessein de me quitter! que tant de jours passés ensemble n'ont point laissé de trace dans votre cœur! Oui! c'en est fait! il n'y aura plus sur cette terre une heure de repos pour moi! Et quand devait-elle commencer, cette séparation?—A l'heure même! m'écriai-je ; tout est prêt, l'on m'attend, laissez-moi partir ; que ce lieu soit témoin de ce noble effort!—Il sera témoin, s'écria-t-il, de ma mort! je me sens abattu, je n'ai plus l'espérance qui pourrait m'aider à triompher de votre dessein! Je me suis trompé! vous n'avez pas d'amour! vous n'en avez pas! vous pouvez partir. Eh bien, le sacrifice est fait, vous le pouvez. Adieu. »

Louise, jamais la douleur de Léonce n'avait été si profonde et si touchante, elle avait changé son caractère. Il n'essayait pas de me retenir ; mais je voyais dans son regard une expression funeste, une résignation sombre qui me glaçait de terreur. J'essayai de lui parler, il ne me répondait plus ; je ne pouvais supporter qu'il eût cessé de croire à ma passion pour lui ; dix fois il en repoussa l'assurance, et semblait craindre les sentiments les plus doux, comme si, décidé à mourir, il avait eu peur de regretter la vie. Enfin, un accent plus tendre le ranima tout à coup, mais pour lui rendre un égarement non moins effrayant que l'accablement dont il sortait. « Eh bien, me dit-il, si tu veux que je croie à ton amour, si tu veux que je vive, il en existe encore un moyen! Il peut seul expier ce que tu m'as fait souffrir! il peut seul prévenir les tourments qui m'attendent! Il faut te lier à l'instant même par un serment que tu nommeras sacrilége, mais sans lequel aucune puissance humaine ne peut me faire consentir à la vie.—Que veux-tu de moi? lui dis-je épouvantée ; ne sais-tu pas que je t'adore? n'es-tu pas le souverain de ma vie?—Qui pourrait compter, me répondit-il avec amertume, qui pourrait compter sur ton âme incertaine, combattue, toujours prête à m'échapper? Il n'est qu'un lien sur la terre, il n'en est qu'un qui puisse répondre de toi! Et ce moment de désespoir est le dernier où la passion toujours repoussée, toujours vaincue par chaque nouveau repentir, puisse te demander, puisse obtenir l'engagement de l'amour. Qu'il soit donné dans ces lieux mêmes dont tu invoques sans cesse contre moi les cruels souvenirs! que l'horreur même de ce séjour consacre ta promesse ou ton refus irrévocable. Viens, suis-moi. » Je sentais qu'il voulait m'entraîner vers l'autel fatal, près de la colonne derrière laquelle j'avais été témoin de son malheureux mariage; nous en étions encore à quelques pas, et je m'appuyais sur l'un des tombeaux que des regrets pieux ont consacrés dans cette église.

« Restons ici, dis-je à Léonce, reposons-nous près des morts.—Non, me dit-il avec une voix qui retentit encore dans tout mon être, ne résiste point, suis mes pas. » Les forces me manquaient, il passa son bras autour de moi, et entraînée par lui, je me trouvai précisément en face de l'autel où le sacrifice de mon sort avait été accompli. Je regardai Léonce, cherchant à découvrir sa pensée; ses cheveux étaient défaits; sa beauté, plus remarquable que dans aucun moment de sa vie, avait pris un caractère surnaturel, et me pénétrait à la fois de crainte et d'amour. « Donne-moi ta main, s'écria-t-il, donne-la-moi; s'il est vrai que tu m'aimes, tu dois, infortunée, tu dois avoir besoin comme moi de bonheur; jure sur cet autel, oui, sur cet autel même dont il faut à jamais écarter le fantôme horrible d'un hymen odieux; jure de ne plus connaître d'autres liens, d'autres devoirs que l'amour; fais serment d'être à ton amant, ou je brise à tes yeux ma tête sur ces degrés de pierre, qui feront rejaillir mon sang jusqu'à toi. C'en est trop de douleurs, c'en est trop de combats; c'est dans ce sanctuaire, triste asile des larmes, que j'ose déclarer que je suis las de souffrir! je veux être heureux, je le veux : la trace de mes chagrins est trop profonde; rien ne peut faire cesser mes craintes; je te verrai toujours prête à m'échapper, si des liens chers et sacrés ne me répondent pas de notre union. Le poids que je soulève pour respirer l'air m'oppresse trop péniblement; il faut que je m'enivre des plaisirs de la vie, ou que la mort m'arrache à ses peines. Si tu me refuses, Delphine, tiens, les lieux sont bien choisis; sous ces marbres sont des tombeaux, indique la pierre que tu me destines, fais-y graver quelques lignes, et tu seras quitte envers mon sort. Que reste-t-il de tant d'hommes infortunés comme moi? des inscriptions presque effacées sur lesquelles le hasard porte encore quelquefois nos yeux inattentifs. Delphine, la mort est sous nos pas, repousse ton amant dans l'abîme, ou viens te jeter dans ses bras; il t'enlèvera loin de ces voûtes funestes, et nous retrouverons ensemble et le ciel et l'amour. »

Ses regards me causaient une terreur inexpri-

mable; je lui dis : « Léonce, sortons d'ici : je ne partirai pas. Que veux-tu de moi? sortons d'ici.— Non! s'écria-t-il en me retenant avec violence, dans une heure tu reprendras sur moi ton funeste empire, je recommencerai cette misérable vie de tourments, de craintes, de regrets; non, ce jour terminera cette existence insupportable : ton âme doit sentir en cet instant ce qu'elle peut pour moi; si tu résistes à l'état où je suis, au trouble qu'il te cause, c'en est fait, nos nœuds sont brisés. Fais le serment que j'exige, ou laisse-moi; reviens seulement demain à la même heure, les prêtres chanteront pour moi les mêmes hymnes que pour ton amie; tu seras seule au monde. Delphine, pauvre Delphine! ainsi séparée de tout ce qui te fut cher, ne regretteras-tu donc pas le malheureux insensé qui t'a si tendrement aimée? » Louise, mon cœur s'égarait. « Cruel! m'écriai-je, quoi! c'est dans ce lieu même que tu peux exiger une semblable promesse! Oses-tu donc profaner tout ce qu'il y a de saint sur la terre?

—Je veux, reprit Léonce, te lier pour jamais; je veux affranchir ton âme violemment et sans retour, de tous les scrupules vains qui la retiennent encore. Delphine, si nous étions au bout du monde, si les volcans avaient englouti la terre qui nous donna naissance, les hommes que nous avons connus, croirais-tu faire un crime en t'unissant à ton amant? Eh bien, oublie l'univers, il n'est plus, il ne reste que notre amour. Tu ne l'as jamais connu l'amour, fille du ciel! aucun mortel n'a possédé tes charmes. Quand ton âme sera tout entière livrée à moi, tu m'aimeras d'une affection que tu ne peux encore comprendre; il naîtra pour nous deux une seule et même vie, dont nos existences séparées n'ont pu te donner l'idée. Dis-moi donc, ne sens-tu pas ce que j'éprouve, un élan du cœur vers la félicité suprême, un délire d'espérance qu'on ne pourrait tromper sans que l'avenir fût flétri pour toujours? Écoute, Delphine, si tu sors de ces lieux sans que ta volonté soit vaincue, sans que tes desseins soient irrévocablement changés, j'en ai le pressentiment, tout est fini pour moi; tu auras horreur de ma violence, tu ne te souviendras que d'elle. Delphine, c'en est fait, prononce; jamais la mort ne fut plus près de moi! Quand tout mon sang, s'écria-t-il en frappant avec violence sa poitrine, quand tout mon sang sortit de cette blessure, j'avais mille fois plus de chances de vie qu'en cet instant! » Qui pourrait, juste ciel! se faire l'idée de l'expression de Léonce alors! il était tellement hors de lui-même, que je ne doutai pas du plus funeste dessein. J'allais perdre tout sentiment de moi-même, j'allais promettre, dans le sanctuaire des vertus, d'oublier tous mes devoirs ; je me jetai à genoux cependant, par une dernière inspiration secourable, et j'adressai à Dieu la prière qui , sans doute, a été entendue.

« O Dieu! m'écriai-je, éclairez-moi d'une lumière soudaine! tous les souvenirs, toutes les réflexions de ma vie ne me servent plus ; il me semble qu'il se passe en moi des transports inouïs qu'aucun devoir n'avait prévus : si tant d'amour est une excuse à vos yeux, si quand de tels sentiments peuvent exister, vous n'exigez pas des forces humaines de les combattre, suspendez cet effroi que j'éprouve encore pour un serment que je crois impie! éloignez le remords de mon âme, et qu'oubliant tout ce que j'avais respecté, je fasse ma gloire, ma vertu, ma religion du bonheur de ce que j'aime. Mais si c'est un crime que ce serment, demandé avec tant de fureur, ô mon Dieu! ne me condamnez pas du moins à voir souffrir Léonce ; anéantissez-moi à l'instant, dans ce temple saint tout rempli de votre présence! Des sentiments d'une égale force s'emparent tour à tour de mon âme, vous pouvez seul faire cesser cette incertitude horrible. O mon Dieu! la paix du cœur, ou la paix des tombeaux, je l'appelle, je l'invoque... » Je ne sais ce que j'éprouvai alors, mais la violence de mes émotions surpassant mes forces, je crus que j'allais mourir, et frappée de l'idée qu'il y avait quelque chose de surnaturel dans cet effet de ma prière, en perdant connaissance, je pus encore articuler ces mots : « O mon Dieu! vous m'exaucez. »

Léonce m'a dit depuis, qu'il se persuada, comme moi, que j'étais frappée par un coup du ciel, et qu'en me relevant dans ses bras, il douta quelques instants de ma vie : il me porta jusqu'à ma voiture, et j'arrivai à Bellerive sans avoir repris mes sens. Lorsque j'ouvris les yeux, je trouvai Léonce au pied de mon lit ; je fus longtemps sans me rappeler ce qui s'était passé : comme le jour commençait à paraître, mes souvenirs revinrent par degrés, je frémis de ce qu'ils me retracèrent. Le remords, la honte, une vive impression de terreur me saisit, en me rappelant dans quel lieu l'on m'avait demandé des serments criminels ; je détournai mes regards de Léonce, je le conjurai de me quitter, de retourner chez lui calmer l'inquiétude que son absence devait causer à Matilde ; je vis à son trouble qu'il craignait les résolutions que je pourrais former, je lui jurai de l'attendre ce soir. Oh! je ne puis pas partir, je n'ai plus la force de rien.

Louise, je crois, en effet, que ma prière a été réellement exaucée ; ce que j'éprouve ressemble aux approches de la mort. J'ai pu du moins écrire jusqu'à la fin ce récit terrible ; vous saurez, quoi qu'il m'arrive, quel combat j'ai soutenu, quelles douleurs.... ah! ce seront les dernières. Adieu, Louise ; ma main tremble, je sens ma raison troublée ; avec mes dernières forces, avec mon dernier accent, je vous dis encore que je vous aime.

LETTRE XLIX.

Madame de Lebensei à mademoiselle d'Albémar.

Paris, 4 juin 1791.

Je suis bien malheureuse, mademoiselle, d'avoir à vous causer la peine la plus cruelle. Madame d'Albémar est à toute extrémité ; on l'a transportée à Paris dans le délire, et ce qu'elle dit dans cet état fait trop voir que les peines de son cœur sont la cause de la maladie dont elle est atteinte. S'il en est encore temps, venez près d'elle. M. de Mondoville est dans un état qui ne diffère guère de celui de Delphine ; mon mari seul conserve assez de présence d'esprit pour secourir ces deux infortunés. Madame d'Albémar a déjà prononcé plusieurs fois votre nom. Ah! que n'êtes-vous ici! que ne vous reste-t-il du moins l'espérance que vous y arriverez à temps!

QUATRIÈME PARTIE.

LETTRE PREMIÈRE.

Léonce à M. Barton.

Paris, ce 10 juin 1791.

On vous a écrit que j'avais la tête perdue, on a dit vrai ; la vie de Delphine est en danger, je suis dans une chambre près de la sienne ; je l'entends gémir ; c'est moi, criminel que je suis, c'est moi qui l'ai jetée dans cet état : pensez-vous que, pour être calme, il suffise de la résolution de se tuer si elle meurt? Il y a des tourments inouïs, tant que le sort est en suspens! Hier elle m'a regardé avec une douceur céleste, elle a reposé sa tête sur moi comme si elle voulait recevoir quelque bien de moi, de ce furieux, l'unique cause.... Non, elle ne mourra point ; depuis quelques heures ses plaintes sont moins déchirantes.

Elle n'a cessé, dans son délire, de rappeler une horrible scène dans une église.... La nuit dernière surtout, madame de Lebensei et moi nous veillions auprès de son lit ; tout à coup elle a soulevé sa tête, ses cheveux sont tombés sur ses épaules : son visage était d'une pâleur mortelle, cependant il avait je ne sais quel charme que je ne lui connaissais point encore ; son regard pénétrait le cœur, et me faisait éprouver un sentiment de pitié si douloureux, que j'aurais voulu mourir à l'instant pour en abréger la souffrance. « Léonce, me disait-elle, Léonce, je t'en conjure, n'exige pas de moi, dans le lieu le plus saint, le serment le plus impie ; ne me fais pas jurer mon déshonneur, ne me menace pas de ta mort, laisse-moi partir ! rends-moi la promesse que je t'ai faite de rester, rends-la-moi ! »

Elle m'appelait, et cependant elle ne me connaissait pas ; ses yeux me cherchaient dans la chambre, et ne pouvaient parvenir à me distinguer. Je m'écriai, en me jetant à genoux devant son lit, que je la dégageais de tout, qu'elle était libre de me quitter : que n'aurais-je pas fait pour la calmer ! quel arrêt n'aurais-je pas prononcé contre moi-même ! Mais, hélas ! elle n'entendit point ma réponse, et, répétant sa prière, elle m'accusa de la refuser, et me demanda grâce avec un accent toujours plus déchirant, chaque fois qu'elle croyait n'obtenir aucune réponse.

Ah, ciel ! concevez-vous un supplice égal à celui que j'éprouvais ! on eût dit qu'un pouvoir magique nous empêchait de nous comprendre : elle m'implorait, et je lui paraissais inflexible ; elle se plaignait de mon silence, et son délire l'empêchait de m'entendre : moi qu'il accusait et suppliait tour à tour, j'étais là, près d'elle, essayant en vain de faire arriver jusqu'à son cœur une seule des paroles que mon désespoir lui prodiguait, et ne pouvant ni la détromper ni la secourir. O mon maître ! quelle âme m'avez-vous formée ? D'où viennent tant de douleurs ? Une fois, dans mon enfance, je m'en souviens, j'ai failli mourir dans vos bras ; si vous eussiez prévu mes jours d'à présent, n'est-il pas vrai, vous ne m'auriez pas secouru ? Je ne serais pas ici, ses cris ne perceraient pas jusqu'à ma tombe ; j'y reposerais en paix depuis longtemps : ô ciel ! elle m'appelle !...

LETTRE II.

Léonce à Delphine.

Ce 12 juin.

Tu vivras, ma Delphine, ils me l'ont juré !. que le ciel les en récompense ! Ah ! combien il a duré le temps qui vient de s'écouler ! Est-il vrai que tu n'as été en danger que pendant dix jours ? Le souvenir de toutes mes années me semble moins long.

Tu es mieux, on m'en répond, je devrais en être certain ; mais que je suis loin encore d'être rassuré ! Les pensées qui t'agitent prolongent tes souffrances ; que puis-je faire, que pourrais-je te dire qui portât du calme dans ton âme ? As-tu besoin de m'entendre répéter que je déteste la scène criminelle qui a produit sur ton imagination un effet si terrible ? Ah ! tu n'en peux douter ! Souviens-toi que je me refusais à te suivre dans cette fatale église ; je me sentais depuis quelques jours dans un égarement qui m'ôtait tout empire sur moi-même. Cette prière solennelle de Thérèse, que je croyais concertée avec toi, la terreur de ton départ, le souvenir d'un hymen funeste, cruellement retracé, l'amour, les regrets ; que sais-je ? l'homme peut-il se rendre compte de ce qui cause sa folie ? J'étais insensé ; mais tu ne dois pas craindre que désormais ce coupable délire puisse s'emparer de moi ; tu ne le dois pas, si tu as quelque idée de l'impression qu'a faite sur mon cœur l'état où je t'ai vue ; mon amour n'a rien perdu de sa force, mais il a changé de caractère.

Il me semblait, avant ta maladie, qu'une vie surnaturelle nous animait tous les deux ; j'avais oublié la mort, je ne pensais qu'à la passion, qu'à ses prodiges, qu'à son enthousiasme. Au milieu de cette ivresse, tout à coup la douleur t'a mise au bord du tombeau ; oh ! jamais un tel souvenir ne peut s'effacer ! la destinée m'a replacé sous son joug, elle m'a rappelé son empire, je suis soumis. Toutes les craintes, tous les devoirs pourront m'en imposer maintenant : n'ai-je pas été au moment de te perdre ? Suis-je sûr de te conserver encore ? et mes emportements criminels n'ont-ils pas rempli ton âme innocente de terreur et de remords ?

O Delphine ! être que j'adore ! ange de jeunesse et de beauté ! relève-toi ! ne te laisse plus abattre, comme si ma passion coupable avait humilié l'âme sublime qui sut en triompher ! Delphine ! depuis que je t'ai vue prête à remonter dans le ciel, je te considère comme une divinité bienfaisante qui recevra mes vœux, mais dont je ne dois pas attendre des affections semblables aux miennes. Que se passe-t-il dans ton cœur ? tu parais indifférente à la vie, et cependant je suis là, près de toi ; nous ne sommes pas séparés, nous nous voyons sans cesse, et tu veux mourir ! Mon amie ! les jours de Bellerive sont-ils donc entièrement effacés de ta mémoire ! nous en avons eu de bien heureux, ne t'en souvient-il plus ? ne veux-tu pas qu'ils renaissent ? Insensé que je suis ! puis-je désirer encore que tu me confies ta destinée ? Delphine, ton sort était paisible, tu étais l'admiration et l'amour de tous ceux qui te voyaient, je t'ai connue, et tu n'as plus éprouvé que des peines! Eh bien, douce créature, es-tu découragée de m'aimer? ce sentiment qui te consolait de tout, est-il éteint? Tu n'as pu me parler; j'ignore ce qui t'occupe, je ne sais plus ce que je suis pour toi. Cependant, puisque je ne me sens pas seul au monde, sans doute tu m'aimes encore.

J'ai craint de t'agiter trop vivement par un entretien; j'ai préféré de t'écrire pour te rassurer, pour te dire même que tu étais libre, oui, libre de me quitter! Si mon supplice, si mon désespoir... Non, je ne veux point t'effrayer; je t'ai rendu le pouvoir absolu, à quelque prix que ce soit, tu peux en user : mais quand je te jure par tout ce qu'il y a de plus sacré sur la terre, de te respecter comme un frère, Delphine, pourquoi changerais-tu rien à notre manière de vivre? Ne frémis-tu pas à l'idée de ces résolutions nouvelles qui bouleversent l'existence, quand tout est si bien! Coupable que je suis! pourquoi n'ai-je pas toujours pensé ainsi? Je suis résigné, tu n'as plus rien à craindre de moi, tu dois en être convaincue, nous nous connaissons trop pour ne pas répondre l'un de l'autre. Oh! n'est-il pas vrai qu'à présent, si tu le veux, tu seras bientôt guérie? tu en as le pouvoir; cet amour qui existe en nous peut appeler ou repousser la mort à son gré; il nous anime, il est notre vie; Delphine, il réchauffera ton sein. Sois heureuse, livre ton âme aux plus douces espérances; les douleurs que j'ai ressenties ont pour toujours enchaîné les passions furieuses de mon âme; oui, de quelque puissance que vienne cette horrible leçon, elle a été entendue. Mon amie, je vais te voir, je vais te porter cette lettre; après l'avoir lue, ne me dis rien, ne me réponds pas; un de tes regards m'apprendra tes plus secrètes pensées.

LETTRE III.

Mademoiselle d'Albémar à madame de Lebensei.

Dijon, ce 14 juin 1791.

Je serai à Paris, madame, le lendemain du jour où vous recevrez cette lettre; préparez Delphine à mon arrivée. O ma pauvre Delphine! dans quel état vais-je la trouver? Elle sera mieux, je l'espère: sa jeunesse, vos soins l'auront sauvée. De quel secours pourrai-je être à son bonheur? Mais elle m'a nommée, dites-vous, j'ai dû venir. Je vous en conjure, madame, épargnez-moi le plus que vous pourrez les occasions de voir du monde. Vous ne savez peut-être pas à quel point je souffre d'arriver à Paris; mais aucune considération n'a pu

m'arrêter quand il s'agissait d'une personne si chère. Adieu, madame; je repars à l'instant pour continuer ma route.

LETTRE IV.

Madame de Lebensei à M. de Lebensei.

Paris, ce 19 juin.

Tu peux m'envoyer chercher demain, mon cher Henri, pour retourner près de toi. La belle-sœur de madame d'Albémar est arrivée depuis deux jours. Delphine est mieux, malgré l'émotion très-vive que lui a causée la présence de son amie; elle peut maintenant se passer de mes soins : quoique mon amitié pour elle soit la plus tendre de toutes, j'ai besoin de me retrouver dans notre doux intérieur; la vie m'est pénible loin de mon époux et de mon enfant.

Madame d'Albémar a reçu une lettre de Léonce qui l'a un peu calmée, à ce que je crois, car au milieu de nous elle a eu quelque retour de cet esprit aimable et piquant qui la rend si séduisante. Je ne pourrai jamais te peindre la reconnaissance qui animait les regards de Léonce à chaque mot qu'elle disait. Depuis que nous craignons pour la vie de Delphine, j'ai pris pour M. de Mondoville un intérêt véritable; chaque jour il m'a donné une preuve nouvelle de la sensibilité la plus profonde. Quand Delphine souffrait, Léonce se tenait attaché aux colonnes de son lit, dans un état de contraction qui était plus effrayant encore que celui de son amie. Souvent il se plaçait devant elle, en l'observant avec des regards si fixes, si perçants, qu'il pressentait tout ce qu'elle allait éprouver, et rendait compte de son mal aux médecins, avec une sagacité, avec une sollicitude qui étonnait leur longue habitude de la douleur. As-tu remarqué l'autre jour l'art avec lequel il les interrogeait, son besoin de savoir, ses efforts pour écarter une réponse funeste? J'étais convaincue, en le voyant, que si les médecins lui avaient prononcé que Delphine n'en reviendrait pas, il serait tombé mort à leurs pieds.

Depuis que tu nous as quittés, depuis que Delphine est presque convalescente, il invente mille soins nouveaux, comme l'amie la plus attentive : quand Delphine s'endort, il rougit et pâlit au moindre bruit qui pourrait l'éveiller; s'il essaye de lui faire la lecture, et que ses yeux se ferment en l'écoutant, il reste immobile à la même place pendant des heures entières, repoussant de la main les signes qu'on lui fait pour l'inviter à venir prendre l'air, et contemplant en silence, avec des yeux

I.

33

mouillés de larmes, cette belle et touchante créature que la mort a été si près de lui enlever. Enfin, je ne puis m'empêcher d'excuser Delphine en voyant comme elle est aimée.

La preuve touchante d'amitié que mademoiselle d'Albémar a donnée à sa belle-sœur lui a causé beaucoup de joie; mais il m'a paru que M. de Mondoville était extrêmement troublé de l'arrivée de mademoiselle d'Albémar. Il s'imagine, je crois, qu'elle vient pour emmener Delphine, et si j'en juge par quelques mots qu'il a dits, ce projet ne s'accomplira pas facilement; cependant il serait peut-être nécessaire qu'elle s'éloignât pendant quelque temps. Une femme de mes amies m'a assuré qu'on commençait à dire assez de mal d'elle dans le monde; on a rencontré Léonce une fois revenant très-tard de Bellerive; les visites qu'il y faisait chaque soir sont connues; la chaleur avec laquelle il a pris la défense de Delphine, lorsqu'elle s'est dévouée si généreusement pour nous, a donné de la consistance aux soupçons vagues qui existaient déjà. On se souvient encore des bruits qui ont été répandus sur M. de Serbellane; et quoique la noble démarche de madame d'Ervins, avant de prendre le voile, les ait formellement démentis, tu sais bien que dans un pays où l'on n'écoute point la réponse, une justification ne sert presqu'à rien. La première accusation fait perdre à une femme la pureté parfaite de sa réputation : elle pourrait la recouvrer dans une société qui mettrait assez d'importance à la vertu pour chercher à savoir la vérité; mais à Paris l'on ne veut pas s'en donner la peine. Tu sais braver, mon cher Henri, toutes ces délations de l'opinion, dont nous sommes tous les deux plus victimes que personne; mais Léonce n'a point à cet égard un caractère aussi fort que le tien. Ne vaudrait-il pas mieux pour Delphine ne pas le remettre à cette épreuve!

Au reste, M. de Mondoville ne se doute pas du murmure encore sourd qui menace la considération de celle qu'il aime. Il n'a point été dans le monde depuis que Delphine est malade, il partage sa vie entre elle et sa femme, et je le crois fort occupé du désir de captiver la bienveillance de mademoiselle d'Albémar. Il lui montre une déférence et des égards dont elle 'est fort reconnaissante; ses désavantages naturels lui font éprouver une telle timidité, qu'elle a besoin d'être encouragée pour oser seulement entrer dans une chambre, et y prononcer à voix basse quelques mots toujours spirituels, mais dont elle a constamment l'air de douter.

Mon ami, quel malheur que d'être ainsi privée de toute confiance en soi-même, et de ne pouvoir inspirer à aucun homme l'affection qui l'engagerait à vous servir d'appui! Si j'avais eu la figure et la taille de mademoiselle d'Albémar, vainement mon cœur et mon esprit eussent été les mêmes, je t'aurais aimé sans que jamais ton amour eût récompensé le mien.

LETTRE V.

Delphine à madame de Lebensei.

Paris, ce 6 juillet.

Pourquoi l'indisposition de votre fils ne vous a-t-elle pas permis de venir hier chez moi! Je le regrette vivement. Je ne sais quelle pensée douce et triste, quel pressentiment, qui tient peut-être à la faiblesse que la maladie m'a laissée, me dit que j'ai joui de mon dernier jour de bonheur. Pourquoi donc l'ai-je goûté sans vous? Quand mes amis célébraient ma convalescence, ne deviez-vous pas en être témoin? Vos soins m'ont sauvé la vie, et dût-elle ne pas être un bienfait pour moi, je chérirai toujours le sentiment qui vous a inspiré le désir de me la conserver.

Vous aviez déjà remarqué les soins de Léonce pour ma belle-sœur; il cherchait à se la rendre favorable, parce qu'il imaginait qu'il la choisirais pour l'arbitre de notre sort. Nous ne nous en étions point parlé; mais il existe entre nos cœurs une si parfaite intelligence, qu'il devine même ce que je ne pense encore que confusément. Mademoiselle d'Albémar, par respect pour la mémoire de son frère, a introduit M. de Valorbe chez moi; Léonce, qui avait ordonné qu'on lui fermât ma porte pendant que j'étais malade, le voyant amené par mademoiselle d'Albémar, ne s'y est point opposé, et cependant M. de Valorbe gâte assez, selon moi, le plaisir de notre intimité; mais Léonce met tant de prix à plaire à ma belle-sœur, qu'il ne veut en rien la contrarier. Je remarquais seulement, depuis quelques jours, que toutes les fois que l'on parlait du départ du roi, et de la cruelle manière dont il a été ramené à Paris, Léonce cherchait à faire entendre qu'il croyait le moment venu de se mêler activement des querelles politiques; et il m'était aisé de comprendre que son intention était de me menacer de quitter la France, et de servir contre elle, si je me séparais de lui.

Je cherchais l'occasion de dire à Léonce que, ne me sentant plus la force de me replonger dans l'incertitude qui a failli me coûter la vie, je m'en remettais de mon sort à ma sœur; je voulais l'assurer en même temps que j'ignorais son opinion;

car, par ménagement pour moi, elle n'a pas voulu, jusqu'à ce jour, m'entretenir un seul instant de ma situation. Mais hier, à six heures du soir, comme je devais descendre pour la première fois dans mon jardin, Léonce et ma belle-sœur me proposèrent d'aller à Bellerive; votre mari, qui était venu me voir, insista pour que j'acceptasse; M. de Valorbe se crut le droit de me prier aussi : il m'était pénible de n'être pas seule, en retournant dans des lieux si pleins de mes souvenirs; je cédai cependant au désir qu'on me témoignait : je demandai Isore, qui m'est devenue plus chère encore par l'intérêt qu'elle m'a montré pendant ma maladie; on me dit qu'elle était sortie avec sa gouvernante, et nous partîmes. La voiture m'étourdit un peu; je me plaignais, pendant la route, de ce que nous arriverions de nuit; mais comme personne ne paraissait s'en inquiéter, je me laissai conduire. Le long épuisement de mes forces m'a laissé de la rêverie et de l'abattement; je n'ai pas retrouvé la puissance de penser avec ordre, ni de vouloir avec suite.

Nous entrâmes d'abord dans ma maison; elle était ouverte, et je m'étonnai de n'y trouver aucun de mes gens; mais au moment où j'ouvris la porte du salon, je vis le jardin tout entier illuminé, et j'entendis de loin une musique charmante; je compris alors l'intention de Léonce, et soit que je fusse encore faible, ou que tout ce qui me vient de lui me cause une émotion excessive, je sentis mon visage couvert de larmes, à la première idée d'une fête donnée par Léonce pour mon retour à la vie.

J'avançai dans le jardin; il était éclairé d'une manière tout à fait nouvelle; on n'apercevait pas les lampions cachés sous les feuilles, et on croyait voir un jour nouveau, plus doux que celui du soleil, mais qui ne rendait pas moins visibles tous les objets de la nature. Le ruisseau qui traverse mon parc répétait les lumières placées des deux côtés de son cours, et dérobées à la vue par les fleurs et les arbrisseaux qui le bordent. Mon jardin offrait de toutes parts un aspect enchanté; j'y reconnaissais encore les lieux où Léonce m'avait parlé de son amour, mais le souvenir de mes peines en était effacé; mon imagination affaiblie ne m'offrait pas non plus les craintes de l'avenir, je n'avais de forces que pour le présent, et il s'emparait délicieusement de tout mon être. La musique m'entretenait dans cet état; je vous ai dit souvent combien elle a d'empire sur mon âme! On ne voyait point les musiciens, on entendait seulement des instruments à vent; harmonieux et doux, les sons nous arrivaient comme s'ils descendaient du ciel;

et quel langage en effet conviendrait mieux aux anges que cette mélodie, qui pénètre bien plus avant que l'éloquence elle-même dans les affections de l'âme! il semble qu'elle nous exprime les sentiments indéfinis, vagues et cependant profonds, que la parole ne saurait peindre.

Je n'avais encore vu que la fête solitaire; au détour d'une allée, j'aperçus sur des degrés de gazon ma douce Isore entourée de jeunes filles, et dans l'enfoncement plusieurs habitants de Bellerive qui m'étaient connus. Isore vint à moi; elle voulut d'abord chanter je ne sais quels vers en mon honneur; mais son émotion l'emporta, et se jetant dans mes bras, avec cette grâce de l'enfance qui semble appartenir à un meilleur monde que le nôtre, elle me dit : « Maman, je t'aime, ne me demande rien de plus, je t'aime. » Je la serrai contre mon cœur, et je ne pus me défendre de penser à sa pauvre mère. Thérèse, me dis-je tout bas, faut-il que je reçoive seule ces innocentes caresses, dont votre cœur déchiré s'est imposé le sacrifice! Léonce me présenta successivement les habitants du village à qui j'avais rendu quelques services; il les savait tous en détail, et me les dit l'un après l'autre, sans que je pensasse à l'interrompre; je le laissais me louer pour jouir de son accent, de ses regards, de tout ce qui me prouvait son amour.

Enfin, il fit approcher des vieillards que j'avais eu le bonheur de secourir, et leur dit : « Vous qui passez vos jours dans les prières, remerciez le ciel de vous avoir conservé celle qui a répandu tant de bienfaits sur votre vie! Nous avons tous failli la perdre, ajouta-t-il avec une voix étouffée, et dans ce moment la mort menaçait de bien plus près encore le jeune homme que le vieillard; mais elle nous est rendue; célébrez tous ce jour, et s'il est un de vos souhaits que je puisse accomplir, vous obtiendrez tout de moi au nom de mon bonheur. » Je craignis dans ce moment que M. de Valorbe ne fût près de nous, et que ces paroles ne l'éclairassent sur le sentiment de Léonce; votre mari, qui a pour ses amis une prévoyance tout à fait merveilleuse, l'avait engagé dans une querelle politique, qui l'animait tellement, qu'il fut près d'une heure loin de nous.

Quand la danse commença, nous revînmes lentement, ma belle-sœur, Léonce et moi, vers cette partie du jardin réservée pour nous seuls, qui environnait ma maison; nous y retrouvâmes la musique aérienne, les lumières voilées, toutes les sensations agréables et douces, si parfaitement d'accord avec l'état de l'âme dans la convalescence. Le temps était calme, le ciel pur, j'éprouvais des impressions tout à fait inconnues; si la raison pouvait croire au surnaturel, s'il existait une créature humaine qui méritât que l'Être suprême dérangeât ses lois pour elle, je penserais que, pendant ces heures, des pressentiments extraordinaires m'ont annoncé que bientôt je passerai dans un autre monde. Tous les objets extérieurs s'effaçaient par degrés devant moi; je n'entendais plus, je perdais mes forces, mes idées se troublaient; mais les sentiments de mon cœur acquéraient une nouvelle puissance, mon existence intérieure devenait plus vive; jamais mon attachement pour Léonce n'avait eu plus d'empire sur moi, et jamais il n'avait été plus pur, plus dégagé des liens de la vie! Ma tête se pencha sur son épaule; il me répéta plusieurs fois avec crainte : « Mon amie! mon amie, souffrez-vous? » Je ne pouvais pas lui répondre, mon âme était presqu'à demi séparée de la terre; enfin les secours qu'on me donna me firent ouvrir les yeux, et me reconnaître entre ma sœur et Léonce.

Il me regardait en silence; sa délicatesse parfaite ne lui permettait pas de m'interroger sur ce qui l'occupait uniquement, dans un jour où ses soins pleins de bonté pouvaient lui donner de nouveaux droits; mais avais-je besoin qu'il me parlât pour lui répondre? « Léonce, lui dis-je en serrant ses mains dans les miennes, c'est à ma sœur que je remets le pouvoir de prononcer sur notre destinée; voyez-la demain, parlez-lui, et ce qu'elle décidera, je le regarde d'avance comme l'arrêt du ciel, j'y obéirai. — Qu'exigez-vous de moi? interrompit ma sœur. — Mon père, mon époux, mon protecteur revit en vous, lui dis-je; jugez de ma situation : vous connaissez maintenant Léonce, je n'ai plus rien à vous dire. » Ma sœur ne répondit point, Léonce se tut, et il me sembla que les plus profondes réflexions s'emparaient de lui; votre mari et M. de Valorbe nous rejoignirent, et nous revînmes tous à Paris. M. de Valorbe et M. de Lebensei causèrent ensemble pendant la route, sans que nous nous en mêlassions.

Quel usage Louise fera-t-elle des droits que je lui ai remis? peut-être prononcera-t-elle qu'il faut nous séparer! mais j'espère qu'elle me laissera encore un peu de temps, et si j'ai du temps, qui sait si je vivrai? Vous ne savez pas combien, dans de certaines situations, une grande maladie et la faiblesse qui lui succède donnent à l'âme de tranquillité. L'on ne regarde plus la vie comme une chose si certaine, et l'intensité de la douleur diminue avec l'idée confuse que tout peut bientôt finir; je m'explique ainsi le calme que j'éprouve, dans un moment où va se décider la résolution dont la seule pensée m'était si terrible. Je me refuse à souffrir : mes facultés ne sont plus les mêmes. Suis-je restée moi? hélas! sais-je si je ne sentirai pas toutes les douleurs que je crois émoussées!

Je vous écrirai ce qui sera prononcé sur mon sort; vous vous intéressez à mon bonheur, vous me l'avez dit, vous me l'avez prouvé de mille manières; jamais mon cœur n'aura rien de caché pour vous. Adieu; cette longue lettre m'a fatiguée; mais je voulais que vous fussiez présente à cette fête qui vous était due, car personne n'a plus contribué que vous à mon rétablissement.

LETTRE VI.

Mademoiselle d'Albémar à Delphine.

Paris, ce 8 juillet.

J'aime mieux vous écrire que vous parler, ma chère Delphine; je ne veux pas prolonger votre anxiété, et je ne me sens pas la force, ce soir, après les heures que je viens de passer avec Léonce, de soutenir une émotion nouvelle. Vous avez voulu que je fusse l'arbitre de votre sort; est-ce par faiblesse, est-ce par courage que vous l'avez souhaité? je n'en sais rien; mais quoi qu'il dût m'en coûter, je ne pouvais me résoudre à repousser votre confiance; et puisque j'ai fait de votre destinée la mienne, j'ai presque le droit d'intervenir dans la plus importante décision de votre vie.

Que vais-je vous dire cependant? je devrais avoir plus de force que vous, et je vous en montrerai peut-être moins; je devrais vous encourager dans le plus pénible effort, et je vais peut-être affaiblir les motifs qui vous en rendraient capable : j'aurai sûrement une conduite différente de celle que vous attendez; mais comme je me sacrifie moi-même au conseil que je vous donne, je suis sûre au moins que mon opinion n'est pas dirigée par ce qui entraîne les hommes au mal, l'intérêt personnel.

Il est possible que vous ayez en moi un mauvais guide; je connais peu le monde, et le spectacle des passions, tout à fait nouveau pour moi, ébranle trop fortement mon âme; mais enfin, après avoir observé Léonce, après l'avoir écouté longtemps, je ne me crois pas permis de vous conseiller de vous séparer de lui maintenant. La douleur excessive qu'il m'a montrée, la douleur la plus dévorante encore qu'il essayait en vain de contenir, les résolutions funestes que, dans les circonstances politiques où la France se trouve, vous pouvez seule l'empêcher d'adopter; tout m'effraye sur votre sort, si vous preniez un parti devenu trop cruel pour tous les deux. Delphine, après avoir laissé tant d'amour se développer dans le cœur de Léonce, il est du devoir d'une âme sensible de ménager avec les soins les plus délicats ce caractère passionné : je m'entends mal à déterminer les limites de l'empire entre la morale et l'amour, la destinée ne m'a point appris à les connaître ; mais il me semble qu'après le mariage de Léonce, il fallait vous séparer de lui, mais que vous ne devez pas maintenant briser son cœur en l'immolant tout à coup à des vertus *intempestives*.

Je ne sais si le charme de Léonce a exercé sur moi trop de puissance ; je le confesse, s'il existe une gloire pour les femmes hors de la route de la morale, cette gloire est sans doute d'être aimée d'un tel homme : ses qualités éminentes ne sont point un motif pour lui sacrifier vos principes, mais vous lui devez de chercher à les concilier avec son bonheur ; un caractère si remarquable impose des devoirs à tous ceux qui peuvent influer sur son sort. En vous parlant ainsi, croyez bien que je me suis imposé celui de ne pas vous quitter ; malgré mon éloignement pour Paris, je resterai jusqu'à ce que vous puissiez vous en aller avec moi sans exposer les jours de Léonce. Vous voulez m'arranger un appartement chez vous, je l'accepte : M. de Mondoville se soumet à ne vous voir qu'avec moi ; il proteste qu'après ce qu'il a craint, il sera heureux de votre seule présence, de votre entretien, de ce charme que vous savez répandre autour de vous, et dont je sens si bien la douce influence. Delphine, essayez ce nouveau genre de vie, il calmera par degrés la violence des sentiments de Léonce, et vous pourrez goûter un jour peut-être ensemble les pures jouissances de l'amitié.

Ce que je crois certain, au moins selon les lumières de ma raison, c'est qu'il serait mal de faire succéder tant de rigueur à tant de faiblesse, et de cesser tout à coup de voir Léonce, après six mois passés presque seule avec lui. Souffrez que je vous le dise, mon amie, la parfaite vertu préserve toujours de l'incertitude ; mais, quand on s'est permis quelques fautes, les devoirs se compliquent, les relations ne sont plus aussi simples, et il ne faut pas imaginer de tout expier par un sacrifice inconsidéré, qui déchirerait le cœur dont vous avez accepté l'amour. Si vous vous sépariez de Léonce avant d'avoir, s'il est possible, affaibli la douleur que cette idée lui cause, vous ne feriez qu'une action barbare autant qu'inconséquente, et vous le livreriez à un désespoir dont la cause serait la passion même que vous avez excitée.

En me permettant de prononcer un avis, que l'austère vertu condamnerait peut-être, j'ai réfléchi

sur moi-même ; il se peut que, n'ayant jamais été l'objet d'aucun sentiment d'amour, je sois moins accoutumée à résister à la pitié qu'il inspire ; il se peut que, n'ayant jamais eu à triompher de mon propre cœur, j'hésite à conseiller un sacrifice dont je n'ai jamais mesuré la force ; enfin, il se peut, surtout, qu'ayant passé ma triste vie sans avoir jamais été le premier objet des sentiments de personne, je tremble de briser l'image d'un tel bonheur, lorsqu'elle s'offre à moi : c'est à vous de juger des motifs qui ont influé sur mon opinion ; mais, quelles qu'en soient les causes, j'ai dû vous l'exprimer.

Convaincue, comme je le suis, que si, dans la disposition actuelle de Léonce, vous persistiez à vouloir le quitter, il s'exposerait à une mort inévitable, je ne puis vous engager à partir. Je souffrirais en vous donnant un tel conseil, comme si je faisais une action injuste et cruelle ; je ne vous le donnerai donc point.

LETTRE VII.

Delphine à madame de Lebensei.

Paris, ce 12 juillet.

Ma sœur a décidé que je ne devais pas partir ; Léonce a exercé sur elle cet ascendant irrésistible qui est peut-être aussi mon excuse ; enfin, j'avais promis de me soumettre à ce qu'elle prononcerait. Elle sacrifie ses goûts à mon bonheur, elle veut rester près de moi pour veiller sur mon sort. Les promesses de Léonce, les réflexions que j'ai faites pendant ma longue maladie, tout me répond de moi-même et de lui ; j'éprouve donc depuis quelques jours, ma chère Élise, un sentiment de calme assez doux : cependant, m'était-il permis de mettre ainsi l'opinion d'une autre à la place de ma conscience ? Je ne sais ; mais je n'avais plus la force de me guider, et j'éprouvais une telle anxiété, que peut-être je devais enfin compatir à moi-même, et chercher pour moi, comme pour un autre, une ressource quelconque, qui soulageât les maux que je ne pouvais plus supporter. Quand j'ai choisi pour arbitre l'âme la plus honnête et la plus pure, n'en ai-je pas assez fait ? que peut-on exiger de plus ?

Léonce était hier parfaitement heureux ; ma sœur nous regardait avec attendrissement ; il me semblait que nous goûtions les plaisirs de l'innocence ; ne peuvent-ils pas exister même dans notre situation, ou serait-ce encore une des illusions de l'amour ? J'ai néanmoins répété, en consentant à rester, que si Matilde exprimait de l'inquiétude sur ma présence, je partirais ; mais elle est venue me voir deux ou trois fois depuis ma convalescence, elle s'est fait écrire tous les jours chez moi quand j'étais malade, et je n'ai rien vu, ni dans ses manières, ni dans sa conduite, qui annonçât le plus léger changement dans ses dispositions pour moi ; elle a l'air de la tranquillité la plus parfaite. Je ne conçois pas comment l'on peut être la femme d'un homme tel que Léonce, l'aimer sincèrement, et n'éprouver ni des sentiments exaltés, ni l'inquiétude qu'ils inspirent.

Je ne veux point retourner à Bellerive, cette vie solitaire est trop dangereuse ; je crains d'ailleurs de m'être fait assez de mal dans la société en m'en éloignant. Léonce n'a vu personne encore depuis ma maladie : est-il sûr qu'il n'apprendra rien sur ce qu'on dit de moi qui puisse le blesser ? Hier, madame d'Artenas est venue me voir, j'étais seule ; il m'a semblé qu'il y avait dans sa conversation assez d'embarras ; elle me donnait des consolations, sans m'apprendre à quel malheur ces consolations s'adressaient ; elle m'assurait de son appui, sans me dire contre quel danger elle me l'offrait, et se répandait en idées générales sur la raison et la philosophie, d'une manière peu conforme à son caractère habituel. J'ai voulu l'engager à s'expliquer, elle m'a répondu vaguement que tout s'arrangerait quand je reparaîtrais dans le monde ; et ne voulant entrer dans aucun détail avec moi, elle m'a beaucoup pressé de venir chez elle. Telle que je connais madame d'Artenas, ses impressions viennent toutes de ce qu'elle entend dire dans les salons de Paris ; son univers est là, tout son esprit s'y concentre : elle a sur ce terrain assez d'indépendance et de générosité ; mais, n'ayant pas l'idée qu'on puisse trouver du bonheur, ou de la considération, hors de la bonne compagnie de France, elle vous plaint ou vous félicite d'après la disposition de cette bonne compagnie pour vous, comme s'il n'existait pas d'autre intérêt dans le monde. Je suis persuadée qu'elle aurait fini par me parler sincèrement, si ma sœur n'était pas arrivée ; mais elle a saisi ce prétexte pour partir, en me répétant avec amitié, qu'elle comptait sur moi tous les soirs où elle a du monde chez elle.

N'avez-vous rien appris, ma chère Élise, qui vous confirme les observations que j'ai faites sur madame d'Artenas ? Ce n'est pas à vous qui avez sacrifié l'opinion à l'amour, que je devrais montrer le genre d'inquiétude qu'elle me cause ; mais comment ne souffrirais-je pas de ce qui pourrait rendre Léonce malheureux ? Les affaires publiques dont votre mari s'occupe lui donnent plus de rapport que vous avec la société ; découvrez par lui,

je vous en conjure, tout ce qui me concerne, tout ce que Léonce ne manquera pas de savoir dès qu'il retournera dans le monde. Je ne puis interroger que vous sur un sujet si délicat ; on craint de montrer aux autres de l'inquiétude sur ce qu'on dit de nous, car il est bien peu de personnes qui ne tirent de ce genre de confidence une raison d'être moins bien pour celle qui la leur fait.

Mandez-moi donc ce que vous saurez, et pardonnez-moi cette lettre que votre parfaite amitié peut seule autoriser.

LETTRE VIII.

Delphine à madame de Lebensei.

Paris, ce 18 juillet.

Votre réponse, ma chère Élise, ne m'a point entièrement rassurée ; j'ai bien vu que votre intention était de me calmer, mais la vérité de votre caractère ne vous l'a pas permis ; et vous savez, j'en suis sûre, ce que je n'ai que trop remarqué dans le monde, depuis que j'ai essayé d'y retourner. Certainement, ma position n'y est pas entièrement la même ; je n'y suis pas mal encore, mais je ne me sens plus établie dans l'opinion d'une manière aussi sûre ni aussi brillante qu'auparavant.

Hier, par exemple, j'ai été chez madame d'Artenas ; comme ma belle-sœur a une répugnance invincible pour se montrer, je ne la priai pas de m'accompagner : en arrivant, je vis quelques voitures des femmes de ma connaissance qui me suivaient, et, presque sans y réfléchir, je restai sur l'escalier assez de temps pour entrer avec elles : autrefois il me plaisait assez d'arriver seule ; une inquiétude vague m'empêchait hier de le désirer. On me témoigna presque le même empressement qu'à l'ordinaire ; j'étais loin cependant de goûter dans cette société un plaisir égal à celui que j'y trouvais autrefois.

Je mettais de l'importance à tout ; les politesses de madame d'Artenas me semblaient plus marquées, comme si elle avait cru nécessaire de me rassurer, et d'indiquer aux autres la conduite que l'on devait tenir envers moi ; la froideur de quelques femmes, dont je ne me serais pas occupée dans un autre temps, cette froideur qui peut-être était causée par des circonstances étrangères à celles qui m'occupaient, m'inquiétait tellement, que je ne pouvais plus me livrer, comme je le faisais jadis si volontiers, au mouvement de la conversation ; elle n'était plus pour moi un amusement, un repos agréable et varié ; je faisais des observations sur chaque parole, sur chaque mouvement, comme un ambitieux au milieu d'une cour. En effet, celui dont je dépends n'y était-il-pas! il me semblait que je voyais quelques nuances d'embarras dans la figure de Léonce; il avait plus de prudence dans sa conduite, il cherchait à mieux cacher son sentiment : enfin, ce n'était pas encore la peine, mais tous les présages qui l'annoncent.

Dès mon enfance, accoutumée à ne rencontrer que les hommages des hommes et la bienveillance des femmes, indépendante par ma situation et ma fortune, n'ayant jamais eu l'idée qu'il pût exister entre les autres et moi d'autres rapports que ceux des services que je pourrais leur rendre, ou de l'affection que je saurais leur inspirer, c'était la première fois que je voyais la société comme une sorte de pouvoir hostile, qui me menaçait de ses armes si je le provoquais de nouveau.

Je n'ai pas besoin de vous dire, ma chère Élise, qu'aucune de ces réflexions n'approcherait de mon esprit, si je n'attachais le plus grand prix à conserver aux yeux de Léonce cet éclat de réputation qui lui plaît, et dont il aime à jouir. Dès l'instant où la société m'aurait été moins agréable, je m'en serais éloignée pour toujours, et je ne suis pas assez faible pour m'affliger de la défaveur de l'opinion, avec un caractère qui me porte naturellement à ne pas la ménager ; mais ce qu'il y a de pénible dans ma situation, c'est que mon sentiment pour Léonce m'expose au blâme, et que l'objet pour qui je braverais ce blâme avec joie, y est mille fois plus sensible que moi-même. Néanmoins, depuis cette soirée de madame d'Artenas, je n'ai rien aperçu dans la manière de mon ami qui me fît croire à la moindre inquiétude de sa part; je n'aurais pu la soupçonner qu'aux expressions plus aimables encore et plus sensibles qu'il m'adressait le lendemain.

M. de Mondoville ira sûrement bientôt à Cernay ; en voyant tous les jours chez moi M. de Lebensei, pendant ma maladie, il a perdu les préventions politiques qui l'éloignaient de lui, et s'est pénétré d'estime pour son caractère, et d'admiration pour son esprit; il a pour vous, vous le savez, ma chère Élise, la plus sincère amitié : si par un mot de lui vous apprenez qu'il soit inquiet de ma situation dans le monde, instruisez-m'en, je vous en conjure, sans ménagement : c'est le seul sujet sur lequel Léonce ne me parlerait pas avec une confiance absolue; jugez donc, ma chère Élise, combien il m'importe qu'à cet égard vous ne me laissiez rien ignorer.

LETTRE IX.

Delphine à madame de Lebensei.

Paris, ce 1er août.

Léonce ne vous a rien dit, je n'ai rien su de nouveau par madame d'Artenas ni par personne. J'espère donc que mon imagination m'avait un peu exagéré ce que je craignais : mais dès qu'une inquiétude cesse, une autre prend sa place; il semble qu'il faut toujours que la faculté de souffrir soit exercée.

Les assiduités de M. de Valorbe commencent à déplaire visiblement à Léonce, et sa condescendance pour ma sœur est, à cet égard, presque entièrement épuisée. Je ne sais comment écarter M. de Valorbe, sans qu'il m'accuse de la plus indigne ingratitude, et vous jugerez vous-même si, d'après ce qui vient de se passer, je ne dois pas chercher un prétexte quelconque pour cesser de le voir. Il a été trouver ma sœur avant-hier, et lui a déclaré qu'il avait découvert mon attachement pour Léonce. Son premier mouvement, a-t-il dit, avait été de se battre avec lui; mais réfléchissant que c'était un moyen sûr de me perdre, il avait trouvé plus convenable de m'arracher au sentiment qui compromettait ma réputation, ma morale et mon bonheur. Il venait donc conjurer ma sœur de me décider à l'épouser : c'est un singulier rapprochement d'idées, que celui qui conduit un homme à désirer d'autant plus de se marier avec moi, qu'il se croit plus certain que j'en aime un autre. Mais tel est M. de Valorbe; son amour-propre serait flatté d'obtenir ma main, il le serait d'autant plus qu'il croirait remporter ainsi un triomphe sur Léonce, dont la supériorité l'importune ; et, quoiqu'il m'aime réellement, il s'inquiète moins de mes sentiments pour lui que de la préférence extérieure qu'il voudrait que je lui accordasse. C'est un homme qui apprend des autres s'il est heureux, et qui a besoin d'exciter l'envie pour être content de sa situation; son orgueil combat et détruit tout ce qu'il a d'ailleurs de bonnes qualités, et je le redoute beaucoup, maintenant que je suis obligée de le blesser par un refus positif.

Je répétais depuis plusieurs jours à ma sœur combien je craignais qu'elle ne se repentît elle-même d'avoir amené si souvent M. de Valorbe chez moi, lorsque ce matin elle est venue, ce qui vous étonnera peut-être assez, me proposer sérieusement de l'épouser; elle m'a d'abord assuré qu'il m'aimait avec idolâtrie, et que la plupart des défauts que je lui trouvais dans le monde, tenaient à l'embarras de sa situation vis-à-vis de moi. « C'est un homme, m'a-t-elle dit, que le succès et le bonheur rendront toujours très-bon : je ne réponds pas de lui dans l'adversité ; mais comme il en serait à jamais préservé s'il vous épousait, ma chère Delphine, vous pourriez compter sur ce qu'il y a d'honnête dans son caractère. Sans doute, après avoir aimé Léonce, vous n'éprouverez jamais un sentiment vif pour personne ; mais dans un mariage de raison, vous pouvez goûter la douceur d'être mère ; et croyez-moi, ma chère amie, il est si difficile d'avoir pour époux l'homme de son choix, il y a tant de chances contre tant de bonheur, que la Providence a peut-être voulu que la félicité des femmes consistât seulement dans les jouissances de la maternité ; elle est la récompense des sacrifices que la destinée leur impose, c'est le seul bien qui puisse les consoler de la perte de la jeunesse. »

Je vous l'avouerai, ma chère Élise, j'étais presque indignée que ma sœur, qui avait elle-même reconnu que je ne pouvais, sans barbarie, me séparer de Léonce, vînt me proposer de le trahir. Comme j'exprimais ce sentiment avec assez de vivacité, elle m'interrompit pour me soutenir qu'elle m'offrait l'unique moyen de rendre Léonce à ses devoirs, aux intérêts naturels de sa vie ; elle assura que tant que je serais libre, il ne ferait aucun effort sur lui-même pour renoncer à moi. Elle me dit enfin tout ce qu'on dit dans une semblable situation, quand, avec une âme tendre, on ne peut néanmoins concevoir une passion qui tient lieu de tout dans l'univers ; une passion sans laquelle il n'existe ni jouissances, ni espoir, ni considérations tirées de la raison ou de la sensibilité commune, qu'on ne rejette intérieurement avec mépris : mais il est doux de se livrer à ce mépris que l'on prodigue au fond de son cœur à tous les rivaux de celui qu'on aime.

La conversation finit bientôt sur ce sujet ; quelques paroles de moi donnèrent promptement à ma sœur l'idée d'une résistance telle, qu'aucune force humaine ne pourrait imaginer de la vaincre, et je ne songeai plus qu'à supplier Louise d'éloigner M. de Valorbe. Elle me promit de s'en occuper, mais elle en conçoit peu d'espérance, soit à cause de l'entêtement qui le caractérise, soit parce qu'elle se sent faible contre un homme qui a été le sauveur de son frère.

Demandez à M. de Lebensei, ma chère Élise, quel conseil il pourrait me donner pour sortir de cette perplexité. Il connaît M. de Valorbe, car ils causent souvent de politique ensemble. Quoique M. de Valorbe soit dans le fond du cœur ennemi de la révolution, il a en même temps la prétention de passer pour philosophe, et se donne beaucoup de peine pour expliquer à votre mari, que c'est comme homme d'État qu'il soutient les préjugés, et comme penseur qu'il les dédaigne. M. de Lebensei ne voit dans cette profondeur que de l'inconséquence, et M. de Valorbe sourit alors comme si votre mari faisait semblant de ne pas l'entendre, et qu'ils fussent deux augures, dont l'un voudrait avoir l'air de ne pas comprendre l'autre. Dans toute autre disposition je m'amuserais de ces discussions, entre M. de Valorbe qui voudrait se faire admirer des deux partis, et votre mari qui ne pense qu'à soutenir ce qu'il croit vrai ; entre M. de Valorbe qui feint de mépriser les hommes, pour cacher l'importance qu'il met à leurs suffrages, et votre mari qui, étant indifférent à l'opinion de ce qu'on appelle le monde, n'a point de misanthropie, parce qu'il n'y a jamais de mécompte dans ses prétentions et ses succès. Mais ce qui m'importe, c'est de savoir si M. de Lebensei n'a point découvert dans tout le jeu de l'amour-propre de M. de Valorbe, quelque moyen de l'attacher à une idée, à un intérêt qui le détournât de son acharnement à s'occuper de moi.

Je suis extrêmement inquiète des événements que peuvent amener la fierté de Léonce et l'amour-propre de M. de Valorbe ; quand il voit M. de Mondoville, il est contenu par cette dignité de caractère qui rend impossible aux ennemis mêmes de Léonce de lui manquer en présence ; mais il s'indigne en secret, j'en suis sûre, de l'impression involontaire que Léonce lui fait éprouver ; et l'effort dont il aurait besoin pour se révolter contre le respect importun qui l'arrête, pourrait l'emporter d'autant plus loin. Encore une fois, ma chère Élise, consultez pour moi votre mari, dans cette situation délicate, et gardez-vous de laisser apercevoir à Léonce ce que je viens de vous confier sur M. de Valorbe.

LETTRE X.

Delphine à madame de Lebensei.

Paris, ce 7 août, à 11 heures du matin.

Mon Dieu ! combien mes craintes étaient fondées ! j'envoie chez vous, à l'insu de Léonce, pour supplier M. de Lebensei de venir ; je vous écris pendant que mon valet de chambre cherche un cheval pour aller à Cernay. Instruisez votre mari de tout, remettez-lui ma lettre pour qu'il la lise, et qu'il voie si, avant même de venir chez moi, il ne pourrait pas prendre un parti qui nous sauvât. Fatal événement ! Ah ! le sort me poursuit.

Hier, Léonce me dit qu'il devait y avoir une grande fête chez une de ses parentes qui demeure dans la même rue que moi ; il ajouta qu'il croyait nécessaire d'y aller, afin de ne pas trop faire remarquer son absence du monde. Il m'était revenu le matin même, que M. de Valorbe parlait avec assez de confiance de ses prétentions sur moi, et je craignais qu'on n'en informât Léonce dans cette assemblée, où il devait trouver tant de personnes réunies ; mais comme je ne pouvais lui donner aucun motif raisonnable pour s'y refuser, je me tus ; et ma sœur approuvant Léonce, il me quitta de bonne heure pour chercher un de ses amis qu'il conduisait à cette fête. Un quart d'heure après, M. de Valorbe arriva chez moi assez troublé, et nous apprit que, s'étant mêlé d'une manière imprudente de ce qui concernait le départ du roi, il avait reçu l'avis à l'instant qu'un mandat d'arrêt était lancé contre lui, et devait s'exécuter dans quelques heures. Il venait me demander de se cacher chez moi cette nuit même, et me prier d'obtenir de votre mari qu'il tâchât de lui faire avoir un moyen de partir aujourd'hui pour son régiment, et d'y rester jusqu'à ce que son affaire fût apaisée.

Vous sentez, ma chère Élise, s'il était possible d'hésiter : un asile peut-il jamais être refusé! je l'accordai ; il fut convenu que ma sœur, qui logeait encore dans l'appartement d'une de ses parentes, où elle était descendue en arrivant, resterait ce soir chez moi ; que M. de Valorbe viendrait dans ma maison lorsque tous mes gens seraient couchés, et qu'Antoine seul veillerait pour l'introduire secrètement. Il n'était encore que huit heures du soir ; M. de Valorbe devait aller terminer quelques affaires essentielles chez son notaire, et y rester le plus tard qu'il pourrait, pour attendre l'heure convenue. Tout ce qui concernait la sûreté de M. de Valorbe étant ainsi réglé, il partit, après m'avoir témoigné beaucoup plus de reconnaissance que je n'en méritais, puisque j'ignorais alors ce qu'il allait m'en coûter.

Je me hâtai de rentrer chez moi pour écrire à Léonce, sous le sceau du secret, ce qui venait de se passer ; je n'avais point d'autre motif, en le lui mandant, que de l'instruire avec scrupule de toutes les actions de ma vie ; j'ordonnai cependant qu'on remît avec soin ma lettre au cocher qui devait aller le chercher dans la maison où il soupait, si par hasard il y était déjà. Je m'endormis parfaitement tranquille, assurée que j'étais de l'approbation de Léonce pour une action généreuse, alors même que son rival en était l'objet.

Ce matin, mademoiselle d'Albémar est entrée dans ma chambre, et j'ai compris à l'instant même, en la voyant, qu'elle avait à m'annoncer un grand malheur. « Qu'est-il arrivé? me suis-je écriée avec effroi. — Rien encore, me dit-elle ; mais écoutez-moi, et voyez si vous avez quelques ressources contre le cruel événement qui nous menace. » Alors elle m'a raconté qu'elle avait découvert, par quelques mots de M. de Valorbe, qu'il avait rencontré Léonce cette nuit même ; mais comme il ne voulait pas lui confier ce qui s'était passé, elle a écrit à huit heures du matin à M. de Mondoville, de manière à lui faire croire qu'elle savait tout, et qu'il était inutile de lui rien cacher. Sa réponse contenait les détails que je vais vous dire.

Hier, en sortant du bal, Léonce, impatienté de ce que la foule empêchait sa voiture d'avancer, se décida à l'aller chercher à pied au bout de la rue ; il éprouvait, il en convient, beaucoup d'humeur de ce que diverses personnes lui avaient annoncé mon mariage avec M. de Valorbe comme très-probable. Dans cette disposition, cependant, il se faisait plaisir encore, dit-il, de revoir ma maison pendant mon sommeil, et choisit à dessein le côté de la rue qui le faisait passer devant ma porte ; il était alors une heure du matin. Par un funeste hasard, au moment où il approchait de chez moi, M. de Valorbe se dérobant avec soin à tous les regards, enveloppé de son manteau, se glisse le long du mur, frappe à ma porte, et dans l'instant on l'ouvre pour le recevoir. Léonce reconnut Antoine, qui tenait une lumière pour éclairer à M. de Valorbe. Léonce l'a dit, je le crois, il ne lui vint pas seulement dans la pensée que je pusse être d'accord avec M. de Valorbe ; mais convaincu que sa conduite avait pour but quelques desseins infâmes, il s'élança sur lui avant qu'il fût entré chez moi, le saisit au collet, et le tirant violemment loin de la porte, il lui demanda avec beaucoup de hauteur quel motif le conduisait, à cette heure et ainsi déguisé, chez madame d'Albémar. M. de Valorbe irrité refusa de répondre ; Léonce, dans le dernier degré de la colère, le saisit une seconde fois, et lui dit de le suivre, avec les expressions les plus méprisantes. M. de Valorbe était sans armes, la crainte d'être découvert lui revint à l'esprit ; il répondit avec assez de calme à M. de Mondóville : « Vous ne doutez pas, je le pense, monsieur, qu'après l'insulte que vous m'avez faite, votre mort ou la mienne ne doive terminer cette affaire ; mais je suis menacé d'être arrêté cette nuit pour des raisons politiques ; c'est afin de me soustraire à ce danger, que madame d'Albémar m'a accordé un refuge; sa belle-sœur est venue s'établir chez elle ce soir même, pour m'autoriser, par sa présence, à profiter de la générosité de madame d'Albémar; je crains d'être poursuivi si ma retraite est connue; remettons à demain une satisfaction qui, certes, m'intéresse plus que vous. » A ces mots, Léonce confus couvrit ses yeux de sa main, et se retira sans rien dire. A quelques pas de là, il retrouva ses gens, on lui remit ma lettre, et il confesse qu'il fut très-honteux, en la lisant, de son impétuosité; mais il déclare en même temps, à ma belle-sœur, qu'il ne faut pas penser à en prévenir les suites.

Lorsque mademoiselle d'Albémar fut instruite de tout, elle en parla à M. de Valorbe; il lui parut mortellement offensé, et n'admettant pas l'idée qu'une réconciliation fût possible. Cependant, il est certain que personne n'a été témoin de l'emportement de Léonce; votre mari ne peut-il pas être médiateur entre M. de Valorbe et M. de Mondoville? s'il obtient un passe-port pour M. de Valorbe, un pareil service ne lui donnera-t-il aucun empire sur lui?

Léonce doit venir me voir tout à l'heure; mais puis-je me flatter du moindre pouvoir sur sa conduite, dans une semblable question? cependant je lui parlerai, je conserve encore du calme: savez-vous ce qui m'en donne? c'est la certitude de ne pas survivre un jour à Léonce; le ciel même ne l'exigerait pas de moi! Mais est-ce assez de cette certitude pour supporter le malheur qui me menace? s'il perdait cette vie dont il fait un si noble usage, si son amour pour moi lui ravissait tant de jours de gloire et de bonheur, que la nature lui avait destinés, si sa mère redemandait son fils en maudissant ma mémoire! O Élise, Élise, les douleurs que j'éprouve, vous ne les avez jamais senties; et moi qui ai tant versé de pleurs, que j'étais loin d'avoir l'idée de ce que je souffre! Antoine arrive, il va partir· au nom du ciel, ne perdez pas un moment!

LETTRE XI.

Delphine à madame de Lebensei.

Paris, ce 8 août.

Mes craintes sont dissipées; je dois beaucoup à votre mari, à M. de Valorbe lui-même: il est parti, tout est apaisé; mais suis-je contente de ma conduite? ce jour n'aura-t-il point de funestes effets? Que puis-je me reprocher cependant, quand la vie de Léonce était en danger? Votre mari reste encore ici jusqu'à demain, ce sera moi qui vous apprendrai tout ce que votre Henri a fait pour nous; mais que jamais un seul mot de vous, ma chère Élise, ne trahisse les secrets que je vais vous confier.

Hier matin, Léonce arriva comme je venais de vous envoyer ma lettre; il y avait un peu d'embarras dans l'expression de son visage. Je me hâtai de lui dire que s'il s'était mêlé le moindre soupçon sur moi à son emportement contre M. de Valorbe, jamais je n'aurais pu retrouver aucun bonheur dans notre sentiment mutuel; mais je le conjurai d'examiner s'il voulait perdre un homme proscrit, qui pouvait être obligé de quitter la France, et que l'éclat d'un duel ferait nécessairement découvrir. « Ma chère Delphine, me répondit Léonce, c'est moi qui ai insulté M. de Valorbe, lui seul a droit d'être offensé, je ne puis l'être, et ma volonté, dans cette affaire, doit se borner à lui accorder la satisfaction qu'il me demandera. — Quoi! lui dis-je, quand de votre propre aveu vous avez été injuste et cruel, croyez-vous indigne de vous de le réparer? Je ne sais, me dit-il, ce que M. de Valorbe entendrait par une réparation; comme il est malheureux dans ce moment, je pourrais me croire obligé d'être plus facile; mais cette réparation, je ne puis la donner que tête à tête: nous étions seuls, du moins je le crois, lorsque j'ai eu le tort d'offenser M. de Valorbe; mais trouvera-t-il que ce soit une raison pour se contenter d'excuses faites aussi sans témoins? je l'ignore. A sa place, rien ne me suffirait; à la mienne, ce que je puis tient à de certaines règles que je ne dépasserai point. — Indomptable caractère! lui dis-je alors avec une vive indignation, vous n'avez pas encore seulement daigné penser à moi; doutez-vous que le sujet de cette querelle ne soit bientôt connu, et qu'il ne me perde à jamais? — Le secret le plus profond, interrompit-il... — Ignorez-vous, repris-je, qu'il n'y a point de secret? mais je n'insisterai pas sur ce motif, c'est à vous et non à moi de le peser: sans doute, si vous triomphez, je suis déshonorée; si vous périssez, je meurs; mais l'intérêt supérieur à ces intérêts, c'est le remords que vous devez éprouver, si vous ne respectez pas la situation de M. de Valorbe; pouvez-vous vous battre avec lui, quand il doit se cacher, quand vous faites connaître ainsi sa retraite, quand vous le livrez aux tribunaux dans ces temps de trouble où rien ne garantit la justice; le pouvez-vous? — Ma chère Delphine, répondit Léonce plus ému qu'incertain, je vous le répète, c'est moi qui ai tort envers M. de Valorbe, je n'ai rien à faire qu'à l'attendre : la générosité ne convient pas à celui qui a offensé ; c'est à M. de Valorbe à se décider ; je lui dirai, s'il le veut, tout ce que je dois lui dire ; il jugera si ce que je puis est assez. »

Dans ce moment, M. de Lebensei entra ; Antoine l'avait rencontré à la barrière, il avait ordre de remettre ma lettre à l'un de vous deux ; votre excellent Henri la lut, et ne perdit pas un instant pour se rendre chez moi ; je lui répétai ce que je venais de dire ; Léonce gardait le silence. « Il faut d'abord, dit M. de Lebensei, que je m'informe des accusations qui peuvent exister contre M. de Valorbe : s'il est vraiment en danger, il importe de le mettre en sûreté. M. de Mondoville souhaite certainement avant tout, que M. de Valorbe ne soit pas exposé à être arrêté.—Sans doute, répliqua Léonce, mes torts envers lui m'imposent de grands devoirs ; si je puis le servir, je le ferai avec zèle : mais vous me permettrez, dit-il plus bas à M. de Lebensei, de vous parler seul quelques instants.—D'où vient ce mystère ? m'écriai-je ; Léonce, suis-je indigne de vous entendre sur ce que vous croyez votre honneur ? ne s'agit-il pas de ma vie comme de la vôtre ? et pensez-vous que, si véritablement votre gloire était compromise, je ne trouverais pas, dans la résolution où je suis de mourir avec vous, la force de consentir à tous vos périls ? Mais encore une fois, vous avez été souverainement injuste envers M. de Valorbe ; il est proscrit ; à ce titre, votre inflexible fierté devrait plier. — Eh bien, reprit Léonce, je ne dirai rien à M. de Lebensei que vous ne l'entendiez ; je ne puis d'ailleurs lui rien apprendre sur la conduite que je dois tenir ; ce qu'il ferait, je le ferai.—Je demande, reprit M. de Lebensei, que l'on attende les informations que je vais prendre sur tout ce qui concerne la situation de M. de Valorbe ; dans peu d'heures je la connaîtrai. »

M. de Lebensei nous quitta pour s'en occuper ; mais en partant, il me dit : « M. de Mondoville a raison à quelques égards, c'est M. de Valorbe qui doit décider de cette affaire ; voyez-le vous-même ce matin, essayez de le calmer. » Je voulais à l'instant même passer dans l'appartement de ma belle-sœur, où je devais trouver M. de Valorbe. Léonce me retint, et me dit : « La pitié que m'inspire un homme malheureux, les torts que j'ai eus envers lui, la crainte de vous compromettre, tous ces motifs mettent obstacle à la conduite simple qu'il est si convenable de suivre dans de semblables occasions ; mais, je vous en conjure, mon amie, ne vous permettez pas en mon absence un mot que je fusse forcé de désavouer : songez

que l'on pourra croire que j'approuve tout ce que vous direz, et soyez plus fière que sensible, quand il s'agit de la réputation de votre ami. Je ne vous rappellerai point que je la préfère à ma vie, je rougirais d'avoir besoin de vous l'apprendre ; mais quand votre sublime tendresse confond vos jours avec les miens, j'ose d'autant plus compter sur l'élévation de votre conduite ; mon honneur sera le vôtre, et pour votre honneur, Delphine, vous ne craindriez point la mort. Adieu ; il faut que je vous quitte, je dois rester chez moi tout le jour, pour y attendre des nouvelles de M. de Valorbe. » Il y avait tant de calme et de fierté dans l'accent de Léonce, qu'un moment il me redonna des forces ; mais elles m'abandonnèrent bientôt quand j'entrai chez ma belle-sœur et que j'y vis M. de Valorbe.

Louise se retira dans son cabinet pour nous laisser seuls ; je ne savais de quelle manière commencer cette conversation : M. de Valorbe avait l'air tout à fait résolu à l'éviter ; j'hésitais si je devais essayer de lui parler avec franchise de mes sentiments pour Léonce ; quoiqu'il les connût, je craignais qu'il ne se blessât de leur aveu. Je hasardai d'abord quelques mots sur les regrets qu'avait éprouvés M. de Mondoville, lorsqu'il avait appris la situation fâcheuse dans laquelle M. de Valorbe se trouvait. Il répondit à ce que je disais d'une manière générale, mais sans prononcer un seul mot qui pût faire naître l'entretien que je désirais ; et lui, qui manque souvent de mesure quand il est irrité, s'exprimait avec un ton ferme et froid qui devait m'ôter toute espérance. Je sentais néanmoins que la résolution de M. de Valorbe pouvait dépendre de l'inspiration heureuse qui me ferait trouver le moyen de l'attendrir. Il existait sans doute ce moyen, j'implorais les lumières de mon esprit pour le découvrir, et plus j'en avais besoin, plus je les sentais incertaines. Assez de temps se passa sans même que M. de Valorbe me permît de commencer ; il détournait ce que je voulais lui dire, m'interrompait, et repoussait de mille manières le sujet dont j'avais à parler : j'éprouvais une contrainte douloureuse qu'il avait l'art de prolonger. Enfin, je me décidai à lui représenter d'abord le tort irréparable que me ferait l'éclat d'un duel, et lui demandai s'il était juste que le sentiment qui m'avait portée à lui donner un asile, fût si cruellement puni. Il sortit alors un peu de ses phrases insignifiantes pour me répondre, et me dit que la cause de sa querelle avec M. de Mondoville ne pouvait avoir été entendue que par un homme qu'il avait cru remarquer près de là, mais qu'il ne connaissait pas. Je me hâtai de lui dire ce que je croyais alors, et ce dont M. de Mondoville était persuadé comme moi, c'est que cet homme était un de ses gens qui s'approchait de lui pour lui annoncer sa voiture, et qui n'avait pas eu la moindre idée de ce qui s'était passé. M. de Valorbe parut réfléchir un moment à cette réponse, et me dit ensuite : « Eh bien, madame, si personne ne nous a ni vus, ni entendus, vous ne serez point compromise, quoi qu'il puisse arriver entre M. de Mondoville et moi. » Je n'avais pas prévu ce raisonnement, et je crois encore ce que je soupçonnai dans le moment même, c'est que M. de Valorbe eut besoin de se recueillir pour ne pas me laisser apercevoir qu'il était adouci par l'idée que personne n'avait été témoin de sa querelle avec Léonce : néanmoins, quelle que fût la pensée qui traversa son esprit, il voulut rompre la conversation, et se leva pour appeler mademoiselle d'Albémar.

Elle vint ; je ne savais plus que devenir, un froid mortel m'avait saisie ; je voyais devant moi celui qui voulait tuer ce que j'aime, et ma langue se glaçait quand je voulais l'implorer. Un billet de votre mari me fut apporté dans cet instant ; il me disait qu'il était vrai que les charges contre M. de Valorbe étaient très-sérieuses, qu'il importait extrêmement qu'il quittât Paris sans délai, et que ce soir à la nuit tombante il lui apporterait un passe-port sous un faux nom, qui lui permettrait de s'éloigner : il se flattait ensuite de parvenir à faire lever le mandat d'arrêt de M. de Valorbe ; mais il insistait beaucoup sur l'importance dont il était pour lui de n'être pas pris dans ce moment de fermentation. Je me hâtai de donner ce billet à M. de Valorbe, et j'eus tort de ne pas lui cacher le mouvement d'espoir que j'éprouvais, car il s'en aperçut ; et s'offensant de ce que je pouvais supposer que les dangers dont on le menaçait auraient de l'influence sur lui, il rentra dans sa chambre précipitamment, et en sortit peu d'instants après, avec une lettre pour M. de Mondoville ; il la remit à un de mes gens, et lui dit assez haut pour que je l'entendisse, de la porter à son adresse. Il revint ensuite vers nous ; ma pauvre belle-sœur était tremblante, et je me soutenais à peine.

On annonça qu'on avait servi ; nous allâmes à table tous les trois ; M. de Valorbe nous regardait tour à tour Louise et moi, et le spectacle de notre douleur lui donnait assez d'émotion, quoiqu'il fît des efforts pour la surmonter : il parla sans cesse pendant le dîner avec plus d'activité peut-être qu'on n'en a dans une résolution calme et positive ; il s'exaltait d'une manière extraordinaire, par ses propres discours et par le vin qu'il prenait : nous

étions devant lui immobiles et pâles, sans prononcer un seul mot ; nous sortîmes enfin de ce supplice. Quel repas, juste ciel ! c'était le banquet de la mort ; il parut lui-même presque honteux du rôle qu'il venait de jouer, et se sentit le besoin de s'en excuser.

« Vous m'avez secouru, me dit-il, et je vous afflige ; mais jamais affront plus sanglant ne mérita la vengeance d'un honnête homme ! » A ces mots, qui semblaient m'offrir au moins l'espoir d'être écoutée, j'allais répondre, il m'arrêta ; et, se livrant alors à son goût naturel pour produire de grands effets, il me dit : « Tout est décidé. J'ai écrit à M. de Mondoville ; le rendez-vous est donné, ici même, à six heures ; nous partirons ensemble, nous nous arrêterons dans la forêt de Senars, à dix lieues de Paris : là, l'un de nous doit périr. Si M. de Mondoville meurt, je continuerai ma route avant d'être reconnu ; si c'est moi, il reviendra vers vous. Maintenant, vous le voyez, les paroles irrévocables sont dites ; rentrez dans votre appartement, et souhaitez qu'il me tue ; vous n'avez plus que cet espoir. » Au moment où il me disait ces effroyables paroles, la pendule avait déjà sonné cinq heures, son aiguille marchait vers le moment fixé. L'exactitude de Léonce n'était pas douteuse. Ce départ, cette forêt, les paroles sanglantes de M. de Valorbe, tout ajoutait à l'horreur du duel. Ce que je craignais il y avait quelques heures ne pouvait se comparer encore à l'effroi dont j'étais pénétrée : ma tête s'égarait entièrement ; la mort, la mort certaine de Léonce était devant mes yeux, et son meurtrier me parlait.

Je ne sais quels cris de douleur échappèrent de mon sein ; ils excitèrent dans le cœur de M. de Valorbe un mouvement impétueux qui le précipita à mes pieds. « Quoi ! me dit-il, vous aimez Léonce, et vous espérez que je ménagerai sa vie ! Je rends grâce au ciel de l'insulte qu'il m'a faite, elle me permet de punir une autre offense, et c'est pour celle-là, oui, c'est pour celle-là, dit-il avec un frémissement de rage, que je suis avide de son sang. — Dieu ! qu'avez-vous fait, m'écriai-je, des sentiments de générosité qui vous méritaient une si haute estime ? pouvez-vous souhaiter de m'épouser quand mon cœur n'est pas libre ? — Oui, dit-il, je le souhaite encore ; le temps vous éclairerait sur les sentiments que vous nourrissez au fond du cœur ; vous respecteriez vos devoirs envers moi. Vous avez des qualités si douces et si bonnes que, si j'étais votre époux, même avant d'avoir obtenu votre amour, je serais le plus heureux des hommes : mais non, il vous faut des victimes ; vous n aurez, l'heure approche : quand le temps aura prononcé, vous ne serez plus écoutée. » Élise, ne frémissez-vous pas pour votre malheureuse amie? Ia tête s'égarait; je suppliai M. de Valorbe, je le rois, avec un accent, avec des paroles de flamme; il repoussa tout, occupé d'une seule idée qui lui evenait sans cesse. « Que ferez-vous pour moi, s'écriait-il, si je suis déshonoré, si l'on sait l'ou-rage que j'ai reçu?—Rien ne sera connu, répé-ai-je, rien!—Et si cette espérance est trompée, dites-moi, s'écria-t-il avec fureur, dites-moi, vous qui ne m'offrez pas de l'amour, comment vous fe-rez pour que je supporte la honte!—Jamais elle ne vous atteindra, repris-je; mais si quelque peine pouvait résulter pour vous du sacrifice que vous n'auriez fait, le dévouement de ma vie entière, reconnaissance, amitié, fortune, soins, tout ce que je puis donner est à vous.—Tout ce que vous pouvez donner, créature enchanteresse, interrom-pit-il; c'est toi qu'il faut posséder; tu pourrais seule faire oublier même le déshonneur! Tu as peur du sang, tu veux écarter la mort..... eh bien, eh bien, jure que je serai ton époux, cette gloire, cette ivresse..... »

En disant ces mots il me saisissait la main avec transport; six heures sonnèrent, une voiture s'ar-rêta à la porte, il ne restait plus qu'un instant pour éviter le plus grand des malheurs; tout ce qu'avait dit M. de Valorbe me persuadait que sa résolution n'était pas inébranlable, mais que ja-mais il n'y renoncerait si je n'offrais pas un pré-texte quelconque à son amour-propre : il reprit avec plus d'instance en voyant que je me taisais, et me dit : « Permettez-moi de prendre ce silence pour une réponse favorable; elle restera secrète entre nous; je vous laisserai du temps, je n'abuse-rai point tyranniquement d'un consentement ar-raché par le trouble.... » Le bruit de la voiture de Léonce entrant dans la cour se fit entendre; je puis à peine me rappeler ce qui se passait en ce moment dans mon âme bouleversée, mais il me semble que je pensai qu'un scrupule insensé pou-vait seul m'engager à parler, quand peut-être il suffisait de me taire pour sauver Léonce. La veille même, madame d'Artenas m'avait vivement gron-dée de ce qu'elle appelait mes insupportables qua-lités, qui m'exposaient à tous les malheurs, sans me permettre jamais la moindre habileté pour m'en tirer; ses conseils me revinrent, je condam-nai mon caractère, je m'ordonnai d'y manquer; enfin surtout, enfin les paroles qui exposaient les jours de Léonce ne pouvaient sortir de ma bouche. M. de Valorbe s'écria avec transport qu'il me re-

merciait de mon silence; je ne le désavouai point. Je le trompai donc; oui, grand Dieu! c'est la pre-mière fois que la dissimulation a souillé mon cœur! Léonce parut!....

Quelle impression sa présence produisit sur tout ce qui était dans la chambre! Ma bonne sœur dé-tourna la tête pour lui cacher ses pleurs; M. de Valorbe se hâta de recomposer son visage, et moi, qui ne savais pas si je venais de sauver ce que j'aime, ou seulement de me rendre indigne de lui, je pouvais à peine me soutenir. M. de Mondoville voulant abréger cette scène, après avoir salué ma sœur et moi, avec cette grâce et cette noblesse que les indifférents mêmes ne peuvent voir sans être charmés, pria M. de Valorbe de le conduire dans son appartement : ils sortirent alors tous les deux, mes tourments redoublèrent; je n'avais pas revu Léonce depuis le matin, j'ignorais ce que la journée avait pu apporter de changements dans ses dispositions. Le silence dont je m'étais, hélas! trop adroitement servie, avait-il suffi pour désar-mer M. de Valorbe? ou ne s'était-il pas dit que, dans un tel moment, il ne devait y attacher au-cune importance? Loin donc que ma douleur fût soulagée, elle était devenue plus amère encore, par l'espérance que j'avais entrevue, et que le temps n'avait pu confirmer.

Ce jour, déjà si cruel, fut encore marqué par un hasard bien malheureux : madame du Marset vint à ma porte demander mademoiselle d'Albé-mar; et mes gens, qui n'avaient point reçu l'ordre de ma belle-sœur, la laissèrent entrer. Elle arriva dans le salon même où j'étais avec mademoiselle d'Albémar; elle venait lui faire une visite, et s'ac-quitter d'un de ces devoirs communs de la société, dont la froideur et l'insipidité font un si cruel contraste avec les passions violentes de l'âme. Re-présentez-vous, chère Élise, ce que je dus éprou-ver pendant une demi-heure qu'elle resta chez ma sœur! Je ne pouvais m'en aller, parce que de la chambre où nous étions, j'entendais au moins la voix de Léonce et de M. de Valorbe; je m'assurais ainsi qu'ils étaient encore là, et je tâchais de de-viner, à leur accent plus ou moins élevé, s'ils s'a-paisaient ou s'irritaient de nouveau; mais je ne crois pas qu'il soit possible de se faire l'idée de l'horrible gêne que m'imposait la présence de ma-dame du Marset! voulant lui cacher mon trouble, et le trahissant encore plus; répondant à ses ques-tions sans les entendre, et par des mots qui n'a-vaient sans doute aucun rapport avec ce qu'elle me disait; car elle marquait à chaque instant son étonnement, et prolongeait, je crois, sa visite, par des intentions malignes et curieuses. Je ne sais combien de temps ce supplice aurait duré, si mademoiselle d'Albémar, ne pouvant plus le supporter, n'eût pris sur elle de déclarer à madame du Marset que j'étais encore très-souffrante de ma dernière maladie, et que j'avais dans ce moment besoin de repos. Madame du Marset reçut ce congé avec un air assez méchant, et je ne doute pas, d'après ce que j'ai su depuis, qu'elle ne fût venue pour examiner ce qui se passait chez moi.

Quand elle fut sortie, Léonce ouvrit la porte, et rentra avec M. de Valorbe; je voulus le questionner, mais la violence que je m'étais faite pendant la visite de madame du Marset, m'avait jetée dans un tel état, qu'en essayant de parler, je tombai comme sans vie aux pieds de Léonce. Quand je revins à moi, on m'avait transportée dans ma chambre; Léonce tenait une de mes mains, ma sœur l'autre, et ma petite Isore pleurait au pied de mon lit : il fut doux, ce moment, ma chère Élise, où je me retrouvais au milieu de mes affections les plus chères, où les regards de Léonce m'exprimaient un intérêt si tendre! « Ma douce amie, me dit-il, pourquoi vous effrayer ainsi? tout est terminé, tout l'est comme vous le désirez; calmez donc cette âme si sensible : ah! vous m'aimez, je veux vivre, ne craignez rien pour moi. »

Je lui demandai de me raconter ce qui venait de se passer entre M. de Valorbe et lui. « Je le croyais décidé, me dit-il, quand j'arrivai; mais, comme j'avais vu M. de Lebensei, qui m'avait donné de véritables inquiétudes sur les dangers que courait M. de Valorbe, j'étais disposé à me prêter à la réconciliation, s'il la désirait. Il a commencé par me demander si je pouvais lui garantir que rien de ce qui était arrivé hier au soir ne serait jamais connu; je lui ai dit que je lui donnais ma parole, en mon nom et de la part de M. de Lebensei, que le secret serait fidèlement gardé, et que je ne croyais pas que personne, excepté lui et moi, en fût instruit. Il m'a fait encore quelques questions, toujours relativement à la publicité possible de notre aventure; je l'ai rassuré à cet égard, autant que je le suis moi-même, sans pouvoir lui donner cependant une certitude positive; car j'étais trop ému hier au soir, pour avoir rien remarqué de ce qui se passait autour de moi. M. de Valorbe a réfléchi quelques instants, puis il a prononcé votre nom à demi-voix; il s'est arrêté, ne voulant pas sans doute que je susse que vous seule décidiez de sa conduite dans cette circonstance : vous seule aussi, ma Delphine, vous m'aviez inspiré les mouvements doux que j'éprouvais; votre souvenir était un ange de

paix entre nous deux. M. de Valorbe m'a tendu la main, après un moment de silence, et je me suis permis alors de lui exprimer franchement et vivement tous les regrets que j'éprouvais de mon impardonnable vivacité. Nous sommes sortis alors pour vous rejoindre; depuis ce moment je n'ai pensé qu'à vous secourir, et j'ai laissé M. de Lebensei avec M. de Valorbe. »

Comme Léonce nommait votre mari, il ouvrit ma porte, et me dit avec une vivacité qui ne lui est pas ordinaire : « Tout est prêt pour le voyage de M. de Valorbe, il demande à vous voir un moment; il convient de ne pas l'obliger à rendre M. de Mondoville témoin de sa douleur en vous quittant, et rien n'est plus pressé que son départ. » Léonce n'hésita point à se retirer, et M. de Lebensei, sans perdre un moment, fit entrer M. de Valorbe. Je fus touchée en le voyant, il était impossible d'avoir l'air plus malheureux; il s'approcha de mon lit, me prit la main, et se mettant à genoux devant moi, il me dit à voix basse : « Je pars, je ne sais ce que je vais devenir; peut-être suis-je menacé des événements les plus malheureux : que mon honneur me reste, et je les supporterai tous! Souvenez-vous, cependant, que c'est à vous seule que j'ai fait le sacrifice de la résolution la plus juste et la plus nécessaire; songez, reprit-il en appuyant singulièrement sur chacune de ses expressions, songez à ce que vous ferez pour moi, si mon sort est perdu pour vous avoir obéi, pour m'être fié à vous. » Je rougis en écoutant ces paroles, qui me rappelaient un tort véritable. M. de Valorbe voulait rester encore; mais M. de Lebensei était impatient de son départ, qu'il interrompit d'autorité notre entretien. M. de Valorbe se jeta sur ma main en la baignant de pleurs, et votre mari l'emmena.

Dès que la voiture de M. de Valorbe fut partie, M. de Lebensei remonta, et je lui demandai d'où lui venait une agitation que je ne lui avais jamais vue. « Hélas! me dit-il, je viens d'apprendre, comme j'arrivais chez vous, que M. de Fierville a été témoin de la scène d'hier au soir; il était sorti à pied, peu de moments après Léonce, de la maison où ils avaient soupé ensemble; il s'est glissé derrière les voitures pour n'être pas reconnu, et il a raconté aujourd'hui, dans un dîner, tout ce qu'il avait entendu; je craignais donc extrêmement que M. de Valorbe ne le sût avant de partir, et que, changeant de dessein, il ne restât, malgré tout ce qui pouvait lui en arriver.—Ah, mon Dieu! m'écriai-je, et M. de Valorbe ne sera-t-il pas déshonoré pour ne s'être pas battu avec Léonce? »

M. de Lebensei chercha à dissiper cette crainte, en m'assurant que l'on parviendrait à détruire l'effet des propos de M. de Fierville; mais, tout en me calmant sur ce sujet, il paraissait troublé par une pensée qu'il n'a pas voulu me confier.

Je suis restée, lorsqu'il m'a quittée, dans un trouble cruel. Certainement je ne me repens pas d'avoir tout fait pour empêcher que M. de Valorbe ne se battît avec Léonce; je suis loin de me croire liée par un silence que doit excuser la violence de ma situation. Ma sœur, qui a été témoin de tout, m'assure que M. de Valorbe lui-même n'a pas dû se persuader que je pusse prendre avec lui, dans l'état où j'étais, le moindre engagement. Si M. de Valorbe était malheureux, je ferais pour lui certainement tout ce qui serait en ma puissance. C'est en vain, cependant, que je me raisonne ainsi depuis plusieurs heures; ma joie est empoisonnée par cet instant de fausseté. Rien ne me ferait consentir à l'avouer à Léonce, et cependant c'est pour lui...; il faut donc que ce soit mal.... Je suis sûre que les plus cruelles peines me viendront de là. Les fautes que le caractère fait commettre sont tellement d'accord avec la manière de sentir habituelle, qu'on finit toujours par se les pardonner; mais quand on se trouve entraînée, forcée même à un tort tout à fait en opposition avec sa nature, c'est un souvenir importun, douloureux, et qu'on veut en vain écarter. Ne m'en parlez jamais, je parviendrai peut-être à l'oublier.

Remerciez votre Henri, quand vous le verrez, de la parfaite amitié qu'il m'a témoignée. Votre enfant est-il encore malade? ne pouvez-vous pas le quitter? J'irai vous voir dès que je serai mieux; mais ce que j'ai souffert m'a redonné la fièvre, on veut que je me ménage encore quelque temps.

LETTRE XII.

Mademoiselle d'Albémar à madame de Lebensei.

Paris, ce 25 août.

J'ai besoin, madame, de vous confier mes chagrins, de vous demander vos conseils. M. de Lebensei vous a-t-il dit comment l'indigne M. de Fierville, et son amie plus odieuse encore, ont trouvé l'art d'empoisonner l'aventure de M. de Valorbe? Ils ont répandu dans le monde que Delphine, notre angélique Delphine, avait donné rendez-vous à deux hommes la même nuit, et qu'un malentendu sur les heures avait été la cause de la rencontre où Léonce avait grièvement insulté M. de Valorbe. Non! je n'ai pu vous écrire une semblable infamie sans que mon front se couvrît de rou-

geur! Juste ciel! c'est donc ainsi qu'on veut punir une âme innocente de sa générosité même! c'est ainsi que l'on outrage le caractère le plus noble et le plus pur! deux êtres méchants, et le reste indifférent et faible, voilà ce qui décide la réputation d'une femme au milieu de Paris.

Madame du Marset et M. de Fierville ont voulu se venger ainsi, dit-on, d'un jour où Léonce les a profondément humiliés en défendant madame d'Albémar. Maintenant, que faut-il faire pour la servir? Aidez-moi, je vous en conjure, et cachonslui surtout qu'elle a pu être l'objet d'une pareille calomnie; sa santé la retient encore chez elle, et je lui ai conseillé de fermer sa porte. Léonce est allé conduire sa femme à la terre d'Andelys, qu'elle tient des dons de Delphine, et sans laquelle, hélas! elle n'eût jamais épousé M. de Mondoville. Je l'aurais consulté lui-même dans cette circonstance, puisque l'âge de M. de Fierville ne permet pas de craindre un événement funeste; mais il est absent, et je suis seule au milieu d'un monde bien nouveau pour moi, et dont la puissance me fait trembler : néanmoins, j'ai vaincu ma répugnance pour la société; j'y vais, j'irai chaque jour, j'y répéterai ce qui justifie glorieusement mon amie. Sans avouer le sentiment de Delphine pour Léonce, je ne le démentirai point; car je veux mettre toute ma force dans la vérité : je suis ici une étrangère, sans agréments, sans appui, intimidée par ma figure et mon ignorance de la vie; n'importe, j'aime Delphine, et je soutiens la plus juste des causes.

Je ne sais à qui m'adresser, je ne sais de quels moyens on se sert ici pour repousser la calomnie; mais je dirai tout ce que mon indignation m'inspirera : peut-être enfin triompherai-je de l'envie; seul genre de malveillance que ma douce et charmante amie puisse redouter. Je n'avais pas d'idée du mal que peut faire l'opinion de la société, quand on a trouvé l'art de l'égarer. Oui, ceux qu'on est convenu d'appeler des amis me font plus souffrir encore que les ennemis mêmes; ils viennent se vanter auprès de vous des services qu'ils prétendent vous avoir rendus, et l'on ne peut démêler avec certitude si, pour augmenter le prix de leur courage, ils ne se plaisent pas à exagérer les attaques dont ils prétendent avoir triomphé : d'autres se bornent à vous assurer que, quoi qu'il arrive, ils ne vous abandonneront pas, et vous ne pouvez pas leur faire expliquer ce *quoi qu'il arrive :* il leur convient mieux de le laisser dans le vague. Quelques-uns me donnent le conseil d'emmener Delphine en Languedoc; et lorsque je veux leur prouver que le plus mauvais moment pour s'éloigner, c'est celui où l'on doit braver et confondre une indigne calomnie, ils me répètent le même conseil sans avoir fait attention à ma réponse, et, tout occupés de l'avis qu'ils ont proposé, ils y attachent leur amour-propre, et se croient dispensés de vous secourir, si vous ne le suivez pas : il est plus facile de se défendre contre des adversaires déclarés que de s'astreindre à la conduite nécessaire avec de tels amis. Ils servent seulement à encourager les ennemis, en leur montrant combien est faible la résistance qu'ils ont à craindre ; et cependant, s'ils se brouillaient avec vous, ils rendraient votre situation plus mauvaise. Ne commenceraient-ils pas leur phrase de renonciation par ces mots : *Moi qui aimais madame d'Albémar, je suis obligé de convenir qu'il n'y a pas moyen à présent de l'excuser?* Funeste pays, où le nom d'ami, si légèrement prodigué, n'impose pas le devoir de défendre, et donne seulement plus de moyens de nuire si l'on abandonne!

L'opinion apparaît en tout lieu, et vous ne pouvez la saisir nulle part; chacun me dit qu'*on* répand les plus indignes mensonges contre Delphine, et je ne parviens pas à découvrir si celui qui me parle les répète, ou les invente lui-même. Je me crois toujours environnée de moqueurs qui se trahissent par un regard ou par un sourire d'insouciance, dans le moment où ils me protestent qu'ils s'intéressent à ma peine. Je ne perds pas une occasion de raconter les motifs de reconnaissance qui devaient engager Delphine à donner un asile à M. de Valorbe, comme s'il fallait, pour rendre service à un malheureux, d'autres motifs que son malheur! En vérité, je le crois, il est ici plus dangereux d'exercer la vertu que de se livrer au vice; l'on ne veut pas croire aux sentiments généreux, et l'on cherche avec autant de soin à dénaturer la cause des bonnes actions qu'à trouver des excuses pour les mauvaises.

Ah! qu'il vaut mieux vivre obscure, et n'avoir jamais obtenu ces flatteuses louanges, avant-coureurs de la haine, et dont elle vient en hâte exiger de vous le prix! Pour la première fois, je me console d'avoir été bannie du monde par mes désavantages naturels; qu'ai-je dit? je me console! Delphine n'est-elle pas malheureuse, et quel calme puis-je jamais goûter si l'on ne parvient pas à la justifier! Daignez, madame, vous concerter avec M. de Lebensei sur ce qu'il est possible de tenter, et accordez-moi l'un et l'autre le secours de vos lumières et de votre amitié.

LETTRE XIII.

Réponse de madame de Lebensei à mademoiselle d'Albémar.

Cernay, ce 30 août 1791.

L'émotion que m'a causée votre lettre, mademoiselle, a été la cause du premier tort que j'aie jamais eu avec Henri; après l'avoir lue, je m'écriai : « Ah! pourquoi suis-je privée de tout ascendant sur personne! Proscrite que je suis par l'opinion, il ne me reste aucun moyen d'être utile à mes amis calomniés! » À peine avais-je dit ces mots, qu'un repentir profond, un tendre retour vers mon ami les suivit; mais je craignis pendant plusieurs heures que leur impression sur lui ne fût ineffaçable; enfin il m'a pardonné parce que j'avais tort, grièvement tort, et qu'il lui était trop aisé de me le faire sentir, pour qu'il ne fût pas dans son caractère de s'y refuser. Il est parti pour Paris, dans l'intention de servir madame d'Albémar; mais il aura soin de faire répandre par d'autres ce qu'il faut que l'on dise; car les préjugés de la société sont tels contre les opinions politiques de M. de Lebensei, qu'il nuirait à madame d'Albémar en se montrant son admirateur le plus zélé. Oh! que la malveillance a de ressources pour faire souffrir! ne sentez-vous pas les méchants comme un poids sur le cœur? ne vous semble-t-il pas qu'ils empêchent de respirer? lorsqu'on voudrait reprendre un peu d'espoir, leur souvenir le repousse douloureusement au fond de l'âme.

Quelques heures après le départ de M. de Lebensei, mon enfant étant assez bien, je n'ai pu résister au désir que j'avais de causer avec vous et de voir madame d'Albémar, et je suis partie de Cernay assez tard, car je n'y suis revenue qu'à minuit. Vous étiez sortie, mais j'ai trouvé Delphine qui venait de recevoir une lettre de Léonce; il annonçait son retour dans huit jours, avec les expressions les plus tendres et les plus passionnées pour madame d'Albémar, et cependant elle m'a paru profondément triste. Je suis convaincue qu'elle sait ce que nous voulons lui cacher, mais que cette âme fière ne peut se résoudre à nous en parler. Elle n'avait laissé sa porte ouverte que pour madame d'Artenas et pour moi; si elle a vu madame d'Artenas, elle est instruite de tout! Il n'est pas dans le caractère de cette femme de cacher ce qui peut être pénible; elle sait servir utilement plutôt que ménager avec délicatesse.

J'ai demandé à madame d'Albémar ce qu'elle faisait depuis l'absence de Léonce. « Je donne des leçons à Isore, m'a-t-elle répondu ; je me promène tous les jours seule avec elle, et je ne vois personne. » En achevant ces mots, elle a soupiré, et la conversation est tombée. « Ne serez-vous pas bien aise, ai-je repris, du retour de Léonce ? — De son retour ? m'a-t-elle dit vivement ; qu'arrivera-t-il quand il reviendra ? » Puis s'arrêtant, elle a repris : « Pardonnez-moi, je suis triste et malade. » Et, jouant avec les jolis cheveux de la petite Isore, elle est retombée dans la distraction. J'hésitais si je me hasarderais à lui parler ; mais elle ne paraissait pas le désirer, et je craignis de me tromper sur la cause de son abattement, ou du moins de lui en dire plus qu'elle n'en savait.

Je l'ai quittée le cœur serré ; elle n'a point essayé de me retenir ; ses manières avec moi étaient moins tendres que de coutume, et tel que je connais son caractère, c'est une preuve qu'elle éprouve quelque grande peine. Dès qu'elle est heureuse, elle a besoin d'y associer ses amis, mais je l'ai toujours vue disposée à souffrir seule.

Ah! de quelles douloureuses pensées n'ai-je pas é⟂ ⟂ccupée en revenant chez moi ! Vous le voyez, il n'existe aucun moyen pour une femme de s'affranchir des peines causées par l'injustice de l'opinion. Delphine, l'indépendante Delphine elle-même en est atteinte, et ne peut se résoudre à nous le confier.

P. S. J'en étais là de ma lettre, mademoiselle, lorsque Léonce, que nous n'attendions pas de huit jours, est venu jusqu'à la grille de Cernay, pour demander M. de Lebensei ; dès qu'il a su qu'il n'y était pas, il est reparti comme un éclair pour retourner à Paris. Mes gens ont su de son domestique qui le suivait, qu'il avait laissé madame de Mondoville à Andelys, et qu'il en était parti tout à coup avec une diligence inconcevable : en arrivant à Paris, il est monté sur-le-champ à cheval pour venir ici sans s'arrêter. Mes gens m'ont aussi dit qu'il avait l'air très-agité, et que, dans le peu de mots qu'il leur avait adressés, il avait changé de visage deux ou trois fois. Sans doute il a tout appris, et, sensible comme il l'est à la réputation de Delphine, je frémis de l'état où il doit être : ah, mon Dieu ! que deviendront nos pauvres amis ! Si M. de Lebensei voit Léonce, je me hâterai de vous mander ce qu'il lui aura dit. Adieu, mademoiselle ; combien je suis touchée de votre situation, et pénétrée d'estime pour l'amitié parfaite que vous témoignez à madame d'Albémar !

I.

LETTRE XIV.

Delphine à M. de Lebensei.

Ce 1er septembre.

Je sais tout ce que mes amis ont voulu me cacher, j'ai tout appris, ou j'ai tout deviné. Ce que j'éprouve m'est amer ; j'avais marqué à l'injustice sa sphère, je croyais qu'elle m'accuserait d'imprudence, de faiblesse, de tous les torts, excepté de ceux qui peuvent avilir ! Je vous l'avouerai donc, je souffre depuis quinze jours une sorte de peine dont il me serait douloureux de m'entretenir, même avec vous. Cependant ma fierté doit triompher de ce chagrin, quelque cruel qu'il puisse être ; mais ce qui déchire mon cœur, c'est la crainte de l'impression que Léonce peut en recevoir ; il est arrivé hier d'Andelys, et n'est point encore venu chez moi ; je sais qu'il a été à Cernay ; vous a-t-il trouvé ? que vous a-t-il dit ?

Ne craignez point, monsieur, de me parler avec une franchise sévère. Si j'étais réservée à la plus grande des souffrances, si l'affection de celui que j'aime était altérée par la calomnie dont je suis victime, j'opposerais encore du courage à ce dernier des malheurs. Conseillez-moi, je me sens capable de tous les sacrifices : il y a des chagrins qui donnent de la force ; ceux qui offensent une âme élevée sont de ce nombre.

LETTRE XV.

Léonce à M. de Lebensei.

Paris, ce 1er septembre.

J'ai reconnu en vous, monsieur, dans les divers rapports que nous avons eus ensemble, un esprit si ferme et si sage, que je veux m'en remettre à vos lumières, dans une circonstance où mon âme est trop agitée pour se servir de guide à elle-même. Un de mes amis m'a écrit à Andelys que la réputation de madame d'Albémar était indignement attaquée, et c'est à ma passion pour elle, aux fautes sans nombre que cette passion m'a fait commettre, que je dois attribuer son malheur et le mien. J'espérais savoir de vous le nom de l'infâme qui avait calomnié mon amie, je ne vous ai pas trouvé, je suis revenu à Paris, et je n'ai eu que trop tôt la douleur d'apprendre qu'un vieillard était l'auteur de cette insigne lâcheté : je l'avais offensé, il y a quelques mois, vous le savez, et le misérable s'en est vengé sur madame d'Albémar.

Après avoir accablé M. de Fierville de mon mépris, j'ai obtenu de lui, ce matin, mille inutiles promesses de désaveu, de secret, de repentir ; mais

34

à présent que l'horrible histoire qu'il a forgée est connue, ce n'est plus de lui qu'elle dépend. Ne puis-je pas découvrir un homme (ils ne sont pas tous des vieillards) qui se soit permis de calomnier Delphine! Quand je me complais dans cette idée, quand elle me calme, une autre vient bientôt me troubler; puis-je me dire avec certitude que je ne compromettrai pas Delphine en la vengeant? qu'au lieu d'étouffer les bruits qu'on a répandus, je n'en augmenterai pas l'éclat? Cependant faut-il laisser de telles calomnies impunies? me direz-vous que je le dois? n'hésiterez-vous pas en me condamnant à ce sacrifice? Madame d'Albémar est parente de madame de Mondoville, elle n'a point de frère, point de protecteur naturel, n'est-ce pas à moi de lui en tenir lieu?

La réputation de madame d'Albémar est sans doute le premier intérêt qu'il faut considérer; mais s'il ne vous est pas entièrement démontré que le devoir le plus impérieux me commande de me laisser dévorer par les sentiments que j'éprouve, vous ne l'exigerez pas de moi.

Je n'ai pas encore vu madame d'Albémar; il me semblait que je ne pouvais retourner vers elle qu'après avoir réparé de quelque manière l'affront dont je suis la première cause. Oh! je vous en conjure, si vous en connaissez un moyen, dites-le-moi; dois-je laisser sans défenseur une âme innocente qui n'a que moi pour appui?

LETTRE XVI.

Réponse de M. de Lebensei à Léonce.

Cernay, ce 2 septembre.

Oui, monsieur, il existe un moyen de réparer tous les malheurs de votre amie, mais ce n'est point celui que votre courage vous fait désirer. Madame d'Albémar a bien voulu, comme vous, me demander conseil; en lui répondant à l'instant même, je lui ai déclaré ce que mon amitié m'inspire pour votre bonheur à tous les deux, je vais lui envoyer ma lettre. Je ne puis me permettre, sans son aveu, de vous apprendre ce que cette lettre contient, elle vous le confiera sans doute. Tout ce que je puis vous dire maintenant, c'est qu'en vous livrant à une indignation bien naturelle, vous achèveriez de perdre sans retour la réputation de madame d'Albémar. Si votre nom n'était pas prononcé dans cette calomnie; si de tout ce qu'on dit, ce que l'on croit le plus n'était pas votre attachement pour madame d'Albémar, vous pourriez en imposer de quelque manière à ses ennemis. Encore faudrait-il que M. de Fierville eût un fils,

un proche parent au moins qui voulût répondre pour lui, et que l'on comprît d'abord pourquoi vous vous adressez à tel homme plutôt qu'à tel autre, pour venger la réputation de madame d'Albémar; car le public veut toujours qu'une action courageuse soit en même temps sagement motivée, et, quand il démêle quelque égarement dans une conduite, fût-elle héroïque, il la condamne sévèrement. Mais, dans votre situation actuelle, lors même qu'un homme moins âgé que M. de Fierville serait reconnu pour être l'auteur de la calomnie dirigée contre madame d'Albémar, vous feriez un tort irréparable à votre amie, en vous chargeant de repousser l'offense qu'elle a reçue.

On ne peut protéger au milieu de la société que les liens autorisés par elle, une femme, une sœur, une fille, mais jamais celle qui ne tient à nous que par l'amour; et vous, monsieur, qui possédez éminemment les qualités énergiques et imposantes, les seules dont l'éclat se réfléchisse sur les objet de notre affection, vous aspirez en vain à défendre la femme que vous aimez, ce bonheur vous est refusé.

Madame d'Albémar a cependant plus que personne besoin d'appui au milieu du monde; sa conduite est parfaitement pure, et pourtant les apparences sont telles qu'elle doit passer pour coupable. Elle a un esprit supérieur, un cœur excellent, une figure charmante, de la jeunesse, de la fortune, mais tous ces avantages qui attirent des ennemis, rendent un protecteur encore plus nécessaire. Son esprit éclairé donne de l'indépendance à ses opinions et à sa conduite; c'est un danger de plus pour son repos, puisqu'elle n'a ni frère ni mari qui lui serve de garant aux yeux des autres. Les femmes privées de ces liens se sont placées, pour la plupart, à l'abri des préjugés reçus, comme sous une tutelle publique instituée pour les défendre.

La parfaite bonté de madame d'Albémar semblerait devoir lui faire des amis de toutes les personnes qu'elle a servies, il n'en est rien; elle a déjà trouvé beaucoup d'ingrats, elle en rencontrera peut-être beaucoup encore : vous avez vu ce qui lui est arrivé avec madame du Marset. J'ai souvent remarqué que dans les sociétés de Paris, lorsqu'un homme ou une femme médiocre veulent se débarrasser d'une reconnaissance importune envers un esprit supérieur, ils se choisissent quelques devoirs bien faciles, auprès d'une personne bien commune, et présentent avec ostentation cet exemple de leur moralité, pour se dispenser de tout autre. Madame d'Albémar est trop distinguée, pour pouvoir compter sur la bienveillance durable de ceux qui ne sont pas dignes de l'aimer et de l'admirer, et c'est par l'autorité d'une situation qui en impose, bien plus que par ses qualités aimables, qu'elle peut désarmer la haine. Je la vois maintenant entourée de périls, menacée des chagrins les plus cruels, si elle n'en est préservée par un défenseur que la morale et la société puissent reconnaître pour tel.

Tous ceux qui, éblouis de ses charmes, n'examinent point sa situation avec la sollicitude de l'amitié, croiront peut-être qu'elle est faite pour triompher de tout. Le triomphe serait possible, mais il lui coûterait tant de peines, que son bonheur du moins en serait pour toujours altéré : je ne sais même si elle peut à elle seule aujourd'hui effacer entièrement le mal que ses ennemis viennent de lui faire. Mais c'en est assez, je ne dois point insister sur vos peines, avant de savoir si vous consentirez à ce que je propose pour les faire cesser. Vous connaissez mes opinions, monsieur, je m'en honore, et j'ai supporté, sinon avec plaisir, du moins avec orgueil, les peines qu'elles m'attirent. Ce sont ces opinions qui m'ont suggéré le conseil que j'ai donné à madame d'Albémar; ce conseil est le seul qui puisse vous sauver des malheurs que vous éprouvez, et que vous devez craindre. Je crois digne de vous d'y accéder; et vous savez, je l'espère, de quelle estime et de quelle considération je suis pénétré pour vos lumières et pour vos vertus.

LETTRE XVII.

M. de Lebensei à Delphine.

Cernay, ce 2 septembre 1791.

Celui que vous aimez est toujours digne de vous, madame; mais son sentiment ni le vôtre ne peuvent rien contre la fatalité de votre situation. Il ne reste qu'un moyen de rétablir votre réputation, et de retrouver le bonheur; rassemblez pour m'entendre toutes les forces de votre sensibilité et de votre raison. Léonce n'est point irrévocablement lié à Matilde, Léonce peut encore être votre époux; le divorce doit être décrété dans un mois par l'assemblée constituante; j'en ai vu la loi, j'en suis sûr. Après avoir lu ces paroles, vous pressentirez, sans doute, quel est le sujet que je veux traiter avec vous; et l'émotion, l'incertitude, des sentiments divers et confus, vous auront tellement troublée que vous n'aurez pu d'abord continuer ma lettre; reprenez-la maintenant.

Je ne connais point madame de Mondoville : sa conduite envers ma femme a dû m'offenser; je me défendrai cependant, soyez-en sûre, de cette prévention : votre bonheur est le seul intérêt qui m'occupe. J'ignore ce que vous et votre ami pensez du divorce : je me persuade aisément que l'amour suffirait pour vous entraîner tous les deux à l'approuver; mais cependant, madame, je connais assez votre raison et votre âme pour croire que vous refuseriez le bonheur même s'il n'était pas d'accord avec l'idée que vous vous êtes faite de la véritable vertu. Ceux qui condamnent le divorce prétendent que leur opinion est d'une moralité plus parfaite : s'il en était ainsi, il faudrait que les vrais philosophes l'adoptassent; car le premier but de la pensée est de connaître nos devoirs dans toute leur étendue : mais je veux examiner avec vous si les principes qui me font approuver le divorce sont d'accord avec la nature de l'homme, et avec les intentions bienfaisantes que nous devons attribuer à la Divinité.

C'est un grand mystère que l'amour; peut-être est-ce un bien céleste qu'un ange a laissé sur la terre; peut-être est-ce une chimère de l'imagination, qu'elle poursuit jusqu'à ce que le cœur refroidi appartienne déjà plus à la mort qu'à la vie. N'importe; si je ne voyais dans votre sentiment pour Léonce que de l'amour, si je ne croyais pas que sa femme disconvient à son caractère et à son esprit sous mille rapports différents, je ne vous conseillerais pas de tout briser pour vous réunir; mais écoutez-moi l'un et l'autre.

De quelque manière que l'on combine les institutions humaines, bien peu d'hommes, bien peu de femmes renonceront au seul bonheur qui console de vivre; l'intime confiance, le rapport des sentiments et des idées, l'estime réciproque, et cet intérêt qui s'accroît avec les souvenirs. Ce n'est pas pour les jours de délices placés par la nature au commencement de notre carrière, afin de nous dérober la réflexion sur le reste de l'existence; ce n'est pas pour ces jours que la convenance des caractères est surtout nécessaire; c'est pour l'époque de la vie où l'on cherche à trouver dans le cœur l'un de l'autre l'oubli du temps qui nous poursuit, et des hommes qui nous abandonnent. L'indissolubilité des mariages mal assortis prépare des malheurs sans espoir à la vieillesse; il semble qu'il ne s'agisse que de repousser les désirs des jeunes gens, et l'on oublie que les désirs repoussés des jeunes gens deviendront les regrets éternels des vieillards. La jeunesse prend soin d'elle-même, on n'a pas besoin de s'en occuper; mais toutes les institutions, toutes les réflexions doivent avoir pour but de protéger à l'avance ces dernières années, que l'homme le plus dur ne peut considérer sans pitié, ni le plus intrépide sans effroi.

Je ne nie point tous les inconvénients du divorce, ou plutôt de la nature humaine qui l'exige ; c'est aux moralistes, c'est à l'opinion à condamner ceux dont les motifs ne paraissent pas dignes d'excuse : mais au milieu d'une société civilisée qui introduit les mariages par convenance, les mariages dans un âge où l'on n'a nulle idée de l'avenir, lorsque les lois ne peuvent punir, ni les parents qui abusent de leur autorité, ni les époux qui se conduisent mal l'un envers l'autre ; en interdisant le divorce, la loi n'est sévère que pour les victimes, elle se charge de river les chaînes, sans pouvoir influer sur les circonstances qui les rendent douces ou cruelles ; elle semble dire : Je ne puis assurer votre bonheur, mais je garantirai du moins la durée de votre infortune. Certes, il faudra que la morale fasse de grands progrès, avant que l'on rencontre beaucoup d'époux qui se résignent au malheur, sans y échapper de quelque manière ; et si l'on y échappe, et si la société se montre indulgente en proportion de la sévérité même des institutions, c'est alors que toutes les idées de devoir et de vertu sont confondues, et que l'on vit, sous l'esclavage civil comme sous l'esclavage politique, dégagé par l'opinion des entraves imposées par la loi.

Ce sont les circonstances particulières à chacun, qui déterminent si le divorce autorisé par la loi peut être approuvé par le tribunal de l'opinion et de notre propre cœur. Un divorce qui aurait pour motif des malheurs survenus à l'un des deux époux, serait l'action la plus vile que la pensée pût concevoir ; car les affections du cœur, les liens de famille, ont précisément pour but de donner à l'homme des amis indépendants de ses succès ou de ses revers, et de mettre au moins quelques bornes à la puissance du hasard sur sa destinée. Les Anglais, cette nation morale, religieuse et libre ; les Anglais ont dans la liturgie du mariage une expression qui m'a touché : *je l'accepte*, disent réciproquement la femme et le mari, *in health and in sickness, for better and for worse ; dans la santé comme dans la maladie, dans ses meilleures circonstances comme dans ses plus funestes.* La vertu, si même il en faut pour partager l'infortune quand on a partagé le bonheur ; la vertu n'exige alors qu'un dévouement tellement conforme à une nature généreuse, qu'il lui serait tout à fait impossible d'agir autrement. Mais les Anglais, dont j'admire, sous presque tous les rapports, les institutions civiles, religieuses et poli-

tiques, les Anglais ont eu tort de n'admettre le divorce que pour cause d'adultère : c'est rendre l'indépendance au vice, et n'enchaîner que la vertu ; c'est méconnaître les oppositions les plus fortes, celles qui peuvent exister entre les caractères, les sentiments et les principes.

L'infidélité rompt le contrat, mais l'impossibilité de s'aimer dépouille la vie du premier bonheur que lui avait destiné la nature ; et quand cette impossibilité existe réellement, quand le temps, la réflexion, la raison même de nos amis et de nos parents la confirment, qui osera prononcer qu'un tel mariage est indissoluble ? Une promesse inconsidérée, dans un âge où les lois ne permettent pas même de statuer sur le moindre des intérêts de fortune, décidera pour jamais du sort d'un être dont les années ne reviendront plus, qui doit mourir, et mourir sans avoir été aimé !

La religion catholique est la seule qui consacre l'indissolubilité du mariage ; mais c'est parce qu'il est dans l'esprit de cette religion d'imposer la douleur à l'homme sous mille formes différentes, comme le moyen le plus efficace pour son perfectionnement moral et religieux.

Depuis les macérations qu'on s'inflige à soi-même, jusqu'aux supplices que l'inquisition ordonnait dans les siècles barbares, tout est souffrance et terreur dans les moyens employés par cette religion pour forcer les hommes à la vertu. La nature, guidée par la Providence, suit une marche absolument opposée ; elle conduit l'homme vers tout ce qui est bon, comme vers tout ce qui est bien, par l'attrait et le penchant le plus doux.

La religion protestante, beaucoup plus rapprochée du pur esprit de l'Évangile que la religion catholique, ne se sert de la douleur ni pour effrayer ni pour enchaîner les esprits. Il en résulte que dans les pays protestants, en Angleterre, en Hollande, en Suisse, en Amérique, les mœurs sont plus pures, les crimes moins atroces, les lois plus humaines ; tandis qu'en Espagne, en Italie, dans les pays où le catholicisme est dans toute sa force, les institutions politiques et les mœurs privées se ressentent de l'erreur d'une religion qui regarde la contrainte et la douleur comme le meilleur moyen d'améliorer les hommes.

Ce n'est pas tout encore : comme cet empire de la souffrance répugne à l'homme, il y échappe de mille manières. De là vient que la religion catholique, si elle a quelques martyrs, fait un si grand nombre d'incrédules ; on s'avouait athée ouvertement en France, avant la révolution. Spinosa est Italien ; presque tous les systèmes du matérialisme ont pris naissance dans les pays catholiques, tandis qu'en Angleterre, en Amérique, dans tous les pays protestants enfin, personne ne professe cette opinion malheureuse: l'athéisme, n'ayant dans ces pays aucune superstition à combattre, ne paraîtrait que le destructeur des plus douces espérances de la vie.

Les stoïciens, comme les catholiques, croyaient que le malheur rend l'homme plus vertueux; mais leur système, purement philosophique, était infiniment moins dangereux. Chaque homme, se l'appliquant à lui seul, l'interprétait à sa manière; il n'était point uni à ces superstitions religieuses qui n'ont ni bornes ni but. Il ne donnait point à un corps de prêtres un ascendant incalculable sur l'espèce humaine; car l'imagination répugnant aux souffrances, elle est d'autant plus subjuguée, quand une fois elle s'y résout, qu'il lui en a coûté davantage; et l'on a bien plus de pouvoir sur les hommes que l'on a déterminés à s'imposer eux-mêmes de cruelles peines, que sur ceux qu'on a laissés dans leur bon sens naturel, en ne leur parlant que raison et bonheur.

L'un des bienfaits de la morale évangélique était d'adoucir les principes rigoureux du stoïcisme; le christianisme inspire surtout la bienfaisance et l'humanité; et par de singulières interprétations, il se trouve qu'on en a fait un stoïcisme nouveau, qui soumet la pensée à la volonté des prêtres, tandis que l'ancien rendait indépendant de tous les hommes; un stoïcisme qui fait votre cœur humble, tandis que l'autre le rendait fier; un stoïcisme qui vous détache des intérêts publics, tandis que l'autre vous dévouait à votre patrie; un stoïcisme enfin qui se sert de la douleur pour enchaîner l'âme et la pensée, tandis que l'autre du moins la consacrait à fortifier l'esprit, en affranchissant la raison.

Si ces réflexions, que je pourrais étendre beaucoup plus, si votre esprit, madame, ne savait pas y suppléer; si ces réflexions, dis-je, vous ont convaincue que celui qui veut conduire les hommes à la vertu par la souffrance, méconnait la bonté divine, et marche contre ses voies, vous serez d'accord avec moi dans toutes les conséquences que je veux en tirer.

Retracez-vous tous les devoirs que la vertu nous prescrit; notre nature morale, je dirai plus, l'impulsion de notre sang, tout ce qu'il y a d'involontaire en nous, nous entraîne vers ces devoirs. Faut-il un effort pour soigner nos parents, dont la seule voix retentit à tous les souvenirs de notre vie? Si l'on pouvait se représenter une nécessité qui contraignît à les abandonner, c'est alors que l'âme serait condamnée aux supplices les plus douloureux! Faut-il un effort pour protéger ses enfants? la nature a voulu que l'amour qu'ils inspirent fût encore plus puissant que toutes les autres passions du cœur. Qu'y aurait-il de plus cruel que d'être privé de ce devoir? Parcourons toutes les vertus, fierté, franchise, pitié, humanité; quel travail ne faudrait-il pas faire sur son caractère, quel travail ne ferait-on pas en vain, pour obtenir de soi, malgré la révolte de sa nature, une bassesse, un mensonge, un acte de dureté? D'où vient donc ce sublime accord entre notre être et nos devoirs? de la même Providence qui nous a attirés par une sensation douce vers tout ce qui est nécessaire à notre conservation. Quoi! la Divinité, qui a voulu que tout fût facile et agréable pour le maintien de l'existence physique, aurait mis notre nature morale en opposition avec la vertu! La récompense nous en serait promise dans un monde inconnu; mais pour celui dont la réalité pèse sur nous, il faudrait réprimer sans cesse l'élan toujours renaissant de l'âme vers le bonheur; il faudrait réprimer ce sentiment doux en lui-même, quand il n'est pas injustement contrarié.

De quelles bizarreries les hommes n'ont-ils pas été capables? Le Créateur les avait préservés de la cruauté par la sympathie, le fanatisme leur a fait braver cet instinct de l'âme, en leur persuadant que celui qui en avait doué leur nature leur commandait de l'étouffer. Un désir vif d'être heureux anime tous les hommes, des hypocrites ont représenté ce désir comme la tentation du crime. Ils ont ainsi blasphémé Dieu, car toute la création repose sur le besoin du bonheur. Sans doute on pourrait abuser de cette idée comme de toutes les autres, en la faisant sortir de ses limites. Il y a des circonstances où les sacrifices sont nécessaires; ce sont toutes celles où le bonheur des autres exige que vous vous immoliez vous-même à eux: mais c'est toujours dans le but d'une grande somme de félicité pour tous que quelques-uns ont à souffrir; et le moyen de la nature, au moral comme au physique, ce sont les jouissances de la vie.

Si ces principes sont vrais, peut-on croire que la Providence exige des hommes de supporter la plus amère des douleurs, en les condamnant à rester liés pour toujours à l'objet qui les rend profondément infortunés? Ce supplice serait-il ordonné par la bonté suprême? et la miséricorde divine l'exigerait-elle pour expiation d'une erreur?

Dieu a dit : *Il ne convient pas que l'homme soit seul;* cette intention bienfaisante ne serait pas remplie, s'il n'existait aucun moyen de se séparer de la femme insensible ou stupide, ou coupable, qui n'entrerait jamais en partage de vos sentiments ni de vos pensées. Qu'il est insensé, celui qui a osé prononcer qu'il existait des liens que le désespoir ne pouvait pas rompre! La mort vient au secours des souffrances physiques quand on n'a plus la force de les supporter, et les institutions sociales feraient de cette vie la prison d'Hugolin, qui n'avait point d'issue! Ses enfants y périrent avec lui; les enfants aussi souffrent autant que leurs parents, quand ils sont renfermés avec eux dans le cercle éternel de douleurs que forme une union mal assortie et indissoluble.

La plus grande objection que l'on fait contre le divorce ne concerne point la situation où se trouve M. de Mondoville, puisqu'il n'a point d'enfants; je ne rappellerai donc point tout ce qu'on pourrait répondre à cette difficulté. Néanmoins, je vous dirai que les moralistes qui ont écrit contre le divorce, en s'appuyant de l'intérêt des enfants, ont tout à fait oublié que si la possibilité du divorce est un bonheur pour les hommes, elle est un bonheur aussi pour les enfants, qui seront des hommes à leur tour. On considère les enfants en général comme s'ils devaient toujours rester tels; mais les enfants actuels sont des époux futurs; et vous sacrifiez leur vie à leur enfance, en privant, à cause d'eux, l'âge viril d'un droit qui peut-être un jour les aurait sauvés du désespoir.

J'ai dû, m'adressant à un esprit de votre force, discuter l'opinion qui vous intéresse sous un point de vue général; mais combien je suis plus sûr encore d'avoir raison dans ce qui concerne que votre position particulière! Léonce voulait s'unir à vous; c'est par une supercherie qu'il est l'époux de mademoiselle de Vernon; vous n'avez pu renoncer l'un à l'autre : vous passez votre vie ensemble, Léonce n'aime que vous, n'existe que pour vous; sa femme l'ignore peut-être encore, mais elle ne peut tarder à le découvrir. Votre généreuse conduite envers M. de Valorbe a été la première cause des abominables injustices dont vous souffrez; mais il était impossible que, tôt ou tard, votre attachement pour Léonce ne vous fît pas beaucoup de tort dans l'opinion. Vous vivez, par un hasard que vous devez bénir, dans une de ces époques rares où la puissance ne méprise pas les lumières; dans un mois la loi du divorce sera décrétée, et Léonce, en devenant votre époux, vous honorera par son amour, au lieu de vous perdre en s'y livrant. Craindriez-vous la défaveur du monde? Vous avez vu ma femme la supporter peut-être avec

peine; mais je vous prédis que cette défaveur ira chaque jour en décroissant; les mœurs deviendront plus austères, le mariage sera plus respecté; et l'on sentira que tous ces biens sont dus à la possibilité de trouver le bonheur dans le devoir.

Il est vrai que le divorce, paraissant à quelques personnes le résultat d'une révolution qu'elles détestent, leur déplaît sous ce rapport beaucoup plus que sous tous les autres; et comme les haines politiques se dirigent plutôt contre un homme que contre une femme, il se peut que Léonce soit blâmé plus vivement que vous, en adoptant une résolution que l'esprit de parti réprouverait. Mais s'il faut une sorte de raison hardie dans les femmes, pour se déterminer à devenir l'objet des jugements du public, il ne doit rien en coûter à un homme sensible, pour assurer la gloire et la félicité de celle que son amour a pu compromettre.

Je sais que M. de Mondoville a été élevé dans un pays où l'on tient beaucoup à toutes les idées, comme à tous les usages antiques; mais il est trop éclairé pour ne pas sentir que les illusions qui inspiraient autrefois de grandes vertus, n'ont pas assez de puissance maintenant pour les faire renaître. Ces souvenirs chancelants ne peuvent nous servir d'appui, et il faut fonder les vertus civiles et politiques sur des principes plus d'accord avec les lumières et la raison. Enfin, je n'en doute pas, il vous suffira d'apprendre à M. de Mondoville que le divorce devient possible, pour qu'il saisisse avec transport un tel espoir de bonheur : il serait indigne de lui de sacrifier votre réputation à son amour, et de ne ménager que la sienne! il serait indigne de lui de s'affranchir comme il le fait du joug de son mariage, et de n'avoir pas la volonté de le briser légalement! Voudrait-il reconnaître que sa passion pour vous est plus forte que ses devoirs, mais qu'elle céderait aux frivoles censures de la société? Je m'arrête : une telle supposition est impossible.

J'ai toujours pensé qu'un homme ne peut répondre ni de son bonheur, ni de celui de la femme qu'il aime, s'il ne sait pas dédaigner l'opinion ou la subjuguer. M. de Mondoville est, de tous les caractères, le plus fort, le plus ardent, le plus énergique; se pourrait-il qu'il fût dépendant des jugements des autres, tandis qu'il semble plus fait que personne pour dominer tous les esprits? non, je ne puis le croire, et c'est de vous seule que dépendra sans doute la décision de votre sort.

Vous inspirez, madame, un intérêt si tendre et si profond, vous vous êtes conduite pour ma femme et pour moi avec une générosité si parfaite, que je donnerais beaucoup de mes années pour vous inspirer le courage d'être heureuse. Le ciel, l'amour, l'amitié, toutes les puissances généreuses seconderont, je l'espère, les vœux que je fais pour vous

LETTRE XVIII.

Réponse de Delphine à M. de Lebensei.

Paris, ce 3 septembre.

Ah! quel mal vous m'avez fait! C'est votre amitié qui vous a inspiré; mais fallait-il renouveler les regrets d'un malheur irréparable? Oui, il l'est, et je serais indigne de votre estime, si j'acceptais un moment l'espoir que vous avez conçu pour moi : vous n'aimez point Matilde, vous avez même de justes raisons de vous en plaindre; il était donc naturel que vous vous fissiez illusion sur les devoirs de Léonce, et sur les miens envers elle. Cette erreur ne m'était pas possible, je ne l'ai pas admise un seul instant; mais il y a des paroles qui bouleversent l'âme, alors même qu'il n'en doit rien résulter : lorsque j'ai lu dans votre lettre, comme à travers un nuage, ces mots : *Léonce n'est point irrévocablement lié à Matilde, il peut encore devenir votre époux*, j'ai frissonné, j'ai éprouvé je ne sais quelle émotion indéfinissable, hors de l'existence, au delà de ses bornes; je ne puis me faire maintenant aucune idée de cette impression. Si l'âme, dans une extase, avait entrevu la destinée des bienheureux, et qu'elle retombât l'instant d'après sur les peines de la vie, comment pourrait-elle exprimer ce qu'elle aurait senti? cette sorte de confusion est dans ma tête; j'ai éprouvé au cœur, en lisant vos premières lignes, une sensation que je ne retrouverai jamais; elle est passée, mais ce souvenir rend l'existence réelle plus amère.

Je me hâte de vous répondre avant d'avoir vu Léonce; je désire qu'il ignore à jamais la proposition que vous m'avez faite; son consentement ou son refus me serait également pénible. Ma situation est sans espoir, je le sais; tout ce que vous avez dit est vrai; des peines que vous ignorez encore me menacent : si Matilde vient à découvrir les sentiments qu'un hasard lui a dérobés jusqu'à présent, j'immolerai mon bonheur à Matilde, après avoir sacrifié ma réputation à Léonce. Tout me prouve, hélas! qu'il n'est point de félicité possible pour l'amour hors du mariage, point de repos pour la faiblesse encore vertueuse qui veut composer avec l'amour; mais cette douloureuse conviction ne peut me faire adopter le conseil que vous me donnez, il serait criminel pour moi de le suivre; daignez m'entendre, je suis loin de vous offenser.

Ne pensez pas que mon esprit repousse ce que la plus sage philosophie vous inspire : je pense, il est vrai, qu'à moins de circonstances semblables à celles où madame de Lebensei s'est trouvée, la délicatesse d'une femme doit lui inspirer beaucoup de répugnance pour le divorce; mais je ne crois point aux vœux irrévocables, ils ne sont, ce me semble, qu'un égarement de notre propre raison, sanctionné par l'ignorance ou le despotisme des législateurs. Mais si j'étais capable d'exciter Léonce au divorce avec Matilde, si je considérais même cette idée comme un avenir, comme une chance possible, je désavouerais le principe de morale qui m'a toujours servi de guide; je sacrifierais le bonheur légitime d'une autre à moi; je ferais enfin ce qui me semblerait condamnable, et celui qui brave sa conscience est toujours coupable. Nul repentir n'est imprévu, le remords s'annonce de loin; et qui sait interroger son cœur connaît, avant la faute, tout ce qu'il éprouvera quand elle sera commise.

Le divorce jetterait Matilde dans un profond désespoir; elle le regarderait comme un crime, ne se considérerait jamais comme libre, et s'enfermerait dans un cloître pour le reste de ses jours. Je ne sais pas avec certitude quel degré de peine elle éprouverait, si elle connaissait l'attachement de Léonce pour moi; mais ce dont je ne puis douter, c'est qu'elle serait à jamais infortunée si Léonce, profitant de la loi du divorce, se permettait une action qui serait, à ses yeux, un sacrilège impie. Quand ma coupable et malheureuse amie, madame de Vernon, trompa Léonce pour l'unir à sa fille, Matilde l'ignorait; elle n'y aurait point consenti : elle s'est toujours conduite avec bonne foi; c'est une personne peu aimable, mais vertueuse. Elle n'est tourmentée ni par son imagination, ni par sa sensibilité; elle n'observe ni avec un esprit, ni avec un cœur inquiet la conduite de son époux; mais elle éprouverait une douleur mortelle, si on venait l'attaquer dans les idées où elle s'est retranchée, si l'on offensait à la fois sa fierté et sa religion.

Pour obtenir le bonheur d'être la femme de Léonce, je ne sais quel est le supplice qui ne me paraîtrait pas doux. Je vous l'avoue, dans la sincérité de mon cœur, j'accepterais avec délice trois mois de ce bonheur et la mort. Mais je le demande à vous-même, âme noble et généreuse, auriez-vous épousé votre Élise aux dépens du bonheur d'un autre? voudriez-vous de la félicité suprême à

ce prix? Où se réfugier pour éviter le regret de la
peine qu'on a causée? Connaissez-vous un sentiment qui poursuive le cœur avec une amertume si
douloureuse! L'amour qui fait tout oublier, devoirs,
craintes, serments, l'amour même donne à la pitié
une nouvelle force; ce sont des sentiments sortis
de la même source, et qui ne peuvent jamais
triompher l'un de l'autre. L'ambitieux perd aisément de vue les chagrins qu'il a fait éprouver pour
arriver à son but; mais le bonheur de l'amour dispose tellement le cœur à la sympathie, qu'il est
impossible de braver, pour l'obtenir, le spectacle
ou le souvenir de la douleur. On se relève de beaucoup de torts; la vertu est dans la nature de
l'homme; elle reparaît dans son âme après de longs
égarements, comme les forces renaissent dans la
convalescence des maladies; mais quand on a combattu la pitié, on a tué son bon génie, et tous les
instincts du cœur ne parlent plus.

Oui, je repousserai loin de ma pensée le bonheur qui me fut promis une fois sous les auspices
de l'innocence et de la vertu, mais que rien désormais ne saurait me rendre : je devrais faire plus,
je devrais cesser de voir Léonce; mais je ne puis
me le cacher, mon caractère n'a pas la force nécessaire pour les sacrifices; je remplis les devoirs
que les qualités naturelles rendent faciles, je suis
peu capable de ceux qui exigent un grand effort.
Peut-être dans votre système bienfaisant, qui fait
du bonheur la source et le but de toutes les vertus, peut-être n'avez-vous pas assez réfléchi à ces
combinaisons de la destinée qui commandent de
se vaincre soi-même; je suis dans l'une de ces situations déchirantes, et je sens ce qu'il me manque
pour suivre rigoureusement mon devoir.

Il n'est pas vrai, comme votre cœur se plaît à
le supposer, qu'il ne faille point d'effort pour être
vertueux : c'est le bonheur, j'en conviens avec
vous, qu'on doit considérer comme le but de la
Providence; mais la morale, qui est l'ordre donné
à l'homme de remplir les intentions de Dieu sur
la terre, la morale exige souvent que le bonheur
particulier soit immolé au bonheur général. Jugez
par moi de ce qu'il pourrait en coûter pour accomplir les devoirs dans toute leur étendue! Je
crois que j'ai les vertus qu'une bonne nature peut
inspirer, mais je n'atteins pas à celles qu'on ne
peut exercer qu'en triomphant de son propre cœur.
Je suis, je ne me le cache point, dans un rang inférieur parmi les âmes honnêtes : les vertus qui se
composent de sacrifices méritent peut-être plus
d'estime que les meilleurs mouvements.

Dans cette circonstance, au moins, je n'hésite-
rai pas sur mon devoir : l'opinion me persécutera,
les malheurs de tout genre tomberont sur moi; je
ne pourrais pas m'y dérober à présent, même en
renonçant à Léonce; mais je suis plus loin encore
de vouloir y échapper, en portant atteinte à la destinée de Matilde. Que mes fautes perdent mon bonheur, mais qu'elles ne causent de peine à personne! et que l'infortunée Delphine, seule punie
de son amour, ne fasse jamais verser d'autres larmes que les siennes!

En rejetant le conseil que votre amitié me
donne, je ne sens pas moins vivement tout ce que
je vous dois, monsieur, pour vous être occupé de
moi avec tant de sollicitude; et c'est un souvenir
qu'il m'est doux de joindre à tous ceux qui m'attachent pour la vie à vous et à votre Élise.

LETTRE XIX.

Delphine à madame de Lebensei.

Paris, ce 4 septembre.

M. de Lebensei, ma chère Élise, en apprenant
à Léonce qu'il m'avait écrit, m'a causé de nouveaux chagrins, quoique assurément son unique
désir fût de me les épargner. Léonce, hier, est
venu chez moi; il était depuis trois jours à Paris,
sans avoir cherché à me voir : il fallait qu'il fût
bien mécontent de lui-même, puisqu'il n'avait pas
besoin de m'ouvrir son cœur. J'étais seule; je vis
sur sa physionomie, comme il entrait dans ma
chambre, une vive expression d'inquiétude, et,
sans me dire un mot ni de son absence, ni de son
retour, ses premières paroles furent pour me demander si j'avais reçu une lettre de M. de Lebensei, et si j'y avais répondu; je fus très-troublée
de cette question; il insista. Ma réponse n'était
point encore partie : Léonce aperçut la lettre de
votre mari et la mienne sur ma table, et me demanda de les lui montrer; je m'y refusai d'abord;
il s'en plaignit avec une sorte de mécontentement
sévère et triste qu'il m'est impossible de supporter; je me levai, désespérée de céder à ce qui me
semblait la nécessité, la volonté de Léonce, et
lui remis la lettre de M. de Lebensei et la mienne :
j'aurais donné tout au monde pour les lui cacher,
mais son regard ne me permit pas d'hésiter à lui
obéir.

En prenant ces lettres, il soupira et se tut; j'é-
tais aussi moi-même dans l'anxiété la plus douloureuse; je ne sais ce que je désirais, je ne sais
ce que je craignais d'entendre, mais je souffrais
cruellement. Dès les premières lignes de la lettre
de M. de Lebensei, Léonce changea de visage; il

pâlit et rougit alternativement, sans lever les yeux sur moi, ni prononcer une seule parole, quoique tout trahît en lui l'émotion la plus profonde. Après avoir lu la lettre de M. de Lebensei, il prit la mienne; ses mains tremblaient en la tenant; je m'efforçais pendant ce temps de paraître tranquille et de dissimuler ma violente agitation; il me semblait qu'il y avait une sorte de honte, dans cette situation, à laisser voir mon trouble.

Quand Léonce fut à l'endroit de ma lettre où je repoussais avec vivacité l'idée du divorce, les larmes le suffoquèrent; il laissa tomber sa tête sur sa main, avec des sanglots qui me déchirèrent le cœur : je l'avais vu souvent attendrir, mais c'était la première fois que, cessant de se retenir, il se livrait à des pleurs, comme si toutes les puissances de son âme avaient à la fois cédé dans le même moment. Je fus bouleversée en le voyant dans cet état, quoique je n'en connusse pas bien la cause, et que je craignisse même de la pénétrer : mais qui peut peindre l'effet que produit un caractère fort, lorsqu'il est abattu par la sensibilité? jamais les larmes des femmes, jamais les émotions de la faiblesse ne pourraient ébranler le cœur à cet excès, ne sauraient inspirer un intérêt si tendre et néanmoins si douloureux! « Léonce, mon cher Léonce, lui répétai-je plusieurs fois, quel est le sentiment qui vous oppresse? parlez sans crainte à votre amie, vous pouvez tout lui avouer : est-ce la calomnie qu'on a répandue sur moi, qui vous afflige si douloureusement? est-ce cette proposition inattendue, mais vivement repoussée? » Je m'arrêtai, il ne répondit rien, ses larmes redoublaient; il essayait, mais en vain, de se contraindre; et rejetant sa tête en arrière, avec l'impatience de ne pouvoir triompher de son émotion, il couvrit son visage de son mouchoir, et des cris de douleur lui échappèrent.

Il me fut impossible de supporter plus longtemps ce silence, ce désespoir extraordinaire, et je me jetai aux genoux de Léonce, pour le conjurer de me parler et de m'entendre. Ce mouvement fit sur lui l'impression la plus vive, il me regarda quelques instants avec étonnement, avec transport, comme si quelque chimère heureuse se fût réalisée à ses yeux; il me saisit dans ses bras, me replaça sur le canapé, et se prosternant à mes pieds, il me dit : « Oui, vous êtes un ange. Mais moi! mais moi... » Son visage redevint sombre, et il se releva.

Le jour baissait, un mouvement que je fis lui persuada que j'allais sonner pour demander de la lumière; il me saisit la main et me dit : « Restons dans cette obscurité; je ne veux pas que vous lisiez rien sur mon visage; je ne veux pas apercevoir sur le vôtre ce qui vous occupe : tout doit être mystère, rien ne peut plus se confier. — Grand Dieu! m'écriai-je, quel affreux changement! » J'allais continuer, j'allais le forcer à s'expliquer, lorsque ma sœur entra, et dans l'instant même Léonce disparut.

Jugez quelles cruelles réflexions ont déchiré mon cœur! Est-ce l'opinion de M. de Lebensei sur la possibilité du divorce qui a jeté Léonce dans cet égarement? ou n'est-ce pas plutôt qu'il me croit perdue dans l'opinion, et que ce malheur est au-dessus de ses forces? Je saurai la vérité, le doute qui me tourmente ne peut subsister plus longtemps; mais je vous en conjure, ma chère Élise, priez votre mari de me rappeler en aucune manière à Léonce l'idée qu'il avait conçue; vous voyez bien que cette idée ne peut produire que des peines.

LETTRE XX.

Delphine à Léonce.

Je veux, Léonce, que vous me parliez avec sincérité, avec courage même, dussiez-vous me faire beaucoup souffrir. Vous savez quels sont les chagrins cruels qui, depuis votre querelle avec M. de Valorbe, ont troublé ma vie; je vous l'avouerai, j'ai senti en vous revoyant, que tout ce qui m'affligeait n'était rien en comparaison des peines que vous seul pouvez me faire éprouver.

Je vous ai promis en présence de ma sœur, de ne jamais me séparer de vous, tant que le bonheur de Matilde ne l'exigerait pas de moi; peut-être que bientôt, à son retour d'Andelys, elle sera informée à la fois et des calomnies et de la vérité; mais quand même un hasard inouï prolongerait sa sécurité, c'est vous que j'interroge, pour savoir si je ne dois pas m'éloigner. Ne croyez point que je veuille partir pour me dérober à la méchanceté dont je suis la victime, je puis peut-être m'en relever aux yeux des autres, je puis du moins trouver dans ma conscience qui est pure, et dans ma fierté qui est orgueilleuse, de quoi me rendre indépendante des accusations que je méprise : mais ce qu'il m'est impossible de supporter, c'est la moindre diminution dans le bonheur que mon attachement vous faisait goûter.

Examinez avec scrupule, je vous en conjure, l'impression qu'a produite sur vous l'horrible mal qu'on a dit de moi, et la dégradation sensible qui doit en résulter dans le rang que la société m'accordait. Demandez-vous si cette espèce de prestige dont la faveur du monde entoure les femmes, ne séduisait pas votre imagination, et si elle ne se refroidira pas, lorsque ceux que vous verrez, loin de partager votre enthousiasme pour moi, le combattront de toutes les manières. Il entre dans la passion de l'amour tant de sentiments inconnus à nous-mêmes, que la perte d'un seul pourrait flétrir tous les autres. Ah! s'il me fallait partir quand vous me regretteriez moins! Pardonnez, Léonce, je ne veux pas votre malheur : s'il faut nous séparer, je souhaite vivement que le temps et la raison adoucissent un jour votre peine; mais qui pourrait me condamner à désirer que vous supportiez plus facilement mon absence, parce que l'illusion qui me rendait aimable à vos yeux aurait disparu!

O Léonce! préservez-moi d'une telle douleur, laissez-moi vous quitter quand je vous suis chère encore, quand l'injustice des hommes n'a pas eu le temps d'agir sur vous, et que je puis disparaître en vous laissant un souvenir qui n'est point altéré. Léonce, réfléchissez à ma demande, ne vous confiez pas même au premier mouvement généreux qui vous la ferait repousser. Songez que votre caractère peut vous dominer malgré vous, et que vous ne parviendriez jamais à me dérober vos impressions. L'amour ne serait pas la plus pure, la plus céleste des affections du cœur, s'il était donné à la puissance de la volonté d'imiter son charme suprême. On trompe les femmes qui n'ont que de l'amour-propre, mais le sentiment éclaire sur le sentiment; et nos âmes, longtemps confondues, ne peuvent plus se rien cacher l'une à l'autre.

Consentez à mon départ dans ce moment, doux encore, puisque mes ennemis, en vous rendant malheureux, ne vous ont point détaché de moi. Loin de vous, je ne cesserai point de vous aimer; il me restera du passé quelques sentiments qui m'aideront à vivre; mais, si j'avais vu votre amour succomber lentement au souffle empoisonné de la calomnie, je n'éprouverais plus rien qui ne fût amer et désespéré.

LETTRE XXI.

Léonce à Delphine.

Ai-je mérité la lettre que vous venez de m'écrire? Vous m'avez fait rougir de moi; il faut que je vous aie donné une bien misérable idée de mon caractère, pour que vous puissiez imaginer un instant que votre malheur ait affaibli mon attachement pour vous. O Delphine! avec quel profond dédain je repousserais une telle injustice, si vous n'en étiez pas l'auteur! qu'ai-je dit, qu'ai-je montré, qu'ai-je éprouvé, qui justifie ce soupçon indigne de vous?

Vous m'avez vu avant-hier dans un état extraordinaire...... Une proposition frappante, quoique impossible, avait renouvelé tous mes regrets..... Elle remplissait mon cœur d'une foule de pensées douloureuses, contraires, diverses, et néanmoins si confuses, qu'il m'eût été pénible de les exprimer.... Voilà tout le secret de mon trouble.

Sans doute, j'ai été affligé des calomnies que des infâmes ont répandues contre vous, mais c'est moi que j'accuse, comme la première cause de ce malheur. Le chagrin que j'en ai ressenti n'est-il pas de tous les sentiments le plus naturel? puis-je vous aimer et être indifférent à votre réputation? puis-je vous aimer et ne pas sentir avec désespoir, avec rage, les fatales circonstances qui me condamnent à l'impuissance de vous venger? Mais, Delphine, je te le jure, jamais ton amant ne t'a chérie plus profondément. Il est vrai, je suis susceptible pour toi comme pour moi-même, ou plutôt mille fois plus encore! crois aux témoignages de sentiment qui s'accordent avec le caractère, ce sont les plus vrais de tous. Dans aucun moment je ne pourrais supporter ton absence; mais, s'il me fallait attribuer ton départ à la fausse idée que tu aurais conçue des dispositions de mon cœur, je te suivrais pour te détromper, jusqu'au bout du monde.

Quoi! mon amie, tu voudrais t'éloigner de moi, au premier chagrin qui a frappé ta vie brillante! tu ne me croirais donc qu'un compagnon de prospérités! tu n'aurais rien trouvé dans mon cœur qui valût pour l'infortune! Ah! que suis-je donc, si ce n'est pas moi que tu recherches dans la douleur, et si la voix de ton ami ne conjure pas loin de toi les peines de la destinée!

Je ne veux point te dissimuler ce que j'éprouve, car je n'ai pas un sentiment qui ne soit une preuve de plus de mon amour. J'aimais le concert de louanges qui te suivait partout, il retentissait à mon cœur; j'aimais les hommes de t'admirer, je les haïrai de te méconnaître; mais quand nous ne parviendrions pas à te justifier, à prosterner à tes pieds et la haine et l'envie, ta présence serait encore le seul bien qui pût m'attacher à l'existence. Ma Delphine, j'ai déjà souffert, mon âme est péniblement ébranlée, prends garde de m'ôter les seules jouissances qui me restent; je ne traînerai point la vie au milieu des douleurs, je me l'étais promis longtemps avant de t'avoir connue : crois-tu que ces jours de délices que j'ai passés à

Bellerive m'aient appris à mieux supporter le malheur? jamais un cœur de quelque énergie ne pourra supporter de te perdre, après avoir été l'objet de ton amour.

Tu parles quelquefois d'un éloignement momentané : mon amie, comprends-tu toi-même ce que c'est qu'une année, ce que c'est que bien moins encore, pour des âmes telles que les nôtres! Ah! je n'ai pas en moi ce pressentiment de vie qui rend si libéral du temps; si nous interrompons notre destinée actuelle, je ne sais ce qu'il arrivera, mais jamais, jamais nous ne nous réunirons! Delphine, frémis de ce présage, une voix au fond de mon cœur l'a prononcé.

Cessez donc de supposer un instant que notre séparation soit possible; dans quelque lieu de la terre que vous allassiez, je vous y rejoindrais, n'en doutez pas : le mot de départ n'a plus aucun sens. Si vous quittez Paris, vous me forcez à m'éloigner de Matilde, pour habiter les mêmes lieux que vous; ce sera l'unique résultat du sacrifice dont vous persistez à me menacer. N'est-ce donc pas assez de ne vous voir presque jamais seule? de n'avoir plus ces doux et longs entretiens qui perfectionnaient mon caractère en me comblant de bonheur? J'ai dompté mon amour; la terreur que m'a fait éprouver le danger où ma passion vous avait précipitée, cette terreur réprime encore les mouvements les plus impétueux de mon cœur; c'est assez de ces peines, je n'en supporterai plus de nouvelles, et dans quelque lieu que vous soyez, vous m'y trouverez.

Je n'ai voulu, Delphine, vous implorer qu'au nom de mon amour : je veux que vous restiez pour moi, mais l'intérêt même de votre réputation suffirait seul pour vous en faire la loi : serait-il digne de vous de vous éloigner dans ce moment? N'est-il pas certain qu'on répandrait que si vous aviez pu vous justifier, vous ne seriez pas partie? Madame d'Artenas, en qui vous avez de la confiance, me disait hier encore que vous vous deviez de reparaître dans la société, et de triompher vous-même de vos ennemis : ne connaissez-vous pas le monde! si vous pliez sous le poids de son injustice, il n'attribuera point votre abattement à la douleur, à la sensibilité de votre caractère; vous êtes trop supérieure pour qu'on revienne à vous par de la pitié; c'est votre courage qu'il faut opposer aux mensonges de l'envie : si la bonté suffisait pour la désarmer, vous aurait-elle jamais attaquée?

Mon amie, si tu me rends le calme et la force, en m'assurant que rien n'est changé dans tes projets ni dans ton cœur, nous en imposerons aux

méchants : ne saurais-tu pas, avec de l'esprit et de la bonté, réussir aussi bien qu'eux, avec de la sottise et de la perfidie? Confions-nous un peu plus en nous-mêmes; les envieux nous avertissent de nos qualités par leur haine, eh bien, appuyons-nous sur ces qualités. Toi, Delphine, toi, surtout, il te suffit de paraître pour plaire, de parler pour être aimée; ose affronter cette société qui ne peut te braver qu'en ton absence; je te réponds du triomphe, et tu en jouiras pour moi. Mais quand nos communs efforts n'auraient pas le succès que j'en espère, quoi qu'il puisse arriver, n'ayez plus d'injuste défiance. Ne vous exagérez pas les faiblesses de votre ami; et que son amour vous réponde de son bonheur, tant qu'il pourra vous voir et que vous l'aimerez.

LETTRE XXII.

Delphine à madame de Lebensei.

Paris, ce 26 septembre.

Combien vous m'avez témoigné d'amitié pendant les jours que vous avez passés près de moi! Je ne vous laisserai rien ignorer, ma chère Élise, de ce qui m'intéresse; j'ai le bonheur de croire que votre cœur en est vivement occupé. Léonce est parvenu à me rassurer sur son sentiment; nous avons ressaisi, pour la troisième fois, des espérances de bonheur qui étaient presque entièrement perdues; mais, hélas! je n'y ai plus la même confiance.

Quand Léonce a passé quelques jours sans aller dans le monde, il croit qu'il est devenu tout à fait insensible à cette injustice de l'opinion envers moi, qui l'a blessé si profondément; mais il ne sait pas que cette douleur, quand on en est susceptible, revient aussi facilement qu'elle se dissipe, cesse et renaît, mais ne se guérit jamais entièrement. Lorsque Léonce en est atteint, il cherche à me le dissimuler, il s'efforce d'être calme; mais je lis malgré lui dans son cœur; je vois qu'il souffre de cette peine, d'autant plus amère, qu'il craindrait m'humilier en me l'avouant : voilà donc la plus douce de nos jouissances, la parfaite confiance déjà altérée! nous ne nous cachons rien, mais, réciproquement, nous sentons que notre peine est moins douloureuse en ne nous en parlant pas.

Je crains aussi de lui laisser apercevoir que mon cœur n'est pas en tout parfaitement satisfait de lui, je ne veux pas me prévaloir de ses torts pour l'affliger. Ah! ce n'est pas moi qui le punirai de ses défauts; hélas! les événements ne s'en chargeront peut-être que trop! Il désire, et, quoi qu'il m'en coûte, j'y souscris, que je recommence à sor-

tir, à revoir mes anciennes relations; il croit que
j'effacerai, si je le veux, la trace des calomnies
qu'on a répandues sur moi; et je ne puis me dissimuler que son bonheur est attaché à mes succès à
cet égard : je le ferai donc; mais quel effort pénible! Lorsque je suis entrée dans le monde, je
croyais voir un ami dans tout homme qui se plaisait à causer avec moi; j'éprouve à présent un
sentiment bien contraire; je n'ose m'adresser à personne, parler à personne : une fierté timide m'empêche de rien essayer pour sortir de ma situation,
et cependant elle me cause une douleur très-vive;
je pense sans cesse avec amertume à ce qu'on a dit
de moi, surtout à ce que Léonce a entendu. Les
ennemis auraient-ils le courage de vous poursuivre, s'ils savaient qu'ils peuvent empoisonner jusqu'à l'affection même qui vous restait pour vous
consoler de leur haine!

La haine! juste ciel! comment l'ai-je méritée,
ma chère Élise? à qui ai-je fait du mal? à qui n'ai-je
pas fait tout le bien qui était en ma puissance? et
d'où naissent-elles donc, ces fureurs cachées qui
n'attendaient que le moment de la disgrâce pour
éclater? Est-ce à la jalousie qu'il faut les attribuer?
Ah! quelques agréments, dont je n'ai connu le
prix que pour chercher à plaire et pour être aimée,
donnent-ils assez de bonheur pour exciter tant
d'envie? Et il faudra que je brave ces mauvais sentiments dont il m'eût été si doux de m'éloigner!
deux ans d'absence auraient produit naturellement
ce que je n'obtiendrai qu'au prix de mille souffrances : enfin, il le veut, ou plutôt, je sais quel prix
il met à me revoir au rang que j'occupais dans l'o-
pinion.

Parviendrai-je jamais à dompter la malveillance?
elle me glace à l'instant où je l'aperçois; je n'ai
plus ni les armes de mon esprit ni celles de mon
caractère devant les méchants : ce n'est point par
faiblesse; vous savez si je manque de courage
quand il s'agit de défendre mes amis; mais j'ai peur
de ceux qui me haïssent, parce que je ne sais pas
leur opposer un sentiment de même nature; et les
larmes me viennent plus facilement que les expressions méprisantes, quand je me vois l'objet de cet
actif besoin de nuire qui remplit les vies désœu-
vrées. N'importe, Léonce est malheureux, et, pour
faire cesser sa peine, je saurai retrouver mes forces; la bonté les affaiblissait, la fierté doit les relever. Mais la société, ce plaisir déjà si vide, si in-
suffisant en lui-même, que sera-t-elle pour moi, si
je suis obligée d'en faire une lutte, une guerre, un
sujet continuel d'observations et de craintes?

Déjà depuis quinze jours, ne faut-il pas compter

qui vient ou ne vient pas me voir! ne faut-il pas
examiner la nuance des politesses des femmes, le
degré de chaleur de leurs empressements pour
moi! j'ai senti battre mon cœur de crainte, pour
une visite à recevoir, pour une misérable formule
de politesse à remplir. Je ne connais pas une qualité forte de l'âme, une faculté supérieure de l'esprit
qui ne se dégrade par une telle vie. L'idée générale
de ménager l'opinion, de parvenir à la recouvrer;
quand une injustice vous l'a ravie, ne rappelle rien
à l'esprit qui ne soit sage et noble; mais combien
tous les détails de cette entreprise répugnent à l'é-
lévation des sentiments! combien ils exigent de
souplesse, de contrainte, de condescendance! et
comme au milieu de ce pénible travail, un mouvement d'orgueil vous dit souvent que vous avez tort
de soumettre ce qui vaut le mieux à ce qui vaut le
moins, et d'humilier un être distingué, devant la
capricieuse faveur de tant d'individus sans nul mérite, de tant d'individus qui, si vous étiez dans la
prospérité, se rendraient bientôt justice, et se pla-
ceraient d'eux-mêmes à cent pieds au-dessous de
vous!

Mais à quoi servent toutes ces plaintes auxquelles je m'abandonne en vous écrivant? Ne sais-je
pas que je ferai ce que demandera Léonce! et sans
même qu'il me le demande, ne sais-je pas que je
ferai ce qui peut contribuer à me rendre plus aimable à ses yeux! Félicitez-vous, mon amie, d'a-
voir pour époux un homme affranchi du joug de
l'opinion; vous êtes peut-être plus faible que lui à
cet égard, mais cela vaut mieux que si vous aviez
un caractère naturellement indépendant, dont vous
ne pussiez tirer aucun secours, parce qu'il blesserait ce que vous aimez.

Je me rappelle qu'avant d'avoir vu Léonce, la
première fois que je lus une lettre de lui, je sentis
avec force que les différences de nos caractères
nous rendraient, si nous nous aimions, profondément malheureux. Hélas! il n'est que trop vrai
que nous le sommes! mais ce que j'ignorais alors,
c'est que le défaut même dont je me plains a je ne
sais quel attrait, qui donne à mon sentiment de
nouvelles forces. Un caractère ombrageux et susceptible vous occupe sans cesse par la crainte de
lui déplaire. Vous attachez chaque jour plus de
prix à satisfaire un homme si délicat sur la réputation et l'honneur. Enfin, quand des défauts qui
appartiennent à l'exagération même de la fierté,
ne détachent pas de ce qu'on aime, ils sont un lien
de plus; et l'agitation qu'ils causent donne aux affections passionnées une nouvelle ardeur. Chère
Élise, venez me voir, venez avec votre mari; sa

conversation me rend le courage que la parfaite raison sait toujours inspirer.

LETTRE XXIII.

Delphine à madame de Lebensei.

Paris, ce 4 octobre.

Samedi dernier, deux heures après votre départ, ma chère Élise, il est arrivé à ma belle-sœur une lettre de M. de Valorbe, datée de Moulins où son régiment est en garnison. Il lui annonce qu'il a fait son voyage heureusement ; il rappelle indirectement les droits qu'il croit avoir acquis sur mon dévouement, mais il ne paraît pas avoir la moindre connaissance de ce qui a été dit à Paris relativement à lui ; j'espère qu'il ne le saura point, et que les soins que Léonce a pris pour le justifier auront réussi : c'est une telle autorité que Léonce, quand il s'agit de la bravoure d'un homme, que peut-être elle aura suffi pour défendre l'honneur de M. de Valorbe.

J'ai fait hier enfin, ma chère Élise, le cercle de visites dont vous m'aviez recommandé de vous mander le résultat. Heureusement que je n'ai pas trouvé toutes les femmes que j'allais voir ; celles qui ne sont que mes connaissances m'ont paru, à quelques nuances près, les mêmes pour moi, je ne leur demandais rien ; mais quand j'ai voulu prier une ou deux femmes avec qui j'étais plus liée, d'expliquer la vérité, de repousser la calomnie dont j'avais été l'objet, elles se sont crues des personnes en place à qui l'on demande une grâce, et elles m'ont montré toute l'importance, toute la réserve, toute la froideur de la puissance envers la prière. Je me suis hâtée de leur dire que je renonçais à ce que je leur demandais, et leur visage s'est un peu éclairci, quand elles ont été bien certaines que je ne tirerais de leur politesse aucun droit sur leurs services.

Si je puis rétablir ma réputation dans le monde, ce n'est point, j'en suis sûre, en recourant au zèle ou à l'amitié de quelques personnes en particulier ; c'est un hasard heureux dans la vie que d'être secouru par les autres ; il n'y faut point compter, il faut encore moins le demander : j'aime mieux reparaître courageusement dans la société, et me conduire comme si je méprisais tellement les mensonges qu'on a osé répandre, que je ne daignasse pas même m'en souvenir. Par degré, les faibles, me voyant de la force, se rapprocheront de moi ; ils me reviendront dès qu'ils croiront que je puis me passer de leurs secours. Il y a dans le cœur de la plupart des hommes quelque chose de peu géné-

reux, qui les porte à se mettre en garde contre les démarches les plus communes de la société, dès qu'ils aperçoivent qu'on les désire d'eux vivement. Ils craignent qu'on n'ait un intérêt caché dans ce qui leur semble le plus simple, et redoutent de se trouver par malheur engagés à faire plus de bien qu'ils ne veulent. Élise, nous ne sommes pas ainsi, nous qui avons souffert : oui, dans toutes les relations de la vie, dans tous les pays du monde, c'est avec les opprimés qu'il faut vivre ; la moitié des sentiments et des idées manquent à ceux qui sont heureux et puissants.

Je me suis hâtée de finir mes pénibles courses par madame d'Artenas, sur laquelle je comptais, et avec raison, à beaucoup d'égards. Madame de R., sa nièce, était seule avec elle ; madame d'Artenas m'a reçue avec le même empressement qu'à l'ordinaire, mais seulement avec une nuance de protection de plus. Qu'il est rare, ma chère Élise, que l'adversité ne fasse pas dans les amis un changement quelconque, qui blesse la délicatesse ! Plus ou moins d'égards, une familiarité plus marquée, ou une aisance moins naturelle ; tout est un sujet de peine ou d'observation pour celui qui est malheureux : soit qu'en effet il n'y ait rien de plus difficile pour les autres que de rester absolument les mêmes, lorsqu'une idée nouvelle s'est introduite dans leurs relations avec nous ; soit qu'un cœur souffrant, comme une santé faible, s'affecte de mille nuances que le bonheur et la force n'apercevraient pas.

Je vous l'ai dit souvent, madame d'Artenas est bonne, mais elle n'est pas sensible : cette différence ne se remarque guère dans les circonstances habituelles de la vie ; mais quand il faut traiter des sujets qui blessent de partout, l'on est étonné de la douleur que font éprouver ces expressions claires et positives qui ne changent rien à la situation, mais tourmentent l'imagination presque autant qu'une nouvelle peine. Madame d'Artenas me citait sans cesse ce qu'elle avait fait pour ramener l'opinion sur sa nièce ; elle croyait m'encourager par l'exemple des services qu'elle lui avait rendus, comme si cette comparaison pouvait se soutenir, comme si son premier soin n'aurait pas dû être de l'écarter !

Madame de R. souffrait d'une manière très-aimable d'un rapprochement qu'elle trouvait tout à fait inconvenable. Chaque fois que madame d'Artenas se servait d'un terme trop fort, elle l'interrompait, pour adoucir, par des modifications flatteuses, ce que sa tante avait trop prononcé. Je lui ai vu plusieurs fois les larmes aux yeux en me re-

gardant; je savais beaucoup de gré à madame de R.
de ses attentions délicates, mais je ne pouvais l'en
remercier; toute ma force était employée à écouter avec douceur les avis utiles de madame d'Artenas; je rougissais et je pâlissais tour à tour,
quand elle me répétait ce qu'on avait dit de moi,
du ton d'un récit ordinaire. On aurait pu croire
qu'elle racontait une histoire arrivée depuis cinquante ans, à des personnes tout à fait étrangères
à cette histoire. Cependant, comme je ne pouvais
douter que le but de tous ses discours ne fût de me
rendre service, qu'elle en avait un sincère désir,
et me le témoignait franchement, je m'imposais,
quoi qu'il m'en coutât, de l'entendre en silence, et
de la remercier du moins par un signe de tête,
lorsque la parole me manquait. Je sentais, d'ailleurs, que la hauteur de l'innocence n'aurait paru
que de l'exaltation à madame d'Artenas; je retenais les expressions élevées et presque orgueilleuses
qui m'auraient satisfaite, et je m'interdisais cette
langue sacrée des âmes fières, qu'il ne faut pas
prodiguer à qui n'est pas digne de la comprendre.

Le résultat de cette conversation fut qu'il fallait retourner dans le monde; et comme madame
de Saint-Albe doit donner dans quelques semaines
un grand concert, où la société de Paris sera
réunie, madame d'Artenas, qui est sa parente,
veut m'y faire inviter et m'y conduire. Elle croit
que d'ici là mes amis auront eu le temps de me
justifier, et de réparer entièrement le tort que m'a
fait M. de Fierville. Il me sera pénible de me présenter ainsi à toute l'armée de l'opinion : mais
Léonce le désire, je le ferai. Qui vous aurait dit
cependant, ma chère Élise, que cette Delphine
dont on enviait la situation, qu'on attendait dans
les nombreuses assemblées (j'ose le dire avec amertume) comme une partie de la fête; qui vous aurait dit que cette même Delphine, sans un tort réel,
par une suite de sentiments bons ou du moins excusables, se verrait réduite à implorer, pour oser
reparaître, l'appui d'une femme d'un caractère et
d'un esprit si inférieurs, et craindrait comme une
puissance ennemie, cette même société, ces mêmes
hommes qui semblaient ne pas trouver assez d'expressions pour l'énivrer de leurs éloges!

Ah! quel autre que Léonce pourrait me faire
subir le tourment que j'éprouve en courtisant l'o-
pinion? J'en souffre à chaque heure, à chaque minute; et cette résolution, une fois prise, exige
mille résolutions de détail qui sont toutes également pénibles. Je sais cependant que si rien de nouveau ne traverse ma vie, je me tirerai de ma situation actuelle, je me replacerai dans la société au

rang que j'occupais, et que Léonce regrette si vivement. Mais pourrai-je jamais oublier que, pour
me relever, il a presque fallu supporter des humiliations? mon caractère reprendra-t-il son indépendance naturelle? et retrouverai-je jamais le
plaisir et la sécurité que j'éprouvais au milieu du
monde, avant qu'il m'eût fait connaître tout à la
fois son injustice et son pouvoir.

Combien vous avez mieux fait, ma chère Élise,
de vous résigner noblement à la défaveur de la société! Il a pu vous en coûter, mais vos ennemis ne
l'ont pas su, et vous n'avez pas fait un pas pour
les rappeler. Je me replacerai peut-être extérieurement dans la même situation; mais ce qui me la
rendait agréable, mes propres impressions sont
changées. Il me faut du calcul et presque de l'art
pour captiver de nouveau les suffrages; ce calcul,
cet art, m'ont fait découvrir le secret de tout; les
illusions les plus douces se sont dissipées; j'ai analysé l'amitié comme la haine, et, pour reconque-
rir la société, je suis forcée de l'étudier sous un
point de vue qui lui ôte sans retour le charme
qu'elle avait pour moi. Mais, Léonce! à ce nom,
les sentiments les plus vrais me raniment! Oubliez,
ma chère Élise, les plaintes auxquelles je me suis
livrée sur ce qu'il exige de moi; il m'en témoigne
chaque jour une reconnaissance si tendre, qu'elle
doit effacer toutes mes peines.

LETTRE XXIV.

Léonce à Delphine.

Paris, ce 20 octobre.

J'ai enfin, ma Delphine, une nouvelle heureuse
à vous annoncer : madame de Mondoville est revenue depuis quelques jours, comme vous le savez;
mais ce que vous ignorez, c'est qu'à son arrivée
on n'a pas manqué de l'informer des bruits calom-
nieux qui s'étaient répandus; elle m'en a parlé, et
je lui ai dit que ce qu'il y avait de vrai dans cette
histoire, c'était une action généreuse de vous, l'a-
sile que vous aviez accordé à M. de Valorbe, au
moment où il était poursuivi. Je dois à Matilde la
justice qu'il est impossible d'avoir mieux accueilli
tout ce que mon indignation me suggérait sur l'infâme conduite de M. de Fierville et de madame du
Marset; et si quelque chose pouvait me faire une
sorte de peine, c'était de voir à quel point il m'é-
tait facile de la persuader. J'ai senti dans cette
occasion combien une morale, même exagérée,
était un grand avantage dans les relations intimes
de la vie.

Le soir même de la conversation que j'avais eue

avec Matilde, elle se trouva dans une société assez nombreuse où je n'étais pas, et, pendant mon absence, on osa vous attaquer assez vivement. Madame de Mondoville, je le sais d'un de mes amis qui s'y trouvait, vous défendit avec une telle force, une telle hauteur, qu'elle sut en imposer à tout le monde; et sa manière de s'exprimer, et l'autorité de sa réputation, ont produit un tel effet, que mon ami, et quelques autres témoins de cette scène, sont tout à fait persuadés qu'elle a été la cause d'un changement décisif en votre faveur.

Je ne puis vous dire, ma Delphine, combien je suis touché de la conduite de madame de Mondoville dans cette circonstance! son bonheur m'est devenu plus cher, plus sacré par cette action, que par tous les liens qui nous unissaient. Elle doit aller chez vous ce soir, je ne veux point m'y trouver en même temps qu'elle; je me priverai donc de vous tout le jour : mais qu'il m'est doux de penser que le danger dont vous me menaciez sans cesse n'existe plus; que toutes les inquiétudes sont à jamais écartées de l'esprit de Matilde, et que rien désormais, ô mon amie! ne peut plus me séparer de toi!

LETTRE XXV.

Delphine à Léonce.

Léonce! Léonce! comment vous dire ce qui vient de m'arriver? Qu'allez-vous penser? quelle peine ressentirez-vous? obtiendrai-je mon pardon? serez-vous capable de me haïr, quand je me désespère d'avoir accompli ce qui peut-être était mon devoir, ce que du moins il était impossible de ne pas faire dans la circonstance où je me suis trouvée? Votre femme sait mon sentiment pour vous; et par qui l'a-t-elle appris? O ciel! par moi! Le mot affreux est dit; maintenant, écoutez-moi, ne rejetez pas ma lettre avec indignation, suivez dans mon récit les impressions qui m'ont agitée, et si votre cœur se sépare un instant du mien, s'il éprouve un sentiment qui diffère de ceux qui m'ont émue, alors condamnez-moi.

Madame de Mondoville est venue me voir il y a deux heures; j'étais seule : elle m'a montré beaucoup plus d'intérêt qu'il n'est dans son caractère d'en témoigner. J'évitais, autant qu'il était possible, une conversation plus intime, et je l'ai ramenée dix fois sur des sujets généraux : je respirais lorsqu'elle renonçait aux expressions directes d'estime et d'amitié : enfin, par une insistance qui ne lui est pas naturelle, et qui tenait certainement à un vif sentiment de justice, et surtout de bonté,

elle rompit tous mes détours, et me dit : « Ma chère cousine, j'ai appris combien on avait été injuste envers vous; j'en ai éprouvé une véritable colère, et je vous ai défendue avec cette chaleur de conviction qui doit persuader. » Je baissai la tête sans rien dire; elle continua. « Quelle infamie de faire tourner contre vous le service que vous avez rendu à M. de Valorbe! et quelle absurdité en même temps de mêler mon mari dans cette histoire! Vous qui avez fait notre mariage par votre généreuse conduite relativement à la terre d'Andelys, vous que ma mère avait consultée sur cette union longtemps avant que je connusse M. de Mondoville, n'êtes-vous pas liée à mon sort par ce que vous avez fait pour moi? Votre amitié pour ma mère, quoiqu'elle ait été troublée un moment, a certainement conservé assez de droits sur vous, pour que le bonheur de sa fille vous soit cher. — Sans doute, essayai-je de lui répondre, je souhaite votre bonheur, j'y sacrifierais... » Elle m'interrompit en disant : « Vous n'avez pas besoin de me l'affirmer, ma cousine : si j'ai été froide quelquefois pour vous dans un autre temps, si la différence de nos opinions nous a quelquefois éloignées l'une de l'autre, permettez que je le répare dans ce moment où vous avez des peines : disposez de moi, et je m'applaudirai de l'ascendant que moi et mes amies nous pouvons avoir sur tout ce qui tient à la réputation d'une femme, puisque cet ascendant vous sera utile. J'animerai en votre faveur ce que vous appelez les dévotes, c'est-à-dire, des personnes assez pures et assez heureuses pour que, devant elles, la malignité soit toujours forcée de se taire. — Oh! vous êtes trop bonne, beaucoup trop bonne, m'écriai-je très-attendrie; mais, je vous en conjure, ne faites plus rien pour moi, absolument rien; promettez-le-moi, je l'exige, je vous en supplie...— Et d'où vient donc cette prière si vive? répondit Matilde; ma chère Delphine, est-ce que vous avez un tel éloignement pour moi, que vous ne me trouviez pas digne de vous servir? — Non, non, interrompis-je; c'est moi qui ne suis pas digne de vous.

— Qui a pu vous inspirer cette cruelle idée, ma chère cousine? répondit-elle : vous n'avez pas les mêmes opinions que moi, j'en suis fâchée pour votre bonheur; mais me croyez-vous donc assez exagérée pour ne pas reconnaître vos rares qualités, et les services que vous m'avez rendus deux fois, avec tant de délicatesse? Suis-je donc incapable d'estimer la parfaite franchise qui ne vous a jamais permis l'ombre de la dissimulation? C'est cette vertu que j'admire en vous, et qui a toujours

été le fondement de ma sécurité. J'ai souvent remarqué que Léonce se plaisait beaucoup à vous
voir ; une fois même, vous vous en souvenez, j'allai vous chercher à Bellerive avec une sorte d'inquiétude, et peut-être même avais-je le désir de
vous éprouver ; mais je revins parfaitement convaincue que vous n'aimiez pas Léonce, puisque
vous ne vous étiez point trahie quand je vous parlai de mon sentiment pour lui. Hier, quelqu'un,
en me racontant l'histoire qu'on a faite sur vous,
à l'occasion de M. de Valorbe, eut l'impertinence de
me dire que j'étais bien dupe de croire à votre sincérité : j'aurais désiré que vous entendissiez avec
quelle force, avec quel dédain je repoussai cette
méprisable insinuation ! combien je me plus à répéter que non-seulement la dissimulation, mais le
silence même, qui serait aussi une fausseté, puisqu'il me trompait également, était loin de votre
caractère, dans une circonstance qui exigeait d'une
âme honnête la plus entière vérité ! J'aurais souhaité que, pour vous justifier à jamais, l'on m'eût
demandé de jurer pour vous... » Dans ce moment,
Léonce, ma tête se perdit ; il me sembla qu'il était
infâme de recevoir ainsi des éloges si peu mérités,
d'abuser de sa candeur. Ses discours étaient une
interrogation sacrée, et me taire me parut de la
perfidie ; enfin, je ne raisonnai pas, mais j'éprouvai cette révolte du sang qui rend une action basse
ou perfide tout à fait impossible, et je m'écriai :
« Matilde, arrêtez ! c'en est trop ! oui, c'en est
trop ! Si je l'aimais, devrais-je vous le dire ? si je
l'aimais sans être coupable, en respectant vos
droits, votre bonheur... » Mon trouble disait encore plus que mes paroles. « Achevez, reprit Matilde avec chaleur, achevez ! Delphine, l'aimeriez-
vous ? Dites-le-moi ; ne résistez pas au mouvement
généreux que vous éprouvez ! Soyez vraie, soyez-le.
— Que vous importe ! lui répondis-je, regrettant
déjà ce qui m'était échappé : si je l'aime, je partirai, je mourrai, laissez-moi. » Dans ce moment
madame de Lebensei entra ; et, soit que Matilde ne
voulût pas rester avec elle, soit qu'elle eût besoin
de réfléchir à ce qui s'était passé entre nous, elle
sortit de ma chambre sans prononcer une parole,
et je la laissai partir, confondue moi-même de ce
que je venais de dire, ne sachant plus si c'était un
crime ou une vertu, et n'étant digne, en effet, ni
d'approbation ni de blâme ; car je n'avais été qu'entraînée, et, n'ayant eu le temps d'aucune réflexion,
je ne m'étais décidée à aucun sacrifice.

Que va-t-il arriver maintenant, Léonce ? je n'ose
vous interroger sur ce que vous aura dit Matilde ;
je sais mon devoir, mais j'ignore encore comment

il se manifestera à moi. Venez me voir, venez ;
jouissons de ces jours peut-être les derniers. Ah !
pourquoi vous cacherais-je que mon cœur se brise,
que j'éprouve comme une sorte de repentir...
Qu'allons-nous devenir ? Du moins ne vous irritez
pas contre moi, n'épuisons pas nos âmes en reproches et en justifications ; souffrons comme un
coup du sort les suites d'une action complétement
involontaire, et cherchons ensemble s'il peut nous
rester encore quelques ressources.

LETTRE XXVI.

Delphine à madame de Lebensei.

Ce 28 octobre.

Vous êtes partie fort inquiète, ma chère Élise,
de ma conversation avec madame de Mondoville,
et vous avez bien voulu me demander de vous
écrire chaque jour ce qui pourrait en arriver ; il
s'en est déjà écoulé huit sans que j'aie entendu
parler de Matilde ; mais loin que ce silence me tranquillise, il redouble mon inquiétude. Depuis
temps, Léonce ne l'a point vue ; elle s'est enfermée
chez elle, ou elle est allée à l'église : son mari lui
a fait demander plusieurs fois de la voir, elle l'a
constamment refusé. Elle est sans doute bien malheureuse à présent, et elle était tranquille avant
de m'avoir parlé. Oh ! que je serais coupable, si,
ne sachant voir que la faiblesse des bons sentiments, et jamais leur force, je n'avais fait que
troubler la vie de Matilde par ma franchise, sans
avoir le courage nécessaire pour lui rendre le
bonheur !

Mademoiselle d'Albémar m'a blâmée assez vivement ; Léonce a été généreux envers moi, mais il a
surtout affecté de parler de cette circonstance comme
peu décisive, et d'affirmer qu'il était certain d'en
adoucir tous les effets. Je n'ai point combattu
cette erreur ; je sens approcher la résolution irrévocable, la nécessité toute-puissante, je ne dispute
plus sur rien. Ah ! je parlais quand j'avais un besoin
secret d'être convaincue ; quand je souhaitais confusément qu'on s'opposât au sacrifice que je croyais
vouloir ! maintenant je me tairai ; tout repose sur
moi ; devoir, malheur, amour, je dois tout contenir dans mon âme solitaire.

Qu'il sera terrible le moment de se séparer ! il
s'offre à moi déjà comme un nuage noir à l'horizon, prêt à s'avancer sur ma tête ; ah ! que ne puis-
je mourir pendant qu'il est loin encore ! Bonne
Élise, heureuse Élise, adieu.

LETTRE XXVII.

Delphine à madame de Lebensei.

Ce 4 novembre.

Mon sort est décidé! il l'est depuis quatre jours; je n'ai pas eu la force de vous l'écrire. Si votre pressante lettre ne m'était pas arrivée ce matin, je ne sais si j'aurais pu prendre sur moi de raconter tant de douleurs. Je le vois encore, mais bientôt je ne le verrai plus; il ne le sait pas, il doit l'ignorer: il me regarde avec une expression déchirante: s'il a des craintes, il ne veut pas les exprimer, il semble qu'il croie m'enchaîner davantage en ne paraissant pas douter: oh! qu'il est touchant! qu'il est aimable! et dans un funeste moment, j'ai promis de le quitter! mes forces suffiront-elles à ce sacrifice?

Mardi dernier, Léonce m'avait dit qu'il était obligé de s'absenter le lendemain de Paris pour une affaire indispensable: je ne sais pourquoi l'idée ne me vint pas, que madame de Mondoville choisirait ce jour pour me voir; mais quand on l'annonça, je fus saisie d'une surprise égale à ma douleur. J'étais avec ma belle-sœur: Matilde, en entrant, m'annonça solennellement qu'elle désirait être seule avec moi, et qu'elle me priait de faire fermer ma porte.

Quand nous fûmes seules, elle me dit avec un ton triste, mais ferme, qu'il ne lui était plus permis de douter de l'amour qui existait entre Léonce et moi; qu'elle s'était retracé plusieurs circonstances qui ne l'avaient pas frappée lorsqu'elle expliquait tout par l'amitié, mais qui ne prouvaient que trop clairement ce que mon trouble, dans notre dernière conversation, avait commencé à lui révéler. « Une autre, ajouta-t-elle, dans une pareille situation, serait votre ennemie; les obligations que je vous ai, votre mouvement de franchise auquel je dois mon premier avertissement, les sentiments chrétiens qui me font désirer de vous ramener à la vertu, ne me le permettent pas; je viens donc vous demander, pour votre salut autant que pour mon bonheur, de quitter Paris, de ne pas permettre que Léonce vous suive, et de ne point semer la discorde entre nous deux, en lui disant que c'est moi qui vous ai priée de vous éloigner de lui. » Cette proposition dure et brusque, quoique d'accord avec mes réflexions, me révolta, je l'avoue; et je répondis assez froidement, que je ne voulais m'engager à rien avec personne qu'avec moi-même.

« Vous me refusez! me dit Matilde avec une expression, avec un accent d'une amertume et

I.

d'une âpreté remarquables; vous me refusez! répéta-t-elle encore avec des lèvres tremblantes: eh bien, sachez donc que je porte dans mon sein l'enfant de Léonce, et que la douleur que vous me causez vous rendra responsable de sa vie et de la mienne. » A ces mots, jugez de ce que j'éprouvai: j'ignorais son état, j'ignorais ses nouveaux droits. Des sanglots s'échappèrent de mon sein, ils adoucirent un peu Matilde. « Revenez à vos devoirs, à votre Dieu, me dit-elle, pauvre égarée; ne me condamnez pas à vous maudire. Qui, moi! je donnerais le jour à un enfant que son père haïrait peut-être, parce que je suis sa mère! Le temps, qui affaiblit les sentiments criminels, ramène aux affections légitimes; mais si Léonce vous voit chaque jour, il s'éloignera davantage encore de moi, et formera sans cesse avec vous de nouveaux liens, qui lui rendront odieux tout ce qu'il doit aimer.

—Oubliez-vous, lui dis-je, Matilde, que notre attachement l'un pour l'autre n'a jamais été coupable? — Vous n'appelez coupable, reprit-elle, que le dernier tort qui vous eût avili vous-même; mais quel nom donnez-vous à m'avoir ravi la tendresse de mon mari? à moi malheureuse, qui n'ai sur cette terre d'autres jouissances que son affection, mon bien, mon droit légitime; son affection, qu'il m'a jurée au pied des autels! Que ferai-je pour la regagner, quand vous l'avez enlacé des séductions que le ciel ne m'a point accordées, mais qui ne serviront qu'à votre malheur et à celui des autres? Quoi! depuis un an vous voyez Léonce tous les jours, et vous prétendez n'être pas coupable! Quels efforts avez-vous faits pour vaincre un sentiment criminel? vous êtes-vous séparée de mon époux? vous a-t-il en vain poursuivie? vos malheurs m'ont-ils appris votre amour? Non! c'est le plus simplement, le plus facilement du monde que vous passez votre vie avec un homme marié, pour qui vous avez une affection condamnable! Quelle innocence, juste ciel! et surtout quel soin, quel respect pour ma destinée! Vous aimiez ma mère, et vous ne craignez pas de désespérer sa fille! Reprenez les funestes dons avec lesquels vous m'avez mariée; je veux vous les rendre, je veux acquitter en même temps les dettes de ma mère envers vous; alors je quitterai la maison de Léonce, pauvre, isolée, trahie par mon époux, par celui que j'aimais peut-être plus que Dieu ne nous a permis d'aimer sa créature; mais, en m'éloignant, je vous laisserai à l'un et à l'autre des remords plus cruels encore que tous mes maux. »

Élise, Matilde aurait pu me parler longtemps

35

sans que je l'interrompisse; je gardais le silence, parce que j'étais décidée; si j'avais hésité, ce qu'elle me disait m'aurait déchiré le cœur. Mais qui pouvais-je plaindre quand je me condamnais à quitter Léonce? qui, sur un brasier ardent, m'eût paru plus digne que moi de pitié? L'expression morne et contrainte des regards de Matilde m'avertit cependant de son incertitude, et je lui dis que j'étais résolue à tout ce qu'elle exigeait de moi. Alors cette femme, oubliant et son ressentiment et sa roideur naturelle, me parla de sa reconnaissance pour ma promesse, de son amour pour son mari, avec un accent tout nouveau que Léonce pouvait seul lui inspirer. Ah! pensai-je au fond de mon cœur, celle qui lui ressemble si peu, celle qu'il n'a jamais aimée, ressent néanmoins pour lui une passion si vive! et moi qui l'entends si bien, et moi qu'il chérit, et moi que son image seule occupe, je dois le quitter! J'ai juré à madame de Vernon, au lit de mort, de protéger le bonheur de sa fille; j'avais promis à Dieu, à ma conscience, de ne point faire souffrir un être innocent; je ne serai point parjure à ces vœux, les premiers que mon cœur ait prononcés; mais la crainte de la mort ne fait pas éprouver à celui qui s'approche de l'échafaud, une douleur plus grande que celle que je ressens en renonçant à Léonce.

Je me taisais, plongée dans ces amères réflexions. « Ce n'est pas tout encore, ajouta Matilde; vous ne feriez rien pour mon bonheur, si Léonce pouvait croire que c'est à ma prière que vous vous séparez de lui; il me haïrait en l'apprenant; si vous ne pouvez le lui cacher, restez plutôt; restez pour obtenir de lui qu'il soigne mon enfant, si je vis jusqu'à sa naissance, et qu'il donne après moi des larmes à mon souvenir. Il doit ignorer que je vous ai vue; je tâcherai de reprendre avec lui ma manière accoutumée. Delphine, si un seul mot vous trahit, votre promesse est vaine, ne l'exécutez pas.—Matilde, lui dis-je, votre secret sera gardé.— Si votre départ, reprit-elle, était prompt, Léonce soupçonnerait qu'il existe un rapport entre la conduite bizarre que je tiens depuis quelques jours, et votre résolution. Laissez-moi le temps de lui montrer de nouveau du calme, afin qu'il puisse supposer que mes inquiétudes se sont dissipées d'elles-mêmes; vous chercherez ensuite quelques prétextes raisonnables pour votre éloignement.— Matilde, lui dis-je alors, je vous remercie de m'estimer assez pour me croire capable de tant d'efforts; ils seront tous accomplis, je vous en donne ma parole. Je ferai plus encore; dans quelque lieu de la terre que j'allasse, Léonce me suivrait, j'en

suis sûre; eh bien, je disparaîtrai du monde. Je ne sais ce que je deviendrai; mais ce n'est point un voyage, une absence ordinaire qui peut briser des sentiments tels que les miens: au reste, mon sort ne vous importe pas; ainsi donc, laissez-moi; j'aurais besoin d'être seule, adieu. » Matilde m'obéit sans rien dire, j'avais repris sur elle une sorte d'autorité; je la méritais, car dans cet instant, sans doute, mon âme, par son sacrifice, était devenue supérieure à la sienne.

Je viens de vous confier, Élise, le secret le plus important de ma vie; si Léonce le découvrait, il ne pardonnerait point à Matilde la douleur que notre séparation lui causera, et je paraîtrais alors bien digne de mépris : j'aurais l'air de ne me montrer généreuse que pour être plus habilement perfide; jamais donc, après ma mort même, tant que Matilde existera, vous ne vous permettrez un mot sur ce sujet.

Maintenant, il faut exécuter ce que j'ai promis, il faut tromper Léonce; car s'il devinait mon dessein, si je voyais encore ses regrets, si j'entendais ses plaintes!.... Allons, il ne saura rien. J'ai quelque temps encore; Matilde elle-même l'exige : si ma tête se conserve pendant les jours qui me restent, je ferai ce que je dois; mais ne vous étonnez pas si, jusqu'à ce moment où mon sort me condamne à rompre avec la nature entière, je suis, même avec vous, toujours silencieuse et presque froide. Ne me parlez point de mon projet, laissez-moi lutter seule avec moi-même, rassembler en moi toutes mes forces; un mot raisonnable et sensible pourrait me bouleverser, si je n'y étais pas préparée.

Traitez-moi comme les mourants : leurs amis savent qu'ils vont périr, ils le savent eux-mêmes, mais ils évitent, mais on évite aussi autour d'eux de leur rien dire qui le rappelle; les mêmes ménagements au moins me sont nécessaires.....Élise, je vous les demande.

LETTRE XXVIII.

Delphine à madame de Lebensei.

Paris, ce 10 novembre.

Ma belle-sœur vous prie, ma chère Élise, de venir la voir demain; je me suis servie de divers prétextes pour la décider à partir, elle retourne à Montpellier dans deux jours : je lui ai caché mon véritable dessein, elle s'y serait opposée, elle aurait voulu m'emmener avec elle; ce n'est pas ainsi que je veux me séparer de Léonce, ce n'est pas un autre genre de vie que je vais adopter; c'est je ne sais quelle mort que je voudrais embrasser : je ne connais encore que confusément mon avenir, mais, quel qu'il soit, il sera sombre, et je n'y associerai personne.

Ma belle-sœur déteste tellement Paris, que dès qu'elle a pu croire qu'elle ne m'y était plus nécessaire, elle a été très-impatiente de le quitter. L'annonce de son départ a produit sur Léonce un effet dont je devrais m'applaudir, et qui me perce le cœur; il est convaincu maintenant que je suis décidée à rester, puisque je laisse ma sœur s'en retourner seule. Matilde est redevenue la même avec Léonce; il me le dit souvent, et me croit entièrement rassurée à cet égard; enfin tout se calme autour de moi, et je porte seule le désespoir au fond de mon âme.

Hier même, hier, madame d'Artenas est venue me rappeler l'engagement que j'avais pris d'aller au grand concert de madame de Saint-Albe, qui doit se donner la semaine prochaine; j'avais entièrement oublié depuis quinze jours tout ce qui a rapport à l'opinion du monde; une douleur réelle avait fait disparaître toutes les peines de l'imagination, et je les estimais ce qu'elles valent. Madame d'Artenas me répéta ce que je sais d'ailleurs avec certitude, c'est que l'autorité de madame de Mondoville, l'influence de mes amis et de ceux de Léonce, enfin l'effet naturel de la vérité, ont effacé dans l'opinion les injustices dont j'ai souffert; je la retrouve, la faveur de ce monde, au moment où je le quitte; il revient à moi, quand le plus profond des malheurs me rend insensible à ce retour que j'avais tant désiré.

J'ai refusé ce concert, malgré les vives instances de madame d'Artenas; elle a fini par me dire qu'elle en appellerait à Léonce de ma décision; puisse-t-il ne pas exiger de moi d'y aller! il ne sait pas quel sentiment de désespoir il me condamnerait à porter au milieu d'une fête!

LETTRE XXIX.

Delphine à mademoiselle d'Albémar.

Paris, ce 15 novembre.

Mon amie, comme le malheur s'appesantit sur moi! ah! ne regrettez pas de m'avoir quittée, rien ne peut me sauver. Je ne sais si je l'ai mérité, mais les plus grands criminels n'ont pas éprouvé comme moi l'acharnement de la fatalité. Ne me demandez pas de vous rejoindre, il faut que je vive seule, pour écarter de vous une destinée chaque jour plus malheureuse.

Vous savez que, deux jours avant votre départ,

je me refusai aux sollicitations de madame d'Artenas pour aller chez madame de Saint-Albe; la veille même de ce malheureux concert, Léonce m'avoua qu'il désirait extrêmement que j'y allasse. Il savait, ce qui était vrai alors, que j'étais beaucoup mieux dans l'opinion; il voulait, je crois, jouir du triomphe qu'il s'attendait, hélas! que je remporterais sur mes ennemis. Madame de Lebensei, qui redoute tant le monde pour elle-même, insista fortement pour que je cédasse à la demande de Léonce; je me troublai deux ou trois fois en résistant à leurs prières, je craignais de trahir devant Léonce les sentiments de douleur qui me rendaient une fête odieuse. Enfin, une idée que l'amour m'inspirait s'empara de moi; je souhaitai, prête à me séparer de Léonce pour jamais, d'effacer entièrement toute impression qui pourrait m'être défavorable, dans la société dont il prise les suffrages, et au milieu de laquelle il doit vivre. Je souhaitai de me montrer encore une fois à lui, reconquérant cette existence qu'il avait regrettée pour moi, et je voulus lui laisser mon souvenir aussi aimable et aussi séduisant qu'il pouvait l'être; cette faiblesse de cœur m'entraîna : si ce sentiment était blâmable, il est impossible d'en avoir reçu une punition plus amère.

Je promis d'aller chez madame de Saint-Albe. Le jour même de l'assemblée, à l'heure où j'attendais madame d'Artenas qui devait venir me prendre, je reçois un billet d'elle, qui m'apprend qu'elle s'est foulé le pied en montant dans sa voiture, et qu'elle ne peut sortir. Ses regrets étaient exprimés avec affection; elle me sollicitait de ne pas renoncer au projet que j'avais formé d'aller chez madame de Saint-Albe, et m'assurait qu'on m'y attendait avec empressement et bienveillance; en effet, telle était la disposition de la veille : j'hésitai encore quelques instants; mais réfléchissant que Léonce était déjà parti, qu'il comptait sur moi, je ne pus me résoudre à tromper son désir, et mon mauvais sort fit que je me décidai à suivre mon premier dessein.

Comme il était déjà tard, tout le monde était rassemblé chez madame de Saint-Albe. Au moment où j'entrai dans la chambre, j'entendis autour de moi une espèce de murmure; je ne vis pas Léonce qui était alors dans une pièce plus reculée. La maîtresse de la maison, la plus impitoyable femme du monde, quand elle croit que sa considération peut gagner à se montrer ainsi, fut longtemps sans s'avancer vers moi; enfin, elle se leva et m'offrit une chaise, avec une froideur qu'elle désirait surtout faire remarquer; les deux femmes à côté de qui j'étais assise parlèrent bas chacune à leurs voisins; aucun homme ne s'approcha de moi, et toute l'assemblée semblait enchaînée par ce silence désapprobateur, mystérieux et glacé, que la conscience même ni la raison ne peuvent braver en public. Je conçus d'abord, tant ma tête était troublée, le plus injuste soupçon contre madame d'Artenas; mille idées se succédaient dans mon esprit, et n'osant ni interroger personne, ni faire un mouvement pour me lever, pendant que tous les yeux étaient fixés sur moi, immobile à ma place, je sentais une sueur froide tomber de mon front.

Madame de R. m'aperçut, se leva promptement, me prit par la main, et me conduisit dans l'embrasure de la fenêtre; je me crus sauvée, puisqu'un être vivant me parlait. « Il est arrivé cet après-midi même, me dit-elle, des lettres du régiment de M. de Valorbe, qui contiennent la nouvelle que des officiers de son corps, ayant appris qu'il avait reçu de M. de Mondoville une insulte très-grave sans la venger, ont déclaré qu'ils ne serviraient plus avec lui; il s'est battu avec deux d'entre eux, il a blessé le premier, il a été blessé par le second; mais l'on croit que, malgré cette courageuse conduite, il sera obligé de quitter son régiment, et peut-être la France. Cet événement a produit un effet terrible contre vous, il a tout renouvelé, comme si l'on pouvait vous accuser le moins du monde du triste sort de M. de Valorbe; on m'a tout raconté en arrivant ici, et j'allais envoyer chez vous pour vous conjurer de ne pas venir, lorsque malheureusement vous êtes entrée. »

Mon premier mouvement fut de m'informer de ce que savait Léonce. « Dans ce moment, me dit madame de R., une de ses parentes l'instruit, dans la chambre à côté, de cette cruelle aventure. Au nom du ciel, remettez-vous à votre place, restez-y une heure, si vous le pouvez, et partez après naturellement. » Pendant qu'elle me parlait, M. de Montalte, cousin de M. de Valorbe, qui est venu quelquefois me voir avec lui, passa devant moi, me regarda avec affectation, et ne me salua point; il repassa deux minutes après, et, entendant madame de R. nommer M. de Valorbe, il s'avança près de nous deux, et, s'adressant à madame de R., il dit assez haut pour que plusieurs personnes l'entendissent : « Madame d'Albémar a jugé à propos de déshonorer mon cousin pour plaire à M. de Mondoville; mais si elle a disposé d'un fou à qui elle a tourné la tête, il lui sera plus difficile d'imposer silence à ses parents. » Je sentis à ce discours un mouvement de hauteur, une

inspiration de fierté qui me rendit mes forces, et j'allais prononcer des paroles qui, pour un moment du moins, auraient fait triompher la vérité, lorsque je vis Léonce rentrer dans la chambre où j'étais; je sentis à l'instant les conséquences d'un mot qui lui aurait appris que M. de Montalte m'avait offensée, et je me tus subitement.

Je cherchai des regards la place que j'avais occupée en arrivant, elle était prise; je fis le tour de la chambre, dans une espèce d'agitation qui me faisait craindre à chaque instant de tomber sans connaissance : aucune femme ne m'offrit une chaise à côté d'elle, aucun homme ne se leva pour me donner la sienne. Je commençais à voir les objets doubles, tant mon agitation augmentait à chaque pas inutile que je faisais; je me sentais regardée de toute part, quoique je n'osasse lever les yeux sur personne; à mesure que j'avançais, on reculait devant moi; les hommes et les femmes se retiraient pour me laisser passer, et je me trouvai seule au milieu du cercle, non telle qu'une reine respectueusement entourée, mais comme un proscrit dont l'approche serait funeste. J'aperçus, dans mon désespoir, que la porte du salon était ouverte, et qu'il n'y avait personne près de cette porte; cette issue, qui s'offrait à moi, me parut un secours inespéré; et, dans un égarement qui tenait de la folie, je sortis de la chambre, je descendis l'escalier, je traversai la cour, et je me trouvai au milieu de la place Louis XV, sur laquelle demeurait madame de Saint-Albe; seule, à pied, par le vent et la pluie, dans la parure d'une fête, sans avoir un instant réfléchi au mouvement qui m'entraînait, je fuyais devant la malveillance et la haine, comme devant des pointes de fer qui me repoussaient toujours plus loin.

A peine étais-je restée deux minutes sur la place, à chercher autour de moi ce que j'avais fait et ce que j'allais devenir, que Léonce m'atteignit; son émotion était sombre et terrible; il me prit le bras, le serra contre son cœur, et marcha avec moi sans que nous sussions, je crois, ni l'un ni l'autre, quel dessein nous faisait avancer. Nous étions déjà sur le pont Louis XVI, lorsque le saisissement du froid me força de m'arrêter, et je m'appuyai sur le parapet, incapable de faire un pas de plus. Léonce passa une de ses mains autour de moi. « Chère et noble infortunée, me dit-il, de quelle barbarie ils ont usé envers toi ! Veux-tu les fuir avec moi, ces cruels, dans le sein de la mort ? Dis un mot, et nous nous précipiterons ensemble dans ces flots, plus secourables que les êtres que nous venons de voir. Pourquoi lutter plus longtemps contre la vie? N'est-il pas certain que nous n'aurons plus que des douleurs! Ce ciel, qui nous regarde, nous a marqués pour ses victimes; sauvons-nous des hommes et de lui. » Alors il me souleva dans ses bras; je crus sa résolution prise; je penchai ma tête sur son sein, et je vous le jure, Louise, je n'éprouvai rien qui ne fût doux : tout à coup cependant il me remit à terre, et, reculant quelques pas, il dit, comme se parlant à lui-même : « Non, l'innocence ne doit pas périr; c'est à ses vils accusateurs que la mort est réservée. Delphine, tu seras vengée, tu le seras. »

Comme il disait ces mots, mes gens, qui me cherchaient de tous les côtés, me découvrirent, et m'amenèrent ma voiture. « Au nom du ciel, dis-je à Léonce, ne pensez point à la vengeance : voulez-vous achever ma ruine, le voulez-vous?—Non! me dit-il, ne craignez rien; ce ne sera point ce soir, ni demain, je le jure : je saisirai une fois peut-être... dans quelque temps... un prétexte éloigné... sans nul rapport avec vous; mais s'ils périssent, ils sauront cependant que c'est pour vous avoir outragée. Je vous en conjure, ajouta-t-il, soyez tranquille; pensez-vous que, dans un tel moment, je voulusse vous compromettre encore! Ce que je désire, ce qui est nécessaire, n'arrivera peut-être pas de longtemps; remontez dans votre voiture, de grâce... » Il voulut me suivre; je le refusai.

Je ne l'ai pas revu depuis, et je veux, pendant quelques jours encore, me refuser à le recevoir : j'ai besoin de m'examiner seule; je veux savoir si je me sens réellement humiliée. Affreux doute! l'aurais-je cru possible! L'injustice de l'opinion, je l'avoue, peut faire un mal cruel; il faut quitter le monde pour jamais. Valorbe, le malheureux Valorbe, me poursuivra-t-il? Il ignorera, j'espère, ce que je serai devenue. Que pourrais-je pour lui, quand même je n'aimerais pas Léonce? Suis-je restée ce que j'étais? Puis-je secourir personne? Les méchants ont enfin mortellement blessé mon âme. Ah! pourquoi Léonce n'a-t-il pas suivi son premier mouvement! Mais avais-je besoin de son secours pour me précipiter dans l'abîme? Lui-même ne sentait-il pas que c'était mon seul asile? Louise, n'est-il donc pas encore temps?

LETTRE XXX.

Madame de R. à madame d'Albémar.

Paris, ce 17 novembre.

Permettez à une personne qui vous doit la plus profonde reconnaissance, dont vous avez changé la vie, et qui date du jour où vous l'avez secourue, le peu de bien qu'elle a pu faire; permettez-lui, madame, d'essayer de vous consoler, quelque supérieure que vous lui soyez. Ce que je vais vous dire me coûtera sans doute; mais si l'effort que je fais m'est pénible, il me sera doux de penser qu'il m'acquitte un peu envers vous. Puis-je d'ailleurs être humiliée, si je vous soulage? Ah! de ma triste vie, ce sera l'action la plus honorable.

Vous avez éprouvé, avant-hier, une scène très-cruelle; il y a dix-huit mois que votre bonté généreuse me sauva d'un éclat, semblable en apparence, mais dont la douleur ne peut être la même; car ce que je souffrais, à quelques égards, était mérité, et ce que l'on mérite doit durer toujours.

En réfléchissant sur ce qui vous est arrivé chez madame de Saint-Albe, je me suis rappelé qu'une fois ma tante, très-maladroitement, vous avait fait souffrir, en comparant votre situation à la mienne; j'ai donc pensé que si, sans aucun ménagement pour moi-même, je vous en faisais sentir l'extrême différence, vous y trouveriez peut-être quelques motifs de consolation. Votre âme est si noble, que j'ai été bien sûre que le mouvement qui m'excitait à vous écrire, effacerait à vos yeux ce qu'il faut malheureusement que je rappelle, en vous parlant de moi.

L'envie est parvenue momentanément à vous faire assez de tort : à force d'art on a perfidement interprété vos actions les plus généreuses; et tous ces êtres, incapables de se dévouer pendant un jour à leurs amis, ont été bien aises de faire tourner à mal les qualités qu'ils ne possédaient pas, espérant ainsi les discréditer dans le monde : mais dans toutes les accusations qu'on a essayées contre vous, qu'y a-t-il de vrai que vos vertus, votre délicatesse, la pureté de votre âme et de vos sentiments? Soyez donc sûre que dans peu votre réputation sera justifiée. Les livres nous entretiennent souvent des succès de la calomnie; moi, qui ai tant à redouter les reproches que je puis mériter, je crains peu, je l'avoue, l'ascendant du mensonge, du moins à la longue. Si la bonté n'émoussait pas les armes de votre esprit, tandis que la méchanceté aiguise celles des autres, rien ne vous serait plus facile que de faire connaître votre innocence; vous semblez née pour vaincre; tous les moyens de persuasion vous sont donnés, et vous n'emploieriez aucun de ces moyens, qu'en peu d'années, peut-être même en peu de mois, les faits se développeraient d'eux-mêmes, par cette multitude de rapports naturels qui révèlent la vérité, malgré tous les obstacles que l'on peut y opposer.

Il faut agir, et agir sans cesse, pour établir ce

qui est faux, tandis que l'inaction et le temps découvrent toujours ce qui est vrai : ce temps est votre appui le plus sûr ; mais loin de m'être favorable, il confirme chaque jour davantage le blâme, que désarmait un peu l'intérêt inspiré par ma première jeunesse. J'approche de trente ans, de cette époque où la considération commence à devenir nécessaire, et je la vois reculer devant moi ; souvent, avec le cœur le plus affligé, je tâche d'être aimable, parce que je sens qu'on a le droit de m'y condamner, puisque la plupart des femmes qui me voient s'en excusent sur quelques agréments de mon esprit. Il ne m'est permis en société d'être ni triste, ni malade.

Les femmes ne sont pas encore ce que je crains le plus, elles n'ont point de véritable irritation contre une personne qui ne leur fait point ombrage ; les prudes mêmes ne déploient toute leur sévérité que contre les femmes décidément supérieures ; mais les hommes ! si vous saviez quel mal ils me font, sans réflexion, sans méchanceté même ! quelle légèreté dans les discours qu'ils me tiennent ! combien il est difficile de leur apprendre que j'ai changé de vie, et que je n'aspire plus qu'aux égards dont je me riais autrefois !

On vous calomnie quand vous n'y êtes pas, et vous en imposez presque toujours quand on vous voit. Moi, l'on ne se donne pas la peine de me dénigrer en mon absence ; mais le ton avec lequel on m'adresse la parole, chaque circonstance, chaque forme de la société, me prouvent, non l'intention de me blesser, je le préférerais ; mais le sentiment involontaire, qui se témoigne à l'insu même de ceux qui l'éprouvent. Si un homme, si une femme se permettait de vous dire un mot offensant, vous pourriez, quand vous le voudriez, l'accabler de votre mépris, et moi, je n'ai pas le droit de mépriser ; je suis obligée de ménager tout le monde ; je ne ferais point de tort à celui dont je me plaindrais ; je ne puis risquer de me brouiller avec personne : ainsi, dans un rang élevé, avec une fortune considérable, je me vois obligée de jouer le rôle d'une complaisante ; je crains d'exciter la moindre malveillance, et de rappeler aux autres que mon existence dans le monde est précaire, et qu'il ne tiendrait qu'à un ennemi de me l'ôter de nouveau.

Pourquoi, pourrait-on me dire, ne vivez-vous pas dans la retraite ? Ah ! madame, croyez-vous qu'après dix ans d'une vie comme la mienne, je puisse supporter la solitude ? Heureusement encore je suis restée bonne, mais ma sensibilité naturelle n'existe presque plus ; je n'ai rien en moi qui renouvelle mes pensées, et seule, je suis poursuivie par des souvenirs tristes, contre lesquels je n'ai ni armes ni ressources. Parmi ceux que j'ai cru aimer, il en est que je regrette, mais sans compter sur leur estime, ni pouvoir m'intéresser à moi-même. Je sais bien que je vaux mieux que ma conduite, mais elle ne m'a pas laissé assez d'énergie dans le caractère, pour me changer entièrement ; j'ai cessé d'avoir des torts, mais je ne retrouverai jamais le bonheur qu'ils m'ont fait perdre.

Séparée depuis longtemps de mon mari, je n'ai point d'enfants ; je suis privée du seul bien qui donne aux femmes un avenir après trente ans ; je crains l'ennui, je crains la réflexion, et je cours de distractions en distractions, pour échapper à la vie. Mais vous, noble Delphine, mais vous, votre âme vous appartient encore tout entière ; vos affections sont ou vertueuses, ou tout au moins délicates ; un esprit étendu vous offre dans la réflexion un intérêt toujours nouveau : vous avez des envieux et des calomniateurs, mais il n'en est pas un qui pense réellement ce qu'il dit ; pas un qui ne se sentît confondu, si vous daigniez lui répondre, pas un qui ne vous désirât pour femme ou pour amie, quoiqu'il vous attaque sous ces noms sacrés ; pas un enfin qui, s'il était malheureux ou proscrit, n'enviât le sort de ceux que vous aimez, et peut-être même ne s'adressât à vous qu'il aurait offensée, à vous, mille fois plutôt qu'à ses meilleurs amis.

Courage donc, madame, courage ! la conscience du passé, la certitude de l'avenir, n'est-ce donc pas assez pour traverser ce temps d'orage ! Ne donnez pas à l'envie et à la méchanceté le spectacle qui leur est le plus agréable, celui d'une âme élevée, abattue sous leurs coups ; redoublez plutôt leur fureur jalouse, en leur montrant que vous êtes calme, et que vous savez être malheureuse. Dieu ! si quelque puissance sur la terre pouvait m'accorder tout à coup vos souvenirs et vos espérances ; si j'en pouvais jouir un an, je donnerais pour cette année tout le temps qui me reste à vivre. Ah ! madame, ah ! Delphine, qui n'a pas été coupable, croyez-moi, n'a point souffert !

Je ne pourrais relire cette lettre sans éprouver un embarras difficile à supporter ; je me confie donc sans nouvelles réflexions au sentiment qui l'a dictée, et je vous l'envoie sans me laisser un moment de plus pour hésiter.

LETTRE XXXI.

Delphine à madame de R.

Quand on est capable d'écrire la lettre que je

viens de recevoir, il est impossible que les sentiments les plus vertueux et les plus purs ne finissent pas par triompher de toutes les faiblesses.
Un mouvement si généreux m'a fait du bien, et
j'ai retrouvé le plaisir d'estimer, que l'amertume
et la défiance m'avaient fait perdre; ce soulagement est tout ce que ma situation peut permettre.

Je n'ai plus rien à démêler avec le monde, mais
je n'oublierai jamais le sentiment plein de délicatesse qui vous a portée, madame, à vouloir me
consoler, aux dépens des considérations personnelles qui auraient arrêté toute autre femme.

LETTRE XXXII.

Léonce à Delphine.

Depuis quatre jours, vous vous êtes inflexible-
ment refusée à me voir. On m'a dit à Paris que
vous étiez à Bellerive, à Bellerive que vous étiez
à Paris; on a trompé votre ami à votre porte
comme un étranger : Delphine, jamais vous n'avez
été plus injuste, car jamais ma passion pour vous
n'a exercé sur moi plus d'empire! je crois qu'elle
a changé jusqu'à mon caractère; daignez m'entendre, vous jugerez mieux que moi-même de mon
cœur, qui, se confiant tout entier à vous, attend
votre approbation pour s'estimer encore.

Sans doute, le jour de cette affreuse scène,
quand je vous retrouvai presque égarée, la douleur de ce qui venait de se passer, la rage d'être
condamné à attendre un prétexte pour vous venger, me jetèrent dans le délire du désespoir. Je ne
sais ce qui m'échappa dans ce moment; mais ce
que je puis attester, c'est que, revenu à moi-même,
j'éprouvai ce que jamais encore je n'avais ressenti,
un mépris profond pour l'opinion des hommes. Je
me demandai comment j'avais pu attacher tant
d'importance aux jugements les plus injustes, à
ceux qui osent attaquer avec indignité la créature
la plus parfaite! et je m'attendris douloureusement sur vous, ma Delphine, sur votre destinée
qui, sans mes torts et sans mon amour, eût été
la plus brillante, la plus heureuse de toutes.

En me livrant, mon amie, à ces pensées tristes,
mais sensibles, à ces pensées qui adoucissaient
entièrement mon caractère, puisqu'elles m'apprenaient à dédaigner ce qui m'avait si cruellement irrité, j'ouvris un livre anglais que vous
m'avez donné, et les premiers vers qui frappèrent
mes regards, comme par un hasard secourable,
furent un portrait de femme qui semble être le
vôtre, et que je me plais à vous transcrire.

[1] Made to engage all hearts, and charm all eyes;
Though meek, magnanimous; though witty, wise;
Polite, as all her life in courts had been;
Yet good, as she the world had never seen;
The noble fire of an exalted mind,
With gentle female ten derness combin'd;
Her speech was the melodious voice of Love,
Her song, the warbling of the vernal grove;
Her eloquence was sweeter than her song,
Soft as her heart, and as her reason strong;
Her form each beauty of her mind express'd,
Her mind was Virtue by the Graces dress'd.

Voilà, Delphine, voilà ce que vous êtes; jamais
aucune femme avant vous n'a mérité ce portrait !
mais l'imagination enflammée de Littleton le prêtait à l'objet de son culte. Et cependant, combien
encore je pourrais ajouter à ce tableau, qui semble renfermer tout ce qu'il y a de plus aimable !

Peindrai-je le caractère vrai, confiant et pur,
cette âme si facilement attendrie par le malheur
des faibles, et si fière contre la prospérité des orgueilleux ! Comment surtout, comment exprimer
le charme indéfinissable que vous répandez autour
de vous ! ce soin continuel de plaire, cette flexibilité dans tous les détails de la vie, qui vous fait
céder, sans y songer, à chacun des arrangements
qui conviennent le mieux à vos amis ! Le bonheur
se respire autour de vous, comme s'il était dans
l'air qui vous environne, comme si votre voix,
vos goûts, vos talents, votre parure elle-même,
tout ce qui est vous enfin, répandait des sensations agréables. L'on est si bien auprès de vous,
si naturellement bien, que je croyais souvent qu'il
m'était arrivé quelque événement heureux dont
j'éprouvais une satisfaction intérieure; et ce n'é-
tait qu'en vous quittant que je m'apercevais que
vos paroles aimables, vos regards si doux, votre
grâce inépuisable, charmaient ma vie, quelquefois
à mon insu, comme la Providence se cache pour
nous laisser penser que notre bonheur vient de
nous.

Être angélique ! femme enchanteresse ! c'est vous
qui vous êtes vue l'objet de la malveillance publique, et je pourrais continuer à y attacher quelque
prix ! Non, si je vous ai fait souffrir en pensant
ainsi, considérez la scène du concert comme une

---

[1] Faite pour attirer tous les cœurs et charmer tous les yeux,
à la fois douce et magnanime, spirituelle et raisonnable, polie, comme si elle avait passé toute sa vie dans les cours, et
bonne, comme si elle n'avait jamais vu le monde. Le noble feu
d'une âme exaltée était tempéré dans son caractère par la
douce tendresse d'une femme; quand elle parlait, on croyait
entendre la voix mélodieuse de l'Amour; quand elle chantait,
l'oiseau qui, dans le printemps, habite les bosquets de fleurs.
Son éloquence était plus douce encore que ses chants, sensible comme son cœur, et forte comme sa pensée; sa figure
exprimait toutes les beautés de son âme; son âme offrait la
réunion de toutes les vertus et de tous les charmes.

circonstance heureuse; elle a, je m'en crois sûr, elle a beaucoup changé mon caractère. Je ne vous dirai point cependant ce qui me revient de mille côtés différents; je ne vous dirai point què tous les hommes, toutes les femmes distinguées, s'indignent de ce qui s'est passé chez madame de Saint-Albe; qu'on en accuse son arrogance et sa sottise, que chacun affirme déjà que c'est par embarras qu'on ne vous a pas parlé, que si vous étiez restée, tout aurait changé : je n'écoute plus ces vaines excuses; le monde reviendra sans doute à vos pieds, je n'en doute pas, mais je ne l'en mépriserai pas moins.

Ma Delphine, vivons l'un pour l'autre, oublions le reste de l'univers! mais ne me refuse pas de te voir, ne m'en crois pas indigne; je me sens ferme à présent contre l'injustice de l'opinion, contre ce malheur que mon âme n'avait pas la force de soutenir. Mon amie, ce jour qui a été peut-être le plus malheureux de notre vie, renouvellera notre destinée; les méchants qui ont voulu nous perdre, en révoltant mon caractère, l'ont affranchi du joug qu'il avait trop longtemps porté; ils ont assuré notre bonheur.

LETTRE XXXIII.

Delphine à madame de Lebensei.

Paris, ce 26 novembre.

Je suis mieux que je n'étais la dernière fois que vous êtes venue ici, ma chère Élise. Léonce m'a écrit la plus aimable lettre; je l'ai revu plusieurs fois depuis, et jamais je n'ai trouvé plus d'amour et de sensibilité dans son entretien. Quelquefois il lui échappe encore des mots qui me font croire à des projets de vengeance; mais il se dément quand il voit l'effroi qu'ils causent, et j'espère qu'après mon départ il y renoncera.

Mon départ! Élise, vous m'avez vue parler à madame d'Artenas, à ceux qui sont venus chez moi, comme si mon intention était de passer l'hiver à Paris. Je ne voulais pas que l'on pût croire que je cédais à la douleur que j'avais éprouvée chez madame de Saint-Albe, je craignais d'éveiller les soupçons de Léonce. Mais, hélas! puis-je oublier la promesse que j'ai donnée à Matilde!

Léonce croira que je fuis par un sentiment pusillanime, parce que mes ennemis m'ont épouvantée; il le croira, et je suis condamnée à ne pas le détromper; il ignorera le véritable motif de mon sacrifice. Matilde, à combien de peines je me soumets pour vous! Je l'avouerai, après l'affreuse scène du concert, mon caractère m'abandonna pendant quelques jours; je sentis qu'une femme avait tort de se croire indépendante de l'opinion, et qu'elle finissait toujours par succomber sous le poids de l'injustice; mais, depuis que j'ai revu Léonce plus tendre que jamais pour moi, toute mon âme aurait repris à l'espérance du bonheur.

Je ne sais quelle langueur secrète succède à de vives peines; les impressions douces que Léonce m'a fait goûter de nouveau, me sont mille fois plus chères encore qu'elles ne me l'étaient avant les douleurs que je viens d'éprouver. Jamais mon âme n'a été si faible, jamais je ne me suis sentie moins capable de l'effort qui m'est commandé.

LETTRE XXXIV.

Delphine à madame de Lebensei.

Paris, ce 2 décembre.

J'étais retombée, mon amie, dans les incertitudes les plus douloureuses; la tendresse que Léonce me témoignait, le charme inexprimable de sa présence, me captivaient plus que jamais : et, sans que je me l'avouasse encore, je ne pouvais me résoudre à mon départ.

Avant-hier, j'appris que Matilde était malade, et Léonce lui-même me parut inquiet de son état; je fus douloureusement affligée de cette nouvelle, je craignis d'en être la cause, et je passai la nuit tout entière dans les combats les plus cruels; voulant me tromper sur mon devoir, espérant, quand je croyais tenir un raisonnement qui m'affranchissait, et retombant l'instant d'après, lorsqu'une inspiration soudaine de la conscience renversait tout ce qui me semblait le plus spécieux.

Agitée par une insomnie si douloureuse, je me levai hier à huit heures du matin, et je descendis de mon jardin dans les Champs-Élysées, pour essayer si l'exercice et le grand air me feraient du bien; je passai devant la maison qu'occupait autrefois madame de Vernon; vous savez qu'elle s'est fait ensevelir dans son jardin, et que sa fille, mécontente de cette volonté qu'elle ne trouve pas assez religieuse, a conservé la maison sans vouloir l'occuper. Je me reprochai de n'avoir pas été verser quelques pleurs sur ces cendres délaissées; je me rappelai que ce jour même était l'anniversaire de sa mort : la clef de mon jardin ouvrait aussi celui de madame de Vernon, nous l'avions ainsi voulu dans les jours de notre liaison; j'essayai donc d'entrer par les Champs-Élysées. J'eus d'abord de la peine à ouvrir cette porte fermée depuis un an; enfin, j'y réussis, et je me trouvai dans ce jardin, où, pour la première fois, Léonce m'avait parlé de son amour, quand la plus belle saison de l'année couvrait tous les arbustes de fleurs; il ne restait pas une feuille sur aucun d'eux; cette maison, jadis si brillante, était fermée comme une habitation qu'on avait abandonnée. Un brouillard froid et sombre obscurcissait tous les objets, et mes souvenirs se retraçaient à moi à travers la tristesse de la nature et de mon cœur.

Ah! le passé, le passé! quels liens de douleurs nous attachent à lui! Pourquoi les jours ne s'écoulent-ils pas sans laisser aucune trace? L'imagination peut-elle suffire à toutes ces formes du malheur, qu'on appelle les divers temps de la vie?

Je cherchai quelques minutes, à travers les feuilles mortes qui étaient sur la terre, les sentiers du jardin qui pouvaient me conduire où je croyais que les restes de madame de Vernon étaient déposés; enfin je trouvai l'urne qui désignait sa tombe; je vis sur cette urne deux vers italiens qu'elle m'avait souvent fait chanter, parce qu'elle en aimait l'air.

Et tu, chi sa se mai
Ti sovverrai di me [1]!

Il me sembla que cette inscription m'accusait d'un long oubli; je me repentis d'avoir laissé passer une année sans venir auprès de ce monument. Ah! pourquoi, pensais-je en moi-même, pourquoi Sophie est-elle la cause de tous mes malheurs? Mes regrets, souvent troublés par cette idée, ne m'ont point ramenée dans ces lieux; je craignais d'offenser sa mémoire en y portant le sentiment de mes peines, et j'aimais mieux étouffer les pensées qui, tour à tour, m'éloignaient et m'attiraient vers elle.

«Adieu, Sophie, dis-je alors en versant beaucoup de larmes : je vais quitter pour jamais la France; je n'en reverrai plus même les tombeaux! Je romps avec tout ce qui me fut cher, pour accomplir le serment que je t'ai fait : les pleurs que je verse en ce moment l'attestent encore que je n'ai conservé de notre amitié qu'un souvenir doux. Adieu.» Alors, après m'être penchée quelques instants sur cette urne avec affection et regret, je me relevai, en répétant avec enthousiasme : « Oui, je tiendrai le serment que je t'ai fait; oui, je me sacrifierai pour le bonheur de ta fille! » Comme je me retournais, je vis Matilde qui m'avait entendue, pâle, le visage altéré, et les yeux remplis de larmes qu'elle s'efforçait de retenir. « Ce que j'entends est-il vrai? s'écria-t-elle en se jetant à genoux devant l'urne de sa mère. M'aurait-on trompée, dit-elle en me

regardant, lorsqu'on m'assurait que vous étiez résolue à passer l'hiver ici? Dieu! j'ai bien souffert depuis que je l'ai cru. — On vous a trompée, Matilde, lui dis-je en serrant ses deux mains qu'elle élevait vers le ciel; ce que vous avez demandé vous est accordé : ce n'est qu'à moi que tout le bonheur est refusé dans cette vie. Adieu. »

Je quittai Matilde à ces mots, sans lui donner le temps de me répondre; et je revins chez moi, sans avoir réfléchi que je venais de me lier encore plus solennellement que jamais. Quand le mouvement exalté que j'avais éprouvé fut un peu calmé, je sentis en frémissant que tout était dit. Depuis ce moment cette douleur ne m'a plus laissé de relâche : j'ai vu Léonce, et sans doute je me serais trahie, s'il n'avait pas attribué mon émotion à ce que je lui ai dit de ma visite au tombeau, en lui taisant que j'y avais trouvé Matilde. Si j'étais encore une fois seule avec lui, il saurait tout. Il faut partir, le délai n'est plus possible.

J'ai envoyé ce matin un courrier à Mondoville pour conjurer M. Barton de venir. Je ne veux pas que Léonce, au moment où il apprendra mon départ, soit seul, sans un confident de notre amour, sans l'ami de son enfance : seul! hélas! et je le quitte, lui, qui depuis un an m'a donné tant d'heures délicieuses; lui qui m'aime avec une tendresse si vraie! Il croit encore, dans ce moment, que je n'ai pas la pensée de me séparer de lui; il se réveille chaque jour avec cette certitude qui lui est si douce; il arrange les heures de sa journée pour me voir, et bientôt on viendra lui dire que je suis partie, partie pour jamais, sans que l'on sache même dans quel lieu j'ai caché ma misérable destinée! Je n'existerai plus pour Léonce que comme les morts qu'on regrette; il m'appellera, et je ne l'entendrai pas, moi que sa voix a toujours si profondément émue! moi qui, d'un accent si tendre, répondais à ses prières! Rien, rien de moi ne se ranimera autour de lui pour lui répéter encore que je l'aime!

Ma chère Élise, c'est à vous que je confie mes dernières volontés : après mon départ, venez le voir; parlez-lui le langage consolateur que vous a sans doute appris l'amour! Dites-lui tout ce que vous savez de ma douleur, tout, hors le vrai motif qui me détermine. Il croira que j'ai faibli devant la haine, et que l'intérêt de son bonheur ne m'a pas donné la force de la supporter. Hélas! il sera bien injuste; mais il n'accusera point sa femme, la mère de son enfant. Dites-lui que je jugerai de son respect pour mon souvenir, par sa conduite envers Matilde. Élise, vous écrirez à ma sœur, et j'ap-

[1] Et toi, qui sait si jamais tu te souviendras de moi!

prendrai par ses lettres ce que j'ai besoin encore de savoir; car vous-même, mon amie, vous ne saurez point où je vais : Léonce vous le demanderait; comment pourriez-vous le lui cacher? Il me suivrait, et j'aurais une troisième fois essayé de m'éloigner pour retomber sous le charme : non, le devoir a parlé trop haut; qu'il soit obéi!

Dans l'asile où je vais m'ensevelir, ce n'est pas l'oubli, la résignation même que j'espère : je cherche un lieu solitaire où l'on vive d'aimer, sans que ce sentiment, renfermé dans le cœur, nuise au bonheur de personne; sans qu'il existe une autre vie que la mienne, tourmentée par l'affection que j'éprouve. Lui, cependant, hélas! ne souffrira-t-il pas longtemps encore? Mais pouvait-il être heureux, agité sans cesse par ses devoirs, l'opinion et l'amour? Ne m'offrirai-je pas à sa mémoire, plus pure, plus intéressante que dans ce monde, où sans cesse il avait besoin de me défendre, où sans cesse il souffrait pour moi? L'amour même, l'amour seul, ne devait-il pas m'inspirer le besoin de renouveler mon image dans son souvenir, par l'absence et le malheur? Que n'ai-je pas craint de la calomnie! Vainement paraît-elle apaisée, vainement Léonce assure-t-il qu'il est devenu insensible; dois-je y compter? Ah! qui peut prévoir de quelle douleur l'accomplissement d'un devoir nous préserve !

Lorsque je serai partie pour toujours, je désire que, s'il est possible, mes amis détruisent entièrement tout ce qu'on a pu dire d'injuste sur moi. Quand je saurai qu'ils y ont réussi, je ne reviendrai pas, mais je penserai avec douceur que Léonce n'entend plus dire que du bien de son amie. Je prie M. de Lebensei d'entretenir des relations suivies avec M. de Mondoville; malgré la diversité de leurs manières de voir, il s'en est fait aimer par la supériorité de son esprit et la droiture de son caractère. Je le conjure de répéter souvent à Léonce, qu'il ne doit prendre aucun parti dans la guerre que les nobles offensés veulent exciter contre la France; je crains toujours que, loin de moi, les personnes de sa classe ne le déterminent, si cette guerre a lieu, à ce qu'elles représenteraient comme un devoir de l'honneur. S'il peut s'intéresser de nouveau aux études qui lui plaisent, l'occupation lui fera du bien, et ses regrets se changeront enfin, je l'espère, en une peine douce; et, dans cette vie de douleur, c'est l'état habituel des âmes sensibles.

Oui, je souhaite, Élise, que vous deux, qui m'avez si tendrement aimée, vous soyez les amis de Léonce; ne m'est-il pas permis de désirer encore ce lien avec lui? Plus que celui-là, grand Dieu! tant que je vivrai! et le revoir encore une fois, si la mort, s'annonçant à moi d'avance avec certitude, me laisse le temps de le rappeler. Élise, adieu; quand nous retrouverons-nous? Si j'en crois les pressentiments que mes malheurs ont constamment justifiés, l'adieu que je vous dis sera long. Ah! quel effort! mais pourquoi murmurer?

LETTRE XXXV.

Delphine à Matilde.

Paris, ce 4 décembre.

Dans la nuit de demain, Matilde, je quitterai Paris, et peu de jours après la France. Léonce ne saura point dans quel lieu je me retirerai; il ignorera de même, quoi qu'il arrive, que c'est pour votre bonheur que je sacrifie le mien. J'ose vous le dire, Matilde, votre religion n'a point exigé de sacrifice qui puisse surpasser celui que je fais pour vous; et Dieu qui lit dans les cœurs, Dieu qui sait la douleur que j'éprouve, estime dans sa bonté cet effort ce qu'il vaut. Oui, j'ose vous le répéter, quand j'aime mieux mourir qu'avoir à me reprocher vos douleurs, j'ai plus qu'expié mes fautes; je me crois supérieure à celles qui n'auraient point les sentiments dont je triomphe.

Vous êtes la femme de Léonce, vous avez sur son cœur des droits que j'ai dû respecter; mais je l'aimais, mais vous n'avez pas su peut-être qu'avant de vous épouser.... Laissons les morts en paix. Vous m'avez adjurée de partir, au nom de la morale, au nom de la pitié même : pouvais-je résister, quand il devrait m'en coûter la vie! Matilde, vous allez être mère, de nouveaux liens vont vous attacher à Léonce : femme bénie du ciel, écoutez-moi : si celui dont je me sépare me regrette, ne blessez point son cœur par des reproches; vous croyez qu'il suffit du devoir pour commander les affections du cœur, vous êtes faite ainsi; mais il existe des âmes passionnées, capables de générosité, de douceur, de dévouement, de bonté, vertueuses en tout, si le sort ne leur avait pas fait un crime de l'amour! Plaignez ces destinées malheureuses, ménagez les caractères profondément sensibles; ils ne ressemblent point au vôtre, mais ils sont peut-être un objet de bienveillance pour l'Être suprême, pour la source éternelle de toutes les affections du cœur.

Matilde, soignez avec délicatesse le bonheur de Léonce; vous avez éloigné de lui sa fidèle amie, chargez-vous de lui rendre tout l'amour dont vous le privez. Ne cherchez point à détruire l'estime et l'intérêt qu'il conservera pour moi, vous m'offenseriez cruellement; il faut déjà me compter parmi ceux qui ne sont plus; et le dernier acte de ma vie ne mérite-t-il pas vos égards pour ma mémoire!

Adieu, Matilde; vous n'entendrez plus parler de moi; la compagne de votre enfance, l'amie de votre mère, celle qui vous a mariée, celle enfin qui n'a pu supporter votre peine, n'existe plus pour vous ni pour personne. Priez pour elle, non comme si elle était coupable, jamais elle ne le fut moins, jamais surtout il ne vous a été plus ordonné de ne pas être sévère envers elle! mais priez pour une femme malheureuse, la plus malheureuse de toutes, pour celle qui consent à se déchirer le cœur, afin de vous épargner une faible partie de ce qu'elle se résigne à souffrir.

LETTRE XXXVI.

Mademoiselle d'Albémar à Delphine.

Lyon, ce 1er décembre 1791 [1].

Je n'ai point reçu de lettres de vous depuis mon départ, ma chère Delphine; je me hâte d'arriver à Montpellier pour les trouver. J'ai vu ce malheureux Valorbe à mon passage à Moulins; il est encore retenu dans son lit par ses blessures; mais, quand il sera guéri, sa situation sera bien plus déplorable; il ne peut pas rester dans son régiment; l'animadversion est telle contre lui, qu'il n'y éprouverait que des désagréments insupportables : il sera forcé de tout quitter. Il m'a paru très-sombre, et parlant de vous avec un mélange de ressentiment et d'amour fort effrayant; il rappelle ce qu'il a fait pour vous, il se croit des droits sans bornes à votre reconnaissance, et laisse entendre que si vous les méconnaissez, il s'en vengera sur Léonce ou sur vous. Enfin, il m'a paru saisi d'une fureur réfléchie extrêmement redoutable; on dirait qu'après avoir beaucoup souffert, il éprouve le besoin de faire partager aux autres son malheur, et je ne l'ai plus trouvé le moins du monde accessible à cette crainte de vous affliger, qui avait autrefois de l'empire sur lui; j'ai peur que vous n'ayez beaucoup à redouter de ses persécutions.

Éloignez-vous de Léonce pour un temps, revenez près de moi, c'est le seul moyen d'apaiser M. de Valorbe, et d'éviter ainsi les plus grands malheurs. Ah! ma chère Delphine, que j'ai souffert dans Paris, dans cette ville que je déteste! En approchant de ma retraite, je sens mon âme se calmer; cependant je n'y serai point heureuse, si je ne vous y vois pas; vous avez encore ajouté, pendant les

[1] Cette lettre arriva le matin même du 5 décembre.

quatre mois que nous venons de passer ensemble, à ma tendresse pour vous. Au milieu de tant de peines, de tant d'injustices, il ne vous est pas échappé un seul sentiment amer, un seul mouvement de haine; vous avez supporté les torts les plus révoltants comme une nécessité, comme un accident du sort, et non comme un sujet de colère ou de ressentiment.

Mon amie, j'en suis sûre, avec une âme si douce vous pourrez trouver du calme, et peut-être du bonheur, dans la solitude; je vous y espère, je vous y attends avec un cœur tout à vous.

LETTRE XXXVII.

Delphine à mademoiselle d'Albémar.

Melun, ce 6 décembre 1791.

Le sacrifice est fait, la vie est finie; pardonnez-moi si je suis longtemps sans vous écrire, si je ne vous rejoins pas, si je meurs pour vous comme pour lui : ce que vous m'avez mandé sur M. de Valorbe ne m'ôte-t-il pas jusqu'à l'espoir du repos que je conservais encore! Quel asile puis-je trouver, qui soit assez impénétrable pour me cacher à celui qui me poursuit, comme à celui que j'aime?

Je l'ai quitté! je l'ai quitté! je ne le reverrai plus! Pensez-vous qu'il puisse me rester aucune raison, aucune force? n'ai-je pas tout épuisé pour partir? A présent, j'erre avec cette pauvre Isore dans le vide immense où je suis jetée! Pleurez sur moi, ma sœur, vous, le seul être informé désormais de mon nom, de ma demeure, de mon existence! Sans l'enfant de Thérèse, sans vous, me serais-je condamnée à vivre?

M. Barton est arrivé avant-hier d'après ma lettre : je lui ai tout confié, hors le vrai motif de mon départ; j'ai éprouvé peut-être encore un moment doux, lorsque cet honnête homme, en me prenant la main, avec des larmes dans les yeux, me dit : « Madame, il ne convient pas à mon âge de s'abandonner à l'attendrissement que me fait éprouver votre résolution; cependant, qu'il me soit permis de vous dire que jamais mon cœur n'a été pénétré pour aucune femme d'autant d'intérêt ni d'admiration! » Louise, pourquoi l'approbation de la vertu ne m'a-t-elle pas fait plus de bien?

Il fut convenu entre M. Barton et moi qu'après mon départ, il userait de tout son ascendant sur Léonce, pour l'engager à demeurer auprès de Matilde, auprès de celle qui, dans quelques mois, doit être la mère de son enfant. Je ne voulais point écrire à Léonce; je ne sais si je l'aurais pu, sans anéantir le reste de mes forces : d'ailleurs, je ne pouvais pas lui apprendre ce qui s'était passé entre Matilde et moi, et comment retenir aucune de ses pensées en disant adieu à ce qu'on aime! Je priai néanmoins M. Barton de ne pas refuser à Léonce la consolation de savoir ce qu'il m'en avait coûté pour partir; je lui recommandai de ne pas nous laisser seuls, Léonce et moi; dans l'état où j'étais, je n'aurais pu rien cacher. Je décidai que je partirais le lendemain, jour que Léonce disait avoir choisi pour aller à la campagne avec madame de Mondoville; ainsi je me dérobais à ce que j'aime, avec les précautions qu'on pourrait prendre pour échapper à des persécuteurs.

Léonce vint le soir, il était rêveur, et ne parut pas désirer lui-même que M. Barton s'éloignât. Après une heure de conversation la plus pénible, et que de longs silences interrompaient souvent, Léonce se leva pour partir; dans ce moment un tremblement affreux me saisit, et je retombai sur ma chaise comme anéantie; lui-même, occupé sans doute de son dessein, que j'ignorais alors, était tout entier concentré dans sa propre émotion, et ne remarqua point ce qui aurait pu l'étonner dans la mienne; il pressa ma main sur ses lèvres avec une ardeur très-vive, et s'enfuit précipitamment, en m'écriant de la porte : « Delphine, ne m'oubliez jamais! » Je crus qu'il m'avait devinée, je voulais le suivre, la force me manqua; et quand il fut parti, l'idée terrible que je l'avais vu pour la dernière fois me saisit; je ne pouvais m'y soumettre. Léonce, en me quittant plus tôt que je ne m'y attendais, avait trop précipité mes impressions; mon âme n'avait point passé par ces douleurs successives qui préparent à la dernière; j'avais reçu comme un coup subit dans le cœur, qui me faisait un mal insupportable; je voulais, sans changer de résolution, voir encore une fois Léonce; je n'avais rien recueilli pour l'absence, je n'avais pas assez contemplé ses traits, je n'avais pu lui faire entendre un dernier accent qui restât dans son cœur.

Je passai la nuit entière à combiner et repousser tour à tour mille projets divers pour l'apercevoir encore une fois, pour adoucir le mal que m'avaient fait de si brusques adieux. Immobile sur mon lit, où je m'étais jetée, je n'osais, pendant cette cruelle agitation, ni me lever, ni faire un pas, ni changer de place, comme si le moindre mouvement avait dû être une nouvelle douleur. Le jour vint, et j'eus cependant la force de dire à Antoine, en lui recommandant le secret, que je partais à onze heures du soir. J'avais fixé ce moment, parce que M. Barton devait revenir chez moi dans la soirée : à midi, l'on me remit votre lettre, où vous m'apprenez les cruelles dispositions de M. de Valorbe; l'effroi qu'elle me causa me donna de la force pendant quelques instants. Cette persécution, cette fureur dont Léonce pouvait devenir l'objet, me fit sentir la nécessité de disparaître d'un monde où j'attirais sans cesse de nouveaux périls sur l'objet de ma tendresse. Je sentis aussi que, si je différais à partir, ou si j'allais vers vous, M. de Valorbe, apprenant dans quel lieu il pourrait me trouver, ne tarderait pas à venir me chercher, et que Léonce, indigné de le savoir près de moi, se hâterait d'arriver pour l'en punir. Je n'hésitai donc plus, et je donnai, pendant quelques heures, des ordres pour mon départ, avec assez de calme; mais, dans ce moment, Isore, qui avait découvert les préparatifs que j'avais commandés, vint, tout en chantant, se jeter dans mes bras, pour se réjouir de faire un voyage : sa gaieté me causa une émotion que je ne pus surmonter; et, l'éloignant de moi, je passai plusieurs heures à verser des larmes.

Hélas! j'en répandais alors, pendant que je n'étais pas encore tout à fait loin de lui, pendant qu'il n'était pas encore absolument impossible qu'il entrât dans ma chambre et me serrât dans ses bras.

Le temps se passait ainsi, lorsque peu de temps après dix heures M. Barton arriva; il était extrêmement troublé : je me hâtai de lui demander d'où lui venait cette altération; s'il ne savait rien de Léonce, s'il craignait qu'il n'eût découvert mon départ. « Il l'ignore, me dit-il; mais je n'en suis pas moins dans une inquiétude mortelle : Léonce, sans en avoir averti personne, est revenu, il y a une heure, de la campagne, en y laissant madame de Mondoville. Il y a, ce soir, un grand bal masqué, où il veut aller : j'ai insisté pour connaître la cause de cet empressement, qui lui est si peu naturel; il n'a voulu d'abord me rien répondre; mais comme il partait, quelques mots qu'il a dits à un de ses gens ont éveillé mes soupçons, et je l'ai forcé à m'avouer que, dans cette fête, où les femmes vont déguisées, mais les hommes à visage découvert, il croyait très-facile de faire naître un sujet de querelle à l'instant même; et que, certain d'y rencontrer M. de Montalte, le cousin de M. de Valorbe, il avait choisi ce jour pour se venger sans vous compromettre, des propos insultants que, depuis le concert de madame de Saint-Albe, il n'a point cessé, me dit Léonce, de répéter contre vous.

— Il est parti pour ce bal, m'écriai-je, dans cet affreux dessein! Que ferons-nous? Comment ne l'avais-je pas deviné? Sa tristesse, hier en me quittant, ses dernières paroles ne m'annonçaient-elles pas un projet funeste? Et la douleur atroce que j'ai éprouvée quand il a disparu, n'est-elle pas un pressentiment que je ne le reverrai plus? Il est parti, répétai-je à M. Barton; pourquoi ne l'avez-vous pas suivi? — Il ne l'aurait pas souffert, répondit M. Barton; il m'a dit qu'il allait chercher un de ses amis pour se rendre ensemble au bal.— Eh bien, eh bien, interrompis-je, déterminée soudain, il est temps encore de se rendre à ce bal masqué : je n'y serai point reconnue; je reverrai Léonce encore; je lui parlerai, je l'empêcherai de provoquer M. de Montalte : oui, je tenterai ce dernier effort; je le dois, je le puis. » Et, sans attendre l'avis de M. Barton, je sonnai pour qu'on m'apportât le domino noir qui devait m'envelopper. M. Barton, ayant vainement essayé de me détourner de mon projet, me proposa de m'accompagner : je lui fis sentir que Léonce, étonné de le voir à ce bal, soupçonnerait la vérité, et s'éloignerait à l'instant même de nous deux.

Au moment où Isore vit pour la première fois cet habillement de bal, qui lui était tout à fait inconnu, elle en eut peur, et vainement mes femmes voulurent la rassurer, en lui disant que c'était une parure de fête; l'enfant, comme si elle eût été avertie que ce vêtement de la gaieté cachait le désespoir, répétait sans cesse en pleurant : « Est-ce que ma seconde maman va faire comme la première? est-ce que je ne la reverrai plus? » Hélas! pauvre enfant, dis-je en moi-même, cette nuit sera peut-être en effet la dernière de ma vie! Chaque moment de retard me paraissait un danger de plus pour Léonce; je partis, et M. Barton monta avec moi dans ma voiture, résolu d'y rester pour m'attendre; enfin, j'arrivai à la porte de la fête, je descendis, j'entrai, et là commença pour moi ce supplice qui devait toujours s'accroître, le contraste cruel de tout l'appareil de la joie, avec les tourments affreux qui me déchiraient.

Je traversai la foule de ceux qui se trouvaient peut-être tous, alors, dans le moment le plus gai de leur vie, tandis que moi, j'ignorais si je ne marchais pas à la mort. Je fus longtemps à parcourir la salle, sans découvrir d'aucun côté ni Léonce, ni M. de Montalte; errante ainsi, sans pouvoir être reconnue, et dans le trouble le plus cruel que je pusse éprouver, des sensations extraordinaires s'emparèrent tout à coup de moi; j'avais peur de ma solitude, au milieu de la foule; de mon existence, invisible aux yeux des autres, puisque aucune de mes actions ne m'était attribuée.

Il me semblait que c'était mon fantôme qui se promenait parmi les vivants, et je ne concevais pas mieux les plaisirs qui les agitaient, que si du sein des morts j'avais contemplé les intérêts de la terre. Je cherchais à travers toutes ces figures, que je voyais comme dans un rêve cruel, un seul homme, un seul être qui existait encore pour moi, et me rendait aux impressions réelles dans toute leur force et leur amertume. Je passais silencieusement au milieu des danses et des exclamations de joie, et je portais dans mon âme tout ce que la nature peut éprouver de douleur, sans jeter un cri, sans obtenir la compassion de personne. O souffrances morales! comme vous êtes cachées au fond du cœur dont vous faites votre proie! vous le dévorez en secret, vous le dévorez souvent au milieu des fêtes les plus brillantes; et tandis qu'un accident, une douleur physique, réveillent la sympathie des êtres les plus froids, une main de fer serre votre poitrine, vous ravit l'air, oppresse votre sein, sans qu'il vous soit permis d'arracher aux autres, par aucun signe extérieur, des paroles de commisération.

Après avoir longtemps marché d'un bout de la salle à l'autre, avec une activité et une agitation continuelles, Léonce parut enfin dans une loge, regardant par toute la salle avec une impatience remarquable, pour découvrir quelqu'un qu'il cherchait. Je montai quelques marches pour aller vers lui; et comme il devait nécessairement passer devant moi en rentrant dans la salle, je restai quelque temps appuyée sur la balustrade de l'escalier pour le regarder encore; ce plaisir, le dernier, me jetait, malgré tout ce qui m'environnait, dans une rêverie profonde; et tant que je pus le considérer ainsi, mes inquiétudes mêmes pour lui semblaient être suspendues. Dès qu'il descendit, je me hâtai de le suivre, résolue de m'attacher à ses pas, et de lui parler en me faisant connaître, si j'apercevais M. de Montalte. Léonce se retourna deux ou trois fois, étonné de mon insistance, et ses yeux se fixèrent sur ce masque qui l'importunait, avec une expression d'indifférence très-dédaigneuse : ce regard, quoiqu'il ne s'adressât point à moi, me serra le cœur, et je mis ma main sur mes yeux pendant un moment, pour rassembler mes forces qui m'abandonnaient.

Je relevai la tête; un flot de monde m'avait déjà séparée de Léonce, et je le vis assez loin de moi, coudoyant M. de Montalte qui se retournait pour lui en demander l'explication; je voulus m'avancer, la foule arrêtait chacun de mes pas; je saisis le bras d'un homme que je connaissais à peine, et je le priai de m'aider à travers la foule; cet homme odieux me retenait pour examiner ma main, pour considérer mes yeux, et m'adressait tous les fades propos de cette insipide fête, quand, à dix pas de moi, il s'agissait de la vie de Léonce. « Aidez-moi, répétais-je à celui qui m'accompagnait, aidez-moi, par pitié! » Et je le traînais de toute ma force, pour qu'il fendît la presse que je ne pouvais seule écarter; je voyais Léonce qui, après avoir parlé vivement à M. de Montalte, se dirigeait avec lui vers la sortie de la salle; il marchait, je le suivais, mais j'étais toujours à vingt pas de lui sans pouvoir jamais franchir cette infernale distance, qu'on eût dite défendue par un pouvoir magique; enfin coupant seule par un détour dans les corridors, je crus pouvoir me trouver à la grande porte avant Léonce; mais comme j'y arrivais, je le vis qui sortait par une autre issue; je courus encore quelques pas, je tendis les bras vers lui, je l'appelai; mais, soit que ma voix déjà trop affaiblie ne pût se faire entendre, soit qu'il fût uniquement occupé du sentiment qui l'animait, il poursuivit sa route, et je le perdis de vue au milieu de la rue, me trouvant entourée de chevaux, de cochers, qui me criaient de me ranger, de voitures qui venaient sur moi, sans que je fisse un pas pour les éviter : un de mes gens me reconnut, m'enleva sans que je le sentisse, et me porta dans ma voiture : quand j'y fus, la voix de M. Barton me rappelant à moi-même, j'eus encore la force de lui dire de suivre Léonce, et de lui montrer le côté de la rue par lequel il avait passé avec M. de Montalte; ces mots prononcés, je perdis entièrement connaissance.

Quand je rouvris les yeux, je me trouvai chez moi, entourée de mes femmes effrayées; je crus fermement d'abord que je venais de faire le plus horrible songe, et je les rassurai dans cette conviction; cependant par degrés, mes souvenirs me revinrent : quand le plus cruel de tous me saisit, je retombai dans l'état d'où je venais de sortir. Enfin de funestes secours me rappelèrent à moi, et je passai trois heures telles, que des années de bonheur seraient trop achetées à ce prix; envoyant sans cesse chez M. Barton, chez Léonce, pour savoir s'ils étaient rentrés, écoutant chaque bruit, allant au-devant de chaque messager, qui me répondait toujours : *Non, madame, ils ne sont pas encore rentrés;* comme si ces paroles étaient simples, comme si l'on pouvait les prononcer sans frémir! J'avais épuisé tous les moyens de découvrir ce qu'était devenu Léonce; j'étais retombée dans l'inaction du désespoir, et, jetée sur un canapé, je cherchais des yeux, je combinais dans ma

tête quels moyens pourraient me donner la mort, à l'instant même où j'apprendrais que Léonce n'était plus : quand j'entendis la voix de M. Barton, je tombai à genoux en me précipitant vers lui. « Il est sauvé, me dit-il; il n'est point blessé, son adversaire l'est seul, mais pas grièvement; tout est bien, tout est fini. »

Louise, une heure après avoir reçu cette assurance, j'étais encore dans des convulsions de larmes; mon âme ne pouvait rentrer dans ses bornes. J'appris enfin que Léonce s'était battu avec M. de Montalte et l'avait blessé; mais qu'il avait montré dans ce duel tant de bravoure et de générosité, tant d'oubli de lui-même, tant de soins pour M. de Montalte, lorsqu'il avait été hors de combat, qu'il avait tout à fait subjugué son adversaire, et qu'il en avait obtenu tout ce qu'il désirait relativement à moi; la promesse d'attribuer leur duel à une querelle de bal masqué, et de chercher naturellement toutes les occasions de me justifier en public, sur tout ce qui concernait M. de Valorbe. M. Barton était arrivé à temps pour être témoin du combat, après avoir inutilement cherché pendant plusieurs heures Léonce, qui attendait le jour avec M. de Montalte, chez un de leurs amis communs. M. Barton était animé par l'enthousiasme en me parlant de Léonce; il est vrai que, pendant toute cette nuit, ses paroles et ses actions avaient eu constamment le plus sublime caractère; et c'était dans ce moment même qu'il fallait se séparer de lui!

J'en sentais la nécessité plus que jamais, j'avais en horreur ce que je venais d'éprouver; et de tout ce qu'on peut souffrir sur la terre, ce qui me paraît le plus terrible, c'est de craindre pour la vie de celui qu'on aime. Je n'étais point à l'abri de cette douleur, elle pouvait se renouveler; M. de Valorbe m'en menaçait : cette idée vint s'unir au sentiment du devoir, qu'il ne m'était plus permis de repousser, et je partis sans rien voir, sans rien entendre, dans je ne sais quel égarement, dont je ne suis sortie que quand la fatigue d'Isore m'a forcée d'arrêter ici.

Vous ne pouvez vous faire l'idée de ce que je souffre, de l'effort qu'il m'a fallu faire, même pour vous écrire! Quand je n'aurais pas besoin de cacher ma retraite à Léonce et à M. de Valorbe, je ne devrais pas aller vers vous; il faut, dans l'état où je suis, combattre seule avec soi-même; le froid de la solitude me redonnera des forces : je vous aime, je ne puis vous voir; l'attendrissement, l'affection me feraient trop de mal; la moindre émotion nouvelle pourrait m'anéantir : laissez-moi

Je vais en Suisse : Léonce m'a dit que dans ses voyages c'était le pays qu'il avait préféré ; s'il vient une fois verser des larmes sur ma tombe, j'aime à penser que ce sera près des lieux qui captivèrent son imagination dans les premières années de sa vie ; c'est assez de cette espérance pour déterminer ma route dans le vaste désert du monde, où je puis fixer ma demeure à mon choix.

Louise, si je suis longtemps sans vous écrire, n'en soyez point inquiète ; il faut que je vive, je me suis chargée d'Isore ; je vais mander à sa mère que je m'y engage de nouveau ; je veux l'élever, je veux laisser du moins après moi quelqu'un dont j'aurai fait le bonheur. Vous, ma sœur, écrivez-moi sous l'adresse que je vous envoie : vous saurez par madame de Lebensei l'effet que mon départ aura produit sur Léonce ; mais prenez garde, en me l'apprenant, prenez garde à ma pauvre tête, elle est bien troublée ; il faut la ménager, je me crains quelquefois moi-même. Cependant, pourquoi dans les longues heures de réflexion qui m'attendent ne saurais-je pas contempler avec fermeté mon sort ? J'ai trop longtemps lutté pour être heureuse : le jour où il a été l'époux de Matilde, que ne m'étais-je dit que le ciel avait prononcé contre moi !

LETTRE XXXVIII.

Delphine à madame d'Ervins, religieuse au couvent de Sainte-Marie, à Chaillot.

Melun, ce 6 décembre.

Des circonstances non moins cruelles, ma chère Thérèse, que celles qui ont décidé de votre sort, me forcent à m'éloigner pour jamais de Paris et du monde ; j'emmène votre fille avec moi, j'achèverai son éducation avec soin, et je lui assurerai la moitié de ma fortune. Elle en jouira peut-être bientôt, si je prends le même parti que vous, si je m'enferme pour jamais dans un couvent.

Vous serez étonnée qu'un tel projet m'ait semblé possible avec les opinions que vous me connaissez ; elles ne sont point changées ; mais je voudrais mettre une barrière éternelle entre moi et les incertitudes douloureuses que les passions font toujours renaître dans le cœur. Dites-moi si vous croyez qu'il suffise d'une résignation courageuse et de la religion naturelle pour trouver du repos dans un asile semblable au vôtre ; vous seule au monde savez que ce sombre dessein m'occupe.

Isore vous écrit mon adresse, le nom que j'ai pris ; il ne reste déjà plus de traces de moi ; mais quelquefois je me sens un vif désir de revivre, et des vœux irrévocables pourraient seuls l'étouffer.

CINQUIÈME PARTIE.

FRAGMENTS

DE QUELQUES FEUILLES ÉCRITES PAR DELPHINE, PENDANT SON VOYAGE.

PREMIER FRAGMENT.

Ce 7 décembre 1791.

Je suis seule, sans appui, sans consolateur, parcourant au hasard des pays inconnus, ne voyant que des visages étrangers, n'ayant pas même conservé mon nom, qui pourrait servir de guide à mes amis pour me retrouver ! C'est à moi seule que je parle de ma douleur : ah ! pour qui fut aimé, quel triste confident que la réflexion solitaire !

J'ai fait trente lieues de plus aujourd'hui : je suis de trente lieues plus éloignée de Léonce ! Comme les chevaux allaient vite ! les arbres, les rivières, les montagnes, tout s'enfuyait derrière moi ; et les dernières ombres du bonheur passé disparaissaient sans retour. Inflexible nature ! je te l'ai redemandé, et tu ne m'as point offert ses traits ; pourquoi donc, avec un des nuages que le vent agite, n'as-tu pas dessiné dans l'air cette forme céleste ? Son image était digne du ciel, et mes yeux, fixés sur elle, ne se seraient plus baissés vers la terre !

Le malheur m'accable, et cependant je sens en moi des élans d'enthousiasme qui m'élèvent jusqu'au souverain Créateur ; il est là dans l'immensité de l'espace ; mais aimer, fait arriver jusqu'à lui. Aimer !..... O mon Dieu ! dans l'infortune même où je suis plongée, je te remercie de m'avoir donné quelques jours de vie que j'ai consacrés à Léonce.

Isore dort là, devant moi, et sa mère a tant souffert ! et moi aussi, qui me suis chargée d'elle, j'ai déjà versé tant de pleurs ! Chère enfant, que t'arrivera-t-il ? quel sera ton sort un jour ? Que ne peux-tu repousser la vie ! et loin de la craindre, tu vas au-devant d'elle avec tant de joie..... Ah ! comme elle t'en punira. Pauvre nature humaine, quelle pitié profonde je me sens pour elle ! Dans la jeunesse, les peines de l'amour, et pour un autre âge que de douleurs encore ! Deux vieillards se sont approchés ce soir de ma voiture, pour implorer ma pitié ; ils avaient aussi leur cruelle part des maux de la vie, mais leur âme ne souffrait pas ; un rayon du soleil leur causait un plaisir assez vif, et moi, qui suis poursuivie par un chagrin amer, je n'éprouve aucune de ces sensations simples que la nature destine également à tous. Je suis jeune cependant ; ne pourrais-je pas parcourir la terre, regarder le ciel, prendre possession de l'existence, qui m'offre encore tant d'avenir ? Non, les affections du cœur me tuent. Quel est-il ce souvenir déchirant qui ne me laisse pas respirer ? sur quelle hauteur, dans quel abîme le fuir ?

Ah ! qu'elle est cruelle la fixité de la douleur ! n'obtiendrai-je pas une distraction, pas une idée, quelque passagère qu'elle soit, qui rafraîchisse mon sang pendant au moins quelques minutes. Dans mon enfance, sans que rien fût changé autour de moi, la peine que j'éprouvais cessait tout à coup d'elle-même ; je ne sais quelle joie sans motif effaçait les traces de ma douleur, et je me sentais consolée ! Maintenant je n'ai plus de ressort en moi-même, je reste abattue, je ne puis me relever ; je succombe à cette pensée terrible : Mon bonheur est fini !

Que ne donnerais-je pas pour retrouver les impressions qui répandent tout à coup tant de charme et de sérénité dans le cœur ! La puissance de la raison, que peut-elle nous inspirer ? Le courage, la résignation, la patience ; sentiments de deuil ! cortège de l'infortune ! le plus léger espoir fait plus de bien que vous !

FRAGMENT II.

Le réveil ! le réveil ! quel moment pour les malheureux ! Lorsque les images confuses de votre situation vous reviennent, on essaye de retenir le sommeil, on retarde le retour à l'existence ; mais bientôt les efforts sont vains, et votre destinée tout entière vous apparaît de nouveau ; fantôme menaçant ! plus redoutable encore dans les premiers moments du jour, avant que quelques heures de mouvement et d'action vous habituent, pour ainsi dire, à porter le fardeau de vos peines.

Ce jour, qui ne peut rien changer à mon sort, puisqu'il est impossible que je voie Léonce ; ces froides heures qui m'attendent, et que je dois lentement traverser pour arriver jusqu'à la nuit, m'effrayent encore plus d'avance que pendant qu'elles s'écoulent. La nature nous a donné un immense pouvoir de souffrir. Où s'arrête ce pouvoir ? pourquoi ne connaissons-nous pas le degré de douleur que l'homme n'a jamais passé ? L'imagination verrait un terme à son effroi... Que d'idées, que de regrets, que de combats, que de remords ont occupé mon cœur depuis quelques jours ! Le génie de la douleur est le plus fécond de tous.

Quel chagrin amer j'éprouve en me retraçant les mots les plus simples, les moindres regards de Léonce ! Ah ! qu'il y a de charmes dans ce qu'on aime ! quelle mystérieuse intelligence entre les qualités du cœur et les séductions de la figure ! quelles paroles ont jamais exprimé les sentiments qu'une physionomie touchante et noble vous inspire ! Comme sa voix se brisait, quand il voulait contenir l'émotion qu'il éprouvait ! quelle grâce dans sa démarche, dans son repos, dans chacun de ses mouvements ! Que ne donnerais-je pas pour le voir encore passer sans qu'il me parlât, sans qu'il me connût ! Ce monde, cet espace vide qui m'entoure s'animerait tout à coup ; il traverserait l'air que je respire, et pendant ce moment je cesserais de souffrir ! O Léonce ! quelle est ta pensée maintenant ? Nos âmes se rencontrent-elles ? tes yeux contemplent-ils le même point du ciel que moi ? Quelles bizarres circonstances font un crime du plus pur, du plus noble des sentiments ! Suis-je moins bonne et moins vraie, ai-je moins de fierté, moins d'élévation dans l'âme, parce que l'amour règne sur mon cœur ? Non, jamais la vertu ne m'était plus chère que lorsque je l'avais vu ; mais loin de lui, que suis-je ? que peut être une femme chargée d'elle-même, et devant seule guider son existence sans but, son existence secondaire, que le ciel n'a créée que pour faire un dernier présent à l'homme ? Ah ! quel sacrifice le devoir exige de moi ! Que j'étais heureuse dans les premiers temps de mon séjour à Bellerive ! je ne sentais plus aucune de ces contrariétés, aucune de ces craintes qui rendent la vie difficile. Le temps m'entraînait, comme s'il m'eût emportée sur une route rapide et unie, dans un climat ravissant ; toutes les occupations habituelles réveillaient en moi les pensées les plus douces : je sentais au fond de mon cœur une source vive d'affections tendres, je ne regardais jamais la nature sans m'élever jusqu'aux pensées religieuses qui nous lient à ses majestueuses beautés ; jamais je ne pouvais entendre un mot touchant, une plainte, un regret, sans que la sympathie ne m'inspirât les paroles qui pouvaient le mieux consoler la douleur. Mon âme constamment émue me transportait hors de la vie réelle, quoique les objets extérieurs produisissent sur moi des impressions toujours vives ; chacune de ces impressions me paraissait un bienfait du ciel, et l'enchantement de mon cœur me faisait croire à quelque chose de merveilleux dans tout ce qui m'environnait.

Hélas ! d'où sont-ils revenus dans mon esprit, ces souvenirs, ces tableaux de bonheur ? M'ont-ils fait illusion un instant ?... Non, la souffrance restait au fond de mon âme ; sa cruelle serre ne lâchait pas prise. Les souvenirs de la vertu font jouir encore le cœur qui se les retrace ; les souvenirs des passions ne renouvellent que la douleur.

FRAGMENT III.

Je suis bien faible ; je me fais pitié ! Tant d'hommes, tant de femmes même, marchent d'un pas assuré dans la route qui leur est tracée, et savent se contenter de ces jours réguliers et monotones, de ces jours tels que la nature en prodigue à qui les veut ; et moi, je les traîne seconde après seconde, épuisant mon esprit à trouver l'art d'éviter le sentiment de la vie, à me préserver des retours sur moi-même, comme si j'étais coupable, et que le remords m'attendît au fond du cœur.

J'ai voulu lire ; j'ai cherché les tragédies, les romans que j'aime : je trouvais autrefois du charme dans l'émotion causée par ces ouvrages ; je ne connaissais de la douleur que les tableaux tracés par l'imagination, et l'attendrissement qu'ils me faisaient éprouver étaient une de mes jouissances les plus douces. Maintenant je ne puis lire un seul de ces mots, mis au hasard peut-être par celui qui les écrit ; je ne le puis sans une impression cruelle. Le malheur n'est plus à mes yeux la touchante parure de l'amour et de la beauté, c'est une sensation brûlante, aride ; c'est le destructeur de la nature, séchant tous les germes d'espérance qui se développent dans notre sein.

Combien il est peu d'écrits qui vous disent de la souffrance tout ce qu'il en faut redouter ! Oh ! que l'homme aurait peur, s'il existait un livre qui dévoilât véritablement le malheur ; un livre qui fît connaître ce que l'on a toujours craint de représenter, les faiblesses, les misères qui se traînent après les grands revers ; les ennuis dont le désespoir ne guérit pas ; le dégoût que n'amortit point l'âpreté de la souffrance ; les petitesses à côté des plus nobles douleurs ; et tous ces contrastes et toutes ces inconséquences qui ne s'accordent que pour faire du mal, et déchirent à la fois un même cœur par tous les genres de peines ! Dans les ouvrages dramatiques, vous ne voyez l'être malheureux que sous un seul aspect, sous un noble point de vue, toujours intéressant, toujours fier, toujours sensible ; et moi, j'éprouve que, dans la fatigue d'une longue douleur, il est des moments où l'âme se lasse de l'exaltation ; et va chercher encore du poison dans quelques souvenirs minutieux, dans quelques détails inaperçus, dont il semble qu'un grand revers devrait au moins affranchir.

Ah ! j'ai perdu trop tôt le bonheur ! Je suis trop jeune encore ; mon âme n'a pas eu le temps de se préparer à souffrir. Une année, une seule heureuse année ! est-ce donc assez ? O mon Dieu ! les désirs de l'homme dépassent toujours les dons que vous lui faites ; cependant je ne conçois rien, dans mon enthousiasme, par delà les félicités que j'ai goûtées ; je ne pressens rien au-dessus de l'amour ! Rendez-le moi... Malheureuse!... une telle prière n'est-elle pas impie ? Ne dois-je pas la retirer avant qu'elle soit montée jusqu'au ciel ?

FRAGMENT IV.

Je me suis remise à donner exactement des leçons à mon Isore : j'avais tort envers elle ; je n'ai pas assez cherché à tirer des consolations de cette pauvre petite. Elle m'aime ; cette affection me reste encore : pourquoi n'essayerais-je pas d'y trouver quelques soulagements ? Hélas ! l'enfance fait peu de bien à la jeunesse : on éprouve comme une sorte de honte d'être dévoré par les passions violentes, à côté de cet âge innocent et calme ; il s'étonne de vos peines, et ne peut comprendre les orages nés au fond du cœur, quand rien autour de vous ne fait connaître la cause de vos souffrances.

Pauvre Isore ! que ferai-je pour la préserver de ce que j'ai souffert ? Que lui dirai-je pour la fortifier contre la destinée ? Me résoudrai-je à ne pas l'initier aux nobles sentiments qui nous placent comme dans une région supérieure, et nous préparent, longtemps d'avance, pour le ciel, pour notre dernier asile ?

To be or not to be ; that is the question [1],

disait Hamlet, lorsqu'il délibérait entre la mort et la vie ; mais développer son âme ou l'étouffer, l'exalter par des sentiments généreux, ou la courber sous de froids calculs, n'est-ce pas une alternative presque semblable ?

Cependant, quel sera le destin d'Isore ? souffrira-t-elle autant que moi ? Non, elle ne rencontrera pas Léonce ; elle ne sera pas séparée de lui. Insensée que je suis!... le malheur s'arrêtera-t-il à moi ? d'autres peines ne saisiront-elles pas les enfants qui vont nous succéder ! Les êtres distingués voudraient adapter le sort commun à leurs désirs ; ils tourmentent la destinée humaine, pour la forcer à répondre à leurs vœux ardents ; mais elle trompe leurs vains essais. O Dieu ! que voulez-vous faire de ces âmes de feu qui se dévorent elle-mêmes ? A quelle pompe de la nature les destinez-vous pour victimes ? Quelle vérité, quelle

[1] Être ou n'être pas, voilà quelle est la question.

leçon doivent-elles servir à consacrer? Dites-leur un peu de votre secret, un mot de plus, seulement un mot de plus, pour prendre courage, et pour arriver au terme sans avoir douté de la vertu! Mon Dieu! que dans le fond du cœur un rayon de votre lumière éclaire encore celle qui a tout perdu dans ce monde!

FRAGMENT V.

Ce jour m'a été plus pénible encore que tous les autres; j'ai traversé les montagnes qui séparent la France de la Suisse : elles étaient presque en entier couvertes de frimas; des sapins noirs interrompaient de distance en distance l'éclatante blancheur de la neige, et les torrents grossis se faisaient entendre dans le fond des précipices. La solitude, en hiver, ne consiste pas seulement dans l'absence des hommes, mais aussi dans le silence de la nature. Pendant les autres saisons de l'année, le chant des oiseaux, l'activité de la végétation animent la campagne, lors même qu'on n'y voit pas d'habitants; mais quand les arbres sont dépouillés, les eaux glacées, immobiles comme les rochers dont elles pendent; quand les brouillards confondent le ciel avec le sommet des montagnes, tout rappelle l'empire de la mort; vous marchez en frémissant au milieu de ce triste monde qui subsiste sans le secours de la vie, et semble opposer à vos douleurs son impassible repos.

Arrivée sur la hauteur d'une des rapides montagnes du Jura, et m'avançant à travers un bois de sapins sur le bord d'un précipice, je me laissais aller à considérer son immense profondeur. Un sentiment toujours plus sombre s'emparait de moi; «De quel faible mouvement, me disais-je, j'aurais besoin pour mourir! un pas, et c'en est fait. Si je vis, à quel avenir je m'expose! un pressentiment qui ne m'a jamais trompée, me dit que de nouveaux malheurs me menacent encore. Chaque jour ne m'effacera-t-il pas du souvenir de Léonce, tandis que moi, solitaire, je vais conserver dans mon sein toute la véhémence des sentiments et des douleurs!» Je me livrais à ces réflexions, penchée sur le précipice, et ne m'appuyant plus que sur une branche que j'étais prête à laisser échapper.

Dans ce moment des paysans passèrent, ils me virent vêtue de blanc au milieu de ces arbres noirs; mes cheveux détachés, et que le vent agitait, attirèrent leur attention dans ce désert; et je les entendis vanter ma beauté dans leur langage. Faut-il avouer ma faiblesse? l'admiration qu'ils exprimè-

rent m'inspira tout à coup une sorte de pitié pour moi-même. Je plaignis ma jeunesse, et, m'éloignant de la mort que je bravais il y avait peu d'instants, je continuai ma route.

Quelque temps après, les postillons arrêtèrent ma voiture, pour me montrer, de la hauteur de Saint-Cergues, l'aspect du lac de Genève et du pays de Vaud; il faisait un beau soleil; la vue de tant d'habitations, et des plaines encore vertes qui les entouraient, me causa quelques moments de plaisir; mais bientôt je remarquai que j'avais passé la borne qui sépare la Suisse de la France; je marchais pour la première fois de ma vie sur une terre étrangère.

O France! ma patrie, la sienne, séjour délicieux que je ne devais jamais quitter! France! dont le seul nom émeut si profondément tous ceux qui, dès leur enfance, ont respiré ton air si doux, et contemplé ton ciel serein! je te perds avec lui, tu es déjà plus loin que mon horizon, et comme l'infortunée Marie Stuart, il ne me reste plus qu'à *invoquer les nuages que le vent chasse vers la France, pour leur demander de porter à ce que j'aime et mes regrets et mes adieux...*

Me voici jetée dans un pays où je n'ai pas un soutien, pas un asile naturel; un pays dont ma fortune seule peut m'ouvrir les chemins, et que je parcours en entier de mes regards, sans pouvoir me dire : Là-bas, dans ce long espace, j'aperçois du moins encore la demeure d'un ami. Eh bien, je l'ai voulu, j'ai choisi cette contrée où je n'avais aucune relation; je n'ai pas recherché ceux qui m'aiment, ils auraient pu me demander d'être heureuse! heureuse! juste ciel!...

Léonce, Léonce! elle est seule dans l'univers, celle qui t'a quitté; mais toi, les liens de la société, les liens de famille te restent, et bientôt Matilde aura sur ton cœur les droits les plus chers. Infortunée que je suis! si j'avais été unie à toi, j'aurais connu tout le bonheur des serments les plus passionnés et les plus purs, ton enfant eût été le mien; ah! le ciel est sur la terre! on peut épouser ce qu'on aime; ce sort devait être le mien, et je l'ai perdu...

FRAGMENT VI.

Me voici à Lausanne, je suis dans une ville; oh! que je m'y sens seule, moi qui n'ai plus que la nature pour société! Impatiente de la revoir, hier je me promenais sur une hauteur d'où je découvrais d'un côté l'entrée du Valais, et vers l'autre extrémité la ville de Genève; il y avait dans ces tableaux une grandeur imposante qui soulageait ma douleur; je respirais plus facilement, je demandais un consolateur à ce vaste monde qui me semblait paisible et fier; je l'appelais, ce consolateur céleste, par mes regards et mes prières; je croyais éprouver un calme qui venait de lui. Mais tout à coup j'ai entendu sonner sept heures; ce moment, jadis si doux pour moi, ce moment qui m'annonçait sa présence, passe maintenant comme tous les autres, sans espoir et sans avenir; à cette idée, les sentiments pénibles de mon cœur se sont ranimés plus vivement que jamais, et j'ai hâté ma marche, ne pouvant plus supporter le repos.

Je suis descendue vers le lac; un vent impétueux l'agitait, les vagues avançaient vers le bord, comme une puissance ennemie prête à vous engloutir. J'aimais cette fureur de la nature qui semblait dirigée contre l'homme. Je me plaisais dans la tempête; le bruit terrible des ondes et du ciel me prouvait que le monde physique n'était pas plus en paix que mon âme. Dans ce trouble universel, me disais-je, une force inconnue dispose de moi; livrons-lui mon misérable cœur, qu'elle le déchire; mais que je sois dispensée de combattre contre elle, et que la fatalité m'entraîne comme ces feuilles détachées que je vois s'élever en tourbillon dans les airs.

Vers le soir l'orage cessa, je remontai silencieusement vers la ville; j'entendais de toutes parts en revenant le chant des ouvriers qui retournaient dans leur ménage : je voyais des hommes, des femmes de diverses classes se hâter de se réunir en société; et si j'en jugeais d'après l'extérieur, partout il y avait un intérêt, un mouvement, un plaisir d'exister qui semblait accuser mon profond abattement. Peut-être qu'en effet ma raison est troublée; un caractère enthousiaste et passionné ne serait-il qu'un pas vers la folie? Elle a son secret aussi, la folie, mais personne ne le devine, et chacun la tourne en dérision.

Non, mes plaintes sont injustes; non, je veux en vain me le dissimuler, ce n'est pas pour mes vertus que je souffre, c'est pour mes torts. Ai-je respecté la morale et mes devoirs dans toute leur étendue? Il n'y avait rien de vil dans mon cœur, mais n'y avait-il rien de coupable? Devais-je revoir Léonce chaque jour, l'écouter, lui répondre, absorber pour moi seule toutes les affections de son cœur? N'était-il pas l'époux de Matilde? m'était-il permis de l'aimer? Ah Dieu! mais tant d'êtres mille fois plus condamnables vivent heureux et tranquilles, et moi, la douleur ne me laisse pas respirer un seul instant; l'ai-je donc mérité?

L'Être suprême mesure peut-être la conduite de chaque homme d'après sa conscience! l'âme qui était plus délicate et plus pure est punie pour de moindres fautes, parce qu'elle en avait le sentiment et qu'elle l'a combattu, parce qu'elle a sacrifié sa morale à ses passions, tandis que ceux qui ne sont point avertis par leur propre cœur, vivent sans réfléchir et se dégradent sans remords. Oui, je m'arrête à cette dernière pensée, mes chagrins sont un châtiment du ciel; j'expie mon amour dans cette vie : ô mon Dieu! quand aurai-je assez souffert, quand sentirai-je au fond du cœur que je suis pardonnée?

Une idée m'a poursuivie depuis deux jours, comme dans le délire de la fièvre; mille fois j'ai cru sentir que je n'étais plus aimée de Léonce. Je me suis rappelé toutes les calomnies qui avaient été répandues sur moi, pendant les derniers temps que j'ai passés à Paris, et une rougeur brûlante m'a couvert le front, quand je me représentais Léonce entendant ces indignes accusations. Oh! que la calomnie est une puissance terrible! je me repens de l'avoir bravée. Léonce, Léonce! maintenant que je suis séparée de vous, défendez-moi dans votre propre cœur.

Combien de moments de ma vie, que je trouvais douloureux, se présentent maintenant à moi comme des jours de délices! Pourquoi me suis-je plainte, tant que Léonce habitait près de moi? Ah! si je retournais vers lui, si je me rendais encore un moment de bonheur! j'en suis sûre, son premier mouvement, en me revoyant, serait de me serrer dans ses bras, et mon cœur a tant besoin qu'une main chérie le soulage! Je sens dans mes veines un froid qui passerait à l'instant même où ma tête serait appuyée sur son sein. Si je sais mourir, pourquoi ne pas le revoir? Aurait-il le temps de blâmer celle qui tomberait sans vie à ses pieds? Quand je ne serais plus, il ne verrait en moi que mes qualités : la mort justifie toujours les âmes sensibles; l'être qui fut bon trouve, quand il a cessé de vivre, des défenseurs parmi ceux même qui l'accusaient. Et Léonce, lui qui m'a tant aimée, me regretterait profondément. Mais dois-je troubler encore son sort et celui de sa femme? non, il faut rester où je suis.

Ces cruelles incertitudes renaîtront sans cesse dans mon cœur, si je n'élève pas entre l'espérance et moi une barrière insurmontable. Suivrai-je le dessein que j'ai confié à madame d'Ervins; en aurai-je la force? et puis-je me croire permis de recourir à cet état, sans les opinions ni la foi qu'il suppose?

LETTRE PREMIÈRE.

Madame d'Ervins à Delphine.

Du couvent de Sainte-Marie, à Chaillot,
ce 8 décembre 1791.

Partout où vous emmènerez Isore avec vous, ma
chère Delphine, je me croirai certaine de son bonheur ; je vous l'ai donnée, je la suis de mes vœux ;
dites-lui de penser à moi comme à une mère qui
n'est plus, mais dont les prières implorent la protection du Tout-Puissant pour sa fille.

Vous me dites que vos chagrins vous ont inspiré
le désir d'embrasser le même état que moi ; je
m'applaudis chaque jour du parti que j'ai pris, et
je ne puis m'empêcher de désirer que vous suiviez
mon exemple. Vous craignez, me dites-vous, que
votre manière de penser ne s'accorde mal avec les
dispositions qu'il faut apporter dans notre saint
asile ? Vos opinions changeront, ma chère amie : au
milieu du monde, tous les raisonnements qu'on
entend égarent les meilleurs esprits ; quand vous
serez entourée de personnes respectables, toutes
pénétrées de la même foi, vous perdrez chaque
jour davantage le besoin et le goût d'examiner ce
qu'il faut admettre de confiance pour vivre en paix
avec soi-même et avec les autres. Je serais fâchée
que des motifs purement humains vous décidassent
à prononcer des vœux qui doivent être inspirés par
la ferveur de la dévotion ; cependant je vous dirai
que le genre de vie que je mène me serait doux,
indépendamment même des grandes idées qui en
sont le but.

La régularité des occupations, le calme profond
qui règne autour de nous, la ressemblance parfaite de tous les jours entre eux, causent d'abord
quelque ennui ; mais à la longue l'âme finit par
prendre des habitudes, les mêmes idées reviennent
aux mêmes heures, les souvenirs douloureux s'effacent, parce que rien de nouveau ne réveille le
cœur ; il s'endort sous un poids égal, sous une
tristesse continue qui ne fait plus souffrir. Une
pensée, d'abord cruelle, fortifie la raison avec le
temps ; c'est la certitude que la situation où l'on se
trouve est irrévocable, qu'il n'y a plus rien à faire
pour soi, que l'irrésolution n'a plus d'objet, que la
nécessité se charge de tout. Vous éprouveriez
comme moi ce qu'il peut y avoir de bon dans cette
situation, qui, selon l'heureuse expression d'une
femme, *apaise la vie, quand il n'est plus temps
d'en jouir.*

Je juge de votre cœur par le mien : nous n'avons
plus rien à espérer ; alors, mon amie, il vaut
mieux s'entourer d'objets plus sombres encore que
son propre cœur ; quand il faut porter de la tristesse au milieu des gens heureux, ce contraste peut
inspirer une sorte d'âpreté dans les sentiments,
qui finit par altérer le caractère. Je me permets de
vous présenter ces considérations purement temporelles, parce que je suis bien sûre que vous
n'auriez pas passé un an dans un couvent, sans
embrasser avec conviction la religion qu'on y professe.

Si les excès dont on nous menace en France
finissent par rendre impossible d'y vivre en communauté, je me retirerai dans les pays étrangers ;
peut-être pourrai-je vous rejoindre, retrouver ma
fille avec vous ! Non, je serais trop heureuse, je
n'expierais pas ainsi mes fautes ! mais qu'on a de
peine à repousser les affections ! elles rentrent dans
le cœur avec tant de force !

SEPTIÈME et DERNIER FRAGMENT

DES FEUILLES ÉCRITES PAR DELPHINE.

Thérèse, que m'écrivez-vous ?... Je voudrais lui
répondre ; mais non, je ne pourrais lui dire ce que
je pense, ce serait la troubler ; qu'y a-t-il de plus
à ménager au monde qu'une âme sensible qui a
retrouvé la paix ? Jamais, lui aurais-je dit, jamais
je ne croirai qu'on plaise à l'Être suprême en
s'arrachant à tous les devoirs de la vie, pour se
consacrer à la stérile contemplation de dogmes
mystiques sans aucun rapport avec la morale ! Si
je m'enferme dans un couvent, ce sont les sentiments les plus profanes, c'est l'amour qui m'y conduira ! Je veux qu'il sache que, condamnée à ne
plus le voir, je n'ai pu supporter la vie ! Je veux
l'attendrir profondément par mon malheur, et
qu'il lui soit impossible d'oublier celle qui souffrira
toujours. Les années, qui refroidissent l'amour,
laissent subsister la pitié ; et dût-il me revoir encore quand le temps aura flétri mon visage, le
voile noir dont il sera couvert, les images sombres
qui m'environnent, m'offriront à ses yeux comme
l'ombre de moi-même, et non comme un objet
moins digne d'être aimé.

Thérèse, est-ce avec de telles pensées qu'il faut
entrer dans votre sanctuaire ? Je n'ai pas vos opinions, mais je les respecte assez pour répugner à
les braver, pour craindre surtout de tromper ceux
qui croient, en ayant l'air d'adopter des sentiments
que je ne partage pas. Mais si M. de Valorbe me
poursuivait, si je craignais qu'il n'excitât encore
la jalousie de Léonce, ou qu'il ne voulût menacer
sa vie, je ne sais quel parti je prendrais ; ma raison

n'a bientôt plus aucune force, j'ai peur d'un nouveau malheur; je crains son impression sur moi; la folie, les vœux irrévocables, la mort, tout est possible à l'état où je suis quelquefois, à l'état plus cruel encore où les peines qui me menacent pourraient me jeter.

J'espérais trouver à Lausanne des lettres de ma sœur : je lui avais dit de m'oublier; mais devrait-elle m'en croire? Ah! qu'il est facile de disparaître du monde, et de mourir pour tout ce qui nous aimait! Quels sont les liens qu'on ne parvient pas à déchirer? quels sont ceux qu'un effort de plus ne briserait pas? Ma sœur ne savait-elle pas que je n'espérais que d'elle quelques mots sur Léonce? Hélas! veut-elle me cacher que mon départ l'a détaché de moi? Quelle cruelle manière de ménager, que le silence! Abandonner le malheureux à son imagination, est-ce donc avoir pitié de lui?

LETTRE II.

Mademoiselle d'Albémar à Delphine.

Montpellier, ce 17 décembre.

Je n'ai pas cru devoir vous cacher cette lettre; il ne faut rien dissimuler à une âme telle que la vôtre, il ne faut pas lui surprendre un sacrifice dont elle ignorerait l'étendue.

Madame de Lebensei à mademoiselle d'Albémar.

Hélas! que me demandez-vous, mademoiselle! Vous voulez que je vous entretienne de l'état de Léonce; je ne l'ai pas vu dans les premiers moments de sa douleur. M. Barton, qui s'était chargé de lui apprendre le départ de Delphine, m'a dit qu'il avait, pendant quelques jours, presque désespéré de sa raison : son ressentiment contre elle prit d'abord le caractère le plus sombre, et néanmoins il formait, pour la rejoindre, les projets les plus insensés, les plus contraires aux principes qui servent habituellement de règle à sa conduite; enfin, il a consenti à rester auprès de sa femme jusqu'à ce qu'elle fût accouchée; c'est tout ce qu'il a promis.

La première fois que je l'ai vu, il y avait encore un trouble effrayant dans ses regards et dans ses expressions; il voulait savoir en quel lieu Delphine s'était retirée, c'était le seul intérêt qui l'occupât, et cependant il s'arrêtait au milieu de ses questions pour se parler à lui-même. Ce qu'il disait alors était plein d'égarement et d'éloquence, il faisait éprouver, tout à la fois, et de la pitié et de la terreur. On aurait pu croire souvent que l'infortuné se rappelait quelques-unes des paroles de Delphine,

et qu'il aimait à se les prononcer; car sa manière habituelle était changée, et ressemblait davantage au touchant enthousiasme de son amie qu'au langage ferme et contenu qui le caractérise. Il me conjurait de lui apprendre où il pourrait trouver Delphine; il voulait paraître calme, dans l'espoir de mieux obtenir de moi ce qu'il désirait; mais quand je l'assurais que je l'ignorais, il retombait dans ses rêveries.

« Cette nuit, disait-il, la rivière grossie menaçait de nous submerger; en traversant le pont, j'entendais les flots qui mugissaient; ils se brisaient avec violence contre les arches : s'ils avaient pu les enlever, je serais tombé dans l'abîme, et l'on n'aurait plus eu qu'un dernier mot à dire de moi à celle qui m'a quitté; mais les dangers s'éloignent du malheureux, ils laissent tout à faire à sa volonté. Je suis rentré chez moi; l'on n'entendait plus aucun bruit, le silence était profond : c'est dans une nuit aussi tranquille qu'on dit que *même les mères qui ont perdu leur enfant cèdent enfin au sommeil.* Et moi, je ne pouvais dormir! je veillais et m'indignais de mon sort! je reprenais quelquefois contre elle ces moments de fureur les plus amers de tous, puisqu'ils irritent contre ce qu'on aime; mais ce n'est pas elle qu'il faut accuser. » Léonce alors me reprochait amèrement de lui avoir caché les résolutions de Delphine.

« Si j'avais su d'avance son dessein, me répétait-il, jamais elle ne l'aurait accompli! Delphine, l'amie de mon cœur, n'aurait pas résisté à mon désespoir! Il vous a fallu, je le pense, de cruels efforts pour la décider à me causer une douleur! Que lui avez-vous donc dit qui pût la persuader? » Je voulais me justifier, mais il ne m'écoutait pas; et, reprenant l'idée qui le dominait, il s'écriait : « Vous savez quelle est la retraite que Delphine a choisie, vous le savez, et vous vous taisez! Quel cœur avez-vous reçu du ciel pour refuser de me le confier? C'est à elle aussi, je vous le jure, c'est à votre amie que vous faites du mal, en me cachant ce que je vous demande : pouvez-vous croire, disait-il en me serrant les mains avec une ardeur inexprimable, pouvez-vous croire que si elle me revoyait, elle n'en serait pas heureuse? Je le sens, j'en suis sûr, dans quelque lieu du monde qu'elle soit, elle m'appelle par ses regrets; si j'arrivais, je n'étonnerais pas son cœur, je répondrais peut-être à ses désirs secrets, à ceux qu'elle combat, mais qu'elle éprouve! En nous précipitant l'un vers l'autre, nos âmes seraient plus d'accord que jamais. Vous nous déchirez tous les deux : à qui faites-vous du bien par votre inflexibilité? Par-

lez, au nom de l'amour qui vous rend heureuse !
parlez ! » Il m'eût été bien difficile, mademoiselle,
de garder le silence, si j'avais su le secret qu'il.
voulait découvrir ; mais M. de Lebensei ayant assuré que je l'ignorais, Léonce le crut enfin : à
l'instant où cette conviction l'atteignit, il retomba
dans le silence, et peu d'instants après il partit.

Il est revenu depuis assez souvent, mais pour
quelques minutes, et sans presque m'adresser la
parole : seulement ses regards, en entrant dans
ma chambre, m'interrogeaient ; et si mes premières
paroles portaient sur des sujets indifférents, certain que je n'avais rien à lui apprendre, il retombait dans son accablement accoutumé. Hier cependant, j'obtins un peu plus de sa confiance, et, s'y
laissant aller, il me dit avec une tristesse qui m'a
déchiré le cœur :

« Vous voulez que je me console, apprenez-moi
donc ce que je puis faire qui n'aigrisse pas ma
douleur ; j'ai voulu partager avec madame de Mondoville ses occupations bienfaisantes ; ce matin je
suis entré dans l'église des Invalides, je les ai vus
en prière ; la vieillesse, les maladies, les blessures,
tous les désastres de l'humanité étaient rassemblés
sous mes yeux. Eh bien, il y avait sur ces visages
défigurés plus de calme que mon cœur n'en goû-
tera jamais. Où faut-il aller ? le spectacle du bonheur m'offense ; et quand je soulage le malheur,
je suis poursuivi par l'idée amère que parmi les
maux dont j'ai pitié, il n'en est point d'aussi cruels
que les miens.

—Essayez, lui dis-je encore, des distractions
du monde, recherchez la société.—Ah ! me répondit-il vivement avec une sorte d'orgueil qui le ranimait, qui pourrait-on écouter après avoir connu
Delphine ? Dans la plupart des liaisons, l'esprit
des hommes est à peine compris par l'objet de
leur amour, souvent aussi leur âme est seule
dans ses sentiments les plus élevés ; mais l'heureux
ami de Delphine n'avait pas une pensée qu'il ne
partageât avec elle, et la voix la plus douce et la
plus tendre mêlait ses sons enchanteurs aux conversations les plus sérieuses. Ah ! madame, continua Léonce en s'abandonnant toujours plus à
son émotion, où voulez-vous que je fuie son souvenir ? Toutes les heures de ma vie me rappellent
ses soins pour mon bonheur : si je veux me livrer
à l'étude, je me souviens de ses conseils, de l'intérêt éclairé qu'elle savait prendre aux progrès de
mon esprit ; elle s'unissait à tout, et tout maintenant me fait sentir son absence. Oh ! son accent,
son regard seulement, si je le rencontrais dans
une autre femme, il me semble que je ne serais

plus complétement malheureux ; mais rien, rien
ne ressemble à Delphine ; je plains tous ceux que
je vois, comme s'ils devaient s'affliger d'être séparés d'elle ; et moi, le plus malheureux des hommes !
je me plains aussi, car je sais ce qu'il me faut de
courage pour paraître encore ce que je suis à vos
yeux, pour ne pas succomber, pour ne pas pousser
des cris de désespoir, pour ne pas invoquer au
hasard la commisération de celui qui me parle.
comme si tous les cœurs devaient avoir pitié de
mon isolement. La douleur m'a dompté comme
un misérable enfant. » A peine pus-je entendre
ces derniers mots, que les sanglots étouffèrent.
En ce moment je blâmai le sacrifice de Delphine,
et Matilde ne m'inspirait aucune pitié.

Cependant elle est devenue plus intéressante depuis le départ de madame d'Albémar ; sa tendresse
pour Léonce a donné de la douceur à son caractère ;
elle ne parlait pas autrefois à M. de Lebensei,
maintenant elle consent assez souvent à le voir
chez elle. Il y a deux jours que, l'entendant nommer madame d'Albémar, elle s'est approchée de
lui, et lui a dit avec vivacité : « C'est une personne
très-généreuse que madame d'Albémar. » Ces
mots signifiaient beaucoup dans la manière habituelle de Matilde.

Quelques paroles échappées à Léonce me font
craindre qu'il ne cède une fois à l'impulsion donnée à la noblesse française pour sortir de France
et porter les armes contre son pays ; il n'est malheureusement que trop dans le caractère de M. de
Mondoville d'être sensible au déshonneur factice
qu'on veut attacher à rester en France. M. de
Lebensei combat cette idée de toute la force de sa
raison ; mais son moyen le plus puissant, c'est
d'invoquer l'autorité de Delphine : Léonce se tait
à ce nom. Ce qui me paraît certain pour le moment, sans pouvoir répondre de l'avenir, c'est que
M. de Mondoville ne quittera point sa femme pendant sa grossesse ; ainsi nous avons du temps pour
prévenir de nouveaux malheurs.

Voilà, mademoiselle, tout ce que j'ai recueilli
qui puisse intéresser notre amie ; c'est à vous à
juger de ce qu'il faut lui dire ou lui cacher ; parlez-lui du moins de l'inaltérable attachement que
M. de Lebensei et moi lui avons consacré, et
daignez agréer aussi, mademoiselle, l'hommage
de nos sentiments.

                            ÉLISE DE LEBENSEI.

Je partage du fond de mon cœur, mon amie,
l'émotion que cette lettre vous aura causée ; mais,
je vous en conjure, ne vous laissez pas ébranler

dans vos généreuses résolutions : puisque vous avez pu partir, attendez que le temps ait changé la nature de vos sentiments ; un jour Léonce sera votre ami, votre meilleur ami, et l'estime même que votre conduite lui aura inspirée consacrera son attachement pour vous.

J'ai regretté d'abord vivement que vous eussiez pris le parti de ne pas me rejoindre, mais à présent je l'approuve ; Léonce serait venu certainement ici s'il avait su que vous y fussiez, et M. de Valorbe n'aurait pas perdu un moment pour se rapprocher de vous, et vous persécuter peut-être d'une manière cruelle. Dérobez-vous donc dans ce moment aux dangereux sentiments que vos charmes ont inspirés ; mais songez que vous devez un jour vous réunir à moi, et qu'il ne vous est pas permis de vous séparer de celle qui n'a d'autre intérêt dans ce monde que son attachement pour vous.

LETTRE III.

Delphine à mademoiselle d'Albémar.

Lausanne, ce 24 décembre.

Que de larmes j'ai versées en lisant la lettre de madame de Lebensei ! cependant, ma chère Louise, elle m'a fait du bien, je suis plus calme qu'avant de l'avoir reçue ; j'ai été profondément touchée de cette ressemblance, de cette harmonie de sentiments et d'expressions que la même douleur a fait naître entre Léonce et moi. Ah ! nos âmes avaient été créées l'une pour l'autre : si nous différions quelquefois au milieu de la société, les fortes affections de l'âme, les cruelles peines du cœur font sur nous deux des impressions presque les mêmes.

Enfin, il se soumet à ses devoirs ; le temps adoucira ses regrets, sans m'effacer entièrement de son souvenir ; Matilde est heureuse : ces pensées doivent être douces ; une fois peut-être elles me rendront le repos, si M. de Valorbe ne s'acharne point à me le ravir. L'inquiétude la plus vive qui me reste, c'est que Léonce ne cède au désir de se mêler de la guerre, si elle est déclarée ; mais comme il ne quittera sûrement pas sa femme pendant sa grossesse, ne peut-on pas espérer que d'ici à quelques mois il arrivera des événements qui détourneront les malheurs dont la France est menacée ?

Je veux m'établir dans un lieu moins habité que celui-ci, où le cruel amour de M. de Valorbe ne puisse pas me découvrir : il faut se résigner, les convulsions de la douleur doivent cesser ; je ne serai jamais heureuse, jamais !... Eh bien, quand cette certitude est une fois envisagée, pourquoi ne donnerait-elle pas du calme ?

Hier au soir, cependant, j'ai été bien faible encore ; j'avais été moi-même à la poste pour chercher votre lettre, que j'attendais déjà le courrier précédent : on me la remit ; je m'approchai, pour la lire, d'un réverbère qui est sur la place : mon émotion fut telle, que je fus prête à perdre connaissance ; je m'appuyai contre la muraille pour me soutenir, et quand mes forces revinrent, je vis quelques personnes qui s'étaient arrêtées pour me regarder. Si j'étais tombée morte à leurs pieds, qui d'entre elles en eût été troublé ? qui m'aurait regrettée, qui se serait donné la peine d'examiner pendant quelques instants si j'avais en effet perdu la vie ? Ah ! que l'intérêt des autres est nécessaire, et que leur haine est redoutable ! où les fuir, où les retrouver ? Comment supporter leur malveillance ? comment renoncer à leurs secours ? Que le monde fait de mal ! que la solitude est pesante ! que l'existence morale enfin est difficile à traîner jusqu'à son terme !

Je revins chez moi ; Isore jouait de la harpe ; jusqu'à ce jour je l'avais priée de ne pas faire de la musique devant moi ; mon âme n'était pas en état de la supporter, elle rappelle trop vivement tous les souvenirs : mais votre lettre, ma sœur, me permit d'y trouver quelques charmes ; j'écoutai mon Isore, je lui donnai des leçons avec soin, et quand elle fut couchée, je me mis à jouer moi-même ; je me livrai pendant plus de la moitié de la nuit à toutes les impressions que la musique m'inspirait ; je m'exaltais dans mes propres pensées, je suffisais à mon enthousiasme : cependant je m'arrêtai, comme fatiguée de cet état dont il n'est pas permis à notre âme de jouir trop longtemps ; j'ouvris ma fenêtre, et considérant le silence de cette ville, si animée il y avait quelques heures, je réfléchis sur le premier don de la nature, le sommeil ; il enseigne la mort à l'homme, et semble fait pour le familiariser doucement avec elle. Quelle égalité règne dans l'univers pendant la nuit ! les puissants sont sans force, les faibles sans maîtres, la plupart des êtres sans douleur ! Veiller pour souffrir est terrible, mais veiller pour penser est assez doux ; dans le jour, il vous semble que les témoins, que les juges assistent à vos plus secrètes réflexions ; mais dans la solitude de la nuit, vous vous sentez indépendant ; la haine dort, et des malheureux comme vous pourraient seuls encore vous entendre !

Léonce, Léonce ! m'écriai-je plusieurs fois en

regardant le ciel, le repos est-il descendu sur toi,
et ton cœur agité cherche-t-il aussi quelques idées,
quelques sentiments qui fassent supporter la perte
de l'espérance? l'invincible sort s'en va flétrissant
toutes les jouissances passionnées, faut-il leur
survivre? Léonce! Léonce! je me plaisais à dire
son nom, à le prononcer dans les airs, pour qu'il
me revînt d'en haut, comme si le ciel l'avait répété.

Tout à coup j'entendis des gémissements dans
une maison vis-à-vis de la mienne, la fenêtre en
était ouverte, et les plaintes arrivaient jusqu'à
moi, qui, seule éveillée dans la ville, pouvais seule
les entendre. Ces accents de la douleur me touchèrent profondément; il me semblait que pour la
première fois dans ces lieux, il existait un être
qui ne m'était plus étranger, puisqu'il pouvait
avoir besoin de ma pitié. J'élevai deux ou trois
fois la voix pour offrir mes secours, on ne me répondit pas, et les gémissements cessèrent. Je demandai le matin qui demeurait dans la maison
d'où j'avais entendu partir des plaintes, et j'appris qu'elle était habitée par une femme âgée et
malade, qui souffrait pendant la nuit, mais trouvait assez de soulagement pendant le jour, dans
les derniers plaisirs de l'existence physique qu'elle
pouvait encore supporter. Voilà donc, me dis-je
alors, quelle est la perspective de la destinée humaine! quand les douleurs morales finiront, les
douleurs physiques s'empareront de notre âme affaiblie! et la mort s'annoncera d'avance par la dégradation de notre être. Oh! la vie! la vie! que
de fois, depuis que j'ai quitté Léonce, j'ai répété
cette invocation! mais on l'interroge en vain, en
vain on lui demande son secret et son but, elle
passe sans répondre, sans que les cris ni les pleurs,
la raison ni le courage, puissent jamais hâter ni
retarder son cours.

Louise, pardon de vous fatiguer ainsi de mon
imagination égarée; mes réflexions me ramènent
sans cesse vers les mêmes idées; je voudrais entendre souvent des paroles de mort, je voudrais
être environnée de solennités sombres et terribles; ce que je redoute le plus, c'est que ma douleur ne devienne un état habituel, une existence
comme toutes les autres, un mal que je porterai
dans mon sein, et que les hommes me diront de
supporter en silence. Adieu; je croyais avoir repris des forces, et je suis retombée; allons, à demain.

Berne, ce 25 décembre.

P. S. Je n'avais pas fermé cette lettre, lorsqu'un accident cruel a failli rendre mon sort encore plus misérable : j'ai appris, par un de mes
gens, que M. de Valorbe venait d'arriver à Lausanne; heureusement il n'a pas su que j'y étais;
mais il pourrait le découvrir d'un moment à l'autre, et la frayeur que j'en ai ressentie ne m'a pas
permis d'y rester plus longtemps. Je suis partie
à onze heures du soir, j'ai voyagé toute la nuit,
et je ne me suis arrêtée qu'ici. Se peut-il qu'une
destinée sans espoir soit encore poursuivie par
tant de craintes!

Je vais à Zurich, j'y serai dans deux jours; écrivez-moi directement chez MM. de C., négociants.
je leur suis recommandée sous un nom emprunté.
Adieu, ma sœur; je fuis de malheurs en malheurs, sans jamais trouver de repos.

LETTRE IV.

M. de Valorbe à M. de Montalte.

Lausanne, ce 25 décembre 1791.

Depuis longtemps je ne t'ai point écrit, Montalte. A quoi bon écrire? J'ai besoin cependant de
parler une fois encore de moi; j'ai besoin d'en parler à quelqu'un qui m'ait connu, qui se rappelle ce
que j'étais avant mon irréparable chute.

Tu m'as défendu, je le sais, avec générosité,
avec courage; mais que peux-tu, que pouvons-
nous l'un et l'autre contre la honte que j'ai acceptée par le plus indigne amour? Madame d'Albémar
m'a perdu. Ma réconciliation avec M. de Mondoville est une tache *que toutes les eaux de l'Océan
ne peuvent laver.* Je me suis battu trois fois avec
des officiers de mon régiment; tout a été vain. Je
fuis, je quitte la France, repoussé de mon corps,
ruiné, flétri, sans espoir, sans avenir. Les lois
contre les émigrés vont m'atteindre; mes biens seront saisis; moi-même exilé, poursuivi par des
créanciers avides, n'ayant plus de patrie, peut-
être bientôt plus d'asile. Et pourquoi tant de malheurs? Parce que les larmes d'une femme m'ont
attendri, parce que ce caractère si dur, me dit-
on, si personnel, si haineux, n'a pu résister à la
douleur de Delphine. Et cette douleur, elle venait
de sa passion pour un autre! C'est mon rival que
j'ai épargné, c'est mon rival dont j'ai soigné le
bonheur. Et cet heureux Léonce, et cette Delphine,
qui était naguère à mes pieds, marchent aujourd'hui
tous deux, insouciants de ma destinée. Sans moi,
leur amour était connu; sans moi, l'opinion s'élevait contre eux; et parce que j'ai été bon, parce
que j'ai été sensible, c'est contre moi qu'elle s'é-
lève! Justice des hommes! c'est par des vertus que
je péris. Si j'avais su être dur, inflexible, inexo-

rable, l'estime m'environnerait encore ; et ce serait Léonce, ce serait Delphine, qui gémiraient dans le malheur.

Montalte, je ne te demande plus qu'un service. Je ne sais ce que les nouvelles lois ordonneront sur ma fortune : je remets entre tes mains ce que tu pourras en sauver. Si je meurs, dispose de ces débris comme de ton bien. Malgré l'exemple général de l'ingratitude, il m'est encore doux d'être reconnaissant envers toi. Je veux découvrir madame d'Albémar; on dit qu'elle a quitté la France. Je la suis, je la cherche, je la trouverai. Si, de ton côté, tu en apprenais quelque chose, hâte-toi de me le mander.

Si j'arrive enfin jusqu'à cette Delphine que j'ai tant aimée, que j'aime encore, elle décidera de mon sort et du sien; elle verra l'abîme dans lequel elle m'a précipité, ma santé détruite, chacun de mes jours marqué par de nouvelles douleurs, mes blessures me faisant éprouver encore des souffrances aiguës, toute carrière fermée devant moi, et mon nom déshonoré. J'apprendrai si cette femme, d'une sensibilité si vantée, si ce caractère si doux, cette bienveillance si générale, rempliront les devoirs de la plus simple reconnaissance.

Certes, quelle est la femme qui se croirait permis d'hésiter, si elle voyait devant elle l'infortuné qui a sauvé celui dont elle tient toute son existence; l'infortuné qui, par un sacrifice inouï, lui a immolé jusqu'à son honneur même; l'homme qu'elle aurait réduit à fuir son pays, à renoncer à sa fortune, à braver toute la rigueur des lois et toutes les souffrances de l'exil; si elle le voyait à ses genoux, lui offrant un cœur que tant de peines n'ont pas aliéné, ne lui reprochant rien, n'écoutant encore que l'amour qui l'a perdu, la suppliant de céder à cet amour, de partager son sort, de colorer les dernières heures de sa destinée? Je ne sais quelle âme il faudrait avoir pour repousser cette dernière prière.

Madame d'Albémar la repoussera cependant; je le prévois. Des expressions douces, de la pitié, des protestations compatissantes, c'est là tout ce que j'obtiendrai d'elle. Et grâce à cette douceur de manières, à cette pitié qui n'oblige à rien, lorsqu'elle aura causé ma mort, c'est moi dont on m'accusera; c'est moi dont on blâmera la violence, dont on noircira le caractère; et tous ces hommes qui m'ont sacrifié, qui ont disposé de moi par calcul et sans scrupule, comme d'un accessoire dans leur vie, comme d'un être insignifiant et subalterne, ces hommes me condamneront.

Non, Montalte, il ne sera pas dit que ma vie aura toujours été la misérable conquête de quiconque aura voulu s'en emparer. Il ne sera pas dit que le sentiment irritable, mais profond, mais souvent généreux, qui me consume, aura toujours été habilement employé et constamment méconnu. Je la vaincrai, cette faiblesse, cette timidité douloureuse qui me jette à la merci même de ceux que je n'aime pas, et qui, devant celle que j'aime, a fait taire jusqu'à mon amour.

Je veux que Delphine soit ma femme, je le veux à tout prix. Elle s'est servie de mon caractère, elle m'a trompé par son silence, elle m'a subjugué par sa douleur; mais, quand il s'est agi de Léonce et de moi, elle n'a pas même daigné me compter. Elle croit sans doute que la même générosité, la même faiblesse, me rendront toujours impossible de résister à ses larmes.

Je mourrai peut-être : tout me l'annonce. La vie m'est à charge; mais avant de mourir, je ferai revenir Delphine de l'idée qu'elle s'est faite de son ascendant sur moi. Quand je serai ce que les hommes se sont plu toujours à me supposer, quand je pourrai braver leurs souffrances, fermer l'oreille à leurs prières, ils sentiront le prix des qualités dont ils usaient avec insolence, sans les reconnaître ou m'en savoir gré.

Sans doute il serait plus commode de déplorer un instant ma perte, pour m'oublier ensuite à jamais. Delphine trouverait doux de verser quelques larmes sur ma tombe, de se montrer bonne en me plaignant, quand elle n'aurait plus à me craindre. Mais je ne puis me résoudre à mourir, aussi facilement que mes amis se résigneraient à me pleurer.

Delphine m'appartiendra. Crime ou vertu, haine ou amour, sympathie ou cruauté, tous les moyens me sont égaux. Je tirerai parti de ses fautes, je profiterai de ses imprudences, j'encouragerai l'opinion qui déjà menace son nom trop souvent répété, et qui, comme toujours s'arme contre elle de ce qu'elle a de meilleur et de plus noble dans le caractère. Je l'entourerai de mes ruses, je l'épouvanterai par mes fureurs... Dans l'état où l'on m'a réduit, quel scrupule pourrait me rester encore? Les scrupules ne conviennent qu'aux heureux.

Mon dessein d'ailleurs est-il si coupable? Je veux l'obtenir, mais c'est pour lui consacrer ma vie : je veux m'emparer de son existence, mais son empire sur moi n'a-t-il pas détruit la mienne? Si je puis l'attendrir le bonheur m'est encore ouvert; si elle est inflexible, je veux la punir, je veux me venger.

Cependant, Montalte, crois-moi, je ne suis pas encore l'homme féroce que cette lettre semble annoncer. Oh! si je retrouve un cœur qui me réponde, si l'estime d'un être sensible vient relever mon âme flétrie, si quelque ombre de justice envers mon malheureux caractère me donne l'espérance qu'on n'en profitera pas toujours pour l'opprimer en le calomniant; si Delphine, touchée de mon sort, s'accusant de mes maux, consent à s'unir à moi, je puis renaître à la vie, je puis reprendre aux sentiments doux, je puis être heureux sur cette terre. Cet ange de paix, de grâce et de bonté, me consolera de tous les revers.

Adieu, Montalte; pardonne-moi ce long délire et ces contradictions sans nombre, et les mouvements opposés qui m'agitent et qui me déchirent. Tu m'as connu, tu sais si la nature m'avait fait dur ou barbare. Pourquoi les hommes m'ont-ils irrité? pourquoi n'ont-ils jamais voulu me connaître? pourquoi n'ai-je trouvé nulle part un seul être qui m'appréciât ce que je vaux? Ne m'as-tu pas vu capable de dévouement, d'élévation, de tendresse et de sacrifice? Mais lorsque dans tout le cours de sa vie on se voit puni de ce qu'on a de bon, lorsqu'il est démontré que, dans chaque événement, c'est un mouvement généreux qui a donné prise à l'injustice, qui peut répondre de soi? quel caractère ne s'aigrirait pas? quelle morale résisterait à cette funeste expérience?

Quoi qu'il arrive, garde le silence à jamais sur moi. Je ne veux pas que les hommes s'intéressent à ma destinée; je ne veux pas me soumettre à ces juges plus personnels, plus égoïstes, plus coupables cent fois que celui qu'ils osent juger. Sois heureux, si tu peux l'être; arme-toi contre la société, contre l'opinion, contre ta propre pitié surtout. Tout ce que la nature nous donne de délicat ou de sensible, sont des endroits faibles où les hommes se hâtent de nous frapper.

LETTRE V.

Delphine à mademoiselle d'Albémar.

Zurich, ce 28 décembre.

Je crois avoir trouvé enfin l'asile qui me convient. A six lieues de Zurich, sur une rivière qui se jette dans le Rhin, il y a un couvent de chanoinesses religieuses, appelé l'abbaye du Paradis, où l'on reçoit des femmes comme pensionnaires; leur conduite est soumise à l'inspection de l'abbesse, elles ne peuvent sortir sans son consentement, quoiqu'elles ne fassent point de vœux[1]. La manière de vivre dans ce couvent est régulière sans être pénible; il y a moins de sévérité dans les statuts de

[1] Ces sortes de pensionnaires s'appellent des *données*.

cette maison que dans la plupart de celles du même genre; mais on est difficile sur le choix des personnes qui peuvent y être admises, et c'est une retraite très-honorable pour les femmes qui y sont reçues; je dois y aller demain matin, et je vous manderai si je puis m'y établir.

J'éprouve une impatience singulière de trouver enfin une demeure fixe, une existence uniforme; chaque objet nouveau réveille en moi le même souvenir et la même douleur.

Ce 29.

Louise, l'auriez-vous prévu? L'abbesse de ce couvent, c'est madame de Ternan, la sœur de madame de Mondoville, la tante de Léonce; elle s'appelle Léontine, c'est d'elle qu'il tient son nom; elle lui ressemble, quoiqu'elle ait cinquante ans: il y a eu des moments, pendant notre longue conversation, où ces rapports de figure et de voix m'ont frappée jusqu'au point d'en tressaillir; elle a, dans sa manière de parler, cet accent un peu espagnol qui donne, vous le savez, tant de grâce et de noblesse au langage de Léonce; je ne pouvais me résoudre à m'éloigner d'elle, j'essayais mille sujets différents, dans l'espoir d'en découvrir un qui pût animer assez madame de Ternan pour donner à ses mouvements plus de jeunesse, plus de ressemblance avec ceux de Léonce. Je n'ai point cherché à connaître le caractère de madame de Ternan : ses gestes, ses regards m'occupaient uniquement. Je lui ai témoigné le plus grand désir de me fixer dans sa maison, sans que rien en elle m'ait fortement attirée, si ce n'est les traits de son visage et les accents de sa voix, qui rappellent Léonce.

Elle a consenti à ce que je désirais; elle m'a promis le secret sur mon véritable nom, et m'a accueillie très-poliment, quoique avec un mélange de hauteur qui rappelait ce qu'on m'a dit du caractère de sa sœur; elle m'a paru avoir de l'esprit, mais celui d'une femme qui a été très-jolie, et dont les manières se composent de la confiance qu'elle avait autrefois dans sa figure, et de l'humeur qu'elle a maintenant de l'avoir perdue. Rien en elle ne peut expliquer pourquoi elle s'est faite religieuse, et quand elle cause, elle a l'air de l'oublier tout à fait; on m'a dit cependant qu'elle était très-sévère pour la manière de vivre des pensionnaires qu'elle admettait chez elle, et que toute sa communauté avait en général un grand esprit de rigueur. Quoi qu'il en soit, je veux m'établir dans ce couvent: que m'importe plus ou moins d'exigence! je n'ai rien à faire qu'à me dérober, s'il est possible, aux sentiments douloureux qui me poursuivent. Madame de Ternan obtiendra de moi ce qu'elle voudra ; elle ne se doute pas de l'empire qu'elle a sur ma volonté ; j'irais au bout du monde pour la voir habituellement.

J'apprendrai, en vivant avec elle, tous les mots qu'elle prononce comme Léonce, toutes les impressions qui fortifient les traces de sa ressemblance avec lui, et je chercherai à faire reparaître plus souvent ces traces chéries. O Léonce ! me voilà un intérêt dans la vie : j'aimerai cette femme, quels que soient ses défauts ; je la soignerai, pour qu'elle écrive une fois à votre mère que j'étais digne de vous. Je ne serai pas tout à fait séparée de ce que j'aime : un rapport, quelque indirect qu'il soit, me restera encore avec lui ; et quand, dans quelques années, je pourrai lui faire connaître ma retraite, lui raconter les jours que j'y ai passés, il sera touché des sentiments qui m'auront tout entière occupée.

Ma sœur, votre dernière lettre m'a profondément attendrie ; ne vous affligez pas tant de ma situation ; elle vaut mieux depuis que j'ai choisi une retraite, depuis que j'ai pu, loin de Léonce, retrouver encore quelques liens avec lui.

LETTRE VI.

Delphine à mademoiselle d'Albémar.

Zurich, ce 31 décembre.

Je viens d'éprouver une émotion très-vive, ma chère Louise, et je ne sais si je me-suis bien ou mal conduite, dans une situation où des sentiments très-opposés m'agitaient. La maison que j'habite ici est près de celle de madame de Cerlebe, femme que tout le monde vante à Zurich, et qui m'a paru en effet très-aimable ; j'étais recommandée par des négociants de Lausanne à son mari ; je l'ai vue tous les jours, elle m'a montré plusieurs fois l'empressement'le plus aimable, et voulait m'emmener avec elle à la campagne, où elle demeure presque toute l'année, avec son père et ses enfants. Hier, j'allai la remercier et prendre congé d'elle ; une impression d'inquiétude altérait la sérénité habituelle de son visage : « J'ai chez moi, me dit-elle, depuis quatre jours, un Français qu'un de mes amis m'a priée de recevoir, et dont il me dit le plus grand bien ; le pauvre homme est tombé malade en arrivant, des suites de ses blessures, et je crois aussi que quelque chagrin secret lui fait beaucoup de mal. » Troublée de ce qu'elle me disait, je lui demandai le nom de cet infortuné. « M. de Valorbe, » reprit-elle. Sans doute mon visage exprimait ce qui se passait en moi, car madame de Cer-

lebe me saisit la main et me dit : « Vous êtes madame d'Albémar ; je le soupçonnais déjà, j'en suis sûre à présent ; vous allez rendre la vie à M. de Valorbe, il vous nomme sans cesse, il prétend qu'il doit vous épouser, que vous le lui avez promis ; il mourra s'il ne vous voit pas. » Je me taisais. Madame de Cerlebe continua le récit des souffrances de M. de Valorbe, et des preuves continuelles qu'il donnait de sa passion pour moi ; et tout en me parlant, elle se levait et marchait vers la porte, comme ne doutant pas que je ne la suivisse pour aller voir M. de Valorbe.

Comment vous rendre compte de ce qui se passait en moi ? si je n'avais jamais eu aucun tort envers M. de Valorbe, si ce silence qu'il n'a point oublié ne lui paraissait pas une sorte de promesse, peut-être aurais-je été le voir ; mais tel est le malheur d'un premier tort, qu'il vous force absolument à en avoir un second, pour éviter l'embarras cruel du reproche. Je ne savais d'ailleurs comment parler à M. de Valorbe : certainement sa situation m'inspirait beaucoup de pitié ; mais si j'exprimais cette pitié dans des termes vagues, n'exalterais-je pas ses espérances ? et si je la restreignais par des expressions positives, ne le blesserais-je pas profondément ? Je ne connais rien de si pénible que de voir un homme malheureux, lorsqu'on éprouve un sentiment intérieur de contrainte, qui oblige à mesurer les paroles qu'on lui adresse, avec un sang-froid presque semblable à la dureté. J'éprouvais enfin une répugnance invincible pour aller dans la chambre de M. de Valorbe ; autrefois je l'aurais vaincue, cette répugnance ; mais je souffre depuis si longtemps, que j'ai peut-être perdu quelque chose de cette bonté vive et involontaire qui m'entraînait sans réflexion, et souvent même malgré mes réflexions.

Je refusai madame de Cerlebe ; elle s'en étonna et n'insista point ; mais seulement elle me demanda assez froidement la permission de me quitter, pour aller voir dans quel état se trouvait M. de Valorbe. Je fus fâchée d'avoir été désapprouvée par madame de Cerlebe, car je me sens un véritable penchant pour elle, depuis le peu de temps que je la connais. Je descendis lentement son escalier, hésitant toujours, mais toujours animée par le désir de m'éloigner. Quand je fus à peu de distance de la porte, je m'arrêtai, et je vis à la fenêtre une figure presque méconnaissable ; ses regards me parurent fixés sur moi ; je fis quelques pas pour retourner, mais l'idée de Léonce me vint, je pensai que s'il était là, il me retiendrait ; je levai les yeux vers la fenêtre, il me sembla que le visage de M. de

Valorbe exprimait, en me voyant approcher, une joie tout à fait effrayante ; un sentiment de crainte me saisit, et je retournai chez moi sans m'arrêter.

J'ai besoin de savoir, ma sœur, si vous me condamnerez ou si vous m'excuserez ; je me retirerai demain dans un asile où personne du moins ne pourra plus prétendre à me voir.

LETTRE VII.

M. de Valorbe à M. de Montalte.

Zurich, le 1ᵉʳ janvier 1792.

Je me trompais, Montalte, lorsque je vous écrivais que madame d'Albémar aurait au moins avec moi les formes polies et douces ; elle n'a pas même voulu s'en donner la peine. Elle a été dans la même maison que moi sans daigner me voir ; elle me savait malade, mourant, mourant pour elle, et quelques pas qui l'auraient amenée près de mon lit de douleur lui ont paru un effort trop pénible ! Je l'ai vue hésiter, revenir, et céder enfin à l'impitoyable sentiment qui lui défendait de me secourir.

Je ne sais pourquoi je m'accuse quelquefois, ce sont les autres qui ont toujours eu tort envers moi ; c'est Delphine qui est barbare, il faut qu'elle en soit punie. La nature aussi s'acharne sur ma misérable existence ; je ne peux pas marcher, je ne peux pas me soutenir, je me sens une irritation inouïe, même contre les objets physiques qui m'environnent ; une chaise qui me heurte, un papier que je ne trouve pas, une porte qui résiste, tout me cause une impatience douloureuse : que de maux sur la terre sont destinés à l'homme !

Il faut les dompter ; je sortirai, je trouverai celle qui n'a pas voulu me voir, aucun asile ne la soustraira à ma volonté ; les souffrances que j'éprouve m'agitent, au lieu de m'abattre. Delphine, vous regretterez l'indigne mouvement qui vous a pour jamais privée de tous vos droits à ma pitié.

LETTRE VIII.

Delphine à mademoiselle d'Albémar.

De l'abbaye du Paradis, ce 2 janvier 1792.

Enfin je suis ici ; je ne sais si je dois m'applaudir d'avoir quitté Zurich sans avoir vu M. de Valorbe ; madame de Cerlebe au moins m'a promis de lui exprimer mes regrets, de lui offrir tous les services qui sont en ma puissance, et que je serais si empressée de lui rendre. Madame de Cerlebe ne m'a point paru refroidie pour moi, et j'en ai joui, car je ne la vois jamais sans que mon amitié pour elle s'augmente.

Elle connaît intimement une des religieuses du couvent où je suis, mais elle n'aime pas madame de Ternan ; elle prétend que c'est une personne égoïste et hautaine, d'un esprit étroit et d'un cœur dur, et qu'elle n'a eu d'autre motif pour quitter le monde que le chagrin de n'être plus belle.

« Vous ne savez pas, me disait madame de Cerlebe, combien une vie frivole dessèche l'âme. Madame de Ternan avait des enfants, elle ne s'en est pas fait aimer ; elle avait de l'esprit naturel, elle l'a si peu cultivé, que son entretien est souvent stérile : maintenant qu'elle est forcée de renoncer à tous les genres de conversation pour lesquels il faut nécessairement un joli visage, elle s'est retirée dans un couvent, afin d'exercer encore l'empire par sa volonté, quand ses agréments ne captivent plus personne ; un fonds de personnalité très-ferme et très-suivi s'est montré tout à coup en elle, quand sa beauté n'a plus attiré les hommages : elle n'est dans la réalité ni très-sévère, ni très-religieuse ; mais elle a pris de tout cela ce qu'il faut pour avoir le droit de commander aux autres. L'amour-propre lui a fait quitter le monde, l'amour-propre est son seul guide encore dans la solitude. Elle conserve une sorte de grâce, reste de sa beauté, souvenir d'avoir été aimée, qui vous fera peut-être illusion sur son véritable caractère ; mais si quelque circonstance vous mettait jamais dans sa dépendance, vous verriez si je vous ai trompée, et vous vous repentiriez de ne m'avoir pas crue. »

Ces observations, et plusieurs autres encore que madame de Cerlebe me présentait avec beaucoup d'esprit et de chaleur, m'auraient peut-être fait impression, si madame de Ternan n'eût pas été la tante de Léonce ; mais quels défauts pourraient l'emporter sur ce regard, sur ce son de voix qui me le rappellent ! J'ai persisté dans mon dessein, et je suis établie ici depuis hier.

Pauvre M. de Valorbe ! que je voudrais diminuer son malheur ! pourrais-je sans l'offenser lui offrir la moitié de ma fortune ? Enfin, ma chère Louise, que votre cœur imagine ce qui pourrait adoucir sa situation ; mais je ne puis me résoudre à le voir, les témoignages de son amour me seraient trop pénibles, loin de Léonce. Je ne sais par quelle bizarrerie cruelle on craint toujours d'être plus aimée par l'homme qu'on n'aime pas, que par celui qu'on préfère ; il vaut mieux n'entendre aucune expression de tendresse, et que tout se taise quand Léonce ne parle pas.

LETTRE IX.

Madame de Mondoville, mère de Léonce, à madame de Ternan, sa sœur.

Madrid, ce 17 janvier 1792.

Vous m'apprenez, ma chère sœur, que madame d'Albémar est près de vous; mon fils ne le sait pas, gardez bien ce secret. Léonce a toujours la tête tournée d'elle, et, dans un moment où les indignes lois françaises vont permettre le divorce, j'éprouve une crainte mortelle qu'il ne se déshonore en abandonnant Matilde pour cette Delphine, dont la séduction est, à ce qu'il paraît, véritablement redoutable : ne pourriez-vous pas prendre assez d'empire sur son esprit, pour l'engager à se marier avec un de ses adorateurs? je ne pourrai jamais ramener la raison de mon fils, s'il n'a pas à se plaindre d'elle.

Je n'ai pas d'idée fixe sur cette femme, qui me paraît, d'après tout ce que j'entends dire, un être tout à fait extraordinaire; mais je serais désolée, quand même mon fils serait libre, qu'il devînt son époux. On ne peut jamais soumettre ces esprits qu'on appelle supérieurs, aux convenances de la vie; il faut supporter qu'ils vous donnent un jugement nouveau sur tout, et qu'ils vous développent des principes à eux, qu'ils appellent de la raison : cette manière d'être me paraît, à moi, souverainement absurde, particulièrement dans une femme. Notre conduite est tracée, notre naissance nous marque notre place, notre état nous impose nos opinions; que faire donc de cet esprit d'examen qui perd toutes les têtes? La morale et la fierté sont très-anciennes; la religion et la noblesse le sont aussi; je ne vois pas bien ce qu'on veut faire des idées nouvelles, et je ne me soucie pas du tout qu'une femme qui les aime exerce de l'empire sur mon fils. Je vous prie donc instamment, ma sœur, puisque le hasard met madame d'Albémar dans votre dépendance, d'employer tout votre esprit à la séparer sans retour de Léonce.

Comment vous trouvez-vous de votre établissement en Suisse? ne vous en lassez-vous point? et ne penserez-vous pas à venir dans un couvent en Espagne, pour me donner la douceur de finir mes jours auprès de vous?

LETTRE X.

Réponse de madame de Ternan à sa sœur, madame de Mondoville.

De l'abbaye du Paradis, ce 30 janvier 1792.

Je vois bien, ma sœur, que vous n'avez jamais vu madame d'Albémar; il se mêlerait à votre opinion, juste à quelques égards, un goût qu'il est impossible de ne pas ressentir pour elle : la facilité de son caractère et la grâce de son esprit sont très-séduisantes; sa figure a une expression de sensibilité si naturelle, si aimable, que les caractères les plus froids s'y laissent prendre; moi qui suis assurément bien revenue de toute espèce d'illusion, j'ai de l'attrait pour Delphine : mais soyez tranquille sur cet attrait; loin de nuire à vos projets, il y servira. Je veux la déterminer à se faire religieuse dans mon couvent, et je crois que j'y parviendrai; elle a beaucoup de mélancolie dans le caractère, un profond sentiment pour votre fils, et assez de vertu pour ne pas vouloir y céder : dans cette situation, que peut-elle faire de mieux que d'embrasser notre état? comment pourrais-je d'ailleurs être assurée de la garder près de moi, si elle ne le prenait pas? elle me quitterait nécessairement une fois, et ce serait pour moi une véritable peine.

J'avais pris assez d'humeur contre toutes les affections, depuis que je ne peux plus en inspirer; Delphine est néanmoins parvenue à m'intéresser; n'imaginez pas cependant que je me laisse dominer par ce sentiment, je le ferai servir à mon bonheur; l'on ne fait pas de fautes quand on n'a plus d'espérances, car on ne hasarde plus rien. Je tiens beaucoup à conserver Delphine auprès de moi; et, comme je ne puis m'en flatter qu'en la liant à notre communauté d'une manière indissoluble, j'y ferai tout ce qu'il me sera possible : c'est seconder vos vues; et de plus, je ne pense pas qu'on puisse m'accuser de personnalité dans ce dessein; qu'arrivera-t-il à Delphine en restant au milieu du monde? ce que j'ai éprouvé, ce que toutes les belles femmes sont destinées à souffrir; elle se verra par degrés abandonnée, elle verra l'admiration qu'elle inspire se changer en pitié, et des sentiments commandés prendre la place des sentiments involontaires.

» Hier, je parlais sur divers sujets avec assez de tristesse, vous savez que c'est en général à présent ma manière de sentir. Delphine m'écoutait avec l'intérêt le plus aimable; je lui dis je ne sais quel mot qui apparemment la toucha, car tout à coup je la vis presque à genoux devant moi, me conjurer de l'aimer et de la protéger dans la vie. Le hasard avait donné dans ce moment à sa figure une grâce nouvelle; elle était penchée d'une manière qui ajoutait encore à la beauté de sa taille; sa robe s'était drapée comme un peintre l'aurait souhaité; et ses beaux cheveux, en tombant, avaient paré son visage du charme le plus attrayant. Vous l'avouerai-je? je me rappelai dans ce moment que moi aussi j'avais été belle, et cette pensée m'absorba tout entière; je ne me sentis cependant aucun mouvement d'envie contre Delphine, et je désirai même plus vivement encore de la retenir auprès de moi. Elle me rend quelques-uns des plaisirs que j'ai perdus; elle me donne des témoignages d'amitié que je n'ai reçus que quand j'étais jeune; elle me joue des airs qui me plaisent; elle est malheureuse quoique jeune et belle, cela console d'être vieille et triste; il faut qu'elle reste auprès de moi.

Pourquoi la détournerais-je de se fixer ici? pourquoi ferais-je ce sacrifice? les sacrifices conviennent aux jeunes gens, ils sont entourés d'amis qui prennent parti pour eux contre eux-mêmes; mais quand on est vieille, tant de gens trouvent simple que l'on se dévoue, tant de gens l'exigent de vous, que par un mouvement assez naturel on est tenté de se faire une existence d'égoïsme, puisqu'on ne vous tient plus compte de l'oubli de vous-même. Il est des qualités qu'il n'est doux d'exercer que quand les autres s'y opposent; et croyez-moi, ma sœur, à cinquante ans personne ne nous aime autant que nous nous aimons nous-mêmes.

Vous êtes bonne de me proposer de revenir près de vous; mais nous nous rappellerions notre jeunesse ensemble, et cela fait trop de mal; j'aime mieux vivre ici, où personne ne m'a connue que telle que je suis. Je m'intéresse à vous, à votre famille; je vous servirai dans toutes les circonstances; mais je mourrai dans le couvent où je suis. J'ai vu quelque part, dans les *Nuits d'Young*, qu'il faut que *la vieillesse se promène silencieusement sur le bord solennel du vaste Océan qu'elle doit bientôt traverser;* cela m'a frappée. J'étais bien légère autrefois, à présent je n'aime que les idées sombres; je voudrais me persuader que la vie ne vaut rien pour personne, et qu'après moi l'amour, la beauté, la jeunesse, ont fini.

Vous n'avez pas ces mouvements de tristesse, ma sœur; votre passion pour votre fils vous en a préservée; vous savez que le mien m'a abandonnée de très-bonne heure, e n'ai pu retenir aucune affection autour de moi, cependant j'en avais besoin; mais quand je les ai vues s'éloigner, un sentiment de fierté très-impérieux m'a empêchée de rien faire pour les rappeler. Je me suis tracé une vie qui convient assez à mon caractère. L'extrême sévérité que j'ai établie parmi les religieuses chanoinesses qui me sont subordonnées, donne beaucoup de considération à l'abbaye que je gouverne; et vous l'avez remarqué comme moi, la considéra-

tion est la seule jouissance des femmes dans leur vieillesse. Je ne pourrais pas facilement transporter en Espagne l'existence dont je jouis ici, il me faudrait plusieurs années pour préparer ce que je recueille maintenant : je ne dois donc pas songer à me réunir à vous; mais comptez toujours sur moi comme sur une sœur dévouée à tous vos intérêts, et qui partage la plupart de vos opinions, par goût et par sympathie.

LETTRE XI.

Delphine à mademoiselle d'Albemar.

De l'abbaye du Paradis, ce 2 février.

Je ne vous ai point écrit depuis près d'un mois; j'ai voulu essayer si la vie uniforme que je mène me donnerait enfin du calme, et si, en m'interdisant de parler, même à vous, des sentiments que j'éprouve, je finirais par en être moins troublée. Hélas! tous ces sacrifices ne me réussissent point : une seule résolution pourrait plus que tant d'efforts; si je partais... si je revoyais Léonce... Insensée que je suis! ah! c'est pour n'avoir plus ces pensées agitantes qu'il faudrait s'enchaîner ici. Madame de Ternan aurait envie de me garder pour toujours auprès d'elle : je suis sensible à ce désir; mais je ne sais pourquoi le plaisir même qu'elle trouve à me voir ne me persuade pas qu'elle m'aime; je crains qu'il n'entre peu d'affection dans le besoin qu'elle peut avoir des autres : elle discerne parfaitement les personnes qui lui conviennent, et souhaite de les captiver; mais il semble qu'elle emploierait le même accent pour s'assurer d'une maison qui lui plairait, que pour retenir un ami.

Elle exerce, malgré ses défauts, un grand empire sur ceux qui l'entourent. Il y a dans ses manières une dignité qui impose, et fait mettre beaucoup de prix à ses moindres expressions de confiance et de familiarité. Je crois, cependant, que sa ressemblance avec Léonce est la principale cause de son ascendant sur moi; car, pour peu qu'on pénètre jusqu'au fond de son âme, on y trouve je ne sais quoi d'aride, qui refroidit le cœur le plus disposé à s'attacher.

Hier, par exemple, j'avais joué sur ma harpe des airs qu'elle avait entendus autrefois, et ma conversation l'intéressait : elle me dit un mot assez mélancolique, qui m'encouragea à lui demander quels avaient été les motifs de sa retraite dans un couvent; elle hésita quelques moments, et d'un ton très-réservé, elle me tint d'abord les discours convenables à son état; cependant comme je la pressai davantage, et que j'osai lui parler de sa beauté passée : « Eh bien, me dit-elle, puisque vous vous intéressez à moi, je vous donnerai quelques lignes que j'avais écrites, non pour raconter ma vie, car, selon moi, l'histoire de toutes les femmes se ressemble, mais pour me rendre compte des motifs qui m'ont déterminée au parti que j'ai pris : cela n'est pas achevé, parce qu'on ne finit jamais ce qu'on écrit pour soi; mais il y en a assez pour satisfaire votre curiosité et pour vous prouver ma confiance. »

Je vous envoie, ma sœur, ce que madame de Ternan m'a remis; il y règne une impression de tristesse qui d'abord pourrait toucher; mais en y réfléchissant, on trouve dans cette tristesse bien plus d'amour-propre que de sensibilité. Vous me direz l'impression que ce singulier écrit aura produite sur vous.

Raisons qui ont déterminé Léontine de Ternan à se faire religieuse.

J'ai été fort belle, et j'ai cinquante ans; de ces deux événements fort ordinaires, naissent toutes les impressions que j'ai éprouvées. Je ne sais pas si j'ai eu moins de raison qu'une autre, ou seulement un esprit plus observateur, plus pénétrant, et qui n'était pas susceptible de se conserver à lui-même des illusions; ce que je sais, c'est qu'en perdant ma jeunesse, je n'ai rien trouvé dans le monde qui pût remplir ma vie, et que je me suis sentie forcée à le quitter, parce que tous les liens qui m'y attachaient se sont relâchés comme d'eux-mêmes, jusqu'à ce qu'il ne m'en soit plus resté un seul que je pusse véritablement regretter.

J'avais de l'esprit, j'en ai peut-être encore; mais on en peut difficilement juger, car cet esprit se développait singulièrement par ma confiance dans ma figure; j'avais de l'imagination et beaucoup de gaieté, je contais d'une manière piquante; j'avais de l'humeur avec grâce, et, sûre de l'attrait que tout le monde, en me voyant, ressentait pour moi, j'éprouvais un désir animé de plaire et une douce certitude d'y réussir; cette certitude m'inspirait une foule d'idées et d'expressions que je n'ai jamais pu retrouver depuis.

J'avais épousé un homme bon et raisonnable, qui m'aimait à la folie; je lui fus fidèle, plus encore, je l'avouerai, par fierté que par vertu; je voulais être soignée, suivie, adorée, et je ne voulais pas accorder à un seul homme la préférence qui était l'objet de l'ambition de tous. Je n'eus donc pas de torts envers mon mari, mais je fus peu oc-

cupée de lui, et par degrés il prit habitude de s'intéresser vivement aux affaires, et de se distraire des sentiments qui l'avaient absorbé pendant quelques années. J'eus deux enfants, un fils et une fille; je les ai rendus fort heureux dans leur enfance; j'ai soigné leurs plaisirs, je leur ai donné tous les maîtres qui avaient le plus de réputation, et j'ai joui de leur tendresse jusqu'à ce que l'un eût atteint dix-huit ans et l'autre seize : c'est vers cette époque que commence la nouvelle perspective de ma vie, celle qui, se rembrunissant de plus en plus, s'est enfin terminée par le genre de vie que je mène ici, et qui ressemble autant qu'il se peut à la mort.

Ma figure se conserva assez tard; néanmoins, depuis l'âge de trente ans, j'avais commencé à réfléchir sur le petit nombre d'années dont il me restait à jouir; je m'étonnai d'une impression qui m'était tout à fait nouvelle, je craignais l'avenir au lieu de le désirer, je ne faisais plus de projets. Je retenais les jours au lieu de les hâter. Je voulus devenir plus soigneuse pour mes amis; ils s'en étonnèrent, et ne m'en aimèrent pas davantage : je repris mes caprices, mon inconséquence; on n'y était plus préparé, et, sans que personne autour de moi se rendît compte d'aucun changement dans la nature de ses affections, je voyais déjà des différences dont personne que moi ne se doutait encore.

Il me vint l'idée de faire des liaisons nouvelles; il me semblait qu'elles ranimeraient mon esprit et ma vie. Mais je n'avais pas en moi la faculté d'aimer ceux que je n'avais point connus dans les premières années de ma jeunesse; et, quoique ma sensibilité n'eût peut-être jamais été très-profonde, il y avait pourtant une distance infinie entre ces affections que je commandais, et les affections involontaires qui avaient décidé mes premières amitiés. Je répétais ce que j'avais dit autrefois, avec une sorte d'exactitude, pour voir si je produirais le même effet; je croyais rencontrer des caractères différents, des situations entièrement changées, tandis que tout était de même, excepté moi. J'avais perdu, non pas encore les charmes de la jeunesse, mais cette espérance vive, indéfinie, entraînant avec elle tous ceux qui s'unissent confusément aux nombreuses chances d'un long avenir.

Aucune de mes liaisons ne tenait; rien ne s'arrangeait de soi-même : toutes mes relations étaient, pour ainsi dire, faites à la main, et demandaient des soins continuels; j'en faisais trop ou trop peu pour les autres; je n'avais plus de mesure sur rien, parce qu'il n'y avait point d'accord entre mes désirs et mes moyens; enfin, après sept ou huit ans de ces vains efforts pour obtenir de la vie ce qu'elle ne pouvait plus me donner, je m'aperçus un jour que j'étais sensiblement changée, et je passai tout un bal sans qu'aucun homme m'adressât des compliments sur ma figure; on commença même à me parler avec ménagement des femmes jeunes et belles, et à ramener devant moi la conversation sur des sujets d'un genre plus grave : je sentis que tout était dit; les autres étaient enfin arrivés à découvrir ce que je prévoyais; il ne fallait plus lutter, et j'étais trop fière pour m'attacher à quelques faibles succès, que des efforts soutenus pouvaient encore faire naître.

Je n'étais cependant alors qu'à la moitié de la carrière que la nature nous destine, et je ne voyais plus un avenir, ni une espérance, ni un but qui pût me concerner moi-même. Un homme à l'âge que j'avais alors aurait pu commencer une carrière nouvelle; jusqu'à la dernière année de la plus longue vie, un homme peut espérer une occasion de gloire, et la gloire c'est, comme l'amour, une illusion délicieuse, un bonheur qui ne se compose pas, comme tous ceux que la simple raison nous offre, de sacrifices et d'efforts; mais les femmes, grand Dieu! les femmes! que leur destinée est triste! à la moitié de leur vie, il ne leur reste plus que des jours insipides, pâlissant d'année en année; des jours aussi monotones que la vie matérielle, aussi douloureux que l'existence morale.

Et vos enfants, me dira-t-on, vos enfants! La nature, prodigue envers la jeunesse, nous a réservé les plus doux plaisirs de la maternité, pour l'époque de la vie qui permet encore les plus heureuses jouissances de l'amour; nous sommes le premier objet de l'affection de nos enfants, à l'âge où nous pouvons l'être encore de l'époux, de l'amant qui nous préfère : mais quand notre jeunesse finit, celle de nos enfants commence, et tout l'attrait de l'existence nous les enlève au moment même où nous aurions le plus besoin de nous reposer sur leurs sentiments.

J'essayai de revenir à mon mari, il était bien pour moi; mais quand je voulais lui redemander ces soins, cet intérêt suivi, cet amour enfin que je lui inspirais vingt ans plus tôt, il ne me le refusait pas, mais il en avait aussi complétement perdu le souvenir que des jeux les plus frivoles de son enfance; cependant, quel plaisir peut-on trouver dans la société d'un homme à qui vous n'êtes pas essentiellement nécessaire, qui pourrait vivre sans vous comme avec vous, et prend à votre existence un intérêt plus faible que celui que vous y prenez vous-même?

Quand les autres ne s'occupent plus naturellement de vous, on est assez tenté de devenir exigeante, et de reprendre par ses défauts une sorte d'empire qu'on ne peut plus espérer de ses grâces; moins j'inspirais d'amour, plus j'aurais voulu que mes enfants eussent, dans leur affection pour moi, cet entraînement et ce culte qui m'avaient rendu chers les hommages dont je m'étais vue l'objet; moins je trouvais dans le monde d'intérêt et de plaisir, plus j'avais besoin d'une société continuelle et douce dans mon intérieur : mais plus un sentiment, un plaisir, un but quelconque nous devient nécessaire, plus il est difficile de l'obtenir; la nature et la société suivent cette maxime connue de l'Évangile : *Elles donnent à ceux qui ont;* mais ceux qui perdent éprouvent une contagion de peines qui se succèdent rapidement et naissent les unes des autres.

Je voulus essayer de m'occuper, mais aucun intérêt ne m'y excitait : mes enfants étaient élevés, mon mari occupé des affaires, et accoutumé à moi de telle sorte que je ne pouvais plus rien changer à nos relations : quel motif me restait-il donc pour une action quelconque? tout était égal, et je passais des heures entières dans l'incertitude sur les plus simples actions de la vie, parce qu'il n'y en avait aucune qui me fût plus commandée, plus agréable ou plus utile que l'autre.

Mon mari mourut; et, quoique nous ne fussions pas très-tendrement ensemble, je sentis cependant que sa perte ôtait à mon existence son reste de charme et de considération; mes enfants étaient établis, l'un en Espagne, l'autre en Hollande; il n'y avait plus aucune relation nécessaire entre personne et moi : quand on est jeune, les liens de parenté importunent, et l'on ne veut s'environner que de ceux que l'attrait réciproque rassemble autour de nous; mais quand on est vieille, on souhaiterait qu'il n'y eût plus rien d'arbitraire dans la vie, on voudrait que les sentiments et les liens qui en résultent fussent commandés à l'avance; on ne fonde aucun espoir sur le hasard ni sur le choix.

Je ne pouvais plus concevoir comment il me serait possible de filer cette multitude de jours qui m'étaient peut-être réservés encore, et pour lesquels je ne prévoyais ni un intérêt, ni une variété, ni un plaisir, rien, qu'un murmure frivole d'idées insipides, qui ne m'endormirait pas même doucement jusqu'au tombeau. L'amour-propre a nécessairement beaucoup d'influence sur le bonheur des femmes; comme elles n'ont pas d'affaires, point d'occupations forcées, elles fixent leur attention sur ce qui les concerne, et détaillent pour ainsi dire la vie, qui vaut encore mieux par les grandes masses que par les observations journalières. J'éprouvais donc une sorte d'agitation intérieure très-pénible, je remarquais tout, je me blessais de tout, je ne jouissais de rien; j'avais un fond de douleur qui se faisait toujours sentir, ajoutait à mes peines et retranchait de mes plaisirs; et, dans les meilleurs moments mêmes, l'affadissement de la vie me gagnait chaque jour davantage.

Enfin, une fois j'allai voir une religieuse de mes amies, qui jouissait d'un calme parfait; elle me persuada facilement d'embrasser son état. Que perdais-je en effet? n'étais-je pas déjà sous l'empire de la mort? elle commence, la mort, à la première affection qui s'éteint, au premier sentiment qui se refroidit, au premier charme qui disparaît! Ses signes avant-coureurs se marquent tous à l'avance sur nos traits; l'on se voit privé par degrés des moyens d'exprimer ce que l'on sent; l'âme perd son interprète, les yeux ne peignent plus ce qu'on éprouve, et les impressions de notre cœur, comme renfermées au dedans de nous-mêmes, n'ont plus ni regards ni physionomie, pour se faire entendre des autres; il faut alors mener une vie grave, et porter sur un visage abattu cette tristesse de l'âge, tribut que la vieillesse doit à la nature qui l'opprime.

On parle souvent de la timidité de la jeunesse; qu'il est doux, ce sentiment! ce sont les inquiétudes de l'espérance qui le causent; mais la timidité de la vieillesse est la sensation la plus amère dont je puisse me faire l'idée; elle se compose de tout ce qu'on peut éprouver de plus cruel, la souffrance qui ne se flatte plus d'inspirer l'intérêt, et la fierté qui craint de s'exposer au ridicule. Cette fierté, pour ainsi dire, négative, n'a d'autre objet que d'éviter toute occasion de se montrer; on sent confusément presque de la honte d'exister encore, quand votre place est déjà prise dans le monde, et que, surnuméraire de la vie, vous vous trouvez au milieu de ceux qui la dirigent et la possèdent dans toute sa force. Je désirai que la maison religieuse où je voulais me fixer fût loin de Paris; le bruit du monde fait mal, même dans la solitude la plus heureuse. On m'indiqua une abbaye à quelques lieues de Zurich; j'y vins il y a trois ans, et depuis ce temps je dérobe du moins aux regards le spectacle lent et cruel de la destruction de l'âge. J'ai pris une manière de vivre qui, loin de combattre ma tristesse, la consacre, pour ainsi dire, comme l'unique occupation de ma vie; mais c'est une as-

sez douce société que la tristesse, dès que l'on n'essaye plus de s'en distraire; enfin, que puis-je dire de plus? j'avais à vivre, voilà ce que j'ai essayé pour m'en tirer.

LETTRE XII.

Delphine à mademoiselle d'Albémar.

De l'abbaye du Paradis, ce 6 février.

Une crainte mortelle, ma chère Louise, est venue troubler le peu de calme dont je jouissais; un mot échappé à madame Ternan me fait croire que la mère de Léonce lui a mandé que son fils se livrait vivement au projet de prendre parti dans la guerre dont la France est menacée : je sais bien qu'à présent il ne s'éloignera pas de Matilde; mais il peut contracter de tels engagements à l'avance, qu'il n'existe plus aucun moyen de le détourner de les remplir : je ne vois auprès de lui que M. de Lebensei qui puisse mettre un vif intérêt à combattre ce funeste dessein, et je lui écris pour l'en conjurer. Envoyez ma lettre à M. de Lebensei, ma sœur, sans lui faire connaître d'aucune manière dans quel lieu je suis; cette lettre peut prévenir le malheur que je redoute, c'est assez vous la recommander.

LETTRE XIII.

Madame d'Albémar à M. de Lebensei.

Je vous conjure de nouveau, vous qui m'avez comblée des plus touchantes preuves de votre amitié, d'employer toutes les armes que vous donne votre manière de penser et de vous exprimer, pour empêcher Léonce de quitter la France, et de se joindre au parti qui veut faire la guerre avec l'armée des étrangers; vous savez, comme moi, quels sont les scrupules d'honneur, les sentiments chevaleresques qui pourraient entraîner Léonce dans cette funeste résolution; combattezles en les ménageant. Servez-vous de mon nom, si vous croyez qu'il puisse ajouter quelque force à ce que vous direz; cachez pourtant à Léonce que, du fond de ma retraite, vous avez reçu une lettre de moi, il vous demanderait peut-être de la voir. Il voudrait y répondre lui-même, et renouvellerait, en m'écrivant, une lutte que je n'ai plus la force de supporter; mais si jamais je vous ai inspiré quelque intérêt ou quelque pitié, faites, au nom du ciel, que, dans le séjour où j'ai enseveli ma destinée, je ne sois pas tout à coup arrachée par de nouvelles craintes au triste repos d'un malheur sans espoir.

I.

37

LETTRE XIV.

M. de Lebensei à M. de Mondoville.

Cernay, ce 18 février 1792.

Souffrez, mon ami, que je me hasarde à pénétrer dans vos secrets, plus avant encore que vous ne me l'avez permis; j'ai remarqué, pendant le peu de jours que je suis resté dans votre maison à Paris, l'effet que l'on produisait sur vous, en vous racontant que les nobles sortis de France depuis quelques mois, pensent et disent qu'il est honteux pour les personnes de leur classe de ne pas se joindre à eux, lorsqu'ils font la guerre pour rétablir l'autorité royale et leurs droits personnels. Vous ne m'avez point parlé de votre projet à cet égard; ma manière de penser en politique vous en a peut-être détourné. Vous avez même voulu contenir devant moi l'impression que vous receviez, en apprenant quelle était sur ce sujet l'opinion de presque tous les gentilshommes; mais je crains que vous ne cédiez à l'empire de cette opinion, maintenant que vous êtes séparé de la céleste amie qui l'aurait combattue. Avant de discuter avec vous les motifs de la guerre qui doit, dit-on, cette année, éclater contre la France[1], accordez à l'amitié le droit de vous dire ce qui vous concerne particulièrement.

Ce n'est point, je le sais, votre conviction personnelle qui vous anime dans cette cause; vous ne voulez en politique, comme dans toutes les actions de votre vie, que suivre scrupuleusement ce que l'honneur exige de vous, et vous prenez pour arbitre de l'honneur, l'approbation ou le blâme des hommes. Je suis convaincu que, même dans les temps les plus calmes, il faut savoir sacrifier l'opinion présente à l'opinion à venir, et que les grandes spéculations en ce genre exigent des pertes momentanées; mais si cela est vrai d'une manière générale, combien cela ne l'est-il pas davantage dans les circonstances où nous nous trouvons? Vous ne pouvez satisfaire maintenant que l'opinion d'un parti; ce qui vous vaudra l'estime de l'un vous ôtera celle de l'autre; et si quelque chose peut faire sentir la nécessité d'en appeler à soi seul, ce sont des divisions civiles, pendant lesquelles les hommes des bords opposés plaident contradictoirement, et s'objectent également la morale et l'honneur.

Ce n'est pas tout : l'opinion même du parti que vous choisiriez pourrait changer; il y a dans la

[1] Le 18 février 1792, date de cette lettre, était trois mois avant le commencement de la guerre.

conduite privée des devoirs reconnus et positifs; on est toujours approuvé en les accomplissant, quelles qu'en soient les suites; mais dans les affaires publiques, le succès est, pour ainsi dire, ce qu'était autrefois *le jugement de Dieu;* les lumières manquent à la plupart des hommes, pour décider en politique, comme elles manquaient autrefois pour prononcer en jurisprudence; et l'on prend pour juge le succès, qui trompe sans cesse sur la vérité; il déclare, comme autrefois, quel est celui qui a raison, par les épreuves du fer et du feu; par ces épreuves dont le hasard ou la force décident bien plus souvent que l'innocence et la vertu.

Si vous acquérez de l'influence dans votre parti, et qu'il soit vaincu, il vous accusera des démarches mêmes qu'il vous aura demandées, et vous ne rencontrerez que des âmes vulgaires qui se plaindront d'avoir été entraînées par leurs chefs; les hommes médiocres se tirent toujours d'affaire; ils livrent les hommes distingués qui les ont guidés, aux hommes médiocres du parti contraire; les ennemis mêmes se rapprochent, quand ils ont l'occasion de satisfaire ensemble la plus forte des haines, celle des esprits bornés contre les esprits supérieurs. Mais au milieu de toutes ces luttes d'amour-propre, de tous ces hasards de circonstance, de toutes ces préventions de parti, quand l'un vous injurie, quand l'autre vous loue, où donc est l'opinion? à quel signe peut-on la reconnaître?

Me sera-t-il permis de m'offrir à vous pour exemple? Si j'ai bravé toutes les clameurs de la société où vous vivez, ce n'est point que je sois indifférent au suffrage public; l'homme est juge de l'homme, et malheur à celui qui n'aurait pas l'espérance que sa tombe au moins sera honorée!, Mais il fallait ou suivre les fluctuations de toutes les erreurs de son temps et de son cercle, ou examiner la vérité en elle-même, et traverser, pour arriver à elle, les divers nuages que la sottise ou la méchanceté élèvent sur la route.

Dans les questions politiques qui divisent maintenant la France, où est la vérité, me direz-vous? Le devoir le plus sacré pour un homme n'est-il pas de ne jamais appeler les armées étrangères dans sa patrie? l'indépendance nationale n'est-elle pas le premier des biens, puisque l'avilissement est le seul malheur irréparable? Vainement on croit ramener les peuples par une force extérieure à de meilleures institutions politiques; le ressort des âmes une fois brisé, le mal, le bien, tout est égal; et vous trouvez dans le fond des cœurs je ne sais quelle indifférence, je ne sais quelle corruption, qui vous fait douter, au milieu d'une nation conquise et résignée à l'être, si vous vivez parmi vos semblables, ou si quelques êtres abâtardis ne sont pas venus habiter la terre que la nature avait destinée à l'homme.

Ce n'est pas tout encore : non-seulement l'intervention des étrangers devrait suffire pour vous éloigner du parti qui l'admet, mais la cause même que ce parti soutient, mérite-t-elle réellement votre appui ? C'est un grand malheur, je le sais, que d'exister dans le temps des dissensions politiques, les actions ni les principes d'aucun parti ne peuvent contenter un homme vertueux et raisonnable. Cependant toutes les fois qu'une nation s'efforce d'arriver à la liberté, je puis blâmer profondément les moyens qu'elle prend, mais il me serait impossible de ne pas m'intéresser à son but.

La liberté, vous l'avouerez avec moi, est le premier bonheur, la seule gloire de l'ordre social ; l'histoire n'est décorée que par les vertus des peuples libres ; les seuls noms qui retentissent de siècle en siècle à toutes les âmes généreuses, ce sont les noms de ceux qui ont aimé la liberté ! Nous avons en nous-mêmes une conscience pour la liberté comme pour la morale ; aucun homme n'ose avouer qu'il veut la servitude, aucun homme n'en peut être accusé sans rougir ; et les cœurs les plus froids, si leur vie n'a point été souillée, tressaillent encore lorsqu'ils voient en Angleterre les touchants exemples du respect des lois pour l'homme, et des hommes pour la loi ; lorsqu'ils entendent le noble langage qu'ont prêté Corneille et Voltaire aux ombres sublimes des Romains.

Cette belle cause, que de tout temps le génie et les vertus ont plaidée, est, j'en conviens, à beaucoup d'égards, mal défendue parmi nous ; mais enfin, l'espérance de la liberté ne peut naître que des principes de la révolution ; et se ranger dans le parti qui veut la renverser, c'est courir le risque de prêter son secours à des événements qui étoufferaient toutes les idées que, depuis quatre siècles, les esprits éclairés ont travaillé à recueillir. Il y a dans le parti que vous voulez servir, des hommes qui, comme vous, ne désirent rien que d'honorable ; mais, dans les temps où les passions politiques sont agitées, chaque faction est poussée jusqu'à l'extrême des opinions qu'elle soutient ; et tel qui commence la guerre dans le seul but de rétablir l'ordre, entend bientôt dire autour de lui, qu'il n'y a de repos que dans l'esclavage, de sûreté que dans le despotisme, de morale que dans les préjugés, de religion que dans telle secte, et se

trouve entraîné, soit qu'il résiste, soit qu'il cède, fort au delà du but qu'il s'était proposé.

Laissez donc, mon cher Léonce, se terminer sans vous ce grand débat du monde. Il n'y a point encore de nation en France ; il faut de longs malheurs pour former dans ce pays un esprit public, qui trace à l'homme courageux sa route, et lui présente au moins les suffrages de l'opinion pour dédommagement des revers de la fortune. Maintenant, il y a parmi nous si peu d'élévation dans l'âme, et de justesse dans l'esprit, qu'on ne peut espérer d'autre sort dans la carrière politique, que du blâme sans pitié, si l'on est malheureux, et si l'on est puissant, de l'obéissance sans estime.

A tous ces motifs qui, je l'espère, agiront sur votre esprit, laissez-moi joindre encore le plus sacré de tous, votre sentiment pour madame d'Albémar ; son dernier vœu, sa dernière prière, en partant, fut pour me conjurer de vous détourner d'une guerre que ses opinions et ses sentiments lui faisaient également redouter ; ce que je vous demande en son nom peut-il m'être refusé ?

Je sais que vous ne répondrez point à cette lettre ; vous voulez envelopper du plus profond silence vos projets, quels qu'ils soient ; on n'aime point à discuter le secret de son caractère. Je me soumets à votre silence, mais j'ose espérer que je produirai sur vous quelque impression. Je me flatte aussi que vous pardonnerez a mon amitié de vous avoir parlé avec franchise, sans y avoir été appelé par votre confiance.

J'ai écrit à Moulins comme vous le désiriez, pour savoir ce qu'est devenu M. de Valorbe : on m'a répondu qu'on l'ignorait ; mais éloignez de votre esprit l'idée qui l'a troublé. M. de Valorbe ne sait pas où est madame d'Albémar ; il est sûrement l'homme du monde à qui elle a caché le plus soigneusement le lieu de sa retraite.

LETTRE XV.

Delphine à mademoiselle d'Albémar.

De l'abbaye du Paradis, ce 4 mars 1792.

Je suis plus tranquille sur les terreurs que j'éprouvais, d'après ce que vous me mandez, ma chère Louise [1]. M. de Lebensei vous écrit qu'il est certain que Léonce n'a point encore formé de projet pour l'avenir. Hélas ! il croit, me dites-vous, que Léonce ne pense à la guerre que par dégoût de la vie, *et peut-être*, ajoute-t-il, *quand M. de Mondoville sera père, il n'éprouvera plus de tels sen-*

[1] Cette lettre, et la plupart de celles que mademoiselle d'Albémar a écrites à madame d'Albémar, à l'abbaye du Paradis, ont été supprimées.

timents.. Ah ! je le souhaite, je dois désirer même que la nouvelle affection dont il va jouir le console de ma perte.

M. de Valorbe ne cesse de me persécuter : depuis un mois que sa santé lui permet de sortir, il m'écrit, il demande à me voir, et si madame de Ternan ne mettait pas un grand intérêt à l'empêcher, je ne sais comment j'aurais pu jusqu'à ce jour me dispenser de le recevoir. Madame de Cerlebe, dont l'amitié m'est chère, me désole par ses sollicitations continuelles en faveur de M. de Valorbe ; chaque fois qu'elle vient dans ce couvent, elle m'en parle : elle s'est persuadé, je crois, que madame de Ternan veut m'engager à prendre le voile ; elle en est inquiète, et voudrait que je sortisse d'ici pour épouser M. de Valorbe. Vous aussi, ma sœur, vous avez la bonté de craindre que madame de Ternan ne me détermine à me faire religieuse ; je n'y pense point à présent : je vous avoue que cette idée m'a occupée quelque temps, sans que je voulusse vous le dire ; mais en observant cet état de plus près, je me suis sentie de la répugnance à imiter madame de Ternan, en prononçant des vœux sans y être appelée par des sentiments de dévotion. J'ai beau répéter à madame de Cerlebe que telle est ma résolution, elle a une si grande idée de l'ascendant que madame de Ternan peut exercer sur moi, que rien ne la rassure.

Je crois aussi qu'elle a su par M. de Valorbe mon attachement pour Léonce ; la sévérité de ses principes me condamne, et elle veut essayer de m'arracher sans retour au sentiment qu'elle réprouve. Projet insensé ! elle ne l'eût point formé, si j'avais osé lui parler avec confiance, si quelques mots lui avaient appris à connaître la toute-puissance du lien qu'elle voudrait briser ! D'ailleurs, comme elle est très-heureuse par son père et par ses enfants, quoique son mari lui convienne très-peu, elle se persuade que je n'ai pas besoin d'aimer M. de Valorbe, pour trouver dans le mariage les jouissances qu'elle considère comme les premières de toutes, celles de la maternité ; c'est, je crois, pour m'en présenter le tableau, qu'elle a mis une grande importance à ce que j'allasse voir demain la première communion de sa fille, dans l'église protestante voisine de sa campagne.

Je craignais d'abord d'y rencontrer M. de Valorbe, mais elle m'a promis qu'il n'y serait pas, et j'ai consenti à ce qu'elle désirait ; cependant, avant de lui donner ma parole, j'ai été demander à madame de Ternan la permission de m'absenter pour un jour. « Je n'aime pas beaucoup, m'a-t-elle dit, que mes pensionnaires sortent, et il est établi qu'elles ne passeront jamais une nuit hors du couvent ; mais comme vous pouvez facilement être revenue avant cinq heures du soir, je ne m'y oppose pas. Je vous prie seulement de ne pas renouveler ces visites, qui sont d'un mauvais exemple pour les autres dames, à qui je les interdis. » Cette réponse me déplut assez ; je trouvai madame de Ternan trop exigeante, et je ne retirai point la demande que j'avais faite.

Vous m'écrivez, ma chère sœur, que le décret qui saisit les biens des émigrés va être porté, et que sûrement alors M. de Valorbe ne persistera pas à refuser les offres que je lui ai déjà faites : ah ! combien il me soulagera s'il les accepte ! je sentirai moins douloureusement les reproches que je me fais d'avoir été la cause de ses peines, pour prix de la reconnaissance que je lui dois. Mon excellente amie, votre délicatesse et votre bonté viennent sans cesse à mon secours.

LETTRE XVI.

Delphine à mademoiselle d'Albémar.

Ce 6 mars.

Je suis encore émue du spectacle dont j'ai été témoin hier ; je me suis livrée aux sentiments que j'éprouvais, sans réfléchir aux projets que pouvait avoir madame de Cerlebe, en me rendant témoin d'une scène si attendrissante ; seulement, quand je l'ai quittée, elle m'a dit que sa première lettre m'apprendrait quel avait été son dessein.

C'est une chose touchante que les cérémonies des protestants ! Ils ne s'aident pour vous émouvoir que de la religion du cœur ; ils la consacrent par les souvenirs imposants d'une antiquité respectable ; ils parlent à l'imagination, sans laquelle nos pensées n'acquerraient aucune grandeur, sans laquelle nos sentiments ne s'étendraient point au-delà de nous-mêmes ; mais l'imagination qu'ils veulent captiver, loin de lutter avec la raison, emprunte d'elle une nouvelle force. Les terreurs absurdes, les croyances bizarres, tout ce qui rétrécit l'esprit enfin, ne saurait développer aucune autre faculté morale ; les erreurs en tout genre resserrent l'empire de l'imagination au lieu de l'agrandir ; il n'y a que la vérité qui n'ait point de bornes. Notre âme n'a pas besoin de superstition pour recevoir une impression religieuse et profonde ; le ciel et la vertu, l'amour et la mort, le bonheur et la souffrance, en disent assez à l'homme, et nul n'épuisera jamais tout ce que ces idées sans terme peuvent inspirer.

J'entendis, en arrivant dans l'église, les chants

des enfants qui célébraient le premier acte de fraternité, la première promesse de vertu, que d'autres enfants comme eux allaient faire en entrant dans-le monde ; ces voix si pures remplirent mon âme du sentiment le plus doux ; quelle heureuse époque de la vie, que celle qui précède tous les remords! les années se marquent par les fautes ; si l'âme restait innocente, le temps passerait sur nous sans nous courber. C'était la fille de madame de Cerlebe qui devait communier pour la première fois ; vingt jeunes filles étaient admises en même temps qu'elle à cette auguste cérémonie ; elles étaient toutes couvertes d'un voile blanc, on ne voyait point leurs jolis visages, mais on entendait leurs douces larmes ; elles quittaient l'enfance pour la jeunesse, elles devenaient responsables d'elles-mêmes, tandis que, jusqu'alors, leurs parents pouvaient encore tout pardonner et tout absoudre. Elles soulevèrent leurs voiles en approchant de la table sainte ; madame de Cerlebe alors me montra sa jeune fille ; ses yeux attachés sur elle réfléchissaient, pour ainsi dire, la beauté de cette enfant, et l'expression de ses regards maternels indiquait aux étrangers les grâces et les charmes qu'elle se plaisait à considérer.

Son fils, âgé de cinq ans, était assis à ses pieds; il regardait sa mère et sa sœur, étonné de leur attendrissement, n'en comprenant point encore la cause, mais cherchant à donner à sa petite mine une expression de sérieux, puisque tous ses amis pleuraient autour de lui.

J'étais déjà vivement intéressée lorsque le père de madame de Cerlebe arriva. Il vint s'asseoir à côté d'elle; tout le monde s'était levé pour le laisser passer. C'est un homme très-considéré dans son pays, pour les services éminents qu'il a rendus; ses talents et ses vertus sont généralement admirés. En le voyant, l'expression de sa physionomie me frappa : c'est le premier homme d'un âge avancé qui m'ait paru conserver dans le regard toute la vivacité, toute la délicatesse des sentiments les plus tendres; j'aurais voulu que cet homme me parlât, j'aurais cru sa mission divine, et je l'aurais choisi pour mon guide. Je ne pus, pendant le temps que dura la cérémonie, détacher mes yeux de lui; toutes les nuances de ses affections se peignaient sur son visage, comme des rayons de lumière. Père de la première et de la seconde génération qui l'entourait, il protégeait l'une et l'autre, et des sentiments d'une nature différente, mais sortant de la même source, répandaient l'amour et la confiance sur les enfants comme sur leur mère.

Enfin, quand il présenta la fille de sa fille à son Dieu, je vis la mère se retirer par un mouvement irréfléchi, pour laisser tomber plus directement sur son enfant la bénédiction de son père; on eût dit que, moins sûre de ses vertus, et se confiant davantage dans l'efficacité des prières paternelles, elle s'écartait timidement, pour que son père traitât lui seul avec l'Être suprême de la destinée de son enfant. Oh! que les liens de la nature sont imposants et doux! quelle chaîne d'affection, de siècle en siècle, unit ensemble les familles! Et moi, malheureuse, je suis en dehors de cette chaîne; j'ai perdu mes parents, je n'aurai point d'enfants, et tous les sentiments de mon âme sont rassemblés sur un seul être, dont je suis séparée pour jamais!

Louise, je ne supporte cette situation qu'en me livrant tous les jours davantage à mes rêveries. Je n'ai plus, pour ainsi dire, qu'une existence idéale, ce qui m'entoure n'est de rien dans ma vie : on me parle, je réponds; mais les objets que je vois pendant le jour laissent moins de traces dans mon souvenir, que les songes de la nuit, qui m'offrent souvent son image. J'ai les yeux sans cesse fixés sur les montagnes qui séparent la Suisse de la France; il vit par delà, mais il ne m'a point oubliée; la douceur de mes pensées me l'assure. Quand je me promène sous les voûtes de la nuit, mes regrets ne sont point amers, et s'il avait cessé de m'aimer, le frissonnement de la mort m'en aurait avertie.

Le bien le plus précieux qui me reste encore, mon amie, c'est ma confiance dans votre cœur; il n'y a pas une de mes peines dont je n'adoucisse l'amertume en la déposant dans votre sein.

LETTRE XVII.

Madame de Cerlebe à madame d'Albémar.

Ce 7 mars.

Ce n'est point sans dessein que je vous ai demandé d'assister à la plus douce époque de ma vie; j'espérais que les sentiments qu'elle vous inspirerait vous détourneraient des cruelles résolutions que je vous vois prête à suivre, et je me suis promis de vous exprimer avec sincérité toute la peine qu'elles me font éprouver.

Vous refusez M. de Valorbe, et vous m'avez dit vous-même que vous l'estimiez; il vous aime avec passion; vous ne m'avez point nié que ses malheurs n'eussent été causés par son amour pour vous, et qu'avant ses malheurs mêmes, vous ne crussiez lui devoir beaucoup de reconnaissance :

j'examinerai avec vous, à la fin de cette lettre,
quelles sont les obligations que la délicatesse vous
impose vis-à-vis de lui; mais c'est sous le rapport
de votre bonheur que je veux d'abord considérer
ce que vous devez faire.

Un attachement, dont j'ose vous parler la première, décide de votre vie; cet attachement est
contraire à vos principes de morale, et, trop vertueuse pour vous y livrer, vous êtes assez passionnée pour y sacrifier, à vingt-deux ans, toute
votre destinée, et renoncer à jamais au mariage
et à la maternité. Il faut, pour attaquer cette résolution avec force, que je vous déclare d'abord
que je ne crois point au bonheur de l'amour, et
que je suis fermement convaincue qu'il n'existe
dans le monde aucune autre jouissance durable,
que celle qu'on peut tirer de l'exercice de ses devoirs. Ces maximes seraient d'une sévérité presque orgueilleuse, si je ne vous disais pas qu'il me
fallut plusieurs années pour en être convaincue,
et que si je n'avais pas eu pour père l'ange que
vous vîtes hier présider à nos destinées, j'aurais
souffert bien plus longtemps, avant de m'éclairer.

Sans entrer dans les détails de mon affection
pour M. de Cerlebe, vous savez que le bonheur de
ma vie intérieure n'est fondé ni sur l'amour, ni
sur rien de ce qui peut lui ressembler; je suis
heureuse par les sentiments qui ne trompent jamais le cœur, l'amour filial et l'amour maternel.

Dans les premiers jours de ma jeunesse, j'ai essayé de vivre dans le monde, pour y chercher
l'oubli de quelques-unes de mes espérances dé-
çues; mais je ressentais dans ce monde une agitation semblable à celle que fait éprouver une voiture rapide, qui va plus vite que vos regards
mêmes, et vous présente des objets que vous n'a-
vez pas le temps de considérer. Je ne pouvais me
rendre compte de la durée des heures; ma vie
m'était dérobée, et cet état, qui semble être celui
du plus grand mouvement possible, me conduisait cependant à la plus parfaite apathie morale.
Les impressions et les idées se succédaient, sans
laisser en moi aucune trace; il m'en restait seulement une sorte de fièvre sans passion, de trouble
sans intérêt, d'inquiétude sans objet, qui me rendait ensuite incapable de m'occuper seule.

C'est dans cette situation qu'une voix, qui, depuis que j'existe, a toujours fait tressaillir mon
cœur, sut me rappeler à moi-même : mon père
me conseilla de m'établir une grande partie de
l'année à la campagne, et d'élever moi-même mes
enfants. Je m'ennuyai d'abord un peu de la monotonie de mes occupations; mais, par degrés, je

repris la possession de moi-même, et je goûtai
les plaisirs qui ne se sentent que dans le silence
de tous les autres, la réflexion, l'étude, et la contemplation de la nature. Je vis que le temps divisé
n'est jamais long, et que la régularité abrège tout.

Il n'y a pas un jour, parmi ceux qu'on passe
dans le grand monde, où l'on n'éprouve quelques
peines : misérables, si on les compte une à une;
importantes, quand on considère leur influence
sur l'ensemble de la destinée. Un calme doux et
pur s'empare de l'âme dans la vie domestique; on
est sûr de conserver jusqu'au soir la disposition
du réveil; on jouit continuellement de n'avoir rien
à craindre, et rien à faire pour n'avoir rien à
craindre : l'existence ne repose plus sur le succès,
mais sur le devoir; on goûte mieux la société des
étrangers, parce qu'on se sent tout à fait hors de
leur dépendance, et que les hommes dont on n'a
pas besoin ont toujours assez d'avantages, puisqu'ils ne peuvent avoir aucun inconvénient.

Quand je regrettais l'amour, et désirais le succès, la société, la nature, tout me paraissait mal
combiné, parce que je n'avais deviné le secret de
rien : je me sentais hors de l'ordre, à l'extrémité
du cercle de l'existence; mais, rentrée dans la morale, je suis au centre de la vie, et loin d'être
agitée par le mouvement universel, je le vois
tourner autour de moi sans qu'il puisse m'atteindre.

J'ai pour père un ami, le premier de mes amis;
mais quand je serais seule, je pourrais trouver
dans ma conscience le confident de toutes mes
pensées. J'entends au dedans de moi-même la
voix qui me répond; et cette voix acquiert chaque
jour plus de force et de douceur. Le devoir m'ouvre tous ses trésors; et j'éprouve ce repos animé,
ce repos qui n'exclut ni les idées les plus hautes,
ni les affections les plus profondes, mais qui naît
seulement de l'harmonie de vous-même avec la
nature.

Les occupations qui ne se lient a aucune idée
de devoir, vous inspirent tour à tour du dégoût
ou du regret : vous vous reprochez d'être oisif
vous vous fatiguez de travailler; vous êtes en
présence de vous-même, écoutant votre désir,
cherchant à le bien connaître, le voyant sans
cesse varier, et trouvant autant de peine à servir
vos propres goûts que les volontés d'un maître
étranger. Dans la route du devoir, l'incertitude
n'existe plus, la satiété n'est point à redouter;
car, dans le sentiment de la vertu, il y a jeunesse
éternelle : quelquefois on regrette encore d'autres
biens; mais le cœur, content de lui-même, peut
se rappeler sans amertume les plus belles espéran-

ces de la vie : s'il pense au bonheur qu'il ne peut goûter, c'est avec un sentiment dont la douceur lui tient lieu de ce qu'il a perdu.

Quelles jouissances ne trouve-t-on pas dans l'éducation de ses enfants! Ce n'est pas seulement les espérances qu'elle renferme qui vous rendent heureux, ce sont les plaisirs mêmes que la société de ces cœurs si jeunes fait éprouver; leur ignorance des peines de la vie vous gagne par degrés : vous vous laissez entraîner dans leur monde, et vous les aimez, non-seulement pour ce qu'ils promettent, mais pour ce qu'ils sont déjà; leur imagination vive, leurs inépuisables goûts rafraîchissent la pensée; et si le temps que vous avez d'avance sur eux ne vous permet pas de partager tous leurs plaisirs, vous vous reposez du moins sur le spectacle de leur bonheur : l'âme d'un enfant doucement soutenue, doucement conduite par l'amitié, conserve longtemps l'empreinte divine dans toute sa pureté; ces caractères innocents, qui s'étonnent du mal, et se confient dans la pitié, vous attendrissent profondément, et renouvellent dans votre cœur les sentiments bons et purs, que les hommes et la vie avaient troublés : pouvez - vous, madame, pouvez - vous renoncer pour toujours à ces émotions délicieuses?

M. de Valorbe est un homme estimable, spirituel, digne de vous entendre. Nos destinées, sous ce rapport, seront au moins pareilles. Je l'avoue, il est un bonheur dont je jouis, et qui n'a été donné à personne sur la terre; c'est à lui peut-être que je dois mon retour aux résolutions que je vous conseille; il faut donc vous faire connaître ce sentiment, dans tout ce qu'il peut avoir de doux et de cruel.

Vous avez entendu parler de l'esprit et des rares talents de mon père, mais on ne vous a jamais peint l'incroyable réunion de raison parfaite et de sensibilité profonde qui fait de lui le plus sûr guide et le plus aimable des amis. Vous a-t-on dit que maintenant l'unique but de ses étonnantes facultés est d'exercer la bonté, dans ses détails comme dans son ensemble? il écarte de ma pensée tout ce qui la tourmente; il a étudié le cœur humain pour mieux le soigner dans ses peines : et n'a jamais trouvé dans sa supériorité qu'un motif pour s'offenser plus tard et pardonner plus tôt; s'il a de l'amour-propre, c'est celui des êtres d'une autre nature que la nôtre, qui seraient d'autant plus indulgents, qu'ils connaîtraient mieux toutes les inconséquences et toutes les faiblesses des hommes.

La vieillesse est rarement aimable, parce que c'est l'époque de la vie où il n'est plus possible de cacher aucun défaut; toutes les ressources pour faire illusion ont disparu; il ne reste que la réalité des sentiments et des vertus; la plupart des caractères font naufrage avant d'arriver à la fin de la vie, et l'on ne voit souvent dans les hommes âgés que des âmes avilies et troublées, habitant encore, comme des fantômes menaçants, des corps à demi ruinés; mais, quand une noble vie a préparé la vieillesse, ce n'est plus la décadence qu'elle rappelle, ce sont les premiers jours de l'immortalité.

L'homme que le temps n'a point abattu, en a reçu des présents que lui seul peut faire, une sagacité presque infaillible, une indulgence inépuisable, une sensibilité désintéressée. La tendresse que vous inspire un tel père est la plus profonde de toutes; l'affection qu'il a pour vous est d'une nature tout à fait divine. Il réunit sur vous seul tous les genres de sentiments; il vous protège, comme si vous étiez un enfant; vous lui plaisez, comme si vous étiez toujours jeune; il se confie à vous, comme si vous aviez atteint l'âge de maturité.

Une incertitude presque habituelle, une réserve fière se mêlent à l'amour que vous inspirent vos enfants. Ils s'élancent vers tant de plaisirs qui doivent les séparer de vous; ils sont appelés à tant de vie après votre mort, qu'une timidité délicate vous commande de ne pas trop vous livrer, en leur présence, à vos sentiments pour eux. Vous voulez attendre, au lieu de prévenir, et conserver envers cette jeunesse resplendissante la dignité que l'on doit garder avec les puissants, alors même qu'on a pour eux la plus sincère amitié. Mais il n'en est pas ainsi de la tendresse filiale, elle peut s'exprimer sans crainte; elle est si sûre de l'impression qu'elle produit.

Je ne suis pas personnelle, je crois que ma vie l'a prouvé; mais si vous saviez combien il m'est doux de me sentir environnée de l'intérêt de mon père! de ne jamais souffrir sans qu'il s'en occupe, de ne courir aucun danger sans me dire qu'il faut que je vive pour lui, moi qui suis le terme de son avenir! L'on nous assure souvent qu'on nous aime, mais peut-être est-il vrai que l'on n'est nécessaire qu'à son père. Les espérances de la vie sont prêtes à consoler tous nos contemporains de route; mais le charme enchanteur de vieillesse qu'on aime, c'est qu'elle vous dit, c'est que l'on sait, que le vide qu'elle éprouverait en vous perdant ne pourrait plus se combler.

Si j'étais dangereusement malade, et que je fusse loin de mon père, je serais accessible à quelques frayeurs; mais s'il était là, je lui abandonnerais le soin de ma vie, qui l'intéresse plus que moi. Le cœur a besoin de quelque idée merveilleuse qui le calme, et le délivre des incertitudes et des terreurs sans nombre que l'imagination fait naître; je trouve ce repos nécessaire dans la conviction où je suis que mon père porte bonheur à ma destinée : quand je dors sous son toit, je ne crains point d'être réveillée par quelques nouvelles funestes; quand l'orage descend des montagnes et gronde sur notre maison, je mène mes enfants dans la chambre de mon père, et réunis autour de lui, nous nous croyons sûrs de vivre, ou nous ne craignons plus la mort, qui nous frapperait tous ensemble.

La puissance que la religion catholique a voulu donner aux prêtres, convient véritablement à l'autorité paternelle; c'est votre père, qui, connaissant toute votre vie, peut être votre interprète auprès du ciel; c'est lui dont le pardon vous annonce celui d'un Dieu de bonté; c'est sur lui que vos regards se reposent avant de s'élever plus haut; c'est lui qui sera votre médiateur auprès de l'Être suprême, si, dans les jours de votre jeunesse, les passions véhémentes ont trop entraîné votre cœur.

Mais, que viens-je de vous dire, madame? n'allez-vous pas vous hâter de me répondre que je jouis d'un bonheur qui ne vous est point accordé, et que c'est à ce bonheur seul que je dois la force de ne plus regretter l'amour. Vous ne savez donc pas quel attendrissement douloureux se mêle à ce que j'éprouve pour mon père? Croyez-moi, la nature n'a pas voulu que le premier objet de nos affections nous précédât de tant d'années dans la vie, et tout ce qu'elle n'a pas voulu fait mal. Chaque fois que mon père, ou par ses actions, ou par ses paroles, pénètre mon âme d'un sentiment indéfinissable de reconnaissance et de tendresse, une pensée foudroyante s'élève et me menace; elle change en douleur mes mouvements les plus tendres, et ne me permet d'autre espoir que cette incertitude de la destinée, qui laisse errer la mort sur tous les âges.

Non, il vaut mieux, dans la route du devoir, n'être pas assaillie par des affections si fortes; elles vous attendrissent trop profondément, elles vous détournent du but où vous devez arriver, elles vous accoutument à des jouissances qui ne dépendent pas de vous, et que l'exercice le plus pur de la morale ne peut pas vous assurer. Vous vous sentez exposée à ces douleurs déchirantes, dont l'accomplissement habituel des devoirs doit préserver! et si le malheur vous atteignait, vous ne pourriez plus répondre de vous-même.

Pour vous, madame, vous auriez dans votre famille moins de bonheur, mais moins de craintes; et vous rempliriez la douce intention de la nature, en reposant votre affection tout entière sur vos enfants, sur ces amis qui doivent nous survivre. Acceptez cet avenir, madame; éloignez de vous les chimères qui troublent votre destinée; elle sera bien plus malheureuse, si vous avez à vous reprocher le désespoir, peut-être la mort d'un honnête homme.

M. de Valorbe souffre à cause de vous toutes les infortunes de la terre. Ce n'est pas, je le sais, vous détourner de vous unir à lui, que de vous peindre l'amertume de son sort. Ses biens vont être séquestrés en France, et ses créanciers le poursuivent ici : je sais que vous lui avez offert, avec une grande générosité, de disposer de votre fortune; mais rien ne pourra l'y faire consentir si vous lui refusez votre main; un de ces jours il sera jeté dans quelque prison, et il mourra; car, dans l'état déplorable de sa santé, il ne pourrait supporter une telle situation sans périr.

Vous exercez sur lui un empire presque surnaturel; je le vois passer de la vie à la mort, sur un mot que je lui dis, qui relève ou détruit ses espérances. Ce n'est point pour répéter le langage ordinaire aux amants, c'est pour vous préserver d'un grand malheur que je vous annonce que M. de Valorbe ne survivra pas à la perte de toute espérance; et combien ne le regretterez-vous pas alors! Il ne vous touche pas maintenant, parce que vous redoutez ses instances; mais quand il n'existera plus, votre imagination sera pour lui, et vous vous reprocherez son sort. Contentez-vous d'être passionnément aimée; c'est encore un beau lot dans la vie, quand seulement on peut estimer celui qui nous adore.

Dans quelques années, fussiez-vous unie à l'homme que vous aimez, votre sentiment finirait par ressembler à ce que vous éprouveriez maintenant pour M. de Valorbe; ne vous est-il pas possible de vous transporter par la réflexion à cette époque? La morale nous rend l'avenir présent, c'est une de ses plus heureuses puissances; exercez-la pour votre bonheur, exercez-la pour sauver la vie à celui qui l'avait conservée à M. d'Albémar.

Je ne répéterai point les excuses que je vous dois pour cette lettre; je sais que mon amitié, ma considération pour vous, me l'ont inspirée; je me confie dans l'impression que fait toujours la vérité sur un caractère tel que le vôtre.

LETTRE XVIII.

Réponse de Delphine à madame de Cerlebe.

Ce 8 mars 1792.

Votre lettre, madame, m'a pénétrée d'admiration pour votre caractère, et m'a fait sentir combien ma position était malheureuse; car je ne pourrai jamais échapper au regret d'avoir été la cause des chagrins qu'éprouve M. de Valorbe; et cependant, permettez-moi de vous le dire, je ne me sens pas la force de m'unir à lui, et il me semble qu'aucun devoir ne m'y condamne.

De tous les malheurs de la vie, je n'en conçois point qu'on puisse comparer aux peines dont une femme est menacée par une union mal assortie; je ne sais quelle ressource la religion et la morale peuvent offrir contre un tel sort, quand on y est enchaînée; mais le chercher volontairement me paraît un dévouement plus insensé que généreux, et je me sens mille fois plus disposée à m'ensevelir dans le cloître où je vis maintenant, à désarmer par cette sombre résolution les désirs persécuteurs de M. de Valorbe, qu'à me donner à lui, quand je porte au fond du cœur une autre image et d'éternels regrets.

Que pourrais-je, en effet, pour le bonheur de M. de Valorbe, lorsque je me serais condamnée à ce mariage, sans amour, et bientôt après sans amitié? car jamais je ne me consolerais de la grandeur du sacrifice qu'il aurait exigé de moi, et toujours, à la place des sentiments pénibles qu'il me ferait éprouver, je rêverais au bonheur que j'aurais goûté, si j'eusse épousé l'objet que j'aime. Comment suppléer en rien aux affections vraies et involontaires? Ah! bien heureusement pour nous, la vérité a mille expressions, mille charmes, tandis que l'effort ne peut trouver que des termes monotones, une physionomie contrainte, sur laquelle se peignent constamment les tristes signes de la résignation du cœur.

Mon esprit plaît à M. de Valorbe; mais a-t-il réfléchi que cet esprit même ne peut être animé que par des sentiments naturels et confiants? Je ne suis rien, si je ne puis être moi; dès que je serai poursuivie par une pensée qu'il faudra cacher, je ne songerai plus qu'à ce que je dois taire; mes facultés suffiront à peine pour dissimuler mon désespoir; m'en restera-t-il pour faire le bonheur de personne?

Les détails de la vie domestique, source de tant de plaisirs quand ils se rapportent tous à l'amour; ces détails me feraient mal, un à un, et tous les jours : il ne s'agirait pas seulement d'un grand sacrifice, mais de peines qui se renouvelleraient sans cesse; je redouterais chaque lien, quelque faible qu'il fût, après avoir contracté le plus fort de tous; et je chercherais, avec une continuelle inquiétude, les heures qui pourraient me rester, les occupations qui m'isoleraient, les plus petits intérêts qui pourraient n'appartenir qu'à moi.

Quand le sort d'une femme est uni à celui de l'homme qu'elle aime, chaque fois qu'il rentre chez lui, qu'elle entend son pas, qu'il ouvre sa porte, elle éprouve un bonheur si grand, qu'il fait concevoir comment la nature, en ne donnant aux femmes que l'amour, n'a pas été cependant injuste envers elles; mais s'il faut que leur solitude ne soit interrompue que par des sentiments pénibles, s'il faut qu'elles aient la contrainte pour unique diversité de l'ennui, et l'effort d'une conversation gênée pour distraction de la retraite; c'est trop, oh! oui, c'est trop! A ce prix, qui peut vouloir de la vie? vaut-elle donc tant de persistance? faut-il mettre tant de scrupule à conserver tous les jours qu'elle nous a destinés?

Ne vous offensez point pour M. de Valorbe, madame, de ce tableau trop vrai du malheur que me ferait éprouver notre union; je sais qu'il est digne de toute mon estime, mais vous n'avez jamais vu celui dont je me suis séparée pour toujours; jamais ceux qui l'ont connu ne pourraient me demander de l'oublier! Ce n'est pas du bonheur, dites-vous, que vous m'offrez, c'est l'accomplissement d'un devoir. Ah! sans doute, la situation de M. de Valorbe me désespère, il n'est point de preuve de dévouement que je ne lui donnasse avec l'empressement le plus vif, s'il daignait m'en accorder l'occasion; mais ce qu'il exige de moi, c'est la perte de ma jeunesse, c'est celle de toutes les années de ma vie, c'est peut-être même le sacrifice de la vie à venir que j'espère.

Puis-je, en effet, répondre des mouvements qui s'élèveront dans mon âme quand j'aurai longtemps souffert, quand je verrai ma destinée ne laisser après elle, en s'écoulant, que d'amers souvenirs, pour aigrir d'amères douleurs? Ne finirai-je point par douter de la protection de la Providence, et mes résolutions vertueuses ne s'ébranleront-elles pas? les sentiments doux ne tariront-ils pas dans mon cœur? C'est du mariage que doivent dériver toutes les affections d'une femme, et si le mariage est malheureux, quelle confusion m'en résulte-t-il pas dans les idées, dans les devoirs, dans les qualités même! Ces qualités vous auraient rendue plus digne de l'objet de votre choix; mais

elles peuvent dépraver le cœur qu'on a privé de
toutes les jouissances : qui peut être certain alors
de sa conduite? vous, madame, parce que vous ne
croyez plus à l'amour : mais moi, que son charme
subjugue encore, quel est l'insensé qui veut de
moi, qui veut d'une âme enthousiaste, alors qu'il
ne l'a pas captivée !

Vous me menacez de la mort de M. de Valorbe ;
cette crainte m'accable, je ne puis la braver. Si
vous avez raison dans vos terreurs, il faut que je
le prévienne ; ensevelie dans cette retraite, me
comptera-t-il parmi les vivants? Voudrait-il plus
encore? serait-il plus calme, si je n'existais plus ?
je lui ferais facilement ce sacrifice ; il a sauvé mon
bienfaiteur, je croirais m'immoler à ce souvenir ;
mais qu'il me laisse expirer seule, et que ma fin
ne soit point précédée par quelques années d'une
union douloureuse et funeste ! Ah ! c'est surtout
pour mourir qu'il faudrait être unie à l'objet de
sa tendresse ! soutenue, consolée par lui, sans
doute on regretterait davantage la vie, et cependant les derniers moments seraient moins cruels ;
ce qui est horrible, c'est de voir se refermer sur
soi le cercle des années sans avoir joui du bonheur.
Une indignation amère et violente peut s'emparer de vous, en songeant qu'elle va passer, cette
vie, sans qu'on ait goûté ses véritables biens ; sans
que le cœur, qui va s'éteindre, ait jamais cessé de
souffrir : quelle idée peut-on se former des récompenses divines, si l'on n'a pas connu l'amour sur
la terre ! Oh ! que le ciel m'entende ; qu'il me désigne s'il le veut, pour une mort prématurée ;
mais que je la reçoive tandis que le même sentiment anime mon cœur, qu'un seul souvenir fait
toute ma destinée, et que je n'ai jamais rien aimé
que Léonce !

Voilà ma réponse à M. de Valorbe, madame ;
confiez-la-lui, si vous le voulez ; mon cœur, sans
se trahir, n'en pourrait donner une autre.

LETTRE XIX.

Monsieur de Valorbe à M. de Montalte.

Zurich, ce 10 mars.

J'ai reçu ta lettre, Montalte ; dans toute autre
circonstance, peut-être m'aurait-elle fait impression, peut-être aurais-je consenti à ménager madame d'Albémar ; mais elle m'a donné le terrible
droit de la haïr ; si tu savais ce qu'elle a écrit à
madame de Cerlebe ! quel amour pour Léonce !
quel mépris pour moi ! Elle se flatte de se délivrer
ainsi de mes poursuites, elle se trompe ; c'est à
présent surtout qu'elle doit me redouter. Ne me

parle plus des égards qu'elle mérite ; je punirai
son ingratitude, je soumettrai son orgueil. Tant
d'insultes ont soulevé mon âme, tout mon amour
se change en indignation ! Il faut que madame d'Albémar tombe en ma puissance ; par quelques
moyens que ce soit, il le faut. Adieu, Montalte ; je
serai maître d'elle, ou je n'existerai plus.

LETTRE XX.

Delphine à madame de Cerlebe.

De l'abbaye du Paradis, ce 14 mars.

Enfin, madame, il se présente une occasion de
soulager mon cœur, en donnant à M. de Valorbe
une véritable preuve de mon intérêt. J'apprends à
l'instant, par un homme à lui, qu'il est arrêté
pour dettes à Zell, et qu'on l'a jeté dans une prison qui compromet sa vie, en le privant des secours nécessaires à son état de santé ; je pars,
afin d'offrir ma garantie à ceux qui le poursuivent,
et de souscrire à tous les arrangements qui pourront le délivrer.

J'ai craint de m'exposer à l'humeur de madame de Ternan en lui demandant la permission
d'aller à Zell ; c'est une personne si exigeante et si
despotique, qu'il faut esquiver son caractère quand
on ne veut pas se brouiller avec elle : comme elle
était un peu malade hier, elle dort encore, et je
laisse un billet qui lui apprendra, à son réveil,
que je serai absente seulement pour quelques
heures. Zell n'étant qu'à trois lieues d'ici, je suis
sûre d'être revenue ce soir, avant que le couvent
soit fermé.

Je vous avouerai qu'il m'est très-doux de trouver
un moyen de montrer un grand empressement à
M. de Valorbe. J'aurais pu me contenter de chercher quelqu'un qu'on pût envoyer à Zell ; mais
c'était perdre nécessairement deux ou trois jours,
ce retard pouvait être funeste à la santé de M. de
Valorbe, et peut-être aussi refuserait-il le service
que je veux lui rendre, si je ne l'en sollicitais pas
moi-même.

Je sais bien que la démarche que je fais ne serait
pas jugée convenable, si elle était connue ; mais
ma conscience me dit que je remplis un devoir.
M. d'Albémar, s'il vivait encore, m'approuverait
de donner à l'homme qui l'a sauvé ce témoignage
de reconnaissance. Je ne me consolerais pas de
posséder les biens que M. d'Albémar m'a laissés,
tandis que M. de Valorbe serait dans la détresse,
et me refuserait le bonheur de lui être utile ; je ne
veux pas m'exposer à cette peine, et j'espère qu'en
présence il ne résistera point à mes prières.

J'étais d'ailleurs, je vous l'avoue, cruellement tourmentée de quelques torts que je me reprochais envers M. de Valorbe; mon silence a pu le tromper une fois; ce silence a obtenu de lui un sacrifice qui a rendu sa vie très-malheureuse. Depuis ce temps j'ai refusé de le voir, soit par embarras, soit par crainte d'offenser celui dont le souvenir règne encore sur ma vie; je me reproche ces mouvements, que la reconnaissance et la générosité devaient m'interdire; je saisis donc avec vivacité une circonstance qui me permet de tout réparer, et je pars. Adieu, madame; vous m'avez flattée que vous viendriez demain me voir, ne l'oubliez pas.

LETTRE XXI.

Léonce à M. de Lebensei.

Paris, ce 14 mars.

Juste ciel! me cachiez-vous ce que je viens d'apprendre? M. de Valorbe est parti en disant qu'il allait rejoindre madame d'Albémar, et l'on assure qu'il est auprès d'elle. Serait-ce là le motif de l'absence de Delphine? Non, je ne le crois pas; mais il n'y a qu'elle au monde maintenant qui puisse m'ôter cette horrible idée. Je veux aller à Montpellier, parler à sa belle-sœur; savoir, oui, savoir enfin, et personne ne pourra me le refuser, dans quels lieux elle vit, dans quels lieux est M. de Valorbe.

Si elle l'a vu, si elle lui a parlé, malgré les bruits qu'on a répandus sur leur attachement mutuel, après ce que j'en ai souffert, rien ne peut l'excuser. Non, je ne puis rester un jour ici dans une anxiété si douloureuse; qu'on ne me parle plus de mes devoirs envers Matilde; Delphine oserait-elle me les rappeler? a-t-elle respecté les liens qui l'attachaient à moi?.... Ce que je dis est peut-être injuste; oui, je le crois, je suis injuste; mais j'ai beau me le répéter, je ne saurais me calmer : elle seule, elle seule peut m'ôter la douleur qu'on vient de jeter en mon sein. Tout ce que vous me diriez ne suffirait pas.... Mais que me diriez-vous, cependant? Au nom du ciel! répondez-moi.... je n'attendrai point votre réponse.

LETTRE XXII.

Mademoiselle d'Albémar à Delphine.

Montpellier, ce 20 mars.

Il faut donc, ma chère Delphine, que votre vie soit sans cesse troublée; et c'est moi qui suis condamnée à ranimer dans votre cœur les sentiments et les inquiétudes que la solitude avait adoucis. C'est en vain que je désirais vous cacher tout ce que je savais de l'agitation et du malheur de Léonce; je suis forcée de vous apprendre ce que son désespoir lui a inspiré; il est ici, et dans quelles circonstances, hélas! et pour quel but!

Hier, j'étais seule, occupée de vos dernières lettres, cherchant par quel moyen je pourrais vous aider à sortir de la cruelle perplexité où vous jetait l'amour de M. de Valorbe, lorsque je vis Léonce entrer dans ma chambre et s'avancer vers moi; hélas! qu'il est changé! ses yeux n'ont plus rien que de sombre; sa marche est lente, et comme abattue sous le poids de ses pensées; il vint à moi, me prit la main, et je sentis à l'instant même mes yeux remplis de larmes. « Vous me plaignez, me dit-il; elle ne m'a pas plaint, celle qui m'a quitté; mais ce n'est pas tout encore, s'il était possible, s'il était vrai que M. de Valorbe....alors il n'y aurait plus sur la terre que perfidie et confusion. Savez-vous que M. de Valorbe est parti de France en publiant qu'il allait rejoindre Delphine? Savez-vous qu'on assure qu'il est près d'elle, qu'il sait le lieu de sa retraite, qu'il l'a vue? Je ne le crois pas; j'ai perdu ma vie pour un soupçon injuste, je les repousse tous loin de moi. Peut-être M. de Valorbe erre-t-il autour de la demeure de Delphine, et cherche-t-il ainsi à la compromettre dans le monde? Peut-être espère-t-il la forcer à se donner à lui, en renouvelant les bruits déjà si cruellement répandus de leur attachement réciproque? Vous sentez que je ne puis vivre dans la situation d'âme où je suis; daignez donc me répondre, mademoiselle : que savez-vous de Delphine, de l'homme qui ose mettre son nom à côté du sien? Parlez, de grâce, parlez.

— Je suis certaine, lui dis-je, que Delphine abhorre l'idée d'épouser M. de Valorbe. — Il en est donc question! s'écria-t-il avec violence : je ne le pensais pas, vous m'en apprenez plus que je n'en voulais croire. Sait-il où elle est? l'a-t-il vue, l'a-t-il vue? » Sa fureur était telle que je n'osai lui dire même qu'il était près de vous, quoique vous ayez refusé de le voir. Je lui répondis que j'ignorais entièrement ce qu'il me demandait, et que je savais seulement qu'une amie de M. de Valorbe vous avait envoyé une lettre de lui en vous écrivant en sa faveur; mais que vous y aviez répondu par le refus le plus formel. « Il peut donc lui écrire! s'écria-t-il; il a peut-être reçu des lettres d'elle; et moi, depuis trois mois, je ne sais plus qu'elle existe que par le désespoir qu'elle me cause : non, il faut un événement pour tout changer; mon âme ne sera plus alors fatiguée par les mêmes souffrances.

«Cependant, ajouta-t-il, ma femme doit accoucher dans deux mois; il y a quelque chose de barbare à l'abandonner dans cette situation : n'importe, je le ferai, je compterai pour rien mes devoirs; c'est à ceux à qui le ciel a donné quelques jouissances qu'il peut demander compte de leurs actions! moi, je n'ai droit qu'à la pitié, je n'éprouve que de la douleur, qu'on me laisse la fuir! J'irai,.... je ne m'arrêterai pas que je n'aie rencontré Delphine, et si je trouve M. de Valorbe auprès d'elle, s'il a senti le bonheur de la voir quand je frappais ma tête contre terre, désespéré de son absence..... M. de Valorbe ou moi nous serons victimes de l'amour funeste qu'elle a su nous inspirer. »

L'émotion de Léonce était si profonde, sa résolution si ferme, que je n'aurais pas eu l'espoir de l'ébranler, s'il ne m'était pas venu l'idée de lui proposer de vous écrire, et de vous demander de m'adresser ici pour lui une réponse formelle sur vos rapports avec M. de Valorbe. Cette offre le frappa tout à coup, et l'acceptant avec la vivacité qui lui est naturelle, il me dit, en me serrant les mains : « Eh bien, si je reçois, si je possède ces lignes que Delphine écrira pour moi, je retournerai vers Matilde, je me remettrai sous le joug de ma destinée; oui, je vous le promets. Ah! sans doute, ajouta-t-il, je sais que je ne suis pas libre, et j'exige cependant que Delphine refuse un lien qui, peut-être..... Il ne put achever ce qu'il avait intention de dire.—N'importe, s'écria-t-il, si un homme était l'époux de Delphine, je ne lui laisserais pas la vie; peut-elle se marier quand un vengeur est tout prêt? et si c'était moi qui dusse périr, a-t-elle donc tout à fait oublié son amour, ne frémirait-elle donc pas pour moi! » Je le rassurai de mille manières sur le premier objet de ses craintes, et j'obtins de lui qu'il attendrait ici votre réponse.

Hâtez-vous donc de me l'envoyer, ne perdez pas un jour, il les comptera tous avec une douloureuse anxiété; j'ai cru entrevoir, par quelques mots qu'il m'a dits, que Matilde, pour la première fois, se plaignant sans réserve, avait été profondément affligée de son absence, et qu'il craignait d'exposer sa vie s'il restait loin d'elle au moment de ses couches. Calmez donc Léonce dans votre lettre, ma chère Delphine, autant qu'il vous sera possible; et refusez-vous absolument à voir M. de Valorbe. C'est moi qui ai à me reprocher de vous avoir trop souvent pressée de le traiter avec bonté, par considération pour la mémoire de mon frère; mais je

vois clairement que s'il revenait à Léonce le moindre mot qui pût lui faire croire qu'on a seulement parlé de nouveau de vous et de M. de Valorbe, il serait impossible de prévoir ce qu'il éprouverait et ce qu'il ferait. Je chercherai quelques détours pour rendre service à M. de Valorbe; vous m'y aiderez, nous y parviendrons; mais Léonce est tellement irrité, au nom seul de M. de Valorbe, que si des calomnies, quelque absurdes qu'elles fussent, lui revenaient encore à ce sujet, son sentiment pour vous s'aigrirait, et sa colère contre M. de Valorbe ne connaîtrait plus de bornes.

J'espère vous avoir détournée pour toujours de l'idée insensée de vous lier où vous êtes par des vœux religieux; il me semble, au contraire, que si M. de Valorbe ne voulait pas s'éloigner des environs de votre demeure, vous feriez bien de quitter la Suisse, et de venir vous établir près de moi, lorsque Léonce sera retourné à Paris. Vous savez quel bonheur j'éprouverais, en étant pour toujours réunie avec vous!

LETTRE XXIII.

Delphine à mademoiselle d'Albémar.

Ce 28 mars.

Remettez ce billet à Léonce, ma sœur; vous ne savez pas dans quel abîme de douleur je suis tombée! qu'il l'ignore surtout, et vous-même aussi.... Adieu, ne pensez plus à moi. Un événement cruel, inouï, fixe mon sort, et me rend désormais toute consolation inutile. Adieu.

Delphine à Léonce.

Je jure à Léonce de ne jamais revoir M. de Valorbe; je lui proteste, pour la dernière fois, qu'il doit être content de mon malheureux cœur; maintenant, qu'il ne s'informe plus de ma destinée, et qu'il retourne auprès de Matilde.

LETTRE XXIV.

Mademoiselle d'Albémar à Delphine.

Montpellier, ce 6 avril.

Ma chère amie, il est parti plus calme; je ne lui ai point fait partager mes cruelles inquiétudes. Que signifie ce que vous m'écrivez! d'où vient votre profonde douleur? que vous est-il arrivé? je ne puis rien deviner, mais vos paroles mystérieuses me glacent d'effroi.

Dans quelque situation que vous soyez, vous avez besoin que je vous parle de Léonce. Je reviens aux derniers moments que j'ai passés avec lui. Je l'avais prévenu du jour où je pouvais recevoir votre lettre; le matin de ce jour, je savais que, depuis cinq heures, il s'était promené sur la route par laquelle le courrier devait venir, sans pouvoir rester en repos une seconde; marchant à pas précipités, revenant après avoir avancé, tournant la tête à chaque pas, et dans un état d'agitation si remarquable, que plusieurs personnes s'étaient arrêtées dans le chemin, frappées de l'égarement et du trouble extraordinaire qu'exprimait son visage; enfin, à dix heures du matin il entra chez moi, pâle et tremblant, et me dit, en se jetant sur une chaise près de la fenêtre, que le courrier était arrivé, et que je pouvais envoyer mon domestique chercher mes lettres. J'en donnai l'ordre, et je revins près de lui.

Il se passa près d'une heure dans l'attente; je parlai plusieurs fois à Léonce, il ne me répondit point; mais je vis qu'il tâchait de prendre beaucoup sur lui, et qu'il rassemblait toutes ses forces pour ne point se livrer à son émotion. La violence qu'il se faisait l'agitait cruellement; je ne sais à quels signes j'apercevais ce qu'il éprouvait au fond de son cœur, mais à la fin de cette heure, passée dans le silence, j'étais abîmée de douleur, comme après la scène la plus violente, dont l'intérêt et l'émotion auraient toujours été en croissant. Il distingua le premier le bruit de la porte de ma maison qui s'ouvrit, et me dit d'une voix à peine intelligible : « Voilà votre domestique qui revient.» Je me levai pour aller au-devant de lui; Léonce ne me suivait pas, il cachait sa tête dans ses mains; il m'a dit depuis, que, dans cet instant, il aurait souhaité qu'il n'y eût point de lettre; il désirait l'incertitude autant qu'il l'avait jusqu'alors redoutée.

Lorsque je reconnus votre écriture, je déchirai promptement l'enveloppe, pour que Léonce n'en vît pas le timbre; il croit que vous êtes en Suisse, mais il n'a pas la moindre idée du lieu même où vous demeurez. Je lus d'abord ce qui était pour Léonce, et, dans mon impatience de le lui porter, je ne vis point ce que vous m'écriviez; je rentrai, tenant à la main votre lettre, je m'écriai : « Lisez, vous serez content.—Je serai content, s'écria-t-il : ah, Dieu! » Et loin de saisir ce que je lui offrais, il répandait des pleurs, et répétait toujours : *Je serai content*, avec une voix, avec un accent que je ne pourrai jamais oublier. Enfin, il prit votre lettre, et, après l'avoir lue plusieurs fois, il me regarda d'un air plein de douceur, me serra la main et sortit; il revint deux heures après, et

m'annonça qu'il allait retourner auprès de Matilde; il ne me demanda rien, ne me fit plus aucune question; seulement il me dit · « Soignez son bonheur, vous à qui le sort permet de vivre pour elle. »

Quand il fut parti, je me croyais soulagée, et c'est alors que j'ai lu les lignes pleines de trouble et de douleur que vous m'adressiez : je ne savais que devenir, je voulais vous rejoindre, le misérable état de ma santé m'en ôte la force. Se peut-il que vous m'ayez laissée dans un doute si cruel? ne recevrai-je aucune lettre de vous, avant que vous répondiez à celle-ci?

LETTRE XXV.

Madame de Cerlebe à mademoiselle d'Albémar.

Zurich, ce 12 avril.

Madame d'Albémar, mademoiselle, n'est pas en état de vous écrire; elle me condamne à la douloureuse tâche de vous apprendre sa situation : elle est horrible, elle est sans espoir, et mon amitié n'a pas su prévenir un malheur que la générosité de madame d'Albémar devait peut-être me faire craindre. Elle m'a raconté la scène la plus funeste par ses irréparables suites, et le coupable M. de Valorbe, dans une lettre pleine de délire, de regrets et d'amour, m'a confirmé tout ce que Delphine m'avait appris. Il m'est imposé de vous en instruire, mademoiselle; votre amie veut que vous connaissiez les motifs du parti désespéré qu'elle a pris : ah! qui me donnera le moyen d'en adoucir pour vous l'amertume!

M. de Valorbe avait été mis en prison pour dettes à Zell, ville d'Allemagne, occupée maintenant par les Autrichiens; son valet de chambre de confiance informa madame d'Albémar de sa situation. Il n'est que trop certain que M. de Valorbe avait commandé lui-même cette démarche, et que, connaissant la bonté de Delphine, et l'imprévoyante vivacité de ses mouvements généreux, il avait calculé le parti qu'il pouvait tirer d'un imprudent témoignage d'inquiétude et de pitié.

Madame d'Albémar m'écrivit en partant pour Zell; j'éprouvai, lorsque je reçus sa lettre, une vive inquiétude; je condamnai sa résolution, je redoutai le blâme qu'elle pouvait attirer sur elle, et, comme vous allez le savoir, cette crainte que je ressentais, vague alors, devint bientôt la plus cruelle des anxiétés.

Delphine partit à six heures du matin, sans avoir vu madame de Ternan; elle arriva à Zell à dix heures, accompagnée seulement d'un cocher et d'un domestique suisse, qui ne la connaissaient pas. Madame de Ternan avait exigé, en prenant madame d'Albémar en pension dans son couvent, qu'elle renvoyât son valet de chambre à Zurich, et Delphine ne quitte jamais Isore sans laisser auprès d'elle sa femme de chambre pour la soigner. Arrivée à Zell, madame d'Albémar s'aperçut qu'elle n'avait point de passe-port : on lui demanda son nom à la porte ; elle en donna un au hasard, se promettant de repartir dans peu d'heures, avant que l'officier autrichien qui commandait la place eût le temps de s'informer d'elle.

Elle descendit chez le négociant que l'homme de M. de Valorbe lui avait indiqué, comme sachant seul tout ce qui avait rapport à ses affaires ; le négociant dit à Delphine que, par commisération pour l'état de santé de M. de Valorbe, on avait, la veille, obtenu de ses créanciers sa sortie de prison, à condition qu'il serait gardé chez lui. Madame d'Albémar voulut s'informer de ce que devait M. de Valorbe, pour offrir son cautionnement, et repartir sans le voir. Le négociant lui dit que M. de Valorbe lui avait expressément défendu de rien accepter de personne, et en particulier d'une femme qui devait être elle, d'après le portrait qu'il lui en avait fait. Alors madame d'Albémar pria le négociant de la conduire chez M. de Valorbe ; il la mena jusqu'à sa porte ; mais quand elle y fut arrivée, il la quitta brusquement, en indiquant assez légèrement qu'elle arrangerait mieux ses affaires sans lui. Madame d'Albémar m'a dit que se trouvant seule dans ce moment au bas de l'escalier de M. de Valorbe, elle éprouva un effroi dont elle ne put s'expliquer la cause ; elle voulait retourner sur ses pas, mais elle ne savait quelle route suivre, dans une ville inconnue, et dont elle ignorait la langue.

Comme elle délibérait sur ce qu'elle devait faire, elle aperçut M. de Valorbe qui descendait quelques marches pour venir à elle : son changement, qui était très-remarquable, écarta d'elle toute autre idée que celle de la pitié, et elle monta vers lui sans hésiter ; il lui prit la main, et la conduisit dans sa chambre : la main qu'il lui donna tremblait tellement, m'a-t-elle dit, qu'elle se sentit embarrassée et touchée de l'émotion qu'il éprouvait ; elle se hâta de lui parler de l'objet de son voyage ; il l'écoutait à peine, et paraissait occupé d'un grand débat avec lui-même.

Delphine lui répéta deux fois la prière d'accepter le service qu'elle venait lui offrir ; et comme il ne lui répondait rien, elle crut qu'il lui en coûtait de prononcer positivement son consentement

à ce qu'elle demandait, et posant sur son bureau le papier sur lequel elle avait signé la garantie de ses dettes, elle voulut se lever et partir : à ce double mouvement, M. de Valorbe sortit de son silence par une exclamation de fureur, et, saisissant Delphine par la main, il lui demanda, avec amertume, si elle le méprisait assez pour croire qu'il recevrait jamais aucun service d'elle.

« Je suis banni de mon pays, s'écria-t-il, ruiné, déshonoré ; des douleurs continuelles mettent mon sang dans la fermentation la plus violente. Je souffre tous ces maux à cause de vous, de l'amour insensé que j'ai pour vous, et vous vous flattez de les réparer avec votre fortune ! et vous imaginez que je vous laisserai le plaisir de vous croire dégagée de la reconnaissance, de la pitié, de tous les sentiments que vous me devez ! Non, il faut qu'il existe du moins un lien, un douloureux lien entre nous, vos remords. Je ne vous laisserai pas vous en délivrer, je troublerai de quelque manière votre heureuse vie. — Heureuse ! s'écria Delphine ; M. de Valorbe, songez dans quel lieu je vis, songez à ce que j'ai quitté, et répétez-moi, si vous le pouvez encore, que je suis heureuse ! » La voix brisée de Delphine attendrit un moment M. de Valorbe, et se jetant à ses pieds, il lui dit : « Eh bien, ange de douceur et de beauté, s'il est vrai que tu souffres, s'il est vrai que les peines de la vie ont aussi pesé sur toi, pourquoi refuserais-tu d'unir ta destinée à la mienne ? Ah ! je voudrais exister encore, le temps n'est point épuisé pour moi, il me reste des forces, je pourrais honorer encore mon nom, il y a des moments où j'ai horreur de ma fin ; Delphine, consentez à m'épouser, et vous me sauverez. — N'avez-vous pas lu, répondit madame d'Albémar, ma lettre à madame de Cerlebe ? — Oui, je l'ai lue, s'écria M. de Valorbe en se relevant avec colère ; vous faites bien de me la rappeler, c'est en punition de cette lettre que vous êtes ici, c'est pour l'expier que je vous ai fait tomber en ma puissance, vous n'en sortirez plus. »

Représentez-vous l'effroi de Delphine, à ces mots dont elle ne pouvait encore comprendre le sens ; elle s'élance précipitamment vers la porte ; M. de Valorbe se saisit de la clef, la tourne deux fois, en mordant ses lèvres avec une expression de rage, et dans le même instant il va vers la fenêtre, l'ouvre, et jette cette clef dans le jardin qui environnait la maison. Delphine poussa des cris perçants, et perdant la tête de douleur, elle appelait à son secours de toutes les forces qui lui restaient.

« Vous essayez en vain, lui dit M. de Valorbe en s'approchant d'elle avec toutes les fureurs de la haine et de l'amour, vous essayez en vain de me faire passer pour un assassin; tout est prévu, personne ne vous répondra; il n'y a dans la maison qu'un homme fidèle, qui, me voyant souffrir chaque jour tous les maux de l'enfer à cause de vous, ne sera pas sensible à vos douleurs; il a été témoin des miennes! Vous souffrez à présent, je le vois, mais il ne me reste plus de pitié pour personne : pourquoi serais-je le plus infortuné des hommes? pourquoi Léonce, l'orgueilleux, le superbe Léonce, jouirait-il de tous les biens de la vie, de votre cœur, de vos regrets, tandis que moi je suis seul, seul en présence de la mort, que je hais d'autant plus, que je me sens poussé vers elle? Delphine, je n'étais pas né méchant, je suis devenu féroce; savez-vous combien les hommes aigrissent la douleur? ils m'ont abandonné, trahi; pas un cœur ne s'est ouvert à moi : les livres m'avaient appris qu'au milieu des ingrats, des perfides, l'infortuné trouvait du moins un ami obscur qui venait au secours de son cœur; eh bien, cet unique ami, je ne l'ai pas même rencontré! tous se sont réunis pour me faire du mal; je rendrai ce mal à quelqu'un. Pauvre créature! dit-il alors en regardant Delphine avec pitié, c'est injuste de te persécuter, car tu es bonne; mais je t'aime avec idolâtrie, tu es là devant moi, toi qui es le bonheur, l'oubli de toutes les peines, la magie de la destinée; et la mort est ici, dit-il en montrant ses pistolets armés sur la table. Il faut donc que tu sois à moi, il le faut.

— M. de Valorbe, reprit Delphine avec plus de calme, et retrouvant dans le désespoir même le courage et la dignité, quand je vous estimais, j'ai refusé de m'unir à vous; quel espoir pouvez-vous former maintenant? — Vous me méprisez donc? s'écria-t-il avec un sourire amer; votre situation ne sera pas dans le monde bien différente de la mienne : vous n'avez pas réfléchi que votre réputation ne se relèvera pas de votre imprudente démarche; vous êtes ici seule, chez un jeune homme; vous y passez tout le jour. On vous attend à votre couvent, et vous n'y retournerez pas; tout le monde saura que nous sommes restés enfermés ensemble, que c'est vous qui êtes venue me chercher; en voilà plus qu'il n'en faut pour vous perdre dans l'opinion, si vous ne m'épousez pas : et si c'en est assez aux yeux de tous, que n'est-ce pas pour votre amant, pour Léonce, le plus irritable, le plus ombrageux, le plus susceptible des hommes! » A ces mots, Delphine se renversa sur

sa chaise, en s'écriant : « Malheureuse que je suis! » avec un accent si déchirant, que M. de Valorbe en frémit; et, pendant quelques instants, il assure qu'il eut horreur de lui-même; mais il s'était juré d'avance de résister à l'attendrissement qu'il pourrait éprouver; il mettait de l'orgueil à lutter contre ses bons mouvements.

Delphine tout à coup s'avança vers lui, et lui dit : « Si je suis ici, c'est pour en avoir cru mon désir de vous rendre service : je n'ai point réfléchi sur les dangers que je pouvais courir; il ne m'est pas venu dans la pensée qu'ils fussent possibles. Si vous me perdez, c'est l'amitié que j'avais pour vous que vous punissez; si vous me perdez, c'est ma confiance en vous dont vous démontrez la folie : arrêtez-vous au moment d'être coupable! Me voici devant vous, sans appui, sans défenseur; je n'ai d'espoir qu'en faisant naître la pitié dans votre cœur, et jamais je n'en eus moins les moyens : je me sens glacée de terreur; l'étonnement que j'éprouve surpasse mon indignation; je ne puis me persuader ce que j'entends, je ne puis imaginer que ce soit vous, bien vous qui me parlez; vous me découvrez des abîmes du cœur humain qui passaient ma croyance, et vous me consolez presque de la mort à laquelle vous me condamnez, en m'apprenant qu'il existait sur la terre tant de dépravation et de barbarie! — Ah! s'écria M. de Valorbe, il fut un temps où je vous aurais tout sacrifié, même le bonheur auquel j'aspire! Mais vous ne savez pas quel sentiment intérieur me dévore; tout me dit que je dois me tuer, le ciel et les hommes me le demandent, et tout me dit aussi que, si vous m'aimiez, je vivrais. Mon amour pour vous affaiblit mon âme; mais toute sa fureur lui revient, quand vous me repoussez dans le tombeau, vous qui seule pouvez m'en sauver. Dites-moi, pourquoi voulez-vous qu'à trente ans je cesse de vivre? Cette arme que vous voyez là, savez-vous qu'il est affreux de la placer sur son cœur pour en chasser votre image? Le sang, le froid, les convulsions de l'agonie, toutes les horreurs de la nature désorganisée s'offrent à moi, et vous m'y condamnez sans pitié! Je le sais bien, je n'intéresse personne; Léonce, vous, qui sais-je encore? tout le monde désire que je n'existe plus, que je fasse place à tous les heureux que j'importune; mais pourquoi n'entraînerais-je personne dans ma ruine? »

« Vous a-t-on parlé de la fureur des mourants? Elle porte un caractère terrible; prêts à s'enfoncer dans l'abîme, ils saisissent tout ce qu'ils peuvent atteindre; ils veulent faire tomber avec eux ceux même qui ne peuvent les secourir; ils font, avant de périr, un dernier effort vers la vie, plein d'acharnement et de rage. Voilà ce que j'éprouve! voilà ce qui me justifie! Je ne sens plus le remords; je n'ai qu'un désir furieux d'exister encore, et néanmoins un sentiment secret que je n'y parviendrai pas, que tout ce que je fais ne sera pour moi que des douleurs de plus : n'importe, vous serez ma femme, ou vous souffrirez mille fois plus encore par les soupçons et le mépris persécuteur de la vie! Je l'ai éprouvé, le mépris; je l'ai subi pour vous; il m'a rendu implacable, insensible à vos pleurs : jugez quel mal il doit faire! »

Le jour avançait pendant que M. de Valorbe parlait ainsi, l'heure se faisait entendre, et Delphine sentait que le moment de retourner à son couvent allait passer; elle connaissait madame de Ternan; elle savait que, si elle restait une nuit hors du couvent sans l'en avoir prévenue, elle se brouillerait avec elle : et quel éclat, pensait-elle, que de se brouiller avec madame de Ternan, avec la sœur de madame de Mondoville, pour une visite à M. de Valorbe! Rien ne pourrait la justifier aux yeux de Léonce! Elle aurait dû craindre aussi tous les coupables projets que pouvait former M. de Valorbe, pendant qu'elle se trouvait entièrement dans sa dépendance; mais elle m'a dit depuis qu'elle avait un tel sentiment de mépris pour sa conduite, qu'il ne lui vint pas même dans l'esprit qu'il osât se prévaloir de son indigne ruse. D'ailleurs, M. de Valorbe était lui-même si humilié devant celle qu'il opprimait, que, par un contraste bizarre, il se sentait pénétré du plus profond respect pour elle, en lui faisant la plus mortelle injure.

Une seule idée donc occupait Delphine, et faisait disparaître toutes les autres; elle regardait sans cesse le soleil prêt à se coucher, et la pendule qui marquait les heures; elle voyait, en comptant les minutes, qu'il lui restait encore le temps de rentrer dans son couvent avant qu'il fût fermé; alors elle conjurait M. de Valorbe de la laisser partir, avec une instance, avec une si vive terreur de perdre un moment, que ses paroles se précipitaient, et qu'on pouvait à peine les distinguer. « Mon cher M. de Valorbe, lui disait-elle en serrant ses deux mains, sans penser à son amour pour elle, et sans qu'il osât lui-même le témoigner; mon cher M. de Valorbe, il y a quelques minutes encore, il y en a entre moi et la honte; je ne suis pas encore déshonorée, je puis encore retrouver un asile, laissez-moi l'aller chercher; si je reste encore, il faudra que je couche cette nuit sur la pierre, et qu'au jour je n'ose plus lever les yeux sur personne : voyez, je suis encore une femme que ses amis peuvent avouer, dont les peines excitent encore l'intérêt et la pitié; mais dans une heure, solitaire avec ma conscience, les hommes ne me croiront pas; celui que j'aime, enfin vous le savez, je l'aime, il ne reconnaîtra plus ma voix, et rougira des regrets qu'il donnait à ma perte : ô M. de Valorbe, que ne prenez-vous cette arme pour me tuer! je vous pardonnerais; mais m'ôter son estime, mais l'avoir prévu, mais le vouloir, ô Dieu! L'heure se passe; vous le voyez, encore quelques minutes, encore... » Et elle se laissa tomber à ses pieds, en répétant ce mot *encore! encore!* de ses dernières forces.

M. de Valorbe me l'a juré, et j'ai besoin de le croire, il se sentit vaincu dans ce moment, et, s'il garda le silence, ce fut pour jeter un dernier regard sur cette figure enchanteresse qu'il perdait pour jamais, et qu'il voyait à ses pieds dans un état d'émotion qui la rendait encore plus ravissante. Mais on entendit un bruit extraordinaire dans la maison; on frappa d'abord avec violence à la porte, et des coups redoublés la faisant céder, des soldats entrèrent dans la chambre, un officier à leur tête. Delphine, sans s'étonner, sans s'informer du motif de leur arrivée, voulut sortir à l'instant; on la retint, et bientôt on lui fit savoir que c'était elle qui était suspecte; on la croyait un émissaire des Français en Allemagne, et on venait la chercher pour la conduire au commandant de la place.

M. de Valorbe, en apprenant cet ordre, se livra à toute sa fureur; il ne pouvait supporter le mal que d'autres que lui faisaient à Delphine, et, sans le vouloir, il aggrava sa situation par la violence de ses discours. Delphine, quand elle entendit sonner l'heure qui ne lui permettait plus d'arriver à temps à son couvent, redevint calme tout à coup, et se laissa conduire chez le commandant; on ne permit pas M. de Valorbe de la suivre.

Le commandant autrichien prouva facilement à Delphine, en l'interrogeant, qu'elle n'avait pas dit son vrai nom; car celui qu'elle s'était donné était suisse, et dès la première question elle avoua qu'elle était Française; mais elle était décidée à ne se pas faire connaître, puisqu'elle avait été trouvée seule, enfermée avec M. de Valorbe. Le négociant chez qui elle était descendue d'abord avait déposé qu'elle était venue pour le voir; quelques plaisanteries grossières de ceux qui l'entouraient ne lui avaient que trop appris quelle idée ils s'étaient formée de ses relations avec M. de Valorbe : et pour rien au monde, elle n'aurait voulu que dans de semblables circonstances son véritable nom fût connu. Elle se complaisait dans l'espoir que son refus constant de le dire irriterait le commandant, confirmerait ses soupçons, et qu'il l'enfermerait peut-être dans quelque forteresse pour le reste de ses jours : la nuit entière se passa sans qu'elle voulût répondre.

Quelle nuit ! vous représentez-vous Delphine, seule, au milieu d'hommes durs et farouches, qui, d'heure en heure, revenaient l'interroger, et cherchaient à lui faire peur, pour en obtenir un aveu qu'ils croyaient être de la plus grande importance? Le commandant surtout se flattait de trouver dans une découverte essentielle un moyen d'avancement; et que peut-il exister de plus inflexible, qu'un ambitieux qui espère du bien pour lui, de la peine d'un autre! Delphine, vers le milieu de la nuit, avait obtenu qu'on la laissât seule pendant quelques heures; elle s'endormit, accablée de fatigue et de douleur : quand elle se réveilla, et qu'elle se vit dans une chambre noire, délabrée, entendant le bruit des armes, les jurements des soldats, elle fut dans une sorte d'égarement qui subsistait encore quand je la revis.

Tout à coup le commandant entre chez elle, et lui demande pardon, avec un ton respectueux, de ne l'avoir pas connue. M. de Valorbe, qui avait pu enfin pénétrer jusqu'à lui, lui avait appris, à travers les plus sanglants reproches, le nom de madame d'Albémar, et de quel couvent elle était pensionnaire. Comme, dans cette abbaye, il y avait plusieurs femmes de la plus grande naissance d'Allemagne, et que madame de Ternan, en particulier, était très-considérée à Vienne, le commandant eut peur de lui avoir déplu, en maltraitant une personne qu'elle protégeait, et, changeant de conduite à l'instant, il donna un officier à madame d'Albémar pour la ramener jusqu'à l'abbaye, et se contenta de faire arrêter M. de Valorbe (qui est encore en prison), parce qu'il l'avait offensé, en se plaignant avec hauteur des traitements que madame d'Albémar avait soufferts.

Ce commandant avait fait partir un officier une heure avant madame d'Albémar, avec le procès-verbal de tout ce qui s'était passé, et une lettre d'excuses à madame de Ternan, qui contenait des insinuations très-libres sur la conduite de madame d'Albémar avec M. de Valorbe. J'étais au couvent, où depuis la veille au soir je souffrais les plus cruelles angoisses. Lorsque cet officier arriva, madame de Ternan, qui avait déjà exprimé de mille manières l'impression que lui faisait l'inexplicable absence de Delphine, ordonna, après avoir lu la lettre de Zell, que les principales religieuses se

réunissent chez elle, et refusa très-durement de me communiquer, et ce qu'elle avait reçu, et ce qu'elle projetait.

L'infortunée Delphine arriva pendant que l'assemblée des religieuses durait encore. J'eus le bonheur au moins d'aller au-devant d'elle; en descendant de voiture elle ne vit que moi; et lorsque je lui témoignai la plus tendre affection, elle me regarda avec étonnement, comme s'il n'était plus possible que personne prît le moindre intérêt à elle. Nous nous retirâmes ensemble dans son appartement, et j'appris de Delphine, à travers son trouble, ce qui s'était passé. Une inquiétude l'emportait sur toutes les autres, et revenait sans cesse à son esprit : « Léonce le saura, il me méprisera, » disait-elle en interrompant son récit. Et quand elle avait prononcé ces mots, elle ne savait plus où reprendre ce récit, et les répétait encore.

J'essayai de la consoler; mais ce qui me causait une inquiétude mortelle, c'était la décision qu'allait prendre madame de Ternan. Elle entra dans ce moment; Delphine essaya de se lever, et retomba sur sa chaise; je souffrais de lui voir cet air coupable, quand jamais elle n'avait eu plus de droits à l'estime et à la pitié. Madame de Ternan aimait l'effet qu'elle produisait; elle regardait Delphine, non pas précisément avec dureté, mais comme une personne qui jouit d'une grande impression causée par sa présence, quel qu'en soit le motif. « Madame, dit-elle à Delphine, après ce qui s'est passé à Zell, après l'éclat de votre aventure, nos sœurs ont jugé que votre intention était sans doute d'épouser M. de Valorbe, et elles ont décidé que vous ne pouviez plus rester dans cette maison.—Ah! voilà le coup mortel ! » s'écria Delphine, et elle tomba sans connaissance sur le plancher.

Je la pris dans mes bras; madame de Ternan s'approcha d'elle, nous la secourûmes. Quand elle parut revenir à elle, madame de Ternan, qui était placée derrière un lit, lui adressa quelques mots assez doux; Delphine égarée s'écria : « C'est la voix de Léonce; est-ce qu'il me plaint, est-ce qu'il a pitié de moi? Cependant je suis chassée, chassée de la maison de sa tante; c'est bien plus que quand je sortis de ce concert d'où la haine des méchants me repoussait; et cependant que n'ai-je pas souffert alors! n'ai-je pas craint de perdre son affection! et maintenant qu'on m'a surprise, enfermée avec son rival, qu'un acte authentique l'atteste, que je suis perdue, déshonorée, que des religieuses me chassent! Ah! Dieu, Dieu, je suis innocente! je le suis, Léonce, Léonce! » Et elle retomba dans mes bras de nouveau, sans mouvement.

« Laissez-moi seule avec elle, me dit madame de Ternan, j'entrevois un moyen de la sauver. — Si vous le pouvez, lui dis-je, c'est un ange que vous consolerez; » et je me hâtai de lui dire la vérité; elle l'entendit, et je crus même voir qu'elle y était préparée. Je ne compris pas alors comment elle n'avait pas pris plus tôt la défense de Delphine; mais c'est une femme d'une telle personnalité, qu'on n'a l'espérance de la faire changer d'avis sur rien; car il faudrait lui découvrir dans son intérêt particulier quelques rapports qu'elle n'eût pas saisis, et elle s'en occupe tant que c'est presque impossible.

Je me retirai : deux heures après il me fut permis de revenir ; je trouvai un changement extraordinaire dans Delphine; elle était plus calme, et non moins triste; elle n'avait plus cette expression d'abattement qui lui donnait l'air coupable; sa tête s'était relevée, mais sa douleur semblait plus profonde encore; l'on aurait dit seulement qu'elle s'y était vouée pour toujours. Elle me pria avec douceur de revenir la voir dans huit jours, et seulement dans huit jours. Je la quittai avec un sentiment de tristesse, plus douloureux que celui même que j'avais éprouvé, lorsque son désespoir s'exprimait avec violence.

Huit jours après, quand je la vis, elle venait de recevoir une lettre de vous, qui lui annonçait et l'arrivée de Léonce, et sa fureur, à la seule pensée qu'elle pouvait avoir vu M. de Valorbe. « Lisez cette lettre, me dit Delphine; vous voyez que s'il apprenait ce qui s'est passé à Zell, il ne me le pardonnerait pas; je le connais, il vengerait mon offense sur M. de Valorbe; il exposerait encore une fois sa vie pour moi; et quand même je pourrais un jour me justifier à ses yeux, ne sais-je pas ce qu'il souffrirait, en voyant celle qu'il aime flétrie dans l'opinion? Son caractère s'est manifesté malgré lui cent fois à cet égard, dans les moments où son amour pour moi le dominait le plus; et quel éclat, grand Dieu! que celui qui me menaçait il y a huit jours! quel homme, quel autre même que Léonce le supporterait sans peine! Écoutez-moi, me dit-elle alors, sans m'interrompre, car vous serez tentée d'abord de me combattre, et vous finirez cependant par être de mon avis.

« Madame de Ternan m'a dit qu'il n'existait qu'un moyen de rester dans le couvent où je suis, c'était de m'y faire religieuse; à cette condition, les sœurs consentent à me garder; le crédit de madame de Ternan fera disparaître toutes les traces de l'événement de Zell. En prononçant les vœux de religieuse, je m'assure d'un repos que rien ne pourra troubler, j'y ai consenti. Je prends l'habit de novice après-demain; ne frémissez pas, jugez-moi : voulez-vous que je sorte de cette maison comme une femme perdue? que Léonce apprenne que c'est pour M. de Valorbe que je suis bannie de l'asile que madame de Ternan m'avait donné? que je me trouve aux prises de nouveau avec l'opinion, avec le monde, avec tout ce que j'ai souffert? Le nom de M. de Valorbe une seconde fois répété avec le mien ne s'oubliera plus, et Léonce saura que ma réputation est détruite sans retour; je resterai libre, mais j'aurai perdu tout le prix de moi-même, et je finirai par m'enfermer dans la retraite, sans avoir, comme à présent, la douce certitude que je suis restée pure dans le souvenir de Léonce, et que ses regrets me sont encore consacrés.

« Si madame de Ternan avait voulu me rendre les mêmes services sans exiger de moi un grand sacrifice, je l'aurais préféré; car ni mon cœur, ni ma raison, ne m'appellent à l'état que je vais embrasser; mais elle n'avait aucun motif pour s'intéresser à moi, si je ne cédais pas à sa volonté; elle pouvait m'objecter toujours la résolution de ses compagnes. Je savais bien que cette résolution venait d'elle, mais c'était une raison de plus pour croire qu'elle ne chercherait pas à la faire changer; je n'avais que le choix du parti que j'ai pris, ou de trouver en sortant de cette maison tous les cœurs fermés pour moi, tous, ou du moins un seul, n'était-ce pas tout? Pouvais-je y survivre? Je n'ai pas su mourir, voilà tout ce que signifie la résolution, en apparence courageuse, que je viens d'adopter. Il ne me restait pas d'alternative; vous-même, répondez, que m'auriez-vous conseillé? »

Je ne sus que pleurer; que pouvais-je lui dire? elle avait raison. L'infâme M. de Valorbe! quels mouvements de haine je sentais contre lui! Mon émotion était extrême, mais je me taisais. « Ne vous affligez pas trop pour moi, reprit Delphine avec bonté; » car dans ses plus grandes peines, vous le savez, elle s'occupe encore des impressions des autres. « Qu'est-ce donc que je sacrifie? une liberté dont je ne puis faire aucun usage; un monde où je ne veux pas retourner, qui a blessé mon cœur, dont l'opinion pourrait altérer l'affection de Léonce pour moi; je m'en sépare avec joie. Ma belle-sœur viendra peut-être me rejoindre un jour, et je passerai ma vie avec vous deux, qui connaissez mes affections et ma conduite comme moi-même.

« Je ne sais, ajouta-t-elle avec la plus vive émotion, si j'avais aimé un homme tout à fait indifférent aux opinions des autres hommes; bannie, chassée, humiliée, j'aurais pu l'aller trouver, et lui dire : Voilà le même cœur, le même amour, la même innocence; eh bien, qu'y a-t-il de changé? Mais il vaut mieux mourir, que de se livrer à un sentiment de confiance ou d'abandon qui ne serait pas entièrement partagé par ce qu'on aime. Ah! n'allez pas penser que Léonce ne soit pas l'être le plus parfait de la terre! le défaut qu'il peut avoir est inséparable de ses vertus : je ne conçois pas comment un homme qui n'aurait pas même ses torts pourrait jamais l'égaler; et n'est-ce pas moi d'ailleurs dont l'imprudente vie a fait souffrir son cœur?

« J'ai cru longtemps que mes malheurs venaient d'un sort funeste; mais il n'y a point eu, non, il n'y a point eu de hasard dans ma vie. Je n'ai pas éprouvé une seule peine dont je ne doive m'accuser. Je ne sais ce qui me manque pour conduire ma destinée, mais il est clair que je ne le puis. Je cède à des mouvements inconsidérés; mes qualités les meilleures m'entraînent beaucoup trop loin, ma raison arrive trop tard pour me retenir, et cependant assez tôt pour donner à mes regrets tout ce qu'ils peuvent avoir d'amer; je vous le dis, l'action de vivre m'agite trop, mon cœur est trop ému; c'est à moi, à moi surtout, que conviennent ces retraites où l'on réduit l'existence à de moindres mouvements; si la faculté de penser reste encore, les objets extérieurs ne l'excitent plus, et, n'ayant à faire qu'à soi-même, on doit finir par égaler ses forces à sa douleur.

« Il y a deux jours, avant que j'eusse donné à madame de Ternan une réponse décisive, mes promenades rêveuses me conduisirent jusqu'à la chute du Rhin, près de Schaffouse; je restai quelque temps à la contempler, je regardais ces flots qui tombent depuis tant de milliers d'années, sans interruption et sans repos. De tous les spectacles qui peuvent frapper l'imagination, il n'en est point qui réveille dans l'âme autant de pensées; il semble qu'on entende le bruit des générations qui se précipitent dans l'abîme éternel du temps; on croit voir l'image de la rapidité, de la continuité des siècles, dans les grands mouvements de cette nature, toujours agissante et toujours impassible, renouvelant tout, et ne préservant rien de la destruction. « Oh! m'écriai-je, d'où vient donc que j'attache à mon avenir tant d'intérêt et d'importance? Voilà l'histoire de la vie! notre destinée, la voilà! des vagues engloutissant des vagues, et des milliers d'êtres sensibles, souffrant, désirant, périssant, comme ces bulles d'eau qui jaillissent dans les airs et qui retombent. Il ne faut pas moins que le bouleversement des empires pour attirer notre attention; et l'homme qui semblait devoir se consumer de pitié, puisqu'il a seul la prévoyance et le souvenir de la douleur, l'homme ne détourne pas même la tête pour remarquer les souffrances de ses semblables! Qui donc entendra mes cris? est-ce la nature? comme elle suit son cours majestueusement! comme son mouvement et son repos sont indépendants de mes craintes et de mes espérances! Hélas! ne puis-je pas m'oublier comme elle m'oublie! ne puis-je pas, comme un de ces arbres, me laisser aller au vent du ciel sans résister ni me plaindre! »

« Non, ma chère Henriette, continua madame d'Albémar, il ne faut pas lutter longtemps contre le malheur; je me soumets au sort que m'impose madame de Ternan. Croyez-moi, je fais bien, je consacre ma mémoire dans le cœur de celui pour qui j'ai vécu; je me survis, mais pour apprendre qu'il me regrette, et que rien ne pourra plus altérer ce sentiment. Les anciens croyaient que les âmes de ceux qui n'avaient pas reçu les honneurs de la sépulture erraient longtemps sur les bords du fleuve de la mort; il me semble qu'une situation presque semblable m'est réservée. Je serai sur les confins de cette vie et de l'autre, et la rêverie me fera passer doucement les longues années qui ne seront remplies que par mes souvenirs.

« Je voudrais pouvoir unir à ce grand sacrifice l'idée qu'il est agréable à Dieu, mais je ne puis me tromper moi-même à cet égard. Je n'ai jamais cru qu'un Dieu de bonté exigeât de nous ce qui ne pouvait servir à notre bonheur ni à celui des autres. En brisant mes liens avec le monde, je ne sens au fond de mon cœur que l'amour qui m'y condamne, et l'amour qui m'en récompense; oui, c'est pour son estime, c'est pour ne point exposer sa vie, c'est pour sauver la réputation de celle qu'il a honorée de son choix, que je m'enferme ici pour jamais! Pardonne, ô mon Dieu! l'on exige de moi que je prononce ton nom; mais tu lis au fond de mon âme, et tu sais que je ne t'offre point une action dont tu n'es pas l'objet! je t'offre tout ce que je ferai jamais de bon, d'humain, de raisonnable; mais ce que le désespoir m'inspire, ce sont les passions du cœur qui l'ont obtenu de moi!

« Je suis fière, cependant, reprit Delphine, d'immoler mon sort à Léonce; je traverserai le temps qui me reste comme un désert aride, qui conduit du bonheur que j'ai perdu au bonheur que je retrouverai peut-être un jour dans le ciel. Je tâcherai d'exercer quelques vertus dans cet intervalle, quelques vertus qui me fassent pardonner mes fautes, et soutiennent en moi jusque dans la vieillesse l'élévation de l'âme. Voilà tous mes desseins, voilà toutes mes espérances! Ne discutez rien, n'ébranlez rien en me parlant, ma chère Henriette; vous pourriez me faire beaucoup de mal, mais vous ne changeriez rien à mon sort : le déshonneur est sur le seuil de ce couvent : si j'en sors, il m'atteint; s'il m'atteint, Léonce me venge, son sentiment est altéré, je crains pour sa vie, et je perds son amour! Grand Dieu! qui oserait me conseiller de quitter cette demeure, fût-elle mon tombeau? qui ne me retiendrait pas par pitié, si mes pas m'entraînaient hors de cette enceinte? »

En l'écoutant, mademoiselle, je ne conservais qu'un espoir, c'est l'année de noviciat qui nous reste. Ne peut-on pas obtenir pendant ce temps de madame de Ternan qu'elle conserve Delphine dans sa maison, et qu'elle étouffe par tous ses moyens l'éclat de son aventure, sans exiger d'elle de prendre le voile? Mais cet espoir, s'il existe encore, ne dépend point de Delphine, je ne devais donc pas risquer de lui en parler. Je l'embrassai en pleurant; elle me chargea de vous écrire, et nous nous quittâmes sans que j'eusse tâché d'ébranler dans ce moment sa résolution.

Je vais laisser passer quelques jours, afin que Delphine ait le temps d'adoucir, par sa présence, les cruelles préventions de ses compagnes; et je retournerai chez madame de Ternan, pour essayer ce que je puis sur elle. Vous aussi, mademoiselle, écrivez à Delphine; servez-vous de votre ascendant pour la détourner de son projet, et consacrons nos efforts réunis à la sauver du malheur qui la menace.

LETTRE XXVI.

Mademoiselle d'Albémar à Delphine.

Montpellier, ce 18 avril.

Ma chère Delphine, je frémis de la lettre de madame de Cerlebe, que je viens de recevoir! Au nom du ciel! retirez le consentement que vous avez donné à madame de Ternan. Je sens tout ce qu'il y a de cruel dans votre situation, mais rien ne doit vous décider à un engagement irrévocable; ni vos opinions ni votre caractère ne sont d'accord avec les obligations que vous voulez vous imposer : votre pitié généreuse vous a fait commettre une grande imprudence, mais il n'est point impossible de faire connaître le véritable motif de votre démarche.

M. de Valorbe ne peut-il pas se repentir et vous justifier authentiquement? pensez-vous que le reste de votre vie dépende de ce qui sera dit pendant quelques jours dans un coin de la Suisse ou de l'Allemagne? Si vous n'aviez pas peur d'être condamnée par Léonce, combien il vous serait facile de braver l'injustice de l'opinion! vous que j'ai vue trop disposée à la dédaigner, vous lui sacrifiez votre vie tout entière; quel délire de passion! car, ne vous y trompez pas, votre seul motif, c'est la crainte d'être un instant soupçonnée par Léonce, ou d'en être moins aimée, quand même il connaîtrait votre innocence, si votre réputation restait altérée. Mon amie, peut-on immoler sa destinée entière à de semblables motifs?

Le plus grand malheur des femmes, c'est de ne compter dans leur vie que leur jeunesse; mais il faut pourtant que je vous le dise, dussé-je vous indigner, dans dix ans, vous n'éprouverez plus les sentiments qui vous dominent à présent; dans vingt ans, vous en aurez perdu même le souvenir; mais le malheur auquel vous vous dévouez ne passera point, et vous vous désespérerez d'avoir soumis votre destinée entière à la passion d'un jour. Encore une fois, pardonnez; je reviens à ce que vous pouvez entendre sans vous révolter contre la froideur de ma raison.

Avez-vous pensé que vous mettiez une barrière éternelle entre Léonce et vous? S'il était libre une fois; si jamais... juste ciel! dites-moi, l'imagination la plus exaltée aurait-elle pu inventer des douleurs aussi déchirantes que le seraient les vôtres? Vous vous êtes mal trouvée de vous livrer à l'enthousiasme de votre caractère, la réalité des choses n'est point faite pour cette manière de sentir; vous mettez dans la vie ce qui n'y est pas, ce qu'elle ne peut contenir : au nom de notre amitié, au nom encore plus sacré de celui que vous nommez votre bienfaiteur, de mon frère, renoncez à votre noviciat avant que l'année soit écoulée! le temps amènera ce que la pensée ne pouvait prévoir; mais que peut-il, le temps, contre les engagements irrévocables?

Je crains beaucoup l'ascendant qu'a pris sur vous madame de Ternan; sa ressemblance avec Léonce en est, j'en suis sûre, la principale cause : elle agit sur vous, sans que vous puissiez vous en défendre; sans cette fatale ressemblance, madame de Ternan vous déplairait certainement : la femme qui n'a pu se consoler de n'être plus belle, doit avoir l'âme la plus froide et l'esprit le plus léger. Moi qui ai été vieille dès mes premiers ans, puisque ma figure ne pouvait plaire, j'ai su trouver des jouissances dans mes affections; et si vous étiez heureuse, j'aimerais la vie. Madame de Ternan avait des enfants, pourquoi n'a-t-elle pas désiré de vivre auprès d'eux? Elle était riche, pourquoi n'a-t-elle pas mis son bonheur dans la bienfaisance? elle n'a vu dans la vie qu'elle, et dans elle que son amour-propre. Si elle avait été un homme, elle aurait fait souffrir les autres; elle était femme, elle a souffert elle-même; mais je ne vois en elle aucune trace de bonté, et, sans la bonté, pourquoi la douleur même inspirerait-elle de l'intérêt? en a-t-elle pour vous, cette femme cruelle, quand elle vous offre l'alternative du déshonneur ou d'une vie qui ressemble à la mort?

Vous avez la tête presque perdue, vous ne croyez plus à l'avenir; vous êtes saisie par une fièvre de l'âme qui ne se manifeste point aux yeux des autres, mais qui vous égare entièrement. Je conçois qu'il est des moments où l'on voudrait abdiquer l'empire de soi; il n'y a point de volonté qu'on ne préfère à la sienne, et la personne qui veut s'emparer de vous le peut alors, sans avoir besoin, pour y parvenir, de mériter votre estime. Mais quand on se trouve dans une pareille situation, ce qu'il faut, mon amie, c'est ne prendre aucune résolution, replier ses voiles, laisser passer les sentiments qui nous agitent, employer toute sa force à rester immobile, et six mois jamais ne se sont écoulés sans qu'il y ait eu un changement remarquable en nous-mêmes et autour de nous.

Ma chère Delphine, avant que votre année de noviciat soit finie, j'irai vous chercher; et si mes raisons ne vous ont pas persuadée, j'oserai, pour la première fois, exiger votre déférence.

LETTRE XXVII.

Delphine à mademoiselle d'Albémar.

De l'abbaye du Paradis, ce 1ᵉʳ mai.

Pardonnez, ma sœur, si je ne puis vous peindre avec détail les sentiments de mon âme; parler de moi me fait mal. Ce que je puis vous dire seulement, c'est que je souhaiterais sans doute qu'avant la fin de mon noviciat, une circonstance heureuse me permît de ne pas prononcer mes vœux; mais tant que je n'aurai que l'alternative de ces vœux ou de mon déshonneur, rien ne peut faire que j'hésite à les prononcer. Pardon encore de repousser ainsi vos conseils et votre amitié; mais il y a des situations et des douleurs dans la vie, dont personne ne peut juger que nous-mêmes.

LETTRE XXVIII.

Madame de Mondoville, mère de Léonce, à sa sœur, madame de Ternan.

Madrid, ce 15 mai 1792.

Vainement, ma chère sœur, vous vous croyez certaine d'avoir fixé madame d'Albémar auprès de vous; vainement vous pensez que je n'ai plus rien à craindre du fol amour de mon fils pour elle; tous vos projets peuvent être renversés, si vous ne suivez pas le conseil que je vais vous donner.

Une lettre de Paris m'apprend que Matilde est malade, elle le cache à tout le monde, et plus soigneusement encore à mon fils; mais le jeûne rigoureux auquel elle s'est astreinte cette année, quoiqu'elle fût grosse, lui a fait un mal peut-être irréparable; et l'on m'écrit que si, dans cet état, elle persiste à vouloir nourrir son enfant, certainement elle n'y résistera pas deux mois: si elle meurt, mon fils ne perdra pas un jour pour découvrir la retraite de madame d'Albémar; il l'engagera bien aisément à renoncer à son noviciat, et rien au monde alors ne pourra l'empêcher de l'épouser: quelle est donc la ressource qui peut nous rester contre ce malheur? une seule, et la voici:

Il faut obtenir des dispenses de noviciat pour madame d'Albémar, et lui faire prononcer ses vœux tout de suite; rien de plus facile et rien de plus sûr que ce moyen: j'ai déjà parlé au nonce du pape en Espagne; il a écrit en Italie, l'on ne vous refusera point ce que vous demanderez; envoyez un courrier à Rome, donnez les prétextes ordinaires en pareils cas, et quand vous aurez obtenu la dispense, offrez, comme vous l'avez déjà fait, à madame d'Albémar, le choix de prononcer ses vœux, ou de sortir de votre maison; elle n'hésitera pas, et nous n'aurons plus d'inquiétude, quoi qu'il puisse arriver.

Nous ne pouvons nous reprocher en aucune manière d'abréger le noviciat de madame d'Albémar; elle a manifesté son intention de se faire religieuse, elle a vingt-deux ans, elle est veuve, personne n'est plus en état qu'elle de se décider, et ce n'est pas la différence de quelques mois qui rendra ses vœux moins libres et moins légitimes; mais de quelle importance n'est-il pas pour nous, de ne pas nous exposer à attendre les couches de Matilde? Si elle meurt, madame d'Albémar vous quitte; vous perdrez ainsi pour jamais une société qui vous est devenue nécessaire; et moi, j'aurai pour belle-fille un caractère inconsidéré, une tête imprudente, qui mettra le trouble dans ma famille.

Je suis vieille, assez malade; je veux mourir en paix, et rappeler près de moi mon fils: soit que Matilde vive ou qu'elle meure, Léonce m'aimera toujours par-dessus tout, s'il n'est pas lié à une femme dont il soit amoureux, et qui absorbe entièrement toutes ses affections; mon esprit, au moins à présent, lui est nécessaire: s'il a une femme qui ait aussi de l'esprit, et, de plus, de la jeunesse et de la beauté, que serai-je pour lui ? Vous m'avez avoué, ma sœur, que vous vous préfériez aux autres : moi, si je suis personnelle, c'est dans le sentiment que je le suis ; je donnerais ma vie avec joie pour le bonheur de mon fils ; mais je ne voudrais pas qu'une autre que moi fît ce bonheur, et je me sens de la haine pour une personne qu'il aime mieux que moi.

Vous voyez, chère sœur, avec quelle franchise je vous parle ; mais songez surtout combien il est essentiel de ne pas perdre un moment, pour nous préserver des chagrins qui nous menacent.

LETTRE XXIX.

Madame de Cerlebe à mademoiselle d'Albémar.

De l'abbaye du Paradis, ce 20 juin.

Tout est dit, le temps, sur lequel je comptais, nous est arraché. Les vœux éternels sont prononcés ! Ah ! nous avons été entraînées par je ne sais quelle puissance inexplicable, et maintenant qu'il faut que je vous rende compte de ces malheureux jours, leur souvenir se perd dans le trouble qui nous a peut-être empêchées de faire usage de notre raison.

Depuis près de trois mois que madame d'Albémar était novice, madame de Ternan avait cherché tous les moyens de prendre de l'ascendant sur elle : ce n'était point par l'art ou de la fausseté qu'elle y était parvenue ; il faut rendre à madame de Ternan la justice qu'elle a beaucoup de vérité dans le caractère, mais tant d'humeur et de personnalité, qu'il faut ou se brouiller avec elle, ou céder à ses volontés. Combien, dans la plupart des associations de la vie, n'y a-t-il pas d'exemples de l'empire de l'humeur et de l'exigence sur la douceur et la raison : dès qu'un lien est formé, de manière qu'on ne puisse plus le rompre sans de graves inconvénients, c'est le plus personnel des deux qui dispose de l'autre.

Je me croyais sûre cependant que nous avions encore plusieurs mois devant nous ; je comptais sur votre arrivée, que vous aviez annoncée ; je me flattais que, pendant ce temps, il surviendrait des incidents qui délivreraient madame d'Albémar sans la compromettre : lorsqu'il y a trois jours, je vins la voir à son couvent, je la trouvai beaucoup plus triste qu'elle ne l'avait été jusqu'alors. Interrogée par moi, elle me dit que madame de Ternan avait obtenu à Rome des dispenses de noviciat, et qu'elle voulait l'obliger à prononcer ses vœux dans trois jours : indignée de cette résolution, j'en demandai les motifs. « Elle ne me les a pas fait connaître, répondit madame d'Albémar ; elle s'est retranchée dans la phrase ordinaire dont elle se sert quand elle a de l'humeur contre moi ; elle m'a dit que, si je ne voulais pas suivre ses conseils, elle rendrait publique la lettre du commandant de Zell, et se conformerait à la délibération des sœurs qui, en conséquence de cette lettre, avaient décidé qu'elles ne me garderaient pas dans leur couvent. J'ai cependant persisté dans mon refus d'abréger mon noviciat, continua Delphine ; mais cette affreuse menace me remplit de terreur. » J'essayai alors de rassurer madame d'Albémar, et je me déterminai à parler à madame de Ternan, malgré l'éloignement qu'elle m'inspire : je lui fis demander de la voir ; elle me fit dire capricieusement de revenir le lendemain.

En arrivant, je lui expliquai l'objet de ma visite ; elle me dit, avec une franchise d'égoïsme tout à fait originale, qu'elle avait des raisons de craindre que, si le noviciat de Delphine durait un an, les circonstances ou ses amis ne la fissent renoncer au projet de se faire religieuse, et qu'elle ne voulait pas s'exposer à perdre la société d'une personne qui lui plaisait extrêmement. Je voulus lui parler alors du plaisir d'être généreuse envers ses amis, de se sacrifier pour eux ; elle me répondit honnêtement, mais comme s'il fallait de la politésse pour ne pas se moquer de ce qu'elle appelait ma mauvaise tête ; et non-seulement elle n'était pas ébranlée par tout ce que je pouvais lui dire, mais elle n'avait pas l'air de croire qu'on pût hésiter sur ce que je proposais, et répétait sans cesse : « Comment peut-on me demander de ne pas employer tous mes moyens pour faire réussir une chose que je souhaite ? c'est vraiment de la folie. »

Je retournai ensuite vers Delphine, et je voulus l'engager à sortir de l'abbaye, à braver ce qu'on pourrait dire, en venant s'établir chez moi ; mais je vis avec douleur qu'elle n'en avait pas la force. « Autrefois, me dit-elle, je ne craignais pas du tout l'opinion, et je ne consultais jamais que le propre témoignage de ma conscience ; mais depuis que le monde a trouvé l'art de me faire mal dans mes affections les plus intimes, depuis que j'ai vu qu'il n'y avait pas d'asile contre la calomnie, même dans le cœur de ce qu'on aime, j'ai peur des hommes, et je tremble devant leur injustice, presque autant que devant mes remords ; enfin, j'ai tant souffert, que je n'ai plus qu'un vif désir, celui d'éviter de nouvelles peines. » C'est ainsi, mademoiselle, que me trouvant entre l'inflexible personnalité de madame de Ternan, et l'effroi que causait à Delphine la seule idée d'un éclat déshonorant, tous mes efforts auprès de l'une et de l'autre étaient inutiles.

Cependant je me flattais, avec raison, d'avoir plus d'ascendant sur Delphine; elle redoutait les vœux précipités qu'on exigeait d'elle, et souhaitait extrêmement de pouvoir y échapper : j'étais avec elle, et nous cherchions ensemble s'il existait un moyen d'ébranler la résolution de madame de Ternan, lorsqu'elle entra dans la chambre avec un air d'indignation qui me fit battre le cœur. « Voilà, madame, dit-elle à Delphine, la lettre que vous m'attirez; c'en est trop, il faut pourtant que vous cessiez de porter le trouble dans cette maison. » Je lus à Delphine tremblante la lettre que madame de Ternan consentit à me donner; elle contenait des menaces insensées et offensantes, que M. de Valorbe écrivait à madame de Ternan ; il lui déclarait qu'il avait appris qu'elle voulait forcer madame d'Albémar à se faire religieuse, et que, dans peu de jours, espérant obtenir sa liberté du gouvernement autrichien, · il viendrait réclamer lui-même madame d'Albémar, et accuser publiquement quiconque voudrait la retenir : il ajoutait à ces menaces, déjà très-blessantes, quelques mots qui indiquaient le peu de dévotion de madame de Ternan, et les motifs de vanité qui lui avaient fait haïr le monde. Après une telle lettre, il n'était plus possible d'espérer que madame de Ternan fléchît jamais sur la volonté qu'elle avait exprimée; le malheureux Valorbe n'avait certainement dans cette circonstance que le désir d'être utile à madame d'Albémar, et pour la seconde fois il la perdait.

Madame de Ternan était irritée à un degré excessif; c'est une personne qu'on ne peut plus ramener, quand une fois son amour-propre est offensé. Madame d'Albémar voulut dire quelques mots sur ce qu'il serait injuste de la rendre responsable du caractère de M. de Valorbe, elle qui en avait été si cruellement victime. « Que vous soyez innocente ou non, madame, de son insolente folie, répondit madame de Ternan, il n'en est pas moins vrai qu'il veut vous enlever d'ici, quand il aura recouvré sa liberté. Pour prévenir cette scène scandaleuse, il ne reste que deux partis à prendre; ou vous ferez perdre toute espérance à M. de Valorbe, en vous fixant dans cette maison pour toujours, ou vous voudrez bien en sortir; et comme il ne faut pas que M. de Valorbe puisse se flatter que ses menaces m'ont fait peur, je ferai connaître la délibération de nos sœurs et ses motifs. » J'espérai un moment que le ton impé-

rieux de madame de Ternan avait révolté Delphine, et qu'elle allait tout braver pour lui résister, car elle lui répondit, avec beaucoup de dignité : «Vous abusez trop, madame, de mon malheur, et vous comptez trop peu sur mon courage. »

Dans ce moment on apporta une lettre de vous; pardonnez-moi, mademoiselle, la peine que je vais vous causer; ne vous accusez pas cependant, car je suis sûre que cette lettre n'a rien changé à l'événement, il était inévitable. Madame de Ternan prit, avec sa hauteur accoutumée, votre lettre adressée à madame d'Albémar, et dit à Delphine : « Tant que vous êtes novice dans ma maison, madame, j'ai le droit de lire vos lettres : la voici, continua-t-elle, après l'avoir parcourue; on y parle seulement de mon neveu et de l'heureux accouchement de sa femme. » Delphine tressaillit au nom de Léonce, et la main qu'elle tendit pour recevoir la lettre tremblait extrêmement. Vous savez que vous lui mandiez que Matilde était accouchée d'un fils, et que sans doute elle se portait bien, puisqu'elle était décidée à nourrir son enfant; vous ajoutiez que Léonce paraissait sentir vivement le bonheur d'être père.

Delphine baissa son voile, pour lire cette lettre, afin de cacher son trouble; je lui demandai de la voir, et comme elle me la donnait, sa main souleva par hasard ce voile, et nous vîmes baigné de pleurs ce visage céleste, que toutes les impressions de l'âme, même les plus douloureuses, embellissent encore. Elle rougit extrêmement, quand elle s'aperçut que son émotion, dans une pareille circonstance, et pour un semblable sujet, avait été connue; et c'est alors qu'avec l'accent le plus sombre, et l'expression de découragement la plus déchirante, elle dit : « C'est assez résister, c'est assez combattre pour une existence infortunée, contre tous les événements et tous les caractères; mes amis, le monde et mon propre cœur sont lassés de moi, c'est assez : demain, madame, continua-t-elle en s'adressant à madame de Ternan, demain, à pareille heure, je me lierai par les serments que vous me demandez. Que personne n'en soit témoin, je vous en conjure; ma disposition ne me rend pas digne de l'appareil qui donnerait à cette cérémonie un caractère imposant; séparez-moi du passé, de l'avenir, de la vie; c'est tout ce que je veux, c'est tout ce que je puis. » Madame de Ternan embrassa Delphine avec une sorte de triomphe qui me fit bien mal; ce qui lui causait le plus de plaisir encore dans la résolution de Delphine, c'était d'être parvenue à se faire obéir. Elle me demanda de la laisser seule avec madame d'Albémar tout le jour, pour la préparer au lendemain ; il fallut m'éloigner. Delphine, profondément absorbée, ne remarqua point mon départ.

Le lendemain, j'arrivai de bonne heure au couvent ; les religieuses entouraient Delphine, et lui demandaient si elle sentait la grâce descendre dans son cœur ; elle ne répondait rien, pour ne pas les scandaliser ni les tromper ; mais elle m'a dit depuis, que dans aucun temps de sa vie, elle n'avait éprouvé des sentiments moins conformes à la situation où elle se trouvait ; car rien ne lui paraissait plus contraire à l'idée qu'elle a toujours nourrie de la véritable piété, que ces institutions exagérées qui font de la souffrance le culte d'un Dieu de bonté. Les cérémonies de deuil dont on l'entourait ne produisirent aucune impression ; une fois, m'a-t-elle dit, elle avait été profondément touchée d'une semblable cérémonie, mais son âme était maintenant si fort occupée, qu'aucun objet extérieur ne frappait même son imagination.

L'abbesse arriva ; elle avait mis du soin dans l'arrangement de son costume, elle avait l'air plus jeune, et sans doute elle rappelait davantage Léonce ; car Delphine s'approchant de moi, me dit : « Considérez madame de Ternan, c'est la ressemblance de Léonce que je vois·, c'est elle qui marche devant moi, puis-je me tromper en la suivant ? N'y a-t-il pas quelque chose de surnaturel dans cette ombre de lui qui me conduit à l'autel ? O mon Dieu ! continua-t-elle à voix basse, ce n'est pas à vous que je me sacrifie, ce n'est pas vous qui exigez l'engagement insensé que je vais prendre ; c'est l'amour qui m'entraîne, c'est l'injustice des hommes qui m'y condamne ; pardonnez si l'on me force à prononcer votre nom, je ne cherche ici qu'un asile ; c'est dans mon cœur qu'est votre culte. Toutes les vaines démonstrations, toutes ces folles promesses, je vous en demande le pardon, loin d'en espérer la récompense. » Je ne puis vous peindre, mademoiselle, ce qu'il y avait d'effrayant dans ce discours, et dans l'expression de douleur qu'on voyait alors sur le visage de Delphine ; si elle s'était faite religieuse avec les sentiments de cet état, j'aurais versé plus de larmes, mais j'aurais moins souffert ; il me semblait que je la voyais marcher à la mort, sans réflexion, sans terreur, avec cet égarement qui a quelquefois le caractère de l'insouciance, mais qui ne vient cependant que de l'excès même du désespoir.

Les religieuses accompagnèrent Delphine sans ordre, sans recueillement ; elles avaient, sans s'en rendre compte une idée confuse du motif de tout ce qui se passait. Delphine était plus belle que je ne l'ai vue de ma vie ; mais ces charmes ne venaient point de l'abattement ni de la pâleur qui la rendaient si intéressante depuis quelque temps ; elle avait, au contraire, une expression animée, qui tenait, je crois, à de la fièvre ; elle ne leva pas même une seule fois les yeux vers le ciel, comme si elle eût craint de l'attéster dans une pareille circonstance.

Madame de Ternan remplissait les devoirs de sa place avec décence, mais sans que rien en elle pût émouvoir le cœur par des sentiments religieux. Un prêtre d'un talent médiocre fit un discours que personne n'écouta fort attentivement : cependant lorsqu'à la fin, suivant l'usage, il interpella formellement la novice, pour lui recommander de ne point embrasser l'état de religieuse par des *motifs humains*, Delphine tressaillit, et, laissant tomber sa tête sur ses deux mains, elle fut absorbée dans une méditation si profonde, qu'aucun des objets qui l'entouraient ne paraissait attirer son attention. Elle devait, dans un moment convenu, s'avancer au milieu du chœur ; et, comme elle n'avait pas l'air de penser à quitter sa place, j'eus un moment l'espoir qu'elle allait refuser de prononcer ses vœux, mais cet espoir dura peu. L'abbesse commença la première à chanter, ainsi que cela est ordonné dans ces cérémonies, un psaume très-solennel, dont les paroles sont :

Souviens-toi qu'il faut mourir [1].

La voix de madame de Ternan est belle et jeune encore : je reconnus dans sa manière de prononcer cet accent espagnol dont madame d'Albémar m'avait souvent parlé, et je compris d'abord, à l'extrême émotion de Delphine, que tout lui rappelait Léonce ; enfin elle se leva, et se dit à elle-même, assez haut cependant pour que je l'entendisse : « Eh bien, puisque le ciel se sert de cette voix pour m'ordonner de mourir, il n'y faut pas résister. Léonce ! Léonce ! répéta-t-elle encore en se jetant à genoux, reçois mon sacrifice ! » Sa beauté, en ce moment, était enchanteresse, et je pensais, avec un mélange d'étonnement et de terreur, à cet amour tout-puissant, à cet homme inconnu, mais sans doute extraordinaire, puisque son souvenir occupait entièrement cette charmante créature, qui s'immolait à sa tendresse pour lui.

Pendant le reste de la cérémonie, Delphine montra assez de force ; et ce qui acheva de me confondre, c'est que, rentrée chez elle avec moi,

[1] *Memento mori.*

lorsque tout fut terminé, elle ne paraissait pas se ressouvenir qu'elle eût changé d'état : elle ne disait plus rien qui eût aucun rapport avec ce qui venait de se passer, et s'occupait seulement de la lettre qu'elle voulait écrire à M. de Valorbe, en lui apprenant la résolution qu'elle venait d'accomplir, et le priant d'accepter une partie de sa fortune. Je ne combattis point cette généreuse pensée; madame d'Albémar ne peut se soutenir dans sa situation que par l'enthousiasme; tant qu'il lui restera quelque action noble à faire, elle ne sentira pas tout ce que son état a de cruel.

Elle a pris de grandes précautions pour qu'on ne sache point son nom, afin que de longtemps Léonce ne puisse découvrir ce qu'elle est devenue, ni les motifs qui l'ont forcée à se faire religieuse; elle craindrait qu'il ne s'en vengeât sur M. de Valorbe. Enfin, je l'ai vue, pendant les deux heures que j'ai passées avec elle, constamment occupée des autres, et, dans l'éclat de la jeunesse et de la beauté, parlant d'elle-même comme si elle eût déjà cessé d'exister.

Maintenant, hélas! mademoiselle, en écrivant à votre amie, songez que son malheur est sans ressource, encouragez-la à le supporter; vous avez de l'empire sur elle, faites-en l'usage que la nécessité commande. Ne me haïssez pas de n'avoir pu sauver Delphine! j'ai assez souffert pour que vous ne puissiez pas douter des sentiments dont je suis pénétrée.

LETTRE XXX.

M. de Valorbe à madame d'Albémar.

Zell, ce 24 juin.

Vous avez eu tort de vous faire religieuse; vous avez craint d'être déshonorée par les heures passées à Zell, et vous n'avez pas daigné penser que je vous justifierais avant de mourir. En mourant, je ferai connaître la vérité; elle parviendra à Montalte, qui est maintenant en Languedoc; je lui permettrai d'en instruire Léonce, une fois, dans quelque temps, quand mes cendres seront assez refroidies, pour que votre triomphe ne les insulte pas. Vous serez alors bien affligée de vous être séparée pour jamais du monde; mais pourquoi n'avez-vous pas compté sur ma mort? Je vous l'avais promise, il fallait m'en croire.

Si quelqu'un avait voulu m'aimer, je sens que je me serais adouci, je serais redevenu digne de ce qu'on aurait fait pour moi; mais à qui importait-il que je vécusse?

Savez-vous ce qu'il y a d'horrible dans ma situa-

tion? Ce n'est pas de terminer une vie que la ruine, les souffrances, le déshonneur me rendent odieuse, mais c'est de n'avoir pas au fond du cœur un seul sentiment doux, de ne pouvoir verser des pleurs sur mon sort, d'être dur pour moi, comme l'a été le reste des hommes; de me haïr, de repousser l'instinct de la nature par une sorte de férocité qui m'inspire la dérision de mes propres douleurs. Oui, les hommes m'ont enfin mis de leur parti, je me traite comme ils m'ont traité; et si c'est un crime de repousser tous les secours qui pourraient conserver la vie, je le commets, ce crime, avec le sang-froid barbare qui ferait immoler un ennemi longtemps détesté.

Delphine, vous que j'aimais, vous qui pouviez tirer encore des larmes de ce cœur desséché, vous avez mieux aimé nous tuer tous les deux, que de réunir nos malheureuses destinées. Écoutez-moi, je vous ai pardonné, vous valiez encore mieux que le reste de la terre; votre réputation sera complétement rétablie, elle le sera par moi; Léonce ne pourra pas former contre vous le moindre soupçon. Malheureux que je suis! il y aura encore de l'amour après moi, il y aura des cœurs qui seront heureux.... Qu'ai-je dit? hélas! pauvre Delphine, ce ne sera pas vous qui jouirez de la vie. Je vous le répète encore, pourquoi vous êtes-vous faite religieuse? C'était moi que vous vouliez fuir, et vous préfériez le tombeau à notre hymen. Mais ne pouviez-vous pas attendre quelques moments, quelques jours? je n'en demandais pas plus pour achever de vivre. Oh! que je souffre! mourir est plus douloureux encore que je ne croyais.

LETTRE XXXI.

Madame de Cerlebe à mademoiselle d'Albémar.

Zurich, ce 28 juin 1792.

L'infortuné Valorbe n'est plus; en mourant, il a écrit à madame d'Albémar qu'il la justifierait dans l'opinion : ainsi, huit jours après avoir prononcé ses vœux, elle apprend que le sacrifice affreux qu'elle a fait est devenu inutile.

La mort de M. de Valorbe a été terrible. En recevant la lettre de madame d'Albémar, qui lui apprenait qu'elle avait prononcé ses vœux, il est tombé dans un accès de désespoir, tel, qu'il a déchiré lui-même ses blessures déjà rouvertes, et, pendant trois jours, il a refusé tous les secours qu'on voulait lui donner pour le sauver; mais, par une inconséquence déplorable, quand il n'y avait plus de ressource, il a vivement désiré qu'on pût en trouver. Violent et faible jusqu'au dernier moment, il a regretté la vie quand sa volonté avait appelé la mort; irrité par ses douleurs, irrité par la résistance que la nature opposait à ses désirs, il a éprouvé comme une sorte de rage de mourir, après avoir maudit l'existence, tant qu'il était en son pouvoir de la conserver. Plusieurs fois, en expirant, il a nommé madame d'Albémar, et l'a accusée de son sort.

Madame de Ternan, qui ne ménage jamais les autres, a remis à Delphine une lettre de Zell, qui contenait tous ces détails; et quand je suis arrivée à l'abbaye, madame d'Albémar savait tout; et, se jetant dans mes bras, elle m'a dit : « Jusqu'à ce jour, je n'avais fait de mal qu'à moi, et maintenant je suis coupable de la mort d'un homme, d'un homme qui avait conservé la vie à mon bienfaiteur! Oh! que j'ai pitié de lui; oh! que je voudrais, aux dépens de ma vie, l'avoir sauvé! Il vivrait s'il ne m'eût pas connue! Malheureuse, pourquoi suis-je née? » J'ai dit à Delphine tout ce qui pouvait lui persuader qu'elle ne devait point se reprocher la mort de M. de Valorbe. « Je sais bien, me répondit-elle, que je ne suis pas méchante; mais j'ai d'autres défauts qui causent autant de malheurs autour de moi, l'imprudence, l'entraînement, les sentiments irréfléchis et passionnés. Je n'ai pas su guider ma vie, et j'ai précipité les autres avec moi. — Je vous en conjure, lui dis-je, ne considérez pas les malheurs que vous éprouvez comme le résultat de vos erreurs et de vos fautes. Les résolutions que vous avez prises appartenaient à des sentiments tout à fait involontaires. Il y a de la fatalité en nous comme hors de nous, et il ne faut pas plus se révolter contre soi que contre les autres.—Ah! reprit Delphine, tout pouvait encore se supporter; mais la mort! l'irréparable mort! »

J'essayai de lui parler du soin que M. de Valorbe avait pris de le justifier dans l'esprit de Léonce. « Le malheureux, s'écria-t-elle, c'est un trait de bonté qui doit l'absoudre de tout, il m'a justifiée! Voilà donc, dit-elle en s'arrêtant subitement, comme si une pensée tout à fait imprévue se fût emparée d'elle, voilà déjà la moitié de la prédiction de ma sœur qui s'est accompli! Ne m'a-t-elle pas dit que la vérité serait connue sur mon voyage à Zell? Elle le sera. Ne m'a-t-elle pas dit aussi que peut-être un jour Léonce serait libre? Oh! d'où vient que cette idée, la plus invraisemblable de toutes, m'est revenue dans cet instant? C'est parce que mon sort est maintenant irrévocable, que je crois aux événements qui me paraissaient impossibles il y a quelque temps : funeste imagination! s'écria-t-elle; ah! Dieu! » Et

elle resta plongée dans le plus profond silence.

Madame d'Albémar n'est pas encore en état de vous écrire, mademoiselle; elle m'a demandé de m'en charger; c'est toujours à vous qu'elle pense au milieu de ses plus grandes peines. Ah! mademoiselle, venez, venez ici. Votre présence est le seul bien qui puisse consoler cette jeune infortunée, privée de tout autre espoir pour le cours de sa longue vie.

LETTRE XXXII.

Madame de Lebensei à mademoiselle d'Albémar.

Paris, ce 30 juin 1792.

Madame de Mondoville est tombée tout à coup très-malade, mademoiselle; elle s'obstine à vouloir nourrir son enfant dans cet état; et si l'on n'obtient pas d'elle d'y renoncer, sa mort est certaine. Je vous donnerai de ses nouvelles exactement; mon mari ne quitte pas M. de Mondoville. Ne mandez pas à madame d'Albémar la situation de Matilde; il faut lui épargner des impressions trop mêlées, trop diverses, pour ne pas agiter vivement son cœur. Soyez sûre que je ne passerai pas un jour sans vous informer de la santé de madame de Mondoville. Nous nous entendons sans nous exprimer. Adieu, mademoiselle.

SIXIÈME PARTIE.

LETTRE PREMIÈRE.

Delphine à mademoiselle d'Albémar.

De l'abbaye du Paradis, ce 1er juillet 1792.

Mon amie, j'ai causé la mort d'un homme! c'est en vain que je cherche dans ma pensée des excuses, des explications; je n'ai pas eu des intentions coupables, mais sans doute je n'ai pas su ménager le caractère de M. de Valorbe; je n'aurais pas dû lui donner un asile dans ma propre maison : un bon sentiment m'y portait; mais la destinée des femmes leur permet-elle de se livrer à tout ce qui est bien en soi? Ne fallait-il pas calculer les suites d'une action même honnête, et trouver une manière plus sage de concilier la bonté du cœur avec les devoirs imposés par la société? Si je n'avais pas des reproches à me faire, serais-je si malheureuse? on ne souffre jamais à ce point sans avoir commis de grandes fautes.

Je repasse sans cesse dans ma pensée ce que

j'aurais pu écrire à M. de Valorbe, qui eût adouci son désespoir, quand je lui annonçai mon nouvel état : il me semble que la crainte fugitive de ce qui vient d'arriver a traversé mon esprit, et que je ne m'y suis pas assez arrêtée. Je cherche à me rappeler le moment où cette crainte m'est venue, le degré d'attention que j'y ai donné, les pensées qui m'en ont détournée. Je m'efforce de suivre en arrière les plus légères traces de mes réflexions, pour m'accuser ou m'absoudre. Je me reproche enfin de ne pas accorder à la mémoire de M. de Valorbe les sentiments qu'il demandait de moi, de ne pas regretter assez celui qui est mort pour m'avoir aimée ; je n'ose me livrer à m'occuper de Léonce : il me semble que M. de Valorbe me poursuit de ses plaintes, il n'y a plus de solitude pour moi, les morts sont partout.

Vous le savez ; autrefois, quand j'étais près de vous, je me plaisais dans la vie contemplative ; le bruit du vent et des vagues de la mer, qu'on entendait souvent dans notre demeure, me faisait éprouver les sensations les plus douces ; je rêvais l'avenir, en écoutant ces bruits harmonieux, et, confondant les espérances de la jeunesse avec celles d'un autre monde, je me perdais délicieusement dans toutes les chances de bonheur que m'offrait le temps sous mille formes différentes. Cet été même, quand je n'avais plus à attendre que des peines, vingt fois, au milieu de la nuit, me promenant dans le jardin de l'abbaye, je regardais les Alpes et le ciel, je me retraçais les écrits sublimes qui, dès mon enfance, ont consacré ma vie au culte de tout ce qui est grand et bon : les chants d'Ossian, les hymnes de Thompson à la nature et à son Créateur, toute cette poésie de l'âme qui lui fait pressentir un secret, un mystère, un avenir, dans le silence du ciel et dans la beauté de la terre ; le merveilleux de l'imagination, enfin, m'élevait quelquefois dans la solitude au-dessus de la douleur même ; je me rappelais alors la destinée de tout ce qui a été distingué dans le monde, et je n'y voyais que des malheurs. Amour, vertu, génie, tout ce qui a honoré l'homme, l'homme l'a persécuté. Pourquoi donc, me disais-je, serais-je révoltée de mon sort ? quand j'ai osé sentir, penser, aimer, ne me suis-je pas condamnée à souffrir ! Et je levais des regards plus fiers vers ces astres, qui ont recueilli toutes les idées, toutes les affections que les vulgaires habitants de ce monde ont repoussées. Cette disposition de mon cœur m'était assez douce, elle m'aidait à supporter le nouvel état que j'ai embrassé ; mais depuis la mort de M. de Valorbe, je ne sais quelle inquiétude,

quel sentiment amer ne me permet plus d'être bien quand je suis seule.

Il faut que j'essaye d'une vie plus utilement employée, et que je fasse servir mon existence au bien des autres, pour parvenir à la supporter moi-même. Les plaisirs d'une bienfaisance continuelle, l'espoir de perfectionner mon âme en soulageant l'infortune, me ranimeront peut-être : les heures oisives que l'on passe ici me deviennent trop pénibles ; la rêverie me consume, au lieu de me calmer ; je ne puis échapper à moi qu'en m'occupant sans cesse à secourir les souffrances de l'humanité ; écoutez mon projet, ma sœur, et secondez-le.

La société de madame de Ternan me devient chaque jour moins agréable ; je ne lui plais plus, depuis que les malheurs que j'ai éprouvés me rendent incapable de chercher à la distraire ; elle a un fonds de tristesse sans sujet, qui lui fait détester dans les autres les peines qui ont une cause réelle ; et jamais personne n'a été moins propre à consoler, car elle n'observe jamais que ce qui la regarde personnellement ; on dirait qu'elle ne croit à rien qu'à ce qu'elle éprouve, et que tout ce qui l'environne lui paraît devoir être une modification d'elle-même. Je voudrais quitter cette femme qui m'a fait tant de mal, et me réunir à quelque association religieuse, mais consacrée à la bienfaisance. Je n'ai pas la moindre vocation pour le genre de vie qu'on mène ici ; les pratiques continuelles et minutieuses que l'on m'impose sont, avec ma manière de voir, une sorte d'hypocrisie qui révolte mon caractère. Je ne veux pas cependant, comme madame de Ternan, m'affranchir presque entièrement des exercices religieux qu'on exige de nous ; je craindrais d'affliger, par mon exemple, mes compagnes qui s'y soumettent, mais je voudrais remplir quelques devoirs qui fussent analogues aux idées que j'ai sur la vertu.

Hier, un religieux du mont Saint-Bernard est venu dans notre couvent ; je lui trouvais une expression de calme et de sensibilité que n'ont point nos religieuses. Je me promenai quelque temps avec lui ; il me raconta par hasard, et sans y attacher lui-même autant d'importance que moi, un trait qui pénétra mon cœur. Un vieillard de son ordre, accablé d'infirmités, et retiré dans l'hospice des malades, apprit cet hiver qu'un voyageur, tombé dans les neiges à peu de distance de son couvent, était près de mourir ; il se trouvait seul alors, tous ses frères étant absents pour rendre d'autres services ; il n'hésita pas, il partit, et retrouva le malheureux voyageur expirant au milieu des neiges ; il n'était plus possible de le transporter, il entendait avec difficulté ce qu'on lui disait ; le vieillard se mit à genoux près de lui, sur les glaces qui l'environnaient, il se pencha vers son oreille, et tâcha de lui faire comprendre les paroles qui donnent encore de l'espérance au dernier terme de la vie ; il resta près d'une heure dans cette situation, recevant sur sa tête blanchie et sur son corps infirme la pluie et les frimas, qui sont mortels au sommet des Alpes pour la jeunesse elle-même. Le vieillard élevait la voix ou l'adoucissait, suivant l'expression du visage de son infortuné malade ; il faisait pénétrer des consolations à travers les souffrances de l'agonie, et suivait l'âme enfin jusqu'à son dernier souffle, pour apaiser les peines morales, quand la nature physique se déchirait et s'anéantissait. Peu de jours après, ce bon vieillard mourut du froid qu'il avait souffert. Celui qui me racontait ce généreux dévouement s'étonnait de mon émotion.

« Croyez-moi, ma chère sœur, me dit-il, on est heureux de consacrer sa vie et sa mort au bien des autres ; que signifieraient nos engagements, nos sacrifices, s'ils n'avaient pas pour but de secourir les misérables ? La prière est un doux moment, mais c'est quand on a fait beaucoup de bien aux hommes que l'on jouit de s'en entretenir avec Dieu ; la piété se renouvelle par la vertu, les exercices religieux sont la récompense et non le but de notre vie. Nous mettons de bonnes actions faites sur la terre entre le ciel et nous ; c'est alors seulement que la protection divine se fait sentir au fond de notre cœur. » Voilà, ma chère Louise, ce qui peut être utile dans l'état religieux ; voilà le genre de vie que je veux adopter, que je veux suivre.

Hélas ! si l'infortuné Valorbe m'avait justifiée pendant sa vie, comme il l'a fait à sa mort, je serais libre encore ; mais pourquoi regretter les vœux que j'ai faits ? ils m'ont été arrachés dans un moment de délire, ils n'avaient pour objet que d'échapper au plus grand des malheurs ; mais mes vœux me lieront plus fortement encore à l'accomplissement de tous les devoirs de la morale ; et si je puis consacrer toutes les heures de ma journée à des actes d'humanité, j'espère que je reprendrai du calme. Non, mon amie, je le sens, je n'ai pas mérité de souffrir toujours ; et si je conforme ma vie à la plus parfaite vertu, la paix de l'âme doit m'être un jour rendue.

Existe-t-il encore, ma chère Louise, dans le Languedoc ou la Provence, quelques établissements de charité tels que je les désire ? je pourrais peut-être obtenir de mes supérieurs la permission de m'y retirer, et je finirais près de vous ma vie qui ne peut être longue. Ma sœur, dites-moi que vous désirez me revoir ; je n'en doute pas, mais il me sera doux de me l'entendre répéter.

LETTRE II.

Delphine à mademoiselle d'Albémar.

De l'abbaye du Paradis, ce 15 juillet 1792.

« *Ne quittez pas le lieu où vous êtes, la retraite inconnue où vous vivez ; ne venez pas près de moi à présent ; au nom du ciel, n'y venez pas !* » Voilà ce que vous m'écrivez ! Est-ce vous que mon malheur a lassée ? est-ce vous qui, fatiguée de mes égarements, ne voulez plus me tendre une main protectrice ? Écoutez, Louise, j'ai perdu successivement toutes mes illusions, toutes mes espérances ; mais si vous n'êtes pas ce qu'il y a de plus noble et de meilleur au monde, j'ignore ce que je suis moi-même ; je ne puis plus rien juger, rien aimer ; le ciel et la terre sont confondus à mes yeux ; je ne sais où poser mes pas, et je demande à la nature ce qu'elle veut faire de moi, quand elle m'ôte le seul appui sur lequel je reposais encore mon âme. Mais non, j'en suis sûre, vous m'expliquerez le mystère qui règne dans votre lettre : le sort renferme mille événements extraordinaires, toutefois il en est un impossible, c'est que la bonté se démente, c'est que l'amitié sincère se détache par le malheur, c'est que vous ne soyez pas une amie parfaitement bonne et généreuse ! Réveillez-vous, Louise, réveillez-vous ! un motif qui m'est inconnu vous a dicté votre incroyable refus ; mais quel qu'il soit, ce motif, il ne doit rien valoir.

Peut-être croyez-vous qu'il est plus convenable pour moi de rester ici, que je ferais mieux de ne pas aller en France ; ah ! ne me déchirez pas le cœur pour ce que vous croyez mon bien ; la douleur que vous m'avez causée est au-dessus de toutes celles que vous voudriez m'épargner ; les chances de l'avenir sont incertaines, et la douleur présente est le véritable mal. Plus je relis votre lettre, plus je me persuade que ce n'est point un sentiment froid, raisonnable, calculé, qui vous l'a dictée ; il y règne un trouble, une obscurité, une contradiction qui me font craindre pour vous, pour moi, quelque grand malheur que vous redoutez, que vous me cachez. Léonce est-il malade ? est-il menacé de quelque péril ?

Vous dirai-je que de malheureuses superstitions se sont emparées de moi, depuis que votre lettre a frappé mon esprit de terreur. Le dernier mot que M. de Valorbe a écrit en mourant, c'était pour exprimer son désir d'être enseveli dans notre église ; nos religieuses s'y refusaient d'abord, parce que l'on avait répandu le bruit qu'il s'était tué ; mais j'ai mis tant de chaleur dans ma demande, que je l'ai enfin obtenue ; j'attachais un grand prix à rendre à cet infortuné ce dernier hommage. Hier, au soir, je voulus aller visiter son tombeau ; votre lettre m'avait inspiré plus de désir encore d'apaiser ses mânes. Je craignais pour Léonce ; j'avais besoin d'implorer toutes les protections invisibles que les infortunés appellent sans cesse dans leurs impuissantes douleurs. J'arrive près du tombeau de M. de Valorbe, je frémis du profond silence qui m'environnnait, près d'un cœur si passionné, près d'un homme que la violence de ses sentiments avait fait mourir. Je me mis à genoux, et je me penchai sur la pierre qui couvrait sa cendre. J'y versai longtemps des pleurs de pitié, de regret et de crainte. Quand je me relevai, mon premier mouvement fut de tirer de mon sein le portrait de Léonce, que j'y ai toujours conservé ; je voulus justifier auprès de lui la pitié que m'inspirait M. de Valorbe ; mais je trouvai le portrait entièrement méconnaissable ; le marbre du tombeau de M. de Valorbe, sur lequel je m'étais courbée, l'avait brisé sur mon cœur !

Plaignez-moi ; cette circonstance si simple me parut un présage ; il me sembla que du sein des morts, M. de Valorbe se vengeait de son rival, et qu'un jour Léonce devait périr dans mes bras. Ce jour approche-t-il ? le savez-vous ? voulez-vous me le cacher ? Ah ! cessez de vous montrer insensible à mon sort ! je ne puis le croire, je ne puis soupçonner votre cœur, et toutes les chimères les plus cruelles s'offrent à moi, pour expliquer ce que je ne saurais comprendre.

LETTRE III.

Madame de Lebensei à mademoiselle d'Albémar.

Paris, ce 15 juillet 1792.

Les médecins ont déclaré que si Matilde persistait à nourrir son enfant, elle était perdue, et que son enfant même ne lui survivrait peut-être pas. Un confesseur, et un médecin amené par ce confesseur, soutiennent l'opinion contraire, et Matilde ne veut croire qu'eux. Léonce s'est emporté contre le prêtre qui la dirige ; il a supplié Matilde à genoux de renoncer à sa résolution ; mais jusqu'à présent il n'a pu rien obtenir. Elle se persuade que toutes les femmes qui ne sont pas malades se font conseiller de ne pas nourrir, pour se dispenser d'un devoir ;

et rien au monde ne peut la faire sortir de cette opinion. Elle sait une phrase pour répondre à tout : elle dit que, quand elle se sentira malade, elle cessera de nourrir ; mais que, n'éprouvant aucune douleur à présent, elle n'a point de motif pour céder à ce qu'on lui demande. On lui parle de son changement ; on lui retrace tous les symptômes alarmants de son état ; on veut l'effrayer sur le mal qu'elle peut faire à son fils : elle répond qu'elle n'y croit pas ; que le lait de la mère convient à l'enfant ; qu'un changement de nourriture serait très-dangereux pour lui, et qu'elle doit savoir, mieux que personne, ce qui est bon pour son fils et pour elle-même. Ces deux ou trois phrases répondent à toutes les conversations qu'on veut avoir avec elle, elle les répète toujours, les varie à peine ; et l'on sent en lui parlant, m'a dit M. de Lebensei, la résistance de l'entêtement, comme un obstacle physique sur lequel la force des raisonnements ne peut rien.

Quel triste spectacle cependant que cette altération du jugement, cette folie véritable, revêtue des formes les plus froides et les plus régulières ! Léonce est au désespoir, surtout pour son fils. J'espère qu'il triomphera de la résistance de Matilde ; elle l'aime, c'est le seul sentiment qui ait sur elle un pouvoir indépendant de sa volonté. M. de Lebensei ne quitte pas Léonce ; il ne se montre pas toujours à Matilde, mais il est habituellement dans la chambre de M. de Mondoville, pour le soutenir et le consoler. Léonce, depuis huit jours, n'a pas prononcé le nom de madame d'Albémar. J'aime ce respect et cette pitié pour la situation de sa femme. Jamais, cependant, je crois, il ne fut plus occupé de Delphine ! Agréez, mademoiselle, mes tendres hommages.

LETTRE IV.

M. de Lebensei à mademoiselle d'Albémar.

Paris, ce 21 juillet 1792.

Hier la femme de Léonce a cessé de vivre ! c'est vous, mademoiselle, qui l'apprendrez à madame d'Albémar. Je ne puis me refuser à vous exprimer la pitié que j'ai ressentie pour les derniers moments de cette jeune Matilde ; je suis sûr que votre noble amie, loin de me blâmer, la partagera.

Depuis un mois, l'opiniâtreté de madame de Mondoville avait révolté tout ce qui l'entourait. Léonce, surtout, inquiet pour son enfant, et ne sachant quel parti prendre, entre la crainte de réduire Matilde au désespoir, et le danger de son fils, n'avait cessé de montrer à Matilde un sentiment contenu, mais très-blessé, lorsqu'il y a quatre jours, une nuit plus alarmante que toutes les autres convainquit Matilde de son état; elle fit venir Léonce, et lui remettant son fils entre les bras, elle lui dit : « Il se peut que j'aie eu tort de vous résister si longtemps; mais les opinions que je vous opposais exercent un tel empire sur moi, que je leur sacrifie sans regrets, à vingt ans, une vie que vous rendiez heureuse. Pardonnez, si votre volonté n'a pas d'abord obtenu ce que je ne faisais pas pour la conversation de ma propre existence. Je crains que la roideur de mon caractère ne vous ait donné de l'éloignement pour la religion que je professe; ce serait la pensée la plus amère que je pusse emporter au tombeau : n'attribuez point mes défauts à ma religion, elle n'a pu les corriger tous; mais sans elle, ils auraient fait mon malheur et celui des autres; c'est elle qui m'inspire la force de quitter avec courage ce que Dieu même me permettait d'appeler le bonheur, une union intime avec le seul homme que j'aie aimé sur la terre. » Ces derniers mots touchèrent Léonce; Matilde s'en aperçut, et lui prenant la main : « Croyez-moi, lui dit-elle, ce cœur n'était pas si froid que vous le pensiez! mais ne fallait-il pas l'habituer à la contrainte? la vie religieuse est une œuvre d'efforts, et l'entraînement trop vif vers les penchants les plus purs détourne l'âme de son Dieu. »

Trois jours après cette conversation, Matilde, se sentant tout à fait mal, voulut causer seule avec Léonce, pour lui confier tout ce qui s'était passé entre elle et madame d'Albémar; elle remit à son mari la lettre qu'elle avait reçue de Delphine, et qui exprime si noblement tous les sentiments généreux de cette âme angélique. Léonce, qui avait toujours conservé une sorte de ressentiment du départ de Delphine, éprouva l'émotion la plus vive, en en apprenant la cause; et malgré tous ses efforts, il lui fut impossible, m'a-t-il avoué, de cacher à Matilde l'admiration qu'il éprouvait pour la conduite de madame d'Albémar. « Vous l'aimez, lui dit Matilde avec douceur, vous l'aimez encore! et je meurs. Eh bien , avouez donc que Dieu me protège! Croyez en lui, Léonce, et ne rendez pas inutiles les prières que je fais pour vous. » Ces mots si sensibles causèrent un remords douloureux à Léonce; il se jeta au pied du lit de Matilde, et couvrit sa main de larmes. Matilde reprit de la force; son cœur était satisfait de l'attendrissement de Léonce. « Vous épouserez madame d'Albémar, continua-t-elle; c'est une âme sensible et généreuse : mais je pense avec peine

que votre bonheur, à l'un et à l'autre, est bien dépendant des hommes et des circonstances. L'honneur est votre guide, le sentiment est le sien; mais vous n'avez point en vous-même un appui qui vous réponde de votre sort : prenez-y garde, Léonce, Dieu veut être notre premier ami, notre seul maître, et la soumission entière à sa volonté est l'unique moyen d'être affranchi de tout autre joug. Léonce, ajouta-t-elle d'une voix émue, Léonce! je voudrais emporter l'idée que vous serez heureux; mais je crains bien que vous n'en ayez pas pris la route. Si je pouvais obtenir de vous que vous élevassiez notre enfant dans mes principes! Mais, hélas! ce pauvre enfant! qui sait s'il vivra? Il sera bientôt, peut-être, un ange dans le sein de Dieu. » Tout à coup elle s'arrêta, comme si une idée l'avait troublée, et demanda son confesseur avec instance; Léonce crut apercevoir qu'elle était inquiète d'avoir nourri son enfant trop longtemps. Il alla chercher le confesseur, et lui dit : « Monsieur, vous nous avez fait bien du mal; tâchez de le réparer autant qu'il est en votre puissance. Écartez de Matilde toute idée de remords.—Je ferai mon devoir, » répondit le confesseur, et il entra chez Matilde. C'est un homme tout à la fois rempli de fanatisme et d'adresse; convaincu des opinions qu'il professe, et mettant cependant à convaincre les autres de ces opinions, tout l'art qu'un homme perfide pourrait employer; imperturbable dans les dégoûts qu'il éprouve, et toujours actif pour les succès qu'il peut obtenir; portant enfin dans une persévérance que rien ne rebute, cette dignité religieuse qui s'honore des humiliations, et place son orgueil dans les souffrances mêmes et dans l'abaissement.

Il resta plusieurs heures enfermé avec Matilde; et quand Léonce la revit, elle lui parut calme et ferme, et ne cherchant aucune occasion de lui parler seule. Pendant toute la nuit qui précéda sa mort, cette jeune et belle Matilde supporta courageusement toutes les cérémonies dont les catholiques environnent les mourants. J'étais retiré dans un coin de la chambre, derrière les domestiques qui écoutaient, à genoux, les prières des agonisants; j'apercevais dans une glace le lit de Matilde, et je voyais son confesseur approcher souvent la croix de ses lèvres mourantes. J'éprouvais à ce spectacle un tressaillement intérieur, que tout l'effort de ma volonté ne pouvait vaincre. A-t-on raison, me disais-je, d'entourer nos derniers moments d'un appareil si sombre, de surpasser en effroi la mort même, et de frapper par tant d'idées terribles l'imagination des infortunés qui expirent? Le sacrifice même est à peine aussi redoutable que ses préparatifs. Ne vaut-il pas mieux laisser venir la fin de l'homme comme celle du jour, et faire ressembler, autant qu'il est possible, le sommeil de la mort au sommeil de la vie? Oui, je le crois, celui qui meurt regretté de ce qu'il aime doit écarter de lui cette pompe funèbre : l'affection l'accompagne jusqu'à son dernier adieu ; il dépose sa mémoire dans les cœurs qui lui survivent, et les larmes de ses amis sollicitent pour lui la bienveillance du ciel : mais l'être infortuné qui périt seul a peut-être besoin que sa mort ait du moins un caractère solennel ; que des ministres de Dieu chantent autour de lui ces prières touchantes, qui expriment la compassion du ciel pour l'homme, et que le plus grand mystère de la nature, la mort, ne s'accomplisse pas sans causer à personne ni pitié, ni terreur.

Léonce était resté toute la nuit appuyé sur le pied du lit de Matilde, absorbé dans les impressions profondes qu'il éprouvait. Il m'a dit depuis, qu'en voyant mourir, avec le calme le plus parfait, une femme si belle et si jeune, il se demandait pourquoi dans les peines du cœur on s'efforçait de vivre, puisque la mort causait si peu d'effroi, même au milieu de toutes les prospérités de la vie ; tant il est vrai que, dans la destinée la plus heureuse, il y a toujours une fatigue secrète d'exister, qui console d'arriver au terme, quelque court qu'ait été le voyage !

. Vous savez combien la physionomie de Léonce est expressive, et surtout combien la douleur s'y peint avec un charme et une énergie singulière ; il avait passé la nuit dans la même attitude, debout et immobile ; ses cheveux étaient défaits, et sa beauté était vraiment alors très-remarquable. Matilde, qui avait fermé les yeux depuis assez longtemps, les ouvrit ; le premier objet qui frappa ses regards, ce fut Léonce. « O mon Dieu! s'écriat-elle, est-ce mon époux? est-ce un messager du ciel que je vois? » A peine eut-elle dit ces mots, que son visage pâle se couvrit d'une vive rougeur ; elle appela son confesseur, et lui parla bas pendant quelques minutes ; j'entendis seulement qu'il lui répondait : « Vous pouvez, madame, dire à M. de Mondoville un dernier adieu ; vous le pouvez ; mais, après l'avoir prononcé, vous devez rester seule avec nous. — Léonce, dit alors Matilde en serrant la main de son époux dans les siennes, Léonce, répéta-t-elle avec un regard où se peignaient à la fois et les ombres de la mort et le sentiment le plus vif de la vie, je vous ai toujours aimé ; ne conservez de moi que ce souvenir! Jésus-Christ lui-

même n'a-t-il pas dit qu'*il serait beaucoup pardonné à qui a beaucoup aimé?* Ne dédaignez point ma mémoire, ne foulez point aux pieds, sans tressaillir, le tombeau de celle qui n'a chéri que vous sur la terre. » Léonce se précipita vers Matilde en pleurant ; peu de secondes après, le confesseur s'approcha du lit, et dit à Léonce : « Éloignez-vous, monsieur ; madame de Mondoville ne se doit plus maintenant qu'à la prière et aux intérêts du ciel. » Léonce irrité se releva, Matilde prévit qu'il allait exprimer sa colère, et se hâta de lui dire : « Léonce, c'est mon dernier, c'est mon plus grand sacrifice ; mais il le faut, il le faut! » Léonce, accablé par cet ordre, se retira, et ne revit plus Matilde ; une heure après elle expira.

Depuis ce moment, Léonce n'a point quitté son fils, dont l'état est fort dangereux, et je suis bien sûr qu'il n'a pas l'idée de s'en éloigner dans ce moment. Mais je ne doute pas non plus que, si son enfant était mieux, il ne partît à l'instant pour rejoindre Delphine. Il ne m'a pas encore prononcé son nom ; mais ce matin, comme nous étions ensemble à la fenêtre, au moment où le jour commençait à paraître, il me dit : « Voyez, mon ami! c'est du côté de la Suisse que le soleil se lève, c'est de là que viennent tous ses rayons! » Et il se tut, craignant d'exprimer ses pensées secrètes ; mais son visage trahissait des sentiments d'espoir qu'il aurait voulu cacher.

Mandez-moi dans quel lieu demeure Delphine, il faut en instruire Léonce ; ah! maintenant rien ne s'oppose plus à son bonheur! Que l'infortunée Matilde le pardonne, mais je bénis le ciel d'avoir enfin réuni pour toujours deux êtres qui s'aimaient, et qui désormais ne seront plus séparés! Élise et moi, mademoiselle, nous vous offrons nos tendres et respectueux hommages.

LETTRE V.

Mademoiselle d'Albémar à M. de Lebensei.

Montpellier, ce 27 juillet.

Gardez-vous bien, monsieur, de laisser partir Léonce pour la Suisse ; il n'est point de dessein plus funeste. Il faut vous révéler un secret affreux, un secret qui anéantit toutes nos espérances, au moment où le sort avait écarté tous les obstacles. Les persécutions de M. de Valorbe, la barbare personnalité d'une femme, un enchaînement de circonstances, enfin, dont l'ascendant était inévitable, ont précipité madame d'Albémar dans la plus malheureuse des résolutions ; elle est religieuse dans l'abbaye du Paradis, à quatre lieues de

Zurich. M. de Valorbe, l'auteur de tous les chagrins de Delphine, est mort désespéré, lorsqu'il ne pouvait plus rien réparer. Madame d'Albémar ne se repent que trop, je le crois, des vœux imprudents qui la lient pour jamais; et cependant elle ignore encore la mort de Matilde! Je ne puis penser sans horreur au désespoir que vont éprouver Léonce et Delphine, quand elle apprendra qu'il est libre, quand il saura qu'elle ne l'est plus. On ne peut éviter qu'ils ne connaissent une fois leur sort; mais il faut les y préparer, si toutefois il est possible qu'ils l'apprennent sans en mourir.

Je suis retenue dans mon lit par un accident assez fâcheux; remplissez à ma place, monsieur, les devoirs de l'amitié; vous avez plus de force et de caractère que moi, vos conseils leur seront plus utiles que mes larmes; secourez nos amis, jamais ils ne furent plus malheureux.

LETTRE VI.

M. de Lebensei à mademoiselle d'Albémar.

Paris, ce 2 août.

Quelle nouvelle vous m'apprenez, juste ciel! et il est parti ce matin, avant que votre lettre me fût arrivée! Je vais le rejoindre; dans deux heures j'aurai mon passe-port, et je serai sur ses traces. J'ignore ce que je lui dirai, ce que je pourrai faire pour lui; mais enfin il ne sera pas seul. L'infortuné! quels événements funestes ont précédé le malheur qui va l'accabler! Avant-hier, il reçut la nouvelle qu'une maladie violente l'avait privé de sa mère, et deux heures après, son fils est mort dans ses bras! Au moment où ce pauvre enfant a cessé de vivre, Léonce s'est jeté sur son berceau, avec des convulsions de douleur qui me faisaient craindre pour lui : « Mon ami, s'est-il écrié, tous mes liens sont brisés, tous, hors un seul! mais celui-là, si je le retrouve, je puis vivre; oui, sur le tombeau de ma famille entière, barbare que je suis, l'amour peut encore me rendre heureux. » Hélas! et j'entendais ces paroles sans me douter de ce qu'elles avaient d'horrible. Je croyais à l'espérance qu'il invoquait alors à son secours : depuis ce moment il ne m'a plus prononcé le nom de Delphine.

Le lendemain, il a suivi l'enterrement de son fils jusqu'au cimetière de Bellerive, où il a voulu qu'on l'ensevelît. J'y ai été avec lui; rien n'est plus touchant que les honneurs rendus au cercueil d'un enfant : cette cérémonie n'a rien de sombre; il semble qu'on devrait plaindre davantage celui qui perd la vie avant d'avoir goûté ses beaux jours, et

cependant j'éprouvais un sentiment tout à fait contraire : ce qui attriste dans la mort, ce sont les longues douleurs qui l'ont précédée, les espérances trompées, les efforts pénibles qui n'ont pu conduire au but, et n'ont creusé que l'abîme où le temps et la douleur précipitent tous les hommes; mais j'aime ces mots d'Hervey sur la tombe d'un enfant : « *La coupe de la vie lui a paru trop amère, il a détourné la tête.* » Heureux enfant dispensé de l'épreuve! pauvre enfant! que va devenir ton père? prieras-tu pour lui dans le ciel? ta mère se réunira-t-elle à toi? Oh! quel est l'esprit assez fort pour ne pas appeler ceux qui ne sont plus, au secours des vivants qu'ils ont aimés! Quel est le cœur qui n'invoque pas ce qu'il ignore, quand il succombe à ce qu'il éprouve! Hélas! maintenant que je sais de quel sort Léonce est menacé, il me semble que l'expression de sa physionomie en était le présage; il y avait des rayons d'espoir qui l'illuminaient tout à coup; mais il retombait l'instant d'après dans la tristesse la plus profonde, comme si l'image du bonheur lui était apparue, et qu'une voix secrète eût empêché son âme de s'y confier.

Quand la cérémonie fut achevée, il se mit à genoux sur le gazon qui recouvrait les restes de son fils. Je n'avais jamais pensé qu'à la douleur d'une mère; lorsque je vis la mâle expression des regrets paternels, ce jeune homme pleurant sur l'enfance, cette âme forte abattue, je fus touché profondément : les femmes sont destinées à verser des larmes; mais quand les hommes en répandent, je ne sais quelle corde habituellement silencieuse résonne tout à coup au fond du cœur.

En sortant de l'église, Léonce me demanda d'aller avec lui dans le jardin de Bellerive; quand nous fûmes arrivés à la grille du parc, il s'appuya sur un des barreaux sans l'ouvrir, et, après quelques minutes d'hésitation, il me dit : « Non, cela me ferait mal de me rappeler le passé; qui sait si j'ai un avenir, qui le sait? et sans cet espoir, comment affronter ces lieux! Mon enfant, dit-il en levant les yeux sur l'église de Bellerive, mon enfant! tu reposes près du séjour où ton père a goûté les seuls instants fortunés de sa vie; toutes les espérances de mon cœur sont ensevelies ici. O destinée! que me rendrez-vous? » Sa voix s'altéra en prononçant ces derniers mots; mais vous savez combien il a d'empire sur lui-même; il reprit des forces, s'éloigna du jardin, et me fit signe de remonter en voiture avec lui.

Il ne me dit rien pendant la route; mais quand nous fûmes arrivés chez lui, il m'annonça qu'il partait pendant la nuit. « Vous savez où je vais, me dit-il; mon fils, ma femme, ma mère n'existent plus; il n'y a plus qu'un seul objet d'espoir pour moi sur la terre: si je l'ai conservé, je vivrai; s'il m'était ravi, quel droit le ciel même aurait-il sur l'être privé de tout ce qui lui fut cher? Adieu. » Peu d'heures après, Léonce était parti, et ce n'est que ce matin que j'ai reçu votre lettre. Je me suis décidé à l'instant même; je suivrai Léonce, et dès que je l'aurai retrouvé, je verrai ce que m'inspirera sa situation. Mais quand je pourrais lui proposer une ressource salutaire, ses opinions lui permettraient-elles de l'accepter? Enfin, il faut le rejoindre, il faut qu'un ami soit près de lui, dans le plus cruel moment de sa vie. Madame de Lebensei a consenti à mon absence; j'ai obtenu un passe-port pour un mois: ma première lettre sera datée de Suisse. Adieu, mademoiselle; adieu, bonne et malheureuse amie: que pourrons-nous faire pour sauver Delphine et Léonce? quels conseils suivront-ils, si l'on osait leur en donner?

LETTRE VII.

Léonce à M. Barton.

Lausanne, ce 5 août.

Je suis venu ici en moins de trois jours; je puis m'arrêter, maintenant que j'habite une ville où elle a été; je n'ai pas encore de renseignements précis sur son séjour actuel, mais me voici sur ses traces, et bientôt je l'atteindrai. Mon cher Barton, que je suis honteux de l'état de mon âme! je viens de perdre une mère que je chérissais, une femme estimable, un fils qui m'avait fait connaître les plus tendres affections de la paternité: eh bien, vous l'avouerai-je? il y a des moments où mon cœur tressaille de joie. L'idée de revoir Delphine, de la retrouver libre, d'unir mon sort au sien, cette idée efface tout, l'emporte sur tout; cependant ne croyez pas que j'aie faiblement senti les malheurs qui m'ont frappé: mon état est extraordinaire, mais mon âme n'est pas dure, jamais même elle ne fut plus sensible! J'éprouve au fond du cœur une tristesse profonde, je ne puis être seul sans verser des larmes. Quand j'aurai retrouvé Delphine, je me livrerai à mes regrets, je pleurerai à ses pieds; de longtemps, même auprès d'elle, je ne serai consolé; mais dans l'attente où je suis, ce que je sens ne peut être ni du plaisir ni de la peine; c'est une agitation qui confond dans le trouble l'espérance comme la douleur.

Vous m'avez connu de la fermeté, eh bien, à présent je suis très-faible; je crains, comme une femme, tous les mouvements subits: ce qui va se décider pour moi est trop fort; il y a trop loin du désespoir à ce bonheur; j'ai peur des émotions mêmes que me causera sa présence, et je me surprends à souhaiter un sommeil éternel, plutôt que ces secousses morales, si violentes que la nature frémit de les éprouver. Ah, Delphine! qu'ai-je dit! c'est toi, oui, c'est toi qui fermeras toutes les blessures de mon cœur! Le premier son de ta voix, de ta voix fidèle à l'amour, va me rendre en un moment toutes les jouissances de la vie. Il me reste toi, toi que j'ai tant aimée; d'où viennent donc mes inquiétudes? Mon ami! ne sais-je pas qu'elle m'aime? ne connais-je pas son caractère vrai, tendre, dévoué? Je crains, parce que la revoir me semble un bonheur surnaturel; depuis huit mois j'invoque en vain son image, depuis huit mois je souffre à tous les instants, je n'ai plus foi au bonheur: mais c'est une faiblesse que ce doute; n'a-t-il pas existé un temps où je la voyais? un temps où chaque jour je passais trois heures avec elle? Pourquoi ces heures ne reviendraient-elles pas? elles ont été dans ma vie, elles peuvent encore s'y retrouver.

LETTRE VIII.

Léonce à M. Barton.

Zurich, ce 7 août.

Je suis à six lieues de madame d'Albémar, je viens de le savoir presque avec certitude; je ne doute pas, d'après ce qu'on m'a dit, que ce ne soit elle qui s'est retirée, il y a trois mois, dans l'abbaye du Paradis. Sensible Delphine! c'est dans la retraite la plus profonde qu'elle a passé le temps de notre séparation: depuis qu'elle a quitté Zurich, on n'a pas une seule fois entendu parler d'elle; personne, même ici, ne la connaît sous son véritable nom; mais sa généreuse conduite dans tous les détails de la vie, mais l'impression que ses charmes ont produite sur ceux qui l'ont vue, ne me permettent pas de m'y méprendre. J'ai reconnu ses traces divines, mon cœur en est assuré. Il est sept heures du soir, les couvents ne s'ouvrent pas pendant la nuit; mais demain, avec le jour, demain je la verrai!

O mon cher maître! quel avenir se prépare pour moi! comme l'espérance ouvre mon âme à toutes les plus nobles pensées! comme elle la dispose à la vertu! ah! qu'elle me deviendra facile, quand cet ange sera ma femme! elle sera un de mes devoirs; elle, un devoir! Félicités éternelles, divinités tutélaires! toutes mes veines battent pour le

I.

39

bonheur. Que les morts me le pardonnent! j'irai peut-être les joindre bientôt, une vie si heureuse ne saurait être longue; mais qu'on me laisse m'enivrer de ce moment.

P. S. J'apprends à l'instant que Henri de Lebensei est arrivé de Paris, et qu'il demande à me voir. Quel peut être le motif de ce voyage? J'aime M. de Lebensei, mais je ne sais pourquoi j'aurais voulu qu'il ne vînt point; je n'ai besoin de me confier à personne, mon âme est toute remplie d'elle-même; il m'en coûte de parler. C'est à vous seul, mon ami, qu'il m'était doux d'exprimer ce que j'éprouve. Combien je suis fâché que M. de Lebensei soit ici!

LETTRE IX.

M. de Lebensei à mademoiselle d'Albémar.

Ce 7 août.

Il est minuit; j'ai vu Léonce ce soir, et je n'ai pu me résoudre à lui annoncer son malheur. Il lui reste une ressource, s'il avait le courage de l'embrasser; j'essayerai de l'y préparer. Je verrai madame d'Albémar dans peu d'heures, et je ferai tout pour secourir ces infortunés. Jamais aucun des événements de ma propre vie n'a si vivement agité mon cœur!

Depuis sept heures du soir, je suis à Zurich; Léonce y était arrivé le même jour. J'ai appris d'abord où il demeurait; je l'ai prévenu par un mot de mon arrivée, et j'ai été le voir un quart d'heure après; il m'a bien reçu, mais avec une distraction très-visible; j'ai supposé qu'une affaire personnelle m'avait obligé de venir à Zurich; il ne m'écoutait pas; enfin, je lui ai dit que j'avais reçu de vos nouvelles. Votre nom rappela son attention, et il me dit qu'il partait à quatre heures du matin pour être à l'abbaye du Paradis au moment où l'on en ouvrait les portes; il ajouta qu'il se croyait sûr d'y trouver Delphine. Je frémis de son projet, et j'eus la présence d'esprit de lui dire sans hésiter, que vous me mandiez par votre dernière lettre que madame d'Albémar avait quitté ce couvent depuis quinze jours, pour se retirer dans une campagne près de Francfort; il tressaillit à ces mots, et me dit: « Encore quatre jours, quand je comptais sur demain! » Et il porta sa main à son front avec douleur. « Si vous voulez, repris-je, je vous accompagnerai jusqu'à Francfort. » Je proposais ce voyage seulement dans l'intention de gagner encore quelques jours. « Vous êtes bon, me répondit-il, peut-être accepterai-je votre offre, nous en parlerons demain matin. » Je voulais insister, et savoir quel-

que chose de plus sur ses projets, mais il me regardait avec une sorte d'inquiétude qui me faisait mal, et je résolus d'aller d'abord, sans qu'il le sût, chez madame d'Albémar, pour la prévenir à tout événement de l'arrivée de Léonce. Ce dessein arrêté, je me promis de laisser encore à mon malheureux ami ce jour de repos, et je lui proposai d'aller nous promener ensemble sur le bord du lac de Zurich; il y consentit, et ne me dit pas un mot pendant le chemin.

Arrivés dans une allée de peupliers qui conduit au tombeau de Gessner, nous nous avançâmes jusque sur le rivage du lac; Léonce regarda tour à tour pendant quelque temps le ciel parsemé d'étoiles, et les ondes qui les répétaient : « Mon ami, me dit-il alors, croyez-vous qu'enfin je doive être heureux? » Et il s'arrêta pour attendre ma réponse; je baissai la tête, en signe de consentement, mais je ne pus articuler un seul mot; il ne remarqua point ce qui se passait en moi, tant il était absorbé dans ses pensées. « Pourquoi ne le serais-je pas? continua-t-il. Ceux qui ne sont point occupés des idées religieuses, les croyez-vous l'objet du courroux de la Divinité qu'ils auraient ignorée? Il y a tant de mystères dans l'homme, hors de l'homme; celui qui ne les a pas compris, doit-il en être puni? sera-t-il condamné sur cette terre à ne jamais posséder ce qu'il aime? s'il a respecté la morale, s'il a servi l'humanité, s'il n'a point flétri dans son âme l'enthousiasme de la vertu, n'a-t-il pas rendu un culte à ce qu'il y a de meilleur dans la nature, quelque nom qu'il ait attribué au principe de tout bien? Il est vrai, je l'avoue, j'ai attaché trop de prix à l'estime et à l'opinion publique; mais qu'ai-je fait de condamnable pour les obtenir? Ce que j'ai fait! s'écria-t-il, j'ai soupçonné Delphine! je pouvais l'épouser, et j'ai pris Matilde pour femme! Matilde que je n'aimais point, et que je n'ai pas su rendre aussi heureuse qu'elle le méritait. Mon cher Henri, reprit Léonce d'une voix plus sombre, quel homme, en examinant sa vie, peut se trouver digne du bonheur? et cependant comment l'espérer, si l'on n'en est pas digne? — Combien n'y a-t-il pas dans votre vie, lui dis-je, de bonnes et de nobles actions, qui doivent vous inspirer de la confiance? — Oh! reprit-il, la source de ce qui est bien est-elle entièrement pure? On veut les suffrages des hommes pour récompense d'une bonne conduite, et c'est ainsi que la vertu n'est jamais sans mélange; mais dans le mal, il n'y a que du mal. Je repasse toute ma jeunesse dans mon souvenir, et j'y découvre des torts qui ne m'avaient point frappé. Serai-je heureux? serai-je heureux? Est-il vrai que je vais revoir Delphine, m'unir à son sort pour toujours? Je suis faible, bien faible; il suffit du moindre présage, de votre silence, quand je vous interroge, pour m'effrayer. » Je voulus m'excuser alors. « Asseyons-nous, me dit-il, j'ai une palpitation de cœur très-douloureuse; parlez-moi, je ne peux plus parler; mais ayez soin de ne me rien dire qui me trouble. Je vous en prie, donnez-moi du calme, si vous le pouvez. »

Vous concevez, mademoiselle, ce que je devais souffrir; je voyais mon malheureux ami comme un homme frappé de mort à son insu, et je n'osais ni le consoler ni l'inquiéter, car il aurait suffi d'un mot pour bouleverser son âme. Je voulus tâcher de découvrir sa disposition sur les idées qui m'occupaient, et je lui demandai si, pour posséder Delphine, il s'exposerait cette fois, s'il le fallait, au blâme universel de la société. « Pourquoi cette question? s'écria-t-il en se levant avec colère. Madame d'Albémar n'est-elle pas le choix le plus honorable, le caractère le plus estimé? Que savez-vous? que croyez-vous?—Je ne sais rien, interrompis-je, qui ne soit à la gloire de celle que vous aimez; mais dans les moments les plus agités de la vie, j'aime qu'on soit capable de réfléchir et de raisonner.—Je ne le suis pas,» me répondit-il brusquement, et il s'éloigna. Je le suivis; la bonté de son caractère le ramena, il revint à moi et me dit en me tendant la main : « Vous qui saviez si bien trouver, il y a quelques mois, ce que j'avais besoin d'entendre, pourquoi, depuis que vous êtes ici, l'état de mon âme est-il beaucoup moins doux?—C'est que l'attente se prolonge, lui répondis-je. Partons demain pour Francfort.—Eh bien, oui, me répondit-il, je vous verrai demain. » Et il me quitta pour rentrer chez lui.

Dans quelques heures je serai à l'abbaye du Paradis; madame d'Albémar soutiendra, je le crois, avec plus de force la nouvelle que j'ai à lui annoncer, elle n'a pas un instant cessé de souffrir; mais ce qui me fait trembler pour Léonce, c'est qu'il a repris à l'espoir du bonheur avec confiance et vivacité. Je vous apprendrai dans ma première lettre comment j'aurai trouvé madame d'Albémar, et quel conseil elle adoptera dans son malheur. Ah! je voudrais qu'elle se confiât entièrement à mes avis, sa situation ne serait pas encore désespérée.

Je ne vous dis pas, mademoiselle, combien vos peines m'affligent! je fais mieux que vous plaindre, je souffre autant que vous.

LETTRE X.

M. de Lebensei à mademoiselle d'Albémar.

Près de l'abbaye du Paradis, ce 9 août.

Tous mes efforts ont été vains; ce que je craignais le plus est arrivé : sans le souvenir de ma femme et de mon enfant, je ne sais si ma raison me suffirait pour supporter l'affreux spectacle de douleur dont je suis témoin. Il paraît que Léonce ne s'était pas entièrement confié à ce que je lui avais dit du prétendu départ de Delphine pour Francfort, ou qu'il voulait du moins s'informer d'elle dans un lieu qu'elle avait habité longtemps. Hier matin, il partit sans m'en prévenir pour l'abbaye du Paradis; je le sus un quart d'heure après, au moment où je montais moi-même à cheval pour m'y rendre. Je me flattais encore de le rejoindre avant qu'il fût arrivé, et jamais, je crois, on n'a fait une course plus rapide que la mienne. Le soleil commençait à se lever; je parcourais le plus beau pays du monde, sans distinguer un seul objet. J'aperçus enfin Léonce à un quart de lieue de l'abbaye, mais à deux cents pas de moi; je redoublai d'effort pour l'atteindre; et, comme s'il eût craint que je le joignisse, il hâtait tellement le pas de son cheval, qu'il m'était impossible d'approcher de lui, même à la distance de la voix. Enfin, il descendit à la porte de l'abbaye, et dit à l'instant même, ainsi que je l'ai su depuis, qu'il demandait à parler à une dame qui demeurait dans le couvent, de la part de mademoiselle d'Albémar. Je ne sais par quel malheureux hasard la tourière, qui se trouvait là, se rappela que ce nom avait été souvent prononcé par Delphine; elle monta pour la prévenir que quelqu'un voulait la voir de la part de mademoiselle d'Albémar; et j'arrivais lorsqu'on disait à Léonce que la personne qu'il demandait était prête à le recevoir.

Je voulus le retenir au moment où il montait les premières marches de l'escalier du couvent. « Au nom du ciel! m'écriai-je, écoutez-moi, Léonce; arrêtez! — M'arrêter! dit-il en se retournant vers moi; qui sur la terre oserait me le proposer? — Daignez m'entendre, répétai-je, vous ne savez pas... — Je sais que Delphine est ici, interrompit-il avec fureur, et que vous vouliez me le cacher! C'en est trop; ne prononcez pas un mot de plus! » Il ouvrit la porte en finissant ces dernières paroles : il n'était plus temps de rien essayer; le sort avait tout décidé.

Comme Léonce entrait dans le parloir, Delphine parut, revêtue de son voile noir, derrière la fatale grille : à ce spectacle, un tremblement affreux saisit Léonce ; il regardait tour à tour Delphine et moi, avec des yeux dont l'expression appelait et repoussait la vérité presque en même temps : « Est-elle religieuse? s'écria-t-il ; l'est-elle? » A ces accents, Delphine reconnut Léonce ; elle tendit les bras vers lui ; il s'élança vers la grille qu'il saisit, qu'il ébranla de ses deux mains, avec une contraction de nerfs impossible à voir sans frémir, et dit avec une voix dont les accents ne sortiront jamais de mon souvenir : « Matilde est morte ; Delphine, pouvez-vous être à moi? — Non, lui répondit-elle, mais je puis mourir! » Et elle tomba par terre sans mouvement.

Léonce la considéra quelque temps avec un regard fixe et terrible ; puis, se retournant vers moi, il s'appuya sur mon bras et s'assit avec un calme apparent, que démentait l'affreuse altération de son visage ; il se mit à me parler alors, mais il m'était impossible de le comprendre, car ses dents frappaient les unes contre les autres avec une grande violence, et ses idées se troublaient tellement, qu'il n'y avait plus aucun sens dans ce qu'il disait. Delphine, revenant à elle, fit demander à l'abbesse la permission d'entrer dans la chambre extérieure ; madame de Ternan, effrayée de l'arrivée de son neveu, n'osa ni se montrer, ni refuser ce que lui demandait Delphine. Mon malheureux ami n'entendait déjà ni ne voyait plus rien. Lorsqu'on ouvrit la grille à Delphine, elle se précipita dans l'instant aux genoux de Léonce, et tint ses mains glacées dans les siennes, en lui prodiguant les noms les plus tendres. Léonce alors, sans revenir tout à fait à lui, reconnut cependant son amie, et la prenant dans ses bras, il la pressa sur son cœur avec un mouvement si passionné, des regards tellement enthousiastes, qu'involontairement je levai les mains au ciel pour le prier de les réunir tous les deux. Peut-être m'a-t-il exaucé ! Léonce, serrant dans ses mains tremblantes les mains tremblantes de Delphine, et déjà dans le délire de la fièvre qui ne l'a point quitté depuis, lui disait : « D'où vient donc, mon amie, que tu m'apparais couverte de ce voile? quel présage m'annonce cet habit lugubre? n'est-ce pas avec des parures de fête que notre hymen doit être célébré? Oh! dégage-toi de ces ombres noires qui t'environnent ; viens à moi vêtue de blanc, dans tout l'éclat de ta jeunesse et de ta beauté ; viens, l'épouse de mon cœur, toi sur qui je repose ma vie. Mais pourquoi pleures-tu sur mon sein? tes larmes me brûlent ; quelle est la cause de ta douleur? N'es-tu pas à moi, pour jamais à moi, à moi!... »

Sa voix s'affaiblissait toujours plus ; en répétant ces paroles déchirantes, il pencha sa tête sur mon épaule, et perdit entièrement connaissance.

Delphine me reconnut alors, et me dit : « Vous le voyez, je lui donne la mort : je ne sais quel être je suis ; je porte le malheur avec moi, je ne fais rien que de funeste. Sauvez-le! sauvez-le! — Écoutez-moi, lui dis-je, vos vœux ne sont point irrévocables ; ils peuvent être brisés, ils le seront. » Ces paroles la firent frissonner, mais elle les entendit sans en conserver le souvenir ; elle posa la tête défaillante de son ami sur son sein, et m'envoya chercher du secours : je revins avec deux tourières du couvent. Tous nos efforts pour rappeler Léonce à la vie furent d'abord vains ; Delphine, dont l'effroi redoublait à chaque instant, pressant Léonce dans ses bras, cherchait à le soutenir, à le ranimer, et lui répétait, avec cet abandon de tendresse qui fait d'une femme un être céleste, un être qui n'exprime et ne respire que l'amour : « Mon ami, mon amant, ange de ma vie! ouvre les yeux ; n'entends-tu donc plus cette voix d'amour qui t'appelle, cette voix de ta Delphine? Nous mourrons ensemble ; mais reviens à toi, pour me dire encore une fois que tu m'aimes ; ne sens-tu pas mon cœur sur ton cœur? ma main qui presse la tienne? Je ne sais ce que je suis, je ne sais quels liens m'enchaînent, mais mon âme est restée libre, et je t'adore. L'excès du sentiment que j'éprouve n'aurait-il donc aucune puissance? La vie qui me dévore, ne puis-je la faire passer dans tes veines? Léonce, Léonce ! » Il ouvrit les yeux à ces accents, mais il les referma bientôt après, repoussant de sa main Delphine même, comme s'il ne se trouvait bien que dans l'engourdissement de la mort.

Je remarquai l'embarras des religieuses témoins de cette scène, et je résolus de faire transporter Léonce dans une maison voisine du couvent, où l'on pourrait le secourir. Delphine ne s'opposa point aux ordres que je donnai ; et, quand on emporta l'infortuné Léonce, sans qu'il eût repris ses sens, elle se mit à genoux sur le seuil de la porte, le suivit de ses regards tant qu'elle put l'apercevoir, et baissant ensuite son voile, elle se releva, et rentra dans son couvent.

Depuis ce moment, je n'ai pas quitté Léonce ; il n'a pas cessé d'être en délire : cependant les médecins me donnent l'espoir de sa guérison. Je vous manderai dans peu de jours, mademoiselle, ce que je veux tenter pour nos malheureux amis : il faut que je recueille mes pensées, pour l'importante résolution que je dois leur proposer ; en attendant, je leur prodiguerai tous les soins qui peuvent conserver leur vie. Ne vous affligez pas trop d'être loin d'eux ; daignez croire que mon amitié ne négligera rien pour les secourir.

LETTRE XI.

M. de Lebensei à mademoiselle d'Albémar.

Près l'abbaye du Paradis, ce 10 août 1792.

Léonce ne peut pas survivre à son malheur, et je suis certain qu'il a résolu de terminer sa vie. Il m'a interrogé plusieurs fois sur le récit que Delphine m'a fait des événements qui l'ont amenée à se faire religieuse ; une circonstance se retrace sans cesse à lui, c'est la terrible crainte qu'a éprouvée Delphine de se voir perdue de réputation ; il sent que c'est surtout à cause de lui qu'elle n'a pu supporter l'idée d'être même injustement soupçonnée, et il se regarde comme l'auteur de son propre malheur. Sa fièvre a cessé, mais c'est parce qu'il est décidé qu'il est calme : il m'a annoncé, avec une sorte de solennité, que dans quatre jours il voulait avoir un entretien, seul avec Delphine. « Madame de Ternan, me dit-il, ne me le refusera pas, après le mal qu'elle m'a fait ; elle me craint, elle redoute de me parler ; mais elle n'osera pas s'exposer inconsidérément à m'irriter. Je veux revoir Delphine près de cette église où elle a permis que les restes de M. de Valorbe fussent déposés. » Je connais Léonce, son caractère, sa passion, sa douleur ; je ne sais ce que moi-même je trouverais à lui dire dans sa situation, pour l'engager à vivre, mais je sais mieux encore qu'il ne veut rien écouter. Delphine, vous n'en doutez pas, n'existera pas un jour après Léonce, et je laisserais périr ainsi ces deux nobles créatures ! Non, que tous les préjugés de la terre s'arment contre moi, n'importe ! je suis sûr que je fais une bonne action, en essayant de rendre à la vie deux êtres dignes du bonheur et de la vertu ; je dédaigne ceux qui me blâmeront, ils ne m'atteindront pas dans l'asile de mon cœur, où je suis content de moi ; ils n'ébranleront point cette parfaite conviction de l'esprit, qui est aussi une conscience pour l'homme éclairé. Vous saurez dans deux jours, mademoiselle, l'issue de mon projet ; j'espère que vous l'approuverez ; votre suffrage m'est nécessaire ; et plus je sais m'affranchir des vaines clameurs, plus j'ai besoin de l'estime de mes amis.

LETTRE XII.

M. de Lebensei à mademoiselle d'Albémar.

Ce 13 août, près de l'abbaye du Paradis.

Je crois que mon projet a réussi, cependant vous en allez juger ; madame d'Albémar m'a particulièrement recommandé de ne vous laisser rien ignorer. J'ai été la voir hier matin. « Léonce va terminer sa vie, lui ai-je dit, sa résolution est prise, voulez-vous le sauver ? — Dieu ! s'écria-t-elle, comment pouvez-vous me parler ainsi ! ai-je un autre espoir que de mourir avec lui ? peut-il en exister un autre ? Que prétendez-vous, en faisant naître en moi des émotions si violentes ? laissez-moi périr résignée. — Vous avez fait des vœux, repris-je, sans aucune des formalités ordonnées, ils vous ont été surpris cruellement ; je suis fermement convaincu que les scrupules les plus religieux pourraient vous permettre de réclamer votre liberté, si vous en aviez le moyen ; ce moyen, je vous l'offre. Il existe un pays, et ce pays, c'est la France, où l'on a brisé par les lois tous les vœux monastiques ; venez l'habiter avec Léonce, et, bravant l'un et l'autre d'absurdes préjugés, unissez-vous pour jamais à la face du ciel qui l'approuvera. — Que me proposez-vous ? s'écria-t-elle avec un tremblement affreux ; puis-je y consentir sans honte ? le croyez-vous ? serait-il possible ? — Vous souvenez-vous, lui dis-je, qu'il y a près d'un an, lorsque je vous écrivis sur la possibilité du divorce, vous répondîtes que vous ne connaissiez qu'un devoir, un devoir dont ils dérivaient tous, celui de faire le plus de bien possible, et de ne jamais nuire à qui que ce fût sur la terre ? eh bien, je vous le demande, qui faites-vous souffrir en brisant ces vœux insensés que le désespoir seul a pu vous arracher ? et vous sauvez Léonce ! lui pour qui vous avez pris la fatale résolution qui vous perd ! Ne m'avez-vous pas avoué que l'amour seul vous l'avait inspirée ? eh bien, que l'amour délie les nœuds funestes qu'il a formés ! — Quoi ! me dit encore Delphine, vous croyez impossible de consoler Léonce, de fortifier assez son âme pour qu'il puisse consacrer sa vie à la gloire et à la vertu ? Ne vous embarrassez pas de mon sort, je me sens frappée à mort, je sens que la nature va bientôt venir à mon secours : s'il veut vivre, je pourrai mourir en paix. — Non, lui répondis-je, je ne dois pas vous le cacher, rien ne peut engager Léonce à supporter sa destinée. — Et lui-même, reprit Delphine, accepterait-il un parti si contraire à ses idées habituelles, à l'opinion qu'il a toujours profondément respectée ? — Les grands malheurs, lui répondis-je, les malheurs réels font disparaître les défauts qui sont l'ouvrage des combinaisons factices de la société ; les loisirs et l'agitation du monde irritent les peines de l'imagination ; mais aux approches de la mort, on ne sent plus que la vérité ; Léonce, prêt à périr, saisira avec transport le moyen secourable qui ferme le tombeau sous ses pas ; permettez seulement que je lui donne cet espoir. — Laissez-moi, interrompit Delphine, j'ai besoin de quelques heures pour réfléchir sur l'idée la plus inattendue, sur celle qui bouleverse tout à coup mes esprits. Avant que le jour soit fini, vous aurez ma réponse. » Je la quittai ; le soir, elle m'envoya la lettre qu'elle avait reçue de Léonce, avec la réponse qu'elle m'avait promise ; les voici toutes deux.

Léonce à Delphine.

Delphine, dans le jardin de ta prison, non loin des lieux où tu n'as pas refusé un sombre asile même à ton ennemi, je veux te voir ; ne sois pas effrayée, j'ai besoin de quelques moments doux avant le dernier, je ne veux pas cesser de vivre dans la disposition où je suis ; il faut que ta voix m'ait attendri ; il ne faut pas que mon âme s'exhale dans un moment de fureur ; rends-la digne du ciel vers lequel elle va remonter. Infortunée ! veux-tu mourir avec moi, le veux-tu ? c'est quelque chose qui ressemble au bonheur que de quitter la vie ensemble ; je te donnerai le poignard qu'il faut plonger dans mon cœur ; tu le sentiras, ce cœur, à ses palpitations terribles ; je guiderai le fer et ta main. Bientôt après tu me suivras... Non... attends encore, je le veux ; mais qui oserait exiger de moi que je survécusse à cette rage du destin qui nous sépare, lorsque tant de hasards nous réunissaient ! Je reste seul dans cet univers, où rien de ce qui me fut cher n'est plus auprès de moi. Qui maintenant a le secret de mes douleurs ? qui a connu ma vie passée ? pour qui ne suis-je pas un être nouveau ? faudrait-il recommencer l'existence avec un cœur déchiré ? je la supportais avec peine, même avant d'avoir souffert ; que ferais-je maintenant !

Ah ! Delphine, donnons un dernier jour à nous voir, à nous entendre ; il y a, crois-moi, beaucoup de douceur dans la mort, je veux la savourer tout entière. Je me fais de ce jour un long avenir ; oui, tous les sentiments que l'homme peut éprouver se trouveront réunis, confondus, et quand le soleil se couchera, la nature, qui m'aura laissé goûter toutes les affections les plus tendres, ne sera-t-elle pas quitte envers moi ?

Lorsque je te reverrai, je porterai déjà la mort dans mon sein : vers la fin du jour, mes yeux s'obscurciront par degrés ; mais les derniers traits que j'apercevrai seront les tiens. Delphine, demain je te dirai tout ce que je pense dans cette situation sans avenir, sans espérance ; mon âme s'é-

panchera tout entière dans la tienne ; je goûterai les délices de l'abandon le plus parfait ; les liens de la vie seront brisés d'avance, je n'attendrai plus rien d'elle qu'un dernier jour, une dernière heure d'amour passée près de toi. Delphine, ne crains rien, demain te laissera un doux souvenir ; espère demain au lieu de le redouter. Que la mort de ton amant, ainsi préparée, te paraisse ce qu'elle est pour lui, un heureux moment dans un sort funeste ! Adieu.

LÉONCE.

Delphine à M. de Lebensei.

Voilà sa lettre, monsieur, elle achève de me déterminer ; écrivez-lui vos motifs ; ce qu'il décidera, je l'accepterai.

J'aurais voulu pouvoir consulter une amie, madame de Cerlebe, que la maladie de son père retient loin de moi depuis plusieurs jours ; son esprit n'égale sûrement pas le vôtre ; mais elle est femme, et son opinion sur les devoirs d'une femme doit être plus scrupuleuse ; n'importe, je m'en remets à vous. Je n'ignore pas cependant à quel malheur je m'expose ; il se peut que Léonce condamne ma résolution, et que je sois moins aimée de lui pour l'avoir prise. Je préférerais les tourments les plus affreux à ce danger ; mais il s'agit de la vie de Léonce, et non de la mienne, tout disparaît devant cette pensée. Je n'ai pu goûter un moment de repos depuis qu'un homme que je n'aimais point a péri pour moi, et je serais destinée à donner la mort au plus aimable, au plus généreux des hommes ! Non, la honte même, la honte, du moins celle qui n'est point unie aux remords, est plus facile à supporter que le désespoir de ce qu'on aime !

Au fond de mon cœur, je ne me crois point coupable ; mais tout m'annonce que je serai jugée ainsi, que j'offense l'opinion dans toute sa force, dans toute sa violence. Il suffira peut-être à Léonce de savoir que je n'ai pas repoussé un tel dessein, pour cesser de m'aimer. Eh bien, néanmoins qu'il sache que je ne l'ai pas repoussé ! Si je lui deviens moins chère, il pourra vivre sans moi ; je n'aspire qu'à sa vie, tous les sacrifices sont possibles quand il s'agit de le sauver. Demain, il veut mourir ; demain, s'éteindrait dans mes bras cette âme héroïque et pure : la dernière fois que je l'ai vu, mes cris, mes pleurs l'ont ranimé, et dans quelques jours il serait de même étendu sans mouvement à mes pieds, même, mais pour toujours ! Je me dégrade peut-être à ses yeux ; mais soit qu'il refuse ou qu'il accepte, il vivra ; l'impression qu'il recevra de ce que vous allez lui proposer arrêtera son funeste projet : si je détruis ainsi l'amour de Léonce pour moi, je saurai mourir, mais alors il me survivra; c'est tout ce que je veux. Écrivez-lui donc, j'y consens.

DELPHINE.

Après avoir reçu la lettre de Delphine, j'écrivis à l'instant à Léonce ce que vous allez lire.

M. de Lebensei à M. de Mondoville.

Serez-vous capable d'écouter un conseil courageux, salutaire, énergique; un conseil qui vous sauve de l'abîme du malheur, pour élever Delphine et vous à la destinée la plus parfaite et la plus pure? Saurez-vous suivre un parti qui blesse, il est vrai, ce que vous avez ménagé toute votre vie, les convenances, mais qui s'accorde avec la morale, la raison et l'humanité?

Je suis né protestant, je n'ai point été élevé, j'en conviens, dans le respect des institutions insensées et barbares qui dévouent tant d'êtres innocents au sacrifice des affections naturelles; mais faut-il moins en croire mon jugement, parce qu'aucune prévention n'influe sur lui? L'homme fier, l'homme vertueux ne doit obéir qu'à la morale universelle. Que signifient ces devoirs qui tiennent aux circonstances, qui dépendent du caprice des lois, ou de la volonté des prêtres, et soumettent la conscience de l'homme à la décision d'autres hommes, asservis depuis longtemps sous le joug des mêmes préjugés, et surtout des mêmes intérêts? Certes, la morale est d'une assez haute importance pour que l'Être suprême ait accordé à chacune de ses créatures ce qu'il faut de lumières pour la comprendre et pour la pratiquer; et ce qui répugne aux cœurs les plus purs ne peut jamais être un devoir. Écoutez-moi. Les lois de France dégagent Delphine des vœux que de fatales circonstances ont arrachés d'elle; venez vivre sur le sol fortuné de votre patrie, et, vous unissant à celle que vous aimez, soyez l'homme le plus heureux et le plus digne de l'être. Vous voulez mourir plutôt que de renoncer à Delphine, et l'idée que je vous présente ne s'est point encore offerte à votre esprit! Est-ce un époux qui vous enlève votre amie? Quel est le devoir véritable qui la sépare de vous? un serment fait à Dieu? ah! nous connaissons bien peu nos rapports avec l'Être suprême; mais sans doute il sait trop bien quelle est notre nature, pour accepter jamais des engagements irrévocables.

La veille du jour où madame d'Albémar a prononcé ses vœux, toute son âme n'était-elle pas li-

vrée aux plus cruelles incertitudes? Ces funestes vœux ne furent que l'acte d'un moment, suivi du plus amer repentir; et toute sa destinée serait attachée à cet instant passionné qui l'entraîna comme une force extérieure, dont elle ne serait en rien responsable! Hélas! d'un âge à l'autre, il y a souvent dans le même caractère plus de différence qu'entre deux êtres qui se seraient totalement étrangers; et l'homme d'un jour enchaînerait l'homme de toute la vie! Qu'est-ce que l'imagination n'a pas inventé pour se fixer elle-même! mais, de toutes ses chimères, les vœux éternels sont la plus inconcevable et la plus effrayante. La nature morale se soulève à l'idée de cet esclavage complet de tout notre avenir; il nous avait été donné libre, pour y placer l'espérance, et le crime seul pouvait nous en priver sans retour.

Quand le sort des autres est intéressé dans nos promesses, alors sans doute des devoirs sacrés peuvent en consacrer à jamais la durée; mais l'Être tout-puissant et souverainement bon n'a pas besoin que sa créature soit fidèle aux vœux imprudents qu'elle lui a faits. Dieu, qui parle à l'homme par la voix de la nature, lui interdit d'avance des engagements contraires à tous les sentiments comme à toutes les vertus sociales; et si d'infortunés téméraires ont abjuré, dans un moment de désespoir, tous les dons de la vie, ce n'est pas le bienfaiteur dont ils les tiennent qui peut leur défendre d'appeler de ce suicide, pour faire du bien et pour aimer.

Je n'ai pas besoin de vous parler davantage sur la folie des vœux religieux, vous pensez à cet égard comme moi; mais si le malheur ne vous a point changé, la crainte du blâme agit fortement sur vous; et lorsqu'à Zurich je voulais vous préparer à l'événement cruel qui vous menaçait, je vous vis tressaillir au moment où j'osai vous conseiller le mépris de l'opinion, ce mépris sans lequel je prévoyais que le bonheur ne pouvait vous être rendu. Peut-être aussi éprouvez-vous de la répugnance à faire usage des lois françaises, qui sont la suite d'une révolution que vous n'aimez pas.

Mon ami, cette révolution que beaucoup d'attentats ont malheureusement souillée, sera jugée dans la postérité par la liberté qu'elle assurera à la France; s'il n'en devait résulter que diverses formes d'esclavage, ce serait la période de l'histoire la plus honteuse; mais si la liberté doit en sortir, le bonheur, la gloire, la vertu, tout ce qu'il y a de noble dans l'espèce humaine est si intimement uni à la liberté, que les siècles ont toujours fait grâce aux événements qui l'ont amenée

Au reste, ai-je besoin de discuter avec vous ce qu'on doit penser des lois de France! jugez vous-même les circonstances qui ont accompagné les vœux de Delphine, la précipitation de ces vœux, les moyens employés par madame de Ternan pour abréger le noviciat; quel est le tribunal d'équité, dans quelque lieu, dans quelque époque que ce fût, qui ne relèverait pas Delphine de semblables engagements! Aucun sentiment de délicatesse, aucun scrupule de conscience, ne s'opposent au parti que je vous propose; il n'est donc question que d'un seul obstacle, d'un seul danger, le blâme de la plupart des personnes de votre classe avec qui vous avez l'habitude de vivre.

Avez-vous bien réfléchi, mon cher Léonce, sur la peine que vous causera cet injuste blâme, quand il serait vrai qu'il fût impossible de l'apaiser? Heureux, le plus heureux des mortels dans votre intérieur, vivez dans la solitude et renoncez à voir ceux dont l'opinion ne serait pas d'accord avec la vôtre. Vous oublierez les hommes que vous ne verrez pas, et vous transporterez ailleurs qu'au milieu d'eux votre considération et votre existence. L'imagination ne peut se guérir quand la présence des mêmes objets renouvelle ses impressions; mais elle se calme lorsque pendant longtemps rien ne lui rappelle ce qui la blesse. Il y a dans presque tous les hommes quelque chose qui tient de la folie, une susceptibilité quelconque qui les fait souffrir, une faiblesse qu'ils n'avouent jamais, et qui a plus d'empire sur eux cependant que tous les motifs dont ils parlent; c'est comme une manie de l'âme, que des circonstances particulières à chaque homme ont fait naître; il faut la traiter soi-même, comme elle le serait par des médecins éclairés, si elle avait dérangé complétement les organes de la raison; il faut éviter les objets qui réveilleraient cette manie, se faire un genre de vie et des occupations nouvelles, ruser avec son imagination, pour ainsi dire, au lieu de vouloir l'asservir; car elle influe toujours sur notre bonheur, alors même qu'on l'empêche de diriger notre conduite. Je ne viens donc point avec des lieux communs de philosophie, vous conseiller de triompher de vos inquiétudes sur tout ce qui tient à l'opinion; mais je vous dis d'adopter une manière de vivre qui vous mette à l'abri de ces inquiétudes.

Votre amour pour Delphine doit vous rendre la solitude bien douce avec elle; n'admettez dans votre intimité que quelques amis exempts de préjugés et qui jouiront de votre bonheur. Vous voulez mourir, dites-vous? Mais n'est-ce pas immoler aussi Delphine? elle ne vous survivra pas, vous n'en pouvez douter; et vous renonceriez l'un et l'autre à la plus belle des destinées, à l'amour dans le mariage, parce qu'il existera quelques hommes qui vous blâmeront! Rappelez-vous un à un ces hommes dont vous redoutez le jugement; en est-il qui vous parussent mériter le sacrifice d'un jour, d'une heure de la société de Delphine? et pour tous réunis, vous lui donneriez la mort! Vous pouvez généraliser d'une manière assez noble les sentiments qu'inspire la crainte de blesser l'opinion des hommes, mais représentez-vous en détail ce que vous redoutez. Une visite qu'on ne fera pas à votre femme, une invitation qu'elle ne recevra pas, une révérence qui lui sera refusée; vous aurez honte de mettre en balance le bonheur et l'amour avec ces misérables égards de politesse, que le pouvoir obtient toujours, quelque mal qu'il ait fait, chaque fois qu'il menace d'en faire plus encore.

Ah! si votre conscience était d'accord avec ce que les hommes diraient de vous, chacun d'eux pourrait vous humilier, car votre cœur ne conserverait en lui-même aucune force pour se relever; mais est-ce vous, Léonce, est-ce vous à qui l'amour et la vertu, les affections du cœur et le repos de la conscience ne suffiraient pas pour supporter la vie! Si vous vous trouviez tout à coup transporté sur les rives de l'Orénoque avec Delphine, vous y seriez heureux, parfaitement heureux. Eh bien, vous avez de plus les plaisirs et les jouissances que la fortune et les arts de la civilisation peuvent donner. Serait-il possible que des êtres qui n'ont pour vous aucun genre d'attachement, des êtres qui emploieraient un quart d'heure de leur journée à vous blâmer, mais qui n'en auraient pas consacré autant à vous rendre le plus important service, serait-il possible qu'ils se plaçassent entre Delphine et vous, et vous empêchassent de vous réunir! Ils seraient bien étonnés, Léonce, des sacrifices que vous leur feriez, ces redoutables censeurs; ils seraient bien fiers d'avoir blessé de leurs petites armes un caractère qu'ils croyaient eux-mêmes au-dessus de leurs atteintes!

Votre sang, celui de Delphine, couleraient, non pour l'amour, non pour le remords, mais pour les frivoles discours de telle société, de tel cercle de femmes, parmi lesquelles vous ne daigneriez pas choisir une amie, mais à qui vous croyez devoir immoler celle que le ciel vous a donnée dans un jour de munificence!

Léonce, j'ai réduit votre désespoir à son unique cause; désormais il ne peut plus en exister d'autres : j'ai dégradé dans votre esprit jusqu'à votre douleur. Repoussez les fantômes qui pourraient vous intimider encore ; regardez le ciel, revoyez la nature, parcourez pendant quelques heures les montagnes qui nous environnent, considérez la terre de leur sommet, et dites-moi si vous ne sentez pas que toutes les misérables peines de la société restent au niveau du brouillard des villes, et ne s'élèvent jamais plus haut. Croyez-moi, les rapports continuels avec les hommes troublent les lumières de l'esprit, étouffent dans l'âme les principes de l'énergie et de l'élévation ; le talent, l'amour, la morale, ces feux du ciel, ne s'enflamment que dans la solitude. Léonce, vous pouvez être heureux dans la retraite, vous le serez avec Delphine. Vous êtes tous les deux pleins de jeunesse, d'amour et de vertu, et vous formez le projet d'anéantir tous ces dons avec la vie! Dans les beaux jours de l'été, sous un ciel serein, la nature vous appelle, et la méchanceté des hommes vous rendrait sourds à sa voix! L'intention du Créateur ne se manifeste qu'obscurément dans toutes ces combinaisons de la société, que les passions et les intérêts ont compliquées de tant de manières ; mais le but sublime d'un Dieu bienfaisant vous le retrouverez dans votre propre cœur, vous le comprendrez au milieu des beautés de la campagne, vous l'adorerez aux pieds de Delphine! Mon ami, c'en est assez ; votre cœur doit s'indigner de mon insistance.

Delphine sait le conseil que je vous donne, Delphine l'approuve : c'est aux femmes peut-être qu'il est permis de trembler devant l'opinion ; mais c'est aux hommes, c'est à Léonce surtout qu'il convient de la diriger, ou de s'en affranchir.

H. DE LEBENSEI.

On porta cette lettre à M. de Mondoville ; il resta trois heures enfermé, depuis le moment où elle lui fut remise ; enfin, après ce temps, il donna sa réponse à mon domestique, d'un air calme, mais sérieux. Il ne me fit point demander ; il défendit à ses gens d'entrer dans sa chambre le reste de la soirée. Voici cette réponse :

M. de Mondoville à M. de Lebensei.

Delphine a donné son consentement à votre proposition ; je l'accepte : elle change mon sort, elle change le sien. Nous vivrons, et nous vivrons ensemble ; quel avenir inattendu! Demain devait être mon dernier jour ; il sera le premier d'une existence nouvelle. Delphine enfin sera donc heureuse! Adieu, mon ami ; je vous dois la vie ; je vous dois

bien plus, puisque vous croyez que Delphine ne m'aurait pas survécu. Achevez de terminer les arrangements nécessaires à notre départ et à notre établissement, je me sens incapable de tout, après de si violentes secousses.

LÉONCE DE MONDOVILLE.

Dans les premiers moments, j'étais parfaitement content de cette lettre, et je la portai, plein de joie, à Delphine ; elle la lut d'abord vite, une seconde fois lentement ; puis me la remettant, elle me dit : « Le parti qu'il prend lui coûte cruellement ; examinez quelle est sa première pensée, le consentement que j'ai donné à ce parti ; et plus loin, il espère *que je serai heureuse!* Dit-il un seul mot de lui? et cette manière de vous charger de tous les détails, n'est-ce pas une preuve qu'ils lui sont tous pénibles? et bien d'autres nuances encore..... Mais il vivra, l'impression est faite, il vivra. Mon ami, ajouta-t-elle, ne terminez rien, je veux seule conserver la décision de mon sort. J'obtiendrai de madame de Ternan, que ma douleur fatigue, et qui redoute le ressentiment de Léonce, la permission d'aller prendre les eaux de Baden, près de Zurich ; l'état de ma santé motive cette demande, elle ne me sera point refusée. Je serai seule avec Léonce, nous causerons librement ensemble, et, quoi qu'il arrive, je l'aurai fait du moins renoncer au projet funeste qui menaçait sa vie. »

Voilà, mademoiselle, dans quelle situation se trouvent maintenant les deux personnes du monde qui mériteraient le plus d'être heureuses. J'espère que, pendant le séjour de madame d'Albémar à Baden, ses inquiétudes et les peines de Léonce se dissiperont entièrement : je leur ai donné tous les secours que l'amour peut recevoir de l'amitié. Leur sort maintenant ne dépend plus que d'eux seuls [1].

La lettre de Léonce à M. de Lebensei donna, comme on le voit, beaucoup d'inquiétude à Delphine. Cependant, l'espoir de s'unir à Léonce lui causait tant de bonheur, qu'elle écartait sans s'en apercevoir tout ce qui pouvait troubler une impression si douce ; elle résolut cependant de ne

[1] C'est ici que commençait l'ancien dénouement de Delphine ; je remplis les intentions de ma mère, en y substituant celui que l'on va lire, tel que je l'ai trouvé dans ses manuscrits. Mais comme l'ancien dénouement contient des beautés que l'on peut admirer, indépendamment de leur liaison avec le reste du tableau, je l'ai placé, en variante, à la fin de ce volume.

(*Note de M. de Staël fils.*)

prendre aucun parti avant deux mois, et de passer ce temps avec Léonce aux eaux de Baden : le mauvais état de sa santé, et la crainte qu'avait madame de Ternan de rien refuser à Léonce, rendaient facile pour elle d'obtenir la permission de s'absenter pendant quelque temps. Elle prit donc une maison de campagne assez solitaire, auprès de Baden, et c'est là qu'elle revit Léonce. En se retrouvant, ils éprouvèrent un sentiment de bonheur qui s'exprima par beaucoup de larmes. Je ne sais s'il existait au fond du cœur de l'un et de l'autre des pensées pénibles, si la délicatesse de Delphine lui reprochait de rompre ses vœux, et si Léonce pressentait confusément ce qu'il éprouverait, lorsque le monde saurait la résolution de Delphine et la sienne; mais tous les deux évitaient de se parler sur leur avenir, et semblaient goûter le présent en repoussant la crainte, et même l'espérance. A Bellerive, Léonce souhaitait avec fureur de posséder celle qu'il aimait; dans la solitude, près de Baden, il ne se serait pas permis un témoignage d'amour qui aurait pu faire croire à Delphine qu'il n'était pas déterminé à l'épouser. Ses manières avec elle étaient tendres et respectueuses; il tombait souvent dans de profondes rêveries : en la regardant, ses yeux se remplissaient de pleurs. Quand Delphine lui adressait quelques paroles sensibles, et souvent même aussi quand elle paraissait calme et heureuse, Léonce éprouvait une émotion qui semblait autant appartenir à la mélancolie qu'à la joie. Ils lisaient ensemble, ils faisaient de la musique ensemble, ils éprouvaient chaque jour davantage que leur esprit et leur âme étaient parfaitement en harmonie : cependant il y avait *un point par où leurs cœurs ne se touchaient pas*, et, d'un commun accord, ils évitaient ce qui pouvait le leur faire sentir.

Delphine était inépuisable dans la solitude; elle embellissait de mille manières cette existence idéale que l'imagination et l'amour peuvent rendre si animée et si douce; elle savait trouver dans les poëtes, dans les ouvrages dramatiques, ces morceaux qui appartiennent aux plus heureux moments de l'inspiration, et font éprouver à l'âme la délicieuse sensation de l'enthousiasme, le pur sentiment de l'élévation : ils sont en petit nombre, ces vers délicieux, ou ces pages sensibles, qui répondent parfaitement à nos impressions secrètes, et développent en nous une existence nouvelle. Il suffit d'un mot froid ou déplacé, pour nous tirer tout à coup de cette extase du cœur qui fait oublier le reste du monde; mais, quand l'émotion est complète, quand rien n'en détourne, et que l'on peut

admirer de toute la puissance de sa sensibilité, quel bonheur de faire partager cette impression à ce qu'on aime, de pleurer près de lui, de voir son attendrissement, de sentir sa main pressée par la sienne, d'être averti enfin, par les plus douces impressions, que le même sentiment remplit deux âmes à la fois, et que, si les portes du ciel s'ouvraient dans cet instant, elles y entreraient ensemble!

Léonce et Delphine passaient de la poésie à la musique, mystérieuse puissance qui jette dans le vague nos pensées, et nous plonge quelquefois dans une rêverie toute céleste. Il semble que c'est aux sons de la musique qu'on voudrait passer de ce monde dans une meilleure vie; il semble qu'il y a des secrets de notre nature que notre esprit ne peut découvrir, et qui nous sont comme indiqués par l'exaltation qu'inspire la musique; et, s'il nous arrive souvent d'éprouver cette exaltation dans la solitude, quelles paroles pourront la peindre, quand elle est partagée par ce qu'on aime. Delphine, en jouant de la harpe, en écoutant Isore, qu'un maître habile accompagnait, savait Léonce près d'elle; elle se sentait regardée par lui, environnée de son intérêt protecteur; elle éprouvait ce repos délicieux qu'on ne peut goûter que quand le cœur est parfaitement satisfait. Sa santé était moins bonne qu'autrefois; mais cet état de faiblesse ajoutait au charme de sa situation. Quand il lui venait quelques inquiétudes sur les dispositions futures de Léonce, sur le bonheur qu'il goûterait lorsqu'il serait uni avec elle, l'idée confuse que peut-être elle ne vivrait pas longtemps, amortissait ses inquiétudes; un nuage couvrait ses craintes, et laissait à sa félicité présente toute sa vivacité. On s'étonnera peut-être que Delphine, dont l'esprit était si pénétrant, ne cherchât point à découvrir l'avenir avec certitude; mais qui n'a pas éprouvé cette sorte d'aveuglement, quand le bonheur présent avait une grande force? Ne se fait-on pas quelquefois illusion jusqu'au moment du départ, sur la douleur même de la séparation? Tant que l'on voit l'objet qu'on aime, on n'a pas l'idée de l'absence, et l'imagination ébranlée par le cœur est tantôt follement inquiète, tantôt follement rassurée.

Léonce et Delphine se promenaient ensemble dans ce beau pays, où la nature est si poétique; ils en sentaient les merveilles avec délices; quelquefois ils s'arrêtaient pour considérer les accidents des nuages au milieu des montagnes; ils écoutaient le vent, ils regardaient tomber les torrents, et trouvaient je ne sais quel charme dans le frémissement qu'inspire une nature sombre, dans le besoin qu'elle donne de s'appuyer l'un sur l'autre, et d'animer le désert par nos sentiments et nos espérances. Quelquefois il échappait à Léonce de dire : « Oh ! que la nature serait belle, si le souvenir des hommes ne nous y poursuivait pas ! » et il parlait avec amertume de la société. Delphine exprimait des sentiments plus doux; elle se sentait heureuse, son cœur était plein d'indulgence. « Qui peut, disait-elle à Léonce, connaître et mesurer les diverses circonstances qui disposent de la conduite et des opinions des hommes? Je pardonne beaucoup, par exemple, à ceux qui souffrent, de quelque manière que ce soit. On ne sait pas quel ravage le malheur produit dans le cœur ; je ne suis sévère que pour la prospérité, et c'est bien rarement qu'on la rencontre. Il y a tant de souffrances cachées au fond de l'âme ! Mon ami, il faut beaucoup plaindre ; car la plupart des torts sont précédés par de grandes douleurs. — Oui, dit Léonce en soupirant; mais pourquoi?...» Puis il s'arrêta, et voulut rassurer Delphine, comme s'il lui eût confié ce qui l'occupait. Elle le regarda avec étonnement; un sentiment de terreur s'empara d'elle; Léonce le vit et le dissipa; car il aimait, car il était aimé, et rien ne résiste à cette magie. Delphine était véritablement fascinée par l'amour : après deux années de peines, elle avait tellement besoin d'être heureuse, qu'elle rejetait loin d'elle tous les doutes, comme cette mère qui répétait sans cesse pendant la maladie de son enfant : *Il ne mourra pas, non, il ne mourra pas, car Dieu sait que je ne pourrais pas le supporter.*

Léonce reçut une lettre d'un de ses amis émigrés qui le priait d'aller le trouver à son passage à Lausanne. Delphine ne put voir Léonce s'éloigner, même pour peu de jours, sans éprouver une peine très-vive : peut-être craignait-elle d'avoir du temps pour réfléchir, et pour approfondir ce qu'elle ne voulait pas s'avouer; mais elle versa beaucoup de larmes avant de le quitter; et, descendant pour l'accompagner jusque sur le seuil de la porte, elle répéta : « O mon Dieu ! protégez-nous, bénissez-nous ! » Léonce s'arrêta, prêt à monter à cheval, et lui demanda avec inquiétude, quel sentiment lui inspirait cette prière. « Aucun qui doive vous alarmer, lui dit-elle; mais quand le cœur est plein d'affection, ne faut-il pas prier Dieu pour ce qu'on aime? Nos plus vifs sentiments ont si peu de puissance, comment ne pas frémir en se séparant, si l'on n'en appelle pas au secours du ciel ! »

Léonce écrivit à Delphine pendant son absence, qui se prolongea quelques jours; ses lettres étaient tendres, mais courtes; il donnait toujours un pré-

texte pour les abréger; il était aisé de voir qu'il craignait de développer ses sentiments. Les impressions qu'on éprouve se trahissent plus facilement encore peut-être dans les lettres que dans la conversation. La présence de la personne qu'on aime vous attendrit toujours, quand vous lui parlez ; mais séparé d'elle, ce que vous écrivez appartient à vos sentiments les plus profonds et les plus habituels. Si vous aimez parfaitement, si vous êtes dans une situation simple, vous êtes inépuisable en expressions passionnées; mais, s'il faut expliquer des combats, modifier des sentiments, on a peur des mots dont on se sert, des paroles qui vont prendre un caractère de fixité, qui seront relues vingt fois, et dont l'impression profonde ne pourra peut-être plus s'effacer.

Delphine, en recevant des lettres de Léonce, éprouvait d'abord une sensation très-pénible ; mais, comme il se servait cependant des mêmes termes de tendresse, elle se disait que ses lettres prouvaient sa sécurité, et que l'amour, certain d'obtenir ce qu'il souhaite, ne pouvait pas avoir le même langage que la passion agitée. Elle relisait ces lettres; elle cherchait, dans une expression contenue, les trésors de sentiment dont son cœur avait besoin; elle retardait enfin de tous ses efforts ce cruel moment où l'on commence à juger ce qu'on aime, à connaître avec précision le degré de sentiment que l'on inspire.

Léonce cependant n'était pas moins amoureux de Delphine; elle lui était aussi chère que jamais; mais il frémissait à la pensée de l'effet que produirait dans le monde son mariage avec une femme qui rompait ses vœux, quittait l'état de religieuse, et s'appuyait de lois que l'opinion n'avait point encore sanctionnées, pour faire une démarche si hasardée. Il n'avait osé parler de son projet à aucun des amis qu'il avait rencontrés à Lausanne; mais il avait essayé, dans la conversation générale, de mettre en avant quelques thèses qui pussent les engager à montrer leur manière de voir, et tous ses essais avaient été les plus malheureux du monde. Ses amis quittaient la France par haine des principes qui auraient pu favoriser la rupture des vœux; et tout ce qu'ils disaient, trop d'accord avec les idées de Léonce, lui faisait souffrir mille morts. Il revint à Baden, plus décidé que jamais à se séparer entièrement du monde; il se flattait encore que, s'il ne rencontrait personne qui lui parlât de sa situation, il parviendrait à oublier ce que les autres en pourraient penser. Mais tous ces combats qui se passaient en lui-même, remplissaient son cœur de

tristesse, et il revit Delphine sans que cette tristesse fût dissipée. Elle n'osa pas l'interroger sur
le sentiment qui l'occupait; et, gardant Isore auprès d'elle, elle évita de rester seule avec lui.

Isore voulait fêter le retour de Léonce; elle avait
préparé pour le lendemain, avec quelques-unes
de ses petites compagnes, dans un bosquet du
jardin, des fleurs, de la danse et de la musique.
Delphine ne s'opposa point au désir d'Isore, et
conduisit vers le soir Léonce près des lieux que
sa petite amie avait entourés de guirlandes. Léonce
éprouva d'abord un sentiment d'inquiétude sur
cette fête; il craignait ce qu'Isore pouvait dire; il
craignait sa propre émotion; enfin, il avait au
fond du cœur un malaise qu'il parvenait à cacher
lorsque rien d'inattendu ne le surprenait, mais
qui lui faisait craindre vivement tout ce qui pouvait troubler son âme. Cependant, la grâce charmante d'Isore, sa gaieté, la simplicité de ses
chants, qui n'exprimaient que la reconnaissance,
le caime et le bonheur, tout ce qu'il y avait de
champêtre et de paisible dans sa petite fête, éloigna par degrés de la mémoire de Léonce les souvenirs importuns de la société, et il se livra sans
arrière-pensée aux douces émotions qu'il éprouvait. Au milieu de cette fête, et dans le moment
où il regardait son amie avec le plus d'amour et
d'espoir, deux instruments à vent, d'une justesse
et d'une beauté parfaites, se firent entendre à
quelque distance, et les petites filles elles-mêmes
suspendirent leur danse, pour écouter ces sons si
doux et si mélancoliques. « Pourquoi, dit Léonce
a Delphine, mêler aux joies de l'enfance des impressions d'une nature si sérieuse? » Delphine ne
répondit rien, et les instruments continuèrent à
jouer la complainte de Marie Stuart, air écossais
de la plus touchante et de la plus noble simplicité.
Léonce, profondément ému, répéta encore avec
un accent douloureux : « Delphine, pourquoi des
larmes au milieu du bonheur? Vous me faites
mal, bien mal! — Léonce, lui dit-elle alors, j'ai
voulu attacher mon souvenir à cet air; dans quelque lieu du monde que vous l'entendiez, je veux
qu'il vous rappelle Delphine. — Grand Dieu! reprit-il avec force, est-ce que vous vous imaginez
que nous serons jamais séparés? que voulez-vous
dire? expliquez-vous : » et il l'entraîna loin du jardin et de la fête.

Ils se trouvèrent ensemble dans le bois qui environnait leur maison, près d'une salle de verdure
où les habitants de Baden avaient coutume de se
réunir. Delphine gardait le silence, et les vives
prières de Léonce ne pouvaient pas obtenir d'elle
une seule réponse; elle marchait appuyée sur lui;
elle voulait parler, mais elle frémissait de tout ce
qui pouvait naître du premier mot, et prolongeait
le vague du silence aussi longtemps qu'elle pouvait.
Tout à coup ils entendirent dans le lointain une
marche vive et animée; et, s'approchant pour
l'écouter, ils virent passer des jeunes filles qui
ramenaient de l'église une charmante personne
qui venait de se marier avec l'homme qu'elle aimait. Léonce et Delphine les avaient entendu nommer; ils les avaient vus passer une fois, et les
reconnurent à l'instant. Une émotion inexplicable
s'empara de tous les deux au même moment; ils
s'approchèrent de la salle de danse où se rendait
la joyeuse troupe, et ils contemplèrent longtemps
le jeune homme et la jeune femme, qui étaient
l'image du plus parfait bonheur : la physionomie
de l'homme exprimait cet intérêt calme et tendre
qui devait servir de guide et d'appui à sa douce
compagne; sa femme le regardait avec confiance,
comme le généreux souverain de son cœur et de
sa vie; ils s'avançaient ensemble, comme Adam et
Ève dans le paradis, la main dans la main, *hand
in hand*, et goûtaient tous les plaisirs de la vie;
exaltés par l'amour, ils dansaient avec une légèreté,
avec une gaieté remarquable; les airs vifs des
allemandes suisses étaient encore animés par un
tambour qui marquait la mesure avec force; ils
regardaient les compagnons de leur enfance, ils
s'entremêlaient à leurs danses, pour se montrer
reconnaissants de la bienveillance qu'on leur témoignait; mais on voyait bien qu'ils existaient
seuls l'un pour l'autre dans l'univers. Ils se cherchaient, ils ne se perdaient pas de vue, et quand
ils se retrouvaient, il semblait que la terre bon-
dissait sous leurs pieds, et qu'ils étaient portés
dans l'air sur les ailes du bonheur céleste. Quel
spectacle pour Delphine! Il y avait bien longtemps
qu'elle n'avait vu de fête, et depuis un an surtout,
elle n'avait vécu que dans la retraite et la douleur;
elle se sentit comme étourdie par tant de sensations diverses, et, s'appuyant contre un arbre, ses
regards étaient attachés sur cette femme couronnée
de fleurs, entourée des bras de son ami, et s'enivrant de la plus délicieuse coupe de la vie, de
l'amour dans le mariage.

Léonce était près de Delphine; et quoiqu'il ne
parlât point, Delphine sentait qu'il partageait toutes
ses impressions. Il avait des regards si éloquents,
une expression si touchante! « Léonce, lui dit-elle
en lui montrant l'heureux couple, ils sont heureux,
et moi, jamais! jamais!—Il faut que je vous parle,
s'écria Léonce, il le faut; écoutez-moi ce soir, je

le veux. — Moi, répondit-elle, je le veux aussi; » et ils s'éloignèrent en silence. Il était tard quand ils revinrent chez eux; tout dormait dans la maison. Léonce, en se voyant seul avec Delphine, se jeta à ses pieds, et lui avoua toutes les pensées qui l'avaient troublé. Elle voulut à l'instant lui rendre sa parole, retourner dans son couvent; mais il lui exprima son amour avec tant de vérité, mais il chercha tellement à la convaincre que, dans la solitude, avec elle, il serait parfaitement heureux, qu'elle consentit doucement à l'entendre développer ses projets. Il était parti de France avec un passe-port; il pouvait y retourner sans danger; il lui proposa de la mener à sa terre de Mondoville, de l'épouser à son arrivée, et de s'y fixer pour toujours. Quand elle s'inquiétait des sacrifices qu'il lui faisait en quittant ainsi le monde, il lui représentait qu'au milieu des événements cruels qui déchiraient son, pays, il n'y avait ni honneur, ni sûreté que dans la solitude. Delphine revenait souvent à la crainte qui l'agitait le plus; elle demandait à Léonce si, dans le fond de son cœur, il ne l'estimait pas moins, pour le sacrifice même qu'elle était disposée à lui faire. « Je sais, lui dit-elle, que l'amour, et l'amour seul, pouvait vaincre la répugnance que j'éprouve à sortir de ma retraite : je ne m'explique pas précisément la nature du devoir qui pouvait m'y retenir; mais je sens cependant que, de quelque manière que les vœux m'aient été arrachés, il eût été plus délicat de m'y soumettre; je le sens, et mon irrésistible passion pour toi m'entraîne : le reste du monde ne recevra pas cette excuse; mais si tu l'acceptes, Léonce, c'en est assez. Ah, Dieu! si ton cœur se blasait sur l'excès même de mon affection, si ton imagination, qui ne peut rien souhaiter au delà de ce que j'éprouve, se lassait de notre bonheur. alors tu réfléchirais sur ma faute.»

Léonce interrompit Delphine par les protestations les plus vives et les plus sincères. Dans ce moment, le jour commençait à paraître; leur entretien avait duré toute la nuit sans qu'ils s'en fussent doutés. Les premiers rayons du soleil levant leur causèrent à tous deux une grande émotion; ils se sentirent un témoin, et, s'avançant vers la fenêtre, ils se dirent qu'ils s'aimaient en présence du ciel. L'aspect de l'horizon était singulièrement majestueux; la nature se réveillait, les êtres vivants dormaient encore; Léonce et Delphine célébraient seuls la toute-puissance du Créateur. Léonce, qui jusqu'alors s'était peu occupé d'idées religieuses, parut les saisir avec ardeur; il voulait échapper aux hommes; il cherchait un asile au fond de sa conscience : car dans le sein de l'homme vertueux, dit Sénèque, *Je ne sais quel Dieu, mais il habite un Dieu.* Tous les sentiments désintéressés, toutes les idées élevées, toutes les affections profondes, ont un caractère religieux; chacun entend à sa manière cette révélation de l'âme; mais il n'existe aucune émotion tendre et généreuse qui ne nous fasse désirer un autre monde, une autre vie, une région plus pure, où la vertu retrouve sa patrie. Léonce mit un genou en terre devant Delphine; Delphine se pencha sur lui, et ses cheveux couvrirent presque en entier la belle tête de son amant. Il se releva en la pressant sur son cœur; et, passant à son doigt un anneau, gage de sa foi, il lui promit devant Dieu de la prendre pour son épouse. « Être tout-puissant, s'écria Delphine en élevant ses mains vers le ciel, je n'aurai jamais ni plus de bonheur ni plus d'amour: fermez mes yeux pour toujours; en ce moment, j'ai touché les bornes de l'existence! pourquoi redescendre vers l'incertain avenir! — Quel souhait! s'écria Léonce; arrête! arrête! » et il tremblait, comme si les paroles de Delphine avaient pu attirer la mort sur sa tête. Pourquoi tremblait-il? pourquoi criait-il : Arrête? Quand la pauvre Delphine formait ce vœu, peut-être était-il inspiré par son bon génie.

Le lendemain, Léonce et Delphine partirent pour Mondoville, et ce voyage fut encore très-heureux. Il n'y a rien de si doux que de voyager avec ce qu'on aime! Le sentiment d'isolement que fait éprouver cette situation, ce sentiment pénible, quand on est seul, est précisément ce qui rend les jouissances de l'affection plus délicieuses. Vous ne connaissez personne, personne ne vous connaît; vous traversez des pays nouveaux, votre curiosité est agréablement satisfaite, mais rien ne vous distrait de l'idée profonde qui remplit votre cœur; vous aimez à sentir à chaque instant la différence de cet univers étranger qui passe devant vos yeux, avec cet être si cher, si intime, que vous avez près de vous, et qu'aucune affaire, aucune relation de société ne vous enlèvera, même pour un moment.

La santé de Delphine était restée très-faible, depuis les peines qu'elle avait éprouvées à l'abbaye du Paradis; les soins de Léonce pour elle étaient inépuisables; elle était placée dans sa voiture entre Isore et lui, et l'enfance et l'amour rivalisaient auprès d'elle de tendresse. Léonce était l'ange tutélaire de son amie, dans les plus petites comme dans les plus grandes circonstances. Cette protection habituelle, le commencement de la vie do-

mestique, plongeait Delphine dans la rêverie enchanteresse du bonheur ; à chaque poste elle
s'étonnait que le chemin fût si court; elle perdait
du temps sous mille prétextes; elle ralentissait le
voyage, elle craignait d'arriver, soit qu'un pressentiment l'avertît qu'elle devait craindre le séjour
de Mondoville, soit que, dans un état heureux, le
moindre changement fasse peur. Tout conspire
en nous-mêmes comme au dehors de nous, contre
ces impressions si délicates et si vives, qui satisfont à la fois l'imagination et le cœur, et le plus
simple hasard suffit pour les détruire.

Léonce fut reçu avec beaucoup d'affection et de
respect dans la terre qu'avaient habitée longtemps
son père et sa mère. Mondoville était près de la
Vendée, où se rassemblaient les royalistes, et
l'ancienne considération que l'on avait pour les
seigneurs de terres s'y était conservée; on y détestait assez généralement tout ce qui tenait à la révolution, et les opinions nouvelles n'y avaient
point encore pénétré. Delphine s'enferma chez
elle avec Isore, pendant que Léonce vit les personnes auxquelles il avait affaire. Léonce, en arrivant, donna quelques jours à la vive douleur que
lui causa la nouvelle de la mort de son respectable
ami, M. Barton : il voulait le consulter, se confier
à lui; il n'était plus. A peine eut-il passé quelque
temps à Mondoville, que le bruit s'y répandit sourdement qu'il avait amené avec lui une religieuse,
et qu'il comptait l'épouser. Il ne sut point précisément quel effet produisit ce bruit : personne ne
l'en avertit; mais il vit une sorte de contrainte
dans la manière de quelques vieux serviteurs de
ses parents; et comme il craignait d'en découvrir la cause, il n'interrogea personne; mais chaque jour il devenait plus sombre, et, sous des prétextes divers, il éloignait souvent les occasions de
s'entretenir avec Delphine. Delphine s'en aperçut
promptement. La crainte d'être moins aimée l'emportant sur tout, l'empêchait de réfléchir sur ce
que sa situation avait d'horrible; mais néanmoins
un sentiment d'humiliation aiguisait quelquefois
son désespoir : sa dépendance, son isolement, le
sacrifice de sa réputation, de son existence, toutes
ces preuves de dévouement qu'il lui avait été si
doux de donner, lui causaient quelquefois, non
des regrets, mais une crainte délicate et naturelle :
elle sentait que Léonce se croirait obligé à l'épouser, et cette idée lui était affreuse. Enfin, un matin, l'altération de Delphine, dont la santé dépérissait chaque jour, frappa tellement Léonce,
qu'il fut tout à coup saisi par un sentiment de
terreur et de remords; et, après lui avoir prodigué

les expressions d'amour les plus tendres, il sortit
de chez elle, résolu d'aller à l'instant chez le maire,
pour déclarer l'intention où il était de se marier,
et de choisir le jour où il conduirait Delphine à
l'autel.

Au moment où il arriva, l'on recevait la nouvelle des massacres qui avaient eu lieu le 2 septembre à Paris, et toutes les femmes s'étaient
précipitées dans la salle de l'hôtel de ville pour en
apprendre les détails. Plusieurs d'entre elles connaissaient quelques-uns de ceux qui avaient péri,
et tous les esprits étaient très-agités par cette
horrible nouvelle. Léonce était tellement troublé
de ce qu'il allait faire, qu'il ne s'informa point du
sujet de la rumeur générale; et, s'avançant rapidement vers le maire, il lui annonça avec une voix
d'autant plus haute et d'autant plus ferme qu'il
voulait cacher son agitation intérieure, la résolution où il était d'épouser madame d'Albémar. Le
maire, qui avait été autrefois attaché à la famille
de Mondoville, baissa les yeux, soupira, et écrivit
en silence le nom de Léonce et celui de madame d'Albémar. A l'instant un murmure retentit
dans toute la salle, et Léonce entendit plusieurs
voix qui disaient : *Quoi! notre jeune seigneur va
épouser une religieuse qui fuit de son couvent!
Quoi! il déshonore ainsi son nom! Ah! que diraient ses parents, s'ils vivaient encore!* Aucun
homme sur la terre ne pouvait éprouver une douleur égale à celle que ces paroles causèrent à
Léonce : cependant, il fit effort sur lui pour marcher à travers la foule avec sa contenance accoutumée : on se tut en le voyant passer; mais il
aperçut sur tous les visages cette désapprobation
muette, tourment de ceux qui ont besoin de l'estime
des autres. En sortant, il trouva rangés devant
la porte de l'hôtel de ville quelques soldats qui
avaient autrefois servi dans son régiment; ils lui
présentèrent les armes; mais l'instant d'après, par
un mouvement tout à fait irréfléchi, ils baissèrent
tristement leurs fusils devant lui, comme ils ont
coutume de le faire devant des funérailles illustres.
Léonce, frappé de cette action, leur dit : « Vous
avez raison, mes amis; ce n'est plus moi, c'est à
peine mon ombre. Je vous remercie de me pleurer; » et il s'éloigna rapidement.

Passant devant l'église, il vit ouverte la porte
qui conduisait à la chapelle où tous ses ancêtres
avaient été ensevelis; il recula d'abord en l'apercevant; puis, triomphant de sa première impression, il entra dans la chapelle, pour épuiser toutes
les douleurs dans un même jour. La première
pierre qu'il aperçut était celle qui couvrait la tombe

de son respectable ami Barton : il en fut à peine ému. « Je suis bien aise, dit-il tout haut, que tu ne sois pas témoin de cela; » et il se reposa quelques moments sur cette pierre. Il vit dans le fond de la chapelle un tombeau plus remarquable que tous les autres, et qui n'y était point encore lorsqu'il avait quitté Mondoville; il frémit à cet aspect, sans pouvoir comprendre lui-même d'où venait son effroi. Dans ce moment, un vieil officier, qui avait servi sous son père, entra dans l'église, le reconnut, et se jeta à ses pieds. « Que faites-vous? s'écria Léonce; que faites-vous?—Je suis arrivé hier, lui dit-il, de la campagne où je vis, pour vous voir, pour embrasser encore une fois avant de mourir le fils de mon général. J'ai appris, faut-il le croire! que vous, noble jeune homme, que vous, héritier d'un sang illustre, vous alliez faire une action déshonorante. Je ne sais pas ce qu'on peut dire pour excuser votre résolution; mais je sais que vous n'oserez plus regarder sans rougir les anciens amis de vos parents, et je viens vous supplier, pendant qu'il en est temps encore, d'abjurer cette erreur d'un jour, que démentent votre caractère et votre vie.—Laissez-moi, s'écria Léonce, laissez-moi; vous ne savez pas.... —Oserez-vous me refuser, dit le vieillard en se retournant, si j'embrasse ce tombeau en suppliant? » Et il alla s'appuyer, les mains jointes, sur le marbre noir qui était placé au fond de la chapelle. « Quel est ce tombeau? s'écria Léonce; quel est-il?—C'est celui de votre mère, répondit le vieil officier; elle m'a ordonné d'apporter ici son cœur. Je suis venu du fond de l'Espagne avec ces précieux restes; elle m'a commandé de les déposer dans cette chapelle, pour reposer près de vous, quand le temps vous aurait frappé à votre tour : mais si votre conduite flétrit la gloire de votre famille, au nom de votre mère, si noble, si fière, si délicate sur l'honneur, je vous défends de placer votre tombe auprès de la sienne; je bannis votre cendre loin des cendres de vos aïeux ! » Pendant qu'il parlait, Léonce fit quelques pas en chancelant, pour arriver jusqu'au tombeau de sa mère; mais l'excès de son émotion surpassant enfin ses forces, il tomba comme mort sur le pavé de l'église : on le transporta chez lui, et la malheureuse Delphine le vit arriver dans cet état. Comme elle se jetait sur lui pour l'embrasser et mourir avec lui, l'impitoyable vieillard, qui l'avait suivi, lui dit : « Madame, c'est vous qui plongez M. de Mondoville dans le désespoir; c'est le combat de l'amour et de l'honneur, c'est l'effroi que lui cause la honte à laquelle vous le condamnez en vous épousant, qui causera sa mort. De grâce,

éloignez-vous; ne sentez-vous pas que vous le devez à vous-même? » Il n'en fallait pas tant pour anéantir Delphine; et, malgré son inquiétude mortelle pour Léonce, elle tomba sur une chaise, derrière le lit où on l'avait posé, et ne prononça pas un seul mot. Léonce, en revenant à lui, ne la vit pas; il aperçut l'officier, dont les paroles avaient produit sur lui une impression si terrible, qu'il était encore dans le délire. « Malheureux, s'écriat-il, vous voulez que je lui plonge un poignard dans le sein! que je l'abandonne, quand elle a tout sacrifié pour moi, quand elle sera seule dans cet univers, quand elle mourra! Et moi, qu'est-ce que je veux? Le déshonneur, la honte? Opinion! exécrable fantôme! me poursuivras-tu jusque dans la retraite, jusqu'auprès de cet ange qui m'aime? Non, ce n'est pas l'ombre de ma mère, homme cruel, que vous avez fait parler; non, ce n'est pas elle, c'est l'opinion; c'est son inflexible puissance que vous avez armée contre moi. Si les morts pensent encore à nous, c'est avec des sentiments plus doux, plus purs, plus dégagés des misérables préjugés des hommes; mais, moi, comment ferai-je pour supporter la honte, ces soldats, ces femmes, ces tombeaux ! Tuez-moi ! s'écria-t-il en regardant le vieillard qui se taisait; tuez-moi ! » Et il s'élança pour saisir son épée.

Dans ce moment, un cri de Delphine la fit reconnaître; il comprit qu'elle avait tout entendu; il voulut s'approcher d'elle, la prendre dans ses bras; un froid mortel l'avait déjà saisie, elle ne pouvait plus ni parler ni faire un mouvement; elle n'était pas tombée sans connaissance, mais son état était plus effrayant. Encore immobile, le regard fixe, on aurait dit qu'elle se relevait du cercueil sans avoir repris la vie. Léonce la porta dans sa chambre, et renvoya avec fureur, loin du château, tous ceux dont la vue pouvait retracer à Delphine ce qui venait de se passer. Pendant dix jours et dix nuits, il ne la quitta pas un instant; mais tous ses soins furent inutiles, le poignard était entré dans le cœur, et de ses coups jamais on ne revient. Delphine cependant recouvra la parole, et quand, examinant son état, elle se crut certaine que sa maladie était mortelle, elle fut plus calme.

Lorsque Léonce vit combien l'état de Delphine était dangereux, il tomba dans le plus sombre désespoir, et, se reprochant avec amertume d'être la cause de sa mort, irrité contre son propre caractère, il conçut pour lui-même un sentiment de haine qui suffit à lui seul pour rendre la vie odieuse, et il résolut fermement de ne pas survivre à son amie.

Elle s'aperçut de ce dessein; des paroles échappées à Léonce l'en informèrent, et surtout une résignation triste et sombre qui n'était pas dans le caractère de son ami. Quand le médecin voulait lui donner quelque espérance sur l'état de Delphine, il la repoussait, et disait presque froidement devant elle, qu'il était certain qu'elle ne pouvait être sauvée. « Mais, généreuse Delphine, ajoutait-il, ton cœur a tant de bonté, que tu consentiras sans peine à ce départ de la vie, avec le coupable ami qui t'a percé le cœur. » Quelquefois cependant il perdait entièrement cette sorte de calme qui lui coûtait tant d'efforts; et considérant son amie, que la douleur avait déjà si fort changée, il se jetait par terre, avec des convulsions de désespoir. « C'est moi, s'écriait-il, c'est moi qui prive le monde de cette douce et noble créature! c'est moi qui ai empoisonné sa jeunesse! c'est moi qui la traîne dans le tombeau! qu'importe que je l'y suive, moi, si violent, si amer, si irritable; c'est du repos pour moi que la mort : mais elle, qui n'a jamais éprouvé que des sentiments d'affection et de bonté, pourquoi faut-il qu'elle meure désespérée? Innocent objet, s'écria-t-il en se jetant au pied de son lit, tu me regardes encore avec une expression si touchante, tu sembles me demander de vivre; hélas! je ne puis te sauver; je t'ai déchiré le cœur, mais je n'ai pas la puissance de te soulager; tu sais bien que le mal est irréparable! Insensé que j'étais! j'ai foulé sous mes pas ta destinée, et je voudrais te relever maintenant, pauvre fleur que j'ai flétrie; mais tu retombes, et l'inflexible nature me punit. Ah! Delphine, si la mort ne dépendait pas de nous, si je ne pouvais pas te suivre, quel supplice, quel tourment égalerait ce qui se passe dans mon sein! Mais, Delphine, entends-moi; je ne te quitte pas, je suis là, près de toi; je t'accompagne dans la mort, dans ses mystères; ton ami sera près de toi, Delphine! Delphine! » Il l'appelait; son amie voulait répondre, mais sa faiblesse ne lui permettant pas de parler longtemps, elle lui dit qu'elle désirait d'être seule; et quand il l'eut laissée aux soins de ses femmes et d'Isore, elle essaya de lui écrire, et lui fit dire plusieurs fois, lorsqu'il voulait rentrer chez elle, qu'elle lui demandait encore quelques instants, pour achever de lui faire connaître ses derniers sentiments et ses dernières volontés. Voici ce qui fut remis, de sa part, à M. de Mondoville :

LETTRE XIII ET DERNIÈRE.

Delphine à Léonce.

Je vois avec douleur, mon ami, combien vous vous reprochez la peine que vous croyez m'avoir causée, et je frémis des résolutions que vous vous plaisez à entretenir. La plus douce pensée qui me reste c'est l'espoir que vous me survivrez, et que le noble objet de toutes mes affections sur cette terre conservera de moi ce qui vaut la peine d'être sauvé, mon souvenir. Il ne faut pas beaucoup regretter ma vie; je suis convaincue que j'avais un caractère qui ne m'aurait jamais permis d'être heureuse; je ne sais si c'est le monde ou ma disposition qu'il faut blâmer, mais il est certain que j'ai toujours senti entre ma manière de voir et celle de la société une sorte de désaccord qui devait, tôt ou tard, me causer de grands chagrins. Il me semble qu'il y a de la dureté dans la plupart des hommes, de la dureté surtout pour les peines du cœur. On parvient assez à inspirer de la pitié pour ces maux qu'on appelle incontestables, et que les êtres les plus vulgaires redoutent pour eux-mêmes; mais on froisse, mais on déchire sans scrupule les âmes sensibles : leur délicatesse, leur exaltation, s'appellent bientôt de la folie, et quand on a dit à ces pauvres personnes qu'elles n'ont pas raison de souffrir, on passe, assez satisfait de la barbare consolation qu'on croit leur avoir donnée. Voyez ce vieillard qui nous a fait tant de mal; il m'a dit les paroles les plus cruelles sans en éprouver le moindre remords, et cependant, je le sais, ce n'est pas un méchant homme : si mes peines avaient été dans l'ordre de ses idées, dans le cours des sentiments qu'il conçoit, il m'aurait volontiers secourue; mais parce que ma situation heurtait ses préjugés, il a été sans pitié; le monde est ainsi, et l'indépendance et l'irréflexion même de mon caractère m'exposent sans cesse à irriter contre moi ce monde qui trouve toujours le moyen de se venger. On ne peut, quoi qu'on fasse, s'isoler entièrement de la société, et l'opinion des autres est une sorte de poison qui s'insinue dans l'air que l'on respire.

Ne vous blâmez point, mon ami, d'avoir frémi en voyant l'effet que produirait votre mariage avec moi : c'est un sentiment naturel dans un homme d'honneur; c'est moi qui ai eu tort, extrêmement tort de ne considérer que votre sentiment et le mien. Si le cœur pouvait ainsi porter son univers avec lui, l'existence serait trop douce; Dieu, sans doute, a voulu que quelque chose consolât de mourir, et c'est la société, ce sont nos relations nécessaires avec elle qui nous lassent de vivre. Un cœur longtemps flétri par l'injustice, l'ingratitude et la dureté, se repose dans le tombeau, et, toute jeune que je suis, je sens déjà cette fatigue qui doit accabler à la fin du voyage. Mon ami, j'avais quelques défauts, peut-être même quelques qualités, qui me livraient sans défense à tous les coups de la destinée; j'ai pensé souvent que mon malheur ne venait que de la fatalité des circonstances; mais je le crois à présent, la plupart de nos circonstances sont en nous-mêmes, et le tissu de notre histoire est toujours formé par notre caractère et nos relations.

Léonce, vous me regretterez : je ne puis souhaiter que vous m'oubliiez. Je ne vaux rien pour moi, je valais peut-être quelque chose pour vous : car une affection complète et profonde ne se trouve pas deux fois, dans la vie même de l'homme le plus brillant et le plus aimable; mais vous auriez été malheureux par la situation où mes propres imprudences m'ont placée. Dieu, qui m'aurait trouvée trop punie, si j'avais vu votre attachement pour moi diminuer, m'a rappelée à lui, et je sens que j'y serai bien. En effet, n'est-il pas temps que votre pauvre amie ne souffre plus? mon cœur est épuisé; il a reçu je ne sais quelle blessure qui m'empêche de respirer, et tout, dans ma nature désolée, appelle le sommeil de la mort. Ne savez-vous pas que je joins à une grande sensibilité une imagination qui m'offre sans cesse, sous mille formes différentes, ou le passé ou l'avenir? Des regrets, des craintes agitent mon âme; et tous ces regrets, et toutes ces craintes, inspirés par mes affections, me font éprouver une oppression, un serrement de cœur qui aurait dû me donner déjà plusieurs fois la secourable maladie dont je meurs. Pardon, Léonce, de nommer ainsi ce qui me sépare de toi : mais ne fallait-il pas te quitter? Et quel supplice que de vivre, après avoir déchiré tous nos liens! quelle occupation, quel intérêt me serait-il resté, qui ne renouvelât ton souvenir? Je n'ai eu dans ma vie qu'une idée, qu'un sentiment, c'est toi : tout est empreint de ton image; mon esprit, je le développais pour toi; mes talents avaient pour but de te plaire; ma rêverie ou ma gaieté, les plus petits de mes plaisirs, les plus grandes de mes pensées, tout me ramenait à toi. Léonce, que ferais-je seule? nulle femme n'a plus besoin d'appui que moi : je n'ai point de confiance en mes propres forces : j'invoque un bras protecteur sur cette terre, comme un juge miséricordieux dans le ciel : je ne puis rien pour moi-même; ce

qu'on appelait ma supériorité n'est qu'une vaine louange donnée à quelques dons brillants et inutiles; mon âme est faible et tremblante, et tout ce que cette âme peut éprouver de souffrances, je le sentirais loin de toi. Léonce, ne m'envie pas la mort; songe au cruel changement de destinée qui me menaçait; songe à tous ces longs jours recommencés sans toi, à cette solitude, à cette lutte pour vivre, à ces heures si délicieuses pendant nos entretiens, arides et brûlantes lorsque leur poids retomberait sur moi seule; songe enfin que peut-être, au milieu de ces peines insupportables, je finirais par m'aigrir contre toi, par te blâmer de mon malheur : mon caractère, qui est doux, deviendrait âpre, irritable, douloureux pour moi-même et pour les autres. Léonce, je meurs sans avoir un moment cessé de t'admirer, sans avoir éprouvé contre toi un seul sentiment amer. Ah! qu'il eût été horrible le moment où tout cet amour que j'ai pour toi m'eût excitée à me plaindre, à t'accuser! et qui peut se répondre que la douleur à la fin n'altère pas le caractère? Nous avons tant besoin d'être heureux, que nous perdons toute justice quand tout espoir nous est ôté. Et que deviendrais-je le jour où je te croirais coupable de ma douleur, où j'éprouverais un sentiment amer en pensant à toi? Ah, Léonce! qu'il est doux de mourir lorsque les affections sont encore dans tout leur charme, et lorsque l'on peut exhaler une âme douce et pure dans le sein de celui qui nous l'a donnée!

Mais vous, Léonce; mais vous, pourquoi voudriez-vous me suivre? Sans doute, je le sais, vous serez quelque temps malheureux; vous le serez jusqu'au moment où de grands intérêts, le désir d'être utile à vos amis ou à votre patrie, ranimeront votre espérance. Le bonheur d'un homme se recommence, sa destinée se répare, son avenir renaît; mais ce cœur tout plein d'affection, que les pauvres femmes possèdent, ce cœur qui ne sait qu'aimer, qui ne voit dans les idées, dans les opinions, dans les succès, que des moyens d'être aimé, que, voulez-vous qu'il devienne quand la source de sa félicité est tarie? Léonce, laisse-moi te précéder dans ce monde inconnu qui m'attend. Oui, peut-être ai-je épuisé sur cette terre toutes les douleurs que je méritais, et ne trouverai-je qu'indulgence auprès du Tout-Puissant! S'il en est ainsi, je demanderai de revenir, quand il sera temps, auprès de ton lit de mort, et d'accompagner ton âme dans ce cruel passage. Mon ami, j'en conviens, il me cause quelque effroi : je crains la mort, sans regretter la vie; l'être le plus malheureux ne voit pas approcher sans terreur cet inconcevable moment, dont la jeunesse et l'amour écartaient si doucement l'idée : je me contemple avec une sorte de pitié ; ces yeux éteints qui t'exprimaient autrefois tant de tendresse, ces traits abattus, ces mains déjà sans couleur.

O Léonce ! te souviens-tu de ce jour de fête où nous dansâmes ensemble ? que de roses alors ornaient ma tête ! que d'espérances remplissaient mon cœur ! Il y a à peine trois années depuis ce temps, et tout est dit. Mais je ne meurs pas seule : ta main chérie soutiendra ma tête, que je n'ai déjà plus la force de soulever ; je vais te rappeler, et de cet instant tu ne me quitteras plus : mon avenir est court, mais il est sans nuage, et les dernières lueurs que j'apercevrai te montreront encore à moi. Ah, cher Léonce ! et tant d'amour cependant ne pouvait nous donner une félicité parfaite ! Madame de Vernon ne m'a-t-elle pas répété que les différences de nos caractères nous auraient empêchés d'être heureux ensemble, quand même aucun obstacle ne se serait opposé à notre union ? J'ai toujours repoussé cette idée, et cependant il me semble que je l'accepte, à présent qu'il faut me détacher de la vie ; je craindrais de mourir désespérée, si je me persuadais que des événements seuls se sont opposés au bonheur suprême que je pouvais goûter avec toi ; mais quand je me dis qu'une fatalité invincible nous séparait, qu'il y avait en moi des défauts qui ne m'empêchaient pas de te paraître aimable, mais qui troublaient ton repos et inquiétaient ton caractère, je suis bien aise de cesser de vivre ; je me détache de moi sans peine, puisque je ne pouvais rendre ta destinée tout à fait heureuse. Adieu, Léonce ; adieu ! je laisse à la douce Isore la plus grande partie de ma fortune ; tu la conduiras près de ma bonne amie, mademoiselle d'Albémar. Songe que cette pauvre petite va se trouver seule dans le monde, et que tu me dois de ne la pas quitter avant de l'avoir remise entre les mains de ma sœur ; c'est le seul devoir que je laisse après moi : mon ami, il faut que tu l'accomplisses. Adieu encore, tu vas revenir ; ne parlons plus de la mort : que mes derniers moments ne soient remplis que de ma tendresse pour toi ; je me sens beaucoup de calme ; aucun départ ne m'a causé moins d'effroi ; ne trouble pas la bienfaisante intention de la Providence, elle veut que je meure en paix dans tes bras : ouvre-les pour me recevoir : je croirai que le ciel descend au-devant de moi, et que le précurseur des anges me console, et me rassure en leur nom.

Cette lettre ne changea point les résolutions de Léonce, mais elle le détermina à faire sur lui-même un effort presque surnaturel pour montrer du courage à son amie dans ses derniers moments. Il rentra dans la chambre de Delphine ; elle le reçut avec un sourire angélique, et lui fit signe de s'asseoir auprès de son lit : elle fit venir Isore qui la croyait seulement indisposée, et ne se doutait pas de son danger. Delphine ne voulait pas épouvanter l'enfance par cette idée de la mort que la nature ne lui révèle que plus tard ; elle lui parla seulement de la confiance qu'elle devait avoir en Léonce. La petite l'écoutait avec attention, et, quand Delphine lui parlait de l'amitié que M. de Mondoville aurait pour elle, elle répondait toujours : « Mais, maman, je n'ai pas besoin d'un autre ami que toi. » Cette simple réponse émut Delphine ; et, se sentant affaiblir, elle ordonna qu'on éloignât Isore, et elle pria une de ses femmes de lui lire quelques morceaux qu'elle préférait dans les Psaumes, dans l'Évangile, et dans quelques écrivains religieux : tous ceux qu'elle avait choisis étaient pleins de douceur et de miséricorde. « Tu le vois, dit-elle à Léonce, ce sont des paroles de paix ; écoute-les dans tes jours malheureux, elles ramèneront le calme dans ton cœur. Il y a quelques rapports secrets, quelque noble intelligence entre nous et l'idée d'un Dieu souverainement bon. Je ne sais si toutes les espérances qu'elle inspire à notre âme se réaliseront, mais il me semble impossible de se résigner à ce qui nous est donné sur cette terre : le cœur mérite mieux que cela ; il faut donc qu'il ait une autre destinée. O Léonce ! si je te connais avant toi, ne pourrai-je pas t'en informer par quelques douces et secrètes pensées ? » Le désespoir de Léonce l'emportait toujours davantage sur ses résolutions, et Delphine sentit qu'elle devait éviter de l'entretenir trop longtemps, puisque chacune de ses paroles ajoutait à sa douleur. « Écoute, dit-elle à Léonce, le jour baisse ; quand il fera nuit, nous serons plus tristes encore ; je voudrais cependant vivre jusqu'à l'aurore de demain ; tu sauras pourquoi je le voudrais. Fais venir dans la chambre à côté de la mienne, cet orgue dont les sons harmonieux ont attiré notre attention l'autre jour : j'ai toujours pensé qu'il me serait doux de mourir en entendant une musique belle et simple. Oh ! je suis plus heureuse que je ne l'espérais ; je comptais tirer de moi seule les consolations que ta présence me donnera. O mon ami ! mets ta main sur mon cœur ; ne sens-tu pas qu'il bat doucement ? je te le dis, je suis heureuse ;

mais ne t'éloigne pas. Peut-être est-il barbare d'exiger de toi que tu sois témoin de ma mort : mais nous avons toujours trouvé de la douceur l'un et l'autre à nous pénétrer de notre amour; et quelque amer que soit cet instant, si c'est celui où nous nous sommes le plus aimés, il ne faut pas l'abréger. »

Léonce se leva pour ordonner ce que Delphine avait demandé; il se promena quelque temps dans sa chambre, tourmenté par le désir le plus violent de finir sa vie avant que Delphine eût expiré, et se reprochant néanmoins la cruauté qu'il y aurait à l'abandonner ainsi. Pendant que ce combat absorbait ses pensées, la musique que Delphine avait demandée se fit entendre; et sa douceur pénétrant jusque dans l'âme de Léonce, il put se jeter au pied du lit de Delphine, et répandre, pendant longtemps, des torrents de larmes. Enfin, soulevant sa tête, et regardant le malheureux objet de sa tendresse : « Céleste créature, lui dit-il, que j'ai précipitée dans le tombeau, est-il vrai que tu voies sans horreur ce coupable ami, plein d'orgueil, d'irritation, d'injustice; mais cet ami qui cependant n'a jamais cessé de t'adorer, et qui, du jour où il t'a vue, n'a plus eu dans le cœur un sentiment dont tu ne fusses l'objet? Hélas ! cet amour ne t'a conduite qu'à la mort! Ange de beauté, de jeunesse, te voilà donc frappée par moi, immolée par moi; peux-tu pardonner à ton assassin? et s'il te rejoint bientôt, ton ombre indignée ne se détournera-t-elle pas de lui? — Te pardonner ! s'écria Delphine avec toute la force qu'elle put rassembler; ah ! ne m'as-tu pas tendrement aimée? Après un tel bonheur, tu pouvais me causer de grandes peines sans épuiser le don que tu m'as fait, sans en effacer la reconnaissance; tu m'avais aimée, tu m'aimes encore, toutes les jouissances du cœur subsistent encore pour moi; je n'ai pas un sentiment amer, pas une inquiétude; je m'endors, et voilà tout. Ah! Léonce, cesse de t'accuser; mais si tu m'accordes quelques droits sur tes volontés, jure-moi de me survivre, jure-le devant Dieu, désormais l'unique protecteur de ton amie, et ne l'irrite pas contre nous deux, en trahissant tes devoirs et ta promesse ! — Va, lui dit Léonce, je pourrais te tromper, pour rendre tes derniers moments plus calmes; mais toi, qui oses me demander de vivre, réponds-moi, supporterais-tu l'existence, si c'était moi que tu visses sur ce lit de douleur? » Delphine se tut un moment; mais bientôt après, désespérée du trouble qu'elle avait montré, elle s'efforçait, avec agitation et avec crainte, de dissimuler la cause de

son silence. « Ne cherche pas à cacher ta pensée, noble Delphine, reprit Léonce; dans toute la force de ton esprit, jamais tu n'en eus le pouvoir, et ta touchante faiblesse me laisse plus facilement encore lire au fond de ton âme. Mais écoute-moi : je conduirai Isore près de ton amie, et j'irai servir ensuite le parti que je crois le plus malheureux et le plus juste; n'exige rien, ne demande rien de contraire à ce projet; et si j'ose encore en appeler à l'ascendant que j'avais sur toi, ne prononce pas un mot sur une résolution invariable. » Le respect que Léonce lui imposa même encore dans ce dernier moment, et elle espéra d'ailleurs que Léonce retrouverait à la guerre un genre d'intérêt qui pourrait le rattacher à la vie.

Une grande partie de la nuit s'était déjà passée, et plusieurs fois Delphine était tombée dans des évanouissements si profonds, qu'on avait craint de ne pouvoir la ranimer. En revenant de cet état, elle dit à Léonce : « Je vais me lever, pour m'approcher de la fenêtre; je voudrais encore revoir le soleil. » Léonce s'éloigna quelques instants; Delphine fit placer son fauteuil en face du jour, qui ne devait pas tarder à paraître. Au moment où Léonce rentrait, l'orgue, qui s'était souvent fait entendre pendant la nuit, de distance en distance, exécuta une marche que Delphine et Léonce reconnurent à l'instant pour celle qui avait été jouée dans l'église lorsque Léonce et Matilde allaient ensemble à l'autel. « Ah ! c'en est trop, s'écria Léonce. Cessez, répéta-t-il avec les cris les plus sombres, cessez ! » La musique s'arrêta; Delphine, que cet air avait aussi vivement émue, se remit bientôt cependant, et dit à Léonce : « Mon ami, pourquoi ce désespoir? pourquoi repousser le souvenir que le ciel nous envoie dans ce moment? Ne dois-je pas reconnaître sa bonté dans le hasard qui me rappelle ce que j'ai souffert de plus cruel pendant la vie, au moment où je dois braver la mort? Ah! depuis l'époque terrible et solennelle de ton mariage avec Matilde, ai-je goûté un seul jour de véritable bonheur? Pourquoi donc ces déchirements? pourquoi ce désespoir? Mon ami, mon ami! entends encore ma voix mourante; ne repousse pas cette main qui s'avance vers toi; retiens, si tu peux, le reste de chaleur qui l'anime encore. » A ces mots, Léonce, qui était tombé à terre, se releva, prit cette main, et la réchauffa contre son cœur; il semblait se flatter, dans son ardeur, de prolonger ainsi l'existence de Delphine. Elle fit signe à la femme qui la servait de lui donner l'anneau qu'elle avait reçu de Léonce, et qu'elle ne pouvait plus porter depuis quelques jours, à cause de son extrême maigreur ; elle le mit à son doigt, et, dans ce moment, les rayons du soleil commencèrent à pénétrer dans sa chambre. « Reconnais-tu cet anneau, dit-elle à Léonce, et te rappelles-tu quand je l'ai reçu de toi ? De même l'aurore commençait à paraître, de même tu étais à mes pieds : tu jurais alors d'unir ton sort au mien ; eh bien, l'accomplissement de ta promesse n'est que retardé. O Dieu ! dit-elle en se soulevant sur le bras de Léonce, ce soleil que vous envoyez pour saluer mes derniers instants, il fut témoin du plus beau moment de ma vie ; il semblait alors éclairer pour moi tous les plaisirs de la terre : puisse-t-il maintenant me tracer ma route vers le ciel ! O Léonce ! Léonce ! le nuage s'élève ; je ne te vois plus : es-tu là ? Adieu. » Léonce prit Delphine dans ses bras, avec des convulsions de douleur ; il l'appela, répéta son nom, lui adressa les paroles les plus passionnées ; elle parut les entendre encore, tressaillit, et expira.

Un mois après, Léonce, ayant recouvré quelque force, conduisit Isore à l'infortunée mademoiselle d'Albémar, qui ne pouvait survivre à Delphine que pour accomplir ses dernières volontés ; il se rendit ensuite immédiatement à la Vendée, et se fit tuer à la première action où il se trouva.

O mort ! ô douce mort ! quel bien vous faites à ceux qui s'aiment, lorsqu'ils sont pour jamais séparés !

ANCIEN DÉNOUMENT

DE

DELPHINE.

LETTRE XIII.

Delphine à mademoiselle d'Albémar.

Bade, ce 18 août 1792.

Vous avez su, ma sœur, par M. de Lebensei, tout ce qui me concerne ; les nouvelles de France l'ont forcé à nous quitter, son inquiétude pour sa femme ne lui laissait plus un moment de repos. Ce matin, à mon arrivée à Bade, il est venu me voir avec Léonce, pour prendre congé de moi ; je n'avais pas revu Léonce depuis les propositions faites par M. de Lebensei, j'avais cru plus convenable de lui défendre de revenir à mon couvent ; mais cependant sa résignation à cet ordre m'a étonnée.

Son émotion, en me retrouvant ce matin, m'a profondément touchée, et du moins j'ai vu que je n'avais rien perdu dans son cœur. Nous ne nous sommes point parlé seuls ; je le craignais, mais lui aussi ne l'a pas cherché ; nous nous sommes uniquement occupés l'un et l'autre du départ de M. de Lebensei : il était simple que moi je ne parlasse que de ce départ ; mais, Léonce, pourquoi ne me forçait-il pas à m'entretenir d'un autre sujet ?

Louise, cet espoir d'être à Léonce, en rompant mes vœux, ne m'avait d'abord inspiré que de la terreur ; il s'est emparé de mon âme maintenant avec toutes ses séductions : ne croyez pas cependant que si je démêle dans Léonce une peine, un regret, je ne sache pas briser ce dernier lien, avec la vie que l'amitié de M. de Lebensei a su tout à coup renouer pour moi. Non, Léonce, si mon cœur n'est pas content du tien, je ne t'en accuserai point, je te pardonnerai, mais je saurai te rendre au monde, à ses gloires ; et, quand ma perte ne sera plus pour toi qu'un regret qui te permettra de vivre, il me sera libre de mourir. Il y a bien longtemps, ma chère Louise, que je n'ai reçu de vos lettres ; êtes-vous malade, ou plutôt ne voulez-vous pas me parler sur ma situation ? Vous avez raison, je craindrais de connaître votre opinion, si elle ne s'accorde pas avec mes désirs. Je suis dans un de ces moments de la vie où l'on ne veut se soumettre qu'aux événements ; je ne demande aucun conseil ; je suis entraînée par un sentiment tellement irrésistible, que rien de ce qui n'est pas lui ne peut avoir d'empire sur moi. Je ne crois point, non, je ne crois point que je prenne l'heureuse et terrible résolution qui me rendrait libre ; mais ce n'est aucun des motifs qu'on pourrait me présenter qui me fait hésiter. Je suis fière de ma passion pour Léonce, elle est ma gloire et ma destinée, tout ce qui est d'accord avec elle m'honore à mes propres yeux : depuis que je ne crains plus de troubler par mon amour le bonheur de personne, je m'y abandonne comme les âmes pieuses à leur culte. Je ne suis rien que par Léonce ; s'il m'aime, s'il me choisit pour compagne, devant qui pourrais-je rougir ? Qui ne serait pas au-dessous de moi ! Mais lui que pense-t-il ? qu'éprouve-t-il ? ma sœur, le devinez-vous ? pourriez-vous me l'apprendre ? Ah ! ne me parlez que de lui.

LETTRE XIV.

Delphine à mademoiselle d'Albémar.

Bade, ce 20 août.

Non, il ne s'abandonne pas sans **regrets** à **notre**

avenir, non! Hier au soir, nous nous sommes trouvés seuls pour la première fois depuis près d'une année, après tant d'événements terribles pour tous les deux; en entrant, il a cherché des yeux M. de Lebensei, qu'il ne savait pas encore parti ; autrefois, en me voyant, il ne cherchait plus personne! il s'est approché de moi et m'a dit : « Ma chère Delphine, j'ai perdu ma respectable mère, mon fils, ma famille entière. » Il s'est arrêté, puis il a repris : « Mais je vais m'unir à toi, je serai encore trop heureux. » J'ai serré sa main sans rien dire ; il faut, hélas! il faut que je l'observe. Heureux le temps où je lisais dans mon propre cœur tout ce que le sien éprouvait!

Un silence a suivi les derniers mots de Léonce, puis il a passé ses bras autour de moi, et m'a dit : « Delphine, te voilà, c'est bien toi ; tu as quitté cet habit qui ressemblait aux ombres de la mort; ah! combien je t'en remercie! — Oui, lui dis-je, je l'ai quitté pour un temps. — Pour toujours! reprit-il ; c'était pour moi que tu avais prononcé ces vœux, je dois les rompre, je dois te rendre l'existence que tu as sacrifiée pour moi, je dois... » Il s'arrêta lui-même, comme s'il avait senti que ce mot de *devoir*, si souvent répété, pouvait blesser mon cœur. « Ah! reprit-il, j'ai tant souffert depuis quelque temps, que je suis encore triste, comme si le malheur n'était pas passé. — Nous parlerons ensemble, répondis-je, de tout ce qui nous intéresse, de notre avenir... — De quoi parlerons-nous? interrompit-il précipitamment ; tout n'est-il pas décidé? il n'y a rien à dire. — Plus rien à dire! repris-je. Ah, Léonce! est-ce ainsi... » Il ne me laissa pas finir le reproche inconsidéré que j'allais prononcer. Il se jeta à mes pieds, et m'exprima tant d'amour, que je perdis par degrés, en l'écoutant, toutes mes inquiétudes; quand il me vit rassurée, il se tut, et retomba de nouveau dans ses rêveries. Il voulait que je fusse heureuse; mais quand il croyait que je l'étais, il n'avait plus besoin de me parler.

Je veux qu'il s'explique, je le veux. Qui, moi, j'accepterais sa main, s'il croyait faire un sacrifice en la donnant! Son caractère nous a déjà séparés : s'il doit nous désunir encore, que ce soit sans retour! Si ce dernier espoir est trompé, tout est fini, jusqu'au charme même des regrets. Dans quel asile assez sombre pourrais-je cacher tous les sentiments que j'éprouverais? Suffirait-il de la mort pour en effacer jusqu'à la moindre trace? Ah, ma sœur! est-ce mon imagination qui s'égare! est-il vrai?... Non, je ne le crois point encore, non, ne le croyez jamais.

LETTRE XV.

Delphine à mademoiselle d'Albémar.

Bade, ce 24 août.

Aujourd'hui, Léonce et moi nous sommes sortis ensemble pour aller sur les montagnes et dans les bois qui environnent Bade ; il était huit heures du matin; jamais le temps n'avait été si beau. « Ah! me dit Léonce quand nous fûmes à quelque distance de la ville, qu'il est doux de contempler la nature! elle fait oublier les hommes! Enfonçons-nous dans ce bois, que je ne voie plus les habitations, qu'il n'y ait que toi et moi dans l'univers; ah! que nous y serions bien alors! — Et quel mal nous font, lui répondis-je, d'autres êtres qui vivent et meurent comme nous, s'aiment peut-être, souffrent du moins presque autant que s'ils s'aimaient, et méritent notre pitié, alors même que nous avons le plus de droit à la leur? — Quel mal ils nous font? reprit Léonce avec véhémence, ils nous jugent! mais n'importe, oublions-les! » Et il marcha plus vite vers la forêt où il me conduisait : je pâlis, les forces me manquèrent; depuis quelque temps je souffre assez, et peut-être la nature me délivrera-t-elle des perplexités de mon sort. Léonce vit l'altération de mes traits; il en éprouva la peine la plus vive et la plus touchante ; il me conjura de m'asseoir, et, me prodiguant les expressions et les promesses les plus tendres, il ne s'aperçut pas qu'en me rassurant sur ses pensées les plus secrètes, il me les révélait, et m'apprenait ce qu'il ne m'avait pas dit encore.

Je ne laissai rien échapper, en lui répondant, qui pût lui faire remarquer ce que j'avais observé; mais je revins, résolue de l'interroger demain solennellement, et de le dégager de toutes les promesses qu'il m'avait faites ; mais dans quel état sera-t-il, quand je lui découvrirai son propre cœur? que deviendrai-je moi-même? Je cherche en vain une ressource, toutes me sont ravies ; une idée me vient, je la saisis d'abord, et la réflexion me prouve qu'elle est impossible. Quand tout espoir est perdu, quand il ne reste plus une situation où l'on puisse être, je ne dis pas heureux, mais soulagé, la vie ne devrait-elle pas cesser d'elle-même? Mais, hélas! la nature, prodigue de douleurs, semble s'arrêter mystérieusement avant la dernière, avant celle qui, surpassant nos forces, nous délivrerait de l'existence.

Je croyais avoir beaucoup souffert, et cependant je ne connaissais pas le supplice d'être contrainte avec celui qu'on aime ; de sentir, lorsqu'on est.

seuie avec lui, le malaise qu'on éprouverait s'il y avait dans la chambre un tiers qui vous empêchât de lui parler. Quand Léonce était absent, je l'appelais de mes regrets ; maintenant il est près de moi, et je n'ai pas retrouvé le bonheur ; il m'aime, je le sens, autant qu'il m'a jamais aimée, et néanmoins nous ne nous entendons pas ; nos âmes s'évitent : jamais les devoirs qui nous séparaient, les torts même qu'il m'a supposés, n'ont mis entre nous une semblable barrière ! une explication la renverserait ; mais nous frémissons l'un et l'autre de cette explication, parce que nous sentons bien qu'il y va de la vie. Je l'exigerai de Léonce, cependant, une fois ; mais chaque mot qu'il me dira, oui, chaque mot sera irréparable ! C'est le fond de son cœur que je veux connaître, ce sont les sentiments intimes qui renaîtraient bientôt dans toute leur force, quand un mouvement d'amour les lui aurait fait oublier.

Enfin, demain... non... c'est trop tôt ; je veux me donner quelques jours pour reprendre des forces ; quoi, demain, je saurais tout ! Non, retardons encore, conservons ces impressions vagues et indécises qui me suspendent sur l'abîme, mais ne m'y précipitent pas sans retour. Louise, ne me refusez pas votre pitié, jamais le malheur ne m'y a donné plus de droits.

LETTRE XVI.

Delphine à mademoiselle d'Albémar.

Ce 30 août.

Mon sort n'est pas encore décidé, mais l'instant irrévocable approche. Hier, Léonce m'entretint des événements politiques de la France, de l'indignation qu'il en éprouvait, et du désir qu'il avait eu de rejoindre les émigrés, pour faire la guerre avec la noblesse française ; il lui échappa même quelques mots qui pouvaient indiquer qu'il avait encore ce désir. Je restai confondue ; c'était la première fois qu'il me parlait de lui, indépendamment de moi ; c'était la première fois qu'il m'exprimait un sentiment, ou me faisait connaître un dessein, sans le rattacher, ou du moins sans chercher à le rattacher à l'amour. Un froid mortel me saisit au cœur ; il me sembla que la nuit couvrait toute la terre, et je n'eus pas la force de prononcer un mot.

Léonce voulut continuer, et fit un grand effort pour articuler ces mots en se levant : « Pourquoi ne suivrais-je pas ce que l'honneur me commande ? » Je crus alors que tout était dit, et sans doute mon visage exprima le désespoir, car Léonce m'ayant regardée, s'écria : « Barbare que je suis ! » et tomba sans connaissance à mes pieds. Dieu ! que n'éprouvai-je pas en le voyant ainsi ! les mouvements les plus passionnés de l'amour rentrèrent dans mon âme, je rappelai Léonce à la vie, et quand il put m'entendre, je voulus renoncer à tout, et lui pardonner jusqu'aux sentiments qui nous séparaient ; mais chaque fois que je commençais à m'expliquer, il m'interrompait en me disant : « Au nom du ciel, arrête, je souffre trop ; veux-tu me faire mourir ? » Et l'altération de ses traits me faisait craindre qu'il ne retombât dans l'état dont il venait de sortir.

« C'est au cœur, me dit-il, que j'éprouve une souffrance aiguë. » Et il y portait la main, comme pour soulager une douleur insupportable. J'étais dans un trouble, dans une émotion qui surpassait tout ce que j'ai jamais éprouvé ; je craignais le mal que je pouvais lui faire en lui parlant, et cependant je souhaitais vivement lui rendre la liberté, et le délivrer d'un combat qui offensait mon cœur, quoique la peine qu'il en ressentait dût me toucher. Toute explication me fut impossible ; il évita, il repoussa tout, et me quitta, pouvant à peine se soutenir, mais ne voulant ni rester plus longtemps, ni rompre le silence.

Ah ! puis-je me dissimuler encore quels sont les sentiments qui l'agitent ! Ma sœur, pourquoi faut-il que j'aie eu de l'espérance ! ne savais-je donc pas que je n'échapperais jamais au malheur !

LETTRE XVII.

Delphine à mademoiselle d'Albémar.

Ce 8 septembre 1792.

Le hasard a tout fait, je sais tout, mon parti est pris ; mais, je l'espère, il me coûtera la vie ! Depuis la dernière scène qui s'était passée entre Léonce et moi, nous continuions, par une terreur secrète, par un accord singulier, à ne nous point parler de nos projets à venir, et l'on aurait dit, à nos entretiens, que nous n'avions aucun parti à prendre, aucun plan à former, mais seulement une situation douce et mélancolique.

Nous avions ainsi passé la matinée, tous les deux rêveurs, tous les deux craignant de mettre un terme à ces jours où nous nous tenant par la main nous nous promenions encore appuyés l'un sur l'autre. J'avais remarqué que Léonce prenait constamment un détour, pour éviter de traverser la ville en me ramenant à ma maison ; je m'attendais ce matin qu'il ferait ce même détour, lorsque nous vîmes quelques personnes qui se hâtaient d'aller à la poste, parce qu'on y racontait, di-

saient-elles, de très-mauvaises nouvelles de France.
Un mouvement irréfléchi nous engagea à les suivre,
Léonce et moi ; mais lorsque nous fûmes au milieu
du groupe qui environnait la maison de la poste,
j'entendis des voix autour de moi qui murmu-
raient : *Voyez - vous cette religieuse, qui fuit de
son couvent pour épouser ce jeune homme!* Des
femmes d'une figure aigre et désagréable disaient :
*C'est avec ces beaux principes qu'on assassine en
France! Comment souffre-t-on un tel scandale ici!*
Léonce fit un geste menaçant ; je l'arrêtai. « Que
voulez-vous ? lui dis-je ; redoutez un éclat qui serait plus funeste encore ; éloignons-nous. » Il m'o-
béit ; mais je vis des gouttes de sueur tomber en
abondance de son front pendant le chemin qui
nous restait à faire, et tour à tour la pâleur et la
rougeur couvraient son visage.

Quand nous fûmes montés dans ma chambre,
il se jeta sur un canapé, et se parlant à lui-même,
en oubliant que j'étais là, il s'écria : « Non, la vie
ne peut se supporter sans l'honneur ! et l'honneur,
ce sont les jugements des hommes qui le dispensent, il faut les fuir dans le tombeau. » Ces paroles, la violence de l'émotion qu'il éprouvait en les
prononçant, ce que je venais d'entendre au milieu de la foule, tout enfin m'éclaira sur ma faute ;
je vis la vérité, comme si je l'apercevais pour la
première fois ; et je ne conçois pas encore comment j'ai pu croire que M. de Mondoville saurait
braver la situation où nous nous serions trouvés,
si nous avions suivi les conseils de M. de Lebensei.

« Léonce, lui dis-je, demain je retourne à mon
couvent ; je renonce pour jamais à la folle espérance qui avait rempli mon âme ; demain je vous
quitte ; adieu. — Adieu? répéta-t-il. Juste ciel,
qu'ai-je donc dit ? » Il se leva comme égaré, et retomba l'instant d'après dans l'accablement de la
douleur ; je me plaçai près de lui ; et avec plus de
courage que je ne me flattais d'en avoir, je lui
dis : « Léonce, ne vous faites point de reproches,
nous nous sommes abusés l'un et l'autre ; non-
seulement un caractère aussi délicat que le vôtre
ne devait pas maintenant supporter l'idée de notre
union, mais elle eût fait souffrir tout homme que
ses habitudes et ses réflexions n'ont pas affranchi du monde ; elle attirera sur vous le blâme universel, il faut y renoncer. — Misérable que je
suis ! dit-il ; oui, je l'avouerai, aujourd'hui j'ai
souffert. La honte m'aurait-elle atteint ? La honte
avec toi ! Quoi ! prêt à te posséder, je te perdrais !
mon indomptable caractère nous séparerait encore une fois ! Si tu n'avais pas consenti à me
suivre, si tu l'avais regardé comme impossible, je

serais mort avec une idée douce ; je serais mort
sans me détester moi-même ; mais à présent tu te
donnes à moi, je puis être ton époux, et cette infernale puissance, qu'on appelle l'opinion des
hommes, s'élève entre nous deux pour nous désunir ! Exécrable fantôme ! s'écria-t-il dans un véritable accès de délire ; que veux-tu de moi, en me
représentant sans cesse sous les plus noires couleurs le mépris ? Le mépris ! qui a pu prononcer ce
nom ? qui oserait en témoigner pour moi, pour
elle ? ne puis-je pas poignarder tous ceux qui auraient l'audace de nous blâmer ? Mais il en renaîtra de leur sang, pour nous insulter encore :
où trouver l'opinion, comment l'enchaîner, où la
saisir ? O Dieu ! je veux déchirer ce cœur, qui ne
sait rien immoler à l'amour, ni sacrifier l'amour
à l'honneur ; j'ai soif de la mort ! Dieu qui m'as
créé pour tant de maux, détruis ton ouvrage, je
t'invoque, je t'offense, anéantis-moi ! — Arrête,
lui dis-je, arrête ; il fera mieux pour nous, ce Dieu
que tu méconnais ; je me sens mourir. » En effet,
j'en éprouvais alors l'espérance. « Tu meurs, reprit Léonce, et tu aurais vécu pour moi, tu aurais été ma femme ! Viens à l'autel, viens à l'instant même ; quand je te posséderai, je serai dans
l'ivresse, je ne sentirai rien que mon bonheur ;
suis-moi, décidons dans ce moment de notre vie :
il est des résolutions qu'il faut prendre avec transport, ne laissons pas aux réflexions amères le
temps de renaître ! livrons-nous à l'amour qui
nous inspire, ne laissons pas le froid de la pensée
nous gagner ; je t'en conjure, n'hésite plus, ne
tarde plus. — Insensé que vous êtes ! interrompis-
je ; quel bonheur maintenant pourrais-je goûter
avec vous ? Si j'avais découvert un seul regret
dans votre cœur, il eût suffi pour empoisonner
ma vie, et j'oublierais les atroces combats que je
viens de voir, je les oublierais ! Je fais devant toi,
lui dis-je avec force, un serment plus sacré que
tous ceux que je voulais rompre, car il est libre,
car il est fait dans toute la force de ma raison :
que le ciel me fasse périr à tes yeux, si jamais je
suis ton épouse ! — Eh bien ! s'écria Léonce, que
je perde et ton amour et jusqu'à ta pitié, si je survis à cette imprécation ! » Et il voulut sortir à
l'instant.

Épouvantée de son dessein, je me jetai à genoux pour le conjurer de rester ; il fut ému à cet
aspect, la pâleur mortelle de mon visage le toucha ; il me prit dans ses bras, et me dit d'une voix
plus douce : « Pourquoi t'affligerais-tu de ma
perte? ne vois-tu pas que nous avons flétri notre
sentiment, que je t'ai offensée, que tu dois me

haïr, que je déteste ma faiblesse, et que je ne puis en guérir? Tout est contraste, tout est douleur dans mon existence, laisse-moi mourir! La fièvre intérieure qui m'agite cessera par degrés, quand mes forces m'abandonneront; mais j'ai trop de vie encore, et les hommes, les hommes savent si bien irriter la puissance de la douleur! comment se venger de ce qu'ils font souffrir? comment satisfaire le mouvement de rage qu'ils excitent? » Dans ce moment, un régiment passa sous mes fenêtres, et une musique militaire très-belle se fit entendre. Léonce, en l'écoutant, releva la tête, avec une expression de noblesse et d'enthousiasme si imposante et si sublime, qu'oubliant toutes mes douleurs, encore une fois je m'enivrai d'amour en le regardant; il devina mes sentiments, et laissant tomber sa tête sur mes mains, je les sentis inondées de ses pleurs. La musique cessa; Léonce, paraissant alors avoir retrouvé du calme, me dit : « Mon âme est plus tranquille, il m'est venu d'en haut, de l'intelligence céleste qui veille sur toi, un secours véritablement salutaire; adieu, mon amie, j'ai besoin de repos; à demain. — A demain, répétai-je. — Oui, répondit-il, adieu! » Et il me quitta sans rien ajouter.

Il n'a point voulu me dire quels sentiments l'avaient occupé pendant qu'il écoutait cette musique. Aurait-elle réveillé dans son âme le dessein d'aller à la guerre? Ah Dieu! dans quelle situation mes malheurs et mes fautes m'ont précipitée! Demain je veux annoncer à Léonce que je retourne dans mon couvent, que je m'y renferme pour toujours; il saura demain que je lui pardonne, que je le conjure de m'oublier; oui, demain... Ah! qu'arrivera-t-il?... »

LETTRE XVIII.

Léonce à Delphine.

Ce 8 septembre 1792.

En remontant chez moi, j'ai appris les massacres qui ont ensanglanté Paris; tout est douleur, tout est crime! qui a pu se flatter d'être heureux dans ce temps effroyable? Ne vois-tu pas dans l'air quelque chose de sombre, quelques signes, avant-coureurs des événements funestes? Non, je ne te reverrai plus; écoute-moi... que vais-je te dire? Je pars... eh bien! tu le sais... n'entends-tu pas le reste?...

Notre situation était horrible; je rougissais de mes faiblesses sans pouvoir en triompher; tout était bouleversé dans nos rapports ensemble. Je te repoussais, toi que j'adore, je repoussais le bonheur sans lequel je ne puis vivre; la douleur allait faire de moi le plus méprisable insensé, lorsque hier, en écoutant cette musique qui rappelait les combats, je me suis senti ranimé. J'ai su depuis d'affreuses nouvelles, elles ont achevé de me décider. Dans les combats, les hasards m'appartiennent; et je saurai, quand je voudrai, les diriger sur ma tête. Non, ce n'est qu'au milieu de la guerre que je pouvais soutenir la douleur de te quitter; c'est là que la mort toujours facile, toujours présente, vous aide à supporter quelques derniers jours de vie, consacrés à la gloire; c'est là que j'éprouverai des mouvements qui soulagent le désespoir même, le sang qu'on doit verser, le péril qui vous menace, l'horreur qui vous environne, et tous ces cris de haine qui suspendent pour un temps les douleurs de l'amour; je serai bien, tant que le glaive sera levé sur moi; je serai mieux encore, quand il aura pénétré jusqu'à mon cœur.

O mon amie! ne crois pas que ma passion pour toi se soit affaiblie dans cette lutte de mon caractère contre mon amour; je n'ai pu les accorder que par le sacrifice de ma vie; ce n'est pas te moins aimer; mais devais-je m'unir à toi sans t'honorer, sans pouvoir repousser loin de toi les traits cruels de la censure publique! Fallait-il éprouver, au milieu du bonheur suprême, un sentiment d'amertume? rougir de soi-même, parce qu'on n'a pas la force de dompter ce sentiment? rougir devant les autres alors qu'ils le devinent? aimer avec idolâtrie, et n'être pas heureux avec ce qu'on aime? t'estimer, t'adorer à l'égal des anges, et te voir flétrie dans l'opinion? garder dans le fond de son âme une peine qu'il aurait fallu te cacher? Ah! cette existence était odieuse! De tous les supplices les plus affreux, le plus extraordinaire n'est-il pas de trouver dans son propre cœur un sentiment qui nous sépare de l'objet de notre tendresse? d'avoir en soi l'obstacle, quand tous les autres ont disparu? Malheureux! je souffrais encore pendant que je serrais dans mes bras celle que j'adore, pendant que le feu de l'amour coulait dans mes veines. Cependant, après avoir pu devenir ton époux, comment souffrir le jour, en s'accusant de la perte d'un tel sort! comment recommencer cette douleur déjà éprouvée, mais la recommencer en se disant à toutes les heures : Si je le veux, elle est à moi, et je m'éloigne d'elle, et je la laisse languir dans une solitude déplorable où son amour pour moi l'a précipitée! Non, non, ma Delphine, quand ces contrastes, ces inconséquences, ces douleurs opposées se sont emparées d'un malheureux, il faut qu'il meure, car il ne peut ni se décider, ni rester incertain, ni vivre après avoir choisi.

Et toi, mon amie, et toi, quelle douleur je te fais éprouver! quel prix de ta tendresse! Mais déjà le trouble que je n'ai pu cacher n'a-t-il point altéré ton affection pour moi? Ne m'as-tu pas dit que jamais tu n'oublierais le moment fatal, l'instant d'incertitude qui avait désenchanté notre avenir? Ah! je me suis montré si peu digne de ton amour, que peut-être ce souvenir te consolera de ma perte.

O ma Delphine! crois-moi cependant, je t'ai passionnément aimée; non, jamais, jamais tu n'oublieras cet ami plein de défauts, d'orgueil, de véhémence, mais cet ami qui, du jour où il t'a vue, sentit que seule dans cet univers tu remplissais son âme, et que sa destinée se composerait de toi seule.

Oh! c'en est donc fait, et ma volonté nous sépare. Puis-je avoir un ennemi plus cruel que moi-même! te ferai-je jamais comprendre comment il se peut que je te quitte et que je t'adore, que je cherche la mort, quand un bonheur tant souhaité m'était offert, et que ma passion pour toi soit au comble de sa violence, dans le moment même où cette passion ne peut dompter mon caractère! O toi, si douce et si tendre! toi qui toujours as su lire dans mon cœur, vois au fond de ce cœur les tourments qui le déchirent, vois ce que je ne puis dire, et ce que je ne puis supporter; et tout coupable qu'il est, prends encore pitié de ton malheureux ami.

Je ne te demande point de regrets trop amers; vis, ange de paix, pour répandre encore sur les malheureux la douce influence de ta bonté; vis, pour que ma dernière pensée retourne à toi, et que mon nom, inconnu sur la terre, tombant un jour sous tes yeux, parmi les listes des morts, obtienne encore quelques larmes, quelques souvenirs qui te rappellent les jours heureux où tu m'aimais, où je me croyais digne de toi! Ah! je pouvais les recommencer encore... Non, je ne le pouvais plus. Un regret était un outrage qui aurait profané ton culte et le bonheur... Allons... adieu. Encore une prière, si tu me pardonnes. Oh! la meilleure des femmes! quand je ne serai plus, informe-toi de ma tombe, viens te reposer sur la place où mon cœur sera enseveli; je te sentirai près de moi, et je tressaillirai dans les bras de la mort.

LETTRE XIX.

Delphine à Léonce [1].

Tu me quittes, tu pars... je te suivrai... mais, barbare, tu m'as caché ta route... je ne sais où te chercher sur la terre... Jamais tant de cruauté!... L'infortuné, non il n'est pas cruel, il va mourir... Je veux te retrouver... je veux te dire...; mais seule, où courir? quel isolement affreux! ah! mon Dieu! mon Dieu, un secours, un appui... On me demande; qui veut me voir?.Ce n'est pas lui, qui donc? O divine Providence, m'avez-vous exaucée? C'est un ami, c'est M. de Serbellane.

LETTRE XX.

Delphine à mademoiselle d'Albémar.

De tous les hommes, le meilleur, le plus compatissant, c'est M. de Serbellane. Si je meurs, qu'après moi tous mes amis lui témoignent une profonde reconnaissance. Il a rencontré Léonce, et sait dans quels lieux il va chercher la mort; ce généreux ami n'a pu ramener Léonce, mais il me conduit vers lui; il espère, il croit que si je le revois, j'apaiserai son désespoir. M. de Serbellane, cet homme dont tout le monde vante la raison parfaite, a pitié de mon cœur égaré; il ne condamne point les conseils du désespoir, il sait secourir la douleur comme elle veut être secourue. Ah! je le bénis; c'est lui qui sera mon ange tutélaire, c'est lui qui me rendra le bonheur... Le bonheur! hélas! de quel mot ai-je osé me servir! Pourquoi l'effacerais-je? Louise, je le jure, vous n'entendrez plus parler que de mon bonheur: sur la terre ou dans le ciel, vous me saurez heureuse.

CONCLUSION.

Les lettres nous ont manqué pour continuer cette histoire, mais M. de Serbellane et quelques autres amis de madame d'Albémar nous ont transmis les détails que l'on va lire. M. de Serbellane, effrayé de l'état où il avait vu M. de Mondoville, ne résista point au désir et à la douleur de madame d'Albémar, et la conduisit sur les traces de Léonce, à travers l'Allemagne. Suivant toujours M. de Mondoville, sans pouvoir l'atteindre, ils arrivèrent jusqu'à Verdun, où l'armée qui entrait en France se trouvait réunie. Ce voyage fut cruel; mais la fermeté de M. de Serbellane et sa bonté délicate tour

[1] Cette lettre, écrite après le départ de Léonce, ne lui parvint pas.

à tour contenaient et soulageaient les mortelles inquiétudes de madame d'Albémar.

Quand elle entra dans la ville de Verdun, elle frémit, et son impatience parut s'arrêter au moment de tout savoir; elle pria M. de Serbellane d'aller s'informer de M. de Mondoville, et descendit dans une auberge, en attendant son retour. Pendant qu'elle y était, un jeune Français blessé fut rapporté dans une chambre voisine de la sienne : elle demanda son nom; on lui dit que c'était Charles de Ternan; elle ne l'avait jamais rencontré, mais elle savait qu'il était parent de M. de Mondoville, et pensant qu'il pouvait l'avoir vu, elle entra dans sa chambre, par un mouvement tout à fait irréfléchi; cependant l'embarras la retint sur le seuil de la porte, et elle entendit M. de Ternan qui disait : « Non, ce n'est pas de moi qu'il faut s'occuper, mais de mon brave compagnon, de mon généreux ami : ne peut-on envoyer personne au camp français pour le réclamer? Il ne servait point dans l'armée des étrangers, il venait seulement d'arriver à Verdun; en nous promenant ensemble, je me suis trop écarté des limites du camp, que mon ami ne connaissait point; nous avons été attaqués par une patrouille républicaine, j'ai été blessé au premier coup de fusil, et mon ami, sachant que si j'avais été fait prisonnier, j'étais perdu, n'a pris les armes que pour me sauver; je suis arrivé trop tard à son secours, il était déjà pris, emmené à Chaumont, pour être jugé, pour être fusillé. Juste ciel! si vous saviez quel mépris de la vie, quel héroïsme d'amitié il a montré! » Delphine, entendant ces paroles, ne douta presque plus de son malheur : couverte d'un voile qui empêchait de remarquer son éclatante figure, elle s'avança dans la chambre, et, tendant les bras vers M. de Ternan, elle s'écria : « Cet homme généreux, intrépide, infortuné, c'est Léonce de Mondoville? — Oui, répondit M. de Ternan en retournant la tête; qui l'a deviné? — Moi, » répondit Delphine en perdant connaissance. On courut à son secours, on détacha son voile, et ses cheveux tombèrent sur son visage, comme pour le couvrir encore. M. de Serbellane, en arrivant, la vit entourée d'hommes, qui croyaient presque qu'il y avait quelque chose de surnaturel dans cette apparition d'une femme inconnue, si belle et si touchante.

Il avait appris de son côté ce que Delphine venait de découvrir. Quand elle revint à elle, saisissant les mains de M. de Serbellane avec une force convulsive, elle lui dit : « Vous viendrez avec moi : nous irons à son aide; votre pays n'est point en guerre avec les Français; ils vous écouteront, je les implorerai : n'y a-t-il pas des accents de douleur auxquels nul homme n'a résisté? Partons. »

M. de Serbellane n'hésita pas : il avait déjà formé le dessein d'aller à Chaumont, et portait avec lui les passe-ports nécessaires pour s'y rendre : il comprit qu'il était impossible de détourner Delphine de le suivre, et ne voulut pas même le lui proposer. Son caractère était aussi calme que celui de Delphine était passionné; mais quand les grandes affections de l'âme sont compromises, tous les êtres généreux s'entendent et suivent la même conduite.

Ils partirent ensemble, et furent à Chaumont en moins de dix heures. Peu de moments avant d'arriver, Delphine se ressouvenant que M. de Serbellane lui avait dit autrefois qu'il existait en Italie un poison doux mais rapide, qui terminait la vie en très-peu de temps, rappela à M. de Serbellane ce poison dont ils s'étaient une fois entretenus ensemble. « Il est dans cette bague, répondit M. de Serbellane en la montrant, je la porte toujours depuis que j'ai perdu Thérèse; je me sentais plus calme et plus libre en pensant que si la vie me devenait insupportable, j'avais avec moi ce qui pouvait facilement m'en délivrer. » Delphine alors, quelle que fût son intention secrète, et l'idée vague et terrible qui l'occupait, donna pour motif à M. de Serbellane, en lui demandant cette bague, le désir qu'aurait Léonce, fier et irritable comme il l'était, d'échapper au supplice, dans un temps où le peuple pouvait se permettre des insultes contre l'homme qui lui serait désigné comme son ennemi. « Je crois à la vérité de ce que vous me dites, répondit M. de Serbellane : si vous vouliez mourir, vous ne me le cacheriez pas; nous parlerions ensemble de ce dessein avec le courage qui convient à une âme telle que la vôtre, et je vous en détournerais, je l'espère : je vous dirais ce que j'ai éprouvé; c'est qu'on peut encore faire servir au bonheur des autres une vie qui ne nous promet à nous-mêmes que des chagrins, et cette espérance vous la ferait supporter. » Madame d'Albémar répéta avec une sombre tristesse que son dessein, en lui demandant ce funeste présent, était de le donner à Léonce, s'il était condamné. Alors M. de Serbellane tira sa bague de son doigt, et la remit à Delphine. « Voilà donc, s'écria-t-elle, voilà donc, ô Léonce! ce qui doit nous réunir! voilà l'anneau nuptial que j'étais destinée à te présenter! O mon Dieu! ajouta-t-elle, donnez-moi de la force jusqu'au dernier moment. »

Dès qu'ils furent arrivés à Chaumont, M. de Serbellane alla demander la permission de voir M. de

Mondoville. Madame d'Albémar, en l'attendant, s'assit sur un banc, en face de la prison où elle avait appris que M. de Mondoville était renfermé. La beauté de Delphine, et la douceur qui se peignait dans toute sa personne, avaient attiré l'attention de plusieurs femmes, enfants et vieillards, qui l'environnaient sans qu'elle s'en aperçût; mais au moment où elle se leva, pour aller au-devant de M. de Serbellane qui lui apportait la permission d'entrer dans la prison, les pauvres gens qui l'avaient vue pleurer, lui dirent: « *Vous avez du chagrin, ma bonne dame, nous prierons Dieu pour vous.* — Je vous en remercie, répondit-elle : priez pour un ami que j'ai dans ce monde, et que l'on veut faire périr. Il y a parmi vous peut-être des créatures bien plus innocentes que moi, Dieu les écoutera plus favorablement. Priez donc pour qu'il me fasse grâce; et si vous avez sur la terre un être que vous aimiez, que cet être vous récompense du bien que vous m'aurez fait! » En parlant ainsi, elle attendrit ceux qui l'écoutaient, mais ils ne pouvaient la servir.

M. de Serbellane annonça à Delphine qu'elle pouvait voir Léonce à l'instant, et qu'il lui resterait encore le temps d'entretenir celui qui devait présider le tribunal, avant qu'il s'assemblât pour prononcer sur la vie de Léonce. M. de Serbellane, pendant que Delphine serait dans la prison, devait continuer à voir tous ceux qui, dans la ville, pouvaient avoir quelque influence sur le tribunal, et venir reprendre Delphine, quand elle aurait vu M. de Mondoville, et qu'elle aurait su de lui toutes les circonstances qui pouvaient servir à le justifier.

La permission étant présentée au geôlier, il ouvrit la porte de la prison, et Delphine, en entrant dans ce lieu de douleur, vit son amant qui écrivait avec beaucoup de calme. Le bruit de la porte lui fit lever la tête, et, se jetant à genoux devant elle, il s'écria : « Juste ciel! quel miracle s'accomplit pour moi! est-ce mon imagination qui me la représente? Je l'invoquais, et la voilà! Tous ses traits, tous ses charmes sont-ils devant mes yeux? Delphine, Delphine, est-ce toi? » Et, la serrant dans ses bras, il perdit entièrement le souvenir de sa situation; mais le cœur de Delphine n'était pas soulagé, et les transports de son amant ne lui donnèrent pas même un instant d'illusion.

« Delphine, lui dit encore Léonce en découvrant sa poitrine, vois-tu ce médaillon qui contient tes cheveux? je n'ai défendu que lui; ils n'ont pu me l'arracher. Si tu n'étais venue près de moi, c'est à lui seul que j'aurais confié mes adieux. Ah! Delphine, pourquoi t'ai-je quittée?—C'est moi qui suis coupable de ton sort, répondit-elle, je le sais; si je n'avais pas consenti à sortir de mon couvent, si...; mais que fait cette douleur de plus dans l'abîme des douleurs! Dites-moi seulement ce que je puis dire à vos juges; j'ignore si j'espère encore, mais je veux leur parler.—Vous n'obtiendrez rien, mon amie, reprit Léonce; cependant je pourrais consentir à vivre maintenant : il s'est fait un grand changement dans ma manière de voir. Au milieu des malheurs que je viens d'éprouver, et de la destinée qui me menace, je me suis senti comme humilié d'avoir attaché tant de prix aux jugements des hommes. La présence de la mort m'a éclairé sur ce qu'il y a de réel dans la vie; je ne le cache point, j'ai regretté d'avoir sacrifié les jours que tu protégeais. J'ai connu le prix de l'existence simple et douce que j'aurais goûtée près de toi. S'il en était temps encore, aucun nuage ne troublerait plus notre bonheur : vois donc, ô ma Delphine! si tu peux me sauver, je l'accepte.—O mon Dieu! » s'écria Delphine; et les sanglots étouffèrent sa voix.

« Je ne sais, reprit Léonce, ce qu'on peut dire pour ma défense; cependant il me semble que, dans l'opinion même de ceux qui vont me juger, je ne suis pas coupable. J'étais arrivé à Verdun le matin du jour où l'on m'a fait prisonnier; je cherchais la mort, il est vrai, mais je ne savais point encore quel moyen je prendrais pour atteindre ce but facile. J'ai suivi sans dessein le jeune Ternan, mon ami d'enfance. Je n'étais pas reçu dans l'armée, mon nom même n'y était point encore connu. Charles Ternan s'est imprudemment éloigné des limites du camp, une patrouille nous a attaqués, le premier coup de fusil a blessé Charles Ternan; il ne pouvait plus se défendre, et, pris en uniforme les armes à la main, son sort n'était pas douteux. Je lui ai crié de tâcher de s'éloigner, pendant que j'arrêterais la patrouille par ma résistance, et, afin de le déterminer à me quitter, j'ai ajouté qu'il devrait retourner au camp pour demander du secours; mais avant que le secours arrivât, le nombre m'a accablé : je ne sais par quel hasard je n'ai pas été tué, mais je crois que je le dois au désir que j'avais de prolonger le combat, pour donner à Ternan plus de temps pour s'éloigner. Voilà ce qui s'est passé, ma Delphine; ton esprit secourable peut-il trouver dans ce récit les moyens de me justifier avec honneur?—Généreuse conduite! répondit Delphine; mais y croiront-ils? mais en seront-ils émus? Ah! mon ami, sans le secours de la Providence, sans la plus signalée de ses faveurs, quel espoir nous reste-t-il! Cède, ajouta-t-elle, cède à ce que tu pourrais appeler une superstition du cœur ; quand même ce que je vais te demander ne te paraîtrait qu'une faiblesse, cède encore ; viens prier avec moi le protecteur des malheureux de m'accorder l'éloquence qui entraîne la volonté des hommes ; viens, prions ensemble. » Léonce eut un moment d'embarras ; mais bientôt, s'abandonnant au mouvement inspiré par Delphine, il se mit à genoux devant les rayons du soleil, qui perçaient à travers les barreaux de sa prison, et dit : « Être tout-puissant, être inconnu ! je t'implore pour la première fois de ma vie, je ne mérite pas que tu m'exauces ; mais l'un de tes anges attache sa vie à la mienne ; sauve-moi, puisqu'elle le souhaite, et je jure de consacrer le reste de mes jours à suivre ton culte ; mon amie me l'enseignera. » Delphine en écoutant ces paroles eut un moment d'espoir. « Ah ! s'écria-t-elle, quelque insensés, quelque coupables que nous soyons, peut-être le Dieu de bonté, qui ne nous a donné que des commandements d'amour, a-t-il entendu nos prières, a-t-il pris pitié de nous ! Adieu, Léonce ; à ce soir, il y a encore ce soir. Adieu. » Et elle le quitta en réprimant son émotion. La nature donne toujours un moment de calme dans les situations les plus violentes de la vie, comme un instant de mieux avant la mort ; c'est un dernier recueillement de toutes les forces, c'est l'heure de la prière ou des adieux.

Delphine, en sortant de la prison, rencontra M. de Serbellane qui venait la chercher ; il la conduisit chez le président du tribunal. Arrivés devant la maison de celui dont dépendait la vie de Léonce, Delphine tressaillit, et, comme elle franchissait le seuil de la porte, elle se sépara de M. de Serbellane, avec un dernier regard qui lui demandait de faire des vœux pour elle. Elle entra, et trouva le président entouré de quelques secrétaires : elle lui demanda s'il lui serait permis de l'entretenir sans témoins. « Je n'ai de secrets pour personne, » répondit-il en élevant d'autant plus la voix que Delphine cherchait à la baisser ; « il ne faut pas qu'un homme public mette de mystère dans sa conduite. — Hélas ! monsieur, reprit Delphine, sans doute vous n'avez point de secret, mais je puis en avoir un ; me refuserez-vous de ne le confier qu'à vous ? — Je vous ai déjà dit, reprit le juge, que je ne veux point éloigner de moi ceux qui m'entourent ; je ne le dois point. » Delphine, se retournant alors vers ceux qui étaient dans la chambre, leur dit avec une noble douceur : « Messieurs, je vous en conjure, éloignez-vous pendant quelques moments ; soyez assez généreux pour

me prouver ainsi votre pitié. » La voix et le regard de Delphine exprimaient l'émotion la plus profonde, et produisirent un effet inespéré ; tous ceux qui étaient dans la chambre s'éloignèrent doucement, sans proférer un seul mot.

Quand Delphine se vit seule avec celui qui pouvait absoudre ou condamner son amant, ses lèvres tremblèrent avant de prononcer les paroles qui devaient appeler ou repousser la conviction, donner la vie ou causer la mort : tout annonçait dans le juge un homme inflexible ; cependant Delphine avait aperçu sur son bureau le portrait d'une femme tenant un enfant dans ses bras, et ce tableau, lui apprenant qu'il était époux et père, lui avait un moment donné l'espoir de l'attendrir. Elle tâcha d'exposer avec calme le récit des faits qui prouvaient que Léonce n'avait pris aucun grade dans l'armée ennemie, que le danger seul de son ami l'avait forcé à le secourir ; et, racontant avec courage et simplicité toutes les circonstances qui avaient engagé Léonce à quitter la Suisse, elle se donna tous les torts, en cherchant à prouver au juge que Léonce n'avait cédé qu'à la douleur qu'il éprouvait, et qu'aucun motif politique, aucune résolution ennemie n'était entrée pour rien dans les circonstances qui l'avaient conduit à Verdun. Le juge s'était d'abord montré inaccessible à la conviction ; et, regardant Léonce comme coupable, il était résolu à le condamner ; le récit déchirant de Delphine lui persuada que la conduite de Léonce n'avait pas été telle qu'il se l'imaginait ; mais il sentit l'impossibilité de persuader à ses collègues que Léonce pouvait être absous, quand toutes les apparences l'accusaient ; ne voulant pas prendre sur lui de le faire mettre en liberté sans qu'il eût été jugé, il ne voyait aucun moyen de le sauver ; et, la pitié que lui inspirait madame d'Albémar le faisant souffrir, il cherchait à lui répondre en termes vagues, et à terminer le plus tôt possible ce cruel entretien. Une timidité douloureuse enchaînait Delphine ; elle sentait qu'il n'existait plus pour elle qu'une ressource, c'était de se livrer sans contrainte à toute l'émotion qu'elle éprouvait ; mais l'idée que cet espoir une fois détruit il n'en resterait plus, lui faisait essayer des moyens d'un autre genre, qui n'épuisaient pas encore sa dernière espérance. Enfin, le juge fit quelques pas pour sortir, en déclarant que dans cette affaire, il ne pouvait être éclairé que par l'opinion de ses collègues, et que c'était à eux seuls qu'il voulait s'en remettre.

L'infortunée Delphine, à ces mots, ne se connaissant plus, se précipita vers la porte, et s'écria :

« Non, vous n'avancerez pas, non, vous n'irez pas commettre l'action la plus barbare! il n'est pas criminel, celui que vous allez condamner, il ne l'est pas, vous le savez; je vous ai prouvé qu'il n'avait point porté les armes, qu'il n'était pas votre ennemi, que la générosité, l'amitié, l'avaient seules entraîné; et quand il serait vrai que vos opinions et les siennes sur la guerre actuelle ne fussent pas d'accord, n'est-il pas le meilleur et le plus sensible des êtres, celui que le hasard a jeté dans un parti différent du vôtre ? Les hommes se ressemblent comme pères, comme amis, comme fils; c'est par ces affections de la nature que tous les cœurs se répondent; mais les fureurs des factions ne peuvent exciter que des haines passagères, des haines qu'on peut sentir contre des ennemis puissants, mais qui s'éteignent à l'instant, quand ils sont vaincus, quand ils sont abattus par le sort, et que vous ne voyez plus en eux que leurs vertus privées, leurs sentiments et leur malheur. Ah! celui pour qui je vous implore, si vous étiez en péril, et que je lui demandasse de vous sauver, il n'hésiterait pas non-seulement à vous absoudre, mais à vous secourir de tous ses moyens, de tous ses efforts. Si vous donnez la mort à qui ne l'a pas méritée, vous ne savez pas quelle destinée vous vous préparez, vous ne savez pas quels remords vous attendent! plus de repos, plus de douces jouissances; au sein de votre famille, au milieu de vos concitoyens, vous serez poursuivi par des craintes, par une agitation continuelle; vous ne compterez plus sur l'estime; vous ne vous fierez plus à l'amitié; et quand vous souffrirez, et quand les maladies vous feront redouter une fin cruelle, une vieillesse douloureuse, vous vous accuserez de l'avoir méritée, et votre propre pitié vous manquera dans vos propres maux. — Jeune femme, vous m'insultez, lui dit le juge, parce que je veux obéir aux lois de mon pays. — Moi, je vous insulte! s'écria Delphine en se jetant à ses pieds; ô Dieu! s'il m'est échappé une seule parole qui puisse vous blesser, si mon trouble ne m'a pas permis d'être maîtresse de mes discours, ah! n'en punissez pas mon ami. Est-il coupable de mon imprudence, de ma faiblesse, de ma folie? Dites, serait-ce moi qui vous irriterais contre lui, moi qui ai déjà fait tomber tant de douleurs sur sa vie! Ah! je me prosterne devant vous; juste ciel! voudrais-je vous offenser? quelle réparation voulez-vous? parlez; » et l'infortunée, à genoux, penchait son visage jusqu'à terre, dans un état si déplorable que le juge en fut touché. « Non, madame, lui dit-il en la relevant, vous ne m'avez point offensé; non, soyez

tranquille; si je pouvais sauver M. de Mondoville, ce serait pour vous que je le ferais. » Delphine étonnée, saisie d'un premier espoir qui redoublait encore la violence de son état, s'appuya sur le bras de cet homme qui ne l'effrayait plus, et lui dit dans une sorte d'égarement : « Ce serait pour moi que vous le sauveriez! vous savez donc que je vais mourir aussi? En effet, vous n'avez pu croire que je survécusse à cet être si bon et si tendre. Il va porter dans le tombeau tant d'affection pour moi, pour moi, pauvre insensée, qui ne lui ai fait que du mal! Qu'importe au reste que je meure! la mort est mon unique espoir; mais vous qui pouvez tout, me refuserez-vous ce mot sacré, ce mot du ciel qui absout l'innocent et rend la vie aux infortunés qui le chérissent? Hélas! dans les temps orageux où nous vivons, savez-vous quel sera votre avenir! il y a six mois que toutes les prospérités de la terre environnaient mon malheureux ami; et maintenant, jeté dans les prisons, près de périr, il n'a plus qu'une amie qui verse des pleurs sur son sort. Vous êtes le président du tribunal; vous pouvez, je le sais, s'il est prouvé que M. de Mondoville ne servait pas dans l'armee ennemie, vous pouvez décider qu'il n'y a pas lieu à le juger-criminellement, et le faire mettre en liberté.—Vous ne savez pas, madame, interrompit le juge, en cessant de se contraindre et laissant voir un caractère qui avait en effet beaucoup de bonté, vous ne savez pas ce que vous me demandez; vous ignorez à quels périls je m'exposerais si je voulais soustraire M. de Mondoville au cours naturel des lois. Sans doute j'aurais souhaité que la liberté pût s'établir en France sans qu'un seul homme pérît pour une opinion politique; mais puisque la guerre étrangère excite une fermentation violente, n'exigez pas d'un père de famille, qui s'est vu forcé d'accepter dans des temps difficiles un emploi pénible, mais nécessaire, n'exigez pas qu'il compromette ses jours pour conserver ceux d'un inconnu. — D'un inconnu! reprit Delphine, s'il est innocent; d'un inconnu! si sa vie dépend de vous! ah! qu'il doit nous être cher, l'homme infortuné que nous pouvons sauver d'une mort injuste et certaine! Oui, j'en conviens, ce que je vous demande exige du courage, de la générosité, du dévouement; ce n'est point une pitié commune que j'attends de vous, c'est une élévation d'âme qui suppose des vertus antiques, des vertus républicaines, des vertus qui honoreront mille fois plus le parti que vous défendez, que les plus illustres victoires. Eh bien, soyez cet homme supérieur aux autres hommes, cet homme qui se sacrifie lui-

même à ce qui est noble et bon! Écrivez sur ce
papier, dit-elle en s'avançant pour le prendre sur
le bureau du juge, écrivez que M. de Mondoville
doit sortir de prison; tout est dit alors, son nom
ne sera point cité, il quittera la France, il partira
pour la Suisse, et dans ce pays vous avez deux
êtres à vous; venez les retrouver, et vous apprendrez ce que c'est que la reconnaissance dans les
cœurs généreux; jamais lien plus sacré put-il unir
les âmes? Ah! si le libérateur de Léonce me demandait ma vie, au bout du monde, après vingt
années, cette vie serait encore à lui. Signez,
signez..... »

Le juge, étonné des impressions qu'il éprouvait,
mit sa main sur ses yeux pour ne pas voir Delphine, et retrouvant alors dans le fond de son
âme la crainte que l'émotion combattait, il fit un
dernier effort pour étouffer son attendrissement,
et refusa nettement ce que madame d'Albémar se
croyait près d'obtenir. A ces mots, elle tomba sur
une chaise, presque sans vie, comme frappée d'un
coup mortel et inattendu. Dans ce moment une
femme ouvrit la porte, et Delphine la reconnut
pour celle dont le portrait l'avait frappée : cette
femme voyant que son mari n'était pas seul, voulut se retirer; Delphine, inspirée par son désespoir, s'avança vers elle et la conjura d'entrer. « Je
venais, répondit-elle, prier mon mari de monter
pour voir le médecin, qui est très-inquiet de notre
fils. — Votre fils, s'écria Delphine, votre fils! —
Oui, madame, répondit la femme, je n'ai que cet
enfant, et il est bien malade. — Votre enfant est
malade! répéta Delphine; eh bien, dit-elle en se
retournant vers le juge, avec un regard solennel,
si vous livrez Léonce au tribunal, votre enfant, cet
objet de toute votre tendresse, il mourra! il mourra!»
Le juge et sa femme reculèrent, effrayés de cette
voix et de cet accent prophétique. « Oui, reprit-elle,
vous ne savez pas combien est infaillible la punition du ciel, quand on s'est refusé à la pitié. Vous
serez frappés dans ce que vous avez de plus cher.
La douleur qu'on redoute, c'est la douleur qui
nous atteint, et l'être qui nous punit sait où porter ses coups; mais, ajouta-t-elle en versant un
torrent de pleurs, si vous sauvez mon ami, si vous
signez sa délivrance, votre unique enfant vivra,
et bénira le nom de son père jusqu'à son dernier
jour. » A ces mots, la femme du juge, sans parler, suppliait son mari de ses regards, de ses
mains élevées, demandait ainsi la grâce de Léonce,
presque sans s'apercevoir elle-même de ce qu'elle
faisait. Le mari, regardant tour à tour Delphine
et sa femme, dit : « Non, je ne refuserai rien pen-

dant que mon fils est en danger; non, quoi qu'il
puisse m'en arriver, madame, vous avez vaincu : »
et, prenant la plume, il écrivit l'ordre de mettre
en liberté M. de Mondoville. Delphine n'osait ni
respirer, ni parler, de peur que le moindre mouvement ne changeât quelque chose à la résolution
inespérée du juge. Il lui dit en lui remettant
l'ordre : « Je vous donne, madame, la vie de
M. de Mondoville; mais ne tardez pas à le faire
partir; si un commissaire de Paris venait ici, je
n'y serais plus le maître : je lui répéterais sans
doute, comme vous me l'avez attesté, comme je
le crois, que M. de Mondoville n'a point porté les
armes; mais ce serait peut-être en vain alors que
je m'efforcerais encore de le sauver. Vous avez su
toucher mon cœur, madame, par je ne sais quelle
éloquence, quelle sensibilité surnaturelle. C'est à
vous que votre ami doit la vie, jouissez-en tous
les deux, et... — Priez pour mon fils, » ajouta la
mère.

Delphine, dont l'émotion rendait les paroles à
peine intelligibles, reçut l'ordre à genoux, et,
pressant sur son cœur la main secourable de son
bienfaiteur : « Que je ne meure pas, lui dit-elle,
homme généreux, sans avoir fait sentir à votre
âme un peu du bonheur que je lui dois! adieu. »
Elle courut à la prison, craignant de perdre une
seconde; ralentissant quelquefois ses pas, pour ne
pas attirer l'attention de ceux qui la regardaient,
mais ne pouvant calmer la frayeur que lui causait
le danger du moindre retard. En entrant dans la
chambre de Léonce, elle lui tendit l'ordre, et resta
quelques instants sans pouvoir prononcer un seul
mot. Léonce lut l'ordre, et, profondément attendri, il répéta plusieurs fois à Delphine : « C'est
toi qui m'arraches à la mort! que ma vie sera heureuse avec toi! » Quand elle eut repris ses forces,
elle se hâta d'expliquer qu'il fallait partir à l'instant, que le moindre délai pouvait être funeste, et
pressa le geôlier, avec une ardeur passionnée, d'aller remplir une dernière formalité, nécessaire pour
sortir de prison et de la ville; il partit.

Léonce alors se livra à tous les projets de bonheur les plus doux. « Ma Delphine, disait-il, te
souviens-tu de cette maison sur le coteau de Baden, dont le site nous rappelait Bellerive? Nous
pouvons l'acquérir, nous nous y établirons; quelques légers changements la rendront tout à fait
semblable à ce séjour où nous avons passé des
moments heureux, mais troublés, tandis que dans
notre habitation nouvelle une félicité parfaite nous
est promise. Tu ne seras point poursuivie dans un
pays protestant; je suis sûr d'ailleurs d'en imposer

à madame de Ternan, et notre destinée obscure n'excitant l'envie de personne, nous n'aurons point d'ennemis. Oh! que cet avenir se présente à moi sous un aspect enchanteur! Delphine, ma céleste amie, ajoute donc quelques traits à ce tableau, peins-moi le sort qui nous attend, que l'espérance nous y transporte. » Delphine ne répondait point, son âme agitée n'avait point retrouvé de calme.

« Craindrais-tu, lui dit encore Léonce, de retrouver en moi quelques traces des faiblesses qui nous ont séparés; me ferais-tu cette offense? — Non, non! interrompit Delphine.—Même avant ton arrivée, continua Léonce, ton souvenir et mon amour avaient entièrement dissipé les erreurs de mon caractère; je te l'avouerai, certain de périr, la mort que j'avais désirée me m'inspirait plus qu'un sentiment assez sombre : il me semblait que la nature m'accusait d'avoir méconnu ses bienfaits; et mon imagination se retournant tout à coup, je n'ai plus vu, prêt à perdre l'existence, que les affections délicieuses qui devaient me la rendre chère; ah! j'avais peut-être besoin de cette épreuve, mais je n'en perdrai jamais le fruit; je vivrai pour être heureux, pour être aimé..... — Hélas! reprit Delphine, le temps se passe, le geôlier ne revient point. » Cette inquiétude augmentant son trouble à chaque minute, elle n'entendait pas ce que Léonce lui disait pour la calmer, et, s'approchant des barreaux de la prison, à travers lesquels on entrevoyait la rue, elle y resta fixement attachée. Tout à coup elle s'écria : « O mon Dieu! ô mon Dieu! d'une voix si déchirante, que Léonce en frémit, et courant à elle, il lui dit : — Qu'avez-vous? Votre accent me cause un effroi que de ma vie je n'avais éprouvé.—Que viennent faire, lui dit Delphine, ces deux hommes vêtus de noir qui accompagnent le geôlier? — Apporter l'ordre pour mon départ, lui répondit Léonce. — Non, non, reprit Delphine, cela n'est pas naturel, cela ne l'est pas. » La porte de la prison s'ouvrit, et les deux hommes, peu d'instants après être entrés, déclarèrent que le commissaire de Paris était arrivé, qu'il avait déchiré l'ordre donné par le juge, et qu'il était décidé que M. de Mondoville ne sortirait pas de prison, et serait jugé. A cette nouvelle, Léonce détourna la tête, ne voulant point montrer son émotion. Delphine, levant les yeux au ciel, s'avança d'un pas assez ferme, pour demander aux deux hommes envoyés s'il ne lui serait pas permis de voir le commissaire. « Non, madame, lui répondirent-ils, vous ne pouvez pas sortir, vous êtes en arrestation ici jusqu'à demain.» Léonce tendit alors la main à Delphine, avec un

sentiment qui n'était pas sans quelque douceur. Les stupides témoins de cette scène voulurent rassurer Delphine sur son propre sort, croyant qu'il était l'objet de son inquiétude, et lui dirent qu'elle pouvait être tranquille, qu'elle sortirait au moment même où le jugement de M. de Mondoville serait exécuté. A ces affreuses paroles, Delphine fut près de succomber; mais prenant sur elle, elle dit seulement à voix basse : « En est-ce assez, mon Dieu! » et demanda ensuite à ceux qui venaient de parler, si un étranger qui l'avait accompagnée, M. de Serbellane, ne devait pas venir la voir. « Il nous a chargés de vous dire, lui répondirent-ils, qu'il serait ici dans une heure, quand le tribunal, qui est assemblé maintenant, aura prononcé. Il fait ce qu'il peut pour vous être utile; mais à présent que le commissaire de Paris est arrivé, cela ne se passera pas comme ce matin. » Léonce, assez vivement irrité, les interrompit en leur disant : « Je ne suis pas condamné à votre présence, laissez-moi. » Ils murmurèrent intelligiblement quelques paroles d'humeur, mais le regard de Léonce leur en imposa, et ils sortirent. Léonce alors, se rapprochant de Delphine, la serra dans ses bras avec l'émotion la plus passionnée; elle ne répondait à rien, n'exprimait rien, et semblait tout entière renfermée en elle-même. « Dieu! prononça-t-elle à demi-voix, Dieu qui m'avez abandonnée, préservez-moi de sentiments impies! que je supporte ce cruel jeu de la destinée sans cesser de croire en vous! La mort, après tout, la mort... Eh bien, mon ami, dit-elle en se jetant dans les bras de Léonce, nous la recevons ensemble; c'est un reste de pitié de la Providence envers nous. Pressons nos cœurs l'un contre l'autre, que leurs derniers battements cessent au même instant; le seul mal au delà des forces humaines, c'est de vivre ou de mourir séparés. »

Léonce, inquiet de la résolution de Delphine, voulut lui parler de ses devoirs, de son sort après lui : « Je te défends de m'entretenir sur ce sujet, interrompit-elle; ignore mes desseins, quels qu'ils soient; ne m'interroge plus, et passons ces dernières heures dans la confiance et l'abandon qui peuvent encore leur donner du charme. » Léonce lui obéit; il sentait que sur un pareil sujet il ne pouvait rien obtenir d'elle; mais il se flattait que M. de Serbellane veillerait sur le sort de son amie, quand il n'existerait plus, et c'était à lui qu'il se proposait de la confier.

Léonce et Delphine gardèrent donc le silence, l'un à côté de l'autre, pendant assez longtemps. Ils attendaient M. de Serbellane, quoiqu'ils n'en espérassent rien ; enfin il arriva, portant sur son visage l'empreinte des sentiments qui le déchiraient.

« Demain, à huit heures du matin, dit-il à Léonce, vous devez être conduit dans une plaine à une demi-lieue de la ville, pour être fusillé ; un espoir cependant reste encore ; le juge généreux de qui madame d'Albémar avait obtenu votre liberté, vient de sortir du tribunal même pour me parler ; il m'a dit que si je pouvais lui apporter à l'instant une déclaration signée de vous, qui attestât positivement que vous n'avez point eu l'intention de porter les armes, et que vous traversiez l'armée en voyageur, pour revenir en France, cette déclaration pourrait vous sauver. » Delphine, à ce mot, leva les yeux, qu'elle avait tenus fixés sur la terre jusqu'alors ; Léonce répondit à M. de Serbellane, avec la plus noble simplicité : « Quand j'ai été fait prisonnier, j'en conviens, je n'avais point encore porté les armes ; j'étais venu à Verdun, non pour seconder aucune cause, mais dans l'espoir de mourir : qu'importent toutefois ces détails connus de moi seul ? Les Français qui sont dans l'armée des étrangers ont dû croire que je venais pour servir avec eux ; une déclaration contraire leur paraîtrait un mensonge que je ferais pour sauver ma vie ; mon intention d'ailleurs n'était point de rentrer en France ; je ne puis donc, sans m'avilir, attester ce qui paraîtrait faux aux yeux des autres, ou ce qui le serait réellement. » Delphine, en entendant ce refus décisif, baissa de nouveau les yeux, sans prononcer une parole ; elle savait que Léonce n'appellerait jamais d'une résolution qu'il croyait honorable.

M. de Mondoville, touché de la douleur que lui témoignait M. de Serbellane, lui prit la main et lui dit : « Généreux ami, vous avez tout fait pour nous ; il ne me reste plus, relativement à moi, qu'un service à vous demander. Si mon nom était calomnié, quand j'aurai cessé de vivre, donnez à la vérité l'appui de votre respectable caractère : n'oubliez pas que la mémoire d'un homme qui fut passionné pour l'honneur, est un dépôt qu'il confie aux soins scrupuleux de ses amis. — J'accepte avec reconnaissance ce glorieux dépôt, répondit M. de Serbellane ; votre réputation, sans doute, ne sera point attaquée ; mais, si jamais je pouvais être appelé à la défendre, quelle force, quelle énergie ne trouverais-je pas dans l'admiration que m'inspire votre courageuse conduite ! — Maintenant, reprit Léonce, encore une prière, et la plus sacrée de toutes ! »

Il conduisit M. de Serbellane vers la fenêtre, pour lui recommander Delphine quand il ne se-

rait plus. Il aurait pu parler devant elle sans qu'elle l'entendît ; ses réflexions l'absorbaient entièrement. Immobile et pâle, quelquefois elle tressaillait, mais elle n'écoutait ni ne voyait plus rien, et ne versait pas même une larme. Quand toute espérance est perdue, toute démonstration de douleur cesse, l'âme frissonne au dedans de nous-mêmes, et le sang glacé n'a plus de cours.

Léonce entra dans les plus grands détails avec M. de Serbellane, sur la conduite qu'il devait tenir pour conserver les jours de Delphine, si sa douleur lui inspirait le désir de les terminer. M. de Serbellane, non-seulement lui promit tout ce qu'il désirait, mais sut presque le rassurer, en se montrant digne de soutenir et de consoler l'infortunée remise à ses soins. Léonce, touché de son noble caractère, ne put lui témoigner sa reconnaissance sans avoir les yeux remplis de larmes : il était resté ferme contre le malheur ; mais en retrouvant la pitié, il s'attendrit. « Adieu, mon ami, lui dit-il ; laissez-moi seul avec elle ; demain, avec le jour, revenez la chercher ; vous recevrez le dernier serment de main d'un homme qui vous estime et vous honore. Adieu. » M. de Serbellane, en s'en allant, s'approcha de Delphine, et lui demanda sa main qu'elle abandonna : « Madame, lui dit-il d'une voix émue, courage et résignation ! Les plus vives douleurs ont encore cette ressource. » Un profond soupir souleva le sein de Delphine : « N'oubliez pas Isore, lui répondit-elle : adieu. »

M. de Serbellane sortit, se promettant de revenir le lendemain auprès de ses infortunés amis. Alors Léonce et Delphine se trouvèrent seuls, au commencement de cette nuit solennelle qu'ils devaient passer ensemble, dans cette sombre prison qu'éclairait une lumière pâle et tremblante ; ils entendirent le geôlier refermer sur eux les verrous. « Ah ! s'écria Delphine ! si ces portes pouvaient ne plus s'ouvrir ; si le jour pouvait ne jamais se lever, quels lieux de délices vaudraient cette prison ! Léonce, pourront-ils t'arracher à moi ? » Et elle le serrait dans ses bras avec une force surnaturelle, à laquelle succédait le plus profond abattement. Léonce, effrayé de son état, voulut fixer sa pensée sur quelques idées plus douces, et, passant ses bras autour d'elle, il lui dit : « Ma Delphine, tu crois à l'immortalité, tu m'en as persuadé ; je meurs plein de confiance dans l'Être qui t'a créée. J'ai respecté la vertu en idolâtrant tes charmes ; je me sens, malgré mes fautes, quelques droits à la miséricorde divine, et tes prières me l'obtiendront. Mon ange, nous ne serons donc pas pour jamais séparés ; même avant de nous réunir dans le ciel, tu sentiras encore mon âme auprès de toi ; tu m'appelleras toujours, quand tu seras seule. Plusieurs fois tu répéteras le nom de Léonce, et Léonce recueillera peut-être dans les airs les accents de son amie. Cherche, ma Delphine, tout ce qu'il y a de doux, de sensible dans la douleur ; remplis ta vie des hommages solitaires et tendres que l'on peut rendre encore à la mémoire de l'objet que l'on regrette. — Arrête, interrompit Delphine, que parles-tu de ma vie ? As-tu donc osé penser que je pourrais te survivre ? Oui, sans doute, mon cœur s'est toujours confié dans l'immortalité de l'âme, quand il ne s'agissait que de mon sort ; cette noble croyance suffisait à mon repos : mais est-ce assez de cette espérance, qu'un nuage couvre encore aux regards des plus vertueux des mortels ? est-ce assez d'elle pour supporter l'existence après ta mort ? Non, rien ne peut me soutenir contre l'horreur de ta perte. Léonce, en ton absence, le moindre souvenir de toi, un mot que tu m'avais dit, des lieux que nous avions vus ensemble, mille hasards qui retracent une idée toujours présente, me faisaient succomber sous la douleur d'une émotion déchirante, et j'aurais ces mêmes souvenirs, mais avec les traits de la mort ! je m'écrierais sans cesse : Jamais ! jamais !... Mes pleurs, mes cris n'obtiendraient pas de la nature entière un son de ta voix, la trace de tes pas, une ombre de tes traits ! Léonce, ami si tendre, toi qui, dans mes chagrins, as si souvent eu pitié de moi, je me précipiterais, désespérée, sur la terre qui te renfermerait, sans qu'il en sortît un soupir pour répondre à mes larmes ! Non ! non ! je n'irai point dans ce désert, dans ce silence, dans cette nuit du monde, où je ne te verrais plus. La mort, dont l'affreuse idée m'a souvent glacée de terreur, te frapperait, moi vivante ! je me représenterais ton visage défiguré, tes yeux éteints pour toujours, tes restes froids, ensevelis dans la tombe où je t'aurais laissé seul, seul ! O mon ami, tu n'y seras pas seul ! Léonce, souverain de ma vie, répétait Delphine, je te vois ému, je sens que ton cœur répond au mien ; dis-moi donc que tu m'appelles, que tu ne voudrais pas me laisser vivre ; dis que tu ne le veux pas ! Ah ! j'aimerais cette touchante preuve d'amour, ce dédain d'une pitié vulgaire, cette compassion véritable qui t'inspirerait ces douces paroles : « *Delphine, suis-moi; pauvre Delphine, n'essaye pas de la vie, sans la main qui te conduisait !* » O Léonce ! Léonce ! répète ces mots consolateurs, je t'en conjure... » Les pleurs interrompaient les prières passionnées de Delphine ; elle embrassait les genoux de Léonce ; elle voulait obtenir de lui-même le conseil de mou-

rir ; il cherchait en vain à la calmer, et la conjurait de s'éloigner avec M. de Serbellane, avant l'heure du supplice. Delphine, pensant alors à la fatale bague, voulut en parler à Léonce, mais sans lui confier d'abord qu'elle la possédait, de peur qu'il ne la lui ôtât, quand même il serait résolu à n'en pas faire usage.

« Léonce, lui dit-elle, cette mort, semblable à celle que subirait un criminel, ce supplice en présence d'un peuple furieux, ne révolte-t-il point ton âme ? Veux-tu te l'épargner ? Notre ami, M. de Serbellane, peut nous donner un poison salutaire qui nous affranchirait du sort qu'on nous prépare : » Léonce, étonné, réfléchit quelques instants, puis il dit : « Mon amie, je crois plus digne de moi de périr aux yeux des Français ; ils me condamnent aujourd'hui, mais peut-être sauront-ils une fois que je ne l'ai pas mérité ; et si, dans mes derniers moments, j'ai montré quelque force d'âme, je ne hais pas, je l'avoue, l'espoir que mes ennemis mêmes ne me verront pas tomber sans émotion. Pardonne, mon amie, si cette pensée me force à rejeter le secours inespéré que tu daignes m'offrir ; ta main aurait fermé mes yeux, et le même sentiment qui anima mon existence l'eût conduite doucement jusqu'à sa fin ; ah ! qu'il m'en coûte pour m'y refuser ! » Delphine garda le silence ; elle craignait, en insistant, de faire connaître à Léonce qu'elle possédait un moyen sûr de ne pas lui survivre.

« Hélas ! continua Léonce, il y a, j'en conviens, quelque chose de sombre dans cette prison qui précède le dernier jour ! je voudrais pouvoir regarder le ciel avec toi ; ce sont ces murs qui nous dérobent son aspect, c'est la barbarie des hommes, nos gardiens et nos juges, qui donne à la mort un caractère si terrible : vingt fois je l'avais désirée à tes pieds ; mais à présent que j'avais abjuré mes misérables erreurs, à présent que je pouvais être ton époux, ton heureux époux...; ah, Dieu ! » Il s'arrêta, craignant de rappeler des pensées trop amères. Delphine, succombant au désespoir, n'avait plus la force d'exprimer les tourments qu'elle souffrait : quelques heures se passèrent encore, pendant lesquelles Léonce se montra le plus sensible et le plus courageux des hommes. Delphine l'admira quelquefois, plus souvent elle l'interrompit par ses gémissements. Enfin Léonce, accablé par plusieurs nuits d'insomnie, laissa tomber sa tête sur les genoux de Delphine, et s'endormit pendant une heure. Elle le regardait dans toute sa beauté ; ses cheveux noirs tombaient sur son front, et son visage conservait encore une expression d'attendrissement dont le sommeil n'altérait point le charme.

Ah! qui s'est jamais vu dans une situation si cruelle? La malheureuse Delphine éprouva pendant cette nuit tout ce que l'âme peut souffrir de plus déchirant. Elle sentait le temps s'écouler, et regardait sans cesse à la fenêtre, craignant d'apercevoir les avant-coureurs du jour. Ses yeux se portaient alternativement du visage enchanteur de son amant, à ce ciel dont les premiers rayons devaient le lui ravir; mais bientôt elle aperçut, sur le mur opposé à la fenêtre, la fatale lueur qui annonçait le jour, et avant que Léonce fut réveillé, le soleil avait percé dans cette demeure du désespoir. « O Dieu! s'écria-t-elle, pas un nuage, pas un voile de deuil sur ce soleil! Le plus brillant éclat de la nature pour éclairer le plus horrible des forfaits et les plus infortunés des êtres! » Enfin, le coup de tambour, ce bruit subit et funeste, réveilla Léonce. Il leva les yeux sur Delphine, et, l'embrassant avec transport : « C'est toi, dit-il, c'est encore toi! jusqu'à mon dernier moment ta vue aura le pouvoir de suspendre toutes mes peines! »

Léonce se hâta de rattacher ses cheveux en désordre, pour donner à toute sa contenance l'air du calme et de la fermeté. Delphine alors se tenait à quelque distance de Léonce, suivait ses mouvements, et s'appuyait de temps en temps contre la muraille, soutenant par la puissance de sa volonté ses forces prêtes à défaillir. Enfin, Léonce s'approcha d'elle; et, remarquant l'extrême altération de ses traits, il ne put réprimer plus longtemps ce qu'il éprouvait. « Delphine, s'écria-t-il, dans cet instant sans espoir, un mouvement cruel et doux m'entraîne encore à te le répéter, oui, je regrette la vie! Quand mes farouches ennemis vont paraître, je saurai leur cacher ce sentiment, mais je te l'avoue, à toi qui me l'inspires, à toi... » Les soldats approchaient de la prison, et l'on ouvrit les verrous pour les recevoir. Alors Delphine, comme hors d'elle-même, se jeta aux genoux de Léonce, et s'écria : « Mon ami, pardonne-moi ta mort, dont je suis la véritable cause. Je n'ai jamais aimé que toi; jamais ce cœur n'a tressailli qu'en ta présence, jamais une autre voix n'a régné sur mon âme; nous allons mourir ensemble, quand de longues années d'union et de tendresse pouvaient nous être accordées; il le faut! Les barbares avancent, encore un instant : mais que toute la passion d'une vie entière soit renfermée dans cet instant! » La porte s'ouvrit, et les soldats remplirent la chambre.

Delphine, se relevant avec dignité, adressa la parole aux soldats : « J'étais aux genoux, leur dit-elle, du plus estimable des hommes, du plus admirable caractère qui ait jamais existé; je lui devais cet hommage; vous allez le conduire au supplice. Votre aveugle obéissance ferme vos cœurs à la pitié; mais, qu'ai-je dit? ne vous offensez pas; j'ai besoin de vous implorer encore : permettez-moi de suivre mon ami jusqu'à la mort. — Madame, répondit l'officier, on n'accorde d'ordinaire cette permission qu'au prêtre qui exhorte les condamnés avant de mourir. — Eh bien, reprit Delphine, je saurai remplir cet auguste ministère. Léonce, dit-elle en se retournant vers lui, la religion donne aux malheureux qui marchent au supplice un ami pour les consoler, veux-tu que je sois cet ami? Je te parlerai comme lui, au nom d'un Dieu de bonté : un instant j'ai douté; je trouvais le malheur qui m'accablait plus grand que mes fautes; mais à présent les espérances religieuses sont revenues dans mon cœur; le ciel me les a rendues, je te les ferai partager. — Ce que tu veux entreprendre, répondit Léonce, est au-dessus de tes forces. — Non, je l'ai résolu, reprit Delphine, tu me verras te suivre d'un pas ferme, avec une âme courageuse; je ne suis plus agitée, pourquoi n'aurais-je pas maintenant le même calme que toi? — Madame, reprit l'officier, on conduira le condamné sur un char, jusqu'à une demi-lieue de la ville, dans la plaine où il doit être fusillé; vous ne serez pas en état de le suivre jusque-là. — Je le pourrai, répondit-elle. — Ah! s'écria Léonce, dois-je accepter ce généreux effort? — Tu le dois, » interrompit Delphine. Et M. de Serbellane entrant dans ce moment, il obtint pour lui-même aussi d'accompagner madame d'Albémar. Léonce, incertain encore s'il devait consentir à ce qu'exigeait son amie, consulta M. de Serbellane. « Ne vous opposez pas, répondit-il, au vœu que madame d'Albémar exprime avec tant d'instance; si elle peut vous survivre, ce n'est qu'après avoir épuisé toutes les douleurs; laissez-la s'y livrer, ne lui refusez rien. — J'ai besoin, reprit Delphine, d'un moment de recueillement, avant ce grand acte de courage; accordez-le-moi, dit-elle en s'adressant au chef de la garde, votre char funèbre n'est point encore arrivé. » Le chef de la garde y consentit; le geôlier murmura qu'il n'avait point de chambre seule à donner, excepté une dans laquelle était mort un prisonnier cette nuit même. Delphine n'entendit point ce qu'il disait; et M. de Serbellane, occupé à recueillir dans un dernier entretien les volontés de Léonce, oublia quel don funeste il avait fait à madame d'Albémar ; elle suivit le geôlier, et il la quitta, après lui avoir montré la chambre dans laquelle elle pouvait entrer. En travers de la porte était le cercueil du malheureux prisonnier mort pendant la nuit, et des quatre cierges placés aux coins de ce cercueil, deux brûlaient encore, et mêlaient leurs tristes clartés à celle du jour. Delphine frémit à cette vue, et recula ; cependant elle voulut avancer, et dit : « Pourquoi donc aurais-je peur de la mort ? N'est-ce pas elle que je viens chercher ? d'où vient que son image m'effraye déjà ? » Il fallait, pour entrer, passer près du cercueil placé devant la porte ; la robe de Delphine s'y accrocha, et son effroi redoublant, elle tomba à genoux dans la chambre, en face du lit encore défait d'où l'on avait enlevé le corps de celui qui venait de mourir. On voyait ses habits épars, un livre ouvert, une montre qui allait encore, tous les détails de la vie de l'homme, excepté l'homme même, que la bière renfermait ! Un tel spectacle aurait frappé l'imagination dans les circonstances les plus calmes, il troubla presque entièrement la tête de Delphine ; elle ne savait plus si son amant vivait encore, elle l'appela plusieurs fois, et, dans un moment de convulsion et de désespoir, elle ouvrit la bague qui renfermait le poison, et prit rapidement ce qu'elle contenait ; à peine eut-elle achevé cette action désespérée, qu'elle se prosterna contre terre ; après y être restée quelques instants, elle se releva plus calme, mais absorbée dans une méditation profonde.

« O mon Dieu ! dit-elle alors, qu'ai-je fait ? me suis-je rendue coupable ? ne puis-je plus espérer votre miséricorde ? Il fallait le suivre jusqu'au supplice, je lui devais cette dernière preuve de l'amour qui l'a perdu ; en aurais-je eu la force, sans la certitude de mourir ? Je pouvais me fier à la douleur, avec le temps elle m'aurait tuée ; mais ce temps redoutable, ô mon Dieu ! m'ordonniez-vous de le supporter ? ces tourments étaient-ils nécessaires ? et les anges qui vous entourent ne se réjouiront-ils pas de les voir abrégés ? S'il me restait un lien sur cette terre, si j'avais un père dont je pusse consoler la vieillesse, je vivrais, je le crois, un devoir si sacré me l'aurait commandé : mais l'infortuné qui va périr était mon unique ami, et vous me l'ôtez ! O mon Dieu ! s'écriat-elle en se jetant à genoux, le visage tourné vers le ciel ; on m'a souvent dit que vous ne pardonniez pas le crime que je viens de commettre, le trouble, l'égarement m'y ont conduite. Est-il vrai qu'à présent vous soyez inflexible ! suis-je plus criminelle que tous ceux qui ont été durs envers leurs semblables ? et cependant il en est tant, que sans doute parmi eux quelques-uns seront pardonnés ! Vous m'aviez accordé la jeunesse, la beauté, tous les dons de la vie, et je la rejette loin de moi, cette vie ; il faut donc que j'aie bien souffert, et je souffrirais éternellement ! et vous n'accepteriez pas mon repentir ! non, vous l'acceptez, je le sens, une force nouvelle renaît en moi ; j'entends le char, j'entends les pieds des chevaux qui vont entraîner ce que j'aime ; je vais l'entretenir de vous, mon Dieu ! bénissez mes paroles, et, quand ma voix serait impie, quand vous rejetteriez mes prières pour moi-même, faites que celui qui va m'entendre éprouve en m'écoutant les sentiments religieux qui obtiendront pour lui votre miséricorde. » Elle descendit alors d'un pas ferme, et rejoignit Léonce au moment où il montait sur le char.

Delphine marcha près de lui, et les soldats, par pitié pour elle, ralentissaient la marche, et faisaient souvent arrêter la voiture, pour lui donner le temps de parler à Léonce. M. de Serbellane, qui la suivait, répandait de l'argent pour obtenir que personne ne s'opposât à ces instants de retard. Delphine eut d'abord le désir d'avouer à son ami qu'elle venait de s'assurer la mort, elle aurait trouvé quelque douceur à lui confier cette funeste et dernière preuve de la tendresse passionnée qu'elle éprouvait pour lui ; mais tout entière à la solennité du devoir dont elle était chargée, elle craignit qu'après un tel aveu, Léonce, uniquement occupé d'elle, ne donnât plus un moment aux sentiments religieux dont elle voulait le pénétrer ; et, quoi qu'il pût lui en coûter, elle résolut de taire son secret, pour entretenir Léonce de piété plutôt que d'amour.

En traversant la ville, la multitude qui les environnait de toutes parts se permit d'indignes injures contre celui qu'elle croyait criminel, puisqu'il était condamné. Léonce rougissait et pâlissait tour à tour, d'indignation et de fureur. « Dédaigne, lui disait Delphine, ces misérables insultes. Bannis de ton âme tous les sentiments amers ! ah ! nous allons entrer dans le séjour de l'indulgence et de l'oubli, dans le séjour où nos ennemis ne seront point écoutés. Vois ce ciel, comme il est pur, comme il est serein ! l'auteur de ces merveilles pourrait-il n'avoir abandonné que nous ? Cet asile vers lequel nos cœurs s'élancent, Léonce, c'est le nôtre ; nous y sommes appelés. L'amour que je sens pour toi ne m'a-t-il pas été inspiré par mon Créateur ? il ne désunira point deux êtres qu'il a rendus nécessaires l'un à l'autre. Léonce, ta conduite a été sans reproches, c'est la mienne seule qu'il faut accuser; mais tu me feras recevoir dans la région du ciel qui t'est destinée. Tu diras, oui, tu diras que tu n'y serais pas bien sans moi. l'Être suprême t'accordera ton amie; tu la demanderas, n'est-il pas vrai, Léonce?» Delphine fut prête encore alors à tout révéler, en disant à Léonce quelle était l'action coupable dont il devait implorer le pardon pour elle. Peut-être aussi désirait-elle qu'il connût la véritable cause du courage extraordinaire qu'elle témoignait, dans la plus terrible de toutes les situations; mais Léonce leva vers le ciel un regard plein de courage et de confiance: ce regard convainquit Delphine qu'elle avait enfin inspiré à son ami les pieuses espérances qu'elle lui souhaitait; et elle craignit de détruire tout l'effet de ses paroles, en lui avouant de quelle faute sa religion même n'avait pu la préserver.

Réprimant donc encore une fois tout ce qui pouvait trahir son secret, Delphine rassembla ses forces, pour remplir dignement l'auguste mission dont elle s'était chargée. «Ne vois plus en moi, dit-elle à Léonce, celle qui partagea tes fautes, celle qui fut plus coupable encore. J'aimais la vertu, mais je n'avais point la force de l'accomplir, et Dieu, dans sa pitié, retire du monde la femme infortunée dont l'amour et le devoir ont déchiré le faible cœur. J'ai pris auprès de toi la place d'un homme religieux, qui aurait été vraiment digne de te parler au nom du ciel; mais une voix qui t'est chère pouvait pénétrer plus avant dans ton âme, et cette voix, écoute-la, Léonce, comme si la Divinité l'avait pour un moment consacrée. Au milieu des terreurs qui nous environnent, lorsque la nature, amie de la vie, se révolte dans notre sein, la Providence éternelle nous voit et nous protége; non, il est impossible que toutes les pensées, tous les sentiments qui nous animent soient anéantis; notre esprit embrasse encore un immense avenir, notre cœur vit encore tout entier dans l'objet qu'il aime, et dans quelques minutes, sur cette plaine, où bientôt les roues de ce char vont nous entraîner, un fer romprait la trame de tant d'idées, de tant de sentiments, et les livrerait au vent qui disperse la poussière! Ceux qui succombent lentement sous le poids des années, peuvent croire à la destruction que d'avance ils ont ressentie; mais nous qui marchons vers le tombeau tout pleins de l'existence, nous proclamons l'immortalité! Il est vrai, ce temps qui s'écoule, ces armes qui se préparent, ce bruit sourd qui annonce déjà le coup mortel, remplissent d'effroi tous nos sens, mais c'est un dernier effort de l'imagination trompée;

la vérité va nous rassurer, notre âme se retire en elle-même, et dans notre intime pensée, dans ce sanctuaire de l'amour et de la vertu, nous retrouvons un Dieu! Ah! Léonce, gloire et tourment de ma vie, objet de la passion la plus profonde! c'est moi qui t'exhorte à la mort, c'est moi... la prière m'a donné une force surnaturelle, la prière, cet élan de l'âme qui nous fait échapper à la douleur, à la nature et aux hommes; imite-moi, Léonce, cherche aussi ce refuge... »

La longueur et la fatigue de la route faisaient disparaître la pâleur de Delphine; ses yeux avaient une expression dont rien ne peut donner l'idée; les sentiments les plus passionnés et les plus sombres s'y peignaient à la fois; et, malgré les douleurs cruelles qu'elle commençait à sentir, et qu'elle tâchait de surmonter, sa figure était encore si ravissante, que les soldats eux-mêmes, frappés de tant d'éclat, s'écriaient : *Qu'elle est belle!* et baissaient, sans y songer, leurs armes vers la terre en la regardant. Léonce entendit ce concert de louanges, et lui-même, enivré d'amour, il prononça ces mots à voix basse : « Ah Dieu! que vous ai-je fait pour m'ôter la vie, le plus grand des biens avec elle? » Delphine l'entendit. «Mon ami, reprit-elle, ne nous trompons pas sur le prix que nous attacherions maintenant à l'existence; nous ne voyons plus que des biens dans ce que nous perdons, et nous oublions, hélas! combien nous avons souffert! Léonce, je t'aimais avec idolâtrie, et cependant, du jour où l'ingratitude de l'amitié me fut révélée, je reçus une blessure qui ne s'est point fermée. Léonce, des êtres tels que nous auraient toujours été malheureux dans le monde, notre nature sensible et fière ne s'accorde point avec la destinée; depuis que la fatalité empêcha notre mariage, depuis que nous avons été privés du bonheur de la vertu, je n'ai pas passé un jour sans éprouver au cœur je ne sais quelle gêne, je ne sais quelle douleur qui m'oppressait sans cesse. Ah! n'est-ce rien que de ne pas vieillir, que de ne pas arriver à l'âge où l'on aurait peut-être flétri notre enthousiasme pour ce qui est grand et noble, en nous rendant témoins de la prospérité du vice et du malheur des gens de bien! vois dans quel temps nous étions appelés à vivre, au milieu d'une révolution sanglante, qui va flétrir pour longtemps la vertu, la liberté, la patrie! Mon ami, c'est un bienfait du ciel qui marque à ce moment le terme de notre vie. Un obstacle nous séparait; tu n'y songes plus maintenant; il renaîtrait si nous étions sauvés. Tu ne sais pas de combien de manières le bonheur est impossible. Ah! n'accusons pas la Providence, nous ignorons ses secrets; mais ils ne sont pas les plus malheureux de ses enfants, ceux qui s'endorment ensemble sans avoir rien fait de criminel, et vers cette époque de la vie où le cœur encore pur, encore sensible, est un hommage digne du ciel. »

Ces douces paroles avaient attendri Léonce, et pendant quelques moments il parut plongé dans une religieuse méditation. Tout à coup, en approchant de la plaine, la musique se fit entendre, et joua une marche, hélas! bien connue de Léonce et de Delphine. Léonce frémit en la reconnaissant : « O mon amie! dit-il, cet air, c'est le même qui fut exécuté le jour où j'entrai dans l'église pour me marier avec Matilde. Ce jour ressemblait à celui-ci. Je suis bien aise que cet air annonce ma mort. Mon âme a ressenti dans ces deux situations presque les mêmes peines ; néanmoins je te le jure, je souffre moins aujourd'hui. » Comme il achevait ces mots, la voiture s'arrêta devant la place où il devait être fusillé. Il ne voulut plus alors s'abandonner à des sentiments qui pouvaient affaiblir son cœur. Il descendit rapidement du char, et s'avança en faisant signe à M. de Serbellane de veiller sur Delphine. Se retournant alors vers la troupe dont il était entouré, il dit, avec ce regard qui avait toujours commandé le respect : « Soldats, vous ne banderez pas les yeux à un brave homme; indiquez-moi seulement à quelle distance de vous il faut que je me place, et visez-moi au cœur; il est innocent et fier, ce cœur, et ses battements ne seront point hâtés par l'effroi de la mort. Allons. » Avant de s'avancer à la place marquée, il se retourna encore une fois vers Delphine : elle était tombée dans les bras de M. de Serbellane; il se précipita vers elle, et entendit M. de Serbellane qui s'écriait : « Malheureuse! elle a pris le poison qu'elle m'avait demandé pour Léonce; c'en est fait, elle va mourir! »

Léonce alors jeta des cris de désespoir qui arrachèrent des larmes à tous ceux qui l'avaient vu si calme, un moment auparavant, quand il marchait à la mort; personne n'osait prononcer un mot, ni faire un mouvement, en contemplant ce cruel spectacle. Delphine revint à elle, à travers les convulsions de la mort, et put encore dire à Léonce, qui tenait sa main à genoux : « Mon ami, je devais mon courage à la mort que je portais dans mon sein. » Et comme Léonce s'accusait de barbarie, pour avoir consenti qu'elle le suivît jusqu'au supplice. « Ah! mon ami, lui dit-elle encore, remercie la nature de m'avoir épargné les heures où je t'aurais survécu; pardonne-moi, Léonce, si j'ai imposé la plus grande douleur à

l'âme la plus forte, c'est toi qui d'un instant me survis; je ne meurs pas sans toi, ma main tient encore la tienne, le dernier souffle de ma vie est recueilli dans ton sein. Ces soldats, je les vois là, prêts à te saisir... Ah, Dieu! de quel mal me sauve la mort! » Elle expira. Léonce se précipita sur la terre à côté d'elle, en la tenant embrassée. Les soldats eux-mêmes, attendris, restaient à quelque distance, et semblaient ne plus songer à remplir leur cruel emploi; quelques-uns s'écriaient : « *Non, nous ne tuerons pas ce malheureux homme; c'est bien assez que sa pauvre maîtresse ait péri de douleur; non, qu'il s'en aille, nous ne tirerons pas sur lui.* »

Léonce les entendit, et, se relevant avec une fureur sans bornes, il s'écria : « Juste ciel! il ne vous restait plus, barbares, qu'à vouloir m'épargner après l'avoir tuée. Tirez à l'instant, tirez. » Et il voulait s'approcher d'eux; mais il portait toujours le corps sans vie de sa maîtresse, et tout à coup il frémit d'horreur à l'idée que cette belle image de son amie pourrait être défigurée par les coups qu'on dirigerait sur lui; retournant donc vers M. de Serbellane, il remit entre ses bras Delphine, qui semblait dormir en paix sur le sein de son ami : « Il faut m'en séparer, dit-il, afin que ses nobles restes ne soient point outragés par des barbares. Réunissez-nous tous les deux dans le même tombeau; c'est là que, dans un repos éternel, mon innocente amie me pardonnera mes fautes et ses malheurs. » En achevant ces mots, il s'éloigna : quand il fut en face des soldats, ils balancèrent encore, et leurs gestes exprimaient qu'ils ne voulaient plus obéir à l'ordre qui leur avait été donné. Un instant de vie de plus faisait souffrir mille maux à Léonce; tout à fait hors de lui, il eut recours à l'insulte, chercha tout ce qui pouvait allumer la colère des soldats, les menaça de se jeter sur eux, s'ils ne tiraient pas sur lui, et les appelant enfin des noms qui pouvaient les irriter davantage; l'un d'eux s'indigna, reprit son fusil qu'il avait jeté à terre, et dit : « *Puisqu'il le veut, qu'il soit satisfait.* » Il tira, Léonce fut atteint, et tomba mort.

M. de Serbellane rendit à ses amis les derniers devoirs. Il les réunit dans un tombeau qu'il fit élever sur le bord d'une rivière, au milieu des peupliers, et partit pour la Suisse, afin de veiller sur la destinée d'Isore, que la perte de Delphine avait jetée dans la plus profonde douleur; il écrivit à sa mère, et en obtint la permission de conduire sa fille à mademoiselle d'Albémar, à qui cet intérêt seul pouvait faire supporter la vie, après la perte

de Delphine. M. de Lebensei s'acquit un nom illustre dans les armées françaises. Pourquoi le caractère de Léonce de Mondoville ne lui permit-il
pas d'avoir cette glorieuse destinée ?

M. de Serbellane qui, avec une âme naturellement calme, faisait toujours ce que les sentiments
les plus tendres et les plus exaltés peuvent inspirer, revint en France, au péril de sa vie, pour visiter encore une fois le tombeau de ses amis, et
s'assurer que l'homme à qui il en avait confié la
garde l'avait défendu de toute insulte, au milieu
de la guerre. Voici l'un des fragments de la lettre
qu'il écrivait en revenant de ce voyage pieux envers l'amitié.

« Je me sens mieux, disait-il, depuis que je me
« suis reposé quelque temps près de leurs cendres.
« Je me répétais sans cesse qu'ils n'avaient point
« mérité leurs malheurs ; je ne me dissimulais point
« leurs torts ; Léonce aurait dû braver l'opinion
« dans plusieurs circonstances où le bonheur et l'a-
« mour lui en faisaient un devoir, et Delphine, au
« contraire, se fiant trop à la pureté de son cœur,
« n'avait jamais su respecter cette puissance de
« l'opinion, à laquelle les femmes doivent se sou-
« mettre ; mais la nature, mais la conscience ap-
« prend-elle cette morale instituée par la société,
« qui impose aux hommes et aux femmes des lois
« presque opposées ? et mes amis infortunés de-
« vaient-ils tant souffrir pour des erreurs si excu-
« sables ? Telles étaient mes réflexions, et rien n'est
« plus douloureux pour le cœur d'un honnête
« homme, que l'obscurité qui lui cache la justice
« de Dieu sur la terre.

« Mais un soir que j'étais assis près de la tombe
« où reposent Léonce et Delphine, tout à coup un
« remords s'éleva dans le fond de mon cœur, et je
« me reprochai d'avoir regardé leur destinée comme
« la plus funeste de toutes. Peut-être dans ce mo-
« ment, mes amis, touchés de mes regrets, vou-
« laient-ils me consoler, cherchaient-ils à me faire
« connaître qu'ils étaient heureux, qu'ils s'aimaient,
« et que l'Être suprême ne les avait point aban-
« donnés, puisqu'il n'avait point permis qu'ils sur-
« vécussent l'un à l'autre. Je passai la nuit à rêver
« sur le sort des hommes ; ces heures furent les
« plus délicieuses de ma vie, et cependant le sen-
« timent de la mort les a remplies tout entières ;
« mais je n'en puis douter, du haut du ciel mes
« amis dirigeaient mes méditations ; ils écartaient
« de moi ces fantômes de l'imagination qui nous
« font horreur du terme de la vie ; il me semblait
« qu'au clair de la lune, je voyais leurs ombres lé-
« gères passer à travers les feuilles sans les agiter ;

« une fois je leur ai demandé si je ne ferais pas
« mieux de les rejoindre ; s'il n'était pas vrai que
« sur cette terre les âmes fières et sensibles n'a-
« vaient rien à attendre que des douleurs succé-
« dant à des douleurs ; alors il m'a semblé qu'une
« voix, dont les sons se mêlaient au souffle du
« vent, me disait : Supporte la peine, attends la
« nature, et fais du bien aux hommes. J'ai baissé
« la tête, et je me suis résigné ; mais, avant de
« quitter ces lieux, j'ai écrit, sur un arbre voisin
« de la tombe de mes amis, ce vers, la seule con-
« solation des infortunés que la mort a privés des
« objets de leur affection :

« On ne me répond pas, mais peut-être on m'entend. »

<hr />

QUELQUES RÉFLEXIONS

SUR LE BUT MORAL

DE DELPHINE.

Ce n'est point une apologie de *Delphine* que je
veux écrire, il faut qu'un livre se défende lui-même :
on est souvent injuste pour les personnes, on ne
l'est jamais à la longue pour les ouvrages. La calomnie défigure à son gré les opinions et les sentiments
qui composent l'existence privée d'une femme,
et peut ainsi remplir d'amertume une vie sans
défense ; mais les écrits étant aussi publics que les
critiques dont ils deviennent l'objet, le combat est
moins inégal ; et je crois fermement que ni la bienveillance ni la haine n'ont jamais fait le sort d'un
ouvrage : le cercle de la faveur ou de la défaveur
est si petit, en comparaison de l'imposante impartialité du temps et de la justice éclairée des hommes
livrés à leurs impressions naturelles. Mais il m'a
semblé qu'en montrant le but que je m'étais proposé dans *Delphine*, je pourrais présenter quelques
réflexions utiles sur la véritable moralité des actions humaines et les jugements que la société
porte sur ces actions. Cette espérance m'a déterminée à traiter ce sujet.

C'est une question intéressante à se proposer que
de savoir pourquoi la société en général est infiniment plus sévère pour les fautes qui tiennent à une
trop grande indépendance de caractère, à des qualités trop peu mesurées, à une âme trop susceptible d'enthousiasme, que pour les torts de personnalité, de sécheresse et de dissimulation. Puisque
la société est ainsi, il faut en chercher la cause ;

et sans se perdre en déclamations contre l'injustice des hommes, examiner par quelle association d'idées ils sont conduits à un tel résultat. Chaque individu pris séparément vous dira qu'il aime infiniment mieux rencontrer un caractère tel que celui de *Delphine*, sensible, imprudent, inconsidéré, qu'un caractère égoïste, habile et froid ; et cependant la société ménagera l'un, et poursuivra l'autre sans pitié. La raison de ce contraste entre les opinions de chacun et de tous, c'est, je crois, que chaque homme en particulier trouve de l'avantage dans ses rapports avec ceux qui ont, si je puis m'exprimer ainsi, des torts généreux, une bonté sans calcul, une franchise imprévoyante ; mais la société réunie prend un esprit de corps, un désir de se maintenir telle qu'elle est, une personnalité collective enfin, et ce sentiment la porte à préférer les caractères égoïstes et durs dans leurs relations intimes, lorsqu'ils respectent extérieurement les convenances reçues, aux caractères plus intéressants en eux-mêmes, quand ils s'affranchissent trop souvent du joug que l'opinion veut imposer. Une morale parfaite s'accorde avec tous les genres d'intérêts que peuvent avoir les individus et la société, parce que la morale dans sa pureté est tellement en harmonie avec la nature de l'homme, que les puissants comme les faibles, les particuliers comme les corps, les esprits médiocres comme les esprits supérieurs, l'approuvent et la respectent. Il n'en est pas de même des qualités naturelles, elles ont beaucoup moins de régularité que les vertus, et quand elles ne sont pas guidées par des principes très-austères, elles causent plus d'ombrage à la foule des gens médiocres, que des défauts négatifs, préservateurs de soi-même, mais qui ne troublent point cette législation des convenances à l'abri de laquelle se reposent les préjugés et les amours-propres. On a dit que l'hypocrisie était un hommage rendu à la vertu ; la société prend cet hommage pour elle, et, comme toutes les autorités, elle juge les actions des hommes seulement dans leurs rapports avec son intérêt. Il y a aussi dans les caractères d'une franchise remarquable, tels que celui de Delphine, dans ces caractères qui n'admettent ni prétextes ni détours pour les témoignages et l'expression des sentiments nobles et tendres, une puissance singulièrement importune à la plupart des hommes. Plusieurs essayent de traduire par une vertu ce que leur intérêt leur inspire, et mutuellement on se passe tous ces sophismes, espérant bien tromper à son tour, pour récompense de s'être laissé tromper ; mais quand il arrive au milieu de ce paisible et doucereux accord un ca-

ractère inconsidérément vrai, il semble que ce qu'on appelle la civilisation en soit troublée, et qu'il n'y ait plus de sûreté pour personne, si toutes les actions reprennent leur nom, et toutes les paroles leur sens. Enfin la supériorité de l'esprit et de l'âme suffit à elle seule pour alarmer la société. La société est constituée pour l'intérêt de la majorité, c'est-à-dire, des gens médiocres : lorsque des personnes extraordinaires se présentent, elle ne sait pas trop si elle doit en attendre du bien ou du mal ; et cette inquiétude la porte nécessairement à les juger avec rigueur. Ces vérités générales s'appliquent aux femmes d'une manière bien plus forte encore : il est convenu qu'elles doivent respecter toutes les barrières, porter tous les genres de joug ; et comme il y aurait de l'inconvénient pour le bonheur de la société en général à ce que le plus grand nombre des femmes eût des sentiments passionnés ou même des lumières très-étendues, il n'est pas étonnant qu'à cet égard la société redoute tout ce qui fait exception, même dans le sens le plus favorable.

Le caractère de Delphine, les malheurs qui résultent pour elle de ce caractère, prouvent précisément ce que je viens de développer. Je n'ai jamais voulu présenter Delphine comme un modèle à suivre : mon épigraphe prouve que je blâme et Léonce et Delphine ; mais je pense qu'il était utile et sévèrement moral de montrer comment, avec un esprit supérieur, on fait plus de fautes que la médiocrité même, si l'on n'a pas une raison aussi puissante que son esprit ; et comment, avec un cœur généreux et sensible, l'on se livre à beaucoup d'erreurs, si l'on ne se soumet pas à toute la rigidité de la morale. Il faut un gouvernement d'autant plus fort qu'il y a plus de vent dans les voiles. On demandait à Richardson pourquoi il avait rendu Clarisse si malheureuse : *C'est*, répondit-il, *parce que je n'ai jamais pu lui pardonner d'avoir quitté la maison de son père*. Je pourrais aussi dire avec vérité que je n'ai pas dans mon roman pardonné à Delphine de s'être livrée à son sentiment pour un homme marié, quoique ce sentiment soit resté pur. Je ne lui ai pas pardonné les imprudences que l'entraînement de son caractère lui a fait commettre, et j'ai présenté tous ses revers comme en étant la suite immédiate.

Mais la moralité de ce roman ne se borne point à l'exemple de Delphine : j'ai voulu montrer aussi ce qui peut être condamnable dans la rigueur que la société exerce contre elle ; et, quoique je vienne de développer avec impartialité les motifs de cette rigueur, je crois que, dans les grandes villes surtout, les jugements que l'on porte sur les actions et les caractères n'ont pas pour base les véritables principes de la moralité. La première des vertus, la plus touchante des qualités, c'est la bonté. Il me semble que nous avons un tel besoin de la pitié les uns des autres, que ce que nous devons craindre avant tout, ce sont les êtres qui peuvent se résoudre à faire du mal, ou même ceux qui ne sont pas impatients de soulager la peine, dès qu'ils en ont le pouvoir. Or, pour condamner une action, pour plaindre, approuver ou blâmer un caractère, il me semble qu'il faudrait toujours se demander quel rapport a cette action ou ce caractère avec le principe de tout bien, la bonté. Je sais qu'une personne imprudente peut faire du mal sans le vouloir; mais il est si facile de la ramener, mais on est si certain de son repentir et de son besoin de réparer, qu'il est impossible d'assimiler ce genre de tort à la moindre action réfléchie qui aurait pour but d'affliger qui que ce fût. Il me semble que toutes les pages de *Delphine* rendent à la bonté le culte qui lui est dû, et, sous ce rapport encore, il me semble que cet ouvrage est utile; car, après une longue révolution, les cœurs se sont singulièrement endurcis, et cependant jamais on n'eut plus besoin de cette sympathie pour la douleur, qui est le véritable lien des êtres mortels entre eux.

Il est si vrai que la première qualité des hommes est la bonté, que, dans les grandes crises de la destinée, lorsque le malheur fait taire et l'amour-propre et l'envie, ce qu'on cherche d'abord, c'est la touchante qualité qui apaise les fureurs de l'homme et conserve dans son cœur quelques rayons de la miséricorde éternelle. Qui n'a pas éprouvé, dans les temps orageux où nous avons vécu, que notre premier regard jeté sur un homme puissant était pour démêler dans sa physionomie une expression de bonté? Et parmi des juges silencieux, une sorte de douceur dans les traits ou d'attendrissement dans les regards nous désignait d'avance notre semblable. Ce que tous les hommes éprouvent dans le malheur, les âmes tendres le sentent habituellement; il n'est point pour elles de prospérités qui les rendent invulnérables, et, dans les moments les plus heureux de leur vie, elles savent combien aisément la pitié pourrait leur devenir nécessaire.

C'est donc dans la bonté et la générosité, dans ces deux qualités qui se tiennent par les plus nobles liens, et dont chacune est le complément de l'autre, que consiste la véritable moralité des actions humaines, savoir résister aux forts et proté-

ger les faibles : *Parcere subjectis et debellare superbos.* Ces anciens mots renferment tout ce qu'il y a de divin dans le cœur de l'homme. *Que mon fils soit bon et fier,* peuvent dire les mères, *et l'indulgence du ciel couvrira le reste!* Mais l'indulgence des hommes n'est pas si facile à obtenir, et quelquefois la puissance de la société lutte contre les meilleurs mouvements naturels. Souvent un homme est méconnu pour ses qualités mêmes; plus souvent une femme est perdue par un sentiment d'autant plus vrai qu'elle était moins maîtresse de le cacher, d'autant plus généreux qu'elle y sacrifiait tous les intérêts de sa vie; et celle qui, assise en paix au milieu de son cercle, se sera permis d'accuser le malheur, verra sa considération augmentée par l'impitoyable preuve de sévérité qu'elle aura nonchalamment donnée. Ce sont ces bizarres contrastes des jugements de l'opinion que le roman de *Delphine* est destiné à faire ressortir; il dit aux femmes : Ne nous fiez pas à vos qualités, à vos agréments; si vous ne respectez pas l'opinion, elle vous écrasera. Il dit à la société : Ménagez davantage la supériorité de l'esprit et de l'âme; vous ne savez pas le mal que vous faites et l'injustice que vous commettez, quand vous vous laissez aller à votre haine contre cette supériorité, parce qu'elle ne se soumet pas à toutes vos lois : vos punitions sont bien disproportionnées avec la faute; vous brisez des cœurs, vous renversez des destinées qui auraient fait l'ornement du monde; vous êtes mille fois plus coupable à la source du bien et du mal, que ceux que vous condamnez.

Il y a parmi les personnes qui vivent dans l'obscurité beaucoup de vertus souvent bien supérieures à toutes celles qu'accompagne l'éclat; mais il y a aussi une espèce de gens médiocres qui sont le vrai fléau des esprits remarquables et des âmes imprudentes et généreuses : ils tendent leurs fils imperceptibles pour enlacer tout ce qui prend un vol élevé; ils s'arment de leurs petites plaisanteries, de leurs insinuations qu'ils croient fines, de leur ironie qu'ils croient de bon goût, pour rabattre l'enthousiasme de tous les sentiments nobles; la morale elle-même perd dans leurs discours son caractère de générosité et d'indulgence; elle n'est qu'un moyen de blâmer amèrement les inconvénients de quelques qualités, mais ne sert plus à exciter dans le cœur aucun genre d'émulation pour ce qui est bien. Ah! qu'il n'en est pas ainsi des personnes parfaitement vertueuses et sévères pour elles seules! quel repos l'on goûte auprès d'elles, lors même qu'elles vous blâment! On se sent corrigé par la main qui vous soutiendra; on sait que si l'on n'est pas d'accord en tout, on s'entend du moins par ce qui constitue véritablement une bonne et généreuse nature, et je ne craindrais pas de dire à ces âmes privilégiées que Delphine leur est inférieure, mais qu'elle vaut souvent mieux que le reste du monde.

On a écrit qu'il n'était pas vraisemblable que Delphine pût résister à l'amour de Léonce, en se livrant autant qu'elle le fait à un sentiment condamnable. Je pense sans doute, et Delphine même le répète plusieurs fois, que sa conduite ne doit point être imitée, et c'est parce qu'elle a donné cet exemple qu'il faut qu'elle soit punie; mais je crois cependant qu'il y a dans le caractère de Delphine un sentiment qui doit la préserver, ce sont les sacrifices mêmes qu'elle a faits pour celui qu'elle aime. Il est doux de dédaigner tous les avantages de la vie, en respectant sa propre fierté, de se compromettre aux yeux du monde sans cesser de mériter l'estime de son amant, de le suivre, s'il le fallait, dans les prisons, dans les déserts, d'immoler tout à lui, hors ce qu'on croit la vertu, et de lui montrer dans le même moment que l'univers n'est rien auprès de l'amour, mais que la délicatesse triomphe encore de cet amour qui avait triomphé de tout le reste. Ce sont des sentiments exaltés, romanesques, et qu'une morale plus sévère doit réprimer; ce sont des sentiments pour lesquels il est juste de souffrir, mais pour lesquels aussi il est juste d'être plainte; et les romans qui peignent la vie ne doivent pas présenter des caractères parfaits, mais des caractères qui montrent ce qu'il y a de bon et de blâmable dans les actions humaines, et quelles sont les conséquences naturelles de ces actions.

Le caractère de Matilde sert à faire ressortir les torts de Delphine, sans cependant détruire l'intérêt qu'elle doit inspirer; et sous ce rapport encore, je crois ce roman moral. Matilde n'a point de grâce dans l'esprit ni dans les manières; son caractère est sec et sa religion superstitieuse; mais par cela seulement que sa conduite est vertueuse et ses sentiments légitimes, elle l'emporte dans plusieurs occasions sur une personne beaucoup plus distinguée et beaucoup plus aimable qu'elle. Si j'avais fait de Matilde une femme charmante et de Delphine une femme haïssable, la morale n'avait rien à gagner à la préférence qu'aurait méritée Matilde; car l'on aurait pu se dire avec raison qu'il n'est pas de règle générale que toutes épouses soient charmantes et toutes les maîtresses haïssables : mais si une femme dépourvue d'agrément balance l'intérêt qu'on ressent

pour Delphine, par la simple autorité du devoir et de la vertu, je crois le résultat de ce tableau très-moral. Si j'avais supposé des vices à Matilde, j'aurais avili ses droits; si je lui avais donné beaucoup de charmes, je prêtais à la vertu une force étrangère à elle : mais lorsque Matilde, avec des défauts et point de séduction, trouve un appui si puissant dans la seule arme de l'honnêteté, et que Delphine, malgré toutes ses qualités et tous ses charmes, se sent humiliée en présence de Matilde, est-il possible de mieux montrer la souveraine puissance de la morale?

Ce n'est pas tout encore : si j'avais placé la scène dans un des pays où les mœurs domestiques sont le plus en honneur, l'exemple aurait eu moins de force; mais c'est au milieu de Paris, dans la classe de la société où la grâce avait tant d'empire, que Delphine est impitoyablement condamnée. La plus amère punition d'une âme délicate qui a commis une faute, c'est la rigueur exercée contre elle par les personnes les plus immorales elles-mêmes. Ceux qui ont abjuré tous les principes trouvent de la protection parmi leurs semblables. Il y a entre ces sortes de gens un langage qui les aide à se reconnaître; mais les caractères naturellement vertueux, lorsqu'ils dévient de la route qu'ils s'étaient tracée, sont l'objet d'un déchaînement universel, et leurs ennemis les plus ardents sont ceux que leurs vertus mêmes avaient humiliés.

Les malheureux succès de l'immoralité, dont il existe quelques exemples, ne se rencontrent presque jamais parmi les femmes. La puissance de la société donne tant de ressources aux hommes, les intérêts compliqués dont ils se mêlent leur offrent tant de détours, qu'il en est quelques-uns qui ont su échapper à la punition de leurs vices; mais les femmes sont mises, par l'ordre social, dans la noble impossibilité de se soustraire aux malheurs causés par les torts. Il me semble que le roman de Delphine développe de plusieurs manières cette utile vérité.

Il était nécessaire au but moral que je m'étais proposé que le caractère de Léonce fût, à beaucoup d'égards, en contraste avec celui de Delphine; car si, comme elle, il avait été indépendant de l'opinion, comment aurait-elle senti les inconvénients de son propre caractère? Elle ne pouvait être punie que dans le cœur de celui qu'elle aimait : n'est-ce pas là qu'il fallait la frapper? Au milieu de toutes les injustices, de tous les revers, si l'affection de l'objet qui nous est cher restait profonde, sensible, enthousiaste, par quel malheur serait-on atteint? mais ne fallait-il pas montrer que l'amour ne règne presque jamais seul dans le cœur des hommes, et que leur affection s'altère quand on la met souvent aux prises avec des circonstances défavorables. Sans doute c'est à un homme qu'il appartient de braver la calomnie et de protéger contre elle la femme qu'il aime; mais c'est précisément parce qu'il a la responsabilité d'une autre destinée, qu'il s'inquiète davantage de tout ce qui peut la compromettre. Il ne faut à une femme, pour être heureuse, que la certitude d'être parfaitement aimée. L'homme qui fait le sort, la gloire et le bonheur des objets qui l'entourent, s'occupe nécessairement de tout ce qui peut influer sur leur avenir.

Des personnes dont je considère beaucoup les jugements, parce qu'ils sont fondés sur des motifs respectables, ont trouvé que dans la peinture du caractère de Léonce j'avais l'air de trop honorer une grande erreur des institutions sociales, le duel. Sans chercher à discuter ce qu'il ne me convient pas d'approfondir, je dirai que voulant représenter Léonce comme craintif devant l'opinion, il fallait nécessairement qu'un autre genre d'audace relevât son caractère, et qu'une hardiesse, même imprudente, servît à lui faire pardonner une timidité quelquefois misérable; d'ailleurs, il est utile d'apprendre aux femmes qu'en bravant les convenances elles ne se compromettent pas seules, et que l'homme qui les aime, s'il attache du prix à l'opinion, cherchera, même inconsidérément, tous les moyens de se venger des attaques dirigées contre leur réputation. Je suis loin, cependant, d'approuver le caractère de Léonce en entier; puisqu'il est destiné à faire le malheur de Delphine, il doit nécessairement avoir de grands torts; mais je crois que Léonce, tel que je l'ai peint, pouvait être vivement aimé. Un caractère plus analogue à celui de Delphine aurait sans doute mieux convenu pour former une union bien assortie, mais il y a quelque chose d'orageux dans les passions, qui s'accroît par les inquiétudes mêmes que devait exciter Léonce.

Un homme susceptible, ombrageux, et cependant doué d'une âme forte et courageuse, un homme dont le caractère vous présente à la fois un appui contre les autres, et un danger pour votre propre bonheur, s'empare vivement de l'imagination des femmes. Les hommes aiment à éprouver pour les femmes la douce émotion qu'inspire la faiblesse et la douceur; les femmes veulent admirer et presque redouter cet être protecteur qui doit soutenir leurs pas tremblants. La chevalerie

nous a représenté les hommes aux pieds des femmes, obéissant à leurs ordres, se prosternant devant elles; ce sont des formes brillantes dont il faut conserver toute la grâce; mais il est peut-être vrai qu'il n'y a point de passion dans le cœur des femmes, si elles n'éprouvent pas pour l'objet de leur amour une admiration, un respect qui n'est pas exempt de crainte, et des sentiments de déférence qui vont presque jusqu'à la soumission. Or, il me semble que les défauts mêmes de Léonce sont de nature à produire ce genre d'impression. Malheureusement les causes qui inspirent l'amour ne sont en aucune manière des garanties de bonheur : il y a dans ce sentiment des illusions toutes magiques, des peines qui redoublent l'affection, des torts qui n'éclairent point sur les défauts de ce qu'on aime. Tant que la surprise n'a point cessé, tant que le charme n'a point disparu, tant que l'objet de ce sentiment est resté pour vous un être surnaturel, l'âme agitée n'est point capable de juger ce qui lui conviendrait à la longue, ce qui pourrait lui donner une destinée, un repos tranquille et durable. Je ne dis point qu'un sentiment si tumultueux rende heureux ceux qui l'éprouvent, mais je crois que quand il existe véritablement, tels sont ses caractères, et qu'un homme semblable à Léonce est singulièrement fait pour inspirer cette passion, et pour rendre malheureuse celle qui s'y livre.

Les femmes règnent en souveraines dans les commencements de l'amour, et l'on ne peut pas exagérer, même dans les romans, tout ce que la passion inspire à l'homme qui craint de n'être pas aimé; mais quand la tendresse d'une femme est obtenue, si le lien sacré du mariage ne donne pas aux sentiments un nouveau caractère, ne fait pas succéder à la passion toutes les affections profondes et douces qui naissent de l'intimité, il est certain que le cœur qui se refroidit le premier, c'est celui des hommes; il ne leur est pas donné, comme à nous, d'avoir avant tout besoin d'être aimé; leur sort est trop indépendant, leur existence trop forte, leur avenir trop certain, pour qu'ils éprouvent cette terreur secrète de l'isolement, qui poursuit sans cesse les femmes dont la destinée est la plus brillante.

L'amour de Delphine est plus parfait que celui de Léonce; cela doit être, puisqu'elle aime et qu'elle est femme. Il n'est pas vrai que les hommes soient trompeurs et perfides, comme le disent les vieilles romances; mais il est vrai que si Delphine avait refusé de rompre ses vœux, Léonce l'en aurait plus aimée. Le changement qui s'opère dans le cœur de son amant, au moment où elle est prête à lui faire un si grand sacrifice, est, ce me semble, le plus triste, mais le plus moral des exemples. La mystérieuse alliance des biens et des maux de la vie est ainsi conçue : il ne suffit pas d'être sensible, bonne, généreuse ; il faut savoir triompher des affections les plus tendres ; il faut pouvoir exister par soi-même. La Providence, sans doute, a voulu que nous fussions capables d'efforts. Les meilleurs mouvements de l'âme, quand on s'y livre entièrement, sont la source de beaucoup de peines. La raison de cette triste vérité ne nous est pas connue ; mais on doit en conclure, cependant, qu'il existe un mérite supérieur à la bonté même : c'est la force guidée par la vertu. L'empire sur son propre cœur est plus saint, plus religieux que les qualités naturelles les plus aimables. Les pauvres humains n'ont pas mérité sur cette terre le bonheur qu'ils auraient goûté, s'il eût suffi de s'abandonner à une âme douce et tendre, pour recueillir tous les plaisirs du sentiment et toutes les jouissances de la morale.

Il était utile, je le crois, de fixer la réflexion sur une combinaison nouvelle, sur l'effet que produirait au milieu du monde une personne comme Delphine, civilisée par ses agréments, mais presque sauvage par ses qualités. Rien de si facile, rien de si commun que de montrer les malheurs attachés à la dépravation du cœur ; mais c'est une morale d'un ordre plus relevé que celle qui s'adresse aux âmes honnêtes elles-mêmes, pour leur apprendre le secret de leurs peines et de leurs fautes. Il y a une misanthropie pleine d'humeur, qui n'est que le résultat des revers de l'amour-propre ; mais comme les hommes ne sont jamais ni aussi méchants qu'on le dit, ni aussi bons qu'on l'espère, il faut tâcher de connaître d'avance la route qu'ils prendront pour nuire de quelque manière à tout ce qui s'écarte de la ligne commune, et s'accuser soi-même autant que les autres, non à cause des qualités distinguées qui attirent l'envie, mais à-cause des torts qui lui donnent les moyens de vous attaquer. Enfin, je le crois, il existe dans le monde une classe de personnes qui souffrent et jouissent uniquement par les affections du cœur, et dont l'existence tout intérieure est à peine comprise par le commun des hommes ; je crois que Delphine doit être utile à ces sortes de personnes, surtout si elles joignent à de la sensibilité l'imagination active et douloureuse qui multiplie les regrets sur le passé et les craintes pour l'avenir. On ne sait pas assez quelle funeste réunion c'est, pour le bonheur, qu'être doué d'un esprit qui juge, et

d'un cœur qui souffre par les vérités que l'esprit lui découvre. Il faut un livre pour ce genre de mal, et je crois que Delphine peut être ce livre. La plupart des ouvrages ne traitent que des sentiments convenus, ne représentent qu'une sorte de vie extérieure, que les actions et les pensées qu'on doit montrer, que des caractères rangés, pour ainsi dire, par classes, les bons et les mauvais, les faibles et les forts ; mais le cœur humain est un continuel mélange de tant de sentiments divers, que c'est presque au hasard que l'on donne et des consolations et des conseils, parce qu'on ne connaît jamais parfaitement ni les motifs secrets, ni les peines cachées ; aussi la plupart des êtres distingués ont-ils fini par vivre loin du monde, fatigués qu'ils étaient de la banalité des jugements, des observations et des avis qu'on leur donnait en échange de leurs idées naturelles et de leurs impressions profondes.

La plaisanterie, qui de nos jours a perdu de sa grâce sans avoir perdu de ses inconvénients, s'attaque maintenant à tous les sentiments forts et vrais, qu'on est convenu de dénigrer sous le nom de mélancolie, de philosophie, d'enthousiasme ; que sais-je ? l'une des formules reçues, l'une des modes littéraires du moment. Autrefois on était si délicat sur le bon goût des manières et des écrits, qu'il suffisait à l'amusement de plaisanter sur le ridicule des formes vulgaires ou des expressions communes : à présent qu'à cet égard tout est confondu, la plaisanterie est dirigée contre le sentiment et la pensée même : il semble qu'il n'y ait qu'une chose à faire de la vie, c'est de se livrer au genre de jouissances que la fortune peut donner, et de consacrer les facultés de son esprit aux moyens d'acquérir cette fortune. On appelle rêverie tout le reste, et l'on voudrait créer un bon ton nouveau, qui pût donner un air provincial aux affections profondes et aux idées généreuses.

Il y a pourtant dans la société des personnes, et ce ne sont pas les moins aimables, qui réunissent beaucoup de gaieté dans l'esprit à beaucoup de mélancolie dans le cœur, et dont la plaisanterie a d'autant plus de grâce que leur caractère a plus de délicatesse. Dès qu'on est dans le monde, ce n'est guère que par la gaieté qu'on peut s'entendre et se plaire ; la tristesse d'ailleurs est le secret de l'âme, et ce serait une sorte de profanation que de le confier aux indifférents : mais ceux qui se moquent si agréablement de l'imagination mélancolique, des pensées sombres que notre sort nous inspire, habitent-ils une autre terre que la nôtre ? Ne sont-ils point séparés des objets de leur affection ?

n'ont-ils jamais cessé d'être aimés? n'ont-ils pas enfin quelque idée confuse que la maladie, la vieillesse, ou la mort, pourra troubler un jour leur joyeuse insouciance?

Comment réfléchir dans la solitude sans découvrir que tous les sentiments profonds ont une teinte de tristesse, et que l'homme ne peut s'élever au-dessus de l'existence physique, sans éprouver que le monde moral est incomplet, et que plus l'on développe son esprit et son âme, plus l'on sent les bornes de sa destinée? Les passions religieuses, les passions ambitieuses sont toutes nées du besoin de remplir le vide de la vie.

Je ne sais si l'on peut en conclure que les hommes devraient aspirer à la dégradation; c'est une question inutile à traiter, puisqu'il n'est pas probable que tous s'accordent à chercher le bonheur dans cette route; mais je ne crois pas que depuis le commencement du monde, on puisse citer un être distingué qui n'ait trouvé la vie inférieure à ses désirs et à ses sentiments. Tibulle, Horace, Voltaire, les poëtes les plus cités pour leur philosophie voluptueuse ou légère, rappellent la mort au milieu de leurs plus riantes pensées, et jamais l'esprit et le cœur n'ont réfléchi sans trouver au fond de tout une pensée mélancolique.

L'amour, cette affection qui règne seule pendant qu'elle règne, réveille souvent dans notre âme des idées rêveuses et tristes; on se retrace alors les peines inséparables de la vie humaine, mais sans en éprouver ni crainte ni douleur; et tel est l'enchantement d'aimer que lorsque Tibulle souhaite de tenir en expirant la main de sa maîtresse, il ne voit plus dans la mort, dans cette pensée si redoutable pour l'homme isolé, qu'un dernier regard de tendresse, une expression d'amour plus touchante et plus sacrée.

Voilà, dira-t-on, quel est le vrai danger de votre roman; vous n'y vantez que la jeunesse et l'amour; vous ne peignez pas la vie sous ses rapports sérieux et nécessaires; vous dégoûtez de l'existence grave et froide que la nature destine à la moitié des êtres et à la moitié de la vie. Je répondrai d'abord que ce reproche doit s'adresser aux romans en général, plus qu'à celui de Delphine en particulier; les ouvrages dramatiques, quels qu'ils soient, cherchent dans le cœur les sentiments dont l'intérêt est le plus vif et le plus général; mais il me semble que madame de Cerlebe, mademoiselle d'Albémar, la famille des aveugles, tous les personnages enfin qui, ne faisant pas le sujet principal du roman, n'expriment pas le sentiment qui en est le nœud, peignent avec chaleur les plaisirs des

sentiments qui conviennent à tous les âges. Je concevrais fort bien comment, au milieu de mœurs très-austères, on trouverait dangereuses toutes les peintures de l'amour, quelque pures et quelque délicates qu'elles fussent; mais il me semble que dans notre pays et dans notre siècle, ce n'est pas l'amour qui corrompt la morale, mais le mépris de tous les principes causé par le mépris de tous les sentiments.

Puisqu'il est vrai que l'amour existe dans le cœur, tout ce qui tend à l'élever et à l'ennoblir contribue à la dignité de la nature humaine : les mariages les plus heureux, même dans la vieillesse, sont ceux qui, de souvenirs en souvenirs, retentissent jusqu'à l'amour. On n'a jamais dit l'amitié filiale, l'amitié maternelle : on a voulu que le mot le plus tendre fût consacré au plus tendre des sentiments; l'amour de l'humanité, l'amour de Dieu, toutes les affections fortes, semblent avoir entre elles une analogie qui fait choisir le même terme pour les exprimer toutes. La puissance d'aimer est la source de tout ce que les hommes ont fait de noble, de pur et de désintéressé sur cette terre. Je crois donc que les ouvrages qui développent cette puissance avec délicatesse et sensibilité, font toujours plus de bien que de mal : presque tous les vices humains supposent de la dureté dans l'âme. Les hommes les plus courageux sont souvent ceux qui sont le plus aisément attendris; le récit des actions vraiment touchantes, vraiment généreuses, fait venir une larme dans les yeux de celui que la mort ne saurait épouvanter. Il y a dans l'enthousiasme pour tout ce qui est noble et bon quelque chose de si délicieux, qu'on ne peut s'empêcher de prendre ces impressions pour le présage d'une autre vie; et si notre âme n'est pas capable de les éprouver sans quelque mélange de sentiments terrestres, peut-être est-il permis de se servir de l'amour même, pour exciter dans le cœur cette énergie de sentiment qui doit le rendre capable un jour d'affections plus pures et plus durables.

Divers motifs m'ont engagée à changer le dénoûment de Delphine; mais, comme je n'ai point fait ce changement pour céder à l'opinion de quelques personnes, qui ont prétendu que le suicide devait être exclu des compositions dramatiques, il me semble qu'il convient de rappeler ici qu'un auteur n'exprime point son opinion particulière, en faisant agir ses personnages de telle ou telle manière. Athalide se tue, dans Bajazet; Hermione, dans Andromaque, etc.; et pour cela l'on n'a point dit que Racine approuvât le suicide. Quand Addisson, l'un des plus respectables caractères qui aient existé, a fait la tragédie de Caton d'Utique, non-seulement il a cru qu'un tel sujet pouvait être moral et beau, quoiqu'il se terminât par un suicide, mais, de plus, il a fait précéder cette action d'un admirable monologue, qui contient peut-être les sentiments les plus religieux, les plus purs et les plus nobles qu'on ait jamais exprimés dans aucune langue. Delphine, élevée dans le christianisme, dit positivement qu'elle commet une grande faute en se tuant, et sa prière exprime, je crois, son repentir avec force. Il m'est impossible de comprendre ce qu'il y a d'immoral dans cette situation ainsi représentée.

Je ne sais dans quel écrit du dix-neuvième siècle on dit que *le secret du parti philosophique, c'est le suicide.* Il faut convenir que, si une telle assertion était vraie, ce parti aurait choisi une singulière manière de se recruter. Je n'ai point prétendu, dans Delphine, discuter le suicide, cette grande question qui inspire tant de pitié à la fois pour la folie et pour la raison humaine; et je ne pense pas qu'on puisse trouver un argument pour ou contre le suicide, dans l'exemple d'une femme qui, suivant à l'échafaud l'objet de toute sa tendresse, n'a pas la force de supporter la vie sous le poids d'une telle douleur.

Il y a une sévérité de principes qui tient aux sentiments les meilleurs et les plus purs : l'enthousiasme des sacrifices, l'ardeur de se dévouer, l'amour de la perfection, inspirent cette sévérité, et ce sont souvent les âmes les plus tendres qui ont éprouvé le besoin de guider et d'exalter ainsi tout à la fois les pensées qui les agitaient; mais il existe un autre genre de sévérité, qui se montre souvent impitoyable pour la faiblesse et le malheur; celle-là n'est jamais, je crois, exempte d'hypocrisie. L'autorité de la religion est positive; mais l'influence de l'écrivain moraliste, quel que soit le sujet qu'il traite, appartient presque uniquement à la connaissance du cœur humain. L'austérité non motivée n'est que du despotisme, sans moyen de se faire obéir : il faut pénétrer dans les secrets de la douleur et reconnaître la puissance des passions, pour peindre avec force les peines amères qu'elles causent. Les triomphes que la raison a remportés sur le cœur ne sont pas tous de la même nature; il en est qui prouvent la faiblesse des sentiments qu'on a vaincus, plus que la force de la raison qui a obtenu la victoire. Il ne suffit donc pas d'établir la nécessité des sacrifices pour être vraiment utile aux caractères d'une sensibilité profonde; il faut leur montrer qu'on les comprend, avant d'essayer de les diriger; il faut avoir souffert, pour

être écouté de ceux qui souffrent, et, comme Arie, avoir essayé le poignard sur son propre cœur, avant de déclarer *qu'il ne fait point de mal.*

Il me semble qu'en parlant de morale, les personnes vraies éprouvent une sorte de modestie, une sorte de crainte de se faire croire plus parfaites qu'elles ne sont, qui donne beaucoup de douceur à leur langage, et le rend ainsi plus persuasif. Les écrivains, comme les instituteurs, améliorent bien plus sûrement par ce qu'ils inspirent que par ce qu'ils enseignent. Les pensées délicates et pures, dans la vie comme dans les livres, animent chaque parole, se peignent dans chaque trait, sans qu'il soit pour cela nécessaire de les déclarer formellement, ni de les rédiger en maximes; et la moralité d'un ouvrage d'imagination consiste bien plus dans l'impression générale qu'on en reçoit que dans les détails qu'on en retient.

* * *

CORINNE,

ou

L'ITALIE.

. . . . Udrallo il bel paese,
Ch' Apennin parte, e 'l mar circonda e l'Alpe.
PÉTRARQUE.

LIVRE PREMIER.

OSWALD.

CHAPITRE PREMIER.

Oswald, lord Nelvil, pair d'Écosse, partit d'Édimbourg pour se rendre en Italie, pendant l'hiver de 1794 à 1795. Il avait une figure noble et belle, beaucoup d'esprit, un grand nom, une fortune indépendante; mais sa santé était altérée par un profond sentiment de peine, et les médecins, craignant que sa poitrine ne fût attaquée, lui avaient ordonné l'air du Midi. Il suivit leurs conseils, bien qu'il mît peu d'intérêt à la conservation de ses jours. Il espérait du moins trouver quelque distraction dans la diversité des objets qu'il allait voir. La plus intime de toutes les douleurs, la perte d'un père, était la cause de sa maladie; des circonstances cruelles, des remords inspirés par des scrupules délicats aigrissaient encore ses regrets, et l'imagination y mêlait ses fantômes. Quand on souffre, on se persuade aisément que l'on est coupable, et les violents chagrins portent le trouble jusque dans la conscience.

A vingt-cinq ans il était découragé de la vie; son esprit jugeait tout d'avance, et sa sensibilité blessée ne goûtait plus les illusions du cœur. Personne ne se montrait plus que lui complaisant et dévoué pour ses amis, quand il pouvait leur rendre service; mais rien ne lui causait un sentiment de plaisir, pas même le bien qu'il faisait : il sacrifiait sans cesse et facilement ses goûts à ceux d'autrui; mais on ne pouvait expliquer par la générosité seule cette abnégation absolue de tout égoïsme, et l'on devait souvent l'attribuer au genre de tristesse qui ne lui permettait plus de s'intéresser à son propre sort. Les indifférents jouissaient de ce caractère, et le trouvaient plein de grâce et de charmes; mais quand on l'aimait, on sentait qu'il s'occupait du bonheur des autres comme un homme qui n'en espérait pas lui-même, et l'on était presque affligé de ce bonheur, qu'il donnait sans qu'on pût le lui rendre.

Il avait cependant un caractère mobile, sensible et passionné; il réunissait tout ce qui peut entraîner les autres et soi-même : mais le malheur et le repentir l'avaient rendu timide envers la destinée; il croyait la désarmer en n'exigeant rien d'elle. Il espérait trouver dans le strict attachement à tous ses devoirs, et dans le renoncement aux jouissances vives, une garantie contre les peines qui déchirent l'âme : ce qu'il avait éprouvé lui faisait peur, et rien ne lui paraissait valoir dans ce monde la chance de ces peines; mais quand on est capable de les ressentir, quel est le genre de vie qui peut en mettre à l'abri?

Lord Nelvil se flattait de quitter l'Écosse sans regret, puisqu'il y restait sans plaisir; mais ce n'est pas ainsi qu'est faite la funeste imagination des âmes sensibles : il ne se doutait pas des liens qui l'attachaient aux lieux qui lui faisaient le plus de mal, à l'habitation de son père. Il y avait dans cette habitation des chambres, des places dont il ne pouvait approcher sans frémir; et cependant, quand il se résolut à s'en éloigner, il se sentit plus seul encore. Quelque chose d'aride s'empara de son cœur; il n'était plus le maître de verser des larmes quand il souffrait; il ne pouvait plus faire renaître ces petites circonstances locales qui l'attendrissaient profondément; ses souvenirs n'avaient plus rien de vivant; ils n'étaient plus en relation avec les objets qui l'environnaient; il ne pensait pas moins à celui qu'il regrettait, mais il parvenait plus difficilement à se retracer sa présence.

Quelquefois aussi, il se reprochait d'abandonner des lieux où son père avait vécu. « Qui sait, se disait-il, si les ombres des morts peuvent suivre partout les objets de leur affection? Peut-être ne leur est-il permis d'errer qu'autour des lieux où leurs cendres reposent! Peut-être que dans ce moment mon père aussi me regrette; mais la force lui manque pour me rappeler de si loin! Hélas! quand il vivait, un concours d'événements inouïs n'a-t-il pas dû lui persuader que j'avais trahi sa tendresse, que j'étais rebelle à ma patrie, à la volonté paternelle, à tout ce qu'il y a de sacré sur la terre? » Ces souvenirs causaient à lord Nelvil une douleur si insupportable, que non-seulement il n'aurait pu les confier à personne, mais il craignait lui-même de les approfondir. Il est si facile de se faire avec ses propres réflexions un mal irréparable!

Il en coûte davantage pour quitter sa patrie, quand il faut traverser la mer pour s'en éloigner; tout est solennel dans un voyage dont l'Océan marque les premiers pas : il semble qu'un abîme s'entr'ouvre derrière vous, et que le retour pourrait devenir à jamais impossible. D'ailleurs le spectacle de la mer fait toujours une impression profonde; elle est l'image de cet infini qui attire sans cesse la pensée, et dans lequel sans cesse elle va se perdre. Oswald, appuyé sur le gouvernail, et les regards fixés sur les vagues, était calme en apparence, car sa fierté et sa timidité réunies ne lui permettaient presque jamais de montrer, même à ses amis, ce qu'il éprouvait; mais des sentiments pénibles l'agitaient intérieurement. Il se rappelait le temps où le spectacle de la mer animait sa jeunesse, par le désir de fendre les flots à la nage, de mesurer sa force contre elle. « Pourquoi, se disait-il avec un regret amer, pourquoi me livrer sans relâche à la réflexion? Il y a tant de plaisir dans la vie active, dans ces exercices violents qui nous font sentir l'énergie de l'existence! La mort elle-même alors ne semble qu'un événement peut-être glorieux, subit au moins, et que le déclin n'a point précédé. Mais cette mort qui vient sans que le courage l'ait cherchée, cette mort des ténèbres, qui vous enlève dans la nuit ce que vous avez de plus cher, qui méprise vos regrets, repousse votre bras, et vous oppose sans pitié les éternelles lois du temps et de la nature, cette mort inspire une sorte de mépris pour la destinée humaine, pour l'impuissance de la douleur, pour tous les vains efforts qui vont se briser contre la nécessité. » Tels étaient les sentiments qui tourmentaient Oswald; et ce qui caractérisait le malheur de sa situation, c'était la vivacité de la jeunesse unie aux pensées d'un autre âge. Il s'identifiait avec les idées qui avaient dû occuper son père, dans les derniers temps de sa vie, et il portait l'ardeur de vingt-cinq ans dans les réflexions mélancoliques de la vieillesse. Il était lassé de tout, et regrettait cependant le bonheur, comme si les illusions lui étaient restées. Ce contraste, entièrement opposé aux volontés de la nature, qui met de l'ensemble et de la gradation dans le cours naturel des choses, jetait du désordre au fond de l'âme d'Oswald ; mais ses manières extérieures avaient toujours beaucoup de douceur et d'harmonie, et sa tristesse, loin de lui donner de l'humeur, lui inspirait encore plus de condescendance et de bonté pour les autres.

Deux ou trois fois, dans le passage de Harwich à Embden, la mer menaça d'être orageuse ; lord Nelvil conseillait les matelots, rassurait les passagers, et quand il servait lui-même à la manœuvre, quand il prenait pour un moment la place du pilote, il y avait dans tout ce qu'il faisait une adresse et une force qui ne devaient pas être considérées comme le simple effet de la souplesse et de l'agilité du corps, car l'âme se mêle à tout.

Quand il fallut se séparer, tout l'équipage se pressait autour d'Oswald pour prendre congé de lui ; ils le remerciaient tous de mille petits services qu'il leur avait rendus dans la traversée, et dont il ne se souvenait plus. Une fois c'était un enfant dont il s'était occupé longtemps ; plus souvent un vieillard dont il avait soutenu les pas, quand le vent agitait le vaisseau. Une telle absence de personnalité ne s'était peut-être jamais rencontrée ; sa journée se passait sans qu'il en prît aucun moment pour lui-même ; il l'abandonnait aux autres, par mélancolie et par bienveillance. En le quittant, les matelots lui dirent tous presque en même temps : *Mon cher seigneur, puissiez-vous être plus heureux !* Oswald n'avait pas exprimé cependant une seule fois sa peine, et les hommes d'une autre classe, qui avaient fait le trajet avec lui, ne lui en avaient pas dit un mot. Mais les gens du peuple, à qui leurs supérieurs se confient rarement, s'habituent à découvrir les sentiments autrement que par la parole ; ils vous plaignent quand vous souffrez, quoiqu'ils ignorent la cause de vos chagrins, et leur pitié spontanée est sans mélange de blâme ou de conseil.

CHAPITRE II.

Voyager est, quoi qu'on en puisse-dire, un des plus tristes plaisirs de la vie. Lorsque vous vous trouvez bien dans quelque ville étrangère, c'est que vous commencez à vous y faire une patrie ; mais traverser des pays inconnus, entendre parler un langage que vous comprenez à peine, voir des visages humains sans relation avec votre passé ni avec votre avenir, c'est de la solitude et de l'isolement sans repos et sans dignité ; car cet empressement, cette hâte pour arriver là où personne ne vous attend, cette agitation dont la curiosité est la seule cause, vous inspirent peu d'estime pour vous-même, jusqu'au moment où les objets nouveaux deviennent un peu anciens, et créent autour de vous quelques doux liens de sentiment et d'habitude.

Oswald éprouva donc un redoublement de tristesse en traversant l'Allemagne pour se rendre en Italie. Il fallait alors, à cause de la guerre, éviter la France et les environs de la France ; il fallait aussi s'éloigner des armées, qui rendaient les routes impraticables. Cette nécessité de s'occuper des détails matériels du voyage, de prendre chaque jour, et presque à chaque instant, une résolution nouvelle, était tout à fait insupportable à lord Nelvil. Sa santé, loin de s'améliorer, l'obligeait souvent à s'arrêter, lorsqu'il eût voulu se hâter d'arriver, ou du moins de partir. Il crachait le sang, et se soignait le moins qu'il était possible, car il se croyait coupable, et s'accusait lui-même avec une trop grande sévérité. Il ne voulait vivre encore que pour défendre son pays. « La patrie, se disait-il, n'a-t-elle pas sur nous quelques droits paternels ? Mais il faut pouvoir la servir utilement, il ne faut pas lui offrir l'existence débile que je traîne, allant demander au soleil quelques principes de vie pour lutter contre mes maux. Il n'y a qu'un père qui vous recevrait dans un tel état, et vous aimerait d'autant plus que vous seriez plus délaissé par la nature ou par le sort. »

Lord Nelvil s'était flatté que la variété continuelle des objets extérieurs détournerait un peu son imagination de ses idées habituelles ; mais il fut bien loin d'en éprouver d'abord cet heureux effet. Il faut, après un grand malheur, se familiariser de nouveau avec tout ce qui vous entoure ; s'accoutumer aux visages que l'on revoit, à la maison où l'on demeure, aux habitudes journalières qu'on doit reprendre : chacun de ces efforts est une secousse pénible, et rien ne les multiplie comme un voyage.

Le seul plaisir de lord Nelvil était de parcourir les montagnes du Tyrol, sur un cheval écossais qu'il avait emmené avec lui, et qui, comme les chevaux de ce pays, galopait en gravissant les hauteurs ; il s'écartait de la grande route pour passer par les sentiers les plus escarpés. Les paysans étonnés s'écriaient d'abord avec effroi, en le voyant ainsi sur le bord des abîmes ; puis ils battaient des mains en admirant son adresse, son agilité, son courage. Oswald aimait assez l'émotion du danger : elle soulève le poids de la douleur, elle réconcilie un moment avec cette vie qu'on a reconquise, et qu'il est si facile de perdre.

CHAPITRE III.

Dans la ville d'Inspruck, avant d'entrer en Italie, Oswald entendit raconter à un négociant, chez lequel il s'était arrêté quelque temps, l'histoire d'un émigré français, appelé le comte d'Erfeuil, qui l'intéressa beaucoup en sa faveur. Cet homme avait supporté la perte entière d'une très-grande fortune avec une sérénité parfaite ; il avait vécu et fait vivre, par son talent pour la musique, un vieil oncle qu'il avait soigné jusqu'à sa mort ; il s'était constamment refusé à recevoir les services d'argent qu'on s'était empressé de lui offrir ; il avait montré la plus brillante valeur, la valeur française, pendant la guerre, et la gaieté la plus inaltérable au milieu des revers : il désirait d'aller à Rome, pour y retrouver un de ses parents dont il devait hériter, et souhaitait un compagnon, ou plutôt un ami, pour faire avec lui le voyage plus agréablement.

Les souvenirs les plus douloureux de lord Nelvil étaient attachés à la France ; néanmoins il était exempt des préjugés qui séparent les deux nations, parce qu'il avait eu pour ami intime un Français, et qu'il avait trouvé dans cet ami la plus admirable réunion de toutes les qualités de l'âme. Il offrit donc au négociant qui lui raconta l'histoire du comte d'Erfeuil, de conduire en Italie ce noble et malheureux jeune homme. Le négociant vint annoncer à lord Nelvil, au bout d'une heure, que sa proposition était acceptée avec reconnaissance. Oswald était heureux de rendre ce service : mais il lui en coûtait beaucoup de renoncer à la solitude ; et sa timidité souffrait de se trouver tout à coup dans une relation habituelle avec un homme qu'il ne connaissait pas.

Le comte d'Erfeuil vint faire visite à lord Nelvil pour le remercier. Il avait des manières élégantes, une politesse facile et de bon goût, et dès l'abord il se montrait parfaitement à son aise. On s'étonnait, en le voyant, de tout ce qu'il avait souffert, car il supportait son sort avec un cou-rage qui allait jusqu'à l'oubli, et il avait dans sa conversation une légèreté vraiment admirable, quand il parlait de ses propres revers ; mais moins admirable, il faut en convenir, quand elle s'étendait à d'autres sujets.

« Je vous ai beaucoup d'obligation, milord, dit le comte d'Erfeuil, de me retirer de cette Allemagne où je m'ennuyais à périr. — Vous y êtes cependant, répondit lord Nelvil, généralement aimé et considéré. — J'y ai des amis, reprit le comte d'Erfeuil, que je regrette sincèrement ; car dans ce pays-ci l'on ne rencontre que les meilleures gens du monde ; mais je ne sais pas un mot d'allemand, et vous conviendrez que ce serait un peu long et un peu fatigant pour moi de l'apprendre. Depuis que j'ai eu le malheur de perdre mon oncle, je ne sais que faire de mon temps : quand il fallait m'occuper de lui, cela remplissait ma journée ; à présent les vingt-quatre heures me pèsent beaucoup. — La délicatesse avec laquelle vous vous êtes conduit pour monsieur votre oncle, dit lord Nelvil, inspire pour vous, M. le comte, la plus profonde estime. — Je n'ai fait que mon devoir, reprit le comte d'Erfeuil ; le pauvre homme m'avait comblé de biens pendant mon enfance ; je ne l'aurais jamais quitté, eût-il vécu cent ans ! mais c'est heureux pour lui d'être mort : ce le serait aussi pour moi, ajouta-t-il en riant, car je n'ai pas grand espoir dans ce monde. J'ai fait de mon mieux à la guerre pour être tué ; mais puisque le sort m'a épargné, il faut vivre aussi bien qu'on le peut. — Je me féliciterai de mon arrivée ici, répondit lord Nelvil, si vous vous trouvez bien à Rome, et si... — O mon Dieu ! interrompit le comte d'Erfeuil, je me trouverai bien partout ; quand on est jeune et gai, tout s'arrange. Ce ne sont pas les livres ni la méditation qui m'ont acquis la philosophie que j'ai, mais l'habitude du monde et des malheurs ; et vous voyez bien, milord, que j'ai raison de compter sur le hasard, puisqu'il m'a procuré l'occasion de voyager avec vous. » En achevant ces mots, le comte d'Erfeuil salua lord Nelvil de la meilleure grâce du monde, convint de l'heure du départ pour le jour suivant, et s'en alla.

Le comte d'Erfeuil et lord Nelvil partirent le lendemain. Oswald, après les premières phrases de politesse, fut plusieurs heures sans dire un mot ; mais voyant que ce silence fatiguait son compagnon, il lui demanda s'il se faisait plaisir d'aller en Italie. « Mon Dieu, répondit le comte d'Erfeuil, je sais ce qu'il faut croire de ce pays-là ; je ne m'attends pas du tout à m'y amuser. Un de mes amis, qui y a passé six mois, m'a dit qu'il n'y avait pas de province de France où il n'y eût un meilleur théâtre et une société plus agréable qu'à Rome; mais dans cette ancienne capitale du monde, je trouverai sûrement quelques Français avec qui causer, et c'est tout ce que je désire. — Vous n'avez pas été tenté d'apprendre l'italien? interrompit Oswald. — Non, du tout, reprit le comte d'Erfeuil, cela n'entrait pas dans le plan de mes études. » Et il prit, en disant cela, un air si sérieux, qu'on aurait pu croire que c'était une résolution fondée sur de graves motifs.

« Si vous voulez que je vous le dise, continua le comte d'Erfeuil, je n'aime, en fait de nation, que les Anglais et les Français; il faut être fiers comme eux, ou brillants comme nous; tout le reste n'est que de l'imitation. » Oswald se tut; le comte d'Erfeuil, quelques moments après, recommença l'entretien par des traits d'esprit de gaieté fort aimables. Il jouait avec les mots, avec les phrases, d'une façon très-ingénieuse; mais ni les objets extérieurs, ni les sentiments intimes n'étaient l'objet de ses discours. Sa conversation ne venait, pour ainsi dire, ni du dehors, ni du dedans; elle passait entre la réflexion et l'imagination, et les seuls rapports de la société en étaient le sujet.

Il nommait vingt noms propres à lord Nelvil, soit en France, soit en Angleterre, pour savoir s'il les connaissait, et racontait à cette occasion des anecdotes piquantes, avec une tournure pleine de grâce; mais on eût dit, à l'entendre, que le seul entretien convenable pour un homme de goût, c'était, si l'on peut s'exprimer ainsi, le commérage de la bonne compagnie.

Lord Nelvil réfléchit quelque temps au caractère du comte d'Erfeuil, à ce mélange singulier de courage et de frivolité, à ce mépris du malheur, si grand, s'il avait coûté plus d'efforts, si héroïque, s'il ne venait pas de la même source qui rend incapable des affections profondes. « Un Anglais, se disait Oswald, serait accablé de tristesse dans de semblables circonstances. D'où vient la force de ce Français? d'où vient aussi sa mobilité? Le comte d'Erfeuil en effet entend-il vraiment l'art de vivre? Quand je me crois supérieur, ne suis-je que malade? Son existence légère s'accorde-t-elle mieux que la mienne avec la rapidité de la vie? et faut-il esquiver la réflexion comme une ennemie, au lieu d'y livrer toute son âme? » En vain Oswald auraitil éclairci ces doutes, nul ne peut sortir de la région intellectuelle qui lui a été assignée, et les qualités sont plus indomptables encore que les défauts.

Le comte d'Erfeuil ne faisait aucune attention à l'Italie, et rendait presque impossible à lord Nelvil de s'en occuper; car il le détournait sans cesse de la disposition qui fait admirer un beau pays, et sentir son charme pittoresque. Oswald prêtait l'oreille autant qu'il le pouvait au bruit du vent, au murmure des vagues; car toutes les voix de la nature faisaient plus de bien à son âme que les propos de la société, tenus au pied des Alpes, à travers les ruines, et sur les bords de la mer.

La tristesse qui consumait Oswald eût mis moins d'obstacle au plaisir qu'il pouvait goûter par l'Italie, que la gaieté même du comte d'Erfeuil; les regrets d'une âme sensible peuvent s'allier avec la contemplation de la nature et la jouissance des beaux-arts; mais la frivolité, sous quelque forme qu'elle se présente, ôte à l'attention sa force, à la pensée son originalité, au sentiment sa profondeur. Un des effets singuliers de cette frivolité était d'inspirer beaucoup de timidité à lord Nelvil, dans ses relations avec le comte d'Erfeuil : l'embarras est presque toujours pour celui dont le caractère est le plus sérieux. La légèreté spirituelle impose à l'esprit méditatif; et celui qui se dit heureux semble plus sage que celui qui souffre.

Le comte d'Erfeuil était doux, obligeant, facile en tout, sérieux seulement dans l'amour-propre, et digne d'être aimé comme il aimait, c'est-à-dire, comme un bon camarade de plaisirs et de périls; mais il ne s'entendait point au partage des peines. Il s'ennuyait de la mélancolie d'Oswald, et, par bon cœur autant que par goût, il aurait souhaité de la dissiper. « Que vous manque-t-il? lui disait-il souvent. N'êtes-vous pas jeune, riche, et, si vous le vouliez, bien portant? car vous n'êtes malade que parce que vous êtes triste. Moi, j'ai perdu ma fortune, mon existence, je ne sais ce que je deviendrai, et cependant je jouis de la vie comme si je possédais toutes les prospérités de la terre. — Vous avez un courage aussi rare qu'honorable, répondit lord Nelvil; mais les revers que vous avez éprouvés font moins de mal que les chagrins du cœur. — Les chagrins du cœur! s'écria le comte d'Erfeuil, oh! c'est vrai, ce sont les plus cruels de tous...... Mais...... mais...... encore faut-il s'en consoler; car un homme sensé doit chasser de son âme tout ce qui ne peut servir ni aux autres ni à lui-même. Ne sommes-nous pas ici-bas pour être utiles d'abord, et puis heureux ensuite? Mon cher Nelvil, tenons-nous-en là. »

Ce que disait le comte d'Erfeuil était raisonnable, dans le sens ordinaire de ce mot, car il avait, à beaucoup d'égards, ce qu'on appelle une bonne

I.

tête : ce sont les caractères passionnés, bien plus que les caractères légers, qui sont capables de folie ; mais, loin que sa façon de sentir excitât la confiance de lord Nelvil, il aurait voulu pouvoir assurer au comte d'Erfeuil qu'il était le plus heureux des hommes, pour éviter le mal que lui faisaient ses consolations.

Cependant le comte d'Erfeuil s'attachait beaucoup à lord Nelvil ; sa résignation et sa simplicité, sa modestie et sa fierté lui inspiraient une considération dont il ne pouvait se défendre. Il s'agitait autour du calme extérieur d'Oswald, il cherchait dans sa tête tout ce qu'il avait entendu dire de plus grave dans son enfance à des parents âgés, afin de l'essayer sur lord Nelvil ; et, tout étonné de ne pas vaincre son apparente froideur, il se disait en lui-même : « Mais n'ai-je pas de la bonté, de la franchise, du courage ? ne suis-je pas aimable en société ? que peut-il donc me manquer pour faire effet sur cet homme ? et n'y a-t-il pas entre nous quelque malentendu, qui vient peut-être de ce qu'il ne sait pas assez bien le français ? »

CHAPITRE IV.

Une circonstance imprévue accrut beaucoup le sentiment de respect que le comte d'Erfeuil éprouvait déjà, presque à son insu, pour son compagnon de voyage. La santé de lord Nelvil l'avait contraint de s'arrêter quelques jours à Ancône. Les montagnes et la mer rendent la situation de cette ville très-belle, et la foule de Grecs qui travaillent sur le devant des boutiques, assis à la manière orientale, la diversité des costumes des habitants du Levant qu'on rencontre dans les rues, lui donnent un aspect original et intéressant. L'art de la civilisation tend sans cesse à rendre tous les hommes semblables en apparence, et presque en réalité ; mais l'esprit et l'imagination se plaisent dans les différences qui caractérisent les nations : les hommes ne se ressemblent entre eux que par l'affectation ou le calcul ; mais tout ce qui est naturel est varié. C'est donc un petit plaisir, au moins pour les yeux, que la diversité des costumes ; elle semble promettre une manière nouvelle de sentir et de juger.

Le culte grec, le culte catholique et le culte juif existent simultanément et paisiblement dans la ville d'Ancône. Les cérémonies de ces religions diffèrent extrêmement entre elles ; mais un même sentiment s'élève vers le ciel dans ces rites divers, un même cri de douleur, un même besoin d'appui.

L'église catholique est au haut de la montagne,

et domine à pic sur la mer ; le bruit des flots se mêle souvent aux chants des prêtres : l'église est surchargée dans l'intérieur d'une foule d'ornements d'assez mauvais goût ; mais quand on s'arrête sous le portique du temple, on aime à rapprocher le plus pur des sentiments de l'âme, la religion, avec le spectacle de cette superbe mer, sur laquelle l'homme jamais ne peut imprimer sa trace. La terre est travaillée par lui, les montagnes sont coupées par ses routes, les rivières se resserrent en canaux, pour porter ses marchandises ; mais si les vaisseaux sillonnent un moment les ondes, la vague vient effacer aussitôt cette légère marque de servitude, et la mer reparaît telle qu'elle fut au premier jour de la création.

Lord Nelvil avait fixé son départ pour Rome au lendemain, lorsqu'il entendit pendant la nuit des cris affreux dans la ville ; il se hâta de sortir de son auberge pour en savoir la cause, et vit un incendie qui partait du port et remontait de maison en maison jusqu'au haut de la ville ; les flammes se répétaient au loin dans la mer ; le vent, qui augmentait leur vivacité, agitait aussi leur image dans les flots, et les vagues soulevées réfléchissaient de mille manières les traits sanglants d'un feu sombre.

Les habitants d'Ancône, n'ayant point chez eux de pompes en bon état, se hâtaient de porter avec leurs bras quelques secours [1]. On entendait, à travers les cris, le bruit des chaînes des galériens, employés à sauver la ville qui leur servait de prison. Les diverses nations du Levant, que le commerce attire à Ancône, exprimaient leur effroi par la stupeur de leurs regards. Les marchands, à l'aspect de leurs magasins en flamme, perdaient entièrement la présence d'esprit. Les alarmes pour la fortune troublent autant le commun des hommes que la crainte de la mort, et n'inspirent pas cet élan de l'âme, cet enthousiasme qui fait trouver des ressources.

Les cris des matelots ont toujours quelque chose de lugubre et de prolongé, que la terreur rendait encore bien plus effrayant. Les mariniers, sur les bords de la mer Adriatique, sont revêtus d'une capote rouge et brune très-singulière, et du milieu de ce vêtement sortait le visage animé des Italiens, qui peignait la crainte sous mille formes. Les habitants, couchés par terre dans les rues, couvraient leurs têtes de leurs manteaux, comme s'il ne leur restait plus rien à faire qu'à ne pas voir leur désastre ; d'autres se jetaient dans les flam-

[1] Ancône est à peu près à cet égard dans le même dénûment qu'alors.

mes sans la moindre espérance d'y échapper : on voyait tour à tour une fureur et une résignation aveugle, mais nulle part le sang-froid qui double les moyens et les forces.

Oswald se souvint qu'il y avait deux bâtiments anglais dans le port, et ces bâtiments ont à bord des pompes parfaitement bien faites : il courut chez le capitaine, et monta avec lui sur le bateau, pour aller chercher ces pompes. Les habitants qui le virent entrer dans la chaloupe lui criaient : « *Ah! vous faites bien, vous autres étrangers, de quitter notre malheureuse ville.* — Nous allons revenir, » dit Oswald. Ils ne le crurent pas. Il revint pourtant, établit l'une de ses pompes en face de la première maison qui brûlait sur le port, et l'autre vis-à-vis de celle qui brûlait au milieu de la rue. Le comte d'Erfeuil exposait sa vie avec insouciance, courage et gaieté; les matelots anglais et les domestiques de lord Nelvil vinrent tous à son aide; car les habitants d'Ancône restaient immobiles, comprenant à peine ce que ces étrangers voulaient faire, et ne croyant pas du tout à leurs succès.

Les cloches sonnaient de toutes parts, les prêtres faisaient des processions, les femmes pleuraient, en se prosternant devant quelques images de saints au coin des rues; mais personne ne pensait aux secours naturels que Dieu a donnés à l'homme pour se défendre. Cependant, quand les habitants aperçurent les heureux effets de l'activité d'Oswald; quand ils virent que les flammes s'éteignaient, et que leurs maisons seraient conservées, ils passèrent de l'étonnement à l'enthousiasme; ils se pressaient autour de lord Nelvil, et lui baisaient les mains avec un empressement si vif, qu'il était obligé d'avoir recours à la colère, pour écarter de lui tout ce qui pouvait retarder la succession rapide des ordres et des mouvements nécessaires pour sauver la ville. Tout le monde s'était rangé sous son commandement, parce que dans les plus petites comme dans les plus grandes circonstances, dès qu'il y a du danger, le courage prend sa place; dès que les hommes ont peur ils cessent d'être jaloux.

Oswald, à travers la rumeur générale, distingua cependant des cris plus horribles que tous les autres, qui se faisaient entendre à l'autre extrémité de la ville. Il demanda d'où venaient ces cris; on lui dit qu'ils partaient du quartier des juifs : l'officier de police avait coutume de fermer les barrières de ce quartier le soir, et l'incendie gagnant de ce côté, les juifs ne pouvaient s'échapper. Oswald frémit à cette idée, et demanda qu'à l'instant le quartier fût ouvert; mais quelques femmes du peuple qui l'entendirent se jetèrent à ses pieds, pour le conjurer de n'en rien faire : *Vous voyez bien*, disaient-elles, *ô notre bon ange! que c'est sûrement à cause des juifs qui sont ici que nous avons souffert cet incendie; ce sont eux qui nous portent malheur, et si vous les mettez en liberté, toute l'eau de la mer n'éteindra pas les flammes;* et elles suppliaient Oswald de laisser brûler les juifs, avec autant d'éloquence et de douceur que si elles avaient demandé un acte de clémence. Ce n'étaient point de méchantes femmes, mais des imaginations superstitieuses, vivement frappées par un grand malheur. Oswald contenait à peine son indignation en entendant ces étranges prières. Il envoya quatre matelots anglais avec des haches, pour briser les barrières qui retenaient ces malheureux; et ils se répandirent à l'instant dans la ville, courant à leurs marchandises, au milieu des flammes, avec cette avidité de fortune qui a quelque chose de bien sombre, quand elle fait braver la mort. On dirait que l'homme, dans l'état actuel de la société, n'a presque rien à faire du simple don de la vie.

Il ne restait plus qu'une maison au haut de la ville, que les flammes entouraient tellement qu'il était impossible de les éteindre, et plus impossible encore d'y pénétrer. Les habitants d'Ancône avaient montré si peu d'intérêt pour cette maison, que les matelots anglais, ne la croyant point habitée, avaient ramené leurs pompes vers le port. Oswald lui-même, étourdi par les cris de ceux qui l'entouraient, et l'appelaient à leur secours, n'y avait pas fait attention. L'incendie s'était communiqué plus tard de ce côté, mais y avait fait de grands progrès. Lord Nelvil demanda si vivement quelle était cette maison, qu'un homme enfin lui répondit que c'était l'hôpital des fous. A cette idée toute son âme fut bouleversée; il se retourna, et ne vit plus aucun de ses matelots autour de lui : le comte d'Erfeuil n'y était pas non plus; et c'était en vain qu'il se serait adressé aux habitants d'Ancône : ils étaient presque tous occupés à sauver ou à faire sauver leurs marchandises, et trouvaient absurde de s'exposer pour des hommes dont il n'y avait pas un qui ne fût fou sans remède : *C'est une bénédiction du ciel*, disaient-ils, *pour eux et pour leurs parents, s'ils meurent ainsi sans que ce soit la faute de personne.*

Pendant que l'on tenait de semblables discours autour d'Oswald, il marchait à grands pas vers l'hôpital, et la foule qui le blâmait le suivait avec un sentiment d'enthousiasme involontaire et confus. Oswald, arrivé près de la maison, vit, à la seule fenêtre qui n'était pas entourée par les flammes, des insensés qui regardaient les progrès de l'incendie, et souriaient de ce rire déchirant qui suppose ou l'ignorance de tous les maux de la vie, ou tant de douleur au fond de l'âme, qu'aucune forme de la mort ne peut plus épouvanter. Un frissonnement inexprimable s'empara d'Oswald à ce spectacle; il avait senti, dans le moment le plus affreux de son désespoir, que sa raison était prête à se troubler; et, depuis cette époque, l'aspect de la folie lui inspirait toujours la pitié la plus douloureuse. Il saisit une échelle qui se trouvait près de là, il l'appuie contre le mur, monte au milieu des flammes, et entre par la fenêtre dans une chambre où les malheureux qui restaient à l'hôpital étaient tous réunis.

Leur folie était assez douce pour que, dans l'intérieur de la maison, tous fussent libres, excepté un seul qui était enchaîné dans cette même chambre où les flammes se faisaient jour à travers la porte, mais n'avaient pas encore consumé le plancher. Oswald, apparaissant au milieu de ces misérables créatures, toutes dégradées par la maladie et la souffrance, produisit sur elles un si grand effet de surprise et d'enchantement, qu'il s'en fit obéir d'abord sans résistance. Il leur ordonna de descendre devant lui, l'un après l'autre, par l'échelle, que les flammes pouvaient dévorer dans un moment. Le premier de ces malheureux obéit sans proférer une parole : l'accent et la physionomie de lord Nelvil l'avaient entièrement subjugué. Un troisième voulut résister, sans se douter du danger que lui faisait courir chaque moment de retard, et sans penser au péril auquel il exposait Oswald en le retenant plus longtemps. Le peuple, qui sentait toute l'horreur de cette situation, criait à lord Nelvil de revenir, de laisser ces insensés s'en retirer comme ils le pourraient; mais le libérateur n'écoutait rien avant d'avoir achevé sa généreuse entreprise.

Sur les six malheureux qui étaient dans l'hôpital, cinq étaient déjà sauvés; il ne restait plus que le sixième, qui était enchaîné. Oswald détache ses fers, et veut lui faire prendre, pour échapper, les mêmes moyens qu'à ses compagnons; mais c'était un pauvre jeune homme privé tout à fait de la raison, et, se trouvant en liberté après deux ans de chaîne, il s'élançait dans la chambre avec une joie désordonnée. Cette joie devint de la fureur, lorsque Oswald voulut le faire sortir par la fenêtre. Lord Nelvil, voyant alors que les flammes gagnaient toujours de plus en plus la maison, et qu'il était

impossible de décider cet insensé à se sauver lui-même, le saisit dans ses bras, malgré les efforts du malheureux qui luttait contre son bienfaiteur. Il l'emporta sans savoir où il mettait les pieds, tant la fumée obscurcissait sa vue; il sauta les derniers échelons au hasard, et remit l'infortuné, qui l'injuriait encore, à quelques personnes, en leur faisant promettre d'avoir soin de lui.

Oswald, animé par le danger qu'il venait de courir, les cheveux épars, le regard fier et doux, frappa d'admiration et presque de fanatisme la foule qui le considérait; les femmes surtout s'exprimaient avec cette imagination qui est un don presque universel en Italie, et prête souvent de la noblesse aux discours des gens du peuple. Elles se jetaient à genoux devant lui, et s'écriaient : *Vous êtes sûrement saint Michel, le patron de notre ville ; déployez vos ailes, mais ne nous quittez pas : allez là-haut, sur le clocher de la cathédrale, pour que de là toute la ville vous voie et vous prie.*—*Mon enfant est malade,* disait l'une, *guérissez-le.* — *Dites-moi,* disait l'autre, *où est mon mari, qui est absent depuis plusieurs années.* Oswald cherchait une manière de s'échapper. Le comte d'Erfeuil arriva et lui dit, en lui serrant la main : « Cher Nelvil, il faut pourtant partager quelque chose avec tes amis; c'est mal fait de prendre ainsi pour soi seul tous les périls. — Tirez-moi d'ici, » lui dit Oswald à voix basse. Un moment d'obscurité favorisa leur fuite, et tous les deux en hâte allèrent prendre des chevaux à la poste.

Lord Nelvil éprouva d'abord quelque douceur par le sentiment de la bonne action qu'il venait de faire; mais avec qui pouvait-il en jouir, maintenant que son meilleur ami n'existait plus? Malheur aux orphelins ! les événements fortunés, aussi bien que les peines, leur font sentir la solitude du cœur. Comment, en effet, remplacer jamais cette affection née avec nous, cette intelligence, cette sympathie du sang, cette amitié préparée par le ciel entre un enfant et son père? On peut encore aimer; mais confier toute son âme est un bonheur qu'on ne retrouvera plus.

CHAPITRE V.

Oswald parcourut la Marche d'Ancône et l'État ecclésiastique jusqu'à Rome, sans rien observer, sans s'intéresser à rien; la disposition mélancolique de son âme en était la cause, et puis une certaine indolence naturelle, à laquelle il n'était arraché que par les passions fortes. Son goût pour les arts ne s'était point encore développé; il n'avait vécu qu'en France, où la société est tout; et à Londres, où les intérêts politiques absorbent presque tous les autres : son imagination, concentrée dans ses peines, ne se complaisait point encore aux merveilles de la nature, ni aux chefs-d'œuvre des arts.

Le comte d'Erfeuil parcourait chaque ville, le guide des voyageurs à la main ; il avait à la fois le double plaisir de perdre son temps à tout voir, et d'assurer qu'il n'avait rien vu qui pût être admiré, quand on connaissait la France. L'ennui du comte d'Erfeuil décourageait Oswald; il avait d'ailleurs des préventions contre les Italiens et contre l'Italie ; il ne pénétrait pas encore le mystère de cette nation ni de ce pays; mystère qu'il faut comprendre par l'imagination, plutôt que par cet esprit de jugement qui est particulièrement développé dans l'éducation anglaise.

Les Italiens sont bien plus remarquables par ce qu'ils ont été, et par ce qu'ils pourraient être, que par ce qu'ils sont maintenant. Le désert qui environne la ville de Rome, cette terre fatiguée de gloire, qui semble dédaigner de produire, n'est qu'une contrée inculte et négligée, pour qui la considère seulement sous les rapports de l'utilité. Oswald, accoutumé dès son enfance à l'amour de l'ordre et de la prospérité publique, reçut d'abord des impressions défavorables, en traversant les plaines abandonnées qui annoncent l'approche de la ville autrefois reine du monde : il blâma l'indolence des habitants et de leurs chefs. Lord Nelvil jugeait l'Italie en administrateur éclairé; le comte d'Erfeuil en homme du monde; ainsi, l'un par raison, et l'autre par légèreté, n'éprouvaient point l'effet que la campagne de Rome produit sur l'imagination, quand on s'est pénétré des souvenirs et des regrets, des beautés naturelles et des malheurs illustres, qui répandent sur ce pays un charme indéfinissable.

Le comte d'Erfeuil faisait de comiques lamentations sur les environs de Rome. « Quoi, disait-il, point de maison de campagne, point de voiture, rien qui annonce le voisinage d'une grande ville ! Ah ! bon Dieu, quelle tristesse ! » En approchant de Rome, les postillons s'écrièrent avec transport : *Voyez, voyez, c'est la coupole de Saint-Pierre !* Les Napolitains montrent ainsi le Vésuve ; et la mer fait de même l'orgueil des habitants des côtes. « On croirait voir le dôme des Invalides, » s'écria le comte d'Erfeuil. Cette comparaison, plus patriotique que juste, détruisit l'effet qu'Oswald aurait pu recevoir à l'aspect de cette magnifique merveille de la création des hommes. Ils entrèrent dans Rome, non par un beau jour, non par une belle nuit, mais par un soir obscur, par un temps gris, qui ternit et confond tous les objets. Ils traversèrent le Tibre sans le remarquer ; ils arrivèrent à Rome par la porte du Peuple, qui conduit d'abord au Corso, à la plus grande rue de la ville moderne, mais à la partie de Rome qui a le moins d'originalité, puisqu'elle ressemble davantage aux autres villes de l'Europe.

La foule se promenait dans les rues; des marionnettes et des charlatans formaient des groupes sur la place où s'élève la colonne Antonine. Toute l'attention d'Oswald fut captivée par les objets les plus près de lui. Le nom de Rome ne retentissait point encore dans son âme; il ne sentait que le profond isolement qui serre le cœur, quand vous entrez dans une ville étrangère, quand vous voyez cette multitude de personnes à qui votre existence est inconnue, et qui n'ont aucun intérêt en commun avec vous. Ces réflexions, si tristes pour tous les hommes, le sont encore plus pour les Anglais, qui sont accoutumés à vivre entre eux, et se mêlent difficilement avec les mœurs des autres peuples. Dans le vaste caravansérai de Rome, tout est étranger, même les Romains, qui semblent habiter là, non comme des possesseurs, *mais comme des pèlerins qui se reposent auprès des ruines* [1]. Oswald, oppressé par des sentiments pénibles, alla s'enfermer chez lui, et ne sortit point pour voir la ville. Il était bien loin de penser que ce pays, dans lequel il entrait avec un tel sentiment d'abattement et de tristesse, serait bientôt pour lui la source de tant d'idées et de jouissances nouvelles.

LIVRE II.

CORINNE AU CAPITOLE.

CHAPITRE PREMIER.

Oswald se réveilla dans Rome. Un soleil éclatant, un soleil d'Italie frappa ses premiers regards, et son âme fut pénétrée d'un sentiment d'amour et de reconnaissance pour le ciel, qui semblait se manifester par ses beaux rayons. Il entendit résonner les cloches des nombreuses églises de la ville :

[1] Cette réflexion est puisée dans une épître sur Rome, de M. de Humboldt, frère du célèbre voyageur, et ministre de Prusse à Rome. Il est difficile de rencontrer nulle part un homme dont l'entretien et les écrits supposent plus de connaissances et d'idées.

des coups de canon, de distance en distance, annonçaient quelque grande solennité : il demanda quelle en était la cause; on lui répondit qu'on devait couronner le matin même, au Capitole, la femme la plus célèbre de l'Italie, Corinne, poëte, écrivain, improvisatrice, et l'une des plus belles personnes de Rome. Il fit quelques questions sur cette cérémonie, consacrée par les noms de Pétrarque et du Tasse, et toutes les réponses qu'il reçut excitèrent vivement sa curiosité.

Il n'y avait certainement rien de plus contraire aux habitudes et aux opinions d'un Anglais que cette grande publicité donnée à la destinée d'une femme; mais l'enthousiasme qu'inspirent aux Italiens tous les talents de l'imagination, gagne, au moins momentanément, les étrangers, et l'on oublie les préjugés mêmes de son pays, au milieu d'une nation si vive dans l'expression des sentiments qu'elle éprouve. Les gens du peuple à Rome connaissent les arts, raisonnent avec goût sur les statues; les tableaux, les monuments, les antiquités, et le mérite littéraire porté à un certain degré, sont pour eux un intérêt national.

Oswald sortit pour aller sur la place publique; il y entendit parler de Corinne, de son talent, de son génie. On avait décoré les rues par lesquelles elle devait passer. Le peuple, qui ne se rassemble d'ordinaire que sur les pas de la fortune ou de la puissance, était là presque en rumeur, pour voir une personne dont l'esprit était la seule distinction. Dans l'état actuel des Italiens, la gloire des beaux-arts est l'unique qui leur soit permise; et ils sentent le génie en ce genre avec une vivacité qui devrait faire naître beaucoup de grands hommes, s'il suffisait de l'applaudissement pour les produire, s'il ne fallait pas une vie forte, de grands intérêts et une existence indépendante, pour alimenter la pensée.

Oswald se promenait dans les rues de Rome, en attendant l'arrivée de Corinne. A chaque instant on la nommait, on racontait un trait nouveau d'elle, qui annonçait la réunion de tous les talents qui captivent l'imagination. L'un disait que sa voix était la plus touchante d'Italie; l'autre que personne ne jouait la tragédie comme elle; l'autre, qu'elle dansait comme une nymphe, et qu'elle dessinait avec autant de grâce que d'invention : tous disaient qu'on n'avait jamais écrit ni improvisé d'aussi beaux vers, et que, dans la conversation habituelle, elle avait tour à tour une grâce et une éloquence qui charmaient tous les esprits. On disputait pour savoir quelle ville d'Italie lui avait donné la naissance; mais les Romains soutenaient

vivement qu'il fallait être né à Rome pour parler l'italien avec cette pureté. Son nom de famille était ignoré. Son premier ouvrage avait paru cinq ans auparavant, et portait seulement le nom de Corinne. Personne ne savait où elle avait vécu, ni ce qu'elle avait été avant cette époque; elle avait maintenant à peu près vingt-six ans. Ce mystère et cette publicité tout à la fois, cette femme dont tout le monde parlait, et dont on ne connaissait pas le véritable nom, parurent à lord Nelvil l'une des merveilles du singulier pays qu'il venait voir. Il aurait jugé très-sévèrement une telle femme en Angleterre, mais il n'appliquait à l'Italie aucune des convenances sociales, et le couronnement de Corinne lui inspirait d'avance l'intérêt que ferait naître une aventure de l'Arioste.

Une musique très-belle et très-éclatante précéda l'arrivée de la marche triomphale. Un événement, quel qu'il soit, annoncé par la musique, cause toujours de l'émotion. Un grand nombre de seigneurs romains et quelques étrangers précédaient le char qui conduisait Corinne. *C'est le cortége de ses admirateurs*, dit un Romain. — *Oui*, répondit l'autre; *elle reçoit l'encens de tout le monde, mais elle n'accorde à personne une préférence décidée; elle est riche, indépendante; l'on croit même, et certainement elle en a bien l'air, que c'est une femme d'une illustre naissance, qui ne veut pas être connue.—Quoi qu'il en soit*, reprit un troisième, *c'est une divinité entourée de nuages*. Oswald regarda l'homme qui parlait ainsi, et tout désignait en lui le rang le plus obscur de la société; mais dans le Midi, l'on se sert si naturellement des expressions les plus poétiques, qu'on dirait qu'elles se puisent dans l'air, et sont inspirées par le soleil.

Enfin les quatre chevaux blancs qui traînaient le char de Corinne se firent place au milieu de la foule. Corinne était assise sur ce char construit à l'antique, et de jeunes filles, vêtues de blanc, marchaient à côté d'elle. Partout où elle passait, l'on jetait en abondance des parfums dans les airs; chacun se mettait aux fenêtres pour la voir, et ces fenêtres étaient parées en dehors de pots de fleurs et de tapis d'écarlate; tout le monde criait : *Vive Corinne! vive le génie, vive la beauté!* L'émotion était générale; mais lord Nelvil ne la partageait point encore; et bien qu'il se fût déjà dit qu'il fallait mettre à part, pour juger tout cela, la réserve de l'Angleterre et les plaisanteries françaises, il ne se livrait point à cette fête, lorsqu'enfin il aperçut Corinne.

Elle était vêtue comme la sibylle du Dominiquin, un châle des Indes tourné autour de sa tête, et ses cheveux, du plus beau noir, entremêlés avec ce châle; sa robe était blanche; une draperie bleue se rattachait au-dessous de son sein, et son costume était très-pittoresque, sans s'écarter cependant assez des usages reçus, pour que l'on pût y trouver de l'affectation. Son attitude sur le char était noble et modeste : on apercevait bien qu'elle était contente d'être admirée; mais un sentiment de timidité se mêlait à sa joie, et semblait demander grâce pour son triomphe; l'expression de sa physionomie, de ses yeux, de son sourire, intéressait pour elle, et le premier regard fit de lord Nelvil son ami, avant même qu'une impression plus vive le subjuguât. Ses bras étaient d'une éclatante beauté; sa taille grande, mais un peu forte, à la manière des statues grecques, caractérisait énergiquement la jeunesse et le bonheur; son regard avait quelque chose d'inspiré. L'on voyait dans sa manière de saluer, et de remercier pour les applaudissements qu'elle recevait, une sorte de naturel qui relevait l'éclat de la situation extraordinaire dans laquelle elle se trouvait; elle donnait à la fois l'idée d'une prêtresse d'Apollon, qui s'avançait vers le temple du Soleil, et d'une femme parfaitement simple dans les rapports habituels de la vie; enfin tous ses mouvements avaient un charme qui excitait l'intérêt et la curiosité, l'étonnement et l'affection.

L'admiration du peuple pour elle allait toujours croissant, plus elle approchait du Capitole, de ce lieu si fécond en souvenirs. Ce beau ciel, ces Romains si enthousiastes, et par-dessus tout Corinne, électrisaient l'imagination d'Oswald : il avait vu souvent dans son pays des hommes d'État portés en triomphe par le peuple, mais c'était pour la première fois qu'il était témoin des honneurs rendus à une femme, à une femme illustrée seulement par les dons du génie : son char de victoire ne coûtait de larmes à personne; et nul regret, comme nulle crainte, n'empêchait d'admirer les plus beaux dons de la nature, l'imagination, le sentiment et la pensée.

Oswald était tellement absorbé dans ses réflexions, des idées si nouvelles l'occupaient tant, qu'il ne remarqua point les lieux antiques et célèbres à travers lesquels passait le char de Corinne; c'est au pied de l'escalier qui conduit au Capitole que ce char s'arrêta, et dans ce moment tous les amis de Corinne se précipitèrent pour lui offrir la main. Elle choisit celle du prince Castel-Forte, le grand seigneur romain le plus estimé par son esprit et son caractère; chacun approuva le choix de Corinne : elle monta cet escalier du Capitole, dont l'imposante majesté semblait accueillir avec bienveillance les pas légers d'une femme. La musique se fit entendre avec un nouvel éclat au moment de l'arrivée de Corinne, le canon retentit, et la sibylle triomphante entra dans le palais préparé pour la recevoir.

Au fond de la salle où elle fut reçue, étaient placés le sénateur qui devait la couronner et les conservateurs du sénat : d'un côté tous les cardinaux et les femmes les plus distinguées du pays; de l'autre les hommes de lettres de l'académie de Rome. A l'extrémité opposée, la salle était occupée par une partie de la foule immense qui avait suivi Corinne. La chaise destinée pour elle était sur un gradin inférieur à celui du sénateur. Corinne, avant de s'y placer, devait, selon l'usage, en présence de cette auguste assemblée, mettre un genou en terre sur le premier degré. Elle le fit avec tant de noblesse et de modestie, de douceur et de dignité, que lord Nelvil sentit en ce moment ses yeux mouillés de larmes : il s'étonna lui-même de son attendrissement; mais au milieu de tout cet éclat, de tous ces succès, il lui semblait que Corinne avait imploré, par ses regards, la protection d'un ami, protection dont jamais une femme, quelque supérieure qu'elle soit, ne peut se passer; et il pensait en lui-même, qu'il serait doux d'être l'appui de celle à qui sa sensibilité seule rendrait cet appui nécessaire.

Dès que Corinne fut assise, les poëtes romains commencèrent à lire les sonnets et les odes qu'ils avaient composés pour elle. Tous l'exaltaient jusqu'aux cieux; mais ils lui donnaient des louanges qui ne la caractérisaient pas plus qu'une autre femme d'un génie supérieur. C'était une agréable réunion d'images et d'allusions à la mythologie, qu'on aurait pu, depuis Sapho jusqu'à nos jours, adresser de siècle en siècle à toutes les femmes que leurs talents littéraires ont illustrées.

Déjà lord Nelvil souffrait de cette manière de louer Corinne; il lui semblait déjà qu'en la regardant il aurait fait à l'instant même un portrait d'elle plus juste, plus vrai, plus détaillé, un portrait enfin qui ne pût convenir qu'à Corinne.

CHAPITRE II.

Le prince Castel-Forte prit la parole, et ce qu'il dit sur Corinne attira l'attention de toute l'assemblée. C'était un homme de cinquante ans, qui avait dans ses discours et dans son maintien beaucoup de mesure et de dignité; son âge, et l'assurance qu'on avait donnée à lord Nelvil qu'il n'était que l'ami de Corinne, lui inspirèrent un intérêt sans mélange pour le portrait qu'il fit d'elle. Oswald, sans ces motifs de sécurité, se serait déjà senti capable d'un mouvement confus de jalousie.

Le prince Castel-Forte lut quelques pages en prose, sans prétention, mais singulièrement propres à faire connaître Corinne. Il indiqua d'abord le mérite particulier de ses ouvrages : il dit que ce mérite consistait en partie dans l'étude approfondie qu'elle avait faite des littératures étrangères; elle savait unir au plus haut degré l'imagination, les tableaux, la vie brillante du Midi, cette connaissance, cette observation du cœur humain qui semble le partage des pays où les objets extérieurs excitent moins l'intérêt.

Il vanta la grâce et la gaieté de Corinne, cette gaieté qui ne tenait en rien à la moquerie, mais seulement à la vivacité de l'esprit, à la fraîcheur de l'imagination : il essaya de louer sa sensibilité; mais on pouvait aisément deviner qu'un regret personnel se mêlait à ce qu'il en disait. Il se plaignit de la difficulté qu'éprouvait une femme supérieure à rencontrer l'objet dont elle s'est fait une image idéale, une image revêtue de tous les dons que le cœur et le génie peuvent souhaiter. Il se complut cependant à peindre la sensibilité passionnée qui inspirait la poésie de Corinne, et l'art qu'elle avait de saisir des rapports touchants entre les beautés de la nature et les impressions les plus intimes de l'âme. Il releva l'originalité des expressions de Corinne, de ces expressions qui naissaient toutes de son caractère et de sa manière de sentir, sans que jamais aucune nuance d'affectation pût altérer un genre de charme non-seulement naturel, mais involontaire.

Il parla de son éloquence comme d'une force toute-puissante, qui devait d'autant plus entraîner ceux qui l'écoutaient, qu'ils avaient en eux-mêmes plus d'esprit et de sensibilité véritables. « Corinne, « dit-il, est sans doute la femme la plus célèbre « de notre pays, et cependant ses amis seuls « peuvent la peindre; car les qualités de l'âme, « quand elles sont vraies, ont toujours besoin « d'être devinées; l'éclat, aussi bien que l'obscu- « rité, peut empêcher de les reconnaître, si quel- « que sympathie n'aide pas à les pénétrer. » Il s'étendit sur son talent d'improviser, qui ne ressemblait en rien à ce qu'on est convenu d'appeler de ce nom en Italie. « Ce n'est pas seulement, « continua-t-il, à la fécondité de son esprit qu'il « faut l'attribuer, mais à l'émotion profonde qu'ex-

« citent en elle toutes les pensées généreuses; elle « ne peut prononcer un mot qui les rappelle, « sans que l'inépuisable source des sentiments « et des idées, l'enthousiasme, l'anime et l'ins- « pire. » Le prince de Castel-Forte fit sentir aussi le charme d'un style toujours pur, toujours harmonieux. « La poésie de Corinne, ajouta-t-il, est « une mélodie intellectuelle, qui seule peut expri- « mer le charme des impressions les plus fugitives « et les plus délicates. »

Il vanta l'entretien de Corinne; on sentait qu'il en avait goûté les délices. « L'imagination et la « simplicité, la justesse et l'exaltation, la force et « la douceur se réunissent, disait-il, dans une « même personne, pour varier à chaque instant « tous les plaisirs de l'esprit; on peut lui appliquer « ce charmant vers de Pétrarque :

Il parlar che nell' anima si sente [1];

« et je lui crois quelque chose de cette grâce tant « vantée, de ce charme oriental que les anciens « attribuaient à Cléopâtre.

« Les lieux que j'ai parcourus avec elle, ajouta « le prince Castel-Forte, la musique que nous avons « entendue ensemble, les tableaux qu'elle m'a fait « voir, les livres qu'elle m'a fait comprendre, « composent l'univers de mon imagination. Il y a « dans tous ces objets une étincelle de sa vie; et « s'il me fallait exister loin d'elle, je voudrais au « moins m'en entourer, certain que je serais de « ne retrouver nulle part cette trace de feu, cette « trace d'elle enfin qu'elle y a laissée. Oui, conti- « nua-t-il (et dans ce moment ses yeux tombèrent « par hasard sur Oswald), voyez Corinne, si vous « pouvez passer votre vie avec elle, si cette double « existence qu'elle vous donnera peut vous être « longtemps assurée; mais ne la voyez pas, si vous « êtes condamné à la quitter : vous chercheriez en « vain, tant que vous vivriez, cette âme créatrice « qui partageait et multipliait vos sentiments et « vos pensées, vous ne la retrouveriez jamais. »

Oswald tressaillit à ces paroles; ses yeux se fixèrent sur Corinne, qui les écoutait avec une émotion que l'amour-propre ne faisait pas naître, mais qui tenait à des sentiments plus aimables et plus touchants. Le prince Castel-Forte reprit son discours, qu'un moment d'attendrissement lui avait fait suspendre; il parla du talent de Corinne pour la peinture, pour la musique, pour la déclamation, pour la danse : il dit que dans tous les talents, c'était toujours Corinne, ne s'astreignant point à telle manière, à telle règle, mais exprimant dans

---

[1] Le langage qu'on entend au fond de l'âme.

des langages variés la même puissance d'imagination, le même enchantement des beaux-arts, sous leurs diverses formes.

« Je ne me flatte pas, dit en terminant le prince « Castel-Forte, d'avoir pu peindre une personne « dont il est impossible d'avoir l'idée quand on ne « l'a pas entendue; mais sa présence est pour nous « à Rome comme l'un des bienfaits de notre ciel « brillant, de notre nature inspirée. Corinne est « le lien de ses amis entre eux; elle est le mouve- « ment, l'intérêt de notre vie; nous comptons « sur sa bonté; nous sommes fiers de son génie : « nous disons aux étrangers : « Regardez-la, c'est « l'image de notre belle Italie; elle est ce que nous « serions sans l'ignorance, l'envie, la discorde et « l'indolence auxquelles notre sort nous a con- « damnés. » Nous nous plaisons à la contempler « comme une admirable production de notre cli- « mat, de nos beaux-arts, comme un rejeton du « passé, comme une prophétie de l'avenir; et quand « les étrangers insultent à ce pays, d'où sont sor- « ties les lumières qui ont éclairé l'Europe; quand « ils sont sans pitié pour nos torts, qui naissent « de nos malheurs, nous leur disons : « Regardez « Corinne. » Oui, nous suivrions ses traces, nous « serions hommes comme elle est femme, si les « hommes pouvaient, comme les femmes, se créer « un monde dans leur propre cœur, et si notre « génie, nécessairement dépendant des relations « sociales et des circonstances extérieures, pou- « vait s'allumer tout entier au seul flambeau de « la poésie. »

Au moment où le prince Castel-Forte cessa de parler, des applaudissements unanimes se firent entendre; et quoiqu'il y eût dans la fin de son discours un blâme indirect de l'état actuel des Italiens, tous les grands de l'État l'approuvèrent; tant il est vrai qu'on trouve en Italie cette sorte de libéralité qui ne porte pas à changer les institutions, mais fait pardonner, dans les esprits supérieurs, une opposition tranquille aux préjugés existants.

La réputation du prince Castel-Forte était très-grande à Rome. Il parlait avec une sagacité rare; et c'était un don remarquable dans un pays où l'on met encore plus d'esprit dans sa conduite que dans ses discours. Il n'avait pas dans les affaires l'habileté qui distingue souvent les Italiens, mais il se plaisait à penser, et ne craignait pas la fatigue de la méditation. Les heureux habitants du Midi se refusent quelquefois à cette fatigue, et se flattent de tout deviner par l'imagination, comme leur féconde terre donne des fruits sans culture, à l'aide seulement de la faveur du ciel.

CHAPITRE III.

Corinne se leva lorsque le prince Castel-Forte eut cessé de parler; elle le remercia par une inclination de tête si noble et si douce, qu'on y sentait-tout à la fois et la modestie et la joie bien naturelle d'avoir été louée selon son cœur. Il était d'usage que le poëte couronné au Capitole improvisât ou récitât une pièce de vers, avant que l'on posât sur sa tête les lauriers qui lui étaient destinés. Corinne se fit apporter sa lyre, instrument de son choix, qui ressemblait beaucoup à la harpe, mais était cependant plus antique par la forme, et plus simple dans les sons. En l'accordant, elle éprouva d'abord un grand sentiment de timidité; et ce fut avec une voix tremblante qu'elle demanda le sujet qui lui était imposé. « *La gloire et le bonheur de l'Italie!* » s'écria-t-on autour d'elle, d'une voix unanime. — Eh bien, oui, reprit-elle, déjà saisie, déjà soutenue par son talent, *La gloire et le bonheur de l'Italie!* » Et se sentant animée par l'amour de son pays, elle se fit entendre dans des vers pleins de charmes, dont la prose ne peut donner qu'une idée bien imparfaite.

IMPROVISATION DE CORINNE AU CAPITOLE.

« Italie, empire du Soleil ; Italie, maîtresse du « monde ; Italie, berceau des lettres, je te salue. « Combien de fois la race humaine te fut soumise, « tributaire de tes armes, de tes beaux-arts et de « ton ciel !

« Un dieu quitta l'Olympe pour se réfugier en « Ausonie; l'aspect de ce pays fit rêver les vertus « de l'âge d'or, et l'homme y parut trop heureux « pour l'y supposer coupable.

« Rome conquit l'univers par son génie, et fut « reine par la liberté. Le caractère romain s'im- « prima sur le monde; et l'invasion des barbares, « en détruisant l'Italie, obscurcit l'univers entier.

« L'Italie reparut, avec les divins trésors que « les Grecs fugitifs rapportèrent dans son sein ; le « ciel lui révéla ses lois ; l'audace de ses enfants « découvrit un nouvel hémisphère ; elle fut reine « encore par le sceptre de la pensée; mais ce scep- « tre de lauriers ne fit que des ingrats.

« L'imagination lui rendit l'univers qu'elle avait « perdu. Les peintres, les poëtes enfantèrent pour « elle une terre, un Olympe, des enfers et des « cieux; et le feu qui l'anime, mieux gardé par son

« génie que par le dieu des païens, ne trouva point
« dans l'Europe un Prométhée qui le ravit.

« Pourquoi suis-je au Capitole? pourquoi mon
« humble front va-t-il recevoir la couronne que
« Pétrarque a portée, et qui reste suspendue au
« cyprès funèbre du Tasse? pourquoi.... si vous
« n'aimiez assez la gloire, ô mes concitoyens!
« pour récompenser son culte autant que ses suc-
« cès!

« Eh bien, si vous l'aimez cette gloire, qui choi-
« sit trop souvent ses victimes parmi les vain-
« queurs qu'elle a couronnés, pensez avec orgueil
« à ces siècles qui virent la renaissance des arts.
« Le Dante, l'Homère des temps modernes, poëte
« sacré de nos mystères religieux, héros de la pen-
« sée, plongea son génie dans le Styx, pour abor-
« der à l'enfer, et son âme fut profonde comme
« les abîmes qu'il a décrits.

« L'Italie, au temps de sa puissance, revit tout
« entière dans le Dante. Animé par l'esprit des ré-
« publiques, guerrier aussi bien que poëte, il souf-
« fle la flamme des actions parmi les morts, et ses
« ombres ont une vie plus forte que les vivants
« d'aujourd'hui.

« Les souvenirs de la terre les poursuivent en-
« core; leurs passions sans but s'acharnent à leur
« cœur; elles s'agitent sur le passé, qui leur sem-
« ble encore moins irrévocable que leur éternel
« avenir.

« On dirait que le Dante, banni de son pays, a
« transporté dans les régions imaginaires les pei-
« nes qui le dévoraient. Ses ombres demandent
« sans cesse des nouvelles de l'existence, comme
« le poëte lui-même s'informe de sa patrie, et l'en-
« fer s'offre à lui sous les couleurs de l'exil.

« Tout à ses yeux se revêt du costume de Flo-
« rence. Les morts antiques qu'il évoque semblent
« renaître aussi Toscans que lui; ce ne sont point
« les bornes de son esprit, c'est la force de son
« âme qui fait entrer l'univers dans le cercle de sa
« pensée.

« Un enchaînement mystique de cercles et de
« sphères le conduit de l'enfer au purgatoire, du
« purgatoire au paradis; historien fidèle de sa vi-
« sion, il inonde de clarté les régions les plus obs-
« cures, et le monde qu'il crée dans son triple
« poëme est complet, animé, brillant comme une
« planète nouvelle, aperçue dans le firmament.

« A sa voix, tout sur la terre se change en poé-
« sie; les objets, les idées, les lois, les phénomè-
« nes, semblent un nouvel Olympe de nouvelles
« divinités; mais cette mythologie de l'imagination
« s'anéantit, comme le paganisme, à l'aspect du
« paradis, de cet océan de lumières, étincelant de
« rayons et d'étoiles, de vertus et d'amour.

« Les magiques paroles de notre plus grand
« poëte sont le prisme de l'univers; toutes ses
« merveilles s'y réfléchissent, s'y divisent, s'y re-
« composent; les sons imitent les couleurs, les
« couleurs se fondent en harmonie; la rime, so-
« nore ou bizarre, rapide ou prolongée, est ins-
« pirée par cette divination poétique, beauté su-
« prême de l'art, triomphe du génie, qui découvre
« dans la nature tous les secrets en relation avec
« le cœur de l'homme.

« Le Dante espérait de son poëme la fin de son
« exil; il comptait sur la renommée pour média-
« teur, mais il mourut trop tôt pour recueillir les
« palmes de la patrie. Souvent la vie passagère de
« l'homme s'use dans les revers; et si la gloire
« triomphe, si l'on aborde enfin sur une plage plus
« heureuse, la tombe s'ouvre derrière le port, et
« le destin à mille formes annonce souvent la fin
« de la vie par le retour du bonheur.

« Ainsi le Tasse infortuné, que vos hommages,
« Romains, devaient consoler de tant d'injustices,
« beau, sensible, chevaleresque, rêvant les ex-
« ploits, éprouvant l'amour qu'il chantait, s'appro-
« cha de ces murs, comme ses héros de Jérusalem,
« avec respect et reconnaissance. Mais la veille du
« jour choisi pour le couronner, la mort l'a ré-
« clamé pour sa terrible fête : le ciel est jaloux de
« la terre, et rappelle ses favoris des rives trom-
« peuses du temps.

« Dans un siècle plus fier et plus libre que celui
« du Tasse, Pétrarque fut aussi, comme le Dante,
« le poëte valeureux de l'indépendance italienne.
« Ailleurs on ne connaît de lui que ses amours;
« ici des souvenirs plus sévères honorent à jamais
« son nom, et la patrie l'inspira mieux que Laure
« elle-même.

« Il ranima l'antiquité par ses veilles, et, loin
« que son imagination mît obstacle aux études les
« plus profondes, cette puissance créatrice, en lui
« soumettant l'avenir, lui révéla les secrets des
« siècles passés. Il éprouva que connaître sert beau-
« coup pour inventer, et son génie fut d'autant

« plus original, que, semblable aux forces éter-
« nelles, il sut être présent à tous les temps.

« Notre air serein, notre climat riant ont ins-
« piré l'Arioste. C'est l'arc-en-ciel qui parut après
« nos longues guerres : brillant et varié comme
« ce messager du beau temps, il semble se jouer
« familièrement avec la vie, et sa gaieté légère et
« douce est le sourire de la nature, et non pas l'i-
« ronie de l'homme.

« Michel-Ange, Raphaël, Pergolèse, Galilée, et
« vous, intrépides voyageurs, avides de nouvelles
« contrées, bien que la nature ne pût vous offrir
« rien de plus beau que la vôtre, joignez aussi vo-
« tre gloire à celle des poëtes! Artistes, savants,
« philosophes, vous êtes comme eux enfants de ce
« soleil qui tour à tour développe l'imagination,
« anime la pensée, excite le courage, endort dans
« le bonheur, et semble tout promettre ou tout
« faire oublier.

« Connaissez-vous cette terre où les orangers
« fleurissent, que les rayons des cieux fécondent
« avec amour? Avez-vous entendu les sons mélo-
« dieux qui célèbrent la douceur des nuits? avez-
« vous respiré ces parfums, luxe de l'air déjà si
« pur et si doux? Répondez, étrangers, la nature
« est-elle chez vous belle et bienfaisante?

« Ailleurs, quand des calamités sociales affligent
« un pays, les peuples doivent s'y croire abandon-
« nés par la Divinité; mais ici nous sentons tou-
« jours la protection du ciel, nous voyons qu'il
« s'intéresse à l'homme, et qu'il a daigné le traiter
« comme une noble créature.

« Ce n'est pas seulement de pampres et d'épis
« que notre nature est parée, mais elle prodigue
« sous les pas de l'homme, comme à la fête d'un
« souverain, une abondance de fleurs et de plantes
« inutiles qui, destinées à plaire, ne s'abaissent
« point à servir.

« Les plaisirs délicats, soignés par la nature,
« sont goûtés par une nation digne de les sentir;
« les mets les plus simples lui suffisent; elle ne
« s'enivre point aux fontaines de vin que l'abon-
« dance lui prépare : elle aime son soleil, ses beaux-
« arts, ses monuments, sa contrée tout à la fois
« antique et printanière; les plaisirs raffinés d'une
« société brillante, les plaisirs grossiers d'un peu-
« ple avide, ne sont pas faits pour elle.

« Ici, les sensations se confondent avec les idées,
« la vie se puise tout entière à la même source, et
« l'âme, comme l'air, occupe les confins de la
« terre et du ciel. Ici, le génie se sent à l'aise, parce
« que la rêverie y est douce; s'il agite, elle calme;
« s'il regrette un but, elle lui fait don de mille
« chimères; si les hommes l'oppriment, la nature
« est là pour l'accueillir.

« Ainsi, toujours elle répare, et sa main secou-
« rable guérit toutes les blessures. Ici, l'on se con-
« sole des peines mêmes du cœur, en admirant un
« Dieu de bonté, en pénétrant le secret de son
« amour; les revers passagers de notre vie éphé-
« mère se perdent dans le sein fécond et majes-
« tueux de l'immortel univers. »

Corinne fut interrompue pendant quelques moments par les applaudissements les plus impétueux.
Le seul Oswald ne se mêla point aux transports
bruyants qui l'entouraient. Il avait penché sa tête
sur sa main, lorsque Corinne avait dit : *Ici, l'on
se console des peines mêmes du cœur;* et depuis
lors il ne l'avait point relevée. Corinne le remarqua, et bientôt, à ses traits, à la couleur de ses
cheveux, à son costume, à sa taille élevée, à toutes ses manières enfin, elle le reconnut pour un
Anglais. Le deuil qu'il portait et sa physionomie
pleine de tristesse la frappèrent. Son regard, alors
attaché sur elle, semblait lui faire doucement des
reproches; elle devina les pensées qui l'occupaient,
et se sentit le besoin de le satisfaire, en parlant du
bonheur avec moins d'assurance, en consacrant à
la mort quelques vers au milieu d'une fête. Elle
reprit donc sa lyre dans ce dessein, fit rentrer
dans le silence toute l'assemblée par les sons touchants et prolongés qu'elle tira de son instrument,
et recommença ainsi :

« Il est des peines cependant que notre ciel con-
« solateur ne saurait effacer; mais dans quel sé-
« jour les regrets peuvent-ils porter à l'âme une
« impression plus douce et plus noble que dans
« ces lieux !

« Ailleurs, les vivants trouvent à peine assez de
« place pour leurs rapides courses et leurs ardents
« désirs; ici, les ruines, les déserts, les palais
« inhabités laissent aux ombres un vaste espace.
« Rome maintenant n'est-elle pas la patrie des
« tombeaux!

« Le Colisée, les obélisques, toutes les mer-

« veilles qui , du fond de l'Égypte et de la Grèce,
« de l'extrémité des siècles, depuis Romulus jus-
« qu'à Léon X, se sont réunies ici, comme si la
« grandeur attirait la grandeur, et qu'un même
« lieu dût renfermer tout ce que l'homme a pu
« mettre à l'abri du temps ; toutes ces merveilles
« sont consacrées aux monuments funèbres. Notre
« indolente vie est à peine aperçue, le silence des
« vivants est un hommage pour les morts ; ils du-
« rent, et nous passons.

« Eux seuls sont honorés, eux seuls sont encore
« célèbres ; nos destinées obscures relèvent l'éclat
« de nos ancêtres, notre existence actuelle ne laisse
« debout que le passé, il ne se fait aucun bruit au-
« tour des souvenirs. Tous nos chefs-d'œuvre sont
« l'ouvrage de ceux qui ne sont plus, et le génie
« lui-même est compté parmi les illustres morts.

« Peut-être un des charmes secrets de Rome est-
« il de réconcilier l'imagination avec le long som-
« meil. On s'y résigne pour soi, l'on en souffre
« moins pour ce qu'on aime. Les peuples du Midi
« se représentent la fin de la vie sous des couleurs
« moins sombres que les habitants du Nord. Le so-
« leil, comme la gloire, réchauffe même la tombe.

« Le froid et l'isolement du sépulcre sous ce beau
« ciel, à côté de tant d'urnes funéraires, poursui-
« vent moins les esprits effrayés. On se croit at-
« tendu par la foule des ombres ; et, de notre ville
« solitaire à la ville souterraine, la transition semble
« assez douce.

« Ainsi la pointe de la douleur est émoussée,
« non que le cœur soit blasé, non que l'âme soit
« aride, mais une harmonie plus parfaite, un air
« plus odoriférant, se mêlent à l'existence. On s'a-
« bandonne à la nature avec moins de crainte, à
« cette nature dont le Créateur a dit : Les lis ne
« travaillent ni ne filent, et cependant, quels vê-
« tements des rois pourraient égaler la magnifi-
« cence dont j'ai revêtu ces fleurs ! »

Oswald fut tellement ravi par ces dernières stro-
phes, qu'il exprima son admiration par les témoignages les plus vifs ; et cette fois les transports
des Italiens eux-mêmes n'égalèrent pas les siens.
En effet, c'était à lui, plus qu'aux Romains, que
la seconde improvisation de Corinne était destinée.
La plupart des Italiens ont, en lisant les vers ,
une sorte de chant monotone appelé *cantilene*,
qui détruit toute émotion [1]. C'est en vain que les
paroles sont diverses, l'impression reste la même,
puisque l'accent, qui est encore plus intime que
les paroles, ne change presque point. Mais Corinne récitait avec une variété de tons qui ne détruisait pas le charme soutenu de l'harmonie ; c'é-
tait comme des airs différents joués tous par un
instrument céleste.

Le son de voix touchant et sensible de Corinne,
en faisant entendre cette langue italienne, si pom-
peuse et si sonore, produisit sur Oswald une impression tout à fait nouvelle. La prosodie anglaise
est uniforme et voilée ; ses beautés naturelles sont
toutes mélancoliques ; les nuages ont formé ses
couleurs, et le bruit des vagues sa modulation ;
mais quand ces paroles italiennes, brillantes comme
un jour de fête, retentissantes comme les instruments de victoire que l'on a comparés à l'écarlate,
parmi les couleurs ; quand ces paroles, encore tout
empreintes des joies qu'un beau climat répand
dans tous les cœurs, sont prononcées par une voix
émue, leur éclat adouci, leur force concentrée,
fait éprouver un attendrissement aussi vif qu'imprévu. L'intention de la nature semble trompée,
ses bienfaits inutiles, ses offres repoussées, et
l'expression de la peine, au milieu de tant de jouissances, étonne, et touche plus profondément que
la douleur chantée dans les langues du Nord, qui
semblent inspirées par elle.

CHAPITRE IV.

Le sénateur prit la couronne de myrte et de laurier qu'il devait placer sur la tête de Corinne. Elle
détacha le châle qui entourait son front, et tous
ses cheveux, d'un noir d'ébène, tombèrent en bou-
cles sur ses épaules. Elle s'avança la tête nue, le
regard animé par un sentiment de plaisir et de reconnaissance qu'elle ne cherchait point à dissimuler. Elle se remit une seconde fois à genoux, pour
recevoir la couronne, mais elle paraissait moins
troublée et moins tremblante que la première fois ;
elle venait de parler, elle venait de remplir son
âme des plus nobles pensées, l'enthousiasme l'emportait sur la timidité. Ce n'était plus une femme
craintive, mais une prêtresse inspirée, qui se consacrait avec joie au culte du génie.

[1] Il faut excepter de ce blâme, sur la manière de déclamer
des Italiens, d'abord le célèbre Monti, qui dit les vers comme
il les fait. C'est véritablement un des plus grands plaisirs dramatiques que l'on puisse éprouver, que de l'entendre réciter
l'épisode d'Ugolin, de Francesca da Rimini, la mort de Clorinde, etc.

Quand la couronne fut placée sur la tête de Corinne, tous les instruments se firent entendre, et jouèrent ·ces airs triomphants qui exaltent l'âme d'une manière si puissante et si sublime. Le bruit. des timbales et des fanfares émut de nouveau Corinne; ses yeux se remplirent de larmes, elle s'assit un moment, et couvrit son visage de son mouchoir. Oswald, vivement touché, sortit de la foule, et fit quelques pas pour lui parler, mais un invincible embarras le retint. Corinne le regarda quelque temps, en prenant garde néanmoins qu'il ne remarquât qu'elle faisait attention à lui; mais lorsque le prince Castel-Forte vint prendre sa main, pour l'accompagner du Capitole à son char, elle se laissa conduire avec distraction, elle retourna la tête plusieurs fois, sous divers prétextes, pour voir Oswald.

Il la suivit; et, dans le moment où elle descendait l'escalier, accompagnée de son cortége, elle fit un mouvement en arrière pour l'apercevoir encore : ce mouvement fit tomber sa couronne. Oswald se hâta de la relever, et lui dit en la lui rendant quelques mots en italien, qui signifiaient que les humbles mortels mettaient aux pieds des dieux la couronne qu'ils n'osaient placer sur leurs têtes [1]. Corinne remercia lord Nelvil, en anglais, avec ce pur accent national, ce pur accent insulaire qui presque jamais ne peut être imité sur le continent. Quel fut l'étonnement d'Oswald en l'entendant! Il resta d'abord immobile à sa place, et, se sentant troublé, il s'appuya sur un des lions de basalte qui sont au pied de l'escalier du Capitole. Corinne le considéra de nouveau, vivement frappée de son émotion; mais on l'entraîna vers son char, et toute la foule disparut, longtemps avant qu'Oswald eût retrouvé sa force et sa présence d'esprit.

Corinne jusqu'alors l'avait enchanté comme la plus charmante des étrangères, comme l'une des merveilles du pays qu'il voulait parcourir; mais cet accent anglais lui rappelait tous les souvenirs de sa patrie, cet accent naturalisait pour lui tous les charmes de Corinne. Était-elle Anglaise? avait-elle passé plusieurs années de sa vie en Angleterre? Il ne pouvait le deviner; mais il était impossible que l'étude seule apprît à parler ainsi; il fallait que Corinne et lord Nelvil eussent vécu dans le même pays. Qui sait si leurs familles n'étaient pas en relation ensemble? Peut-être même l'avait-il vue dans son enfance! On a souvent dans le cœur je

[1] Il paraît que lord Nelvil faisait allusion à ce beau distique de Properce :

Ut caput in magnis ubi non est ponere signis ,
Ponitur hic imos ante corona pedes.

ne sais quelle image innée de ce qu'on aime, qui pourrait persuader qu'on reconnaît l'objet que l'on voit pour la première fois.

Oswald avait beaucoup de préventions contre les Italiennes ; il les croyait passionnées, mais mobiles, mais incapables d'éprouver des affections profondes et durables. Déjà ce que Corinne avait dit au Capitole lui avait inspiré tout une autre idée; que serait-ce donc, s'il pouvait à la fois retrouver les souvenirs de sa patrie, et recevoir par l'imagination une vie nouvelle, renaître pour l'avenir, sans rompre avec le passé!

Au milieu de ses rêveries, Oswald se trouva sur le pont Saint-Ange , qui conduit au château du même nom, ou plutôt au tombeau d'Adrien, dont on a fait une forteresse. Le silence du lieu, les pâles ondes du Tibre, les rayons de la lune qui éclairaient les statues placées sur le pont, et faisaient des statues comme des ombres blanches, regardant fixement couler les flots et les temps qui ne les concernent plus; tous ces objets le ramenèrent à ses idées habituelles. Il mit la main sur sa poitrine, et sentit le portrait de son père qu'il y portait toujours; il l'en détacha pour le considérer, et le moment de bonheur qu'il venait d'éprouver, et la cause de ce bonheur, ne lui rappelèrent que trop le sentiment qui l'avait rendu jadis si coupable envers son père. Cette réflexion renouvela ses remords.

« Éternel souvenir de ma vie! s'écria-t-il ; ami trop offensé, et pourtant si généreux! aurais-je pu croire que l'émotion du plaisir pût trouver si tôt accès dans mon âme? Ce n'est pas toi, le meilleur et le plus indulgent des hommes, ce n'est pas toi qui me le reproches, tu veux que je sois heureux, tu le veux encore, malgré mes fautes; mais puissé-je du moins ne pas méconnaître ta voix, si tu me parles du haut du ciel, comme je l'ai méconnue sur la terre! »

••••••••

LIVRE III.

CORINNE.

CHAPITRE PREMIER.

Le comte d'Erfeuil avait assisté à la fête du Capitole ; il vint le lendemain chez lord Nelvil, et lui dit : « Mon cher Oswald, voulez-vous que je vous mène ce soir chez Corinne? — Comment, interrompit Oswald, est-ce que vous la connaissez? —

Non, répondit le comte d'Erfeuil; mais une personne aussi célèbre est toujours flattée qu'on désire de la voir; et je lui ai écrit ce matin pour lui demander la permission d'aller chez elle ce soir avec vous. — J'aurais souhaité, répondit Oswald en rougissant, que vous ne m'eussiez pas ainsi nommé sans mon consentement. — Sachez-moi gré, reprit le comte d'Erfeuil, de vous avoir épargné quelques formalités ennuyeuses : au lieu d'aller chez un ambassadeur, qui vous aurait mené chez un cardinal, qui vous aurait conduit chez une femme, qui vous aurait introduit chez Corinne, je vous présente, vous me présentez, et nous serons très-bien reçus tous les deux.

— J'ai moins de confiance que vous, et sans doute avec raison, reprit lord Nelvil; je crains que cette demande précipitée n'ait pu déplaire à Corinne. — Pas du tout, je vous assure, dit le comte d'Erfeuil, elle a trop d'esprit pour cela, et sa réponse est très-polie. — Comment! elle vous a répondu, reprit lord Nelvil; et que vous a-t-elle donc dit, mon cher comte? — Ah! mon cher comte, dit en riant M. d'Erfeuil, vous vous adoucissez donc depuis que vous savez que Corinne m'a répondu; mais enfin *je vous aime, et tout est pardonné*. Je vous avouerai donc modestement que dans mon billet j'avais parlé de moi plus que de vous, et que dans sa réponse il me semble qu'elle vous nomme le premier; mais je ne suis jamais jaloux de mes amis. — Assurément, répondit lord Nelvil, je ne pense pas que ni vous ni moi nous puissions nous flatter de plaire à Corinne; et quant à moi, tout ce que je désire, c'est de jouir quelquefois de la société d'une personne aussi étonnante : à ce soir donc, puisque vous l'avez arrangé ainsi. — Vous viendrez avec moi? dit le comte d'Erfeuil. — Eh bien, oui, répondit lord Nelvil avec un embarras très-visible. — Pourquoi donc, continua le comte d'Erfeuil, pourquoi s'être tant plaint de ce que j'ai fait? vous finissez comme j'ai commencé; mais il fallait bien vous laisser l'honneur d'être plus réservé que moi, pourvu, toutefois, que vous n'y perdissiez rien. C'est vraiment une charmante personne que Corinne, elle a de l'esprit et de la grâce; je n'ai pas bien compris ce qu'elle disait, parce qu'elle parlait italien; mais, à la voir, je gagerais qu'elle sait très-bien le français; nous en jugerons ce soir. Elle mène une vie singulière; elle est riche, jeune, libre, sans qu'on puisse savoir avec certitude si elle a des amants ou non. Il paraît certain néanmoins qu'à présent elle ne préfère personne; au reste, ajouta-t-il, il se peut qu'elle n'ait pas rencontré dans ce pays un

homme digne d'elle : cela ne m'étonnerait pas. »

Le comte d'Erfeuil continua quelque temps encore à discourir ainsi, sans que lord Nelvil l'interrompît. Il ne disait rien qui fût précisément inconvenable, mais il froissait toujours les sentiments délicats d'Oswald, en parlant trop fort ou trop légèrement sur ce qui l'intéressait. Il y a des ménagements que l'esprit même et l'usage du monde n'apprennent pas; et, sans manquer à la plus parfaite politesse, on blesse souvent le cœur.

Lord Nelvil fut très-agité tout le jour, en pensant à la visite du soir; mais il écarta, tant qu'il le put, les réflexions qui le troublaient, et tâcha de se persuader qu'il pouvait y avoir du plaisir dans un sentiment, sans que ce sentiment décidât du sort de la vie. Fausse sécurité! car l'âme ne reçoit aucun plaisir de ce qu'elle reconnaît elle-même pour passager.

Lord Nelvil et le comte d'Erfeuil arrivèrent chez Corinne; sa maison était placée dans le quartier des Transtévérins, un peu au delà du château Saint-Ange. La vue du Tibre embellissait cette maison, ornée dans l'intérieur avec l'élégance la plus parfaite. Le salon était décoré des copies, en plâtre, des meilleures statues de l'Italie, la Niobé, le Laocoon, la Vénus de Médicis, le Gladiateur mourant; et, dans le cabinet où se tenait Corinne, l'on voyait des instruments de musique, des livres, un ameublement simple, mais commode, et seulement arrangé pour rendre la conversation facile, et le cercle resserré. Corinne n'était point encore dans son cabinet lorsque Oswald arriva; en l'attendant, il se promenait avec anxiété dans son appartement; il y remarquait, dans chaque détail, un mélange heureux de tout ce qu'il y a de plus agréable dans les trois nations, française, anglaise et italienne : le goût de la société, l'amour des lettres, et le sentiment des beaux-arts.

Corinne enfin parut; elle était vêtue sans aucune recherche, mais toujours pittoresquement. Elle avait dans ses cheveux des camées antiques, et portait à son cou un collier de corail. Sa politesse était noble et facile; en la voyant ainsi familièrement au milieu du cercle de ses amis, on retrouvait en elle la divinité du Capitole, bien qu'elle fût parfaitement simple et naturelle en tout. Elle salua d'abord le comte d'Erfeuil, en regardant Oswald; et puis, comme si elle se fût repentie de cette espèce de fausseté, elle s'avança vers Oswald; et l'on put remarquer qu'en l'appelant lord Nelvil, ce nom semblait produire un effet singulier sur elle, et deux fois elle le répéta d'une voix émue, comme s'il lui eût retracé de touchants souvenirs.

Enfin, elle dit en italien à lord Nelvil quelques mots pleins de grâce, sur l'obligeance qu'il lui avait témoignée la veille en relevant sa couronne. Oswald lui répondit en cherchant à lui exprimer l'admiration qu'elle lui avait inspirée, et se plaignit, avec douceur, de ce qu'elle ne lui parlait pas en anglais. « Vous suis-je, ajouta-t-il, plus étranger qu'hier ? — Non, assurément, lui répondit Corinne ; mais quand on a comme moi parlé plusieurs années de sa vie deux ou trois langues différentes, l'une ou l'autre est inspirée par les sentiments que l'on doit exprimer. — Sûrement, dit Oswald, l'anglais est votre langue habituelle, celle que vous parlez à vos amis, celle... — Je suis Italienne, interrompit Corinne ; pardonnez-moi, milord, mais il me semble que je retrouve en vous cet orgueil national qui caractérise souvent vos compatriotes. Dans ce pays, nous sommes plus modestes, nous ne sommes ni contents de nous comme des Français, ni fiers de nous comme des Anglais. Un peu d'indulgence nous suffit de la part des étrangers ; et, comme il nous est refusé depuis longtemps d'être une nation, nous avons le grand tort de manquer souvent, comme individus, de la dignité qui ne nous est pas permise comme peuple ; mais quand vous connaîtrez les Italiens, vous verrez qu'ils ont dans leur caractère quelques traces de la grandeur antique, quelques traces rares, effacées, mais qui pourraient reparaître dans des temps plus heureux. Je vous parlerai anglais quelquefois, mais pas toujours ; l'italien m'est cher : j'ai beaucoup souffert, dit-elle en soupirant, pour vivre en Italie. »

Le comte d'Erfeuil fit des reproches aimables à Corinne, de ce qu'elle l'oubliait tout à fait en s'exprimant dans des langues qu'il n'entendait pas. « Belle Corinne, lui dit-il, de grâce, parlez français, vous en êtes vraiment digne. » Corinne sourit à ce compliment, et se mit à parler français très-purement, très-facilement, mais avec l'accent anglais. Lord Nelvil et le comte d'Erfeuil s'en étonnèrent également ; mais le comte d'Erfeuil, qui croyait qu'on pouvait tout dire, pourvu que ce fût avec grâce, et qui s'imaginait que l'impolitesse consistait dans la forme, et non dans le fond, demanda directement à Corinne raison de cette singularité. Elle fut d'abord un peu troublée de cette interrogation subite ; puis, reprenant ses esprits, elle dit au comte d'Erfeuil : « Apparemment, monsieur, que j'ai appris le français d'un Anglais. » Il renouvela ses questions en riant, mais avec instance. Corinne s'embarrassa toujours davantage, et lui dit enfin : « Depuis quatre ans, monsieur, que je suis fixée à Rome, aucun de mes amis, aucun de ceux qui, j'en suis sûre, s'intéressent beaucoup à moi, ne m'ont interrogée sur ma destinée ; ils ont compris d'abord qu'il m'était pénible d'en parler. » Ces paroles mirent un terme aux questions du comte d'Erfeuil ; mais Corinne eut peur de l'avoir blessé ; et, comme il avait l'air d'être très-lié avec lord Nelvil, elle craignit encore plus, sans vouloir s'en rendre raison, qu'il ne parlât d'elle désavantageusement à son ami, et elle se remit à prendre assez de soin pour lui plaire.

Le prince Castel-Forte arriva dans ce moment avec plusieurs Romains de ses amis et de ceux de Corinne. C'étaient des hommes d'un esprit aimable et gai, très-bienveillants dans leurs formes, et si facilement animés par la conversation des autres, qu'on trouvait un vif plaisir à leur parler, tant ils sentaient vivement ce qui méritait d'être senti. L'indolence des Italiens les porte à ne point montrer en société, ni souvent d'aucune manière, tout l'esprit qu'ils ont. La plupart d'entre eux ne cultivent pas même dans la retraite les facultés intellectuelles que la nature leur a données ; mais ils jouissent avec transport de ce qui leur vient sans peine.

Corinne avait beaucoup de gaieté dans l'esprit. Elle apercevait le ridicule avec la sagacité d'une Française, et le peignait avec l'imagination d'une Italienne ; mais elle mêlait à tout un sentiment de bonté : on ne voyait jamais rien en elle de calculé ni d'hostile ; car, en toute chose, c'est la froideur qui offense, et l'imagination, au contraire, a presque toujours de la bonhomie.

Oswald trouvait Corinne pleine de grâce, et d'une grâce qui lui était toute nouvelle. Une grande et terrible circonstance de sa vie était attachée au souvenir d'une femme française très-aimable et très-spirituelle ; mais Corinne ne lui ressemblait en rien : sa conversation était un mélange de tous les genres d'esprit ; l'enthousiasme des beaux-arts et la connaissance du monde, la finesse des idées et la profondeur des sentiments ; enfin tous les charmes de la vivacité et de la rapidité s'y faisaient remarquer, sans que pour cela ses pensées fussent jamais incomplètes, ni ses réflexions légères. Oswald était tout à la fois surpris et charmé, inquiet et entraîné ; il ne comprenait pas comment une seule personne pouvait réunir tout ce que possédait Corinne ; il se demandait si le lien de tant de qualités presque opposées était l'inconséquence ou la supériorité ; si c'était à force de tout sentir, ou parce qu'elle oubliait tout successivement, qu'elle passait ainsi, presque dans un même instant, de la mélancolie à la gaieté, de la profondeur à la grâce, de la conversation la plus étonnante, et par les connaissances et par les idées, à la coquetterie d'une femme qui cherche à plaire et veut captiver; mais il y avait dans cette coquetterie une noblesse si parfaite, qu'elle imposait autant de respect que la réserve la plus sévère.

Le prince Castel-Forte était très-occupé de Corinne, et tous les Italiens qui composaient sa société lui montraient un sentiment qui s'exprimait par les soins et les hommages les plus délicats et les plus assidus : le culte habituel dont ils l'entouraient répandait comme un air de fête sur tous les jours de sa vie. Corinne était heureuse d'être aimée; mais heureuse comme on l'est de vivre dans un climat doux, d'entendre des sons harmonieux, de ne recevoir enfin que des expressions agréables. Le sentiment profond et sérieux de l'amour ne se peignait point sur son visage, où tout était exprimé par la physionomie la plus vive et la plus mobile. Oswald la regardait en silence; sa présence animait Corinne, et lui inspirait le désir d'être aimable. Cependant elle s'arrêtait quelquefois dans les moments où sa conversation était la plus brillante, étonnée du calme extérieur d'Oswald, ne sachant pas s'il l'approuvait ou s'il la blâmait secrètement, et si ses idées anglaises lui permettaient d'applaudir à de tels succès dans une femme.

Oswald était trop captivé par les charmes de Corinne pour se rappeler alors ses anciennes opinions sur l'obscurité qui convenait aux femmes; mais il se demandait si l'on pouvait être aimé d'elle; s'il était possible de concentrer en soi seul tant de rayons; enfin, il était à la fois ébloui et troublé : et, bien qu'à son départ elle l'eût invité très-poliment à revenir la voir, il laissa passer tout un jour sans aller chez elle, éprouvant une sorte de terreur du sentiment qui l'entraînait.

Quelquefois il comparait ce sentiment nouveau avec l'erreur fatale des premiers moments de sa jeunesse, et repoussait vivement ensuite cette comparaison; car c'était l'art, et un art perfide, qui l'avait subjugué, tandis qu'on ne pouvait douter de la vérité de Corinne. Son charme tenait-il de la magie ou de l'inspiration poétique? était-ce Armide, ou Sapho? pouvait-on espérer de captiver jamais un génie doué de si brillantes ailes? il était impossible de le décider; mais au moins on sentait que ce n'était pas la société, que c'était plutôt le ciel même qui avait formé cet être extraordinaire, et que son esprit était aussi incapable d'imiter, que son caractère de feindre. « O mon père, disait Oswald, si vous aviez connu Corinne, qu'auriez-vous pensé d'elle? »

CHAPITRE II.

Le comte d'Erfeuil vint, selon sa coutume, le matin chez lord Nelvil; et, en lui reprochant de n'avoir pas été la veille chez Corinne, il lui dit : « Vous auriez été bien heureux si vous y étiez venu. — Eh pourquoi? reprit Oswald. — Parce que j'ai acquis hier la certitude que vous l'intéressez vivement. — Encore de la légèreté, interrompit lord Nelvil; ne savez-vous donc pas que je ne puis ni ne veux en avoir? — Vous appelez légèreté, dit le comte d'Erfeuil, la promptitude de mes observations. Ai-je moins de raison, parce que j'ai raison plus vite? Vous étiez tous faits pour vivre dans cet heureux temps des patriarches, où l'homme avait cinq siècles de vie : on nous en a retranché au moins quatre, je vous en avertis. — Soit, répondit Oswald; et ces observations si rapides, que vous ont-elles fait découvrir? — Que Corinne vous aime. Hier je suis arrivé chez elle : sans doute elle m'a très-bien reçu; mais ses yeux étaient attachés sur la porte, pour regarder si vous me suiviez. Elle a essayé un moment de parler d'autre chose; mais comme c'est une personne très-vive et très-naturelle, elle m'a enfin demandé tout simplement pourquoi vous n'étiez pas venu avec moi. Je vous ai blâmé; vous ne m'en voudrez pas : j'ai dit que vous étiez une créature sombre et bizarre; mais je vous épargne d'ailleurs tous les éloges que j'ai faits de vous.

« Il est triste! m'a dit Corinne; il a perdu sans doute une personne qui lui était chère. De qui porte-t-il le deuil? — De son père, madame, lui ai-je dit, quoiqu'il y ait plus d'un an qu'il l'a perdu; et comme la loi de la nature nous oblige tous à survivre à nos parents, j'imagine que quelque autre motif secret est la cause de sa longue et profonde mélancolie. — Oh! reprit Corinne, je suis bien loin de penser que des douleurs en apparence semblables soient les mêmes pour tous les hommes. Le père de votre ami et votre ami lui-même ne sont peut-être pas dans la règle commune, et je suis bien tentée de le croire. » Sa voix était très-douce, mon cher Oswald, en prononçant ces derniers mots. — Est-ce là, reprit Oswald, toutes les preuves d'intérêt que vous m'annoncez? — En vérité, reprit le comte d'Erfeuil, c'est bien assez, selon moi, pour être sûr d'être aimé; mais puisque vous voulez mieux, vous aurez mieux; j'ai réservé le plus fort pour la fin. Le prince Castel-Forte est arrivé, et il a raconté toute votre histoire d'Ancône, sans savoir que c'était vous dont il parlait : il l'a racontée avec beaucoup de feu et d'imagination, autant que j'en puis juger, grâce aux deux leçons d'italien que j'ai prises; mais il y a tant de mots français dans les langues étrangères, que nous les comprenons presque toutes, même sans les savoir. D'ailleurs, la physionomie de Corinne m'aurait expliqué ce que je n'entendais pas. On y lisait si visiblement l'agitation de son cœur! elle ne respirait pas, de peur de perdr un seul mot; quand elle demanda si l'on savait le nom de cet Anglais, son anxiété était telle, qu'il était bien facile de juger combien elle craignait qu'un autre nom que le vôtre ne fût prononcé.

« Le prince Castel-Forte dit qu'il ignorait quel était cet Anglais; et Corinne, se retournant avec vivacité vers moi, s'écria : « N'est-il pas vrai, monsieur, que c'est lord Nelvil? — Oui, madame, lui répondis-je, c'est lui; » et Corinne alors fondit en larmes. Elle n'avait pas pleuré pendant l'histoire; qu'y avait-il donc dans le nom du héros de plus attendrissant que le récit même? — Elle a pleuré! s'écria lord Nelvil; ah! que n'étais-je là? » Puis, s'arrêtant tout à coup, il baissa les yeux, et son visage mâle exprima la timidité la plus délicate; il se hâta de reprendre la parole, de peur que le comte d'Erfeuil ne troublât sa joie secrète en la remarquant. « Si l'aventure d'Ancône mérite d'être racontée, dit Oswald, c'est à vous aussi, mon cher comte, que l'honneur en appartient. — On a bien parlé, répondit le comte d'Erfeuil en riant, d'un Français très-aimable qui était là, milord, avec vous; mais personne que moi n'a fait attention à cette parenthèse du récit. La belle Corinne vous préfère, elle vous croit sans doute le plus fidèle de nous deux; vous ne le serez peut-être pas davantage, peut-être même lui ferez-vous plus de chagrin que je ne lui en aurais fait; mais les femmes aiment la peine, pourvu qu'elle soit bien romanesque : ainsi vous lui convenez. » Lord Nelvil souffrait à chaque mot du comte d'Erfeuil, mais que lui dire? Il ne disputait jamais; il n'écoutait jamais assez attentivement pour changer d'avis : ses paroles une fois lancées, il ne s'y intéressait plus; et le mieux était encore de les oublier, si on le pouvait, aussi vite que lui-même.

CHAPITRE III.

Oswald arriva le soir chez Corinne avec un sen-

timent tout nouveau; il pensa qu'il était peut-être attendu. Quel enchantement que cette première lueur d'intelligence avec ce qu'on aime! Avant que le souvenir entre en partage avec l'espérance, avant que les paroles aient exprimé les sentiments, avant que l'éloquence ait su peindre ce que l'on éprouve, il y a dans ces premiers instants je ne sais quel vague, je ne sais quel mystère d'imagination, plus passager que le bonheur même, mais plus céleste encore que lui.

Oswald, en entrant dans la chambre de Corinne, se sentit plus timide que jamais. Il vit qu'elle était seule, et il en éprouva presque de la peine; il aurait voulu l'observer longtemps au milieu du monde; il aurait souhaité d'être assuré, de quelque manière, de sa préférence, avant de se trouver tout à coup engagé dans un entretien qui pouvait refroidir Corinne à son égard, si, comme il était certain, il se montrait embarrassé, et froid en par embarras.

Soit que Corinne s'aperçût de cette disposition d'Oswald, ou qu'une disposition semblable produisît en elle le désir d'animer la conversation pour faire cesser la gêne, elle se hâta de demander à lord Nelvil s'il avait vu quelques-uns des monuments de Rome. « Non, répondit Oswald.—Qu'avez-vous donc fait hier? reprit Corinne en souriant.—J'ai passé la journée chez moi, dit Oswald : depuis que je suis à Rome, je n'ai vu que vous, madame, ou je suis resté seul. » Corinne voulut lui parler de sa conduite à Ancône, elle commença par ces mots : « Hier, j'ai appris..., puis elle s'arrêta et dit : Je vous parlerai de cela quand il viendra du monde. » Lord Nelvil avait une dignité dans les manières qui intimidait Corinne; et d'ailleurs elle craignait, en lui rappelant sa noble conduite, de montrer trop d'émotion; il lui semblait qu'elle en aurait moins quand ils ne seraient plus seuls. Oswald fut profondément touché de la réserve de Corinne, et de la franchise avec laquelle elle trahissait, sans y penser, les motifs de cette réserve; mais plus il était troublé, moins il pouvait exprimer ce qu'il éprouvait.

Il se leva donc tout à coup, et s'avança vers la fenêtre; puis il sentit que Corinne ne pourrait expliquer ce mouvement; et, plus déconcerté que jamais, il revint à sa place sans rien dire. Corinne avait en conversation plus d'assurance qu'Oswald; néanmoins l'embarras qu'il témoignait était partagé par elle; et dans sa distraction, cherchant une contenance, elle posa ses doigts sur la harpe qui était placée à côté d'elle, et fit quelques accords sans suite et sans dessein. Ces sons harmo-

I.

nieux, en accroissant l'émotion d'Oswald, semblaient lui inspirer un peu plus de hardiesse. Déjà
il avait osé regarder Corinne : eh! qui pouvait la
regarder sans être frappé de l'inspiration divine
qui se peignait dans ses yeux? Et rassuré, au
même instant, par l'expression de bonté qui voilait l'éclat de ses regards, peut-être Oswald allait-
il parler, lorsque le prince Castel-Forte entra.

Il ne vit pas sans peine lord Nelvil tête à tête
avec Corinne; mais il avait l'habitude de dissimuler ses impressions; cette habitude, qui se trouve
souvent réunie, chez les Italiens, avec une grande
véhémence de sentiments, était plutôt en lui le
résultat de l'indolence et de la douceur naturelle.
Il était résigné à n'être pas le premier objet des
affections de Corinne; il n'était plus jeune; il avait
beaucoup d'esprit, un grand goût pour les arts,
une imagination aussi animée qu'il le fallait pour
diversifier la vie sans l'agiter, et un tel besoin de
passer toutes ses soirées avec Corinne, que, si
elle se fût mariée, il aurait conjuré son époux de
le laisser venir tous les jours chez elle, comme de
coutume; et, à cette condition, il n'eût pas été
très-malheureux de la voir liée à un autre. Les
chagrins du cœur, en Italie, ne sont point compliqués par les peines de la vanité, de manière que
l'on y rencontre, ou des hommes assez passionnés
pour poignarder leur rival par jalousie, ou des
hommes assez modestes pour prendre volontiers
le second rang auprès d'une femme dont l'entretien
leur est agréable; mais l'on n'en trouverait guère
qui, par la crainte de passer pour dédaignés, se
refusassent à conserver une relation quelconque
qui leur plairait : l'empire de la société sur l'a-
mour-propre est presque nul dans ce pays.

Le comte d'Erfeuil et la société qui se rassemblait tous les soirs chez Corinne étant réunis, la
conversation se dirigea sur le talent d'improviser,
que Corinne avait si glorieusement montré au
Capitole, et l'on en vint à lui demander à elle-
même ce qu'elle en pensait. « C'est une chose si
rare, dit le prince Castel-Forte, de trouver une
personne à la fois susceptible d'enthousiasme et
d'analyse, douée comme un artiste, et capable de
s'observer elle-même, qu'il faut la conjurer de
nous révéler, autant qu'elle le pourra, les secrets
de son génie. — Ce talent d'improviser, reprit Corinne, n'est pas plus extraordinaire dans les langues du Midi, que l'éloquence de la tribune, ou la
vivacité brillante de la conversation, dans les autres langues. Je dirai même que malheureusement
il est chez nous plus facile de faire des vers à
l'improviste que de bien parler en prose. Le lan-

gage de la poésie diffère tellement de celui de la
prose, que, dès les premiers vers, l'attention est
commandée par les expressions mêmes, qui placent,
pour ainsi dire, le poëte à distance des auditeurs.
Ce n'est pas uniquement à la douceur de l'italien,
mais bien plutôt à la vibration forte et prononcée
de ses syllabes sonores, qu'il faut attribuer l'empire de la poésie parmi nous. L'italien a un charme
musical qui fait trouver du plaisir dans le son des
mots, presque indépendamment des idées; ces
mots, d'ailleurs, ont presque tous quelque chose
de pittoresque, ils peignent ce qu'ils expriment.
Vous sentez que c'est au milieu des arts et sous
un beau ciel que s'est formé ce langage mélodieux
et coloré. Il est donc plus aisé en Italie que partout ailleurs de séduire avec des paroles, sans
profondeur dans les pensées, et sans nouveauté
dans les images. La poésie, comme tous les beaux-
arts, captive autant les sensations que l'intelligence. J'ose dire cependant que je n'ai jamais improvisé sans qu'une émotion vraie, ou une idée
que je croyais nouvelle, m'ait animée; j'espère
donc que je me suis un peu moins fiée que les autres à notre langue enchanteresse. Elle peut, pour
ainsi dire, préluder au hasard, et donner encore
un vif plaisir, seulement par le charme du rhythme
et de l'harmonie.

— Vous croyez donc, interrompit un des amis
de Corinne, que le talent d'improviser fait du
tort à notre littérature? je le croyais aussi avant
de vous avoir entendue; mais vous m'avez fait entièrement revenir de cette opinion. — J'ai dit, reprit Corinne, qu'il résultait de cette facilité de
cette abondance littéraire, une très-grande quantité de poésies communes; mais je suis bien aise
que cette fécondité existe en Italie, comme il me
plaît de voir nos campagnes couvertes de mille
productions superflues. Cette libéralité de la nature m'enorgueillit. J'aime surtout l'improvisation
dans les gens du peuple; elle nous fait voir leur
imagination, qui est cachée partout ailleurs, et ne
se développe que parmi nous. Elle donne quelque
chose de poétique aux derniers rangs de la société,
et nous épargne le dégoût qu'on ne peut s'empêcher de sentir pour ce qui est vulgaire en tout
genre. Quand nos Siciliens, en conduisant les voyageurs dans leurs barques, leur adressent dans leur
gracieux dialecte d'aimables félicitations; et leur
disent en vers un doux et long adieu, on dirait que
le souffle pur du ciel et de la mer agit sur l'imagination des hommes, comme le vent sur les harpes
éoliennes, et que la poésie, comme les accords,
est l'écho de la nature. Une chose me fait encore

attacher du prix à notre talent d'improviser, c'est que ce talent serait presque impossible dans une société disposée à la moquerie; il faut, passez-moi cette expression, il faut la bonhomie du Midi, ou plutôt des pays où l'on aime à s'amuser sans trouver du plaisir à critiquer ce qui amuse, pour que les poëtes se risquent à cette périlleuse entreprise. Un sourire railleur suffirait pour ôter la présence d'esprit nécessaire à une composition subite et non interrompue; il faut que les auditeurs s'animent avec vous, et que leurs applaudissements vous inspirent.

— Mais vous, madame, mais vous, dit enfin Oswald, qui jusqu'alors avait gardé le silence sans avoir un moment cessé de regarder Corinne, à laquelle de vos poésies donnez-vous la préférence? est-ce à celles qui sont l'ouvrage de la réflexion, ou de l'inspiration instantanée? — Milord, répondit Corinne avec un regard qui exprimait et beaucoup d'intérêt et le sentiment plus délicat encore d'une considération respectueuse, ce serait vous que j'en ferais juge; mais si vous me demandez d'examiner moi-même ce que je pense à cet égard, je dirai que l'improvisation est pour moi comme une conversation animée. Je ne me laisse point astreindre à tel ou tel sujet; je m'abandonne à l'impression que produit sur moi l'intérêt de ceux qui m'écoutent, et c'est à mes amis que je dois surtout en ce genre la plus grande partie de mon talent. Quelquefois l'intérêt passionné que m'inspire un entretien où l'on a parlé des grandes et nobles questions qui concernent l'existence morale de l'homme, sa destinée, son but, ses devoirs, ses affections; quelquefois cet intérêt m'élève au-dessus de mes forces, me fait découvrir dans la nature, dans mon propre cœur, des vérités audacieuses, des expressions pleines de vie, que la réflexion solitaire n'aurait pas fait naître. Je crois éprouver alors un enthousiasme surnaturel, et je sens bien que ce qui parle en moi vaut mieux que moi-même; souvent il m'arrive de quitter le rhythme de la poésie, et d'exprimer ma pensée en prose; quelquefois je cite les plus beaux vers des diverses langues qui me sont connues. Ils sont à moi, ces vers divins dont mon âme s'est pénétrée. Quelquefois aussi j'achève sur ma lyre, par des accords, par des airs simples et nationaux, les sentiments et les pensées qui échappent à mes paroles. Enfin je me sens poëte, non pas seulement quand un heureux choix de rimes ou de syllabes harmonieuses, quand une heureuse réunion d'images éblouit les auditeurs, mais quand mon âme s'élève, quand elle dédaigne de plus haut l'égoïsme

et la bassesse, enfin quand une belle action me serait plus facile : c'est alors que mes vers sont meilleurs. Je suis poëte lorsque j'admire, lorsque je méprise, lorsque je hais, non par des sentiments personnels, non pour ma propre cause, mais pour la dignité de l'espèce humaine et la gloire du monde. »

Corinne s'aperçut alors que la conversation l'avait entraînée; elle en rougit un peu, et se tournant vers lord Nelvil, elle lui dit : « Vous le voyez, je ne puis approcher d'aucun des sujets qui me touchent, sans éprouver cette sorte d'ébranlement qui est la source de la beauté idéale dans les arts, de la religion dans les âmes solitaires, de la générosité dans les héros, du désintéressement parmi les hommes; pardonnez-le-moi, milord, bien qu'une telle femme ne ressemble guère à celles que l'on approuve dans votre pays.—Qui pourrait vous ressembler? reprit lord Nelvil; et peut-on faire des lois pour une personne unique? »

Le comte d'Erfeuil était dans un véritable enchantement, bien qu'il n'eût pas entendu tout ce que disait Corinne; mais ses gestes, le son de sa voix, sa manière de prononcer, le charmaient, et c'était la première fois qu'une grâce qui n'était pas française, avait agi sur lui. Mais, à la vérité, le grand succès de Corinne à Rome le mettait un peu sur la voie de ce qu'il devait penser d'elle, et il ne perdait pas, en l'admirant, la bonne habitude de se laisser guider par l'opinion des autres.

Il sortit avec lord Nelvil, et lui dit en s'en allant: « Convenez, mon cher Oswald, que j'ai pourtant quelque mérite en ne faisant pas ma cour à une aussi charmante personne.—Mais, répondit lord Nelvil, il me semble qu'on dit généralement qu'il n'est pas facile de lui plaire.—On le dit, reprit le comte d'Erfeuil, mais j'ai de la peine à le croire. Une femme seule, indépendante, et qui mène à peu près la vie d'un artiste, ne doit pas être difficile à captiver. » Lord Nelvil fut blessé de cette réflexion. Le comte d'Erfeuil, soit qu'il ne s'en aperçût pas, soit qu'il voulût suivre le cours de ses propres idées, continua ainsi :

« Ce n'est pas cependant, dit-il, que, si je voulais croire à la vertu d'une femme, je ne crusse aussi volontiers à celle de Corinne qu'à toute autre. Elle a certainement mille fois plus d'expression dans le regard, de vivacité dans les démonstrations, qu'il n'en faudrait chez vous, et même chez nous, pour faire douter de la sévérité d'une femme; mais c'est une personne d'un esprit si supérieur, d'une instruction si profonde, d'un tact si fin, que les règles ordinaires pour juger les femmes ne peuvent s'appliquer à elle. Enfin, croiriez-vous que je la trouve imposante, malgré son naturel et le *laisser-aller* de sa conversation? J'ai voulu hier, tout en respectant son intérêt pour vous, dire quelques mots au hasard pour mon compte : c'était de ces mots qui deviennent ce qu'ils peuvent; si on les écoute, à la bonne heure; si on ne les écoute pas, à la bonne heure encore; et Corinne m'a regardé froidement, d'une manière qui m'a tout à fait troublé. C'est pourtant singulier d'être timide avec une Italienne, un artiste, un poëte, enfin tout ce qui doit mettre à l'aise. — Son nom est inconnu, reprit lord Nelvil, mais ses manières doivent la faire croire illustre. — Ah! c'est dans les romans, dit le comte d'Erfeuil, qu'il est d'usage de cacher le plus beau; mais dans le monde réel on dit tout ce qui nous fait honneur, et même un peu plus que tout. — Oui, interrompit Oswald, dans quelques sociétés, où l'on ne songe qu'à l'effet que l'on produit les uns sur les autres; mais là où l'existence est intérieure, il peut y avoir des mystères dans les circonstances, comme il y a des secrets dans les sentiments, et celui-là seulement qui voudrait épouser Corinne pourrait savoir..... — Épouser Corinne! interrompit le comte d'Erfeuil en riant aux éclats; oh! cette idée-là ne me serait jamais venue! Croyez-moi, mon cher Nelvil, si vous voulez faire des sottises, faites-en qui soient réparables; mais pour le mariage, il ne faut jamais consulter que les convenances. Je vous parais frivole; eh bien, néanmoins je parie que dans la conduite de la vie je serai plus raisonnable que vous. — Je le crois aussi, » répondit lord Nelvil; et il n'ajouta pas un mot de plus.

En effet, pouvait-il dire au comte d'Erfeuil qu'il y a souvent beaucoup d'égoïsme dans la frivolité, et que cet égoïsme ne peut jamais conduire aux fautes de sentiment, à ces fautes dans lesquelles on se sacrifie presque toujours aux autres? Les hommes frivoles sont très-capables de devenir habiles dans la direction de leurs propres intérêts; car, dans tout ce qui s'appelle la science politique de la vie privée, comme de la vie publique, on réussit encore plus souvent par les qualités qu'on n'a pas, que par celles qu'on possède. Absence d'enthousiasme, absence d'opinion, absence de sensibilité, un peu d'esprit combiné avec ce trésor négatif, et la vie sociale proprement dite, c'est-à-dire la fortune et le rang, s'acquièrent ou se maintiennent assez bien. Les plaisanteries du comte d'Erfeuil cependant avaient fait de la peine à lord Nelvil. Il les blâmait, mais il se les rappelait d'une manière importune.

LIVRE IV.

ROME.

CHAPITRE PREMIER.

Quinze jours se passèrent, pendant lesquels lord Nelvil se consacra tout entier à la société de Corinne. Il ne sortait de chez lui que pour se rendre chez elle; il ne voyait rien, il ne cherchait rien qu'elle, et sans lui parler jamais de son sentiment, il l'en faisait jouir à tous les moments du jour. Elle était accoutumée aux hommages vifs et flatteurs des Italiens; mais la dignité des manières d'Oswald, son apparente froideur, et sa sensibilité, qui se trahissait malgré lui, exerçaient sur l'imagination une bien plus grande puissance. Jamais il ne racontait une action généreuse, jamais il ne parlait d'un malheur, sans que ses yeux se remplissent de larmes, et toujours il cherchait à cacher son émotion. Il inspirait à Corinne un sentiment de respect qu'elle n'avait pas éprouvé depuis longtemps. Aucun esprit, quelque distingué qu'il fût, ne pouvait l'étonner; mais l'élévation et la dignité du caractère agissaient profondément sur elle. Lord Nelvil joignait à ces qualités une noblesse dans les expressions, une élégance dans les moindres actions de la vie, qui faisaient contraste avec la négligence et la familiarité de la plupart des grands seigneurs romains.

Bien que les goûts d'Oswald fussent à quelques égards différents de ceux de Corinne, ils se comprenaient mutuellement d'une façon merveilleuse. Lord Nelvil devinait les impressions de Corinne avec une sagacité parfaite, et Corinne découvrait, à la plus légère altération du visage de lord Nelvil, ce qui se passait en lui. Habituée aux démonstrations orageuses de la passion des Italiens, cet attachement timide et fier, ce sentiment prouvé sans cesse et jamais avoué, répandait sur sa vie un intérêt tout à fait nouveau. Elle se sentait comme environnée d'une atmosphère plus douce et plus pure, et chaque instant de la journée lui causait un sentiment de bonheur qu'elle aimait à goûter, sans vouloir s'en rendre compte.

Un matin, le prince Castel-Forte vint chez elle; il était triste, elle lui en demanda la cause. « Cet Écossais, lui dit-il, va nous enlever votre affection, et qui sait même s'il ne vous emmènera pas loin de nous! » Corinne garda quelques instants le silence, puis répondit : « Je vous atteste qu'il ne m'a point dit qu'il m'aimât.—Vous le croyez néanmoins, répondit le prince Castel-Forte; il vous parle par sa vie, et son silence même est un habile moyen de vous intéresser. Que peut-on vous dire en effet que vous n'ayez pas entendu! quelle est la louange qu'on ne vous ait pas offerte! quel est l'hommage auquel vous ne soyez pas accoutumée! Mais il y a quelque chose de contenu, de voilé, dans le caractère de lord Nelvil, qui ne vous permettra jamais de le juger entièrement comme vous nous jugez. Vous êtes la personne du monde la plus facile à connaître; mais c'est précisément parce que vous vous montrez volontiers telle que vous êtes, que la réserve et le mystère vous plaisent et vous dominent. L'inconnu, quel qu'il soit, a plus d'ascendant sur vous que tous les sentiments qu'on vous témoigne. » Corinne sourit. « Vous croyez donc, cher prince, lui dit-elle, que mon cœur est ingrat et mon imagination capricieuse? Il me semble cependant que lord Nelvil possède et laisse voir des qualités assez remarquables pour que je ne puisse pas me flatter de les avoir découvertes.—C'est, j'en conviens, répondit le prince Castel-Forte, un homme fier, généreux, spirituel, sensible même, et surtout mélancolique; mais je me trompe fort, ou ses goûts n'ont pas le moindre rapport avec les vôtres. Vous ne vous en apercevrez pas tant qu'il sera sous le charme de votre présence; mais votre empire sur lui ne tiendrait pas, s'il était loin de vous. Les obstacles le fatigueraient; son âme a contracté, par les chagrins qu'il a éprouvés, une sorte de découragement qui doit nuire à l'énergie de ses résolutions; et vous savez d'ailleurs combien les Anglais en général sont asservis aux mœurs et aux habitudes de leur pays. »

A ces mots, Corinne se tut et soupira. Des réflexions pénibles sur les premiers événements de sa vie se retracèrent à sa pensée; mais le soir elle revit Oswald plus occupé d'elle que jamais; et tout ce qui resta dans son esprit de la conversation du prince Castel-Forte, ce fut le désir de fixer lord Nelvil en Italie, en lui faisant aimer les beautés en tout genre dont ce pays est doué. C'est dans cette intention qu'elle lui écrivit la lettre suivante. La liberté du genre de vie qu'on mène à Rome excusait cette démarche, et Corinne en particulier, bien qu'on pût lui reprocher trop de franchise et d'entraînement dans le caractère, savait conserver beaucoup de dignité dans l'indépendance, et de modestie dans la vivacité.

Corinne, à lord Nelvil.

Ce 15 décembre 1794.

« Je ne sais, milord, si vous me trouverez trop « de confiance en moi-même, ou si vous rendrez « justice aux motifs qui peuvent excuser cette con- « fiance. Hier, je vous ai entendu dire que vous « n'aviez point encore voyagé dans Rome, que vous « ne connaissiez ni les chefs-d'œuvre de nos beaux- « arts, ni les ruines antiques qui nous apprennent « l'histoire par l'imagination et le sentiment; et « j'ai conçu l'idée d'oser me proposer pour guide « dans ces courses à travers les siècles.

« Sans doute Rome présenterait aisément un « grand nombre de savants, dont l'érudition pro- « fonde pourrait vous être bien plus utile; mais si « je puis réussir à vous faire aimer ce séjour, vers « lequel je me suis toujours sentie si impérieuse- « ment attirée, vos propres études achèveront ce « que mon imparfaite esquisse aura commencé.

« Beaucoup d'étrangers viennent à Rome, comme « ils iraient à Londres, comme ils iraient à Paris, « pour chercher les distractions d'une grande ville; « et si l'on osait avouer qu'on s'est ennuyé à Rome, « je crois que la plupart l'avoueraient; mais il est « également vrai qu'on peut y découvrir un charme « dont on ne se lasse jamais. Me pardonnerez-vous, « milord, de souhaiter que ce charme vous soit « connu?

« Sans doute il faut oublier ici tous les intérêts « politiques du monde; mais lorsque ces intérêts « ne sont pas unis à des devoirs ou à des sentiments « sacrés, ils refroidissent le cœur. Il faut aussi « renoncer à ce qu'on appellerait ailleurs les plai- « sirs de la société; mais ces plaisirs presque tou- « jours, flétrissent l'imagination. L'on jouit à « Rome d'une existence tout à la fois solitaire et « animée, qui développe librement en nous-mêmes « tout ce que le ciel y a mis. Je le répète, milord, « pardonnez-moi cet amour pour ma patrie, qui « me fait désirer de la faire aimer d'un homme tel « que vous; et ne jugez point avec la sévérité an- « glaise les témoignages de bienveillance qu'une « Italienne croit pouvoir donner, sans rien perdre « à ses yeux, ni aux vôtres.

« CORINNE. »

En vain Oswald aurait voulu se le cacher, il fut vivement heureux en recevant cette lettre; il entrevit un avenir confus de jouissances et de bonheur; l'imagination, l'amour, l'enthousiasme, tout ce qu'il y a de divin dans l'âme de l'homme, lui parut réuni dans le projet enchanteur de voir Rome avec Corinne. Cette fois il ne réfléchit pas; cette fois il sortit à l'instant même pour aller voir Corinne; et, dans la route, il regarda le ciel, il sentit le beau temps, il porta la vie légèrement. Ses regrets et ses craintes se perdirent dans les nuages de l'espérance; son cœur, depuis longtemps opprimé par la tristesse, battait et tressaillait de joie; il craignait bien qu'une si heureuse disposition ne pût durer; mais l'idée même qu'elle était passagère donnait à cette fièvre de bonheur plus de force et d'activité.

« Vous voilà? dit Corinne en voyant entrer lord Nelvil; ah! merci. » Et elle lui tendit la main. Oswald la prit, y imprima ses lèvres avec une vive tendresse, et ne sentit pas dans ce moment cette timidité souffrante qui se mêlait souvent à ses impressions les plus agréables, et lui donnait quelquefois, avec les personnes qu'il aimait le mieux, des sentiments amers et pénibles. L'intimité avait commencé entre Oswald et Corinne depuis qu'ils s'étaient quittés; c'était la lettre de Corinne qui l'avait établie; ils étaient contents tous les deux, et ressentaient l'un pour l'autre une tendre reconnaissance.

« C'est donc ce matin, dit Corinne, que je vous montrerai le Panthéon et Saint-Pierre: j'avais bien quelque espoir, ajouta-t-elle en souriant, que vous accepteriez le voyage de Rome avec moi, aussi mes chevaux sont prêts. Je vous ai attendu, vous êtes arrivé; tout est bien: partons. — Étonnante personne, dit Oswald, qui donc êtes-vous? où avez-vous pris tant de charmes divers qui sembleraient devoir s'exclure; sensibilité, gaieté, profondeur, grâce, abandon, modestie? êtes-vous une illusion? êtes-vous un bonheur surnaturel pour la vie de celui qui vous rencontre? — Ah! si j'ai le pouvoir de faire quelque bien, reprit Corinne, vous ne devez pas croire que jamais j'y renonce. — Prenez garde, reprit Oswald en saisissant la main de Corinne avec émotion, prenez garde à ce bien que vous voulez me faire. Depuis près de deux ans une main de fer serre mon cœur; si votre douce présence m'a donné quelque relâche, si je respire près de vous, que deviendrai-je quand il faudra rentrer dans mon sort? que deviendrai-je?... — Laissons au temps, laissons au hasard, interrompit Corinne, à décider si cette impression d'un jour que j'ai produite sur vous durera plus qu'un jour. Si nos âmes s'entendent, notre affection mutuelle ne sera point passagère. Quoi qu'il en soit, allons admirer ensemble tout ce qui peut élever notre esprit et nos sentiments; nous goûterons toujours ainsi quelques moments de

bonheur. » En achevant ces mots, Corinne descendit, et lord Nelvil la suivit, étonné de sa réponse. Il lui sembla qu'elle admettait la possibilité d'un demi-sentiment, d'un attrait momentané. Enfin, il crut entrevoir de la légèreté dans la manière dont elle s'était exprimée, et il en fut blessé.

Il se plaça sans rien dire dans la voiture de Corinne, qui, devinant sa pensée, lui dit: « Je ne crois pas que le cœur soit ainsi fait, que l'on éprouve toujours ou point d'amour, ou la passion la plus invincible. Il y a des commencements de sentiment qu'un examen plus approfondi peut dissiper. On se flatte, on se détrompe, et l'enthousiasme même dont on est susceptible, s'il rend l'enchantement plus rapide, peut faire aussi que le refroidissement soit plus prompt. — Vous avez beaucoup réfléchi sur le sentiment, madame, » dit Oswald avec amertume. Corinne rougit à ce mot, et se tut quelques instants, puis reprenant la parole, avec un mélange assez frappant de franchise et de dignité: « Je ne crois pas, dit-elle, qu'une femme sensible soit jamais arrivée jusqu'à vingt-six ans sans avoir connu l'illusion de l'amour; mais si n'avoir jamais été heureuse, si n'avoir jamais rencontré l'objet qui pouvait mériter toutes les affections de son cœur, est un titre à l'intérêt; j'ai droit au vôtre. » Ces paroles, et l'accent avec lequel Corinne les prononça, dissipèrent un peu le nuage qui s'était élevé dans l'âme de lord Nelvil; néanmoins il se dit en lui-même: « C'est la plus séduisante des femmes, mais c'est une Italienne; et ce n'est pas ce cœur timide, innocent, à lui-même inconnu, que possède sans doute la jeune Anglaise à laquelle mon père me destinait. »

Cette jeune Anglaise se nommait Lucile Edgermont, la fille du meilleur ami du père de lord Nelvil; mais elle était trop enfant encore lorsque Oswald quitta l'Angleterre, pour qu'il pût l'épouser, ni même prévoir avec certitude ce qu'elle serait un jour.

CHAPITRE II.

Oswald et Corinne allèrent d'abord au Panthéon, qu'on appelle aujourd'hui *Sainte-Marie de la Rotonde*. Partout, en Italie, le catholicisme a hérité du paganisme; mais le Panthéon est le seul temple antique à Rome qui soit conservé tout entier, le seul où l'on puisse remarquer dans son ensemble la beauté de l'architecture des anciens, et le caractère particulier de leur culte. Oswald et Corinne s'arrêtèrent sur la place du Panthéon,

pour admirer le portique de ce temple, et les colonnes qui le soutiennent.

Corinne fit observer à lord Nelvil que le Panthéon était construit de manière qu'il paraissait
beaucoup plus grand qu'il ne l'est. « L'église Saint-
Pierre, dit-elle, produira sur vous un effet tout
différent; vous la croirez d'abord moins vaste
qu'elle ne l'est en réalité. L'illusion si favorable
au Panthéon vient, à ce qu'on assure, de ce qu'il
y a plus d'espace entre les colonnes, et que l'air
joue librement autour; mais surtout de ce que
l'on n'y aperçoit presque point d'ornements de détail, tandis que Saint-Pierre en est surchargé.
C'est ainsi que la poésie antique ne dessinait que
les grandes masses, et laissait à la pensée de l'au-
diteur à remplir les intervalles, à suppléer les
développements : en tous genres, nous autres modernes, nous disons trop.

« Ce temple, continua Corinne, fut consacré par
Agrippa, le favori d'Auguste, à son ami, ou plutôt
à son maître. Cependant ce maître eut la modestie
de refuser la dédicace du temple, et Agrippa se
vit obligé de le dédier à tous les dieux de l'Olympe,
pour remplacer le dieu de la terre, la puissance.
Il y avait un char de bronze au sommet du Panthéon, sur lequel étaient placées les statues d'Auguste et d'Agrippa. De chaque côté du portique,
ces mêmes statues se retrouvaient sous une autre
forme; et sur le frontispice du temple on lit encore : *Agrippa l'a consacré.* Auguste donna son
nom à son siècle, parce qu'il a fait de ce siècle
une époque de l'esprit humain. Les chefs-d'œuvre
en divers genres de ses contemporains formèrent,
pour ainsi dire, les rayons de son auréole. Il sut
honorer habilement les hommes de génie qui cultivaient les lettres, et dans la postérité sa gloire
s'en est bien trouvée.

« Entrons dans le temple, dit Corinne; vous le
voyez, il reste découvert presque comme il l'était
autrefois. On dit que cette lumière qui venait d'en
haut était l'emblème de la Divinité supérieure à
toutes les divinités. Les païens ont toujours aimé
les images symboliques. Il semble en effet que ce
langage convient mieux à la religion que la parole.
La pluie tombe souvent sur ces parvis de marbre;
mais aussi les rayons du soleil viennent éclairer
les prières. Quelle sérénité! quel air de fête on
remarque dans cet édifice! Les païens ont divinisé
la vie, et les chrétiens ont divinisé la mort : tel est
l'esprit des deux cultes; mais notre catholicisme
romain est moins sombre cependant que ne l'était
celui du Nord. Vous l'observerez quand nous serons à Saint-Pierre. Dans l'intérieur du sanctuaire

du Panthéon, sont les bustes de nos artistes les
plus célèbres : ils décorent les niches où l'on avait
placé les dieux des anciens. Comme depuis la destruction de l'empire des Césars nous n'avons presque jamais eu d'indépendance politique en Italie,
on ne trouve point ici des hommes d'État ni de
grands capitaines. C'est le génie de l'imagination
qui fait notre seule gloire : mais ne trouvez-vous
pas, milord, qu'un peuple qui honore ainsi les talents qu'il possède mériterait une plus noble destinée? — Je suis sévère pour les nations, répondit
Oswald, je crois toujours qu'elles méritent leur
sort, quel qu'il soit.—Cela est dur, reprit Corinne;
peut-être, en vivant en Italie, éprouverez-vous un
sentiment d'attendrissement sur ce beau pays, que
la nature semble avoir paré comme une victime;
mais du moins souvenez-vous que notre plus chère
espérance, à nous autres artistes, à nous autres
amants de la gloire, c'est d'obtenir une place ici.
J'ai déjà marqué la mienne, dit-elle en montrant
une niche encore vide. Oswald, qui sait si vous
ne reviendrez pas dans cette même enceinte quand
mon buste y sera placé! Alors...... » Oswald l'interrompit vivement, et lui dit : « Resplendissante
de jeunesse et de beauté, pouvez-vous parler ainsi
à celui que le malheur et la souffrance font déjà
pencher vers la tombe? — Ah! reprit Corinne,
l'orage peut briser en un moment les fleurs qui
tiennent encore la tête levée. Oswald, cher Oswald,
ajouta-t-elle, pourquoi ne seriez-vous pas heureux?
pourquoi.... — Ne m'interrogez jamais, reprit
lord Nelvil; vous avez vos secrets, j'ai les miens,
respectons mutuellement notre silence. Non, vous
ne savez pas quelle émotion j'éprouverais s'il fallait raconter mes malheurs! » Corinne se tut, et
ses pas, en sortant du temple, étaient plus lents,
et ses regards plus rêveurs.

Elle s'arrêta sous le portique. « Là, dit-elle à
lord Nelvil, était une urne de porphyre de la plus
grande beauté, transportée maintenant à Saint-Jean
de Latran; elle contenait les cendres d'Agrippa,
qui furent placées au pied de la statue qu'il s'était
élevée à lui-même. Les anciens mettaient tant de
soin à adoucir l'idée de la destruction, qu'ils savaient en écarter ce qu'elle peut avoir de lugubre
et d'effrayant. Il y avait d'ailleurs tant de magnificence dans leurs tombeaux, que le contraste du
néant de la mort et des splendeurs de la vie s'y
faisait moins sentir. Il est vrai aussi que l'espérance
d'un autre monde étant chez eux beaucoup moins
vive que chez les chrétiens, les païens s'efforçaient
de disputer à la mort le souvenir que nous dépo-
sons sans crainte dans le sein de l'Éternel.

Oswald soupira, et garda le silence. Les idées mélancoliques ont beaucoup de charmes, tant qu'on n'a pas été soi-même profondément malheureux; mais quand la douleur, dans toute son âpreté, s'est emparée de l'âme, on n'entend plus, sans tressaillir, de certains mots qui jadis n'excitaient en nous que des rêveries plus ou moins douces.

CHAPITRE III.

On passe, en allant à Saint-Pierre, sur le pont Saint-Ange; Corinne et lord Nelvil le traversèrent à pied. « C'est sur ce pont, dit Oswald, qu'en revenant du Capitole, j'ai pour la première fois pensé longtemps à vous. — Je ne me flattais pas, reprit Corinne, que ce couronnement du Capitole me vaudrait un ami; mais cependant, en cherchant la gloire, j'ai toujours espéré qu'elle me ferait aimer. A quoi servirait-elle, du moins aux femmes, sans cet espoir! — Restons encore ici quelques instants, dit Oswald. Quel souvenir, entre tous les siècles, peut valoir pour mon cœur ce lieu, qui me rappelle le premier jour où je vous ai vue. — Je ne sais si je me trompe, reprit Corinne, mais il me semble qu'on se devient plus cher l'un à l'autre, en admirant ensemble les monuments qui parlent à l'âme par une véritable grandeur. Les édifices de Rome ne sont ni froids, ni muets; le génie les a créés, des événements mémorables les consacrent; peut-être même faut-il aimer, Oswald, aimer surtout un caractère tel que le vôtre, pour se complaire à sentir avec lui tout ce qu'il y a de noble et de beau dans l'univers. — Oui, reprit lord Nelvil, mais en vous regardant, mais en vous écoutant, je n'ai pas besoin d'autres merveilles. » Corinne le remercia par un sourire plein de charmes.

En allant à Saint-Pierre, ils s'arrêtèrent devant le château Saint-Ange : « Voilà, dit Corinne, l'un des édifices dont l'extérieur a le plus d'originalité; ce tombeau d'Adrien, changé en forteresse par les Goths, porte le caractère de sa première et de sa seconde destination. Bâti pour la mort, une impénétrable enceinte l'environne, et cependant les vivants y ont ajouté quelque chose d'hostile, par les fortifications extérieures, qui contrastent avec le silence et la noble inutilité d'un monument funéraire. On voit sur le sommet un ange de bronze avec son épée nue [1]; et dans l'intérieur sont pratiquées des prisons très-cruelles. Tous les événe-

ments de l'histoire de Rome, depuis Adrien jusqu'à nos jours, sont liés à ce monument. Bélisaire s'y défendit contre les Goths, et, presque aussi barbare que ceux qui l'attaquaient, il lança contre ses ennemis les belles statues qui décoraient l'intérieur de l'édifice. Crescentius, Arnault de Brescia, Nicolas Rienzi [1], ces amis de la liberté romaine, qui ont pris si souvent les souvenirs pour des espérances, se sont défendus longtemps dans le tombeau d'un empereur. J'aime ces pierres qui s'unissent à tant de faits illustres. J'aime ce luxe du maître du monde, un magnifique tombeau. Il y a quelque chose de grand dans l'homme qui, possesseur de toutes les jouissances et de toutes les pompes terrestres, ne craint pas de s'occuper longtemps d'avance de sa mort. Des idées morales, des sentiments désintéressés remplissent l'âme, dès qu'elle sort de quelque manière des bornes de la vie.

« C'est d'ici, continua Corinne, que l'on devrait apercevoir Saint-Pierre, et c'est jusques ici que les colonnes qui le précèdent devaient s'étendre : tel était le superbe plan de Michel-Ange; il espérait du moins qu'on l'achèverait après lui; mais les hommes de notre temps ne pensent plus à la postérité. Quand une fois on a tourné l'enthousiasme en ridicule, on a tout défait, excepté l'argent et le pouvoir. — C'est vous qui ferez renaître ce sentiment! s'écria lord Nelvil. Qui jamais éprouva le bonheur que je goûte? Rome montrée par vous, Rome interprétée par l'imagination et le génie, *Rome, qui est un monde animé par le sentiment, sans lequel le monde lui-même est un désert* [2]. Ah, Corinne! que succédera-t-il à ces jours, plus heureux que mon sort et mon cœur ne le permettent! » Corinne lui répondit avec douceur : « Toutes les affections sincères viennent du ciel, Oswald; pourquoi ne protégerait-il pas ce qu'il inspire! C'est à lui qu'il appartient de disposer de nous.

Alors Saint-Pierre leur apparut, cet édifice le plus grand que les hommes aient jamais élevé; car les pyramides d'Égypte elles-mêmes lui sont infé-

---

[1] Un Français, dans la dernière guerre, commandait le château Saint-Ange : les troupes napolitaines le sommèrent de capituler; il répondit qu'il se rendrait quand l'ange de bronze remettrait son épée dans le fourreau.

[1] Ces faits se trouvent dans l'*Histoire des républiques italiennes du moyen âge*, par M. Sismonde de Sismondi. Cette histoire sera certainement considérée comme une autorité; car l'on voit, en la lisant, que son auteur est un homme d'une sagacité profonde, aussi consciencieux qu'énergique dans sa manière de raconter et de peindre.

[2] Eine Welt zwar bist du, o Rom; doch ohne die Liebe
Waere die Welt nicht die Welt, waere denn Rom auch nicht Rom.

Ces deux vers sont de Gœthe, le poëte de l'Allemagne, le philosophe, l'homme de lettres vivant, dont l'originalité et l'imagination sont les plus remarquables.

rieures en hauteur. « J'aurais peut-être dû vous faire voir, dit Corinne, le plus beau de nos édifices le dernier; mais ce n'est pas mon système. Il me semble que, pour se rendre sensible aux beaux-arts, il faut commencer par voir les objets qui inspirent une admiration vive et profonde. Ce sentiment, une fois éprouvé, révèle, pour ainsi dire, une nouvelle sphère d'idées, et rend ensuite plus capable d'aimer et de juger tout ce qui, dans un ordre même inférieur, retrace cependant la première impression qu'on a reçue. Toutes ces gradations, ces manières prudentes et nuancées pour préparer les grands effets, ne sont point de mon goût. On n'arrive point au sublime par degrés; des distances infinies le séparent même de ce qui n'est que beau. » Oswald sentit une émotion tout à fait extraordinaire en arrivant en face de Saint-Pierre. C'était la première fois que l'ouvrage des hommes produisait sur lui l'effet d'une merveille de la nature. C'est le seul travail de l'art, sur notre terre actuelle, qui ait le genre de grandeur qui caractérise les œuvres immédiates de la création. Corinne jouissait de l'étonnement d'Oswald. « J'ai choisi, lui dit-elle, un jour où le soleil est dans tout son éclat, pour vous faire voir ce monument. Je vous réserve un plaisir plus intime, plus religieux, c'est de le contempler au clair de la lune; mais il fallait d'abord vous faire assister à la plus brillante des fêtes, le génie de l'homme décoré par la magnificence de la nature. »

La place de Saint-Pierre est entourée de colonnes, légères de loin, et massives de près. Le terrain, qui va toujours un peu en montant jusqu'au portique de l'église, ajoute encore à l'effet qu'elle produit. Un obélisque de quatre-vingts pieds de haut, qui paraît à peine élevé en présence de la coupole de Saint-Pierre, est au milieu de la place. La forme des obélisques elle seule a quelque chose qui plaît à l'imagination; leur sommet se perd dans les airs, et semble porter jusqu'au ciel une grande pensée de l'homme. Ce monument, qui vint d'Égypte pour orner les bains de Caligula, et que Sixte-Quint a fait transporter ensuite au pied du temple de Saint-Pierre; ce contemporain de tant de siècles, qui n'ont pu rien contre lui, inspire un sentiment de respect; l'homme se sent tellement passager, qu'il a toujours de l'émotion en présence de ce qui est immuable. A quelque distance des deux côtés de l'obélisque, s'élèvent deux fontaines dont l'eau jaillit perpétuellement, et retombe avec abondance en cascade dans les airs. Ce murmure des ondes, qu'on a coutume d'entendre au milieu de la campagne, produit dans cette enceinte une

sensation toute nouvelle; mais cette sensation est en harmonie avec celle que fait naître l'aspect d'un temple majestueux.

La peinture, la sculpture, imitant le plus souvent la figure humaine, ou quelque objet existant dans la nature, réveillent dans notre âme des idées parfaitement claires et positives; mais un beau monument d'architecture n'a point, pour ainsi dire, de sens déterminé, et l'on est saisi, en le contemplant, par cette rêverie sans calcul et sans but, qui mène si loin la pensée. Le bruit des eaux convient à toutes ces impressions vagues et profondes; il est uniforme, comme l'édifice est régulier.

L'éternel mouvement et l'éternel repos [1]

sont ainsi rapprochés l'un de l'autre. C'est dans ce lieu surtout que le temps est sans pouvoir; car il ne tarit pas plus ces sources jaillissantes qu'il n'ébranle ces immobiles pierres. Les eaux qui s'élancent en gerbe de ces fontaines sont si légères et si nuageuses, que, dans un beau jour, les rayons du soleil y produisent de petits arcs-en-ciel formés des plus belles couleurs.

« Arrêtez-vous un moment ici, dit Corinne à lord Nelvil, comme il était déjà sous le portique de l'église; arrêtez-vous, avant de soulever le rideau qui couvre la porte du temple: votre cœur ne bat-il pas à l'approche de ce sanctuaire? et ne ressentez-vous pas, au moment d'entrer, tout ce que ferait éprouver l'attente d'un événement solennel? » Corinne elle-même souleva le rideau, et le retint pour laisser passer lord Nelvil; elle avait tant de grâce dans cette attitude, que le premier regard d'Oswald fut pour la considérer ainsi: il se plut même pendant quelques instants à ne rien observer qu'elle. Cependant il s'avança dans le temple, et l'impression qu'il reçut sous ces voûtes immenses fut si profonde et si religieuse, que le sentiment même de l'amour ne suffisait plus pour remplir en entier son âme. Il marchait lentement à côté de Corinne; l'un et l'autre se taisaient. Là tout commande le silence: le moindre bruit retentit si loin, qu'aucune parole ne semble digne d'être ainsi répétée dans une demeure presque éternelle. La prière seule, l'accent du malheur, de quelque faible voix qu'il parte, émeut profondément dans ces vastes lieux. Et quand, sous ces dômes immenses, on entend de loin venir un vieillard, dont les pas tremblants se traînent sur ces beaux marbres arrosés par tant de pleurs, l'on sent que l'homme

[1] Vers de M. de Fontanes.

est imposant par cette infirmité même de sa nature, qui soumet son âme divine à tant de souffrances, et que le culte de la douleur, le christianisme, contient le vrai secret du passage de l'homme
sur la terre.

Corinne interrompit la rêverie d'Oswald, et lui
dit : « Vous avez vu des églises gothiques en Angleterre et en Allemagne, vous avez dû remarquer
qu'elles ont un caractère beaucoup plus sombre
que cette église. Il y avait quelque chose de mystique dans le catholicisme des peuples septentrionaux. Le nôtre parle à l'imagination par les objets
extérieurs. Michel - Ange a dit, en voyant la coupole du Panthéon : « Je la placerai dans les airs.»
Et en effet, Saint - Pierre est un temple posé sur
une église. Il y a quelque alliance des religions
antiques et du christianisme dans l'effet que produit sur l'imagination l'intérieur de cet édifice. Je
viens m'y promener souvent, pour rendre à mon
âme la sérénité qu'elle perd quelquefois. La vue
d'un tel monument est comme une musique continuelle et fixée, qui vous attend pour vous faire
du bien quand vous vous en approchez; et certainement il faut mettre au nombre des titres de notre nation à la gloire, la patience, le courage et le
désintéressement des chefs de l'Église, qui ont
consacré cent cinquante années, tant d'argent et
tant de travaux, à l'achèvement d'un édifice dont
ceux qui l'élevaient ne pouvaient se flatter de
jouir [1]. C'est un service rendu, même à la morale
publique, que de faire don à une nation d'un monument qui est l'emblème de tant d'idées nobles
et généreuses. — Oui, répondit Oswald, ici les
arts ont de la grandeur, l'imagination et l'invention sont pleines de génie : mais la dignité de
l'homme même, comment y est-elle défendue?
Quelles institutions, quelle faiblesse dans la plupart des gouvernements d'Italie! et quoiqu'ils
soient si faibles, combien ils asservissent les esprits! — D'autres peuples, interrompit Corinne,
ont supporté le joug comme nous, et ils ont de
moins l'imagination qui fait rêver une autre destinée :

    Servi siam, sì, ma servi ognor frementi.

« *Nous sommes esclaves, mais des esclaves toujours frémissants*, dit Alfiéri, le plus fier de nos
écrivains modernes. Il y a tant d'âme dans nos
beaux-arts, que peut-être un jour notre caractère
égalera notre génie.

[1] On dit que cette église de Saint-Pierre est une des principales causes de la réformation, parce qu'elle a coûté tant
d'argent aux papes, que pour la bâtir ils ont multiplié les
indulgences.

« Regardez, continua Corinne, ces statues placées
sur les tombeaux, ces tableaux en mosaïque, patientes et fidèles copies des chefs-d'œuvre de nos
grands maîtres. Je n'examine jamais Saint-Pierre
en détail, parce que je n'aime pas à y trouver ces
beautés multipliées qui dérangent un peu l'impression de l'ensemble. Mais qu'est-ce donc qu'un monument où les chefs-d'œuvre de l'esprit humain
eux-mêmes paraissent des ornements superflus!
Ce temple est comme un monde à part. On y
trouve un asile contre le froid et la chaleur. Il a
ses saisons à lui, son printemps perpétuel, que
l'atmosphère du dehors n'altère jamais. Une église
souterraine est bâtie sous le parvis de ce temple;
les papes et plusieurs souverains des pays étrangers y sont ensevelis; Christine, après son abdication, les Stuart, depuis que leur dynastie est
renversée. Rome depuis longtemps est l'asile des
exilés du monde; Rome elle-même n'est-elle pas
détrônée! son aspect console les rois dépouillés
comme elle.

    Cadono le città, cadono i regni,
    E l' uom, d' esser mortal che si sdegni [1]!

« Placez-vous ici, dit Corinne à lord Nelvil, près
de l'autel, au milieu de la coupole, vous apercevrez à travers les grilles de fer l'église des morts
qui est sous nos pieds, et, en relevant les yeux,
vos regards atteindront à peine au sommet de la
voûte. Ce dôme, en le considérant même d'en bas,
fait éprouver un sentiment de terreur. On croit
voir des abîmes suspendus sur sa tête. Tout ce qui
est au delà d'une certaine proportion cause à
l'homme, à la créature bornée, un invincible effroi. Ce que nous connaissons est aussi inexplicable que l'inconnu; mais nous avons, pour ainsi
dire, pratiqué notre obscurité habituelle, tandis
que de nouveaux mystères nous épouvantent, et
mettent le trouble dans nos facultés.

« Toute cette église est ornée de marbres antiques,
et ses pierres en savent plus que nous sur les siècles écoulés. Voici la statue de Jupiter, dont on a
fait un saint Pierre, en lui mettant une auréole
sur la tête. L'expression générale de ce temple caractérise parfaitement le mélange des dogmes sombres et des cérémonies brillantes; un fonds de tristesse dans les idées, mais, dans l'application, la
mollesse et la vivacité du Midi; des intentions sévères, mais des interprétations très-douces; la
théologie chrétienne et les images du paganisme;
enfin, la réunion la plus admirable de l'éclat et de

[1] Les cités tombent, les empires disparaissent, et l'homme
s'indigne d'être mortel.

la majesté que l'homme peut donner à son culte envers la Divinité.

« Les tombeaux décorés par les merveilles des beaux-arts ne présentent point la mort sous un aspect redoutable. Ce n'est pas tout à fait comme les anciens, qui sculptaient sur les sarcophages des danses et des jeux ; mais la pensée est détournée de la contemplation d'un cercueil par les chefs-d'œuvre du génie. Ils rappellent l'immortalité sur l'autel même de la mort ; et l'imagination, animée par l'admiration qu'ils inspirent, ne sent pas, comme dans le Nord, le silence et le froid, immuables gardiens des sépulcres. — Sans doute, dit Oswald, nous voulons que la tristesse environne la mort, et même avant que nous fussions éclairés par les lumières du christianisme, notre mythologie ancienne, notre Ossian ne place à côté de la tombe que les regrets et les chants funèbres. Ici, vous voulez oublier et jouir ; je ne sais si je désirerais que votre beau ciel me fît ce genre de bien. — Ne croyez pas cependant, reprit Corinne, que notre caractère soit léger, et notre esprit frivole. Il n'y a que la vanité qui rende frivole ; l'indolence peut mettre quelques intervalles de sommeil ou d'oubli dans la vie, mais elle n'use ni ne flétrit le cœur ; et, malheureusement pour nous, on peut sortir de cet état par des passions plus profondes et plus terribles que celles des âmes habituellement actives. »

En achevant ces mots, Corinne et lord Nelvil s'approchaient de la porte de l'église. « Encore un dernier coup d'œil vers ce sanctuaire immense, dit-elle à lord Nelvil. Voyez comme l'homme est peu de chose en présence de la religion, alors même que nous sommes réduits à ne considérer que son emblème matériel ! voyez quelle immobilité, quelle durée les mortels peuvent donner à leurs œuvres, tandis qu'eux-mêmes ils passent si rapidement, et ne survivent que par le génie ! Ce temple est une image de l'infini ; il n'y a point de terme aux sentiments qu'il fait naître, aux idées qu'il retrace, à l'immense quantité d'années qu'il rappelle à la réflexion, soit dans le passé, soit dans l'avenir ; et quand on sort de son enceinte, il semble qu'on passe des pensées célestes aux intérêts du monde, et de l'éternité religieuse à l'air léger du temps. »

Corinne fit remarquer à lord Nelvil, lorsqu'ils furent hors de l'église, que sur ses portes étaient représentées en bas-relief les Métamorphoses d'Ovide. « On ne se scandalise point à Rome, lui dit-elle, des images du paganisme, quand les beaux-arts les ont consacrées. Les merveilles du génie

portent toujours à l'âme une impression religieuse, et nous faisons hommage au culte chrétien de tous les chefs-d'œuvre que les autres cultes ont inspirés. » Oswald sourit à cette explication. « Croyez-moi, milord, continua Corinne, il y a beaucoup de bonne foi dans les sentiments des nations dont l'imagination est très-vive. Mais à demain ; si vous le voulez, je vous mènerai au Capitole. J'ai, je l'espère, plusieurs courses à vous proposer encore : quand elles seront finies ; est-ce que vous partirez ? est-ce que... » Elle s'arrêta, craignant d'en avoir déjà trop dit. « Non, Corinne, reprit Oswald, non, je ne renoncerai point à cet éclair de bonheur que peut-être un ange tutélaire fait luire sur moi du haut du ciel. »

CHAPITRE IV.

Le lendemain, Oswald et Corinne partirent avec plus de confiance et de sérénité. Ils étaient des amis qui voyageaient ensemble ; ils commençaient à dire *nous.* Ah ! qu'il est touchant ce *nous* prononcé par l'amour ! quelle déclaration il contient, timidement et cependant vivement exprimée ! « Nous allons donc au Capitole, dit Corinne. — Oui, nous y allons, » reprit Oswald ; et sa voix disait tout avec des mots si simples, tant son accent avait de tendresse et de douceur ! « C'est du haut du Capitole, tel qu'il est maintenant ? dit Corinne, que nous pouvons facilement apercevoir les sept collines. Nous les parcourrons toutes ensuite l'une après l'autre ; il n'en est pas une qui ne conserve des traces de l'histoire. »

Corinne et lord Nelvil suivirent d'abord ce qu'on appelait autrefois la voie Sacrée, ou la voie Triomphale. « Votre char a passé par là ? dit Oswald à Corinne. — Oui, répondit-elle : cette poussière antique devait s'étonner de porter un tel char ; mais depuis la république romaine, tant de traces criminelles se sont empreintes sur cette route, que le sentiment de respect qu'elle inspirait est bien affaibli. » Corinne se fit conduire ensuite au pied de l'escalier du Capitole actuel. L'entrée du Capitole ancien était par le Forum. « Je voudrais bien, dit Corinne, que cet escalier fût le même que monta Scipion, lorsque, repoussant la calomnie par la gloire, il alla dans le temple pour rendre grâces aux dieux des victoires qu'il avait remportées. Mais ce nouvel escalier, mais ce nouveau Capitole a été bâti sur les ruines de l'ancien, pour recevoir le paisible magistrat qui porte à lui tout seul ce nom immense de sénateur romain, jadis l'objet des respects de l'univers. Ici nous n'avons plus que des noms ; mais leur harmonie, mais leur antique dignité cause toujours une sorte d'ébranlement, une sensation assez douce, mêlée de plaisir et de regret. Je demandais l'autre jour à une pauvre femme que je rencontrai, où elle demeurait : *A la Roche Tarpéienne*, me répondit-elle ; et ce mot, bien que dépouillé des idées qui jadis y étaient attachées, agit encore sur l'imagination. »

Oswald et Corinne s'arrêtèrent pour considérer les deux lions de basalte qu'on voit au pied de l'escalier du Capitole [1]. Ils viennent d'Égypte ; les sculpteurs égyptiens saisissaient avec bien plus de génie la figure des animaux que celle des hommes. Ces lions du Capitole sont noblement paisibles, et leur genre de physionomie est la véritable image de la tranquillité dans la force.

A guisa di lion, quando si posa [2].
DANTE.

Non loin de ces lions, on voit une statue de Rome mutilée, que les Romains modernes ont placée là, sans songer qu'ils donnaient ainsi le plus parfait emblème de leur Rome actuelle. Cette statue n'a ni tête, ni pieds, mais le corps et la draperie qui restent ont encore des beautés antiques. Au haut de l'escalier sont deux colosses qui représentent, à ce qu'on croit, Castor et Pollux, puis les trophées de Marius, puis deux colonnes milliaires, qui servaient à mesurer l'univers romain, et la statue équestre de Marc-Aurèle, belle et calme au milieu de ces divers souvenirs. Ainsi tout est là, les temps héroïques représentés par les Dioscures, la république par les lions, les guerres civiles par Marius, et les beaux temps des empereurs par Marc-Aurèle.

En avançant vers le Capitole moderne, on voit à droite et à gauche deux églises bâties sur les ruines du temple de Jupiter Férétrien et de Jupiter Capitolin. En avant du vestibule, est une fontaine présidée par deux fleuves, le Nil et le Tibre, avec la louve de Romulus. On ne prononce pas le nom du Tibre comme celui des fleuves sans gloire ; c'est un des plaisirs de Rome que de dire : *Conduisez-moi sur les bords du Tibre ; traversons le Tibre*. Il semble qu'en prononçant ces paroles on

invoque l'histoire, et qu'on ranime les morts. En allant au Capitole, du côté du Forum, on trouve à droite les prisons Mamertines. Ces prisons furent d'abord construites par Ancus Martius, et servaient alors aux criminels ordinaires. Mais Servius Tullius en fit creuser sous terre de beaucoup plus cruelles, pour les criminels d'État, comme si ces criminels n'étaient pas ceux qui méritent le plus d'égards, puisqu'il peut y avoir de la bonne foi dans leurs erreurs. Jugurtha et les complices de Catilina périrent dans ces prisons : on dit aussi que saint Pierre et saint Paul y ont été renfermés. De l'autre côté du Capitole est la roche Tarpéienne ; au pied de cette roche, l'on trouve aujourd'hui un hôpital appelé *l'Hôpital de la Consolation*. Il semble que l'esprit sévère de l'antiquité et la douceur du christianisme soient ainsi rapprochés dans Rome à travers les siècles, et se montrent aux regards comme à la réflexion.

Quand Oswald et Corinne furent arrivés au haut de la tour du Capitole, Corinne lui montra les sept collines, la ville de Rome, bornée d'abord au mont Palatin, ensuite aux murs de Servius Tullius, qui renfermaient les sept collines, enfin, aux murs d'Aurélien, qui servent encore aujourd'hui d'enceinte à la plus grande partie de Rome. Corinne rappela les vers de Tibulle et de Properce, qui se glorifient des faibles commencements dont est sortie la maîtresse du monde [1]. Le mont Palatin fut à lui seul tout Rome pendant quelque temps ; mais dans la suite le palais des empereurs remplit l'espace qui avait suffi pour une nation. Un poëte du temps de Néron fit à cette occasion cette épigramme [2] : *Rome ne sera bientôt plus qu'un palais. Allez à Véies, Romains, si toutefois ce palais n'occupe pas déjà Véies même.*

Les sept collines sont infiniment moins élevées qu'elles ne l'étaient autrefois, lorsqu'elles méritaient le nom de *monts escarpés*. Rome moderne est élevée de quarante pieds au-dessus de Rome ancienne. Les vallées qui séparaient les collines se sont presque comblées par le temps et par les ruines des édifices ; mais ce qui est plus singulier encore, un amas de vases brisés a élevé deux col-

---

[1] Les minéralogistes affirment que ces lions ne sont pas de basalte, parce que la pierre volcanique qu'on désigne aujourd'hui sous ce nom ne saurait exister en Égypte ; mais comme Pline appelle basalte la pierre égyptienne dont ces lions sont formés, et que l'histoire des arts, de Winckelmann, leur donne aussi ce nom, j'ai cru pouvoir m'en servir dans son acception primitive.

[2] À la manière du lion, quand il se repose.

---

[1] Carpite nunc, tauri, de septem collibus herbas,
Dum licet. Hic magnæ jam locus urbis erit.
TIBULLE.

Hoc quodcumque vides, hospes, qua maxima Roma est,
Ante Phrygem Æneam collis et herba fuit, etc.
PROPERCE, liv. IV, el. I.

[2] Roma domus fiet : Veios migrate, Quirites ;
Si non et Veios occupat ista domus.

lines nouvelles [1], et c'est presque une image des temps modernes, que ces progrès ou plutôt ces débris de la civilisation, mettant de niveau les montagnes avec les vallées, effaçant, au moral comme au physique, toutes les belles inégalités produites par la nature.

Trois autres collines [2], non comprises dans les sept fameuses, donnent à la ville de Rome quelque chose de si pittoresque, que c'est peut-être la seule ville qui, par elle-même, et dans sa propre enceinte, offre les plus magnifiques points de vue. On y trouve un mélange si remarquable de ruines et d'édifices, de campagnes et de déserts, qu'on peut contempler Rome de tous les côtés, et voir toujours un tableau frappant dans la perspective opposée.

Oswald ne pouvait se lasser de considérer les traces de l'antique Rome, du point élevé du Capitale où Corinne l'avait conduit. La lecture de l'histoire, les réflexions qu'elle excite, agissent moins sur notre âme que ces pierres en désordre, que ces ruines mêlées aux habitations nouvelles. Les yeux sont tout-puissants sur l'âme : après avoir vu les ruines romaines, on croit aux antiques Romains, comme si l'on avait vécu de leur temps. Les souvenirs de l'esprit sont acquis par l'étude; les souvenirs de l'imagination naissent d'une impression plus immédiate et plus intime, qui donne de la vie à la pensée, et nous rend, pour ainsi dire, témoins de ce que nous avons appris. Sans doute on est importuné de tous ces bâtiments modernes qui viennent se mêler aux antiques débris; mais un portique debout à côté d'un humble toit; mais des colonnes entre lesquelles de petites fenêtres d'église sont pratiquées, un tombeau servant d'asile à toute une famille rustique, produisent je ne sais quel mélange d'idées grandes et simples, je ne sais quel plaisir de découverte qui inspire un intérêt continuel. Tout est commun, tout est prosaïque dans l'extérieur de la plupart de nos villes européennes; et Rome, plus souvent qu'aucune autre, présente le triste aspect de la misère et de la dégradation; mais tout à coup une colonne brisée, un bas-relief à demi détruit, des pierres liées à la façon indestructible des architectes anciens, vous rappellent qu'il y a dans l'homme une puissance éternelle, une étincelle divine, et qu'il ne faut pas se lasser de l'exciter en soi-même, et de la ranimer dans les autres.

Ce Forum, dont l'enceinte est si resserrée, et qui a vu tant de choses étonnantes, est une preuve

[1] Le monte Citorio et Testacio.
[2] Le Janicule, le monte Vaticano et le monte Mario.

frappante de la grandeur morale de l'homme. Quand l'univers, dans les derniers temps de Rome, était soumis à des maîtres sans gloire, on trouve des siècles entiers dont l'histoire peut à peine conserver quelques faits; et ce Forum, petit espace, centre d'une ville alors très-circonscrite, et dont les habitants combattaient autour d'elle pour son territoire, ce Forum n'a-t-il pas occupé, par les souvenirs qu'il retrace, les plus beaux génies de tous les temps? Honneur donc, éternel honneur aux peuples courageux et libres, puisqu'ils captivent ainsi les regards de la postérité!

Corinne fit remarquer à lord Nelvil qu'on ne trouvait à Rome que très-peu de débris des temps républicains. Les aqueducs, les canaux construits sous terre pour l'écoulement des eaux, étaient le seul luxe de la république et des rois qui l'ont précédée. Il ne nous reste d'elle que des édifices utiles, des tombeaux élevés à la mémoire de ses grands hommes, et quelques temples de brique qui subsistent encore. C'est seulement après la conquête de la Sicile que les Romains firent usage, pour la première fois, du marbre pour leurs monuments; mais il suffit de voir les lieux où de grandes actions se sont passées pour éprouver une émotion indéfinissable. C'est à cette disposition de l'âme qu'on doit attribuer la puissance religieuse des pèlerinages. Les pays célèbres en tout genre, alors même qu'ils sont dépouillés de leurs grands hommes et de leurs monuments, exercent beaucoup de pouvoir sur l'imagination. Ce qui frappait les regards n'existe plus, mais le charme du souvenir y est resté.

On ne voit plus sur le Forum aucune trace de cette fameuse tribune d'où le peuple romain était gouverné par l'éloquence; on y trouve encore trois colonnes d'un temple élevé par Auguste en l'honneur de Jupiter Tonnant, lorsque la foudre tomba près de lui sans le frapper; un arc de triomphe à Septime Sévère, que le sénat lui éleva pour récompense de ses exploits. Les noms de ses deux fils, Caracalla et Géta, étaient inscrits sur le fronton de l'arc; mais lorsque Caracalla eut assassiné Géta, il fit ôter son nom, et l'on voit encore la trace des lettres enlevées. Plus loin est un temple à Faustine, monument de la faiblesse aveugle de Marc-Aurèle; un temple à Vénus, qui, du temps de la république, était consacré à Pallas; un peu plus loin, les ruines d'un temple dédié au soleil et à la lune, bâti par l'empereur Adrien, qui était jaloux d'Apollodore, fameux architecte grec, et le fit périr pour avoir blâmé les proportions de son édifice. De l'autre côté de la place, l'on voit les ruines de quelques monuments consacrés à des souvenirs plus nobles et plus purs : les colonnes d'un temple qu'on croit être celui de Jupiter Stator, de Jupiter qui empêchait les Romains de jamais fuir devant leurs ennemis; une colonne, débris d'un temple de Jupiter Gardien, placée, dit-on, non loin de l'abîme où s'est précipité Curtius; des colonnes d'un temple élevé, les uns disent à la Concorde, les autres à la Victoire : peut-être les peuples conquérants confondent-ils ces deux idées, et pensent-ils qu'il ne peut exister de véritable paix que quand ils ont soumis l'univers. A l'extrémité du mont Palatin s'élève un bel arc de triomphe dédié à Titus, pour la conquête de Jérusalem. On prétend que les juifs qui sont à Rome ne passent jamais sous cet arc; et l'on montre un petit chemin qu'ils prennent, dit-on, pour l'éviter. Il est à souhaiter, pour l'honneur des juifs, que cette anecdote soit vraie : les longs ressouvenirs conviennent aux longs malheurs.

Non loin de là est l'arc de Constantin, embelli de quelques bas-reliefs enlevés au Forum de Trajan par les chrétiens, qui voulaient décorer le monument consacré au *fondateur du repos*; c'est ainsi que Constantin fut appelé. Les arts, à cette époque, étaient déjà dans la décadence, et l'on dépouillait le passé pour honorer de nouveaux exploits. Ces portes triomphales qu'on voit encore à Rome, perpétuaient, autant que les hommes le peuvent, les honneurs rendus à la gloire. Il y avait sur leurs sommets une place destinée aux joueurs de flûte et de trompette, pour que le vainqueur, en passant, fût enivré tout à la fois par la musique et par la louange, et goûtât dans un même moment toutes les émotions les plus exaltées.

En face de ces arcs de triomphe sont les ruines du temple de la Paix, bâti par Vespasien; il était tellement orné de bronze et d'or dans l'intérieur, que lorsqu'un incendie le consuma, des laves de métaux brûlants en découlèrent jusque dans le Forum. Enfin, le Colisée, la plus belle ruine de Rome, termine la noble enceinte où comparaît toute l'histoire. Ce superbe édifice, dont les pierres seules dépouillées de l'or et des marbres, subsistent encore, servit d'arène aux gladiateurs combattant contre les bêtes féroces. C'est ainsi qu'on amusait et trompait le peuple romain par des émotions fortes, alors que les sentiments naturels ne pouvaient plus avoir d'essor. L'on entrait par deux portes dans le Colisée; l'une qui était consacrée aux vainqueurs; l'autre par laquelle on emportait les morts. Singulier mépris pour l'espèce humaine,

¹ Sana vivaria, sandapilaria.

que de destiner d'avance la mort ou la vie de l'homme au simple passe-temps d'un spectacle! Titus, le meilleur des empereurs, dédia ce Colisée au peuple romain; et ces admirables ruines portent avec elles un si beau caractère de magnificence et de génie, qu'on est tenté de se faire illusion sur la véritable grandeur, et d'accorder aux chefs-d'œuvre de l'art l'admiration qui n'est due qu'aux monuments consacrés à des institutions généreuses.

Oswald ne se laissait point aller à l'admiration qu'éprouvait Corinne; en contemplant ces quatre galeries, ces quatre édifices, s'élevant les uns sur les autres, ce mélange de pompe et de vétusté, qui tout à la fois inspire le respect et l'attendrissement, il ne voyait dans ces lieux que le luxe du maître et le sang des esclaves, et se sentait prévenu contre les beaux-arts, qui ne s'inquiètent point du but, et prodiguent leurs dons à quelque objet qu'on les destine. Corinne essayait de combattre cette disposition. « Ne portez point, dit-elle à lord Nelvil, la rigueur de vos principes de morale et de justice dans la contemplation des monuments d'Italie; ils rappellent, pour la plupart, je vous l'ai dit, plutôt la splendeur, l'élégance et le goût des formes antiques, que l'époque glorieuse de la vertu romaine. Mais ne trouvez-vous pas quelques traces de la grandeur morale des premiers temps, dans le luxe gigantesque des monuments qui leur ont succédé? La dégradation même de ce peuple romain est imposante encore; son deuil de la liberté couvre le monde de merveilles, et le génie des beautés idéales cherche à consoler l'homme de la dignité réelle et vraie qu'il a perdue. Voyez ces bains immenses, ouverts à tous ceux qui voulaient en goûter les voluptés orientales; ces cirques, destinés aux éléphants qui venaient combattre avec les tigres; ces aquéducs, qui faisaient tout à coup un lac de ces arènes, où les galères luttaient à leur tour, où des crocodiles paraissaient à la place où des lions naguère s'étaient montrés; voilà quel fut le luxe des Romains, quand ils placèrent dans le luxe leur orgueil! Ces obélisques amenés d'Égypte, et dérobés aux ombres africaines, pour venir décorer les sépulcres des Romains, cette population de statues, qui existait autrefois dans Rome, ne peuvent être considérés comme l'inutile et fastueuse pompe des despotes de l'Asie : c'est le génie romain, vainqueur du monde, que les arts ont revêtu d'une forme extérieure. Il y a quelque chose de surnaturel dans cette magnificence, et sa splendeur poétique fait oublier et son origine et son but. »

L'éloquence de Corinne excitait l'admiration d'Oswald, sans le convaincre; il cherchait partout un sentiment moral, et toute la magie des arts ne pouvait jamais lui suffire. Alors Corinne se rappela que, dans cette même arène, les chrétiens persécutés étaient morts victimes de leur persévérance; et montrant à lord Nelvil les autels élevés en l'honneur de leurs cendres, et cette route de la croix que suivent les pénitents, au pied des plus magnifiques débris de la grandeur mondaine, elle lui demanda si cette poussière des martyrs ne disait rien à son cœur. « Oui, s'écria-t-il, j'admire profondément cette puissance de l'âme et de la volonté contre les douleurs et la mort : un sacrifice, quel qu'il soit, est plus beau, plus difficile, que tous les élans de l'âme et de la pensée. L'imagination exaltée peut produire les miracles du génie; mais ce n'est qu'en se dévouant à son opinion, ou à ses sentiments, qu'on est vraiment vertueux : c'est alors seulement qu'une puissance céleste subjugue en nous l'homme mortel. » Ces paroles nobles et pures troublèrent cependant Corinne; elle regarda lord Nelvil, puis elle baissa les yeux; et bien qu'en ce moment il prît sa main et la serrât contre son cœur, elle frémit de l'idée qu'un tel homme pouvait immoler les autres et lui-même au culte des opinions, des principes, ou des devoirs dont il aurait fait choix.

CHAPITRE V.

Après la course du Capitole et du Forum, Corinne et lord Nelvil employèrent deux jours à parcourir les sept collines. Les Romains d'autrefois faisaient une fête en l'honneur des sept collines : c'est une des beautés originales de Rome, que ces monts enfermés dans son enceinte; et l'on conçoit sans peine comment l'amour de la patrie se plaisait à célébrer cette singularité.

Oswald et Corinne, ayant vu la veille le mont Capitolin, recommencèrent leurs courses par le mont Palatin. Le palais des Césars, appelé le *Palais d'or*, l'occupait tout entier. Ce mont n'offre à présent que les débris de ce palais. Auguste, Tibère, Caligula et Néron, en ont bâti les quatre côtés, et des pierres, recouvertes par des plantes fécondes, sont tout ce qu'il en reste aujourd'hui : la nature y a repris son empire sur les travaux des hommes, et la beauté des fleurs console de la ruine des palais. Le luxe, du temps des rois et de la république, consistait seulement dans les édifices publics; les maisons des particuliers étaient très-petites et très-simples. Cicéron Hortensius,

les Gracques, habitaient sur ce mont Palatin, qui suffit à peine, lors de la décadence de Rome, à la demeure d'un seul homme. Dans les derniers siècles, la nation ne fut plus qu'une foule anonyme, désignée seulement par l'ère de son maître : on cherche en vain dans ces lieux les deux lauriers plantés devant la porte d'Auguste, le laurier de la guerre, et celui des beaux-arts cultivés par la paix; tous les deux ont disparu.

Il reste encore sur le mont Palatin quelques chambres des bains de Livie; on y montre la place des pierres précieuses qu'on prodiguait alors aux plafonds, comme un ornement ordinaire; et l'on y voit des peintures dont les couleurs sont encore parfaitement intactes; la fragilité même des couleurs ajoute à l'étonnement de les voir conservées, et rapproche de nous les temps passés. S'il est vrai que Livie abrégea les jours d'Auguste, c'est dans l'une de ces chambres que fut conçu cet attentat; et les regards du souverain du monde, trahi dans ses affections les plus intimes, se sont peut-être arrêtés sur l'un de ces tableaux dont les élégantes fleurs subsistent encore. Que pensa-t-il, dans sa vieillesse, de la vie et de ses pompes? Se rappelat-il ses proscriptions ou sa gloire? craignait-il, espérat-il un monde à venir? et la dernière pensée, qui révèle tout à l'homme, la dernière pensée d'un maître de l'univers erre-t-elle encore sous ces voûtes [1]?

Le mont Aventin offre plus qu'aucun autre les traces des premiers temps de l'histoire romaine. Précisément en face du palais construit par Tibère, on voit les débris du temple de la Liberté, bâti par le père des Gracques. Au pied du mont Aventin était le temple dédié à la Fortune virile, par Servius Tullius pour remercier les dieux de ce que, étant né esclave, il était devenu roi. Hors de murs de Rome, on trouve aussi les débris d'un temple qui fut consacré à la Fortune des femmes, lorsque Véturie arrêta Coriolan. Vis-à-vis du mont Aventin est le mont Janicule, sur lequel Porsenna plaça son armée. C'est en face de ce mont qu'Horatius Coclès fit couper derrière lui le pont qui conduisait à Rome. Les fondements de ce pont subsistent encore; il y a sur les bords du fleuve un arc de triomphe bâti en briques, aussi simple que l'action qu'il rappelle était grande. Cet arc fut élevé, dit-on, en l'honneur d'Horatius Coclès. Au milieu du Tibre on aperçoit une île formée des gerbes de blé recueillies dans les champs de Tarquin, et qui

---

[1] Auguste est mort à Nola, comme il se rendait aux eaux de Brundise, qui lui étaient ordonnées; mais il partit mourant de Rome.

furént pendant longtemps exposées sur le fleuve, parce que le peuple romain ne voulait point les prendre, croyant qu'un mauvais sort y était attaché. On aurait de la peine, de nos jours, à faire tomber sur des richesses quelconques des malédictions assez efficaces pour que personne ne consentît à s'en emparer.

C'est sur le mont Aventin que furent placés les temples de la Pudeur patricienne et de la Pudeur plébéienne. Au pied de ce mont on voit le temple de Vesta, qui subsiste encore presque en entier, quoique les inondations du Tibre l'aient souvent menacé[1]. Non loin de là sont les débris d'une prison pour dettes, où se passa, dit-on, le beau trait de piété filiale généralement connu. C'est aussi dans ce même lieu que Clélie et ses compagnes, prisonnières de Porsenna, traversèrent le Tibre pour venir joindre les Romains. Ce mont Aventin repose l'âme de tous les souvenirs pénibles que rappellent les autres collines, et son aspect est beau comme les souvenirs qu'il retrace. On avait donné le nom de belle rive (*pulchrum littus*) au bord du fleuve qui est au pied de cette colline. C'est là que se promenaient les orateurs de Rome, en sortant du Forum; c'est là que César et Pompée se rencontraient comme de simples citoyens, et qu'ils cherchaient à captiver Cicéron, dont l'indépendante éloquence leur importait plus alors que la puissance même de leurs armées.

La poésie vient encore embellir ce séjour. Virgile a placé sur le mont Aventin la caverne de Cacus; et les Romains, si grands par leur histoire, le sont encore par les fictions héroïques dont les poëtes ont orné leur origine fabuleuse. Enfin, en revenant du mont Aventin, on aperçoit la maison de Nicolas Rienzi, qui essaya vainement de faire revivre les temps anciens dans les temps modernes; et ce souvenir, tout faible qu'il est à côté des autres, fait encore penser longtemps. Le mont Cœlius est remarquable, parce qu'on y voit les débris du camp des prétoriens et de celui des soldats étrangers. On a trouvé cette inscription dans les ruines de l'édifice construit pour recevoir ces soldats : *Au génie saint des camps étrangers :* saint, en effet, pour ceux dont il maintenait la puissance! Ce qui reste de ces antiques casernes fait juger qu'elles étaient bâties à la manière des cloîtres, ou plutôt que les cloîtres ont été bâtis sur leur modèle.

Le mont Esquilin était appelé le *mont des Poëtes*, parce que Mécène ayant son palais sur cette colline, Horace, Properce et Tibulle y avaient

[1] Vidimus flavum Tiberim, etc.

aussi leur habitation. Non loin de là sont les ruines des Thermes de Titus et de Trajan. On croit que Raphaël prit le modèle de ses arabesques dans les peintures à fresque des Thermes de Titus. C'est aussi là qu'on a découvert le groupe de Laocoon. La fraîcheur de l'eau donne un tel sentiment de plaisir dans les pays chauds, qu'on se plaisait à réunir toutes les pompes du luxe et toutes les jouissances de l'imagination dans les lieux où l'on se baignait. Les Romains y faisaient exposer les chefs-d'œuvre de la peinture et de la sculpture. C'était à la clarté des lampes qu'ils les considéraient; car il paraît, par la construction de ces bâtiments, que le jour n'y pénétrait jamais, et qu'on voulait ainsi se préserver de ces rayons du soleil si poignants dans le Midi : c'est sans doute à cause de la sensation qu'ils produisent que les anciens les ont appelés les dards d'Apollon. On pourrait croire, en observant les précautions extrêmes prises par les anciens contre la chaleur, que le climat était alors plus brûlant encore que de nos jours. C'est dans les Thermes de Caracalla qu'étaient placés l'Hercule Farnèse, la Flore et le groupe de Dircé. Près d'Ostie, l'on a trouvé dans les bains de Néron l'Apollon du Belvédère. Peut-on concevoir qu'en regardant cette noble figure, Néron n'ait pas senti quelques mouvements généreux!

Les Thermes et les Cirques sont les seuls genres d'édifices consacrés aux amusements publics dont il reste des traces à Rome. Il n'y a point d'autre théâtre que celui de Marcellus, dont les ruines subsistent encore. Pline raconte que l'on a vu trois cent soixante colonnes de marbre, et trois mille statues, dans un théâtre qui ne devait durer que peu de jours. Tantôt les Romains élevaient des bâtiments si solides, qu'ils résistaient aux tremblements de terre; tantôt ils se plaisaient à consacrer des travaux immenses à des édifices qu'ils détruisaient eux-mêmes, quand les fêtes étaient finies : ils se jouaient ainsi du temps sous toutes les formes. Les Romains, d'ailleurs, n'avaient pas, comme les Grecs, la passion des représentations dramatiques; les beaux-arts ne fleurirent à Rome que par les ouvrages et les artistes de la Grèce, et la grandeur romaine s'exprimait plutôt par la magnificence colossale de l'architecture que par les chefs-d'œuvre de l'imagination. Ce luxe gigantesque, ces merveilles de la richesse ont un grand caractère de dignité : ce n'était plus de la liberté, mais c'était toujours de la puissance. Les monuments consacrés aux bains publics s'appelaient des provinces; on y réunissait les diverses productions, et les divers établissements qui peuvent se trouver dans un pays tout entier. Le Cirque appelé *Circus maximus*, dont on voit encore les débris, touchait de si près aux palais des Césars, que Néron, des fenêtres de son palais, pouvait donner le signal des jeux. Le Cirque était assez grand pour contenir trois cent mille personnes. La nation, presque tout entière, était amusée dans le même moment : ces fêtes immenses pouvaient être considérées comme une sorte d'institution populaire, qui réunissait tous les hommes pour le plaisir, comme autrefois ils se réunissaient pour la gloire.

Le mont Quirinal et le mont Viminal se tiennent de si près, qu'il est difficile de les distinguer : c'était là qu'existaient la maison de Salluste et celle de Pompée ; c'est aussi là que le pape a maintenant fixé son séjour. On ne peut faire un pas dans Rome sans rapprocher le présent du passé, et les différents passés entre eux. Mais on apprend à se calmer sur les événements de son temps, en voyant l'éternelle mobilité de l'histoire des hommes ; et l'on a comme une sorte de honte de s'agiter, en présence de tant de siècles, qui tous ont renversé l'ouvrage de leurs prédécesseurs.

A côté des sept collines, ou sur leur penchant, ou sur leur sommet, on voit s'élever une multitude de clochers, des obélisques, la colonne Trajane, la colonne Antonine, la tour de Conti, d'où l'on prétend que Néron contempla l'incendie de Rome, et la coupole de Saint-Pierre, qui domine encore sur tout ce qui domine. Il semble que l'air soit peuplé par tous ces monuments qui se prolongent vers le ciel, et qu'une ville aérienne plane avec majesté sur la ville de la terre.

En rentrant dans Rome, Corinne fit passer Oswald sous le portique d'Octavie, de cette femme qui a si bien aimé et tant souffert ; puis ils traversèrent *la route Scélérate*, par laquelle l'infâme Tullie a passé, foulant le corps de son père sous les pieds de ses chevaux : on voit de loin le temple élevé par Agrippine en l'honneur de Claude qu'elle a fait empoisonner ; et l'on passe enfin devant le tombeau d'Auguste, dont l'enceinte intérieure sert aujourd'hui d'arène aux combats des animaux.

« Je vous ai fait parcourir bien rapidement, dit Corinne à lord Nelvil, quelques traces de l'histoire antique, mais vous comprendrez le plaisir qu'on peut éprouver dans ces recherches, à la fois savantes et poétiques, qui parlent à l'imagination comme à la pensée. Il y a dans Rome beaucoup d'hommes distingués dont la seule occupation est de découvrir un nouveau rapport entre l'histoire et les ruines. — Je ne sais point d'étude qui cap-

tivât davantage mon intérêt, reprit lord Nelvil, si je me sentais assez de calme pour m'y livrer : ce genre d'érudition est bien plus animé que celle qui s'acquiert par les livres : on dirait que l'on fait revivre ce qu'on découvre, et que le passé reparaît sous la poussière qui l'a enseveli. — Sans doute, dit Corinne, et ce n'est pas un vain préjugé que cette passion pour les temps antiques. Nous vivons dans un siècle où l'intérêt personnel semble le seul principe de toutes les actions des hommes ; et quelle sympathie, quelle émotion, quel enthousiasme pourrait jamais résulter de l'intérêt personnel ! Il est plus doux de rêver à ces jours de dévouement, de sacrifices et d'héroïsme, qui pourtant ont existé, et dont la terre porte encore les honorables traces. »

CHAPITRE VI.

Corinne se flattait en secret d'avoir captivé le cœur d'Oswald ; mais comme elle connaissait sa réserve et sa sévérité, elle n'avait point osé lui montrer tout l'intérêt qu'il lui inspirait, quoiqu'elle fût disposée, par caractère, à ne point cacher ce qu'elle éprouvait. Peut-être aussi croyait-elle que, même en se parlant sur des sujets étrangers à leur sentiment, leur voix avait un accent qui trahissait leur affection mutuelle, et qu'un aveu secret d'amour était peint dans leurs regards, et dans ce langage mélancolique et voilé qui pénètre si profondément dans l'âme.

Un matin, lorsque Corinne se préparait à continuer ses courses avec Oswald, elle reçut un billet de lui, presque cérémonieux, qui lui annonçait que le mauvais état de sa santé le retenait chez lui pour quelques jours. Une inquiétude douloureuse serra le cœur de Corinne ; d'abord elle craignit qu'il ne fût dangereusement malade : mais le comte d'Erfeuil, qu'elle vit le soir, lui dit que c'était un de ces accès de mélancolie auxquels il était très-sujet, et pendant lesquels il ne voulait parler à personne. « Moi-même, dit alors le comte d'Erfeuil, quand il est comme cela, je ne le vois pas. » Ce *moi-même* déplaisait assez à Corinne ; mais elle se garda bien de le témoigner au seul homme qui pût lui donner des nouvelles de lord Nelvil. Elle l'interrogea, se flattant qu'un homme aussi léger, du moins en apparence, lui dirait tout ce qu'il savait. Mais tout à coup, soit qu'il voulût cacher par un air de mystère qu'Oswald ne lui avait rien confié, soit qu'il crût plus honorable de refuser ce qu'on lui demandait que de l'accorder, il opposa un silence imperturbable à l'ardente curiosité de

Corinne. Elle qui avait toujours eu de l'ascendant sur tous ceux à qui elle avait parlé, ne pouvait comprendre pourquoi ses moyens de persuasion étaient sans effet sur le comte d'Erfeuil : ne savait-elle pas que l'amour-propre est ce qu'il y a au monde de plus inflexible?

Quelle ressource restait-il donc à Corinne pour savoir ce qui se passait dans le cœur d'Oswald? Lui écrire? Tant de mesure est nécessaire en écrivant! et Corinne était surtout aimable par l'abandon et le naturel. Trois jours s'écoulèrent, pendant lesquels elle ne vit point lord Nelvil, et fut tourmentée par une agitation mortelle. « Qu'ai-je donc fait, se disait-elle, pour le détacher de moi? Je ne lui ai point dit que je l'aimais; je n'ai point eu ce tort si terrible en Angleterre, et si pardonnable en Italie. L'a-t-il deviné? Mais pourquoi m'en estimerait-il moins? » Oswald ne s'était éloigné de Corinne que parce qu'il se sentait trop vivement entraîné par son charme. Bien qu'il n'eût pas donné sa parole d'épouser Lucile Edgermond, il savait que l'intention de son père avait été de la lui donner pour femme, et il désirait s'y conformer. Enfin Corinne n'était point connue sous son véritable nom, et menait, depuis plusieurs années, une vie beaucoup trop indépendante; un tel mariage n'eût point obtenu (lord Nelvil le croyait) l'approbation de son père, et il sentait bien que ce n'était pas ainsi qu'il pouvait expier ses torts envers lui. Voilà quels étaient ses motifs pour s'éloigner de Corinne. Il avait formé le projet de lui écrire, en quittant Rome, ce qui le condamnait à cette résolution; mais comme il ne s'en sentait pas la force, il se bornait à ne pas aller chez elle, et ce sacrifice toutefois lui parut dès le second jour trop pénible.

Corinne était frappée de l'idée qu'elle ne reverrait plus Oswald; qu'il s'en irait sans lui dire adieu. Elle s'attendait à chaque instant à recevoir la nouvelle de son départ, et cette crainte exaltait tellement son sentiment, qu'elle se sentit saisie tout à coup par la passion, par cette griffe de vautour sous laquelle le bonheur et l'indépendance succombent. Ne pouvant rester dans sa maison, où lord Nelvil ne venait pas, elle errait quelquefois dans les jardins de Rome, espérant le rencontrer. Elle supportait mieux les heures pendant lesquelles, se promenant au hasard, elle avait une chance quelconque de l'apercevoir. L'imagination ardente de Corinne était la source de son talent; mais, pour son malheur, cette imagination se mêlait à sa sensibilité naturelle, et la lui rendait souvent très-douloureuse.

Le soir du quatrième jour de cette cruelle absence, il faisait un beau clair de lune, et Rome est bien belle pendant le silence de la nuit; il semble alors qu'elle n'est habitée que par ses illustres ombres. Corinne, en revenant de chez une femme de ses amies, oppressée par la douleur, descendit de sa voiture, et se reposa quelques instants près de la fontaine de Trévi, devant cette source abondante qui tombe en cascade au milieu de Rome, et semble comme la vie de ce tranquille séjour. Lorsque pendant quelques jours cette cascade s'arrête, on dirait que Rome est frappée de stupeur. C'est le bruit des voitures que l'on a besoin d'entendre dans les autres villes; à Rome, c'est le murmure de cette fontaine immense, qui semble comme l'accompagnement nécessaire à l'existence rêveuse qu'on y mène : l'image de Corinne se peignit dans cette onde, si pure, qu'elle porte depuis plusieurs siècles le nom de l'eau virginale. Oswald, qui s'était arrêté dans le même lieu peu de moments après, aperçut le charmant visage de son amie qui se répétait dans l'eau. Il fut saisi d'une émotion tellement vive, qu'il ne savait pas d'abord si c'était son imagination qui lui faisait apparaître l'ombre de Corinne, comme tant de fois elle lui avait montré celle de son père; il se pencha vers la fontaine pour mieux voir, des propres traits vinrent alors se réfléchir à côté de ceux de Corinne. Elle le reconnut, fit un cri, s'élança vers lui rapidement, et lui saisit le bras, comme si elle eût craint qu'il ne s'échappât de nouveau; mais, à peine se fut-elle livrée à ce mouvement trop impétueux, qu'elle rougit, en se ressouvenant du caractère de lord Nelvil, d'avoir montré si vivement ce qu'elle éprouvait; et laissant tomber la main qui retenait Oswald, elle se couvrit le visage avec l'autre pour cacher ses pleurs.

« Corinne, dit Oswald, chère Corinne, mon absence vous a donc rendue malheureuse? — Oh! oui, répondit-elle, et vous en étiez sûr! Pourquoi donc me faire du mal? ai-je mérité de souffrir par vous? — Non, s'écria lord Nelvil; non, sans doute. Mais si je ne me crois pas libre, si je sens que je n'ai dans le cœur que des inquiétudes et des regrets, pourquoi vous associerais-je à cette tourmente de sentiments et de craintes? Pourquoi.... — Il n'est plus temps, interrompit Corinne, il n'est plus temps, la douleur est déjà dans mon sein, ménagez-moi. — Vous, de la douleur? reprit Oswald; est-ce au milieu d'une carrière si brillante, de tant de succès, avec une imagination si vive? — Arrêtez, dit Corinne, vous ne me connaissez pas; de toutes mes facultés la plus puissante, c'est la faculte de souffrir. Je suis née pour le bonheur, mon caractère est confiant, mon imagination est animée; mais la peine excite en moi je ne sais quelle impétuosité qui peut troubler ma raison ou me donner la mort. Je vous le répète encore, ménagez-moi; la gaieté, la mobilité ne me servent qu'en apparence; mais il y a dans mon âme des abîmes de tristesse dont je ne pouvais me défendre qu'en me préservant de l'amour.

Corinne prononça ces mots avec une expression qui émut vivement Oswald. Je reviendrai vous voir demain matin, reprit-il; n'en doutez pas, Corinne. — Me le jurez-vous? dit-elle avec une inquiétude qu'elle s'efforçait en vain de cacher. — Oui; je le jure, s'écria lord Nelvil, et il disparut.

LIVRE V.

LES TOMBEAUX, LES ÉGLISES ET LES PALAIS.

CHAPITRE PREMIER.

Le lendemain, Oswald et Corinne furent embarrassés l'un et l'autre en se revoyant. Corinne n'avait plus de confiance dans l'amour qu'elle inspirait. Oswald était mécontent de lui-même; il se connaissait dans le caractère un genre de faiblesse qui l'irritait quelquefois contre ses propres sentiments, comme contre une tyrannie; et tous les deux cherchèrent à ne pas se parler de leur affection mutuelle. « Je vous propose aujourd'hui, dit Corinne, une course assez solennelle, mais qui sûrement vous intéressera: allons voir les tombeaux; allons voir le dernier asile de ceux qui vécurent parmi les monuments dont nous avons contemplé les ruines. — Oui, répondit Oswald, vous avez deviné ce qui convient à la disposition actuelle de mon âme; et il prononça ces mots avec un accent si douloureux, que Corinne se tut quelques moments, n'osant pas essayer de lui parler. Mais reprenant courage, par le désir de soulager Oswald de ses peines en l'intéressant vivement à tout ce qu'ils voyaient ensemble, elle lui dit: « Vous le savez, milord, loin que chez les anciens l'aspect des tombeaux décourageât les vivants, on croyait inspirer une émulation nouvelle en plaçant ces tombeaux sur les routes publiques, afin que, retraçant aux jeunes gens le souvenir des hommes illustres, ils invitassent silencieusement à les imiter. — Ah! que j'envie, dit Oswald en

soupirant, tous ceux dont les regrets ne sont pas mêlés à des remords. — Vous! des remords, s'écria Corinne? Vous! Ah! je suis certaine qu'ils ne sont en vous qu'une vertu de plus, un scrupule du cœur, une délicatesse exaltée. — Corinne, Corinne, n'approchez pas de ce sujet, interrompit Oswald; dans votre heureuse contrée, les sombres pensées disparaissent à la clarté des cieux; mais la douleur qui a creusé jusqu'au fond de notre âme ébranle à jamais toute notre existence. — Vous me jugez mal, répondit Corinne; je vous l'ai déjà dit, bien que mon caractère soit fait pour jouir vivement du bonheur, je souffrirais plus que vous, si... » Elle n'acheva pas; et changea de discours. « Mon seul désir, milord, continua-t-elle, c'est de vous distraire un moment; je n'espère rien de plus. » La douceur de cette réponse toucha lord Nelvil; et, voyant une expression de mélancolie dans les regards de Corinne, naturellement si pleins d'intérêt et de flamme; il se reprocha d'attrister une personne née pour les impressions vives et douces, et s'efforça de l'y ramener. Mais l'inquiétude qu'éprouvait Corinne sur les projets d'Oswald, sur la possibilité de son départ, troublait entièrement sa sérénité accoutumée.

Elle conduisit lord Nelvil hors des portes de la ville, sur les anciennes traces de la voie Appienne. Ces traces sont marquées, au milieu de la campagne de Rome, par des tombeaux à droite et à gauche dont les ruines se voient à perte de vue, à plusieurs milles en delà des murs. Les Romains ne souffraient pas qu'on ensevelît les morts dans l'intérieur de la ville; les tombeaux seuls des empereurs y étaient admis. Cependant un simple citoyen, nommé Publius Biblius, obtint cette faveur, en récompense de ses vertus obscures. Les contemporains, en effet, honorent plus volontiers celles-là que toutes les autres.

On passe, pour aller à la voie Appienne, par la porte Saint-Sébastien, autrefois appelée *Capene*. Cicéron dit qu'en sortant par cette porte, les tombeaux qu'on aperçoit les premiers sont ceux des Métellus, des Scipion et des Servilius. Le tombeau de la famille des Scipion a été trouvé dans ces lieux mêmes, et transporté depuis au Vatican. C'est presque un sacrilége de déplacer les cendres, d'altérer les ruines: l'imagination tient de plus près qu'on ne croit à la morale; il ne faut pas l'offenser. Parmi tant de tombeaux qui frappent les regards, on place des noms au hasard, sans pouvoir être assuré de ce qu'on suppose; mais cette incertitude même inspire une émotion qui ne permet de voir avec indifférence aucun de ces monuments. Il en est dans lesquels des maisons de paysans sont pratiquées; car les Romains consacraient un grand espace et des édifices assez vastes à l'urne funéraire de leurs amis ou de leurs concitoyens illustres. Ils n'avaient pas cet aride principe d'utilité, qui fertilise quelques coins de terre de plus, en frappant de stérilité le vaste domaine du sentiment et de la pensée.

On voit, à quelque distance de la voie Appienne, un temple élevé par la république à l'Honneur et à la Vertu; un autre au dieu qui a fait retourner Annibal sur ses pas; la fontaine d'Égérie, où Numa allait consulter la divinité des hommes de bien, la conscience interrogée dans la solitude. Il semble qu'autour de ces tombeaux les traces seules des vertus subsistent encore. Aucun monument des siècles du crime ne se trouve à côté des lieux où reposent ces illustres morts; ils se sont entourés d'un honorable espace, où les plus nobles souvenirs peuvent régner sans être troublés.

L'aspect de la campagne, autour de Rome, a quelque chose de singulièrement remarquable : sans doute c'est un désert, car il n'y a point d'arbres ni d'habitations; mais la terre est couverte de plantes naturelles, que l'énergie de la végétation renouvelle sans cesse. Ces plantes parasites se glissent dans les tombeaux, décorent les ruines, et semblent là seulement pour honorer les morts. On dirait que l'orgueilleuse nature a repoussé tous les travaux de l'homme; depuis que les Cincinnatus ne conduisent plus la charrue qui sillonnait son sein; elle produit des plantes au hasard, sans permettre que les vivants se servent de sa richesse. Ces plaines incultes doivent déplaire aux agriculteurs, aux administrateurs, à tous ceux qui spéculent sur la terre, et veulent l'exploiter pour les besoins de l'homme; mais les âmes rêveuses, que la mort occupe autant que la vie, se plaisent à contempler cette campagne de Rome, où le temps présent n'a imprimé aucune trace; cette terre qui chérit ses morts, et les couvre avec amour des inutiles fleurs, des inutiles plantes qui se traînent sur le sol, et ne s'élèvent jamais assez pour se séparer des cendres qu'elles ont l'air de caresser.

Oswald convint que dans ce lieu l'on devait goûter plus de calme que partout ailleurs. L'âme n'y souffre pas autant par les images que la douleur lui représente; il semble que l'on partage encore avec ceux qui ne sont plus les charmes de cet air, de ce soleil et de cette verdure. Corinne observa l'impression que recevait lord Nelvil, et elle en conçut quelque espérance : elle ne se flattait

point de consoler Oswald; elle n'eût pas même souhaité d'effacer de son cœur les justes regrets qu'il devait à la perte de son père; mais il y a dans le sentiment même des regrets quelque chose de doux et d'harmonieux, qu'il faut tâcher de faire connaître à ceux qui n'en ont encore éprouvé que les amertumes; c'est le seul bien qu'on puisse leur faire.

« Arrêtons-nous ici, dit Corinne, en face de ce tombeau, le seul qui reste encore presque en entier : ce n'est point le tombeau d'un Romain célèbre, c'est celui de Cécilia Métella, jeune fille à qui son père a fait élever ce monument. — Heureux, dit Oswald, heureux les enfants qui meurent dans les bras de leur père, et qui reçoivent la mort dans le sein qui leur donna la vie! la mort elle-même alors perd son aiguillon pour eux.

— Oui, dit Corinne avec émotion, heureux ceux qui ne sont pas orphelins! Voyez, on a sculpté des armes sur ce tombeau, bien que ce soit celui d'une femme; mais les filles des héros peuvent avoir sur leurs tombes les trophées de leur père : c'est une belle union que celle de l'innocence et de la valeur. Il y a une élégie de Properce qui peint mieux qu'aucun autre écrit de l'antiquité cette dignité des femmes chez les Romains, plus imposante et plus pure que l'éclat même dont elles jouissaient pendant le temps de la chevalerie. Cornélie, morte dans sa jeunesse, adresse à son époux les adieux et les consolations les plus touchantes, et l'on y sent presque à chaque mot tout ce qu'il y a de respectable et de sacré dans les liens de famille. Le noble orgueil d'une vie sans tache se peint dans cette poésie majestueuse des Latins, dans cette poésie noble et sévère comme les maîtres du monde. *Oui*, dit Cornélie, *aucune tache n'a souillé ma vie, depuis l'hymen jusqu'au bûcher; j'ai vécu pure entre les deux flambeaux* [1]. Quelle admirable expression! s'écria Corinne; quelle image sublime! et qu'il est digne d'envie, le sort de la femme qui peut avoir ainsi conservé la plus parfaite unité dans sa destinée, et n'emporte au tombeau qu'un souvenir! c'est assez pour une vie. »

En achevant ces mots, les yeux de Corinne se remplirent de larmes; un sentiment cruel, un soupçon pénible s'empara du cœur d'Oswald. « Corinne, s'écria-t-il, Corinne, votre âme délicate n'a-t-elle rien à se reprocher? Si je pouvais disposer de moi, si je pouvais m'offrir à vous, n'aurais-je point de rivaux dans le passé? pourrais-je être fier de mon choix? une jalousie cruelle ne

[1] Viximus insignes inter utramque facem.

— PROPERCE.

troublerait-elle pas mon bonheur? — Je suis libre, et je vous aime comme je n'ai jamais aimé, répondit Corinne; que voulez-vous de plus? Faut-il me condamner à vous avouer qu'avant de vous avoir connu, mon imagination a pu me tromper sur l'intérêt qu'on m'inspirait! Et n'y a-t-il pas dans le cœur de l'homme une pitié divine pour les erreurs que le sentiment, ou du moins l'illusion du sentiment, aurait fait commettre! » En achevant ces mots, une rougeur modeste couvrit son visage. Oswald tressaillit, mais il se tut. Il y avait dans le regard de Corinne une expression de repentir et de timidité qui ne lui permit pas de la juger avec rigueur, et il lui sembla qu'un rayon du ciel descendait sur elle pour l'absoudre. Il prit sa main, la serra contre son cœur, et se mit à genoux devant elle, sans rien prononcer, sans rien promettre, mais en la contemplant avec un regard d'amour qui laissait tout espérer.

« Croyez-moi, dit Corinne à lord Nelvil, ne formons point de plan pour les années qui suivront. Les plus heureux moments de la vie sont encore ceux qu'un hasard bienfaisant nous accorde. Est-ce donc ici, est-ce donc au milieu des tombeaux qu'il faut tant croire à l'avenir? — Non, s'écria lord Nelvil, non je ne crois point à l'avenir qui nous séparerait! Ces quatre jours d'absence m'ont trop bien appris que je n'existais plus maintenant que par vous. » Corinne ne répondit rien à ces douces paroles, mais elle les recueillit religieusement dans son cœur; elle craignait toujours, en prolongeant l'entretien sur le sentiment qui seul l'occupait, d'exciter Oswald à déclarer ses projets, avant qu'une plus longue habitude lui rendît la séparation impossible. Souvent même elle dirigeait à dessein son attention vers les objets extérieurs; comme cette sultane des contes arabes, qui cherchait à captiver par mille récits divers l'intérêt de celui qu'elle aimait, afin d'éloigner la décision de son sort, jusqu'au moment où les charmes de son esprit remportèrent la victoire.

CHAPITRE II.

Non loin de la voie Appienne, Oswald et Corinne se firent montrer les *Columbarium*, où les esclaves sont réunis à leurs maîtres, où l'on voit dans un même tombeau tout ce qui vécut par la protection d'un seul homme ou d'une seule femme. Les femmes de Livie, par exemple, celles qui, consacrées jadis aux soins de sa beauté, luttaient pour elle contre le temps, et disputaient aux années quelques-uns de ses charmes, sont placées à côté d'elle dans de petites urnes. On croit voir une collection de morts obscurs autour d'un mort illustre; non moins silencieux que son cortége. A peu de distance de là, l'on aperçoit un champ où les vestales infidèles à leurs vœux étaient enterrées vivantes; singulier exemple de fanatisme, dans une religion naturellement tolérante.

« Je ne vous mènerai point aux catacombes, dit Corinne à lord Nelvil, quoique, par un hasard singulier, elles soient au-dessous de cette voie Appienne, et qu'ainsi les tombeaux reposent sur les tombeaux. Mais cet asile des chrétiens persécutés a quelque chose de si sombre et de si terrible, que je ne puis me résoudre à y retourner; ce n'est pas cette mélancolie touchante que l'on respire dans les lieux ouverts, c'est le cachot près du sépulcre, c'est le supplice de la vie à côté des horreurs de la mort. Sans doute on se sent pénétré d'admiration pour les hommes qui, par la seule puissance de l'enthousiasme, ont pu supporter cette vie souterraine, et se sont ainsi séparés entièrement du soleil et de la nature; mais l'âme est si mal à l'aise dans ce lieu, qu'il n'en peut résulter aucun bien pour elle. L'homme n'est une partie de la création; il faut qu'il trouve son harmonie morale dans l'ensemble de l'univers, dans l'ordre habituel de la destinée; et de certaines exceptions violentes et redoutables peuvent étonner la pensée, mais effrayent tellement l'imagination, que la disposition habituelle de l'âme ne saurait y gagner. Allons plutôt, continua Corinne, voir la pyramide de Cestius; les protestants qui meurent ici sont tous ensevelis autour de cette pyramide, et c'est un doux asile, tolérant et libéral. — Oui, répondit Oswald; c'est là que plusieurs de mes compatriotes ont trouvé leur dernier séjour. Allons-y; peut-être est-ce ainsi du moins que je ne vous quitterai jamais. » Corinne frémit à ces mots, et sa main tremblait en s'appuyant sur le bras de lord Nelvil. « Je suis mieux, reprit-il, bien mieux, depuis que je vous connais. » Et le visage de Corinne fut éclairé de nouveau par cette joie douce et tendre, son expression habituelle.

Cestius présidait aux jeux des Romains; son nom ne se trouve point dans l'histoire, mais il est illustré par son tombeau. La pyramide massive qui le renferme, défend sa mort de l'oubli qui a tout à fait effacé sa vie. Aurélien, craignant qu'on ne se servît de cette pyramide comme d'une forteresse, pour attaquer Rome, l'a fait enclaver dans les murs qui subsistent encore, non pas comme d'inutiles ruines, mais comme l'enceinte actuelle de Rome moderne. On dit que les pyramides imitent, par leur forme, la flamme qui s'élève sur un bûcher. Ce qu'il y a de certain, c'est que cette forme mystérieuse attire les regards, et donne un caractère pittoresque à tous les points de vue dont elle fait partie. En face de cette pyramide est le mont Testacée, sous lequel il y a des grottes extrêmement fraîches, où l'on donne des festins pendant l'été. Les festins, à Rome, ne sont point troublés par la vue des tombeaux. Les pins et les cyprès qu'on aperçoit de distance en distance dans la riante campagne d'Italie, retracent aussi ces souvenirs solennels; et ce contraste produit le même effet que les vers d'Horace...

Moritura Delli

Linquenda tellus, et domus, et placens
Uxor...

au milieu des poésies consacrées à toutes les jouissances de la terre. Les anciens ont toujours senti que l'idée de la mort a sa volupté; l'amour et les fêtes la rappellent, et l'émotion d'une joie vive semble s'accroître par l'idée même de la brièveté de la vie.

Corinne et lord Nelvil revinrent de la course des tombeaux en côtoyant les bords du Tibre. Jadis il était couvert de vaisseaux et bordé de palais; jadis ses inondations mêmes étaient regardées comme des présages: c'était le fleuve prophète, la divinité tutélaire de Rome. Maintenant on dirait qu'il coule parmi les ombres, tant il est solitaire; tant la couleur de ses eaux paraît livide! Les plus beaux monuments des arts, les plus admirables statues ont été jetées dans le Tibre, et sont cachées sous ses flots. Qui sait si, pour les chercher, on ne le détournera pas un jour de son lit? Mais quand on songe que les chefs-d'œuvre du génie humain sont peut-être là, devant nous, et qu'un œil plus perçant les verrait à travers les ondes, l'on éprouve je ne sais quelle émotion, qui sans cesse renaît à Rome sous diverses formes, et fait trouver une société pour la pensée dans les objets physiques, muets partout ailleurs.

---

[1] Dellius, il faut mourir... il faut quitter la terre, et ta demeure, et ton épouse chérie.

[2] Plin., *Hist. natur.*, l. iii. Tiberis... quamlibet magnarum navium ex Italo mari capax, rerum in toto orbe nascentium mercator placidissimus, pluribus prope solus, quam ceteri in omnibus terris amnes, accolitur; aspiciturque villis. Nullique fluviorum minus licet, inclusis utrinque lateribus; nec tamen ipse pugnat, quanquam creber ac subitis incrementis, et nusquam magis aquis quam in ipsa urbe stagnantibus. Quin imo vates intelligitur potius ac monitor, auctu semper religiosus verius quam saevus.

CHAPITRE III

Raphaël a dit que Rome moderne était presqu'en entier bâtie avec les débris de Rome ancienne; et il est certain qu'on n'y peut faire un pas sans être frappé de quelques restes de l'antiquité. L'on aperçoit les *murs éternels*, selon l'expression de Pline, à travers l'ouvrage des derniers siècles; les édifices de Rome portent presque tous une empreinte historique; on y peut remarquer, pour ainsi dire, la physionomie des âges. Depuis les Étrusques jusqu'à nos jours, depuis ces peuples plus anciens que les Romains mêmes, et qui ressemblent aux Égyptiens par la solidité de leurs travaux et la bizarrerie de leurs dessins, depuis ces peuples jusqu'au cavalier Bernin, cet artiste maniéré, comme les poëtes italiens du dix-septième siècle, on peut observer l'esprit humain à Rome dans les différents caractères des arts, des édifices et des ruines. Le moyen âge et le siècle brillant des Médicis reparaissent à nos yeux par leurs œuvres, et cette étude du passé, dans les objets présents à nos regards, nous fait pénétrer le génie des temps. On croit que Rome avait autrefois un nom mystérieux, qui n'était connu que de quelques adeptes; il semble qu'il est encore nécessaire d'être initié dans le secret de cette ville. Ce n'est pas simplement un assemblage d'habitations, c'est l'histoire du monde, figurée par divers emblèmes, et représentée sous diverses formes.

Corinne convint avec lord Nelvil qu'ils iraient voir ensemble d'abord les édifices de Rome moderne, et qu'ils réserveraient pour un autre temps les admirables collections de tableaux et de statues qu'elle renferme. Peut-être, sans s'en rendre raison, Corinne désirait-elle de renvoyer le plus qu'il était possible ce qu'on ne peut se dispenser de connaître à Rome; car qui l'a jamais quittée sans avoir contemplé l'Apollon du Belvédère et les tableaux de Raphaël! Cette garantie, toute faible qu'elle était, qu'Oswald ne partirait pas encore, plaisait à son imagination. Y a-t-il de la fierté, dira-t-on, à vouloir retenir ce qu'on aime par un autre motif que celui du sentiment? Je ne sais; mais plus on aime, moins on se fie au sentiment qu'on inspire; et quelle que soit la cause qui nous assure la présence de l'objet qui nous est cher, on l'accepte toujours avec joie. Il y a souvent bien de la vanité dans un certain genre de fierté; et si des charmes généralement admirés, tels que ceux de Corinne, ont un véritable avantage, c'est qu'ils permettent de placer son orgueil dans le sentiment qu'on éprouve plus encore que dans celui qu'on inspire.

Corinne et lord Nelvil recommencèrent leurs courses par les églises les plus remarquables, entre les nombreuses églises de Rome : elles sont toutes décorées par les magnificences antiques; mais, quelque chose de sombre et de bizarre se mêle à ces beaux marbres, à ces ornements de fête enlevés aux temples païens. Les colonnes de porphyre et de granit étaient en si grand nombre à Rome, qu'on les a prodiguées presque sans y attacher aucun prix. A Saint-Jean de Latran, dans cette église fameuse par les conciles qui y ont été tenus, on trouve une telle quantité de colonnes de marbre, qu'il en est plusieurs qu'on a recouvertes d'un mastic de plâtre pour en faire des pilastres; tant la multitude de ces richesses y avait rendu indifférent!

Quelques-unes de ces colonnes étaient dans le tombeau d'Agrippa, d'autres au Capitole; celles-ci portent encore sur leur chapiteau la figure des oies qui ont sauvé le peuple romain : ces colonnes soutiennent des ornements gothiques, et quelques-unes des ornements à la manière des Arabes. L'urne d'Agrippa recèle les cendres d'un pape; car les morts eux-mêmes ont cédé la place à d'autres morts, et les tombeaux ont presque aussi souvent changé de maîtres que la demeure des vivants.

Près de Saint-Jean de Latran est l'escalier saint, transporté, dit-on, de Jérusalem à Rome. On ne peut le monter qu'à genoux. César lui-même et Claude montèrent aussi à genoux l'escalier qui conduisait au temple de Jupiter Capitolin. A côté de Saint-Jean de Latran est le baptistère où l'on dit que Constantin fut baptisé. Au milieu de la place l'on voit un obélisque qui est peut-être le plus ancien monument qui soit dans le monde; un obélisque contemporain de la guerre de Troie ! un obélisque que le barbare Cambyse respecta cependant assez pour faire arrêter en son honneur l'incendie d'une ville ! un obélisque pour lequel un roi mit en gage la vie de son fils unique ! Les Romains l'ont fait arriver miraculeusement du fond de l'Égypte jusqu'en Italie; ils détournèrent le Nil de son cours pour qu'il allât le chercher et le transportât jusqu'à la mer; cet obélisque est encore couvert des hiéroglyphes qui gardent leur secret depuis tant de siècles, et défient jusqu'à ce jour les plus savantes recherches. Les Indiens, les Égyptiens, l'antiquité de l'antiquité, nous seraient peut-être révélés par ces signes. Le charme merveilleux de Rome, ce n'est pas seulement la beauté réelle des monuments, mais l'intérêt qu'ils inspirent, en excitant à penser; et ce genre d'intérêt s'accroît chaque jour, par chaque étude nouvelle.

Une des églises les plus singulières de Rome, c'est Saint-Paul : son extérieur est celui d'une grange mal bâtie, et l'intérieur est orné par quatre-vingts colonnes d'un marbre si beau, d'une forme si parfaite, qu'on croit qu'elles appartiennent à un temple d'Athènes décrit par Pausanias. Cicéron dit : *Nous sommes entourés des vestiges de l'histoire.* S'il le disait alors, que dirons-nous maintenant?

Les colonnes, les statues, les bas-reliefs de l'ancienne Rome sont tellement prodigués dans les églises de la ville moderne, qu'il en est une (Sainte-Agnès) où des bas-reliefs retournés servent de marches à un escalier, sans qu'on se soit donné la peine de savoir ce qu'ils représentent. Quel étonnant aspect offrirait maintenant Rome antique, si l'on avait laissé les colonnes, des marbres, les statues, à la place même où ils ont été trouvés ! la ville ancienne presque en entier serait encore debout; mais les hommes de nos jours oseraient-ils s'y promener?

Les palais des grands seigneurs sont extrêmement vastes, d'une architecture souvent très-belle, et toujours imposante; mais les ornements de l'intérieur sont rarement de bon goût, et l'on n'y a point l'idée de ces appartements élégants que les jouissances perfectionnées de la vie sociale ont fait inventer ailleurs. Ces vastes demeures des princes romains sont désertes et silencieuses; les paresseux habitants de ces palais se retirent chez eux dans quelques petites chambres inaperçues, et laissent les étrangers parcourir leurs magnifiques galeries, où les plus beaux tableaux du siècle de Léon X sont réunis. Ces grands seigneurs romains sont aussi étrangers, maintenant au luxe pompeux de leurs ancêtres, que ces ancêtres l'étaient eux-mêmes aux vertus austères des Romains de la république. Les maisons de campagne donnent encore davantage l'idée de cette solitude, de cette indifférence des possesseurs au milieu des plus admirables séjours du monde. On se promène dans ces immenses jardins sans se douter qu'ils aient un maître. L'herbe croît au milieu des allées; et, dans ces mêmes allées abandonnées, les arbres sont taillés artistement selon l'ancien goût qui régnait en France; singulière bizarrerie, que cette négligence du nécessaire et cette affectation de l'inutile ! Mais on est souvent surpris à Rome, et dans la plupart des autres villes d'Italie, du goût qu'ont les Italiens pour les ornements maniérés; eux qui ont sans cesse sous les yeux la noble simplicité de l'antique. Ils aiment ce qui est brillant, plutôt que ce qui est élégant et commode. Ils on en tout genre les avantages et les inconvénients de ne point vivre habituellement en société. Leur luxe est pour l'imagination, plutôt que pour la jouissance : isolés qu'ils sont entre eux, ils ne peuvent redouter l'esprit de moquerie, qui pénètre rarement à Rome dans les secrets de la maison; et l'on dirait souvent, à voir le contraste du dedans et du dehors des palais, que la plupart des grands seigneurs d'Italie arrangent leurs demeures pour éblouir les passants, mais non pour y recevoir des amis.

Après avoir parcouru les églises et les palais, Corinne conduisit Oswald dans la Villa Mellini, jardin solitaire, et sans autre ornement que des arbres magnifiques. On voit de là, dans l'éloignement, la chaîne des Apennins; la transparence de l'air colore ces montagnes, les rapproche et les dessine d'une manière singulièrement pittoresque. Oswald et Corinne restèrent dans ce lieu quelque temps, pour goûter le charme du ciel et la tranquillité de la nature. On ne peut avoir l'idée de cette tranquillité singulière, quand on n'a pas vécu dans les contrées méridionales. L'on ne sent pas, dans un jour chaud, le plus léger souffle de vent. Les plus faibles brins de gazon sont d'une immobilité parfaite; les animaux eux-mêmes partagent l'indolence inspirée par le beau temps; à midi, vous n'entendez point le bourdonnement des mouches, ni le bruit des cigales, ni le chant des oiseaux; nul ne se fatigue en agitations inutiles et passagères; tout dort, jusqu'au moment où les orages, où les passions réveillent la nature véhémente qui sort avec impétuosité de son propre repos.

Il y a dans les jardins de Rome un grand nombre d'arbres toujours verts, qui ajoutent encore à l'illusion que fait déjà la douceur du climat pendant l'hiver. Des pins d'une élégance particulière, larges et touffus vers le sommet, et rapprochés l'un de l'autre, forment comme une espèce de plaine dans les airs, dont l'effet est charmant, quand on monte assez haut pour l'apercevoir. Les arbres inférieurs sont placés à l'abri de cette voûte de verdure. Deux palmiers seulement se trouvent dans Rome, et sont tous les deux dans des jardins de moines : l'un d'eux, placé sur une hauteur, sert de point de vue à distance, et l'on a toujours un sentiment de plaisir en apercevant, en retrouvant, dans les diverses perspectives de Rome, ce député de l'Afrique, cette image d'un midi plus brûlant encore que celui de l'Italie, et qui réveille tant d'idées et de sensations nouvelles.

« Ne trouvez-vous pas, dit Corinne en contemplant avec Oswald la campagne dont ils étaient environnés, que la nature en Italie fait plus rêver que partout ailleurs? On dirait qu'elle est ici plus en relation avec l'homme, et que le Créateur s'en sert comme d'un langage entre la créature et lui. —Sans doute, reprit Oswald, je le crois ainsi; mais qui sait si ce n'est pas l'attendrissement profond que vous excitez dans mon cœur, qui me rend sensible à tout ce que je vois? Vous me révélez les pensées et les émotions que les objets extérieurs peuvent faire naître. Je ne vivais que dans mon cœur, vous avez réveillé mon imagination. Mais cette magie de l'univers que vous m'apprenez à connaître, ne m'offrira jamais rien de plus beau que votre regard, de plus touchant que votre voix.—Puisse ce sentiment que je vous inspire aujourd'hui, durer autant que ma vie, dit Corinne, ou du moins puisse ma vie ne pas durer plus que lui ! »

Oswald et Corinne terminèrent leur voyage de Rome par la Villa Borghèse, celui de tous les jardins et de tous les palais romains où les splendeurs de la nature et des arts sont rassemblées avec le plus de goût et d'éclat. On y voit des arbres de toutes les espèces et des eaux magnifiques. Une réunion incroyable de statues, de vases, de sarcophages antiques, se mêlent avec la fraîcheur de la jeune nature du Sud. La mythologie des anciens y semble ranimée. Les naïades sont placées sur le bord des ondes, les nymphes dans des bois dignes d'elles, les tombeaux sous des ombrages élyséens; la statue d'Esculape est au milieu d'une île; celle de Vénus semble sortir des ondes; Ovide et Virgile pourraient se promener dans ce beau lieu, et se croire encore au siècle d'Auguste. Les chefs-d'œuvre de sculpture que renferme le palais, lui donnent une magnificence à jamais nouvelle. On aperçoit de loin, à travers les arbres, la ville de Rome et Saint-Pierre, et la campagne, et les longues arcades, débris des aquéducs qui transportaient les sources des montagnes dans l'ancienne Rome. Tout est là pour la pensée, pour l'imagination, pour la rêverie. Les sensations les plus pures se confondent avec les plaisirs de l'âme, et donnent l'idée d'un bonheur parfait; mais quand on demande : Pourquoi ce séjour ravissant n'est-il pas habité? l'on vous répond que le mauvais air (*la cattiva aria*) ne permet pas d'y vivre pendant l'été.

Ce mauvais air fait, pour ainsi dire, le siége de Rome; il avance chaque année quelques pas de plus, et l'on est forcé d'abandonner les plus charmantes habitations à son empire : sans doute l'absence d'arbres dans la campagne, autour de la ville, est une des causes de l'insalubrité de l'air, et c'est peut-être pour cela que les anciens Romains avaient consacré les bois aux déesses, afin de les faire respecter par le peuple. Maintenant des forêts sans nombre ont été abattues ; pourrait-il en effet exister de nos jours des lieux assez sanctifiés pour que l'avidité s'abstînt de les dévaster ? Le mauvais air est le fléau des habitants de Rome, et menace la ville d'une entière dépopulation, mais il ajoute peut-être encore à l'effet que produisent les superbes jardins qu'on voit dans l'enceinte de Rome. L'influence maligne ne se fait sentir par aucun signe extérieur ; vous respirez un air qui semble pur et qui est très-agréable ; la terre est riante et fertile ; une fraîcheur délicieuse vous repose le soir des chaleurs brûlantes du jour ; et tout cela, c'est la mort !

« J'aime, disait Oswald à Corinne, ce danger mystérieux, invisible, ce danger sous la forme des impressions les plus douces. Si la mort n'est, comme je le crois, qu'un appel à une existence plus heureuse, pourquoi le parfum des fleurs, l'ombrage des beaux arbres, le souffle rafraîchissant du soir, ne seraient-ils pas chargés de nous en apporter la nouvelle ? Sans doute le gouvernement doit veiller de toutes les manières à la conservation de la vie humaine ; mais la nature a des secrets que l'imagination seule peut pénétrer ; et je conçois facilement que les habitants et les étrangers ne se dégoûtent point de Rome, par le genre de péril que l'on y court pendant les plus belles saisons de l'année. »

LIVRE VI.

LES MŒURS ET LE CARACTÈRE DES ITALIENS.

CHAPITRE PREMIER.

L'irrésolution du caractère d'Oswald, augmentée par ses malheurs, le portait à craindre tous les partis irrévocables. Il n'avait pas même osé, dans son incertitude, demander à Corinne le secret de son nom et de sa destinée, et cependant son amour pour elle acquérait chaque jour de nouvelles forces ; il ne la regardait jamais sans émotion ; il pouvait à peine, au milieu de la société, s'éloigner, même pour un instant, de la place où elle était assise ; elle ne disait pas un mot qu'il ne sentît ; elle n'avait pas un instant de tristesse ou de gaieté dont le reflet ne se peignît sur sa propre physio-

nomie. Mais tout en admirant, tout en aimant Corinne, il se rappelait combien une telle femme s'accordait peu avec la manière de vivre des Anglais, combien elle différait de l'idée que son père s'était formée de celle qu'il lui convenait d'épouser ; et ce qu'il disait à Corinne se ressentait du trouble et de la contrainte que ces réflexions faisaient naître en lui.

Corinne ne s'en apercevait que trop bien ; mais il lui en aurait tant coûté de rompre avec lord Nelvil, qu'elle se prêtait elle-même à ce qu'il n'y eût point entre eux d'explication décisive ; et comme elle avait dans le caractère assez d'imprévoyance, elle était heureuse du présent tel qu'il était, quoiqu'il lui fût impossible de savoir ce qui devait en arriver.

Elle s'était entièrement séparée du monde, pour se consacrer à son sentiment pour Oswald. Mais à la fin, blessée de son silence sur leur avenir, elle résolut d'accepter une invitation pour un bal où elle était vivement désirée. Rien n'est plus indifférent à Rome que de quitter la société et d'y reparaître tour à tour, selon que cela convient : c'est le pays où l'on s'occupe le moins de ce qu'on appelle ailleurs le *commérage ;* chacun fait ce qu'il veut, sans que personne s'en informe, à moins qu'on ne rencontre dans les autres un obstacle à son amour ou à son ambition. Les Romains ne s'inquiètent pas plus de la conduite de leurs compatriotes que de celle des étrangers qui passent et repassent dans leur ville, rendez-vous des Européens. Quand lord Nelvil sut que Corinne allait au bal, il en éprouva de l'humeur. Il avait cru voir en elle depuis quelque temps une disposition mélancolique qui sympathisait avec la sienne ; tout à coup elle lui parut vivement occupée de la danse, de ce talent dans lequel elle excellait, et son imagination semblait animée par la perspective d'une fête. Corinne n'était pas une personne frivole ; mais elle se sentait chaque jour plus subjuguée par son amour pour Oswald, et elle voulait essayer d'en affaiblir la force. Elle savait par expérience que la réflexion et les sacrifices ont moins de pouvoir sur les caractères passionnés que la distraction, et elle pensait que la raison ne consiste pas à triompher de soi selon les règles, mais comme on le peut.

« Il faut, disait-elle à lord Nelvil, qui lui reprochait cette intention, il faut pourtant que je sache s'il n'y a plus que vous au monde qui puissiez remplir ma vie, si ce qui me plaisait autrefois ne peut pas encore m'amuser, et si le sentiment que vous m'inspirez doit absorber tout autre intérêt et toute autre idée. — Vous voulez donc cesser de m'aimer? reprit Oswald. — Non, répondit Corinne; mais ce n'est que dans la vie domestique qu'il peut être doux de se sentir ainsi dominée par une seule affection. Moi qui ai besoin de mes talents, de mon esprit, de mon imagination, pour soutenir l'éclat de la vie que j'ai adoptée, cela me fait mal, et beaucoup de mal, d'aimer comme je vous aime.

— Vous ne me sacrifieriez donc pas, lui dit Oswald, ces hommages, cette gloire. — Que vous importe, dit Corinne, de savoir si je vous les sacrifierais! Il ne faut pas, puisque nous ne sommes point destinés l'un à l'autre, flétrir à jamais pour moi le genre de bonheur dont je dois me contenter. Lord Nelvil ne répondit point, parce qu'il fallait, en exprimant son sentiment, dire aussi quel dessein ce sentiment lui inspirait; et son cœur l'ignorait encore. Il se tut donc, en soupirant, et suivit Corinne au bal, quoiqu'il lui en coûtât beaucoup d'y aller.

C'était là, première fois, depuis son malheur, qu'il revoyait une grande assemblée; et le tumulte d'une fête lui causa une telle impression de tristesse, qu'il resta longtemps dans une salle à côté de celle du bal, la tête appuyée sur sa main, et ne cherchant pas même à voir danser Corinne. Il écoutait cette musique de danse qui, comme toutes les musiques, fait rêver bien qu'elle ne semble destinée qu'à la joie. Le comte d'Erfeuil arriva tout enchanté d'un bal, d'une assemblée, d'une société nombreuse enfin qui lui rappelait un peu la France. « Ça fait ce que j'ai pu, dit-il à lord Nelvil, pour trouver quelque intérêt à ces ruines dont on parle tant à Rome: je ne vois rien de beau dans cela: c'est un préjugé que l'admiration de ces débris couverts de ronces. J'en dirai mon avis quand je reviendrai à Paris; car il est temps que ce prestige de l'Italie finisse. Il n'y a pas un monument en Europe subsistant aujourd'hui dans son entier, qui ne vaille mieux que ces tronçons de colonnes, que ces bas-reliefs noircis par le temps, qu'on ne peut admirer qu'à force d'érudition. Un plaisir qu'il faut acheter par tant d'études ne me paraît pas bien vif en lui-même; car, pour être ravi par les spectacles de Paris, personne n'a besoin de pâlir sur les livres. » Lord Nelvil ne répondit rien. Le comte d'Erfeuil l'interrogea de nouveau sur l'impression que Rome avait produite sur lui. « Au milieu d'un bal, dit Oswald, ce n'est pas trop le moment d'en parler d'une manière sérieuse; et vous savez que je ne sais pas parler autrement. » A la bonne heure, reprit le comte d'Erfeuil: je suis plus gai que vous, j'en conviens;

mais qui sait si je ne suis pas plus sage? Il y a beaucoup de philosophie, croyez-moi, dans mon apparente légèreté; la vie doit être prise comme cela. — Vous avez peut-être raison, reprit Oswald; mais c'est par nature, et non par réflexion, que vous êtes ainsi, et voilà pourquoi votre manière d'être ne convient qu'à vous.

Le comte d'Erfeuil entendit nommer Corinne dans la salle du bal, et il y entra pour savoir ce dont il s'agissait. Lord Nelvil s'avança jusqu'à la porte, et vit le prince d'Amalfi, Napolitain de la plus belle figure, qui priait Corinne de danser avec lui la Tarentelle, une danse de Naples pleine de grâce et d'originalité. Les amis de Corinne le lui demandaient aussi. Elle accepta sans se faire prier; ce qui étonna assez le comte d'Erfeuil, accoutumé qu'il était aux refus par lesquels il est d'usage de faire précéder le consentement. Mais en Italie on ne connaît pas ce genre de grâces, et chacun croit tout simplement plaire davantage à la société en s'empressant de faire ce qu'elle désire. Corinne aurait inventé cette manière naturelle, si déjà elle n'avait pas été en usage. L'habit qu'elle avait mis pour le bal était élégant et léger; ses cheveux étaient rassemblés dans un filet de soie à l'italienne, et ses yeux exprimaient un plaisir vif qui la rendait plus séduisante que jamais. Oswald en fut troublé, il combattait contre lui-même; il s'indignait d'être captivé par les charmes dont il devait se plaindre, puisque, loin de songer à lui plaire, c'était presque pour échapper à son empire que Corinne se montrait si ravissante. Mais qui peut résister aux séductions de la grâce? Fût-elle même dédaigneuse, elle serait encore toute-puissante; et ce n'était assurément pas la disposition de Corinne. Elle aperçut lord Nelvil, rougit, et ses yeux avaient, en le regardant, une douceur enchanteresse.

Le prince d'Amalfi s'accompagnait, en dansant, avec des castagnettes. Corinne, avant de commencer, fit avec les deux mains un salut plein de grâce à l'assemblée, et, tournant légèrement sur elle-même, elle prit le tambour de basque que le prince d'Amalfi lui présentait. Elle se mit à danser, en frappant l'air de ce tambour de basque, et tous ses mouvements avaient une souplesse, une grâce, un mélange de pudeur et de volupté qui pouvaient donner l'idée de la puissance que les bayadères exercent sur l'imagination des Indiens, quand elles sont, pour ainsi dire, poètes avec leur danse, quand elles expriment tant de sentiments divers par les pas caractérisés et les tableaux enchanteurs qu'elles offrent aux regards. Corinne connaissait si bien toutes les attitudes que représentent les peintres et les sculpteurs antiques, que, par un léger mouvement de ses bras, en plaçant son tambour de basque tantôt au-dessus de sa tête, tantôt en avant avec une de ses mains, tandis que l'autre parcourait les grelots avec une incroyable dextérité, elle rappelait les danseuses d'Herculanum, et faisait naître successivement une foule d'idées nouvelles pour le dessin et la peinture.

Ce n'était point la danse française, si remarquable par l'élégance et la difficulté des pas; c'était un talent qui tenait de beaucoup plus près à l'imagination et au sentiment. Le caractère de la musique était exprimé tour à tour par la précision et la mollesse des mouvements. Corinne, en dansant, faisait passer dans l'âme des spectateurs ce qu'elle éprouvait, comme si elle avait improvisé, comme si elle avait joué de la lyre, ou dessiné quelques figures; tout était langage pour elle; les musiciens, en la regardant, s'animaient à mieux faire sentir le génie de leur art; et je ne sais quelle joie passionnée, et quelle sensibilité d'imagination électrisaient à la fois tous les témoins de cette danse magique, et les transportaient dans une existence idéale, où l'on rêve un bonheur qui n'est pas de ce monde.

Il y a un moment dans cette danse napolitaine où la femme se met à genoux, tandis que l'homme tourne autour d'elle, non en maître, mais en vainqueur. Quel était dans ce moment le charme et la dignité de Corinne, comme à genoux elle était souveraine! Et quand elle se releva, en faisant retentir le son de son instrument, de sa cymbale aérienne, elle semblait animée par un enthousiasme de vie, de jeunesse et de beauté, qui devait persuader qu'elle n'avait besoin de personne pour être heureuse. Hélas! il n'en était pas ainsi; mais Oswald le craignait, et soupirait en admirant Corinne, comme si chacun de ses succès l'eût séparée de lui. A la fin de la danse, l'homme se jette à genoux à son tour, et c'est la femme qui danse autour de lui. Corinne en cet instant se surpassa encore, s'il était possible, sa course était si légère, en parcourant deux ou trois fois le même cercle, que ses pieds chaussés en brodequins volaient sur le plancher avec la rapidité de l'éclair; et quand elle leva une de ses mains, en agitant son tambour.

¹ C'est la danse de madame Recamier qui m'a donné l'idée de celle que j'ai essayé de peindre.

Cette femme si célèbre par sa grâce et sa beauté offre l'exemple, au milieu de ses revers, d'une résignation si touchante et d'un oubli si total de ses intérêts personnels, que ses qualités morales semblent à tous les yeux aussi remarquables que ses agréments.

de basque, et que de l'autre elle fit signe au prince d'Amalfi de se relever, tous les hommes étaient tentés de se mettre à genoux comme lui; tous, excepté lord Nelvil, qui se retira de quelques pas en arrière, et le comte d'Erfeuil qui fit quelques pas en avant pour complimenter Corinne. Quant aux Italiens qui étaient là, ils ne pensaient point à se faire remarquer par leur enthousiasme; ils s'y livraient, parce qu'ils l'éprouvaient. Ce ne sont pas des hommes assez habitués à la société et à l'amour-propre qu'elle excite, pour s'occuper de l'effet qu'ils produisent; ils ne se laissent jamais détourner de leur plaisir par la vanité, ni de leur but par les applaudissements.

Corinne était charmée de son succès, et remerciait tout le monde avec une grâce pleine de simplicité. Elle était contente d'avoir réussi, et le laissait voir en bonne enfant, si l'on peut s'exprimer ainsi; mais ce qui l'occupait surtout, c'était le désir de traverser la foule pour arriver jusqu'à la porte contre laquelle Oswald était appuyé. Elle y arriva enfin, et s'arrêta un moment pour attendre un mot de lui. — Corinne, lui dit-il, en s'efforçant de cacher son trouble, son enchantement et sa peine; Corinne, voilà bien des hommages, voilà bien des succès! Mais, au milieu de ces adorateurs si enthousiastes, y a-t-il un ami courageux et sûr? y a-t-il un protecteur pour la vie? et le vain tumulte des applaudissements devrait-il suffire à une âme telle que la vôtre?

Après je ne sais quel soupir, Corinne se mit au jeu: quelques femmes aux jeux silencieux et tristes en whist plus silencieux; ce n'était pas un mot prononcé.

CHAPITRE II.

La foule empêcha Corinne de répondre à lord Nelvil. On allait souper, et chaque *cavaliere servente* se hâtait de s'asseoir à côté de sa dame. Une étrangère arriva, et, ne trouvant plus de place, aucun homme, excepté lord Nelvil et le comte d'Erfeuil, ne lui offrit la sienne: ce n'était ni par impolitesse, ni par égoïsme, qu'aucun Romain ne s'était levé; mais l'idée que les grands seigneurs de Rome ont de l'honneur et du devoir, c'est de ne pas quitter d'un pas ni d'un instant leur dame. Quelques-uns n'ayant pas pu s'asseoir, se tenaient derrière la chaise de leurs belles, prêts à les servir au moindre signe. Les dames ne parlaient qu'à leurs cavaliers; les étrangers erraient en vain autour de ce cercle, où personne n'avait rien à leur dire; car les femmes ne savent pas en Italie ce que c'est que la coquetterie, ce que c'est en amour qu'un succès d'amour-propre; elles n'ont envie de plaire qu'à celui qu'elles aiment; il n'y a point de séduction d'esprit avant celle du cœur ou des yeux;

les commencements les plus rapides sont suivis quelquefois par un sincère dévouement, et même une très-longue constance. L'infidélité est en Italie blâmée plus sévèrement dans un homme que dans une femme. Trois ou quatre hommes; sous des titres différents, suivent la même femme; qui les mène avec elle, sans se donner quelquefois même la peine de dire leur nom au maître de la maison qui les reçoit; l'un est le préféré, l'autre celui qui aspire à l'être, un troisième s'appelle le souffrant (*il patito*); celui-là est tout à fait dédaigné, mais on lui permet cependant de faire le service d'adorateur; et tous ces rivaux vivent paisiblement ensemble. Les gens du peuple seuls ont encore conservé la coutume des coups de poignard. Il y a dans ce pays un bizarre mélange de simplicité et de corruption, de dissimulation et de vérité, de bonhomie et de vengeance, de faiblesse et de force, qui s'explique par une observation constante ; c'est que les bonnes qualités viennent de ce qu'on n'y fait rien pour la vanité, et les mauvaises, de ce qu'on y fait beaucoup pour l'intérêt, soit que cet intérêt tienne à l'amour, à l'ambition ou à la fortune.

Les distinctions de rang font en général peu d'effet en Italie; ce n'est point par philosophie, mais par facilité de caractère et familiarité de mœurs, qu'on y est peu susceptible des préjugés aristocratiques; et comme la société ne s'y constitue juge de rien, elle admet tout.

Après le souper, chacun se mit au jeu, quelques femmes aux jeux de hasard, d'autres au whist le plus silencieux; et pas un mot n'était prononcé dans cette chambre naguère si bruyante. Les peuples du Midi passent souvent de la plus grande agitation au plus profond repos; c'est encore un des contrastes de leur caractère, que la paresse unie à l'activité la plus infatigable : ce sont en tout des hommes qu'il faut se garder de juger au premier coup d'œil; car les qualités, comme les défauts les plus opposés, se trouvent en eux; si vous les voyez prudents dans tel instant, il se peut que, dans un autre, ils se montrent les plus audacieux des hommes; s'ils sont indolents, c'est peut-être qu'ils se reposent d'avoir agi, ou se préparent pour agir encore; enfin, ils ne perdent aucune force de l'âme dans la société, et toutes s'amassent en eux pour les circonstances décisives.

Dans cette assemblée de Rome où se trouvaient Oswald et Corinne, il y avait des hommes qui perdaient des sommes énormes au jeu, sans qu'on pût l'apercevoir le moins du monde sur leur physionomie : ces mêmes hommes auraient eu l'ex-

pression la plus vive et les gestes les plus animés, s'ils avaient raconté quelques faits de peu d'importance. Mais quand les passions arrivent à un certain degré de violence, elles craignent les témoins, et se voilent presque toujours par le silence et l'immobilité.

Lord Nelvil avait conservé un ressentiment amer de la scène du bal ; il croyait que les Italiens, et leur manière animée d'exprimer l'enthousiasme, avaient détourné de lui, du moins pour un moment, l'intérêt de Corinne. Il en était très-malheureux, mais sa fierté lui conseillait de le cacher, ou de le témoigner seulement en montrant du dédain pour les suffrages qui flattaient sa brillante amie. On lui proposa de jouer, il le refusa, Corinne aussi ; et elle lui fit signe de venir s'asseoir à côté d'elle. Oswald était inquiet de compromettre Corinne, en passant ainsi la soirée seul avec elle en présence de tout le monde. « Soyez tranquille, lui dit-elle, personne ne s'occupera de nous; c'est l'usage ici de ne faire en société que ce qui plaît; il n'y a pas une convenance établie, pas un égard exigé, une politesse bienveillante suffit; personne ne veut que l'on se gêne les uns pour les autres. Ce n'est sûrement pas un pays où la liberté subsiste telle que vous l'entendez en Angleterre; mais on y jouit d'une parfaite indépendance sociale. — C'est-à-dire, reprit Oswald, qu'on n'y montre aucun respect pour les mœurs. — Au moins, interrompit Corinne, aucune hypocrisie. M. de la Rochefoucauld a dit : *Le moindre des défauts d'une femme galante est de l'être.* En effet, quels que soient les torts des femmes en Italie, elles n'ont pas recours au mensonge; et si le mariage n'y est pas assez respecté, c'est du consentement des deux époux.

— Ce n'est point la sincérité qui est la cause de ce genre de franchise, répondit Oswald, mais l'indifférence pour l'opinion publique. En arrivant ici, j'avais une lettre de recommandation pour une princesse; je la donnai à mon domestique de place pour la porter; il me dit : Monsieur, dans ce moment cette lettre ne vous servirait à rien; car la princesse ne voit personne, elle est INNAMORATA, et cet état, d'être INNAMORATA, se proclamait comme toute autre situation de la vie, et cette publicité n'est point excusée par une passion extraordinaire; plusieurs attachements se succèdent ainsi, et sont également connus. Les femmes mettent si peu de mystère à cet égard, qu'elles avouent leurs liaisons avec moins d'embarras que nos femmes n'en auraient en parlant de leurs époux. Aucun sentiment profond ni délicat ne se mêle, on le croit aisément, à cette mobilité sans pudeur. Aussi, dans cette nation où l'on ne pense qu'à l'amour, il n'y a pas un seul roman, parce que l'amour y est si rapide, si public, qu'il ne prête à aucun genre de développement, et que, pour peindre véritablement les mœurs générales à cet égard, il faudrait commencer et finir dans la première page. Pardon, Corinne, s'écria lord Nelvil en remarquant la peine qu'il lui faisait éprouver, vous êtes Italienne, cette idée devrait me désarmer. Mais l'une des causes de votre grâce incomparable, c'est la réunion de tous les charmes qui caractérisent les différentes nations. Je ne sais dans quel pays vous avez été élevée ; mais certainement vous n'avez point passé toute votre vie en Italie : peut-être est-ce en Angleterre même... Ah! Corinne, si cela était vrai, comment auriez-vous pu quitter ce sanctuaire de la pudeur et de la délicatesse, pour venir ici, où non-seulement la vertu, mais l'amour même est si mal connu? On le respire dans l'air; mais pénètre-t-il dans le cœur? Les poésies, dans lesquelles l'amour joue un si grand rôle, ont beaucoup de grâce, beaucoup d'imagination; elles sont ornées par des tableaux brillants, dont les couleurs sont vives et voluptueuses. Mais où trouverez-vous ce sentiment mélancolique et tendre qui anime notre poésie? Que pourriez-vous comparer à la scène de Belvidera et de son époux, dans Otway; à Roméo, dans Shakspeare; enfin surtout aux admirables vers de Thompson, dans son chant du printemps, lorsqu'il peint avec des traits si nobles et si touchants le bonheur de l'amour dans le mariage? Y a-t-il un tel mariage en Italie? Et là où il n'y a pas de bonheur domestique, peut-il exister de l'amour? N'est-ce pas ce bonheur qui est le but de la passion du cœur, comme la possession est celui de la passion des sens? Toutes les femmes jeunes et belles ne se ressemblent-elles pas, si les qualités de l'âme et de l'esprit ne fixent pas la préférence? et ces qualités, que font-elles désirer? le mariage, c'est-à-dire l'association de tous les sentiments et de toutes les pensées. L'amour illégitime, quand malheureusement il existe chez nous, est encore, si j'ose m'exprimer ainsi, un reflet du mariage. On y cherche ce bonheur intime qu'on n'a pu goûter chez soi, et l'infidélité même est plus morale en Angleterre, que le mariage en Italie. »

Ces paroles étaient dures, elles blessèrent profondément Corinne; et se levant aussitôt, les yeux remplis de larmes, elle sortit de la chambre, et retourna subitement chez elle. Oswald fut au désespoir d'avoir offensé Corinne; mais il avait une sorte d'irritation de ses succès du bal, qui s'était

trahie par les paroles qui venaient de lui échapper. Il la suivit chez elle, mais elle refusa de lui parler. Il y retourna le lendemain matin encore inutilement, sa porte était fermée. Ce refus prolongé de recevoir lord Nelvil n'était pas dans le caractère de Corinne, mais elle était douloureusement affligée de l'opinion qu'il avait témoignée sur les Italiennes, et cette opinion même lui faisait une loi de cacher à l'avenir, si elle le pouvait, le sentiment qui l'entraînait.

Oswald, de son côté, trouvait que Corinne ne se conduisait pas dans cette circonstance avec la simplicité qui lui était naturelle, et il se confirmait toujours davantage dans le mécontentement que le bal lui avait causé; il excitait en lui cette disposition qui pouvait lutter contre le sentiment dont il redoutait l'empire. Ses principes étaient sévères, et le mystère qui enveloppait la vie passée de celle qu'il aimait, lui causait une grande douleur. Les manières de Corinne lui paraissaient pleines de charmes, mais quelquefois un peu trop animées par le désir universel de plaire. Il lui trouvait beaucoup de noblesse et de réserve dans les discours et dans le maintien, mais trop d'indulgence dans les opinions. Enfin Oswald était un homme séduit, entraîné, mais conservant au dedans de lui-même un opposant qui combattait ce qu'il éprouvait. Cette situation porte souvent à l'amertume. On est mécontent de soi-même et des autres. L'on souffre, et l'on a comme une sorte de besoin de souffrir encore davantage, ou du moins d'amener une explication violente, qui fasse triompher complétement l'un des deux sentiments qui déchirent le cœur.

C'est dans cette disposition que lord Nelvil écrivit à Corinne. Sa lettre était amère et inconvenable; il le sentait, mais des mouvements confus le portaient à l'envoyer : il était si malheureux par ses combats, qu'il voulait à tout prix une circonstance quelconque qui pût les terminer.

Un bruit auquel il ne croyait pas, mais que le comte d'Erfeuil était venu lui raconter, contribua peut-être encore à rendre ses expressions plus âpres. On répandait dans Rome que Corinne épouserait le prince d'Amalfi. Oswald savait bien qu'elle ne l'aimait pas, et devait penser que le bal était la seule cause de cette nouvelle : mais il se persuada qu'elle l'avait reçu chez elle, le matin du jour où il n'avait pu lui-même être admis; et trop fier pour exprimer un sentiment de jalousie, il satisfit son mécontentement secret, en dénigrant la nation pour laquelle il voyait avec tant de peine la prédilection de Corinne.

CHAPITRE III.

Lettre d'Oswald à Corinne.

« Ce 24 janvier 1795.

« Vous refusez de me voir; vous êtes offensée
« de notre conversation d'avant-hier; vous vous
« proposez sans doute de ne plus admettre à l'ave-
« nir chez vous que vos compatriotes : vous voulez
« expier apparemment le tort que vous avez eu de
« recevoir un homme d'une autre nation. Cepen-
« dant, loin de me repentir d'avoir parlé avec sin-
« cérité sur les Italiennes, à vous, que dans mes
« chimères je voulais considérer comme une An-
« glaise, j'oserai dire avec bien plus de force encore,
« que vous ne trouverez ni bonheur ni dignité, si
« vous voulez faire choix d'un époux au milieu de
« la société qui vous environne. Je ne connais pas
« un homme parmi les Italiens qui puisse vous mé-
« riter; il n'en est pas un qui vous honorât par son
« alliance, de quelque titre qu'il vous revêtît. Les
« hommes, en Italie, valent beaucoup moins que
« des femmes, car ils ont les défauts des femmes,
« et les leurs propres en sus. Me persuaderez-vous
« qu'ils soient capables d'amour, ces habitants du
« Midi qui fuient avec tant de soin la peine, et sont
« si décidés au bonheur? N'avez-vous pas vu, je le
« tiens de vous, le mois dernier, au spectacle, un
« homme qui avait perdu huit jours auparavant sa
« femme; et une femme qu'il disait aimer? On veut
« ici se débarrasser le plus tôt possible, et des
« morts, et de l'idée de la mort. Les cérémonies
« des funérailles sont accomplies par les prêtres,
« comme les soins de l'amour sont observés par les
« *cavaliers servants*. Les rites et l'habitude ont
« tout prescrit d'avance, les regrets et l'enthou-
« siasme n'y sont pour rien. Enfin, et c'est là sur-
« tout ce qui détruit l'amour, les hommes n'inspi-
« rent aucun genre de respect aux femmes; elles ne
« leur savent aucun gré de leur soumission, parce
« qu'ils n'ont aucune fermeté de caractère; aucune
« occupation sérieuse dans la vie. Il faut, pour que
« la nature et l'ordre social se montrent dans toute
« leur beauté, que l'homme soit protecteur et la
« femme protégée, mais que ce protecteur adore la
« faiblesse qu'il défend, et respecte la divinité sans
« pouvoir, qui, comme ses dieux Pénates, porte
« le bonheur à sa maison. Ici l'on dirait presque que
« les femmes sont le sultan et les hommes le sérail.
« Les hommes ont la douceur et la souplesse du
« caractère des femmes. Un proverbe italien dit :
« *Qui ne sait pas feindre ne sait pas vivre*. N'est-ce
« pas là un proverbe de femme? et en effet, dans

« ce pays où il n'y a ni carrière militaire, ni insti-
« tution libre, comment un homme pourrait-il se
« former à la dignité et à la force? Aussi tournent-
« ils tout leur esprit vers l'habileté; ils jouent la
« vie comme une partie d'échecs dans laquelle le
« succès est tout. Ce qui leur reste des souvenirs
« de l'antiquité, c'est quelque chose de gigantesque
« dans les expressions et dans la magnificence ex-
« térieure; mais à côté de cette grandeur sans base,
« vous voyez souvent tout ce qu'il y a de plus vul-
« gaire dans les goûts et de plus misérablement
« négligé dans la vie domestique. Est-ce là, Co-
« rinne, la nation que vous devez préférer à toute
« autre? est-ce elle dont les bruyants applaudisse-
« ments vous sont si nécessaires, que toute autre
« destinée vous paraîtrait silencieuse à côté de ces
« *bravos* retentissants? Qui pourrait se flatter de
« vous rendre heureuse en vous arrachant à ce tu-
« multe? Vous êtes une personne inconcevable,
« profonde dans vos sentiments, et légère dans vos
« goûts, indépendante par la fierté de votre âme, et
« cependant asservie par le besoin de distractions; ca-
« pable d'aimer un seul, mais ayant besoin de tous.
« Vous êtes une magicienne qui inquiétez et ras-
« surez alternativement; qui vous montrez sublime,
« et disparaissez tout à coup de cette région où vous
« êtes seule, pour vous confondre dans la foule.
« Corinne, Corinne, on ne peut s'empêcher de vous
« redouter en vous aimant!

« OSWALD. »

Corinne, en lisant cette lettre, fut offensée des
préjugés haineux qu'Oswald exprimait contre sa
nation. Mais elle eut cependant le bonheur de deviner qu'il était irrité de la fête et de ce qu'elle
s'était refusée à le recevoir, depuis la conversation
du souper : cette réflexion adoucit un peu l'impression pénible que lui faisait sa lettre. Elle hésita quelque temps, ou du moins crut hésiter sur
la conduite qu'elle devait tenir envers lui. Son sentiment l'entraînait à le revoir; mais il lui était extrêmement pénible qu'il pût s'imaginer qu'elle désirait de l'épouser, bien que la fortune fût au
moins égale, et qu'elle pût, en révélant son nom,
montrer qu'il n'était en rien inférieur à celui de
lord Nelvil. Néanmoins, ce qu'il y avait de singulier et d'indépendant dans le genre de vie qu'elle
avait adopté, devait lui inspirer de l'éloignement
pour le mariage, et sûrement elle en aurait repoussé l'idée, si son sentiment ne l'eût pas aveu-
glée sur toutes les peines qu'elle aurait à souffrir
en épousant un Anglais, et en renonçant à l'Italie.
On peut abdiquer la fierté dans tout ce qui tient

au cœur; mais dès que les convenances ou les intérêts du monde se présentent de quelque manière pour obstacle; dès qu'on peut supposer que la personne qu'on aime ferait un sacrifice quelconque en s'unissant à vous, il n'est plus possible de lui montrer à cet égard aucun abandon de sentiment.

Corinne néanmoins ne pouvant se résoudre à rompre avec Oswald, voulut se persuader qu'elle pourrait le voir désormais, et lui cacher l'amour qu'elle ressentait pour lui; c'est donc dans cette intention qu'elle se fit une loi dans sa lettre de répondre seulement à ses accusations injustes contre la nation italienne, et de raisonner avec lui sur ce sujet comme si c'était le seul qui l'intéressât. Peut-être la meilleure manière dont une femme d'un esprit supérieur peut reprendre sa froideur et sa dignité, c'est lorsqu'elle se retranche dans la pensée comme dans un asile.

Corinne à lord Nelvil.

Ce 25 janvier 1795.

« Si votre lettre ne concernait que moi, milord, je n'essayerais point de me justifier : mon caractère est tellement facile à connaître, que celui qui ne me comprendrait pas de lui-même, ne me comprendrait pas davantage par l'explication que je lui en donnerais. La réserve pleine de vertu des femmes anglaises, et l'art plein de grâce des femmes françaises, servent souvent à cacher, croyez-moi, la moitié de ce qui se passe dans l'âme des unes et des autres; et ce qu'il vous plaît d'appeler en moi de la magie, c'est un naturel sans contrainte, qui laisse voir quelquefois des sentiments divers et des pensées opposées, sans travailler à les mettre d'accord; car cet accord, quand il existe, est presque toujours factice, et la plupart des caractères vrais sont inconséquents : ce n'est pas de moi que je veux vous parler, c'est de la nation infortunée que vous attaquez si cruellement. Serait-ce mon affection pour mes amis qui vous inspirerait cette malveillance amère? vous me connaissez trop pour en être jaloux; et je n'ai point l'orgueil de croire qu'un tel sentiment vous rendît injuste au point où vous l'êtes. Vous dites sur les Italiens ce que disent tous les étrangers, ce qui doit frapper au premier abord : mais il faut pénétrer plus avant pour juger ce pays, qui a été si grand à diverses époques. D'où vient donc que cette nation a été sous les Romains la plus militaire de toutes, la plus jalouse de sa liberté dans les républiques du moyen âge, et, dans le seizième siècle, la plus illustre par les lettres, les sciences et les arts? N'a-t-elle pas poursuivi la gloire sous toutes les formes? Et si maintenant elle n'en a plus, pourquoi n'en accuseriez-vous pas sa situation politique, puisque dans d'autres circonstances elle s'est montrée si différente de ce qu'elle est maintenant?

« Je ne sais si je m'abuse, mais les torts des Italiens ne font que m'inspirer un sentiment de pitié pour leur sort. Les étrangers de tout temps ont conquis, déchiré ce beau pays, l'objet de leur ambition perpétuelle; et les étrangers reprochent avec amertume à cette nation les torts des nations vaincues et déchirées! L'Europe a reçu des Italiens les arts et les sciences, et maintenant qu'elle a tourné contre eux leurs propres présents, elle leur conteste souvent encore la dernière gloire qui soit permise aux nations sans force militaire et sans liberté politique, la gloire des sciences et des arts.

« Il est si vrai que les gouvernements font le caractère des nations, que dans cette même Italie, vous voyez des différences de mœurs remarquables entre les divers États qui la composent. Les Piémontais, qui formaient un petit corps de nation, ont l'esprit plus militaire que le reste de l'Italie; les Florentins, qui ont possédé ou la liberté, ou des princes d'un caractère libéral, sont éclairés et doux; les Vénitiens et les Génois se montrent capables d'idées politiques, parce qu'il y a chez eux une aristocratie républicaine; les Milanais sont plus sincères, parce que les nations du Nord y ont apporté depuis longtemps ce caractère; les Napolitains pourraient aisément devenir belliqueux, parce qu'ils ont été réunis depuis plusieurs siècles sous un gouvernement très-imparfait, mais enfin sous un gouvernement à eux. La noblesse romaine n'ayant rien à faire, ni militairement, ni politiquement, doit être ignorante et paresseuse; mais l'esprit des ecclésiastiques, qui ont une carrière et une occupation, est beaucoup plus développé que celui des nobles; et comme le gouvernement papal n'admet aucune distinction de naissance, et qu'il est au contraire purement électif dans l'ordre du clergé, il en résulte une sorte de libéralité, non dans les idées, mais dans les habitudes, qui fait de Rome le séjour le plus agréable pour tous ceux qui n'ont plus ni l'ambition, ni la possibilité de jouer un rôle dans le monde.

« Les peuples du Midi sont plus aisément modifiés par les institutions que les peuples du Nord; ils ont une indolence qui devient bientôt

« de la résignation ; et la nature leur offre tant de
« jouissances, qu'ils se consolent facilement des
« avantages que la société leur refuse. Il y a sûre-
« ment beaucoup de corruption en Italie, et cepen-
« dant la civilisation y est beaucoup moins raffinée
« que dans d'autres pays. On pourrait presque
« trouver quelque chose de sauvage à ce peuple,
« malgré la finesse de son esprit ; cette finesse res-
« semble à celle du chasseur, dans l'art de sur-
« prendre sa proie. Les peuples indolents sont
« facilement rusés : ils ont une habitude de dou-
« ceur qui leur sert à dissimuler, quand il le faut,
« même leur colère ; c'est toujours avec ses ma-
« nières accoutumées qu'on parvient à cacher une
« situation accidentelle. .

« Les Italiens ont de la sincérité, de la fidélité
« dans les relations privées. L'intérêt et l'ambition
« exercent un grand empire sur eux, mais non l'or-
« gueil ou la vanité : les distinctions de rang y
« font très-peu d'impression ; il n'y a point de so-
« ciété, point de salon, point de mode, point de
« petits moyens journaliers de faire effet en dé-
« tail. Ces sources habituelles de dissimulation et
« d'envie n'existent point chez eux : quand ils
« trompent leurs ennemis et leurs concurrents,
« c'est parce qu'ils se considèrent avec eux comme
« en état de guerre ; mais en paix, ils ont du na-
« turel et de la vérité. C'est même cette vérité qui
« est cause du scandale dont vous vous plaignez ;
« les femmes entendant parler d'amour sans cesse,
« vivant au milieu des séductions et des exemples
« de l'amour, ne cachent pas leurs sentiments, et
« portent, pour ainsi dire, une sorte d'innocence
« dans la galanterie même ; elles ne se doutent pas
« non plus du ridicule, surtout de celui que la so-
« ciété peut donner. Les unes sont d'une ignorance
« telle, qu'elles ne savent pas écrire, et l'avouent
« publiquement ; elles font répondre à un billet du
« matin par leur procureur (*il paglietto*), sur du
« papier à grand format, et en style de requête.
« Mais en revanche, parmi celles qui sont instrui-
« tes, vous en verrez qui sont professeurs dans les
« académies, et donnent des leçons publiquement,
« en écharpe noire ; et si vous vous avisiez de rire de
« cela, l'on vous répondrait : *Y a-t-il du mal à sa-*
« *voir le grec ? y a-t-il du mal à gagner sa vie*
« *par son travail ? pourquoi riez-vous donc d'une*
« *chose aussi simple ?*

« Enfin, milord, aborderai-je un sujet plus déli-
« cat, chercherai-je à démêler pourquoi les hommes
« montrent souvent peu d'esprit militaire ? Ils ex-
« posent leur vie pour l'amour et pour la haine
« avec une grande facilité ; et les coups de poi-

« gnard donnés et reçus pour cette cause n'éton-
« nent ni n'intimident personne : ils ne craignent
« point la mort quand les passions naturelles
« commandent de la braver ; mais souvent, il faut
« l'avouer, ils aiment mieux la vie que des intérêts
« politiques qui ne les touchent guère, parce qu'ils
« n'ont point de patrie. Souvent aussi l'honneur
« chevaleresque a peu d'empire au milieu d'une
« nation où l'opinion et la société qui la forme
« n'existent pas ; il est assez simple que, dans une
« telle désorganisation de tous les pouvoirs publics,
« les femmes prennent beaucoup d'ascendant sur
« les hommes, et peut-être en ont-elles trop pour
« les respecter et les admirer. Néanmoins leur con-
« duite envers elles est pleine de délicatesse et de
« dévouement. Les vertus domestiques font en
« Angleterre la gloire et le bonheur des femmes ;
« mais s'il y a des pays où l'amour subsiste hors
« des liens sacrés du mariage, parmi ces pays, ce-
« lui de tous où le bonheur des femmes est le plus
« ménagé, c'est l'Italie. Les hommes s'y sont fait
« une morale pour des rapports hors de la morale ;
« mais du moins ont-ils été justes et généreux dans
« le partage des devoirs ; ils se sont considérés
« eux-mêmes comme plus coupables que les fem-
« mes, quand ils brisaient les liens de l'amour, parce
« que les femmes avaient fait plus de sacrifices, et
« perdaient davantage ; ils ont pensé que, devant
« le tribunal du cœur, les plus criminels sont ceux
« qui font le plus de mal : quand les hommes ont
« tort, c'est par dureté ; quand les femmes ont
« tort, c'est par faiblesse. La société qui est à la
« fois rigoureuse et corrompue, c'est-à-dire, impi-
« toyable pour les fautes, quand elles entraînent
« des malheurs, doit être plus sévère pour les
« femmes ; mais dans un pays où il n'y pas de so-
« ciété, la bonté naturelle a plus d'influence.

« Les idées de considération et de dignité sont
« beaucoup moins puissantes, et même beaucoup
« moins connues, j'en conviens, en Italie que par-
« tout ailleurs. L'absence de société et d'opinion
« publique en est la cause : mais, malgré tout ce
« qu'on a dit de la perfidie des Italiens, je soutiens
« que c'est un des pays du monde où il y a le plus
« de bonhomie. Cette bonhomie est telle, dans
« tout ce qui tient à la vanité, que, bien que ce
« pays soit celui dont les étrangers aient dit le
« plus de mal, il n'en est point où ils rencontrent
« un accueil aussi bienveillant. On reproche aux
« Italiens trop de penchant à la flatterie ; mais il
« faut aussi convenir que la plupart du temps ce
« n'est point par calcul, mais seulement par désir
« de plaire, qu'ils prodiguent leurs douces expres-

« sions, inspirées par une obligeance véritable :
« ces expressions ne sont point démenties par la
« conduite habituelle de la vie. Toutefois, seraient-
« ils fidèles à l'amitié dans des circonstances
« extraordinaires, s'il fallait braver pour elle les
« périls et l'adversité ? Le petit nombre, j'en con-
« viens, le très-petit nombre en serait capable ;
« mais ce n'est pas à l'Italie seulement que cette
« observation peut s'appliquer.

« Les Italiens ont une paresse orientale dans
« l'habitude de la vie ; mais il n'y a point d'hom-
« mes plus persévérants ni plus actifs quand une
« fois leurs passions sont excitées. Ces mêmes
« femmes aussi, que vous voyez indolentes comme
« les odalisques du sérail, sont capables tout à
« coup des actions les plus dévouées. Il y a des
« mystères dans le caractère et l'imagination des
« Italiens, et vous y rencontrez à tour des
« traits inattendus de générosité et d'amitié, ou
« des preuves sombres et redoutables de haine et
« de vengeance. Il n'y a ici d'émulation pour rien :
« la vie n'y est plus qu'un sommeil rêveur sous
« un beau ciel ; mais donnez à ces hommes un
« but, et vous les verrez en six mois tout appren-
« dre et tout concevoir. Il en est de même des
« femmes ; pourquoi s'instruiraient-elles, puisque
« la plupart des hommes ne les entendraient pas ?
« Elles isoleraient leur cœur en cultivant leur es-
« prit ; mais ces mêmes femmes deviendraient bien
« vite dignes d'un homme supérieur, si cet homme
« supérieur était l'objet de leur tendresse. Tout
« dort ici : mais dans un pays où les grands inté-
« rêts sont assoupis, le repos et l'insouciance sont
« plus nobles qu'une vaine agitation pour les pe-
« tites choses.

« Les lettres elles-mêmes languissent là où les
« pensées ne se renouvellent point par l'action
« forte et variée de la vie. Mais dans quel pays
« cependant a-t-on jamais témoigné plus qu'en Ita-
« lie de l'admiration pour la littérature et les
« beaux-arts ? L'histoire nous apprend que les pa-
« pes, les princes et les peuples ont rendu dans
« tous les temps aux peintres, aux poëtes, aux
« écrivains distingués, les hommages les plus écla-
« tants [1]. Cet enthousiasme pour le talent est,
« je l'avouerai, milord, un des premiers motifs

« qui m'attachent à ce pays. On n'y trouve point
« l'imagination blasée, l'esprit décourageant, ni
« la médiocrité despotique, qui savent si bien ail-
« leurs tourmenter ou étouffer le génie naturel.
« Une idée, un sentiment, une expression heu-
« reuse, prennent feu, pour ainsi dire, parmi les
« auditeurs. Le talent, par cela même qu'il tient
« ici le premier rang, excite beaucoup d'envie.
« Pergolèse a été assassiné pour son *Stabat ;* Gior-
« gione s'armait d'une cuirasse quand il était
« obligé de peindre dans un lieu public ; mais la
« jalousie violente qu'inspire le talent parmi nous
« est celle que fait naître ailleurs la puissance ;
« cette jalousie ne dégrade point son objet ; cette
« jalousie peut haïr, proscrire, tuer, et néanmoins
« toujours mêlée au fanatisme de l'admiration,
« elle excite encore le génie, tout en le persécu-
« tant. Enfin, quand on voit tant de vie dans un
« cercle si resserré, au milieu de tant d'obstacles
« et d'asservissements de tout genre, on ne peut
« s'empêcher, ce me semble, de prendre un vif
« intérêt à ce peuple, qui respire avec avidité le
« peu d'air que l'imagination fait pénétrer à tra-
« vers les bornes qui le renferment.

« Ces bornes sont telles, je ne le nierai point,
« que les hommes maintenant acquièrent rare-
« ment en Italie cette dignité, cette fierté, qui
« distinguent les nations libres et militaires. J'a-
« vouerai même, si vous le voulez, milord que
« le caractère de ces nations pourrait inspirer aux
« femmes plus d'enthousiasme et d'amour. Mais
« ne serait-il pas possible aussi qu'un homme in-
« trépide, noble et sévère, réunît toutes les qua-
« lités qui font aimer, sans posséder celles qui
« promettent le bonheur ? »

« CORINNE. »

CHAPITRE IV.

La lettre de Corinne fit repentir une seconde
fois Oswald d'avoir pu songer à se détacher d'elle.
La dignité spirituelle et la douceur imposante
avec laquelle elle repoussait les paroles dures qu'il
s'était permises, le touchèrent et le pénétrèrent
d'admiration. Une supériorité si grande, si simple, si vraie, lui parut au-dessus de toutes les
règles ordinaires. Il sentait bien toujours que Corinne n'était pas la femme faible, timide, doutant
de tout, hors de ses devoirs et de ses sentiments,
qu'il avait choisie, dans son imagination, pour la
compagne de sa vie ; et le souvenir de Lucile
telle qu'il l'avait vue à l'âge de douze ans, s'accordait mieux avec cette idée : mais pouvait-on

---

[1] M. Roscoe, auteur de l'Histoire des Médicis, a fait paraître plus nouvellement, en Angleterre, une histoire de
Léon X, qui est un véritable chef-d'œuvre en ce genre, et il
y raconte toutes les marques d'estime et d'admiration que les
princes et le peuple d'Italie ont données aux hommes de lettres distingués ; il montre aussi avec impartialité qu'un grand
nombre de papes ont eu, à cet égard, une conduite très-li-
bérale.

I.

rien comparer à Corinne? Les lois, les règles communes pouvaient-elles s'appliquer à une personne qui réunissait en elle tant de qualités diverses, dont le génie et la sensibilité étaient le lien? Corinne était un miracle de la nature, et ce miracle ne se faisait-il pas en faveur d'Oswald, quand il pouvait se flatter d'intéresser une telle femme? Mais quel était son nom, quelle était sa destinée, quels seraient ses projets, s'il lui déclarait l'intention de s'unir à elle? Tout était encore dans l'obscurité; et, quoique l'enthousiasme qu'Oswald ressentait pour Corinne lui persuadât qu'il était décidé à l'épouser, souvent aussi l'idée que la vie de Corinne n'avait pas été tout à fait irréprochable, et qu'un tel mariage aurait été sûrement condamné par son père, bouleversait de nouveau toute son âme, et le jetait dans l'anxiété la plus pénible.

Il n'était pas aussi abattu par la douleur que dans le temps où il ne connaissait pas Corinne, mais il ne sentait plus cette sorte de calme qui peut exister même au milieu du repentir, lorsque la vie entière est consacrée à l'expiation d'une grande faute. Il ne craignait pas autrefois de s'abandonner à ses souvenirs, quelle que fût leur amertume; maintenant il redoutait les rêveries longues et profondes, qui lui auraient révélé ce qui se passait au fond de son âme. Il se préparait cependant à se rendre chez Corinne, pour la remercier de sa lettre, et pour obtenir le pardon de celle qu'il avait écrite, lorsqu'il vit entrer dans sa chambre M. Edgermond, un parent de la jeune Lucile.

C'était un brave gentilhomme anglais qui avait presque toujours vécu dans la principauté de Galles, où il possédait une terre; il avait les principes et les préjugés qui servent à maintenir en tout pays les choses comme elles sont; et c'est un bien, quand ces choses sont aussi bonnes que la raison humaine le permet : alors les hommes tels que M. Edgermond, c'est-à-dire, les partisans de l'ordre établi, quoique fortement et même opiniâtrément attachés à leurs habitudes et à leur manière de voir, doivent être considérés comme des esprits éclairés et raisonnables.

Lord Nelvil tressaillit, en entendant annoncer chez lui M. Edgermond; il lui sembla que tous ses souvenirs se représentaient à la fois; mais bientôt il lui vint dans l'esprit que lady Edgermond, la mère de Lucile, avait envoyé son parent pour lui faire des reproches, et qu'elle voulait ainsi gêner son indépendance. Cette pensée lui rendit toute sa fermeté, et il reçut M. Edgermond avec une

froideur extrême. Il avait d'autant plus tort en l'accueillant ainsi, que M. Edgermond n'avait pas le moindre projet qui pût concerner lord Nelvil. Il traversait l'Italie pour sa santé, en faisant beaucoup d'exercice, en chassant, en buvant à la santé du roi George et de la vieille Angleterre; c'était le plus honnête homme du monde, et même il avait beaucoup plus d'esprit et d'instruction que ses habitudes ne devaient le faire croire. Il était Anglais avant tout, non-seulement comme il devait l'être, mais aussi comme on aurait pu souhaiter qu'il ne le fût pas; suivant dans tous les pays les coutumes du sien, ne vivant qu'avec les Anglais, et ne s'entretenant jamais avec les étrangers, non par dédain, mais par une sorte de répugnance à parler les langues étrangères, et de timidité, même à l'âge de cinquante ans, qui lui rendait très-difficile de faire de nouvelles connaissances.

« Je suis charmé de vous voir, dit-il à lord Nelvil; je vais à Naples dans quinze jours, vous y trouverai-je? Je le voudrais, car j'ai peu de temps à rester en Italie, parce que mon régiment doit bientôt s'embarquer. — Votre régiment? » répéta lord Nelvil; et il rougit, comme s'il avait oublié qu'il avait un congé d'une année, son régiment ne devant pas être employé avant cette époque; mais il rougit en pensant que Corinne pourrait peut-être lui faire oublier même son devoir. « Votre régiment à vous, continua M. Edgermond, ne sera pas mis en activité de sitôt; ainsi rétablissez votre santé ici, sans inquiétude. J'ai vu, avant de partir, ma jeune cousine à laquelle vous vous intéressez; elle est plus charmante que jamais; et dans un an, quand vous reviendrez, je ne doute pas qu'elle ne soit la plus belle femme de l'Angleterre. » Lord Nelvil se tut, et M. Edgermond garda le silence aussi de son côté. Ils se dirent encore quelques mots d'une manière assez laconique, quoique bienveillante, et M. Edgermond allait sortir lorsqu'il revint sur ses pas, et dit : « A propos, milord, vous pouvez me faire un plaisir : on m'a dit que vous connaissiez la célèbre Corinne, et bien que je n'aime pas en général les nouvelles connaissances, je suis tout à fait curieux de celle-là. — Je demanderai à Corinne la permission de vous mener chez elle, puisque vous le désirez, répondit Oswald. — Faites, je vous prie, reprit M. Edgermond, que je la voie un jour où elle improvisera, chantera ou dansera en notre présence. — Corinne, dit lord Nelvil, ne montre point ainsi ses talents aux étrangers; c'est une femme votre égale et la mienne, sous tous les rapports. — Pardon de ma méprise, reprit M. Edgermond; comme on ne lui connaît pas d'autre nom que Corinne, et qu'à vingt-six ans elle vit toute seule, sans aucune personne de sa famille, je croyais qu'elle existait par ses talents, et saisissait volontiers l'occasion de les faire connaître.—Sa fortune, répondit vivement lord Nelvil, est tout à fait indépendante, et son âme encore plus. » M. Edgermond finit à l'instant de parler sur Corinne, et se repentit de l'avoir nommée, quand il vit que ce sujet intéressait Oswald. Les Anglais sont les hommes du monde qui ont le plus de discrétion et de ménagement dans tout ce qui tient aux affections véritables.

M. Edgermond s'en alla. Lord Nelvil, resté seul, ne put s'empêcher de s'écrier, dans son émotion : « Il faut que j'épouse Corinne, il faut que je sois son protecteur, afin que personne désormais ne puisse la méconnaître. Je lui donnerai le peu que je puis donner, un rang, un nom, tandis qu'elle me comblera de toutes les félicités qu'elle seule peut accorder sur la terre. » Ce fut dans cette disposition qu'il se hâta d'aller chez Corinne, et jamais il n'y entra avec un plus doux sentiment d'espérance et d'amour ; mais, par un mouvement naturel de timidité, il commença la conversation en se rassurant lui-même par des paroles insignifiantes, et de ce nombre fut la demande d'amener M. Edgermond chez elle. A ce nom, Corinne se troubla visiblement, et refusa d'une voix émue ce que désirait Oswald. Il en fut singulièrement étonné, et lui dit : « Je pensais que dans une maison où vous recevez tant de monde, le titre de mon ami ne serait pas un motif d'exclusion.—Ne vous offensez pas, milord, reprit Corinne ; croyez-moi, il faut que j'aie des raisons bien puissantes pour ne pas consentir à ce que vous désirez. — Et ces raisons, me les direz-vous ? reprit Oswald. — Impossible, s'écria Corinne, impossible ! — Ainsi donc... » dit Oswald, et la violence de son émotion lui coupant la parole, il voulut sortir. Corinne alors, toute en pleurs, lui dit en anglais : « Au nom de Dieu, si vous ne voulez pas briser mon cœur, ne partez pas. »

Ces paroles, cet accent, remuèrent profondément l'âme d'Oswald, et il se rassit à quelque distance de Corinne, la tête appuyée contre un vase d'albâtre qui éclairait sa chambre ; puis tout à coup il lui dit : « Cruelle femme, vous voyez que je vous aime, vous voyez que vingt fois par jour je suis prêt à vous offrir et ma main et ma vie, et vous ne voulez pas m'apprendre qui vous êtes ! Dites-le-moi, Corinne, dites-le-moi, répétait-il en lui tendant la main avec la plus touchante expression de sensibilité.—Oswald, s'écria Corinne, Os-

wald, vous ne savez pas le mal que vous me faites. Si j'étais assez insensée pour vous tout dire, si je l'étais, vous ne m'aimeriez plus.—Grand Dieu ! reprit-il, qu'avez-vous donc à révéler ?—Rien qui me rende indigne de vous ; mais des hasards, mais des différences entre nos goûts, nos opinions, qui jadis ont existé, qui n'existeraient plus. N'exigez pas de moi que je me fasse connaître à vous ; un jour peut-être, un jour, si vous m'aimez assez, si... Ah ! je ne sais ce que je dis, continua Corinne ; vous saurez tout, mais ne m'abandonnez pas avant de m'entendre. Promettez-le-moi, au nom de votre père qui réside dans le ciel.—Ne prononcez pas ce nom, s'écria lord Nelvil ; savez-vous s'il nous réunit ou s'il nous sépare ! Croyez-vous qu'il consentît à notre union ? Si vous le croyez, attestez-le-moi, je ne serai plus troublé, déchiré. Une fois, je vous dirai quelle a été ma triste vie, mais à présent voyez dans quel état je suis, dans quel état vous me mettez. » Et en effet son front était couvert d'une froide sueur, son visage était pâle, et ses lèvres tremblaient en articulant à peine ces dernières paroles. Corinne s'assit à côté de lui, et tenant ses mains dans les siennes, le rappela doucement à lui-même. « Mon cher Oswald, lui dit-elle, demandez à M. Edgermond s'il n'a jamais été dans le Northumberland, ou du moins si ce n'est que depuis cinq ans qu'il y a été : dans ce cas seulement vous pouvez l'amener ici. » Oswald regarda fixement Corinne à ces mots ; elle baissa les yeux et se tut. Lord Nelvil lui répondit : « Je ferai ce que vous m'ordonnez. » Et il partit.

Rentré chez lui, il s'épuisait en conjectures sur les secrets de Corinne ; il lui paraissait évident qu'elle avait passé beaucoup de temps en Angleterre, et que son nom et sa famille devaient y être connus ; mais quel motif les lui faisait cacher, et pourquoi avait-elle quitté l'Angleterre, si elle y avait été établie ? Ces diverses questions agitaient extrêmement le cœur d'Oswald ; il était convaincu que rien de mal ne pouvait être découvert dans la vie de Corinne, mais il craignait une combinaison de circonstances qui pût la rendre coupable aux yeux des autres ; et ce qu'il redoutait le plus pour elle, c'était la désapprobation de l'Angleterre. Il se sentait fort contre celle de tout autre pays ; mais le souvenir de son père était si intimement uni dans sa pensée avec sa patrie, que ces deux sentiments s'accroissaient l'un par l'autre. Oswald sut de M. Edgermond qu'il avait été pour la première fois dans le Northumberland l'année précédente, et lui promit de le conduire le soir même chez Corinne. Il arriva le premier pour la prévemir des idées que M. Edgermond avait conçues sur elle, et la pria de lui faire sentir, par des manières froides et réservées, combien il s'était trompé.

« Si vous le permettez, reprit Corinne, je serai avec lui comme avec tout le monde; s'il désire de m'entendre, j'improviserai pour lui; enfin je me montrerai telle que je suis, et je crois cependant qu'il apercevra tout aussi bien la dignité de l'âme à travers une conduite simple, que si je me donnais un air contraint qui serait affecté. — Oui, Corinne, répondit Oswald, oui, vous avez raison. Ah! qu'il aurait tort, celui qui voudrait altérer en rien votre admirable naturel! » M. Edgermond arriva dans ce moment avec le reste de la société. Au commencement de la soirée, lord Nelvil se plaçait à côté de Corinne, et, avec un intérêt qui tenait à la fois de l'amant et du protecteur, il disait tout ce qui pouvait la faire valoir; il lui témoignait un respect qui avait encore plus pour but de commander les égards des autres, que de se satisfaire lui-même; mais il sentit bientôt avec joie l'inutilité de toutes ses inquiétudes. Corinne captiva tout à fait M. Edgermond; elle le captiva non-seulement par son esprit et ses charmes, mais en lui inspirant le sentiment d'estime que les caractères vrais obtiennent toujours des caractères honnêtes; et lorsqu'il osa lui demander de se faire entendre sur un sujet de son choix, il aspirait à cette grâce avec autant de respect que d'empressement. Elle y consentit sans se faire prier un instant, et sut prouver ainsi que cette faveur avait un prix indépendant de la difficulté de l'obtenir. Mais elle avait un si vif désir de plaire à un compatriote d'Oswald, à un homme qui, par la considération qu'il méritait, pouvait influer sur son opinion en lui parlant d'elle, que ce sentiment la remplit tout à coup d'une timidité qui lui était nouvelle; elle voulut commencer, et elle sentit que l'émotion lui coupait la parole. Oswald souffrait de ce qu'elle ne se montrait pas dans toute sa supériorité à un Anglais. Il baissait les yeux, et son embarras était si visible, que Corinne, uniquement occupée de l'effet qu'elle produisait sur lui, perdait toujours de plus en plus la présence d'esprit nécessaire pour le talent d'improviser. Enfin, sentant qu'elle hésitait, que les paroles lui venaient par la mémoire et non par le sentiment, et qu'elle ne peignait ainsi ni ce qu'elle pensait, ni ce qu'elle éprouvait réellement, elle s'arrêta tout à coup, et dit à M. Edgermond : « Pardonnez-moi, si la timidité m'ôte aujourd'hui mon talent; c'est la première fois, mes amis le savent, que je

me suis trouvée ainsi tout à fait au-dessous de moi-même, mais ce ne sera peut-être pas la dernière, » ajouta-t-elle en soupirant.

Oswald fut profondément ému par la touchante faiblesse de Corinne. Jusqu'alors il avait toujours vu l'imagination et le génie triompher de ses affections, et relever son âme dans les moments où elle était le plus abattue; cette fois, le sentiment avait subjugué tout à fait son esprit, et néanmoins Oswald s'était tellement identifié dans cette occasion avec la gloire de Corinne, qu'il avait souffert de son trouble, au lieu d'en jouir. Mais comme il était certain qu'elle brillerait un autre jour, avec l'éclat qui lui était naturel, il se livra sans regrets à la douceur des observations qu'il venait de faire, et l'image de son amie régna plus que jamais dans son cœur.

<hr />

LIVRE VII.

LA LITTÉRATURE ITALIENNE.

<hr />

CHAPITRE PREMIER.

Lord Nelvil désirait vivement que M. Edgermond jouît de l'entretien de Corinne, qui valait bien ses vers improvisés. Le jour suivant, la même société se rassembla chez elle; et, pour l'engager à parler, il amena la conversation sur la littérature italienne, et provoqua sa vivacité naturelle, en affirmant que l'Angleterre possédait un plus grand nombre de vrais poëtes, et de poëtes supérieurs, par l'énergie et la sensibilité, à tous ceux dont l'Italie pouvait se vanter.

« D'abord, répondit Corinne, les étrangers ne connaissent, pour la plupart, que nos poëtes du premier rang, le Dante, Pétrarque, l'Arioste, Guarini, le Tasse et Métastase; tandis que nous en avons plusieurs autres, tels que Chiabrera, Guidi, Filicaja, Parini, etc., sans compter Sannazar, Politien, etc., qui ont écrit en latin avec génie : et tous réunissent dans leurs vers le coloris à l'harmonie; tous savent, avec plus ou moins de talent, faire entrer les merveilles des beaux-arts et de la nature dans les tableaux représentés par la parole. Sans doute il n'y a pas dans nos poëtes cette mélancolie profonde, cette connaissance du cœur humain qui caractérise les vôtres; mais ce genre de supériorité n'appartient-il pas plutôt aux écrivains philosophes qu'aux poëtes? La mélodie brillante de l'italien convient mieux à l'éclat des objets extérieurs qu'à la méditation. Notre langue serait plus propre à peindre la fureur que la tristesse, parce que les sentiments réfléchis exigent des expressions plus métaphysiques, tandis que le désir de la vengeance anime l'imagination, et tourne la douleur en dehors. Cesarotti a fait la meilleure et la plus élégante traduction d'Ossian qu'il y ait; mais il semble, en la lisant, que les mots ont en eux-mêmes un air de fête qui contraste avec les idées sombres qu'ils rappellent. On se laisse charmer par nos douces paroles, de *ruisseau limpide*, de *campagne riante*, d'*ombrage frais*, comme par le murmure des eaux et la variété des couleurs; qu'exigez-vous de plus de la poésie? pourquoi demander au rossignol ce que signifie son chant? il ne peut l'expliquer qu'en recommençant à chanter; on ne peut le comprendre qu'en se laissant aller à l'impression qu'il produit. La mesure des vers, les rimes harmonieuses, ces terminaisons rapides, composées de deux syllabes brèves, dont les sons glissent en effet, comme l'indique leur nom (*Sdruccioli*), imitent quelquefois les pas légers de la danse; quelquefois des tons plus graves rappellent le bruit de l'orage ou l'éclat des armes; enfin notre poésie est une merveille de l'imagination, il ne faut y chercher que ses plaisirs sous toutes les formes.

— Sans doute, reprit lord Nelvil, vous expliquez, aussi bien qu'il est possible, et les beautés et les défauts de votre poésie; mais quand ces défauts, sans les beautés, se trouvent dans la prose, comment les défendrez-vous? Ce qui n'est que du vague dans la poésie devient du vide dans la prose; et cette foule d'idées communes, que vos poëtes savent embellir par leur mélodie et leurs images, reparaît à froid dans la prose, avec une vivacité fatigante. La plupart de vos écrivains en prose, aujourd'hui, ont un langage si déclamatoire, si diffus, si abondant en superlatifs, qu'on dirait qu'ils écrivent tous de commande, avec des phrases reçues, et pour une nature de convention; ils semblent ne pas se douter qu'écrire c'est exprimer son caractère et sa pensée. Le style littéraire est pour eux un tissu artificiel, une mosaïque rapportée, je ne sais quoi d'étranger enfin à leur âme, qui se fait avec la plume, comme un ouvrage mécanique avec les doigts; ils possèdent au plus haut degré le secret de développer, de commenter, d'enfler une idée, de faire mousser un sentiment, si l'on peut parler ainsi; tellement qu'on serait tenté de dire à ces écrivains, comme cette femme africaine à une dame française qui portait un grand panier sous une longue robe : *Madame, tout cela*

est-il vous-même? En effet, où est l'être réel, dans toute cette pompe de mots, qu'une expression vraie ferait disparaître comme un vain prestige?

— Vous oubliez, interrompit vivement Corinne, d'abord Machiavel et Boccace; puis Gravina, Filangieri, et, de nos jours encore, Cesarotti, Verri, Bettinelli, et tant d'autres enfin qui savent écrire et penser [1]. Mais je conviens avec vous que, depuis les derniers siècles, des circonstances malheureuses ayant privé l'Italie de son indépendance, on y a perdu tout intérêt pour la vérité, et souvent même la possibilité de la dire. Il en est résulté l'habitude de se complaire dans les mots, sans oser approcher des idées. Comme l'on était certain de ne pouvoir obtenir par ses écrits aucune influence sur les choses, on n'écrivait que pour montrer de l'esprit, ce qui est le plus sûr moyen de finir bientôt par n'avoir pas même de l'esprit; car c'est en dirigeant ses efforts vers un objet noblement utile qu'on rencontre le plus d'idées. Quand les écrivains en prose ne peuvent influer en aucun genre sur le bonheur d'une nation, quand on n'écrit que pour briller, enfin quand c'est la route qui est le but, on se replie en mille détours, mais l'on n'avance pas. Les Italiens, il est vrai, craignent les pensées nouvelles, mais c'est par paresse qu'ils les redoutent, et non par servilité littéraire. Leur caractère, leur gaieté, leur imagination, ont beaucoup d'originalité, et cependant, comme ils ne se donnent plus la peine de réfléchir, leurs idées générales sont communes; leur éloquence même, si vive quand ils parlent, n'a point de naturel quand ils écrivent; on dirait qu'ils se refroidissent en travaillant; d'ailleurs les peuples du Midi sont gênés par la prose, et ne peignent leurs véritables sentiments qu'en vers. Il n'en est pas de même dans la littérature française, dit Corinne en s'adressant au comte d'Erfeuil, vos prosateurs sont souvent plus éloquents, et même plus poétiques que vos poëtes. — Il est vrai, répondit le comte d'Erfeuil, que nous avons en ce genre les véritables autorités classiques : Bossuet, la Bruyère, Montesquieu, Buffon, ne peuvent être surpassés; surtout les deux premiers, qui appartiennent à ce siècle de Louis XIV, qu'on ne saurait trop louer, et dont il faut imiter, autant qu'on le peut, les parfaits modèles. C'est un conseil que les étrangers doivent s'empresser de suivre, aussi bien que nous. — J'ai de la peine à croire, répondit Corinne, qu'il fût désirable pour le monde en-

---

[1] Cesarotti, Verri, Bettinelli, sont trois auteurs vivants qui ont mis de la pensée dans la prose italienne. Il faut avouer que ce n'est pas à cela qu'on la destine depuis longtemps.

tier de perdre toute couleur nationale, toute originalité de sentiments et d'esprit, et j'oserai vous dire, M. le comte, que, dans votre pays même, cette orthodoxie littéraire, si je puis m'exprimer ainsi, qui s'oppose à toute innovation heureuse, doit rendre à la longue votre littérature très-stérile. Le génie est essentiellement créateur, il porte le caractère de l'individu qui le possède. La nature, qui n'a pas voulu que deux feuilles se ressemblassent, a mis encore plus de diversité dans les âmes, et l'imitation est une espèce de mort, puisqu'elle dépouille chacun de son existence naturelle.

— Ne voudriez-vous pas, belle étrangère, reprit le comte d'Erfeuil, que nous admissions chez nous la barbarie tudesque, les Nuits d'Young des Anglais, les *Concetti* des Italiens et des Espagnols? Que deviendraient le goût, l'élégance du style français, après un tel mélange? » Le prince Castel-Forte, qui n'avait point encore parlé, dit : « Il me semble que nous avons tous besoin les uns des autres; la littérature de chaque pays découvre, à qui sait la connaître, une nouvelle sphère d'idées. C'est Charles-Quint lui-même qui a dit qu'*un homme qui sait quatre-langues vaut quatre hommes.* Si ce grand génie politique en jugeait ainsi pour les affaires, combien cela n'est-il pas plus vrai pour les lettres! Les étrangers savent tous le français; ainsi leur point de vue est plus étendu que celui des Français, qui ne savent pas les langues étrangères. Pourquoi ne se donnent-ils pas plus souvent la peine de les apprendre? Ils conserveraient ce qui les distingue, et découvriraient ainsi quelquefois ce qui peut leur manquer. »

CHAPITRE II.

« Vous m'avouerez au moins, reprit le comte d'Erfeuil, qu'il est un rapport sous lequel nous n'avons rien à apprendre de personne. Notre théâtre est décidément le premier de l'Europe; car je ne pense pas que les Anglais eux-mêmes imaginassent de nous opposer Shakspeare. — Je vous demande pardon, interrompit M. Edgermond, ils l'imaginent. » Et, ce mot dit, il rentra dans le silence. « Alors je n'ai rien à dire, continua le comte d'Erfeuil avec un sourire qui exprimait un dédain gracieux; chacun peut penser ce qu'il veut, mais enfin je persiste à croire qu'on peut affirmer sans présomption que nous sommes les premiers dans l'art dramatique : et quant aux Italiens, s'il m'est permis de parler franchement, ils ne se doutent seulement pas qu'il y ait un art dramatique dans le monde. La musique est tout chez eux, et la pièce n'est rien. Si le second acte d'une pièce a une meilleure musique que le premier, ils commencent par le second acte; si ce sont les deux premiers actes de deux pièces différentes, ils jouent ces deux actes le même jour, et mettent entre-deux un acte d'une comédie en prose, qui contient ordinairement la meilleure morale du monde, mais une morale toute composée de sentences, que nos ancêtres mêmes ont déjà renvoyées à l'étranger comme trop vieilles pour eux. Vos musiciens fameux disposent en entier de vos poëtes; l'un lui déclare qu'il ne peut pas chanter s'il n'a dans son ariette le mot *felicità;* le tenor demande la *tomba;* et le troisième chanteur ne peut faire des roulades que sur le mot *catène.* Il faut que le pauvre poëte arrange ces goûts divers comme il peut avec la situation dramatique. Ce n'est pas tout encore, il y a des virtuoses qui ne veulent pas arriver de plain-pied sur le théâtre; il faut qu'ils se montrent d'abord dans un nuage, ou qu'ils descendent du haut de l'escalier d'un palais, pour produire plus d'effet à leur entrée. Quand l'ariette est chantée, dans quelque situation touchante ou violente que ce soit, l'acteur doit saluer, pour remercier des applaudissements qu'il obtient. L'autre jour, à *Sémiramis*, après que le spectre de Ninus eut chanté son ariette, l'acteur qui le représentait fit, en son costume d'ombre, une grande révérence au parterre; ce qui diminua beaucoup l'effroi de l'apparition.

« On est accoutumé en Italie à regarder le théâtre comme une grande salle de réunion, où l'on n'écoute que les airs et le ballet. C'est avec raison que je dis *où l'on n'écoute que le ballet,* car c'est seulement lorsqu'il va commencer que le parterre fait faire silence; et ce ballet est encore un chef-d'œuvre de mauvais goût. Excepté les grotesques, qui sont de véritables caricatures de la danse, je ne sais pas ce qui peut amuser dans ces ballets, si ce n'est leur ridicule. J'ai vu Gengis-kan, mis en ballet, tout couvert d'hermine, tout revêtu de beaux sentiments; car il cédait sa couronne à l'enfant du roi qu'il avait vaincu, et l'élevait en l'air sur un pied; nouvelle façon d'établir un monarque sur le trône. J'ai aussi vu le dévouement de Curtius, ballet en trois actes, avec tous les divertissements. Curtius, habillé en berger d'Arcadie, dansait longtemps avec sa maîtresse, avant de monter sur un véritable cheval, au milieu du théâtre, et de s'élancer ainsi dans un gouffre de feu fait avec du satin jaune et du papier doré; ce qui lui donnait beaucoup plus l'apparence d'un surtout.

de dessert que d'un abîme. Enfin j'ai vu tout-l'a-
brégé de l'histoire romaine en ballet, depuis Romulus jusqu'à César.

— Tout ce que vous dites est vrai, répondit le
prince Castel-Forte avec douceur, mais vous n'a-
vez parlé que de la musique et de la danse, et ce
n'est pas là ce que dans aucun pays l'on considère
comme l'art dramatique. — C'est bien pis, interrompit le comte d'Erfeuil, quand on représente
les tragédies, ou des drames qui ne sont pas nommés *drames d'une fin joyeuse;* on réunit plus
d'horreurs en cinq actes que l'imagination ne pourrait se le figurer. Dans une des pièces de ce genre,
l'amant tue le frère de sa maîtresse dès le second
acte; au troisième il brûle la cervelle à sa maîtresse elle-même sur le théâtre; le quatrième est
rempli par l'enterrement; dans l'intervalle du quatrième au cinquième acte, l'acteur qui joue l'a-
mant vient annoncer le plus tranquillement du
monde, au parterre, les arlequinades que l'on
donne le jour suivant, et reparaît en scène au cinquième acte, pour se tuer d'un coup de pistolet.
Les acteurs tragiques sont en parfaite harmonie
avec le froid et le gigantesque des pièces. Ils commettent toutes ces terribles actions avec le plus
grand calme. Quand un acteur s'agite, on dit qu'il
se démène comme un prédicateur; car, en effet,
il y a beaucoup plus de mouvement dans la chaire
que sur le théâtre, et c'est bien heureux que ces
acteurs soient si paisibles dans le pathétique; car,
comme il n'y a rien d'intéressant dans la pièce, ni
dans la situation, plus ils feraient de bruit, plus
ils seraient ridicules; encore si ce ridicule était
gai, mais il n'est que monotone. Il n'y a pas plus
en Italie de comédie que de tragédie; et dans cette
carrière encore, c'est nous qui sommes les premiers. Le seul genre qui appartienne vraiment à
l'Italie, ce sont les arlequinades : un valet fripon,
gourmand et poltron, un vieux tuteur dupe, avare
ou amoureux; voilà tout le sujet de ces pièces.
Vous conviendrez qu'il ne faut pas beaucoup d'efforts pour une telle invention, et que le Tartufe et
le Misanthrope supposent un peu plus de génie. »

Cette attaque du comte d'Erfeuil déplaisait assez aux Italiens qui l'écoutaient; mais cependant
ils en riaient, et le comte d'Erfeuil, en conversation, aimait beaucoup mieux montrer de l'esprit
que de la bonté. Sa bienveillance naturelle influait
sur ses actions, mais son amour-propre sur ses
paroles. Le prince Castel-Forte et tous les Italiens
qui se trouvaient là étaient impatients de réfuter
le comte d'Erfeuil; mais comme ils croyaient leur
cause mieux défendue par Corinne que par tout

autre, et que le plaisir de briller en conversation
ne les occupait guère, ils suppliaient Corinne de
répondre, et se contentaient seulement de citer
les noms si connus de Maffei, de Métastase, de
Goldoni, d'Alfieri, de Monti. Corinne convint d'a-
bord que les Italiens n'avaient point de théâtre;
mais elle voulut prouver que les circonstances,
et non l'absence du talent, en étaient la cause.
La comédie qui tient à l'observation des mœurs
ne peut exister que dans un pays où l'on vit habituellement au centre d'une société nombreuse et
brillante; il n'y a en Italie que des passions violentes, ou des jouissances paresseuses; et les passions violentes produisent des crimes ou des vices
d'une couleur si forte, qu'elles font disparaître
toutes les nuances des caractères. Mais la comédie
idéale, pour ainsi dire, celle qui tient à l'imagination, et peut convenir à tous les temps comme à
tous les pays, c'est en Italie qu'elle a été inventée.
Les personnages d'Arlequin, de Brighella, de Pantalon, etc., se trouvent dans toutes les pièces avec
le même caractère. Ils ont, sous tous les rapports,
des masques, et non pas des visages; c'est-à-dire,
que leur physionomie est celle de tel genre de personnes, et non pas de tel individu. Sans doute les
auteurs modernes dés arlequinades, trouvant tous
les rôles donnés d'avance, comme les pièces d'un
jeu d'échecs, n'ont pas le mérite de les avoir inventés; mais cette première invention est due à l'I-
talie; et ces personnages fantasques, qui, d'un
bout de l'Europe à l'autre, amusent tous les enfants, et les hommes que l'imagination rend enfants, doivent être considérés comme une création
des Italiens, qui leur donne des droits à l'art de
la comédie.

L'observation du cœur humain est une source
inépuisable pour la littérature; mais les nations
qui sont plus propres à la poésie qu'à la réflexion,
se livrent plutôt à l'enivrement de la joie qu'à
l'ironie philosophique. Il y a quelque chose de triste
au fond de la plaisanterie fondée sur la connaissance des hommes; la gaieté vraiment inoffensive
est celle qui appartient seulement à l'imagination.
Ce n'est pas que les Italiens n'étudient habilement
les hommes avec lesquels ils ont affaire, et ne découvrent plus finement que personne les pensées
les plus secrètes; mais c'est comme esprit de conduite qu'ils en ont le talent, et ils n'ont point l'habitude d'en faire un usage littéraire. Peut-être même
n'aimeraient-ils pas à généraliser leurs découvertes,
à publier leurs aperçus. Ils ont dans le caractère
quelque chose de prudent et de dissimulé, qui leur
conseille peut-être de ne pas mettre en dehors, par

les comédies, ce qui leur sert à se guider dans les relations particulières, et de ne pas révéler par les fictions de l'esprit, ce qui peut être utile dans les circonstances de la vie réelle.

Machiavel cependant, bien loin de rien cacher, a fait connaître tous les secrets d'une politique criminelle; et l'on peut voir par lui de quelle terrible connaissance du cœur humain les Italiens sont capables : mais une telle profondeur n'est pas du ressort de la comédie, et les loisirs de la société proprement dite peuvent seuls apprendre à peindre les hommes sur la scène comique. Goldoni, qui vivait à Venise, la ville d'Italie où il y a le plus de société, met déjà dans ses pièces beaucoup plus de finesse d'observation qu'il ne s'en trouve communément dans les autres auteurs. Néanmoins ses comédies sont monotones; on y voit revenir les mêmes situations, parce qu'il y a peu de variété dans les caractères. Ses nombreuses pièces semblent faites sur le modèle des pièces de théâtre en général, et non d'après la vie. Le vrai caractère de la gaieté italienne, ce n'est pas la moquerie, c'est l'imagination; ce n'est pas la peinture des mœurs, mais les exagérations poétiques. C'est l'Arioste, et non pas Molière, qui peut amuser l'Italie.

Gozzi, le rival de Goldoni, a bien plus d'originalité dans ses compositions; elles ressemblent bien moins à des comédies.régulières. Il a pris son parti de se livrer franchement au génie italien, de représenter des contes de fées, de mêler les bouffonneries, les arlequinades, au merveilleux des poëmes; de n'imiter en rien la nature, mais de se laisser aller aux fantaisies de la gaieté, comme aux chimères de la féerie, et d'entraîner de toutes les manières l'esprit au delà des bornes de ce qui se passe dans le monde. Il eut un succès prodigieux dans son temps, et peut-être est-il l'auteur comique dont le genre convient le mieux à l'imagination italienne. Mais, pour savoir avec certitude quelles pourraient être la comédie et la tragédie en Italie, il faudrait qu'il y eût quelque part un théâtre et des acteurs. La multitude des petites villes, qui toutes veulent avoir un théâtre, perd, en les dispersant, le peu de ressources qu'on pourrait rassembler. La division des États, si favorable en général à la liberté et au bonheur, est nuisible à l'Italie. Il lui faudrait un centre de lumières et de puissance pour résister aux préjugés qui la dévorent. L'autorité des gouvernements réprime souvent ailleurs l'élan individuel. En Italie cette autorité serait un bien, si elle luttait contre l'ignorance des États séparés et des hommes isolés entre eux, si elle combattait par l'émulation l'indolence

naturelle au climat, enfin si elle donnait une vie à toute cette nation qui se contente d'un rêve.

Ces diverses idées et plusieurs autres encore furent spirituellement développées par Corinne. Elle entendait aussi très-bien l'art rapide des entretiens légers, qui n'insistent sur rien, et l'occupation de plaire, qui fait valoir chacun à son tour, quoiqu'elle s'abandonnât souvent dans la conversation au genre de talent qui la rendait une improvisatrice célèbre. Plusieurs fois elle pria le prince Castel-Forte de venir à son secours, en faisant connaître ses propres opinions sur le même sujet; mais elle parlait si bien, que tous les auditeurs se plaisaient à l'écouter, et ne supportaient pas qu'on l'interrompît. M. Edgermond surtout ne pouvait se rassasier de voir et d'entendre Corinne; il osait à peine lui exprimer le sentiment d'admiration qu'elle lui inspirait, et prononçait tout bas quelques mots à sa louange, espérant qu'elle les comprendrait sans qu'il fût obligé de les lui dire. Il avait cependant un désir si vif de savoir ce qu'elle pensait de la tragédie, qu'il se hasarda, malgré sa timidité, à lui adresser la parole sur ce sujet.

« Madame, lui dit-il, ce qui me paraît surtout manquer à la littérature italienne, ce sont des tragédies; il me semble qu'il y a moins loin des enfants aux hommes, que de vos tragédies aux nôtres; car les enfants, dans leur mobilité, ont des sentiments légers, mais vrais, tandis que le sérieux de vos tragédies a quelque chose d'affecté et de gigantesque, qui détruit pour moi toute émotion. N'est-il pas vrai, lord Nelvil? » continua M. Edgermond, en se retournant vers lui, et l'appelant par ses regards à le soutenir, étonné qu'il était d'avoir osé parler devant tant de monde.

« Je pense entièrement comme vous, répondit Oswald. Métastase, que l'on vante comme le poëte de l'amour, donne à cette passion, dans tous les pays, dans toutes les situations, la même couleur. On doit applaudir à des ariettes admirables, tantôt par la grâce et l'harmonie, tantôt par les beautés lyriques du premier ordre qu'elles renferment, surtout quand on les détache du drame où elles sont placées; mais il nous est impossible à nous qui possédons Shakspeare, le poëte qui a le mieux approfondi l'histoire et les passions de l'homme, de supporter ces deux couples d'amoureux qui se partagent presque toutes les pièces de Métastase, et qui s'appellent tantôt Achille, tantôt Tircis, tantôt Brutus, tantôt Corilas, et chantent tous de la même manière des chagrins et des martyres d'amour qui remuent à peine l'âme à la superficie, et peignent comme une fadeur le sentiment le plus orageux qui puisse agiter le cœur humain. C'est avec un respect profond pour le caractère d'Alfieri que je me permettrai quelques réflexions sur ses pièces. Leur but est si noble, les sentiments que l'auteur exprime sont si bien d'accord avec sa conduite personnelle, que ses tragédies doivent toujours être louées comme des actions, quand même elles seraient critiquées à quelques égards, comme des ouvrages littéraires. Mais il me semble que quelques-unes de ses tragédies ont autant de monotonie dans la force, que Métastase en a dans la douceur. Il y a dans les pièces d'Alfieri une telle profusion d'énergie et de magnanimité, ou bien une telle exagération de violence et de crime, qu'il est impossible d'y reconnaître le véritable caractère des hommes. Ils ne sont jamais ni si méchants ni si généreux qu'il les peint. La plupart des scènes sont composées pour mettre en contraste le vice et la vertu; mais ces oppositions ne sont pas présentées avec les gradations de la vérité. Si les tyrans supportaient dans la vie ce que les opprimés leur disent en face dans les tragédies d'Alfieri, on serait presque tenté de les plaindre. La pièce d'Octavie est une de celles où ce défaut de vraisemblance est le plus frappant. Sénèque y moralise sans cesse Néron, comme s'il était le plus patient des hommes, et lui Sénèque, le plus courageux de tous. Le maître du monde, dans la tragédie, consent à se laisser insulter, et à se mettre en colère à chaque scène, pour le plaisir des spectateurs, comme s'il ne dépendait pas de lui de tout finir avec un mot. Certainement ces dialogues continuels donnent lieu à de très-belles réponses de Sénèque, et l'on voudrait trouver dans une harangue ou un ouvrage les nobles pensées qu'il exprime; mais est-ce ainsi qu'on peut donner l'idée de la tyrannie? Ce n'est pas la peindre sous ses redoutables couleurs, c'est en faire seulement un but pour l'escrime de la parole. Mais si Shakspeare avait représenté Néron entouré d'hommes tremblants, qui osent à peine répondre à la question la plus indifférente, lui-même cachant son trouble, s'efforçant de paraître calme, et Sénèque près de lui travaillant à l'apologie du meurtre d'Agrippine, la terreur n'eût-elle pas été mille fois plus grande? et pour une réflexion énoncée par l'auteur, mille ne seraient-elles pas nées dans l'âme des spectateurs, par le silence même de la rhétorique et la vérité des tableaux? »

Oswald aurait pu parler longtemps encore sans que Corinne l'eût interrompu; elle se plaisait tellement et dans le son de sa voix, et dans la noble élégance de son langage, qu'elle eût voulu prolonger cette impression des heures entières. Ses regards fixés sur lui avaient peine à s'en détacher, lors même qu'il eut cessé de parler. Elle se tourna lentement vers le reste de la société, qui lui demandait avec impatience ce qu'elle pensait de la tragédie italienne; et, revenant à lord Nelvil : « Milord, dit-elle, je suis de votre avis presque sur tout; ce n'est donc pas pour vous combattre que je réponds, mais pour présenter quelques exceptions à vos observations, peut-être trop générales. Il est vrai que Métastase est plutôt un poëte lyrique que dramatique, et qu'il peint l'amour comme l'un des beaux-arts qui embellissent la vie, et non comme le secret le plus intime de nos peines ou de notre bonheur. En général, quoique notre poésie ait été consacrée à chanter l'amour, je hasarderai de dire que nous avons plus de profondeur et de sensibilité dans la peinture de toutes les autres passions. A force de faire des vers amoureux, on s'est créé à cet égard parmi nous un langage convenu : et ce n'est pas ce qu'on a éprouvé, mais ce qu'on a lu qui sert d'inspiration aux poëtes. L'amour, tel qu'il existe en Italie, ne ressemble nullement à l'amour tel que nos écrivains le peignent. Je ne connais qu'un roman, *Fiammetta*, de Boccace, dans lequel on puisse se faire une idée de cette passion décrite avec des couleurs vraiment nationales. Nos poëtes subtilisent et exagèrent le sentiment, tandis que le véritable caractère de la nature italienne, c'est une impression rapide et profonde, qui s'exprimerait bien plutôt par des actions silencieuses et passionnées que par un ingénieux langage. En général, notre littérature exprime peu notre caractère et nos mœurs. Nous sommes une nation beaucoup trop modeste, je dirais presque trop humble, pour oser avoir des tragédies à nous, composées avec notre histoire, ou du moins caractérisées d'après nos propres sentiments [1].

« Alfieri, par un hasard singulier, était, pour ainsi dire, transplanté de l'antiquité dans les temps modernes; il était né pour agir, et il n'a pu qu'écrire : son style et ses tragédies se ressentent de cette contrainte. Il a voulu marcher par la littérature à un but politique : ce but était le plus noble de tous sans doute; mais n'importe, rien ne dénature les ouvrages d'imagination comme d'en avoir

---

[1] Giovanni Pindemonte a publié nouvellement un théâtre dont les sujets sont pris dans l'histoire italienne, et c'est une entreprise très-intéressante et très-louable. Le nom de Pindemonte est aussi illustré par Ippolito Pindemonte, l'un des poëtes actuels de l'Italie qui a le plus de charme et de douceur.

un. Alfieri, impatienté de vivre au milieu d'une
nation où l'on rencontrait des savants très-érudits
et quelques hommes très-éclairés, mais dont les
littérateurs et les lecteurs ne s'intéressaient pour
la plupart à rien de sérieux, et se plaisaient uniquement dans les contes, dans les nouvelles, dans
les madrigaux; Alfieri, dis-je, a voulu donner à
ses tragédies le caractère le plus austère. Il en a
retranché les confidents, les coups de théâtre, tout,
hors l'intérêt du dialogue. Il semblait qu'il voulût
ainsi faire faire pénitence aux Italiens de leur vivacité et de leur imagination naturelle. Il a pourtant été fort admiré, parce qu'il est vraiment grand
par son caractère et par son âme, et parce que les
habitants de Rome, surtout, applaudissent aux
louanges données aux actions et aux sentiments
des anciens Romains, comme si cela les regardait
encore. Ils sont amateurs de l'énergie et de l'indépendance, comme des beaux tableaux qu'ils possèdent dans leurs galeries. Mais il n'en est pas moins
vrai qu'Alfieri n'a pas créé ce qu'on pourrait appeler un théâtre italien, c'est-à-dire, des tragédies
dans lesquelles on trouvât un mérite particulier à
l'Italie. Et même il n'a pas caractérisé les mœurs
des pays et des siècles qu'il a peints. Sa conjuration
des Pazzi, Virginie, Philippe second, sont admirables par l'élévation et la force des idées; mais on
y voit toujours l'empreinte d'Alfieri, et non celle
des nations et des temps qu'il met en scène. Bien
que l'esprit français et celui d'Alfieri n'aient pas la
moindre analogie, ils se ressemblent en ceci, que
tous les deux font porter leurs propres couleurs à
tous les sujets qu'ils traitent. »

Le comte d'Erfeuil, entendant parler de l'esprit
français, prit la parole. « Il nous serait impossible,
dit-il, de supporter sur la scène les inconséquences
des Grecs, ni les monstruosités de Shakspeare;
les Français ont un goût trop pur pour cela. Notre
théâtre est le modèle de la délicatesse et de l'élégance, c'est là ce qui le distingue, et ce serait nous
plonger dans la barbarie, que de vouloir introduire
rien d'étranger parmi nous. — Autant vaudrait, dit
Corinne en souriant, élever autour de vous la
grande muraille de la Chine. Il y a sûrement de
rares beautés dans vos auteurs tragiques; il s'en
développerait peut-être encore de nouvelles, si
vous permettiez quelquefois que l'on vous montrât
sur la scène autre chose que des Français. Mais
nous qui sommes Italiens, notre génie dramatique
perdrait beaucoup à s'astreindre à des règles dont
nous n'aurions pas l'honneur, et dont nous souf-
fririons la contrainte. L'imagination, le caractère,
les habitudes d'une nation doivent former son

théâtre. Les Italiens aiment passionnément les
beaux-arts, la musique, la peinture, et même la
pantomime, enfin tout ce qui frappe les sens.
Comment se pourrait-il donc que l'austérité d'un
dialogue éloquent fût le seul plaisir théâtral dont
ils se contentassent? C'est en vain qu'Alfieri, avec
tout son génie, a voulu les y réduire; il a senti
lui-même que son système était trop rigoureux [1].

« La *Mérope* de Maffei, le *Saül* d'Alfieri, l'*Aristodème* de Monti, et surtout le poëme du Dante,
bien que cet auteur n'ait point composé de tragédie, me semblent faits pour donner l'idée de ce
que pourrait être l'art dramatique en Italie. Il y a
dans la *Mérope* de Maffei une grande simplicité
d'action, mais une poésie brillante, revêtue des
images les plus heureuses; et pourquoi s'interdi-
rait-on cette poésie dans les ouvrages dramatiques?
La langue des vers est si magnifique en Italie, que
l'on y aurait plus tort que partout ailleurs en renonçant à ses beautés. Alfieri, qui excellait, quand
il le voulait, dans tous les genres, a fait dans son
Saül un superbe usage de la poésie lyrique; et l'on
pourrait y introduire heureusement la musique
elle-même, non pas pour mêler le chant aux paroles,
mais pour calmer les transports furieux de Saül par
la harpe de David. Nous possédons une musique
si délicieuse, que ce plaisir peut rendre indolent
sur les jouissances de l'esprit. Loin donc de vouloir les séparer, il faudrait chercher à les réunir,
non en faisant chanter les héros, ce qui détruit
toute dignité dramatique, mais en introduisant
ou des chœurs, comme les anciens, ou des effets
de musique qui se lient à la situation par des combinaisons naturelles, comme cela arrive si souvent
dans la vie. Loin de diminuer sur le théâtre italien
les plaisirs de l'imagination, il me semble qu'il
faudrait au contraire les augmenter et les multiplier de toutes les manières. Le goût vif des Italiens pour la musique et pour les ballets à grand
spectacle est un indice de la puissance de leur
imagination et de la nécessité de l'intéresser toujours, même en traitant les objets sérieux, au lieu
de les rendre encore plus sévères qu'ils ne le sont,
comme l'a fait Alfieri.

« La nation croit de son devoir d'applaudir à ce
qui est austère et grave; mais elle retourne bientôt à ses goûts naturels; et ils pourraient être satisfaits dans la tragédie, si on l'embellissait par le

---

[1] On vient de publier les œuvres posthumes d'Alfieri, où
se trouvent beaucoup de morceaux très-piquants; mais on
peut conclure d'un essai dramatique assez bizarre qu'il a fait
sur la tragédie d'Abel, qu'il sentait lui-même que ses pièces
étaient trop austères, et qu'il fallait sur la scène accorder davantage aux plaisirs de l'imagination.

charme et la variété des différents genres de poésie, et par toutes les diversités théâtrales dont les Anglais et les Espagnols savent jouir.

« L'*Aristodème* de Monti a quelque chose du terrible pathétique du Dante, et sûrement cette tragédie est, à juste titre, une des plus admirées. Le Dante, ce grand maître en tant de genres, possédait le génie tragique qui aurait produit le plus d'effet en Italie, si, de quelque manière, on pouvait l'adapter à la scène ; car ce poëte sait peindre aux yeux ce qui se passe au fond de l'âme, et son imagination fait sentir et voir la douleur. Si le Dante avait écrit des tragédies, elles auraient frappé les enfants comme les hommes, la foule comme les esprits distingués. La littérature dramatique doit être populaire ; elle est comme un événement public, toute la nation en doit juger. — Lorsque le Dante vivait, dit Oswald, les Italiens jouaient en Europe et chez eux un grand rôle politique. Peut-être vous est-il impossible maintenant d'avoir un théâtre tragique national. Pour que ce théâtre existe, il faut que de grandes circonstances développent dans la vie les sentiments qu'on exprime sur la scène. De tous les chefs-d'œuvre de la littérature, il n'en est point qui tienne autant qu'une tragédie à tout l'ensemble d'un peuple ; les spectateurs y contribuent presque autant que les auteurs. Le génie dramatique se compose de l'esprit public, de l'histoire, du gouvernement, des mœurs, enfin de tout ce qui s'introduit chaque jour dans la pensée, et forme l'être moral, comme l'air que l'on respire alimente la vie physique. Les Espagnols, avec lesquels votre climat et votre religion doivent vous donner des rapports, ont bien plus que vous cependant le génie dramatique ; leurs pièces sont remplies de leur histoire, de leur chevalerie, de leur foi religieuse, et ces pièces sont originales et vivantes ; mais aussi leurs succès en ce genre remontent-ils à l'époque de leur gloire historique. Comment donc pourrait-on maintenant fonder en Italie ce qui n'y a jamais existé, un théâtre tragique ? — Il est malheureusement possible que vous ayez raison, milord, reprit Corinne ; néanmoins j'espère toujours beaucoup pour nous de l'essor naturel des esprits en Italie, de leur émulation individuelle, alors même qu'aucune circonstance extérieure ne les favorise ; mais ce qui nous manque surtout pour la tragédie, ce sont des acteurs. Des paroles affectées amènent nécessairement une déclamation fausse ; mais il n'est pas de langue dans laquelle un grand acteur pût montrer autant de talent que dans la nôtre ; car la mélodie des sons ajoute un nouveau charme à la vérité de l'accent ; c'est une musique continuelle, qui se mêle à l'expression des sentiments, sans lui rien ôter de sa force. — Si vous voulez, interrompit le prince Castel-Forte, convaincre de ce que vous dites, il faut que vous nous le prouviez : oui, donnez-nous l'inexprimable plaisir de vous voir jouer la tragédie ; il faut que vous accordiez aux étrangers que vous en croyez dignes la rare jouissance de connaître un talent que vous seule possédez en Italie, ou plutôt que vous seule dans le monde possédez, puisque toute votre âme y est empreinte. »

Corinne avait un désir secret de jouer la tragédie devant lord Nelvil, et de se montrer ainsi fort à son avantage ; mais elle n'osait accepter sans son approbation, et ses regards la lui demandaient. Il les entendit ; et, comme il était tout à la fois touché de la timidité qui l'avait empêchée la veille d'improviser, et ambitieux pour elle du suffrage de M. Edgermond, il se joignit aux sollicitations de ses amis. Corinne alors n'hésita plus. « Eh bien, dit-elle en se retournant vers le prince Castel-Forte, nous accomplirons donc, si vous le voulez, le projet que j'avais formé depuis longtemps, de jouer la traduction que j'ai faite de *Roméo et Juliette.* — *Roméo et Juliette* de Shakspeare ! s'écria M. Edgermond : vous savez donc l'anglais ? — Oui, répondit Corinne. — Et vous aimez Shakspeare ? dit encore M. Edgermond. — Comme un ami, reprit-elle, puisqu'il connaît tous les secrets de la douleur. — Et vous le jouerez en italien ! s'écria M. Edgermond, et je l'entendrai ! et vous l'entendrez aussi, mon cher Nelvil ! ah ! que vous êtes heureux ! » Puis, se repentant à l'instant de cette parole indiscrète, il rougit ; et la rougeur inspirée par la délicatesse et la bonté peut intéresser à tous les âges. « Que nous serons heureux, reprit-il avec embarras, si nous assistons à un tel spectacle ! »

CHAPITRE III.

Tout fut arrangé en peu de jours, les rôles distribués, et la soirée choisie pour la représentation, dans un palais que possédait une parente du prince Castel-Forte, amie de Corinne. Oswald avait un mélange d'inquiétude et de plaisir à l'approche de ce nouveau succès ; il en jouissait par avance, mais par avance aussi il était jaloux, non de tel homme en particulier, mais du public, témoin des talents de celle qu'il aimait ; il eût voulu connaître seul ce qu'elle avait d'esprit et de charmes ; il eût voulu que Corinne, timide et réservée comme une Anglaise, possédât cependant pour lui seul son éloquence et son génie. Quelque distingué que soit un homme, peut-être ne jouit-il jamais sans mélange de la supériorité d'une femme; s'il l'aime, son cœur s'en inquiète; s'il ne l'aime pas, son amour-propre s'en offense. Oswald, près de Corinne, était plus enivré qu'heureux, et l'admiration qu'elle lui inspirait augmentait son amour, sans donner à ses projets plus de stabilité. Il la voyait comme un phénomène admirable qui lui apparaissait de nouveau chaque jour; mais le ravissement et l'étonnement même qu'elle lui faisait éprouver semblaient éloigner l'espoir d'une vie tranquille et paisible. Corinne cependant était la femme la plus douce et la plus facile à vivre; on l'eût aimée pour ses qualités communes, indépendamment de ses qualités brillantes : mais encore une fois, elle réunissait trop de talents, elle était trop remarquable en tout genre. Lord Nelvil, de quelques avantages qu'il fût doué, ne croyait pas l'égaler, et cette idée lui inspirait des craintes sur la durée de leur affection mutuelle. En vain Corinne, à force d'amour, se faisait son esclave; le maître, souvent inquiet, de cette reine dans les fers, ne jouissait point en paix de son empire.

Quelques heures avant la représentation, lord Nelvil conduisit Corinne dans le palais de la princesse Castel-Forte, où le théâtre était préparé. Il faisait un soleil admirable, et d'une des fenêtres de l'escalier on découvrait Rome et la campagne. Oswald arrêta Corinne un moment, et lui dit : « Voyez ce beau temps, c'est pour vous, c'est pour éclairer vos succès. — Ah! si cela était, reprit-elle, c'est vous qui me porteriez bonheur, c'est à vous que je devrais la protection du ciel. — Les sentiments doux et purs que cette belle nature inspire suffiraient-ils à votre bonheur? reprit Oswald; il y a loin de cet air que nous respirons, de cette rêverie que fait naître la campagne, à la salle bruyante qui va retentir de votre nom. — Oswald, lui dit Corinne, ces applaudissements, si je les obtiens, n'est-ce pas parce que vous les entendrez, qu'ils auront le pouvoir de me toucher? et si je montre quelque talent, ne sera-ce pas mon sentiment pour vous qui me l'inspirera? La poésie, l'amour, la religion, tout ce qui tient à l'enthousiasme enfin est en harmonie avec la nature; et en regardant le ciel azuré, en me livrant à l'impression qu'il me cause, je comprends mieux les sentiments de Juliette, je suis plus digne de Roméo. — Oui, tu en es digne, céleste créature, s'écria lord Nelvil; oui, c'est une faiblesse de l'âme que cette jalousie de tes talents, que ce besoin de vivre seul avec toi dans l'univers. Va recueillir les hom-

mages du monde, va; mais que ce regard d'amour, qui est plus divin encore que ton génie, ne soit dirigé que sur moi. » Ils se quittèrent alors; et lord Nelvil alla se placer dans la salle, en attendant le plaisir de voir paraître Corinne.

C'est un sujet italien que Roméo et Juliette; la scène se passe à Vérone; on y montre encore le tombeau de ces deux amants : Shakspeare a écrit cette pièce avec cette imagination du Midi, tout à la fois si passionnée et si riante, cette imagination qui triomphe dans le bonheur, et passe si facilement, néanmoins, de ce bonheur au désespoir, et du désespoir à la mort. Tout y est rapide dans les impressions, et l'on sent cependant que ces impressions rapides seront ineffaçables. C'est la force de la nature, et non la frivolité du cœur qui, sous un climat énergique, hâte le développement des passions. Le sol n'est point léger, quoique la végétation soit prompte; et Shakspeare, mieux qu'aucun écrivain étranger, a saisi le caractère national de l'Italie, et cette fécondité d'esprit qui invente mille manières pour varier l'expression des mêmes sentiments, cette éloquence orientale qui se sert des images de toute la nature pour peindre ce qui se passe dans le cœur. Ce n'est pas comme dans l'Ossian, une même teinte, un même son, qui répond constamment à la corde la plus sensible du cœur; mais les couleurs multipliées que Shakspeare emploie dans Roméo et Juliette, ne donnent point à son style une froide affectation; c'est le rayon divisé, réfléchi, varié, qui produit ces couleurs, et l'on y sent toujours la lumière et le feu dont elles viennent. Il y a dans cette composition une séve de vie, un éclat d'expression qui caractérise et le pays et les habitants. La pièce de Roméo et Juliette, traduite en italien, semblait rentrer dans sa langue maternelle.

La première fois que Juliette paraît, c'est à un bal où Roméo Montague s'est introduit dans la maison des Capulets, les ennemis mortels de sa famille. Corinne était revêtue d'un habit de fête charmant, et cependant conforme au costume du temps. Ses cheveux étaient artistement mêlés avec des pierreries et des fleurs; elle frappait d'abord comme une personne nouvelle, puis on reconnaissait sa voix et sa figure; mais sa figure divinisée, qui ne conservait plus qu'une expression poétique. Des applaudissements unanimes firent retentir la salle à son arrivée. Ses premiers regards découvrirent à l'instant Oswald, et s'arrêtèrent sur lui; une étincelle de joie, une espérance douce et vive se peignit dans sa physionomie. En la voyant, le cœur battait de plaisir et de crainte; on sentait que tant de félicité ne pouvait pas durer sur la terre : était-ce pour Juliette, était-ce pour Corinne que ce pressentiment devait s'accomplir?

Quand Roméo s'approcha d'elle pour lui adresser à demi-voix des vers si brillants dans l'anglais, si magnifiques dans la traduction italienne, sur sa grâce et sa beauté, les spectateurs, ravis d'être interprétés ainsi, s'unirent tous avec transport à Roméo; et la passion subite qui le saisit, cette passion allumée par le premier regard, parut à tous les yeux bien vraisemblable. Oswald commença dès ce moment à se troubler; il lui semblait que tout était prêt à se révéler, qu'on allait proclamer Corinne un ange parmi les femmes, l'interroger lui-même sur ce qu'il ressentait pour elle, la lui disputer, la lui ravir; je ne sais quel nuage éblouissant passa devant ses yeux; il craignit de ne plus voir, il craignit de s'évanouir, et se retira derrière une colonne pendant quelques instants. Corinne inquiète le cherchait avec anxiété, et prononça ce vers :

Too early seen unknown, and known too late!

Ah! je l'ai vu trop tôt sans le connaître, et je l'ai connu trop tard, avec un accent si profond, qu'Oswald tressaillit en l'entendant, parce qu'il lui sembla que Corinne l'appliquait à leur situation personnelle.

Il ne pouvait se lasser d'admirer la grâce de ses gestes, la dignité de ses mouvements, une physionomie qui peignait ce que la parole ne pouvait dire, et découvrait ces mystères du cœur qu'on n'a jamais exprimés, et qui pourtant disposent de la vie. L'accent, le regard, les moindres signes d'un acteur vraiment ému, vraiment inspiré, sont une révélation continuelle du cœur humain; et l'idéal des beaux-arts se mêle toujours à ces révélations de la nature. L'harmonie des vers, le charme des attitudes prêtent à la passion ce qui lui manque souvent dans la réalité, la dignité et la grâce. Ainsi tous les sentiments du cœur et tous les mouvements de l'âme passent à travers l'imagination, sans rien perdre de leur vérité.

Au second acte, Juliette paraît sur le balcon de son jardin pour s'entretenir avec Roméo. De toute la parure de Corinne, il ne lui restait plus que les fleurs, et bientôt après les fleurs aussi devaient disparaître; le théâtre à demi éclairé, pour représenter la nuit, répandait sur le visage de Corinne une lumière plus douce et plus touchante. Le son de sa voix était encore plus harmonieux que dans l'éclat d'une fête. Sa main levée vers les étoiles semblait invoquer les seuls témoins dignes

de l'entendre, et quand elle répétait *Roméo! Roméo!* bien qu'Oswald fût certain que c'était à lui qu'elle pensait, il se sentait jaloux des accents délicieux qui faisaient retentir un autre nom dans les airs. Oswald se trouvait placé en face du balcon, et celui qui jouait Roméo étant un peu caché par l'obscurité, tous les regards de Corinne purent tomber sur Oswald lorsqu'elle dit ces vers ravissants :

« In truth, fair Montague, I am too fond,
« And therefore thou may'st think my haviour light :
« But trust me, gentleman, I'll prove more true,
« Than those that have more cunning to be strange.
« . . . .
« . . . .
« . . . . therefore pardon me. »

« Il est vrai, beau Montague, je me suis montrée trop passionnée, et tu pourrais penser que ma conduite a été légère; mais crois-moi, noble Roméo, tu me trouveras plus fidèle que celles qui ont plus d'art pour cacher ce qu'elles éprouvent; ainsi donc pardonne-moi. »

A ce mot : pardonne-moi! pardonne-moi d'aimer! pardonne-moi de te l'avoir laissé connaître! il y avait dans le regard de Corinne une prière si tendre! tant de respect pour son amant, tant d'orgueil de son choix, lorsqu'elle disait : Noble Roméo! beau Montague! qu'Oswald se sentit aussi fier qu'il était heureux. Il releva sa tête que l'attendrissement avait fait pencher, et se crut le roi du monde, puisqu'il régnait sur un cœur qui renfermait tous les trésors de la vie.

Corinne, en apercevant l'effet qu'elle produisait sur Oswald, s'anima de plus en plus par cette émotion du cœur qui seule produit des miracles; et quand, à l'approche du jour, Juliette croit entendre le chant de l'alouette, signal du départ de Roméo, les accents de Corinne avaient un charme surnaturel; ils peignaient l'amour, et cependant on y sentait un mystère religieux, quelques souvenirs du ciel, un présage de retour vers lui, une douleur toute céleste, telle que celle d'une âme exilée sur la terre, et que sa divine patrie va bientôt rappeler. Ah! qu'elle était heureuse, Corinne, le jour où elle représentait ainsi devant l'ami de son choix un noble rôle dans une belle tragédie! que d'années, combien de vies seraient ternes auprès d'un tel jour!

Si lord Nelvil avait pu jouer avec Corinne le rôle de Roméo, le plaisir qu'elle goûtait n'eût pas été si complet. Elle aurait désiré d'écarter les vers des plus grands poëtes, pour parler elle-même selon son cœur; peut-être même qu'un

sentiment invincible de timidité eût entraîné son
talent; elle n'eût pas osé regarder Oswald, de
peur de se trahir; enfin, la vérité portée jusqu'à
ce point aurait détruit le prestige de l'art : mais
qu'il était doux de savoir là celui qu'elle aimait,
quand elle éprouvait ce mouvement d'exaltation
que la poésie seule peut donner! quand elle ressentait tout le charme des émotions sans en avoir
le trouble ni le déchirement réel! quand les affections qu'elle exprimait n'avaient à la fois rien de
personnel ni d'abstrait, et qu'elle semblait dire à
lord Nelvil : Voyez-vous comme je suis capable
d'aimer!

Il est impossible que, dans sa propre situation,
on puisse être contente de soi; la passion et la
timidité tour à tour entraînent ou retiennent,
inspirent trop d'amertume ou trop de soumission:
mais se montrer parfaite, sans qu'il y ait de l'affectation; unir le calme à la sensibilité, quand
trop souvent elle l'ôte; enfin, exister pour un
moment dans les plus doux rêves du cœur, telle
était la jouissance pure de Corinne en jouant la
tragédie. Elle joignait à ce plaisir celui de tous
les succès, de tous les applaudissements qu'elle
obtenait, et son regard les mettait aux pieds d'Oswald, aux pieds de l'objet dont le suffrage valait
à lui seul plus que la gloire. Ah! du moins un moment, Corinne sentit ce bonheur. Un moment elle
connut, au prix de son repos, ces délices de l'âme
que jusqu'alors elle avait souhaitées vainement,
et qu'elle devait regretter toujours.

Juliette, au troisième acte, devient secrètement
l'épouse de Roméo. Dans le quatrième, ses parents voulant la forcer à en épouser un autre,
elle se décide à prendre le breuvage assoupissant
qu'elle tient de la main d'un moine, et qui doit
lui donner l'apparence de la mort. Tous les mouvements de Corinne, sa démarche agitée, ses accents altérés, ses regards, tantôt vifs, tantôt
abattus, peignaient le cruel combat de la crainte
et de l'amour, les images terribles qui la poursuivaient, à l'idée de se voir transportée vivante
dans les tombeaux de ses ancêtres, et cependant
l'enthousiasme de passion qui faisait triompher
une âme si jeune d'un effroi si naturel. Oswald
sentait comme un besoin irrésistible de voler à
son secours. Une fois elle leva les yeux vers le
ciel, avec une ardeur qui exprimait profondément
ce besoin de la protection divine, dont jamais un
être humain n'a pu s'affranchir. Une autre fois,
lord Nelvil crut voir qu'elle étendait les bras vers
lui, comme pour l'appeler à son aide, et il se leva
dans un transport insensé, puis se rassit, ramené

à lui-même par les regards surpris de ceux qui
l'environnaient; mais son émotion devenait si
forte qu'elle ne pouvait plus se cacher.

Au cinquième acte, Roméo, qui croit Juliette
sans vie, la soulève du tombeau avant son réveil,
et la presse contre son cœur ainsi évanouie. Corinne était vêtue de blanc, ses cheveux noirs tout
épars, sa tête penchée sur Roméo avec une grâce,
et cependant avec une vérité de mort si touchante
et si sombre, qu'Oswald se sentit ébranlé tout à
la fois par les impressions les plus opposées. Il ne
pouvait supporter de voir Corinne dans les bras
d'un autre; il frémissait en contemplant l'image
de celle qu'il aimait ainsi privée de vie; enfin, il
éprouvait, comme Roméo, ce mélange cruel de
désespoir et d'amour, de mort et de volupté, qui
fait de cette scène la plus déchirante du théâtre.
Enfin, quand Juliette se réveille de ce tombeau,
au pied duquel son amant vient de s'immoler,
et que ses premiers mots, dans son cercueil, sous
ces voûtes funèbres, ne sont point inspirés par
l'effroi qu'elles devaient causer, lorsqu'elle s'écrie :

Where is my lord? where is my Romeo?

« Où est mon époux? où est mon Roméo? » lord
Nelvil répondit à ces cris par des gémissements,
et ne revint à lui que lorsqu'il fut entraîné par
M. Edgermond hors de la salle.

La pièce finie, Corinne s'était trouvée mal d'é-
motion et de fatigue. Oswald entra le premier
dans sa chambre, et la vit seule avec ses femmes,
encore revêtue du costume de Juliette; et, comme
elle, presque évanouie entre leurs bras. Dans
l'excès de son trouble, il ne savait pas distinguer
si c'était la vérité ou la fiction; et, se jetant aux
pieds de Corinne, il lui dit en anglais ces paroles
de Roméo :

« O mes yeux, regardez-la pour la dernière fois!
ô mes bras, serrez-la pour la dernière fois contre
mon cœur!

Eyes, look your last! arms, tak your last embrace.

Corinne, encore égarée, s'écria : « Grand Dieu!
que dites-vous? Voudriez-vous me quitter, le
voudriez-vous? — Non, non, interrompit Oswald;
non, je jure... » A l'instant, la foule des amis et
des admirateurs de Corinne força sa porte pour
la voir; elle regardait Oswald, attendant avec
anxiété ce qu'il allait dire; mais ils ne purent se
parler de toute la soirée; on ne les laissa seuls
un instant.

Jamais tragédie n'avait produit un tel effet en
Italie. Les Romains exaltaient avec transport et

la traduction, et la pièce, et l'actrice. Ils disaient que c'était là véritablement la tragédie qui convenait aux Italiens, peignait leurs mœurs, ranimait leur âme en captivant leur imagination, et faisait valoir leur belle langue, par un style tour à tour éloquent et lyrique, inspiré et naturel. Corinne recevait tous ces éloges avec un air de douceur et de bienveillance; mais son âme était restée suspendue à ce mot *Je jure*... qu'Oswald avait prononcé, et dont l'arrivée du monde avait interrompu la suite : ce mot pouvait en effet contenir le secret de sa destinée.

LIVRE VIII.

LES STATUES ET LES TABLEAUX.

CHAPITRE PREMIER.

Après la journée qui venait de se passer, Oswald ne put fermer l'œil de la nuit. Il n'avait jamais été plus près de tout sacrifier à Corinne. Il ne voulait pas même lui demander son secret, ou du moins il voulait prendre, avant de le savoir, l'engagement solennel de lui consacrer sa vie. L'incertitude semblait, pendant quelques heures, entièrement écartée de son esprit; et il se plaisait à composer dans sa tête la lettre qu'il écrirait le lendemain, et qui déciderait de son sort. Mais cette confiance dans le bonheur, ce repos dans la résolution, ne fut pas de longue durée. Bientôt ses pensées le ramenèrent vers le passé; il se souvint qu'il avait aimé, bien moins, il est vrai, qu'il n'aimait Corinne, et l'objet de son premier choix ne pouvait lui être comparé; mais enfin c'était ce sentiment qui l'avait entraîné à des actions irréfléchies, à des actions qui avaient déchiré le cœur de son père. « Ah! qui sait, s'écria-t-il, qui sait s'il ne craindrait pas également aujourd'hui que son fils n'oubliât sa patrie et ses devoirs envers elle?

« O toi! dit-il en s'adressant au portrait de son père; toi, le meilleur ami que j'aurai jamais sur la terre, je ne peux plus entendre ta voix : mais apprends-moi par ce regard muet, si puissant encore sur mon âme, apprends-moi ce que je dois faire pour te donner dans le ciel quelque contentement de ton fils. Et cependant n'oublie pas ce besoin de bonheur qui consume les mortels; sois indulgent dans ta demeure céleste, comme tu l'étais sur la terre. J'en deviendrai meilleur, si je suis heureux quelque temps, si je vis avec cette créature angélique, si j'ai l'honneur de protéger, de sauver une telle femme. La sauver? reprit-il tout à coup; et de quoi? d'une vie qui lui plaît, d'une vie d'hommages, de succès, d'indépendance! » Cette réflexion, qui venait de lui, l'effraya lui-même comme une inspiration de son père.

Dans les combats de sentiment, qui n'a pas souvent éprouvé je ne sais quelle superstition secrète qui nous fait prendre ce que nous pensons pour un présage, et ce que nous souffrons pour un avertissement du ciel? Ah! quelle lutte se passe dans les âmes susceptibles et de passion et de conscience!

Oswald se promenait dans sa chambre avec une agitation cruelle, s'arrêtant quelquefois pour regarder la lune d'Italie, si douce et si belle. L'aspect de la nature enseigne la résignation, mais ne peut rien sur l'incertitude. Le jour vint pendant qu'il était dans cet état, et quand le comte d'Erfeuil et M. Edgermond entrèrent chez lui, ils s'inquiétèrent de sa santé, tant les anxiétés de la nuit l'avaient changé! Le comte d'Erfeuil rompit le premier le silence qui s'était établi entre eux trois. « Il faut convenir, dit-il, que le spectacle d'hier était charmant. Corinne est admirable. Je perdais la moitié de ses paroles, mais je devinais tout par ses accents et par sa physionomie. Quel dommage que ce soit une personne riche qui ait un tel talent! car, si elle était pauvre, libre comme elle l'est, elle pourrait monter sur le théâtre, et ce serait la gloire de l'Italie qu'une actrice comme elle. »

Oswald ressentit une impression pénible par ce discours, et ne savait néanmoins de quelle manière la témoigner; car le comte d'Erfeuil avait cela de particulier, que l'on ne pouvait pas légitimement se fâcher de ce qu'il disait, lors même qu'on en recevait une impression désagréable. Il n'y a que les âmes sensibles qui sachent se ménager réciproquement : l'amour-propre, si susceptible pour lui-même, ne devine presque jamais la susceptibilité des autres.

M. Edgermond loua Corinne dans les termes les plus convenables et les plus flatteurs. Oswald lui répondit en anglais, afin de soustraire la conversation sur Corinne aux éloges déplaisants du comte d'Erfeuil. « Je suis de trop, ce me semble, dit alors le comte d'Erfeuil, je m'en vais chez Corinne; elle sera bien aise d'entendre mes observations sur son jeu d'hier au soir. J'ai quelques conseils à lui donner, qui portent sur des détails;

mais les détails font beaucoup à l'ensemble; et
c'est vraiment une femme si étonnante, qu'il ne
faut rien négliger pour lui faire atteindre la perfection. Et puis, dit-il en se penchant vers l'oreille
de lord Nelvil, je veux l'encourager à jouer plus
souvent la tragédie : c'est un moyen sûr pour se
faire épouser par quelque étranger de distinction
qui passera par ici. Vous et moi, mon cher Oswald, nous ne donnerons pas dans cette idée, nous
sommes trop accoutumés aux femmes charmantes
pour qu'elles nous fassent faire une sottise; mais
un prince allemand, un grand d'Espagne, qui sait? »
A ces mots, Oswald se leva, hors de lui-même,
et l'on ne peut savoir ce qu'il en serait arrivé, si
le comte d'Erfeuil avait aperçu son mouvement;
mais il avait été si satisfait de sa dernière réflexion, qu'il s'en était allé là-dessus légèrement, et
sur la pointe du pied, ne se doutant pas qu'il avait
offensé lord Nelvil : s'il l'avait su, bien qu'il l'aimât autant qu'il pouvait aimer, il serait sûrement
resté. La valeur brillante du comte d'Erfeuil contribuait, plus encore que son amour-propre, à
lui faire illusion sur ses défauts. Comme il avait
beaucoup de délicatesse dans tout ce qui tenait à
l'honneur, il n'imaginait pas qu'il pût lui manquer
dans ce qui avait rapport à la sensibilité; et se
croyant, avec raison, aimable et brave, il s'ap-
plaudissait de son lot, et ne soupçonnait rien de
plus profond dans la vie.

Aucun des sentiments qui agitaient Oswald n'a-
vait échappé à M. Edgermond; et quand le comte
d'Erfeuil fut sorti, il lui dit : « Mon cher Oswald,
je pars, je vais à Naples. — Eh! pourquoi si tôt?
répondit lord Nelvil. — Parce qu'il ne fait pas bon
ici pour moi, continua M. Edgermond. J'ai cinquante ans, et cependant je ne suis pas sûr que je
ne devinsse fou de Corinne. — Et si vous le deve-
niez, interrompit Oswald, que vous en arriverait-
il? — Une telle femme n'est pas faite pour vivre
dans le pays de Galles, reprit M. Edgermond :
croyez-moi, mon cher Oswald, il n'y a que les
Anglaises pour l'Angleterre : il ne m'appartient
pas de vous donner des conseils, et je n'ai pas besoin de vous assurer que je ne dirai pas un mot
de ce que j'ai vu; mais, tout aimable qu'est Corinne, je pense comme Thomas Walpole, *Que fait-
on de cela à la maison?* Et *la maison* est tout
chez nous, vous le savez, tout pour les femmes
du moins. Vous représentez-vous votre belle Italienne restant seule pendant que vous chasserez,
ou que vous irez au parlement, et vous quittant
au dessert pour aller préparer le thé quand vous
sortirez de table? Cher Oswald, nos femmes ont

des vertus domestiques que vous ne trouverez
nulle part. Les hommes en Italie n'ont rien à faire
qu'à plaire aux femmes; ainsi, plus elles sont
aimables et mieux c'est. Mais chez nous, où les
hommes ont une carrière active, il faut que les
femmes soient dans l'ombre, et ce serait bien
dommage d'y mettre Corinne; je la voudrais sur
le trône de l'Angleterre, mais non pas sous mon
humble toit. Milord, j'ai connu votre mère, que
votre respectable père a tant regrettée : c'était
une personne tout à fait semblable à ma jeune
cousine, et c'est comme cela que je voudrais une
femme, si j'étais encore dans l'âge de choisir et
d'être aimé. Adieu, mon cher ami; ne me sachez
pas mauvais gré de ce que je viens de vous dire,
car personne n'est plus que moi l'admirateur de
Corinne, et peut-être qu'à votre âge je ne serais
pas capable de renoncer à l'espérance de lui plaire. »
En achevant ces mots, il prit la main de lord Nelvil, la serra cordialement, et s'en alla, sans qu'Oswald lui répondît un seul mot. Mais M. Edgermond comprit la cause de son silence, et, satisfait
du serrement de main d'Oswald qui avait répondu
au sien, il partit, impatient lui-même de finir une
conversation qui lui coûtait.

De tout ce qu'il avait dit, un seul mot avait
frappé au cœur d'Oswald; c'était le souvenir de sa
mère et de l'attachement profond que son père
avait eu pour elle. Il l'avait perdue lorsqu'il n'a-
vait encore que quatorze ans, mais il se rappelait
avec un profond respect et ses vertus et le caractère timide et réservé de ses vertus. « Insensé que
je suis! s'écria-t-il quand il fut seul, je veux savoir
quelle est l'épouse que mon père me destinait : et
ne le sais-je pas, puisque je puis me retracer l'i-
mage de ma mère qu'il a tant aimée? Que veux-je
donc de plus? Et pourquoi me tromper moi-même,
en faisant semblant d'ignorer ce qu'il penserait à
présent, si je pouvais le consulter encore? » Il
était cependant affreux pour Oswald de retourner
chez Corinne, après ce qui s'était passé la veille,
sans lui rien dire qui confirmât les sentiments qu'il
lui avait témoignés. Son agitation, sa peine devint
si forte, qu'elle lui rendit un accident dont il se
croyait guéri; le vaisseau cicatrisé dans sa poitrine
se rouvrit. Pendant que ses gens effrayés appelaient du secours de toutes parts, il souhaitait en
secret que la fin de sa vie terminât ses chagrins.
« Si je pouvais mourir, se disait-il, après avoir
revu Corinne, après qu'elle m'aurait appelé son
Roméo! » Et des larmes s'échappèrent de ses yeux :
c'étaient les premières, depuis la mort de son père,
qu'une autre douleur lui arrachât.

Il écrivit à Corinne l'accident qui le retenait chez lui, et quelques mots mélancoliques terminaient sa lettre. Corinne avait commencé ce même jour avec des pressentiments bien trompeurs : elle jouissait de l'impression qu'elle avait produite sur Oswald, et, se croyant aimée, elle était heureuse, car elle ne savait pas bien clairement d'ailleurs ce qu'elle désirait. Mille circonstances faisaient que l'idée d'épouser lord Nelvil était pour elle mêlée de beaucoup de crainte; et, comme c'était une personne plus passionnée que prévoyante, dominée par le présent, mais s'occupant peu de l'avenir, ce jour qui devait lui coûter tant de peines s'était levé pour elle comme le jour le plus pur et le plus serein de sa vie.

En recevant le billet d'Oswald, un trouble cruel s'empara de son âme : elle le crut dans un grand danger, et partit à l'instant à pied, traversant le *corso* à l'heure où toute la ville s'y promène, et entrant dans la maison d'Oswald à la vue de presque toute la société de Rome. Elle ne s'était pas donné le temps de réfléchir, et sa course avait été si rapide, qu'en arrivant dans la chambre d'Oswald elle ne pouvait plus respirer ni prononcer un seul mot. Lord Nelvil comprit tout ce qu'elle venait de hasarder pour le voir; et s'exagérant les conséquences de cette action, qui, en Angleterre, aurait entièrement perdu de réputation une femme, et à plus forte raison une femme non mariée, il se sentit saisi par la générosité, l'amour et la reconnaissance, et se levant, tout faible qu'il était, il serra Corinne contre son cœur, et s'écria : « Chère amie! non, je ne t'abandonnerai pas, quand ton sentiment pour moi te compromet! quand je dois réparer... » Corinne comprit sa pensée, et l'interrompant aussitôt, en se dégageant doucement de ses bras, elle lui dit, après s'être informée de son état, qui s'était amélioré : « Vous vous trompez, milord; je ne fais rien, en venant vous voir, que la plupart des femmes de Rome n'eussent fait à ma place. Je vous ai su malade, vous êtes étranger ici, vous n'y connaissez que moi, c'est à moi de vous soigner. Les convenances établies sont très-respectables quand il ne faut leur sacrifier que soi; mais ne doivent-elles pas céder aux sentiments vrais et profonds que fait naître le danger ou la douleur d'un ami? Quel serait donc le sort d'une femme, si ces mêmes convenances sociales, en permettant d'aimer, défendaient seulement le mouvement irrésistible qui fait voler au secours de ce qu'on aime? Mais, je vous le répète, milord, ne craignez point qu'en venant ici je me sois compromise. J'ai, par mon âge et mes talents, à Rome, la liberté d'une femme mariée. Je ne cache point à mes amis que je suis venue chez vous; je ne sais s'ils me blâment de vous aimer, mais sûrement ils ne me blâmeront pas d'être dévouée à vous, quand je vous aime. »

En entendant ces paroles, si naturelles et si sincères, Oswald éprouva un mélange confus d'impressions diverses; il était touché par la délicatesse de la réponse de Corinne, mais il était presque fâché que ce qu'il avait pensé d'abord ne fût pas vrai; il aurait souhaité qu'elle eût commis pour lui une grande faute selon le monde, afin que cette faute même, lui faisant un devoir de l'épouser, terminât ses incertitudes. Il pensait avec humeur à cette liberté des mœurs d'Italie, qui prolongeait son anxiété, en lui laissant beaucoup de bonheur, sans lui imposer aucun lien. Il eût voulu que l'honneur lui commandât ce qu'il désirait. Ces pensées pénibles lui causèrent de nouveau des accidents dangereux. Corinne, dans la plus affreuse inquiétude, sut lui prodiguer des soins pleins de douceur et de charme.

Vers le soir, Oswald paraissait plus oppressé; et Corinne, à genoux auprès de son lit, soutenait sa tête entre ses bras, quoiqu'elle fût elle-même bien plus émue que lui. Il la regardait souvent avec une impression de bonheur à travers ses souffrances. « Corinne, lui dit-il à voix basse, lisez-moi dans ce recueil, où sont écrites les pensées de mon père, ses *réflexions sur la mort*. Ne pensez pas, dit-il en voyant l'effroi de Corinne, que je m'en croie menacé; mais jamais je ne suis malade sans relire ses consolations, qu'il me semble encore entendre de sa bouche; et puis je veux, chère amie, vous faire ainsi connaître quel homme était mon père; vous comprendrez mieux et ma douleur et son empire sur moi, et tout ce que je veux vous confier un jour. » Corinne prit ce recueil, dont Oswald ne se séparait jamais, et d'une voix tremblante, elle en lut quelques pages.

« Justes, aimés du Seigneur, vous parlerez de la
« mort sans crainte, car elle ne sera pour vous
« qu'un changement d'habitation; et celle que vous
« quitterez est peut-être la moindre de toutes. O
« mondes innombrables, qui remplissez à nos yeux
« l'infini de l'espace! communautés inconnues des
« créatures de Dieu; communautés de ses enfants,
« éparses dans le firmament et rangées sous ses
« voûtes! que nos louanges se joignent aux vôtres :
« nous ignorons votre condition; nous ignorons
« votre première, votre seconde, votre dernière
« part aux générosités de l'Être suprême; mais en
« parlant de la mort et de la vie, du temps passé,

« du temps à venir, nous atteignons, nous touchons
« aux intérêts de tous les êtres intelligents et sen-
« sibles, n'importe les lieux et les distances qui les
« séparent. Familles des peuples, familles des na-
« tions, assemblages des mondes, vous dites avec
« nous : Gloire au maître des cieux, au roi de la
« nature, au Dieu de l'univers! gloire, hommage
« à celui qui peut, à sa volonté, transformer la
« stérilité en abondance, l'ombre en réalité, et la
« mort elle-même en éternelle vie !

« Ah! sans doute, la fin du juste est la mort
« désirable; mais peu d'entre nous, peu d'entre nos
« anciens en ont été les témoins. Où est-il cet
« homme qui se présenterait sans crainte aux re-
« gards de l'Éternel? Où est-il cet homme qui a
« aimé Dieu sans distraction, qui l'a servi dès sa
« jeunesse, et qui, atteignant un âge avancé, ne
« trouve dans ses souvenirs aucun sujet d'inquié-
« tude? Où est-il cet homme moral en toutes ses
« actions, sans jamais songer à la louange et aux
« récompenses de l'opinion? Où est-il, cet homme
« si rare parmi les hommes, cet être si digne de
« nous servir à tous de modèle? Où est-il? où est-il?
« Ah! s'il existe au milieu de nous, que nos res-
« pects l'environnent; et demandez, vous ferez
« bien, demandez d'assister à sa mort, comme au
« plus beau des spectacles : armez-vous seulement
« de courage, afin de le suivre attentivement sur
« le lit d'épouvante dont il ne se relèvera point.
« Il le prévoit, il en est certain, et la sérénité
« règne dans ses regards, et son front semble en-
« vironné d'une auréole céleste : il dit avec l'apôtre :
« *Je sais à qui j'ai cru ;* et cette confiance, lorsque
« ses forces s'éteignent, anime encore ses traits. Il
« contemple déjà sa nouvelle patrie; mais sans ou-
« blier celle qu'il va quitter, il est à son Créateur
« et à son Dieu, sans rejeter loin de lui les senti-
« ments qui ont charmé sa vie.

« C'est une épouse fidèle qui, selon les lois de
« la nature, doit, entre les siens, le suivre la pre-
« mière : il la console, il essuie ses larmes, il lui
« donne rendez-vous dans ce séjour de félicité
« qu'il ne peut se peindre sans elle. Il lui retrace
« les jours heureux qu'ils ont parcourus ensemble,
« non pour déchirer le cœur d'une sensible amie,
« mais pour accroître leur confiance mutuelle en la
« bonté céleste. Il rappelle encore à la compagne
« de sa fortune l'amour si tendre qu'il eut toujours
« pour elle, non pour animer des regrets qu'il vou-
« drait adoucir, mais pour jouir de la douce idée
« que deux vies ont tenu à la même tige, et que,
« par leur union, elles deviendront peut-être une
« défense, une garantie de plus, dans cet obscur

« avenir, où la pitié d'un Dieu suprême est le der-
« nier refuge de nos pensées. Hélas! peut-on se
« former une juste image de toutes les émotions
« qui pénètrent une âme aimante, au moment où
« une vaste solitude se présente à nos regards, au
« moment où les sentiments, les intérêts dont on
« a subsisté pendant le cours de ses belles années,
« vont s'évanouir pour jamais? Ah! vous qui devez
« survivre à cet être semblable à vous, que le ciel
« vous avait donné pour soutien, à cet être qui
« était tout pour vous, et dont les regards vous
« disent un effrayant adieu, vous ne refuserez pas
« de placer votre main sur un cœur défaillant, afin
« qu'une dernière palpitation vous parle encore,
« lorsque tout autre langage n'existera plus. Eh!
« vous blâmerions-nous, amis fidèles, si vous aviez
« désiré que vos cendres se confondissent, que
« vos dépouilles mortelles fussent réunies dans
« le même asile? Dieu de bonté, réveillez-les
« ensemble; ou si l'un des deux seulement a mé-
« rité cette faveur, si l'un des deux seulement
« doit être du nombre des élus, que l'autre en
« apprenne la nouvelle; que l'autre aperçoive la
« lumière des anges, au moment où le sort des
« heureux sera proclamé, afin qu'il ait encore un
« moment de joie avant de retomber dans la nuit
« éternelle.

« Ah! nous nous égarons peut-être lorsque nous
« essayons de décrire les derniers jours de l'homme
« sensible, de l'homme qui voit la mort s'avancer
« à grands pas, qui la voit prête à le séparer de
« tous les objets de son affection.

« Il se ranime, et reprend un moment de force,
« afin que ses dernières paroles servent d'instruc-
« tion à ses enfants. Il leur dit : « Ne vous effrayez
« point d'assister à la fin prochaine de votre père,
« de votre ancien ami. C'est par une loi de la na-
« ture qu'il quitte avant vous cette terre où il est
« venu le premier. Il vous montrera du courage ;
« et pourtant il s'éloigne de vous avec douleur. Il
« eût souhaité sans doute de vous aider plus long-
« temps de son expérience, et de faire encore quel-
« ques pas avec vous, à travers les périls dont
« votre jeunesse est environnée; *mais la vie n'a*
« *point de défense, quand il faut descendre au*
« *tombeau.* Vous irez seuls maintenant, seuls au
« milieu d'un monde d'où je vais disparaître.
« Puissiez-vous recueillir avec abondance les biens
« que la Providence y a semés! mais n'oubliez ja-
« mais que ce monde lui-même est une patrie pas-
« sagère; et qu'une autre plus durable vous appelle.
« Nous nous reverrons peut-être; et quelque part,
« sous les regards de mon Dieu, j'offrirai pour

« vous en sacrifice et mes vœux et mes larmes.
« Aimez la religion qui a tant de promesses; aimez
« la religion, ce dernier traité d'alliance entre les
« pères et les enfants, entre la mort et la vie...
« Approchez-vous de moi!... que je vous aperçoive
« encore. Que la bénédiction d'un serviteur de Dieu
« soit sur vous!... » Il meurt... O anges du ciel! re-
« cevez son âme, et laissez-nous sur la terre le
« souvenir de ses actions, le souvenir de ses pen-
« sées, le souvenir de ses espérances '. »

L'émotion d'Oswald et de Corinne avait souvent
interrompu cette lecture. Enfin ils furent forcés
d'y renoncer. Corinne craignait pour Oswald l'a-
bondance de ses pleurs. Elle était bouleversée de
l'état où elle le voyait, et elle ne s'apercevait pas
qu'elle-même était aussi troublée que lui. « Oui,
lui dit Oswald en lui tendant la main, oui, chère
amie de mon cœur, tes larmes se sont confondues
avec les miennes. Tu le pleures avec moi, cet ange
tutélaire dont je sens encore le dernier embrasse-
ment, dont je vois encore le noble regard; peut-
être est-ce toi qu'il a choisie pour me consoler;
peut-être... — Non, non, s'écria Corinne, non, il
ne m'en a pas crue digne.—Que dites-vous? » interrompit Oswald. Corinne eut peur d'avoir révélé ce qu'elle voulait cacher, et répéta ce qui
venait de lui échapper, en disant seulement : « Il ne
m'en croirait pas digne! » Ce mot changé dissipa
l'inquiétude que le premier avait fait naître dans
le cœur d'Oswald, et il continua sans crainte à
s'entretenir de son père avec Corinne.

Les médecins arrivèrent et la rassurèrent un peu;
mais ils défendirent absolument à lord Nelvil de
parler, jusqu'à ce que le vaisseau qui s'était ouvert
dans sa poitrine fût fermé. Six jours entiers se
passèrent, pendant lesquels Corinne ne quitta point

' Je me suis permis d'emprunter ici quelques passages du
discours *sur la Mort*, qui se trouve dans le *Cours de Morale
religieuse*, par M. Necker. Un autre ouvrage de lui, *l'Importance des opinions religieuses*, ayant eu le plus éclatant
succès, on le confond quelquefois avec celui-ci, qui parut
dans des temps où l'attention était distraite par les événements politiques. Mais j'ose affirmer que le *Cours de Morale
religieuse* est le plus éloquent ouvrage de mon père. Aucun
ministre d'État, je crois, avant lui n'avait composé des ouvrages pour la chaire chrétienne; et ce qui doit caractériser
ce genre d'écrit fait par un homme qui a tant eu affaire avec
les hommes, c'est la connaissance du cœur humain, et l'indulgence que cette connaissance inspire : il semble donc que,
sous ces deux rapports, le *Cours de Morale* est complètement
original. Les hommes religieux, d'ordinaire, ne vivent pas
dans le monde; les hommes du monde, pour la plupart, ne
sont pas religieux : où serait-il donc possible de trouver à ce
point l'observation de la vie et l'élévation qui en dégage? Je
dirai, sans craindre qu'on attribue mon opinion à mes sentiments, que, parmi les écrits religieux, c'est l'un des
premiers qui consolent l'être sensible, et intéressent les esprits qui réfléchissent sur les grandes questions que l'âme et
la pensée agitent sans cesse en nous-mêmes.

Oswald, et l'empêcha de prononcer un seul mot,
lui imposant doucement silence dès qu'il voulait
parler. Elle trouvait l'art de varier les heures par
la lecture, par la musique, et quelquefois par une
conversation dont elle faisait tous les frais, en
cherchant à s'animer elle-même, dans le sérieux
comme dans la plaisanterie, avec un intérêt soutenu. Toute cette grâce, tout ce charme voilait
l'inquiétude qu'elle éprouvait intérieurement, et
qu'il fallait dérober à lord Nelvil; mais elle n'en
était pas distraite un seul instant. Elle s'apercevait
presque avant Oswald lui-même de ce qu'il souffrait, et le courage qu'il mettait à le cacher ne
trompait jamais Corinne; elle découvrait toujours
ce qui pouvait lui faire du bien, et se hâtait de le
soulager, en tâchant seulement de fixer son attention le moins qu'il était possible sur les soins
qu'elle lui rendait. Cependant, quand Oswald pâlissait, la couleur abandonnait aussi les lèvres de
Corinne, et ses mains tremblaient en lui portant
du secours; mais elle s'efforçait bientôt de se remettre, et souriait, quoique ses yeux fussent remplis de larmes. Quelquefois elle pressait la main
d'Oswald sur son cœur, et semblait vouloir ainsi
lui donner sa propre vie. Enfin ses soins réussirent,
Oswald se guérit.

« Corinne, lui dit-il lorsqu'elle lui permit de
parler, pourquoi M. Edgermond, mon ami, n'a-t-il
pas été témoin des jours que vous venez de passer
auprès de moi! il aurait vu que vous n'êtes pas
moins bonne qu'admirable; il aurait vu que la vie
domestique se compose avec vous d'enchantements
continuels et que vous ne différez des autres femmes que pour ajouter à toutes les vertus le prestige de tous les charmes. Non, c'en est trop, il
faut faire cesser le combat qui me déchire, ce
combat qui vient de me mettre au bord du tombeau. Corinne, tu m'entendras, tu sauras tous mes
secrets, toi qui me caches les tiens, et tu prononce-
ras sur notre sort. — Notre sort, répondit Corinne, si vous sentez comme moi, c'est de ne pas
nous quitter. Mais m'en croirez-vous, quand je
vous dirai que jusqu'à présent du moins je n'ai pas
osé souhaiter d'être votre épouse? Ce que j'éprouve
est bien nouveau pour moi : mes idées sur la vie,
mes projets pour l'avenir sont tout à fait bouleversés par ce sentiment qui me trouble et m'asservit chaque jour davantage. Mais je ne sais pas
si nous pouvons, si nous devons nous unir. —
Corinne, reprit Oswald, me mépriseriez-vous d'a-
voir hésité? l'attribueriez-vous à des considérations
misérables? N'avez-vous pas deviné que le remords
profond et douloureux qui, depuis près de deux

ans, me poursuit et me déchire, a pu seul causer mes incertitudes.

— Je l'ai compris, reprit Corinne. Si je vous avais soupçonné d'un motif étranger aux affections du cœur, vous ne seriez pas celui que j'aime. Mais la vie, je le sais, n'appartient pas tout entière à l'amour. Les habitudes, les souvenirs, les circonstances créent autour de nous je ne sais quel enlacement que la passion même ne peut détruire. Brisé pour un moment, il se reformerait, et le lierre viendrait à bout du chêne. Mon cher Oswald, ne donnons pas à chaque époque de notre existence plus que cette époque ne demande. Ce qui m'est nécessaire dans ce moment, c'est que vous ne me quittiez pas. Cette terreur d'un départ qui pourrait être subit me poursuit sans cesse. Vous êtes étranger dans ce pays : aucun lien ne vous y retient. Si vous partiez, tout serait dit, il ne me resterait de vous que ma douleur. Cette nature, ces beaux-arts, cette poésie que je sens avec vous, et maintenant, hélas! seulement avec vous, tout deviendrait muet pour mon âme. Je ne me réveille qu'en tremblant ; je ne sais pas, quand je vois ce beau jour, s'il ne me trompe point par ses rayons resplendissants, si vous êtes encore là, vous, l'astre de ma vie. Oswald, ôtez-moi cette terreur, et je ne verrai rien au delà de cette sécurité délicieuse. — Vous savez, répondit Oswald, que jamais un Anglais n'a renoncé à sa patrie, que la guerre peut me rappeler, que... — Ah! Dieu, s'écria Corinne, voudriez-vous me préparer... » Et tous ses membres tremblaient, comme à l'approche du plus effroyable danger. « Eh bien, s'il est ainsi, emmenez-moi comme épouse, comme esclave... » Mais tout à coup, reprenant ses esprits, elle dit : « Oswald, vous ne partirez jamais sans m'en prévenir, jamais, n'est-ce pas? Écoutez; dans aucun pays, un criminel n'est conduit au supplice sans que quelques heures lui soient données pour recueillir ses pensées. Ce ne sera pas par une lettre, ce sera vous-même qui viendrez me le dire; vous m'avertirez, vous m'entendrez avant de vous éloigner de moi. — Eh! le pourrais-je alors !... — Quoi ! vous hésitez à m'accorder ce que je demande! s'écria Corinne.—Non, répondit Oswald, je n'hésite pas : tu le veux, eh bien je le jure; si ce départ est nécessaire, je vous en préviendrai, et ce moment décidera de votre vie. » Et elle sortit.

CHAPITRE II.

Pendant les jours qui suivirent la maladie d'Os-

wald, Corinne évita soigneusement ce qui pouvait amener une explication entre eux. Elle voulait rendre la vie de son ami aussi douce qu'il était possible, mais elle ne voulait point lui confier encore son histoire. Tout ce qu'elle avait remarqué dans leurs entretiens ne l'avait que trop convaincue de l'impression qu'il recevrait en apprenant, et ce qu'elle était, et ce qu'elle avait sacrifié ; et rien ne lui faisait plus de peur que cette impression qui pouvait le détacher d'elle.

Revenant donc à l'aimable adresse dont elle avait coutume de se servir pour empêcher Oswald de se livrer à ses inquiétudes passionnées, elle voulut intéresser de nouveau son esprit et son imagination par les merveilles des beaux-arts qu'il n'avait point encore vues, et retarder ainsi l'instant où le sort devait s'éclaircir et se décider. Une telle situation serait insupportable dans tout autre sentiment que l'amour ; mais il donne des heures si douces, il répand un tel charme sur chaque minute, que, bien qu'il ait besoin d'un avenir indéfini, il s'enivre du présent, et reçoit un jour comme un siècle de bonheur ou de peine, tant ce jour est rempli par une multitude d'émotions et d'idées! Ah! sans doute, c'est par l'amour que l'éternité peut être comprise ; il confond toutes les notions du temps ; il efface les idées de commencement et de fin ; on croit avoir toujours aimé l'objet qu'on aime, tant il est difficile de concevoir qu'on ait pu vivre sans lui. Plus la séparation est affreuse, moins elle paraît vraisemblable ; elle devient, comme la mort, une crainte dont on parle plus qu'on n'y croit, un avenir qui semble impossible, alors même qu'on le sait inévitable.

Corinne, parmi ses innocentes ruses pour varier les amusements d'Oswald, avait encore réservé les statues et les tableaux. Un jour donc, lorsque lord Nelvil fut rétabli, elle lui proposa d'aller voir ensemble ce que la sculpture et la peinture offraient à Rome de plus beau. « Il est honteux, lui dit-elle en souriant, que vous ne connaissiez ni nos statues ni nos tableaux, et demain il faut commencer le tour des musées et des galeries.—Vous le voulez, répondit lord Nelvil, j'y consens. Mais en vérité, Corinne, vous n'avez pas besoin de ces ressources étrangères pour me fixer auprès de vous ; c'est, au contraire, un sacrifice que je vous fais, quand je détourne mes regards de vous pour quelque objet que ce puisse être. »

Ils allèrent d'abord au musée du Vatican, ce palais des statues, où l'on voit la figure humaine divinisée par le paganisme, comme les sentiments de l'âme le sont maintenant par le christianisme.

Corinne fit remarquer à lord Nelvil ces salles silencieuses, où sont rassemblées les images des dieux et des héros, où la plus parfaite beauté, dans un repos éternel, semble jouir d'elle-même. En contemplant ces traits et ces formes admirables, il se révèle je ne sais quel dessein de la Divinité sur l'homme, exprimé par la noble figure dont elle a daigné lui faire don. L'âme s'élève par cette contemplation à des espérances pleines d'enthousiasme et de vertu; car la beauté est une dans l'univers, et, sous quelque forme qu'elle se présente, elle excite toujours une émotion religieuse dans le cœur de l'homme. Quelle poésie que ces visages, où la sublime expression est pour jamais fixée, où les plus grandes pensées sont revêtues d'une image si digne d'elle!

Quelquefois un sculpteur ancien ne faisait qu'une statue dans sa vie; elle était toute son histoire. Il la perfectionnait chaque jour : s'il aimait, s'il était aimé, s'il recevait par la nature ou par les beaux-arts une impression nouvelle, il embellissait les traits de son héros par ses souvenirs et par ses affections. Il savait ainsi traduire aux regards tous les sentiments de son âme. La douleur de nos temps modernes, au milieu de notre état social si froid et si oppressif, est ce qu'il y a de plus noble dans l'homme; et, de nos jours, qui n'aurait pas souffert n'aurait jamais senti ni pensé. Mais il y avait dans l'antiquité quelque chose de plus noble que la douleur; c'était le calme héroïque, c'était le sentiment de sa force, qui pouvait se développer au milieu d'institutions franches et libres. Les plus belles statues des Grecs n'ont presque jamais indiqué que le repos. Le Laocoon et la Niobé sont les seules qui peignent des douleurs violentes; mais c'est la vengeance du ciel qu'elles rappellent toutes les deux, et non les passions nées dans le cœur humain. L'être moral avait une organisation si saine chez les anciens, l'air circulait si librement dans leur large poitrine, et l'ordre politique était si bien en harmonie avec les facultés, qu'il n'existait presque jamais, comme de notre temps, des âmes mal à l'aise : cet état fait découvrir beaucoup d'idées fines, mais ne fournit point aux arts, et particulièrement à la sculpture, les simples affections, les éléments primitifs des sentiments, qui peuvent seuls s'exprimer par le marbre éternel.

A peine trouve-t-on dans leurs statues quelques traces de mélancolie. Une tête d'Apollon, au palais Justiniani, une autre d'Alexandre mourant, sont les seules où les dispositions de l'âme rêveuse et souffrante soient indiquées, mais elles appartiennent l'une et l'autre, selon toute apparence, au temps où la Grèce était asservie. Dès lors, il n'y avait plus cette fierté, ni cette tranquillité d'âme qui ont produit chez les anciens les chefs-d'œuvre de la sculpture, et de la poésie composée dans le même esprit.

La pensée qui n'a plus d'aliments au dehors se replie sur elle-même, analyse, travaille, creuse les sentiments intérieurs; mais elle n'a plus cette force de création qui suppose et le bonheur, et la plénitude de forces que le bonheur seul peut donner. Les sarcophages, même chez les anciens, ne rappellent que des idées guerrières ou riantes : dans la multitude de ceux qui se trouvent au musée du Vatican, on voit des batailles, des jeux représentés en bas-reliefs sur les tombeaux. Le souvenir de l'activité de la vie était le plus bel hommage que l'on crût devoir rendre aux morts. Rien n'affaiblissait, rien ne diminuait les forces. L'encouragement, l'émulation, étaient le principe des beaux-arts comme de la politique; il y avait place pour toutes les vertus, comme pour tous les talents. Le vulgaire se glorifiait de savoir admirer, et le culte du génie était desservi par ceux même qui ne pouvaient point aspirer à ses couronnes.

La religion grecque n'était point, comme le christianisme, la consolation du malheur, la richesse de la misère, l'avenir des mourants; elle voulait la gloire, le triomphe; elle faisait, pour ainsi dire, l'apothéose de l'homme. Dans ce culte périssable, la beauté même était un dogme religieux. Si les artistes étaient appelés à peindre les passions basses ou féroces, ils en sauvaient la honte à la figure humaine, en y joignant, comme dans les faunes et les centaures, quelques traits des animaux; et, pour donner à la beauté son plus sublime caractère, ils unissaient tour à tour dans les statues des hommes et des femmes, dans la Minerve guerrière et dans l'Apollon Musagète, les charmes des deux sexes, la force à la douceur, la douceur à la force; mélange heureux de deux qualités opposées, sans lequel aucune des deux ne serait parfaite.

Corinne, en continuant ses observations, retint Oswald quelque temps devant des statues endormies qui sont placées sur les tombeaux, et montrent l'art de la sculpture sous le point de vue le plus agréable. Elle lui fit remarquer que toutes les fois que les statues sont censées représenter une action, le mouvement qui s'arrête produit une sorte d'étonnement quelquefois pénible. Mais les statues dans le sommeil, ou seulement dans l'attitude d'un repos complet, offrent une image de l'éternelle tranquillité, qui s'accorde merveilleusement avec l'effet général du Midi sur l'homme. Il semble que là les beaux-arts soient les paisibles spectateurs de la nature, et que le génie lui-même, qui agite l'âme dans le Nord, ne soit, sous un beau ciel, qu'une harmonie de plus.

Oswald et Corinne passèrent dans la salle où sont rassemblées les images sculptées des animaux et des reptiles; et la statue de Tibère se trouve par hasard au milieu de cette cour. C'est sans projet qu'une telle réunion s'est faite. Ces marbres se sont d'eux-mêmes rangés autour de leur maître. Une autre salle renferme les monuments tristes et sévères des Égyptiens, de ce peuple chez lequel les statues ressemblent plus aux momies qu'aux hommes, et qui, par ses institutions silencieuses, roides et serviles, semble avoir, autant qu'il le pouvait, assimilé la vie à la mort. Les Égyptiens excellaient bien plus dans l'art d'imiter les animaux que les hommes; c'est l'empire de l'âme qui semble leur être inaccessible.

Viennent ensuite les portiques du musée, où l'on voit à chaque pas un nouveau chef-d'œuvre. Des vases, des autels, des ornements de toute espèce entourent l'Apollon, le Laocoon, les Muses. C'est là qu'on apprend à sentir Homère et Sophocle; c'est là que se révèle à l'âme une connaissance de l'antiquité qui ne peut jamais s'acquérir ailleurs. C'est en vain que l'on se fie à la lecture de l'histoire pour comprendre l'esprit des peuples; ce que l'on voit excite en nous bien plus d'idées que ce qu'on lit, et les objets extérieurs causent une émotion forte, qui donne à l'étude du passé l'intérêt et la vie qu'on trouve dans l'observation des hommes et des faits contemporains.

Au milieu des superbes portiques, asile de tant de merveilles, il y a des fontaines qui coulent sans cesse, et vous avertissent doucement des heures qui passaient de même, il y a deux mille ans, quand les artistes de ces chefs-d'œuvre existaient encore. Mais l'impression la plus mélancolique que l'on éprouve au musée du Vatican, c'est en contemplant les débris de statues que l'on y voit rassemblés; le torse d'Hercule, des têtes séparées du tronc, un pied de Jupiter, qui suppose une statue plus grande et plus parfaite que toutes celles que nous connaissons. On croit voir le champ de bataille où le temps a lutté contre le génie; et ces membres mutilés attestent sa victoire et nos pertes.

Après être sortis du Vatican, Corinne conduisit Oswald devant les colosses de Monte-Cavallo; ces deux statues représentent, dit-on, Castor et Pollux. Chacun des deux héros dompte d'une seule main un cheval fougueux qui se cabre. Ces formes co-lossales, cette lutte de l'homme avec les animaux, donne, comme tous les ouvrages des anciens, une admirable idée de la puissance physique de la nature humaine. Mais cette puissance a quelque chose de noble qui ne se retrouve plus dans notre ordre social, où la plupart des exercices du corps sont abandonnés aux gens du peuple. Ce n'est point la force animale de la nature humaine, si l'on peut s'exprimer ainsi, qui se fait remarquer dans ces chefs-d'œuvre. Il semble qu'il y avait une union plus intime entre les qualités physiques et morales chez les anciens, qui vivaient sans cesse au milieu de la guerre, et d'une guerre presque d'homme à homme. La force du corps et la générosité de l'âme, la dignité des traits et la fierté du caractère, la hauteur de la stature et l'autorité du commandement, étaient des idées inséparables, avant qu'une religion intellectuelle eût placé la puissance de l'homme dans son âme. La figure humaine, qui était aussi la figure des dieux, paraissait symbolique; et le colosse nerveux de l'Hercule, et toutes les figures de l'antiquité en ce genre, ne retracent point les vulgaires idées de la vie commune, mais la volonté toute-puissante, la volonté divine, qui se montre sous l'emblème d'une force physique surnaturelle.

Corinne et lord Nelvil terminèrent leur journée en allant voir l'atelier de Canova, du plus grand sculpteur moderne. Comme il était tard, ce fut aux flambeaux qu'ils se le firent montrer; et les statues gagnent beaucoup à cette manière d'être vues. Les anciens en jugeaient ainsi, puisqu'ils les plaçaient souvent dans leurs Thermes, où le jour ne pouvait pas pénétrer. A la lueur des flambeaux, l'ombre plus prononcée amortit la brillante uniformité du marbre, et les statues paraissent des figures pâles, qui ont un caractère plus touchant et de grâce et de vie. Il y avait chez Canova une admirable statue destinée pour un tombeau : elle représentait le génie de la douleur, appuyé sur un lion, emblème de la force. Corinne, en contemplant ce génie, crut y trouver quelque ressemblance avec Oswald, et l'artiste lui-même en fut aussi frappé. Lord Nelvil se détourna pour ne point attirer ce genre d'attention; mais il dit à voix basse à son amie : « Corinne, j'étais condamné à cette éternelle douleur quand je vous ai rencontrée; mais vous avez changé ma vie, et quelquefois l'espoir, et toujours un trouble mêlé de charmes, remplit ce cœur qui ne devait plus éprouver que des regrets. »

CHAPITRE III.

Les chefs-d'œuvre de la peinture étaient alors réunis à Rome, et sa richesse, sous ce rapport, surpassait toutes celles du reste du monde. Un seul point de discussion pouvait exister sur l'effet que produisaient ces chefs-d'œuvre. La nature des sujets que les grands artistes d'Italie ont choisis, se prête-t-elle à toute la variété, à toute l'originalité de passions et de caractères que la peinture peut exprimer ? Oswald et Corinne différaient d'opinion à cet égard ; mais cette différence, comme toutes celles qui existaient entre eux, tenait à la diversité des nations, des climats et des religions. Corinne affirmait que les sujets les plus favorables à la peinture, c'étaient les sujets religieux. Elle disait que la sculpture était l'art du paganisme, comme la peinture était celui du christianisme, et que l'on retrouvait dans ces arts, comme dans la poésie, les qualités qui distinguent la littérature ancienne et moderne. Les tableaux de Michel-Ange, ce peintre de la Bible, de Raphaël, ce peintre de l'Évangile, supposent autant de profondeur et de sensibilité qu'on en peut trouver dans Shakspeare et Racine. La sculpture ne saurait présenter aux regards qu'une existence énergique et simple, tandis que la peinture indique les mystères du recueillement et de la résignation, et fait parler l'âme immortelle à travers de passagères couleurs. Corinne soutenait aussi que les faits historiques, ou tirés des poëmes, étaient rarement pittoresques. Il faudrait souvent, pour comprendre de tels tableaux, que l'on eût conservé l'usage des peintres du vieux temps, d'écrire les paroles que doivent dire les personnages sur un ruban qui sort de leur bouche. Mais les sujets religieux sont à l'instant entendus par tout le monde, et l'attention n'est point détournée de l'art, pour deviner ce qu'il représente.

Corinne pensait que l'expression des peintres modernes, en général, était souvent théâtrale, qu'elle avait l'empreinte de leur siècle, où l'on ne connaissait plus, comme André Mantègne, Perugin et Léonard de Vinci, cette unité d'existence, ce naturel dans la manière d'être, qui tient encore du repos antique. Mais à ce repos est unie la profondeur de sentiments qui caractérise le christianisme. Elle admirait la composition sans artifice des tableaux de Raphaël, surtout dans sa première manière. Toutes les figures sont dirigées vers un objet principal, sans que l'artiste ait songé à les grouper en attitude, à travailler l'effet qu'elles peuvent produire. Corinne disait que cette bonne foi dans les arts d'imagination, comme dans tout le reste, est le caractère du génie, et que le calcul du succès est presque toujours destructeur de l'enthousiasme. Elle prétendait qu'il y avait de la rhétorique en peinture comme dans la poésie, et que tous ceux qui ne savaient pas caractériser cherchaient les ornements accessoires, réunissaient tout le prestige d'un sujet brillant aux costumes riches, aux attitudes remarquables ; tandis qu'une simple vierge tenant son enfant dans ses bras, un vieillard attentif dans la messe de Bolsène, un homme appuyé sur son bâton dans l'école d'Athènes, sainte Cécile levant les yeux au ciel, produisaient, par l'expression seule du regard et de la physionomie, des impressions bien plus profondes. Ces beautés naturelles se découvrent chaque jour davantage ; mais, au contraire, dans les tableaux d'effet, le premier coup d'œil est toujours le plus frappant [1].

Corinne ajoutait à ces réflexions une observation qui les fortifiait encore ; c'est que les sentiments religieux des Grecs et des Romains, la disposition de leur âme en tout genre ne pouvant être la nôtre, il nous est impossible de créer dans leur sens, d'inventer, pour ainsi dire, sur leur terrain. L'on peut les imiter à force d'étude, mais comment le génie trouverait-il tout son essor dans un travail où la mémoire et l'érudition sont si nécessaires ! Il n'en est pas de même des sujets qui appartiennent à notre propre histoire, ou à notre propre religion. Les peintres peuvent en avoir eux-mêmes l'inspiration personnelle ; ils sentent ce qu'ils peignent, ils peignent ce qu'ils ont vu. La vie leur sert pour imaginer la vie ; mais en se transportant dans l'antiquité, il faut qu'ils inventent d'après les livres et les statues. Enfin Corinne trouvait que les tableaux pieux faisaient à l'âme un bien que rien ne pouvait remplacer, et qu'ils supposaient dans l'artiste un sentiment enthousiasme qui se confond avec le génie, le renouvelle, le ranime, et peut seul le soutenir contre les dégoûts de la vie et les injustices des hommes.

Oswald recevait, sous quelques rapports, une impression différente. D'abord il était presque scandalisé de voir représenter en peinture, comme l'a fait Michel-Ange, la figure de la Divinité même revêtue de traits mortels. Il croyait que la pensée n'osait lui donner des formes, et qu'on trouvait à

---

[1] Dans un journal intitulé *l'Europe*, on peut trouver des observations pleines de profondeur et de sagacité sur les sujets qui conviennent à la peinture ; j'y ai puisé plusieurs des réflexions qu'on vient de lire. M. Frédéric Schlegel en est l'auteur : c'est une mine inépuisable que cet écrivain, et que les penseurs allemands en général.

peine au fond de son âme une idée assez intellectuelle, assez éthérée, pour l'élever jusqu'à l'Être
suprême; et quant aux sujets tirés de l'Écriture
sainte, il lui semblait que l'expression et les images dans ce genre de tableaux laissaient beaucoup
à désirer. Il croyait, avec Corinne, que la méditation religieuse est le sentiment le plus intime que
l'homme puisse éprouver; et, sous ce rapport, il
est celui qui fournit aux peintres les plus grands
mystères de la physionomie et du regard; mais la
religion réprimant tous les mouvements du cœur
qui ne naissent pas immédiatement d'elle, les figures des saints et des martyrs ne peuvent être très-
variées. Le sentiment de l'humilité, si noble
devant le ciel, affaiblit l'énergie des passions terrestres, et donne nécessairement de la monotonie
à la plupart des sujets religieux. Quand Michel-
Ange, avec son terrible talent, a voulu peindre
ces sujets, il en a presque altéré l'esprit, en donnant à ses prophètes une expression redoutable et
puissante qui en fait des Jupiters plutôt que des
saints. Souvent aussi il se sert, comme le Dante,
des images du paganisme, et mêle la mythologie
à la religion chrétienne. Une des circonstances les
plus admirables de l'établissement du christianisme, c'est l'état vulgaire des apôtres qui l'ont
prêché, l'asservissement et la misère du peuple
juif, dépositaire pendant longtemps des promesses
qui annonçaient le Christ. Ce contraste entre la
petitesse des moyens et la grandeur du résultat
est très-beau moralement; mais en peinture, où
les moyens seuls peuvent paraître, les sujets chrétiens doivent être moins éclatants que ceux qui
sont tirés des temps héroïques et fabuleux. Parmi
les arts, la musique seule peut être purement religieuse. La peinture ne saurait se contenter d'une
expression aussi rêveuse et aussi vague que celle
des sons. Il est vrai que l'heureuse combinaison
des couleurs et du clair-obscur produit, si l'on
peut s'exprimer ainsi, un effet musical dans la
peinture; mais, comme elle représente la vie, on
lui demande l'expression des passions dans toute
leur énergie et leur diversité. Sans doute il faut
choisir parmi les faits historiques, ceux qui sont
assez connus pour qu'il ne faille point d'étude
pour les comprendre; car l'effet produit par les
tableaux doit être immédiat et rapide, comme
tous les plaisirs causés par les beaux-arts; mais
quand les faits historiques sont aussi populaires
que les sujets religieux, ils ont sur eux l'avantage
de la variété des situations et des sentiments qu'ils
retracent.

Lord Nelvil pensait aussi qu'on devait de préférence représenter en tableaux les scènes de tragédie, ou les fictions poétiques les plus touchantes, afin que tous les plaisirs de l'imagination et
de l'âme fussent réunis. Corinne combattit encore
cette opinion, quelque séduisante qu'elle fût. Elle
était convaincue que l'empiétement d'un art sur
l'autre leur nuisait mutuellement. La sculpture
perd les avantages qui lui sont particuliers, quand
elle aspire aux groupes de la peinture; la peinture,
quand elle veut atteindre à l'expression dramatique. Les arts sont bornés dans leurs moyens,
quoique sans bornes dans leurs effets. Le génie ne
cherche point à combattre ce qui est dans l'essence des choses; sa supériorité consiste, au contraire, à la deviner. « Vous, mon cher Oswald, dit
Corinne, vous n'aimez pas les arts en eux-mêmes,
mais seulement à cause de leurs rapports avec le
sentiment ou l'esprit. Vous n'êtes ému que par ce
qui vous retrace les peines du cœur. La musique
et la poésie conviennent à cette disposition; tandis que les arts qui parlent aux yeux, bien que
leur signification soit idéale, ne plaisent et n'intéressent que lorsque notre âme est tranquille et
notre imagination tout à fait libre. Il ne faut pas
non plus, pour les goûter, la gaieté qu'inspire la
société, mais la sérénité que fait naître un beau
jour, un beau climat. Il faut sentir, dans ces arts
qui représentent les objets extérieurs, l'harmonie
universelle de la nature; et quand notre âme est
troublée, nous n'avons plus en nous-mêmes cette
harmonie, le malheur la détruite. — Je ne sais, répondit Oswald, si je ne cherche dans les beaux-
arts que ce qui peut rappeler les souffrances de
l'âme, mais je sais bien au moins que je ne puis
supporter d'y trouver la représentation des douleurs physiques. Ma plus forte objection, continua-
t-il, contre les sujets chrétiens en peinture, c'est
le sentiment pénible que fait éprouver l'image du
sang, des blessures, des supplices, bien que le plus-
noble enthousiasme ait animé les victimes. Philoctète est peut-être le seul sujet tragique dans lequel les maux physiques puissent être admis. Mais
de combien de circonstances poétiques ces maux
cruels ne sont-ils pas entourés! Ce sont les flèches
d'Hercule qui les ont causés; le fils d'Esculape
doit les guérir; enfin cette blessure se confond
presque avec le ressentiment moral qu'elle fait
naître dans celui qui en est atteint, et ne peut
exciter aucune impression de dégoût. Mais la figure du possédé, dans le superbe tableau de la
Transfiguration, par Raphaël, est une image désagréable, et qui n'a nullement la dignité des
beaux-arts. Il faut qu'ils nous découvrent le charme

de la douleur, comme la mélancolie de la prospérité; c'est l'idéal de la destinée humaine qu'ils doivent représenter dans chaque circonstance particulière. Rien ne tourmente plus l'imagination que des plaies sanglantes ou des convulsions nerveuses. Il est impossible que dans de semblables tableaux l'on ne cherche et l'on ne craigne pas en même temps de trouver l'exactitude de l'imitation. L'art qui ne consisterait que dans cette imitation, quel plaisir nous donnerait-il? Il est plus horrible ou moins beau que la nature même, dès l'instant qu'il aspire seulement à lui ressembler.

— Vous avez raison, milord, dit Corinne, de désirer qu'on écarte des sujets chrétiens les images pénibles; elles n'y sont pas nécessaires. Mais avouez cependant que le génie, et le génie de l'âme, sait triompher de tout. Voyez cette communion de saint Jérôme, par le Dominiquin. Le corps du vénérable mourant est livide et décharné; c'est la mort qui se soulève : mais dans ce regard est la vie éternelle, et toutes les misères du monde ne sont là que pour disparaître devant le pur éclat d'un sentiment religieux. Cependant, cher Oswald, continua Corinne, bien que je ne sois pas de votre avis en tout, je veux vous montrer que, même en différant, nous avons toujours quelque analogie. J'ai essayé ce que vous désirez, dans la galerie de tableaux que des artistes de mes amis m'ont composée, et dont j'ai moi-même esquissé quelques dessins. Vous y verrez les défauts et les avantages des sujets de peinture que vous aimez. Cette galerie est dans ma maison de campagne, à Tivoli. Le temps est assez beau pour la voir, voulez-vous que nous y allions demain? » Et comme elle attendait qu'Oswald y consentît, il lui dit : « Mon amie, pouvez-vous douter de ma réponse? Ai-je un autre bonheur dans ce monde, une autre idée que vous? Et ma vie, que j'ai trop affranchie peut-être de toute occupation, comme de tout intérêt, n'est-elle pas uniquement remplie par le bonheur de vous entendre et de vous voir? »

CHAPITRE IV.

Ils partirent donc le lendemain pour Tivoli. Oswald conduisait lui-même les quatre chevaux qui les traînaient, et se plaisait dans la rapidité de leur course; rapidité qui semble accroître la vivacité du sentiment de l'existence; et cette impression est douce à côté de ce qu'on aime. Il dirigeait la voiture avec une attention extrême, dans la crainte que le moindre accident ne pût arriver à Corinne. Il avait ces soins protecteurs qui sont le plus doux lien de l'homme avec la femme. Corinne n'était point, comme la plupart des femmes, facilement effrayée par les dangers possibles d'une route; mais il lui était si doux de remarquer la sollicitude d'Oswald, qu'elle souhaitait presque d'avoir peur, afin d'être rassurée par lui.

Ce qui donnait, comme on le verra dans la suite, un si grand ascendant à lord Nelvil sur le cœur de son amie, c'étaient les contrastes inattendus qui prêtaient à toute sa manière d'être un charme particulier. Tout le monde admirait son esprit et la grâce de sa figure; mais il devait intéresser surtout une personne qui, réunissant en elle, par un accord singulier, la constance à la mobilité, se plaisait dans les impressions tout à la fois variées et fidèles. Jamais il n'était occupé que de Corinne; et cette occupation même prenait sans cesse des caractères différents; tantôt la réserve y dominait, tantôt l'abandon; tantôt une douceur parfaite, tantôt une amertume sombre, qui prouvait la profondeur des sentiments, mais mêlait le trouble à la confiance, et faisait naître sans cesse une émotion nouvelle. Oswald, intérieurement agité, cherchait à se contenir au dehors; et celle qui l'aimait, occupée à le deviner, trouvait dans ce mystère un intérêt continuel. On eût dit que les défauts mêmes d'Oswald étaient faits pour relever ses agréments. Un homme, quelque distingué qu'il eût été, mais dont le caractère n'eût point offert de contradiction ni de combats, n'aurait pas ainsi captivé l'imagination de Corinne. Elle avait une sorte de peur d'Oswald qui l'asservissait à lui; il régnait sur son âme par une bonne et par une mauvaise puissance, par ses qualités, et par l'inquiétude que ces qualités mal combinées pouvaient inspirer; enfin, il n'y avait pas de sécurité dans le bonheur que donnait lord Nelvil; et peut-être faut-il expliquer par ce tort même l'exaltation de la passion de Corinne; peut-être ne pouvait-elle aimer à ce point que celui qu'elle craignait de perdre. Un esprit supérieur, une sensibilité aussi ardente que délicate, pouvait se lasser de tout, excepté de l'homme vraiment extraordinaire dont l'âme constamment ébranlée ressemblait au ciel même, qui se montre tantôt serein, tantôt couvert de nuages. Oswald, toujours vrai, toujours profond et passionné, était néanmoins souvent prêt à renoncer à l'objet de sa tendresse, parce qu'une longue habitude de la peine lui faisait croire qu'il ne pouvait y avoir que du remords et de la souffrance dans les affections trop vives du cœur.

Lord Nelvil et Corinne, dans leur course à Tivoli, passèrent devant les ruines du palais d'Adrien et du jardin immense qui l'entourait. Ce prince avait réuni dans son jardin les productions les plus rares, les chefs-d'œuvre les plus admirables des pays conquis par les Romains. On y voit encore aujourd'hui quelques pierres éparses qui s'appellent l'*Égypte*, l'*Inde et l'Asie*. Plus loin était la retraite où Zénobie, reine de Palmyre, a terminé ses jours. Elle n'a pas soutenu dans l'adversité la grandeur de sa destinée; elle n'a su, ni, comme un homme, mourir pour la gloire, ni, comme une femme, mourir plutôt que de trahir son ami.

Enfin, ils découvrirent Tivoli qui fut la demeure de tant d'hommes célèbres, de Brutus, d'Auguste, de Mécène, de Catulle, mais surtout la demeure d'Horace; car ce sont ses vers qui ont illustré ce séjour. La maison de Corinne était bâtie au-dessus de la cascade bruyante du Téverone; au haut de la montagne, en face de son jardin, était le temple de la Sibylle. C'est une belle idée qu'avaient les anciens de placer les temples au sommet des lieux élevés. Ils dominaient sur la campagne, comme les idées religieuses sur toute autre pensée. Ils inspiraient plus d'enthousiasme pour la nature, en annonçant la Divinité dont elle émane, et l'éternelle reconnaissance des générations successives envers elle. Le paysage, de quelque point de vue qu'on le considérât, faisait tableau avec le temple, qui était là comme le centre ou l'ornement de tout. Les ruines répandent un singulier charme sur la campagne d'Italie. Elles ne rappellent pas, comme les édifices modernes, le travail et la présence de l'homme, elles se confondent avec les arbres, avec la nature; elles semblent en harmonie avec le torrent solitaire, image du temps qui les a faites ce qu'elles sont. Les plus belles contrées du monde, quand elles ne retracent aucun souvenir, quand elles ne portent l'empreinte d'aucun événement remarquable, sont dépourvues d'intérêt, en comparaison des pays historiques. Quel lieu pouvait mieux convenir à l'habitation de Corinne, en Italie, que le séjour consacré à la Sibylle, à la mémoire d'une femme animée par une inspiration divine! La maison de Corinne était ravissante; elle était ornée avec l'élégance du goût moderne, et cependant le charme d'une imagination qui se plaît dans les beautés antiques s'y faisait sentir. L'on y remarquait une rare intelligence du bonheur, dans le sens le plus élevé de ce mot, c'est-à-dire, en le faisant consister dans tout ce qui ennoblit l'âme, excite la pensée et vivifie le talent.

En se promenant avec Corinne, Oswald s'aperçut que le souffle du vent avait un son harmonieux, et répandait dans l'air des accords qui semblaient venir du balancement des fleurs, de l'agitation des arbres, et prêter une voix à la nature. Corinne lui dit que c'étaient des harpes éoliennes que le vent faisait résonner, et qu'elle avait placées dans quelques grottes du jardin, pour remplir l'atmosphère de sons, aussi bien que de parfums. Dans cette demeure délicieuse, Oswald était inspiré par le sentiment le plus pur. « Écoutez, dit-il à Corinne; jusqu'à ce jour j'éprouvais du remords, en étant heureux près de vous; mais à présent, je me dis que c'est mon père qui vous a envoyée vers moi, pour que je ne souffre plus sur cette terre. C'est lui que j'avais offensé, et c'est lui cependant dont les prières dans le ciel ont obtenu ma grâce. Corinne, s'écria-t-il en se jetant à ses genoux, je suis pardonné; je le sens à ce calme innocent et doux qui règne dans mon âme. Tu peux, sans crainte, t'unir à mon sort, il n'aura plus rien de fatal. — Eh bien, dit Corinne, jouissons encore quelque temps de cette paix du cœur qui nous est accordée. Ne touchons pas à la destinée; elle fait tant de peur, quand on veut s'en mêler, quand on tâche d'obtenir plus qu'elle ne donne! Ah! mon ami, ne changeons rien, puisque nous sommes heureux. »

Lord Nelvil fut blessé de cette réponse de Corinne. Il pensait qu'elle devait comprendre qu'il était prêt à lui tout dire, à lui tout promettre, si, dans ce moment, elle lui confiait son histoire; et cette manière de l'éviter encore l'offensa en l'affligeant; il n'aperçut pas qu'un sentiment de délicatesse empêchait Corinne de profiter de l'émotion d'Oswald pour le lier par un serment. Peut-être, d'ailleurs, est-il dans la nature d'un amour profond et vrai de redouter un moment solennel, quelque désiré qu'il soit, et de ne changer qu'en tremblant l'espérance contre le bonheur même. Oswald, loin d'en juger ainsi, se persuada que Corinne, tout en l'aimant, désirait de conserver son indépendance, et qu'elle éloignait attentivement tout ce qui pouvait amener une union indissoluble. Cette pensée lui fit éprouver une irritation douloureuse; et, prenant aussitôt un air froid et contenu, il suivit Corinne dans sa galerie de tableaux, sans prononcer un seul mot. Elle devina bien vite l'impression qu'elle avait produite sur lui; mais, connaissant sa fierté, elle n'osa pas lui dire ce qu'elle avait remarqué; toutefois, en lui montrant ses tableaux, en lui parlant sur des idées générales, elle avait une espérance vague de l'adoucir, qui donnait à sa voix un charme plus touchant, alors même qu'elle ne prononçait que des paroles indifférentes.

Sa galerie était composée de tableaux d'histoire, de tableaux sur des sujets poétiques et religieux, et de paysages. Il n'y en avait point qui fussent composés d'un très-grand nombre de figures. Ce genre présente sans doute de grandes difficultés, mais il donne moins de plaisir. Les beautés qu'on y trouve sont trop confuses ou trop détaillées. L'unité d'intérêt, ce principe de vie dans les arts, comme dans tout, y est nécessairement morcelée. Le premier des tableaux historiques représentait Brutus dans une méditation profonde, assis au pied de la statue de Rome. Dans le fond, des esclaves portent ses deux fils sans vie, qu'il a lui-même condamnés à mort, et de l'autre côté du tableau la mère et les sœurs s'abandonnent au désespoir ; les femmes sont heureusement dispensées du courage qui fait sacrifier les affections du cœur. La statue de Rome, placée près de Brutus, est une belle idée : c'est elle qui dit tout. Cependant comment pourrait-on savoir, sans une explication, que c'est Brutus l'ancien, qui vient d'envoyer ses fils au supplice ? et néanmoins il est impossible de caractériser cet événement plus qu'il ne l'est dans ce tableau. L'on aperçoit dans l'éloignement Rome simple encore, sans édifices, sans ornements, mais bien grande comme patrie, puisqu'elle inspire un tel sacrifice. « Sans doute, dit Corinne à lord Nelvil, quand je vous ai nommé Brutus, toute votre âme s'est attachée à ce tableau ; mais vous auriez pu le voir, sans en deviner le sujet. Et cette incertitude, qui existe presque toujours dans les tableaux historiques, ne mêle-t-elle pas le tourment d'une énigme aux jouissances des beaux-arts, qui doivent être si faciles et si claires ?

« J'ai choisi ce sujet, parce qu'il rappelle la plus terrible action que l'amour de la patrie ait inspirée. Le pendant de ce tableau, c'est Marius épargné par le Cimbre, qui ne peut se résoudre à tuer ce grand homme : la figure de Marius est imposante ; le costume du Cimbre, l'expression de sa physionomie, sont très-pittoresques. C'est la deuxième époque de Rome, lorsque les lois n'existaient plus, mais quand le génie exerçait encore un grand empire sur les circonstances. Vient ensuite celle où les talents et la gloire n'attiraient que le malheur et l'insulte. Le troisième tableau que voici, représente Bélisaire portant sur ses épaules son jeune guide, mort en demandant l'aumône pour lui. Bélisaire, aveugle et mendiant, est ainsi récompensé par son maître ; et dans l'univers qu'il a conquis, il n'a plus d'autre emploi que de porter dans la tombe les tristes restes du pauvre enfant qui seul ne l'avait point abandonné. Cette figure de Bélisaire est admirable, et, depuis les peintres anciens, on n'en a guère fait d'aussi belles. L'imagination du peintre, comme celle d'un poëte, a réuni tous les genres de malheur, et peut-être même y en a-t-il trop pour la pitié ; mais qui nous dit que c'est Bélisaire ? Ne faut-il pas être fidèle à l'histoire pour la rappeler ; et quand on y est fidèle, est-elle assez pittoresque ? Après ces tableaux, qui représentent dans Brutus les vertus qui ressemblent au crime ; dans Marius, la gloire, cause des malheurs ; dans Bélisaire, les services payés par les persécutions les plus noires, enfin toutes les misères de la destinée humaine, que les événements de l'histoire racontent chacun à sa manière, j'ai placé deux tableaux de l'ancienne école, qui soulagent un peu l'âme oppressée, en rappelant la religion qui a consolé l'univers asservi et déchiré, la religion qui donnait une vie au fond du cœur, quand tout au dehors n'était qu'oppression et silence. Le premier est de l'Albane ; il a peint le Christ enfant endormi sur la croix. Voyez quelle douceur, quel calme dans ce visage ! quelles idées pures il rappelle ! comme il fait sentir que l'amour divin n'a rien à craindre de la douleur ni de la mort ! Le Titien est l'auteur du second tableau ; c'est Jésus-Christ succombant sous le fardeau de la croix. Sa mère vient au-devant de lui ; elle se jette à genoux, en l'apercevant : admirable respect d'une mère pour les malheurs et les vertus célestes de son fils ! Quel regard que celui du Christ ! quelle divine résignation, et cependant quelle souffrance, et quelle sympathie, par cette souffrance, avec le cœur de l'homme ! Voilà sans doute le plus beau de mes tableaux. C'est celui vers lequel je reporte sans cesse mes regards, sans pouvoir jamais épuiser l'émotion qu'il me cause. Viennent ensuite, continua Corinne, les tableaux dramatiques tirés de quatre grands poëtes. Jugez avec moi, milord, de l'effet qu'ils produisent. Le premier représente Énée dans les Champs-Élysées, lorsqu'il veut s'approcher de Didon. L'ombre indignée s'éloigne, et s'applaudit de ne plus porter dans son sein le cœur qui battrait encore d'amour à l'aspect du coupable. La couleur vaporeuse des ombres, et la pâle nature qui les environne, font contraste avec l'air de vie d'Énée et de la Sibylle qui le conduit. Mais c'est un jeu de l'artiste que ce genre d'effet, et la description du poëte est nécessairement bien supérieure à ce que l'on peut en peindre. J'en dirai autant du tableau que voici : Clorinde mourante et Tancrède. Le plus grand attendrissement qu'il puisse causer, c'est de rappeler les beaux vers du Tasse, lorsque Clorinde pardonne à son ennemi qui l'adore, et vient de lui percer le sein. C'est nécessairement subordonner la peinture à la poésie, que de la consacrer à des sujets traités par les grands poëtes ; car il reste de leurs paroles une impression qui efface tout, et presque toujours les situations qu'ils ont choisies tirent leur plus grande force du développement des passions et de leur éloquence, tandis que la plupart des effets pittoresques naissent d'une beauté calme, d'une expression simple, d'une attitude noble, d'un moment de repos enfin, digne d'être infiniment prolongé, sans que le regard s'en lasse jamais.

« Votre terrible Shakspeare, milord, continua Corinne, a fourni le sujet du troisième tableau dramatique. C'est Macbeth, l'invincible Macbeth, qui, prêt à combattre Macduff, dont il a fait périr la femme et les enfants, apprend que l'oracle des sorcières s'est accompli, que la forêt de Birman paraît s'avancer vers Dunsinane, et qu'il se bat avec un homme né depuis la mort de sa mère. Macbeth est vaincu par le sort, mais non par son adversaire. Il tient le glaive d'une main désespérée ; il sait qu'il va mourir, mais il veut essayer si la force humaine ne pourrait pas triompher du destin. Certainement il y a dans cette tête une belle expression de désordre et de fureur, de trouble et d'énergie ; mais à combien de beautés du poëte cependant ne faut-il pas renoncer ! Peut-on peindre Macbeth précipité dans le crime par les prestiges de l'ambition, qui s'offrent à lui sous la forme de la sorcellerie ? Comment exprimer la terreur qu'il éprouve, cette terreur qui se concilie cependant avec une bravoure intrépide ? Peut-on caractériser le genre de superstition qui l'opprime ? cette croyance sans dignité, cette fatalité de l'enfer qui pèse sur lui, son mépris de la vie, son horreur de la mort ? Sans doute la physionomie de l'homme est le plus grand des mystères ; mais cette physionomie, fixée dans un tableau, ne peut guère exprimer que les profondeurs d'un sentiment unique. Les contrastes, les luttes, les événements enfin appartiennent à l'art dramatique. La peinture peut difficilement rendre ce qui est successif : le temps ni le mouvement n'existent pas pour elle.

« La Phèdre de Racine a fourni le sujet du quatrième tableau, dit Corinne en le montrant à lord Nelvil. Hippolyte, dans toute la beauté de la jeunesse et de l'innocence, repousse les accusations perfides de sa belle-mère ; le héros Thésée protège encore son épouse coupable, qu'il entoure de son bras vainqueur. Phèdre porte sur son visage un trouble qui glace d'effroi ; et sa nourrice, sans remords, l'encourage dans son crime. Hippolyte, dans ce tableau, est peut-être plus beau que dans Racine même ; il y ressemble davantage au Méléagre antique, parce que nul amour pour Aricie ne dérange l'impression de sa noble et sauvage vertu ; mais est-il possible de supposer que Phèdre, en présence d'Hippolyte, pût soutenir son mensonge ? qu'elle le vît innocent et persécuté, et ne tombât point à ses pieds ? Une femme offensée peut outrager ce qu'elle aime en son absence ; mais quand elle le voit, il n'y a plus dans son cœur que de l'amour. Le poëte n'a jamais mis en scène Hippolyte avec Phèdre, depuis que Phèdre l'a calomnié ; le peintre devait les réunir pour rassembler, comme il l'a fait, toutes les beautés des contrastes ; mais n'est-ce pas une preuve qu'il y a toujours une telle différence entre les sujets poétiques et les sujets pittoresques, qu'il vaut mieux que les poëtes fassent des vers d'après les tableaux, que les peintres des tableaux d'après les poëtes ? L'imagination doit toujours précéder la pensée ; l'histoire de l'esprit humain nous le prouve. »

Pendant que Corinne expliquait ainsi ses tableaux à lord Nelvil, elle s'était arrêtée plusieurs fois, espérant qu'il lui parlerait ; mais son âme blessée ne se trahissait par aucun mot : seulement, chaque fois qu'elle exprimait une idée sensible, il soupirait et détournait la tête, afin qu'elle ne vît pas combien, dans sa disposition actuelle, il était facilement ému : Corinne, oppressée par ce silence, s'assit en couvrant son visage de ses mains ; lord Nelvil se promena quelque temps avec vivacité dans la chambre, puis il s'approcha de Corinne, et fut au moment de se plaindre, et de se livrer à ce qu'il éprouvait ; mais un mouvement de fierté tout à fait invincible dans son caractère réprima son attendrissement, et il retourna vers les tableaux, comme s'il attendait que Corinne achevât de les lui montrer : elle espérait beaucoup de l'effet du dernier de tous ; et faisant effort à son tour pour paraître calme, elle se leva et dit : « Milord, il me reste encore trois paysages à vous faire voir ; deux font allusion à quelques idées intéressantes : je n'aime pas beaucoup les scènes champêtres, qui sont fades en peinture, comme des idylles, quand elles ne font aucune allusion à la fable ou à l'histoire. Ce qui vaut le mieux, ce me semble, en ce genre, c'est la manière de Salvator Rosa, qui représente, comme vous le voyez dans ce tableau, un rocher, des torrents et des arbres, sans un seul être vivant, sans que seulement le vol d'un oiseau rappelle l'idée de la vie. L'absence de l'homme au milieu de la nature excite des réflexions profondes. Que serait cette terre ainsi délaissée? œuvre sans but, et cependant œuvre encore si belle, dont la mystérieuse impression ne s'adresserait qu'à la Divinité!

« Enfin voici les deux tableaux où, selon moi, l'histoire et la poésie sont heureusement unies au paysage [1]. L'un représente le moment où Cincinnatus est invité par les consuls à quitter sa charrue pour commander les armées romaines. C'est tout le luxe du Midi que vous verrez dans ce paysage, son abondante végétation, son ciel brûlant, cet air riant de toute la nature, qui se retrouve dans la physionomie même des plantes. Et cet autre tableau qui fait contraste avec celui-ci, c'est le fils de Caïrbar endormi sur la tombe de son père. Il attend depuis trois jours et trois nuits le barde qui doit rendre les honneurs à la mémoire des morts. Ce barde est aperçu dans le lointain, descendant de la montagne; l'ombre du père plane sur les nuages; la campagne est couverte de frimas; les arbres, quoique dépouillés, sont agités par les vents, et leurs branches mortes et leurs feuilles desséchées suivent encore la direction de l'orage. »

Oswald jusqu'alors avait conservé du ressentiment contre ce qui s'était passé dans le jardin; mais, à l'aspect de ce tableau, le tombeau de son père et les montagnes d'Écosse se retracèrent à sa pensée, et ses yeux se remplirent de larmes. Corinne prit sa harpe, et, devant ce tableau, elle se mit à chanter les romances écossaises dont les simples notes semblent accompagner le bruit du vent qui gémit dans les vallées. Elle chanta les adieux d'un guerrier, en quittant sa patrie et sa maîtresse, et ce mot jamais (no more), un des plus harmonieux et des plus sensibles de la langue anglaise, Corinne le prononçait avec l'expression la plus touchante. Oswald ne résista point à l'émotion qui l'oppressait, et l'un et l'autre s'abandonnèrent sans contrainte à leurs larmes. « Ah! s'écria lord Nelvil, cette patrie, qui est la mienne, ne dit-elle rien à ton cœur? Me suivrais-tu dans

[1] Les tableaux historiques qui composent la galerie de Corinne sont des copies ou des originaux du Brutus de David, du Marius de Drouet, du Bélisaire de Gérard. Parmi les autres tableaux cités, celui de Didon a été fait par M. Rehberg, peintre allemand; celui de Clorinde est dans la galerie de Florence; celui de Macbeth est dans la collection anglaise des tableaux pour Shakspeare, et celui de Phèdre est de Guérin; enfin, les deux paysages de Cincinnatus et d'Ossian sont à Rome, et M. Wallis, peintre anglais, en est l'auteur.

ces retraites peuplées par mes souvenirs? Serais-tu la digne compagne de ma vie, comme tu en es le charme et l'enchantement? — Je le crois, répondit Corinne, je le crois, puisque je vous aime. — Au nom de l'amour et de la pitié, ne me cachez plus rien, dit Oswald. — Vous le voulez, interrompit Corinne; j'y souscris. Ma promesse est donnée; je n'y mets qu'une condition, c'est que vous ne me demanderez pas de l'accomplir avant l'époque prochaine de nos solennités religieuses. Au moment où je vais décider de mon sort, l'appui du ciel ne m'est-il pas plus que jamais nécessaire? — Va, s'écria lord Nelvil, si ce sort dépend de moi, Corinne, il n'est plus douteux. — Vous le croyez, reprit-elle, je n'ai pas la même confiance; mais enfin, je vous en conjure, ayez pour ma faiblesse la condescendance que je désire. » Oswald soupira sans accorder ni refuser le délai demandé. « Partons maintenant, dit Corinne, et retournons à la ville. Comment vous rien taire dans cette solitude! et si ce que j'ai à vous dire devait vous détacher de moi, faudrait-il que sitôt... partons. Oswald, vous reviendrez ici, quoi qu'il arrive; mes cendres y reposeront. » Oswald, attendri, troublé, obéit à Corinne. Il revint avec elle, et pendant la route ils ne se parlèrent presque pas. De temps en temps ils se regardaient avec une affection qui disait tout; mais néanmoins un sentiment de mélancolie régnait au fond de leur âme quand ils arrivèrent au milieu de Rome.

LIVRE IX.

LA FÊTE POPULAIRE ET LA MUSIQUE.

CHAPITRE PREMIER.

C'était le jour de la fête la plus bruyante de l'année, à la fin du carnaval, lorsqu'il prend au peuple romain comme une fièvre de joie, comme une fureur d'amusement, dont on ne trouve point d'exemple ailleurs. Toute la ville se déguise; à peine reste-t-il aux fenêtres des spectateurs sans masque, pour regarder ceux qui en ont; et cette gaieté commence tel jour à point nommé, sans que les événements publics ou particuliers de l'année empêchent presque jamais personne de se divertir à cette époque.

C'est là qu'on peut juger de toute l'imagination

des gens du peuple. L'italien est plein de charmes, même dans leur bouche. Alfieri disait qu'il allait à Florence, sur le marché public, pour apprendre le bon italien. Rome a le même avantage; et ces deux villes sont peut-être les seules du monde où le peuple parle si bien, que l'amusement de l'esprit peut se rencontrer à tous les coins des rues.

Le genre de gaieté qui brille dans les auteurs des arlequinades et de l'opéra-bouffe, se trouve très-communément même parmi les hommes sans éducation. Dans ces jours de carnaval, où l'exagération et la caricature sont admises, il se passe entre les masques les scènes les plus comiques.

Souvent une gravité grotesque contraste avec la vivacité des Italiens, et l'on dirait que leurs vêtements bizarres leur inspirent une dignité qui ne leur est pas naturelle. D'autres fois ils font voir une connaissance si singulière de la mythologie, dans les déguisements qu'ils arrangent, qu'on croirait les anciennes fables encore populaires à Rome. Plus souvent ils se moquent des divers états de la société, avec une plaisanterie pleine de force et d'originalité. La nation paraît mille fois plus distinguée dans ses jeux que dans son histoire. La langue italienne se prête à toutes les nuances de la gaieté, avec une facilité qui ne demande qu'une légère inflexion de voix, une terminaison un peu différente, pour accroître ou diminuer, ennoblir ou travestir le sens des paroles. Elle a surtout de la grâce dans la bouche des enfants. L'innocence de cet âge et la malice naturelle de la langue font un contraste très-piquant [1]. Enfin on pourrait dire que c'est une langue qui va d'elle-même, exprime sans qu'on s'en mêle, et paraît presque toujours avoir plus d'esprit que celui qui la parle.

Il n'y a ni luxe ni bon goût dans la fête du carnaval; une sorte de pétulance universelle la fait ressembler aux bacchanales de l'imagination, mais de l'imagination seulement; car les Romains sont en général très-sombres, et même assez sérieux, les derniers jours du carnaval exceptés. On fait en tout genre des découvertes subites dans le caractère des Italiens; et c'est ce qui contribue à leur donner la réputation d'hommes rusés. Il y a sans doute une grande habitude de feindre dans ce pays, qui a supporté tant de jougs différents; mais ce n'est pas à la dissimulation qu'il faut toujours attribuer le passage rapide d'une manière d'être à l'autre. Une imagination inflammable en

est souvent la cause. Les peuples qui ne sont que raisonnables ou spirituels peuvent aisément s'expliquer et se prévoir; mais tout ce qui tient à l'imagination est inattendu. Elle saute les intermédiaires; un rien peut la blesser, et quelquefois elle est indifférente à ce qui devrait le plus l'émouvoir. Enfin, c'est en elle-même que tout se passe, et l'on ne peut calculer ses impressions d'après ce qui les cause.

On ne comprend pas du tout, par exemple, d'où vient l'amusement que les grands seigneurs romains trouvent à se promener en voiture, d'un bout du *Corso* à l'autre, des heures entières, soit pendant les jours du carnaval, soit les autres jours de l'année. Rien ne les dérange de cette habitude. Il y a aussi parmi les masques des hommes qui se promènent le plus ennuyeusement du monde, dans le costume le plus ridicule, et qui, tristes arlequins et taciturnes polichinelles, ne disent pas une parole pendant toute la soirée, mais ont, pour ainsi dire, leur conscience de carnaval satisfaite, quand ils n'ont rien négligé pour se divertir.

On trouve à Rome un genre de masques qui n'existe point ailleurs. Ce sont les masques pris d'après les figures des statues antiques, et qui de loin imitent une parfaite beauté : souvent les femmes perdent beaucoup en les quittant. Mais cependant, cette immobile imitation de la vie, ces visages de cire ambulants, quelque jolis qu'ils soient, font une sorte de peur. Les grands seigneurs montrent un assez grand luxe de voitures les derniers jours du carnaval; mais le plaisir de cette fête, c'est la foule et la confusion : c'est comme un souvenir des saturnales; toutes les classes de Rome sont mêlées ensemble; les plus graves magistrats se promènent assidûment, et presque officiellement, dans leur carrosse, au milieu des masques; toutes les fenêtres sont décorées; toute la ville est dans les rues : c'est véritablement une fête populaire. Le plaisir du peuple ne consiste ni dans les spectacles, ni dans les festins qu'on lui donne, ni dans la magnificence dont il est témoin. Il ne fait aucun excès de vin ni de nourriture; il s'amuse seulement d'être mis en liberté, et de se trouver au milieu des grands seigneurs, qui se divertissent à leur tour de se trouver au milieu du peuple. C'est surtout le raffinement et la délicatesse des plaisirs qui mettent une barrière entre les différentes classes; c'est aussi la recherche et la perfection de l'éducation. Mais, en Italie, les rangs en ce genre ne sont pas marqués d'une manière très-sensible; et le pays est plus distingué par le talent naturel et l'imagination de

---

[1] Je demandais à une petite fille toscane laquelle était la plus jolie d'elle ou de sa sœur : Ah ! me répondit-elle, *il più bel viso è il mio*, le plus beau visage est le mien.

tous que par la culture d'esprit des premières classes. Il y a donc, pendant le carnaval, un mélange complet de rangs, de manières et d'esprits; et la foule, et les cris, et les bons mots, et les dragées dont on inonde indistinctement les voitures qui passent, confondent tous les êtres mortels ensemble, remettent la nation pêle-mêle, comme s'il n'y avait plus d'ordre social.

Corinne et lord Nelvil, tous les deux rêveurs et pensifs, arrivèrent au milieu de ce tumulte. Ils en furent d'abord étourdis; car rien ne paraît plus singulier que cette activité des plaisirs bruyants, quand l'âme est tout entière recueillie en elle-même. Ils s'arrêtèrent à la place du Peuple, pour monter sur l'amphithéâtre près de l'obélisque, d'où l'on voit la course des chevaux. Au moment où ils descendirent de leur calèche, le comte d'Erfeuil les aperçut, et prit à part Oswald, pour lui parler.

« Ce n'est pas bien, lui dit-il, de vous montrer ainsi publiquement, arrivant seul de la campagne avec Corinne : vous la compromettrez; et qu'en ferez-vous après? — Je ne crois pas, répondit lord Nelvil, que je compromette Corinne en montrant l'attachement qu'elle m'inspire; mais si cela était vrai, je serais trop heureux que le dévouement de ma vie... — Ah! pour heureux, interrompit le comte d'Erfeuil, je n'en crois rien; on n'est heureux que par ce qui est convenable. La société a, quoi qu'on fasse, beaucoup d'empire sur le bonheur, et ce qu'elle n'approuve pas, il ne faut jamais le faire. — On vivrait donc toujours pour ce que la société dira de nous, reprit Oswald; et ce qu'on pense et ce qu'on sent ne servirait jamais de guide! S'il en était ainsi, si l'on devait s'imiter constamment les uns les autres, à quoi bon une âme et un esprit pour chacun? la Providence aurait pu s'épargner ce luxe. — C'est très-bien dit, reprit le comte d'Erfeuil, très-philosophiquement pensé; mais avec ces maximes-là l'on se perd, et quand l'amour est passé, le blâme de l'opinion reste. Moi qui vous parais léger, je ne ferai jamais rien qui puisse m'attirer la désapprobation du monde. On peut se permettre de petites libertés, d'aimables plaisanteries, qui annoncent de l'indépendance dans la manière de voir, pourvu qu'il n'y en ait pas dans la manière d'agir; car, quand cela touche au sérieux... — Mais le sérieux, répondit lord Nelvil, c'est l'amour et le bonheur. — Non, non, interrompit le comte d'Erfeuil, ce n'est pas cela que je veux dire; ce sont de certaines convenances établies qu'il ne faut pas braver, sous peine de passer pour un homme bizarre,

pour un homme... enfin, vous m'entendez, pour un homme qui n'est pas comme les autres. » Lord Nelvil sourit; et sans humeur, comme sans peine, il plaisanta le comte d'Erfeuil sur sa frivole sévérité; il sentit avec joie que, pour la première fois, sur un sujet qui lui causait tant d'émotion, le comte d'Erfeuil n'avait pas eu la moindre influence sur lui. Corinne, de loin, avait deviné tout ce qui se passait; mais le sourire de lord Nelvil remit le calme dans son cœur; et cette conversation du comte d'Erfeuil, loin de troubler Oswald, ni son amie, leur inspira des dispositions plus analogues à la fête.

La course des chevaux se préparait. Lord Nelvil s'attendait à voir une course semblable à celles d'Angleterre; mais il fut étonné d'apprendre que de petits chevaux barbes devaient courir tout seuls, sans cavaliers, les uns contre les autres. Ce spectacle attire singulièrement l'attention des Romains. Au moment où il va commencer, toute la foule se range des deux côtés de la rue. La place du Peuple, qui était couverte de monde, est vide en un moment. Chacun monte sur les amphithéâtres qui entourent les obélisques, et des multitudes innombrables de têtes et d'yeux noirs sont tournés vers la barrière d'où les chevaux doivent s'élancer.

Ils arrivent sans bride et sans selle, seulement le dos couvert d'une étoffe brillante, et conduits par des palefreniers très-bien vêtus, qui mettent à leurs succès un intérêt passionné. On place les chevaux derrière la barrière, et leur ardeur pour la franchir est excessive. A chaque instant on les retient : ils se cabrent, ils hennissent, ils trépignent, comme s'ils étaient impatients d'une gloire qu'ils vont obtenir à eux seuls, sans que l'homme les dirige. Cette impatience des chevaux, ces cris des palefreniers font, du moment où la barrière tombe, un vrai coup de théâtre. Les chevaux partent, les palefreniers crient *place, place*, avec un transport inexprimable. Ils accompagnent leurs chevaux du geste et de la voix, aussi longtemps qu'ils peuvent les apercevoir. Les chevaux sont jaloux l'un de l'autre comme des hommes. Le pavé étincelle sous leurs pas, leur crinière vole, et leur désir de gagner le prix, ainsi abandonnés à eux-mêmes, est tel, qu'il en est qui, en arrivant, sont morts de la rapidité de leur course. On s'étonne de voir ces chevaux libres ainsi animés par des passions personnelles; cela fait peur, comme si c'était de la pensée sous cette forme d'animal. La foule rompt ses rangs quand les chevaux sont passés, et les suit en tumulte. Ils arrivent au palais de Venise, où est le but; et il faut entendre les exclamations des palefreniers dont les chevaux sont vainqueurs! Celui qui avait gagné le premier prix se jeta à genoux devant son cheval, et le remercia, et le recommanda à saint Antoine, patron des animaux, avec un enthousiasme aussi sérieux en lui, que comique pour les spectateurs [1].

C'est à la fin du jour, ordinairement, que les courses finissent. Alors commence un autre genre d'amusement beaucoup moins pittoresque, mais aussi très-bruyant. Les fenêtres sont illuminées. Les gardes abandonnent leur poste, pour se mêler eux-mêmes à la joie générale. Chacun prend alors un petit flambeau appelé *moccolo*, et l'on cherche mutuellement à se l'éteindre, en répétant le mot *ammazzare* (tuer), avec une vivacité redoutable. (CHE LA BELLA PRINCIPESSA SIA AMMAZZATA! CHE IL SIGNORE ABBATE SIA AMMAZZATO!) *Que la belle princesse soit tuée! que le seigneur abbé soit tué!* crie-t-on d'un bout de la rue à l'autre [2]. La foule rassurée, parce qu'à cette heure on interdit les chevaux et les voitures, se précipite de tous les côtés; enfin, il n'y a plus d'autre plaisir que le tumulte et l'étourdissement. Cependant la nuit s'avance; le bruit cesse par degrés; le plus profond silence lui succède, et il ne reste plus de cette soirée que l'idée d'un songe confus, qui, changeant l'existence de chacun en un rêve, a fait oublier pour un moment, au peuple ses travaux, aux savants leurs études, aux grands seigneurs leur oisiveté.

CHAPITRE II.

Oswald, depuis son malheur, ne s'était pas encore senti le courage d'écouter la musique. Il redoutait ces accords ravissants qui plaisent à la mélancolie, mais font un véritable mal, quand les chagrins réels nous oppressent. La musique réveille les souvenirs que l'on s'efforçait d'apaiser. Lorsque Corinne chantait, Oswald écoutait les paroles qu'elle prononçait; il contemplait l'expression de son visage; c'était d'elle uniquement qu'il était occupé : mais si, dans les rues, le soir, plusieurs voix se réunissaient, comme cela arrive souvent en Italie, pour chanter les beaux airs des grands maîtres, il essayait d'abord de rester pour les entendre, puis il s'éloignait, parce qu'une émotion si vive et si vague en même temps renouve-

lait toutes ses peines. Cependant on devait donner à Rome, dans la salle du spectacle, un superbe concert, où les premiers chanteurs étaient réunis : Corinne engagea lord Nelvil à y venir avec elle, et il y consentit, espérant que la présence de celle qu'il aimait répandrait de la douceur sur tout ce qu'il pourrait éprouver.

En entrant dans sa loge, Corinne fut d'abord reconnue, et le souvenir du Capitole ajoutant à l'intérêt qu'elle inspirait ordinairement, la salle retentit d'applaudissements. De toutes parts on cria : *Vive Corinne!* et les musiciens eux-mêmes, électrisés par ce mouvement général, se mirent à jouer des fanfares de victoire; car le triomphe, quel qu'il soit, rappelle toujours aux hommes la guerre et les combats. Corinne fut vivement émue de ces témoignages universels d'admiration et de bienveillance. La musique, les applaudissements, les *bravos*, et cette impression indéfinissable que produit toujours une grande multitude d'hommes, quand ils expriment un même sentiment, lui causèrent un attendrissement profond qu'elle cherchait à contenir; mais ses yeux se remplirent de larmes, et les battements de son cœur soulevaient sa robe sur son sein. Oswald en ressentit de la jalousie, et s'approchant d'elle, il lui dit à demi-voix : « Il ne faut pas, madame, vous arracher à de tels succès; ils valent l'amour, puisqu'ils font ainsi palpiter votre cœur. » Et, en achevant ces mots, il alla se placer à l'extrémité de la loge de Corinne, sans attendre sa réponse. Elle fut cruellement troublée de ce qu'il venait de lui dire; et dans l'instant il lui ravit tout le plaisir qu'elle avait trouvé dans ces succès dont elle aimait qu'il fût témoin.

Le concert commença. Qui n'a pas entendu le chant italien ne peut avoir l'idée de la musique. Les voix, en Italie, ont cette mollesse et cette douceur qui rappelle et le parfum des fleurs et la pureté du ciel. La nature a destiné cette musique pour ce climat : l'une est comme un reflet de l'autre. Le monde est l'œuvre d'une seule pensée, qui s'exprime sous mille formes différentes. Les Italiens, depuis des siècles, aiment la musique avec transport. Le Dante, dans le poëme du Purgatoire, rencontre un des meilleurs chanteurs de son temps; il lui demande un de ses airs délicieux, et les âmes ravies s'oublient en l'écoutant, jusqu'à ce que leur gardien les rappelle. Les chrétiens, comme les païens, ont étendu l'empire de la musique après la mort. De tous les beaux-arts, c'est celui qui agit le plus immédiatement sur l'âme. Les autres la dirigent vers telle ou telle idée;

---

[1] Un postillon italien, qui voyait mourir son cheval, priait pour lui et s'écriait : *O sant' Antonio, abbiate pietà dell' anima sua!* O saint Antoine, ayez pitié de son âme!

[2] Il faut lire, sur ce carnaval de Rome, une charmante description de Goëthe, qui en est un tableau aussi fidèle qu'animé.

celui-là seul s'adresse à la source intime de l'existence, et change en entier la disposition intérieure. Ce qu'on a dit de la grâce divine, qui tout à coup transforme les cœurs, peut, humainement parlant, s'appliquer à la puissance de la mélodie; et parmi les pressentiments de la vie à venir, ceux qui naissent de la musique ne sont point à dédaigner.

La gaieté même que la musique *bouffe* sait si bien exciter n'est point une gaieté vulgaire qui ne dise rien à l'imagination. Au fond de la joie qu'elle donne, il y a des sensations poétiques, une rêverie agréable que les plaisanteries parlées ne sauraient jamais inspirer. La musique est un plaisir si passager, on le sent tellement s'échapper à mesure qu'on l'éprouve, qu'une impression mélancolique se mêle à la gaieté qu'elle cause; mais aussi, quand elle exprime la douleur, elle fait encore naître un sentiment doux. Le cœur bat plus vite en l'écoutant : la satisfaction que cause la régularité de la mesure, en rappelant la brièveté du temps, donne le besoin d'en jouir. Il n'y a plus de vide, il n'y a plus de silence autour de vous, la vie est remplie, le sang coule rapidement, vous sentez en vous-même le mouvement que donne une existence active, et vous n'avez point à craindre, au dehors de vous, les obstacles qu'elle rencontre.

La musique double l'idée que nous avons des facultés de notre âme; quand on l'entend, on se sent capable des plus nobles efforts. C'est par elle qu'on marche à la mort avec enthousiasme; elle a l'heureuse impuissance d'exprimer aucun sentiment bas, aucun artifice, aucun mensonge. Le malheur même, dans le langage de la musique, est sans amertume, sans déchirement, sans irritation. La musique soulève doucement le poids qu'on a presque toujours sur le cœur, quand on est capable d'affections sérieuses et profondes; ce poids qui se confond quelquefois avec le sentiment même de l'existence, tant la douleur qu'il cause est habituelle : il semble qu'en écoutant des sons purs et délicieux on est prêt à saisir le secret du Créateur, à pénétrer le mystère de la vie. Aucune parole ne peut exprimer cette impression; car les paroles se traînent après les impressions primitives, comme les traducteurs en prose sur les pas des poëtes. Il n'y a que le regard qui puisse en donner quelque idée; le regard de ce qu'on aime, longtemps attaché sur vous, et pénétrant par degrés tellement dans votre cœur, qu'il faut à la fin baisser les yeux pour se dérober à un bonheur si grand : ainsi le rayon d'une autre vie consumerait l'être mortel qui voudrait le considérer fixement.

La justesse admirable de deux voix parfaitement d'accord produit, dans le duo des grands maîtres d'Italie, un attendrissement délicieux, mais qui ne pourrait se prolonger sans une sorte de douleur : c'est un bien-être trop grand pour la nature humaine; et l'âme vibre alors comme un instrument à l'unisson, que briserait une harmonie trop parfaite. Oswald était resté obstinément loin de Corinne, pendant la première partie du concert; mais lorsque le duo commença, presque à demi-voix, accompagné par les instruments à vent qui faisaient entendre des sons plus purs encore que la voix même, Corinne couvrit son visage de son mouchoir, et son émotion l'absorbait tout entière; elle pleurait sans souffrir, elle aimait sans rien craindre. Sans doute l'image d'Oswald était présente à son cœur; mais l'enthousiasme le plus noble se mêlait à cette image, et des pensées confuses erraient en foule dans son âme; il eût fallu borner ces pensées pour les rendre distinctes. On dit qu'un prophète, en une minute, parcourut sept régions différentes des cieux. Celui qui conçut ainsi tout ce qu'un instant peut renfermer, avait sûrement entendu les accords d'une belle musique à côté de l'objet qu'il aimait. Oswald en sentit la puissance, son ressentiment s'apaisa par degrés. L'attendrissement de Corinne expliqua tout, justifia tout; il se rapprocha doucement, et Corinne l'entendit respirer auprès d'elle, dans le moment le plus enchanteur de cette musique céleste. C'en était trop, la tragédie la plus pathétique n'aurait pas excité dans son cœur autant de trouble que ce sentiment intime de l'émotion profonde qui les pénétrait tous deux en même temps, et que chaque instant, chaque son nouveau exaltait toujours davantage. Les paroles que l'on chante ne sont pour rien dans cette émotion; à peine quelques mots et d'amour et de mort dirigent-ils de temps en temps la réflexion, mais plus souvent le vague de la musique se prête à tous les mouvements de l'âme, et chacun croit retrouver dans cette mélodie, comme dans l'astre pur et tranquille de la nuit, l'image de ce qu'il souhaite sur la terre.

« Sortons, dit Corinne à lord Nelvil; je me sens près de m'évanouir. — Qu'avez-vous? lui dit Oswald avec inquiétude; vous pâlissez; venez à l'air avec moi, venez. » Et ils sortirent ensemble. Corinne était soutenue par le bras d'Oswald, et sentait ses forces revenir en s'appuyant sur lui. Ils s'approchèrent tous les deux d'un balcon, et Corinne, vivement émue, dit à son ami : « Cher Oswald, je vais vous quitter pour huit jours. — Que dites-vous? interrompit-il. — Tous les ans, re-

I.

prit-elle, à l'approche de la semaine sainte, je vais
passer quelque temps dans un couvent de religieû-
ses, pour me préparer à la solennité de Pâques. »
Oswald n'opposa rien à ce dessein; il savait qu'à
cette époque la plupart des dames romaines se
livrent aux pratiques les plus sévères, sans pour
cela s'occuper très-sérieusement de religion le
reste de l'année; mais il se rappela que Corinne
professait un culte différent du sien, et qu'ils ne
pouvaient prier ensemble « Que n'êtes-vous, s'é-
cria-t-il, de la même religion, du même pays que
moi! » Et puis il s'arrêta, après avoir prononcé ce
vœu. « Notre âme et notre esprit n'ont-ils pas la
même patrie? répondit Corinne. — C'est vrai, répondit Oswald; mais je n'en sens pas moins avec
douleur tout ce qui nous sépare. » Et cette absence
de huit jours lui serrait tellement le cœur, que les
amis de Corinne étant venus la rejoindre, il ne
prononça pas un seul mot de toute la soirée.

CHAPITRE III.

Oswald alla le lendemain de bonne heure chez
Corinne, inquiet de ce qu'elle lui avait dit. Sa
femme de chambre vint au-devant de lui, et lui
remit un billet de sa maîtresse, qui lui annonçait
qu'elle s'était retirée dans le couvent le matin
même, comme elle l'en avait prévenu, et qu'elle ne
le reverrait qu'après le vendredi saint. Elle lui
avouait qu'elle n'avait pas eu le courage de lui dire
la veille qu'elle s'éloignait le lendemain. Oswald fut
surpris comme par un coup inattendu. Cette maison, où il avait toujours vu Corinne, et qui était
devenue si solitaire, lui causa l'impression la plus
pénible. Il voyait là sa harpe, ses livres, ses dessins, tout ce qui l'entourait habituellement, mais
elle n'y était plus. Un frisson douloureux s'empara
d'Oswald : il se rappela la chambre de son père,
et il fut forcé de s'asseoir, car il ne pouvait plus
se soutenir.

« Il se pourrait donc, s'écria-t-il, que j'apprisse
ainsi sa perte! cet esprit si animé, ce cœur si
vivant, cette figure si brillante de fraîcheur et de
vie, pourraient être frappés par la foudre, et la
tombe de la jeunesse serait aussi muette que celle
des vieillards! Ah! quelle illusion que le bonheur!
Quel moment dérobé à ce temps inflexible qui veille
toujours sur sa proie! Corinne! Corinne! il ne
fallait pas me quitter; c'était votre charme qui
m'empêchait de réfléchir; tout se confondait dans
ma pensée, ébloui que j'étais par les moments heureux que je passais avec vous; à présent me voilà
seul, à présent je me retrouve, et toutes mes bles-

sures vont se rouvrir. » Et il appelait Corinne avec
une sorte de désespoir, qu'on ne pouvait attribuer
à une si courte absence, mais à l'angoisse habituelle de son cœur, que Corinne elle seule avait le
pouvoir de soulager. La femme de chambre de
Corinne rentra : elle avait entendu les gémissements d'Oswald; et touchée de ce qu'il regrettait
ainsi sa maîtresse, elle lui dit : « Milord, je veux
vous consoler en trahissant un secret de ma maîtresse; j'espère qu'elle me pardonnera. Venez dans
sa chambre à coucher, vous y verrez votre portrait. — Mon portrait! s'écria-t-il. — Elle y a travaillé de mémoire, reprit Thérésine (c'était le nom
de la femme de chambre de Corinne); elle s'est
levée, depuis huit jours, à cinq heures du matin,
pour l'avoir fini avant d'aller à son couvent. »

Oswald vit ce portrait qui était très-ressem-
blant, et peint avec une grâce parfaite : ce témoignage de l'impression qu'il avait produite sur Corinne le pénétra de la plus douce émotion. En face
de ce portrait il y avait un tableau charmant qui
représentait la Vierge; et l'oratoire de Corinne
était devant ce tableau. Ce mélange singulier d'a-
mour et de religion se trouve chez la plupart des
femmes italiennes, avec des circonstances beaucoup plus extraordinaires encore que dans l'appartement de Corinne; car, libre comme elle l'était,
le souvenir d'Oswald ne s'unissait dans son âme
qu'aux espérances et aux sentiments les plus purs :
mais cependant, placer ainsi l'image de celui qu'on
aime vis-à-vis d'un emblème de la Divinité, et se
préparer à la retraite dans un couvent, par huit
jours consacrés à tracer cette image, c'était un
trait qui caractérisait les femmes italiennes en général, plutôt que Corinne en particulier. Leur
genre de dévotion suppose plus d'imagination et
de sensibilité que de sérieux dans l'âme, ou de
sévérité dans les principes, et rien n'était plus
contraire aux idées d'Oswald sur la manière de
concevoir et de sentir la religion; néanmoins,
comment aurait-il pu blâmer Corinne, dans le
moment même où il recevait une si touchante
preuve de son amour?

Ses regards parcouraient avec émotion cette
chambre où il entrait pour la première fois. Au
chevet du lit de Corinne, il vit le portrait d'un
homme âgé, mais dont la figure n'avait point le
caractère d'une physionomie italienne. Deux bracelets étaient attachés près de ce portrait, l'un
fait avec des cheveux noirs et blancs, et l'autre
avec des cheveux d'un blond admirable; et ce qui
parut à lord Nelvil un hasard singulier, ces cheveux étaient parfaitement semblables à ceux de

Lucile Edgermond, qu'il avait remarqués très-attentivement, il y avait trois ans, à cause de leur rare beauté. Oswald considérait ces bracelets et ne disait pas un mot; car, interroger Thérésine sur sa maîtresse était indigne de lui. Mais Thérésine croyant deviner ce qui occupait Oswald, et voulant écarter de lui tout soupçon de jalousie, se hâta de lui dire que, depuis onze ans qu'elle était attachée à Corinne, elle lui avait toujours vu porter ces bracelets, et qu'elle savait que c'étaient des cheveux de son père, de sa mère et de sa sœur. « Il y a onze ans que vous êtes avec Corinne, dit lord Nelvil, vous savez donc...; » et puis il s'interrompit tout à coup en rougissant, honteux de la question qu'il allait commencer, et sortit précipitamment de la maison, pour ne pas dire un mot de plus.

En s'en allant, il se retourna plusieurs fois pour apercevoir encore les fenêtres de Corinne; mais quand il eut perdu de vue son habitation, il éprouva une tristesse nouvelle pour lui, celle que cause la solitude. Il essaya d'aller le soir dans une grande société de Rome; il cherchait la distraction; car, pour trouver du charme dans la rêverie, il faut, dans le bonheur comme dans le malheur, être en paix avec soi-même.

Le monde fut bientôt insupportable à lord Nelvil; il comprit encore mieux tout le charme, tout l'intérêt que Corinne savait répandre sur la société, en remarquant quel vide y laissait son absence : il essaya de parler à quelques femmes, qui lui répondirent ces insipides phrases dont on est convenu, pour n'exprimer avec vérité ni ses sentiments ni ses opinions, si toutefois celles qui s'en servent ont en ce genre quelque chose à cacher. Il s'approcha de plusieurs groupes d'hommes qui, à leurs gestes et à leur voix, semblaient s'entretenir avec chaleur sur quelque objet important; il entendit discuter les plus misérables intérêts, de la manière la plus commune. Il s'assit alors, pour considérer à son aise cette vivacité sans but et sans cause, qui se retrouve dans la plupart des assemblées nombreuses; et néanmoins en Italie la médiocrité est assez bonne personne : elle a peu de vanité, peu de jalousie, beaucoup de bienveillance pour les esprits supérieurs, et si elle fatigue de son poids, elle ne blesse du moins presque jamais par ses prétentions.

C'était dans ces mêmes assemblées cependant qu'Oswald avait trouvé tant d'intérêt peu de jours auparavant; le léger obstacle qu'opposait le grand monde à son entretien avec Corinne, le soin qu'elle mettait à revenir vers lui, dès qu'elle avait été suffisamment polie envers les autres, l'intelligence qui existait entre eux sur les observations que la société leur suggérait, le plaisir qu'avait Corinne à causer devant Oswald, à lui adresser indirectement des réflexions dont lui seul comprenait le véritable sens, variaient tellement la conversation, qu'à toutes les places de ce même salon, Oswald se retraçait des moments doux, piquants, agréables, qui lui avaient fait croire que ces assemblées mêmes étaient amusantes. « Ah! dit-il en s'en allant, ici, comme dans tous les lieux du monde, c'est elle seule qui donne la vie; allons plutôt dans les endroits les plus déserts, jusqu'à ce qu'elle revienne. Je sentirai moins douloureusement son absence, lorsqu'il n'y aura rien autour de moi qui ressemble à du plaisir. »

LIVRE X.

LA SEMAINE SAINTE.

CHAPITRE PREMIER.

Oswald passa le jour suivant dans les jardins de quelques couvents d'hommes. Il alla d'abord au couvent des Chartreux, et s'arrêta quelque temps avant d'y entrer, pour considérer deux lions égyptiens, qui sont à peu de distance de la porte. Ces lions ont une expression remarquable de force et de repos; il y a quelque chose dans leur physionomie qui n'appartient ni à l'animal ni à l'homme : ils semblent une puissance de la nature, et l'on conçoit, en les voyant, comment les dieux du paganisme pouvaient être représentés sous cet emblème.

Le couvent des Chartreux est bâti sur les débris des thermes de Dioclétien, et l'église qui est à côté du couvent est décorée avec les colonnes de granit qu'on y a trouvées debout. Les moines qui habitent ce couvent les montrent avec empressement; ils ne tiennent plus au monde que par l'intérêt qu'ils prennent aux ruines. La manière de vivre des Chartreux suppose, dans les hommes qui sont capables de la mener, ou un esprit extrêmement borné, ou la plus noble et la plus continuelle exaltation des sentiments religieux; cette succession de jours sans variété d'événements rappelle ce vers fameux :

Sur les mondes détruits le Temps dort immobile.

Il semble que la vie ne serve là qu'à contempler

la mort. La mobilité des idées, avec une telle uniformité d'existence, serait le plus cruel des supplices. Au milieu du cloître s'élèvent quatre cyprès. Cet arbre noir et silencieux, que le vent même agite difficilement, n'introduit pas le mouvement dans ce séjour. Entre les cyprès, il y a une fontaine d'où sort un peu d'eau que l'on entend à peine, tant le jet en est faible et lent; on dirait que c'est la clepsydre qui convient à cette solitude, où le temps fait si peu de bruit. Quelquefois la lune y pénètre avec sa pâle lumière, et son absence et son retour sont un événement dans cette vie monotone.

Ces hommes qui existent ainsi sont pourtant les mêmes à qui la guerre et toute son activité suffiraient à peine, s'ils y étaient accoutumés. C'est un sujet inépuisable de réflexion que les différentes combinaisons de la destinée humaine sur la terre. Il se passe dans l'intérieur de l'âme mille accidents, il se forme mille habitudes qui font de chaque individu un monde et son histoire. Connaître un autre parfaitement, serait l'étude d'une vie entière; qu'est-ce donc qu'on entend par connaître les hommes? les gouverner, cela se peut, mais les comprendre, Dieu seul le fait. -

Oswald, du couvent des Chartreux, se rendit au couvent de Bonaventure, bâti sur les ruines du palais de Néron; là où tant de crimes se sont commis sans remords, de pauvres moines, tourmentés par des scrupules de conscience, s'imposent des supplices cruels pour les plus légères fautes. « *Nous espérons seulement*, disait un de ces religieux, *qu'à l'instant de la mort nos péchés n'auront pas excédé nos pénitences.* » Lord Nelvil, en entrant dans ce couvent, heurta contre une trappe, et il en demanda l'usage. « *C'est par là qu'on nous enterre,* » dit l'un des plus jeunes religieux, que la maladie du mauvais air avait déjà frappé. Les habitants du Midi craignant beaucoup la mort, l'on s'étonne d'y trouver des institutions qui la rappellent à ce point; mais il est dans la nature d'aimer à se livrer à l'idée même que l'on redoute. Il y a comme un enivrement de tristesse, qui fait à l'âme le bien de la remplir tout entière.

Un antique sarcophage d'un jeune enfant sert de fontaine à ce couvent. Le beau palmier dont Rome se vante est le seul arbre du jardin de ces moines; mais ils ne font point d'attention aux objets extérieurs. Leur discipline est trop rigoureuse pour laisser à leur esprit aucun genre de liberté. Leurs regards sont abattus, leur démarche est lente, ils ne font plus en rien usage de leur volonté. Ils ont abdiqué le gouvernement d'eux-mêmes, tant cet

empire *fatigue son triste possesseur!* Ce séjour néanmoins n'agit pas fortement sur l'âme d'Oswald; l'imagination se révolte contre une intention si manifeste de lui présenter le souvenir de la mort sous toutes les formes. Quand ce souvenir se rencontre d'une manière inattendue, quand c'est la nature qui nous en parle, et non pas l'homme, l'impression que nous en recevons est bien plus profonde.

Des sentiments doux et calmes s'emparèrent de l'âme d'Oswald, lorsqu'au coucher du soleil il entra dans le jardin de *San Giovanni e Paolo.* Les moines de ce couvent sont soumis à des pratiques moins sévères, et leur jardin domine toutes les ruines de l'ancienne Rome. On voit de là le Colisée, le Forum, tous les arcs de triomphe encore debout, les obélisques, les colonnes. Quel beau site pour un tel asile! Les solitaires se consolent de n'être rien, en considérant les monuments élevés par tous ceux qui ne sont plus. Oswald se promena longtemps sous les ombrages de ce couvent, si rares en Italie. Ces beaux arbres interrompent un moment la vue de Rome, comme pour redoubler l'émotion qu'on éprouve en la revoyant. C'était à l'heure de la soirée où l'on entend toutes les cloches de Rome sonner l'*Ave Maria :*

>. . . . . squilla di lontano,
>Che paja il giorno pianger che' si muore.
>
>   DANTE.

Et le son de l'airain, dans l'éloignement, paraît plaindre le jour qui se meurt. La prière du soir sert à compter les heures. En Italie l'on dit : *Je vous verrai une heure avant, une heure après l'Ave Maria ;* et les époques du jour ou de la nuit sont ainsi religieusement désignées. Oswald jouit alors de l'admirable spectacle du soleil, qui vers le soir descend lentement au milieu des ruines, et semble pour un moment se soumettre au déclin comme les ouvrages des hommes. Oswald sentit renaître en lui toutes ses pensées habituelles. Corinne elle-même avait trop de charmes, promettait trop de bonheur pour l'occuper en ce moment. Il cherchait l'ombre de son père au milieu des ombres célestes qui l'avaient accueillie. Il lui semblait qu'à force d'amour il animerait de ses regards les nuages qu'il considérait, et parviendrait à leur faire prendre la forme sublime et touchante de son immortel ami; il espérait enfin que ses vœux obtiendraient du ciel je ne sais quel souffle pur et bienfaisant, qui ressemblerait à la bénédiction d'un père.

CHAPITRE II.

Le désir de connaître et d'étudier la religion de l'Italie décida lord Nelvil à chercher l'occasion d'entendre quelques-uns des prédicateurs qui font retentir les églises de Rome pendant le carême. Il comptait les jours qui devaient le réunir à Corinne; et tant que durait son absence, il ne voulait rien voir qui pût appartenir aux beaux-arts, rien qui reçût son charme de l'imagination. Il ne pouvait supporter l'émotion de plaisir que donnent les chefs-d'œuvre, quand il n'était pas avec Corinne; il ne se pardonnait le bonheur que lorsqu'il venait d'elle; la poésie, la peinture, la musique, tout ce qui embellit la vie par de vagues espérances lui faisait mal partout ailleurs qu'à ses côtés.

C'est le soir, et avec les lumières presque éteintes, que les prédicateurs à Rome se font entendre, pendant la semaine sainte, dans les églises. Toutes les femmes alors sont vêtues de noir, en souvenir de la mort de Jésus-Christ; et il y a quelque chose de bien touchant dans ce deuil anniversaire, renouvelé tant de fois depuis tant de siècles. C'est donc avec une émotion véritable que l'on arrive au milieu de ces belles églises, où les tombeaux préparent si bien à la prière; mais le prédicateur dissipe presque toujours cette émotion en peu d'instants.

Sa chaire est une assez longue tribune, qu'il parcourt d'un bout à l'autre avec autant d'agitation que de régularité. Il ne manque jamais de partir au commencement d'une phrase, et de revenir à la fin, comme le balancier d'une pendule; et cependant il fait tant de gestes, il a l'air si passionné, qu'on le croirait capable de tout oublier. Mais c'est, si l'on peut s'exprimer ainsi, une fureur systématique, telle qu'on en voit beaucoup en Italie, où la vivacité des mouvements extérieurs n'indique souvent qu'une émotion superficielle. Un crucifix est suspendu à l'extrémité de la chaire; le prédicateur le détache, le baise, le presse sur son cœur, et puis le remet à sa place avec un très-grand sang-froid, quand la période pathétique est achevée. Il y a aussi un moyen de faire effet dont les prédicateurs ordinaires se servent assez souvent, c'est le bonnet carré qu'ils portent sur la tête; ils l'ôtent et le remettent avec une rapidité inconcevable. L'un d'eux s'en prenait à Voltaire, et surtout à Rousseau, de l'irréligion du siècle. Il jetait son bonnet au milieu de la chaire, le chargeait de représenter Jean-Jacques, et en cette qualité il le haranguait, et lui disait: *Eh bien, philosophe genevois, qu'avez-vous à objecter à mes arguments?* Il se taisait alors quelques moments,

comme pour attendre la réponse; et le bonnet ne répondant rien, il le remettait sur sa tête, et terminait l'entretien par ces mots: *A présent que vous êtes convaincu, n'en parlons plus.*

Ces scènes bizarres se renouvellent souvent parmi les prédicateurs, à Rome; car le véritable talent en ce genre y est très-rare. La religion est respectée en Italie comme une loi toute-puissante; elle captive l'imagination par les pratiques et les cérémonies; mais on s'y occupe beaucoup moins en chaire de la morale que du dogme, et l'on n'y pénètre point, par les idées religieuses, dans le fond du cœur humain. L'éloquence de la chaire, ainsi que beaucoup d'autres branches de la littérature, est donc absolument livrée aux idées communes qui ne peignent rien, qui n'expriment rien. Une pensée nouvelle causerait presque une sorte de rumeur dans ces esprits tellement ardents et paresseux tout à la fois, qu'ils ont besoin de l'uniformité pour se calmer, et qu'ils l'aiment parce qu'elle les repose. Il y a dans les sermons une sorte d'étiquette pour les idées et les phrases. Les unes viennent presque toujours à la suite des autres; et cet ordre serait dérangé si l'orateur, parlant d'après lui-même, cherchait dans son âme ce qu'il faut dire. La philosophie chrétienne, celle qui cherche l'analogie de la religion avec la nature humaine, est aussi peu connue des prédicateurs italiens que toute autre philosophie. Penser sur la religion les scandaliserait presque autant que de penser contre, tant ils sont accoutumés à la routine dans ce genre.

Le culte de la Vierge est particulièrement cher aux Italiens et à toutes les nations du Midi; il semble s'allier de quelque manière à ce qu'il y a de plus pur et de plus sensible dans l'affection pour les femmes. Mais les mêmes formes de rhétorique exagérées se retrouvent encore dans tout ce que les prédicateurs disent à ce sujet; et l'on ne conçoit pas comment leurs gestes et leurs discours ne changent pas en plaisanteries ce qu'il y a de plus sérieux. On ne rencontre presque jamais en Italie, dans l'auguste fonction de la chaire, un accent vrai ni une parole naturelle.

Oswald, lassé de la monotonie la plus fatigante de toutes, celle d'une véhémence affectée, voulut aller au Colisée pour entendre le capucin qui devait y prêcher en plein air, au pied de l'un des autels qui désignent, dans l'intérieur de l'enceinte, ce qu'on appelle *la Route de la croix*. Quel plus beau sujet pour l'éloquence que l'aspect de ce monument, que cette arène où les martyrs ont succédé aux gladiateurs! Mais il ne faut rien espérer à cet égard du pauvre capucin, qui ne connaît de l'histoire des hommes que sa propre vie. Néanmoins, si l'on parvient à ne pas écouter son mauvais sermon, on se sent ému par les divers objets dont il est entouré. La plupart de ses auditeurs sont de la confrérie des Camaldules; ils se revêtent, pendant les exercices religieux, d'une espèce de robe grise qui couvre entièrement la tête et tout le corps, et ne laisse que deux petites ouvertures pour les yeux; c'est ainsi que les ombres pourraient être représentées. Ces hommes, ainsi cachés sous leurs vêtements, se prosternent la face contre terre et se frappent la poitrine. Quand le prédicateur se jette à genoux en criant *miséricorde et pitié!* le peuple qui l'environne se jette aussi à genoux, et répète ce même cri, qui va se perdre sous les vieux portiques du Colisée. Il est impossible de ne pas éprouver alors une émotion profondément religieuse; cet appel de la douleur à la bonté, de la terre au ciel, remue l'âme jusque dans son sanctuaire le plus intime. Oswald tressaillit au moment où tous les assistants se mirent à genoux : il resta debout, pour ne pas professer un culte qui n'était pas le sien; mais il lui en coûtait de ne pas s'associer publiquement aux mortels, quels qu'ils fussent, qui se prosternaient devant Dieu. Hélas! en effet, est-il une invocation à la pitié céleste qui ne convienne pas également à tous les hommes?

Le peuple avait été frappé de la belle figure de lord Nelvil et de ses manières étrangères, mais ne fut pas scandalisé de ce qu'il ne se mettait pas à genoux; il n'y a point de peuple plus tolérant que les Romains; ils sont accoutumés à ce qu'on ne vienne chez eux que pour voir et pour observer; et, soit fierté, soit indolence, ils ne cherchent à faire partager leurs opinions à personne. Ce qui est plus extraordinaire encore, c'est que, pendant la semaine sainte surtout, il en est beaucoup parmi eux qui s'infligent des pénitences corporelles, et, pendant qu'ils se donnent des coups de discipline, la porte de l'église est ouverte, on peut y entrer, cela leur est égal. C'est un peuple qui ne s'occupe pas des autres; il ne fait rien pour être regardé, il ne s'abstient de rien parce qu'on le regarde; il marche toujours à son but ou à son plaisir, sans se douter qu'il y ait un sentiment qui s'appelle la vanité, pour lequel il n'y a ni plaisir ni but, excepté le besoin d'être applaudi.

CHAPITRE III.

On a souvent parlé des cérémonies de la se-

maine sainte à Rome. Tous les étrangers viennent exprès pendant le carême, pour jouir de ce spectacle; et comme la musique de la chapelle Sixtine et l'illumination de Saint-Pierre sont des beautés uniques dans leur genre, il est naturel qu'elles attirent vivement la curiosité; mais l'attente n'est pas également satisfaite par les cérémonies proprement dites. Le dîner des douze apôtres, servi par le pape, leurs pieds lavés par lui, enfin les diverses coutumes de ces temps solennels rappellent toutes des idées touchantes; mais mille circonstances inévitables nuisent souvent à l'intérêt et à la dignité de ce spectacle. Tous ceux qui y contribuent ne sont pas également recueillis, également occupés d'idées pieuses; ces cérémonies, tant de fois répétées, sont devenues une sorte d'exercice machinal pour la plupart de ceux qui s'en mêlent; et les jeunes prêtres dépêchent le service des grandes fêtes avec une activité et une dextérité peu imposantes. Ce vague, cet inconnu, ce mystérieux qui convient tant à la religion, est tout à fait dissipé par l'espèce d'attention qu'on ne peut s'empêcher de donner à la manière dont chacun s'acquitte de ses fonctions. L'avidité des uns pour les mets qui leur sont présentés, et l'indifférence des autres pour les génuflexions qu'ils multiplient, ou les prières qu'ils récitent, rendent souvent la fête peu solennelle.

Les anciens costumes qui servent encore aujourd'hui d'habillement aux ecclésiastiques, s'accordent mal avec la coiffure moderne; l'évêque grec, avec sa longue barbe, est celui dont le vêtement paraît le plus respectable. Les vieux usages aussi, tels que celui de faire la révérence comme les femmes, au lieu de saluer à la manière actuelle des hommes, produisent une impression peu sérieuse. L'ensemble enfin n'est pas en harmonie, et l'antique et le nouveau s'y mêlent sans qu'on prenne aucun soin pour frapper l'imagination, et surtout pour éviter tout ce qui peut la distraire. Un culte éclatant et majestueux dans les formes extérieures est certainement très-propre à remplir l'âme des sentiments les plus élevés; mais il faut prendre garde que les cérémonies ne dégénèrent en un spectacle, où l'on joue son rôle l'un vis-à-vis de l'autre, où l'on apprend ce qu'il faut faire, à quel moment il faut le faire, quand on doit prier, finir de prier, se mettre à genoux, se relever; la régularité des cérémonies d'une cour, introduite dans un temple, gêne le libre élan du cœur, qui donne seul à l'homme l'espérance de se rapprocher de la Divinité.

Ces observations sont assez généralement senties par les étrangers; mais les Romains, pour la plupart, ne se lassent point de ces cérémonies, et tous les ans ils y trouvent un nouveau plaisir. Un trait singulier du caractère des Italiens, c'est que leur mobilité ne les porte point à l'inconstance, et que leur vivacité ne leur rend point la variété nécessaire. Ils sont, en toute chose, patients et persévérants; leur imagination embellit ce qu'ils possèdent; elle occupe leur vie, au lieu de la rendre inquiète; ils trouvent tout plus magnifique, plus imposant, plus beau que cela ne l'est réellement; et tandis qu'ailleurs la vanité consiste à se montrer blasé, celle des Italiens, ou plutôt la chaleur et la vivacité qu'ils ont en eux-mêmes, leur fait trouver du plaisir dans le sentiment de l'admiration.

Lord Nelvil s'attendait, d'après tout ce que les Romains lui avaient dit, à recevoir beaucoup plus d'effet par les cérémonies de la semaine sainte. Il regretta les nobles et simples fêtes du culte anglican. Il revint chez lui avec une impression pénible; car rien n'est plus triste que de n'être pas ému par ce qui devrait nous émouvoir; on se croit l'âme desséchée; on craint d'avoir perdu cette puissance d'enthousiasme sans laquelle la faculté de penser ne servirait plus qu'à dégoûter de la vie.

CHAPITRE IV.

Mais le vendredi saint rendit bientôt à lord Nelvil toutes les émotions religieuses qu'il regrettait de n'avoir pas éprouvées les jours précédents. La retraite de Corinne allait finir; il attendait le bonheur de la revoir : les douces espérances du sentiment s'accordent avec la piété; il n'y a que la vie factice du monde qui puisse en détourner tout à fait. Oswald se rendit à la chapelle Sixtine, pour entendre le fameux *Miserere* vanté dans toute l'Europe. Il arriva de jour encore, et vit ces peintures célèbres de Michel-Ange, qui représentent le jugement dernier, avec toute la force effrayante de ce sujet, et du talent qui l'a traité. Michel-Ange s'était pénétré de la lecture du Dante; et le peintre, comme le poëte, représente des êtres mythologiques en présence de Jésus-Christ; mais il fait presque toujours du paganisme le mauvais principe, et c'est sous la forme des démons qu'il caractérise les fables païennes. On aperçoit sur la voûte de la chapelle les prophètes et les sibylles, appelés en témoignage par les chrétiens[1]; une foule d'anges les entourent, et toute cette

[1] Teste David cum Sibylla.

voûte ainsi peinte semble rapprocher le ciel de nous; mais ce ciel est sombre et redoutable; le jour perce à peine à travers les vitraux, qui jettent sur les tableaux plutôt des ombres que des lumières; l'obscurité agrandit encore les figures déjà si imposantes que Michel-Ange a tracées; l'encens, dont le parfum a quelque chose de funéraire, remplit l'air dans cette enceinte, et toutes les sensations préparent à la plus profonde de toutes, celle que la musique doit produire.

Pendant qu'Oswald était absorbé par les réflexions que faisaient naître tous les objets qui l'environnaient, il vit entrer dans la tribune des femmes, derrière la grille qui les sépare des hommes, Corinne qu'il n'espérait pas encore, Corinne vêtue de noir, toute pâle de l'absence, et si tremblante dès qu'elle aperçut Oswald, qu'elle fut obligée de s'appuyer sur la balustrade pour avancer : en ce moment le *Miserere* commença.

Les voix, parfaitement exercées à ce chant antique et pur, partent d'une tribune à l'origine de la voûte; on ne voit point ceux qui chantent; la musique semble planer dans les airs; à chaque instant la chute du jour rend la chapelle plus sombre : ce n'était plus cette musique voluptueuse et passionnée qu'Oswald et Corinne avaient entendue huit jours auparavant; c'était une musique toute religieuse, qui conseillait le renoncement à la terre. Corinne se jeta à genoux devant la grille, et resta plongée dans la plus profonde méditation; Oswald lui-même disparut à ses yeux. Il lui semblait que c'était dans un tel moment d'exaltation qu'on aimerait à mourir, si la séparation de l'âme d'avec le corps ne s'accomplissait point par la douleur; si tout à coup un ange venait enlever sur ses ailes le sentiment et la pensée, étincelles divines qui retourneraient vers leur source : la mort ne serait, pour ainsi dire, alors qu'un acte spontané du cœur, qu'une prière plus ardente et mieux exaucée.

Le *Miserere*, c'est-à-dire, *ayez pitié de nous*, est un psaume composé de versets qui se chantent alternativement d'une manière très-différente. Tour à tour une musique céleste se fait entendre, et le verset suivant, dit en récitatif, est murmuré d'un ton sourd et presque rauque; on dirait que c'est la réponse des caractères durs aux cœurs sensibles, que c'est le réel de la vie qui vient flétrir et repousser les vœux des âmes généreuses; et quand ce chœur si doux reprend, on renaît à l'espérance; mais lorsque le verset récité recommence, une sensation de froid saisit de nouveau; ce n'est pas la terreur qui la cause, mais le découragement de l'enthousiasme. Enfin le dernier morceau, plus noble et plus touchant encore que tous les autres, laisse au fond de l'âme une impression douce et pure : Dieu nous accorde cette même impression avant de mourir.

On éteint les flambeaux; la nuit s'avance; les figures des prophètes et des sibylles apparaissent comme des fantômes enveloppés du crépuscule. Le silence est profond, la parole ferait un mal insupportable dans cet état de l'âme, où tout est intime et intérieur; et quand le dernier son s'éteint, chacun s'en va lentement et sans bruit; chacun semble craindre de rentrer dans les intérêts vulgaires de ce monde.

Corinne suivit la procession qui se rendait dans le temple de Saint-Pierre, qui n'est alors éclairé que par une croix illuminée; ce signe de douleur, seul resplendissant dans l'auguste obscurité de cet immense édifice, est la plus belle image du christianisme au milieu des ténèbres de la vie. Une lumière pâle et lointaine se projette sur les statues qui décorent les tombeaux. Les vivants qu'on aperçoit en foule sous ces voûtes semblent des pygmées en comparaison des images des morts. Il y a autour de la croix un espace éclairé par elle, où se prosternent le pape vêtu de blanc, et tous les cardinaux rangés derrière lui. Ils restent là près d'une demi-heure dans le plus profond silence, et il est impossible de n'être pas ému par ce spectacle. On ne sait pas ce qu'ils demandent, on n'entend pas leurs secrets gémissements; mais ils sont vieux, ils nous devancent dans la route de la tombe : quand nous passerons à notre tour dans cette terrible avant-garde, Dieu nous fera-t-il la grâce d'ennoblir assez la vieillesse, pour que le déclin de la vie soit les premiers jours de l'immortalité?

Corinne aussi, la jeune et belle Corinne, était à genoux derrière le cortége des prêtres, et la douce lumière qui éclairait son visage pâlissait son teint sans affaiblir l'éclat de ses yeux. Oswald la contemplait ainsi comme un tableau ravissant et comme un être adoré. Quand sa prière fut finie, elle se leva; lord Nelvil n'osait l'approcher encore, respectant la méditation religieuse dans laquelle il la croyait plongée; mais elle vint à lui la première avec un transport de bonheur; et ce sentiment se répandant sur tout ce qu'elle faisait, elle accueillit avec une gaieté vive ceux qui l'abordèrent dans Saint-Pierre, devenu tout à coup comme une grande promenade publique, où chacun se donne rendez-vous pour parler de ses affaires ou de ses plaisirs.

Oswald était étonné de cette mobilité qui faisait succéder l'une à l'autre des impressions si différentes, et bien qu'il fût heureux de la joie de Corinne, il était surpris de ne trouver en elle aucune trace des émotions de la journée : il ne concevait pas comment on permettait que cette belle église fût, dans un jour si solennel, le café de Rome où l'on se rassemblait pour s'amuser; et, regardant Corinne au milieu de son cercle, parlant avec vivacité, et ne pensant point aux objets dont elle était entourée, il conçut un sentiment de défiance sur la légèreté dont elle pouvait être capable : elle s'en aperçut à l'instant; et, se séparant brusquement de la société, elle prit le bras d'Oswald pour se promener avec lui dans l'église, et lui dit : « Je ne vous ai jamais entretenu de mes sentiments religieux; permettez qu'aujourd'hui je vous en parle, peut-être dissiperai-je ainsi les nuages que j'ai vus s'élever dans votre esprit. »

CHAPITRE V.

«La différence de nos religions, mon cher Oswald, continua Corinne, est cause du blâme secret que vous ne pouvez vous empêcher de me laisser voir. La vôtre est sévère et sérieuse, la nôtre est vive et tendre. On croit généralement que le catholicisme est plus rigoureux que le protestantisme, et cela peut être vrai dans les pays où la lutte a existé entre les deux religions; mais en Italie, nous n'avons point eu de dissensions religieuses, et en Angleterre vous en avez beaucoup éprouvé; il est résulté de cette différence, que le catholicisme a pris, en Italie, un caractère de douceur et d'indulgence, et que, pour détruire le catholicisme en Angleterre, la réformation s'est armée de la plus grande sévérité dans les principes et dans la morale. Notre religion, comme celle des anciens, anime les arts, inspire les poëtes, fait partie, pour ainsi dire, de toutes les jouissances de notre vie, tandis que la vôtre, s'établissant dans un pays où la raison dominait plus encore que l'imagination, a pris un caractère d'austérité morale dont elle ne s'écartera jamais. La nôtre parle au nom de l'amour, la vôtre au nom du devoir. Nos principes sont libéraux, nos dogmes sont absolus; et néanmoins, dans l'application, notre despotisme orthodoxe transige avec les circonstances particulières, et votre liberté religieuse fait respecter ses lois, sans aucune exception. Il est vrai que notre catholicisme impose à ceux qui sont entrés dans l'état monastique des pénitences très-dures : cet état, choisi librement, est un rapport mystérieux entre l'homme et la Divinité; mais la religion des séculiers, en Italie, est une source habituelle d'émotions touchantes. L'amour, l'espérance et la foi sont les vertus principales de cette religion; et toutes ces vertus annoncent et donnent le bonheur. Loin donc que nos prêtres nous interdisent en aucun temps le pur sentiment de la joie, ils nous disent que ce sentiment exprime notre reconnaissance envers les dons du Créateur. Ce qu'ils exigent de nous, c'est l'observation des pratiques qui prouvent notre respect pour notre culte et notre désir de plaire à Dieu; c'est la charité pour les malheureux, et la repentance dans nos faiblesses. Mais ils ne se refusent point à nous absoudre, quand nous le leur demandons avec zèle; et les attachements du cœur inspirent ici plus qu'ailleurs une indulgente pitié. Jésus-Christ n'a-t-il pas dit de la Madeleine : *Il lui sera beaucoup pardonné, parce qu'elle a beaucoup aimé?* Ces mots ont été prononcés sous un ciel aussi beau que le nôtre; ce même ciel implore pour nous la miséricorde de la Divinité.

—Corinne, répondit lord Nelvil, comment combattre des paroles si douces, et dont mon cœur a tant de besoin! Mais je le ferai cependant, parce que ce n'est pas pour un jour que j'aime Corinne, et que j'espère avec elle un long avenir de bonheur et de vertu. La religion la plus pure est celle qui fait, du sacrifice de nos passions, et de l'accomplissement de nos devoirs, un hommage continuel à l'Être suprême. La moralité de l'homme est son culte envers Dieu : c'est dégrader l'idée que nous avons du Créateur, que de lui supposer dans ses rapports avec la créature, une volonté qui ne soit pas relative à son perfectionnement intellectuel. La paternité, cette noble image d'un maître souverainement bon, ne demande rien aux enfants que pour les rendre meilleurs ou plus heureux; comment donc s'imaginer que Dieu exigerait de l'homme ce qui n'aurait pas l'homme même pour objet! Aussi voyez quelle confusion il résulte, dans la tête de votre peuple, de l'habitude où il est d'attacher plus d'importance aux pratiques religieuses qu'aux devoirs de la morale : c'est après la semaine sainte, vous le savez, que se commet à Rome le plus grand nombre de meurtres. Le peuple se croit, pour ainsi dire, en fonds par le carême, et dépense en assassinats les trésors de sa pénitence. On a vu des criminels qui, tout dégouttants encore de meurtre, se faisaient scrupule de manger de la viande le vendredi; et les esprits grossiers, à qui l'on a persuadé que le plus grand des crimes consiste à désobéir aux pratiques ordonnées par l'Église, épuisent leur conscience sur ce sujet, et considèrent la Divinité comme les gouvernements du monde, qui font plus de cas de la soumission à leur pouvoir que de toute autre vertu : ce sont des rapports de courtisan mis à la place du respect qu'inspire le Créateur, comme la source et la récompense d'une vie scrupuleuse et délicate. Le catholicisme italien, tout en démonstrations extérieures, dispense l'âme de la méditation et du recueillement. Quand le spectacle est fini, l'émotion cesse, le devoir est rempli; et l'on n'est pas, comme chez nous, longtemps absorbé dans les pensées et les sentiments que fait naître l'examen rigoureux de sa conduite et de son cœur.

—Vous êtes sévère, mon cher Oswald, reprit Corinne, ce n'est pas la première fois que je l'ai remarqué. Si la religion consistait seulement dans la stricte observation de la morale, qu'aurait-elle de plus que la philosophie et la raison? Et quels sentiments de piété se développeraient en nous, si notre principal but était d'étouffer les sentiments du cœur? Les stoïciens en savaient presque autant que nous sur les devoirs et l'austérité de la conduite; mais ce qui n'est dû qu'au christianisme, c'est l'enthousiasme religieux qui s'unit à toutes les affections de l'âme; c'est la puissance d'aimer et de plaindre; c'est le culte de sentiment et d'indulgence qui favorise si bien l'essor de l'âme vers le ciel! Que signifie la parabole de l'enfant prodigue, si ce n'est l'amour, l'amour sincère, préféré même à l'accomplissement le plus exact de tous les devoirs? Il avait quitté, cet enfant, la maison paternelle, et son frère y était resté; il s'était plongé dans tous les plaisirs du monde, et son frère ne s'était pas écarté un instant de la régularité de la vie domestique; mais il revint, mais il pleura, mais il aima, et son père fit une fête pour son retour. Ah! sans doute que, dans les mystères de notre nature, aimer, encore aimer, est ce qui nous est resté de notre héritage céleste. Nos vertus mêmes sont souvent trop compliquées avec la vie, pour que nous puissions toujours comprendre ce qui est bien, ce qui est mieux, et quel est le sentiment secret qui nous dirige et nous égare. Je demande à mon Dieu de m'apprendre à l'adorer, et je sens l'effet de mes prières par les larmes que je répands. Mais, pour se soutenir dans cette disposition, les pratiques religieuses sont plus nécessaires que vous ne pensez; c'est une relation constante avec la Divinité; ce sont des actions journalières sans rapport avec aucun des intérêts de la vie, et seulement dirigées vers le monde invisible. Les objets extérieurs aussi sont d'un grand secours pour la piété; l'âme retombe sur elle-même, si les beaux-arts, les grands monuments, les chants harmonieux, ne viennent pas ranimer ce génie poétique, qui est aussi le génie religieux.

« L'homme le plus vulgaire, lorsqu'il prie, lorsqu'il souffre, et qu'il espère dans le ciel, cet homme, dans ce moment, a quelque chose en lui qui s'exprimerait comme Milton, comme Homère, ou comme le Tasse, si l'éducation lui avait appris à revêtir de paroles ses pensées. Il n'y a que deux classes d'hommes distinctes sur la terre, celle qui sent l'enthousiasme, et celle qui le méprise; toutes les autres différences sont le travail de la société. Celui-là n'a pas de mots pour ses sentiments; celui-ci sait ce qu'il faut dire pour cacher le vide de son cœur. Mais la source qui jaillit du rocher même à la voix du ciel, cette source est le vrai talent, la vraie religion, le véritable amour.

« La pompe de notre culte, ces tableaux, où les saints à genoux expriment dans leurs regards une prière continuelle; ces statues, placées sur les tombeaux, comme pour se réveiller un jour avec les morts; ces églises et leurs voûtes immenses, ont un rapport intime avec les idées religieuses. J'aime cet hommage éclatant rendu par les hommes à ce qui ne leur promet ni la fortune, ni la puissance, à ce qui ne les punit ou ne les récompense que par un sentiment du cœur; je me sens alors plus fière de mon être; je reconnais dans l'homme quelque chose de désintéressé, et, dût-on multiplier trop les magnificences religieuses, j'aime cette prodigalité des richesses terrestres pour une autre vie, du temps pour l'éternité : assez de choses se font pour demain, assez de soins se prennent pour l'économie des affaires humaines. Oh! que j'aime l'inutile! l'inutile, si l'existence n'est qu'un travail pénible pour un misérable gain. Mais si nous sommes sur cette terre en marche vers le ciel, qu'y a-t-il de mieux à faire que d'élever assez notre âme pour qu'elle sente l'infini, l'invisible et l'éternel, au milieu de toutes les bornes qui l'entourent?

« Jésus-Christ laissait une femme faible, et peut-être repentante, arroser ses pieds des parfums les plus précieux; il repoussa ceux qui conseillaient de réserver ces parfums pour un usage plus profitable : *Laissez-la faire*, disait-il, *car je suis pour peu de temps avec vous.* Hélas! tout ce qu'il y a de bon, de sublime sur cette terre, est pour peu de temps avec nous; l'âge, les infirmités, la mort, tariront bientôt cette goutte de rosée qui tombe du ciel; et ne se repose que sur des fleurs. Cher Oswald, laissez-nous donc tout confondre, amour, religion, génie, et le soleil et les parfums, et la

musique et la poésie; il n'y a d'athéisme que dans la froideur, l'égoïsme, la bassesse. Jésus-Christ a dit : *Quand deux ou trois seront rassemblés en mon nom, je serai au milieu d'eux.* Et qu'est-ce, ô mon Dieu! que d'être rassemblés en votre nom, si ce n'est jouir des dons sublimes de votre belle nature, et vous en faire hommage, et vous remercier de la vie, et vous en remercier surtout, quand un cœur ainsi créé par vous répond tout entier au nôtre! »

Une inspiration céleste animait dans cet instant la physionomie de Corinne. Oswald put à peine s'empêcher de se jeter à genoux devant elle au milieu du temple, et se tut pendant longtemps, pour se livrer au plaisir de se rappeler ses paroles, et de les retrouver encore dans ses regards. Enfin, cependant, il voulut répondre, il ne voulut point abandonner la cause qui lui était chère. « Corinne, dit-il alors, permettez encore quelques mots à votre ami. Son âme n'a point de sécheresse; non, Corinne, elle n'en a point, croyez-le; et si j'aime l'austérité dans les principes et dans les actions, c'est parce qu'elle donne aux sentiments plus de profondeur et de durée. Si j'aime la raison dans la religion, c'est-à-dire, si je repousse les dogmes contradictoires et les moyens humains de faire effet sur les hommes, c'est parce que je vois la Divinité dans la raison comme dans l'enthousiasme; et si je ne puis souffrir qu'on prive l'homme d'aucune de ses facultés, c'est qu'il n'a pas trop de toutes pour reconnaître une vérité que la réflexion lui révèle, aussi bien que l'instinct du cœur, l'existence de Dieu et l'immortalité de l'âme. Que peut-on ajouter à ces idées sublimes, à leur union avec la vertu! que peut-on y ajouter qui ne soit au-dessous d'elles! L'enthousiasme poétique, qui vous donne tant de charmes, n'est pas, j'ose le dire, la dévotion la plus salutaire. Corinne, comment pourrait-on se préparer par cette disposition aux sacrifices sans nombre qu'exige de nous le devoir? Il n'y avait de révélation que par les élans de l'âme, quand la destinée humaine, future et présente, ne s'offrait à l'esprit qu'à travers les nuages; mais pour nous, à qui le christianisme l'a rendue claire et positive, le sentiment peut être notre récompense, mais il ne doit pas être notre seul guide : vous décrivez l'existence des bienheureux, et non pas celle des mortels. La vie religieuse est un combat, et non pas un hymne. Si nous n'étions pas condamnés à réprimer dans ce monde les mauvais penchants des autres et de nous-mêmes, il n'y aurait, en effet, d'autre distinction à faire qu'entre les âmes froides et les âmes exaltées. Mais l'homme est une créature plus âpre et plus redoutable que votre cœur ne vous le peint; et la raison dans la piété, et l'autorité dans le devoir, sont un frein nécessaire à ses orgueilleux *égarements.*

« De quelque manière que vous considériez les pompes extérieures et les pratiques multipliées de votre religion., croyez-moi, chère amie, la contemplation de l'univers et de son auteur sera toujours le premier des cultes, celui qui remplira l'imagination, sans que l'examen y puisse trouver rien de futile ni d'absurde. Les dogmes qui blessent ma raison refroidissent aussi mon enthousiasme. Sans doute le monde, tel qu'il est, est un mystère que nous ne pouvons ni nier ni comprendre; il serait donc bien fou, celui qui se refuserait à croire tout ce qu'il ne peut expliquer : mais ce qui est contradictoire est toujours de la création des hommes. Le mystère, tel que Dieu nous l'a donné, est au-dessus des lumières de l'esprit, mais non en opposition avec elles. Un philosophe allemand a dit : *Je ne connais que deux belles choses dans l'univers : le ciel étoilé sur nos têtes, et le sentiment du devoir dans nos cœurs.* En effet, toutes les merveilles de la création sont réunies dans ces paroles.

« Loin qu'une religion simple et sévère dessèche le cœur, j'aurais pensé, avant de vous connaître, Corinne, qu'elle seule pouvait concentrer et perpétuer les affections. J'ai vu la conduite la plus austère et la plus pure développer dans un homme une inépuisable tendresse; je l'ai vu conserver jusque dans la vieillesse une virginité d'âme que les orages des passions et les fautes qu'elles font commettre auraient nécessairement flétrie. Sans doute le repentir est une belle chose, et j'ai besoin, plus que personne, de croire à son efficacité; mais le repentir qui se répète fatigue l'âme, ce sentiment ne régénère qu'une fois. C'est la rédemption qui s'accomplit au fond de notre âme; et ce grand sacrifice ne peut se renouveler. Quand la faiblesse humaine s'y accoutume, elle perd la force d'aimer : car il faut de la force pour aimer, du moins avec constance.

« Je ferai des objections du même genre à ce culte plein de splendeur qui, selon vous, agit si vivement sur l'imagination : je crois l'imagination modeste et retirée comme le cœur. Les émotions qu'on lui commande sont moins puissantes que celles qui naissent d'elles-mêmes. J'ai vu dans les Cévennes un ministre protestant qui prêchait, vers le soir, dans le fond des montagnes. Il invoquait les tombeaux des Français bannis et proscrits par leurs frères, et dont les cendres avaient été rap-

portées dans ces lieux; il promettait à leurs amis qu'ils les retrouveraient dans un meilleur monde; il disait qu'une vie vertueuse nous assurait ce bonheur; il disait : *Faites du bien aux hommes, pour que Dieu cicatrise dans votre cœur la blessure de la douleur.* Il s'étonnait de l'inflexibilité, de la dureté que l'homme d'un jour montre à l'homme d'un jour comme lui, et s'emparait de cette terrible pensée de la mort que les vivants ont conçue, mais qu'ils n'épuiseront jamais. Enfin il n'annonçait rien qui ne fût touchant et vrai : c'étaient des paroles parfaitement en harmonie avec la nature. Le torrent qu'on entendait dans l'éloignement, la lumière scintillante des étoiles, semblaient exprimer la même pensée sous une autre forme. La magnificence de la nature était là, cette magnificence, la seule qui donne des fêtes sans offenser l'infortune; et toute cette imposante simplicité remuait l'âme bien plus profondément que des cérémonies éclatantes.

Le surlendemain de cet entretien, le jour de Pâques, Corinne et lord Nelvil étaient ensemble sur la place de Saint-Pierre, au moment où le pape s'avance sur le balcon le plus élevé de l'église, et demande au ciel la bénédiction qu'il va répandre sur la terre; lorsqu'il prononce ces mots : « *urbi et orbi* (à la ville et au monde), » tout le peuple rassemblé se jette à genoux, et Corinne et lord Nelvil sentirent, par l'émotion qu'ils éprouvèrent en ce moment, que tous les cultes se ressemblent. Le sentiment religieux unit intimement les hommes entre eux, quand l'amour-propre et le fanatisme n'en font pas un objet de jalousie et de haine. Prier ensemble, dans quelque langue, dans quelque rite que ce soit, c'est la plus touchante fraternité d'espérance et de sympathie que les hommes puissent contracter sur cette terre.

CHAPITRE VI.

Le jour de Pâques s'était passé, et Corinne ne parlait point d'accomplir sa promesse, en confiant son histoire à lord Nelvil. Blessé de ce silence, il dit un jour devant elle qu'on vantait beaucoup les beautés de Naples, et qu'il avait envie d'y aller. Corinne, pénétrant à l'instant ce qui se passait dans son âme, lui proposa de faire le voyage avec lui. Elle se flattait de reculer les aveux qu'il exigeait d'elle, en lui donnant cette preuve d'amour qui devait le satisfaire. Et d'ailleurs elle pensait que s'il l'emmenait, c'était sans doute parce qu'il avait dessein de lui consacrer sa vie. Elle attendait donc avec anxiété ce qu'il dirait, et ses regards presque suppliants lui demandaient une réponse favorable. Oswald ne put y résister; il avait d'abord été surpris de cette offre, et de la simplicité avec laquelle Corinne la faisait; il hésita quelque temps à l'accepter; mais en voyant le trouble de son amie, l'agitation de son sein, ses yeux remplis de larmes, il consentit à partir avec elle, sans se rendre compte à lui-même de l'importance d'une telle résolution. Corinne fut au comble de la joie, car son cœur se fia tout à fait, dans ce moment, au sentiment d'Oswald.

Le jour fut pris, et la douce perspective de voyager ensemble fit disparaître toute autre idée. Ils s'amusèrent à ordonner les détails de ce voyage, et il n'y avait pas un de ces détails qui ne fût une source de plaisir. Heureuse disposition de l'âme, où tous les arrangements de la vie ont un charme particulier, en se rattachant à quelque espérance du cœur! Il ne vient que trop tôt le moment où l'existence fatigue dans chacune de ses heures comme dans son ensemble, où chaque matin exige un travail pour supporter le réveil et conduire le jour jusqu'au soir.

Au moment où lord Nelvil sortait de chez Corinne, afin de tout préparer pour leur départ, le comte d'Erfeuil y arriva, et apprit d'elle le projet qu'ils venaient d'arrêter ensemble. « Y pensez-vous? lui dit-il : quoi! vous mettre en route avec lord Nelvil, sans qu'il soit votre époux, sans qu'il vous ait promis de l'être! Et que deviendrez-vous s'il vous abandonne? — Ce que je deviendrais, répondit Corinne, dans toutes les situations de la vie, s'il cessait de m'aimer, la plus malheureuse personne du monde. — Oui; mais si vous n'avez rien fait qui vous compromette, vous resterez, vous, tout entière. — Moi tout entière, s'écria Corinne, quand le plus profond sentiment de ma vie serait flétri! quand mon cœur serait brisé! — Le public ne le saurait pas, et vous pourriez, en dissimulant, ne rien perdre dans l'opinion. — Et pourquoi ménager cette opinion, répondit Corinne, si ce n'est pour avoir un charme de plus aux yeux de ce qu'on aime? — On cesse d'aimer, reprit le comte d'Erfeuil, mais l'on ne cesse pas de vivre au milieu de la société, et d'avoir besoin d'elle.— Ah! si je pouvais penser, répondit Corinne, qu'il arrivera, le jour où l'affection d'Oswald ne serait pas tout pour moi dans ce monde; si je pouvais le penser, j'aurais déjà cessé de l'aimer. Qu'est-ce donc que l'amour, quand il prévoit, quand il calcule le moment où il n'existera plus? S'il y a quelque chose de religieux dans ce sentiment, c'est parce qu'il fait disparaître tous les autres intérêts,

et se complaît, comme la dévotion, dans le sacrifice entier de soi-même.

— Que me dites-vous là? reprit le comte d'Erfeuil; une personne d'esprit comme vous peut-elle se remplir la tête de pareilles folies! C'est notre avantage, à nous autres hommes, que les femmes pensent comme vous; nous avons alors bien plus d'ascendant sur elles : mais il ne faut pas que votre supériorité soit perdue, il faut qu'elle vous serve à quelque chose. — Me servir! dit Corinne : ah! je lui dois beaucoup, si elle me fait mieux sentir tout ce qu'il y a de touchant et de généreux dans le caractère de lord Nelvil.

— Lord Nelvil est un homme tout comme un autre, reprit le comte d'Erfeuil; il retournera dans son pays, il suivra sa carrière, il sera raisonnable enfin; et vous exposez imprudemment votre réputation en allant à Naples avec lui. — J'ignore les intentions de lord Nelvil, dit Corinne, et peut-être aurais-je mieux fait d'y réfléchir avant de l'aimer; mais à présent, qu'importe un sacrifice de plus! ma vie ne dépend-elle pas toujours de son sentiment pour moi? je trouve, au contraire, quelque douceur à ne me laisser aucune ressource; il n'en est jamais quand le cœur est blessé : néanmoins le monde peut quelquefois croire qu'il vous en reste, et j'aime à penser que, même sous ce rapport, mon malheur serait complet, si lord Nelvil se séparait de moi. — Et sait-il à quel point vous vous compromettez pour lui? continua le comte d'Erfeuil. — J'ai pris grand soin de le lui dissimuler, répondit Corinne, et comme il ne connaît pas bien les usages de ce pays, j'ai pu lui exagérer un peu la facilité qu'ils donnent. Je vous demande votre parole de ne pas lui dire un mot à cet égard; je veux qu'il soit libre et toujours libre dans ses relations avec moi : il ne peut faire mon bonheur par aucun genre de sacrifice. Le sentiment qui me rend heureuse est la fleur de la vie, et ni la bonté ni la délicatesse ne pourraient la ranimer, si elle venait à se flétrir. Je vous en conjure donc, mon cher comte, ne vous mêlez pas de ma destinée; rien de ce que vous savez sur les affections du cœur ne peut me convenir. Ce que vous dites est sage, bien raisonné, fort applicable aux situations comme aux personnes ordinaires; mais vous me feriez très-innocemment un mal affreux, en voulant juger mon caractère d'après ces grandes divisions communes, pour lesquelles il y a des maximes toutes faites. Je souffre, je jouis, je sens à ma manière, et ce serait moi seule qu'il faudrait observer, si l'on voulait influer sur mon bonheur. »

L'amour-propre du comte d'Erfeuil était un peu blessé de l'inutilité de ses conseils, et de la grande marque d'amour que Corinne donnait à lord Nelvil; il savait bien qu'il n'était pas aimé d'elle, il savait également qu'Oswald l'était; mais il lui était désagréable que tout cela fût constaté si publiquement. Il y a toujours dans les succès d'un homme auprès d'une femme quelque chose qui déplaît, même aux meilleurs amis de cet homme. « Je vois que je n'y peux rien, dit le comte d'Erfeuil; mais quand vous serez bien malheureuse, vous vous souviendrez de moi : en attendant, je vais quitter Rome; puisque ni vous ni lord Nelvil n'y serez plus, je m'y ennuierais trop en votre absence; je vous reverrai sûrement l'un et l'autre en Écosse ou en Italie, car j'ai pris goût aux voyages, en attendant mieux. Pardonnez-moi mes conseils, charmante Corinne, et croyez toujours à mon dévouement. » Corinne le remercia, et se sépara de lui avec un sentiment de regret. Elle l'avait connu en même temps qu'Oswald, et ce souvenir formait entre elle et lui des liens qu'elle n'aimait pas à voir brisés. Elle se conduisit comme elle l'avait annoncé au comte d'Erfeuil. Quelques inquiétudes troublèrent un moment la joie avec laquelle lord Nelvil avait accepté le projet du voyage : il craignait que le départ pour Naples ne pût faire tort à Corinne, et voulait obtenir d'elle son secret avant ce départ, pour savoir avec certitude s'ils n'étaient point séparés par quelque obstacle invincible : mais elle lui déclara qu'elle ne s'expliquerait qu'à Naples, et lui fit doucement illusion sur ce qu'on pouvait dire du parti qu'elle prenait. Oswald se prêtait à cette illusion : l'amour, dans un caractère incertain et faible, trompe à demi, la raison éclaire à demi, et c'est l'émotion présente qui décide laquelle des deux moitiés sera le tout. L'esprit de lord Nelvil était singulièrement étendu et pénétrant, mais il ne se jugeait bien lui-même que dans le passé. Sa situation actuelle ne s'offrait jamais à lui que confusément. Susceptible tout à la fois d'entraînement et de remords, de passions et de timidité, ces contrastes ne lui permettaient de se connaître que quand l'événement avait décidé du combat qui se passait en lui.

Lorsque les amis de Corinne, et particulièrement le prince Castel-Forte, furent instruits de son projet, ils en éprouvèrent un grand chagrin. Le prince Castel-Forte surtout en ressentit une telle peine, qu'il résolut d'aller la rejoindre dans peu de temps. Il n'y avait pas assurément de vanité à se mettre ainsi à la suite d'un amant préféré; mais ce qu'il ne pouvait supporter, c'était le vide affreux de l'absence de son amie; il n'avait pas un ami qu'il ne rencontrât chez Corinne, et jamais il n'allait dans une autre maison que la sienne.

La société qui se rassemblait autour d'elle devait se disperser quand elle n'y serait plus; il deviendrait impossible d'en réunir les débris. Le prince Castel-Forte avait peu l'habitude de vivre dans sa famille; bien que fort spirituel, l'étude le fatiguait : le jour entier eût donc été pour lui d'un poids insupportable, s'il n'était pas venu le soir et le matin chez Corinne; elle partait, il ne savait plus que devenir, il se promit en secret de se rapprocher d'elle comme un ami sans exigence, mais qui est toujours là pour nous consoler dans le malheur; et cet ami doit être bien sûr que son moment arrivera.

Corinne éprouvait un sentiment de mélancolie en rompant ainsi toutes ses habitudes; elle s'était fait depuis quelques années dans Rome une manière d'être qui lui plaisait; elle était le centre de tout ce qu'il y avait d'artistes célèbres et d'hommes éclairés; une indépendance parfaite d'idées et d'habitudes donnait beaucoup de charmes à son existence : qu'allait-elle maintenant devenir? Si elle était destinée au bonheur d'avoir Oswald pour époux, c'était en Angleterre qu'il devait la conduire, et de quelle manière y serait-elle jugée? comment elle-même saurait-elle s'astreindre à ce genre de vie si différent de celui qu'elle venait de mener depuis six ans! Mais ces réflexions ne faisaient que traverser son esprit, et toujours son sentiment pour Oswald en effaçait les légères traces. Elle le voyait, elle l'entendait, et ne comptait les heures que par son absence ou sa présence. Qui sait disputer avec le bonheur? qui ne le reçoit pas quand il vient? Corinne surtout avait peu de prévoyance, la crainte ni l'espérance n'étaient pas faites pour elle; sa foi dans l'avenir était confuse, et son imagination lui faisait en ce genre peu de bien et peu de mal.

Le matin de son départ, le prince Castel-Forte entra chez elle, et, les larmes aux yeux, il lui dit : « Ne reviendrez-vous plus à Rome?—O mon Dieu, oui, répondit-elle, dans un mois nous y serons.— Mais si vous épousez lord Nelvil, il faudra quitter l'Italie.—Quitter l'Italie! » dit Corinne; et elle soupira. « Ce pays, continua le prince Castel-Forte, où l'on parle votre langue, où l'on vous entend si bien, où vous êtes si vivement admirée! Et vos amis, Corinne, et vos amis! où serez-vous aimée comme ici? où trouverez-vous l'imagination et les beaux-arts qui vous plaisent? Est-ce donc un seul sentiment qui fait la vie ? N'est-ce pas la langue, les coutumes, les mœurs, dont se compose l'amour de la patrie, cet amour qui donne le mal du pays, terrible douleur des exilés! — Ah! que me dites-vous! s'écria Corinne; ne l'ai-je pas éprouvée! N'est-ce pas cette douleur qui a décidé de mon sort! » Elle regarda tristement sa chambre et les statues qui la décoraient; puis le Tibre qui coulait sous ses fenêtres, et le ciel dont la beauté semblait l'inviter à rester. Mais, dans ce moment, Oswald passait à cheval sur le pont Saint-Ange, il venait avec la rapidité de l'éclair. « Le voilà! » s'écria Corinne. A peine avait-elle dit ces mots, que déjà il était arrivé; elle courut au-devant de lui; tous les deux, impatients de partir, se hâtèrent de monter en voiture. Corinne dit cependant un aimable adieu au prince Castel-Forte; mais ses paroles obligeantes se perdirent dans les airs, au milieu des cris des postillons, des hennissements des chevaux, et de tout ce bruit de départ, quelquefois triste, quelquefois enivrant, selon la crainte ou l'espoir qu'inspirent les nouvelles chances de la destinée.

LIVRE XI.

NAPLES ET L'ERMITAGE DE SAINT-SALVADOR.

CHAPITRE PREMIER.

Oswald était fier d'emmener sa conquête; lui, qui se sentait presque toujours troublé dans ses jouissances par les réflexions et les regrets, n'éprouvait plus cette fois la peine de l'incertitude. Ce n'était pas qu'il fût décidé, mais il ne s'occupait pas de l'être, et il se laissait aller aux événements, espérant bien être entraîné par eux à ce qu'il souhaitait. Ils traversèrent la campagne d'Albano, lieu où l'on montre encore ce qu'on croit être le tombeau des Horaces et des Curiaces[1]. Ils passèrent près du lac de Nemi et des bois sacrés qui l'entourent. On dit qu'Hippolyte fut ressuscité par Diane dans ces lieux; elle ne permettait pas aux chevaux d'en approcher, et perpétuait, par cette défense, le souvenir du malheur de son jeune favori. C'est ainsi qu'en Italie, presque à chaque pas, la poésie et l'histoire viennent se retracer à l'esprit,

[1] Il y a une charmante description du lac d'Albane, dans un recueil de poésies de madame Brunn, née Münter, l'une des femmes de son pays dont le talent et l'imagination méritent le plus d'éloges.

et les sites charmants qui les rappellent adoucissent tout ce qu'il y a de mélancolique dans le passé, et semblent lui conserver une jeunesse éternelle.

Oswald et Corinne traversèrent ensuite les marais Pontins, campagne fertile et pestilentielle tout à la fois, où l'on ne voit pas une seule habitation, quoique la nature y semble féconde. Quelques hommes malades attellent vos chevaux, et vous recommandent de ne pas vous endormir en passant les marais; car le sommeil est là le véritable avant-coureur de la mort. Des buffles, d'une physionomie tout à la fois basse et féroce, traînent la charrue, que d'imprudents cultivateurs conduisent encore quelquefois sur cette terre fatale, et le plus brillant soleil éclaire ce triste spectacle. Les lieux marécageux et malsains, dans le Nord, sont annoncés par leur effrayant aspect; mais, dans les contrées les plus funestes du Midi, la nature conserve une sérénité dont la douceur trompeuse fait illusion aux voyageurs. S'il est vrai qu'il soit très-dangereux de s'endormir en traversant les marais Pontins, l'invincible penchant au sommeil qu'ils inspirent dans la chaleur est encore une des impressions perfides que ce lieu fait éprouver. Lord Nelvil veillait constamment sur Corinne: quelquefois elle penchait sa tête sur Thérésine, qui les accompagnait; quelquefois elle fermait les yeux, vaincue par la langueur de l'air. Oswald se hâtait de la réveiller, avec une inexprimable terreur; et, bien qu'il fût silencieux naturellement, il était inépuisable en sujets de conversation, toujours soutenus, toujours nouveaux, pour l'empêcher de succomber un moment à ce fatal sommeil. Ah! ne faut-il pas pardonner au cœur des femmes les regrets déchirants qui s'attachent à ces jours où elles étaient aimées, où leur existence était si nécessaire à l'existence d'un autre, lorsqu'à tous les instants elles se sentaient soutenues et protégées? Quel isolement doit succéder à ces temps de délices! et qu'elles sont heureuses celles que le lien sacré du mariage a conduites doucement de l'amour à l'amitié, sans qu'un moment cruel ait déchiré leur vie!

Oswald et Corinne, après le passage inquiétant des marais Pontins, arrivèrent enfin à Terracine, sur le bord de la mer, aux confins du royaume de Naples. C'est là que commence véritablement le Midi; c'est là qu'il accueille les voyageurs avec toute sa magnificence. Cette terre de Naples, cette campagne heureuse, est comme séparée du reste de l'Europe, et par la mer qui l'entoure, et par cette contrée dangereuse qu'il faut traverser pour y arriver. On dirait que la nature s'est réservé le secret de ce séjour de délices, et qu'elle a voulu que les abords en fussent périlleux. Rome n'est point encore le Midi : on en pressent les douceurs, mais son enchantement ne commence véritablement que sur le territoire de Naples. Non loin de Terracine est le promontoire choisi par les poëtes comme la demeure de Circé, et derrière Terracine s'élève le mont Anxur, où Théodoric, roi des Goths, avait placé l'un des châteaux forts dont les guerriers du Nord couvrirent la terre. Il y a très-peu de traces de l'invasion des barbares en Italie; ou du moins là où ces traces consistent en destructions, elles se confondent avec l'effet du temps. Les nations septentrionales n'ont point donné à l'Italie cet aspect guerrier que l'Allemagne a conservé. Il semble que la molle terre de l'Ausonie n'ait pu garder les fortifications et les citadelles dont les pays du Nord sont hérissés. Rarement un édifice gothique, un château féodal s'y rencontre encore; et les souvenirs des antiques Romains règnent seuls à travers les siècles, malgré les peuples qui les ont vaincus.

Toute la montagne qui domine Terracine est couverte d'orangers et de citronniers qui embaument l'air d'une manière délicieuse. Rien ne ressemble, dans nos climats, au parfum méridional des citronniers en pleine terre : il produit sur l'imagination presque le même effet qu'une musique mélodieuse; il donne une disposition poétique, excite le talent, et l'enivre de la nature. Les aloès, les cactus à larges feuilles, que vous rencontrez à chaque pas, ont une physionomie particulière, qui rappelle ce que l'on sait des redoutables productions de l'Afrique. Ces plantes causent une sorte d'effroi : elles ont l'air d'appartenir à une nature violente et dominatrice. Tout l'aspect du pays est étranger : on se sent dans un autre monde, dans un monde qu'on n'a connu que par les descriptions des poëtes de l'antiquité qui ont tout à la fois, dans leurs peintures, tant d'imagination et d'exactitude. En entrant à Terracine, les enfants jetèrent dans la voiture de Corinne une immense quantité de fleurs qu'ils cueillaient au bord du chemin, qu'ils allaient chercher sur la montagne, et qu'ils répandaient au hasard; tant ils se confiaient dans la prodigalité de la nature! Les chariots qui rapportaient la moisson des champs étaient ornés tous les jours avec des guirlandes de roses, et quelquefois les enfants entouraient leur coupe de fleurs : car l'imagination du peuple même devient poétique sous un beau ciel. On voyait, on entendait, à côté de ces riants tableaux, la mer dont les vagues se brisaient avec fureur. Ce n'était point

l'orage qui l'agitait, mais les rochers, obstacle habituel qui s'opposait à ses flots, et dont sa grandeur était irritée...

E non udite ancor còme risuona
Il roco ed alto fremito marino?

Et n'entendez-vous pas encore comme retentit le frémissement rauque et profond de la mer? Ce mouvement sans but, cette force sans objet, qui se renouvelle pendant l'éternité, sans que nous puissions connaître ni sa cause ni sa fin, nous attire sur le rivage où ce grand spectacle s'offre à nos regards; et l'on éprouve comme un besoin mêlé de terreur de s'approcher des vagues, et d'étourdir sa pensée par leur tumulte.

Vers le soir tout se calma. Corinne et lord Nelvil se promenèrent lentement et avec délices dans la campagne. Chaque pas, en pressant les fleurs, faisait sortir des parfums de leur sein. Les rossignols venaient se reposer plus volontiers sur les arbustes qui portaient les roses. Ainsi les chants les plus purs se réunissaient aux odeurs les plus suaves; tous les charmes de la nature s'attiraient mutuellement : mais ce qui est surtout ravissant et inexprimable, c'est là douceur de l'air qu'on respire. Quand on contemple un beau site dans le Nord, le climat, qui se fait sentir, trouble toujours un peu le plaisir qu'on pourrait goûter. C'est comme un son faux dans un concert, que ces petites sensations de froid et d'humidité qui détournent plus ou moins votre attention de ce que vous voyez; mais en approchant de Naples, vous éprouvez un bien-être si parfait, une si grande amitié de la nature pour vous, que rien n'altère les sensations agréables qu'elle vous cause. Tous les rapports de l'homme dans nos climats sont avec la société. La nature, dans les pays chauds, met en relation avec les objets extérieurs, et les sentiments s'y répandent doucement au dehors. Ce n'est pas que le Midi n'ait aussi sa mélancolie; dans quels lieux la destinée de l'homme ne produit-elle pas cette impression! Mais il n'y a dans cette mélancolie ni mécontentement, ni anxiété, ni regret. Ailleurs, c'est la vie qui, telle qu'elle est, ne suffit pas aux facultés de l'âme; ici, ce sont les facultés de l'âme qui ne suffisent pas à la vie, et la surabondance des sensations inspire une rêveuse indolence, dont on se rend à peine compte en l'éprouvant.

Pendant la nuit, des mouches luisantes se montraient dans les airs; on eût dit que la montagne étincelait, et que la terre brûlante laissait échapper quelques-unes de ses flammes. Ces mouches volaient à travers les arbres, se reposaient quelquefois sur les feuilles, et le vent balançait ces petites étoiles, et variait de mille manières leurs lumières incertaines. Le sable aussi contenait un grand nombre de petites pierres ferrugineuses qui brillaient de toutes parts; c'était la terre de feu, conservant encore dans son sein les traces du soleil, dont les derniers rayons venaient de l'échauffer. Il y a tout à la fois dans cette nature une vie et un repos qui satisfont en entier les vœux divers de l'existence.

Corinne se livrait au charme de cette soirée, s'en pénétrait avec joie; Oswald ne pouvait cacher son émotion. Plusieurs fois il serra Corinne contre son cœur, plusieurs fois il s'éloigna, puis revint, puis s'éloigna de nouveau, pour respecter celle qui devait être la compagne de sa vie. Corinne ne pensait point aux dangers qui auraient pu l'alarmer; car telle était son estime pour Oswald, que s'il lui avait demandé le don entier de son être, elle n'eût pas douté que cette prière ne fût le serment solennel de l'épouser; mais elle était bien aise qu'il triomphât de lui-même, et l'honorât par ce sacrifice; et il y avait dans son âme cette plénitude de bonheur et d'amour qui ne permet pas de former un désir de plus. Oswald était bien loin de ce calme : il se sentait embrasé par les charmes de Corinne. Une fois il embrassa ses genoux avec violence, et semblait avoir perdu tout empire sur sa passion; mais Corinne le regarda avec tant de douceur et de crainte, elle semblait tellement reconnaître son pouvoir, en lui demandant de n'en pas abuser, que cette humble défense lui inspira plus de respect que toute autre.

Ils aperçurent alors dans la mer le reflet d'un flambeau qu'une main inconnue portait sur le rivage, en se rendant secrètement dans la maison voisine. « Il va voir celle qu'il aime, dit Oswald.—Oui, répondit Corinne.—Et pour moi, reprit Oswald, le bonheur de ce jour va finir. » Les regards de Corinne, élevés vers le ciel en cet instant, se remplirent de larmes. Oswald craignit de l'avoir offensée, et se prosterna devant elle pour obtenir le pardon de l'amour qui l'entraînait. « Non, lui dit Corinne, en lui tendant la main et l'invitant à s'en retourner ensemble; non, Oswald, j'en suis assurée, vous respecterez celle qui vous aime. Vous le savez, une simple prière de vous serait toute-puissante; c'est donc vous qui répondez de moi; c'est vous qui me refuseriez à jamais pour votre épouse, si vous me rendiez indigne de l'être. —Eh bien, répondit Oswald, puisque vous croyez à ce cruel empire de votre volonté sur mon cœur,

d'où vient, Corinne, d'où vient donc votre tristesse?—Hélas! reprit-elle, je me disais que ces moments que je passe avec vous à présent étaient les plus heureux de ma vie : et comme je tournais mes regards vers le ciel pour l'en remercier, je ne sais par quel hasard une superstition de mon enfance s'est ranimée dans mon cœur. La lune, que je contemplais, s'est couverte d'un nuage, et l'aspect de ce nuage était funeste. J'ai toujours trouvé que le ciel avait une expression, tantôt paternelle, tantôt irritée; et je vous le dis, Oswald, ce soir il condamnait notre amour. —Chère amie, répondit lord Nelvil, les seuls augures de la vie de l'homme, ce sont ses actions, bonnes ou mauvaises; et n'ai-je pas, ce soir même, immolé mes plus ardents désirs à un sentiment de vertu?—Eh bien, tant mieux, si vous n'êtes pas compris dans ce présage, reprit Corinne; en effet, il se peut que ce ciel orageux n'ait menacé que moi. »

CHAPITRE II.

Ils arrivèrent à Naples, de jour, au milieu de cette immense population, qui est si animée et si oisive tout à la fois; ils traversèrent d'abord la rue de Tolède, et virent les Lazzaroni couchés sur les pavés, ou retirés dans un panier d'osier, qui leur sert d'habitation jour et nuit. Cet état sauvage qui se voit là, mêlé avec la civilisation, a quelque chose de très-original. Il en est, parmi ces hommes, qui ne savent pas même leur propre nom, et vont à confesse avouer des péchés anonymes, ne pouvant dire comment s'appelle celui qui les a commis. Il existe à Naples une grotte sous terre, où des milliers de Lazzaroni passent leur vie, en sortant seulement à midi pour voir le soleil, et dormant le reste du jour, pendant que leurs femmes filent. Dans les climats où le vêtement et la nourriture sont si faciles, il faudrait un gouvernement très-indépendant et très-actif pour donner à la nation une émulation suffisante; car il est si aisé pour le peuple de subsister matériellement à Naples, qu'il peut se passer du genre d'industrie nécessaire ailleurs pour gagner sa vie. La paresse et l'ignorance, combinées avec l'air volcanique qu'on respire dans ce séjour, doivent produire la férocité, quand les passions sont excitées, mais ce peuple n'est pas plus méchant qu'un autre. Il a de l'imagination, ce qui pourrait être le principe d'actions désintéressées; et avec cette imagination on le conduirait au bien, si ses institutions politiques et religieuses étaient bonnes.

On voit des Calabrois qui se mettent en marche

pour aller cultiver les terres, avec un joueur de violon à leur tête, et dansant de temps en temps pour se reposer de marcher. Il y a tous les ans, près de Naples, une fête consacrée à la *Madone* de la grotte, dans laquelle les jeunes filles dansent au son du tambourin et des castagnettes, et il n'est pas rare qu'elles fassent mettre pour condition, dans leur contrat de mariage, que leurs époux les conduiront tous les ans à cette fête. On voit à Naples, sur le théâtre, un acteur âgé de quatre-vingts ans, qui, depuis soixante ans, fait rire les Napolitains dans leur rôle comique national, le polichinelle. Se représente-t-on ce que sera l'immortalité de l'âme pour un homme qui remplit ainsi sa longue vie? Le peuple de Naples n'a d'autre idée du bonheur que le plaisir; mais l'amour du plaisir vaut encore mieux qu'un égoïsme aride.

Il est vrai que c'est le peuple du monde qui aime le plus l'argent; si vous demandez à un homme du peuple votre chemin dans la rue, il tend la main après avoir fait un signe : car ils sont plus paresseux pour les paroles que pour les gestes; mais leur goût pour l'argent n'est point méthodique ni réfléchi; ils le dépensent aussitôt qu'ils le reçoivent. Si l'argent s'introduisait chez les sauvages, les sauvages le demanderaient comme cela. Ce qui manque le plus à cette nation, en général, c'est le sentiment de la dignité. Ils font des actions généreuses et bienveillantes par bon cœur plutôt que par principes; car leur théorie, en tout genre, ne vaut rien, et l'opinion, en ce pays, n'a point de force. Mais lorsque des hommes ou des femmes échappent à cette anarchie morale, leur conduite est plus remarquable en elle-même, et plus digne d'admiration que partout ailleurs, puisque rien, dans les circonstances extérieures, ne favorise la vertu; on la prend tout entière dans son âme. Les lois ni les mœurs ne récompensent, ni ne punissent. Celui qui est vertueux est d'autant plus héroïque qu'il n'en est pour cela ni plus considéré, ni plus recherché.

A quelques honorables exceptions près, les hautes classes ont assez de ressemblance avec les dernières : l'esprit des unes n'est guère plus cultivé que celui des autres, et l'usage du monde fait la seule différence à l'extérieur. Mais, au milieu de cette ignorance, il y a un fonds d'esprit naturel et d'aptitude à tout, tel qu'on ne peut prévoir ce que deviendrait une semblable nation, si toute la force du gouvernement était dirigée dans le sens des lumières et de la morale. Comme il y a peu d'instruction à Naples, on y trouve, jusqu'à présent, plus d'originalité dans le caractère que dans

l'esprit. Mais les hommes remarquables de ce pays, tels que l'abbé Galiani, Caraccioli, etc., possédaient, dit-on, au plus haut degré, la plaisanterie et la réflexion; rares puissances de la pensée, réunion sans laquelle la pédanterie ou la frivolité vous empêche de connaître la véritable valeur des choses!

Le peuple napolitain, à quelques égards, n'est point du tout civilisé; mais il n'est point vulgaire à la manière des autres peuples. Sa grossièreté même frappe l'imagination. La rive africaine qui borde la mer de l'autre côté se fait presque déjà sentir, et il y a je ne sais quoi de Numide dans les cris sauvages qu'on entend de toutes parts. Ces visages brunis, ces vêtements formés de quelques morceaux d'étoffe rouge ou violette, dont la couleur foncée attire les regards; ces lambeaux d'habillements que ce peuple artiste drape encore avec art, donnent quelque chose de pittoresque à la populace, tandis qu'ailleurs l'on ne peut voir en elle que les misères de la civilisation. Un certain goût pour la parure et les décorations se trouve souvent, à Naples, à côté du manque absolu des choses nécessaires ou commodes. Les boutiques sont ornées agréablement avec des fleurs et des fruits : quelques-unes ont un air de fête qui ne tient ni à l'abondance, ni à la félicité publique, mais seulement à la vivacité de l'imagination; on veut réjouir les yeux avant tout. La douceur du climat permet aux ouvriers, en tout genre, de travailler dans la rue. Les tailleurs y font des habits, les traiteurs leurs repas; et les occupations de la maison, se passant ainsi au dehors, multiplient le mouvement de mille manières. Les chants, les danses, des jeux bruyants, accompagnent assez bien tout ce spectacle, et il n'y a point de pays où l'on sente plus clairement la différence de l'amusement au bonheur; enfin, l'on sort de l'intérieur de la ville pour arriver sur les quais, d'où l'on voit et la mer et le Vésuve, et l'on oublie alors tout ce que l'on sait des hommes.

Oswald et Corinne arrivèrent à Naples pendant que l'éruption du Vésuve durait encore. Ce n'était de jour qu'une fumée noire, qui pouvait se confondre avec les nuages; mais le soir, en s'avançant sur le balcon de leur demeure, ils éprouvèrent une émotion tout à fait inattendue. Le fleuve de feu descend vers la mer, et ses vagues de flamme, semblables aux vagues de l'onde, expriment, comme elles, la succession rapide et continuelle d'un infatigable mouvement. On dirait que la nature, lorsqu'elle se transforme en des éléments divers, conserve néanmoins toujours quelques traces d'une

I.

pensée unique et première. Ce phénomène du Vé-suve cause un véritable battement de cœur. On est si familiarisé d'ordinaire avec les objets extérieurs, qu'on aperçoit à peine leur existence, et l'on ne reçoit guère d'émotion nouvelle, en ce genre, au milieu de nos prosaïques contrées; mais tout à coup l'étonnement que doit causer l'univers se renouvelle à l'aspect d'une merveille inconnue de la création : tout notre être est agité par cette puissance de la nature, dont les combinaisons sociales nous avaient distraits longtemps; nous sentons que les plus grands mystères de ce monde ne consistent pas tous dans l'homme, et qu'une force indépendante de lui le menace ou le protège, selon des lois qu'il ne peut pénétrer. Oswald et Corinne se promirent de monter sur le Vésuve, et ce qu'il pouvait y avoir de périlleux dans cette entreprise, répandait un charme de plus sur un projet qu'ils devaient exécuter ensemble.

CHAPITRE III.

Il y avait alors dans le port de Naples un vaisseau de guerre anglais, où le service religieux se faisait tous les dimanches. Le capitaine et la société anglaise qui étaient à Naples proposèrent à lord Nelvil d'y venir le lendemain. Il accepta, sans songer d'abord s'il y conduirait Corinne, et comment il la présenterait à ses compatriotes. Il fut tourmenté par cette inquiétude toute la nuit. Comme il se promenait avec Corinne, le matin suivant, près du port, et qu'il était prêt à lui conseiller de ne pas venir sur le vaisseau, ils virent arriver une chaloupe anglaise conduite par dix matelots vêtus de blanc, portant sur leur tête un bonnet de velours noir, et le léopard en argent brodé sur ce bonnet : un jeune officier descendit, et, saluant Corinne du nom de lady Nelvil, il lui proposa de monter dans la barque, pour se rendre au grand vaisseau. A ce nom de lady Nelvil, Corinne se troubla, rougit et baissa les yeux. Oswald parut hésiter un moment; puis tout à coup lui prenant la main, il lui dit en anglais : « Venez, ma chère. » Et elle le suivit.

Le bruit des vagues et le silence des matelots qui, dans une discipline admirable, ne faisaient pas un mouvement, ne disaient pas une parole inutile, et conduisaient rapidement la barque sur cette mer qu'ils avaient tant de fois parcourue, inspiraient la rêverie. D'ailleurs Corinne n'osait pas faire une question à lord Nelvil sur ce qui venait de se passer. Elle cherchait à deviner son projet, ne croyant pas (ce qui est toujours cependant le plus probable) qu'il n'en eût point, et qu'il se laissât aller à chaque circonstance nouvelle. Un moment elle imagina qu'il la conduisait au service divin pour la prendre là pour épouse; et cette idée lui causa, dans ce moment, plus d'effroi que de bonheur : il lui semblait qu'elle quittait l'Italie, et retournait en Angleterre, où elle avait beaucoup souffert. La sévérité des mœurs et des habitudes de ce pays revenait à sa pensée, et l'amour même ne pouvait triompher entièrement du trouble de ses souvenirs. Combien, cependant, dans d'autres circonstances, elle s'étonnera de ces pensées, quelque passagères qu'elles fussent! combien elle les abjurera!

Corinne monta sur le vaisseau dont l'intérieur était entretenu avec les soins et la propreté la plus recherchée. On n'entendait que la voix du capitaine, qui se prolongeait et se répétait d'un bord à l'autre par le commandement et l'obéissance. La subordination, le sérieux, la régularité, le silence qu'on remarquait dans ce vaisseau, étaient l'image d'un ordre social libre et sévère, en contraste avec cette ville de Naples, si vive, si passionnée, si tumultueuse. Oswald était occupé de Corinne et de l'impression qu'elle recevait; mais il était aussi quelquefois distrait d'elle par le plaisir de se trouver dans sa patrie. Et n'est-ce pas, en effet, une seconde patrie pour un Anglais, que les vaisseaux et la mer? Oswald se promenait avec les Anglais qui étaient à bord pour savoir des nouvelles de l'Angleterre, pour causer de son pays et de la politique. Pendant ce temps, Corinne était auprès des femmes anglaises qui étaient venues de Naples pour assister au culte divin. Elles étaient entourées de leurs enfants, beaux comme le jour, mais timides comme leurs mères, et pas un mot ne se disait devant une nouvelle connaissance. Cette contrainte, ce silence rendaient Corinne assez triste; elle levait les yeux vers la belle Naples, vers ses bords fleuris, vers sa vie animée, et elle soupirait. Heureusement pour elle, Oswald ne s'en aperçut pas; au contraire, en la voyant assise au milieu des femmes anglaises, ses paupières noires, baissées comme leurs paupières blondes, et se conformant en tout à leurs manières, il éprouva un grand sentiment de joie. C'est en vain qu'un Anglais se plaît un moment aux mœurs étrangères; son cœur revient toujours aux premières impressions de sa vie. Si vous interrogez des Anglais voguant sur un vaisseau à l'extrémité du monde, et que vous leur demandiez où ils vont, ils vous répondront : « Home (chez nous), » si c'est en Angleterre qu'ils retournent. Leurs vœux, leurs sentiments, à quelque distance qu'ils soient de leur patrie, sont toujours tournés vers elle.

L'on descendit entre les deux premiers ponts pour écouter le service divin, et Corinne s'aperçut bientôt que son idée était sans nul fondement, et que lord Nelvil n'avait point le projet solennel qu'elle lui avait d'abord supposé. Alors elle se reprocha de l'avoir craint, et sentit renaître en elle l'embarras de sa situation; car tout ce qui était là ne doutait pas qu'elle ne fût la femme de lord Nelvil, et elle n'avait pas eu la force de dire un mot qui pût détruire ou confirmer cette idée. Oswald souffrait aussi cruellement, mais il avait, à travers mille rares qualités, beaucoup de faiblesse et d'irrésolution dans le caractère. Ces défauts sont inaperçus de celui qui les a, et prennent à ses yeux une nouvelle forme dans chaque circonstance : tantôt c'est la prudence, la sensibilité, ou la délicatesse qui éloignent le moment de prendre un parti, et prolongent une situation indécise : presque jamais l'on ne sent que c'est le même caractère qui donne à toutes les circonstances le même genre d'inconvénient.

Corinne, cependant, malgré les pensées pénibles qui l'occupaient, reçut une impression profonde par le spectacle dont elle fut témoin. Rien ne parle plus à l'âme en effet que le service divin sur un vaisseau ; et la noble simplicité du culte des réformés semble particulièrement adaptée aux sentiments que l'on éprouve alors. Un jeune homme remplissait les fonctions de chapelain; il prêchait avec une voix ferme et douce, et sa figure avait la sévérité d'une âme pure dans la jeunesse. Cette sévérité porte avec elle une idée de force qui convient à la religion prêchée au milieu des périls de la guerre. A ces moments marqués, le ministre anglican prononçait des prières dont toute l'assemblée répétait avec lui les dernières paroles. Ces voix confuses, et néanmoins assez douces, venaient de distance en distance ranimer l'intérêt et l'émotion. Les matelots, les officiers, le capitaine, se mettaient plusieurs fois à genoux, surtout à ces mots : « Lord, have mercy upon us. (Seigneur, faites-nous miséricorde). » Le sabre du capitaine, qu'on voyait traîner à côté de lui, pendant qu'il était à genoux, rappelait cette noble réunion de l'humilité devant Dieu et de l'intrépidité contre les hommes, qui rend la dévotion des guerriers si touchante; et, pendant que tous ces braves gens priaient le Dieu des armées, on apercevait la mer à travers les sabords, et quelquefois le bruit léger de ses vagues, alors tranquilles, semblait seulement dire : « Vos prières sont entendues. » Le cha-

pelain finit le service par la prière qui est particulière aux marins anglais. *Que Dieu*, disent-ils, *nous fasse la grâce de défendre au dehors notre heureuse constitution, et de retrouver dans nos foyers, au retour, le bonheur domestique!* Que de beaux sentiments sont réunis dans ces simples paroles! Les études préalables et continuelles qu'exige la marine, la vie austère d'un vaisseau, en font comme un cloître militaire au milieu des flots, et la régularité des opérations les plus sérieuses n'y est interrompue que par les périls et la mort. Souvent les matelots, malgré leurs habitudes guerrières, s'expriment avec beaucoup de douceur, et montrent une pitié singulière pour les femmes et les enfants, quand il s'en trouve à bord avec eux. On est d'autant plus touché de ces sentiments, qu'on sait avec quel sang-froid ils s'exposent à ces effroyables dangers de la guerre et de la mer, au milieu desquels la présence de l'homme a quelque chose de surnaturel.

Corinne et lord Nelvil remontèrent sur la barque qui devait les conduire; ils revirent cette ville de Naples bâtie en amphithéâtre, comme pour assister plus commodément à la fête de la nature; et Corinne, en mettant le pied sur le rivage, ne put se défendre d'un sentiment de joie. Si lord Nelvil s'était douté de ce sentiment, il en eût été vivement blessé, peut-être avec raison; et cependant il eût été injuste envers Corinne, car elle l'aimait passionnément, malgré l'impression pénible que lui faisaient les souvenirs d'un pays où des circonstances cruelles l'avaient rendue malheureuse. Son imagination était mobile : il y avait dans son cœur une grande puissance d'aimer; mais le talent, et le talent surtout dans une femme, cause une disposition à l'ennui, un besoin de distraction que la passion la plus profonde ne fait pas disparaître entièrement. L'image d'une vie monotone, même au sein du bonheur, fait éprouver de l'effroi à un esprit qui a besoin de variété. C'est quand on a peu de vent dans les voiles qu'on peut côtoyer toujours la rive; mais l'imagination divague, bien que la sensibilité soit fidèle; il en est ainsi du moins jusqu'au moment où le malheur fait disparaître toutes ces inconséquences, et ne laisse plus qu'une seule pensée, et ne fait plus sentir qu'une douleur.

Oswald attribua la rêverie de Corinne uniquement au trouble que lui causait encore l'embarras dans lequel elle avait dû se trouver en s'entendant nommer lady Nelvil; et, se reprochant vivement de ne l'en avoir pas tirée, il craignit qu'elle ne le soupçonnât de légèreté. Il commença donc, pour arriver enfin à l'explication tant désirée, par lui offrir de lui confier sa propre histoire. « Je parlerai le premier, dit-il, et votre confiance suivra la mienne. — Oui, sans doute, il le faut, répondit Corinne en tremblant. Eh bien, vous le voulez? Quel jour, à quelle heure? Quand vous aurez parlé... je dirai tout. — Dans quelle douloureuse agitation vous êtes! reprit Oswald. Quoi donc! éprouverez-vous toujours cette crainte de votre ami, cette défiance de son cœur! — Non, il le faut, continua Corinne; j'ai tout écrit: si vous le voulez, demain... — Demain, dit lord Nelvil, nous devons aller ensemble au Vésuve; je veux contempler avec vous cette étonnante merveille, apprendre de vous à l'admirer; et, dans ce voyage même, si j'en ai la force, vous apprendre tout ce qui concerne mon propre sort. Il faut que ma confiance précède la vôtre; mon cœur y est résolu. — Eh bien oui, reprit Corinne : vous me donnez donc encore demain; je vous remercie de ce jour. Ah! qui sait si vous serez toujours le même pour moi, quand je vous aurai ouvert mon cœur! qui le sait! et comment ne pas frémir de ce doute? »

CHAPITRE IV.

Les ruines de Pompéia sont proches du Vésuve, et c'est par ces ruines que Corinne et lord Nelvil commencèrent leur voyage. Ils étaient silencieux l'un et l'autre; car le moment de la décision de leur sort approchait, et cette vague espérance, dont ils avaient joui si longtemps, et qui s'accorde si bien avec l'indolence et la rêverie qu'inspire le climat d'Italie, devait enfin être remplacée par une destinée positive. Ils virent ensemble Pompéia, la ruine la plus curieuse de l'antiquité. A Rome, l'on ne trouve guère que les débris des monuments publics, et ces monuments ne retracent que l'histoire politique des siècles écoulés; mais à Pompéia, c'est la vie privée des anciens qui s'offre à vous telle qu'elle était. Le volcan qui a couvert cette ville de cendres l'a préservée des outrages du temps. Jamais des édifices exposés à l'air ne se seraient ainsi maintenus, et ce souvenir enfoui s'est retrouvé tout entier. Les peintures, les bronzes, étaient encore dans leur beauté première, et tout ce qui peut servir aux usages domestiques est conservé d'une manière effrayante. Les amphores sont encore préparées pour le festin du jour suivant; la farine qui allait être pétrie est encore là; les restes d'une femme sont encore ornés des parures qu'elle portait dans le jour de fête que le volcan a troublé, et ses bras, desséc-

chés, ne remplissent plus le bracelet de pierreries qui les entoure encore. On ne peut voir nulle part une image aussi frappante de l'interruption subite de la vie. Le sillon des roues est visiblement marqué sur les pavés dans les rues, et les pierres qui bordent les puits portent la trace des cordes qui les ont creusées peu à peu. On voit encore sur les murs d'un corps de garde les caractères mal formés, les figures grossièrement esquissées que les soldats traçaient pour passer le temps, tandis que ce temps avançait pour les engloutir.

Quand on se place au milieu du carrefour des rues, d'où l'on voit de tous les côtés la ville, qui subsiste encore presque en entier, il semble qu'on attende quelqu'un, que le maître soit prêt à venir, et l'apparence même de vie qu'offre ce séjour fait sentir plus tristement son éternel silence. C'est avec des morceaux de lave pétrifiée que sont bâties la plupart de ces maisons qui ont été ensevelies par d'autres laves. Ainsi, ruines sur ruines, et tombeaux sur tombeaux! Cette histoire du monde, où les époques se comptent de débris en débris, cette vie humaine, dont la trace se suit à la lueur des volcans qui l'ont consumée, remplissent le cœur d'une profonde mélancolie. Qu'il y a longtemps que l'homme existe! qu'il y a longtemps qu'il vit, qu'il souffre et qu'il périt! Où peut-on retrouver ses sentiments et ses pensées? L'air qu'on respire dans ces ruines en est-il encore empreint, ou sont-elles pour jamais déposées dans le ciel, où règne l'immortalité? Quelques feuilles brûlées des manuscrits qui ont été trouvés à Herculanum et à Pompéia, et que l'on essaye de dérouler à Portici, sont tout ce qui nous reste pour interpréter les malheureuses victimes que le volcan, la foudre de la terre, a dévorées. Mais en passant près de ces cendres, que l'art parvient à ranimer, on tremble de respirer, de peur qu'un souffle n'enlève cette poussière, où de nobles idées sont peut-être encore empreintes.

Les édifices publics, dans cette ville même de Pompéia, qui était une des moins grandes de l'Italie, sont encore assez beaux. Le luxe des anciens avait presque toujours pour but un objet d'intérêt public. Leurs maisons particulières sont très-petites, et l'on n'y voit point la recherche de la magnificence, mais un goût vif pour les beaux-arts s'y fait remarquer. Presque tout l'intérieur était orné de peintures les plus agréables, et de pavés de mosaïque artistement travaillés. Il y a beaucoup de ces pavés sur lesquels on trouve écrit : « *Salve* (salut). » Ce mot est placé sur le seuil de la porte. Ce n'était pas sûrement une simple politesse que ce salut, mais une invocation à l'hospitalité. Les chambres sont singulièrement étroites, peu éclairées, n'ayant jamais de fenêtres sur la rue, et donnant presque toutes sur un portique qui est dans l'intérieur de la maison, ainsi que la cour de marbre qu'il entoure. Au milieu de cette cour est une citerne simplement décorée. Il est évident, par ce genre d'habitation, que les anciens vivaient presque toujours en plein air, et que c'était ainsi qu'ils recevaient leurs amis. Rien ne donne une idée plus douce et plus voluptueuse de l'existence que ce climat qui unit intimement l'homme avec la nature. Il semble que le caractère des entretiens et de la société doit être tout autre avec de telles habitudes, que dans les pays où la rigueur du froid force à se renfermer dans les maisons. On comprend mieux les dialogues de Platon en voyant ces portiques sous lesquels les anciens se promenaient la moitié du jour. Ils étaient sans cesse animés par le spectacle d'un beau ciel : l'ordre social, tel qu'ils le concevaient, n'était point l'aride combinaison du calcul et de la force, mais un heureux ensemble d'institutions qui excitaient les facultés, développaient l'âme, et donnaient à l'homme pour but le perfectionnement de lui-même et de ses semblables.

L'antiquité inspire une curiosité insatiable. Les érudits qui s'occupent seulement à recueillir une collection de noms qu'ils appellent l'histoire, sont sûrement dépourvus de toute imagination. Mais pénétrer dans le passé, interroger le cœur humain à travers les siècles, saisir un fait par un mot, et le caractère et les mœurs d'une nation par un fait; enfin, remonter jusqu'aux temps les plus reculés pour tâcher de se figurer comment la terre, dans se première jeunesse, apparaissait aux regards des hommes, et de quelle manière ils supportaient alors ce don de la vie, que la civilisation a tant compliqué maintenant, c'est un effort continuel de l'imagination, qui devine et découvre les plus beaux secrets que la réflexion et l'étude puissent nous révéler. Ce genre d'intérêt et d'occupation attirait singulièrement Oswald, et il répétait souvent à Corinne, que s'il n'avait pas eu dans son pays de nobles intérêts à servir, il n'aurait trouvé la vie supportable que dans les contrées où les monuments de l'histoire tiennent lieu de l'existence présente. Il faut au moins regretter la gloire, quand il n'est plus possible de l'obtenir. C'est l'oubli seul qui dégrade l'âme; mais elle peut trouver un asile dans le passé, quand d'arides circonstances privent les actions de leur but.

En sortant de Pompéia et repassant à Portici, Corinne et lord Nelvil furent bientôt entourés par les habitants, qui les engageaient à grands cris a venir voir *la montagne;* c'est ainsi qu'ils appellent le Vésuve. A-t-il besoin d'être nommé? Il est pour les Napolitains la gloire et la patrie; leur pays est signalé par cette merveille. Oswald voulut que Corinne fût portée sur une espèce de palanquin jusqu'à l'ermitage de Saint-Salvador, qui est à moitié chemin de la montagne, et où les voyageurs se reposent avant d'entreprendre de gravir sur le sommet; il allait à cheval à côté d'elle, pour surveiller ceux qui la portaient, et plus son cœur était rempli par les généreuses pensées qu'inspirent la nature et l'histoire, plus il adorait Corinne.

Au pied du Vésuve, la campagne est la plus fertile et la mieux cultivée que l'on puisse trouver dans le royaume de Naples, c'est-à-dire, dans la contrée de l'Europe la plus favorisée du ciel. La vigne célèbre, dont le vin est appelé *Lacryma Christi,* se trouve dans cet endroit, et tout à côté des terres dévastées par la lave. On dirait que la nature a fait un dernier effort en ce lieu voisin du volcan, et s'est parée de ses plus beaux dons avant de périr. A mesure que l'on s'élève, on découvre, en se retournant, Naples et l'admirable pays qui l'environne. Les rayons du soleil font scintiller la mer comme des pierres précieuses; mais toute la splendeur de la création s'éteint par degrés, jusqu'à la terre de cendre et de fumée qui annonce l'approche du volcan. Les laves ferrugineuses des années précédentes tracent sur le sol leur large et noir sillon, et tout est aride autour d'elles. A une certaine hauteur, les oiseaux ne volent plus; à telle autre, les plantes deviennent très-rares, puis les insectes mêmes ne trouvent plus rien pour subsister dans cette nature consumée. Enfin, tout ce qui a vie disparaît : vous entrez dans l'empire de la mort, et la cendre de cette terre pulvérisée roule seule sous vos pieds mal affermis.

> Nè greggi nè armenti
> Guida bifolco mai, guida pastore.

Jamais le berger ni le pasteur ne conduisent en ce lieu ni leurs brebis ni leurs troupeaux.

Un ermite habite là, sur les confins de la vie et de la mort. Un arbre, le dernier adieu de la végétation, est devant sa porte; et c'est à l'ombre de son pâle feuillage que les voyageurs ont coutume d'attendre que la nuit vienne pour continuer leur route; car, pendant le jour, les feux du Vésuve ne s'aperçoivent que comme un nuage de fumée, et la lave, si ardente de nuit, paraît sombre à la clarté du soleil. Cette métamorphose elle-même est un beau spectacle, qui renouvelle chaque soir l'étonnement que la continuité du même aspect pourrait affaiblir. L'impression de ce lieu, sa solitude profonde, donnèrent à lord Nelvil plus de force pour révéler ses secrets sentiments; et, désirant encourager la confiance de Corinne, il consentit à lui parler, et lui dit avec une vive émotion : « Vous voulez lire jusqu'au fond de l'âme de votre malheureux ami; eh bien, je vous avouerai tout : mes blessures vont se rouvrir, je le sens; mais en présence de cette nature immuable, faut-il donc avoir tant de peur des souffrances que le temps entraîne avec lui ?

●●●●●●●●●●

LIVRE XII.

HISTOIRE DE LORD NELVIL.

───●●●───

CHAPITRE PREMIER.

« J'ai été élevé dans la maison paternelle, avec une tendresse, avec une bonté que j'admire bien davantage depuis que je connais les hommes. Je n'ai jamais rien aimé plus profondément que mon père, et cependant il me semble que, si j'avais su, comme je le sais à présent, combien son caractère était unique dans le monde, mon affection eût été plus vive encore et plus dévouée. Je me rappelle mille traits de sa vie, qui me paraissaient tout simples, parce que mon père les trouvait tels, et qui m'attendrissent douloureusement aujourd'hui que j'en connais la valeur. Les reproches qu'on se fait envers une personne qui nous fut chère et qui n'est plus, donnent l'idée de ce que pourraient être les peines éternelles, si la miséricorde divine ne venait point au secours d'une telle douleur.

« J'étais heureux et calme auprès de mon père; mais je souhaitais de voyager avant de m'engager dans l'armée. Il y a dans mon pays la plus belle carrière civile pour les hommes éloquents; mais j'avais, j'ai même encore une si grande timidité, qu'il m'eût été très-pénible de parler en public, et je préférais l'état militaire. J'aimais mieux avoir affaire aux périls certains qu'aux dégoûts possibles. Mon amour-propre est, à tous les égards, plus susceptible qu'ambitieux, et j'ai toujours trouvé que les hommes s'offrent à l'imagination comme des fantômes, quand ils vous blâment, et comme des pygmées, quand ils vous louent. J'avais envie d'aller en France, où venait d'éclater cette révolution qui, malgré la vieillesse du genre humain,

prétendait à recommencer l'histoire du monde. Mon père avait conservé quelques préventions contre Paris, qu'il avait vu vers la fin du règne de Louis XV, et ne concevait guère comment des coteries pouvaient se changer en nation, des prétentions en vertus, et des vanités en enthousiasme. Néanmoins il consentit au voyage que je désirais, parce qu'il craignait de rien exiger; il avait une sorte d'embarras de son autorité paternelle, quand le devoir ne lui commandait pas d'en faire usage; il redoutait toujours que cette autorité n'altérât la vérité, la pureté d'affection qui tient à ce qu'il y a de plus libre et de plus involontaire dans notre nature, et il avait, avant tout, besoin d'être aimé. Il m'accorda donc, au commencement de 1791, lorsque j'avais vingt et un ans accomplis, six mois de séjour en France, et je partis pour connaître cette nation, si voisine de nous, et toutefois si différente par ses institutions et les habitudes qui en sont résultées.

« Je croyais ne jamais aimer ce pays; j'avais contre lui les préjugés que nous inspirent la fierté et la gravité anglaises. Je craignais les moqueries contre tous les cultes du cœur et de la pensée; je détestais cet art de rabattre tous les élans et de désenchanter tous les amours. Le fond de cette gaieté tant vantée me paraissait bien triste, puisqu'il frappait de mort mes sentiments les plus chers. Je ne connaissais pas alors les Français vraiment distingués; et ceux-là réunissent aux qualités les plus nobles des manières pleines de charmes. Je fus étonné de la simplicité, de la liberté qui régnait dans les sociétés de Paris. Les plus grands intérêts y étaient traités sans frivolité comme sans pédanterie; il semblait que les idées les plus profondes fussent devenues le patrimoine de la conversation, et que la révolution du monde entier ne se fît que pour rendre la société de Paris plus aimable. Je rencontrai des hommes d'une instruction sérieuse, d'un talent supérieur, animés par le désir de plaire, plus encore que par le besoin d'être utiles; recherchant les suffrages d'un salon, même après ceux d'une tribune, et vivant dans la société des femmes pour être applaudis plutôt que pour être aimés.

« Tout, à Paris, était parfaitement bien combiné par rapport au bonheur extérieur. Il n'y avait aucune gêne dans les détails de la vie; de l'égoïsme au fond, mais jamais dans les formes; un mouvement, un intérêt qui prenait chacun de vos jours, sans vous en laisser beaucoup de fruit, mais aussi sans que jamais vous en sentissiez le poids; une promptitude de conception qui permettait d'indiquer et de comprendre par un mot ce qui aurait exigé ailleurs un long développement; un esprit d'imitation qui pourrait bien s'opposer à toute indépendance véritable, mais qui introduit dans la conversation cette sorte de bon accord et de complaisance qu'on ne trouve nulle autre part; enfin, une manière facile de conduire la vie, de la diversifier, de la soustraire à la réflexion, sans en écarter le charme de l'esprit. A tous ces moyens de s'étourdir, il faut ajouter les spectacles, les étrangers, les nouvelles, et vous aurez l'idée de la ville la plus sociale qui soit au monde. Je m'étonne presque de prononcer son nom dans cet ermitage, au milieu d'un désert, à l'autre extrême des impressions que fait naître la plus active population du monde; mais je devais vous peindre ce séjour, et son effet sur moi.

« Le croiriez-vous, Corinne? maintenant que vous m'avez connu si sombre et si découragé, je me laissai séduire par ce tourbillon spirituel! Je fus bien aise de n'avoir pas un moment d'ennui, eussé-je dû n'en avoir pas un de méditation, et d'émousser en moi la faculté de souffrir, bien que celle d'aimer s'en ressentît. Si j'en puis juger par moi-même, il me semble qu'un homme d'un caractère sérieux et sensible peut être fatigué par l'intensité même et la profondeur de ses impressions : il revient toujours à sa nature; mais ce qui l'en fait sortir, au moins pour quelque temps, lui fait du bien. C'est en m'élevant au-dessus de moi-même, Corinne, que vous dissipez ma mélancolie naturelle; c'est en me faisant valoir moins que je ne vaux réellement, qu'une femme, dont je vous parlerai bientôt, étourdissait ma tristesse intérieure. Cependant, quoique j'eusse pris le goût et l'habitude de la vie de Paris, elle ne m'aurait pas suffi longtemps, si je n'avais pas obtenu l'amitié d'un homme, parfait modèle du caractère français dans son antique loyauté, et de l'esprit français dans sa culture nouvelle.

« Je ne vous dirai pas, mon amie, le véritable nom des personnes dont j'ai à vous parler, et vous comprendrez ce qui m'oblige à vous le cacher, en apprenant le reste de cette histoire. Le comte Raimond était de la plus illustre famille de France; il avait dans l'âme toute la fierté chevaleresque de ses ancêtres, et sa raison adoptait les idées philosophiques quand elles lui commandaient des sacrifices personnels : il ne s'était point activement mêlé de la révolution, mais il aimait ce qu'il y avait de vertueux dans chaque parti; le courage de la reconnaissance dans les uns, l'amour de la liberté dans les autres, tout ce qui était désinté-

ressé lui plaisait. La cause de tous les opprimés lui paraissait juste, et cette générosité de caractère était encore relevée par la plus grande négligence pour sa propre vie. Ce n'était pas qu'il fût précisément malheureux, mais il y avait un tel contraste entre son âme et la société, telle qu'elle est en général, que la peine journalière qu'il en ressentait le détachait de lui-même. Je fus assez heureux pour intéresser le comte Raimond; il souhaita de vaincre ma réserve naturelle, et, pour en triompher, il mit dans notre liaison une coquetterie d'amitié vraiment romanesque; il ne connaissait aucun obstacle, ni pour rendre un grand service, ni pour faire un petit plaisir. Il voulait aller s'établir la moitié de l'année en Angleterre, pour ne pas me quitter; j'avais beaucoup de peine à l'empêcher de partager avec moi tout ce qu'il possédait.

« Je n'ai qu'une sœur, me disait-il, mariée à un vieillard très-riche, et je suis libre de faire ce que je veux de ma fortune. D'ailleurs cette révolution tournera mal, et je pourrais bien être tué : faites-moi donc jouir de ce que j'ai, en le regardant comme à vous. » Hélas! ce généreux Raimond prévoyait trop bien sa destinée. Quand on est capable de se connaître, on se trompe rarement sur son sort; et les pressentiments ne sont le plus souvent qu'un jugement sur soi-même qu'on ne s'est pas encore tout à fait avoué. Noble, sincère, imprudent même, le comte Raimond mettait en dehors toute son âme; c'était un plaisir nouveau pour moi qu'un tel caractère : chez nous les trésors de l'âme ne sont pas facilement exposés aux regards, et nous avons pris l'habitude de douter de tout ce qui se montre; mais cette bonté expansive que je trouvais dans mon ami me donnait des jouissances tout à la fois faciles et sûres, et je n'avais pas un doute sur ses qualités, bien qu'elles se fissent toutes voir dès le premier instant. Je n'éprouvais aucune timidité dans mes rapports avec lui, et, ce qui valait mieux encore, il me mettait à l'aise avec moi-même. Tel était l'aimable Français pour qui j'ai senti cette amitié parfaite, cette fraternité de compagnon d'armes, dont on n'est capable que dans la jeunesse, avant qu'on ait connu le sentiment de la rivalité, avant que les carrières irrévocablement tracées sillonnent et partagent le champ de l'avenir.

« Un jour le comte Raimond me dit : « Ma sœur est veuve, et j'avoue que je n'en suis point affligé; je n'aimais pas son mariage; elle avait accepté la main du vieillard qui vient de mourir, dans un moment où nous n'avions de fortune ni l'un ni l'autre; car la mienne vient d'un héritage qui m'est arrivé nouvellement ; mais, néanmoins, je m'étais opposé, dans le temps, à cette union, autant que je l'avais pu : je n'aime pas qu'on fasse rien par calcul, et encore moins la plus solennelle action de la vie. Mais enfin elle s'est conduite à merveille avec l'époux qu'elle n'aimait pas ; il n'y a rien à dire à tout cela, selon le monde ; maintenant qu'elle est libre, elle revient demeurer chez moi. Vous la verrez ; c'est une personne très-aimable à la longue : et vous autres Anglais, vous aimez à faire des découvertes. Pour moi, je trouve plus agréable de lire d'abord tout dans la physionomie ; vos manières contenues cependant, mon cher Oswald, ne m'ont jamais fait de peine, mais celles de ma sœur me gênent un peu. »

« Madame d'Arbigny, la sœur du comte Raimond, arriva le lendemain matin, et le même soir je lui fus présenté : elle avait des traits semblables à ceux de son frère, un son de voix analogue, mais une manière d'accentuer toute différente, et beaucoup plus de réserve et de finesse dans l'expression de ses regards ; sa figure d'ailleurs était très-agréable, sa taille pleine de grâce, et il y avait dans tous ses mouvements une élégance parfaite ; elle ne disait pas un mot qui ne fût convenable ; elle ne manquait à aucun genre d'égards, sans que sa politesse fût en rien exagérée ; elle flattait l'amour-propre avec beaucoup d'adresse, et montrait qu'on lui plaisait, sans jamais se compromettre : car, dans tout ce qui tenait à la sensibilité, elle s'exprimait toujours comme si, dans ce genre, elle eût voulu dérober aux autres ce qui se passait dans son cœur. Cette manière avait, avec celle des femmes de mon pays, une ressemblance apparente qui me séduisait. Il me semblait bien que madame d'Arbigny trahissait trop souvent ce qu'elle prétendait vouloir cacher, et que le hasard n'amenait pas tant d'occasions d'attendrissement involontaire qu'il en naissait autour d'elle ; mais cette réflexion traversait légèrement mon esprit, et ce que j'éprouvais habituellement auprès de madame d'Arbigny m'était doux et nouveau.

« Je n'avais jamais été flatté par personne. Chez nous l'on ressent avec profondeur et l'amour et l'enthousiasme qu'il inspire ; mais l'art de s'insinuer dans le cœur par l'amour-propre est peu connu. D'ailleurs, je sortais des universités, et jusqu'alors personne en Angleterre n'avait fait attention à moi. Madame d'Arbigny relevait chaque mot que je disais ; elle s'occupait de moi avec une attention constante : je ne crois pas qu'elle connût bien l'ensemble de ce que je puis être ; mais elle me révélait à moi-même, par mille observations,

des détails dont la sagacité me confondait. Il me semblait quelquefois qu'il y avait un peu d'art dans son langage, qu'elle parlait trop bien et d'une voix trop douce, que ses phrases étaient trop soigneusement rédigées ; mais sa ressemblance avec son frère, le plus sincère de tous les hommes, éloignait de mon esprit ces doutes, et contribuait à m'inspirer de l'attrait pour elle.

« Un jour je disais au comte Raimond l'effet que produisait sur moi cette ressemblance : il m'en remercia ; mais, après un instant de réflexion, il me dit : « Ma sœur et moi, cependant, nous n'avons pas de rapport dans le caractère. » Il se tut après ces mots ; mais en me les rappelant, ainsi que beaucoup d'autres circonstances, j'ai été convaincu, dans la suite, qu'il ne désirait pas que j'épousasse sa sœur. Je ne puis douter qu'elle n'en eût l'intention dès lors, quoique cette intention ne fût pas aussi prononcée que dans la suite ; nous passions notre vie ensemble, et les jours s'écoulèrent avec elle, souvent agréablement, toujours sans peine. J'ai réfléchi depuis qu'elle était habituellement de mon avis ; quand je commençais une phrase, elle la finissait, ou, prévoyant d'avance celle que j'allais dire, elle se hâtait de s'y conformer ; et cependant, malgré cette douceur parfaite dans les formes, elle exerçait un empire très-despotique sur mes actions ; elle avait une manière de me dire : *Sûrement vous vous conduirez ainsi, sûrement vous ne ferez pas telle démarche*, qui me dominait tout à fait ; il me semblait que je perdrais toute son estime pour moi, si je trompais son attente, et j'attachais du prix à cette estime, témoignée souvent avec des expressions très-flatteuses.

« Cependant, Corinne, croyez-moi, car je le pensais même avant de vous connaître, ce n'était point de l'amour que le sentiment que m'inspirait madame d'Arbigny ; je ne lui avais point dit que je l'aimasse ; je ne savais point si une telle belle-fille conviendrait à mon père ; il n'était point dans ses idées que j'épousasse une Française, et je ne voulais rien faire sans son aveu. Mon silence, je le crois, déplaisait à madame d'Arbigny, car elle avait quelquefois de l'humeur, dont elle faisait toujours de la tristesse, et qu'elle expliquait après par des motifs touchants, bien que sa physionomie, dans les moments où elle ne s'observait pas, eût quelquefois beaucoup de sécheresse ; mais j'attribuais ces instants d'inégalité à nos rapports ensemble, dont je n'étais pas content moi-même ; car cela fait mal d'aimer un peu et de ne pas aimer tout à fait.

« Ni le comte Raimond ni moi nous ne nous parlions de sa sœur : c'était la première gêne qui eût existé entre nous; mais plusieurs fois madame d'Arbigny m'avait conjuré de ne pas m'entretenir d'elle avec son frère, et lorsque je m'étonnais de cette prière, elle me disait : «Je ne sais si vous êtes comme moi, mais je ne puis souffrir qu'un tiers, même mon ami intime, se mêle de mes sentiments pour un autre. J'aime le secret dans toutes les affections. » Cette explication me plaisait assez, et j'obéissais à ses désirs. Je reçus alors une lettre de mon père, qui me rappelait en Écosse. Les six mois fixés pour mon séjour en France étaient écoulés, et les troubles de ce pays allaient toujours en croissant; il ne pensait pas qu'il convînt à un étranger d'y rester davantage. Cette lettre me causa d'abord une vive peine. Je sentais néanmoins combien mon père avait raison; j'avais un grand désir de le revoir; mais la vie que je menais à Paris, dans la société du comte Raimond et de sa sœur, m'était tellement agréable, que je ne pouvais m'en arracher sans un amer chagrin. J'allai tout de suite chez madame d'Arbigny, je lui montrai ma lettre, et, pendant qu'elle la lisait, j'étais si absorbé par ma peine, que je ne vis pas même quelle impression elle en recevait; je l'entendis seulement qui me disait quelques mots pour m'engager à retarder mon départ, à écrire à mon père que j'étais malade, enfin à *louvoyer* avec sa volonté. Je me souviens que ce fut le terme dont elle se servit; j'allais répondre, et j'aurais dit ce qui était vrai, c'est que mon départ était résolu pour le lendemain, lorsque le comte Raimond entra, et, sachant ce dont il s'agissait, déclara le plus nettement du monde que je devais obéir à mon père, et qu'il n'y avait pas à hésiter. Je fus étonné de cette décision si rapide; je m'attendais à être sollicité, retenu; je voulais résister à mes propres regrets; mais je ne croyais pas que l'on me rendît le triomphe si facile, et pour un moment je méconnus le sentiment de mon ami; il s'en aperçut, me prit la main, et me dit : «Dans trois mois je serai en Angleterre; pourquoi donc vous retiendrais-je en France? J'ai mes raisons pour n'en rien faire, » ajouta-t-il à demi-voix. Mais sa sœur l'entendit, et se hâta de dire qu'il était sage, en effet, d'éviter les dangers que pouvait courir un Anglais en France, au milieu de la révolution. Je suis bien sûr à présent que ce n'était pas à cela que le comte Raimond faisait allusion; mais il ne contredit ni ne confirma l'explication de sa sœur. Je partais; il ne crut pas nécessaire de m'en dire davantage.

« Si je pouvais être utile à mon pays, je resterais, continua-t-il; mais, vous le voyez, il n'y a plus de France. Les idées et les sentiments qui la faisaient aimer n'existent plus. Je regretterai encore le sol, mais je retrouverai ma patrie quand je respirerai le même air que vous. » Combien je fus ému des touchantes expressions d'une amitié si vraie! combien en ce moment Raimond l'emportait sur sa sœur dans mes affections! Elle le devina bien vite, et ce soir-là même, je la vis sous un point de vue nouveau. Il arriva du monde; elle fit les honneurs de chez elle à merveille, parla de mon départ avec la plus grande simplicité, et donna généralement l'idée que c'était pour elle l'événement le plus ordinaire. J'avais déjà remarqué dans plusieurs occasions qu'elle mettait un tel prix à la considération, que jamais elle ne laissait voir à personne les sentiments qu'elle me témoignait; mais cette fois, c'en était trop, et j'étais tellement blessé de son indifférence, que je résolus de partir avant la société, et de ne pas rester seul un moment avec elle. Elle vit que je m'approchais de son frère pour lui demander de me dire adieu le lendemain matin, avant mon départ; alors elle vint à moi, et me dit assez haut pour que l'on pût l'entendre, qu'elle avait une lettre à me remettre pour une de ses amies en Angleterre, et elle ajouta très-bas : « Vous ne regrettez que mon frère; vous ne parlez qu'à lui, et vous voulez me percer le cœur en vous en allant ainsi ! » Puis elle retourna sur-le-champ s'asseoir au milieu de son cercle. Je fus troublé de ces paroles, et j'allais rester comme elle le désirait, lorsque le comte Raimond me prit par le bras, et m'emmena dans sa chambre.

« Quand tout le monde fut parti, nous entendîmes sonner à coups redoublés dans l'appartement de madame d'Arbigny; le comte Raimond n'y faisait pas d'attention : je le forçai cependant à s'en inquiéter, et nous envoyâmes demander ce que c'était; on nous répondit que madame d'Arbigny venait de se trouver mal. Je fus vivement ému; je voulais la revoir, retourner chez elle encore une fois; le comte Raimond m'en empêcha obstinément. « Évitons ces émotions, dit-il; les femmes se consolent toujours mieux quand elles sont seules. » Je ne pouvais comprendre cette dureté pour sa sœur, si fort en contraste avec la constante bonté de mon ami, et je me séparai de lui le lendemain, avec une sorte d'embarras qui rendit nos adieux moins tendres. Ah! si j'avais deviné le sentiment plein de délicatesse qui l'empêchait de consentir à ce que sa sœur me captivât, quand il ne la croyait pas faite pour me rendre heureux ! si j'avais prévu surtout quels événements allaient nous séparer pour toujours, mes adieux auraient satisfait et son âme et la mienne ? »

CHAPITRE II.

Oswald cessa de parler pendant quelques instants; Corinne écoutait son récit avec une telle avidité, qu'elle se tut aussi, dans la crainte de retarder le moment où il reprendrait là parole. « Je serais heureux, continua-t-il, si mes rapports avec madame d'Arbigny avaient fini alors, si j'étais resté près de mon père, et si je n'avais pas remis le pied sur la terre de France. Mais la fatalité, c'est-à-dire peut-être la faiblesse de mon caractère, a pour jamais empoisonné ma vie : oui pour jamais, chère amie, même auprès de vous.

« Je passai près d'une année en Écosse avec mon père, et notre tendresse l'un pour l'autre devint chaque jour plus intime; je pénétrai dans le sanctuaire de cette âme céleste, et je trouvais dans l'amitié qui m'unissait à lui ces sympathies du sang dont les liens mystérieux tiennent à tout notre être. Je recevais des lettres de Raimond pleines d'affection : il me racontait les difficultés qu'il trouvait à dénaturer sa fortune pour venir me joindre; mais sa persévérance dans ce projet était la même. Je l'aimais toujours; mais quel ami pouvais-je comparer à mon père! Le respect qu'il m'inspirait ne gênait pas ma confiance. J'avais foi aux paroles de mon père comme à un oracle, et les incertitudes qui sont malheureusement dans mon caractère cessaient toujours, dès qu'il avait parlé. *Le ciel nous a formés*, dit un écrivain anglais, *pour l'amour de ce qui est vénérable*. Mon père n'a pas su, il n'a pu savoir à quel point je l'aimais, et ma fatale conduite a dû l'en faire douter. Cependant il a eu pitié de moi; il m'a plaint, en mourant, de la douleur que me causerait sa perte. Ah! Corinne, j'avance dans ce triste récit; soutenez mon courage, j'en ai besoin.—Cher ami, lui dit Corinne, trouvez quelque douceur à montrer votre âme si noble et si sensible, devant la personne du monde qui vous admire et vous chérit le plus.

— Il m'envoya pour ses affaires à Londres, reprit lord Nelvil, et je le quittai lorsque je ne devais plus le revoir, sans qu'aucun frémissement m'avertît de mon malheur. Il fut plus aimable que jamais dans nos derniers entretiens : on dirait que l'âme des justes donne comme les fleurs, plus de parfums vers le soir. Il m'embrassa, les larmes aux yeux : il me disait souvent qu'à son âge tout était solennel ; mais moi je croyais à sa vie comme à la mienne : nos âmes s'entendaient si bien, il était si jeune pour aimer, que je ne songeais pas à sa vieillesse. La confiance comme la crainte sont inexplicables dans les affections vives. Mon père m'accompagna cette fois jusqu'au seuil de la porte de son château, de ce château que j'ai revu depuis désert et dévasté, comme mon triste cœur.

« Il n'y avait pas huit jours que j'étais à Londres, quand je reçus de madame d'Arbigny la fatale lettre dont j'ai retenu chaque mot : « Hier, « 10 août, me disait-elle, mon frère a été massa- « cré aux Tuileries en défendant son roi. Je suis « proscrite comme sa sœur, et obligée de me ca- « cher pour échapper à mes persécuteurs. Le comte « Raimond avait pris toute ma fortune avec la « sienne, pour la faire passer en Angleterre : l'a- « vez-vous déjà reçue? ou savez-vous à qui il l'a « confiée pour vous la remettre ? Je n'ai qu'un mot « de lui, écrit du château même, au moment où il « sut qu'on se disposait à l'attaquer; et ce mot me « dit seulement de m'adresser à vous pour tout « savoir. Si vous pouviez venir ici pour m'emme- « ner, vous me sauveriez peut-être la vie ; car les « Anglais voyagent librement encore en France, et « moi je ne puis obtenir de passe-port; le nom de « mon frère me rend suspecte. Si la malheureuse « sœur de Raimond vous intéresse assez pour ve- « nir la chercher, vous saurez, à Paris, chez M. de « Maltigues, mon parent, le lieu de ma retraite. « Mais si vous avez la généreuse intention de me « secourir, ne perdez pas un instant pour l'accom- « plir; car on dit que la guerre peut éclater d'un « jour à l'autre entre nos deux pays. »

« Représentez-vous l'effet que cette lettre produisit sur moi. Mon ami massacré, sa sœur au désespoir, et leur fortune, disait-elle, entre mes mains, bien que je n'en eusse pas reçu la moindre nouvelle. Ajoutez à ces circonstances le danger de madame d'Arbigny, et l'idée qu'elle avait que je pouvais la servir, en allant la chercher. Il ne me parut pas possible d'hésiter, et je partis à l'instant, en envoyant un courrier à mon père, qui lui portait la lettre que je venais de recevoir, et la promesse qu'avant quinze jours je serais revenu. Par un hasard vraiment cruel, l'homme que j'envoyai tomba malade en route, et la seconde lettre que j'écrivis à mon père, de Douvres, lui parvint avant la première. Il sut ainsi mon départ sans en connaître les motifs, et, quand l'explication lui arriva, il avait pris sur ce voyage une inquiétude qui ne se dissipa point.

« J'arrivai à Paris en trois jours ; j'y appris que madame d'Arbigny s'était retirée dans une ville de province, à soixante lieues, et je continuai ma route pour aller l'y rejoindre. Nous éprouvâmes l'un et l'autre une profonde émotion en nous revoyant : elle était dans son malheur beaucoup plus aimable qu'auparavant, parce qu'il y avait dans ses manières moins d'art et de contrainte. Nous pleurâmes ensemble son noble frère et les désastres publics. Je m'informai avec anxiété de sa fortune : elle me dit qu'elle n'en avait aucune nouvelle ; mais, peu de jours après, j'appris que le banquier, auquel le comte Raimond l'avait confiée, la lui avait rendue ; et, ce qui est singulier, je l'appris par un négociant de la ville où nous étions, qui me le dit par hasard, et m'assura que madame d'Arbigny n'avait jamais dû en être véritablement inquiète. Je n'y compris rien ; et j'allai chez madame d'Arbigny pour lui demander ce que cela signifiait. Je trouvai chez elle un de ses parents, M. de Maltigues, qui me dit, avec une promptitude et un sang-froid remarquables, qu'il arrivait à l'instant même de Paris pour apporter à madame d'Arbigny la nouvelle du retour du banquier qu'elle croyait parti pour l'Angleterre, et dont elle n'avait pas entendu parler depuis un mois. Madame d'Arbigny confirma ce qu'il disait, et je la crus ; mais, en me rappelant qu'elle a constamment trouvé des prétextes pour ne pas me montrer le prétendu billet de son frère, dont elle me parlait dans sa lettre, j'ai compris depuis qu'elle s'était servie d'une ruse pour m'inquiéter sur sa fortune.

« Au moins est-il vrai qu'elle était riche, et que dans son désir de m'épouser, il ne se mêlait aucun motif intéressé ; mais le grand tort de madame d'Arbigny était de faire une entreprise du sentiment, de mettre de l'adresse là où il suffisait d'aimer, et de dissimuler sans cesse, quand il eût mieux valu montrer tout simplement ce qu'elle éprouvait ; car elle m'aimait alors autant qu'on peut aimer quand on combine ce qu'on fait, presque même ce que l'on pense, et que l'on conduit les relations du cœur comme des intrigues politiques.

« La tristesse de madame d'Arbigny ajoutait encore à ses charmes extérieurs, et lui donnait une expression touchante qui me plaisait extrêmement. Je lui avais formellement déclaré que je ne me marierais point sans le consentement de mon père ; mais je ne pouvais m'empêcher de lui exprimer les transports que sa figure séduisante excitait en moi ; et comme il entrait dans ses projets de me captiver à tout prix, je crus entrevoir qu'elle n'était pas invariablement résolue à repousser mes désirs ; et maintenant, que je me retrace ce qui s'est passé entre nous, il me semble qu'elle hésitait par des motifs étrangers à l'amour, et que ses combats apparents étaient des délibérations secrètes. Je me trouvais seul avec elle tout le jour ; et, malgré les résolutions que la délicatesse m'inspirait, je ne pus résister à mon entraînement, et madame d'Arbigny m'imposa tous les devoirs en m'accordant tous les droits ; elle me montra plus de douleur et de remords que peut-être elle n'en avait réellement, et me lia fortement à son sort par son repentir même. Je voulais la mener en Angleterre avec moi, la faire connaître à mon père, et le conjurer de consentir à mon union avec elle ; mais elle se refusait à quitter la France sans que je fusse son époux. Peut-être avait-elle raison en cela ; mais sachant bien de tout temps que je ne pouvais me résoudre à l'épouser sans l'aveu de mon père, elle avait tort dans les moyens qu'elle prenait, et pour ne pas partir, et pour me retenir, malgré les devoirs qui me rappelaient en Angleterre.

« Quand la guerre fut déclarée entre les deux pays, mon désir de quitter la France devint plus vif, et les obstacles qu'y opposait madame d'Arbigny se multiplièrent. Tantôt elle ne pouvait obtenir un passe-port ; tantôt, si je voulais partir seul, elle m'assurait qu'elle serait compromise en restant en France après mon départ, parce qu'on la soupçonnerait d'être en correspondance avec moi. Cette femme si douce, si mesurée, se livrait par moment à des accès de désespoir qui bouleversaient entièrement mon âme ; elle employait les attraits de sa figure et les grâces de son esprit pour me plaire, et sa douleur pour m'intimider.

« Peut-être les femmes ont-elles tort de commander au nom des larmes, et d'asservir ainsi la force à leur faiblesse ; mais quand elles ne craignent pas d'employer ce moyen, il réussit presque toujours, au moins pour un temps. Sans doute le sentiment s'affaiblit par l'empire même que l'on usurpe sur lui, et la puissance des pleurs, trop souvent exercée, refroidit l'imagination. Mais il y avait en France, dans ce temps, mille occasions de ranimer l'intérêt et la pitié. La santé de madame d'Arbigny paraissait aussi tous les jours plus faible ; et c'est encore un terrible moyen de domination pour les femmes que la maladie. Celles qui n'ont pas, comme vous, Corinne, une juste confiance dans leur esprit et dans leur âme, ou celles qui ne sont pas, comme nos Anglaises, si fières et si timides que la feinte leur est impossible, ont recours à l'art pour inspirer l'attendrissement; et le mieux que l'on puisse attendre d'elles alors, c'est que la dissimulation ait pour cause un sentiment vrai.

« Un tiers se mêlait à mon insu de mes relations avec madame d'Arbigny; c'était M. de Maltigues : elle lui plaisait, il ne demandait pas mieux que de l'épouser, mais une immoralité réfléchie le rendait indifférent à tout; il aimait l'intrigue comme un jeu, même quand le but ne l'intéressait pas, et secondait madame d'Arbigny dans le désir qu'elle avait de s'unir à moi, quitte à déjouer ce projet si l'occasion de servir le sien se présentait. C'était un homme pour qui j'avais un singulier éloignement : à peine âgé de trente ans, ses manières et son extérieur étaient d'une sécheresse remarquable. En Angleterre, où l'on nous accuse d'être froids, je n'ai rien vu de comparable au sérieux de son maintien, quand il entrait dans une chambre. Je ne l'aurais jamais pris pour un Français s'il n'avait pas eu le goût de la plaisanterie, et un besoin de parler, très-bizarre dans un homme qui paraissait blasé sur tout, et qui mettait cette disposition en système. Il prétendait qu'il était né très-sensible, très-enthousiaste, mais que la connaissance des hommes, dans la révolution de France, l'avait détrompé de tout cela. Il avait aperçu, disait-il, qu'il n'y avait de bon dans ce monde que la fortune ou le pouvoir, ou tous les deux, et que les amitiés, en général, devaient être considérées comme des moyens qu'il faut prendre ou quitter, selon les circonstances. Il était assez habile dans la pratique de cette opinion; il n'y faisait qu'une faute, c'était de la dire; mais bien qu'il n'eût pas, comme les Français d'autrefois, le désir de plaire, il lui restait le besoin de faire-effet par la conversation, et cela le rendait très-imprudent. Bien différent en cela de madame d'Arbigny, qui voulait atteindre son but, mais qui ne se trahissait point comme M. de Maltigues, en cherchant à briller par l'immoralité même. Entre ces deux personnes, ce qui était bizarre, c'est que la plus vive cachait bien son secret, et que l'homme froid ne savait pas se taire.

« Tel qu'il était, ce M. de Maltigues, il avait un ascendant singulier sur madame d'Arbigny; il la devinait, ou bien elle lui confiait tout; cette femme, habituellement dissimulée, avait peut-être besoin de faire de temps en temps une imprudence, comme pour respirer; au moins est-il certain que, quand M. de Maltigues la regardait durement, elle se troublait toujours; s'il avait l'air mécontent,

elle se levait pour le prendre à part; s'il sortait avec humeur, elle s'enfermait presque à l'instant pour lui écrire. Je m'expliquais cette puissance de M. de Maltigues sur madame d'Arbigny, parce qu'il la connaissait dès son enfance, et dirigeait ses affaires depuis qu'elle n'avait pas de plus proche parent que lui; mais le principal motif de ces ménagements singuliers, c'était le projet qu'elle avait formé, et que j'appris trop tard, de l'épouser si je la quittais; car elle ne voulait à aucun prix passer pour une femme abandonnée. Une telle résolution devrait faire croire qu'elle ne m'aimait pas; et cependant elle n'avait, pour me préférer, aucune raison que le sentiment; mais elle avait mêlé toute sa vie le calcul à l'entraînement, et les prétentions factices de la société aux affections naturelles. Elle pleurait parce qu'elle était émue; mais elle pleurait aussi parce que c'est ainsi qu'on attendrit. Elle était heureuse d'être aimée parce qu'elle aimait, mais aussi parce que cela fait honneur dans le monde; elle avait de bons sentiments quand elle était toute seule, mais elle n'en jouissait pas si elle ne pouvait les faire tourner au profit de son amour-propre ou de ses désirs. C'était une personne formée par et pour la bonne compagnie, et qui avait cet art de travailler le vrai, qui se rencontre si souvent dans les pays où le désir de produire de l'effet par ses sentiments est plus vif que ces sentiments mêmes.

« Je n'avais pas, depuis longtemps, de nouvelles de mon père, parce que la guerre avait interrompu sa correspondance avec moi. Une lettre enfin m'arriva par une occasion; il m'adjurait de partir, au nom de mon devoir et de sa tendresse; il me déclarait en même temps, de la manière la plus formelle, que si j'épousais madame d'Arbigny, je lui causerais une douleur mortelle, et me demandait au moins de revenir libre en Angleterre, et de ne me décider qu'après l'avoir entendu. Je lui répondis à l'instant, en lui donnant ma parole d'honneur que je ne me marierais pas sans son consentement, et l'assurant que dans peu je le rejoindrais. Madame d'Arbigny employa d'abord la prière, puis le désespoir, pour me retenir; et voyant enfin qu'elle ne réussissait pas, je crois qu'elle eut recours à la ruse; mais comment alors aurais-je pu le soupçonner!

« Un matin elle arriva chez moi, pâle, échevelée, et se jeta dans mes bras, en me suppliant de la protéger : elle paraissait mourir de frayeur. A peine pus-je comprendre, à travers son émotion, que l'ordre était venu de l'arrêter, comme sœur du comte Raimond, et qu'il fallait que je lui trouvasse un asile pour la dérober à ceux qui la poursuivaient. A cette époque même, des femmes avaient péri, et toutes les terreurs paraissaient naturelles. Je la menai chez un négociant qui m'était dévoué; je l'y cachai, je crus la sauver, et M. de Maltigues et moi nous avions seuls le secret de sa retraite. Comment, dans cette situation, ne pas s'intéresser vivement au sort d'une femme! comment se séparer d'une personne proscrite! Quel est le jour, quel est le moment où il se peut qu'on lui dise: « Vous avez compté sur mon appui, et je vous le retire? » Cependant le souvenir de mon père me poursuivait continuellement, et, dans plusieurs occasions, j'essayai d'obtenir de madame d'Arbigny la permission de partir seul; mais elle me menaça de se livrer à ses assassins si je la quittais, et sortit deux fois en plein jour, dans un trouble affreux qui me pénétra de douleur et de crainte. Je la suivis dans la rue, en la conjurant en vain de revenir. Heureusement, par hasard ou par combinaison, nous rencontrâmes chaque fois M. de Maltigues, et il la ramena, en lui faisant sentir l'imprudence de sa conduite. Alors je me résignai à rester, et j'écrivis à mon père en motivant, autant que je le pus, ma conduite; mais je rougissais d'être en France au milieu des événements affreux qui s'y passaient, et lorsque mon pays était en guerre avec les Français.

« M. de Maltigues se moquait souvent de mes scrupules; mais, tout spirituel qu'il était, il ne prévoyait pas, ou ne se donnait pas la peine d'observer l'effet de ses plaisanteries, car elles réveillaient en moi tous les sentiments qu'il voulait éteindre. Madame d'Arbigny remarquait bien l'impression que je recevais; mais elle n'avait point d'empire sur M. de Maltigues, qui se décidait souvent par le caprice, au défaut de l'intérêt. Elle recourait, pour m'attendrir, à sa douleur véritable, à sa douleur exagérée; elle se servait de la faiblesse de sa santé autant pour plaire que pour toucher, car elle n'était jamais plus attrayante que quand elle s'évanouissait à mes pieds. Elle savait embellir sa beauté comme tout le reste de ses agréments, et ses charmes extérieurs eux-mêmes étaient habilement combinés avec ses émotions pour me captiver.

« Je vivais ainsi toujours troublé, toujours incertain, tremblant quand je recevais une lettre de mon père, plus malheureux encore quand je n'en recevais pas, retenu par l'attrait que je ressentais pour madame d'Arbigny, et surtout par la peur de son désespoir; car, par un mélange singulier,

c'était la personne la plus douce dans l'habitude de la vie, la plus égale, souvent même la plus enjouée, et néanmoins la plus violente dans une scène. Elle voulait enchaîner par le bonheur et par la crainte, et transformait ainsi toujours son naturel en moyens. Un jour, c'était au mois de septembre 1793, il y avait plus d'un an déjà que j'étais en France, je reçus une lettre de mon père, conçue en peu de mots; mais ces mots étaient si sombres et si douloureux, qu'il faut, Corinne, m'épargner de vous les dire; ils me feraient trop de mal. Mon père était déjà malade, mais il ne me le dit pas; sa délicatesse et sa fierté l'en empêchèrent. Cependant toute sa lettre exprimait tant de douleur, et sur mon absence et sur la possibilité de mon mariage avec madame d'Arbigny, que je ne conçois pas encore comment, en la lisant, je n'ai pas prévu le malheur dont j'étais menacé. Je fus assez ému néanmoins pour ne plus hésiter, et j'allai chez madame d'Arbigny, parfaitement décidé à prendre congé d'elle. Elle aperçut bien vite que mon parti était pris; et se recueillant en elle-même, tout à coup elle se leva et me dit : « Avant de partir il faut que vous sachiez un secret que je rougissais de vous avouer. Si vous m'abandonnez, ce ne sera pas moi seule que vous ferez mourir, et le fruit de ma honte et de mon coupable amour périra dans mon sein avec moi. » Rien ne peut exprimer l'émotion que j'éprouvai; ce devoir sacré, ce devoir nouveau s'empara de toute mon âme, et je fus soumis à madame d'Arbigny comme l'esclave le plus dévoué.

« Je l'aurais épousée, comme elle le voulait, s'il ne se fût pas rencontré dans ce moment les plus grands obstacles à ce qu'un Anglais pût se marier en France, et, en déclarant, comme il le fallait, son nom à l'officier civil. J'ajournai donc notre union jusqu'au moment où nous pourrions aller ensemble en Angleterre, et je résolus de ne pas quitter madame d'Arbigny jusqu'alors : elle se calma d'abord, quand elle fut tranquillisée sur le danger prochain de mon départ; mais elle recommença bientôt après à se plaindre et à se montrer tour à tour blessée et malheureuse de ce que je ne surmontais pas toutes les difficultés pour l'épouser. J'aurais fini par céder à sa volonté; j'étais tombé dans la mélancolie la plus profonde; je passais des jours entiers chez moi sans pouvoir en sortir; j'étais en proie à une idée que je ne m'avouais jamais et qui me persécutait toujours. J'avais un pressentiment de la maladie de mon père, et je ne voulais pas croire à mon pressentiment, que je prenais pour une faiblesse. Par une bizarrerie, résultat de l'effroi que me causait la douleur de madame d'Arbigny, je combattais mon devoir comme une passion; et ce qu'on aurait pu croire une passion me tourmentait comme un devoir. Madame d'Arbigny m'écrivait sans cesse pour m'engager à venir chez elle; j'y venais, et quand je la voyais, je ne lui parlais pas de son état, parce que je n'aimais pas à rappeler ce qui lui donnait des droits sur moi; il me semble à présent qu'elle aussi m'en parlait moins qu'elle n'aurait dû le faire; mais je souffrais trop alors pour rien remarquer.

« Enfin, une fois que j'étais resté trois jours chez moi, dévoré du remords, écrivant vingt lettres à mon père et les déchirant toutes, M. de Maltigues, qui ne venait guère me voir, parce que nous ne nous convenions pas, arriva, député par madame d'Arbigny pour m'arracher à ma solitude, mais s'intéressant assez peu, comme vous allez en juger, au succès de son ambassade. Il aperçut en entrant, avant que j'eusse le temps de le cacher, que j'avais le visage couvert de larmes. « A quoi bon cette douleur, mon cher? me dit-il; quittez ma cousine, ou bien épousez-la : ces deux partis sont également bons, puisqu'ils en finissent. — Il y a des situations dans la vie, lui répondis-je, où, même en se sacrifiant, on ne sait pas encore comment remplir tous ses devoirs. — C'est qu'il ne faut pas se sacrifier, reprit M. de Maltigues; je ne connais, quant à moi, aucune circonstance où cela soit nécessaire : avec de l'adresse on se tire de tout; l'habileté est la reine du monde. — Ce n'est pas l'habileté que j'envie, lui dis-je; mais je voudrais au moins, je vous le répète, en me résignant à n'être pas heureux, ne pas affliger ce que j'aime.— Croyez-moi, dit M. de Maltigues, ne mêlez pas à cette œuvre difficile, qu'on appelle vivre, le sentiment qui la complique encore plus : c'est une maladie de l'âme : j'en suis atteint quelquefois tout comme un autre; mais quand elle m'arrive, je me dis que cela passera, et je me tiens toujours parole. — Mais, lui répondis-je, en cherchant à rester comme lui dans les idées générales, car je ne pouvais ni ne voulais lui témoigner aucune confiance, quand on pourrait écarter le sentiment, il resterait toujours l'honneur et la vertu, qui s'opposent souvent à nos désirs en tout genre. —L'honneur! reprit M. de Maltigues : entendez-vous par l'honneur, se battre quand on est insulté? à cet égard il n'y a pas de doute; mais sous tous les autres rapports, quel intérêt aurait-on à se laisser entraver par mille délicatesses vaines? — Quel intérêt! interrompis-je; il me semble que ce n'est pas

là le mot dont il s'agit. — A parler sérieusement, continua M. de Maltigues, il en est peu qui aient un sens aussi clair. Je sais bien qu'autrefois l'on disait : *Un honorable malheur, un glorieux revers;* mais aujourd'hui que tout le monde est persécuté, les coquins comme ce qu'on est convenu d'appeler les honnêtes gens, il n'y a de différence dans ce monde qu'entre les oiseaux pris au filet et ceux qui y ont échappé. — Je crois à une autre différence, lui répondis-je, la prospérité méprisée, et les revers honorés par l'estime des hommes de bien. — Trouvez-les-moi donc, reprit M. de Maltigues, ces hommes de bien qui vous consolent de vos peines par leur courageuse estime; il me semble, au contraire, que la plupart des personnes soi-disant vertueuses, si vous êtes heureux, vous excusent; si vous êtes puissant, vous aiment. C'est très-beau sans doute à vous de ne pas savoir contrarier un père qui devrait à présent ne plus se mêler de vos affaires, mais il ne faudrait pas pour cela perdre votre vie ici de toutes les façons. Quant à moi, quoi qu'il m'arrive, je veux à tout prix épargner à mes amis le chagrin de me voir souffrir, et à moi le spectacle du visage allongé de la consolation. — Je croyais, interrompis-je vivement, que le but de la vie d'un honnête homme n'était pas le bonheur qui ne sert qu'à lui, mais la vertu qui sert aux autres.—La vertu, la vertu...» dit M. de Maltigues en hésitant un peu, puis se décidant à la fin, « c'est un langage pour le vulgaire, que les augures ne peuvent se parler entre eux sans rire. Il y a de bonnes âmes que de certains mots, de certains sons harmonieux remuent encore; c'est pour elles que l'on fait jouer l'instrument; mais toute cette poésie que l'on appelle la conscience, le dévouement, l'enthousiasme, a été inventée pour consoler ceux qui n'ont pas su réussir dans le monde; c'est comme un *De profundis* que l'on chante pour les morts. Les vivants, quand ils sont dans la prospérité, ne sont pas du tout curieux d'obtenir ce genre d'hommage. »

« Je fus tellement irrité de ce discours, que je ne pus m'empêcher de dire avec hauteur : « Je serais fâché, monsieur, si j'avais des droits sur la maison de madame d'Arbigny, qu'elle reçût chez elle un homme qui se permet une telle manière de penser et de s'exprimer. — Vous pouvez à cet égard, répondit M. de Maltigues, quand il en sera temps, décider ce qui vous plaira; mais si ma cousine m'en croit, elle n'épousera point un homme qui se montre si malheureux de la possibilité de cette union; depuis longtemps, elle peut vous le dire, je lui reproche sa faiblesse, et tous les moyens qu'elle emploie pour un but qui n'en vaut pas la peine. » A ce mot, que l'accent rendait encore plus insultant, je fis signe à M. de Maltigues de sortir avec moi, et pendant le chemin je dois dire qu'il continuait à développer son système avec le plus grand sang-froid du monde; et pouvant mourir dans peu d'instants, il ne disait pas un mot qui fût religieux ni sensible. « Si j'avais donné dans toutes vos fadaises, à vous autres jeunes gens, me disait-il, pensez-vous que ce qui se passe dans mon pays ne m'en aurait pas guéri? Quand avez-vous vu que d'être scrupuleux à votre manière servît à rien? — Je conviens avec vous, lui dis-je, que dans votre pays à présent, cela sert un peu moins qu'ailleurs; mais avec le temps, ou par delà le temps tout a sa récompense. — Oui, reprit M. de Maltigues, en faisant entrer le ciel dans ses calculs. — Et pourquoi pas? lui dis-je, l'un de nous va peut-être savoir ce qui en est. — Si c'est moi qui dois mourir, continua-t-il en riant, je suis bien sûr que je n'en saurai rien; si c'est vous, vous ne reviendrez pas éclairer mon âme. » En chemin je pensais que si j'étais tué par M. de Maltigues, je n'avais pris aucune précaution pour faire savoir mon sort à mon père, ni pour donner à madame d'Arbigny une partie de ma fortune, à laquelle je lui croyais des droits. Pendant que je faisais ces réflexions, nous passâmes devant la maison de M. de Maltigues, et je lui demandai la permission d'y monter pour écrire deux lettres; il y consentit: et lorsque nous continuâmes notre route pour sortir de la ville, je les lui remis; et je lui parlai de madame d'Arbigny avec beaucoup d'intérêt, en la lui recommandant comme à un ami que je croyais sûr. Cette preuve de confiance le toucha, car il faut observer à la gloire de l'honnêteté, que les hommes qui professent le plus ouvertement l'immoralité sont très-flattés si par hasard on leur donne une marque d'estime : la circonstance aussi dans laquelle nous nous trouvions était assez grave pour que M. de Maltigues en fût peut-être ému; mais comme pour rien au monde il n'aurait voulu qu'on le remarquât, il dit en plaisantant ce qui lui était inspiré, je le crois, par un sentiment plus sérieux.

« Vous êtes une honnête créature, mon cher Nelvil; je veux faire pour vous quelque chose de généreux : on dit que cela porte bonheur, et la générosité est en effet une qualité si enfantine, qu'elle doit être plutôt récompensée dans le ciel que sur la terre. Mais avant de vous servir, il faut que nos conditions soient bien faites; quoi que je vous dise, nous ne nous en battrons pas moins. »

Je répondis à ces mots par un consentement très-dédaigneux, à ce que je crois, car je trouvais la précaution oratoire au moins inutile. M. de Maltigues continua d'un ton sec et dégagé : « Madame d'Arbigny ne vous convient pas, vos caractères n'ont aucun rapport ensemble; votre père, d'ailleurs, serait désespéré, si vous faisiez ce mariage; et vous seriez désespéré d'affliger votre père : il vaut donc mieux que, si je vis, ce soit moi qui épouse madame d'Arbigny; et, si vous me tuez, il vaut mieux encore qu'elle en épouse un troisième; car c'est une personne d'une haute sagesse que ma cousine, et qui, lors même qu'elle aime, prend toujours de sages précautions pour le cas où on ne l'aimerait plus. Vous apprendrez tout cela par ses lettres; je vous les laisse après moi : vous les trouverez dans mon secrétaire, dont voici la clef. Je suis lié avec ma cousine depuis qu'elle est au monde, et vous savez que, bien qu'elle soit très-mystérieuse, elle ne me cache aucun de ses secrets; elle croit que je ne dis que ce que je veux; il est vrai que je ne suis entraîné par rien; mais aussi je ne mets pas d'importance à grand'chose, et je pense que nous autres hommes nous nous devons de ne nous rien taire à l'égard des femmes. Aussi bien si je meurs, c'est pour les beaux yeux de madame d'Arbigny que cet accident m'arrivera, et quoique je sois prêt à périr pour elle de bonne grâce, je ne lui suis pas trop obligé de la situation où elle m'a mis par sa double intrigue. Au reste, ajouta-t-il, il n'est pas dit que vous me tuerez; » et en achevant ces mots, comme nous étions hors de la ville, il tira son épée et se mit en garde.

« Il avait parlé avec une vivacité singulière, et j'étais resté confondu de ce qu'il m'avait dit. L'approche du danger, sans le troubler, l'animait portant davantage, et je ne pouvais deviner si c'était la vérité qui lui échappait, ou un mensonge qu'il forgeait pour se venger. Néanmoins, dans cette incertitude, je ménageai beaucoup sa vie; il était moins adroit que moi dans les exercices du corps, et dix fois j'aurais pu lui plonger mon épée dans le cœur, mais je me contentai de le blesser au bras, et de le désarmer. Il parut sensible à mon procédé, et je lui rappelai, en le conduisant chez lui, la conversation qui avait précédé l'instant où nous nous étions battus. Il me dit alors : « Je suis fâché d'avoir trahi la confiance de ma cousine; le péril est comme le vin, il monte à la tête; mais enfin, je m'en console, car vous n'auriez pas été heureux avec madame d'Arbigny; elle est trop rusée pour vous. Moi, cela m'est égal; car bien que je la trouve charmante, et que son esprit me plaise extrêmement, elle ne me fera jamais rien faire à mon détriment, et nous nous servirons très-bien en tout, parce que le mariage rendra nos intérêts communs. Mais vous, qui êtes romanesque, vous auriez été sa dupe. Il ne tenait qu'à vous de me tuer, et je vous dois la vie, je ne puis donc vous refuser les lettres que je vous avais promises après ma mort. Lisez-les, partez pour l'Angleterre, et ne soyez pas trop tourmenté des chagrins de madame d'Arbigny. Elle pleurera, parce qu'elle vous aime; mais elle se consolera, parce que c'est une femme assez raisonnable pour ne pas vouloir être malheureuse, et surtout passer pour l'être. Dans trois mois elle sera madame de Maltigues. » Tout ce qu'il me disait était vrai: les lettres qu'il me montra le prouvèrent. Je restai convaincu que madame d'Arbigny n'était point dans l'état qu'elle avait feint de m'avouer en rougissant, pour me contraindre à l'épouser, et qu'elle m'avait, à cet égard, indignement trompé. Sans doute elle m'aimait, puisqu'elle le disait dans ses lettres à M. de Maltigues lui-même; mais elle le flattait avec tant d'art, elle lui laissait tant d'espérance, et montrait pour lui plaire un caractère si différent de celui qu'elle m'avait toujours fait voir, qu'il me fut impossible de douter qu'elle ne le ménageât, dans l'intention de l'épouser si notre mariage n'avait pas lieu. Telle était la femme, Corinne, qui m'a coûté pour toujours le repos du cœur et de la conscience!

« Je lui écrivis en partant, et je ne la revis plus: et comme M. de Maltigues l'avait prédit, j'ai su depuis qu'elle l'avait épousé. Mais j'étais loin d'envisager alors le malheur qui m'attendait: je croyais obtenir mon pardon de mon père; j'étais sûr qu'en lui disant combien j'avais été trompé, il m'aimerait davantage, puisqu'il me saurait plus à plaindre. Après un voyage de près d'un mois, jour et nuit, à travers l'Allemagne, j'arrivai en Angleterre plein de confiance dans l'inépuisable bonté paternelle. Corinne, en débarquant, un papier public m'annonça que mon père n'était plus! Vingt mois se sont passés depuis ce moment, et il est toujours devant moi comme un fantôme qui me poursuit. Les lettres qui formaient ces mots: *Lord Nelvil vient de mourir*, ces lettres étaient flamboyantes; le feu du volcan qui est là, devant nous, est moins effrayant qu'elles. Ce n'est pas tout encore; j'appris qu'il était mort profondément affligé de mon séjour en France, craignant que je ne renonçasse à la carrière militaire, que je n'épousasse une femme dont il pensait peu de bien, et que, me fixant dans un pays en guerre avec le mien, je ne

me perdisse entièrement de réputation en Angleterre. Qui sait si ces douloureuses pensées n'ont pas abrégé ses jours! Corinne, Corinne! ne suis-je pas un assassin, ne le suis-je pas, dites-le-moi? — Non, s'écria-t-elle, non, vous n'êtes que malheureux; c'est la bonté, c'est la générosité qui vous ont entraîné. Je vous respecte autant que je vous aime: jugez-vous dans mon cœur; prenez-le pour votre conscience. La douleur vous égare: croyez celle qui vous chérit. Ah! l'amour, tel que je le sens, n'est point une illusion, c'est parce que vous êtes le meilleur, le plus sensible des hommes, que je vous admire et vous adore. — Corinne, lui dit Oswald, cet hommage ne m'est pas dû; mais il se peut cependant que je ne sois pas si coupable: mon père m'a pardonné avant de mourir; j'ai trouvé dans un dernier écrit de lui, qui m'était adressé, de douces paroles. Une lettre de moi lui était parvenue, qui m'avait un peu justifié; mais le mal était fait, et la douleur qui venait de moi avait déchiré son cœur.

« Quand je rentrai dans son château, quand ses vieux serviteurs m'entourèrent, je repoussai leurs consolations, je m'accusai devant eux; j'allai me prosterner sur sa tombe; j'y jurai, comme si le temps de réparer existait encore pour moi, que jamais je ne me marierais sans le consentement de mon père. Hélas! que promettais-je à celui qui n'était plus! Que signifiaient alors ces paroles de mon délire! Je dois les considérer au moins comme un engagement de ne rien faire qu'il eût désapprouvé pendant sa vie. Corinne, chère amie, pourquoi ces mots vous troublent-ils? Mon père a pu me demander le sacrifice d'une femme dissimulée, qui ne devait qu'à son adresse le goût qu'elle m'inspirait; mais la personne la plus vraie, la plus naturelle et la plus généreuse, celle pour qui j'ai senti le premier amour, celui qui purifie l'âme au lieu de l'égarer, pourquoi les êtres célestes voudraient-ils me séparer d'elle?

« Lorsque j'entrai dans la chambre de mon père, je vis son manteau, son fauteuil, son épée, qui étaient encore là, comme autrefois; encore là: mais sa place était vide, et mes cris l'appelaient en vain! Ce manuscrit, ce recueil de ses pensées, est tout ce qui me répond: vous en connaissez déjà quelques morceaux, dit Oswald en le donnant à Corinne; je le porte toujours avec moi. Lisez ce qu'il écrivait sur le devoir des enfants envers leurs parents; lisez, Corinne: votre douce voix me familiarisera peut-être avec ces paroles. Corinne obéit à la voix d'Oswald, et lut ce qui suit:

« Ah! qu'il faut peu de chose pour rendre dé-

« fiants d'eux-mêmes un père, une mère, avancés
« dans la vie! Ils croient aisément qu'ils sont de
» trop sur la terre. A quoi se croiraient-ils bons
« pour vous, qui ne leur demandez plus de con-
« seils? Vous vivez tout entiers dans le moment
« présent; vous y êtes consignés par une passion
« dominante; et tout ce qui ne se rapporte pas à
« ce moment vous paraît antique et suranné. En-
« fin, vous êtes tellement en votre personne, et de
« cœur et d'esprit, que, croyant former à vous
« seuls un point historique, les ressemblances
« éternelles entre le temps et les hommes échap-
« pent à votre attention; et l'autorité de l'expé-
« rience vous semble une fiction, ou une vaine
« garantie destinée uniquement au crédit des vieil-
« lards, et aux dernières jouissances de leur amour-
« propre. Quelle erreur est la vôtre! Le monde, ce
« vaste théâtre, ne change pas d'acteurs; c'est
« toujours l'homme qui s'y montre en scène; mais
« l'homme ne se renouvelle point, il se diversifie;
« et comme toutes ses formes sont dépendantes
« de quelques passions principales, dont le cercle
« est depuis longtemps parcouru, il est rare que,
« dans les petites combinaisons de la vie privée,
« l'expérience, cette science du passé, ne soit la
« source féconde des enseignements les plus utiles.
« Honneur donc aux pères et aux mères, hon-
« neur et respect, ne fût-ce que pour leur règne
« passé, pour ce temps dont ils ont été seuls maî-
« tres, et qui ne reviendra plus; ne fût-ce que
« pour ces années à jamais perdues, et dont ils
« portent sur le front l'auguste empreinte!
« Voilà votre devoir, enfants présomptueux, et
« qui paraissez impatients de courir seuls dans la
« route de la vie. Ils s'en iront, vous n'en pouvez
« douter, ces parents, qui tardent à vous faire
« place; ce père, dont les discours ont encore une
« teinte de sévérité qui vous blesse; cette mère,
« dont le vieil âge vous impose des soins qui vous
« importunent : ils s'en iront, ces surveillants at-
« tentifs de votre enfance, et ces protecteurs ani-
« més de votre jeunesse; ils s'en iront, et vous
« chercherez en vain de meilleurs amis; ils s'en
« iront, et dès qu'ils ne seront plus, ils se présen-
« teront à vous sous un nouvel aspect; car le temps,
« qui vieillit les gens présents à notre vue, les ra-
« jeunit pour nous quand la mort les a fait dispa-
« raître; le temps leur prête alors un éclat qui
« nous était inconnu : nous les voyons dans le ta-
« bleau de l'éternité, où il n'y a plus d'âge, comme
« il n'y a plus de graduation; et, s'ils avaient laissé
« sur la terre un souvenir de leur vertu, nous les
« ornerions en imagination d'un rayon céleste,

« nous les suivrions de nos regards dans le séjour
« des élus, nous les contemplerions dans ces de-
« meures de gloire et de félicité; et, près des vives
« couleurs dont nous composerions leur sainte au-
« réole, nous nous trouverions effacés, au milieu
« même de nos beaux jours, au milieu des triom-
« phes dont nous sommes le plus éblouis [1]. »

« Corinne, s'écrie lord Nelvil avec une douleur
déchirante, pensez-vous que ce soit contre moi
qu'il écrivait ces éloquentes plaintes? — Non, non,
répondit Corinne; vous savez qu'il vous chérissait,
qu'il croyait à votre tendresse; et je tiens de vous
que ces réflexions furent écrites longtemps avant
que vous eussiez eu le tort que vous vous reprochez. Écoutez plutôt, continua Corinne en parcourant le recueil qu'elle avait encore entre les mains,
écoutez ces réflexions sur l'indulgence, qui sont
écrites quelques pages plus loin :
« Nous marchons dans la vie, environnés de
« pièges, et d'un pas chancelant; nos sens se lais-
« sent séduire par des amorces trompeuses; notre
« imagination nous égare par de fausses lueurs; et
« notre raison elle-même reçoit chaque jour de
« l'expérience le degré de lumière qui lui manquait,
« et la confiance dont elle a besoin. Tant de dan-
« gers, unis à une si grande faiblesse; tant d'in-
« térêts divers, avec une prévoyance si limitée,
« une capacité si restreinte; enfin tant de choses
« inconnues et une si courte vie; toutes ces cir-
« constances, toutes ces conditions de notre na-
« ture, ne sont-elles pas pour nous un avertisse-
« ment du haut rang que nous devons accorder à
« l'indulgence, dans l'ordre des vertus sociales?...
« Hélas! où est-il, l'homme qui soit exempt de
« faiblesse? où est-il, l'homme qui n'ait aucun re-
« proche à se faire? où est-il, l'homme qui puisse
« regarder en arrière de sa vie sans éprouver un
« seul remords, ou sans connaître aucun regret?
« Celui-là seul est étranger aux agitations d'une
« âme timorée, qui ne s'est jamais examiné lui-
« même, qui n'a jamais séjourné dans la solitude
« de sa conscience [2]. »
« Voilà, reprit Corinne, les paroles que votre
père vous adresse du haut du ciel; voilà celles qui
sont pour vous. — Cela est vrai, dit Oswald; oui,
Corinne, vous êtes l'ange des consolations, vous
me faites du bien; mais, si j'avais pu le voir un
moment avant sa mort, s'il avait su de moi que je
n'étais pas indigne de lui, s'il m'avait dit qu'il le

[1] Discours sur les devoirs des enfants envers leurs pères,
Cours de morale religieuse. Voyez la note de la page 723.
[2] Discours sur l'indulgence, dans le Cours de morale religieuse. Voyez la note de la page 723.

I.

49

croyait, je ne serais pas agité par les remords, comme le plus criminel des hommes; je n'aurais pas cette conduite vacillante, cette âme troublée, qui ne promet de bonheur à personne. Ne m'accusez pas de faiblesse; mais le courage ne peut rien contre la conscience : c'est d'elle qu'il vient; comment pourrait-il triompher d'elle? A présent même que l'obscurité s'avance, il me semble que je vois dans ces nuages les sillons de la foudre qui me menace. Corinne! Corinne! rassurez votre malheureux ami, ou laissez-moi couché sur cette terre, qui s'entr'ouvrira peut-être à mes cris, et me laissera pénétrer jusqu'au séjour des morts. »

LIVRE XIII.

LE VÉSUVE ET LA CAMPAGNE DE NAPLES.

CHAPITRE PREMIER.

Lord Nelvil resta longtemps anéanti, après le récit cruel qui avait ébranlé toute son âme. Corinne essaya doucement de le rappeler à lui-même : la rivière de feu qui tombait du Vésuve, rendue visible enfin par la nuit, frappa vivement l'imagination troublée d'Oswald. Corinne profita de cette impression pour l'arracher aux souvenirs qui l'agitaient, et se hâta de l'entraîner avec elle sur le rivage de cendres de la lave enflammée.

Le terrain qu'ils traversèrent, avant d'y arriver, fuyait sous leurs pas, et semblait les repousser loin d'un séjour ennemi de tout ce qui a vie : la nature n'est plus dans ces lieux en relation avec l'homme, il ne peut plus s'en croire le dominateur; elle échappe à son tyran par la mort. Le feu du torrent est d'une couleur funèbre; néanmoins, quand il brûle les vignes ou les arbres, on en voit sortir une flamme claire et brillante; mais la lave même est sombre, tel qu'on se représente un fleuve de l'enfer; elle roule lentement comme un sable noir de jour, et rouge la nuit. On entend, quand elle approche, un petit bruit d'étincelles qui fait d'autant plus de peur qu'il est léger, et que la ruse semble se joindre à la force : le tigre royal arrive ainsi secrètement, à pas comptés. Cette lave avance sans jamais se hâter, et sans perdre un instant; si elle rencontre un mur élevé, un édifice quelconque qui s'oppose à son passage, elle s'arrête, elle amoncelle devant l'obstacle ses torrents noirs et bitumineux, et l'ensevelit enfin sous ses vagues brûlantes. Sa marche n'est point assez ra-

pide pour que les hommes ne puissent pas fuir devant elle; mais elle atteint, comme le temps, les imprudents et les vieillards qui, la voyant venir lourdement et silencieusement, s'imaginent qu'il est aisé de lui échapper. Son éclat est si ardent, que la terre se réfléchit dans le ciel, et lui donne l'apparence d'un éclair continuel : ce ciel, à son tour, se répète dans la mer, et la nature est embrasée par cette triple image du feu.

Le vent se fait entendre et se fait voir par des tourbillons de flamme, dans le gouffre d'où sort la lave. On a peur de ce qui se passe au sein de la terre, et l'on sent que d'étranges fureurs la font trembler sous nos pas. Les rochers qui entourent la source de la lave sont couverts de soufre, de bitume, dont les couleurs ont quelque chose d'infernal. Un vert livide, un jaune brun, un rouge sombre, forment comme une dissonance pour les yeux, et tourmentent la vue, comme l'ouïe serait déchirée par ces sons aigus que faisaient entendre les sorcières, quand elles appelaient, de nuit, la lune sur la terre.

Tout ce qui entoure le volcan rappelle l'enfer, et les descriptions des poëtes sont sans doute empruntées de ces lieux. C'est là que l'on conçoit comment les hommes ont cru à l'existence d'un génie malfaisant qui contrariait les desseins de la Providence. On a dû se demander, en contemplant un tel séjour, si la bonté seule présidait aux phénomènes de la création, ou bien si quelque principe caché forçait la nature, comme l'homme, à la férocité. « Corinne, s'écria lord Nelvil, est-ce de ces bords infernaux que part la douleur? L'ange de la mort prend-il son vol de ce sommet? Si je ne voyais pas ton céleste regard, je perdrais ici jusqu'au souvenir des œuvres de la Divinité qui décorent le monde; et cependant cet aspect de l'enfer, tout affreux qu'il est, me cause moins d'effroi que les remords du cœur. Tous les périls peuvent être bravés; mais comment l'objet qui n'est plus pourrait-il nous délivrer des torts que nous nous reprochons envers lui? Jamais! jamais! Ah! Corinne, quelle parole de fer et de feu! Les supplices inventés par les rêves de la souffrance, la roue qui tourne sans cesse, l'eau qui fuit dès qu'on veut s'en approcher, les pierres qui retombent à mesure qu'on les soulève, ne sont qu'une faible image pour exprimer cette terrible pensée, l'impossible et l'irréparable! »

Un silence profond régnait autour d'Oswald et de Corinne; leurs guides eux-mêmes s'étaient retirés dans l'éloignement; et comme il n'y a près du cratère ni animal, ni insecte, ni plante, on n'y entendait que le sifflement de la flamme agitée. Néanmoins, un bruit de la ville arriva jusque dans ce lieu; c'était le son des cloches qui se faisait entendre à travers les airs : peut-être célébraient-elles la mort, peut-être annonçaient-elles la naissance; n'importe, elles causèrent une douce émotion aux voyageurs. « Cher Oswald, dit Corinne, quittons ce désert, redescendons vers les vivants; mon âme est ici mal à l'aise. Toutes les autres montagnes, en nous rapprochant du ciel, semblent nous élever au-dessus de la vie terrestre; mais ici, je ne sens que du trouble et de l'effroi : il me semble voir la nature traitée comme un criminel, et condamnée, comme un être dépravé, à ne plus sentir le souffle bienfaisant de son Créateur. Ce n'est sûrement pas ici le séjour des bons; allons-nous-en. »

Une pluie abondante tombait pendant que Corinne et lord Nelvil redescendaient vers la plaine. Leurs flambeaux étaient à chaque instant près de s'éteindre. Les Lazzaroni les accompagnaient en poussant des cris continuels, qui pourraient inspirer de la terreur à qui ne saurait pas que c'est leur façon d'être habituelle. Mais ces hommes sont quelquefois agités par un superflu de vie dont ils ne savent que faire, parce qu'ils réunissent au même degré la paresse et la violence. Leur physionomie, plus marquée que leur caractère, semble indiquer un genre de vivacité dans lequel l'esprit et le cœur n'entrent pour rien. Oswald, inquiet que la pluie ne fît du mal à Corinne, que la lumière ne leur manquât, enfin qu'elle ne fût exposée à quelque danger, ne s'occupait plus que d'elle; et cet intérêt si tendre remit son âme par degrés de l'état où l'avait jeté la confidence qu'il lui avait faite. Ils retrouvèrent leur voiture au pied de la montagne; ils ne s'arrêtèrent point aux ruines d'Herculanum, qu'on a comme ensevelies de nouveau, pour ne pas renverser la ville de Portici, qui est bâtie sur cette ville ancienne. Ils arrivèrent à Naples vers minuit, et Corinne promit à lord Nelvil, en le quittant, de lui remettre le lendemain matin l'histoire de sa vie.

CHAPITRE II.

En effet, le lendemain matin Corinne voulut s'imposer l'effort qu'elle avait promis, et bien que la connaissance plus intime qu'elle avait acquise du caractère d'Oswald redoublât son inquiétude, elle sortit de sa chambre, portant ce qu'elle avait écrit, tremblante, et résolue néanmoins à le donner. Elle entra dans le salon de l'auberge où ils demeuraient tous les deux; Oswald y était, et

venait de recevoir des lettres de l'Angleterre. Une de ces lettres était sur la cheminée, et l'écriture frappa tellement Corinne, qu'avec un trouble inexprimable elle lui demanda de qui elle était. « C'est de lady Edgermond, répondit Oswald. — Vous êtes en correspondance avec elle? interrompit Corinne. — Lord Edgermond était l'ami de mon père, reprit Oswald; et puisque le hasard m'a fait vous parler d'elle, je ne vous dissimulerai point que mon père avait pensé qu'il pouvait me convenir un jour d'épouser Lucile Edgermond, sa fille. — Grand Dieu ! » s'écria Corinne, et elle tomba sur une chaise, presque évanouie.

« D'où vient cette émotion cruelle ? dit lord Nelvil; que pouvez-vous craindre de moi, Corinne, quand je vous aime avec idolâtrie? Si mon père m'avait, en mourant, demandé d'épouser Lucile, sans doute je ne me croirais pas libre, et je me serais éloigné de votre charme irrésistible; mais il n'a fait que me conseiller ce mariage, en m'écrivant lui-même qu'il ne pouvait pas juger Lucile, puisqu'elle n'était encore qu'une enfant. Je ne l'ai vue moi-même qu'une fois, à peine alors avait-elle douze ans. Je n'ai pris avec sa mère aucun engagement avant de partir; cependant les incertitudes, le trouble que vous avez pu remarquer dans ma conduite, venaient uniquement de ce désir de mon père : avant de vous connaître, je souhaitais de pouvoir l'accomplir, tout fugitif qu'il était, comme une espèce d'expiation envers lui, comme une manière de prolonger après sa mort l'empire de sa volonté sur mes résolutions; mais vous avez triomphé de ce sentiment, vous avez triomphé de tout moi-même, et j'ai seulement besoin de me faire pardonner ce qui, dans ma conduite, a dû vous paraître de la faiblesse et de l'irrésolution. Corinne, on ne se relève jamais entièrement de la douleur que j'ai éprouvée : elle flétrit l'espérance, elle donne un sentiment de timidité pénible et douloureux; la destinée m'a tant fait de mal, qu'alors même qu'elle semble m'offrir le plus grand bien, je me défie encore d'elle. Mais, chère amie, ces inquiétudes sont dissipées; je suis à toi pour toujours, à toi ! Je me dis que si mon père vous avait connue, c'est vous qu'il aurait choisie pour la compagne de ma vie, c'est vous... — Arrêtez, s'écria Corinne en fondant en pleurs, je vous en conjure, ne me parlez pas ainsi.

— Pourquoi vous opposeriez-vous, dit lord Nelvil, au plaisir que je trouve à vous unir dans ma pensée avec le souvenir de mon père, à confondre ainsi dans mon cœur tout ce qui m'est cher et sacré? — Vous ne le pouvez pas, interrompit Corianne; Oswald, je sais trop que vous ne le pouvez pas. — Juste ciel! reprit lord Nelvil, qu'avez-vous à m'apprendre? Donnez - moi cet écrit qui doit contenir l'histoire de votre vie, donnez-le-moi. — Vous l'aurez, reprit Corinne; mais, je vous en conjure, encore huit jours de grâce, seulement huit jours. Ce que j'ai appris ce matin m'oblige à quelques détails de plus. — Comment! dit Oswald, quel rapport avez-vous?... — N'exigez pas que je vous réponde à présent, interrompit Corinne; bientôt vous saurez tout, et ce sera peut-être la fin, la terrible fin de mon bonheur; mais, avant cet instant, je veux que nous voyions ensemble la campagne heureuse de Naples, avec un sentiment encore doux, avec une âme encore accessible à cette ravissante nature; je veux consacrer, de quelque manière, dans ces beaux lieux, l'époque la plus solennelle de la vie : il faut que vous conserviez un dernier souvenir de moi, telle que j'étais, telle que j'aurais toujours été, si mon cœur s'était défendu de vous aimer.

— Ah! Corinne, dit Oswald, que voulez-vous m'annoncer par ces paroles sinistres? Il ne se peut pas que vous ayez rien à m'apprendre qui refroidisse et ma tendresse et mon admiration. Pourquoi donc prolonger encore de huit jours cette anxiété, ce mystère, qui semble élever une barrière entre nous? — Cher Oswald, je le veux, répondit Corinne, pardonnez-moi ce dernier acte de pouvoir; bientôt vous seul déciderez de nous deux; j'attendrai mon sort de votre bouche, sans murmurer, s'il est cruel; car je n'ai sur cette terre ni sentiments, ni liens qui me condamnent à survivre à votre amour. » En achevant ces mots, elle sortit, en repoussant doucement avec sa main Oswald qui voulait la suivre.

CHAPITRE III.

Corinne avait résolu de donner une fête à lord Nelvil, pendant les huit jours de délai qu'elle avait demandés, et cette idée d'une fête s'unissait pour elle aux sentiments les plus mélancoliques. En examinant le caractère d'Oswald, il était impossible qu'elle ne fût pas inquiète de l'impression qu'il recevrait par ce qu'elle avait à lui dire. Il fallait juger Corinne en poëte, en artiste, pour lui pardonner le sacrifice de son rang, de sa famille, de son nom, à l'enthousiasme du talent et des beaux-arts. Lord Nelvil avait sans doute tout l'esprit nécessaire pour admirer l'imagination et le génie; mais il croyait que les relations de la vie sociale devaient l'emporter sur tout, et que la première

destination des femmes, et même des hommes, n'était pas l'exercice des facultés intellectuelles, mais l'accomplissement des devoirs particuliers à chacun. Les remords cruels qu'il avait éprouvés, en s'écartant de la ligne qu'il s'était tracée, avaient encore fortifié les principes sévères de morale innés en lui. Les mœurs d'Angleterre, les habitudes et les opinions d'un pays où l'on se trouve si bien du respect le plus scrupuleux pour les devoirs, comme pour les lois, le retenaient dans des liens assez étroits à beaucoup d'égards; enfin, le découragement qui naît d'une profonde tristesse fait aimer ce qui est dans l'ordre naturel, ce qui va de soi-même, et n'exige point de résolution nouvelle, ni décision contraire aux circonstances qui nous sont marquées par le sort.

L'amour d'Oswald pour Corinne avait modifié toute sa manière de sentir, mais l'amour n'efface jamais entièrement le caractère, et Corinne apercevait ce caractère à travers la passion qui en triomphait; et peut-être même le charme de lord Nelvil tenait-il beaucoup à cette opposition entre sa nature et son sentiment, opposition qui donnait un nouveau prix à tous les témoignages de sa tendresse. Mais l'instant approchait où les inquiétudes fugitives que Corinne avait constamment écartées, et qui n'avaient mêlé qu'un trouble léger et rêveur à la félicité dont elle jouissait, devaient décider de sa vie. Cette âme née pour le bonheur, accoutumée aux sensations mobiles du talent et de la poésie, s'étonnait de l'âpreté, de la fixité de la douleur; un frémissement que n'éprouvent point les femmes résignées depuis longtemps à souffrir, agitait alors tout son être.

Cependant, au milieu de la plus cruelle anxiété, elle préparait secrètement une journée brillante qu'elle voulait encore passer avec Oswald. Son imagination et sa sensibilité s'unissaient ainsi d'une manière romanesque. Elle invita les Anglais qui étaient à Naples, quelques Napolitains et Napolitaines dont la société lui plaisait; et le matin du jour qu'elle avait choisi pour être tout à la fois et celui d'une fête et la veille d'un aveu qui pouvait détruire à jamais son bonheur, un trouble singulier animait ses traits, et leur donnait une expression toute nouvelle. Des yeux distraits pouvaient prendre cette expression si vive pour de la joie; mais ses mouvements agités et rapides, ses regards qui ne s'arrêtaient sur rien, ne prouvaient que trop à lord Nelvil ce qui se passait dans son âme. C'est en vain qu'il essayait de la calmer par les protestations les plus tendres. « Vous me direz cela dans deux jours, lui disait-elle, si vous pensez toujours de même : à présent ces douces paroles ne me font que du mal. » Et elle s'éloignait de lui.

Les voitures qui devaient conduire la société que Corinne avait invitée arrivèrent à la fin du jour, au moment où le vent de mer s'élève, et, rafraîchissant l'air, permet à l'homme de contempler la nature. La première station de la promenade fut au tombeau de Virgile. Corinne et sa société s'y arrêtèrent, avant de traverser la grotte de Pausilipe. Ce tombeau est placé dans le plus beau site du monde; le golfe de Naples lui sert de perspective. Il y a tant de repos et de magnificence dans cet aspect, qu'on est tenté de croire que c'est Virgile lui-même qui l'a choisi; ce simple vers des Géorgiques aurait pu servir d'épitaphe :

> Illo Virgilium me tempore dulcis alebat
> Parthenope. . . . . [1].

Ses cendres y reposent encore, et la mémoire de son nom attire dans ce lieu les hommages de l'univers. C'est tout ce que l'homme, sur cette terre, peut arracher à la mort.

Pétrarque a planté un laurier sur ce tombeau, et Pétrarque n'est plus, et le laurier se meurt. Les étrangers qui sont venus en foule honorer la mémoire de Virgile, ont écrit leurs noms sur les murs qui environnent l'urne. On est importuné par ces noms obscurs, qui semblent là seulement pour troubler la paisible idée de solitude que ce séjour fait naître. Il n'y a que Pétrarque qui fût digne de laisser une trace durable de son voyage au tombeau de Virgile. On redescend en silence de cet asile funéraire de la gloire : on se rappelle et les pensées et les images que le talent du poëte a consacrées pour toujours. Admirable entretien avec les races futures, entretien que l'art d'écrire perpétue et renouvelle! Ténèbres de la mort, qu'êtes-vous donc? Les idées, les sentiments, les expressions d'un homme subsistent, et ce qui était lui ne subsisterait plus! Non, une telle contradiction dans la nature est impossible.

« Oswald, dit Corinne à lord Nelvil, les impressions que vous venez d'éprouver préparent mal pour une fête; mais combien, ajouta-t-elle avec une sorte d'exaltation dans le regard, combien de fêtes se sont passées non loin des tombeaux! — Chère amie, répondit Oswald, d'où vient cette peine secrète qui vous agite? Confiez-vous à moi; je vous ai dû six mois les plus fortunés de ma vie, peut-être aussi pendant ce temps ai-je répandu quelque douceur sur vos jours. Ah! qui pourrait

[1] Dans ce temps-là la douce Parthénope m'accueillait.

être impie envers le bonheur! qui pourrait se ravir la jouissance suprême de faire du bien à une âme telle que la vôtre! Hélas! c'est déjà beaucoup que de se sentir nécessaire au plus humble des mortels; mais être nécessaire à Corinne, croyez-moi, c'est trop de gloire, c'est trop de délices, pour y renoncer. — Je crois à vos promesses, répondit Corinne; mais n'y a-t-il pas des moments où quelque chose de violent et de bizarre s'empare du cœur, et accélère ses battements avec une agitation douloureuse? »

Ils traversèrent la grotte de Pausilipe aux flambeaux : on la passe ainsi, même à l'heure de midi, car c'est une route creusée sous la montagne, pendant près d'un quart de lieue; et lorsqu'on est au milieu, l'on aperçoit à peine le jour aux deux extrémités. Un retentissement extraordinaire se fait entendre sous cette longue voûte; les pas des chevaux, les cris de leurs conducteurs font un bruit étourdissant qui ne laisse dans la tête aucune pensée suivie. Les chevaux de Corinne entraînaient sa voiture avec une étonnante rapidité, et cependant elle n'était pas encore contente de leur vitesse, et disait à lord Nelvil : « Mon cher Oswald, comme ils avancent lentement! faites donc qu'ils se pressent. — D'où vous vient cette impatience, Corinne? répondit Oswald; autrefois, quand nous étions ensemble, vous ne cherchiez pas à précipiter les heures, vous en jouissiez. — A présent, dit Corinne, il faut que tout se décide; il faut que tout arrive à son terme, et je me sens le besoin de tout hâter, fût-ce ma mort! »

Au sortir de la grotte on éprouve une vive sensation de plaisir en retrouvant le jour et la nature; et quelle nature que celle qui s'offre alors aux regards! Ce qui manque souvent à la campagne d'Italie, ce sont les arbres; l'on en voit dans ce lieu en abondance. La terre d'ailleurs y est couverte de tant de fleurs, que c'est le pays où l'on peut le mieux se passer de ces forêts, qui sont la plus grande beauté de la nature dans toute autre contrée. La chaleur est si grande à Naples, qu'il est impossible de se promener, même à l'ombre, pendant le jour; mais le soir, ce pays couvert, entouré par la mer et le ciel, s'offre en entier à la vue, et l'on respire la fraîcheur de toutes parts. La transparence de l'air, la variété des sites, les formes pittoresques des montagnes caractérisent si bien l'aspect du royaume de Naples, que les peintres en dessinent les paysages de préférence. La nature a dans ce pays une puissance et une originalité que l'on ne peut expliquer par aucun des charmes que l'on recherche ailleurs.

« Je vous fais passer, dit Corinne à ceux qui
l'accompagnaient, sur les bords du lac d'Averne,
près du Phlégéton, et voilà devant vous le temple
de la sibylle de Cumes. Nous traversons les lieux
célébrés sous le nom des délices de Bayes; mais
je vous propose de ne pas vous y arrêter dans ce
moment. Nous recueillerons les souvenirs de l'histoire et de la poésie qui nous entourent ici, quand
nous serons arrivés dans un lieu d'où nous pour-
rons les apercevoir tous à la fois. »

C'était sur le cap Misène que Corinne avait fait
préparer les danses et la musique. Rien n'était
plus pittoresque que l'arrangement de cette fête.
Tous les matelots de Bayes étaient vêtus avec des
couleurs vives et bien contrastées; quelques Orientaux, qui venaient d'un bâtiment levantin alors
dans le port, dansaient avec des paysannes des
îles voisines d'Ischia et de Procida, dont l'habillement a conservé de la ressemblance avec le
costume grec; des voix parfaitement justes se faisaient entendre dans l'éloignement, et les instruments se répondaient derrière les rochers, d'échos
en échos, comme si les sons allaient se perdre dans
la mer. L'air qu'on respirait était ravissant; il
pénétrait l'âme d'un sentiment de joie qui animait
tous ceux qui étaient là, et s'empara même de Corinne. On lui proposa de se mêler à la danse des
paysannes, et d'abord elle y consentit avec plaisir;
mais à peine eut-elle commencé, que les sentiments
les plus sombres lui rendirent odieux les amusements auxquels elle prenait part; et, s'éloignant
rapidement de la danse et de la musique, elle alla
s'asseoir à l'extrémité du cap sur le bord de la
mer. Oswald se hâta de l'y suivre; mais comme il
arrivait près d'elle, la société qui les accompagnait
le rejoignit aussitôt, pour supplier Corinne d'improviser dans ce beau lieu. Son trouble était tel
en ce moment, qu'elle se laissa ramener vers le
tertre élevé où l'on avait placé sa lyre, sans pouvoir réfléchir à ce qu'on attendait d'elle.

CHAPITRE IV.

Cependant Corinne souhaitait qu'Oswald l'entendît encore une fois, comme au jour du Capitole,
avec tout le talent qu'elle avait reçu du ciel; si
ce talent devait être perdu pour jamais, elle voulait que ses derniers rayons, avant de s'éteindre,
brillassent pour celui qu'elle aimait. Ce désir lui
fit trouver, dans l'agitation même de son âme,
l'inspiration dont elle avait besoin. Tous ses amis
étaient impatients de l'entendre; le peuple même
qui la connaissait de réputation, ce peuple qui,

dans le Midi, est, par l'imagination, bon juge de
la poésie, entourait en silence l'enceinte où les
amis de Corinne étaient placés, et tous ces visages
napolitains exprimaient par leur vive physionomie
l'attention la plus animée. La lune se levait à
l'horizon; mais les derniers rayons du jour rendaient
encore sa lumière très-pâle. Du haut de la petite
colline qui s'avance dans la mer et forme le cap
Misène, on découvrait parfaitement le Vésuve, le
golfe de Naples, les îles dont il est parsemé, et la
campagne qui s'étend depuis Naples jusqu'à Gaëte;
enfin, la contrée de l'univers où les volcans, l'histoire et la poésie ont laissé le plus de traces. Aussi,
d'un commun accord, tous les amis de Corinne
lui demandèrent-ils de prendre pour sujet des vers
qu'elle allait chanter, *les souvenirs que ces lieux
retraçaient*. Elle accorda sa lyre, et commença
d'une voix altérée. Son regard était beau; mais
qui la connaissait comme Oswald, pouvait y démêler l'anxiété de son âme. Elle essaya cependant
de contenir sa peine, et de s'élever, du moins
pour un moment, au-dessus de sa situation personnelle.

IMPROVISATION DE CORINNE, DANS LA CAMPAGNE
DE NAPLES.

« La nature, la poésie et l'histoire rivalisent ici
« de grandeur; ici l'on peut embrasser d'un coup
« d'œil tous les temps et tous les prodiges.

« J'aperçois le lac d'Averne, volcan éteint, dont
« les ondes inspiraient jadis la terreur : l'Achéron,
« le Phlégéton, qu'une flamme souterraine fait
« bouillonner, sont les fleuves de cet enfer visité
« par Énée.

« Le feu, cette vie dévorante qui crée le monde
« et le consume, épouvantait d'autant plus que ses
« lois étaient moins connues. La nature jadis ne
« révélait ses secrets qu'à la poésie.

« La ville de Cumes, l'antre de la sibylle, le
« temple d'Apollon, étaient sur cette hauteur.
« Voici le bois où fut cueilli le rameau d'or. La
« terre de l'Énéide vous entoure; et les fictions
« consacrées par le génie sont devenues des sou-
« venirs dont on cherche encore les traces.

« Un Triton a plongé dans ces flots le Troyen
« téméraire qui osa défier les divinités de la mer
« par ses chants : ces rochers creux et sonores
« sont tels que Virgile les a décrits. L'imagination
« est fidèle, quand elle est toute-puissante. Le
« génie de l'homme est créateur, quand il sent la
« nature; imitateur, quand il croit l'inventer.

« Au milieu de ces masses terribles, vieux té-
« moins de la création, l'on voit une montagne

« nouvelle que le volcan a fait naître. Ici la terre
« est orageuse comme la mer, et ne rentre pas
« comme elle paisiblement dans ses bornes. Le
« lourd élément, soulevé par les tremblements de
« l'abîme, creuse les vallées, élève des monts, et
« ses vagues pétrifiées attestent les tempêtes qui
« déchirent son sein.

« Si vous frappez sur ce sol, la voûte souterraine
« retentit. On dirait que le monde habité n'est
« plus qu'une surface prête à s'entr'ouvrir. La
« campagne de Naples est l'image des passions
« humaines : sulfureuse et féconde, ses dangers
« et ses plaisirs semblent naître de ces volcans en-
« flammés qui donnent à l'air tant de charmes, et
« font gronder la foudre sous nos pas.

« Pline étudiait la nature pour mieux admirer
« l'Italie; il vantait son pays comme la plus belle
« des contrées, quand il ne pouvait plus l'honorer
« à d'autres titres. Cherchant la science, comme
« un guerrier les conquêtes, il partit de ce pro-
« montoire même pour observer le Vésuve à tra-
« vers les flammes, et ces flammes l'ont consumé.

« O souvenir, noble puissance, ton empire est
« dans ces lieux! De siècle en siècle, bizarre des-
« tinée! l'homme se plaint de ce qu'il a perdu. L'on
« dirait que les temps écoulés sont tous déposi-
« taires à leur tour d'un bonheur qui n'est plus;
« et tandis que la pensée s'enorgueillit de ses pro-
« grès, s'élance dans l'avenir, notre âme semble
« regretter une ancienne patrie dont le passé la
« rapproche.

« Les Romains, dont nous envions la splendeur,
« n'enviaient-ils pas la simplicité mâle de leurs
« ancêtres? Jadis ils méprisaient cette contrée
« voluptueuse, et ses délices ne domptèrent que
« leurs ennemis. Voyez dans le lointain Capoue,
« elle a vaincu le guerrier dont l'âme inflexible
« résista plus longtemps à Rome que l'univers.

« Les Romains, à leur tour, habitèrent ces
« lieux : quand la force de l'âme servait seulement
« à mieux sentir la honte et la douleur, ils s'amol-
« lirent sans remords. A Bayes, on les a vus con-
« quérir sur la mer un rivage pour leurs palais.
« Les monts furent creusés pour en arracher des
« colonnes, et les maîtres du monde, esclaves à
« leur tour, asservirent la nature pour se consoler
« d'être asservis.

« Cicéron a perdu la vie près du promontoire
« de Gaëte qui s'offre à nos regards. Les triumvirs,
« sans respect pour la postérité, la dépouillèrent
« des pensées que ce grand homme aurait conçues.
« Le crime des triumvirs dure encore; c'est contre
« nous encore que leur forfait est commis.

« Cicéron succomba sous le poignard des tyrans.
« Scipion, plus malheureux, fut banni par son
« pays encore libre. Il termina ses jours non loin
« de cette rive; et les ruines de son tombeau sont
« appelées la Tour de la patrie. Touchante allu-
« sion au souvenir dont sa grande âme fut occupée!

« Marius s'est réfugié dans ces marais de Min-
« turnes, près de la demeure de Scipion. Ainsi,
« dans tous les temps, les nations ont persécuté
« leurs grands hommes; mais ils sont consolés par
« l'apothéose, et le ciel, où les Romains croyaient
« commander encore, reçoit parmi ses étoiles Ro-
« mulus, Numa, César : astres nouveaux, qui con-
« fondent à nos regards les rayons de la gloire et
« la lumière céleste.

« Ce n'est pas assez des malheurs, la trace de
« tous les crimes est ici. Voyez, à l'extrémité du
« golfe, l'île de Caprée, où la vieillesse a désarmé
« Tibère, où cette âme à la fois cruelle et volup-
« tueuse, violente et fatiguée, s'ennuya même du
« crime, et voulut se plonger dans les plaisirs les
« plus bas, comme si la tyrannie ne l'avait pas
« encore assez dégradée.

« Le tombeau d'Agrippine est sur ces bords, en
« face de l'île de Caprée; il ne fut élevé qu'après
« la mort de Néron : l'assassin de sa mère pros-
« crivit aussi ses cendres. Il habita longtemps à
« Bayes, au milieu des souvenirs de son forfait.
« Quels monstres le hasard rassemble sous nos
« yeux! Tibère et Néron se regardent.

« Les îles que les volcans ont fait sortir de la
« mer servirent, presque en naissant, aux crimes
« du vieux monde; les malheureux relégués sur
« ces rochers solitaires, au milieu des flots, con-
« templaient de loin leur patrie, tâchaient de res-
« pirer ses parfums dans les airs, et quelquefois,
« après un long exil, un arrêt de mort leur appre-
« nait que leurs ennemis du moins ne les avaient
« pas oubliés.

« O terre! toute baignée de sang et de larmes,
« tu n'as jamais cessé de produire et des fruits et
« des fleurs! es-tu donc sans pitié pour l'homme?
« et sa poussière retourne-t-elle dans ton sein ma-
« ternel sans le faire tressaillir? »

Ici, Corinne se reposa quelques instants. Tous
ceux que la fête avait rassemblés jetaient à ses
pieds des branches de myrte et de laurier. La
lueur douce et pure de la lune embellissait son
visage, le vent frais de la mer agitait ses cheveux
pittoresquement, et la nature semblait se plaire à
la parer. Corinne cependant fut tout à coup saisie
par un attendrissement irrésistible : elle considéra
ces lieux enchanteurs, cette soirée enivrante,

Oswald qui était là, qui n'y serait peut-être pas toujours, et des larmes coulèrent de ses yeux. Le peuple même, qui venait de l'applaudir avec tant de bruit, respectait son émotion, et tous attendaient en silence que ses paroles fissent partager ce qu'elle éprouvait. Elle préluda quelque temps sur sa lyre, et ne divisant plus son chant en octaves, elle s'abandonna dans ses vers à un mouvement non interrompu.

« Quelques souvenirs du cœur, quelques noms « de femmes, réclament aussi vos pleurs. C'est à « Misène, dans le lieu même où nous sommes, « que la veuve de Pompée, Cornélie, conserva « jusqu'à la mort son noble deuil; Agrippine pleura « longtemps Germanicus sur ces bords. Un jour, « le même assassin qui lui ravit son époux la trou-« va digne de le suivre. L'île de Nisida fut témoin « des adieux de Brutus et de Porcie.

« Ainsi, les femmes amies des héros ont vu « périr l'objet qu'elles avaient adoré. C'est en vain « que pendant longtemps elles suivirent ses traces; « un jour vint qu'il fallut le quitter. Porcie se « donne la mort; Cornélie presse contre son sein « l'urne sacrée qui ne répond plus à ses cris; « Agrippine, pendant plusieurs années, irrite en « vain le meurtrier de son époux : et ces créatures « infortunées, errant comme des ombres sur les « plages dévastées du fleuve éternel, soupirent « pour aborder à l'autre rive; dans leur longue « solitude, elles interrogent le silence, et deman-« dent à la nature entière, à ce ciel étoilé, comme « à cette mer profonde, un son d'une voix chérie, « un accent qu'elles n'entendront plus.

« Amour, suprême puissance du cœur, mysté-« rieux enthousiasme qui renferme en lui-même « la poésie, l'héroïsme et la religion! qu'arrive-t-il « quand la destinée nous sépare de celui qui avait « le secret de notre âme, et nous avait donné la « vie du cœur, la vie céleste? qu'arrive-t-il quand « l'absence ou la mort isolent une femme sur la « terre? Elle languit, elle tombe. Combien de fois « ces rochers qui nous entourent n'ont-ils pas of-« fert leur froid soutien à ces veuves délaissées, « qui s'appuyaient jadis sur le sein d'un ami, sur « le bras d'un héros!

« Devant vous est Sorrente; là, demeurait la « sœur du Tasse, quand il vint en pèlerin, deman-« der à cette obscure amie un asile contre l'injus-« tice des princes; ses longues douleurs avaient « presque égaré sa raison; il ne lui restait plus « que du génie; il ne lui restait que la connaissance « des choses divines, toutes les images de la terre « étaient troublées. Ainsi le talent, épouvanté du

« désert qui l'environne, parcourt l'univers sans « trouver rien qui lui ressemble. La nature pour « lui n'a plus d'écho; et le vulgaire prend pour de « la folie ce malaise d'une âme qui ne respire pas « dans ce monde assez d'air, assez d'enthousiasme, « assez d'espoir.

« La fatalité, continua Corinne avec une émo-« tion toujours croissante, la fatalité ne poursuit-« elle pas les âmes exaltées, les poëtes dont l'ima-« gination tient à la puissance d'aimer et de « souffrir? Ils sont les bannis d'une autre région, « et l'universelle bonté ne devait pas ordonner « toute chose pour le petit nombre des élus ou des « proscrits. Que voulaient dire les anciens, quand « ils parlaient de la destinée avec tant de terreur? « Que peut-elle, cette destinée, sur les êtres vul-« gaires et paisibles? Ils suivent les saisons, ils « parcourent docilement le cours habituel de la « vie. Mais la prêtresse qui rendait les oracles se « sentait agitée par une puissance cruelle. Je ne « sais quelle force involontaire précipite le génie « dans le malheur : il entend le bruit des sphères « que les organes mortels ne sont pas faits pour « saisir; il pénètre des mystères du sentiment in-« connus aux autres hommes, et son âme recèle un « Dieu qu'elle ne peut contenir!

« Sublime Créateur de cette belle nature, pro-« tége-nous! Nos élans sont sans force, nos espé-« rances mensongères. Les passions exercent en « nous une tyrannie tumultueuse, qui ne nous « laisse ni liberté, ni repos. Peut-être ce que nous « ferons demain décidera-t-il de notre sort, peut-« être hier avons-nous dit un mot que rien ne peut « racheter. Quand notre esprit s'élève aux plus « hautes pensées, nous sentons, comme au som-« met des édifices élevés, un vertige qui confond « tous les objets à nos regards; mais alors même « la douleur, la terrible douleur, ne se perd point « dans les nuages; elle les sillonne, elle les en-« tr'ouvre. O mon Dieu! que veut-elle nous an-« noncer?... »

A ces mots, une pâleur mortelle couvrit le visage de Corinne; ses yeux se fermèrent, et elle serait tombée à terre, si lord Nelvil ne s'était pas à l'instant trouvé près d'elle pour la soutenir.

CHAPITRE V.

Corinne revint à elle, et la vue d'Oswald, qui avait dans son regard la plus touchante expression d'intérêt et d'inquiétude, lui rendit un peu de calme. Les Napolitains remarquaient avec étonnement la teinte sombre de la poésie de Corinne; ils admiraient l'harmonieuse beauté de son langage ; néanmoins ils auraient souhaité que ses vers fussent inspirés par une disposition moins triste, car ils ne considéraient les beaux-arts, et parmi les beaux-arts, la poésie, que comme une manière de se distraire des peines de la vie, et non de creuser plus avant dans ses terribles secrets. Mais les Anglais qui avaient entendu Corinne étaient pénétrés d'admiration pour elle.

Ils étaient ravis de voir ainsi les sentiments mélancoliques exprimés avec l'imagination italienne. Cette belle Corinne, dont les traits animés et le regard plein de vie étaient destinés à peindre le bonheur ; cette fille du soleil, atteinte par des peines secrètes, ressemblait à ces fleurs encore fraîches et brillantes, mais qu'un point noir, causé par une piqûre mortelle, menace d'une fin prochaine.

Toute la société s'embarqua pour retourner à Naples ; et la chaleur et le calme qui régnaient alors, faisaient goûter vivement le plaisir d'être sur la mer. Goëthe a peint, dans une délicieuse romance, le penchant que l'on éprouve pour les eaux, au milieu de la chaleur. La nymphe du fleuve vante au pêcheur le charme de ses flots : elle l'invite à s'y rafraîchir, et, séduit par degrés, enfin il s'y précipite. Cette puissance magique de l'onde ressemble, en quelque manière, au regard du serpent qui attire en effrayant. La vague, qui s'élève de loin et se grossit par degrés, et se hâte en approchant du rivage, semble correspondre avec un désir secret du cœur, qui commence doucement et devient irrésistible.

Corinne était plus calme ; les délices du beau temps rassuraient son âme : elle avait relevé les tresses de ses cheveux, pour mieux sentir ce qu'il pouvait y avoir d'air autour d'elle ; sa figure était ainsi plus charmante que jamais. Les instruments à vent, qui suivaient dans une autre barque, produisaient un effet enchanteur : ils étaient en harmonie avec la mer, les étoiles et la douceur enivrante d'un soir d'Italie ; mais ils causaient une plus touchante émotion encore : ils étaient la voix du ciel au milieu de la nature. « Chère amie, dit Oswald à voix basse, chère amie de mon cœur, je n'oublierai jamais ce jour : en pourra-t-il jamais exister un plus heureux ? » Et en prononçant ces paroles, ses yeux étaient remplis de larmes. L'un des agréments séducteurs d'Oswald, c'était cette émotion facile, et cependant contenue, qui mouillait souvent, malgré lui, ses yeux de pleurs : son regard avait alors une expression irrésistible. Quelquefois même, au milieu d'une douce plaisanterie,

on s'apercevait qu'il était ébranlé par un attendrissement secret qui se mêlait à sa gaieté, et lui donnait un noble charme. « Hélas ! répondit Corinne, non, je n'espère plus un jour tel que celui-ci ; qu'il soit béni, du moins, comme le dernier de ma vie, s'il n'est pas, s'il ne peut pas être l'aurore d'un bonheur durable. »

CHAPITRE VI.

Le temps commençait à changer lorsqu'ils arrivèrent à Naples ; le ciel s'obscurcissait, et l'orage qui s'annonçait dans l'air agitait déjà fortement les vagues, comme si la tempête de la mer répondait du sein des flots à la tempête du ciel. Oswald avait devancé Corinne de quelques pas, parce qu'il voulait faire apporter des flambeaux pour la conduire plus sûrement jusqu'à sa demeure. En passant sur le quai, il vit des Lazzaroni rassemblés qui criaient assez haut : « *Ah ! le pauvre homme, il ne peut pas s'en tirer ; il faut avoir patience : il périra.* — Que dites-vous ? s'écria lord Nelvil avec impétuosité ; de qui parlez-vous ? — *D'un pauvre vieillard,* répondirent-ils, *qui se baignait là-bas, non loin du môle, mais qui a été pris par l'orage, et n'a pas assez de force pour lutter contre les vagues et regagner le bord.* » Le premier mouvement d'Oswald était de se jeter à l'eau ; mais, réfléchissant à la frayeur qu'il causerait à Corinne lorsqu'elle approcherait, il offrit tout l'argent qu'il portait avec lui, et en promit le double à celui qui se jetterait dans l'eau pour retirer le vieillard. Les Lazzaroni refusèrent, en disant : *Nous avons trop peur, il y a trop de danger ; cela ne se peut pas.* En ce moment, le vieillard disparut sous les flots. Oswald n'hésita plus, et s'élança dans la mer, malgré les vagues qui recouvraient sa tête. Il lutta cependant heureusement contre elles, atteignit le vieillard, qui périssait un instant plus tard, le saisit et le ramena sur le bord. Mais le froid de l'eau, les efforts violents d'Oswald contre la mer agitée, lui firent tant de mal, qu'au moment où il apportait le vieillard sur la rive, il tomba sans connaissance, et sa pâleur était telle en cet état, qu'on devait croire qu'il n'existait plus [1].

Corinne passait alors, ne pouvant pas se douter de ce qui venait d'arriver. Elle aperçut une grande foule rassemblée, et entendant crier : *Il est mort !* elle allait s'éloigner, cédant à la terreur que lui inspiraient ces paroles, lorsqu'elle vit un des An-

[1] M. Éliot, ministre d'Angleterre, a sauvé la vie d'un vieillard à Naples, de la même manière que lord Nelvil.

glais qui l'accompagnaient fendre précipitamment la foule. Elle fit quelques pas pour le suivre, et le premier objet qui frappa ses regards, ce fut l'habit d'Oswald, qu'il avait laissé sur le rivage en se jetant dans l'eau. Elle saisit cet habit avec un désespoir convulsif, croyant qu'il ne restait plus que cela d'Oswald; et quand elle le reconnut enfin lui-même, bien qu'il parût sans vie, elle se jeta sur son corps inanimé avec une sorte de transport; et le pressant dans ses bras avec ardeur, elle eut l'inexprimable bonheur de sentir encore les battements du cœur d'Oswald, qui se ranimait peut-être à l'approche de Corinne. « Il vit! s'écriat-elle, il vit! » Et dans ce moment elle reprit une force, un courage qu'avaient à peine les simples amis d'Oswald. Elle appela tous les secours, elle-même sut les donner; elle soutenait la tête d'Oswald évanoui, elle le couvrait de ses larmes; et, malgré la plus cruelle agitation, elle n'oubliait rien, elle ne perdait pas un instant, et ses soins n'étaient point interrompus par sa douleur. Oswald paraissait un peu mieux; cependant il n'avait point encore repris l'usage de ses sens. Corinne le fit transporter chez elle, et se mit à genoux à côté de lui, l'entoura des parfums qui devaient le ranimer, et l'appelait avec un accent si tendre, si passionné, que la vie devait revenir à cette voix. Oswald l'entendit, rouvrit les yeux, et lui serra la main.

Se peut-il que pour jouir d'un tel moment, il ait fallu sentir les angoisses de l'enfer! Pauvre nature humaine! Nous ne connaissons l'infini que par la douleur; et dans toutes les jouissances de la vie, il n'est rien qui puisse compenser le désespoir de voir mourir ce qu'on aime.

« Cruel! s'écria Corinne, cruel! qu'avez-vous fait? — Pardonnez, répondit Oswald d'une voix tremblante, pardonnez. Dans l'instant où je me suis cru près de périr, croyez-moi, chère amie, j'avais peur pour vous. » Admirable expression de l'amour partagé, de l'amour au plus heureux moment de la confiance mutuelle! Corinne, vivement émue par ces délicieuses paroles, ne put se les rappeler jusqu'à son dernier jour, sans un attendrissement qui, pour quelques instants du moins, fait tout pardonner.

CHAPITRE VII.

Le second mouvement d'Oswald fut de porter sa main sur sa poitrine, pour y retrouver le portrait de son père : il y était encore; mais l'eau l'avait tellement effacé, qu'il était à peine reconnaissable. Oswald, amèrement affligé de cette perte, s'écria : « Mon Dieu! vous m'enlevez donc jusqu'à son image! » Corinne pria lord Nelvil de lui permettre de rétablir ce portrait. Il y consentit, mais sans beaucoup d'espoir. Quel fut son étonnement, lorsqu'au bout de trois jours elle le rapporta non-seulement réparé, mais plus frappant de ressemblance encore qu'auparavant! « Oui, dit Oswald avec ravissement; oui, vous avez deviné ses traits et sa physionomie. C'est un miracle du ciel qui vous désigne à moi comme la compagne de mon sort, puisqu'il vous révèle le souvenir de celui qui doit à jamais disposer de moi. Corinne, continua-t-il en se jetant à ses pieds, règne à jamais sur ma vie. Voilà l'anneau que mon père avait donné à sa femme, l'anneau le plus saint, le plus sacré, qui fut offert par la bonne foi la plus noble, accepté par le cœur le plus fidèle; je l'ôte de mon doigt pour le mettre au tien. Et dès cet instant je ne suis plus libre; tant que vous le conserverez, chère amie, je ne le suis plus. J'en prends l'engagement solennel, avant de savoir qui vous êtes; c'est votre âme que j'en crois, c'est elle qui m'a tout appris. Les événements de votre vie, s'ils viennent de vous, doivent être nobles comme votre caractère; s'ils viennent du sort, et que vous en ayez été la victime, je remercie le ciel d'être chargé de les réparer. Ainsi donc, ô ma Corinne! apprenez-moi vos secrets, vous le devez à celui dont les promesses ont précédé votre confiance.

— Oswald, répondit Corinne, cette émotion si touchante naît en vous d'une erreur, et je ne puis accepter cet anneau sans la dissiper; vous croyez que j'ai deviné, par une inspiration du cœur, les traits de votre père; mais je dois vous apprendre que je l'ai vu lui-même plusieurs fois. — Vous avez vu mon père! s'écria lord Nelvil, et comment? dans quel lieu? se peut-il, ô mon Dieu! qui donc êtes-vous? — Voilà votre anneau, dit Corinne, avec une émotion étouffée, je dois déjà vous le rendre. — Non, reprit Oswald, après un moment de silence, je jure de ne jamais être l'époux d'une autre, tant que vous ne me renverrez pas cet anneau. Mais pardonnez au trouble que vous venez d'exciter en mon âme; des idées confuses se retracent à moi, mon inquiétude est douloureuse. — Je le vois, reprit Corinne, et je vais l'abréger. Mais déjà votre voix n'est plus la même, et vos paroles sont changées. Peut-être, après avoir lu mon histoire, peut-être que l'horrible mot adieu... — Adieu! s'écria lord Nelvil; non, chère amie, ce n'est que sur mon lit de mort que je pourrais te le dire. Ne le crains pas avant cet instant. » Corinne sortit, et peu de minutes après, Thérésine entra dans la chambre d'Oswald, pour lui remettre, de la part de sa maîtresse, l'écrit qu'on va lire.

●●●●●●●●

LIVRE XIV.

HISTOIRE DE CORINNE.

———●○○●———

CHAPITRE PREMIER.

« Oswald, je vais commencer par l'aveu qui doit décider de ma vie. Si, après l'avoir lu, vous ne croyez pas possible de me pardonner, n'achevez point cette lettre, et rejetez-moi loin de vous; mais si, lorsque vous connaîtrez et le nom et le sort auxquels j'ai renoncé, tout n'est pas brisé entre nous, ce que vous apprendrez ensuite servira peut-être à m'excuser.

« Lord Edgermond était mon père; je suis née en Italie de sa première femme, qui était Romaine, et Lucile Edgermond, qu'on vous destinait pour épouse, est ma sœur du côté paternel; elle est le fruit du second mariage de mon père avec une Anglaise.

« Maintenant, écoutez-moi. Élevée en Italie, je perdis ma mère lorsque je n'avais encore que dix ans; mais, comme en mourant elle avait témoigné un extrême désir que mon éducation fût terminée avant que j'allasse en Angleterre, mon père me laissa chez une tante de ma mère, à Florence, jusqu'à l'âge de quinze ans. Mes talents, mes goûts, mon caractère même étaient formés, quand la mort de ma tante décida mon père à me rappeler près de lui. Il vivait dans une petite ville du Northumberland, qui ne peut, je crois, donner aucune idée de l'Angleterre; mais c'est tout ce que j'en ai connu, pendant les six années que j'y ai passées. Ma mère, dès mon enfance, ne m'avait entretenue que du malheur de ne plus vivre en Italie; et ma tante m'avait souvent répété que c'était la crainte de quitter son pays qui avait fait mourir ma mère de chagrin. Ma bonne tante se persuadait aussi qu'une catholique était damnée quand elle vivait dans un pays protestant; et bien que je ne partageasse pas cette crainte, cependant l'idée d'aller en Angleterre me causait beaucoup d'effroi.

« Je partis avec un sentiment de tristesse inexprimable. La femme qui était venue me chercher ne savait pas l'italien : j'en disais bien encore quelques mots à la dérobée avec ma pauvre Thérésine

qui avait consenti à me suivre, quoiqu'elle ne cessât de pleurer en s'éloignant de sa patrie; mais il fallut me déshabituer de ces sons harmonieux qui plaisent tant, même aux étrangers, et dont le charme était uni pour moi à tous les souvenirs de l'enfance; je m'avançais vers le Nord; sensation triste et sombre que j'éprouvais, sans en concevoir bien clairement la cause. Il y avait cinq ans que je n'avais vu mon père quand j'arrivai chez lui. Je pus à peine le reconnaître : il me sembla que sa figure avait pris un caractère plus grave; cependant il me reçut avec un tendre intérêt, et me dit beaucoup que je ressemblais à ma mère. Ma petite sœur, qui avait alors trois ans, me fut amenée; c'était la figure la plus blanche, les cheveux de soie les plus blonds que j'eusse jamais vus. Je la regardai avec étonnement, car nous n'avons presque pas de ces figures en Italie; mais dès ce moment elle m'intéressa beaucoup; je pris ce jour-là même de ses cheveux pour en faire un bracelet, que j'ai toujours conservé depuis. Enfin, ma belle-mère parut, et l'impression qu'elle me fit, la première fois que je la vis, s'est constamment accrue et renouvelée pendant les six années que j'ai passées avec elle.

« Lady Edgermond aimait exclusivement la province où elle était née, et mon père, qu'elle dominait, lui avait fait le sacrifice du séjour de Londres ou d'Édimbourg. C'était une personne froide, digne, silencieuse, dont les yeux étaient sensibles quand elle regardait sa fille, mais qui avait d'ailleurs quelque chose de si positif dans l'expression de sa physionomie et dans ses discours, qu'il paraissait impossible de lui faire entendre ni une idée nouvelle, ni seulement une parole à laquelle son esprit ne fût pas accoutumé. Elle me reçut bien, mais j'aperçus facilement que toute ma manière la surprenait, et qu'elle se proposait de la changer, si elle le pouvait. L'on ne dit mot pendant le dîner, bien qu'on eût invité quelques personnes du voisinage : je m'ennuyais tellement de ce silence, qu'au milieu du repas j'essayai de parler un peu à un homme âgé qui était assis à côté de moi; et je citai dans la conversation des vers italiens très-purs, très-délicats, mais dans lesquels il était question d'amour : ma belle-mère, qui savait un peu l'italien, me regarda, rougit, et donna le signal aux femmes, plus tôt qu'à l'ordinaire encore, de se retirer pour aller préparer le thé, et laisser les hommes seuls à table pendant le dessert. Je n'entendais rien à cet usage, qui surprend beaucoup en Italie, où l'on ne peut concevoir aucun agrément dans la société sans les femmes; et je crus un moment que ma belle-mère était si indignée contre moi, qu'elle ne voulait pas rester dans la chambre où j'étais. Cependant je me rassurai, parce qu'elle me fit signe de la suivre, et ne m'adressa aucun reproche pendant les trois heures que nous passâmes dans le salon, attendant que les hommes vinssent nous rejoindre.

« Ma belle-mère, à souper, me dit assez doucement qu'il n'était pas d'usage que les jeunes personnes parlassent, et que, surtout, elles ne devaient jamais se permettre de citer des vers où le mot d'amour était prononcé. « Miss Edgermond, ajouta-t-elle, vous devez tâcher d'oublier tout ce qui tient à l'Italie; c'est un pays qu'il serait à désirer que vous n'eussiez jamais connu. » Je passai la nuit à pleurer, mon cœur était oppressé de tristesse : le matin j'allai me promener; il faisait un brouillard affreux; je n'aperçus pas le soleil, qui du moins m'aurait rappelé ma patrie. Je rencontrai mon père, il vint à moi et me dit : « Ma chère enfant, ce n'est pas ici comme en Italie, les femmes n'ont d'autre vocation parmi nous que les devoirs domestiques; les talents que vous avez vous désennuieront dans la solitude; peut-être aurez-vous un mari qui s'en fera plaisir : mais dans une petite ville comme celle-ci, tout ce qui attire l'attention excite l'envie, et vous ne trouveriez pas du tout à vous marier, si l'on croyait que vous avez des goûts étrangers à nos mœurs; ici la manière d'exister doit être soumise aux anciennes habitudes d'une province éloignée. J'ai passé avec votre mère douze ans en Italie, et le souvenir m'en est très-doux; j'étais jeune alors, et la nouveauté me plaisait; à présent je suis rentré dans ma case, et je m'en trouve bien; une vie régulière, même un peu monotone, fait passer le temps sans qu'on s'en aperçoive. Mais il ne faut pas lutter contre les usages du pays où l'on est établi, l'on en souffre toujours; car dans une ville aussi petite que celle où nous sommes, tout se sait, tout se répète : il n'y a pas lieu à l'émulation, mais bien à la jalousie, et il vaut mieux supporter un peu d'ennui que de rencontrer toujours des visages surpris et malveillants, qui vous demanderaient, à chaque instant, raison de ce que vous faites. »

« Non, mon cher Oswald, vous ne pouvez vous faire une idée de la peine que j'éprouvai pendant que mon père parlait ainsi. Je me le rappelais plein de grâce et de vivacité, tel que je l'avais vu dans mon enfance, et je le voyais courbé maintenant sous ce manteau de plomb que le Dante décrit dans l'enfer, et que la médiocrité jette sur les épaules de ceux qui passent sous son joug; tout

s'éloignait à mes regards, l'enthousiasme de la nature, des beaux-arts, des sentiments; et mon âme me tourmentait comme une flamme inutile, qui me dévorait moi-même, n'ayant plus d'aliments au dehors. Comme je suis naturellement douce, ma belle-mère n'avait point à se plaindre de moi dans mes rapports avec elle; mon père encore moins, car je l'aimais tendrement, et c'était dans mes entretiens avec lui que je trouvais encore quelque plaisir. Il était résigné, mais il savait qu'il l'était; tandis que la plupart de nos gentilshommes campagnards, buvant, chassant et dormant, croyaient mener la plus sage et la plus belle vie du monde.

« Leur contentement me troublait à un tel point, que je me demandais si ce n'était pas moi dont la manière de penser était une folie, et si cette existence toute solide qui échappe à la douleur comme à la pensée, au sentiment comme à la rêverie, ne valait pas beaucoup mieux que ma manière d'être; mais à quoi m'aurait servi cette triste conviction ? à m'affliger de mes facultés comme d'un malheur, tandis qu'elles passaient en Italie pour un bienfait du ciel.

« Parmi les personnes que nous voyions, il y en avait qui ne manquaient pas d'esprit, mais elles l'étouffaient comme une lueur importune; et pour l'ordinaire, vers quarante ans, ce petit mouvement de leur tête s'était engourdi avec tout le reste. Mon père, vers la fin de l'automne, allait beaucoup à la chasse, et nous l'attendions quelquefois jusqu'à minuit. Pendant son absence, je restais dans ma chambre la plus grande partie de la journée, pour cultiver mes talents, et ma belle-mère en avait de l'humeur. « A quoi bon tout cela, me disait-elle, en serez-vous plus heureuse? » et ce mot me mettait au désespoir. Qu'est-ce donc que le bonheur, me disais-je, si ce n'est pas le développement de nos facultés! Ne vaut-il pas autant se tuer physiquement que moralement? Et s'il faut étouffer mon esprit et mon âme, que sert de conserver le misérable reste de vie qui m'agite en vain? Mais je me gardais bien de parler ainsi à ma belle-mère. Je l'avais essayé une ou deux fois : elle m'avait répondu qu'une femme était faite pour soigner le ménage de son mari et la santé de ses enfants; que toutes les autres prétentions ne faisaient que du mal, et que le meilleur conseil qu'elle avait à me donner, c'était de les cacher si je les avais; et ce discours, tout commun qu'il était, me laissait absolument sans réponse : car l'émulation, l'enthousiasme, tous ces moteurs de l'âme et du génie, ont singulièrement besoin d'être encouragés, et se flétrissent comme les fleurs sous un ciel triste et glacé.

« Il n'y a rien de si facile que de se donner l'air très-moral, en condamnant tout ce qui tient à une âme élevée. Le devoir, la plus noble destination de l'homme, peut être dénaturé comme toute autre idée, et devenir une arme offensive, dont les esprits étroits, les gens médiocres, et contents de l'être, se servent pour imposer silence au talent, et se débarrasser de l'enthousiasme, du génie, enfin de tous leurs ennemis. On dirait, à les entendre, que le devoir consiste dans le sacrifice des facultés distinguées que l'on possède, et que l'esprit est un tort qu'il faut expier, en menant précisément la même vie que ceux qui en manquent. Mais est-il vrai que le devoir prescrive à tous les caractères des règles semblables ? Les grandes pensées, les sentiments généreux ne sont-ils pas dans ce monde la dette des êtres capables de l'acquitter ? Chaque femme, comme chaque homme, ne doit-elle pas se frayer une route d'après son caractère et ses talents ? et faut-il imiter l'instinct des abeilles, dont les essaims se succèdent sans progrès et sans diversité ?

« Non, Oswald, pardonnez à l'orgueil de Corinne ; mais je me croyais faite pour une autre destinée : je me sens aussi soumise à ce que j'aime que ces femmes dont j'étais entourée, et qui ne permettaient ni un jugement à leur esprit, ni un désir à leur cœur : s'il vous plaisait de passer vos jours au fond de l'Écosse, je serais heureuse d'y vivre et d'y mourir auprès de vous ; mais, loin d'abdiquer mon imagination, elle me servirait à mieux jouir de la nature ; et plus l'empire de mon esprit serait étendu, plus je trouverais de gloire et de bonheur à vous en déclarer le maître.

« Ma belle-mère était presque aussi importunée de mes idées que de mes actions ; il ne lui suffisait pas que je menasse la même vie qu'elle, il fallait encore que ce fût par les mêmes motifs, car elle voulait que les facultés qu'elle n'avait pas fussent considérées seulement comme une maladie. Nous vivions assez près du bord de la mer, et le vent du nord se faisait sentir souvent dans notre château : je l'entendais siffler la nuit à travers les longs corridors de notre demeure, et le jour il favorisait merveilleusement notre silence quand nous étions réunies. Le temps était humide et froid ; je ne pouvais presque jamais sortir sans éprouver une sensation douloureuse : il y avait dans la nature quelque chose d'hostile, qui me faisait regretter amèrement sa bienfaisance et sa douceur en Italie.

« Nous rentrions l'hiver dans la ville, si c'est une ville, toutefois, qu'un lieu où il n'y a ni spectacle, ni édifices, ni musique, ni tableaux ; c'était un rassemblement de commérages, une collection d'ennuis tout à la fois divers et monotones.

« La naissance, le mariage et la mort composaient toute l'histoire de notre société, et ces trois événements différaient là moins qu'ailleurs. Représentez-vous ce que c'était pour une Italienne comme moi, que d'être assise autour d'une table à thé plusieurs heures par jour après dîner, avec la société de ma belle-mère. Elle était composée de sept femmes, les plus graves de la province ; deux d'entre elles étaient des demoiselles de cinquante ans, timides comme à quinze, mais beaucoup moins gaies qu'à cet âge. Une femme disait à l'autre : *Ma chère, croyez-vous que l'eau soit assez bouillante pour la jeter sur le thé ? — Ma chère*, répondait l'autre, *je crois que ce serait trop tôt, car ces messieurs ne sont pas encore prêts à venir. — Resteront-ils longtemps à table aujourd'hui ?* disait la troisième ; *qu'en croyez-vous, ma chère ? — Je ne sais pas*, répondait la quatrième ; *il me semble que l'élection du parlement doit avoir lieu la semaine prochaine, et il se pourrait qu'ils restassent pour s'en entretenir. — Non*, reprenait la cinquième ; *je crois plutôt qu'ils parlent de cette chasse au renard qui les a tant occupés la semaine passée, et qui doit recommencer lundi prochain ; je crois cependant que le dîner sera bientôt fini. — Ah ! je ne l'espère guère*, disait la sixième en soupirant, et le silence recommençait. J'avais été dans les couvents d'Italie, ils me paraissaient pleins de vie à côté de ce cercle, et je ne savais qu'y devenir.

« Tous les quarts d'heure il s'élevait une voix qui faisait la question la plus insipide, pour obtenir la réponse la plus froide ; et l'ennui soulevé retombait avec un nouveau poids sur ces femmes, que l'on aurait pu croire malheureuses, si l'habitude prise dès l'enfance n'apprenait pas à tout supporter. Enfin, les *messieurs* revenaient, et ce moment si attendu n'apportait pas un grand changement dans la manière d'être des femmes : les hommes continuaient leur conversation auprès de la cheminée, les femmes restaient dans le fond de la chambre, distribuant les tasses de thé ; et quand l'heure du départ arrivait, elles s'en allaient avec leurs époux, prêtes à recommencer le lendemain une vie qui ne différait de celle de la veille que par la date de l'almanach, et par la trace des années qui venait enfin s'imprimer sur le visage de ces femmes, comme si elles eussent vécu pendant ce temps.

« Je ne puis concevoir encore comment mon talent a pu échapper au froid mortel dont j'étais entourée; car il ne faut pas se le cacher, il y a deux côtés à toutes les manières de voir : on peut vanter l'enthousiasme, on peut le blâmer; le mouvement et le repos, la variété et la monotonie, sont susceptibles d'être attaqués et défendus par divers arguments; on peut plaider pour la vie, et il y a cependant assez de bien à dire de la mort, ou de ce qui lui ressemble. Il n'est donc pas vrai qu'on puisse tout simplement mépriser ce que disent les gens médiocres; ils pénètrent malgré vous dans le fond de votre pensée, ils vous attendent dans les moments où la supériorité vous a causé des chagrins, pour vous dire un *eh bien,* tout tranquille, tout modéré en apparence, et qui est cependant le mot le plus dur qu'il soit possible d'entendre; car on ne peut supporter l'envie que dans les pays où cette envie même est excitée par l'admiration qu'inspirent les talents; mais quel plus grand malheur que de vivre là où la supériorité ferait naître la jalousie, et point l'enthousiasme; là où l'on serait haï comme une puissance, en étant moins fort qu'un être obscur! Telle était ma situation dans cet étroit séjour; je n'y faisais qu'un bruit importun à presque tout le monde, et je ne pouvais, comme à Londres ou à Édimbourg, rencontrer ces hommes supérieurs qui savent tout juger et tout connaître, et qui, sentant le besoin des plaisirs inépuisables de l'esprit et de la conversation, auraient trouvé quelque charme dans l'entretien d'une étrangère, quand même elle ne se serait pas, en tout, conformée aux sévères usages du pays.

« Je passais quelquefois des jours entiers dans les sociétés de ma belle-mère, sans entendre dire un mot qui répondît ni à une idée, ni à un sentiment; l'on ne se permettait pas même des gestes en parlant; on voyait sur le visage des jeunes filles la plus belle fraîcheur, les couleurs les plus vives, et la plus parfaite immobilité : singulier contraste entre la nature et la société! Tous les âges avaient des plaisirs semblables : l'on prenait le thé, l'on jouait au whist, et les femmes vieillissaient en faisant toujours la même chose, en restant toujours à la même place : le temps était bien sûr de ne pas les manquer, il savait où les prendre.

« Il y a dans les plus petites villes d'Italie un théâtre, de la musique, des improvisateurs, beaucoup d'enthousiasme pour la poésie et les arts, un beau soleil; enfin, on y sent qu'on vit; mais je l'oubliais tout à fait dans la province que j'habitais,

et j'aurais pu, ce me semble, envoyer à ma place une poupée légèrement perfectionnée par la mécanique, elle aurait très-bien rempli mon emploi dans la société. Comme il y a partout, en Angleterre, des intérêts de divers genres qui honorent l'humanité, les hommes, dans quelque retraite qu'ils vivent, ont toujours les moyens d'occuper dignement leur loisir; mais l'existence des femmes, dans le coin isolé de la terre que j'habitais, était bien insipide. Il y en avait quelques-unes qui, par la nature et la réflexion, avaient développé leur esprit, et j'avais découvert quelques accents, quelques regards, quelques mots dits à voix basse, qui sortaient de la ligne commune; mais la petite opinion du petit pays, toute-puissante dans son petit cercle, étouffait entièrement ces germes : on aurait eu l'air d'une mauvaise tête, d'une femme de vertu douteuse, si l'on s'était livré à parler, à se montrer de quelque manière; et ce qui était pis que tous les inconvénients, il n'y avait aucun avantage.

« D'abord j'essayai de ranimer cette société endormie : je leur proposai de lire des vers, de faire de la musique. Une fois, le jour était pris pour cela; mais tout à coup une femme se rappela qu'il y avait trois semaines qu'elle était invitée à souper chez sa tante; une autre, qu'elle était en deuil d'une vieille cousine qu'elle n'avait jamais vue, et qui était morte depuis plus de trois mois; une autre, enfin, que dans son ménage il y avait des arrangements domestiques à prendre : tout cela était très-raisonnable; mais ce qui était toujours sacrifié, c'étaient les plaisirs de l'imagination et l'esprit, et j'entendais si souvent dire : *Cela ne se peut pas,* que, parmi tant de négations, ne pas vivre m'eût encore semblé la meilleure de toutes.

« Moi-même, après m'être débattue quelque temps, j'avais renoncé à mes vaines tentatives, non que mon père me les interdît, il avait même engagé ma belle-mère à ne pas me tourmenter à cet égard; mais les insinuations, mais les regards à la dérobée, pendant que je parlais, mille petites peines, semblables aux liens dont les pygmées entouraient Gulliver, me rendaient tous les mouvements impossibles, et je finissais par faire comme les autres, en apparence, mais avec cette différence, que je mourais d'ennui, d'impatience et de dégoûts, au fond du cœur. J'avais déjà passé ainsi quatre années les plus fastidieuses du monde; et, ce qui m'affligeait davantage encore, je sentais mon talent se refroidir; mon esprit se remplissait, malgré moi, de petitesses : car, dans une société où l'on manque tout à la fois d'intérêt pour les sciences, la littérature, les tableaux et la musique, où l'imagination enfin n'occupe personne, ce sont les petits faits, les critiques minutieuses qui font nécessairement le sujet des entretiens; et les esprits étrangers à l'activité comme à la méditation ont quelque chose d'étroit, de susceptible et de contraint, qui rend les rapports de la société tout à la fois pénibles et fades.

« Il n'y a là de jouissance que dans une certaine régularité méthodique, qui convient à ceux dont le désir est d'effacer toutes les supériorités, pour mettre le monde à leur niveau; mais cette uniformité est une douleur habituelle pour les caractères appelés à une destinée qui leur soit propre. Le sentiment amer de la malveillance, que j'excitais malgré moi, se joignait à l'oppression causée par le vide, qui m'empêchait de respirer. C'est en vain qu'on se dit : Tel homme n'est pas digne de me juger, telle femme n'est pas capable de me comprendre; le visage humain exerce un grand pouvoir sur le cœur humain; et quand vous lisez sur ce visage une désapprobation secrète, elle vous inquiète toujours, en dépit de vous-même. Enfin, le cercle qui vous environne finit toujours par vous cacher le reste du monde : le plus petit objet placé devant votre œil vous intercepte le soleil; il en est de même aussi de la société dans laquelle on vit : ni l'Europe, ni la postérité, ne pourraient rendre insensible aux tracasseries de la maison voisine; et qui veut être heureux et développer son génie, doit, avant tout, bien choisir l'atmosphère dont il s'entoure immédiatement.

CHAPITRE II.

« Je n'avais d'autre amusement que l'éducation de ma petite sœur; ma belle-mère ne voulait pas qu'elle sût la musique, mais elle m'avait permis de lui apprendre l'italien et le dessin, et je suis persuadée qu'elle se souvient encore de l'un et de l'autre, car je lui dois la justice qu'elle montrait alors beaucoup d'intelligence. Oswald, Oswald! si c'est pour votre bonheur que je me suis donné tant de soins, je m'en applaudis encore; je m'en applaudirais dans le tombeau.

« J'avais près de vingt ans, mon père voulait me marier, et c'est ici que toute la fatalité de mon sort va se déployer. Mon père était l'intime ami du vôtre, et c'est à vous, Oswald, qu'il pensa pour mon époux. Si nous nous étions connus alors, et si vous m'aviez aimée, notre sort à tous les deux eût été sans nuage. J'avais entendu parler de vous avec un tel éloge, que, soit pressentiment,

soit orgueil, je fus extrêmement flattée par l'espoir de vous épouser. Vous étiez trop jeune pour moi, puisque j'ai dix-huit mois de plus que vous; mais votre esprit, votre goût pour l'étude devançaient, dit-on, votre âge; et je me faisais une idée si douce de la vie passée avec un caractère tel qu'on peignait le vôtre, que cet espoir effaçait entièrement mes préventions contre la manière d'exister des femmes en Angleterre. Je savais d'ailleurs que vous vouliez vous établir à Édimbourg ou à Londres, et j'étais sûre de trouver, dans chacune de ces deux villes, la société la plus distinguée. Je me disais alors ce que je crois encore à présent, c'est que tout le malheur de ma situation venait de vivre dans une petite ville, reléguée au fond d'une province du Nord. Les grandes villes seules conviennent aux personnes qui sortent de la règle commune, quand c'est en société qu'elles veulent vivre; comme la vie y est variée, la nouveauté y plaît; mais dans les lieux où l'on a pris une assez douce habitude de la monotonie, l'on n'aime pas à s'amuser une fois, pour découvrir que l'on s'ennuie tous les jours.

« Je me plais à le répéter, Oswald, quoique je ne vous eusse jamais vu, j'attendais avec une véritable anxiété votre père, qui devait venir passer trait jours chez le mien; et ce sentiment était alors trop peu motivé pour qu'il ne fût pas un avant-coureur de ma destinée. Quand lord Nelvil arriva, je désirai de lui plaire; je le désirai peut-être trop, et je fis, pour y réussir, infiniment plus de frais qu'il n'en fallait : je lui montrai tous mes talents; je chantai, je dansai, j'improvisai pour lui; et mon esprit, longtemps contenu, fut peut-être trop vif en brisant ses chaînes. Depuis sept ans, l'expérience m'a calmée; j'ai moins d'empressement à me montrer; je suis plus accoutumée à moi; je sais mieux attendre; j'ai peut-être moins de confiance dans la bonne disposition des autres, mais aussi moins d'ardeur pour leurs applaudissements; enfin, il est possible qu'alors il y eût en moi quelque chose d'étrange. On a tant de feu, tant d'imprudence dans la première jeunesse! on se jette en avant de la vie avec tant de vivacité! L'esprit, quelque distingué qu'il soit, ne supplée jamais au temps; et, bien qu'avec cet esprit on sache parler sur les hommes comme si on les connaissait, on n'agit point en conséquence de ses propres aperçus; on a je ne sais quelle fièvre dans les idées, qui ne nous permet pas de conformer notre conduite à nos propres raisonnements.

« Je crois, sans le savoir avec certitude, que je parus à lord Nelvil une personne trop vive; car, après avoir passé huit jours chez mon père, et s'être montré cependant très-aimable pour moi, il nous quitta, et écrivit à mon père que, toute réflexion faite, il trouvait son fils trop jeune pour conclure le mariage dont il avait été question. Oswald, quelle importance attacherez-vous à cet aveu? Je pouvais vous dissimuler cette circonstance de ma vie, je ne l'ai pas fait. Serait-il possible cependant qu'elle vous parût ma condamnation! Je suis, je le sais, améliorée depuis sept années; et votre père aurait-il vu sans émotion ma tendresse et mon enthousiasme pour vous! Oswald, il vous aimait, nous nous serions entendus.

« Ma belle-mère forma le projet de me marier au fils de son frère aîné, qui possédait une terre dans notre voisinage : c'était un homme de trente ans, riche, d'une belle figure, d'une naissance illustre et d'un caractère fort honnête, mais si parfaitement convaincu de l'autorité d'un mari sur sa femme, et de la destination soumise et domestique de cette femme, qu'un doute à cet égard l'aurait autant révolté que si l'on avait mis en question l'honneur ou la probité. M. Maclinson (c'était son nom) avait assez de goût pour moi, et ce qu'on disait dans la ville de mon esprit et de mon caractère singulier ne l'inquiétait pas le moins du monde; il y avait tant d'ordre dans sa maison, tout s'y faisait si régulièrement, à la même heure et de la même manière, qu'il était impossible à personne d'y rien changer. Les deux vieilles tantes qui dirigeaient le ménage, les domestiques, les chevaux même, n'auraient pas su faire une seule chose différente de la veille, et les meubles qui assistaient à ce genre de vie depuis trois générations, se seraient, je crois, déplacés d'eux-mêmes, si quelque chose de nouveau leur était apparu. M. Maclinson avait donc raison de ne pas craindre mon arrivée dans ce lieu; le poids des habitudes y était si fort, que la petite liberté que je me serais donnée aurait pu le désennuyer un quart d'heure par semaine, mais n'aurait sûrement jamais eu d'autre conséquence.

« C'était un homme bon, incapable de faire de la peine; mais si, cependant, je lui avais parlé des chagrins sans nombre qui peuvent tourmenter une âme active et sensible, il m'aurait considérée comme une personne vaporeuse, et m'aurait simplement conseillé de monter à cheval, et de prendre l'air : il désirait de m'épouser, précisément parce qu'il ne se doutait pas des besoins de l'esprit et de l'imagination, et que je lui plaisais sans qu'il me comprît. S'il avait eu seulement l'idée de ce que c'était qu'une femme distinguée, et des avantages et des inconvénients qu'elle peut avoir, il eût craint de ne pas être assez aimable à mes yeux; mais ce genre d'inquiétude n'entrait pas même dans sa tête. Jugez de ma répugnance pour un tel mariage! je le refusai décidément; mon père me soutint; ma belle-mère en conçut un vif ressentiment contre moi : c'était une personne despotique au fond de l'âme, bien que sa timidité l'empêchât souvent d'exprimer sa volonté : quand on ne la devinait pas, elle en avait de l'humeur; et quand on lui résistait, après qu'elle avait fait l'effort de s'exprimer, elle le pardonnait d'autant moins qu'il lui en avait plus coûté pour sortir de sa réserve accoutumée.

« Toute la ville me blâma de la manière la plus prononcée. Une union aussi convenable, une fortune si bien en ordre, un homme si estimable, un nom si considéré! tel était le cri général. J'essayai d'expliquer pourquoi cette union si convenable ne me convenait pas; j'y perdis ma peine. Quelquefois je me faisais comprendre quand je parlais; mais dès que j'étais partie, ce que j'avais dit ne laissait aucune trace; car les idées habituelles rentraient aussitôt dans les têtes de mes auditeurs, et ils recevaient avec un nouveau plaisir ces anciennes connaissances, que j'avais un moment écartées.

« Une femme, beaucoup plus spirituelle que les autres, bien qu'elle se fût conformée en tout extérieurement à la vie commune, me prit à part, un jour que j'avais parlé avec encore plus de vivacité qu'à l'ordinaire, et me dit ces paroles, qui me firent une impression profonde : « Vous vous donnez beaucoup de peine, ma chère, pour un résultat impossible; vous ne changerez pas la nature des choses : une petite ville du Nord, sans rapport avec le reste du monde, sans goût pour les arts ni pour les lettres, ne peut être autrement qu'elle n'est : si vous devez vivre ici, soumettez-vous; allez-vous-en, si vous le pouvez; il n'y a que ces deux partis à prendre. » Ce raisonnement n'était que trop évident; je me sentis pour cette femme une considération que je n'avais pas pour moi-même; car, avec des goûts assez analogues aux miens, elle avait su se résigner à la destinée que je ne pouvais supporter; et, tout en aimant la poésie et les jouissances idéales, elle jugeait mieux la force des choses et l'obstination des hommes. Je cherchai beaucoup à la voir; mais ce fut en vain : son esprit sortait du cercle, mais sa vie y était enfermée; et je crois même qu'elle craignait un peu de réveiller, par nos entretiens, sa supériorité naturelle : qu'en aurait-elle fait?

CHAPITRE III.

« J'aurais cependant passé toute ma vie dans la déplorable situation où je me trouvais, si j'avais conservé mon père; mais un accident subit me l'enleva : je perdis avec lui mon protecteur, mon ami, le seul qui m'entendît encore, dans ce désert peuplé, et mon désespoir fut tel, que je n'eus plus la force de résister à mes impressions. J'avais vingt ans quand il mourut, et je me trouvai sans autre appui, sans autre relation que ma belle-mère, une personne avec laquelle, depuis cinq ans que nous vivions ensemble, je n'étais pas plus liée que le premier jour. Elle se mit à me reparler de M. Maclinson; et, quoiqu'elle n'eût pas le droit de me commander de l'épouser, elle ne recevait que lui chez elle, et me déclarait assez nettement qu'elle ne favoriserait aucun autre mariage. Ce n'était pas qu'elle aimât beaucoup M. Maclinson, quoiqu'il fût son propre parent; mais elle me trouvait dédaigneuse de le refuser, et elle faisait cause commune avec lui, plutôt pour la défense de la médiocrité que par amour-propre de famille.

« Chaque jour ma situation devenait plus odieuse; je me sentais saisie par la maladie du pays, la plus inquiète douleur qui puisse s'emparer de l'âme. L'exil est quelquefois, pour les caractères vifs et sensibles, un supplice beaucoup plus cruel que la mort; l'imagination prend en déplaisance tous les objets qui vous entourent, le climat, le pays, la langue, les usages, la vie en masse, la vie en détail; il y a une peine pour chaque moment, comme pour chaque situation; car la patrie nous donne mille plaisirs habituels que nous ne connaissons pas nous-mêmes, avant de les avoir perdus :

> . . . . La favella, i costumi,
> L'aria, i tronchi, il terren, le mura, i sassi [1] !

C'est déjà un vif chagrin que de ne plus voir les lieux où l'on a passé son enfance : les souvenirs de cet âge, par un charme particulier, rajeunissent le cœur, et cependant adoucissent l'idée de la mort. La tombe rapprochée du berceau semble placer sous le même ombrage toute une vie; tandis que les années passées sur un sol étranger sont comme des branches sans racines. La génération qui vous précède ne vous a pas vu naître; elle n'est pas pour vous la génération des pères, la génération protectrice; mille intérêts qui vous sont communs avec vos compatriotes, ne sont plus entendus par

[1] La langue, les mœurs, l'air, les arbres, la terre, les murs, les pierres ! MÉTASTASE.

les étrangers; il faut tout expliquer, tout commenter, tout dire, au lieu de cette communication facile, de cette effusion de pensées, qui commence à l'instant où l'on retrouve ses concitoyens. Je ne pouvais me rappeler sans émotion les expressions bienveillantes de mon pays. *Cara, Carissima*, disais-je quelquefois en me promenant toute seule, pour m'imiter à moi-même l'accueil si amical des Italiens et des Italiennes; je comparais cet accueil à celui que je recevais.

« Chaque jour j'errais dans la campagne, où j'avais coutume d'entendre le soir, en Italie, des airs harmonieux chantés avec des voix si justes; et les cris des corbeaux retentissaient seuls dans les nuages. Le soleil si beau, l'air si suave de mon pays était remplacé par les brouillards; les fruits mûrissaient à peine, je ne voyais point de vignes, les fleurs croissaient languissamment, à long intervalle l'une de l'autre; les sapins couvraient les montagnes toute l'année, comme un noir vêtement: un édifice antique, un tableau seulement, un beau tableau aurait relevé mon âme; mais je l'aurais vainement cherché à trente milles à la ronde. Tout était terne, tout était morne autour de moi, et ce qu'il y avait d'habitations et d'habitants servait seulement à priver la solitude de cette horreur poétique qui cause à l'âme un frissonnement assez doux. Il y avait de l'aisance, un peu de commerce et de la culture autour de nous; enfin, ce qu'il faut pour qu'on vous dise : *Vous devez être contente, il ne vous manque rien.* Stupide jugement, porté sur l'extérieur de la vie, quand tout le foyer du bonheur et de la souffrance est dans le sanctuaire le plus intime et le plus secret de nous-mêmes!

« A vingt-un ans, je devais naturellement entrer en possession de la fortune de ma mère et de celle que mon père m'avait laissée. Une fois alors, dans mes rêveries solitaires, il me vint dans l'idée, puisque j'étais orpheline et majeure, de retourner en Italie, pour y mener une vie indépendante, tout entière consacrée aux arts. Ce projet, quand il entra dans ma pensée, m'enivra de bonheur, et d'abord je ne conçus pas la possibilité d'une objection. Cependant, quand ma fièvre d'espérance fut un peu calmée, j'eus peur de cette résolution irréparable; et me représentant ce qu'en penseraient tous ceux que je connaissais, le projet que j'avais d'abord trouvé si facile me sembla tout à fait impraticable; mais néanmoins l'image de cette vie, au milieu de tous les souvenirs de l'antiquité, de la peinture, de la musique, s'était offerte à moi avec tant de détails et de charmes, que j'avais pris un nouveau dégoût pour mon ennuyeuse existence.

« Mon talent, que j'avais craint de perdre, s'était accru par l'étude suivie que j'avais faite de la littérature anglaise ; la manière profonde de penser et de sentir qui caractérise vos poëtes, avait fortifié mon esprit et mon âme ; sans que j'eusse rien perdu de l'imagination vive qui semble n'appartenir qu'aux habitants de nos contrées. Je pouvais donc me croire destinée à des avantages particuliers, par la réunion des circonstances rares qui m'avaient donné une double éducation, et, si je puis m'exprimer ainsi, deux nationalités différentes. Je me souvenais de l'approbation qu'un petit nombre de bons juges avaient accordée dans Florence à mes premiers essais en poésie. Je m'exaltais sur les nouveaux succès que je pouvais obtenir ; enfin j'espérais beaucoup de moi : n'est-ce pas la première et la plus noble illusion de la jeunesse ?

« Il me semblait que j'entrerais en possession de l'univers, le jour où je ne sentirais plus le souffle desséchant de la médiocrité malveillante ; mais quand il fallait prendre la résolution de partir, de m'échapper secrètement, je me sentais arrêtée par l'opinion, qui m'imposait beaucoup plus en Angleterre qu'en Italie ; car, bien que je n'aimasse pas la petite ville que j'habitais, je respectais l'ensemble du pays dont elle faisait partie. Si ma belle-mère avait daigné me conduire à Londres ou à Édimbourg, si elle avait songé à me marier avec un homme qui eût assez d'esprit pour faire cas du mien, je n'aurais jamais renoncé ni à mon nom, ni à mon existence, même pour retourner dans mon ancienne patrie. Enfin, quelque dure que fût pour moi la domination de ma belle-mère, je n'aurais peut-être jamais eu la force de changer de situation, sans une multitude de circonstances qui se réunirent, comme pour décider mon esprit incertain.

« J'avais près de moi la femme de chambre italienne que vous connaissez, Thérésine ; elle est Toscane ; et, bien que son esprit n'ait point été cultivé, elle se sert de ces expressions nobles et harmonieuses qui donnent tant de grâce aux moindres discours de notre peuple. C'était avec elle seulement que je parlais ma langue, et ce lien m'attachait à elle. Je la voyais souvent triste, et je n'osais lui en demander la cause ; me doutant qu'elle regrettait, comme moi, notre pays, et craignant de ne pouvoir plus contraindre mes propres sentiments, s'ils étaient excités par les sentiments d'un autre. Il y a des peines qui s'adoucissent en se communiquant ; mais les maladies de l'imagination s'augmentent quand on les confie ; elles s'augmentent surtout, quand on aperçoit dans un autre

une douleur semblable à la sienne. Le mal qu'on souffre paraît alors invincible, et l'on n'essaye plus de le combattre. Ma pauvre Thérésine tomba tout à coup sérieusement malade ; et, l'entendant gémir nuit et jour, je me déterminai à lui demander enfin le sujet de ses chagrins. Quel fut mon étonnement de l'entendre me dire presque tout ce que j'avais senti ! Elle n'avait pas si bien réfléchi que moi sur la cause de ses peines ; elle s'en prenait davantage à des circonstances locales, à des personnes en particulier ; mais la tristesse de la nature, l'insipidité de la ville où nous demeurions, la froideur de ses habitants, la contrainte de leurs usages, elle sentait tout, sans pouvoir s'en rendre raison, et s'écriait sans cesse : « O mon pays, ne vous reverrai-je donc jamais ! » Et puis elle ajoutait cependant qu'elle ne voulait pas me quitter, et, avec une amertume qui me déchirait le cœur elle pleurait de ne pouvoir concilier avec son attachement pour moi son beau ciel d'Italie, et le plaisir d'entendre sa langue maternelle.

« Rien ne fit plus d'effet sur mon esprit que ce reflet de mes propres impressions dans une personne toute commune, mais qui avait conservé le caractère et les goûts italiens dans leur vivacité naturelle, et je lui promis qu'elle reverrait l'Italie. « Avec vous ? » répondit-elle. Je gardai le silence. Alors elle s'arracha les cheveux, et jura qu'elle ne s'éloignerait jamais de moi ; mais elle paraissait prête à mourir à mes yeux, en prononçant ces paroles. Enfin, il m'échappa de lui dire que j'y retournerais aussi ; et ce mot, qui n'avait eu pour but que de la calmer, devint plus solennel par la joie inexprimable qu'il lui causa et la confiance qu'elle y prit. Depuis ce jour, sans en rien dire, elle se lia avec quelques négociants de la ville, et m'annonçait exactement quand un vaisseau partait du port voisin pour Gênes ou Livourne : je l'écoutais, et je ne répondais rien ; elle imitait aussi mon silence, mais ses yeux se remplissaient de larmes. Ma santé souffrait tous les jours davantage du climat et de mes peines intérieures ; mon esprit a besoin de mouvement et de gaieté ; je vous l'ai dit souvent, la douleur me tuerait ; il y a trop de lutte en moi contre elle ; il faut lui céder pour n'en pas mourir.

« Je revenais donc fréquemment à l'idée qui m'occupait depuis la mort de mon père ; mais j'aimais beaucoup Lucile, qui avait alors neuf ans, et que je soignais depuis six, comme sa seconde mère : un jour je pensai que si je partais ainsi secrètement, je ferais un tel tort à ma réputation, que le nom de ma sœur en souffrirait ; et cette crainte me fit renoncer, pour un temps, à mes projets. Cependant, un soir que j'étais plus affectée que jamais des chagrins que j'éprouvais, et dans mes rapports avec ma belle-mère, et dans mes rapports avec la société, je me trouvai seule à souper avec lady Edgermond ; et, après une heure de silence, il me prit tout à coup un tel ennui de son imperturbable froideur, que je commençai la conversation en me plaignant de la vie que je menais ; plus, d'abord, pour la forcer à parler, que pour l'amener à aucun résultat qui pût me concerner ; mais, en m'animant, je supposai tout à coup la possibilité, dans une situation semblable à la mienne, de quitter pour toujours l'Angleterre. Ma belle-mère n'en fut pas troublée ; et, avec un sang-froid et une sécheresse que je n'oublierai de ma vie, elle me dit : « Vous avez vingt et un ans, miss Edgermond ; ainsi la fortune de votre mère et celle que votre père vous a laissée sont à vous. Vous êtes donc la maîtresse de vous conduire comme vous le voudrez ; mais, si vous prenez un parti qui vous déshonore dans l'opinion, vous devez à votre famille de changer de nom, et de vous faire passer pour morte. » Je me levai à ces paroles avec impétuosité, et je sortis sans répondre.

« Cette dureté dédaigneuse m'inspira la plus vive indignation, et, pour un moment, un désir de vengeance tout à fait étranger à mon caractère s'empara de moi. Ces mouvements se calmèrent ; mais la conviction que personne ne s'intéressait à mon bonheur rompit les liens qui m'attachaient encore à la maison où j'avais vu mon père. Certainement lady Edgermond ne me plaisait pas, mais je n'avais pas pour elle l'indifférence qu'elle me témoignait ; j'étais touchée de sa tendresse pour sa fille ; je croyais l'avoir intéressée par les soins que je donnais à cette enfant, et peut-être, au contraire, ces soins mêmes avaient-ils excité sa jalousie ; car plus elle s'était imposé de sacrifices sur tous les points, plus elle était passionnée dans la seule affection qu'elle se fût permise. Tout ce qu'il y a dans le cœur humain de vif et d'ardent, maîtrisé par sa raison sous tous les autres rapports, se retrouvait dans son caractère, quand il s'agissait de sa fille.

« Au milieu du ressentiment qu'avait excité dans mon cœur mon entretien avec lady Edgermond, Thérésine vint me dire, avec une émotion extrême, qu'un bâtiment, arrivé de Livourne même, était entré dans le port, dont nous n'étions éloignées que de quelques lieues, et qu'il y avait sur ce bâtiment des négociants qu'elle connaissait, et qui étaient les plus honnêtes gens du monde. « Ils sont tous Italiens, me dit-elle en pleurant, ils ne parlent qu'italien. Dans huit jours ils se rembarquent, et vont directement en Italie ; et si madame était décidée... — Retournez avec eux, ma bonne Thérésine, lui répondis-je. — Non, madame, s'écria-t-elle, j'aime mieux mourir ici. » Et elle sortit de ma chambre, où je restai, réfléchissant à mes devoirs envers ma belle-mère. Il me paraissait clair qu'elle désirait ne plus m'avoir auprès d'elle : mon influence sur Lucile lui déplaisait ; elle craignait que la réputation que j'avais autour de moi, d'être une personne extraordinaire, ne nuisît un jour à l'établissement de sa fille ; enfin elle m'avait dit le secret de son cœur, en m'indiquant le désir que je me fisse passer pour morte ; et ce conseil amer, qui m'avait d'abord tant révoltée, me parut, à la réflexion, assez raisonnable.

« Oui, sans doute, m'écriais-je, passons pour morte dans ces lieux où mon existence n'est qu'un sommeil agité. Je revivrai avec la nature, avec le soleil, avec les beaux-arts ; et les froides lettres qui composent mon nom, inscrites sur un vain tombeau, tiendront aussi bien que moi ma place dans ce séjour sans vie. » Ces élans de mon âme vers la liberté ne me donnèrent point encore cependant la force d'une résolution décisive ; il y a des moments où l'on se croit la puissance de ce qu'on désire, et d'autres où l'ordre habituel des choses paraît devoir l'emporter sur tous les sentiments de l'âme. J'étais dans cette indécision qui pouvait durer toujours, puisque rien au dehors de moi ne m'obligeait à prendre un parti, lorsque, le dimanche qui suivit ma conversation avec ma belle-mère, j'entendis, vers le soir, sous mes fenêtres, des chanteurs italiens qui étaient venus sur le bâtiment de Livourne, et que Thérésine avait attirés, pour me causer une agréable surprise. Je ne puis exprimer l'émotion que je ressentis ; un déluge de pleurs couvrit mon visage, tous mes souvenirs se ranimèrent : rien ne retrace le passé comme la musique ; elle fait plus que le retracer ; il apparaît, quand elle l'évoque, semblable aux ombres de ceux qui nous sont chers, revêtu d'un voile mystérieux et mélancolique. Les musiciens chantèrent ces délicieuses paroles de Monti, qu'il a composées dans son exil :

> Bella Italia, amate sponde,
> Pur vi torno à riveder.
> Trema in petto e si confonde
> L'alma oppressa dal piacer [1].

....
....

[1] Belle Italie ! bords chéris ! je vais donc vous revoir encore ! mon âme tremble, et succombe à l'excès de ce plaisir.

« J'étais dans une sorte d'ivresse, je sentais pour l'Italie tout ce que l'amour fait éprouver, désir, enthousiasme, regrets; je n'étais plus maîtresse de moi-même, toute mon âme était entraînée vers ma patrie : j'avais besoin de la voir, de la respirer, de l'entendre; chaque battement de mon cœur était un appel à mon beau séjour, à ma riante contrée. Si la vie était offerte aux morts dans les tombeaux, ils ne soulèveraient pas la pierre qui les couvre avec plus d'impatience que je n'en éprouvais pour écarter de moi tous mes linceuls, et reprendre possession de mon imagination, de mon génie, de la nature. Au moment de cette exaltation causée par la musique, j'étais loin encore de prendre aucun parti, car mes sentiments étaient trop confus pour en tirer aucune idée fixe, lorsque ma belle-mère entra, et me pria de faire cesser ces chants, parce qu'il était scandaleux d'entendre de la musique le dimanche. Je voulus insister : les Italiens partaient le lendemain; il y avait six ans que je n'avais joui d'un semblable plaisir : ma belle-mère ne m'écouta pas; et, me disant qu'il fallait, avant tout, respecter les convenances du pays où l'on vivait, elle s'approcha de la fenêtre, et commanda à ses gens d'éloigner mes pauvres compatriotes. Ils partirent, et me répétaient de loin en loin, en chantant, un adieu qui me perçait le cœur.

« La mesure de mes impressions était comblée; le vaisseau devait s'éloigner le lendemain; Thérésine, à tout hasard, et sans m'en avertir, avait tout préparé pour mon départ. Lucile était depuis huit jours chez une parente de sa mère. Les cendres de mon père ne reposaient pas dans la maison de campagne que nous habitions; il avait ordonné que son tombeau fût élevé dans la terre qu'il avait en Écosse. Enfin je partis sans en prévenir ma belle-mère, et lui laissant une lettre qui lui apprenait ma résolution. Je partis dans un de ces moments où l'on se livre à la destinée, où tout paraît meilleur que la servitude, le dégoût et l'insipidité; où la jeunesse inconsidérée se fie à l'avenir, et le voit dans les cieux comme une étoile brillante qui lui promet un heureux sort.

CHAPITRE IV.

« Des pensées plus inquiètes s'emparèrent de moi, quand je perdis de vue les côtes d'Angleterre; mais comme je n'y avais pas laissé d'attachement vif, je fus bientôt consolée, en arrivant à Livourne, par tout le charme de l'Italie. Je ne dis à personne mon véritable nom, comme je l'avais promis à ma belle-mère; je pris seulement celui de Corinne que l'histoire d'une femme grecque, amie de Pindare et poëte, m'avait fait aimer [1]. Ma figure, en se développant, avait tellement changé, que j'étais sûre de n'être pas reconnue; j'avais vécu assez solitaire à Florence, et je devais compter sur ce qui m'est arrivé, c'est que personne à Rome n'a su qui j'étais. Ma belle-mère me manda qu'elle avait répandu le bruit que les médecins m'avaient ordonné le voyage du Midi, pour rétablir ma santé, et que j'étais morte dans la traversée. Sa lettre ne contenait d'ailleurs aucune réflexion : elle me fit passer avec une très-grande exactitude toute ma fortune, qui est assez considérable; mais elle ne m'a plus écrit. Cinq ans se sont écoulés depuis ce moment jusqu'à celui où je vous ai vu; cinq ans pendant lesquels j'ai goûté assez de bonheur : je suis venue m'établir à Rome; ma réputation s'est accrue; les beaux-arts et la littérature m'ont encore donné plus de jouissances solitaires qu'ils ne m'ont valu de succès, et je n'ai pas connu, jusques à vous, tout l'empire que le sentiment peut exercer; mon imagination colorait et décolorait quelquefois mes illusions, sans me causer de vives peines; je n'avais point encore été saisie par une affection qui pût me dominer. L'admiration, le respect, l'amour, n'enchaînaient point toutes les facultés de mon âme; je concevais, même en aimant, plus de qualités et plus de charmes que je n'en ai rencontré; enfin je restais supérieure à mes propres impressions, au lieu d'être entièrement subjuguée par elles.

« N'exigez point que je vous raconte comment deux hommes, dont la passion pour moi n'a que trop éclaté, ont occupé successivement ma vie, avant de vous connaître : il faudrait faire violence à ma conviction intime, pour me persuader maintenant qu'un autre que vous a pu m'intéresser, et j'en éprouve autant de repentir que de douleur. Je vous dirai seulement ce que vous avez appris déjà par mes amis, c'est que mon existence indépendante me plaisait tellement, qu'après de longues irrésolutions et de pénibles scènes, j'ai rompu deux fois des liens que le besoin d'aimer m'avait fait contracter, et que je n'ai pu me résoudre à rendre irrévocables. Un grand seigneur allemand voulait, en m'épousant, m'emmener dans son pays, où son rang et sa fortune le fixaient. Un prince

[1] Il ne faut pas confondre le nom de Corinne avec celui de la Corilla, improvisatrice italienne, dont tout le monde a entendu parler. Corinne était une femme grecque, célèbre par la poésie lyrique; Pindare lui-même avait reçu des leçons d'elle.

italien m'offrait à Rome même l'existence la plus
brillante. Le premier sut me plaire en m'inspirant
la plus haute estime; mais je m'aperçus, avec le
temps, qu'il avait peu de ressources dans l'esprit.
Quand nous étions seuls, il fallait que je me donnasse beaucoup de peine pour soutenir la conversation, et pour lui cacher avec soin ce qui lui manquait. Je n'osais, en causant avec lui, me montrer
ce que je puis être, de peur de le mettre mal à
l'aise; je prévis que son sentiment pour moi dimi-
nuerait nécessairement le jour où je cesserais de
le ménager, et néanmoins il est difficile de conserver de l'enthousiasme pour ceux que l'on ménage. Les égards d'une femme pour une infériorité
quelconque dans un homme, supposent toujours
qu'elle ressent pour lui plus de pitié que d'amour;
et le genre de calcul et de réflexion que ces égards
demandent, flétrit la nature céleste d'un sentiment
involontaire. Le prince italien était plein de grâce
et de fécondité dans l'esprit. Il voulait s'établir à
Rome, partageait tous mes goûts, aimait mon
genre de vie; mais je remarquai, dans une occasion importante, qu'il manquait d'énergie dans
l'âme, et que, dans les circonstances difficiles de
la vie, ce serait moi qui me verrais obligée de le
soutenir et de le fortifier : alors tout fut dit pour
l'amour; car les femmes ont besoin d'appui, et
rien ne les refroidit comme la nécessité d'en donner. Je fus donc deux fois détrompée de mes sentiments, non par des malheurs ni par des fautes,
mais par l'esprit observateur qui me découvrit ce
que l'imagination m'avait caché.

« Je me crus destinée à ne jamais aimer de toute
la puissance de mon âme; quelquefois cette idée
m'était pénible, plus souvent je m'applaudissais
d'être libre; je craignais en moi cette faculté de
souffrir, cette nature passionnée qui menace mon
bonheur et ma vie; je me rassurais toujours, en
songeant qu'il était difficile de captiver mon jugement, et je ne croyais pas que personne pût jamais
répondre à l'idée que j'avais du caractère et de
l'esprit d'un homme; j'espérais toujours échapper
au pouvoir absolu d'un attachement, en apercevant quelques défauts dans l'objet qui pourrait
me plaire; je ne savais pas qu'il existe des défauts
qui peuvent accroître l'amour même par l'inquiétude qu'ils lui causent. Oswald, la mélancolie,
l'incertitude, qui vous découragent de tout, la sévérité de vos opinions, troublent mon repos, sans
refroidir mon sentiment : je pense souvent que ce
sentiment ne me rendra pas heureuse; mais alors
c'est moi que je juge, et jamais vous.

« Vous connaissez maintenant l'histoire de ma

vie; l'Angleterre abandonnée, mon changement de
nom, l'inconstance de mon cœur, je n'ai rien dissimulé. Sans doute, vous penserez que l'imagination m'a souvent égarée; mais si la société n'enchaînait pas les femmes par des liens de tout
genre, dont les hommes sont dégagés, qu'y aurait-
il dans ma vie qui pût empêcher de m'aimer? Ai-
je jamais trompé? ai-je jamais fait de mal? mon
âme a-t-elle jamais été flétrie par de vulgaires intérêts? Sincérité, bonté, fierté, Dieu demandera-
t-il davantage à l'orpheline qui se trouvait seule
dans l'univers? Heureuses les femmes qui rencontrent, à leurs premiers pas dans la vie, celui qu'elles doivent aimer toujours! Mais le mérité-je moins,
pour l'avoir connu trop tard?

« Cependant je vous le dirai, milord, et vous en
croirez ma franchise : si je pouvais passer ma vie
près de vous, sans vous épouser, il me semble que,
malgré la perte d'un grand bonheur, et d'une
gloire à mes yeux la première de toutes, je ne
voudrais pas m'unir à vous. Peut-être ce mariage
est-il pour vous un sacrifice; peut-être un jour
regretterez-vous cette belle Lucile, ma sœur, que
votre père vous a destinée. Elle est plus jeune que
moi de douze années; son nom est sans tache,
comme la première fleur du printemps; il faudrait,
en Angleterre, faire revivre le mien, qui a déjà
passé sous l'empire de la mort. Lucile a, je le sais,
une âme douce et pure; si j'en juge par son enfance, il se peut qu'elle soit capable de vous entendre en vous aimant. Oswald, vous êtes libre;
quand vous le désirerez, votre anneau vous sera
rendu.

« Peut-être voulez-vous savoir, avant que de vous
décider, ce que je souffrirai si vous me quittez.
Je l'ignore : il s'élève quelquefois des mouvements
tumultueux dans mon âme, qui sont plus forts
que ma raison, et je ne serais pas coupable si de
tels mouvements me rendaient l'existence tout à
fait insupportable. Il est également vrai que j'ai
beaucoup de facultés de bonheur; je sens quelquefois en moi comme une fièvre de pensées, qui fait
circuler mon sang plus vite. Je m'intéresse à tout;
je parle avec plaisir; je jouis avec délices de l'esprit
des autres, de l'intérêt qu'ils me témoignent, des
merveilles de la nature, des ouvrages de l'art que
l'affectation n'a point frappés de mort. Mais serait-il en ma puissance de vivre quand je ne vous
verrais plus! C'est à vous d'en juger, Oswald, car
vous me connaissez mieux que moi-même; je ne
suis pas responsable de ce que je puis éprouver;
c'est à celui qui enfonce le poignard à savoir si la
blessure qu'il fait est mortelle. Mais quand elle le

serait, Oswald, je devrais vous le pardonner.

« Mon bonheur dépend en entier du sentiment que vous m'avez montré depuis six mois. Je défierais toute la puissance de votre volonté et de votre délicatesse de me tromper sur la plus légère altération dans ce sentiment. Éloignez de vous, à cet égard, toute idée de devoir; je ne connais pour l'amour ni promesse ni garantie. La Divinité seule peut faire renaître une fleur, quand le vent l'a flétrie. Un accent, un regard de vous suffirait pour m'apprendre que votre cœur n'est plus le même, et je détesterais tout ce que vous pourriez m'offrir à la place de votre amour, de ce rayon divin, ma céleste auréole. Soyez donc libre maintenant, Oswald, libre chaque jour, libre encore, quand vous seriez mon époux; car si vous ne m'aimiez plus, je vous affranchirais, par ma mort, des liens indissolubles qui vous attacheraient à moi.

« Dès que vous aurez lu cette lettre, je veux vous revoir; mon impatience me conduira vers vous, et je saurai mon sort en vous apercevant; car le malheur est rapide, et le cœur, tout faible qu'il est, ne doit pas se méprendre aux signes funestes d'une destinée irrévocable. Adieu. »

LIVRE XV.

LES ADIEUX A ROME ET LE VOYAGE A VENISE.

CHAPITRE PREMIER.

C'était avec une émotion profonde qu'Oswald avait lu la lettre de Corinne. Un mélange confus de diverses peines l'agitait : tantôt il était blessé du tableau qu'elle faisait d'une province d'Angleterre, et se disait avec désespoir que jamais une telle femme ne pourrait être heureuse dans la vie domestique; tantôt il la plaignait de ce qu'elle avait souffert, et ne pouvait s'empêcher d'aimer et d'admirer la franchise et la simplicité de son récit. Il se sentait jaloux aussi des affections qu'elle avait éprouvées avant de le connaître, et plus il voulait se cacher à lui-même cette jalousie, plus il en était tourmenté; enfin, surtout, la part qu'avait son père dans son histoire l'affligeait amèrement, et l'angoisse de son âme était telle, qu'il ne savait plus ce qu'il pensait, ni ce qu'il faisait. Il sortit précipitamment à midi, par un soleil brûlant : à cette heure il n'y a personne dans les rues de Naples; l'effroi de la chaleur retient tous les êtres vivants à l'ombre. Il s'en alla du côté de Portici, marchant au hasard et sans dessein, et les rayons ardents qui tombaient sur sa tête excitaient tout à la fois et troublaient ses pensées.

Corinne cependant, après quelques heures d'attente, ne put résister au besoin de voir Oswald; elle entra dans sa chambre, et ne l'y trouvant point, cette absence dans ce moment lui causa une terreur mortelle. Elle vit sur la table de lord Nelvil ce qu'elle lui avait écrit; et, ne doutant pas que ce fût après l'avoir lu qu'il s'en était allé, elle s'imagina qu'il était parti tout à fait, et qu'elle ne le reverrait plus. Alors une douleur insupportable s'empara d'elle; elle essaya d'attendre, et chaque moment la consumait; elle parcourait sa chambre à grands pas, et puis s'arrêtait soudain, de peur de perdre le moindre bruit qui pourrait annoncer le retour. Enfin, ne résistant plus à son anxiété, elle descendit pour demander si l'on n'avait pas vu passer lord Nelvil, et de quel côté il avait porté ses pas. Le maître de l'auberge répondit que lord Nelvil était allé du côté de Portici, mais que sûrement, ajouta l'hôte, il n'avait pas été loin, car, dans ce moment, un coup de soleil serait très-dangereux. Cette crainte se mêlant à toutes les autres, bien que Corinne n'eût rien sur la tête qui pût la garantir de l'ardeur du jour, elle se mit à marcher au hasard dans la rue. Les larges pavés blancs de Naples, ces pavés de lave, placés là comme pour multiplier l'effet de la chaleur et de la lumière, brûlaient ses pieds, et l'éblouissaient par le reflet des rayons du soleil.

Elle n'avait pas le projet d'aller jusqu'à Portici, mais elle avançait toujours, et toujours plus vite; la souffrance et le trouble précipitaient ses pas. On ne voyait personne sur le grand chemin : à cette heure, les animaux eux-mêmes se tiennent cachés, ils redoutent la nature.

Une poussière horrible remplit l'air, dès que le moindre souffle de vent ou le char le plus léger traverse la route : les prairies, couvertes de cette poussière, ne rappellent plus, par leur couleur, la végétation, ni la vie. De moment en moment, Corinne se sentait près de tomber, elle ne rencontrait pas un arbre pour s'appuyer, et sa raison s'égarait dans ce désert enflammé; elle n'avait plus que quelques pas à faire pour arriver au palais du roi, sous les portiques duquel elle aurait trouvé de l'ombre et de l'eau pour se rafraîchir. Mais les forces lui manquaient; elle essayait en vain de marcher, elle ne voyait plus sa route; un vertige la lui cachait, et lui faisait apparaître mille lumières, plus vives encore que celles même du jour; et tout à coup succédait à ces lumières un nuage qui l'environnait d'une obscurité sans fraîcheur. Une soif ardente la dévorait; elle rencontra un Lazzarone, l'unique créature humaine qui pût braver en ce moment la puissance du climat, et elle le pria d'aller lui chercher un peu d'eau; mais cet homme, en voyant seule sur le chemin, à cette heure, une femme si remarquable et par sa beauté et par l'élégance de ses vêtements, ne douta pas qu'elle ne fût folle, et s'éloigna d'elle avec terreur.

Heureusement Oswald revenait sur ses pas à cet instant, et quelques accents de Corinne frappèrent de loin son oreille : hors de lui-même, il courut vers elle, et la reçut dans ses bras, comme elle tombait sans connaissance; il la porta ainsi sous le portique du palais de Portici, et la rappela à la vie par ses soins et sa tendresse.

Dès qu'elle le reconnut, elle lui dit, encore égarée : « Vous m'aviez promis de ne pas me quitter sans mon consentement : je puis vous paraître à présent indigne de votre affection; mais votre promesse, pourquoi la méprisez-vous? — Corinne, répondit Oswald, jamais l'idée de vous quitter ne s'est approchée de mon cœur; je voulais seulement réfléchir sur notre sort, et recueillir mes esprits avant de vous revoir. — Eh bien, dit alors Corinne en essayant de paraître calme, vous en avez eu le temps pendant ces mortelles heures qui ont failli me coûter la vie : vous en avez eu le temps; parlez donc, et dites-moi ce que vous avez résolu. » Oswald, effrayé du son de voix de Corinne, qui trahissait son émotion intérieure, se mit à genoux devant elle, et lui dit : « Corinne, le cœur de ton ami n'est point changé; qu'ai-je donc appris qui pût me désenchanter de toi? Mais, écoute. » Et comme elle tremblait toujours plus fortement, il reprit avec instance : « Écoute sans terreur celui qui ne peut vivre, et te savoir malheureuse. — Ah! s'écria Corinne, c'est de mon bonheur que vous parlez; il ne s'agit déjà plus du vôtre. Je ne repousse pas votre pitié; dans ce moment, j'en ai besoin : mais pensez-vous cependant que ce soit d'elle seule que je veuille vivre! — Non, c'est de mon amour que nous vivrons tous les deux, dit Oswald; je reviendrai... — Vous reviendrez, interrompit Corinne; ah! vous voulez donc partir? Qu'est-il arrivé? qu'y a-t-il de changé depuis hier? malheureuse que je suis! — Chère amie, que ton cœur ne se trouble pas ainsi, reprit Oswald, et laisse-moi, si je puis, te révéler ce que j'éprouve; c'est moins que tu ne crains, bien moins; mais il faut, dit-il en faisant effort sur

lui-même pour s'expliquer, il faut pourtant que je connaisse les raisons que mon père peut avoir eues pour s'opposer, il y a sept ans, à notre union : il ne m'en a jamais parlé; j'ignore tout à cet égard; mais son ami le plus intime, qui vit encore en Angleterre, saura quels étaient ses motifs. Si, comme je le crois, ils ne tiennent qu'à des circonstances peu importantes, je les compterai pour rien; je te pardonnerai d'avoir quitté le pays de ton père et le mien, une si noble patrie; j'espérerai que l'amour t'y rattachera, et que tu préféreras le bonheur domestique, les vertus sensibles et naturelles, à l'éclat même de ton génie. J'espérerai tout, je ferai tout; mais si mon père s'était prononcé contre toi, Corinne, je ne serais jamais l'époux d'une autre, mais jamais aussi je ne pourrais être le tien. »

Quand ces paroles furent dites, une sueur froide coula sur le front d'Oswald, et l'effort qu'il avait fait pour parler ainsi était tel, que Corinne, ne pensant qu'à l'état où elle le voyait, fut quelque temps sans lui répondre, et prenant sa main, elle lui dit : « Quoi! vous partez! quoi! vous allez en Angleterre sans moi! » Oswald se tut. « Cruel! s'écria Corinne avec désespoir, vous ne répondez rien, vous ne combattez pas ce que je vous dis! Ah! c'est donc vrai! Hélas! tout en le disant, je ne le croyais pas encore. — J'ai retrouvé, grâce à vos soins, répondit Oswald, la vie que j'étais près de perdre; cette vie appartient à mon pays pendant la guerre. Si je puis m'unir à vous, nous ne nous quitterons plus, et je vous rendrai votre nom et votre existence en Angleterre. Si cette destinée trop heureuse m'était interdite, je reviendrais, à la paix, en Italie; je resterais longtemps près de vous, et je ne changerais rien à votre sort, qu'en vous donnant un fidèle ami de plus. — Ah! vous ne changeriez rien à mon sort, dit Corinne, quand vous êtes devenu mon seul intérêt au monde, quand j'ai goûté de cette coupe enivrante qui donne le bonheur ou la mort! Mais au moins, dites-moi, ce départ, quand aura-t-il lieu? combien de jours me reste-t-il? — Chère amie, dit Oswald en la serrant contre son cœur, je jure qu'avant trois mois je ne te quitterai pas, et peut-être même alors... — Trois mois! s'écria Corinne; je vivrai donc encore tout ce temps : c'est beaucoup; je n'en espérais pas tant. Allons, je me sens mieux : c'est un avenir que trois mois, » dit-elle avec un mélange de tristesse et de joie qui toucha profondément Oswald. Tous deux alors montèrent en silence dans la voiture qui les conduisit à Naples.

CHAPITRE II.

En arrivant, ils trouvèrent le prince Castel-Forte, qui les attendait à l'auberge. Le bruit s'était répandu que lord Nelvil avait épousé Corinne, et quoique cette nouvelle fît une grande peine à ce prince, il était venu pour s'assurer par lui-même si cela était vrai, et pour se rattacher de quelque manière encore à la société de son amie, lors même qu'elle serait pour jamais liée à un autre. La mélancolie de Corinne, l'abattement dans lequel, pour la première fois, il la voyait, lui causèrent une vive inquiétude; mais il n'osa point l'interroger, parce qu'elle semblait fuir toute conversation à ce sujet. Il est des situations de l'âme où l'on redoute de se confier à personne; il suffirait d'une parole qu'on dirait ou qu'on entendrait, pour dissiper à nos propres yeux l'illusion qui nous fait supporter l'existence; et l'illusion dans les sentiments passionnés, de quelque genre qu'ils soient, a cela de particulier, qu'on se ménage soi-même comme on ménagerait un ami que l'on craindrait d'affliger en l'éclairant, et que, sans s'en apercevoir, l'on met sa propre douleur sous la protection de sa propre pitié.

Le lendemain, Corinne, qui était la personne du monde la plus naturelle, et ne cherchait point à faire effet par sa douleur, essaya de paraître gaie, de se ranimer encore, et pensa même que le meilleur moyen pour retenir Oswald était de se montrer aimable comme autrefois; elle commençait donc avec vivacité un sujet d'entretien intéressant, puis tout à coup la distraction s'emparait d'elle, et ses regards erraient sans objet. Elle, qui possédait au plus haut degré la facilité de la parole, hésitait dans le choix des mots, et quelquefois elle se servait d'une expression qui n'avait pas le moindre rapport avec ce qu'elle voulait dire. Alors elle riait d'elle-même; mais à travers ce rire, ses yeux se remplissaient de larmes. Oswald était au désespoir de la peine qu'il lui causait; il voulait s'entretenir seul avec elle, mais elle en évitait avec soin les occasions.

« Que voulez-vous savoir de moi? lui dit-elle un jour qu'il insistait pour lui parler. Je me regrette, et voilà tout. J'avais quelque orgueil de mon talent, j'aimais le succès, la gloire; les suffrages mêmes des indifférents étaient l'objet de mon ambition : mais à présent je ne me soucie de rien, et ce n'est pas le bonheur qui m'a détachée de ces vains plaisirs, c'est un profond découragement. Je ne vous en accuse pas, il vient de moi, peut-être en triompherai-je; il se passe tant de choses

au fond de l'âme que nous ne pouvons ni prévoir, ni diriger! Mais je vous rends justice, Oswald, vous souffrez de ma peine, je le vois. J'ai aussi pitié de vous; pourquoi ce sentiment ne nous conviendrait-il pas à tous les deux? Hélas! il peut s'adresser à tout ce qui respire, sans commettre beaucoup d'erreurs. »

Oswald n'était pas alors moins malheureux que Corinne; il l'aimait vivement; mais son histoire l'avait blessé dans sa manière de penser et dans ses affections. Il lui semblait voir clairement que son père avait tout prévu, tout jugé d'avance pour lui, et que c'était mépriser ses avertissements que de prendre Corinne pour épouse : cependant il ne pouvait y renoncer, et se trouvait replongé dans les incertitudes dont il espérait sortir en connaissant le sort de son amie. Elle, de son côté, n'avait pas souhaité le lien du mariage avec Oswald; et si elle s'était crue certaine qu'il ne la quitterait jamais, elle n'aurait eu besoin de rien de plus pour être heureuse; mais elle le connaissait assez pour savoir qu'il ne concevait le bonheur que dans la vie domestique, et que s'il abjurait le dessein de l'épouser, ce ne pouvait jamais être qu'en l'aimant moins. Le départ d'Oswald pour l'Angleterre lui paraissait un signal de mort; elle savait combien les mœurs et les opinions de ce pays avaient d'influence sur lui : c'est en vain qu'il formait le projet de passer sa vie avec elle en Italie; elle ne doutait point qu'en se retrouvant dans sa patrie, l'idée de la quitter une seconde fois ne lui devînt odieuse. Enfin elle sentait que tout son pouvoir venait de son charme; et qu'est-ce que ce pouvoir en absence? qu'est-ce que les souvenirs de l'imagination, lorsque de toutes parts l'on est cerné par la force et la réalité d'un ordre social d'autant plus dominateur qu'il est fondé sur des idées nobles et pures?

Corinne, tourmentée par ces réflexions, aurait souhaité d'exercer quelque empire sur son sentiment pour Oswald. Elle tâchait de s'entretenir avec le prince Castel-Forte sur les objets qui l'avaient toujours intéressée, la littérature et les beaux-arts; mais lorsque Oswald entrait dans la chambre, la dignité de son maintien, un regard mélancolique qu'il jetait sur Corinne, et qui semblait lui dire : *Pourquoi voulez-vous renoncer à moi?* détruisait tous ses projets. Vingt fois Corinne voulut dire à lord Nelvil que son irrésolution l'offensait, et qu'elle était décidée à s'éloigner de lui; mais elle le voyait, tantôt appuyer sa tête sur sa main comme un homme accablé par des sentiments douloureux, tantôt respirer avec effort, ou rêver sur les bords de la mer, ou lever les yeux vers le ciel, quand des

sons harmonieux se faisaient entendre ; et ces mouvements si simples , dont la magie n'était connue
que d'elle', renversaient soudain tous ses efforts.
L'accent , la physionomie , une certaine grâce dans
chaque geste , révèle à l'amour les secrets les plus
intimes de l'âme, et peut-être était-il vrai qu'un
caractère froid en apparence, tel que celui de lord
Nelvil, ne pouvait être pénétré que par celle qui
l'aimait : l'indifférence , ne devinant rien , ne peut
juger que ce qui se montre. Corinne, dans le silence de la réflexion, essayait ce qui lui avait réussi
autrefois quand elle croyait aimer : elle appelait à
son secours son esprit d'observation, qui découvrait avec sagacité les moindres faiblesses ; elle tâchait d'exciter son imagination à lui représenter
Oswald sous des traits moins séduisants ; mais il
n'y avait rien en lui qui ne fût noble, touchant et
simple ; et comment défaire à ses propres yeux le
charme d'un caractère et d'un esprit parfaitement
naturels ! Il n'y a que l'affection qui puisse donner lieu à ces réveils subits du cœur, étonné d'a-
voir aimé.

  Il existait d'ailleurs , entre Oswald et Corinne ,
une sympathie singulière et toute-puissante ; leurs
goûts n'étaient point les mêmes, leurs opinions
s'accordaient rarement , et , dans le fond de leur
âme néanmoins , il y avait des mystères semblables , des émotions puisées à la même source, enfin
je ne sais quelle ressemblance secrète qui supposait une même nature, bien que toutes les circonstances extérieures l'eussent modifiée différemment.
Corinne s'aperçut donc, et ce fut avec effroi,
qu'elle avait encore augmenté son sentiment pour
Oswald, en l'observant de nouveau, en le jugeant
en détail, en luttant vivement contre l'impression
qu'il lui faisait.

  Elle offrit au prince Castel-Forte de revenir à
Rome ensemble , et lord Nelvil sentit qu'elle voulait éviter ainsi d'être seule avec lui ; il en eut de
la tristesse, mais il ne s'y opposa pas : il ne savait
plus si ce qu'il pouvait faire pour Corinne suffirait à son bonheur, et cette pensée le rendait timide. Corinne cependant aurait voulu qu'il refusât
le prince Castel-Forte pour compagnon de voyage ;
mais elle ne le dit pas. Leur situation n'était plus
simple comme autrefois ; il n'y avait pas encore
entre eux de la dissimulation, et néanmoins Corinne proposait ce qu'elle eût souhaité qu'Oswald
refusât, et le trouble s'était mis dans une affection
qui, pendant six mois, leur avait donné chaque
jour un bonheur presque sans mélange.

  En retournant par Capoue et par Gaëte, en revoyant ces mêmes lieux qu'elle avait traversés peu

de temps auparavant avec tant de délices, Corinne
ressentait un amer souvenir. Cette nature si belle,
qui maintenant l'appelait en vain au bonheur, redoublait encore sa tristesse. Quand ce beau ciel
ne dissipe pas la douleur, son expression riante
fait souffrir encore plus par le contraste. Ils arrivèrent à Terracine , le soir, par une fraîcheur délicieuse, et la mer brisait ses flots contre le même
rocher. Corinne disparut après le souper ; Oswald,
ne la voyant pas revenir, sortit inquiet, et son
cœur, comme celui de Corinne, le guida vers l'endroit où ils s'étaient reposés en allant à Naples.
Il aperçut de loin Corinne , à genoux devant le rocher sur lequel ils s'étaient assis, et il vit, en regardant la lune , qu'elle était couverte d'un nuage,
comme il y avait deux mois, à la même heure. Corinne, à l'approche d'Oswald, se leva, et lui dit
en lui montrant ce nuage : « Avais-je raison de
croire aux présages ? Mais n'est-il pas vrai qu'il y
a quelque compassion dans le ciel ? il m'avertissait
de l'avenir, et aujourd'hui, vous le voyez, il porte
mon deuil.

  « N'oubliez pas, Oswald, de remarquer si ce même
nuage ne passera pas sur la lune quand je mourrai. — Corinne ! Corinne ! s'écria lord Nelvil, ai-je
mérité que vous me fassiez expirer de douleur ?
Vous le pouvez facilement , je vous l'assure ; parlez encore une fois ainsi, et vous me verrez tomber sans vie à vos pieds. Mais quel est donc mon
crime ? Vous êtes une personne indépendante de
l'opinion par votre manière de penser ; vous vivez
dans un pays où cette opinion n'est jamais sévère,
et quand elle le serait, votre génie vous fait régner
sur elle. Je veux, quoi qu'il arrive, passer mes
jours près de vous ; je le veux : d'où vient donc
votre douleur ? Si je ne pouvais être votre époux,
sans offenser un souvenir qui règne à l'égal de
vous sur mon âme, ne m'aimeriez-vous donc pas
assez pour trouver du bonheur dans ma tendresse,
dans le dévouement de tous mes instants ? — Oswald, dit Corinne, si je croyais que nous ne nous
quittassions jamais, je ne souhaiterais rien de
plus ; mais... — N'avez-vous pas l'anneau, gage
sacré ?... — Je vous le rendrai, reprit-elle. — Non,
jamais, dit-il. — Ah ! je vous le rendrai, continua-
t-elle, quand vous désirerez de le reprendre ; et si
vous cessez de m'aimer, cet anneau même m'en
instruira. Une ancienne croyance n'apprend-elle
pas que le diamant est plus fidèle que l'homme,
et qu'il se ternit quand celui qui l'a donné nous
trahit [1] ? — Corinne, dit Oswald vous osez parler

---

[1] Une ancienne tradition appuie le préjugé d'imagination
qui persuade à Corinne que le diamant avertit de la trahison :

de trahison ? votre esprit s'égare ; vous ne me connaissez plus. — Pardon, Oswald, pardon ! s'écria
Corinne ; mais dans les passions profondes, le cœur
est tout à coup doué d'un instinct miraculeux, et
les souffrances sont des oracles. Que signifie donc
cette palpitation douloureuse qui soulève mon
sein ? Ah ! mon ami, je ne la redouterais pas, si
elle ne m'annonçait que la mort. »

En achevant ces mots, Corinne s'éloigna précipitamment ; elle craignait de s'entretenir longtemps avec Oswald ; elle ne se complaisait point
dans la douleur, et cherchait à briser les impressions de tristesse ; mais elles n'en revenaient que
plus violemment lorsqu'elle les avait repoussées.
Le lendemain, quand ils traversèrent les marais
Pontins, les soins d'Oswald pour Corinne furent
encore plus tendres que la première fois ; elle les
reçut avec douceur et reconnaissance ; mais il y
avait dans son regard quelque chose qui disait :
Pourquoi ne me laissez-vous pas mourir ?

CHAPITRE III.

Combien Rome semble déserte en revenant de
Naples ! On entre par la porte de Saint-Jean de
Latran, on traverse de longues rues solitaires ; le
bruit de Naples, sa population, la vivacité de ses
habitants, accoutument à un certain degré de mouvement, qui d'abord fait paraître Rome singulièrement triste ; l'on s'y plaît de nouveau, après quel-

on trouve cette tradition rappelée dans des vers espagnols
dont le caractère est vraiment singulier. Le prince Fernand,
Portugais, les adresse, dans une tragédie de Calderón, au roi
de Fetz, qui l'a fait prisonnier. Ce prince aima mieux mourir dans les fers, que de livrer à un roi maure une ville chrétienne, que son frère, le roi Édouard, offrait pour le racheter. Le roi maure, irrité de ce refus, fit éprouver les plus indignes traitements au noble prince, qui, pour le fléchir, lui
rappelle que la miséricorde et la générosité sont les vrais
caractères de la puissance suprême. Il lui cite tout ce qu'il y
a de royal dans l'univers : le lion, le dauphin, l'aigle, parmi
les animaux ; il cherche aussi parmi les plantes et les pierres,
les traits de bonté naturelle que l'on attribue à celles qui
semblent dominer toutes les autres, et c'est alors qu'il dit
que le diamant, qui sait résister au fer, se brise de lui-même,
et se fond en poudre, pour avertir celui qui le porte de la
trahison dont il est menacé. On ne peut savoir si cette manière de considérer toute la nature comme en rapport avec
les sentiments et la destinée de l'homme, est mathématique-
ment vraie, toujours est-il qu'elle plaît à l'imagination, et
que la poésie en général, et les poëtes espagnols en particulier, en tirent de grandes beautés.
Calderón ne m'est connu que par la traduction allemande
d'Auguste Wilhelm Schlegel. Mais tout le monde sait en Allemagne que cet écrivain, l'un des premiers poëtes de son
pays, a trouvé aussi les moyens de transporter dans sa langue, avec la plus rare perfection, les beautés poétiques des
Espagnols, des Anglais, des Italiens et des Portugais. On peut
avoir une idée vivante de l'original, quel qu'il soit, quand
on le lit dans une traduction ainsi faite.

que temps de séjour : mais quand on s'est habitué
à une vie de distractions, on éprouve toujours une
sensation mélancolique en rentrant en soi-même,
dût-on s'y trouver bien. D'ailleurs le séjour de
Rome, dans la saison de l'année où l'on était alors,
à la fin de juillet, est très-dangereux. Le mauvais
air rend plusieurs quartiers inhabitables, et la
contagion s'étend souvent sur la ville entière.
Cette année, particulièrement, les inquiétudes
étaient encore plus grandes qu'à l'ordinaire, et
tous les visages portaient l'empreinte d'une terreur secrète.

En arrivant, Corinne trouva, sur le seuil de sa
porte, un moine qui lui demanda la permission de
bénir sa maison, pour la préserver de la contagion ; Corinne y consentit, et le prêtre parcourut
toutes les chambres, en y jetant de l'eau bénite,
et en prononçant des prières latines. Lord Nelvil
souriait un peu de cette cérémonie ; Corinne en
était attendrie. « Je trouve un charme indéfinissable, lui dit-elle, dans tout ce qui est religieux, je
dirais même superstitieux, quand il n'y a rien
d'hostile ni d'intolérant dans cette superstition :
le secours divin est si nécessaire lorsque les pensées et les sentiments sortent du cercle commun
de la vie ! C'est pour les esprits distingués surtout
que je conçois le besoin d'une protection surnaturelle. — Sans doute ce besoin existe, reprit lord
Nelvil, mais est-ce ainsi qu'il peut être satisfait ? —
Je ne refuse jamais, reprit Corinne, une prière en
association avec les miennes, de quelque part
qu'elle me soit offerte. — Vous avez raison, » dit
lord Nelvil ; et il donna sa bourse pour les pauvres au prêtre vieux et timide qui s'en alla en les
bénissant tous les deux.

Dès que les amis de Corinne la surent arrivée,
ils se hâtèrent d'aller chez elle : aucun ne s'étonna
qu'elle revînt sans être la femme de lord Nelvil ;
aucun, du moins, ne lui demanda les motifs qui
pouvaient avoir empêché cette union : le plaisir de
la revoir était si grand qu'il effaçait toute autre
idée. Corinne s'efforçait de se montrer la même,
mais elle ne pouvait y réussir ; elle allait contempler les chefs-d'œuvre de l'art, qui lui causaient
jadis un plaisir si vif, et il y avait de la douleur
au fond de tout ce qu'elle éprouvait. Elle se promenait, tantôt à la Villa Borghèse, tantôt près du
tombeau de Cécilia Métella, et l'aspect de ces lieux,
qu'elle aimait tant autrefois, lui faisait mal ; elle
ne goûtait plus cette douce rêverie qui, en faisant
sentir l'instabilité de toutes les jouissances, leur
donne un caractère encore plus touchant. Une
pensée fixe et douloureuse l'occupait ; la nature

qui ne dit rien que de vague, ne fait aucun bien quand une inquiétude positive nous domine.

Enfin, dans les rapports de Corinne et d'Oswald, il y avait une contrainte tout à fait pénible : ce n'était pas encore le malheur, car, dans les profondes émotions qu'il cause, il soulage quelquefois le cœur oppressé, et fait sortir de l'orage un éclair qui peut tout révéler ; c'était une gêne réciproque, c'étaient de vaines tentatives pour échapper aux circonstances qui les accablaient tous les deux, et leur inspiraient un peu de mécontentement l'un de l'autre : peut-on souffrir, en effet, sans en accuser ce qu'on aime ? Ne suffirait-il pas d'un regard, d'un accent, pour tout effacer ? mais ce regard, cet accent ne vient pas quand il est attendu, ne vient pas quand il est nécessaire. Rien n'est motivé dans l'amour ; il semble que ce soit une puissance divine qui pense et sent en nous, sans que nous puissions influer sur elle.

Une maladie contagieuse, comme on n'en avait pas vu depuis longtemps, se développa tout à coup dans Rome ; une jeune femme en fut atteinte, et ses amis et sa famille, qui n'avaient pas voulu la quitter, périrent avec elle ; la maison voisine de la sienne éprouva le même sort ; l'on voyait passer, à chaque heure, dans les rues de Rome, cette confrérie vêtue de blanc, et le visage voilé, qui accompagne les morts à l'église : on dirait que ce sont des ombres qui portent les morts. Ceux-ci sont placés, à visage découvert, sur une espèce de brancard ; on jette seulement sur leurs pieds un satin jaune ou rose, et les enfants s'amusent souvent à jouer avec les mains glacées de celui qui n'est plus. Ce spectacle, terrible et familier tout à la fois, est accompagné du murmure sombre et monotone de quelques psaumes ; c'est une musique sans modulation, où l'accent de l'âme humaine ne se fait déjà plus sentir.

Un soir que lord Nelvil et Corinne étaient seuls ensemble, et que lord Nelvil souffrait beaucoup du sentiment douloureux et contraint qu'il apercevait dans Corinne, il entendit sous ses fenêtres ces sons lents et prolongés qui annonçaient une cérémonie funèbre ; il écouta quelque temps en silence, puis dit à Corinne : « Peut-être demain serai-je atteint aussi par cette maladie, contre laquelle il n'y a point de défense ; et vous regretterez de n'avoir pas dit quelques paroles sensibles à votre ami, un jour qui pouvait être le dernier de sa vie. Corinne, la mort nous menace de près tous les deux ; n'est-ce donc pas assez des maux de la nature, faut-il encore nous déchirer le cœur mutuellement ? » A

l'instant, Corinne fut frappée par l'idée du danger que courait Oswald au milieu de la contagion, et elle le supplia de quitter Rome. Il s'y refusa de la manière la plus absolue ; alors elle lui proposa d'aller ensemble à Venise ; il y consentit avec bonheur ; car c'était pour Corinne qu'il tremblait, en voyant la contagion prendre chaque jour de nouvelles forces.

Leur départ fut fixé au surlendemain ; mais le matin de ce jour, lord Nelvil n'ayant pas vu Corinne la veille, parce qu'un Anglais de ses amis, qui quittait Rome, l'avait retenu, elle lui écrivit qu'une affaire indispensable et subite l'obligeait de partir pour Florence, et qu'elle irait le rejoindre dans quinze jours à Venise ; elle le priait de passer par Ancône, ville pour laquelle elle lui donnait une commission qui semblait importante ; le style de la lettre était d'ailleurs sensible et calme : et, depuis Naples, Oswald n'avait pas trouvé le langage de Corinne aussi tendre et aussi serein. Il crut donc à ce que cette lettre contenait, et se disposait à partir, lorsqu'il lui vint le désir de voir encore la maison de Corinne avant de quitter Rome. Il y va, la trouve fermée, frappe à la porte ; la vieille femme qui la gardait lui dit que tous les gens de sa maîtresse sont partis avec elle, et ne répond pas un mot de plus à toutes ses questions. Il passe chez le prince Castel-Forte, qui ne savait rien de Corinne, et s'étonnait extrêmement qu'elle fût partie sans lui rien faire dire ; enfin, l'inquiétude s'empara de lord Nelvil, et il imagina d'aller à Tivoli, pour voir l'homme d'affaires de Corinne, qui était établi là, et devait avoir reçu quelque ordre de sa part.

Il monte à cheval, et, avec une promptitude extraordinaire qui venait de son agitation, il arrive à la maison de Corinne ; toutes les portes en étaient ouvertes ; il entre, parcourt quelques chambres sans trouver personne, pénètre enfin jusqu'à celle de Corinne ; à travers l'obscurité qui y régnait, il la voit étendue sur son lit, et Thérésine seulement assise à côté d'elle : il jette un cri en la reconnaissant ; ce cri rappelle Corinne à elle-même ; elle l'aperçoit ; et, se soulevant, elle lui dit : « N'approchez pas ; je vous le défends ; je meurs, si vous approchez de moi ! » Une terreur sombre saisit Oswald ; il pensa que son amie l'accusait de quelque crime caché qu'elle croyait avoir tout à coup découvert ; il s'imagina qu'il en était haï, méprisé ; et tombant à genoux, il exprima cette crainte avec un désespoir et un abattement qui suggérèrent tout à coup à Corinne l'idée de profiter de son erreur, et elle lui commanda de s'éloigner d'elle pour jamais, comme s'il eût été coupable.

Interdit, offensé, il allait sortir, il allait la quitter, lorsque Thérésine s'écria : « Ah ! milord, abandonnerez - vous donc ma bonne maîtresse ? elle a écarté tout le monde, et ne voulait pas même de. mes soins, parce qu'elle a la maladie contagieuse ! » A ces mots, qui éclairèrent à l'instant Oswald sur la touchante ruse de Corinne, il se jeta dans ses bras avec un transport, avec un attendrissement qu'aucun moment de sa vie ne lui avait encore fait éprouver. En vain Corinne le repoussait, en vain elle se livrait à toute son indignation contre Thérésine. Oswald fit signe impérieusement à Thérésine de s'éloigner ; et, pressant alors Corinne contre son cœur, la couvrant de ses larmes et de ses caresses : « A présent, s'écria-t-il, à présent tu ne mourras pas sans moi, et si le fatal poison coule dans tes veines, du moins, grâce au ciel, je l'ai respiré sur ton sein. — Cruel et cher Oswald, dit Corinne, à quel supplice tu me condamnes ! O mon Dieu ! puisqu'il ne veut pas vivre sans moi, vous ne permettrez pas que cet ange de lumière périsse ! non, vous ne le permettrez pas ! » En achevant ces mots, les forces de Corinne l'abandonnèrent. Pendant huit jours elle fut dans le plus grand danger. Au milieu de son délire, elle répétait sans cesse : *Qu'on éloigne Oswald de moi ; qu'il ne m'approche pas ; qu'on lui cache où je suis !* Et quand elle revenait à elle, et qu'elle le reconnaissait, elle lui disait : « Oswald ! Oswald ! vous êtes là : dans la mort comme dans la vie nous serons donc réunis ! » Et lorsqu'elle le voyait pâle, un effroi mortel. la saisissait, et elle appelait dans son trouble, au secours de lord Nelvil, les médecins, qui lui avaient donné la preuve de dévouement très - rare de ne point la quitter.

Oswald tenait sans cesse dans ses mains les mains brûlantes de Corinne ; il finissait toujours la coupe dont elle avait bu la moitié ; enfin, c'était avec une telle avidité qu'il cherchait à partager le péril de son amie, qu'elle-même avait renoncé à combattre ce dévouement passionné ; et, laissant tomber sa tête sur le bras de lord Nelvil, elle se résignait à sa volonté. Deux êtres qui s'aiment assez pour sentir qu'ils n'existeraient pas l'un sans l'autre, ne peuvent-ils pas arriver à cette noble et touchante intimité qui met tout en commun., même la mort [1] ? Heureusement lord Nelvil

---

ne prit point la maladie qu'il avait si bien soignée. Corinne en guérit ; mais un autre mal pénétra plus avant que jamais dans son cœur. La générosité, l'amour, que son ami lui avait témoignés, redoublèrent encore l'attachement qu'elle ressentait pour lui.

CHAPITRE IV.

Il fut donc convenu que, pour s'éloigner de l'air funeste de Rome, Corinne et lord Nelvil iraient à Venise ensemble. Ils étaient retombés dans leur silence habituel sur leurs projets futurs ; mais ils se parlaient de leur sentiment avec plus de tendresse que jamais, et Corinne évitait, aussi soigneusement que lord Nelvil, le sujet de conversation qui troublait la délicieuse paix de leurs rapports mutuels. Un jour passé avec lui était une telle jouissance, il avait l'air de goûter avec tant de plaisir l'entretien de son amie, il suivait tous ses mouvements, il étudiait ses moindres désirs avec un intérêt si constant et si soutenu, qu'il semblait impossible. qu'il pût exister autrement, et qu'il donnât tant de bonheur, sans être lui-même heureux. Corinne puisait sa sécurité dans la félicité même qu'elle goûtait. On finit par croire, après quelques mois d'un tel état, qu'il est inséparable de l'existence, et que c'est ainsi que l'on vit. L'agitation de Corinne s'était donc calmée de nouveau, et de nouveau son imprévoyance était venue à son secours.

Cependant, à la veille de quitter Rome, elle éprouvait un grand sentiment de mélancolie. Cette fois, elle craignait et désirait que ce fût pour toujours. La nuit qui précédait le jour fixé pour son départ, comme elle ne pouvait dormir, elle entendit passer sous ses fenêtres une troupe de Romains et de Romaines, qui se promenaient au clair de la lune en chantant. Elle ne put résister au désir de les suivre, et de parcourir ainsi, encore une fois, sa ville chérie : elle s'habilla, se fit suivre de loin par sa voiture et ses gens, et se couvrant d'un voile, pour n'être pas reconnue, rejoignit, à quelques pas de distance, cette troupe, qui s'était arrêtée sur le pont Saint-Ange, en face du mausolée d'Adrien. On eût dit qu'en cet endroit la musique exprimait la vanité des splendeurs de ce monde. On croyait voir dans les airs

---

[1] M. Dubreuil, très-habile médecin français, avait un ami intime, M. de Préméjà, homme aussi distingué que lui. M. Dubreuil tomba malade d'une maladie mortelle et contagieuse ; et l'intérêt qu'il inspirait remplissant sa chambre de visites, M. Dubreuil appela M. de Préméjà, et lui dit : « Il faut renvoyer tout ce monde ; vous savez bien, mon ami, que ma maladie est contagieuse ; il ne doit y avoir que vous ici. » Quel mot ! Heureux celui qui l'entend ! M. de Préméjà mourut quinze jours après son ami.

la grande ombre d'Adrien, étonnée de ne plus trouver sur la terre d'autres traces de sa puissance qu'un tombeau. La troupe continua sa marche, toujours en chantant, pendant le silence de la nuit, à cette heure où les heureux dorment. Cette musique si douce et si pure semblait se faire entendre pour consoler ceux qui souffraient. Corinne la suivait, toujours entraînée par cet irrésistible charme de la mélodie, qui ne permet de sentir aucune fatigue, et fait marcher sur la terre avec des ailes.

Les musiciens s'arrêtèrent devant la colonne Antonine et devant la colonne Trajane; ils saluèrent ensuite l'obélisque de Saint-Jean de Latran, et chantèrent en présence de chacun de ces édifices : le langage idéal de la musique s'accordait dignement avec l'expression idéale des monuments; l'enthousiasme régnait seul dans la ville pendant le sommeil de tous les intérêts vulgaires. Enfin, la troupe des chanteurs s'éloigna, et laissa Corinne seule auprès du Colisée. Elle voulut entrer dans son enceinte, pour y dire adieu à Rome antique. Ce n'est pas connaître l'impression du Colisée que de ne l'avoir vu que de jour; il y a, dans le soleil d'Italie, un éclat qui donne à tout un air de fête; mais la lune est l'astre des ruines. Quelquefois, à travers les ouvertures de l'amphithéâtre, qui semble s'élever jusqu'aux nues, une partie de la voûte du ciel sombre paraît comme un rideau d'un bleu sombre placé derrière l'édifice. Les plantes qui s'attachent aux murs dégradés, et croissent dans les lieux solitaires, se revêtent des couleurs de la nuit; l'âme frissonne et s'attendrit tout à la fois en se trouvant seule avec la nature.

L'un des côtés de l'édifice est beaucoup plus dégradé que l'autre; ainsi deux contemporains luttent inégalement contre le temps : il abat le plus faible, l'autre résiste encore, et tombe bientôt après. « Lieux solennels! s'écria Corinne, où dans ce moment nul être vivant n'existe avec moi, où ma voix seule répond à ma voix! comment les orages des passions ne sont-ils pas apaisés par ce calme de la nature, qui laisse si tranquillement passer les générations devant elle? l'univers n'a-t-il pas un autre but que l'homme, et toutes ses merveilles sont-elles là seulement pour se réfléchir dans notre âme? Oswald, Oswald, pourquoi donc vous aimer avec tant d'idolâtrie? pourquoi s'abandonner à ces sentiments d'un jour, en comparaison des espérances infinies qui nous unissent à la Divinité? O mon Dieu! s'il est vrai, comme je le crois, qu'on vous admire d'autant plus qu'on est plus capable de réfléchir, faites-moi donc trouver

dans la pensée un asile contre les tourments du cœur. Ce noble ami, dont les regards si touchants ne peuvent s'effacer de mon souvenir, n'est-il pas un être passager comme moi! Mais il y a là parmi ces étoiles un amour éternel, qui peut seul suffire à l'immensité de nos vœux. » Corinne resta longtemps plongée dans ses rêveries : enfin elle s'achemina vers sa demeure, à pas lents.

Mais avant de rentrer, elle voulut aller à Saint-Pierre pour y attendre le jour, monter sur la coupole, et dire adieu de cette hauteur à la ville de Rome. En approchant de Saint-Pierre, sa première pensée fut de se représenter cet édifice comme il serait quand à son tour il deviendrait une ruine, l'objet de l'admiration des siècles à venir. Elle s'imagina ces colonnes à présent debout, à demi couchées sur la terre, ce portique brisé, cette voûte découverte; mais alors même l'obélisque des Égyptiens devait encore régner sur les ruines nouvelles; ce peuple a travaillé pour l'éternité terrestre. Enfin l'aurore parut, et, du sommet de Saint-Pierre, Corinne contempla Rome, jetée dans la campagne inculte comme une oasis dans les déserts de la Libye. La dévastation l'environne; mais cette multitude de clochers, de coupoles, d'obélisques, de colonnes qui la dominent, et sur lesquels cependant Saint-Pierre s'élève encore, donnent à son aspect une beauté toute merveilleuse. Cette ville possède un charme, pour ainsi dire, individuel. On l'aime comme un être animé; ses édifices, ses ruines, sont des amis auxquels on dit adieu.

Corinne adressa ses regrets au Colisée, au Panthéon, au château Saint-Ange, à tous les lieux dont la vue avait tant de fois renouvelé les plaisirs de son imagination. « Adieu, terre des souvenirs, s'écria-t-elle; adieu, séjour où la vie ne dépend ni de la société, ni des événements, où l'enthousiasme se ranime par les regards, et par l'union intime de l'âme avec les objets extérieurs. Je pars, je vais suivre Oswald, sans savoir seulement quel sort il me destine, lui que je préfère à l'indépendante destinée qui m'a fait passer des jours si heureux! Je reviendrai peut-être ici, mais le cœur blessé, l'âme flétrie; et vous-mêmes, beaux-arts, antiques monuments, soleil que j'ai tant de fois invoqué dans les contrées nébuleuses où je me trouvais exilée, vous ne pourrez plus rien pour moi! »

Corinne versa des larmes en prononçant ces adieux; mais elle ne pensa pas un instant à laisser Oswald partir seul. Les résolutions qui viennent du cœur ont cela de particulier, qu'en les prenant on les juge, on les blâme souvent soi-même avec sévérité, sans cependant hésiter réellement à les prendre. Quand la passion se rend maîtresse d'un esprit supérieur, elle sépare entièrement le raisonnement de l'action, et pour égarer l'une elle n'a pas besoin de troubler l'autre.

Les cheveux de Corinne et son voile pittoresquement arrangés par le vent donnaient à sa figure une expression tellement remarquable, qu'au sortir de l'église les gens du peuple qui la virent, la suivirent jusqu'à sa voiture, et lui donnèrent les témoignages les plus vifs de leur enthousiasme. Corinne soupira de nouveau en quittant un peuple dont les impressions sont toujours si passionnées, et quelquefois si aimables.

Mais ce n'était pas tout encore; il fallait que Corinne fût mise à l'épreuve des adieux et des regrets de ses amis. Ils inventèrent des fêtes pour la retenir encore quelques jours; ils composèrent des vers pour lui répéter de mille manières qu'elle ne devait pas les quitter; et quand enfin elle partit, ils l'accompagnèrent tous à cheval jusques à vingt milles de Rome. Elle était profondément attendrie; Oswald baissait les yeux avec confusion, il se reprochait de la ravir à tant de jouissances, et cependant il savait que lui proposer de rester eût été plus cruel encore. Il se montrait personnel en éloignant ainsi Corinne de Rome, et néanmoins il ne l'était pas; car la crainte de l'affliger, en partant seul, agissait encore plus sur lui que le bonheur même qu'il goûtait avec elle. Il ne savait pas ce qu'il ferait, il ne voyait rien au delà de Venise. Il avait écrit en Écosse à l'un des amis de son père, pour savoir si son régiment serait bientôt employé activement dans la guerre, et il attendait sa réponse. Quelquefois il formait le projet d'emmener Corinne avec lui en Angleterre, et il sentait aussitôt qu'il la perdait à jamais de réputation, s'il la conduisait avec lui dans ce pays sans qu'elle fût sa femme; une autre fois, il voulait, pour adoucir l'amertume de la séparation, l'épouser secrètement avant de partir, et l'instant d'après il repoussait cette idée. « Y a-t-il des secrets pour les morts, se disait-il, et que gagnerai-je à faire un mystère d'une union qui n'est empêchée que par le culte d'un tombeau? » Enfin, il était bien malheureux. Son âme, qui manquait de force dans tout ce qui tenait au sentiment, était cruellement agitée par des affections contraires. Corinne s'en remettait à lui comme une victime résignée; elle s'exaltait à travers ses peines, par les sacrifices mêmes qu'elle lui faisait, et par la généreuse imprudence de son cœur, tandis qu'Oswald, responsable du sort d'une autre, prenait à chaque instant

de nouveaux liens, sans acquérir la possibilité de s'y abandonner, et ne pouvait jouir ni de son amour, ni de sa conscience, puisqu'il ne sentait l'un et l'autre que par leurs combats.

Au moment où tous les amis de Corinne prirent congé d'elle, ils recommandèrent avec instance son bonheur à lord Nelvil. Ils le félicitèrent d'être aimé par la femme la plus distinguée, et ce fut encore une peine pour Oswald, que le reproche secret que semblaient contenir ces félicitations. Corinne le sentit, et abrégea ces témoignages d'amitié, tout aimables qu'ils étaient. Cependant, quand ses amis, qui se retournaient de distance en distance pour la saluer encore, furent disparus à ses yeux, elle dit à lord Nelvil seulement ces mots : « Oswald, je n'ai plus d'autre ami que vous. » Oh! comme dans ce moment il se sentit le besoin de lui jurer qu'il serait son époux! il fut près de le faire; mais quand on a souffert longtemps, une invincible défiance empêche de se livrer à ses premiers mouvements, et tous les partis irrévocables font trembler, alors même que le cœur les appelle. Corinne crut entrevoir ce qui se passait dans l'âme d'Oswald; et, par un sentiment de délicatesse, elle se hâta de diriger l'entretien sur la contrée qu'ils parcouraient ensemble.

CHAPITRE V.

Ils voyageaient au commencement du mois de septembre : le temps était superbe dans la plaine; mais quand ils entrèrent dans les Apennins, ils éprouvèrent la sensation de l'hiver. Les hautes montagnes troublent souvent la température du climat, et l'on réunit rarement la douceur de l'air au plaisir causé par l'aspect pittoresque des monts élevés. Un soir que Corinne et lord Nelvil étaient tous les deux dans leur voiture, il s'éleva soudain un ouragan terrible; une obscurité profonde les entourait, et les chevaux, qui sont si vifs dans ces contrées, qu'il faut les atteler par surprise, les menaient avec une inconcevable rapidité; ils sentaient l'un et l'autre une douce émotion, en étant ainsi entraînés ensemble. « Ah! s'écria lord Nelvil, si l'on nous conduisait loin de tout ce que je connais sur la terre, si l'on pouvait gravir les monts, s'élancer dans une autre vie, où nous trouverions mon père qui nous recevrait, qui nous bénirait! Le veux-tu, chère amie? ». Et il la serrait contre son cœur avec violence. Corinne n'était pas moins attendrie, et lui dit : « Fais ce que tu voudras de moi, enchaîne-moi comme une esclave à ta destinée; les esclaves autrefois n'avaient-elles pas des talents qui charmaient la vie de leurs maîtres? Eh bien, je serai de même pour toi; tu respecteras, Oswald, celle qui se dévoue ainsi à ton sort, et tu ne voudras pas que, condamnée par le monde, elle rougisse jamais à tes yeux. — Je le dois, s'écria lord Nelvil, je le veux, il faut tout obtenir ou tout sacrifier : il faut que je sois ton époux, ou que je meure d'amour à tes pieds, en étouffant les transports que tu m'inspires. Mais je l'espère, oui, je pourrai m'unir à toi publiquement, me glorifier de ta tendresse. Ah! je t'en conjure, dis-le-moi, n'ai-je pas perdu dans ton affection, par les combats qui me déchirent? Te crois-tu moins aimée? » Et en disant cela, son accent était si passionné, qu'il rendit un moment à Corinne toute sa confiance. Le sentiment le plus pur et le plus doux les animait tous les deux.

Cependant les chevaux s'arrêtèrent; lord Nelvil descendit le premier, il sentit le vent froid qui soufflait avec âpreté, et dont il ne s'apercevait pas dans la voiture. Il pouvait se croire arrivé sur les côtes de l'Angleterre; l'air glacé qu'il respirait ne s'accordait plus avec la belle Italie; cet air ne conseillait pas, comme celui du Midi, l'oubli de tout, hors l'amour. Oswald rentra bientôt dans ses réflexions douloureuses; et Corinne, qui connaissait l'inquiète mobilité de son imagination, ne le devina que trop facilement.

Le lendemain ils arrivèrent à Notre-Dame de Lorette, qui est placée sur le haut de la montagne, et d'où l'on découvre la mer Adriatique. Pendant que lord Nelvil allait donner quelques ordres pour le voyage, Corinne se rendit à l'église, où l'image de la Vierge est renfermée au milieu du chœur, dans une petite chapelle carrée, revêtue de bas-reliefs assez remarquables. Le pavé de marbre qui environne ce sanctuaire est creusé par les pèlerins qui en ont fait le tour à genoux. Corinne fut attendrie en contemplant ces traces de la prière, et se jetant à genoux aussi sur ce même pavé, qui avait été pressé par un si grand nombre de malheureux, elle implora l'image de la bonté, le symbole de la sensibilité céleste. Oswald trouva Corinne prosternée devant ce temple, et baignée de pleurs. Il ne pouvait comprendre comment une personne d'un esprit si supérieur suivait ainsi les pratiques populaires. Elle aperçut ce qu'il pensait par ses regards, et lui dit : « Cher Oswald, n'arrive-t-il pas souvent que l'on n'ose élever ses vœux jusqu'à l'Être suprême? Comment lui confier toutes les peines du cœur? N'est-il donc pas doux alors de pouvoir considérer une femme comme l'intercesseur des faibles humains? Elle a souffert

sur cette terre, puisqu'elle y a vécu; je l'implorais pour vous avec moins de rougeur; la prière directe m'eût semblé trop imposante. — Je ne la fais pas non plus toujours, cette prière directe, répondit Oswald; j'ai aussi mon intercesseur; l'ange gardien des enfants, c'est leur père; et depuis que le mien est dans le ciel, j'ai souvent éprouvé dans ma vie des secours extraordinaires, des moments de calme sans cause, des consolations inattendues; c'est aussi dans cette protection miraculeuse que j'espère, pour sortir de ma perplexité. — Je vous comprends, dit Corinne; il n'y a personne, je crois, qui n'ait au fond de son âme une idée singulière et mystérieuse sur sa propre destinée. Un événement qu'on a toujours redouté, sans qu'il fût vraisemblable, et qui pourtant arrive; la punition d'une faute, quoiqu'il soit impossible de saisir les rapports qui lient nos malheurs avec elle, frappent souvent l'imagination. Depuis mon enfance, j'ai toujours craint de demeurer en Angleterre; eh bien, le regret de ne pouvoir y vivre sera peut-être la cause de mon désespoir; et je sens qu'à cet égard il y a quelque chose d'invincible dans mon sort, un obstacle contre lequel je lutte et me brise en vain. Chacun conçoit sa vie intérieurement tout autre qu'elle ne paraît. On croit confusément à une puissance surnaturelle qui agit à notre insu, et se cache sous la forme des circonstances extérieures, tandis qu'elle seule est l'unique cause de tout. Cher ami, les âmes capables de réflexion se plongent sans cesse dans l'abîme d'elles-mêmes, et n'en trouvent jamais la fin! » Oswald, lorsqu'il entendait parler ainsi Corinne, s'étonnait toujours de ce qu'elle pouvait tout à la fois éprouver des sentiments si passionnés, et planer, en les jugeant, sur ses propres impressions. « Non, se disait-il souvent; non, aucune autre société sur la terre ne peut suffire à celui qui goûta l'entretien d'une telle femme. »

Ils arrivèrent de nuit à Ancône, parce que lord Nelvil craignait d'y être reconnu. Malgré ses précautions, il le fut, et le lendemain matin tous les habitants entourèrent la maison où il était. Corinne fut éveillée par les cris de *vive lord Nelvil! vive notre bienfaiteur!* qui retentissaient sous ses fenêtres; elle tressaillit à ces mots, se leva précipitamment, et alla se mêler à la foule, pour entendre louer celui qu'elle aimait. Lord Nelvil, averti que le peuple le demandait avec véhémence, fut enfin obligé de paraître; il croyait que Corinne dormait encore, et qu'elle devait ignorer ce qui se passait. Quel fut son étonnement de la trouver au milieu de la place, déjà connue, déjà chérie par toute cette multitude reconnaissante, qui la suppliait de lui servir d'interprète! L'imagination de Corinne se plaisait un peu dans toutes les circonstances extraordinaires, et cette imagination était son charme, et quelquefois son défaut. Elle remercia lord Nelvil, au nom du peuple, et le fit avec tant de grâce et de noblesse, que tous les habitants d'Ancône en étaient ravis; elle disait : *Nous*, en parlant d'eux : *Vous nous avez sauvés, nous vous devons la vie.* Et quand elle s'avança pour offrir, en leur nom, à lord Nelvil, la couronne de chêne et de laurier qu'ils avaient tressée pour lui, une émotion indéfinissable la saisit; elle se sentit intimidée en s'approchant d'Oswald. A ce moment, tout le peuple qui, en Italie, est si mobile et si enthousiaste, se prosterna devant lui, et Corinne, involontairement, plia le genou en lui présentant la couronne. Lord Nelvil, à cette vue, fut tellement troublé, que, ne pouvant supporter plus longtemps cette scène publique et l'hommage que lui rendait celle qu'il adorait, il l'entraîna loin de la foule avec lui.

En partant, Corinne, baignée de larmes, remercia tous les bons habitants d'Ancône, qui les accompagnaient de leurs bénédictions, tandis qu'Oswald se cachait dans le fond de la voiture, et répétait sans cesse : « Corinne à mes genoux! Corinne, sur les traces de laquelle je voudrais me prosterner! Ai-je mérité cet outrage? Me croyez-vous l'indigne orgueil...—Non, sans doute, interrompit Corinne; mais j'ai été saisie tout à coup par ce sentiment de respect qu'une femme éprouve toujours pour l'homme qu'elle aime. Les hommages extérieurs sont dirigés vers nous; mais dans la vérité, dans la nature, c'est la femme qui révère profondément celui qu'elle a choisi pour son défenseur.—Oui, je le serai, ton défenseur, jusqu'au dernier jour de ma vie, s'écria lord Nelvil, le ciel m'en est témoin! tant d'âme et tant de génie ne se seront pas en vain réfugiés à l'abri de mon amour.—Hélas! répondit Corinne, je n'ai besoin de rien que de cet amour, et quelle promesse pourrait m'en répondre? N'importe, je sens que tu m'aimes à présent plus que jamais; ne troublons pas ce retour.—Ce retour! interrompit Oswald.— Oui, je ne rétracte point cette expression, dit Corinne; mais ne l'expliquons pas, » continua-t-elle en faisant signe doucement à lord Nelvil de se taire.

CHAPITRE VI.

Ils suivirent pendant deux jours les rivages de la mer Adriatique; mais cette mer ne produit

point, du côté de la Romagne, l'effet de l'Océan, ni même de la Méditerranée; le chemin borde ses flots, et il y a du gazon sur ses rives : ce n'est pas ainsi qu'on se représente le redoutable empire des tempêtes. A Rimini et à Césène on quitte la terre classique des événements de l'histoire romaine; et le dernier souvenir qui s'offre à la pensée, c'est le Rubicon traversé par César, lorsqu'il résolut de se rendre maître de Rome. Par un rapprochement singulier, non loin de ce Rubicon, on voit aujourd'hui la république de Saint-Marin, comme si ce dernier faible vestige de la liberté devait subsister à côté des lieux où la république du monde a été détruite. Depuis Ancône, on s'avance par degrés vers une contrée qui présente un aspect tout différent de celui de l'État ecclésiastique. Le Bolonais, la Lombardie, les environs de Ferrare et de Rovigo, sont remarquables par la beauté et la culture; ce n'est plus cette dévastation poétique qui annonçait l'approche de Rome et les événements terribles qui s'y sont passés. On quitte alors

Les pins, deuil de l'été, parure des hivers [1],

les cyprès conifères [2], images des obélisques, les montagnes et la mer. La nature, comme le voyageur, dit adieu par degrés aux rayons du Midi; d'abord les orangers ne croissent plus en plein air; ils sont remplacés par les oliviers, dont la verdure pâle et légère semble convenir aux bosquets qu'habitent les ombres dans l'Élysée, et quelques lieues plus loin, les oliviers eux-mêmes disparaissent.

En entrant dans le Bolonais, on voit une plaine riante, où les vignes, en forme de guirlandes, unissent les ormeaux entre eux; toute la campagne a l'air parée comme pour un jour de fête. Corinne se sentit émue par le contraste de sa disposition intérieure, et de l'éclat resplendissant de la contrée qui frappait ses regards. « Ah! dit-elle à lord Nelvil en soupirant, la nature devrait-elle offrir ainsi tant d'images de bonheur aux amis qui peut-être vont se séparer! — Non, ils ne se sépareront pas, dit Oswald, chaque jour j'en ai moins la force; votre inaltérable douceur joint encore le charme de l'habitude à la passion que vous inspirez. On est heureux avec vous, comme si vous n'étiez pas le génie le plus admirable, ou plutôt parce que vous l'êtes; car la supériorité véritable donne une parfaite bonté : on est content de soi, de la nature,

---

[1] Vers de M. de Sabran.
[2] . . . . et coniferi cupressi.
                     VIRGILE.

des autres; quel sentiment amer pourrait-on éprouver?

Ils arrivèrent ensemble à Ferrare, l'une des villes d'Italie les plus tristes, car elle est à la fois vaste et déserte; le peu d'habitants qu'on y trouve de loin en loin, dans les rues, marchent lentement, comme s'ils étaient assurés d'avoir du temps pour tout. On ne peut concevoir comment c'est dans ces mêmes lieux que la cour la plus brillante a existé, celle qui fut chantée par l'Arioste et le Tasse : on y montre encore des manuscrits de leurs propres mains et de celle de l'auteur du *Pastor fido.*

L'Arioste sut exister paisiblement au milieu d'une cour; mais l'on voit encore à Ferrare la maison où l'on osa renfermer le Tasse comme fou; et l'on ne peut lire sans attendrissement la foule de lettres où cet infortuné demande la mort, qu'il a depuis si longtemps obtenue. Le Tasse avait cette organisation particulière du talent, qui le rend si redoutable à ceux qui le possèdent; son imagination se retournait contre lui-même; il ne connaissait si bien tous les secrets de l'âme, il n'avait tant de pensées, que parce qu'il éprouvait beaucoup de peines. *Celui qui n'a pas souffert,* dit un prophète, *que sait-il?*

Corinne, à quelques égards, avait une manière d'être semblable; son esprit était plus gai, ses impressions plus variées, mais son imagination avait de même besoin d'être extrêmement ménagée; car, loin de la distraire de ses chagrins, elle en accroissait la puissance. Lord Nelvil se trompait, en croyant, comme il le faisait souvent, que les facultés brillantes de Corinne pouvaient lui donner des moyens de bonheur indépendants de ses affections. Quand une personne de génie est douée d'une sensibilité véritable, ses chagrins se multiplient par ses facultés mêmes : elle fait des découvertes dans sa propre peine, comme dans le reste de la nature, et, le malheur du cœur étant inépuisable, plus on a d'idées, mieux on le sent.

CHAPITRE VII.

On s'embarque sur la Brenta pour arriver à Venise, et des deux côtés du canal on voit les palais des Vénitiens, grands et un peu délabrés, comme la magnificence italienne. Ils sont ornés d'une manière bizarre, et qui ne rappelle en rien le goût antique. L'architecture vénitienne se ressent du commerce avec l'Orient; c'est un mélange de moresque et de gothique, qui attire la curiosité sans plaire à l'imagination. Le peuplier, cet arbre régulier comme l'architecture, borde le canal

presque partout. Le ciel est d'un bleu vif qui contraste avec le vert éclatant de la campagne; ce vert est entretenu par l'abondance excessive des eaux : le ciel et la terre sont ainsi de deux couleurs si fortement tranchées, que cette nature elle-même a l'air d'être arrangée avec une sorte d'apprêt; et l'on n'y trouve point le vague mystérieux qui fait aimer le midi de l'Italie. L'aspect de Venise est plus étonnant qu'agréable; on croit d'abord voir une ville submergée, et la réflexion est nécessaire pour admirer le génie des mortels qui ont conquis cette demeure sur les eaux. Naples est bâtie en amphithéâtre au bord de la mer, mais Venise étant sur un terrain tout à fait plat, les clochers ressemblent aux mâts d'un vaisseau qui resterait immobile au milieu des ondes. Un sentiment de tristesse s'empare de l'imagination en entrant dans Venise. On prend congé de la végétation : on ne voit pas même une mouche en ce séjour; tous les animaux en sont bannis; et l'homme seul est là pour lutter contre la mer.

Le silence est profond dans cette ville, dont les rues sont des canaux, et le bruit des rames est l'unique interruption à ce silence; ce n'est pas la campagne, puisqu'on n'y voit pas un arbre; ce n'est pas la ville, puisqu'on n'y entend pas le moindre mouvement; ce n'est pas même un vaisseau, puisqu'on n'avance pas : c'est une demeure dont l'orage fait une prison; car il y a des moments où l'on ne peut sortir ni de la ville ni de chez soi. On trouve des hommes du peuple, à Venise, qui n'ont jamais été d'un quartier à l'autre, qui n'ont pas vu la place Saint-Marc, et pour qui la vue d'un cheval ou d'un arbre serait une véritable merveille. Ces gondoles noires, qui glissent sur les canaux, ressemblent à des cercueils ou à des berceaux, à la dernière et à la première demeure de l'homme. Le soir on ne voit passer que le reflet des lanternes qui éclairent les gondoles; car, alors, leur couleur noire empêche de les distinguer. On dirait que ce sont des ombres qui glissent sur l'eau, guidées par une petite étoile. Dans ce séjour tout est mystère, le gouvernement, les coutumes et l'amour. Sans doute il y a beaucoup de jouissances pour le cœur et la raison, quand on parvient à pénétrer dans tous ces secrets; mais les étrangers doivent trouver l'impression du premier moment singulièrement triste.

Corinne, qui croyait aux pressentiments, et dont l'imagination ébranlée faisait de tout des présages, dit à lord Nelvil : « D'où vient la mélancolie profonde dont je me sens saisie en entrant dans cette ville? n'est-ce pas une preuve

qu'il m'y arrivera·quelque grand malheur ? »
Comme elle prononçait ces mots, elle entendit
partir trois coups de canon d'une des îles de la la-
gune. Corinne tressaillit à ce bruit, et demanda à
ses gondoliers quelle en était la cause. *C'est une
religieuse qui prend le voile,* répondirent-ils,
*dans un de ces couvents au milieu de la mer.
L'usage est chez nous, qu'à l'instant où les femmes prononcent les vœux religieux, elles jettent
derrière elles un bouquet de fleurs qu'elles portaient pendant la cérémonie. C'est le signe du
renoncement au monde; et les coups de canon
que vous venez d'entendre annonçaient ce moment, comme nous sommes entrés dans Venise.*
Ces paroles firent frissonner Corinne. Oswald sentit ses mains froides dans les siennes, et une pâleur mortelle couvrait son visage. « Chère amie,
lui dit-il, comment recevez-vous une si vive impression du hasard le plus simple? — Non, dit
Corinne, cela n'est pas simple; croyez-moi, les
fleurs de la vie sont pour toujours jetées derrière
moi. — Quand je t'aime plus que jamais, interrompit Oswald, quand toute mon âme est à toi...
— Ces foudres de la guerre, continua Corinne,
dont le bruit annonce ailleurs ou la victoire ou la
mort, sont ici consacrés à célébrer l'obscur sacrifice d'une jeune fille. C'est un innocent emploi de
ces armes terribles qui bouleversent le monde.
C'est un avis solennel qu'une femme résignée
donne aux femmes qui luttent encore contre le
destin. »

CHAPITRE VIII.

La puissance du gouvernement de Venise, pendant les dernières années de son existence, consistait presqu'en entier dans l'empire de l'habitude
et de l'imagination. Il avait été terrible, il était
devenu très-doux; il avait été courageux, il était
devenu timide; la haine contre lui s'est facilement
réveillée, parce qu'il avait été redoutable; on l'a
facilement renversé, parce qu'il ne l'était plus.
C'était une aristocratie qui cherchait beaucoup la
faveur populaire, mais qui la cherchait à la manière du despotisme, en amusant le peuple, mais
non en l'éclairant. Cependant, c'est un état assez
agréable pour un peuple que d'être amusé, surtout
dans les pays où les goûts de l'imagination sont
développés par le climat et les beaux-arts, jusque dans la dernière classe de la société. On ne
donnait point au peuple les grossiers plaisirs qui
l'abrutissent, mais de la musique, des tableaux,
des improvisateurs, des fêtes; et le gouvernement

soignait là ses sujets, comme un sultan son sérail.
Il leur demandait seulement, comme à des femmes, de ne point se mêler de politique, de ne
point juger l'autorité; mais, à ce prix, il leur promettait beaucoup d'amusements, et même assez
d'éclat; car les dépouilles de Constantinople, qui
enrichissent les églises, les étendards de Chypre
et de Candie, qui flottent sur la place publique,
les chevaux de Corinthe, réjouissent les regards
du peuple, et le lion ailé de Saint-Marc lui paraît
l'emblème de sa gloire.

Le système du gouvernement interdisant à ses
sujets l'occupation des affaires politiques, et la situation de la ville rendant impossibles l'agriculture, la promenade et la chasse, il ne restait aux
Vénitiens d'autre intérêt que l'amusement: aussi
cette ville était-elle une ville de plaisirs. Le dialecte vénitien est doux et léger comme un souffle
agréable: on ne conçoit pas comment ceux qui ont
résisté à la ligue de Cambrai parlaient une langue
si flexible. Ce dialecte est charmant, quand on le
consacre à la grâce ou à la plaisanterie; mais
quand on s'en sert pour des objets plus graves,
quand on entend des vers sur la mort, avec ces
sons délicats et presque enfantins, on croirait que
cet événement, ainsi chanté, n'est qu'une fiction
poétique.

Les hommes en général ont plus d'esprit encore
à Venise que dans le reste de l'Italie, parce que le
gouvernement, tel qu'il était, leur a plus souvent
offert des occasions de penser, mais leur imagination n'est pas naturellement aussi ardente que
dans le midi de l'Italie; et la plupart des femmes,
quoique très-aimables, ont pris, par l'habitude de
vivre dans le monde, un langage de *sentimentalité*
qui, ne gênant en rien la liberté des mœurs, ne
fait que mettre de l'affectation dans la galanterie.
Le grand mérite des Italiennes, à travers tous leurs
torts, c'est de n'avoir aucune vanité: ce mérite est
un peu perdu à Venise, où il y a plus de société
que dans aucune autre ville d'Italie; car la vanité
se développe surtout par la société. On y est applaudi si vite et si souvent, que tous les calculs y
sont instantanés, et que, pour le succès, *l'on n'y
fait pas crédit au temps* d'une minute. Néanmoins, on trouvait encore à Venise beaucoup de
traces de l'originalité et de la facilité des manières
italiennes. Les plus grandes dames recevaient
toutes leurs visites dans les cafés de la place Saint-
Marc, et cette confusion bizarre empêchait que les
salons ne devinssent trop sérieusement une arène
pour les prétentions de l'amour-propre.

Il restait aussi quelques traces des mœurs populaires et des usages antiques. Or, ces usages supposent toujours du respect pour les ancêtres, et une certaine jeunesse de cœur qui ne se lasse point du passé, ni de l'attendrissement qu'il cause; l'aspect de la ville est d'ailleurs à lui seul singulièrement propre à réveiller une foule de souvenirs et d'idées; la place de Saint-Marc, tout environnée de tentes bleues, sous lesquelles se reposent une foule de Turcs, de Grecs, et d'Arméniens, est terminée, à l'extrémité, par l'église, dont l'extérieur ressemble plutôt à une mosquée qu'à un temple chrétien : ce lieu donne une idée de la vie indolente des Orientaux, qui passent leurs jours dans les cafés, à boire du sorbet et à fumer des parfums; on voit quelquefois à Venise des Turcs, et des Arméniens passer nonchalamment couchés dans des barques découvertes, et des pots de fleurs à leurs pieds.

Les hommes et les femmes de la première qualité ne sortaient jamais que revêtus d'un domino noir; souvent aussi des gondoles toujours noires, car le système de l'égalité porte à Venise principalement sur les objets extérieurs, sont conduites par des bateliers vêtus de blanc, avec des ceintures roses; ce contraste a quelque chose de frappant : on dirait que l'habit de fête est abandonné au peuple, tandis que les grands de l'État sont toujours voués au deuil. Dans la plupart des villes européennes, il faut que l'imagination des écrivains écarte soigneusement ce qui se passe tous les jours, parce que nos usages, et même notre luxe, ne sont pas poétiques. Mais à Venise rien n'est vulgaire en ce genre; les canaux et les barques font un tableau pittoresque des plus simples événements de la vie.

Sur le quai des Esclavons, l'on rencontre habituellement des marionnettes, des charlatans ou des conteurs, qui s'adressent de toutes les manières à l'imagination du peuple : les conteurs surtout sont dignes d'attention; ce sont ordinairement des épisodes du Tasse et de l'Arioste qu'ils récitent en prose, à la grande admiration de ceux qui les écoutent. Les auditeurs, assis en rond autour de celui qui parle, sont, pour la plupart, à demi vêtus, immobiles par excès d'attention; on leur apporte de temps en temps des verres d'eau, qu'ils payent comme du vin ailleurs; et ce simple rafraîchissement est tout ce qu'il faut à ce peuple pendant des heures entières, tant son esprit est occupé. Le conteur fait des gestes les plus animés du monde; sa voix est haute, il se fâche, il se passionne; et cependant on voit qu'il est, au fond, parfaitement tranquille; et l'on pourrait lui dire,

comme Sapho à la bacchante qui s'agitait de sang-froid : *Bacchante, qui n'es pas ivre, que me veux-tu?* Néanmoins la pantomime animée des habitants du Midi ne donne pas l'idée de l'affectation : c'est une habitude singulière qui leur a été transmise par les Romains, aussi grands gesticulateurs; elle tient à leur disposition vive, brillante et poétique.

L'imagination d'un peuple captivé par les plaisirs était facilement effrayée par le prestige de puissance dont le gouvernement vénitien était environné. L'on ne voyait jamais un soldat à Venise; on courait au spectacle quand par hasard, dans les comédies, on en faisait paraître un avec un tambour; mais il suffisait que le sbire de l'inquisition d'État, portant un ducat sur son bonnet, se montrât, pour faire rentrer dans l'ordre trente mille hommes rassemblés un jour de fête publique. Ce serait une belle chose, si ce simple pouvoir venait du respect pour la loi; mais il était fortifié par la terreur des mesures secrètes qu'employait le gouvernement pour maintenir le repos dans l'État. Les prisons (chose unique) étaient dans le palais même du doge; il y en avait au-dessous de son appartement; *la Bouche du Lion*, où toutes les dénonciations étaient jetées, se trouve aussi dans le palais dont le chef du gouvernement faisait sa demeure : la salle où se tenaient les inquisiteurs d'État était tendue de noir, et le jour n'y venait que d'en haut; le jugement ressemblait d'avance à la condamnation; *le Pont des soupirs*, c'est ainsi qu'on l'appelait, conduisait du palais du doge à la prison des criminels d'État. En passant sur le canal qui bordait ces prisons, on entendait crier : *Justice! secours!* et ces voix gémissantes et confuses ne pouvaient pas être reconnues. Enfin, quand un criminel d'État était condamné, une barque venait le prendre pendant la nuit; il sortait par une petite porte qui s'ouvrait sur le canal; on le conduisait à quelque distance de la ville, et on le noyait dans un endroit des lagunes où il était défendu de pêcher : horrible idée, qui perpétue le secret jusques après la mort, et ne laisse pas au malheureux l'espoir que ses restes du moins apprendront à ses amis qu'il a souffert, et qu'il n'est plus!

A l'époque où Corinne et lord Nelvil vinrent à Venise, il y avait près d'un siècle que de telles exécutions n'avaient plus lieu; mais le mystère qui frappe l'imagination existait encore; et bien que lord Nelvil fût plus loin que personne de se mêler en aucune manière des intérêts politiques d'un pays étranger, cependant il se sentait oppressé par cet arbitraire sans appel, qui planait à Venise sur toutes les têtes.

CHAPITRE IX.

« Il ne faut pas, dit Corinne à lord Nelvil, que vous vous en teniez seulement aux impressions pénibles que ces moyens silencieux du pouvoir ont produites sur vous, il faut que vous observiez aussi les grandes qualités de ce sénat qui faisait de Venise une république pour les nobles, et leur inspirait autrefois cette énergie, cette grandeur aristocratique, fruit de la liberté, alors même qu'elle est concentrée dans le petit nombre. Vous les verrez sévères les uns pour les autres, établir, du moins dans leur sein, les vertus et les droits qui devaient appartenir à tous; vous les verrez paternels pour leurs sujets, autant qu'on peut l'être, quand on considère cette classe d'hommes uniquement sous le rapport de son bien-être physique. Enfin vous leur trouverez un grand orgueil pour leur patrie, pour cette patrie qui est leur propriété, mais qu'ils savent néanmoins faire aimer du peuple même, qui, à tant d'égards, en est exclu. »

Corinne et Oswald allèrent voir ensemble la salle où le grand conseil se rassemblait alors: elle est entourée des portraits de tous les doges; mais à la place du portrait de celui qui fut décapité comme traître à sa patrie, on a peint un rideau noir sur lequel on a écrit le jour de sa mort et le genre de son supplice. Les habits royaux et magnifiques, dont les images des autres doges sont revêtues, ajoutent à l'impression de ce terrible rideau noir. Il y a dans cette salle un tableau qui représente le jugement dernier, et un autre le moment où le plus puissant des empereurs, Frédéric Barberousse, s'humilia devant le sénat de Venise. C'est une belle idée que de réunir ainsi tout ce qui doit exalter la fierté d'un gouvernement sur la terre, et courber cette même fierté devant le ciel. Corinne et lord Nelvil allèrent voir l'arsenal. Il y a, devant la porte de l'arsenal, deux lions sculptés en Grèce, puis transportés du port d'Athènes, pour être les gardiens de la puissance vénitienne; immobiles gardiens qui ne défendent que ce qu'on respecte. L'arsenal est rempli des trophées de la marine; la fameuse cérémonie des noces du doge avec la mer Adriatique, toutes les institutions de Venise enfin, attestaient leur reconnaissance pour la mer. Ils ont, à cet égard, quelques rapports avec les Anglais, et lord Nelvil sentit vivement l'intérêt que ces rapports devaient exciter en lui.

Corinne le conduisit au sommet de la tour appelée le clocher Saint-Marc, qui est à quelques pas de l'église. C'est de là que l'on découvre toute la ville au milieu des flots, et la digue immense qui la défend de la mer. On aperçoit dans le lointain les côtes de l'Istrie et de la Dalmatie. « Du côté de ces nuages, dit Corinne, il y a la Grèce; cette idée ne suffit-elle pas pour émouvoir! Là, sont encore des hommes d'une imagination vive, d'un caractère enthousiaste, avilis par leur sort, mais destinés peut-être ainsi que nous à ranimer une fois les cendres de leurs ancêtres. C'est toujours quelque chose qu'un pays qui a existé, les habitants y rougissent au moins de leur état actuel; mais dans les contrées que l'histoire n'a jamais consacrées, l'homme ne soupçonne pas même qu'il y ait une autre destinée que la servile obscurité qui lui a été transmise par ses aïeux.

« Cette Dalmatie que vous apercevez d'ici, continua Corinne, et qui fut autrefois habitée par un peuple si guerrier, conserve encore quelque chose de sauvage. Les Dalmates savent si peu ce qui s'est passé depuis quinze siècles, qu'ils appellent encore les Romains les *tout-puissants*. Il est vrai qu'ils montrent des connaissances plus modernes, en vous nommant, vous autres Anglais, *les guerriers de la mer*, parce que vous avez souvent abordé dans leurs ports; mais ils ne savent rien du reste de la terre. Je me plairais à voir, continua Corinne, tous les pays où il y a dans les mœurs, dans les costumes, dans le langage, quelque chose d'original. Le monde civilisé est bien monotone, et l'on en connaît tout en peu de temps; j'ai déjà vécu assez pour cela. — Quand on vit près de vous, interrompit lord Nelvil, voit-on jamais le terme de ce qui fait penser et sentir! — Dieu veuille, répondit Corinne, que ce charme aussi ne s'épuise pas!

« Mais donnons encore, poursuivit-elle, un moment à cette Dalmatie; quand nous serons descendus de la hauteur où nous sommes, nous n'apercevrons même plus les lignes incertaines qui nous indiquent ce pays de loin, aussi confusément qu'un souvenir dans la mémoire des hommes. Il y a des improvisateurs parmi les Dalmates, les sauvages en ont aussi; on en trouvait chez les anciens Grecs: il y en a presque toujours parmi les peuples qui ont de l'imagination, et point de vanité sociale; mais l'esprit naturel se tourne en épigrammes plutôt qu'en poésie, dans les pays où la crainte d'être l'objet de la moquerie fait que chacun se hâte de saisir cette arme le premier. Les peuples aussi qui sont restés plus près de la nature, ont conservé pour elle un respect qui sert très-bien l'imagination. *Les cavernes sont sacrées*, disent les Dalmates : sans doute qu'ils expriment ainsi une terreur vague des secrets de la terre. Leur poésie ressemble un peu à celle d'Ossian, bien qu'ils soient habitants du Midi ; mais il n'y a que deux manières très-distinctes de sentir la nature : l'aimer comme les anciens, la perfectionner sous mille formes brillantes, ou se laisser aller, comme les bardes écossais, à l'effroi du mystère, à la mélancolie qu'inspirent l'incertain et l'inconnu. Depuis que je vous connais, Oswald, ce dernier genre me plaît. Autrefois j'avais assez d'espérance et de vivacité pour aimer les images riantes, et jouir de la nature sans craindre la destinée. — Ce serait donc moi, dit Oswald, moi qui aurais flétri cette belle imagination, à laquelle j'ai dû les jouissances les plus enivrantes de ma vie. — Ce n'est pas vous qu'il faut en accuser, répondit Corinne, mais une passion profonde. Le talent a besoin d'une indépendance intérieure que l'amour véritable ne permet jamais. — Ah ! s'il est ainsi, s'écria lord Nelvil, que ton génie se taise, et que ton cœur soit tout à moi ! » Il ne put prononcer ces paroles sans émotion, car elles promettaient dans sa pensée plus encore qu'il ne disait. Corinne le comprit, et n'osa répondre, de peur de rien déranger à la douce impression qu'elle éprouvait.

Elle se sentait aimée, et, comme elle était habituée à vivre dans un pays où les hommes sacrifient tout au sentiment, elle se rassurait facilement, et se persuadait que lord Nelvil ne pourrait pas se séparer d'elle : tout à la fois indolente et passionnée, elle s'imaginait qu'il suffisait de gagner des jours, et que le danger dont on ne parlait plus était passé. Corinne vivait enfin comme vivent la plupart des hommes, lorsqu'ils sont menacés longtemps du même malheur ; ils finissent par croire qu'il n'arrivera pas, seulement parce qu'il n'est pas encore arrivé.

L'air de Venise, la vie qu'on y mène est singulièrement propre à bercer l'âme d'espérances : le tranquille balancement des barques porte à la rêverie et à la paresse. On entend quelquefois un gondolier qui, placé sur le pont de Rialto, se met à chanter une stance du Tasse, tandis qu'un autre gondolier lui répond par la stance suivante, à l'autre extrémité du canal. La musique très-ancienne de ces stances ressemble au chant d'église, et de près on s'aperçoit de sa monotonie ; mais en plein air, le soir, lorsque les sons se prolongent sur le canal comme les reflets du soleil couchant, et que les vers du Tasse prêtent aussi leurs beautés de sentiment à tout cet ensemble d'images et d'harmonie, il est impossible que ces chants n'inspirent

pas une douce mélancolie. Oswald et Corinne se promenaient sur l'eau de longues heures, à côté l'un de l'autre ; quelquefois ils disaient un mot ; plus souvent, se tenant la main, ils se livraient en silence aux pensées vagues que font naître la nature et l'amour.

• • • • • • • • • •

LIVRE XVI.

LE DÉPART ET L'ABSENCE.

———•••———

CHAPITRE PREMIER.

Dès que l'on sut l'arrivée de Corinne à Venise, chacun eut la plus grande curiosité de la voir. Quand elle se rendait dans un café de la place Saint-Marc, l'on se pressait en foule sous les galeries de cette place pour l'apercevoir un moment, et la société tout entière la recherchait avec l'empressement le plus vif. Elle aimait assez autrefois à produire cet effet brillant partout où elle se montrait, et elle avouait naturellement que l'admiration avait un grand charme pour elle. Le génie inspire le besoin de la gloire, et il n'est d'ailleurs aucun bien qui ne soit désiré par ceux à qui la nature a donné les moyens de l'obtenir. Néanmoins, dans sa situation actuelle, Corinne redoutait tout ce qui semblait en contraste avec les habitudes de la vie domestique, si chères à lord Nelvil.

Corinne avait tort, pour son bonheur, de s'attacher à un homme qui devait contrarier son existence naturelle, et réprimer plutôt qu'exciter ses talents ; mais il est aisé de comprendre comment une femme qui s'est beaucoup occupée des lettres et des beaux-arts, peut aimer dans un homme des qualités et même des goûts qui diffèrent des siens. L'on est si souvent lassé de soi-même, qu'on ne peut être séduit par ce qui nous ressemble : il faut de l'harmonie dans les sentiments et de l'opposition dans les caractères, pour que l'amour naisse tout à la fois de la sympathie et de la diversité. Lord Nelvil possédait au suprême degré ce double charme. On était un avec lui dans l'habitude de la vie, par la douceur et la facilité de son entretien, et néanmoins ce qu'il avait d'irritable et d'ombrageux dans l'âme ne permettait jamais de se blaser sur la grâce et la complaisance de ses manières. Quoique la profondeur et l'étendue de ses idées le rendissent propre à tout, ses opinions politiques et ses goûts militaires lui inspiraient plus de penchant pour la carrière des actions que pour celle des lettres ; il pensait que les actions sont toujours plus poétiques que la poésie elle-même. Il se montrait supérieur aux succès de son esprit, et parlait de lui, sous ce rapport, avec une grande indifférence. Corinne, pour lui plaire, cherchait à cet égard à l'imiter, et commençait à dédaigner ses propres succès littéraires, afin de ressembler davantage aux femmes modestes et retirées, dont la patrie d'Oswald offrait le modèle.

Cependant les hommages que Corinne reçut à Venise ne firent à lord Nelvil qu'une impression agréable. Il y avait tant de bienveillance dans l'accueil des Vénitiens, ils exprimaient avec tant de grâce et de vivacité le plaisir qu'ils trouvaient dans l'entretien de Corinne, qu'Oswald jouissait vivement d'être aimé par une femme d'un charme si séducteur et si généralement admiré. Il n'était plus jaloux de la gloire de Corinne, certain qu'il était, qu'elle le préférait à tout, et son amour semblait encore augmenté par ce qu'il entendait dire d'elle. Il oubliait même l'Angleterre ; il prenait quelque chose de l'insouciance des Italiens sur l'avenir. Corinne s'apercevait de ce changement, et son cœur imprudent en jouissait, comme s'il avait pu durer toujours.

L'italien est la seule langue de l'Europe dont les dialectes différents aient un génie à part. On peut faire des vers et écrire des livres dans chacun de ses dialectes, qui s'écartent plus ou moins de l'italien classique ; mais, parmi les différents langages des divers États de l'Italie, il n'y a pourtant que le napolitain, le sicilien et le vénitien qui aient l'honneur d'être comptés ; et c'est le vénitien qui passe pour le plus original et le plus gracieux de tous. Corinne le prononçait avec une douceur charmante, et la manière dont elle chantait quelques barcaroles, dans le genre gai, prouvait qu'elle devait jouer la comédie aussi bien que la tragédie. On la tourmenta beaucoup pour prendre un rôle dans un opéra comique qu'on devait représenter en société la semaine suivante. Corinne, depuis qu'elle aimait Oswald, n'avait jamais voulu lui faire connaître son talent en ce genre ; elle ne s'était pas senti assez de liberté d'esprit pour cet amusement, et quelquefois même elle s'était dit qu'un tel abandon de gaieté pouvait porter malheur ; mais cette fois, par une singularité de confiance, elle y consentit. Oswald l'en pressa vivement, et il fut convenu qu'elle jouerait *la Fille de l'air* ; c'est ainsi que s'appelait la pièce que l'on choisit.

Cette pièce, comme la plupart de celles de Gozzi, était composée de féeries extravagantes, très-origi-

nales et très-gaies [1] Truffaldin et Pantalon paraissent souvent, dans ces drames burlesques, à côté des plus grands rois de la terre. Le merveilleux y sert à la plaisanterie, mais le comique y est relevé par ce merveilleux même, qui ne peut jamais avoir rien de vulgaire ni de bas. *La Fille de l'air*, ou *Sémiramis dans sa jeunesse*, est la coquette douée par l'enfer et le ciel, pour subjuguer le monde. Élevée dans un antre comme une sauvage, habile comme une enchanteresse, impérieuse comme une reine, elle réunit la vivacité naturelle à la grâce préméditée, le courage guerrier à la frivolité d'une femme, et l'ambition à l'étourderie. Ce rôle demande une verve d'imagination et de gaieté que l'inspiration seule du moment peut donner. Toute la société se réunit pour prier Corinne de s'en charger.

CHAPITRE II.

Il y a quelquefois dans la destinée un jeu bizarre et cruel ; on dirait que c'est une puissance qui veut inspirer la crainte, et repousse la familiarité confiante ; souvent, quand on se livre le plus à l'espérance, et surtout lorsqu'on a l'air de plaisanter avec le sort, et de compter sur le bonheur, il se passe quelque chose de redoutable dans le tissu de notre histoire, et les fatales sœurs viennent y mêler leur fil noir, et brouiller l'œuvre de nos mains.

C'était le dix-sept de novembre que Corinne s'éveilla tout enchantée de jouer le soir la comédie. Elle choisit, pour paraître dans le premier acte en sauvage, un vêtement très-pittoresque. Ses cheveux, qui devaient être épars, étaient pourtant arrangés avec un soin qui montrait un vif désir de plaire, et son habit élégant, léger et fantasque, donnait à sa noble figure un caractère de coquetterie et de malice singulièrement gracieux. Elle arriva dans le palais où la comédie devait être jouée. Tout le monde y était rassemblé ; Oswald seul n'était pas encore arrivé. Corinne retarda, tant qu'elle le put, le spectacle, et commençait à s'inquiéter de son absence. Enfin, comme elle entrait sur le théâtre, elle l'aperçut dans un coin très-obscur du salon, mais enfin elle l'aperçut ; et la peine même que lui avait causée l'attente, redoublant sa joie, elle fut inspirée par la gaieté, comme elle l'était au Capitole par l'enthousiasme.

[1] Parmi les auteurs comiques italiens qui peignent les mœurs, il faut compter le chevalier de Rossi, Romain, qui a singulièrement, dans ses pièces, l'esprit observateur et satirique.

Le chant et les paroles étaient entremêlés, et la pièce était faite de manière qu'il était permis d'improviser le dialogue; ce qui donnait à Corinne un grand avantage, et rendait la scène plus animée. Lorsqu'elle chantait, elle faisait sentir l'esprit des airs *bouffes* italiens avec une élégance particulière. Ses gestes, accompagnés par la musique, étaient comiques et nobles tout à la fois; elle faisait rire sans cesser d'être imposante, et son rôle et son talent dominaient les acteurs et les spectateurs, en se moquant avec grâce des uns et des autres.

Ah! qui n'aurait pas eu pitié de ce spectacle, si l'on avait su que ce bonheur si confiant allait attirer la foudre, et que cette gaieté si triomphante ferait bientôt place aux plus amères douleurs!

Les applaudissements des spectateurs étaient si multipliés et si vrais, que leur plaisir se communiquait à Corinne; elle éprouvait cette sorte d'émotion que cause l'amusement, quand il donne un sentiment vif de l'existence, quand il inspire l'oubli de la destinée, et dégage pour un moment l'esprit de tout lien, comme de tout nuage. Oswald avait vu Corinne représenter la plus profonde douleur, dans un temps où il se flattait de la rendre heureuse : il la voyait maintenant exprimer une joie sans mélange, quand il venait de recevoir une nouvelle bien fatale pour tous deux. Plusieurs fois il eut la pensée d'arracher Corinne à cette gaieté téméraire; mais il goûtait un triste plaisir à voir encore quelques instants sur cet aimable visage la brillante expression du bonheur.

A la fin de la pièce Corinne parut élégamment habillée en reine amazone; elle commandait aux hommes, et déjà presque aux éléments, par cette confiance dans ses charmes qu'une belle personne peut avoir quand elle n'est pas sensible; car il suffit d'aimer pour qu'aucun don de la nature ou du sort ne puisse rassurer entièrement. Mais cette coquette couronnée, cette fée souveraine que représentait Corinne, mêlant, d'une façon toute merveilleuse, la colère à la plaisanterie, l'insouciance au désir de plaire, et la grâce au despotisme, semblait régner sur la destinée autant que sur les cœurs; et quand elle monta sur le trône, elle sourit à ses sujets en leur ordonnant la soumission avec une douce arrogance. Tous les spectateurs se levèrent pour applaudir Corinne comme la véritable reine. Ce moment était peut-être celui de sa vie où la crainte de la douleur avait été le plus loin d'elle; mais tout à coup elle vit Oswald qui, ne pouvant plus se contenir, cachait sa tête dans ses mains pour dérober ses larmes. A l'instant elle se troubla, et la toile n'était pas encore baissée,

que, descendant de ce trône déjà funeste, elle se précipita dans la chambre voisine.

Oswald l'y suivit, et quand elle remarqua de près sa pâleur, elle fut saisie d'un tel effroi, qu'elle fut obligée de s'appuyer contre la muraille pour se soutenir; et, tremblante, elle lui dit « Oswald! ô mon Dieu! qu'avez-vous?—Il faut que je parte cette nuit pour l'Angleterre, » lui répondit-il, sans savoir ce qu'il faisait; car il ne devait pas exposer sa malheureuse amie, en lui apprenant ainsi cette nouvelle. Elle s'avança vers lui tout à fait hors d'elle-même, et s'écria : « Non, il ne se peut pas que vous me causiez cette douleur! Qu'ai-je fait pour la mériter? Vous m'emmenez donc avec vous? — Quittons en ce moment cette foule cruelle, répondit Oswald; viens avec moi, Corinne. » Elle le suivit, ne comprenant plus ce qu'on lui disait, répondant au hasard, chancelante, et le visage déjà si altéré, que chacun la crut saisie par quelque mal subit.

CHAPITRE III.

Dès qu'ils furent ensemble dans la gondole, Corinne, dans son égarement, dit à lord Nelvil : « Eh bien! ce que vous venez de m'apprendre est mille fois plus cruel que la mort. Soyez généreux; jetez-moi dans ces flots, pour que j'y perde le sentiment qui me déchire. Oswald, faites-le avec courage; il en faut moins pour cela que vous ne venez d'en montrer. — Si vous dites un mot de plus, répondit Oswald, je vais me précipiter dans le canal, à vos yeux. Écoutez-moi; attendez que nous soyons arrivés chez vous, alors vous prononcerez sur mon sort et sur le vôtre. Au nom du ciel, calmez-vous. » Il y avait tant de malheur dans l'accent d'Oswald, que Corinne se tut, et seulement elle tremblait avec une telle violence qu'elle put à peine monter les escaliers qui conduisaient à son appartement. Quand elle y fut arrivée, elle arracha sa parure avec effroi. Lord Nelvil en la voyant dans cet état, elle qui était si brillante il y avait quelques instants, se jeta sur une chaise en fondant en pleurs, et s'écria : « Suis-je un barbare, Corinne, juste ciel! Corinne, le crois-tu? — Non, lui dit-elle, non je ne puis le croire. N'avez-vous pas encore ce regard qui chaque jour me donnait le bonheur! Oswald, vous dont la présence était pour moi comme un rayon du ciel, se peut-il que je vous craigne, que je n'ose lever les yeux sur vous, que je sois là devant vous comme devant un assassin; Oswald, Oswald! » Et en achevant ces mots, elle tomba suppliante à ses genoux.

« Que vois-je? s'écria-t-il en la relevant avec fureur; tu veux que je me déshonore. Eh bien, je le ferai. Mon régiment s'embarque dans un mois; je viens d'en recevoir la nouvelle. Je resterai, prends-y garde, je resterai, si tu me montres cette douleur, cette douleur toute-puissante sur moi; mais je ne survivrai point à ma honte. — Je ne vous demande point de rester, reprit Corinne; mais quel mal vous fais-je en vous suivant? — Mon régiment part pour les îles, et il n'est permis à aucun officier d'emmener sa femme avec lui. — Au moins laissez-moi vous accompagner jusqu'en Angleterre. — Les mêmes lettres que je viens de recevoir, reprit Oswald, m'apprennent que le bruit de notre liaison s'est répandu en Angleterre, que les papiers publics en ont parlé, qu'on a commencé à soupçonner qui vous êtes, et que votre famille, excitée par lady Edgermond, a déclaré qu'elle ne vous reconnaîtrait jamais. Laissez-moi le temps de la ramener, de forcer votre belle-mère à ce qu'elle vous doit; mais si j'arrive avec vous, et que je sois contraint à vous quitter avant de vous avoir fait rendre votre nom, je vous livre à toute la sévérité de l'opinion, sans être là pour vous défendre. — Ainsi, vous me refusez tout, » dit Corinne; et, en achevant ces mots, elle tomba sans connaissance, et sa tête heurtant avec violence contre terre, le sang en rejaillit. Oswald, à ce spectacle, poussa des cris déchirants. Thérésine arriva, dans un trouble extrême; elle rappela sa maîtresse à la vie. Mais quand Corinne revint à elle, elle aperçut dans une glace son visage pâle et défait, ses cheveux épars et teints de sang. « Oswald, dit-elle, Oswald, ce n'est pas ainsi que j'étais lorsque vous m'avez rencontrée au Capitole; je portais sur mon front la couronne de l'espérance et de la gloire, maintenant il est souillé de sang et de poussière; mais il ne vous est pas permis de me mépriser pour cet état, dans lequel vous m'avez mise. Les autres le peuvent, mais vous, vous ne le pouvez pas : il faut avoir pitié de l'amour que vous m'avez inspiré, il le faut.

— Arrête! s'écria lord Nelvil, c'en est trop. » Et, faisant signe à Thérésine de s'éloigner, il prit Corinne dans ses bras, et lui dit : « Je suis décidé à rester : tu feras de moi ce que tu voudras. Je subirai ce que le ciel me destine, mais je ne t'abandonnerai point dans ce malheur, et je ne te conduirai point en Angleterre avant d'y avoir assuré ton sort. Je ne t'y laisserai point exposée aux insultes d'une femme hautaine. Je reste; oui, je reste, car je ne puis te quitter. » Ces paroles rappelèrent Corinne à elle-même, mais la jetèrent dans un abattement plus cruel encore que le désespoir qu'elle venait d'éprouver. Elle sentit la nécessité qui pesait sur elle, et, la tête baissée, elle resta longtemps dans un profond silence. « Parle, chère amie, lui dit Oswald, fais-moi donc entendre le son de ta voix; je n'ai plus qu'elle pour me soutenir. Je veux me laisser guider par elle. — Non, répondit Corinne, non, vous partirez, il le faut. » Et des torrents de pleurs annoncèrent sa résignation. « Mon amie, s'écria lord Nelvil, je prends à témoin ce portrait de ton père, qui est là devant nos yeux; et tu sais si le nom d'un père est sacré pour moi! je le prends à témoin que ma vie est en ta puissance, tant qu'elle sera nécessaire à ton bonheur. A mon retour des îles, je verrai si je puis te rendre ta patrie, et t'y faire retrouver le rang et l'existence qui te sont dus; mais si je n'y réussissais pas, je reviendrais en Italie, vivre et mourir à tes pieds. — Hélas! reprit Corinne, et ces dangers de la guerre que vous allez braver... — Ne les crains pas, reprit Oswald, j'y échapperai; mais si je périssais cependant, moi, le plus inconnu des hommes, mon souvenir resterait dans ton cœur : tu n'entendrais peut-être jamais prononcer mon nom sans que tes yeux se remplissent de larmes, n'est-il pas vrai, Corinne? tu dirais : *Je l'ai connu, il m'a aimée.* — Ah! laisse-moi, laisse-moi, s'écria-t-elle, tu te trompes à mon calme apparent; demain, quand le soleil reviendra, et que je me dirai : *Je ne le verrai plus! je ne le verrai plus!* il se peut que je cesse de vivre, et ce serait bien heureux! — Pourquoi, s'écria lord Nelvil; pourquoi, Corinne, crains-tu de ne pas me revoir? Cette promesse solennelle de nous réunir à jamais n'est-elle rien pour toi? ton cœur en peut-il douter? — Non; je vous respecte trop pour ne pas vous croire, dit Corinne; il m'en coûterait plus encore de renoncer à mon admiration pour vous qu'à mon amour. Je vous regarde comme un être angélique, comme le caractère le plus pur et le plus noble qui ait paru sur la terre : ce n'est pas seulement votre charme qui me captive, c'est l'idée que jamais tant de vertus n'ont été réunies dans un même objet; et votre céleste regard ne vous a été donné que pour les exprimer toutes : loin de moi donc un doute sur vos promesses. Je fuirais à l'aspect de la figure humaine, elle ne m'inspirerait plus que de la terreur, si lord Nelvil pouvait tromper : mais la séparation livre à tant de hasards, mais ce mot terrible, *adieu!*... — Jamais, interrompit-il, jamais Oswald ne peut te dire un dernier adieu que sur son lit de mort. » Et son émotion était si profonde en prononçant ces mots, que Corinne, commençant à craindre l'effet de cette émotion sur sa santé, essaya de se contenir, elle qui était la plus à plaindre.

Ils commencèrent donc à parler de ce cruel départ, des moyens de s'écrire, et de la certitude de se rejoindre. Un an fut le terme fixé pour cette absence; Oswald se croyait sûr que l'expédition ne devait pas durer plus longtemps. Enfin, il leur restait encore quelques heures, et Corinne espérait qu'elle aurait de la force. Mais lorsque Oswald lui eut dit que la gondole viendrait le prendre à trois heures du matin, et qu'elle vit à sa pendule que ce moment n'était pas très-éloigné, elle frémit de tous ses membres; et sûrement l'approche de l'échafaud ne lui aurait pas causé plus d'effroi. Oswald aussi semblait perdre à chaque instant sa résolution; et Corinne, qui l'avait toujours vu maître de lui-même, avait le cœur déchiré par le spectacle de ses angoisses. Pauvre Corinne! elle le consolait, tandis qu'elle devait être mille fois plus malheureuse que lui!

« Écoutez, dit-elle à lord Nelvil, quand vous serez à Londres, ils vous diront, les hommes légers de cette ville, que des promesses d'amour ne lient pas l'honneur; que tous les Anglais du monde ont aimé des Italiennes dans leurs voyages, et les ont oubliées au retour; que quelques mois de bonheur n'engagent ni celle qui les reçoit, ni celui qui les donne, et qu'à votre âge la vie entière ne peut dépendre du charme que vous avez trouvé pendant quelque temps dans la société d'une étrangère. Ils auront l'air d'avoir raison, raison selon le monde : mais vous, qui avez connu ce cœur dont vous vous êtes rendu le maître; vous qui savez comme il vous aime, trouverez-vous des sophismes pour excuser une blessure mortelle? Et les plaisanteries frivoles et barbares des hommes du jour empêcheront-elles que votre main ne tremble en enfonçant un poignard dans mon sein? — Ah! que me dis-tu? s'écria lord Nelvil; ce n'est pas ta douleur seule qui me retient, c'est la mienne. Où trouverais-je un bonheur semblable à celui que j'ai goûté près de toi? qui, dans l'univers, m'entendrait comme tu m'as entendu? L'amour, Corinne, l'amour, c'est toi seule qui l'éprouves, c'est toi seule qui l'inspires : cette harmonie de l'âme, cette intime intelligence de l'esprit et du cœur, avec quelle autre femme peut-elle exister qu'avec toi? Corinne, ton ami n'est pas un homme léger, tu le sais; il s'en faut qu'il le soit. Tout est sérieux pour lui dans la vie; est-ce donc pour toi seule qu'il démentirait sa nature?

— Non, non, reprit Corinne, non, vous ne traiterez pas avec dédain une âme sincère. Et ce n'est pas vous, Oswald, ce n'est pas vous que mon désespoir trouverait insensible. Mais un ennemi redoutable me menace auprès de vous, c'est la sévérité despotique, c'est la dédaigneuse médiocrité de ma belle-mère. Elle vous dira tout ce qui peut flétrir ma vie passée. Épargnez-moi de vous répéter d'avance ses impitoyables discours. Loin que les talents que je puis avoir soient une excuse à ses yeux, ils seront, je le sais, le plus grand de mes torts. Elle ne comprend point leurs charmes, elle ne voit que leurs dangers. Elle trouve inutile, et peut-être coupable, tout ce qui ne s'accorde pas avec la destinée qu'elle s'est tracée, et toute la poésie du cœur lui semble un caprice importun, qui s'arroge le droit de mépriser sa raison. C'est au nom des vertus que je respecte autant que vous, qu'elle condamnera mon caractère et mon sort. Oswald, elle vous dira que je suis indigne de vous. — Et comment pourrai-je l'entendre? interrompit Oswald; quelles vertus oserait-on élever plus haut que ta générosité, ta franchise, ta bonté, ta tendresse? Céleste créature! que les femmes communes soient jugées par les règles communes! Mais honte à celui que tu aurais aimé, et qui ne te respecterait pas autant qu'il t'adore! Rien dans l'univers n'égale ton esprit ni ton cœur. A la source divine où tes sentiments sont puisés, tout est amour et vérité. Corinne, Corinne, ah! je ne puis te quitter. Je sens mon courage défaillir. Si tu ne me soutiens pas, je ne partirai point; et c'est de toi qu'il faut que je reçoive la force de t'affliger. — Eh bien, dit Corinne, encore quelques instants; avant de recommander mon âme à Dieu, pour qu'il me donne la force d'entendre sonner l'heure fixée pour ton départ. Nous nous sommes aimés, Oswald, avec une tendresse profonde. Je t'ai confié les secrets de ma vie : ce n'est rien que les faits; mais les sentiments les plus intimes de mon être, tu les sais tous. Je n'ai pas une idée qui ne soit unie à toi. Si j'écris quelques lignes où mon âme se répande, c'est toi seul qui m'inspires, c'est à toi que j'adresse toutes mes pensées, comme mon dernier souffle sera pour toi. Où serait donc mon asile, si tu m'abandonnais? Les beaux-arts me retracent ton image; la musique, c'est ta voix; le ciel, ton regard. Tout ce génie, qui jadis enflammait ma pensée, n'est plus que de l'amour. Enthousiasme, réflexion, intelligence, je n'ai plus rien qu'en commun avec toi.

« Dieu puissant qui m'entendez! dit-elle en levant ses regards vers le ciel, Dieu! qui n'êtes point impitoyable pour les peines du cœur, les plus nobles de toutes! ôtez-moi la vie quand il cessera de m'aimer, ôtez-moi le déplorable reste d'existence qui ne me servirait plus qu'à souffrir. Il emporte avec lui ce que j'ai de plus généreux et de plus tendre; s'il laisse éteindre ce feu déposé dans son sein, que, dans quelque lieu du monde que je sois, ma vie aussi s'éteigne. Grand Dieu! vous ne m'avez pas faite pour survivre à tous les nobles sentiments; et que me resterait-il quand j'aurais cessé de l'estimer! car lui aussi doit m'aimer, il le doit. Je sens au fond de mon cœur une affection qui commande la sienne... O mon Dieu! s'écria-t-elle encore une fois, la mort ou son amour. » En achevant cette prière, elle se retourna vers Oswald, et le trouva prosterné devant elle, dans des convulsions effrayantes: l'excès de son émotion avait surpassé ses forces; il repoussait les secours de Corinne, il voulait mourir, et sa tête semblait absolument perdue. Corinne, avec douceur, serra ses mains dans les siennes, en lui répétant tout ce qu'il lui avait dit lui-même. Elle l'assura qu'elle le croyait, qu'elle se fiait à son retour, et qu'elle se sentait beaucoup plus calme: ces douces paroles firent quelque bien à lord Nelvil. Cependant plus il sentait approcher l'heure de sa séparation, plus il lui semblait impossible de s'y décider.

« Pourquoi, dit-il à Corinne, pourquoi n'irions-nous pas au temple avant mon départ, pour prononcer le serment d'une union éternelle? » Corinne tressaillit à ces mots, regarda lord Nelvil, et le plus grand trouble agita son cœur; elle se souvint qu'Oswald, en lui racontant son histoire, lui avait dit que la douleur d'une femme était toute-puissante sur sa conduite; mais qu'il avait ajouté que son sentiment se refroidissait par les sacrifices mêmes que cette douleur obtenait de lui. Toute la fermeté, toute la fierté de Corinne se réveillèrent à cette idée, et après quelques instants de silence, elle répondit: « Il faut que vous ayez revu vos amis et votre patrie, avant de prendre la résolution de m'épouser. Je la devrais dans ce moment, milord, à l'émotion du départ: je n'en veux pas ainsi. » Oswald n'insista plus: « Au moins, dit-il en saisissant la main de Corinne, je le jure de nouveau, ma foi est attachée à cet anneau que je vous ai donné. Tant que vous le conserverez, jamais une autre n'aura des droits sur mon sort; si vous le dédaignez une fois, si vous me renvoyez... — Cessez, cessez, interrompit Corinne, d'exprimer une inquiétude que vous ne pouvez éprouver. Ah! ce n'est pas moi qui romprai la première l'union

sacrée de nos cœurs, vous le savez bien que ce n'est pas moi, et je rougirais presque d'assurer ce qui n'est que trop certain. »

Cependant l'heure avançait: Corinne pâlissait à chaque bruit, et lord Nelvil restait plongé dans une douleur profonde, et n'avait plus la force de prononcer un seul mot. Enfin la lumière fatale parut dans l'éloignement, à travers sa fenêtre, et bientôt après la barque noire s'arrêta devant la porte. Corinne à cette vue fit un cri, en reculant avec effroi, et tomba dans les bras d'Oswald, en s'écriant: « Les voilà, les voilà! adieu, partez, c'en est fait. — O mon Dieu! dit lord Nelvil, ô mon père! l'exigez-vous de moi? » et la serrant contre son cœur, il la couvrit de ses larmes. « Partez, lui dit-elle, partez, il le faut. — Faites venir Thérésine, répondit Oswald, je ne puis vous laisser seule ainsi. — Seule? hélas! dit Corinne, ne le suis-je pas jusqu'à votre retour! — Je ne puis sortir de cette chambre, s'écria lord Nelvil, non je ne le puis. » Et en prononçant ces paroles, son désespoir était tel, que ses regards et ses vœux appelaient la mort. « Eh bien, dit Corinne, je le donnerai ce signal; j'irai moi-même ouvrir cette porte, mais accordez-moi quelques instants.—Oh! oui, s'écria lord Nelvil, restons encore ensemble, restons; ces cruels combats valent encore mieux que de cesser de te voir. »

On entendit alors sous les fenêtres de Corinne les bateliers qui appelaient les gens de lord Nelvil; ils répondirent, et l'un d'eux vint frapper à la porte de Corinne, en annonçant que *tout était prêt.* « Oui, tout est prêt, » répondit Corinne, et s'éloignant d'Oswald, elle alla prier, la tête appuyée contre le portrait de son père. Sans doute en ce moment sa vie passée s'offrait en entier à elle; sa conscience exagéra toutes ses fautes; elle craignit de ne pas mériter la miséricorde divine, et cependant elle se sentait si malheureuse, qu'elle devait croire à la pitié du ciel. Enfin, en se relevant, elle tendit la main à lord Nelvil, et lui dit: « Partez, je le veux à présent: et peut-être que dans un instant je ne le pourrai plus: partez, que Dieu bénisse vos pas, et qu'il me protége aussi, car j'en ai bien besoin. » Oswald se précipita encore une fois dans ses bras; et la pressant contre son cœur avec une passion inexprimable, tremblant et pâle comme un homme qui marche au supplice, il sortit de cette chambre où, pour la dernière fois peut-être, il avait aimé, il s'était senti aimé comme la destinée n'en offre pas un second exemple.

Quand Oswald disparut aux regards de Corinne, une palpitation horrible, qui ne lui laissait plus le pouvoir de respirer, la saisit; ses yeux était tellement troublés, que les objets qu'elle voyait perdaient à ses yeux toute réalité, et semblaient errer tantôt près, tantôt loin de ses regards; elle croyait sentir que la chambre où elle était se balançait, comme dans un tremblement de terre, et elle s'appuyait pour résister à ce mouvement. Pendant un quart d'heure encore elle entendit le bruit que faisaient les gens d'Oswald en achevant les préparatifs de son départ. Il était encore là dans la gondole; elle pouvait encore le revoir; mais elle se craignait elle-même; et lui, de son côté, était couché dans cette gondole, presque sans connaissance. Enfin il partit, et dans ce moment Corinne s'élança hors de sa chambre pour le rappeler; Thérésine l'arrêta. Une pluie terrible commençait alors; le vent le plus violent se faisait entendre, et la maison où demeurait Corinne était ébranlée, presque comme un vaisseau au milieu de la mer. Elle ressentit une vive inquiétude pour Oswald, traversant les lagunes dans ce temps affreux, et elle descendit sur le bord du canal, dans le dessein de s'embarquer, et de le suivre au moins jusqu'à la terre ferme. Mais la nuit était si obscure qu'il n'y avait pas une seule barque. Corinne marchait avec une agitation cruelle sur les pierres étroites qui séparent le canal des maisons. L'orage augmentait toujours, et sa frayeur pour Oswald redoublait à chaque instant. Elle appelait au hasard des bateliers, qui prenaient ses cris pour les cris de détresse de malheureux qui se noyaient pendant la tempête, et néanmoins personne n'osait approcher, tant les ondes agitées du grand canal étaient redoutables.

Corinne attendit le jour dans cette situation. Le temps se calma cependant, et le gondolier qui avait conduit Oswald lui apporta, de sa part, la nouvelle qu'il avait heureusement passé les lagunes. Ce moment encore ressemblait presque au bonheur, et ce ne fut qu'après quelques heures que l'infortunée Corinne ressentit de nouveau l'absence, et les longues heures, et les tristes jours, et l'inquiète et dévorante peine qui devait seule l'occuper désormais.

CHAPITRE IV.

Oswald, pendant les premiers jours de son voyage, fut prêt vingt fois à retourner pour rejoindre Corinne; mais les motifs qui l'entraînaient triomphèrent de ce désir. C'est un pas solennel de fait dans l'amour, que de l'avoir vaincu une fois; le prestige de sa toute-puissance est fini.

En approchant de l'Angleterre, tous les souvenirs de la patrie rentrèrent dans l'âme d'Oswald; l'année qu'il venait de passer en Italie n'était en relation avec aucune autre époque de sa vie. C'était comme une apparition brillante qui avait frappé son imagination, mais n'avait pu changer entièrement les opinions, ni les goûts dont son existence s'était composée jusqu'alors. Il se retrouvait lui-même; et, bien que le regret d'être séparé de Corinne l'empêchât d'éprouver aucune impression de bonheur, il reprenait pourtant une sorte de fixité dans les idées, que le vague enivrant des beaux-arts et de l'Italie avait fait disparaître. Dès qu'il eut mis le pied sur la terre d'Angleterre, il fut frappé de l'ordre et de l'aisance, de la richesse et de l'industrie qui s'offraient à ses regards; les penchants, les habitudes, les goûts nés avec lui se réveillèrent avec plus de force que jamais. Dans ce pays où les hommes ont tant de dignité, et les femmes tant de modestie, où le bonheur domestique est le lien du bonheur public, Oswald pensait à l'Italie pour la plaindre. Il lui semblait que dans sa patrie la raison humaine était partout noblement empreinte, tandis qu'en Italie les institutions et l'état social ne rappelaient, à beaucoup d'égards, que la confusion, la faiblesse et l'ignorance. Les tableaux séduisants, les impressions poétiques faisaient place dans son cœur au profond sentiment de la liberté et de la morale; et, bien qu'il chérît toujours Corinne, il la blâmait doucement de s'être ennuyée de vivre dans une contrée qu'il trouvait si noble et si sage. Enfin, s'il avait passé d'un pays où l'imagination est divinisée dans un pays aride ou frivole, tous ses souvenirs, toute son âme, l'auraient vivement ramené vers l'Italie; mais il échangeait le désir indéfini d'un bonheur romanesque contre l'orgueil des vrais biens de la vie, l'indépendance et la sécurité. Il rentrait dans l'existence qui convient aux hommes, l'action avec un but. La rêverie est plutôt le partage des femmes, de ces êtres faibles et résignés dès leur naissance: l'homme veut obtenir ce qu'il souhaite, et l'habitude du courage, le sentiment de la force, l'irritent contre sa destinée, s'il ne parvient pas à la diriger selon son gré.

Oswald, en arrivant à Londres, retrouva ses amis d'enfance. Il entendit parler cette langue forte et serrée, qui semble indiquer bien plus de sentiments encore qu'elle n'en exprime; il revit ces physionomies sérieuses qui se développent tout à coup, quand des affections profondes triomphent de leur réserve habituelle; il retrouva le plaisir de faire des découvertes dans les cœurs qui se révèlent par degrés aux regards observateurs; enfin, il se sentit dans sa patrie, et ceux qui n'en sont jamais sortis ignorent par combien de liens elle nous est chère. Cependant Oswald ne séparait le souvenir de Corinne d'aucune des impressions qu'il recevait; et comme il se rattachait plus que jamais à l'Angleterre, et se sentait beaucoup d'éloignement pour la quitter de nouveau, toutes ses réflexions le ramenaient à la résolution d'épouser Corinne, et de se fixer en Écosse avec elle.

Il était impatient de s'embarquer pour revenir plus vite, lorsque l'ordre arriva de suspendre le départ de l'expédition dont son régiment faisait partie; mais on annonçait en même temps que d'un jour à l'autre ce retard pourrait cesser, et l'incertitude à cet égard était telle qu'aucun officier ne pouvait disposer de quinze jours. Cette situation rendait lord Nelvil très-malheureux; il souffrait cruellement d'être séparé de Corinne, et de n'avoir ni le temps ni la liberté nécessaires pour former ou pour suivre aucun plan stable. Il passa six semaines à Londres sans aller dans le monde, uniquement occupé du moment où il pourrait revoir Corinne, et souffrant beaucoup du temps qu'il était obligé de perdre loin d'elle. Enfin, il résolut d'employer ces jours d'attente à se rendre dans le Northumberland pour y voir lady Edgermond, et la déterminer à reconnaître authentiquement que Corinne était la fille de lord Edgermond, et que le bruit de sa mort s'était faussement répandu; ses amis lui montrèrent les papiers publics où l'on avait mis des insinuations très-défavorables sur l'existence de Corinne, et il se sentit un ardent désir de lui rendre et le rang et la considération qui lui étaient dus.

CHAPITRE V.

Oswald partit pour la terre de lady Edgermond. Il pensait avec émotion qu'il allait voir le séjour où Corinne avait passé tant d'années. Il sentait aussi quelque embarras par la nécessité de faire comprendre à lady Edgermond qu'il était résolu à renoncer à sa fille; et le mélange de ces divers sentiments l'agitait et le faisait rêver. Les lieux qu'il voyait en s'avançant vers le nord de l'Angleterre lui rappelaient toujours plus l'Écosse; et le souvenir de son père, sans cesse présent à sa mémoire, pénétrait encore plus avant dans son cœur. Lorsqu'il arriva chez lady Edgermond, il fut frappé du bon goût qui régnait dans l'arrangement du jardin et du château; et, comme la maîtresse de la maison n'était pas encore prête pour le recevoir,

il se promena dans le parc, et aperçut de loin, à travers les feuilles, une jeune personne de la taille la plus élégante, avec des cheveux blonds d'une admirable beauté, qui étaient à peine retenus par son chapeau. Elle lisait avec beaucoup de recueillement. Oswald la reconnut pour Lucile, bien qu'il ne l'eût pas vue depuis trois ans, et qu'ayant passé, dans cet intervalle, de l'enfance à la jeunesse, elle fût étonnamment embellie. Il s'approcha d'elle, la salua, et oubliant qu'il était en Angleterre, il voulut lui prendre la main pour la baiser respectueusement, selon l'usage d'Italie; la jeune personne recula deux pas, rougit extrêmement, lui fit une profonde révérence, et lui dit : « Monsieur, je vais prévenir ma mère que vous désirez la voir, » et s'éloigna. Lord Nelvil resta frappé de cet air imposant et modeste, et de cette figure vraiment angélique.

C'était Lucile, qui entrait à peine dans sa seizième année. Ses traits étaient d'une délicatesse remarquable : sa taille était presque trop élancée, car un peu de faiblesse se faisait remarquer dans sa démarche; son teint était d'une admirable beauté, et la pâleur et la rougeur s'y succédaient en un instant. Ses yeux bleus étaient si souvent baissés, que sa physionomie consistait surtout dans cette délicatesse de teint qui trahissait à son insu les émotions que sa profonde réserve cachait de toute autre manière. Oswald, depuis qu'il voyageait dans le Midi, avait perdu l'idée d'une telle figure et d'une telle expression. Il fut saisi d'un sentiment de respect; il se reprocha vivement de l'avoir abordée avec une sorte de familiarité; et, regagnant le château, lorsqu'il vit que Lucile y était entrée, il rêvait à la pureté céleste d'une jeune fille qui ne s'est jamais éloignée de sa mère, et ne connaît de la vie que la tendresse filiale.

Lady Edgermond était seule quand elle reçut lord Nelvil : il l'avait vue deux fois avec son père quelques années auparavant; mais il l'avait très-peu remarquée alors; il l'observa cette fois avec attention, pour la comparer au portrait que Corinne lui en avait fait : il le trouva vrai à beaucoup d'égards; mais cependant il lui sembla qu'il y avait dans les regards de lady Edgermond plus de sensibilité que Corinne ne lui en attribuait, et il pensa qu'elle n'avait pas aussi bien que lui l'habitude de deviner les physionomies contenues. Son premier intérêt auprès de lady Edgermond était de la décider à reconnaître Corinne, en annulant tout ce qu'on avait arrangé pour la faire croire morte. Il commença l'entretien en parlant de l'Italie et du plaisir qu'il y avait trouvé. « C'est un séjour amusant pour un homme, répondit lady Edgermond; mais je serais bien fâchée qu'une femme qui m'intéressât pût s'y plaire longtemps. — J'y ai pourtant trouvé, répondit lord Nelvil, déjà blessé de cette insinuation, la femme la plus distinguée que j'aie connue en ma vie. — Cela se peut sous les rapports de l'esprit, reprit lady Edgermond; mais un honnête homme cherche d'autres qualités que celles-là dans la compagne de sa vie.—Et il les trouve aussi,» interrompit Oswald avec chaleur. Il allait continuer, et prononcer clairement ce qui n'était qu'indiqué de part et d'autre; mais Lucile entra et s'approcha de l'oreille de sa mère pour lui parler. « Non, ma fille, répondit tout haut lady Edgermond, vous ne pouvez aller chez votre cousine aujourd'hui; il faut dîner ici avec lord Nelvil. » Lucile, à ces mots, rougit plus vivement encore que dans le jardin, puis s'assit à côté de sa mère, et prit sur la table un ouvrage de broderie dont elle s'occupa, sans jamais lever les yeux, ni se mêler de la conversation.

Lord Nelvil fut presque impatienté de cette conduite; car il était vraisemblable que Lucile n'ignorait pas qu'il avait été question de leur union; et quoique la figure ravissante de Lucile le frappât toujours plus, il se rappela tout ce que Corinne lui avait dit sur l'effet probable de l'éducation sévère que lady Edgermond donnait à sa fille. En Angleterre, en général, les jeunes filles ont plus de liberté que les femmes mariées; et la raison comme la morale expliquent cet usage; mais lady Edgermond y dérogeait, non pour les femmes mariées, mais pour les jeunes personnes; elle était d'avis que, dans toutes les situations, la plus rigoureuse réserve convenait aux femmes. Lord Nelvil voulait déclarer à lady Edgermond ses intentions relativement à Corinne, dès qu'il se trouverait encore une fois seul avec elle; mais Lucile ne s'en alla point, et lady Edgermond soutint, jusqu'au dîner, l'entretien sur divers sujets, avec une raison simple et ferme qui inspira du respect à lord Nelvil. Il aurait voulu combattre des opinions si arrêtées sur tous les points, et qui souvent n'étaient pas d'accord avec les siennes; mais il sentait que, s'il disait un mot à lady Edgermond ne fût pas dans le sens de ses idées, il lui donnerait de lui une opinion que rien ne pourrait effacer, et il hésitait à ce premier pas, tout à fait irréparable auprès d'une personne qui n'admettait point de nuances ni d'exceptions, et jugeait tout par des règles générales et positives.

On annonça que le dîner était servi. Lucile s'approcha de sa mère pour lui donner le bras. Oswald alors observa que lady Edgermond marchait avec une grande difficulté. « J'ai, dit-elle à lord Nelvil, une maladie très-douloureuse, et peut-être mortelle. » Lucile pâlit à ces mots. Lady Edgermond le remarqua, et reprit avec douceur : « Les soins de ma fille, néanmoins, m'ont déjà sauvé la vie une fois, et me la sauveront peut-être encore longtemps. » Lucile baissa la tête pour que son attendrissement ne fût pas observé. Quand elle la releva, ses yeux étaient encore humides de pleurs; mais elle n'avait pas osé seulement prendre la main de sa mère; tout s'était passé dans le fond de son cœur, et elle n'avait songé aux autres que pour leur cacher ce qu'elle éprouvait. Cependant, Oswald était profondément ému par cette réserve, par cette contrainte; et son imagination, naguère ébranlée par l'éloquence et la passion, se plaisait à contempler le tableau de l'innocence, et croyait voir autour de Lucile je ne sais quel nuage modeste qui reposait délicieusement les regards.

Pendant le dîner, Lucile, voulant épargner les moindres fatigues à sa mère, servait tout avec un soin continuel, et lord Nelvil entendit le son de sa voix, seulement quand elle lui offrait les différents mets; mais ces paroles insignifiantes étaient prononcées avec une douceur enchanteresse, et lord Nelvil se demandait comment il était possible que les mouvements les plus simples et les mots les plus communs pussent révéler toute une âme. « Il faut, se répétait-il à lui-même, ou le génie de Corinne, qui dépasse tout ce que l'imagination peut désirer, ou ces voiles mystérieux du silence et de la modestie, qui permettent à chaque homme de supposer les vertus et les sentiments qu'il souhaite. » Lady Edgermond et sa fille se levèrent de table, et lord Nelvil voulut les suivre; mais lady Edgermond était si scrupuleusement fidèle à l'habitude de sortir au dessert, qu'elle lui dit de rester à table, jusqu'à ce qu'elle et sa fille eussent préparé le thé dans le salon, et lord Nelvil les rejoignit un quart d'heure après. La soirée se passa sans qu'il pût être un moment seul avec lady Edgermond, car Lucile ne la quitta pas. Il ne savait ce qu'il devait faire, et il allait partir pour la ville voisine, se proposant de revenir le lendemain parler à lady Edgermond, lorsqu'elle lui offrit de demeurer chez elle cette nuit. Il accepta tout de suite, sans y attacher aucune importance, et néanmoins il se repentit ensuite de l'avoir fait, parce qu'il crut remarquer dans les regards de lady Edgermond, qu'elle considérait ce consentement comme une raison de croire qu'il pensait encore à sa fille. Ce fut un motif de plus pour le décider à lui demander, dès ce moment, un entretien qu'elle lui accorda pour la matinée du jour suivant.

Lady Edgermond se fit porter dans son jardin. Oswald s'offrit pour l'aider à faire quelques pas. Lady Edgermond le regarda fixement, puis elle dit : « Je le veux bien. » Lucile lui remit le bras de sa mère, et lui dit à voix très-basse, dans la crainte que sa mère ne l'entendît : « Milord, marchez doucement. » Lord Nelvil tressaillit à ces mots dits en secret. C'est ainsi qu'une parole sensible aurait pu lui être adressée par cette figure angélique, qui ne semblait pas faite pour les affections de la terre. Oswald ne crut point que son émotion en cet instant fût une offense pour Corinne ; il lui sembla que c'était seulement un hommage à la pureté céleste de Lucile. Ils rentrèrent au moment de la prière du soir, que lady Edgermond faisait chaque jour dans sa maison, avec tous ses domestiques réunis. Ils étaient rassemblés dans la grande salle d'en bas. La plupart d'entre eux étaient infirmes et vieux ; ils avaient servi le père de lady Edgermond et celui de son époux. Oswald fut vivement touché par ce spectacle, qui lui rappelait ce qu'il avait souvent vu dans la maison paternelle. Tout le monde se mit à genoux, excepté lady Edgermond, que sa maladie en empêchait, mais qui joignit les mains et baissa les yeux avec un recueillement respectable.

Lucile était à genoux à côté de sa mère, et c'était elle qui était chargée de la lecture. Ce fut d'abord un chapitre de l'Évangile, et puis une prière adaptée à la vie rurale et domestique. Cette prière était composée par lady Edgermond ; et il y avait dans les expressions une sorte de sévérité qui contrastait avec le son de voix doux et timide de sa fille qui les lisait ; mais cette sévérité même augmenta l'effet des dernières paroles que Lucile prononça en tremblant. Après avoir prié pour les domestiques de la maison, pour les parents, pour le roi, et pour la patrie, il y avait : « Fais-nous aussi « la grâce, ô mon Dieu, que la jeune fille de cette « maison vive et meure sans que son âme ait été « souillée par une seule pensée, par un seul sen- « timent qui ne soit pas conforme à ses devoirs ; « et que sa mère, qui doit bientôt retourner près « de toi, puisse obtenir le pardon de ses propres « fautes, au nom des vertus de son unique en- « fant ! »

Lucile répétait tous les jours cette prière. Mais ce soir-là, en présence d'Oswald, elle fut plus touchée que de coutume, et des larmes tombèrent de ses yeux avant qu'elle en eût fini la lecture, et qu'elle pût, couvrant son visage de ses mains, dé- rober ses pleurs à tous les regards. Mais Oswald les avait vus couler ; et un attendrissement mêlé de respect remplissait son cœur : il contemplait cet air de jeunesse qui tenait de si près à l'enfance, ce regard qui semblait conserver encore le souvenir récent du ciel. Un visage aussi charmant, au milieu de ces visages qui peignaient tous la vieillesse ou la maladie, semblait l'image de la pitié divine. Lord Nelvil réfléchissait à cette vie si austère et si retirée que Lucile avait menée, à cette beauté sans pareille, privée ainsi de tous les plaisirs comme de tous les hommages du monde, et son âme fut pénétrée de l'émotion la plus pure. La mère de Lucile aussi méritait le respect et l'obtenait ; c'était une personne plus sévère encore pour elle-même que pour les autres. Les bornes de son esprit devaient être attribuées plutôt à l'extrême rigueur de ses principes, qu'à un défaut d'intelligence naturelle ; et au milieu de tous les liens qu'elle s'était imposés, de toute sa roideur acquise et naturelle, il y avait une passion pour sa fille d'autant plus profonde, que l'âpreté de son caractère venait d'une sensibilité réprimée, et donnait une nouvelle force à l'unique affection qu'elle n'avait pas étouffée.

A dix heures du soir, le plus profond silence régnait dans la maison. Oswald put réfléchir à son aise sur la journée qui venait de se passer. Il ne s'avouait point à lui-même que Lucile avait fait impression sur son cœur. Peut-être cela n'était-il pas même encore vrai ; mais, bien que Corinne enchantât l'imagination de mille manières, il y avait pourtant un genre d'idées, un son musical, s'il est permis de s'exprimer ainsi, qui ne s'accordait qu'avec Lucile. Les images du bonheur domestique s'unissaient plus facilement à la retraite du Northumberland qu'au char triomphal de Corinne : enfin Oswald ne pouvait se dissimuler que Lucile était la femme que son père aurait choisie pour lui ; mais il aimait Corinne, mais il en était aimé : il avait fait serment de ne jamais former d'autres liens, c'en était assez pour persister dans le dessein de déclarer le lendemain à lady Edgermond qu'il voulait épouser Corinne. Il s'endormit en pensant à l'Italie ; et néanmoins, pendant son sommeil, il crut voir Lucile qui passait légèrement devant lui sous la forme d'un ange : il se réveilla, et voulut écarter ce songe ; mais le même songe revint encore, et la dernière fois qu'il s'offrit à lui, cette figure parut s'envoler ; il se réveilla de nouveau, regrettant cette fois de ne pouvoir retenir l'objet qui disparaissait à ses yeux. Le jour commençait alors à paraître ; Oswald descendit pour se promener.

CHAPITRE VI.

Le soleil venait de se lever, et lord Nelvil croyait que personne n'était encore éveillé dans la maison. Il se trompait : Lucile dessinait déjà sur le balcon. Ses cheveux, qu'elle n'avait point encore rattachés, étaient soulevés par le vent. Elle ressemblait ainsi au songe de lord Nelvil, et il fut un moment ému en la voyant, comme par une apparition surnaturelle. Mais il eut honte bientôt après d'être troublé à ce point par une circonstance si simple. Il resta quelque temps devant ce balcon. Il salua Lucile; mais il ne put être remarqué, car elle ne détournait point les yeux de son travail. Il continua sa promenade, et il eût alors souhaité, plus que jamais, de voir Corinne, pour qu'elle dissipât les impressions vagues qu'il ne pouvait s'expliquer : Lucile lui plaisait comme le mystère, comme l'inconnu; il aurait désiré que l'éclat du génie de Corinne fît disparaître cette image légère, qui prenait successivement toutes les formes à ses yeux.

Il revint au salon, et il y trouva Lucile, qui plaçait le dessin qu'elle venait de faire dans un petit cadre brun, en face de la table à thé de sa mère. Oswald vit ce dessin; ce n'était qu'une rose blanche sur sa tige, mais dessinée avec une grâce parfaite. « Vous savez donc peindre? dit Oswald à Lucile. — Non, milord, je ne sais absolument qu'imiter les fleurs, et encore les plus faciles de toutes : il n'y a pas de maître ici, et le peu que j'ai appris, je le dois à une sœur qui m'a donné des leçons. » En prononçant ces mots, elle soupira. Lord Nelvil rougit beaucoup et lui dit : « Et cette sœur qu'est-elle devenue? — Elle ne vit plus, reprit Lucile; mais je la regretterai toujours. » Oswald comprit que Lucile était trompée, comme le reste du monde, sur le sort de sa sœur; mais ce mot, *je la regretterai toujours*, lui parut révéler un aimable caractère, et il en fut attendri. Lucile allait se retirer, s'apercevant tout à coup qu'elle était seule avec lord Nelvil, lorsque lady Edgermond entra. Elle regarda sa fille avec étonnement et sévérité tout à la fois, et lui fit signe de sortir. Ce regard avertit Oswald de ce qu'il n'avait pas remarqué, c'est que Lucile avait fait quelque chose de fort extraordinaire, selon ses habitudes, en restant avec lui quelques minutes sans sa mère; et il en fut touché, comme il l'aurait été d'un témoignage d'intérêt très-marquant donné par une autre.

Lady Edgermond s'assit, et renvoya ses gens, qui l'avaient soutenue jusqu'à son fauteuil. Elle était pâle, et ses lèvres tremblaient en offrant une tasse de thé à lord Nelvil. Il observa cette agitation; et l'embarras qu'il éprouvait lui-même s'en accrut : cependant, animé par le désir de rendre service à celle qu'il aimait, il commença l'entretien. « Madame, dit-il à lady Edgermond, j'ai beaucoup vu en Italie une femme qui vous intéresse particulièrement. — Je ne le crois pas, répondit lady Edgermond avec sécheresse, car personne ne m'intéresse dans ce pays-là. — J'imaginais cependant, continua lord Nelvil, que la fille de votre époux avait des droits sur votre affection. — Si la fille de mon époux, reprit lady Edgermond, était une personne indifférente à ses devoirs comme à sa considération, je ne lui souhaiterais pas du mal, mais je serais bien aise de n'en jamais entendre parler. — Et si cette fille abandonnée par vous, madame, reprit Oswald avec chaleur, était la femme du monde la plus justement célèbre par ses admirables talents en tout genre, la dédaigneriez-vous toujours? — Également, reprit lady Edgermond; je ne fais aucun cas des talents qui détournent une femme de ses véritables devoirs. Il y a des actrices, des musiciens, des artistes enfin, pour amuser le monde; mais pour des femmes de notre rang, la seule destinée convenable, c'est de se consacrer à son époux, et de bien élever ses enfants. — Quoi! reprit lord Nelvil, ces talents qui viennent de l'âme, et ne peuvent exister sans le caractère le plus élevé, sans le cœur le plus sensible, ces talents qui sont unis à la bonté la plus touchante, au cœur le plus généreux, vous les blâmeriez, parce qu'ils étendent la pensée, parce qu'ils donnent à la vertu même un empire plus vaste, une influence plus générale! — A la vertu? reprit lady Edgermond avec un sourire amer; je ne sais pas bien ce que vous entendez par ce mot ainsi appliqué. La vertu d'une personne qui s'est enfuie de la maison paternelle, la vertu d'une personne qui s'est établie en Italie, menant la vie la plus indépendante, recevant tous les hommages, pour ne rien dire de plus, donnant un exemple plus pernicieux encore pour les autres que pour elle-même, abdiquant son rang, sa famille, le propre nom de son père... — Madame, interrompit Oswald, c'est un sacrifice généreux qu'elle a fait à vos désirs, à votre fille, elle a craint de vous nuire en conservant votre nom... — Elle l'a craint! s'écria lady Edgermond; elle sentait donc qu'elle le déshonorait. — C'en est trop, interrompit Oswald avec violence; Corinne Edgermond sera bientôt lady Nelvil, et nous verrons alors, madame, si vous rougirez de reconnaître en elle la fille de votre époux! Vous confondez dans les règles vulgaires une personne douée comme aucune femme ne l'a jamais été; un ange d'esprit et de bonté; un génie admirable, et néanmoins un caractère sensible et timide; une imagination sublime, une générosité sans bornes, une personne qui peut avoir eu des torts, parce qu'une supériorité si étonnante ne s'accorde pas toujours avec la vie commune, mais qui possède une âme si belle, qu'elle est au-dessus de ses fautes, et qu'une seule de ses actions ou de ses paroles les efface toutes. Elle honore celui qu'elle choisit pour son protecteur, plus que ne pourrait le faire la reine du monde en se désignant un époux. — Vous pourrez peut-être, milord, répondit lady Edgermond en faisant effort sur elle-même pour se contenir, accuser les bornes de mon esprit; mais il n'y a rien dans tout ce que vous venez de me dire qui soit à ma portée. Je n'entends par moralité que l'exacte observation des règles établies : hors de là, je ne comprends que des qualités mal employées, qui méritent tout au plus de la pitié. — Le monde eût été bien aride, madame, répondit Oswald, si l'on n'avait jamais conçu ni le génie, ni l'enthousiasme, et qu'on eût fait de la nature humaine une chose si réglée et si monotone. Mais, sans continuer davantage une inutile discussion, je viens vous demander formellement si vous ne reconnaîtrez pas pour votre belle-fille miss Edgermond, lorsqu'elle sera lady Nelvil. — Encore moins, reprit lady Edgermond; car je dois à la mémoire de votre père d'empêcher, si je le puis, l'union la plus funeste. — Comment, mon père? » dit Oswald, que ce nom troublait toujours. «Ignorez-vous, continua lady Edgermond, qu'il refusa la main de miss Edgermond pour vous, lorsqu'elle n'avait encore fait aucune faute, lorsqu'il prévoyait seulement, par la sagacité parfaite qui le caractérisait, ce qu'elle serait un jour? — Quoi! vous savez... — La lettre de votre père à milord Edgermond, sur ce sujet, est entre les mains de M. Dickson, son ancien ami, interrompit lady Edgermond; je la lui ai remise, quand j'ai su vos relations avec Corinne en Italie, afin qu'il vous la fît lire à votre retour; il ne me convenait pas de m'en charger. »

Oswald se tut quelques instants, puis il reprit : « Ce que je vous demande, madame, c'est ce qui est juste, c'est ce que vous vous devez à vous-même : détruisez les bruits que vous avez accrédités sur la mort de votre belle-fille, et reconnaissez-la honorablement pour ce qu'elle est, pour la fille de lord Edgermond. — Je ne veux contribuer en aucune manière, répondit lady Edgermond, au malheur de votre vie; et si l'existence actuelle de Corinne, cette existence sans nom et

sans appui, peut être cause que vous ne l'épousiez point, Dieu et votre père me préservent d'éloigner cet obstacle! — Madame, répondit lord Nelvil, le malheur de Corinne serait un lien entre elle et moi. — Eh bien, » reprit lady Edgermond avec une vivacité à laquelle elle ne s'était jamais livrée, et qui venait sans doute du regret qu'elle éprouvait en perdant pour sa fille un époux qui lui convenait à tant d'égards, » eh bien, continua-t-elle, rendez-vous donc malheureux tous les deux; car elle aussi le sera : ce pays lui est odieux; elle ne peut se plier à nos mœurs, à notre vie sévère. Il lui faut un théâtre où elle puisse montrer tous ces talents que vous prisez tant, et qui rendent la vie si difficile. Vous la verrez s'ennuyer dans ce pays, désirer de retourner en Italie; elle vous y entraînera : vous quitterez vos amis, votre patrie, celle de votre père, pour une étrangère aimable, j'y consens, mais qui vous oublierait si vous le vouliez, car il n'y a rien de plus mobile que ces têtes exaltées. Les profondes douleurs ne sont faites que pour ce que vous appelez les femmes médiocres, c'est-à-dire, celles qui ne vivent que pour leur époux et leurs enfants. » La violence du mouvement qui avait fait parler lady Edgermond, elle qui, toujours habituée à la contrainte, ne s'était peut-être pas une fois dans toute sa vie laissée aller à ce point, ébranla ses nerfs déjà malades, et en finissant de parler elle se trouva mal. Oswald, la voyant dans cet état, sonna vivement pour appeler du secours.

Lucile arriva très-effrayée, s'empressa de soulager sa mère, et jeta seulement sur Oswald un regard inquiet qui semblait lui dire : *Est-ce vous qui avez fait mal à ma mère?* Ce regard attendrit profondément lord Nelvil. Lorsque lady Edgermond revint à elle, il cherchait à lui montrer l'intérêt qu'elle lui inspirait; mais elle le repoussa avec froideur, et rougit en pensant que par son émotion elle avait peut-être manqué de fierté pour sa fille, et trahi le désir qu'elle avait eu de lui donner lord Nelvil pour époux. Elle fit signe à Lucile de s'éloigner, et dit : « Milord, vous devez, dans tous les cas, vous considérer comme libre de l'espèce d'engagement qui pouvait exister entre nous. Ma fille est si jeune qu'elle n'a pu s'attacher au projet que nous avions formé, votre père et moi; mais il est plus convenable cependant, ce projet étant changé, que vous ne reveniez pas chez moi, tant que ma fille ne sera pas mariée.— Je me bornerai donc, reprit Oswald en s'inclinant devant elle, à vous écrire pour traiter avec vous du sort d'une personne que je n'abandonnerai jamais. — Vous en êtes le maître, » répondit lady Edgermond avec une voix étouffée; et lord Nelvil partit.

En passant à cheval dans l'avenue, il aperçut de loin, dans le bois, l'élégante figure de Lucile. Il ralentit le pas de son cheval pour la voir encore, et il lui parut que Lucile suivait la même direction que lui, en se cachant derrière les arbres. Le grand chemin passait devant un pavillon à l'extrémité du parc. Oswald remarqua que Lucile entrait dans ce pavillon : il passa devant avec émotion, mais sans pouvoir la découvrir. Il retourna plusieurs fois la tête après avoir passé, et remarqua dans un autre endroit, d'où l'on pouvait apercevoir tout le grand chemin, une légère agitation dans les feuilles d'un des arbres placés près du pavillon. Il s'arrêta vis-à-vis de cet arbre, mais il n'y aperçut plus le moindre mouvement. Incertain s'il avait bien deviné, il partit; puis tout à coup il revint sur ses pas avec la rapidité de l'éclair, comme s'il eût laissé tomber quelque chose sur la route. Alors il vit Lucile sur le bord du chemin, et la salua respectueusement. Lucile baissa son voile avec précipitation, et s'enfonça dans le bois, ne réfléchissant pas que se cacher ainsi, c'était avouer le motif qui l'avait amenée : la pauvre enfant n'avait rien éprouvé de si vif, ni de si coupable en sa vie, que le sentiment qui l'avait conduite à désirer de voir passer lord Nelvil; et loin de penser à le saluer tout simplement, elle se croyait perdue dans son esprit pour avoir été devinée. Oswald comprit tous ces mouvements; il se sentit doucement flatté par cet innocent intérêt, si timidement et si sincèrement exprimé. « Personne, pensait-il, ne pouvait être plus vraie que Corinne, mais personne aussi ne connaissait mieux elle-même et les autres : il faudrait apprendre à Lucile, et l'amour qu'elle éprouverait et celui qu'elle inspirerait. Mais ce charme d'un jour peut-il suffire à la vie? Et puisque cette aimable ignorance de soi-même ne dure pas, puisqu'il faut enfin pénétrer dans son âme, et savoir ce que l'on sent, la candeur qui survit à cette découverte ne vaut-elle pas mieux encore que la candeur qui la précède? »

Il comparait ainsi dans ses réflexions Corinne et Lucile : mais cette comparaison n'était encore, du moins il le croyait, qu'un simple amusement de son esprit, et il ne supposait pas qu'elle pût jamais l'occuper davantage.

CHAPITRE VII.

Après avoir quitté la maison de lady Edgermond,

Oswald se rendit en Écosse. Le trouble que lui avait laissé la présence de Lucile, le sentiment qu'il conservait pour Corinne, tout fit place à l'émotion qu'il ressentit à l'aspect des lieux où il avait passé sa vie avec son père : il se reprochait les distractions auxquelles il s'était livré depuis une année; il craignait de n'être plus digne d'entrer dans la demeure qu'il eût voulu n'avoir jamais quittée. Hélas! après la perte de ce qu'on aimait le plus au monde, comment être content de soi-même, si l'on n'est pas resté dans la plus profonde retraite! Il suffit de vivre dans la société pour négliger de quelque manière le culte de ceux qui ne sont plus. C'est en vain que leur souvenir habite au fond du cœur; on se prête à cette activité des vivants, qui écarte l'idée de la mort, ou comme pénible, ou comme inutile, ou seulement même comme fatigante. Enfin, si la solitude ne prolonge pas les regrets et la rêverie, l'existence, telle qu'elle est, s'empare de nouveau des âmes les plus tendres, et leur rend des intérêts, des désirs et des passions. C'est une misérable condition de la nature humaine, que cette nécessité de se distraire; et, bien que la Providence ait voulu que l'homme fût ainsi, pour qu'il pût supporter la mort et pour lui-même et pour les autres, souvent au milieu de ces distractions on se sent saisi par le remords d'en être capable, et il semble qu'une voix touchante et résignée nous dise : *Vous que j'aimais, m'avez-vous donc oublié?*

Ces sentiments occupaient Oswald en retournant dans sa demeure; il n'éprouva pas, en y arrivant alors, le même désespoir que la première fois, mais un profond sentiment de tristesse. Il vit que le temps avait accoutumé tout le monde à la perte de celui qu'il pleurait : les domestiques ne croyaient plus devoir prononcer devant lui le nom de son père; chacun était rentré dans ses occupations habituelles; on avait serré les rangs, et la génération des enfants croissait pour remplacer celle des pères. Oswald alla s'enfermer dans la chambre de son père, où il retrouvait son manteau, sa canne, son fauteuil, tout à la même place : mais qu'était devenue la voix qui répondait à la sienne, et le cœur de père qui palpitait en revoyant son fils! Lord Nelvil resta plongé dans des méditations profondes. « O destinée humaine! s'écria-t-il, le visage baigné de pleurs, que voulez-vous de nous! Tant de vie pour périr, tant de pensées pour que tout cesse! Non, non, il m'entend, mon unique ami; il est présent ici même, à mes larmes, et nos âmes immortelles s'attendent. O mon père! ô mon Dieu! guidez-moi dans la vie. Elles ne connaissent ni les indécisions, ni les repentirs, ces âmes de fer qui semblent posséder en elles-mêmes les immuables qualités de la nature physique; mais les êtres composés d'imagination, de sensibilité, de conscience, peuvent-ils faire un pas sans craindre de s'égarer! Ils cherchent le devoir pour guide; et le devoir lui-même s'obscurcit à leurs regards, si la Divinité ne le révèle pas au fond du cœur. »

Le soir, Oswald alla se promener dans l'allée favorite de son père; il suivit son image à travers les arbres. Hélas! qui n'a pas espéré quelquefois, dans l'ardeur de ses prières, qu'une ombre chérie nous apparaîtrait, qu'un miracle enfin s'obtiendrait à force d'aimer! Vaine espérance! avant le tombeau nous ne saurons rien. Incertitudes des incertitudes, vous n'occupez point le vulgaire! mais plus la pensée s'ennoblit, plus elle est invinciblement attirée vers les abîmes de la réflexion. Pendant qu'Oswald s'y livrait tout entier, il entendit une voiture dans l'avenue, et il en descendit un vieillard qui s'avança lentement vers lui : cet aspect d'un vieillard, à cette heure et dans ce lieu, l'émut profondément. Il reconnut M. Dickson, l'ancien ami de son père, et le reçut avec une émotion qu'il n'eût jamais ressentie pour lui dans aucun autre moment.

CHAPITRE VIII.

M. Dickson n'égalait en rien le père d'Oswald : il n'avait ni son esprit ni son caractère; mais au moment de sa mort il était auprès de lui, et, né la même année, on eût dit qu'il restait encore quelques jours en arrière pour lui porter des nouvelles de ce monde. Oswald lui donna le bras pour monter l'escalier; il sentait quelque charme dans ces soins donnés à la vieillesse, seule ressemblance avec son père qu'il pût trouver dans M. Dickson. Ce vieillard avait vu naître Oswald, et ne tarda pas à lui parler sans contrainte de tout ce qui le concernait. Il blâma fortement sa liaison avec Corinne; mais ses faibles arguments auraient eu sur l'esprit d'Oswald bien moins d'ascendant encore que ceux de lady Edgermond, si M. Dickson ne lui avait pas remis la lettre que son père, lord Nelvil, écrivit à lord Edgermond, lorsqu'il voulut rompre le mariage projeté entre son fils et Corinne, alors miss Edgermond. Voici quelle était cette lettre, écrite en 1791, pendant le premier voyage d'Oswald en France. Il la lut en tremblant.

Lettre du père d'Oswald à lord Edgermond.

« Me pardonnerez-vous, mon ami, si je vous

« propose un changement dans le projet d'union
« entre nos deux familles? Mon fils a dix-huit
« mois de moins que votre fille aînée, il vaut mieux
« lui destiner Lucile, votre seconde fille, qui est
« plus jeune que sa sœur de douze années. Je pour
« rais m'en tenir à ce motif; mais comme je savais
« l'âge de miss Edgermond quand je vous l'ai de
« mandée pour Oswald, je croirais manquer à la
« confiance de l'amitié, si je ne vous disais pas
« quelles sont les raisons qui me font désirer que
« ce mariage n'ait pas lieu. Nous sommes liés de
« puis vingt ans, nous pouvons nous parler avec
« franchise sur nos enfants, d'autant plus qu'ils
« sont assez jeunes pour pouvoir être encore mo
« difiés par nos conseils. Votre fille est charmante;
« mais il me semble voir en elle une de ces belles
« Grecques qui enchantaient et subjuguaient le
« monde. Ne vous offensez pas de l'idée que cette
« comparaison peut suggérer. Sans doute votre
« fille n'a reçu de vous, n'a trouvé dans son cœur
« que les principes et les sentiments les plus purs;
« mais elle a besoin de plaire, de captiver, de faire
« effet. Elle a plus de talents encore que d'amour-
« propre; mais des talents si rares doivent néces
« sairement exciter le désir de les développer; et
« je ne sais pas quel théâtre peut suffire à cette
« activité d'esprit, à cette impétuosité d'imagina
« tion, à ce caractère ardent enfin, qui se fait
« sentir dans toutes ses paroles : elle entraînerait
« nécessairement mon fils hors de l'Angleterre, car
« une telle femme ne peut y être heureuse; et l'Ita
« lie seule lui convient.

« Il lui faut cette existence indépendante qui
« n'est soumise qu'à la fantaisie. Notre vie de cam
« pagne, nos habitudes domestiques contrarieraient
« nécessairement tous ses goûts. Un homme né
« dans notre heureuse patrie doit être Anglais avant
« tout : il faut qu'il remplisse ses devoirs de citoyen,
« puisqu'il a le bonheur de l'être; et dans les pays
« où les institutions politiques donnent aux hom
« mes des occasions honorables d'agir et de se
« montrer, les femmes doivent rester dans l'ombre.
« Comment voulez-vous qu'une personne aussi
« distinguée que votre fille se contente d'un tel
« sort? Croyez-moi, mariez-la en Italie : sa reli
« gion, ses goûts et ses talents l'y appellent. Si
« mon fils épousait miss Edgermond, il l'aimerait
« sûrement beaucoup, car il est impossible d'être
« plus séduisante, et il essaierait alors, pour lui
« plaire, d'introduire dans sa maison les coutumes
« étrangères. Bientôt il perdrait cet esprit national,
« ces préjugés, si vous le voulez, qui nous unissent
« entre nous, et font de notre nation un corps,

« une association libre, mais indissoluble, qui ne
« peut périr qu'avec le dernier de nous. Mon fils
« se trouverait bientôt mal en Angleterre, en
« voyant que sa femme n'y serait pas heureuse. Il
« a, je le sais, toute la faiblesse que donne la sen-
« sibilité; il irait donc s'établir en Italie, et cette
« expatriation, si je vivais encore, me ferait mou-
« rir de douleur. Ce n'est pas seulement parce
« qu'elle me priverait de mon fils, c'est parce qu'elle
« lui ravirait l'honneur de servir son pays.

« Quel sort pour un habitant de nos montagnes,
« que de traîner une vie oisive au sein des plaisirs
« de l'Italie! Un Écossais *sigisbé* de sa femme, s'il
« ne l'est pas de celle d'un autre! inutile à sa fa-
« mille, dont il n'est plus ni le guide ni l'appui!
« Tel que je connais Oswald, votre fille prendrait
« un grand empire sur lui. Je m'applaudis donc
« de ce que son séjour actuel en France lui a ôté
« l'occasion de voir miss Edgermond; et j'ose vous
« conjurer, mon ami, si je mourais avant le ma-
« riage de mon fils, de ne pas lui faire connaître
« votre fille aînée avant que votre fille cadette soit
« en âge de le fixer. Je crois notre liaison assez
« ancienne, assez sacrée, pour attendre de vous
« cette marque d'affection. Dites à mon fils, s'il
« le fallait, mes volontés à cet égard; je suis sûr
« qu'il les respectera, et plus encore si j'avais cessé
« de vivre.

« Donnez aussi, je vous prie, tous vos soins à
« l'union d'Oswald avec Lucile. Quoiqu'elle soit
« bien enfant, j'ai démêlé dans ses traits, dans
« l'expression de sa physionomie, dans le son de
« sa voix, la modestie la plus touchante. Voilà
« quelle est la femme vraiment Anglaise qui fera
« le bonheur de mon fils : si je ne vis pas assez
« pour être témoin de cette union, je m'en réjoui-
« rai dans le ciel; quand nous y serons un jour
« réunis, mon cher ami, notre bénédiction et nos
« prières protégeront encore nos enfants.

« Tout à vous.   NELVIL. »

Après cette lecture, Oswald garda le plus profond silence, ce qui laissa le temps à M. Dickson
de continuer ses longs discours sans être interrompu. Il admira la sagacité de son ami, qui avait
si bien jugé miss Edgermond, quoiqu'il fût loin,
disait-il, de pouvoir s'imaginer encore la conduite
condamnable qu'elle a tenue depuis. Il prononça,
au nom du père d'Oswald, qu'un tel mariage serait
une offense mortelle à sa mémoire. Oswald apprit
par lui que pendant son fatal séjour en France,
un an après que cette lettre avait été écrite, en 1792,
son père n'avait trouvé de consolations que chez

lady Edgermond, où il avait passé tout un été, et
qu'il s'était occupé de l'éducation de Lucile, qui
lui plaisait singulièrement. Enfin, sans art, mais
aussi sans ménagement, M. Dickson attaqua le
cœur d'Oswald par les endroits les plus sensibles.

C'était ainsi que tout se réunissait pour renverser le bonheur de Corinne absente, et qui n'avait
pour se défendre que ses lettres, qui la rappelaient
de temps en temps au souvenir d'Oswald. Elle
avait à combattre la nature des choses, l'influence
de la patrie, le souvenir d'un père, la conjuration
des amis en faveur des résolutions faciles et de la
route commune, et le charme naissant d'une jeune
fille, qui semblait si bien en harmonie avec les
espérances pures et calmes de la vie domestique.

⁕⁕⁕⁕⁕⁕

LIVRE XVII.

CORINNE EN ÉCOSSE.

———

CHAPITRE PREMIER.

Corinne, pendant ce temps, s'était établie près
de Venise, dans une campagne sur le bord de la
Brenta; elle voulait rester dans les lieux où elle
avait vu Oswald pour la dernière fois, et d'ailleurs
elle se croyait là plus près qu'à Rome des lettres
d'Angleterre. Le prince Castel-Forte lui avait écrit
pour lui offrir de venir la voir, et s'il avait essayé
de la détacher d'Oswald, s'il lui avait dit ce qui
se dit, c'est que l'absence doit refroidir le sentiment, un tel mot prononcé sans réflexion eût été
pour Corinne comme un coup de poignard : elle
aima donc mieux ne voir personne. Mais ce n'est
pas une chose facile que de vivre seule, quand
l'âme est ardente et la situation malheureuse. Les
occupations de la solitude exigent toutes du calme
dans l'esprit; et lorsqu'on est agité par l'inquiétude, une distraction forcée, quelque importune
qu'elle pût être, vaudrait mieux que la continuité
de la même impression. Si l'on peut deviner comment on arrive à la folie, c'est sûrement lorsqu'une
seule pensée s'empare de l'esprit, et ne permet
plus à la succession des objets de varier les idées.
Corinne était d'ailleurs une personne d'une imagination si vive, qu'elle se consumait elle-même
quand ses facultés n'avaient plus d'aliment au
dehors.

Quelle vie succédait à celle qu'elle venait de mener pendant près d'une année! Oswald était auprès
d'elle presque tout le jour; il suivait tous ses mou-

vements, il accueillait avidement chacune de ses paroles; son esprit excitait celui de Corinne. Ce qu'il y avait d'analogie, ce qu'il y avait de différence entre eux, animait également leur entretien; enfin Corinne voyait sans cesse ce regard si tendre, si doux, et si constamment occupé d'elle. Quand la moindre inquiétude la troublait, Oswald prenait sa main, il la serrait contre son cœur, et le calme, et plus que le calme, une espérance vague et délieieuse renaissait dans l'âme de Corinne. Maintenant rien que d'aride au dehors, rien que de sombre au fond du cœur; elle n'avait d'autre événement, d'autre variété dans sa vie que les lettres d'Oswald, et l'irrégularité de la poste, pendant l'hiver, excitait chaque jour en elle le tourment de l'attente, et souvent cette attente était trompée. Elle se promenait tous les matins sur le bord du canal, dont les eaux sont assoupies sous le poids des larges feuilles appelées les lis des eaux. Elle attendait la gondole noire qui apportait les lettres de Venise; elle était parvenue à la distinguer à une très-grande distance, et le cœur lui battait avec une affreuse violence dès qu'elle l'apercevait. Le messager descendait de la gondole; quelquefois il disait: *Madame, il n'y a point de lettres*, et continuait ensuite paisiblement le reste de ses affaires, comme si rien n'était si simple que de n'avoir point de lettres; une autre fois il lui disait: *Oui, madame, il y en a.* Elle les parcourait toutes d'une main tremblante, et l'écriture d'Oswald ne s'offrait point à ses regards; alors le reste du jour était affreux; la nuit se passait sans sommeil, et lendemain elle éprouvait la même anxiété qui absorbait toute sa journée.

Enfin elle accusa lord Nelvil de ce qu'elle souffrait: il lui sembla qu'il aurait pu lui écrire plus souvent, et elle lui en fit des reproches. Il se justifia, et déjà ses lettres devinrent moins tendres; car, au lieu d'exprimer ses propres inquiétudes, il s'occupait à dissiper celles de son amie.

Ces nuances n'échappèrent point à la triste Corinne, qui étudiait le jour et la nuit une phrase, un mot des lettres d'Oswald, et cherchait à découvrir, en les relisant sans cesse, une réponse à ses craintes, une interprétation nouvelle qui pût lui donner quelques jours de calme.

Cet état ébranlait ses nerfs, affaiblissait son esprit. Elle devenait superstitieuse, et s'occupait des présages continuels qu'on peut tirer de chaque événement, quand on est toujours poursuivi par la même crainte. Un jour par semaine elle allait à Venise, pour avoir ce jour-là ses lettres quelques heures plus tôt. Elle variait ainsi le tourment de les attendre. Au bout de quelques semaines, elle

avait pris une sorte d'horreur pour tous les objets qu'elle voyait en allant et en revenant: ils étaient tous comme les spectres de ses pensées, et les retraçaient à ses yeux sous d'horribles traits.

Une fois, en entrant à l'église de Saint-Marc, elle se rappela qu'en arrivant à Venise l'idée lui était venue que peut-être, avant de partir, lord Nelvil la conduirait dans ces lieux, et l'y prendrait pour son épouse, à la face du ciel: alors elle se livra tout entière à cette illusion. Elle le vit entrer sous ces portiques, s'approcher de l'autel, et promettre à Dieu d'aimer toujours Corinne. Elle pensa qu'elle se mettait à genoux devant Oswald, et recevait ainsi la couronne nuptiale. L'orgue qui se faisait entendre dans l'église, les flambeaux qui l'éclairaient, animaient sa vision; et, pour un moment, elle ne sentit plus le vide cruel de l'absence, mais cet attendrissement qui remplit l'âme, et fait entendre au fond du cœur la voix de qu'on aime. Tout à coup un murmure sombre fixa l'attention de Corinne; et comme elle se retournait, elle aperçut un cercueil qu'on apportait dans l'église. A cet aspect, elle chancela, ses yeux se troublèrent, et, depuis cet instant, elle fut convaincue par l'imagination que son sentiment pour Oswald serait la cause de sa mort.

CHAPITRE II.

Quand Oswald eut lu la lettre de son père, remise par M. Dickson, il fut longtemps le plus malheureux et le plus irrésolu de tous les hommes. Déchirer le cœur de Corinne, ou manquer à la mémoire de son père, c'était une alternative si cruelle, qu'il invoqua mille fois la mort pour y échapper; enfin, il fit encore ce qu'il avait fait tant de fois, il recula l'instant de la décision, et se dit qu'il irait en Italie, pour rendre Corinne elle-même juge de ses tourments et du parti qu'il devait prendre. Il croyait que son devoir l'obligeait à ne pas épouser Corinne; il était libre de ne jamais s'unir à Lucile: mais de quelle manière pouvait-il passer sa vie avec son amie? Fallait-il lui sacrifier son pays, ou l'entraîner en Angleterre, sans égards pour sa réputation ni pour son sort? Dans cette perplexité douloureuse, il serait parti pour Venise, si, de mois en mois, on n'avait pas répandu le bruit que son régiment allait être embarqué; il serait parti pour apprendre à Corinne ce qu'il ne pouvait encore se résoudre à lui écrire.

Cependant le ton de ses lettres fut nécessairement altéré. Il ne voulait pas écrire ce qui se passait dans son âme; mais il ne pouvait plus s'exprimer avec le même abandon. Il avait résolu de cacher à Corinne les obstacles qu'il rencontrait dans le projet de la faire reconnaître, parce qu'il espérait y réussir encore avec le temps, et ne voulait pas l'aigrir inutilement contre sa belle-mère. Divers genres de réticences rendaient ses lettres plus courtes : il les remplissait de sujets étrangers, il ne disait rien sur ses projets futurs; enfin, une autre que Corinne eût été certaine de ce qui se passait dans le cœur d'Oswald; mais un sentiment passionné rend à la fois plus pénétrante et plus crédule. Il semble que, dans cet état, on ne puisse rien voir que d'une manière surnaturelle. On découvre ce qui est caché, et l'on se fait illusion sur ce qui est clair : car l'on est révolté de l'idée que l'on souffre à ce point, sans que rien d'extraordinaire en soit la cause, et qu'un tel désespoir est produit par des circonstances très-simples.

Oswald était très-malheureux, et de sa situation personnelle et de la peine qu'il devait causer à celle qu'il aimait ; et ses lettres exprimaient de l'irritation, sans en dire la cause. Il reprochait à Corinne, par une bizarrerie singulière, la douleur qu'il éprouvait, comme si elle n'eût pas été mille fois plus à plaindre que lui ; enfin, il bouleversait entièrement l'âme de son amie. Elle n'était plus maîtresse d'elle-même ; son esprit se troublait ; ses nuits étaient remplies par les images les plus funestes, le jour elles ne se dissipaient pas, et l'infortunée Corinne ne pouvait croire que cet Oswald, qui écrivait des lettres si dures, si agitées, si amères, fût celui qu'elle avait connu si généreux et si tendre : elle ressentait un désir irrésistible de le revoir encore et de lui parler. « Que je l'entende ! s'écria-t-elle ; qu'il me dise que c'est lui qui peut déchirer ainsi sans pitié celle dont la moindre peine affligeait jadis si vivement son cœur ; qu'il me le dise, et je me soumettrai à la destinée. Mais une puissance infernale inspire sans doute un tel langage. Ce n'est pas Oswald ; non ce n'est pas Oswald qui m'écrit. On m'a calomniée près de lui ; enfin, il y a quelque perfidie, quand il y a tant de malheur. »

Un jour, Corinne prit la résolution d'aller en Écosse, si toutefois l'on peut appeler une résolution la douleur impétueuse qui force à changer de situation à tout prix ; elle n'osait écrire à personne qu'elle partait ; elle n'avait pu se déterminer à le dire même à Thérésine, et elle se flattait toujours d'obtenir de sa propre raison de rester. Seulement elle soulageait son imagination par le projet d'un voyage, par une pensée différente de celle de la veille, par un peu d'avenir mis à la place des regrets. Elle était incapable d'aucune occupation. La

lecture lui était devenue impossible, la musique ne lui causait qu'un tressaillement douloureux, et le spectacle de la nature, qui porte à la rêverie, redoublait encore sa peine. Cette personne si vive passait les jours entiers immobile, ou du moins sans aucun mouvement extérieur ; les tourments de son âme ne se trahissaient plus que par sa mortelle pâleur. Elle regardait sa montre à chaque instant, espérant qu'une heure était passée, et ne sachant pas cependant pourquoi elle désirait que l'heure changeât de nom, puisqu'elle n'amenait rien de nouveau qu'une nuit sans sommeil, suivie d'un jour plus douloureux encore.

Un soir qu'elle se croyait prête à partir, une femme fit demander à la voir : elle la reçut, parce qu'on lui dit que cette femme paraissait le désirer vivement. Elle vit entrer dans sa chambre une personne entièrement contrefaite, le visage défiguré par une affreuse maladie, vêtue de noir et couverte d'un voile, pour dérober, s'il était possible, sa vue à ceux dont elle approchait. Cette femme ainsi maltraitée par la nature se chargeait de la collecte des aumônes. Elle demanda noblement, et avec une sécurité touchante, des secours pour les pauvres ; Corinne lui donna beaucoup d'argent, en lui faisant promettre seulement de prier pour elle. La pauvre femme, qui s'était résignée à son sort, regardait avec étonnement cette belle personne si pleine de force et de vie, riche, jeune, admirée, et qui semblait cependant accablée par le malheur. « Mon Dieu, madame, lui dit-elle, je voudrais bien que vous fussiez aussi calme que moi. » Quel mot adressé par une femme dans cet état, à la plus brillante personne d'Italie qui succombait au désespoir !

Ah ! la puissance d'aimer est trop grande, elle l'est trop dans les âmes ardentes ! Qu'elles sont heureuses, celles qui consacrent à Dieu seul ce profond sentiment d'amour dont les habitants de la terre ne sont pas dignes ! Mais le temps n'en était pas encore venu pour Corinne ; il lui fallait encore des illusions, elle voulait encore du bonheur ; elle priait, mais elle n'était pas encore résignée. Ses rares talents, la gloire qu'elle avait acquise, lui donnaient encore trop d'intérêt pour elle-même. Ce n'est qu'en se détachant de tout dans ce monde qu'on peut renoncer à ce qu'on aime ; tous les autres sacrifices précèdent celui-là, et la vie peut être depuis longtemps un désert, sans que le feu qui l'a dévastée soit éteint.

Enfin, au milieu des doutes et des combats qui renversaient et renouvelaient sans cesse le plan de Corinne, elle reçut une lettre d'Oswald, qui lui

annonçait que son régiment devait s'embarquer
dans six semaines, et qu'il ne pouvait profiter de
ce temps pour aller à Venise, parce qu'un colonel
qui s'éloignerait dans un pareil moment se perdrait
de réputation. Il ne restait à Corinne que le temps
d'arriver en Angleterre avant que lord Nelvil s'é-
loignât d'Europe, et peut-être pour toujours. Cette
crainte acheva de décider son départ. Il faut plaindre Corinne, car elle n'ignorait pas tout ce qu'il
y avait d'inconsidéré dans sa démarche : elle se
jugeait plus sévèrement que personne; mais quelle
femme aurait le droit de jeter *la première pierre*
à l'infortunée qui ne justifie point sa faute, qui
n'en espère aucune jouissance, mais fuit d'un malheur à l'autre, comme si des fantômes effrayants
la poursuivaient de toutes parts?

Voici les dernières lignes de sa lettre au prince
Castel-Forte : « Adieu, mon fidèle protecteur;
« adieu, mes amis de Rome; adieu, vous tous avec
« qui j'ai passé des jours si doux et si faciles. C'en
« est fait, la destinée m'a frappée; je sens en moi
« sa blessure mortelle : je me débats encore; mais
« je succomberai. Il faut que je le revoie : croyez-
« moi, je ne suis pas responsable de moi-même;
« il y a dans mon sein des orages que ma volonté
« ne peut gouverner. Cependant j'approche du terme
« où tout finira pour moi; ce qui se passe à présent
« est le dernier acte de mon histoire; après, vien-
« dront la pénitence et la mort. Bizarre confusion
« du cœur humain! Dans ce moment même où je
« me conduis comme une personne si passionnée,
« j'aperçois cependant les ombres du déclin dans
« l'éloignement, et je crois entendre une voix di-
« vine qui me dit : « *Infortunée, encore ces jours*
« *d'agitation et d'amour, et je t'attends dans le*
« *repos éternel.* » O mon Dieu! accordez-moi la
« présence d'Oswald encore une fois, une dernière
« fois. Le souvenir de ses traits s'est comme obs-
« curci par mon désespoir. Mais n'avait-il pas quel-
« que chose de divin dans le regard? Ne semblait-
« il pas, quand il entrait, qu'un air brillant et pur
« annonçait son approche? Mon ami, vous l'avez
« vu se placer près de moi, m'entourer de ses
« soins, me protéger par le respect qn'il inspirait
« pour son choix. Ah! comment exister sans lui?
« Pardonnez mon ingratitude; dois-je reconnaître
« ainsi la constante et noble affection que vous m'a-
« vez toujours témoignée? Mais je ne suis plus
« digne de rien, et je passerais pour insensée, si
« je n'avais pas le triste don d'observer moi-même
« ma folie. Adieu donc, adieu. »

CHAPITRE III.

Combien elle est malheureuse la femme délicate
et sensible qui commet une grande imprudence,
qui la commet pour un objet dont elle se croit
moins aimée, et n'ayant qu'elle-même pour soutien de ce qu'elle fait! Si elle hasardait sa réputation et son repos pour rendre un grand service à
celui qu'elle aime, elle ne serait point à plaindre.
Il est si doux de se dévouer! il y a dans l'âme tant
de délices, quand on brave tous les périls pour
sauver une vie qui nous est chère, pour soulager
la douleur qui déchire un cœur ami du nôtre! Mais
traverser ainsi seule des pays inconnus, arriver
sans être attendue, rougir d'abord, devant ce qu'on
aime, de la preuve même d'amour qu'on lui donne;
risquer tout parce qu'on le veut, et non parce
qu'un autre vous le demande : quel pénible sentiment! quelle humiliation digne pourtant de pitié!
car tout ce qui vient d'aimer en mérite. Que serait-
ce si l'on compromettait ainsi l'existence des autres, si l'on manquait à des devoirs envers des liens
sacrés? Mais Corinne était libre; elle ne sacrifiait
que sa gloire et son repos. Il n'y avait point de
raison, point de prudence dans sa conduite, mais
rien qui pût offenser une autre destinée que la
sienne, et son funeste amour ne perdait qu'elle-
même.

En débarquant en Angleterre, Corinne sut par
les papiers publics que le départ du régiment de
lord Nelvil était encore retardé. Elle ne vit à Londres que la société du banquier auquel elle était
recommandée sous un nom supposé. Il s'intéressa
d'abord à elle, et s'empressa, ainsi que sa femme
et sa fille, à lui rendre tous les services imaginables. Elle tomba dangereusement malade en arrivant, et, pendant quinze jours, ses nouveaux amis
la soignèrent avec la bienveillance la plus tendre.
Elle apprit que lord Nelvil était en Écosse, mais
qu'il devait revenir dans peu de jours à Londres,
où son régiment se trouvait alors. Elle ne savait
comment se résoudre à lui annoncer qu'elle était
en Angleterre. Elle ne lui avait point écrit son départ; et son embarras était tel à cet égard, que
depuis un mois Oswald n'avait point reçu de ses
lettres. Il commençait à s'en inquiéter vivement :
il l'accusait de légèreté, comme s'il avait eu le
droit de s'en plaindre. En arrivant à Londres, il
alla d'abord chez son banquier, où il espérait trouver des lettres d'Italie; on lui dit qu'il n'y en avait
point. Il sortit; et, comme il réfléchissait avec
peine sur ce silence, il rencontra M. Edgermond
qu'il avait vu à Rome, et qui lui demanda des nou-

velles de Corinne. « Je n'en sais point, répondit lord Nelvil avec humeur. — Oh! je le crois bien, reprit M. Edgermond, ces Italiennes oublient toujours les étrangers dès qu'elles ne les voient plus. Il y a mille exemples de cela, et il ne faut pas s'en affliger ; elles seraient trop aimables si elles avaient de la constance unie à tant d'imagination. Il faut bien qu'il reste quelque avantage à nos femmes. » Il lui serra la main en parlant ainsi, et prit congé de lui pour retourner dans la principauté de Galles, son séjour habituel ; mais il avait en peu de mots pénétré de tristesse le cœur d'Oswald. « J'ai tort, se disait-il à lui-même, j'ai tort de vouloir qu'elle me regrette, puisque je ne puis me consacrer à son bonheur. Mais oublier si vite ce qu'on a aimé, c'est flétrir le passé au moins autant que l'avenir. »

Au moment où lord Nelvil su la volonté de son père, il s'était résolu à ne point épouser Corinne ; mais il avait aussi formé le dessein de ne pas revoir Lucile. Il était mécontent de l'impression trop vive qu'elle avait faite sur lui, et se disait qu'étant condamné à faire tant de mal à son amie, il fallait au moins lui garder cette fidélité de cœur qu'aucun devoir ne lui ordonnait de sacrifier. Il se contenta d'écrire à lady Edgermond pour lui renouveler ses sollicitations relativement à l'existence de Corinne, mais elle refusa constamment de lui répondre à cet égard, et lord Nelvil comprit, par ses entretiens avec M. Dickson, l'ami de lady Edgermond, que le seul moyen d'obtenir d'elle ce qu'il désirait, serait d'épouser sa fille ; car elle pensait que Corinne pourrait nuire au mariage de sa sœur, si elle reprenait son vrai nom, et si sa famille la reconnaissait. Corinne ne se doutait point encore de l'intérêt que Lucile avait inspiré à lord Nelvil ; la destinée lui avait jusqu'alors épargné cette douleur. Jamais cependant elle n'avait été plus digne de lui que dans le moment même où le sort l'en séparait. Elle avait pris pendant sa maladie, au milieu des négociants simples et honnêtes chez qui elle était, un véritable goût pour les mœurs et les habitudes anglaises. Le petit nombre de personnes qu'elle voyait dans la famille qui l'avait reçue, n'étaient distinguées d'aucune manière, mais possédaient une force de raison et une justesse d'esprit remarquables. On lui témoignait une affection moins expansive que celle à laquelle elle était accoutumée, mais qui se faisait connaître à chaque occasion par de nouveaux services. La sévérité de lady Edgermond, l'ennui d'une petite ville de province, lui avaient fait une cruelle illusion sur tout ce qu'il y a de noble et de bon dans le pays auquel elle avait renoncé, et elle s'y attachait dans une circonstance où, pour son bonheur du moins, il n'était peut-être plus à désirer qu'elle éprouvât ce sentiment.

CHAPITRE IV.

Un soir, la famille qui comblait Corinne de marques d'amitié et d'intérêt la pressa vivement de venir voir jouer madame Siddons dans *Isabelle* ou *le Fatal mariage,* l'une des pièces du théâtre anglais où cette actrice déploie le plus admirable talent. Corinne s'y refusa longtemps ; mais enfin, se rappelant que lord Nelvil avait souvent comparé sa manière de déclamer avec celle de madame Siddons, elle eut la curiosité de l'entendre, et se rendit voilée dans une petite loge d'où elle pouvait tout voir sans être vue. Elle ne savait pas que lord Nelvil était arrivé la veille à Londres ; mais elle craignait d'être aperçue par un Anglais qui l'aurait connue en Italie. La noble figure et la profonde sensibilité de l'actrice captivèrent tellement l'attention de Corinne, que, pendant les premiers actes, ses yeux ne se détournèrent pas du théâtre. La déclamation anglaise est plus propre qu'aucune autre à remuer l'âme, quand un beau talent en fait sentir la force et l'originalité. Il y a moins d'art, moins de convenu qu'en France ; l'impression qu'elle produit est plus immédiate, le désespoir véritable s'exprimerait ainsi ; et la nature des pièces et le genre de la versification plaçant l'art dramatique à moins de distance de la vie réelle, l'effet qu'il produit est plus déchirant. Il faut d'autant plus de génie pour être un grand acteur en France, qu'il y a fort peu de liberté pour la manière individuelle, tant les règles générales prennent d'espace [1]. Mais en Angleterre on peut tout risquer, si la nature l'inspire. Ces longs gémissements, qui paraissent ridicules quand on les raconte, font tressaillir quand on les entend. L'actrice la plus noble dans ses manières, madame Siddons, ne perd rien de sa dignité quand elle se prosterne contre terre. Il n'y a rien qui ne puisse être admirable, quand une émotion intime y entraîne, une émotion qui part du centre de l'âme, et domine celui qui la ressent plus encore que celui qui en est témoin. Il y a chez les diverses nations une façon différente de jouer la tragédie ; mais l'expression de la douleur s'entend d'un bout du monde à l'autre ; et depuis le sauvage jusqu'au roi, il y a quelque chose de sembla-

[1] Talma ayant passé plusieurs années de sa vie à Londres, a su réunir dans son admirable talent le caractère et les beautés de l'art théâtral des deux pays.

ble dans tous les hommes, alors qu'ils sont vraiment malheureux.

Dans l'intervalle du quatrième au cinquième
acte, Corinne remarqua que tous les regards se
tournaient vers une loge, et dans cette loge elle
vit lady Edgermond et sa fille; car elle ne douta
pas que ce ne fût Lucile, bien que depuis sept
ans elle fût singulièrement embellie. La mort
d'un parent très-riche de lord Edgermond avait
obligé lady Edgermond à venir à Londres pour y
régler les affaires de la succession. Lucile s'était
plus parée qu'à l'ordinaire pour venir au spectacle; et depuis longtemps, même en Angleterre,
où les femmes sont si belles, il n'avait paru une
personne aussi remarquable. Corinne fut douloureusement surprise en la voyant: il lui parut impossible qu'Oswald pût résister à la séduction
d'une telle figure. Elle se compara dans sa pensée avec elle, et se trouva tellement inférieure,
elle s'exagéra tellement, s'il était possible de se
l'exagérer, le charme de cette jeunesse, de cette
blancheur, de ces cheveux blonds, de cette innocente image du printemps de la vie, qu'elle se
sentit presque humiliée de lutter par le talent,
par l'esprit, par les dons acquis enfin, ou du
moins perfectionnés, avec ces grâces prodiguées
par la nature elle-même.

Tout à coup elle aperçut, dans la loge opposée,
lord Nelvil, dont les regards étaient fixés sur Lucile. Quel moment pour Corinne! elle revoyait
pour la première fois ces traits qui l'avaient tant
occupée; ce visage qu'elle cherchait dans son souvenir à chaque instant, bien qu'il n'en fût jamais
effacé, elle le revoyait, et c'était lorsque Lucile
occupait seule Oswald. Sans doute il ne pouvait
soupçonner la présence de Corinne; mais si ses
yeux s'étaient dirigés par hasard sur elle, l'infortunée en aurait tiré quelques présages de bonheur.
Enfin madame Siddons reparut, et lord Nelvil se
tourna vers le théâtre pour la considérer. Corinne
alors respira plus à l'aise, et se flatta qu'un simple mouvement de curiosité avait attiré l'attention
d'Oswald sur Lucile. La pièce devenait à tous les
moments plus touchante, et Lucile était baignée
de pleurs qu'elle cherchait à cacher en se retirant
dans le fond de sa loge. Alors Oswald la regarda
de nouveau avec plus d'intérêt encore que la première fois. Enfin il arriva, ce moment terrible où
Isabelle, s'étant échappée des mains des femmes
qui veulent l'empêcher de se tuer, rit, en se donnant un coup de poignard, de l'inutilité de leurs
efforts. Ce rire du désespoir est l'effet le plus
difficile et le plus remarquable que le jeu drama-

tique puisse produire; il émeut bien plus que les
larmes : cette amère ironie du malheur est son
expression la plus déchirante. Qu'elle est terrible
la souffrance du cœur, quand elle inspire une si
barbare joie, quand elle donne, à l'aspect de son
propre sang, le contentement féroce d'un sauvage
ennemi qui se serait vengé!

Alors sans doute Lucile fut tellement attendrie
que sa mère s'en alarma, car on la vit se retourner avec inquiétude de son côté : Oswald se leva
comme s'il voulait aller vers elle; mais bientôt il
se rassit. Corinne eut quelque joie de ce second
mouvement; mais elle se dit en soupirant : « Lucile, ma sœur, qui m'était si chère autrefois, est
jeune et sensible; dois-je vouloir lui ravir un bien
dont elle pourrait jouir sans obstacle, sans que
celui qu'elle aimerait lui fît aucun sacrifice ? » La
pièce finie, Corinne voulut laisser sortir tout le
monde avant de s'en aller, de peur d'être reconnue, et elle se mit derrière une petite ouverture
de sa loge où elle pouvait apercevoir ce qui se
passait dans le corridor. Au moment où Lucile
sortit, la foule se rassembla pour la voir, et l'on
entendait de tous les côtés des exclamations sur
sa ravissante figure. Lucile se troublait de plus en
plus. Lady Edgermond, infirme et malade, avait
de la peine à fendre la presse, malgré les soins de
sa fille et les égards qu'on leur témoignait; mais
elles ne connaissaient personne, et nul homme
par conséquent n'osait les aborder. Lord Nelvil,
voyant leur embarras, se hâta de s'approcher d'elles. Il offrit un bras à lady Edgermond et l'autre
à Lucile, qui le prit timidement, en baissant la
tête et rougissant à l'excès : ils passèrent ainsi devant Corinne. Oswald n'imaginait pas que sa pauvre amie fût témoin d'un spectacle douloureux
pour elle; car il avait une légère nuance d'orgueil
en conduisant ainsi la plus belle personne d'Angleterre à travers les admirateurs sans nombre
qui suivaient ses pas.

CHAPITRE V.

Corinne revint chez elle cruellement troublée, et
ne sachant point quelle résolution elle prendrait,
comment elle ferait connaître à lord Nelvil son arrivée, et ce qu'elle lui dirait pour la motiver; car
à chaque instant elle perdait de sa confiance dans
le sentiment de son ami, et il lui semblait quelquefois que c'était un étranger qu'elle allait revoir,
un étranger qu'elle aimait avec passion, mais qui
ne la reconnaîtrait plus. Elle envoya chez lord Nelvil le lendemain au soir, et elle apprit qu'il était

chez lady Edgermond : le jour suivant, la même réponse lui fut rapportée, mais on lui dit aussi que lady Edgermond était malade, et qu'elle repartirait pour sa terre dès qu'elle serait guérie. Corinne attendait ce moment pour faire savoir à lord Nelvil qu'elle était en Angleterre; mais tous les soirs elle sortait, passait devant la maison de lady Edgermond, et voyait à sa porte la voiture d'Oswald. Un inexprimable serrement de cœur l'oppressait; et, retournant chez elle, elle recommençait le lendemain la même course pour éprouver la même douleur. Corinne avait tort cependant quand elle se persuadait qu'Oswald allait chez lady Edgermond dans l'intention d'épouser sa fille.

Le jour du spectacle, lady Edgermond lui avait dit, pendant qu'il la conduisait à sa voiture, que la succession du parent de lord Edgermond, qui était mort dans l'Inde, concernait Corinne autant que sa fille, et qu'elle le priait en conséquence de passer chez elle pour se charger de faire savoir en Italie les divers arrangements qu'elle voulait prendre à cet égard. Oswald promit d'y aller, et il lui sembla que, dans cet instant, la main de Lucile qu'il tenait avait tremblé. Le silence de Corinne pouvait lui faire croire qu'il n'était plus aimé, et l'émotion de cette jeune fille devait lui donner l'idée qu'il l'intéressait au fond du cœur. Cependant il n'avait pas l'idée de manquer à la promesse qu'il avait donnée à Corinne, et l'anneau qu'elle possédait était un gage assuré que jamais il n'en épouserait une autre sans son consentement. Il retourna chez lady Edgermond le lendemain pour soigner les intérêts de Corinne; mais lady Edgermond était si madade, et sa fille tellement inquiète de se trouver ainsi seule à Londres, sans aucun parent (M. Edgermond n'y étant pas), sans savoir seulement à quel médecin il fallait s'adresser, qu'Oswald crut de son devoir envers l'amie de son père, de consacrer tout son temps à la soigner.

Lady Edgermond, naturellement âpre et flère, semblait ne s'adoucir que pour Oswald : elle le laissait venir tous les jours chez elle, sans qu'il prononçât un seul mot qui pût faire supposer l'intention d'épouser sa fille. Le nom et la beauté de Lucile en faisaient l'un des plus brillants partis de l'Angleterre; et depuis qu'elle avait paru au spectacle, et qu'on la savait à Londres, sa porte était assiégée par les visites des plus grands seigneurs du pays. Lady Edgermond refusait constamment de recevoir personne : elle ne sortait jamais et ne recevait que lord Nelvil. Comment n'aurait-il pas été flatté d'une conduite si délicate? Cette générosité silencieuse, qui s'en remettait à lui sans rien demander, sans se plaindre de rien, le touchait vivement, et cependant chaque fois qu'il allait dans la maison de lady Edgermond, il craignait que sa présence ne fût interprétée comme un engagement. Il eût cessé d'y aller, dès que les intérêts de Corinne ne l'y auraient plus attiré, si lady Edgermond avait recouvré sa santé. Mais au moment où on la croyait mieux, elle retomba malade de nouveau, plus dangereusement que la première fois; et si elle était morte dans ce moment, Lucile n'aurait eu à Londres d'autre appui qu'Oswald, puisque sa mère ne formait de relations avec personne.

Lucile ne s'était pas permis un seul mot qui dût faire croire à lord Nelvil qu'elle le préférât; mais il pouvait le supposer quelquefois, par une altération légère et subite dans la couleur de son teint, par des yeux trop promptement baissés, par une respiration plus rapide; enfin, il étudiait le cœur de cette jeune fille avec un intérêt curieux et tendre, et sa complète réserve lui laissait toujours du doute et de l'incertitude sur la nature de ses sentiments. Le plus haut point de la passion, et l'éloquence qu'elle inspire, ne suffisent pas encore à l'imagination; on désire toujours quelque chose de plus, et ne pouvant l'obtenir, on se refroidit et l'on se lasse, tandis que la faible lueur qu'on aperçoit à travers les nuages tient longtemps la curiosité en suspens, et semble promettre dans l'avenir de nouveaux sentiments et des découvertes nouvelles. Cette attente cependant n'est point satisfaite; et, quand on sait à la fin ce que cache tout ce charme du silence et de l'inconnu, le mystère aussi se flétrit, et l'on en revient à regretter l'abandon et le mouvement d'un caractère animé. Hélas! de quelle manière prolonger cet enchantement du cœur, ces délices de l'âme, que la confiance et le doute, le bonheur et le malheur dissipent également à la longue, tant les jouissances célestes sont étrangères à notre destinée! Elles traversent notre cœur quelquefois, seulement pour nous rappeler notre origine et notre espoir.

Lady Edgermond se trouvant mieux, fixa son départ à deux jours de là, pour aller en Écosse, où elle voulait visiter la terre de lord Edgermond, qui était voisine de celle de lord Nelvil. Elle s'attendait qu'il lui proposerait de l'y accompagner, puisqu'il avait annoncé le projet de retourner en Écosse avant le départ de son régiment; mais il n'en dit rien. Lucile le regarda dans ce moment, et néanmoins il se tut. Elle se hâta de se lever, et s'approcha de la fenêtre. Peu de moments après, lord Nelvil prit un prétexte pour aller vers elle, et il lui sembla que ses yeux étaient mouillés de pleurs : il en fut ému, soupira, et l'oubli dont il accusait son amie revenant de nouveau à sa mémoire, il se demanda si cette jeune fille n'était pas plus capable que Corinne d'un sentiment fidèle.

Oswald cherchait à réparer la peine qu'il venait de causer à Lucile; on a tant de plaisir à ramener la joie sur un visage encore enfant! Le chagrin n'est pas fait pour ces physionomies où la réflexion même n'a point encore laissé de traces. Le régiment de lord Nelvil devait être passé en revue le lendemain matin à Hydepark; il demanda donc à lady Edgermond si elle voulait y aller en calèche avec sa fille, et si elle lui permettrait, après la revue, de faire une promenade à cheval avec Lucile, à côté de sa voiture. Lucile avait dit une fois qu'elle avait grande envie de monter à cheval. Elle regarda sa mère avec une expression toujours soumise, mais où l'on pouvait remarquer cependant le désir d'obtenir un consentement. Lady Edgermond se recueillit quelques instants; puis tendant à lord Nelvil sa faible main, qui dépérissait chaque jour davantage, elle lui dit : « Si vous le demandez, milord, j'y consens. » Ces mots firent tant d'impression sur Oswald, qu'il allait renoncer lui-même à ce qu'il avait proposé : mais tout à coup Lucile, avec une vivacité qu'elle n'avait pas encore montrée, prit la main de sa mère, et la baisa pour la remercier. Lord Nelvil alors n'eut pas le courage de priver d'un amusement cette innocente créature, qui menait une vie si solitaire et si triste.

CHAPITRE VI.·

Corinne, depuis quinze jours, ressentait l'anxiété la plus cruelle : chaque matin elle hésitait si elle écrirait à lord Nelvil pour lui apprendre où elle était, et chaque soir se passait dans l'inexprimable douleur de le savoir chez Lucile. Ce qu'elle souffrait le soir la rendait plus timide pour le lendemain. Elle rougissait d'apprendre à celui qui ne l'aimait peut-être plus, la démarche inconsidérée qu'elle avait faite pour lui. « Peut-être, se disait-elle souvent, tous les souvenirs d'Italie sont-ils effacés de sa mémoire? peut-être n'a-t-il plus besoin de trouver dans les femmes un esprit supérieur, un cœur passionné? Ce qui lui plaît à présent, c'est l'admirable beauté de seize ans, l'expression angélique de cet âge, l'âme timide et neuve, qui consacre à l'objet de son choix les premiers sentiments qu'elle ait jamais éprouvés. »

L'imagination de Corinne était tellement frappée des avantages de sa sœur, qu'elle avait presque honte de lutter avec de tels charmes. Il lui semblait que le talent même était une ruse, l'esprit une tyrannie, la passion une violence, à côté de cette innocence désarmée; et bien que Corinne n'eût pas encore vingt-huit ans, elle pressentait déjà cette époque de la vie où les femmes se défient avec tant de douleur de leurs moyens de plaire. Enfin, la jalousie et une timidité fière se combattaient dans son âme; elle renvoyait de jour en jour le moment tant craint et tant désiré où elle devait revoir Oswald. Elle apprit que son régiment serait passé en revue le lendemain à Hydepark, et elle résolut d'y aller. Elle pensa qu'il était possible que Lucile s'y trouvât, et elle s'en fiait à ses propres yeux pour juger des sentiments d'Oswald. D'abord elle avait l'idée de se parer avec soin, et de se montrer ensuite subitement à lui; mais en commençant sa toilette, ses cheveux noirs, son teint un peu bruni par le soleil d'Italie, ses traits prononcés, mais dont elle ne pouvait pas juger l'expression en se regardant, lui inspirèrent du découragement sur ses charmes. Elle voyait toujours dans son miroir le visage aérien de sa sœur; et, rejetant loin d'elle toutes les parures qu'elle avait essayées, elle se revêtit d'une robe noire à la vénitienne, couvrit son visage et sa taille avec la mante qu'on porte dans ce pays, et se jeta ainsi dans le fond d'une voiture.

A peine fut-elle dans Hydepark, qu'elle vit paraître Oswald à la tête de son régiment. Il avait dans son uniforme la plus belle et la plus imposante figure du monde; il conduisait son cheval avec une grâce et une dextérité parfaites. La musique qu'on entendait avait quelque chose de fier et de doux tout à la fois, qui conseillait noblement le sacrifice de la vie. Une multitude d'hommes élégamment et simplement vêtus, des femmes belles et modestes, portaient sur leur visage, les uns l'empreinte des vertus mâles, les autres des vertus timides. Les soldats du régiment d'Oswald semblaient le regarder avec confiance et dévouement. On joua le fameux air, *Dieu, sauve le roi*, qui touche si profondément tous les cœurs en Angleterre; et Corinne s'écria : « O respectable pays qui deviez être ma patrie, pourquoi vous ai-je quitté? Qu'importait plus ou moins de gloire personnelle, au milieu de tant de vertus; et quelle gloire valait celle, ô Nelvil! d'être ta digne épouse? »

Les instruments militaires qui se firent entendre retracèrent à Corinne les dangers qu'Oswald allait courir. Elle le regarda longtemps sans qu'il pût l'apercevoir, et se disait, les yeux pleins de larmes : « Qu'il vive, quand ce ne serait pas pour moi! O mon Dieu! c'est lui qu'il faut conserver. » Dans ce moment la voiture de lady Edgermond arriva; lord Nelvil la salua respectueusement, en baissant devant elle la pointe de son épée. Cette voiture passa et repassa plusieurs fois. Tous ceux qui voyaient Lucile l'admiraient; Oswald la considérait avec des regards qui perçaient le cœur de Corinne. L'infortunée les connaissait ces regards; ils avaient été tournés sur elle.

Les chevaux que lord Nelvil avait prêtés à Lucile parcouraient avec la plus brillante vitesse les allées de Hydepark, tandis que la voiture de Corinne s'avançait lentement, presque comme un convoi funèbre, derrière les coursiers rapides et leur bruit tumultueux. « Ah! ce n'était pas ainsi, pensait Corinne, non, ce n'était pas ainsi que je me rendais au Capitole, la première fois que je l'ai rencontré : il m'a précipitée du char de triomphe dans l'abîme des douleurs. Je l'aime, et toutes les joies de la vie ont disparu. Je l'aime, et tous les dons de la nature sont flétris. O mon Dieu! pardonnez-lui quand je ne serai plus. » Oswald passait à cheval à côté de la voiture où était Corinne. La forme italienne de l'habit noir qui l'enveloppait le frappa singulièrement. Il s'arrêta, fit le tour de cette voiture, revint sur ses pas pour la revoir encore, et tâcha d'apercevoir quelle était la femme qui s'y tenait cachée. Le cœur de Corinne battait pendant ce temps avec une extrême violence, et tout ce qu'elle redoutait, c'était de s'évanouir, et d'être ainsi découverte; mais elle résista cependant à son émotion, et lord Nelvil perdit l'idée qui l'avait d'abord occupé. Quand la revue fut finie, Corinne, pour ne pas attirer davantage l'attention d'Oswald, descendit de voiture pendant qu'il ne pouvait la voir, et se plaça derrière les arbres et la foule, de manière à n'être pas aperçue. Oswald alors s'approcha de la calèche de lady Edgermond, et, lui montrant un cheval très-doux que ses gens avaient amené, il demanda pour Lucile la permission de monter ce cheval, à côté de la voiture de sa mère. Lady Edgermond y consentit, en lui recommandant beaucoup de veiller sur sa fille. Lord Nelvil était descendu de cheval; il parlait chapeau bas, à la portière de lady Edgermond, avec une expression si respectueuse et si sensible en même temps, que Corinne n'y voyait que trop un attachement pour la mère, animé par l'attrait qu'inspirait la fille.

Lucile descendit de voiture. Elle avait un habit de cheval qui dessinait à ravir l'élégance de sa taille; sur sa tête un chapeau noir, orné de plumes blanches, et ses beaux cheveux blonds, légers comme l'air, tombaient avec grâce sur son charmant visage. Oswald baissa la main de manière que Lucile pût y poser son pied pour monter sur le cheval. Lucile s'attendait que ce serait un de ses gens qui lui rendrait ce service; elle rougit en le recevant de lord Nelvil. Il insista : Lucile enfin mit sur cette main un pied charmant, et s'élança si légèrement à cheval, que tous ses mouvements donnaient l'idée d'une de ces sylphides que l'imagination nous peint avec des couleurs si délicates. Elle partit au galop. Oswald la suivit, et ne la perdit pas de vue. Une fois le cheval fit un faux pas. A l'instant lord Nelvil l'arrêta, examina la bride et le mors avec une aimable anxiété. Une autre fois il crut à tort que le cheval s'emportait; il devint pâle comme la mort; et, poussant son propre cheval avec une incroyable ardeur, dans une seconde il atteignit celui de Lucile, descendit et se précipita devant elle. Lucile, ne pouvant plus retenir son cheval, frémissait à son tour de renverser Oswald; mais d'une main il saisit la bride, et de l'autre il soutint Lucile, qui, en sautant, s'appuya légèrement sur lui.

Que fallait-il de plus pour convaincre Corinne du sentiment d'Oswald pour Lucile? Ne voyait-elle pas tous les signes d'intérêt qu'il lui avait autrefois prodigués? Et même, pour son éternel désespoir, ne croyait-elle pas apercevoir dans les regards de lord Nelvil plus de timidité, plus de réserve qu'il n'en avait dans le temps de son amour pour elle? Deux fois elle tira l'anneau de son doigt; elle était prête à fendre la foule pour le jeter aux pieds d'Oswald; et l'espoir de mourir à l'instant même l'encourageait dans cette résolution. Mais quelle est la femme, née même sous le soleil du Midi, qui peut, sans frissonner, attirer sur ses sentiments l'attention de la multitude? Bientôt Corinne frémit à la pensée de se montrer à lord Nelvil dans cet instant, et sortit de la foule pour rejoindre sa voiture. Comme elle traversait une allée solitaire, Oswald vit encore de loin cette même figure noire qui l'avait frappé, et l'impression qu'elle produisit sur lui cette fois fut beaucoup plus vive. Cependant il attribua l'émotion qu'il en ressentit au remords d'avoir été dans ce jour, pour la première fois, infidèle au fond de son cœur à l'image de Corinne; et, rentré chez lui, il prit à l'instant la résolution de repartir pour l'Écosse, puisque son régiment ne s'embarquait pas encore de quelque temps.

CHAPITRE VII.

Corinne retourna chez elle dans un état de douleur qui troublait sa raison, et, dès ce moment,
ses forces furent pour jamais affaiblies. Elle résolut d'écrire à lord Nelvil pour lui apprendre, et
son arrivée en Angleterre, et tout ce qu'elle avait
souffert depuis qu'elle y était. Elle commença cette
lettre d'abord remplie des plus amers reproches,
et puis elle la déchira. « Que signifient les reproches
en amour? s'écria-t-elle; ce sentiment serait-il le
plus intime, le plus pur, le plus généreux des sentiments, s'il n'était pas en tout involontaire? Que
ferai-je donc avec mes plaintes? Une autre voix,
un autre regard ont le secret de son âme; tout
n'est-il donc pas dit? » Elle recommença sa lettre,
et cette fois elle voulut peindre à lord Nelvil la
monotonie qu'il pourrait trouver dans son union
avec Lucile. Elle essayait de lui prouver que, sans
une parfaite harmonie de l'âme et de l'esprit, aucun bonheur de sentiment n'était durable; et puis
elle déchira cette lettre encore plus vivement que
la première. « S'il ne sait pas ce que je vaux, disait-elle, est-ce moi qui le lui apprendrai? Et d'ailleurs dois-je parler ainsi de ma sœur? Est-il vrai
qu'elle me soit inférieure autant que je cherche à
me le persuader? Et quand elle le serait, est-ce à
moi qui, comme une mère, l'ai pressée dans son
enfance contre mon cœur, est-ce à moi qu'il ap-
partiendrait de le dire? Ah! non, il ne faut pas
vouloir ainsi son propre bonheur à tout prix. Elle
passe, cette vie pendant laquelle on a tant de désirs; et, longtemps même avant la mort, quelque
chose de doux et de rêveur nous détache par degrés
de l'existence. »

Elle reprit encore une fois la plume, et ne parla
que de son malheur; mais, en l'exprimant, elle
éprouvait une telle pitié d'elle-même, qu'elle couvrait son papier de ses larmes! « Non, dit-elle encore, il ne faut pas envoyer cette lettre; s'il y
résiste, je le haïrai; s'il y cède, je ne saurai pas
s'il n'a pas fait un sacrifice, s'il ne conserve pas
le souvenir d'une autre. Il vaut mieux le voir, lui
parler, lui remettre cet anneau, gage de ses promesses; » et elle se hâta de l'envelopper dans une
lettre où elle n'écrivit que ces mots : *Vous êtes libre.*
Et, mettant la lettre dans son sein, elle attendit
que le soir approchât, pour aller chez Oswald. Il
lui sembla qu'en plein jour elle eût rougi devant
tous ceux qui l'auraient regardée, et cependant
elle voulait devancer le moment où lord Nelvil
avait coutume d'aller chez lady Edgermond. A six
heures donc elle partit, mais en tremblant comme

une esclave condamnée. On a si peur de ce qu'on
aime quand une fois la confiance est perdue! Ah!
l'objet d'une affection passionnée est à nos yeux,
ou le protecteur le plus sûr, ou le maître le plus
redoutable.

Corinne fit arrêter sa voiture devant la porte
de lord Nelvil, et demanda d'une voix tremblante
à l'homme qui ouvrait cette porte s'il était chez
lui. *Depuis une demi-heure, madame*, répondit-il,
milord est parti pour l'Écosse. Cette nouvelle
serra le cœur de Corinne : elle tremblait de voir
Oswald; mais cependant son âme allait au-devant
de cette inexprimable émotion. L'effort était fait,
elle se croyait près d'entendre sa voix, et il fallait
maintenant prendre une nouvelle résolution pour
le retrouver, attendre encore plusieurs jours, et
condescendre à une démarche de plus. Néanmoins,
à tout prix alors, Corinne voulait le revoir. Le lendemain donc, elle partit pour Édimbourg.

CHAPITRE VIII.

Avant de quitter Londres, lord Nelvil était retourné chez son banquier, et quand il sut qu'aucune lettre de Corinne n'était arrivée, il se demanda avec amertume s'il devait sacrifier un
bonheur domestique certain et durable, à une personne qui peut-être ne se ressouvenait plus de lui.
Cependant il résolut d'écrire encore en Italie,
comme il l'avait déjà fait plusieurs fois depuis six
semaines, pour demander à Corinne la cause de
son silence, et pour lui déclarer encore que, tant
qu'elle ne lui renverrait pas son anneau, il ne serait jamais l'époux d'une autre. Il fit son voyage
dans des dispositions très-pénibles : il aimait Lucile, presque sans la connaître, car il ne lui avait
pas entendu prononcer vingt paroles; mais il regrettait Corinne, et s'affligeait des circonstances
qui les séparaient; tour à tour le charme timide
de l'une le captivait, et il se retraçait la grâce brillante, l'éloquence sublime de l'autre. Si dans ce
moment il avait su que Corinne l'aimait plus que
jamais, qu'elle avait tout quitté pour le suivre, il
n'aurait jamais revu Lucile : mais il se croyait
oublié; et, réfléchissant sur le caractère de Lucile
et sur celui de Corinne, il se disait qu'un extérieur
froid et réservé cachait souvent les sentiments les
plus profonds. Il se trompait : les âmes passionnées se trahissent de mille manières, et ce que
l'on contient toujours est bien faible.

Une circonstance vint ajouter encore à l'intérêt
que Lucile inspirait à lord Nelvil. En retournant
dans sa terre, il passa si près de celle qui appar-

tenait à lady Edgermond, que la curiosité l'y conduisit. Il se fit ouvrir le cabinet où Lucile avait coutume de travailler. Ce cabinet était rempli des souvenirs du temps que le père d'Oswald y avait passé près de Lucile pendant que son fils était en France. Elle avait élevé un piédestal de marbre à la place même où, peu de mois avant sa mort, il lui donnait des leçons, et sur ce piédestal était gravé : *A la mémoire de mon second père.* Enfin un livre était posé sur la table. Oswald l'ouvrit; il y reconnut le recueil des pensées de son père, et sur la première page il trouva ces mots écrits par son père lui-même : *A celle qui m'a consolé dans mes peines, à l'âme la plus pure, à la femme angélique qui fera la gloire et le bonheur de son époux!* Avec quelle émotion Oswald lut ces lignes, où l'opinion de celui qu'il révérait était si vivement exprimée! Il s'étonna du silence de Lucile envers lui, sur les témoignages d'affection qu'elle avait reçus de son père. Il crut voir dans ce silence la délicatesse la plus rare, la crainte de forcer son choix par l'idée d'un devoir; enfin il fut frappé de ces paroles : *A celle qui m'a consolé dans mes peines!* « C'est donc Lucile, s'écria-t-il, c'est elle qui adoucissait le mal que je faisais à mon père, et je l'abandonnerais quand sa mère est mourante, quand elle n'aura plus que moi pour consolateur! Ah! Corinne, vous si brillante, si recherchée, avez-vous besoin, comme Lucile, d'un ami fidèle et dévoué. » Elle n'était plus brillante, elle n'était plus recherchée, cette Corinne qui errait seule d'auberge en auberge, ne voyant pas même celui pour qui elle avait tout quitté, et n'ayant pas la force de s'en éloigner. Elle était tombée malade dans une petite ville, à moitié chemin d'Édimbourg, et n'avait pu, malgré ses efforts, continuer sa route. Elle pensait souvent, pendant les longues nuits de ses souffrances, que, si elle était morte dans ce lieu, Thérésine seule aurait su son nom, et l'aurait inscrit sur sa tombe. Quel changement, quel sort pour une femme qui ne pouvait pas faire un pas en Italie sans que la foule des hommages se précipitât sur ses pas! Et faut-il qu'un seul sentiment dépouille ainsi toute la vie? Enfin, après huit jours d'angoisses inexprimables, elle reprit sa triste route; car, bien que l'espérance de voir Oswald en fût le terme, il y avait tant de pénibles sentiments confondus avec cette vive attente, que son cœur n'en éprouvait qu'une inquiétude douloureuse. Avant d'arriver à la demeure de lord Nelvil, Corinne eut le désir de s'arrêter quelques heures dans la terre de son père, qui n'en était pas éloignée, et où lord Edgermond avait ordonné que son tombeau fût placé. Elle n'y avait point été depuis ce temps, et elle n'avait passé dans cette terre qu'un mois, seule avec son père. C'était l'époque la plus heureuse de son séjour en Angleterre. Ces souvenirs lui inspiraient le besoin de revoir son habitation, et elle ne croyait pas que lady Edgermond dût y être déjà.

A quelques milles du château, Corinne aperçut sur le grand chemin une voiture renversée. Elle fit arrêter la sienne, et vit sortir de celle qui était brisée un vieillard très-effrayé de la chute qu'il venait de faire. Corinne se hâta de le secourir, et lui offrit de le conduire elle-même jusqu'à la ville voisine. Il accepta avec reconnaissance, et dit qu'il se nommait M. Dickson. Corinne reconnut ce nom qu'elle avait souvent entendu prononcer à lord Nelvil. Elle dirigea l'entretien de manière à faire parler ce bon vieillard sur le seul objet qui l'intéressât dans la vie. M. Dickson était l'homme du monde qui causait le plus volontiers; et, ne se doutant pas que Corinne dont il ignorait le nom, et qu'il prenait pour une Anglaise, eût aucun intérêt particulier dans les questions qu'elle lui faisait, il se mit à dire tout ce qu'il savait avec le plus grand détail; et comme il désirait de plaire à Corinne, dont les soins l'avaient touché, il fut indiscret pour l'amuser.

Il raconta comment il avait appris lui-même à lord Nelvil que son père s'était opposé d'avance au mariage qu'il voulait contracter maintenant, et fit l'extrait de la lettre qu'il lui avait remise, en répétant plusieurs fois ces mots, qui perçaient le cœur de Corinne : *Son père lui a défendu d'épouser cette Italienne; ce serait outrager sa mémoire que de braver sa volonté.*

M. Dickson ne se borna point encore à ces cruelles paroles; il affirma de plus qu'Oswald aimait Lucile, que Lucile l'aimait; que lady Edgermond souhaitait vivement ce mariage, mais qu'un engagement pris en Italie empêchait lord Nelvil d'y consentir. « Quoi! dit Corinne à M. Dickson, en tâchant de contenir le trouble affreux qui l'agitait, vous croyez que c'est seulement à cause de l'engagement qu'il a contracté, que lord Nelvil ne se marie pas avec miss Lucile Edgermond? — J'en suis bien sûr, reprit M. Dickson, charmé d'être interrogé de nouveau; il y a trois jours encore, j'ai vu lord Nelvil, et, bien qu'il ne m'ait pas expliqué la nature des liens qu'il avait formés en Italie, il m'a dit ces propres paroles, que j'ai mandées à lady Edgermond : *Si j'étais libre, j'épouserais Lucile.* — S'il était libre! » répéta Corinne; et dans ce moment sa voiture s'arrêta devant la porte de l'auberge où elle conduisait M. Dickson. Il voulut la remercier, lui demander dans quel lieu il pourrait la revoir; Corinne ne l'entendait plus. Elle lui serra la main sans pouvoir lui répondre, et le quitta sans avoir prononcé un seul mot. Il était tard; cependant elle voulut aller encore dans les lieux où reposaient les cendres de son père; le désordre de son esprit lui rendait ce pèlerinage sacré plus nécessaire que jamais.

CHAPITRE IX.

Lady Edgermond était depuis deux jours à sa terre, et ce soir-là même il y avait un grand bal chez elle. Tous ses voisins, tous ses vassaux lui avaient demandé de se réunir pour célébrer son arrivée; Lucile l'avait aussi désiré, peut-être dans l'espoir qu'Oswald y viendrait : en effet, il y était lorsque Corinne arriva. Elle vit beaucoup de voitures dans l'avenue, et fit arrêter la sienne à quelques pas; elle descendit, et reconnut le séjour où son père lui avait témoigné les sentiments les plus tendres. Quelle différence entre ces temps, qu'elle croyait alors malheureux, et sa situation actuelle! C'est ainsi que dans la vie on est puni des peines de l'imagination par les chagrins réels, qui n'apprennent que trop à connaître le véritable malheur.

Corinne fit demander pourquoi le château était illuminé, et quelles étaient les personnes qui s'y trouvaient dans ce moment. Le hasard fit que le domestique de Corinne interrogea l'un de ceux que lord Nelvil avait pris à son service en Angleterre, et qui se trouvait là dans ce moment. Corinne entendit sa réponse. *C'est un bal*, dit-il, *que donne aujourd'hui lady Edgermond; et lord Nelvil, mon maître*, ajouta-t-il, *a ouvert ce bal avec miss Lucile Edgermond, l'héritière de ce château.* A ces mots, Corinne frémit, mais elle ne changea point de résolution. Une âpre curiosité l'entraînait à se rapprocher des lieux où tant de douleurs la menaçaient; elle fit signe à ses gens de s'éloigner, et elle entra seule dans le parc, qui se trouvait ouvert, et dans lequel, à cette heure, l'obscurité permettait de se promener longtemps sans être vue. Il était dix heures; et depuis que le bal avait commencé, Oswald dansait avec Lucile ces contredanses anglaises que l'on recommence cinq ou six fois dans la soirée; mais toujours le même homme danse avec la même femme, et la plus grande gravité règne quelquefois dans cette partie de plaisir.

Lucile dansait noblement, mais sans vivacité; le sentiment même qui l'occupait ajoutait à son sérieux naturel. Comme on était curieux dans le canton de savoir si elle aimait lord Nelvil, tout le monde la regardait avec plus d'attention encore que de coutume, ce qui l'empêchait de lever les yeux sur Oswald; et sa timidité était telle, qu'elle ne voyait ni n'entendait rien. Ce trouble et cette réserve touchèrent beaucoup lord Nelvil dans le premier moment; mais comme cette situation ne variait pas, il commençait un peu à s'en fatiguer, et comparait cette longue rangée d'hommes et de femmes, et cette musique monotone, avec la grâce animée des airs et des danses d'Italie. Cette réflexion le fit tomber dans une profonde rêverie, et Corinne eût encore goûté quelques instants de bonheur, si elle avait pu connaître alors les sentiments de lord Nelvil. Mais l'infortunée, qui se sentait étrangère sur le sol paternel, isolée près de celui qu'elle avait espéré pour époux, parcourait au hasard les sombres allées d'une demeure qu'elle pouvait autrefois considérer comme la sienne. La terre manquait sous ses pas, et l'agitation de la douleur lui tenait seule lieu de force : peut-être pensait-elle qu'elle rencontrerait Oswald dans le jardin; mais elle ne savait pas elle-même ce qu'elle désirait.

Le château était placé sur une hauteur, au pied de laquelle coulait une rivière. Il y avait beaucoup d'arbres sur l'un des bords, mais l'autre n'offrait que des rochers arides et couverts de bruyère. Corinne, en marchant, se trouva près de la rivière; elle entendit là tout à la fois la musique de la fête et le murmure des eaux. La lueur des lampions du bal se réfléchissait d'en haut jusqu'au milieu des ondes, tandis que le pâle reflet de la lune éclairait seul les campagnes désertes de l'autre rive. On eût dit que dans ces lieux, comme dans la tragédie de Hamlet, les ombres erraient autour du palais où se donnaient les festins.

L'infortunée Corinne, seule, abandonnée, n'avait qu'un pas à faire pour se plonger dans l'éternel oubli. « Ah! s'écria-t-elle, si demain, lorsqu'il se promènera sur ces bords avec la troupe joyeuse de ses amis, ses pas triomphants heurtaient contre les restes de celle qu'une fois pourtant il a aimée, n'aurait-il pas une émotion qui me vengerait, une douleur qui ressemblerait à ce que je souffre? Non, non, reprit-elle, ce n'est pas la vengeance qu'il faut chercher dans la mort, mais le repos. » Elle se tut, et contempla de nouveau cette rivière qui coulait si vite et néanmoins si régulièrement, cette nature si bien ordonnée, quand l'âme humaine est toute en tumulte; elle se rappela le jour où lord Nelvil se précipita dans la mer pour sauver un vieillard. « Qu'il était bon alors! s'écria Corinne; hélas! dit-elle en pleurant, peut-être l'est-il encore! Pourquoi le blâmer, parce que je souffre? peut-être ne le sait-il pas, peut-être s'il me voyait... » Et tout à coup elle prit la résolution de faire demander lord Nelvil, au milieu de cette fête, et de lui parler à l'instant. Elle remonta vers le château, avec l'espèce de mouvement que donne une décision nouvellement prise, une décision qui succède à de longues incertitudes; mais en approchant elle fut saisie d'un tel tremblement, qu'elle fut obligée de s'asseoir sur un banc de pierre qui était devant les fenêtres. La foule des paysans rassemblés pour voir danser, empêcha qu'elle ne fût remarquée.

Lord Nelvil, dans ce moment, s'avança sur le balcon : il respira l'air frais du soir; quelques rosiers qui se trouvaient là lui rappelèrent le parfum que portait habituellement Corinne, et l'impression qu'il en ressentit le fit tressaillir. Cette fête longue et ennuyeuse le fatiguait; il se souvint du bon goût de Corinne dans l'arrangement d'une fête, de son intelligence dans tout ce qui tenait aux beaux-arts, et il sentit que c'était seulement dans la vie régulière et domestique qu'il se représentait avec plaisir Lucile pour compagne. Tout ce qui appartenait le moins du monde à l'imagination, à la poésie, lui retraçait le souvenir de Corinne, et renouvelait ses regrets. Pendant qu'il était dans cette disposition, un de ses amis s'approcha de lui, et ils s'entretinrent quelques moments ensemble. Corinne alors entendit la voix d'Oswald.

Inexprimable émotion, que la voix de ce qu'on aime! Mélange confus d'attendrissement et de terreur! car il est des impressions si vives que notre pauvre et faible nature se craint elle-même en les éprouvant.

Un des amis d'Oswald lui dit : « Ne trouvez-vous pas ce bal charmant?—Oui, répondit-il avec distraction; oui, en vérité, » répéta-t-il en soupirant. Ce soupir et l'accent mélancolique de sa voix causèrent à Corinne une vive joie : elle se crut certaine de retrouver le cœur d'Oswald, de se faire encore entendre de lui; et se levant avec précipitation, elle s'avança vers un des domestiques de la maison, pour le charger de demander lord Nelvil. Si elle avait suivi ce mouvement, combien sa destinée et celle d'Oswald eussent été différentes!

Dans cet instant Lucile s'approcha de la fenêtre, et voyant passer dans le jardin, à travers l'obscurité, une femme vêtue de blanc, mais sans aucun ornement de fête, sa curiosité fut excitée. Elle avança la tête, et regardant attentivement, elle crut reconnaître les traits de sa sœur; mais comme elle ne doutait pas qu'elle ne fût morte depuis sept années, la frayeur que lui causa cette vue la fit tomber évanouie. Tout le monde courut à son secours. Corinne ne trouva plus le domestique auquel elle voulait parler, et se retira plus avant dans l'allée, afin de ne pas être remarquée.

Lucile revint à elle, et n'osa point avouer ce qui l'avait émue. Mais, comme dès l'enfance sa mère avait fortement frappé son esprit par toutes les idées qui tiennent à la dévotion, elle se persuada que l'image de sa sœur lui était apparue, marchant vers le tombeau de leur père, pour lui reprocher l'oubli de ce tombeau, le tort qu'elle avait eu de recevoir une fête dans ces lieux, sans remplir au moins auparavant un pieux devoir envers des cendres révérées. Au moment donc où Lucile se crut sûre de n'être pas observée, elle sortit du bal. Corinne s'étonna de la voir seule ainsi dans le jardin, et s'imagina que lord Nelvil ne tarderait pas à la rejoindre, et que peut-être il lui avait demandé un entretien secret, pour obtenir d'elle la permission de faire connaître ses vœux à sa mère. Cette idée la rendit immobile; mais bientôt elle remarqua que Lucile tournait ses pas vers un bosquet qu'elle savait devoir être le lieu où le tombeau de son père avait été élevé, et s'accusant, à son tour, de n'avoir pas commencé par y porter ses regrets et ses larmes, elle suivit sa sœur à quelque distance, se cachant à l'aide des arbres et de l'obscurité. Elle aperçut enfin de loin le sarcophage noir élevé sur la place où les restes de lord Edgermond étaient ensevelis. Une profonde émotion la força de s'arrêter et de s'appuyer contre un arbre. Lucile aussi s'arrêta, et se pencha respectueusement à l'aspect du tombeau.

Dans ce moment Corinne était prête à se découvrir à sa sœur, à lui redemander, au nom de leur père, et son rang et son époux; mais Lucile fit quelques pas avec précipitation pour s'approcher du monument, et le courage de Corinne défaillit. Il y a dans le cœur d'une femme tant de timidité réunie à l'impétuosité des sentiments, qu'un rien peut la retenir comme un rien l'entraîner. Lucile se mit à genoux devant la tombe de son père : elle écarta ses blonds cheveux qu'une guirlande de fleurs tenait rassemblés, et leva ses yeux au ciel pour prier avec un regard angélique. Corinne était placée derrière les arbres, et, sans pouvoir être découverte, elle voyait facilement sa sœur qu'un rayon de la lune éclairait doucement; elle se sentit tout à coup saisie par un attendrissement purement généreux. Elle contempla cette expression de piété si pure, ce visage si jeune, que les traits de l'enfance s'y faisaient remarquer encore; elle se retraça le temps où elle avait servi de mère à Lucile; elle réfléchit sur elle-même; elle pensa qu'elle n'était pas loin de trente ans, de ce moment où le déclin de la jeunesse commence, tandis que sa sœur avait devant elle un long avenir indéfini, un avenir qui n'était troublé par aucun souvenir, par aucune vie passée dont il fallût répondre, ni devant les autres, ni devant sa propre conscience. « Si je me montre à Lucile, se dit-elle, si je lui parle, son âme encore paisible sera bientôt troublée, et la paix n'y entrera peut-être jamais. J'ai déjà tant souffert, je saurai souffrir encore; mais l'innocente Lucile va passer dans un instant, du calme à l'agitation la plus cruelle; et c'est moi, qui l'ai tenue dans mes bras, qui l'ai fait dormir sur mon sein; c'est moi qui la précipiterais dans le monde des douleurs! » Ainsi pensait Corinne. Cependant l'amour livrait dans son cœur un cruel combat à ce sentiment désintéressé, à cette exaltation de l'âme qui la portait à se sacrifier elle-même.

Lucile dit alors tout haut : « O mon père! priez pour moi. » Corinne l'entendit, et se laissant aussi tomber à genoux, elle demanda la bénédiction paternelle pour les deux sœurs à la fois, et répandit des larmes qu'arrachaient de son cœur des sentiments plus purs encore que l'amour. Lucile, continuant sa prière, prononça distinctement ces paroles : « O ma sœur, intercédez pour moi dans le ciel; vous m'avez aimée dans mon enfance, continuez à me protéger. » Ah! combien cette prière attendrit Corinne! Lucile enfin, d'une voix pleine de ferveur, dit : « Mon père, pardonnez-moi l'instant d'oubli dont un sentiment ordonné par vous-même est la cause. Je ne suis point coupable en aimant celui que vous m'aviez destiné pour époux; mais achevez votre ouvrage, et faites qu'il me choisisse pour la compagne de sa vie : je ne puis être heureuse qu'avec lui; mais jamais il ne saura que je l'aime; jamais ce cœur tremblant ne trahira son secret. O mon Dieu! ô mon père! consolez votre fille, et rendez-la digne de l'estime et de la tendresse d'Oswald! — Oui, répéta Corinne à voix basse, exaucez-la, mon père, et pour l'autre de vos enfants, une mort douce et tranquille. »

En achevant ce vœu solennel, le plus grand effort dont l'âme de Corinne fût capable, elle tira de son sein la lettre qui contenait l'anneau donné par Oswald, et s'éloigna rapidement. Elle sentait bien qu'en envoyant cette lettre et laissant ignorer à lord Nelvil qu'elle était en Angleterre, elle brisait leurs liens et donnait Oswald à Lucile; mais,

en présence de ce tombeau, les obstacles qui la séparaient de lui s'étaient offerts à sa réflexion avec plus de force que jamais; elle s'était rappelé les paroles de M. Dickson : *Son père lui défend d'épouser cette Italienne*, et il lui sembla que le sien aussi s'unissait à celui d'Oswald, et que l'autorité paternelle tout entière condamnait son amour. L'innocence de Lucile, sa jeunesse, sa pureté, exaltaient son imagination, et elle était, un moment du moins, fière de s'immoler, pour qu'Oswald fût en paix avec son pays, avec sa famille, avec lui-même.

La musique qu'on entendait en approchant du château soutenait le courage de Corinne. Elle aperçut un pauvre vieillard aveugle qui était assis au pied d'un arbre, écoutant le bruit de la fête. Elle s'avança vers lui en le priant de remettre la lettre qu'elle lui donnait à l'un des gens du château. Ainsi elle ne courut pas même le risque que lord Nelvil pût découvrir qu'une femme l'avait apportée. En effet, qui eût vu Corinne remettant cette lettre, aurait senti qu'elle contenait le destin de sa vie. Ses regards, sa main tremblante, sa voix solennelle et troublée, tout annonçait un de ces terribles moments où la destinée s'empare de nous, où l'être malheureux n'agit plus que comme l'esclave de la fatalité qui le poursuit.

Corinne observa de loin le vieillard, qu'un chien fidèle conduisait : elle le vit donner sa lettre à l'un des domestiques de lord Nelvil, qui par hasard, dans cet instant, en apportait d'autres au château. Toutes les circonstances se réunissaient pour ne plus laisser d'espoir. Corinne fit encore quelques pas en se retournant pour regarder ce domestique avancer vers la porte, et quand elle ne le vit plus, quand elle fut sur le grand chemin, quand elle n'entendit plus la musique, et que les lumières mêmes du château ne se firent plus apercevoir, une sueur froide mouilla son front, un frissonnement de mort la saisit : elle voulut avancer encore, mais la nature s'y refusa, et elle tomba sans connaissance sur la route.

LIVRE XVIII.

LE SÉJOUR A FLORENCE.

CHAPITRE PREMIER.

Le comte d'Erfeuil, après avoir passé quelque temps en Suisse, et s'être ennuyé de la nature dans les Alpes, comme il s'était fatigué des beaux-arts à Rome, sentit tout à coup le désir d'aller en Angleterre, où on l'avait assuré que se trouvait la profondeur de la pensée; et il s'était persuadé, un matin en s'éveillant, que c'était de cela qu'il avait besoin. Ce troisième essai ne lui ayant pas mieux réussi que les deux premiers, son attachement pour lord Nelvil se ranima tout à coup, et s'étant dit, aussi un matin, qu'il n'y avait de bonheur que dans l'amitié véritable, il partit pour l'Écosse. Il alla d'abord chez lord Nelvil, et ne le trouva pas chez lui; mais ayant appris que c'était chez lady Edgermond qu'on pourrait le rencontrer, il remonta sur-le-champ à cheval pour l'y chercher, tant il se croyait le besoin de le revoir. Comme il passait très-vite, il aperçut sur le bord du chemin une femme étendue sans mouvement; il s'arrêta, descendit de cheval, et se hâta de la secourir. Quelle fut sa surprise en reconnaissant Corinne à travers sa mortelle pâleur! Une vive pitié le saisit; avec l'aide de son domestique il arrangea quelques branches pour la transporter, et son dessein était de la conduire ainsi au château de lady Edgermond, lorsque Thérésine, qui était restée dans la voiture de Corinne, inquiète de ne pas voir revenir sa maîtresse, arriva dans ce moment, et, croyant que lord Nelvil pouvait seul l'avoir plongée dans cet état, décida qu'il fallait la porter à la ville voisine. Le comte d'Erfeuil suivit Corinne, et pendant huit jours que l'infortunée eut la fièvre et le délire, il ne la quitta point; ainsi c'était l'homme frivole qui la soignait, et l'homme sensible qui lui perçait le cœur.

Ce contraste frappa Corinne quand elle reprit ses sens, et elle remercia le comte d'Erfeuil avec une profonde émotion; il répondit en cherchant vite à la consoler : il était plus capable de nobles actions que de paroles sérieuses, et Corinne devait trouver en lui plutôt des secours qu'un ami. Elle essaya de rappeler sa raison, de se retracer ce qui s'était passé : longtemps elle eut de la peine à se souvenir de ce qu'elle avait fait, et des motifs qui l'avaient décidée. Peut-être commençait-elle à trouver son sacrifice trop grand, et pensait-elle à dire au moins un dernier adieu à lord Nelvil, avant de quitter l'Angleterre, lorsque le jour qui suivit celui où elle avait repris connaissance, elle vit dans un papier public, que le hasard fit tomber sous ses yeux, cet article-ci :

« Lady Edgermond vient d'apprendre que sa « belle-fille, qu'elle croyait morte en Italie, vit, et « jouit à Rome, sous le nom de Corinne, d'une « très-grande réputation littéraire. Lady Edger-

« mond se fait honneur de la reconnaître, et de « partager avec elle l'héritage du frère de lord « Edgermond, qui vient de mourir aux Indes.

« Lord Nelvil doit épouser dimanche prochain « miss Lucile Edgermond, fille cadette de lord Ed- « germond, et fille unique de lady Edgermond, sa « veuve. Le contrat a été signé hier. »

Corinne, pour son malheur, ne perdit point l'usage de ses sens en lisant cette nouvelle : il se fit en elle une révolution subite, tous les intérêts de la vie l'abandonnèrent; elle se sentit comme une personne condamnée à mort, mais qui ne sait pas encore quand sa sentence sera exécutée; et depuis ce moment la résignation du désespoir fut le seul sentiment de son âme.

Le comte d'Erfeuil entra dans sa chambre; il la trouva plus pâle encore que quand elle était évanouie, et lui demanda de ses nouvelles avec anxiété. « Je ne suis pas plus mal, je voudrais partir après-demain qui est dimanche, dit-elle avec solennité; j'irai jusqu'à Plymouth, et je m'embarquerai pour l'Italie. — Je vous accompagnerai, répondit vivement le comte d'Erfeuil, je n'ai rien qui me retienne en Angleterre. Je serai enchanté de faire ce voyage avec vous. — Vous êtes bon, reprit Corinne, vraiment bon; il ne faut pas juger sur les apparences......puis s'arrêtant, elle reprit : J'accepte jusqu'à Plymouth votre appui, car je ne serais pas sûre de me guider jusque-là; mais quand une fois on est embarqué, le vaisseau vous emmène, dans quelque état que vous soyez; c'est égal. » Elle fit signe au comte d'Erfeuil de la laisser seule, et pleura longtemps devant Dieu, en lui demandant la force de supporter sa douleur. Elle n'avait plus rien de l'impétueuse Corinne; les forces de sa puissante vie étaient épuisées, et cet anéantissement, dont elle ne pouvait elle-même se rendre compte, lui donnait du calme. Le malheur l'avait vaincue : ne faut-il pas tôt ou tard que les plus rebelles courbent la tête sous son joug?

Le dimanche Corinne partit d'Écosse avec le comte d'Erfeuil. « C'est aujourd'hui, dit-elle en se levant de son lit pour aller dans sa voiture, c'est aujourd'hui! » Le comte d'Erfeuil voulut l'interroger, elle ne répondit point, et retomba dans le silence. Ils passèrent devant une église, et Corinne demanda au comte d'Erfeuil la permission d'y entrer un moment : elle se mit à genoux devant l'autel, et s'imaginant qu'elle y voyait Oswald et Lucile, elle pria pour eux; mais l'émotion qu'elle ressentit fut si forte qu'en voulant se relever elle chancela, et ne put faire un pas sans être soutenue par Thérésine et le comte d'Erfeuil, qui vinrent au-devant d'elle. On se levait dans l'église pour la laisser passer, et on lui montrait une grande pitié. « J'ai donc l'air bien malade! dit-elle au comte d'Erfeuil; il y a des personnes plus jeunes et plus brillantes que moi, qui à cette heure sortent de l'église d'un pas triomphant. »

Le comte d'Erfeuil n'entendit pas la fin de ces paroles; il était bon, mais il ne pouvait être sensible; aussi dans la route, tout en aimant Corinne, était-il ennuyé de sa tristesse, et il essayait de l'en tirer, comme si, pour oublier tous les chagrins de la vie, il ne fallait que le vouloir. Quelquefois il lui disait : *Je vous l'avais bien dit.* Singulière manière de consoler! satisfaction que la vanité se donne aux dépens de la douleur!

Corinne faisait des efforts inouïs pour dissimuler ce qu'elle souffrait, car on est toujours honteux des affections fortes devant les âmes légères; un sentiment de pudeur s'attache à tout ce qui n'est pas compris, à tout ce qu'il faut expliquer, à ces secrets de l'âme enfin, dont on ne vous soulage qu'en les devinant. Corinne aussi se savait mauvais gré de n'être pas assez reconnaissante des marques de dévouement que lui donnait le comte d'Erfeuil; mais il y avait dans sa voix, dans son accent, dans ses regards, tant de distraction, tant de besoin de s'amuser, qu'on était sans cesse au moment d'oublier ses actions généreuses, comme il les oubliait lui-même. Il est sans doute très-noble de mettre peu de prix à ses bonnes actions; mais il pourrait arriver que l'indifférence qu'on témoignerait pour ce qu'on aurait fait de bien, cette indifférence, si belle en elle-même, fût néanmoins, dans de certains caractères, l'effet de la frivolité.

Corinne, pendant son délire, avait trahi presque tous ses secrets, et les papiers publics avaient appris le reste au comte d'Erfeuil; plusieurs fois il avait voulu que Corinne s'entretînt avec lui de ce qu'il appelait *ses affaires;* mais il suffisait de ce mot pour glacer la confiance de Corinne, et elle le supplia de ne pas exiger d'elle qu'elle prononçât le nom de lord Nelvil. Au moment de quitter le comte d'Erfeuil, Corinne ne savait comment lui exprimer sa reconnaissance; car elle était à la fois bien aise de se trouver seule, et fâchée de se séparer d'un homme qui se conduisait si bien envers elle. Elle essaya de le remercier : mais il lui dit si naturellement de n'en plus parler, qu'elle se tut. Elle le chargea d'annoncer à lady Edgermond qu'elle refusait en entier l'héritage de son oncle, et le pria de s'acquitter de cette commission comme s'il l'avait reçue d'Italie, sans apprendre à sa belle-mère qu'elle était venue en Angleterre.

« Et lord Nelvil doit-il le savoir? » dit alors le comte d'Erfeuil. Ces mots firent tressaillir Corinne. Elle se tut quelque temps; puis elle reprit : « Vous pourrez le lui dire bientôt; oui, bientôt; mes amis de Rome vous manderont quand vous le pourrez. —Soignez au moins votre santé, dit le comte d'Erfeuil. Savez-vous que je suis inquiet de vous. —Vraiment? répondit Corinne en souriant; mais je crois en effet que vous avez raison. » Le comte d'Erfeuil lui donna le bras pour aller jusqu'à son vaisseau : au moment de s'embarquer, elle se tourna vers l'Angleterre, vers ce pays qu'elle quittait pour toujours, et qu'habitait le seul objet de sa tendresse et de sa douleur : ses yeux se remplirent de larmes, les premières qui lui fussent échappées en présence du comte d'Erfeuil. « Belle Corinne, lui dit-il, oubliez un ingrat; souvenez-vous des amis qui vous sont si tendrement attachés; et croyez-moi, pensez avec plaisir à tous les avantages que vous possédez. » Corinne, à ces mots, retira sa main au comte d'Erfeuil, et fit quelques pas loin de lui; puis se reprochant le mouvement auquel elle s'était livrée, elle revint, et lui dit doucement adieu. Le comte d'Erfeuil ne s'aperçut point de ce qui s'était passé dans l'âme de Corinne : il entra dans la chaloupe avec elle, la recommanda vivement au capitaine, s'occupa même, avec le soin le plus aimable, de tous les détails qui pouvaient rendre sa traversée plus agréable, et revenant avec la chaloupe, il salua le vaisseau de son mouchoir, aussi longtemps qu'il le put. Corinne répondit avec reconnaissance au comte d'Erfeuil : mais, hélas! était-ce donc là l'ami sur lequel elle devait compter?

Les sentiments légers ont souvent une longue durée; rien ne les brise, parce que rien ne les resserre; ils suivent les circonstances, disparaissent et reviennent avec elles, tandis que les affections profondes se déchirent sans retour, et ne laissent à leur place qu'une douloureuse blessure.

CHAPITRE II.

Un vent favorable transporta Corinne à Livourne en moins d'un mois. Elle eut presque toujours la fièvre pendant ce temps; et son abattement était tel, que la douleur de l'âme se mêlant à la maladie, toutes ses impressions se confondaient ensemble, et ne laissaient en elle aucune trace distincte. Elle hésita, en arrivant, si elle se rendrait d'abord à Rome; mais bien que ses meilleurs amis l'y attendissent, une répugnance insurmontable l'empêchait d'habiter les lieux où elle avait connu Oswald. Elle se retraçait sa propre de-

meure, la porte qu'il ouvrait deux fois par jour
en venant chez elle, et l'idée de se retrouver là
sans lui la faisait frissonner. Elle résolut donc de
se rendre à Florence; et comme elle avait le sentiment que sa vie ne résisterait pas longtemps à
ce qu'elle souffrait, il lui convenait assez de se
détacher par degrés de l'existence, et de commencer d'abord par vivre seule, loin de ses amis, loin
de la ville témoin de ses succès, loin du séjour où
l'on essayerait de ranimer son esprit, où on lui demanderait de se montrer ce qu'elle était autrefois,
quand un découragement invincible lui rendait
tout effort odieux.

En traversant la Toscane, ce pays si fertile; en
approchant de cette Florence, si parfumée de
fleurs; en retrouvant enfin l'Italie, Corinne n'é-
prouva que de la tristesse; toutes ces beautés de
la campagne, qui l'avaient enivrée dans une autre
temps, la remplissaient de mélancolie. *Combien
est terrible*, dit Milton, *le désespoir que cet air si
doux ne calme pas!* Il faut l'amour ou la religion
pour goûter la nature; et, dans ce moment, la
triste Corinne avait perdu le premier bien de la
terre, sans avoir encore retrouvé ce calme que la
dévotion seule peut donner aux âmes sensibles et
malheureuses.

La Toscane est un pays très-cultivé et très-
riant, mais il ne frappe point l'imagination comme
les environs de Rome. Les Romains ont si bien
effacé les institutions primitives du peuple qui habitait jadis la Toscane, qu'il n'y reste presque
plus aucune des antiques traces qui inspirent tant
d'intérêt pour Rome et pour Naples; mais on y
remarque un autre genre de beautés historiques,
ce sont les villes qui portent l'empreinte du génie
républicain du moyen âge. A Sienne, la place publique où le peuple se rassemblait, le balcon d'où
son magistrat le haranguait, frappent les voyageurs les moins capables de réflexion; on sent
qu'il a existé là un gouvernement démocratique.

C'est une jouissance véritable que d'entendre
les Toscans, de la classe même la plus inférieure :
leurs expressions pleines d'imagination et d'élégance donnent l'idée du plaisir qu'on devait goûter dans la ville d'Athènes, quand le peuple parlait ce grec harmonieux qui était comme une
musique continuelle. C'est une sensation très-
singulière de se croire au milieu d'une nation dont
tous les individus seraient également cultivés, et
paraîtraient tous de la classe supérieure; c'est du
moins l'illusion que fait, pour quelques moments,
la pureté du langage.

L'aspect de Florence rappelle son histoire avant

l'élévation des Médicis à la souveraineté; les palais des familles principales sont bâtis comme des
espèces de forteresses, d'où l'on pouvait se défendre; on voit encore à l'extérieur les anneaux
de fer auxquels les étendards de chaque parti devaient être attachés; enfin, tout y était arrangé
bien plus pour maintenir les forces individuelles,
que pour les réunir toutes dans l'intérêt commun.
On dirait que la ville est bâtie pour la guerre civile. Il y a des tours au palais de justice d'où l'on
pouvait apercevoir l'approche de l'ennemi, et s'en
défendre. Les haines entre les familles étaient
telles, qu'on voit des palais bizarrement construits, parce que leurs possesseurs n'ont pas voulu
qu'ils s'étendissent sur le sol où des maisons ennemies avaient été rasées. Ici les Pazzi ont conspiré contre les Médicis; là les Guelfes ont assassiné les Gibelins; enfin les traces de la lutte et de
la rivalité sont partout; mais à présent tout est
rentré dans le sommeil, et les pierres des édifices
ont seules conservé quelque physionomie. On ne
se hait plus, parce qu'il n'y a plus rien à prétendre, parce qu'un État sans gloire comme sans puissance n'est plus disputé par ses habitants. La vie
qu'on mène à Florence de nos jours est singulièrement monotone; on va se promener tous les
après-midi sur les bords de l'Arno, et le soir on
se demande les uns aux autres si l'on y a été.

Corinne s'établit dans une maison de campagne
à peu de distance de la ville. Elle manda au prince
Castel-Forte qu'elle voulait s'y fixer : cette lettre
fut la seule que Corinne écrivit; car elle avait pris
une telle horreur pour toutes les actions communes de la vie, que la moindre résolution à prendre, le moindre ordre à donner lui causait un redoublement de peine. Elle ne pouvait passer les
jours que dans une inactivité complète; elle se
levait, se couchait, se relevait, ouvrait un livre
sans pouvoir en comprendre une ligne. Souvent
elle restait des heures entières à sa fenêtre, puis
elle se promenait avec rapidité dans son jardin :
une autre fois elle prenait un bouquet de fleurs,
cherchant à s'étourdir par leur parfum. Enfin le
sentiment de l'existence la poursuivait comme une
douleur sans relâche, et elle essayait mille ressources pour calmer cette dévorante faculté de
penser, qui ne lui présentait plus, comme jadis,
les réflexions les plus variées, mais une seule idée,
mais une seule image, armée de pointes cruelles
qui déchiraient son cœur.

CHAPITRE III.

Un jour Corinne résolut d'aller voir à Florence

les belles églises qui décorent cette ville; elle se
rappelait qu'à Rome quelques heures passées dans
Saint-Pierre calmaient toujours son âme, et elle
espérait le même secours des temples de Florence.
Pour se rendre à la ville elle traversa le bois charmant qui est sur les bords de l'Arno : c'était une
soirée ravissante du mois de juin, l'air était embaumé par une inconcevable abondance de roses,
et les visages de tous ceux qui se promenaient
exprimaient le bonheur. Corinne sentit un redoublement de tristesse en se voyant exclue de cette
félicité générale que la Providence accorde à la
plupart des êtres; mais cependant elle la bénit
avec douceur de faire du bien aux hommes. « Je
suis une exception à l'ordre universel, se disait-
elle; il y a du bonheur pour tous; et cette terrible faculté de souffrir, qui me tue, c'est une manière de sentir particulière à moi seule. O mon
Dieu! cependant, pourquoi m'avez-vous choisie
pour supporter cette peine? Ne pourrais-je pas
aussi demander, comme votre divin Fils, que cette
coupe s'éloignât de moi? »

L'air actif et occupé des habitants de la ville
étonna Corinne. Depuis qu'elle n'avait plus aucun
intérêt dans la vie, elle ne concevait pas ce qui
faisait avancer, revenir, se hâter; et traînant lentement ses pas sur les larges pierres du pavé de
Florence, elle perdait l'idée d'arriver, ne se souvenant plus où elle avait l'intention d'aller : enfin
elle se trouva devant les fameuses portes d'airain,
sculptées par Ghiberti, pour le baptistère de Saint-
Jean qui est à côté de la cathédrale de Florence.

Elle examina quelque temps ce travail immense,
où des nations de bronze, dans des proportions
très-petites, mais très-distinctes, offrent une multitude de physionomies variées, qui toutes expriment une pensée de l'artiste, une conception de
son esprit. « Quelle patience, s'écria Corinne, quel
respect pour la postérité! et cependant combien
peu de personnes examinent avec soin ces portes
à travers lesquelles la foule passe avec distraction, ignorance ou dédain! Oh! qu'il est difficile à
l'homme d'échapper à l'oubli, et que la mort est
puissante! »

C'est dans cette cathédrale que Julien de Médicis a été assassiné; non loin de là, dans l'église
de Saint-Laurent, on voit la chapelle en marbre,
enrichie de pierreries, où sont les tombeaux des
Médicis et les statues de Julien et de Laurent, par
Michel-Ange. Celle de Laurent de Médicis, méditant la vengeance de l'assassinat de son frère, a
mérité l'honneur d'être appelée la pensée de Michel-Ange. Au pied de ces statues sont l'Aurore

et la Nuit; le réveil de l'une, et surtout le sommeil de l'autre, ont une expression remarquable.
Un poëte fit des vers sur la statue de la Nuit, qui
finissaient par ces mots : Bien qu'elle dorme, elle
vit; réveille-la si tu ne le crois pas, elle te parlera. Michel-Ange, qui cultivait les lettres, sans
lesquelles l'imagination en tout genre se flétrit
vite, répondit au nom de la Nuit :

> Grato m'è il sonno, e più l'esser di sasso.
> Mentre che il danno e la vergogna dura,
> Non veder, non sentir m'è gran ventura.
> Però non mi destar, deh parla basso [1].

Michel-Ange est le seul sculpteur des temps modernes qui ait donné à la figure humaine un caractère qui ne ressemble ni à la beauté antique ni à
l'affectation de nos jours. On croit y voir l'esprit
du moyen âge, une âme énergique et sombre, une
activité constante, des formes très-prononcées,
des traits qui portent l'empreinte des passions,
mais ne retracent point l'idéal de la beauté. Michel-
Ange est le génie de sa propre école, car il n'a
rien imité, pas même les anciens.

Son tombeau est dans l'église de Santa-Croce.
Il a voulu qu'il fût placé en face d'une fenêtre, d'où
l'on pouvait voir le dôme bâti par Filippe Brunel-
leschi, comme si ses cendres devaient tressaillir
encore sous le marbre, à l'aspect de cette coupole,
modèle de celle de Saint-Pierre. Cette église de
Santa-Croce contient la plus brillante assemblée
de morts qui soit peut-être en Europe. Corinne
se sentit profondément émue en marchant entre
ces deux rangées de tombeaux. Ici, c'est Galilée,
qui fut persécuté par les hommes, pour avoir découvert les secrets du ciel; plus loin, Machiavel,
qui révéla l'art du crime, plutôt en observateur
qu'en criminel, mais dont les leçons profitent plus
aux oppresseurs qu'aux opprimés; l'Arétin, cet
homme qui a consacré ses jours à la plaisanterie,
et n'a rien éprouvé, sur la terre, de sérieux que
la mort; Boccace, dont l'imagination riante a résisté aux fléaux réunis de la guerre civile et de la
peste; un tableau en l'honneur du Dante, comme
si les Florentins, qui l'ont laissé périr dans le supplice de l'exil, pouvaient encore se vanter de sa
gloire [2]; enfin, plusieurs autres noms honorables

---

[1] Il m'est doux de dormir, et plus doux d'être de marbre.
Aussi longtemps que durent l'injustice et la honte, ce m'est
un grand bonheur de ne pas voir et de ne pas entendre; ainsi
donc ne m'éveille point; de grâce, parle bas.
[2] Après la mort du Dante, les Florentins, honteux de
l'avoir laissé périr loin de son séjour natal, envoyèrent une
députation au pape, pour le prier de leur rendre ses restes
ensevelis à Ravenne; mais le pape s'y refusa, trouvant avec
raison que le pays qui avait donné asile à l'exilé, était de-

se font aussi remarquer dans ce lieu; des noms célèbres pendant leur vie, mais qui retentissent plus faiblement de générations en générations, jusqu'à ce que leur bruit s'éteigne entièrement [1].

La vue de cette église, décorée par de si nobles souvenirs, réveilla l'enthousiasme de Corinne : l'aspect des vivants l'avait découragée, la présence silencieuse des morts ranima, pour un moment du moins, cette émulation de gloire dont elle était jadis saisie; elle marcha d'un pas plus ferme dans l'église, et quelques pensées d'autrefois traversèrent encore son âme; elle vit venir sous les voûtes de jeunes prêtres qui chantaient à voix basse, et se promenaient lentement autour du chœur : elle demanda à l'un d'eux ce que signifiait cette cérémonie : *Nous prions pour nos morts*, lui répondit-il. « Oui, vous avez raison, pensa Corinne, de les appeler *vos morts;* c'est la seule propriété glorieuse qui vous reste. Oh! pourquoi donc Oswald a-t-il étouffé ces dons que j'avais reçus du ciel, et que je devais faire servir à exciter l'enthousiasme dans les âmes qui s'accordent avec la mienne! O mon Dieu! s'écria-t-elle en se mettant à genoux, ce n'est point par un vain orgueil que je vous conjure de me rendre les talents que vous m'aviez accordés. Sans doute ils sont les meilleurs de tous, ces saints obscurs qui ont su vivre et mourir pour vous; mais il est différentes carrières pour les mortels; et le génie qui célébrerait les vertus généreuses, le génie qui se consacrerait à tout ce qui est noble, humain et vrai, pourrait être reçu du moins dans les parvis extérieurs du ciel. » Les yeux de Corinne étaient baissés en achevant cette prière, et ses regards furent frappés par cette inscription d'un tombeau sur lequel elle s'était mise à genoux : *Seule à mon aurore, seule à mon couchant, je suis seule encore ici.*

« Ah! s'écria Corinne, c'est la réponse à ma prière. Quelle émulation peut-on éprouver quand on est seule sur la terre? qui partagerait mes succès, si j'en pouvais obtenir? qui s'intéresse à mon sort? quel sentiment pourrait encourager mon esprit au travail? Il me fallait son regard pour récompense. »

Une autre épitaphe aussi fixa son attention : *Ne me plaignez pas,* disait un homme, mort dans la

venu sa patrie, et ne voulant point se dessaisir de la gloire attachée à posséder son tombeau.
[1] Alfieri dit que ce fut en se promenant dans l'église Santa-Croce, qu'il sentit, pour la première fois, l'amour de la gloire; et c'est là qu'il est enseveli. L'épitaphe qu'il avait composée d'avance pour sa respectable amie, madame la comtesse d'Albany, et pour lui, est la plus touchante et la plus simple expression d'une amitié longue et parfaite.

jeunesse; *si vous saviez combien de peines ce tombeau m'a épargnées!* « Quel détachement de la vie ces paroles inspirent! dit Corinne en versant des pleurs; tout à côté du tumulte de la ville, il y a cette église qui apprendrait aux hommes le secret de tout, s'ils le voulaient; mais on passe sans y entrer, et la merveilleuse illusion de l'oubli fait aller le monde. »

CHAPITRE IV.

Le mouvement d'émulation qui avait soulagé Corinne pendant quelques instants, la conduisit encore le lendemain à la galerie de Florence; elle se flatta de retrouver son ancien goût pour les arts, et d'y puiser quelque intérêt pour ses occupations d'autrefois. Les beaux-arts sont encore très-républicains à Florence : l'on y montre les statues et les tableaux à toutes les heures avec la plus grande facilité. Des hommes instruits, payés par le gouvernement, sont préposés, comme des fonctionnaires publics, à l'explication de tous ces chefs-d'œuvre. C'est un reste du respect pour les talents en tous genres, qui a toujours existé en Italie, mais plus particulièrement à Florence, lorsque les Médicis voulaient se faire pardonner leur pouvoir par leur esprit, et leur ascendant sur les actions, par le libre essor qu'ils laissaient du moins à la pensée. Les gens du peuple aiment beaucoup les arts à Florence, et mêlent ce goût à la dévotion, qui est plus régulière en Toscane qu'en tout autre lieu de l'Italie; il n'est pas rare de les voir confondre les figures mythologiques avec l'histoire chrétienne. Un Florentin, homme du peuple, montrait aux étrangers une Minerve qu'il appelait Judith, un Apollon qu'il nommait David, et certifiait, en expliquant un bas-relief qui représentait la prise de Troie, que Cassandre *était une bonne chrétienne.*

C'est une immense collection que la galerie de Florence, et l'on pourrait y passer bien des jours sans parvenir encore à la connaître. Corinne parcourait tous ces objets, et se sentait avec douleur distraite et indifférente. La statue de Niobé réveilla son intérêt : elle fut frappée de ce calme, de cette dignité, à travers la plus profonde douleur. Sans doute, dans une semblable situation, la figure d'une véritable mère serait entièrement bouleversée; mais l'idéal des arts conserve la beauté dans le désespoir; et ce qui touche profondément dans les ouvrages du génie, ce n'est pas le malheur même, c'est la puissance que l'âme conserve sur ce malheur. Non loin de la statue de Niobé est la

tête d'Alexandre mourant : ces deux genres de
physionomie donnent beaucoup à penser. Il y a
dans Alexandre l'étonnement et l'indignation de
n'avoir pu vaincre la nature. Les angoisses de l'a-
mour maternel se peignent dans tous les traits de
Niobé : elle serre sa fille contre son sein avec une
anxiété déchirante; la douleur exprimée par cette
admirable figure porte le caractère de cette fatalité
qui ne laissait, chez les anciens, aucun recours à
l'âme religieuse. Niobé lève les yeux au ciel, mais
sans espoir, car les dieux mêmes y sont ses ennemis.

Corinne, en retournant chez elle, essaya de réfléchir sur ce qu'elle venait de voir, et voulut composer comme elle le faisait jadis; mais une distraction invincible l'arrêtait à chaque page. Combien elle était loin alors du talent d'improviser !
Chaque mot lui coûtait à trouver, et souvent elle
traçait des paroles sans aucun sens, des paroles
qui l'effrayaient elle-même, quand elle se mettait
à les relire, comme si l'on voyait écrit le délire de
la fièvre. Se sentant alors incapable de détourner
sa pensée de sa propre situation, elle peignait ce
qu'elle souffrait; mais ce n'étaient plus ces idées
générales, ces sentiments universels qui répondent
au cœur de tous les hommes; c'était le cri de la
douleur, cri monotone à la longue, comme celui
des oiseaux de la nuit; il y avait trop d'ardeur
dans les expressions, trop d'impétuosité, trop peu
de nuances : c'était le malheur, mais ce n'était plus
le talent. Sans doute il faut, pour bien écrire,
une émotion vraie, mais il ne faut pas qu'elle soit
déchirante. Le bonheur est nécessaire à tout, et
la poésie la plus mélancolique doit être inspirée
par une sorte de verve qui suppose et de la force
et des jouissances intellectuelles. La véritable douleur n'a point de fécondité naturelle : ce qu'elle
produit n'est qu'une agitation sombre qui ramène
sans cesse aux mêmes pensées. Ainsi, ce chevalier
poursuivi par un sort funeste, parcourait en vain
mille détours, et se retrouvait toujours à la même
place.

Le mauvais état de la santé de Corinne achevait
aussi de troubler son talent. L'on a trouvé dans
ses papiers quelques-unes des réflexions qu'on va
lire, et qu'elle écrivait dans ce temps où elle faisait
d'inutiles efforts pour redevenir capable d'un travail suivi.

CHAPITRE V.

Fragments des pensées de Corinne.

« Mon talent n'existe plus; je le regrette. J'aurais aimé que mon nom lui parvînt avec quelque
« gloire; j'aurais voulu qu'en lisant un écrit de moi,
« il y sentît quelque sympathie avec lui.

« J'avais tort d'espérer qu'en rentrant dans son
« pays, au milieu de ses habitudes, il conserverait
« les idées et les sentiments qui pouvaient seuls
« nous réunir. Il y a tant à dire contre une per-
« sonne telle que moi, et il n'y a qu'une réponse
« à tout cela, c'est l'esprit et l'âme que j'ai; mais
« quelle réponse pour la plupart des hommes !

« On a tort cependant de craindre la supériorité
« de l'esprit et de l'âme : elle est très-morale, cette
« supériorité; car tout comprendre rend très-in-
« dulgent, et sentir profondément inspire une
« grande bonté.

« Comment se fait-il que deux êtres qui se sont
« confié leurs pensées les plus intimes, qui se sont
« parlé de Dieu, de l'immortalité de l'âme, de sa
« douleur, redeviennent tout à coup étrangers l'un
« à l'autre? Étonnant mystère que l'amour! senti-
« ment admirable ou nul ! religieux comme l'étaient
« les martyrs, ou plus froid que l'amitié la plus
« simple. Ce qu'il y a de plus involontaire au monde
« vient-il du ciel, ou des passions terrestres? Faut-
« il s'y soumettre ou le combattre? Ah! qu'il se
« passe d'orages au fond du cœur !

« Le talent devrait être une ressource; quand
« le Dominiquin fut enfermé dans un couvent, il
« peignit des tableaux superbes sur les murs de sa
« prison, et laissa des chefs-d'œuvre pour traces de
« son séjour; mais il souffrait par les circonstances
« extérieures; le mal n'était pas dans l'âme; quand
« il est là, rien n'est possible, la source de tout
« est tarie.

« Je m'examine quelquefois comme un étranger
« pourrait le faire, et j'ai pitié de moi. J'étais spi-
« rituelle, vraie, bonne, généreuse, sensible;
« pourquoi tout cela tourne-t-il si fort à mal? Le
« monde est-il vraiment méchant? et de certaines
« qualités nous ôtent-elles nos armes au lieu de
« nous donner de la force ?

« C'est dommage : j'étais née avec quelque talent;
« je mourrai sans que l'on ait aucune idée de moi,
« bien que je sois célèbre. Si j'avais été heureuse,
« si la fièvre du cœur ne m'avait pas dévorée, j'au-
« rais contemplé de très-haut la destinée humaine,
« j'y aurais découvert des rapports inconnus avec
« la nature et le ciel; mais la serre du malheur me
« tient; comment penser librement, quand elle se
« fait sentir chaque fois qu'on essaye de respirer?

« Pourquoi n'a-t-il pas été tenté de rendre heu-
« reuse une personne dont il avait seul le secret,
« une personne qui ne parlait qu'à lui du fond du

« cœur? Ah! l'on peut se séparer de ces femmes
« communes qui aiment au hasard : mais celle qui
« a besoin d'admirer ce qu'elle aime, celle dont le
« jugement est pénétrant, bien que son imagination
« soit exaltée, il n'y a pour elle qu'un objet dans
« l'univers.

« J'avais appris la vie dans les poëtes; elle n'est
« pas ainsi; il y a quelque chose d'aride dans la
« réalité, que l'on s'efforce en vain de changer.

« Quand je me rappelle mes succès, j'éprouve un
« sentiment d'irritation. Pourquoi me dire que j'é-
« tais charmante, si je ne devais pas être aimée?
« Pourquoi m'inspirer de la confiance pour qu'il
« me fût plus affreux d'être détrompée? Trouvera-
« t-il dans une autre plus d'esprit, plus d'âme,
« plus de tendresse qu'en moi? Non, il trouvera
« moins, et sera satisfait; il se sentira d'accord
« avec la société. Quelles jouissances, quelles pei-
« nes factices elle donne!

« En présence du soleil et des sphères étoilées,
« on n'a besoin que de s'aimer et de se sentir di-
« gnes l'un de l'autre. Mais la société, la société!
« comme elle rend le cœur dur et l'esprit frivole!
« comme elle fait vivre pour ce que l'on dira de
« vous! Si les hommes se rencontraient un jour,
« dégagés chacun de l'influence de tous, quel air
« pur entrerait dans l'âme! que d'idées nouvelles,
« que de sentiments vrais la rafraîchiraient!

« La nature aussi est cruelle. Cette figure que
« j'avais, elle va se flétrir; et c'est en vain alors
« que j'éprouverais les affections les plus tendres;
« des yeux éteints ne peindraient plus mon âme,
« n'attendriraient plus pour ma prière.

« Il y a des peines en moi que je n'exprimerai ja-
« mais, pas même en écrivant; je n'en ai pas la
« force : l'amour seul pourrait sonder ces abîmes.

« Que les hommes sont heureux d'aller à la
« guerre, d'exposer leur vie, de se livrer à l'en-
« thousiasme de l'honneur et du danger! Mais il
« n'y a rien au dehors qui soulage les femmes;
« leur existence, immobile en présence du malheur,
« est un bien long supplice!

« Quelquefois, quand j'entends la musique, elle
« me retrace les talents que j'avais, le chant, la
« danse et la poésie; il me prend alors envie de me
« dégager du malheur, de reprendre à la joie : mais
« tout à coup un sentiment intérieur me fait fris-
« sonner; on dirait que je suis une ombre qui veut
« encore rester sur la terre, quand les rayons du
« jour, quand l'approche des vivants, la forcent à
« disparaître.

« Je voudrais être susceptible des distractions
« que donne le monde; autrefois je les aimais, elles

« me faisaient du bien; les réflexions de la solitude
« me menaient trop loin et trop avant; mon talent
« gagnait à la mobilité de mes impressions. Main-
« tenant j'ai quelque chose de fixe dans le regard,
« comme dans la pensée : gaieté, grâce, imagina-
« tion, qu'êtes-vous devenues? Ah! je voudrais,
« ne fût-ce que pour un moment, goûter encore
« de l'espérance! Mais c'en est fait, le désert est
« inexorable, la goutte d'eau comme la rivière sont
« taries, et le bonheur d'un jour est aussi difficile
« que la destinée de la vie entière.

« Je le trouve coupable envers moi; mais quand
« je le compare aux autres hommes, combien ils me
« paraissent affectés, bornés, misérables! et lui,
« c'est un ange, mais un ange armé de l'épée flam-
« boyante qui a consumé mon sort. Celui qu'on
« aime est le vengeur des fautes qu'on a commises
« sur cette terre; la Divinité lui prête son pou-
« voir.

« Ce n'est pas le premier amour qui est ineffa-
« çable, il vient du besoin d'aimer; mais lorsque
« après avoir connu la vie, et dans toute la force de
« son jugement, on rencontre l'esprit et l'âme que
« l'on avait jusqu'alors vainement cherchés, l'ima-
« gination est subjuguée par la vérité, et l'on a
« raison d'être malheureuse.

« Que cela est insensé, diront au contraire la
« plupart des hommes, de mourir pour l'amour,
« comme s'il n'y avait pas mille autres manières
« d'exister! L'enthousiasme en tout genre est ri-
« dicule pour qui ne l'éprouve pas. La poésie, le
« dévouement, l'amour, la religion, ont la même
« origine; et il y a des hommes aux yeux desquels
« ces sentiments sont de la folie. Tout est folie, si
« l'on veut, hors le soin que l'on prend de son exis-
« tence; il peut y avoir erreur et illusion partout
« ailleurs.

« Ce qui fait mon malheur surtout, c'est que
« lui seul me comprenait, et peut-être trouvera-
« t-il une fois aussi que moi seule je savais l'enten-
« dre. Je suis la plus facile et la plus difficile per-
« sonne du monde; tous les êtres bienveillants me
« conviennent comme société de quelques instants;
« mais pour l'intimité, pour une affection vérita-
« ble, il n'y avait au monde qu'Oswald que je pusse
« aimer. Imagination, esprit, sensibilité, quelle
« réunion! où se trouve-t-elle dans l'univers? Et
« le cruel possédait toutes ces qualités, ou du
« moins tout leur charme!

« Qu'aurais-je à dire aux autres? à qui pourrais-
« je parler? quel but, quel intérêt me reste-t-il?
« Les plus amères douleurs, les plus délicieux sen-
« timents me sont connus, que puis-je craindre?

« que pourrais-je espérer? le pâle avenir n'est plus
« pour moi que le spectre du passé.

« Pourquoi les situations heureuses sont-elles si
« passagères? qu'ont-elles de plus fragile que les
« autres? L'ordre naturel est-il la douleur? C'est
« une convulsion que la souffrance, pour le corps,
« mais c'est un état habituel pour l'âme.

« Ahi! null' altro che pianto al mondo dura [1].

« Une autre vie! une autre vie! voilà mon es-
« poir; mais telle est la force de celle-ci, qu'on
« cherche dans le ciel les mêmes sentiments qui
« ont occupé sur la terre. On peint dans les mytho-
« logies du Nord les ombres des chasseurs pour-
« suivant les ombres des cerfs dans les nuages;
« mais de quel droit-disons-nous que ce sont des
« ombres? où est-elle la réalité? il n'y a de sûr que
« la peine; il n'y a qu'elle qui tienne impitoyable-
« ment ce qu'elle promet.

« Je rêve sans cesse à l'immortalité, non plus
« à celle que donnent les hommes : ceux qui, selon
« l'expression du Dante, *appelleront antique le*
« *temps actuel*, ne m'intéressent plus; mais je ne
« crois pas à l'anéantissement de mon cœur. Non,
« mon Dieu, je n'y crois pas. Il est pour vous ce
« cœur dont il n'a pas voulu, et que vous daigne-
« rez recevoir après les dédains d'un mortel.

« Je sens que je ne vivrai pas longtemps, et
« cette pensée met du calme dans mon âme. Il est
« doux de s'affaiblir dans l'état où je suis, c'est le
« sentiment de la peine qui s'émousse.

« Je ne sais pourquoi dans le trouble de la dou-
« leur on est plus capable de superstition que de
« piété; je fais des présages de tout, et je ne sais
« point encore placer ma confiance en rien. Ah!
« que la dévotion est douce dans le bonheur! quelle
« reconnaissance envers l'Être suprême doit éprou-
« ver la femme d'Oswald!

« Sans doute la douleur perfectionne beaucoup
« le caractère; on rattache dans sa pensée ses fau-
« tes à ses malheurs, et toujours un lien visible,
« au moins à nos yeux, semble les réunir; mais il
« est un terme à ce salutaire effet.

« Un profond recueillement m'est nécessaire
« avant d'obtenir,

                  « . . . . . Tranquillo varco
                  « A più tranquilla vita [2].

« Quand je serai tout à fait malade, le calme
« doit renaître en mon cœur; il y a beaucoup d'in-

---

[1] Ah! dans le monde, rien ne dure que les larmes!
                                          PÉTRARQUE.
[2] Un tranquille passage vers une vie plus tranquille.

« nocence dans les pensées de l'être qui va mourir,
« et j'aime les sentiments qu'inspire cette situa-
« tion.

« Inconcevable énigme de la vie, que la passion,
« ni la douleur, ni le génie, ne peuvent découvrir,
« vous révélerez-vous à la prière? Peut-être l'idée
« la plus simple de toutes explique-t-elle ces mys-
« tères! peut-être en avons-nous approché mille
« fois dans nos rêveries! Mais ce dernier pas est
« impossible, et nos vains efforts en tout genre
« donnent une grande fatigue à l'âme. Il est bien
« temps que la mienne se repose.

« Fermossi al fin il cor che balzò tanto [1]. »
                           IPPOLITO PINDEMONTE.

CHAPITRE VI.

Le prince Castel-Forte quitta Rome pour venir
s'établir à Florence près de Corinne : elle fut très-
reconnaissante de cette preuve d'amitié; mais elle
était un peu honteuse de ne pouvoir plus répandre
dans la conversation le charme qu'elle y mettait
autrefois. Elle était distraite et silencieuse; le dépérissement de sa santé lui ôtait la force nécessaire
pour triompher, même pour un moment, des sentiments qui l'occupaient. Elle avait encore en parlant l'intérêt qu'inspire la bienveillance; mais le
désir de plaire ne l'animait plus. Quand l'amour
est malheureux, il refroidit toutes les autres affections, on ne peut s'expliquer à soi-même ce qui se
passe dans l'âme; mais autant l'on avait gagné par
le bonheur, autant l'on perd par la peine. Le sur-
croît de vie que donne un sentiment qui fait jouir
de la nature entière, se reporte sur tous les rapports de la vie et de la société; mais l'existence
est si appauvrie quand cet immense espoir est détruit, qu'on devient incapable d'aucun mouvement
spontané. C'est pour cela même que tant de devoirs commandent aux femmes, et surtout aux
hommes, de respecter et de craindre l'amour qu'ils
inspirent, car cette passion peut dévaster à jamais
l'esprit comme le cœur.

Le prince Castel-Forte essayait de parler à Corinne des objets qui l'intéressaient autrefois; elle
était quelquefois plusieurs minutes sans lui répondre, parce qu'elle ne l'entendait pas dans le premier moment; puis le son et l'idée lui parvenaient,
et elle disait quelque chose qui n'avait ni la couleur ni le mouvement que l'on admirait jadis dans sa
manière de parler, mais qui faisait aller la conversation quelques instants, et lui permettait de retom-

---

[1] Il s'est enfin arrêté, ce cœur qui battait si vite.

ber dans ses rêveries. Enfin, elle faisait encore un nouvel effort pour ne pas décourager la bonté du prince Castel-Forte, et souvent elle prenait un mot pour l'autre, ou disait le contraire de ce qu'elle venait de dire ; alors elle souriait de pitié sur elle-même, et demandait pardon à son ami de cette sorte de folie dont elle avait la conscience.

Le prince Castel-Forte voulut se hasarder à lui parler d'Oswald, et il semblait même que Corinne prît à cette conversation un âpre plaisir ; mais elle était dans un tel état de souffrance en sortant de cet entretien, que son ami se crut absolument obligé de se l'interdire. Le prince Castel-Forte avait une âme sensible ; mais un homme, et surtout un homme qui a été vivement occupé d'une femme, ne sait, quelque généreux qu'il soit, comment la consoler du sentiment qu'elle éprouve pour un autre. Un peu d'amour-propre en lui, et de timidité en elle, empêchent que l'intimité de la confiance ne soit parfaite : d'ailleurs à quoi servirait-elle ? il n'y a de remède qu'aux chagrins qui se guériraient d'eux-mêmes.

Corinne et le prince Castel-Forte se promenaient ensemble chaque jour sur les bords de l'Arno. Il parcourait tous les sujets d'entretien, avec un aimable mélange d'intérêt et de ménagement ; elle le remerciait en lui serrant la main ; quelquefois elle essayait de parler sur les objets qui tiennent à l'âme : ses yeux se remplissaient de pleurs, et son émotion lui faisait mal ; sa pâleur et son tremblement étaient pénibles à voir, et son ami cherchait bien vite à la détourner de ces idées. Une fois elle se mit tout à coup à plaisanter avec sa grâce accoutumée ; le prince Castel-Forte la regarda avec surprise et joie, mais elle s'enfuit aussitôt en fondant en larmes.

Elle revint à dîner, tendit la main à son ami en lui disant : « Pardon, je voudrais être aimable, pour vous récompenser de votre bonté, mais cela m'est impossible ; soyez assez généreux pour me supporter telle que je suis. » Ce qui inquiétait vivement le prince Castel-Forte, c'était l'état de la santé de Corinne. Un danger prochain ne la menaçait pas encore, mais il était impossible qu'elle vécût longtemps, si quelques circonstances heureuses ne ranimaient pas ses forces. Dans ce temps, le prince Castel-Forte reçut une lettre de lord Nelvil, et bien qu'elle ne changeât rien à la situation, puisqu'il lui confirmait qu'il était marié, il y avait dans cette lettre des paroles qui auraient ému profondément Corinne. Le prince Castel-Forte réfléchissait des heures entières, pour concerter avec lui-même s'il devait ou non causer à son amie, en lui montrant

cette lettre, l'impression la plus vive, et il la voyait si faible qu'il ne l'osait pas. Pendant qu'il délibérait encore, il reçut une seconde lettre de lord Nelvil, également remplie de sentiments qui auraient attendri Corinne, mais contenant la nouvelle de son départ pour l'Amérique. Alors le prince Castel-Forte se décida tout à fait à ne rien dire. Il eut peut-être tort, car une des plus amères douleurs de Corinne, c'était que lord Nelvil ne lui écrivît point : elle n'osait l'avouer à personne ; mais bien qu'Oswald fût pour jamais séparé d'elle, un souvenir, un regret de sa part lui auraient été bien chers ; et ce qui lui paraissait le plus affreux, c'était ce silence absolu qui ne lui donnait pas même l'occasion de prononcer ou d'entendre prononcer son nom.

Une peine dont personne ne vous parle, une peine qui n'éprouve pas le moindre changement, ni par les jours, ni par les années, et n'est susceptible d'aucun événement, d'aucune vicissitude, fait encore plus de mal que la diversité des impressions douloureuses. Le prince Castel-Forte suivit la maxime commune qui conseille de tout faire pour amener l'oubli ; mais il n'y a point d'oubli pour les personnes d'une imagination forte, et il vaut mieux, avec elles, renouveler sans cesse le même souvenir, fatiguer l'âme de pleurs enfin, que de l'obliger à se concentrer en elle-même.

✦◆✦◆✦◆✦✦◆

LIVRE XIX.

LE RETOUR D'OSWALD EN ITALIE.

—◆●◆◆●—

CHAPITRE PREMIER.

Rappelons maintenant les événements qui se passèrent en Écosse, après le jour de cette triste fête où Corinne fit un si douloureux sacrifice. Le domestique de lord Nelvil lui remit ses lettres au bal : il sortit pour les lire ; il en ouvrit plusieurs que son banquier de Londres lui envoyait, avant de deviner celle qui devait décider de son sort ; mais quand il aperçut l'écriture de Corinne, mais quand il vit ces mots : *Vous êtes libre*, et qu'il reconnut l'anneau, il sentit tout à la fois une amère douleur, et l'irritation la plus vive. Il y avait deux mois qu'il n'avait reçu de lettres de Corinne, et ce silence était rompu par des paroles si laconiques, par une action si décisive ! Il ne douta pas de son inconstance ; il se rappela tout ce que lady Edgermond avait pu dire de la légèreté, de la mobilité de Corinne; il entra dans le sens de l'inimitié contre elle, car il l'aimait assez encore pour être injuste. Il oublia qu'il avait tout à fait renoncé depuis plusieurs mois à l'idée d'épouser Corinne, et que Lucile lui avait inspiré un goût assez vif. Il se crut un homme sensible trahi par une femme infidèle; il éprouva du trouble, de la colère, du malheur, mais surtout un mouvement de fierté qui dominait toutes les autres impressions, et lui inspirait le désir de se montrer supérieur à celle qui l'abandonnait. Il ne faut pas beaucoup se vanter de la fierté dans les attachements du cœur; elle n'existe presque jamais que quand l'amour-propre l'emporte sur l'affection; et si lord Nelvil eût aimé Corinne comme dans les jours de Rome et de Naples, le ressentiment contre les torts qu'il lui croyait ne l'eût point encore détaché d'elle.

Lady Edgermond s'aperçut du trouble de lord Nelvil : c'était une personne passionnée, sous de froids dehors, et la maladie mortelle dont elle se sentait menacée ajoutait à l'ardeur de son intérêt pour sa fille. Elle savait que la pauvre enfant aimait lord Nelvil, et elle tremblait d'avoir compromis son bonheur, en le lui faisant connaître. Elle ne perdait donc pas Oswald un instant de vue, et pénétrait dans les secrets de son âme avec une sagacité que l'on attribue à l'esprit des femmes, mais qui tient uniquement à l'attention continuelle qu'inspire un vrai sentiment. Elle prit le prétexte des affaires de Corinne, c'est-à-dire, de l'héritage de son oncle qu'elle voulait lui faire passer, pour avoir le lendemain matin un entretien avec lord Nelvil; dans cet entretien elle devina bien vite qu'il était mécontent de Corinne, et, flattant son ressentiment par l'idée d'une noble vengeance, elle lui proposa de la reconnaître pour sa belle-fille. Lord Nelvil fut étonné de ce changement subit dans les intentions de lady Edgermond; mais il comprit cependant, quoique cette pensée ne fût en aucune manière exprimée, que cette offre n'aurait son effet que s'il épousait Lucile, et, dans l'un de ces moments où l'on agit plus vite que l'on ne pense, il la demanda en mariage à sa mère. Lady Edgermond, ravie, put à peine se contenir assez pour ne pas dire oui avec trop de rapidité : le consentement fut donné, et lord Nelvil sortit de cette chambre lié par un engagement qu'il n'avait pas eu l'idée de contracter en y entrant.

Pendant que lady Edgermond préparait Lucile à le recevoir, il se promenait dans le jardin avec une grande agitation. Il se disait que Lucile lui avait plu, précisément parce qu'il la connaissait peu, et qu'il était bizarre de fonder tout le bon-

heur de sa vie sur le charme d'un mystère qui doit nécessairement être découvert. Il lui revint un mouvement d'attendrissement pour Corinne, et il se rappela les lettres qu'il lui avait écrites, et qui exprimaient trop bien les combats de son âme. « Elle a eu raison, s'écria-t-il, de renoncer à moi; je n'ai pas eu le courage de la rendre heureuse, mais il devait lui en coûter davantage, et cette ligne si froide.....Mais qui sait si ses larmes ne l'ont pas arrosée? » et en prononçant ces mots les siennes coulaient malgré lui. Ces rêveries l'entraînèrent tellement, qu'il s'éloigna du château, et fut longtemps cherché par les domestiques de lady Edgermond, qu'elle avait envoyés pour lui faire dire qu'il était attendu : il s'étonna lui-même de son peu d'empressement, et se hâta de revenir.

En entrant dans la chambre, il vit Lucile à genoux, et la tête cachée dans le sein de sa mère; elle avait ainsi la grâce la plus touchante : lorsqu'elle entendit lord Nelvil, elle releva son visage baigné de pleurs, et lui dit en lui tendant la main : « N'est-il pas vrai, milord, que vous ne me séparerez pas de ma mère? » Cette aimable manière d'annoncer son consentement intéressa beaucoup Oswald. Il se mit à genoux à son tour, et pria lady Edgermond de permettre que le visage de Lucile se penchât vers le sien : et c'est ainsi que cette innocente personne reçut la première impression qui la faisait sortir de l'enfance. Une vive rougeur couvrit son front; Oswald sentit, en la regardant, quel lien pur et sacré il venait de former; et la beauté de Lucile, quelque ravissante qu'elle fût en ce moment, lui fit moins d'impression encore que sa céleste modestie.

Les jours qui précédèrent le dimanche qui avait été fixé pour la cérémonie, se passèrent en arrangements nécessaires pour le mariage. Lucile, pendant ce temps, ne parla pas beaucoup plus qu'à l'ordinaire; mais ce qu'elle disait était noble et simple; et lord Nelvil aimait et approuvait chacune de ses paroles. Il sentait bien cependant quelque vide auprès d'elle; la conversation consistait toujours dans une question et une réponse; elle ne s'engageait pas; elle ne se prolongeait pas; tout était bien; mais il n'y avait pas ce mouvement, cette vie inépuisable dont il est difficile de se passer quand une fois on en a joui. Lord Nelvil se rappelait alors Corinne; mais comme il n'entendait plus parler d'elle, il espérait que ce souvenir deviendrait à la fin une chimère, objet seulement de ses vagues regrets.

Lucile, en apprenant par sa mère que sa sœur vivait encore, et qu'elle était en Italie, avait eu le plus grand désir d'interroger lord Nelvil à son sujet; mais lady Edgermond le lui avait interdit, et Lucile s'était soumise, selon sa coutume, sans demander le motif de cet ordre. Le matin du jour du mariage, l'image de Corinne se retraça dans le cœur d'Oswald plus vivement que jamais, et il fut effrayé lui-même de l'impression qu'il en recevait. Mais il adressa ses prières à son père; il lui dit au fond de son cœur que c'était pour lui, que c'était pour obtenir sa bénédiction dans le ciel, qu'il accomplissait sa volonté sur la terre. Raffermi par ces sentiments, il arriva chez lady Edgermond, et se reprocha les torts qu'il avait eus dans sa pensée envers Lucile. Quand il la vit, elle était si charmante, qu'un ange qui serait descendu sur la terre n'aurait pu choisir une autre figure pour donner aux mortels l'idée des vertus célestes. Ils marchèrent à l'autel. La mère avait une émotion plus profonde encore que la fille; car il s'y mêlait cette crainte que fait éprouver toujours une grande résolution, quelle qu'elle soit, à qui connaît la vie. Lucile n'avait que de l'espoir; l'enfance se mêlait en elle à la jeunesse, et la joie à l'amour. En revenant de l'autel, elle s'appuyait timidement sur le bras d'Oswald; elle s'assurait ainsi de son protecteur. Oswald la regardait avec attendrissement; on eût dit qu'il sentait au fond de son cœur un ennemi qui menaçait le bonheur de Lucile, et qu'il se promettait de l'en défendre.

Lady Edgermond, revenue au château, dit à son gendre : « Je suis tranquille à présent; je vous ai confié le bonheur de Lucile; il me reste si peu de temps encore à vivre, qu'il m'est doux de me sentir si bien remplacée. » Lord Nelvil fut très-attendri par ces paroles, et réfléchit, avec autant d'émotion que d'inquiétude, aux devoirs qu'elles lui imposaient. Peu de jours s'étaient écoulés, et Lucile commençait à peine à lever ses timides regards sur son époux, et à prendre la confiance qui aurait pu lui permettre de se faire connaître à lui, lorsque des incidents malheureux vinrent troubler cette union; elle s'était annoncée d'abord sous des auspices plus favorables.

CHAPITRE II.

M. Dickson arriva pour voir les nouveaux mariés, et s'excusa de n'avoir point assisté à la noce, en racontant qu'il était resté longtemps malade de l'ébranlement causé par une chute violente. Comme on lui parlait de cette chute, il dit qu'il avait été secouru par une femme la plus séduisante du monde. Oswald, dans cet instant, jouait au vo-

lant avec Lucile. Elle avait beaucoup de grâce à cet exercice; Oswald la regardait, et n'écoutait pas M. Dickson, lorsque celui-ci lui cria d'un bout de la chambre à l'autre : « Milord, elle a sûrement beaucoup entendu parler de vous, la belle inconnue qui m'a secouru, car elle m'a fait bien des questions sur votre sort. — De qui parlez-vous? répondit lord Nelvil en continuant à jouer. — D'une femme charmante, reprit M. Dickson, bien qu'elle eût l'air déjà changé par la souffrance, et qui ne pouvait parler de vous sans émotion. » Ces mots attirèrent cette fois l'attention de lord Nelvil; et il se rapprocha de M. Dickson, en le priant de les répéter. Lucile, qui ne s'était point occupée de ce qu'on avait dit, alla rejoindre sa mère qui l'avait fait appeler. Oswald se trouva seul avec M. Dickson, et lui demanda quelle était cette femme dont il venait de lui parler. « Je n'en sais rien, répondit-il; sa prononciation m'a prouvé qu'elle était Anglaise. Mais j'ai rarement vu, parmi nos femmes, une personne si obligeante et d'une conversation si facile; elle s'est occupée de moi, pauvre vieillard, comme si elle eût été ma fille; et pendant tout le temps que j'ai passé avec elle, je ne me suis pas aperçu de toutes les contusions que j'avais reçues. Mais, mon cher Oswald, seriez-vous donc aussi un infidèle en Angleterre, comme vous l'avez été en Italie? car ma charmante bienfaitrice pâlissait et tremblait en prononçant votre nom. — Juste ciel! de qui parlez-vous? Une Anglaise, dites-vous? — Oui sans doute, répondit M. Dickson, vous savez bien que les étrangers ne prononcent jamais notre langue sans accent. — Et sa figure? — Oh! la plus expressive que j'aie vue, quoiqu'elle fût pâle et maigre à faire de la peine. » La brillante Corinne ne ressemblait point à cette description; mais ne pouvait-elle pas être malade? ne devait-elle pas avoir beaucoup souffert, si elle était venue en Angleterre, et si elle n'y avait pas vu celui qu'elle venait chercher? Ces réflexions frappèrent tout à coup Oswald, et il continua ses questions avec une inquiétude extrême. M. Dickson lui disait toujours que l'inconnue parlait avec une grâce et une élégance qu'il n'avait rencontrées dans aucune autre femme; qu'une expression de bonté céleste se peignait dans ses regards, mais qu'elle semblait languissante et triste. Ce n'était pas la manière accoutumée de Corinne; mais encore une fois, ne pouvait-elle pas être changée par la peine? « De quelle couleur sont ses yeux et ses cheveux, dit lord Nelvil. — Du plus beau noir du monde. » Lord Nelvil pâlit. « Est-elle animée en parlant?

—Non, continua M. Dickson; elle disait quelques
paroles de temps en temps pour m'interroger et
me répondre, mais le peu de mots qu'elle prononçait avait beaucoup de charmes. » Il allait continuer, quand lady Edgermond et Lucile rentrèrent:
il se tut, et lord Nelvil cessa de le questionner,
mais tomba dans la plus profonde rêverie, et sortit pour se promener, jusqu'à ce qu'il pût retrouver M. Dickson seul.

Lady Edgermond, que sa tristesse avait frappée, renvoya Lucile pour demander à M. Dickson
s'il s'était passé quelque chose dans leur conversation qui pût affliger son gendre : il lui raconta
naïvement ce qu'il avait dit. Lady Edgermond devina dans l'instant la vérité, et frémit de la douleur qu'Oswald ressentirait, s'il savait avec certitude que Corinne était venue le chercher en Écosse;
et, prévoyant bien qu'il interrogerait de nouveau
M. Dickson, elle lui dit ce qu'il devait répondre
pour détourner lord Nelvil de ses soupçons. En
effet, dans un second entretien M. Dickson n'accrut pas son inquiétude à cet égard; mais il ne la
dissipa point, et la première idée d'Oswald fut de
demander à son domestique si toutes les lettres
qu'il lui avait remises depuis environ trois semaines venaient de la poste, et s'il ne se souvenait pas d'en avoir reçu autrement. Le domestique assura que non; mais comme il sortait de la
chambre, il revint sur ses pas, et dit à lord Nelvil : *Il me semble cependant que le jour du bal
un aveugle m'a remis une lettre pour votre sei-
gneurie; mais c'était sans doute pour implorer
ses secours.* « Un aveugle ! reprit Oswald; non, je
n'ai point reçu de lettre de lui : pourriez-vous me
le retrouver ? — Oui, très-facilement, reprit le
domestique, il demeure dans le village. — Allez
le chercher, » dit lord Nelvil; et, ne pouvant pas
attendre patiemment l'arrivée de l'aveugle, il alla
au-devant de lui, et le rencontra au bout de l'avenue.

« Mon ami, lui dit-il, on vous a donné une lettre pour moi, le jour du bal au château : qui vous
l'avait remise? — Milord voit que je suis aveugle,
comment pourrais-je le lui dire? — Croyez-vous
que ce soit une femme? — Oui, milord, car elle
avait un son de voix très-doux, autant qu'on pouvait le remarquer malgré ses larmes, car j'entendais bien qu'elle pleurait. — Elle pleurait, reprit
Oswald, et que vous a-t-elle dit? — *Vous remettrez cette lettre au domestique d'Oswald, bon
vieillard;* puis, se reprenant tout de suite, elle a
ajouté, *à lord Nelvil.* — Ah ! Corinne ! » s'écria
Oswald, et il fut obligé de s'appuyer sur le vieil-

lard, car il était près de s'évanouir. «Milord, continua le vieillard aveugle, j'étais assis au pied
d'un arbre quand elle me donna cette commission;
je voulus m'en acquitter tout de suite; mais comme
j'ai de la peine à me relever à mon âge, elle a daigné m'aider elle-même, m'a donné plus d'argent
que je n'en avais eu depuis longtemps, et je sentais sa main qui tremblait en me soutenant,
comme la vôtre, milord, à présent. — C'en est
assez, dit lord Nelvil; tenez, bon vieillard, voilà
aussi de l'argent, comme elle vous en a donné;
priez pour nous deux. » Et il s'éloigna.

Depuis ce moment un trouble affreux s'empara
de son âme : il faisait de tous les côtés de vaines
perquisitions, et ne pouvait concevoir comment
il était possible que Corinne fût arrivée en Écosse
sans demander à le voir; il se tourmentait de
mille manières sur les motifs de sa conduite, et
l'affliction qu'il ressentait était si grande, que,
malgré ses efforts pour la cacher, il était impossible que lady Edgermond ne la devinât pas, et
que Lucile même ne s'aperçût combien il était
malheureux : sa tristesse la plongeait elle-même
dans une rêverie continuelle, et leur intérieur
était très-silencieux. Ce fut alors que lord Nelvil
écrivit au prince Castel-Forte la première lettre,
que celui-ci ne crut pas devoir montrer à Corinne,
et qui l'aurait sûrement touchée, par l'inquiétude
profonde qu'elle exprimait.

Le comte d'Erfeuil revint de Plymouth, où il
avait conduit Corinne, avant que la réponse du
prince Castel-Forte à la lettre de lord Nelvil fût
arrivée : il ne voulait pas dire à lord Nelvil tout
ce qu'il savait de Corinne, et cependant il était
fâché qu'on ignorât qu'il savait un secret important, et qu'il était assez discret pour le taire. Ses
insinuations, qui d'abord n'avaient pas frappé lord
Nelvil, réveillèrent son attention dès qu'il crut
qu'elles pouvaient avoir quelque rapport avec Corinne; alors il interrogea vivement le comte d'Erfeuil, qui se défendit assez bien, dès qu'il fut parvenu à se faire questionner.

Néanmoins, à la fin, Oswald lui arracha l'histoire entière de Corinne, par le plaisir qu'eut le
comte d'Erfeuil à raconter tout ce qu'il avait fait
pour elle, la reconnaissance qu'elle lui avait toujours témoignée, l'état affreux d'abandon et de
douleur où il l'avait trouvée; enfin il fit ce récit
sans s'apercevoir le moins du monde de l'effet
qu'il produisait sur lord Nelvil, et n'ayant d'autre
but en ce moment que d'être, comme disent les
Anglais, *le héros de sa propre histoire.* Quand
le comte d'Erfeuil eut cessé de parler, il fut vrai-

ment affligé du mal qu'il avait fait. Oswald s'était contenu jusqu'alors; mais tout à coup il devint comme insensé de douleur : il s'accusait d'être le plus barbare et le plus perfide des hommes; il se représentait le dévouement, la tendresse de Corinne, sa résignation, sa générosité, dans le moment même où elle le croyait le plus coupable, et il y opposait la dureté, la légèreté dont il l'avait payée. Il se répétait sans cesse que personne ne l'aimerait jamais comme elle l'avait aimé, et qu'il serait puni, de quelque manière, de la cruauté dont il avait usé envers elle : il voulait partir pour l'Italie, la voir seulement un jour, seulement une heure; mais déjà Rome et Florence étaient occupées par les Français; son régiment allait s'embarquer, il ne pouvait s'éloigner sans déshonneur; il ne pouvait percer le cœur de sa femme, et réparer les torts par les torts, et les douleurs par les douleurs. Enfin, il espérait les dangers de la guerre, et cette pensée lui rendit-du calme.

Ce fut dans cette disposition qu'il écrivit au prince Castel-Forte la seconde lettre, que celui-ci résolut encore de ne pas montrer à Corinne. Les réponses de l'ami de Corinne la peignaient triste, mais résignée; et comme il était fier et blessé pour elle, il adoucit plutôt qu'il n'exagéra l'état de malheur où elle était tombée. Lord Nelvil crut donc qu'il fallait ne pas la tourmenter de ses regrets, après l'avoir rendue si malheureuse par son amour, et il partit pour les îles, avec un sentiment de douleur et de remords qui lui rendait la vie insupportable.

CHAPITRE III.

Lucile était affligée du départ d'Oswald; mais le morne silence qu'il avait gardé avec elle, pendant les derniers temps de leur séjour ensemble, avait tellement redoublé sa timidité naturelle, qu'elle ne put se résoudre à lui dire qu'elle se croyait grosse; il ne le sut qu'aux îles, par une lettre de lady Edgermond, à qui sa fille l'avait caché jusqu'alors. Lord Nelvil trouva donc les adieux de Lucile très-froids; il ne jugea pas bien ce qui se passait dans son âme, et comparant sa douleur silencieuse avec les éloquents regrets de Corinne, lorsqu'il se sépara d'elle à Venise, il n'hésita pas à croire que Lucile l'aimait faiblement. Néanmoins, pendant les quatre années que dura son absence, elle n'eut pas un jour de bonheur. A peine la naissance de sa fille put-elle la distraire un moment des dangers que courait son époux. Un autre chagrin aussi se joignait à cette inquiétude; elle découvrit par

degrés tout ce qui concernait Corinne et ses relations avec lord Nelvil. Le comte d'Erfeuil, qui passa près d'une année en Écosse, et vit souvent Lucile et sa mère, était fortement persuadé qu'il n'avait pas révélé le secret du voyage de Corinne en Angleterre; mais il dit tant de choses qui en approchaient, il lui était si difficile, quand la conversation languissait, de ne pas ramener le sujet qui intéressait si vivement Lucile, qu'elle parvint à tout savoir. Tout innocente qu'elle était, elle avait encore assez d'art pour faire parler le comte d'Erfeuil, tant il en fallait peu pour cela.

Lady Edgermond, que sa maladie occupait chaque jour davantage, ne s'était pas doutée du travail que faisait sa fille, pour apprendre ce qui devait lui causer tant de douleur; mais quand elle la vit si triste, elle obtint d'elle la confidence de ses chagrins. Lady Edgermond s'exprima très-sévèrement sur le voyage de Corinne en Angleterre. Lucile en recevait une autre impression : elle était tour à tour jalouse de Corinne et mécontente d'Oswald, qui avait pu se montrer si cruel envers une femme dont il était tant aimé; et il lui semblait qu'elle devait craindre, pour son propre bonheur, un homme qui avait ainsi sacrifié le bonheur d'une autre. Elle avait toujours conservé de l'intérêt et de la reconnaissance pour sa sœur, ce qui ajoutait encore à la pitié qu'elle lui inspirait; et, loin d'être flattée du sacrifice qu'Oswald lui avait fait, elle se tourmentait de l'idée qu'il ne l'avait choisie que parce que sa position dans le monde était meilleure que celle de Corinne; elle se rappelait son hésitation avant le mariage, sa tristesse peu de jours après, et toujours elle se confirmait dans la cruelle pensée que son époux ne l'aimait pas. Lady Edgermond aurait pu lui rendre un grand service dans cette disposition d'âme, si elle l'avait calmée; mais c'était une personne sans indulgence, et qui, ne concevant rien que le devoir et les sentiments qu'il permet, prononçait l'anathème contre tout ce qui s'écartait de cette ligne. Elle ne pensait pas à ramener par des ménagements, et s'imaginait, au contraire, que le seul moyen d'éveiller les remords était de montrer du ressentiment : elle partageait trop vivement les inquiétudes de Lucile, s'irritait de la pensée qu'une charmante personne ne fût pas appréciée par son époux, et loin de lui faire du bien, en lui persuadant qu'elle était plus aimée qu'elle ne le croyait, elle confirmait ses craintes à cet égard, pour exciter davantage sa fierté. Lucile, plus douce et plus éclairée que sa mère, ne suivait pas rigoureusement les conseils qu'elle lui donnait, mais il en restait toujours quelques traces; et ses lettres à lord Nelvil étaient bien moins sensibles que le fond de son cœur.

Oswald, pendant ce temps, se distingua dans la guerre par des actions d'une bravoure éclatante; il exposa mille fois sa vie, non-seulement par l'enthousiasme de l'honneur, mais par goût pour le péril. On remarquait que le danger était un plaisir pour lui; qu'il paraissait plus gai, plus animé, plus heureux, le jour des combats; il rougissait de joie, quand le tumulte des armes commençait, et c'était dans ce moment seul qu'un poids qu'il avait sur le cœur se soulevait et le laissait respirer à l'aise. Adoré de ses soldats, admiré de ses camarades, il avait une existence très-animée, qui, sans lui donner du bonheur, l'étourdissait au moins sur le passé comme sur l'avenir. Il recevait des lettres de sa femme, qu'il trouvait froides, mais auxquelles cependant il s'accoutumait. Le souvenir de Corinne lui apparaissait souvent dans ces belles nuits des tropiques, où l'on prend une si grande idée de la nature et de son auteur; mais comme le climat et la guerre menaçaient tous les jours sa vie, il se croyait moins coupable, en étant si près de périr; on pardonne à ses ennemis, lorsque la mort les menace; on se sent aussi, dans une situation semblable, de l'indulgence pour soi-même. Lord Nelvil pensait seulement aux larmes de Corinne, lorsqu'elle apprendrait qu'il n'était plus; il oubliait celles que ses torts lui avaient fait répandre.

Au milieu des périls, qui font si souvent réfléchir sur l'incertitude de la vie, il songeait bien plus à Corinne qu'à Lucile; ils avaient tant parlé de la mort ensemble, ils avaient si souvent approfondi toutes les pensées les plus sérieuses, qu'il croyait encore s'entretenir avec Corinne, quand il s'occupait des grandes idées que retrace le spectacle habituel de la guerre et de ses dangers. C'était à elle qu'il s'adressait quand il était seul, bien qu'il dût la croire irritée contre lui. Il lui semblait qu'ils s'entendaient encore, malgré l'absence, malgré l'infidélité même, tandis que la douce Lucile, qu'il ne croyait pas offensée contre lui, ne s'offrait à son souvenir que comme une personne digne d'être protégée, mais à laquelle il fallait épargner toutes les réflexions tristes et profondes. Enfin les troupes que lord Nelvil commandait furent rappelées en Angleterre; il revint: déjà la tranquillité du vaisseau lui plaisait bien moins que l'activité de la guerre. Le mouvement extérieur avait remplacé, pour lui, les plaisirs de l'imagination, qu'autrefois l'entretien de Corinne lui faisait goûter; il n'avait pas encore essayé du repos loin d'elle.

Il avait su tellement se faire aimer de ses soldats, et leur avait inspiré tant d'attachement et d'enthousiasme, que leurs hommages et leur dévouement renouvelèrent encore pour lui, pendant le passage, l'intérêt de la vie militaire. Cet intérêt ne cessa complétement que quand on fut débarqué.

CHAPITRE IV.

Lord Nelvil partit alors pour la terre de lady Edgermond, dans le Northumberland; il fallait qu'il fît de nouveau connaissance avec sa famille, dont il avait perdu l'habitude depuis quatre ans. Lucile lui présenta sa fille, âgée de plus de trois ans, avec autant de timidité qu'une femme coupable pourrait en éprouver. Cette petite ressemblait à Corinne : l'imagination de Lucile avait été fort occupée du souvenir de sa sœur, pendant sa grossesse; et Juliette, c'était ainsi qu'elle se nommait, avait les cheveux et les yeux de Corinne : lord Nelvil le remarqua, et en fut troublé; il la prit dans ses bras, et la serra contre son cœur avec tendresse. Lucile ne vit dans ce mouvement qu'un souvenir de Corinne, et dès cet instant elle ne jouit pas sans mélange de l'affection que lord Nelvil témoignait à Juliette.

Lucile était encore embellie, elle avait près de vingt ans. Sa beauté avait pris un caractère imposant, et inspirait à lord Nelvil un sentiment de respect. Lady Edgermond n'était plus en état de sortir de son lit, et sa situation lui donnait beaucoup d'humeur et de chagrin. Elle revit pourtant avec plaisir lord Nelvil, car elle était très-tourmentée par la crainte de mourir en son absence, et de laisser sa fille ainsi seule au monde. Lord Nelvil avait tellement pris l'habitude d'une vie active, qu'il lui en coûtait beaucoup de rester presque tout le jour dans la chambre de sa belle-mère, qui ne recevait plus personne que son gendre et sa fille. Lucile aimait toujours beaucoup lord Nelvil; mais elle avait la douleur de ne pas se croire aimée, et lui cachait par fierté ce qu'elle savait de ses sentiments pour Corinne, et la jalousie qu'ils lui causaient. Cette contrainte ajoutait encore à sa réserve habituelle, et la rendait plus froide et plus silencieuse qu'elle ne l'eût été naturellement. Lorsque son époux voulait lui donner quelques conseils sur le charme qu'elle aurait pu répandre dans la conversation en y mettant plus d'intérêt, elle croyait voir dans ces conseils un souvenir de Corinne, et s'en blessait, au lieu d'en profiter. Lucile avait une grande douceur de caractère, mais sa mère lui avait donné des idées positives sur tous les points ; et quand lord Nelvil vantait les plaisirs de l'imagination et le charme des beaux-arts, elle voyait toujours dans ce qu'il disait les souvenirs de l'Italie, et rabattait assez sèchement l'enthousiasme de lord Nelvil, parce qu'elle pensait que Corinne en était l'unique cause. Dans une autre disposition elle eût recueilli avec soin les paroles de son époux, pour étudier tous les moyens de lui plaire.

Lady Edgermond, dont la maladie augmentait les défauts, montrait une antipathie croissante pour tout ce qui sortait de la monotonie et de la règle habituelle de la vie. Elle voyait du mal à tout, et son imagination, irritée par la souffrance, était importunée de tous les bruits, au moral comme au physique. Elle eût voulu réduire l'existence aux moindres frais possibles, peut-être pour ne pas regretter vivement ce qu'elle était près de quitter ; mais comme personne n'avoue le motif personnel de ses opinions, elle les appuyait sur les principes généraux d'une morale exagérée. Elle ne cessait de désenchanter la vie, en faisant un tort des moindres plaisirs, en opposant un devoir à chaque emploi des heures qui pouvait différer un peu de ce qu'on avait fait la veille. Lucile, qui, bien qu'elle fût soumise à sa mère, avait cependant plus d'esprit qu'elle, et plus de flexibilité dans le caractère, se serait réunie à son époux pour combattre doucement l'austérité de l'exigence toujours croissante de lady Edgermond, si celle-ci ne lui avait pas persuadé qu'elle se conduisait ainsi, seulement pour s'opposer au penchant de lord Nelvil pour le séjour de l'Italie. « Il faut lutter sans cesse, disait-elle, par la puissance du devoir contre le retour possible d'une inclination si funeste. » Lord Nelvil avait certainement aussi un grand respect pour le devoir, mais il le considérait sous des rapports plus étendus que lady Edgermond. Il aimait à remonter à sa source, il le croyait parfaitement en harmonie avec nos véritables penchants, et pensait qu'il n'exigeait point de nous des sacrifices et des combats continuels. Il lui semblait enfin que la vertu, loin de tourmenter la vie, contribuait tellement au bonheur durable, qu'on pouvait la considérer comme une sorte de prescience accordée à l'homme sur cette terre.

Quelquefois Oswald, en développant ses idées, se livrait au plaisir d'employer des expressions de Corinne ; il s'écoutait avec complaisance quand il empruntait son langage. Lady Edgermond montrait de l'humeur dès qu'il se laissait aller à cette manière de penser et de parler : les idées nouvelles déplaisent aux personnes âgées ; elles aiment à se persuader que le monde n'a fait que perdre, au lieu d'acquérir, depuis qu'elles ont cessé d'être jeunes. Lucile, par l'instinct du cœur, reconnaissait, dans l'intérêt plus vif que lord Nelvil mettait à ses propres discours, le retentissement de son affection pour Corinne ; elle baissait les yeux pour ne pas laisser voir à son époux ce qui se passait dans son âme ; et lui, ne se doutant pas qu'elle fût instruite de ses rapports avec Corinne, attribuait à la froideur du caractère de sa femme son immobile silence pendant qu'il parlait avec chaleur. Ne sachant donc à qui s'adresser pour trouver un esprit qui répondît au sien, les regrets du passé se renouvelaient plus vivement que jamais dans son âme, et il tombait dans la plus profonde mélancolie. Il écrivit au prince Castel-Forte pour avoir des nouvelles de Corinne. Sa lettre n'arriva point, à cause de la guerre. Sa santé souffrait extrêmement du climat d'Angleterre, et les médecins ne cessaient de lui répéter que sa poitrine serait attaquée de nouveau s'il ne passait pas l'hiver en Italie ; mais il était impossible d'y songer, puisque la paix n'était pas faite entre la France et l'Angleterre. Une fois il parla devant sa belle-mère et sa femme des conseils que les médecins lui avaient donnés, et de l'obstacle qui s'y opposait. « Quand la paix serait faite, lui dit lady Edgermond, je ne pense pas, milord, que vous vous permissiez à vous-même de revoir l'Italie. — Si la santé de milord l'exigeait, interrompit Lucile, il ferait très-bien d'y aller. » Ce mot parut assez doux à lord Nelvil, et il se hâta d'en témoigner sa reconnaissance à Lucile ; mais cette reconnaissance même la blessa : elle crut y voir le dessein de la préparer au voyage.

La paix se fit au printemps, et le voyage d'Italie devint possible. Chaque fois que lord Nelvil laissait échapper quelques réflexions sur le mauvais état de sa santé, Lucile était combattue entre l'inquiétude qu'elle éprouvait, et la crainte que lord Nelvil ne voulût insinuer par là qu'il devrait passer l'hiver en Italie ; et, tandis que son sentiment l'aurait portée à s'exagérer la maladie de son époux, la jalousie, qui naissait aussi de ce sentiment, l'engageait à chercher des raisons pour atténuer ce que les médecins mêmes disaient du danger qu'il courait en restant en Angleterre. Lord Nelvil attribuait cette conduite de Lucile à l'indifférence et à l'égoïsme, et ils se blessaient réciproquement, parce qu'ils ne s'avouaient pas leurs sentiments avec franchise.

Enfin, lady Edgermond tomba dans un état si dangereux, qu'il n'y eut plus, entre Lucile et lord

Nelvil, d'autre sujet d'entretien que sa maladie ; la pauvre femme perdit l'usage de la parole, un mois avant de mourir ; l'on ne devinait plus qu'à ses larmes, ou à sa façon de serrer la main, ce qu'elle voulait dire. Lucile était au désespoir ; Oswald, sincèrement touché, veillait toutes les nuits auprès d'elle ; et, comme c'était au mois de novembre, il se fit beaucoup de mal par les soins qu'il lui prodigua. Lady Edgermond parut heureuse des témoignages de l'affection de son gendre. Les défauts de son caractère disparaissaient à mesure que son affreux état les eût rendus plus excusables, tant les approches de la mort tranquillisent toutes les agitations de l'âme ; et la plupart des défauts ne viennent que de cette agitation.

La nuit de sa mort, elle prit la main de Lucile et celle de lord Nelvil, et, les mettant l'une dans l'autre, elle les pressa toutes les deux contre son cœur ; alors elle leva les yeux au ciel, et ne parut point regretter la parole, qui n'eût rien dit de plus que ce regard et ce mouvement. Peu de minutes après elle expira.

Lord Nelvil, qui avait fait effort sur lui-même pour être capable de soigner sa belle-mère, devint dangereusement malade ; et l'infortunée Lucile, au moment d'une cruelle douleur, eut à souffrir la plus affreuse inquiétude. Il paraît que dans son délire lord Nelvil prononça plusieurs fois le nom de Corinne et celui de l'Italie. Il demandait souvent dans ses rêveries *du soleil, le midi, un air plus chaud;* quand le frisson de la fièvre le prenait, il disait : *Il fait si froid dans ce Nord, que jamais on ne pourra s'y réchauffer.* Quand il revint à lui, il fut bien étonné d'apprendre que Lucile avait tout disposé pour le voyage d'Italie ; il s'en étonna : elle lui donna pour motif le conseil des médecins. « Si vous le permettez, ajouta-t-elle, ma fille et moi nous vous accompagnerons : il ne faut pas qu'un enfant soit séparé de son père ni de sa mère. — Sans doute, reprit lord Nelvil, il ne faut pas que nous nous séparions : mais ce voyage vous fait-il de la peine? parlez, j'y renoncerai. — Non, reprit Lucile, ce n'est pas cela qui me fait de la peine... » Lord Nelvil la regarda, lui prit la main : elle allait s'expliquer davantage ; mais le souvenir de sa mère qui lui avait recommandé de ne jamais avouer à lord Nelvil la jalousie qu'elle ressentait, l'arrêta tout à coup, et elle reprit en disant : « Mon premier intérêt, milord, vous devez le croire, c'est le rétablissement de votre santé. — Vous avez une sœur en Italie, continua lord Nelvil. — Je le sais, reprit Lucile ; en avez-vous des nouvelles? — Non, dit lord Nelvil, depuis que

je suis parti pour l'Amérique, j'ignore absolument ce qu'elle est devenue. — Eh bien, milord, nous le saurons en Italie. — Vous intéresse-t-elle encore? — Oui, milord, répondit Lucile ; je n'ai point oublié la tendresse qu'elle m'a témoignée dans mon enfance. — Oh ! il ne faut rien oublier, » dit lord Nelvil en soupirant ; et le silence de tous les deux finit l'entretien.

Oswald n'allait point en Italie dans l'intention de renouveler ses liens avec Corinne ; il avait trop de délicatesse pour se laisser approcher par une telle idée ; mais s'il ne devait pas se rétablir de la maladie de poitrine dont il était menacé, il trouvait assez doux de mourir en Italie, et d'obtenir, par un dernier adieu, le pardon de Corinne. Il ne croyait pas que Lucile pût savoir la passion qu'il avait eue pour sa sœur ; encore moins se doutait-il qu'il eût trahi, dans son délire, les regrets qui l'agitaient encore. Il ne rendait pas justice à l'esprit de sa femme, parce que cet esprit était stérile, et lui servait plutôt à deviner ce que pensaient les autres, qu'à les intéresser par ce qu'elle pensait elle-même. Oswald s'était donc accoutumé à la considérer comme une belle et froide personne, qui remplissait ses devoirs, et l'aimait autant qu'elle pouvait aimer ; mais il ne connaissait pas la sensibilité de Lucile : elle mettait le plus grand soin à la cacher. C'était par fierté qu'elle dissimulait, dans cette circonstance, ce qui l'affligeait ; mais dans une situation parfaitement heureuse, elle se serait encore fait un reproche de laisser voir une affection vive, même pour son époux. Il lui semblait que la pudeur était blessée par l'expression de tout sentiment passionné ; et, comme elle était cependant capable de ces sentiments, son éducation, en lui imposant la loi de se contraindre, l'avait rendue triste et silencieuse : on l'avait bien convaincue qu'il ne fallait pas révéler ce qu'elle éprouvait, mais elle ne prenait aucun plaisir à dire autre chose.

CHAPITRE V.

Lord Nelvil craignait les souvenirs que lui retraçait la France ; il la traversa donc rapidement : car Lucile ne témoignant, dans ce voyage, ni désir ni volonté sur rien, c'était lui seul qui décidait de tout. Ils arrivèrent au pied des montagnes qui séparent le Dauphiné de la Savoie, et montèrent à pied ce qu'on appelle *le pas des échelles :* c'est une route pratiquée dans le roc, et dont l'entrée ressemble à celle d'une profonde caverne ; elle est sombre dans toute sa longueur, même pendant les plus beaux jours de l'été. On était alors au commencement de décembre; il n'y avait point encore de neige; mais l'automne, saison de décadence, touchait elle-même à sa fin, et faisait place à l'hiver. Toute la route était couverte de feuilles mortes, que le vent y avait apportées, car il n'existait point d'arbres dans ce chemin rocailleux; et, près des débris de la nature flétrie, on ne voyait point les rameaux, espoir de l'année suivante. La vue des montagnes plaisait à lord Nelvil; il semble, dans les pays de plaines, que la terre n'ait d'autre but que de porter l'homme et de le nourrir; mais, dans les contrées pittoresques, on croit reconnaître l'empreinte du génie du Créateur, et de sa toute-puissance. L'homme cependant s'est familiarisé partout avec la nature, et les chemins qu'il s'est frayés gravissent les monts et descendent dans les abîmes. Il n'y a plus pour lui rien d'inaccessible, que le grand mystère de lui-même.

Dans la Maurienne, l'hiver devint à chaque pas plus rigoureux. On eût dit qu'on avançait vers le Nord en s'approchant du mont Cenis: Lucile, qui n'avait jamais voyagé, était épouvantée par ces glaces qui rendent les pas des chevaux si peu sûrs. Elle cachait ses craintes aux regards d'Oswald, mais se reprochait souvent d'avoir emmené sa petite fille avec elle; souvent elle se demandait si la moralité la plus parfaite avait présidé à cette résolution, et si le goût très-vif qu'elle avait pour cette enfant, et l'idée aussi qu'elle était plus aimée d'Oswald en se montrant à lui toujours avec Juliette, ne l'avaient pas distraite des périls d'un si long voyage. Lucile était une personne très-timorée, et qui fatiguait souvent son âme à force de scrupules et d'interrogations secrètes sur sa conduite. Plus on est vertueux, plus la délicatesse s'accroît, et avec elle les inquiétudes de la conscience; Lucile n'avait de refuge contre cette disposition que dans la piété, et de longues prières intérieures la tranquillisaient.

Comme ils avançaient vers le mont Cenis, toute la nature semblait prendre un caractère plus terrible; la neige tombait en abondance sur la terre, déjà couverte de neige: on eût dit qu'on entrait dans l'enfer de glace si bien décrit par le Dante. Toutes les productions de la terre n'offraient plus qu'un aspect monotone, depuis le fond des précipices jusqu'au sommet des montagnes; une même couleur faisait disparaître toutes les variétés de la végétation; les rivières coulaient encore au pied des monts, mais les sapins, devenus tout blancs, se répétaient dans les eaux comme des spectres d'arbres. Oswald et Lucile regardaient ce spectacle

en silence; la parole semble étrangère à cette nature glacée, et l'on se tait avec elle; lorsque tout à coup ils aperçurent, sur une vaste plaine de neige, une longue file d'hommes habillés de noir, qui portaient un cercueil vers une église. Ces prêtres, les seuls êtres vivants qui parussent au milieu de cette campagne froide et déserte, avaient une marche lente, que la rigueur du temps aurait hâtée, si la pensée de la mort n'eût pas imprimé sa gravité à tous leurs pas. Le deuil de la nature et de l'homme, de la végétation et de la vie; ces deux couleurs, ce blanc et ce noir, qui seules frappaient les regards et se faisaient ressortir l'une par l'autre, remplissaient l'âme d'effroi. Lucile dit à voix basse: « Quel triste présage! — Lucile, interrompit Oswald, croyez-moi, il n'est pas pour vous. » Hélas! pensa-t-il en lui-même, ce n'est pas sous de tels auspices que je fis avec Corinne le voyage d'Italie; qu'est-elle devenue maintenant? Et tous ces objets lugubres qui m'environnent m'annoncent-ils ce que je vais souffrir?

Lucile était ébranlée par les inquiétudes que lui causait le voyage. Oswald ne pensait pas à ce genre de terreur très-étranger à un homme, et surtout à un caractère aussi intrépide que le sien. Lucile prenait pour de l'indifférence ce qui venait uniquement de ce qu'il ne soupçonnait pas dans cette occasion la possibilité de la crainte. Cependant tout se réunissait pour accroître les anxiétés de Lucile: les hommes du peuple trouvent une sorte de satisfaction à grossir le danger, c'est leur genre d'imagination; ils se plaisent dans l'effet qu'ils produisent ainsi sur les personnes d'une autre classe, dont ils se font écouter en les effrayant. Lorsqu'on veut traverser le mont Cenis pendant l'hiver, les voyageurs, les aubergistes vous donnent à chaque instant des nouvelles du passage du *mont*, c'est ainsi qu'on l'appelle; et l'on dirait qu'on parle d'un monstre immobile, gardien des vallées qui conduisent à la terre promise. On observe le temps pour savoir s'il n'y a rien à redouter, et lorsqu'on peut craindre le vent nommé *la tourmente*, on conseille fortement aux étrangers de ne pas se risquer sur la montagne. Ce vent s'annonce dans le ciel par un nuage blanc qui s'étend comme un linceul dans les airs, et peu d'heures après tout l'horizon en est obscurci.

Lucile avait pris secrètement toutes les informations possibles à l'insu de lord Nelvil; il ne se doutait pas de ses terreurs, et se livrait tout entier aux réflexions que faisait naître en lui le retour en Italie. Lucile, que le but du voyage agitait encore plus que le voyage même, jugeait tout avec une prévention défavorable, et faisait tacitement un tort à lord Nelvil de sa parfaite sécurité sur elle et sur sa fille. Le matin du passage du mont Cenis, plusieurs paysans se rassemblèrent autour de Lucile, et lui dirent que le temps menaçait *la tourmente*. Néanmoins ceux qui devaient la porter, elle et sa fille, assurèrent qu'il n'y avait rien à craindre. Lucile regarda lord Nelvil; elle vit qu'il se moquait de la peur qu'on voulait leur faire, et, de nouveau blessée par ce courage, elle se hâta de déclarer qu'elle voulait partir. Oswald ne s'aperçut pas du sentiment qui avait dicté cette résolution, et suivit à cheval le brancard sur lequel étaient portées sa femme et sa fille. Ils montèrent assez facilement; mais quand ils furent à la moitié de la plaine qui sépare la montée de la descente, un horrible ouragan s'éleva. Des tourbillons de neige aveuglaient les conducteurs, et plusieurs fois Lucile n'apercevait plus Oswald que la tempête avait comme enveloppé de ses brouillards impétueux. Les respectables religieux qui se consacrent, sur le sommet des Alpes, au salut des voyageurs, commencèrent à sonner leurs cloches d'alarme, et bien que ce signal annonçât la pitié des hommes bienfaisants qui le faisaient entendre, ce son en lui-même avait quelque chose de très-sombre, et les coups précipités de l'airain exprimaient mieux encore l'effroi que le secours.

Lucile espérait qu'Oswald proposerait de s'arrêter dans le couvent et d'y passer la nuit; mais comme elle ne voulut pas lui dire qu'elle le désirait, il crut qu'il valait mieux se hâter d'arriver avant la fin du jour; les porteurs de Lucile lui demandèrent avec inquiétude s'il fallait commencer la descente. « Oui, répondit-elle, puisque milord ne s'y oppose pas. » Lucile avait tort de ne pas exprimer ses craintes, car sa fille était avec elle; mais quand on aime et qu'on ne se croit pas aimé, on se blesse de tout, et chaque instant de la vie est une douleur, et presque une humiliation. Oswald restait à cheval, bien que ce fût la plus dangereuse manière de descendre; mais il se croyait ainsi plus sûr de ne pas perdre de vue sa femme et sa fille.

Au moment où Lucile vit du sommet du mont la route qui en descend, cette route si rapide qu'on la prendrait elle-même pour un précipice, si les abîmes qui sont à côté n'en faisaient sentir la différence, elle serra sa fille contre son cœur avec une émotion très-vive. Oswald le remarqua, et laissant son cheval, il vint lui-même se joindre aux porteurs pour soutenir le brancard. Oswald avait tant de grâce dans tout ce qu'il faisait, que

Lucile, en le voyant s'occuper d'elle et de Juliette avec beaucoup de zèle et d'intérêt, sentit ses yeux mouillés de larmes; puis à l'instant il s'éleva un coup de vent si terrible que les porteurs eux-mêmes tombèrent à genoux et s'écrièrent : *O mon Dieu, secourez-nous!* Alors Lucile reprit tout son courage, et, se soulevant sur le brancard, elle tendit Juliette à lord Nelvil, en lui disant : « Mon ami, prenez votre fille. » Oswald la saisit et dit à Lucile : « Et vous aussi venez, je pourrai vous porter toutes deux. — Non, répondit Lucile, sauvez seulement votre fille. — Comment sauver! répéta lord Nelvil, est-il question de danger? Et se retournant vers les porteurs, il s'écria : Malheureux, que ne disiez-vous.... — Ils m'en avaient avertie, interrompit Lucile... — Et vous me l'avez caché! dit lord Nelvil; qu'ai-je fait pour mériter ce cruel silence? » En prononçant ces mots, il enveloppa sa fille dans son manteau, et baissa ses yeux vers la terre dans une anxiété profonde; mais le ciel, protecteur de Lucile, fit paraître un rayon qui perça les nuages, apaisa la tempête, et découvrit aux regards les fertiles plaines du Piémont. Dans une heure toute la caravane arriva sans accident à la Novalaise, la première ville de l'Italie par delà le mont Cenis.

En entrant dans l'auberge, Lucile prit sa fille dans ses bras, monta dans une chambre, se mit à genoux, et remercia Dieu avec ferveur. Oswald, pendant qu'elle priait, était appuyé sur la cheminée, d'un air pensif; et quand Lucile se fut relevée, il lui tendit la main, et lui dit : « Lucile, vous avez donc eu peur? — Oui, mon ami, répondit-elle. — Et pourquoi vous êtes-vous mise en route? — Vous paraissiez impatient de partir. — Ne savez-vous pas, répondit lord Nelvil, qu'avant tout je crains pour vous ou le danger ou la peine? — C'est pour Juliette qu'il faut les craindre, » dit Lucile. Elle la prit sur ses genoux, pour la réchauffer auprès du feu, et bouclait avec ses mains les beaux cheveux noirs de cette enfant, que la neige et la pluie avaient aplatis sur son front. Dans ce moment, la mère et la fille étaient charmantes. Oswald les regarda toutes les deux avec tendresse; mais encore une fois le silence suspendit un entretien qui peut-être aurait conduit à une explication heureuse.

Ils arrivèrent à Turin; cette année-là l'hiver était très-rigoureux : les vastes appartements de l'Italie sont destinés à recevoir le soleil, ils paraissaient déserts pendant le froid. Les hommes sont bien petits sous ces grandes voûtes. Elles font plaisir pendant l'été par la fraîcheur qu'elles donnent, mais au milieu de l'hiver on ne sent que le vide de ces palais immenses, dont les possesseurs semblent des pygmées dans la demeure des géants.

On venait d'apprendre la mort d'Alfieri, et c'était un deuil général pour tous les Italiens qui voulaient s'enorgueillir de leur patrie. Lord Nelvil croyait voir partout l'empreinte de la tristesse; il ne reconnaissait plus l'impression que l'Italie avait produite jadis sur lui. L'absence de celle qu'il avait tant aimée désenchantait à ses yeux la nature et les arts. Il demanda des nouvelles de Corinne à Turin; on lui dit que depuis cinq ans elle n'avait rien publié, et vivait dans la retraite la plus profonde; mais on l'assura qu'elle était à Florence. Il résolut d'y aller, non pour y rester, et trahir ainsi l'affection qu'il devait à Lucile, mais pour expliquer du moins lui-même à Corinne comment il avait ignoré son voyage en Écosse.

En traversant les plaines de la Lombardie Oswald s'écriait : « Ah! que cela était beau lorsque tous les ormeaux étaient couverts de feuilles, et lorsque les pampres verts les unissaient entre eux! » Lucile se disait en elle-même : « C'était beau quand Corinne était avec lui. » Un brouillard humide, tel qu'il en fait souvent dans les plaines traversées par un si grand nombre de rivières, obscurcissait la vue de la campagne. On entendait, pendant la nuit, dans les auberges, tomber sur les toits ces pluies abondantes du Midi qui ressemblent au déluge. Les maisons en sont pénétrées, et l'eau vous poursuit partout avec l'activité du feu. Lucile cherchait en vain le charme de l'Italie : on eût dit que tout se réunissait pour la couvrir d'un voile sombre, à ses regards comme à ceux d'Oswald.

CHAPITRE VI.

Oswald, depuis qu'il était entré en Italie, n'avait pas prononcé un mot d'italien; il semblait que cette langue lui fît mal, et qu'il évitât de l'entendre comme de la parler. Le soir du jour où lady Nelvil et lui étaient arrivés à l'auberge de Milan, ils entendirent frapper à leur porte, et virent entrer dans leur chambre un Romain d'une figure très-noire, très-marquée, mais cependant sans véritable physionomie; des traits créés pour l'expression, mais auxquels il manquait l'âme qui la donne; et sur cette figure il y avait à perpétuité un sourire gracieux, et un regard qui voulait être poétique. Il se mit, dès la porte, à improviser des vers remplis de louanges sur la mère, l'enfant et l'époux; de ces louanges qui conviennent à toutes les mères,

à tous les enfants, à tous les époux du monde, et dont l'exagération passait par-dessus tous les sujets, comme si les paroles et la vérité ne devaient avoir aucun rapport ensemble. Le Romain se servait cependant de ces sons harmonieux qui ont tant de charmes dans l'italien; il déclamait avec une force qui faisait encore mieux remarquer l'insignifiance de ce qu'il disait. Rien ne pouvait être plus pénible pour Oswald que d'entendre ainsi pour la première fois, après un long intervalle, une langue chérie, de revoir ainsi ses souvenirs travestis, et de sentir une impression de tristesse renouvelée par un objet ridicule. Lucile s'aperçut de la cruelle situation de l'âme d'Oswald, elle voulait faire finir l'improvisateur; mais il était impossible d'en être écouté; il se promenait dans la chambre à grands pas; il faisait des exclamations et des gestes continuels, et ne s'embarrassait pas du tout de l'ennui qu'il causait à ses auditeurs. Son mouvement était comme celui d'une machine montée, qui ne s'arrête qu'après un temps marqué; enfin ce temps arriva, et lady Nelvil parvint à le congédier.

Quand il fut sorti, Oswald dit : « Le langage poétique est si facile à parodier en Italie, qu'on devrait l'interdire à tous ceux qui ne sont pas dignes de le parler. — Il est vrai, reprit Lucile, peut-être un peu trop sèchement; il est vrai qu'il doit être désagréable de se rappeler ce qu'on admire par ce que nous venons d'entendre. » Ce mot blessa lord Nelvil. « Bien loin de là, dit-il; il me semble qu'un tel contraste fait sentir la puissance du génie. C'est ce même langage, si misérablement dégradé, qui devenait une poésie céleste, lorsque Corinne, lorsque votre sœur, reprit-il avec affectation, s'en servait pour exprimer ses pensées. » Lucile fut comme atterrée par ces paroles : le nom de Corinne ne lui avait pas encore été prononcé par Oswald pendant tout le voyage, encore moins celui de votre sœur, qui semblait indiquer un reproche. Les larmes étaient prêtes à la suffoquer, et si elle se fût abandonnée à cette émotion, peut-être ce moment eût-il été le plus doux de sa vie; mais elle se contint, et la gêne qui existait entre les deux époux n'en devint que plus pénible.

Le lendemain le soleil parut, et malgré les mauvais jours qui avaient précédé, il se montra brillant et radieux, comme un exilé qui rentre dans sa patrie. Lucile et lord Nelvil profitèrent pour aller voir la cathédrale de Milan; c'est le chef-d'œuvre de l'architecture gothique en Italie, comme Saint-Pierre de l'architecture moderne. Cette église, bâtie en forme de croix, est une belle image de douleur, qui s'élève au-dessus de la riche et joyeuse ville de Milan. En montant jusques au haut du clocher, on est confondu du travail scrupuleux de chaque détail. L'édifice entier, dans toute sa hauteur, est orné, sculpté, découpé, si l'on peut s'exprimer ainsi, comme le serait un petit objet d'agrément. Que de patience et de temps il fallut pour accomplir un tel œuvre ! La persévérance vers un même but se transmettait jadis de génération en génération, et le genre humain, stable dans ses pensées, élevait des monuments inébranlables comme elles. Une église gothique fait naître des dispositions très-religieuses. Horace Walpole a dit *que les papes ont consacré à bâtir des temples à la moderne, les richesses que leur avait values la dévotion inspirée par les églises gothiques.* La lumière qui passe à travers les vitraux coloriés, les formes singulières de l'architecture, enfin l'aspect entier de l'église est une image silencieuse de ce mystère de l'infini qu'on sent au dedans de soi, sans pouvoir jamais s'en affranchir ni le comprendre.

Lucile et lord Nelvil quittèrent Milan un jour où la terre était couverte de neige, et rien n'est plus triste que la neige en Italie. On n'y est point accoutumé à voir disparaître la nature sous le voile uniforme des frimas; tous les Italiens se désolent du mauvais temps, comme d'une calamité publique. En voyageant avec Lucile, Oswald avait pour l'Italie une sorte de coquetterie qui n'était pas satisfaite; l'hiver déplaît là plus que partout ailleurs, parce que l'imagination n'y est point préparée. Lord et lady Nelvil traversèrent Plaisance, Parme, Modène. Les églises et les palais en sont trop vastes, à proportion du nombre et de la fortune des habitants. On dirait que ces villes sont arrangées pour recevoir de grands seigneurs qui doivent arriver, mais qui se sont fait précéder seulement par quelques hommes de leur suite.

Le matin du jour où Lucile et lord Nelvil se proposaient de traverser le Taro, comme si tout devait contribuer à leur rendre cette fois le voyage d'Italie lugubre, le fleuve s'était débordé la nuit précédente; et l'inondation de ces fleuves qui descendent des Alpes et des Apennins est très-effrayante. On les entend gronder de loin comme le tonnerre; et leur course est si rapide, que les flots et le bruit qui les annonce arrivent presque en même temps. Un pont sur de telles rivières n'est guère possible, parce qu'elles changent de lit sans cesse, et s'élèvent bien au-dessus du niveau de la plaine. Oswald et Lucile se trouvèrent tout à coup arrêtés au bord de ce fleuve; les bateaux avaient été emportés par le courant, et il fallait attendre que les Italiens, peuple qui ne se presse pas, les eussent ramenés sur le nouveau rivage que le torrent avait formé. Lucile, pendant ce temps, se promenait pensive et glacée; le brouillard était tel que le fleuve se confondait avec l'horizon, et ce spectacle rappelait bien plutôt les descriptions poétiques des rives du Styx, que ces eaux bienfaisantes qui doivent charmer les regards des habitants brûlés par les rayons du soleil. Lucile craignait pour sa fille le froid rigoureux qu'il faisait, et la mena dans une cabane de pêcheur, où le feu était allumé au milieu de la chambre comme en Russie. « Où donc est votre belle Italie ? » dit Lucile en souriant à lord Nelvil. « Je ne sais quand je la retrouverai, » répondit-il avec tristesse.

En approchant de Parme et de toutes les villes qui sont sur cette route, on a de loin le coup d'œil pittoresque des toits en forme de terrasse, qui donnent aux villes d'Italie un aspect oriental. Les églises, les clochers ressortent singulièrement au milieu de ces plates-formes; et quand on revient dans le nord, les toits en pointe, qui sont ainsi faits pour se garantir de la neige, causent une impression très-désagréable. Parme conserve encore quelques chefs-d'œuvre du Corrége; lord Nelvil conduisit Lucile dans une église où l'on voit une peinture à fresque de lui, appelée la Madone *della scala*; elle est recouverte par un rideau. Lorsque l'on tira ce rideau, Lucile prit Juliette dans ses bras pour lui faire mieux voir le tableau, et dans cet instant l'attitude de la mère et de l'enfant se trouva par hasard presque la même que celle de la Vierge et de son Fils. La figure de Lucile avait tant de ressemblance avec l'idéal de modestie et de grâce que le Corrége a peint, qu'Oswald portait alternativement ses regards du tableau vers Lucile, et de Lucile vers le tableau; elle le remarqua, baissa les yeux, et la ressemblance devint plus frappante encore; car le Corrége est peut-être le seul peintre qui sache donner aux yeux baissés une expression aussi pénétrante que s'ils étaient levés vers le ciel. Le voile qu'il jette sur les regards ne dérobe en rien le sentiment ni la pensée, mais leur donne un charme de plus, celui d'un mystère céleste.

Cette Madone est près de se détacher du mur, et l'on voit la couleur presque tremblante qu'un souffle pourrait faire tomber. Cela donne à ce tableau le charme mélancolique de tout ce qui est passager, et l'on y revient plusieurs fois, comme pour dire à sa beauté qui va disparaître, un sensible et dernier adieu.

En sortant de l'église, Oswald dit à Lucile : « Ce tableau, dans peu de temps, n'existera plus, mais moi j'aurai toujours sous les yeux son modèle. » Ces paroles aimables attendrirent Lucile ; elle serra la main d'Oswald : elle était prête à lui demander si son cœur pouvait se fier à cette expression de tendresse ; mais quand un mot d'Oswald lui semblait froid, sa fierté l'empêchait de s'en plaindre ; et quand elle était heureuse d'une expression sensible, elle craignait de troubler ce moment de bonheur, en voulant le rendre plus durable. Ainsi son âme et son esprit trouvaient toujours des raisons pour le silence. Elle se flattait que le temps, la résignation et la douceur amèneraient un jour fortuné qui dissiperait toutes ses craintes.

CHAPITRE VII.

La santé de lord Nelvil se remettait par le climat d'Italie ; mais une inquiétude cruelle l'agitait sans cesse : il demandait partout des nouvelles de Corinne, et on lui répondait partout, comme à Turin, qu'on la croyait à Florence, mais qu'on ne savait rien d'elle, depuis qu'elle ne voyait personne et n'écrivait plus. Oh ! ce n'était pas ainsi que le nom de Corinne s'annonçait autrefois ; et celui qui avait détruit son bonheur et son éclat pouvait-il se le pardonner ?

En approchant de Bologne, on est frappé de loin par deux tours très-élevées, dont l'une surtout est penchée d'une manière qui effraye la vue. C'est en vain que l'on sait qu'elle est ainsi bâtie, et que c'est ainsi qu'elle a vu passer les siècles ; cet aspect importune l'imagination. Bologne est une des villes où l'on trouve un plus grand nombre d'hommes instruits dans tous les genres ; mais le peuple y produit une impression désagréable. Lucile s'attendait au langage harmonieux d'Italie qu'on lui avait annoncé, et le dialecte bolonais dut la surprendre péniblement ; il n'en est pas de plus rauque dans les pays du Nord. C'était au milieu du carnaval qu'Oswald et Lucile arrivèrent à Bologne ; l'on entendait jour et nuit des cris de joie tout semblables à des cris de colère. Une population pareille à celle des Lazzaroni de Naples couche la nuit sous les arcades nombreuses qui bordent les rues de Bologne ; ils portent pendant l'hiver un peu de feu dans un vase de terre, mangent dans la rue, et poursuivent les étrangers par des demandes continuelles. Lucile espérait en vain ces voix mélodieuses qui se font entendre la nuit dans les villes d'Italie ; elles se taisent toutes quand le temps est froid, et sont remplacées à Bologne par des clameurs qui effrayent, quand on n'y est pas accoutumé. Le jargon des gens du peuple paraît hostile, tant le son en est rude ; et les mœurs de la populace sont beaucoup plus grossières dans quelques contrées méridionales, que dans les pays du Nord. La vie sédentaire perfectionne l'ordre social ; mais le soleil qui permet de vivre dans les rues, introduit quelque chose de sauvage dans les habitudes des gens du peuple [1].

Oswald et lady Nelvil ne pouvaient faire un pas sans être assaillis par une quantité de mendiants, qui sont en général le fléau de l'Italie. En passant devant les prisons de Bologne, dont les barreaux donnent sur la rue, ils virent les détenus qui se livraient à la joie la plus déplaisante, s'adressaient aux passants d'une voix de tonnerre, et demandaient des secours avec des plaisanteries ignobles et des rires immodérés ; enfin tout donnait dans ce lieu l'idée d'un peuple sans dignité. « Ce n'est pas ainsi, dit Lucile, que se montre en Angleterre notre peuple, concitoyen de ses chefs. Oswald, un tel pays peut-il vous plaire ? — Dieu me préserve, répondit Oswald, de jamais renoncer à ma patrie ! mais quand vous aurez passé les Apennins, vous entendrez parler le toscan, vous verrez le véritable Midi ; vous connaîtrez le peuple spirituel et animé de ces contrées, et vous serez, je le crois, moins sévère pour l'Italie. »

On peut juger la nation italienne, suivant les circonstances, d'une manière tout à fait différente. Quelquefois le mal qu'on en a dit si souvent s'accorde avec ce que l'on voit ; et d'autres fois il paraît souverainement injuste. Dans un pays où la plupart des gouvernements étaient sans garantie, et l'empire de l'opinion presque aussi nul pour les premières classes que pour les dernières ; dans un pays où la religion est plus occupée du culte que de la morale, il y a peu de bien à dire de la nation, considérée d'une manière générale, mais on y rencontre beaucoup de qualités privées. C'est donc le hasard des relations individuelles qui inspire aux voyageurs la satire ou la louange ; les personnes que l'on connaît particulièrement décident du jugement qu'on porte sur la nation ; jugement qui ne peut trouver de base

[1] On avait annoncé, pour deux heures après midi, une éclipse de soleil à Bologne ; le peuple se rassembla sur la place publique pour la voir ; et, impatient de ce qu'elle tardait, il l'appelait impétueusement comme un acteur qui se fait attendre ; enfin, elle commença : et, comme le temps nébuleux empêchait qu'il ne produisît un grand effet, il se mit à la siffler à grand bruit, trouvant que le spectacle ne répondait pas à son attente.

fixe, ni dans les institutions, ni dans les mœurs, ni dans l'esprit public.

Oswald et Lucile allèrent voir ensemble les belles collections de tableaux qui sont à Bologne. Oswald, en les parcourant, s'arrêta longtemps devant la Sibylle, peinte par le Dominiquin. Lucile remarqua l'intérêt qu'excitait en lui ce tableau; et voyant qu'il s'oubliait longtemps à le contempler, elle osa s'approcher enfin, et lui demanda timidement si la Sibylle du Dominiquin parlait plus à son cœur que la Madone du Corrége. Oswald comprit Lucile, et fut étonné de tout ce que ce mot signifiait; il la regarda quelque temps sans lui répondre, et puis il lui dit : « La sibylle ne rend plus d'oracles; son génie, son talent, tout est fini : mais l'angélique figure du Corrége n'a rien perdu de ses charmes, et l'homme malheureux qui fit tant de mal à l'une ne trahira jamais l'autre. » En achevant ces mots, il sortit pour cacher son trouble.

LIVRE XX.

CONCLUSION.

CHAPITRE PREMIER.

Après ce qui s'était passé dans la galerie de Bologne, Oswald comprit que Lucile en savait plus sur ses relations avec Corinne qu'il ne l'avait imaginé, et il eut enfin l'idée que sa froideur et son silence venaient peut-être de quelques peines secrètes; cette fois néanmoins ce fut lui qui craignit l'explication que jusqu'alors Lucile avait redoutée. Le premier mot étant dit, elle aurait tout révélé si lord Nelvil l'avait voulu; mais il lui en coûtait trop de parler de Corinne au moment de la revoir, de s'engager par une promesse, enfin de traiter un sujet si propre à l'émouvoir, avec une personne qui lui causait toujours un sentiment de gêne, et dont il ne connaissait le caractère qu'imparfaitement.

Ils traversèrent les Apennins, et trouvèrent par delà le beau climat d'Italie. Le vent de mer, qui est si étouffant pendant l'été, répandait alors une douce chaleur; les gazons étaient verts; l'automne finissait à peine, et déjà le printemps semblait s'annoncer. On voyait dans les marchés les fruits de toute espèce, des oranges, des grenades. Le langage toscan commençait à se faire entendre; enfin tous les souvenirs de la belle Italie

rentraient dans l'âme d'Oswald; mais aucune espérance ne venait s'y mêler : il n'y avait que du passé dans toutes ses impressions. L'air suave du midi agissait aussi sur la disposition de Lucile : elle eût été plus confiante, plus animée, si lord Nelvil l'eût encouragée; mais ils étaient tous les deux retenus par une timidité pareille, inquiets de leur disposition mutuelle, et n'osant se communiquer ce qui les occupait. Corinne, dans une telle situation, eût bien vite obtenu le secret d'Oswald comme celui de Lucile; mais ils avaient l'un et l'autre le même genre de réserve, et plus ils se ressemblaient à cet égard, et plus il était difficile qu'ils sortissent de la situation contraire où ils se trouvaient.

CHAPITRE II.

En arrivant à Florence, lord Nelvil écrivit au prince Castel-Forte, et peu d'instants après le prince se rendit chez lui. Oswald fut si ému en le voyant, qu'il fut longtemps sans pouvoir lui parler; enfin il lui demanda des nouvelles de Corinne. « Je n'ai rien que de triste à vous dire sur elle, répondit le prince Castel-Forte : sa santé est très-mauvaise et s'affaiblit tous les jours. Elle ne voit personne que moi; l'occupation lui est souvent très-difficile; cependant je la croyais un peu plus calme, lorsque nous avons appris votre arrivée en Italie. Je ne puis vous cacher qu'à cette nouvelle son émotion a été si vive, que la fièvre qui l'avait quittée l'a reprise. Elle ne m'a point dit quelle était son intention relativement à vous, car j'évite avec grand soin de lui prononcer votre nom. — Ayez la bonté, prince, reprit Oswald, de lui faire voir la lettre que vous avez reçue de moi, il y a près de cinq ans : elle contient tous les détails des circonstances qui m'ont empêché d'apprendre son voyage en Angleterre avant que je fusse l'époux de Lucile; et quand elle l'aura lue, demandez-lui de me recevoir. J'ai besoin de lui parler pour justifier, s'il se peut, ma conduite. Son estime m'est nécessaire, quoique je ne doive plus prétendre à son intérêt. — Je remplirai vos désirs, milord, dit le prince Castel-Forte : je souhaiterais que vous lui fissiez quelque bien. »

Lady Nelvil entra dans ce moment, Oswald lui présenta le prince Castel-Forte : elle le reçut avec assez de froideur; il la regarda fort attentivement. Sa beauté sans doute le frappa, car il soupira en pensant à Corinne, et sortit. Lord Nelvil le suivit. « Elle est charmante lady Nelvil, dit le prince Castel-Forte; quelle jeunesse! quelle fraîcheur! Ma pauvre amie n'a plus rien de cet éclat; mais il ne faut pas oublier, milord, qu'elle était bien brillante aussi quand vous l'avez vue pour la première fois! — Non, je ne l'oublie pas, s'écria lord Nelvil; non je ne me pardonnerai jamais... » et il s'arrêta sans pouvoir achever ce qu'il voulait dire. Le reste du jour il fut silencieux et sombre. Lucile n'essaya pas de le distraire, et lord Nelvil était blessé de ce qu'elle ne l'essayait pas. Il se disait en lui-même : « Si Corinne m'avait vu triste, Corinne m'aurait consolé. »

Le lendemain matin, son inquiétude le conduisit de très-bonne heure chez le prince Castel-Forte. « Eh bien, lui dit-il, qu'a-t-elle répondu ? — Elle ne veut pas vous voir, répondit le prince Castel-Forte. — Et quels sont ses motifs ? — J'ai été hier chez elle, et je l'ai trouvée dans une agitation qui faisait bien de la peine. Elle marchait à grands pas dans sa chambre, malgré son extrême faiblesse; sa pâleur était quelquefois remplacée par une vive rougeur qui disparaissait aussitôt. Je lui ai dit que vous souhaitiez de la voir; elle a gardé le silence quelques instants, et m'a dit enfin ces paroles que je vous rendrai fidèlement, puisque vous l'exigez : « *C'est un homme qui m'a fait trop de mal. L'ennemi qui m'aurait jetée dans une prison, qui m'aurait bannie et proscrite, n'eût pas déchiré mon cœur à ce point. J'ai souffert ce que personne n'a jamais souffert, un mélange d'attendrissement et d'irritation qui faisait de mes pensées un supplice continuel. J'avais pour Oswald autant d'enthousiasme que d'amour. Il doit s'en souvenir; je lui ai dit une fois qu'il m'en coûterait moins de ne plus l'aimer, que de ne plus l'admirer. Il a flétri l'objet de mon culte, il m'a trompée volontairement ou involontairement, n'importe, il n'est pas celui que je croyais. Qu'a-t-il fait pour moi? Il a joui pendant près d'une année du sentiment qu'il m'inspirait; et quand il a fallu me défendre, et quand il a fallu manifester son cœur par une action, en a-t-il fait une? peut-il se vanter d'un sacrifice, d'un mouvement généreux? Il est heureux maintenant, il possède tous les avantages que le monde apprécie; moi, je me meurs, qu'il me laisse en paix.* »

« Ces paroles sont bien dures, dit Oswald. — Elle est aigrie par la souffrance, reprit le prince Castel-Forte : je lui ai vu souvent une disposition plus douce; souvent, permettez-moi de vous le dire, elle vous a défendu contre moi. — Vous me trouvez donc bien coupable? reprit lord Nelvil. — Me permettez-vous de vous le dire? je pense que vous l'êtes, dit le prince Castel-Forte. Les torts qu'on peut avoir avec une femme ne nuisent point dans l'opinion du monde; ces fragiles idoles, adorées aujourd'hui, peuvent être brisées demain, sans que personne prenne leur défense, et c'est pour cela même que je les respecte davantage; car la morale, à leur égard, n'est défendue que par notre propre cœur. Aucun inconvénient ne résulte pour nous de leur faire du mal, et cependant ce mal est affreux. Un coup de poignard est puni par les lois, et le déchirement d'un cœur sensible n'est l'objet que d'une plaisanterie; il vaudrait donc mieux se permettre le coup de poignard. — Croyez-moi, répondit lord Nelvil, moi aussi, j'ai été bien malheureux, c'est ma seule justification; mais autrefois Corinne eût entendu celle-là. Il se peut qu'elle ne lui fasse plus rien à présent. Néanmoins je veux lui écrire. Je crois encore qu'à travers tout ce qui nous sépare, elle entendra la voix de son ami. — Je lui remettrai votre lettre, dit le prince Castel-Forte; mais, je vous en conjure, ménagez-la : vous ne savez pas que vous êtes encore pour elle. Cinq ans ne font que rendre une impression plus profonde, quand aucune autre idée n'en a distrait : voulez-vous savoir dans quel état elle est à présent? une fantaisie bizarre, à laquelle mes prières n'ont pu la faire renoncer, vous en donnera l'idée. »

En achevant ces mots, le prince Castel-Forte ouvrit la porte de son cabinet, et lord Nelvil l'y suivit. Il vit d'abord le portrait de Corinne, telle qu'elle avait paru dans le premier acte de *Roméo et Juliette*, ce jour, celui de tous où il s'était senti le plus d'entraînement pour elle. Un air de confiance et de bonheur animait tous ses traits. Les souvenirs de ces temps de fête se réveillèrent tout entiers dans l'imagination de lord Nelvil; et comme il trouvait du plaisir à s'y livrer, le prince Castel-Forte le prit par la main, et, tirant un rideau de crêpe qui couvrait un autre tableau, il lui montra Corinne, telle qu'elle avait voulu se faire peindre cette année même, en robe noire, d'après le costume qu'elle n'avait point quitté depuis son retour d'Angleterre. Oswald se rappela tout à coup l'impression que lui avait faite une femme vêtue ainsi, qu'il avait aperçue à Hydeparck; mais ce qui le frappa surtout, ce fut l'inconcevable changement de la figure de Corinne. Elle était là, pâle comme la mort, les yeux à demi fermés; ses longues paupières voilaient ses regards et portaient une ombre sur ses joues sans couleur. Au bas du portrait était écrit ce vers du *Pastor fido :*

A pena si puo dir : Questa fu rosa [1].

« Quoi ! dit lord Nelvil, c'est ainsi qu'elle est

[1] A peine peut-on dire : Elle fut une rose.

maintenant? — Oui, répondit le prince Castel-Forte, et, depuis quinze jours, plus mal encore. » A ces mots, lord Nelvil sortit comme un insensé : l'excès de sa peine troublait sa raison.

CHAPITRE III.

Rentré chez lui, il s'enferma dans sa chambre tout le jour. Lucile vint à l'heure du dîner frapper doucement à sa porte. Il ouvrit, et lui dit : « Ma chère Lucile, permettez que je reste seul aujourd'hui, ne m'en sachez pas mauvais gré. » Lucile se retourna vers Juliette, qu'elle tenait par la main, l'embrassa, et s'éloigna sans prononcer un seul mot. Lord Nelvil referma sa porte, et se rapprocha de sa table sur laquelle était la lettre qu'il écrivait à Corinne. Mais il se dit en versant des pleurs : « Serait-il possible que je fisse aussi souffrir Lucile? A quoi sert donc ma vie, si tout ce qui m'aime est malheureux par moi? »

Lettre de lord Nelvil à Corinne.

« Si vous n'étiez pas la plus généreuse personne du monde, qu'aurais-je à vous dire? Vous pouvez m'accabler par vos reproches, et, ce qui est plus affreux encore, me déchirer par votre douleur. Suis-je un monstre, Corinne, puisque j'ai fait tant de mal à ce que j'aimais! Ah! je souffre tellement, que je ne puis me croire tout à fait barbare. Vous savez, quand je vous ai connue, que j'étais accablé par le chagrin qui me suivra jusqu'au tombeau. Je n'espérais pas le bonheur. J'ai lutté longtemps contre l'attrait que vous m'inspiriez. Enfin, quand il a eu triomphé de moi, j'ai toujours gardé dans mon âme un sentiment de tristesse, présage d'un malheureux sort. Tantôt je croyais que vous étiez un bienfait de mon père, qui veillait dans le ciel sur ma destinée, et voulait que je fusse encore aimé sur cette terre, comme il m'avait aimé pendant sa vie. Tantôt je croyais que je désobéissais à ses volontés, en épousant une étrangère, en m'écartant de la ligne tracée par mes devoirs et par ma situation. Ce dernier sentiment prévalut quand je fus de retour en Angleterre, quand j'appris que mon père avait condamné d'avance mon sentiment pour vous. S'il avait vécu, je me serais cru le droit de lutter, à cet égard, contre son autorité; mais ceux qui ne sont plus ne peuvent nous entendre, et leur volonté sans force porte un caractère touchant et sacré.

« Je me retrouvai au milieu des habitudes et des liens de la patrie; je rencontrai votre sœur, que mon père m'avait destinée, et qui convenait si bien au besoin du repos, au projet d'une vie régulière. J'ai dans le caractère une sorte de faiblesse qui me fait redouter ce qui agite l'existence. Mon esprit est séduit par des espérances nouvelles; mais j'ai tant éprouvé de peines, que mon âme malade craint tout ce qui l'expose à des émotions trop fortes, à des résolutions pour lesquelles il faut heurter mes souvenirs et les affections nées avec moi. Cependant, Corinne, si je vous avais sue en Angleterre, jamais je n'aurais pu me détacher de vous. Cette admirable preuve de tendresse eût entraîné mon cœur incertain. Ah! pourquoi dire ce que j'aurais fait! Serions-nous heureux? suis-je capable de l'être? Incertain comme je le suis, pouvais-je choisir un sort, quelque beau qu'il fût, sans en regretter un autre?

« Quand vous me rendîtes ma liberté, je fus irrité contre vous; je rentrai dans les idées que le commun des hommes doit prendre en vous voyant. Je me dis qu'une personne aussi supérieure se passerait facilement de moi. Corinne, j'ai déchiré votre cœur, je le sais; mais je croyais n'immoler que moi. Je pensais que j'étais plus que vous inconsolable, et que vous m'oublieriez, quand vous regretterais toujours. Enfin les circonstances m'enlacèrent, et je ne veux point nier que Lucile ne soit digne et des sentiments qu'elle m'inspire, et de bien mieux encore. Mais dès que je sus votre voyage en Angleterre, et le malheur que je vous avais causé, il n'y eut plus dans ma vie qu'une peine continuelle. J'ai cherché la mort pendant quatre ans, au milieu de la guerre, certain qu'en apprenant que je n'étais plus, vous me trouveriez justifié. Sans doute vous avez à m'opposer une vie de regrets et de douleurs, une fidélité profonde pour un ingrat qui ne la méritait pas; mais songez que la destinée des hommes se complique de mille rapports divers qui troublent la constance du cœur. Cependant, s'il est vrai que je n'ai pu ni trouver ni donner le bonheur; s'il est vrai que je vis seul depuis que je vous ai quittée, que jamais je ne parle du fond de mon cœur, que la mère de mon enfant, que celle que je dois aimer à tant de titres, reste étrangère à mes secrets comme à mes pensées; s'il est vrai qu'un état habituel de tristesse m'ait replongé dans cette maladie dont vos soins, Corinne, m'avaient autrefois tiré; si je suis venu en Italie, non pas pour me guérir, vous ne croyez pas que j'aime la vie, mais pour vous

« dire adieu : refuserez-vous de me voir une fois,
« une seule fois? Je le souhaite, parce que je crois
« que je vous ferais du bien. Ce n'est pas ma pro-
« pre souffrance qui me détermine. Qu'importe
« que je sois bien misérable! qu'importe qu'un
« poids affreux pèse sur mon cœur, si je m'en vais
« d'ici sans vous avoir parlé, sans avoir obtenu de
« vous mon pardon! Il faut que je sois malheu-
« reux, et certainement je le serai. Mais il me sem-
« ble que votre cœur serait soulagé si vous pouviez
« penser à moi comme à votre ami, si vous aviez
« vu combien vous m'êtes chère, si vous l'aviez
« senti par ces regards, par cet accent d'Oswald,
« de ce criminel dont le sort est plus changé que
« le cœur.

« Je respecte mes liens, j'aime votre sœur; mais
« le cœur humain, bizarre, inconséquent, tel qu'il
« l'est, peut renfermer et cette tendresse et celle
« que j'éprouve pour vous. Je n'ai rien à dire de
« moi qui puisse s'écrire; tout ce qu'il faut expli-
« quer me condamne. Néanmoins si vous me voyiez
« me prosterner devant vous, vous pénétreriez, à
« travers tous mes torts et tous mes devoirs, ce
« que vous êtes encore pour moi, et cet entretien
« vous laisserait un sentiment doux. Hélas! notre
« santé est bien faible à tous les deux, et je ne
« crois pas que le ciel nous destine une longue vie.
« Que celui de nous deux qui précédera l'autre se
« sente regretté, se sente aimé de l'ami qu'il lais-
« sera dans ce monde! L'innocent devrait seul
« avoir cette jouissance; mais qu'elle soit aussi ac-
« cordée au coupable!

« Corinne, sublime amie, vous qui lisez dans les
« cœurs, devinez ce que je ne puis dire; entendez-
« moi comme vous m'entendiez. Laissez-moi vous
« voir; permettez que mes lèvres pâles pressent
« vos mains affaiblies : ah! ce n'est pas moi seul
« qui ai fait ce mal, c'est le même sentiment qui
« nous a consumés tous les deux : c'est la destinée
« qui a frappé deux êtres qui s'aimaient : mais elle
« a dévoué l'un d'eux au crime, et celui-là, Corinne,
« n'est peut-être pas le moins à plaindre! »

Réponse de Corinne.

« S'il ne fallait pour vous voir que vous par-
« donner, je ne m'y serais pas un instant refusée.
« Je ne sais pourquoi je n'ai point de ressentiment
« contre vous, bien que la douleur que vous m'a-
« vez causée me fasse frissonner d'effroi. Il faut
« que je vous aime encore, pour n'avoir aucun
« mouvement de haine; la religion seule ne suffi-
« rait pas pour me désarmer ainsi. J'ai eu des

« moments où ma raison était altérée; d'autres,
« et c'étaient les plus doux, où j'ai cru mourir
« avant la fin du jour, par le serrement de cœur
« qui m'oppressait; d'autres enfin où j'ai douté de
« tout, même de la vertu; vous étiez pour moi son
« image ici-bas, et je n'avais plus de guide pour
« mes pensées comme pour mes sentiments, quand
« le même coup frappait en moi l'admiration et
« l'amour.

« Que serais-je devenue sans le secours céleste?
« Il n'y a rien dans ce monde qui ne fût empoi-
« sonné par votre souvenir. Un seul asile me res-
« tait au fond de l'âme, Dieu m'y a reçue. Mes
« forces physiques vont en décroissant; mais il
« n'en est pas ainsi de l'enthousiasme qui me sou-
« tient. Se rendre digne de l'immortalité est, je
« me plais à le croire, le seul but de l'existence.
« Bonheur, souffrances, tout est moyen pour ce
« but; et vous avez été choisi pour déraciner ma
« vie de la terre : j'y tenais par un lien trop fort.

« Quand j'ai appris votre arrivée en Italie, quand
« j'ai revu votre écriture, quand je vous ai su là,
« de l'autre côté de la rivière, j'ai senti dans mon
« âme un tumulte effrayant. Il fallait me rappeler
« sans cesse que ma sœur était votre femme, pour
« combattre ce que j'éprouvais. Je ne vous le cache
« point, vous revoir me semblait un bonheur, une
« émotion indéfinissable, que mon cœur enivré de
« nouveau préférait à des siècles de calme; mais
« la Providence ne m'a point abandonnée dans ce
« péril. N'êtes-vous pas l'époux d'une autre? Que
« pouvais-je donc avoir à vous dire? M'était-il
« même permis de mourir entre vos bras? Et que
« me restait-il pour ma conscience, si je ne faisais
« aucun sacrifice, si je voulais encore un dernier
« jour, une dernière heure? Maintenant je compa-
« raîtrai devant Dieu, peut-être avec plus de con-
« fiance, puisque j'ai su renoncer à vous voir. Cette
« grande résolution apaisera mon âme. Le bon-
« heur tel que je l'ai senti quand vous m'aimiez,
« n'est pas en harmonie avec notre nature : il
« agite, il inquiète, il est si prêt à passer! Mais
« une prière habituelle, une rêverie religieuse, qui
« a pour but de se perfectionner soi-même, de se
« décider dans tout par le sentiment du devoir,
« est un état doux, et je ne puis savoir quel ravage
« le seul son de votre voix pourrait produire dans
« cette vie de repos que je crois avoir obtenue.
« Vous m'avez fait beaucoup de mal en me disant
« que votre santé était altérée. Ah! ce n'est pas
« moi qui la soigne; mais c'est encore moi qui
« souffre avec vous. Que Dieu bénisse vos jours,
« milord; soyez heureux, mais soyez-le par la

« piété. Une communication secrète avec la Divi-
« nité semble placer en nous-mêmes l'être qui se
« confie et la voix qui lui répond; elle fait deux
« amis d'une seule âme. Chercheriez-vous encore
« ce qu'on appelle le bonheur? Ah! trouverez-vous
« mieux que ma tendresse? Savez-vous que dans
« les déserts du nouveau monde j'aurais béni mon
« sort, si vous m'aviez permis de vous y suivre?
« Savez-vous que je vous aurais servi comme une
« esclave? Savez-vous que je me serais prosternée
« devant vous comme devant un envoyé du ciel,
« si vous m'aviez fidèlement aimée? Eh bien, qu'a-
« vez-vous fait de tant d'amour? qu'avez-vous fait
« de cette affection unique en ce monde? un mal-
« heur unique comme elle. Ne prétendez donc
« plus au bonheur; ne m'offensez pas en croyant
« l'obtenir encore. Priez comme moi, priez, et que
« nos pensées se rencontrent dans le ciel.

« Cependant, quand je me sentirai tout à fait
« près de ma fin, peut-être me placerai-je dans
« quelque lieu pour vous voir passer. Pourquoi ne
« le ferais-je pas? Certainement quand mes yeux
« se troubleront, quand je ne verrai plus rien au
« dehors, votre image m'apparaîtra. Si je vous
« avais revu nouvellement, cette illusion ne serait-
« elle pas plus distincte? Les divinités, chez les
« anciens, n'étaient jamais présentes à la mort; je
« vous éloignerai de la mienne : mais je souhaite
« qu'un souvenir récent de vos traits puisse en-
« core se retracer dans mon âme défaillante. Os-
« wald, Oswald, qu'est-ce que j'ai dit! vous voyez
« ce que je suis quand je m'abandonne à votre
« souvenir.

« Pourquoi Lucile n'a-t-elle pas désiré de me
« voir? c'est votre femme, mais c'est aussi ma
« sœur. J'ai des paroles douces, j'en ai même de
« généreuses à lui adresser. Et votre fille, pour-
« quoi ne m'a-t-elle pas été amenée? Je ne dois
« pas vous voir : mais ce qui vous entoure est ma
« famille : en suis-je donc rejetée? Craint-on que
« la pauvre petite Juliette ne s'attriste en me
« voyant? Il est vrai que j'ai l'air d'une ombre,
« mais je saurais sourire pour votre enfant. Adieu,
« milord, adieu; pensez-vous que je pourrais vous
« appeler mon frère? mais ce serait parce que
« vous êtes l'époux de ma sœur. Ah! du moins
« vous serez en deuil quand je mourrai, vous as-
« sisterez, comme parent, à mes funérailles. C'est
« à Rome que mes cendres seront d'abord trans-
« portées; faites passer mon cercueil sur la route
« que parcourut jadis mon char de triomphe, et
« reposez-vous dans le lieu même où vous m'avez
« rendu ma couronne. Non, Oswald, non, j'ai

« tort. Je ne veux rien qui vous afflige : je veux
« seulement une larme, et quelques regards vers
« le ciel, où je vous attendrai. »

CHAPITRE IV.

Plusieurs jours s'écoulèrent sans qu'Oswald pût
retrouver du calme, après l'impression déchirante
que lui avait causée la lettre de Corinne. Il fuyait
la présence de Lucile, il passait les heures entières
sur le bord de la rivière qui conduisait à la maison
de Corinne, et souvent il fut tenté de se jeter dans
les flots, pour être au moins porté, quand il ne
serait plus, vers cette demeure dont l'entrée lui
était refusée pendant sa vie. La lettre de Corinne
lui apprenait qu'elle eût désiré de voir sa sœur;
et bien qu'il s'étonnât de ce souhait, il avait envie
de la satisfaire; mais comment aborder cette question auprès de Lucile? Il apercevait bien qu'elle
était blessée de sa tristesse; il aurait voulu qu'elle
l'interrogeât, mais il ne pouvait se résoudre à parler le premier, et Lucile trouvait toujours le moyen
d'amener la conversation sur des sujets indifférents, de proposer une promenade, enfin de détourner un entretien qui aurait pu conduire à une
explication. Elle parlait quelquefois de son désir
de quitter Florence pour aller voir Rome et Naples. Lord Nelvil ne la contredisait jamais; seulement il demandait encore quelques jours de
retard, et Lucile alors y consentait avec une expression de physionomie digne et froide.

Oswald voulut au moins que Corinne vît sa fille,
et il ordonna secrètement à sa bonne de la conduire chez elle. Il alla au-devant de l'enfant comme
elle revenait, et lui demanda si elle avait été contente de sa visite. Juliette lui répondit par une
phrase italienne, et sa prononciation, qui ressemblait à celle de Corinne, fit tressaillir Oswald.
« Qui vous a appris cela, ma fille? dit-il. — La
dame que je viens de voir, répondit-elle. — Et
comment vous a-t-elle reçue? — Elle a beaucoup
pleuré en me voyant, dit Juliette; je ne sais pourquoi. Elle m'embrassait et pleurait, et cela lui faisait mal, car elle a l'air bien malade. — Et vous
plaît-elle, cette dame, ma fille? continua lord Nelvil. — Beaucoup, répondit Juliette; j'y veux aller
tous les jours. Elle m'a promis de m'apprendre
tout ce qu'elle sait. Elle dit qu'elle veut que je
ressemble à Corinne. Qu'est-ce que c'est que Corinne, mon père? cette dame n'a pas voulu me le
dire. » Lord Nelvil ne répondit plus, et s'éloigna
pour cacher son attendrissement. Il ordonna que
tous les jours, pendant la promenade de Juliette,

on la menât chez Corinne; et peut-être eut-il tort envers Lucile en disposant ainsi de sa fille sans son consentement. Mais, en peu de jours, l'enfant fit des progrès inconcevables dans tous les genres. Son maître d'italien était ravi de sa prononciation. Ses maîtres de musique admiraient déjà ses premiers essais.

Rien de tout ce qui s'était passé n'avait fait autant de peine à Lucile que cette influence donnée à Corinne sur l'éducation de sa fille. Elle savait par Juliette que la pauvre Corinne, dans son état de faiblesse et de dépérissement, se donnait une peine extrême pour l'instruire et lui communiquer tous ses talents, comme un héritage qu'elle se plaisait à lui léguer de son vivant. Lucile en eût été touchée, si elle n'eût pas cru voir dans tous ses soins le projet de détacher d'elle lord Nelvil; mais elle était combattue entre le désir bien naturel de diriger seule sa fille, et le reproche qu'elle se faisait de lui enlever des leçons qui ajoutaient à ses agréments d'une manière si remarquable. Un jour lord Nelvil passait dans la chambre comme Juliette prenait une leçon de musique. Elle tenait une harpe en forme de lyre, proportionnée à sa taille, de la même manière que Corinne; et ses petits bras et ses jolis regards l'imitaient parfaitement. On croyait voir la miniature d'un beau tableau, avec la grâce de l'enfance de plus, qui mêle à tout un charme innocent. Oswald, à ce spectacle, fut tellement ému, qu'il ne pouvait prononcer un mot, et il s'assit en tremblant. Juliette alors exécuta sur sa harpe un air écossais, que Corinne avait fait entendre à lord Nelvil, à Tivoli, en présence d'un tableau d'Ossian. Pendant qu'Oswald, en l'écoutant, respirait à peine, Lucile s'avança derrière lui sans qu'il l'aperçût. Quand Juliette eut fini, son père la prit sur ses genoux, et lui dit : « La dame qui demeure sur le bord de l'Arno vous a donc appris à jouer ainsi? — Oui, répondit Juliette, mais il lui en a bien coûté pour le faire, elle s'est trouvée mal souvent lorsqu'elle m'enseignait. Je l'ai priée plusieurs fois de cesser, mais elle n'a pas voulu; et seulement elle m'a fait promettre de vous répéter cet air tous les ans, un certain jour, le dix-sept de novembre, je crois. — Ah! mon Dieu! » s'écria lord Nelvil; et il embrassa sa fille en versant beaucoup de larmes.

Lucile alors se montra, et prenant Juliette par la main, elle dit à son époux en anglais : « C'est trop, milord, de vouloir aussi détourner de moi l'affection de ma fille; cette consolation m'était due dans mon malheur. » En achevant ces mots,

elle emmena Juliette. Lord Nelvil voulut en vain la suivre; elle s'y refusa; et seulement, à l'heure du dîner, il apprit qu'elle était sortie pendant plusieurs heures, seule, et sans dire où elle allait. Il s'inquiétait mortellement de son absence, lorsqu'il la vit revenir avec une expression de douceur et de calme dans la physionomie, tout à fait différente de ce qu'il attendait. Il voulut enfin lui parler avec confiance, et tâcher d'obtenir d'elle son pardon par la sincérité; mais elle lui dit : « Souffrez, milord, que cette explication, nécessaire à tous les deux, soit encore retardée. Vous saurez dans peu les motifs de ma prière. »

Pendant le dîner, elle mit dans la conversation beaucoup plus d'intérêt que de coutume : plusieurs jours se passèrent ainsi, durant lesquels Lucile se montrait constamment plus aimable et plus animée qu'à l'ordinaire. Lord Nelvil ne pouvait rien concevoir à ce changement. Voici quelle en était la cause. Lucile avait été très-blessée des visites de sa fille chez Corinne, et de l'intérêt que lord Nelvil paraissait prendre aux progrès que les leçons de Corinne faisaient faire à cette enfant. Tout ce qu'elle avait renfermé dans son cœur depuis si longtemps s'était échappé dans ce moment; et, comme il arrive aux personnes qui sortent de leur caractère, elle prit tout à coup une résolution très-vive, et partit pour aller voir Corinne, et lui demander si elle était résolue à la troubler toujours dans son sentiment pour son époux. Lucile se parlait à elle-même avec force, jusqu'au moment où elle arriva devant la porte de Corinne. Mais il lui prit alors un tel mouvement de timidité, qu'elle n'aurait jamais pu se résoudre à entrer, si Corinne, qui l'aperçut de sa fenêtre, ne lui avait envoyé Thérésine pour la prier de venir chez elle. Lucile monta dans la chambre de Corinne, et toute son irritation contre elle disparut en la voyant; elle se sentit au contraire profondément attendrie par l'état déplorable de la santé de sa sœur, et ce fut en pleurant qu'elle l'embrassa.

Alors commença entre les deux sœurs un entretien plein de franchise de part et d'autre. Corinne donna la première l'exemple de cette franchise; mais il eût été impossible à Lucile de ne pas le suivre. Corinne exerça sur sa sœur l'ascendant qu'elle avait sur tout le monde; on ne pouvait conserver avec elle ni dissimulation ni contrainte. Corinne ne cacha point à Lucile qu'elle se croyait certaine de n'avoir plus que peu de temps à vivre : et sa pâleur et sa faiblesse ne le prouvaient que trop. Elle aborda simplement avec

Lucile les sujets d'entretien les plus délicats; elle
lui parla de son bonheur et de celui d'Oswald.
Elle savait par tout ce que le prince Castel-Forte
lui avait raconté, et mieux encore par ce qu'elle
avait deviné, que la contrainte et la froideur existaient souvent dans leur intérieur; et, se servant
alors de l'ascendant que lui donnaient et son esprit et la fin prochaine dont elle était menacée,
elle s'occupa généreusement de rendre Lucile plus
heureuse avec lord Nelvil. Connaissant parfaitement le caractère de celui-ci, elle fit comprendre
à Lucile pourquoi il avait besoin de trouver dans
celle qu'il aimait une manière d'être, à quelques
égards, différente de la sienne; une confiance
spontanée, parce que sa réserve naturelle l'empêchait de la solliciter; plus d'intérêt, parce qu'il
était susceptible de découragement; et de la gaieté,
précisément parce qu'il souffrait de sa propre
tristesse. Corinne se peignit elle-même dans les
jours brillants de sa vie; elle se jugea comme elle
aurait pu juger une étrangère, et montra vivement à Lucile combien serait agréable une personne qui, avec la conduite la plus régulière et la
moralité la plus rigide, aurait cependant tout le
charme, tout l'abandon, tout le désir de plaire
qu'inspire quelquefois le besoin de réparer des
torts.

« On a vu, dit Corinne à Lucile, des femmes
aimées non-seulement malgré leurs erreurs, mais
à cause de ces erreurs mêmes. La raison de cette
bizarrerie est peut-être que ces femmes cherchaient à se montrer plus aimables, pour se les
faire pardonner, et n'imposaient point de gêne,
parce qu'elles avaient besoin d'indulgence. Ne
soyez donc pas, Lucile, fière de votre perfection;
que votre charme consiste à l'oublier, à ne vous
en point prévaloir. Il faut que vous soyez vous et
moi tout à la fois; que vos vertus ne vous autorisent jamais à la plus légère négligence pour vos
agréments, et que vous ne vous fassiez point un
titre de ces vertus, pour vous permettre l'orgueil
et la froideur. Si cet orgueil n'était pas fondé,
il blesserait peut-être moins; car user de ses
droits refroidit le cœur plus que les prétentions
injustes : le sentiment se plaît surtout à donner
ce qui n'est pas dû. »

Lucile remerciait sa sœur avec tendresse de la
bonté qu'elle lui témoignait, et Corinne lui disait :
« Si je devais vivre, je n'en serais pas capable;
mais puisque je dois bientôt mourir, mon seul désir personnel est encore qu'Oswald retrouve dans
vous et dans sa fille quelques traces de mon influence, et que jamais du moins il ne puisse avoir

une jouissance de sentiment sans se rappeler Corinne. » Lucile revint tous les jours chez sa sœur,
et s'étudiait, par une modestie bien aimable, et
par une délicatesse de sentiment plus aimable encore, à ressembler à la personne qu'Oswald avait
le plus aimée. La curiosité de lord Nelvil s'accroissait tous les jours en remarquant les grâces
nouvelles de Lucile. Il devina bien vite qu'elle
avait vu Corinne; mais il ne put obtenir aucun
aveu sur ce sujet. Corinne, dès son premier entretien avec Lucile, avait exigé le secret de leurs
rapports ensemble. Elle se proposait de voir une
fois Oswald et Lucile réunis, mais seulement, à
ce qu'il paraît, quand elle se croirait assurée de
n'avoir plus que peu d'instants à vivre. Elle voulait tout dire et tout éprouver à la fois; et elle
enveloppait ce projet d'un tel mystère, que Lucile
elle-même ne savait pas de quelle manière elle
avait résolu de l'accomplir.

CHAPITRE V.

Corinne, se croyant atteinte d'une maladie mortelle, souhaitait de laisser à l'Italie, et surtout à
lord Nelvil, un dernier adieu qui rappelât le temps
où son génie brillait dans tout son éclat. C'est
une faiblesse qu'il faut lui pardonner. L'amour et
la gloire s'étaient toujours confondus dans son
esprit, et jusqu'au moment où son cœur fit le sacrifice de tous les attachements de la terre, elle
désira que l'ingrat qui l'avait abandonnée sentît
encore une fois que c'était à la femme de son
temps qui savait le mieux aimer et penser, qu'il
avait donné la mort. Corinne n'avait plus la force
d'improviser; mais dans la solitude elle composait
encore des vers, et depuis l'arrivée d'Oswald elle
semblait avoir repris un intérêt plus vif à cette
occupation. Peut-être désirait-elle de lui rappeler,
avant de mourir, son talent et ses succès; enfin,
tout ce que le malheur et l'amour lui faisaient
perdre. Elle choisit donc un jour pour réunir
dans une des salles de l'académie de Florence, tous
ceux qui désiraient entendre ce qu'elle avait écrit.
Elle confia son dessein à Lucile, et la pria d'amener son époux. « Je puis vous le demander, lui
dit-elle, dans l'état où je suis. »

Un trouble affreux saisit Oswald en apprenant
la résolution de Corinne. Lirait-elle ses vers elle-
même? quel sujet voulait-elle traiter? Enfin il suffisait de la possibilité de la voir pour bouleverser
entièrement l'âme d'Oswald. Le matin du jour
désigné, l'hiver, qui se fait si rarement sentir en
Italie, s'y montra pour un moment comme dans

les climats du Nord. On entendait un vent horrible siffler dans les maisons. La pluie battait avec violence sur les carreaux des fenêtres, et, par une singularité dont il y a cependant plus d'exemples en Italie que partout ailleurs, le tonnerre se faisait entendre au milieu du mois de janvier, et mêlait un sentiment de terreur à la tristesse du mauvais temps. Oswald ne prononçait pas un seul mot, mais toutes les sensations extérieures semblaient augmenter le frisson de son âme.

Il arriva dans la salle avec Lucile. Une foule immense y était rassemblée. A l'extrémité, dans un endroit fort obscur, un fauteuil était préparé, et lord Nelvil entendit dire autour de lui que Corinne devait s'y placer, parce qu'elle était si malade qu'elle ne pourrait pas réciter elle-même ses vers. Craignant de se montrer, tant elle était changée, elle avait choisi ce moyen pour voir Oswald sans être vue. Dès qu'elle sut qu'il y était, elle alla voilée vers ce fauteuil. Il fallut la soutenir pour qu'elle pût avancer; sa démarche était chancelante. Elle s'arrêtait de temps en temps pour respirer, et l'on eût dit que ce court espace était un pénible voyage. Ainsi les derniers pas de la vie sont toujours lents et difficiles. Elle s'assit, chercha des yeux à découvrir Oswald, l'aperçut, et, par un mouvement tout à fait involontaire, elle se leva, tendit les bras vers lui, mais retomba l'instant d'après, en détournant son visage, comme Didon lorsqu'elle rencontre Énée dans un monde où les passions humaines ne doivent plus pénétrer. Le prince Castel-Forte retint lord Nelvil, qui, tout à fait hors de lui, voulait se précipiter à ses pieds; il le contint par le respect qu'il devait à Corinne, en présence de tant de monde.

Une jeune fille, vêtue de blanc et couronnée de fleurs, parut sur une espèce d'amphithéâtre qu'on avait préparé. C'était elle qui devait chanter les vers de Corinne. Il y avait un contraste touchant entre ce visage si paisible et si doux, ce visage où les peines de la vie n'avaient encore laissé aucune trace, et les paroles qu'elle allait prononcer. Mais ce contraste même avait plu à Corinne; il répandait quelque chose de serein sur les pensées trop sombres de son âme abattue. Une musique noble et sensible prépara les auditeurs à l'impression qu'ils allaient recevoir. Le malheureux Oswald ne pouvait détacher ses regards de Corinne, de cette ombre qui lui semblait une apparition cruelle, dans une nuit de délire; et ce fut à travers ses sanglots qu'il entendit ce chant du cygne, que la femme envers laquelle il était si coupable lui adressait encore au fond du cœur.

DERNIER CHANT DE CORINNE.

« Recevez mon salut solennel, ô mes concitoyens!
« Déjà la nuit s'avance à mes regards, mais le ciel
« n'est-il pas plus beau pendant la nuit? Des mil-
« liers d'étoiles le décorent; il n'est de jour qu'un
« désert. Ainsi les ombres éternelles révèlent d'in-
« nombrables pensées que l'éclat de la prospérité
« faisait oublier. Mais la voix qui pourrait en ins-
« truire s'affaiblit par degrés; l'âme se retire en
« elle-même, et cherche à rassembler sa dernière
« chaleur.

« Dès le premier jour de ma jeunesse, je promis
« d'honorer ce nom de Romaine qui fait encore
« tressaillir le cœur. Vous m'avez permis la gloire,
« ô vous, nation libérale, qui ne bannissez point
« les femmes de son temple, vous qui ne sacrifiez
« point des talents immortels aux jalousies passa-
« gères, vous qui toujours applaudissez à l'essor
« du génie : ce vainqueur sans vaincus, ce conqué-
« rant sans dépouilles, qui puise dans l'éternité
« pour enrichir le temps!

« Quelle confiance m'inspiraient jadis la nature
« et la vie! Je croyais que tous les malheurs ve-
« naient de ne pas assez penser, de ne pas assez
« sentir, et que déjà sur la terre on pouvait goûter
« d'avance la félicité céleste, qui n'est que la du-
« rée dans l'enthousiasme, et la constance dans
« l'amour.

« Non, je ne me repens point de cette exaltation
« généreuse; non, ce n'est point elle qui m'a fait
« verser les pleurs dont la poussière qui m'attend
« est arrosée. J'aurais rempli ma destinée, j'aurais
« été digne des bienfaits du ciel, si j'avais consacré
« ma lyre retentissante à célébrer la bonté divine,
« manifestée par l'univers.

« Vous ne rejetez point, ô mon Dieu! le tribut
« des talents. L'hommage de la poésie est religieux,
« et les ailes de la pensée servent à se rapprocher
« de vous.

« Il n'y a rien d'étroit, rien d'asservi, rien de
« limité dans la religion. Elle est l'immense, l'in-
« fini, l'éternel; et loin que le génie puisse détour-
« ner d'elle, l'imagination, de son premier élan,
« dépasse les bornes de la vie, et le sublime en
« tout genre est un reflet de la Divinité.

« Ah! si je n'avais aimé qu'elle, si j'avais placé
« ma tête dans le ciel, à l'abri des affections ora-
« geuses, je ne serais pas brisée avant le temps;
« des fantômes n'auraient pas pris la place de mes
« brillantes chimères. Malheureuse! mon génie,
« s'il subsiste encore, se fait sentir seulement par
« la force de ma douleur; c'est sous les traits d'une

« puissance ennemie qu'on peut encore le recon-
« naître.

« Adieu donc, mon pays, adieu donc, la contrée
« où je reçus le jour. Souvenirs de l'enfance, adieu.
« Qu'avez-vous à faire avec la mort? Vous qui dans
« mes écrits avez trouvé des sentiments qui répon-
« daient à votre âme; ô mes amis, dans quelque
« lieu que vous soyez, adieu. Ce n'est point pour
« une indigne cause que Corinne a tant souffert;
« elle n'a pas du moins perdu ses droits à la pitié.

« Belle Italie! c'est en vain que vous me pro-
« mettez tous vos charmes, que pourriez-vous pour
« un cœur délaissé? Ranimeriez-vous mes souhaits
« pour accroître mes peines? Me rappelleriez-vous
« le bonheur pour me révolter contre mon sort?

« C'est avec douceur que je m'y soumets. O vous
« qui me survivrez! quand le printemps reviendra,
« souvenez-vous combien j'aimais sa beauté; que
« de fois j'ai vanté son air et ses parfums? Rappe-
« lez-vous quelquefois mes vers, mon âme y est
« empreinte; mais des muses fatales, l'amour et
« le malheur, ont inspiré mes derniers chants.

« Quand les desseins de la Providence sont ac-
« complis sur nous, une musique intérieure nous
« prépare à l'arrivée de l'ange de la mort. Il n'a
« rien d'effrayant, rien de terrible; il porte des
« ailes blanches, bien qu'il marche entouré de la
« nuit; mais avant sa venue, mille présages l'an-
« noncent.

« Si le vent murmure, on croit entendre sa voix.
« Quand le jour tombe, il y a de grandes ombres
« dans la campagne, qui semblent les replis de sa
« robe traînante. A midi, quand les possesseurs
« de la vie ne voient qu'un ciel serein, ne sentent
« qu'un beau soleil, celui que l'ange de la mort
« réclame aperçoit dans le lointain un nuage qui
« va bientôt couvrir la nature entière à ses yeux.

« Espérance, jeunesse, émotions du cœur, c'en
« est donc fait. Loin de moi des regrets trompeurs !
« si j'obtiens encore quelques larmes, si je me crois
« encore aimée, c'est parce que je vais disparaî-
« tre; mais si je ressaisissais la vie, elle retourne-
« rait bientôt contre moi tous ses poignards.

« Et vous, Rome, où mes cendres seront trans-
« portées, pardonnez, vous qui avez tant vu mou-
« rir, si je rejoins d'un pas tremblant vos ombres
« illustres; pardonnez-moi de me plaindre. Des
« sentiments, des pensées, peut-être nobles, peut-
« être fécondes, s'éteignent avec moi, et, de tou-
« tes les facultés de l'âme que je tiens de la nature,
« celle de souffrir est la seule que j'aie exercée
« tout entière.

« N'importe, obéissons. Le grand mystère de

« la mort, quel qu'il soit, doit donner du calme.
« Vous m'en répondez, tombeaux silencieux! vous
« m'en répondez, divinité bienfaisante! J'avais
« choisi sur la terre, et mon cœur n'a plus d'asile.
« Vous décidez pour moi; mon sort en vaudra
« mieux. »

Ainsi finit le dernier chant de Corinne; la salle
retentit d'un triste et profond murmure d'applaudissements. Lord Nelvil, ne pouvant soutenir la
violence de son émotion, perdit entièrement connaissance. Corinne, en le voyant dans cet état,
voulut aller vers lui; mais ses forces lui manquèrent au moment où elle essayait de se lever : on
la rapporta chez elle; et depuis ce moment il n'y
eut plus d'espoir de la sauver.

Elle fit demander un prêtre respectable en qui
elle avait une grande confiance, et s'entretint longtemps avec lui. Lucile se rendit auprès d'elle; la
douleur d'Oswald l'avait tellement émue, qu'elle
se jeta elle-même aux pieds de sa sœur, pour la
conjurer de le recevoir. Corinne s'y refusa sans
qu'aucun ressentiment en fût la cause. « Je lui
pardonne, dit-elle, d'avoir déchiré mon cœur; les
hommes ne savent pas le mal qu'ils font, et la société leur persuade que c'est un jeu de remplir une
âme de bonheur, et d'y faire ensuite succéder le
désespoir. Mais, au moment de mourir, Dieu m'a
fait la grâce de retrouver du calme, et je sens que
la vue d'Oswald remplirait mon âme de sentiments
qui ne s'accordent point avec les angoisses de la
mort. La religion seule a des secrets pour ce terrible passage. Je pardonne à celui que j'ai tant
aimé, continua-t-elle d'une voix affaiblie; qu'il vive
heureux avec vous! Mais quand le temps viendra
qu'à son tour il sera près de quitter la vie, qu'il
se souvienne alors de la pauvre Corinne. Elle veillera sur lui, si Dieu le permet; car on ne cesse
point d'aimer, quand ce sentiment est assez fort
pour coûter la vie. »

Oswald était sur le seuil de la porte, quelquefois voulant entrer malgré la défense positive de
Corinne, quelquefois anéanti par la douleur. Lucile allait de l'un à l'autre : ange de paix entre le
désespoir et l'agonie.

Un soir, on crut que Corinne était mieux, et
Lucile obtint d'Oswald qu'ils iraient ensemble passer quelques instants auprès de leur fille; ils ne
l'avaient pas vue depuis trois jours. Corinne pendant ce temps se trouva plus mal, et remplit tous
les devoirs de sa religion. On assure qu'elle dit au
vieillard vénérable qui reçut ses aveux solennels :
« Mon père, vous connaissez maintenant ma triste
destinée, jugez-moi. Je ne me suis jamais vengée

du mal qu'on m'a fait; jamais une douleur vraie ne m'a trouvée insensible; mes fautes ont été celles des passions, qui n'auraient pas été condamnables en elles-mêmes, si l'orgueil et la faiblesse humaine n'y avaient pas mêlé l'erreur et l'excès. Croyez-vous, ô mon père! vous que la vie a plus long-temps éprouvé que moi, croyez-vous que Dieu me pardonnera? — Oui, ma fille, lui dit le vieillard, je l'espère; votre cœur est-il maintenant tout à lui? — Je le crois, mon père, répondit-elle; écartez loin de moi ce portrait (c'était celui d'Oswald), et mettez sur mon cœur l'image de celui qui descendit sur la terre, non pour la puissance, non pour le génie, mais pour la souffrance et la mort; elles en avaient grand besoin. » Corinne aperçut alors le prince Castel-Forte qui pleurait auprès de son lit. « Mon ami, lui dit-elle, en lui tendant la main, il n'y a que vous près de moi dans ce moment. J'ai vécu pour aimer, et sans vous je mourrais seule. » Et ses larmes coulèrent à ce mot; puis elle dit encore : « Au reste, ce moment se passe de secours; nos amis ne peuvent nous suivre que jusqu'au seuil de la vie. Là commencent des pensées dont le trouble et la profondeur ne sauraient se confier. »

Elle se fit transporter sur un fauteuil, près de la fenêtre, pour voir encore le ciel. Lucile revint alors, et le malheureux Oswald, ne pouvant plus se contenir, la suivit, et tomba sur ses genoux en approchant de Corinne. Elle voulut lui parler, et n'en eut pas la force. Elle leva ses regards vers le ciel, et vit la lune qui se couvrait du même nuage qu'elle avait fait remarquer à lord Nelvil quand ils s'arrêtèrent sur le bord de la mer en allant à Naples. Alors elle le lui montra de sa main mourante, et son dernier soupir fit retomber cette main.

Que devint Oswald! Il fut dans un tel égarement, qu'on craignit d'abord pour sa raison et sa vie. Il suivit à Rome la pompe funèbre de Corinne. Il s'enferma longtemps à Tivoli, sans vouloir que sa femme ni sa fille l'y accompagnassent. Enfin l'attachement et le devoir le ramenèrent auprès d'elles. Ils retournèrent ensemble en Angleterre. Lord Nelvil donna l'exemple de la vie domestique la plus régulière et la plus pure. Mais se pardonna-t-il sa conduite passée? le monde qui l'approuva le consola-t-il? se contenta-t-il d'un sort commun, après ce qu'il avait perdu? Je l'ignore; je ne veux, à cet égard, ni le blâmer, ni l'absoudre.

FIN DU TOME PREMIER.

TABLE DES MATIÈRES

CONTENUES DANS CE VOLUME.

---o---

FIN DE LA TABLE DES MATIÈRES.